NomosGesetze

Landesrecht Berlin

Textsammlung

Herausgegeben von
Dr. Helge Sodan, Professor an der Freien Universität Berlin
Präsident des Verfassungsgerichtshofes des Landes Berlin a. D.
Dr. Wolfgang Kuhla, Rechtsanwalt
Fachanwalt für Verwaltungsrecht und Notar
Honorarprofessor an der Freien Universität Berlin

18. Auflage
Stand: 1. September 2022

Nomos

Die Deutsche Nationalbibliothek verzeichnet diese Publikation in der Deutschen Nationalbibliografie; detaillierte bibliografische Daten sind im Internet über http://dnb.d-nb.de abrufbar.

ISBN 978-3-8487-7418-0

18. Auflage 2022

Vorwort

Die Textsammlung präsentiert das *wesentliche* Recht des Landes Berlin in einer handlichen und preisgünstigen Form. Die Auswahl der Vorschriften orientiert sich an den Bedürfnissen von *Ausbildung* und *Praxis*: Sie hat die Studierenden sowie ihre Dozenten ebenso im Blick wie Richter, Mitarbeiter in der öffentlichen Verwaltung und in Unternehmen sowie Rechtsanwälte. Die Sammlung enthält Normen aus den Bereichen Staat und Verfassung, Verwaltung, Öffentliche Sicherheit und Ordnung, Umweltschutz, Bauwesen und Straßen, Bildung, Gerichtsorganisation und Juristenausbildung, Medien, Wirtschaft, Gesundheit und Soziales, Haushalt und Finanzen, Zivilrecht sowie Strafverfahrens- und Strafvollzugsrecht.

Die bisherigen Auflagen der Textsammlung sind in der Praxis und in der Wissenschaft sehr freundlich aufgenommen worden. Dies gilt insbesondere auch für die Auswahl der Normen für diese Sammlung, die sich über die vorangestellten Inhaltsübersichten leicht erschließen lassen. Die präzise Zitierfähigkeit ist zudem durch eine durchgehende Satzzählung in den Normen erleichtert.

Die Textsammlung wurde für die Neuauflage auf den Stand vom 1. September 2022 gebracht. Neu aufgenommen unter Nr. 42 wurde das *Berliner Klimaschutz- und Energiewendegesetz*.

Von den gegenüber der letzten Auflage aus dem Jahr 2021 berücksichtigten Änderungen der Rechtstexte verdienen besondere Erwähnung:

- das Gesetz zur Änderung des Bezirksverwaltungsgesetzes und anderer Gesetze vom 27. August 2021, durch welches insbesondere das *Allgemeine Zuständigkeitsgesetz* und das *Bezirksverwaltungsgesetz* geändert wurden;
- die Modifizierungen des *Berliner Hochschulgesetzes* durch das Gesetz zur Stärkung der Berliner Wissenschaft vom 14. September 2021;
- das Dritte Gesetz zur Änderung des *Zweckentfremdungsverbot-Gesetzes* vom 27. September 2021.

Das Gesetz über das Verfahren der Berliner Verwaltung erklärt drei Bundesgesetze für entsprechend anwendbar, die für das Verwaltungsverfahren von zentraler Bedeutung sind: das *Verwaltungsverfahrensgesetz*, das *Verwaltungszustellungsgesetz* und das *Verwaltungs-Vollstreckungsgesetz*. Diese sind Teil der Sammlung. In der täglichen Praxis kann insoweit auf die parallele Verwendung einer Sammlung des Bundesrechts verzichtet werden.

Für Anregungen und auch für Kritik sind wir weiterhin dankbar.

Für die Aktualisierung des Sachregisters und die erneut sehr zuverlässige Förderung des Projekts danken wir der Nomos Verlagsgesellschaft.

Berlin, im September 2022

Helge Sodan
Wolfgang Kuhla

Inhalt

Verfassung von Berlin

Vom 23. November 1995[1)] (GVBl. S. 779)
(BRV 100-1)
zuletzt geändert durch Art. 1 15. ÄndG vom 17. Mai 2021 (GVBl. S. 502)

Nichtamtliche Inhaltsübersicht

---

1) Die Verfassung ist in ihrer ursprünglichen Fassung am 1.9.1950 (VOBl. I S. 933) auf Grundlage der Vorläufigen Verfassung von Groß-Berlin vom 13.8.1946 (VOBl. I S. 295) verkündet worden.

Das Abgeordnetenhaus von Berlin hat am 8. Juni 1995 folgende Verfassung beschlossen, der die Bevölkerung Berlins in der Volksabstimmung vom 22. Oktober 1995 zugestimmt hat:

Vorspruch

In dem Willen,

Freiheit und Recht jedes einzelnen zu schützen, Gemeinschaft und Wirtschaft demokratisch zu ordnen und dem Geist des sozialen Fortschritts und des Friedens zu dienen,

hat sich Berlin, die Hauptstadt des vereinten Deutschlands, diese Verfassung gegeben:

Abschnitt I
Die Grundlagen

Artikel 1 [Status]

(1) Berlin ist ein deutsches Land und zugleich eine Stadt.

(2) [1]Berlin ist ein Land der Bundesrepublik Deutschland und als solches Teil der Europäischen Union. [2]Berlin bekennt sich zu einem geeinten Europa, das demokratischen, rechtsstaatlichen, sozialen und föderativen Grundsätzen sowie dem Grundsatz der Subsidiarität verpflichtet ist, die Eigenständigkeit der Städte und Regionen wahrt und deren Mitwirkung an europäischen Entscheidungen sichert. [3]Berlin arbeitet mit anderen europäischen Städten und Regionen zusammen.

(3) Grundgesetz und Gesetze der Bundesrepublik Deutschland sind für Berlin bindend.

Artikel 2 [Träger der öffentlichen Gewalt]

[1]Träger der öffentlichen Gewalt ist die Gesamtheit der Deutschen, die in Berlin ihren Wohnsitz haben. [2]Sie üben nach dieser Verfassung ihren Willen unmittelbar durch Wahl zu der Volksvertretung und durch Abstimmung, mittelbar durch die Volksvertretung aus. [3]Die Vorschriften dieser Verfassung, die auch anderen Einwohnern Berlins eine Beteiligung an der staatlichen Willensbildung einräumen, bleiben unberührt.

Artikel 3 [Gewaltenteilung]

(1) [1]Die gesetzgebende Gewalt wird durch Volksabstimmungen, Volksentscheide und durch die Volksvertretung ausgeübt, die vollziehende Gewalt durch die Regierung und die Verwaltung sowie in

den Bezirken im Wege von Bürgerentscheiden. [2]Die richterliche Gewalt liegt in den Händen unabhängiger Gerichte.

(2) Volksvertretung, Regierung und Verwaltung einschließlich der Bezirksverwaltungen nehmen die Aufgaben Berlins als Gemeinde, Gemeindeverband und Land wahr.

Artikel 4 [Gebiet]

(1) [1]Berlin gliedert sich in zwölf Bezirke. [2]Diese umfassen die bisherigen Bezirke

1. Mitte, Tiergarten und Wedding,
2. Friedrichshain und Kreuzberg,
3. Prenzlauer Berg, Weißensee und Pankow,
4. Charlottenburg und Wilmersdorf,
5. Spandau,
6. Zehlendorf und Steglitz,
7. Schöneberg und Tempelhof,
8. Neukölln.
9. Treptow und Köpenick,
10. Marzahn und Hellersdorf,
11. Lichtenberg und Hohenschönhausen,
12. Reinickendorf.

(2) [1]Jede Änderung seines Gebietes bedarf der Zustimmung der Volksvertretung. [2]Eine Änderung der Grenzen der Bezirke kann nur durch Gesetz vorgenommen werden. [3]Für Grenzänderungen von geringerer Bedeutung, denen die beteiligten Bezirke zustimmen, kann durch Gesetz Abweichendes bestimmt werden.

Artikel 5 [Flagge, Wappen, Siegel]

Berlin führt Flagge, Wappen und Siegel mit dem Bären, die Flagge mit den Farben Weiß-Rot.

Abschnitt II

Grundrechte, Staatsziele

Artikel 6 [Schutz der Menschenwürde]

[1]Die Würde des Menschen ist unantastbar. [2]Sie zu achten und zu schützen ist Verpflichtung aller staatlichen Gewalt.

Artikel 7 [Freie Entfaltung der Persönlichkeit]

Jeder hat das Recht auf freie Entfaltung seiner Persönlichkeit, soweit er nicht die Rechte anderer verletzt und nicht gegen die verfassungsmäßige Ordnung oder das Sittengesetz verstößt.

Artikel 8 [Recht auf Leben und körperliche Unversehrtheit; Freiheit der Person]

(1) [1]Jeder hat das Recht auf Leben und körperliche Unversehrtheit. [2]Die Freiheit der Person ist unverletzlich. [3]In diese Rechte darf nur auf Grund eines Gesetzes eingegriffen werden.

(2) [1]Jeder Verhaftete oder Festgenommene ist binnen 24 Stunden darüber in Kenntnis zu setzen, von welcher Stelle und aus welchen Grunde die Entziehung der Freiheit angeordnet wurde. [2]Die nächsten Angehörigen haben das Recht auf Auskunft über die Freiheitsentziehung. [3]Auf Verlangen des Verhafteten oder Festgenommenen ist auch anderen Personen unverzüglich von der Verhaftung oder Festnahme Kenntnis zu geben.

(3) Jeder Verhaftete oder Festgenommene ist binnen 48 Stunden dem zuständigen Richter zur Entscheidung über die Haft oder Festnahme vorzuführen.

Artikel 9 [Verteidigung; Unschuldsvermutung]

(1) Ein Beschuldigter kann sich in jeder Lage des Verfahrens des Beistandes eines Verteidigers bedienen.

(2) Ein Beschuldigter gilt nicht als schuldig, solange er nicht von einem Gericht verurteilt ist.

Artikel 10 [Gleichheit]

(1) Alle Menschen sind vor dem Gesetz gleich.

(2) Niemand darf wegen seines Geschlechts, seiner Abstammung, seiner Rasse, seiner Sprache, seiner Heimat und Herkunft, seines Glaubens, seiner religiösen oder politischen Anschauungen oder seiner sexuellen Identität benachteiligt oder bevorzugt werden.

(3) [1]Frauen und Männer sind gleichberechtigt. [2]Das Land ist verpflichtet, die Gleichstellung und die gleichberechtigte Teilhabe von Frauen und Männern auf allen Gebieten des gesellschaftlichen Lebens herzustellen und zu sichern. [3]Zum Ausgleich bestehender Ungleichheiten sind Maßnahmen zur Förderung zulässig.

Artikel 11 [Gleichstellung der Menschen mit Behinderung]

[1]Menschen mit Behinderungen dürfen nicht benachteiligt werden. [2]Das Land ist verpflichtet, für die gleichwertigen Lebensbedingungen von Menschen mit und ohne Behinderung zu sorgen.

Artikel 12 [Lebensgemeinschaften, Familie, Kinder]

(1) Ehe und Familie stehen unter dem besonderen Schutz der staatlichen Ordnung.

(2) Andere auf Dauer angelegte Lebensgemeinschaften haben Anspruch auf Schutz vor Diskriminierung.

(3) Pflege und Erziehung der Kinder sind das natürliche Recht der Eltern und die zuvörderst ihnen obliegende Pflicht.

(4) Gegen den Willen der Erziehungsberechtigten dürfen Kinder nur auf Grund eines Gesetzes von der Familie getrennt werden, wenn die Erziehungsberechtigten ihrem Erziehungsauftrag nicht nachkommen.

(5) Wer in häuslicher Gemeinschaft Kinder erzieht oder für andere sorgt, verdient Förderung.

(6) Jede Mutter hat Anspruch auf den Schutz und die Fürsorge der Gemeinschaft.

(7) [1]Frauen und Männern ist es zu ermöglichen, Kindererziehung und häusliche Pflegetätigkeit mit der Erwerbstätigkeit und der Teilnahme am öffentlichen Leben zu vereinbaren. [2]Alleinerziehende Frauen und Männer, Frauen während der Schwangerschaft und nach der Geburt haben Anspruch auf besonderen Schutz im Arbeitsverhältnis.

Artikel 13 [Gleichstellung nichtehelicher Kinder]

(1) [1]Jedes Kind hat ein Recht auf Entwicklung und Entfaltung seiner Persönlichkeit, auf gewaltfreie Erziehung und auf den besonderen Schutz der Gemeinschaft vor Gewalt, Vernachlässigung und Ausbeutung. [2]Die staatliche Gemeinschaft achtet, schützt und fördert die Rechte des Kindes als eigenständiger Persönlichkeit und trägt Sorge für kindgerechte Lebensbedingungen.

(2) Den nichtehelichen Kindern sind durch die Gesetzgebung die gleichen Bedingungen für ihre leibliche und seelische Entwicklung und ihre Stellung in der Gesellschaft zu schaffen wie den ehelichen Kindern.

Artikel 14 [Meinungs- u. Informationsfreiheit]

(1) Jedermann hat das Recht, innerhalb der Gesetze seine Meinung frei und öffentlich zu äußern, solange er die durch die Verfassung gewährleistete Freiheit nicht bedroht oder verletzt.

(2) Jedermann hat das Recht, sich über die Meinung anderer, insbesondere auch anderer Völker, durch die Presse oder Nachrichtenmittel aller Art zu unterrichten.

(3) Eine Zensur ist nicht statthaft.

Artikel 15 [Grundrechte vor Gericht; Rechtsweggarantie]

(1) Vor Gericht hat jedermann Anspruch auf rechtliches Gehör.

(2) Eine Tat kann nur bestraft werden, wenn die Strafbarkeit gesetzlich bestimmt war, bevor die Tat begangen wurde.

(3) Niemand darf wegen derselben Tat auf Grund der allgemeinen Strafgesetze mehrmals bestraft werden.

(4) [1]Wird jemand durch die öffentliche Gewalt in seinen Rechten verletzt, so steht ihm der Rechtsweg offen. [2]Soweit eine andere Zuständigkeit nicht begründet ist, ist der ordentliche Rechtsweg gegeben. [3]Artikel 10 Abs. 2 Satz 2 des Grundgesetzes bleibt unberührt.

(5) [1]Ausnahmegerichte sind unstatthaft. [2]Niemand darf seinem gesetzlichen Richter entzogen werden.

Artikel 16 [Brief-, Post- und Fernmeldegeheimnis]

Das Briefgeheimnis sowie das Post- und Fernmeldegeheimnis sind unverletzlich.

Artikel 17 [Freizügigkeit]

Das Recht der Freizügigkeit, insbesondere die freie Wahl des Wohnsitzes, des Berufes und des Arbeitsplatzes, ist gewährleistet, findet aber seine Grenze in der Verpflichtung, bei Überwindung öffentlicher Notstände mitzuhelfen.

Artikel 18 [Recht auf Arbeit]

[1]Alle haben das Recht auf Arbeit. [2]Dieses Recht zu schützen und zu fördern ist Aufgabe des Landes. [3]Das Land trägt zur Schaffung und Erhaltung von Arbeitsplätzen bei und sichert im Rahmen des gesamtwirtschaftlichen Gleichgewichts einen hohen Beschäftigungsstand. [4]Wenn Arbeit nicht nachgewiesen werden kann, besteht Anspruch auf Unterhalt aus öffentlichen Mitteln.

Artikel 19 [Staatsbürgerliche Rechte; Zugang zu öffentl. Ämtern]

(1) Niemand darf im Rahmen der geltenden Gesetze an der Wahrnehmung staatsbürgerlicher Rechte oder öffentlicher Ehrenämter gehindert werden, insbesondere nicht durch sein Arbeitsverhältnis.

(2) Der Zugang zu allen öffentlichen Ämtern steht jedem ohne Unterschied der Herkunft, des Geschlechts, der Partei und des religiösen Bekenntnisses offen, wenn er die nötige Eignung besitzt.

Artikel 20 [Recht auf Bildung]

(1) [1]Jeder Mensch hat das Recht auf Bildung. [2]Das Land ermöglicht und fördert nach Maßgabe der Gesetze den Zugang eines jeden Menschen zu den öffentlichen Bildungseinrichtungen, insbesondere ist die berufliche Erstausbildung zu fördern.

(2) Das Land schützt und fördert das kulturelle Leben.

Artikel 21 [Freiheit von Kunst, Wissenschaft, Forschung, Lehre]

[1]Kunst und Wissenschaft, Forschung und Lehre sind frei. [2]Die Freiheit der Lehre entbindet nicht von der Treue zur Verfassung.

Artikel 22 [Soziale Sicherung]

(1) [1]Das Land ist verpflichtet, im Rahmen seiner Kräfte die soziale Sicherung zu verwirklichen. [2]Soziale Sicherung soll eine menschenwürdige und eigenverantwortliche Lebensgestaltung ermöglichen.

(2) Die Errichtung und Unterhaltung von Einrichtungen für die Beratung, Betreuung und Pflege im Alter, bei Krankheit, Behinderung, Invalidität und Pflegebedürftigkeit sowie für andere soziale und karitative Zwecke sind staatlich zu fördern, unabhängig von ihrer Trägerschaft.

Artikel 23 [Eigentum; Enteignung]

(1) [1]Das Eigentum wird gewährleistet. [2]Sein Inhalt und seine Schranken ergeben sich aus den Gesetzen.

(2) Eine Enteignung kann nur zum Wohle der Allgemeinheit auf gesetzlicher Grundlage vorgenommen werden.

Artikel 24 [Verbot des Mißbrauchs wirtschaftlicher Macht]

[1]Jeder Mißbrauch wirtschaftlicher Macht ist widerrechtlich. [2]Insbesondere stellen alle auf Produktions- und Marktbeherrschung gerichteten privaten Monopolorganisationen einen Mißbrauch wirtschaftlicher Macht dar und sind verboten.

Artikel 25 [Mitbestimmung]

Das Mitbestimmungsrecht der Arbeiter und Angestellten in Wirtschaft und Verwaltung ist durch Gesetz zu gewährleisten.

Artikel 26 [Versammlungsfreiheit]

[1]Alle Männer und Frauen haben das Recht, sich zu gesetzlich zulässigen Zwecken friedlich und unbewaffnet zu versammeln. [2]Für Versammlungen unter freiem Himmel kann dieses Recht durch Gesetz oder auf Grund eines Gesetzes beschränkt werden.

Artikel 27 [Vereinigungsfreiheit; Streikrecht]

(1) [1]Alle Männer und Frauen haben das Recht, Vereinigungen und Gesellschaften zu bilden. [2]Vereinigungen dürfen keine Zwecke verfolgen und Maßnahmen treffen, durch welche die Erfüllung von Aufgaben verfassungsmäßiger Organe und öffentlich-rechtlicher Verwaltungskörper gefährdet wird.

(2) Das Streikrecht wird gewährleistet.

Artikel 28 [Recht auf Wohnraum]

(1) [1]Jeder Mensch hat das Recht auf angemessenen Wohnraum. [2]Das Land fördert die Schaffung und Erhaltung von angemessenem Wohnraum, insbesondere für Menschen mit geringem Einkommen, sowie die Bildung von Wohnungseigentum.

(2) [1]Der Wohnraum ist unverletzlich. [2]Eine Durchsuchung darf nur auf richterliche Anordnung erfolgen oder bei Verfolgung auf frischer Tat durch die Polizei, deren Maßnahmen jedoch binnen 48 Stunden der richterlichen Genehmigung bedürfen.

Artikel 29 [Glaubens- u. Religionsfreiheit]

(1) [1]Die Freiheit des Glaubens, des Gewissens und die Freiheit des religiösen und weltanschaulichen Bekenntnisses sind unverletzlich. [2]Die ungestörte Religionsausübung wird gewährleistet.

(2) Rassenhetze und Bekundung nationalen oder religiösen Hasses widersprechen dem Geist der Verfassung und sind unter Strafe zu stellen.

Artikel 30 [Zusammenleben der Völker; Kriegsdienstverweigerung]

(1) Handlungen, die geeignet sind, das friedliche Zusammenleben der Völker zu stören, widersprechen dem Geist der Verfassung und sind unter Strafe zu stellen.

(2) Jedermann hat das Recht, Kriegsdienste zu verweigern, ohne daß ihm Nachteile entstehen dürfen.

Artikel 31 [Umwelt- u. Tierschutz]

(1) Die Umwelt und die natürlichen Lebensgrundlagen stehen unter dem besonderen Schutz des Landes.

(2) Tiere sind als Lebewesen zu achten und vor vermeidbarem Leiden zu schützen.

Artikel 32 [Sportförderung]

[1]Sport ist ein förderungs- und schützenswerter Teil des Lebens. [2]Die Teilnahme am Sport ist den Angehörigen aller Bevölkerungsgruppen zu ermöglichen.

Artikel 33 [Datenschutz]

[1]Das Recht des einzelnen, grundsätzlich selbst über die Preisgabe und Verwendung seiner persönlichen Daten zu bestimmen, wird gewährleistet. [2]Einschränkungen dieses Rechts bedürfen eines Gesetzes. [3]Sie sind nur im überwiegenden Allgemeininteresse zulässig.

Artikel 34 [Petitionsrecht]

Jeder hat das Recht, sich einzeln oder in Gemeinschaft mit anderen mit schriftlichen Anträgen, Anregungen oder Beschwerden an die zuständigen Stellen, insbesondere an das Abgeordnetenhaus, den Senat, die Bezirksverordnetenversammlungen oder die Bezirksämter, zu wenden.

Artikel 35 [Gesetzliche Feiertage]

(1) Der Sonntag und die gesetzlichen Feiertage sind als Tage der Arbeitsruhe geschützt.

(2) Der 1. Mai ist gesetzlicher Feiertag.

Artikel 36 [Verbindlichkeit der Grundrechte; Gesetzevorbehalt; Widerstandsrecht]

(1) Die durch die Verfassung gewährleisteten Grundrechte sind für Gesetzgebung, Verwaltung und Rechtsprechung verbindlich.

(2) Einschränkungen der Grundrechte sind durch Gesetz nur insoweit zulässig, als sie nicht den Grundgedanken dieser Rechte verletzen.

(3) Werden die in der Verfassung festgelegten Grundrechte offensichtlich verletzt, so ist jedermann zum Widerstand berechtigt.

Artikel 37 [Verwirkung von Grundrechten]

Auf die Artikel 14, 26 und 27 darf sich nicht berufen, wer die Grundrechte angreift oder gefährdet, insbesondere wer nationalsozialistische oder andere totalitäre oder kriegerische Ziele verfolgt.

Abschnitt III

Die Volksvertretung

Artikel 38 [Abgeordnetenhaus]

(1) Das Abgeordnetenhaus ist die von den wahlberechtigten Deutschen gewählte Volksvertretung.

(2) Das Abgeordnetenhaus besteht aus mindestens 130 Abgeordneten.

(3) [1]Die Opposition ist notwendiger Bestandteil der parlamentarischen Demokratie. [2]Sie hat das Recht auf politische Chancengleichheit.

(4) [1]Die Abgeordneten sind Vertreter aller Berliner. [2]Sie sind an Aufträge und Weisungen nicht gebunden und nur ihrem Gewissen unterworfen.

Artikel 39 [Wahl]

(1) Die Abgeordneten werden in allgemeiner, gleicher, geheimer und direkter Wahl gewählt.

(2) Parteien, für die im Gebiet von Berlin insgesamt weniger als fünf vom Hundert der Stimmen abgegeben werden, erhalten keine Sitze zugeteilt, es sei denn, daß ein Bewerber der Partei einen Sitz in einem Wahlkreis errungen hat.

(3) Wahlberechtigt sind alle Deutschen, die am Tage der Wahl das 18. Lebensjahr vollendet und seit mindestens drei Monaten in Berlin ihren Wohnsitz haben.

(4) Wählbar sind alle Wahlberechtigten, die am Tage der Wahl das 18. Lebensjahr vollendet haben.

(5) Alles Nähere, insbesondere über den Ausschluß vom Wahlrecht und von der Wählbarkeit sowie über das Ruhen des Wahlrechts, wird durch das Wahlgesetz geregelt.

Artikel 40 [Fraktionen]

(1) [1]Eine Vereinigung von mindestens fünf vom Hundert der verfassungsmäßigen Mindestzahl der Abgeordneten bildet eine Fraktion. [2]Das Nähere regelt die Geschäftsordnung.

(2) [1]Fraktionen nehmen unmittelbar Verfassungsaufgaben wahr, indem sie mit eigenen Rechten und Pflichten als selbständige und unabhängige Gliederungen der Volksvertretung an deren Arbeit mitwirken und die parlamentarische Willensbildung unterstützen. [2]Insofern haben sie Anspruch auf angemessene Ausstattung. [3]Das Nähere über die Rechtsstellung und Organisation sowie die Rechte und Pflichten der Fraktionen werden durch Gesetz bestimmt.

Artikel 41 [Geschäftsordnung; Präsidium; Präsident]

(1) Das Abgeordnetenhaus gibt sich selbst eine Geschäftsordnung.

(2) [1]Das Abgeordnetenhaus wählt für die Dauer der Wahlperiode aus seiner Mitte den Präsidenten und zwei Vizepräsidenten des Abgeordnetenhauses sowie die übrigen Mitglieder des Präsidiums. [2]Für die Wahl des Präsidenten und der Vizepräsidenten haben die Fraktionen das Vorschlagsrecht in der Reihenfolge ihrer Stärke. [3]Für die Wahl der übrigen Mitglieder des Präsidiums hat jede Fraktion das Vorschlagsrecht für ein Mitglied und für so viele weitere Mitglieder, wie nach ihrer Stärke auf die Fraktionen entfallen. [4]Für die Wahl des gesamten Präsidiums wird die Stärke der Fraktionen nach dem d'Hondtschen Höchstzahlverfahren berechnet.

(3) [1]Der Präsident, die Vizepräsidenten und die übrigen Mitglieder des Präsidiums können durch Beschluss des Abgeordnetenhauses abberufen werden. [2]Der Beschluss setzt einen Antrag der Mehrheit der Mitglieder des Abgeordnetenhauses voraus. [3]Er bedarf der Zustimmung einer Mehrheit von zwei Dritteln der Mitglieder des Abgeordnetenhauses.

(4) [1]Der Präsident übt das Hausrecht und die Polizeigewalt im Sitzungsgebäude aus. [2]Ohne seine Zustimmung darf im Sitzungsgebäude keine Durchsuchung oder Beschlagnahme stattfinden.

(5) [1]Der Präsident verwaltet die wirtschaftlichen Angelegenheiten des Abgeordnetenhauses nach Maßgabe des Haushaltsgesetzes. [2]Er vertritt das Abgeordnetenhaus in allen Angelegenheiten. [3]Ihm steht die Ernennung, Einstellung und Entlassung der Beamten, Angestellten und Arbeiter zu.

Artikel 42 [Einberufung; Öffentlichkeit der Sitzungen]

(1) Das Abgeordnetenhaus wird durch den Präsidenten einberufen.

(2) Auf Antrag eines Fünftels seiner Mitglieder oder des Senats muß das Abgeordnetenhaus unverzüglich einberufen werden.

(3) Die Verhandlungen des Abgeordnetenhauses sind öffentlich.

(4) [1]Wenn ein Fünftel der Abgeordneten oder der Senat es beantragt, kann die Öffentlichkeit ausgeschlossen werden. [2]Über den Antrag ist in geheimer Sitzung zu beraten und abzustimmen.

Artikel 43 [Beschlußfähigkeit]

(1) Das Abgeordnetenhaus ist beschlußfähig, wenn mehr als die Hälfte der gewählten Abgeordneten anwesend ist.

(2) [1]Das Abgeordnetenhaus beschließt mit einfacher Stimmenmehrheit, falls die Verfassung nicht ein anderes Stimmenverhältnis vorschreibt. [2]Stimmengleichheit bedeutet Ablehnung. [3]Für die vom Ab-

geordnetenhaus vorzunehmenden Wahlen kann durch Gesetz oder durch die Geschäftsordnung eine andere Mehrheit vorgeschrieben werden.

(3) Das Abgeordnetenhaus ist abweichend von Absatz 1 im Falle der außergewöhnlichen Notlage einer Pandemie oder Naturkatastrophe beschlussfähig, wenn mehr als ein Viertel der gewählten Abgeordneten anwesend ist.

(4) [1]Das Abweichen nach Absatz 3 bedarf eines Beschlusses mit mehr als vier Fünfteln der gewählten Abgeordneten oder, wenn dies auf Grund der Notlage unmöglich ist, mit mehr als vier Fünfteln der Mitglieder des Ältestenrats des Abgeordnetenhauses. [2]Dieser Beschluss tritt nach spätestens drei Monaten oder auf Verlangen eines Fünftels der gewählten Abgeordneten oder der Mitglieder des Ältestenrats außer Kraft. [3]Der Beschluss nach Satz 1 tritt auch außer Kraft auf schriftlichen Antrag aller Mitglieder zweier Fraktionen.

(5) [1]Die Absätze 3 und 4 finden keine Anwendung auf Wahlen und Beschlussfassungen nach Artikel 4 Absatz 2, Artikel 54 Absatz 2, Artikel 56 Absatz 1, Artikel 57 Absatz 2 und 3, Artikel 84 Absatz 1 und Artikel 100. [2]Gleiches gilt für Änderungen der Geschäftsordnung.

(6) Alle Gesetze, die das Abgeordnetenhaus während der außergewöhnlichen Notlage nach den Absätzen 3 und 4 beschlossen hat, sind innerhalb von vier Wochen nach einem Wiederzusammentreten des Abgeordnetenhauses nach Absatz 1 durch Beschluss des Abgeordnetenhauses zu bestätigen, der in einer Lesung erfolgen kann, und treten anderenfalls außer Kraft.

(7) Die Absätze 3 bis 7 treten mit Ablauf der 18. Wahlperiode außer Kraft.

Artikel 44 [Ausschüsse; Enquete-Kommissionen]

(1) [1]Das Abgeordnetenhaus setzt nach Bedarf Ausschüsse aus seiner Mitte ein. [2]Die Ausschüsse tagen grundsätzlich öffentlich.

(2) [1]Die Zusammensetzung der Ausschüsse sowie die Besetzung der Vorsitze richten sich nach der Stärke der Fraktionen (Art. 41 Abs. 2 Satz 4). [2]Die Fraktionen benennen dem Präsidenten die auf sie entfallenden Mitglieder. [3]Fraktionslose Abgeordnete haben das Recht, in den Ausschüssen ohne Stimmrecht mitzuarbeiten.

(3) [1]Das Abgeordnetenhaus hat das Recht und auf Antrag eines Viertels seiner Mitglieder die Pflicht, zur Vorbereitung von Entscheidungen über umfangreiche oder bedeutsame Sachverhalte in einem Lebensbereich Enquete-Kommissionen einzusetzen. [2]Diesen gehören auch vom Präsidenten des Abgeordnetenhauses auf Vorschlag der Fraktionen berufene sachverständige Personen an, die nicht Mitglieder des Abgeordnetenhauses sind.

(4) Das Abgeordnetenhaus, die Ausschüsse und die Enquete-Kommissionen können vom Senat Auskünfte verlangen und Berichte anfordern.

(5) Alles Nähere regelt die Geschäftsordnung des Abgeordnetenhauses.

Artikel 45 [Abgeordnetenrechte]

(1) [1]Das Recht des Abgeordneten, sich im Abgeordnetenhaus und in den Ausschüssen durch Rede, Anfragen und Anträge an der Willensbildung und Entscheidungsfindung zu beteiligen, darf nicht ausgeschlossen werden. [2]Die Rechte der einzelnen Abgeordneten können nur insoweit beschränkt werden, wie es für die gemeinschaftliche Ausübung der Mitgliedschaft im Parlament notwendig ist. [3]Das Fragerecht wird durch schriftliche Anfragen und spontane Fragen ausgeübt. [4]Schriftliche Anfragen sind durch den Senat grundsätzlich innerhalb von drei Wochen schriftlich zu beantworten und dürfen nicht allein wegen ihres Umfangs zurückgewiesen werden. [5]Das Nähere regelt die Geschäftsordnung des Abgeordnetenhauses.

(2) [1]Jeder Abgeordnete hat das Recht, Einsicht in Akten und sonstige amtliche Unterlagen der Verwaltung zu nehmen. [2]Die Einsichtnahme darf abgelehnt werden, soweit überwiegende öffentliche Interessen einschließlich des Kernbereichs exekutiver Eigenverantwortung oder überwiegende private Interessen an der Geheimhaltung dies zwingend erfordern. [3]Die Entscheidung ist dem Abgeordneten schriftlich mitzuteilen und zu begründen. [4]Das Einsichtsrecht in Akten oder sonstige amtliche Unterlagen der Verfassungsschutzbehörde bleibt den Mitgliedern der für die Kontrolle der Verfassungsschutzbehörde zuständigen Gremien nach Maßgabe der gesetzlichen Vorschriften vorbehalten.

Artikel 46 [Petitionsausschuß]

[1]Zum Schutz der Rechte der Bürger wird ein Ausschuß des Abgeordnetenhauses eingerichtet, der über Petitionen entscheidet, sofern nicht das Abgeordnetenhaus selbst entscheidet. [2]Der Ausschuß kann

auch tätig werden, wenn ihm auf andere Weise Umstände bekannt werden. [3]Der Senat und alle ihm unterstellten oder von ihm beaufsichtigten Behörden und Einrichtungen sowie die Gerichte haben Auskunftshilfe zu leisten. [4]Die gleichen Verpflichtungen treffen juristische Personen des Privatrechts, nichtrechtsfähige Vereinigungen und natürliche Personen, soweit sie unter maßgeblichem Einfluss des Landes öffentliche Aufgaben wahrnehmen. [5]Der Ausschuß kann Zeugen und Sachverständige vernehmen und vereidigen. [6]Das Nähere regelt ein Gesetz.

Artikel 46a [Verfassungsschutzausschuß]

[1]Das Abgeordnetenhaus wählt aus seiner Mitte einen Ausschuß für Verfassungsschutz. [2]Für die Wahl der Mitglieder steht den Fraktionen das Vorschlagsrecht in entsprechender Anwendung des Artikels 44 Abs. 2 Satz 1 zu.

Artikel 47 [Datenschutzbeauftragter]

(1) [1]Zur Wahrung des Rechts auf informationelle Selbstbestimmung wählt das Abgeordnetenhaus einen Datenschutzbeauftragten. [2]Er wird vom Präsidenten des Abgeordnetenhauses ernannt und unterliegt dessen Dienstaufsicht.

(2) Das Nähere regelt ein Gesetz.

Artikel 48 [Untersuchungsausschüsse]

(1) Das Abgeordnetenhaus hat das Recht und auf Antrag eines Viertels seiner Mitglieder die Pflicht, einen Untersuchungsausschuß einzusetzen.

(2) [1]Die Untersuchungsausschüsse haben das Recht, Beweise zu erheben. [2]Sie sind dazu verpflichtet, wenn dies von den Antragstellern oder einem Fünftel der Ausschußmitglieder beantragt wird. [3]Die Beweiserhebung ist unzulässig, wenn sie nicht im Rahmen des Untersuchungsauftrages liegt.

(3) [1]Jeder ist verpflichtet, den Aufforderungen des Untersuchungsausschusses zum Zwecke der Beweiserhebung Folge zu leisten. [2]Gerichte und Behörden sind zur Rechts- und Amtshilfe verpflichtet; sie haben auf Verlangen Akten vorzulegen und ihren Dienstkräften Aussagegenehmigungen zu erteilen, soweit nicht Gründe der Sicherheit des Bundes oder eines deutschen Landes entgegenstehen.

(4) Berichte der Untersuchungsausschüsse sind der richterlichen Nachprüfung entzogen.

(5) Der Untersuchungsausschuß kann durch Beschluß den Mitgliedern des Senats und ihren Beauftragten die Anwesenheit in den Sitzungen des Untersuchungsausschusses gestatten.

(6) Alles Nähere, auch die Bestimmung der Mitglieder des Untersuchungsausschusses, wird durch Gesetz geregelt.

Artikel 49 [Anwesenheit von Senatsmitgliedern]

(1) Das Abgeordnetenhaus und seine Ausschüsse können die Anwesenheit der Mitglieder des Senats fordern.

(2) [1]Der Senat ist zu den Sitzungen des Abgeordnetenhauses und seiner Ausschüsse einzuladen. [2]Den Mitgliedern des Senats ist auf Verlangen zur Tagesordnung das Wort zu erteilen.

(3) [1]Der Regierende Bürgermeister oder sein Vertreter kann vor Eintritt in die Tagesordnung unabhängig von den Gegenständen der Beratung das Wort ergreifen. [2]Das Nähere wird durch die Geschäftsordnung des Abgeordnetenhauses geregelt.

(4) In den Fällen der Absätze 2 und 3 hat die Opposition das Recht der ersten Erwiderung.

(5) Die Mitglieder des Senats unterstehen in den Sitzungen der Ordnungsgewalt des Präsidenten des Abgeordnetenhauses oder des Vorsitzenden des Ausschusses.

Artikel 49a [Auskünfte, Berichte]

(1) Das Abgeordnetenhaus und die jeweils zuständigen Ausschüsse können von den auf Veranlassung des Abgeordnetenhauses oder des Senats entsandten oder gewählten Vertretern des Landes Berlin in Aufsichts- oder sonstigen zur Kontrolle der Geschäftsführung berufenen Organen einer juristischen Person des öffentlichen Rechts oder einer juristischen Person des Privatrechts, die unter maßgeblichem Einfluss des Landes Berlin öffentliche Aufgaben wahrnimmt, Auskünfte verlangen und Berichte anfordern.

(2) [1]Die Unterrichtung über vertrauliche oder geheimhaltungsbedürftige Angaben ist gegenüber dem jeweils zuständigen Ausschuss des Abgeordnetenhauses vorzunehmen. [2]Der Ausschuss muss die Gewähr für die Vertraulichkeit oder die Geheimhaltung der ihm anvertrauten Informationen, namentlich der Betriebs- und Geschäftsgeheimnisse, bieten.

(3) Alles Nähere regelt die Geschäftsordnung des Abgeordnetenhauses.

Artikel 50 [Unterrichtung des Abgeordnetenhauses]

(1) [1]Der Senat unterrichtet das Abgeordnetenhaus frühzeitig und vollständig über alle in seine Zuständigkeit fallenden Vorhaben von grundsätzlicher Bedeutung. [2]Dies betrifft auch Angelegenheiten der Europäischen Union, soweit das Land Berlin daran beteiligt ist. [3]Staatsverträge sind vor ihrer Unterzeichnung durch den Senat dem Abgeordnetenhaus zur Kenntnis zu geben. [4]Der Abschluß von Staatsverträgen bedarf der Zustimmung des Abgeordnetenhauses.

(2) Der Senat unterrichtet das Abgeordnetenhaus über Gesetzesvorhaben des Bundes und über die Angelegenheiten der Europäischen Union, soweit er an ihnen mitwirkt.

Artikel 51 [Indemnität u. Immunität der Abgeordneten]

(1) [1]Kein Abgeordneter darf zu irgendeiner Zeit wegen seiner Abstimmung oder wegen Äußerungen in Ausübung seines Mandats gerichtlich oder dienstlich oder sonst außerhalb des Abgeordnetenhaus zur Verantwortung gezogen werden. [2]Dies gilt nicht für verleumderische Beleidigungen.

(2) Jeder Abgeordnete hat das Recht, Angaben über Personen, die ihm in seiner Eigenschaft als Abgeordneter Mitteilung gemacht haben, und die Herausgabe von Schriftstücken zu verweigern, die ihm in seiner Eigenschaft als Abgeordneter übergeben wurden.

(3) Kein Abgeordneter darf ohne Genehmigung des Abgeordnetenhauses zur Untersuchung gezogen oder verhaftet werden, es sei denn, daß er bei Ausübung der Tat festgenommen wird.

(4) Jede Haft oder sonstige Beschränkung der persönlichen Freiheit eines Abgeordneten ist auf Verlangen des Abgeordnetenhauses aufzuheben.

Artikel 52 [Wahrheitsgetreue Berichte]

Niemand darf wegen wahrheitsgetreuer Berichte über die öffentlichen Verhandlungen des Abgeordnetenhauses und seiner Ausschüsse zur Verantwortung gezogen werden.

Artikel 53 [Abgeordnetenentschädigung]

[1]Die Abgeordneten erhalten eine angemessene Entschädigung. [2]Alles Nähere wird durch Gesetz geregelt.

Artikel 54 [Wahlperiode]

(1) [1]Das Abgeordnetenhaus wird unbeschadet der Vorschrift des Absatzes 5 für fünf Jahre gewählt. [2]Die Wahlperiode beginnt mit dem ersten Zusammentritt des Abgeordnetenhauses. [3]Die Neuwahl findet frühestens 56 und spätestens 59 Monate nach dem Beginn der Wahlperiode des Abgeordnetenhauses statt.

(2) Das Abgeordnetenhaus kann mit einer Mehrheit von zwei Dritteln seiner Mitglieder beschließen, die Wahlperiode vorzeitig zu beenden.

(3) Die Wahlperiode kann auch durch Volksentscheid vorzeitig beendet werden.

(4) Im Falle der vorzeitigen Beendigung der Wahlperiode findet die Neuwahl spätestens acht Wochen nach dem Beschluß des Abgeordnetenhauses oder der Bekanntgabe des Volksentscheides statt.

(5) [1]Die Wahlperiode endet mit dem Zusammentritt des neugewählten Abgeordnetenhauses. [2]Das Abgeordnetenhaus tritt spätestens sechs Wochen nach der Wahl unter dem Vorsitz des ältesten Abgeordneten zusammen.

Abschnitt IV
Die Regierung

Artikel 55 [Senat]

(1) Die Regierung wird durch den Senat ausgeübt.

(2) Der Senat besteht aus dem Regierenden Bürgermeister und bis zu zehn Senatoren.

Artikel 56 [Wahl des Senats]

(1) [1]Der Regierende Bürgermeister wird mit der Mehrheit der Mitglieder des Abgeordnetenhauses gewählt. [2]Kommt eine Wahl nach Satz 1 nicht zustande, so findet ein zweiter Wahlgang statt. [3]Kommt die Wahl auch in diesem Wahlgang nicht zustande, so ist gewählt, wer in einem weiteren Wahlgang die meisten Stimmen erhält.

(2) [1]Die Senatoren werden vom Regierenden Bürgermeister ernannt und entlassen. [2]Er ernennt zwei Senatoren zu seinen Stellvertretern (Bürgermeister).

(3) [1]Die Mitglieder des Senats können jederzeit von ihrem Amt zurücktreten. [2]Mit der Beendigung des Amtes des Regierenden Bürgermeisters endet auch die Amtszeit der übrigen Senatsmitglieder. [3]Der Regierende Bürgermeister und auf sein Ersuchen die übrigen Senatsmitglieder sind verpflichtet, die Amtsgeschäfte bis zum Amtsantritt ihrer Nachfolger fortzuführen.

Artikel 57 [Mißtrauensvotum]

(1) Der Regierende Bürgermeister bedarf des Vertrauens des Abgeordnetenhauses.

(2) [1]Das Abgeordnetenhaus kann dem Regierenden Bürgermeister das Vertrauen entziehen. [2]Die namentliche Abstimmung darf frühestens 48 Stunden nach der Bekanntgabe des Mißtrauensantrages im Abgeordnetenhaus erfolgen.

(3) [1]Der Beschluß über einen Mißtrauensantrag bedarf der Zustimmung der Mehrheit der gewählten Mitglieder des Abgeordnetenhauses. [2]Bei Annahme eines Mißtrauensantrages hat der Regierende Bürgermeister sofort zurückzutreten. [3]Das Mißtrauensvotum verliert seine Wirksamkeit, wenn nicht binnen 21 Tagen eine Neuwahl erfolgt ist.

Artikel 58 [Regierender Bürgermeister]

(1) [1]Der Regierende Bürgermeister vertritt Berlin nach außen. [2]Er führt den Vorsitz im Senat und leitet seine Sitzungen. [3]Bei Stimmengleichheit gibt seine Stimme den Ausschlag.

(2) [1]Der Regierende Bürgermeister bestimmt die Richtlinien der Regierungspolitik. [2]Sie bedürfen der Billigung des Abgeordnetenhauses.

(3) Der Regierende Bürgermeister überwacht die Einhaltung der Richtlinien der Regierungspolitik; er hat das Recht, über alle Amtsgeschäfte Auskunft zu verlangen.

(4) Der Senat gibt sich seine Geschäftsordnung.

(5) [1]Jedes Mitglied des Senats leitet seinen Geschäftsbereich selbständig und in eigener Verantwortung innerhalb der Richtlinien der Regierungspolitik. [2]Bei Meinungsverschiedenheiten oder auf Antrag des Regierenden Bürgermeisters entscheidet der Senat.

Abschnitt V
Die Gesetzgebung

Artikel 59 [Gesetzesvorbehalt; Gesetzesvorlagen]

(1) Die für alle verbindlichen Gebote und Verbote müssen auf Gesetz beruhen.

(2) Gesetzesvorlagen können aus der Mitte des Abgeordnetenhauses, durch den Senat oder im Wege des Volksbegehrens eingebracht werden.

(3) [1]Die Öffentlichkeit ist über Gesetzesvorhaben zu informieren. [2]Gesetzentwürfe des Senats sind spätestens zu dem Zeitpunkt, zu dem betroffene Kreise unterrichtet werden, auch dem Abgeordnetenhaus zuzuleiten.

(4) [1]Jedes Gesetz muß in mindestens zwei Lesungen im Abgeordnetenhaus beraten werden. [2]Zwischen beiden Lesungen soll im allgemeinen eine Vorberatung in dem zuständigen Ausschuß erfolgen.

(5) Auf Verlangen des Präsidenten des Abgeordnetenhauses oder des Senats hat eine dritte Lesung stattzufinden.

Artikel 60 [Zustandekommen von Gesetzen]

(1) Gesetze werden vom Abgeordnetenhaus mit einfacher Mehrheit beschlossen, soweit die Verfassung nichts anderes bestimmt.

(2) Gesetze sind vom Präsidenten des Abgeordnetenhauses unverzüglich auszufertigen und sodann binnen zwei Wochen vom Regierenden Bürgermeister zu verkünden.

(3) [1]Jedes Gesetz und jede Rechtsverordnung soll den Tag des Inkrafttretens bestimmen. [2]Fehlt eine solche Bestimmung, so treten sie mit dem 14. Tage nach Ablauf des Tages in Kraft, an dem sie verkündet worden sind.

Artikel 61 [Einwohnerinitiativen]

(1) [1]Alle Einwohner Berlins haben das Recht, das Abgeordnetenhaus im Rahmen seiner Entscheidungszuständigkeiten mit bestimmten Gegenständen der politischen Willensbildung, die Berlin betreffen, zu befassen. [2]Die Initiative muss von 20 000 Einwohnern Berlins, die mindestens 16 Jahre alt

sind, unterzeichnet sein. [3]Ihre Vertreter haben das Recht auf Anhörung in den zuständigen Ausschüssen.

(2) Das Nähere regelt ein Gesetz.

Artikel 62 [Volksbegehren und Volksentscheid]

(1) [1]Volksbegehren können darauf gerichtet werden, Gesetze zu erlassen, zu ändern oder aufzuheben, soweit das Land Berlin die Gesetzgebungskompetenz hat. [2]Sie können darüber hinaus darauf gerichtet werden, im Rahmen der Entscheidungszuständigkeit des Abgeordnetenhauses zu Gegenständen der politischen Willensbildung, die Berlin betreffen, sonstige Beschlüsse zu fassen. [3]Sie sind innerhalb einer Wahlperiode zu einem Thema nur einmal zulässig.

(2) Volksbegehren zum Landeshaushaltsgesetz, zu Dienst- und Versorgungsbezügen, Abgaben, Tarifen der öffentlichen Unternehmen sowie zu Personalentscheidungen sind unzulässig.

(3) [1]Der dem Volksbegehren zugrundeliegende Entwurf eines Gesetzes oder eines sonstigen Beschlusses ist vom Senat unter Darlegung seines Standpunktes dem Abgeordnetenhaus zu unterbreiten, sobald der Nachweis der Unterstützung des Volksbegehrens erbracht ist. [2]Auf Verlangen der Vertreter des Volksbegehrens ist das Volksbegehren durchzuführen, wenn das Abgeordnetenhaus den begehrten Entwurf eines Gesetzes oder eines sonstigen Beschlusses nicht innerhalb von vier Monaten inhaltlich in seinem wesentlichen Bestand unverändert annimmt.

(4) [1]Ist ein Volksbegehren zustande gekommen, so muss innerhalb von vier Monaten ein Volksentscheid herbeigeführt werden. [2]Die Frist kann auf bis zu acht Monate verlängert werden, wenn dadurch der Volksentscheid gemeinsam mit Wahlen oder mit anderen Volksentscheiden durchgeführt werden kann. [3]Das Abgeordnetenhaus kann einen eigenen Entwurf eines Gesetzes oder eines sonstigen Beschlusses zur gleichzeitigen Abstimmung stellen. [4]Der Volksentscheid unterbleibt, wenn das Abgeordnetenhaus den begehrten Entwurf eines Gesetzes oder eines sonstigen Beschlusses inhaltlich in seinem wesentlichen Bestand unverändert annimmt.

(5) Der Präsident des Abgeordnetenhauses fertigt das durch Volksentscheid zustande gekommene Gesetz aus; der Regierende Bürgermeister verkündet es im Gesetz- und Verordnungsblatt für Berlin.

(6) Volksbegehren können auch auf die vorzeitige Beendigung der Wahlperiode des Abgeordnetenhauses gerichtet werden.

Artikel 63 [Quoren]

(1) [1]Ein Volksbegehren, das einen Gesetzentwurf oder einen sonstigen Beschluss nach Artikel 62 Abs. 1 zum Gegenstand hat, bedarf zum Nachweis der Unterstützung der Unterschriften von mindestens 20 000 der zum Abgeordnetenhaus Wahlberechtigten. [2]Es kommt zustande, wenn mindestens 7 vom Hundert der zum Abgeordnetenhaus Wahlberechtigten innerhalb von vier Monaten dem Volksbegehren zustimmt. [3]Ein Gesetz oder ein sonstiger Beschluss nach Artikel 62 Abs. 1 ist durch Volksentscheid angenommen, wenn eine Mehrheit der Teilnehmer und zugleich mindestens ein Viertel der zum Abgeordnetenhaus Wahlberechtigten zustimmt.

(2) [1]Ein Volksbegehren, das einen die Verfassung von Berlin ändernden Gesetzentwurf zum Gegenstand hat, bedarf zum Nachweis der Unterstützung der Unterschriften von mindestens 50 000 der zum Abgeordnetenhaus Wahlberechtigten. [2]Es kommt zustande, wenn mindestens ein Fünftel der zum Abgeordnetenhaus Wahlberechtigten innerhalb von vier Monaten dem Volksbegehren zustimmt. [3]Ein die Verfassung von Berlin änderndes Gesetz ist durch Volksentscheid angenommen, wenn eine Mehrheit von mindestens zwei Dritteln der Teilnehmer und zugleich mindestens die Hälfte der zum Abgeordnetenhaus Wahlberechtigten zustimmt.

(3) [1]Ein Volksbegehren, das die vorzeitige Beendigung der Wahlperiode des Abgeordnetenhauses zum Gegenstand hat, bedarf zum Nachweis der Unterstützung der Unterschriften von mindestens 50 000 der zum Abgeordnetenhaus Wahlberechtigten. [2]Es kommt zustande, wenn mindestens ein Fünftel der zum Abgeordnetenhaus Wahlberechtigten innerhalb von vier Monaten dem Volksbegehren zustimmt. [3]Der Volksentscheid wird nur wirksam, wenn sich mindestens die Hälfte der Wahlberechtigten daran beteiligt und die Mehrheit der Teilnehmer zustimmt.

(4) Das Nähere zum Volksbegehren und zum Volksentscheid, einschließlich der Veröffentlichung des dem Volksentscheid zugrunde liegenden Vorschlags, wird durch Gesetz geregelt.

Artikel 64 [Rechtsverordnungen]

(1) [1]Durch Gesetz kann der Senat oder ein Mitglied des Senats ermächtigt werden, Rechtsverordnungen zu erlassen. [2]Inhalt, Zweck und Ausmaß der erteilten Ermächtigung müssen im Gesetz bestimmt werden. [3]Die Rechtsgrundlage ist in der Rechtsverordnung anzugeben.

(2) [1]Zur Festsetzung von Bebauungsplänen und Landschaftsplänen können die Bezirke durch Gesetz ermächtigt werden, Rechtsverordnungen zu erlassen. [2]Die Ermächtigung kann sich auch auf andere baurechtliche Akte, die nach Bundesrecht durch Satzung zu regeln sind, sowie auf naturschutzrechtliche Veränderungsverbote erstrecken. [3]Dies gilt nicht für Gebiete mit außergewöhnlicher stadtpolitischer Bedeutung. [4]Das Nähere regelt ein Gesetz.

(3) [1]Die Rechtsverordnungen nach Absatz 1 sind dem Abgeordnetenhaus unverzüglich zur Kenntnisnahme vorzulegen. [2]Verwaltungsvorschriften sind dem Abgeordnetenhaus auf Verlangen vorzulegen.

Artikel 65 [Ersetzung von Rechtsvorschriften; Zuordnung von Zuständigkeiten]

(1) Parallel zur Herstellung einheitlicher Lebensverhältnisse in Berlin sollen Rechtsvorschriften, die bisher nur in Teilen des Landes Berlin galten, durch Rechtsvorschriften ersetzt werden, die im ganzen Land gelten.

(2) Soweit in überlieferten Rechtsvorschriften Zuständigkeiten angesprochen sind, die nicht ohne weiteres einem Verfassungsorgan zugeordnet werden können, gehen sie auf den Senat über; das Abgeordnetenhaus kann anderes beschließen.

Abschnitt VI
Die Verwaltung

Artikel 66 [Grundsätze; Beteiligung der Bezirke]

(1) Die Verwaltung ist bürgernah im demokratischen und sozialen Geist nach der Verfassung und den Gesetzen zu führen.

(2) [1]Die Bezirke erfüllen ihre Aufgaben nach den Grundsätzen der Selbstverwaltung. [2]Sie nehmen regelmäßig die örtlichen Verwaltungsaufgaben wahr.

Artikel 67 [Zuständigkeit der Hauptverwaltung und der Bezirke]

(1) [1]Der Senat nimmt durch die Hauptverwaltung die Aufgaben von gesamtstädtischer Bedeutung wahr. [2]Dazu gehören:

1. die Leitungsaufgaben (Planung, Grundsatzangelegenheiten, Steuerung, Aufsicht),
2. die Polizei-, Justiz- und Steuerverwaltung,
3. einzelne andere Aufgabenbereiche, die wegen ihrer Eigenart zwingend einer Durchführung in unmittelbarer Regierungsverantwortung bedürfen.

[3]Die Ausgestaltung der Aufsicht wird durch Gesetz geregelt. [4]Es kann an Stelle der Fachaufsicht für einzelne Aufgabenbereiche der Bezirke ein Eingriffsrecht für alle Aufgabenbereiche der Bezirke für den Fall vorsehen, daß dringende Gesamtinteressen Berlins beeinträchtigt werden.

(2) [1]Die Bezirke nehmen alle anderen Aufgaben der Verwaltung wahr. [2]Der Senat kann Grundsätze und allgemeine Verwaltungsvorschriften für die Tätigkeit der Bezirke erlassen. [3]Er übt auch die Aufsicht darüber aus, daß diese eingehalten werden und die Rechtmäßigkeit der Verwaltung gewahrt bleibt.

(3) [1]Die Aufgaben des Senats außerhalb der Leitungsaufgaben werden im einzelnen durch Gesetz mit zusammenfassendem Zuständigkeitskatalog bestimmt. [2]Im Vorgriff auf eine Katalogänderung kann der Senat durch Rechtsverordnung einzelne Aufgaben der Hauptverwaltung den Bezirken zuweisen.

(4) Zur Ausübung der Schulaufsicht können Beamte in den Bezirksverwaltungen herangezogen werden.

(5) [1]Einzelne Aufgaben der Bezirke können durch einen Bezirk oder mehrere Bezirke wahrgenommen werden. [2]Im Einvernehmen mit den Bezirken legt der Senat die örtliche Zuständigkeit durch Rechtsverordnung fest.

Artikel 68 [Rat der Bürgermeister]

(1) Den Bezirken ist die Möglichkeit zu geben, zu den grundsätzlichen Fragen der Verwaltung und Gesetzgebung Stellung zu nehmen.

(2) Zu diesem Zweck finden regelmäßig mindestens einmal monatlich gemeinsame Besprechungen des Regierenden Bürgermeisters und des Bürgermeisters mit den Bezirksbürgermeistern oder den stellvertretenden Bezirksbürgermeistern als Vertretern des Bezirksamts statt (Rat der Bürgermeister).

(3) Das Nähere wird durch Gesetz geregelt.

Artikel 69 [Bezirksverordnetenversammlung]

[1]In jedem Bezirk wird eine Bezirksverordnetenversammlung gewählt. [2]Sie wählt die Mitglieder des Bezirksamts. [3]Das Nähere wird durch Gesetz geregelt.

Artikel 70 [Wahl; Zusammensetzung; Sperrklausel]

(1) [1]Die Bezirksverordnetenversammlung wird in allgemeiner, gleicher, geheimer und direkter Wahl zur gleichen Zeit wie das Abgeordnetenhaus gewählt. [2]Wahlberechtigt sind alle Deutschen, die am Tage der Wahl das 16. Lebensjahr vollendet und im Bezirk ihren Wohnsitz haben, sofern ihr Wohnsitz in Berlin seit mindestens drei Monaten besteht. [3]Wahlberechtigt und wählbar sind unter den gleichen Voraussetzungen wie Deutsche auch Personen, die die Staatsangehörigkeit eines Mitgliedstaates der Europäischen Union besitzen. [4]Alles Nähere regelt das Wahlgesetz.

(2) [1]Die Bezirksverordnetenversammlung besteht aus 55 Mitgliedern. [2]Auf Bezirkswahlvorschläge, für die weniger als drei vom Hundert der Stimmen abgegeben werden, entfallen keine Sitze.

Artikel 71 [Wahlperiode der Bezirksverordnetenversammlung]

Mit dem Ende der Wahlperiode des Abgeordnetenhauses endet auch die Wahlperiode der Bezirksverordnetenversammlungen.

Artikel 72 [Aufgaben der Bezirksverordnetenversammlung; Bürgerentscheid]

(1) Die Bezirksverordnetenversammlung ist Organ der bezirklichen Selbstverwaltung; sie übt die Kontrolle über die Verwaltung des Bezirks aus, beschließt den Bezirkshaushaltsplan und entscheidet in den ihr zugewiesenen Angelegenheiten.

(2) [1]An die Stelle von Beschlüssen der Bezirksverordnetenversammlung können im Rahmen der Zuständigkeit der Bezirksverordnetenversammlung Bürgerentscheide der zur Bezirksverordnetenversammlung Wahlberechtigten treten. [2]Das Nähere wird durch Gesetz geregelt.

Artikel 73 [Ausschüsse; Bürgerdeputierte]

(1) Die Bezirksverordnetenversammlung setzt zur Mitwirkung bei der Erfüllung ihrer Aufgaben Ausschüsse ein.

(2) [1]Nach näherer Bestimmung durch Gesetz können den Ausschüssen neben Mitgliedern der Bezirksverordnetenversammlung auch Bürgerdeputierte angehören. [2]Die Bürgerdeputierten werden von der Bezirksverordnetenversammlung gewählt; sie sind Inhaber von Ehrenämtern.

Artikel 74 [Bezirksamt]

(1) [1]Das Bezirksamt besteht aus dem Bezirksbürgermeister und dem Bezirksstadträten, von denen einer zugleich zum stellvertretenden Bezirksbürgermeister gewählt wird. [2]Das Bezirksamt soll auf Grund der Wahlvorschläge der Fraktionen entsprechend ihrem nach dem Höchstzahlverfahren (d'Hondt) berechneten Stärkeverhältnis in der Bezirksverordnetenversammlung gebildet werden. [3]Gemeinsame Wahlvorschläge von mehreren Fraktionen werden bei der Wahl des Bezirksbürgermeisters unbeschadet der Gesamtzusammensetzung des Bezirksamts wie Wahlvorschläge einer Fraktion angesehen. [4]Das Nähere wird durch Gesetz geregelt.

(2) Das Bezirksamt ist die Verwaltungsbehörde des Bezirks; es vertritt Berlin in Angelegenheiten seines Bezirks.

Artikel 75 [Bezirksbürgermeister]

(1) Die Organisation der Bezirksverwaltung wird durch Gesetz geregelt.

(2) [1]Der Bezirksbürgermeister untersteht der Dienstaufsicht des Regierenden Bürgermeisters. [2]Der Bezirksbürgermeister hat die Dienstaufsicht über die Mitglieder des Bezirksamts. [3]Jedes Mitglied des Bezirksamts leitet seinen Geschäftsbereich in eigener Verantwortung. [4]Bei Meinungsverschiedenheiten zwischen Mitgliedern des Bezirksamts entscheidet das Bezirksamt.

Artikel 76 [Abberufung eines Mitglieds des Bezirksamts]

[1]Die Bezirksverordnetenversammlung kann mit Zweidrittelmehrheit der Bezirksverordneten ein Mitglied des Bezirksamts vor Beendigung der Amtszeit abberufen. [2]Das Nähere wird durch Gesetz geregelt.

Artikel 77 [Einstellungen, Versetzungen und Entlassungen im öffentlichen Dienst]

(1) [1]Alle Einstellungen, Versetzungen und Entlassungen im öffentlichen Dienst erfolgen durch den Senat. [2]Für die Bezirke wird dieses Recht den Bezirksämtern übertragen.

(2) [1]Über Versetzungen aus einem Bezirk in einen anderen, aus der Hauptverwaltung in einen Bezirk oder umgekehrt entscheidet, wenn die Beteiligten sich nicht einigen können, der Senat nach Anhörung der Beteiligten. [2]Zum allgemeinen Personalausgleich in der Berliner Verwaltung kann der Senat auch entgegen einer Einigung der Beteiligten nach deren Anhörung entscheiden.

Abschnitt VII

Die Rechtspflege

Artikel 78 [Grundsätze]

Die Rechtspflege ist im Geist dieser Verfassung und des sozialen Verständnisses auszuüben.

Artikel 79 [Unabhängigkeit; Laienrichter]

(1) Die richterliche Gewalt wird durch unabhängige, nur dem Gesetz unterworfene Gerichte im Namen des Volkes ausgeübt.

(2) An der Rechtspflege sind Männer und Frauen aller Volksschichten nach Maßgabe der gesetzlichen Bestimmungen zu beteiligen.

Artikel 80 [Gesetzesbindung]

Die Richter sind an die Gesetze gebunden.

Artikel 81 [Begnadigung]

[1]Das Recht der Begnadigung übt der Senat aus. [2]Er hat in den gesetzlich vorzusehenden Fällen den vom Abgeordnetenhaus zu wählenden Ausschuß für Gnadensachen zu hören. [3]Der Senat kann seine Befugnis auf das jeweils zuständige Mitglied des Senats übertragen.

Artikel 82 [Richterernennung]

(1) [1]Die Berufsrichter werden vom Senat ernannt, wenn sie nach ihrer Persönlichkeit und ihrer bisherigen Tätigkeit in der Rechtspflege die Gewähr dafür bieten, daß sie ihr Richteramt im Geist der Verfassung und sozialen Gerechtigkeit ausüben werden. [2]Die gewählten höchsten Richter haben ein Vorschlagsrecht für ihren Amtsbereich.

(2) Die Präsidenten der oberen Landesgerichte werden auf Vorschlag des Senats vom Abgeordnetenhaus mit der Mehrheit seiner Mitglieder gewählt und vom Senat ernannt.

(3) Für gemeinsame Gerichte des Landes Berlin mit anderen Ländern können durch Staatsvertrag Zuständigkeiten und Verfahren abweichend von den Absätzen 1 und 2 bestimmt werden.

Artikel 83 ***[aufgehoben]***

Artikel 84 [Verfassungsgerichtshof]

(1) [1]Es wird ein Verfassungsgerichtshof gebildet, der aus neun Mitgliedern besteht (einem Präsidenten, einem Vizepräsidenten und sieben Verfassungsrichtern), von denen drei zum Zeitpunkt ihrer Wahl Berufsrichter sind und drei weitere die Befähigung zum Richteramt haben. [2]Die Mitglieder des Verfassungsgerichtshofes werden durch das Abgeordnetenhaus mit Zweidrittelmehrheit gewählt.

(2) Der Verfassungsgerichtshof entscheidet

1. über die Auslegung der Verfassung von Berlin aus Anlaß von Streitigkeiten über den Umfang der Rechte und Pflichten eines obersten Landesorgans oder anderer Beteiligter, die durch die Verfassung von Berlin oder durch die Geschäftsordnung des Abgeordnetenhauses mit eigenen Rechten ausgestattet sind,
2. bei Meinungsverschiedenheiten oder Zweifeln über die förmliche oder sachliche Vereinbarkeit von Landesrecht mit der Verfassung von Berlin auf Antrag des Senats oder eines Viertels der Mitglieder des Abgeordnetenhauses,

3. bei Meinungsverschiedenheiten oder Zweifeln über die Vereinbarkeit der im Gesetz geregelten Abgrenzung der Zuständigkeitsbereiche zwischen der Hauptverwaltung und den Bezirken mit der Verfassung von Berlin auf Antrag eines Bezirks,
4. in den nach Artikel 100 Abs. 1 des Grundgesetzes für die Bundesrepublik Deutschland der Zuständigkeit der Landesverfassungsgerichte zugewiesenen Fällen,
5. über Verfassungsbeschwerden, soweit nicht Verfassungsbeschwerde zum Bundesverfassungsgericht erhoben ist oder wird,
6. in den ihm sonst durch Gesetz zugewiesenen Fällen.

(3) Das Nähere wird durch ein Gesetz über den Verfassungsgerichtshof bestimmt.

Abschnitt VIII
Das Finanzwesen

Artikel 85 [Haushaltsplan]

(1) [1]Alle Einnahmen und Ausgaben müssen für jedes Rechnungsjahr in dem Haushaltsplan veranschlagt werden; er wird durch ein Gesetz festgestellt (Haushaltsgesetz). [2]Durch Gesetz kann eine Veranschlagung und Feststellung für einen längeren Zeitabschnitt und in besonderen Ausnahmefällen ein Nachweis von Einnahmen und Ausgaben außerhalb des Haushaltsplans zugelassen werden.

(2) [1]Jedem Bezirk wird eine Globalsumme zur Erfüllung seiner Aufgaben im Rahmen des Haushaltsgesetzes zugewiesen. [2]Bei der Bemessung der Globalsummen für die Bezirkshaushaltspläne ist ein gerechter Ausgleich unter den Bezirken vorzunehmen. [3]Zum Jahresschluß wird das erwirtschaftete Abschlußergebnis auf die Globalsumme für den nächsten aufzustellenden Bezirkshaushaltsplan vorgetragen.

Artikel 86 [Haushaltsgesetz; Finanzplan]

(1) Das Haushaltsgesetz bildet die Grundlage für die Verwaltung aller Einnahmen und Ausgaben.

(2) Haushaltsmittel dürfen nur in Anspruch genommen werden, soweit es eine sparsame Verwaltung erforderlich macht.

(3) [1]Der Haushaltswirtschaft ist eine fünfjährige Finanzplanung zugrunde zu legen. [2]Der Finanzplan ist dem Abgeordnetenhaus spätestens im Zusammenhang mit dem Entwurf des Haushaltsgesetzes für das nächste Haushaltsjahr vorzulegen.

Artikel 87 [Gesetzesvorbehalt]

(1) Ohne gesetzliche Grundlage dürfen weder Steuern oder Abgaben erhoben noch Anleihen aufgenommen oder Sicherheiten geleistet werden.

(2) [1]Kredite dürfen nur aufgenommen werden, wenn andere Mittel zur Deckung nicht vorhanden sind. [2]Die Einnahmen aus Krediten dürfen die Summe der im Haushaltsplan veranschlagten Ausgaben für Investitionen nicht überschreiten; Ausnahmen sind nur zulässig zur Abwehr einer Störung des gesamtwirtschaftlichen Gleichgewichts. [3]Das Nähere wird durch Gesetz geregelt.

Artikel 88 [Haushaltsüberschreitungen]

(1) Haushaltsüberschreitungen dürfen nur mit Zustimmung des Senats im Falle eines unvorhergesehenen und unabweisbaren Bedürfnisses vorgenommen werden.

(2) Für Haushaltsüberschreitungen ist die nachträgliche Genehmigung des Abgeordnetenhauses einzuholen.

(3) Erhebt der mit Leitung des Finanzwesens beauftragte Senator gegen eine Haushaltsüberschreitung Einspruch, so ist ein Beschluß des Abgeordnetenhauses herbeizuführen.

(4) Für Haushaltsüberschreitungen in den Bezirken können durch Gesetz entsprechende Regelungen getroffen werden.

Artikel 89 [Ausgaben vor Etatgenehmigung]

(1) [1]Ist der Haushaltsplan zu Beginn des neuen Rechnungsjahres noch nicht festgestellt, so ist der Senat zu vorläufigen Regelungen ermächtigt, damit die unbedingt notwendigen Ausgaben geleistet werden können, um bestehende Einrichtungen zu erhalten, die gesetzlichen Aufgaben und die rechtlichen Verpflichtungen zu erfüllen, Bauvorhaben weiterzuführen und eine ordnungsgemäße Tätigkeit der Verwaltung aufrechtzuerhalten. [2]Für den Bezirkshaushalt ist das Bezirksamt zu ergänzenden Regelungen ermächtigt.

(2) Soweit nicht auf besonderem Gesetz beruhende Einnahmen aus Steuern, Abgaben und sonstigen Quellen oder die Betriebsmittelrücklage die Ausgaben gemäß Absatz 1 decken, darf der Senat die zur Aufrechterhaltung der Wirtschaftsführung erforderlichen Mittel bis zur Höhe eines Viertels der Endsumme des abgelaufenen Haushaltsplans im Wege des Kredits flüssig machen.

Artikel 90 [Einnahmeminderungen; Ausgabenerhöhungen]

(1) Vorlagen und Anträge über Maßnahmen, die eine Minderung der Einnahmen oder eine Erhöhung der Ausgaben gegenüber dem Haushaltsplan zur Folge haben, müssen vom Abgeordnetenhaus in zwei Lesungen beraten werden, zwischen denen in der Regel 48 Stunden liegen sollen.

(2) Die Beschlüsse müssen Bestimmungen über die Deckung enthalten.

Artikel 91 [Schadensersatz]

[1]Die Mitglieder des Senats und der Bezirksämter sowie die übrigen Angehörigen des öffentlichen Dienstes, die gegen die Bestimmungen der Verfassung über das Finanzwesen schuldhaft verstoßen, haften für den daraus entstandenen Schaden. [2]Eine Verpflichtung zum Schadensersatz ist jedoch nicht gegeben, wenn die Handlung zur Abwendung einer nicht voraussehbaren dringenden Gefahr erfolgte und die Verletzung der Vorschriften nicht über das durch die Notlage gebotene Maß hinausgegangen ist.

Artikel 92 [Eigenbetriebe]

[1]Organisation, Verwaltung, Wirtschaftsführung und Rechnungswesen der nichtrechtsfähigen wirtschaftlichen Unternehmen Berlins (Eigenbetriebe) werden durch Gesetz geregelt. [2]Das Rechnungswesen ist so einzurichten, daß ein klarer Einblick in die laufende Bertriebsführung und die Ergebnisse möglich ist.

Artikel 93 [Umwandlung von Eigenbetrieben]

(1) Die Umwandlung von Eigenbetrieben und von einzelnen Anlagen von bleibendem Wert in juristische Personen bedarf eines Beschlusses des Abgeordnetenhauses.

(2) Die Veräußerung von Vermögensgegenständen wird durch Gesetz geregelt.

Artikel 94 [Rechnungslegung]

(1) Im Laufe der ersten neun Monate des folgenden Rechnungsjahres hat der Senat dem Abgeordnetenhaus über die Einnahmen und Ausgaben der Haushaltswirtschaft und über Vermögen und Schulden Rechnung zu legen.

(2) [1]Nach Prüfung der Haushalts- und Vermögensrechnung durch den Rechnungshof beschließt das Abgeordnetenhaus über die Entlastung des Senats. [2]Es beschließt über einzuleitende Maßnahmen und kann bestimmte Sachverhalte ausdrücklich mißbilligen.

Artikel 95 [Rechnungshof]

(1) [1]Der Rechnungshof ist eine unabhängige, nur dem Gesetz unterworfene oberste Landesbehörde. [2]Seine Mitglieder besitzen richterliche Unabhängigkeit.

(2) [1]Der Rechnungshof wird von dem Präsidenten geleitet. [2]Dieser wird auf Vorschlag des Senats vom Abgeordnetenhaus mit der Mehrheit seiner Mitglieder gewählt und vom Präsidenten des Abgeordnetenhauses auf Lebenszeit ernannt. [3]Der Präsident des Rechnungshofes untersteht der Dienstaufsicht des Präsidenten des Abgeordnetenhauses von Berlin.

(3) [1]Der Rechnungshof prüft die Rechnungen (Artikel 94) sowie die Wirtschaftlichkeit und Ordnungsmäßigkeit der gesamten Haushalts- und Wirtschaftsführung Berlins. [2]Er berichtet darüber jährlich dem Abgeordnetenhaus und unterrichtet gleichzeitig den Senat.

(4) Das Abgeordnetenhaus und der Senat können den Rechnungshof ersuchen, Angelegenheiten von besonderer Bedeutung zu untersuchen und darüber zu berichten.

(5) Das Nähere wird durch Gesetz geregelt.

Abschnitt IX
Übergangs- und Schlußbestimmungen

Artikel 96 [Gemeinsame Einrichtungen]

[1]Zwischen Berlin und anderen Ländern können gemeinsame Behörden, Gerichte und Körperschaften, Anstalten und Stiftungen des öffentlichen Rechts gebildet werden. [2]Die Vereinbarung bedarf der Zu-

stimmung des Abgeordnetenhauses. [3]Mit dem Land Brandenburg oder einzelnen seiner Gebietskörperschaften können gemeinsame Behörden und Gremien geschaffen werden, auf die durch Gesetz einzelne Befugnisse zur Raumplanung und Flächennutzungsplanung übertragen werden können. [4]Die Bestimmungen des Baugesetzbuches und des Raumordnungsgesetzes bleiben unberührt.

Artikel 97 [Vereinigung Berlin-Brandenburg]

(1) Das Land Berlin kann ein gemeinsames Land mit dem Land Brandenburg bilden.

(2) Ein Staatsvertrag der Länder Berlin und Brandenburg über die Bildung eines gemeinsamen Bundeslandes bedarf der Zustimmung einer Mehrheit von zwei Dritteln der Mitglieder des Abgeordnetenhauses sowie der Zustimmung durch Volksabstimmung nach Maßgabe dieses Staatsvertrages.

(3) Der Staatsvertrag kann vorsehen, daß

1. einzelne Befugnisse des Abgeordnetenhauses und des Senats auf gemeinsame Ausschüsse und Gremien der beiden Länder übertragen werden,
2. die Wahlperiode des Abgeordnetenhauses und die Amtszeit des Senats mit der Bildung des gemeinsamen Landes enden.

(4) Die Rechte des Abgeordnetenhauses bleiben unberührt.

(5) Das Nähere zur Regelung der Volksabstimmung bestimmt ein Staatsvertrag.

Artikel 98 [Weitergeltung von Rechtsvorschriften]

Die zur Befreiung vom Nationalsozialismus und Militarismus und zur Beseitigung ihrer Folgen erlassenen Rechtsvorschriften werden von den Bestimmungen dieser Verfassung nicht berührt.

Artikel 99 *[aufgehoben]*

Artikel 99a [Zusammenlegung von Bezirken]

(1) Die Bezirke, die in der 14. Wahlperiode des Abgeordnetenhauses von Berlin aus bisherigen Bezirken zusammengelegt werden, werden zum 1. Januar 2001 gebildet.

(2) [1]In der 14. Wahlperiode des Abgeordnetenhauses von Berlin besteht die Bezirksverordnetenversammlung in einem neuen Bezirk, der aus zwei bisherigen Bezirken zusammengelegt wird, aus 69 Mitgliedern und in einem neuen Bezirk, der aus drei bisherigen Bezirken zusammengelegt wird, aus 89 Mitgliedern. [2]Diese Bezirksverordnetenversammlung tritt erstmalig im Oktober 2000 zusammen und wählt das neue Bezirksamt, dessen Amtszeit am 1. Januar 2001 beginnt. [3]Sie besteht aus den Bezirksverordnetenversammlungen der bisherigen Bezirke, deren jeweilige Mitgliederzahl entsprechend dem Verhältnis der Zahl der Wahlberechtigten der bisherigen Bezirke zur Zahl der Wahlberechtigten des neuen Bezirks bei der Wahl zur 14. Wahlperiode des Abgeordnetenhauses von Berlin aus der Gesamtzahl der Mitglieder der Bezirksverordnetenversammlung des neuen Bezirks errechnet wird. [4]Die Mitglieder der Bezirksverordnetenversammlungen der bisherigen Bezirke sind zugleich Mitglieder der Bezirksverordnetenversammlungen der neuen Bezirke. [5]Die Amtszeit der Bezirksverordnetenversammlungen der bisherigen Bezirke endet mit Ablauf des 31. Dezember 2000.

(3) [1]In den bisherigen Bezirken, die zu neuen Bezirken zusammengelegt werden, haben die Mitglieder der Bezirksämter, die zu Beginn der 14. Wahlperiode des Abgeordnetenhauses von Berlin im Amt sind, ihre Ämter bis zum Ablauf des 31. Dezember 2000 weiterzuführen. [2]Eine Abwahl nach Artikel 76 ist nur aus wichtigem Grund zulässig. [3]Eine Nachwahl bis zum 31. Dezember 2000 ist nur zulässig, wenn das bisherige Bezirksamt aus weniger als drei Mitgliedern besteht.

(4) Die Bezirksämter und die Bezirksverordnetenversammlungen der bisherigen Bezirke, die zu neuen Bezirken zusammengelegt werden, bereiten die Zusammenlegung vor und führen die Organisation der Bezirksverwaltungen zusammen.

(5) Das Nähere wird durch Gesetz geregelt.

Artikel 100 [Änderungen der Verfassung]

[1]Änderungen der Verfassung erfordern vorbehaltlich der Regelungen in den Artikeln 62 und 63 eine Mehrheit von zwei Dritteln der gewählten Mitglieder des Abgeordnetenhauses. [2]Ist die Verfassungsänderung auf eine Änderung der Artikel 62 und 63 gerichtet, so bedarf es zusätzlich einer Volksabstimmung.

Artikel 101 [Inkrafttreten]

(1) [1]Diese Verfassung tritt, soweit in Absatz 2 nichts anderes bestimmt ist, nach Zustimmung in einer Volksabstimmung am Tage nach der Verkündung[1)] im Gesetz- und Verordnungsblatt für Berlin in Kraft. [2]Gleichzeitig tritt die Verfassung von Berlin vom 1. September 1950 (VOBl. I S. 433), zuletzt geändert durch Gesetz vom 8. Juni 1995 (GVBl. S. 339), außer Kraft.

(2) Artikel 99 tritt mit dem Beginn der 13. Wahlperiode des Abgeordnetenhauses von Berlin in Kraft.

(3) Artikel 55 Abs. 2 findet auf den bei Inkrafttreten dieser Verfassung im Amt befindlichen Senat keine Anwendung.

---

1) Das Abgeordnetenhaus von Berlin hat am 8.6.1995 die Verfassung beschlossen, der die Bevölkerung Berlins in der Volksabstimmung vom 22.10.1995 zugestimmt hat; verkündet am 28.11.1995.

Gesetz über den Verfassungsgerichtshof (VerfGHG)

Vom 8. November 1990 (GVBl. S. 2246)
(BRV 1103-1)
zuletzt geändert durch Art. 8 G über die Modernisierung und Bereinigung von Justizgesetzen im Land Berlin vom 22. Januar 2021 (GVBl. S. 75)

Das Abgeordnetenhaus hat das folgende Gesetz beschlossen:

Nichtamtliche Inhaltsübersicht

I. Teil
Verfassung, Organisation und Zuständigkeit

§ 1 Zusammensetzung

(1) Der Verfassungsgerichtshof ist ein den übrigen Verfassungsorganen des Landes Berlin gegenüber selbständiger und unabhängiger Gerichtshof.

(2) [1]Der Verfassungsgerichtshof besteht aus dem Präsidenten, dem Vizepräsidenten sowie sieben weiteren Verfassungsrichtern. [2]Die nachfolgenden Vorschriften gelten, soweit nichts anderes bestimmt ist, für sämtliche Richter des Verfassungsgerichtshofes.

(3) Männer und Frauen müssen jeweils mindestens drei der Verfassungsrichter stellen.

§ 2 Wahl des Präsidenten, des Vizepräsidenten und der weiteren Verfassungsrichter

(1) [1]Der Präsident, der Vizepräsident sowie die weiteren Richter des Verfassungsgerichtshofes werden vom Abgeordnetenhaus in geheimer Wahl ohne Aussprache mit Zweidrittelmehrheit auf die Dauer von sieben Jahren gewählt. [2]Eine Wiederwahl ist nicht zulässig. [3]Die Wahl eines amtierenden Mitgliedes des Verfassungsgerichtshofes zum Präsidenten oder Vizepräsidenten für die Dauer der dem Mitglied verbleibenden Amtszeit ist zulässig.

(2) Von den bei der ersten Wahl gewählten Mitgliedern scheiden der Vizepräsident sowie drei der weiteren Mitglieder, die unmittelbar nach ihrer Wahl vom Präsidenten des Abgeordnetenhauses durch das Los bestimmt sind, nach einer Amtszeit von fünf Jahren aus.

§ 3 Voraussetzungen der Wählbarkeit

(1) Zum Richter des Verfassungsgerichtshofes kann nur gewählt werden, wer das 35. Lebensjahr vollendet hat und zum Deutschen Bundestag wählbar ist.

(2) [1]Mitglieder einer gesetzgebenden Körperschaft oder einer Regierung können nicht Mitglieder des Verfassungsgerichtshofes sein. [2]Das gleiche gilt für Angehörige des öffentlichen Dienstes mit Ausnahme der Richter und der Professoren an einer deutschen Hochschule.

(3) [1]Die Verfassungsrichter sind ehrenamtlich tätig. [2]Drei von ihnen werden aus dem Kreis der Berufsrichter gewählt, drei weitere müssen die Befähigung zum Richteramt haben. [3]§ 13 Abs. 3 bleibt unberührt.

§ 4 Ernennung

[1]Der Präsident des Abgeordnetenhauses ernennt die gewählten Richter. [2]Sie erhalten eine Urkunde über die Art und Dauer ihres Amtes.

§ 5 Richtereid

Die Richter des Verfassungsgerichtshofes leisten, bevor sie ihr Amt antreten, vor dem Abgeordnetenhaus den für Berufsrichter des Landes Berlin vorgesehenen Eid.

§ 6 Recht auf jederzeitige Entlassung

(1) Jeder Richter des Verfassungsgerichtshofes kann jederzeit seine Entlassung aus dem Amt als Verfassungsrichter beantragen.

(2) Der Präsident des Abgeordnetenhauses hat die Entlassung unverzüglich auszusprechen.

§ 7 Ausscheiden aus dem Amt

(1) Mit Ablauf der Amtszeit scheiden die Richter des Verfassungsgerichtshofes aus.

(2) Nach Ablauf der Amtszeit gemäß Absatz 1 führen die Verfassungsrichter ihre Amtsgeschäfte bis zur Ernennung des Nachfolgers fort.

(3) Verfassungsrichter, bei denen Voraussetzungen der Wählbarkeit nach § 3 Abs. 2 entfallen, scheiden aus dem Verfassungsgerichtshof aus.

§ 8 Abberufung

(1) Die Richter unterliegen in ihrer Eigenschaft als Verfassungsrichter nicht den disziplinarrechtlichen Vorschriften für Richter.

(2) [1]Der Verfassungsgerichtshof kann einen Verfassungsrichter aus seinem Amt abberufen, wenn er
1. dauernd dienstunfähig ist oder
2. zu einer Freiheitsstrafe von mehr als sechs Monaten rechtskräftig verurteilt worden ist.

[2]Über die Einleitung des Verfahrens entscheidet der Verfassungsgerichtshof.

(3) [1]Der Verfassungsgerichtshof entscheidet durch Beschluß über die Abberufung aus dem Amt. [2]Der Beschluß bedarf der Zustimmung von sechs Verfassungsrichtern. [3]Im übrigen gelten die allgemeinen Verfahrensvorschriften entsprechend.

(4) [1]Nach Einleitung des Verfahrens gemäß Absatz 2 kann der Verfassungsgerichtshof den Verfassungsrichter vorläufig seines Amtes entheben. [2]Das gleiche gilt, wenn gegen den Verfassungsrichter wegen einer Straftat das Hauptverfahren eröffnet worden ist. [3]Absatz 3 Satz 2 gilt entsprechend.

(5) Andere von dem Richter des Verfassungsgerichtshofes bekleidete Ämter werden durch das Verfahren nach Absatz 2 und Absatz 4 nicht berührt.

§ 9 Wahl bei vorzeitigem Ausscheiden aus dem Amt

Endet das Amt eines Richters des Verfassungsgerichtshofes vorzeitig, so wird ein Nachfolger für eine volle Amtszeit gewählt.

§ 10 Präsident

(1) [1]Der Präsident führt den Vorsitz und die allgemeine Verwaltung des Verfassungsgerichtshofes. [2]Er vertritt den Verfassungsgerichtshof insbesondere gegenüber den anderen Verfassungsorganen. [3]Er wird durch den Vizepräsidenten vertreten.

(2) Sind der Präsident und der Vizepräsident verhindert, so nimmt der dienstälteste Berufsrichter die Befugnisse des Präsidenten wahr.

§ 11 Beschlußfähigkeit

(1) [1]Der Verfassungsgerichtshof ist beschlußfähig, wenn mindestens sechs Verfassungsrichter anwesend sind. [2]Die Zahl ermäßigt sich um die gemäß § 16 ausgeschlossenen und gemäß § 17 abgelehnten Verfassungsrichter sowie um die ausgeschiedenen Verfassungsrichter, für die noch keine Nachfolger ernannt sind.

(2) [1]Es entscheidet die einfache Mehrheit der an der Entscheidung mitwirkenden Verfassungsrichter, soweit nicht gesetzlich etwas anderes bestimmt ist. [2]Stimmengleichheit bedeutet Ablehnung.

§ 12 Geschäftsstelle, Geschäftsordnung, wissenschaftliche Hilfskräfte

(1) Der Verfassungsgerichtshof kann sich der Geschäftsstelle und der Geschäftseinrichtungen des Kammergerichts bedienen.

(2) [1]Der Verfassungsgerichtshof gibt sich eine Geschäftsordnung. [2]Sie ist im Gesetz- und Verordnungsblatt für Berlin zu veröffentlichen.

(3) Soweit es der Geschäftsanfall als erforderlich erscheinen läßt, kann sich der Verfassungsgerichtshof der Hilfe von wissenschaftlichen Mitarbeitern bedienen.

§ 13 Entschädigung der Richter des Verfassungsgerichtshofes

(1) Der Präsident des Verfassungsgerichtshofes erhält eine monatliche Grundentschädigung von 399 €, für den Vizepräsidenten beträgt diese 337 € und für die übrigen Verfassungsrichter 276 € monatlich.

(2) [1]Neben der Grundentschädigung erhalten die Verfassungsrichter pro Fall eine Aufwandsentschädigung. [2]Die Aufwandsentschädigung beträgt 61 € bei Beschlüssen und 245 € bei schriftlich begründeten Sachentscheidungen; der Berichterstatter erhält jeweils das Doppelte.

(3) Verfassungsrichter, die ihr Einkommen ganz oder überwiegend aus öffentlichen Mitteln beziehen, erhalten jeweils die Hälfte der in Absatz 1 genannten Beträge.

(4) [1]Sofern der Geschäftsanfall des Verfassungsgerichtshofes es als erforderlich erscheinen läßt, können auf Vorschlag des Gerichts bis zu vier Verfassungsrichter für die Dauer ihrer Amtszeit zu hauptamtlichen Verfassungsrichtern ernannt werden. [2]Die Ernennung erfolgt durch den Präsidenten des Abgeordnetenhauses auf Grund eines mit Zweidrittelmehrheit gefaßten Beschlusses des Abgeordnetenhauses. [3]Hauptamtliche Verfassungsrichter müssen die Befähigung zum Richteramt haben. [4]Im Falle ihrer Ernennung werden Präsident und Vizepräsident wie Präsident und Vizepräsident des Kammergerichts, weitere hauptamtliche Verfassungsrichter wie Vorsitzende Richter am Kammergericht besoldet. [5]Die Dauer ihrer Amtszeit wird dadurch nicht verlängert.

§ 14 Zuständigkeiten

Der Verfassungsgerichtshof entscheidet

1. über die Auslegung der Verfassung von Berlin aus Anlaß von Streitigkeiten über den Umfang der Rechte und Pflichten eines obersten Landesorgans oder anderer Beteiligter, die durch die Verfassung von Berlin oder durch die Geschäftsordnung des Abgeordnetenhauses mit eigenen Rechten ausgestattet sind,
2. über Einsprüche gegen die Gültigkeit der Wahlen zum Abgeordnetenhaus und zu den Bezirksverordnetenversammlungen,
3. über Einsprüche gegen Entscheidungen über den Erwerb und den Verlust eines Sitzes im Abgeordnetenhaus oder in einer Bezirksverordnetenversammlung,
4. bei Meinungsverschiedenheiten oder Zweifeln über die förmliche oder sachliche Vereinbarkeit von Landesrecht mit der Verfassung von Berlin auf Antrag des Senats oder eines Viertels der Mitglieder des Abgeordnetenhauses,
5. in den nach Artikel 100 Abs. 1 des Grundgesetzes für die Bundesrepublik Deutschland der Zuständigkeit der Landesverfassungsgerichte zugewiesenen Fällen,
6. über Verfassungsbeschwerden, soweit nicht Verfassungsbeschwerde zum Bundesverfassungsgericht erhoben ist oder wird,
7. über Vorlagen nach § 17 Absatz 9 und Einsprüche nach § 41 des Abstimmungsgesetzes,
8. *[aufgehoben]*
9. bei Meinungsverschiedenheiten oder Zweifeln über die Vereinbarkeit der im Gesetz geregelten Abgrenzung der Zuständigkeitsbereiche zwischen der Hauptverwaltung und den Bezirken mit der Verfassung von Berlin auf Antrag eines Bezirks,
10. über Verzögerungsbeschwerden,
11. in den ihm sonst durch Gesetz zugewiesenen Fällen.

II. Teil

Allgemeine Verfahrensvorschriften

§ 15 Anwendung des Gerichtsverfassungsgesetzes

Soweit in diesem Gesetz nichts anderes bestimmt ist, sind hinsichtlich der Öffentlichkeit, der Sitzungspolizei, der Gerichtssprache, der Beratung und der Abstimmung die Vorschriften der Titel 14 bis 16 des Gerichtsverfassungsgesetzes entsprechend anzuwenden.

§ 16 Ausschließung vom Richteramt

(1) Ein Mitglied des Verfassungsgerichtshofes ist von der Ausübung seines Richteramtes ausgeschlossen, wenn es

1. an der Sache beteiligt oder mit einem Beteiligten verheiratet ist oder war oder eine Lebenspartnerschaft begründet hat oder hatte, in gerader Linie verwandt oder verschwägert oder in der Seitenlinie bis zum dritten Grade verwandt oder bis zum zweiten Grade verschwägert ist oder
2. in derselben Sache bereits von Amts oder Berufs wegen tätig gewesen ist
3. mit einem Dritten, der nach den Nummern 1 oder 2 von der Ausübung des Richteramtes ausgeschlossen wäre, eine Bürogemeinschaft oder Sozietät betreibt.

(2) Beteiligt ist nicht, wer auf Grund seines Familienstandes, seines Berufes, seiner Abstammung, seiner Zugehörigkeit zu einer politischen Partei oder aus einem ähnlich allgemeinen Gesichtspunkt am Ausgang des Verfahrens interessiert ist.

(3) Als Tätigkeit im Sinne des Absatzes 1 Nr. 2 gilt nicht
1. die Mitwirkung im Gesetzgebungsverfahren,
2. die Äußerung einer wissenschaftlichen Meinung zu einer Rechtsfrage, die für das Verfahren bedeutsam sein kann.

§ 17 Ablehnung wegen Besorgnis der Befangenheit

(1) Wird ein Mitglied des Verfassungsgerichtshofes wegen Besorgnis der Befangenheit abgelehnt, so entscheidet das Gericht unter Ausschluß des Abgelehnten; bei Stimmengleichheit gibt die Stimme des Vorsitzenden den Ausschlag.

(2) [1]Die Ablehnung ist zu begründen. [2]Der Abgelehnte hat sich dazu zu äußern. [3]Ein Beteiligter kann ein Mitglied des Verfassungsgerichtshofes wegen Besorgnis der Befangenheit nicht mehr ablehnen, wenn er sich, ohne den ihm bekannten Ablehnungsgrund geltend gemacht zu haben, in eine Verhandlung eingelassen hat.

(3) Erklärt sich ein Mitglied, das nicht abgelehnt ist, selbst für befangen, so gilt Absatz 1 entsprechend.

§ 18 Akteneinsicht

Die Beteiligten haben das Recht der Akteneinsicht.

§ 18a Auskunft über personenbezogene Daten

Betreffen außerhalb des Verfahrens gestellte Anträge auf Auskunft aus oder Einsicht in Akten des Verfassungsgerichtshofs personenbezogene Daten, so gelten die Vorschriften des Berliner Datenschutzgesetzes, soweit die nachfolgenden Bestimmungen keine abweichende Regelung treffen.

§ 18b Zur Einsicht Berechtigte; Auskunft aus beigezogenen Akten; Versendung von Akten

(1) [1]Auskunft aus oder Einsicht in Akten des Verfassungsgerichtshofs kann gewährt werden
1. öffentlichen Stellen, soweit
   a) dies für Zwecke der Rechtspflege erforderlich ist oder
   b) Angaben der betroffenen Person überprüft werden müssen, weil tatsächliche Anhaltspunkte für deren Unrichtigkeit bestehen, oder
   c) es zur Abwehr erheblicher Nachteile für das Gemeinwohl oder einer Gefahr für die öffentliche Sicherheit oder zur Wahrung erheblicher Belange des Gemeinwohls erforderlich ist oder
   d) es zur Verfolgung von Straftaten oder Ordnungswidrigkeiten, zur Vollstreckung oder zum Vollzug von Strafen oder Maßnahmen im Sinne des § 11 Absatz 1 Nummer 8 des Strafgesetzbuchs oder von Erziehungsmaßregeln oder Zuchtmitteln im Sinne des Jugendgerichtsgesetzes oder zur Vollstreckung von Bußgeldentscheidungen erforderlich ist oder
   e) es zur Abwehr einer schwerwiegenden Beeinträchtigung der Rechte einer anderen Person erforderlich ist oder
   f) es zur Durchführung wissenschaftlicher Forschung erforderlich ist, das wissenschaftliche Interesse an der Durchführung des Forschungsvorhabens das Interesse der betroffenen Person an dem Ausschluss der Zweckänderung erheblich überwiegt und der Zweck der Forschung auf andere Weise nicht oder nur mit unverhältnismäßigem Aufwand erreicht werden kann,
2. Privatpersonen und anderen nicht-öffentlichen Stellen, soweit sie hierfür ein berechtigtes Interesse darlegen; Auskunft und Akteneinsicht sind zu versagen, wenn der Betroffene ein schutzwürdiges Interesse an der Versagung hat.

[2]Die Erteilung der Auskunft und die Gewährung der Akteneinsicht sind in der Akte zu vermerken. [3]Die Erteilung der Auskunft und die Gewährung der Akteneinsicht sind in der Akte zu vermerken. [4]Auskunft oder Akteneinsicht kann auch gewährt werden, soweit die betroffene Person eingewilligt hat.

(2) Akteneinsicht kann nur gewährt werden, wenn unter Angabe von Gründen dargelegt wird, dass die Erteilung einer Auskunft zur Erfüllung der Aufgaben der die Akteneinsicht begehrenden öffentlichen Stelle (Absatz 1 Nummer 1) oder zur Wahrnehmung des berechtigten Interesses der die Akteneinsicht begehrenden Privatperson oder anderen nicht-öffentlichen Stellen (Absatz 1 Nummer 2) nicht ausreichen würde oder die Erteilung einer Auskunft einen unverhältnismäßigen Aufwand erfordern würde.
(3) Aus beigezogenen Akten, die nicht Aktenbestandteil sind, dürfen Auskünfte nur erteilt werden, wenn der Antragsteller die Zustimmung der Stelle nachweist, um deren Akten es sich handelt; gleiches[1] gilt für die Akteneinsicht.
(4) [1]Die Akten des Verfassungsgerichtshofs werden nicht übersandt. [2]An öffentliche Stellen können sie übersandt werden, wenn diesen gemäß Absatz 2 Akteneinsicht gewährt werden kann oder wenn einer Privatperson auf Grund besonderer Umstände dort Akteneinsicht gewährt werden soll.
(5) Das Recht auf Akteneinsicht oder Aktenauskunft besteht nicht, soweit sich Akten auf die Beratung des Verfassungsgerichtshofs sowie deren Vorbereitung beziehen.

§ 18c Verarbeitung personenbezogener Daten für andere Verfahren
Der Verfassungsgerichtshof darf in einem verfassungsgerichtlichen Verfahren zu den Akten gelangte personenbezogene Daten für ein anderes verfassungsgerichtliches Verfahren verarbeiten.

§ 19 Beauftragte von Personengruppen
Wenn das Verfahren von einer Personengruppe oder gegen eine Personengruppe beantragt wird, kann der Verfassungsgerichtshof anordnen, daß sie ihre Rechte, insbesondere das Recht auf Anwesenheit im Termin, durch einen Beauftragten oder mehrere Beauftragte wahrnehmen läßt.

§ 20 Bevollmächtigte
(1) Die Beteiligten können sich in jeder Lage des Verfahrens durch einen Rechtsanwalt oder einen Rechtslehrer an einer staatlichen oder staatlich anerkannten Hochschule eines Mitgliedstaates der Europäischen Union, eines anderen Vertragsstaates des Abkommens über den Europäischen Wirtschaftsraum oder der Schweiz als Bevollmächtigten vertreten lassen.
(2) Das Abgeordnetenhaus oder Teile von diesem, die in der Verfassung von Berlin oder in der Geschäftsordnung des Abgeordnetenhauses mit eigenen Rechten ausgestattet sind, können sich auch durch ihre Mitglieder vertreten lassen.
(3) Das Land Berlin und seine Verfassungsorgane können sich außerdem durch ihre Beamten vertreten lassen, soweit diese die Befähigung zum Richteramt besitzen oder auf Grund der vorgeschriebenen Staatsprüfungen die Befähigung zum höheren Verwaltungsdienst erworben haben.
(4) Der Verfassungsgerichtshof kann auch eine andere Person als Beistand eines Beteiligten zulassen.
(5) [1]Die Vollmacht ist schriftlich zu erteilen. [2]Sie muß sich ausdrücklich auf das Verfahren beziehen.
(6) Ist ein Bevollmächtigter bestellt, so sind alle Mitteilungen des Gerichts an ihn zu richten.

§ 21 Einleitung des Verfahrens
(1) [1]Anträge, die das Verfahren einleiten, sind schriftlich beim Verfassungsgerichtshof einzureichen. [2]Sie sind zu begründen; die erforderlichen Beweismittel sind anzugeben.
(2) Der Präsident stellt den Antrag dem Antragsgegner und den übrigen Beteiligten unverzüglich mit der Aufforderung zu, sich binnen einer zu bestimmenden Frist zu äußern.
(3) Der Präsident kann jedem Beteiligten aufgeben, binnen einer zu bestimmenden Frist die erforderliche Zahl von Abschriften seiner Schriftsätze für das Gericht und die übrigen Beteiligten nachzureichen.

§ 21a Übermittlung elektronischer Dokumente
(1) [1]Die für Justiz zuständige Senatsverwaltung kann durch Rechtsverordnung bestimmen, dass dem Verfassungsgerichtshof in einzelnen oder in allen Verfahrensarten Dokumente elektronisch übermittelt werden können. [2]Die Rechtsverordnung soll den Zeitpunkt bestimmen, von dem an Dokumente elektronisch übermittelt werden können, die Art und Weise, in der elektronische Dokumente einzureichen sind, sowie die für den Empfang bestimmte Einrichtung. [3]Für Dokumente, die einem schriftlich zu unterzeichnenden Schriftstück gleichstehen, kann eine qualifizierte elektronische Signatur vorgeschrieben werden. [4]Neben der qualifizierten elektronischen Signatur kann auch ein anderes sicheres

1) Richtig wohl: „Gleiches".

Verfahren zugelassen werden, das die Authentizität und die Integrität des übermittelten elektronischen Dokuments sicherstellt.

(2) [1]Ein elektronisches Dokument ist dem Verfassungsgerichtshof zugegangen, wenn es in der durch Rechtsverordnung nach Absatz 1 bestimmten Art und Weise übermittelt worden ist und wenn die für den Empfang bestimmte Einrichtung es aufgezeichnet hat. [2]Dem Absender ist eine automatisierte Bestätigung über den Zeitpunkt des Eingangs zu erteilen. [3]Genügt das elektronische Dokument nicht den Anforderungen, so ist dies dem Absender unter Angabe der für den Verfassungsgerichtshof geltenden technischen Rahmenbedingungen unverzüglich mitzuteilen.

§ 21b Elektronische Aktenführung

(1) Die Verfahrensakten können elektronisch geführt werden.

(2) Dokumente, die nicht der Form entsprechen, in der die Akte geführt wird, sind in die entsprechende Form zu übertragen und in dieser Form zur Akte zu nehmen.

(3) Die Originaldokumente sind mindestens bis zum Abschluss des Verfahrens aufzubewahren.

(4) [1]Ist ein in Papierform eingereichtes Dokument in ein elektronisches Dokument übertragen worden, so muss dieses den Vermerk enthalten, wann und durch wen die Übertragung vorgenommen worden ist. [2]Ist ein elektronisches Dokument in die Papierform überführt worden, muss der Ausdruck den Vermerk enthalten, welches Ergebnis die Integritätsprüfung des Dokuments ausweist, wen die Signaturprüfung als Inhaber der Signatur ausweist und welchen Zeitpunkt die Signaturprüfung für die Anbringung der Signatur ausweist.

(5) Dokumente, die nach Absatz 2 hergestellt sind, sind für das Verfahren zugrunde zu legen, soweit kein Anlass besteht, an der Übereinstimmung mit dem eingereichten Dokument zu zweifeln.

(6) [1]Soweit eine handschriftliche Unterzeichnung durch ein Mitglied des Verfassungsgerichtshofes vorgeschrieben ist, genügt dieser Form die Aufzeichnung als elektronisches Dokument, wenn die verantwortenden Personen am Ende des Dokuments ihren Namen hinzufügen und das Dokument mit einer qualifizierten elektronischen Signatur versehen. [2]Die für Justiz zuständige Senatsverwaltung kann durch Rechtsverordnung bestimmen, dass neben der qualifizierten elektronischen Signatur auch ein anderes sicheres Verfahren zugelassen wird, das die Authentizität und die Integrität des aufgezeichneten elektronischen Dokuments sicherstellt.

§ 22 Verbindung und Trennung von Verfahren

Der Verfassungsgerichtshof kann anhängige Verfahren verbinden und verbundene trennen.

§ 23 Verwerfung von Anträgen

[1]Unzulässige oder offensichtlich unbegründete Anträge können durch einstimmigen Beschluß des Gerichts verworfen werden. [2]Der Beschluß bedarf keiner weiteren Begründung, wenn der Antragsteller vorher auf die Bedenken gegen die Zulässigkeit oder Begründetheit seines Antrages hingewiesen worden ist.

§ 24 Mündliche Verhandlung, Form der Entscheidung

(1) Der Verfassungsgerichtshof entscheidet, soweit nichts anderes bestimmt ist, auf Grund mündlicher Verhandlung, es sei denn, daß alle Beteiligten ausdrücklich oder der Verfassungsgerichtshof einstimmig auf sie verzichten.

(2) Die Entscheidung auf Grund mündlicher Verhandlung ergeht als Urteil, die Entscheidung ohne mündliche Verhandlung als Beschluß.

(3) Teil- und Zwischenentscheidungen sind zulässig.

(4) Die Entscheidungen des Verfassungsgerichtshofes ergehen im Namen des Volkes.

§ 25 Beweiserhebung

(1) [1]Der Verfassungsgerichtshof erhebt den zur Erforschung der Wahrheit erforderlichen Beweis. [2]Er kann damit außerhalb der mündlichen Verhandlung ein Mitglied des Gerichts beauftragen oder mit Begrenzung auf bestimmte Tatsachen und Personen ein anderes Gericht darum ersuchen.

(2) Auf Grund eines Beschlusses mit einer Mehrheit von zwei Dritteln der Stimmen des Gerichts kann die Beiziehung einzelner Urkunden unterbleiben, wenn ihre Verwendung mit der Sicherheit des Bundes oder eines Landes unvereinbar ist.

§ 26 Rechts- und Amtshilfe

[1]Alle Gerichte und Verwaltungsbehörden leisten dem Verfassungsgerichtshof Rechts- und Amtshilfe. [2]Sie legen ihm Akten und Urkunden über ihre oberste Dienstbehörde vor.

§ 26a Stellungnahme durch sachkundige Dritte

Der Verfassungsgerichtshof kann sachkundigen Dritten Gelegenheit zur Stellungnahme geben.

§ 27 Vernehmung von Zeugen und Sachverständigen

(1) Für die Vernehmung von Zeugen und Sachverständigen gelten die Vorschriften der Zivilprozeßordnung entsprechend.

(2) [1]Soweit ein Zeuge oder Sachverständiger nur mit Genehmigung einer vorgesetzten Stelle vernommen werden darf, kann diese Genehmigung nur verweigert werden, wenn es die Sicherheit des Bundes oder eines Landes erfordert. [2]Der Zeuge oder Sachverständige kann sich nicht auf seine Schweigepflicht berufen, wenn der Verfassungsgerichtshof mit einer Mehrheit von zwei Dritteln der Stimmen die Verweigerung der Aussagegenehmigung für unbegründet erklärt.

§ 28 Beweistermin

[1]Die Beteiligten werden von allen Beweisterminen benachrichtigt und können der Beweisaufnahme beiwohnen. [2]Sie können an Zeugen und Sachverständige Fragen richten. [3]Wird eine Frage beanstandet, so entscheidet das Gericht.

§ 29 Entscheidung und Verkündung

(1) [1]Der Verfassungsgerichtshof entscheidet in geheimer Beratung nach seiner freien, aus dem Inhalt der Verhandlung und dem Ergebnis der Beweisaufnahme geschöpften Überzeugung. [2]Die Entscheidung ist schriftlich abzufassen, zu begründen und von den Richtern, die bei ihr mitgewirkt haben, zu unterzeichnen. [3]Sie ist sodann, wenn eine mündliche Verhandlung stattgefunden hat, unter Mitteilung der wesentlichen Entscheidungsgründe öffentlich zu verkünden. [4]Der Termin zur Verkündung einer Entscheidung kann in der mündlichen Verhandlung bekanntgegeben oder nach Abschluß der Beratungen festgelegt werden; in diesem Fall ist er den Beteiligten unverzüglich mitzuteilen. [5]Zwischen dem Abschluß der mündlichen Verhandlung und der Verkündung der Entscheidung sollen nicht mehr als drei Monate liegen. [6]Der Termin kann durch Beschluß des Verfassungsgerichtshofes verlegt werden.

(2) [1]Jedes Mitglied kann seine in der Beratung vertretene abweichende Meinung zu der Entscheidung oder zu deren Begründung in einem Sondervotum niederlegen; das Sondervotum ist der Entscheidung anzuschließen. [2]Das Stimmenverhältnis kann in der Entscheidung mitgeteilt werden.

(3) Alle Entscheidungen sind den Beteiligten zuzustellen sowie dem Abgeordnetenhaus und dem Senat mitzuteilen.

§ 30 Wirkungen der Entscheidung

(1) Die Entscheidungen des Verfassungsgerichtshofes binden die Verfassungsorgane sowie alle Gerichte und Behörden des Landes Berlin.

(2) [1]In den Fällen des § 14 Nr. 4 und 5 hat die Entscheidung des Verfassungsgerichtshofes Gesetzeskraft. [2]Das gilt auch in den Fällen des § 14 Nr. 6, wenn der Verfassungsgerichtshof ein Gesetz als mit der Verfassung von Berlin vereinbar oder unvereinbar oder für nichtig erklärt. [3]Soweit ein Gesetz als mit der Verfassung von Berlin vereinbar oder unvereinbar oder für nichtig erklärt wird, ist die Entscheidungsformel im Gesetz- und Verordnungsblatt für Berlin zu veröffentlichen.

§ 31 Einstweilige Anordnung

(1) Der Verfassungsgerichtshof kann im Streitfall einen Zustand durch einstweilige Anordnung vorläufig regeln, wenn dies zur Abwehr schwerer Nachteile, zur Verhinderung drohender Gewalt oder aus einem anderen wichtigen Grund zum gemeinen Wohl dringend geboten ist.

(2) [1]Die einstweilige Anordnung kann ohne mündliche Verhandlung ergehen. [2]Bei besonderer Dringlichkeit kann der Verfassungsgerichtshof davon absehen, den am Verfahren zur Hauptsache Beteiligten, zum Beitritt Berechtigten oder Äußerungsberechtigten Gelegenheit zur Stellungnahme zu geben.

(3) [1]Wird die einstweilige Anordnung durch Beschluß erlassen oder abgelehnt, so kann Widerspruch erhoben werden. [2]Das gilt nicht für den Beschwerdeführer im Verfahren der Verfassungsbeschwerde. [3]Über den Widerspruch entscheidet der Verfassungsgerichtshof nach mündlicher Verhandlung. [4]Diese muß binnen zweier Wochen nach dem Eingang der Begründung des Widerspruchs stattfinden.

(4) [1]Der Widerspruch gegen die einstweilige Anordnung hat keine aufschiebende Wirkung. [2]Der Verfassungsgerichtshof kann die Vollziehung der einstweiligen Anordnung aussetzen.

(5) [1]Die einstweilige Anordnung tritt nach sechs Monaten außer Kraft. [2]Sie kann mit einer Mehrheit von zwei Dritteln der Stimmen wiederholt werden.

(6) [1]Ist der Verfassungsgerichtshof nicht beschlußfähig, so kann die einstweilige Anordnung bei besonderer Dringlichkeit erlassen werden, wenn mindestens drei Richter anwesend sind und der Beschluß einstimmig gefaßt wird. [2]Sie tritt nach einem Monat außer Kraft. [3]Wird sie durch den Verfassungsgerichtshof bestätigt, so tritt sie sechs Monate nach ihrem Erlaß außer Kraft.

§ 32 Aussetzung des Verfahrens

(1) Der Verfassungsgerichtshof kann sein Verfahren bis zur Erledigung eines bei einem anderen Gericht anhängigen Verfahrens aussetzen, wenn für seine Entscheidung die Feststellungen oder die Entscheidungen dieses anderen Gerichts von Bedeutung sein können.

(2) Der Verfassungsgerichtshof kann seiner Entscheidung die tatsächlichen Feststellungen eines rechtskräftigen Urteils zugrunde legen, das in einem Verfahren ergangen ist, in dem die Wahrheit von Amts wegen zu erforschen ist.

§ 33 Kosten

(1) Das Verfahren vor dem Verfassungsgerichtshof ist kostenfrei.

(2) [1]Wird eine Verfassungsbeschwerde oder ein Einspruch nach § 14 Nr. 2, 3 und 7 verworfen (§ 23), so kann der Verfassungsgerichtshof dem Beschwerdeführer eine Gebühr bis zu 500 Euro auferlegen. [2]Die Entscheidung über die Gebühr und über ihre Höhe ist unter Berücksichtigung aller Umstände, insbesondere des Gewichts der geltend gemachten Gründe, der Bedeutung des Verfahrens für den Beschwerdeführer und seiner Vermögens- und Einkommensverhältnisse zu treffen. [3]Der Verfassungsgerichtshof kann dem Antragsteller nach Maßgabe der Sätze 1 und 2 eine Gebühr auferlegen, wenn er einen Antrag auf Erlaß einer einstweiligen Anordnung zurückweist.

(3) Von der Auferlegung einer Gebühr ist abzusehen, wenn sie unbillig wäre.

(4) Der Verfassungsgerichtshof kann eine erhöhte Gebühr bis zu 2 500 Euro auferlegen, wenn die Einlegung der Verfassungsbeschwerde oder des Einspruchs nach § 14 Nr. 2 und 3 einen Mißbrauch darstellt oder wenn ein Antrag auf Erlaß einer einstweiligen Anordnung mißbräuchlich gestellt ist.

(5) Für die Einziehung der Gebühren gilt § 59 Abs. 1 der Landeshaushaltsordnung entsprechend.

(6) [1]Der Berichterstatter kann dem Beschwerdeführer aufgeben, binnen eines Monats einen Vorschuß auf die Gebühr nach Absatz 2 Satz 1 zu zahlen. [2]Der Berichterstatter hebt die Anordnung auf oder ändert sie ab, wenn der Beschwerdeführer nachweist, daß er den Vorschuß nach seinen persönlichen und wirtschaftlichen Verhältnissen nicht, nur zum Teil oder nur in Raten aufbringen kann. [3]Die Anordnungen des Berichterstatters sind unanfechtbar.

§ 34 Auslagenerstattung

(1) Erweist sich eine Verfassungsbeschwerde als begründet, so sind dem Beschwerdeführer die notwendigen Auslagen ganz oder teilweise zu erstatten.

(2) In den übrigen Fällen kann der Verfassungsgerichtshof volle oder teilweise Erstattung der Auslagen anordnen.

§ 35 Vollstreckung

Der Verfassungsgerichtshof kann in seiner Entscheidung bestimmen, wer sie vollstreckt; er kann auch im Einzelfall die Art und Weise der Vollstreckung regeln.

III. Teil
Besondere Verfahrensvorschriften

Erster Abschnitt
Verfahren in den Fällen des § 14 Nr. 1 (Organstreitigkeiten)

§ 36 Antragsteller und Antragsgegner

Antragsteller und Antragsgegner können nur die in § 14 Nr. 1 genannten Beteiligten sein.

§ 37 Zulässigkeit des Antrags

(1) Der Antrag ist nur zulässig, wenn der Antragsteller geltend macht, daß er oder das Organ, dem er angehört, durch eine Maßnahme oder Unterlassung des Antragsgegners in seinen ihm durch die Verfassung von Berlin übertragenen Rechten und Pflichten verletzt oder unmittelbar gefährdet ist.

(2) Im Antrag ist die Bestimmung der Verfassung von Berlin zu bezeichnen, gegen die durch die beanstandete Maßnahme oder Unterlassung des Antragsgegners verstoßen wird.

(3) Der Antrag muß binnen sechs Monaten, nachdem die beanstandete Maßnahme oder Unterlassung dem Antragsteller bekanntgeworden ist, gestellt werden.

§ 38 Beitritt zum Verfahren

(1) Dem Antragsteller und dem Antragsgegner können in jeder Lage des Verfahrens andere in § 14 Nr. 1 genannte Antragsberechtigte beitreten, wenn die Entscheidung auch für die Abgrenzung ihrer Zuständigkeiten von Bedeutung ist.

(2) Der Verfassungsgerichtshof gibt von der Einleitung des Verfahrens dem Abgeordnetenhaus und dem Senat Kenntnis.

§ 39 Entscheidung

[1]Der Verfassungsgerichtshof stellt in seiner Entscheidung fest, ob die beanstandete Maßnahme oder Unterlassung des Antragsgegners gegen eine Bestimmung der Verfassung von Berlin verstößt. [2]Die Bestimmung ist zu bezeichnen. [3]Der Verfassungsgerichtshof kann in der Entscheidungsformel zugleich eine für die Auslegung der Bestimmung der Verfassung von Berlin erhebliche Rechtsfrage entscheiden, von der die Feststellung nach Satz 1 abhängt.

Zweiter Abschnitt

Verfahren in den Fällen des § 14 Nr. 2 und 3 (Wahlprüfung)

§ 40 Voraussetzung der Wahlprüfung, Zulässigkeit des Einspruchs

(1) Die Wahlprüfung erfolgt nur auf Grund eines Einspruchs.

(2) Der Einspruch kann nur darauf gestützt werden, daß

1. ein Wahlvorschlag oder ein Bewerber zu Unrecht nicht zugelassen worden sei,

1a. der Landeswahlausschuss zu Unrecht festgestellt hat, dass sich eine Vereinigung weder an der letzten Wahl zum Abgeordnetenhaus noch an der letzten Wahl zum Deutschen Bundestag in Berlin mit einem eigenen Wahlvorschlag beteiligt hat oder zu Unrecht festgestellt hat, dass dieser Vereinigung die Parteieigenschaft fehlt,

2. das Wahlergebnis rechnerisch unrichtig festgestellt worden sei,

3. gültige Stimmen für ungültig oder ungültige Stimmen für gültig erklärt worden seien in einem Umfang, daß dadurch die Verteilung der Sitze beeinflußt worden sei,

4. ein Abgeordneter oder Bezirksverordneter die Voraussetzungen der Wählbarkeit nicht erfülle,

5. ein Bewerber zu Unrecht berufen oder nicht berufen worden sei,

6. der Verlust des Sitzes eines Abgeordneten oder eines Bezirksverordneten nach § 6 Absatz 3 Nummer 1, 2 und 5 des Landeswahlgesetzes zu Unrecht festgestellt worden sei,

7. Personen zu Unrecht in das Wahlverzeichnis eingetragen oder nicht eingetragen worden seien oder zu Unrecht einen Wahlschein erhalten oder keinen Wahlschein erhalten hätten und dadurch die Verteilung der Sitze beeinflußt worden sei,

8. sonst Vorschriften des Grundgesetzes, der Verfassung von Berlin, des Landeswahlgesetzes und der Landeswahlordnung bei der Vorbereitung oder der Durchführung der Wahlen oder bei der Ermittlung des Wahlergebnisses in einer Weise verletzt worden seien, daß dadurch die Verteilung der Sitze beeinflußt worden sei. Der Einspruch kann nicht darauf gestützt werden, daß ein Wahlkreisvorschlag, eine Liste oder ein Bezirkswahlvorschlag zu Unrecht zugelassen worden sei.

(3) Der Einspruch kann eingelegt werden

1. in den Fällen des Absatzes 2 Nr. 1, 5 und 6 von der Vertrauensperson des Wahlvorschlages, dem betroffenen Bewerber, Abgeordneten oder Bezirksverordneten und, wenn der Einspruch darauf gestützt wird, daß ein Bewerber zu Unrecht berufen worden sei, auch von der Senatsverwaltung für Inneres, dem Landeswahlleiter, dem zuständigen Bezirkswahlleiter, dem Präsidenten des Abgeordnetenhauses, dem zuständigen Bezirksverordnetenvorsteher und den Fraktionen des Abgeordnetenhauses oder der betreffenden Bezirksverordnetenversammlung,

2. in den Fällen des Absatzes 2 Nr. 7 von den betroffenen Wahlberechtigten und, wenn der Einspruch darauf gestützt wird, daß Personen zu Unrecht in das Wahlverzeichnis eingetragen worden seien oder zu Unrecht einen Wahlschein erhalten hätten, auch von den Parteien, Wählergemeinschaften und Einzelbewerbern, die sich an der Wahl zum Abgeordnetenhaus oder zur Bezirksverordnetenversammlung in dem Bezirk, in dem die betroffenen Personen in das Wahlverzeichnis eingetragen worden sind oder einen Wahlschein erhalten haben, beteiligen,
3. in allen anderen Fällen von Parteien, Vereinigungen, Wählergemeinschaften und Einzelbewerbern, die von der angefochtenen Entscheidung betroffen sind, sowie in amtlicher Eigenschaft von der Senatsverwaltung für Inneres, dem Landeswahlleiter, dem zuständigen Bezirkswahlleiter, dem Präsidenten des Abgeordnetenhauses und dem zuständigen Bezirksverordnetenvorsteher.

(4) [1]Der Einspruch ist in den Fällen des Absatzes 2 Nummer 1 und 2 bis 8 innerhalb eines Monats nach der Bekanntmachung des Wahlergebnisses im Amtsblatt für Berlin schriftlich beim Verfassungsgerichtshof einzulegen und zugleich zu begründen. [2]Der Einspruch ist in den Fällen des Absatzes 2 Nummer 1a innerhalb von vier Tagen nach Bekanntgabe der Entscheidung des Landeswahlausschusses nach § 10 Absatz 2 Satz 3 des Landeswahlgesetzes zu erheben und zugleich zu begründen. [3]Bei gemeinschaftlichen Einsprüchen muß ein Bevollmächtigter benannt sein. [4]Der Einspruch kann jederzeit zurückgenommen werden. [5]Für den Präsidenten des Abgeordnetenhauses und die Bezirksverordnetenvorsteher beginnt die Frist mit ihrer Wahl. [6]Beim späteren Erwerb eines Sitzes und in den Fällen des Absatzes 2 Nr. 5 beginnt der Lauf der Frist mit der Bekanntmachung im Amtsblatt für Berlin, beim Verlust des Sitzes mit der Zustellung der Entscheidung nach § 6 Abs. 3 des Landeswahlgesetzes.

(5) [1]Im Falle des Absatzes 2 Nr. 4 kann der Präsident des Abgeordnetenhauses oder der Vorsteher der Bezirksverordnetenversammlung auch nach Ablauf der Frist Einspruch einlegen. [2]Er ist hierzu verpflichtet, wenn mindestens ein Fünftel der gewählten Abgeordneten oder Bezirksverordneten es verlangt.

§ 41 Beteiligte

[1]Am Wahlprüfungsverfahren sind beteiligt
1. der Einsprechende,
2. die betroffenen Bewerber, Abgeordneten, Bezirksverordneten, Vertrauensmänner oder Fraktionen,
3. der Präsident des Abgeordnetenhauses oder der zuständige Vorsteher der Bezirksverordnetenversammlung,
4. die Senatsverwaltung für Inneres,
5. der Landeswahlleiter,
6. der zuständige Bezirkswahlleiter.

[2]Die Beteiligten sind spätestens eine Woche vor dem Verhandlungstermin zu laden. [3]Sie haben ein selbständiges Antragsrecht.

§ 42 Entscheidung

(1) Die Entscheidung des Verfassungsgerichtshofes kann nur lauten auf Zurückweisung des Einspruchs oder
1. im Falle des § 40 Abs. 2 Nr. 1 auf Ungültigkeit der Wahl im Wahlgebiet, Bezirk (Wahlkreisverband) oder im Wahlkreis und auf Anordnung der Zulassung des Wahlvorschlages oder des Bewerbers unter Streichung des bisherigen Bewerbers,

1a. im Falle des § 40 Absatz 2 Nummer 1a auf Feststellung, dass sich die Vereinigung an der letzten Wahl zum Abgeordnetenhaus oder an der letzten Wahl zum Deutschen Bundestag in Berlin mit einem eigenen Wahlvorschlag beteiligt hat, oder auf Feststellung der Parteieigenschaft,

2. im Falle des § 40 Abs. 2 Nr. 2 auf rechnerische Richtigstellung und Anordnung der Neufeststellung des Wahlergebnisses der Wahl zum Abgeordnetenhaus durch den Landeswahlausschuß oder der Wahl zur Bezirksverordnetenversammlung durch den Bezirkswahlausschuß,
3. im Falle des § 40 Abs. 2 Nr. 3 auf Erklärung der Gültigkeit oder Ungültigkeit einer bestimmten Anzahl von Stimmen und auf Anordnung der Neufeststellung des Wahlergebnisses der Wahl zum Abgeordnetenhaus durch den Landeswahlausschuß oder der Wahl zur Bezirksverordnetenversammlung durch den Bezirkswahlausschuß,

4. im Falle des § 40 Abs. 2 Nr. 4 auf Feststellung, daß der Abgeordnete oder Bezirksverordnete die Voraussetzungen der Wählbarkeit nicht erfüllt und daher seinen Sitz verloren hat,
5. im Falle des § 40 Abs. 2 Nr. 5 auf Feststellung des Verlustes des Sitzes des zu Unrecht berufenen Bewerbers und auf Anordnung der Berufung des berechtigten Bewerbers oder auf Feststellung, daß der Sitz unbesetzt bleibt,
6. im Falle des § 40 Abs. 2 Nr. 6 auf Aufhebung der Entscheidung des Präsidenten oder des Präsidiums des Abgeordnetenhauses oder des Vorstehers oder des Vorstandes der Bezirksverordnetenversammlung,
7. im Falle des § 40 Abs. 2 Nr. 7 und 8 auf Ungültigkeit der Wahl im Wahlgebiet, Bezirk (Wahlkreisverband) oder Wahlkreis oder auf Richtigstellung und Anordung der Neufeststellung des Wahlergebnisses einschließlich der Sitzverteilung.

(2) [1]Über einen Einspruch nach § 40 Absatz 2 Nummer 1a entscheidet der Verfassungsgerichtshof bis zum 65. Tag vor der Wahl. [2]Er kann seine Entscheidung ohne Begründung bekanntgeben. [3]In diesem Fall ist die schriftliche Begründung den Beteiligten gesondert zu übermitteln.

§ 42a Einstweilige Anordnung im Einspruchsverfahren

[1]Auf Antrag kann der Verfassungsgerichtshof schon vor der Durchführung der Wahlen eine Entscheidung durch einstweilige Anordnung treffen, wenn wegen des geltend gemachten Verstoßes zu erwarten ist, dass die Wahlen ganz oder teilweise für ungültig erklärt werden und der Verstoß noch vor den Wahlen beseitigt werden kann. [2]Dies gilt nicht für den Einspruch nach § 40 Absatz 2 Nummer 1a.

Dritter Abschnitt

Verfahren in den Fällen des § 14 Nr. 4 (Abstrakte Normenkontrolle)

§ 43 Zulässigkeit des Antrags

Der Antrag des Senats oder eines Viertels der Mitglieder des Abgeordnetenhauses ist nur zulässig, wenn einer der Antragsberechtigten Landesrecht

1. wegen seiner förmlichen oder sachlichen Unvereinbarkeit mit der Verfassung von Berlin für nichtig hält oder
2. für gültig hält, nachdem ein Gericht, eine Verwaltungsbehörde oder ein Organ des Landes Berlin das Recht als unvereinbar mit der Verfassung von Berlin nicht angewendet hat.

§ 44 Anhörung

Der Verfassungsgerichtshof hat dem Abgeordnetenhaus und dem Senat, sofern sie den Antrag nicht selbst gestellt haben, Gelegenheit zur Äußerung binnen einer zu bestimmenden Frist zu geben.

§ 45 Entscheidung

[1]Kommt der Verfassungsgerichtshof zu der Überzeugung, daß Recht der Verfassung von Berlin widerspricht, so erklärt er es für nichtig oder mit der Verfassung unvereinbar. [2]Widersprechen weitere Bestimmungen der gleichen Rechtsvorschrift aus denselben Gründen der Verfassung von Berlin, so kann die Entscheidung auf diese Bestimmungen erstreckt werden.

Vierter Abschnitt

Verfahren in den Fällen des § 14 Nr. 5 (Konkrete Normenkontrolle)

§ 46 Vorlage

(1) Hält ein Gericht ein Gesetz, auf dessen Gültigkeit es bei der Entscheidung ankommt, mit der Verfassung von Berlin für unvereinbar, so hat es das Verfahren auszusetzen und unmittelbar die Entscheidung des Verfassungsgerichtshofes einzuholen.

(2) [1]Das Gericht muß angeben, inwiefern von der Gültigkeit des Gesetzes seine Entscheidung abhängt und mit welcher Vorschrift der Verfassung von Berlin dieses Gesetz unvereinbar sein soll. [2]Die Akten sind beizufügen.

(3) Der Antrag des Gerichts ist unabhängig von der Rüge der Nichtigkeit der Rechtsvorschrift durch einen Prozeßbeteiligten.

§ 47 Verfahren

(1) [1]Der Verfassungsgerichtshof hat dem Abgeordnetenhaus und dem Senat Gelegenheit zur Äußerung binnen einer zu bestimmenden Frist zu geben. [2]Sie können dem Verfahren jederzeit beitreten.

(2) Der Verfassungsgerichtshof gibt auch denjenigen, die an dem Verfahren des antragstellenden Gerichts beteiligt sind, Gelegenheit zur Äußerung; er lädt sie zur mündlichen Verhandlung und erteilt den anwesenden Bevollmächtigten das Wort.

§ 48 Entscheidung

(1) Der Verfassungsgerichtshof entscheidet nur über die Rechtsfrage.

(2) Die Vorschrift des § 45 gilt entsprechend.

Fünfter Abschnitt
Verfahren in den Fällen des § 14 Nr. 6 (Verfassungsbeschwerde)

§ 49 Aktivlegitimation

(1) Jedermann kann mit der Behauptung, durch die öffentliche Gewalt des Landes Berlin in einem seiner in der Verfassung von Berlin enthaltenen Rechte verletzt zu sein, die Verfassungsbeschwerde zum Verfassungsgerichtshof erheben, soweit nicht Verfassungsbeschwerde zum Bundesverfassungsgericht erhoben ist oder wird.

(2) [1]Ist gegen die behauptete Verletzung der Rechtsweg zulässig, so kann die Verfassungsbeschwerde erst nach Erschöpfung des Rechtsweges erhoben werden. [2]Der Verfassungsgerichtshof kann jedoch über eine vor Erschöpfung des Rechtsweges eingelegte Verfassungsbeschwerde sofort entscheiden, wenn sie von allgemeiner Bedeutung ist oder wenn dem Beschwerdeführer ein schwerer und unabwendbarer Nachteil entstünde, falls er zunächst auf den Rechtsweg verwiesen würde.

§ 50 Begründung der Beschwerde

In der Begründung der Beschwerde sind das Recht, das verletzt sein soll, und die Handlung oder Unterlassung des Organs oder der Behörde, durch die der Beschwerdeführer sich verletzt fühlt, zu bezeichnen.

§ 51 Fristen

(1) [1]Die Verfassungsbeschwerde ist binnen zweier Monate zu erheben. [2]Die Frist beginnt mit der Zustellung oder formlosen Mitteilung der in vollständiger Form abgefaßten Entscheidung, wenn diese nach den maßgebenden verfahrensrechtlichen Vorschriften von Amts wegen vorzunehmen ist. [3]In anderen Fällen beginnt die Frist mit der Verkündung der Entscheidung oder, wenn diese nicht zu verkünden ist, mit der sonstigen Bekanntgabe an den Beschwerdeführer; wird dabei dem Beschwerdeführer eine Abschrift der Entscheidung in vollständiger Form nicht erteilt, so wird die Frist des Satzes 1 dadurch unterbrochen, daß der Beschwerdeführer schriftlich oder zu Protokoll der Geschäftsstelle die Erteilung einer in vollständiger Form abgefaßten Entscheidung beantragt. [4]Die Unterbrechung dauert fort, bis die Entscheidung in vollständiger Form dem Beschwerdeführer von dem Gericht erteilt oder von Amts wegen oder von einem an dem Verfahren Beteiligten zugestellt wird.

(2) [1]War ein Beschwerdeführer ohne Verschulden verhindert, diese Frist einzuhalten, so ist ihm auf Antrag Wiedereinsetzung in den vorigen Stand zu gewähren. [2]Der Antrag ist binnen zwei Wochen nach Wegfall des Hindernisses zu stellen. [3]Die Tatsachen zur Begründung des Antrags sind bei der Antragstellung oder im Verfahren über den Antrag glaubhaft zu machen. [4]Innerhalb der Antragsfrist ist die versäumte Rechtshandlung nachzuholen; ist dies geschehen, so kann die Wiedereinsetzung auch ohne Antrag gewährt werden. [5]Nach einem Jahr seit dem Ende der versäumten Frist ist der Antrag unzulässig. [6]Das Verschulden des Bevollmächtigten steht dem Verschulden eines Beschwerdeführers gleich.

(3) Richtet sich die Verfassungsbeschwerde gegen eine Rechtsvorschrift oder gegen einen sonstigen Hoheitsakt, gegen den ein Rechtsweg nicht offensteht, so kann die Verfassungsbeschwerde nur binnen eines Jahres seit dem Inkrafttreten der Rechtsvorschrift oder dem Erlaß des Hoheitsaktes erhoben werden.

§ 52 Prozeßkostenhilfe

[1]Dem Beschwerdeführer einer Verfassungsbeschwerde kann nach Maßgabe der Vorschriften der Zivilprozeßordnung Prozeßkostenhilfe bewilligt werden. [2]Die Fristen des § 51 werden durch das Gesuch um Bewilligung von Prozeßkostenhilfe nicht gehemmt.

§ 53 Anhörung

(1) Der Verfassungsgerichtshof gibt dem Organ oder der Behörde des Landes Berlin, deren Handlung oder Unterlassung in der Verfassungsbeschwerde beanstandet wird, Gelegenheit, sich binnen einer zu bestimmenden Frist zu äußern.

(2) Richtet sich die Verfassungsbeschwerde gegen eine gerichtliche Entscheidung, so gibt der Verfassungsgerichtshof auch dem durch die Entscheidung Begünstigten Gelegenheit zur Äußerung.

(3) Richtet sich die Verfassungsbeschwerde unmittelbar oder mittelbar gegen ein Gesetz, so ist § 44 entsprechend anzuwenden.

(4) Die nach den Absätzen 1 und 3 zu beteiligenden Organe können dem Verfahren beitreten, der Senat auch dann, wenn eine Handlung oder Unterlassung einer Behörde des Landes Berlin beanstandet wird.

(5) Eine Anhörung nach den Absätzen 1 bis 3 ist in den Fällen des § 23 nicht erforderlich.

§ 54 Entscheidung

(1) [1]Über die Verfassungsbeschwerde entscheidet der Verfassungsgerichtshof durch schriftlichen Beschluß. [2]Der Präsident des Verfassungsgerichtshofes oder dieser selbst kann mündliche Verhandlung anordnen. [3]In diesem Fall wird die Entscheidung verkündet und sofort, im übrigen mit der Zustellung an den Beschwerdeführer rechtswirksam.

(2) [1]Wird der Verfassungsbeschwerde stattgegeben, so ist in der Entscheidung festzustellen, welche Bestimmung der Verfassung von Berlin und durch welche Handlung oder Unterlassung sie verletzt wurde. [2]Der Verfassungsgerichtshof kann zugleich aussprechen, daß auch jede Wiederholung der beanstandeten Maßnahme die Verfassung von Berlin verletzt.

(3) Wird der Verfassungsbeschwerde gegen eine Entscheidung stattgegeben, so hebt der Verfassungsgerichtshof die Entscheidung auf; in den Fällen des § 49 Absatz 2 Satz 1 verweist er die Sache an ein zuständiges Gericht zurück.

(4) [1]Wird der Verfassungsbeschwerde gegen eine Rechtsvorschrift stattgegeben, so erklärt der Verfassungsgerichtshof sie für nichtig oder mit der Verfassung von Berlin unvereinbar. [2]Das gleiche gilt, wenn der Verfassungsbeschwerde gemäß Absatz 3 stattgegeben wird, weil die aufgehobene Entscheidung auf einer verfassungswidrigen Rechtsvorschrift beruht.

Sechster Abschnitt

Verfahren in den Fällen des § 14 Nr. 7 (Volksinitiative, Volksbegehren, Volksentscheid)

§ 55 Verfahren bei Vorlagen und Einsprüchen, Entscheidung

(1) Das Verfahren vor dem Verfassungsgerichtshof auf Grund von Vorlagen und Einsprüchen bei Volksinitiative, Volksbegehren und Volksentscheid richtet sich nach den Allgemeinen Verfahrensvorschriften dieses Gesetzes sowie nach dem Abstimmungsgesetz.

(2) [1]Der Verfassungsgerichtshof stellt auf Grund der Vorlage fest, dass der Antrag auf Einleitung des Volksbegehrens zulässig ist, wenn die gesetzlichen Anforderungen für die Einleitung erfüllt sind. [2]Im Übrigen erkennt der Verfassungsgerichtshof auf Grund von Einsprüchen auf Zurückweisung des Einspruchs oder auf Aufhebung der angegriffenen Entscheidung. [3]Ist der Einspruch gegen die Entscheidung des Senats nach § 17 Absatz 8 des Abstimmungsgesetzes erhoben worden, wird der Einspruch auch dann zurückgewiesen, wenn das Volksbegehren den Anforderungen der §§ 11 oder 12 des Abstimmungsgesetzes nicht entspricht.

(3) § 42a gilt entsprechend.

Siebenter Abschnitt

[aufgehoben]

§ 56 (aufgehoben)

Achter Abschnitt

Verfahren in den Fällen des § 14 Nr. 9 (Normenkontrolle der Zuständigkeitsabgrenzung)

§ 57 Zulässigkeit des Antrags, Entscheidung

(1) Der Antrag eines Bezirks ist nur zulässig, wenn ein betroffener Bezirk die im Gesetz geregelte Abgrenzung der Zuständigkeitsbereiche zwischen der Hauptverwaltung und den Bezirken wegen ihrer

Unvereinbarkeit mit der Verfassung von Berlin für nichtig hält und geltend macht, durch das Gesetz in seinen Rechten aus Artikel 67 der Verfassung von Berlin verletzt zu sein.

(2) Der Antrag muß binnen sechs Monaten nach Inkrafttreten des Gesetzes gestellt werden.

(3) Die Vorschriften der §§ 44 und 45 gelten entsprechend.

Neunter Abschnitt

Verfahren in den Fällen des § 14 Nr. 10 (Verzögerungsbeschwerde)

§ 58[1)] Angemessenheit der Verfahrensdauer

(1) [1]Wer infolge unangemessener Dauer eines Verfahrens vor dem Verfassungsgerichtshof als Verfahrensbeteiligter oder als Beteiligter in einem zur Herbeiführung einer Entscheidung des Verfassungsgerichtshofs ausgesetzten Verfahren einen Nachteil erleidet, wird angemessen entschädigt. [2]Die Angemessenheit der Verfahrensdauer richtet sich nach den Umständen des Einzelfalles unter Berücksichtigung der Aufgaben und der Stellung des Verfassungsgerichtshofs.

(2) [1]Ein Nachteil, der nicht Vermögensnachteil ist, wird vermutet, wenn ein Verfahren vor dem Verfassungsgerichtshof unangemessen lange gedauert hat. [2]Hierfür kann Entschädigung nur beansprucht werden, soweit nicht nach den Umständen des Einzelfalles Wiedergutmachung auf andere Weise, insbesondere durch die Feststellung der Unangemessenheit der Verfahrensdauer, ausreichend ist. [3]Die Entschädigung gemäß Satz 2 beträgt 1 200 Euro für jedes Jahr der Verzögerung. [4]Ist der Betrag gemäß Satz 3 nach den Umständen des Einzelfalles unbillig, so kann der Verfassungsgerichtshof einen höheren oder niedrigeren Betrag festsetzen.

§ 58a[1)] Verzögerungsbeschwerde, Verzögerungsrüge

(1) [1]Über Entschädigung und Wiedergutmachung wird auf Grund einer Beschwerde zum Verfassungsgerichtshof entschieden (Verzögerungsbeschwerde). [2]Die Verzögerungsbeschwerde ist nur zulässig, wenn der Beschwerdeführer beim Verfassungsgerichtshof die Dauer des Verfahrens gerügt hat (Verzögerungsrüge). [3]Die Verzögerungsrüge ist schriftlich und unter Darlegung der Umstände, die die Unangemessenheit der Verfahrensdauer begründen, einzulegen. [4]Sie ist frühestens zwölf Monate nach Eingang des Verfahrens beim Verfassungsgerichtshof zulässig. [5]Einer Bescheidung der Verzögerungsrüge bedarf es nicht.

(2) [1]Die Verzögerungsbeschwerde kann frühestens sechs Monate nach Erheben einer Verzögerungsrüge erhoben werden; ist eine Entscheidung des Verfassungsgerichtshofs ergangen oder das Verfahren anderweitig erledigt worden, so ist die Verzögerungsbeschwerde binnen drei Monaten zu erheben. [2]Sie ist schriftlich einzulegen und gleichzeitig zu begründen. [3]Bis zur rechtskräftigen Entscheidung über die Verzögerungsbeschwerde ist der Anspruch nicht übertragbar.

§ 58b[1)] Zuständigkeit

(1) Über die Verzögerungsbeschwerde entscheidet der Verfassungsgerichtshof unter Ausschluss der Berichterstatterin oder des Berichterstatters des beanstandeten Verfahrens.

(2) Das Nähere regelt die Geschäftsordnung des Verfassungsgerichtshofs.

§ 58c[1)] Stellungnahme

(1) Die Berichterstatterin oder der Berichterstatter des beanstandeten Verfahrens soll binnen eines Monats nach Eingang der Begründung der Verzögerungsbeschwerde eine Stellungnahme vorlegen.

(2) [1]Der Verfassungsgerichtshof entscheidet mit Mehrheit. [2]Bei Stimmengleichheit gilt die Verzögerungsbeschwerde als zurückgewiesen. [3]Der Verfassungsgerichtshof entscheidet ohne mündliche Verhandlung. [4]Der Beschluss über die Verzögerungsbeschwerde bedarf keiner Begründung.

(3) Die Entscheidung ist unanfechtbar.

§ 58d Übergangsregelung

[1]Die §§ 58 bis 58c gelten auch für Verfahren, die am 30. September 2015 bereits anhängig waren, sowie für abgeschlossene Verfahren, deren Dauer am 30. September 2015 Gegenstand einer Beschwerde beim Europäischen Gerichtshof für Menschenrechte ist oder noch werden kann. [2]Für abgeschlossene Verfahren nach Satz 1 gilt § 58a Absatz 1 Satz 2 bis 5 nicht; § 58a Absatz 2 gilt mit der Maßgabe, dass die Verzögerungsbeschwerde sofort erhoben werden kann und spätestens am 30. Dezember 2015 erhoben werden muss.

1) Beachte die Übergangsregelung in § 58d.

IV. Teil

Übergangs- und Schlußvorschriften

§ 59 (nicht wiedergegebene Änderungsvorschrift)

§ 60 Inkrafttreten

[1]Dieses Gesetz ist nach Beschlußfassung im Abgeordnetenhaus im Gesetz- und Verordnungsblatt und nach Beschlußfassung in der Stadtverordnetenversammlung im Gesetz-, Verordnungs- und Amtsblatt zu verkünden. [2]Es tritt am 2. Dezember 1990 in Kraft.

Geschäftsordnung des Verfassungsgerichtshofes des Landes Berlin

Vom 22. Januar 2016 (GVBl. S. 53)

Erster Teil Organisation und Verwaltung

§ 1 Plenum

(1) [1]Die Präsidentin unterrichtet im Rahmen der ihr obliegenden Aufgaben (§ 10 Abs. 1 VerfGHG) die Mitglieder des Verfassungsgerichtshofes über alle wichtigen, den Verfassungsgerichtshof oder dessen Mitglieder betreffenden Vorgänge. [2]Fragen von grundsätzlicher Bedeutung wird sie mit der Gesamtheit der Mitglieder des Verfassungsgerichtshofes (Plenum) beraten.

(2) [1]Die Präsidentin beruft das Plenum des Verfassungsgerichtshofes nach Bedarf ein. [2]Sie ist hierzu verpflichtet, wenn der Vizepräsident oder mindestens drei Mitglieder des Verfassungsgerichtshofes unter Angabe des Beratungsgegenstandes dies verlangen.

§ 2 Geschäftsstelle und Register

(1) Der Verfassungsgerichtshof unterhält eine Geschäftsstelle.

(2) Die Geschäftsstelle führt ein Verfahrensregister und ein allgemeines Register.

(3) [1]In das Verfahrensregister werden jahrgangsweise die zur Zuständigkeit des Verfassungsgerichtshofes gehörenden Sachen nach der zeitlichen Reihenfolge ihres Eingangs unter Zuteilung einer Geschäftsnummer eingetragen. [2]Anträge nach § 31 VerfGHG werden als gesonderte Verfahren, aber unter der gleichen Geschäftsnummer wie die Hauptsache geführt. [3]Zur Geschäftsnummer wird der Buchstabe A hinzugesetzt.

(4) [1]In das allgemeine Register werden jahrgangsweise alle an den Verfassungsgerichtshof gerichteten Anträge oder Eingaben eingetragen, die offenbar einer Entscheidung durch den Verfassungsgerichtshof nicht zugänglich sind. [2]Hierzu rechnen insbesondere Eingaben, mit denen weder ein bestimmter Antrag verfolgt noch ein Anliegen geltend gemacht wird, für das eine Zuständigkeit des Verfassungsgerichtshofes besteht.

(5) [1]Die Entscheidung, ob ein Vorgang in das allgemeine Register einzutragen ist, trifft die Präsidentin. [2]Ein im allgemeinen Register eingetragener Vorgang ist in das Verfahrensregister zu übertragen, wenn das Plenum die Übertragung beschließt.

§ 3 Abwesenheit der Mitglieder des Verfassungsgerichtshofes

Die Mitglieder des Verfassungsgerichtshofes zeigen der Präsidentin Ortsabwesenheit von längerer Dauer sowie Krankheit rechtzeitig an.

§ 4 Wissenschaftliche Mitarbeiterinnen und Mitarbeiter

[1]Die wissenschaftlichen Mitarbeiterinnen und Mitarbeiter unterstützen die Arbeit des Verfassungsgerichtshofes. [2]Für die Teilnahme an Beratungen gilt § 15 VerfGHG i.V.m. § 193 GVG.

§ 5 Verlautbarungen

Verlautbarungen des Verfassungsgerichtshofes, insbesondere Presseerklärungen, veranlasst die Präsidentin.

§ 6 Veröffentlichung von Entscheidungen

(1) Die Präsidentin veranlasst die im Gesetz über den Verfassungsgerichtshof vorgesehene Veröffentlichung von Entscheidungsformeln (§ 30 Abs. 2 VerfGHG).

(2) Die zur Veröffentlichung bestimmten Entscheidungen werden in einer autorisierten Sammlung oder in sonst geeigneter Weise veröffentlicht.

(3) [1]Zum Zweck der Veröffentlichung können der Entscheidung Leitsätze beigefügt werden. [2]Sie sind nicht Bestandteil der Entscheidung. [3]Die Leitsätze werden vom Plenum beschlossen.

(4) Über den Antrag auf Erteilung von Abschriften von Entscheidungen entscheidet die Präsidentin.

§ 7 Siegel

Der Verfassungsgerichtshof führt ein großes und ein kleines Landessiegel mit der Umschrift „Verfassungsgerichtshof des Landes Berlin".

Zweiter Teil
Verfahrensergänzende Vorschriften

§ 8 Berichterstatterinnen und Berichterstatter

(1) Die Entscheidungen des Verfassungsgerichtshofes werden durch Berichterstatterinnen und Berichterstatter vorbereitet.

(2) [1]Das Plenum beschließt zu Beginn eines jeden Kalenderjahres, nach welchen Grundsätzen die Mitglieder des Verfassungsgerichtshofes zur Berichterstattung herangezogen werden. [2]Das Plenum kann diese Grundsätze jederzeit ändern.

(3) Die Bearbeitung der in das allgemeine Register eingetragenen Sachen erfolgt durch die Präsidentin.

§ 9 Vorschuss gemäß § 33 Abs. 6 VerfGHG

[1]Wird die Zahlung eines Vorschusses auf die Gebühr angeordnet (§ 33 Abs. 6 VerfGHG), wird das Verfahren erst fortgesetzt, wenn der Vorschuss gezahlt ist. [2]Das Plenum kann anders entscheiden.

§ 10 Vorbereitung und Beratung der Entscheidung

(1) [1]Das berichterstattende Mitglied des Verfassungsgerichtshofes legt bei allen Sachen, in denen eine mündliche Verhandlung stattfindet, ein schriftliches Votum vor. [2]In allen übrigen Sachen legt es nach seinem Ermessen ein Votum oder einen begründeten Entscheidungsentwurf vor. [3]In der Regel obliegt ihm die schriftliche Abfassung der vom Verfassungsgerichtshof getroffenen Entscheidung.

(2) [1]Die Entscheidungsvorlagen werden in Beratungssitzungen des Verfassungsgerichtshofes behandelt. [2]Die Beratungssitzungen finden in der Regel einmal monatlich zu Terminen statt, die vom Plenum festgelegt werden.

(3) Die Tagesordnung soll drei Wochen vor dem Beratungstermin mitgeteilt werden.

(4) [1]Nachträglich kann die Präsidentin Beschlüsse nach § 23 VerfGHG, Einstellungsbeschlüsse und, wenn besondere Gründe vorliegen, auch sonstige Sachen auf die Tagesordnung setzen. [2]Sie sind auf die nächste Sitzung zu vertagen, wenn ein Mitglied des Verfassungsgerichtshofes dies verlangt.

(5) Entscheidungsentwürfe – außer wenn sie verfahrensrechtliche Beschlüsse oder Beschlüsse nach § 23 VerfGHG betreffen – sind vor der Weiterleitung an die übrigen Mitglieder des Verfassungsgerichtshofes dem mitberichterstattenden Mitglied zuzuleiten, das sich zu ihnen äußert, falls es dem Entwurf nicht zustimmt.

(6) Hat ein Mitglied des Verfassungsgerichtshofes Bedenken gegen einen ihm zugeleiteten Entscheidungsvorschlag, soll es dies dem berichterstattenden Mitglied unverzüglich mitteilen.

(7) [1]Jedes Mitglied des Verfassungsgerichtshofes, das an einer Entscheidung mitgewirkt hat, kann bis zu deren Verkündung oder bis zu deren Ausfertigung zum Zwecke der Zustellung die Fortsetzung der Beratung verlangen, wenn es seine Stimmabgabe ändern will. [2]Es kann beim Plenum die Fortsetzung der Beratung beantragen, wenn es bisher nicht erörterte Gesichtspunkte vortragen möchte oder wenn ihm ein Sondervotum dazu Anlass gibt.

§ 11 Mündliche Verhandlung

(1) [1]Sobald der Termin zur mündlichen Verhandlung bestimmt ist, sind die Beteiligten mit einer Frist von mindestens einem Monat zu laden. [2]In dringenden Fällen kann die Präsidentin die Frist abkürzen.

(2) In der mündlichen Verhandlung tragen die Mitglieder des Verfassungsgerichtshofes die vom Plenum beschlossene Amtstracht.

§ 12 Entscheidung

(1) [1]Eine Entscheidung wird erst verkündet oder zugestellt, wenn sie schriftlich begründet und unterzeichnet ist. [2]Ist ein Mitglied des Verfassungsgerichtshofes, das an der Entscheidung mitgewirkt hat, an der Unterschrift verhindert, beurkundet dies die Präsidentin.

(2) Wird ein Verkündungstermin anberaumt, genügt für dessen Wahrnehmung die Anwesenheit von drei Mitgliedern des Verfassungsgerichtshofes.

§ 13 Sondervoten

(1) Ein Mitglied des Verfassungsgerichtshofes, das ein Sondervotum (§ 29 Abs. 2 VerfGHG) abgeben will, soll diese Absicht so früh wie möglich, spätestens unmittelbar vor der Unterzeichnung der Entscheidung durch die Mitglieder des Verfassungsgerichtshofes mitteilen.

(2) [1]Das Sondervotum ist binnen zwei Wochen nach Unterzeichnung der Entscheidung zu den Akten zu geben. [2]Die Präsidentin kann die Frist um weitere zwei Wochen verlängern.

(3) [1]Die Verkündung oder Zustellung der Entscheidung erfolgt grundsätzlich erst nach Vorliegen des Sondervotums. [2]In dringenden Fällen kann die Verkündung oder Zustellung erfolgen, bevor das Sondervotum zu den Akten gegeben ist. [3]In diesem Fall ist darauf hinzuweisen, dass ein Sondervotum beabsichtigt ist. [4]Wird das Sondervotum nicht innerhalb der für seine Einreichung bestimmten Frist zu den Akten gegeben, wird die Entscheidung ohne Sondervotum und ohne Hinweis auf ein zu erwartendes Sondervotum verkündet oder zugestellt.

§ 14 Akteneinsicht

(1) [1]Die Verfahrensbeteiligten haben das Recht auf Akteneinsicht. [2]Die der Vorbereitung der Entscheidung dienenden Voten und sonstigen Unterlagen unterliegen nicht der Akteneinsicht.

(2) Nicht am Verfahren beteiligten Personen kann Akteneinsicht unter den Voraussetzungen der §§ 18a, 18b VerfGHG gewährt werden.

(3) [1]Über Anträge auf Akteneinsicht entscheidet die Präsidentin. [2]Gegen ihre Entscheidung kann das Plenum angerufen werden.

(4) [1]Die Verfahrensakten des Verfassungsgerichtshofes werden nicht hinausgegeben. [2]Über Ausnahmen im Sinne von § 18b Abs. 4 Satz 2 VerfGHG entscheidet das Plenum.

(5) [1]In Fällen, in denen eine Anhörung nach § 53 Abs. 1 und Abs. 2 VerfGHG stattgefunden hat und keine Sachentscheidung ergeht, erhalten die Beteiligten ein zuvor ergangenes Hinweisschreiben regelmäßig mit dem Beschluss nach § 23 VerfGHG. [2]Bittet ein Gericht, dessen Entscheidung Gegenstand einer Verfassungsbeschwerde war, nach Abschluss des Verfahrens um Übersendung eines Hinweisschreibens, entscheidet über die Freigabe im Einzelfall das Plenum auf Vorschlag des berichterstattenden Mitglieds des Verfassungsgerichtshofes.

(6) [1]Die Vernichtung der Verfahrensakten ist frühestens zehn Jahre nach Abschluss des Verfahrens zulässig. [2]Die Entscheidung trifft die Präsidentin. [3]Von der Vernichtung ausgeschlossen sind die Urschriften der Entscheidungen. [4]Vollständige Verfahrensakten einschließlich der Voten können wegen ihrer rechtsgeschichtlichen Bedeutung von der Präsidentin oder dem Plenum von der Vernichtung ausgeschlossen werden. [5]Sie können durch Beschluss des Plenums dem Landesarchiv übergeben werden.

§ 15 Verzögerungsbeschwerde

(1) Eine Stellungnahme nach § 58c Abs. 1 VerfGHG ist in der Regel nach Aufforderung durch das berichterstattende Mitglied des Verzögerungsbeschwerdeverfahrens vorzulegen.

(2) Das berichterstattende Mitglied des Verzögerungsbeschwerdeverfahrens kann die Akten des beanstandeten Verfahrens beiziehen, soweit die Akteneinsicht nicht nach § 14 Abs. 1 Satz 2 ausgeschlossen ist.

§ 16 Verfahren bei Ausschließung vom Richteramt (§ 16 VerfGHG) und Ablehnung wegen Besorgnis der Befangenheit (§ 17 VerfGHG)

(1) Es liegt in der Verantwortung jedes Mitglieds des Verfassungsgerichtshofes, von sich aus Umstände in einer dienstlichen Erklärung mitzuteilen, die für einen Ausschluss oder einen Befangenheitsgrund aus Sicht der Beteiligten sprechen könnten.

(2) [1]Wirkt ein Mitglied des Verfassungsgerichtshofes an der Entscheidung über seinen Ausschluss oder ein Ablehnungsgesuch nicht mit, werden ihm die entsprechenden Beschlussentwürfe vor der Beratungssitzung nicht übersandt. [2]Die Geschäftsstelle teilt dem Betroffenen mit, dass in dem Verfahren zunächst über seinen Ausschluss oder die Befangenheit entschieden wird.

§ 17 Inkrafttreten

Diese Geschäftsordnung tritt am Tag nach der Bekanntmachung[1] in Kraft; gleichzeitig tritt die Geschäftsordnung des Verfassungsgerichtshofs des Landes Berlin vom 6. Dezember 1994 (GVBl. S. 504) außer Kraft.

1) Bekanntgemacht am 26.2.2016.

Gesetz über Volksinitiative, Volksbegehren und Volksentscheid (Abstimmungsgesetz – AbstG)

Vom 11. Juni 1997 (GVBl. S. 304)
(BRV 111-4)
zuletzt geändert durch Art. 1 G zur Anpassung des Abstimmungsrechts vom 12. Oktober 2020 (GVBl. S. 787)

Nichtamtliche Inhaltsübersicht

Das Abgeordnetenhaus hat das folgende Gesetz beschlossen:

Abschnitt 1
Volksinitiative

§ 1 Teilnahmerecht
Alle mindestens 16 Jahre alten Einwohner und Einwohnerinnen Berlins können an einer Volksinitiative teilnehmen.

§ 2 Gegenstand
Eine Volksinitiative ist darauf gerichtet, das Abgeordnetenhaus im Rahmen seiner Entscheidungszuständigkeiten mit bestimmten Gegenständen der politischen Willensbildung, die Berlin betreffen, zu befassen (Artikel 61 Abs. 1 Satz 1 der Verfassung von Berlin).

§ 3 Trägerin
Trägerin einer Volksinitiative können eine natürliche Person, eine Mehrheit von Personen, eine Personenvereinigung oder eine Partei sein.

§ 4 Antrag auf Behandlung einer Volksinitiative
[1]Der Antrag auf Behandlung einer Volksinitiative ist schriftlich an den Präsidenten oder die Präsidentin des Abgeordnetenhauses von Berlin zu richten. [2]Dem Antrag sind Namen und Anschrift der Trägerin, der mit einer Begründung versehene Wortlaut der Vorlage und die Unterstützungserklärungen nach § 5 Absatz 1 beizufügen.

§ 5 Unterschriften
(1) [1]Der Antrag bedarf der Unterschrift von mindestens 20 000 Personen, die am Tage der Unterschrift mindestens 16 Jahre alt und mit alleiniger Wohnung oder mit Hauptwohnung in Berlin im Melderegister verzeichnet sind. [2]Die Unterschrift muss innerhalb der letzten sechs Monate vor dem Eingang des Antrages beim Abgeordnetenhaus von Berlin geleistet sein. [3]Jede Unterschrift muss auf einer Unterschriftsliste oder einem gesonderten Unterschriftsbogen, auf der oder auf dem der Wortlaut der Vorlage oder ihr wesentlicher Inhalt in Kurzform vorangestellt ist, erfolgen. [4]Es obliegt der Trägerin, die für Inneres zuständige Senatsverwaltung vor Beginn der Unterschriftensammlung über den Tag, an dem die Unterschriftensammlung beginnt, sowie die Namen und den Wohnsitz mit Anschrift der Vertrauenspersonen zu informieren; dabei ist der Wortlaut der Volksinitiative beizufügen, der während der Unterschriftensammlung nicht verändert werden darf.
(2) Neben der eigenhändigen Unterschrift müssen folgende Daten der unterzeichnenden Person handschriftlich angegeben sein:
1. Familienname,
2. Vorname,
3. Geburtsdatum,
4. Anschrift der alleinigen Wohnung oder Hauptwohnung,
5. Tag der Unterschriftsleistung.

(3) [1]Fehlt die handschriftliche Angabe des Geburtsdatums oder ist diese unvollständig, fehlerhaft oder unleserlich, so gilt die Unterschrift als ungültig. [2]Die Unterschrift gilt zudem als ungültig, wenn sich die Person anhand der Eintragungen nicht zweifelsfrei erkennen lässt oder sich nicht zweifelsfrei feststellen lässt, ob die Unterschrift fristgerecht erfolgt ist oder die unterzeichnende Person am Tag der Unterschriftsleistung teilnahmeberechtigt war. [3]Enthalten die Eintragungen Zusätze oder Vorbehalte, sind sie nicht handschriftlich oder nicht fristgerecht erfolgt oder wurden sie mit Telefax oder elektronisch übermittelt, so gilt die Unterschrift ebenfalls als ungültig.
(4) Die Trägerin hat einheitliche Unterschriftslisten und -bögen zu verwenden und diese auf eigene Kosten zu beschaffen.
(5) Eine unterstützungswillige Person, die nicht schreiben kann, erklärt ihre Unterstützung zur Niederschrift im Bezirksamt.
(6) Zum Nachweis des Stimmrechts müssen Personen, die nicht in einem Melderegister der Bundesrepublik Deutschland verzeichnet sind oder nicht seit drei Monaten vor dem Tag der Unterzeichnung in Berlin gemeldet sind, die Unterzeichnung im Bezirksamt vornehmen und durch Versicherung an

Eides statt glaubhaft machen, dass sie sich in den letzten drei Monaten überwiegend in Berlin aufgehalten haben.

§ 6 Vertrauenspersonen

(1) [1]Die Trägerin einer Volksinitiative bestimmt fünf Vertrauenspersonen zur Vertretung der Volksinitiative. [2]Die Vertrauenspersonen müssen unterzeichnungsberechtigt im Sinne des § 5 Absatz 1 Satz 1 sein. [3]Sie sind berechtigt, im Namen der Unterzeichnenden im Rahmen dieses Gesetzes verbindliche Erklärungen für die Trägerin abzugeben und entgegenzunehmen. [4]Erklärungen der Vertrauenspersonen sind nur verbindlich, wenn sie von mindestens drei Vertrauenspersonen abgegeben werden.

(2) In dem Antrag nach § 4 sind die Namen, die alleinigen Wohnsitze oder die Hauptwohnsitze mit Anschriften und die Geburtsdaten der Vertrauenspersonen aufzuführen.

§ 7 Prüfung der Zulässigkeit

(1) [1]Der Präsident oder die Präsidentin des Abgeordnetenhauses prüft mit Ausnahme der Zahl der gültigen Unterstützungserklärungen die Zulässigkeitsvoraussetzungen des Artikels 61 Abs. 1 der Verfassung von Berlin und der §§ 1 bis 6. [2]Die Prüfung erfolgt innerhalb einer Frist von 15 Tagen nach Eingang des Antrags.

(2) [1]Der Trägerin kann eine angemessene Frist zur Behebung festgestellter Zulässigkeitsmängel gesetzt werden, wenn ohne eine Änderung des Gegenstands der Volksinitiative eine Mängelbeseitigung möglich ist. [2]Dies gilt nicht für die nach § 5 einzureichenden Unterschriften.

(3) [1]Stellt der Präsident oder die Präsidentin des Abgeordnetenhauses die Zulässigkeit des Antrags nach Absatz 1 oder nach der erfolgreichen Mängelbeseitigung durch die Trägerin nach Absatz 2 fest, werden die Unterstützungserklärungen der für Inneres zuständigen Senatsverwaltung zugeleitet. [2]Sie leitet diese an die Bezirksämter ohne Rücksicht auf deren örtliche Zuständigkeit für die Wohnung der eingetragenen Personen zur Überprüfung der Gültigkeit weiter. [3]Die Bezirksämter überprüfen innerhalb von 15 Tagen ab Eingang bei der für Inneres zuständigen Senatsverwaltung die Unterstützungserklärungen. [4]Hat ein Bezirksamt die Gültigkeit von 1 800 Unterstützungserklärungen festgestellt, unterbleibt eine weitere Prüfung durch dieses Bezirksamt. [5]Die diesem Bezirksamt vorliegenden weiteren Unterstützungserklärungen werden lediglich gezählt. [6]Die Bezirksämter teilen der für Inneres zuständigen Senatsverwaltung die Zahl der geprüften gültigen und ungültigen Unterstützungserklärungen sowie die Zahl der ungeprüften Unterstützungserklärungen mit. [7]Die für Inneres zuständige Senatsverwaltung gibt die Gesamtzahl der gültigen und ungültigen Unterstützungserklärungen sowie die Gesamtzahl der ungeprüften Unterstützungserklärungen dem Präsidenten oder der Präsidentin des Abgeordnetenhauses unverzüglich bekannt.

§ 8 Entscheidung über die Zulässigkeit

(1) [1]Nach der Mitteilung über die Überprüfung durch die Bezirksämter stellt der Präsident oder die Präsidentin des Abgeordnetenhauses die Zulässigkeit des Antrags innerhalb von drei Tagen fest, wenn die Zahl der gültigen Unterstützungserklärungen mindestens 20 000 beträgt. [2]Die Entscheidung ist den Vertrauenspersonen mitzuteilen.

(2) [1]Der Präsident oder die Präsidentin des Abgeordnetenhauses weist den Antrag zurück, wenn ein nicht behebbares Zulässigkeitshindernis vorliegt oder die Trägerin einen behebbaren Mangel nicht innerhalb der ihr gesetzten Frist behoben hat. [2]Diese Entscheidung ist zu begründen. [3]Mit Einverständnis der Trägerin kann der Präsident oder die Präsidentin des Abgeordnetenhauses die Unterlagen mit Ausnahme der Unterstützungserklärungen dem Petitionsausschuss zur weiteren Bearbeitung übergeben.

§ 9 Behandlung der Volksinitiative im Abgeordnetenhaus

(1) Zulässige Volksinitiativen sind innerhalb von vier Monaten nach der Feststellung der Zulässigkeit durch den Präsidenten oder die Präsidentin des Abgeordnetenhauses (§ 8 Abs. 1) im Abgeordnetenhaus zu beraten.

(2) [1]Die Vertrauenspersonen haben ein Recht auf Anhörung in den zuständigen Ausschüssen. [2]Nach der Anhörung findet eine Aussprache zur Volksinitiative im Abgeordnetenhaus statt.

Abschnitt 2
Volksbegehren

§ 10 Teilnahmerecht
Alle zum Abgeordnetenhaus von Berlin Wahlberechtigten können an einem Volksbegehren teilnehmen.

§ 11 Gegenstand
(1) [1]Volksbegehren können darauf gerichtet werden, Gesetze zu erlassen, zu ändern oder aufzuheben, soweit das Land Berlin die Gesetzgebungskompetenz hat. [2]Sie können darüber hinaus darauf gerichtet werden, im Rahmen der Entscheidungszuständigkeit des Abgeordnetenhauses zu Gegenständen der politischen Willensbildung, die Berlin betreffen, sonstige Beschlüsse zu fassen. [3]Sie sind innerhalb einer Wahlperiode zu einem Thema nur einmal zulässig (Artikel 62 Abs. 1 der Verfassung von Berlin).
(2) Volksbegehren können auch auf die vorzeitige Beendigung der Wahlperiode des Abgeordnetenhauses gerichtet werden (Artikel 62 Abs. 3 der Verfassung von Berlin).

§ 12 Unzulässigkeit von Volksbegehren
(1) Volksbegehren zum Landeshaushaltsgesetz, zu Dienst- und Versorgungsbezügen, Abgaben, Tarifen der öffentlichen Unternehmen sowie Personalentscheidungen sind unzulässig (Artikel 62 Abs. 2 der Verfassung von Berlin).
(2) Volksbegehren, die dem Grundgesetz, sonstigem Bundesrecht, dem Recht der Europäischen Union oder der Verfassung von Berlin widersprechen, sind unzulässig.
(3) Volksbegehren zur vorzeitigen Beendigung der Wahlperiode des Abgeordnetenhauses sind unzulässig, wenn der Antrag auf Einleitung später als 46 Monate nach Beginn der Wahlperiode gestellt wird.

§ 13 Trägerin
Trägerin eines Volksbegehrens können eine natürliche Person, eine Mehrheit von Personen, eine Personenvereinigung oder eine Partei sein.

§ 14 Antrag auf Einleitung eines Volksbegehrens
[1]Der Antrag auf Einleitung eines Volksbegehrens ist mit dessen Wortlaut und den Unterstützungserklärungen nach § 15 Absatz 2 von der Trägerin schriftlich bei der für Inneres zuständigen Senatsverwaltung einzureichen. [2]Richtet sich das Volksbegehren auf den Erlass, die Änderung oder die Aufhebung eines Gesetzes, ist dem Antrag ein ausgearbeiteter, mit einer Begründung versehener Gesetzentwurf beizufügen. [3]Richtet sich das Volksbegehren auf die Fassung eines sonstigen Beschlusses, umfasst der Antrag einen Entwurf des Beschlusses, dem eine Begründung beizufügen ist.

§ 15 Amtliche Kostenschätzung, Unterschriftensammlung
(1) [1]Auf schriftlichen Antrag der Trägerin bei der für Inneres zuständigen Senatsverwaltung erstellt die fachlich zuständige Senatsverwaltung vor Beginn der Unterschriftensammlung die geschätzten Kosten, die sich aus der Verwirklichung des Volksbegehrens ergeben würden (amtliche Kostenschätzung). [2]Dem Antrag ist der Wortlaut des Volksbegehrens beizufügen. [3]Die amtliche Kostenschätzung ist der Trägerin spätestens zwei Monate nach Eingang des Antrags zu übermitteln. [4]Bei späteren Änderungen des Wortlauts des Volksbegehrens ist die amtliche Kostenschätzung durch die fachlich zuständige Senatsverwaltung umgehend zu überprüfen und soweit erforderlich innerhalb eines weiteren Monats anzupassen.
(2) [1]Zum Nachweis der Unterstützung bedarf der Antrag auf Einleitung eines Volksbegehrens der Unterschrift von mindestens 20 000 im Zeitpunkt der Unterzeichnung zum Abgeordnetenhaus von Berlin Wahlberechtigten, im Falle eines Volksbegehrens zur Änderung der Verfassung von Berlin oder zur vorzeitigen Beendigung der Wahlperiode des Abgeordnetenhauses der Unterschrift von mindestens 50 000 im Zeitpunkt der Unterzeichnung zum Abgeordnetenhaus von Berlin Wahlberechtigten. [2]Die Unterschriftsleistung muss innerhalb der letzten sechs Monate vor dem Eingang des Antrages bei der für Inneres zuständigen Senatsverwaltung erfolgt sein. [3]Jede Unterschrift muss auf einer Unterschriftsliste oder einem gesonderten Unterschriftsbogen, auf der oder auf dem der Wortlaut des Volksbegehrens oder sein wesentlicher Inhalt in Kurzform einschließlich der amtlichen Kostenschätzung vorangestellt ist, erfolgen. [4]Die Trägerin kann der amtlichen Kostenschätzung eine eigene Kostenschätzung oder eine bündige Anmerkung zur amtlichen Kostenschätzung voranstellen.

(3) Während der Unterschriftensammlung muss der vollständige Wortlaut des Volksbegehrens in geeigneter Form einsehbar sein und darf nicht verändert werden.

(4) Neben der eigenhändigen Unterschrift müssen folgende Daten der unterzeichnenden Person handschriftlich angegeben sein:

1. Familienname,
2. Vorname,
3. Geburtsdatum,
4. Anschrift der alleinigen Wohnung oder Hauptwohnung,
5. Tag der Unterschriftsleistung.

(5) [1]Fehlt die handschriftliche Angabe des Geburtsdatums oder ist diese unvollständig, fehlerhaft oder unleserlich, so gilt die Unterschrift als ungültig. [2]Die Unterschrift gilt zudem als ungültig, wenn sich die Person anhand der Eintragungen nicht zweifelsfrei erkennen lässt oder sich nicht zweifelsfrei feststellen lässt, ob die Unterschrift fristgerecht erfolgt ist oder die unterzeichnende Person am Tag der Unterschriftsleistung teilnahmeberechtigt war. [3]Enthalten die Eintragungen Zusätze oder Vorbehalte, sind sie nicht handschriftlich oder nicht fristgerecht erfolgt oder wurden sie mit Telefax oder elektronisch übermittelt, so gilt die Unterschrift ebenfalls als ungültig.

(6) Die Trägerin hat die nach der Abstimmungsordnung vorgeschriebenen Muster für die Unterschriftslisten und -bögen zu verwenden und diese auf eigene Kosten zu beschaffen.

(7) Eine unterstützungswillige Person, die nicht schreiben kann, erklärt ihre Unterstützung zur Niederschrift im Bezirksamt.

(8) Zum Nachweis des Stimmrechts müssen Personen, die nicht in einem Melderegister der Bundesrepublik Deutschland verzeichnet sind oder nicht seit drei Monaten vor dem Tag der Unterzeichnung in Berlin gemeldet sind, die Unterzeichnung im Bezirksamt vornehmen und durch Versicherung an Eides statt glaubhaft machen, dass sie sich in den letzten drei Monaten überwiegend in Berlin aufgehalten haben.

§ 16 Vertrauenspersonen

(1) [1]Die Trägerin eines Volksbegehrens bestimmt fünf Vertrauenspersonen zur Vertretung des Volksbegehrens. [2]Die Vertrauenspersonen müssen nach § 10 teilnahmeberechtigt sein. [3]Sie sind berechtigt, im Namen der Unterzeichnenden im Rahmen dieses Gesetzes verbindliche Erklärungen für die Trägerin abzugeben und entgegenzunehmen. [4]Erklärungen der Vertrauenspersonen sind nur verbindlich, wenn sie von mindestens drei Vertrauenspersonen abgegeben werden.

(2) [1]In dem Antrag nach § 14 sind die Namen und der Wohnsitz mit Anschrift der Vertrauenspersonen aufzuführen. [2]Es obliegt der Trägerin, diese Angaben auch im Antrag auf amtliche Kostenschätzung nach § 15 Absatz 1 Satz 1 zu machen.

§ 17 Prüfung des Antrags auf Einleitung des Volksbegehrens, Mitteilung an das Abgeordnetenhaus

(1) [1]Die für Inneres zuständige Senatsverwaltung leitet die Unterstützungserklärungen den Bezirksämtern ohne Rücksicht auf deren örtliche Zuständigkeit für den Wohnsitz der eingetragenen Personen unverzüglich zur Überprüfung der Gültigkeit zu. [2]Hat ein Bezirksamt die Gültigkeit von 1800 Unterstützungserklärungen oder im Fall eines Volksbegehrens zur Änderung der Verfassung von Berlin oder zur vorzeitigen Beendigung der Wahlperiode des Abgeordnetenhauses von 4 500 Unterstützungserklärungen festgestellt, unterbleibt eine weitere Prüfung durch dieses Bezirksamt. [3]Die diesem Bezirksamt vorliegenden weiteren Unterstützungserklärungen werden lediglich gezählt. [4]Die Bezirksämter teilen der für Inneres zuständigen Senatsverwaltung die Zahl der geprüften gültigen und ungültigen Unterstützungserklärungen sowie die Zahl der ungeprüften Unterstützungserklärungen innerhalb von 15 Tagen ab Eingang der Unterstützungserklärungen bei ihnen mit.

(2) Die für Inneres zuständige Senatsverwaltung prüft unter Mitwirkung weiterer betroffener Senatsverwaltungen innerhalb von fünf Monaten, ob die Anforderungen der §§ 10 bis 16 erfüllt sind.

(3) [1]Die Trägerin ist berechtigt, den Antrag auf Einleitung des Volksbegehrens während der Prüfung nach Absatz 2 schriftlich gegenüber der für Inneres zuständigen Senatsverwaltung zu ändern, soweit dadurch der Grundcharakter oder die Zielsetzung des Volksbegehrens nicht verändert werden. [2]Im Falle mehr als nur redaktioneller Änderungen kann die für Inneres zuständige Senatsverwaltung die Frist nach Absatz 2 um bis zu zwei Monate verlängern. [3]Soweit die für Inneres zuständige Senatsver-

waltung feststellt, dass eine Änderung des Antrags auf Einleitung des Volksbegehrens die Anforderungen nach Satz 1 nicht erfüllt, informiert sie die Trägerin; Absatz 4 Satz 1 und 2 gilt entsprechend.

(4) [1]Führt die Prüfung nach Absatz 2 zu einer Feststellung von Zulässigkeitsmängeln und ist eine Behebung möglich, ohne dass der Grundcharakter oder die Zielsetzung des Volksbegehrens verändert werden, weist die für Inneres zuständige Senatsverwaltung die Trägerin darauf hin und gibt dieser Gelegenheit zur Nachbesserung. [2]Hierfür setzt sie der Trägerin eine Frist zur Mängelbeseitigung. [3]Absatz 3 Satz 2 und 3 erster Halbsatz gilt entsprechend.

(5) Eine Mängelbeseitigung ist für die nach § 15 Absatz 2 bis 8 einzureichenden Unterschriften ausgeschlossen.

(6) Auf Antrag der Trägerin kann das Verfahren nach Absatz 2 durch die für Inneres zuständige Senatsverwaltung ausgesetzt werden.

(7) [1]Das Ergebnis der Prüfung nach Absatz 2 teilt die für Inneres zuständige Senatsverwaltung der fachlich zuständigen Senatsverwaltung mit, die dem Senat einen Beschlussvorschlag über dessen Standpunkt gegenüber dem Abgeordnetenhaus unterbreitet (Artikel 62 Absatz 3 Satz 1 der Verfassung von Berlin). [2]Die Entscheidung des Senats über seinen Standpunkt zum Volksbegehren ist spätestens 15 Tage nach der Mitteilung der für Inneres zuständigen Senatsverwaltung zu treffen.

(8) [1]Sind bereits die Anforderungen des § 10 oder der §§ 13 bis 16 nicht erfüllt, stellt der Senat dies durch Beschluss ausdrücklich fest. [2]Die Entscheidung ist zu begründen und der Trägerin mitzuteilen.

(9) [1]Entspricht das Volksbegehren den Anforderungen des § 10 und der §§ 13 bis 16, jedoch nicht den Anforderungen der §§ 11 oder 12, hat die für Inneres zuständige Senatsverwaltung den Antrag auf Einleitung eines Volksbegehrens dem Verfassungsgerichtshof zur Entscheidung vorzulegen. [2]Die Vorlage ist zu begründen und der Trägerin mitzuteilen. [3]Sie ist innerhalb von 15 Tagen nach der Entscheidung des Senats über seinen Standpunkt beim Verfassungsgerichtshof einzureichen.

(10) In der Mitteilung an das Abgeordnetenhaus ist darauf hinzuweisen, dass das Abgeordnetenhaus innerhalb einer Frist von vier Monaten entscheiden kann, den begehrten Entwurf eines Gesetzes oder eines sonstigen Beschlusses inhaltlich in seinem wesentlichen Bestand unverändert anzunehmen.

§ 17a Behandlung des Antrags auf Einleitung des Volksbegehrens im Abgeordnetenhaus

(1) Der Antrag auf Einleitung des Volksbegehrens ist, soweit er zulässig ist, im Abgeordnetenhaus und in den zuständigen Ausschüssen zu beraten; die Vertrauenspersonen haben ein Recht auf Anhörung in den zuständigen Ausschüssen.

(2) [1]Nimmt das Abgeordnetenhaus das Begehren inhaltlich in seinem wesentlichen Bestand an, stellt es dies durch Beschluss fest. [2]Der Präsident oder die Präsidentin des Abgeordnetenhauses teilt diese Entscheidung der Trägerin und der für Inneres zuständigen Senatsverwaltung mit.

§ 18 Verlangen der Durchführung des Volksbegehrens, Bekanntmachung und Eintragungsfrist

(1) [1]Nimmt das Abgeordnetenhaus das Begehren inhaltlich in seinem wesentlichen Bestand nicht innerhalb von vier Monaten seit der Mitteilung des Senats an das Abgeordnetenhaus an, kann die Trägerin innerhalb eines Monats schriftlich bei der für Inneres zuständigen Senatsverwaltung die Durchführung des Volksbegehrens verlangen. [2]Die Trägerin kann die Durchführung des Volksbegehrens vorzeitig verlangen, wenn das Abgeordnetenhaus vor Ablauf der vier Monate das Begehren ausdrücklich ablehnt. [3]Die Sätze 1 und 2 gelten nicht, solange und soweit der Verfassungsgerichtshof noch nicht über einen Einspruch nach § 41 Absatz 1 Nummer 2 oder eine Vorlage nach § 17 Absatz 9 entschieden hat.

(2) Der Landesabstimmungsleiter oder die Landesabstimmungsleiterin macht innerhalb von 22 Tagen nach Eingang des Verlangens im Amtsblatt für Berlin bekannt:

1. den oder die Namen und die Anschrift der Trägerin,
2. den Wortlaut des Volksbegehrens,
3. die amtliche Kostenschätzung und sofern von der Trägerin vorgelegt, ihre eigene Kostenschätzung oder ihre bündige Anmerkung zur amtlichen Kostenschätzung,
4. den Hinweis, dass Stimmberechtigte, die dem Volksbegehren zustimmen wollen, dies durch Eintragung in die amtlich ausgegebenen Unterschriftslisten und -bögen bekunden können,
5. die Eintragungsfrist sowie
6. die amtlichen Auslegungsstellen und Auslegungszeiten.

(3) [1]Die Eintragungsfrist beträgt vier Monate und soll in der Regel 15 Tage nach der Veröffentlichung im Amtsblatt für Berlin beginnen. [2]Sofern die Zulässigkeitsprüfung vor Ausschöpfung der in § 17

Absatz 2 und 3 genannten Wochenfristen abgeschlossen wurde, verlängert sich die Frist für den Beginn der Eintragungsfrist nach Satz 1 auf Antrag der Trägerin, der gegenüber der für Inneres zuständigen Senatsverwaltung zu stellen ist, um die entsprechende Anzahl von Wochen.

§ 19 Rücknahme

Die Rücknahme des Antrags auf Einleitung des Volksbegehrens ist mit dem Verlangen auf Durchführung des Volksbegehrens ausgeschlossen.

§ 20 Abstimmungsorgane

Die Aufgaben der Abstimmungsleiter, der Abstimmungsleiterinnen sowie der Stellvertreter und Stellvertreterinnen bei der Vorbereitung und Durchführung des Volksbegehrens nehmen die Wahlleiter, die Wahlleiterinnen sowie die Stellvertreter und Stellvertreterinnen wahr.

§ 21 Amtliche Auslegungsstellen und Auslegungszeiten

(1) [1]Der Landesabstimmungsleiter oder die Landesabstimmungsleiterin bestimmt einheitlich Tage und Zeiten, an denen in amtlichen Auslegungsstellen die Eintragungen vorgenommen werden können. [2]Die Bezirksabstimmungsleiter oder die Bezirksabstimmungsleiterinnen bestimmen die amtlichen Auslegungsstellen.

(2) [1]Die Auslegungszeiten sowie Anzahl und Ort der amtlichen Auslegungsstellen sind so zu bestimmen, dass jede und jeder Stimmberechtigte ausreichend Gelegenheit hat, sich an dem Volksbegehren zu beteiligen. [2]Die amtlichen Auslegungsstellen müssen an den Werktagen von Montag bis Freitag geöffnet sein, davon an zwei Tagen mindestens bis 18 Uhr. [3]Gehen die Öffnungszeiten der Bürgerämter darüber hinaus, dann sollen die Auslegungsstellen ebenso lange geöffnet sein.

§ 22 Zustimmung zum Volksbegehren, Stimmrecht

(1) [1]Die Zustimmung zum Volksbegehren erfolgt durch Eintragung in amtliche Unterschriftslisten und -bögen, die in den amtlichen Auslegungsstellen oder von der Trägerin des Volksbegehrens außerhalb der amtlichen Auslegungsstellen bis zum letzten Tag der Eintragungsfrist bereitgehalten werden (freie Sammlung). [2]Der vollständige Wortlaut des Volksbegehrens muss während der Unterschriftensammlung einsehbar sein.

(2) Stimmberechtigt ist, wer am Tag der Unterzeichnung zum Abgeordnetenhaus von Berlin wahlberechtigt ist.

(3) Jede Unterschriftsliste und jeder Unterschriftsbogen hat folgende Angaben zu enthalten:

1. den oder die Namen, Anschrift und soweit vorhanden Internet-Adresse und E-Mail-Anschrift der Trägerin,
2. den Wortlaut des Volksbegehrens oder seinen wesentlichen Inhalt in Kurzform, die amtliche Kostenschätzung und, sofern von der Trägerin vorgelegt, ihre eigene Kostenschätzung oder ihre bündige Anmerkung zur amtlichen Kostenschätzung,
3. den Hinweis, dass die erhobenen personenbezogenen Daten nur zu den in diesem Gesetz vorgesehenen Verfahren verwendet werden dürfen.

(4) [1]Die Eintragung wird durch eigenhändige Unterschrift bewirkt. [2]Daneben müssen folgende Daten der unterzeichnenden Person handschriftlich angegeben sein:

1. Familienname,
2. Vorname,
3. Geburtsdatum,
4. Anschrift der alleinigen Wohnung oder Hauptwohnung,
5. Tag der Unterschriftsleistung.

(5) Erklärt eine zustimmungswillige Person, dass sie nicht schreiben kann, so ist die Eintragung von Amts wegen in einer amtlichen Auslegungsstelle oder im Bezirksamt unter Vermerk dieser Erklärung vorzunehmen.

(6) Zum Nachweis des Stimmrechts müssen Personen, die nicht in einem Melderegister der Bundesrepublik Deutschland verzeichnet sind oder nicht seit drei Monaten vor dem Tag der Unterzeichnung im Melderegister in Berlin gemeldet sind, mit der Unterzeichnung in einer amtlichen Auslegungsstelle oder im Bezirksamt durch Versicherung an Eides Statt gegenüber dem Bezirksamt glaubhaft machen, dass sie sich in den letzten drei Monaten überwiegend in Berlin aufgehalten haben.

§ 23 Anforderung von Unterschriftslisten und -bögen zur Verwendung außerhalb amtlicher Auslegungsstellen

(1) Auf Anforderung erhält die Trägerin des Volksbegehrens die amtlichen Unterschriftslisten und -bögen zur Verwendung außerhalb amtlicher Auslegungsstellen in angemessener Zahl vom Landesabstimmungsleiter oder von der Landesabstimmungsleiterin.

(2) [1]Jede stimmberechtigte Person kann beim Bezirksamt den amtlichen Unterschriftsbogen anfordern. [2]Eine elektronische Abrufmöglichkeit ist zu gewährleisten.

(3) [1]Die Unterschriftslisten und -bögen sind bis zum Ende der Eintragungsfrist dem Bezirksamt oder der Geschäftsstelle des Landesabstimmungsleiters oder der Landesabstimmungsleiterin zuzuleiten. [2]Die Geschäftsstelle des Landesabstimmungsleiters oder der Landesabstimmungsleiterin leitet bei ihr eingegangene Unterschriftslisten und -bögen den Bezirksämtern zu gleichen Teilen zu.

§ 24 Prüfung der Unterstützungserklärungen

(1) [1]Die Bezirksämter prüfen ohne Rücksicht auf ihre örtliche Zuständigkeit für die eingetragenen Personen die Gültigkeit der Eintragungen, die in den amtlichen Auslegungsstellen erfolgt sind oder ihnen nach § 23 zugesandt wurden. [2]Hat ein Bezirksamt die Gültigkeit von 9 Prozent der nach § 26 für das Zustandekommen des Volksbegehrens jeweils erforderlichen Zahl von Unterstützungserklärungen festgestellt, unterbleibt eine Prüfung durch dieses Bezirksamt. [3]Die diesem Bezirksamt vorliegenden weiteren Unterstützungserklärungen werden lediglich gezählt.

(2) Ungültig sind Unterstützungserklärungen, die

1. keine eigenhändige Unterschrift enthalten,
2. keine oder nur eine unvollständige, fehlerhafte, unleserliche oder nicht handschriftliche Angabe des Geburtsdatums enthalten,
3. keine oder nur eine unvollständige, fehlerhafte, unleserliche oder nicht handschriftliche Angabe des Familiennamens, des Vornamens, der Anschrift oder des Tags der Unterschriftsleistung enthalten und sich die unterzeichnende Person dadurch nicht zweifelsfrei erkennen lässt oder nicht zweifelsfrei ist, ob die unterzeichnende Person am Tag der Unterschriftsleistung stimmberechtigt war,
4. Zusätze oder Vorbehalte enthalten,
5. von nicht stimmberechtigten Personen herrühren,
6. in den Fällen des § 22 Absatz 5 und 6 weder in einer amtlichen Auslegungsstelle noch im Bezirksamt vorgenommen wurden oder für die weder der amtliche Vermerk noch die Versicherung an Eides statt vorliegt,
7. nicht innerhalb der Eintragungsfrist vorgenommen wurden,
8. nicht innerhalb der Eintragungsfrist dem Bezirksamt oder der Geschäftsstelle des Landeswahlleiters oder der Landeswahlleiterin zugeleitet wurden,
9. mehrfach abgegeben wurden,
10. nicht auf amtlichen Unterschriftslisten oder -bögen abgegeben wurden,
11. mit Telefax oder elektronisch übermittelt wurden.

(3) Der Landesabstimmungsleiter oder die Landesabstimmungsleiterin veröffentlicht während der amtlichen Auslegungszeit regelmäßig das Zwischenergebnis mit den geprüften gültigen Unterstützungserklärungen.

§ 25 Feststellung des Ergebnisses

(1) Der Bezirksabstimmungsleiter oder die Bezirksabstimmungsleiterin stellt für den Bezirk die Zahl der gültigen und ungültigen Unterstützungserklärungen sowie der ungeprüften Unterstützungserklärungen fest und teilt sie dem Landesabstimmungsleiter oder der Landesabstimmungsleiterin möglichst bis zum zwölften Tag nach Ablauf der Eintragungsfrist mit.

(2) [1]Der Landesabstimmungsleiter oder die Landesabstimmungsleiterin stellt die Gesamtzahl der gültigen und ungültigen Unterstützungserklärungen sowie der ungeprüften Unterstützungserklärungen (Gesamtergebnis des Volksbegehrens) innerhalb von drei Tagen nach der Mitteilung durch die Bezirksabstimmungsleiter oder die Bezirksabstimmungsleiterinnen fest. [2]Er oder sie prüft, ob die für das Volksbegehren geltenden Vorschriften beachtet sind, und stellt fest, ob das Volksbegehren zustande gekommen ist.

§ 26 Zustandekommen des Volksbegehrens

(1) Ein Volksbegehren mit dem Ziel des Erlasses eines Gesetzes oder der Fassung eines sonstigen Beschlusses ist zustande gekommen, wenn ihm mindestens 7 Prozent der Stimmberechtigten zugestimmt hat.

(2) Ein Volksbegehren mit dem Ziel der Änderung der Verfassung von Berlin und ein Volksbegehren zur vorzeitigen Beendigung der Wahlperiode des Abgeordnetenhauses ist zustande gekommen, wenn ihm mindestens 20 Prozent der Stimmberechtigten zugestimmt hat.

(3) Als Zahl der Stimmberechtigten gilt die Zahl der Stimmberechtigten am letzten Tag der Eintragungsfrist.

§ 27 Veröffentlichung des Ergebnisses des Volksbegehrens

Der Landesabstimmungsleiter oder die Landesabstimmungsleiterin veröffentlicht das Gesamtergebnis des Volksbegehrens im Amtsblatt für Berlin.

§ 28 Mitteilung an das Abgeordnetenhaus

Ist das Volksbegehren zustande gekommen, macht der Landesabstimmungsleiter oder die Landesabstimmungsleiterin binnen drei Tagen nach Veröffentlichung des Gesamtergebnisses dem Präsidenten oder der Präsidentin des Abgeordnetenhauses Mitteilung.

Abschnitt 3

Volksentscheid

§ 29 Herbeiführung

(1) [1]Ist ein Volksbegehren zustande gekommen, muss über den begehrten Erlass eines Gesetzes, über die begehrte Fassung eines sonstigen Beschlusses oder über die vorzeitige Beendigung der Wahlperiode innerhalb von vier Monaten nach Veröffentlichung des Gesamtergebnisses ein Volksentscheid herbeigeführt werden. [2]Die Frist nach Satz 1 wird vom Senat auf bis zu acht Monate verlängert, wenn dadurch der Volksentscheid gemeinsam mit Wahlen oder mit anderen Volksentscheiden durchgeführt werden kann. [3]Satz 2 gilt nicht bei Volksbegehren über die vorzeitige Beendigung der Wahlperiode. [4]§ 32 Absatz 1 Satz 4 bleibt unberührt.

(2) [1]Der Volksentscheid über einen Gesetzentwurf oder über einen sonstigen Beschlussentwurf unterbleibt, wenn das Abgeordnetenhaus den begehrten Gesetzentwurf oder den begehrten sonstigen Beschlussentwurf inhaltlich in seinem wesentlichen Bestand unverändert annimmt und dies durch Beschluss feststellt. [2]Der Präsident oder die Präsidentin des Abgeordnetenhauses teilt die Entscheidung nach Satz 1 der Trägerin, der für Inneres zuständigen Senatsverwaltung und dem Landesabstimmungsleiter oder der Landesabstimmungsleiterin umgehend mit.

(3) Der Volksentscheid über die vorzeitige Beendigung der Wahlperiode unterbleibt, wenn das Abgeordnetenhaus die vorzeitige Beendigung der Wahlperiode selbst beschließt.

§ 30 Eigener Gesetzentwurf oder sonstiger Beschlussentwurf des Abgeordnetenhauses

(1) Das Abgeordnetenhaus von Berlin kann im Falle des Volksentscheids über einen Gesetzentwurf oder über einen sonstigen Beschlussentwurf einen eigenen Gesetzentwurf oder einen eigenen sonstigen Beschlussentwurf zur gleichzeitigen Abstimmung vorlegen.

(2) Dieser Gesetzentwurf oder sonstige Beschlussentwurf muss spätestens 60 Tage vor dem Tag des Volksentscheids beschlossen sein.

§ 31 Abstimmungsorgane

Die Aufgaben der Abstimmungsleiter, der Abstimmungsleiterinnen sowie der Stellvertreter und Stellvertreterinnen bei der Vorbereitung und Durchführung des Volksentscheids nehmen die Wahlleiter, die Wahlleiterinnen sowie die Stellvertreter und Stellvertreterinnen wahr.

§ 32 Termin, Bekanntmachung und amtliche Mitteilung

(1) [1]Der Senat setzt innerhalb von 15 Tagen nach Veröffentlichung des Gesamtergebnisses des Volksbegehrens als Tag der Durchführung des Volksentscheids einen Sonntag oder einen gesetzlichen Feiertag fest und gibt diesen Tag im Amtsblatt für Berlin bekannt. [2]Findet frühestens vier Monate und nicht später als acht Monate nach der Veröffentlichung des Gesamtergebnisses des Volksbegehrens eine Wahl oder ein anderer Volksentscheid statt, setzt der Senat den Tag der Wahl oder des anderen Volksentscheids als Tag für die Durchführung des Volksentscheids fest. [3]Satz 2 gilt nicht bei Volks-

begehren über die vorzeitige Beendigung der Wahlperiode. [4]Mit Zustimmung der Trägerin kann der Senat einen anderen Sonntag oder gesetzlichen Feiertag innerhalb der Frist von vier Monaten nach § 29 Absatz 1 Satz 1 als Tag für die Durchführung des Volksentscheids festsetzen.

(2) Der Landesabstimmungsleiter oder die Landesabstimmungsleiterin macht spätestens 44 Tage vor dem Tag des Volksentscheids im Amtsblatt für Berlin bekannt:

1. ein Muster des Stimmzettels,
2. den zur Abstimmung stehenden Gesetzentwurf, den sonstigen Beschlussentwurf oder in den Fällen des § 30 alle zur Abstimmung vorliegenden Gesetzentwürfe und sonstigen Beschlussentwürfe oder die Abstimmungsfrage zur vorzeitigen Beendigung der Wahlperiode des Abgeordnetenhauses und
3. die amtliche Kostenschätzung und, sofern von der Trägerin vorgelegt, ihre eigene Kostenschätzung oder ihre bündige Anmerkung zur amtlichen Kostenschätzung.

(3) Die Gesetzentwürfe oder sonstigen Beschlussentwürfe sind außerdem in den Bezirksämtern und Abstimmungslokalen auszulegen.

(4) [1]Jede stimmberechtigte Person erhält eine Information in Form einer amtlichen Mitteilung des Landesabstimmungsleiters oder der Landesabstimmungsleiterin, in der wiederzugeben sind:

1. die Abstimmungsfrage,
2. der zur Abstimmung stehende Gesetzentwurf oder sonstige Beschlussentwurf oder in den Fällen des § 30 alle zur Abstimmung vorliegenden Gesetzentwürfe oder sonstigen Beschlussentwürfe oder die Abstimmungsfrage zur vorzeitigen Beendigung der Wahlperiode des Abgeordnetenhauses,
3. die amtliche Kostenschätzung und, sofern von der Trägerin vorgelegt, ihre eigene Kostenschätzung oder ihre bündige Anmerkung zur amtlichen Kostenschätzung und
4. jeweils im gleichen Umfang die Argumente der Trägerin einerseits sowie des Senats und des Abgeordnetenhauses andererseits, für die diese die Verantwortung tragen.

[2]In der amtlichen Mitteilung ist auf weitere Informationsmöglichkeiten hinzuweisen.

(5) [1]Zeitgleich mit der amtlichen Mitteilung nach Absatz 4 veröffentlicht der Landesabstimmungsleiter oder die Landesabstimmungsleiterin im Internet und in gedruckter Fassung eine Informationsschrift, die das Abstimmungsverfahren in leicht verständlicher Sprache erklärt. [2]In dieser Informationsschrift ist der Trägerin, dem Senat und dem Abgeordnetenhaus Gelegenheit zu geben, ihre Argumente in leicht verständlicher Sprache in gleichem und angemessenem Umfang darzustellen. [3]Absatz 4 Nummer 4 gilt entsprechend.

§ 33 Stimmrecht

(1) Stimmberechtigt beim Volksentscheid ist, wer am Abstimmungstag zum Abgeordnetenhaus von Berlin wahlberechtigt ist.

(2) Jeder stimmberechtigten Person steht für jeden Abstimmungsgegenstand eine Stimme zu.

§ 34 Stimmzettel

(1) Die Abstimmung erfolgt unter Wahrung des Abstimmungsgeheimnisses und unter Verwendung amtlich hergestellter Stimmzettel.

(2) [1]Abstimmungsfragen sind vom Landesabstimmungsleiter oder von der Landesabstimmungsleiterin so zu formulieren, dass sie mit „Ja“ oder „Nein“ beantwortet werden können. [2]Zusätze sind unzulässig.

(3) [1]Stehen mehrere Gesetzentwürfe oder sonstige Beschlussentwürfe zu einem Thema zur Abstimmung, sind alle Abstimmungsfragen auf einem Stimmzettel anzuführen. [2]Jede Abstimmungsfrage gilt dabei als eigener Abstimmungsgegenstand im Sinne von § 33 Absatz 2. [3]Die Reihenfolge der Abstimmungsfragen richtet sich nach der vom Landesabstimmungsleiter oder von der Landesabstimmungsleiterin festgestellten Zahl der im Volksbegehren erzielten Unterstützungserklärungen. [4]Stellt das Abgeordnetenhaus einen eigenen Gesetzentwurf oder sonstigen Beschlussentwurf zur Abstimmung, wird derjenige der Trägerin zuerst aufgeführt. [5]Die Urheberschaft der jeweiligen Gesetzentwürfe oder sonstigen Beschlussentwürfe ist auf dem Stimmzettel anzugeben.

§ 35 Ungültige Stimmen

Ungültig sind Stimmen, wenn der Stimmzettel

1. als nicht amtlich hergestellt erkennbar ist,
2. keine Eintragung enthält,

3. den Willen der abstimmenden Person nicht unzweifelhaft erkennen lässt,
4. mit Kennzeichen, Vermerken, Vorbehalten oder Anlagen versehen ist,
5. zerrissen oder stark beschädigt ist,
6. das Abstimmungsgeheimnis gefährdende Hinweise enthält.

§ 35a Verfahren bei gleichzeitigen Wahlen oder anderen Volksentscheiden

(1) [1]Wird der Volksentscheid gemeinsam mit Wahlen durchgeführt, so gelten für die Vorbereitung und Durchführung der Abstimmung die rechtlichen und organisatorischen Festlegungen, die für die Wahl bestehen. [2]Ein besonderes Abstimmungsverzeichnis wird nicht geführt. [3]Anträge zum Wahlverzeichnis oder auf Erteilung von Wahl- und Abstimmungsscheinen sowie die Wahl- und Abstimmungsbenachrichtigung gelten auch für den Volksentscheid. [4]Das Ergebnis der Abstimmung ist nach der Ermittlung des Wahlergebnisses festzustellen.

(2) [1]Wird der Volksentscheid gemeinsam mit anderen Volksentscheiden durchgeführt, so wird nur ein Abstimmungsverzeichnis geführt. [2]Die Stimmberechtigten erhalten nur eine Benachrichtigung. [3]Anträge auf Erteilung von Abstimmungsscheinen gelten für alle Volksentscheide.

§ 36 Ergebnis des Volksentscheids

(1) Ein Gesetzentwurf oder ein sonstiger Beschlussentwurf ist durch Volksentscheid angenommen, wenn die Mehrheit der Teilnehmer und Teilnehmerinnen und zugleich mindestens ein Viertel der Stimmberechtigten zustimmt.

(2) Ein Gesetzentwurf zur Änderung der Verfassung von Berlin ist durch Volksentscheid angenommen, wenn eine Mehrheit von mindestens zwei Dritteln der Teilnehmer und Teilnehmerinnen und zugleich mindestens die Hälfte der Stimmberechtigten zustimmt.

(3) [1]Sind bei einer gleichzeitigen Abstimmung über mehrere Gesetzentwürfe oder mehrere sonstige Beschlussentwürfe, die den gleichen Gegenstand betreffen, mehrfach die Voraussetzungen der Annahme nach Absatz 1 oder nach Absatz 2 gegeben, so ist der Gesetzentwurf oder der sonstige Beschlussentwurf angenommen, der die meisten Ja-Stimmen erhalten hat. [2]Ist die Zahl der Ja-Stimmen für mehrere Gesetzentwürfe oder sonstige Beschlussentwürfe gleich, so ist derjenige angenommen, der nach Abzug der auf ihn entfallenden Nein-Stimmen die größte Zahl der Ja-Stimmen auf sich vereinigt. [3]Sind die so gebildeten Differenzen gleich, so werden die betreffenden Gesetzentwürfe oder sonstigen Beschlussentwürfe innerhalb von zwei Monaten in einem erneuten Volksentscheid zur Abstimmung gestellt; die §§ 32 bis 35a finden entsprechende Anwendung.

(4) Ein Volksentscheid über die vorzeitige Beendigung der Wahlperiode des Abgeordnetenhauses ist angenommen, wenn sich mindestens die Hälfte der Wahlberechtigten daran beteiligt und mit der Mehrheit der abgegebenen Stimmen für die vorzeitige Beendigung stimmt.

(5) [1]Wird der Volksentscheid gemeinsam mit Wahlen oder Volksentscheiden zu anderen Themen durchgeführt, geben die Stimmberechtigten ihre Stimme auf gesonderten Stimmzetteln ab. [2]Die Teilnahme am Volksentscheid wird anhand der für ihn abgegebenen Stimmen gesondert festgestellt.

§ 37 Zusammenstellung des Abstimmungsergebnisses

Nach Abschluss der Abstimmung stellt jeder Bezirksabstimmungsleiter oder jede Bezirksabstimmungsleiterin das Ergebnis seines oder ihres Bezirks fest und teilt es dem Landesabstimmungsleiter oder der Landesabstimmungsleiterin mit.

§ 38 Prüfung und Feststellung des Gesamtergebnisses

[1]Der Landesabstimmungsleiter oder die Landesabstimmungsleiterin stellt das Gesamtergebnis des Volksentscheids fest. [2]Er oder sie prüft, ob die für den Volksentscheid geltenden Vorschriften beachtet sind, und stellt fest, ob der Volksentscheid wirksam zustande gekommen ist.

§ 39 Veröffentlichung des Gesamtergebnisses

Der Landesabstimmungsleiter oder die Landesabstimmungsleiterin veröffentlicht das Gesamtergebnis des Volksentscheids innerhalb einer Frist von 20 Tagen nach dem Tag der Abstimmung im Amtsblatt für Berlin.

§ 40 Verkündung

(1) [1]Ist ein Gesetz durch Volksentscheid angenommen worden, so fertigt es der Präsident oder die Präsidentin des Abgeordnetenhauses unverzüglich aus. [2]Der Regierende Bürgermeister oder die Re-

gierende Bürgermeisterin verkündet es sodann binnen zwei Wochen im Gesetz- und Verordnungsblatt für Berlin.

(2) Wird die Wahlperiode des Abgeordnetenhauses durch Volksentscheid vorzeitig beendet, so gibt der Präsident oder die Präsidentin des Abgeordnetenhauses unverzüglich nach der Veröffentlichung des Gesamtergebnisses des Volksentscheids die vorzeitige Beendigung der Wahlperiode des Abgeordnetenhauses im Gesetz- und Verordnungsblatt für Berlin bekannt.

(3) Ist ein sonstiger Beschlussentwurf durch Volksentscheid angenommen, so veröffentlicht der Präsident oder die Präsidentin des Abgeordnetenhauses den Beschluss unverzüglich in derselben Form wie Beschlüsse des Abgeordnetenhauses.

Abschnitt 4

Gemeinsame Vorschriften

§ 40a Beratungsanspruch

(1) Die Trägerin einer Volksinitiative oder eines Volksbegehrens kann sich durch die für Inneres zuständige Senatsverwaltung hinsichtlich der formalen und materiellrechtlichen Zulässigkeitsvoraussetzungen der Antragstellung und der rechtlichen Vorgaben zur Durchführung des Vorhabens beraten lassen.

(2) Nach Abschluss der Prüfung von Unterstützungserklärungen gemäß § 7 Absatz 3 Satz 7 oder § 17 Absatz 1 Satz 4, § 25 Absatz 2 teilt die für Inneres zuständige Senatsverwaltung der Trägerin auf Antrag die wesentlichen Gründe für die Ungültigkeit von Unterstützungserklärungen mit.

§ 40b Mitteilung von Einzelspenden und Einsatz von Eigenmitteln

(1) [1]Geld- oder Sachspenden, die in ihrem Gesamtwert die Höhe von 5000 Euro übersteigen, sind der für Inneres zuständigen Senatsverwaltung unter Angabe des Namens und der Anschrift der Spenderin und des Spenders und der Gesamthöhe der Spenden unverzüglich anzuzeigen. [2]Spätestens vier Wochen vor Durchführung eines Volksentscheids ist der für Inneres zuständigen Senatsverwaltung eine Übersicht über die Gesamtausgaben und Gesamteinnahmen vorzulegen. [3]Für Sachspenden ist der marktübliche Preis maßgebend. [4]Die Anzeige kann abweichend von § 16 Absatz 1 Satz 4 auch durch nur eine Vertrauensperson erfolgen.

(2) Die Vertrauenspersonen versichern mit dem Antrag auf Behandlung einer Volksinitiative nach § 4, dem Antrag auf Einleitung eines Volksbegehrens nach § 14, dem Verlangen der Durchführung eines Volksbegehrens nach § 18 sowie 16 Tage vor dem Abstimmungstermin eines Volksentscheids an Eides statt, dass der Anzeigepflicht vollständig und richtig nachgekommen worden ist.

(3) [1]Die Geld- und Sachspenden nach Absatz 1 sind von der Trägerin in einem gesonderten Verzeichnis unter Angabe der Spendenden zu dokumentieren. [2]Im Verzeichnis ist ergänzend bei Geldspenden die Höhe der Spende und bei Sachspenden der Gegenstand der Spende und ihr marktüblicher Wert anzugeben. [3]Liegen tatsächliche Anhaltspunkte für eine unvollständige Anzeige nach Absatz 1 vor, ist die Trägerin verpflichtet, der für Inneres zuständigen Senatsverwaltung Einsicht in das Verzeichnis zu gewähren. [4]Diese Verpflichtung kann im Wege der Verwaltungsvollstreckung durchgesetzt werden.

(4) Nach entsprechender Mitteilung der für Inneres zuständigen Senatsverwaltung veröffentlicht der Landesabstimmungsleiter oder die Landesabstimmungsleiterin die Anzeige nach Absatz 1 mit Ausnahme der Anschrift der Spenderinnen und Spender umgehend im Internet.

(5) Die Absätze 1 bis 4 gelten für eigene Geld- und Sachmittel der Trägerin einer Volksinitiative oder eines Volksbegehrens entsprechend.

§ 40c Spendenverbot

[1]Eine Trägerin einer Volksinitiative oder eines Volksbegehrens darf keine Geld- oder Sachspenden annehmen von

1. Fraktionen und Gruppen der Parlamente, kommunalen Vertretungen und Bezirksverordnetenversammlungen,
2. Unternehmen, die ganz oder teilweise im Eigentum der öffentlichen Hand stehen oder die von ihr verwaltet oder betrieben werden, sofern die direkte Beteiligung der öffentlichen Hand 25 Prozent übersteigt.

[2]Ist eine Partei Trägerin einer Volksinitiative oder eines Volksbegehrens, gilt für die Trägerin § 25 Absatz 2 des Parteiengesetzes in der Fassung der Bekanntmachung vom 31. Januar 1994 (BGBl. I

S. 149), das zuletzt durch Artikel 13 der Verordnung vom 19. Juni 2020 (BGBl. I S. 1328) geändert worden ist, entsprechend.

§ 40d Öffentlichkeitsarbeit

[1]Unbeschadet des § 32 Absatz 4 dürfen der Senat und das Abgeordnetenhaus ihre Haltung zu einer Volksinitiative, einem Volksbegehren oder einem Volksentscheid unter Beachtung des Gebots der Sachlichkeit geltend machen. [2]Dies schließt den Einsatz angemessener öffentlicher Mittel ein.

§ 40e Kostenerstattung

(1) Nach Feststellung und Veröffentlichung des Gesamtergebnisses eines Volksbegehrens nach § 25 Absatz 2 und nach Feststellung und Veröffentlichung des Gesamtergebnisses eines Volksentscheids nach § 38 erhält die Trägerin auf Antrag eine Kostenerstattung von jeweils bis zu 35000 Euro für nachgewiesene Kosten.

(2) [1]Anträge nach Absatz 1 sind an die für Inneres zuständige Senatsverwaltung zu richten. [2]Es ist anzugeben, an wen die Auszahlung erfolgen soll. [3]Erstattungsfähig sind nachgewiesene Kosten der Trägerin, die zum Betreiben des Vorhabens sowie für eine angemessene Information der Öffentlichkeit über die Ziele des Volksbegehrens oder des Volksentscheids notwendig gewesen sind. [4]Nicht erstattungsfähig sind Kosten, die im Zusammenhang mit der Organisation der Trägerin stehen oder jede Art von Personaleinsatz betreffen. [5]Dem Antrag sind geeignete Nachweise für eine Kostenerstattung beizufügen.

§ 41 Rechtsbehelf

(1) Die Vertrauenspersonen oder ein Viertel der Mitglieder des Abgeordnetenhauses können Einspruch beim Verfassungsgerichtshof erheben gegen

1. die Entscheidung des Präsidenten oder der Präsidentin des Abgeordnetenhauses über die Unzulässigkeit der Volksinitiative nach § 8,
2. die Entscheidung des Senats über die Unzulässigkeit des Volksbegehrens nach § 17 Absatz 8,
3. die Feststellung des Abgeordnetenhauses über die Annahme des Begehrens in seinem wesentlichen Bestand nach § 17a Absatz 2 und nach § 29 Absatz 2 sowie
4. die Feststellungen des Landesabstimmungsleiters oder der Landesabstimmungsleiterin nach § 25 Absatz 2 und § 38.

(2) Der Einspruch muss innerhalb eines Monats nach Zugang der Entscheidung an den Beschwerdeführer oder nach der öffentlichen Bekanntmachung erhoben werden.

(3) [1]Eine dem Einspruch stattgebende Entscheidung des Verfassungsgerichtshofs tritt hinsichtlich der auf Grund dieses Gesetzes zu wahrenden Fristen an die Stelle der angegriffenen Entscheidung. [2]Stellt der Verfassungsgerichtshof auf die Vorlage der für Inneres zuständigen Senatsverwaltung nach § 17 Absatz 9 die Zulässigkeit des Antrages auf Einleitung des Volksbegehrens fest, teilt der Senat dem Abgeordnetenhaus unverzüglich das Ergebnis der Entscheidung mit. [3]§ 18 Absatz 1 Satz 1 und 2 gilt entsprechend.

§ 42 Datenverarbeitung

(1) [1]Zum Zwecke des Nachweises einer notwendigen Unterstützung nach § 5 Absatz 1, § 15 Absatz 2 oder einer notwendigen Zustimmung nach § 26 in Verbindung mit § 22 Absatz 1 dürfen die zu den Erklärungen in den Unterschriftslisten und -bögen enthaltenen personenbezogenen Daten der unterzeichnenden Personen erhoben werden. [2]Die Erklärungen sind entsprechend der jeweils vorgesehenen Verfahrensabläufe der Trägerin oder der zuständigen Verwaltungsstelle zuzuleiten sowie den Bezirksämtern zur Gültigkeitsprüfung zu übermitteln. [3]Zum Zwecke der Gültigkeitsprüfung dürfen die Bezirksämter die zu den Erklärungen erhobenen personenbezogenen Daten, Angaben zur Trägerin und zur Gültigkeit sowie gegebenenfalls zu statistischen Zwecken ergänzend Ungültigkeitsgründe in informationstechnischen Verfahren verarbeiten.

(2) Auf Grund von § 40a Absatz 2 darf das Landesamt für Bürger- und Ordnungsangelegenheiten als Verfahrensverantwortliche des informationstechnischen Verfahrens zu statistischen Zwecken anonymisierte Auswertungen der personenbezogenen Daten nach Absatz 1 Satz 3 vornehmen und die Ergebnisse der für Inneres zuständigen Senatsverwaltung zur Verfügung stellen.

(3) [1]Die Rücknahme einer Erklärung nach § 5 Absatz 1, § 15 Absatz 2 und § 22 Absatz 1 ist nicht zulässig. [2]Stimmberechtigte haben gegenüber dem für sie örtlich zuständigen Bezirksamt während des laufenden Verfahrens zur Gültigkeitsprüfung einen Anspruch auf Auskunft, ob zu ihrer Person im

informationstechnischen Verfahren ein personenbezogener Datensatz nach Absatz 1 Satz 3 gespeichert ist. 3Es besteht kein Anspruch auf Auskunft aus dem schriftlichen Bestand von Unterstützungserklärungen.

(4) 1Die Erklärungen nach § 5 Absatz 1, § 15 Absatz 2 und § 22 Absatz 1 sowie die in informationstechnischen Verfahren gespeicherten personenbezogenen Daten nach Absatz 1 Satz 3 werden unverzüglich nach der Bekanntgabe des Ergebnisses der Gültigkeitsprüfung (§ 8 Absatz 1 Satz 2, § 17 Absatz 7 Satz 1, § 27) gelöscht. 2Wurde keine ausreichende Unterstützung erreicht, unterbleibt die Löschung nach Satz 1 bis zum rechtskräftigen Abschluss eines diesbezüglichen Anfechtungsverfahrens. 3Erklärungen nach Satz 1, die der Verwaltung anlässlich der Gültigkeitsprüfung nicht übermittelt wurden oder bei denen der Erklärungszeitpunkt länger als sechs Monate zurückliegt, sind von der Trägerin oder Dritten unverzüglich datenschutzgerecht zu vernichten.

(5) Die Trägerin ist im Rahmen ihrer Tätigkeit der Verantwortliche im Sinnes[1)] des Artikels 4 der Verordnung (EU) 2016/679 des Europäischen Parlaments und des Rates vom 27. April 2016 zum Schutz natürlicher Personen bei der Verarbeitung personenbezogener Daten, zum freien Datenverkehr und zur Aufhebung der Richtlinie 95/46/EG (Datenschutz-Grundverordnung) (ABl. L 119 vom 4.5.2016, S. 1; L 314 vom 22.11.2016, S. 72; L 127 vom 23.5.2018, S. 2).

(6) Spendenanzeigen im Internet (§ 40b Absatz 4) sind fünf Jahre nach Abschluss des letzten erfolgten Verfahrensabschnitts (§ 9 Absatz 1, § 27, § 39) zu löschen.

(7) Im Übrigen ist die Verarbeitung personenbezogener Daten zulässig, soweit dies zur Durchführung der Verfahren der Volksinitiative, des Volksbegehrens und des Volksentscheids erforderlich ist.

§ 43 Anwendung des Landeswahlrechts

Die Bestimmungen des Landeswahlgesetzes und der Landeswahlordnung über

1. die Stimmbezirke und Wahllokale,
2. die Wahlunterlagen und Wahlscheine sowie deren Vernichtung,
3. die Aufgaben des Landeswahlleiters oder der Landeswahlleiterin und der Bezirkswahlleiter oder der Bezirkswahlleiterinnen, die Bildung der Wahlvorstände,
4. den Ablauf der Wahl, die Öffentlichkeit und Ordnung im Wahlraum, die Wahrung des Wahlgeheimnisses, die Stimmabgabe und die Briefwahl,
5. die Wahlstatistik, den Schutz vor unzulässiger Wahlbeeinflussung, die Veröffentlichung von Wahlbefragungen, die Verpflichtung zur ehrenamtlichen Mitwirkung und die Verpflichtung der Behörden und sonstigen Stellen des Landes Berlin zur Benennung von Dienstkräften für die ehrenamtlichen Tätigkeiten,
6. die Ermittlung der Wahlergebnisse in den Stimmbezirken und
7. die Nach- und Wiederholungswahl

finden in ihrer jeweils geltenden Fassung auf das Volksbegehren und den Volksentscheid entsprechende Anwendung, soweit sich aus diesem Gesetz nichts anderes ergibt.

Abschnitt 5
Übergangs- und Schlußvorschriften

§ 44 Ermächtigung

(1) Der Senat wird ermächtigt, durch Rechtsverordnung die erforderlichen Regelungen zu erlassen, insbesondere über

1. das Muster der Unterschriftslisten und -bögen für die Volksinitiative, der Unterschriftslisten und -bögen für den Antrag auf Einleitung des Volksbegehrens und der bei der Zustimmung zum Volksbegehren zu verwendenden Unterschriftslisten und -bögen,

1a. den Aufbau der amtlichen Mitteilung nach § 32 Absatz 4,

2. das Muster des Abstimmungsscheins beim Volksentscheid,
3. die bei der entsprechenden Anwendung des Landeswahlrechts geltenden Vorschriften,
4. die Verringerung der Zahl der Stimmbezirke und die Zahl der Mitglieder der Abstimmungsvorstände sowie
5. die Anpassung des Musters des Abstimmungsscheins bei gleichzeitiger Durchführung des Volksentscheids mit Wahlen oder anderen Volksentscheiden.

1) Richtig wohl: „Sinne"

(2) Die zur Durchführung des Gesetzes erforderlichen Verwaltungsvorschriften erläßt die für Inneres zuständige Senatsverwaltung.

§ 45 (nicht wiedergegebene Änderungsvorschriften)

§ 46 Übergangsvorschrift

[1]Für Anträge auf Einleitung des Volksbegehrens, die bis zum 25. Oktober 2020 bei der für Inneres zuständigen Senatsverwaltung eingegangen sind, sind § 17 Absatz 2 und 3 sowie § 18 Absatz 3 des Abstimmungsgesetzes vom 11. Juni 1997 (GVBl. S. 304), das zuletzt durch Artikel 20 des Gesetzes vom 2. Februar 2018 (GVBl. S. 160) geändert wurde, in ihrer bis dahin geltenden Fassung weiter anzuwenden. [2]Anträge auf Kostenerstattung nach § 40e können für Verfahren, die in dem in Satz 1 genannten Zeitpunkt bereits abgeschlossen sind, nicht mehr gestellt werden.

Gesetz über die Zuständigkeiten in der Allgemeinen Berliner Verwaltung (Allgemeines Zuständigkeitsgesetz – AZG)

In der Fassung vom 22. Juli 1996[1] (GVBl. S. 302, ber. S. 472)
(BRV 2001-1)
zuletzt geändert durch Art. 1 13. ÄndG vom 12. Mai 2022 (GVBl. S. 191)

Nichtamtliche Inhaltsübersicht

1) Neubekanntmachung des AZG v. 2.10.1958 (GVBl. S. 947, 1020) in der ab 19.11.1995 geltenden Fassung.

1. Abschnitt
Gliederung und Aufgaben der Berliner Verwaltung

§ 1 Einheit der Berliner Verwaltung
In Berlin werden staatliche und gemeindliche Tätigkeit nicht getrennt.

§ 2 Gliederung der Berliner Verwaltung
(1) Die Berliner Verwaltung wird vom Senat (der Hauptverwaltung) und von den Bezirksverwaltungen wahrgenommen.
(2) Die Hauptverwaltung umfasst die Senatsverwaltungen, die ihnen nachgeordneten Behörden (Sonderbehörden) und nicht rechtsfähigen Anstalten und die unter ihrer Aufsicht stehenden Eigenbetriebe.
(3) Die Bezirksverwaltungen umfassen auch die ihnen nachgeordneten nicht rechtsfähigen Anstalten und die unter ihrer Aufsicht stehenden Eigenbetriebe.

§ 3 Aufgaben der Hauptverwaltung und der Bezirksverwaltungen
(1) [1]Die Hauptverwaltung nimmt die Aufgaben von gesamtstädtischer Bedeutung wahr. [2]Dazu gehören:
1. die Leitungsaufgaben (Planung, Grundsatzangelegenheiten, Steuerung, Aufsicht),
2. die Polizei-, Justiz- und Steuerverwaltung,
3. einzelne andere Aufgabenbereiche, die wegen ihrer Eigenart zwingend einer Durchführung in unmittelbarer Regierungsverantwortung bedürfen.

(2) Die Bezirksverwaltungen nehmen alle anderen Aufgaben der Verwaltung wahr.
(3) [1]Einzelne Aufgaben der Bezirke können durch einen Bezirk oder mehrere Bezirke wahrgenommen werden. [2]Im Einvernehmen mit den Bezirken legt der Senat die örtliche Zuständigkeit durch Rechtsverordnung fest.
(4) [1]Senatsverwaltungen, Bezirksämter, Sonderbehörden und nichtrechtsfähige Anstalten unterrichten sich gegenseitig von allen wichtigen Ereignissen, Entwicklungen und Vorhaben, die auch für die anderen zur Erfüllung ihrer Aufgaben von Bedeutung sind (Informationspflicht). [2]Sind mehrere Verwaltungsstellen zuständig, so wirken sie zügig und erfolggerichtet zusammen. [3]Die federführende Verwaltungsstelle holt die Mitentscheidungen der anderen regelmäßig in einem Zuge ein, also in gemeinsamem Gespräch und nicht schriftlich nacheinander.

§ 4 Zuständigkeitsverteilung
(1) [1]Die Aufgaben der Hauptverwaltung außerhalb der Leitungsaufgaben werden im einzelnen durch die Anlage zu diesem Gesetz (Allgemeiner Zuständigkeitskatalog) bestimmt. [2]Alle dort nicht aufgeführten Aufgaben sind Aufgaben der Bezirke. [3]Im Vorgriff auf eine Katalogänderung kann der Senat durch Rechtsverordnung einzelne Aufgaben der Hauptverwaltung den Bezirken zuweisen.
(2) [1]Die Zuständigkeiten bei Polizeiaufgaben und Ordnungsaufgaben werden durch besonderes Gesetz mit zusammenfassendem Zuständigkeitskatalog geregelt. [2]Die Vorschriften der §§ 9 bis 13a über Bezirksaufsicht und Eingriffsrecht gelten auch für Ordnungsaufgaben der Bezirksverwaltungen.

§ 4a Geschäftsbereiche der Senatsverwaltungen
(1) Die Zuständigkeiten der Senatsverwaltungen ergeben sich vorbehaltlich vorrangiger gesetzlicher Regelungen aus dem Geschäftsverteilungsplan des Senats, der auch für die Organisationseinheiten der Bezirksämter eine jeweils führende Senatsverwaltung bestimmt.
(2) [1]Werden Geschäftsbereiche der Senatsverwaltungen neu festgelegt, gehen die in Gesetzen und Rechtsverordnungen einer Senatsverwaltung zugewiesenen Zuständigkeiten auf die nach der Neufestlegung zuständige Senatsverwaltung über. [2]Der Regierende Bürgermeister weist hierauf sowie auf den Zeitpunkt des Übergangs im Gesetz- und Verordnungsblatt für Berlin hin.
(3) Der Senat wird ermächtigt, bei einer Neufestlegung der Geschäftsbereiche von Senatsverwaltungen, durch Rechtsverordnung in Gesetzen und Rechtsverordnungen die Bezeichnung der bisher zuständigen Senatsverwaltung durch die Bezeichnung der neu zuständigen Senatsverwaltung zu ersetzen und etwaige weitere durch den Zuständigkeitsübergang veranlasste Anpassungen des Wortlauts der Vorschriften vorzunehmen.

§ 5 Durchführung bundesrechtlich geregelter Aufgaben
(1) Werden der Berliner Verwaltung durch Bundesrecht neue Aufgaben zugewiesen, so gelten, sofern nichts anderes vorgeschrieben wird,

a) staatliche Aufgaben, die, soweit sie nicht Sonderbehörden zugewiesen sind, von der unteren Verwaltungsbehörde oder der Gemeindebehörde wahrzunehmen sind, und Selbstverwaltungsaufgaben der Gemeinden und Gemeindeverbände als Aufgaben der Bezirke;
b) andere staatliche Aufgaben als Aufgaben der Hauptverwaltung.

(2) Enthält das Bundesrecht keine Zuständigkeitsbestimmungen, so findet § 4 Anwendung.

§ 6 Allgemeine Verwaltungsvorschriften

(1) Verwaltungsvorschriften zur Ausführung von Gesetzen (Ausführungsvorschriften) und andere allgemeine Verwaltungsvorschriften für die Behörden und nichtrechtsfähigen Anstalten der Berliner Verwaltung erläßt der Senat.

(2) Die zuständige Senatsverwaltung kann erlassen
a) Ausführungsvorschriften, soweit sie in einem Gesetz dazu ermächtigt ist;
b) Verwaltungsvorschriften für die ihr nachgeordneten Sonderbehörden und nichtrechtsfähigen Anstalten der Hauptverwaltung;
c) Verwaltungsvorschriften für die Bezirksverwaltungen, sofern sie im wesentlichen Verfahrensabläufe oder technische Einzelheiten regeln;
d) Verwaltungsvorschriften in Personalangelgenheiten der Dienstkräfte und Versorgungsempfänger sowie der zu Aus- und Fortbildungszwecken beschäftigten Personen;
e) zur Gewährleistung der inneren Sicherheit gemeinsame Verwaltungsvorschriften für die Dienstkräfte des Landes Berlin und der landesunmittelbaren Körperschaften, Anstalten und Stiftungen des öffentlichen Rechts.

(3) [1]Verwaltungsvorschriften sind auf das zwingend gebotene Mindestmaß zu beschränken. [2]Sie sollen nur erlassen werden, soweit sich die Beteiligten nicht auf den wesentlichen Regelungsgehalt verständigen können. [3]Sie dürfen die ausführenden Verwaltungsstellen nicht hindern, im Rahmen der geltenden Rechtsvorschriften der Lebenswirklichkeit in den unterschiedlichsten Einzelfällen gerecht zu werden.

(4) Beim Erlaß von Verwaltungsvorschriften mit Wirkung auf die Bezirke hat die Senatsverwaltung für Inneres als Bezirksaufsichtsbehörde für die Einhaltung des Absatzes 3 und dafür zu sorgen, daß die verfassungsmäßig gewährleistete Mitwirkung der Bezirke an der Verwaltung gefördert und geschützt und die Entschlußkraft und Verantwortungsfreudigkeit der bezirklichen Organe nicht beeinträchtigt wird.

(5) [1]Verwaltungsvorschriften sollen eine Begrenzung ihrer Geltungsdauer enthalten. [2]Die Geltungsdauer darf nicht über fünf Jahre, bei Verwaltungsvorschriften des Senats nicht über zehn Jahre hinaus erstreckt werden. [3]Ist die Geltungsdauer von Verwaltungsvorschriften nicht begrenzt, so treten sie fünf Jahre, solche des Senats zehn Jahre nach Ablauf des Jahres außer Kraft, in dem sie erlassen worden sind.

(6) Sind Verwaltungsvorschriften über die Erhebung von Einnahmen oder die Leistung von Ausgaben mit Wirkung auf die Bezirke geboten, so sollen sie nur Bandbreiten vorgeben.

§ 6a Politische Zielvereinbarungen und fachliche Zielvereinbarungen

(1) [1]Die Regierende Bürgermeisterin oder der Regierende Bürgermeister kann mit den Bezirksbürgermeisterinnen und Bezirksbürgermeistern Zielvereinbarungen zu politischen Zielen und Handlungsfeldern von gesamtstädtischem Steuerungsinteresse abschließen (politische Zielvereinbarungen). [2]Diese Zielvereinbarungen sollen die zur Umsetzung der Ziele notwendigen wesentlichen Rahmenbedingungen enthalten. [3]Sie bedürfen der Zustimmung des Senats und der Bezirksämter.

(2) [1]Die jeweils zuständige Senatsverwaltung kann mit den fachlich zuständigen Bezirksamtsmitgliedern in Handlungsfeldern von gesamtstädtischem Steuerungsinteresse fachliche Zielvereinbarungen abschließen. [2]Diese Zielvereinbarungen enthalten mindestens Festlegungen zu übergeordneten Steuerungszielen, Leistungsversprechen gegenüber der Stadtgesellschaft, zum Zeitplan und zur Kontrolle der Zielerreichung sowie einen Ressourcenbezug. [3]Sie bedürfen der Zustimmung der für Finanzen zuständigen Senatsverwaltung und der für Finanzen zuständigen Bezirksamtsmitglieder.

(3) [1]Zielvereinbarungen nach den Absätzen 1 und 2 bedürfen der Schriftform. [2]Die Geltungsdauer der politischen Zielvereinbarungen soll der Dauer der Legislaturperiode entsprechen. [3]Fachliche Zielvereinbarungen sollen für die Geltungsdauer einer Haushaltsperiode abgeschlossen werden.

§ 7 Durchführung der Bezirksaufgaben

(1) Die Bezirksverwaltungen sind in der Durchführung ihrer Aufgaben an Rechts- und Verwaltungsvorschriften gebunden.

(2) Die zuständigen Senatsverwaltungen können zur Erfüllung ihrer Aufgaben von den Bezirksverwaltungen erforderlichenfalls Auskünfte, Berichte, die Vorlage von Akten und sonstigen Unterlagen fordern.

§ 8 Fachaufsicht

(1) [1]Sonderbehörden und nichtrechtsfähige Anstalten der Hauptverwaltung unterliegen der Fachaufsicht der zuständigen Senatsverwaltung. [2]Nichtrechtsfähige Anstalten der Bezirksverwaltungen unterliegen der Fachaufsicht des zuständigen Mitglieds des Bezirksamts.

(2) Die Fachaufsicht erstreckt sich auf die recht- und ordnungsmäßige Erledigung der Aufgaben und auf die zweckentsprechende Handhabung des Verwaltungsermessens.

(3) In Ausübung der Fachaufsicht kann die oder der[1)] der Aufsichtsführende erforderlichenfalls

a) Auskünfte, Berichte, die Vorlage von Akten und sonstigen Unterlagen fordern und Prüfungen anordnen (Informationsrecht);
b) Einzelweisungen erteilen (Weisungsrecht);
c) eine Angelegenheit an sich ziehen, wenn eine erteilte Einzelweisung nicht befolgt wird (Eintrittsrecht);
d) die Kosten für Aufsichtsmaßnahmen, die über die allgemeinen Verwaltungskosten hinausgehen, der pflichtigen Behörde auferlegen.

§ 8a Übertragung von Aufgaben auf das Landesverwaltungsamt; Übertragung von Personalangelegenheiten auf das Landesverwaltungsamt und andere Behörden

(1) [1]Das Landesverwaltungsamt ist eine der für Finanzen zuständigen Senatsverwaltung nachgeordnete Behörde. [2]Es erledigt Verwaltungsaufgaben, die ihm übertragen oder durch Gesetz oder Rechtsverordnung zugewiesen werden. [3]Es kann mit Zustimmung der für Finanzen zuständigen Senatsverwaltung auch Dienstleistungen für andere Behörden erbringen.

(2) [1]Die für Finanzen zuständige Senatsverwaltung kann dem Landesverwaltungsamt Verwaltungsaufgaben übertragen. [2]Mit Zustimmung der für Finanzen zuständigen Senatsverwaltung können auch andere Senatsverwaltungen oder landesunmittelbare Körperschaften, Anstalten und Stiftungen des öffentlichen Rechts einzelne Verwaltungsaufgaben auf das Landesverwaltungsamt übertragen. [3]Die Übertragung erfolgt durch eine im Amtsblatt für Berlin zu veröffentlichende Anordnung.

(3) [1]Die Personalstellen können mit Zustimmung ihrer Aufsichtsbehörde einzelne Personalbefugnisse auf das Landesverwaltungsamt oder andere Behörden übertragen. [2]Die Übertragung auf das Landesverwaltungsamt bedarf des Einvernehmens der für Finanzen zuständigen Senatsverwaltung, die Übertragung auf andere Behörden der für sie zuständigen Aufsichtsbehörde. [3]Die Übertragung erfolgt durch eine im Amtsblatt für Berlin zu veröffentlichende Anordnung. [4]Für die Personalangelegenheiten der Beamten gelten die §§ 4, 94 und 113 des Landesbeamtengesetzes.

(4) [1]Das Landesverwaltungsamt kann auch für juristische Personen des privaten Rechts, bei denen dem Bund, dem Land Berlin oder einer landesunmittelbaren Körperschaft, Anstalt oder Stiftung des öffentlichen Rechts die Mehrheit der Anteile gehört oder die Mehrheit der Stimmen zusteht, Angelegenheiten der Personalverwaltung erledigen. [2]Die Übernahme der Aufgaben bedarf der Zustimmung der für Finanzen zuständigen Senatsverwaltung.

(5) [1]Soweit dem Landesverwaltungsamt Aufgaben der Personalverwaltung übertragen werden, führt die für Finanzen zuständige Senatsverwaltung die Fachaufsicht nach § 8. [2]Soweit anderen Behörden Aufgaben der Personalverwaltung übertragen werden, führt die für diese Behörde zuständige Aufsichtsbehörde die Fachaufsicht. [3]In allen übrigen Fällen führt die Fachaufsicht die Senatsverwaltung, aus deren Geschäftsbereich die Aufgabe übertragen wird.

§ 8b Verarbeitung personenbezogener Daten

Die Verarbeitung personenbezogener Daten ist zulässig, soweit dies für die Erfüllung der jeweils in diesem Gesetz zugewiesenen Aufgaben erforderlich ist; dies gilt nicht für die in oder auf Grund von § 4 zugewiesenen Aufgaben.

---

1) Wortlaut amtlich.

2. Abschnitt
Bezirksaufsicht; Eingriffsrecht

§ 9 Grundsätze der Bezirksaufsicht

(1) [1]Bei der Erfüllung ihrer Aufgaben unterliegen die Bezirksverwaltungen der allgemeinen Aufsicht (Bezirksaufsicht). [2]Diese wird nach den §§ 11 bis 13 vom Senat, im Übrigen von der für Inneres zuständigen Senatsverwaltung als Bezirksaufsichtsbehörde geführt.

(2) Die Bezirksaufsicht hat die verfassungsmäßig gewährleistete Mitwirkung der Bezirke an der Verwaltung zu fördern und zu schützen.

(3) [1]Die Bezirksaufsicht hat sicherzustellen, dass die Rechtmäßigkeit der Verwaltung gewahrt bleibt und Verwaltungsvorschriften eingehalten werden. [2]Sie darf dabei die Entschlusskraft und Verantwortungsfreudigkeit der bezirklichen Organe nicht beeinträchtigen.

(4) Die Kosten für Aufsichtsmaßnahmen nach den §§ 11 bis 13, die über die allgemeinen Verwaltungskosten hinausgehen, können dem pflichtigen bezirklichen Organ auferlegt werden.

§ 10 Informationsrecht

[1]Zur Erfüllung ihrer Aufgaben kann die Aufsichtsbehörde von den Bezirken Auskünfte, Berichte und die Vorlage von Akten und sonstigen Unterlagen fordern. [2]Sie kann im Einvernehmen mit dem fachlich zuständigen Mitglied des Senats Prüfungen anordnen.

§ 11 Aufhebungsrecht

[1]Der Senat kann Beschlüsse und Anordnungen bezirklicher Organe, die das bestehende Recht verletzen oder gegen Verwaltungsvorschriften verstoßen, aufheben und verlangen, daß Maßnahmen, die auf Grund derartiger Beschlüsse und Anordnungen getroffen sind, rückgängig gemacht werden. [2]Bereits entstandene Rechte Dritter bleiben unberührt.

§ 12 Anweisungsrecht

Unterläßt es das zuständige bezirkliche Organ, Beschlüsse zu fassen oder Anordnungen zu treffen, die zur Erfüllung rechtlicher Verpflichtungen oder zur Einhaltung von Verwaltungsvorschriften erforderlich sind, kann der Senat ihm aufgeben, innerhalb bestimmter Frist die erforderlichen Beschlüsse zu fassen oder die erforderlichen Anordnungen zu treffen.

§ 13 Ersatzbeschlußfassungsrecht, Ersatzvornahme

Weigert sich das zuständige bezirkliche Organ, Maßnahmen rückgängig zu machen, die auf Grund eines aufgehobenen Beschlusses getroffen sind, oder die nach § 12 aufgegebenen Beschlüsse zu fassen oder Anordnungen zu treffen, kann der Senat die Maßnahmen rückgängig machen, die Beschlüsse fassen oder die Anordnungen treffen und, sofern die Anordnung nicht befolgt wird, diese durch einen Beauftragten durchführen lassen.

§ 13a Eingriffsrecht

(1) [1]Beeinträchtigt ein Handeln oder Unterlassen eines bezirklichen Organs dringende Gesamtinteressen Berlins, kann das zuständige Mitglied des Senats im Benehmen mit der für Inneres zuständigen Senatsverwaltung als Bezirksaufsichtsbehörde Befugnisse nach § 8 Absatz 3 ausüben (Eingriff), wenn mit dem bezirklichen Organ keine Verständigung zu erzielen ist. [2]Ist die Ausübung des Eingriffs nach Satz 1 aus zwingenden Gründen unaufschiebbar, ist die für Inneres zuständige Senatsverwaltung unverzüglich nachträglich zu informieren. [3]Dringende Gesamtinteressen Berlins sind auch gegeben bei

1. Belangen Berlins als Bundeshauptstadt,
2. Ausübung von Befugnissen des Senats nach Bundesrecht, europäischem Recht oder Staatsverträgen,
3. Befolgung von Weisungen der Bundesregierung nach Artikel 84 Absatz 5 oder Artikel 85 Absatz 3 des Grundgesetzes,
4. Angelegenheiten der Informations- und Kommunikationstechnik (IKT) der Bezirke, soweit diese die einheitliche IKT-Steuerung, das E-Government oder die Informationssicherheit der Berliner Landesverwaltung betreffen.

[4]Die Befugnisse der Bezirksaufsicht nach den §§ 9 bis 13 bleiben unberührt.

(2) Liegen die Voraussetzungen für Bezirksaufsichtsmaßnahmen vor und können dringend gebotene Maßnahmen nicht rechtzeitig wirksam werden, so kann die Bezirksaufsichtsbehörde einen Eingriff nach Absatz 1 vornehmen.

(3) Die Bezirksaufsichtsbehörde hat dafür zu sorgen, dass bei Eingriffsentscheidungen nach den Absätzen 1 und 2 die verfassungsmäßig gewährleistete Mitwirkung der Bezirke an der Verwaltung gefördert und geschützt und die Entschlusskraft und Verantwortungsfreudigkeit der bezirklichen Organe nicht beeinträchtigt wird.

(4) [1]Der Senat ist von Eingriffen nach den Absätzen 1 und 2 in Kenntnis zu setzen. [2]Er kann getroffene Maßnahmen aufheben oder ändern, soweit ein Eingriff gegen die Richtlinien der Regierungspolitik verstoßen hat oder die Auswirkungen auf den Geschäftsbereich anderer Senatsmitglieder nicht hinreichend beachtet worden sind. [3]Durch den Eingriff bereits entstandene Rechte Dritter bleiben unberührt.

(5) Die Kosten für die Ausübung des Eingriffsrechts nach den Absätzen 1 und 2, die über die allgemeinen Verwaltungskosten hinausgehen, können dem pflichtigen Organ auferlegt werden.

3. Abschnitt

Rat der Bürgermeister

§ 14 Aufgaben

(1) [1]Im Rat der Bürgermeister ist den Bezirksverwaltungen Gelegenheit zu geben, zu den grundsätzlichen Fragen der Gesetzgebung und Verwaltung Stellung zu nehmen. [2]Dies gilt auch für Gesetzesanträge aus der Mitte des Abgeordnetenhauses.

(2) Der Rat der Bürgermeister kann dem Senat Vorschläge für Rechts- und Verwaltungsvorschriften unterbreiten, die von Organen Berlins erlassen werden können und den Aufgabenbereich der Bezirksverwaltungen betreffen.

(3) [1]Der Rat der Bürgermeister ist über eine Maßnahme der Bezirksaufsicht (§§ 11 bis 13) oder eine Eingriffsentscheidung (§ 13a) zu unterrichten. [2]Er kann dazu das Verlangen nach § 16a Abs. 1 stellen.

§ 15 Mitglieder

(1) Der Rat der Bürgermeister besteht aus der Regierenden Bürgermeisterin oder dem Regierenden Bürgermeister, der Bürgermeisterin oder dem Bürgermeister und den Bezirksbürgermeisterinnen und Bezirksbürgermeistern.

(2) Die Bezirksbürgermeisterinnen und Bezirksbürgermeister können sich im Einzelfall durch die stellvertretende Bezirksbürgermeisterin oder den stellvertretenden Bezirksbürgermeister vertreten lassen.

(3) Eine Vertretung des Rats der Vorsteherinnen und Vorsteher nach § 7a des Bezirksverwaltungsgesetzes ist berechtigt, mit Rede- und Antragsrecht, jedoch ohne Stimmrecht an den Sitzungen des Rats der Bürgermeister teilzunehmen, soweit der Organisationsbereich der Bezirksverordnetenversammlungen betroffen ist.

§ 15a Fachausschüsse

(1) Der Rat der Bürgermeister setzt Ausschüsse für einzelne Fachbereiche ein (Fachausschüsse).

(2) [1]Die Zuständigkeiten der Fachausschüsse sollen den Geschäftsbereichen der Bezirksämter nach der Anlage zu § 37 des Bezirksverwaltungsgesetzes entsprechen. [2]Soweit den Bezirksämtern nach Satz 3 bis 8 dieser Anlage die Zuordnung von Gliederungseinheiten zu einzelnen Geschäftsbereichen obliegt, soll die Zuständigkeit der Fachausschüsse nach den von den Bezirksämtern überwiegend gewählten Zuordnungen festgelegt werden.

(3) § 15 Absatz 3 gilt entsprechend

(4) Das Nähere regelt die Geschäftsordnung.

§ 16 Teilnahme der Mitglieder des Senats und ihrer Beauftragten

(1) Die Mitglieder des Senats können, soweit sie nicht Mitglieder des Rats der Bürgermeister sind, mit beratender Stimme an seinen Sitzungen teilnehmen.

(2) Die Mitglieder des Senats können Beauftragte in die Sitzungen des Rats der Bürgermeister entsenden.

(3) Der Rat der Bürgermeister kann zu einzelnen Verhandlungsgegenständen die Anwesenheit von Beauftragten der zuständigen Mitglieder des Senats verlangen und Sachverständige hinzuziehen.

§ 16a Zusammenwirken mit Senat und Abgeordnetenhaus

(1) Ist ein Bezirk oder sind mehrere Bezirke durch eine beabsichtigte oder getroffene Entscheidung des Senats oder eines Mitgliedes des Senats besonders berührt oder wirken Meinungsverschiedenheiten von Bezirken mit Senatsverwaltungen hemmend, so kann der Rat der Bürgermeister oder der Senat mit dem Ziel der Verständigung, auch für ähnliche künftige Fälle, verlangen, daß Beauftragte des Rats der Bürgermeister beratend an der Erörterung und Beschlußfassung des Senats teilnehmen oder eine gemeinsame Sitzung von Senat und Rat der Bürgermeister einberufen wird.

(2) Stellungnahmen des Rats der Bürgermeister zu Senatsvorlagen sind den Vorlagen des Senats an das Abgeordnetenhaus beizufügen.

(3) Das Recht und die Pflicht von Beauftragten des Rats der Bürgermeister, an den Sitzungen des Abgeordnetenhauses und seiner Ausschüsse bei Gegenständen, die für die Bezirke von Bedeutung sind, mit beratender Stimme teilzunehmen, regelt sich nach der Geschäftsordnung des Abgeordnetenhauses.

§ 17 Einberufung

(1) Der Vorsitzende beruft den Rat der Bürgermeister regelmäßig mindestens einmal im Monat ein.

(2) Er ist zur unverzüglichen Einberufung verpflichtet, wenn der Senat oder ein Drittel der Mitglieder des Rats der Bürgermeister es verlangen.

§ 18 Vorlagen

Vorlagen an den Rat der Bürgermeister können von jedem Mitglied des Senats, von jeder Bezirksbürgermeisterin und jedem Bezirksbürgermeister und, soweit der Organisationsbereich der Bezirksverordnetenversammlungen betroffen ist, vom Rat der Vorsteherinnen und Vorsteher eingebracht werden.

§ 19 Verfahren

(1) Der Rat der Bürgermeister ist beschlußfähig, wenn mehr als die Hälfte der Bezirksbürgermeister oder ihrer Stellvertreter anwesend ist.

(2) [1]Ist eine Angelegenheit wegen Beschlußunfähigkeit zurückgestellt worden und tritt der Rat der Bürgermeister über denselben Gegenstand zum zweiten Male zusammen, so ist er in dieser Angelegenheit ohne Rücksicht auf die Zahl der Erschienenen beschlußfähig. [2]In der Einladung zur zweiten Sitzung, die frühestens nach drei Tagen stattfinden kann, muß auf diese Vorschrift hingewiesen werden.

(3) Im übrigen regelt der Rat der Bürgermeister sein Verfahren durch eine Geschäftsordnung.

4. Abschnitt

Vertretung Berlins

§ 20 Staatsrechtliche Vertretung; Verwaltungsvereinbarungen

(1) [1]Der Regierende Bürgermeister vertritt Berlin staatsrechtlich. [2]Verträge Berlins mit der Bundesrepublik Deutschland oder mit deutschen Ländern bedürfen, soweit sie nicht der Zustimmung des Abgeordnetenhauses unterliegen, der Zustimmung des Senats.

(2) [1]Verwaltungsvereinbarungen mit Behörden der Bundesrepublik Deutschland oder deutscher Länder werden von der zuständigen Senatsverwaltung abgeschlossen. [2]Sie bedürfen, soweit nicht die Senatsverwaltung zum Erlaß von Verwaltungsvorschriften befugt ist (§ 6 Abs. 2), der Zustimmung des Senats.

§ 21 Rechtsgeschäftliche Vertretung in Angelegenheiten des Abgeordnetenhauses, der Hauptverwaltung und des Rechnungshofes

Zur rechtsgeschäftlichen Vertretung Berlins sind zuständig

1. der Präsident des Abgeordnetenhauses in Angelegenheiten des Abgeordnetenhauses;
2. jedes Mitglied des Senats in seinem Geschäftsbereich;
3. der Präsident des Rechnungshofs in Angelegenheiten des Rechnungshofs;
4. in Angelegenheiten, die zur Zuständigkeit einer Sonderverwaltung oder einer der Hauptverwaltung unterstellten nichtrechtsfähigen Anstalt gehören, deren Leiter;

5. in Angelegenheiten eines zur Hauptverwaltung gehörenden Eigenbetriebs die Geschäftsleitung nach Maßgabe des Eigenbetriebsgesetzes; die §§ 22 bis 24 finden auf Eigenbetriebe keine Anwendung.

§ 22 Übertragung der rechtsgeschäftlichen Vertretungsmacht

(1) An Stelle der nach § 21 zuständigen Personen können ihre allgemeinen Vertreter Berlin rechtsgeschäftlich vertreten.

(2) [1]Darüber hinaus können die nach § 21 zuständigen Personen durch schriftliche Anordnung Beamten oder Angestellten ihrer Verwaltung die Befugnis zur rechtsgeschäftlichen Vertretung Berlins übertragen. [2]Die Übertragung kann auf bestimmte Beträge, auf bestimmte Aufgabenbereiche oder in anderer Weise beschränkt werden.

§ 23 Abgabe von Verpflichtungserklärungen

[1]Verpflichtungserklärungen bedürfen der Schriftform. [2]Sie müssen die Behörde oder die Anstalt bezeichnen, in deren Geschäftsbereich sie abgegeben werden, mit dem Dienstsiegel und der Amts- oder Dienstbezeichnung des Unterzeichners versehen sein und die Unterschrift der nach § 21 oder § 22 bestimmten Person tragen.

§ 24 Laufende Geschäfte

[1]Die Vorschriften des § 23 finden keine Anwendung auf Geschäfte der laufenden Verwaltung. [2]Geschäfte der laufenden Verwaltung sind ständig wiederkehrende Geschäfte oder Geschäfte von geldlich unerheblicher Bedeutung.

§ 25 Rechtsgeschäftliche Vertretung in Angelegenheiten der Bezirksverwaltungen

(1) Die rechtsgeschäftliche Vertretung in Angelegenheiten der Bezirksverwaltungen obliegt dem zuständigen Mitglied des Bezirksamts, in Angelegenheiten eines zur Bezirksverwaltung gehörenden Eigenbetriebs der Geschäftsleitung nach Maßgabe des Eigenbetriebsgesetzes.

(2) Die §§ 22 bis 24 finden entsprechende Anwendung, jedoch nicht auf Eigenbetriebe.

5. Abschnitt

Widerspruchsverfahren

§ 26 Zulässigkeit des Widerspruchs

(1) [1]Gegen einen der Anfechtung unterliegenden Verwaltungsakt einer Behörde oder Anstalt, die einer Senatsverwaltung unterstellt ist, sowie gegen einen der Anfechtung unterliegenden Verwaltungsakt einer Bezirksverwaltung ist der Widerspruch nach den §§ 68 ff. der Verwaltungsgerichtsordnung zulässig. [2]Dies gilt auch für berufsbezogene Prüfungsentscheidungen einer Senatsverwaltung sowie eines Prüfungsausschusses bei einer Senatsverwaltung.

(2) [1]In Hochschulangelegenheiten ist der Widerspruch nicht gegeben. [2]Das Gegenvorstellungsverfahren wird in den Prüfungsordnungen geregelt.

(3) Absatz 2 Satz 1 gilt entsprechend für anfechtbare Entscheidungen der Bezirksverordnetenversammlung und des Bezirksverordnetenvorstehers in eigenen Angelegenheiten und für solche Verwaltungsakte des Bezirksamtes, die sich als Vollzug einer verbindlichen Einzelentscheidung der Bezirksverordnetenversammlung darstellen.

(4) In beamtenrechtlichen Angelegenheiten gilt § 54 des Beamtenstatusgesetzes und § 93 des Landesbeamtengesetzes.

(5) [1]In Angelegenheiten der Rechtsanwälte ist der Widerspruch nicht gegeben. [2]Absatz 1 Satz 2 bleibt unberührt.

(6) [1]In Angelegenheiten der Notare ist der Widerspruch nicht gegeben. [2]Dies gilt auch für die Verhängung von Verweisen und Geldbußen nach § 97 Absatz 1 Satz 1 der Bundesnotarordnung.

§ 27 Zuständigkeit zum Erlaß des Widerspruchsbescheides

(1) Den Widerspruchsbescheid erläßt,

a) wenn sich der Widerspruch gegen einen Verwaltungsakt einer Sonderbehörde oder nichtrechtsfähigen Anstalt der Hauptverwaltung richtet, deren Leiter oder eine von ihm dafür bestimmte, ihm unmittelbar zugeordnete Stelle, bei Widersprüchen gegen Verwaltungsakte der Schulen in inneren Schulangelegenheiten die für das Schulwesen zuständige Senatsverwaltung;

b) wenn sich der Widerspruch gegen einen Verwaltungsakt einer Bezirksverwaltung richtet, das Bezirksamt oder das von ihm dafür bestimmte Mitglied, sofern dieses Mitglied nicht selbst den Verwaltungsakt erlassen hat;
c) wenn sich der Widerspruch gegen eine Prüfungsentscheidung richtet, die Behörde, die die Prüfungsentscheidung getroffen hat; bei Prüfungsentscheidungen der Schulen, der Kolloquiumskommissionen nach § 6 des Erziehergesetzes, der Meisterprüfungsausschüsse nach der Handwerksordnung, für die landeseinheitlichen beruflichen Lehrgänge an Volkshochschulen sowie von Prüfungsausschüssen bei einer Senatsverwaltung entscheidet die zuständige Senatsverwaltung.

(2) Vorschriften über die Anhörung von Beiräten, Kammern oder sonstigen Stellen bleiben unberührt.

6. Abschnitt
Landesunmittelbare Körperschaften, Anstalten und Stiftungen des öffentlichen Rechts

§ 28 Staatsaufsicht

(1) Die landesunmittelbaren Körperschaften, Anstalten und Stiftungen des öffentlichen Rechts unterliegen der Staatsaufsicht Berlins.

(2) Landesunmittelbar sind alle Körperschaften, Anstalten und Stiftungen des öffentlichen Rechts, die
a) auf Landesrecht beruhen oder
b) auf Bundesrecht beruhen, ohne daß dem Bund die Aufsicht über sie zusteht, oder
c) durch Staatsvertrag oder Verwaltungsvereinbarung der Aufsicht Berlins unterstellt sind.

(3) Die Staatsaufsicht hat sicherzustellen, daß die Rechtmäßigkeit der Verwaltung gewahrt bleibt.

(4) [1]Die Aufsicht führt die zuständige Senatsverwaltung oder, wenn es in der Rechtsgrundlage bestimmt ist, das zuständige Bezirksamt. [2]Die Aufsichtsbehörde kann sich der Aufsichtsmittel der §§ 10 bis 13 bedienen. [3]§ 8b gilt entsprechend.

(5) Wenn und solange die Aufsichtsmittel der §§ 10 bis 13 nicht ausreichen, kann die Aufsichtsbehörde Beauftragte bestellen, die einzelne oder alle Befugnisse der Organe der Körperschaft, Anstalt oder Stiftung ausüben.

(6) Rechtsvorschriften über weitergehende Aufsichtsmittel gegenüber Körperschaften, Anstalten und Stiftungen des öffentlichen Rechts bleiben unberührt.

(7) Ist durch Rechtsvorschrift eine Fachaufsicht über eine Körperschaft, Anstalt oder Stiftung des öffentlichen Rechts begründet, so findet § 8 Abs. 2 und 3 entsprechende Anwendung.

§ 29 Rechtsgeschäftliche Vertretung

[1]Die rechtsgeschäftliche Vertretung einer landesunmittelbaren Körperschaft, Anstalt oder Stiftung des öffentlichen Rechts obliegt dem durch Gesetz, Rechtsverordnung oder Satzung dazu bestimmten Organ. [2]Ist nichts anderes bestimmt, so finden die §§ 22 bis 24 entsprechende Anwendung.

§ 30 Widerspruchsverfahren

(1) [1]Gegen einen der Anfechtung unterliegenden Verwaltungsakt einer landesunmittelbaren Körperschaft, Anstalt oder Stiftung des öffentlichen Rechts ist der Widerspruch nach den §§ 68ff. der Verwaltungsgerichtsordnung zulässig. [2]§ 26 Absatz 2, Absatz 4, Absatz 5 Satz 1 und Absatz 6 Satz 1 gilt entsprechend.

(2) Soweit gesetzlich nichts anderes bestimmt ist, erläßt den Widerspruchsbescheid
a) in Angelegenheiten, die der Fachaufsicht (§ 28 Abs. 7) unterliegen, die Aufsichtsbehörde;
b) im übrigen das durch Gesetz, Rechtsverordnung oder Satzung bestimmte Organ, in Ermangelung eines solchen der Vorstand.

7. Abschnitt
Übergangs- und Schlußvorschriften

§ 31 Ortssatzungen

(1) Ortssatzungen, die auf Grund von Ermächtigungen in inzwischen aufgehobenen oder überholten Gesetzen erlassen worden sind, sind Landesgesetze.

(2) [1]Ortssatzungen, die auf Grund von Ermächtigungen in fortgeltenden Gesetzen erlassen worden sind, gelten als Rechtsverordnungen fort. [2]In fortgeltenden Gesetzen enthaltene Ermächtigungen zum Erlaß von Ortssatzungen gelten als Ermächtigungen für den Senat zum Erlaß von Rechtsverordnungen.

§ 32 Wahrnehmung von Aufgaben weggefallener Reichs- oder preußischer Behörden

Die Wahrnehmung von Verwaltungsaufgaben, die vor dem 8. Mai 1945 für das Gebiet Berlins von solchen Organen oder Verwaltungsbehörden des Reiches oder des Landes Preußen erfüllt worden sind, die durch die Änderung der staatsrechtlichen Verhältnisse weggefallen sind, steht, soweit die Aufgaben nach dem 7. Mai 1945 von Organen oder Behörden Berlins zu erfüllen sind und gesetzlich nichts anderes bestimmt ist, zu

1. der Hauptverwaltung, soweit die Befugnisse der Reichsregierung, dem Reichsrat, dem Preußischen Staatsministerium, einem einzelnen Reichs- oder preußischen Minister, einer sonstigen obersten Reichs- oder Landesbehörde, dem Oberpräsidenten, dem Stadtpräsidenten, dem Regierungspräsidenten, der höheren Verwaltungsbehörde, der Aufsichtsbehörde oder sonstigen mit Rechtsetzungs-, Verwaltungs- oder Zwangsbefugnissen ausgestatteten Behörden zugewiesen waren;
2. den Bezirksverwaltungen, soweit die Befugnisse der unteren Verwaltungsbehörde zugewiesen waren.

§ 33 Einschränkungen des Anwendungsbereichs

(1) Dieses Gesetz findet keine Anwendung auf

1. die Kirchen und Religionsgesellschaften,
2. die Sozialversicherungsträger.

(2) [1]Es findet ferner keine Anwendung auf

1. die Behörden der Justizverwaltung und der Verwaltung der übrigen Gerichtszweige,
2. die Behörden der Steuerverwaltung.

[2]Hiervon sind die Angelegenheiten der Personalverwaltung und für den Bereich der Steuerverwaltung die Angelegenheiten der Verwaltung von Dienstgebäuden und -räumen ausgenommen.

(3) Auf die Verwaltung des Rechnungshofs findet dieses Gesetz, außer in Angelegenheiten der Personalverwaltung, nur insoweit Anwendung, als es ausdrücklich vorgesehen ist.

§ 34 Widerspruchsbeirat nach dem SGB IX und SGB XII

(1) Zur Mitwirkung im Widerspruchsverfahren des Trägers der Eingliederungshilfe nach dem Neunten Buch Sozialgesetzbuch und des Trägers der Sozialhilfe nach dem Zwölften Buch Sozialgesetzbuch wird in jedem Bezirk ein Widerspruchsbeirat gebildet.

(2) Kann die Bezirksverwaltung einem Widerspruch in Angelegenheiten nach Absatz 1 nicht vollständig abhelfen, so hat sie den Widerspruchsbeirat vor der Entscheidung zu hören.

(3) Der Beirat besteht aus

a) drei Bezirksverordneten;
b) einer Vertretung der Gewerkschaften;
c) drei Vertretungen von Vereinigungen, die Bedürftige betreuen;
d) zwei Vertretungen von Organisationen, die sich für Belange der sozialhilfeberechtigten Menschen mit Migrationshintergrund im Sinne des § 3 Absatz 2 des Partizipationsgesetzes vom 5. Juli 2021 (GVBl. S. 842) einsetzen und zwar vorrangig von Organisationen von Menschen mit Migrationsgeschichte;
e) fünf Vertretungen der Interessensvertretungen der Menschen mit Behinderungen, die vom jeweiligen Bezirksteilhabebeirat nach § 10 des Gesetzes zur Ausführung des Neunten Buches Sozialgesetzbuch entsandt wurden.

(4) Die Mitglieder werden von der Bezirksverordnetenversammlung auf die Dauer einer Wahlperiode gewählt.

(5) Das zuständige Mitglied des Bezirksamtes leitet die Verhandlungen des Beirats.

(6) Für die Wahrnehmung der Aufgaben des Landesamtes nach § 3 des Gesetzes zur Ausführung des Neunten Buches Sozialgesetzbuch und nach § 2b des Gesetzes zur Ausführung des Zwölften Buches Sozialgesetzbuch gelten die Absätze 1, 2 und 3 Buchstabe b bis e entsprechend.

§ 35 Ausführungsvorschriften

Die Ausführungsvorschriften zu diesem Gesetz erläßt

a) die Senatsverwaltung für Inneres im Einvernehmen mit der zuständigen Senatsverwaltung, wenn die Vorschriften nicht nur den Geschäftsbereich einer Senatsverwaltung betreffen,

b) die zuständige Senatsverwaltung im Einvernehmen mit der Senatsverwaltung für Inneres, wenn die Vorschriften nur den Geschäftsbereich einer Senatsverwaltung betreffen.

§ 36 Inkrafttreten[1]

(1) Dieses Gesetz tritt am 1. Januar 1959 in Kraft; jedoch tritt § 4 Abs. 1 am Tage nach der Verkündung dieses Gesetzes in Kraft.

(2) *[nicht wiedergegebene Aufhebungsvorschriften]*

1) **Amtl. Anm.:** Die Vorschrift betrifft das Inkrafttreten des Gesetzes in der ursprünglichen Fassung vom 2. Oktober 1958.

Anlage
(zu § 4 Abs. 1 Satz 1)

Allgemeiner Zuständigkeitskatalog (ZustKat AZG)

Aufgaben der Hauptverwaltung außerhalb der Leitungsaufgaben (Planung, Grundsatzangelegenheiten, Steuerung, Aufsicht)

Nr. 1 Allgemeines

(1) Verwaltung der Einrichtungen der Hauptverwaltung einschließlich der Ressourcenverantwortung; Serviceleistungen für die Berliner Verwaltung; finanzielle Förderungen auf Landesebene.

(2) Förderung der Gleichstellung von Frauen und Männern auf Landesebene.

(3) Verfahrens-, datenschutz- und gebührenrechtliche Entscheidungen, Bußgeldverfahren und Rechtsstreitigkeiten in Aufgaben der Hauptverwaltung; Entscheidung der Aufsichtsbehörde über die örtliche Zuständigkeit im Verwaltungsverfahren (§ 3 des Verwaltungsverfahrensgesetzes, § 2 des Zehnten Buchs Sozialgesetzbuch – Verwaltungsverfahren).

(4) Festlegungen gemäß dem Abschnitt 3 des E-Government-Gesetzes Berlin; Aufgaben der Durchsetzung und Überwachung der barrierefreien Informations- und Kommunikationstechnik nach dem Barrierefreie-IKT-Gesetz Berlin.

(5) Aus-, Fort- und Weiterbildung auf Landesebene; staatliche Prüfungen, Anerkennungen und Berufserlaubnisse; Bestellung von Sachverständigen.

(6) Verkehr mit den Verfassungsorganen des Bundes und der Länder; Gewährleistung von Betätigungen der Verfassungsorgane des Bundes; Bestellung von Mitgliedern und Beisitzern in Gremien auf Bundes- und Länderebene; Mitgliedschaft und Vertretung Berlins in Organisationen und Einrichtungen auf Landesebene; Anerkennung und Förderung von Einrichtungen, Verbänden und freien Trägern auf Landesebene.

Nr. 2 Rechtswesen; Wiedergutmachung nationalsozialistischen Unrechts

(1) Ausübung des Gnadenrechts.

(2) Schiedsamtsangelegenheiten mit Ausnahme der Abgrenzung der Schiedsamtsbezirke, der Wahl von Schiedspersonen, der Gebührenabrechnung und der Erstattung der sachlichen Kosten.

(3) Abschluß der Entnazifizierung.

(4) Anerkennung und Versorgung der politisch, rassisch und religiös Verfolgten.

(5) Entschädigung der Opfer des Nationalsozialismus.

(6) Rückerstattung feststellbarer Vermögenswerte.

(7) Soziale Dienste der Justiz (Bewährungshilfe für Erwachsene, Gerichtshilfe), Führungsaufsicht.

Nr. 3 Staatshoheitsangelegenheiten, Verfassungsschutz, Statistik, Wahlen

(1) Grenzangelegenheiten.

(2) Staatsangehörigkeitsangelegenheiten mit Ausnahme der Vorbereitungsarbeiten und der Anspruchseinbürgerungen; Entscheidungen mit Wiedergutmachungsgehalt.

(3) Auswanderungsangelegenheiten mit Ausnahme der Unterstützung mittelloser Auswanderer; Verbindungsstelle zum Zwischenstaatlichen Komitee für Auswanderung.

(4) Auslieferungen.

(5) Aufgaben der zuständigen Verwaltungsbehörde, der Aufsichtsbehörde und der obersten Landesbehörde im Sinne des Personenstandsgesetzes; Standesamt I in Berlin.

(6) Verleihung von Bezirkswappen und des Rechts zur Führung der Wappenfigur durch Körperschaften, Anstalten und Stiftungen in Siegeln und Amtsschildern; Gestattung der Führung von Hoheitszeichen im Einzelfall und von Abweichungen von den Hoheitszeichenmustern.

(7) Anordnung allgemeiner Beflaggungen.

(8) Verleihung von Titeln, Orden und Ehrenzeichen des Landes Berlin, mit Ausnahme der Schaffung und Verleihung bezirklicher Ehrenzeichen; staatliche Anerkennung für Rettungstaten mit Ausnahme der öffentlichen Belobigung, der Aushändigung der Rettungsmedaillen, der Erinnerungsmedaillen und der Geldbelohnungen; Vorschläge zur Verleihung des Verdienstordens der Bundesrepublik.

(9) Verleihung des Ehrenbürgerrechts und der Ehrenbezeichnung „Stadtältester von Berlin" im Einvernehmen mit dem Abgeordnetenhaus; Bewilligung von Ehrenversorgung und von Leistungen an Ehrenbürger und Stadtälteste.

(10) Ausstellung von Berechtigungsausweisen nach den §§ 13 ff. der Verordnung über den Besitznachweis für Orden und Ehrenzeichen und den Nachweis von Verwundungen und Beschädigungen.

(11) Genehmigung des Erwerbs von Grundstücken durch ausländische juristische Personen; Genehmigung von Schenkungen und Zuwendungen von Todes wegen an ausländische juristische Personen.

(12) Vereinsangelegenheiten nach den §§ 22, 33 Abs. 2 und § 43 des Bürgerlichen Gesetzbuchs sowie Artikel 5 § 1 Abs. 2, 3 des Ausführungsgesetzes zum Bürgerlichen Gesetzbuch.

(13) Aufsicht über rechtsfähige Stiftungen des bürgerlichen Rechts.

(14) Beglaubigungen nach § 1 Abs. 2 des Gesetzes über das Verfahren der Berliner Verwaltung, soweit nicht die Bezirksverwaltungen in Anspruch genommen werden; Beglaubigung von Urkunden für den Gebrauch im Ausland.

(15) Verfassungsschutz.

(16) Planung und Durchführung von statistischen Erhebungen mit Ausnahme der Geschäftsstatistiken der Bezirksverwaltungen; Auswertung und Veröffentlichung der Ergebnisse von statistischen Erhebungen.

(17) Vorbereitung und Durchführung der allgemeinen Wahlen, Volksinitiativen, Volksbegehren und Volksentscheide, soweit nicht durch Rechtsvorschrift den Wahl- oder Abstimmungsleitern, den Wahlausschüssen oder den Bezirken zugewiesen.

Nr. 4 Personalangelegenheiten

(1) Oberste Dienstbehörde und zentrale Arbeitgeberfunktionen; Tarifvertragsangelegenheiten; oberste Verwaltungsbehörde nach sozialversicherungsrechtlichen Vorschriften; Aufgaben der Vormerkstelle nach dem Soldatenversorgungsgesetz.

(2) Einzelpersonalangelegenheiten der Bezirksbürgermeister.

(3) Einzelpersonalangelegenheiten der Dienstkräfte der Bezirke:

a) Zustimmung zu außer- und übertariflichen Regelungen;

b) Zustimmung zu Arbeitsverträgen mit Arbeitnehmern, für die keine Tarifverträge oder sonstige allgemeine Regelungen bestehen;

c) Entscheidung über Versetzungen nach Artikel 77 Abs. 2 der Verfassung von Berlin;

d) Versorgungsbezüge mit Ausnahme der von der Dienstbehörde zu gewährenden Leistungen;

e) Entscheidungen über Versorgungszusicherungen sowie Auskünfte über Versorgungsausgleich für Arbeitnehmer.

(4) Beamten- und arbeitsrechtliche Rechtsstreitigkeiten der Bezirke von grundsätzlicher oder übergeordneter Bedeutung.

(5) Ausbildungsbehörde für den höheren Dienst; zuständige Stelle nach dem Berufsbildungsgesetz für den Bereich des öffentlichen Dienstes des Landes Berlin.

(6) Gesamtbeschäftigungsquote nach dem Schwerbehindertengesetz.[1)]

(7) Sicherung der Gleichmäßigkeit der Bewertung von Arbeitsgebieten von Beamten bei gleichartigen Arbeitsgebieten in gleichartigen Arbeitsbereichen; Einhaltung der Obergrenzen.

Nr. 5 Haushaltswesen; betriebswirtschaftliche Instrumente; öffentlich-rechtliche Forderungen; offene Vermögensfragen; Lastenausgleich; Verteidigungslasten

(1) Vorgabe von Globalsummen und Grundsätze für die Aufstellung der Entwürfe der Bezirkshaushaltspläne.

(2) Maßnahmen zur Steuerung der Haushalts- und Wirtschaftsführung, soweit Rechtsvorschriften dies vorsehen.

(3) Prüfungsersuchen an den Rechnungshof.

(4) Prüfung der Planungsunterlagen der Bezirke für Baumaßnahmen in Fällen der Überschreitung von Standard- und Gesamtkostenansätzen.

(5) Vorbereitung der Ausgabe der Lohnsteuerkarten durch die Bezirke.

(6) Beitreibung von Abgaben aller Art und der sonstigen öffentlich-rechtlichen Forderungen.

(7) Angelegenheiten Berlins als Abgabenschuldner, soweit Aufgabe der Hauptverwaltung.

(8) Durchführung des Vermögensgesetzes und des Lastenausgleichsgesetzes mit ihren Nebengesetzen.

(9) Verteidigungslasten.

Nr. 6 Vermögen und Schulden

(1) Finanzvermögen mit Ausnahme von nicht auf Liegenschaftsfonds übertragenen Grundstücken; Bildung und Verwaltung von Liegenschaftsfonds einschließlich Bestückung mit Grundstücken.

(2) Dingliche Grundstücksgeschäfte sowie Ausübung des Heimfallrechts gegenüber dem Bund (Reich), einem Sondervermögen des Bundes (Reiches), einer bundesunmittelbaren Körperschaft, Anstalt oder Stiftung des öffentlichen Rechts oder deren Rechtsnachfolger, den Bundesländern oder einem ausländischen Staat; Entscheidung über dingliche Grundstücksgeschäfte in Erfüllung besonderer Aufgaben von gesamtstädtischer Bedeutung und für die Gewerbe- und Industrieansiedlung von gesamtstädtischer Bedeutung; Entscheidung über wesentliche Abweichungen vom Verkehrswert und den üblichen Vertrags-

1) Siehe nunmehr SGB IX.

bedingungen bei dinglichen Grundstücksgeschäften; Einwilligung in den Fällen, die nach § 64 der Landeshaushaltsordnung der Einwilligung des Abgeordnetenhauses bedürfen.
(3) Einwilligung bei Enteignungen im Auftrag des Bundes zu den im Enteignungsverfahren zu treffenden Maßnahmen; gerichtliche Nachprüfungsverfahren.
(4) Angelegenheiten nach den Artikeln 134 und 135 des Grundgesetzes, Abgeltung von Wertausgleichsansprüchen nach dem Wertausgleichsgesetz.
(5) Übertragung und Überlassung von Grundstücken innerhalb der Verwaltung mit Ausnahme der innerhalb eines Bezirks bleibenden Fälle.
(6) Aufnahme oder Übernahme von Darlehen und sonstigen Schuldverbindlichkeiten einschließlich der Übernahme von Bürgschaften, Verpflichtungen aus Gewährverträgen und Bestellung anderer Sicherheiten.
(7) Verwaltung der Schulden mit Ausnahme der Verwaltung und Verwertung der Grundpfandrechte und der Sicherungsgrundpfandrechte einschließlich der sich daraus ergebenden Belastungen an Grundstücken, die zum Vermögen des Bezirks gehören.
(8) Anfall von Erbschaften und anderen Vermögen, soweit nicht einem Bezirk zugewendet.
(9) Schlichtung vermögensrechtlicher Streitigkeiten.
(10) Eigenbetriebe der Hauptverwaltung; Beteiligungen der Hauptverwaltung an wirtschaftlichen Unternehmen.
(11) Aufgaben nach dem Vermögenszuordnungsgesetz mit Ausnahme der Anmeldung von Ansprüchen, der Ermittlung der anspruchsbegründenden Tatsachen und der Erarbeitung der Antragsunterlagen und Nachweise.
(12) Aufgaben Berlins in gerichtlichen Nachprüfungsverfahren im Zusammenhang mit gesetzlichen Vorkaufsrechten.
(13) Rechtsstreitigkeiten der Bezirke, sofern von grundsätzlicher oder übergeordneter Bedeutung.

Nr. 7 Wirtschaft; Entwicklungszusammenarbeit; Preisbildung
(1) Wirtschaft einschließlich Ernährungs- und Landwirtschaft mit Ausnahme der Durchführung des Grundstückverkehrsgesetzes und des Landpachtverkehrsgesetzes; Geheimschutz; Geld-, Kredit- und Versicherungswesen; Aufgaben nach dem Börsengesetz.
(2) Zulassung des Abschlusses oder der Übermittlung von Spielverträgen für eine in Berlin nicht zugelassene Lotterie.
(3) Aufgaben der Flurbereinigungsbehörde und der oberen Flurbereinigungsbehörde nach dem Flurbereinigungsgesetz sowie der Flurneuordnungsbehörde nach dem Landwirtschaftsgesetz mit Ausnahme der Aufgaben der Siedlungsbehörde nach dem Reichssiedlungsgesetz und dem Bundesvertriebenengesetz.
(4) Fachaufsicht gemäß § 124b Satz 3 der Handwerksordnung für die gemäß § 124b Satz 1 der Handwerksordnung in Verbindung mit der Zweiten Verordnung zur Übertragung von Zuständigkeiten auf die Handwerkskammer Berlin vom 9. Januar 2007 übertragenen Verfahren; Landeskartellbehörde.
(5) Förderung der Wirtschaft mit Ausnahme der bezirklichen Wirtschaftsförderung.
(6) Aufgaben der obersten Landesbehörde als vorsitzendes Mitglied beim Wirtschaftsprüfungsexamen und bei der Eignungsprüfung als Wirtschaftsprüfer nach der Wirtschaftsprüferordnung.
(7) Meß- und Eichwesen; Materialprüfung.
(8) Aufgaben der Energieaufsichtsbehörde; Aufgaben der Landesregulierungsbehörde nach dem Energiewirtschaftsgesetz; Aufgaben der Regulierungsbehörde für Fernwärme nach dem Berliner Energiewendegesetz; Ausübung der Befugnisse nach dem Atomgesetz und dem Strahlenschutzvorsorgegesetz.
(9) Bewirtschaftungs- und Lenkungsmaßnahmen nach dem Wirtschaftssicherstellungsgesetz, dem Energiesicherungsgesetz, dem Ernährungssicherstellungs- und -vorsorgegesetz mit Ausnahme
a) der Erteilung von Bezugsscheinen und Versorgungskarten an Privatpersonen nach dem Wirtschaftssicherstellungsrecht;
b) der Bewilligungen und Bescheinigungen von Bezugsrechten sowie Referenzmengen von leichtem Heizöl nach dem Energiesicherungsrecht;
c) der Errichtung von Ernährungsämtern sowie der Zuteilung und Ausgabe von Verbraucherkarten und Bezugs- und Berechtigungsscheinen sowie der Einrichtung von Kartenausgabestellen nach dem Ernährungssicherstellungs- und Ernährungsvorsorgerecht.

(10) Entwicklungszusammenarbeit auf Landesebene.
(11) Preisprüfung für öffentliche Aufträge; Krankenhauspflegesätze.
(12) Aufgaben des Einheitlichen Ansprechpartners nach dem Gesetz über den Einheitlichen Ansprechpartner für das Land Berlin.
(13) Aufgaben als IMI-Koordinatorin und als Verbindungsstelle des Landes Berlin nach den §§ 1 und 2 des Binnenmarktinformationsgesetzes.

(14) Geschäftsstelle der Vergabekammer des Landes Berlin, Dienstaufsicht über die Mitglieder der Vergabekammer.
(15) Aufgaben der zentralen Kontrollgruppe gemäß Berliner Ausschreibungs- und Vergabegesetz, Verzeichnis ungeeigneter Bewerber und Bieter bei öffentlichen Aufträgen.

Nr. 8 Raumordnung; städtebauliche Planung und ihre Durchführung; Enteignung; Geoinformation

(1) Raumordnung und Landesplanung.
(2) Flächennutzungsplan; Bebauungsplanverfahren, vorhabenbezogene Bebauungspläne, Veränderungssperren für Gebiete von außergewöhnlicher stadtpolitischer Bedeutung (einschließlich der Hauptstadtplanung) oder für Industrie- und Gewerbeansiedlung von außergewöhnlicher stadtpolitischer Bedeutung, Bebauungsplanverfahren für die Verwirklichung von Erfordernissen der Verfassungsorgane des Bundes zur Wahrnehmung ihrer Aufgaben.
(3) Weitere Aufgaben nach dem Baugesetzbuch:
a) Umlegungen und vereinfachte Umlegungen im Geltungsbereich von Bebauungsplänen, die von der Hauptverwaltung aufgestellt, geändert oder ergänzt worden sind; vereinfachte Umlegungen im Bereich von Grundstücken, die den Verfassungsorganen des Bundes zur Wahrnehmung ihrer Aufgaben dienen oder dazu bestimmt sind;
b) Entschädigungen, soweit Aufgaben der Hauptverwaltung betroffen sind; Festsetzung von Geldentschädigungen in Planungsschadenangelegenheiten;
c) Aufgaben des Besonderen Städtebaurechts des Baugesetzbuchs, die das Ausführungsgesetz der Hauptverwaltung zuweist; Verträge nach § 157 des Baugesetzbuchs, soweit zur städtebaulichen oder finanziellen Gesamtsteuerung städtebaulicher Sanierungsmaßnahmen erforderlich; Finanzierung der der Hauptverwaltung zugewiesenen Aufgaben mit Ausnahme der Maßnahmen nach § 147 Satz 1 Nr. 2 bis 5 des Baugesetzbuchs; Förderung von Baumaßnahmen nach § 148 Abs. 2 Nr. 1, 2 und 4 des Baugesetzbuchs; Erhaltungsverordnungen in Gebieten von außergewöhnlicher stadtpolitischer Bedeutung;
d) vorhabenbezogene Bebauungspläne zur Verwirklichung von Erfordernissen der Verfassungsorgane des Bundes zur Wahrnehmung ihrer Aufgaben;
e) städtebauliche Verträge und Erschließungsverträge von außergewöhnlicher stadtpolitischer Bedeutung sowie in Entwicklungs- und Anpassungsgebieten;
f) Aufgaben der höheren Verwaltungsbehörde, der zuständigen Landesbehörde, der nach Landesrecht zuständigen Behörde und der obersten Landesbehörde;
g) Erstellung und Weiterentwicklung eines Baulandkatasters für Berlin.

(4) Städtebauliche Wettbewerbe und Bauwettbewerbe für Flächen von besonderer städtebaulicher Bedeutung.
(5) Bauträger- und Investorenwettbewerbe für landeseigene Grundstücke von besonderer städtebaulicher und finanzieller Bedeutung.
(6) Enteignungsbehörde; Behörde nach § 9 Satz 2 des Wertausgleichsgesetzes; Behörde nach § 10 des Gesetzes zum Schutz gegen Fluglärm; Behörde nach §§ 17, 24 Absatz 2 des Schutzbereichgesetzes.
(7) Führung und Bereitstellung eines einheitlichen integrierten geodätischen Raumbezugs mit dem Satellitenpositionierungsdienst der deutschen Landesvermessung und dem Amtlichen Festpunkt-Informationssystem; Erfassung und Darstellung der Erdoberfläche im Amtlichen Topographisch-Kartographischen Informationssystem; Bereitstellung der technischen Verfahren zur einheitlichen Führung des Liegenschaftskataster und zu Auskünften hieraus; Koordinierung und Bereitstellung der Geodateninfrastruktur Berlin (GDIBE) über das Geoportal Berlin; Abgabe von Liegenschaftskatasterangaben, wenn das Gebiet mehrerer Bezirke betroffen ist; Erteilung von Erlaubnissen zum Abruf von Liegenschaftskatasterangaben.
(8) Belange der Wertermittlung in Erfüllung besonderer Aufgaben mit gesamtstädtischer Bedeutung auf besondere Anforderung der Senatsverwaltung für Finanzen; Vermessungen für den Verkehrswegebau der Hauptverwaltung.
(9) Geschäftsstelle des Gutachterausschusses für Grundstückswerte; Bestellung von öffentlich bestellten Vermessungsingenieuren; Aufsicht über die öffentlich bestellten Vermessungsingenieure.

Nr. 9 Bauwirtschaft; Wohnen, Wohnungswirtschaft

(1) Führung des Amtlichen Unternehmer- und Lieferantenverzeichnisses des Landes Berlin; Vergabeprüfstelle für Bau- und Dienstleistungsaufträge nach § 57b des Haushaltsgrundsätzegesetzes.
(2) Förderung der Modernisierung und Instandsetzung von Wohngebäuden mit Ausnahme der Entscheidung über bezirkliche Förderungsränge.
(3) Landesweite Verträge zur Wohnungsbindung.

(4) Fachaufsicht und Genehmigung des Wirtschaftsplans für das „Sondervermögen Wohnraumförderfonds Berlin".
(5) Nachprüfungsstelle gemäß § 21 der Vergabe- und Vertragsordnung für Bauleistungen – Teil A – Abschnitt 1.
(6) Erstellung und Anerkennung der Berliner Mietspiegel.

Nr. 10 Hoch- und Tiefbau; Wasserwirtschaft; Verkehr
(1) Bauten und Unterhaltungsmaßnahmen für Polizei, Feuerwehr, Justiz, Theater und Museen; Bauherreneigenschaft und Haushaltsmittel für alle Bauten der Hauptverwaltung.
(2) Aufgaben der Hauptverwaltung nach den §§ 22 bis 22b des Berliner Straßengesetzes; Planungsvorgaben für Ortsdurchfahrten der Bundesstraßen sowie für Straßen innerhalb des zentralen Bereichs, in dem sich die Parlaments- und Regierungseinrichtungen des Bundes befinden (der zentrale Bereich wird umgrenzt durch die Invalidenstraße, Brunnenstraße, Rosenthaler Platz, Torstraße, Mollstraße, Platz der Vereinten Nationen, Lichtenberger Straße, Holzmarktstraße, Brückenstraße, Heinrich-Heine-Straße, Moritzplatz, Oranienstraße, Rudi-Dutschke-Straße, Kochstraße, Wilhelmstraße, Anhalter Straße, Askanischer Platz, Schöneberger Straße, Schöneberger Ufer, Lützowufer, Lützowplatz, Klingelhöferstraße, Hofjägerallee, Großer Stern, Spreeweg, Paulstraße, Alt-Moabit unter Einbeziehung der genannten Straßen und Plätze); Planung und Bau vorgenannter Straßen sowie der Ortsdurchfahrten der Bundesstraßen, soweit es sich um einen Neubau, eine grundhafte Erneuerung des gesamten Querschnitts eines zusammenhängenden Streckenabschnittes (mindestens zwischen zwei Knotenpunkten) oder eine sonstige wesentliche Änderung handelt; Planungsvorgaben für Straßen im Zuge von Straßenbahnlinien.
(3) Bundesautobahnen; Bundesstraßen außerhalb der Ortsdurchfahrten ohne Unterhaltung des Begleitgrüns.
(4) Planungsvorgaben für Straßen in Gebieten von außergewöhnlicher stadtpolitischer Bedeutung sowie Straßen für Industrie- und Gewerbeansiedlungen von außergewöhnlicher stadtpolitischer Bedeutung; Planungsvorgaben für Hauptverkehrsstraßen mit vorwiegend überbezirklicher Funktion und andere Straßen von besonderer Bedeutung.
(5) Verkehrslenkungsanlagen; Lichtzeichenanlagen, soweit sie in Verkehrsleitsysteme oder Zentralsteuerungen eingebunden werden oder sich auf Verkehrsflächen von gesamtstädtischer oder überbezirklicher Bedeutung befinden, einschließlich der Planung straßenbaulicher Veränderungen im Zusammenhang mit dem Bau dieser Lichtzeichenanlagen.
(6) Ingenieurbauwerke, die zu öffentlichen Straßen nach dem Berliner Straßengesetz oder zu Wegen in öffentlichen Grün- und Erholungsanlagen nach dem Grünanlagengesetz gehören (Brücken und Durchlässe ab 2 Meter lichter Weite, Verkehrszeichenbrücken, Tunnel, Trogbauwerke, Stützbauwerke ab 1,50 Meter sichtbarer Höhe, Lärmschutzbauwerke ab 2 Meter sichtbarer Höhe und sonstige Ingenieurbauwerke, für die ein Einzelstandsicherheitsnachweis erforderlich ist); keine Ingenieurbauwerke in diesem Sinn sind bauliche Anlagen, die nach der Bauordnung für Berlin errichtet worden sind, Rohr- und Peitschenmasten, Entwässerungsanlagen, Steilwälle, Erdbauwerke, Gabionen sowie die Fahrbahn- und Gehbahnbeläge, die nicht in unmittelbarer Verbindung mit der Abdichtung des Ingenieurbauwerks stehen.
(7) Anordnung und Auswertung von Versuchen und Untersuchungen neuer Baustoffe und Bauarten bei Straßenbauten und deren Einführung; Durchführung von Versuchen grundsätzlicher Bedeutung.
(8) Aufgaben der kommunalen Aufsichtsbehörde nach dem Verkehrswegeplanungsbeschleunigungsgesetz.
(9) Straßenaufsicht bei Baumaßnahmen und über Bauten und Anlagen der Hauptverwaltung nach Absatz 3, 6 und 7; Erlaubnis von Sondernutzungen für das nicht auf einen Bezirk beschränkte gewerbliche Anbieten von stationsungebundenen Mietfahrzeugen, die selbstständig reserviert und genutzt werden können; allgemeine Zulassung von Sondernutzungen, die bezirksübergreifend einheitlich ausgeübt werden; Informations- und Koordinierungsaufgaben bei Baumaßnahmen im übergeordneten Straßennetz nach § 11 Absatz 3 des Berliner Straßengesetzes; Bereitstellung, Koordinierung und Weiterentwicklung eines technisch unterstützten Informationssystems für Verkehrsmanagement und Verkehrsorganisation mit gesamtstädtischer Bedeutung.
(10) Schifffahrt auf Landeswasserstraßen sowie dortige Häfen, Luftverkehr einschließlich Luftsicherheit, Magnetschwebebahnen, Seilbahnen, Eisenbahnen einschließlich S-Bahnen und Straßenbahnen einschließlich U-Bahnen sowie die Entscheidung über die Benutzung der öffentlichen Straßen durch Bahnen.
(11) Gewässer erster und fließende Gewässer zweiter Ordnung einschließlich Uferanlagen, Häfen, Umschlags- und Liegestellen mit Ausnahme der Sportbootsstege, Landesbrunnen.
(12) Kreuzungsrechtliche Vereinbarungen für Kreuzungen von Verkehrswegen.
(13) Verkehrsuntersuchungen einschließlich Verkehrszählungen.
(14) Öffentliche Beleuchtung einschließlich der beleuchteten Verkehrszeichen und -einrichtungen.
(15) Planung und Bau von übergeordneten, insbesondere touristischen oder dem überbezirklichen Verkehr dienenden selbstständigen Geh- und Radwegen oder Radschnellverbindungen.

(16) Touristische Wegweiser und Informationsstelen, soweit sich diese auf durch die touristischen Wegweiser ausgewiesene Objekte beziehen; Fahrradwegweisung der Radfernwege, des Fahrradroutenhauptnetzes, der Radschnellverbindungen und des Ergänzungsnetzes.

Nr. 11 Umweltschutz und Naturschutz, Grünanlagen, Forsten, Kleingärten, Denkmalschutz und Denkmalpflege, Bodenschutz, Krematorien, Tierschutz

(1) Stadtpolitisch herausragende Projekte der Freiraumgestaltung.

(2) Landschaftsprogramm; Landschaftsplanverfahren einschließlich Veränderungsverbote für Gebiete von außergewöhnlicher stadtpolitischer Bedeutung.

(3) Anerkennung von Vereinigungen nach § 3 des Umwelt-Rechtsbehelfsgesetzes.

(4) Durchführung der Wassergesetze, der Abwasserabgabengesetze, des Wasserverbandsgesetzes und des Lagerstättengesetzes.

(5) Durchführung des Pflanzenschutzgesetzes.

(6) Aufgaben des Landesforstamts.

(7) Angelegenheiten nach dem Gräbergesetz, nach Artikel 18 des deutsch-sowjetischen Vertrages über die Erhaltung der sowjetischen Gedenkstätten und Kriegsgräber sowie nach den sonstigen internationalen Kriegsgräberabkommen mit Ausnahme der Unterhaltung und Pflege der Gräber nach dem Gräbergesetz auf landeseigenen Friedhöfen.

(8) Forst, Jagd, Fischerei.

(9) Denkmalerfassung und Denkmalliste; Erhalt von Denkmalen herausragender Bedeutung.

(10) Durchführung des Bundes-Bodenschutzgesetzes, des Berliner Bodenschutzgesetzes sowie der auf diesen Gesetzen beruhenden Rechtsverordnungen.

(11) Angelegenheiten der Krematorien.

(12) Durchführung des Gesetzes zur Ausführung des Protokolls über Schadstofffreisetzungs- und -verbringungsregister vom 21. Mai 2003 sowie zur Durchführung der Verordnung (EG) Nr. 166/2006.

(13) Durchführung des Berliner Energiewendegesetzes, soweit danach nicht die Bezirke zuständig sind.

(14) Anerkennung von Tierschutzorganisationen nach dem Berliner Tierschutzverbandsklagegesetz.

Nr. 12 Arbeitsmarktfragen, Lohn-, Tarif- und Schlichtungswesen; Berufsbildung, Ausbildungsförderung

(1) Angelegenheiten des Arbeitsmarktes und der Arbeitsförderung; arbeitsmarktpolitische Angelegenheiten des Landes Berlin im Zusammenhang mit der Arbeitsmarktpolitik des Bundes, insbesondere nach dem Zweiten und Dritten Buch Sozialgesetzbuch; Allgemeinverbindlicherklärung von Tarifverträgen, Schlichtungswesen.

(2) Aufgaben der zuständigen Senatsverwaltung und obersten Landesbehörde nach dem Gesetz zur Ausführung des Zweiten Buches Sozialgesetzbuch; arbeitsmarkt- und berufsbildungspolitische Angelegenheiten des Bund-Länder-Ausschusses nach § 18c des Zweiten Buches Sozialgesetzbuch; Erklärung der Verbindlichkeit der Abstimmungen und Vereinbarungen im Kooperationsausschuss für die gemeinsamen Einrichtungen im Land Berlin im Einvernehmen mit den fachlich zuständigen Senatsverwaltungen.

(3) Berufliche Bildung, Aufgaben der zuständigen Behörde und der obersten Landesbehörde nach dem Berufsbildungsgesetz, dem Aufstiegsfortbildungsförderungsgesetz und der Handwerksordnung; Anerkennung von Bildungsveranstaltungen.

(4) Aufgaben der zuständigen Senatsverwaltung und obersten Landesbehörde für Ausbildungsförderung nach dem Bundesausbildungsförderungsgesetz sowie Aufgaben nach § 2 Absatz 2 und § 3 Absatz 4 des Bundesausbildungsförderungsgesetzes.

(5) Aufgaben des Sekretariats der Ständigen Konferenz der Kultusminister nach dem Gesetz über das Sekretariat der Ständigen Konferenz der Kultusminister der Länder in der Bundesrepublik Deutschland.

Nr. 13 Gesundheitswesen

(1) Entscheidung über Errichtung, Schließung und Änderung der Zweckbestimmung von Krankenhäusern Berlins sowie Eingliederung in den Krankenhausbetrieb eines anderen Bezirks; Krankenhausplan; Programme zur Durchführung des Krankenhausbaus; Einigungsverhandlungen über Pflegesätze der Krankenhäuser; Vereinbarungen über Inanspruchnahme von Krankenhäusern, soweit es sich nicht um Geschäfte der laufenden Verwaltung handelt.

(2) Rettungsdienst einschließlich Krankentransport, Melde- und Aufnahmeverfahren sowie Bettenvermittlung; Noteinweisungen in Zeiten erhöhter Inanspruchnahme.

(3) Vereinbarungen mit Tierkörperbeseitigungsanstalten im Rahmen der Beseitigungspflicht.

(4) Landesinstitut für gerichtliche und soziale Medizin, Gemeinsames Krebsregister der Länder Berlin, Brandenburg, Mecklenburg-Vorpommern, Sachsen, Sachsen-Anhalt und Thüringen.

(5) Arbeitsmedizin.

(6) Aufgaben der obersten Landesgesundheitsbehörde, der Landesveterinärbehörden sowie der Landesregierung nach Seuchenrecht; amts- und vertrauensärztliche Untersuchungen und Begutachtungen mit Ausnahme von amts- und vertrauensärztlichen Untersuchungen und Begutachtungen im Rahmen des Achten Buches, des Neunten Buches, des Elften Buches und des Zwölften Buches Sozialgesetzbuch, der Schuleingangsuntersuchungen und der Untersuchungen nach dem Kindertagesförderungsgesetz.

(7) Sicherstellung überbezirklicher Versorgungsangebote für besondere Patientengruppen; Versorgung der psychisch kranken Rechtsbrecher im Maßregelvollzug.

(8) Aufgaben der Landesärzte nach dem Neunten Buch Sozialgesetzbuch.

(9) Grundsatzangelegenheiten der Leistungen des kommunalen Trägers nach § 16a des Zweiten Buches Sozialgesetzbuch im Rahmen des Verantwortungsbereichs der für Gesundheit zuständigen Senatsverwaltung.

(10) Durchführung des Transfusionsgesetzes.

(11) Durchführung des Transplantationsgesetzes.

(12) Sicherstellung der klinischen Krebsregistrierung nach § 65c des Fünften Buches Sozialgesetzbuch.

(13) Aufgaben des Landes nach den §§ 26 bis 36 des Pflegeberufegesetzes mit Ausnahme des § 36 Absatz 5 des Pflegeberufegesetzes.

Nr. 14 Sozialwesen; Pflegewesen

(1) Allgemeine Angelegenheiten

a) des Trägers der Eingliederungshilfe, insbesondere die Festlegung der Standards des Gesamtplanverfahrens, soweit nicht durch Nummer 15 etwas anderes bestimmt ist und

b) des örtlichen und überörtlichen Trägers der Sozialhilfe.

(1a) Leistungen für Leistungsberechtigte, die Leistungen des Trägers der Sozialhilfe nach dem 7. Kapitel des Zwölften Buches Sozialgesetzbuch sowie Leistungen des Trägers der Eingliederungshilfe außerhalb des Landes Berlin erhalten und Leistungen in Form der Persönlichen Assistenz für Menschen mit schwerer Körperbehinderung mit besonderem Pflegebedarf und besonderem Unterstützungsbedarf.

(2) Festsetzung der Zahl der Ausbildungsplätze für Sozialarbeiter-Praktikanten in Zusammenarbeit mit den Bezirken.

(3) Landespflegeplanung nach dem Elften Buch Sozialgesetzbuch (Soziale Pflegeversicherung); Programme zur Durchführung des Baus von Pflegeeinrichtungen.

(4) Vereinbarungen über Leistungen an

a) Leistungsberechtigte betreffend Verhandlungen und Abschluss von Rahmenverträgen auf Landesebene und deren Umsetzung nach Teil 2 Kapitel 8 des Neunten Buches Sozialgesetzbuch, soweit nicht durch Nummer 15 etwas anderes bestimmt ist und

b) Hilfebedürftige betreffend Verhandlungen und Abschluss von Rahmenverträgen auf Landesebene nach § 80 des Zwölften Buches Sozialgesetzbuch und deren Umsetzung einschließlich der Verträge nach § 75 Absatz 3 des Zwölften Buches Sozialgesetzbuch.

(5) Feststellung der Behinderung und ihres Grades nach dem Dritten Teil des Neunten Buches Sozialgesetzbuch (Schwerbehindertenrecht) sowie Erteilung von Ausweisen.

(6) Aufgaben des Integrationsamtes nach dem Dritten Teil des Neunten Buches Sozialgesetzbuch (Schwerbehindertenrecht).

(7) Versorgung und Kriegsopferfürsorge nach dem Bundesversorgungsgesetz sowie nach Gesetzen, die das Bundesversorgungsgesetz für anwendbar erklären.

(8) Leistungen nach dem Unterstützungsabschlußgesetz.

(9) Gewährung von Kriegsgefangenenentschädigung nach dem Kriegsgefangenenentschädigungsgesetz[1)]; Zulassung von Ausnahmen nach § 54a des Kriegsgefangenenentschädigungsgesetzes[1)].

(10) Häftlingshilfemaßnahmen nach §§ 9a bis 9c, 10 Abs. 4 und 5 des Häftlingshilfegesetzes; Härteausgleich nach § 12 des Häftlingshilfegesetzes.

(11) Landesflüchtlingsverwaltung; Erstaufnahme von Spätaussiedlern sowie deren Ehegatten und Abkömmlingen gemäß § 8 Absatz 1 des Bundesvertriebenengesetzes, insbesondere durch Unterbringung in Gemeinschaftsunterkünften.

(12) Gewährung von Kapitalentschädigung nach §§ 17, 19 und 25 Abs. 2 sowie Erstattung von Leistungen nach § 6 des Strafrechtlichen Rehabilitierungsgesetzes; Aufgaben der Rehabilitierungsbehörde nach § 12 des Verwaltungsrechtlichen Rehabilitierungsgesetzes und § 17 des Beruflichen Rehabilitierungsgesetzes.

(13) Anerkennung von Betreuungsvereinen nach §§ 1908 ff. des Bürgerlichen Gesetzbuchs.

(14) Partizipation und gleichberechtigte Teilhabe von ethnischen Minderheiten und Zugewanderten auf Landesebene.

---

1) Aufgeh. mWv 1.1.1993 durch G v. 21.12.1992 (BGBl. I S. 2094).

(15) Rückkehrhilfe für einkommensschwache ausländische Arbeitnehmer und ehemalige Asylbewerber; Beratung sowie Hilfen zur freiwilligen Rückkehr und Weiterwanderung von in Berlin aufenthältlichen volljährigen Ausländerinnen und Ausländern und Familienangehörigen nach den bundesweit aufgelegten humanitären Hilfsprogrammen der International Organization for Migration (IOM).

(16) Errichtung, Betrieb, Belegung und Schließung von Erstaufnahmeeinrichtungen und Gemeinschaftsunterkünften sowie Beschaffung von Heim- und Wohnplätzen für Asylbewerberinnen und Asylbewerber sowie Ausländerinnen und Ausländer, die nach den §§ 15a, 22, 23 oder § 24 des Aufenthaltsgesetzes aufgenommen worden sind, durch Verträge mit Dritten; Leistungen an den Personenkreis nach den §§ 22, 23 oder § 24 des Aufenthaltsgesetzes im Rahmen der Erstversorgung; Leistungen an Asylbewerberinnen und Asylbewerber; Leistungen an ehemalige Asylbewerberinnen und Asylbewerber nach rechtskräftiger Ablehnung des Asylantrags während einer Übergangszeit; Leistungen an Ausländerinnen und Ausländer, die nach § 15a des Aufenthaltsgesetzes zu verteilen sind, bis zur Umsetzung der Verteilentscheidung; Leistungen nach dem Asylbewerberleistungsgesetz an Personen, die sich in Abschiebungshaft befinden; Leistungen nach dem Asylbewerberleistungsgesetz an Opfer der in § 25 Absatz 4a und 4b des Aufenthaltsgesetzes genannten Straftaten während der Ausreisefrist nach § 59 Absatz 7 des Aufenthaltsgesetzes bis zur Erteilung einer Aufenthaltserlaubnis, sowie gegebenenfalls an die mit ihnen in häuslicher Gemeinschaft lebenden minderjährigen Kinder.

(17) Beratungsstelle für jüdische Zuwanderer, sowie deren Unterbringung in Gemeinschaftsunterkünften, soweit erforderlich.

(18) Unterhaltssicherungsgesetz mit Ausnahme der Einzelleistungen.

(19) Angelegenheiten des örtlichen und überörtlichen Trägers der Sozialhilfe nach dem Elften Buch Sozialgesetzbuch (Soziale Pflegeversicherung); Aufgaben nach § 82 Abs. 3 Satz 3 und Abs. 4 des Elften Buchs Sozialgesetzbuch.

(20) Grundsatzangelegenheiten der Leistungen des kommunalen Trägers nach § 22, § 24 Absatz 3 Satz 1 Nummer 1 und 2, § 27 Absatz 3 und § 28 des Zweiten Buches Sozialgesetzbuch sowie nach § 16a des Zweiten Buches Sozialgesetzbuch im Rahmen des Verantwortungsbereichs der für Soziales zuständigen Senatsverwaltung; sozialpolitische Angelegenheiten im Bund-Länder-Ausschuss nach § 18c des Zweiten Buches Sozialgesetzbuch.

(21) Ärztliche Begutachtung für Entscheidungen nach dem Landespflegegeldgesetz.

(22) Sozialversicherung; Wahrnehmung der Aufgaben der obersten Verwaltungsbehörde und des Versicherungsamtes.

(23) Aufgaben der obersten Landesbehörde in Angelegenheiten des Trägers der Grundsicherung im Alter und bei Erwerbsminderung nach dem Vierten Kapitel des Zwölften Buches Sozialgesetzbuch.

(24) Aufgaben nach § 10 Absatz 4, § 13 und § 14 des Landesantidiskriminierungsgesetzes.

Nr. 15 Familienförderung; Jugendhilfe; Sport

(1) Aufgaben der obersten Landesjugendbehörde und des Landesjugendamtes nach dem Achten Buch Sozialgesetzbuch, nach dem Jugendhilfe-, Familien- und Jugendfördergesetz, dem Kindertagesförderungsgesetz und dem Tagesbetreuungskostenbeteiligungsgesetz.

(1a) Allgemeine Angelegenheiten des Trägers der Eingliederungshilfe, soweit die Eingliederungshilfe für

1. Minderjährige und
2. junge Volljährige, die außerdem Leistungen nach § 41 des Achten Buches Sozialgesetzbuch erhalten,

betroffen ist und Vereinbarungen über Leistungen der Eingliederungshilfe an Minderjährige betreffend Verhandlungen und Abschluss von Rahmenverträgen auf Landesebene und deren Umsetzung nach Teil 2 Kapitel 8 des Neunten Buches Sozialgesetzbuch.

(2) Festsetzung der Zahl der Praktikantenplätze sozialpädagogischer Ausbildungsgänge in Zusammenarbeit mit den Bezirken.

(3) Familienförderung, soweit nach Absatz 1 Aufgabe der obersten Landesjugendbehörde, und Zentrale Vormundschafts- und Unterhaltsvorschusskasse (ZVK/UVK).

(4) Bestimmung von Stellplätzen zur vorübergehenden Nutzung für Wohnwagen durchreisender Sinti und Roma.

(5) Olympia-Stadion, Sportforum Hohenschönhausen, Sportanlage Paul-Heyse-Straße, Friedrich-Ludwig-Jahn-Stadion, Max-Schmeling-Halle, Velodrom.

(6) Bewährungshilfe für Jugendliche und Heranwachsende.

(7) Rechenzentrum zur Betreuung der IT-Fachverfahren der Berliner Jugendämter.

(8) Sportmedizinische Angelegenheiten.

(9) Grundsatzangelegenheiten der Leistungen des kommunalen Trägers nach § 16a des Zweiten Buches Sozialgesetzbuch im Rahmen des Verantwortungsbereichs der für Jugend zuständigen Senatsverwaltung.

(10) Fachliche und rechtliche Vorgaben der Erbringung von Leistungen für Bildung und Teilhabe nach § 28 des Zweiten Buches Sozialgesetzbuch, § 34 des Zwölften Buches Sozialgesetzbuch und § 6b des Bundeskindergeldgesetzes, soweit nicht ein Aufgabenbereich des Schulwesens vorliegt.

Nr. 16 Schulen, Volkshochschulen

(1) Schulaufsicht; Genehmigung von Betreuungsangeboten, die von Trägern der freien Jugendhilfe im Rahmen der ergänzenden Betreuung an Schulen erbracht werden; Festsetzung und Verteilung der für diese Betreuungsangebote zur Verfügung stehenden Mittel auf die Bezirke einschließlich der Mittel für die Kosten, die in der Zeit der verlässlichen Halbtagsgrundschule für außerunterrichtliche Betreuung und Förderung durch Träger der freien Jugendhilfe entstehen; fachliche und rechtliche Vorgaben der Erbringung von Leistungen für Bildung und Teilhabe nach § 28 des Zweiten Buches Sozialgesetzbuch, § 34 des Zwölften Buches Sozialgesetzbuch und § 6b des Bundeskindergeldgesetzes im Bereich Schule, Bewirtschaftung der für ergänzende Lernförderung (im Rahmen der Bildungs- und Teilhabeleistungen) erforderlichen Mittel für öffentliche Schulen; innere Schulangelegenheiten; Befreiung von der Schulpflicht; Entscheidung über Aufnahme von Schülern in die gymnasiale Oberstufe bei Wechsel von anderen Schularten, anderen Bundesländern, aus dem Ausland oder nach Unterbrechung des Schulbesuchs; Entscheidung über die Aufnahme von Schülerinnen und Schülern mit sonderpädagogischem Förderbedarf bei Überschreitung der Aufnahmekapazität und nach § 37 Abs. 3 Satz 4 des Schulgesetzes.
(2) Berufliche Schulen, Staatliche Ballettschule und Schule für Artistik, Schulfarm Insel Scharfenberg, Musikgymnasium Carl Philipp Emanuel Bach, Abendgymnasium Prenzlauer Berg, Eliteschulen des Sports, Französisches Gymnasium (Collège Français), John-F.- Kennedy-Schule (Deutsch-Amerikanische-Schule) sowie Staatliche Internationale Schulen.
(3) Schulorganisation, Schulpraktische Seminare, Schulpsychologische und Inklusionspädagogische Beratungs- und Unterstützungszentren, Prüfungsamt für Lehramtsprüfungen Berlin, Staatliches Prüfungsamt für Übersetzer Berlin, Lehrkräfte und sonstiges schulisches Personal, ausgenommen Hausmeisterinnen und Hausmeister an nicht zentral verwalteten Schulen.
(4) Durchführung der schulgesetzlichen Regelungen über die Schulen in freier Trägerschaft mit Ausnahme der Zuwendungen nach § 101 Abs. 8 des Schulgesetzes; Finanzierung der Betreuungsangebote im Rahmen der ergänzenden Betreuung an Schulen in freier Trägerschaft und der Kosten, die in der Zeit der verlässlichen Halbtagsgrundschule für außerunterrichtliche Betreuung und Förderung entstehen.
(5) Schulaufsicht über die Lehrgänge an Volkshochschulen nach § 40 Abs. 1 des Schulgesetzes; Auftrag zur Abnahme von Prüfungen durch Volkshochschulen sowie Festlegungen der Prüfungsanforderungen.
(6) Qualitative Weiterentwicklung von Schule; örtliche Aufgabe der Fort- und Weiterbildung der Lehrkräfte; Stadtmedienstelle; Lernwerkstatt.
(7) Rahmenvereinbarungen über Leistungen von Trägern der freien Jugendhilfe im Zusammenhang mit der ergänzenden Betreuung an Schulen und die Finanzierung der Kosten, die in der Zeit der verlässlichen Halbtagsgrundschule für außerunterrichtliche Betreuung und Förderung durch Träger der freien Jugendhilfe entstehen.
(8) Rechenzentrum zur Betreuung der IT-Fachverfahren für das Berliner Schulwesen, soweit diese Aufgabe nicht vom IT-Dienstleistungszentrum Berlin wahrgenommen wird; Vorgaben für eine einheitliche IT-Ausstattung und die technische Anbindung der Schulen und bezirklichen Schulämter an zentrale IT-Fachverfahren für das Berliner Schulwesen.
(9) Qualitative Weiterentwicklung von Erwachsenenbildung.

Nr. 17 Wissenschaft, Forschung; Kunst und Kultur; kirchliche Angelegenheiten

(1) Wissenschaft und Forschung.
(2) Grundsatzangelegenheiten des Bibliotheks- und Archivwesens, Stiftung Zentral- und Landesbibliothek Berlin, Landesarchiv Berlin.
(3) Landesangelegenheiten der Kunst, der Theater, der Orchester, des Films und der Museen.
(4) Schutz und Rückgabe beweglicher Kulturgüter.
(5) Angelegenheiten der Religions- und Weltanschauungsgemeinschaften einschließlich der Genehmigung von Abgabebeschlüssen.

Bezirksverwaltungsgesetz

In der Fassung vom 10. November 2011[1] (GVBl. S. 692)
(BRV 2020-1)

zuletzt geändert durch Art. 1 G zur Änd. des BezirksverwaltungsG und anderer Gesetze vom 27. August 2021 (GVBl. S. 982)

Nichtamtliche Inhaltsübersicht

1) Neubekanntmachung des BezirksverwaltungsG v. 14.12.2005 (GVBl. 2006 S. 2) in der ab 27.10.2011 geltenden Fassung.

1. Abschnitt
Grundlagen der Bezirksverwaltung

§ 1 Bezirkseinteilung

(1) Das Gebiet von Berlin umfasst die bisherigen Bezirke
1. Mitte, Tiergarten und Wedding,
2. Friedrichshain und Kreuzberg,
3. Prenzlauer Berg, Weißensee und Pankow,
4. Charlottenburg und Wilmersdorf,
5. Spandau,
6. Zehlendorf und Steglitz,
7. Schöneberg und Tempelhof,
8. Neukölln,
9. Treptow und Köpenick,
10. Marzahn und Hellersdorf,
11. Lichtenberg und Hohenschönhausen,
12. Reinickendorf.

(2) [1]Eine Änderung der Zahl und der Grenzen der Bezirke kann nur durch Gesetz vorgenommen werden. [2]Grenzänderungen von geringer Bedeutung können durch Rechtsverordnung des Senats vorgenommen werden, wenn die beteiligten Bezirke zustimmen.

§ 2 Allgemeine Rechtsstellung und Organe der Bezirke

(1) Die Bezirke sind Selbstverwaltungseinheiten Berlins ohne Rechtspersönlichkeit.

(2) Organe der Bezirke sind die Bezirksverordnetenversammlungen und die Bezirksämter.

§ 3 Bezirksaufgaben

(1) Die Bezirke nehmen ihre Aufgaben unter Beteiligung ehrenamtlich tätiger Bürgerinnen und Bürger wahr.

(2) Das Gesetz über die Zuständigkeiten in der allgemeinen Berliner Verwaltung (Allgemeines Zuständigkeitsgesetz – AZG) bestimmt,
a) welche Aufgaben Bezirksaufgaben sind;
b) inwieweit die Bezirke bei der Erfüllung ihrer Aufgaben an Verwaltungsvorschriften und an eine Eingriffsentscheidung des Senats oder der zuständigen Mitglieder des Senats gebunden sind;
c) in welcher Weise die Bezirke zu den grundsätzlichen Fragen der Verwaltung und der Gesetzgebung Stellung nehmen.

§ 4 Haushaltsführung des Bezirks

(1) Dem Bezirk wird für den Bezirkshaushaltsplan eine Globalsumme zur Erfüllung seiner Aufgaben im Rahmen des Haushaltsgesetzes zugewiesen.

(2) Für die Ausführung des Bezirkshaushaltsplans ist der Bezirk im Rahmen der geltenden Rechts- und Verwaltungsvorschriften verantwortlich.

(3) [1]Nach Schluss des Rechnungsjahres wird eine Bezirkshaushaltsrechnung aufgestellt. [2]Das erwirtschaftete Abschlussergebnis wird auf die Globalsumme für den nächsten aufzustellenden Bezirkshaushaltsplan vorgetragen.

§ 4a Verarbeitung personenbezogener Daten

Die Verarbeitung personenbezogener Daten durch die nach diesem Gesetz zuständigen öffentlichen Stellen, einschließlich besonderer Kategorien personenbezogener Daten im Sinne von Artikel 9 Absatz 1 der Verordnung (EU) 2016/679 des Europäischen Parlaments und des Rates vom 27. April 2016 zum Schutz natürlicher Personen bei der Verarbeitung personenbezogener Daten, zum freien Datenverkehr und zur Aufhebung der Richtlinie 95/46/EG (Datenschutz-Grundverordnung) (ABl. L 119 vom 4.5.2016, S. 1; L 314 vom 22.11.2016, S. 72,;[1)] L 127 vom 23.5.2018, S. 2), ist unbeschadet sonstiger Bestimmungen zulässig, wenn sie zur Erfüllung der sich aus diesem Gesetz ergebenden Aufgaben erforderlich ist.

---

1) Zeichensetzung amtlich.

2. Abschnitt
Die Bezirksverordnetenversammlung

§ 5 Mitgliederzahl, Wahl und Auflösung der Bezirksverordnetenversammlung

(1) [1]Die Bezirksverordnetenversammlung besteht aus 55 Mitgliedern. [2]Sie wird zu der gleichen Zeit und für die gleiche Wahlperiode wie das Abgeordnetenhaus von den Wahlberechtigten des Bezirks gewählt. [3]Das Nähere bestimmen Wahlgesetz und Wahlordnung.

(2) [1]Die Bezirksverordnetenversammlung kann weder durch eigenen Beschluss noch durch Volksentscheid aufgelöst werden. [2]Die Wahlperiode der Bezirksverordnetenversammlung endet mit der Wahlperiode des Abgeordnetenhauses, auch bei deren vorzeitigem Ende.

§ 5a Fraktionen

(1) [1]Eine Fraktion besteht aus mindestens drei Mitgliedern der Bezirksverordnetenversammlung, die derselben Partei oder Wählergemeinschaft angehören oder auf demselben Wahlvorschlag gewählt worden sind. [2]Die Fraktionszugehörigkeit eines Mitglieds der Bezirksverordnetenversammlung zur bisherigen Fraktion entfällt bei Eintritt in eine andere in der Bezirksverordnetenversammlung mit einer Fraktion bereits vertretene Partei oder Wählergemeinschaft.

(2) [1]Konstituiert sich innerhalb von 30 Tagen nach Beginn der neuen Wahlperiode eine Fraktion einer Partei- oder Wählergemeinschaft, die bereits bis zum Ende der abgelaufenen Wahlperiode eine Fraktion in der Bezirksverordnetenversammlung gebildet hat, ist die neue Fraktion die Rechtsnachfolgerin der bisherigen Fraktion, wenn ihre Mitglieder innerhalb dieses Zeitraums gegenüber der Bezirksverordnetenvorsteherin oder dem Bezirksverordnetenvorsteher die Rechtsnachfolge erklären. [2]Die Bezirksverordnetenvorsteherin oder der Bezirksverordnetenvorsteher kann die Frist nach Satz 1 verlängern.

(3) [1]Die Fraktionen wirken an der Willensbildung und Entscheidungsfindung der Bezirksverordnetenversammlung mit; sie dürfen ihre Auffassung öffentlich darstellen. [2]Ihre innere Ordnung muss demokratischen und rechtsstaatlichen Grundsätzen entsprechen.

(4) [1]Zur Erfüllung ihrer Aufgaben dürfen die Fraktionen Mitarbeiterinnen und Mitarbeiter beschäftigen. [2]Die Bezirksverordnetenvorsteherin oder der Bezirksverordnetenvorsteher verpflichtet die Mitarbeiterinnen und Mitarbeiter der Fraktionen auf die gewissenhafte Erfüllung ihrer Obliegenheiten. [3]§ 11 Absatz 3 gilt entsprechend.

§ 6 Einberufung der Bezirksverordnetenversammlung

(1) Die Bezirksverordnetenversammlung tritt frühestens mit dem ersten Zusammentritt des Abgeordnetenhauses und spätestens sechs Wochen nach der Wahl unter dem Vorsitz der oder des ältesten Bezirksverordneten zusammen.

(2) Die Bezirksverordnetenversammlung ist von der Bezirksverordnetenvorsteherin oder dem Bezirksverordnetenvorsteher nach Bedarf, mindestens aber in jedem zweiten Monat einzuberufen.

(3) Die Bezirksverordnetenvorsteherin oder der Bezirksverordnetenvorsteher ist zur unverzüglichen Einberufung verpflichtet, wenn ein Fünftel der Bezirksverordneten oder das Bezirksamt es fordert.

§ 7 Bezirksverordnetenvorsteherin oder Bezirksverordnetenvorsteher; Vorstand der Bezirksverordnetenversammlung

(1) Die Bezirksverordnetenversammlung wählt für die Dauer der Wahlperiode aus ihrer Mitte die Bezirksverordnetenvorsteherin oder den Bezirksverordnetenvorsteher, ein Mitglied als Stellvertreterin oder Stellvertreter und die übrigen Mitglieder des Vorstandes.

(2) [1]Die Bezirksverordnetenvorsteherin oder der Bezirksverordnetenvorsteher vertritt die Bezirksverordnetenversammlung in allen Angelegenheiten und übt das Hausrecht in den Räumen der Bezirksverordnetenversammlung aus. [2]Sie oder er verpflichtet die Bezirksverordneten, die Bürgerdeputierten und, soweit erforderlich, die beratenden Mitglieder im Jugendhilfeausschuss auf die gewissenhafte Erfüllung ihrer Obliegenheiten. [3]Sie oder er selbst wird von ihrer oder seiner Stellvertretung verpflichtet.

(3) Die Bezirksverordnetenvorsteherin oder der Bezirksverordnetenvorsteher führt die Geschäfte bis zum Zusammentritt der neugewählten Bezirksverordnetenversammlung fort.

§ 7a Rat der Vorsteherinnen und Vorsteher

(1) Die Bezirksverordnetenvorsteherinnen und Bezirksverordnetenvorsteher bilden den Rat der Vorsteherinnen und Vorsteher.

(2) [1]Dem Rat der Vorsteherinnen und Vorsteher ist Gelegenheit zu geben, im Rat der Bürgermeister (§§ 14 – 19 des Allgemeinen Zuständigkeitsgesetzes) zu den grundsätzlichen Fragen der Gesetzgebung und Verwaltung Stellung zu nehmen, soweit sie den Organisationsbereich der Bezirksverordnetenversammlungen betreffen. [2]Dies gilt nicht für Gesetzesanträge aus der Mitte des Abgeordnetenhauses.

(3) Der Rat der Vorsteherinnen und Vorsteher kann eine Geschäftsstelle einrichten.

(4) Das Nähere regelt die Geschäftsordnung.

§ 8 Geschäftsführung der Bezirksverordnetenversammlung

(1) [1]Die Bezirksverordnetenversammlung gibt sich eine Geschäftsordnung, an die auch die Mitglieder des Bezirksamts hinsichtlich ihrer Teilnahme an den Sitzungen der Bezirksverordnetenversammlung und ihrer Ausschüsse sowie der Beantwortung von Anfragen gebunden sind. [2]Die Geschäftsordnung bestimmt, unter welchen Voraussetzungen anderen Personen in der öffentlichen Sitzung das Wort erteilt werden kann.

(2) [1]Die Sitzungen der Bezirksverordnetenversammlung werden unter persönlicher Anwesenheit ihrer Mitglieder durchgeführt. [2]Die Bezirksverordnetenversammlung ist beschlussfähig, wenn mehr als die Hälfte ihrer Mitglieder anwesend ist. [3]Die Beschlussfähigkeit gilt als gegeben, bis das Gegenteil auf Antrag festgestellt wird.

(3) [1]Ist eine Angelegenheit wegen Beschlussunfähigkeit der Bezirksverordnetenversammlung zurückgestellt worden und tritt die Bezirksverordnetenversammlung zur Verhandlung über denselben Gegenstand zum zweiten Male zusammen, so ist sie in dieser Angelegenheit ohne Rücksicht auf die Zahl der Erschienenen beschlussfähig. [2]In der Einladung zur zweiten Sitzung, die frühestens nach drei Tagen stattfinden kann, muss auf diese Bestimmung ausdrücklich hingewiesen werden.

(4) [1]Die Bezirksverordnetenversammlung beschließt mit einfacher Stimmenmehrheit, falls Verfassung oder Gesetz nicht ein anderes Stimmenverhältnis vorschreiben. [2]Sie kann mit der Mehrheit von zwei Dritteln ihrer Mitglieder beschließen, dass über die Geschäftsordnung und über Änderungen der Geschäftsordnung ebenfalls nur mit der Mehrheit von zwei Dritteln ihrer Mitglieder entschieden wird. [3]Bei Stimmengleichheit gilt ein Antrag als abgelehnt.

(5) Stimmenthaltungen werden bei der Feststellung der Beschlussfähigkeit, nicht aber bei der Ermittlung der Stimmenmehrheit berücksichtigt.

(6) [1]Die Verhandlungen der Bezirksverordnetenversammlung sind öffentlich. [2]Wenn ein Fünftel der Bezirksverordneten, eine Fraktion oder das Bezirksamt es beantragen, kann die Öffentlichkeit ausgeschlossen werden. [3]Über den Antrag ist in nichtöffentlicher Sitzung zu beraten und abzustimmen.

(7) [1]Die Bezirksverordnetenversammlung kann beschließen, dass von ihren Sitzungen Bild- und Tonaufnahmen angefertigt und der Öffentlichkeit zugänglich gemacht werden. [2]Die Bezirksverordneten, die Mitglieder und die Mitarbeiterinnen und Mitarbeiter des Bezirksamts können verlangen, dass Aufnahmen ihrer Person und ihrer Redebeiträge und deren Veröffentlichung unterbleiben. [3]Aufnahmen von anderen Personen dürfen nicht ohne deren vorherige Einwilligung angefertigt und der Öffentlichkeit zugänglich gemacht werden. [4]Absatz 6 Satz 2 und 3 und die Regelungen der Bezirksverordnetenversammlung zur Protokollierung bleiben unberührt. [5] Das Nähere regelt die Geschäftsordnung.

§ 8a Sitzungen in außergewöhnlichen Notlagen

(1) [1]Abweichend von § 8 Absatz 2 Satz 1 kann eine Sitzung der Bezirksverordnetenversammlung im Wege einer Bild- und Tonübertragung durchgeführt werden (Videositzung), um außergewöhnliche Gefahren für Leib, Leben oder Gesundheit der Mitglieder der Bezirksverordnetenversammlung abzuwenden oder um vergleichbar schwerwiegenden allgemeinen Notlagen Rechnung zu tragen. [2]Bei Abstimmungen ist zu gewährleisten, dass diese manipulationssicher möglich sind. [3]In den Fällen des Satzes 1 können geheime Abstimmungen im schriftlichen Verfahren durchgeführt werden. [4]Schlussabstimmungen über Rechtsverordnungen zur Festsetzung von Bebauungsplänen, Landschaftsplänen und anderen baurechtlichen Akten, die nach Bundesrecht durch Satzung zu regeln sind, sowie von naturschutzrechtlichen Veränderungsverboten, soweit gesetzlich nichts anderes bestimmt ist, sollen als Beschlussfassung im schriftlichen Verfahren durchgeführt werden.

(2) [1]Für die Ausschüsse der Bezirksverordnetenversammlung gilt Absatz 1 Satz 1 entsprechend. [2]Sitzungen der Ausschüsse können unter den Voraussetzungen des Absatzes 1 Satz 1 auch im Wege reiner Tonübertragung zugelassen werden (Audiositzung), soweit Ausschussgröße und Beratungsgegenstände einem geordneten Sitzungsablauf nicht entgegenstehen und die Durchführung einer Videositzung nicht mit vertretbarem Aufwand organisiert werden kann.

(3) [1]Zur Wahrung der Öffentlichkeit der Sitzungen der Bezirksverordnetenversammlung und ihrer Ausschüsse muss bei Videositzungen eine zeitgleiche Bild- und Tonübertragung, bei Audiositzungen eine zeitgleiche Tonübertragung in einen auch unter Berücksichtigung der Notlage nach Absatz 1 Satz 1 geeigneten öffentlich zugänglichen Raum, über das Internet oder den Rundfunk erfolgen. [2]Bei Präsenzsitzungen der Bezirksverordnetenversammlung und ihrer Ausschüsse in einer Notlage nach Absatz 1 Satz 1 kann die Öffentlichkeit durch eine zeitgleiche Bild- und Tonübertragung nach Satz 1 gewahrt werden. [3]Bei Video- und Audiositzungen von Ausschüssen kann auf einen Livestream verzichtet werden, wenn die Öffentlichkeit sich auch in anderer geeigneter Weise an der Video- oder Audiositzung beteiligen kann. [4]§ 8 Absatz 6 Satz 2 und 3 und § 9 Absatz 3 Satz 2 zweiter Halbsatz bleiben unberührt.

(4) [1]Über die Durchführung von Videositzungen der Bezirksverordnetenversammlung nach Absatz 1 und die Form der Wahrung der Öffentlichkeit nach Absatz 3 entscheidet der Vorstand der Bezirksverordnetenversammlung im Einvernehmen mit dem Ältestenrat. [2]Über die Durchführung von Video- oder Audiositzungen nach Absatz 2 und die Form der Wahrung der Öffentlichkeit nach Absatz 3 entscheidet der Vorstand des jeweiligen Ausschusses im Einvernehmen mit dem Ältestenrat.

(5) Das Nähere regelt die Geschäftsordnung der Bezirksverordnetenversammlung.

§ 9 Ältestenrat und Ausschüsse

(1) [1]Die Bezirksverordnetenversammlung bildet aus ihrer Mitte den Ältestenrat, den Ausschuss für Partizipation und Integration (§ 32) und die weiteren Ausschüsse. [2]Die Bezirksverordnetenversammlung kann für die Ausschüsse, in denen Bürgerdeputierte mitwirken sollen, bis zu sechs Bürgerdeputierte hinzuwählen; die Bezirksverordneten müssen die Mehrheit bilden. [3]Die Größe der Ausschüsse soll regelmäßig auf höchstens 17 Mitglieder begrenzt werden. [4]Gesetzliche Sonderregelungen für den Ausschuss für Partizipation und Integration (§ 32) sowie den Jugendhilfeausschuss (§ 33) bleiben unberührt.

(2) [1]In den Ausschüssen erhält jede Fraktion mindestens einen Sitz. [2]Die Verteilung der Ausschusssitze einschließlich der Sitze der Bürgerdeputierten wird insgesamt zwischen den Fraktionen nach den Mehrheits- und Stärkeverhältnissen in der Bezirksverordnetenversammlung vereinbart; kommt eine Vereinbarung nicht zustande, entscheidet die Bezirksverordnetenversammlung nach den vorstehenden Grundsätzen.

(3) [1]Für den Ältestenrat und die Ausschüsse gilt die Geschäftsordnung der Bezirksverordnetenversammlung sinngemäß; die Fraktionen erhalten einen ihrer Stärke entsprechenden Anteil an den Stellen jeweils des Vorstands der Bezirksverordnetenversammlung und der Vorstände der Ausschüsse. [2]Ausschüsse tagen öffentlich, soweit nicht die Geschäftsordnung für bestimmte Ausschüsse wegen der Besonderheit ihrer Aufgaben etwas Abweichendes bestimmt und soweit nicht ein Ausschuss wegen des Vorliegens besonderer Umstände für eine bestimmte Sitzung oder für Teile einer Sitzung die Öffentlichkeit ausschließt. [3]Die Teilnahme von Mitarbeiterinnen und Mitarbeitern der Fraktionen an nichtöffentlichen Sitzungen der Ausschüsse kann durch Beschluss des Ausschusses zugelassen werden. [4]Die Ausschüsse können auch ohne besonderen Auftrag tätig werden und ihre Beratungsergebnisse der Bezirksverordnetenversammlung zuleiten.

(4) [1]Die Ausschüsse können sachkundige Personen und Betroffene hinzuziehen. [2]Das Anhören von Sachverständigen ist nur durch Beschluss des Ausschusses mit Zustimmung der Bezirksverordnetenvorsteherin oder des Bezirksverordnetenvorstehers zulässig.

(5) [1]Jedes Mitglied der Bezirksverordnetenversammlung ist berechtigt, an den Ausschusssitzungen als Gast teilzunehmen. [2]Mit Zustimmung des Ausschusses kann ihm das Wort erteilt werden.

(6) [1]Fraktionslose Bezirksverordnete sind berechtigt, in mindestens einem Ausschuss ihrer Wahl mit Rede- und Antragsrecht, jedoch ohne Stimmrecht teilzunehmen; dies gilt nicht für den Jugendhilfeausschuss (§ 33). [2]Das Nähere regelt die Geschäftsordnung.

(7) [1]Die Ausschüsse können beschließen, dass von ihren Sitzungen Bild- und Tonaufnahmen angefertigt und der Öffentlichkeit zugänglich gemacht werden. [2]Die Ausschussmitglieder, die Mitglieder und die Mitarbeiterinnen und Mitarbeiter des Bezirksamts können verlangen, dass Aufnahmen ihrer

Person und ihrer Redebeiträge und deren Veröffentlichung unterbleiben. [3]Aufnahmen von anderen Personen dürfen nicht ohne deren vorherige Einwilligung angefertigt und der Öffentlichkeit zugänglich gemacht werden. [4]Absatz 3 Satz 2 und die Regelungen der Bezirksverordnetenversammlung zur Anfertigung von Protokollen bleiben unberührt. [5]Das Nähere regelt die Geschäftsordnung der Bezirksverordnetenversammlung.

§ 10 Verbot der Entlassung

Die Entlassung aus dem Beamtenverhältnis oder die Kündigung eines Arbeitsverhältnisses wegen der Tätigkeit als Bezirksverordnete oder Bezirksverordneter ist auch nach Beendigung der Mitgliedschaft in einer Bezirksverordnetenversammlung unzulässig.

§ 11 Rechte und Pflichten der Bezirksverordneten

(1) [1]Jedes Mitglied der Bezirksverordnetenversammlung hat das Recht, Anträge zu stellen, Anfragen an das Bezirksamt zu richten und Einsicht in die Akten des Bezirksamts zu nehmen. [2]§ 17 Absatz 2 bleibt unberührt. [3]Kleine Anfragen sind durch das Bezirksamt spätestens innerhalb von fünf Wochen schriftlich zu beantworten und dürfen nicht allein wegen ihres Umfangs zurückgewiesen werden. [4]Das Nähere regeln die Geschäftsordnungen der Bezirksverordnetenversammlungen.

(2) [1]Das Bezirksamt darf die Beantwortung von Anfragen und die Einsicht in die Akten verweigern, soweit schutzwürdige Belange Dritter oder ein dringendes öffentliches Interesse entgegenstehen und dem nicht durch eine Beantwortung oder Akteneinsicht unter Maßgaben der Geheimhaltung Rechnung getragen werden kann. [2]Das Bezirksamt hat eine ablehnende Entscheidung oder Maßgaben der Geheimhaltung schriftlich zu begründen. [3]Bei Vorliegen eines Ausschließungsgrundes nach Absatz 4 dürfen Anfragen nicht beantwortet und die Akteneinsicht nicht gewährt werden.

(3) [1]Die Bezirksverordneten haben über die ihnen im Rahmen der Ausübung ihres Mandats bekanntgewordenen Angelegenheiten Verschwiegenheit zu wahren, soweit eine Geheimhaltung angeordnet wurde oder gesetzlich vorgesehen ist. [2]Bei schuldhafter Zuwiderhandlung gegen diese Verpflichtung kann das Bezirksamt ein Ordnungsgeld bis 500 Euro verhängen. [3]Die Verantwortlichkeit nach anderen gesetzlichen Vorschriften bleibt unberührt. [4]Die Sätze 1 bis 3 gelten entsprechend für die Bürgerdeputierten und die beratenden Mitglieder des Jugendhilfeausschusses.

(4) [1]Bezirksverordnete dürfen an Beratungen und Entscheidungen nicht mitwirken, wenn Gründe vorliegen, die zum Ausschluss vom Verwaltungsverfahren nach dem Verwaltungsverfahrensgesetz führen würden. [2]Gleiches gilt für Bezirksverordnete in Angelegenheiten, in denen sie als Dienstkräfte einer Senatsverwaltung vorbereitend oder entscheidend unmittelbar Aufgaben der Bezirksaufsicht oder einer möglichen Eingriffsentscheidung (§ 3 Absatz 2 Buchstabe b) gegenüber der Bezirksverwaltung wahrnehmen oder wahrgenommen haben. [3]Nicht unter Satz 1 fallen Wahlen nach § 16 Absatz 1 Buchstabe a).

(5) [1]Die Bezirksverordneten erhalten Aufwandsentschädigung und Erstattung der Reisekosten. [2]Das Nähere regelt das Gesetz über die Entschädigung der Mitglieder der Bezirksverordnetenversammlungen, der Bürgerdeputierten und sonstiger ehrenamtlich tätiger Personen.

§ 12 Zuständigkeit der Bezirksverordnetenversammlung

(1) [1]Die Bezirksverordnetenversammlung bestimmt die Grundlinien der Verwaltungspolitik des Bezirks im Rahmen der Rechtsvorschriften und der vom Senat oder den einzelnen Mitgliedern des Senats erlassenen Verwaltungsvorschriften. [2]Sie regt Verwaltungshandeln an durch Empfehlungen und Ersuchen, kontrolliert die Führung der Geschäfte des Bezirksamts, entscheidet in den ihr vorbehaltenen Angelegenheiten und nimmt die in diesem Gesetz vorgesehenen Wahlen, Abberufungen und Feststellungen vor. [3]Sie kann über alle Angelegenheiten vom Bezirksamt jederzeit Auskunft verlangen.

(2) Die Bezirksverordnetenversammlung entscheidet über

1. den Bezirkshaushaltsplan (§ 4 Absatz 1) und die Genehmigung von über- und außerplanmäßigen Ausgaben;
2. die Verwendung von Sondermitteln der Bezirksverordnetenversammlung;
3. die Genehmigung der Bezirkshaushaltsrechnung (§ 4 Absatz 3) unbeschadet der Entlastung durch das Abgeordnetenhaus auf Grund der Haushalts- und Vermögensrechnung;
4. Rechtsverordnungen zur Festsetzung von Bebauungsplänen, Landschaftsplänen und anderen baurechtlichen Akten, die nach Bundesrecht durch Satzung zu regeln sind, sowie von naturschutzrechtlichen Veränderungsverboten, soweit gesetzlich nichts anderes bestimmt ist;

5. die Zustimmung zu Grenzberichtigungen (§ 1 Absatz 2);
6. die Zustimmung zu Betriebssatzungen der Eigenbetriebe (§ 2 Absatz 1 Satz 2 des Eigenbetriebsgesetzes);
7. die Zustimmung zum Erwerb und zur Veräußerung von Beteiligungen an privatrechtlichen Unternehmen (§ 65 Absatz 7der Landeshaushaltsordnung);
8. die bezirkliche Anmeldung zur Investitionsplanung;
9. die bezirkliche Anmeldung zur Städtebauförderung;
10. die bezirkliche Kitaentwicklungsplanung, bezirkliche Schulentwicklungsplanung, bezirkliche soziale Infrastrukturkonzepte, bezirklicher Fußverkehrsplan, bezirklicher Radverkehrsplan;
11. eine Bereichsentwicklungsplanung nach dem Gesetz zur Ausführung des Baugesetzbuchs, Anträge des Bezirks zur Änderung der Flächennutzungsplanung;
12. die Errichtung, Übernahme und Auflösung bezirklicher Einrichtungen oder ihre Übertragung an andere Trägerinnen und Träger;
13. Angelegenheiten, die der Bezirksverordnetenversammlung durch besondere Rechtsvorschrift zugewiesen sind.

(3) [1]Die Bezirksverordnetenversammlung kann nach vorausgegangener Kontrolle (§ 17) oder im Falle des § 13 Absatz 2 Entscheidungen des Bezirksamts aufheben und selbst entscheiden; bereits entstandene Rechte Dritter bleiben unberührt. [2]Ausgenommen sind
1. Einzelpersonalangelegenheiten;
2. der Erwerb und die Veräußerung von Grundstücken;
3. die ärztlich, zahnärztlich und tierärztlich bestimmten Tätigkeiten;
4. die Durchführung und Sicherung der Erfüllung der Schulpflicht;
5. Ordnungsangelegenheiten.

§ 13 Empfehlungen und Ersuchen der Bezirksverordnetenversammlung

(1) [1]Hat die Bezirksverordnetenversammlung eine Empfehlung oder ein Ersuchen an das Bezirksamt gerichtet, so hat das Bezirksamt seine Maßnahmen der Bezirksverordnetenversammlung unverzüglich zur Kenntnis zu bringen. [2]Soweit dem angeregten Verwaltungshandeln nicht entsprochen wird, hat das Bezirksamt die Gründe dafür mitzuteilen. [3]Bei Ersuchen der Bezirksverordnetenversammlung prüft das Bezirksamt auch, ob alternative Maßnahmen zur vollständigen oder teilweisen Erreichung des Gegenstandes des Ersuchens in Betracht kommen und teilt der Bezirksverordnetenversammlung das Ergebnis mit. [4]Soweit das Bezirksamt alternative Maßnahmen ablehnt, teilt es der Bezirksverordnetenversammlung die Gründe dafür mit. [5]In Einzelpersonalangelegenheiten sind Empfehlungen und Ersuchen ausgeschlossen.

(2) [1]Maßnahmen, die dem angeregten Verwaltungshandeln nicht voll entsprechen, sind nicht vor Kenntnisnahme durch die Bezirksverordnetenversammlung zu vollziehen. [2]Das gilt nicht in Fällen, die keinen Aufschub zulassen oder soweit gemäß § 12 Absatz 3 Satz 2 eine Entscheidung der Bezirksverordnetenversammlung ausgeschlossen ist.

(3) [1]In allen Angelegenheiten, die für den Bezirk von Bedeutung sind, deren Erledigung aber nicht in die bezirkliche Zuständigkeit fällt, kann die Bezirksverordnetenversammlung Empfehlungen aussprechen; dazu können die Bezirksverordnetenversammlung oder ihre Ausschüsse von den zuständigen Stellen die erforderlichen Auskünfte verlangen. [2]Das Bezirksamt setzt sich bei den zuständigen Stellen für die Verwirklichung der Empfehlung ein und unterrichtet die Bezirksverordnetenversammlung über das Ergebnis.

§ 14 Teilnahme des Bezirksamts

(1) Das Bezirksamt ist zu den Sitzungen der Bezirksverordnetenversammlung und ihrer Ausschüsse einzuladen.

(2) Die Bezirksverordnetenversammlung und ihre Ausschüsse können die Anwesenheit der Mitglieder des Bezirksamts fordern.

(3) [1]Die Bezirksbürgermeisterin oder der Bezirksbürgermeister oder ihre oder seine Vertretung können vor Eintritt in die Tagesordnung unabhängig von den Gegenständen der Beratung das Wort ergreifen. [2]Den Mitgliedern des Bezirksamts ist auf Verlangen jederzeit zu den Punkten der Tagesordnung das Wort zu erteilen.

(4) Die Mitglieder des Bezirksamts unterstehen in den Sitzungen der Bezirksverordnetenversammlung der Ordnungsgewalt der Bezirksverordnetenvorsteherin oder des Bezirksverordnetenvorstehers und in den Sitzungen der Ausschüsse der Ordnungsgewalt der oder des Ausschussvorsitzenden.

§ 15 Unterrichtung der Bezirksverordnetenversammlung

[1]Das Bezirksamt unterrichtet die Bezirksverordnetenversammlung rechtzeitig und umfassend über die Führung der Geschäfte und die künftigen Vorhaben. [2]Dazu gehören auch abzuschließende Ziel- und Servicevereinbarungen sowie die Arbeit im Rat der Bürgermeister und seinen Fachausschüssen.

§ 16 Wahlen und Abberufungen durch die Bezirksverordnetenversammlung

(1) Die Bezirksverordnetenversammlung wählt

a) die Mitglieder des Bezirksamts (§ 35 Absatz 1),
b) die Bürgerdeputierten (§ 21),
c) alle ehrenamtlich tätigen Bürgerinnen und Bürger, soweit ihre Wahl den Bezirken zusteht und Rechtsvorschriften nichts Abweichendes bestimmen,
d) die Vertreterinnen und Vertreter und deren Stellvertreterinnen und Stellvertreter im Verwaltungsrat von Eigenbetrieben (§ 6 Absatz 2 Satz 1 Nummer 2 und Absatz 5 Satz 2 des Eigenbetriebsgesetzes),
e) die Patientenfürsprecherinnen und Patientenfürsprecher (§ 30 Absatz 1 des Landeskrankenhausgesetzes).

(2) Die Bezirksverordnetenversammlung kann vorzeitig abberufen

a) die Mitglieder des Bezirksamts (§ 35 Absatz 3),
b) die Bürgerdeputierten (§ 24 Absatz 3),
c) die sonstigen von ihr gewählten ehrenamtlich tätigen Bürgerinnen und Bürger nach Maßgabe der dafür geltenden Rechtsvorschriften,
d) die Vertreterinnen und Vertreter und deren Stellvertreterinnen und Stellvertreter im Verwaltungsrat von Eigenbetrieben (§ 6 Absatz 5 Satz 3 des Eigenbetriebsgesetzes),
e) die Patientenfürsprecherinnen und Patientenfürsprecher (§ 30 Absatz 1 des Landeskrankenhausgesetzes).

§ 17 Kontrolle durch die Bezirksverordnetenversammlung

(1) In Ausübung der Kontrolle kann die Bezirksverordnetenversammlung feststellen, ob gegen die Führung der Geschäfte Einwendungen zu erheben sind.

(2) [1]Einem Ausschuss ist auf Verlangen vom Bezirksamt Auskunft zu erteilen und Einsicht in die Akten zu gewähren. [2]Das Bezirksamt darf die Auskunft und die Einsichtnahme verweigern, wenn der Auskunft oder der Akteneinsicht schutzwürdige Belange Dritter oder ein dringendes öffentliches Interesse entgegenstehen und dem nicht durch Maßgaben der Geheimhaltung Rechnung getragen werden kann. [3]Das Bezirksamt hat eine ablehnende Entscheidung oder Maßgaben der Geheimhaltung gegenüber dem Ausschuss zu begründen.

(3) [1]Der Ausschuss für Eingaben und Beschwerden ist berechtigt,

a) die Petentinnen und Petenten und andere Personen anzuhören,
b) Auskünfte von Behörden, Anstalten, Eigenbetrieben und juristischen Personen des öffentlichen Rechts des Landes Berlin zu verlangen, wenn es der Gesamtzusammenhang der Angelegenheit erfordert,
c) Ortsbesichtigungen vorzunehmen.

[2]Der Ausschuss entscheidet über die der Bezirksverordnetenversammlung zugeleiteten Eingaben und Beschwerden nach pflichtgemäßem Ermessen und unterrichtet die die Petentinnen und Petenten darüber. [3]Näheres regelt die Geschäftsordnung der Bezirksverordnetenversammlung in Anlehnung an das Gesetz über die Behandlung von Petitionen an das Abgeordnetenhaus von Berlin (Petitionsgesetz).

(4) [1]Der Ausschuss für Eingaben und Beschwerden befindet auch über Petitionen, die ihm der Petitionsausschuss des Abgeordnetenhauses zuweist, weil sie in den Zuständigkeitsbereich der Bezirksverwaltung fallen. [2]Eingaben und Beschwerden, die nicht in den Zuständigkeitsbereich der Bezirksverwaltung fallen, kann der Ausschuss an den Petitionsausschuss des Abgeordnetenhauses abgeben.

§ 18 Beanstandung von Beschlüssen der Bezirksverordnetenversammlung

[1]Verstößt ein Beschluss der Bezirksverordnetenversammlung gegen Rechts- oder Verwaltungsvorschriften oder gegen eine Eingriffsentscheidung (§ 3 Absatz 2 Buchstabe b), so hat das Bezirksamt

binnen zwei Wochen den Beschluss unter Angabe der Gründe mit aufschiebender Wirkung zu beanstanden. [2]Gegen die Beanstandung kann die Bezirksverordnetenversammlung über das Bezirksamt binnen eines Monats die Entscheidung der Bezirksaufsichtsbehörde beantragen. [3]Die Entscheidung ergeht nach Anhörung beider Seiten.

3. Abschnitt
Die Bürgerdeputierten

§ 19 (aufgehoben)

§ 20 Bürgerdeputierte

[1]Bürgerdeputierte sind sachkundige Bürgerinnen und Bürger, die stimmberechtigt an der Arbeit der Ausschüsse der Bezirksverordnetenversammlung teilnehmen. [2]Auch Personen, die nicht Deutsche im Sinne des Artikels 116 Absatz 1 des Grundgesetzes sind, können Bürgerdeputierte werden.

§ 21 Wahl der Bürgerdeputierten

(1) [1]Die Bürgerdeputierten werden auf Grund von Wahlvorschlägen der Fraktionen gewählt. [2]Die Vorschläge sollen mindestens doppelt so viele Bewerberinnen und Bewerber enthalten wie auf die einzelnen Fraktionen Sitze entfallen. [3]Die sich bewerbenden Personen sollen die Vielfalt der Menschen mit Migrationsgeschichte im Sinne des § 3 Absatz 1 des Partizipationsgesetzes vom 5. Juli 2021 (GVBl. S. 842) im Bezirk hinreichend abbilden. [4]Stellvertreterinnen und Stellvertreter der gewählten Bürgerdeputierten sind die auf demselben Wahlvorschlag an nächster Stelle stehenden Personen. [5]Scheidet eine Bürgerdeputierte oder ein Bürgerdeputierter aus, tritt an ihre oder seine Stelle die nächste Stellvertreterin oder der nächste Stellvertreter. [6]Ist der Wahlvorschlag erschöpft, haben die Unterzeichnerinnen und Unterzeichner ihn mindestens in dem für das Nachrücken erforderlichen Umfang zu ergänzen. [7]Die gesetzliche Sonderregelung für den Ausschuss für Partizipation und Integration gemäß § 32 Absatz 2 Satz 3 bleibt unberührt.

(2) Die Wahl erfolgt für die Wahlperiode der Bezirksverordnetenversammlung.

§ 22 Voraussetzungen für Bürgerdeputierte

Bürgerdeputierte oder Bürgerdeputierter sowie deren Stellvertreterin oder Stellvertreter kann nur werden, wer

a) das 18. Lebensjahr vollendet hat,
b) ihre oder seine Hauptwohnung in Berlin hat,
c) nicht dem Abgeordnetenhaus oder einer Bezirksverordnetenversammlung angehört,
d) nicht in derselben Bezirksverwaltung als Beamtin oder Beamter oder als Arbeitnehmerin oder Arbeitnehmer tätig ist,
e) weder Mitglied noch Prüferin oder Prüfer des Rechnungshofs ist.

§ 23 Entschädigung der Bürgerdeputierten

Die Bürgerdeputierten und ihre Stellvertreterinnen und Stellvertreter erhalten eine Aufwandsentschädigung nach Maßgabe des Gesetzes über die Entschädigung der Mitglieder der Bezirksverordnetenversammlungen, der Bürgerdeputierten und sonstiger ehrenamtlich tätiger Personen.

§ 24 Vorzeitige Beendigung des Amts als Bürgerdeputierte oder Bürgerdeputierter

(1) Das Amt als Bürgerdeputierte oder Bürgerdeputierter sowie Stellvertreterin oder Stellvertreter endet vorzeitig

a) durch Verzicht,
b) mit Verlust des Wahlrechts, bei Ausländerinnen und Ausländern mit Eintritt von Gründen, nach denen eine wahlberechtigte Person vom Wahlrecht ausgeschlossen wäre,
c) mit dem Wegfall der Voraussetzungen (§ 22),
d) mit der Aufhebung eines Ausschusses durch die Bezirksverordnetenversammlung.

(2) Das Amt als Bürgerdeputierte oder Bürgerdeputierter sowie Stellvertreterin oder Stellvertreter endet ferner, wenn nachträglich festgestellt wird, dass die Voraussetzungen nicht vorgelegen hatten oder weggefallen waren, und zwar vom Zeitpunkt der Feststellung an.

(3) Die Bezirksverordnetenversammlung kann mit einer Mehrheit von zwei Dritteln ihrer verfassungsmäßigen Mitgliederzahl Bürgerdeputierte und stellvertretende Bürgerdeputierte vor Beendigung der Amtszeit abberufen.

§ 25 Verfahren bei der Feststellung der vorzeitigen Beendigung und beim Verzicht

(1) Die Feststellung, dass und zu welchem Zeitpunkt das Amt einer oder eines Bürgerdeputierten oder einer Stellvertreterin oder eines Stellvertreters beendet ist, trifft die Bezirksverordnetenversammlung.

(2) Gegen die Feststellung gemäß Absatz 1 ist für die Betroffenen der Verwaltungsrechtsweg eröffnet.

(3) [1]Der Verzicht (§ 24 Absatz 1 Buchstabe a) ist dem Vorstand der Bezirksverordnetenversammlung schriftlich zu erklären. [2]Er kann nicht widerrufen werden.

§§ 26–31 (aufgehoben)

§ 32 Ausschuss für Partizipation und Integration

(1) [1]Der Ausschuss für Partizipation und Integration ist zuständig für Angelegenheiten, die nicht nur unerhebliche Auswirkungen auf die Partizipation, Integration und gleichberechtigte Teilhabe der Personen mit Migrationsgeschichte im Sinne des § 3 Absatz 1 des Partizipationsgesetzes vom 5. Juli 2021 (GVBl. S. 842) haben. [2]Vor einer Beschlussfassung in der Bezirksverordnetenversammlung über Angelegenheiten nach Satz 1 soll er angehört werden. [3]Das Nähere regelt die Bezirksverordnetenversammlung in ihrer Geschäftsordnung.

(2) [1]Dem Ausschuss für Partizipation und Integration gehören als Mitglieder an:
1. neun Bezirksverordnete und
2. sechs Bürgerdeputierte (§ 20).

[2]Die Mehrheit der Bürgerdeputierten soll aus Personen mit Migrationsgeschichte bestehen. [3]Die Bürgerdeputierten des Ausschusses für Partizipation und Integration werden auf Vorschlag der Vereine, die in die von der für Integration zuständigen Senatsverwaltung zu führenden Liste eingetragen sind, von der Bezirksverordnetenversammlung gewählt.

§ 33 Jugendhilfeausschuss

Der Jugendhilfeausschuss ist zugleich der Ausschuss der Bezirksverordnetenversammlung für den Geschäftsbereich Jugend des Bezirksamts.

4. Abschnitt

Das Bezirksamt

§ 34 Zusammensetzung des Bezirksamts

(1) [1]Das Bezirksamt besteht aus der Bezirksbürgermeisterin oder dem Bezirksbürgermeister und fünf Bezirksstadträtinnen und Bezirksstadträten, von denen eine oder einer zugleich zur stellvertretenden Bezirksbürgermeisterin oder zum stellvertretenden Bezirksbürgermeister gewählt wird; sie bilden die Mitglieder des Bezirksamts. [2]Die Amtszeit des neugewählten Bezirksamts beginnt, sobald die Bezirksbürgermeisterin oder der Bezirksbürgermeister und mindestens zwei weitere Mitglieder des Bezirksamts gewählt und ernannt sind; die fehlenden Mitglieder sind unverzüglich nachzuwählen.

(2) [1]Die Mitglieder des Bezirksamts sind hauptamtlich tätig. [2]Ihre Rechtsstellung wird durch Gesetz geregelt.

(3) [1]An den Sitzungen des Bezirksamts nehmen die Leiterin oder der Leiter des Rechtsamts und die Leiterin oder der Leiter des Steuerungsdienstes oder die jeweilige Stellvertretung mit beratender Stimme teil. [2]Die Vetreterin oder der Vertreter des Rechtsamts muss die Befähigung zum Richteramt nach dem Deutschen Richtergesetz besitzen.

§ 35 Wahl und Abberufung der Bezirksamtsmitglieder

(1) Die Bezirksverordnetenversammlung wählt die Mitglieder des Bezirksamts für die Dauer der Wahlperiode (§ 5).

(2) [1]Das Bezirksamt soll auf Grund der Wahlvorschläge der Fraktionen entsprechend ihrem nach dem Höchstzahlverfahren (d'Hondt) berechneten Stärkeverhältnis in der Bezirksverordnetenversammlung gebildet werden. [2]Bei der Wahl der Bezirksbürgermeisterin oder des Bezirksbürgermeisters gelten gemeinsame Wahlvorschläge von mehreren Fraktionen als Wahlvorschläge einer Fraktion; diese sind auf die Wahlvorschlagsrechte der an dem gemeinsamen Wahlvorschlag beteiligten Fraktionen anzurechnen. [3]Bei Gleichheit der Höchstzahlen entscheidet das auf der Grundlage der erzielten Wählerstimmen nach dem Höchstzahlverfahren (d'Hondt) berechnete Stärkeverhältnis. [4]Ergeben sich danach erneut gleiche Höchstzahlen, so entscheidet das Los.

(3) [1]Die Bezirksverordnetenversammlung kann mit einer Mehrheit von zwei Dritteln ihrer verfassungsmäßigen Mitgliederzahl ein Mitglied des Bezirksamts vor Beendigung seiner Amtszeit abberufen. [2]Über die Abberufung ist nach zweimaliger Beratung abzustimmen. [3]Die zweite Beratung darf frühestens zwei Wochen nach der ersten erfolgen.

§ 36 Aufgaben des Bezirksamts

(1) [1]Das Bezirksamt ist die Verwaltungsbehörde des Bezirks. [2]Es gibt sich eine Geschäftsordnung.

(2) Dem Bezirksamt obliegt insbesondere

a) die Vertretung des Landes Berlin in Angelegenheiten des Bezirks;
b) die Einbringung von Vorlagen bei der Bezirksverordnetenversammlung (§§ 12, 13, 15, 16);
c) die Festsetzung von Bebauungsplänen, Landschaftsplänen und anderen baurechtlichen Akten, die nach Bundesrecht durch Satzung zu regeln sind, sowie von naturschutzrechtlichen Veränderungsverboten, soweit gesetzlich nichts anderes bestimmt ist;
d) die Bestellung und Abberufung von Vertreterinnen und Vertretern sowie ihren Stellvertreterinnen und und[1] ihren Stellvertretern im Verwaltungsrat von Eigenbetrieben (§ 6 Absatz 2 Satz 1 Nummer 1 und Absatz 5 Satz 2 und 3 des Eigenbetriebsgesetzes),
e) die Durchführung der Beschlüsse der Bezirksverordnetenversammlung (§§ 12 und 13);
f) die rechtzeitige und umfassende Unterrichtung der Bezirksverordnetenversammlung über die Führung der Geschäfte und die künftigen Vorhaben einschließlich der abzuschließenden Ziel- und Servicevereinbarungen (§ 15);
g) die Beanstandung von Beschlüssen der Bezirksverordnetenversammlung (§ 18);
h) die Wahrnehmung der Angelegenheiten, für die nicht die Zuständigkeit der Bezirksverordnetenversammlung begründet ist;
i) die Aufgaben der Dienstbehörde für die Beamtinnen und Beamten und der Personalstelle für die Arbeitnehmerinnen und Arbeitnehmer im Zuständigkeitsbereich der Bezirksverwaltung; die Stellungnahme zur Versetzung von Dienstkräften von der Bezirksverwaltung in die Hauptverwaltung oder eine andere Bezirksverwaltung und umgekehrt;
k) [2] die Verteilung der Geschäftsbereiche unter den Mitgliedern des Bezirksamts (§ 38 Absatz 1);
l) die Entscheidung über Meinungsverschiedenheiten zwischen Mitgliedern des Bezirksamts;
m) die Wahrnehmung der Angelegenheiten, die dem Bezirksamt durch besondere Rechtsvorschrift zugewiesen sind;
n) die Organisation des Bezirksamts.

(3) In den Angelegenheiten nach Absatz 2 Buchstabe b, c, g, k, l und n beschließt das Bezirksamt; im Übrigen richtet sich die Führung der Geschäfte nach § 38 Absatz 2.

§ 37 Organisation; Geschäftsverteilung des Bezirksamts

(1) [1]Die Gliederung des Bezirksamts ergibt sich aus der Anlage zu diesem Gesetz. [2]Der Senat wird ermächtigt, nach Beratung mit dem Rat der Bürgermeister die Gliederung des Bezirksamts in der Anlage zu Satz 1 durch Rechtsverordnung zu ändern.[3] [3]Zur Steigerung der Effizienz oder bei der Reduzierung von Aufgaben können verschiedene Serviceeinheiten innerhalb eines Bezirks zusammengelegt werden.

(2) [1]Die Bürgerämter werden als zentrale Anlaufstellen für alle Anliegen der Bürgerinnen und Bürger entwickelt. [2]Dort sollen die in der Bezirksverwaltung nachgefragten Dienstleistungen zusammengefasst und abschließend bearbeitet werden. [3]Zusätzliche Behördengänge sollen vermieden werden. [4]Der Senat kann durch Verwaltungsvorschriften die in jedem Bürgeramt mindestens zu erledigenden Aufgaben bestimmen.

(3) [1]Die in jedem Bezirk bestehende Organisationseinheit für Wirtschaftsförderung berät in wirtschaftsrelevanten Angelegenheiten insbesondere Unternehmen, Existenzgründerinnen und Existenzgründer und fördert wirtschaftlich bedeutsame Vorhaben im Bezirk. [2]Sie ist an allen wirtschaftlich bedeutsamen Planungen von den zuständigen bezirklichen Stellen von Amts wegen zu beteiligen. [3]Die Organisationseinheit für Wirtschaftsförderung ist bezirkliche Anlauf- und Koordinierungsstelle für Unternehmen, Investorinnen und Investoren. [4]Sie begleitet Unternehmen in wirtschaftlich bedeutsa-

---

1) Richtig wohl: „und".
2) Zählung amtlich.
3) Vgl. hierzu ua die abweichende Regelung in § 1 der Verordnung über die Gliederung des Bezirksamtens vom 10.4.2018 (GVBl. S. 216).

men bezirklichen Genehmigungs- und sonstigen Zulassungsverfahren und wird hierbei von den zuständigen bezirklichen Stellen unterstützt. [5]Zur Erfüllung der Aufgaben nach Satz 4 ist sie insbesondere berechtigt,

1. bestehende Bearbeitungsfristen zu überwachen und interne Fristen zur Bearbeitung und Stellungnahme zu setzen sowie
2. Einigungskonferenzen einzuberufen und durchzuführen.

[6]Wenn eine Verständigung zwischen den betroffenen Bezirksamtsmitgliedern nicht zustande kommt, bringt das für die Organisationseinheit für Wirtschaftsförderung zuständige Mitglied des Bezirksamts den Vorgang in das Bezirksamt zur Entscheidung ein.

(4) [1]Für Angelegenheiten, bei denen in der Regel ordnungsrechtliche Genehmigungen von mehreren Stellen eingeholt werden müssen, wird eine zentrale Anlauf- und Beratungsstelle eingerichtet, die auch die zügige und widerspruchsfreie Bearbeitung fördert und die Einhaltung der Bearbeitungsfristen überwacht. [2]Absatz 3 Satz 5 und 6 gilt entsprechend.

(5) Der Steuerungsdienst berät und unterstützt das Bezirksamt und jedes seiner Mitglieder.

(6) Zielvereinbarungen mit Stellen innerhalb des Bezirks schließt das für das jeweilige Amt zuständige Mitglied des Bezirksamtes entsprechend § 38 Absatz 2 ab.

§ 38 Geschäftsverteilung und Aufgaben der Mitglieder des Bezirksamts

(1) [1]Das Bezirksamt überträgt jedem Mitglied die Leitung eines Geschäftsbereichs. [2]Die Bezirksbürgermeisterin oder der Bezirksbürgermeister leitet einen eigenständigen Geschäftsbereich, dem insbesondere der Steuerungsdienst, das Rechtsamt und die Serviceeinheiten Finanzen und Personal zugeordnet sind.

(2) [1]In ihrem Geschäftsbereich führen die Mitglieder des Bezirksamts die Geschäfte im Namen des Bezirksamts. [2]Das Bezirksamt kann sich die Erledigung einzelner Geschäfte oder einzelner Gruppen von Geschäften vorbehalten.

§ 39 Aufgaben der Bezirksbürgermeisterin oder des Bezirksbürgermeisters

(1) [1]Die Bezirksbürgermeisterin oder der Bezirksbürgermeister führt den Vorsitz im Bezirksamt. [2]Bei Stimmengleichheit gibt ihre oder seine Stimme den Ausschlag.

(2) Die Bezirksbürgermeisterin oder der Bezirksbürgermeister übt die Dienstaufsicht über die Bezirksstadträtinnen und Bezirksstadträte aus.

(3) Die Bezirksbürgermeisterin oder der Bezirksbürgermeister ist Mitglied des Rats der Bürgermeister.

(4) [1]Verstößt ein Beschluss des Bezirksamts gegen Rechts- oder Verwaltungsvorschriften oder gegen eine Eingriffsentscheidung (§ 3 Absatz 2 Buchstabe b), so hat die Bezirksbürgermeisterin oder der Bezirksbürgermeister binnen zwei Wochen den Beschluss unter Angabe der Gründe mit aufschiebender Wirkung zu beanstanden. [2]Gegen die Beanstandung kann das Bezirksamt binnen zwei Wochen die Entscheidung der Bezirksaufsichtsbehörde beantragen. [3]Die Entscheidung ergeht nach Anhörung beider Seiten.

5. Abschnitt
Wahrnehmung und Kontrolle einzelner Aufgaben durch einen oder mehrere Bezirke

§ 39a Beteiligung der Bezirksverordnetenversammlungen und der Bezirksämter

(1) Bei der Wahrnehmung einzelner Aufgaben durch einen Bezirk oder mehrere Bezirke soll die örtlich zuständige Bezirksverordnetenversammlung die Kontrolle über die Führung der Geschäfte durch das Bezirksamt im Benehmen mit den Bezirksverordnetenversammlungen der Bezirke ausüben, deren Einwohnerinnen und Einwohner von der Geschäftsführung betroffen werden.

(2) Die beteiligten Bezirksämter unterrichten sich gegenseitig über die Wahrnehmung dieser Angelegenheiten.

6. Abschnitt
Mitwirkung der Einwohnerschaft

§ 40 Mitwirkung der Einwohnerschaft
[1]Die Mitwirkung der Einwohnerinnen und Einwohner ist ein Prinzip der Selbstverwaltung der Bezirke. [2]Die Bezirksverordnetenversammlung und das Bezirksamt fördern die Mitwirkung der Einwohnerschaft an der Wahrnehmung der bezirklichen Aufgaben.

§ 41 Unterrichtung der Einwohnerschaft
(1) Die Bezirksverordnetenversammlung und das Bezirksamt sind verpflichtet, die Einwohnerinnen und Einwohner über die allgemein bedeutsamen Angelegenheiten des Bezirks, über städtische Angelegenheiten, soweit sie den Bezirk betreffen, und über ihre Mitwirkungsrechte zu unterrichten.

(2) [1]Bei wichtigen Planungen und Vorhaben des Bezirks, die das wirtschaftliche, soziale und kulturelle Wohl der Einwohnerinnen und Einwohner nachhaltig berühren, insbesondere beim Haushaltsplan und bei mittel- und längerfristigen Entwicklungskonzeptionen oder -plänen, unterrichtet das Bezirksamt die Einwohnerschaft rechtzeitig und in geeigneter Form über die Grundlagen sowie Ziele, Zwecke und Auswirkungen. [2]Den Einwohnerinnen und Einwohnern soll Gelegenheit zur Äußerung gegeben werden. [3]Die Vorschriften über eine förmliche Beteiligung oder Anhörung bleiben unberührt.

(3) [1]Zeit, Ort und Tagesordnung der Sitzungen der Bezirksverordnetenversammlung sowie der öffentlich tagenden Ausschüsse sind rechtzeitig öffentlich bekannt, die Beschlussvorlagen und die gefassten Beschlüsse der Bezirksverordnetenversammlung sowie die Mitteilungen des Bezirksamts an die Bezirksverordnetenversammlung über deren Umsetzung einsehbar zu machen. [2]Das Nähere regelt die Geschäftsordnung.

§ 42 Einwohnerversammlung
[1]Zur Erörterung von wichtigen Bezirksangelegenheiten können mit der betroffenen Einwohnerschaft Einwohnerversammlungen durchgeführt werden. [2]Einwohnerversammlungen werden von der Vorsteherin oder dem Vorsteher der Bezirksverordnetenversammlung einberufen, wenn die Bezirksverordnetenversammlung dies verlangt oder der Antrag einer Einwohnerin oder eines Einwohners auf Durchführung einer Einwohnerversammlung von einem Drittel der Mitglieder der Bezirksverordnetenversammlung unterstützt wird. [3]Das Bezirksamt kann ebenfalls Einwohnerversammlungen einberufen.

§ 43 Einwohnerfragestunde
[1]In jeder ordentlichen Sitzung der Bezirksverordnetenversammlung soll eine Einwohnerfragestunde eingerichtet werden. [2]Die Einwohnerfragestunde ist Bestandteil der öffentlichen Sitzung der Bezirksverordnetenversammlung. [3]Das Bezirksamt ist verpflichtet, in der Einwohnerfragestunde Stellung zu nehmen. [4]Eine Pflicht zur Beantwortung von Einwohnerfragen besteht jedoch nicht, wenn die Fragestellenden in der Sitzung ohne wichtigen Grund abwesend sind. [5]Die Fragestellenden haben keinen Anspruch auf Anonymisierung ihres Namens im Sitzungsprotokoll. [6]Das Nähere regelt die Geschäftsordnung.

§ 44 Einwohnerantrag
(1) In allen Angelegenheiten, zu denen die Bezirksverordnetenversammlung nach den §§ 12 und 13 Beschlüsse fassen kann, haben die Einwohnerinnen und Einwohner des Bezirks, die das 16. Lebensjahr vollendet haben, das Recht, Empfehlungen an die Bezirksverordnetenversammlung zu richten (Einwohnerantrag).

(2) [1]Der Antrag ist unter Bezeichnung von drei Vertrauenspersonen schriftlich bei der Bezirksverordnetenversammlung einzureichen und zu begründen. [2]Erklärungen der Vertrauenspersonen sind nur verbindlich, wenn sie von mindestens zwei Vertrauenspersonen abgegeben werden. [3]Das Bezirksamt prüft im Auftrag der Bezirksverordnetenversammlung unverzüglich die Einhaltung der formalen Zulässigkeitsvoraussetzungen. [4]Zur Behebung festgestellter Zulässigkeitsmängel ist von der Vorsteherin oder dem Vorsteher eine angemessene Frist zu setzen, wenn dies ohne eine Änderung des Gegenstandes des Antrags möglich ist. [5]Soweit die Zahl der eingereichten Unterschriften das Quorum nach Absatz 3 erreicht, jedoch die gültigen Unterschriften das Quorum nach Absatz 3 unterschreiten, hat die Vorsteherin oder der Vorsteher den Vertrauenspersonen einmalig eine Frist von 21 Tagen zur Erfüllung dieser Voraussetzung einzuräumen. [6]Nach Abschluss der Prüfung ist das Ergebnis der Bezirksverord-

netenversammlung vorzulegen. [7]Die Vorsteherin oder der Vorsteher stellt die Zulässigkeit des Antrags fest oder weist ihn zurück. [8]Bis zu dieser Entscheidung kann der Antrag zurückgenommen werden.

(3) Der Einwohnerantrag ist zulässig, wenn er von mindestens 1 000 Einwohnerinnen und Einwohnern des Bezirks im Sinne von Absatz 1 unterschrieben ist.

(4) [1]Neben der eigenhändigen Unterschrift müssen folgende Daten der unterzeichnenden Person handschriftlich angegeben sein:

1. Familienname,
2. Vorname,
3. Geburtsdatum,
4. Anschrift der alleinigen Wohnung oder Hauptwohnung,
5. Tag der Unterschriftsleistung.

[2]Fehlt die handschriftliche Angabe des Geburtsdatums oder ist diese unvollständig, fehlerhaft oder unleserlich, so gilt die Unterschrift als ungültig. [3]Die Unterschrift gilt zudem als ungültig, wenn sich die Person anhand der Eintragungen nicht zweifelsfrei erkennen lässt oder sich nicht zweifelsfrei feststellen lässt, ob die unterzeichnende Person am Tag der Unterschriftsleistung teilnahmeberechtigt war. [4]Enthalten die Eintragungen Zusätze oder Vorbehalte, sind sie nicht handschriftlich erfolgt oder wurden sie mit Telefax oder elektronisch übermittelt, so gilt die Unterschrift ebenfalls als ungültig.

(5) Eine unterstützungswillige Person, die nicht schreiben kann, erklärt ihre Unterstützung zur Niederschrift im Bezirksamt.

(6) Zum Nachweis des Stimmrechts müssen Personen, die nicht in einem Melderegister der Bundesrepublik Deutschland verzeichnet sind oder nicht seit drei Monaten vor dem Tag der Unterzeichnung im Bezirk gemeldet sind, die Unterzeichnung im Bezirksamt vornehmen und durch Versicherung an Eides statt glaubhaft machen, dass sie sich in den letzten drei Monaten überwiegend im Bezirk aufgehalten haben.

(7) [1]Über einen zulässigen Einwohnerantrag entscheidet die Bezirksverordnetenversammlung unverzüglich, spätestens jedoch innerhalb von zwei Monaten nach Eingang des Antrags. [2]Die Vertrauenspersonen der Antragsteller haben das Recht auf Anhörung in der Bezirksverordnetenversammlung und in ihren Ausschüssen.

7. Abschnitt
Bürgerbegehren und Bürgerentscheid

§ 45 Bürgerbegehren

(1) [1]Die wahlberechtigten Bürgerinnen und Bürger eines Bezirks können in allen Angelegenheiten, in denen die Bezirksverordnetenversammlung nach den §§ 12 und 13 Beschlüsse fassen kann, einen Bürgerentscheid beantragen (Bürgerbegehren). [2]In den Angelegenheiten des § 12 Absatz 2 Nummer 1 und 2 sind ausschließlich Anträge mit empfehlender oder ersuchender Wirkung entsprechend den §§ 13 und 47 Absatz 3 zulässig. [3]In Angelegenheiten des § 12 Absatz 2 Nummer 4 sind ausschließlich Anträge mit empfehlender oder ersuchender Wirkung zulässig, soweit die Entscheidung über den Gegenstand mittels Bürgerentscheid gegen Bundes- oder Landesgesetze verstößt. [4]Unzulässig sind Bürgerbegehren und Bürgerentscheide, soweit Anträge Rechts- oder Verwaltungsvorschriften oder einer Eingriffsentscheidung (§ 3 Absatz 2 Buchstabe b) widersprechen. [5]Im Fall von Anträgen mit empfehlender oder ersuchender Wirkung darf das verfolgte Anliegen Rechts- oder Verwaltungsvorschriften oder einer Eingriffsentscheidung nicht widersprechen; Satz 3 bleibt unberührt. [6]Bürgerbegehren und Bürgerentscheide sind nicht deswegen unzulässig, weil sie finanzwirksam sind.

(2) [1]Trägerin eines Bürgerbegehrens können eine natürliche Person, eine Mehrheit von Personen, eine Personenvereinigung oder eine Partei sein. [2]Die Trägerin hat Anspruch auf angemessene Beratung über die Zulassungsvoraussetzungen und über die Bindungswirkung eines entsprechenden Bürgerentscheids durch das Bezirksamt.

(3) [1]Das Bürgerbegehren muss eine mit „Ja" oder „Nein" zu entscheidende Fragestellung enthalten und drei Vertrauenspersonen benennen, die berechtigt sind, die Unterzeichnenden zu vertreten. [2]Erklärungen der Vertrauenspersonen sind nur verbindlich, wenn sie von mindestens zwei Vertrauenspersonen abgegeben werden. [3]Rechtliche Bedenken sind den Vertrauenspersonen unabhängig von Zeitpunkt und Inanspruchnahme der Beratung unverzüglich mitzuteilen.

(4) [1]Die Vertrauenspersonen zeigen dem Bezirksamt das beabsichtigte Bürgerbegehren schriftlich unter Einreichung eines vorläufigen Musterbogens an. [2]Das Bezirksamt leitet diese Anzeige nachrichtlich an die Bezirksverordnetenversammlung, die für Inneres sowie die fachlich zuständige Senatsverwaltung weiter. [3]Das Bezirksamt entscheidet innerhalb eines Monats über die Zulässigkeit, stellt die Bindungswirkung eines entsprechenden Bürgerentscheids fest und gibt eine Einschätzung der Kosten, die sich aus der Verwirklichung des mit dem Bürgerbegehren verfolgten Anliegens ergeben würden. [4]Stellt das Bezirksamt behebbare Zulässigkeitsmängel fest, kann es seine Zulässigkeitsentscheidung für zwei Wochen zurückstellen und der Trägerin Gelegenheit geben, die Mängel kurzfristig zu beheben. [5]Über seine Entscheidung nach Satz 3 unterrichtet das Bezirksamt die für Inneres sowie die fachlich zuständige Senatsverwaltung.

(5) Nach Ablauf von einem Monat ab Zugang der Unterrichtung gemäß Absatz 4 Satz 5 sind in Bezug auf den Gegenstand des Bürgerbegehrens die Aufsichts- und Eingriffsrechte nach §§ 9 bis 13a des Allgemeinen Zuständigkeitsgesetzes und § 7 des Gesetzes zur Ausführung des Baugesetzbuchs sowie die Einleitung eines Feststellungsverfahrens nach § 9 des Gesetzes zur Ausführung des Baugesetzbuchs bis zum Abschluss des Bürgerbegehrens oder des Bürgerentscheids ausgeschlossen, es sei denn, die tatsächlichen oder rechtlichen Rahmenbedingungen ändern sich wesentlich.

(6) [1]Macht der Senat oder ein zuständiges Mitglied des Senats nicht bis zum Ablauf der Frist nach Absatz 5 von seinen dort genannten Rechten Gebrauch, unterrichtet das Bezirksamt unverzüglich die Vertrauenspersonen und die Bezirksverordnetenversammlung. [2]Gegen die Entscheidung über die Unzulässigkeit eines Bürgerbegehrens können die Vertrauenspersonen Klage vor dem Verwaltungsgericht erheben. [3]Stellt das Verwaltungsgericht die Zulässigkeit des Bürgerbegehrens fest, gilt Absatz 5 ab Eintritt der Rechtskraft entsprechend.

(7) [1]Die Einschätzung des Bezirksamts über die Kosten und die Bindungswirkung des angestrebten Bürgerentscheids nach Absatz 4 sind auf der Unterschriftsliste oder dem Unterschriftsbogen voranzustellen. [2]Die Trägerin kann der Kostenschätzung eine eigene Kostenschätzung oder eine bündige Anmerkung zur Kostenschätzung voranstellen. [3]Im Übrigen gilt für die Unterschriftsliste oder den Unterschriftsbogen § 3 der Abstimmungsordnung entsprechend [4]Neben der eigenhändigen Unterschrift müssen folgende Daten der unterzeichnenden Person handschriftlich angegeben sein:

1. Familienname,
2. Vorname,
3. Geburtsdatum,
4. Anschrift der alleinigen Wohnung oder Hauptwohnung,
5. Tag der Unterschriftsleistung.

[5]Fehlt die handschriftliche Angabe des Geburtsdatums oder ist diese unvollständig, fehlerhaft oder unleserlich, so gilt die Unterschrift als ungültig. [6]Die Unterschrift gilt zudem als ungültig, wenn sich die Person anhand der Eintragungen nicht zweifelsfrei erkennen lässt oder sich nicht zweifelsfrei feststellen lässt, ob die Unterschrift fristgerecht erfolgt ist oder die unterzeichnende Person am Tag der Unterschriftsleistung teilnahmeberechtigt war. [7]Enthalten die Eintragungen Zusätze oder Vorbehalte, sind sie nicht handschriftlich oder nicht fristgerecht erfolgt oder wurden sie mit Telefax oder elektronisch übermittelt, so gilt die Unterschrift ebenfalls als ungültig.

(8) Eine unterstützungswillige Person, die nicht schreiben kann, erklärt ihre Unterstützung zur Niederschrift im Bezirksamt.

(9) Zum Nachweis des Stimmrechts müssen Personen, die nicht in einem Melderegister der Bundesrepublik Deutschland verzeichnet sind oder nicht seit drei Monaten vor dem Tag der Unterzeichnung im Bezirk gemeldet sind, die Unterzeichnung im Bezirksamt vornehmen und durch Versicherung an Eides statt glaubhaft machen, dass sie sich in den letzten drei Monaten überwiegend im Bezirk aufgehalten haben.

(10) [1]Ein Bürgerbegehren ist zustande gekommen, wenn es spätestens bis sechs Monate nach der Unterrichtung der Vertrauenspersonen über die Entscheidung des Bezirksamts über die Zulässigkeit von drei Prozent der bei der letzten Wahl zur Bezirksverordnetenversammlung festgestellten Zahl der Wahlberechtigten unterstützt wurde und die für das Bürgerbegehren erforderlichen Unterschriften bis zu diesem Zeitpunkt beim Bezirksamt eingereicht wurden. [2]Ist ein Bürgerbegehren nicht zustande gekommen, hat aber mindestens die für das Zustandekommen eines Einwohnerantrages nötige Zahl an Unterschriften erreicht, wird es als zulässiger Einwohnerantrag nach § 44 Absatz 7 behandelt.

[3]Unterschriftsberechtigt sind die Wahlberechtigten, die zum Zeitpunkt der Unterschrift das Wahlrecht zur Bezirksverordnetenversammlung besitzen.

(11) [1]Über das Zustandekommen eines Bürgerbegehrens entscheidet das Bezirksamt innerhalb eines Monats nach Einreichung der für das Bürgerbegehren erforderlichen Unterschriften und unterrichtet unmittelbar die Bezirksverordnetenversammlung. [2]Stellt das Bezirksamt fest, dass das Bürgerbegehren nicht zustande gekommen ist, so können die Vertrauenspersonen Klage vor dem Verwaltungsgericht erheben.

(12) [1]Ist das Zustandekommen eines Bürgerbegehrens festgestellt, so dürfen die Organe des Bezirks bis zur Durchführung des Bürgerentscheids weder eine dem Bürgerbegehren entgegenstehende Entscheidung treffen noch mit dem Vollzug einer solchen Entscheidung beginnen, es sei denn, hierzu besteht eine rechtliche Verpflichtung. [2]§ 13 Absatz 2 gilt entsprechend.

(13) Gebühren und Auslagen werden nicht erhoben.

§ 46 Bürgerentscheid

(1) [1]Nach der Entscheidung über das Zustandekommen eines Bürgerbegehrens ist das Bürgerbegehren in der Bezirksverordnetenversammlung umgehend zu beraten; die Vertrauenspersonen haben ein Recht auf Anhörung in den zuständigen Ausschüssen. [2]Die Trägerinnen und Träger des Begehrens sind von der Bezirksverordnetenversammlung oder den zuständigen Ausschüssen innerhalb einer Frist von zwei Monaten anzuhören. [3]Im Anschluss können die Vertrauenspersonen Änderungen vornehmen, sofern diese zu keiner wesentlichen Veränderung des Begehrens führen. [4]Sofern die Bezirksverordnetenversammlung dem Anliegen des Bürgerbegehrens nicht innerhalb von zwei Monaten unverändert oder in einer Form, die von den benannten Vertrauenspersonen gebilligt wird, zustimmt, wird über den Gegenstand des Bürgerbegehrens ein Bürgerentscheid durchgeführt. [5]Die Bezirksverordnetenversammlung kann im Rahmen des Bürgerentscheids eine konkurrierende Vorlage zur Abstimmung unterbreiten. [6]Das Bezirksamt setzt den Abstimmungstermin umgehend auf einen Sonn- oder Feiertag fest, der innerhalb eines Zeitraums von vier Monaten nach der Entscheidung über das Zustandekommen des Bürgerbegehrens liegt. [7]Findet frühestens zwei Monate und nicht später als acht Monate nach der Entscheidung über das Zustandekommen des Bürgerbegehrens eine Wahl, ein Volksentscheid oder ein anderer Bürgerentscheid statt, setzt das Bezirksamt den Tag dieser Wahl, dieses Volksentscheids oder dieses anderen Bürgerentscheids als Abstimmungstermin fest. [8]Mit Zustimmung der Vertrauenspersonen kann das Bezirksamt von der Vorgabe nach Satz 5 abweichen und einen anderen Sonn- oder Feiertag innerhalb des in Satz 4 genannten Zeitraums von vier Monaten als Abstimmungstermin festsetzen.

(2) [1]Die wahlberechtigten Bürgerinnen und Bürger des Bezirks werden durch das Bezirksamt über den Termin des Bürgerentscheids informiert. [2]Sie erhalten eine Information in Form einer amtlichen Mitteilung, in der die Argumente der Trägerin und der Bezirksverordnetenversammlung im gleichen Umfang darzulegen sind und in der auf weitere Informationsmöglichkeiten hingewiesen wird. [3]Die Mitteilung enthält zudem Angaben über die Bindungswirkung des Bürgerentscheids und der geschätzten Kosten nach § 45 Absatz 4. [4]Zeitgleich mit der amtlichen Mitteilung nach Satz 2 veröffentlicht die Bezirksabstimmungsleiterin oder der Bezirksabstimmungsleiter im Internet und in gedruckter Fassung eine Informationsschrift, die das Abstimmungsverfahren in leicht verständlicher Sprache erklärt. [5]In dieser Informationsschrift ist der Trägerin und der Bezirksverordnetenversammlung Gelegenheit zu geben, ihre Argumente in leicht verständlicher Sprache in gleichem und angemessenem Umfang darzustellen.

(3) [1]Beim Bürgerentscheid ist jede zur Bezirksverordnetenversammlung wahlberechtigte Person stimmberechtigt. [2]Über ein Begehren kann nur mit „Ja“ oder „Nein“ entschieden werden. [3]Soll über mehrere Gegenstände am gleichen Abstimmungstag entschieden werden, so ist die Verbindung zu einer Vorlage unzulässig. [4]Auch bei konkurrierenden Vorlagen zum gleichen Gegenstand können die Abstimmungsberechtigten jede Vorlage einzeln annehmen oder ablehnen. [5]Die Möglichkeit der brieflichen Abstimmung ist zu gewährleisten.

(4) Die Bezirksverordnetenversammlung kann mit einer Mehrheit von zwei Dritteln ihrer Mitglieder beschließen, dass über eine Angelegenheit im Sinne von § 45 Absatz 1 ein Bürgerentscheid stattfindet.

(5) [1]Die Bestimmungen des Landeswahlgesetzes und der Landeswahlordnung über das Wahlrecht, die Ausübung des Wahlrechts, die Wahlbenachrichtigung, die Ausgabe von Wahlscheinen, die Bezirkswahlleiterinnen und Bezirkswahlleiter, die Wahlverzeichnisse, die Stimmbezirke, die Wahllokale, den

Ablauf der Wahl, die Briefwahl, die in den Wahllokalen ehrenamtlich tätigen Personen sowie über die Nachwahl und Wiederholungswahl gelten für den Bürgerentscheid entsprechend. [2]Das Nähere regelt der Senat durch Rechtsverordnung. [3]Dabei kann die Zahl der Stimmbezirke und die Zahl der Mitglieder der Abstimmungsvorstände verringert werden.

§ 47 Ergebnis des Bürgerentscheids

(1) [1]Eine Vorlage ist angenommen, wenn sie von einer Mehrheit der Teilnehmerinnen und Teilnehmer und zugleich von mindestens 10 Prozent der bei der letzten Wahl zur Bezirksverordnetenversammlung festgestellten Zahl der für die Wahlen zur Bezirksverordnetenversammlung Wahlberechtigten angenommen wurde. [2]Bei Stimmengleichheit gilt die Vorlage als abgelehnt.

(2) [1]Sind konkurrierende Vorlagen erfolgreich im Sinne des Absatzes 1, so gilt die Vorlage als angenommen, die die höhere Anzahl an „Ja"-Stimmen erhalten hat. [2]Ist die Zahl der „Ja"-Stimmen gleich, so ist diejenige angenommen, die nach Abzug der auf sie entfallenden „Nein"-Stimmen die größte Zahl der „Ja"-Stimmen auf sich vereinigt. [3]Sind die so gebildeten Differenzen gleich, gelten beide Vorlagen als abgelehnt.

(3) War ein Bürgerentscheid erfolgreich, so hat sein Ergebnis im Rahmen des § 45 Absatz 1 die Rechtswirkung (Entscheidung, Empfehlung oder Ersuchen) eines Beschlusses der Bezirksverordnetenversammlung.

§ 47a Mitteilung von Einzelspenden und Eigenmitteln

(1) [1]Geld- oder Sachspenden, die in ihrem Gesamtwert die Höhe von 5000 Euro übersteigen, sind dem Bezirksamt unter Angabe des Namens und der Anschrift der Spenderin und des Spenders und der Gesamthöhe der Spenden unverzüglich anzuzeigen. [2]Spätestens vier Wochen vor Durchführung eines Bürgerentscheids ist dem Bezirksamt eine Übersicht über die Gesamtausgaben und Gesamteinnahmen vorzulegen. [3]Für Sachspenden ist der marktübliche Preis maßgebend.

(2) Die Vertrauenspersonen versichern mit dem Antrag auf ein Bürgerbegehren nach § 45 Absatz 1 sowie 16 Tage vor dem Abstimmungstermin eines Bürgerentscheids an Eides statt, dass der Anzeigepflicht vollständig und richtig nachgekommen worden ist.

(3) [1]Die Geld- und Sachspenden nach Absatz 1 sind von der Trägerin in einem gesonderten Verzeichnis unter Angabe der Spendenden zu dokumentieren. [2]Im Verzeichnis ist ergänzend bei Geldspenden die Höhe der Spende und bei Sachspenden der Gegenstand der Spende und ihr marktüblicher Wert anzugeben. [3]Liegen tatsächliche Anhaltspunkte für eine unvollständige Anzeige nach Absatz 1 vor, ist die Trägerin verpflichtet, dem Bezirksamt Einsicht in das Verzeichnis zu gewähren. [4]Diese Verpflichtung kann im Wege der Verwaltungsvollstreckung durchgesetzt werden.

(4) Das Bezirksamt veröffentlicht die Angaben nach Absatz 1 mit Ausnahme der Anschrift der Spenderinnen und Spender umgehend im Internet.

(5) Die Absätze 1 bis 4 gelten für eigene Geld- und Sachmittel der Trägerin eines Bürgerbegehrens entsprechend.

§ 47b Spendenverbot

Eine Vertrauensperson eines Bürgerbegehrens darf keine Geld- oder Sachspenden annehmen von

1. Parlamentsfraktionen und -gruppen sowie von Fraktionen und Gruppen der Bezirksverordnetenversammlungen,
2. Unternehmen, die ganz oder teilweise im Eigentum der öffentlichen Hand stehen oder die von ihr verwaltet oder betrieben werden, sofern die direkte Beteiligung der öffentlichen Hand 25 Prozent übersteigt.

8. Abschnitt

Schlussbestimmungen

§ 48 Ausnahme für Diplomjuristinnen und Diplomjuristen

Diplomjuristinnen und Diplomjuristen im höheren Dienst des Landes Berlin, die am 3. Oktober 1990 in einem Rechtsamt tätig waren, können abweichend von § 34 Absatz 3 Satz 2 die Leitung des Rechtsamts oder die stellvertretende Leitung des Rechtsamts wahrnehmen.

§ 49 Inkrafttreten; Aufhebung des Deputationsgesetzes

(1) Dieses Gesetz tritt am 1. Januar 1959 in Kraft.[1)]

(2) (überholt)

Anlage
(zu § 37 Absatz 1 Satz 1)

Das Bezirksamt gliedert sich wie folgt:

I. Geschäftsbereich Bürgermeisterin/Bürgermeister
   1. Serviceeinheit Finanzen
      mit den Aufgabenstellungen:
      Haushalts- und Stellenplanung und -wirtschaft
      Kassenwesen
   2. Serviceeinheit Personal
      mit den Aufgabenstellungen:
      Personalverwaltungsservice
      Personalentwicklungsservice
   3. Wirtschaftsförderung nach § 37 Absatz 3
   4. Sozialraumorientierte Planungskoordination (SPK)
   5. „Steuerungsdienst" (einschließlich Geschäftsprozessmanagement und Digitalisierung)
   6. „Pressestelle"
   7. „Rechtsamt"
   8. „Zentrale Vergabestelle"

II. Geschäftsbereich Schul- und Sportamt
   mit den Aufgabenstellungen:
   Schulträgerschaft
   Förderung des Sports

III. Geschäftsbereich Ordnungsamt
   mit den Aufgabenstellungen:
   Ordnung im öffentlichen Raum (einschließlich verhaltensbedingten Lärms und Parkraumbewirtschaftung und -überwachung)
   Gewerbe (Wirtschaftsordnung, einschließlich Märkte)
   Veterinär- und Lebensmittelaufsicht
   Zentrale Anlauf- und Beratungsstelle nach § 37 Absatz 4

IV. Geschäftsbereich Stadtentwicklungsamt
   mit den Aufgabenstellungen:
   Stadtplanung
   Bau- und Wohnungsaufsicht Vermessung (einschließlich Liegenschaftskataster und Wertermittlung)
   Denkmalschutz
   Quartiersmanagement

V. Geschäftsbereich Amt für Soziales
   mit den Aufgabenstellungen:
   Betreuungsbehörde und Soziale Dienste
   Materielle Hilfen
   Durchführung der Leistungen des kommunalen Trägers gemäß SGB II und AG-SGB II (Jobcenter)
   Teilhabeamt[2)]

VI. Geschäftsbereich Jugendamt
   mit den Aufgabenstellungen:
   Aufgaben des Jugendamtes (Fachberatung, allgemeine Förderung von jungen Menschen und ihren Familien, familienunterstützende Hilfen, fachbereichsübergreifende Jugendhilfe, Teilhabefachdienst Jugend und sonstige zugewiesene Aufgaben)
   Kindertagesbetreuung (einschließlich Kita-Eigenbetriebe)

Es werden folgende weitere Gliederungseinheiten gebildet:

1. Das Amt für Weiterbildung und Kultur
   mit den Aufgabenstellungen:
   Volkshochschule

---

1) **Amtl. Anm.:** Die Vorschrift betrifft das Inkrafttreten des Gesetzes in der ursprünglichen Fassung vom 30. Januar 1958.

2) Inkraftgetreten am 1.7.2022.

Musikschule
Jugendkunstschule
Bibliotheken
Kultur
Regionalmuseum
ist wahlweise den Geschäftsbereichen I oder II zuzuordnen

2. Das Straßen- und Grünflächenamt mit den Aufgabenstellungen:
Tiefbau (Straßenplanung, Straßenneubau, Straßenunterhaltung, Straßenaufsicht)
Straßenverwaltung
Straßenverkehrsbehörde (mit Ausnahme der den Ämtern für Bürgerdienste zugewiesenen Aufgaben)
Unterhaltung und Neubau von Grün- und Freiflächen einschließlich Friedhöfe und Kleingärten
ist wahlweise den Geschäftsbereichen I, III oder IV zuzuordnen.
3. Das Umwelt- und Naturschutzamt
mit den Aufgabenstellungen:
Umweltplanung, -beratung und -information
Umweltordnungsaufgaben (ohne verhaltensbedingten Lärm)
Natur- und Artenschutz
ist gemeinsam mit dem Straßen- und Grünflächenamt zuzuordnen.
4. Die Serviceeinheit Facility Management
mit den Aufgabenstellungen:
Kaufmännische und technische Immobilien- und Gebäudeverwaltung
Hochbauservice Innere Dienste (Dienstpost, Vervielfältigungen, Fernmeldeangelegenheiten, Beschaffungen, Anlagenbuchhaltung)
IT-Service
ist wahlweise den Geschäftsbereichen I, II oder IV zuzuordnen.
5. Das Amt für Bürgerdienste
mit den Aufgabenstellungen:
Bürgerämter (einschließlich der straßenverkehrsbehördlichen Aufgabe der Ausgabe von Bewohnerparkausweisen und Ausnahmegenehmigungen für Gäste im Rahmen der Berliner Parkraumbewirtschaftung)
Standesamt
Staatsangehörigkeitsangelegenheiten
Wohnungsamt
Wahlen
ist wahlweise den Geschäftsbereichen I, IV oder V zuzuordnen.
6. Das Gesundheitsamt
mit den Aufgabenstellungen:
Gesundheitsschutz und -aufsicht
Gesundheitsschutz und -förderung für Erwachsene
Gesundheitsschutz und -förderung für Kinder
Spezielle gesundheitliche Hilfen für Menschen mit Behinderungen
ist wahlweise den Geschäftsbereichen V oder VI zuzuordnen.
7. Die Qualitätsentwicklung, Planung und Koordination des öffentlichen Gesundheitsdienstes ist gemeinsam mit dem Gesundheitsamt zuzuordnen.
8. Beauftragte:
„Datenschutzbeauftragte" oder „Datenschutzbeauftragter"
Beauftragte für Menschen mit Behinderungen" oder „Beauftragter für Menschen mit Behinderungen"
Integrationsbeauftragte" oder „Integrationsbeauftragter"
„Frauen- und Gleichstellungsbeauftragte"
„EU-Beauftragte" oder „EU-Beauftragter"
„Beauftragte für Partnerschaften" oder „Beauftragter für Partnerschaften"
„Klimaschutzbeauftragte" oder „Klimaschutzbeauftragter"
sind dem Geschäftsbereich I zuzuordnen. Die Regelungen in anderen Gesetzen gelten vorrangig.

Die Zuordnung der weiteren Gliederungseinheiten erfolgt durch Beschluss des Bezirksamts. Die Gliederungseinheiten 2 und 3 sowie die Gliederungseinheiten 6 und 7 werden jeweils zu einer Einheit zusammengefasst.

Gesetz über die Rechtsverhältnisse der Bezirksamtsmitglieder (Bezirksamtsmitgliedergesetz – BAMG)

In der Fassung vom 1. April 1985[1)] (GVBl. S. 958)
(BRV 2022-1)
zuletzt geändert durch Art. I Viertes ÄndG vom 13. Oktober 2010 (GVBl. S. 464)

§ 1 [Mitglieder]

(1) [1]Die Mitglieder eines Bezirksamtes werden von der Bezirksverordnetenversammlung gewählt (§ 35 Abs. 1 des Bezirksverwaltungsgesetzes). [2]Sie erfüllen politische Selbstverwaltungsaufgaben und bedürfen des Vertrauens der Bezirksverordnetenversammlung. [3]Unverzüglich nach ihrer Wahl werden sie zu Beamtinnen auf Zeit und Beamten auf Zeit für die Zeit bis zum Ende des 55. Monats nach dem ersten Zusammentritt des Abgeordnetenhauses (Art. 54 Abs. 1 Satz 2 der Verfassung von Berlin) oder, wenn im Zeitpunkt der Wahl eines Bezirksamtsmitgliedes ein Fall der vorzeitigen Beendigung der Wahlperiode vorliegt (Art. 54 Abs. 2 und 3 der Verfassung von Berlin), bis zum Ende des vierten Monats nach dem Beschluß des Abgeordnetenhauses oder der Bekanntgabe des Volksentscheides ernannt; gesetzliche Vorschriften, nach denen das Beamtenverhältnis vor Ablauf der Amtszeit endet, bleiben unberührt. [4]Hat bei Ablauf der Zeit, für die die Bezirksamtsmitglieder ernannt sind, die Amtszeit des neuen Bezirksamts noch nicht begonnen, nehmen die Bezirksamtsmitglieder ihre Aufgaben mit gleichen Rechten und Pflichten weiter wahr; ihre Amtszeit verlängert sich bis zum Beginn der Amtszeit des neuen Bezirksamtes. [5]Mit Beginn der Amtszeit des neuen Bezirksamtes ist ein nicht wiedergewähltes Bezirksamtsmitglied bis zum Ablauf der Amtszeit von der Amtsausübung entbunden. [6]Bei der Wahrnehmung der ihnen übertragenen Aufgaben sind die Mitglieder eines Bezirksamtes der Bezirksverordnetenversammlung nach Maßgabe der Gesetze verantwortlich.

(2) [1]Die Mitglieder eines Bezirksamtes werden außerhalb einer regelmäßigen Dienstlaufbahn berufen. [2]Wegen der besonderen Rechtsstellung der Bezirksamtsmitglieder finden die beamtenrechtlichen Vorschriften nur insoweit Anwendung, als sie der Eigenart des Dienstverhältnisses der Bezirksamtsmitglieder nicht entgegenstehen. [3]Die §§ 9, 14, 15, 20 und 35 des Beamtenstatusgesetzes und § 8 Absatz 1, §§ 27, 28, 38 Absatz 2 und § 95 Absatz 4 des Landesbeamtengesetzes finden keine Anwendung; § 39 Absatz 3 des Landesbeamtengesetzes findet Anwendung, wenn das Mitglied eines Bezirksamtes die in § 3a Absatz 2 geforderte Amtszeit zurückgelegt hat. [4]Die politische Verantwortlichkeit der Bezirksamtsmitglieder wird durch Dienstaufsichts- oder Disziplinarmaßnahmen nicht berührt.

(3) Zum Mitglied eines Bezirksamtes darf nur gewählt werden, wer die erforderliche Sachkunde und allgemeine Berufserfahrung vorweist und das 27. Lebensjahr vollendet hat.

§ 2 [Dienstbehörde]

(1) [1]Die Regierende Bürgermeisterin oder der Regierende Bürgermeister ist oberste Dienstbehörde und Dienstbehörde für die Bezirksbürgermeisterinnen und Bezirksbürgermeister; § 3 Absatz 2 des Landesbeamtengesetzes bleibt unberührt. [2]Die Bezirksbürgermeisterin oder der Bezirksbürgermeister ist Dienstbehörde für die Bezirksstadträtinnen und Bezirksstadträte. [3]Die Aufgaben und Befugnisse, die nach dem Landesbeamtengesetz Dienstvorgesetzten übertragen sind oder übertragen werden können, werden von der Dienstbehörde wahrgenommen.

(2) Die Bezirksverordnetenvorsteherin oder der Bezirksverordnetenvorsteher händigt den gewählten Mitgliedern des Bezirksamtes (§ 35 Absatz 1 des Bezirksverwaltungsgesetzes) die Ernennungsurkunde aus und vereidigt sie.

§ 3 [Entlassung aus dem bisherigen Dienstverhältnis]

(1) Wird eine Beamtin, ein Beamter, eine Arbeitnehmerin oder ein Arbeitnehmer aus dem Landesdienst oder dem Dienst einer der Aufsicht des Landes unterstehenden Körperschaft, Anstalt oder Stiftung des öffentlichen Rechts als Mitglied eines Bezirksamtes ernannt, so ist sie oder er mit der Ernennung aus dem bisherigen Dienstverhältnis entlassen.

---

1) Neubekanntmachung des BAMG v. 1. 3. 1979 (GVBl. S. 472) in der ab 1. 4. 1985 geltenden Fassung.

(2) Richterinnen oder Richter können als Mitglied eines Bezirksamtes nur ernannt werden, wenn sie nachweisen, dass sie ihre Entlassung aus dem Richterverhältnis mit Wirkung ihrer Ernennung zum Bezirksamtsmitglied beantragt und auf die Zurücknahme des Antrages verzichtet haben.

(3) [1]Ein Mitglied eines Bezirksamtes, das mit seiner Wahl zum Mitglied des Senats aus seinem Amt ausgeschieden ist (§ 22 Abs. 1 des Senatorengesetzes), tritt in den Ruhestand, wenn die Zeit, für die es ernannt ist, während seiner Zugehörigkeit zum Senat abläuft. [2]Sind die Voraussetzungen des § 4 Abs. 1 des Beamtenversorgungsgesetzes für die Gewährung von Ruhegehalt nicht erfüllt, so endet das Beamtenverhältnis statt durch Eintritt in den Ruhestand durch Entlassung.

(4) [1]Ein Mitglied eines Bezirksamtes, dessen Rechte und Pflichten mit seiner Wahl in den Deutschen Bundestag ruhen (§ 5 des Abgeordnetengesetzes), tritt in den Ruhestand, wenn die Zeit, für die es ernannt ist, während seiner Mitgliedschaft im Deutschen Bundestag abläuft; sind die Voraussetzungen des § 4 Abs. 1 des Beamtenversorgungsgesetzes für die Gewährung von Ruhegehalt nicht erfüllt, so endet das Beamtenverhältnis statt durch Eintritt in den Ruhestand durch Entlassung. [2]Endet die Mitgliedschaft im Deutschen Bundestag während der Zeit, für die das Bezirksamtsmitglied ernannt ist, findet § 4 entsprechende Anwendung.

§ 3a [Eintritt in den Ruhestand]

(1) Ist die Amtszeit eines Mitgliedes eines Bezirksamtes bei Vollendung seines fünfundsechzigsten Lebensjahres noch nicht beendet, kann die Bezirksverordnetenversammlung beschließen, daß die Dienstbehörde den Eintritt in den Ruhestand wegen Erreichens der Altersgrenze bis zum Ablauf der Amtszeit hinausschiebt.

(2) Ein Mitglied eines Bezirksamtes tritt mit dem Ablauf der Amtszeit in den Ruhestand, wenn es einem Bezirksamt acht Jahre angehört hat, sofern es nicht im Anschluss an seine Amtszeit in mindestens der gleichen Rechtsstellung erneut in ein Bezirksamt gewählt wird.

(3) Tritt ein Mitglied eines Bezirksamtes mit dem Ablauf der Amtszeit nicht in den Ruhestand, ist es mit diesem Zeitpunkt entlassen; dies gilt nicht, wenn es im Anschluss an seine Amtszeit in mindestens der gleichen Rechtsstellung erneut zur Beamtin auf Zeit oder zum Beamten auf Zeit ernannt wird.

§ 3b [Wiederaufnahme in das frühere Beamtenverhältnis]

(1) [1]Ein Mitglied eines Bezirksamtes, das bei seiner Ernennung Landesbeamtin oder Landesbeamter mit Dienstbezügen war und während der Amtszeit auf eigenen Antrag entlassen wird oder nach Ablauf der Amtszeit nicht in den Ruhestand tritt, ist auf einen innerhalb eines Monats nach dem Ende der Amtszeit zu stellenden Antrag von der früheren Dienstbehörde wieder in das Beamtenverhältnis zu übernehmen, wenn es die Voraussetzungen hierfür noch erfüllt. [2]Das zu verleihende Amt muß mindestens dem vor der Ernennung zum Mitglied eines Bezirksamtes bekleideten Amt entsprechen; Änderungen des früheren Amtes durch veränderte Einreihung in die Gruppen der Besoldungsordnungen oder durch Hebung im Stellenplan sind zu berücksichtigen. [3]Bei der Verleihung eines höheren Amtes rechnet die Amtszeit als Mitglied eines Bezirksamtes als Bewährungs-, Dienst- und Einführungszeit im Sinne laufbahnrechtlicher Vorschriften; hierbei können Ämter übersprungen werden. [4]Satz 1 gilt nicht, wenn das Bezirksamtsmitglied im Anschluß an seine Amtszeit erneut zum Mitglied eines Bezirksamtes ernannt wird.

(2) Absatz 1 gilt entsprechend für Mitglieder eines Bezirksamtes, die vor ihrer Ernennung Richterin oder Richter im Dienst des Landes Berlin (§ 3 Absatz 2) waren, und sinngemäß für Mitglieder eines Bezirksamtes, die bei ihrer Ernennung Arbeitnehmerin oder Arbeitnehmer (§ 3 Absatz 1) waren.

§ 4 [Einstweiliger Ruhestand]

(1) [1]Ein Mitglied eines Bezirksamtes erhält mit Ablauf des Tages, an dem nach vorzeitiger Beendigung der Wahlperiode (§ 5 Abs. 2 Satz 2 des Bezirksverwaltungsgesetzes) die neu gewählte Bezirksverordnetenversammlung das Bezirksamt wählt, bis zum Ablauf seiner Amtszeit als Versorgung ein Ruhegehalt von 75 vom Hundert der ruhegehaltfähigen Dienstbezüge aus der Besoldungsgruppe, aus der das Bezirksamtsmitglied zuletzt Dienstbezüge erhalten hat. [2]Mit dem Ablauf der Zeit, für die das Bezirksamtsmitglied ernannt ist, tritt das Bezirksamtsmitglied in den Ruhestand, wenn es bei Verbleiben im Amt nach § 3a Abs. 2 in den Ruhestand getreten wäre; es gilt als entlassen, wenn es bei Verbleiben im Amt nach § 3a Abs. 3 entlassen wäre. [3]Dabei wird die Zeit, für die nach Satz 1 ein Ruhegehalt gewährt wird, in die nach § 3a Abs. 2 geforderte Zeit eingerechnet.

(2) [1]Wird ein Mitglied eines Bezirksamtes nach § 35 Abs. 3 des Bezirksverwaltungsgesetzes vor Beendigung seiner Amtszeit abberufen, so gilt § 66 Abs. 6 Satz 1 des Beamtenversorgungsgesetzes entsprechend. [2]Die Zeit, für die eine Versorgung gewährt wird, wird nicht in die nach § 3a Abs. 2 geforderte Amtszeit eingerechnet.

§ 4a (aufgehoben)

§§ 5 bis 11 (weggefallen)

§ 12 [Inkrafttreten]

(1) [1]Dieses Gesetz tritt am 1. August 1960 in Kraft[1)]. [2]Gleichzeitig wird das Gesetz über die Vereidigung der Mitglieder des Senats und der Bezirksämter vom 3. Februar 1951 (VOBl. I S. 242) aufgehoben.

(2) (überholt)

1) **Amtl. Anm.:** Die Vorschrift betrifft das Inkrafttreten des Gesetzes in der ursprünglichen Fassung vom 12. Juli 1960.

Gesetz über das Verfahren der Berliner Verwaltung[1)]

Vom 21. April 2016 (GVBl. S. 218)
(BRV 2010-1)
zuletzt geändert durch Art. 13 G zur Anpassung der Bezeichnung der Berliner Polizeibehörde im Berliner Landesrecht und zur Änd. weiterer Vorschriften vom 27. September 2021 (GVBl. S. 1117)

Das Abgeordnetenhaus hat das folgende Gesetz beschlossen:

§ 1 Anwendungsbereich

(1) Für die öffentlich-rechtliche Verwaltungstätigkeit der Behörden Berlins gilt das Verwaltungsverfahrensgesetz in der Fassung der Bekanntmachung vom 23. Januar 2003 (BGBl. I S. 102), das zuletzt durch Artikel 1 des Gesetzes vom 20. November 2015 (BGBl. I S. 2010) geändert worden ist, in der jeweils geltenden Fassung, soweit nicht in den §§ 2 bis 6 dieses Gesetzes etwas anderes bestimmt ist.

(2) Das Landesamt für Bürger- und Ordnungsangelegenheiten, die Bezirksämter und die landesunmittelbaren Träger der gesetzlichen Krankenversicherung und deren Landesverbände nehmen amtliche Beglaubigungen nach § 33 Absatz 1 Satz 2 und Absatz 4, § 34 Absatz 1 und 4 des Verwaltungsverfahrensgesetzes sowie § 29 Absatz 1 Satz 2 und Absatz 4, § 30 Absatz 1 und 4 des Zehnten Buches Sozialgesetzbuch vor.

§ 2 Ausnahmen vom Anwendungsbereich

(1) Die Ausnahmen vom Anwendungsbereich nach § 2 Absatz 3 Nummer 2 des Verwaltungsverfahrensgesetzes gelten auch für alle sonstigen Leistungs- und Eignungsbewertungen im Bereich des Schul-, Hochschul-, Fachhochschul- und Volkshochschulwesens (Bildungsbereich).

(2) [1]Im Übrigen gelten für den Bildungsbereich nur die §§ 3a bis 13, 20 bis 36, 37 Absatz 1 bis 5, §§ 38 bis 52, 79, 80 und 96 des Verwaltungsverfahrensgesetzes. [2]Für Schulzeugnisse sowie für Prüfungszeugnisse und Anerkennungsbescheinigungen in den Bereichen schulische Bildung, Lehrerbildung und Übersetzerprüfung ist die elektronische Form ausgeschlossen.

(3) Die für das Schulwesen zuständige Senatsverwaltung wird ermächtigt, durch Rechtsverordnung für ihren Geschäftsbereich festzulegen, unter welchen Voraussetzungen für ausländische Beteiligte und zur Sicherung der Ausbildung Ausnahmen von § 20 Absatz 1 Nummer 2 des Verwaltungsverfahrensgesetzes in unabweisbaren Einzelfällen zugelassen werden können.

(4) Das Verwaltungsverfahrensgesetz gilt nicht für die Tätigkeit des Rundfunks Berlin-Brandenburg.

(5) [1]Über § 41 Absatz 4 des Verwaltungsverfahrensgesetzes hinaus kann in besonderen Eilfällen die öffentliche Bekanntgabe einer Allgemeinverfügung auch dadurch erfolgen, dass ihr verfügender Teil an geeigneter Stelle im Internetauftritt des Landes Berlin, durch die Tagespresse, durch Anschlag, durch den Rundfunk oder auf andere geeignete Art zugänglich gemacht wird. [2]Dabei ist anzugeben, wo die Allgemeinverfügung und ihre Begründung eingesehen werden können. [3]In diesen Fällen ist die Allgemeinverfügung unverzüglich im Amtsblatt für Berlin abzudrucken und dort anzugeben, auf welche Art und zu welchem Zeitpunkt der verfügende Teil der Allgemeinverfügung zugänglich gemacht wurde. [4]In Fällen des Satzes 1 kann bestimmt werden, dass die Allgemeinverfügung mit der Zugänglichmachung als bekannt gegeben gilt.

§ 3 Personenbezogene Daten, Betriebs- und Geschäftsgeheimnisse

(1) Die Verarbeitung personenbezogener Daten ist zulässig, soweit dies zur Erfüllung der Aufgaben im Anwendungsbereich dieses Gesetzes erforderlich ist.

(2) [1]Die Behörden dürfen Angaben über Betriebs- und Geschäftsgeheimnisse nicht unbefugt offenbaren. [2]Sie unterliegen, soweit sie personenbezogene Daten verarbeiten, neben den Bestimmungen der Verordnung (EU) 2016/679 des Europäischen Parlaments und des Rates vom 27. April 2016 zum Schutz natürlicher Personen bei der Verarbeitung personenbezogener Daten, zum freien Datenverkehr und zur Aufhebung der Richtlinie 95/46/EG (Datenschutz-Grundverordnung) (ABl. L 119 vom 4.5.2016, S. 1; L 314 vom 22.11.2016, S. 72; L 127 vom 23.5.2018, S. 2) den Vorschriften des Berliner

1) Dieses G tritt gem. § 12 am 1.5.2016 in Kraft. Bis zu diesem Zeitpunkt siehe das Verwaltungsverfahrensgesetz Berlin 1976 v. 8.12.1976 (GVBl. S. 2735).

Datenschutzgesetzes vom 13. Juni 2018 (GVBl. S. 418), das durch Artikel 13 des Gesetzes vom 12. Oktober 2020 (GVBl. S. 807) geändert worden ist, in der jeweils geltenden Fassung.

(3) [1]§ 26 Absatz 2 Satz 3 des Verwaltungsverfahrensgesetzes findet mit der Maßgabe Anwendung, dass auch eine Pflicht zur Angabe von Betriebs- und Geschäftsgeheimnissen nur besteht, soweit sie durch Rechtsvorschrift besonders vorgesehen ist. [2]Die Beteiligten können die Auskunft auf solche Fragen, zu denen sie durch Rechtsvorschrift verpflichtet sind, verweigern, wenn eine Beantwortung sie selbst oder in § 383 Absatz 1 Nummer 1 bis 3 der Zivilprozessordnung bezeichnete Angehörige der Gefahr strafgerichtlicher Verfolgung oder eines Verfahrens nach dem Gesetz über Ordnungswidrigkeiten aussetzen würde.

§ 4 Örtliche Zuständigkeit und Datenverarbeitung im Einwohnerwesen

In Angelegenheiten nach Nummer 3 Absatz 17 der Anlage zu § 4 Absatz 1 Satz 1 des Allgemeinen Zuständigkeitsgesetzes, soweit die Bezirke dafür zuständig sind, und in Angelegenheiten nach Nummer 21 Buchstabe k und den Nummern 22a und 22b Absatz 1 und 2 der Anlage zu § 2 Absatz 4 Satz 1 des Allgemeinen Sicherheits- und Ordnungsgesetzes ist der Bezirk zuständig, bei dem ein Antrag gestellt wird oder der Anlass für die Amtshandlung entstanden ist.

§ 5 Förmliches Verfahren

Das förmliche Verfahren findet statt

a) in den Angelegenheiten, die vom Senat durch Rechtsverordnung oder sonst durch Rechtsvorschrift bestimmt werden,

b) in den sonstigen Angelegenheiten, in denen durch Rechtsvorschrift die Durchführung einer mündlichen Verhandlung vorgeschrieben ist.

§ 6 Akteneinsicht durch Beteiligte

(1) [1]Die Behörde hat den Beteiligten Einsicht in die das Verfahren betreffenden Akten zu gestatten. [2]Bis zum Abschluss des Verwaltungsverfahrens gilt Satz 1 nicht für Entwürfe zu Entscheidungen sowie für die Arbeiten zu ihrer unmittelbaren Vorbereitung.

(2) Die Regelungen der §§ 5 bis 12 des Berliner Informationsfreiheitsgesetzes gelten entsprechend.

(3) Die Akteneinsicht erfolgt bei der Behörde, die die Akten führt.

(4) Für Nichtbeteiligte gilt das Berliner Informationsfreiheitsgesetz.

(5) § 72 Absatz 1 des Verwaltungsverfahrensgesetzes ist mit der Maßgabe anzuwenden, dass die Regelungen des Berliner Informationsfreiheitsgesetzes uneingeschränkt auch im Planfeststellungsverfahren gelten.

§ 7 Zustellung

Für das Zustellungsverfahren der Behörden Berlins gilt das Verwaltungszustellungsgesetz vom 12. August 2005 (BGBl. I S. 2354), das zuletzt durch Artikel 17 des Gesetzes vom 10. Oktober 2013 (BGBl. I S. 3786) geändert worden ist, in der jeweils geltenden Fassung.

§ 8 Vollstreckung

(1) [1]Für das Vollstreckungsverfahren der Behörden Berlins gilt das Verwaltungs-Vollstreckungsgesetz in der im Bundesgesetzblatt Teil III, Gliederungsnummer 201-4, veröffentlichten bereinigten Fassung, das zuletzt durch Artikel 1 des Gesetzes vom 25. November 2014 (BGBl. I S. 1770) geändert worden ist, in der jeweils geltenden Fassung. [2]§ 11 Absatz 3 des Verwaltungs-Vollstreckungsgesetzes gilt mit der Maßgabe, dass die Höhe des Zwangsgeldes höchstens 50 000 Euro beträgt. [3]§ 7 des Verwaltungs-Vollstreckungsgesetzes gilt mit der Maßgabe, dass für Maßnahmen im Straßenverkehr auch die Polizei Berlin, die Bezirksämter von Berlin und die Berliner Verkehrsbetriebe (BVG) Vollzugsbehörden sind. [4]§ 19 Absatz 1 des Verwaltungs-Vollstreckungsgesetzes gilt mit der Maßgabe, dass für Amtshandlungen im Zusammenhang mit Vollstreckungsmaßnahmen nach § 10 des Verwaltungs-Vollstreckungsgesetzes zur Deckung des Verwaltungsaufwands Gebühren nach den Vorschriften des Gesetzes über Gebühren und Beiträge vom 22. Mai 1957 (GVBl. S. 516), das zuletzt durch Artikel IV des Gesetzes vom 18. November 2009 (GVBl. S. 674) geändert worden ist, in der jeweils geltenden Fassung erhoben werden.

(2) [1]Landesunmittelbare Körperschaften und Anstalten des öffentlichen Rechts, die den Vollstreckungsbehörden des Landes Berlin im Sinne von § 4 Buchstabe b des Verwaltungs-Vollstreckungsgesetzes Vollstreckungsanordnungen übermitteln, sind verpflichtet, für jede übermittelte Vollstre-

ckungsanordnung einen Pauschalbetrag für den nicht durch vereinnahmte Gebühren und Auslagen gedeckten Verwaltungsaufwand (Vollstreckungspauschale) zu zahlen. [2]Die Vollstreckungspauschale wird für ab dem 1. Januar 2016 übermittelte Vollstreckungsanordnungen erhoben.

(3) Die Vollstreckungspauschale bemisst sich nach dem um den Gesamtbetrag der im Berechnungszeitraum aufgrund von Vollstreckungsanordnungen vereinnahmten Gebühren und Auslagen geminderten Verwaltungsaufwand, der den Vollstreckungsbehörden für die Vollstreckung der Vollstreckungsanordnungen der juristischen Personen nach Absatz 2 entsteht, geteilt durch die Anzahl aller in diesem Zeitraum von diesen Anordnungsbehörden übermittelten Vollstreckungsanordnungen.

(4) Die für Finanzen zuständige Senatsverwaltung wird ermächtigt, im Einvernehmen mit den für Rundfunkangelegenheiten, für Wirtschaft sowie für Hochschulen zuständigen Senatsverwaltungen durch Rechtsverordnung die Höhe der Vollstreckungspauschale zu bestimmen sowie den Berechnungszeitraum, die Entstehung und die Fälligkeit der Vollstreckungspauschale, den Abrechnungszeitraum, das Abrechnungsverfahren und die abrechnende Stelle zu regeln.

(5) [1]Die Höhe der Vollstreckungspauschale ist durch die für Finanzen zuständige Senatsverwaltung nach Maßgabe des Absatzes 3 alle drei Jahre zu überprüfen. [2]Sie ist durch Rechtsverordnung nach Absatz 4 anzupassen, wenn die nach Maßgabe des Absatzes 3 berechnete Vollstreckungspauschale mehr als 20 Prozent von der Vollstreckungspauschale in der geltenden Fassung abweicht.

(6) Die juristischen Personen nach Absatz 2 sind nicht berechtigt, die Vollstreckungsschuldnerin oder den Vollstreckungsschuldner mit der Vollstreckungspauschale zu belasten.

(7) Die Vollstreckungspauschale nach Absatz 2 ist auch im Falle der Vollstreckungshilfe auf Ersuchen einer Vollstreckungsbehörde des Bundes oder anderer Bundesländer von diesen zu erheben, sofern die ersuchende Behörde nicht ihrerseits auf die Erhebung von Kosten für uneinbringliche Gebühren und Auslagen sowie für den entstehenden, durch Kosten der Vollstreckung nicht gedeckten Verwaltungsaufwand verzichtet.

§ 9 Vollstreckung privatrechtlicher Geldforderungen

(1) [1]Die Bestimmungen über die Vollstreckung öffentlicher Geldforderungen gelten entsprechend für die Vollstreckung von Forderungen, die aufgrund von § 7 des Unterhaltsvorschussgesetzes auf das Land Berlin übergegangen sind. [2]An die Stelle des Leistungsbescheids tritt die Zahlungsaufforderung.

(2) [1]Die Vollstreckung ist einzustellen, sobald die Vollstreckungsschuldnerin oder der Vollstreckungsschuldner bei der Vollstreckungsbehörde gegen die Forderung als solche schriftlich oder zur Niederschrift Einwendungen erhebt. [2]Die Vollstreckungsschuldnerin oder der Vollstreckungsschuldner ist über dieses Recht bei Androhung der Vollstreckung zu belehren. [3]Bereits getroffene Vollstreckungsmaßnahmen sind unverzüglich aufzuheben, wenn

1. die Gläubigerin oder der Gläubiger nicht binnen eines Monats nach Geltendmachung der Einwendungen wegen ihrer oder seiner Ansprüche vor den ordentlichen Gerichten Klage erhoben oder den Erlass eines Mahnbescheids beantragt hat oder
2. die Gläubigerin oder der Gläubiger mit der Klage rechtskräftig abgewiesen worden ist.

[4]Ist die Vollstreckung eingestellt worden, so kann sie nur nach Maßgabe der Zivilprozessordnung fortgesetzt werden.

§ 10 Länderübergreifende Forderungspfändung

(1) Die Vollstreckungsbehörde kann Pfändungs- und Einziehungsverfügungen auch dann erlassen und durch die Post zustellen lassen, wenn die Vollstreckungsschuldnerin oder der Vollstreckungsschuldner oder die Drittschuldnerin oder der Drittschuldner ihren oder seinen Wohnsitz, Sitz oder gewöhnlichen Aufenthalt außerhalb des Geltungsbereichs dieses Gesetzes, jedoch im Geltungsbereich des Grundgesetzes hat, sofern das dort geltende Landesrecht dies zulässt.

(2) Vollstreckungsbehörden im Geltungsbereich des Grundgesetzes, die diesem Gesetz nicht unterliegen, können gegenüber Vollstreckungsschuldnerinnen oder Vollstreckungsschuldnern und Drittschuldnerinnen oder Drittschuldnern, die ihren Wohnsitz, Sitz oder gewöhnlichen Aufenthalt im Geltungsbereich dieses Gesetzes haben, Pfändungs- und Einziehungsverfügungen erlassen und durch die Post zustellen lassen.

§ 11 Änderung von Rechtsvorschriften

[nicht wiedergegebene Änderungsvorschrift]

§ 12 Inkrafttreten, Außerkrafttreten

[1]Dieses Gesetz tritt am Tage nach der Verkündung[1)] im Gesetz- und Verordnungsblatt für Berlin in Kraft. [2]Gleichzeitig tritt das Gesetz über das Verfahren der Berliner Verwaltung vom 8. Dezember 1976 (GVBl. S. 2735, 2898), das zuletzt durch Artikel I § 14 des Gesetzes vom 19. Juni 2006 (GVBl. S. 573) geändert worden ist, außer Kraft.

1) Verkündet am 30.4.2016.

Verwaltungsverfahrensgesetz (VwVfG)[1]

In der Fassung der Bekanntmachung vom 23. Januar 2003[2] (BGBl. I S. 102)
(FNA 201-6)

zuletzt geändert durch Art. 24 Abs. 3 G zur Modernisierung des notariellen Berufsrechts und zur Änd. weiterer Vorschriften vom 25. Juni 2021 (BGBl. I S. 2154)

Inhaltsübersicht

---

1) Die Änderungen durch G v. 4.5.2021 (BGBl. I S. 882) treten erst **mWv 1.1.2023** in Kraft und sind in § 12 entsprechend gekennzeichnet.

2) Neubekanntmachung des VwVfG idF der Bek. v. 21.9.1998 (BGBl. I S. 3050) in der ab 1.2.2003 geltenden Fassung.

Teil I

Anwendungsbereich, örtliche Zuständigkeit, elektronische Kommunikation, Amtshilfe, europäische Verwaltungszusammenarbeit

Abschnitt 1

Anwendungsbereich, örtliche Zuständigkeit, elektronische Kommunikation

§ 1 Anwendungsbereich

(1) Dieses Gesetz gilt für die öffentlich-rechtliche Verwaltungstätigkeit der Behörden

1. des Bundes, der bundesunmittelbaren Körperschaften, Anstalten und Stiftungen des öffentlichen Rechts,
2. der Länder, der Gemeinden und Gemeindeverbände, der sonstigen der Aufsicht des Landes unterstehenden juristischen Personen des öffentlichen Rechts, wenn sie Bundesrecht im Auftrag des Bundes ausführen,

soweit nicht Rechtsvorschriften des Bundes inhaltsgleiche oder entgegenstehende Bestimmungen enthalten.

(2) [1]Dieses Gesetz gilt auch für die öffentlich-rechtliche Verwaltungstätigkeit der in Absatz 1 Nr. 2 bezeichneten Behörden, wenn die Länder Bundesrecht, das Gegenstände der ausschließlichen oder konkurrierenden Gesetzgebung des Bundes betrifft, als eigene Angelegenheit ausführen, soweit nicht Rechtsvorschriften des Bundes inhaltsgleiche oder entgegenstehende Bestimmungen enthalten. [2]Für die Ausführung von Bundesgesetzen, die nach Inkrafttreten dieses Gesetzes erlassen werden, gilt dies nur, soweit die Bundesgesetze mit Zustimmung des Bundesrates dieses Gesetz für anwendbar erklären.

(3) Für die Ausführung von Bundesrecht durch die Länder gilt dieses Gesetz nicht, soweit die öffentlich-rechtliche Verwaltungstätigkeit der Behörden landesrechtlich durch ein Verwaltungsverfahrensgesetz geregelt ist.

(4) Behörde im Sinne dieses Gesetzes ist jede Stelle, die Aufgaben der öffentlichen Verwaltung wahrnimmt.

§ 2 Ausnahmen vom Anwendungsbereich

(1) Dieses Gesetz gilt nicht für die Tätigkeit der Kirchen, der Religionsgesellschaften und Weltanschauungsgemeinschaften sowie ihrer Verbände und Einrichtungen.

(2) Dieses Gesetz gilt ferner nicht für

1. Verfahren der Bundes- oder Landesfinanzbehörden nach der Abgabenordnung,
2. die Strafverfolgung, die Verfolgung und Ahndung von Ordnungswidrigkeiten, die Rechtshilfe für das Ausland in Straf- und Zivilsachen und, unbeschadet des § 80 Abs. 4, für Maßnahmen des Richterdienstrechts,
3. Verfahren vor dem Deutschen Patent- und Markenamt und den bei diesem errichteten Schiedsstellen,
4. Verfahren nach dem Sozialgesetzbuch,
5. das Recht des Lastenausgleichs,
6. das Recht der Wiedergutmachung.

(3) Für die Tätigkeit

1. der Gerichtsverwaltungen und der Behörden der Justizverwaltung einschließlich der ihrer Aufsicht unterliegenden Körperschaften des öffentlichen Rechts gilt dieses Gesetz nur, soweit die Tätigkeit der Nachprüfung durch die Gerichte der Verwaltungsgerichtsbarkeit oder durch die in verwaltungsrechtlichen Anwalts-, Patentanwalts- und Notarsachen zuständigen Gerichte unterliegt;
2. der Behörden bei Leistungs-, Eignungs- und ähnlichen Prüfungen von Personen gelten nur die §§ 3a bis 13, 20 bis 27, 29 bis 38, 40 bis 52, 79, 80 und 96;
3. der Vertretungen des Bundes im Ausland gilt dieses Gesetz nicht.

§ 3 Örtliche Zuständigkeit

(1) Örtlich zuständig ist

1. in Angelegenheiten, die sich auf unbewegliches Vermögen oder ein ortsgebundenes Recht oder Rechtsverhältnis beziehen, die Behörde, in deren Bezirk das Vermögen oder der Ort liegt;

2. in Angelegenheiten, die sich auf den Betrieb eines Unternehmens oder einer seiner Betriebsstätten, auf die Ausübung eines Berufs oder auf eine andere dauernde Tätigkeit beziehen, die Behörde, in deren Bezirk das Unternehmen oder die Betriebsstätte betrieben oder der Beruf oder die Tätigkeit ausgeübt wird oder werden soll;
3. in anderen Angelegenheiten, die
   a) eine natürliche Person betreffen, die Behörde, in deren Bezirk die natürliche Person ihren gewöhnlichen Aufenthalt hat oder zuletzt hatte,
   b) eine juristische Person oder eine Vereinigung betreffen, die Behörde, in deren Bezirk die juristische Person oder die Vereinigung ihren Sitz hat oder zuletzt hatte;
4. in Angelegenheiten, bei denen sich die Zuständigkeit nicht aus den Nummern 1 bis 3 ergibt, die Behörde, in deren Bezirk der Anlass für die Amtshandlung hervortritt.

(2) [1]Sind nach Absatz 1 mehrere Behörden zuständig, so entscheidet die Behörde, die zuerst mit der Sache befasst worden ist, es sei denn, die gemeinsame fachlich zuständige Aufsichtsbehörde bestimmt, dass eine andere örtlich zuständige Behörde zu entscheiden hat. [2]Sie kann in den Fällen, in denen eine gleiche Angelegenheit sich auf mehrere Betriebsstätten eines Betriebs oder Unternehmens bezieht, eine der nach Absatz 1 Nr. 2 zuständigen Behörden als gemeinsame zuständige Behörde bestimmen, wenn dies unter Wahrung der Interessen der Beteiligten zur einheitlichen Entscheidung geboten ist. [3]Diese Aufsichtsbehörde entscheidet ferner über die örtliche Zuständigkeit, wenn sich mehrere Behörden für zuständig oder für unzuständig halten oder wenn die Zuständigkeit aus anderen Gründen zweifelhaft ist. [4]Fehlt eine gemeinsame Aufsichtsbehörde, so treffen die fachlich zuständigen Aufsichtsbehörden die Entscheidung gemeinsam.

(3) Ändern sich im Lauf des Verwaltungsverfahrens die die Zuständigkeit begründenden Umstände, so kann die bisher zuständige Behörde das Verwaltungsverfahren fortführen, wenn dies unter Wahrung der Interessen der Beteiligten der einfachen und zweckmäßigen Durchführung des Verfahrens dient und die nunmehr zuständige Behörde zustimmt.

(4) [1]Bei Gefahr im Verzug ist für unaufschiebbare Maßnahmen jede Behörde örtlich zuständig, in deren Bezirk der Anlass für die Amtshandlung hervortritt. [2]Die nach Absatz 1 Nr. 1 bis 3 örtlich zuständige Behörde ist unverzüglich zu unterrichten.

§ 3a Elektronische Kommunikation

(1) Die Übermittlung elektronischer Dokumente ist zulässig, soweit der Empfänger hierfür einen Zugang eröffnet.

(2) [1]Eine durch Rechtsvorschrift angeordnete Schriftform kann, soweit nicht durch Rechtsvorschrift etwas anderes bestimmt ist, durch die elektronische Form ersetzt werden. [2]Der elektronischen Form genügt ein elektronisches Dokument, das mit einer qualifizierten elektronischen Signatur versehen ist. [3]Die Signierung mit einem Pseudonym, das die Identifizierung der Person des Signaturschlüsselinhabers nicht unmittelbar durch die Behörde ermöglicht, ist nicht zulässig. [4]Die Schriftform kann auch ersetzt werden

1. durch unmittelbare Abgabe der Erklärung in einem elektronischen Formular, das von der Behörde in einem Eingabegerät oder über öffentlich zugängliche Netze zur Verfügung gestellt wird;
2. bei Anträgen und Anzeigen durch Versendung eines elektronischen Dokuments an die Behörde mit der Versandart nach § 5 Absatz 5 des De-Mail-Gesetzes;
3. bei elektronischen Verwaltungsakten oder sonstigen elektronischen Dokumenten der Behörden durch Versendung einer De-Mail-Nachricht nach § 5 Absatz 5 des De-Mail-Gesetzes, bei der die Bestätigung des akkreditierten Diensteanbieters die erlassende Behörde als Nutzer des De-Mail-Kontos erkennen lässt;
4. durch sonstige sichere Verfahren, die durch Rechtsverordnung der Bundesregierung mit Zustimmung des Bundesrates festgelegt werden, welche den Datenübermittler (Absender der Daten) authentifizieren und die Integrität des elektronisch übermittelten Datensatzes sowie die Barrierefreiheit gewährleisten; der IT-Planungsrat gibt Empfehlungen zu geeigneten Verfahren ab.

[5]In den Fällen des Satzes 4 Nummer 1 muss bei einer Eingabe über öffentlich zugängliche Netze ein elektronischer Identitätsnachweis nach § 18 des Personalausweisgesetzes, nach § 12 des eID-Karte-Gesetzes oder nach § 78 Absatz 5 des Aufenthaltsgesetzes erfolgen.

(3) [1]Ist ein der Behörde übermitteltes elektronisches Dokument für sie zur Bearbeitung nicht geeignet, teilt sie dies dem Absender unter Angabe der für sie geltenden technischen Rahmenbedingungen un-

verzüglich mit. [2]Macht ein Empfänger geltend, er könne das von der Behörde übermittelte elektronische Dokument nicht bearbeiten, hat sie es ihm erneut in einem geeigneten elektronischen Format oder als Schriftstück zu übermitteln.

Abschnitt 2
Amtshilfe

§ 4 Amtshilfepflicht

(1) Jede Behörde leistet anderen Behörden auf Ersuchen ergänzende Hilfe (Amtshilfe).

(2) Amtshilfe liegt nicht vor, wenn
1. Behörden einander innerhalb eines bestehenden Weisungsverhältnisses Hilfe leisten;
2. die Hilfeleistung in Handlungen besteht, die der ersuchten Behörde als eigene Aufgabe obliegen.

§ 5 Voraussetzungen und Grenzen der Amtshilfe

(1) Eine Behörde kann um Amtshilfe insbesondere dann ersuchen, wenn sie
1. aus rechtlichen Gründen die Amtshandlung nicht selbst vornehmen kann;
2. aus tatsächlichen Gründen, besonders weil die zur Vornahme der Amtshandlung erforderlichen Dienstkräfte oder Einrichtungen fehlen, die Amtshandlung nicht selbst vornehmen kann;
3. zur Durchführung ihrer Aufgaben auf die Kenntnis von Tatsachen angewiesen ist, die ihr unbekannt sind und die sie selbst nicht ermitteln kann;
4. zur Durchführung ihrer Aufgaben Urkunden oder sonstige Beweismittel benötigt, die sich im Besitz der ersuchten Behörde befinden;
5. die Amtshandlung nur mit wesentlich größerem Aufwand vornehmen könnte als die ersuchte Behörde.

(2) [1]Die ersuchte Behörde darf Hilfe nicht leisten, wenn
1. sie hierzu aus rechtlichen Gründen nicht in der Lage ist;
2. durch die Hilfeleistung dem Wohl des Bundes oder eines Landes erhebliche Nachteile bereitet würden.

[2]Die ersuchte Behörde ist insbesondere zur Vorlage von Urkunden oder Akten sowie zur Erteilung von Auskünften nicht verpflichtet, wenn die Vorgänge nach einem Gesetz oder ihrem Wesen nach geheim gehalten werden müssen.

(3) Die ersuchte Behörde braucht Hilfe nicht zu leisten, wenn
1. eine andere Behörde die Hilfe wesentlich einfacher oder mit wesentlich geringerem Aufwand leisten kann;
2. sie die Hilfe nur mit unverhältnismäßig großem Aufwand leisten könnte;
3. sie unter Berücksichtigung der Aufgaben der ersuchenden Behörde durch die Hilfeleistung die Erfüllung ihrer eigenen Aufgaben ernstlich gefährden würde.

(4) Die ersuchte Behörde darf die Hilfe nicht deshalb verweigern, weil sie das Ersuchen aus anderen als den in Absatz 3 genannten Gründen oder weil sie die mit der Amtshilfe zu verwirklichende Maßnahme für unzweckmäßig hält.

(5) [1]Hält die ersuchte Behörde sich zur Hilfe nicht für verpflichtet, so teilt sie der ersuchenden Behörde ihre Auffassung mit. [2]Besteht diese auf der Amtshilfe, so entscheidet über die Verpflichtung zur Amtshilfe die gemeinsame fachlich zuständige Aufsichtsbehörde oder, sofern eine solche nicht besteht, die für die ersuchte Behörde fachlich zuständige Aufsichtsbehörde.

§ 6 Auswahl der Behörde

Kommen für die Amtshilfe mehrere Behörden in Betracht, so soll nach Möglichkeit eine Behörde der untersten Verwaltungsstufe des Verwaltungszweigs ersucht werden, dem die ersuchende Behörde angehört.

§ 7 Durchführung der Amtshilfe

(1) Die Zulässigkeit der Maßnahme, die durch die Amtshilfe verwirklicht werden soll, richtet sich nach dem für die ersuchende Behörde, die Durchführung der Amtshilfe nach dem für die ersuchte Behörde geltenden Recht.

(2) [1]Die ersuchende Behörde trägt gegenüber der ersuchten Behörde die Verantwortung für die Rechtmäßigkeit der zu treffenden Maßnahme. [2]Die ersuchte Behörde ist für die Durchführung der Amtshilfe verantwortlich.

§ 8 Kosten der Amtshilfe

(1) [1]Die ersuchende Behörde hat der ersuchten Behörde für die Amtshilfe keine Verwaltungsgebühr zu entrichten. [2]Auslagen hat sie der ersuchten Behörde auf Anforderung zu erstatten, wenn sie im Einzelfall 35 Euro übersteigen. [3]Leisten Behörden desselben Rechtsträgers einander Amtshilfe, so werden die Auslagen nicht erstattet.

(2) Nimmt die ersuchte Behörde zur Durchführung der Amtshilfe eine kostenpflichtige Amtshandlung vor, so stehen ihr die von einem Dritten hierfür geschuldeten Kosten (Verwaltungsgebühren, Benutzungsgebühren und Auslagen) zu.

Abschnitt 3

Europäische Verwaltungszusammenarbeit

§ 8a Grundsätze der Hilfeleistung

(1) Jede Behörde leistet Behörden anderer Mitgliedstaaten der Europäischen Union auf Ersuchen Hilfe, soweit dies nach Maßgabe von Rechtsakten der Europäischen Gemeinschaft geboten ist.

(2) [1]Behörden anderer Mitgliedstaaten der Europäischen Union können um Hilfe ersucht werden, soweit dies nach Maßgabe von Rechtsakten der Europäischen Gemeinschaft zugelassen ist. [2]Um Hilfe ist zu ersuchen, soweit dies nach Maßgabe von Rechtsakten der Europäischen Gemeinschaft geboten ist.

(3) Die §§ 5, 7 und 8 Absatz 2 sind entsprechend anzuwenden, soweit Rechtsakte der Europäischen Gemeinschaft nicht entgegenstehen.

§ 8b Form und Behandlung der Ersuchen

(1) [1]Ersuchen sind in deutscher Sprache an Behörden anderer Mitgliedstaaten der Europäischen Union zu richten; soweit erforderlich, ist eine Übersetzung beizufügen. [2]Die Ersuchen sind gemäß den gemeinschaftsrechtlichen Vorgaben und unter Angabe des maßgeblichen Rechtsakts zu begründen.

(2) [1]Ersuchen von Behörden anderer Mitgliedstaaten der Europäischen Union dürfen nur erledigt werden, wenn sich ihr Inhalt in deutscher Sprache aus den Akten ergibt. [2]Soweit erforderlich, soll bei Ersuchen in einer anderen Sprache von der ersuchenden Behörde eine Übersetzung verlangt werden.

(3) Ersuchen von Behörden anderer Mitgliedstaaten der Europäischen Union können abgelehnt werden, wenn sie nicht ordnungsgemäß und unter Angabe des maßgeblichen Rechtsakts begründet sind und die erforderliche Begründung nach Aufforderung nicht nachgereicht wird.

(4) [1]Einrichtungen und Hilfsmittel der Kommission zur Behandlung von Ersuchen sollen genutzt werden. [2]Informationen sollen elektronisch übermittelt werden.

§ 8c Kosten der Hilfeleistung

Ersuchende Behörden anderer Mitgliedstaaten der Europäischen Union haben Verwaltungsgebühren oder Auslagen nur zu erstatten, soweit dies nach Maßgabe von Rechtsakten der Europäischen Gemeinschaft verlangt werden kann.

§ 8d Mitteilungen von Amts wegen

(1) [1]Die zuständige Behörde teilt den Behörden anderer Mitgliedstaaten der Europäischen Union und der Kommission Angaben über Sachverhalte und Personen mit, soweit dies nach Maßgabe von Rechtsakten der Europäischen Gemeinschaft geboten ist. [2]Dabei sollen die hierzu eingerichteten Informationsnetze genutzt werden.

(2) Übermittelt eine Behörde Angaben nach Absatz 1 an die Behörde eines anderen Mitgliedstaats der Europäischen Union, unterrichtet sie den Betroffenen über die Tatsache der Übermittlung, soweit Rechtsakte der Europäischen Gemeinschaft dies vorsehen; dabei ist auf die Art der Angaben sowie auf die Zweckbestimmung und die Rechtsgrundlage der Übermittlung hinzuweisen.

§ 8e Anwendbarkeit

[1]Die Regelungen dieses Abschnitts sind mit Inkrafttreten des jeweiligen Rechtsaktes der Europäischen Gemeinschaft, wenn dieser unmittelbare Wirkung entfaltet, im Übrigen mit Ablauf der jeweiligen Umsetzungsfrist anzuwenden. [2]Sie gelten auch im Verhältnis zu den anderen Vertragsstaaten des Ab-

kommens über den Europäischen Wirtschaftsraum, soweit Rechtsakte der Europäischen Gemeinschaft auch auf diese Staaten anzuwenden sind.

Teil II

Allgemeine Vorschriften über das Verwaltungsverfahren

Abschnitt 1

Verfahrensgrundsätze

§ 9 Begriff des Verwaltungsverfahrens

Das Verwaltungsverfahren im Sinne dieses Gesetzes ist die nach außen wirkende Tätigkeit der Behörden, die auf die Prüfung der Voraussetzungen, die Vorbereitung und den Erlass eines Verwaltungsaktes oder auf den Abschluss eines öffentlich-rechtlichen Vertrags gerichtet ist; es schließt den Erlass des Verwaltungsaktes oder den Abschluss des öffentlich-rechtlichen Vertrags ein.

§ 10 Nichtförmlichkeit des Verwaltungsverfahrens

[1]Das Verwaltungsverfahren ist an bestimmte Formen nicht gebunden, soweit keine besonderen Rechtsvorschriften für die Form des Verfahrens bestehen. [2]Es ist einfach, zweckmäßig und zügig durchzuführen.

§ 11 Beteiligungsfähigkeit

Fähig, am Verfahren beteiligt zu sein, sind
1. natürliche und juristische Personen,
2. Vereinigungen, soweit ihnen ein Recht zustehen kann,
3. Behörden.

§ 12 Handlungsfähigkeit

(1) Fähig zur Vornahme von Verfahrenshandlungen sind
1. natürliche Personen, die nach bürgerlichem Recht geschäftsfähig sind,
2. natürliche Personen, die nach bürgerlichem Recht in der Geschäftsfähigkeit beschränkt sind, soweit sie für den Gegenstand des Verfahrens durch Vorschriften des bürgerlichen Rechts als geschäftsfähig oder durch Vorschriften des öffentlichen Rechts als handlungsfähig anerkannt sind,
3. juristische Personen und Vereinigungen (§ 11 Nr. 2) durch ihre gesetzlichen Vertreter oder durch besonders Beauftragte,
4. Behörden durch ihre Leiter, deren Vertreter oder Beauftragte.

(2) Betrifft ein Einwilligungsvorbehalt nach § ***[bis 31.12.2022:*** 1903***] [ab 1.1.2023:*** 1825***]*** des Bürgerlichen Gesetzbuchs den Gegenstand des Verfahrens, so ist ein geschäftsfähiger Betreuter nur insoweit zur Vornahme von Verfahrenshandlungen fähig, als er nach den Vorschriften des bürgerlichen Rechts ohne Einwilligung des Betreuers handeln kann oder durch Vorschriften des öffentlichen Rechts als handlungsfähig anerkannt ist.

(3) Die §§ 53 und 55 der Zivilprozessordnung gelten entsprechend.

§ 13 Beteiligte

(1) Beteiligte sind
1. Antragsteller und Antragsgegner,
2. diejenigen, an die die Behörde den Verwaltungsakt richten will oder gerichtet hat,
3. diejenigen, mit denen die Behörde einen öffentlich-rechtlichen Vertrag schließen will oder geschlossen hat,
4. diejenigen, die nach Absatz 2 von der Behörde zu dem Verfahren hinzugezogen worden sind.

(2) [1]Die Behörde kann von Amts wegen oder auf Antrag diejenigen, deren rechtliche Interessen durch den Ausgang des Verfahrens berührt werden können, als Beteiligte hinzuziehen. [2]Hat der Ausgang des Verfahrens rechtsgestaltende Wirkung für einen Dritten, so ist dieser auf Antrag als Beteiligter zu dem Verfahren hinzuzuziehen; soweit er der Behörde bekannt ist, hat diese ihn von der Einleitung des Verfahrens zu benachrichtigen.

(3) Wer anzuhören ist, ohne dass die Voraussetzungen des Absatzes 1 vorliegen, wird dadurch nicht Beteiligter.

§ 14 Bevollmächtigte und Beistände

(1) [1]Ein Beteiligter kann sich durch einen Bevollmächtigten vertreten lassen. [2]Die Vollmacht ermächtigt zu allen das Verwaltungsverfahren betreffenden Verfahrenshandlungen, sofern sich aus ihrem Inhalt nicht etwas anderes ergibt. [3]Der Bevollmächtigte hat auf Verlangen seine Vollmacht schriftlich nachzuweisen. [4]Ein Widerruf der Vollmacht wird der Behörde gegenüber erst wirksam, wenn er ihr zugeht.

(2) Die Vollmacht wird weder durch den Tod des Vollmachtgebers noch durch eine Veränderung in seiner Handlungsfähigkeit oder seiner gesetzlichen Vertretung aufgehoben; der Bevollmächtigte hat jedoch, wenn er für den Rechtsnachfolger im Verwaltungsverfahren auftritt, dessen Vollmacht auf Verlangen schriftlich beizubringen.

(3) [1]Ist für das Verfahren ein Bevollmächtigter bestellt, so soll sich die Behörde an ihn wenden. [2]Sie kann sich an den Beteiligten selbst wenden, soweit er zur Mitwirkung verpflichtet ist. [3]Wendet sich die Behörde an den Beteiligten, so soll der Bevollmächtigte verständigt werden. [4]Vorschriften über die Zustellung an Bevollmächtigte bleiben unberührt.

(4) [1]Ein Beteiligter kann zu Verhandlungen und Besprechungen mit einem Beistand erscheinen. [2]Das von dem Beistand Vorgetragene gilt als von dem Beteiligten vorgebracht, soweit dieser nicht unverzüglich widerspricht.

(5) Bevollmächtigte und Beistände sind zurückzuweisen, wenn sie entgegen § 3 des Rechtsdienstleistungsgesetzes Rechtsdienstleistungen erbringen.

(6) [1]Bevollmächtigte und Beistände können vom Vortrag zurückgewiesen werden, wenn sie hierzu ungeeignet sind; vom mündlichen Vortrag können sie nur zurückgewiesen werden, wenn sie zum sachgemäßen Vortrag nicht fähig sind. [2]Nicht zurückgewiesen werden können Personen, die nach § 67 Abs. 2 Satz 1 und 2 Nr. 3 bis 7 der Verwaltungsgerichtsordnung zur Vertretung im verwaltungsgerichtlichen Verfahren befugt sind.

(7) [1]Die Zurückweisung nach den Absätzen 5 und 6 ist auch dem Beteiligten, dessen Bevollmächtigter oder Beistand zurückgewiesen wird, mitzuteilen. [2]Verfahrenshandlungen des zurückgewiesenen Bevollmächtigten oder Beistands, die dieser nach der Zurückweisung vornimmt, sind unwirksam.

§ 15 Bestellung eines Empfangsbevollmächtigten

[1]Ein Beteiligter ohne Wohnsitz oder gewöhnlichen Aufenthalt, Sitz oder Geschäftsleitung im Inland hat der Behörde auf Verlangen innerhalb einer angemessenen Frist einen Empfangsbevollmächtigten im Inland zu benennen. [2]Unterlässt er dies, gilt ein an ihn gerichtetes Schriftstück am siebenten Tage nach der Aufgabe zur Post und ein elektronisch übermitteltes Dokument am dritten Tage nach der Absendung als zugegangen. [3]Dies gilt nicht, wenn feststeht, dass das Dokument den Empfänger nicht oder zu einem späteren Zeitpunkt erreicht hat. [4]Auf die Rechtsfolgen der Unterlassung ist der Beteiligte hinzuweisen.

§ 16 Bestellung eines Vertreters von Amts wegen

(1) Ist ein Vertreter nicht vorhanden, so hat das Betreuungsgericht, für einen minderjährigen Beteiligten das Familiengericht auf Ersuchen der Behörde einen geeigneten Vertreter zu bestellen

1. für einen Beteiligten, dessen Person unbekannt ist;
2. für einen abwesenden Beteiligten, dessen Aufenthalt unbekannt ist oder der an der Besorgung seiner Angelegenheiten verhindert ist;
3. für einen Beteiligten ohne Aufenthalt im Inland, wenn er der Aufforderung der Behörde, einen Vertreter zu bestellen, innerhalb der ihm gesetzten Frist nicht nachgekommen ist;
4. für einen Beteiligten, der infolge einer psychischen Krankheit oder körperlichen, geistigen oder seelischen Behinderung nicht in der Lage ist, in dem Verwaltungsverfahren selbst tätig zu werden;
5. bei herrenlosen Sachen, auf die sich das Verfahren bezieht, zur Wahrung der sich in Bezug auf die Sache ergebenden Rechte und Pflichten.

(2) Für die Bestellung des Vertreters ist in den Fällen des Absatzes 1 Nr. 4 das Gericht zuständig, in dessen Bezirk der Beteiligte seinen gewöhnlichen Aufenthalt hat; im Übrigen ist das Gericht zuständig, in dessen Bezirk die ersuchende Behörde ihren Sitz hat.

(3) [1]Der Vertreter hat gegen den Rechtsträger der Behörde, die um seine Bestellung ersucht hat, Anspruch auf eine angemessene Vergütung und auf die Erstattung seiner baren Auslagen. [2]Die Behörde

kann von dem Vertretenen Ersatz ihrer Aufwendungen verlangen. [3]Sie bestimmt die Vergütung und stellt die Auslagen und Aufwendungen fest.

(4) Im Übrigen gelten für die Bestellung und für das Amt des Vertreters in den Fällen des Absatzes 1 Nr. 4 die Vorschriften über die Betreuung, in den übrigen Fällen die Vorschriften über die Pflegschaft entsprechend.

§ 17 Vertreter bei gleichförmigen Eingaben

(1) [1]Bei Anträgen und Eingaben, die in einem Verwaltungsverfahren von mehr als 50 Personen auf Unterschriftslisten unterzeichnet oder in Form vervielfältigter gleich lautender Texte eingereicht worden sind (gleichförmige Eingaben), gilt für das Verfahren derjenige Unterzeichner als Vertreter der übrigen Unterzeichner, der darin mit seinem Namen, seinem Beruf und seiner Anschrift als Vertreter bezeichnet ist, soweit er nicht von ihnen als Bevollmächtigter bestellt worden ist. [2]Vertreter kann nur eine natürliche Person sein.

(2) [1]Die Behörde kann gleichförmige Eingaben, die die Angaben nach Absatz 1 Satz 1 nicht deutlich sichtbar auf jeder mit einer Unterschrift versehenen Seite enthalten oder dem Erfordernis des Absatzes 1 Satz 2 nicht entsprechen, unberücksichtigt lassen. [2]Will die Behörde so verfahren, so hat sie dies durch ortsübliche Bekanntmachung mitzuteilen. [3]Die Behörde kann ferner gleichförmige Eingaben insoweit unberücksichtigt lassen, als Unterzeichner ihren Namen oder ihre Anschrift nicht oder unleserlich angegeben haben.

(3) [1]Die Vertretungsmacht erlischt, sobald der Vertreter oder der Vertretene dies der Behörde schriftlich erklärt; der Vertreter kann eine solche Erklärung nur hinsichtlich aller Vertretenen abgeben. [2]Gibt der Vertretene eine solche Erklärung ab, so soll er der Behörde zugleich mitteilen, ob er seine Eingabe aufrechterhält und ob er einen Bevollmächtigten bestellt hat.

(4) [1]Endet die Vertretungsmacht des Vertreters, so kann die Behörde die nicht mehr Vertretenen auffordern, innerhalb einer angemessenen Frist einen gemeinsamen Vertreter zu bestellen. [2]Sind mehr als 50 Personen aufzufordern, so kann die Behörde die Aufforderung ortsüblich bekannt machen. [3]Wird der Aufforderung nicht fristgemäß entsprochen, so kann die Behörde von Amts wegen einen gemeinsamen Vertreter bestellen.

§ 18 Vertreter für Beteiligte bei gleichem Interesse

(1) [1]Sind an einem Verwaltungsverfahren mehr als 50 Personen im gleichen Interesse beteiligt, ohne vertreten zu sein, so kann die Behörde sie auffordern, innerhalb einer angemessenen Frist einen gemeinsamen Vertreter zu bestellen, wenn sonst die ordnungsmäßige Durchführung des Verwaltungsverfahrens beeinträchtigt wäre. [2]Kommen sie der Aufforderung nicht fristgemäß nach, so kann die Behörde von Amts wegen einen gemeinsamen Vertreter bestellen. [3]Vertreter kann nur eine natürliche Person sein.

(2) [1]Die Vertretungsmacht erlischt, sobald der Vertreter oder der Vertretene dies der Behörde schriftlich erklärt; der Vertreter kann eine solche Erklärung nur hinsichtlich aller Vertretenen abgeben. [2]Gibt der Vertretene eine solche Erklärung ab, so soll er der Behörde zugleich mitteilen, ob er seine Eingabe aufrechterhält und ob er einen Bevollmächtigten bestellt hat.

§ 19 Gemeinsame Vorschriften für Vertreter bei gleichförmigen Eingaben und bei gleichem Interesse

(1) [1]Der Vertreter hat die Interessen der Vertretenen sorgfältig wahrzunehmen. [2]Er kann alle das Verwaltungsverfahren betreffenden Verfahrenshandlungen vornehmen. [3]An Weisungen ist er nicht gebunden.

(2) § 14 Abs. 5 bis 7 gilt entsprechend.

(3) [1]Der von der Behörde bestellte Vertreter hat gegen deren Rechtsträger Anspruch auf angemessene Vergütung und auf Erstattung seiner baren Auslagen. [2]Die Behörde kann von den Vertretenen zu gleichen Anteilen Ersatz ihrer Aufwendungen verlangen. [3]Sie bestimmt die Vergütung und stellt die Auslagen und Aufwendungen fest.

§ 20 Ausgeschlossene Personen

(1) [1]In einem Verwaltungsverfahren darf für eine Behörde nicht tätig werden,

1. wer selbst Beteiligter ist;
2. wer Angehöriger eines Beteiligten ist;

3. wer einen Beteiligten kraft Gesetzes oder Vollmacht allgemein oder in diesem Verwaltungsverfahren vertritt;
4. wer Angehöriger einer Person ist, die einen Beteiligten in diesem Verfahren vertritt;
5. wer bei einem Beteiligten gegen Entgelt beschäftigt ist oder bei ihm als Mitglied des Vorstands, des Aufsichtsrates oder eines gleichartigen Organs tätig ist; dies gilt nicht für den, dessen Anstellungskörperschaft Beteiligte ist;
6. wer außerhalb seiner amtlichen Eigenschaft in der Angelegenheit ein Gutachten abgegeben hat oder sonst tätig geworden ist.

[2]Dem Beteiligten steht gleich, wer durch die Tätigkeit oder durch die Entscheidung einen unmittelbaren Vorteil oder Nachteil erlangen kann. [3]Dies gilt nicht, wenn der Vor- oder Nachteil nur darauf beruht, dass jemand einer Berufs- oder Bevölkerungsgruppe angehört, deren gemeinsame Interessen durch die Angelegenheit berührt werden.

(2) Absatz 1 gilt nicht für Wahlen zu einer ehrenamtlichen Tätigkeit und für die Abberufung von ehrenamtlich Tätigen.

(3) Wer nach Absatz 1 ausgeschlossen ist, darf bei Gefahr im Verzug unaufschiebbare Maßnahmen treffen.

(4) [1]Hält sich ein Mitglied eines Ausschusses (§ 88) für ausgeschlossen oder bestehen Zweifel, ob die Voraussetzungen des Absatzes 1 gegeben sind, ist dies dem Vorsitzenden des Ausschusses mitzuteilen. [2]Der Ausschuss entscheidet über den Ausschluss. [3]Der Betroffene darf an dieser Entscheidung nicht mitwirken. [4]Das ausgeschlossene Mitglied darf bei der weiteren Beratung und Beschlussfassung nicht zugegen sein.

(5) [1]Angehörige im Sinne des Absatzes 1 Nr. 2 und 4 sind:

1. der Verlobte,
2. der Ehegatte,
2a. der Lebenspartner,
3. Verwandte und Verschwägerte gerader Linie,
4. Geschwister,
5. Kinder der Geschwister,
6. Ehegatten der Geschwister und Geschwister der Ehegatten,
6a. Lebenspartner der Geschwister und Geschwister der Lebenspartner,
7. Geschwister der Eltern,
8. Personen, die durch ein auf längere Dauer angelegtes Pflegeverhältnis mit häuslicher Gemeinschaft wie Eltern und Kind miteinander verbunden sind (Pflegeeltern und Pflegekinder).

[2]Angehörige sind die in Satz 1 aufgeführten Personen auch dann, wenn

1. in den Fällen der Nummern 2, 3 und 6 die die Beziehung begründende Ehe nicht mehr besteht;
1a. in den Fällen der Nummern 2a, 3 und 6a die die Beziehung begründende Lebenspartnerschaft nicht mehr besteht;
2. in den Fällen der Nummern 3 bis 7 die Verwandtschaft oder Schwägerschaft durch Annahme als Kind erloschen ist;
3. im Falle der Nummer 8 die häusliche Gemeinschaft nicht mehr besteht, sofern die Personen weiterhin wie Eltern und Kind miteinander verbunden sind.

§ 21 Besorgnis der Befangenheit

(1) [1]Liegt ein Grund vor, der geeignet ist, Misstrauen gegen eine unparteiische Amtsausübung zu rechtfertigen, oder wird von einem Beteiligten das Vorliegen eines solchen Grundes behauptet, so hat, wer in einem Verwaltungsverfahren für eine Behörde tätig werden soll, den Leiter der Behörde oder den von diesem Beauftragten zu unterrichten und sich auf dessen Anordnung der Mitwirkung zu enthalten. [2]Betrifft die Besorgnis der Befangenheit den Leiter der Behörde, so trifft diese Anordnung die Aufsichtsbehörde, sofern sich der Behördenleiter nicht selbst einer Mitwirkung enthält.

(2) Für Mitglieder eines Ausschusses (§ 88) gilt § 20 Abs. 4 entsprechend.

§ 22 Beginn des Verfahrens

[1]Die Behörde entscheidet nach pflichtgemäßem Ermessen, ob und wann sie ein Verwaltungsverfahren durchführt. [2]Dies gilt nicht, wenn die Behörde auf Grund von Rechtsvorschriften

1. von Amts wegen oder auf Antrag tätig werden muss;
2. nur auf Antrag tätig werden darf und ein Antrag nicht vorliegt.

§ 23 Amtssprache

(1) Die Amtssprache ist deutsch.

(2) [1]Werden bei einer Behörde in einer fremden Sprache Anträge gestellt oder Eingaben, Belege, Urkunden oder sonstige Dokumente vorgelegt, soll die Behörde unverzüglich die Vorlage einer Übersetzung verlangen. [2]In begründeten Fällen kann die Vorlage einer beglaubigten oder von einem öffentlich bestellten oder beeidigten Dolmetscher oder Übersetzer angefertigten Übersetzung verlangt werden. [3]Wird die verlangte Übersetzung nicht unverzüglich vorgelegt, so kann die Behörde auf Kosten des Beteiligten selbst eine Übersetzung beschaffen. [4]Hat die Behörde Dolmetscher oder Übersetzer herangezogen, erhalten diese in entsprechender Anwendung des Justizvergütungs- und -entschädigungsgesetzes eine Vergütung.

(3) Soll durch eine Anzeige, einen Antrag oder die Abgabe einer Willenserklärung eine Frist in Lauf gesetzt werden, innerhalb deren die Behörde in einer bestimmten Weise tätig werden muss, und gehen diese in einer fremden Sprache ein, so beginnt der Lauf der Frist erst mit dem Zeitpunkt, in dem der Behörde eine Übersetzung vorliegt.

(4) [1]Soll durch eine Anzeige, einen Antrag oder eine Willenserklärung, die in fremder Sprache eingehen, zugunsten eines Beteiligten eine Frist gegenüber der Behörde gewahrt, ein öffentlich-rechtlicher Anspruch geltend gemacht oder eine Leistung begehrt werden, so gelten die Anzeige, der Antrag oder die Willenserklärung als zum Zeitpunkt des Eingangs bei der Behörde abgegeben, wenn auf Verlangen der Behörde innerhalb einer von dieser zu setzenden angemessenen Frist eine Übersetzung vorgelegt wird. [2]Andernfalls ist der Zeitpunkt des Eingangs der Übersetzung maßgebend, soweit sich nicht aus zwischenstaatlichen Vereinbarungen etwas anderes ergibt. [3]Auf diese Rechtsfolge ist bei der Fristsetzung hinzuweisen.

§ 24 Untersuchungsgrundsatz

(1) [1]Die Behörde ermittelt den Sachverhalt von Amts wegen. [2]Sie bestimmt Art und Umfang der Ermittlungen; an das Vorbringen und an die Beweisanträge der Beteiligten ist sie nicht gebunden. [3]Setzt die Behörde automatische Einrichtungen zum Erlass von Verwaltungsakten ein, muss sie für den Einzelfall bedeutsame tatsächliche Angaben des Beteiligten berücksichtigen, die im automatischen Verfahren nicht ermittelt würden.

(2) Die Behörde hat alle für den Einzelfall bedeutsamen, auch die für die Beteiligten günstigen Umstände zu berücksichtigen.

(3) Die Behörde darf die Entgegennahme von Erklärungen oder Anträgen, die in ihren Zuständigkeitsbereich fallen, nicht deshalb verweigern, weil sie die Erklärung oder den Antrag in der Sache für unzulässig oder unbegründet hält.

§ 25 Beratung, Auskunft, frühe Öffentlichkeitsbeteiligung

(1) [1]Die Behörde soll die Abgabe von Erklärungen, die Stellung von Anträgen oder die Berichtigung von Erklärungen oder Anträgen anregen, wenn diese offensichtlich nur versehentlich oder aus Unkenntnis unterblieben oder unrichtig abgegeben oder gestellt worden sind. [2]Sie erteilt, soweit erforderlich, Auskunft über die den Beteiligten im Verwaltungsverfahren zustehenden Rechte und die ihnen obliegenden Pflichten.

(2) [1]Die Behörde erörtert, soweit erforderlich, bereits vor Stellung eines Antrags mit dem zukünftigen Antragsteller, welche Nachweise und Unterlagen von ihm zu erbringen sind und in welcher Weise das Verfahren beschleunigt werden kann. [2]Soweit es der Verfahrensbeschleunigung dient, soll sie dem Antragsteller nach Eingang des Antrags unverzüglich Auskunft über die voraussichtliche Verfahrensdauer und die Vollständigkeit der Antragsunterlagen geben.

(3) [1]Die Behörde wirkt darauf hin, dass der Träger bei der Planung von Vorhaben, die nicht nur unwesentliche Auswirkungen auf die Belange einer größeren Zahl von Dritten haben können, die betroffene Öffentlichkeit frühzeitig über die Ziele des Vorhabens, die Mittel, es zu verwirklichen, und die voraussichtlichen Auswirkungen des Vorhabens unterrichtet (frühe Öffentlichkeitsbeteiligung). [2]Die frühe Öffentlichkeitsbeteiligung soll möglichst bereits vor Stellung eines Antrags stattfinden. [3]Der betroffenen Öffentlichkeit soll Gelegenheit zur Äußerung und zur Erörterung gegeben werden. [4]Das Ergebnis der vor Antragstellung durchgeführten frühen Öffentlichkeitsbeteiligung soll der be-

troffenen Öffentlichkeit und der Behörde spätestens mit der Antragstellung, im Übrigen unverzüglich mitgeteilt werden. [5]Satz 1 gilt nicht, soweit die betroffene Öffentlichkeit bereits nach anderen Rechtsvorschriften vor der Antragstellung zu beteiligen ist. [6]Beteiligungsrechte nach anderen Rechtsvorschriften bleiben unberührt.

§ 26 Beweismittel

(1) [1]Die Behörde bedient sich der Beweismittel, die sie nach pflichtgemäßem Ermessen zur Ermittlung des Sachverhalts für erforderlich hält. [2]Sie kann insbesondere

1. Auskünfte jeder Art einholen,
2. Beteiligte anhören, Zeugen und Sachverständige vernehmen oder die schriftliche oder elektronische Äußerung von Beteiligten, Sachverständigen und Zeugen einholen,
3. Urkunden und Akten beiziehen,
4. den Augenschein einnehmen.

(2) [1]Die Beteiligten sollen bei der Ermittlung des Sachverhalts mitwirken. [2]Sie sollen insbesondere ihnen bekannte Tatsachen und Beweismittel angeben. [3]Eine weitergehende Pflicht, bei der Ermittlung des Sachverhalts mitzuwirken, insbesondere eine Pflicht zum persönlichen Erscheinen oder zur Aussage, besteht nur, soweit sie durch Rechtsvorschrift besonders vorgesehen ist.

(3) [1]Für Zeugen und Sachverständige besteht eine Pflicht zur Aussage oder zur Erstattung von Gutachten, wenn sie durch Rechtsvorschrift vorgesehen ist. [2]Falls die Behörde Zeugen und Sachverständige herangezogen hat, erhalten sie auf Antrag in entsprechender Anwendung des Justizvergütungs- und -entschädigungsgesetzes eine Entschädigung oder Vergütung.

§ 27 Versicherung an Eides statt

(1) [1]Die Behörde darf bei der Ermittlung des Sachverhalts eine Versicherung an Eides statt nur verlangen und abnehmen, wenn die Abnahme der Versicherung über den betreffenden Gegenstand und in dem betreffenden Verfahren durch Gesetz oder Rechtsverordnung vorgesehen und die Behörde durch Rechtsvorschrift für zuständig erklärt worden ist. [2]Eine Versicherung an Eides statt soll nur gefordert werden, wenn andere Mittel zur Erforschung der Wahrheit nicht vorhanden sind, zu keinem Ergebnis geführt haben oder einen unverhältnismäßigen Aufwand erfordern. [3]Von eidesunfähigen Personen im Sinne des § 393 der Zivilprozessordnung darf eine eidesstattliche Versicherung nicht verlangt werden.

(2) [1]Wird die Versicherung an Eides statt von einer Behörde zur Niederschrift aufgenommen, so sind zur Aufnahme nur der Behördenleiter, sein allgemeiner Vertreter sowie Angehörige des öffentlichen Dienstes befugt, welche die Befähigung zum Richteramt haben. [2]Andere Angehörige des öffentlichen Dienstes kann der Behördenleiter oder sein allgemeiner Vertreter hierzu allgemein oder im Einzelfall schriftlich ermächtigen.

(3) [1]Die Versicherung besteht darin, dass der Versichernde die Richtigkeit seiner Erklärung über den betreffenden Gegenstand bestätigt und erklärt: „Ich versichere an Eides statt, dass ich nach bestem Wissen die reine Wahrheit gesagt und nichts verschwiegen habe." [2]Bevollmächtigte und Beistände sind berechtigt, an der Aufnahme der Versicherung an Eides statt teilzunehmen.

(4) [1]Vor der Aufnahme der Versicherung an Eides statt ist der Versichernde über die Bedeutung der eidesstattlichen Versicherung und die strafrechtlichen Folgen einer unrichtigen oder unvollständigen eidesstattlichen Versicherung zu belehren. [2]Die Belehrung ist in der Niederschrift zu vermerken.

(5) [1]Die Niederschrift hat ferner die Namen der anwesenden Personen sowie den Ort und den Tag der Niederschrift zu enthalten. [2]Die Niederschrift ist demjenigen, der die eidesstattliche Versicherung abgibt, zur Genehmigung vorzulesen oder auf Verlangen zur Durchsicht vorzulegen. [3]Die erteilte Genehmigung ist zu vermerken und von dem Versichernden zu unterschreiben. [4]Die Niederschrift ist sodann von demjenigen, der die Versicherung an Eides statt aufgenommen hat, sowie von dem Schriftführer zu unterschreiben.

§ 27a Öffentliche Bekanntmachung im Internet

(1) [1]Ist durch Rechtsvorschrift eine öffentliche oder ortsübliche Bekanntmachung angeordnet, soll die Behörde deren Inhalt zusätzlich im Internet veröffentlichen. [2]Dies wird dadurch bewirkt, dass der Inhalt der Bekanntmachung auf einer Internetseite der Behörde oder ihres Verwaltungsträgers zugänglich gemacht wird. [3]Bezieht sich die Bekanntmachung auf zur Einsicht auszulegende Unterlagen, sollen

auch diese über das Internet zugänglich gemacht werden. [4]Soweit durch Rechtsvorschrift nichts anderes geregelt ist, ist der Inhalt der zur Einsicht ausgelegten Unterlagen maßgeblich.

(2) In der öffentlichen oder ortsüblichen Bekanntmachung ist die Internetseite anzugeben.

§ 28 Anhörung Beteiligter

(1) Bevor ein Verwaltungsakt erlassen wird, der in Rechte eines Beteiligten eingreift, ist diesem Gelegenheit zu geben, sich zu den für die Entscheidung erheblichen Tatsachen zu äußern.

(2) Von der Anhörung kann abgesehen werden, wenn sie nach den Umständen des Einzelfalls nicht geboten ist, insbesondere wenn

1. eine sofortige Entscheidung wegen Gefahr im Verzug oder im öffentlichen Interesse notwendig erscheint;
2. durch die Anhörung die Einhaltung einer für die Entscheidung maßgeblichen Frist in Frage gestellt würde;
3. von den tatsächlichen Angaben eines Beteiligten, die dieser in einem Antrag oder einer Erklärung gemacht hat, nicht zu seinen Ungunsten abgewichen werden soll;
4. die Behörde eine Allgemeinverfügung oder gleichartige Verwaltungsakte in größerer Zahl oder Verwaltungsakte mit Hilfe automatischer Einrichtungen erlassen will;
5. Maßnahmen in der Verwaltungsvollstreckung getroffen werden sollen.

(3) Eine Anhörung unterbleibt, wenn ihr ein zwingendes öffentliches Interesse entgegensteht.

§ 29 Akteneinsicht durch Beteiligte

(1) [1]Die Behörde hat den Beteiligten Einsicht in die das Verfahren betreffenden Akten zu gestatten, soweit deren Kenntnis zur Geltendmachung oder Verteidigung ihrer rechtlichen Interessen erforderlich ist. [2]Satz 1 gilt bis zum Abschluss des Verwaltungsverfahrens nicht für Entwürfe zu Entscheidungen sowie die Arbeiten zu ihrer unmittelbaren Vorbereitung. [3]Soweit nach den §§ 17 und 18 eine Vertretung stattfindet, haben nur die Vertreter Anspruch auf Akteneinsicht.

(2) Die Behörde ist zur Gestattung der Akteneinsicht nicht verpflichtet, soweit durch sie die ordnungsgemäße Erfüllung der Aufgaben der Behörde beeinträchtigt, das Bekanntwerden des Inhalts der Akten dem Wohl des Bundes oder eines Landes Nachteile bereiten würde oder soweit die Vorgänge nach einem Gesetz oder ihrem Wesen nach, namentlich wegen der berechtigten Interessen der Beteiligten oder dritter Personen, geheim gehalten werden müssen.

(3) [1]Die Akteneinsicht erfolgt bei der Behörde, die die Akten führt. [2]Im Einzelfall kann die Einsicht auch bei einer anderen Behörde oder bei einer diplomatischen oder berufskonsularischen Vertretung der Bundesrepublik Deutschland im Ausland erfolgen; weitere Ausnahmen kann die Behörde, die die Akten führt, gestatten.

§ 30 Geheimhaltung

Die Beteiligten haben Anspruch darauf, dass ihre Geheimnisse, insbesondere die zum persönlichen Lebensbereich gehörenden Geheimnisse sowie die Betriebs- und Geschäftsgeheimnisse, von der Behörde nicht unbefugt offenbart werden.

Abschnitt 2
Fristen, Termine, Wiedereinsetzung

§ 31 Fristen und Termine

(1) Für die Berechnung von Fristen und für die Bestimmung von Terminen gelten die §§ 187 bis 193 des Bürgerlichen Gesetzbuchs entsprechend, soweit nicht durch die Absätze 2 bis 5 etwas anderes bestimmt ist.

(2) Der Lauf einer Frist, die von einer Behörde gesetzt wird, beginnt mit dem Tag, der auf die Bekanntgabe der Frist folgt, außer wenn dem Betroffenen etwas anderes mitgeteilt wird.

(3) [1]Fällt das Ende einer Frist auf einen Sonntag, einen gesetzlichen Feiertag oder einen Sonnabend, so endet die Frist mit dem Ablauf des nächstfolgenden Werktags. [2]Dies gilt nicht, wenn dem Betroffenen unter Hinweis auf diese Vorschrift ein bestimmter Tag als Ende der Frist mitgeteilt worden ist.

(4) Hat eine Behörde Leistungen nur für einen bestimmten Zeitraum zu erbringen, so endet dieser Zeitraum auch dann mit dem Ablauf seines letzten Tages, wenn dieser auf einen Sonntag, einen gesetzlichen Feiertag oder einen Sonnabend fällt.

(5) Der von einer Behörde gesetzte Termin ist auch dann einzuhalten, wenn er auf einen Sonntag, gesetzlichen Feiertag oder Sonnabend fällt.

(6) Ist eine Frist nach Stunden bestimmt, so werden Sonntage, gesetzliche Feiertage oder Sonnabende mitgerechnet.

(7) [1]Fristen, die von einer Behörde gesetzt sind, können verlängert werden. [2]Sind solche Fristen bereits abgelaufen, so können sie rückwirkend verlängert werden, insbesondere wenn es unbillig wäre, die durch den Fristablauf eingetretenen Rechtsfolgen bestehen zu lassen. [3]Die Behörde kann die Verlängerung der Frist nach § 36 mit einer Nebenbestimmung verbinden.

§ 32 Wiedereinsetzung in den vorigen Stand

(1) [1]War jemand ohne Verschulden verhindert, eine gesetzliche Frist einzuhalten, so ist ihm auf Antrag Wiedereinsetzung in den vorigen Stand zu gewähren. [2]Das Verschulden eines Vertreters ist dem Vertretenen zuzurechnen.

(2) [1]Der Antrag ist innerhalb von zwei Wochen nach Wegfall des Hindernisses zu stellen. [2]Die Tatsachen zur Begründung des Antrags sind bei der Antragstellung oder im Verfahren über den Antrag glaubhaft zu machen. [3]Innerhalb der Antragsfrist ist die versäumte Handlung nachzuholen. [4]Ist dies geschehen, so kann Wiedereinsetzung auch ohne Antrag gewährt werden.

(3) Nach einem Jahr seit dem Ende der versäumten Frist kann die Wiedereinsetzung nicht mehr beantragt oder die versäumte Handlung nicht mehr nachgeholt werden, außer wenn dies vor Ablauf der Jahresfrist infolge höherer Gewalt unmöglich war.

(4) Über den Antrag auf Wiedereinsetzung entscheidet die Behörde, die über die versäumte Handlung zu befinden hat.

(5) Die Wiedereinsetzung ist unzulässig, wenn sich aus einer Rechtsvorschrift ergibt, dass sie ausgeschlossen ist.

Abschnitt 3

Amtliche Beglaubigung

§ 33 Beglaubigung von Dokumenten

(1) [1]Jede Behörde ist befugt, Abschriften von Urkunden, die sie selbst ausgestellt hat, zu beglaubigen. [2]Darüber hinaus sind die von der Bundesregierung durch Rechtsverordnung bestimmten Behörden im Sinne des § 1 Abs. 1 Nr. 1 und die nach Landesrecht zuständigen Behörden befugt, Abschriften zu beglaubigen, wenn die Urschrift von einer Behörde ausgestellt ist oder die Abschrift zur Vorlage bei einer Behörde benötigt wird, sofern nicht durch Rechtsvorschrift die Erteilung beglaubigter Abschriften aus amtlichen Registern und Archiven anderen Behörden ausschließlich vorbehalten ist; die Rechtsverordnung bedarf nicht der Zustimmung des Bundesrates.

(2) Abschriften dürfen nicht beglaubigt werden, wenn Umstände zu der Annahme berechtigen, dass der ursprüngliche Inhalt des Schriftstücks, dessen Abschrift beglaubigt werden soll, geändert worden ist, insbesondere wenn dieses Schriftstück Lücken, Durchstreichungen, Einschaltungen, Änderungen, unleserliche Wörter, Zahlen oder Zeichen, Spuren der Beseitigung von Wörtern, Zahlen und Zeichen enthält oder wenn der Zusammenhang eines aus mehreren Blättern bestehenden Schriftstücks aufgehoben ist.

(3) [1]Eine Abschrift wird beglaubigt durch einen Beglaubigungsvermerk, der unter die Abschrift zu setzen ist. [2]Der Vermerk muss enthalten

1. die genaue Bezeichnung des Schriftstücks, dessen Abschrift beglaubigt wird,
2. die Feststellung, dass die beglaubigte Abschrift mit dem vorgelegten Schriftstück übereinstimmt,
3. den Hinweis, dass die beglaubigte Abschrift nur zur Vorlage bei der angegebenen Behörde erteilt wird, wenn die Urschrift nicht von einer Behörde ausgestellt worden ist,
4. den Ort und den Tag der Beglaubigung, die Unterschrift des für die Beglaubigung zuständigen Bediensteten und das Dienstsiegel.

(4) Die Absätze 1 bis 3 gelten entsprechend für die Beglaubigung von

1. Ablichtungen, Lichtdrucken und ähnlichen in technischen Verfahren hergestellten Vervielfältigungen,
2. auf fototechnischem Wege von Schriftstücken hergestellten Negativen, die bei einer Behörde aufbewahrt werden,

3. Ausdrucken elektronischer Dokumente,
4. elektronischen Dokumenten,
   a) die zur Abbildung eines Schriftstücks hergestellt wurden,
   b) die ein anderes technisches Format als das mit einer qualifizierten elektronischen Signatur verbundene Ausgangsdokument erhalten haben.

(5) [1]Der Beglaubigungsvermerk muss zusätzlich zu den Angaben nach Absatz 3 Satz 2 bei der Beglaubigung

1. des Ausdrucks eines elektronischen Dokuments, das mit einer qualifizierten elektronischen Signatur verbunden ist, die Feststellungen enthalten,
   a) wen die Signaturprüfung als Inhaber der Signatur ausweist,
   b) welchen Zeitpunkt die Signaturprüfung für die Anbringung der Signatur ausweist und
   c) welche Zertifikate mit welchen Daten dieser Signatur zugrunde lagen;
2. eines elektronischen Dokuments den Namen des für die Beglaubigung zuständigen Bediensteten und die Bezeichnung der Behörde, die die Beglaubigung vornimmt, enthalten; die Unterschrift des für die Beglaubigung zuständigen Bediensteten und das Dienstsiegel nach Absatz 3 Satz 2 Nr. 4 werden durch eine dauerhaft überprüfbare qualifizierte elektronische Signatur ersetzt.

[2]Wird ein elektronisches Dokument, das ein anderes technisches Format als das mit einer qualifizierten elektronischen Signatur verbundene Ausgangsdokument erhalten hat, nach Satz 1 Nr. 2 beglaubigt, muss der Beglaubigungsvermerk zusätzlich die Feststellungen nach Satz 1 Nr. 1 für das Ausgangsdokument enthalten.

(6) Die nach Absatz 4 hergestellten Dokumente stehen, sofern sie beglaubigt sind, beglaubigten Abschriften gleich.

(7) Jede Behörde soll von Urkunden, die sie selbst ausgestellt hat, auf Verlangen ein elektronisches Dokument nach Absatz 4 Nummer 4 Buchstabe a oder eine elektronische Abschrift fertigen und beglaubigen.

§ 34 Beglaubigung von Unterschriften

(1) [1]Die von der Bundesregierung durch Rechtsverordnung bestimmten Behörden im Sinne des § 1 Abs. 1 Nr. 1 und die nach Landesrecht zuständigen Behörden sind befugt, Unterschriften zu beglaubigen, wenn das unterzeichnete Schriftstück zur Vorlage bei einer Behörde oder bei einer sonstigen Stelle, der auf Grund einer Rechtsvorschrift das unterzeichnete Schriftstück vorzulegen ist, benötigt wird. [2]Dies gilt nicht für

1. Unterschriften ohne zugehörigen Text,
2. Unterschriften, die der öffentlichen Beglaubigung (§ 129 des Bürgerlichen Gesetzbuchs) bedürfen.

(2) Eine Unterschrift soll nur beglaubigt werden, wenn sie in Gegenwart des beglaubigenden Bediensteten vollzogen oder anerkannt wird.

(3) [1]Der Beglaubigungsvermerk ist unmittelbar bei der Unterschrift, die beglaubigt werden soll, anzubringen. [2]Er muss enthalten

1. die Bestätigung, dass die Unterschrift echt ist,
2. die genaue Bezeichnung desjenigen, dessen Unterschrift beglaubigt wird, sowie die Angabe, ob sich der für die Beglaubigung zuständige Bedienstete Gewissheit über diese Person verschafft hat und ob die Unterschrift in seiner Gegenwart vollzogen oder anerkannt worden ist,
3. den Hinweis, dass die Beglaubigung nur zur Vorlage bei der angegebenen Behörde oder Stelle bestimmt ist,
4. den Ort und den Tag der Beglaubigung, die Unterschrift des für die Beglaubigung zuständigen Bediensteten und das Dienstsiegel.

(4) Die Absätze 1 bis 3 gelten für die Beglaubigung von Handzeichen entsprechend.

(5) Die Rechtsverordnungen nach Absatz 1 und 4 bedürfen nicht der Zustimmung des Bundesrates.

Teil III
Verwaltungsakt

Abschnitt 1
Zustandekommen des Verwaltungsaktes

§ 35 Begriff des Verwaltungsaktes
[1]Verwaltungsakt ist jede Verfügung, Entscheidung oder andere hoheitliche Maßnahme, die eine Behörde zur Regelung eines Einzelfalls auf dem Gebiet des öffentlichen Rechts trifft und die auf unmittelbare Rechtswirkung nach außen gerichtet ist. [2]Allgemeinverfügung ist ein Verwaltungsakt, der sich an einen nach allgemeinen Merkmalen bestimmten oder bestimmbaren Personenkreis richtet oder die öffentlich-rechtliche Eigenschaft einer Sache oder ihre Benutzung durch die Allgemeinheit betrifft.

§ 35a Vollständig automatisierter Erlass eines Verwaltungsaktes
Ein Verwaltungsakt kann vollständig durch automatische Einrichtungen erlassen werden, sofern dies durch Rechtsvorschrift zugelassen ist und weder ein Ermessen noch ein Beurteilungsspielraum besteht.

§ 36 Nebenbestimmungen zum Verwaltungsakt
(1) Ein Verwaltungsakt, auf den ein Anspruch besteht, darf mit einer Nebenbestimmung nur versehen werden, wenn sie durch Rechtsvorschrift zugelassen ist oder wenn sie sicherstellen soll, dass die gesetzlichen Voraussetzungen des Verwaltungsaktes erfüllt werden.

(2) Unbeschadet des Absatzes 1 darf ein Verwaltungsakt nach pflichtgemäßem Ermessen erlassen werden mit
1. einer Bestimmung, nach der eine Vergünstigung oder Belastung zu einem bestimmten Zeitpunkt beginnt, endet oder für einen bestimmten Zeitraum gilt (Befristung);
2. einer Bestimmung, nach der der Eintritt oder der Wegfall einer Vergünstigung oder einer Belastung von dem ungewissen Eintritt eines zukünftigen Ereignisses abhängt (Bedingung);
3. einem Vorbehalt des Widerrufs

oder verbunden werden mit
4. einer Bestimmung, durch die dem Begünstigten ein Tun, Dulden oder Unterlassen vorgeschrieben wird (Auflage);
5. einem Vorbehalt der nachträglichen Aufnahme, Änderung oder Ergänzung einer Auflage.

(3) Eine Nebenbestimmung darf dem Zweck des Verwaltungsaktes nicht zuwiderlaufen.

§ 37 Bestimmtheit und Form des Verwaltungsaktes; Rechtsbehelfsbelehrung
(1) Ein Verwaltungsakt muss inhaltlich hinreichend bestimmt sein.

(2) [1]Ein Verwaltungsakt kann schriftlich, elektronisch, mündlich oder in anderer Weise erlassen werden. [2]Ein mündlicher Verwaltungsakt ist schriftlich oder elektronisch zu bestätigen, wenn hieran ein berechtigtes Interesse besteht und der Betroffene dies unverzüglich verlangt. [3]Ein elektronischer Verwaltungsakt ist unter denselben Voraussetzungen schriftlich zu bestätigen; § 3a Abs. 2 findet insoweit keine Anwendung.

(3) [1]Ein schriftlicher oder elektronischer Verwaltungsakt muss die erlassende Behörde erkennen lassen und die Unterschrift oder die Namenswiedergabe des Behördenleiters, seines Vertreters oder seines Beauftragten enthalten. [2]Wird für einen Verwaltungsakt, für den durch Rechtsvorschrift die Schriftform angeordnet ist, die elektronische Form verwendet, muss auch das der Signatur zugrunde liegende qualifizierte Zertifikat oder ein zugehöriges qualifiziertes Attributzertifikat die erlassende Behörde erkennen lassen. [3]Im Fall des § 3a Absatz 2 Satz 4 Nummer 3 muss die Bestätigung nach § 5 Absatz 5 des De-Mail-Gesetzes die erlassende Behörde als Nutzer des De-Mail-Kontos erkennen lassen.

(4) Für einen Verwaltungsakt kann für die nach § 3a Abs. 2 erforderliche Signatur durch Rechtsvorschrift die dauerhafte Überprüfbarkeit vorgeschrieben werden.

(5) [1]Bei einem schriftlichen Verwaltungsakt, der mit Hilfe automatischer Einrichtungen erlassen wird, können abweichend von Absatz 3 Unterschrift und Namenswiedergabe fehlen. [2]Zur Inhaltsangabe können Schlüsselzeichen verwendet werden, wenn derjenige, für den der Verwaltungsakt bestimmt ist oder der von ihm betroffen wird, auf Grund der dazu gegebenen Erläuterungen den Inhalt des Verwaltungsaktes eindeutig erkennen kann.

(6) [1]Einem schriftlichen oder elektronischen Verwaltungsakt, der der Anfechtung unterliegt, ist eine Erklärung beizufügen, durch die der Beteiligte über den Rechtsbehelf, der gegen den Verwaltungsakt

gegeben ist, über die Behörde oder das Gericht, bei denen der Rechtsbehelf einzulegen ist, den Sitz und über die einzuhaltende Frist belehrt wird (Rechtsbehelfsbelehrung). [2]Die Rechtsbehelfsbelehrung ist auch der schriftlichen oder elektronischen Bestätigung eines Verwaltungsaktes und der Bescheinigung nach § 42a Absatz 3 beizufügen.

§ 38 Zusicherung

(1) [1]Eine von der zuständigen Behörde erteilte Zusage, einen bestimmten Verwaltungsakt später zu erlassen oder zu unterlassen (Zusicherung), bedarf zu ihrer Wirksamkeit der schriftlichen Form. [2]Ist vor dem Erlass des zugesicherten Verwaltungsaktes die Anhörung Beteiligter oder die Mitwirkung einer anderen Behörde oder eines Ausschusses auf Grund einer Rechtsvorschrift erforderlich, so darf die Zusicherung erst nach Anhörung der Beteiligten oder nach Mitwirkung dieser Behörde oder des Ausschusses gegeben werden.

(2) Auf die Unwirksamkeit der Zusicherung finden, unbeschadet des Absatzes 1 Satz 1, § 44, auf die Heilung von Mängeln bei der Anhörung Beteiligter und der Mitwirkung anderer Behörden oder Ausschüsse § 45 Abs. 1 Nr. 3 bis 5 sowie Abs. 2, auf die Rücknahme § 48, auf den Widerruf, unbeschadet des Absatzes 3, § 49 entsprechende Anwendung.

(3) Ändert sich nach Abgabe der Zusicherung die Sach- oder Rechtslage derart, dass die Behörde bei Kenntnis der nachträglich eingetretenen Änderung die Zusicherung nicht gegeben hätte oder aus rechtlichen Gründen nicht hätte geben dürfen, ist die Behörde an die Zusicherung nicht mehr gebunden.

§ 39 Begründung des Verwaltungsaktes

(1) [1]Ein schriftlicher oder elektronischer sowie ein schriftlich oder elektronisch bestätigter Verwaltungsakt ist mit einer Begründung zu versehen. [2]In der Begründung sind die wesentlichen tatsächlichen und rechtlichen Gründe mitzuteilen, die die Behörde zu ihrer Entscheidung bewogen haben. [3]Die Begründung von Ermessensentscheidungen soll auch die Gesichtspunkte erkennen lassen, von denen die Behörde bei der Ausübung ihres Ermessens ausgegangen ist.

(2) Einer Begründung bedarf es nicht,

1. soweit die Behörde einem Antrag entspricht oder einer Erklärung folgt und der Verwaltungsakt nicht in Rechte eines anderen eingreift;
2. soweit demjenigen, für den der Verwaltungsakt bestimmt ist oder der von ihm betroffen wird, die Auffassung der Behörde über die Sach- und Rechtslage bereits bekannt oder auch ohne Begründung für ihn ohne weiteres erkennbar ist;
3. wenn die Behörde gleichartige Verwaltungsakte in größerer Zahl oder Verwaltungsakte mit Hilfe automatischer Einrichtungen erlässt und die Begründung nach den Umständen des Einzelfalls nicht geboten ist;
4. wenn sich dies aus einer Rechtsvorschrift ergibt;
5. wenn eine Allgemeinverfügung öffentlich bekannt gegeben wird.

§ 40 Ermessen

Ist die Behörde ermächtigt, nach ihrem Ermessen zu handeln, hat sie ihr Ermessen entsprechend dem Zweck der Ermächtigung auszuüben und die gesetzlichen Grenzen des Ermessens einzuhalten.

§ 41 Bekanntgabe des Verwaltungsaktes

(1) [1]Ein Verwaltungsakt ist demjenigen Beteiligten bekannt zu geben, für den er bestimmt ist oder der von ihm betroffen wird. [2]Ist ein Bevollmächtigter bestellt, so kann die Bekanntgabe ihm gegenüber vorgenommen werden.

(2) [1]Ein schriftlicher Verwaltungsakt, der im Inland durch die Post übermittelt wird, gilt am dritten Tag nach der Aufgabe zur Post als bekannt gegeben. [2]Ein Verwaltungsakt, der im Inland oder in das Ausland elektronisch übermittelt wird, gilt am dritten Tag nach der Absendung als bekannt gegeben. [3]Dies gilt nicht, wenn der Verwaltungsakt nicht oder zu einem späteren Zeitpunkt zugegangen ist; im Zweifel hat die Behörde den Zugang des Verwaltungsaktes und den Zeitpunkt des Zugangs nachzuweisen.

(2a) [1]Mit Einwilligung des Beteiligten kann ein elektronischer Verwaltungsakt dadurch bekannt gegeben werden, dass er vom Beteiligten oder von seinem Bevollmächtigten über öffentlich zugängliche Netze abgerufen wird. [2]Die Behörde hat zu gewährleisten, dass der Abruf nur nach Authentifizierung der berechtigten Person möglich ist und der elektronische Verwaltungsakt von ihr gespeichert werden kann. [3]Der Verwaltungsakt gilt am Tag nach dem Abruf als bekannt gegeben. [4]Wird der Verwaltungsakt nicht innerhalb von zehn Tagen nach Absendung einer Benachrichtigung über die Bereitstellung abgerufen, wird diese beendet. [5]In diesem Fall ist die Bekanntgabe nicht bewirkt; die Möglichkeit einer erneuten Bereitstellung zum Abruf oder der Bekanntgabe auf andere Weise bleibt unberührt.

(3) [1]Ein Verwaltungsakt darf öffentlich bekannt gegeben werden, wenn dies durch Rechtsvorschrift zugelassen ist. [2]Eine Allgemeinverfügung darf auch dann öffentlich bekannt gegeben werden, wenn eine Bekanntgabe an die Beteiligten untunlich ist.

(4) [1]Die öffentliche Bekanntgabe eines schriftlichen oder elektronischen Verwaltungsaktes wird dadurch bewirkt, dass sein verfügender Teil ortsüblich bekannt gemacht wird. [2]In der ortsüblichen Bekanntmachung ist anzugeben, wo der Verwaltungsakt und seine Begründung eingesehen werden können. [3]Der Verwaltungsakt gilt zwei Wochen nach der ortsüblichen Bekanntmachung als bekannt gegeben. [4]In einer Allgemeinverfügung kann ein hiervon abweichender Tag, jedoch frühestens der auf die Bekanntmachung folgende Tag bestimmt werden.

(5) Vorschriften über die Bekanntgabe eines Verwaltungsaktes mittels Zustellung bleiben unberührt.

§ 42 Offenbare Unrichtigkeiten im Verwaltungsakt

[1]Die Behörde kann Schreibfehler, Rechenfehler und ähnliche offenbare Unrichtigkeiten in einem Verwaltungsakt jederzeit berichtigen. [2]Bei berechtigtem Interesse des Beteiligten ist zu berichtigen. [3]Die Behörde ist berechtigt, die Vorlage des Dokuments zu verlangen, das berichtigt werden soll.

§ 42a Genehmigungsfiktion

(1) [1]Eine beantragte Genehmigung gilt nach Ablauf einer für die Entscheidung festgelegten Frist als erteilt (Genehmigungsfiktion), wenn dies durch Rechtsvorschrift angeordnet und der Antrag hinreichend bestimmt ist. [2]Die Vorschriften über die Bestandskraft von Verwaltungsakten und über das Rechtsbehelfsverfahren gelten entsprechend.

(2) [1]Die Frist nach Absatz 1 Satz 1 beträgt drei Monate, soweit durch Rechtsvorschrift nichts Abweichendes bestimmt ist. [2]Die Frist beginnt mit Eingang der vollständigen Unterlagen. [3]Sie kann einmal angemessen verlängert werden, wenn dies wegen der Schwierigkeit der Angelegenheit gerechtfertigt ist. [4]Die Fristverlängerung ist zu begründen und rechtzeitig mitzuteilen.

(3) Auf Verlangen ist demjenigen, dem der Verwaltungsakt nach § 41 Abs. 1 hätte bekannt gegeben werden müssen, der Eintritt der Genehmigungsfiktion schriftlich zu bescheinigen.

Abschnitt 2
Bestandskraft des Verwaltungsaktes

§ 43 Wirksamkeit des Verwaltungsaktes

(1) [1]Ein Verwaltungsakt wird gegenüber demjenigen, für den er bestimmt ist oder der von ihm betroffen wird, in dem Zeitpunkt wirksam, in dem er ihm bekannt gegeben wird. [2]Der Verwaltungsakt wird mit dem Inhalt wirksam, mit dem er bekannt gegeben wird.

(2) Ein Verwaltungsakt bleibt wirksam, solange und soweit er nicht zurückgenommen, widerrufen, anderweitig aufgehoben oder durch Zeitablauf oder auf andere Weise erledigt ist.

(3) Ein nichtiger Verwaltungsakt ist unwirksam.

§ 44 Nichtigkeit des Verwaltungsaktes

(1) Ein Verwaltungsakt ist nichtig, soweit er an einem besonders schwerwiegenden Fehler leidet und dies bei verständiger Würdigung aller in Betracht kommenden Umstände offensichtlich ist.

(2) Ohne Rücksicht auf das Vorliegen der Voraussetzungen des Absatzes 1 ist ein Verwaltungsakt nichtig,

1. der schriftlich oder elektronisch erlassen worden ist, die erlassende Behörde aber nicht erkennen lässt;
2. der nach einer Rechtsvorschrift nur durch die Aushändigung einer Urkunde erlassen werden kann, aber dieser Form nicht genügt;
3. den eine Behörde außerhalb ihrer durch § 3 Abs. 1 Nr. 1 begründeten Zuständigkeit erlassen hat, ohne dazu ermächtigt zu sein;
4. den aus tatsächlichen Gründen niemand ausführen kann;

5. der die Begehung einer rechtswidrigen Tat verlangt, die einen Straf- oder Bußgeldtatbestand verwirklicht;
6. der gegen die guten Sitten verstößt.

(3) Ein Verwaltungsakt ist nicht schon deshalb nichtig, weil
1. Vorschriften über die örtliche Zuständigkeit nicht eingehalten worden sind, außer wenn ein Fall des Absatzes 2 Nr. 3 vorliegt;
2. eine nach § 20 Abs. 1 Satz 1 Nr. 2 bis 6 ausgeschlossene Person mitgewirkt hat;
3. ein durch Rechtsvorschrift zur Mitwirkung berufener Ausschuss den für den Erlass des Verwaltungsaktes vorgeschriebenen Beschluss nicht gefasst hat oder nicht beschlussfähig war;
4. die nach einer Rechtsvorschrift erforderliche Mitwirkung einer anderen Behörde unterblieben ist.

(4) Betrifft die Nichtigkeit nur einen Teil des Verwaltungsaktes, so ist er im Ganzen nichtig, wenn der nichtige Teil so wesentlich ist, dass die Behörde den Verwaltungsakt ohne den nichtigen Teil nicht erlassen hätte.

(5) Die Behörde kann die Nichtigkeit jederzeit von Amts wegen feststellen; auf Antrag ist sie festzustellen, wenn der Antragsteller hieran ein berechtigtes Interesse hat.

§ 45 Heilung von Verfahrens- und Formfehlern

(1) Eine Verletzung von Verfahrens- oder Formvorschriften, die nicht den Verwaltungsakt nach § 44 nichtig macht, ist unbeachtlich, wenn
1. der für den Erlass des Verwaltungsaktes erforderliche Antrag nachträglich gestellt wird;
2. die erforderliche Begründung nachträglich gegeben wird;
3. die erforderliche Anhörung eines Beteiligten nachgeholt wird;
4. der Beschluss eines Ausschusses, dessen Mitwirkung für den Erlass des Verwaltungsaktes erforderlich ist, nachträglich gefasst wird;
5. die erforderliche Mitwirkung einer anderen Behörde nachgeholt wird.

(2) Handlungen nach Absatz 1 können bis zum Abschluss der letzten Tatsacheninstanz eines verwaltungsgerichtlichen Verfahrens nachgeholt werden.

(3) [1]Fehlt einem Verwaltungsakt die erforderliche Begründung oder ist die erforderliche Anhörung eines Beteiligten vor Erlass des Verwaltungsaktes unterblieben und ist dadurch die rechtzeitige Anfechtung des Verwaltungsaktes versäumt worden, so gilt die Versäumung der Rechtsbehelfsfrist als nicht verschuldet. [2]Das für die Wiedereinsetzungsfrist nach § 32 Abs. 2 maßgebende Ereignis tritt im Zeitpunkt der Nachholung der unterlassenen Verfahrenshandlung ein.

§ 46 Folgen von Verfahrens- und Formfehlern

Die Aufhebung eines Verwaltungsaktes, der nicht nach § 44 nichtig ist, kann nicht allein deshalb beansprucht werden, weil er unter Verletzung von Vorschriften über das Verfahren, die Form oder die örtliche Zuständigkeit zustande gekommen ist, wenn offensichtlich ist, dass die Verletzung die Entscheidung in der Sache nicht beeinflusst hat.

§ 47 Umdeutung eines fehlerhaften Verwaltungsaktes

(1) Ein fehlerhafter Verwaltungsakt kann in einen anderen Verwaltungsakt umgedeutet werden, wenn er auf das gleiche Ziel gerichtet ist, von der erlassenden Behörde in der geschehenen Verfahrensweise und Form rechtmäßig hätte erlassen werden können und wenn die Voraussetzungen für dessen Erlass erfüllt sind.

(2) [1]Absatz 1 gilt nicht, wenn der Verwaltungsakt, in den der fehlerhafte Verwaltungsakt umzudeuten wäre, der erkennbaren Absicht der erlassenden Behörde widerspräche oder seine Rechtsfolgen für den Betroffenen ungünstiger wären als die des fehlerhaften Verwaltungsaktes. [2]Eine Umdeutung ist ferner unzulässig, wenn der fehlerhafte Verwaltungsakt nicht zurückgenommen werden dürfte.

(3) Eine Entscheidung, die nur als gesetzlich gebundene Entscheidung ergehen kann, kann nicht in eine Ermessensentscheidung umgedeutet werden.

(4) § 28 ist entsprechend anzuwenden.

§ 48 Rücknahme eines rechtswidrigen Verwaltungsaktes

(1) [1]Ein rechtswidriger Verwaltungsakt kann, auch nachdem er unanfechtbar geworden ist, ganz oder teilweise mit Wirkung für die Zukunft oder für die Vergangenheit zurückgenommen werden. [2]Ein Verwaltungsakt, der ein Recht oder einen rechtlich erheblichen Vorteil begründet oder bestätigt hat

(begünstigender Verwaltungsakt), darf nur unter den Einschränkungen der Absätze 2 bis 4 zurückgenommen werden.

(2) [1]Ein rechtswidriger Verwaltungsakt, der eine einmalige oder laufende Geldleistung oder teilbare Sachleistung gewährt oder hierfür Voraussetzung ist, darf nicht zurückgenommen werden, soweit der Begünstigte auf den Bestand des Verwaltungsaktes vertraut hat und sein Vertrauen unter Abwägung mit dem öffentlichen Interesse an einer Rücknahme schutzwürdig ist. [2]Das Vertrauen ist in der Regel schutzwürdig, wenn der Begünstigte gewährte Leistungen verbraucht oder eine Vermögensdisposition getroffen hat, die er nicht mehr oder nur unter unzumutbaren Nachteilen rückgängig machen kann. [3]Auf Vertrauen kann sich der Begünstigte nicht berufen, wenn er

1. den Verwaltungsakt durch arglistige Täuschung, Drohung oder Bestechung erwirkt hat;
2. den Verwaltungsakt durch Angaben erwirkt hat, die in wesentlicher Beziehung unrichtig oder unvollständig waren;
3. die Rechtswidrigkeit des Verwaltungsaktes kannte oder infolge grober Fahrlässigkeit nicht kannte.

[4]In den Fällen des Satzes 3 wird der Verwaltungsakt in der Regel mit Wirkung für die Vergangenheit zurückgenommen.

(3) [1]Wird ein rechtswidriger Verwaltungsakt, der nicht unter Absatz 2 fällt, zurückgenommen, so hat die Behörde dem Betroffenen auf Antrag den Vermögensnachteil auszugleichen, den dieser dadurch erleidet, dass er auf den Bestand des Verwaltungsaktes vertraut hat, soweit sein Vertrauen unter Abwägung mit dem öffentlichen Interesse schutzwürdig ist. [2]Absatz 2 Satz 3 ist anzuwenden. [3]Der Vermögensnachteil ist jedoch nicht über den Betrag des Interesses hinaus zu ersetzen, das der Betroffene an dem Bestand des Verwaltungsaktes hat. [4]Der auszugleichende Vermögensnachteil wird durch die Behörde festgesetzt. [5]Der Anspruch kann nur innerhalb eines Jahres geltend gemacht werden; die Frist beginnt, sobald die Behörde den Betroffenen auf sie hingewiesen hat.

(4) [1]Erhält die Behörde von Tatsachen Kenntnis, welche die Rücknahme eines rechtswidrigen Verwaltungsaktes rechtfertigen, so ist die Rücknahme nur innerhalb eines Jahres seit dem Zeitpunkt der Kenntnisnahme zulässig. [2]Dies gilt nicht im Falle des Absatzes 2 Satz 3 Nr. 1.

(5) Über die Rücknahme entscheidet nach Unanfechtbarkeit des Verwaltungsaktes die nach § 3 zuständige Behörde; dies gilt auch dann, wenn der zurückzunehmende Verwaltungsakt von einer anderen Behörde erlassen worden ist.

§ 49 Widerruf eines rechtmäßigen Verwaltungsaktes

(1) Ein rechtmäßiger nicht begünstigender Verwaltungsakt kann, auch nachdem er unanfechtbar geworden ist, ganz oder teilweise mit Wirkung für die Zukunft widerrufen werden, außer wenn ein Verwaltungsakt gleichen Inhalts erneut erlassen werden müsste oder aus anderen Gründen ein Widerruf unzulässig ist.

(2) [1]Ein rechtmäßiger begünstigender Verwaltungsakt darf, auch nachdem er unanfechtbar geworden ist, ganz oder teilweise mit Wirkung für die Zukunft nur widerrufen werden,

1. wenn der Widerruf durch Rechtsvorschrift zugelassen oder im Verwaltungsakt vorbehalten ist;
2. wenn mit dem Verwaltungsakt eine Auflage verbunden ist und der Begünstigte diese nicht oder nicht innerhalb einer ihm gesetzten Frist erfüllt hat;
3. wenn die Behörde auf Grund nachträglich eingetretener Tatsachen berechtigt wäre, den Verwaltungsakt nicht zu erlassen, und wenn ohne den Widerruf das öffentliche Interesse gefährdet würde;
4. wenn die Behörde auf Grund einer geänderten Rechtsvorschrift berechtigt wäre, den Verwaltungsakt nicht zu erlassen, soweit der Begünstigte von der Vergünstigung noch keinen Gebrauch gemacht oder auf Grund des Verwaltungsaktes noch keine Leistungen empfangen hat, und wenn ohne den Widerruf das öffentliche Interesse gefährdet würde;
5. um schwere Nachteile für das Gemeinwohl zu verhüten oder zu beseitigen.

[2]§ 48 Abs. 4 gilt entsprechend.

(3) [1]Ein rechtmäßiger Verwaltungsakt, der eine einmalige oder laufende Geldleistung oder teilbare Sachleistung zur Erfüllung eines bestimmten Zwecks gewährt oder hierfür Voraussetzung ist, kann, auch nachdem er unanfechtbar geworden ist, ganz oder teilweise auch mit Wirkung für die Vergangenheit widerrufen werden,

1. wenn die Leistung nicht, nicht alsbald nach der Erbringung oder nicht mehr für den in dem Verwaltungsakt bestimmten Zweck verwendet wird;

2. wenn mit dem Verwaltungsakt eine Auflage verbunden ist und der Begünstigte diese nicht oder nicht innerhalb einer ihm gesetzten Frist erfüllt hat.

[2]§ 48 Abs. 4 gilt entsprechend.

(4) Der widerrufene Verwaltungsakt wird mit dem Wirksamwerden des Widerrufs unwirksam, wenn die Behörde keinen anderen Zeitpunkt bestimmt.

(5) Über den Widerruf entscheidet nach Unanfechtbarkeit des Verwaltungsaktes die nach § 3 zuständige Behörde; dies gilt auch dann, wenn der zu widerrufende Verwaltungsakt von einer anderen Behörde erlassen worden ist.

(6) [1]Wird ein begünstigender Verwaltungsakt in den Fällen des Absatzes 2 Nr. 3 bis 5 widerrufen, so hat die Behörde den Betroffenen auf Antrag für den Vermögensnachteil zu entschädigen, den dieser dadurch erleidet, dass er auf den Bestand des Verwaltungsaktes vertraut hat, soweit sein Vertrauen schutzwürdig ist. [2]§ 48 Abs. 3 Satz 3 bis 5 gilt entsprechend. [3]Für Streitigkeiten über die Entschädigung ist der ordentliche Rechtsweg gegeben.

§ 49a Erstattung, Verzinsung

(1) [1]Soweit ein Verwaltungsakt mit Wirkung für die Vergangenheit zurückgenommen oder widerrufen worden oder infolge Eintritts einer auflösenden Bedingung unwirksam geworden ist, sind bereits erbrachte Leistungen zu erstatten. [2]Die zu erstattende Leistung ist durch schriftlichen Verwaltungsakt festzusetzen.

(2) [1]Für den Umfang der Erstattung mit Ausnahme der Verzinsung gelten die Vorschriften des Bürgerlichen Gesetzbuchs über die Herausgabe einer ungerechtfertigten Bereicherung entsprechend. [2]Auf den Wegfall der Bereicherung kann sich der Begünstigte nicht berufen, soweit er die Umstände kannte oder infolge grober Fahrlässigkeit nicht kannte, die zur Rücknahme, zum Widerruf oder zur Unwirksamkeit des Verwaltungsaktes geführt haben.

(3) [1]Der zu erstattende Betrag ist vom Eintritt der Unwirksamkeit des Verwaltungsaktes an mit fünf Prozentpunkten über dem Basiszinssatz jährlich zu verzinsen. [2]Von der Geltendmachung des Zinsanspruchs kann insbesondere dann abgesehen werden, wenn der Begünstigte die Umstände, die zur Rücknahme, zum Widerruf oder zur Unwirksamkeit des Verwaltungsaktes geführt haben, nicht zu vertreten hat und den zu erstattenden Betrag innerhalb der von der Behörde festgesetzten Frist leistet.

(4) [1]Wird eine Leistung nicht alsbald nach der Auszahlung für den bestimmten Zweck verwendet, so können für die Zeit bis zur zweckentsprechenden Verwendung Zinsen nach Absatz 3 Satz 1 verlangt werden. [2]Entsprechendes gilt, soweit eine Leistung in Anspruch genommen wird, obwohl andere Mittel anteilig oder vorrangig einzusetzen sind. [3]§ 49 Abs. 3 Satz 1 Nr. 1 bleibt unberührt.

§ 50 Rücknahme und Widerruf im Rechtsbehelfsverfahren

§ 48 Abs. 1 Satz 2 und Abs. 2 bis 4 sowie § 49 Abs. 2 bis 4 und 6 gelten nicht, wenn ein begünstigender Verwaltungsakt, der von einem Dritten angefochten worden ist, während des Vorverfahrens oder während des verwaltungsgerichtlichen Verfahrens aufgehoben wird, soweit dadurch dem Widerspruch oder der Klage abgeholfen wird.

§ 51 Wiederaufgreifen des Verfahrens

(1) Die Behörde hat auf Antrag des Betroffenen über die Aufhebung oder Änderung eines unanfechtbaren Verwaltungsaktes zu entscheiden, wenn

1. sich die dem Verwaltungsakt zugrunde liegende Sach- oder Rechtslage nachträglich zugunsten des Betroffenen geändert hat;
2. neue Beweismittel vorliegen, die eine dem Betroffenen günstigere Entscheidung herbeigeführt haben würden;
3. Wiederaufnahmegründe entsprechend § 580 der Zivilprozessordnung gegeben sind.

(2) Der Antrag ist nur zulässig, wenn der Betroffene ohne grobes Verschulden außerstande war, den Grund für das Wiederaufgreifen in dem früheren Verfahren, insbesondere durch Rechtsbehelf, geltend zu machen.

(3) [1]Der Antrag muss binnen drei Monaten gestellt werden. [2]Die Frist beginnt mit dem Tage, an dem der Betroffene von dem Grund für das Wiederaufgreifen Kenntnis erhalten hat.

(4) Über den Antrag entscheidet die nach § 3 zuständige Behörde; dies gilt auch dann, wenn der Verwaltungsakt, dessen Aufhebung oder Änderung begehrt wird, von einer anderen Behörde erlassen worden ist.

(5) Die Vorschriften des § 48 Abs. 1 Satz 1 und des § 49 Abs. 1 bleiben unberührt.

§ 52 Rückgabe von Urkunden und Sachen

[1]Ist ein Verwaltungsakt unanfechtbar widerrufen oder zurückgenommen oder ist seine Wirksamkeit aus einem anderen Grund nicht oder nicht mehr gegeben, so kann die Behörde die auf Grund dieses Verwaltungsaktes erteilten Urkunden oder Sachen, die zum Nachweis der Rechte aus dem Verwaltungsakt oder zu deren Ausübung bestimmt sind, zurückfordern. [2]Der Inhaber und, sofern er nicht der Besitzer ist, auch der Besitzer dieser Urkunden oder Sachen sind zu ihrer Herausgabe verpflichtet. [3]Der Inhaber oder der Besitzer kann jedoch verlangen, dass ihm die Urkunden oder Sachen wieder ausgehändigt werden, nachdem sie von der Behörde als ungültig gekennzeichnet sind; dies gilt nicht bei Sachen, bei denen eine solche Kennzeichnung nicht oder nicht mit der erforderlichen Offensichtlichkeit oder Dauerhaftigkeit möglich ist.

Abschnitt 3
Verjährungsrechtliche Wirkungen des Verwaltungsaktes

§ 53 Hemmung der Verjährung durch Verwaltungsakt

(1) [1]Ein Verwaltungsakt, der zur Feststellung oder Durchsetzung des Anspruchs eines öffentlich-rechtlichen Rechtsträgers erlassen wird, hemmt die Verjährung dieses Anspruchs. [2]Die Hemmung endet mit Eintritt der Unanfechtbarkeit des Verwaltungsaktes oder sechs Monate nach seiner anderweitigen Erledigung.

(2) [1]Ist ein Verwaltungsakt im Sinne des Absatzes 1 unanfechtbar geworden, beträgt die Verjährungsfrist 30 Jahre. [2]Soweit der Verwaltungsakt einen Anspruch auf künftig fällig werdende regelmäßig wiederkehrende Leistungen zum Inhalt hat, bleibt es bei der für diesen Anspruch geltenden Verjährungsfrist.

Teil IV
Öffentlich-rechtlicher Vertrag

§ 54 Zulässigkeit des öffentlich-rechtlichen Vertrags

[1]Ein Rechtsverhältnis auf dem Gebiet des öffentlichen Rechts kann durch Vertrag begründet, geändert oder aufgehoben werden (öffentlich-rechtlicher Vertrag), soweit Rechtsvorschriften nicht entgegenstehen. [2]Insbesondere kann die Behörde, anstatt einen Verwaltungsakt zu erlassen, einen öffentlich-rechtlichen Vertrag mit demjenigen schließen, an den sie sonst den Verwaltungsakt richten würde.

§ 55 Vergleichsvertrag

Ein öffentlich-rechtlicher Vertrag im Sinne des § 54 Satz 2, durch den eine bei verständiger Würdigung des Sachverhalts oder der Rechtslage bestehende Ungewissheit durch gegenseitiges Nachgeben beseitigt wird (Vergleich), kann geschlossen werden, wenn die Behörde den Abschluss des Vergleichs zur Beseitigung der Ungewissheit nach pflichtgemäßem Ermessen für zweckmäßig hält.

§ 56 Austauschvertrag

(1) [1]Ein öffentlich-rechtlicher Vertrag im Sinne des § 54 Satz 2, in dem sich der Vertragspartner der Behörde zu einer Gegenleistung verpflichtet, kann geschlossen werden, wenn die Gegenleistung für einen bestimmten Zweck im Vertrag vereinbart wird und der Behörde zur Erfüllung ihrer öffentlichen Aufgaben dient. [2]Die Gegenleistung muss den gesamten Umständen nach angemessen sein und im sachlichen Zusammenhang mit der vertraglichen Leistung der Behörde stehen.

(2) Besteht auf die Leistung der Behörde ein Anspruch, so kann nur eine solche Gegenleistung vereinbart werden, die bei Erlass eines Verwaltungsaktes Inhalt einer Nebenbestimmung nach § 36 sein könnte.

§ 57 Schriftform

Ein öffentlich-rechtlicher Vertrag ist schriftlich zu schließen, soweit nicht durch Rechtsvorschrift eine andere Form vorgeschrieben ist.

§ 58 Zustimmung von Dritten und Behörden

(1) Ein öffentlich-rechtlicher Vertrag, der in Rechte eines Dritten eingreift, wird erst wirksam, wenn der Dritte schriftlich zustimmt.

(2) Wird anstatt eines Verwaltungsaktes, bei dessen Erlass nach einer Rechtsvorschrift die Genehmigung, die Zustimmung oder das Einvernehmen einer anderen Behörde erforderlich ist, ein Vertrag geschlossen, so wird dieser erst wirksam, nachdem die andere Behörde in der vorgeschriebenen Form mitgewirkt hat.

§ 59 Nichtigkeit des öffentlich-rechtlichen Vertrags

(1) Ein öffentlich-rechtlicher Vertrag ist nichtig, wenn sich die Nichtigkeit aus der entsprechenden Anwendung von Vorschriften des Bürgerlichen Gesetzbuchs ergibt.

(2) Ein Vertrag im Sinne des § 54 Satz 2 ist ferner nichtig, wenn

1. ein Verwaltungsakt mit entsprechendem Inhalt nichtig wäre;
2. ein Verwaltungsakt mit entsprechendem Inhalt nicht nur wegen eines Verfahrens- oder Formfehlers im Sinne des § 46 rechtswidrig wäre und dies den Vertragschließenden bekannt war;
3. die Voraussetzungen zum Abschluss eines Vergleichsvertrags nicht vorlagen und ein Verwaltungsakt mit entsprechendem Inhalt nicht nur wegen eines Verfahrens- oder Formfehlers im Sinne des § 46 rechtswidrig wäre;
4. sich die Behörde eine nach § 56 unzulässige Gegenleistung versprechen lässt.

(3) Betrifft die Nichtigkeit nur einen Teil des Vertrags, so ist er im Ganzen nichtig, wenn nicht anzunehmen ist, dass er auch ohne den nichtigen Teil geschlossen worden wäre.

§ 60 Anpassung und Kündigung in besonderen Fällen

(1) [1]Haben die Verhältnisse, die für die Festsetzung des Vertragsinhalts maßgebend gewesen sind, sich seit Abschluss des Vertrags so wesentlich geändert, dass einer Vertragspartei das Festhalten an der ursprünglichen vertraglichen Regelung nicht zuzumuten ist, so kann diese Vertragspartei eine Anpassung des Vertragsinhalts an die geänderten Verhältnisse verlangen oder, sofern eine Anpassung nicht möglich oder einer Vertragspartei nicht zuzumuten ist, den Vertrag kündigen. [2]Die Behörde kann den Vertrag auch kündigen, um schwere Nachteile für das Gemeinwohl zu verhüten oder zu beseitigen.

(2) [1]Die Kündigung bedarf der Schriftform, soweit nicht durch Rechtsvorschrift eine andere Form vorgeschrieben ist. [2]Sie soll begründet werden.

§ 61 Unterwerfung unter die sofortige Vollstreckung

(1) [1]Jeder Vertragschließende kann sich der sofortigen Vollstreckung aus einem öffentlich-rechtlichen Vertrag im Sinne des § 54 Satz 2 unterwerfen. [2]Die Behörde muss hierbei von dem Behördenleiter, seinem allgemeinen Vertreter oder einem Angehörigen des öffentlichen Dienstes, der die Befähigung zum Richteramt hat, vertreten werden.

(2) [1]Auf öffentlich-rechtliche Verträge im Sinne des Absatzes 1 Satz 1 ist das Verwaltungs-Vollstreckungsgesetz des Bundes entsprechend anzuwenden, wenn Vertragschließender eine Behörde im Sinne des § 1 Abs. 1 Nr. 1 ist. [2]Will eine natürliche oder juristische Person des Privatrechts oder eine nichtrechtsfähige Vereinigung die Vollstreckung wegen einer Geldforderung betreiben, so ist § 170 Abs. 1 bis 3 der Verwaltungsgerichtsordnung entsprechend anzuwenden. [3]Richtet sich die Vollstreckung wegen der Erzwingung einer Handlung, Duldung oder Unterlassung gegen eine Behörde im Sinne des § 1 Abs. 1 Nr. 2, so ist § 172 der Verwaltungsgerichtsordnung entsprechend anzuwenden.

§ 62 Ergänzende Anwendung von Vorschriften

[1]Soweit sich aus den §§ 54 bis 61 nichts Abweichendes ergibt, gelten die übrigen Vorschriften dieses Gesetzes. [2]Ergänzend gelten die Vorschriften des Bürgerlichen Gesetzbuchs entsprechend.

Teil V
Besondere Verfahrensarten

Abschnitt 1
Förmliches Verwaltungsverfahren

§ 63 Anwendung der Vorschriften über das förmliche Verwaltungsverfahren

(1) Das förmliche Verwaltungsverfahren nach diesem Gesetz findet statt, wenn es durch Rechtsvorschrift angeordnet ist.

(2) Für das förmliche Verwaltungsverfahren gelten die §§ 64 bis 71 und, soweit sich aus ihnen nichts Abweichendes ergibt, die übrigen Vorschriften dieses Gesetzes.

(3) [1]Die Mitteilung nach § 17 Abs. 2 Satz 2 und die Aufforderung nach § 17 Abs. 4 Satz 2 sind im förmlichen Verwaltungsverfahren öffentlich bekannt zu machen. [2]Die öffentliche Bekanntmachung wird dadurch bewirkt, dass die Behörde die Mitteilung oder die Aufforderung in ihrem amtlichen Veröffentlichungsblatt und außerdem in örtlichen Tageszeitungen, die in dem Bereich verbreitet sind, in dem sich die Entscheidung voraussichtlich auswirken wird, bekannt macht.

§ 64 Form des Antrags

Setzt das förmliche Verwaltungsverfahren einen Antrag voraus, so ist er schriftlich oder zur Niederschrift bei der Behörde zu stellen.

§ 65 Mitwirkung von Zeugen und Sachverständigen

(1) [1]Im förmlichen Verwaltungsverfahren sind Zeugen zur Aussage und Sachverständige zur Erstattung von Gutachten verpflichtet. [2]Die Vorschriften der Zivilprozessordnung über die Pflicht, als Zeuge auszusagen oder als Sachverständiger ein Gutachten zu erstatten, über die Ablehnung von Sachverständigen sowie über die Vernehmung von Angehörigen des öffentlichen Dienstes als Zeugen oder Sachverständige gelten entsprechend.

(2) [1]Verweigern Zeugen oder Sachverständige ohne Vorliegen eines der in den §§ 376, 383 bis 385 und 408 der Zivilprozessordnung bezeichneten Gründe die Aussage oder die Erstattung des Gutachtens, so kann die Behörde das für den Wohnsitz oder den Aufenthaltsort des Zeugen oder des Sachverständigen zuständige Verwaltungsgericht um die Vernehmung ersuchen. [2]Befindet sich der Wohnsitz oder der Aufenthaltsort des Zeugen oder des Sachverständigen nicht am Sitz eines Verwaltungsgerichts oder einer besonders errichteten Kammer, so kann auch das zuständige Amtsgericht um die Vernehmung ersucht werden. [3]In dem Ersuchen hat die Behörde den Gegenstand der Vernehmung darzulegen sowie die Namen und Anschriften der Beteiligten anzugeben. [4]Das Gericht hat die Beteiligten von den Beweisterminen zu benachrichtigen.

(3) Hält die Behörde mit Rücksicht auf die Bedeutung der Aussage eines Zeugen oder des Gutachtens eines Sachverständigen oder zur Herbeiführung einer wahrheitsgemäßen Aussage die Beeidigung für geboten, so kann sie das nach Absatz 2 zuständige Gericht um die eidliche Vernehmung ersuchen.

(4) Das Gericht entscheidet über die Rechtmäßigkeit einer Verweigerung des Zeugnisses, des Gutachtens oder der Eidesleistung.

(5) Ein Ersuchen nach Absatz 2 oder 3 an das Gericht darf nur von dem Behördenleiter, seinem allgemeinen Vertreter oder einem Angehörigen des öffentlichen Dienstes gestellt werden, der die Befähigung zum Richteramt hat.

§ 66 Verpflichtung zur Anhörung von Beteiligten

(1) Im förmlichen Verwaltungsverfahren ist den Beteiligten Gelegenheit zu geben, sich vor der Entscheidung zu äußern.

(2) Den Beteiligten ist Gelegenheit zu geben, der Vernehmung von Zeugen und Sachverständigen und der Einnahme des Augenscheins beizuwohnen und hierbei sachdienliche Fragen zu stellen; ein schriftlich oder elektronisch vorliegendes Gutachten soll ihnen zugänglich gemacht werden.

§ 67 Erfordernis der mündlichen Verhandlung

(1) [1]Die Behörde entscheidet nach mündlicher Verhandlung. [2]Hierzu sind die Beteiligten mit angemessener Frist schriftlich zu laden. [3]Bei der Ladung ist darauf hinzuweisen, dass bei Ausbleiben eines Beteiligten auch ohne ihn verhandelt und entschieden werden kann. [4]Sind mehr als 50 Ladungen vorzunehmen, so können sie durch öffentliche Bekanntmachung ersetzt werden. [5]Die öffentliche Bekanntmachung wird dadurch bewirkt, dass der Verhandlungstermin mindestens zwei Wochen vorher im amtlichen Veröffentlichungsblatt der Behörde und außerdem in örtlichen Tageszeitungen, die in dem Bereich verbreitet sind, in dem sich die Entscheidung voraussichtlich auswirken wird, mit dem Hinweis nach Satz 3 bekannt gemacht wird. [6]Maßgebend für die Frist nach Satz 5 ist die Bekanntgabe im amtlichen Veröffentlichungsblatt.

(2) Die Behörde kann ohne mündliche Verhandlung entscheiden, wenn

1. einem Antrag im Einvernehmen mit allen Beteiligten in vollem Umfang entsprochen wird;
2. kein Beteiligter innerhalb einer hierfür gesetzten Frist Einwendungen gegen die vorgesehene Maßnahme erhoben hat;

3. die Behörde den Beteiligten mitgeteilt hat, dass sie beabsichtige, ohne mündliche Verhandlung zu entscheiden, und kein Beteiligter innerhalb einer hierfür gesetzten Frist Einwendungen dagegen erhoben hat;
4. alle Beteiligten auf sie verzichtet haben;
5. wegen Gefahr im Verzug eine sofortige Entscheidung notwendig ist.

(3) Die Behörde soll das Verfahren so fördern, dass es möglichst in einem Verhandlungstermin erledigt werden kann.

§ 68 Verlauf der mündlichen Verhandlung

(1) [1]Die mündliche Verhandlung ist nicht öffentlich. [2]An ihr können Vertreter der Aufsichtsbehörden und Personen, die bei der Behörde zur Ausbildung beschäftigt sind, teilnehmen. [3]Anderen Personen kann der Verhandlungsleiter die Anwesenheit gestatten, wenn kein Beteiligter widerspricht.

(2) [1]Der Verhandlungsleiter hat die Sache mit den Beteiligten zu erörtern. [2]Er hat darauf hinzuwirken, dass unklare Anträge erläutert, sachdienliche Anträge gestellt, ungenügende Angaben ergänzt sowie alle für die Feststellung des Sachverhalts wesentlichen Erklärungen abgegeben werden.

(3) [1]Der Verhandlungsleiter ist für die Ordnung verantwortlich. [2]Er kann Personen, die seine Anordnungen nicht befolgen, entfernen lassen. [3]Die Verhandlung kann ohne diese Personen fortgesetzt werden.

(4) [1]Über die mündliche Verhandlung ist eine Niederschrift zu fertigen. [2]Die Niederschrift muss Angaben enthalten über

1. den Ort und den Tag der Verhandlung,
2. die Namen des Verhandlungsleiters, der erschienenen Beteiligten, Zeugen und Sachverständigen,
3. den behandelten Verfahrensgegenstand und die gestellten Anträge,
4. den wesentlichen Inhalt der Aussagen der Zeugen und Sachverständigen,
5. das Ergebnis eines Augenscheins.

[3]Die Niederschrift ist von dem Verhandlungsleiter und, soweit ein Schriftführer hinzugezogen worden ist, auch von diesem zu unterzeichnen. [4]Der Aufnahme in die Verhandlungsniederschrift steht die Aufnahme in eine Schrift gleich, die ihr als Anlage beigefügt und als solche bezeichnet ist; auf die Anlage ist in der Verhandlungsniederschrift hinzuweisen.

§ 69 Entscheidung

(1) Die Behörde entscheidet unter Würdigung des Gesamtergebnisses des Verfahrens.

(2) [1]Verwaltungsakte, die das förmliche Verfahren abschließen, sind schriftlich zu erlassen, schriftlich zu begründen und den Beteiligten zuzustellen; in den Fällen des § 39 Abs. 2 Nr. 1 und 3 bedarf es einer Begründung nicht. [2]Ein elektronischer Verwaltungsakt nach Satz 1 ist mit einer dauerhaft überprüfbaren qualifizierten elektronischen Signatur zu versehen. [3]Sind mehr als 50 Zustellungen vorzunehmen, so können sie durch öffentliche Bekanntmachung ersetzt werden. [4]Die öffentliche Bekanntmachung wird dadurch bewirkt, dass der verfügende Teil des Verwaltungsaktes und die Rechtsbehelfsbelehrung im amtlichen Veröffentlichungsblatt der Behörde und außerdem in örtlichen Tageszeitungen bekannt gemacht werden, die in dem Bereich verbreitet sind, in dem sich die Entscheidung voraussichtlich auswirken wird. [5]Der Verwaltungsakt gilt mit dem Tage als zugestellt, an dem seit dem Tage der Bekanntmachung in dem amtlichen Veröffentlichungsblatt zwei Wochen verstrichen sind; hierauf ist in der Bekanntmachung hinzuweisen. [6]Nach der öffentlichen Bekanntmachung kann der Verwaltungsakt bis zum Ablauf der Rechtsbehelfsfrist von den Beteiligten schriftlich oder elektronisch angefordert werden; hierauf ist in der Bekanntmachung gleichfalls hinzuweisen.

(3) [1]Wird das förmliche Verwaltungsverfahren auf andere Weise abgeschlossen, so sind die Beteiligten hiervon zu benachrichtigen. [2]Sind mehr als 50 Benachrichtigungen vorzunehmen, so können sie durch öffentliche Bekanntmachung ersetzt werden; Absatz 2 Satz 4 gilt entsprechend.

§ 70 Anfechtung der Entscheidung

Vor Erhebung einer verwaltungsgerichtlichen Klage, die einen im förmlichen Verwaltungsverfahren erlassenen Verwaltungsakt zum Gegenstand hat, bedarf es keiner Nachprüfung in einem Vorverfahren.

§ 71 Besondere Vorschriften für das förmliche Verfahren vor Ausschüssen

(1) [1]Findet das förmliche Verwaltungsverfahren vor einem Ausschuss (§ 88) statt, so hat jedes Mitglied das Recht, sachdienliche Fragen zu stellen. [2]Wird eine Frage von einem Beteiligten beanstandet, so entscheidet der Ausschuss über ihre Zulässigkeit.

(2) [1]Bei der Beratung und Abstimmung dürfen nur Ausschussmitglieder zugegen sein, die an der mündlichen Verhandlung teilgenommen haben. [2]Ferner dürfen Personen zugegen sein, die bei der Behörde, bei der der Ausschuss gebildet ist, zur Ausbildung beschäftigt sind, soweit der Vorsitzende ihre Anwesenheit gestattet. [3]Die Abstimmungsergebnisse sind festzuhalten.

(3) [1]Jeder Beteiligte kann ein Mitglied des Ausschusses ablehnen, das in diesem Verwaltungsverfahren nicht tätig werden darf (§ 20) oder bei dem die Besorgnis der Befangenheit besteht (§ 21). [2]Eine Ablehnung vor der mündlichen Verhandlung ist schriftlich oder zur Niederschrift zu erklären. [3]Die Erklärung ist unzulässig, wenn sich der Beteiligte, ohne den ihm bekannten Ablehnungsgrund geltend zu machen, in die mündliche Verhandlung eingelassen hat. [4]Für die Entscheidung über die Ablehnung gilt § 20 Abs. 4 Satz 2 bis 4.

Abschnitt 1a
Verfahren über eine einheitliche Stelle

§ 71a Anwendbarkeit

(1) Ist durch Rechtsvorschrift angeordnet, dass ein Verwaltungsverfahren über eine einheitliche Stelle abgewickelt werden kann, so gelten die Vorschriften dieses Abschnitts und, soweit sich aus ihnen nichts Abweichendes ergibt, die übrigen Vorschriften dieses Gesetzes.

(2) Der zuständigen Behörde obliegen die Pflichten aus § 71b Abs. 3, 4 und 6, § 71c Abs. 2 und § 71e auch dann, wenn sich der Antragsteller oder Anzeigepflichtige unmittelbar an die zuständige Behörde wendet.

§ 71b Verfahren

(1) Die einheitliche Stelle nimmt Anzeigen, Anträge, Willenserklärungen und Unterlagen entgegen und leitet sie unverzüglich an die zuständigen Behörden weiter.

(2) [1]Anzeigen, Anträge, Willenserklärungen und Unterlagen gelten am dritten Tag nach Eingang bei der einheitlichen Stelle als bei der zuständigen Behörde eingegangen. [2]Fristen werden mit Eingang bei der einheitlichen Stelle gewahrt.

(3) [1]Soll durch die Anzeige, den Antrag oder die Abgabe einer Willenserklärung eine Frist in Lauf gesetzt werden, innerhalb deren die zuständige Behörde tätig werden muss, stellt die zuständige Behörde eine Empfangsbestätigung aus. [2]In der Empfangsbestätigung ist das Datum des Eingangs bei der einheitlichen Stelle mitzuteilen und auf die Frist, die Voraussetzungen für den Beginn des Fristlaufs und auf eine an den Fristablauf geknüpfte Rechtsfolge sowie auf die verfügbaren Rechtsbehelfe hinzuweisen.

(4) [1]Ist die Anzeige oder der Antrag unvollständig, teilt die zuständige Behörde unverzüglich mit, welche Unterlagen nachzureichen sind. [2]Die Mitteilung enthält den Hinweis, dass der Lauf der Frist nach Absatz 3 erst mit Eingang der vollständigen Unterlagen beginnt. [3]Das Datum des Eingangs der nachgereichten Unterlagen bei der einheitlichen Stelle ist mitzuteilen.

(5) [1]Soweit die einheitliche Stelle zur Verfahrensabwicklung in Anspruch genommen wird, sollen Mitteilungen der zuständigen Behörde an den Antragsteller oder Anzeigepflichtigen über sie weitergegeben werden. [2]Verwaltungsakte werden auf Verlangen desjenigen, an den sich der Verwaltungsakt richtet, von der zuständigen Behörde unmittelbar bekannt gegeben.

(6) [1]Ein schriftlicher Verwaltungsakt, der durch die Post in das Ausland übermittelt wird, gilt einen Monat nach Aufgabe zur Post als bekannt gegeben. [2]§ 41 Abs. 2 Satz 3 gilt entsprechend. [3]Von dem Antragsteller oder Anzeigepflichtigen kann nicht nach § 15 verlangt werden, einen Empfangsbevollmächtigten zu bestellen.

§ 71c Informationspflichten

(1) [1]Die einheitliche Stelle erteilt auf Anfrage unverzüglich Auskunft über die maßgeblichen Vorschriften, die zuständigen Behörden, den Zugang zu den öffentlichen Registern und Datenbanken, die zustehenden Verfahrensrechte und die Einrichtungen, die den Antragsteller oder Anzeigepflichtigen bei der Aufnahme oder Ausübung seiner Tätigkeit unterstützen. [2]Sie teilt unverzüglich mit, wenn eine Anfrage zu unbestimmt ist.

(2) [1]Die zuständigen Behörden erteilen auf Anfrage unverzüglich Auskunft über die maßgeblichen Vorschriften und deren gewöhnliche Auslegung. [2]Nach § 25 erforderliche Anregungen und Auskünfte werden unverzüglich gegeben.

§ 71d Gegenseitige Unterstützung

[1]Die einheitliche Stelle und die zuständigen Behörden wirken gemeinsam auf eine ordnungsgemäße und zügige Verfahrensabwicklung hin; alle einheitlichen Stellen und zuständigen Behörden sind hierbei zu unterstützen. [2]Die zuständigen Behörden stellen der einheitlichen Stelle insbesondere die erforderlichen Informationen zum Verfahrensstand zur Verfügung.

§ 71e Elektronisches Verfahren

[1]Das Verfahren nach diesem Abschnitt wird auf Verlangen in elektronischer Form abgewickelt. [2]§ 3a Abs. 2 Satz 2 und 3 und Abs. 3 bleibt unberührt.

Abschnitt 2

Planfeststellungsverfahren

§ 72 Anwendung der Vorschriften über das Planfeststellungsverfahren

(1) Ist ein Planfeststellungsverfahren durch Rechtsvorschrift angeordnet, so gelten hierfür die §§ 73 bis 78 und, soweit sich aus ihnen nichts Abweichendes ergibt, die übrigen Vorschriften dieses Gesetzes; die §§ 51 und 71a bis 71e sind nicht anzuwenden, § 29 ist mit der Maßgabe anzuwenden, dass Akteneinsicht nach pflichtgemäßem Ermessen zu gewähren ist.

(2) [1]Die Mitteilung nach § 17 Abs. 2 Satz 2 und die Aufforderung nach § 17 Abs. 4 Satz 2 sind im Planfeststellungsverfahren öffentlich bekannt zu machen. [2]Die öffentliche Bekanntmachung wird dadurch bewirkt, dass die Behörde die Mitteilung oder die Aufforderung in ihrem amtlichen Veröffentlichungsblatt und außerdem in örtlichen Tageszeitungen, die in dem Bereich verbreitet sind, in dem sich das Vorhaben voraussichtlich auswirken wird, bekannt macht.

§ 73 Anhörungsverfahren

(1) [1]Der Träger des Vorhabens hat den Plan der Anhörungsbehörde zur Durchführung des Anhörungsverfahrens einzureichen. [2]Der Plan besteht aus den Zeichnungen und Erläuterungen, die das Vorhaben, seinen Anlass und die von dem Vorhaben betroffenen Grundstücke und Anlagen erkennen lassen.

(2) Innerhalb eines Monats nach Zugang des vollständigen Plans fordert die Anhörungsbehörde die Behörden, deren Aufgabenbereich durch das Vorhaben berührt wird, zur Stellungnahme auf und veranlasst, dass der Plan in den Gemeinden, in denen sich das Vorhaben voraussichtlich auswirken wird, ausgelegt wird.

(3) [1]Die Gemeinden nach Absatz 2 haben den Plan innerhalb von drei Wochen nach Zugang für die Dauer eines Monats zur Einsicht auszulegen. [2]Auf eine Auslegung kann verzichtet werden, wenn der Kreis der Betroffenen und die Vereinigungen nach Absatz 4 Satz 5 bekannt sind und ihnen innerhalb angemessener Frist Gelegenheit gegeben wird, den Plan einzusehen.

(3a) [1]Die Behörden nach Absatz 2 haben ihre Stellungnahme innerhalb einer von der Anhörungsbehörde zu setzenden Frist abzugeben, die drei Monate nicht überschreiten darf. [2]Stellungnahmen, die nach Ablauf der Frist nach Satz 1 eingehen, sind zu berücksichtigen, wenn der Planfeststellungsbehörde die vorgebrachten Belange bekannt sind oder hätten bekannt sein müssen oder für die Rechtmäßigkeit der Entscheidung von Bedeutung sind; im Übrigen können sie berücksichtigt werden.

(4) [1]Jeder, dessen Belange durch das Vorhaben berührt werden, kann bis zwei Wochen nach Ablauf der Auslegungsfrist schriftlich oder zur Niederschrift bei der Anhörungsbehörde oder bei der Gemeinde Einwendungen gegen den Plan erheben. [2]Im Falle des Absatzes 3 Satz 2 bestimmt die Anhörungsbehörde die Einwendungsfrist. [3]Mit Ablauf der Einwendungsfrist sind alle Einwendungen ausgeschlossen, die nicht auf besonderen privatrechtlichen Titeln beruhen. [4]Hierauf ist in der Bekanntmachung der Auslegung oder bei der Bekanntgabe der Einwendungsfrist hinzuweisen. [5]Vereinigungen, die auf Grund einer Anerkennung nach anderen Rechtsvorschriften befugt sind, Rechtsbehelfe nach der Verwaltungsgerichtsordnung gegen die Entscheidung nach § 74 einzulegen, können innerhalb der Frist nach Satz 1 Stellungnahmen zu dem Plan abgeben. [6]Die Sätze 2 bis 4 gelten entsprechend.

(5) [1]Die Gemeinden, in denen der Plan auszulegen ist, haben die Auslegung vorher ortsüblich bekannt zu machen. [2]In der Bekanntmachung ist darauf hinzuweisen,

1. wo und in welchem Zeitraum der Plan zur Einsicht ausgelegt ist;
2. dass etwaige Einwendungen oder Stellungnahmen von Vereinigungen nach Absatz 4 Satz 5 bei den in der Bekanntmachung zu bezeichnenden Stellen innerhalb der Einwendungsfrist vorzubringen sind;
3. dass bei Ausbleiben eines Beteiligten in dem Erörterungstermin auch ohne ihn verhandelt werden kann;
4. dass
   a) die Personen, die Einwendungen erhoben haben, oder die Vereinigungen, die Stellungnahmen abgegeben haben, von dem Erörterungstermin durch öffentliche Bekanntmachung benachrichtigt werden können,
   b) die Zustellung der Entscheidung über die Einwendungen durch öffentliche Bekanntmachung ersetzt werden kann,

   wenn mehr als 50 Benachrichtigungen oder Zustellungen vorzunehmen sind.

[3]Nicht ortsansässige Betroffene, deren Person und Aufenthalt bekannt sind oder sich innerhalb angemessener Frist ermitteln lassen, sollen auf Veranlassung der Anhörungsbehörde von der Auslegung mit dem Hinweis nach Satz 2 benachrichtigt werden.

(6) [1]Nach Ablauf der Einwendungsfrist hat die Anhörungsbehörde die rechtzeitig gegen den Plan erhobenen Einwendungen, die rechtzeitig abgegebenen Stellungnahmen von Vereinigungen nach Absatz 4 Satz 5 sowie die Stellungnahmen der Behörden zu dem Plan mit dem Träger des Vorhabens, den Behörden, den Betroffenen sowie denjenigen, die Einwendungen erhoben oder Stellungnahmen abgegeben haben, zu erörtern. [2]Der Erörterungstermin ist mindestens eine Woche vorher ortsüblich bekannt zu machen. [3]Die Behörden, der Träger des Vorhabens und diejenigen, die Einwendungen erhoben oder Stellungnahmen abgegeben haben, sind von dem Erörterungstermin zu benachrichtigen. [4]Sind außer der Benachrichtigung der Behörden und des Trägers des Vorhabens mehr als 50 Benachrichtigungen vorzunehmen, so können diese Benachrichtigungen durch öffentliche Bekanntmachung ersetzt werden. [5]Die öffentliche Bekanntmachung wird dadurch bewirkt, dass abweichend von Satz 2 der Erörterungstermin im amtlichen Veröffentlichungsblatt der Anhörungsbehörde und außerdem in örtlichen Tageszeitungen bekannt gemacht wird, die in dem Bereich verbreitet sind, in dem sich das Vorhaben voraussichtlich auswirken wird; maßgebend für die Frist nach Satz 2 ist die Bekanntgabe im amtlichen Veröffentlichungsblatt. [6]Im Übrigen gelten für die Erörterung die Vorschriften über die mündliche Verhandlung im förmlichen Verwaltungsverfahren (§ 67 Abs. 1 Satz 3, Abs. 2 Nr. 1 und 4 und Abs. 3, § 68) entsprechend. [7]Die Anhörungsbehörde schließt die Erörterung innerhalb von drei Monaten nach Ablauf der Einwendungsfrist ab.

(7) Abweichend von den Vorschriften des Absatzes 6 Satz 2 bis 5 kann der Erörterungstermin bereits in der Bekanntmachung nach Absatz 5 Satz 2 bestimmt werden.

(8) [1]Soll ein ausgelegter Plan geändert werden und werden dadurch der Aufgabenbereich einer Behörde oder einer Vereinigung nach Absatz 4 Satz 5 oder Belange Dritter erstmals oder stärker als bisher berührt, so ist diesen die Änderung mitzuteilen und ihnen Gelegenheit zu Stellungnahmen und Einwendungen innerhalb von zwei Wochen zu geben; Absatz 4 Satz 3 bis 6 gilt entsprechend. [2]Wird sich die Änderung voraussichtlich auf das Gebiet einer anderen Gemeinde auswirken, so ist der geänderte Plan in dieser Gemeinde auszulegen; die Absätze 2 bis 6 gelten entsprechend.

(9) Die Anhörungsbehörde gibt zum Ergebnis des Anhörungsverfahrens eine Stellungnahme ab und leitet diese der Planfeststellungsbehörde innerhalb eines Monats nach Abschluss der Erörterung mit dem Plan, den Stellungnahmen der Behörden und der Vereinigungen nach Absatz 4 Satz 5 sowie den nicht erledigten Einwendungen zu.

§ 74 Planfeststellungsbeschluss, Plangenehmigung

(1) [1]Die Planfeststellungsbehörde stellt den Plan fest (Planfeststellungsbeschluss). [2]Die Vorschriften über die Entscheidung und die Anfechtung der Entscheidung im förmlichen Verwaltungsverfahren (§§ 69 und 70) sind anzuwenden.

(2) [1]Im Planfeststellungsbeschluss entscheidet die Planfeststellungsbehörde über die Einwendungen, über die bei der Erörterung vor der Anhörungsbehörde keine Einigung erzielt worden ist. [2]Sie hat dem Träger des Vorhabens Vorkehrungen oder die Errichtung und Unterhaltung von Anlagen aufzuerlegen, die zum Wohl der Allgemeinheit oder zur Vermeidung nachteiliger Wirkungen auf Rechte anderer

erforderlich sind. [3]Sind solche Vorkehrungen oder Anlagen untunlich oder mit dem Vorhaben unvereinbar, so hat der Betroffene Anspruch auf angemessene Entschädigung in Geld.

(3) Soweit eine abschließende Entscheidung noch nicht möglich ist, ist diese im Planfeststellungsbeschluss vorzubehalten; dem Träger des Vorhabens ist dabei aufzugeben, noch fehlende oder von der Planfeststellungsbehörde bestimmte Unterlagen rechtzeitig vorzulegen.

(4) [1]Der Planfeststellungsbeschluss ist dem Träger des Vorhabens, denjenigen, über deren Einwendungen entschieden worden ist, und den Vereinigungen, über deren Stellungnahmen entschieden worden ist, zuzustellen. [2]Eine Ausfertigung des Beschlusses ist mit einer Rechtsbehelfsbelehrung und einer Ausfertigung des festgestellten Plans in den Gemeinden zwei Wochen zur Einsicht auszulegen; der Ort und die Zeit der Auslegung sind ortsüblich bekannt zu machen. [3]Mit dem Ende der Auslegungsfrist gilt der Beschluss gegenüber den übrigen Betroffenen als zugestellt; darauf ist in der Bekanntmachung hinzuweisen.

(5) [1]Sind außer an den Träger des Vorhabens mehr als 50 Zustellungen nach Absatz 4 vorzunehmen, so können diese Zustellungen durch öffentliche Bekanntmachung ersetzt werden. [2]Die öffentliche Bekanntmachung wird dadurch bewirkt, dass der verfügende Teil des Planfeststellungsbeschlusses, die Rechtsbehelfsbelehrung und ein Hinweis auf die Auslegung nach Absatz 4 Satz 2 im amtlichen Veröffentlichungsblatt der zuständigen Behörde und außerdem in örtlichen Tageszeitungen bekannt gemacht werden, die in dem Bereich verbreitet sind, in dem sich das Vorhaben voraussichtlich auswirken wird; auf Auflagen ist hinzuweisen. [3]Mit dem Ende der Auslegungsfrist gilt der Beschluss den Betroffenen und denjenigen gegenüber, die Einwendungen erhoben haben, als zugestellt; hierauf ist in der Bekanntmachung hinzuweisen. [4]Nach der öffentlichen Bekanntmachung kann der Planfeststellungsbeschluss bis zum Ablauf der Rechtsbehelfsfrist von den Betroffenen und von denjenigen, die Einwendungen erhoben haben, schriftlich oder elektronisch angefordert werden; hierauf ist in der Bekanntmachung gleichfalls hinzuweisen.

(6) [1]An Stelle eines Planfeststellungsbeschlusses kann eine Plangenehmigung erteilt werden, wenn

1. Rechte anderer nicht oder nur unwesentlich beeinträchtigt werden oder die Betroffenen sich mit der Inanspruchnahme ihres Eigentums oder eines anderen Rechts schriftlich einverstanden erklärt haben,
2. mit den Trägern öffentlicher Belange, deren Aufgabenbereich berührt wird, das Benehmen hergestellt worden ist und
3. nicht andere Rechtsvorschriften eine Öffentlichkeitsbeteiligung vorschreiben, die den Anforderungen des § 73 Absatz 3 Satz 1 und Absatz 4 bis 7 entsprechen muss.

[2]Die Plangenehmigung hat die Rechtswirkungen der Planfeststellung; auf ihre Erteilung sind die Vorschriften über das Planfeststellungsverfahren nicht anzuwenden; davon ausgenommen sind Absatz 4 Satz 1 und Absatz 5, die entsprechend anzuwenden sind. [3]Vor Erhebung einer verwaltungsgerichtlichen Klage bedarf es keiner Nachprüfung in einem Vorverfahren. [4]§ 75 Abs. 4 gilt entsprechend.

(7) [1]Planfeststellung und Plangenehmigung entfallen in Fällen von unwesentlicher Bedeutung. [2]Diese liegen vor, wenn

1. andere öffentliche Belange nicht berührt sind oder die erforderlichen behördlichen Entscheidungen vorliegen und sie dem Plan nicht entgegenstehen,
2. Rechte anderer nicht beeinflusst werden oder mit den vom Plan Betroffenen entsprechende Vereinbarungen getroffen worden sind und
3. nicht andere Rechtsvorschriften eine Öffentlichkeitsbeteiligung vorschreiben, die den Anforderungen des § 73 Absatz 3 Satz 1 und Absatz 4 bis 7 entsprechen muss.

§ 75 Rechtswirkungen der Planfeststellung

(1) [1]Durch die Planfeststellung wird die Zulässigkeit des Vorhabens einschließlich der notwendigen Folgemaßnahmen an anderen Anlagen im Hinblick auf alle von ihm berührten öffentlichen Belange festgestellt; neben der Planfeststellung sind andere behördliche Entscheidungen, insbesondere öffentlich-rechtliche Genehmigungen, Verleihungen, Erlaubnisse, Bewilligungen, Zustimmungen und Planfeststellungen nicht erforderlich. [2]Durch die Planfeststellung werden alle öffentlich-rechtlichen Beziehungen zwischen dem Träger des Vorhabens und den durch den Plan Betroffenen rechtsgestaltend geregelt.

(1a) [1]Mängel bei der Abwägung der von dem Vorhaben berührten öffentlichen und privaten Belange sind nur erheblich, wenn sie offensichtlich und auf das Abwägungsergebnis von Einfluss gewesen sind.

[2]Erhebliche Mängel bei der Abwägung oder eine Verletzung von Verfahrens- oder Formvorschriften führen nur dann zur Aufhebung des Planfeststellungsbeschlusses oder der Plangenehmigung, wenn sie nicht durch Planergänzung oder durch ein ergänzendes Verfahren behoben werden können; die §§ 45 und 46 bleiben unberührt.

(2) [1]Ist der Planfeststellungsbeschluss unanfechtbar geworden, so sind Ansprüche auf Unterlassung des Vorhabens, auf Beseitigung oder Änderung der Anlagen oder auf Unterlassung ihrer Benutzung ausgeschlossen. [2]Treten nicht voraussehbare Wirkungen des Vorhabens oder der dem festgestellten Plan entsprechenden Anlagen auf das Recht eines anderen erst nach Unanfechtbarkeit des Plans auf, so kann der Betroffene Vorkehrungen oder die Errichtung und Unterhaltung von Anlagen verlangen, welche die nachteiligen Wirkungen ausschließen. [3]Sie sind dem Träger des Vorhabens durch Beschluss der Planfeststellungsbehörde aufzuerlegen. [4]Sind solche Vorkehrungen oder Anlagen untunlich oder mit dem Vorhaben unvereinbar, so richtet sich der Anspruch auf angemessene Entschädigung in Geld. [5]Werden Vorkehrungen oder Anlagen im Sinne des Satzes 2 notwendig, weil nach Abschluss des Planfeststellungsverfahrens auf einem benachbarten Grundstück Veränderungen eingetreten sind, so hat die hierdurch entstehenden Kosten der Eigentümer des benachbarten Grundstücks zu tragen, es sei denn, dass die Veränderungen durch natürliche Ereignisse oder höhere Gewalt verursacht worden sind; Satz 4 ist nicht anzuwenden.

(3) [1]Anträge, mit denen Ansprüche auf Herstellung von Einrichtungen oder auf angemessene Entschädigung nach Absatz 2 Satz 2 und 4 geltend gemacht werden, sind schriftlich an die Planfeststellungsbehörde zu richten. [2]Sie sind nur innerhalb von drei Jahren nach dem Zeitpunkt zulässig, zu dem der Betroffene von den nachteiligen Wirkungen des dem unanfechtbar festgestellten Plan entsprechenden Vorhabens oder der Anlage Kenntnis erhalten hat; sie sind ausgeschlossen, wenn nach Herstellung des dem Plan entsprechenden Zustands 30 Jahre verstrichen sind.

(4) [1]Wird mit der Durchführung des Plans nicht innerhalb von fünf Jahren nach Eintritt der Unanfechtbarkeit begonnen, so tritt er außer Kraft. [2]Als Beginn der Durchführung des Plans gilt jede erstmals nach außen erkennbare Tätigkeit von mehr als nur geringfügiger Bedeutung zur plangemäßen Verwirklichung des Vorhabens; eine spätere Unterbrechung der Verwirklichung des Vorhabens berührt den Beginn der Durchführung nicht.

§ 76 Planänderungen vor Fertigstellung des Vorhabens

(1) Soll vor Fertigstellung des Vorhabens der festgestellte Plan geändert werden, bedarf es eines neuen Planfeststellungsverfahrens.

(2) Bei Planänderungen von unwesentlicher Bedeutung kann die Planfeststellungsbehörde von einem neuen Planfeststellungsverfahren absehen, wenn die Belange anderer nicht berührt werden oder wenn die Betroffenen der Änderung zugestimmt haben.

(3) Führt die Planfeststellungsbehörde in den Fällen des Absatzes 2 oder in anderen Fällen einer Planänderung von unwesentlicher Bedeutung ein Planfeststellungsverfahren durch, so bedarf es keines Anhörungsverfahrens und keiner öffentlichen Bekanntgabe des Planfeststellungsbeschlusses.

§ 77 Aufhebung des Planfeststellungsbeschlusses

[1]Wird ein Vorhaben, mit dessen Durchführung begonnen worden ist, endgültig aufgegeben, so hat die Planfeststellungsbehörde den Planfeststellungsbeschluss aufzuheben. [2]In dem Aufhebungsbeschluss sind dem Träger des Vorhabens die Wiederherstellung des früheren Zustands oder geeignete andere Maßnahmen aufzuerlegen, soweit dies zum Wohl der Allgemeinheit oder zur Vermeidung nachteiliger Wirkungen auf Rechte anderer erforderlich ist. [3]Werden solche Maßnahmen notwendig, weil nach Abschluss des Planfeststellungsverfahrens auf einem benachbarten Grundstück Veränderungen eingetreten sind, so kann der Träger des Vorhabens durch Beschluss der Planfeststellungsbehörde zu geeigneten Vorkehrungen verpflichtet werden; die hierdurch entstehenden Kosten hat jedoch der Eigentümer des benachbarten Grundstücks zu tragen, es sei denn, dass die Veränderungen durch natürliche Ereignisse oder höhere Gewalt verursacht worden sind.

§ 78 Zusammentreffen mehrerer Vorhaben

(1) Treffen mehrere selbständige Vorhaben, für deren Durchführung Planfeststellungsverfahren vorgeschrieben sind, derart zusammen, dass für diese Vorhaben oder für Teile von ihnen nur eine einheitliche Entscheidung möglich ist, und ist mindestens eines der Planfeststellungsverfahren bundes-

rechtlich geregelt, so findet für diese Vorhaben oder für deren Teile nur ein Planfeststellungsverfahren statt.

(2) [1]Zuständigkeiten und Verfahren richten sich nach den Rechtsvorschriften über das Planfeststellungsverfahren, das für diejenige Anlage vorgeschrieben ist, die einen größeren Kreis öffentlich-rechtlicher Beziehungen berührt. [2]Bestehen Zweifel, welche Rechtsvorschrift anzuwenden ist, so entscheidet, falls nach den in Betracht kommenden Rechtsvorschriften mehrere Bundesbehörden in den Geschäftsbereichen mehrerer oberster Bundesbehörden zuständig sind, die Bundesregierung, sonst die zuständige oberste Bundesbehörde. [3]Bestehen Zweifel, welche Rechtsvorschrift anzuwenden ist, und sind nach den in Betracht kommenden Rechtsvorschriften eine Bundesbehörde und eine Landesbehörde zuständig, so führen, falls sich die obersten Bundes- und Landesbehörden nicht einigen, die Bundesregierung und die Landesregierung das Einvernehmen darüber herbei, welche Rechtsvorschrift anzuwenden ist.

Teil VI
Rechtsbehelfsverfahren

§ 79 Rechtsbehelfe gegen Verwaltungsakte

Für förmliche Rechtsbehelfe gegen Verwaltungsakte gelten die Verwaltungsgerichtsordnung und die zu ihrer Ausführung ergangenen Rechtsvorschriften, soweit nicht durch Gesetz etwas anderes bestimmt ist; im Übrigen gelten die Vorschriften dieses Gesetzes.

§ 80 Erstattung von Kosten im Vorverfahren

(1) [1]Soweit der Widerspruch erfolgreich ist, hat der Rechtsträger, dessen Behörde den angefochtenen Verwaltungsakt erlassen hat, demjenigen, der Widerspruch erhoben hat, die zur zweckentsprechenden Rechtsverfolgung oder Rechtsverteidigung notwendigen Aufwendungen zu erstatten. [2]Dies gilt auch, wenn der Widerspruch nur deshalb keinen Erfolg hat, weil die Verletzung einer Verfahrens- oder Formvorschrift nach § 45 unbeachtlich ist. [3]Soweit der Widerspruch erfolglos geblieben ist, hat derjenige, der den Widerspruch eingelegt hat, die zur zweckentsprechenden Rechtsverfolgung oder Rechtsverteidigung notwendigen Aufwendungen der Behörde, die den angefochtenen Verwaltungsakt erlassen hat, zu erstatten; dies gilt nicht, wenn der Widerspruch gegen einen Verwaltungsakt eingelegt wird, der im Rahmen

1. eines bestehenden oder früheren öffentlich-rechtlichen Dienst- oder Amtsverhältnisses oder
2. einer bestehenden oder früheren gesetzlichen Dienstpflicht oder einer Tätigkeit, die an Stelle der gesetzlichen Dienstpflicht geleistet werden kann,

erlassen wurde. [4]Aufwendungen, die durch das Verschulden eines Erstattungsberechtigten entstanden sind, hat dieser selbst zu tragen; das Verschulden eines Vertreters ist dem Vertretenen zuzurechnen.

(2) Die Gebühren und Auslagen eines Rechtsanwalts oder eines sonstigen Bevollmächtigten im Vorverfahren sind erstattungsfähig, wenn die Zuziehung eines Bevollmächtigten notwendig war.

(3) [1]Die Behörde, die die Kostenentscheidung getroffen hat, setzt auf Antrag den Betrag der zu erstattenden Aufwendungen fest; hat ein Ausschuss oder Beirat (§ 73 Abs. 2 der Verwaltungsgerichtsordnung) die Kostenentscheidung getroffen, so obliegt die Kostenfestsetzung der Behörde, bei der der Ausschuss oder Beirat gebildet ist. [2]Die Kostenentscheidung bestimmt auch, ob die Zuziehung eines Rechtsanwalts oder eines sonstigen Bevollmächtigten notwendig war.

(4) Die Absätze 1 bis 3 gelten auch für Vorverfahren bei Maßnahmen des Richterdienstrechts.

Teil VII
Ehrenamtliche Tätigkeit, Ausschüsse

Abschnitt 1
Ehrenamtliche Tätigkeit

§ 81 Anwendung der Vorschriften über die ehrenamtliche Tätigkeit

Für die ehrenamtliche Tätigkeit im Verwaltungsverfahren gelten die §§ 82 bis 87, soweit Rechtsvorschriften nichts Abweichendes bestimmen.

§ 82 Pflicht zu ehrenamtlicher Tätigkeit
Eine Pflicht zur Übernahme ehrenamtlicher Tätigkeit besteht nur, wenn sie durch Rechtsvorschrift vorgesehen ist.

§ 83 Ausübung ehrenamtlicher Tätigkeit
(1) Der ehrenamtlich Tätige hat seine Tätigkeit gewissenhaft und unparteiisch auszuüben.
(2) [1]Bei Übernahme seiner Aufgaben ist er zur gewissenhaften und unparteiischen Tätigkeit und zur Verschwiegenheit besonders zu verpflichten. [2]Die Verpflichtung ist aktenkundig zu machen.

§ 84 Verschwiegenheitspflicht
(1) [1]Der ehrenamtlich Tätige hat, auch nach Beendigung seiner ehrenamtlichen Tätigkeit, über die ihm dabei bekannt gewordenen Angelegenheiten Verschwiegenheit zu wahren. [2]Dies gilt nicht für Mitteilungen im dienstlichen Verkehr oder über Tatsachen, die offenkundig sind oder ihrer Bedeutung nach keiner Geheimhaltung bedürfen.
(2) Der ehrenamtlich Tätige darf ohne Genehmigung über Angelegenheiten, über die er Verschwiegenheit zu wahren hat, weder vor Gericht noch außergerichtlich aussagen oder Erklärungen abgeben.
(3) Die Genehmigung, als Zeuge auszusagen, darf nur versagt werden, wenn die Aussage dem Wohl des Bundes oder eines Landes Nachteile bereiten oder die Erfüllung öffentlicher Aufgaben ernstlich gefährden oder erheblich erschweren würde.
(4) [1]Ist der ehrenamtlich Tätige Beteiligter in einem gerichtlichen Verfahren oder soll sein Vorbringen der Wahrnehmung seiner berechtigten Interessen dienen, so darf die Genehmigung auch dann, wenn die Voraussetzungen des Absatzes 3 erfüllt sind, nur versagt werden, wenn ein zwingendes öffentliches Interesse dies erfordert. [2]Wird sie versagt, so ist dem ehrenamtlich Tätigen der Schutz zu gewähren, den die öffentlichen Interessen zulassen.
(5) Die Genehmigung nach den Absätzen 2 bis 4 erteilt die fachlich zuständige Aufsichtsbehörde der Stelle, die den ehrenamtlich Tätigen berufen hat.

§ 85 Entschädigung
Der ehrenamtlich Tätige hat Anspruch auf Ersatz seiner notwendigen Auslagen und seines Verdienstausfalls.

§ 86 Abberufung
[1]Personen, die zu ehrenamtlicher Tätigkeit herangezogen worden sind, können von der Stelle, die sie berufen hat, abberufen werden, wenn ein wichtiger Grund vorliegt. [2]Ein wichtiger Grund liegt insbesondere vor, wenn der ehrenamtlich Tätige
1. seine Pflicht gröblich verletzt oder sich als unwürdig erwiesen hat,
2. seine Tätigkeit nicht mehr ordnungsgemäß ausüben kann.

§ 87 Ordnungswidrigkeiten
(1) Ordnungswidrig handelt, wer
1. eine ehrenamtliche Tätigkeit nicht übernimmt, obwohl er zur Übernahme verpflichtet ist,
2. eine ehrenamtliche Tätigkeit, zu deren Übernahme er verpflichtet war, ohne anerkennenswerten Grund niederlegt.

(2) Die Ordnungswidrigkeit kann mit einer Geldbuße geahndet werden.

Abschnitt 2
Ausschüsse

§ 88 Anwendung der Vorschriften über Ausschüsse
Für Ausschüsse, Beiräte und andere kollegiale Einrichtungen (Ausschüsse) gelten, wenn sie in einem Verwaltungsverfahren tätig werden, die §§ 89 bis 93, soweit Rechtsvorschriften nichts Abweichendes bestimmen.

§ 89 Ordnung in den Sitzungen
Der Vorsitzende eröffnet, leitet und schließt die Sitzungen; er ist für die Ordnung verantwortlich.

§ 90 Beschlussfähigkeit

(1) [1]Ausschüsse sind beschlussfähig, wenn alle Mitglieder geladen und mehr als die Hälfte, mindestens aber drei der stimmberechtigten Mitglieder anwesend sind. [2]Beschlüsse können auch im schriftlichen Verfahren gefasst werden, wenn kein Mitglied widerspricht.

(2) Ist eine Angelegenheit wegen Beschlussunfähigkeit zurückgestellt worden und wird der Ausschuss zur Behandlung desselben Gegenstands erneut geladen, so ist er ohne Rücksicht auf die Zahl der Erschienenen beschlussfähig, wenn darauf in dieser Ladung hingewiesen worden ist.

§ 91 Beschlussfassung

[1]Beschlüsse werden mit Stimmenmehrheit gefasst. [2]Bei Stimmengleichheit entscheidet die Stimme des Vorsitzenden, wenn er stimmberechtigt ist; sonst gilt Stimmengleichheit als Ablehnung.

§ 92 Wahlen durch Ausschüsse

(1) [1]Gewählt wird, wenn kein Mitglied des Ausschusses widerspricht, durch Zuruf oder Zeichen, sonst durch Stimmzettel. [2]Auf Verlangen eines Mitglieds ist geheim zu wählen.

(2) [1]Gewählt ist, wer von den abgegebenen Stimmen die meisten erhalten hat. [2]Bei Stimmengleichheit entscheidet das vom Leiter der Wahl zu ziehende Los.

(3) [1]Sind mehrere gleichartige Wahlstellen zu besetzen, so ist nach dem Höchstzahlverfahren d'Hondt zu wählen, außer wenn einstimmig etwas anderes beschlossen worden ist. [2]Über die Zuteilung der letzten Wahlstelle entscheidet bei gleicher Höchstzahl das vom Leiter der Wahl zu ziehende Los.

§ 93 Niederschrift

[1]Über die Sitzung ist eine Niederschrift zu fertigen. [2]Die Niederschrift muss Angaben enthalten über

1. den Ort und den Tag der Sitzung,
2. die Namen des Vorsitzenden und der anwesenden Ausschussmitglieder,
3. den behandelten Gegenstand und die gestellten Anträge,
4. die gefassten Beschlüsse,
5. das Ergebnis von Wahlen.

[3]Die Niederschrift ist von dem Vorsitzenden und, soweit ein Schriftführer hinzugezogen worden ist, auch von diesem zu unterzeichnen.

Teil VIII

Schlussvorschriften

§ 94 Übertragung gemeindlicher Aufgaben

[1]Die Landesregierungen können durch Rechtsverordnung die nach den §§ 73 und 74 dieses Gesetzes den Gemeinden obliegenden Aufgaben auf eine andere kommunale Gebietskörperschaft oder eine Verwaltungsgemeinschaft übertragen. [2]Rechtsvorschriften der Länder, die entsprechende Regelungen bereits enthalten, bleiben unberührt.

§ 95 Sonderregelung für Verteidigungsangelegenheiten

[1]Nach Feststellung des Verteidigungsfalles oder des Spannungsfalles kann in Verteidigungsangelegenheiten von der Anhörung Beteiligter (§ 28 Abs. 1), von der schriftlichen Bestätigung (§ 37 Abs. 2 Satz 2) und von der schriftlichen Begründung eines Verwaltungsaktes (§ 39 Abs. 1) abgesehen werden; in diesen Fällen gilt ein Verwaltungsakt abweichend von § 41 Abs. 4 Satz 3 mit dem auf die Bekanntmachung folgenden Tag als bekannt gegeben. [2]Dasselbe gilt für die sonstigen gemäß Artikel 80a des Grundgesetzes anzuwendenden Rechtsvorschriften.

§ 96 Überleitung von Verfahren

(1) Bereits begonnene Verfahren sind nach den Vorschriften dieses Gesetzes zu Ende zu führen.

(2) Die Zulässigkeit eines Rechtsbehelfs gegen die vor Inkrafttreten dieses Gesetzes ergangenen Entscheidungen richtet sich nach den bisher geltenden Vorschriften.

(3) Fristen, deren Lauf vor Inkrafttreten dieses Gesetzes begonnen hat, werden nach den bisher geltenden Rechtsvorschriften berechnet.

(4) Für die Erstattung von Kosten im Vorverfahren gelten die Vorschriften dieses Gesetzes, wenn das Vorverfahren vor Inkrafttreten dieses Gesetzes noch nicht abgeschlossen worden ist.

§§ 97-99 (weggefallen)

§ 100 Landesgesetzliche Regelungen

Die Länder können durch Gesetz

1. eine dem § 16 entsprechende Regelung treffen;
2. bestimmen, dass für Planfeststellungen, die auf Grund landesrechtlicher Vorschriften durchgeführt werden, die Rechtswirkungen des § 75 Abs. 1 Satz 1 auch gegenüber nach Bundesrecht notwendigen Entscheidungen gelten.

§ 101 Stadtstaatenklausel

Die Senate der Länder Berlin, Bremen und Hamburg werden ermächtigt, die örtliche Zuständigkeit abweichend von § 3 dem besonderen Verwaltungsaufbau ihrer Länder entsprechend zu regeln.

§ 102 Übergangsvorschrift zu § 53

Artikel 229 § 6 Abs. 1 bis 4 des Einführungsgesetzes zum Bürgerlichen Gesetzbuche gilt entsprechend bei der Anwendung des § 53 in der seit dem 1. Januar 2002 geltenden Fassung.

§ 103 (Inkrafttreten)

Verwaltungszustellungsgesetz (VwZG)[1)2)3)]

Vom 12. August 2005 (BGBl. I S. 2354)
(FNA 201-9)

zuletzt geändert durch Art. 6 Personengesellschaftsrechtsmodernisierungsgesetz (MoPeG) vom 10. August 2021 (BGBl. I S. 3436)

§ 1 Anwendungsbereich

(1) Die Vorschriften dieses Gesetzes gelten für das Zustellungsverfahren der Bundesbehörden, der bundesunmittelbaren Körperschaften, Anstalten und Stiftungen des öffentlichen Rechts und der Landesfinanzbehörden.

(2) Zugestellt wird, soweit dies durch Rechtsvorschrift oder behördliche Anordnung bestimmt ist.

§ 2 Allgemeines

(1) Zustellung ist die Bekanntgabe eines schriftlichen oder elektronischen Dokuments in der in diesem Gesetz bestimmten Form.

(2) [1]Die Zustellung wird durch einen Erbringer von Postdienstleistungen (Post), einen nach § 17 des De-Mail-Gesetzes akkreditierten Diensteanbieter oder durch die Behörde ausgeführt. [2]Daneben gelten die in den §§ 9 und 10 geregelten Sonderarten der Zustellung.

(3) [1]Die Behörde hat die Wahl zwischen den einzelnen Zustellungsarten. [2]§ 5 Absatz 5 Satz 2 bleibt unberührt.

§ 3 Zustellung durch die Post mit Zustellungsurkunde

(1) Soll durch die Post mit Zustellungsurkunde zugestellt werden, übergibt die Behörde der Post den Zustellungsauftrag, das zuzustellende Dokument in einem verschlossenen Umschlag und einen vorbereiteten Vordruck einer Zustellungsurkunde.

(2) [1]Für die Ausführung der Zustellung gelten die §§ 177 bis 182 der Zivilprozessordnung entsprechend. [2]Im Fall des § 181 Abs. 1 der Zivilprozessordnung kann das zuzustellende Dokument bei einer von der Post dafür bestimmten Stelle am Ort der Zustellung oder am Ort des Amtsgerichts, in dessen Bezirk der Ort der Zustellung liegt, niedergelegt werden oder bei der Behörde, die den Zustellungsauftrag erteilt hat, wenn sie ihren Sitz an einem der vorbezeichneten Orte hat. [3]Für die Zustellungsurkunde, den Zustellungsauftrag, den verschlossenen Umschlag nach Absatz 1 und die schriftliche Mitteilung nach § 181 Abs. 1 Satz 3 der Zivilprozessordnung sind die Vordrucke nach der Zustellungsvordruckverordnung zu verwenden.

§ 4 Zustellung durch die Post mittels Einschreiben

(1) Ein Dokument kann durch die Post mittels Einschreiben durch Übergabe oder mittels Einschreiben mit Rückschein zugestellt werden.

(2) [1]Zum Nachweis der Zustellung genügt der Rückschein. [2]Im Übrigen gilt das Dokument am dritten Tag nach der Aufgabe zur Post als zugestellt, es sei denn, dass es nicht oder zu einem späteren Zeitpunkt zugegangen ist. [3]Im Zweifel hat die Behörde den Zugang und dessen Zeitpunkt nachzuweisen. [4]Der Tag der Aufgabe zur Post ist in den Akten zu vermerken.

§ 5 Zustellung durch die Behörde gegen Empfangsbekenntnis; elektronische Zustellung

(1) [1]Bei der Zustellung durch die Behörde händigt der zustellende Bedienstete das Dokument dem Empfänger in einem verschlossenen Umschlag aus. [2]Das Dokument kann auch offen ausgehändigt werden, wenn keine schutzwürdigen Interessen des Empfängers entgegenstehen. [3]Der Empfänger hat ein mit dem Datum der Aushändigung versehenes Empfangsbekenntnis zu unterschreiben. [4]Der Bedienstete vermerkt das Datum der Zustellung auf dem Umschlag des auszuhändigenden Dokuments oder bei offener Aushändigung auf dem Dokument selbst.

---

1) Verkündet als Art. 1 G zur Novellierung des Verwaltungszustellungsrechts v. 12.8.2005 (BGBl. I S. 2354); Inkrafttreten gem. Art. 4 Abs. 1 Satz 2 dieses G am 1.2.2006.

2) Die Änderung durch G v. 4.5.2021 (BGBl. I S. 882) tritt erst **mWv 1.1.2023** in Kraft und ist in § 6 entsprechend gekennzeichnet.

3) Die Änderung durch G v. 10.8.2021 (BGBl. I S. 3436) tritt erst **mWv 1.1.2024** in Kraft und ist im Text noch nicht berücksichtigt.

(2) [1]Die §§ 177 bis 181 der Zivilprozessordnung sind anzuwenden. [2]Zum Nachweis der Zustellung ist in den Akten zu vermerken:

1. im Fall der Ersatzzustellung in der Wohnung, in Geschäftsräumen und Einrichtungen nach § 178 der Zivilprozessordnung der Grund, der diese Art der Zustellung rechtfertigt,
2. im Fall der Zustellung bei verweigerter Annahme nach § 179 der Zivilprozessordnung, wer die Annahme verweigert hat und dass das Dokument am Ort der Zustellung zurückgelassen oder an den Absender zurückgesandt wurde sowie der Zeitpunkt und der Ort der verweigerten Annahme,
3. in den Fällen der Ersatzzustellung nach den §§ 180 und 181 der Zivilprozessordnung der Grund der Ersatzzustellung sowie wann und wo das Dokument in einen Briefkasten eingelegt oder sonst niedergelegt und in welcher Weise die Niederlegung schriftlich mitgeteilt wurde.

[3]Im Fall des § 181 Abs. 1 der Zivilprozessordnung kann das zuzustellende Dokument bei der Behörde, die den Zustellungsauftrag erteilt hat, niedergelegt werden, wenn diese Behörde ihren Sitz am Ort der Zustellung oder am Ort des Amtsgerichts hat, in dessen Bezirk der Ort der Zustellung liegt.

(3) [1]Zur Nachtzeit, an Sonntagen und allgemeinen Feiertagen darf nach den Absätzen 1 und 2 im Inland nur mit schriftlicher oder elektronischer Erlaubnis des Behördenleiters zugestellt werden. [2]Die Nachtzeit umfasst die Stunden von 21 bis 6 Uhr. [3]Die Erlaubnis ist bei der Zustellung abschriftlich mitzuteilen. [4]Eine Zustellung, bei der diese Vorschriften nicht beachtet sind, ist wirksam, wenn die Annahme nicht verweigert wird.

(4) Das Dokument kann an Behörden, Körperschaften, Anstalten und Stiftungen des öffentlichen Rechts, an Rechtsanwälte, Patentanwälte, Notare, Steuerberater, Steuerbevollmächtigte, Wirtschaftsprüfer, vereidigte Buchprüfer, Berufsausübungsgesellschaften im Sinne der Bundesrechtsanwaltsordnung, der Patentanwaltsordnung und des Steuerberatungsgesetzes, Wirtschaftsprüfungsgesellschaften und Buchprüfungsgesellschaften auch auf andere Weise, auch elektronisch, gegen Empfangsbekenntnis zugestellt werden.

(5) [1]Ein elektronisches Dokument kann im Übrigen unbeschadet des Absatzes 4 elektronisch zugestellt werden, soweit der Empfänger hierfür einen Zugang eröffnet. [2]Es ist elektronisch zuzustellen, wenn auf Grund einer Rechtsvorschrift ein Verfahren auf Verlangen des Empfängers in elektronischer Form abgewickelt wird. [3]Für die Übermittlung ist das Dokument mit einer qualifizierten elektronischen Signatur zu versehen und gegen unbefugte Kenntnisnahme Dritter zu schützen.

(6) [1]Bei der elektronischen Zustellung ist die Übermittlung mit dem Hinweis „Zustellung gegen Empfangsbekenntnis" einzuleiten. [2]Die Übermittlung muss die absendende Behörde, den Namen und die Anschrift des Zustellungsadressaten sowie den Namen des Bediensteten erkennen lassen, der das Dokument zur Übermittlung aufgegeben hat.

(7) [1]Zum Nachweis der Zustellung nach den Absätzen 4 und 5 genügt das mit Datum und Unterschrift versehene Empfangsbekenntnis, das an die Behörde durch die Post oder elektronisch zurückzusenden ist. [2]Ein elektronisches Dokument gilt in den Fällen des Absatzes 5 Satz 2 am dritten Tag nach der Absendung an den vom Empfänger hierfür eröffneten Zugang als zugestellt, wenn der Behörde nicht spätestens an diesem Tag ein Empfangsbekenntnis nach Satz 1 zugeht. [3]Satz 2 gilt nicht, wenn der Empfänger nachweist, dass das Dokument nicht oder zu einem späteren Zeitpunkt zugegangen ist. [4]Der Empfänger ist in den Fällen des Absatzes 5 Satz 2 vor der Übermittlung über die Rechtsfolgen nach den Sätzen 2 und 3 zu belehren. [5]Zum Nachweis der Zustellung ist von der absendenden Behörde in den Akten zu vermerken, zu welchem Zeitpunkt und an welchen Zugang das Dokument gesendet wurde. [6]Der Empfänger ist über den Eintritt der Zustellungsfiktion nach Satz 2 zu benachrichtigen.

§ 5a Elektronische Zustellung gegen Abholbestätigung über De-Mail-Dienste

(1) [1]Die elektronische Zustellung kann unbeschadet des § 5 Absatz 4 und 5 Satz 1 und 2 durch Übermittlung der nach § 17 des De-Mail-Gesetzes akkreditierten Diensteanbieter gegen Abholbestätigung nach § 5 Absatz 9 des De-Mail-Gesetzes an das De-Mail-Postfach des Empfängers erfolgen. [2]Für die Zustellung nach Satz 1 ist § 5 Absatz 4 und 6 mit der Maßgabe anzuwenden, dass an die Stelle des Empfangsbekenntnisses die Abholbestätigung tritt.

(2) [1]Der nach § 17 des De-Mail-Gesetzes akkreditierte Diensteanbieter hat eine Versandbestätigung nach § 5 Absatz 7 des De-Mail-Gesetzes und eine Abholbestätigung nach § 5 Absatz 9 des De-Mail-Gesetzes zu erzeugen. [2]Er hat diese Bestätigungen unverzüglich der absendenden Behörde zu übermitteln.

(3) [1]Zum Nachweis der elektronischen Zustellung genügt die Abholbestätigung nach § 5 Absatz 9 des De-Mail-Gesetzes. [2]Für diese gelten § 371 Absatz 1 Satz 2 und § 371a Absatz 3 der Zivilprozessordnung.

(4) [1]Ein elektronisches Dokument gilt in den Fällen des § 5 Absatz 5 Satz 2 am dritten Tag nach der Absendung an das De-Mail-Postfach des Empfängers als zugestellt, wenn er dieses Postfach als Zugang eröffnet hat und der Behörde nicht spätestens an diesem Tag eine elektronische Abholbestätigung nach § 5 Absatz 9 des De-Mail-Gesetzes zugeht. [2]Satz 1 gilt nicht, wenn der Empfänger nachweist, dass das Dokument nicht oder zu einem späteren Zeitpunkt zugegangen ist. [3]Der Empfänger ist in den Fällen des § 5 Absatz 5 Satz 2 vor der Übermittlung über die Rechtsfolgen nach den Sätzen 1 und 2 zu belehren. [4]Als Nachweis der Zustellung nach Satz 1 dient die Versandbestätigung nach § 5 Absatz 7 des De-Mail-Gesetzes oder ein Vermerk der absendenden Behörde in den Akten, zu welchem Zeitpunkt und an welches De-Mail-Postfach das Dokument gesendet wurde. [5]Der Empfänger ist über den Eintritt der Zustellungsfiktion nach Satz 1 elektronisch zu benachrichtigen.

§ 6 Zustellung an gesetzliche Vertreter

(1) [1]Bei Geschäftsunfähigen oder beschränkt Geschäftsfähigen ist an ihre gesetzlichen Vertreter zuzustellen. [2]Gleiches gilt bei Personen, für die ein Betreuer bestellt ist, soweit der Aufgabenkreis des Betreuers reicht. *[Satz 3 ab 1.1.2023:]* [3]Das zugestellte Dokument ist der betreuten Person nach Wahl der Behörde abschriftlich mitzuteilen oder elektronisch zu übermitteln.

(2) [1]Bei Behörden wird an den Behördenleiter, bei juristischen Personen, nicht rechtsfähigen Personenvereinigungen und Zweckvermögen an ihre gesetzlichen Vertreter zugestellt. [2]§ 34 Abs. 2 der Abgabenordnung bleibt unberührt.

(3) Bei mehreren gesetzlichen Vertretern oder Behördenleitern genügt die Zustellung an einen von ihnen.

(4) Der zustellende Bedienstete braucht nicht zu prüfen, ob die Anschrift den Vorschriften der Absätze 1 bis 3 entspricht.

§ 7 Zustellung an Bevollmächtigte

(1) [1]Zustellungen können an den allgemeinen oder für bestimmte Angelegenheiten bestellten Bevollmächtigten gerichtet werden. [2]Sie sind an ihn zu richten, wenn er schriftliche Vollmacht vorgelegt hat. [3]Ist ein Bevollmächtigter für mehrere Beteiligte bestellt, so genügt die Zustellung eines Dokuments an ihn für alle Beteiligten.

(2) Einem Zustellungsbevollmächtigten mehrerer Beteiligter sind so viele Ausfertigungen oder Abschriften zuzustellen, als Beteiligte vorhanden sind.

(3) Auf § 180 Abs. 2 der Abgabenordnung beruhende Regelungen und § 183 der Abgabenordnung bleiben unberührt.

§ 8 Heilung von Zustellungsmängeln

Lässt sich die formgerechte Zustellung eines Dokuments nicht nachweisen oder ist es unter Verletzung zwingender Zustellungsvorschriften zugegangen, gilt es als in dem Zeitpunkt zugestellt, in dem es dem Empfangsberechtigten tatsächlich zugegangen ist, im Fall des § 5 Abs. 5 in dem Zeitpunkt, in dem der Empfänger das Empfangsbekenntnis zurückgesendet hat.

§ 9 Zustellung im Ausland

(1) Eine Zustellung im Ausland erfolgt

1. durch Einschreiben mit Rückschein, soweit die Zustellung von Dokumenten unmittelbar durch die Post völkerrechtlich zulässig ist,
2. auf Ersuchen der Behörde durch die Behörden des fremden Staates oder durch die zuständige diplomatische oder konsularische Vertretung der Bundesrepublik Deutschland,
3. auf Ersuchen der Behörde durch das Auswärtige Amt an eine Person, die das Recht der Immunität genießt und zu einer Vertretung der Bundesrepublik Deutschland im Ausland gehört, sowie an Familienangehörige einer solchen Person, wenn diese das Recht der Immunität genießen, oder
4. durch Übermittlung elektronischer Dokumente, soweit dies völkerrechtlich zulässig ist.

(2) [1]Zum Nachweis der Zustellung nach Absatz 1 Nr. 1 genügt der Rückschein. [2]Die Zustellung nach Absatz 1 Nr. 2 und 3 wird durch das Zeugnis der ersuchten Behörde nachgewiesen. [3]Der Nachweis der Zustellung gemäß Absatz 1 Nr. 4 richtet sich nach § 5 Abs. 7 Satz 1 bis 3 und 5 sowie nach § 5a Absatz 3 und 4 Satz 1, 2 und 4.

(3) [1]Die Behörde kann bei der Zustellung nach Absatz 1 Nr. 2 und 3 anordnen, dass die Person, an die zugestellt werden soll, innerhalb einer angemessenen Frist einen Zustellungsbevollmächtigten benennt, der im Inland wohnt oder dort einen Geschäftsraum hat. [2]Wird kein Zustellungsbevollmächtigter benannt, können spätere Zustellungen bis zur nachträglichen Benennung dadurch bewirkt werden, dass das Dokument unter der Anschrift der Person, an die zugestellt werden soll, zur Post gegeben wird. [3]Das Dokument gilt am siebenten Tag nach Aufgabe zur Post als zugestellt, wenn nicht feststeht, dass es den Empfänger nicht oder zu einem späteren Zeitpunkt erreicht hat. [4]Die Behörde kann eine längere Frist bestimmen. [5]In der Anordnung nach Satz 1 ist auf diese Rechtsfolgen hinzuweisen. [6]Zum Nachweis der Zustellung ist in den Akten zu vermerken, zu welcher Zeit und unter welcher Anschrift das Dokument zur Post gegeben wurde. [7]Ist durch Rechtsvorschrift angeordnet, dass ein Verwaltungsverfahren über eine einheitliche Stelle nach den Vorschriften des Verwaltungsverfahrensgesetzes abgewickelt werden kann, finden die Sätze 1 bis 6 keine Anwendung.

§ 10 Öffentliche Zustellung

(1) [1]Die Zustellung kann durch öffentliche Bekanntmachung erfolgen, wenn

1. der Aufenthaltsort des Empfängers unbekannt ist und eine Zustellung an einen Vertreter oder Zustellungsbevollmächtigten nicht möglich ist,
2. bei juristischen Personen, die zur Anmeldung einer inländischen Geschäftsanschrift zum Handelsregister verpflichtet sind, eine Zustellung weder unter der eingetragenen Anschrift noch unter einer im Handelsregister eingetragenen Anschrift einer für Zustellungen empfangsberechtigten Person oder einer ohne Ermittlungen bekannten anderen inländischen Anschrift möglich ist oder
3. sie im Fall des § 9 nicht möglich ist oder keinen Erfolg verspricht.

[2]Die Anordnung über die öffentliche Zustellung trifft ein zeichnungsberechtigter Bediensteter.

(2) [1]Die öffentliche Zustellung erfolgt durch Bekanntmachung einer Benachrichtigung an der Stelle, die von der Behörde hierfür allgemein bestimmt ist, oder durch Veröffentlichung einer Benachrichtigung im Bundesanzeiger. [2]Die Benachrichtigung muss

1. die Behörde, für die zugestellt wird,
2. den Namen und die letzte bekannte Anschrift des Zustellungsadressaten,
3. das Datum und das Aktenzeichen des Dokuments sowie
4. die Stelle, wo das Dokument eingesehen werden kann,

erkennen lassen. [3]Die Benachrichtigung muss den Hinweis enthalten, dass das Dokument öffentlich zugestellt wird und Fristen in Gang gesetzt werden können, nach deren Ablauf Rechtsverluste drohen können. [4]Bei der Zustellung einer Ladung muss die Benachrichtigung den Hinweis enthalten, dass das Dokument eine Ladung zu einem Termin enthält, dessen Versäumung Rechtsnachteile zur Folge haben kann. [5]In den Akten ist zu vermerken, wann und wie die Benachrichtigung bekannt gemacht wurde. [6]Das Dokument gilt als zugestellt, wenn seit dem Tag der Bekanntmachung der Benachrichtigung zwei Wochen vergangen sind.

Verwaltungs-Vollstreckungsgesetz (VwVG)[1)]

Vom 27. April 1953 (BGBl. I S. 157)
(FNA 201-4)

zuletzt geändert durch Art. 5 PersonengesellschaftsrechtsmodernisierungsG (MoPeG) vom 10. August 2021 (BGBl. I S. 3436)

Nichtamtliche Inhaltsübersicht

Der Bundestag hat mit Zustimmung des Bundesrates das folgende Gesetz beschlossen:

Erster Abschnitt
Vollstreckung wegen Geldforderungen

§ 1 Vollstreckbare Geldforderungen

(1) Die öffentlich-rechtlichen Geldforderungen des Bundes und der bundesunmittelbaren juristischen Personen des öffentlichen Rechts werden nach den Bestimmungen dieses Gesetzes im Verwaltungswege vollstreckt.

(2) Ausgenommen sind solche öffentlich-rechtlichen Geldforderungen, die im Wege des Parteistreites vor den Verwaltungsgerichten verfolgt werden oder für die ein anderer Rechtsweg als der Verwaltungsrechtsweg begründet ist.

(3) Die Vorschriften der Abgabenordnung, des Sozialversicherungsrechts einschließlich der Arbeitslosenversicherung und des Justizbeitreibungsgesetzes bleiben unberührt.

§ 2 Vollstreckungsschuldner

(1) Als Vollstreckungsschuldner kann in Anspruch genommen werden,
a) wer eine Leistung als Selbstschuldner schuldet;
b) wer für die Leistung, die ein anderer schuldet, persönlich haftet.

(2) Wer zur Duldung der Zwangsvollstreckung verpflichtet ist, wird dem Vollstreckungsschuldner gleichgestellt, soweit die Duldungspflicht reicht.

1) Die Änderungen durch G v. 10.8.2021 (BGBl. I S. 3436) treten erst **mWv 1.1.2024** in Kraft und sind im Text noch nicht berücksichtigt.

§ 3 Vollstreckungsanordnung

(1) Die Vollstreckung wird gegen den Vollstreckungsschuldner durch Vollstreckungsanordnung eingeleitet; eines vollstreckbaren Titels bedarf es nicht.

(2) Voraussetzungen für die Einleitung der Vollstreckung sind:

a) der Leistungsbescheid, durch den der Schuldner zur Leistung aufgefordert worden ist;
b) die Fälligkeit der Leistung;
c) der Ablauf einer Frist von einer Woche seit Bekanntgabe des Leistungsbescheides oder, wenn die Leistung erst danach fällig wird, der Ablauf einer Frist von einer Woche nach Eintritt der Fälligkeit.

(3) Vor Anordnung der Vollstreckung soll der Schuldner ferner mit einer Zahlungsfrist von einer weiteren Woche besonders gemahnt werden.

(4) Die Vollstreckungsanordnung wird von der Behörde erlassen, die den Anspruch geltend machen darf.

§ 4 Vollstreckungsbehörden

Vollstreckungsbehörden sind:

a) die von einer obersten Bundesbehörde im Einvernehmen mit dem Bundesminister des Innern, für Bau und Heimat bestimmten Behörden des betreffenden Verwaltungszweiges;
b) die Vollstreckungsbehörden der Bundesfinanzverwaltung, wenn eine Bestimmung nach Buchstabe a nicht getroffen worden ist.

§ 5 Anzuwendende Vollstreckungsvorschriften

(1) Das Verwaltungszwangsverfahren und der Vollstreckungsschutz richten sich im Falle des § 4 nach den Vorschriften der Abgabenordnung (§§ 77, 249 bis 258, 260, 262 bis 267, 281 bis 317, 318 Abs. 1 bis 4, §§ 319 bis 327).

(2) Wird die Vollstreckung im Wege der Amtshilfe von Organen der Länder vorgenommen, so ist sie nach landesrechtlichen Bestimmungen durchzuführen.

§ 5a Ermittlung des Aufenthaltsorts des Vollstreckungsschuldners

(1) Ist der Wohnsitz oder der gewöhnliche Aufenthaltsort des Vollstreckungsschuldners nicht durch Anfrage bei der Meldebehörde zu ermitteln, so darf die Vollstreckungsbehörde folgende Angaben erheben:

1. beim Ausländerzentralregister die Angaben zur aktenführenden Ausländerbehörde und die Angaben zum Zuzug oder Fortzug des Vollstreckungsschuldners und bei der Ausländerbehörde, die nach der Auskunft aus dem Ausländerzentralregister aktenführend ist, den Aufenthaltsort des Vollstreckungsschuldners,
2. bei den Trägern der gesetzlichen Rentenversicherung und bei einer berufsständischen Versorgungseinrichtung im Sinne des § 6 Absatz 1 Satz 1 Nummer 1 des Sechsten Buches Sozialgesetzbuch die dort bekannte derzeitige Anschrift und den derzeitigen oder zukünftigen Aufenthaltsort des Vollstreckungsschuldners sowie
3. beim Kraftfahrt-Bundesamt die Halterdaten nach § 35 Absatz 4c Nummer 2 des Straßenverkehrsgesetzes.

(2) Die Vollstreckungsbehörde darf die gegenwärtigen Anschriften, den Ort der Hauptniederlassung oder den Sitz des Vollstreckungsschuldners erheben

1. durch Einsicht in das Handels-, Genossenschafts-, Partnerschafts-, Unternehmens- oder Vereinsregister oder
2. durch Einholung der Anschrift bei den nach Landesrecht für die Durchführung der Aufgaben nach § 14 Absatz 1 der Gewerbeordnung zuständigen Behörden.

(3) Nach Absatz 1 Nummer 2 und Absatz 2 erhobene Daten, die innerhalb der letzten drei Monate bei der Vollstreckungsbehörde eingegangen sind, dürfen von der Vollstreckungsbehörde auch einer weiteren Vollstreckungsbehörde übermittelt werden, wenn die Voraussetzungen für die Datenerhebung auch bei der weiteren Vollstreckungsbehörde vorliegen.

(4) [1]Ist der Vollstreckungsschuldner Unionsbürger, so darf die Vollstreckungsbehörde die Daten nach Absatz 1 Nummer 1 nur erheben, wenn ihr tatsächliche Anhaltspunkte für die Vermutung vorliegen, dass bei der betroffenen Person das Nichtbestehen oder der Verlust des Freizügigkeitsrechts festgestellt worden ist. [2]Eine Übermittlung der Daten nach Absatz 1 Nummer 1 an die Vollstreckungsbehörde ist ausgeschlossen, wenn der Vollstreckungsschuldner ein Unionsbürger ist, für den eine Feststellung des

Nichtbestehens oder des Verlusts des Freizügigkeitsrechts nicht vorliegt. [3]Die Erhebung nach Absatz 1 Nummer 2 bei einer berufsständischen Versorgungseinrichtung darf die Vollstreckungsbehörde nur durchführen, wenn tatsächliche Anhaltspunkte nahelegen, dass der Vollstreckungsschuldner Mitglied dieser berufsständischen Versorgungseinrichtung ist.

§ 5b Auskunftsrechte der Vollstreckungsbehörde

(1) [1]Die Vollstreckungsbehörde darf vorbehaltlich der Sätze 2 und 3 folgende Maßnahmen durchführen:

1. Erhebung des Namens und der Vornamen oder der Firma sowie der Anschrift der derzeitigen Arbeitgeber des Vollstreckungsschuldners bei den Trägern der gesetzlichen Rentenversicherung und bei einer berufsständischen Versorgungseinrichtung im Sinne des § 6 Absatz 1 Satz 1 Nummer 1 des Sechsten Buches Sozialgesetzbuch;
2. Erhebung der Fahrzeug- und Halterdaten nach § 33 Absatz 1 des Straßenverkehrsgesetzes beim Kraftfahrt-Bundesamt zu einem Fahrzeug, als dessen Halter der Vollstreckungsschuldner eingetragen ist.

[2]Maßnahmen nach Satz 1 sind nur zulässig, wenn

1. die Ladung zu dem Termin zur Abgabe der Vermögensauskunft an den Vollstreckungsschuldner nicht zustellbar ist und
   a) die Anschrift, unter der die Zustellung ausgeführt werden sollte, mit der Anschrift übereinstimmt, die von einer der in § 755 Absatz 1 und 2 der Zivilprozessordnung genannten Stellen innerhalb von drei Monaten vor oder nach dem Zustellungsversuch mitgeteilt wurde, oder
   b) die Meldebehörde nach dem Zustellungsversuch die Auskunft erteilt, dass ihr keine derzeitige Anschrift des Vollstreckungsschuldners bekannt ist, oder
   c) die Meldebehörde innerhalb von drei Monaten vor Erlass der Vollstreckungsanordnung die Auskunft erteilt hat, dass ihr keine derzeitige Anschrift des Vollstreckungsschuldners bekannt ist;
2. der Vollstreckungsschuldner seiner Pflicht zur Abgabe der Vermögensauskunft in dem der Maßnahme nach Satz 1 zugrundeliegenden Vollstreckungsverfahren nicht nachkommt oder
3. bei einer Vollstreckung in die in der Vermögensauskunft aufgeführten Vermögensgegenstände eine vollständige Befriedigung der Forderung nicht zu erwarten ist.

[3]Die Erhebung nach Satz 1 Nummer 1 bei einer berufsständischen Versorgungseinrichtung ist zusätzlich zu den Voraussetzungen des Satzes 2 nur zulässig, wenn tatsächliche Anhaltspunkte nahelegen, dass der Vollstreckungsschuldner Mitglied dieser berufsständischen Versorgungseinrichtung ist.

(2) Nach Absatz 1 erhobene Daten, die innerhalb der letzten drei Monate bei der Vollstreckungsbehörde eingegangen sind, dürfen von der Vollstreckungsbehörde auch einer weiteren Vollstreckungsbehörde übermittelt werden, wenn die Voraussetzungen für die Datenerhebung auch bei der weiteren Vollstreckungsbehörde vorliegen.

Zweiter Abschnitt

Erzwingung von Handlungen, Duldungen oder Unterlassungen

§ 6 Zulässigkeit des Verwaltungszwanges

(1) Der Verwaltungsakt, der auf die Herausgabe einer Sache oder auf die Vornahme einer Handlung oder auf Duldung oder Unterlassung gerichtet ist, kann mit den Zwangsmitteln nach § 9 durchgesetzt werden, wenn er unanfechtbar ist oder wenn sein sofortiger Vollzug angeordnet oder wenn dem Rechtsmittel keine aufschiebende Wirkung beigelegt ist.

(2) Der Verwaltungszwang kann ohne vorausgehenden Verwaltungsakt angewendet werden, wenn der sofortige Vollzug zur Verhinderung einer rechtswidrigen Tat, die einen Straf- oder Bußgeldtatbestand verwirklicht, oder zur Abwendung einer drohenden Gefahr notwendig ist und die Behörde hierbei innerhalb ihrer gesetzlichen Befugnisse handelt.

§ 7 Vollzugsbehörden

(1) Ein Verwaltungsakt wird von der Behörde vollzogen, die ihn erlassen hat; sie vollzieht auch Beschwerdeentscheidungen.

(2) Die Behörde der unteren Verwaltungsstufe kann für den Einzelfall oder allgemein mit dem Vollzug beauftragt werden.

§ 8 Örtliche Zuständigkeit

Muß eine Zwangsmaßnahme außerhalb des Bezirks der Vollzugsbehörde ausgeführt werden, so hat die entsprechende Bundesbehörde des Bezirks, in dem sie ausgeführt werden soll, auf Ersuchen der Vollzugsbehörde den Verwaltungszwang durchzuführen.

§ 9 Zwangsmittel

(1) Zwangsmittel sind:

a) Ersatzvornahme (§ 10),
b) Zwangsgeld (§ 11),
c) unmittelbarer Zwang (§ 12).

(2) [1]Das Zwangsmittel muß in einem angemessenen Verhältnis zu seinem Zweck stehen. [2]Dabei ist das Zwangsmittel möglichst so zu bestimmen, daß der Betroffene und die Allgemeinheit am wenigsten beeinträchtigt werden.

§ 10 Ersatzvornahme

Wird die Verpflichtung, eine Handlung vorzunehmen, deren Vornahme durch einen anderen möglich ist (vertretbare Handlung), nicht erfüllt, so kann die Vollzugsbehörde einen anderen mit der Vornahme der Handlung auf Kosten des Pflichtigen beauftragen.

§ 11 Zwangsgeld

(1) [1]Kann eine Handlung durch einen anderen nicht vorgenommen werden und hängt sie nur vom Willen des Pflichtigen ab, so kann der Pflichtige zur Vornahme der Handlung durch ein Zwangsgeld angehalten werden. [2]Bei vertretbaren Handlungen kann es verhängt werden, wenn die Ersatzvornahme untunlich ist, besonders, wenn der Pflichtige außerstande ist, die Kosten zu tragen, die aus der Ausführung durch einen anderen entstehen.

(2) Das Zwangsgeld ist auch zulässig, wenn der Pflichtige der Verpflichtung zuwiderhandelt, eine Handlung zu dulden oder zu unterlassen.

(3) Die Höhe des Zwangsgeldes beträgt bis zu 25 000 Euro.

§ 12 Unmittelbarer Zwang

Führt die Ersatzvornahme oder das Zwangsgeld nicht zum Ziel oder sind sie untunlich, so kann die Vollzugsbehörde den Pflichtigen zur Handlung, Duldung oder Unterlassung zwingen oder die Handlung selbst vornehmen.

§ 13 Androhung der Zwangsmittel

(1) [1]Die Zwangsmittel müssen, wenn sie nicht sofort angewendet werden können (§ 6 Abs. 2), schriftlich angedroht werden. [2]Hierbei ist für die Erfüllung der Verpflichtung eine Frist zu bestimmen, innerhalb der der Vollzug dem Pflichtigen billigerweise zugemutet werden kann.

(2) [1]Die Androhung kann mit dem Verwaltungsakt verbunden werden, durch den die Handlung, Duldung oder Unterlassung aufgegeben wird. [2]Sie soll mit ihm verbunden werden, wenn der sofortige Vollzug angeordnet oder den Rechtsmitteln keine aufschiebende Wirkung beigelegt ist.

(3) [1]Die Androhung muß sich auf ein bestimmtes Zwangsmittel beziehen. [2]Unzulässig ist die gleichzeitige Androhung mehrerer Zwangsmittel und die Androhung, mit der sich die Vollzugsbehörde die Wahl zwischen mehreren Zwangsmitteln vorbehält.

(4) [1]Soll die Handlung auf Kosten des Pflichtigen (Ersatzvornahme) ausgeführt werden, so ist in der Androhung der Kostenbetrag vorläufig zu veranschlagen. [2]Das Recht auf Nachforderung bleibt unberührt, wenn die Ersatzvornahme einen höheren Kostenaufwand verursacht.

(5) Der Betrag des Zwangsgeldes ist in bestimmter Höhe anzudrohen.

(6) [1]Die Zwangsmittel können auch neben einer Strafe oder Geldbuße angedroht und so oft wiederholt und hierbei jeweils erhöht oder gewechselt werden, bis die Verpflichtung erfüllt ist. [2]Eine neue Androhung ist erst dann zulässig, wenn das zunächst angedrohte Zwangsmittel erfolglos ist.

(7) [1]Die Androhung ist zuzustellen. [2]Dies gilt auch dann, wenn sie mit dem zugrunde liegenden Verwaltungsakt verbunden ist und für ihn keine Zustellung vorgeschrieben ist.

§ 14 Festsetzung der Zwangsmittel

[1]Wird die Verpflichtung innerhalb der Frist, die in der Androhung bestimmt ist, nicht erfüllt, so setzt die Vollzugsbehörde das Zwangsmittel fest. [2]Bei sofortigem Vollzug (§ 6 Abs. 2) fällt die Festsetzung weg.

§ 15 Anwendung der Zwangsmittel

(1) Das Zwangsmittel wird der Festsetzung gemäß angewendet.

(2) [1]Leistet der Pflichtige bei der Ersatzvornahme oder bei unmittelbarem Zwang Widerstand, so kann dieser mit Gewalt gebrochen werden. [2]Die Polizei hat auf Verlangen der Vollzugsbehörde Amtshilfe zu leisten.

(3) Der Vollzug ist einzustellen, sobald sein Zweck erreicht ist.

§ 16 Ersatzzwangshaft

(1) [1]Ist das Zwangsgeld uneinbringlich, so kann das Verwaltungsgericht auf Antrag der Vollzugsbehörde nach Anhörung des Pflichtigen durch Beschluß Ersatzzwangshaft anordnen, wenn bei Androhung des Zwangsgeldes hierauf hingewiesen worden ist. [2]Das Grundrecht des Artikels 2 Abs. 2 Satz 2 des Grundgesetzes wird insoweit eingeschränkt.

(2) Die Ersatzzwangshaft beträgt mindestens einen Tag, höchstens zwei Wochen.

(3) Die Ersatzzwangshaft ist auf Antrag der Vollzugsbehörde von der Justizverwaltung nach den Bestimmungen der §§ 802g, 802h und 802j Abs. 2 der Zivilprozeßordnung zu vollstrecken.

§ 17 Vollzug gegen Behörden

Gegen Behörden und juristische Personen des öffentlichen Rechts sind Zwangsmittel unzulässig, soweit nicht etwas anderes bestimmt ist.

§ 18 Rechtsmittel

(1) [1]Gegen die Androhung eines Zwangsmittels sind die Rechtsmittel gegeben, die gegen den Verwaltungsakt zulässig sind, dessen Durchsetzung erzwungen werden soll. [2]Ist die Androhung mit dem zugrunde liegenden Verwaltungsakt verbunden, so erstreckt sich das Rechtsmittel zugleich auf den Verwaltungsakt, soweit er nicht bereits Gegenstand eines Rechtsmittel- oder gerichtlichen Verfahrens ist. [3]Ist die Androhung nicht mit dem zugrunde liegenden Verwaltungsakt verbunden und ist dieser unanfechtbar geworden, so kann die Androhung nur insoweit angefochten werden, als eine Rechtsverletzung durch die Androhung selbst behauptet wird.

(2) Wird ein Zwangsmittel ohne vorausgehenden Verwaltungsakt angewendet (§ 6 Abs. 2), so sind hiergegen die Rechtsmittel zulässig, die gegen Verwaltungsakte allgemein gegeben sind.

Dritter Abschnitt

Kosten

§ 19 Kosten

(1) [1]Für Amtshandlungen nach diesem Gesetz werden Kosten (Gebühren und Auslagen) gemäß § 337 Abs. 1, §§ 338 bis 346 der Abgabenordnung erhoben. [2]Für die Gewährung einer Entschädigung an Auskunftspflichtige, Sachverständige und Treuhänder, gelten §§ 107 und 318 Abs. 5 der Abgabenordnung.

(2) [1]Für die Mahnung nach § 3 Abs. 3 wird eine Mahngebühr erhoben. [2]Sie beträgt ein halbes Prozent des Mahnbetrages, mindestens jedoch 5 Euro und höchstens 150 Euro. [3]Die Mahngebühr wird auf volle Euro aufgerundet.

(3) Soweit die Bundespolizei nach diesem Gesetz tätig wird, werden Gebühren und Auslagen nach dem Bundesgebührengesetz erhoben.

§ 19a Vollstreckungspauschale, Verordnungsermächtigung

(1) [1]Bundesunmittelbare Körperschaften und Anstalten des öffentlichen Rechts, die den Vollstreckungsbehörden der Bundesfinanzverwaltung nach § 4 Buchstabe b Vollstreckungsanordnungen übermitteln, sind verpflichtet, für jede ab dem 1. Juli 2014 übermittelte Vollstreckungsanordnung einen Pauschalbetrag für bei den Vollstreckungsschuldnern uneinbringliche Gebühren und Auslagen (Vollstreckungspauschale) zu zahlen. [2]Dies gilt nicht für Vollstreckungsanordnungen wegen Geldforderungen nach dem Bundeskindergeldgesetz.

(2) Die Vollstreckungspauschale bemisst sich nach dem Gesamtbetrag der im Berechnungszeitraum auf Grund von Vollstreckungsanordnungen der juristischen Personen nach Absatz 1 festgesetzten Gebühren und Auslagen, die bei den Vollstreckungsschuldnern nicht beigetrieben werden konnten, geteilt durch die Anzahl aller in diesem Zeitraum von diesen Anordnungsbehörden übermittelten Vollstreckungsanordnungen.

(3) Das Bundesministerium der Finanzen wird ermächtigt, im Einvernehmen mit dem Bundesministerium für Arbeit und Soziales und dem Bundesministerium für Gesundheit durch Rechtsverordnung, die nicht der Zustimmung des Bundesrates bedarf, die Höhe der Vollstreckungspauschale zu bestimmen sowie den Berechnungszeitraum, die Entstehung und die Fälligkeit der Vollstreckungspauschale, den Abrechnungszeitraum, das Abrechnungsverfahren und die abrechnende Stelle zu regeln.

(4) Die Höhe der Vollstreckungspauschale ist durch das Bundesministerium der Finanzen nach Maßgabe des Absatzes 2 alle drei Jahre zu überprüfen und durch Rechtsverordnung nach Absatz 3 anzupassen, wenn die nach Maßgabe des Absatzes 2 berechnete Vollstreckungspauschale um mehr als 20 Prozent von der Vollstreckungspauschale in der geltenden Fassung abweicht.

(5) Die juristischen Personen nach Absatz 1 sind nicht berechtigt, den Vollstreckungsschuldner mit der Vollstreckungspauschale zu belasten.

Vierter Abschnitt
Übergangs- und Schlußvorschriften

§ 20 Außerkrafttreten früherer Bestimmungen

Soweit die Vollstreckung in Bundesgesetzen abweichend von diesem Gesetz geregelt ist, sind für Bundesbehörden und bundesunmittelbare juristische Personen des öffentlichen Rechts die Bestimmungen dieses Gesetzes anzuwenden; § 1 Abs. 3 bleibt unberührt.

§ 21 *[aufgehoben]*

§ 22 Inkrafttreten

Dieses Gesetz tritt am 1. Mai 1953 in Kraft.

Verordnung über das förmliche Verwaltungsverfahren (FörmVfVO)[1)]

Vom 14. Mai 1980 (GVBl. S. 991)
(BRV 2010-1-1)
zuletzt geändert durch Art. 4 G zur Neufassung des Gesetzes über Selbstbestimmung und Teilhabe in betreuten gemeinschaftlichen Wohnformen vom 4. Mai 2021 (GVBl. S. 417)

Auf Grund des § 4 Abs. 1 Buchst. a des Gesetzes über das Verfahren der Berliner Verwaltung vom 8. Dezember 1976 (GVBl. S. 2735) wird verordnet:

§ 1 [Förmliche Verfahren]
Das förmliche Verfahren findet in den Verwaltungsangelegenheiten statt, die in der Anlage zu dieser Verordnung bestimmt sind.

§ 2 [Anwendung von Rechtsvorschriften]
Die in der Anlage aufgeführten Rechtsvorschriften sind in der jeweils geltenden Fassung anzuwenden.

§ 3 [Inkrafttreten]
[1]Diese Verordnung tritt am Tage nach der Verkündung[2)] im Gesetz- und Verordnungsblatt für Berlin in Kraft. [2]*[nicht wiedergegebene Aufhebungsvorschrift]*

Anlage
zu § 1

1. § 32 Absatz 1 bis 5 des Wohnteilhabegesetzes	Untersagung des Betriebs einer Einrichtung oder einer Wohngemeinschaft, ausgenommen bestehende anbieterverantwortete Pflege-Wohngemeinschaften
2. § 35 der Gewerbeordnung	Untersagung der Ausübung eines Gewerbes bei Unzuverlässigkeit
3. § 51 der Gewerbeordnung	Untersagung der Benutzung einer gewerblichen Anlage wegen überwiegender Nachteile und Gefahren für das Gemeinwohl
4. §§ 48 und 49 des Verwaltungsverfahrensgesetzes in Verbindung mit § 1 des Gesetzes über das Verfahren der Berliner Verwaltung	Rücknahme und Widerruf der in den §§ 30, 33c Absatz 1, §§ 33i, 34, 34a, 34b, 34c und 36 der Gewerbeordnung bezeichneten Konzessionen, Erlaubnisse und Bestellungen sowie Reisegewerbekarten nach § 55 der Gewerbeordnung und von Gewerbelegitimationen nach § 55b Absatz 2 der Gewerbeordnung
5. §§ 48 und 49 des Verwaltungsverfahrensgesetzes in Verbindung mit § 1 des Gesetzes über das Verfahren der Berliner Verwaltung	Rücknahme und Widerruf der Erlaubnis zur Führung der Berufsbezeichnung a) Diätassistentin, Diätassistent nach § 2 des Diätassistentengesetzes; b) Masseurin und medizinische Bademeisterin, Masseur und medizinischer Bademeister, Physiotherapeutin, Physiotherapeut, Masseurin, Masseur, Krankengymnastin, Krankengymnast nach §§ 2, 16 Absatz 3 und 4 des Masseur- und Physiotherapeutengesetzes;

1) Die Änderungen durch G v. 4.5.2021 (GVBl. S. 417) treten teilweise erst **mWv 1.6.2023** in Kraft und sind insoweit im Text noch nicht berücksichtigt.
2) Verkündet am 3.6.1980.

	c) Medizinisch-technische Laboratoriumsassistentin, Medizinisch-technischer Laboratoriumsassistent, Medizinisch-technische Radiologieassistentin, Medizinisch-technischer Radiologieassistent, Medizinisch-technische Assistentin für Funktionsdiagnostik, Medizinisch-technischer Assistent für Funktionsdiagnostik, Veterinärmedizinisch-technische Assistentin, Veterinärmedizinisch-technischer Assistent nach § 2 des MTA-Gesetzes;
	d) Notfallsanitäterin, Notfallsanitäter nach § 2 des Notfallsanitätergesetzes
6. § 76 der Handwerksordnung	Auflösung einer Handwerksinnung
7. § 15 des Gaststättengesetzes	Rücknahme und Widerruf der Erlaubnis zum Betrieb eines Gaststättengewerbes sowie Rücknahme und Widerruf der Stellvertretungserlaubnis
8. § 12 Absatz 1 des Schornsteinfeger-Handwerksgesetzes	Aufhebung der Bestellung eines bevollmächtigten Bezirksschornsteinfegers
9. Artikel 13 Absatz 3 des Ausführungsgesetzes zum Bürgerlichen Gesetzbuch	Rücknahme von Ermächtigungen zu Käufen und Verkäufen, deren Handelsmakler nach den §§ 385, 1221 und 1235 des Bürgerlichen Gesetzbuches, nach den §§ 373, 376, 388 und 389 des Handelsgesetzbuches bedürfen
10. § 45 Absatz 1 Nummer 2 des Energiewirtschaftsgesetzes	Zulassung der Enteignung für Vorhaben zum Zwecke der Energieversorgung
11. §§ 5 und 6 Absatz 1 der Bundesärzteordnung	Rücknahme, Widerruf und Anordnung des Ruhens der Approbation als Arzt
12. §§ 4 und 5 Absatz 1 des Gesetzes über die Ausübung der Zahnheilkunde	Rücknahme, Widerruf und Anordnung des Ruhens der Approbation als Zahnarzt
13. §§ 4, 9 Absatz 4 und § 14 Absatz 2 des Apothekengesetzes	Rücknahme und Widerruf der Erlaubnis zum Betrieb einer Apotheke oder Krankenhausapotheke
14. §§ 6, 7 und 8 Absatz 1 der Bundes-Apothekerordnung	Rücknahme, Widerruf und Anordnung des Ruhens der Approbation als Apotheker
15. § 3 Absatz 1 bis 3 des Psychotherapeutengesetzes	Rücknahme, Widerruf und Anordnung des Ruhens der Approbation als Psychologische Psychotherapeutin, Psychologischer Psychotherapeut oder als Kinder- und Jugendlichenpsychotherapeutin, Kinder- und Jugendlichenpsychotherapeut
16. § 7 Absatz 1 der Ersten Durchführungsverordnung zum Heilpraktikergesetz	Rücknahme der Heilpraktikererlaubnis
17. §§ 6, 7 und § 8 Absatz 1 der Bundes-Tierärzteordnung	Rücknahme, Widerruf und Anordnung des Ruhens der Approbation als Tierarzt
18. § 2 Absatz 2 des Krankenpflegegesetzes	Rücknahme und Widerruf der Erlaubnis zur Führung der Berufsbezeichnung Gesundheits- und Krankenpflegerin, Gesundheits- und Krankenpfleger oder Gesundheits- und Kinderkrankenpflegerin, Gesundheits- und Kinderkrankenpfleger
19. § 3 des Ergotherapeutengesetzes	Rücknahme und Widerruf der Erlaubnis zur Ausübung einer Tätigkeit unter der Berufsbezeichnung Ergotherapeutin, Ergotherapeut
20. § 3 des Hebammengesetzes	Rücknahme und Widerruf der Erlaubnis zur Führung der Berufsbezeichnung Hebamme oder Entbindungspfleger
21. § 2 Absatz 1 des Gesetzes über die Rechtsstellung vorgeprüfter Apothekeranwärter	Untersagung der Befugnis zur Führung der Berufsbezeichnung Apothekerassistentin, Apothekerassistent oder zur Ausübung pharmazeutischer Tätigkeiten
22. § 48 des Infektionsschutzgesetzes	Rücknahme und Widerruf der Erlaubnis für Tätigkeiten mit Krankheitserregern
23. § 18 Absatz 1 des Arzneimittelgesetzes	Rücknahme, Widerruf und Anordnung des Ruhens der Erlaubnis zur Herstellung von Arzneimitteln

24.	§ 3 des Gesetzes über den Beruf des pharmazeutisch-technischen Assistenten	Rücknahme und Widerruf der Erlaubnis zur Ausübung einer Tätigkeit unter der Berufsbezeichnung pharmazeutisch-technische Assistentin, pharmazeutisch-technischer Assistent
25.	§ 7 Absatz 1 des Hufbeschlaggesetzes	Widerruf der staatlichen Anerkennung als Hufbeschlagschmiedin, Hufbeschlagschmied
26.	§ 3 des Gesetzes über den Beruf des Logopäden	Rücknahme und Widerruf der Erlaubnis zur Ausübung einer Tätigkeit unter der Berufsbezeichnung Logopädin, Logopäde
27.	§ 3 Absatz 1 des Gesetzes über die Berufsbezeichnung „Staatlich geprüfte Lebensmittelchemikerin" und „Staatlich geprüfter Lebensmittelchemiker"	Rücknahme der Erlaubnis zur Führung der Berufsbezeichnung „Staatlich geprüfte Lebensmittelchemikerin", „Staatlich geprüfter Lebensmittelchemiker"
28.	§ 7 Absatz 2 und 3 der Bautechnischen Prüfungsverordnung	Rücknahme und Widerruf der Anerkennung als Prüfingenieurin, Prüfingenieur oder als Prüfsachverständige, Prüfsachverständiger
29.	§ 43 des Bürgerlichen Gesetzbuches	Entziehung der Rechtsfähigkeit von Vereinen.

Landesbeamtengesetz (LBG)[1]

Vom 19. März 2009 (GVBl. S. 70)

zuletzt geändert durch Art. 7 G zur Stärkung der Berliner Wissenschaft vom 14. September 2021 (GVBl. S. 1039)

Inhaltsübersicht

1) Verkündet als Art. 1 des DienstrechtsänderungsG v. 19.3.2009 (GVBl. S. 70); Inkrafttreten gem. Art. XIII § 6 Abs. 1 dieses G am 1.4.2009.

Abschnitt 1
Allgemeine Vorschriften

§ 1 Geltungsbereich

(1) [1]Ergänzend zum Beamtenstatusgesetz vom 17. Juni 2008 (BGBl. I S. 1010) in der jeweils geltenden Fassung gilt dieses Gesetz für die Landesbeamtinnen und Landesbeamten, soweit nicht ausdrücklich etwas anderes gesetzlich bestimmt ist. [2]Es gilt ferner für Ruhestandsbeamtinnen und Ruhestandsbeamte sowie für frühere Beamtinnen und frühere Beamte, soweit für diese Personengruppen Regelungen getroffen werden.

(2) Dieses Gesetz gilt nicht für die Beamtinnen und Beamten der öffentlich-rechtlichen Religionsgemeinschaften und ihrer Verbände.

§ 2 Landesbeamtinnen und Landesbeamte

(1) Landesbeamtinnen und Landesbeamte sind solche, die zum Land Berlin oder zu einer landesunmittelbaren Körperschaft, Anstalt oder Stiftung des öffentlichen Rechts in einem Beamtenverhältnis stehen.

(2) [1]Beamtinnen und Beamte, die das Land Berlin zum Dienstherrn haben, sind unmittelbare Landesbeamtinnen oder unmittelbare Landesbeamte. [2]Beamtinnen und Beamte, die eine landesunmittelbare Körperschaft, Anstalt oder Stiftung des öffentlichen Rechts zum Dienstherrn haben, sind mittelbare Landesbeamtinnen oder mittelbare Landesbeamte.

§ 3 Oberste Dienstbehörde

(1) [1]Oberste Dienstbehörde ist für die Beamtinnen und Beamten

1. der Hauptverwaltung: die Senatsverwaltung, zu deren Geschäftsbereich die Dienstbehörde gehört,
2. beim Abgeordnetenhaus: die Präsidentin oder der Präsident des Abgeordnetenhauses,
3. des Rechnungshofes: die Präsidentin oder der Präsident des Rechnungshofes,
4. des Verfassungsgerichtshofes des Landes Berlin: die Präsidentin oder der Präsident des Verfassungsgerichtshofes des Landes Berlin,
5. bei der oder dem Berliner Beauftragten für Datenschutz und Informationsfreiheit: die oder der Berliner Beauftragte für Datenschutz und Informationsfreiheit,
6. der Bezirksverwaltungen: die für grundsätzliche allgemeine beamtenrechtliche Angelegenheiten zuständige Senatsverwaltung, für Beamtinnen und Beamte des Volkshochschuldienstes die für das Schulwesen zuständige Senatsverwaltung,
7. der Körperschaften, Anstalten und Stiftungen des öffentlichen Rechts: das durch Gesetz, Satzung oder in sonstiger Weise berufene Organ oder die insoweit bestimmte Stelle.

[2]Soweit Befugnisse von Dienstbehörden auf das Landesverwaltungsamt übertragen worden sind, ist die Senatsverwaltung, der das Landesverwaltungsamt nachgeordnet ist, oberste Dienstbehörde; soweit

Befugnisse auf andere Behörden übertragen worden sind, ist oberste Dienstbehörde die für diese Behörde zuständige oberste Dienstbehörde.

(2) [1]Bei Ansprüchen nach dem Beamtenversorgungsrecht aus einem Beamtenverhältnis als unmittelbare Landesbeamtin oder unmittelbarer Landesbeamter ist oberste Dienstbehörde die für das Beamtenversorgungsrecht zuständige Senatsverwaltung. [2]Dies gilt nicht für Entscheidungen der obersten Dienstbehörde über die Ruhegehaltfähigkeit der Zeit einer Beurlaubung ohne Dienstbezüge, über die Bezüge für den Sterbemonat und das Sterbegeld beim Tode einer Beamtin oder eines Beamten, über die Unfallfürsorgeleistungen, soweit diese Leistungen neben den Dienstbezügen oder Anwärterbezügen zu gewähren sind, über Übergangsgelder sowie über den Ausgleich bei besonderen Altersgrenzen; die Zuständigkeit für diese Entscheidungen bestimmt sich nach Absatz 1.

(3) Ist die oberste Dienstbehörde weggefallen, so bestimmt die für grundsätzliche allgemeine beamtenrechtliche Angelegenheiten zuständige Senatsverwaltung die an ihre Stelle tretende Behörde.

§ 4 Dienstbehörde

(1) Dienstbehörde ist die Behörde, die für beamtenrechtliche Entscheidungen unmittelbar zuständig ist.

(2) Für die Beamtinnen und Beamten beim Abgeordnetenhaus ist die Präsidentin oder der Präsident des Abgeordnetenhauses, für die Beamtinnen und Beamten des Rechnungshofes die Präsidentin oder der Präsident des Rechnungshofes, für die Beamtinnen und Beamten des Verfassungsgerichtshofes des Landes Berlin die Präsidentin oder der Präsident des Verfassungsgerichtshofes des Landes Berlin, für die Beamtinnen und Beamten bei der oder dem Berliner Beauftragten für Datenschutz und Informationsfreiheit die oder der Berliner Beauftragte für Datenschutz und Informationsfreiheit Dienstbehörde.

(3) Im Zuständigkeitsbereich der Bezirksverwaltungen ist das Bezirksamt Dienstbehörde.

(4) Für die Beamtinnen und Beamten einer Körperschaft, Anstalt oder Stiftung des öffentlichen Rechts ist Dienstbehörde das durch Gesetz, Satzung oder in sonstiger Weise mit Genehmigung der Aufsichtsbehörde hierzu berufene Organ oder die insoweit bestimmte Stelle.

(5) [1]Die Dienstbehörden können mit Zustimmung ihrer obersten Dienstbehörde einzelne Befugnisse auf das Landesverwaltungsamt oder andere Behörden übertragen. [2]Die Übertragung auf das Landesverwaltungsamt bedarf des Einvernehmens der Senatsverwaltung, der das Landesverwaltungsamt nachgeordnet ist, die Übertragung auf andere Behörden des Einvernehmens der für sie zuständigen obersten Dienstbehörde.

(6) [1]Für Ruhestandsbeamtinnen und Ruhestandsbeamte und sonstige Versorgungsempfängerinnen und Versorgungsempfänger sowie für frühere Beamtinnen und frühere Beamte gilt als Dienstbehörde die letzte Dienstbehörde. [2]Besteht eine Dienstbehörde nicht mehr, so bestimmt die für das Beamtenversorgungsrecht zuständige Senatsverwaltung die an ihre Stelle tretende Behörde.

§ 5 Dienstvorgesetzte und Vorgesetzte

(1) [1]Dienstvorgesetzte oder Dienstvorgesetzter ist, wer, ohne oberste Dienstbehörde oder Dienstbehörde zu sein, für beamtenrechtliche Entscheidungen zuständig ist. [2]Wer Dienstvorgesetzte oder Dienstvorgesetzter ist, bestimmt

1. im Bereich der Hauptverwaltung: die zuständige Senatsverwaltung; sie kann die Befugnis auf nachgeordnete Behörden übertragen,
2. beim Abgeordnetenhaus: die Präsidentin oder der Präsident des Abgeordnetenhauses,
3. beim Rechnungshof: die Präsidentin oder der Präsident des Rechnungshofes,
4. beim Verfassungsgerichtshof des Landes Berlin: die Präsidentin oder der Präsident des Verfassungsgerichtshofes des Landes Berlin,
5. bei der oder dem Berliner Beauftragten für Datenschutz und Informationsfreiheit: die oder der Berliner Beauftragte für Datenschutz und Informationsfreiheit,
6. im Bereich der Bezirksverwaltungen: das Bezirksamt,
7. im Bereich der Körperschaften, Anstalten und Stiftungen des öffentlichen Rechts: das durch Gesetz, Satzung oder in sonstiger Weise berufene Organ.

[3]Ist eine Dienstvorgesetzte oder ein Dienstvorgesetzter nicht vorhanden, so nimmt die zuständige Dienstbehörde die Befugnisse der oder des Dienstvorgesetzten wahr.

(2) Vorgesetzte oder Vorgesetzter ist, wer einer Beamtin oder einem Beamten für ihre oder seine Tätigkeit dienstliche Anordnungen erteilen kann.

Abschnitt 2

Beamtenverhältnis

§ 6 Regelungen über Arten des Beamtenverhältnisses

Die Fälle und mögliche besondere Voraussetzungen der Begründung von Beamtenverhältnissen nach § 4 Absatz 2 bis 4 des Beamtenstatusgesetzes werden gesetzlich bestimmt.

§ 7 Amtsbezeichnung

(1) [1]Die Amtsbezeichnungen der Beamtinnen und Beamten werden durch Gesetz bestimmt. [2]Über die Beifügung von Zusätzen zu Grundamtsbezeichnungen entscheidet die für grundsätzliche allgemeine beamtenrechtliche Angelegenheiten zuständige Senatsverwaltung.

(2) [1]Die Beamtinnen und Beamten führen im Dienst die Amtsbezeichnung des ihnen übertragenen Amtes. [2]Sie dürfen sie auch außerhalb des Dienstes führen. [3]Nach der Beendigung des Beamtenverhältnisses oder beim Wechsel in ein anderes Amt dürfen sie die bisherige Amtsbezeichnung nicht mehr führen.

(3) [1]Ruhestandsbeamtinnen und Ruhestandsbeamte dürfen die ihnen bei der Versetzung in den Ruhestand zustehende Amtsbezeichnung mit dem Zusatz „außer Dienst" oder „a.D." und die im Zusammenhang mit dem Amt verliehenen Titel führen. [2]Satz 1 gilt auch im Falle der erneuten Berufung in das Beamtenverhältnis.

(4) [1]Beamtinnen und Beamte, die in ein Amt mit geringerem Endgrundgehalt versetzt werden, dürfen die bisherige Amtsbezeichnung mit dem Zusatz „außer Dienst" oder „a.D." und die im Zusammenhang mit dem Amt verliehenen Titel führen. [2]Satz 1 gilt nicht bei einer Zurückstufung nach § 9 des Disziplinargesetzes.

(5) [1]Bei der Entlassung kann die oberste Dienstbehörde die Zustimmung erteilen, die Amtsbezeichnung mit dem Zusatz „außer Dienst" oder „a.D." und die im Zusammenhang mit dem Amt verliehenen Titel zu führen. [2]Die Zustimmung kann zurückgenommen werden, wenn die Beamtin oder der Beamte oder die frühere Beamtin oder der frühere Beamte sich ihrer nicht würdig erweist.

(6) Ändert sich die Bezeichnung des früheren Amtes, darf in Fällen nach Absatz 3 bis 5 die geänderte Amtsbezeichnung geführt werden.

§ 8 Stellenausschreibung, Auswahlentscheidung, Feststellung der gesundheitlichen Eignung

(1) [1]Die Bewerberinnen und Bewerber sind durch Stellenausschreibung zu ermitteln; über Ausnahmen von der Pflicht zur Stellenausschreibung entscheidet der Landespersonalausschuss. [2]Für die Auswahl der Bewerberinnen und Bewerber gelten die Kriterien des § 9 des Beamtenstatusgesetzes. [3]Die Bestimmungen des Landesgleichstellungsgesetzes bleiben unberührt.

(2) [1]Die gesundheitliche Eignung für die Berufung in ein Beamtenverhältnis auf Lebenszeit oder in ein anderes Beamtenverhältnis mit dem Ziel der späteren Verwendung im Beamtenverhältnis auf Lebenszeit ist auf Grund eines ärztlichen Gutachtens einer von der Dienstbehörde bestimmten Ärztin oder eines von der Dienstbehörde bestimmten Arztes festzustellen. [2]Soll ein bestehendes Beamtenverhältnis in ein Beamtenverhältnis auf Lebenszeit oder in ein anderes Beamtenverhältnis mit dem Ziel der späteren Verwendung im Beamtenverhältnis auf Lebenszeit umgewandelt werden, so gilt Satz 1 entsprechend. [3]§ 45 gilt entsprechend.

(3) [1]Auf ein ärztliches Gutachten kann abweichend von Absatz 2 Satz 1 vor Begründung eines Beamtenverhältnisses auf Probe verzichtet werden, wenn die gesundheitliche Eignung bereits für die Berufung in ein unmittelbar vorangegangenes Beamtenverhältnis auf Widerruf festgestellt worden ist und sich während des Beamtenverhältnisses auf Widerruf keine Anhaltspunkte für gesundheitliche Beeinträchtigungen ergeben haben. [2]Absatz 2 Satz 1 findet keine Anwendung, wenn eine Richterin auf Lebenszeit oder ein Richter auf Lebenszeit in ein Beamtenverhältnis auf Lebenszeit oder in ein anderes Beamtenverhältnis mit dem Ziel der späteren Verwendung im Beamtenverhältnis auf Lebenszeit berufen werden soll.

§ 8a Höchstaltersgrenzen bei Einstellung, Umwandlung und Versetzung

(1) [1]Einstellungen (§ 5 Absatz 1 des Laufbahngesetzes) in ein Beamtenverhältnis auf Probe oder Lebenszeit und Versetzungen verbeamteter Dienstkräfte in den Dienst des Landes Berlin dürfen nur erfolgen, wenn die für die Einstellung oder Versetzung vorgesehene Person zum Zeitpunkt der Einstellung oder Versetzung noch nicht das Lebensjahr vollendet hat, welches 20 Jahre vor der nach den jeweiligen gesetzlichen Regelungen vorgesehenen Altersgrenze für den Eintritt in den Ruhestand liegt. [2]Die Einstellung in ein Beamtenverhältnis auf Probe im Sinne des § 4 Absatz 3 Buchstabe a des Beamtenstatusgesetzes ist abweichend von Satz 1 zulässig, wenn unmittelbar vor der Einstellung ein Beamtenverhältnis auf Widerruf im Sinne des § 4 Absatz 4 Buchstabe a des Beamtenstatusgesetzes bestand und das Beamtenverhältnis auf Widerruf vor Vollendung des nach Satz 1 maßgeblichen Lebensjahres begründet wurde. [3]Die Umwandlung (§ 8 Absatz 1 Nummer 2 des Beamtenstatusgesetzes) eines Beamtenverhältnisses auf Widerruf im Sinne des § 4 Absatz 4 Buchstabe a des Beamtenstatusgesetzes in ein Beamtenverhältnis auf Probe im Sinne des § 4 Absatz 3 Buchstabe a des Beamtenstatusgesetzes darf nur erfolgen, wenn das Beamtenverhältnis auf Widerruf vor Vollendung des nach Satz 1 maßgeblichen Lebensjahres begründet wurde. [4]Im Falle eines Dienstherrenwechsels nach § 2 des Versorgungslastenteilungs-Staatsvertrages vom 26. Januar 2010 (GVBl. S. 282) in den Dienst des Landes Berlin tritt an die Stelle des in Satz 1 genannten Lebensalters das 50. Lebensjahr, wenn die Voraussetzungen für eine Versorgungslastenteilung nach dem Versorgungslastenteilungs-Staatsvertrag vorliegen. [5]Die für das Versorgungsrecht zuständige Senatsverwaltung kann eine Ausnahme von den Sätzen 1 und 4 zulassen, wenn

1. keine Bewerbungen geeigneter jüngerer Bewerberinnen oder Bewerber vorliegen und die Ablehnung der für die Einstellung oder Versetzung vorgesehenen Person die Erfüllung öffentlicher Aufgaben ernsthaft gefährden würde oder
2. im Hinblick auf die besondere Bedeutung des Aufgabengebietes und die Qualifikation der für die Einstellung oder Versetzung vorgesehenen Person ein dringendes dienstliches Interesse an der Übernahme in den Dienst des Landes Berlin besteht

[6]Die Zulassung einer Ausnahme von Satz 1 ist ausgeschlossen, wenn im Falle eines Dienstherrenwechsels nach § 2 des Versorgungslastenteilungs-Staatsvertrages die Voraussetzungen für eine Versorgungslastenteilung nicht vorliegen. [7]Abweichend von § 19 Absatz 1 Nummer 2 entscheidet der Landespersonalausschuss nicht über Ausnahmen von den Sätzen 1 und 4.

(2) Die Altersgrenze nach Absatz 1 Satz 1 wird hinausgeschoben für

1. Zeiten der tatsächlichen Kinderbetreuung bis zu einem Jahr für jedes Kind unter 18 Jahren,
2. Zeiten der tatsächlichen Pflege von nach ärztlichem Gutachten pflegebedürftigen nahen Angehörigen (Eltern, Schwiegereltern, Ehegatten, eingetragenen Lebenspartnerinnen und -partnern, Geschwistern oder Kindern) bis zu einem Jahr für jeden nahen Angehörigen,

insgesamt höchstens bis zu drei Jahre.

(3) Absatz 1 findet keine Anwendung, wenn die für die Einstellung oder Versetzung vorgesehene Person

1. vom Abgeordnetenhaus zu wählen ist,
2. in ein Amt nach § 46 Absatz 1 berufen wird,
3. verbeamtete Dienstkraft der mittelbaren Landesverwaltung (§ 2 Absatz 2 Satz 2) ist und aus dem Dienst einer landesunmittelbaren Körperschaft, Anstalt oder Stiftung des öffentlichen Rechts in den Dienst des Landes Berlin versetzt wird,
4. auf Grund einer Vereinbarung der Kultusministerkonferenz als verbeamtete Lehrkraft in den Dienst des Landes Berlin versetzt wird,
5. aus dem Richterverhältnis zum Land Berlin in ein Beamtenverhältnis berufen wird oder
6. einen Rechtsanspruch auf Einstellung als verbeamtete Dienstkraft in den Dienst des Landes Berlin hat.

(4) [1]Die Absätze 1 bis 3 gelten für die landesunmittelbaren Körperschaften, Anstalten und Stiftungen des öffentlichen Rechts entsprechend. [2]Über Ausnahmen nach Absatz 1 Satz 5 entscheiden die landesunmittelbaren Körperschaften, Anstalten und Stiftungen des öffentlichen Rechts in eigener Zuständigkeit.

§ 9 Ausnahmeentscheidungen bei Berufung in ein Beamtenverhältnis

[1]Über Ausnahmen in den in § 7 Absatz 3 des Beamtenstatusgesetzes genannten Fällen entscheidet bei unmittelbaren Landesbeamtinnen oder unmittelbaren Landesbeamten der Senat. [2]Bei mittelbaren Landesbeamtinnen oder mittelbaren Landesbeamten entscheidet in diesen Fällen das hierzu durch Gesetz, Satzung oder in sonstiger Weise berufene Organ, sofern gesetzlich nichts Abweichendes bestimmt ist.

§ 10 Ernennung auf Lebenszeit

Eine Ernennung zur Beamtin auf Lebenszeit oder zum Beamten auf Lebenszeit während einer Beurlaubung ohne Dienstbezüge ist nur zulässig, wenn es sich um Elternzeit oder um eine Beurlaubung ohne Dienstbezüge nach dem Arbeitsplatzschutzgesetz oder dem Zivildienstgesetz handelt oder die oberste Dienstbehörde oder die von ihr bestimmte Stelle vor Beginn des Urlaubs anerkannt hat, dass dieser öffentlichen Belangen oder dienstlichen Interessen dient.

§ 11 Ernennung beim Wechsel der Laufbahngruppe

Einer Ernennung bedarf es – neben den in § 8 Absatz 1 Nummer 1 bis 3 des Beamtenstatusgesetzes geregelten Fällen – zur Verleihung eines anderen Amtes mit anderer Amtsbezeichnung beim Wechsel der Laufbahngruppe.

§ 12 Ernennungsbehörden

(1) [1]Der Senat ernennt die Beamtinnen und Beamten der Hauptverwaltung (§ 2 Absatz 2 des Allgemeinen Zuständigkeitsgesetzes), soweit gesetzlich nichts anderes bestimmt ist. [2]Er kann die Ernennung oder die Auswahl der Bewerberinnen und Bewerber seinen Mitgliedern oder anderen Stellen übertragen. [3]Die übrigen unmittelbaren Landesbeamtinnen und Landesbeamten werden von den Dienstbehörden im Namen des Senats ernannt.

(2) [1]Die Ernennungsurkunde der vom Senat ernannten Beamtinnen und Beamten ist von der Regierenden Bürgermeisterin oder dem Regierenden Bürgermeister und der für die Dienstbehörde zuständigen Senatsverwaltung zu vollziehen. [2]Dies gilt sinngemäß für die Beamtinnen und Beamten in den Bezirksverwaltungen.

(3) Die mittelbaren Landesbeamtinnen und Landesbeamten werden von dem durch Gesetz, Rechtsverordnung oder Satzung bestimmten Organ ernannt.

§ 13 Wirksamwerden der Ernennung

(1) Die Ernennung wird mit dem Tage der Aushändigung der Ernennungsurkunde wirksam, wenn nicht in der Urkunde ausdrücklich ein späterer Tag bestimmt ist.

(2) [1]Mit der Berufung in das Beamtenverhältnis erlischt ein privatrechtliches Arbeitsverhältnis zum Dienstherrn. [2]Es lebt auch bei Nichtigkeit oder Rücknahme der Ernennung nicht wieder auf.

§ 14 Feststellung und Folgen der Nichtigkeit der Ernennung

(1) [1]Die Nichtigkeit der Ernennung nach § 11 des Beamtenstatusgesetzes wird von der Dienstbehörde festgestellt. [2]Die Feststellung der Nichtigkeit ist der Beamtin oder dem Beamten oder den versorgungsberechtigten Hinterbliebenen schriftlich, aber nicht in elektronischer Form zuzustellen.

(2) [1]In den Fällen des § 11 Absatz 1 des Beamtenstatusgesetzes hat die Dienstbehörde nach Kenntnis des Grundes der Nichtigkeit über die weitere Führung der Dienstgeschäfte der oder des Ernannten nach folgenden Maßgaben zu entscheiden:

1. Bei Nichtigkeit einer Ernennung nach § 8 Absatz 1 Nummer 1 des Beamtenstatusgesetzes ist der oder dem Ernannten jede weitere Führung der Dienstgeschäfte zu verbieten.
2. Bei Nichtigkeit einer Ernennung nach § 8 Absatz 1 Nummer 2 und 3 des Beamtenstatusgesetzes sowie nach § 11 kann die weitere Führung der Dienstgeschäfte im erforderlichen Umfang verboten werden.

[2]Das Verbot der weiteren Amtsführung kann erst dann ausgesprochen werden, wenn im Fall

1. des § 11 Absatz 1 Nummer 1 des Beamtenstatusgesetzes die schriftliche Bestätigung der Wirksamkeit der Ernennung,
2. des § 11 Absatz 1 Nummer 2 des Beamtenstatusgesetzes die Bestätigung der Ernennung oder
3. des § 11 Absatz 1 Nummer 3 Buchstabe a des Beamtenstatusgesetzes die Zulassung einer Ausnahme

abgelehnt worden ist.

(3) [1]Die bis zum Verbot der weiteren Führung der Dienstgeschäfte vorgenommenen Amtshandlungen der oder des Ernannten sind nicht wegen der bei ihrer oder seiner Ernennung vorliegenden Mängel ungültig. [2]Die gezahlten Bezüge, Versorgungsbezüge oder sonstigen Geldleistungen können belassen werden; sie sollen belassen werden, wenn die Nichtigkeit der Ernennung nicht von der Beamtin oder dem Beamten zu vertreten ist.

§ 15 Rücknahme der Ernennung

(1) [1]In den Fällen des § 12 des Beamtenstatusgesetzes muss die Rücknahme innerhalb einer Frist von sechs Monaten erfolgen, nachdem die Dienstbehörde von dem Grund der Rücknahme Kenntnis erlangt hat. [2]Die Rücknahme wird von der Dienstbehörde erklärt; die Erklärung ist der Beamtin oder dem Beamten schriftlich, aber nicht in elektronischer Form zuzustellen. [3]Gleichzeitig ist über die weitere Führung der Dienstgeschäfte nach folgenden Maßgaben zu entscheiden:

1. Bei Rücknahme einer Ernennung nach § 8 Absatz 1 Nummer 1 des Beamtenstatusgesetzes ist der oder dem Ernannten jede Weiterführung der Dienstgeschäfte zu verbieten.
2. Bei Rücknahme einer Ernennung nach § 8 Absatz 1 Nummer 2 und 3 des Beamtenstatusgesetzes sowie nach § 11 kann die weitere Führung der Dienstgeschäfte im erforderlichen Umfang verboten werden.

[4]Bei Rücknahme nach § 12 Absatz 1 Nummer 4 des Beamtenstatusgesetzes kann das Verbot erst dann ausgesprochen werden, wenn die unabhängige Stelle oder die Aufsichtsbehörde es abgelehnt hat, die Ernennung zu bestätigen.

(2) § 14 Absatz 3 gilt entsprechend.

(3) Die Beendigung des Beamtenverhältnisses schließt die Rücknahme der Ernennung nicht aus.

Abschnitt 3

Landespersonalausschuss

§ 16 Errichtung

Zur einheitlichen Durchführung der beamtenrechtlichen Vorschriften wird ein Landespersonalausschuss errichtet, der seine Tätigkeit innerhalb der Gesetze unabhängig und in eigener Verantwortung ausübt.

§ 17 Besetzung

(1) Der Landespersonalausschuss besteht aus acht Mitgliedern und acht stellvertretenden Mitgliedern.

(2) [1]Ständiges Mitglied ist die Präsidentin oder der Präsident des Rechnungshofes als Vorsitzende oder Vorsitzender für die Dauer der Bekleidung ihres oder seines Hauptamtes. [2]Sie oder er wird durch die jeweilige Vertreterin oder den jeweiligen Vertreter im Hauptamt vertreten. [3]Ein Mitglied und seine Vertreterin oder sein Vertreter werden von der für grundsätzliche allgemeine beamtenrechtliche Angelegenheiten zuständigen Senatsverwaltung aus den in dieser Senatsverwaltung hauptamtlich tätigen Beamtinnen und Beamten, ein weiteres Mitglied und seine Vertreterin oder sein Vertreter von der Senatsverwaltung für Finanzen aus den in dieser Senatsverwaltung hauptamtlich tätigen Beamtinnen und Beamten, für die Dauer von vier Jahren bestellt. [4]Die anderen Mitglieder und ihre Vertreterinnen oder Vertreter werden vom Senat für die Dauer von vier Jahren bestellt, und zwar

1. zwei Mitglieder und ihre Vertreterinnen oder Vertreter auf Grund einer Benennung durch den Rat der Bürgermeister,
2. zwei Mitglieder und ihre Vertreterinnen oder Vertreter auf Grund einer Benennung durch die Spitzenorganisationen der Gewerkschaften und der Berufsverbände,
3. ein Mitglied und seine Vertreterin oder sein Vertreter auf Grund einer Benennung durch den Hauptpersonalrat; die Benennung muss auf einer Dreiviertelmehrheit der gewählten Mitglieder beruhen.

(3) Werden Mitglieder und ihre Vertreterinnen oder Vertreter nicht oder nicht rechtzeitig benannt, so gilt der Landespersonalausschuss als ordnungsmäßig besetzt, wenn mindestens fünf Mitglieder und ihre Vertreterinnen oder Vertreter einschließlich der oder des Vorsitzenden bestellt sind.

(4) [1]Sämtliche Mitglieder und ihre Vertreterinnen oder Vertreter müssen Landesbeamtinnen oder Landesbeamte sein. [2]Die vom Rat der Bürgermeister benannten Mitglieder und ihre Vertreterinnen oder Vertreter müssen Beamtinnen oder Beamte eines Bezirksamtes sein.

(5) Bei Einzelentscheidungen über Personalangelegenheiten des Rechnungshofes tritt an die Stelle der Präsidentin oder des Präsidenten des Rechnungshofes als Vorsitzende oder Vorsitzender des Landespersonalausschusses das von dem für grundsätzliche allgemeine beamtenrechtliche Angelegenheiten zuständigen Mitglied des Senats bestellte Mitglied.

§ 18 Unabhängigkeit der Mitglieder

(1) [1]Die Mitglieder des Landespersonalausschusses sind unabhängig und nur dem Gesetz unterworfen. [2]Sie scheiden aus ihrem Amt als Mitglied des Landespersonalausschusses außer durch Zeitablauf nur unter den gleichen Voraussetzungen aus, unter denen Beamtenbeisitzerinnen oder Beamtenbeisitzer einer Kammer für Disziplinarsachen nach dem Disziplinargesetz vom Amt zu entbinden sind; § 39 des Beamtenstatusgesetzes findet keine Anwendung.

(2) Den Mitgliedern des Landespersonalausschusses dürfen aus ihrer Tätigkeit keine dienstlichen Nachteile entstehen.

§ 19 Aufgaben

(1) Der Landespersonalausschuss entscheidet außer in den sonst vom Gesetz vorgesehenen Fällen über

1. die Befähigung der freien Bewerberinnen und Bewerber,
2. die Ausnahmen von den Vorschriften über die Einstellung, Vorbildung und Laufbahnen der Beamtinnen und Beamten.

(2) Der Senat kann dem Landespersonalausschuss weitere Aufgaben übertragen.

§ 20 Geschäftsordnung

Der Landespersonalausschuss gibt sich eine Geschäftsordnung.

§ 21 Sitzungen

(1) [1]Die Sitzungen des Landespersonalausschusses sind nicht öffentlich. [2]Der Landespersonalausschuss kann Beauftragten beteiligter Verwaltungen, Vertreterinnen und Vertretern von Gewerkschaften und Berufsverbänden sowie anderen Personen die Anwesenheit bei der Verhandlung gestatten.

(2) Die Beauftragten der beteiligten Verwaltungen sind auf Verlangen zu hören.

(3) [1]Beschlüsse werden mit Stimmenmehrheit gefasst; zur Beschlussfähigkeit ist die Anwesenheit von mindestens fünf Mitgliedern erforderlich. [2]Bei Stimmengleichheit entscheidet die Stimme der Vorsitzenden oder des Vorsitzenden.

§ 22 Verhandlungsleitung, Vorbereitung der Verhandlungen

(1) [1]Die Vorsitzende oder der Vorsitzende des Landespersonalausschusses oder die Vertreterin oder der Vertreter leiten die Verhandlungen. [2]Sind beide verhindert, so tritt an ihre Stelle das dem Landespersonalausschuss am längsten angehörende Mitglied.

(2) Zur Vorbereitung der Verhandlungen und Durchführung der Beschlüsse bedient sich die Vorsitzende oder der Vorsitzende der für den Landespersonalausschuss in der für grundsätzliche allgemeine beamtenrechtliche Angelegenheiten zuständigen Senatsverwaltung einzurichtenden Geschäftsstelle.

§ 23 Beweiserhebung, Amtshilfe

(1) Der Landespersonalausschuss kann zur Durchführung seiner Aufgaben in entsprechender Anwendung des § 26 des Verwaltungsverfahrensgesetzes Beweise erheben.

(2) Alle Dienststellen haben dem Landespersonalausschuss unentgeltlich Amtshilfe zu leisten und ihm auf Verlangen Auskünfte zu erteilen und Akten zu übermitteln, soweit dies zur Durchführung seiner Aufgaben erforderlich ist.

§ 24 Beschlüsse

(1) [1]Die Beschlüsse des Landespersonalausschusses sind, soweit sie allgemeine Bedeutung haben, im Amtsblatt für Berlin bekannt zu geben, im Übrigen der zuständigen Senatsverwaltung und der für grundsätzliche allgemeine beamtenrechtliche Angelegenheiten zuständigen Senatsverwaltung mitzuteilen. [2]Ablehnende Beschlüsse sind zu begründen.

(2) Soweit dem Landespersonalausschuss eine Entscheidungsbefugnis eingeräumt ist, binden seine Beschlüsse die beteiligten Verwaltungen.

§ 25 Dienstaufsicht

[1]Die Dienstaufsicht über die Mitglieder des Landespersonalausschusses führt im Auftrage des Senats die Regierende Bürgermeisterin oder der Regierende Bürgermeister. [2]Sie unterliegt den sich aus § 18 ergebenden Einschränkungen.

Abschnitt 4

Landesinterner Wechsel

§ 26 Grundsatz

Die Vorschriften des Abschnitts gelten für Abordnungen, Versetzungen und Umbildung von Körperschaften zwischen den und innerhalb der in § 2 genannten Dienstherren.

§ 27 Abordnung

(1) Beamtinnen und Beamte können aus dienstlichen Gründen vorübergehend ganz oder teilweise zu einer dem übertragenen Amt entsprechenden Tätigkeit an eine andere Dienststelle desselben oder eines anderen Dienstherrn abgeordnet werden.

(2) [1]Aus dienstlichen Gründen ist eine Abordnung vorübergehend ganz oder teilweise auch zu einer nicht dem Amt entsprechenden Tätigkeit zulässig, wenn der Beamtin oder dem Beamten die Wahrnehmung der neuen Tätigkeit auf Grund der Vorbildung oder Berufsausbildung zuzumuten ist. [2]Dabei ist auch die Abordnung zu einer Tätigkeit, die nicht einem Amt mit demselben Endgrundgehalt entspricht, zulässig. [3]Die Abordnung nach den Sätzen 1 und 2 bedarf der Zustimmung der Beamtin oder des Beamten, wenn sie die Dauer von zwei Jahren übersteigt.

(3) [1]Die Abordnung zu einem anderen Dienstherrn bedarf der Zustimmung der Beamtin oder des Beamten. [2]Abweichend von Satz 1 ist die Abordnung auch ohne diese Zustimmung zulässig, wenn die neue Tätigkeit einem Amt mit demselben Endgrundgehalt entspricht und die Abordnung die Dauer von fünf Jahren nicht übersteigt.

(4) Zur Zahlung zustehender Bezüge ist auch der Dienstherr verpflichtet, zu dem die Abordnung erfolgt.

§ 28 Versetzung

(1) Beamtinnen und Beamte können auf ihren Antrag oder aus dienstlichen Gründen in ein Amt einer Laufbahn versetzt werden, für die sie die Befähigung besitzen.

(2) [1]Aus dienstlichen Gründen können Beamtinnen und Beamte auch ohne ihre Zustimmung in ein Amt mit mindestens demselben Endgrundgehalt der bisherigen Laufbahn oder einer anderen Laufbahn, auch im Bereich eines anderen Dienstherrn, versetzt werden. [2]Stellenzulagen gelten hierbei nicht als Bestandteile des Grundgehalts. [3]Besitzen die Beamtinnen und Beamten nicht die Befähigung für die andere Laufbahn, sind sie verpflichtet, an Maßnahmen für den Erwerb der neuen Befähigung teilzunehmen.

(3) [1]Bei der Auflösung oder einer wesentlichen Änderung des Aufbaus oder der Aufgaben einer Behörde oder der Verschmelzung von Behörden können Beamtinnen und Beamte, deren Aufgabengebiete davon berührt sind, auch ohne ihre Zustimmung in ein anderes Amt derselben oder einer anderen Laufbahn mit geringerem Endgrundgehalt im Bereich desselben Dienstherrn versetzt werden, wenn eine dem bisherigen Amt entsprechende Verwendung nicht möglich ist. [2]Das Endgrundgehalt muss mindestens dem des Amtes entsprechen, das die Beamtin oder der Beamte vor dem bisherigen Amt innehatte; Absatz 2 Satz 2 und 3 ist anzuwenden.

(4) Wird die Beamtin oder der Beamte in ein Amt eines anderen Dienstherrn versetzt, wird das Beamtenverhältnis mit dem neuen Dienstherrn fortgesetzt.

§ 29 Umbildung einer Körperschaft

(1) Beamtinnen und Beamte einer juristischen Person des öffentlichen Rechts mit Dienstherrnfähigkeit (Körperschaft), die vollständig in eine andere Körperschaft eingegliedert wird, treten mit der Umbildung kraft Gesetzes in den Dienst der aufnehmenden Körperschaft über.

(2) [1]Die Beamtinnen und Beamten einer Körperschaft, die vollständig in mehrere andere Körperschaften eingegliedert wird, sind anteilig in den Dienst der aufnehmenden Körperschaften zu übernehmen. [2]Die beteiligten Körperschaften haben innerhalb einer Frist von sechs Monaten nach der Umbildung im Einvernehmen miteinander zu bestimmen, von welchen Körperschaften die einzelnen

Beamtinnen und Beamten zu übernehmen sind. [3]Solange eine Beamtin oder ein Beamter nicht übernommen ist, haften alle aufnehmenden Körperschaften für die ihr oder ihm zustehenden Bezüge als Gesamtschuldner.

(3) [1]Die Beamtinnen und Beamten einer Körperschaft, die teilweise in eine oder mehrere andere Körperschaften eingegliedert wird, sind zu einem verhältnismäßigen Teil, bei mehreren Körperschaften anteilig, in den Dienst der aufnehmenden Körperschaften zu übernehmen. [2]Absatz 2 Satz 2 ist entsprechend anzuwenden.

(4) Die Absätze 1 bis 3 gelten entsprechend, wenn eine Körperschaft mit einer oder mehreren anderen Körperschaften zu einer neuen Körperschaft zusammengeschlossen wird, wenn ein oder mehrere Teile verschiedener Körperschaften zu einem oder mehreren neuen Teilen einer Körperschaft zusammengeschlossen werden, wenn aus einer Körperschaft oder aus Teilen einer Körperschaft eine oder mehrere neue Körperschaften gebildet werden, oder wenn Aufgaben einer Körperschaft vollständig oder teilweise auf eine oder mehrere andere Körperschaften übergehen.

(5) Tritt eine Beamtin oder ein Beamter auf Grund des Absatzes 1 oder auf Grund von Absatz 4 in Verbindung mit Absatz 1 kraft Gesetzes in den Dienst einer anderen Körperschaft über oder wird sie oder er auf Grund der Absätze 2 bis 4 von einer anderen Körperschaft übernommen, so wird das Beamtenverhältnis mit dem neuen Dienstherrn fortgesetzt.

§ 30 Rechtsstellung der Beamtinnen und Beamten bei Umbildung

(1) Beamtinnen und Beamten, die nach § 29 in den Dienst einer anderen Körperschaft kraft Gesetzes übertreten oder übernommen werden, soll ein gleich zu bewertendes Amt übertragen werden, das ihrem bisherigen Amt nach Bedeutung und Inhalt ohne Rücksicht auf Dienststellung und Dienstalter entspricht.

(2) [1]Die aufnehmende oder neue Körperschaft kann, wenn die Zahl der bei ihr nach der Umbildung vorhandenen Beamtinnen und Beamten den tatsächlichen Bedarf übersteigt, Beamtinnen und Beamte im Beamtenverhältnis auf Lebenszeit oder auf Zeit in den einstweiligen Ruhestand versetzen, wenn deren Aufgabengebiet von der Umbildung berührt wurde. [2]Soweit landesgesetzlich nichts anderes bestimmt ist, finden § 31 des Beamtenstatusgesetzes und § 46 Absatz 2 und 3 entsprechende Anwendung.

§ 31 Rechtsstellung der Versorgungsempfängerinnen und Versorgungsempfänger

(1) Die Vorschriften des § 29 Absatz 1, 2 und 4 in Verbindung mit Absatz 1 oder Absatz 2 und Absatz 5 gelten entsprechend für die im Zeitpunkt der Umbildung bei der abgebenden Körperschaft vorhandenen Versorgungsempfängerinnen und Versorgungsempfänger.

(2) In den Fällen des § 29 Absatz 3 und 4 in Verbindung mit Absatz 3 bleiben die Ansprüche der im Zeitpunkt der Umbildung vorhandenen Versorgungsempfängerinnen und Versorgungsempfänger gegenüber der abgebenden Körperschaft bestehen.

§ 32 Anordnung und Mitteilung über einen Wechsel

(1) [1]Abordnungen und Versetzungen werden von der abgebenden Stelle verfügt. [2]Die Versetzungsverfügung ist der Beamtin oder dem Beamten schriftlich, aber nicht in elektronischer Form zuzustellen. [3]Ist mit der Abordnung oder Versetzung ein Wechsel des Dienstherrn verbunden, darf sie nur mit schriftlichem Einverständnis des aufnehmenden Dienstherrn verfügt werden.

(2) Im Fall des § 29 Absatz 1 oder 4 in Verbindung mit Absatz 1 ist der Beamtin oder dem Beamten von der aufnehmenden oder neuen Körperschaft die Fortsetzung des Beamtenverhältnisses schriftlich zu bestätigen.

(3) [1]In den Fällen des § 29 Absatz 2, 3 und 4 in Verbindung mit Absatz 2 oder 3 wird die Übernahme von der Körperschaft verfügt, in deren Dienst die Beamtin oder der Beamte treten soll. [2]Die Übernahmeverfügung ist der Beamtin oder dem Beamten schriftlich, aber nicht in elektronischer Form zuzustellen und wird, soweit nichts Abweichendes bestimmt ist, mit der Zustellung wirksam. [3]Die Beamtin oder der Beamte ist verpflichtet, der Übernahmeverfügung Folge zu leisten.

(4) Die Absätze 2 und 3 gelten für Versorgungsempfängerinnen und Versorgungsempfänger nach § 31 Absatz 1 entsprechend.

Abschnitt 5
Beendigung des Beamtenverhältnisses

Unterabschnitt 1
Entlassung

§ 33 Entlassungsentscheidung

(1) [1]Die Entscheidung über die Entlassung liegt bei der für die beamtenrechtlichen Entscheidungen zuständigen Stelle; die Entscheidung über die Entlassung aus einem Amt im Sinne des § 46 Absatz 1 trifft der Senat. [2]Die Entlassung ist der Beamtin oder dem Beamten schriftlich, aber nicht in elektronischer Form zuzustellen.

(2) [1]Abweichend von Absatz 1 entscheidet die oberste Dienstbehörde darüber, ob die Voraussetzungen nach § 22 Absatz 1 Nummer 1 oder Absatz 2 Satz 1 des Beamtenstatusgesetzes vorliegen und stellt den Tag der Beendigung des Beamtenverhältnisses fest. [2]Ferner entscheidet sie im Einvernehmen mit dem neuen Dienstherrn oder der Einrichtung und der für grundsätzliche allgemeine beamtenrechtliche Angelegenheiten zuständigen Senatsverwaltung über eine Anordnung zur Fortdauer des Beamtenverhältnisses nach § 22 Absatz 2 Satz 1 des Beamtenstatusgesetzes.

(3) Eine allgemeine Anordnung zur Fortdauer des Beamtenverhältnisses nach § 22 Absatz 2 Satz 1 zweite Alternative des Beamtenstatusgesetzes bedarf einer gesetzlichen Bestimmung.

(4) Abweichend von § 22 Absatz 2 des Beamtenstatusgesetzes führt die Begründung eines befristeten öffentlichrechtlichen Dienst- oder Amtsverhältnisses zu einer Einrichtung ohne Dienstherrneigenschaft nicht zu einer Entlassung der Beamtin oder des Beamten.

(5) Abweichend von § 22 Absatz 4 des Beamtenstatusgesetzes endet das Beamtenverhältnis auf Widerruf kraft Gesetzes mit Ablauf des Tages, an dem der Vorbereitungsdienst infolge des Ablegens der Prüfung oder des endgültigen Nichtbestehens der Prüfung endet.

§ 34 Fristen und Folgen der Entlassung

(1) Die Entlassung durch Verwaltungsakt nach § 23 des Beamtenstatusgesetzes tritt, soweit gesetzlich nichts anderes bestimmt ist, mit Ende des Monats ein, der auf die Zustellung der Entscheidung folgt.

(2) Die Entlassung nach § 23 Absatz 1 Satz 1 Nummer 1 des Beamtenstatusgesetzes tritt mit der Zustellung ein.

(3) [1]Die Entlassung nach § 23 Absatz 1 Satz 1 Nummer 4 des Beamtenstatusgesetzes ist zum beantragten Zeitpunkt auszusprechen; sie kann jedoch so lange hinausgeschoben werden, bis die Beamtinnen oder Beamten ihre Amtsgeschäfte ordnungsgemäß erledigt haben, längstens drei Monate. [2]Das Verlangen auf Entlassung nach § 23 Absatz 1 Satz 1 Nummer 4 des Beamtenstatusgesetzes kann, solange die Entlassungsentscheidung noch nicht zugegangen ist, innerhalb von zwei Wochen nach Zugang bei der zuständigen Behörde zurückgenommen werden, mit Zustimmung der zuständigen Behörde auch nach Ablauf dieser Frist.

(4) [1]Bei der Entlassung nach § 23 Absatz 3 Nummer 2 und 3 des Beamtenstatusgesetzes sind folgende Fristen einzuhalten:
bei einer Beschäftigungszeit
bis zu drei Monaten zwei Wochen zum Monatsschluss,
von mehr als drei Monaten ein Monat zum Monatsschluss,
von mindestens einem Jahr sechs Wochen zum Schluss eines Kalendervierteljahres.
[2]Als Beschäftigungszeit gilt die Zeit ununterbrochener Tätigkeit im Beamtenverhältnis auf Probe im Bereich desselben Dienstherrn.

(5) Nach der Entlassung hat die frühere Beamtin oder der frühere Beamte keinen Anspruch auf Besoldung, Versorgung oder sonstige Geldleistungen.

Unterabschnitt 2

Verlust der Beamtenrechte

§ 35 Folgen des Verlustes der Beamtenrechte

Endet das Beamtenverhältnis nach § 24 Absatz 1 des Beamtenstatusgesetzes, so hat die frühere Beamtin oder der frühere Beamte keinen Anspruch auf Leistungen des früheren Dienstherrn, soweit gesetzlich nichts anderes bestimmt ist.

§ 36 Wiederaufnahmeverfahren

(1) Ist auf Grund des im Wiederaufnahmeverfahren festgestellten Sachverhalts oder auf Grund eines rechtskräftigen Strafurteils, das nach der früheren Entscheidung ergangen ist, ein Disziplinarverfahren mit dem Ziel der Entfernung aus dem Beamtenverhältnis eingeleitet worden, so verliert die Beamtin oder der Beamte die ihr oder ihm auf Grund von § 24 Absatz 2 des Beamtenstatusgesetzes zustehenden Ansprüche, wenn auf Entfernung aus dem Beamtenverhältnis erkannt wird; bis zur rechtskräftigen Entscheidung können die Ansprüche nicht geltend gemacht werden.

(2) Absatz 1 gilt entsprechend in Fällen der Entlassung einer Beamtin auf Probe oder auf Widerruf oder eines Beamten auf Probe oder auf Widerruf wegen eines Verhaltens der in § 23 Absatz 3 Satz 1 Nummer 1 des Beamtenstatusgesetzes bezeichneten Art.

(3) Die Beamtin oder der Beamte muss sich auf die ihr oder ihm nach § 24 Absatz 2 des Beamtenstatusgesetzes zustehenden Bezüge ein anderes Arbeitseinkommen oder einen Unterhaltsbeitrag anrechnen lassen; sie oder er ist zur Auskunft hierüber verpflichtet.

§ 37 Gnadenerweis

[1]Dem Senat steht hinsichtlich des Verlustes der Beamtenrechte nach § 24 Absatz 1 des Beamtenstatusgesetzes das Gnadenrecht zu. [2]Wird im Gnadenweg der Verlust der Beamtenrechte in vollem Umfang beseitigt, so gilt von diesem Zeitpunkt ab § 36 entsprechend.

Unterabschnitt 3

Ruhestand

§ 38 Altersgrenze

(1) [1]Für die Beamtinnen und Beamten bildet das vollendete 65. Lebensjahr die Altersgrenze. [2]Für einzelne Gruppen von Beamtinnen und Beamten kann gesetzlich eine andere Altersgrenze bestimmt werden, jedoch nicht über das vollendete 68. Lebensjahr hinaus. [3]Beamtinnen auf Lebenszeit und Beamte auf Lebenszeit treten mit dem Ende des Monats, in dem sie die Altersgrenze erreichen, in den Ruhestand, Lehrkräfte treten mit Ablauf des Schuljahres oder Semesters, in dem sie die Altersgrenze erreichen, in den Ruhestand. [4]Sind für die Beamtin oder den Beamten voneinander abweichende Altersgrenzen maßgebend, so kann die Dienstbehörde anordnen, dass die Beamtin oder der Beamte aus dem Amt mit der früheren Altersgrenze zu dem gleichen Zeitpunkt wie aus dem anderen Amt wegen Erreichens der Altersgrenze in den Ruhestand tritt.

(2) [1]Der Eintritt in den Ruhestand kann auf Antrag der Beamtin oder des Beamten, wenn es im dienstlichen Interesse liegt, über das vollendete 65. Lebensjahr hinaus um eine bestimmte Frist, die jeweils ein Jahr nicht übersteigen darf, hinausgeschoben werden, jedoch nicht länger als bis zum vollendeten 68. Lebensjahr. [2]Zu den dienstlichen Interessen gehören auch organisatorische, personelle und fiskalische Interessen. [3]Unter den gleichen Voraussetzungen kann bei einer gesetzlich vorgesehenen Altersgrenze unter dem 65. Lebensjahr der Eintritt in den Ruhestand jeweils bis zu einem Jahr, insgesamt höchstens drei Jahre, hinausgeschoben werden.

§ 39 Dienstunfähigkeit

(1) [1]Die Frist zur vollen Wiederherstellung der Dienstfähigkeit nach § 26 Absatz 1 Satz 2 des Beamtenstatusgesetzes beträgt weitere sechs Monate. [2]Bestehen Zweifel über die Dienstunfähigkeit der Beamtin oder des Beamten, ist sie oder er verpflichtet, sich nach Weisung der Dienstbehörde durch eine von dieser bestimmte Ärztin oder einen von dieser bestimmten Arzt untersuchen und, falls dies für erforderlich gehalten wird, auch beobachten zu lassen. [3]Die Dienstbehörde kann zusätzlich die Begutachtung durch eine von dieser bestimmte Psychologische Psychotherapeutin oder einen von dieser bestimmten Psychologischen Psychotherapeuten anordnen, soweit dies aus ärztlicher Sicht erforderlich ist. [4]Die Beamtin oder der Beamte hat dabei mitzuwirken. [5]Entzieht sich die Beamtin oder der

Beamte trotz wiederholter schriftlicher Aufforderung ohne hinreichenden Grund der Verpflichtung, sich nach Weisung der Dienstbehörde untersuchen, beobachten oder begutachten zu lassen, so kann sie oder er so behandelt werden, als ob die Dienstunfähigkeit ärztlich festgestellt worden wäre.

(2) Gesetzliche Vorschriften, die für einzelne Gruppen von Beamtinnen und Beamten andere Voraussetzungen für die Beurteilung der Dienstunfähigkeit bestimmen, bleiben unberührt.

(3) Beamtinnen auf Lebenszeit und Beamte auf Lebenszeit können auch ohne Nachweis der Dienstunfähigkeit auf ihren Antrag in den Ruhestand versetzt werden, wenn sie

1. das 60. Lebensjahr vollendet haben und schwerbehindert im Sinne des § 2 Absatz 2 des Neunten Buches Sozialgesetzbuch sind oder
2. das 63. Lebensjahr vollendet haben.

§ 40 Versetzung in den Ruhestand wegen Dienstunfähigkeit auf Antrag

(1) [1]Beantragt die Beamtin oder der Beamte die Versetzung in den Ruhestand, so wird die Dienstunfähigkeit dadurch festgestellt, dass die oder der unmittelbare Dienstvorgesetzte auf Grund eines ärztlichen Gutachtens über den Gesundheitszustand, das durch eine oder einen von der Dienstbehörde bestimmte Ärztin oder bestimmten Arzt erstellt wurde, erklärt, sie oder er halte die Beamtin oder den Beamten nach pflichtgemäßem Ermessen für dauernd unfähig, die Amtspflichten zu erfüllen. [2]§ 39 Absatz 1 Satz 3 und 4 gilt entsprechend.

(2) Die über die Versetzung in den Ruhestand entscheidende Behörde ist an die Erklärung der oder des unmittelbaren Dienstvorgesetzten nicht gebunden; sie kann auch andere Beweise erheben.

§ 41 Versetzung in den Ruhestand wegen Dienstunfähigkeit von Amts wegen

(1) [1]Hält die oder der Dienstvorgesetzte oder die Dienstbehörde die Beamtin oder den Beamten für dienstunfähig und beantragt die Beamtin oder der Beamte die Versetzung in den Ruhestand nicht, so teilt die Dienstbehörde der Beamtin oder dem Beamten oder ihrer oder seiner Vertreterin oder ihrem oder seinem Vertreter mit, dass die Versetzung in den Ruhestand beabsichtigt ist. [2]Dabei sind die Gründe für die Versetzung in den Ruhestand anzugeben.

(2) [1]Die Beamtin oder der Beamte oder ihre oder seine Vertreterin oder ihr oder sein Vertreter kann sich innerhalb eines Monats äußern. [2]Danach entscheidet die Dienstbehörde über die Versetzung in den Ruhestand. [3]Wird die Dienstfähigkeit der Beamtin oder des Beamten festgestellt, so ist das Verfahren einzustellen. [4]Wird die Dienstunfähigkeit festgestellt, so ist mit dem Ende des Monats, in dem die Versetzung in den Ruhestand der Beamtin oder dem Beamten oder ihrer oder seiner Vertreterin oder ihrem oder seinem Vertreter mitgeteilt worden ist, die die Versorgung übersteigende Besoldung einzubehalten.

§ 42 Versetzung in den Ruhestand aus dem Beamtenverhältnis auf Probe

[1]Die Versetzung einer Beamtin auf Probe oder eines Beamten auf Probe in den Ruhestand bedarf der Zustimmung der obersten Dienstbehörde und des Einvernehmens der für das Beamtenversorgungsrecht zuständigen Senatsverwaltung; die oberste Dienstbehörde kann ihre Befugnis im Einvernehmen mit der für das Beamtenversorgungsrecht zuständigen Senatsverwaltung auf andere Behörden übertragen. [2]§ 29 des Beamtenstatusgesetzes und §§ 40, 41 und 44 finden entsprechende Anwendung.

§ 43 Entscheidung über die Versetzung in den Ruhestand, Beginn des Ruhestandes

(1) [1]Die Entscheidung über die Versetzung in den Ruhestand ist der Beamtin oder dem Beamten schriftlich, aber nicht in elektronischer Form zuzustellen. [2]Sie kann bis zum Beginn des Ruhestandes zurückgenommen werden.

(2) Der Ruhestand beginnt, abgesehen von den Fällen des § 39 Absatz 3 sowie von den Fällen der §§ 25, 30 und 31 des Beamtenstatusgesetzes, mit Ablauf des Monats, in dem der Beamtin oder dem Beamten die Versetzung in den Ruhestand mitgeteilt worden ist.

(3) Soweit gesetzlich nichts anderes bestimmt ist, erhält die Ruhestandsbeamtin oder der Ruhestandsbeamte auf Lebenszeit Ruhegehalt.

§ 44 Wiederverwendung aus dem Ruhestand

(1) Beamtinnen und Beamte, die wegen Dienstunfähigkeit in den Ruhestand versetzt wurden und das 63. Lebensjahr noch nicht vollendet haben, sind verpflichtet, einer erneuten Berufung in das Beamtenverhältnis Folge zu leisten.

(2) Beantragt die Ruhestandsbeamtin oder der Ruhestandsbeamte nach Wiederherstellung der Dienstfähigkeit und vor Ablauf von zehn Jahren seit dem Eintritt in den Ruhestand die erneute Berufung in das Beamtenverhältnis, so ist diesem Antrag zu entsprechen, falls nicht zwingende dienstliche Gründe entgegenstehen.

(3) [1]Die Beamtin oder der Beamte ist verpflichtet, sich nach Weisung der Dienstbehörde durch eine von dieser bestimmte Ärztin oder einen von dieser bestimmten Arzt untersuchen und, falls dies für erforderlich gehalten wird, auch beobachten zu lassen. [2]§ 39 Absatz 1 Satz 3 und 4 gilt entsprechend. [3]§ 39 Absatz 1 Satz 5 gilt mit der Maßgabe entsprechend, dass die Ruhestandsbeamtin oder der Ruhestandsbeamte so behandelt werden kann, als wäre die Dienstfähigkeit ärztlich festgestellt.

§ 45 Übermittlung von ärztlichen Gutachten

(1) Wird in den Fällen der §§ 26 bis 29 des Beamtenstatusgesetzes oder der §§ 39 bis 41 und 44 eine ärztliche Untersuchung durchgeführt, so teilt die Ärztin oder der Arzt der Dienstbehörde das die tragenden Feststellungen und Gründe enthaltende abschließende Gutachten mit, soweit deren Kenntnis für die Dienstbehörde unter Beachtung des Grundsatzes der Verhältnismäßigkeit für die von ihr zu treffende Entscheidung erforderlich ist.

(2) [1]Die ärztliche Mitteilung über die Untersuchungsbefunde ist in einem gesonderten, verschlossenen und versiegelten Umschlag zu übersenden; sie ist verschlossen zu der Personalakte der Beamtin oder des Beamten zu nehmen. [2]Die übermittelten Daten dürfen nur für die nach §§ 26 bis 29 des Beamtenstatusgesetzes oder §§ 39 bis 44 zu treffenden Entscheidungen verarbeitet werden.

(3) [1]Zu Beginn der Untersuchung ist die Beamtin oder der Beamte auf deren Zweck und die Übermittlungsbefugnis an die Dienstbehörde hinzuweisen. [2]Die Ärztin oder der Arzt übermittelt der Beamtin oder dem Beamten oder, soweit dem ärztliche Gründe entgegenstehen, der Vertreterin oder dem Vertreter eine Kopie der auf Grund dieser Vorschrift an die Dienstbehörde erteilten Auskünfte.

§ 46 Einstweiliger Ruhestand

(1) [1]Ämter nach § 30 Absatz 1 Satz 1 des Beamtenstatusgesetzes sind die Ämter

1. der Staatssekretärinnen und Staatssekretäre,
2. der Leiterin oder des Leiters der Presse- und Informationsabteilung der Senatskanzlei,
3. der Leiterin oder des Leiters der Protokoll- und Auslandsabteilung der Senatskanzlei,
4. der Generalsekretärin oder des Generalsekretärs der Ständigen Konferenz der Kultusminister,
5. der Polizeipräsidentin oder des Polizeipräsidenten in Berlin.

[2]Über die Versetzung in den einstweiligen Ruhestand entscheidet der Senat.

(2) Die Versetzung in den einstweiligen Ruhestand nach § 31 Absatz 1 Satz 1 des Beamtenstatusgesetzes setzt voraus, dass

1. eine Versetzung nach § 28 Absatz 3 innerhalb von zwölf Monaten nach der Auflösung oder Umbildung nicht möglich ist,
2. eine mindestens dem Amt der Beamtin oder des Beamten entsprechende Planstelle eingespart wird.

(3) [1]Die Versetzung in den einstweiligen Ruhestand nach § 31 Absatz 1 Satz 1 des Beamtenstatusgesetzes muss innerhalb von zwölf Monaten nach der Umbildung oder Auflösung ausgesprochen werden. [2]Beginnt der einstweilige Ruhestand erst nach Ende der Frist von zwölf Monaten nach der Umbildung oder Auflösung, so ist für die Voraussetzung nach Absatz 2 Nummer 1 dieser Zeitpunkt maßgeblich.

(4) Abweichende gesetzliche Vorschriften, nach denen Beamtinnen und Beamte in den einstweiligen Ruhestand versetzt werden können, bleiben unberührt.

§ 47 Beginn des einstweiligen Ruhestandes und Wiederverwendung

(1) [1]Wenn nicht im Einzelfall ausdrücklich ein späterer Zeitpunkt festgesetzt wird, beginnt der einstweilige Ruhestand mit dem Zeitpunkt, zu dem die Versetzung in den einstweiligen Ruhestand der Beamtin oder dem Beamten bekannt gegeben wird, spätestens jedoch mit dem Ende des dritten Monats, der auf den Monat der Bekanntgabe folgt. [2]Die Verfügung kann bis zum Beginn des Ruhestandes zurückgenommen werden.

(2) Die in den einstweiligen Ruhestand versetzte Beamtin oder der in den einstweiligen Ruhestand versetzte Beamte ist verpflichtet, einer erneuten Berufung in das Beamtenverhältnis auf Lebenszeit Folge zu leisten, wenn ihr oder ihm ein Amt im Dienstbereich ihres oder seines früheren Dienstherrn

verliehen werden soll, das derselben oder einer mindestens gleichwertigen Laufbahn angehört wie das frühere Amt und mit mindestens demselben Endgrundgehalt verbunden ist.

(3) Auf eine erneute Berufung nach § 31 Absatz 2 Satz 1 des Beamtenstatusgesetzes kann verzichtet werden, wenn

1. die in den einstweiligen Ruhestand versetzte Beamtin oder der in den einstweiligen Ruhestand versetzte Beamte sich zum Zeitpunkt, in dem die erneute Berufung in das Beamtenverhältnis auf Lebenszeit wirksam würde, bereits seit einem Jahr im einstweiligen Ruhestand befindet,
2. die erneute Berufung in das Beamtenverhältnis auf Lebenszeit weniger als fünf Jahre vor Erreichen der Altersgrenze wirksam würde und
3. die in den einstweiligen Ruhestand versetzte Beamtin oder der in den einstweiligen Ruhestand versetzte Beamte auf die erneute Berufung verzichtet.

Abschnitt 6
Rechtliche Stellung im Beamtenverhältnis

Unterabschnitt 1
Allgemeine Pflichten

§ 48 Diensteid

(1) Beamtinnen und Beamte haben folgenden Diensteid zu leisten:
„Ich schwöre, dass ich mein Amt getreu dem Grundgesetz für die Bundesrepublik Deutschland und der Verfassung von Berlin in Übereinstimmung mit den Gesetzen zum Wohle der Allgemeinheit ausüben und meine Amtspflichten gewissenhaft erfüllen werde; so wahr mir Gott helfe."

(2) Der Eid kann auch ohne die Worte „so wahr mir Gott helfe" geleistet werden.

(3) Lehnt eine Beamtin oder ein Beamter aus Glaubens- oder Gewissensgründen die Ablegung des vorgeschriebenen Eides ab, können anstelle der Worte „Ich schwöre" die Worte „Ich gelobe" oder eine andere Beteuerungsformel gesprochen werden.

(4) [1]In den Fällen, in denen nach § 9 eine Ausnahme nach § 7 Absatz 3 des Beamtenstatusgesetzes zugelassen worden ist, kann von einer Eidesleistung abgesehen werden. [2]Sofern gesetzlich nichts anderes bestimmt ist, hat die Beamtin oder der Beamte zu geloben, ihre oder seine Amtspflichten gewissenhaft zu erfüllen.

§ 49 Beschränkung bei Vornahme von Amtshandlungen

Die Beamtinnen und Beamten dürfen Amtshandlungen nicht vornehmen, die sich gegen sie selbst oder einen Angehörigen richten würden.

§ 50 Außerdienstliche Stellen nach § 37 Absatz 2 des Beamtenstatusgesetzes und Versagung von Aussagegenehmigungen

(1) Die Bestimmung von weiteren Behörden und außerdienstlichen Stellen nach § 37 Absatz 2 Satz 1 Nummer 3 des Beamtenstatusgesetzes erfolgt durch Rechtsverordnung der für grundsätzliche allgemeine beamtenrechtliche Angelegenheiten zuständigen Senatsverwaltung.

(2) Über die Versagung einer Aussagegenehmigung entscheidet die oberste Dienstbehörde.

§ 51 Verbot der Annahme von Belohnungen und Geschenken

(1) [1]Über Ausnahmen nach § 42 Absatz 1 Satz 2 des Beamtenstatusgesetzes entscheidet die gegenwärtige oder letzte oberste Dienstbehörde. [2]Die Befugnis kann auf die Dienstbehörde oder die oder den Dienstvorgesetzten übertragen werden.

(2) [1]Für den Umfang des Herausgabeanspruchs nach § 42 Absatz 2 des Beamtenstatusgesetzes gelten die Vorschriften des Bürgerlichen Gesetzbuches über die Herausgabe einer ungerechtfertigten Bereicherung entsprechend. [2]Die Herausgabepflicht nach Satz 1 umfasst auch die Pflicht, Auskunft über Art, Umfang und Verbleib des Erlangten zu geben.

Unterabschnitt 2
Arbeitszeit

§ 52 Arbeitszeit

(1) Die regelmäßige Arbeitszeit regelt der Senat durch Rechtsverordnung.

(2) Die regelmäßige Arbeitszeit kann entsprechend den dienstlichen Bedürfnissen verlängert werden, wenn sie ganz oder teilweise in Bereitschaftsdienst besteht.

§ 53 Mehrarbeit

(1) Beamtinnen und Beamte sind verpflichtet, ohne Vergütung über die regelmäßige wöchentliche Arbeitszeit hinaus Dienst zu tun, wenn zwingende dienstliche Verhältnisse dies erfordern und sich die Mehrarbeit auf Ausnahmefälle beschränkt.

(2) [1]Werden Beamtinnen oder Beamte durch eine dienstlich angeordnete oder genehmigte Mehrarbeit mehr als fünf Stunden im Monat über die regelmäßige Arbeitszeit hinaus beansprucht, ist ihnen innerhalb eines Jahres für die über die regelmäßige Arbeitszeit hinaus geleistete Mehrarbeit entsprechende Dienstbefreiung zu gewähren. [2]Ist die Dienstbefreiung aus zwingenden dienstlichen Gründen nicht möglich, können an ihrer Stelle Beamtinnen und Beamte in Besoldungsgruppen mit aufsteigenden Gehältern für einen Zeitraum bis zu 480 Stunden im Jahr eine Mehrarbeitsvergütung nach den besoldungsrechtlichen Regelungen erhalten.

(3) Das Nähere regelt der Senat durch Rechtsverordnung.

§ 54 Teilzeitbeschäftigung

(1) [1]Einer Beamtin oder einem Beamten mit Dienstbezügen soll auf Antrag Teilzeitbeschäftigung bis zur Hälfte der regelmäßigen Arbeitszeit und bis zur jeweils beantragten Dauer bewilligt werden, soweit dienstliche Belange nicht entgegenstehen. [2]Teilzeitbeschäftigung ist grundsätzlich in allen Laufbahnen, Aufgabenbereichen und Funktionen möglich.

(2) [1]Dem Antrag nach Absatz 1 darf nur entsprochen werden, wenn die Beamtin oder der Beamte sich verpflichtet, während des Bewilligungszeitraums außerhalb des Beamtenverhältnisses berufliche Verpflichtungen nur in dem Umfang einzugehen, in dem nach den §§ 61 bis 63 den vollzeitbeschäftigten Beamtinnen und Beamten die Ausübung von Nebentätigkeiten gestattet ist. [2]Ausnahmen hiervon sind nur zulässig, soweit dies mit dem Beamtenverhältnis vereinbar ist. [3]§ 62 Absatz 3 Satz 1 gilt mit der Maßgabe, dass von der regelmäßigen wöchentlichen Arbeitszeit ohne Rücksicht auf die Bewilligung von Teilzeitbeschäftigung auszugehen ist. [4]Wird die Verpflichtung nach Satz 1 schuldhaft verletzt, soll die Bewilligung widerrufen werden.

(3) [1]Die Dienstbehörde kann nachträglich die Dauer der Teilzeitbeschäftigung beschränken oder den Umfang der zu leistenden Arbeitszeit erhöhen, soweit zwingende dienstliche Belange dies erfordern. [2]Sie soll eine Änderung des Umfangs der Teilzeitbeschäftigung oder den Übergang zur Vollzeitbeschäftigung zulassen, wenn der Beamtin oder dem Beamten die Teilzeitbeschäftigung im bisherigen Umfang nicht mehr zugemutet werden kann und dienstliche Belange nicht entgegenstehen.

§ 54a Teilzeitbeschäftigung aus familiären Gründen

(1) [1]Stehen zwingende dienstliche Belange nicht entgegen, so ist einer Beamtin oder einem Beamten mit Dienstbezügen auf Antrag Teilzeitbeschäftigung bis zur Hälfte der regelmäßigen Arbeitszeit zu bewilligen, solange sie oder er

1. mindestens ein Kind unter 18 Jahren oder
2. eine pflegebedürftige sonstige Angehörige oder einen pflegebedürftigen sonstigen Angehörigen

tatsächlich betreut oder pflegt. [2]Bei Beamtinnen und Beamten im Schul- und Hochschuldienst kann der Bewilligungszeitraum bis zum Ende des laufenden Schulhalbjahres oder Semesters ausgedehnt werden.

(2) Einer Beamtin oder einem Beamten mit Dienstbezügen kann Teilzeitbeschäftigung mit weniger als der Hälfte der regelmäßigen Arbeitszeit bis zur Dauer von zwölf Jahren bewilligt werden, wenn die Voraussetzungen des Absatzes 1 Satz 1 vorliegen und zwingende dienstliche Belange nicht entgegenstehen; jedoch sind mindestens 30 vom Hundert der regelmäßigen Arbeitszeit zu erbringen.

(3) Für Teilzeitbeschäftigungen nach dieser Vorschrift gilt § 54 Absatz 3 entsprechend.

(4) Während einer Teilzeitbeschäftigung nach den Absätzen 1 und 2 dürfen nur solche Nebentätigkeiten genehmigt werden, die dem Zweck der Freistellung nicht zuwiderlaufen.

§ 54b Familienpflegezeit mit Vorschuss

(1) [1]Stehen zwingende dienstliche Belange nicht entgegen, so ist einer Beamtin oder einem Beamten mit Dienstbezügen auf Antrag für die Dauer von längstens 24 Monaten Teilzeitbeschäftigung mit einer regelmäßigen wöchentlichen Arbeitszeit von mindestens 15 Stunden als Familienpflegezeit zur Pflege einer oder eines pflegebedürftigen nahen Angehörigen im Sinne des Pflegezeitgesetzes in häuslicher

Umgebung oder zur Betreuung einer oder eines minderjährigen pflegebedürftigen nahen Angehörigen im Sinne des Pflegezeitgesetzes in häuslicher oder außerhäuslicher Umgebung zu gewähren. [2]Die Pflegebedürftigkeit ist durch Vorlage einer Bescheinigung der Pflegekasse oder des Medizinischen Dienstes der Krankenversicherung oder einer entsprechenden Bescheinigung einer privaten Pflegeversicherung nachzuweisen.

(2) [1]Die Beamtin oder der Beamte ist verpflichtet, jede Änderung der Tatsachen mitzuteilen, die für die Gewährung maßgeblich sind. [2]Liegen die Voraussetzungen für die Gewährung der Familienpflegezeit nicht mehr vor, so ist die Gewährung mit Ablauf des zweiten Monats, der auf den Wegfall der Voraussetzungen folgt, zu widerrufen. [3]Ist der Beamtin oder dem Beamten die Teilzeitbeschäftigung im bisherigen Umfang nicht mehr zumutbar, ist die Gewährung zu widerrufen, wenn keine zwingenden dienstlichen Gründe entgegenstehen.

(3) [1]Ist die Familienpflegezeit für weniger als 24 Monate bewilligt worden, kann sie nachträglich bis zur Dauer von 24 Monaten verlängert werden. [2]Familienpflegezeit und Pflegezeit (§ 54c) dürfen zusammen nicht länger als 24 Monate je pflegebedürftigen nahen Angehörigen dauern.

(4) [1]Wer Zeiten nach dieser Vorschrift beanspruchen will, soll dies spätestens acht Wochen vor Beginn schriftlich ankündigen und gleichzeitig erklären, für welchen Zeitraum und in welchem Umfang Teilzeitbeschäftigung in Anspruch genommen werden soll. [2]Hierbei ist auch die gewünschte Verteilung der Arbeitszeit anzugeben.

(5) Während einer Teilzeitbeschäftigung als Familienpflegezeit nach den Absätzen 1 und 3 dürfen nur solche Nebentätigkeiten genehmigt werden, die dem Zweck der Freistellung nicht zuwiderlaufen.

§ 54c Pflegezeit mit Vorschuss

(1) Unter den Voraussetzungen des § 54b Absatz 1 wird auf Antrag für längstens sechs Monate Teilzeitbeschäftigung mit einer regelmäßigen wöchentlichen Arbeitszeit auch von weniger als 15 Stunden oder Urlaub ohne Dienstbezüge als Pflegezeit gewährt.

(2) [1]Stehen zwingende dienstliche Belange nicht entgegen, so ist einer Beamtin oder einem Beamten mit Dienstbezügen auf Antrag zur Begleitung einer oder eines nahen Angehörigen im Sinne des Pflegezeitgesetzes für die Dauer von längstens drei Monaten Teilzeitbeschäftigung auch mit einer regelmäßigen wöchentlichen Arbeitszeit von weniger als 15 Stunden oder Urlaub ohne Dienstbezüge als Pflegezeit zu gewähren, wenn diese oder dieser an einer Erkrankung leidet, die progredient verläuft und bereits ein weit fortgeschrittenes Stadium erreicht hat, bei der eine Heilung ausgeschlossen und eine palliativ-medizinische Behandlung notwendig ist und die eine begrenzte Lebenserwartung von Wochen oder wenigen Monaten erwarten lässt. [2]Die Voraussetzungen des Satzes 1 sind durch ein ärztliches Zeugnis oder ein ärztliches Gutachten oder eine Bescheinigung, wonach die nahe Angehörige oder der nahe Angehörige an einer Erkrankung nach § 3 Absatz 6 Satz 1 des Pflegezeitgesetzes leidet, nachzuweisen.

(3) [1]Ist die Pflegezeit nach Absatz 1 und 2 nicht für die längstmögliche Dauer gewährt worden, kann sie nachträglich bis zu dieser verlängert werden. [2]Familienpflegezeit (§ 54b) und Pflegezeit dürfen zusammen nicht länger als 24 Monate je pflegebedürftigen nahen Angehörigen dauern.

(4) [1]§ 54b Absatz 2 gilt entsprechend. [2]Im Fall der Beurlaubung gilt § 55 Absatz 2 entsprechend.

(5) [1]Wer Pflegezeit beanspruchen will, soll dies im Falle des Absatzes 1 spätestens acht Wochen und im Falle des Absatzes 2 spätestens eine Woche vor Beginn schriftlich ankündigen und gleichzeitig erklären, für welchen Zeitraum und in welchem Umfang Teilzeitbeschäftigung oder für welchen Zeitraum Urlaub ohne Dienstbezüge in Anspruch genommen werden soll. [2]Hierbei ist auch die gewünschte Verteilung der Arbeitszeit anzugeben

(6) Während einer Teilzeitbeschäftigung als Pflegezeit oder Urlaub ohne Dienstbezüge als Pflegezeit nach den Absätzen 1 bis 3 dürfen nur solche Nebentätigkeiten genehmigt werden, die dem Zweck der Freistellung nicht zuwiderlaufen.

(7) Für Beamtinnen und Beamte auf Widerruf im Vorbereitungsdienst gelten die Absätze 2 bis 6 entsprechend, soweit die jeweiligen Ausbildungs- und Prüfungsordnungen dem nicht entgegenstehen.

§ 54d Teilzeitbeschäftigung von Beamtinnen und Beamten auf Widerruf im Vorbereitungsdienst

Für Beamtinnen und Beamte auf Widerruf gilt § 54a mit der Maßgabe entsprechend, dass als Bemessungsgrundlage für die Teilzeitbeschäftigung die Arbeitszeit zugrunde zu legen ist, die sich nach dem dienstlichen Bedürfnis richtet, und wenn und soweit die jeweilige Ausbildungs- und Prüfungsordnung dem nicht entgegensteht.

§ 55 Beurlaubung ohne Dienstbezüge

(1) [1]Einer Beamtin oder einem Beamten mit Dienstbezügen ist auf Antrag, wenn zwingende dienstliche Belange nicht entgegenstehen, Urlaub ohne Dienstbezüge bis zur Dauer von zwölf Jahren zu gewähren, solange sie oder er

1. mindestens ein Kind unter 18 Jahren oder
2. eine pflegebedürftige sonstige Angehörige oder einen pflegebedürftigen sonstigen Angehörigen

tatsächlich betreut oder pflegt. [2]Bei Beamtinnen und Beamten im Schul- oder Hochschuldienst kann der Bewilligungszeitraum bis zum Ende des laufenden Schulhalbjahres oder Semesters ausgedehnt werden. [3]Der Antrag auf Verlängerung einer Beurlaubung ist spätestens sechs Monate vor Ablauf der genehmigten Beurlaubung zu stellen. [4]§ 54a Absatz 4 gilt entsprechend.

(2) [1]Während der Zeit der Beurlaubung ohne Dienstbezüge nach Absatz 1 Satz 1 besteht ein Anspruch auf Leistungen der Krankheitsfürsorge in entsprechender Anwendung der Beihilferegelungen für Beamtinnen und Beamte mit Dienstbezügen. [2]Dies gilt nicht, wenn die Beamtin oder der Beamte berücksichtigungsfähige Angehörige oder berücksichtigungsfähiger Angehöriger einer Beihilfeberechtigten oder eines Beihilfeberechtigten wird oder in der gesetzlichen Krankenversicherung nach § 10 des Fünften Buches Sozialgesetzbuch versichert ist.

(3) [1]Einer Beamtin oder einem Beamten mit Dienstbezügen kann in Bereichen, in denen wegen der Arbeitsmarktsituation ein außergewöhnlicher Bewerberüberhang besteht und deshalb ein dringendes öffentliches Interesse daran gegeben ist, verstärkt Bewerberinnen und Bewerber im öffentlichen Dienst zu beschäftigen,

1. auf Antrag Urlaub ohne Dienstbezüge bis zur Dauer von insgesamt sechs Jahren,
2. nach Vollendung des 55. Lebensjahres auf Antrag, der sich auf die Zeit bis zum Beginn des Ruhestands erstrecken muss, Urlaub ohne Dienstbezüge

bewilligt werden, wenn dienstliche Belange nicht entgegenstehen. [2]Absatz 1 Satz 2 gilt entsprechend.

(4) [1]Dem Antrag nach Absatz 3 Satz 1 darf nur entsprochen werden, wenn die Beamtin oder der Beamte erklärt, während der Dauer des Bewilligungszeitraums auf die Ausübung entgeltlicher Nebentätigkeiten zu verzichten und entgeltliche Tätigkeiten nach § 63 Absatz 1 nur in dem Umfang auszuüben, wie sie oder er sie bei Vollzeitbeschäftigung ohne Verletzung dienstlicher Pflichten ausüben könnte. [2]Wird diese Verpflichtung schuldhaft verletzt, soll die Bewilligung widerrufen werden. [3]Die Dienstbehörde darf trotz der Erklärung der Beamtin oder des Beamten nach Satz 1 Nebentätigkeiten genehmigen, soweit sie dem Zweck der Bewilligung des Urlaubs nicht zuwiderlaufen.

(5) Die Dienstbehörde kann eine Rückkehr aus dem Urlaub nach den Absätzen 1 und 3 zulassen, wenn der Beamtin oder dem Beamten eine Fortsetzung des Urlaubs nicht zugemutet werden kann und dienstliche Belange nicht entgegenstehen.

§ 56 Höchstdauer

[1]Die Dauer von Teilzeitbeschäftigung mit weniger als der Hälfte der regelmäßigen Arbeitszeit und von Beurlaubung ohne Dienstbezüge darf zwölf Jahre nicht überschreiten. [2]In den Fällen des § 55 Absatz 3 Satz 1 Nummer 2 findet Satz 1 keine Anwendung, wenn es der Beamtin oder dem Beamten nicht mehr zuzumuten ist, zur Voll- oder Teilzeitbeschäftigung zurückzukehren.

§ 57 Benachteiligungsverbot bei Ermäßigung der Arbeitszeit, Hinweispflicht

(1) Die Ermäßigung der Arbeitszeit darf das berufliche Fortkommen nicht beeinträchtigen; eine unterschiedliche Behandlung von Beamtinnen und Beamten mit ermäßigter Arbeitszeit gegenüber Beamtinnen und Beamten mit regelmäßiger Arbeitszeit ist nur zulässig, wenn zwingende sachliche Gründe sie rechtfertigen.

(2) Wird eine Teilzeitbeschäftigung oder langfristige Beurlaubung beantragt, ist auf die Folgen hinzuweisen, insbesondere auf die Folgen für die Ansprüche auf Grund beamtenrechtlicher Regelungen.

§ 58 Widerruf der Bewilligung oder Gewährung von Teilzeitbeschäftigung bei langfristiger ungleichmäßiger Verteilung der Arbeitszeit

[1]Treten während des Bewilligungs- oder Bewährungszeitraums einer Teilzeitbeschäftigung mit abweichender Einteilung der regelmäßigen Arbeitszeit Umstände ein, welche die vorgesehene Abwick-

lung der Freistellung vom Dienst unmöglich machen, so ist ein Widerruf in den folgenden Fällen auch mit Wirkung für die Vergangenheit zulässig:

1. bei Beendigung des Beamtenverhältnisses,
2. beim Dienstherrenwechsel,
3. bei Gewährung von Familienpflegezeit nach § 54b Absatz 1 oder 3 oder von Pflegezeit nach § 54c Absatz 1 oder 3 oder von Urlaub nach § 55 Absatz 1 oder von Elternzeit oder
4. in besonderen Härtefällen, wenn der Beamtin oder dem Beamten die Fortsetzung der Teilzeitbeschäftigung nicht mehr zuzumuten ist.

[2]Ein Widerruf erfolgt nicht, soweit Zeiten aus der Ansparphase durch eine gewährte Freistellung bereits ausgeglichen wurden; dabei gelten die unmittelbar vor dem Eintritt in die Freistellungsphase liegenden Ansparzeiten als durch die Freistellung ausgeglichen. [3]Gleichzeitig mit dem Widerruf wird der Arbeitszeitstatus der Beamtin oder des Beamten entsprechend dem in der Ansparphase geleisteten und nicht durch Freistellung ausgeglichenen Arbeitszeitumfang festgesetzt.

§ 59 Fernbleiben vom Dienst

(1) [1]Beamtinnen und Beamte dürfen dem Dienst nicht ohne Genehmigung der oder des Dienstvorgesetzten fernbleiben. [2]Dienstunfähigkeit infolge Krankheit ist unverzüglich anzuzeigen und auf Verlangen nachzuweisen. [3]Auf Aufforderung ist die Dienstunfähigkeit durch eine oder einen von der Dienstbehörde bestimmte Ärztin oder bestimmten Arzt bestätigen zu lassen.

(2) Verlieren Beamtinnen oder Beamte wegen unentschuldigten Fernbleibens vom Dienst nach den besoldungsrechtlichen Regelungen ihren Anspruch auf Bezüge, so wird dadurch die Durchführung eines Disziplinarverfahrens nicht ausgeschlossen.

Unterabschnitt 3
Nebentätigkeit

§ 60 Nebentätigkeit

(1) Nebentätigkeit ist die Ausübung eines Nebenamtes oder einer Nebenbeschäftigung.

(2) Nebenamt ist ein nicht zu einem Hauptamt gehörender Kreis von Aufgaben, der auf Grund eines öffentlich-rechtlichen Dienst- oder Amtsverhältnisses wahrgenommen wird.

(3) Nebenbeschäftigung ist jede sonstige, nicht zu einem Hauptamt gehörende Tätigkeit innerhalb oder außerhalb des öffentlichen Dienstes.

(4) [1]Als Nebentätigkeit gilt nicht die Wahrnehmung öffentlicher Ehrenämter sowie einer unentgeltlichen Vormundschaft, Betreuung oder Pflegschaft. [2]Die Wahrnehmung öffentlicher Ehrenämter ist vor Beginn der Dienstbehörde schriftlich anzuzeigen.

§ 61 Nebentätigkeit im öffentlichen Dienst

Beamtinnen und Beamte sind verpflichtet, auf Verlangen ihrer Dienstbehörde oder obersten Dienstbehörde eine Nebentätigkeit im öffentlichen Dienst zu übernehmen, sofern diese Tätigkeit ihrer Vorbildung oder Berufsausbildung entspricht und sie nicht über Gebühr in Anspruch nimmt.

§ 62 Genehmigungspflichtige Nebentätigkeiten

(1) [1]Beamtinnen und Beamte bedürfen zur Übernahme jeder entgeltlichen Nebentätigkeit, mit Ausnahme der in § 63 Absatz 1 abschließend aufgeführten Nebentätigkeiten, der vorherigen Genehmigung, soweit sie nicht nach § 61 zu ihrer Wahrnehmung verpflichtet sind. [2]Gleiches gilt für folgende unentgeltliche Nebentätigkeiten:

1. Übernahme eines Nebenamtes,
2. Übernahme einer gewerblichen Tätigkeit, die Ausübung eines freien Berufes oder die Mitarbeit bei einer dieser Tätigkeiten und
3. Eintritt in ein Organ eines Unternehmens mit Ausnahme einer Genossenschaft.

(2) [1]Die Genehmigung ist zu versagen, wenn zu besorgen ist, dass durch die Nebentätigkeit dienstliche Interessen beeinträchtigt werden. [2]Ein solcher Versagungsgrund liegt insbesondere vor, wenn die Nebentätigkeit

1. nach Art und Umfang die Arbeitskraft der Beamtin oder des Beamten so stark in Anspruch nimmt, dass die ordnungsgemäße Erfüllung ihrer oder seiner dienstlichen Pflichten behindert werden kann,

2. die Beamtin oder den Beamten in einen Widerstreit mit ihren oder seinen dienstlichen Pflichten bringen kann,
3. in einer Angelegenheit ausgeübt wird, in der die Behörde, der die Beamtin oder der Beamte angehört, tätig wird oder tätig werden kann,
4. die Unparteilichkeit oder Unbefangenheit der Beamtin oder des Beamten beeinflussen kann,
5. zu einer wesentlichen Einschränkung der künftigen dienstlichen Verwendbarkeit der Beamtin oder des Beamten führen kann,
6. dem Ansehen der öffentlichen Verwaltung abträglich sein kann.

[3]Ein solcher Versagungsgrund liegt in der Regel auch vor, wenn sich die Nebentätigkeit wegen gewerbsmäßiger Dienst- oder Arbeitsleistung oder sonst nach Art, Umfang, Dauer oder Häufigkeit als Ausübung eines Zweitberufs darstellt.

(3) [1]Die Voraussetzung des Absatzes 2 Satz 2 Nummer 1 gilt in der Regel als erfüllt, wenn die zeitliche Beanspruchung durch eine oder mehrere Nebentätigkeiten in der Woche ein Fünftel der regelmäßigen wöchentlichen Arbeitszeit, bei Lehrerinnen und Lehrern ein Fünftel der regelmäßigen Pflichtstunden, überschreitet. [2]Bei begrenzter Dienstfähigkeit ist ein Fünftel der nach § 27 Absatz 2 des Beamtenstatusgesetzes festgelegten Arbeitszeit zugrunde zu legen.

(4) [1]Die Genehmigung ist auf längstens zwei Jahre zu befristen; sie kann mit Auflagen und Bedingungen versehen werden. [2]Ergibt sich eine Beeinträchtigung dienstlicher Interessen nach Erteilung der Genehmigung, so ist diese zu widerrufen.

(5) [1]Anträge auf Erteilung einer Genehmigung sowie Entscheidungen über diese Anträge bedürfen der Schriftform. [2]Die Beamtin oder der Beamte hat dabei die für die Entscheidung erforderlichen Nachweise zu führen, insbesondere über Art und Umfang der Nebentätigkeit sowie die Entgelte und geldwerten Vorteile hieraus; jede Änderung ist unverzüglich schriftlich anzuzeigen.

§ 63 Nicht genehmigungspflichtige Nebentätigkeiten, Anzeigepflicht

(1) Nicht genehmigungspflichtig sind
1. die Verwaltung eigenen oder der Nutznießung der Beamtin oder des Beamten unterliegenden Vermögens,
2. schriftstellerische, wissenschaftliche, künstlerische oder Vortragstätigkeiten,
3. mit Lehr- oder Forschungsaufgaben zusammenhängende selbstständige Gutachtertätigkeiten von Lehrerinnen und Lehrern an öffentlichen Hochschulen und an Hochschulen der Bundeswehr sowie von Beamtinnen und Beamten an wissenschaftlichen Instituten und Anstalten und
4. Tätigkeiten zur Wahrung von Berufsinteressen in Gewerkschaften oder Berufsverbänden oder in Selbsthilfeeinrichtungen der Beamtinnen und Beamten.

(2) Beamtinnen und Beamte haben ein Hochschulstudium oder eine Berufsausbildung anzuzeigen.

(3) [1]Tätigkeiten nach Absatz 1 Nummer 2 und 3 sowie eine Tätigkeit in Selbsthilfeeinrichtungen nach Absatz 1 Nummer 4 sind schriftlich vor ihrer Aufnahme anzuzeigen, wenn für sie ein Entgelt oder ein geldwerter Vorteil geleistet wird. [2]Hierbei sind insbesondere Art und Umfang der Nebentätigkeit sowie die voraussichtliche Höhe der Entgelte und geldwerten Vorteile anzugeben. [3]Jede Änderung ist unverzüglich schriftlich mitzuteilen.

(4) Die zuständige Stelle kann aus begründetem Anlass verlangen, dass über eine ausgeübte nicht genehmigungspflichtige Nebentätigkeit schriftlich Auskunft erteilt wird, insbesondere über deren Art und Umfang.

(5) Eine nicht genehmigungspflichtige Nebentätigkeit ist ganz oder teilweise zu untersagen, wenn die Beamtin oder der Beamte bei ihrer Ausübung dienstliche Pflichten verletzt.

§ 64 Ausübung von Nebentätigkeiten

(1) [1]Nebentätigkeiten dürfen nur außerhalb der Arbeitszeit ausgeübt werden, es sei denn, sie werden auf Verlangen einer für beamtenrechtliche Entscheidungen zuständigen Stelle übernommen oder eine für beamtenrechtliche Entscheidungen zuständige Stelle hat ein dienstliches Interesse an der Übernahme der Nebentätigkeit anerkannt. [2]Das dienstliche Interesse ist aktenkundig zu machen. [3]Ausnahmen dürfen nur in besonders begründeten Fällen, insbesondere im öffentlichen Interesse, auf schriftlichen Antrag zugelassen werden, wenn dienstliche Gründe nicht entgegenstehen und die versäumte Arbeitszeit nachgeleistet wird.

(2) [1]Bei der Ausübung von Nebentätigkeiten dürfen Einrichtungen, Personal oder Material des Dienstherrn nur bei Vorliegen eines öffentlichen oder wissenschaftlichen Interesses mit dessen Genehmigung und gegen Entrichtung eines angemessenen Entgelts in Anspruch genommen werden. [2]Das Entgelt ist nach den dem Dienstherrn entstehenden Kosten zu bemessen und muss den besonderen Vorteil berücksichtigen, der der Beamtin oder dem Beamten durch die Inanspruchnahme entsteht.

§ 65 Rückgriffhaftung des Dienstherrn

[1]Beamtinnen und Beamte, die aus einer auf Verlangen, Vorschlag oder Veranlassung des Dienstherrn übernommenen Tätigkeit im Vorstand, Aufsichtsrat, Verwaltungsrat oder in einem sonstigen Organ einer Gesellschaft, Genossenschaft oder eines in einer anderen Rechtsform betriebenen Unternehmens haftbar gemacht werden, haben gegen den Dienstherrn Anspruch auf Ersatz des ihnen entstandenen Schadens. [2]Ist der Schaden vorsätzlich oder grob fahrlässig herbeigeführt, ist der Dienstherr nur dann ersatzpflichtig, wenn die Beamtin oder der Beamte auf Verlangen einer oder eines Vorgesetzten gehandelt hat.

§ 66 Erlöschen der mit dem Hauptamt verbundenen Nebentätigkeit

Endet das Beamtenverhältnis, enden, wenn im Einzelfall nichts anderes bestimmt wird, auch die Nebenämter und Nebenbeschäftigungen, die im Zusammenhang mit dem Hauptamt übertragen sind oder die auf Verlangen, Vorschlag oder Veranlassung des Dienstherrn übernommen worden sind.

§ 67 Erlass ausführender Rechtsverordnungen

[1]Die zur Ausführung der §§ 61 bis 66 notwendigen Vorschriften über die Nebentätigkeit der Beamtinnen und Beamten erlässt der Senat durch Rechtsverordnung. [2]In ihr kann bestimmt werden,

1. welche Tätigkeiten als öffentlicher Dienst im Sinne dieser Vorschriften anzusehen sind oder ihm gleichstehen,
2. ob und inwieweit eine im öffentlichen Dienst ausgeübte oder auf Verlangen, Vorschlag oder Veranlassung des Dienstherrn übernommene Nebentätigkeit vergütet wird oder eine erhaltene Vergütung abzuführen ist; die Höchstbeträge, die zu belassen sind, können nach Besoldungsgruppen gestaffelt werden,
3. welche Beamtengruppen auch zu einer der in § 63 Absatz 1 Nummer 2 und 3 bezeichneten Nebentätigkeiten der Genehmigung bedürfen, soweit es nach der Natur des Dienstverhältnisses erforderlich ist,
4. unter welchen Voraussetzungen die Beamtin oder der Beamte zur Ausübung von Nebentätigkeiten Einrichtungen, Personal oder Material des Dienstherrn in Anspruch nehmen darf und in welcher Höhe hierfür ein Entgelt an die zuständige Stelle zu entrichten ist; das Entgelt kann pauschaliert in einem Prozentsatz des aus der Nebentätigkeit erzielten Bruttoeinkommens festgelegt werden und bei unentgeltlich ausgeübter Nebentätigkeit entfallen,
5. dass die Beamtin oder der Beamte verpflichtet werden kann, nach Ablauf eines jeden Kalenderjahres der zuständigen Stelle die ihr oder ihm zugeflossenen Entgelte und geldwerten Vorteile aus Nebentätigkeiten anzugeben.

§ 68 Anzeigepflicht und Verbot einer Tätigkeit nach Beendigung des Beamtenverhältnisses

(1) Ruhestandsbeamtinnen, Ruhestandsbeamte, frühere Beamtinnen mit Versorgungsbezügen und frühere Beamte mit Versorgungsbezügen, die nach Beendigung des Beamtenverhältnisses innerhalb eines Zeitraums von fünf Jahren oder, wenn die Beamtinnen und Beamten mit Erreichen der Altersgrenze in den Ruhestand treten, innerhalb eines Zeitraums von drei Jahren außerhalb des öffentlichen Dienstes eine Erwerbstätigkeit oder sonstige Beschäftigung aufnehmen, die mit ihrer dienstlichen Tätigkeit in den letzten fünf Jahren vor Beendigung des Beamtenverhältnisses im Zusammenhang steht und durch die dienstliche Interessen beeinträchtigt werden können, haben die Erwerbstätigkeit oder sonstige Beschäftigung der letzten Dienstbehörde anzuzeigen.

(2) [1]Ein Verbot nach § 41 Satz 2 des Beamtenstatusgesetzes wird durch die letzte oberste Dienstbehörde ausgesprochen. [2]Die oberste Dienstbehörde kann ihre Befugnisse auf nachgeordnete Behörden übertragen.

Unterabschnitt 4
Sonstige Pflichten

§ 69 Wohnung und Aufenthalt

(1) Beamtinnen und Beamte haben ihre Wohnung so zu nehmen, dass die ordnungsmäßige Wahrnehmung ihrer Dienstgeschäfte nicht beeinträchtigt wird.
(2) Wenn die dienstlichen Verhältnisse es erfordern, kann angeordnet werden, dass die Wohnung innerhalb einer bestimmten Entfernung von der Dienststelle zu nehmen oder eine Dienstwohnung zu beziehen ist.
(3) Wenn besondere dienstliche Verhältnisse es dringend erfordern, kann angeordnet werden, dass die Beamtin oder der Beamte sich während der dienstfreien Zeit in erreichbarer Nähe des Dienstortes aufzuhalten hat.

§ 70 Dienstkleidung

[1]Beamtinnen und Beamte sind zum Tragen von Dienstkleidung verpflichtet, soweit es dienstlich erforderlich ist. [2]Der Senat bestimmt durch Verwaltungsvorschrift den Kreis der Dienstkleidungsträger. [3]Die für grundsätzliche allgemeine beamtenrechtliche Angelegenheiten zuständige Senatsverwaltung bestimmt durch Verwaltungsvorschrift die Grundsätze, die für alle Dienstkleidungsträger gelten. [4]Die Einzelheiten über die Dienstkleidung regeln die zuständigen obersten Dienstbehörden durch Verwaltungsvorschrift; sie können die Ausübung dieser Befugnis auf andere Stellen übertragen.

Unterabschnitt 5
Folgen der Dienstpflichtverletzung

§ 71 Dienstvergehen nach Beendigung des Beamtenverhältnisses

Bei Ruhestandsbeamtinnen und Ruhestandsbeamten oder früheren Beamtinnen und früheren Beamten, die Versorgungsbezüge erhalten, gilt es als Dienstvergehen, wenn sie
1. sich gegen die freiheitliche demokratische Grundordnung im Sinne der Verfassung von Berlin betätigen oder
2. an Bestrebungen teilnehmen, die darauf abzielen, den Bestand oder die Sicherheit des Landes Berlin zu beeinträchtigen oder
3. ihren Verpflichtungen nach § 29 Absatz 4 und 5 des Beamtenstatusgesetzes oder einer erneuten Berufung in das Beamtenverhältnis schuldhaft nicht nachkommen.

§ 72 Pflicht zum Schadensersatz

(1) [1]Ansprüche nach § 48 des Beamtenstatusgesetzes verjähren in drei Jahren von dem Zeitpunkt an, in dem der Dienstherr von dem Schaden und der Person der oder des Ersatzpflichtigen Kenntnis erlangt hat, ohne Rücksicht auf diese Kenntnis in zehn Jahren von der Begehung der Handlung an. [2]Hat der Dienstherr Dritten Geldersatz geleistet oder hat er zur Folgenbeseitigung Mittel aufgewendet, so tritt an die Stelle des Zeitpunktes, in dem der Dienstherr von dem Schaden Kenntnis erlangt, der Zeitpunkt, in dem der Anspruch auf Geldersatz oder Folgenbeseitigung anerkannt oder rechtskräftig festgestellt wird.
(2) Leistet die Beamtin oder der Beamte dem Dienstherrn Ersatz und hat dieser einen Ersatzanspruch gegen Dritte, so geht der Ersatzanspruch auf die Beamtin oder den Beamten über.

§ 73 Übermittlung bei Strafverfahren

[1]Übermittlungen bei Strafverfahren nach § 49 des Beamtenstatusgesetzes sind an die zuständige Dienstbehörde zu richten und als „Vertrauliche Personalsache" zu kennzeichnen. [2]Die Übermittlung erfolgt in einem verschlossenen Umschlag, der keine Rückschlüsse auf die betroffenen Personen ermöglicht.

Unterabschnitt 6
Rechte

§ 74 Fürsorge und Schutz

(1) Bei der dienstlichen Verwendung der Beamtin oder des Beamten sind die Belange der Betreuung von Kindern und Pflegebedürftigen zu berücksichtigen.

(2) Der Senat regelt durch Rechtsverordnung die der Eigenart des öffentlichen Dienstes entsprechende Anwendung der Vorschriften des Mutterschutzgesetzes auf Beamtinnen.

(3) Für die Gewährung von Elternzeit der Beamtinnen und Beamten finden die für die unmittelbaren Bundesbeamtinnen und Bundesbeamten jeweils geltenden Rechtsvorschriften entsprechende Anwendung.

(4) [1]Die im Bereich des Arbeitsschutzes auf Grund der §§ 18 und 19 des Arbeitsschutzgesetzes erlassenen Verordnungen der Bundesregierung gelten für Beamtinnen und Beamte entsprechend, soweit nicht der Senat durch Verordnung Abweichendes regelt. [2]Der Senat kann durch Verordnung für bestimmte Tätigkeiten, insbesondere bei der Polizei, der Feuerwehr sowie der Zivil- und Katastrophenschutzdienste, regeln, dass Vorschriften des Arbeitsschutzes ganz oder zum Teil nicht anzuwenden sind, soweit öffentliche Belange dies zwingend erfordern, insbesondere zur Aufrechterhaltung oder Wiederherstellung der öffentlichen Sicherheit. [3]In der Verordnung ist gleichzeitig festzulegen, wie die Sicherheit und der Gesundheitsschutz bei der Arbeit unter Berücksichtigung der Ziele des Arbeitsschutzgesetzes auf andere Weise gewährleistet werden.

(5) [1]Das Jugendarbeitsschutzgesetz gilt für jugendliche Beamtinnen und Beamte entsprechend. [2]Soweit die Eigenart des Polizeivollzugsdienstes und die Belange der inneren Sicherheit es erfordern, kann der Senat durch Rechtsverordnung Ausnahmen von den Vorschriften des Jugendarbeitsschutzgesetzes für jugendliche Polizeivollzugskräfte bestimmen.

(6) [1]Die Vorschriften der §§ 19 bis 22 des Gendiagnostikgesetzes vom 31. Juli 2009 (BGBl. I S. 2529, 3672) gelten entsprechend für Beamtinnen und Beamte, für Bewerberinnen und Bewerber oder Personen, deren Beamtenverhältnis beendet ist sowie für das Land Berlin und sonstige landesunmittelbare Körperschaften, Anstalten und Stiftungen des öffentlichen Rechts, die Dienstherrnfähigkeit besitzen. [2]Der Senat regelt durch Rechtsverordnung die entsprechende Anwendung der aufgrund von § 20 Absatz 3 des Gendiagnostikgesetzes erlassenen Rechtsverordnung auf Beamtinnen und Beamte.

§ 74a Erfüllungsübernahme durch den Dienstherrn bei Schmerzensgeldansprüchen

(1) [1]Hat die Beamtin oder der Beamte wegen eines tätlichen rechtswidrigen Angriffs, den sie oder er in Ausübung des Dienstes oder außerhalb des Dienstes wegen der Eigenschaft als Beamtin oder Beamter erleidet, einen rechtskräftig festgestellten Anspruch auf Schmerzensgeld gegen einen Dritten, kann der Dienstherr auf Antrag die Erfüllung dieses Anspruchs bis zur Höhe des festgestellten Schmerzensgeldbetrags übernehmen, soweit dies zur Vermeidung einer unbilligen Härte notwendig ist. [2]Der rechtskräftigen Feststellung steht ein Vergleich nach § 794 Absatz 1 Nummer 1 der Zivilprozessordnung gleich, sobald er unwiderruflich und der Höhe nach angemessen ist.

(2) [1]Eine unbillige Härte liegt insbesondere vor, wenn die Vollstreckung über einen Betrag von mindestens 500 Euro erfolglos geblieben ist. [2]Der Dienstherr kann die Übernahme der Erfüllung verweigern, wenn auf Grund desselben Sachverhalts Zahlungen als Unfallausgleich gemäß § 35 des Landesbeamtenversorgungsgesetzes gewährt werden, oder wenn eine Zahlung als einmalige Unfallentschädigung gemäß § 43 des Landesbeamtenversorgungsgesetzes oder als Schadensausgleich in besonderen Fällen gemäß § 43a des Landesbeamtenversorgungsgesetzes gewährt wird.

(3) [1]Die Übernahme der Erfüllung ist innerhalb einer Ausschlussfrist von zwei Jahren nach Rechtskraft des Urteils schriftlich unter Nachweis mehrmalig fruchtlos gebliebener Vollstreckungen und anschließender Vermögensauskunft mit Nachweis der sich aus dem Vermögensprotokoll ergebenden weiteren fruchtlosen Pfändungsmaßnahmen zu beantragen. [2]Die Entscheidung trifft die oberste Dienstbehörde. [3]Sie kann die Zuständigkeit auf eine andere Behörde übertragen. [4]Soweit der Dienstherr die Erfüllung übernommen hat, gehen die Ansprüche auf ihn über. [5]Der Übergang der Ansprüche kann nicht zum Nachteil der oder des Geschädigten geltend gemacht werden.

§ 75 Besoldung, Versorgung, sonstige Geldleistungen

(1) Die Besoldung und die Versorgung der Beamtinnen und Beamten richten sich nach den besonderen gesetzlichen Regelungen.

(2) Für Geldleistungen, die nicht Besoldung oder Versorgung sind (Jubiläumszuwendungen, Beihilfen, Reise- und Umzugskosten sowie andere Leistungen), gelten § 3 Absatz 6 (Ausschluss von Verzugszinsen), § 11 (Abtretung, Verpfändung, Aufrechnung und Zurückbehaltung), § 12 (Rückforderung) und § 17a (Zahlungsweise) des Bundesbesoldungsgesetzes in der am 31. August 2006 geltenden Fassung entsprechend.

(3) [1]Zusicherungen, Vereinbarungen und Vergleiche, die der Beamtin oder dem Beamten höhere Geldleistungen verschaffen sollen, als ihr oder ihm nach den maßgeblichen Rechts- und Verwaltungsvorschriften zustehen, sind unwirksam. [2]Das gleiche gilt für Versicherungsverträge, die zu diesem Zweck geschlossen werden.

§ 75a Dienstjubiläum

(1) [1]Beamtinnen und Beamten, die das 25-, 40- oder 50-jährige Dienstjubiläum nach dieser Vorschrift nach dem Inkrafttreten dieses Gesetzes erreichen beziehungsweise erreicht haben, ist eine Dankurkunde auszuhändigen und eine Jubiläumszuwendung zu zahlen. [2]Die Jubiläumszuwendung beträgt bei einer Dienstzeit

1. von 25 Jahren 350 Euro,
2. von 40 Jahren 450 Euro,
3. von 50 Jahren 550 Euro.

(2) Als Dienstzeit im Sinne des Absatzes 1 gelten alle Zeiten einer hauptberuflichen Tätigkeit im Dienst eines öffentlich-rechtlichen Dienstherrn nach § 29 des Bundesbesoldungsgesetzes in der Überleitungsfassung für Berlin nach Artikel III § 1 Nummer 3 des Gesetzes vom 21. Juni 2011 (GVBl. S. 266), das zuletzt durch Artikel 6 des Gesetzes vom 9. Mai 2016 (GVBl. S. 243) geändert worden ist, sowie Ausbildungszeiten und Zeiten des Vorbereitungsdienstes.

(3) Die Jubiläumszuwendung entfällt bei Beamtinnen und Beamten,

1. die aus demselben Anlass bereits eine Geldzuwendung aus öffentlichen Mitteln erhalten haben
2. die von einem anderen Dienstherrn abgeordnet sind, wenn ihnen vom abordnenden Dienstherrn aus demselben Anlass eine Geldzuwendung gewährt worden ist oder gewährt werden kann,
3. gegen die eine Disziplinarmaßnahme verhängt worden ist, die am Jubiläumstag noch nicht dem Verwertungsverbot unterliegt, oder gegen die eine Disziplinarmaßnahme voraussichtlich verhängt worden wäre, wenn nicht die Voraussetzungen des § 14 des Disziplinargesetzes vom 29. Juni 2004 (GVBl. S. 263), das durch Artikel XII Nummer 18 des Gesetzes vom 19. März 2009 (GVBl. S. 70) geändert worden ist, vorgelegen hätten und die am Jubiläumstag noch nicht dem Verwertungsverbot unterläge.

(4) Die Aushändigung einer Dankurkunde entfällt bei Beamtinnen und Beamten,

1. die aus demselben Anlass bereits eine Dankurkunde erhalten haben,
2. die von einem anderen Dienstherrn abgeordnet sind, wenn ihnen vom abordnenden Dienstherrn aus demselben Anlass eine Dankurkunde ausgehändigt worden ist oder ausgehändigt werden kann,
3. gegen die eine Disziplinarmaßnahme verhängt worden ist, die am Jubiläumstag noch nicht dem Verwertungsverbot unterliegt, oder gegen die eine Disziplinarmaßnahme voraussichtlich verhängt worden wäre, wenn nicht die Voraussetzungen des § 14 des Disziplinargesetzes vom 29. Juni 2004 (GVBl. S. 263), das durch Artikel XII Nummer 18 des Gesetzes vom 19. März 2009 (GVBl. S. 70) geändert worden ist, vorgelegen hätten und die am Jubiläumstag noch nicht dem Verwertungsverbot unterläge.

(5) Die Entscheidung über die Gewährung einer Jubiläumszuwendung und einer Dankurkunde ist bei Beamtinnen und Beamten, gegen die am Jubiläumstag straf- oder disziplinarrechtliche Ermittlungen geführt werden oder gegen die Anklage im strafrechtlichen Verfahren erhoben wurde, bis zu einem rechtskräftigen Abschluss zurückzustellen.

(6) Die zu einem anderen Dienstherrn abgeordneten Beamtinnen und Beamten erhalten die Jubiläumszuwendung und die Dankurkunde vom abordnenden Dienstherrn.

§ 76 Beihilfen

(1) [1]Beihilfe als ergänzende Fürsorgeleistung erhalten:

1. Beamtinnen und Beamte, die Anspruch auf Besoldung haben oder Elternzeit in Anspruch nehmen,
2. Versorgungsempfängerinnen und Versorgungsempfänger, die Anspruch auf Versorgungsbezüge haben,
3. frühere Beamtinnen und frühere Beamte, die wegen Dienstunfähigkeit oder Erreichens der Altersgrenze entlassen worden oder wegen Ablaufs der Dienstzeit ausgeschieden sind, während des Bezugs von Unterhaltsbeiträgen nach dem Beamtenversorgungsgesetz in der am 31. August 2006 geltenden Fassung.

[2]Satz 1 gilt auch, wenn Bezüge wegen der Anwendung von Ruhens- und/oder Anrechnungsvorschriften nicht gezahlt werden. [3]Für Aufwendungen der Ehegattin oder des Ehegatten oder der eingetragenen Lebenspartnerin oder des eingetragenen Lebenspartners der oder des Beihilfeberechtigten, die kein zur wirtschaftlichen Selbstständigkeit führendes Einkommen haben, und der im Familienzuschlag nach dem Bundesbesoldungsgesetz in der am 31. August 2006 geltenden Fassung berücksichtigungsfähigen Kinder wird ebenfalls Beihilfe gewährt. [4]Satz 3 gilt nicht für Fälle des § 23 des Beamtenversorgungsgesetzes in der am 31. August 2006 geltenden Fassung.

(2) Beihilfefähig sind grundsätzlich nur notwendige und der Höhe nach angemessene Aufwendungen
1. in Krankheits- und Pflegefällen,
2. zur Vorbeugung und Behandlung von Krankheiten oder Behinderungen,
3. in Geburtsfällen, zur Empfängnisverhütung, bei künstlicher Befruchtung sowie in Ausnahmefällen bei Sterilisation und Schwangerschaftsabbruch und
4. zur Früherkennung von Krankheiten und zu Schutzimpfungen.

(3) [1]Die Beihilfe bemisst sich nach einem Prozentsatz der beihilfefähigen Aufwendungen (Bemessungssatz). [2]Der Bemessungssatz beträgt für Aufwendungen, die entstanden sind für
1. Beamtinnen und Beamte und entpflichtete Hochschullehrerinnen und entpflichtete Hochschullehrer 50 Prozent,
2. Empfängerinnen und Empfängern von Versorgungsbezügen, die als solche beihilfeberechtigt sind, 70 Prozent,
3. die berücksichtigungsfähige Ehegattin oder den berücksichtigungsfähigen Ehegatten oder die eingetragene Lebenspartnerin oder den eingetragenen Lebenspartner 70 Prozent,
4. ein berücksichtigungsfähiges Kind sowie eine Waise, die als solche beihilfeberechtigt ist, 80 Prozent,
5. die Mutter eines nicht ehelichen Kindes des Beihilfeberechtigten hinsichtlich der Aufwendungen bei der Geburt 70 Prozent.

Sind zwei oder mehr Kinder berücksichtigungsfähig, beträgt der Bemessungssatz für den Beihilfeberechtigten nach Nummer 1 70 Prozent;
bei mehreren Beihilfeberechtigten beträgt der Bemessungssatz nur bei einem von ihnen zu bestimmenden Berechtigten 70 Prozent.

[3]Die Beihilfe kann in Pflegefällen in Form einer Pauschale gewährt werden, deren Höhe sich am tatsächlichen Versorgungsaufwand orientiert. [4]Beihilfe darf nur gewährt werden, soweit sie zusammen mit von dritter Seite zustehenden Erstattungen die dem Grunde nach beihilfefähigen Aufwendungen nicht überschreitet. [5]Zustehende Leistungen zu Aufwendungen nach Absatz 2 sind von den beihilfefähigen Aufwendungen abzuziehen. [6]Nicht beihilfefähig sind Aufwendungen von Beihilfeberechtigten, denen Leistungen nach § 70 Absatz 2 des Bundesbesoldungsgesetzes in der am 31. August 2006 geltenden Fassung zustehen.

(4) Aufwendungen für bei stationärer Krankenhausbehandlung erbrachte Wahlleistungen (Chefarztbehandlung, Zweibettzimmerzuschlag) sind nicht beihilfefähig.

(5) [1]Auf Antrag wird anstelle der Beihilfe zu den Aufwendungen nach Absatz 2, die nach Absatz 3 zu bemessen ist, eine pauschale Beihilfe gewährt, wenn die nach Absatz 1 Satz 1 oder 2 beihilfeberechtigte Person freiwillig in der gesetzlichen Krankenversicherung oder mindestens in entsprechendem Umfang in einer privaten Krankenversicherung versichert ist und ihren Verzicht auf die Beihilfe zu den Aufwendungen nach Absatz 2 erklärt. [2]Der Anspruch auf die Beihilfe zu den Aufwendungen, für die eine Leistungspflicht der sozialen oder privaten Pflegeversicherung besteht, sowie der Anspruch auf die Beihilfe zur Milderung einer besonderen Härte bleiben unbeschadet eines Verzichts nach Satz 1 bestehen. [3]Der beihilfeberechtigten Person wird auch für die unter den Voraussetzungen nach Absatz 1 Satz 3 und 4 berücksichtigungsfähigen Personen eine Pauschale gewährt. [4]Die Pauschale bemisst sich jeweils nach der Hälfte des nachgewiesenen Krankenversicherungsbeitrags, bei privater Krankenversicherung höchstens nach dem hälftigen Beitrag einer Krankenversicherung im Basistarif. [5]Beiträge eines Arbeitgebers oder eines Sozialleistungsträgers zur Krankenversicherung oder ein Anspruch auf Zuschuss zum Beitrag zur Krankenversicherung auf Grund von Rechtsvorschriften oder eines Beschäftigungsverhältnisses sind auf die Pauschale anzurechnen. [6]Der Antrag auf Gewährung

der pauschalen Beihilfe und der Verzicht auf die Beihilfe zu den Aufwendungen nach Absatz 2 sind unwiderruflich und in Schriftform nach § 126 des Bürgerlichen Gesetzbuchs bei dem Landesverwaltungsamt einzureichen. 7Änderungen der Höhe des an die Krankenversicherung zu entrichtenden Beitrags und eventuelle Beitragsrückerstattungen der Versicherungen sind durch die beihilfeberechtigte Person unverzüglich dem Landesverwaltungsamt mitzuteilen. 8Die Pauschale wird vom Landesverwaltungsamt berechnet und ab dem ersten Tag des Monats, der auf die Antragstellung folgt, festgesetzt und von der Dienstbehörde zahlbar gemacht. 9Beitragsrückerstattungen der Versicherungen sind im Verhältnis der gewährten Pauschale zum Versicherungsbeitrag der Dienstbehörde von der beihilfeberechtigten Person unverzüglich zu erstatten. 10Bei einem Wechsel aus der Mitgliedschaft in der gesetzlichen Krankenversicherung in ein Versicherungsverhältnis in der privaten Krankenversicherung oder umgekehrt oder bei Änderung des Krankenversicherungsumfangs wird die Pauschale höchstens in der vor der Änderung gewährten Höhe gewährt.

(6) 1Der Senat kann durch Rechtsverordnung die Einzelheiten der Beihilfegewährung nach Absatz 1 bis 4 regeln. 2Insbesondere kann er die Beihilfeberechtigte oder den Beihilfeberechtigten nach § 76 Absatz 3 Satz 3 zweiter Halbsatz, Höchstbeträge, Belastungsgrenzen und den völligen oder teilweisen Ausschluss von Arznei-, Heil- und Hilfsmitteln in Anlehnung an das Fünfte Buch Sozialgesetzbuch festlegen. 3Im Falle der Beihilfegewährung nach Absatz 5 sind die §§ 2 bis 5, § 6 Absatz 5, § 8 Absatz 1 Nummer 1, § 10, § 48 Absatz 2 Satz 1 Nummer 1, § 51 Absatz 5 Satz 1 und Absatz 8 Satz 2 sowie § 55 der Landesbeihilfeverordnung entsprechend anzuwenden.

§ 77 Reise- und Umzugskosten

(1) Beamtinnen und Beamte erhalten Reise- und Umzugskostenvergütung in entsprechender Anwendung der für die unmittelbaren Bundesbeamtinnen und unmittelbaren Bundesbeamten jeweils geltenden Rechtsvorschriften nach Maßgabe der Absätze 2 bis 7.

(2) Bei der Anwendung der in Absatz 1 genannten Rechtsvorschriften stehen eingetragene Lebenspartnerinnen und eingetragene Lebenspartner den Ehegatten gleich.

(3) 1Auf die Reisekostenvergütung und die Auslagenerstattung des Bundesreisekostengesetzes kann ganz oder teilweise verzichtet werden. 2Ein Verzicht auf Reisekostenvergütung und Auslagenersatz bedarf der Schriftform.

(4) 1Entstandene Kosten für Fahrten auf dem Land-, Luft- oder Wasserweg mit regelmäßig verkehrenden Beförderungsmitteln werden nur bis zur Höhe der niedrigsten Beförderungsklasse des wirtschaftlichsten Verkehrsmittels erstattet, es sei denn, eine höhere Beförderungsklasse ist im Gesamtergebnis preisgünstiger. 2Die Dienstbehörde kann Ausnahmen zulassen.

(5) Benutzt eine Beamtin oder ein Beamter für die Wahrnehmung eines Dienstgeschäftes ein privates Kraftfahrzeug, ohne dass ein dienstliches Interesse an der Benutzung des Kraftfahrzeuges besteht, so darf der Gesamtbetrag der Wegstreckenentschädigung die Kosten bei Benutzen der niedrigsten Beförderungsklasse eines regelmäßig verkehrenden Beförderungsmittels nicht übersteigen.

(6) Bei Dienstreisen sowie Abordnungen und Versetzungen innerhalb des Landes Berlin, in die an das Land Berlin angrenzenden Landkreise und in die kreisfreie Stadt Potsdam finden die §§ 6 und 15 des Bundesreisekostengesetzes (Tagegeld, Trennungsgeld) und § 12 des Bundesumzugskostengesetzes (Trennungsgeld) keine Anwendung.

(7) Für Fahrten zwischen Wohnung und regelmäßiger Dienststätte oder Einsatzort aus besonderem dienstlichem Anlass können die entstandenen notwendigen Fahrkosten erstattet werden.

§ 78 Sachschadenersatz

(1) 1Sind bei einem auf äußerer Einwirkung beruhenden plötzlichen, örtlich und zeitlich bestimmbaren Ereignis, das in Ausübung oder infolge des Dienstes eingetreten ist, Kleidungsstücke oder sonstige Gegenstände, die von der Beamtin oder dem Beamten notwendigerweise mitgeführt wurden, beschädigt oder zerstört worden oder abhandengekommen, so kann dafür Ersatz geleistet werden. 2Dies gilt nicht, wenn der Schaden durch die Beamtin oder den Beamten vorsätzlich oder grob fahrlässig herbeigeführt wurde. 3Zum Dienst gehören auch Dienstreisen und die dienstliche Tätigkeit am Bestimmungsort.

(2) 1Sind durch einen Gewaltakt, der sich gegen staatliche Amtsträgerinnen oder Amtsträger, Einrichtungen oder Maßnahmen richtet, Sachen einer Beamtin oder eines Beamten, von Familienangehörigen oder mit ihr oder ihm in häuslicher Gemeinschaft lebenden Personen beschädigt oder zerstört worden

oder abhandengekommen, so kann dafür Ersatz geleistet werden, wenn der Gewaltakt im Zusammenhang mit der Ausübung des Dienstes oder der dienstlichen Stellung steht. [2]Die Entscheidung trifft die oberste Dienstbehörde.

(3) Der Anspruch nach Absatz 1 und 2 entfällt, wenn nicht innerhalb einer Ausschlussfrist von drei Monaten nach Eintritt des Schadensereignisses die Gewährung von Sachschadenersatz schriftlich beantragt wird.

(4) [1]Hat der Dienstherr Ersatz geleistet, so gehen insoweit Ansprüche gegen Dritte auf ihn über. [2]Der Übergang der Ansprüche kann nicht zum Nachteil der oder des Geschädigten geltend gemacht werden.

§ 79 Forderungsübergang

[1]Werden Beamtinnen, Beamte, Versorgungsberechtigte oder deren Angehörige körperlich verletzt oder getötet, so geht ein gesetzlicher Schadensersatzanspruch, der diesen Personen infolge der Körperverletzung oder der Tötung gegen einen Dritten zusteht, insoweit auf den Dienstherrn über, als dieser während einer auf der Körperverletzung beruhenden Aufhebung der Dienstfähigkeit oder infolge der Körperverletzung oder der Tötung zur Gewährung von Leistungen verpflichtet ist. [2]Der Übergang des Anspruchs kann nicht zum Nachteil der Verletzten oder der Hinterbliebenen geltend gemacht werden.

§ 80 Erholungsurlaub

(1) Die Erteilung und Dauer des Erholungsurlaubs regelt der Senat durch Rechtsverordnung.

(2) [1]Der Senat regelt ferner die Bewilligung von Urlaub aus anderen Anlässen und bestimmt, ob und inwieweit die Bezüge während eines solchen Urlaubs zu belassen sind; hierbei stehen eingetragene Lebenspartnerinnen oder eingetragene Lebenspartner Ehegatten gleich. [2]Stimmen Beamtinnen oder Beamte ihrer Aufstellung als Bewerberinnen oder Bewerber für die Wahl zum Europäischen Parlament, zum Deutschen Bundestag oder zu der gesetzgebenden Körperschaft eines Landes zu, ist ihnen auf Antrag innerhalb der letzten zwei Monate vor dem Wahltag der zur Vorbereitung der Wahl erforderliche Urlaub unter Wegfall der Bezüge zu gewähren.

(3) Eine Urlaubsgenehmigung darf nicht versagt werden zur Wahrnehmung von Verpflichtungen, die gewerkschaftlichen, wissenschaftlichen oder fachlichen Zwecken von Berufsverbänden dienen, soweit nicht zwingende dienstliche Belange entgegenstehen.

§ 81 Dienstzeugnis

[1]Beamtinnen und Beamten wird nach Beendigung des Beamtenverhältnisses oder beim Nachweis eines berechtigten Interesses auf Antrag ein Dienstzeugnis über Art und Dauer der von ihnen wahrgenommenen Ämter erteilt. [2]Das Dienstzeugnis muss auf Verlangen auch über die ausgeübte Tätigkeit und die erbrachten Leistungen Auskunft geben.

§ 82 Personalvertretung

Die Personalvertretung der Beamtinnen und Beamten wird durch das Personalvertretungsgesetz geregelt.

§ 83 Beteiligung der Spitzenorganisationen

[1]Bei der Vorbereitung allgemeiner Regelungen der beamtenrechtlichen Verhältnisse durch die obersten Landesbehörden sind die Spitzenorganisationen der zuständigen Gewerkschaften und Berufsverbände zu beteiligen. [2]Den Spitzenorganisationen der Gewerkschaften und Berufsverbände sind die Entwürfe der allgemeinen Regelungen zu übersenden; ihnen ist eine angemessene Frist zur Abgabe einer Stellungnahme einzuräumen.

Unterabschnitt 7
Personalakte

§ 84 Verarbeitung personenbezogener Daten, Führung und Inhalt

(1) [1]Der Dienstherr darf personenbezogene Daten über Bewerberinnen und Bewerber, Beamtinnen und Beamte sowie über ehemalige Beamtinnen und ehemalige Beamte nur verarbeiten, soweit dies zur Begründung, Durchführung, Beendigung oder Abwicklung des Dienstverhältnisses oder zur Durchführung organisatorischer, personeller oder sozialer Maßnahmen, insbesondere auch zu Zwecken der Personalplanung und des Personaleinsatzes erforderlich ist oder eine Rechtsvorschrift dies erlaubt. [2]Eine Verarbeitung für andere als in Satz 1 genannte Zwecke liegt nicht vor, wenn Personalaktendaten

ausschließlich für Zwecke der Datenschutzkontrolle verarbeitet werden. [3]Gleiches gilt, soweit im Rahmen der Datensicherung oder der Sicherung des ordnungsgemäßen Betriebes eines Datenverarbeitungssystems eine nach dem Stand der Technik nicht oder nur mit unverhältnismäßigem Aufwand zu vermeidende Kenntnisnahme von Personalaktendaten erfolgt.

(2) [1]Andere Unterlagen als Personalaktendaten dürfen in die Personalakte nicht aufgenommen werden. [2]Die Akte kann in Teilen oder vollständig elektronisch geführt werden. [3]Nicht Bestandteil der Personalakte sind Unterlagen, die besonderen, von der Person oder dem Dienstverhältnis sachlich zu trennenden Zwecken dienen, insbesondere Prüfungs-, Sicherheits- und Kindergeldakten. [4]Kindergeldakten können mit Besoldungs- und Versorgungsakten verbunden geführt werden, wenn diese von der übrigen Personalakte getrennt sind und von einer von der Personalverwaltung getrennten Organisationseinheit bearbeitet werden; im Übrigen gelten § 35 des Ersten Buches Sozialgesetzbuch und die §§ 67 bis 78 des Zehnten Buches Sozialgesetzbuch.

(3) [1]Die Personalakte kann nach sachlichen Gesichtspunkten in Grundakte und Teilakten gegliedert werden. [2]Teilakten können bei der für den betreffenden Arbeitsbereich zuständigen Behörde geführt werden. [3]Nebenakten (Unterlagen, die sich auch in der Grundakte oder in Teilakten befinden) dürfen nur geführt werden, wenn die personalverwaltende Behörde nicht zugleich Beschäftigungsbehörde ist oder wenn mehrere personalverwaltende Behörden für die Beamtin oder den Beamten zuständig sind; sie dürfen nur solche Unterlagen erhalten, deren Kenntnis zur rechtmäßigen Aufgabenerledigung der betreffenden Behörde erforderlich ist. [4]In der Grundakte ist ein vollständiges Verzeichnis aller Teilakten und Nebenakten aufzunehmen. [5]Wird die Personalakte nicht vollständig elektronisch oder in Schriftform geführt, legt die personalverwaltende Stelle jeweils fest, welche Teile in welcher Form geführt werden, und nimmt dies in das Verzeichnis nach Satz 4 auf.

(4) Zugang zur Personalakte dürfen nur Beschäftigte haben, die im Rahmen der Personalverwaltung mit der Bearbeitung von Personalangelegenheiten beauftragt sind, und nur soweit dies zu Zwecken der Personalverwaltung oder der Personalwirtschaft erforderlich ist; dies gilt auch für den Zugang im automatisierten Verfahren auf Abruf.

§ 85 Beihilfeakte

[1]Unterlagen über Beihilfen sind stets als Teilakte zu führen. [2]Diese ist von der übrigen Personalakte getrennt aufzubewahren. [3]Sie soll in einer von der übrigen Personalverwaltung getrennten Organisationseinheit bearbeitet werden. [4]Die Organisationseinheit, in der die Beihilfeakte bearbeitet wird, darf mit den technischen Schritten zur Abbildung der Beihilfeanträge und der diesen zugrunde liegenden Belege geeignete Dritte beauftragen; dabei bleibt sie für den Schutz der Daten verantwortlich. [5]Im Übrigen dürfen nur mit der Beihilfebearbeitung beauftragte Beschäftigte des Landes Berlin oder landesunmittelbarer Körperschaften, Anstalten oder Stiftungen des öffentlichen Rechts Zugang zu Beihilfevorgängen haben, und nur soweit dies zur Bearbeitung der Beihilfevorgänge erforderlich ist; dies gilt auch für den Zugang im automatisierten Verfahren auf Abruf. [6]Die personenbezogenen Daten in der Beihilfeakte dürfen für andere als Beihilfezwecke nur verarbeitet, insbesondere übermittelt, werden, wenn die oder der Beihilfeberechtigte und bei der Beihilfegewährung berücksichtigte Angehörige im Einzelfall einwilligen, die Einleitung oder Durchführung eines im Zusammenhang mit einem Beihilfeantrag stehenden behördlichen oder gerichtlichen Verfahrens dies erfordert oder soweit es zur Abwehr erheblicher Nachteile für das Gemeinwohl, einer sonst unmittelbar drohenden Gefahr für die öffentliche Sicherheit oder einer schwerwiegenden Beeinträchtigung der Rechte einer anderen Person erforderlich ist. [7]Die Sätze 1 bis 6 gelten entsprechend für Unterlagen über Heilfürsorge und Heilverfahren.

§ 86 Anhörungspflicht

[1]Beamtinnen und Beamte sind zu Beschwerden, Behauptungen und Bewertungen, die für sie ungünstig sind oder ihnen nachteilig werden können, vor deren Aufnahme in die Personalakte zu hören, soweit die Anhörung nicht nach anderen Rechtsvorschriften erfolgt. [2]Ihre Äußerung ist zur Personalakte zu nehmen.

§ 87 Auskunftsrecht

(1) [1]Beamtinnen und Beamte haben, auch nach Beendigung des Beamtenverhältnisses, ein Recht auf Auskunft aus ihrer Personalakte. [2]Dieses Auskunftsrecht umfasst auch die Einsichtnahme in ihre vollständige Personalakte. [3]Soweit dienstliche Gründe nicht entgegenstehen, werden aus der Personalakte

auf Verlangen Auszüge, Abschriften, Ablichtungen oder Ausdrucke gefertigt oder auf Verlangen ein Ausdruck der automatisiert gespeicherten personenbezogenen Daten überlassen.

(2) [1]Bevollmächtigten der Beamtin oder des Beamten ist Auskunft aus der Personalakte zu erteilen und Einsicht in die Personalakte zu gewähren, soweit dienstliche Gründe nicht entgegenstehen. [2]Dies gilt auch für Hinterbliebene und deren Bevollmächtigte, wenn ein berechtigtes Interesse glaubhaft gemacht wird.

(3) [1]Beamtinnen und Beamte haben ein Recht auf Auskunft auch aus anderen Dateisystemen, die personenbezogene Daten über sie enthalten und für ihr Dienstverhältnis verarbeitet werden, soweit gesetzlich nichts anderes bestimmt ist. [2] Dieses Auskunftsrecht umfasst auch die Einsichtnahme in die Dateisysteme. [3]Soweit dienstliche Gründe nicht entgegenstehen, werden auf Verlangen Auszüge, Abschriften, Ablichtungen oder Ausdrucke gefertigt. [4]Die Einsichtnahme ist unzulässig, soweit die anderen Dateisysteme personenbezogene Daten Dritter oder geheimhaltungsbedürftige nicht personenbezogenen Daten enthalten, die mit den personenbezogenen Daten der Beamtin oder des Beamten derart verbunden sind, dass ihre Trennung nicht oder nur mit unverhältnismäßig großem Aufwand möglich ist. [5]Nicht der Auskunft unterliegen Sicherheitsakten.

(4) Für die Fälle der Einsichtnahme bestimmt die personalaktenführende Stelle, wo die Einsicht gewährt wird.

§ 88 Übermittlung und Auskunft an Dritte

(1) [1]Ohne Einwilligung der Beamtin oder des Beamten ist es zulässig, die Personalakte für Zwecke der Personalverwaltung oder Personalwirtschaft der obersten Dienstbehörde oder einer im Rahmen der Dienstaufsicht weisungsbefugten Behörde zu übermitten. [2]Das Gleiche gilt für Behörden desselben Geschäftsbereichs, soweit die Übermittlung zur Vorbereitung oder Durchführung einer Personalentscheidung notwendig ist, sowie für Behörden eines anderen Geschäftsbereichs desselben Dienstherrn, soweit diese an einer Personalentscheidung mitzuwirken haben. [3]Ärztinnen und Ärzten, die im Auftrag der personalverwaltenden Behörde ein medizinisches Gutachten erstellen, darf die Personalakte ebenfalls ohne Einwilligung übermittelt werden. [4]Für Auskünfte aus der Personalakte gelten die Sätze 1 bis 3 entsprechend. [5]Soweit eine Auskunft ausreicht, ist von einer Übermittlung abzusehen.

(2) [1]Auskünfte an sonstige Dritte dürfen nur mit Einwilligung der Beamtin oder des Beamten erteilt werden, es sei denn, dass die Abwehr einer erheblichen Beeinträchtigung des Gemeinwohls oder der Schutz berechtigter, höherrangiger Interessen der oder des Dritten die Auskunftserteilung zwingend erfordert; eine Einsichtnahme in die Personalakte wird in diesen Fällen nicht gewährt. [2]Soweit die Auskunft nicht mit Einwilligung der Beamtin oder des Beamten erfolgt, sind ihr oder ihm der Inhalt und die Empfängerin oder der Empfänger der Auskunft schriftlich mitzuteilen.

(2a) Ohne Einwilligung der Beamtin oder des Beamten ist es zur Erfüllung von Mitteilungs- und Auskunftspflichten im Rahmen der europäischen Verwaltungszusammenarbeit nach den §§ 8a bis 8e des Verwaltungsverfahrensgesetzes in Verbindung mit § 1 Absatz 1 des Gesetzes über das Verfahren der Berliner Verwaltung zulässig, auch Personalaktendaten im Wege der Auskunft zu übermitteln; dies gilt auch für Ruhestandsbeamtinnen und Ruhestandsbeamte.

(3) Übermittlung und Auskunft sind auf den jeweils erforderlichen Umfang zu beschränken.

(4) Die Absätze 1 und 3 gelten entsprechend für Ruhestandsbeamtinnen und Ruhestandsbeamte, deren erneute Berufung in ein Beamtenverhältnis geprüft wird.

§ 89 Entfernung von Unterlagen

(1) [1]Unterlagen über Beschwerden, Behauptungen und Bewertungen, auf die § 1 in Verbindung mit § 16 Absatz 3 und 4 Satz 1 des Disziplinargesetzes nicht anzuwenden ist, sind,

1. falls sie sich als unbegründet oder falsch erwiesen haben, mit Einwilligung der Beamtin oder des Beamten unverzüglich aus der Personalakte zu entfernen und zu vernichten,
2. falls sie für die Beamtin oder den Beamten ungünstig sind oder ihr oder ihm nachteilig werden können, auf Antrag nach einem Jahr zu entfernen und zu vernichten; dies gilt nicht für dienstliche Beurteilungen.

[2]Die Frist nach Satz 1 Nummer 2 wird durch erneute Sachverhalte im Sinne dieser Vorschrift oder durch die Einleitung eines Straf- oder Disziplinarverfahrens unterbrochen. [3]Stellt sich der erneute Vorwurf als unbegründet oder falsch heraus, gilt die Frist als nicht unterbrochen. [4]Unterlagen, die nicht

Personalaktendaten sind und deren Aufnahme in die Personalakten deshalb unzulässig war, sind mit Einwilligung der Beamtin oder des Beamten unverzüglich zu entfernen.

(2) [1]Mitteilungen in Strafsachen, soweit sie nicht Bestandteil einer Disziplinarakte sind, sowie Auskünfte aus dem Bundeszentralregister sind mit Einwilligung der Beamtin oder des Beamten nach drei Jahren zu entfernen und zu vernichten. [2]Absatz 1 Satz 2 und 3 gilt entsprechend.

§ 90 Aufbewahrungsfristen

(1) [1]Die Personalakte ist nach ihrem Abschluss von der personalaktenführenden Behörde fünf Jahre aufzubewahren. [2]Die Personalakte ist abgeschlossen,

1. wenn die Beamtin oder der Beamte ohne Versorgungsansprüche aus dem öffentlichen Dienst ausgeschieden ist, mit Ablauf des Jahres der Vollendung der Regelaltersgrenze, in den Fällen des § 24 des Beamtenstatusgesetzes und des § 1 in Verbindung mit § 10 des Disziplinargesetzes jedoch erst, wenn mögliche Versorgungsempfängerinnen und Versorgungsempfänger nicht mehr vorhanden sind,
2. wenn die Beamtin oder der Beamte ohne versorgungsrechtliche Hinterbliebene verstorben ist, mit Ablauf des Todesjahres,
3. wenn nach dem Tod der Beamtin oder des Beamten versorgungsberechtigte Hinterbliebene vorhanden sind, mit Ablauf des Jahres, in dem die letzte Versorgungsverpflichtung entfallen ist.

(2) [1]Unterlagen über Beihilfen, Heilfürsorge, Heilverfahren, Unterstützung, Erholungsurlaub, Umzugs- und Reisekosten sind fünf Jahre nach Ablauf des Jahres, in dem die Bearbeitung des einzelnen Vorgangs abgeschlossen wurde, aufzubewahren. [2]Unterlagen, aus denen die Art einer Erkrankung ersichtlich ist, sind unverzüglich zurückzugeben, wenn sie für den Zweck, zu dem sie übermittelt worden sind, nicht mehr benötigt werden.

(3) [1]Abweichend von Absatz 2 dürfen für Beihilfezwecke eingereichte Belege einbehalten werden; sie dürfen ausgesondert und vernichtet werden, wenn sie zur Aufgabenerfüllung nicht mehr benötigt werden. [2]Satz 1 gilt nicht für Originalbelege, deren Übermittlung vorgeschrieben oder ausdrücklich verlangt worden ist.

(4) Versorgungsakten sind sechs Jahre nach Ablauf des Jahres, in dem die letzte Versorgungszahlung geleistet worden ist, aufzubewahren; besteht die Möglichkeit eines Wiederauflebens des Anspruchs, sind die Akten 30 Jahre aufzubewahren.

(5) [1]Die Personalakte wird nach Ablauf der Aufbewahrungsfrist vernichtet. [2]Die Vorschriften des Archivgesetzes des Landes Berlin bleiben unberührt.

§ 91 Dateisysteme

(1) [1]Personalaktendaten dürfen in Dateisystemen nur für Zwecke der Personalverwaltung oder der Personalwirtschaft verarbeitet werden. [2]Ihre Übermittlung ist nur nach Maßgabe des § 88 zulässig. [3]Ein automatisiertes Verfahren auf Abruf durch andere Behörden ist unzulässig, soweit durch besondere Rechtsvorschriften nichts anderes bestimmt ist.

(2) Personalaktendaten im Sinne des § 85 dürfen nur im Rahmen ihrer Zweckbestimmung und nur von den übrigen Personaldateisystemen technisch und organisatorisch getrennt automatisiert verarbeitet werden.

(3) Von den Unterlagen über medizinische oder psychologische Untersuchungen und Tests dürfen im Rahmen der Personalverwaltung nur die Ergebnisse automatisiert verarbeitet werden, soweit sie die Eignung betreffen und ihre Verarbeitung dem Schutz der Beamtin oder des Beamten dient.

(4) Beamtenrechtliche Entscheidungen dürfen nicht ausschließlich auf Informationen und Erkenntnisse gestützt werden, die unmittelbar durch automatisierte Verarbeitung personenbezogener Daten gewonnen werden.

(5) [1]Bei erstmaliger Speicherung ist den betroffenen Personen die Art der über sie nach Absatz 1 gespeicherten Daten mitzuteilen, bei wesentlichen Änderungen sind sie zu benachrichtigen. [2]Ferner ist die Verarbeitungsform automatisierter Personalverwaltungsverfahren zu dokumentieren und einschließlich des jeweiligen Verwendungszweckes sowie der regelmäßig empfangenden Stelle und des Inhalts automatisierter Datenübermittlung allgemein bekannt zu geben.

Abschnitt 7
Beschwerdeweg und Rechtsschutz

§ 92 Anträge und Beschwerden
(1) [1]Beamtinnen und Beamte können Anträge und Beschwerden vorbringen. [2]Hierbei ist der Dienstweg einzuhalten. [3]Der Beschwerdeweg bis zur obersten Dienstbehörde steht offen.
(2) Richtet sich die Beschwerde gegen die unmittelbare Vorgesetzte oder den unmittelbaren Vorgesetzten, kann sie bei der oder dem nächsthöheren Vorgesetzten unmittelbar eingereicht werden.

§ 93 Verwaltungsrechtsweg
(1) Eines Vorverfahrens bedarf es nicht:
1. in Angelegenheiten, die die Auswahl und Ernennung bei der Bewerbung um eine Beamtenstelle betreffen,
2. in Angelegenheiten, die die dienstliche Beurteilung betreffen,
3. bei der Entscheidung über die Versetzung in den einstweiligen Ruhestand.

(2) [1]Widerspruch und Anfechtungsklage gegen Abordnung, Versetzung, Übernahme bei Umbildung einer Körperschaft oder Verbot der Führung der Dienstgeschäfte nach § 39 des Beamtenstatusgesetzes haben keine aufschiebende Wirkung. [2]Keine Versetzungen im Sinne von Satz 1 sind solche, die das Beamtenverhältnis beenden.

§ 94 Vertretung des Dienstherrn
(1) [1]Bei Klagen aus dem Beamtenverhältnis wird der Dienstherr durch die oberste Dienstbehörde vertreten, der die Beamtin oder der Beamte untersteht oder bei Beendigung des Beamtenverhältnisses unterstanden hat. [2]Die oberste Dienstbehörde kann die Vertretung anderen Behörden übertragen.
(2) Besteht die oberste Dienstbehörde nicht mehr und ist eine andere Behörde nicht bestimmt, so tritt an ihre Stelle die für grundsätzliche allgemeine beamtenrechtliche Angelegenheiten zuständige Senatsverwaltung.

Abschnitt 8
Besondere Arten von Beamtenverhältnissen

Unterabschnitt 1
Beamtenverhältnisse auf Zeit

§ 95 Allgemeines
(1) Die Fälle, die Voraussetzungen und die Amtszeit eines Beamtenverhältnisses auf Zeit nach § 4 Absatz 2 Buchstabe a des Beamtenstatusgesetzes werden durch Gesetz geregelt.
(2) Die Vorschriften über die Laufbahnen finden keine Anwendung.
(3) Ein Beamtenverhältnis auf Zeit kann nicht in ein Beamtenverhältnis auf Lebenszeit, ein Beamtenverhältnis auf Lebenszeit nicht in ein Beamtenverhältnis auf Zeit umgewandelt werden.
(4) Eine Entlassung nach § 22 Absatz 3 des Beamtenstatusgesetzes tritt nicht ein, wenn ein Beamtenverhältnis nach § 4 Absatz 4 des Beamtenstatusgesetzes oder ein Ehrenbeamtenverhältnis nach § 5 des Beamtenstatusgesetzes begründet wird.
(5) [1]Wird die Beamtin auf Zeit oder der Beamte auf Zeit im Anschluss an ihre oder seine Amtszeit erneut in dasselbe Amt berufen, gilt das Beamtenverhältnis als nicht unterbrochen. [2]Sie oder er ist verpflichtet, das Amt weiterzuführen, wenn eine erneute Ernennung unter mindestens gleichgünstigen Bedingungen für eine weitere Amtszeit erfolgen soll.

§ 96 Beendigung des Beamtenverhältnisses auf Zeit
(1) Mit Ablauf der Zeit, für die die Beamtin auf Zeit oder der Beamte auf Zeit ernannt ist, tritt sie oder er in den Ruhestand, soweit gesetzlich nichts anderes bestimmt ist.
(2) Der Eintritt in den Ruhestand ist ausgeschlossen, wenn die Beamtin auf Zeit oder der Beamte auf Zeit der Verpflichtung nach § 95 Absatz 5 Satz 2, das Amt nach Ablauf der Amtszeit weiterzuführen, nicht nachkommt.
(3) Tritt die Beamtin auf Zeit oder der Beamte auf Zeit mit Ablauf der Zeit, für die sie oder er ernannt ist, nicht in den Ruhestand, so ist sie oder er mit diesem Zeitpunkt entlassen, sofern sie oder er nicht für eine weitere Amtszeit berufen wird.

(4) [1]Der einstweilige Ruhestand einer Beamtin auf Zeit oder eines Beamten auf Zeit endet mit dem Ablauf der Amtszeit. [2]Sie oder er gilt mit Ablauf der Amtszeit als dauernd in den Ruhestand getreten, wenn sie oder er bei Verbleiben im Amt mit Ablauf der Amtszeit in den Ruhestand getreten wäre.

Unterabschnitt 2

Beamtenverhältnisse auf Probe für Leitungsfunktionen

§ 97 Ämter mit leitender Funktion im Beamtenverhältnis auf Probe

(1) [1]Die mindestens der Besoldungsgruppe A 13 angehörenden Ämter

1. der Leiterinnen und Leiter von Leistungs- und Verantwortungszentren, Serviceeinheiten und Steuerungsdiensten sowie ihrer ständigen Vertreterinnen und Vertreter,
2. der Leiterinnen und Leiter von Behörden und nicht rechtsfähigen Anstalten, insbesondere der Leiterinnen und Leiter von Schulen, sowie ihrer ständigen Vertreterinnen und Vertreter, der Abteilungsleiterinnen und Abteilungsleiter, der Referatsleiterinnen und Referatsleiter sowie
3. mit einer mit Nummer 2 mindestens vergleichbaren Leitungsverantwortung

werden, soweit sie nicht richterliche Unabhängigkeit besitzen, in der Berliner Verwaltung (§ 2 Absatz 2 und 3 des Allgemeinen Zuständigkeitsgesetzes) sowie in den Bereichen der in § 3 Absatz 1 Satz 1 Nummer 2 bis 5 genannten obersten Dienstbehörden und in den Körperschaften, Anstalten und Stiftungen des öffentlichen Rechts zunächst im Beamtenverhältnis auf Probe übertragen. [2]Die Probezeit beträgt zwei Jahre; Zeiten einer Freistellung wegen Elternzeit ohne Dienstbezüge oder einer Beurlaubung ohne Dienstbezüge, die insgesamt einen Zeitraum von vier Monaten überschreiten, gelten nicht als Probezeit. [3]Eine Verlängerung der Probezeit ist nicht zulässig. [4]Satz 1 gilt nicht für Ämter, die auf Grund gesetzlicher Vorschriften im Beamtenverhältnis auf Zeit übertragen werden oder die in § 46 Absatz 1 Satz 1 genannt sind. [5]§ 13 Absatz 2 Satz 2 des Laufbahngesetzes findet keine Anwendung.

(2) [1]In ein Amt im Sinne des Absatzes 1 darf nur berufen werden, wer

1. sich in einem Beamtenverhältnis auf Lebenszeit oder Richterverhältnis auf Lebenszeit befindet und
2. in dieses Amt auch als Beamtin auf Lebenszeit oder Beamter auf Lebenszeit berufen werden könnte, insbesondere zum Zeitpunkt der Berufung in das Beamtenverhältnis auf Probe die laufbahnrechtlichen Voraussetzungen für eine Berufung in dieses Amt im Beamtenverhältnis auf Lebenszeit erfüllen würde.

[2]Vom Tage der Ernennung an ruhen für die Dauer der Probezeit die Rechte und Pflichten aus dem Amt, das der Beamtin oder dem Beamten zuletzt im Beamtenverhältnis auf Lebenszeit oder im Richterverhältnis auf Lebenszeit übertragen worden ist, mit Ausnahme der Pflicht zur Amtsverschwiegenheit und des Verbots der Annahme von Belohnungen und Geschenken; das Beamtenverhältnis auf Lebenszeit oder das Richterverhältnis auf Lebenszeit besteht fort. [3]Dienstvergehen, die mit Bezug auf das Beamtenverhältnis auf Lebenszeit, das Richterverhältnis auf Lebenszeit oder das Beamtenverhältnis auf Probe begangen worden sind, werden so verfolgt, als stünde die Beamtin oder der Beamte nur im Beamtenverhältnis auf Lebenszeit oder im Richterverhältnis auf Lebenszeit.

(3) Der Landespersonalausschuss kann für einzelne Fälle Ausnahmen von Absatz 2 Satz 1 Nummer 2 zulassen.

(4) [1]Mit erfolgreichem Abschluss der Probezeit ist der Beamtin oder dem Beamten das Amt nach Absatz 1 auf Dauer im Beamtenverhältnis auf Lebenszeit zu übertragen. [2]Einer Richterin oder einem Richter darf das Amt nach Absatz 1 auf Dauer im Beamtenverhältnis auf Lebenszeit beim gleichen Dienstherrn nur übertragen werden, wenn sie oder er die zum Zeitpunkt des Wirksamwerdens der Ernennung im Beamtenverhältnis auf Lebenszeit erfolgende Entlassung aus dem Richteramt schriftlich nach § 21 Absatz 2 Nummer 4 des Deutschen Richtergesetzes verlangt hat. [3]Eine Entlassung nach § 23 Absatz 3 Satz 1 Nummer 2 des Beamtenstatusgesetzes ist abweichend von Absatz 1 Satz 2 bereits nach Ablauf von zwölf Monaten möglich, wenn innerhalb des ersten Jahres festgestellt wird, dass sich die Beamtin oder der Beamte in der Probezeit nicht bewähren wird. [4]Bei Zweifeln an der erfolgreichen Bewährung sind regelmäßig, mindestens alle drei Monate seit Feststellung der begründeten Zweifel, Mitarbeiter- und Vorgesetztengespräche zu führen. [5]Wird das Amt nicht auf Dauer übertragen, so endet der Anspruch auf Besoldung aus diesem Amt. [6]Weitergehende Ansprüche bestehen nicht. [7]Eine erneute

Berufung der Beamtin oder des Beamten in ein Beamtenverhältnis auf Probe zur Übertragung dieses Amtes innerhalb eines Jahres ist nicht zulässig. [8]Die oberste Dienstbehörde kann in Fällen, in denen die Probezeit erstmalig nur deshalb nicht erfolgreich abgeschlossen worden ist, weil das Amt mit leitender Funktion während eines langfristigen Zeitraums nicht wahrgenommen wurde, Ausnahmen von Satz 7 zulassen.

(5) Die Beamtin oder der Beamte führt während ihrer oder seiner Amtszeit im Dienst nur die Amtsbezeichnung des ihr oder ihm nach Absatz 1 übertragenen Amtes; sie oder er darf nur sie auch außerhalb des Dienstes führen.

(6) Erfüllt die Beamtin oder der Beamte die laufbahnrechtlichen Voraussetzungen nach Absatz 2 Satz 1 Nummer 2 für das auf Probe zu verleihende Amt nach Absatz 1 nicht, können ihr oder ihm die regelmäßig zu durchlaufenden Ämter im Beamtenverhältnis auf Lebenszeit übertragen werden, soweit die laufbahnrechtlichen Voraussetzungen für die Übertragung des jeweiligen Amtes erfüllt sind.

(7) Wird die Beamtin oder der Beamte in ein anderes Amt mit leitender Funktion nach Absatz 1 versetzt oder umgesetzt, das in dieselbe Besoldungsgruppe eingestuft ist wie das ihr oder ihm zuletzt übertragene Amt mit leitender Funktion, so läuft die Probezeit weiter.

(8) [1]Wird der Beamtin oder dem Beamten während des Laufs der Probezeit eine leitende Funktion übertragen, die einem höherwertigen Amt nach Absatz 1 Satz 1 entspricht als das im Beamtenverhältnis auf Probe innegehabte Amt, endet die Probezeit. [2]Das im Beamtenverhältnis auf Probe innegehabte niedrigerwertige Amt kann im Beamtenverhältnis auf Lebenszeit übertragen werden, sofern die laufbahnrechtlichen Voraussetzungen für die Übertragung dieses Amtes erfüllt sind. [3]Dabei können die im Beamtenverhältnis auf Probe im niedrigerwertigen Amt verbrachten Zeiten auf die laufbahnrechtliche Erprobungszeit nach § 13 Absatz 2 Satz 2 des Laufbahngesetzes für das entsprechende Amt angerechnet werden.

(9) Wird die Beamtin oder der Beamte während des Laufs der Probezeit in ein Amt versetzt oder umgesetzt, das nicht von Absatz 1 Satz 1 erfasst wird, so endet die Probezeit.

Unterabschnitt 3
Ehrenbeamtenverhältnisse

§ 98 Ehrenbeamtinnen und Ehrenbeamte

(1) Für Ehrenbeamtinnen und Ehrenbeamte nach § 5 des Beamtenstatusgesetzes gelten die Vorschriften des Beamtenstatusgesetzes und dieses Gesetzes mit folgenden Maßgaben:

1. Keine Anwendung finden § 23 Absatz 1 Satz 1 Nummer 5 und §§ 25 bis 32 des Beamtenstatusgesetzes sowie die Regelungen in Abschnitt 5 Unterabschnitt 3 über den Ruhestand. Abweichend von § 22 Absatz 1 Nummer 2 des Beamtenstatusgesetzes können Ehrenbeamtinnen und Ehrenbeamte mit Erreichen der Altersgrenze durch Verwaltungsakt entlassen werden. Im Übrigen sind sie zu entlassen, wenn die Voraussetzungen gegeben sind, unter denen eine Beamtin auf Lebenszeit oder ein Beamter auf Lebenszeit in den Ruhestand oder in den einstweiligen Ruhestand zu versetzen ist oder versetzt werden kann.
2. Die Vorschriften des Abschnitts 6 Unterabschnitt 3 über Nebentätigkeiten finden mit Ausnahme von §§ 61, 65 und 66 keine Anwendung.
3. Keine Anwendung finden die Regelungen über die Kriterien der Ernennung nach § 9 des Beamtenstatusgesetzes, die Auswahl von Bewerberinnen und Bewerbern nach § 8 Absatz 1, das Erlöschen eines privatrechtlichen Arbeitsverhältnisses nach § 13 Absatz 2, die Arbeitszeit nach §§ 52 und 53, die Wohnung und den Aufenthalt nach § 69, die Beihilfe nach § 76, die Besoldung, Versorgung und sonstige Geldleistungen nach § 75, die Abordnung und Versetzung nach §§ 14 und 15 des Beamtenstatusgesetzes und nach §§ 27 und 28.

(2) Die Unfallfürsorge für Ehrenbeamtinnen und Ehrenbeamte und ihre Hinterbliebenen richtet sich nach § 68 des Beamtenversorgungsgesetzes in der am 31. August 2006 geltenden Fassung.

(3) Im Übrigen regeln sich die Rechtsverhältnisse der Ehrenbeamtinnen und Ehrenbeamten nach den besonderen für die einzelnen Gruppen der Ehrenbeamtenverhältnisse geltenden Vorschriften.

Abschnitt 9
Besondere Beamtengruppen

Unterabschnitt 1
Hochschulen

§ 99 Wissenschaftliches und künstlerisches Personal
Für das beamtete wissenschaftliche und künstlerische Personal an Hochschulen gelten die Vorschriften dieses Gesetzes, soweit im Berliner Hochschulgesetz nichts anderes bestimmt ist.

Unterabschnitt 2
Polizei

§ 100 Begriffsbestimmung
Polizeivollzugskräfte sind die Beamtinnen und Beamten der Schutzpolizei, der Kriminalpolizei und des Gewerbeaußendienstes.

§ 101 Pflichten der Polizeivollzugskräfte
[1]Die Polizeivollzugskräfte haben neben den allgemeinen Beamtenpflichten die sich aus dem Wesen des Polizeivollzugsdienstes und ihrer dienstlichen Stellung ergebenden besonderen Pflichten. [2]Sie haben das Ansehen der Polizei und Disziplin zu wahren und sich rückhaltlos für die öffentliche Sicherheit und Ordnung und für den Schutz der freiheitlichen demokratischen Grundordnung im Sinne des Grundgesetzes und der Verfassung von Berlin einzusetzen.

§ 102 Gemeinsames Wohnen
(1) Die Polizeivollzugskräfte können für die Dauer einer besonderen Verwendung oder Bereitstellung oder einer Übung zum Wohnen in einer Gemeinschaftsunterkunft und zur Teilnahme an einer Gemeinschaftsverpflegung verpflichtet werden.
(2) Das Nähere regelt die oberste Dienstbehörde durch Verwaltungsvorschriften.

§ 103 Heilfürsorge
(1) [1]Polizeivollzugskräfte des mittleren Dienstes der Schutzpolizei haben für die Dauer des Vorbereitungsdienstes oder des Ausbildungsdienstes Anspruch auf freie Heilfürsorge. [2]Diesen Anspruch haben alle Polizeivollzugskräfte für die Dauer einer besonderen Verwendung oder Bereitstellung.
(2) Das Nähere regelt der Senat durch Rechtsverordnung.

§ 104 Altersgrenze
(1) [1]Abweichend von § 38 Absatz 1 Satz 1 bildet für Polizeivollzugskräfte des mittleren Dienstes das vollendete 61., für die des gehobenen Dienstes das vollendete 62. Lebensjahr die Altersgrenze. [2]Ist die Laufbahnbefähigung im Aufstieg erworben worden, bildet für Polizeivollzugskräfte des gehobenen Dienstes das vollendete 61., für die des höheren Dienstes das vollendete 63. Lebensjahr die Altersgrenze. [3]Dem Aufstieg steht der Wechsel in die nächsthöhere Dienstlaufbahn im Beitrittsgebiet vor dem 3. Oktober 1990 gleich.
(2) Der Eintritt in den Ruhestand kann auf Antrag der Polizeivollzugskraft, wenn es im dienstlichen Interesse liegt, um eine bestimmte Frist, die jeweils ein Jahr nicht übersteigen darf, um insgesamt drei Jahre hinausgeschoben werden.

§ 105 Polizeidienstunfähigkeit
Dienstunfähigkeit liegt vor, wenn die Polizeivollzugskraft den besonderen gesundheitlichen Anforderungen für den Polizeivollzugsdienst nicht mehr genügt und nicht zu erwarten ist, dass sie ihre volle Verwendungsfähigkeit innerhalb zweier Jahre wiedererlangt (Polizeidienstunfähigkeit), es sei denn, die auszuübende Funktion erfordert bei Beamten auf Lebenszeit diese besonderen gesundheitlichen Anforderungen auf Dauer nicht mehr uneingeschränkt (funktionsbezogene Dienstfähigkeit).

Unterabschnitt 3
Feuerwehr

§ 106 Feuerwehrkräfte
(1) Feuerwehrkräfte sind die Beamtinnen und Beamten des feuerwehrtechnischen Dienstes.

(2) [1]Feuerwehrtechnischen Einsatzdienst leisten Feuerwehrkräfte, deren Amt durch die Verwendung im unmittelbaren Brandbekämpfungs- und Hilfeleistungsdienst vor Ort geprägt wird. [2]Der feuerwehrtechnische Einsatzdienst wird durch Urlaub, Krankheit, vorübergehende Feuerwehrdienstunfähigkeit und Kuraufenthalte nicht unterbrochen. [3]Gleiches gilt für Verwendungen, die im besonderen dienstlichen oder im besonderen öffentlichen Interesse des Landes Berlin oder der Bundesrepublik Deutschland liegen; Einzelheiten regelt die oberste Dienstbehörde durch Verwaltungsvorschrift.

(3) [1]Abweichend von § 38 Absatz 1 Satz 1 bildet im feuerwehrtechnischen Dienst, soweit mindestens 15 Jahre feuerwehrtechnischer Einsatzdienst geleistet worden sind, für Feuerwehrkräfte des mittleren Dienstes das vollendete 60. Lebensjahr, für Feuerwehrkräfte des gehobenen Dienstes das vollendete 61. Lebensjahr und für Feuerwehrkräfte des höheren Dienstes das vollendete 63. Lebensjahr die Altersgrenze. [2]Soweit bei Erreichen der in Satz 1 genannten Altersgrenzen nicht mindestens 15 Jahre feuerwehrtechnischer Einsatzdienst geleistet worden sind, erreichen die Feuerwehrkräfte mit Beendigung des 15. Jahres Einsatzdienst die Altersgrenze, spätestens jedoch zu dem in § 38 Absatz 1 Satz 1 genannten Zeitpunkt. [3]§ 104 Absatz 2 und § 105 finden entsprechende Anwendung.

Unterabschnitt 4

Justizvollzug

§ 107 Justizvollzugskräfte

Auf Justizvollzugsbeamtinnen und Justizvollzugsbeamte (Justizvollzugskräfte) finden die §§ 104 und 105 entsprechende Anwendung.

Abschnitt 10

Übergangsvorschriften

§ 108 Übergangsvorschrift zum Haushaltsstrukturgesetz 1998

[1]Für am 1. April 1998 vorhandene

1. Versorgungsempfängerinnen und Versorgungsempfänger,
2. Schwerbehinderte und
3. Personen, die das 55. Lebensjahr vollendet haben,

bleiben Aufwendungen für Wahlleistungen bei stationärer Behandlung nach den bis zum 31. März 1998 geltenden Beihilfevorschriften beihilfefähig. [2]Für beihilfeberechtigte Angehörige gilt Satz 1 entsprechend.

§ 108a Übergangsvorschrift zum Gesetz zur Einführung der pauschalen Beihilfe

[1]Abweichend von § 76 Absatz 5 Satz 8 wird die pauschale Beihilfe mit Wirkung ab dem 1. Januar 2020 gewährt, wenn ein Antrag nach § 76 Absatz 5 Satz 1 und 6 spätestens bis zum 31. Dezember 2020 beim Landesverwaltungsamt gestellt wird. [2]Bereits gewährte Beihilfe gemäß § 76 Absatz 1 bis 4 für Aufwendungen, die ab dem 1. Januar 2020 entstanden sind, ist von der beihilfeberechtigten Person unverzüglich zu erstatten.

§ 109 Übergangsvorschrift zum 25. Landesbeamtenrechtsänderungsgesetz

(1) Abweichend von §§ 104 und 107 bildet für die dort genannten Beamtinnen und Beamten

1. des mittleren Dienstes
   des Geburtsjahrgangs 1948 der dem Vortag des vollendeten 60. Lebensjahres nach sechs Monaten folgende Tag und
   des Geburtsjahrgangs 1949 der dem Vortag des vollendeten 60. Lebensjahres nach neun Monaten folgende Tag,
2. des gehobenen Dienstes
   des Geburtsjahrgangs 1947 der dem Vortag des vollendeten 60. Lebensjahres nach sechs Monaten folgende Tag und, soweit die Laufbahnbefähigung nicht im Aufstieg erworben worden ist, darüber hinaus
   des Geburtsjahrgangs 1948 die Vollendung des 61. Lebensjahres und
   des Geburtsjahrgangs 1949 der dem Vortag des vollendeten 61. Lebensjahres nach sechs Monaten folgende Tag

die Altersgrenze.

(2) Abweichend von § 104 bildet für die dort genannten Beamtinnen und Beamten des höheren Dienstes
des Geburtsjahrgangs 1947 das vollendete 61. Lebensjahr,
des Geburtsjahrgangs 1948 das vollendete 62. Lebensjahr und, soweit die Laufbahnbefähigung nicht im Aufstieg erworben worden ist, darüber hinaus
des Geburtsjahrgangs 1949 das vollendete 63. Lebensjahr und
des Geburtsjahrgangs 1950 das vollendete 64. Lebensjahr
die Altergrenze.

(3) Abweichend von § 106 bildet für die dort genannten Beamtinnen und Beamten

1. des mittleren und gehobenen Dienstes, die die Voraussetzungen des § 108 des Landesbeamtengesetzes in der bis zum Inkrafttreten des Gesetzes vom 23. Juni 2005 (GVBl. S. 335) geltenden Fassung, nicht aber die des § 106 Absatz 3 Satz 1 und 2 erfüllen,
   des Geburtsjahrgangs 1948 das vollendete 62. Lebensjahr,
   des Geburtsjahrgangs 1949 das vollendete 63. Lebensjahr und
   des Geburtsjahrgangs 1950 das vollendete 64. Lebensjahr,
2. des höheren Dienstes, die die Voraussetzungen des § 108 des Landesbeamtengesetzes in der bis zum Inkrafttreten des Gesetzes vom 23. Juni 2005 (GVBl. S. 335) geltenden Fassung und die des § 106 Absatz 3 Satz 1 und 2 erfüllen,
   des Geburtsjahrgangs 1948 das vollendete 62. Lebensjahr,
3. des höheren Dienstes, die die Voraussetzungen des § 108 des Landesbeamtengesetzes in der bis zum Inkrafttreten des Gesetzes vom 23. Juni 2005 (GVBl. S. 335) geltenden Fassung, nicht aber die des § 106 Absatz 3 Satz 1 und 2 erfüllen,
   des Geburtsjahrgangs 1948 das vollendete 62. Lebensjahr,
   des Geburtsjahrgangs 1949 das vollendete 63. Lebensjahr und
   des Geburtsjahrgangs 1950 das vollendete 64. Lebensjahr

die Altersgrenze.

(4) [1]Soweit Zeiten der Verwendung im feuerwehrtechnischen Einsatzdienst nicht zweifelsfrei nachgewiesen werden können, bildet für Zeiträume vor dem 1. Mai 2004 die Gewährung der Feuerwehrzulage beziehungsweise der entsprechenden nach tarifrechtlichen Regelungen gewährten Zulage den Nachweis einer Verwendung im feuerwehrtechnischen Einsatzdienst. [2]Lassen die Personalakten der aus dem Organ Feuerwehr der Deutschen Demokratischen Republik übernommenen Beamtinnen und Beamten des feuerwehrtechnischen Dienstes oder andere amtliche Nachweise eine Feststellung des geleisteten Einsatzdienstes nach § 106 Absatz 2 Satz 1 nicht zu, so kann die Verwendung im feuerwehrtechnischen Einsatzdienst vor dem 3. Oktober 1990 durch Versicherung an Eides statt nach § 27 des Verwaltungsverfahrensgesetzes glaubhaft gemacht werden. [3]Die Berliner Feuerwehr (§ 1 Absatz 2 des Feuerwehrgesetzes) ist zu dem in Satz 2 genannten Zweck befugt, Erklärungen nach § 27 des Verwaltungsverfahrensgesetzes abzunehmen.

§ 110 Übergangsvorschrift zum 26. Landesbeamtenrechtsänderungsgesetz

(1) [1]Für Beamtinnen und Beamte, denen bis zum 26. April 2008 eine Altersteilzeitbeschäftigung bewilligt wurde, gelten § 35c des Landesbeamtengesetzes und § 11 Absatz 2 der Arbeitszeitverordnung in der jeweils bis zum Inkrafttreten des Sechsundzwanzigsten Landesbeamtenrechtsänderungsgesetzes vom 17. April 2008 (GVBl. S. 94) geltenden Fassung. [2]Ferner gilt für diese abweichend von § 8 Absatz 1 des Landesbesoldungsgesetzes die Altersteilzeitzuschlagsverordnung in der Fassung der Bekanntmachung vom 23. August 2001 (BGBl. I S. 2239), die zuletzt durch Artikel 16 des Gesetzes vom 10. September 2003 (BGBl. I S. 1798) geändert worden ist, sowie abweichend von § 8 Absatz 2 des Landesbesoldungsgesetzes § 6 Absatz 1 Satz 3 Halbsatz 2 des Beamtenversorgungsgesetzes in der Fassung der Bekanntmachung vom 16. März 1999 (BGBl. I S. 322, 847, 2033), das zuletzt durch Artikel 6 des Gesetzes vom 19. Juli 2006 (BGBl. I S. 1652) geändert worden ist.

(2) Für Beamtinnen und Beamte, denen nach Artikel IV Absatz 2 des Sechsundzwanzigsten Landesbeamtenrechtsänderungsgesetzes vom 17. April 2008 (GVBl. S. 94) Altersteilzeit bewilligt wurde, gilt Absatz 1 entsprechend.

§ 110a Übergangsvorschrift zu § 8a

Eine Einstellung in ein Beamtenverhältnis auf Probe im Sinne des § 4 Absatz 3 Buchstabe a des Beamtenstatusgesetzes, die im unmittelbaren Anschluss an ein am 31. Dezember 2020 bestehendes Beamtenverhältnis auf Widerruf im Sinne des § 4 Absatz 4 Buchstabe a des Beamtenstatusgesetzes erfolgt oder eine Umwandlung eines am 31. Dezember 2020 bestehenden Beamtenverhältnisses auf Widerruf im Sinne des § 4 Absatz 4 Buchstabe a des Beamtenstatusgesetzes in ein Beamtenverhältnis auf Probe im Sinne des § 4 Absatz 3 Buchstabe a des Beamtenstatusgesetzes, ist unbeschadet des § 8a Absatz 1 Satz 2 und 3 zulässig, wenn die in das Beamtenverhältnis auf Probe zu übernehmende Person zum Zeitpunkt der Einstellung oder der Umwandlung das 50. Lebensjahr noch nicht vollendet hat.

§ 110b Besondere Altersgrenze für Personalüberhangkräfte

[1]Beamtinnen und Beamte der Berliner Verwaltung (§ 2 des Allgemeinen Zuständigkeitsgesetzes), die seit mindestens einem Jahr dem Personalüberhang zugeordnet sind, können, wenn sie das 60. Lebensjahr vollendet haben, auf Antrag in den Ruhestand versetzt werden, wenn es im dienstlichen Interesse liegt. [2]§ 38 Absatz 2 Satz 2 gilt entsprechend.

§ 110c Übergangsvorschrift zum Einsatzversorgungsverbesserungsgesetz Berlin

[1]Für Schmerzensgeldansprüche gemäß § 74a, die vor dem 15. November 2018 rechtskräftig festgestellt worden sind und deren Frist zur Übernahme der Erfüllung durch den Dienstherrn gemäß § 74a Absatz 3 Satz 1 am 1. Dezember 2015 noch nicht abgelaufen war, kann der Antrag nur innerhalb einer Ausschlussfrist von sechs Kalendermonaten gestellt werden. [2]Fristbeginn ist der 1. Dezember 2018.

§ 111 Altersteilzeitbeschäftigung

(1) Einer Beamtin oder einem Beamten mit Dienstbezügen kann vorbehaltlich einer Entscheidung der obersten Dienstbehörde nach Absatz 4 auf Antrag, der sich auf die Zeit bis zum Beginn des Ruhestands erstrecken muss, Teilzeitbeschäftigung als Altersteilzeit mit der Hälfte der regelmäßigen Arbeitszeit bewilligt werden, wenn

1. sie oder er das 60. Lebensjahr vollendet hat,
2. sie oder er in den letzten fünf Jahren vor Beginn der Altersteilzeitbeschäftigung drei Jahre mindestens teilzeitbeschäftigt war,
3. die Altersteilzeitbeschäftigung vor dem 1. Januar 2010 beginnt,
4. dienstliche Belange, insbesondere die Aufrechterhaltung einer geordneten Verwaltung und Rechtspflege, nicht entgegenstehen und
5. die Finanzierung eines durch die Altersteilzeitgewährung erforderlichen zusätzlichen Personalbedarfs gesichert ist.

(2) Zeiten der Inanspruchnahme von Elternzeit nach § 1 Absatz 1 der Elternzeitverordnung in der Fassung der Bekanntmachung vom 11. November 2004 (BGBl. I S. 2841), die zuletzt durch Artikel 2 Absatz 22 des Gesetzes vom 5. Dezember 2006 (BGBl. I S. 2748) geändert worden ist, stehen einer Teilzeitbeschäftigung im Sinne von Absatz 1 Nummer 2 gleich.

(3) § 54 Absatz 2 und § 58 gelten entsprechend.

(4) Die oberste Dienstbehörde kann von der Anwendung der Vorschrift ganz absehen oder sie auf bestimmte Verwaltungsbereiche oder Beamtengruppen beschränken.

Abschnitt 11
Schlussvorschriften

§ 112 Mitwirkung der Aufsichtsbehörde von Körperschaften

Ist Dienstherr einer Beamtin oder eines Beamten eine der Aufsicht des Landes Berlin unterstehende Körperschaft, Anstalt oder Stiftung des öffentlichen Rechts, so kann die Aufsichtsbehörde in den Fällen, in denen nach diesem Gesetz oder dem Beamtenversorgungsgesetz in der am 31. August 2006 geltenden Fassung die oberste Dienstbehörde die Entscheidung hat, sich diese Entscheidung vorbehalten oder die Entscheidung von ihrer vorherigen Genehmigung abhängig machen; auch kann sie im Einvernehmen mit der für grundsätzliche allgemeine beamtenrechtliche Angelegenheiten zuständigen Senatsverwaltung verbindliche Grundsätze für die Entscheidungen der Dienstbehörde und obersten Dienstbehörde aufstellen.

§ 113 Übertragung von Befugnissen

[1]Ist die oberste Dienstbehörde oder die Dienstbehörde in beamtenrechtlichen Gesetzen oder Rechtsverordnungen ermächtigt, Befugnisse auf andere Behörden zu übertragen, hat die Übertragung durch eine Anordnung zu erfolgen. [2]Die Anordnung ist im Amtsblatt für Berlin zu veröffentlichen.

§ 114 Verwaltungsvorschriften

[1]Die im Geltungsbereich dieses Gesetzes zur Ausführung des Beamtenstatusgesetzes oder dieses Gesetzes erforderlichen Verwaltungsvorschriften erlässt die für grundsätzliche allgemeine beamtenrechtliche Angelegenheiten zuständige Senatsverwaltung, soweit in diesem Gesetz nichts anderes bestimmt ist. [2]Hiervon abweichend erlässt Verwaltungsvorschriften in speziellen Angelegenheiten der Beamtinnen und Beamten der Polizei und Feuerwehr die für diese zuständige oberste Landesbehörde.

Gesetz
über die Gleichberechtigung von Menschen mit und ohne Behinderungen (Landesgleichberechtigungsgesetz – LGBG)[1)]

Vom 27. September 2021 (GVBl. S. 1167)
(BRV 840-2)

Nichtamtliche Inhaltsübersicht

Abschnitt 1
Allgemeine Bestimmungen

§ 1 Ziel des Gesetzes

[1]Ziel dieses Gesetzes ist es, in Umsetzung des Übereinkommens der Vereinten Nationen vom 13. Dezember 2006 über die Rechte von Menschen mit Behinderungen (BGBl. 2008 II S. 1420) und

---

1) Verkündet als Art. 1 des G zur Umsetzung des Übereinkommens der Vereinten Nationen über die Rechte von Menschen mit Behinderungen im Land Berlin v. 27.9.2021 (GVBl. S. 1167); Inkrafttreten gem. Art. 5 Satz 1 dieses G am 7.10.2021.

gemäß Artikel 11 der Verfassung von Berlin den vollen und gleichberechtigten Genuss aller Rechte durch alle Menschen mit Behinderungen im Land Berlin zu fördern, zu schützen und zu gewährleisten. [2]Dabei sind die allgemeinen Grundsätze des Übereinkommens der Vereinten Nationen vom 13. Dezember 2006 über die Rechte von Menschen mit Behinderungen zu beachten.

§ 2 Geltungsbereich

(1) [1]Dieses Gesetz gilt für die Berliner Verwaltung nach § 2 des Allgemeinen Zuständigkeitsgesetzes vom 22. Juli 1996 (GVBl. S. 423), das zuletzt durch Artikel 1 des Gesetzes vom 27. September 2021 (GVBl. S. 1119) geändert worden ist, in der jeweils geltenden Fassung, die landesunmittelbaren Körperschaften, Anstalten und Stiftungen des öffentlichen Rechts nach § 28 des Allgemeinen Zuständigkeitsgesetzes, für den Rechnungshof von Berlin und für die Berliner Beauftragte oder den Berliner Beauftragten für Datenschutz und Informationsfreiheit, Beliehene sowie für die Gerichte und die Behörden der Staatsanwaltschaft des Landes Berlin, den Verfassungsgerichtshof und für das Abgeordnetenhaus von Berlin, soweit sie Verwaltungsaufgaben wahrnehmen (öffentliche Stellen). [2]Es findet unbeschadet von § 24 des Allgemeinen Gleichbehandlungsgesetzes vom 14. August 2006 (BGBl. I S. 1897), das zuletzt durch Artikel 8 des Gesetzes vom 3. April 2013 (BGBl. I S. 610) geändert worden ist, in der jeweils geltenden Fassung keine Anwendung auf die Anbahnung, Durchführung und Beendigung öffentlich-rechtlicher Dienstverhältnisse und Beschäftigungsverhältnisse der in Satz 1 benannten öffentlichen Stellen.

(2) [1]Soweit das Land Berlin unmittelbar oder mittelbar Mehrheitsbeteiligungen an juristischen Personen des Privatrechts oder Personengesellschaften hält oder erwirbt, wirkt es darauf hin, dass die Ziele dieses Gesetzes auch von diesen angemessen berücksichtigt werden. [2]Soweit es Minderheitsbeteiligungen an juristischen Personen des Privatrechts oder Personengesellschaften hält oder erwirbt oder gemeinsame Einrichtungen mit dem Bund nach Artikel 91e des Grundgesetzes betreibt, wirkt es ebenfalls darauf hin, dass die Ziele dieses Gesetzes angemessen berücksichtigt werden.

(3) [1]Die Geltung sonstiger Benachteiligungsverbote oder Gebote der Gleichbehandlung wird durch dieses Gesetz nicht berührt. [2]Dies gilt auch für öffentlich-rechtliche Vorschriften, die dem Schutz bestimmter Personengruppen dienen.

§ 3 Menschen mit Behinderungen

[1]Menschen mit Behinderungen im Sinne dieses Gesetzes sind Menschen, die langfristige körperliche, seelische, intellektuelle oder Sinnesbeeinträchtigungen haben, welche sie in Wechselwirkung mit einstellungs- und umweltbedingten Barrieren an der vollen, wirksamen und gleichberechtigten Teilhabe an der Gesellschaft hindern können. [2]Als langfristig gilt in der Regel ein Zeitraum, der mit hoher Wahrscheinlichkeit länger als sechs Monate andauert.

§ 4 Barrierefreiheit

[1]Barrierefrei sind bauliche Anlagen, Verkehrsmittel, technische Gebrauchsgegenstände, Informations- und Kommunikationstechnik im Sinne des Barrierefreie-IKT-Gesetzes Berlin vom 4. März 2019 (GVBl. S. 210) in der jeweils geltenden Fassung, akustische und visuelle Informationsquellen und Kommunikationseinrichtungen sowie andere gestaltete Lebensbereiche, wenn sie für Menschen mit Behinderungen in der allgemein üblichen Weise, ohne besondere Erschwernis und grundsätzlich ohne fremde Hilfe auffindbar, zugänglich und nutzbar sind. [2]Eine besondere Erschwernis liegt insbesondere auch dann vor, wenn Menschen mit Behinderungen die Mitnahme oder der Einsatz benötigter Hilfsmittel oder erforderliche Assistenz durch menschliche oder tierische Hilfe verweigert oder erschwert werden.

§ 5 Angemessene Vorkehrungen

(1) Angemessene Vorkehrungen sind Maßnahmen, die im Einzelfall geeignet und erforderlich sind, um zu gewährleisten, dass Menschen mit Behinderungen gleichberechtigt mit anderen ihre Rechte wahrnehmen und ausüben können und die die öffentliche Stelle nicht unverhältnismäßig oder unbillig belasten.

(2) Die Versagung angemessener Vorkehrungen für Menschen mit Behinderungen zur gleichberechtigten Wahrnehmung ihrer Rechte ist eine Diskriminierung im Sinne dieses Gesetzes.

§ 6 Diskriminierung

(1) [1]Diskriminierung im Sinne dieses Gesetzes ist jede Ungleichbehandlung, Ausschließung oder Beschränkung auf Grund von Behinderung, die zum Ziel oder zur Folge hat, dass die gleichberechtigte

Wahrnehmung von Rechten beeinträchtigt oder vereitelt wird, ohne dass hierfür ein zwingender Grund der Sache nach vorliegt. 2Sie umfasst alle Formen der Diskriminierung, die die Rechte von Menschen mit Behinderungen unmittelbar oder mittelbar beeinträchtigen.

(2) Eine Ungleichbehandlung ist gerechtfertigt, wenn durch geeignete und angemessene Maßnahmen bestehende Nachteile zur Wahrung der berechtigten Interessen von Menschen mit Behinderungen verhindert oder ausgeglichen werden sollen (positive Maßnahmen).

(3) Werden Tatsachen glaubhaft gemacht, die eine Diskriminierung auf Grund von Behinderung überwiegend wahrscheinlich machen, obliegt es der öffentlichen Stelle, den Verstoß zu widerlegen.

§ 7 Diskriminierungsverbot

(1) Niemand darf auf Grund von Behinderung diskriminiert werden.

(2) Der Senat wirkt darauf hin, dass Menschen mit Behinderungen ihre Rechte diskriminierungsfrei wahrnehmen und unter anderem die Entfaltung ihrer Persönlichkeit, die Teilhabe am Leben in der Gesellschaft, die Teilnahme am Erwerbsleben und eine selbstbestimmte Lebensführung verwirklichen können.

(3) Die besonderen Belange von Menschen mit Behinderungen, die von einer Diskriminierung auf Grund von Behinderung und wenigstens eines weiteren Merkmals aus § 1 des Allgemeinen Gleichbehandlungsgesetzes oder § 2 des Landesantidiskriminierungsgesetzes vom 11. Juni 2020 (GVBl. S. 532) in der jeweils geltenden Fassung betroffen sein können, sind zu berücksichtigen.

Abschnitt 2

Pflichten der öffentlichen Stellen

§ 8 Zusammenarbeit, Beteiligung, Unterstützung, Normenprüfung

(1) 1Die öffentlichen Stellen wirken im Rahmen ihrer Aufgaben auf das Erreichen der Ziele dieses Gesetzes hin. 2Sie arbeiten zur Verwirklichung der Ziele zusammen und unterstützen sich gegenseitig.

(2) 1Die öffentlichen Stellen sind verpflichtet, die Beauftragten für Menschen mit Behinderungen bei der Erfüllung ihrer Aufgaben zu unterstützen, insbesondere die erforderlichen Auskünfte zu erteilen sowie erbetene Stellungnahmen abzugeben. 2Den Beauftragten für Menschen mit Behinderungen ist auf Antrag Einsicht in Akten zu gewähren, soweit nicht überwiegende öffentliche oder private Belange entgegenstehen. 3Die Beauftragten für Menschen mit Behinderungen dürfen personenbezogene Daten verarbeiten, soweit dies für die Erfüllung ihrer Aufgaben erforderlich ist.

(3) 1Die öffentlichen Stellen beteiligen Menschen mit Behinderungen über deren Verbände und Organisationen bei allen Entscheidungsprozessen, die Menschen mit Behinderungen betreffen. 2Das Beteiligungsverfahren kann entsprechend § 19 gestaltet werden.

(4) 1Bei der Erstellung von Gesetzentwürfen und dem Erlass von untergesetzlichen Regelungen sowie im bestehenden Recht ist sicherzustellen, dass diese Menschen mit Behinderungen nicht diskriminieren oder in ihrem Recht auf gleichberechtigte, volle und wirksame Teilhabe an der Gesellschaft beeinträchtigen. 2Zur regelmäßigen Durchführung der Normenprüfung werden geeignete Regelungen getroffen.

§ 9 Frauen und Mädchen mit Behinderungen

1Die öffentlichen Stellen fördern die tatsächliche Durchsetzung der Gleichberechtigung von Frauen und Mädchen mit Behinderungen in der Gesellschaft und sind bei der Erfüllung der ihnen übertragenen Aufgaben verpflichtet, alle zur Wahrung des § 7 Absatz 1 gebotenen Maßnahmen zu ergreifen, um mehrfacher Diskriminierung von Frauen und Mädchen mit Behinderungen vorzubeugen und entgegenzuwirken. 2Hierzu gehören insbesondere:

1. der Schutz vor jeder Form von Ausbeutung, Gewalt und Missbrauch, einschließlich ihrer geschlechtsspezifischen Aspekte,
2. Hilfe, Unterstützung und Schutz vor Diskriminierung, wobei jeweils das Alter, das Geschlecht und die Behinderung der betroffenen Person zu berücksichtigen sind,
3. Sicherung des Zugangs zu den Gesundheits- und Sozialdiensten, einschließlich gesundheitlicher Rehabilitation, die die unterschiedlichen Bedürfnisse von Frauen und Männern berücksichtigen, und
4. Entwicklung und Sicherung des Zugangs zu Programmen für den sozialen Schutz und der Armutsbekämpfung speziell für Frauen und Mädchen.

[3]Zur Verbesserung der Situation von Frauen und Mädchen mit Behinderungen ist auf die Überwindung bestehender geschlechtsspezifischer Nachteile hinzuwirken.

§ 10 Kinder und Jugendliche mit Behinderungen

[1]Die öffentlichen Stellen sind bei der Erfüllung der ihnen übertragenen Aufgaben verpflichtet, alle zur Wahrung des § 7 Absatz 1 gebotenen Maßnahmen zu treffen, um zu gewährleisten, dass Kinder und Jugendliche mit Behinderungen gleichberechtigt mit anderen Kindern und Jugendlichen alle Rechte genießen können. [2]Insbesondere haben sie dafür Sorge zu tragen,

1. dass Kinder und Jugendliche mit Behinderungen die gleichen Rechte in Bezug auf das Familienleben haben; dafür sind frühzeitig Informationen, Dienste und Unterstützung zur Verfügung zu stellen,
2. dass Kinder und Jugendliche mit Behinderungen von ihrem Recht auf Bildung Gebrauch machen können und
3. dass Kinder und Jugendliche mit Behinderungen gleichberechtigt mit anderen Kindern und Jugendlichen an Spiel-, Erholungs-, Freizeit- und Sportaktivitäten teilnehmen können.

[3]Dabei steht das Wohl des Kindes oder der oder des Jugendlichen im Mittelpunkt. [4]Die freie Meinungsäußerung von Kindern und Jugendlichen mit Behinderungen ist in allen sie berührenden Angelegenheiten zu gewährleisten. [5]Ihre Meinung wird angemessen und entsprechend ihrem Alter und ihrer Reife berücksichtigt.

§ 11 Teilhabe in allen Lebensbereichen

(1) Um Menschen mit Behinderungen eine unabhängige Lebensführung und die volle Teilhabe in allen Lebensbereichen zu ermöglichen, sind öffentliche Stellen im Rahmen ihrer Zuständigkeit und nach Maßgabe der geltenden Rechtsvorschriften verpflichtet, geeignete Maßnahmen mit dem Ziel zu treffen, für Menschen mit Behinderungen den gleichberechtigten Zugang zur physischen Umwelt, zu Beförderungsmitteln, Information und Kommunikation, einschließlich Informations- und Kommunikationstechnologien und -systemen sowie zu anderen Einrichtungen und Diensten, die der Öffentlichkeit offenstehen oder für sie bereitgestellt werden, zu gewährleisten.

(2) [1]Bauliche Anlagen, öffentliche Wege, Plätze, Straßen sowie öffentlich zugängliche Verkehrsanlagen und Beförderungsmittel im öffentlichen Personenverkehr sowie sonstige Anlagen im Sinne von § 4 sind nach Maßgabe der geltenden Rechtsvorschriften oder der Regelungen des Nahverkehrsplans und den mit Verkehrsunternehmen abgeschlossenen öffentlichen Dienstleistungsaufträgen im Sinne der Verordnung (EG) Nr. 1370/2007 des Europäischen Parlaments und des Rates vom 23. Oktober 2007 über öffentliche Personenverkehrsdienste auf Schiene und Straße und zur Aufhebung der Verordnungen (EWG) 1191/69 und (EWG) 1107/70 des Rates (ABl. L 315 vom 3.12.2007, S. 1) barrierefrei zu gestalten, soweit andere öffentlich-rechtliche Vorschriften nicht entgegenstehen. [2]Die Rechte von Menschen mit Behinderungen sind bei der Planung, Ausgestaltung und Erhaltung der Verkehrsinfrastruktur, der Fahrzeuge sowie des sonstigen Angebots des öffentlichen Personennahverkehrs zu beachten.

(3) [1]Öffentlich zugängliche Bestandsbauten der öffentlichen Stellen sollen mittelfristig barrierefrei umgestaltet werden, soweit dies bautechnisch und unter Ausschöpfung verfügbarer Mittel möglich ist. [2]Die Senatsverwaltungen erstellen bis zum 1. Januar 2024 und die übrigen öffentlichen Stellen erstellen bis zum 1. Januar 2026 Berichte über den Stand der Barrierefreiheit dieser Bestandsbauten. [3]Beruhend auf den Berichten nach Satz 2 erstellen die öffentlichen Stellen verbindliche und überprüfbare Maßnahmen- und Zeitpläne zum Abbau der Barrieren in den Bestandsbauten. [4]In Belangen des öffentlichen Personennahverkehrs gehen die Regelungen des Nahverkehrsplans und mit Verkehrsunternehmen abgeschlossener öffentlicher Dienstleistungsaufträge im Sinne der Verordnung (EG) Nr. 1370/2007 sowie die Regelungen des Personenbeförderungsgesetzes in der Fassung der Bekanntmachung vom 8. August 1990 (BGBl. I S. 1690), das zuletzt durch Artikel 1 des Gesetzes vom 16. April 2021 (BGBl. I S. 822) geändert worden ist, und des Berliner Mobilitätsgesetzes vom 5. Juli 2018 (GVBl. S. 464), das zuletzt durch Artikel 7 des Gesetzes vom 27. September 2021 (GVBl. S. 1117) geändert worden ist, in den jeweils geltenden Fassungen vor.

(4) Die öffentlichen Stellen sind unbeschadet anderweitiger gesetzlicher Bestimmungen verpflichtet, gegenüber Dritten, die nicht dem Geltungsbereich dieses Gesetzes unterfallen, auf den Abbau und die Beseitigung bestehender Barrieren und Benachteiligungen hinzuwirken.

(5) Gewähren öffentliche Stellen Zuwendungen nach § 23 der Landeshaushaltsordnung vom 30. Januar 2009 (GVBl. S. 31, S. 486), die zuletzt durch Artikel 5 des Gesetzes vom 17. Dezember 2020 (GVBl. S. 1482) geändert worden ist, in der jeweils geltenden Fassung als institutionelle Förderungen, so sollen sie durch Nebenbestimmungen zum Zuwendungsbescheid oder vertragliche Vereinbarung darauf hinwirken, dass die institutionellen Zuwendungsempfänger die Grundzüge dieses Gesetzes berücksichtigen.

§ 12 Sicherung der Mobilität

[1]Für Menschen mit Behinderungen, die auf Grund besonderer Umstände das Angebot des öffentlichen Personennahverkehrs für Fahrten zur sozialen Teilhabe nicht nutzen können, werden mit dem Ziel einer möglichst gleichwertigen Mobilität nach Maßgabe des Haushaltsgesetzes angemessene individuelle Beförderungsangebote zur Überwindung von Barrieren oder anderen Nutzungseinschränkungen entwickelt und barrierefreie Mobilitätsalternativen, einschließlich eines besonderen Fahrdienstes vorgehalten. [2]Der besondere Fahrdienst ist insoweit kein Angebot des öffentlichen Personenverkehrs im Sinne von § 228 des Neunten Buches Sozialgesetzbuch vom 23. Dezember 2016 (BGBl. I S. 3234), das zuletzt durch Artikel 43 des Gesetzes vom 20. August 2021 (BGBl. I S. 3932) geändert worden ist, in der jeweils geltenden Fassung. [3]In Bezug auf den besonderen Fahrdienst als barrierefreie Mobilitätsalternative regelt die für Soziales zuständige Senatsverwaltung das Nähere über die Berechtigungskriterien, die Eigenbeteiligung der Nutzerinnen und Nutzer, die Beförderungsmittel und das Beförderungsgebiet durch Rechtsverordnung.

§ 13 Kommunikationsformen

(1) [1]Die Deutsche Gebärdensprache ist als eigenständige Sprache anerkannt. [2]Lautsprachbegleitende Gebärden sind eine gleichberechtigte Kommunikationsform der deutschen Sprache.

(2) [1]Hörbehinderte Menschen (gehörlose, ertaubte, schwerhörige, taubblinde und hörsehbehinderte Menschen) und sprachbehinderte Menschen haben zur Wahrnehmung eigener Rechte das Recht, mit öffentlichen Stellen in Deutscher Gebärdensprache, mit lautsprachbegleitenden Gebärden oder über andere geeignete Kommunikationshilfen zu kommunizieren. [2]Die öffentlichen Stellen haben die Berechtigten darauf hinzuweisen und dafür auf Wunsch der Berechtigten im notwendigen Umfang die Übersetzung durch Gebärdensprachdolmetscherinnen oder Gebärdensprachdolmetscher oder die Verständigung mit anderen geeigneten Kommunikationshilfen sicherzustellen und die notwendigen Aufwendungen zu tragen. [3]§§ 2, 3, 4 Absatz 1 und § 5 der Kommunikationshilfenverordnung vom 17. Juli 2002 (BGBl. I S. 2650), die zuletzt durch Artikel 12 Absatz 2 des Gesetzes vom 21. Dezember 2020 (BGBl. I S. 3229) geändert worden ist, in der jeweils geltenden Fassung finden entsprechende Anwendung.

(3) [1]Eltern und andere Personensorgeberechtigte mit Behinderungen, insbesondere gehörlose, hörbehinderte und sprachbehinderte Eltern und andere Personensorgeberechtigte, haben einen Anspruch auf barrierefreie Kommunikation mit Schulen sowie Kindertageseinrichtungen und Kindertagespflegestellen in Deutscher Gebärdensprache, mit lautsprachbegleitenden Gebärden oder über andere geeignete Kommunikationshilfen, soweit dies zur Wahrnehmung von Aufgaben im Rahmen der elterlichen Sorge nach § 1626 des Bürgerlichen Gesetzbuches erforderlich ist. [2]Der Senat wird ermächtigt, durch Rechtsverordnung das Nähere über die Verwendung der Deutschen Gebärdensprache und anderer Kommunikationshilfen für die Kommunikation mit Schulen sowie Kindertageseinrichtungen und Kindertagespflegestellen zu regeln.

(4) Die öffentlichen Stellen wirken darauf hin, dass für Menschen mit intellektuellen Einschränkungen geeignete Kommunikationshilfen zur Verfügung gestellt werden.

§ 14 Gestaltung von Schriftstücken

[1]Öffentliche Stellen haben bei der Gestaltung von Bescheiden, Allgemeinverfügungen, öffentlich-rechtlichen Verträgen und Vordrucken eine Behinderung von Menschen zu berücksichtigen. [2]Insbesondere haben blinde und sehbehinderte Menschen Anspruch darauf, dass ihnen sämtliche Anträge zur Niederschrift abgenommen werden und Bescheide, öffentlich-rechtliche Verträge und Vordrucke nach Maßgabe der entsprechend anzuwendenden §§ 1 bis 5 und § 6 Absatz 1 und 3 der Verordnung über barrierefreie Dokumente in der Bundesverwaltung vom 17. Juli 2002 (BGBl. I S. 2652), die zuletzt durch Artikel 3 der Verordnung vom 25. November 2016 (BGBl. I S. 2659) geändert worden ist, in der jeweils geltenden Fassung ohne zusätzliche Kosten in einer für sie wahrnehmbaren Form zugäng-

lich gemacht werden, soweit dies zur Wahrnehmung eigener Rechte im Verwaltungsverfahren erforderlich ist. [3]Vorschriften über Form, Bekanntmachung und Zustellung von Verwaltungsakten bleiben unberührt. [4]Werden Dokumente auf elektronischem Wege zugänglich gemacht, sind die Anforderungen des Barrierefreie-IKT-Gesetzes Berlin zu berücksichtigen.

§ 15 Leichte Sprache

(1) [1]Öffentliche Stellen sollen mit Menschen mit Behinderungen in einfacher und verständlicher Sprache kommunizieren. [2]Auf Verlangen haben sie ihnen insbesondere Bescheide, Allgemeinverfügungen, öffentlich-rechtliche Verträge und Vordrucke in einfacher und verständlicher Weise zu erläutern.

(2) Ist die Erläuterung nach Absatz 1 nicht ausreichend, haben die öffentlichen Stellen auf Verlangen Menschen mit Behinderungen Bescheide, Allgemeinverfügungen, öffentlich-rechtliche Verträge und Vordrucke in Leichter Sprache zu erläutern.

(3) Öffentliche Stellen sollen Informationen vermehrt in Leichter Sprache bereitstellen.

Abschnitt 3

Besondere Pflichten der Senats- und Bezirksverwaltungen

§ 16 Zentrale Steuerungsstelle – Focal Point

(1) Die für die allgemeine Behindertenpolitik zuständige Senatsverwaltung ist für den Prozess der Steuerung zur Erreichung der Ziele nach diesem Gesetz verantwortlich (zentrale Steuerungsstelle – Focal Point); davon bleiben die Zuständigkeiten und die Verantwortung der anderen Senatsverwaltungen unberührt.

(2) Zur fachlichen Abstimmung arbeitet die zentrale Steuerungsstelle eng mit den Koordinierungsstellen zusammen.

§ 17 Senatsverwaltungen

(1) Die Senatsverwaltungen sind verpflichtet, im Rahmen ihrer Aufgabenstellung auf allen Ebenen wirksame und geeignete Maßnahmen zur Bewusstseinsbildung bezüglich der Rechte von Menschen mit Behinderungen zu ergreifen.

(2) [1]Die Senatsverwaltungen beteiligen die Landesbeauftragte oder den Landesbeauftragten für Menschen mit Behinderungen bei allen Gesetzes-, Verordnungs- und sonstigen wichtigen Vorhaben, die Fragen von Menschen mit Behinderungen betreffen, und geben ihr oder ihm frühzeitig vor Beschlussfassung Gelegenheit zur Stellungnahme. [2]Das Beteiligungsverfahren ist barrierefrei zu gestalten.

(3) Die Senatsverwaltungen sollen Menschen mit Behinderungen darin unterstützen, ihre Vereinigungsfreiheit wahrzunehmen, ihre eigenen Kompetenzen zu stärken, in ihren eigenen Angelegenheiten selbständig und selbstbestimmt tätig zu werden sowie ihre Interessen zu vertreten.

(4) Die Senatsverwaltungen sollen das freiwillige soziale Engagement zur Stärkung des Zusammenlebens von Menschen mit und ohne Behinderungen fördern.

§ 18 Koordinierungsstellen

(1) Zur Erreichung der Ziele nach diesem Gesetz bestimmen alle Senatsverwaltungen für ihren Zuständigkeitsbereich Koordinierungsstellen.

(2) Die Koordinierungsstellen beraten und unterstützen die Fachbereiche in den jeweiligen Senatsverwaltungen in allen Entscheidungsprozessen, die Menschen mit Behinderungen betreffen, und führen eine fachliche Abstimmung herbei.

(3) Die Koordinierungsstellen beziehen die Arbeitsgruppen Menschen mit Behinderungen in relevante Planungs- und Arbeitsprozesse ein und organisieren und leiten die Sitzungen der Arbeitsgruppen Menschen mit Behinderungen.

(4) Die Koordinierungsstellen veröffentlichen zeitnah die Ergebnisse der Sitzungen der Arbeitsgruppen Menschen mit Behinderungen und berichten regelmäßig über die Aktivitäten zur Erreichung der Ziele dieses Gesetzes auf ihrer jeweiligen Internetseite, soweit der Schutz besonderer öffentlicher Belange oder der Schutz des behördlichen Entscheidungsprozesses dem nicht entgegenstehen.

§ 19 Arbeitsgruppen Menschen mit Behinderungen der Senatsverwaltungen

(1) [1]Zur Beteiligung von Menschen mit Behinderungen richten alle Senatsverwaltungen für den gesamten Geschäftsbereich eine oder mehrere Arbeitsgruppen Menschen mit Behinderungen ein. [2]Das Beteiligungsverfahren ist barrierefrei zu gestalten. [3]Die Arbeitsgruppen Menschen mit Behinderungen

haben den Zweck, durch die Zusammenarbeit zwischen den Senatsverwaltungen und Menschen mit Behinderungen das Bewusstsein für die Belange von Menschen mit Behinderungen in den Senatsverwaltungen zu fördern und die Einbeziehung ihrer Interessen in relevante Planungs- und Arbeitsprozesse sicherzustellen.

(2) [1]Die Arbeitsgruppen Menschen mit Behinderungen setzen sich vornehmlich aus Mitgliedern des Landesbeirates für Menschen mit Behinderungen und Vertreterinnen und Vertretern der Senatsverwaltungen zusammen, sowie gegebenenfalls Expertinnen und Experten, die vom Landesbeirat für Menschen mit Behinderungen und den Senatsverwaltungen benannt werden. [2]Die Federführung für die Arbeitsgruppen Menschen mit Behinderungen haben jeweils die von den Senatsverwaltungen benannten Koordinierungsstellen inne. [3]Die oder der Landesbeauftragte für Menschen mit Behinderungen, eine Bezirksbeauftragte oder ein Bezirksbeauftragter für Menschen mit Behinderungen sowie die Zentrale Steuerungsstelle sind an den Arbeitsgruppen zu beteiligen.

(3) [1]Die Arbeitsgruppen Menschen mit Behinderungen bestehen in der Regel aus maximal 15 Mitgliedern. [2]Die Arbeitsgruppen Menschen mit Behinderungen geben sich eine Geschäftsordnung, die unter anderem die Anzahl der Sitzungen je Kalenderjahr festlegt. [3]Alle Mitglieder und beteiligten Akteure nach Absatz 2 werden frühzeitig über anstehende Themen informiert und sind berechtigt, eigene Tagesordnungspunkte einzubringen.

(4) Mindestens zweimal jährlich soll die Arbeitsgruppe Menschen mit Behinderungen unter Beteiligung der Hausleitung der jeweiligen Senatsverwaltung stattfinden.

§ 20 Berichtspflichten

(1) Der Senat unterrichtet das Abgeordnetenhaus alle zwei Jahre über die Lebenssituation von Menschen mit Behinderungen und die Erreichung der Ziele dieses Gesetzes.

(2) [1]Die für das Landespersonal zuständige Senatsverwaltung unterrichtet das Abgeordnetenhaus alle zwei Jahre über die Erfüllung der Beschäftigungspflicht durch die einzelnen Berliner Arbeitgeber der öffentlichen Hand, gegliedert nach Hauptverwaltung, Bezirksverwaltungen und landesunmittelbaren Körperschaften, Anstalten und Stiftungen des öffentlichen Rechts, hinsichtlich der Zahl der

1. Arbeits- und Ausbildungsplätze gemäß § 156 des Neunten Buches Sozialgesetzbuch,
2. Pflichtplätze gemäß § 154 des Neunten Buches Sozialgesetzbuch und
3. mit schwerbehinderten und gleichgestellten behinderten Menschen besetzten Plätze unter Berücksichtigung von nach dem Neunten Buch Sozialgesetzbuch zulässigen Mehrfachanrechnungen.

[2]Die für das Landespersonal zuständige Senatsverwaltung unterrichtet das Abgeordnetenhaus dabei zudem über getroffene und geplante Maßnahmen zur Verbesserung der Beschäftigungs- und Ausbildungssituation von Menschen mit Behinderungen.

§ 21 Bezirksverwaltungen

(1) Zur Erreichung der Ziele nach diesem Gesetz errichten die Bezirksämter Koordinierungsstellen; § 18 Absatz 2 bis 4 gilt entsprechend.

(2) [1]Die Bezirksverwaltungen beteiligen die Bezirksbeauftragte oder den Bezirksbeauftragten für Menschen mit Behinderungen frühzeitig bei allen Planungen und Vorhaben, die Menschen mit Behinderungen betreffen, und räumen ihnen frühzeitig Gelegenheit zur Stellungnahme ein. [2]Hierdurch ist die Verantwortung der zuständigen Bezirksverwaltung nicht aufgehoben. [3]Das Beteiligungsverfahren ist barrierefrei zu gestalten.

(3) Bezüglich der Aufgaben der Bezirksverwaltungen gilt § 17 Absatz 1 und Absatz 3 bis 4 entsprechend.

(4) Die Bezirksverwaltungen berichten regelmäßig über die Aktivitäten zur Zielerreichung gemäß diesem Gesetz auf ihrer Internetseite, soweit der Schutz besonderer öffentlicher Belange oder der Schutz des behördlichen Entscheidungsprozesses dem nicht entgegenstehen.

Abschnitt 4

Die oder der Landesbeauftragte und der Landesbeirat für Menschen mit Behinderungen

§ 22 Berufung und Rechtsstellung der oder des Landesbeauftragten für Menschen mit Behinderungen

(1) [1]Der Senat beruft im Einvernehmen mit dem Landesbeirat für Menschen mit Behinderungen eine Landesbeauftragte oder einen Landesbeauftragten für Menschen mit Behinderungen. [2]Die Position der oder des Landesbeauftragten für Menschen mit Behinderungen ist unter Beachtung der jeweils geltenden Fassung von § 5 des Landesgleichstellungsgesetzes in der Fassung vom 18. November 2010 (GVBl. S. 502), das zuletzt durch Gesetz vom 11. Juni 2020 (GVBl. S. 531), in der jeweils geltenden Fassung von der für Soziales zuständigen Senatsverwaltung auszuschreiben. [3]Das Einvernehmen wird bei der Erstberufung durch die Beteiligung des Landesbeirates für Menschen mit Behinderungen am Bewerbungs- und Auswahlverfahren hergestellt.

(2) [1]Die Amtsperiode beträgt fünf Jahre. [2]Erneute Berufungen sind möglich.

(3) Die oder der Landesbeauftragte für Menschen mit Behinderungen ist ressortübergreifend und fachlich eigenständig tätig, in der Wahrnehmung des Amtes unabhängig und nur dem Gesetz unterworfen.

(4) Die oder der Landesbeauftragte für Menschen mit Behinderungen darf wegen der Erfüllung der ihr oder ihm übertragenen Aufgaben nicht benachteiligt werden.

§ 23 Aufgaben der oder des Landesbeauftragten für Menschen mit Behinderungen

(1) Aufgabe der oder des Landesbeauftragten für Menschen mit Behinderungen ist es, darauf hinzuwirken, dass das Land Berlin seinen Verpflichtungen aus diesem Gesetz nachkommt.

(2) Die oder der Landesbeauftragte für Menschen mit Behinderungen übernimmt die Koordinierungsfunktion zwischen staatlichen und nichtstaatlichen Akteuren.

(3) Die oder der Landesbeauftragte für Menschen mit Behinderungen arbeitet mit dem Landesbeirat für Menschen mit Behinderungen zusammen.

(4) Wer der Ansicht ist, dass Rechte von Menschen mit Behinderungen verletzt worden sind, kann sich an die Landesbeauftragte oder den Landesbeauftragten für Menschen mit Behinderungen wenden.

(5) [1]Stellt die oder der Landesbeauftragte für Menschen mit Behinderungen Verstöße gegen Rechte von Menschen mit Behinderungen, wie insbesondere das Verbot der Diskriminierung von Menschen mit Behinderungen, fest, so beanstandet sie oder er dies bei öffentlichen Stellen der Hauptverwaltung gegenüber dem zuständigen Mitglied des Senats, bei den Bezirksverwaltungen gegenüber der Bezirksbürgermeisterin oder dem Bezirksbürgermeister, im Übrigen gegenüber der Präsidentin oder dem Präsidenten des Abgeordnetenhauses, der Präsidentin oder dem Präsidenten des Rechnungshofs oder der oder dem Berliner Beauftragten für Datenschutz und Informationsfreiheit, bei den landesunmittelbaren Körperschaften, Anstalten und Stiftungen des öffentlichen Rechts sowie bei Vereinigungen solcher Körperschaften, Anstalten und Stiftungen gegenüber dem Vorstand oder dem sonst vertretungsberechtigten Organ und fordert zur Stellungnahme innerhalb einer von ihr oder ihm zu bestimmenden, dem Sachverhalt angemessenen Frist auf. [2]Mit der Beanstandung können Vorschläge zur Beseitigung der Mängel und zur Verbesserung der Umsetzung der Rechte von Menschen mit Behinderungen, wie insbesondere dem Verbot der Diskriminierung, verbunden werden.

§ 24 Berichtspflicht der oder des Landesbeauftragten für Menschen mit Behinderungen

[1]Die oder der Landesbeauftragte für Menschen mit Behinderungen berichtet dem Senat anlassbezogen, mindestens aber alle zwei Jahre über

1. Verstöße gegen die Regelungen zur Gleichstellung von Menschen mit Behinderungen, einschließlich der Rechte gemäß des Übereinkommens der Vereinten Nationen vom 13. Dezember 2006 über die Rechte von Menschen mit Behinderungen durch Behörden oder sonstige öffentliche Stellen und deren dazu abgegebenen Stellungnahmen oder ergriffene Maßnahmen und
2. ihre oder seine Initiativen, Tätigkeiten und Zielsetzungen.

[2]Nach Kenntnisnahme durch den Senat ist der Bericht dem Abgeordnetenhaus zur Besprechung vorzulegen.

§ 25 Zusammensetzung des Landesbeirates für Menschen mit Behinderungen

(1) [1]Es wird ein Landesbeirat für Menschen mit Behinderungen gebildet. [2]Seine Amtsperiode beträgt fünf Jahre. [3]Sie endet mit der Konstituierung eines neu berufenen Landesbeirates.

(2) [1]Dem Landesbeirat für Menschen mit Behinderungen gehören als stimmberechtigte Mitglieder jeweils eine Vertreterin oder ein Vertreter von 15 rechtsfähigen gemeinnützigen Verbänden und Vereinen im Land Berlin an, zu deren satzungsmäßigen Aufgaben die Unterstützung der Interessen von Menschen mit Behinderungen durch Aufklärung und Beratung oder die Bekämpfung der Benachteiligung von Menschen mit Behinderungen gehört. [2]Der Landesbeirat für Menschen mit Behinderungen muss nach der Zusammensetzung seiner stimmberechtigten Mitglieder die Menschen mit Behinderungen in ihrer Gesamtheit auf Landesebene vertreten. [3]Dem Landesbeirat für Menschen mit Behinderungen gehören außerdem die folgenden elf nicht stimmberechtigten Mitglieder an:

1. die oder der Landesbeauftragte für Menschen mit Behinderungen,
2. je eine Vertreterin oder ein Vertreter
   a) des Inklusionsamtes,
   b) der Bezirke,
   c) der Regionaldirektion Berlin-Brandenburg der Bundesagentur für Arbeit,
   d) der Liga der Spitzenverbände der Freien Wohlfahrtspflege,
   e) des Landessportbundes,
   f) der Vereinigung der Unternehmensverbände in Berlin und Brandenburg e.V.,
   g) eines Trägers oder einer Organisation mit Fachkompetenz im Bereich Lesben, Schwule, bisexuelle, trans- und intergeschlechtliche Menschen (LSBTI),
   h) der oder des Beauftragten des Senats für Integration und Migration und
   i) der für Antidiskriminierung zuständigen Senatsverwaltung und
3. die Hauptschwerbehindertenvertretung.

[4]Für die stimmberechtigten Mitglieder sind 15 stellvertretende Mitglieder zu berufen, die entweder im Falle einer Verhinderung eines stimmberechtigten Mitglieds zeitweilig oder bei vorzeitigem Ausscheiden eines stimmberechtigten Mitglieds bis zur Nachberufung die Stellung eines stimmberechtigten Mitglieds einnehmen. [5]Für jedes nicht stimmberechtigte Mitglied nach Satz 3 Nummer 2 ist ein stellvertretendes Mitglied zu benennen.

(3) [1]Die stimmberechtigten Mitglieder und deren Stellvertreterinnen und Stellvertreter werden auf Vorschlag der oder des Landesbeauftragten für Menschen mit Behinderungen im Einvernehmen mit den Verbänden und Vereinen durch den Senat berufen und üben ihre Tätigkeit ehrenamtlich aus. [2]Die nicht stimmberechtigten Mitglieder nach Absatz 2 Satz 3 Nummer 2 und deren Stellvertreterinnen und Stellvertreter werden von den zuständigen Dienststellen oder Institutionen benannt. [3]Bei der Zusammensetzung des Landesbeirates für Menschen mit Behinderungen ist die Vielfalt geschlechtlicher Identitäten zu berücksichtigen und die Vielfalt der Menschen mit Migrationsgeschichte in der Berliner Stadtgesellschaft hinreichend abzubilden. [4]Bei mindestens 50 Prozent der Mitglieder muss es sich um Frauen handeln.

(4) Die oder der Landesbeauftragte für Menschen mit Behinderungen beruft die konstituierende Sitzung des Landesbeirates für Menschen mit Behinderungen ein.

(5) Die stimmberechtigten Mitglieder des Landesbeirates für Menschen mit Behinderungen erhalten zur Abgeltung ihrer Aufwendungen ein Sitzungsgeld nach Maßgabe der Verordnung zur Durchführung des Gesetzes über die Entschädigung der Mitglieder der Bezirksverordnetenversammlungen, der Bürgerdeputierten und sonstiger ehrenamtlich tätiger Personen in der Fassung vom 29. Mai 1979 (GVBl. S. 826), die zuletzt durch Verordnung vom 1. September 2020 (GVBl. S. 741) geändert worden ist, soweit sie für die Teilnahme keine anderweitige Vergütung erhalten.

§ 26 Aufgaben des Landesbeirates für Menschen mit Behinderungen

(1) Als Vertretung der Zivilgesellschaft berät und unterstützt der Landesbeirat für Menschen mit Behinderungen die Landesbeauftragte oder den Landesbeauftragten für Menschen mit Behinderungen und den Senat in allen Fragen, die die Belange von Menschen mit Behinderungen und die Umsetzung der Rechte von Menschen mit Behinderungen berühren.

(2) Der Landesbeirat für Menschen mit Behinderungen gibt sich eine Geschäfts- und Wahlordnung und wählt aus seiner Mitte einen Vorsitz.

(3) Der Landesbeirat für Menschen mit Behinderungen arbeitet eng mit behindertenpolitisch sachverständigen Personen, Institutionen und Verbänden zusammen und lädt diese bei Bedarf frühzeitig zu seinen Sitzungen ein.

(4) Die Beschlüsse des Landesbeirates für Menschen mit Behinderungen werden den jeweils zuständigen öffentlichen Stellen von der Geschäftsstelle des Landesbeirates für Menschen mit Behinderungen zugeleitet.

§ 27 Geschäftsstelle des Landesbeirates für Menschen mit Behinderungen

Bei der oder dem Landesbeauftragten für Menschen mit Behinderungen wird eine Geschäftsstelle des Landesbeirates für Menschen mit Behinderungen gebildet.

Abschnitt 5

Bezirksbeauftragte und Bezirksbeiräte für Menschen mit Behinderungen

§ 28 Berufung und Rechtsstellung der Bezirksbeauftragten für Menschen mit Behinderungen

(1) [1]Das Bezirksamt beruft im Einvernehmen mit dem Bezirksbeirat für Menschen mit Behinderungen eine Bezirksbeauftragte oder einen Bezirksbeauftragten für Menschen mit Behinderungen. [2]Die Position der oder des Bezirksbeauftragten für Menschen mit Behinderungen ist unter Beachtung von § 5 des Landesgleichstellungsgesetzes von der zuständigen Bezirksverwaltung auszuschreiben. [3]Das Einvernehmen bei der Erstberufung wird durch die Beteiligung des Bezirksbeirates für Menschen mit Behinderungen am Bewerbungs- und Auswahlverfahren hergestellt.

(2) [1]Die Amtsperiode beträgt fünf Jahre. [2]Erneute Berufungen sind möglich.

(3) Die Bezirksbeauftragten für Menschen mit Behinderungen sind ämterübergreifend und fachlich eigenständig tätig und dienstrechtlich jeweils bei der Bezirksbürgermeisterin oder dem Bezirksbürgermeister angesiedelt.

(4) [1]Die Bezirksbeauftragten für Menschen mit Behinderungen sind hauptamtlich tätig. [2]Die Kontinuität der Aufgabenerfüllung ist sicherzustellen.

(5) Die Bezirksbeauftragten für Menschen mit Behinderungen dürfen wegen der Erfüllung der ihnen übertragenen Aufgaben nicht benachteiligt werden.

§ 29 Aufgaben der Bezirksbeauftragten für Menschen mit Behinderungen

(1) Aufgabe der Bezirksbeauftragten für Menschen mit Behinderungen ist es, darauf hinzuwirken, dass die Bezirke ihren Verpflichtungen aus diesem Gesetz nachkommen.

(2) [1]Die Bezirksbeauftragten für Menschen mit Behinderungen vermitteln als Schnittstelle zwischen staatlichen und nichtstaatlichen Akteuren auf bezirklicher Ebene. [2]Sie sind Ansprechpartnerinnen oder Ansprechpartner für Vereine, Initiativen und sonstige Organisationen, die sich mit der Lebenssituation von Menschen mit Behinderungen befassen, sowie für Einzelpersonen bei Problemen, die im Zusammenhang mit einer Behinderung auftreten.

(3) Die Bezirksbeauftragten für Menschen mit Behinderungen geben in engem Zusammenwirken mit den örtlichen Organisationen der Behindertenselbsthilfe insbesondere Anregungen und unterbreiten Vorschläge zu Entwürfen von Anordnungen und Maßnahmen des Bezirks, soweit diese Auswirkungen auf die Rechte von Menschen mit Behinderungen haben, und wachen darüber, dass bei allen Projekten, die der Bezirk plant oder realisiert, die Rechte von Menschen mit Behinderungen gewahrt werden.

§ 30 Berufung und Aufgaben der Bezirksbeiräte für Menschen mit Behinderungen

(1) [1]In jedem Bezirk wird ein Bezirksbeirat für Menschen mit Behinderungen gebildet. [2]Als Vertretung der Zivilgesellschaft berät und unterstützt der Bezirksbeirat für Menschen mit Behinderungen die Bezirksbeauftragte oder den Bezirksbeauftragten für Menschen mit Behinderungen in allen Fragen, die die Belange von Menschen mit Behinderungen und die Umsetzung der Rechte von Menschen mit Behinderungen auf Bezirksebene berühren. [3]Der Bezirksbeirat kann dem Bezirksamt und der Bezirksverordnetenversammlung Empfehlungen in allen Fragen geben, die die Belange von Menschen mit Behinderungen und die Umsetzung der Rechte von Menschen mit Behinderungen auf Bezirksebene berühren.

(2) [1]Die Bezirksbeiräte für Menschen mit Behinderungen sollen nach der Zusammensetzung ihrer Mitglieder die Menschen mit Behinderungen auf Bezirksebene in ihrer Gesamtheit vertreten. [2]Die Berufung der Mitglieder erfolgt durch die Bezirksämter im Einvernehmen mit den Bezirksbeauftragten für Menschen mit Behinderungen.

(3) Die Bezirksbeiräte für Menschen mit Behinderungen geben sich eine Geschäftsordnung.

Abschnitt 6
Landesfachstelle für Barrierefreiheit und Schlichtungsstelle

§ 31 Landesfachstelle für Barrierefreiheit und angemessene Vorkehrungen
(1) [1]Das Land Berlin richtet zum 1. Januar 2022 eine Landesfachstelle für Barrierefreiheit und angemessene Vorkehrungen ein. [2]Die Aufgaben nach Absatz 2 können ganz oder teilweise auf Dritte übertragen werden. [3]Die Aufgaben nach Absatz 3 werden von der Kompetenzstelle für digitale Barrierefreiheit wahrgenommen.
(2) [1]Die Landesfachstelle für Barrierefreiheit und angemessene Vorkehrungen ist zentrale Anlaufstelle für die öffentlichen Stellen im Sinne des § 2 zu Fragen im Hinblick auf Barrierefreiheit und angemessene Vorkehrungen. [2]Sie unterstützt diese bei der Entwicklung und Umsetzung von Konzepten zur Herstellung von Barrierefreiheit und zu angemessenen Vorkehrungen im Sinne dieses Gesetzes. [3]Sie informiert und berät darüber hinaus auch die Wirtschaft, Verbände und Zivilgesellschaft auf Anfrage und im Rahmen der verfügbaren Mittel. [4]Ihre vorrangigen Aufgaben sind:
1. Erstberatung,
2. Erarbeitung von Konzepten sowie Bereitstellung, Bündelung und Weiterentwicklung von unterstützenden Informationen zur Herstellung von Barrierefreiheit,
3. Bereitstellung, Bündelung und Weiterentwicklung von unterstützenden Informationen zu angemessenen Vorkehrungen,
4. Aufbau eines Netzwerks und
5. Bewusstseinsbildung durch Öffentlichkeitsarbeit.

[5]Ein Kreis von Expertinnen und Experten, dem mehrheitlich Vertreterinnen und Vertreter der Verbände von Menschen mit Behinderungen auch in Bezug auf Mehrfachzugehörigkeiten angehören, berät die Fachstelle.
(3) [1]Die Kompetenzstelle für Digitale Barrierefreiheit ist die zentrale Anlaufstelle für die öffentlichen Stellen im Sinne des § 2 zu Fragen der digitalen Barrierefreiheit. [2]Ihre Aufgaben sind durch das E-Government-Gesetz-Berlin vom 30. Mai 2016 (GVBl. S. 282), das zuletzt durch Gesetz vom 27. September 2021 (GVBl. S. 1122) geändert worden ist, in der jeweils geltenden Fassung und das Barrierefreie-IKT-Gesetz Berlin beschrieben. [3]Beratung der Wirtschaft und der Bürgerinnen und Bürger erfolgt durch die Landesfachstelle für Barrierefreiheit und angemessene Vorkehrungen im Rahmen der verfügbaren Mittel.

§ 32 Außerordentliches Klagerecht
(1) Ein im Landesbeirat für Menschen mit Behinderungen mit einem stimmberechtigten Mitglied vertretener rechtsfähiger gemeinnütziger Verband oder Verein kann, ohne die Verletzung eigener Rechte darlegen zu müssen, nach Maßgabe der Vorschriften der Verwaltungsgerichtsordnung Widerspruch einlegen und gerichtlichen Rechtsschutz beantragen, wenn er geltend macht, dass eine öffentliche Stelle in rechtswidriger Weise
1. gegen das Diskriminierungsverbot gemäß § 7 oder
2. gegen die Verpflichtung zur Herstellung der Barrierefreiheit gemäß den §§ 11 bis 15

verstößt.
(2) Das außerordentliche Klagerecht gemäß Absatz 1 besteht nicht, wenn die Maßnahme auf Grund einer Entscheidung in einem verwaltungs- oder sozialgerichtlichen Verfahren ergangen ist.
(3) [1]Eine Klage oder ein Widerspruch nach Absatz 1 ist nur zulässig, wenn der Verband durch die Maßnahme oder das Unterlassen in seinem satzungsgemäßen Aufgabenbereich berührt wird. [2]Soweit ein Mensch mit Behinderung selbst seine Rechte durch eine Gestaltungs- oder Leistungsklage verfolgen kann oder hätte verfolgen können, kann eine Klage oder ein Widerspruch nach Absatz 1 nur erhoben werden, wenn der Verband nachweist, dass es sich bei der Maßnahme oder dem Unterlassen um einen Fall von allgemeiner Bedeutung handelt. [3]Dies ist insbesondere der Fall, wenn eine Vielzahl gleich gelagerter Fälle vorliegt.

§ 33 Schlichtungsstelle und -verfahren; Verordnungsermächtigung
(1) [1]Bei der oder dem Landesbeauftragten für Menschen mit Behinderungen wird eine Schlichtungsstelle zur außergerichtlichen Beilegung von Streitigkeiten nach den Absätzen 2 und 3 eingerichtet. [2]Sie wird mit neutralen schlichtenden Personen besetzt und hat eine Geschäftsstelle. [3]Das Verfahren der Schlichtungsstelle muss insbesondere gewährleisten, dass

1. die Schlichtungsstelle unabhängig ist und unparteiisch handelt,
2. die Verfahrensregeln für Interessierte zugänglich sind,
3. die Beteiligten des Schlichtungsverfahrens rechtliches Gehör erhalten, insbesondere Tatsachen und Bewertungen vorbringen können,
4. die schlichtenden Personen und die weiteren in der Schlichtungsstelle Beschäftigten die Vertraulichkeit der Informationen gewährleisten, von denen sie im Schlichtungsverfahren Kenntnis erhalten und
5. eine barrierefreie Kommunikation mit der Schlichtungsstelle möglich ist.

[4]Wer der Ansicht ist, in einem Recht nach diesem Gesetz durch eine öffentliche Stelle nach § 2 verletzt worden zu sein, kann bei der Schlichtungsstelle nach Absatz 1 einen Antrag auf Einleitung eines Schlichtungsverfahrens stellen. [5]Kommt wegen der behaupteten Rechtsverletzung auch die Durchführung eines Widerspruchsverfahrens in Betracht, ruht das Widerspruchsverfahren für die Dauer des Schlichtungsstellenverfahrens.

(2) In den Fällen des Absatzes 1 Satz 5 ist der Antrag auf Einleitung eines Schlichtungsverfahrens innerhalb eines Monats zu stellen, nachdem der Verwaltungsakt dem Beschwerten bekanntgegeben worden ist.

(3) Ein nach § 32 anerkannter Verband oder Verein kann bei der Schlichtungsstelle nach Absatz 1 einen Antrag auf Einleitung eines Schlichtungsverfahrens stellen, wenn er einen Verstoß einer öffentlichen Stelle nach § 2

1. gegen das Diskriminierungsverbot gemäß § 7,
2. gegen die Verpflichtung zur Herstellung der Barrierefreiheit gemäß §§ 11 bis 15

behauptet.

(4) [1]Der Antrag nach Absatz 1 Satz 4 und Absatz 3 kann in Textform oder zur Niederschrift bei der Schlichtungsstelle gestellt werden. [2]Diese übermittelt zur Durchführung des Schlichtungsverfahrens eine Abschrift des Schlichtungsantrags an die öffentliche Stelle.

(5) [1]Die schlichtende Person wirkt in jeder Phase des Verfahrens auf eine gütliche Einigung der Beteiligten hin. [2]Sie kann einen Schlichtungsvorschlag unterbreiten. [3]Der Schlichtungsvorschlag soll am geltenden Recht ausgerichtet sein. [4]Die schlichtende Person kann den Einsatz von Mediation anbieten.

(6) Das Schlichtungsverfahren ist für die Beteiligten unentgeltlich.

(7) [1]Das Schlichtungsverfahren endet mit der Einigung der Beteiligten, der Rücknahme des Schlichtungsantrags oder der Feststellung, dass keine Einigung möglich ist. [2]Wenn keine Einigung möglich ist, endet das Schlichtungsverfahren mit der Zustellung der Bestätigung der Schlichtungsstelle an die Antragstellerin oder den Antragsteller, dass keine gütliche Einigung erzielt werden konnte.

(8) Das Schlichtungsverfahren geht einem Verbandsklageverfahren gemäß § 32 zeitlich voraus.

(9) [1]Die für Soziales zuständige Senatsverwaltung wird ermächtigt, durch Rechtsverordnung das Nähere über die Geschäftsstelle, die Besetzung und das Verfahren der Schlichtungsstelle nach den Absätzen 1, 4, 5 und 7 zu regeln sowie weitere Vorschriften über die Kosten des Verfahrens und die Entschädigung zu erlassen. [2]Die Rechtsverordnung regelt auch das Nähere zu Tätigkeitsberichten der Schlichtungsstelle.

Abschnitt 7

Förderung der Partizipation; Unabhängige Monitoringstelle

§ 34 Förderung der Partizipation

(1) [1]Das Land Berlin fördert im Rahmen der zur Verfügung stehenden Haushaltsmittel Maßnahmen von Organisationen zur Stärkung der Teilhabe von Menschen mit Behinderungen an der Gestaltung öffentlicher Angelegenheiten, soweit die Organisationen:

1. nach ihrer Satzung ideell und nicht nur vorübergehend die Belange von Menschen mit Behinderungen fördern und
2. nach der Zusammensetzung ihrer Mitglieder oder Mitgliedsverbände dazu berufen sind, Interessen von Menschen mit Behinderungen auf der Berliner Landes- oder Bezirksebene zu vertreten.

[2]Bevorzugt werden Organisationen von Menschen mit Behinderungen, die von Menschen mit Behinderungen geleitet und verwaltet werden und deren Mitglieder überwiegend selbst Menschen mit Behinderungen sind.

(2) Die für Soziales zuständige Senatsverwaltung wird ermächtigt, das Nähere zur Bewilligungsstelle, zum Bewilligungsverfahren sowie zu den Fördergrundsätzen per Rechtsverordnung zu regeln.

§ 35 Unabhängige Monitoringstelle

[1]Zur Wahrnehmung der Aufgaben im Sinne des Artikels 33 Absatz 2 Satz 1 der UN-Behindertenrechtskonvention (Monitoring) wird eine unabhängige Monitoringstelle vertraglich beauftragt. [2]Gemäß Artikel 33 Absatz 2 Satz 2 der UN-Behindertenrechtskonvention sind dabei die Grundsätze betreffend die Rechtsstellung und die Arbeitsweise der einzelstaatlichen Institutionen zum Schutz und zur Förderung der Menschenrechte zu berücksichtigen.

Landesgleichstellungsgesetz (LGG)

In der Fassung vom 6. September 2002[1)] (GVBl. S. 280)
(BRV 2038-1)
zuletzt geändert durch Art. 8 G zur Stärkung der Berliner Wissenschaft vom 14. September 2021 (GVBl. S. 1039)

Inhaltsübersicht

§ 1 Geltungsbereich

(1) Dieses Gesetz gilt für die Berliner Verwaltung (§ 2 des Allgemeinen Zuständigkeitsgesetzes), für landesunmittelbare öffentlich-rechtliche Körperschaften, Anstalten und Stiftungen (§ 28 des Allgemeinen Zuständigkeitsgesetzes), für die Gerichte des Landes Berlin, für den Präsidenten des Abgeordnetenhauses von Berlin, den Rechnungshof von Berlin und den Berliner Beauftragten für Datenschutz und Informationsfreiheit.
(2) Dieses Gesetz gilt für Beamtinnen und Beamte, Arbeitnehmerinnen und Arbeitnehmer, Richterinnen und Richter sowie zu ihrer Berufsausbildung Beschäftigte.

§ 1a Geltung bei Beteiligungen des Landes

(1) [1]Soweit das Land Berlin unmittelbar oder mittelbar Mehrheitsbeteiligungen an juristischen Personen des Privatrechts oder Personengesellschaften hält oder erwirbt, stellt es sicher, dass die Regelungen dieses Gesetzes auch von diesen entsprechend angewendet werden. [2]Das gilt insbesondere für die Erstellung eines Frauenförderplans, für Stellenbesetzungsverfahren einschließlich der Besetzung von Vorstands- und Geschäftsführungspositionen sowie für die Wahl von Frauenvertreterinnen.
(2) Einzelheiten sind mit Inkrafttreten dieses Gesetzes im Rahmen der jeweiligen Rechtsgrundlage zu regeln.
(3) Soweit das Land Berlin keine Mehrheitsbeteiligungen an juristischen Personen des privaten Rechts oder Personengesellschaften unmittelbar oder mittelbar hält oder erwirbt, wirkt es darauf hin, dass Maßnahmen entsprechend den Regelungen dieses Gesetzes auch von den juristischen Personen des privaten Rechts und Personengesellschaften angewendet werden.

§ 1b Geltung bei Umwandlung, Errichtung und Veräußerung von Einrichtungen des Landes

(1) Wandelt das Land Berlin Teile der Berliner Verwaltung, eine Körperschaft oder Anstalt des öffentlichen Rechts oder eine andere Einrichtung, die in den Geltungsbereich von § 1 Absatz 1 dieses Gesetzes fällt, oder einen Teil davon in eine juristische Person des privaten Rechts oder eine Personengesellschaft um oder errichtet es juristische Personen des privaten Rechts oder Personengesell-

1) Neubekanntmachung des LGG v. 31.12.1990 (GVBl. 1991 S. 8) in der ab 1.1.2002 geltenden Fassung, komplett neu gef. durch Art. I Neuntes G zur Änd. des LandesgleichstellungsG.

schaften, so ist in den Umwandlungs- oder Errichtungsrechtsakten und in den jeweiligen Rechtsgrundlagen festzulegen und sicherzustellen, dass die Regelungen dieses Gesetzes auch zukünftig Anwendung finden.

(2) Erfolgt eine teilweise oder vollständige Veräußerung einer juristischen Person oder Personengesellschaft, sind Erwerbende zu verpflichten, die entsprechende Anwendung der Vorschriften dieses Gesetzes zu gewährleisten und eine entsprechende Verpflichtung bei etwaigen Weiterveräußerungen auch späteren Erwerbenden aufzuerlegen.

§ 2 Grundsatz

(1) [1]Frauen und Männer sind gleichzustellen. [2]Zur Verwirklichung der Gleichstellung werden nach Maßgabe dieses Gesetzes Frauen gefördert und bestehende Benachteiligungen von Frauen abgebaut.

(2) Frauen und Männer dürfen wegen ihres Geschlechts oder ihres Familienstandes nicht diskriminiert werden.

§ 3 Gleichstellungsverpflichtung

(1) [1]Die Einrichtungen nach § 1 Absatz 1 sind verpflichtet, aktiv auf die Gleichstellung von Männern und Frauen in der Beschäftigung und auf die Beseitigung bestehender Unterrepräsentanzen hinzuwirken. [2]Die Erfüllung dieser Verpflichtung ist besondere Aufgabe der Beschäftigten mit Vorgesetzten- und Leitungsfunktionen. [3]Sie ist in den jeweiligen vertraglichen Vereinbarungen als Leistungskriterium festzuschreiben sowie bei der Beurteilung ihrer Leistung einzubeziehen.

(2) Frauen sind unterrepräsentiert, wenn in Vorgesetzten- oder Leitungsfunktionen, in einer Besoldungs-, Vergütungs-, Entgelt- oder Lohngruppe einer Laufbahn bzw. Berufsfachrichtung in einer Einrichtung nach § 1 Absatz 1 mehr Männer als Frauen beschäftigt sind.

(3) [1]Führen personalwirtschaftliche Maßnahmen zu einem Stellenabbau, so ist sicherzustellen, dass sich der Anteil von Frauen in Bereichen, in denen sie unterrepräsentiert sind, nicht verringert. [2]Dies gilt auch für den Fall, dass personalwirtschaftliche Maßnahmen eine Unterrepräsentanz von Frauen begründen und für Vorgesetzten- und Leitungspositionen.

(4) Besteht eine Einrichtung nach § 1 Absatz 1 aus mehreren Dienststellen im Sinne des Personalvertretungsgesetzes, so gelten die Absätze 1 bis 3 in diesen entsprechend.

(5) Soweit in übergeordneten Dienststellen Entscheidungen für nachgeordnete Dienststellen getroffen werden, hat jede beteiligte Dienststelle die Aufgaben nach diesem Gesetz wahrzunehmen.

§ 4 Frauenförderplan

(1) [1]Jede Einrichtung nach § 1 Absatz 1 erstellt auf der Grundlage einer Bestandsaufnahme und Analyse der Beschäftigtenstruktur sowie der zu erwartenden Fluktuation oder Einsparungsmaßnahmen einen Frauenförderplan. [2]Bestehen in einer Einrichtung nach § 1 Absatz 1 mehrere Dienststellen im Sinne des Personalvertretungsgesetzes, so können diese Frauenförderpläne erlassen. [3]Der Frauenförderplan ist für einen Zeitraum von sechs Jahren zu erstellen und danach fortzuschreiben. [4]Spätestens nach zwei Jahren ist er an die aktuelle Entwicklung anzupassen.

(2) [1]Im Frauenförderplan ist mindestens festzulegen, in welcher Zeit und mit welchen personellen, organisatorischen und fortbildenden Maßnahmen die Gleichstellungsverpflichtung nach § 3 innerhalb der jeweiligen Einrichtung oder Dienststelle gefördert werden kann. [2]Dazu ist für jede einzelne Besoldungs-, Vergütungs-, Entgelt- und Lohngruppe sowie jede Vorgesetzten- und Leitungsebene festzustellen, ob Frauen unterrepräsentiert sind. [3]Für jeweils zwei Jahre sind verbindliche Zielvorgaben zur Erhöhung des Frauenanteils in den einzelnen Besoldungs-, Vergütungs-, Entgelt- oder Lohngruppen der einzelnen Laufbahn oder Berufsfachrichtung sowie auf den Vorgesetzten- und Leitungsebenen festzulegen. [4]Bei der Festlegung von Zielvorgaben ist festzustellen, welche für die Besetzung von Stellen in Bereichen, in denen Frauen unterrepräsentiert sind, erforderlichen Qualifikationen die beschäftigten Frauen bereits aufweisen, erwerben oder erwerben können (Personalentwicklungsplanung). [5]Dabei sind insbesondere solche Stellen zu berücksichtigen, die voraussichtlich neu zu besetzen sind. [6]Es ist festzulegen, wie viele Frauen an Qualifikationsmaßnahmen teilnehmen, die für die Besetzung einer Stelle in Bereichen, in denen Frauen unterrepräsentiert sind, förderlich sind.

(3) Die Zahl der Auszubildenden, getrennt nach Geschlechtern, Laufbahn oder Berufsfachrichtung und Ausbildungsberuf ist darzustellen und in die Personalentwicklungsplanung einzubeziehen.

(4) An der Erstellung des Frauenförderplans ist die Frauenvertreterin zu beteiligen; die Rechte des Personalrats bleiben unberührt.

(5) [1]Besteht eine Einrichtung nach § 1 Absatz 1 aus mehreren Dienststellen im Sinne des Personalvertretungsgesetzes, so sind an der Erstellung, Fortschreibung und Anpassung des dienststellenübergreifenden Frauenförderplans alle betroffenen Frauenvertreterinnen mit dem Ziel einer einvernehmlichen Regelung frühzeitig zu beteiligen; die Rechte der Personalräte bleiben unberührt. [2]Dies gilt auch für die Entscheidung gemäß Absatz 1 Satz 2.
(6) Frauenförderpläne sowie deren Fortschreibungen oder Anpassungen sind dem für Frauenpolitik zuständigen Mitglied des Senats zur Kenntnis zu geben.
(7) Die Festlegungen im Frauenförderplan sind Bestandteil der Personalentwicklungsplanung.
(8) Wird ein Frauenförderplan nicht erstellt, angepasst oder fortgeschrieben oder ein bestehender nicht umgesetzt, so kann die zuständige Frauenvertreterin das unmittelbar gegenüber dem für Frauenpolitik zuständigen Senatsmitglied beanstanden.

§ 5 Stellen- und Funktionsausschreibungen, öffentliche Bekanntmachungen

(1) [1]Alle Stellen und Funktionen sind intern auszuschreiben. [2]In Bereichen oberhalb der Besoldungsgruppe A 9 bzw. der entsprechenden tarifvertraglichen Regelungen, in denen Frauen unterrepräsentiert sind, sind Stellen und Funktionen öffentlich auszuschreiben.
(2) Zur gezielten Ansprache von Frauen kann zusätzlich in der Tagespresse oder in anderen geeigneten Publikationsorganen ausgeschrieben werden.
(3) [1]Zu besetzende Vorstands- und Geschäftsleitungspositionen der Anstalten, Körperschaften und Stiftungen des öffentlichen Rechts sind in Form einer Ausschreibung öffentlich bekannt zu machen, sofern eine Unterrepräsentanz von Frauen besteht. [2]Entsprechendes gilt nach § 1a für solche Positionen der juristischen Personen des privaten Rechts und Personengesellschaften mit Mehrheitsbeteiligungen des Landes Berlin.
(4) [1]Die öffentliche Bekanntmachung für die in Absatz 3 genannten Positionen erfolgt überregional in der Tages- und Wochenpresse oder in anderen geeigneten Publikationsorganen wie Fachzeitschriften und im Internet. [2]Sie erfolgt auf der Grundlage eines Anforderungsprofils zu den fachlichen und persönlichen Voraussetzungen für die zu besetzenden Positionen.
(5) [1]Bei Stellen- und Funktionsausschreibungen und öffentlichen Bekanntmachungen ist sowohl die männliche als auch die weibliche Sprachform zu verwenden, es sei denn, ein bestimmtes Geschlecht ist unverzichtbare Voraussetzung für die Tätigkeit. [2]Sofern eine Einrichtung im Sinne des § 1 Absatz 1 oder Dienststelle nach dem Personalvertretungsgesetz verpflichtet ist, den Anteil von Frauen zu erhöhen, ist das in der Ausschreibung oder Bekanntmachung zu erwähnen und darauf hinzuweisen, dass Bewerbungen von Frauen ausdrücklich erwünscht sind.
(6) [1]Von der Verpflichtung zur Bekanntmachung können Wiederbestellungen von Vorständen und Geschäftsleitungen ausgenommen werden. [2]Von der Verpflichtung zur Bekanntmachung oder Ausschreibung werden ebenfalls herausragende künstlerische Positionen ausgenommen sowie Arbeitsbereiche im Leitungsbereich der Einrichtungen gemäß § 1 Absatz 1, die regelmäßig an die laufende Legislatur oder Bestellung gebunden sind und ein besonderes persönliches Vertrauensverhältnis erfordern, insbesondere persönliche Referentinnen und Referenten sowie Pressesprecherinnen und Pressesprecher.
(7) Ausschreibungspflichten und Ausnahmen hiervon aufgrund beamtenrechtlicher Vorschriften bleiben von den vorstehenden Regelungen unberührt.

§ 6 Auswahlverfahren

(1) In Bereichen, in denen Frauen unterrepräsentiert sind, sind entweder alle Bewerberinnen oder mindestens ebenso viele Frauen wie Männer zum Vorstellungsgespräch einzuladen, sofern sie die in der Ausschreibung vorgegebene Qualifikation für die Stelle oder Funktion besitzen und Bewerbungen von Frauen in ausreichender Zahl vorliegen.
(2) Entsprechendes gilt für die Besetzung von Vorstands- und Geschäftsleitungspositionen der Anstalten, Körperschaften und Stiftungen des öffentlichen Rechts und der juristischen Personen des privaten Rechts und Personengesellschaften mit Mehrheitsbeteiligungen des Landes Berlin.
(3) Die Berücksichtigung von Frauen im Auswahlverfahren ist in Bereichen, in denen sie unterrepräsentiert sind, in geeigneter Form zu dokumentieren und den an der Personalfindung Beteiligten rechtzeitig vor der Auswahlentscheidung zur Kenntnis zu bringen.

(4) Soweit Dritte mit der Personalfindung beauftragt werden, ist sicherzustellen, dass die Regelungen dieses Gesetzes Beachtung finden.

§ 7 Ausbildung

(1) Der Zugang zu Ausbildungsplätzen muss diskriminierungsfrei gestaltet sein.

(2) Ausbildungsplätze sind in Bereichen, in denen Frauen unterrepräsentiert sind, in jeder Einrichtung nach § 1 Absatz 1 oder Dienststelle im Sinne des Personalvertretungsgesetzes je Ausbildungsgang und Vergaberunde mindestens zur Hälfte an Frauen zu vergeben.

(3) [1]Wenn für die Besetzung von Ausbildungsplätzen nicht genügend Bewerbungen von Frauen vorliegen, die die in der Ausschreibung vorgegebene Qualifikation besitzen, ist die Ausschreibung zu wiederholen. [2]Haben sich nach einer erneuten Ausschreibung nicht genügend geeignete Kandidatinnen beworben, so werden die Ausbildungsplätze nach der Bewerbungslage vergeben.

(4) Frauen, die in einem Beruf ausgebildet wurden, in dem der Frauenanteil bisher unter 20 vom Hundert liegt (Männerberuf), sind vorrangig in ein Beschäftigungsverhältnis im erlernten Beruf zu übernehmen.

§ 8 Einstellungen und Beförderungen

(1) Frauen, die eine zur Ausfüllung der Stelle oder Funktion gleichwertige Qualifikation (Eignung, Befähigung und fachliche Leistung) besitzen wie männliche Mitbewerber, sind diesen gegenüber unter Wahrung der Einzelfallgerechtigkeit solange bevorzugt einzustellen oder zu übernehmen, bis der Anteil der Frauen in der betreffenden Laufbahn, Berufsfachrichtung, Vorgesetzten- oder Leitungsebene und Funktionsstelle der jeweiligen Einrichtung nach § 1 Absatz 1 oder Dienststelle im Sinne des Personalvertretungsgesetzes mindestens 50 vom Hundert beträgt.

(2) Frauen, deren Qualifikation der der männlichen Mitbewerber gleichwertig ist, sind gegenüber männlichen Mitbewerbern unter Wahrung der Einzelfallgerechtigkeit solange bevorzugt zu befördern, bis in den jeweils höheren Besoldungs-, Vergütungs-, Lohn- oder Entgeltgruppen der betreffenden Laufbahn, Berufsfachrichtung, Vorgesetzten- oder Leitungsebene und Funktionsstelle der Einrichtung nach § 1 Absatz 1 oder Dienststelle im Sinne des Personalvertretungsgesetzes der Anteil der Frauen mindestens 50 vom Hundert beträgt.

(3) [1]Die Qualifikation ist ausschließlich an den Anforderungen des Berufs, der zu besetzenden Stelle, Funktion oder der Laufbahn zu messen. [2]Spezifische, zum Beispiel durch Familienarbeit, durch soziales Engagement oder ehrenamtliche Tätigkeit erworbene Erfahrungen und Fähigkeiten sind Teil der Qualifikation im Sinne der Absätze 1 und 2.

(4) [1]Bei der Auswahlentscheidung ist unbeschadet sozialer Kriterien dem Recht der Frauen auf Gleichstellung im Erwerbsleben Rechnung zu tragen. [2]Folgende und ähnliche Kriterien dürfen daher nicht herangezogen werden:

1. Unterbrechungen der Erwerbstätigkeit, Reduzierungen der Arbeitszeit oder Verzögerungen beim Abschluss einzelner Ausbildungsgänge aufgrund der Betreuung von Kindern oder pflegebedürftigen Angehörigen oder wegen Haushaltsführung,
2. Lebensalter oder Familienstand,
3. eigene Einkünfte des Partners oder der Partnerin einer Bewerberin oder die Einkommenslosigkeit der Partnerin oder des Partners eines Bewerbers, sofern sie nicht auf Arbeitslosigkeit beruht,
4. zeitliche Belastungen durch die Betreuung von Kindern oder pflegebedürftigen Angehörigen und die Absicht, von der Möglichkeit der Arbeitszeitreduzierung Gebrauch zu machen.

(5) Für die Besetzung von Vorstands- und Geschäftsleitungspositionen der Anstalten, Körperschaften und Stiftungen des öffentlichen Rechts gilt Absatz 1 entsprechend.

§ 9 Fort- und Weiterbildung

(1) Beschäftigte mit Vorgesetzten- und Leitungsfunktionen sind verpflichtet, Frauen auf Maßnahmen, die für das berufliche Fortkommen förderlich sind, aufmerksam zu machen und ihnen die Teilnahme entsprechend dem Frauenförderplan zu ermöglichen.

(2) Auf die Auswahl von Beschäftigten zur Teilnahme an Fortbildungsveranstaltungen, die zur Übernahme höherwertiger und Leitungspositionen qualifizieren, ist § 8 Absatz 1 durch die entsendenden Einrichtungen nach § 1 Absatz 1 oder Dienststellen im Sinne des Personalvertretungsgesetzes entsprechend anzuwenden.

(3) Die Fortbildungsgrundsätze und -angebote der Verwaltungsakademie werden regelmäßig daraufhin überprüft, wie frauenspezifische Inhalte besser berücksichtigt und die Förderung von Frauen verbessert werden können.

(4) [1]Die Themen Frauendiskriminierung und Frauenförderung sind Teil des Fortbildungsprogramms und gehen auch in passende Fortbildungsveranstaltungen ein. [2]Sie sind insbesondere Bestandteil der Fortbildungsmaßnahmen für Beschäftigte mit Vorgesetzten- und Leitungsfunktionen. [3]Für diese Themenkreise werden bevorzugt Referentinnen eingesetzt.

(5) [1]Fort- und Weiterbildungsmaßnahmen finden nach Möglichkeit während der regelmäßigen Arbeitszeit der Dienststellen statt. [2]Fortbildungsmaßnahmen sollen so angeboten werden, dass auch Beschäftigte mit betreuungsbedürftigen Kindern oder pflegebedürftigen Angehörigen und Teilzeitbeschäftigte teilnehmen können. [3]Liegt die Teilnahme an Fort- und Weiterbildungsmaßnahmen außerhalb der vereinbarten Arbeitszeit, so ist hierfür entsprechender Freizeitausgleich zu gewähren.

(6) [1]Entstehen durch die Teilnahme an Fort- und Weiterbildungsmaßnahmen unvermeidlich erhöhte Kosten für die Betreuung von Kindern unter zwölf Jahren oder pflegebedürftigen Angehörigen, so sind diese Aufwendungen zu erstatten. [2]Falls erforderlich, sollen sich die Fort- und Weiterbildungseinrichtungen um eine Kinderbetreuungsmöglichkeit in den städtischen Kindertagesstätten oder um andere Kinderbetreuungsmöglichkeiten für die Dauer der Maßnahme bemühen.

§ 10 Arbeitszeit und Rahmenbedingungen

(1) [1]Unter Beachtung der dienstlichen Belange soll das Interesse der Beschäftigten an flexibler, auf die individuellen Bedürfnisse zugeschnittener Gestaltung der Arbeitszeit sowie familienfreundlichen Rahmenbedingungen berücksichtigt werden. [2]Vorgesetztenverhalten soll darauf ausgerichtet sein, den Beschäftigten familienfreundliche Arbeitszeiten und Rahmenbedingungen zu ermöglichen. [3]Sofern ein ordnungsgemäßer Ablauf des Schichtdienstes gewährleistet werden kann, soll diese Regelung auch für Beschäftigte im Schichtdienst Anwendung finden. [4]Teilzeitarbeitsverhältnisse unterhalb der Grenze des § 8 Absatz 1 des Vierten Buches Sozialgesetzbuch werden in der Regel nicht begründet. [5]Ausnahmen sind bei Einstellungen in befristete Arbeitsverhältnisse für eine Dauer von nicht mehr als drei Monaten zulässig.

(2) Wird eine Reduzierung der Arbeitszeit beantragt, so sind die Beschäftigten auf die Folgen reduzierter Arbeitszeit hinzuweisen, insbesondere auf die Folgen für Ansprüche aus der Sozialversicherung und aufgrund beamten- und tarifrechtlicher Regelungen.

(3) Die Reduzierung der wöchentlichen Arbeitszeit zur Betreuung von Kindern oder pflegebedürftigen Angehörigen steht der Wahrnehmung von gehobenen und Leitungspositionen nicht entgegen.

(4) [1]Bei befristeten Arbeitszeitverkürzungen zur Betreuung von Kindern oder pflegebedürftigen Angehörigen ist den Beschäftigten nach Ablauf der Frist ein gleichwertiger Vollzeitarbeitsplatz anzubieten. [2]Unbefristet Teilzeitbeschäftigte sind bei der Neubesetzung von Vollzeitarbeitsplätzen vorrangig zu berücksichtigen. [3]Besteht bei befristeter Arbeitszeitverkürzung vor Ablauf der Frist der Wunsch nach Rückkehr auf einen Vollzeitarbeitsplatz, so gilt Satz 2 entsprechend.

(5) Bei individueller Arbeitszeitreduzierung werden die Dienstaufgaben nach dem Maß der für die Zukunft festgesetzten Arbeitszeit neu bemessen.

(6) Die Rechte des Personalrats, der Richtervertretungen und der Staatsanwaltsräte bleiben unberührt.

§ 11 Beurlaubung aus familiären Gründen

(1) [1]Aus familiären Gründen beurlaubten Beschäftigten ist die Teilnahme an Fort- und Weiterbildungsveranstaltungen von der jeweiligen Einrichtung nach § 1 Absatz 1 oder Dienststelle im Sinne des Personalvertretungsgesetzes anzubieten. [2]Ihnen sind, sofern sie es nicht selbst für bestimmte Zeit ausgeschlossen haben, Urlaubs- und Krankheitsvertretungen vorrangig anzubieten.

(2) Aus familiären Gründen beurlaubten Beschäftigten, die in die Beschäftigung zurückkehren wollen, sind die Ausschreibungen der jeweiligen Einrichtungen nach § 1 Absatz 1 oder Dienststellen im Sinne des Personalvertretungsgesetzes auf Wunsch bekannt zu geben.

§ 12 Sexuelle Belästigung am Arbeitsplatz

(1) [1]Sexuelle Belästigungen sind Diskriminierungen. [2]Es gehört zur Dienstpflicht von Beschäftigten mit Vorgesetzten- und Leitungsfunktionen, sexuellen Belästigungen von Beschäftigten entgegenzuwirken und bekannt gewordenen Fällen sexueller Belästigung nachzugehen.

(2) Sexuelle Belästigungen sind insbesondere unerwünschter Körperkontakt, unerwünschte Bemerkungen, Kommentare und Witze sexuellen Inhalts, Zeigen pornographischer Darstellungen am Arbeitsplatz sowie die Aufforderung zu sexuellen Handlungen, die bezwecken oder bewirken, dass die Würde der betreffenden Person verletzt wird, insbesondere wenn ein von Einschüchterungen, Anfeindungen, Erniedrigungen, Entwürdigungen oder Beleidigungen gekennzeichnetes Umfeld geschaffen wird.

(3) Sexuelle Belästigungen sind Dienstpflichtverletzungen.

(4) Die Beschwerde von Betroffenen darf nicht zu Benachteiligungen führen.

§ 13 Frauenförderung durch öffentliche Auftragsvergabe

(1) [1]Beim Abschluss von Verträgen über Leistungen mit einem Auftragswert von voraussichtlich mindestens 25 000 Euro (ohne Umsatzsteuer) oder über Bauleistungen mit einem Auftragswert von voraussichtlich mindestens 200 000 Euro (ohne Umsatzsteuer) sind in den jeweiligen Verträgen die Verpflichtungen der Auftragnehmenden festzuschreiben, Maßnahmen zur Frauenförderung und zur Förderung der Vereinbarkeit von Beruf und Familie im eigenen Unternehmen durchzuführen sowie das geltende Gleichbehandlungsrecht zu beachten. [2]Diese Regelung gilt nicht für Auftragnehmende, die in der Regel zehn oder weniger Arbeitnehmer und Arbeitnehmerinnen, ausschließlich der zu ihrer Berufsbildung Beschäftigten, beschäftigen.

(2) Die Vergabestellen der in § 1 Absatz 1 genannten Einrichtungen oder Dienststellen im Sinne des Personalvertretungsgesetzes erfassen regelmäßig die im Zusammenhang mit der Durchführung der Maßnahmen zur Frauenförderung und zur Förderung der Vereinbarkeit von Beruf und Familie anfallenden Daten.

(3) Der Senat wird ermächtigt, durch Rechtsverordnung insbesondere den Inhalt der Maßnahmen zur Frauenförderung und zur Förderung der Vereinbarkeit von Beruf und Familie, die Kontrolle der Durchführung, die Folgen der Nichterfüllung von Verpflichtungen sowie den Kreis der betroffenen Unternehmen zu regeln.

§ 14 Frauenförderung bei staatlicher Leistungsgewährung

(1) [1]Die Gewährung von Leistungen aus Landesmitteln, auf die kein Anspruch besteht, ist ab einem Betrag von 25 000 Euro von der Verpflichtung des Leistungsempfangenden zur Durchführung von Maßnahmen zur aktiven Förderung der Beschäftigung von Frauen im Sinne des Grundsatzes von § 3 Absatz 1 abhängig zu machen. [2]Von dieser Bedingung können Leistungsempfangende ausgenommen werden, bei denen die Beschäftigung von Männern aus rechtlichen oder tatsächlichen Gründen unabdingbar ist. [3]Satz 1 gilt nicht für Leistungsempfangende, die in der Regel zehn oder weniger Arbeitnehmer und Arbeitnehmerinnen, ausschließlich der zu ihrer Berufsbildung Beschäftigten, beschäftigen.

(2) Der Bewilligungsbescheid ist mit einer entsprechenden Auflage zu versehen.

(3) § 13 Absatz 2 und 3 gilt entsprechend.

§ 15 Gremien

(1) Gremien sind geschlechtsparitätisch zu besetzen, soweit für deren Zusammensetzung keine besonderen gesetzlichen Vorgaben gelten.

(2) [1]Werden bei Einrichtungen nach § 1 Absatz 1 oder Dienststellen im Sinne des Personalvertretungsgesetzes Gremien gebildet, benennen die entsendenden Einrichtungen oder Dienststellen mindestens ebenso viele Frauen wie Männer. [2]Dürfen sie nur eine Person benennen, ist für das Mandat nach Ablauf der Amtsperiode eine dem jeweils anderen Geschlecht angehörende Person zu benennen.

(3) Absatz 2 gilt für die Entsendung von Vertreterinnen und Vertretern in Aufsichtsräte und andere Gremien außerhalb der Verwaltung entsprechend.

§ 16 Frauenvertreterin

(1) [1]In jeder Dienststelle im Sinne des Personalvertretungsgesetzes mit Ausnahme der Hochschulen im Sinne des § 1 des Berliner Hochschulgesetzes in der Fassung vom 26. Juli 2011 (GVBl. S. 378), das zuletzt durch Artikel 1 des Gesetzes vom 14. September 2021 (GVBl. S. 1039) geändert worden ist, wird eine Frauenvertreterin und eine Stellvertreterin gewählt. [2]In den Hochschulen ist die Frauenbeauftragte nach § 59 des Berliner Hochschulgesetzes gleichzeitig die Frauenvertreterin. [3]Es findet eine geheime, unmittelbare Mehrheitswahl statt. [4]Frauenvertreterin und Stellvertreterin werden die Kandidatinnen mit der jeweils höchsten Stimmenzahl. [5]Die Stellvertreterin rückt mit allen Rechten

und Pflichten in das Amt der Frauenvertreterin nach, wenn die Frauenvertreterin vor Ablauf der Wahlperiode aus dem Amt scheidet. 6Scheidet die stellvertretende Frauenvertreterin vorzeitig aus, so rückt die mit der nächsthöheren Stimmenzahl gewählte Stellvertreterin mit allen Rechten und Pflichten nach. 7Sofern das Amt der Frauenvertreterin und der Stellvertreterin nach den für die Wahl der Frauenvertreterin geltenden Vorschriften nicht besetzt werden kann, bestellt die Dienststelle auf Vorschlag von drei volljährigen Wahlberechtigten die Amtsinhaberinnen aus dem Kreis der in § 16a Absatz 1 und 2 genannten weiblichen Beschäftigten für die Zeit bis zur nächsten regelmäßigen Wahl.

(2) 1Ist die Frauenvertreterin an der Ausübung ihres Amtes durch Abwesenheit oder sonstige Gründe gehindert, so wird sie von der Stellvertreterin vertreten. 2Diese hat in diesem Fall die gleichen Rechte und Pflichten wie die Frauenvertreterin.

(3) 1Die Frauenvertreterin ist im erforderlichen Umfang von ihren Dienstgeschäften freizustellen und mit den zur Erfüllung ihrer Aufgaben notwendigen personellen und sachlichen Mitteln auszustatten; unter Berücksichtigung der jeweiligen Struktur der Dienststelle beträgt die Freistellung in der Regel

– in Dienststellen mit mehr als 200 Beschäftigten mindestens die Hälfte der regelmäßigen Arbeitszeit,
– in Dienststellen mit mehr als 500 Beschäftigten die volle regelmäßige Arbeitszeit;

für die Freistellung im Hochschulbereich gilt § 59 Absatz 5 des Berliner Hochschulgesetzes. 2Satz 1 erster Halbsatz gilt entsprechend für die Teilnahme an Schulungs- und Bildungsveranstaltungen, soweit diese Kenntnisse vermitteln, die für die Wahrnehmung des Amtes der Frauenvertreterin erforderlich sind. 3Überschreitet der erforderliche Umfang der Freistellung die vereinbarte Arbeitszeit, so ist die Stellvertreterin ergänzend ebenfalls freizustellen. 4Unabhängig von der Anzahl der Beschäftigten, ist die Stellvertreterin mindestens einen Tag im Monat freizustellen, damit der erforderliche Informationsaustausch mit der Frauenvertreterin gewährleistet werden kann.

(4) 1Die Frauenvertreterin darf in der Ausübung ihres Amtes nicht behindert und wegen ihres Amtes nicht benachteiligt oder begünstigt werden; dies gilt auch für ihre berufliche Entwicklung. 2Sie wird vor Kündigung, Versetzung und Abordnung in gleicher Weise geschützt wie ein Mitglied des Personalrats. 3Im Rahmen ihrer Aufgabenstellung und der damit zusammenhängenden Erledigung ist sie von Weisungen frei.

(5) 1Die Frauenvertreterin und ihre Stellvertreterin sind verpflichtet, über die persönlichen Verhältnisse von Beschäftigten, die ihnen aufgrund ihres Amtes bekannt geworden sind, sowie über Angelegenheiten, die ihrer Bedeutung oder ihrem Inhalt nach einer vertraulichen Behandlung bedürfen, Stillschweigen zu bewahren. 2Dies gilt auch über ihre Amtszeit hinaus. 3Diese Verpflichtung besteht bei Einwilligung der Beschäftigten nicht gegenüber der Dienststellenleitung, der Personalvertretung, den Richtervertretungen, den Staatsanwaltsräten und der Gesamtfrauenvertreterin.

(6) Das für Frauenpolitik zuständige Mitglied des Senats koordiniert und organisiert den Informationsaustausch und die Fortbildung der Frauenvertreterinnen und Gesamtfrauenvertreterinnen.

§ 16a Wahl

(1) 1Wahlberechtigt sind alle weiblichen Beschäftigten der Dienststelle. 2Abgeordnete oder nach § 20 des Beamtenstatusgesetzes zugewiesene Beschäftigte, Beamtinnen im Vorbereitungsdienst und Beschäftigte in entsprechender Ausbildung sind nur bei ihrer Stammbehörde wahlberechtigt.

(2) 1Wählbar sind alle weiblichen Beschäftigten, die am Wahltag das 18. Lebensjahr vollendet haben, seit einem Jahr im öffentlichen Dienst und seit drei Monaten im Dienst des Landes Berlin oder einer landesunmittelbaren Körperschaft, Anstalt oder Stiftung des öffentlichen Rechts beschäftigt sind. 2Nicht wählbar sind Beschäftigte, die infolge Richterspruchs die Fähigkeit, Rechte aus öffentlichen Wahlen zu erlangen, nicht besitzen, sowie

1. Leiterinnen von Einrichtungen nach § 1 Absatz 1 oder Dienststellen im Sinne des Personalvertretungsgesetzes sowie deren ständige Vertreterinnen,
2. Beschäftigte, die zu selbständigen Entscheidungen in Personalangelegenheiten von nicht untergeordneter Bedeutung befugt sind,
3. Beschäftigte, die sich ausschließlich zum Zweck einer über- und außerbetrieblichen Ausbildung in einer Einrichtung des öffentlichen Dienstes befinden und
4. die Mitglieder des Wahlvorstands.

3Satz 1 dritter Halbsatz findet keine Anwendung

1. auf Referendarinnen und Lehramtsanwärterinnen,
2. wenn die Dienststelle weniger als drei Jahre besteht,
3. wenn nicht mindestens fünf wählbare Dienstkräfte vorhanden sind.

(3) [1]Die regelmäßigen Wahlen finden entsprechend den Regelungen im Personalvertretungsgesetz alle vier Jahre statt. [2]Außerhalb dieses Zeitraums finden Wahlen statt, wenn

1. das Amt der Frauenvertreterin vorzeitig erlischt und keine Stellvertreterin nachrückt oder
2. die jeweilige Wahl mit Erfolg angefochten worden ist oder
3. Dienststellen ganz oder wesentliche Teile von Dienststellen zu einer neuen Dienststelle zusammengeschlossen werden oder in einer neuen Dienststelle keine Frauenvertreterin vorhanden ist.

(4) [1]In den Fällen des Absatzes 3 Satz 2 Nummer 3 führen die bisherigen Frauenvertreterinnen unter Beibehaltung ihrer Freistellung die Geschäfte gemeinsam weiter bis zur Bekanntgabe des Wahlergebnisses der Neuwahl und der Annahmeerklärung der jeweils neu gewählten Frauenvertreterinnen, längstens jedoch bis zur Dauer von sechs Monaten. [2]Der Wahlvorstand wird von den Frauenvertreterinnen gemeinsam bestellt. [3]Im Falle der Schaffung einer neuen Dienststelle im Sinne des Absatzes 3 Satz 2 Nummer 3 führt die Frauenvertreterin der abgebenden Dienststelle die Geschäfte weiter und bestellt den Wahlvorstand; Satz 1 gilt entsprechend. [4]Die Neuwahl der Frauenvertreterinnen soll jeweils zeitgleich mit der Personalratswahl durchgeführt werden.

(5) [1]Hat außerhalb der Wahlen des für die regelmäßigen Wahlen der Frauenvertreterinnen festgelegten Zeitraums eine Wahl zur Frauenvertreterin stattgefunden, so ist die Frauenvertreterin in dem auf die Wahl folgenden nächsten Zeitraum der regelmäßigen Wahlen der Frauenvertreterinnen neu zu wählen. [2]Hat die Amtszeit der Frauenvertreterin zu Beginn des für die regelmäßigen Wahlen der Frauenvertreterinnen festgelegten Zeitraums noch nicht ein Jahr betragen, so ist die Frauenvertreterin in dem übernächsten Zeitraum der regelmäßigen Wahlen der Frauenvertreterinnen neu zu wählen.

(6) [1]Die Amtszeit der Frauenvertreterin beträgt entsprechend den Regelungen im Personalvertretungsgesetz vier Jahre. [2]Sie beginnt mit dem Ablauf der Amtszeit der Vorgängerin, jedoch nicht vor Bekanntgabe des Wahlergebnisses der Neuwahl und der Annahmeerklärung der neu gewählten Frauenvertreterin. [3]Das Amt erlischt vorzeitig, wenn die Frauenvertreterin es niederlegt, aus dem Arbeits- oder Dienstverhältnis ausscheidet oder die Wählbarkeit verliert. [4]Auf Antrag eines Viertels der Wahlberechtigten kann das Verwaltungsgericht das Erlöschen des Amtes der Frauenvertreterin wegen grober Verletzung ihrer Pflichten beschließen.

(7) [1]Die Wahl kann durch mindestens drei Wahlberechtigte beim Verwaltungsgericht angefochten werden, wenn gegen wesentliche Vorschriften über das Wahlrecht, die Wählbarkeit oder das Wahlverfahren verstoßen worden ist und eine Berichtigung nicht erfolgt ist, es sei denn, dass durch den Verstoß das Wahlergebnis nicht geändert oder beeinflusst werden konnte. [2]Die Wahlanfechtung ist nur binnen einer Frist von zwei Wochen, vom Tage der Bekanntgabe des Wahlergebnisses an gerechnet, zulässig. [3]Bis zur rechtskräftigen Entscheidung über die Anfechtung bleibt die Frauenvertreterin, deren Wahl angefochten ist, im Amt. [4]Wird die Ungültigkeit der Wahl festgestellt, so sind unverzüglich Neuwahlen anzuberaumen.

(8) Der Senat wird ermächtigt, durch Rechtsverordnung nähere Vorschriften über die Vorbereitung und Durchführung der Wahl oder Bestellung der Frauenvertreterin und der Gesamtfrauenvertreterin sowie ihrer Vertreterinnen zu erlassen, in denen insbesondere die Bestellung eines Wahlvorstands, die Aufgaben des Wahlvorstands, die Durchführung einer Wahlausschreibung und die Möglichkeit einer Briefwahl geregelt werden.

§ 17 Aufgaben und Rechte der Frauenvertreterin

(1) Die Frauenvertreterin ist bei allen sozialen, organisatorischen und personellen Maßnahmen, sowie bei allen Vorlagen, Berichten und Stellungnahmen zu Fragen der Frauenförderung zu beteiligen.

(2) [1]Dazu hat sie insbesondere die folgenden Rechte:

- Beteiligung an Stellenausschreibungen,
- Beteiligung am Auswahlverfahren,
- Teilnahme an Bewerbungsgesprächen,
- Beteiligung an Beurteilungen,
- Einsicht in die Personalakten, sofern und soweit auf deren Inhalt zur Begründung von Entscheidungen Bezug genommen wird oder die Einwilligung von den betroffenen Beschäftigten vorliegt,

– Einsicht in Bewerbungsunterlagen einschließlich der Unterlagen von Bewerberinnen und Bewerbern, die nicht in die engere Auswahl einbezogen wurden.

[2]Die Frauenvertreterin hat ein Recht auf Auskunft in allen mit ihren Aufgaben in Zusammenhang stehenden Angelegenheiten, einschließlich des Rechts auf entsprechende Akteneinsicht. [3]Das Recht auf Beteiligung umfasst über die in Satz 1 genannten Rechte hinaus die frühzeitige und umfassende Unterrichtung der Frauenvertreterin durch die Dienststelle in allen in Absatz 1 genannten Angelegenheiten sowie die Gewährung einer Gelegenheit zur Stellungnahme durch die Frauenvertreterin vor Entscheidungen. [4]Die Beteiligung der Frauenvertreterin erfolgt vor dem Personalrat, in dringenden Fällen zeitgleich.

(3) [1]Wird die Frauenvertreterin nicht oder nicht rechtzeitig beteiligt, so ist die Entscheidung über eine Maßnahme für zwei Wochen auszusetzen und die Beteiligung nachzuholen. [2]In dringenden Fällen ist die Frist auf eine Woche, bei außerordentlichen Kündigungen auf drei Arbeitstage zu verkürzen.

(4) [1]Bei der Besetzung von Vorstands- und Geschäftsleitungspositionen der Anstalten, Körperschaften und Stiftungen des öffentlichen Rechts, prüft die jeweils zuständige Frauenvertreterin, ob die Vorgaben dieses Gesetzes in Bezug auf

– das Erfordernis sowie die Art und den Inhalt der öffentlichen Bekanntmachung (§ 5 Absatz 3, § 5 Absatz 4 und 5),
– die Anzahl der zu einem Vorstellungsgespräch einzuladenden Bewerberinnen (§ 6 Absatz 2 in Verbindung mit § 6 Absatz 1),
– die Dokumentation des Verfahrens (§ 6 Absatz 3) sowie
– die Einbeziehung von Dritten in das Personalfindungsverfahren (§ 6 Absatz 4)

eingehalten wurden. [2]Dazu sind ihr alle hierfür wesentlichen, anonymisierten Informationen rechtzeitig in geeigneter Form zur Verfügung zu stellen. [3]Sie legt das Ergebnis ihrer Prüfung innerhalb einer Woche vor der Besetzungsentscheidung dem dafür zuständigen Organ vor.

(5) [1]Die Frauenvertreterin kann Sprechstunden während der Arbeitszeit einrichten. [2]Zeit und Ort bestimmt sie im Einvernehmen mit der Dienststellenleitung. [3]Sie führt einmal jährlich eine Versammlung der weiblichen Beschäftigten durch (Frauenversammlung). [4]Bei dieser Gelegenheit erstattet sie einen Tätigkeitsbericht. [5]Auf die Frauenversammlung sind die Regelungen des Personalvertretungsgesetzes zur Personalversammlung entsprechend anzuwenden.

(6) [1]Unbeschadet der Rechte auf Beteiligung ist die Frauenvertreterin in allen mit ihren Aufgaben in Zusammenhang stehenden Angelegenheiten durch die Dienststellenleitung frühzeitig zu informieren. [2]Geschieht dies nicht, so findet Absatz 3 entsprechend Anwendung.

(7) Die Frauenvertreterin nimmt Beschwerden über sexuelle Belästigungen entgegen, berät die Betroffenen und leitet Mitteilungen über sexuelle Belästigungen mit Einverständnis der Betroffenen der Dienststellenleitung zu.

(8) Die Vorschriften des § 92a Absatz 1 des Personalvertretungsgesetzes in der Fassung vom 14. Juli 1994 (GVBl. S. 337, 1995 S. 24), das zuletzt durch Artikel III des Gesetzes vom 25. Januar 2010 (GVBl. S. 22) geändert worden ist, über die Behandlung der Verschlusssachen der Verfassungsschutzbehörde gelten für die Frauenvertreterin der Verfassungsschutzabteilung bei der für Inneres zuständigen Senatsverwaltung entsprechend.

§ 17a *[aufgehoben]*

§ 18 Beanstandungen

(1) [1]Beanstandet die Frauenvertreterin bei personellen oder sonstigen Maßnahmen einen Verstoß gegen dieses Gesetz, ist der Vorgang von der Dienststellenleitung unverzüglich erneut zu entscheiden. [2]Die Beanstandung erfolgt spätestens 14 Tage, nachdem die Frauenvertreterin durch die Dienststelle schriftlich von der Maßnahme unterrichtet wurde. [3]§ 17 Absatz 3 Satz 2 gilt entsprechend.

(2) [1]Die Frauenvertreterin kann die erneute Entscheidung innerhalb von 14 Tagen nach schriftlicher Unterrichtung durch die Dienststelle bei dem für Frauenpolitik zuständigen Mitglied des Senats beanstanden. [2]Dieses legt der Dienststellenleitung einen Entscheidungsvorschlag vor. [3]§ 17 Absatz 3 Satz 2 gilt entsprechend.

(3) [1]Bis zur Entscheidung durch die Dienststellenleitung und bis zur Vorlage des Entscheidungsvorschlags durch das für Frauenpolitik zuständige Mitglied des Senats wird die Entscheidung über die

Maßnahme ausgesetzt. [2]Der Vollzug der beanstandeten Maßnahme vor Ablauf der in Absatz 1 und 2 genannten Beanstandungsfristen ist unzulässig.

(4) [1]Hält im Bereich der Berliner Hauptverwaltung (§ 2 Absatz 1 und 2 des Allgemeinen Zuständigkeitsgesetzes) eine Dienststellenleitung trotz gegenteiligen Entscheidungsvorschlags des für Frauenpolitik zuständigen Mitglieds des Senats an einer beanstandeten Maßnahme fest, so hat diese unverzüglich Mitteilung an das für Frauenpolitik zuständige Mitglied des Senats zu erstatten. [2]Dieses legt den Vorgang dem Senat zur Beratung und Beschlussfassung vor. [3]Die Beratung und Beschlussfassung erfolgt durch die Personalkommission des Senats. [4]Bis zur Beschlussfassung der Personalkommission wird die Entscheidung über die Maßnahme weiterhin ausgesetzt.

(5) Die Absätze 1 bis 4 gelten nicht in den von § 17 Absatz 4 erfassten Fällen.

(6) Das für Frauenpolitik zuständige Mitglied des Senats ist Mitglied der Personalkommission des Senats.

§ 18a Gesamtfrauenvertreterin

(1) [1]Für diejenigen Dienststellen im Sinne des Personalvertretungsgesetzes mit Ausnahme der Hochschulen im Sinne des § 1 des Berliner Hochschulgesetzes, die einen Gesamtpersonalrat bilden, ist eine Gesamtfrauenvertreterin zu wählen. [2]Für die Wahl, das aktive und passive Wahlrecht, den Wahlzeitraum, die Amtszeit, die Wahlanfechtung sowie die Vorbereitung und Durchführung der Wahl gelten § 16a sowie die Verordnung über die Wahl zur Frauenvertreterin vom 3. Juni 1993 (GVBl. S. 246) in der jeweiligen Fassung entsprechend.

(2) Der Gesamtwahlvorstand wird, wenn keine Gesamtfrauenvertreterin gewählt ist, von den Frauenvertreterinnen der zuständigen Dienststellen gemeinsam bestellt.

(3) [1]Die Freistellung und die Vertretung der Gesamtfrauenvertreterin richten sich nach den für die Frauenvertreterin geltenden Vorschriften. [2]Die gleichzeitige Ausübung des Amtes der Frauenvertreterin und des Amtes der Gesamtfrauenvertreterin ist ausgeschlossen.

(4) [1]Die Gesamtfrauenvertreterin ist zuständig:

1. für die Beteiligung an den Angelegenheiten, an denen der Gesamtpersonalrat, der Gesamtrichterrat oder der Gesamtstaatsanwaltsrat, sofern er Aufgaben des Gesamtrichterrats wahrnimmt, zu beteiligen ist,
2. für die Beteiligung bei allen sozialen, organisatorischen und personellen Maßnahmen, für die die Zuständigkeit einer Frauenvertreterin nicht gegeben ist,
3. für Angelegenheiten, für die die Zuständigkeit des Hauptpersonalrats, des Hauptrichterrats oder des Hauptstaatsanwaltsrats begründet wurde.

[2]Die §§ 17, 18 und 20 gelten entsprechend.

§ 19 Berichtspflicht

(1) Der Senat berichtet dem Abgeordnetenhaus im Abstand von zwei Jahren über die Durchführung dieses Gesetzes.

(2) Die Berichtspflicht umfasst die bisherigen und geplanten Maßnahmen zur Durchführung dieses Gesetzes, insbesondere die Auskunft über die Entwicklung des Frauenanteils in den Besoldungs-, Vergütungs-, Entgelt- und Lohngruppen der einzelnen Laufbahn- und Berufsfachgruppen im öffentlichen Dienst, die Maßnahmen zur Frauenförderung und zur Förderung der Vereinbarkeit von Beruf und Familie bei der öffentlichen Auftragsvergabe und staatlichen Leistungsgewährung sowie die Dokumentation der Besetzungsverfahren von Vorstands- und Geschäftsleitungspositionen der Anstalten, Körperschaften und Stiftungen des öffentlichen Rechts.

(3) [1]Die Einrichtungen nach § 1 Absatz 1 oder Dienststellen im Sinne des Personalvertretungsgesetzes erstellen als Grundlage des Berichts des Senats eine Analyse der Beschäftigtenstruktur und erheben dazu insbesondere Angaben über

1. die Zahl der Beschäftigten,
2. die Einstellungen, Beförderungen und Höhergruppierungen sowie die Positionen mit Vorgesetzten- und Leitungsfunktionen, jeweils gegliedert nach Geschlecht sowie Voll- und Teilzeittätigkeit, und
3. a) die Gremien der Einrichtungen,
   b) die Gremienmitglieder sowie die in Gremien außerhalb der Verwaltung des Landes Berlin entsandten Mitglieder jeweils getrennt nach Geschlecht.

[2]Die Anstalten, Körperschaften und Stiftungen des öffentlichen Rechts erheben bei der Besetzung von Vorstands- und Geschäftsleitungspositionen die Art der öffentlichen Bekanntmachung, die Einbeziehung von Dritten in den Personalfindungsprozess, die Anzahl der Bewerbungen von Frauen und Männern sowie die Anzahl der zu einem Vorstellungsgespräch eingeladenen Bewerberinnen und Bewerber. [3]Die statistischen Angaben sowie die Analyse der Beschäftigtenstruktur sind alle zwei Jahre jeweils sechs Monate vor Abgabe des Berichts an das Abgeordnetenhaus der für Frauenpolitik zuständigen Senatsverwaltung zu übermitteln.

(4) Der Senat wird ermächtigt, durch Rechtsverordnung die einzelnen Vorgaben für die Erhebung der statistischen Angaben sowie die Berichterstattung zur Analyse der Beschäftigtenstruktur und zur Besetzung von Gremien zu regeln.

§ 20 Gerichtliches Verfahren

[1]Die Frauenvertreterin kann das Verwaltungsgericht anrufen, um geltend zu machen, dass die Dienststelle ihre Rechte aus diesem Gesetz verletzt hat oder keinen oder einen nicht den Vorschriften dieses Gesetzes entsprechenden Frauenförderplan aufgestellt hat. [2]Die Anrufung hat keine aufschiebende Wirkung.

§ 21 Verwirklichung des Gleichstellungsgebots in den Bezirken

(1) [1]Der Verfassungsauftrag der Gleichstellung und der gleichberechtigten Teilhabe von Frauen und Männern ist bei der Wahrnehmung von Aufgaben und der Planung von Vorhaben in der Verwaltung zu beachten und gehört zu den Aufgaben der Berliner Bezirksverwaltungen. [2]Ausschließlich dazu bestellen die Bezirksämter eine hauptamtlich tätige Frauen- oder Gleichstellungsbeauftragte. [3]Die Dienstaufsicht über die Frauen- oder Gleichstellungsbeauftragte übt die Bezirksbürgermeisterin oder der Bezirksbürgermeister aus. [4]Zur Erfüllung ihrer Aufgaben ist die Frauen- oder Gleichstellungsbeauftragte mit den notwendigen personellen und sachlichen Mitteln auszustatten.

(2) Das Bezirksamt informiert die Frauen- oder Gleichstellungsbeauftragte unverzüglich über Vorhaben, Programme, Maßnahmen und Entscheidungen, die ihre Aufgaben berühren, und gibt ihr vor einer Entscheidung innerhalb einer angemessenen Frist Gelegenheit zur Stellungnahme.

(3) [1]Die Frauen- oder Gleichstellungsbeauftragte regt Vorhaben und Maßnahmen zur Verbesserung der Arbeits- und Lebensbedingungen von Frauen im Bezirk an. [2]Sie arbeitet insbesondere mit gesellschaftlich relevanten Gruppen, Behörden und Betrieben zusammen. [3]Die Frauen- oder Gleichstellungsbeauftragte informiert die Öffentlichkeit über Angelegenheiten ihres Aufgabenbereichs.

(4) [1]Die Frauen- oder Gleichstellungsbeauftragte gibt dem Bezirksamt Empfehlungen zur Verwirklichung des Gebots zur Gleichstellung von Frauen und Männern. [2]Dazu kann sie das Bezirksamt innerhalb einer angemessenen Frist zur Stellungnahme auffordern.

(5) In Angelegenheiten, die frauenpolitische Belange oder Fragen der Gleichstellung berühren, kann die Frauen- oder Gleichstellungsbeauftragte über das Bezirksamt Vorlagen zur Kenntnisnahme in die Bezirksverordnetenversammlung einbringen.

§ 22 Verwaltungsvorschriften

Die zur Durchführung dieses Gesetzes erforderlichen Verwaltungsvorschriften erlässt das für Frauenpolitik zuständige Mitglied des Senats.

§ 23 Inkrafttreten

Dieses Gesetz tritt am Tage nach der Verkündung[1)] im Gesetz- und Verordnungsblatt für Berlin in Kraft.

1) Verkündet am 27.11.2010.

Landesantidiskriminierungsgesetz (LADG)[1)]

Vom 11. Juni 2020 (GVBl. S. 532)
(BRV 2038-3)

Das Abgeordnetenhaus hat das folgende Gesetz beschlossen:

Abschnitt 1
Allgemeiner Teil

§ 1 Ziel des Gesetzes

Ziel des Gesetzes ist die tatsächliche Herstellung und Durchsetzung von Chancengleichheit, die Verhinderung und Beseitigung jeder Form von Diskriminierung sowie die Förderung einer Kultur der Wertschätzung von Vielfalt.

§ 2 Diskriminierungsverbot

Kein Mensch darf im Rahmen öffentlich-rechtlichen Handelns auf Grund des Geschlechts, der ethnischen Herkunft, einer rassistischen und antisemitischen Zuschreibung, der Religion und Weltanschauung, einer Behinderung, einer chronischen Erkrankung, des Lebensalters, der Sprache, der sexuellen und geschlechtlichen Identität sowie des sozialen Status diskriminiert werden.

§ 3 Geltungsbereich

(1) [1]Dieses Gesetz gilt für die Berliner Verwaltung, für landesunmittelbare öffentlich-rechtliche Körperschaften, Anstalten und Stiftungen, für den Rechnungshof von Berlin und für die Berliner Beauftragte oder den Berliner Beauftragten für Datenschutz und Informationsfreiheit sowie für die Gerichte und die Behörden der Staatsanwaltschaft des Landes Berlin, den Verfassungsgerichtshof und für das Abgeordnetenhaus von Berlin, soweit diese Verwaltungsaufgaben wahrnehmen (öffentliche Stellen). [2]Es findet mit Ausnahme von § 11 dieses Gesetzes und unbeschadet von § 24 des Allgemeinen Gleichbehandlungsgesetzes keine Anwendung auf die Anbahnung, Durchführung und Beendigung öffentlich-rechtlicher Dienstverhältnisse und Beschäftigungsverhältnisse der in Satz 1 benannten öffentlichen Stellen.

(2) [1]Soweit das Land Berlin unmittelbar oder mittelbar Mehrheitsbeteiligungen an juristischen Personen des Privatrechts oder Personengesellschaften hält oder erwirbt, stellt es sicher, dass die Regelungen dieses Gesetzes auch von diesen entsprechend angewendet werden. [2]Soweit es Minderheitsbeteiligungen an juristischen Personen des Privatrechts oder Personengesellschaften hält oder erwirbt oder gemeinsame Einrichtungen mit dem Bund nach Artikel 91e des Grundgesetzes betreibt, wirkt es darauf hin, dass die Regelungen dieses Gesetzes auch entsprechend angewendet werden.

(3) [1]Die Geltung sonstiger gesetzlich geregelter Diskriminierungsverbote oder Gebote der Gleichbehandlung und der zu ihrer Durchsetzung bestehenden Verfahrensvorschriften wird durch dieses Gesetz nicht berührt. [2]Dies gilt auch für gesetzliche sowie unter dem Gesetz stehende Vorschriften, die dem Schutz bestimmter Personengruppen dienen, insbesondere für sämtliche Frauenförderungsmaßnahmen und gleichstellungspolitische Programme des Landes Berlin.

Abschnitt 2
Formen der Diskriminierung; Maßregelungsverbot

§ 4 Formen der Diskriminierung

(1) [1]Eine unmittelbare Diskriminierung liegt vor, wenn eine Person wegen eines oder mehrerer der in § 2 genannten Gründe eine weniger günstige Behandlung erfährt als eine andere Person in einer vergleichbaren Situation erfährt, erfahren hat oder erfahren würde und die Ungleichbehandlung nicht nach § 5 gerechtfertigt ist. [2]Eine unmittelbare Diskriminierung wegen des Geschlechts liegt auch im Falle einer ungünstigeren Behandlung einer Frau wegen Schwangerschaft oder Mutterschaft vor. [3]Eine unmittelbare Diskriminierung liegt ebenfalls vor, wenn die Person, die die Diskriminierung begeht, das Vorliegen eines oder mehrerer der in § 2 genannten Gründe nur annimmt. [4]Das Unterlassen von dis-

1) Verkündet als Art. 1 G v. 11.6.2020 (GVBl. S. 532); Inkrafttreten gem. Art. 3 dieses G am 21.6.2020.

kriminierungsbeendenden Maßnahmen und Handlungen steht einem Tun gleich, sofern eine Pflicht zum Tätigwerden besteht.

(2) Eine mittelbare Diskriminierung liegt vor, wenn dem Anschein nach neutrale Vorschriften, Kriterien oder Verfahren Personen wegen eines oder mehrerer der in § 2 genannten Gründe gegenüber anderen Personen in besonderer Weise benachteiligen können, es sei denn, die betreffenden Vorschriften, Kriterien oder Verfahren sind durch ein rechtmäßiges Ziel sachlich gerechtfertigt und die Mittel sind zur Erreichung dieses Ziels angemessen und erforderlich.

(3) Eine Belästigung ist eine Diskriminierung, wenn ein unerwünschtes Verhalten, das mit einem oder mehreren der in § 2 genannten Gründe in Zusammenhang steht, bezweckt oder bewirkt, dass die Würde der betroffenen Person verletzt wird, insbesondere wenn es ein von Einschüchterungen, Anfeindungen, Erniedrigungen, Entwürdigungen oder Beleidigungen gekennzeichnetes Umfeld schafft.

(4) Eine sexuelle Belästigung ist eine Diskriminierung, wenn insbesondere ein unerwünschter Körperkontakt, eine unerwünschte Bemerkung sexuellen Inhalts, das Zeigen pornographischer Darstellungen sowie die Aufforderung zu sexuellen Handlungen bezweckt oder bewirkt, dass die Würde der betroffenen Person verletzt wird.

(5) [1]Die Anweisung zur Diskriminierung einer Person ist eine Diskriminierung. [2]Eine solche Anweisung liegt insbesondere vor, wenn jemand eine Person zu einem Verhalten bestimmt, das eine andere Person wegen eines oder mehrerer der in § 2 genannten Gründe diskriminiert oder diskriminieren kann.

§ 5 Rechtfertigung von Ungleichbehandlungen; positive Maßnahmen

(1) Eine Ungleichbehandlung ist gerechtfertigt, wenn sie auf Grund eines hinreichenden sachlichen Grundes erfolgt.

(2) Eine Ungleichbehandlung ist auch gerechtfertigt, wenn durch geeignete und angemessene Maßnahmen bestehende Nachteile strukturell benachteiligter Personen wegen eines oder mehrerer der in § 2 genannten Gründe verhindert oder ausgeglichen werden sollen (positive Maßnahmen).

(3) Erfolgt eine Ungleichbehandlung wegen mehrerer Gründe, ist diese nur gerechtfertigt, wenn sich die Rechtfertigung auf alle Gründe erstreckt, derentwegen die Ungleichbehandlung erfolgt.

§ 6 Maßregelungsverbot

(1) [1]Benachteiligungen wegen der Inanspruchnahme von Rechten dieses Gesetzes oder wegen der Weigerung, eine gegen dieses Gesetz verstoßende Anweisung auszuführen, sind verboten. [2]Gleiches gilt für die Benachteiligung einer Person, die eine andere Person hierbei unterstützt oder als Zeugin oder Zeuge aussagt.

(2) [1]Die Zurückweisung oder Duldung diskriminierender Verhaltensweisen durch die betroffene Person darf nicht als Grundlage für eine Entscheidung herangezogen werden, die diese Person berührt. [2]Absatz 1 Satz 2 gilt entsprechend.

Abschnitt 3
Rechtsschutz; Verbandsklage

§ 7 Vermutungsregelung

Werden Tatsachen glaubhaft gemacht, die das Vorliegen eines Verstoßes gegen § 2 oder § 6 überwiegend wahrscheinlich machen, obliegt es der öffentlichen Stelle, den Verstoß zu widerlegen.

§ 8 Schadensersatzpflicht; Rechtsweg

(1) [1]Bei einem Verstoß gegen § 2 oder § 6 ist die öffentliche Stelle, in deren Verantwortungsbereich die Diskriminierung stattgefunden hat, verpflichtet, der diskriminierten Person den hierdurch entstehenden Schaden zu ersetzen. [2]Die Geltendmachung eines Anspruchs nach Satz 1 ist ausgeschlossen, wenn es die anspruchsberechtigte Person vorsätzlich oder fahrlässig unterlassen hat, den Schaden durch Einlegung eines Rechtsbehelfs abzuwenden.

(2) Wegen eines Schadens, der nicht Vermögensschaden ist, kann die diskriminierte Person eine angemessene Entschädigung in Geld verlangen.

(3) Verwirklicht sich durch eine Ungleichbehandlung, die nicht gerechtfertigt ist, ein Schaden bei einer Person, die in einem engen persönlichen Näheverhältnis zu einer Person steht, der ein oder mehrere der in § 2 genannten Merkmale zugeschrieben werden, so ist erstere berechtigt, ihren Schaden nach den Absätzen 1 und 2 geltend zu machen.

(4) [1]Die Verjährungsfrist für Ansprüche nach den Absätzen 1 bis 3 beträgt ein Jahr. [2]Die Frist beginnt mit dem Schluss des Jahres, in dem der Anspruch entstanden ist und die anspruchsberechtigte Person von den Anspruch begründenden Umständen und dem zum Ausgleich Verpflichteten Kenntnis erlangt oder ohne grobe Fahrlässigkeit erlangen müsste. [3]Im Übrigen finden die Vorschriften des Bürgerlichen Gesetzbuchs Anwendung.

(5) Für die Ansprüche nach den Absätzen 1 bis 3 ist der ordentliche Rechtsweg gegeben.

§ 9 Antidiskriminierungsrechtliche Verbandsklage

(1) Ein nach § 10 berechtigter Verband kann, ohne die Verletzung eigener Rechte darlegen zu müssen, Klage auf Feststellung erheben und geltend machen, dass Verwaltungsakte, Allgemeinverfügungen oder sonstiges Verwaltungshandeln gegen § 2 oder § 6 verstoßen, sofern eine über die individuelle Betroffenheit hinausgehende Bedeutung vorliegt.

(2) [1]Eine Verbandsklage nach Absatz 1 ist nur zulässig, wenn der nach § 10 berechtigte Verband einen Verstoß gegenüber der öffentlichen Stelle beanstandet hat. [2]Die Klage darf nicht vor Ablauf von drei Monaten nach der Beanstandung erhoben werden. [3]Sie ist unzulässig, wenn die öffentliche Stelle Abhilfe geschaffen hat. [4]Die öffentliche Stelle unterrichtet die für Antidiskriminierung zuständige Senatsverwaltung über den Ausgang des Beanstandungsverfahrens.

(3) [1]Mit der Behauptung eines Verstoßes gegen § 2 oder § 6 kann anstelle der klagebefugten Person und mit ihrem Einvernehmen ein nach § 10 berechtigter Verband, der nicht selbst am Verfahren beteiligt ist, gerichtlichen Rechtsschutz beantragen. [2]In diesem Fall müssen alle Verfahrensvoraussetzungen wie bei einem Rechtsschutzersuchen durch die klagebefugte Person selbst vorliegen. [3]Das Einvernehmen nach Satz 1 ist erstmals bei Klageerhebung und sodann jährlich auf gerichtliche Anforderung schriftlich oder zu Protokoll des Urkundsbeamten der Geschäftsstelle durch die klagebefugte Person zu erklären. [4]Wird das Einvernehmen nicht innerhalb gerichtlich gesetzter Frist erklärt, entfällt die Klagebefugnis des nach § 10 berechtigten Verbandes.

(4) Eine Verbandsklage ist nicht statthaft, wenn die Maßnahme auf Grund einer Entscheidung in einem gerichtlichen Verfahren erfolgt ist.

§ 10 Anerkennung als verbandsklageberechtigter Antidiskriminierungsverband

(1) [1]Antidiskriminierungsverbände sind Personenzusammenschlüsse, die nicht gewerbsmäßig und nicht nur vorübergehend entsprechend ihrer Satzung die besonderen Interessen von Personen wahrnehmen, die Nachteile wegen eines oder mehrerer der in § 2 genannten Gründe erfahren. [2]Die Anerkennung als verbandsklageberechtigter Antidiskriminierungsverband ist Personenzusammenschlüssen auf Antrag zu erteilen, wenn sie

1. ihren Sitz in Berlin haben und ihr satzungsgemäßer Tätigkeitsbereich auch das Gebiet des Landes Berlin umfasst,
2. zum Zeitpunkt der Anerkennung mindestens fünf Jahre bestehen und in diesem Zeitraum im Sinne von § 1 des Allgemeinen Gleichbehandlungsgesetzes oder § 1 Absatz 1 in Verbindung mit § 2 dieses Gesetzes tätig gewesen sind,
3. auf Grund ihrer bisherigen Tätigkeit die Gewähr für eine sachgerechte Aufgabenerfüllung erwarten lassen und
4. wegen § 5 Absatz 1 Nummer 5 Satz 1 Alternative 1 oder wegen Verfolgung gemeinnütziger oder mildtätiger Zwecke nach § 5 Absatz 1 Nummer 9 des Körperschaftsteuergesetzes in der Fassung der Bekanntmachung vom 15. Oktober 2002 (BGBl. I S. 4144), das zuletzt durch Artikel 6 des Gesetzes vom 21. Dezember 2019 (BGBl. I S. 2875) geändert worden ist, in der jeweils geltenden Fassung von der Körperschaftsteuer befreit sind.

[3]Mit Anerkennung stehen ihnen die Befugnisse des § 9 zu. [4]Sind mindestens sieben Antidiskriminierungsverbände zu einem Verband zusammengeschlossen, der die Anforderungen des Satzes 1 erfüllt (Dachverband), kann dieser als verbandsklageberechtigter Antidiskriminierungsverband anerkannt werden, wenn er die Voraussetzungen des Satzes 2 Nummer 1, 3 und 4 erfüllt.

(2) Die Anerkennung gilt für das Gebiet des Landes Berlin.

(3) [1]Die Anerkennung ist zurückzunehmen, wenn die Voraussetzungen für ihre Erteilung nicht vorlagen und dieser Mangel auch nach Aufforderung nicht beseitigt wird. [2]Die Anerkennung ist zu widerrufen, wenn eine der Voraussetzungen für ihre Erteilung nachträglich weggefallen ist. [3]Rechtsbehelfe haben in den Fällen der Sätze 1 und 2 keine aufschiebende Wirkung.

(4) [1]Die Anerkennung als verbandsklageberechtigter Antidiskriminierungsverband, ihre Rücknahme und ihr Widerruf erfolgt durch die für Antidiskriminierung zuständige Senatsverwaltung. [2]Soweit durch Satz 1 die Zuständigkeiten anderer Senatsverwaltungen berührt werden, ist mit diesen im Rahmen des Anerkennungsverfahrens Einvernehmen herzustellen.

Abschnitt 4

Diversity – Förderung einer Kultur der Wertschätzung von Vielfalt

§ 11 Förderung einer Kultur der Wertschätzung von Vielfalt

(1) Die Verhinderung und Beseitigung jeder Form von Diskriminierung und die Förderung einer Kultur der Wertschätzung von Vielfalt sind als durchgängiges Leitprinzip bei allen Maßnahmen der öffentlichen Stellen zu berücksichtigen.

(2) Die öffentlichen Stellen beziehen bei Untersuchungen ihrer Aufbau- und Ablauforganisation sowie ihrer Geschäftsprozesse auch die Untersuchung auf strukturelle Diskriminierungsgefährdungen mit ein und implementieren geeignete Gegenmaßnahmen zur Erreichung der Ziele dieses Gesetzes.

(3) Die Erfüllung dieser Verpflichtungen ist besondere Aufgabe der Dienstkräfte mit Vorgesetzten- und Leitungsfunktion und soll bei der Beurteilung ihrer Leistung einbezogen werden.

(4) [1]Der Erwerb von und die Weiterbildung in Diversity-Kompetenz einschließlich der antidiskriminierungsrechtlichen Grundlagen sollen für alle Dienstkräfte insbesondere durch Fortbildungsangebote und Qualifizierungsmaßnahmen sichergestellt werden. [2]Für die Dienstkräfte mit Vorgesetzten- und Leitungsfunktion ist die Teilnahme an den Fortbildungen und Qualifizierungsmaßnahmen verpflichtend. [3]Die Diversity-Kompetenz soll bei der Beurteilung der Eignung, Befähigung und fachlichen Leistung der Dienstkräfte berücksichtigt werden.

(5) § 3 Absatz 2 gilt entsprechend.

§ 12 Maßnahmen zur Förderung einer Kultur der Wertschätzung von Vielfalt

(1) Der Senat von Berlin ergreift landesweite Maßnahmen zur Förderung einer Kultur der Wertschätzung von Vielfalt in der Berliner Verwaltung und entwickelt diese stetig fort.

(2) Ein Bericht zur Umsetzung der Maßnahmen ist dem Abgeordnetenhaus mindestens alle fünf Jahre zur Kenntnisnahme vorzulegen.

(3) Strategien und Programme zur Herstellung und Durchsetzung von Chancengleichheit, die in der Zuständigkeit einzelner Senatsverwaltungen liegen, werden durch die Maßnahmen nicht berührt.

Abschnitt 5

Zuständigkeit; Ombudsstelle

§ 13 Zuständige Senatsverwaltung

[1]Die Aufgaben nach diesem Gesetz obliegen, soweit durch die Geschäftsverteilung des Senats nichts anderes bestimmt ist, der für Antidiskriminierung zuständigen Senatsverwaltung. [2]Sie wirkt auf die Umsetzung der Ziele des Gesetzes hin, indem sie insbesondere

1. für die von Diskriminierung ausgehenden Gefahren sensibilisiert und Vorschläge für Präventionsmaßnahmen erarbeitet,
2. strukturelle Diskriminierungen identifiziert und zu deren Abbau beiträgt,
3. an sie herangetragene Beschwerden aufnimmt, weitervermittelt und erforderlichenfalls Stellungnahmen einfordert,
4. eine bedarfsgerechte und effiziente Beratungsinfrastruktur fördert,
5. wissenschaftliche Untersuchungen zu Diskriminierungen, ihren Ursachen und ihren Folgen initiiert oder durchführt sowie
6. die öffentlichen Stellen bei der Erreichung der in § 11 formulierten Ziele unterstützt.

§ 14 Ombudsstelle

(1) Die für Antidiskriminierung zuständige Senatsverwaltung errichtet eine Ombudsstelle, die in dieser Funktion mit den für die jeweiligen Merkmale zuständigen Stellen innerhalb der Verwaltung zusammenarbeitet.

(2) [1]Die Ombudsstelle unterstützt Personen, die sich an sie wenden, durch Information und Beratung bei der Durchsetzung ihrer Rechte nach diesem Gesetz. [2]Im Rahmen ihrer Tätigkeit kann sie darauf

hinwirken, die Streitigkeit gütlich beizulegen. [3]Sie ist berechtigt, jederzeit Sachverständige hinzuzuziehen, Gutachten einzuholen, Beschwerden weiter zu vermitteln und Handlungsempfehlungen auszusprechen. [4]Die Ombudsstelle darf personenbezogene Daten verarbeiten, soweit dies für die Erfüllung ihrer Aufgaben erforderlich ist.

(3) [1]Die in § 3 Absatz 1 Satz 1 genannten öffentlichen Stellen sind verpflichtet, die Ombudsstelle bei der Erfüllung ihrer Aufgaben zu unterstützen, insbesondere die erforderlichen Auskünfte zu erteilen sowie erbetene Stellungnahmen abzugeben. [2]Der Ombudsstelle ist auf Antrag Einsicht in Akten zu gewähren, soweit nicht im Einzelfall wichtige überwiegende öffentliche Belange entgegenstehen.

(4) Stellt die Ombudsstelle nach hinreichender Aufklärung des Sachverhalts und nach erfolglosem Versuch einer gütlichen Streitbeilegung einen Verstoß gegen § 2 oder § 6 fest, beanstandet sie diesen gegenüber der öffentlichen Stelle und fordert diese zur Abhilfe auf.

(5) [1]Die Ombudsstelle unterliegt in Ombudsangelegenheiten keinen Weisungen und darf wegen der Erfüllung ihrer Aufgaben nicht benachteiligt werden. [2]Sie gewährleistet die Vertraulichkeit der Informationen, von denen sie im Rahmen ihrer Tätigkeit Kenntnis erhält.

Gesetz
zum Schutz personenbezogener Daten in der Berliner Verwaltung (Berliner Datenschutzgesetz – BlnDSG)[1)]

Vom 13. Juni 2018 (GVBl. S. 418)
(BRV 205-1)

zuletzt geändert durch Art. 1 G zur Änd. des Berliner DatenschutzG und des VerfassungsschutzG Berlin vom 27. September 2021 (GVBl. S. 1121)

Inhaltsübersicht

---

1) Verkündet als Art. 1 des Berliner Datenschutz-Anpassungs- und -UmsetzungsG EU v. 13.6.2018 (GVBl. S. 418); Inkrafttreten gem. Art. 4 Satz 1 dieses G am 24.6.2018.

Teil 1
Gemeinsame Bestimmungen

Kapitel 1
Allgemeine Bestimmungen

§ 1 Zweck

(1) Dieses Gesetz trifft in den Teilen 1 und 2 sowohl ergänzende als auch abweichende Regelungen zur Durchführung der Verordnung (EU) 2016/679 des Europäischen Parlaments und des Rates vom 27. April 2016 zum Schutz natürlicher Personen bei der Verarbeitung personenbezogener Daten, zum freien Datenverkehr und zur Aufhebung der Richtlinie 95/46/EG (Datenschutz-Grundverordnung) (ABl. L 119 vom 4.5.2016, S. 1; L 314 vom 22.11.2016, S. 72; L 127 vom 23.5.2018, S. 2) in der jeweils geltenden Fassung.

(2) Darüber hinaus erfolgt in den Teilen 1 und 3 dieses Gesetzes die Umsetzung der Richtlinie (EU) 2016/680 des Europäischen Parlaments und des Rates vom 27. April 2016 zum Schutz natürlicher Personen bei der Verarbeitung personenbezogener Daten durch die zuständigen Behörden zum Zwecke der Verhütung, Ermittlung, Aufdeckung oder Verfolgung von Straftaten oder der Strafvollstreckung sowie zum freien Datenverkehr und zur Aufhebung des Rahmenbeschlusses 2008/977/JI des Rates (ABl. L 199 vom 4.5.2016, S. 89; L 127 vom 23.5.2018, S. 9).

(3) In den Teilen 1 und 4 trifft dieses Gesetz Regelungen für die Verarbeitung personenbezogener Daten, die weder in den Anwendungsbereich der Verordnung (EU) 2016/679 noch der Richtlinie (EU) 2016/680 fallen.

§ 2 Anwendungsbereich

(1) Dieses Gesetz gilt für die Verarbeitung personenbezogener Daten durch Behörden und sonstige öffentliche Stellen (insbesondere nichtrechtsfähige Anstalten, Krankenhausbetriebe, Eigenbetriebe und Gerichte) des Landes Berlin und der landesunmittelbaren Körperschaften, Anstalten und Stiftungen des öffentlichen Rechts im Sinne des § 28 des Allgemeinen Zuständigkeitsgesetzes (öffentliche Stellen).

(2) [1]Als öffentliche Stellen gelten ungeachtet der Beteiligung nicht-öffentlicher Stellen auch Vereinigungen des privaten Rechts, die Aufgaben der öffentlichen Verwaltung wahrnehmen und an denen das Land Berlin mit absoluter Mehrheit der Anteile oder mit absoluter Mehrheit der Stimmen beteiligt ist. [2]Nehmen nicht-öffentliche Stellen hoheitliche Aufgaben der öffentlichen Verwaltung wahr, sind sie insoweit öffentliche Stellen im Sinne dieses Gesetzes.

(3) Das Abgeordnetenhaus, seine Mitglieder, die Fraktionen sowie ihre jeweiligen Verwaltungen und Beschäftigten unterliegen nicht den Bestimmungen dieses Gesetzes, soweit sie zur Wahrnehmung parlamentarischer Aufgaben personenbezogene Daten verarbeiten.

(4) Für die Verarbeitung personenbezogener Daten durch die für die Verhütung, Ermittlung, Aufdeckung, Verfolgung oder Ahndung von Straftaten oder Ordnungswidrigkeiten einschließlich des Schutzes vor und der Abwehr von Gefahren für die öffentliche Sicherheit zuständigen öffentlichen Stellen gelten nur Teil 1 und Teil 3 dieses Gesetzes, soweit diese Stellen personenbezogene Daten zum Zweck der Erfüllung dieser Aufgaben verarbeiten.

(5) Die Vorschriften dieses Gesetzes finden keine Anwendung, soweit das Recht der Europäischen Union, im Besonderen die Verordnung (EU) 2016/679 in der jeweils geltenden Fassung, unmittelbar gilt.

(6) [1]Abweichend von den Absätzen 1 und 2 gelten öffentliche Stellen, soweit diese als Unternehmen am Wettbewerb teilnehmen, als nicht-öffentliche Stellen. [2]Insoweit sind für sie nur die Regelungen der §§ 4 bis 6 und § 20 sowie § 22 anwendbar. [3]Im Übrigen finden für sie die für nicht-öffentliche Stellen geltenden Vorschriften des Bundesdatenschutzgesetzes vom 30. Juni 2017 (BGBl. I S. 2097) in der jeweils geltenden Fassung Anwendung mit Ausnahme von § 4 und § 38 des Bundesdatenschutzgesetzes.

(7) [1]Abweichend von Absatz 1 gilt § 19 auch für nicht-öffentliche Stellen, soweit diese personenbezogene Daten in Ausübung des Rechts auf freie Meinungsäußerung und Informationsfreiheit zu journalistischen, künstlerischen oder literarischen Zwecken verarbeiten. [2]Dies gilt nicht, soweit die Verarbeitung ausschließlich zur Ausübung persönlicher oder familiärer Tätigkeiten erfolgt.

(8) [1]Besondere Rechtsvorschriften über den Datenschutz gehen den Bestimmungen dieses Gesetzes vor. [2]Regeln sie einen Sachverhalt, für den dieses Gesetz gilt, nicht oder nicht abschließend, finden die Vorschriften dieses Gesetzes Anwendung.

(9) Für Verarbeitungen personenbezogener Daten im Rahmen von Tätigkeiten, die nicht in den Anwendungsbereich der Verordnung (EU) 2016/679 und der Richtlinie (EU) 2016/680 fallen, finden die Verordnung (EU) 2016/679 und Teil 1 und 2 dieses Gesetzes entsprechend Anwendung, soweit nicht in Teil 4 oder in einem anderen Gesetz Abweichendes geregelt ist.

(10) [1]Bei Verarbeitungen zu Zwecken gemäß Artikel 2 der Verordnung (EU) 2016/679 stehen die Vertragsstaaten des Abkommens über den Europäischen Wirtschaftsraum und die Schweiz den Mitgliedsstaaten der Europäischen Union gleich. [2]Andere Staaten gelten insoweit als Drittstaaten.

(11) [1]Bei Verarbeitungen zu Zwecken gemäß Artikel 1 Absatz 1 der Richtlinie (EU) 2016/680 stehen die bei der Umsetzung, Anwendung und Entwicklung des Schengen-Besitzstands assoziierten Staaten den Mitgliedstaaten der Europäischen Union gleich. [2]Andere Staaten gelten insoweit als Drittstaaten.

Kapitel 2
Rechtsgrundlagen der Verarbeitung personenbezogener Daten

§ 3 Verarbeitung personenbezogener Daten

Außerhalb des Anwendungsbereichs der Richtlinie (EU) 2016/680 ist die nicht in besonderen Rechtsvorschriften geregelte Verarbeitung personenbezogener Daten zulässig, wenn sie zur Erfüllung der in der Zuständigkeit des Verantwortlichen liegenden Aufgabe oder in Ausübung öffentlicher Gewalt, die dem Verantwortlichen übertragen wurde, erforderlich ist und

1. schutzwürdige Belange der betroffenen Personen wegen der Kategorien der personenbezogenen Daten, wegen der Zwecke der Verarbeitung, wegen der Dauer der Verarbeitung oder wegen ihrer Offenkundigkeit nicht entgegenstehen oder
2. Bundesrecht vollzogen wird und dieses die Verarbeitung personenbezogener Daten nicht abschließend regelt.

Kapitel 3
Datenschutzbeauftragte öffentlicher Stellen

§ 4 Benennung

(1) [1]Öffentliche Stellen benennen eine Datenschutzbeauftragte oder einen Datenschutzbeauftragten. [2]Dies gilt auch für öffentliche Stellen, die am Wettbewerb teilnehmen.

(2) Für mehrere öffentliche Stellen kann unter Berücksichtigung ihrer Organisationsstruktur und ihrer Größe eine gemeinsame Datenschutzbeauftragte oder ein gemeinsamer Datenschutzbeauftragter benannt werden.

(3) [1]Für die auf Grund Absatz 1 Satz 1 oder Absatz 2 benannte Person wird eine Vertreterin oder ein Vertreter benannt. [2]Für die Vertreterin oder den Vertreter gelten die Vorschriften dieses Kapitels entsprechend.

(4) Die oder der Datenschutzbeauftragte wird auf der Grundlage der beruflichen Qualifikation und insbesondere des Fachwissens benannt, das sie oder er auf dem Gebiet des Datenschutzrechts und der Datenschutzpraxis besitzt, sowie auf der Grundlage ihrer oder seiner Fähigkeit zur Erfüllung der in § 6 genannten Aufgaben.

(5) Die oder der Datenschutzbeauftragte kann Beschäftigte oder Beschäftigter der öffentlichen Stelle sein oder ihre oder seine Aufgaben auf der Grundlage eines Dienstleistungsvertrags erfüllen.

(6) Die öffentliche Stelle veröffentlicht die Kontaktdaten der oder des Datenschutzbeauftragten und teilt diese Daten der oder dem Berliner Beauftragten für Datenschutz und Informationsfreiheit mit.

§ 5 Stellung

(1) Die öffentliche Stelle stellt sicher, dass die oder der Datenschutzbeauftragte ordnungsgemäß und frühzeitig in alle mit dem Schutz personenbezogener Daten zusammenhängenden Fragen eingebunden wird.

(2) Die öffentliche Stelle unterstützt die Datenschutzbeauftragte oder den Datenschutzbeauftragten bei der Erfüllung ihrer oder seiner Aufgaben gemäß § 6, indem sie die für die Erfüllung dieser Aufgaben erforderlichen Ressourcen und den Zugang zu personenbezogenen Daten und Verarbeitungsvorgängen sowie die zur Erhaltung ihres oder seines Fachwissens erforderlichen Ressourcen zur Verfügung stellt.

(3) [1]Die öffentliche Stelle stellt sicher, dass die oder der Datenschutzbeauftragte bei der Erfüllung ihrer oder seiner Aufgaben keine Anweisungen bezüglich der Ausübung dieser Aufgaben erhält. [2]Die oder der Datenschutzbeauftragte berichtet unmittelbar der höchsten Leitungsebene der öffentlichen Stelle. [3]Die oder der Datenschutzbeauftragte darf von der öffentlichen Stelle wegen der Erfüllung ihrer oder seiner Aufgaben nicht abberufen oder benachteiligt werden.

(4) [1]Die Abberufung der oder des Datenschutzbeauftragten ist nur in entsprechender Anwendung des § 626 des Bürgerlichen Gesetzbuchs zulässig. [2]Die Kündigung des Arbeitsverhältnisses ist unzulässig, es sei denn, dass Tatsachen vorliegen, welche die öffentliche Stelle zur Kündigung aus wichtigem Grund ohne Einhaltung einer Kündigungsfrist berechtigen. [3]Nach dem Ende der Tätigkeit als Datenschutzbeauftragte oder als Datenschutzbeauftragter ist die Kündigung des Arbeitsverhältnisses innerhalb eines Jahres unzulässig, es sei denn, dass die öffentliche Stelle zur Kündigung aus wichtigem Grund ohne Einhaltung einer Kündigungsfrist berechtigt ist.

(5) [1]Betroffene Personen können die Datenschutzbeauftragte oder den Datenschutzbeauftragten zu allen mit der Verarbeitung ihrer personenbezogenen Daten und mit der Wahrnehmung ihrer Rechte gemäß der Verordnung (EU) 2016/679, diesem Gesetz sowie anderen Rechtsvorschriften über den Datenschutz im Zusammenhang stehenden Fragen zu Rate ziehen. [2]Die oder der Datenschutzbeauftragte ist zur Verschwiegenheit über die Identität der betroffenen Personen sowie über Umstände, die Rückschlüsse auf die betroffenen Personen zulassen, verpflichtet, soweit sie oder er nicht davon durch die betroffenen Personen befreit wird.

(6) [1]Wenn die oder der Datenschutzbeauftragte bei ihrer oder seiner Tätigkeit Kenntnis von Daten erhält, für die der Leitung oder einer bei der öffentlichen Stelle beschäftigten Person aus beruflichen Gründen ein Zeugnisverweigerungsrecht zusteht, steht dieses Recht auch der oder dem Datenschutzbeauftragten und den ihr oder ihm unterstellten Beschäftigten zu. [2]Über die Ausübung dieses Rechts entscheidet die Person, der das Zeugnisverweigerungsrecht aus beruflichen Gründen zusteht, es sei denn, dass diese Entscheidung in absehbarer Zeit nicht herbeigeführt werden kann. [3]Soweit das Zeugnisverweigerungsrecht der oder des Datenschutzbeauftragten reicht, unterliegen ihre oder seine Akten und andere Dokumente einem Beschlagnahmeverbot.

§ 6 Aufgaben

(1) Der oder dem Datenschutzbeauftragten obliegen zumindest folgende Aufgaben:

1. Unterrichtung und Beratung der öffentlichen Stelle und der Beschäftigten, die Verarbeitungen durchführen, hinsichtlich ihrer Pflichten nach diesem Gesetz und sonstigen Vorschriften über den Datenschutz, einschließlich der zur Umsetzung der Richtlinie (EU) 2016/680 erlassenen Rechtsvorschriften;
2. Überwachung der Einhaltung dieses Gesetzes und sonstiger Vorschriften über den Datenschutz, einschließlich der zur Umsetzung der Richtlinie (EU) 2016/680 erlassenen Rechtsvorschriften, sowie der Strategien der öffentlichen Stelle für den Schutz personenbezogener Daten, einschließlich der Zuweisung von Zuständigkeiten, der Sensibilisierung und der Schulung der an den Verarbeitungsvorgängen beteiligten Beschäftigten und der diesbezüglichen Überprüfungen;
3. Beratung im Zusammenhang mit der Datenschutz-Folgenabschätzung und Überwachung ihrer Durchführung gemäß § 53;
4. Zusammenarbeit mit der Aufsichtsbehörde;
5. Tätigkeit als Anlaufstelle für die Aufsichtsbehörde in mit der Verarbeitung zusammenhängenden Fragen, einschließlich der vorherigen Konsultation gemäß § 55 und gegebenenfalls Beratung zu allen sonstigen Fragen.

(2) Die in Absatz 1 genannten Aufgaben der oder des Datenschutzbeauftragten beziehen sich nicht auf die Verarbeitung von personenbezogenen Daten durch Gerichte im Rahmen ihrer justiziellen Tätigkeit und durch den Rechnungshof im Rahmen seiner unabhängigen Tätigkeit.

(3) [1]Die oder der Datenschutzbeauftragte kann andere Aufgaben und Pflichten wahrnehmen. [2]Die öffentliche Stelle stellt sicher, dass derartige Aufgaben und Pflichten nicht zu einem Interessenkonflikt führen.

(4) Die oder der Datenschutzbeauftragte trägt bei der Erfüllung ihrer oder seiner Aufgaben dem mit den Verarbeitungsvorgängen verbundenen Risiko gebührend Rechnung, wobei sie oder er die Art, den Umfang, die Umstände und die Zwecke der Verarbeitung berücksichtigt.

Kapitel 4
Berliner Beauftragte oder Beauftragter für Datenschutz und Informationsfreiheit

§ 7 Errichtung

Die oder der Berliner Beauftragte für Datenschutz und Informationsfreiheit ist eine oberste Landesbehörde.

§ 8 Zuständigkeit

(1) Die oder der Berliner Beauftragte für Datenschutz und Informationsfreiheit ist Aufsichtsbehörde für die öffentlichen Stellen des Landes Berlin.

(2) Die oder der Berliner Beauftragte für Datenschutz und Informationsfreiheit ist Aufsichtsbehörde nach § 40 des Bundesdatenschutzgesetzes für die Datenverarbeitung nicht-öffentlicher Stellen und öffentlicher Stellen, soweit diese am Wettbewerb teilnehmen.

(3) Die oder der Berliner Beauftragte für Datenschutz und Informationsfreiheit ist nicht zuständig für die Aufsicht über die von den Gerichten im Rahmen ihrer justiziellen Tätigkeit oder über die vom Rechnungshof in unabhängiger Tätigkeit vorgenommenen Verarbeitungen personenbezogener Daten.

§ 9 Ernennung und Beendigung des Amtsverhältnisses

(1) [1]Die oder der Berliner Beauftragte für Datenschutz und Informationsfreiheit wird vom Abgeordnetenhaus mit den Stimmen der Mehrheit seiner Mitglieder gewählt und von der Präsidentin oder dem Präsidenten des Abgeordnetenhauses ernannt. [2]Sie oder er nimmt zugleich die Aufgaben der oder des Landesbeauftragten für das Recht auf Akteneinsicht nach § 18 Absatz 1 des Berliner Informationsfreiheitsgesetzes vom 15. Oktober 1999 (GVBl. S. 561), das zuletzt durch Artikel 21 des Gesetzes vom 2. Februar 2018 (GVBl. S. 160) geändert worden ist, wahr und führt die Amts- und Funktionsbezeichnung „Berliner Beauftragter für Datenschutz und Informationsfreiheit“ in weiblicher oder männlicher Form. [3]Die oder der Berliner Beauftragte für Datenschutz und Informationsfreiheit muss über die zur Erfüllung ihrer oder seiner Aufgaben und Ausübung ihrer oder seiner Befugnisse erforderliche Qualifikation, Erfahrung und Sachkunde insbesondere im Bereich des Schutzes personenbezogener Daten verfügen. [4]Sie oder er muss über durch einschlägige Berufserfahrung erworbene Kenntnisse des Datenschutzrechts verfügen und die Befähigung zum Richteramt oder höheren Verwaltungsdienst besitzen.

(2) Die oder der Berliner Beauftragte für Datenschutz und Informationsfreiheit leistet vor der Präsidentin oder dem Präsidenten des Abgeordnetenhauses folgenden Eid: „Ich schwöre, mein Amt gerecht und unparteiisch getreu dem Grundgesetz, der Verfassung von Berlin und den Gesetzen zu führen und meine ganze Kraft dafür einzusetzen, so wahr mir Gott helfe.“ Der Eid kann auch ohne religiöse Beteuerung geleistet werden.

(3) [1]Die Amtszeit beträgt fünf Jahre. [2]Das Amtsverhältnis endet mit Ablauf der Amtszeit, durch Entlassung oder Rücktritt. [3]Nach dem Ende der Amtszeit bleibt die oder der Berliner Beauftragte für Datenschutz und Informationsfreiheit auf Aufforderung des Präsidiums des Abgeordnetenhauses bis zur Ernennung einer Nachfolgerin oder eines Nachfolgers im Amt, längstens jedoch für neun Monate. [4]Die einmalige Wiederwahl ist zulässig. [5]Vor Ablauf der Amtszeit kann die oder der Berliner Beauftragte für Datenschutz und Informationsfreiheit entlassen werden, wenn sie oder er eine schwere Verfehlung begangen hat oder die Voraussetzungen für die Wahrnehmung der Aufgaben nicht mehr erfüllt sind.

§ 10 Rechtsstellung

(1) Die oder der Berliner Beauftragte für Datenschutz und Informationsfreiheit steht nach Maßgabe dieses Gesetzes in einem öffentlich-rechtlichen Amtsverhältnis.

(2) [1]Die oder der Berliner Beauftragte für Datenschutz und Informationsfreiheit handelt bei der Erfüllung ihrer oder seiner Aufgaben und bei der Ausübung ihrer oder seiner Befugnisse völlig unabhängig. [2]Sie oder er unterliegt weder direkter noch indirekter Beeinflussung von außen und ersucht weder um Weisung noch nimmt sie oder er Weisungen entgegen.

(3) Die oder der Berliner Beauftragte für Datenschutz und Informationsfreiheit untersteht der Rechnungsprüfung des Rechnungshofs, soweit hierdurch ihre oder seine Unabhängigkeit nicht beeinträchtigt wird.

(4) [1]Die oder der Berliner Beauftragte für Datenschutz und Informationsfreiheit sieht von allen mit den Aufgaben dieses Amtes nicht zu vereinbarenden Handlungen ab und übt während der Amtszeit keine andere mit diesem Amt nicht zu vereinbarende entgeltliche oder unentgeltliche Tätigkeit aus. [2]Insbesondere darf sie oder er neben diesem Amt kein weiteres besoldetes Amt, kein Gewerbe und keinen Beruf ausüben und weder der Leitung, dem Aufsichtsrat oder dem Verwaltungsrat eines auf Erwerb gerichteten Unternehmens noch einer Regierung oder einer gesetzgebenden Körperschaft des Bundes oder eines Landes angehören. [3]Sie oder er darf nicht gegen Entgelt außergerichtliche Gutachten abgeben.

(5) [1]Die oder der Berliner Beauftragte für Datenschutz ist, auch nach Beendigung des Amtsverhältnisses, verpflichtet, über die ihr oder ihm amtlich bekanntgewordenen Angelegenheiten Verschwiegenheit zu bewahren. [2]Dies gilt nicht für Mitteilungen im dienstlichen Verkehr oder über Tatsachen, die offenkundig sind oder ihrer Bedeutung nach keiner Geheimhaltung bedürfen. [3]Die oder der Berliner Beauftragte für Datenschutz und Informationsfreiheit entscheidet nach pflichtgemäßem Ermessen, ob und inwieweit sie oder er über solche Angelegenheiten vor Gericht oder außergerichtlich aussagt oder Erklärungen abgibt; wenn sie oder er nicht mehr im Amt ist, ist die Genehmigung der oder des amtierenden Berliner Beauftragten für Datenschutz und Informationsfreiheit erforderlich.

(6) [1]Im Übrigen wird die Rechtsstellung der oder des Berliner Beauftragten für Datenschutz und Informationsfreiheit durch Vertrag geregelt. [2]Soweit in diesem Gesetz und im Vertrag keine abweichenden Bestimmungen getroffen worden sind, finden die für Beamtinnen und Beamte des Landes Berlin geltenden Vorschriften in dem Umfang sinngemäß Anwendung, als sie dem Wesen des Amtsverhältnisses entsprechen.

(7) [1]Die oder der Berliner Beauftragte für Datenschutz und Informationsfreiheit ist berechtigt, zu seinem oder ihrem Jahresbericht vor dem Abgeordnetenhaus zu erscheinen und zu reden. [2]Sie oder er ist darüber hinaus berechtigt, vor den Ausschüssen des Abgeordnetenhauses zu erscheinen und zu reden; sie oder er kann von der Mehrheit der Mitglieder des Abgeordnetenhauses oder eines Ausschusses auch dazu verpflichtet werden.

§ 11 Aufgaben

(1) [1]Die oder der Berliner Beauftragte für Datenschutz und Informationsfreiheit hat unbeschadet anderer in der Verordnung (EU) 2016/679 genannten Aufgaben die Aufgaben,

1. die Anwendung dieses Gesetzes und sonstiger Vorschriften über den Datenschutz, einschließlich der zur Umsetzung der Richtlinie (EU) 2016/680 erlassenen Rechtsvorschriften, zu überwachen und durchzusetzen,
2. die Öffentlichkeit für die Risiken, Vorschriften, Garantien und Rechte im Zusammenhang mit der Verarbeitung personenbezogener Daten zu sensibilisieren und sie darüber aufzuklären, wobei spezifische Maßnahmen für Kinder besondere Beachtung finden,
3. das Abgeordnetenhaus, den Senat und andere Einrichtungen und Gremien über legislative und administrative Maßnahmen zum Schutz der Rechte und Freiheiten natürlicher Personen in Bezug auf die Verarbeitung personenbezogener Daten zu beraten,
4. die Verantwortlichen und die Auftragsverarbeiter für die ihnen aus diesem Gesetz und sonstigen Vorschriften über den Datenschutz, einschließlich den zur Umsetzung der Richtlinie (EU) 2016/680 erlassenen Rechtsvorschriften, entstehenden Pflichten zu sensibilisieren,
5. auf Anfrage jeder betroffenen Person Informationen über die Ausübung ihrer Rechte auf Grund dieses Gesetzes und sonstiger Vorschriften über den Datenschutz, einschließlich der zur Umsetzung der Richtlinie (EU) 2016/680 erlassenen Rechtsvorschriften, zur Verfügung zu stellen und gegebenenfalls zu diesem Zweck mit den Aufsichtsbehörden des Bundes, der Länder oder anderer Mitgliedstaaten der Europäischen Union zusammenzuarbeiten,
6. sich mit Beschwerden einer betroffenen Person oder Beschwerden einer Stelle, einer Organisation oder eines Verbandes gemäß Artikel 55 der Richtlinie (EU) 2016/680 zu befassen, den Gegenstand der Beschwerde in angemessenem Umfang zu untersuchen und den Beschwerdeführenden innerhalb einer angemessenen Frist über den Fortgang und das Ergebnis der Unter-

suchung zu unterrichten, insbesondere, wenn eine weitere Untersuchung oder Koordinierung mit einer anderen Aufsichtsbehörde notwendig ist,

7. mit anderen Aufsichtsbehörden zusammenzuarbeiten, auch durch Informationsaustausch, und ihnen Amtshilfe zu leisten, um die einheitliche Anwendung und Durchsetzung dieses Gesetzes und sonstiger Vorschriften über den Datenschutz, einschließlich der zur Umsetzung der Richtlinie (EU) 2016/680 erlassenen Rechtsvorschriften, zu gewährleisten,
8. Untersuchungen über die Anwendung dieses Gesetzes und sonstiger Vorschriften über den Datenschutz, einschließlich der zur Umsetzung der Richtlinie (EU) 2016/680 erlassenen Rechtsvorschriften, durchzuführen, auch auf der Grundlage von Informationen einer anderen Aufsichtsbehörde oder einer anderen Behörde,
9. maßgebliche Entwicklungen zu verfolgen, soweit sie sich auf den Schutz personenbezogener Daten auswirken, insbesondere die Entwicklung der Informations- und Kommunikationstechnologie und der Geschäftspraktiken,
10. Beratung in Bezug auf die in § 55 genannten Verarbeitungsvorgänge zu leisten und
11. Beiträge zur Tätigkeit des Europäischen Datenschutzausschusses zu leisten.

[2]Im Anwendungsbereich der Richtlinie (EU) 2016/680 nimmt die oder der Berliner Beauftragte für Datenschutz und Informationsfreiheit zudem die Aufgabe nach § 46 wahr.

(2) [1]Zur Erfüllung der in Absatz 1 Satz 1 Nummer 3 genannten Aufgabe kann die oder der Berliner Beauftragte für Datenschutz und Informationsfreiheit zu allen Fragen, die im Zusammenhang mit dem Schutz personenbezogener Daten stehen, von sich aus oder auf Anfrage Stellungnahmen an das Abgeordnetenhaus oder einen seiner Ausschüsse, den Senat, sonstige Einrichtungen und Stellen sowie an die Öffentlichkeit richten. [2]Die oder der Berliner Beauftragte für Datenschutz und Informationsfreiheit ist vor dem Erlass von Gesetzen, Rechtsverordnungen oder Verwaltungsvorschriften anzuhören, wenn sie die Verarbeitung personenbezogener Daten betreffen.

(3) Die oder der Berliner Beauftragte für Datenschutz und Informationsfreiheit erleichtert das Einreichen der in Absatz 1 Satz 1 Nummer 6 genannten Beschwerden durch Maßnahmen wie etwa die Bereitstellung eines Beschwerdeformulars, das auch elektronisch ausgefüllt werden kann, ohne dass andere Kommunikationsmittel ausgeschlossen werden.

(4) [1]Die Erfüllung der Aufgaben der oder des Berliner Beauftragten für Datenschutz und Informationsfreiheit ist für die betroffene Person unentgeltlich. [2]Bei offenkundig unbegründeten oder exzessiven Anfragen, insbesondere im Fall von häufiger Wiederholung, kann die oder der Berliner Beauftragte für Datenschutz und Informationsfreiheit eine angemessene Gebühr auf der Grundlage der Verwaltungskosten verlangen oder sich weigern, auf Grund der Anfrage tätig zu werden. [3]In diesem Fall trägt die oder der Berliner Beauftragte für Datenschutz und Informationsfreiheit die Beweislast für den offenkundig unbegründeten oder exzessiven Charakter der Anfrage.

§ 12 Tätigkeitsbericht

(1) [1]Die oder der Berliner Beauftragte für Datenschutz und Informationsfreiheit erstellt einen Jahresbericht über ihre oder seine Tätigkeit, der eine Liste der Arten der gemeldeten Verstöße und der Arten der getroffenen Maßnahmen, einschließlich der verhängten Sanktionen und der Maßnahmen nach Artikel 58 Absatz 2 der Verordnung (EU) 2016/679, enthalten kann. [2]Die oder der Berliner Beauftragte für Datenschutz und Informationsfreiheit übermittelt den Bericht dem Abgeordnetenhaus und dem Senat und macht ihn der Öffentlichkeit, der Europäischen Kommission und dem Europäischen Datenschutzausschuss zugänglich.

(2) Der Senat legt dem Abgeordnetenhaus zu dem Tätigkeitsbericht innerhalb von sechs Monaten nach dessen Vorlage eine Stellungnahme vor, soweit der Tätigkeitsbericht seinen Zuständigkeits- beziehungsweise Verantwortungsbereich betrifft.

§ 13 Befugnisse

(1) [1]Die oder der Berliner Beauftragte für Datenschutz und Informationsfreiheit nimmt im Anwendungsbereich der Verordnung (EU) 2016/679 die Befugnisse gemäß Artikel 58 der Verordnung (EU) 2016/679 wahr. [2]Die oder der Berliner Beauftragte für Datenschutz und Informationsfreiheit kann im Falle von Verstößen gegen Vorschriften der Verordnung (EU) 2016/679, dieses Gesetzes sowie andere Vorschriften über den Datenschutz, diese mit der Aufforderung beanstanden, innerhalb einer be-

stimmten, angemessenen Frist Stellung zu nehmen sowie Maßnahmen darzustellen, die die Verstöße beseitigen sollen.

(2) [1]Stellt die oder der Berliner Beauftragte für Datenschutz und Informationsfreiheit bei Datenverarbeitungen durch öffentliche Stellen zu Zwecken außerhalb des Anwendungsbereichs der Verordnung (EU) 2016/679 Verstöße gegen die Vorschriften dieses Gesetzes oder gegen andere Vorschriften über den Datenschutz oder sonstige Mängel bei der Verarbeitung oder Nutzung personenbezogener Daten fest, so beanstandet sie oder er dies gegenüber dem Verantwortlichen und fordert diesen zur Stellungnahme innerhalb einer von ihr oder ihm zu bestimmenden angemessenen Frist auf. [2]Die oder der Berliner Beauftragte für Datenschutz und Informationsfreiheit kann von einer Beanstandung absehen oder auf eine Stellungnahme verzichten, insbesondere wenn es sich um unerhebliche oder inzwischen beseitigte Mängel handelt. [3]Die Stellungnahme soll auch eine Darstellung der Maßnahmen enthalten, die auf Grund der Beanstandung der oder des Berliner Beauftragten für Datenschutz und Informationsfreiheit getroffen worden sind. [4]Die oder der Berliner Beauftragte für Datenschutz und Informationsfreiheit kann den Verantwortlichen auch davor warnen, dass beabsichtigte Verarbeitungsvorgänge voraussichtlich gegen in diesem Gesetz enthaltene und andere auf die jeweilige Datenverarbeitung anzuwendende Vorschriften über den Datenschutz verstoßen.

(3) [1]Sofern in den Fällen des Absatzes 1 Satz 2 und Absatz 2 Satz 1 die beanstandeten Verstöße oder Mängel auch unter Berücksichtigung der Stellungnahme weiterhin bestehen, kann die oder der Berliner Beauftragte für Datenschutz und Informationsfreiheit dem für die öffentliche Stelle jeweils zuständigen Ausschuss des Abgeordnetenhauses Bericht erstatten und hierfür die Aufnahme auf die Tagesordnung einer Sitzung des Ausschusses verlangen, wenn ein vorheriger Einigungsversuch mit der öffentlichen Stelle erfolglos geblieben ist. [2]Dieses Recht besteht auch ohne vorherigen Einigungsversuch, wenn die Stellungnahme nicht innerhalb der bestimmten Frist erfolgt; dies gilt auch, wenn die oder der Berliner Beauftragte für Datenschutz und Informationsfreiheit die öffentliche Stelle zu einer weiteren Stellungnahme unter Setzung einer angemessenen Frist auffordert. [3]Verfahren, Form und Frist für die Aufnahme auf die Tagesordnung des jeweils zuständigen Ausschusses richten sich nach den durch das Abgeordnetenhaus festgelegten Regelungen. [4]Die Rechte der Abgeordneten, insbesondere zur Gestaltung der Sitzung in dem Ausschuss, bleiben unberührt. [5]Andere Rechte der oder des Berliner Beauftragten für Datenschutz und Informationsfreiheit, insbesondere das Recht aus Artikel 58 Absatz 3 Buchstabe b der Verordnung (EU) 2016/679 und aus § 11 Absatz 2, bleiben unberührt.

(4) Die öffentlichen Stellen sind verpflichtet, der oder dem Berliner Beauftragten für Datenschutz und Informationsfreiheit und ihren oder seinen Beauftragten

1. jederzeit Zugang zu den Diensträumen, einschließlich aller Datenverarbeitungsanlagen und -geräte, zu gewähren und
2. alle Informationen, die für die Erfüllung ihrer oder seiner Aufgaben erforderlich sind, bereitzustellen.

(5) Die oder der Berliner Beauftragte für Datenschutz und Informationsfreiheit ist befugt, die durch sie oder ihn festgestellten Verstöße gegen Vorschriften der Verordnung (EU) 2016/679, dieses Gesetzes sowie anderer Vorschriften über den Datenschutz bei den zuständigen Justizbehörden zur Kenntnis zu bringen und personenbezogene Daten zu übermitteln, soweit dies zur Durchführung des jeweiligen Ermittlungsverfahrens erforderlich ist.

(6) [1]Soweit es für die Erfüllung ihrer oder seiner Aufgaben erforderlich ist, kann die oder der Berliner Beauftragte für Datenschutz und Informationsfreiheit personenbezogene Daten verarbeiten. [2]Dies gilt auch für die Verarbeitung von besonderen Kategorien personenbezogener Daten im Sinne von Artikel 9 Absatz 1 der Verordnung (EU) 2016/679, soweit ein erhebliches öffentliches Interesse dies erfordert. [3]Ein erhebliches öffentliches Interesse nach Satz 2 liegt insbesondere vor, wenn die oder der Berliner Beauftragte für Datenschutz und Informationsfreiheit Aufgaben nach Artikel 57 Absatz 1 Buchstaben a, d bis h, l, o und t der Verordnung (EU) 2016/679 und nach § 11 Absatz 1 Nummern 1, 4 bis 8 und 10 bis 11 sowie § 46 und § 68 wahrnimmt.

(7) Soweit die oder der Berliner Beauftragte für Datenschutz und Informationsfreiheit Adressatin oder Adressat eines Beschlusses des Europäischen Datenschutzausschusses ist, hat sie oder er das Recht, unter den in Artikel 263 des Vertrages über die Arbeitsweise der Europäischen Union genannten Voraussetzungen binnen zwei Monaten nach dessen Übermittlung beim Europäischen Gerichtshof eine Klage auf Nichtigerklärung des Beschlusses zu erheben.

(8) Für die Verpflichtung nach Absatz 4 wird das Grundrecht der Unverletzlichkeit der Wohnung (Artikel 13 des Grundgesetzes, Artikel 28 Absatz 2 Satz 1 der Verfassung von Berlin) für die Betriebs- und Geschäftszeit eingeschränkt.

Teil 2

Durchführungsbestimmungen für Verarbeitungen zu Zwecken gemäß Artikel 2 der Verordnung (EU) 2016/679

Kapitel 1

Grundsätze der Verarbeitung personenbezogener Daten

§ 14 Verarbeitung besonderer Kategorien personenbezogener Daten

(1) Neben den in Artikel 9 Absatz 2 der Verordnung (EU) 2016/679 unmittelbar genannten Ausnahmen vom Verarbeitungsverbot können besondere Kategorien personenbezogener Daten im Sinne des Artikels 9 Absatz 1 der Verordnung (EU) 2016/679 in Ausgestaltung von Artikel 9 Absatz 2 Buchstaben b, h und i verarbeitet werden, wenn dies erforderlich ist

1. damit der Verantwortliche oder die betroffene Person die ihm oder ihr aus dem Dienst- und Arbeitsrecht und dem Recht der sozialen Sicherheit und des Sozialschutzes erwachsenden Rechte ausüben und seinen oder ihren diesbezüglichen Pflichten nachkommen kann,
2. zum Zweck der Gesundheitsvorsorge oder der Arbeitsmedizin, für die Beurteilung der Arbeitsfähigkeit der Beschäftigten, für die medizinische Diagnostik, die Versorgung oder Behandlung im Gesundheits- oder Sozialbereich oder für die Verwaltung von Systemen oder Diensten im Gesundheits- oder Sozialbereich unter den Voraussetzungen des Artikels 9 Absatz 3 der Verordnung (EU) 2016/679 oder
3. aus Gründen des öffentlichen Interesses im Bereich der öffentlichen Gesundheit, wie dem Schutz vor schwerwiegenden grenzüberschreitenden Gesundheitsgefahren oder zur Gewährleistung hoher Qualitäts- und Sicherheitsstandards bei der Gesundheitsversorgung und bei Arzneimitteln und Medizinprodukten; ergänzend zu den in Absatz 3 genannten Maßnahmen sind insbesondere die berufsrechtlichen und strafrechtlichen Vorgaben zur Wahrung des Berufsgeheimnisses einzuhalten.

(2) Die Verarbeitung besonderer Kategorien personenbezogener Daten ist über Absatz 1 hinaus in Ausgestaltung von Artikel 9 Absatz 2 Buchstabe g der Verordnung (EU) 2016/679 zulässig, wenn sie erforderlich ist

1. zur Abwehr einer erheblichen Gefahr für die öffentliche Sicherheit oder
2. zur Abwehr erheblicher Nachteile für das Gemeinwohl oder zur Wahrung erheblicher Belange des Gemeinwohls,

und die Interessen des Verantwortlichen an der Datenverarbeitung die Interessen der betroffenen Person überwiegen.

(3) [1]Bei der Verarbeitung besonderer Kategorien personenbezogener Daten im Sinne des Artikels 9 Absatz 1 der Verordnung (EU) 2016/679 sind angemessene und spezifische Maßnahmen zur Wahrung der Interessen der betroffenen Person vorzusehen. [2]Unter Berücksichtigung des Stands der Technik, der Implementierungskosten und der Art, des Umfangs, der Umstände und der Zwecke der Verarbeitung sowie der unterschiedlichen Eintrittswahrscheinlichkeit und Schwere der mit der Verarbeitung verbundenen Risiken für die Rechte und Freiheiten natürlicher Personen können dazu insbesondere gehören:

1. die Maßnahmen gemäß § 26,
2. Sensibilisierung der an Verarbeitungsvorgängen Beteiligten,
3. Beschränkung des Zugangs für dem Verantwortlichen oder dem Auftragsverarbeiter unterstellte Personen zu personenbezogenen Daten und
4. spezifische Verfahrensregelungen, die im Falle einer Übermittlung oder Verarbeitung für andere Zwecke, die Einhaltung der Vorgaben dieses Gesetzes sowie der Verordnung (EU) 2016/679 sicherstellen.

§ 15 Verarbeitung zu anderen Zwecken

(1) [1]Die Verarbeitung personenbezogener Daten zu einem anderen Zweck, als demjenigen, zu dem die personenbezogenen Daten erhoben wurden, ist auf Grund von Artikel 6 Absatz 4 Satz 1 1. Halbsatz der Verordnung (EU) 2016/679 in Verbindung mit den in Artikel 23 Absatz 1 der Verordnung (EU) 2016/679 genannten Zielen zulässig, wenn

1. sie zum Schutz lebenswichtiger Interessen einer natürlichen Person erforderlich und die betroffene Person aus rechtlichen oder tatsächlichen Gründen nicht in der Lage ist, die Einwilligung zu erteilen;
2. sie zur Abwehr erheblicher Nachteile für das Gemeinwohl oder einer unmittelbar drohenden Gefahr für die öffentliche Sicherheit oder zur Sicherung des Steuer- und Zollaufkommens erforderlich ist;
3. sich bei Gelegenheit der rechtmäßigen Aufgabenerfüllung Anhaltspunkte für Straftaten oder Ordnungswidrigkeiten ergeben und die Unterrichtung der für die Verfolgung oder Vollstreckung zuständigen Behörden erforderlich erscheint;
4. die Daten aus allgemein zugänglichen Quellen erhoben werden können oder die verantwortliche Stelle sie veröffentlichen dürfte, soweit nicht schutzwürdige Interessen der betroffenen Person offensichtlich entgegenstehen;
5. sie der Wahrnehmung von Aufsichts- und Kontrollbefugnissen, der internen Revision, der Rechnungsprüfung oder der Durchführung von Organisationsuntersuchungen dient; der Zugriff auf personenbezogene Daten ist insoweit nur zulässig, als er für die Ausübung dieser Befugnisse erforderlich ist;
6. sie zu Aus- und Fortbildungszwecken erforderlich ist und schutzwürdige Belange der betroffenen Person dem nicht entgegenstehen; zu Test- und Prüfungszwecken dürfen personenbezogene Daten nicht verarbeitet werden.

[2]Personenbezogene Daten, die ausschließlich zu Zwecken der Datenschutzkontrolle, der Datensicherung oder zur Sicherstellung des ordnungsgemäßen Betriebs einer Datenverarbeitungsanlage gespeichert werden, dürfen nicht für andere Zwecke verarbeitet werden.

(2) Absatz 1 Satz 1 Nummer 2 und 3 findet keine Anwendung, wenn die personenbezogenen Daten einem Berufs- oder besonderen Amtsgeheimnis unterliegen und sie der datenverarbeitenden Stelle von der zur Verschwiegenheit verpflichteten Person in Ausübung ihrer Berufs- oder Amtspflicht übermittelt worden sind.

(3) [1]In den Fällen des Absatzes 1 Satz 1 Nummer 2, 3 und 5 unterbleibt abweichend von Artikel 13 Absatz 3 und Artikel 14 Absatz 4 der Verordnung (EU) 2016/679 eine Information der betroffenen Person über die Verarbeitung personenbezogener Daten, soweit und solange der Zweck der Verarbeitung gefährdet würde. [2]Die Gründe für ein Absehen von der Information sind zu protokollieren. [3]§ 23 Absatz 3 gilt entsprechend.

(4) Sind personenbezogene Daten derart verbunden, dass ihre Trennung nach verschiedenen Zwecken auch durch Vervielfältigen und Unkenntlichmachung nicht oder nur mit unverhältnismäßig großem Aufwand möglich ist, so tritt an die Stelle der Trennung ein Verwertungsverbot nach Maßgabe des Absatzes 1 für die Daten, die nicht dem Zweck der jeweiligen Verarbeitung dienen.

(5) Die Verarbeitung besonderer Kategorien personenbezogener Daten im Sinne des Artikels 9 Absatz 1 der Verordnung (EU) 2016/679 zu einem anderen Zweck als zu demjenigen, zu dem die Daten erhoben wurden, ist zulässig, wenn die Voraussetzungen nach § 14 Absatz 2 und ein Ausnahmetatbestand nach Artikel 9 Absatz 2 der Verordnung (EU) 2016/679 oder nach § 14 Absatz 1 vorliegen.

§ 16 Verantwortlichkeit bei der Übermittlung personenbezogener Daten

(1) [1]Erfolgt die Übermittlung auf Grund eines Ersuchens einer öffentlichen Stelle, trägt diese die Verantwortung für die Rechtmäßigkeit der Übermittlung. [2]Die übermittelnde Stelle hat lediglich zu prüfen, ob das Übermittlungsersuchen im Rahmen der Aufgaben der ersuchenden Stelle liegt. [3]Die Rechtmäßigkeit des Ersuchens prüft sie nur, wenn im Einzelfall hierzu Anlass besteht. [4]Die ersuchende Stelle hat in dem Ersuchen die für diese Prüfung erforderlichen Angaben zu machen.

(2) [1]Erfolgt die Übermittlung durch ein automatisiertes Verfahren auf Abruf nach § 21, trägt die abrufende Stelle die Verantwortung für die Rechtmäßigkeit der Übermittlung. [2]Die übermittelnde Stelle prüft die Zulässigkeit der Abrufe nur, wenn dazu Anlass besteht. [3]Die übermittelnde Stelle gewähr-

leistet, dass die Übermittlung personenbezogener Daten zumindest durch geeignete Stichprobenverfahren festgestellt und überprüft werden kann.

Kapitel 2

Besondere Verarbeitungssituationen

§ 17 Verarbeitung personenbezogener Daten zu wissenschaftlichen oder historischen Forschungszwecken und zu statistischen Zwecken

(1) [1]Die Verarbeitung personenbezogener Daten, einschließlich besonderer Kategorien personenbezogener Daten im Sinne von Artikel 9 Absatz 1 der Verordnung (EU) 2016/679, ist auch ohne Einwilligung für die Erfüllung einer Aufgabe zu im öffentlichen Interesse liegenden wissenschaftlichen oder historischen Forschungszwecken oder für statistische Zwecke zulässig, wenn das öffentliche Interesse an der Durchführung des Vorhabens die schutzwürdigen Belange der betroffenen Person erheblich überwiegt und der Zweck nicht auf andere Weise erreicht werden kann. [2]Nach Satz 1 übermittelte Daten dürfen nicht für andere Zwecke verarbeitet werden.

(2) [1]Die Daten sind zu anonymisieren, sobald dies nach dem Forschungszweck oder dem statistischen Zweck möglich ist, es sei denn, berechtigte Interessen der betroffenen Person stehen dem entgegen. [2]Bis eine Anonymisierung erfolgt, sind die Merkmale gesondert zu speichern, mit denen Einzelangaben über persönliche oder sachliche Verhältnisse einer bestimmten oder bestimmbaren Person zugeordnet werden können; sie dürfen mit den Einzelangaben nur zusammengeführt werden, soweit der Forschungs- oder Statistikzweck dies erfordert. [3]Die Daten sind zu löschen, sobald der Zweck erreicht ist. [4]Für die Verarbeitung besonderer Kategorien personenbezogener Daten im Sinne von Artikel 9 Absatz 1 der Verordnung (EU) 2016/679 bleibt § 14 Absatz 3 unberührt.

(3) Öffentliche Stellen, die wissenschaftliche und historische Forschung betreiben, dürfen personenbezogene Daten nur veröffentlichen, wenn

1. die betroffene Person eingewilligt hat oder
2. die Veröffentlichung für die Darstellung von Forschungsergebnissen über Ereignisse der Zeitgeschichte erforderlich ist, es sei denn, dass schutzwürdige Interessen der betroffenen Person überwiegen.

(4) [1]Die in Artikel 15, 16, 18 und 21 der Verordnung (EU) 2016/679 vorgesehenen Rechte der betroffenen Person sind insoweit beschränkt, als diese Rechte voraussichtlich die Verwirklichung der Forschungs- oder Statistikzwecke unmöglich machen oder ernsthaft beeinträchtigen und die Beschränkung für die Erfüllung der Forschungs- oder Statistikzwecke notwendig ist. [2]Das Recht auf Auskunft gemäß Artikel 15 der Verordnung (EU) 2016/679 besteht darüber hinaus nicht, wenn die Daten für Zwecke der wissenschaftlichen Forschung erforderlich sind und die Auskunftserteilung einen unverhältnismäßigen Aufwand erfordern würde.

§ 18 Verarbeitung personenbezogener Beschäftigtendaten

Verarbeiten öffentliche Stellen personenbezogene Beschäftigtendaten im Beschäftigungskontext, gelten in Ergänzung zur Verordnung (EU) 2016/679 §§ 26, 32 bis 37, 41, 43 und 44 des Bundesdatenschutzgesetzes in der jeweils geltenden Fassung entsprechend.

§ 19 Verarbeitung personenbezogener Daten zu Zwecken der freien Meinungsäußerung und der Informationsfreiheit

(1) [1]Soweit personenbezogene Daten in Ausübung des Rechts auf freie Meinungsäußerung und Informationsfreiheit zu journalistischen, künstlerischen oder literarischen Zwecken, einschließlich der rechtmäßigen Verarbeitung auf Grund der §§ 22 und 23 des Gesetzes betreffend das Urheberrecht an Werken der bildenden Künste und der Photographie in der im Bundesgesetzblatt Teil III, Gliederungsnummer 440-3, veröffentlichten bereinigten Fassung, das zuletzt durch Artikel 3 § 31 des Gesetzes vom 16. Februar 2001 (BGBl. I S. 266) geändert worden ist, verarbeitet werden, gelten von Kapitel II bis VII sowie IX der Verordnung (EU) 2016/679 nur Artikel 5 Absatz 1 Buchstabe f sowie Artikel 24 und 32. [2]Artikel 82 der Verordnung (EU) 2016/679 gilt mit der Maßgabe, dass die Haftung nur Schäden umfasst, die durch eine Verletzung des Datengeheimnisses oder durch unzureichende technische oder organisatorische Maßnahmen im Sinne des Artikels 5 Absatz 1 Buchstabe f der Verordnung (EU) 2016/679 eintreten.

(2) Führt die Verarbeitung personenbezogener Daten gemäß Absatz 1 Satz 1 zur Verbreitung von Gegendarstellungen der betroffenen Person oder zu Verpflichtungserklärungen, Beschlüssen oder Urteilen über die Unterlassung der Verbreitung oder über den Widerruf des Inhalts der Daten, sind diese zu den gespeicherten Daten zu nehmen und dort für dieselbe Zeitdauer aufzubewahren, wie die Daten selbst, und bei einer Übermittlung der Daten gemeinsam zu übermitteln.

§ 20 Videoüberwachung

(1) Die Verarbeitung personenbezogener Daten in öffentlich zugänglichen Räumen mit Hilfe optisch-elektronischer Einrichtungen (Videoüberwachung) ist zulässig, soweit sie zur Erfüllung einer im öffentlichen Interesse liegenden Aufgabe oder zur Wahrnehmung des Hausrechts erforderlich ist und keine Anhaltspunkte bestehen, dass schutzwürdige Interessen der betroffenen Personen überwiegen.

(2) Videoüberwachte Bereiche sind so zu kennzeichnen, dass Personen vor dem Betreten über den Umstand der Videoüberwachung sowie über den Namen und die Kontaktdaten des Verantwortlichen informiert werden.

(3) Eine Verarbeitung zu anderen Zwecken ist nur zulässig, soweit dies zur Abwehr von Gefahren für die öffentliche Sicherheit oder zur Verfolgung von Straftaten erforderlich ist.

(4) [1]Für die Verarbeitung personenbezogener Daten aus öffentlich zugänglichen Räumen des öffentlichen Personennahverkehrs gilt abweichend von Absatz 3, dass

1. sie für einen anderen Zweck nur verarbeitet werden dürfen, soweit dies für die Verhütung oder Verfolgung von Straftaten erforderlich ist, und
2. für diesen Zweck ihre Übermittlung ausschließlich an die Polizei Berlin und an die Strafverfolgungsbehörden zulässig ist.

[2]Der Verantwortliche hat durch ein mit der Polizei Berlin abzustimmendes Sicherheitskonzept zu gewährleisten, dass Aufzeichnungen spätestens nach 48 Stunden gelöscht werden, sofern deren Speicherung nicht für einen der Zwecke des Satzes 1 Nummer 1 erforderlich ist.

(5) Unbeschadet der Verpflichtung des Verantwortlichen zur Löschung auf Grund anderer Vorschriften sind nach Absatz 1 erhobene personenbezogene Daten unverzüglich zu löschen, wenn schutzwürdige Interessen der betroffenen Person einer weiteren Speicherung entgegenstehen.

§ 20a Verarbeitung personenbezogener Daten zu Zwecken parlamentarischer Kontrolle

(1) [1]Die Verarbeitung personenbezogener Daten durch Behörden und sonstige öffentliche Stellen ist zulässig, wenn diese vom Abgeordnetenhaus, dessen verfassungsmäßigen Organen, seinen Mitgliedern oder den Fraktionen des Abgeordnetenhauses im Rahmen ihrer Aufgaben verlangt werden. [2]Personenbezogene Daten dürfen für diese Institutionen zur Erfüllung ihrer Aufgaben nur verarbeitet werden, wenn nicht überwiegende private Interessen an der Geheimhaltung zwingend entgegenstehen. [3]Diese Befugnis gilt auch für besondere Kategorien personenbezogener Daten im Sinne von Artikel 9 Absatz 1 der Verordnung (EU) 2016/679; dabei sind gegebenenfalls die gebotenen Vorkehrungen parlamentarischer Geheimhaltung zu treffen.

(2) [1]Soweit es im Rahmen der Mitwirkung an der Erfüllung der Aufgaben eines Untersuchungsausschusses des Abgeordnetenhauses, des Parlamentes eines anderen Landes oder des Deutschen Bundestages erforderlich ist, kann die oder der für die Verarbeitung der Daten Verantwortliche anordnen, dass personenbezogene Daten, auch abweichend von Vorschriften über deren Löschung oder Vernichtung, für einen befristeten Zeitraum nicht gelöscht oder vernichtet werden. [2]Dies gilt auch für den Fall, dass ein Untersuchungsausschuss noch nicht eingesetzt ist, ein solcher aber bereits im Parlament beantragt worden ist. [3]Die Anordnung kann auch Akten und sonstige amtliche Unterlagen einschließen, die keine personenbezogenen Daten enthalten. [4]Die Anordnung soll einen Zeitraum von zwei Jahren nicht überschreiten; Verlängerungen für einen Zeitraum von jeweils nicht mehr als einem Jahr sind zulässig. [5]Die Anordnung trifft die Hausleitung des Verantwortlichen, sie ergeht schriftlich und ist zu begründen. [6]Die Anordnung und ihre Begründung sind der oder dem Berliner Beauftragten für Datenschutz und Informationsfreiheit zur Kenntnis zu geben. [7]Dies gilt auch für jeden Fall der Verlängerung. [8]Der Verantwortliche hat durch geeignete technische und organisatorische Maßnahmen sicherzustellen, dass die Verarbeitung der personenbezogenen Daten, deren Löschung oder Vernichtung auf Grund einer Anordnung nach den Sätzen 1 oder 2 unterblieben ist, auf die Mitwirkung an der Erfüllung der Aufgaben des Untersuchungsausschusses begrenzt ist.

§ 21 Gemeinsames Verfahren und automatisiertes Verfahren auf Abruf

(1) [1]Die Einrichtung eines automatisierten Verfahrens, das mehreren öffentlichen Stellen die Verarbeitung personenbezogener Daten in oder aus einem gemeinsamen Datenbestand (gemeinsames Verfahren) oder die Übermittlung an Dritte auf Abruf (automatisiertes Verfahren auf Abruf) ermöglicht, ist nur zulässig, soweit dieses Verfahren unter Berücksichtigung der Rechte und Freiheiten der betroffenen Personen und der Aufgaben der beteiligten Stellen angemessen ist und durch technische und organisatorische Maßnahmen Risiken für die Rechte und Freiheiten der betroffenen Personen vermieden werden können. [2]Die oder der Berliner Beauftragte für Datenschutz und Informationsfreiheit ist vor der Einrichtung zu unterrichten. [3]Verfahren nach Satz 1, die ein hohes Risiko für die Rechte und Freiheiten der betroffenen Personen beinhalten können, sind nur zulässig, wenn die Einrichtung durch Gesetz oder auf Grund eines Gesetzes zugelassen ist.

(2) Unbeschadet des Artikels 26 der Verordnung (EU) 2016/679 ist für gemeinsame Verfahren insbesondere festzulegen, welche Verfahrensweise angewendet wird und welche Stelle jeweils für die Festlegung, Änderung, Fortentwicklung und Einhaltung von fachlichen und technischen Vorgaben für das gemeinsame Verfahren verantwortlich ist.

(3) Nicht-öffentliche Stellen können sich an gemeinsamen Verfahren und automatisierten Abrufverfahren beteiligen, wenn eine Rechtsvorschrift dies zulässt und sie sich insoweit den Vorschriften dieses Gesetzes unterwerfen.

(4) Für die Einrichtung gemeinsamer Verfahren und automatisierter Abrufverfahren für verschiedene Zwecke innerhalb einer öffentlichen Stelle gelten die Absätze 1 und 2 entsprechend.

(5) Die Absätze 1 bis 4 gelten nicht für Datenbestände, die jedermann ohne oder nach besonderer Zulassung offen stehen oder deren Veröffentlichung zulässig wäre.

(6) Die Absätze 1, 3 und 5 gelten für die Zulassung regelmäßiger automatisierter Datenübermittlungen entsprechend.

§ 22 Fernmess- und Fernwirkdienste

(1) [1]Öffentliche Stellen dürfen ferngesteuerte Messungen oder Beobachtungen (Fernmessdienste) in Wohnungen oder Geschäftsräumen nur vornehmen oder mittels einer Übertragungseinrichtung in Wohnungen oder Geschäftsräumen andere Wirkungen nur auslösen (Fernwirkdienste), wenn die betroffene Person zuvor über den Verwendungszweck sowie über Art, Umfang und Zeitraum des Einsatzes der Dienste unterrichtet worden ist und nach der Unterrichtung schriftlich oder elektronisch eingewilligt hat. [2]Die betroffene Person kann ihre Einwilligung jederzeit widerrufen. [3]Das Abschalten eines Dienstes gilt im Zweifel als Widerruf der Einwilligung.

(2) Die Einrichtung von Fernmess- und Fernwirkdiensten ist nur zulässig, wenn die betroffene Person in zumutbarer Weise erkennen kann, wann ein Dienst in Anspruch genommen wird und welcher Art dieser Dienst ist, und wenn der Teilnehmer den Dienst jederzeit abschalten kann, soweit dies mit dem Vertragszweck vereinbar ist.

(3) [1]Eine Leistung, der Abschluss oder die Abwicklung eines Vertragsverhältnisses dürfen nicht davon abhängig gemacht werden, dass die betroffene Person nach Absatz 1 Satz 1 einwilligt. [2]Wird die Einwilligung verweigert oder widerrufen, dürfen der betroffenen Person keine Nachteile entstehen, die über die unmittelbaren Folgekosten hinausgehen.

(4) [1]Soweit im Rahmen von Fernmess- und Fernwirkdiensten personenbezogene Daten erhoben werden, dürfen diese nur zu den vereinbarten Zwecken verarbeitet werden. [2]Artikel 7 und 8 der Verordnung (EU) 2016/679 bleiben unberührt.

Kapitel 3
Rechte der betroffenen Personen

§ 23 Informationspflicht bei Erhebung von personenbezogenen Daten

(1) [1]Neben den in Artikel 13 Absatz 4 und Artikel 14 Absatz 5 der Verordnung (EU) 2016/679 genannten Ausnahmen besteht keine Pflicht zur Information der betroffenen Person über die Erhebung ihrer personenbezogenen Daten, sofern die Erteilung der Information hinter dem öffentlichen Interesse an der Geheimhaltung oder einem überwiegenden Geheimhaltungsinteresse Dritter aus zwingenden

Gründen zurücktreten muss. [2]Ein Fall des Satzes 1 liegt insbesondere vor, wenn die Erteilung der Information

1. die öffentliche Sicherheit gefährden oder sonst dem Wohle des Bundes oder eines Landes erhebliche Nachteile bereiten würde,
2. die Verfolgung von Straftaten und Ordnungswidrigkeiten gefährden würde oder
3. dazu führen würde, dass Tatsachen, die nach einer öffentlichen Interessen dienenden Rechtsvorschrift oder zum Schutz der Rechte und Freiheiten anderer Personen geheim zu halten sind, aufgedeckt werden.

(2) [1]Die Entscheidung über das Absehen von der Information trifft die Leitung der öffentlichen Stelle oder eine von ihr bestimmte, bei der öffentlichen Stelle beschäftigte Person. [2]Die Gründe für ein Absehen von der Information sind zu dokumentieren und der oder dem behördlichen Datenschutzbeauftragten mitzuteilen. [3]Der Verantwortliche ergreift auch weitere geeignete Maßnahmen zum Schutz der berechtigten Interessen der betroffenen Person, einschließlich der Bereitstellung der in Artikel 13 Absatz 1 und 2 und Artikel 14 Absatz 1 und 2 der Verordnung (EU) 2016/679 genannten Informationen für die Öffentlichkeit in präziser, transparenter, verständlicher und leicht zugänglicher Form in einer klaren und einfachen Sprache.

(3) Unterbleibt die Information in den Fällen des Absatzes 1 wegen eines vorübergehenden Hinderungsgrundes, kommt der Verantwortliche der Informationspflicht unter Berücksichtigung der spezifischen Umstände der Verarbeitung innerhalb einer angemessenen Frist ab Fortfall des Hinderungsgrundes nach, spätestens jedoch nach Ablauf von zwei Wochen.

(4) Der Rechnungshof ist zur Erteilung von Informationen nach Artikel 14 der Verordnung (EU) 2016/679 nicht verpflichtet, soweit er im Rahmen seiner unabhängigen Tätigkeit personenbezogene Daten verarbeitet.

§ 24 Auskunftsrecht der betroffenen Person

(1) [1]Unbeschadet von § 17 Absatz 4 besteht das Recht der betroffenen Person auf Auskunft gemäß Artikel 15 der Verordnung (EU) 2016/679 nicht, sofern die Erteilung der Auskunft hinter dem öffentlichen Interesse an der Geheimhaltung oder einem überwiegenden Geheimhaltungsinteresse Dritter aus zwingenden Gründen zurücktreten muss. [2]Ein Fall des Satzes 1 liegt insbesondere vor, wenn die Erteilung der Auskunft

1. die öffentliche Sicherheit gefährden oder sonst dem Wohle des Bundes oder eines Landes erhebliche Nachteile bereiten würde,
2. die Verfolgung von Straftaten und Ordnungswidrigkeiten gefährden würde oder
3. dazu führen würde, dass Tatsachen, die nach einer öffentlichen Interessen dienenden Rechtsvorschrift oder zum Schutz der Rechte und Freiheiten anderer Personen geheim zu halten sind, aufgedeckt werden.

[3]Die betroffene Person kann keine Auskunft über personenbezogene Daten verlangen, die ausschließlich zu Zwecken der Datensicherung oder der Datenschutzkontrolle gespeichert sind und deren Verarbeitung durch geeignete technische und organisatorische Maßnahmen ausgeschlossen ist.

(2) [1]Bezieht sich das Auskunftsersuchen auf personenbezogene Daten, die von Stellen des Verfassungsschutzes, der Gerichte, der Staatsanwaltschaft und der Polizei oder von Landesfinanzbehörden, soweit diese personenbezogene Daten für Zwecke der Verhütung, Ermittlung, Aufdeckung oder Verfolgung von Straftaten oder zu Zwecken der Strafverfolgung speichern, sowie vom Bundesnachrichtendienst, des Amtes für den Militärischen Abschirmdienst und, soweit die Sicherheit des Bundes berührt wird, von anderen Behörden im Geschäftsbereich des für Verteidigung zuständigen Bundesministeriums übermittelt wurden, ist eine Auskunft nur mit Zustimmung dieser Stellen zulässig. [2]Gleiches gilt für die Erteilung einer Auskunft, die sich auf die Übermittlung personenbezogener Daten an diese Stellen bezieht. [3]Hierfür dürfen personenbezogene Daten der betroffenen Person im erforderlichen Umfang verarbeitet werden. [4]Die Zustimmung nach Satz 1 und 2 darf nur versagt werden, wenn dies zum Schutz der in Artikel 23 Absatz 1 Buchstabe a bis e der Verordnung (EU) 2016/679 genannten Rechtsgüter notwendig ist.

(3) [1]Die vollständige oder teilweise Ablehnung eines Antrags auf Auskunft bedarf keiner Begründung, soweit durch die Begründung der Zweck der Ablehnung gefährdet würde. [2]Sowohl die Entscheidung über die Ablehnung des Antrags auf Auskunft als auch die Entscheidung über das Absehen von der Begründung obliegt der Leiterin oder dem Leiter des für die Datenverarbeitung Verantwortlichen.

[3]Die Entscheidung kann an eine der Leitung unmittelbar nachgeordnete Person übertragen werden. [4]Die Gründe der Ablehnung sind zu dokumentieren. [5]Soweit der Antrag auf Auskunft abgelehnt wird, hat der Verantwortliche die betroffene Person darauf hinzuweisen, dass sie ihr Auskunftsrecht auch über die Berliner Beauftragte oder den Berliner Beauftragten für Datenschutz und Informationsfreiheit ausüben kann. [6]Macht die betroffene Person von ihrem Recht nach Satz 5 Gebrauch, ist auf ihr Verlangen der oder dem Berliner Beauftragten für Datenschutz und Informationsfreiheit die Auskunft zu erteilen, soweit nicht die jeweils zuständige oberste Landesbehörde im Einzelfall feststellt, dass dadurch die Sicherheit des Bundes oder eines Landes gefährdet würde. [7]Die oder der Berliner Beauftragte für Datenschutz und Informationsfreiheit hat die betroffene Person zumindest darüber zu unterrichten, dass alle erforderlichen Prüfungen erfolgt sind oder eine Überprüfung durch sie oder ihn stattgefunden hat. [8]Diese Mitteilung kann die Information enthalten, ob datenschutzrechtliche Verstöße festgestellt wurden. [9]Die Mitteilung der oder des Berliner Beauftragten für Datenschutz und Informationsfreiheit an die betroffene Person darf keine Rückschlüsse auf den Erkenntnisstand des Verantwortlichen zulassen, sofern dieser nicht einer weitergehenden Ausnahme zugestimmt hat.

(4) Unterbleibt die Auskunft in den Fällen des Absatzes 1 wegen eines vorübergehenden Hinderungsgrundes, kommt der Verantwortliche der Auskunftspflicht unter Berücksichtigung der spezifischen Umstände der Verarbeitung innerhalb einer angemessenen Frist ab Fortfall des Hinderungsgrundes nach, spätestens jedoch nach Ablauf von zwei Wochen.

(5) Das Recht der betroffenen Person auf Auskunft über personenbezogene Daten, die durch eine öffentliche Stelle nicht automatisiert verarbeitet werden, besteht nur, soweit die betroffene Person Angaben macht, die das Auffinden der Daten ermöglichen, und der für die Erteilung der Auskunft erforderliche Aufwand nicht außer Verhältnis zu dem von der betroffenen Person geltend gemachten Informationsinteresse steht.

(6) [1]Sind personenbezogene Daten in Akten gespeichert, so kann die betroffene Person bei der datenverarbeitenden Stelle zusätzlich zu der Auskunft nach Artikel 15 der Verordnung (EU) 2016/679 Einsicht in die Akten verlangen. [2]Werden die Akten nicht zur betroffenen Person geführt, so können Hinweise zum Auffinden der zur betroffenen Person gespeicherten personenbezogenen Daten gefordert werden, wenn das Auffinden auf andere Weise nicht oder nur mit unverhältnismäßigem Aufwand möglich wäre. [3]Die Einsichtnahme ist grundsätzlich unzulässig, wenn die Daten der betroffenen Person mit Daten Dritter oder geheimhaltungsbedürftigen nicht personenbezogenen Daten derart verbunden sind, dass ihre Trennung nach verschiedenen Zwecken auch durch Vervielfältigen und Unkenntlichmachung nicht oder nur mit unverhältnismäßig großem Aufwand möglich ist. [4]Im Übrigen gelten für die Verweigerung der Einsicht in die Akten die Absätze 1 bis 3 entsprechend.

(7) Der Senat legt dem Abgeordnetenhaus bis zum 30. Juni 2020 einen Bericht über die Anwendung der Absätze 1 bis 5 vor.

(8) Der Rechnungshof ist zur Erteilung von Auskünften nach Artikel 15 der Verordnung (EU) 2016/679 nicht verpflichtet, soweit er im Rahmen seiner unabhängigen Tätigkeit personenbezogene Daten verarbeitet.

§ 25 Recht auf Löschung

[1]Soweit öffentliche Stellen verpflichtet sind, Unterlagen einem öffentlichen Archiv zur Übernahme anzubieten, sind personenbezogene Daten zu löschen, wenn die Übernahme der angebotenen Unterlagen von dem öffentlichen Archiv als nicht archivwürdig abgelehnt oder wenn nach Ablauf der in § 7 Absatz 1 Satz 2 des Archivgesetzes des Landes Berlin vom 14. März 2016 (GVBl. S. 96) bestimmten Frist nach dem Angebot keine Entscheidung über die Archivwürdigkeit getroffen wurde. [2]Soweit eine Verpflichtung nach Satz 1 besteht, tritt an die Stelle des Rechts auf Löschung nach Artikel 17 Absatz 1 Buchstabe a der Verordnung (EU) 2016/679 die Verpflichtung des Verantwortlichen, die Unterlagen unverzüglich dem öffentlichen Archiv anzubieten.

Kapitel 4
Pflichten der Verantwortlichen und Auftragsverarbeiter

§ 26 Spezifische technische und organisatorische Maßnahmen zur Gewährleistung einer rechtmäßigen Verarbeitung

(1) Soweit die Verarbeitung personenbezogener Daten automatisiert erfolgt, hat der Verantwortliche unter Berücksichtigung des Stands der Technik, der Implementierungskosten und der Art, des Umfangs, der Umstände und der Zwecke der Verarbeitung Maßnahmen zu ergreifen, die gewährleisten, dass

1. personenbezogene Daten jederzeit ihrem Ursprung zugeordnet werden können,
2. festgestellt werden kann, wer wann welche personenbezogenen Daten in welcher Weise verarbeitet hat,
3. die Verfahrensweisen bei der Verarbeitung personenbezogener Daten vollständig, aktuell und in einer Weise dokumentiert sind, dass sie in zumutbarer Zeit nachvollzogen werden können und
4. bei der Bereitstellung personenbezogener Daten eine Trennung der Daten nach den jeweils verfolgten Zwecken und betroffenen Personen möglich ist.

(2) [1]Vor einer Entscheidung über den Einsatz oder eine wesentliche Änderung einer automatisierten Verarbeitung personenbezogener Daten sind die zu treffenden technischen und organisatorischen Maßnahmen auf der Grundlage einer Risikoanalyse zu ermitteln und in einem Datenschutzkonzept zu dokumentieren. [2]Entsprechend der technischen Entwicklung und bei Änderungen der mit den Verarbeitungsvorgängen verbundenen Risiken ist die Ermittlung der Maßnahmen in angemessenen Abständen zu wiederholen.

(3) [1]Werden Systeme und Dienste, die für Verarbeitungen nach Absatz 1 genutzt werden, gewartet, so ist durch geeignete technische und organisatorische Maßnahmen sicherzustellen, dass nur auf die für die Wartung erforderlichen personenbezogenen Daten zugegriffen werden kann. [2]Diese Maßnahmen müssen insbesondere Folgendes gewährleisten:

1. die Wartung darf nur durch autorisiertes Personal erfolgen,
2. jeder Wartungsvorgang darf nur mit Wissen und Wollen der speichernden Stelle erfolgen,
3. die unbefugte Entfernung oder Übertragung personenbezogener Daten im Rahmen der Wartung ist zu verhindern und
4. es ist sicherzustellen, dass alle Wartungsvorgänge kontrolliert und nach der Durchführung nachvollzogen werden können.

[3]Soweit eine Wartung durch Auftragsverarbeiter erfolgt, muss der Vertrag oder das Rechtsinstrument nach Artikel 28 Absatz 3 der Verordnung (EU) 2016/679 Regelungen enthalten, die sicherstellen, dass der Auftragsverarbeiter keine personenbezogenen Daten, die ihm zur Kenntnis gelangen, an andere Stellen übermittelt. [4]Die Durchführung von Wartungsarbeiten mit der Möglichkeit der Kenntniserlangung personenbezogener Daten durch Stellen außerhalb des Geltungsbereichs der Verordnung (EU) 2016/679 ist nur zulässig, wenn sie erforderlich sind und bei einer Übermittlung die Voraussetzungen des Artikels 45 oder 46 der Verordnung (EU) 2016/679 vorliegen.

(4) Die Regelungen der Verordnung (EU) 2016/679 werden durch die Absätze 1 bis 3 nicht eingeschränkt.

§ 27 Benachrichtigung der von einer Verletzung des Schutzes personenbezogener Daten betroffenen Person

Ergänzend zu Artikel 34 Absatz 3 der Verordnung (EU) 2016/679 gilt § 23 Absatz 1 für die Verpflichtung des Verantwortlichen, die von einer Verletzung des Schutzes personenbezogener Daten betroffene Person zu benachrichtigen, entsprechend.

Kapitel 5
Sanktionen

§ 28 Geldbußen

Gegen öffentliche Stellen im Sinne des § 2 Absatz 1 und 2 sowie Stellen, die nach § 2 Absatz 3 den Bestimmungen dieses Gesetzes unterliegen, werden keine Geldbußen verhängt.

§ 29 Ordnungswidrigkeiten, Strafvorschriften

(1) [1]Ordnungswidrig handelt, wer entgegen den Vorschriften der Verordnung (EU) 2016/679, dieses Gesetzes sowie anderer Vorschriften über den Datenschutz personenbezogene Daten, die nicht offenkundig sind, unbefugt verarbeitet. [2]Die Ordnungswidrigkeit kann mit einer Geldbuße bis zu 50 000 Euro geahndet werden.

(2) Wer die in Absatz 1 bezeichneten Handlungen gegen Entgelt oder in der Absicht begeht, sich oder eine andere Person zu bereichern oder eine andere Person zu schädigen, wird mit Freiheitsstrafe bis zu zwei Jahren oder Geldstrafe bestraft.

(3) [1]Die Tat nach Absatz 2 wird nur auf Antrag verfolgt. [2]Antragsberechtigt ist die betroffene Person, der Verantwortliche und die oder der Berliner Beauftragte für Datenschutz und Informationsfreiheit.

(4) Eine Meldung nach Artikel 33 der Verordnung (EU) 2016/679 oder eine Benachrichtigung nach Artikel 34 Absatz 1 der Verordnung (EU) 2016/679 darf in einem Straf- oder Bußgeldverfahren gegen die meldepflichtige oder benachrichtigende Person oder deren in § 52 Absatz 1 der Strafprozessordnung bezeichneten Angehörigen nur mit Zustimmung der meldepflichtigen oder benachrichtigenden Person verwendet werden.

Teil 3
Bestimmungen für Verarbeitungen zu Zwecken gemäß Artikel 1 Absatz 1 der Richtlinie (EU) 2016/680

Kapitel 1
Anwendungsbereich, Begriffsbestimmungen und allgemeine Grundsätze für die Verarbeitung personenbezogener Daten

§ 30 Anwendungsbereich

(1) [1]Die Vorschriften dieses Teils gelten für die Verarbeitung personenbezogener Daten durch die für die Verhütung, Ermittlung, Aufdeckung, Verfolgung oder Ahndung von Straftaten oder Ordnungswidrigkeiten, einschließlich des Schutzes vor und der Abwehr von Gefahren für die öffentliche Sicherheit, zuständigen öffentlichen Stellen, soweit sie Daten zum Zweck der Erfüllung dieser Aufgaben verarbeiten. [2]Die öffentlichen Stellen gelten dabei als Verantwortliche.

(2) Absatz 1 findet zudem Anwendung auf diejenigen öffentlichen Stellen, die für die Vollstreckung von Strafen, von Maßnahmen im Sinne des § 11 Absatz 1 Nummer 8 des Strafgesetzbuches, von Erziehungsmaßregeln oder Zuchtmitteln im Sinne des Jugendgerichtsgesetzes und von Geldbußen zuständig sind.

(3) Soweit Teil 3 Vorschriften für Auftragsverarbeiter enthält, gilt er auch für diese.

§ 31 Begriffsbestimmungen

Es bezeichnen die Begriffe:

1. „personenbezogene Daten" alle Informationen, die sich auf eine identifizierte oder identifizierbare natürliche Person (betroffene Person) beziehen; als identifizierbar wird eine natürliche Person angesehen, die direkt oder indirekt, insbesondere mittels Zuordnung zu einer Kennung wie einem Namen, zu einer Kennnummer, zu Standortdaten, zu einer Online-Kennung oder zu einem oder mehreren besonderen Merkmalen, die Ausdruck der physischen, physiologischen, genetischen, psychischen, wirtschaftlichen, kulturellen oder sozialen Identität dieser Person sind, identifiziert werden kann;
2. „Verarbeitung" jeden mit oder ohne Hilfe automatisierter Verfahren ausgeführten Vorgang oder jede solche Vorgangsreihe im Zusammenhang mit personenbezogenen Daten wie das Erheben, das Erfassen, die Organisation, das Ordnen, die Speicherung, die Anpassung, die Veränderung, das Auslesen, das Abfragen, die Verwendung, die Offenlegung durch Übermittlung, Verbreitung oder eine andere Form der Bereitstellung, den Abgleich, die Verknüpfung, die Einschränkung, das Löschen oder die Vernichtung;
3. „Einschränkung der Verarbeitung" die Markierung gespeicherter personenbezogener Daten mit dem Ziel, ihre künftige Verarbeitung einzuschränken;
4. „Profiling" jede Art der automatisierten Verarbeitung personenbezogener Daten, bei der diese Daten verwendet werden, um bestimmte persönliche Aspekte, die sich auf eine natürliche Person

beziehen, zu bewerten, insbesondere um Aspekte der Arbeitsleistung, der wirtschaftlichen Lage, der Gesundheit, der persönlichen Vorlieben, der Interessen, der Zuverlässigkeit, des Verhaltens, der Aufenthaltsorte oder der Ortswechsel dieser natürlichen Person zu analysieren oder vorherzusagen;

5. „Pseudonymisierung" die Verarbeitung personenbezogener Daten in einer Weise, in der die Daten ohne Hinzuziehung zusätzlicher Informationen nicht mehr einer spezifischen betroffenen Person zugeordnet werden können, sofern diese zusätzlichen Informationen gesondert aufbewahrt werden und technischen und organisatorischen Maßnahmen unterliegen, die gewährleisten, dass die Daten keiner betroffenen Person zugewiesen werden können;
6. „Dateisystem" jede strukturierte Sammlung personenbezogener Daten, die nach bestimmten Kriterien zugänglich sind, unabhängig davon, ob diese Sammlung zentral, dezentral oder nach funktionalen oder geografischen Gesichtspunkten geordnet geführt wird;
7. „Verantwortlicher" die juristische Person, Behörde, Einrichtung oder andere Stelle, die allein oder gemeinsam mit anderen über die Zwecke und Mittel der Verarbeitung von personenbezogenen Daten entscheidet;
8. „Auftragsverarbeiter" eine natürliche oder juristische Person, Behörde, Einrichtung oder andere Stelle, die personenbezogene Daten im Auftrag des Verantwortlichen verarbeitet;
9. „Empfänger" eine natürliche oder juristische Person, Behörde, Einrichtung oder andere Stelle, der personenbezogene Daten offengelegt werden, unabhängig davon, ob es sich bei ihr um einen Dritten handelt oder nicht; Behörden, die im Rahmen eines bestimmten Untersuchungsauftrags nach dem Unionsrecht oder anderen Rechtsvorschriften personenbezogene Daten erhalten, gelten jedoch nicht als Empfänger; die Verarbeitung dieser Daten durch die genannten Behörden erfolgt im Einklang mit den geltenden Datenschutzvorschriften gemäß den Zwecken der Verarbeitung;
10. „Verletzung des Schutzes personenbezogener Daten" eine Verletzung der Sicherheit, die zur unbeabsichtigten oder unrechtmäßigen Vernichtung, zum Verlust, zur Veränderung oder zur unbefugten Offenlegung von oder zum unbefugten Zugang zu personenbezogenen Daten geführt hat, die verarbeitet wurden;
11. „genetische Daten" personenbezogene Daten zu den ererbten oder erworbenen genetischen Eigenschaften einer natürlichen Person, die eindeutige Informationen über die Physiologie oder die Gesundheit dieser Person liefern, insbesondere solche, die aus der Analyse einer biologischen Probe der Person gewonnen wurden;
12. „biometrische Daten" mit speziellen technischen Verfahren gewonnene personenbezogene Daten zu den physischen, physiologischen oder verhaltenstypischen Merkmalen einer natürlichen Person, die die eindeutige Identifizierung dieser natürlichen Person ermöglichen oder bestätigen, insbesondere Gesichtsbilder oder daktyloskopische Daten;
13. „Gesundheitsdaten" personenbezogene Daten, die sich auf die körperliche oder geistige Gesundheit einer natürlichen Person, einschließlich der Erbringung von Gesundheitsdienstleistungen, beziehen und aus denen Informationen über deren Gesundheitszustand hervorgehen;
14. „besondere Kategorien personenbezogener Daten"
    a) Daten, aus denen die rassische oder ethnische Herkunft, politische Meinungen, religiöse oder weltanschauliche Überzeugungen oder die Gewerkschaftszugehörigkeit hervorgehen,
    b) genetische Daten,
    c) biometrische Daten zur eindeutigen Identifizierung einer natürlichen Person,
    d) Gesundheitsdaten und
    e) Daten zum Sexualleben oder zur sexuellen Orientierung;
15. „Aufsichtsbehörde" eine von einem Mitgliedstaat gemäß Artikel 41 der Richtlinie (EU) 2016/680 eingerichtete unabhängige staatliche Stelle;
16. „internationale Organisation" eine völkerrechtliche Organisation und ihre nachgeordneten Stellen sowie jede sonstige Einrichtung, die durch eine von zwei oder mehr Staaten geschlossene Übereinkunft oder auf der Grundlage einer solchen Übereinkunft geschaffen wurde;
17. „Einwilligung" jede freiwillig für den bestimmten Fall, in informierter Weise und unmissverständlich abgegebene Willensbekundung in Form einer Erklärung oder einer sonstigen eindeu-

tigen bestätigenden Handlung, mit der die betroffene Person zu verstehen gibt, dass sie mit der Verarbeitung der sie betreffenden personenbezogenen Daten einverstanden ist.

§ 32 Allgemeine Grundsätze für die Verarbeitung personenbezogener Daten

(1) Personenbezogene Daten müssen

1. auf rechtmäßige Weise und nach Treu und Glauben verarbeitet werden,
2. für festgelegte, eindeutige und rechtmäßige Zwecke erhoben und dürfen nicht in einer mit diesen Zwecken nicht zu vereinbarenden Weise verarbeitet werden,
3. dem Verarbeitungszweck entsprechen, für das Erreichen des Verarbeitungszwecks erforderlich sein und ihre Verarbeitung darf nicht außer Verhältnis zu diesem Zweck stehen,
4. sachlich richtig und erforderlichenfalls auf dem neuesten Stand sein; dabei sind alle angemessenen Maßnahmen zu treffen, damit personenbezogene Daten, die im Hinblick auf die Zwecke ihrer Verarbeitung unrichtig sind, unverzüglich gelöscht oder berichtigt werden und
5. in einer Weise verarbeitet werden, die eine angemessene Sicherheit der personenbezogenen Daten gewährleistet; hierzu gehört auch ein durch geeignete technische und organisatorische Maßnahmen zu gewährleistender Schutz vor unbefugter oder unrechtmäßiger Verarbeitung, unbeabsichtigtem Verlust, unbeabsichtigter Zerstörung oder unbeabsichtigter Schädigung.

(2) Personenbezogene Daten dürfen nicht länger als es für die Zwecke, für die sie verarbeitet werden, erforderlich ist, in einer Form gespeichert werden, die die Identifizierung der betroffenen Personen ermöglicht.

(3) [1]Der Verantwortliche ist für die Einhaltung der Absätze 1 und 2 verantwortlich und muss deren Einhaltung nachweisen können. [2]Dies gilt entsprechend für die Regelungen in § 34 und § 35 Absatz 1 bis 3.

Kapitel 2

Rechtsgrundlagen der Verarbeitung

§ 33 Verarbeitung besonderer Kategorien personenbezogener Daten

(1) Die Verarbeitung besonderer Kategorien personenbezogener Daten ist nur zulässig, wenn sie erforderlich ist

1. zur Aufgabenerfüllung,
2. zur Wahrung lebenswichtiger Interessen einer natürlichen Person oder
3. wenn sie sich auf Daten bezieht, die von der betroffenen Person offensichtlich öffentlich gemacht wurden.

(2) [1]Werden besondere Kategorien personenbezogener Daten verarbeitet, sind geeignete Garantien für die Rechtsgüter der betroffenen Personen vorzusehen. [2]Geeignete Garantien können insbesondere sein

1. verbindliche Verfahrensvorschriften, die spezifische Anforderungen an die Datensicherheit oder die Datenschutzkontrolle festlegen,
2. die Festlegung von besonderen Aussonderungsprüffristen,
3. die Sensibilisierung der an Verarbeitungsvorgängen Beteiligten,
4. die Beschränkung des Zugangs zu den personenbezogenen Daten innerhalb der verantwortlichen Stelle,
5. die von anderen Daten getrennte Verarbeitung,
6. die Pseudonymisierung personenbezogener Daten,
7. die Verschlüsselung personenbezogener Daten oder
8. spezifische Verfahrensregelungen, die im Fall einer Übermittlung oder Verarbeitung für andere Zwecke die Rechtmäßigkeit der Verarbeitung sicherstellen.

§ 34 Verarbeitung zu anderen Zwecken

[1]Eine Verarbeitung personenbezogener Daten zu einem anderen Zweck als zu demjenigen, zu dem sie erhoben wurden, ist zulässig, wenn es sich bei dem anderen Zweck um einen der in § 30 Absatz 1 und 2 genannten Zwecke handelt, der Verantwortliche befugt ist, Daten zu diesem Zweck zu verarbeiten, und die Verarbeitung zu diesem Zweck erforderlich und verhältnismäßig ist. [2]Die Verarbeitung personenbezogener Daten zu einem anderen, in § 30 Absatz 1 und 2 nicht genannten Zweck ist zulässig, wenn sie in einer Rechtsvorschrift vorgesehen ist.

§ 35 Verarbeitung zu wissenschaftlichen, historischen, archivarischen und statistischen Zwecken

(1) [1]Die Verarbeitung personenbezogener Daten, einschließlich besonderer Kategorien personenbezogener Daten, ist auch ohne Einwilligung für die Erfüllung einer der in § 30 Absatz 1 und 2 genannten Aufgaben zu im öffentlichen Interesse liegenden, wissenschaftlichen oder historischen Forschungszwecken oder für archivarische oder statistische Zwecke zulässig, wenn das öffentliche Interesse an der Durchführung des Vorhabens die schutzwürdigen Belange der betroffenen Person erheblich überwiegt und der jeweilige Zweck nicht auf andere Weise erreicht werden kann. [2]Nach Satz 1 übermittelte Daten dürfen nicht für andere Zwecke verarbeitet werden.

(2) [1]Der Verantwortliche sieht geeignete Garantien für die Rechte und Freiheiten der betroffenen Personen vor. [2]Die Daten sind insbesondere zu anonymisieren, sobald dies nach dem jeweiligen Zweck möglich ist, es sei denn, berechtigte Interessen der betroffenen Person stehen dem entgegen. [3]Bis eine Anonymisierung erfolgt, sind die Merkmale gesondert zu speichern, mit denen Einzelangaben über persönliche oder sachliche Verhältnisse einer bestimmten oder bestimmbaren Person zugeordnet werden können. [4]Sie dürfen mit den Einzelangaben nur zusammengeführt werden, soweit der jeweilige Zweck dies erfordert. [5]Sie sind zu löschen, sobald der jeweilige Zweck erreicht ist.

(3) [1]Die in den §§ 41 bis 44 vorgesehenen Rechte der betroffenen Person sind insoweit beschränkt, als diese Rechte voraussichtlich die Verwirklichung der Forschungs- oder Statistikzwecke unmöglich machen oder ernsthaft beeinträchtigen und die Beschränkung für die Erfüllung der Forschungs- oder Statistikzwecke notwendig ist. [2]Das Auskunftsrecht nach § 43 besteht darüber hinaus nicht, wenn die Daten für Zwecke der wissenschaftlichen Forschung erforderlich sind und die Auskunftserteilung einen unverhältnismäßigen Aufwand erfordern würde.

(4) Diese Regelung tritt am 30. September 2025 außer Kraft.

§ 35a Verarbeitung zu besonderen Untersuchungszwecken

(1) [1]Setzt der Senat Sachverständige oder sonstige Beauftragte mit der Untersuchung von in besonderem öffentlichen Interesse liegenden Sachverhalten ein, die die Aufgabenerfüllung der für die Verhütung, Ermittlung, Aufdeckung, Verfolgung oder Ahndung von Straftaten oder Ordnungswidrigkeiten, einschließlich des Schutzes vor und der Abwehr von Gefahren für die öffentliche Sicherheit, zuständigen öffentlichen Stellen sowie die Aufgabe des Verfassungsschutzes betreffen, ist die Verarbeitung personenbezogener Daten durch diese Sachverständigen oder sonstigen Beauftragten zulässig, soweit sie zur Erfüllung ihrer Aufgaben erforderlich ist. [2]Die Regelungen zur Verarbeitung besonderer Kategorien personenbezogener Daten bleiben unberührt.

(2) Die Sachverständigen oder sonstigen Beauftragten sind unbeschadet ihrer Berichtspflicht gegenüber dem Senat auch nach Beendigung der Beauftragung zur Verschwiegenheit über alle Angelegenheiten verpflichtet, die ihnen bei Ausübung ihrer Tätigkeit bekannt werden.

§ 36 Einwilligung

(1) Soweit die Verarbeitung personenbezogener Daten nach einer Rechtsvorschrift auf der Grundlage einer Einwilligung erfolgen kann, muss der Verantwortliche die Einwilligung der betroffenen Person nachweisen können.

(2) Erfolgt die Einwilligung der betroffenen Person durch schriftliche oder elektronische Erklärung und betrifft diese Erklärung noch andere Sachverhalte, muss das Ersuchen um Einwilligung in verständlicher und leicht zugänglicher Form in einer klaren und einfachen Sprache so erfolgen, dass es von den anderen Sachverhalten klar zu unterscheiden ist.

(3) [1]Die betroffene Person hat das Recht, ihre Einwilligung jederzeit zu widerrufen. [2]Durch den Widerruf der Einwilligung wird die Rechtmäßigkeit der auf Grund der Einwilligung bis zum Widerruf erfolgten Verarbeitung nicht berührt. [3]Die betroffene Person ist vor Abgabe der Einwilligung hiervon in Kenntnis zu setzen.

(4) [1]Die Einwilligung ist nur wirksam, wenn sie auf der freien Entscheidung der betroffenen Person beruht. [2]Bei der Beurteilung, ob die Einwilligung freiwillig erteilt wurde, müssen die Umstände der Erteilung berücksichtigt werden. [3]Die betroffene Person ist auf den vorgesehenen Zweck der Verarbeitung hinzuweisen. [4]Die betroffene Person ist unter Darlegung der Rechtsfolgen darauf hinzuweisen, dass sie die Einwilligung verweigern kann.

(5) Soweit besondere Kategorien personenbezogener Daten verarbeitet werden, muss sich die Einwilligung ausdrücklich auf diese Daten beziehen.

§ 37 Verarbeitung auf Weisung des Verantwortlichen

Jede einem Verantwortlichen oder einem Auftragsverarbeiter unterstellte Person, die Zugang zu personenbezogenen Daten hat, darf diese Daten ausschließlich auf Weisung des Verantwortlichen verarbeiten, es sei denn, dass sie nach einer Rechtsvorschrift zur Verarbeitung verpflichtet ist.

§ 38 Datengeheimnis

[1]Mit Datenverarbeitung befasste Personen dürfen personenbezogene Daten nicht unbefugt verarbeiten (Datengeheimnis). [2]Sie sind bei der Aufnahme ihrer Tätigkeit auf das Datengeheimnis zu verpflichten. [3]Das Datengeheimnis besteht auch nach der Beendigung ihrer Tätigkeit fort.

§ 39 Automatisierte Einzelentscheidung

(1) Eine ausschließlich auf einer automatischen Verarbeitung beruhende Entscheidung, die mit einer nachteiligen Rechtsfolge für die betroffene Person verbunden ist oder sie erheblich beeinträchtigt, ist nur zulässig, wenn sie in einer Rechtsvorschrift vorgesehen ist, die geeignete Garantien für die Rechte und Freiheiten der betroffenen Person bietet, zumindest aber das Recht auf persönliches Eingreifen seitens des Verantwortlichen.

(2) Entscheidungen nach Absatz 1 dürfen nicht auf besonderen Kategorien personenbezogener Daten beruhen, sofern nicht geeignete Maßnahmen zum Schutz der Rechtsgüter sowie der berechtigten Interessen der betroffenen Personen getroffen wurden.

(3) Profiling, das zur Folge hat, dass betroffene Personen auf der Grundlage von besonderen Kategorien personenbezogener Daten diskriminiert werden, ist verboten.

§ 40 Gemeinsames Verfahren und automatisiertes Verfahren auf Abruf

[1]Die Vorschrift des § 21 findet mit der Maßgabe Anwendung, dass § 49 an die Stelle des Artikels 26 der Verordnung (EU) 2016/679 tritt. [2]Zudem findet § 16 Absatz 2 Anwendung.

Kapitel 3
Rechte der betroffenen Person

§ 41 Allgemeine Informationen zu Datenverarbeitungen

Der Verantwortliche hat für jedermann zugänglich zumindest Informationen zur Verfügung zu stellen über

1. die Zwecke der von ihm vorgenommenen Verarbeitungen,
2. die im Hinblick auf die Verarbeitung ihrer personenbezogenen Daten bestehenden Rechte der betroffenen Personen auf Auskunft, Berichtigung, Löschung und Einschränkung der Verarbeitung,
3. den Namen und die Kontaktdaten des Verantwortlichen und der oder des Datenschutzbeauftragten,
4. das Recht, die Berliner Beauftragte oder den Berliner Beauftragten für Datenschutz und Informationsfreiheit anzurufen und
5. die Erreichbarkeit der oder des Berliner Beauftragten für Datenschutz und Informationsfreiheit.

§ 42 Benachrichtigung betroffener Personen

(1) Ist die Benachrichtigung betroffener Personen über die Verarbeitung sie betreffender personenbezogener Daten in speziellen Rechtsvorschriften, insbesondere bei verdeckten Maßnahmen, vorgesehen oder angeordnet, so hat diese Benachrichtigung zumindest die folgenden Angaben zu enthalten:

1. die in § 41 genannten Angaben,
2. die Rechtsgrundlage der Verarbeitung,
3. die für die Daten geltende Speicherdauer oder, falls dies nicht möglich ist, die Kriterien für die Festlegung dieser Dauer,
4. gegebenenfalls die Kategorien von Empfängern der personenbezogenen Daten, bei Übermittlungen an Empfänger in Drittländern oder internationale Organisationen auch Angaben dazu sowie
5. erforderlichenfalls weitere Informationen, insbesondere, wenn die personenbezogenen Daten ohne Wissen der betroffenen Person erhoben wurden.

(2) In den Fällen des Absatzes 1 kann der Verantwortliche die Benachrichtigung insoweit und solange aufschieben, einschränken oder unterlassen, wie andernfalls

1. die Erfüllung der in § 30 Absatz 1 und 2 genannten Aufgaben,
2. die öffentliche Sicherheit oder
3. Rechtsgüter Dritter

gefährdet würden, wenn das Interesse an der Vermeidung dieser Gefahren das Informationsinteresse der betroffenen Person überwiegt.

(3) Bezieht sich die Benachrichtigung auf die Übermittlung personenbezogener Daten an Verfassungsschutzbehörden, den Bundesnachrichtendienst, den Militärischen Abschirmdienst und, soweit die Sicherheit des Bundes berührt wird, andere Behörden des Bundesministeriums der Verteidigung, ist sie nur mit Zustimmung dieser Stellen zulässig.

(4) Im Fall der Einschränkung nach Absatz 2 gilt § 43 Absatz 7 entsprechend.

§ 43 Auskunftsrecht

(1) [1]Der Verantwortliche hat betroffenen Personen auf Antrag Auskunft darüber zu erteilen, ob er sie betreffende Daten verarbeitet. [2]Betroffene Personen haben darüber hinaus das Recht, Informationen zu erhalten über

1. die personenbezogenen Daten, die Gegenstand der Verarbeitung sind, und die Kategorie, zu der sie gehören,
2. die verfügbaren Informationen über die Herkunft der Daten,
3. die Zwecke der Verarbeitung und deren Rechtsgrundlage,
4. die Empfänger oder die Kategorien von Empfängern, gegenüber denen die Daten offengelegt worden sind, bei Übermittlungen an Empfänger in Drittländern oder internationale Organisationen auch Angaben dazu,
5. die für die Daten geltende Speicherdauer oder, falls dies nicht möglich ist, die Kriterien für die Festlegung dieser Dauer,
6. das Bestehen eines Rechts auf Berichtigung, Löschung oder Einschränkung der Verarbeitung der Daten durch den Verantwortlichen,
7. das Recht nach § 46, die Berliner Beauftragte oder den Berliner Beauftragten für Datenschutz und Informationsfreiheit anzurufen,
8. Angaben zur Erreichbarkeit der oder des Berliner Beauftragten für Datenschutz und Informationsfreiheit sowie
9. das Bestehen einer automatisierten Entscheidungsfindung und Informationen über die involvierte Logik.

(2) Absatz 1 gilt nicht für personenbezogene Daten, die in der Verarbeitung eingeschränkt sind und die nur deshalb verarbeitet werden, weil sie auf Grund gesetzlicher Aufbewahrungsvorschriften nicht gelöscht werden dürfen, oder die ausschließlich Zwecken der Datensicherung oder der Datenschutzkontrolle dienen, wenn die Auskunftserteilung einen unverhältnismäßigen Aufwand erfordern würde und eine Verarbeitung zu anderen Zwecken durch geeignete technische und organisatorische Maßnahmen ausgeschlossen ist.

(3) Das Recht der betroffenen Person auf Auskunft über personenbezogene Daten, die durch eine öffentliche Stelle nicht automatisiert verarbeitet werden, besteht nur, soweit die betroffene Person Angaben macht, die das Auffinden der Daten ermöglichen, und der für die Erteilung der Auskunft erforderliche Aufwand nicht außer Verhältnis zu dem von der betroffenen Person geltend gemachten Informationsinteresse steht.

(4) Der Verantwortliche kann unter den Voraussetzungen des § 42 Absatz 2 von der Auskunft nach Absatz 1 Satz 1 absehen oder die Auskunftserteilung nach Absatz 1 Satz 2 teilweise oder vollständig einschränken.

(5) Bezieht sich die Auskunftserteilung auf die Übermittlung personenbezogener Daten an Verfassungsschutzbehörden, den Bundesnachrichtendienst, den Militärischen Abschirmdienst und, soweit die Sicherheit des Bundes berührt wird, andere Behörden des Bundesministeriums der Verteidigung, ist sie nur mit Zustimmung dieser Stellen zulässig.

(6) [1]Der Verantwortliche hat die betroffene Person über das Absehen von oder die Einschränkung einer Auskunft unverzüglich schriftlich zu unterrichten. [2]Dies gilt nicht, wenn bereits die Erteilung dieser Informationen eine Gefährdung im Sinne des § 42 Absatz 2 mit sich bringen würde. [3]Die Unterrichtung

nach Satz 1 ist zu begründen, es sei denn, dass die Mitteilung der Gründe den mit dem Absehen von oder der Einschränkung der Auskunft verfolgten Zweck gefährden würde.

(7) [1]Wird die betroffene Person nach Absatz 6 über das Absehen von oder die Einschränkung der Auskunft unterrichtet, kann sie ihr Auskunftsrecht auch über die Berliner Beauftragte oder den Berliner Beauftragten für Datenschutz und Informationsfreiheit ausüben. [2]Der Verantwortliche hat die betroffene Person über diese Möglichkeit sowie darüber zu unterrichten, dass sie gemäß § 46 die Berliner Beauftragte oder den Berliner Beauftragten für Datenschutz und Informationsfreiheit anrufen oder gerichtlichen Rechtsschutz suchen kann. [3]Macht die betroffene Person von ihrem Recht nach Satz 1 Gebrauch, ist die Auskunft auf ihr Verlangen der oder dem Berliner Beauftragten für Datenschutz und Informationsfreiheit zu erteilen, soweit nicht die zuständige oberste Landesbehörde im Einzelfall feststellt, dass dadurch die Sicherheit des Bundes oder eines Landes gefährdet würde. [4]Die oder der Berliner Beauftragte für Datenschutz und Informationsfreiheit hat die betroffene Person zumindest darüber zu unterrichten, dass alle erforderlichen Prüfungen erfolgt sind oder eine Überprüfung durch sie oder ihn stattgefunden hat. [5]Diese Mitteilung kann die Information enthalten, ob datenschutzrechtliche Verstöße festgestellt wurden. [6]Die Mitteilung der oder des Berliner Beauftragten für Datenschutz und Informationsfreiheit an die betroffene Person darf keine Rückschlüsse auf den Erkenntnisstand des Verantwortlichen zulassen, sofern dieser keiner weitergehenden Auskunft zustimmt. [7]Der Verantwortliche darf die Zustimmung nur insoweit und solange verweigern, wie er nach Absatz 4 von einer Auskunft absehen oder sie einschränken könnte. [8]Die oder der Berliner Beauftragte für Datenschutz und Informationsfreiheit hat zudem die betroffene Person über ihr Recht auf gerichtlichen Rechtsschutz zu unterrichten.

(8) Der Verantwortliche hat die sachlichen und rechtlichen Gründe für die Entscheidung zu dokumentieren.

§ 44 Rechte auf Berichtigung und Löschung sowie Einschränkung der Verarbeitung

(1) [1]Die betroffene Person hat das Recht, von dem Verantwortlichen unverzüglich die Berichtigung sie betreffender unrichtiger personenbezogener Daten zu verlangen. [2]Insbesondere im Fall von Aussagen oder Beurteilungen betrifft die Frage der Richtigkeit nicht den Inhalt der Aussage oder Beurteilung. [3]Wenn die Richtigkeit oder Unrichtigkeit der Daten nicht festgestellt werden kann, tritt an die Stelle der Berichtigung eine Einschränkung der Verarbeitung. [4]In diesem Fall hat der Verantwortliche die betroffene Person zu unterrichten, bevor er die Einschränkung wieder aufhebt. [5]Die betroffene Person kann zudem die Vervollständigung unvollständiger personenbezogener Daten verlangen, wenn dies unter Berücksichtigung der Verarbeitungszwecke angemessen ist.

(2) Die betroffene Person hat das Recht, von dem Verantwortlichen unverzüglich die Löschung sie betreffender Daten zu verlangen, wenn deren Verarbeitung unzulässig ist, deren Kenntnis für die Aufgabenerfüllung nicht mehr erforderlich ist oder diese zur Erfüllung einer rechtlichen Verpflichtung gelöscht werden müssen.

(3) [1]Anstatt die personenbezogenen Daten zu löschen, kann der Verantwortliche deren Verarbeitung einschränken, wenn

1. Grund zu der Annahme besteht, dass eine Löschung schutzwürdige Interessen einer betroffenen Person beeinträchtigen würde,
2. die Daten zu Beweiszwecken in Verfahren, die Zwecken des § 30 Absatz 1 oder 2 dienen, weiter aufbewahrt werden müssen oder
3. eine Löschung wegen der besonderen Art der Speicherung nicht oder nur mit unverhältnismäßigem Aufwand möglich ist.

[2]In ihrer Verarbeitung nach Satz 1 eingeschränkte Daten dürfen nur zu dem Zweck, der ihrer Löschung entgegenstand oder sonst mit Einwilligung der betroffenen Person verarbeitet werden.

(4) Bei automatisierten Dateisystemen ist technisch sicherzustellen, dass eine Einschränkung der Verarbeitung eindeutig erkennbar ist und eine Verarbeitung für andere Zwecke nicht ohne weitere Prüfung möglich ist.

(5) [1]Hat der Verantwortliche eine Berichtigung vorgenommen, hat er der öffentlichen Stelle, die ihm die personenbezogenen Daten zuvor übermittelt hat, die Berichtigung mitzuteilen. [2]In Fällen der Berichtigung, Löschung oder Einschränkung der Verarbeitung nach den Absätzen 1 bis 3 hat der Verantwortliche Empfängern, denen die Daten übermittelt wurden, diese Maßnahmen mitzuteilen. [3]Die

Empfänger haben die Daten in eigener Verantwortung zu berichtigen, zu löschen oder ihre Verarbeitung einzuschränken.

(6) [1]Der Verantwortliche hat die betroffene Person über ein Absehen von der Berichtigung, Vervollständigung oder Löschung personenbezogener Daten oder über die an deren Stelle tretende Einschränkung der Verarbeitung schriftlich zu unterrichten. [2]Dies gilt nicht, wenn bereits die Erteilung dieser Informationen eine Gefährdung im Sinne des § 42 Absatz 2 mit sich bringen würde. [3]Die Unterrichtung nach Satz 1 ist zu begründen, es sei denn, dass die Mitteilung der Gründe den mit dem Absehen von der Unterrichtung verfolgten Zweck gefährden würde.

(7) § 43 Absatz 7 und 8 findet entsprechende Anwendung.

§ 45 Verfahren für die Ausübung der Rechte der betroffenen Person

(1) [1]Der Verantwortliche hat mit betroffenen Personen unter Verwendung einer klaren und einfachen Sprache in präziser, verständlicher und leicht zugänglicher Form zu kommunizieren. [2]Unbeschadet besonderer Formvorschriften und insbesondere der Anforderungen gemäß § 50 Absatz 3 Satz 1 Nummer 8 soll er bei der Beantwortung von Anträgen grundsätzlich die für den Antrag gewählte Form verwenden.

(2) Bei Anträgen hat der Verantwortliche die betroffene Person unbeschadet des § 43 Absatz 6 und des § 44 Absatz 6 unverzüglich schriftlich darüber in Kenntnis zu setzen, wie verfahren wurde.

(3) [1]Die Erteilung von Informationen nach § 41, die Benachrichtigungen nach den §§ 42 und 52 und die Bearbeitung von Anträgen nach den §§ 43 und 44 erfolgen unentgeltlich. [2]Bei offenkundig unbegründeten oder exzessiven Anträgen nach den §§ 43 und 44 kann der Verantwortliche entweder eine angemessene Gebühr auf der Grundlage der Verwaltungskosten verlangen oder sich weigern, auf Grund des Antrags tätig zu werden. [3]In diesem Fall muss der Verantwortliche den offenkundig unbegründeten oder exzessiven Charakter des Antrags belegen können.

(4) Hat der Verantwortliche begründete Zweifel an der Identität einer betroffenen Person, die einen Antrag nach den §§ 43 oder 44 gestellt hat, soll er von ihr zusätzliche Informationen anfordern, die zur Bestätigung ihrer Identität erforderlich sind.

§ 46 Anrufung der oder des Berliner Beauftragten für Datenschutz und Informationsfreiheit

(1) [1]Jede betroffene Person kann sich unbeschadet anderweitiger Rechtsbehelfe mit einer Beschwerde an die Berliner Beauftragte oder den Berliner Beauftragten für Datenschutz und Informationsfreiheit wenden, wenn sie der Auffassung ist, bei der Verarbeitung ihrer personenbezogenen Daten durch öffentliche Stellen zu den in § 30 genannten Zwecken in ihren Rechten verletzt worden zu sein. [2]Dies gilt nicht für die Verarbeitung von personenbezogenen Daten durch die Gerichte, soweit diese die Daten im Rahmen ihrer justiziellen Tätigkeit verarbeitet haben. [3]Die oder der Berliner Beauftragte für Datenschutz und Informationsfreiheit hat die betroffene Person über den Stand und das Ergebnis der Beschwerde zu unterrichten und sie hierbei auf die Möglichkeit gerichtlichen Rechtsschutzes nach § 47 hinzuweisen.

(2) [1]Die oder der Berliner Beauftragte für Datenschutz und Informationsfreiheit hat eine bei ihr oder ihm eingelegte Beschwerde über eine Verarbeitung, die in die Zuständigkeit einer Aufsichtsbehörde des Bundes, eines anderen Landes oder in einem anderen Mitgliedstaat der Europäischen Union fällt, unverzüglich an die zuständige Aufsichtsbehörde weiterzuleiten. [2]Sie oder er hat in diesem Fall die betroffene Person über die Weiterleitung zu unterrichten und ihr auf deren Ersuchen weitere Unterstützung zu leisten.

§ 47 Rechtsschutz gegen Entscheidungen oder bei Untätigkeit der oder des Berliner Beauftragten für Datenschutz und Informationsfreiheit

(1) Jede natürliche oder juristische Person kann unbeschadet anderer Rechtsbehelfe gerichtlich gegen eine sie betreffende verbindliche Entscheidung der oder des Berliner Beauftragten für Datenschutz und Informationsfreiheit vorgehen.

(2) Absatz 1 gilt entsprechend zugunsten betroffener Personen, wenn sich die oder der Berliner Beauftragte für Datenschutz und Informationsfreiheit mit einer Beschwerde nach § 46 nicht befasst oder die betroffene Person nicht innerhalb von drei Monaten nach Einlegung der Beschwerde über den Stand oder das Ergebnis der Beschwerde in Kenntnis gesetzt hat.

Kapitel 4

Pflichten der Verantwortlichen und Auftragsverarbeiter

§ 48 Auftragsverarbeitung

(1) [1]Werden personenbezogene Daten im Auftrag eines Verantwortlichen durch andere Personen oder Stellen verarbeitet, hat der Verantwortliche für die Einhaltung der Vorschriften dieses Gesetzes und anderer Vorschriften über den Datenschutz zu sorgen. [2]Die Rechte der betroffenen Personen auf Auskunft, Berichtigung, Löschung, Einschränkung der Verarbeitung und Schadensersatz sind in diesem Fall gegenüber dem Verantwortlichen geltend zu machen.

(2) Ein Verantwortlicher darf nur solche Auftragsverarbeiter mit der Verarbeitung personenbezogener Daten beauftragen, die mit geeigneten technischen und organisatorischen Maßnahmen sicherstellen, dass die Verarbeitung im Einklang mit den gesetzlichen Anforderungen erfolgt und der Schutz der Rechte der betroffenen Personen gewährleistet wird.

(3) [1]Auftragsverarbeiter dürfen ohne vorherige schriftliche Genehmigung des Verantwortlichen keine weiteren Auftragsverarbeiter hinzuziehen. [2]Hat der Verantwortliche dem Auftragsverarbeiter eine allgemeine Genehmigung zur Hinzuziehung weiterer Auftragsverarbeiter erteilt, hat der Auftragsverarbeiter den Verantwortlichen über jede beabsichtigte Hinzuziehung oder Ersetzung zu informieren. [3]Der Verantwortliche kann in diesem Fall die Hinzuziehung oder Ersetzung untersagen.

(4) [1]Zieht ein Auftragsverarbeiter einen weiteren Auftragsverarbeiter hinzu, so hat er diesem dieselben Verpflichtungen aus seinem Vertrag mit dem Verantwortlichen nach Absatz 5 aufzuerlegen, die auch für ihn gelten, soweit diese Pflichten für den weiteren Auftragsverarbeiter nicht schon auf Grund anderer Vorschriften verbindlich sind. [2]Erfüllt ein weiterer Auftragsverarbeiter diese Verpflichtungen nicht, so haftet der ihn beauftragende Auftragsverarbeiter gegenüber dem Verantwortlichen für die Einhaltung der Pflichten des weiteren Auftragsverarbeiters.

(5) [1]Die Verarbeitung durch einen Auftragsverarbeiter hat auf der Grundlage eines Vertrags oder eines anderen Rechtsinstruments zu erfolgen, der oder das den Auftragsverarbeiter an den Verantwortlichen bindet und der oder das den Gegenstand, die Dauer, die Art und den Zweck der Verarbeitung, die Art der personenbezogenen Daten, die Kategorien betroffener Personen und die Rechte und Pflichten des Verantwortlichen festlegt. [2]Der Vertrag oder das andere Rechtsinstrument haben insbesondere vorzusehen, dass der Auftragsverarbeiter

1. nur auf dokumentierte Weisung des Verantwortlichen handelt; ist der Auftragsverarbeiter der Auffassung, dass eine Weisung rechtswidrig ist, hat er den Verantwortlichen unverzüglich zu informieren;
2. gewährleistet, dass sich die zur Verarbeitung der personenbezogenen Daten befugten Personen zur Vertraulichkeit verpflichtet haben, soweit sie keiner angemessenen gesetzlichen Verschwiegenheitspflicht unterliegen;
3. den Verantwortlichen mit geeigneten Mitteln dabei unterstützt, die Einhaltung der Bestimmungen über die Rechte der betroffenen Person zu gewährleisten;
4. alle personenbezogenen Daten nach Abschluss der Erbringung der Verarbeitungsleistungen nach Wahl des Verantwortlichen zurückgibt oder löscht und bestehende Kopien vernichtet, wenn nicht nach einer Rechtsvorschrift eine Verpflichtung zur Speicherung der Daten besteht;
5. dem Verantwortlichen alle erforderlichen Informationen, insbesondere die gemäß § 62 erstellten Protokolle, zum Nachweis der Einhaltung seiner Pflichten zur Verfügung stellt;
6. Überprüfungen, die von dem Verantwortlichen oder einer oder einem von diesem beauftragten Prüferin oder Prüfer durchgeführt werden, ermöglicht und dazu beiträgt;
7. die in den Absätzen 3 und 4 aufgeführten Bedingungen für die Inanspruchnahme der Dienste eines weiteren Auftragsverarbeiters einhält;
8. alle gemäß § 50 erforderlichen Maßnahmen ergreift und
9. unter Berücksichtigung der Art der Verarbeitung und der ihm zur Verfügung stehenden Informationen den Verantwortlichen bei der Einhaltung der in §§ 50 bis 53 und 55 genannten Pflichten unterstützt.

(6) Der Vertrag im Sinne des Absatzes 5 ist schriftlich oder elektronisch abzufassen.

Empfehlungen der oder des Berliner Beauftragten für Datenschutz und Informationsfreiheit im Nachhinein zu berücksichtigen und sind die Art und Weise der Verarbeitung daraufhin gegebenenfalls anzupassen.

§ 56 Verzeichnis von Verarbeitungstätigkeiten

(1) [1]Der Verantwortliche hat ein Verzeichnis aller Kategorien von Verarbeitungstätigkeiten zu führen, die in seine Zuständigkeit fallen. [2]Dieses Verzeichnis hat die folgenden Angaben zu enthalten:

1. den Namen und die Kontaktdaten des Verantwortlichen und gegebenenfalls des gemeinsam mit ihm Verantwortlichen sowie den Namen und die Kontaktdaten der oder des Datenschutzbeauftragten,
2. die Zwecke der Verarbeitung,
3. die Herkunft regelmäßig empfangener personenbezogener Daten,
4. Angaben über die Rechtsgrundlage der Verarbeitung,
5. die Kategorien von Empfängern, gegenüber denen die personenbezogenen Daten offengelegt worden sind oder noch offengelegt werden sollen,
6. eine Beschreibung der Kategorien betroffener Personen und der Kategorien personenbezogener Daten,
7. gegebenenfalls die Verwendung von Profiling,
8. gegebenenfalls die Kategorien von Übermittlungen personenbezogener Daten an Stellen in einem Drittstaat oder an eine internationale Organisation sowie geplante Übermittlungen,
9. die vorgesehenen Fristen für die Löschung oder die Überprüfung der Erforderlichkeit der Speicherung der verschiedenen Kategorien personenbezogener Daten,
10. eine allgemeine Beschreibung der technischen und organisatorischen Maßnahmen gemäß § 50 und
11. Kategorien zugriffsberechtigter Personen oder Personengruppen.

(2) Der Auftragsverarbeiter hat ein Verzeichnis aller Kategorien von Verarbeitungen zu führen, die er im Auftrag eines Verantwortlichen durchführt, das Folgendes zu enthalten hat:

1. den Namen und die Kontaktdaten des Auftragsverarbeiters, jedes Verantwortlichen, in dessen Auftrag der Auftragsverarbeiter tätig ist, sowie gegebenenfalls der oder des Datenschutzbeauftragten,
2. gegebenenfalls Übermittlungen von personenbezogenen Daten an Stellen in einem Drittstaat oder an eine internationale Organisation unter Angabe des Staates oder der Organisation und
3. eine allgemeine Beschreibung der technischen und organisatorischen Maßnahmen gemäß § 50.

(3) Die in den Absätzen 1 und 2 genannten Verzeichnisse sind schriftlich oder elektronisch zu führen.

(4) Verantwortliche und Auftragsverarbeiter haben auf Anforderung ihre Verzeichnisse der oder dem Berliner Beauftragten für Datenschutz und Informationsfreiheit zur Verfügung zu stellen.

§ 57 Datenschutz durch Technikgestaltung und datenschutzfreundliche Voreinstellungen

(1) [1]Der Verantwortliche hat sowohl zum Zeitpunkt der Festlegung der Mittel für die Verarbeitung als auch zum Zeitpunkt der Verarbeitung selbst angemessene Vorkehrungen zu treffen, die geeignet sind, die Datenschutzgrundsätze wirksam umzusetzen, und die sicherstellen, dass die gesetzlichen Anforderungen eingehalten und die Rechte der betroffenen Personen geschützt werden. [2]Er hat hierbei den Stand der Technik, die Implementierungskosten und die Art, den Umfang, die Umstände und die Zwecke der Verarbeitung sowie die unterschiedliche Eintrittswahrscheinlichkeit und Schwere der mit der Verarbeitung verbundenen Gefahren für die Rechtsgüter der betroffenen Personen zu berücksichtigen. [3]Insbesondere sind die Verarbeitung personenbezogener Daten und die Auswahl und Gestaltung von Datenverarbeitungssystemen an dem Ziel auszurichten, so wenig personenbezogene Daten wie möglich zu verarbeiten (Datensparsamkeit). [4]Personenbezogene Daten sind zum frühestmöglichen Zeitpunkt zu anonymisieren oder zu pseudonymisieren, soweit dies nach dem Verarbeitungszweck möglich ist.

(2) [1]Der Verantwortliche hat geeignete technische und organisatorische Maßnahmen zu treffen, die sicherstellen, dass durch Voreinstellungen grundsätzlich nur solche personenbezogenen Daten verarbeitet werden können, deren Verarbeitung für den jeweiligen bestimmten Verarbeitungszweck erforderlich ist. [2]Dies betrifft die Menge der erhobenen Daten, den Umfang ihrer Verarbeitung, ihre Speicherfrist und ihre Zugänglichkeit. [3]Die Maßnahmen müssen insbesondere gewährleisten, dass die Da-

ten durch Voreinstellungen nicht automatisiert einer unbestimmten Anzahl von Personen zugänglich gemacht werden können.

§ 58 Unterscheidung zwischen verschiedenen Kategorien betroffener Personen

[1]Der Verantwortliche hat bei der Verarbeitung personenbezogener Daten so weit wie möglich zwischen den verschiedenen Kategorien betroffener Personen zu unterscheiden. [2]Dies betrifft insbesondere folgende Kategorien:

1. Personen, gegen die ein begründeter Verdacht besteht, dass sie eine Straftat begangen haben,
2. Personen, gegen die ein begründeter Verdacht besteht, dass sie in naher Zukunft eine Straftat begehen werden,
3. strafrechtlich Verurteilte,
4. Opfer einer Straftat oder Personen, bei denen bestimmte Tatsachen darauf hindeuten, dass sie Opfer einer Straftat sein könnten, und
5. andere Personen im Zusammenhang mit einer Straftat oder Personen, die mit den in den Nummern 1 bis 3 genannten Personen in Kontakt oder in Verbindung stehen.

§ 59 Unterscheidung zwischen Tatsachen und persönlichen Einschätzungen

[1]Der Verantwortliche hat bei der Verarbeitung so weit wie möglich danach zu unterscheiden, ob personenbezogene Daten auf Tatsachen oder auf persönlichen Einschätzungen beruhen. [2]Zu diesem Zweck soll er, soweit dies im Rahmen der jeweiligen Verarbeitung möglich und angemessen ist, Beurteilungen, die auf persönlichen Einschätzungen beruhen, als solche kenntlich machen. [3]Es muss außerdem feststellbar sein, welche Stelle die Unterlagen führt, die der auf einer persönlichen Einschätzung beruhenden Beurteilung zugrunde liegen.

§ 60 Verfahren bei Übermittlungen

(1) [1]Der Verantwortliche hat angemessene Maßnahmen zu ergreifen, um zu gewährleisten, dass personenbezogene Daten, die unrichtig oder nicht mehr aktuell sind, nicht übermittelt oder sonst zur Verfügung gestellt werden. [2]Zu diesem Zweck hat er, soweit dies mit angemessenem Aufwand möglich ist, die Qualität der Daten vor ihrer Übermittlung oder Bereitstellung zu überprüfen. [3]Bei jeder Übermittlung personenbezogener Daten hat er zudem, soweit dies möglich und angemessen ist, Informationen beizufügen, die es dem Empfänger gestatten, die Richtigkeit, die Vollständigkeit und die Zuverlässigkeit der Daten sowie deren Aktualität zu beurteilen.

(2) [1]Gelten für die Verarbeitung von personenbezogenen Daten besondere Bedingungen, so hat bei Datenübermittlungen die übermittelnde Stelle den Empfänger auf diese Bedingungen und die Pflicht zu ihrer Beachtung hinzuweisen. [2]Die Hinweispflicht kann dadurch erfüllt werden, dass die Daten entsprechend markiert werden.

(3) Die übermittelnde Stelle darf auf Empfänger in anderen Mitgliedstaaten der Europäischen Union und auf Einrichtungen und sonstige Stellen, die nach den Kapiteln 4 und 5 des Titels V des Dritten Teils des Vertrags über die Arbeitsweise der Europäischen Union errichtet wurden, keine Bedingungen anwenden, die nicht auch für entsprechende innerstaatliche Datenübermittlungen gelten.

§ 61 Berichtigung und Löschung personenbezogener Daten sowie Einschränkung der Verarbeitung

(1) Der Verantwortliche hat personenbezogene Daten zu berichtigen, wenn sie unrichtig sind und unvollständige Daten zu vervollständigen, wenn dies unter Berücksichtigung der Verarbeitungszwecke angemessen ist.

(2) Der Verantwortliche hat personenbezogene Daten unverzüglich zu löschen, wenn ihre Verarbeitung unzulässig ist, sie zur Erfüllung einer rechtlichen Verpflichtung gelöscht werden müssen oder ihre Kenntnis für seine Aufgabenerfüllung nicht mehr erforderlich ist.

(3) [1]§ 44 Absatz 3 bis 5 ist entsprechend anzuwenden. [2]Sind unrichtige personenbezogene Daten oder personenbezogene Daten unrechtmäßig übermittelt worden, ist auch dies dem Empfänger mitzuteilen.

(4) Unbeschadet von in Rechtsvorschriften festgesetzten Höchstspeicher- oder Löschfristen hat der Verantwortliche für die Löschung von personenbezogenen Daten oder eine regelmäßige Überprüfung der Notwendigkeit ihrer Speicherung angemessene Fristen vorzusehen und durch verfahrensrechtliche Vorkehrungen sicherzustellen, dass diese Fristen eingehalten werden.

§ 62 Protokollierung

(1) In automatisierten Verarbeitungssystemen haben Verantwortliche und Auftragsverarbeiter mindestens die folgenden Verarbeitungsvorgänge zu protokollieren:

1. Erhebung,
2. Veränderung,
3. Abfrage,
4. Offenlegung einschließlich Übermittlung,
5. Kombination und
6. Löschung.

(2) Die Protokolle über Abfragen und Offenlegungen müssen es ermöglichen, die Begründung, das Datum und die Uhrzeit dieser Vorgänge und so weit wie möglich die Identität der Person, die die personenbezogenen Daten abgefragt oder offengelegt hat, und die Identität des Empfängers der Daten festzustellen.

(3) Die Protokolle dürfen ausschließlich für die Überprüfung der Rechtmäßigkeit der Datenverarbeitung durch die Datenschutzbeauftragte oder den Datenschutzbeauftragten, die Berliner Beauftragte oder den Berliner Beauftragten für Datenschutz und Informationsfreiheit und die betroffene Person sowie für die Eigenüberwachung, für die Gewährleistung der Integrität und Sicherheit der personenbezogenen Daten und für Strafverfahren verwendet werden.

(4) Die Protokolldaten sind nach Ablauf von zwei Jahren seit ihrer Erstellung zu löschen.

(5) Der Verantwortliche und der Auftragsverarbeiter haben die Protokolle der oder dem Berliner Beauftragten für Datenschutz und Informationsfreiheit auf Anforderung zur Verfügung zu stellen.

§ 63 Vertrauliche Meldung von Verstößen

Der Verantwortliche hat zu ermöglichen, dass ihm vertrauliche Meldungen über in seinem Verantwortungsbereich erfolgende Verstöße gegen Datenschutzvorschriften zugeleitet werden können.

Kapitel 5

Datenübermittlungen an Drittstaaten und an internationale Organisationen

§ 64 Allgemeine Voraussetzungen

(1) Die Übermittlung personenbezogener Daten an Stellen in Drittstaaten oder an internationale Organisationen ist bei Vorliegen der übrigen für Datenübermittlungen geltenden Voraussetzungen zulässig, wenn

1. die Stelle oder internationale Organisation für die in § 30 Absatz 1 und 2 genannten Zwecke zuständig ist und
2. die Europäische Kommission gemäß Artikel 36 Absatz 3 der Richtlinie (EU) 2016/680 einen Angemessenheitsbeschluss gefasst hat.

(2) [1]Die Übermittlung personenbezogener Daten hat trotz des Vorliegens eines Angemessenheitsbeschlusses im Sinne des Absatzes 1 Nummer 2 und des zu berücksichtigenden öffentlichen Interesses an der Datenübermittlung zu unterbleiben, wenn im Einzelfall ein datenschutzrechtlich angemessener und die elementaren Menschenrechte wahrender Umgang mit den Daten beim Empfänger nicht hinreichend gesichert ist oder sonst überwiegende schutzwürdige Interessen einer betroffenen Person entgegenstehen. [2]Bei seiner Beurteilung hat der Verantwortliche maßgeblich zu berücksichtigen, ob der Empfänger im Einzelfall einen angemessenen Schutz der übermittelten Daten garantiert.

(3) [1]Wenn personenbezogene Daten, die aus einem anderen Mitgliedstaat der Europäischen Union übermittelt oder zur Verfügung gestellt wurden, nach Absatz 1 übermittelt werden sollen, muss diese Übermittlung zuvor von der zuständigen Stelle des anderen Mitgliedstaats genehmigt werden. [2]Übermittlungen ohne vorherige Genehmigung sind nur dann zulässig, wenn die Übermittlung erforderlich ist, um eine unmittelbare und ernsthafte Gefahr für die öffentliche Sicherheit eines Staates oder für die wesentlichen Interessen eines Mitgliedstaats abzuwehren, und die vorherige Genehmigung nicht rechtzeitig eingeholt werden kann. [3]Im Fall des Satzes 2 ist die Stelle des anderen Mitgliedstaats, die für die Erteilung der Genehmigung zuständig gewesen wäre, unverzüglich über die Übermittlung zu unterrichten.

(4) [1]Der Verantwortliche, der Daten nach Absatz 1 übermittelt, hat durch geeignete Maßnahmen sicherzustellen, dass der Empfänger die übermittelten Daten nur dann an andere Drittstaaten oder andere internationale Organisationen weiterübermittelt, wenn der Verantwortliche diese Übermittlung zuvor genehmigt hat. [2]Bei der Entscheidung über die Erteilung der Genehmigung hat der Verantwortliche alle maßgeblichen Faktoren zu berücksichtigen, insbesondere die Schwere der Straftat, den Zweck der ursprünglichen Übermittlung und das in dem Drittstaat oder der internationalen Organisation, an den oder an die die Daten weiterübermittelt werden sollen, bestehende Schutzniveau für personenbezogene Daten. [3]Eine Genehmigung darf nur dann erfolgen, wenn auch eine direkte Übermittlung an den anderen Drittstaat oder die andere internationale Organisation zulässig wäre. [4]Die Zuständigkeit für die Erteilung der Genehmigung kann auch abweichend geregelt werden.

§ 65 Datenübermittlung bei geeigneten Garantien

(1) Liegt entgegen § 64 Absatz 1 Nummer 2 kein Beschluss nach Artikel 36 Absatz 3 der Richtlinie (EU) 2016/680 vor, ist eine Übermittlung bei Vorliegen der übrigen Voraussetzungen des § 64 auch dann zulässig, wenn

1. in einem rechtsverbindlichen Instrument geeignete Garantien für den Schutz personenbezogener Daten vorgesehen sind oder
2. der Verantwortliche nach Beurteilung aller Umstände, die bei der Übermittlung eine Rolle spielen, zu der Auffassung gelangt ist, dass geeignete Garantien für den Schutz personenbezogener Daten bestehen.

(2) [1]Der Verantwortliche hat Übermittlungen nach Absatz 1 Nummer 2 zu dokumentieren. [2]Die Dokumentation hat den Zeitpunkt der Übermittlung, die Identität des Empfängers, den Grund der Übermittlung und die übermittelten personenbezogenen Daten zu enthalten. [3]Sie ist der oder dem Berliner Beauftragten für Datenschutz und Informationsfreiheit auf Anforderung zur Verfügung zu stellen.

(3) [1]Der Verantwortliche hat die Berliner Beauftragte oder den Berliner Beauftragten für Datenschutz und Informationsfreiheit jährlich über Übermittlungen zu unterrichten, die auf Grund einer Beurteilung nach Absatz 1 Nummer 2 erfolgt sind. [2]In der Unterrichtung kann er die Empfänger und die Übermittlungszwecke angemessen kategorisieren.

§ 66 Datenübermittlung ohne geeignete Garantien

(1) Liegt entgegen § 64 Absatz 1 Nummer 2 kein Beschluss nach Artikel 36 Absatz 3 der Richtlinie (EU) 2016/680 vor und liegen auch keine geeigneten Garantien im Sinne des § 65 Absatz 1 vor, ist eine Übermittlung bei Vorliegen der übrigen Voraussetzungen des § 64 auch dann zulässig, wenn die Übermittlung erforderlich ist

1. zum Schutz lebenswichtiger Interessen einer natürlichen Person,
2. zur Wahrung berechtigter Interessen der betroffenen Person,
3. zur Abwehr einer gegenwärtigen und erheblichen Gefahr für die öffentliche Sicherheit eines Staates,
4. im Einzelfall für die in § 30 genannten Zwecke oder
5. im Einzelfall zur Geltendmachung, Ausübung oder Verteidigung von Rechtsansprüchen im Zusammenhang mit den in § 30 genannten Zwecken.

(2) Der Verantwortliche hat von einer Übermittlung nach Absatz 1 abzusehen, wenn die Grundrechte der betroffenen Person das öffentliche Interesse an der Übermittlung überwiegen.

(3) Für Übermittlungen nach Absatz 1 gilt § 65 Absatz 2 und 3 entsprechend.

§ 67 Sonstige Datenübermittlung an Empfänger in Drittstaaten

(1) Der Verantwortliche kann bei Vorliegen der übrigen für die Datenübermittlung in Drittstaaten geltenden Voraussetzungen im besonderen Einzelfall personenbezogene Daten unmittelbar an nicht in § 64 Absatz 1 Nummer 1 genannte Stellen in Drittstaaten übermitteln, wenn die Übermittlung für die Erfüllung seiner Aufgaben erforderlich ist und

1. im konkreten Fall keine Grundrechte der betroffenen Person das öffentliche Interesse an einer Übermittlung überwiegen,
2. er die Übermittlung an die in § 64 Absatz 1 Nummer 1 genannten Stellen für wirkungslos oder ungeeignet hält, insbesondere weil sie nicht rechtzeitig durchgeführt werden kann, und

3. er dem Empfänger die Zwecke der Verarbeitung mitteilt und ihn darauf hinweist, dass die übermittelten Daten nur in dem Umfang verarbeitet werden dürfen, in dem ihre Verarbeitung für diese Zwecke erforderlich ist.

(2) Im Fall des Absatzes 1 hat der Verantwortliche die in § 64 Absatz 1 Nummer 1 genannten Behörden unverzüglich über die Übermittlung zu unterrichten, sofern dies nicht wirkungslos oder ungeeignet ist.

(3) Für Übermittlungen nach Absatz 1 gilt § 65 Absatz 2 und 3 entsprechend.

(4) Bei Übermittlungen nach Absatz 1 hat der Verantwortliche den Empfänger zu verpflichten, die übermittelten personenbezogenen Daten nur für den Zweck zu verarbeiten, für den sie übermittelt worden sind.

(5) Abkommen im Bereich der justiziellen Zusammenarbeit in Strafsachen und der polizeilichen Zusammenarbeit bleiben unberührt.

Kapitel 6
Zusammenarbeit der Aufsichtsbehörden

§ 68 Gegenseitige Amtshilfe

(1) [1]Die oder der Berliner Beauftragte für Datenschutz und Informationsfreiheit hat den Datenschutzaufsichtsbehörden des Bundes und der Länder sowie in den anderen Mitgliedstaaten der Europäischen Union Informationen zu übermitteln und Amtshilfe zu leisten, soweit dies für eine einheitliche Umsetzung und Anwendung der Richtlinie (EU) 2016/680 erforderlich ist. [2]Die Amtshilfe betrifft insbesondere Auskunftsersuchen und aufsichtsbezogene Maßnahmen, beispielsweise Ersuchen um Konsultation oder um Vornahme von Nachprüfungen und Untersuchungen.

(2) Die oder der Berliner Beauftragte für Datenschutz und Informationsfreiheit hat alle geeigneten Maßnahmen zu ergreifen, um Amtshilfeersuchen unverzüglich und spätestens innerhalb eines Monats nach deren Eingang nachzukommen.

(3) Die oder der Berliner Beauftragte für Datenschutz und Informationsfreiheit darf Amtshilfeersuchen nur ablehnen, wenn

1. sie oder er für den Gegenstand des Ersuchens oder für die Maßnahmen, die sie oder er durchführen soll, nicht zuständig ist oder
2. ein Eingehen auf das Ersuchen gegen Rechtsvorschriften verstoßen würde.

(4) [1]Die oder der Berliner Beauftragte für Datenschutz und Informationsfreiheit hat die ersuchende Aufsichtsbehörde des anderen Staates über die Ergebnisse oder gegebenenfalls über den Fortgang der Maßnahmen zu informieren, die getroffen wurden, um dem Amtshilfeersuchen nachzukommen. [2]Sie oder er hat im Fall des Absatzes 3 die Gründe für die Ablehnung des Ersuchens zu erläutern.

(5) Die oder der Berliner Beauftragte für Datenschutz und Informationsfreiheit hat die Informationen, um die sie oder er von der Aufsichtsbehörde des anderen Staates ersucht wurde, in der Regel elektronisch und in einem standardisierten Format zu übermitteln.

(6) Die oder der Berliner Beauftragte für Datenschutz und Informationsfreiheit hat Amtshilfeersuchen kostenfrei zu erledigen, soweit sie oder er nicht im Einzelfall mit der Aufsichtsbehörde des Bundes, des jeweiligen Landes oder des anderen Mitgliedstaates der Europäischen Union die Erstattung entstandener Ausgaben vereinbart hat.

(7) [1]Ein Amtshilfeersuchen der oder des Berliner Beauftragten für Datenschutz und Informationsfreiheit hat alle erforderlichen Informationen zu enthalten; hierzu gehören insbesondere der Zweck und die Begründung des Ersuchens. [2]Die auf das Ersuchen übermittelten Informationen dürfen ausschließlich zu dem Zweck verwendet werden, zu dem sie angefordert wurden.

Kapitel 7
Haftung und Sanktionen

§ 69 Schadensersatz und Entschädigung

(1) [1]Hat ein Verantwortlicher einer betroffenen Person durch eine Verarbeitung personenbezogener Daten, die nach einer nach Maßgabe der Richtlinie (EU) 2016/680 erlassenen Vorschrift rechtswidrig

war, einen Schaden zugefügt, ist er oder sein Rechtsträger der betroffenen Person zum Schadensersatz verpflichtet. [2]Die Ersatzpflicht entfällt, soweit bei einer nicht-automatisierten Verarbeitung der Schaden nicht auf ein Verschulden des Verantwortlichen zurückzuführen ist.

(2) Wegen eines Schadens, der nicht Vermögensschaden ist, kann die betroffene Person eine angemessene Entschädigung in Geld verlangen.

(3) Lässt sich bei einer automatisierten Verarbeitung personenbezogener Daten nicht ermitteln, welcher von mehreren beteiligten Verantwortlichen den Schaden verursacht hat, so haftet jeder Verantwortliche beziehungsweise sein Rechtsträger.

(4) Hat bei der Entstehung des Schadens ein Verschulden der betroffenen Person mitgewirkt, ist § 254 des Bürgerlichen Gesetzbuchs entsprechend anzuwenden.

(5) Auf die Verjährung finden die für unerlaubte Handlungen geltenden Verjährungsvorschriften des Bürgerlichen Gesetzbuchs entsprechende Anwendung.

§ 70 Ordnungswidrigkeiten, Strafvorschriften

Für Verarbeitungen personenbezogener Daten durch öffentliche Stellen im Rahmen von Tätigkeiten nach § 30 Absatz 1 Satz 1 oder Absatz 2 findet § 29 entsprechende Anwendung.

Teil 4
Besondere Verarbeitungssituationen außerhalb des Anwendungsbereichs der Verordnung (EU) 2016/679 und der Richtlinie (EU) 2016/680

§ 71 Öffentliche Auszeichnungen und Ehrungen

(1) [1]Zur Vorbereitung und Durchführung öffentlicher Auszeichnungen oder Ehrungen dürfen die zuständigen Stellen sowie die von ihnen besonders beauftragten Stellen die dazu erforderlichen personenbezogenen Daten einschließlich besonderer Kategorien personenbezogener Daten auch ohne Kenntnis der betroffenen Person verarbeiten. [2]Die Verarbeitung dieser Daten für andere Zwecke ist nur mit Einwilligung der betroffenen Person zulässig.

(2) Auf Anforderung der in Absatz 1 genannten Stellen dürfen andere öffentliche Stellen die zur Vorbereitung der Auszeichnung oder Ehrung erforderlichen Daten übermitteln.

(3) Die Artikel 13, 14, 15 und 19 der Verordnung (EU) 2016/679 sind nicht anzuwenden.

Teil 5
Schlussvorschrift

§ 72 Übergangsvorschriften

(1) Vor dem 6. Mai 2016 eingerichtete automatisierte Verarbeitungssysteme sind in Ausnahmefällen, in denen dies mit einem unverhältnismäßigen Aufwand verbunden ist, spätestens bis zum 6. Mai 2023 mit § 62 Absatz 1 und 2 in Einklang zu bringen.

(2) [1]Die oder der zum Zeitpunkt des Inkrafttretens dieses Gesetzes im Amt befindliche Berliner Beauftragte für Datenschutz und Informationsfreiheit gilt als nach § 9 Absatz 1 Satz 1 ernannt. [2]Ihre oder seine statusrechtliche Stellung bleibt unberührt. [3]Die Amtszeit gilt nach § 9 Absatz 3 Satz 1 als zum 28. Januar 2016 begonnen. [4]Der Aushändigung einer Ernennungsurkunde bedarf es nicht.

Gesetz zur Förderung der Informationsfreiheit im Land Berlin (Berliner Informationsfreiheitsgesetz – IFG)

Vom 15. Oktober 1999 (GVBl. S. 561)
(BRV 2010-3)
zuletzt geändert durch Art. 5 Berliner Datenschutz-Anpassungsgesetz EU vom 12. Oktober 2020 (GVBl. S. 807)

Nichtamtliche Inhaltsübersicht

Das Abgeordnetenhaus hat das folgende Gesetz beschlossen:

Abschnitt 1
Informationsrecht

§ 1 Zweck des Gesetzes

Zweck dieses Gesetzes ist es, durch ein umfassendes Informationsrecht das in Akten festgehaltene Wissen und Handeln öffentlicher Stellen unter Wahrung des Schutzes personenbezogener Daten unmittelbar der Allgemeinheit zugänglich zu machen, um über die bestehenden Informationsmöglichkeiten hinaus die demokratische Meinungs- und Willensbildung zu fördern und eine Kontrolle des staatlichen Handelns zu ermöglichen.

§ 2 Anwendungsbereich

(1) [1]Dieses Gesetz regelt die Informationsrechte gegenüber den Behörden und sonstigen öffentlichen Stellen (insbesondere nicht rechtsfähige Anstalten, Krankenhausbetriebe, Eigenbetriebe und Gerichte) des Landes Berlin, den landesunmittelbaren Körperschaften, Anstalten und Stiftungen des öffentlichen Rechts (§ 28 des Allgemeinen Zuständigkeitsgesetzes) und gegenüber Privaten, die mit der Ausübung hoheitlicher Befugnisse betraut sind (öffentliche Stellen). [2]Für die Gerichte und die Behörden der Staatsanwaltschaft gilt dieses Gesetz nur, soweit sie Verwaltungsaufgaben erledigen.
(2) Der Zugang zu Informationen über die Umwelt bestimmt sich nach den Regelungen in § 18a.

§ 3 Informationsrecht

(1) [1]Jeder Mensch hat nach Maßgabe dieses Gesetzes gegenüber den in § 2 genannten öffentlichen Stellen nach seiner Wahl ein Recht auf Einsicht in oder Auskunft über den Inhalt der von der öffentlichen Stelle geführten Akten. [2]Die Rechte nach Satz 1 können auch von juristischen Personen geltend gemacht werden.

(2) Akten im Sinne dieses Gesetzes sind alle schriftlich, elektronisch, optisch, akustisch oder auf andere Weise festgehaltenen Gedankenverkörperungen und sonstige Aufzeichnungen, insbesondere Schriftstücke, Magnetbänder, Disketten, Filme, Fotos, Tonbänder, Pläne, Diagramme, Bilder und Karten, soweit sie amtlichen Zwecken dienen.

(3) Weitergehende Ansprüche nach anderen Rechtsvorschriften bleiben unberührt.

§ 4 Umfang der Informationsfreiheit

(1) Akteneinsicht oder Aktenauskunft ist in dem beantragten Umfang zu gewähren, es sei denn, eine der in Abschnitt 2 geregelten Ausnahmen findet Anwendung.

(2) [1]Die öffentlichen Stellen im Sinne von § 2 Absatz 1 haben beim Abschluss von Verträgen sicherzustellen, dass die Bestimmungen des Vertrages dem Recht auf Akteneinsicht oder Aktenauskunft nach diesem Gesetz nicht entgegenstehen. [2]Die öffentlichen Stellen im Sinne von § 2 Absatz 1 weisen bei Verträgen nach § 7a die Vertragspartner vor Vertragsschluss auf die Regelung des § 17 Absatz 3 hin.

§ 4a Verarbeitung personenbezogener Daten

Die Verarbeitung personenbezogener Daten, einschließlich besonderer Kategorien personenbezogener Daten im Sinne von Artikel 9 Absatz 1 der Verordnung (EU) 2016/679 des Europäischen Parlaments und des Rates vom 27. April 2016 zum Schutz natürlicher Personen bei der Verarbeitung personenbezogener Daten, zum freien Datenverkehr und zur Aufhebung der Richtlinie 95/46/EG (Datenschutz-Grundverordnung) (ABl. L 119 vom 4.5.2016, S. 1; L 314 vom 22.11.2016, S. 72; L 127 vom 23.5.2018, S. 2), ist zulässig, soweit dies zur Erfüllung der in diesem Gesetz genannten Aufgaben erforderlich ist.

Abschnitt 2
Einschränkungen des Informationsrechts

§ 5 Amtsverschwiegenheit

[1]Mit der Entscheidung, Akteneinsicht oder Aktenauskunft zu erteilen, ist die Genehmigung nach § 37 Abs. 3 des Beamtenstatusgesetzes zu verbinden. [2]Sie darf nur in den Fällen des § 11 versagt werden.

§ 6 Schutz personenbezogener Daten

(1) Das Recht auf Akteneinsicht oder Aktenauskunft besteht nicht, soweit durch die Akteneinsicht oder Aktenauskunft personenbezogene Daten veröffentlicht werden und tatsächliche Anhaltspunkte dafür vorhanden sind, dass überwiegend Privatinteressen verfolgt werden oder der Offenbarung schutzwürdige Belange der betroffenen Personen entgegenstehen und das Informationsinteresse (§ 1) das Interesse der betroffenen Personen an der Geheimhaltung nicht überwiegt.

(2) [1]Der Offenbarung personenbezogener Daten stehen schutzwürdige Belange der betroffenen Personen in der Regel nicht entgegen, wenn die betroffenen Personen zustimmen oder soweit sich aus einer Akte

1. ergibt, dass
   a) die betroffenen Personen an einem Verwaltungsverfahren oder einem sonstigen Verfahren beteiligt sind,
   b) eine gesetzlich oder behördlich vorgeschriebene Erklärung abgegeben oder eine Anzeige, Anmeldung, Auskunft oder vergleichbare Mitteilung durch die betroffenen Personen gegenüber einer Behörde erfolgt ist,
   c) gegenüber den betroffenen Personen überwachende oder vergleichbare Verwaltungstätigkeiten erfolgt sind,
   d) die betroffenen Personen Eigentümer, Pächter, Mieter oder Inhaber eines vergleichbaren Rechts sind,
   e) die betroffenen Personen als Gutachter, sachverständige Personen oder in vergleichbarer Weise eine Stellungnahme abgegeben haben,

und durch diese Angaben mit Ausnahme von

- Namen,
- Titel, akademischem Grad,
- Geburtsdatum,
- Beruf, Branchen- oder Geschäftsbezeichnung,
- innerbetrieblicher Funktionsbezeichnung,
- Anschrift,
- Rufnummer

nicht zugleich weitere personenbezogene Daten offenbart werden;

2. die Mitwirkung eines bestimmten Amtsträgers oder einer bestimmten Amtsträgerin an Verwaltungsvorgängen, dessen oder deren Name, Titel, akademischer Grad, Beruf, innerdienstliche Funktionsbezeichnung, dienstliche Anschrift und Rufnummer ergeben.

[2]Satz 1 gilt auch, wenn die betroffenen Personen im Rahmen eines Arbeits- oder Anstellungsverhältnisses oder als Vertreter oder Vertreterin oder Organ einer juristischen Person an einem Verwaltungsverfahren beteiligt sind, die Mitteilungen machen oder die Verwaltungstätigkeit ihnen gegenüber in einer solchen Eigenschaft erfolgt.

§ 7 Schutz von Betriebs- und Geschäftsgeheimnissen

[1]Das Recht auf Akteneinsicht oder Aktenauskunft besteht nicht, soweit dadurch ein Betriebs- oder Geschäftsgeheimnis offenbart wird oder den Betroffenen durch die Offenbarung ein nicht nur unwesentlicher wirtschaftlicher Schaden entstehen kann, es sei denn, das Informationsinteresse überwiegt das schutzwürdige Interesse der Betroffenen an der Geheimhaltung. [2]Gegenüber der Offenbarung tatsächlicher Anhaltspunkte für das Vorliegen einer strafbaren Handlung können sich die Betroffenen und die öffentliche Stelle nicht auf Satz 1 berufen.

§ 7a Schutz von Betriebs- und Geschäftsgeheimnissen bei besonderen Verträgen

(1) [1]Übertragen öffentliche Stellen im Sinne von § 2 Absatz 1 Beteiligungen an Unternehmen in den Bereichen

- Wasserversorgung und Abwasserentsorgung,
- Abfallentsorgung,
- öffentlicher Nahverkehr,
- Energieversorgung,
- Krankenhauswesen oder
- Verarbeitung von Daten, die im Zusammenhang mit hoheitlicher Tätigkeit stehen,

vollständig oder teilweise, mittelbar oder unmittelbar auf Private, so unterliegen die geschlossenen Verträge grundsätzlich dem Informationsrecht des § 3. [2]Das gleiche gilt für die Übertragung von Eigentum, Besitz, eines Erbbaurechts oder einer Dienstbarkeit an einer Sache, die zu einer in Satz 1 genannten Infrastruktur gehört, wenn die Übertragung die dauerhafte Erbringung der Infrastrukturleistung durch den Privaten ermöglichen soll.

(2) [1]Das Recht auf Akteneinsicht oder Aktenauskunft besteht nicht hinsichtlich solcher Verträge oder Vertragsbestandteile, die Betriebs- oder Geschäftsgeheimnisse beinhalten und durch deren Offenbarung dem Vertragspartner ein wesentlicher wirtschaftlicher Schaden entstehen würde, sofern nicht das Informationsinteresse das schutzwürdige Geheimhaltungsinteresse des privaten Vertragspartners überwiegt. [2]Das Informationsinteresse überwiegt in der Regel das schutzwürdige Geheimhaltungsinteresse, wenn der private Vertragspartner im Geltungsbereich dieses Gesetzes ohne Wettbewerber ist oder keinem wesentlichen Wettbewerb ausgesetzt ist. [3]Das Vorliegen der Voraussetzungen des Satzes 1 ist durch den privaten Vertragspartner darzulegen.

(3) [1]Wird ein Antrag auf Akteneinsicht oder Aktenauskunft bezogen auf einen Vertrag im Sinne des Absatzes 1 gestellt, der vor dem Inkrafttreten des Zweiten Gesetzes zur Änderung des Berliner Informationsfreiheitsgesetzes vom 8. Juli 2010 (GVBl. S. 358) geschlossen wurde, und stehen der Gewährung von Akteneinsicht oder Aktenauskunft Bestimmungen des Vertrages entgegen, so hat die vertragschließende öffentliche Stelle den privaten Vertragspartner zu Nachverhandlungen und zur Anpassung des Vertrages aufzufordern. [2]Kann innerhalb eines Zeitraums von sechs Monaten nach Zugang der Aufforderung zur Nachverhandlung keine Einigung erzielt werden, so wird Akteneinsicht oder Aktenauskunft gewährt, wenn das Informationsinteresse das private Geheimhaltungsinteresse erheb-

lich überwiegt. [3]Der Abwägungsmaßstab des Absatzes 2 ist zu berücksichtigen. [4]Das Vorliegen des schutzwürdigen Geheimhaltungsinteresses ist durch den privaten Vertragspartner darzulegen. [5]§ 14 bleibt unberührt.

(4) Die übrigen Einschränkungen des Informationsrechts nach Abschnitt 2 bleiben unberührt.

§ 8 Angaben über Gesundheitsgefährdungen

Der Offenbarung von personenbezogenen Daten oder von Betriebs- und Geschäftsgeheimnissen durch Akteneinsicht oder Aktenauskunft stehen schutzwürdige Belange der Betroffenen nach § 6 Abs. 1 und § 7 in der Regel nicht entgegen, soweit diese Angaben im Zusammenhang mit Angaben über Gesundheitsgefährdungen sowie im Zusammenhang mit den von den Betroffenen dagegen eingesetzten Schutzvorkehrungen stehen.

§ 9 Schutz besonderer öffentlicher Belange, der Rechtsdurchsetzung und der Strafverfolgung

(1) [1]Das Recht auf Akteneinsicht oder Aktenauskunft besteht nicht, soweit und solange durch das vorzeitige Bekanntwerden des Akteninhalts der Erfolg bevorstehender behördlicher Maßnahmen, insbesondere von Überwachungs- und Aufsichtsmaßnahmen, ordnungsbehördlichen Anordnungen und Maßnahmen der Verwaltungsvollstreckung vereitelt wird oder ein vorzeitiges Bekanntwerden des Akteninhalts nach der besonderen Art der Verwaltungstätigkeit mit einer ordnungsgemäßen Aufgabenerfüllung unvereinbar ist. [2]Das Gleiche gilt, soweit und solange durch das vorzeitige Bekanntwerden des Akteninhalts der Erfolg eines Ermittlungsverfahrens wegen einer Straftat oder einer Ordnungswidrigkeit gefährdet werden kann oder nachteilige Auswirkungen für das Land Berlin bei der Durchführung eines laufenden Gerichtsverfahrens zu befürchten sind.

(2) [1]Die öffentliche Stelle kann die Akteneinsicht oder Aktenauskunft unter Berufung auf Absatz 1 nur für die Dauer von drei Monaten verweigern, wegen laufender Gerichtsverfahren nur bis zu deren rechtskräftigem Abschluss. [2]Die Entscheidung ist entsprechend zu befristen. [3]Nach Ablauf der Frist hat die öffentliche Stelle auf Antrag erneut zu entscheiden. [4]Eine weitere Vorenthaltung der Akteneinsicht oder Aktenauskunft ist nur zulässig, wenn die Voraussetzungen nach Absatz 1 weiterhin vorliegen.

§ 10 Schutz des behördlichen Entscheidungsprozesses

(1) [1]Das Recht auf Akteneinsicht oder Aktenauskunft besteht bis zum Abschluss eines Verwaltungsverfahrens nicht für Entwürfe zu Entscheidungen sowie für Arbeiten zu ihrer unmittelbaren Vorbereitung. [2]Dies gilt nicht für die Ergebnisse von abgeschlossenen Verfahrenshandlungen eines Verwaltungsverfahrens, die für die Entscheidung verbindlich sind. [3]Hierzu gehören insbesondere Ergebnisse von Beweiserhebungen sowie bei mitwirkungsbedürftigen Verwaltungsverfahren verbindliche Stellungnahmen anderer Behörden.

(2) [1]Die Akten zur Vorbereitung und Durchführung der Bauleitplanung sind einsehbar, sobald der Beschluss, einen Bauleitplan aufzustellen, gefasst ist. [2]Für die Akten der Landschaftsplanung sowie für die Akten zur Aufstellung der in § 17 genannten Pläne gilt Satz 1 entsprechend. [3]Die Akten zur Durchführung von städtebaulichen Sanierungsmaßnahmen sind einsehbar, sobald der Beginn der vorbereitenden Untersuchung beschlossen worden ist.

(3) Das Recht auf Akteneinsicht oder Aktenauskunft besteht nicht,

1. soweit sich Akten auf die Beratung des Senats und der Bezirksämter sowie deren Vorbereitung beziehen,
2. soweit durch das Bekanntwerden des Akteninhalts Angaben und Mitteilungen öffentlicher Stellen, die nicht dem Anwendungsbereich dieses Gesetzes unterfallen, ohne deren Zustimmung offenbart werden.

(4) Die Akteneinsicht oder Aktenauskunft soll versagt werden, wenn sich der Inhalt der Akten auf den Prozess der Willensbildung innerhalb von und zwischen Behörden bezieht.

§ 11 Gefährdung des Gemeinwohls

Außer in den Fällen der §§ 5 bis 10 darf die Akteneinsicht oder Aktenauskunft nur versagt werden, wenn das Bekanntwerden des Akteninhalts dem Wohle des Bundes oder eines deutschen Landes schwerwiegende Nachteile bereiten oder zu einer schwerwiegenden Gefährdung des Gemeinwohls führen würde.

§ 12 Beschränkte Akteneinsicht oder Aktenauskunft

[1]Soweit die Voraussetzungen für Einschränkungen der Informationsfreiheit nach den §§ 5 bis 11 nur bezüglich eines Teils einer Akte vorliegen, besteht ein Recht auf Akteneinsicht oder Aktenauskunft hinsichtlich der anderen Aktenteile. [2]Wird Akteneinsicht beantragt, so sind die geheimhaltungsbedürftigen Aktenteile unkenntlich zu machen oder abzutrennen; die Abtrennung kann auch durch Ablichtung der nicht geheimhaltungsbedürftigen Aktenteile erfolgen. [3]Art und Umfang der Abtrennung oder Unkenntlichmachung sind in der Akte zu vermerken.

Abschnitt 3

Verfahren

§ 13 Antragstellung, Durchführung der Akteneinsicht und Aktenauskunft

(1) [1]Der Antrag auf Akteneinsicht oder Aktenauskunft ist mündlich, schriftlich oder elektronisch bei der öffentlichen Stelle zu stellen, die die Akten führt. [2]Im Antrag soll die betreffende Akte bezeichnet werden. [3]Sofern dem Antragsteller oder der Antragstellerin Angaben zur hinreichenden Bestimmung einer Akte fehlen, ist er oder sie durch die öffentliche Stelle zu beraten und zu unterstützen. [4]Wird ein Antrag schriftlich oder elektronisch bei einer unzuständigen öffentlichen Stelle gestellt, so ist diese verpflichtet, den Antrag unverzüglich an die zuständige Stelle weiterzuleiten und den Antragsteller oder die Antragstellerin entsprechend zu unterrichten.

(2) [1]Die Akteneinsicht erfolgt bei der öffentlichen Stelle, die die Akten führt. [2]Die öffentliche Stelle ist verpflichtet, dem Antragsteller oder der Antragstellerin ausreichende räumliche und sachliche Möglichkeiten zur Durchführung der Akteneinsicht zur Verfügung zu stellen.

(3) Aktenauskunft kann mündlich, schriftlich oder elektronisch erteilt werden.

(4) Bei Gewährung von Akteneinsicht und Aktenauskunft ist dem Antragsteller oder der Antragstellerin die Anfertigung von Notizen gestattet.

(5) [1]Auf Verlangen sind dem Antragsteller oder der Antragstellerin Ablichtungen der Akten oder von Teilen derselben anzufertigen und zur Verfügung zu stellen. [2]Soweit der Überlassung von Ablichtungen Urheberrechte entgegenstehen, ist von der öffentlichen Stelle die Einwilligung der Berechtigten einzuholen. [3]Verweigern die Berechtigten die Einwilligung, so besteht kein Anspruch nach Satz 1. [4]Das Recht auf Akteneinsicht und Aktenauskunft bleibt davon unberührt.

(6) Sofern die Einsicht von Daten begehrt wird, die auf Magnetbändern oder anderen Datenträgern der automatischen Datenverarbeitung gespeichert sind, ist dem Antragsteller oder der Antragstellerin ein lesbarer Ausdruck und auf Antrag eine elektronische Kopie zu überlassen.

§ 14 Entscheidung, Anhörung der Betroffenen

(1) [1]Über einen Antrag auf Akteneinsicht oder Aktenauskunft ist unverzüglich zu entscheiden. [2]Der Entscheidung hat eine Prüfung des Antrags auf Zulässigkeit und Umfang der Akteneinsicht oder Aktenauskunft nach den Vorschriften dieses Gesetzes vorauszugehen. [3]Ergibt die Prüfung, dass dem Antrag stattgegeben werden kann und Rechte Betroffener nicht berührt sind, so soll bei mündlicher Antragstellung Akteneinsicht oder Aktenauskunft sofort gewährt werden. [4]Bei schriftlicher Antragstellung ist dem Antragsteller oder der Antragstellerin die Entscheidung mitzuteilen und darauf hinzuweisen, dass die Akteneinsicht oder Aktenauskunft innerhalb der allgemeinen Sprechzeiten oder der allgemeinen Dienstzeiten gewährt wird. [5]Wird durch die sofortige Gewährung der Akteneinsicht oder Aktenauskunft im Einzelfall die ordnungsgemäße Erfüllung der Aufgabe der öffentlichen Stelle beeinträchtigt, so kann ein späterer Termin bestimmt werden.

(2) [1]Kommt die öffentliche Stelle bei der Prüfung eines Antrags auf Akteneinsicht oder Aktenauskunft zu der Auffassung, dass der Offenbarung von personenbezogenen Daten oder Betriebs- und Geschäftsgeheimnissen keine schutzwürdigen Belange Betroffener entgegenstehen oder dass der Gewährung der Akteneinsicht oder Aktenauskunft zwar schutzwürdige Belange Betroffener entgegenstehen, das Informationsinteresse aber das Interesse der Betroffenen an der Geheimhaltung überwiegt, so hat sie den Betroffenen unter Hinweis auf Gegenstand und Rechtsgrundlage der Erteilung der Akteneinsicht oder Aktenauskunft Gelegenheit zu geben, sich innerhalb von zwei Wochen zu den für die Entscheidung erheblichen Tatsachen zu äußern. [2]Die Entscheidung ist auch den Betroffenen bekannt zu geben. [3]Über den Antrag ist unverzüglich nach Ablauf der Äußerungsfrist zu entscheiden. [4]Die Akteneinsicht oder Aktenauskunft darf erst nach Eintritt der Bestandskraft der Entscheidung gegenüber

den Betroffenen oder zwei Wochen nach Anordnung der sofortigen Vollziehung, die auch den Betroffenen bekannt zu geben ist, erteilt werden. [5]Gegen die Entscheidung können die Betroffenen Widerspruch einlegen.

(3) Gegen eine Entscheidung, durch die ein Antrag auf Akteneinsicht oder Aktenauskunft ganz oder teilweise zurückgewiesen wird, ist der Widerspruch nach den §§ 68ff. der Verwaltungsgerichtsordnung auch dann zulässig, wenn die Entscheidung von einer obersten Landesbehörde erlassen worden ist.

§ 15 Begründungspflicht, Bescheidungsfristen

(1) [1]Die Verweigerung oder Beschränkung der Akteneinsicht oder Aktenauskunft ist schriftlich oder elektronisch zu begründen. [2]Ist der Antrag mündlich gestellt worden, so gilt dies nur auf ausdrückliches Verlangen des Antragstellers oder der Antragstellerin.

(2) In der Begründung hat die öffentliche Stelle, soweit dies ohne Preisgabe der geheimhaltungsbedürftigen Angaben möglich ist, den Antragsteller oder die Antragstellerin über den Inhalt der vorenthaltenen Akten zu informieren.

(3) Im Falle der vollständigen Verweigerung der Akteneinsicht oder Aktenauskunft hat die Behörde auch zu begründen, weshalb keine beschränkte Akteneinsicht oder Aktenauskunft nach § 12 erteilt werden kann.

(4) Lehnt die öffentliche Stelle die Akteneinsicht unter Berufung auf § 9 oder § 10 ab, so hat sie dem Antragsteller oder der Antragstellerin mitzuteilen, zu welchem Zeitpunkt eine Einsichtnahme voraussichtlich erfolgen kann.

(5) Will die öffentliche Stelle den Antrag zurückweisen, so ist der Antragsteller oder die Antragstellerin innerhalb von zwei Wochen nach Antragstellung nach Absatz 1 zu bescheiden.

§ 16 Kosten

[1]Die Akteneinsicht oder Aktenauskunft und das Widerspruchsverfahren sind gebührenpflichtig. [2]Das Gesetz über Gebühren und Beiträge vom 22. Mai 1957 (GVBl. S. 516) gilt in der jeweils geltenden Fassung entsprechend.

§ 17 Veröffentlichungspflichten, Aktenverzeichnisse

(1) Emissionskataster (§ 46 des Bundes-Immissionsschutzgesetzes), Luftreinhaltepläne (§ 47 des Bundes-Immissionsschutzgesetzes), Abfallwirtschaftspläne (§ 29 des Kreislaufwirtschafts- und Abfallgesetzes), Abwasserbeseitigungspläne (§ 18a Abs. 3 des Wasserhaushaltsgesetzes), wasserwirtschaftliche Rahmenpläne (§ 36 des Wasserhaushaltsgesetzes), Wasserbewirtschaftungspläne (§ 36b des Wasserhaushaltsgesetzes), die forstliche Rahmenplanung (§ 4 Abs. 1 des Landeswaldgesetzes) und vergleichbare Pläne sind zu veröffentlichen; Wasserbücher (§ 37 des Wasserhaushaltsgesetzes) sind allgemein zugänglich zu machen.

(2) Die Ergebnisse von Messungen, Beobachtungen und sonstigen Erhebungen über schädliche Umwelteinwirkungen, Umweltgefährdungen sowie über den Zustand der Umwelt, die von einer Behörde außerhalb ihrer Überwachungstätigkeit im Einzelfall durchgeführt werden, sind allgemein zugänglich zu machen.

(3) [1]Verträge nach § 7a sind zu veröffentlichen, soweit die Voraussetzungen eines Akteneinsichtsrechts oder Aktenauskunftsrechts nach § 7a vorliegen und ein öffentliches Informationsinteresse besteht. [2]Der oder dem Berliner Beauftragten für Datenschutz und Informationsfreiheit ist vor einer Entscheidung Gelegenheit zur Stellungnahme zu geben.

(4) Auf Bundesrecht beruhende Geheimhaltungspflichten bleiben unberührt.

(5) [1]Jede öffentliche Stelle hat Verzeichnisse zu führen, die geeignet sind, die Aktenordnung und den Aktenbestand sowie den Zweck der geführten Akten erkennen zu lassen. [2]Jede öffentliche Stelle hat Register, Aktenpläne, Aktenordnungen, Aktenverzeichnisse, Einsenderverzeichnisse, Tagebücher und Verzeichnisse im Sinne von Satz 1 allgemein zugänglich zu machen und im Internet zu veröffentlichen.

§ 18 Berliner Beauftragte oder Beauftragter für Datenschutz und Informationsfreiheit

(1) [1]Zur Wahrung des Rechts auf Informationsfreiheit wird eine Beauftragte oder ein Beauftragter für das Recht auf Informationsfreiheit bestellt. [2]Diese Aufgabe wird von der oder dem Beauftragten für Datenschutz und Informationsfreiheit wahrgenommen. [3]Die Errichtung der Behörde, die Ernennung, Beendigung des Amtsverhältnisses sowie die Rechtsstellung der oder des Berliner Beauftragten für Datenschutz und Informationsfreiheit richten sich nach den §§ 7, 9 und 10 des Berliner Datenschutz-

gesetzes vom 13. Juni 2018 (GVBl. S. 418), das durch Artikel 13 des Gesetzes vom 12. Oktober 2020 (GVBl. S. 807) geändert worden ist, in der jeweils geltenden Fassung.

(2) [1]Die oder der Berliner Beauftragte für Datenschutz und Informationsfreiheit kontrolliert die Einhaltung der Vorschriften dieses Gesetzes bei den Behörden und sonstigen öffentlichen Stellen des Landes Berlin. [2]Zu diesem Zweck kann sie oder er Empfehlungen zur Verbesserung der Informationsfreiheit geben; insbesondere kann sie oder er den Senat und einzelne Mitglieder des Senats sowie die übrigen Behörden und sonstigen öffentlichen Stellen des Landes Berlin in Fragen der Informationsfreiheit beraten. [3]Sie oder er ist vor dem Erlass von Gesetzen, Rechtsverordnungen und Verwaltungsvorschriften anzuhören, wenn sie die Informationsfreiheit betreffen.

(3) Jeder Mensch ist befugt, die Berliner Beauftragte oder den Berliner Beauftragten für Datenschutz und Informationsfreiheit anzurufen.

(4) [1]Die oder der Berliner Beauftragte für Datenschutz und Informationsfreiheit erstellt einen Jahresbericht über ihre oder seine Tätigkeit. [2]Die oder der Berliner Beauftragte für Datenschutz und Informationsfreiheit übermittelt den Bericht dem Abgeordnetenhaus und dem Senat und macht ihn der Öffentlichkeit zugänglich. [3]Der Bericht kann gemeinsam mit dem nach dem Berliner Datenschutzgesetz zu erstellenden Bericht erstellt werden. [4]§ 12 Absatz 2 des Berliner Datenschutzgesetzes gilt entsprechend.

(5) [1]Die oder der Berliner Beauftragte für Datenschutz und Informationsfreiheit ist befugt, personenbezogene Daten, die ihr oder ihm durch Beschwerden, Anfragen, Hinweise und Beratungsersuchen bekannt werden, zu verarbeiten, soweit dies zur Erfüllung ihrer oder seiner Aufgaben nach diesem Gesetz erforderlich ist. [2]Die nach Satz 1 verarbeiteten Daten dürfen nicht zu anderen Zwecken weiterverarbeitet werden.

(6) [1]Die oder der Berliner Beauftragte für Datenschutz und Informationsfreiheit arbeitet mit den Behörden und sonstigen öffentlichen Stellen, die für die Kontrolle der Einhaltung der Vorschriften über die Informationsfreiheit im Bund und in den Ländern zuständig sind, zusammen [2]Sie oder er ist berechtigt, an diese Stellen personenbezogene Daten zu übermitteln, soweit dies zur Kontrolle der Einhaltung der Vorschriften dieses Gesetzes erforderlich ist.

§ 18a Umweltinformationen

(1) Für den Zugang zu Umweltinformationen im Land Berlin sowie für die Verbreitung dieser Umweltinformationen gilt mit Ausnahme der §§ 11 bis 14 das Umweltinformationsgesetz vom 22. Dezember 2004 (BGBl. I S. 3704) in der jeweils geltenden Fassung entsprechend.

(2) Bei Entscheidungen einer informationspflichtigen öffentlichen Stelle des Landes Berlin im Sinne des § 2 Abs. 1 Nr. 1 des Umweltinformationsgesetzes findet § 14 Abs. 3 Anwendung.

(3) Für Streitigkeiten um Ansprüche gegen private informationspflichtige Stellen im Sinne von § 2 Abs. 1 Nr. 2 des Umweltinformationsgesetzes ist der Rechtsweg zu den Verwaltungsgerichten gegeben.

(4) [1]Für die Übermittlung von Umweltinformationen werden Kosten (Gebühren und Auslagen) erhoben. [2]§ 16 findet insoweit Anwendung. [3]Abweichend von § 16 Abs. 1 Satz 1 werden Gebühren nicht erhoben für

1. die Akteneinsicht in Umweltinformationen vor Ort,
2. die Übermittlung der Ergebnisse der Überwachung von Emissionen nach den §§ 26, 28 und 29 des Bundes-Immissionsschutzgesetzes,
3. die Übermittlung der bei der zuständigen Behörde vorliegenden Ergebnisse der Überwachung der von einer Deponie ausgehenden Emissionen.

(5) [1]Private informationspflichtige Stellen im Sinne von § 2 Abs. 1 Nr. 2 des Umweltinformationsgesetzes können für die Übermittlung von Umweltinformationen nach diesem Gesetz von der antragstellenden Person Kostenerstattung verlangen, soweit kein Fall nach Absatz 4 Satz 3 vorliegt. [2]Die Höhe der erstattungsfähigen Kosten bemisst sich neben den Auslagen nach den festgelegten Gebührensätzen für Amtshandlungen von informationspflichtigen Stellen des Landes und der landesunmittelbaren juristischen Personen des öffentlichen Rechts.

Abschnitt 4
Schlussvorschriften

§§ 19–21 (nicht wiedergegebene Änderungsvorschriften)

§ 22 (aufgehoben)

§ 23 Inkrafttreten

Dieses Gesetz tritt am Tage nach seiner Verkündung[1)] im Gesetz- und Verordnungsblatt für Berlin in Kraft.

1) Verkündet am 29.10.1999.

Gesetz zur Förderung des E-Government (E-Government-Gesetz Berlin – EGovG Bln)[1)]

Vom 30. Mai 2016 (GVBl. S. 282)
(BRV 206-2)
zuletzt geändert durch Art. 1 Erstes ÄndG vom 27. September 2021 (GVBl. S. 1122)

Nichtamtliche Inhaltsübersicht

Abschnitt 1
Grundlagen

§ 1 Geltungsbereich

(1) Dieses Gesetz gilt für die öffentlich-rechtliche Verwaltungstätigkeit der Berliner Verwaltung (§ 2 des Allgemeinen Zuständigkeitsgesetzes), soweit nicht Rechtsvorschriften des Landes Berlin inhaltsgleiche oder entgegenstehende Bestimmungen enthalten.
(2) Für die Tätigkeit der Gerichtsverwaltungen und der Behörden der Justizverwaltung gilt dieses Gesetz nur, soweit die Tätigkeit der Nachprüfung durch die Gerichte der Verwaltungsgerichtsbarkeit oder der Nachprüfung durch die in verwaltungsrechtlichen Anwalts-, Patentanwalts- und Notarsachen zuständigen Gerichte unterliegt.
(3) Für die Tätigkeit der Steuerverwaltung gilt dieses Gesetz nur, soweit nicht § 20 des Finanzverwaltungsgesetzes entgegensteht.

§ 2 Ziel und Zweck

(1) [1]E-Government umfasst alle geschäftlichen Prozesse, die im Zusammenhang mit Regieren und Verwalten (Government) mit Hilfe der Informations- und Kommunikationstechniken (IT) über elektronische Medien abgewickelt werden. [2]Ziel des Gesetzes ist es, die Verwaltungsverfahren und -strukturen aller Verwaltungsebenen und -bereiche der Berliner Verwaltung unter Nutzung der Möglichkeiten der Informations- und Kommunikationstechnik auf E-Government umzustellen.

---

1) Verkündet als Art. 1 E-Government-Gesetz v. 30.5.2016 (GVBl. S. 282); Inkrafttreten gem. Art. 10 dieses G am 10.6.2016. Beachte jedoch die Inkrafttreteregelungen zu den §§ 4, 5, 10, 17 und 24.

(2) [1]Das Gesetz soll Transparenz, Wirtschaftlichkeit, Sicherheit, Bürgerfreundlichkeit, Unternehmensfreundlichkeit und Benutzerfreundlichkeit einschließlich der barrierefreien Zugänglichkeit und Nutzbarkeit der Verwaltungsprozesse gewährleisten. [2]Allgemeine Partizipationsmöglichkeiten sollen verbessert und der Standort Berlin soll gefordert werden.

(3) Die Zusammenarbeit der Verwaltungsebenen und -bereiche der Berliner Verwaltung ist durch medienbruchfreie Prozesse und die gemeinsame Nutzung von zentralen informations- und kommunikationstechnischen Strukturen und Organisationen sowie von Informationen und Ressourcen sicherzustellen.

(4) [1]Fähigkeiten und Kompetenzen der Dienstkräfte, die der Zielerreichung förderlich sind, sind durch besondere Qualifikationsmaßnahmen zentral und dezentral zu fördern. [2]Bei Einführung und wesentlicher Veränderung informationstechnisch gestützter Verwaltungsverfahren sind die Rechte und Interessen der Beschäftigten frühzeitig zu beachten, insbesondere werden IT-Prozesse und Arbeitsmethoden unter Beachtung der Arbeits- und Gesundheitsschutzgrundsätze gestaltet und eingeführt. [3]Die Verfahren zur elektronischen Vorgangsbearbeitung und Aktenführung sind technisch so zu gestalten, dass sie auch von Menschen mit Behinderungen grundsätzlich uneingeschränkt genutzt werden können; dies ist bereits bei der Planung, Entwicklung, Ausschreibung und Beschaffung zu berücksichtigen.

§ 3 Datenschutz

Die Regelungen des Berliner Datenschutzgesetzes und spezialgesetzlich bestehende Bestimmungen zum Datenschutz bleiben durch dieses Gesetz unberührt.

Abschnitt 2
Verwaltungshandeln im E-Government

§ 4 Elektronische Kommunikation

(1) Jede Behörde ist verpflichtet, auch einen Zugang für die Übermittlung elektronischer Dokumente, auch soweit sie mit einer qualifizierten elektronischen Signatur versehen sind, zu eröffnen.

(2) Jede Behörde ist verpflichtet, auch eine De-Mail-Adresse im Sinne des De-Mail-Gesetzes sowie einen E-Mail-Zugang mit einer gängigen Ende-zu-Ende-Verschlüsselung, zum Beispiel PGP-Standard, zu eröffnen.

(3) Jede Behörde ist verpflichtet, auch Zugänge durch von ihr bereitgestellte elektronische Formulare für unmittelbar abzugebende Erklärungen zu eröffnen, wenn damit wiederkehrende Vorgänge mit Hilfe eines IT-Verfahrens bearbeitet werden und die rechtlich festgelegten Formanforderungen erfüllt werden können.

(4) Jede Behörde ist verpflichtet, neben den Zugängen gemäß den Absätzen 1 bis 3 auch Zugänge durch sonstige sichere Verfahren zu eröffnen, mit denen rechtlich festgelegte Schriftformanforderungen nach bundesrechtlichen Vorschriften erfüllt werden können.

(5) Jede Behörde ist verpflichtet, in Verwaltungsverfahren, in denen sie die Identität einer Person aufgrund einer Rechtsvorschrift festzustellen hat oder aus anderen Gründen eine Identifizierung für notwendig erachtet, einen sicheren elektronischen Identitätsnachweis gemäß § 18 des Personalausweisgesetzes oder § 78 Absatz 5 des Aufenthaltsgesetzes anzubieten.

(6) Verwaltungsverfahren sind unbeschadet des Absatzes 7 in elektronischer Form abzuwickeln, soweit nicht Rechtsvorschriften entgegenstehen.

(7) Die nicht-elektronische Kommunikation und die Annahme von Erklärungen in schriftlicher Form, zur Niederschrift oder auf anderem Wege dürfen nicht unter Hinweis auf die elektronischen Zugangsmöglichkeiten abgelehnt werden.

§ 5 Elektronische Bezahlmöglichkeiten

[1]Fallen im Rahmen eines elektronisch durchgeführten Verwaltungsverfahrens Gebühren oder sonstige Forderungen an, muss jede Behörde der Berliner Verwaltung die Einzahlung dieser Gebühren oder die Begleichung dieser sonstigen Forderungen durch Nutzung mindestens einer gängigen, zumutbaren und hinreichend sicheren elektronischen Zahlungsmöglichkeit gewährleisten. [2]Für die Nutzung des Zahlungsweges erhebt die Behörde keine Gebühren.

§ 6 Nachweise

(1) [1]Wird ein Verwaltungsverfahren elektronisch durchgeführt, können die vorzulegenden Nachweise elektronisch eingereicht werden, es sei denn, dass durch Rechtsvorschrift etwas anderes bestimmt ist oder die Behörde für bestimmte Verfahren oder im Einzelfall die Vorlage eines Originals verlangt. [2]Die Behörde entscheidet nach pflichtgemäßem Ermessen, welche Art der elektronischen Einreichung zur Ermittlung des Sachverhalts zulässig ist.

(2) [1]Die zuständige Behörde kann erforderliche Nachweise, die von einer deutschen öffentlichen Stelle stammen, mit der Einwilligung der am Verfahren beteiligten betroffenen Person direkt bei der ausstellenden öffentlichen Stelle elektronisch einholen. [2]Zu diesem Zweck dürfen die anfordernde Behörde und die abgebende öffentliche Stelle die erforderlichen personenbezogenen Daten verarbeiten.

(3) [1]Sofern gesetzlich nichts anderes bestimmt ist, kann die Einwilligung nach Absatz 2 elektronisch erklärt werden. [2]Dabei ist über die Anforderungen nach Artikel 7 der Verordnung (EU) 2016/679 des Europäischen Parlaments und des Rates vom 27. April 2016 zum Schutz natürlicher Personen bei der Verarbeitung personenbezogener Daten, zum freien Datenverkehr und zur Aufhebung der Richtlinie 95/46/EG (Datenschutz-Grundverordnung) (ABl. L 119 vom 4.5.2016, S. 1; L 314 vom 22.11.2016, S. 72; L 127 vom 23.5.2018, S. 2) hinaus durch die Behörde sicherzustellen, dass die betroffene Person den Inhalt der Einwilligung jederzeit abrufen kann. [3]Die Einwilligung ist zu protokollieren.

§ 7 Elektronische Akten

(1) [1]Die Berliner Verwaltung führt ihre Akten spätestens ab dem 1. Januar 2025 elektronisch. [2]Hierbei ist durch geeignete technisch-organisatorische Maßnahmen nach dem Stand der Technik sicherzustellen, dass die Grundsätze ordnungsgemäßer Aktenführung und die für die Berliner Verwaltung geltenden Standards, auch im Hinblick auf Datenschutz und Datensicherheit, eingehalten werden. [3]Die Behörden der Berliner Verwaltung nutzen den landeseinheitlichen IKT-Dienst für die elektronische Aktenführung, soweit nicht andere IKT-Systeme für konkrete Aufgaben zur Aktenführung eingesetzt werden müssen oder bei Inkrafttreten dieser Vorschrift schon eingesetzt waren.

(2) [1]Zwischen Behörden, die die elektronische Vorgangsbearbeitung und Aktenführung nutzen, werden Akten und sonstige Unterlagen elektronisch übermittelt oder der elektronische Zugriff ermöglicht; dies gilt nicht für geheimhaltungswürdige Akten, insbesondere Verschlusssachen. [2]Dabei ist eine sichere, dem Stand der Technik Rechnung tragende Kommunikationsinfrastruktur einzusetzen. [3]Diese erfordert den Schutz der übermittelten Daten vor Einsichtnahme durch Unbefugte sowie vor Veränderung.

(3) Für die Archivierung elektronischer Akten gelten die Bestimmungen des Archivgesetzes des Landes Berlin vom 14. März 2016 (GVBl. S. 96) in der jeweils geltenden Fassung.

(4) Die Verfahren zur elektronischen Vorgangsbearbeitung und Aktenführung sind schrittweise technisch so zu gestalten, dass sie auch von Menschen mit Behinderungen grundsätzlich uneingeschränkt genutzt werden.

§ 8 Übertragen und Vernichten des Originals

(1) [1]Die Berliner Verwaltung soll, soweit sie Akten elektronisch führt, an Stelle von Papierdokumenten deren elektronische Wiedergabe in der elektronischen Akte aufbewahren. [2]Bei der Übertragung in elektronische Dokumente ist nach dem Stand der Technik sicherzustellen, dass die elektronischen Dokumente mit den Papierdokumenten bildlich und inhaltlich übereinstimmen, wenn sie lesbar gemacht werden. [3]Von der Übertragung der Papierdokumente in elektronische Dokumente kann abgesehen werden, wenn die Übertragung unverhältnismäßigen Aufwand erfordert.

(2) Papierdokumente nach Absatz 1 sollen nach der Übertragung in elektronische Dokumente vernichtet oder zurückgegeben werden, sobald eine weitere Aufbewahrung nicht mehr aus rechtlichen Gründen oder zur Qualitätssicherung des Übertragungsvorgangs erforderlich ist.

§ 9 Akteneinsicht

Soweit ein Recht auf Akteneinsicht besteht, können Behörden, die Akten elektronisch führen, Akteneinsicht dadurch gewähren, dass sie

1. einen Aktenausdruck zur Verfügung stellen,
2. die elektronischen Dokumente auf einem Bildschirm wiedergeben,
3. elektronische Dokumente übermitteln oder
4. den elektronischen Zugriff auf den Inhalt der Akten gestatten.

§ 10 Optimierung von Verwaltungsabläufen und Information zum Verfahrensstand

(1) Die internen Verwaltungsabläufe sind in elektronischer Form abzuwickeln und in entsprechender Form zu gestalten, soweit nicht Rechtsvorschriften entgegenstehen.

(2) [1]Die Behörden der Berliner Verwaltung müssen Verwaltungsabläufe und Verwaltungsleistungen, die erstmals zu wesentlichen Teilen elektronisch unterstützt werden, vor Einführung der informationstechnischen Systeme unter Einhaltung der Vorgaben der zentralen IKT-Steuerung dokumentieren, analysieren und optimieren, wobei die Verwaltungsabläufe und Verwaltungsleistungen für die Verwaltungsnutzenden vorrangig zu optimieren und elektronisch zu unterstützen sind. [2]Dabei sind im Interesse der Verfahrensbeteiligten und Verwaltungsnutzenden die Abläufe und Verwaltungsverfahren elektronisch abwickelbar und so zu gestalten, dass die Informationen zum Verfahrensstand und zum weiteren Verfahren sowie die Kontaktinformationen der zum Zeitpunkt der Anfrage zuständigen Ansprechstelle auf elektronischem Wege abgerufen werden können. [3]Der Zugang zu den elektronisch abwickelbaren Verwaltungsverfahren, den Informationen zum Verfahrensstand und zum weiteren Verfahren erfolgt über das zentrale Service-Portal und unter Nutzung hierzu von der IKT-Steuerung zentral bereitgestellter IKT-Basisdienste.

(3) [1]Von den Maßnahmen nach den Absätzen 1 und 2 darf nur abgesehen werden, soweit diese einen nicht vertretbaren wirtschaftlichen Mehraufwand bedeuten würden oder sonstige zwingende Gründe entgegenstehen. [2]Von den Maßnahmen nach Absatz 2 Satz 2 darf zudem nur abgesehen werden, wenn diese dem Zweck des Verfahrens entgegenstehen oder eine gesetzliche Schutznorm verletzen. [3]Die Gründe nach den Sätzen 1 und 2 sind zu dokumentieren. [4]Über jede Ausnahme nach den Sätzen 1 und 2 ist der IKT-Staatssekretär oder die IKT-Staatssekretärin frühzeitig zu informieren und ihm oder ihr auf Verlangen umfassend Auskunft zu erteilen.

(4) Die Absätze 2 und 3 gelten entsprechend bei allen wesentlichen Änderungen der Verwaltungsabläufe oder der eingesetzten informationstechnischen Systeme.

§ 11 Information zu Behörden und über ihre Verfahren in öffentlich zugänglichen Netzen

(1) Jede Behörde stellt über öffentlich zugängliche Netze in allgemein verständlicher Sprache Informationen über ihre aktuellen Aufgaben, Organigramme, Anschrift, Geschäftszeiten sowie postalische, telefonische und elektronische Erreichbarkeiten zur Verfügung.

(2) [1]Jede Behörde stellt über öffentlich zugängliche Netze in allgemein verständlicher Sprache Informationen über ihre nach außen wirkende öffentlich-rechtliche Tätigkeit, damit verbundene Gebühren, beizubringende Unterlagen und die zuständige Ansprechstelle und ihre Erreichbarkeit dar und stellt erforderliche Formulare elektronisch bereit. [2]Die Bereitstellung der Informationen sowie der Nachweis der erforderlichen Formulare erfolgen mittels einer zentralen Dienstleistungsdatenbank und werden über ein zentrales Portal zugänglich gemacht.

(3) Die Veröffentlichungen und Bereitstellungen nach den Absätzen 1 und 2 erfolgen nach einheitlichen Kriterien als Bestandteil des Stadtinformationssystems für das Land Berlin.

§ 12 Elektronische Formulare

(1) [1]Ist durch Rechtsvorschrift des Landes Berlin die Verwendung eines bestimmten Formulars vorgeschrieben, das ein Unterschriftsfeld vorsieht, wird allein dadurch nicht die Anordnung der Schriftform bewirkt. [2]Bei einer für die elektronische Versendung an die Behörde bestimmten Fassung des Formulars entfällt das Unterschriftsfeld.

(2) Alle Formulare der Berliner Verwaltung sind über das zentrale Service-Portal entsprechend § 10 Absatz 2 Satz 3 grundsätzlich elektronisch und zur interaktiven Verwendung und zur elektronischen Verfahrensabwicklung unter Nutzung des hierzu von der IKT-Steuerung zentral bereitgestellten IKT-Basisdienstes zur Verfügung zu stellen und müssen allgemein zugänglich sein.

(3) Elektronische Formulare sind entsprechend § 191a Absatz 3 des Gerichtsverfassungsgesetzes barrierefrei zugänglich zu machen.

§ 13 Bereitstellen allgemein zugänglicher Datenbestände, Verordnungsermächtigung

(1) [1]Die Behörden der Berliner Verwaltung stellen in einem zentralen Datenportal Informationen bereit, die sie in Erfüllung ihres öffentlichen Auftrags im Rahmen ihrer jeweiligen Zuständigkeit erstellt haben und die in maschinenlesbaren Formaten darstellbar sind. [2]Sie benennen hierfür für ihren Zuständigkeitsbereich jeweils eine Beauftragte oder einen Beauftragten. [3]Das zentrale Datenportal ist Bestandteil des elektronischen Stadtinformationssystems für das Land Berlin. [4]Wenn Informationen

in anderen Datenportalen maschinenlesbar bereitgestellt werden, wird in dem zentralen Datenportal ein Verweis auf diese Informationen eingerichtet. [5]Regelungen in anderen Rechtsvorschriften über technische Formate, in denen Daten verfügbar zu machen sind, bleiben unberührt.

(2) [1]Der Senat wird ermächtigt, durch Rechtsverordnung Bestimmungen festzulegen, wie die Informationen gemäß Absatz 1 bereitgestellt und genutzt werden. [2]Die Festlegungen zur Bereitstellung sollen das Verfahren für die Bereitstellung sowie die Art, den Umfang, die Form und die Formate der Daten bestimmen. [3]Die Informationen sind in einem maschinenlesbaren Format bereitzustellen. [4]Die Bestimmungen zur Nutzung decken die kommerzielle und nichtkommerzielle Nutzung ab. [5]Sie regeln insbesondere den Umfang der Nutzung, Nutzungsbedingungen sowie Gewährleistungs- und Haftungsausschlüsse.

§ 14 Elektronische Beteiligungsverfahren

(1) [1]Die Berliner Verwaltung kann Möglichkeiten für elektronische Beteiligungsverfahren eröffnen. [2]Dies gilt nicht für Verwaltungsverfahren, es sei denn, ein Beteiligungsverfahren ist dort ausdrücklich vorgesehen. [3]Durch andere Gesetze geregelte Beteiligungsverfahren bleiben unberührt.

(2) [1]Die Ergebnisse durchgeführter Beteiligungsverfahren sind bekannt zu geben. [2]Der Zugang zu den elektronischen Beteiligungsverfahren und die Bereitstellung der Ergebnisse erfolgen als Bestandteil des elektronischen Stadtinformationssystems für das Land Berlin.

§ 15 Gestaltung informationstechnischer Angebote

[1]Informationstechnische Angebote der Berliner Verwaltung sind allgemein und barrierefrei zugänglich zu gestalten. [2]Dabei sollen das Corporate Design des Landes Berlin sowie die für das elektronische Stadtinformationssystem jeweils geltenden Gestaltungsrichtlinien angewendet werden.

§ 16 Öffentliche IT-Zugänge

Die Berliner Verwaltung stellt bei öffentlichen Stellen des Landes Berlin öffentliche Zugänge zu allen ihren informationstechnischen Angeboten über angemessen ausgestattete und barrierefrei zugängliche informationstechnische Ein- und Ausgabegeräte bereit.

§ 17 Georeferenzierung

(1) Wird ein elektronisches Register, welches Angaben mit Bezug zu inländischen Grundstücken enthält, neu aufgebaut oder überarbeitet, hat die Behörde in das Register eine bundesweit einheitlich festgelegte direkte Georeferenzierung (Koordinate) zu dem jeweiligen Flurstück, dem Gebäude oder zu einem in einer Rechtsvorschrift definierten Gebiet aufzunehmen, auf welches sich die Angaben beziehen.

(2) Register im Sinne dieses Gesetzes sind solche, für die Daten aufgrund von Rechtsvorschriften des Bundes oder des Landes Berlin erhoben oder gespeichert werden; dies können öffentliche und nichtöffentliche Register sein.

§ 18 Amtliche Mitteilungs- und Verkündungsblätter

(1) [1]Eine durch Rechtsvorschrift des Landes bestimmte Pflicht zur Publikation in einem amtlichen Mitteilungs- oder Verkündungsblatt des Landes ist zusätzlich oder ausschließlich durch eine elektronische Ausgabe zu erfüllen. [2]Das Gesetz über die Verkündung von Gesetzen und Rechtsverordnungen des Landes Berlin bleibt unberührt. [3]Die elektronische Ausgabe und Bereitstellung erfolgt als Bestandteil des Stadtinformationssystems für das Land Berlin.

(2) [1]Jede Person muss einen angemessenen Zugang zu der Publikation haben, insbesondere durch die Möglichkeit, Ausdrucke zu bestellen oder in öffentlichen Einrichtungen auf die Publikation zuzugreifen. [2]Es muss die Möglichkeit bestehen, die Publikation zu abonnieren oder elektronisch einen Hinweis auf neue Publikationen zu erhalten. [3]Gibt es nur eine elektronische Ausgabe, ist dies auf geeignete Weise bekannt zu machen. [4]Es ist sicherzustellen, dass die publizierten Inhalte allgemein und dauerhaft sowie kosten- und barrierefrei zugänglich sind und eine Veränderung des Inhalts ausgeschlossen ist. [5]Bei gleichzeitiger Publikation in elektronischer und papiergebundener Form hat die herausgebende Stelle eine Regelung zu treffen, welche Form als die authentische anzusehen ist.

§ 19 Öffentliche Bekanntmachung im Internet

Bekanntmachungen, die durch Rechtsvorschrift angeordnet sind und die im Internet veröffentlicht werden, erfolgen als Bestandteil des Stadtinformationssystems für das Land Berlin.

Abschnitt 3
IKT-Steuerung

§ 20 Grundsatz

(1) [1]Der Einsatz der Informations- und Kommunikationstechnik (IKT) in der Berliner Verwaltung wird, unbeschadet des § 3 des Allgemeinen Zuständigkeitsgesetzes, nach den Vorschriften dieses Abschnitts gesteuert. [2]Unbeschadet zwingender spezialgesetzlicher Regelungen haben Justizbehörden sowie Finanzbehörden ihre IKT-Verfahren und -Vorhaben mit den übrigen verfahrensunabhängigen und verfahrensübergreifenden IKT- und E-Government-Maßnahmen der Berliner Verwaltung nach den Maßgaben dieses Abschnitts abzustimmen.

(2) Die IKT-Steuerung gewährleistet durch Koordination und Festsetzen von verbindlichen Grundsätzen, Standards und Regelungen

1. die Leistungsfähigkeit und Sicherheit der IKT,
2. die Wirtschaftlichkeit des IKT-Einsatzes,
3. die Wirtschaftlichkeit für die verfahrensunabhängige IKT und Kommunikationsinfrastruktur durch zentrale Mittelbemessung,
4. die Interoperabilität der eingesetzten IKT-Komponenten,
5. die fachlichkeitsübergreifende und medienbruchfreie Abwicklung von Verwaltungsverfahren einschließlich der Schriftgutaussonderung und -archivierung,
6. die geordnete Einführung und Weiterentwicklung von IT-Fachverfahren einschließlich deren Ausrichtung an den Zielstellungen des § 2,
7. die behördenübergreifende elektronische Kommunikation und Informationsbereitstellung,
8. die Benutzerfreundlichkeit sowie die barrierefreie Zugänglichkeit und Nutzbarkeit der Informationstechnik.

(3) [1]Der Einsatz der IT-Fachverfahren wird von den fachlich zuständigen Behörden, in der Regel die fachlich zuständigen Senatsverwaltungen, verantwortet. [2]Wird ein IT-Fachverfahren neu entwickelt oder ein bereits betriebenes IT-Fachverfahren überarbeitet, angepasst oder in anderer Weise verändert, so hat die zuständige Behörde die Vorgaben der zentralen IKT-Steuerung einzuhalten. [3]Der IKT-Staatssekretär oder die IKT-Staatssekretärin ist frühzeitig zu informieren und ihm oder ihr auf Verlangen umfassend Auskunft zu erteilen. [4]Abweichungen von den Vorgaben der zentralen IKT-Steuerung bedürfen der Zustimmung des IKT-Staatssekretärs oder der IKT-Staatssekretärin. [5]Es ist jährlich durch die fachlich zuständigen Behörden, in der Regel die fachlich zuständigen Senatsverwaltungen, über die jeweiligen IT-Fachverfahren unter dem Gesichtspunkt der Einhaltung der Festsetzungen nach § 21 Absatz 2 Satz 2 Nummer 3 und Nummer 4 gegenüber dem IKT-Staatssekretär oder der IKT-Staatssekretärin in einem von ihm oder ihr bestimmten Format zu berichten.

§ 21 IKT-Staatssekretär oder IKT-Staatssekretärin

(1) [1]Der IKT-Staatssekretär oder die IKT-Staatssekretärin ist der zuständige Staatssekretär oder die zuständige Staatssekretärin aus der für die Grundsatzangelegenheiten der Informations- und Kommunikationstechnik zuständigen Senatsverwaltung. [2]Der Senat kann eine andere Zuständigkeit festlegen. [3]Der IKT-Staatssekretär oder die IKT-Staatssekretärin leitet die Organisationseinheit mit den Aufgaben der IKT-Steuerung gemäß den Bestimmungen dieses Gesetzes.

(2) [1]Der IKT-Staatssekretär oder die IKT-Staatssekretärin ist zuständig für die alle Verwaltungsebenen und -bereiche umfassende Förderung, Weiterentwicklung und flächendeckende Einführung von E-Government und Informations- und Kommunikationstechnologie in der Berliner Verwaltung und für Verwaltungsmodernisierung im Sinne des § 2. [2]Seine oder ihre Aufgaben sind:

1. die E-Government-Entwicklung, die Nutzung der IKT und die Verwaltungsmodernisierung ressort- und verwaltungsebenen übergreifend im Land Berlin voranzutreiben und zu steuern,
2. auf den Vorrang elektronischer Kommunikation mit der Berliner Verwaltung und der medienbruchfreien Vorgangsbearbeitung hinzuwirken,
3. Festsetzung und Überwachung der Einführung der Standards für einen sicheren, wirtschaftlichen, benutzerfreundlichen und medienbruchfreien IKT-Einsatz, für eine einheitliche verfahrensunabhängige IKT-Ausstattung, für die barrierefreie Zugänglichkeit und Nutzung der IKT in der Berliner Verwaltung und Festsetzung und fortlaufende Weiterentwicklung der zentralen IKT-

Architektur, Prüfung der nach § 20 Absatz 3 Satz 5 einzureichenden Berichte zur Einhaltung der IKT-Architektur,
4. fortlaufende Weiterentwicklung und Festsetzung der zentralen IKT-Sicherheitsarchitektur und der Standards für die IKT-Sicherheit in der Berliner Verwaltung und deren Unterstützung und Überwachung bei der Umsetzung der IKT-Sicherheits-Standards; Prüfung der nach § 20 Absatz 3 Satz 5 einzureichenden Berichte; der IKT-Staatssekretär oder die IKT-Staatssekretärin kann diese Aufgaben an einen Bevollmächtigten oder eine Bevollmächtigte aus seiner oder ihrer Organisationseinheit übertragen,
5. auf die barrierefreie Zugänglichkeit und Nutzung der IKT sowie die Einhaltung ergonomischer Standards nach dem Stand der Technik und gesicherter arbeitswissenschaftlicher Erkenntnisse bei IKT-Einsatz hinzuwirken,
6. auf die freie Verfügbarkeit und Nutzbarkeit von öffentlichen Daten in maschinenlesbaren Formaten hinzuwirken,
7. eine an einheitlichen Grundsätzen ausgerichtete und herstellerunabhängige Fortentwicklung der IKT-Ausstattung der Berliner Verwaltung zu fördern,
8. die Optimierung und Standardisierung der Prozesse und der Ablauforganisation im Rahmen der Vorgaben der IKT-Steuerung zu überwachen, insbesondere in der ressort- und verwaltungsebenenübergreifenden Zusammenarbeit in der Berliner Verwaltung,
9. in enger Zusammenarbeit mit der jeweils zuständigen Fachverwaltung die Rahmenbedingungen für die verfahrensabhängige IKT zu definieren, insbesondere Technologien, Schnittstellen, IKT-Sicherheitsanforderungen,
10. Bewirtschaftung der verfahrens- und verbrauchsunabhängigen zentralen IKT-Haushaltsmittel,
11. zentrale Verwaltung der verfahrensunabhängigen Softwarelizenzen in der Berliner Verwaltung,
12. Aufsicht über den zentralen IKT-Dienstleister des Landes Berlin,
13. Vertretung des Landes Berlin im IT-Planungsrat und in anderen auf Staatssekretärsebene stattfindenden nationalen und internationalen Gremien,
14. Förderung der geordneten Einführung und Weiterentwicklung von IKT-Fachverfahren einschließlich deren Ausrichtung an den Zielstellungen des § 2,
15. die Berliner Verwaltung über die Beschlüsse, die Tagesordnung und die Vorhaben des IT-Planungsrats zu informieren,
16. auf die Umsetzung der Beschlüsse des Planungsrats für die IT-Zusammenarbeit der öffentlichen Verwaltung zwischen Bund und Ländern (IT-Planungsrat) über fachunabhängige und fachübergreifende IT-Interoperabilitäts- und IT-Sicherheitsstandards gemäß § 1 Absatz 1 Satz 1 Nummer 2 und § 3 des Vertrages über die Errichtung des IT-Planungsrats und über die Grundlagen der Zusammenarbeit beim Einsatz der Informationstechnologie in den Verwaltungen von Bund und Ländern hinzuwirken.

(3) [1]Die verfahrensunabhängigen IKT-Haushaltsmittel für die Berliner Verwaltung werden in einem gesonderten Einzelplan geführt. [2]Über die Verwendung der Haushaltsmittel dieses Einzelplanes entscheidet der IKT-Staatssekretär oder die IKT-Staatssekretärin; die Fach- und Dienstaufsicht der zuständigen Senatsverwaltung bleibt davon unberührt. [3]Der IKT-Staatssekretär oder die IKT-Staatssekretärin führt eigene Projektmittel zur Finanzierung von Projekten im Bereich der Weiterentwicklung von Standardisierungen der IKT, insbesondere in den Bereichen der IKT-Sicherheit, Wirtschaftlichkeit, Benutzerfreundlichkeit und Medienbruchfreiheit. [4]Über den Mitteleinsatz erstattet der IKT-Staatssekretär oder die IKT-Staatssekretärin dem Lenkungsrat für IKT, E-Government und Verwaltungsmodernisierung halbjährlich Bericht.

(4) Der IKT-Staatssekretär oder die IKT-Staatssekretärin ist bei der Vorbereitung von Gesetzentwürfen, Rechtsverordnungen oder Verwaltungsvorschriften, die Regelungen zum Einsatz von Informations- und Kommunikationstechnik enthalten, frühzeitig zu beteiligen.

§ 22 Lenkungsrat für IKT, E-Government und Verwaltungsmodernisierung

(1) [1]Der Lenkungsrat für IKT, E-Government und Verwaltungsmodernisierung (IKT-Lenkungsrat) berät den IKT-Staatssekretär oder die IKT-Staatssekretärin zu strategischen und ressort- und verwaltungsebenen übergreifenden Angelegenheiten des IKT-Einsatzes und des E-Government in der Berliner Verwaltung sowie der Verwaltungsmodernisierung. [2]Soweit die Regelungskompetenz des Senats nach § 25 gegeben ist, kann der IKT-Lenkungsrat auf Vorschlag des IKT-Staatssekretärs oder der IKT-

Staatssekretärin dem Senat Vorlagen zur Beschlussfassung unterbreiten. [3]In allen übrigen Fällen kann er auf Vorschlag des IKT-Staatssekretärs oder der IKT-Staatssekretärin Empfehlungen für den IKT-Einsatz in der Berliner Verwaltung beschließen und über die Förderung von Projekten zur Entwicklung der IKT, zum E-Government und zur Verwaltungsmodernisierung entscheiden.

(2) [1]Dem IKT-Lenkungsrat für IKT gehören als Mitglieder an:

1. der IKT-Staatssekretär oder die IKT-Staatssekretärin,
2. der Chef oder die Chefin der Senatskanzlei,
3. je ein Staatssekretär oder eine Staatssekretärin aus jeder weiteren Senatsverwaltung,

sowie mit einer halben Stimme:

4. jeweils ein Bezirksamtsmitglied pro Bezirk,

sowie mit beratender Stimme:

5. ein Mitglied des Hauptpersonalrats der Behörden, Gerichte und nichtrechtsfähigen Anstalten des Landes Berlin.

[2]Der IKT-Lenkungsrat kann befristet weitere beratende Mitglieder hinzuziehen.

(3) Den Vorsitz führt der IKT-Staatssekretär oder die IKT-Staatssekretärin.

(4) Der IKT-Lenkungsrat gibt sich eine Geschäftsordnung.

(5) [1]Für Vorhaben, die vom IKT-Lenkungsrat zur Umsetzung empfohlen werden, ist abweichend von den entsprechenden Regelungen des Personalvertretungsgesetzes für die Beteiligungsverfahren zu den für deren Umsetzung erforderlichen Maßnahmen allein der Hauptpersonalrat für die Beschäftigten, Gerichte und nichtselbständigen Anstalten des Landes Berlin zuständig. [2]Die Beteiligungen werden von der zuständigen obersten Dienstbehörde durchgeführt.

§ 23 IKT-Sicherheit

(1) [1]Alle Behörden der Berliner Verwaltung sind verpflichtet, ein Informations-Sicherheits-Management-System (ISMS) gemäß den Standards des Bundesamtes für die Sicherheit in der Informationstechnik (BSI) auf Grundlage des BSI-Gesetzes vom 14. August 2009 (BGBl. I S. 2821), das zuletzt durch Artikel 3 des Gesetzes vom 21. Dezember 2015 (BGBl. I S. 2408) geändert worden ist, aufzubauen und weiterzuentwickeln. [2]Für alle Beschäftigten der jeweiligen Behörde sind mindestens einmal jährlich eine verpflichtende Fortbildungsveranstaltung sowie mindestens eine übergreifende IT-Sicherheitsübung durchzuführen.

(2) [1]Der zentrale IKT-Dienstleister betreibt zur Unterstützung und Beratung der Behörden der Berliner Verwaltung bei sicherheitsrelevanten Vorfallen in IKT-Systemen ein Computersicherheits-Ereignis- und Reaktionsteam (Berlin-CERT). [2]Die an das Berliner Landesnetzwerk angeschlossenen Behörden und Einrichtungen haben dem Berlin-CERT sicherheitsrelevante Vorfalle unverzüglich zu melden. [3]Das Berlin-CERT unterstützt reaktiv die unmittelbare Abwehr von Gefahren für die Berliner Verwaltung. [4]Das Berlin-CERT sammelt und bewertet die zur Abwehr von Gefahren für die Sicherheit der Informationstechnik erforderlichen Daten, insbesondere zu Sicherheitslücken, Schadprogrammen, erfolgten oder versuchten Angriffen auf die Sicherheit in der Informationstechnik und der dabei angewandten Vorgehensweise und spricht Warnungen und Handlungsempfehlungen aus.

(3) [1]Für die in Absatz 2 Satz 3 genannten Aufgaben dürfen vom Berlin-CERT Protokolldaten, die beim Betrieb der IKT des Landes anfallen, sowie die an den Schnittstellen der IKT des Landes anfallenden Daten ausschließlich automatisiert verarbeitet werden, soweit dies zur Verhinderung und Abwehr von Angriffen auf die Informationstechnik des Landes oder zum Erkennen und Beseitigen technischer Störungen oder Fehler erforderlich ist. [2]Die Daten sind zu pseudonymisieren, soweit dies automatisiert möglich ist. [3]Durch organisatorische und technische Maßnahmen ist sicherzustellen, dass eine Verarbeitung nach diesem Absatz nur automatisiert erfolgt. [4]Die automatisierte Verarbeitung erfolgt unverzüglich; danach sind die Daten umgehend zu löschen. [5]Abweichend von Satz 4 dürfen die Daten für längstens drei Monate gespeichert werden, wenn die Voraussetzungen nach Absatz 4 Satz 1 vorliegen.

(4) [1]Eine über die automatisierte Verarbeitung nach Absatz 3 hinausgehende Verarbeitung von personenbezogenen Daten ist nur zulässig, wenn bestimmte Tatsachen den Verdacht begründen, dass

1. diese eine Schadfunktion enthalten,
2. diese durch eine Schadfunktion übermittelt wurden oder
3. sich aus ihnen Hinweise auf eine Schadfunktion ergeben können,

und soweit die Verarbeitung zur Bestätigung oder Widerlegung des Verdachts erforderlich ist. 2Bei Bestätigung des Verdachts ist die weitere Verarbeitung der Daten zulässig, sofern dies
1. zur Abwehr der Schadfunktion,
2. zur Abwehr von Gefahren, die von der aufgefundenen Schadfunktion ausgehen, oder
3. zur Erkennung und Abwehr anderer Schadfunktionen erforderlich ist.

3Eine Schadfunktion kann beseitigt oder in ihrer Funktionsweise gehindert werden. 4Die nicht automatisierte Verarbeitung von Daten nach diesem Absatz darf nur durch Bedienstete mit der Befähigung zum Richteramt angeordnet werden. 5Soweit nach Satz 1, Satz 2 oder Absatz 5 die Wiederherstellung des Personenbezugs von nach Absatz 3 Satz 2 pseudonymisierten Daten erforderlich oder diese auf Grund besonderer bundes- oder landesrechtlicher Rechtsvorschriften zulässig ist, muss sie durch den IKT-Staatssekretär oder die IKT-Staatssekretärin oder den Bevollmächtigten oder die Bevollmächtigte im Sinne des § 21 Absatz 2 Satz 2 Nummer 4 angeordnet werden. 6Anordnungen nach den Sätzen 4 und 5 sind zu protokollieren; die Protokollierung soll binnen drei Tagen erfolgen.

(5) 1Von einer Maßnahme nach Absatz 3 oder Absatz 4 betroffene Personen eines Kommunikationsvorgangs sind spätestens nach dem Erkennen oder der Abwehr einer Schadfunktion oder der davon ausgehenden Gefahren zu benachrichtigen, wenn sie bekannt sind und nicht überwiegende schutzwürdige Belange Dritter entgegenstehen. 2Die Unterrichtung kann unterbleiben, wenn die betroffene Person in ihren Rechten nur unerheblich beeinträchtigt wurde und anzunehmen ist, dass sie an einer Benachrichtigung kein Interesse hat. 3Der zentrale IKT-Dienstleister legt Fälle, in denen er von einer Benachrichtigung absieht, dem oder der behördlichen Datenschutzbeauftragten des zentralen IKT-Dienstleisters sowie dem IKT-Staatssekretär oder der IKT-Staatssekretärin oder dem Bevollmächtigten oder der Bevollmächtigten im Sinne des § 21 Absatz 2 Satz 2 Nummer 4 zur Kontrolle vor. 4Wenn der behördliche Datenschutzbeauftragte oder die behördliche Datenschutzbeauftragte der Entscheidung des zentralen IKT-Dienstleisters widerspricht, ist die Benachrichtigung nachzuholen. 5Die Entscheidung über die Nichtbenachrichtigung ist zu dokumentieren. 6Die Dokumentation darf ausschließlich für Zwecke der Datenschutzkontrolle verwendet werden; sie ist nach zwölf Monaten zu löschen.

(6) 1Die Regelungen zur Datenverarbeitung nach den Absätzen 3 und 4 sowie die Informationspflichten nach Absatz 5 gelten für die Verarbeitung der in Absatz 2 Satz 1 genannten Daten nur, sofern diese personenbezogene oder dem Fernmeldegeheimnis unterliegende Daten beinhalten. 2Daten nach Satz 1 dürfen nicht weitergehend oder für andere Zwecke als nach den Absätzen 3 und 4 verarbeitet werden, insbesondere ist die Weitergabe an Dritte unzulässig. 3Die Zulässigkeit ihrer Übermittlung an die Strafverfolgungsbehörden und an die Polizei Berlin sowie an andere Behörden oder Stellen des Bundes und der Länder richtet sich nach den für diese geltenden gesetzlichen Ermächtigungen; von diesen Übermittlungen sind die Beteiligten eines Kommunikationsvorgangs entsprechend Absatz 5 zu unterrichten.

§ 24 IKT-Dienstleister

(1) 1Zentraler Dienstleister für die IKT der Berliner Verwaltung ist das IT-Dienstleistungszentrum Berlin (ITDZ). 2Das ITDZ nimmt seine Aufgaben gemäß dem Gesetz über die Anstalt des öffentlichen Rechts IT-Dienstleistungszentrum Berlin vom 19. November 2004 (GVBl. S. 459), das durch Nummer 7 der Anlage zu Artikel I § 1 des Gesetzes vom 22. Oktober 2008 (GVBl. S. 294) geändert worden ist, wahr.

(2) 1Das ITDZ stellt allen Behörden und Einrichtungen der Berliner Verwaltung die verfahrensunabhängige IKT sowie IT-Basisdienste zur Verfügung und unterstützt die Behörden bei der laufenden Anpassung der IT-Fachverfahren an die Basisdienste und betreibt die dafür notwendigen Infrastrukturen. 2Die Behörden und Einrichtungen sind für die Durchführung ihrer Aufgaben zur Abnahme dieser Leistungen des ITDZ verpflichtet.[1)]

(3) 1Das ITDZ ist verpflichtet, seine Leistungen zu marktüblichen Preisen anzubieten. 2Für die Preisbildung gilt § 2 Absatz 4 des Gesetzes über die Anstalt des öffentlichen Rechts IT-Dienstleistungszentrum Berlin. 3Die Marktüblichkeit ist anhand eines externen IKT-Benchmarking mindestens einmal jährlich zu ermitteln.

(4) 1Kann das ITDZ die Leistung nicht innerhalb angemessener Frist oder nicht zu marktüblichen Preisen liefern oder bestehen andere dringende Sachgründe, kann der IKT-Staatssekretär oder die IKT-

1) § 24 Abs. 2 Satz 2 ist am 1.1.2018 in Kraft getreten; vgl. Art. 10 Abs. 6 E-Government-Gesetz.

Staatssekretärin Ausnahmen von der Abnahmepflicht gestatten. [2]Über gewährte Ausnahmen von der Abnahmepflicht ist dem Abgeordnetenhaus vierteljährlich zu berichten.

§ 25 Erlass von Verwaltungsvorschriften

(1) Der Senat kann Verwaltungsvorschriften erlassen über

1. Grundsätze und allgemeine Regelungen zur Planung, Entwicklung, Beschaffung und Finanzierung von Komponenten der IKT sowie zu Betrieb und Nutzung der verfahrensunabhängigen IKT-Infrastruktur, -Dienste und der IT-Fachverfahren,
2. Standards für den Einsatz der IKT und Festlegung zur Interoperabilität der IKT-Komponenten,
3. Umfang und Gestaltung öffentlicher IKT-Zugänge (§ 16) sowie
4. über Methode, Umfang und Form von Wirtschaftlichkeitsbetrachtungen zu herausgehobenen E-Government-Projekten mit erheblichen finanziellen Auswirkungen sowie Festlegungen, an welche Stellen die Wirtschaftlichkeitsbetrachtungen zu übermitteln sind.

(2) [1]Die Verwaltungsvorschriften können vorsehen, dass für die IT-gestützte Aufgabenerfüllung bestimmte Basiskomponenten von der Berliner Verwaltung genutzt werden müssen. [2]Vor der Festlegung einer solchen Nutzungsverpflichtung sind deren Notwendigkeit, gesamtstädtische Bedeutung und Wirtschaftlichkeit darzustellen.

(3) Die für Grundsatzangelegenheiten der IKT zuständige Senatsverwaltung erlässt die sonstigen, für die Ausführung des Gesetzes notwendigen Ausführungsvorschriften nach Beratung mit dem Lenkungsrat.

(4) § 6 Absatz 3 bis 6 des Allgemeinen Zuständigkeitsgesetzes bleibt unberührt.

Abschnitt 4
Schlussvorschriften

§ 26 Evaluierung

Der Senat evaluiert dieses Gesetz und legt dem Abgeordnetenhaus vier Jahre nach Inkrafttreten des Gesetzes einen Erfahrungsbericht vor.

§ 27 Einschränkung von Grundrechten

Durch § 23 Absatz 3 und 4 wird der Schutz des Fernmeldegeheimnisses (Artikel 16 der Verfassung von Berlin und Artikel 10 des Grundgesetzes) eingeschränkt.

Allgemeines Gesetz zum Schutz der öffentlichen Sicherheit und Ordnung in Berlin (Allgemeines Sicherheits- und Ordnungsgesetz – ASOG Bln –)[1)]

In der Fassung vom 11. Oktober 2006[2)] (GVBl. S. 930)
(BRV 2011-1)
zuletzt geändert durch Art. 16 G zur Anpassung der Bezeichnung der Berliner Polizeibehörde im Berliner Landesrecht und zur Änd. weiterer Vorschriften vom 27. September 2021 (GVBl. S. 1117)

Inhaltsübersicht

1) Die Änderungen durch G v. 22.3.2021 (GVBl. S. 318) treten teilweise erst **mWv 2.4.2024** in Kraft und sind insoweit im Text noch nicht berücksichtigt.
2) Neubekanntmachung des ASOG Bln v. 14.4.1992 (GVBl. S. 119) in der ab 9.8.2006 geltenden Fassung.

Erster Abschnitt

Aufgaben, Zuständigkeiten und allgemeine Vorschriften

§ 1 Aufgaben der Ordnungsbehörden und der Polizei

(1) [1]Die Ordnungsbehörden und die Polizei haben die Aufgabe, Gefahren für die öffentliche Sicherheit oder Ordnung abzuwehren (Gefahrenabwehr). [2]Sie haben im Rahmen dieser Aufgabe auch die erforderlichen Vorbereitungen für die Hilfeleistung und das Handeln in Gefahrenfällen zu treffen.

(2) Die Ordnungsbehörden und die Polizei haben ferner die Aufgaben zu erfüllen, die ihnen durch andere Rechtsvorschriften übertragen sind.

(3) Die Polizei hat im Rahmen der Gefahrenabwehr auch Straftaten zu verhüten sowie für die Verfolgung von Straftaten vorzusorgen (vorbeugende Bekämpfung von Straftaten).

(4) Der Schutz privater Rechte obliegt der Polizei nach diesem Gesetz nur dann, wenn gerichtlicher Schutz nicht rechtzeitig zu erlangen ist und wenn ohne polizeiliche Hilfe die Verwirklichung des Rechts vereitelt oder wesentlich erschwert würde.

(5) Die Polizei leistet anderen Behörden und sonstigen öffentlichen Stellen Vollzugshilfe (§§ 52 bis 54).

§ 2 Sachliche Zuständigkeit der Ordnungsbehörden

(1) Für die Gefahrenabwehr sind die Ordnungsbehörden zuständig (Ordnungsaufgaben).

(2) Ordnungsbehörden sind die Senatsverwaltungen und die Bezirksämter.

(3) Nachgeordnete Ordnungsbehörden sind die Sonderbehörden der Hauptverwaltung, die für Ordnungsaufgaben zuständig sind.

(4) [1]Die Zuständigkeit der Ordnungsbehörden wird im Einzelnen durch die Anlage zu diesem Gesetz (Zuständigkeitskatalog Ordnungsaufgaben) bestimmt. [2]Im Vorgriff auf eine Katalogänderung kann der Senat durch Rechtsverordnung einzelne der Hauptverwaltung vorbehaltene Ordnungsaufgaben den Bezirken zuweisen.

(5) Bei Gefahr im Verzug kann die zuständige Senatsverwaltung die Befugnisse einer nachgeordneten Ordnungsbehörde wahrnehmen.

(6) [1]Der Senat kann durch Rechtsverordnung bestimmen, dass die den bezirklichen Ordnungsbehörden durch dieses Gesetz und andere Gesetze zugewiesenen Aufgaben und Befugnisse für die Dienstkräfte im Außendienst einheitlich geregelt und beschränkt werden. [2]Durch die Rechtsverordnung können unterschiedliche Regelungen für Dienstkräfte im Parkraumüberwachungsdienst, für Dienstkräfte im Rahmen des Verkehrsüberwachungsdienstes und für Dienstkräfte im Rahmen des allgemeinen Ordnungsdienstes getroffen werden. [3]Durch die Rechtsverordnung ist ferner die Ausrüstung der Dienstkräfte entsprechend den ihnen zugewiesenen Aufgaben und Befugnissen einheitlich zu regeln. [4]In der Rechtsverordnung ist der Gebrauch bestimmter Ausrüstungsgegenstände für Notwehr und Nothilfe auf Grund des § 32 des Strafgesetzbuches und des § 227 des Bürgerlichen Gesetzbuches für die Dienstkräfte im Rahmen des Verkehrsüberwachungsdienstes sowie die Dienstkräfte im Rahmen des allgemeinen Ordnungsdienstes der bezirklichen Ordnungsämter zu begrenzen.

§ 3 Hilfszuständigkeit der Berliner Feuerwehr

(1) [1]Die Berliner Feuerwehr wird im Rahmen der Gefahrenabwehr hilfsweise tätig, soweit im Zusammenhang mit den ihr obliegenden Aufgaben eine Gefahr abzuwehren ist, deren Abwehr durch eine andere Behörde nicht oder nicht rechtzeitig möglich erscheint. [2]Sie unterrichtet die zuständige Behörde unverzüglich von allen diese betreffenden Vorgängen; § 44 bleibt unberührt.

(2) Die Berliner Feuerwehr leistet anderen Behörden und sonstigen öffentlichen Stellen Vollzugshilfe (§§ 52 bis 54).

§ 4 Verhältnis der Polizei zu den Ordnungsbehörden

(1) [1]Die Polizei wird im Rahmen der Gefahrenabwehr mit Ausnahme der Fälle des § 1 Abs. 1 Satz 2 und Abs. 3 in eigener Zuständigkeit nur tätig, soweit die Abwehr der Gefahr durch eine andere Behörde nicht oder nicht rechtzeitig möglich erscheint. [2]Sie unterrichtet die zuständige Behörde unverzüglich von allen diese betreffenden Vorgängen; § 44 bleibt unberührt.

(2) [1]Die Bezirksämter stellen der Polizei Berlin auf deren Ersuchen im Wege der Amtshilfe die ihnen zugeordneten Dienstkräfte im Verkehrsüberwachungsdienst zur Verfügung. [2]Die Dienstkräfte werden hierbei im Rahmen der ihnen allgemein eingeräumten Befugnisse tätig.

§ 5 Dienstkräfte der Polizei

(1) Polizei im Sinne dieses Gesetzes ist die Polizei Berlin.

(2) [1]Mit der Wahrnehmung bestimmter polizeilicher Aufgaben kann der Senat durch Rechtsverordnung Dienstkräfte der Polizei, die nicht Polizeivollzugsbeamte sind, betrauen, soweit dafür ein Bedürfnis besteht. [2]Die Rechtsverordnung bestimmt die ihnen zur Erfüllung ihrer Aufgaben zugewiesenen polizeilichen Befugnisse nach diesem Gesetz.

(3) Der Senat kann sonstigen Personen durch Rechtsverordnung bestimmte polizeiliche Befugnisse nur übertragen, wenn sie damit einverstanden sind und ihre Heranziehung zu polizeilichen Aufgaben gesetzlich vorgesehen ist.

§ 5a Legitimations- und Kennzeichnungspflicht

(1) Auf Verlangen der von einer polizeilichen Maßnahme betroffenen Person haben sich Dienstkräfte im Polizeivollzugsdienst auszuweisen, soweit der Zweck der Maßnahme dadurch nicht beeinträchtigt wird.

(2) [1]Dienstkräfte im Polizeivollzugsdienst der Polizei Berlin in Dienstkleidung tragen bei Amtshandlungen nach ihrer Wahl ein Schild mit dem Familiennamen oder ein Schild mit einer fünfstelligen Dienstnummer, die nicht mit der Personalnummer identisch ist. [2]Dienstkräfte, die in Einsatzeinheiten tätig sind, tragen anstatt des Namens- oder Dienstnummernschildes eine taktische Kennzeichnung, die bestehend aus Buchstaben und Ziffernfolge geeignet ist, eine nachträgliche Identifizierung zu ermög-

lichen. [3]Die Kennzeichnungspflicht nach den Sätzen 1 und 2 besteht nicht, wenn eine nachträgliche Identifizierbarkeit der Dienstkräfte auf anderem Wege gewährleistet oder diese im Hinblick auf die Amtshandlung nicht erforderlich ist.

(3) [1]Bei der Vergabe der Dienstnummern und der taktischen Kennzeichnungen werden diesen jeweils die personenbezogenen Daten der Dienstkräfte im Polizeivollzugsdienst fest zugeordnet und gespeichert. [2]Zweck der Verarbeitung personenbezogener Daten ist die Sicherstellung einer nachträglichen Identifizierung der Dienstkräfte, wenn tatsächliche Anhaltspunkte die Annahme rechtfertigen, dass bei der Durchführung einer Amtshandlung eine strafbare Handlung oder eine nicht unerhebliche Dienstpflichtverletzung begangen worden ist und die Identifizierung auf andere Weise nicht oder nur unter erheblichen Schwierigkeiten möglich ist.

(4) [1]Die personenbezogenen Daten sind ein Jahr nach Beendigung der Nutzung der Dienstnummer oder taktischen Kennzeichnung zu löschen, sofern ihre Speicherung nicht für den Erhebungszweck weiterhin erforderlich ist. [2]§ 44 Absatz 3 und 4 des Berliner Datenschutzgesetzes findet Anwendung.

(5) Die für Inneres zuständige Senatsverwaltung regelt Näheres hinsichtlich Inhalt, Umfang und Ausnahmen der Kennzeichnungspflicht durch Ausführungsvorschriften.

§ 6 Örtliche Zuständigkeit der Polizei

Die Dienstkräfte der Polizei sind befugt, Amtshandlungen im gesamten Land Berlin vorzunehmen.

§ 7 Amtshandlungen von Polizeidienstkräften außerhalb des Landes Berlin

(1) [1]Polizeidienstkräfte des Landes Berlin dürfen im Zuständigkeitsbereich eines anderen Landes oder des Bundes nur in den Fällen des § 8 Abs. 1 und des Artikels 91 Abs. 2 des Grundgesetzes und nur dann tätig werden, wenn das jeweilige Landesrecht oder das Bundesrecht es vorsieht. [2]Außerhalb der Bundesrepublik Deutschland dürfen Polizeidienstkräfte des Landes Berlin im Zuständigkeitsbereich eines anderen Staates Amtshandlungen vornehmen, soweit völkerrechtliche Verträge oder Rechtsakte der Europäischen Union dies vorsehen, oder soweit die für Inneres zuständige Senatsverwaltung im Einvernehmen mit den zuständigen Stellen des anderen Staates einer Tätigkeit von Berliner Polizeidienstkräften im Ausland allgemein oder im Einzelfall zustimmt.

(2) Einer Anforderung von Polizeidienstkräften durch ein anderes Land oder den Bund ist zu entsprechen, soweit nicht die Verwendung der Polizei im eigenen Lande dringender ist als die Unterstützung der Polizei des anderen Landes oder des Bundes, sofern die Anforderung alle für die Entscheidung wesentlichen Merkmale des Einsatzauftrages enthält.

§ 8 Amtshandlungen von Polizeidienstkräften anderer Länder, des Bundes sowie ausländischer Staaten in Berlin

(1) [1]Polizeidienstkräfte eines anderen Landes oder des Bundes können im Land Berlin Amtshandlungen vornehmen

1. auf Anforderung oder mit Zustimmung der Polizei in Berlin,
2. in den Fällen des Artikels 35 Abs. 2 und 3 und des Artikels 91 Abs. 1 des Grundgesetzes,
3. zur Abwehr einer gegenwärtigen erheblichen Gefahr, zur Verfolgung von Straftaten auf frischer Tat sowie zur Verfolgung und Wiederergreifung Entwichener, wenn die Polizei die erforderlichen Maßnahmen nicht rechtzeitig treffen kann,
4. zur Erfüllung polizeilicher Aufgaben bei Gefangenentransporten,
5. zur Verfolgung von Straftaten und Ordnungswidrigkeiten und zur Gefahrenabwehr in den in Verwaltungsabkommen mit anderen Ländern oder mit dem Bund geregelten Fällen.

[2]In den Fällen der Nummern 3 bis 5 ist die Polizei Berlin unverzüglich zu unterrichten.

(2) [1]Werden Polizeidienstkräfte eines anderen Landes oder des Bundes nach Absatz 1 tätig, haben sie die gleichen Befugnisse wie die des Landes Berlin. [2]Ihre Maßnahmen gelten als Maßnahmen der Polizei Berlin; sie unterliegen insoweit deren Weisungen.

(3) Die Absätze 1 und 2 gelten entsprechend für Zollbedienstete in den Vollzugsbereichen der Zollverwaltung im Sinne von § 10a Absatz 1 des Zollverwaltungsgesetzes vom 21. Dezember 1992 (BGBl. I S. 2125; 1993 I S. 2493), das zuletzt durch Artikel 210 der Verordnung vom 19. Juni 2020 (BGBl. I S. 1328) geändert worden ist, und für Bedienstete ausländischer Staaten mit polizeilichen Aufgaben, soweit völkerrechtliche Verträge oder Rechtsakte der Europäischen Union dies vorsehen oder die für Inneres zuständige Senatsverwaltung Amtshandlungen dieser Bediensteten allgemein oder im Einzelfall zustimmt.

§ 9 Aufsichtsbehörden; Eingriffsrecht

(1) [1]Die Dienst- und Fachaufsicht über die nachgeordneten Ordnungsbehörden führen die Senatsverwaltungen innerhalb ihrer Zuständigkeitsbereiche. [2]Die Vorschriften der §§ 9 bis 13a des Allgemeinen Zuständigkeitsgesetzes gelten auch für Ordnungsaufgaben der Bezirksverwaltungen.

(2) Die Dienst- und Fachaufsicht über das Landesamt für Bürger- und Ordnungsangelegenheiten, das Landesamt für Einwanderung und die Polizei führt die für Inneres zuständige Senatsverwaltung; soweit dem Landesamt für Bürger- und Ordnungsangelegenheiten und der Polizei nach § 2 Absatz 4 Ordnungsaufgaben zugewiesen sind, führen die Senatsverwaltungen die Fachaufsicht innerhalb ihrer Zuständigkeitsbereiche.

(3) Die Aufsichtsbehörden können innerhalb ihrer Zuständigkeitsbereiche Verwaltungsvorschriften erlassen.

(4) Bei bezirklichen Ordnungsaufgaben des Einwohnerwesens kann auch das Landesamt für Bürger- und Ordnungsangelegenheiten einen Eingriff nach § 13a Abs. 1 des Allgemeinen Zuständigkeitsgesetzes vornehmen.

§ 10 Informationspflicht; Fachaufsicht

(1) Ordnungsbehörden, nachgeordnete Ordnungsbehörden, Polizei und zuständige Aufsichtsbehörden unterrichten sich gegenseitig von allen wichtigen Wahrnehmungen auf dem Gebiet der Gefahrenabwehr (Informationspflicht).

(2) Die Fachaufsicht erstreckt sich auf die recht- und ordnungsmäßige Erledigung der Aufgaben der nachgeordneten Ordnungsbehörden und der Polizei und auf die zweckentsprechende Handhabung des Verwaltungsermessens.

(3) In Ausübung der Fachaufsicht kann die Aufsichtsbehörde

1. Auskünfte, Berichte, die Vorlage von Akten und sonstigen Unterlagen fordern und Prüfungen anordnen (Informationsrecht),
2. Einzelweisungen erteilen (Weisungsrecht),
3. eine Angelegenheit an sich ziehen, wenn eine erteilte Einzelweisung nicht befolgt wird (Eintrittsrecht);
4. die Kosten für Aufsichtsmaßnahmen, die über die allgemeinen Verwaltungskosten hinausgehen, der pflichtigen Behörde auferlegen.

§ 11 Grundsatz der Verhältnismäßigkeit

(1) Von mehreren möglichen und geeigneten Maßnahmen haben die Ordnungsbehörden und die Polizei diejenige zu treffen, die den Einzelnen und die Allgemeinheit voraussichtlich am wenigsten beeinträchtigt.

(2) Eine Maßnahme darf nicht zu einem Nachteil führen, der zu dem erstrebten Erfolg erkennbar außer Verhältnis steht.

(3) Eine Maßnahme ist nur solange zulässig, bis ihr Zweck erreicht ist oder sich zeigt, dass er nicht erreicht werden kann.

§ 12 Ermessen, Wahl der Mittel

(1) Die Ordnungsbehörden und die Polizei treffen ihre Maßnahmen nach pflichtgemäßem Ermessen.

(2) [1]Kommen zur Abwehr einer Gefahr mehrere Mittel in Betracht, so genügt es, wenn eines davon bestimmt wird. [2]Der betroffenen Person ist auf Antrag zu gestatten, ein anderes ebenso wirksames Mittel anzuwenden, sofern die Allgemeinheit dadurch nicht stärker beeinträchtigt wird.

§ 13 Verantwortlichkeit für das Verhalten einer Person

(1) Verursacht eine Person eine Gefahr, so sind die Maßnahmen gegen diese Person zu richten.

(2) [1]Ist diese Person noch nicht 14 Jahre alt, so können die Maßnahmen auch gegen die Person gerichtet werden, die zur Aufsicht über sie verpflichtet ist. [2]Ist für die Person ein Betreuer bestellt, so können die Maßnahmen auch gegen den Betreuer im Rahmen seines Aufgabenbereichs gerichtet werden.

(3) Verursacht eine Person, die zu einer Verrichtung bestellt ist, die Gefahr in Ausübung der Verrichtung, so können Maßnahmen auch gegen die Person gerichtet werden, die die andere Person zu der Verrichtung bestellt hat.

(4) Die Absätze 1 bis 3 sind nicht anzuwenden, soweit andere Vorschriften dieses Gesetzes oder andere Rechtsvorschriften abschließend bestimmen, gegen wen eine Maßnahme zu richten ist.

§ 14 Verantwortlichkeit für Tiere oder den Zustand einer Sache

(1) Geht von einem Tier oder von einer Sache eine Gefahr aus, so sind die Maßnahmen gegen den Inhaber der tatsächlichen Gewalt zu richten.

(2) Die Vorschriften dieses Gesetzes, die sich auf Sachen beziehen, sind auch auf Tiere anzuwenden.

(3) [1]Maßnahmen können auch gegen den Eigentümer oder einen anderen Berechtigten gerichtet werden. [2]Das gilt nicht, wenn der Inhaber der tatsächlichen Gewalt sie ohne den Willen des Eigentümers oder Berechtigten ausübt.

(4) Geht die Gefahr von einer herrenlosen Sache aus, so können die Maßnahmen auch gegen denjenigen gerichtet werden, der das Eigentum an der Sache aufgegeben hat.

(5) Die Absätze 1 bis 4 sind nicht anzuwenden, soweit andere Vorschriften dieses Gesetzes oder andere Rechtsvorschriften abschließend bestimmen, gegen wen eine Maßnahme zu richten ist.

§ 15 Unmittelbare Ausführung einer Maßnahme

(1) [1]Die Ordnungsbehörden und die Polizei können eine Maßnahme selbst oder durch einen Beauftragten unmittelbar ausführen, wenn der Zweck der Maßnahme durch Inanspruchnahme der nach den §§ 13 oder 14 Verantwortlichen nicht oder nicht rechtzeitig erreicht werden kann. [2]Die von der Maßnahme betroffene Person ist unverzüglich zu unterrichten.

(2) [1]Die durch die unmittelbare Ausführung einer Maßnahme entstehenden Kosten werden von den nach den §§ 13 oder 14 Verantwortlichen erhoben. [2]Mehrere Verantwortliche haften als Gesamtschuldner. [3]Die Kosten können im Verwaltungsvollstreckungsverfahren beigetrieben werden. [4]Die Erhebung von Kosten nach dem Gesetz über Gebühren und Beiträge bleibt unberührt.

(3) [1]Wird eine Maßnahme durch einen Beauftragten ausgeführt, so bestehen die Kosten in dem Betrag, der an den Beauftragten zu zahlen ist. [2]Wird eine Maßnahme durch die Ordnungsbehörde oder die Polizei selbst ausgeführt, so bestehen die Kosten in ihren durch die Maßnahme unmittelbar entstehenden zusätzlichen personellen und sächlichen Aufwendungen.

§ 16 Inanspruchnahme von nicht verantwortlichen und nicht verdächtigen Personen

(1) Die Ordnungsbehörden und die Polizei können Maßnahmen auch gegen andere Personen als die nach den §§ 13 oder 14 Verantwortlichen richten, wenn

1. eine gegenwärtige erhebliche Gefahr abzuwehren ist,
2. Maßnahmen gegen die nach den §§ 13 oder 14 Verantwortlichen nicht oder nicht rechtzeitig möglich sind oder keinen Erfolg versprechen,
3. sie die Gefahr nicht oder nicht rechtzeitig selbst oder durch Beauftragte abwehren können und
4. die Personen ohne erhebliche eigene Gefährdung und ohne Verletzung höherwertiger Pflichten in Anspruch genommen werden können.

(2) Die Maßnahmen nach Absatz 1 dürfen nur aufrecht erhalten werden, solange die Abwehr der Gefahr nicht auf andere Weise möglich ist.

(3) Maßnahmen zur vorbeugenden Bekämpfung von Straftaten, insbesondere die Verarbeitung personenbezogener Daten, sind grundsätzlich nur gegen Personen zu richten, bei denen Tatsachen die Annahme rechtfertigen, dass sie Straftaten begehen werden; zu berücksichtigen ist dabei vor allem der Verdacht, dass sie bereits Straftaten begangen haben sowie die Art und Begehensweise dieser Straftaten.

(4) Die Absätze 1 bis 3 sind nicht anzuwenden, soweit andere Vorschriften dieses Gesetzes oder andere Rechtsvorschriften abschließend bestimmen, gegen wen eine Maßnahme zu richten ist.

Zweiter Abschnitt

Befugnisse der Ordnungsbehörden und der Polizei

Erster Unterabschnitt

Allgemeine und besondere Befugnisse

§ 17 Allgemeine Befugnisse, Begriff der Straftat von erheblicher Bedeutung

(1) Die Ordnungsbehörden und die Polizei können die notwendigen Maßnahmen treffen, um eine im einzelnen Falle bestehende Gefahr für die öffentliche Sicherheit oder Ordnung (Gefahr) abzuwehren, soweit nicht die §§ 18 bis 51 ihre Befugnisse besonders regeln.

(2) [1]Zur Erfüllung der Aufgaben, die den Ordnungsbehörden und der Polizei durch andere Rechtsvorschriften übertragen sind (§ 1 Abs. 2), haben sie die dort vorgesehenen Befugnisse. [2]Soweit solche Rechtsvorschriften Befugnisse der Ordnungsbehörden und der Polizei nicht abschließend regeln, haben sie die Befugnisse, die ihnen nach diesem Gesetz zustehen.

(3) Straftaten von erheblicher Bedeutung sind

1. alle Verbrechen und alle weiteren in § 100a der Strafprozessordnung aufgeführten Straftaten,
2. Straftaten nach den §§ 176, 180a, 181a Absatz 1, 182 Absatz 1 und 2, 224 und 233 des Strafgesetzbuches,
3. Straftaten nach den §§ 243 und 244 Abs. 1 Nr. 1 und 3 des Strafgesetzbuches, soweit sie organisiert, insbesondere banden-, gewerbs- oder serienmäßig begangen werden.

(4) Straftaten, die sich auf eine Schädigung der Umwelt oder auf gemeinschaftswidrige Wirtschaftsformen, insbesondere illegale Beschäftigung beziehen und geeignet sind, die Sicherheit der Bevölkerung zu beeinträchtigen, stehen Straftaten von erheblicher Bedeutung im Sinne des Absatzes 3 gleich.

§ 18 Ermittlungen, Befragungen, Datenerhebungen

(1) [1]Die Ordnungsbehörden und die Polizei können zur Klärung des Sachverhalts in einer bestimmten ordnungsbehördlichen oder polizeilichen Angelegenheit Ermittlungen anstellen, insbesondere Befragungen nach Absatz 3 und 4 durchführen. [2]Sie können in diesem Zusammenhang personenbezogene Daten über die in den §§ 13, 14 und 16 genannten und andere Personen erheben, wenn das zur Abwehr einer Gefahr oder zur Erfüllung der ihnen durch andere Rechtsvorschriften übertragenen Aufgaben erforderlich ist. [3]Die Polizei kann ferner personenbezogene Daten erheben, wenn das

1. zur vorbeugenden Bekämpfung von Straftaten von erheblicher Bedeutung,
2. zur vorbeugenden Bekämpfung von sonstigen Straftaten, die organisiert, insbesondere banden-, gewerbs- oder serienmäßig begangen werden und mit einer Höchststrafe von mehr als drei Jahren bedroht sind,
3. zum Schutz privater Rechte oder
4. zur Leistung von Vollzugshilfe

erforderlich ist.

(2) [1]Ermittlungen sind offen durchzuführen. [2]Verdeckt dürfen sie außer in den in diesem Gesetz zugelassenen Fällen nur durchgeführt werden, wenn ohne diese Maßnahme die Erfüllung der Aufgaben gefährdet wäre oder wenn anzunehmen ist, dass dies dem überwiegenden Interesse der betroffenen Person entspricht.

(3) [1]Die Ordnungsbehörden und die Polizei können eine Person befragen, wenn Tatsachen die Annahme rechtfertigen, dass die Person sachdienliche Angaben machen kann, die für die Erfüllung einer bestimmten ordnungsbehördlichen oder polizeilichen Aufgabe erforderlich sind. [2]Für die Dauer der Befragung kann der Befragte angehalten werden. [3]Der Befragte ist verpflichtet, Namen, Vornamen, Tag und Ort der Geburt und Wohnungsanschrift anzugeben. [4]Zu weiteren Auskünften ist er nur verpflichtet, soweit für ihn gesetzliche Handlungspflichten bestehen.

(4) Befragungen sind grundsätzlich an die betroffene Person zu richten; ohne deren Kenntnis können Dritte befragt werden, wenn die Befragung der betroffenen Person

1. nicht oder nicht rechtzeitig möglich ist,
2. einen unverhältnismäßig hohen Aufwand erfordern würde und schutzwürdige Belange der betroffenen Person nicht entgegenstehen,
3. die Erfüllung der Aufgaben gefährden würde.

(5) [1]Der Befragte ist in geeigneter Weise auf

1. die Rechtsgrundlagen der Befragung,
2. eine bestehende Auskunftspflicht oder die Freiwilligkeit der Auskunft

hinzuweisen. [2]Der Hinweis kann unterbleiben, wenn hierdurch die Erfüllung der ordnungsbehördlichen oder polizeilichen Aufgaben erheblich erschwert oder gefährdet würde.

(6) [1]Die §§ 52 bis 55 und 136a der Strafprozessordnung gelten entsprechend. [2]Abweichend von Satz 1 ist eine in § 53 Absatz 1 Nummer 3, 3a, 3b oder Nummer 5 der Strafprozessordnung genannte Person nicht zur Verweigerung der Auskunft berechtigt, soweit die Auskunft zur Abwehr einer Gefahr für den Bestand oder die Sicherheit des Bundes oder eines Landes oder Leib, Leben oder Freiheit einer Person erforderlich ist. [3]Für Personen nach § 53 Absatz 1 Satz 1 Nummer 3 der Strafprozessordnung gilt Satz 2

nur, soweit es sich nicht um Rechtsanwälte oder Rechtsanwältinnen oder Kammerrechtsbeistände handelt. [4]Die Sätze 2 und 3 gelten entsprechend, soweit die in § 53a Absatz 1 Satz 1 der Strafprozessordnung genannten Personen das Zeugnis verweigern dürften.

§ 18a Schutz zeugnisverweigerungsberechtigter Berufsgeheimnisträgerinnen und Berufsgeheimnisträger

(1) [1]Maßnahmen nach diesem Abschnitt, die sich gegen eine in § 53 Absatz 1 Satz 1 der Strafprozessordnung genannte Person richten und voraussichtlich Erkenntnisse erbringen würden, über die diese Person das Zeugnis verweigern dürfte, sind unzulässig. [2]Dennoch erlangte Erkenntnisse dürfen nicht verwertet werden. [3]Aufzeichnungen hierüber sind unverzüglich zu löschen. [4]Die Tatsache ihrer Erlangung und Löschung ist zu dokumentieren. [5]Die Sätze 2 bis 4 gelten entsprechend, wenn durch eine Maßnahme, die sich nicht gegen eine in § 53 Absatz 1 Satz 1 der Strafprozessordnung genannte Person richtet, von einer dort genannten Person Erkenntnisse erlangt werden, über die sie das Zeugnis verweigern dürfte.

(2) [1]Abweichend von Absatz 1 Satz 1 sind Maßnahmen nach diesem Abschnitt, die sich gegen eine in § 53 Absatz 1 Satz 1 Nummer 3, 3a, 3b oder Nummer 5 der Strafprozessordnung genannte Person richten, zulässig, soweit sie zur Abwehr einer Gefahr für den Bestand oder die Sicherheit des Bundes oder eines Landes oder Leib, Leben oder Freiheit einer Person erforderlich sind und die Verhältnismäßigkeit unter Würdigung des öffentlichen Interesses an den von dieser Person wahrgenommenen Aufgaben und des Interesses an der Geheimhaltung der dieser Person anvertrauten oder bekannt gewordenen Tatsachen gewahrt ist. [2]Für Personen nach § 53 Absatz 1 Satz 1 Nummer 3 der Strafprozessordnung gilt Satz 1 nur, soweit es sich nicht um Rechtsanwälte oder Rechtsanwältinnen oder Kammerrechtsbeistände handelt.

(3) Die Absätze 1 und 2 gelten entsprechend, soweit die in § 53a Absatz 1 Satz 1 der Strafprozessordnung genannten Personen das Zeugnis verweigern dürften.

(4) Die Absätze 1 bis 3 gelten nicht, sofern konkrete Tatsachen die Annahme rechtfertigen, dass die zeugnisverweigerungsberechtigte Person für die Gefahr verantwortlich ist.

(5) § 18 Absatz 6 bleibt unberührt.

§ 18b Gefährderansprache; Gefährderanschreiben

[1]Die Ordnungsbehörden und die Polizei können eine Person zur Abwehr einer von ihr ausgehenden Gefahr über die Rechtslage informieren und ihr mitteilen, welche Maßnahmen sie ihr gegenüber zur Abwehr der Gefahr bei ungehindertem Geschehensablauf oder im Rahmen strafprozessualer Maßnahmen bei Verwirklichung einer Straftat voraussichtlich ergreifen würden. [2]Zu diesem Zweck können die Ordnungsbehörden und die Polizei die Person ansprechen (Gefährderansprache) oder anschreiben (Gefährderanschreiben). [3]Soweit es den Zweck der Maßnahme nicht gefährdet, soll die Gefährderansprache außerhalb der Hör- und Sichtweite Dritter erfolgen. [4]Die betroffene Person darf zur Durchführung der Gefährderansprache für die Dauer der Maßnahme angehalten und ihre Identität festgestellt werden.

§ 19 Erhebung von Daten zur Vorbereitung für die Hilfeleistung in Gefahrenfällen

[1]Die Ordnungsbehörden und die Polizei können über

1. Personen, deren Kenntnisse oder Fähigkeiten zur Gefahrenabwehr benötigt werden,
2. Verantwortliche für Anlagen oder Einrichtungen, von denen eine erhebliche Gefahr ausgehen kann,
3. Verantwortliche für gefährdete Anlagen oder Einrichtungen,
4. Verantwortliche für Veranstaltungen in der Öffentlichkeit, die nicht dem Versammlungsgesetz unterliegen,

Namen, Vornamen, akademische Grade, Anschriften, Telefonnummern und andere Daten über die Erreichbarkeit sowie nähere Angaben über die Zugehörigkeit zu einer der genannten Personengruppen erheben, soweit das zur Vorbereitung für die Hilfeleistung und das Handeln in Gefahrenfällen erforderlich ist. [2]Eine verdeckte Datenerhebung ist unzulässig. [3]Sind die Daten nicht bei der betroffenen Person erhoben worden, ist ihr dies sowie der Zweck der beabsichtigten Nutzung mitzuteilen. [4]Gegen die Datenerhebung nach Satz 1 ist der Widerspruch zulässig.

§ 20 Vorladung

(1) Die Ordnungsbehörden und die Polizei können eine Person schriftlich, elektronisch oder mündlich vorladen, wenn

1. Tatsachen die Annahme rechtfertigen, dass die Person sachdienliche Angaben machen kann, die für die Erfüllung einer bestimmten ordnungsbehördlichen oder polizeilichen Aufgabe erforderlich sind,
2. das zur Durchführung erkennungsdienstlicher Maßnahmen erforderlich ist.

(2) [1]Bei der Vorladung soll deren Grund und die Art der beabsichtigten erkennungsdienstlichen Maßnahmen angegeben werden. [2]Bei der Festsetzung des Zeitpunkts soll auf den Beruf und die sonstigen Lebensverhältnisse der betroffenen Person Rücksicht genommen werden.

(3) Leistet eine betroffene Person der Vorladung ohne hinreichenden Grund keine Folge, so kann sie von der Polizei zwangsweise durchgesetzt werden,

1. wenn die Angaben zur Abwehr einer Gefahr für Leib, Leben oder Freiheit einer Person erforderlich sind,
2. zur Durchführung erkennungsdienstlicher Maßnahmen.

(4) Für die Entschädigung von Personen, die auf Vorladung als Zeugen erscheinen oder die als Sachverständige herangezogen werden, gilt das Justizvergütungs- und -entschädigungsgesetz entsprechend.

§ 21 Identitätsfeststellung

(1) Die Ordnungsbehörden und die Polizei können die Identität einer Person feststellen, wenn das zur Abwehr einer Gefahr oder zur Erfüllung der ihnen durch andere Rechtsvorschriften übertragenen Aufgaben (§ 1 Abs. 2) erforderlich ist.

(2) Die Polizei kann ferner die Identität einer Person feststellen,

1. wenn die Person sich an einem Ort aufhält, von dem Tatsachen die Annahme rechtfertigen, dass
   a) dort Personen Straftaten von erheblicher Bedeutung verabreden, vorbereiten oder verüben,
   b) sich dort gesuchte Straftäter verbergen oder
   c) dort mutmaßlich Geschädigte von Straftaten nach den §§ 177, 180, 180a, 181a, 182, 232, 232a, 232b, 233, 233a des Strafgesetzbuches anzutreffen oder untergebracht sind.[1)]
2. wenn das zum Schutz privater Rechte (§ 1 Abs. 4) oder zur Leistung von Vollzugshilfe (§ 1 Abs. 5) erforderlich ist,
3. wenn sie sich in einer Verkehrs- oder Versorgungsanlage oder -einrichtung, einem öffentlichen Verkehrsmittel, Amtsgebäude oder einem anderen besonders gefährdeten Objekt oder in dessen unmittelbarer Nähe aufhält und Tatsachen die Annahme rechtfertigen, dass in oder an einem Objekt dieser Art Straftaten begangen werden sollen, durch die Personen oder dieses Objekt gefährdet sind, und die Identitätsfeststellung auf Grund der Gefährdungslage oder personenbezogener Anhaltspunkte erforderlich ist,
4. wenn sie an einer Kontrollstelle angetroffen wird, die von der Polizei eingerichtet worden ist, um eine Straftat nach § 129a des Strafgesetzbuches, eine der in dieser Vorschrift genannten Straftaten oder eine Straftat nach § 250 Abs. 1 Nr. 1 oder 2 oder nach § 255 des Strafgesetzbuches in Verbindung mit der vorgenannten Straftat zu verhüten, und Tatsachen die Annahme rechtfertigen, dass solche Straftaten begangen werden sollen. Die Einrichtung der Kontrollstelle ist außer bei Gefahr im Verzug nur mit Zustimmung der für Inneres zuständigen Senatsverwaltung zulässig. Die Polizei kann mitgeführte Sachen in Augenschein nehmen.

(3) [1]Die Ordnungsbehörden und die Polizei können die zur Feststellung der Identität erforderlichen Maßnahmen treffen. [2]Sie können die Person insbesondere anhalten, sie nach ihren Personalien befragen und verlangen, dass sie Angaben zur Feststellung ihrer Identität macht und mitgeführte Ausweispapiere zur Prüfung aushändigt. [3]Die Polizei kann die Person festhalten und zur Dienststelle bringen, wenn die Identität auf andere Weise nicht oder nur unter erheblichen Schwierigkeiten festgestellt werden kann. [4]Unter den Voraussetzungen des Satzes 3 können die Person und die von ihr mitgeführten Sachen durchsucht werden.

(4) [1]Die Polizei veröffentlicht umschreibende Bezeichnungen der jeweiligen Orte im Sinne von Absatz 2 Nummer 1 Buchstabe a. [2]Der Senat unterrichtet das Abgeordnetenhaus jährlich über die nach Absatz 2 Nummer 1 Buchstabe a und § 34 Absatz 2 Nummer 2 getroffenen Maßnahmen, die Bezeich-

---

1) Zeichensetzung amtlich.

nungen der Orte im Sinne von Absatz 2 Nummer 1 Buchstabe a und die Gründe für die Bestimmung dieser Orte.

§ 21a Medizinische und molekulargenetische Untersuchungen

(1) [1]Die Polizei kann medizinische Untersuchungen anordnen, wenn eine nach § 21 zulässige Identitätsfeststellung einer Person, die

1. verstorben ist oder
2. sich erkennbar in einem die freie Willensbestimmung ausschließenden Zustand oder sich sonst in hilfloser Lage befindet,

auf andere Weise nicht oder nur unter erheblichen Schwierigkeiten möglich ist. [2]§ 81a Abs. 1 Satz 2 der Strafprozessordnung gilt entsprechend.

(2) [1]An dem durch Maßnahmen nach Absatz 1 erlangten Material sowie am aufgefundenen Spurenmaterial von Vermissten dürfen zum Zwecke der Identitätsfeststellung molekulargenetische Untersuchungen durchgeführt sowie die gewonnenen DNA-Identifizierungsmuster in einer Datei gespeichert werden. [2]Die DNA-Identifizierungsmuster sind unverzüglich zu löschen, wenn der Zweck der Maßnahme nach Absatz 1 erreicht ist. [3]§ 81g Abs. 2 der Strafprozessordnung gilt entsprechend.

(3) [1]Molekulargenetische Untersuchungen bedürfen der richterlichen Anordnung. [2]Zuständig ist das Amtsgericht Tiergarten. [3]§ 25 Abs. 5 Satz 14 dieses Gesetzes sowie § 81f Abs. 2 der Strafprozessordnung gelten entsprechend.

§ 22 Prüfung von Berechtigungsscheinen

[1]Die Ordnungsbehörden und die Polizei können verlangen, dass ein Berechtigungsschein zur Prüfung ausgehändigt wird, wenn die Person auf Grund einer Rechtsvorschrift oder einer vollziehbaren Auflage in einem Erlaubnisbescheid verpflichtet ist, diesen Berechtigungsschein mitzuführen. [2]Die betroffene Person kann für die Dauer der Aushändigung des Berechtigungsscheins angehalten werden.

§ 23 Erkennungsdienstliche Maßnahmen

(1) Die Polizei kann erkennungsdienstliche Maßnahmen vornehmen, wenn

1. eine nach § 21 zulässige Identitätsfeststellung auf andere Weise nicht oder nur unter erheblichen Schwierigkeiten möglich ist,
2. das zur vorbeugenden Bekämpfung von Straftaten erforderlich ist, weil die betroffene Person verdächtig ist, eine Straftat begangen zu haben, und wegen der Art oder Begehensweise der Tat die Gefahr der Begehung weiterer Straftaten besteht.

(2) Ist die Identität festgestellt, so sind in den Fällen des Absatzes 1 Nr. 1 die im Zusammenhang mit der Feststellung angefallenen erkennungsdienstlichen Unterlagen zu vernichten, es sei denn, ihre weitere Aufbewahrung ist zu Zwecken des Absatzes 1 Nr. 2 oder nach anderen Rechtsvorschriften zulässig.

(3) Erkennungsdienstliche Maßnahmen sind insbesondere

1. die Abnahme von Finger- und Handflächenabdrücken,
2. die Aufnahme von Lichtbildern,
3. Messungen und die Feststellung anderer äußerer körperlicher Merkmale.

(4) Eingriffe in die körperliche Unversehrtheit sind unzulässig.

§ 24 Datenerhebung bei öffentlichen Veranstaltungen und Ansammlungen

(1) [1]Die Polizei kann bei oder im Zusammenhang mit öffentlichen, nicht dem Versammlungsgesetz unterliegenden Veranstaltungen oder Ansammlungen personenbezogene Daten durch Ermittlungen oder durch den Einsatz technischer Mittel zur Anfertigung von Bild- und Tonaufzeichnungen von Teilnehmern erheben, wenn Tatsachen die Annahme rechtfertigen, dass dabei Straftaten begangen werden. [2]Dabei dürfen auch personenbezogene Daten über Dritte erhoben werden, soweit das unvermeidbar ist, um eine Datenerhebung nach Satz 1 durchführen zu können. [3]Verdeckte Bild- und Tonaufzeichnungen sind unzulässig.

(2) Bild- und Tonaufzeichnungen, daraus sowie bei Ermittlungen nach Absatz 1 gewonnene personenbezogene Daten sind spätestens zwei Monate nach der Datenerhebung zu löschen oder zu vernichten, soweit diese nicht zur Verfolgung von Straftaten oder Ordnungswidrigkeiten benötigt werden oder Tatsachen die Annahme rechtfertigen, dass die Person künftig Straftaten von erheblicher Bedeutung begehen wird.

(3) § 42 Abs. 4 sowie § 48 Abs. 6 und 7 bleiben unberührt.

(4) [1]Bei oder im Zusammenhang mit öffentlichen, nicht dem Versammlungsgesetz unterliegenden Großveranstaltungen, die im Rahmen einer vom übrigen Straßenland sichtbar abgegrenzten Sondernutzung durchgeführt werden, dürfen Polizei und Rettungsdienstkräfte zur Erfüllung ihrer jeweiligen Aufgaben die Bildaufnahmen verarbeiten, die von der Veranstalterin oder dem Veranstalter gemäß § 31b des Berliner Datenschutzgesetzes oder § 6b des Bundesdatenschutzgesetzes zur ordnungsgemäßen Durchführung der Veranstaltung gefertigt werden. [2]Großveranstaltungen sind Veranstaltungen, die nach Art und Größe die Annahme rechtfertigen, dass erhebliche Gefahren für die öffentliche Sicherheit entstehen können.

§ 24a Datenerhebung an gefährdeten Objekten

(1) Zur Erfüllung ihrer Aufgaben nach § 1 Abs. 3 kann die Polizei an einem gefährdeten Objekt, insbesondere an einem Gebäude oder einem sonstigen Bauwerk von öffentlichem Interesse, einer Religionsstätte, einem Denkmal oder einem Friedhof, oder, soweit zur Zweckerreichung zwingend erforderlich, den unmittelbar im Zusammenhang mit dem Objekt stehenden Grün- oder Straßenflächen personenbezogene Daten durch Anfertigung von Bildaufnahmen erheben und die Bilder zur Beobachtung übertragen und aufzeichnen, wenn tatsächliche Anhaltspunkte die Annahme rechtfertigen, dass an oder in einem Objekt dieser Art Straftaten drohen.

(2) Der Umstand der Beobachtung und Aufzeichnung und die datenverarbeitende Stelle sind durch Beschilderung erkennbar zu machen.

(3) Bildaufzeichnungen sind unverzüglich zu vernichten oder zu löschen, soweit sie nicht zur Verfolgung von Straftaten benötigt werden.

(4) Werden durch die Videoüberwachung erhobene Daten einer bestimmten Person zugeordnet, so ist diese entsprechend § 10 Abs. 5 des Berliner Datenschutzgesetzes über eine Verarbeitung zu benachrichtigen, soweit die Daten nicht entsprechend Absatz 3 unverzüglich gelöscht oder vernichtet werden.

§ 24b Datenerhebung in öffentlichen Verkehrseinrichtungen

(1) Zur vorbeugenden Bekämpfung von Straftaten von erheblicher Bedeutung kann die Polizei in öffentlich zugänglichen Räumen des öffentlichen Personennahverkehrs personenbezogene Daten durch Anfertigung von Bildaufnahmen erheben und die Bilder zur Beobachtung übertragen und speichern, wenn sich aus einer nachvollziehbar dokumentierten Lagebeurteilung ein hinreichender Anlass für die Datenerhebung ergibt.

(2) § 24a Abs. 2 bis 4 gilt entsprechend.

§ 24c Bild- und Tonaufnahmen und -aufzeichnungen zum Schutz von Polizeivollzugsbeamtinnen und Polizeivollzugsbeamten, Einsatzkräften von Feuerwehr und Rettungsdienst oder Dritten

(1) [1]Bei der Durchführung von Maßnahmen zur Gefahrenabwehr und zur Verfolgung von Straftaten oder Ordnungswidrigkeiten im öffentlich zugänglichen Raum kann die Polizei personenbezogene Daten mit offen

1. von einer Polizeivollzugsbeamtin oder einem Polizeivollzugsbeamten körpernah getragenen oder
2. in einem Fahrzeug der Polizei eingesetzten

technischen Mitteln durch Anfertigung von Bild- und Tonaufnahmen erheben und zur Beobachtung übertragen und aufzeichnen, wenn tatsächliche Anhaltspunkte bestehen, dass dies zum Schutz von Polizeivollzugsbeamtinnen und Polizeivollzugsbeamten oder Dritten gegen eine Gefahr für Leib oder Leben erforderlich ist. [2]Die Datenverarbeitung nach Satz 1 kann auch dann erfolgen, wenn Dritte unvermeidbar betroffen sind; sie erfolgt bis zum Abschluss der polizeilichen Maßnahme. [3]Der Umstand der Beobachtung und Aufzeichnung ist unverzüglich durch geeignete Maßnahmen erkennbar zu machen oder der betroffenen Person mitzuteilen. [4]§ 41 des Berliner Datenschutzgesetzes bleibt unberührt.

(2) [1]Eine Datenverarbeitung nach Absatz 1 Satz 1 Nummer 1 durch mit den dort genannten technischen Mitteln ausgestattete Polizeivollzugsbeamtinnen und Polizeivollzugsbeamte soll erfolgen, wenn diese unmittelbaren Zwang gegen eine Person anwenden oder wenn die von einer polizeilichen Maßnahme betroffene Person eine solche Datenverarbeitung verlangt. [2]Absatz 1 Satz 2 bis 4 gilt entsprechend.

(3) [1]Die nach Absatz 1 Satz 1 Nummer 1 getragenen technischen Mittel dürfen im Bereitschaftsbetrieb in ihrem Zwischenspeicher Bild- und Tonaufnahmen kurzzeitig erfassen. [2]Diese Daten sind automatisch nach höchstens 30 Sekunden spurenlos zu löschen, es sei denn, es erfolgt eine Aufzeichnung nach

Absatz 1 Satz 1 Nummer 1. [3]Für den Fall der Aufzeichnung nach Absatz 1 Satz 1 Nummer 1 dürfen die nach Satz 1 erfassten Daten bis zu einer Dauer von 30 Sekunden vor dem Beginn der Aufzeichnung nach Absatz 1 Satz 1 Nummer 1 gespeichert werden.

(4) [1]Bild- und Tonaufzeichnungen nach Absatz 1 sind gegen Veränderung gesichert anzufertigen und aufzubewahren. [2]Durch technische und organisatorische Maßnahmen ist sicherzustellen, dass an der Datenverarbeitung nach Absatz 1 Satz 1 und Absatz 2 beteiligte oder von dieser betroffene Polizeivollzugsbeamtinnen und Polizeivollzugsbeamte die gespeicherten Bild- und Tonaufzeichnungen weder bearbeiten noch löschen können. [3]Die Bild- und Tonaufzeichnungen werden ab dem Zeitpunkt ihrer Anfertigung einen Monat gespeichert und sind danach unverzüglich zu löschen, soweit sie nicht benötigt werden

1. für die Verfolgung von Straftaten,
2. im Einzelfall, insbesondere auf Verlangen der betroffenen Person, für die Überprüfung der Rechtmäßigkeit von aufgezeichneten polizeilichen Maßnahmen,
3. für die Aufklärung eines Sachverhalts durch die oder den Berliner Polizeibeauftragten nach § 16 des Gesetzes über den Bürger- und Polizeibeauftragten oder
4. für die Aufgaben des oder der Berliner Beauftragten für Datenschutz und Informationsfreiheit gemäß § 11 des Berliner Datenschutzgesetzes.

[4]Die Löschung der Bild- und Tonaufzeichnungen ist zu dokumentieren. [5]Die Dokumentation darf ausschließlich für Zwecke der Datenschutzkontrolle verwendet werden; sie ist frühestens nach Abschluss der Datenschutzkontrolle und spätestens nach vierundzwanzig Monaten zu löschen.

(5) [1]Die Nutzung der Bild- und Tonaufzeichnungen ist nur zu den in Absatz 4 Satz 3 genannten Zwecken zulässig. [2]§ 42 Absatz 4 bleibt unberührt.

(6) Absatz 1 und die Absätze 3 bis 5 gelten für Einsatzkräfte der Feuerwehr und des Rettungsdienstes bei Erfüllung ihrer Aufgaben entsprechend.

(7) [1]Diese Regelung tritt mit Ablauf des 1. April 2024 außer Kraft. [2]Die Anwendung und Auswirkungen dieser Vorschrift werden durch unabhängige wissenschaftliche Sachverständige, die vom Senat im Einvernehmen mit dem für Inneres zuständigen Ausschuss des Abgeordnetenhauses bestimmt werden, evaluiert. [3]Der Evaluationsbericht wird dem Abgeordnetenhaus spätestens zwölf Monate vor dem in Satz 1 genannten Zeitpunkt vorgelegt.

§ 24d Anlassbezogene automatische Kennzeichenfahndung

(1) Die Polizei kann die Kennzeichen von Fahrzeugen ohne Wissen der Person durch den Einsatz technischer Mittel automatisiert erheben, wenn

1. dies zur Abwehr einer gegenwärtigen Gefahr für Leib oder Leben einer Person erforderlich ist,
2. dies zur Abwehr einer gegenwärtigen Gefahr erforderlich ist und die Voraussetzungen für eine Identitätsfeststellung nach § 21 Absatz 2 Nummer 1 Buchstabe a, Nummer 3 oder Nummer 4 vorliegen oder
3. eine Person oder ein Fahrzeug nach § 27 Absatz 1 und 2 polizeilich ausgeschrieben wurde und Tatsachen die Annahme rechtfertigen, dass die für die Ausschreibung relevante Begehung von Straftaten von erheblicher Bedeutung unmittelbar bevorsteht.

(2) [1]Die erhobenen Daten können mit zur Abwehr der Gefahr nach Absatz 1 gespeicherten polizeilichen Daten automatisch abgeglichen werden. [2]Im Trefferfall ist unverzüglich die Datenübereinstimmung zu überprüfen. [3]Bei Datenübereinstimmung können die Daten polizeilich verarbeitet und im Falle des Absatzes 1 Nummer 3 zusammen mit den gewonnenen Erkenntnissen an die ausschreibende Stelle übermittelt werden. [4]Andernfalls sind sie sofort zu löschen.

(3) [1]Der Senat unterrichtet das Abgeordnetenhaus von Berlin jährlich über die nach den Absätzen 1 und 2 getroffenen Maßnahmen. [2]Der Bericht enthält Angaben über Anlass, Ort und Dauer der Maßnahmen.

§ 25 Datenerhebung durch längerfristige Observation und Einsatz technischer Mittel

(1) [1]Die Polizei kann personenbezogene Daten durch

1. eine planmäßig angelegte Beobachtung einer Person, die durchgehend länger als 24 Stunden oder an mehr als zwei Tagen durchgeführt werden soll (längerfristige Observation),

2. einen verdeckten Einsatz technischer Mittel, insbesondere zur Anfertigung von Bildaufnahmen oder -aufzeichnungen sowie zum Abhören oder Aufzeichnen des nicht öffentlich gesprochenen Wortes,

nur erheben, wenn Tatsachen die Annahme rechtfertigen, dass eine Straftat von erheblicher Bedeutung begangen werden soll. [2]Die Maßnahmen sind nur zulässig, wenn die vorbeugende Bekämpfung der Straftat auf andere Weise aussichtslos erscheint und die Maßnahme nicht außer Verhältnis zur Bedeutung des aufzuklärenden Sachverhalts steht.

(2) [1]Maßnahmen nach Absatz 1 können sich richten gegen

1. Personen, wenn Tatsachen die Annahme rechtfertigen, dass sie Straftaten von erheblicher Bedeutung begehen werden,
2. andere Personen, wenn die Maßnahme zur vorbeugenden Bekämpfung von Straftaten unerlässlich ist; dies ist anzunehmen, wenn eine in Nummer 1 genannte Person sich dieser Personen zu den in Nummer 1 genannten Zwecken bedienen will,
3. jede Person, wenn das zur Abwehr einer gegenwärtigen Gefahr für Leib, Leben oder Freiheit einer Person erforderlich ist.

[2]Dabei dürfen auch personenbezogene Daten über Dritte erhoben werden, soweit das unvermeidbar ist, um eine Datenerhebung nach Absatz 1 durchführen zu können.

(3) [1]Maßnahmen nach Absatz 1 werden durch die Polizeipräsidentin oder den Polizeipräsidenten oder die Vertretung im Amt angeordnet, soweit nicht nach Absatz 5 eine richterliche Anordnung erforderlich ist. [2]Die Polizeipräsidentin oder der Polizeipräsident kann ihre beziehungsweise seine Anordnungsbefugnis auf die Leitung des Landeskriminalamtes und deren Vertretung im Amt sowie die Leitungen der Direktionen und deren Vertretungen im Amt übertragen. [3]Erforderlichkeit und Zweck der Maßnahmen sind durch die anordnende Person zu dokumentieren.

(4) [1]In oder aus Wohnungen kann die Polizei ohne Kenntnis der betroffenen Person Daten nur erheben, wenn das zur Abwehr einer gegenwärtigen Gefahr für Leib, Leben oder Freiheit einer Person unerlässlich ist. [2]§ 36 Abs. 5 gilt entsprechend, soweit die Datenerhebung nicht mit technischen Mitteln erfolgt.

(4a) [1]Das Abhören oder Aufzeichnen des nicht öffentlich gesprochenen Wortes durch den Einsatz technischer Mittel darf in oder aus Wohnungen nur angeordnet werden, soweit auf Grund tatsächlicher Anhaltspunkte, insbesondere zu der Art der zu überwachenden Räumlichkeiten und dem Verhältnis der zu überwachenden Personen zueinander, anzunehmen ist, dass durch die Überwachung Äußerungen, die dem Kernbereich privater Lebensgestaltung zuzurechnen sind, nicht erfasst werden. [2]Gespräche in Betriebs- oder Geschäftsräumen sind in der Regel nicht dem Kernbereich privater Lebensgestaltung zuzurechnen. [3]Das Gleiche gilt für Gespräche über begangene Straftaten und Verabredungen oder Aufforderungen zu Straftaten. [4]Das Abhören und Aufzeichnen ist unverzüglich zu unterbrechen, soweit sich während der Überwachung Anhaltspunkte dafür ergeben, dass Äußerungen, die dem Kernbereich privater Lebensgestaltung zuzurechnen sind, erfasst werden. [5]Ist das Abhören und Aufzeichnen unterbrochen worden, darf diese Maßnahme unter den Voraussetzungen des Satzes 1 fortgeführt werden. [6]Die Datenerhebung, die in den Kernbereich privater Lebensgestaltung eingreift, ist unzulässig. [7]Die erhobenen Daten sind unverzüglich zu löschen. [8]Erkenntnisse über solche Daten dürfen nicht verwertet werden. [9]Die Tatsache der Erfassung der Daten und ihrer Löschung sind zu dokumentieren.

(5) [1]Maßnahmen nach den Absätzen 4 und 4a sowie das Abhören oder Aufzeichnen des nicht öffentlich gesprochenen Wortes außerhalb von Wohnungen durch den Einsatz technischer Mittel dürfen außer bei Gefahr im Verzug nur durch den Richter angeordnet werden. [2]Zuständig ist das Amtsgericht Tiergarten. [3]Hat die Polizei bei Gefahr im Verzug die Anordnung getroffen, so beantragt sie unverzüglich die richterliche Bestätigung der Anordnung; dies gilt auch, wenn die Maßnahme bereits beendet ist. [4]Die Anordnung tritt außer Kraft, wenn sie nicht binnen drei Tagen von dem Richter bestätigt wird. [5]Die Anordnung des Richters bedarf der Schriftform. [6]In dieser schriftlichen Anordnung sind insbesondere

1. die Voraussetzungen und wesentlichen Abwägungsgesichtspunkte,
2. soweit bekannt Name und Anschrift des Betroffenen, gegen den sich die Maßnahme richtet,
3. Art, Umfang und Dauer der Maßnahme,

4. die Wohnung oder Räume, in oder aus denen die Daten erhoben werden sollen, und
5. die Art der durch die Maßnahme zu erhebenden Daten

zu bestimmen. [7]Sie ist auf höchstens drei Monate zu befristen. [8]Verlängerungen um jeweils nicht mehr als drei weitere Monate sind auf Antrag zulässig, soweit die Voraussetzungen der Anordnung fortbestehen. [9]Liegen die Voraussetzungen der Anordnung nicht mehr vor, ist die Maßnahme unverzüglich zu beenden. [10]Das anordnende Gericht ist fortlaufend über den Verlauf, die Ergebnisse und die darauf beruhenden Maßnahmen zu unterrichten. [11]Liegen die Voraussetzungen der Anordnung nicht mehr vor, so ordnet es die Aufhebung der Datenerhebung an. [12]Polizeiliche Maßnahmen nach Absatz 4a können durch das anordnende Gericht jederzeit aufgehoben, geändert oder angeordnet werden. [13]Soweit ein Verwertungsverbot nach Absatz 4a Satz 8 in Betracht kommt, hat die Polizei unverzüglich eine Entscheidung des anordnenden Gerichts über die Verwertbarkeit der erlangten Erkenntnisse herbeizuführen. [14]Für das Verfahren gelten die Vorschriften des Gesetzes über das Verfahren in Familiensachen und in den Angelegenheiten der freiwilligen Gerichtsbarkeit entsprechend.

(5a) [1]Nach den Absätzen 4 und 4a erlangte personenbezogene Daten sind besonders zu kennzeichnen. [2]Nach einer Übermittlung ist die Kennzeichnung durch die Empfänger aufrechtzuerhalten. [3]Solche Daten dürfen für einen anderen Zweck verwendet werden, soweit dies

1. zur Verfolgung von besonders schweren Straftaten, die nach der Strafprozessordnung die Wohnraumüberwachung rechtfertigen, oder
2. zur Abwehr einer gegenwärtigen Gefahr im Sinne des Absatzes 4

erforderlich ist. [4]Die Zweckänderung muss im Einzelfall festgestellt und dokumentiert werden.

(6) [1]Die Absätze 2 bis 5 gelten nicht für das Abhören und Aufzeichnen, wenn das technische Mittel ausschließlich zum Schutz der bei einem polizeilichen Einsatz tätigen Personen mitgeführt oder verwendet wird. [2]Das Abhören und Aufzeichnen in oder aus Wohnungen wird durch einen Beamten des höheren Dienstes angeordnet. [3]Aufzeichnungen sind unverzüglich nach Beendigung des Einsatzes zu löschen, es sei denn, sie werden zur Abwehr einer Gefahr oder zur Strafverfolgung benötigt. [4]Die erlangten Erkenntnisse dürfen außer bei Gefahr im Verzug nur verwendet werden, wenn zuvor die Rechtmäßigkeit der Maßnahme richterlich festgestellt worden ist; bei Gefahr im Verzug ist die richterliche Entscheidung unverzüglich nachzuholen, § 37 Abs. 1 Satz 2 und 3 gilt entsprechend.

(7) [1]Nach Abschluss einer Maßnahme nach den Absätzen 4 und 4a ist die betroffene Person von dem Überwachungsvorgang zu benachrichtigen. [2]Bei einer Person nach § 25 Abs. 2 Satz 1 Nr. 2 unterbleibt die Benachrichtigung, wenn sie nur mit unverhältnismäßigen Ermittlungen möglich wäre oder überwiegende schutzwürdige Belange anderer Betroffener entgegenstehen. [3]Gegenüber solchen Personen, die sich als Gast oder sonst zufällig in der überwachten Wohnung aufgehalten haben, kann die Benachrichtigung auch unterbleiben, wenn die Überwachung keine verwertbaren Ergebnisse erbracht hat. [4]Im Übrigen erfolgt die Benachrichtigung, sobald dies ohne Gefährdung des Maßnahmezwecks oder von Gesundheit, Leben oder Freiheit einer Person oder von bedeutenden Vermögenswerten geschehen kann. [5]Auf die Möglichkeit nachträglichen Rechtsschutzes ist hinzuweisen. [6]Erfolgt die Benachrichtigung nicht innerhalb von sechs Monaten nach Beendigung der Maßnahme, bedarf die weitere Zurückstellung der Benachrichtigung der richterlichen Zustimmung. [7]Entsprechendes gilt nach Ablauf von jeweils weiteren sechs Monaten. [8]Ist wegen des die Wohnraumüberwachung auslösenden Sachverhalts ein strafrechtliches Ermittlungsverfahren gegen einen Betroffenen eingeleitet worden, ist die Benachrichtigung in Abstimmung mit der Staatsanwaltschaft nachzuholen, sobald dies der Stand des Ermittlungsverfahrens zulässt. [9]In diesem Fall gelten die Regelungen der Strafprozessordnung; im Übrigen gilt für die gerichtliche Zuständigkeit und das Verfahren Absatz 5 Satz 3 und 13 entsprechend.

(7a) [1]Nach Abschluss einer Maßnahme nach Absatz 1 Satz 1 Nr. 2, die keine Maßnahme nach Absatz 4 oder Absatz 4a darstellt, ist die betroffene Person von dem Überwachungsvorgang zu benachrichtigen, sobald dies ohne Gefährdung des Maßnahmezwecks geschehen kann. [2]Die Benachrichtigung ist dann nicht geboten, wenn keine Aufzeichnungen mit personenbezogenen Daten erstellt wurden. [3]Wenn sich an den auslösenden Sachverhalt ein strafrechtliches Ermittlungsverfahren gegen die betroffene Person anschließt, entscheidet die Staatsanwaltschaft über den Zeitpunkt der Benachrichtigung.

(8) [1]Sind Unterlagen, die durch Maßnahmen der in Absatz 5 und 6 genannten Art erlangt worden sind, für den der Anordnung zugrunde liegenden Zweck, zur Strafverfolgung oder zur Strafvollstreckung

nicht mehr erforderlich, so sind sie zu vernichten. [2]Das gilt auch für Unterlagen, deren Rechtmäßigkeit nicht richterlich bestätigt worden ist. [3]Sind die Unterlagen für Zwecke der Strafverfolgung oder der Strafvollstreckung verwendet worden, so ist vor ihrer Vernichtung die Zustimmung der Staatsanwaltschaft herbeizuführen. [4]Über die Vernichtung ist eine Niederschrift anzufertigen. [5]Eine Verwendung für andere Zwecke ist unzulässig.

(9) Bild- und Tonaufzeichnungen, die mit einem selbsttätigen Aufzeichnungsgerät angefertigt wurden und ausschließlich Personen betreffen, gegen die sich die Datenerhebungen nicht richteten, sind unverzüglich, sofern technisch möglich, automatisch zu vernichten, soweit sie nicht zur Strafverfolgung benötigt werden.

(10) [1]Der Senat unterrichtet das Abgeordnetenhaus von Berlin jährlich über die nach den Absätzen 4 und 4a und, soweit richterlich überprüfungsbedürftig, nach Absatz 6 getroffenen Maßnahmen. [2]Die parlamentarische Kontrolle wird auf der Grundlage dieses Berichts von einem Kontrollgremium ausgeübt. [3]Die Vorschriften des Fünften Abschnitts des Verfassungsschutzgesetzes Berlin gelten entsprechend.

§ 25a Telekommunikationsüberwachung

(1) [1]Die Polizei kann ohne Wissen der betroffenen Person die Telekommunikation einer Person überwachen und aufzeichnen,

1. die entsprechend §§ 13 oder 14 verantwortlich ist, und dies zur Abwehr einer dringenden Gefahr für den Bestand oder die Sicherheit des Bundes oder eines Landes oder für Leib, Leben oder Freiheit einer Person oder Sachen von bedeutendem Wert, deren Erhaltung im öffentlichen Interesse liegt, geboten ist,
2. bei der bestimmte Tatsachen die Annahme rechtfertigen, dass sie innerhalb eines übersehbaren Zeitraums auf eine zumindest ihrer Art nach konkretisierte Weise eine terroristische Straftat begehen wird, oder
3. deren individuelles Verhalten die konkrete Wahrscheinlichkeit begründet, dass sie innerhalb eines übersehbaren Zeitraums eine terroristische Straftat begehen wird

und die Abwehr der Gefahr oder Verhütung der Straftaten auf andere Weise aussichtslos oder wesentlich erschwert wäre. [2]Die Maßnahme darf auch durchgeführt werden, wenn andere Personen unvermeidbar betroffen werden.

(2) Terroristische Straftaten im Sinne von Absatz 1 Satz 1 Nummer 2 und 3 sind Straftaten, die in § 129a Absatz 1 oder 2 des Strafgesetzbuchs bezeichnet sind, im In- oder Ausland begangen werden und die dazu bestimmt sind,

1. die Bevölkerung auf erhebliche Weise einzuschüchtern,
2. eine Behörde oder eine internationale Organisation rechtswidrig mit Gewalt oder durch Drohung mit Gewalt zu nötigen oder
3. die politischen, verfassungsrechtlichen, wirtschaftlichen oder sozialen Grundstrukturen eines Staates, eines Landes oder einer internationalen Organisation zu beseitigen oder erheblich zu beeinträchtigen,

und die durch die Art ihrer Begehung oder ihre Auswirkungen einen Staat, ein Land oder eine internationale Organisation erheblich schädigen können.

(3) [1]Soweit dies zur Vorbereitung oder Durchführung einer Maßnahme nach Absatz 1 unerlässlich ist, kann die Polizei

1. von jedem, der geschäftsmäßig Telekommunikationsdienste erbringt oder daran mitwirkt (Diensteanbieter), Auskunft verlangen über Bestandsdaten im Sinne der §§ 95, 111 des Telekommunikationsgesetzes (§ 113 Absatz 1 Satz 1 des Telekommunikationsgesetzes) einer in Absatz 1 Satz 1 genannten Person,
2. technische Mittel einsetzen, um die Gerätenummer der von der in Absatz 1 Satz 1 genannten Person genutzten Mobilfunkendgeräts und die Kartennummer der darin verwendeten Karte zu ermitteln.

Geräte- und Kartennummern Dritter dürfen bei Maßnahmen nach Satz 1 Nummer 2 nur soweit und solange erhoben, gespeichert und mit anderen Geräte- und Kartennummern, die zum Zweck der Vorbereitung oder Durchführung einer Maßnahme nach Absatz 1 erhobenen wurden oder hätten erhoben werden können, abgeglichen werden, wie dies zur Ermittlung der von der in Absatz 1 Satz 1 genannten

Person verwendeten Geräte- oder Kartennummer unerlässlich ist. [2]Die erhobenen Daten Dritter sind danach unverzüglich zu löschen; die Löschung ist zu protokollieren.

(4) [1]Maßnahmen nach Absatz 1 und nach Absatz 3 Satz 1 Nummer 2 bedürfen der richterlichen Anordnung, die von der Polizeipräsidentin oder dem Polizeipräsidenten oder der Vertretung im Amt zu beantragen ist. [2]Zuständig ist das Amtsgericht Tiergarten. [3]Bei Gefahr im Verzug kann die Anordnung durch die Polizeipräsidentin oder den Polizeipräsidenten oder die Vertretung im Amt getroffen werden. [4]Die richterliche Bestätigung der Anordnung ist in diesem Fall unverzüglich einzuholen. [5]Die Anordnung tritt außer Kraft, wenn sie nicht binnen drei Tagen richterlich bestätigt wird. [6]In diesem Fall dürfen die bereits erhobenen Daten nicht mehr verwendet werden; diese Daten sind unverzüglich zu löschen. [7]Sind bereits Daten übermittelt worden, die nach Satz 6 zu löschen sind, so ist die empfangende Stelle darüber zu unterrichten. [8]Für das Verfahren gelten die Bestimmungen des Gesetzes über das Verfahren in Familiensachen und in den Angelegenheiten der freiwilligen Gerichtsbarkeit entsprechend. [9]Maßnahmen nach Absatz 3 Satz 1 Nummer 1 dürfen nur von der Polizeipräsidentin oder dem Polizeipräsidenten oder der Vertretung im Amt angeordnet werden. [10]Die Polizeipräsidentin oder der Polizeipräsident kann diese Anordnungsbefugnis auf die Leitung des Landeskriminalamtes und ihre Vertretung im Amt übertragen.

(5) Im Antrag für eine Anordnung nach Absatz 4 Satz 1, 3 und 4 sind anzugeben:

1. die Person, gegen die sich die Maßnahme richtet, soweit möglich, mit Name und Anschrift,
2. die Rufnummer oder eine andere Kennung des zu überwachenden Anschlusses oder des Endgeräts, sofern die Anordnung eine Maßnahme nach Absatz 1 betrifft,
3. Art, Umfang und Dauer der Maßnahme,
4. der Sachverhalt sowie
5. eine Begründung.

(6) [1]Die Anordnung nach Absatz 4 Satz 1, 3 und 4 ergeht schriftlich. [2]In ihr sind anzugeben

1. die Person, gegen die sich die Maßnahme richtet, soweit möglich, mit Name und Anschrift,
2. Art, Umfang und Dauer der Maßnahme,
3. die Rufnummer oder eine andere Kennung des zu überwachenden Anschlusses oder des Endgeräts, sofern die Anordnung eine Maßnahme nach Absatz 1 betrifft,
4. die wesentlichen Gründe.

(7) [1]Die Anordnung nach Absatz 4 Satz 1, 3 und 5 ist auf höchstens drei Monate zu befristen. [2]Eine Verlängerung um jeweils nicht mehr als drei weitere Monate ist auf Antrag zulässig, soweit die Voraussetzungen der Anordnung fortbestehen. [3]Liegen die Voraussetzungen der Anordnung nicht mehr vor, ist die Maßnahme unverzüglich zu beenden.

(8) [1]Liegen tatsächliche Anhaltspunkte für die Annahme vor, dass durch eine Maßnahme nach Absatz 1 allein Erkenntnisse aus dem Kernbereich privater Lebensgestaltung erlangt würden, ist die Maßnahme unzulässig. [2]§ 25 Absatz 4a Satz 3 gilt entsprechend. [3]Soweit im Rahmen von Maßnahmen nach Absatz 1 neben einer automatischen Aufzeichnung eine unmittelbare Kenntnisnahme erfolgt, ist die Maßnahme unverzüglich zu unterbrechen, soweit sich während der Überwachung tatsächliche Anhaltspunkte dafür ergeben, dass Inhalte, die dem Kernbereich privater Lebensgestaltung zuzurechnen sind, erfasst werden. [4]Bestehen insoweit Zweifel, darf nur eine automatische Aufzeichnung fortgesetzt werden. [5]Automatische Aufzeichnungen sind unverzüglich dem anordnenden Gericht vorzulegen. [6]Das Gericht entscheidet unverzüglich über die Verwertbarkeit oder Löschung der Daten. [7]Bis zur Entscheidung durch das Gericht dürfen die automatischen Aufzeichnungen nicht verwendet werden. [8]Ist die Maßnahme nach Satz 3 unterbrochen worden, so darf sie für den Fall, dass sie nicht nach Satz 1 unzulässig ist, fortgeführt werden. [9]Erkenntnisse aus dem Kernbereich privater Lebensgestaltung, die durch eine Maßnahme nach Absatz 1 erlangt worden sind, dürfen nicht verwertet werden. [10]Aufzeichnungen hierüber sind unverzüglich zu löschen. [11]Die Tatsachen der Erfassung der Daten und der Löschung sind zu dokumentieren. [12]Die Dokumentation darf ausschließlich für Zwecke der Datenschutzkontrolle nach Absatz 12 verwendet werden. [13]Sie ist sechs Monate nach der Benachrichtigung oder Unterrichtung nach Absatz 13 oder sechs Monate nach Erteilung der gerichtlichen Zustimmung über das endgültige Absehen von der Unterrichtung zu löschen. [14]Ist die Datenschutzkontrolle nach Ablauf der in Satz 13 genannten Fristen noch nicht beendet, ist die Dokumentation bis zu ihrem Abschluss aufzubewahren.

(9) [1]Bei der Erhebung von Daten nach Absatz 1 und Absatz 3 sind zu protokollieren

1. das zur Datenerhebung eingesetzte Mittel,
2. der Zeitpunkt des Einsatzes,
3. Angaben, die die Feststellung der erhobenen Daten ermöglichen,
4. die Organisationseinheit, die die Maßnahmen durchführt und
5. die Beteiligten der überwachten Telekommunikation oder die Zielperson.

[2]Die Protokolldaten dürfen nur verwendet werden für Zwecke der Benachrichtigung oder Unterrichtung nach Absatz 13 oder um der betroffenen Person oder einer dazu befugten öffentlichen Stelle die Prüfung zu ermöglichen, ob die Maßnahmen rechtmäßig durchgeführt worden sind. [3]Sie sind bis zu dem Abschluss der Kontrolle nach Absatz 12 aufzubewahren und sodann automatisiert zu löschen, es sei denn, dass sie für die in Satz 2 genannten Zwecke noch erforderlich sind.

(10) [1]Die nach den Absätzen 1 und 3 erhobenen personenbezogenen Daten sind wie folgt zu kennzeichnen:

1. Angabe des Mittels der Erhebung der Daten einschließlich der Angabe, ob die Daten offen oder verdeckt erhoben wurden,
2. Angabe der
   a) Rechtsgüter, deren Schutz die Erhebung dient, oder
   b) Straftaten, deren Verhütung die Erhebung dient, sowie
   c) Stelle, die sie erhoben hat.

[2]Die Kennzeichnung nach Satz 1 Nummer 1 kann durch Angabe der Rechtsgrundlage ergänzt werden. [3]Personenbezogene Daten, die nicht entsprechend den Anforderungen des Satzes 1 gekennzeichnet sind, dürfen solange nicht weiterverarbeitet oder übermittelt werden, bis eine Kennzeichnung entsprechend den Anforderungen des Satzes 1 erfolgt ist. [4]Bei Übermittlung an eine andere Stelle ist die empfangende Stelle darauf hinzuweisen, dass die Kennzeichnung nach Satz 1 aufrechtzuerhalten ist.

(11) [1]Auf Grund der Anordnung einer Maßnahme nach den Absätzen 1 und 3 hat jeder, der geschäftsmäßig Telekommunikationsdienste erbringt oder daran mitwirkt, der Polizei die Maßnahme zu ermöglichen und die erforderlichen Auskünfte unverzüglich zu erteilen. [2]Ob und in welchem Umfang hierfür Vorkehrungen zu treffen sind, bestimmt sich nach dem Telekommunikationsgesetz und der Telekommunikations-Überwachungsverordnung. [3]Für die Entschädigung der Diensteanbieter ist § 23 des Justizvergütungs- und -entschädigungsgesetzes entsprechend anzuwenden.

(12) Die oder der Berliner Beauftragte für Datenschutz und Informationsfreiheit führt bezüglich der Datenerhebungen nach Absatz 1 und Absatz 3 mindestens alle zwei Jahre Kontrollen durch.

(13) [1]Über eine Maßnahme nach dieser Vorschrift sind zu benachrichtigen im Falle

1. des Absatzes 1 die Beteiligten der überwachten Telekommunikation und
2. des Absatzes 3 Satz 1 Nummer 2 die Zielperson.

[2]Die Benachrichtigung erfolgt, sobald dies ohne Gefährdung des Zwecks der Maßnahme oder des Zwecks von Maßnahmen gemäß der Strafprozessordnung möglich ist. [3]Sie unterbleibt, wenn ihr überwiegende schutzwürdige Belange einer betroffenen Person entgegenstehen. [4]Die Benachrichtigung einer Person gemäß Satz 1 Nummer 1, gegen die sich die Maßnahme nicht gerichtet hat, kann zudem unterbleiben, wenn diese von der Maßnahme nur unerheblich betroffen ist und anzunehmen ist, dass sie kein Interesse an der Benachrichtigung hat. [5]Nachforschungen zur Identität einer solchen Person sind nur vorzunehmen, wenn dies unter Berücksichtigung der Eingriffsintensität der Maßnahme gegenüber dieser Person, des Aufwands für die Feststellung ihrer Identität sowie der daraus für diese oder andere Personen folgenden Beeinträchtigungen geboten ist. [6]§ 25 Absatz 7 Satz 5 bis 9 gilt entsprechend.

(14) § 25 Absatz 8 und 10 gilt entsprechend.

(15) [1]Diese Regelung tritt mit Ablauf des 1. April 2025 außer Kraft. [2]Die Anwendung dieser Vorschrift wird durch unabhängige wissenschaftliche Sachverständige, die vom Senat im Einvernehmen mit dem für Inneres zuständigen Ausschuss des Abgeordnetenhauses bestimmt werden, evaluiert. [3]Der Evaluationsbericht wird dem Abgeordnetenhaus spätestens zwölf Monate vor dem in Satz 1 genannten Zeitpunkt vorgelegt.

§ 25b Standortermittlung bei Telekommunikationsendgeräten

(1) [1]Zur Abwehr einer gegenwärtigen Gefahr für Leib oder Leben einer Person können Polizei und Feuerwehr von jedem Diensteanbieter Auskunft über den Standort eines Telekommunikationsendge-

rätes der gefährdeten Person verlangen, wenn die Ermittlung des Aufenthaltsortes einer vermissten, suizidgefährdeten oder einen Notruf auslösenden gefährdeten hilflosen Person auf andere Weise aussichtslos oder wesentlich erschwert wäre. [2]Die Daten sind der Polizei und der Feuerwehr unverzüglich zu übermitteln. [3]Dritten dürfen die Daten nur mit Zustimmung der betroffenen Person zugänglich gemacht werden. [4]§ 108 Absatz 1 des Telekommunikationsgesetzes bleibt unberührt.

(2) Unter den Voraussetzungen des Absatzes 1 können Polizei und Feuerwehr technische Mittel einsetzen, um den Standort eines von der vermissten, suizidgefährdeten oder einen Notruf auslösenden gefährdeten hilflosen Person mitgeführten Telekommunikationsendgerätes zu ermitteln.

(3) [1]Unter den Voraussetzungen von § 25a Absatz 1 Satz 1 kann die Polizei von jedem Diensteanbieter Auskunft über den Standort des Telekommunikationsendgerätes einer in jener Vorschrift genannten Person verlangen. [2]Die Daten sind der Polizei unverzüglich zu übermitteln.

(4) [1]Bei Maßnahmen nach den Absätzen 1 bis 3 dürfen personenbezogene Daten Dritter nur erhoben werden, wenn dies aus technischen Gründen unvermeidbar ist. [2]Sämtliche nach den Absätzen 1 bis 3 erhobenen personenbezogenen Daten sind nach Beendigung der Maßnahme unverzüglich zu löschen.

(5) [1]Maßnahmen nach den Absätzen 1 und 2 werden durch eine Beamtin oder einen Beamten des höheren Dienstes angeordnet. [2]Erforderlichkeit und Zweck der Maßnahme sind durch die anordnende Beamtin oder den anordnenden Beamten zu dokumentieren.

(6) Für Maßnahmen nach Absatz 3 gilt § 25a Absatz 4, 5, 6, 9, 10, 12, Absatz 13 Satz 1 Nummer 2 und Satz 2 und 3 sowie Absatz 14 entsprechend.

(7) Für die Entschädigung der Diensteanbieter ist § 23 des Justizvergütungs- und -entschädigungsgesetzes entsprechend anzuwenden.

(8) [1]Die Absätze 3 und 6 treten mit Ablauf des 1. April 2025 außer Kraft. [2]Die Anwendung dieser Absätze wird durch unabhängige wissenschaftliche Sachverständige, die vom Senat im Einvernehmen mit dem für Inneres zuständigen Ausschuss des Abgeordnetenhauses bestimmt werden, evaluiert. [3]Der Evaluationsbericht wird dem Abgeordnetenhaus spätestens zwölf Monate vor dem in Satz 1 genannten Zeitpunkt vorgelegt.

§ 26 Datenerhebung durch Einsatz von Personen, deren Zusammenarbeit mit der Polizei Dritten nicht bekannt ist und durch Einsatz Verdeckter Ermittler

(1) Die Polizei kann personenbezogene Daten durch

1. Personen, deren Zusammenarbeit mit ihr Dritten nicht bekannt ist (V-Personen),
2. Polizeivollzugsbeamte, die unter einer Legende eingesetzt werden (Verdeckte Ermittler),

erheben über die in § 25 Abs. 2 Satz 1 Nr. 1 und 2 genannten Personen, wenn Tatsachen die Annahme rechtfertigen, dass eine Straftat von erheblicher Bedeutung begangen werden soll, und dies zur vorbeugenden Bekämpfung dieser Straftaten erforderlich ist.

(2) [1]Soweit es für den Aufbau oder zur Aufrechterhaltung der Legende unerlässlich ist, dürfen entsprechende Urkunden hergestellt oder verändert werden. [2]Verdeckte Ermittler dürfen unter der Legende zur Erfüllung ihres Auftrages am Rechtsverkehr teilnehmen.

(3) [1]Verdeckte Ermittler dürfen unter ihrer Legende mit Einwilligung der berechtigten Person deren Wohnung betreten. [2]Die Einwilligung darf nicht durch ein über die Nutzung der Legende hinausgehendes Vortäuschen eines Zutrittsrechts herbeigeführt werden. [3]Eine heimliche Durchsuchung ist unzulässig. [4]Im Übrigen richten sich die Befugnisse Verdeckter Ermittler nach diesem Gesetz oder anderen Rechtsvorschriften.

(4) [1]Maßnahmen nach Absatz 1 Nummer 1, die sich gegen eine bestimmte Person richten, bedürfen der richterlichen Anordnung, die von der Polizeipräsidentin oder dem Polizeipräsidenten oder der Vertretung im Amt zu beantragen ist. [2]Gleiches gilt für Maßnahmen nach Absatz 1 Nummer 2, die sich gegen eine bestimmte Person richten oder in deren Rahmen der Verdeckte Ermittler auch zum Betreten nicht allgemein zugänglicher Wohnungen befugt sein soll. [3]Zuständig ist das Amtsgericht Tiergarten. [4]Bei Gefahr im Verzug kann die Maßnahme durch die Polizeipräsidentin oder den Polizeipräsidenten oder die Vertretung im Amt angeordnet werden. [5]Die richterliche Bestätigung der Anordnung ist in diesem Fall unverzüglich einzuholen. [6]Die Anordnung tritt außer Kraft, wenn sie nicht binnen drei Tagen richterlich bestätigt wird. [7]In diesem Fall dürfen die bereits erhobenen Daten nicht mehr verwendet werden; diese Daten sind unverzüglich zu löschen. [8]Sind bereits Daten übermittelt worden, die nach Satz 6 zu löschen sind, so ist die empfangende Stelle darüber zu unterrichten. [9]Für

das Verfahren gelten die Bestimmungen des Gesetzes über das Verfahren in Familiensachen und in den Angelegenheiten der freiwilligen Gerichtsbarkeit entsprechend. [10]Im Übrigen dürfen Maßnahmen nach Absatz 1 durch die Polizeipräsidentin oder den Polizeipräsidenten oder die Vertretung im Amt angeordnet werden. [11]Die Anordnung ist bei Maßnahmen nach Absatz 1 Nummer 1 auf höchstens sechs Monate, bei Maßnahmen nach Absatz 1 Nummer 2 auf höchstens ein Jahr zu befristen. [12]Die Anordnung einer Maßnahme nach Absatz 1 Nummer 1 kann um jeweils höchstens sechs Monate, die Anordnung einer Maßnahme nach Absatz 1 Nummer 2 um jeweils höchstens ein Jahr verlängert werden, soweit die Voraussetzungen der Anordnung fortbestehen. [13]Liegen die Voraussetzungen der Anordnung nicht mehr vor, ist die Maßnahme unverzüglich zu beenden.

(5) Maßnahmen nach Absatz 1 Nummer 2 durch Verdeckte Ermittler eines anderen Landes im Land Berlin, die sich gegen eine bestimmte Person richten oder in deren Rahmen der Verdeckte Ermittler auch zum Betreten nicht allgemein zugänglicher Wohnungen befugt sein soll, bedürfen keiner richterlichen Anordnung nach Absatz 5 Satz 2 bis 7, soweit ihnen eine richterliche Anordnung im entsendenden Land zugrunde liegt.

(6) [1]§ 25 Abs. 7a und 8 gilt entsprechend. [2]Eine Unterrichtung ist auch dann nicht geboten, wenn dadurch der weitere Einsatz der V-Personen, der Verdeckten Ermittler oder Leib oder Leben von Personen gefährdet wird.

§ 27 Polizeiliche Beobachtung

(1) Die Polizei kann die Personalien einer Person, das amtliche Kennzeichen und sonstige Merkmale des von ihr benutzten oder eingesetzten Kraftfahrzeugs, Wasserfahrzeugs, Luftfahrzeugs oder Containers sowie den Anlass der Beobachtung in einer als Teil des polizeilichen Fahndungsbestandes geführten Datei zur Polizeilichen Beobachtung speichern (Ausschreibung zur Polizeilichen Beobachtung), damit andere Polizeibehörden sowie, soweit sie Aufgaben der Grenzkontrolle wahrnehmen, die Zollbehörden das Antreffen der Person, des Fahrzeugs oder des Containers melden können, wenn das bei Gelegenheit einer Überprüfung aus anderem Anlass festgestellt wird.

(2) Die Ausschreibung zur Polizeilichen Beobachtung ist zulässig, wenn

1. die Person auf Grund einer Gesamtwürdigung und ihrer bisherigen Straftaten als gefährlicher Intensivtäter anzusehen und zu erwarten ist, dass sie auch künftig Straftaten von erheblicher Bedeutung begehen wird,
2. die Voraussetzungen für die Anordnung einer längerfristigen Observation (§ 25 Abs. 1 und Abs. 2 Satz 1 Nr. 1) gegeben sind

und Tatsachen die Annahme rechtfertigen, dass die auf Grund der Ausschreibung gemeldeten Erkenntnisse über Ort und Zeit des Antreffens der Person, etwaiger Begleitpersonen, des Fahrzeugs, des Containers und des Führers des Fahrzeugs oder des Containers sowie über mitgeführte Sachen, Verhalten, Vorhaben und sonstige Umstände des Antreffens für die vorbeugende Bekämpfung von Straftaten von erheblicher Bedeutung erforderlich sind.

(3) [1]Die Ausschreibung darf nur durch die Polizeipräsidentin oder den Polizeipräsidenten oder die Vertretung im Amt angeordnet werden. [2]Die Anordnung ergeht schriftlich oder elektronisch und ist auf höchstens zwölf Monate zu befristen. [3]Eine Verlängerung um nicht mehr als jeweils zwölf Monate ist zulässig, soweit die Voraussetzungen weiterhin vorliegen. [4]Spätestens nach Ablauf von jeweils sechs Monaten ist zu prüfen, ob die Voraussetzungen für die Anordnung noch bestehen. [5]Das Ergebnis dieser Prüfung ist aktenkundig zu machen.

(4) Liegen die Voraussetzungen für die Anordnung nicht mehr vor, ist der Zweck der Maßnahme erreicht oder zeigt sich, dass er nicht erreicht werden kann, ist die Ausschreibung zur Polizeilichen Beobachtung unverzüglich zu löschen.

(5) § 25 Abs. 7a und 8 gilt entsprechend.

§ 28 Datenabfragen, Datenabgleich

(1) [1]Die Ordnungsbehörden und die Polizei können personenbezogene Daten in einer von ihnen automatisiert geführten Datei abfragen und mit deren Inhalt abgleichen, wenn Tatsachen die Annahme rechtfertigen, dass dies für die Erfüllung einer bestimmten ordnungsbehördlichen oder polizeilichen Aufgabe im Rahmen der Zweckbestimmung dieser Datei erforderlich ist. [2]Die Polizei kann ferner im Rahmen ihrer Aufgabenerfüllung rechtmäßig erlangte personenbezogene Daten im Fahndungsbestand abfragen und mit dessen Inhalt abgleichen, wenn die Annahme gerechtfertigt ist, dass die Abfrage oder

der Abgleich sachdienliche Hinweise erwarten lässt. [3]Die betroffene Person kann für die Dauer der Abfrage und des Abgleichs angehalten werden. [4]§ 21 bleibt unberührt.

(2) Besondere Rechtsvorschriften über den Datenabgleich bleiben unberührt.

§ 29 Platzverweisung; Aufenthaltsverbot

(1) [1]Die Ordnungsbehörden und die Polizei können zur Abwehr einer Gefahr eine Person vorübergehend von einem Ort verweisen oder ihr vorübergehend das Betreten eines Ortes verbieten. [2]Die Platzverweisung kann ferner gegen eine Person angeordnet werden, die den Einsatz der Polizei, der Feuerwehr oder von Hilfs- oder Rettungsdiensten behindert.

(2) [1]Die Polizei kann zur Verhütung von Straftaten einer Person untersagen, ein bestimmtes Gebiet innerhalb von Berlin zu betreten oder sich dort aufzuhalten, wenn Tatsachen die Annahme rechtfertigen, dass diese Person dort eine Straftat begehen wird (Aufenthaltsverbot). [2]Das Verbot ist zeitlich und örtlich auf den zur Verhütung der Straftat erforderlichen Umfang zu beschränken. [3]Es darf räumlich nicht den berechtigten Zugang zur Wohnung der betroffenen Person umfassen. [4]Die Vorschriften des Versammlungsrechts bleiben unberührt.

§ 29a Wegweisung und Betretungsverbot zum Schutz bei Gewalttaten und Nachstellungen

(1) [1]Die Polizei kann eine Person aus ihrer Wohnung und dem unmittelbar angrenzenden Bereich verweisen, wenn Tatsachen, insbesondere ein von ihr begangener tätlicher Angriff, die Annahme rechtfertigen, dass diese Maßnahme zur Abwehr einer von der wegzuweisenden Person ausgehenden Gefahr für Körper, Gesundheit oder Freiheit von Bewohnerinnen und Bewohnern derselben Wohnung erforderlich ist. [2]Unter den gleichen Voraussetzungen kann die Polizei ein Betretungsverbot für diese Wohnung, die Wohnung, in der die verletzte oder gefährdete Person wohnt, den jeweils unmittelbar angrenzenden Bereich, die Arbeitsstätte oder die Ausbildungsstätte, die Schule oder bestimmte andere Orte, an denen sich die verletzte oder gefährdete Person regelmäßig aufhalten muss, anordnen. [3]Ergänzend können Maßnahmen zur Durchsetzung der Wegweisung oder des Betretungsverbots verfügt werden.

(2) [1]Die Polizei hat die von einem Betretungsverbot betroffene Person aufzufordern, eine Anschrift oder eine zustellungsbevollmächtigte Person zum Zwecke von Zustellungen behördlicher oder gerichtlicher Entscheidungen, die zur Abwehr einer Gefahr im Sinne des Absatzes 1 ergehen, zu benennen. [2]Die Polizei hat der verletzten Person die Angaben zu übermitteln.

(3) [1]Das Betretungsverbot endet spätestens 14 Tage nach seiner Anordnung, in jedem Fall jedoch bereits mit einer ablehnenden Entscheidung über einen zivilrechtlichen Antrag auf Erlass einer einstweiligen Anordnung auf Überlassung der gemeinsam genutzten Wohnung zur alleinigen Benutzung. [2]Das Zivilgericht unterrichtet die Polizei unverzüglich von seiner Entscheidung.

§ 29b Blockierung des Mobilfunkverkehrs

Bei einer dringenden Gefahr für Leib oder Leben kann die Polizei im Nahbereich einer Sprengvorrichtung zur Entschärfung den Mobilfunkverkehr blockieren.

§ 29c Meldeauflage

[1]Die Polizei kann gegenüber einer Person anordnen, sich an bestimmten Tagen zu bestimmten Zeiten bei einer bestimmten Polizeidienststelle zu melden (Meldeauflage), wenn Tatsachen die Annahme rechtfertigen, dass die Person im Zusammenhang mit einem zeitlich oder örtlich begrenzten Geschehen eine Straftat begehen wird und die Meldeauflage zur vorbeugenden Bekämpfung der Straftat erforderlich ist. [2]Die Meldeauflage ist auf höchstens einen Monat zu befristen. [3]Eine Verlängerung um jeweils nicht mehr als denselben Zeitraum ist zulässig, sofern die Voraussetzungen der Anordnung weiterhin vorliegen. [4]Die Verlängerung der Maßnahme bedarf der richterlichen Anordnung. [5]Zuständig ist das Amtsgericht Tiergarten. [6]Für das Verfahren gelten die Bestimmungen des Gesetzes über das Verfahren in Familiensachen und in den Angelegenheiten der freiwilligen Gerichtsbarkeit.

§ 30 Gewahrsam

(1) Die Polizei kann eine Person in Gewahrsam nehmen, wenn

1. das zum Schutz der Person gegen eine Gefahr für Leib oder Leben unerlässlich ist, insbesondere weil die Person sich erkennbar in einem die freie Willensbestimmung ausschließenden Zustand oder sonst in hilfloser Lage befindet,

2. das unerlässlich ist, um die unmittelbar bevorstehende Begehung oder Fortsetzung einer Ordnungswidrigkeit von erheblicher Bedeutung für die Allgemeinheit oder einer Straftat zu verhindern,
3. das unerlässlich ist, um eine Platzverweisung oder ein Aufenthaltsverbot nach § 29 oder eine Wegweisung oder ein Betretungsverbot nach § 29a durchzusetzen,
4. das unerlässlich ist, um private Rechte zu schützen, und eine Festnahme oder Vorführung der Person nach den §§ 229, 230 Abs. 3 des Bürgerlichen Gesetzbuches zulässig ist.

(2) Die Polizei kann Minderjährige, die sich der Obhut der Sorgeberechtigten entzogen haben, in Gewahrsam nehmen, um sie den Sorgeberechtigten oder dem Jugendamt zuzuführen.

(3) Die Polizei kann eine Person, die aus dem Vollzug von Untersuchungshaft, Freiheitsstrafen oder freiheitsentziehenden Maßregeln der Besserung und Sicherung entwichen ist oder sich sonst ohne Erlaubnis außerhalb der Justizvollzugsanstalt aufhält, in Gewahrsam nehmen und in die Anstalt zurückbringen.

§ 31 Richterliche Entscheidung

(1) [1]Wird eine Person auf Grund von § 20 Abs. 3, § 21 Abs. 3 Satz 3 oder § 30 festgehalten, hat die Polizei unverzüglich eine richterliche Entscheidung über Zulässigkeit und Fortdauer der Freiheitsentziehung herbeizuführen. [2]Der Herbeiführung der richterlichen Entscheidung bedarf es nicht, wenn anzunehmen ist, dass die Entscheidung des Richters erst nach Wegfall des Grundes der polizeilichen Maßnahmen ergehen würde.

(2) Ist die Freiheitsentziehung vor Erlass einer gerichtlichen Entscheidung beendet, kann die festgehaltene Person innerhalb eines Monats nach Beendigung der Freiheitsentziehung die Feststellung beantragen, dass die Freiheitsentziehung rechtswidrig gewesen ist, wenn hierfür ein berechtigtes Interesse besteht.

(3) [1]Für Entscheidungen nach den Absätzen 1 und 2 ist das Amtsgericht Tiergarten zuständig. [2]Das Verfahren richtet sich nach den Vorschriften des Buches 7 des Gesetzes über das Verfahren in Familiensachen und in den Angelegenheiten der freiwilligen Gerichtsbarkeit. [3]In Fällen des Absatzes 2 ist die Rechtsbeschwerde gegen die Entscheidung des Landgerichts über eine Beschwerde nur statthaft, wenn das Landgericht sie wegen der grundsätzlichen Bedeutung der zur Entscheidung stehenden Frage zulässt. [4]Für die Gerichtskosten gelten die Vorschriften über die Kostenerhebung in Angelegenheiten der freiwilligen Gerichtsbarkeit entsprechend. [5]Gebühren werden nur für die Entscheidung, die die Freiheitsentziehung für zulässig erklärt, sowie das Beschwerdeverfahren erhoben.

§ 32 Behandlung festgehaltener Personen

(1) [1]Wird eine Person auf Grund von § 20 Abs. 3, § 21 Abs. 3 Satz 3 oder § 30 festgehalten, ist ihr unverzüglich der Grund bekanntzugeben. [2]Sie ist über die zulässigen Rechtsbehelfe zu belehren. [3]Zu der Belehrung gehört der Hinweis, dass eine etwaige Aussage freiwillig erfolgt.

(2) [1]Der festgehaltenen Person ist unverzüglich Gelegenheit zu geben, einen Angehörigen oder eine Person ihres Vertrauens zu benachrichtigen, soweit dadurch der Zweck der Freiheitsentziehung nicht gefährdet wird. [2]Unberührt bleibt die Benachrichtigungspflicht bei einer richterlichen Freiheitsentziehung. [3]Die Polizei soll die Benachrichtigung übernehmen, wenn die festgehaltene Person nicht in der Lage ist, von dem Recht nach Satz 1 Gebrauch zu machen, und die Benachrichtigung ihrem mutmaßlichen Willen nicht widerspricht. [4]Ist die festgehaltene Person minderjährig oder ist ein Betreuer für sie bestellt, so ist in jedem Falle unverzüglich derjenige zu benachrichtigen, dem die Sorge für die Person oder die Betreuung der Person nach dem ihm übertragenen Aufgabengebiet obliegt.

(3) [1]Die festgehaltene Person soll gesondert, insbesondere ohne ihre Einwilligung nicht in demselben Raum mit Straf- oder Untersuchungsgefangenen untergebracht werden. [2]Männer und Frauen sollen getrennt untergebracht werden. [3]Der festgehaltenen Person dürfen nur solche Beschränkungen auferlegt werden, die der Zweck der Freiheitsentziehung oder die Ordnung im Gewahrsam erfordert.

§ 33 Dauer der Freiheitsentziehung

(1) Die festgehaltene Person ist zu entlassen,
1. sobald der Grund für die Maßnahme weggefallen ist,
2. wenn die Fortdauer der Freiheitsentziehung durch richterliche Entscheidung für unzulässig erklärt wird,

3. in jedem Falle spätestens bis zum Ende des Tages nach dem Ergreifen, wenn nicht vorher die Fortdauer der Freiheitsentziehung auf Grund eines anderen Gesetzes durch richterliche Entscheidung angeordnet ist.

(2) Eine Freiheitsentziehung zum Zwecke der Feststellung der Identität darf die Dauer von insgesamt zwölf Stunden nicht überschreiten.

§ 34 Durchsuchung von Personen

(1) Die Ordnungsbehörden und die Polizei können eine Person durchsuchen, wenn
1. Tatsachen die Annahme rechtfertigen, dass sie Sachen mit sich führt, die sichergestellt werden dürfen,
2. sie sich erkennbar in einem die freie Willensbestimmung ausschließenden Zustand oder sonst in hilfloser Lage befindet.

(2) Die Polizei kann außer in den Fällen des § 21 Abs. 3 Satz 4 eine Person durchsuchen, wenn
1. sie nach diesem Gesetz oder anderen Rechtsvorschriften festgehalten werden kann,
2. sie sich an einem der in § 21 Abs. 2 Nr. 1 genannten Orte aufhält,
3. sie sich in einem Objekt im Sinne des § 21 Abs. 2 Nr. 3 oder in dessen unmittelbarer Nähe aufhält und Tatsachen die Annahme rechtfertigen, dass in oder an einem Objekt dieser Art Straftaten begangen werden sollen, durch die Personen oder dieses Objekt gefährdet sind,
4. sie an einer Kontrollstelle nach § 21 Abs. 2 Nr. 4 angetroffen wird und Tatsachen die Annahme rechtfertigen, dass Straftaten der in § 21 Abs. 2 Nr. 4 genannten Art begangen werden sollen.

(3) [1]Die Polizei kann eine Person, deren Identität nach diesem Gesetz oder anderen Rechtsvorschriften festgestellt werden soll, nach Waffen, anderen gefährlichen Werkzeugen und Explosivmitteln durchsuchen, wenn das nach den Umständen zum Schutz des Polizeivollzugsbeamten oder eines Dritten gegen eine Gefahr für Leib oder Leben erforderlich ist. [2]Dasselbe gilt, wenn eine Person vorgeführt oder zur Durchführung einer Maßnahme an einen anderen Ort gebracht werden soll.

(4) [1]Personen dürfen nur von Personen gleichen Geschlechts oder Ärztinnen und Ärzten durchsucht werden. [2]Bei berechtigtem Interesse soll dem Wunsch, die Durchsuchung einer Person bestimmten Geschlechts zu übertragen, entsprochen werden. [3]Die Sätze 1 und 2 gelten nicht, wenn die sofortige Durchsuchung zum Schutz gegen eine Gefahr für Leib oder Leben erforderlich ist.

§ 35 Durchsuchung von Sachen

(1) Die Ordnungsbehörden und die Polizei können eine Sache durchsuchen, wenn
1. sie von einer Person mitgeführt wird, die nach § 34 durchsucht werden darf,
2. Tatsachen die Annahme rechtfertigen, dass sich in ihr eine Person befindet, die widerrechtlich festgehalten wird oder hilflos ist,
3. Tatsachen die Annahme rechtfertigen, dass sich in ihr eine andere Sache befindet, die sichergestellt werden darf.

(2) Die Polizei kann außer in den Fällen des § 21 Abs. 3 Satz 4 eine Sache durchsuchen, wenn
1. Tatsachen die Annahme rechtfertigen, dass sich in ihr eine Person befindet, die in Gewahrsam genommen werden darf,
2. sie sich an einem der in § 21 Abs. 2 Nr. 1 genannten Orte befindet,
3. sie sich in einem Objekt im Sinne des § 21 Abs. 2 Nr. 3 oder in dessen unmittelbarer Nähe befindet und Tatsachen die Annahme rechtfertigen, dass in oder an einem Objekt dieser Art Straftaten begangen werden sollen, durch die Personen oder dieses Objekt gefährdet sind,
4. es sich um ein Land-, Wasser- oder Luftfahrzeug handelt, in dem sich eine Person befindet, deren Identität nach § 21 Abs. 2 Nr. 4 festgestellt werden darf; die Durchsuchung kann sich auch auf die in dem Fahrzeug enthaltenen Sachen erstrecken.

(3) [1]Bei der Durchsuchung von Sachen hat der Inhaber der tatsächlichen Gewalt das Recht, anwesend zu sein. [2]Ist er abwesend, so soll sein Vertreter oder ein anderer Zeuge hinzugezogen werden. [3]Dem Inhaber der tatsächlichen Gewalt ist auf Verlangen eine Bescheinigung über die Durchsuchung und ihren Grund zu erteilen.

§ 36 Betreten und Durchsuchung von Wohnungen

(1) [1]Die Ordnungsbehörden und die Polizei können eine Wohnung ohne Einwilligung des Inhabers betreten und durchsuchen, wenn

1. Tatsachen die Annahme rechtfertigen, dass sich in ihr eine Sache befindet, die nach § 38 Nr. 1 sichergestellt werden darf,
2. von der Wohnung Emissionen ausgehen, die nach Art, Ausmaß oder Dauer geeignet sind, die Gesundheit in der Nachbarschaft wohnender Personen zu beschädigen,
3. das zur Abwehr einer gegenwärtigen Gefahr für Leib, Leben oder Freiheit einer Person oder für Sachen von bedeutendem Wert erforderlich ist.

[2]Die Wohnung umfasst die Wohn- und Nebenräume, Arbeits-, Betriebs- und Geschäftsräume sowie anderes befriedetes Besitztum.

(2) Die Polizei kann eine Wohnung ohne Einwilligung des Inhabers betreten und durchsuchen, wenn Tatsachen die Annahme rechtfertigen, dass sich in ihr eine Person befindet, die nach § 20 Abs. 3 vorgeführt oder nach § 30 in Gewahrsam genommen werden darf.

(3) Während der Nachtzeit (§ 104 Abs. 3 der Strafprozessordnung) ist das Betreten und Durchsuchen einer Wohnung nur in den Fällen des Absatzes 1 Nr. 2 und 3 zulässig.

(4) Wohnungen können jedoch zur Abwehr dringender Gefahren jederzeit betreten werden, wenn Tatsachen die Annahme rechtfertigen, dass

1. dort Personen Straftaten von erheblicher Bedeutung verabreden, vorbereiten oder verüben,
2. sich dort gesuchte Straftäter verbergen oder
3. dort mutmaßlich Geschädigte von Straftaten nach den §§ 177, 180, 180a, 181a, 182, 232, 232a, 232b, 233, 233a des Strafgesetzbuches anzutreffen oder untergebracht sind.

(5) Arbeits-, Betriebs- und Geschäftsräume sowie andere Räume und Grundstücke, die der Öffentlichkeit zugänglich sind oder zugänglich waren und den Anwesenden zum weiteren Aufenthalt zur Verfügung stehen, können zum Zwecke der Gefahrenabwehr (§ 1 Abs. 1) während der Arbeits-, Geschäfts- oder Aufenthaltszeit betreten werden.

§ 37 Verfahren bei der Durchsuchung von Wohnungen

(1) [1]Durchsuchungen dürfen außer bei Gefahr im Verzug nur durch den Richter angeordnet werden. [2]Zuständig ist das Amtsgericht Tiergarten. [3]Für das Verfahren gelten die Vorschriften des Gesetzes über das Verfahren in Familiensachen und in den Angelegenheiten der freiwilligen Gerichtsbarkeit entsprechend.

(2) [1]Bei der Durchsuchung einer Wohnung hat der Wohnungsinhaber das Recht, anwesend zu sein. [2]Ist er abwesend, so ist, wenn möglich, sein Vertreter oder ein erwachsener Angehöriger, Hausgenosse oder Nachbar zuzuziehen.

(3) Dem Wohnungsinhaber oder seinem Vertreter ist der Grund der Durchsuchung unverzüglich bekanntzugeben, soweit dadurch der Zweck der Maßnahme nicht gefährdet wird.

(4) [1]Über die Durchsuchung ist eine Niederschrift zu fertigen. [2]Sie muss die verantwortliche Stelle, Grund, Zeit und Ort der Durchsuchung und das Ergebnis der Durchsuchung enthalten. [3]Die Niederschrift ist von einem durchsuchenden Beamten und dem Wohnungsinhaber oder der zugezogenen Person zu unterzeichnen. [4]Wird die Unterschrift verweigert, so ist hierüber ein Vermerk aufzunehmen. [5]Dem Wohnungsinhaber oder seinem Vertreter ist auf Verlangen eine Abschrift der Niederschrift auszuhändigen.

(5) Ist die Anfertigung der Niederschrift oder die Aushändigung einer Abschrift nach den besonderen Umständen des Falles nicht möglich oder würde sie den Zweck der Durchsuchung gefährden, so sind der betroffenen Person lediglich die Durchsuchung unter Angabe der verantwortlichen Ordnungsbehörde oder Polizei sowie Zeit und Ort der Durchsuchung schriftlich oder elektronisch zu bestätigen.

§ 37a Umsetzung von Fahrzeugen

(1) [1]Die Ordnungsbehörden und die Polizei können ein abgestelltes Fahrzeug zur Abwehr einer von diesem ausgehenden Gefahr selbst oder durch eine oder einen Beauftragten an eine Stelle im öffentlichen Verkehrsraum verbringen, an der das Parken gestattet ist (Umsetzung). [2]§ 15 Absatz 2 und 3 gilt entsprechend.

(2) [1]Ist eine Umsetzung nach Absatz 1 mangels Erreichbarkeit einer geeigneten Stelle im öffentlichen Verkehrsraum nicht möglich, kann das Fahrzeug sichergestellt werden. [2]§ 38 bleibt unberührt; die §§ 39 bis 41 gelten entsprechend.

(3) Die Absätze 1 und 2 gelten entsprechend für die Umsetzung und Sicherstellung eines stillliegenden Wasserfahrzeugs oder eines stillliegenden sonstigen Schwimmkörpers.

§ 38 Sicherstellung

Die Ordnungsbehörden und die Polizei können eine Sache sicherstellen,

1. um eine gegenwärtige Gefahr abzuwehren,
2. um den Eigentümer oder den rechtmäßigen Inhaber der tatsächlichen Gewalt vor Verlust oder Beschädigung einer Sache zu schützen,
3. wenn sie von einer Person mitgeführt wird, die nach diesem Gesetz oder anderen Rechtsvorschriften festgehalten wird, vorgeführt oder zur Durchführung einer Maßnahme an einen anderen Ort gebracht werden soll und die Sache verwendet werden kann, um
   a) sich zu töten oder zu verletzen,
   b) Leben oder Gesundheit anderer zu schädigen,
   c) fremde Sachen zu beschädigen,
   d) die Flucht zu ermöglichen oder zu erleichtern.

§ 39 Verwahrung

(1) [1]Sichergestellte Sachen sind in Verwahrung zu nehmen. [2]Lässt die Beschaffenheit der Sachen das nicht zu oder erscheint die Verwahrung bei der Ordnungsbehörde oder der Polizei unzweckmäßig, sind die Sachen auf andere geeignete Weise aufzubewahren oder zu sichern. [3]In diesem Falle kann die Verwahrung auch einem Dritten übertragen werden.

(2) [1]Der betroffenen Person ist eine Bescheinigung auszustellen, die den Grund der Sicherstellung erkennen lässt und die sichergestellten Sachen bezeichnet. [2]Kann nach den Umständen des Falles eine Bescheinigung nicht ausgestellt werden, so ist über die Sicherstellung eine Niederschrift aufzunehmen, die auch erkennen lässt, warum eine Bescheinigung nicht ausgestellt worden ist. [3]Der Eigentümer oder der rechtmäßige Inhaber der tatsächlichen Gewalt ist unverzüglich zu unterrichten.

(3) [1]Wird eine sichergestellte Sache verwahrt, so ist nach Möglichkeit Wertminderungen vorzubeugen. [2]Das gilt nicht, wenn die Sache durch den Dritten auf Verlangen eines Berechtigten verwahrt wird.

(4) Die verwahrten Sachen sind zu verzeichnen und so zu kennzeichnen, dass Verwechslungen vermieden werden.

§ 40 Verwertung, Vernichtung, Einziehung

(1) Die Verwertung einer sichergestellten Sache ist zulässig, wenn

1. ihr Verderb oder eine wesentliche Wertminderung droht,
2. ihre Verwahrung, Pflege oder Erhaltung mit unverhältnismäßig hohen Kosten oder Schwierigkeiten verbunden ist,
3. sie infolge ihrer Beschaffenheit nicht so verwahrt werden kann, dass weitere Gefahren für die öffentliche Sicherheit oder Ordnung ausgeschlossen sind,
4. sie nach einer Frist von einem Jahr nicht an einen Berechtigten herausgegeben werden kann, ohne dass die Voraussetzungen der Sicherstellung erneut eintreten würden,
5. der Berechtigte sie nicht innerhalb einer ausreichend bemessenen Frist abholt, obwohl ihm eine Mitteilung über die Frist mit dem Hinweis zugestellt worden ist, dass die Sache verwertet wird, wenn sie nicht innerhalb der Frist abgeholt wird.

(2) [1]Die betroffene Person, der Eigentümer und andere Personen, denen ein Recht an der Sache zusteht, sollen vor der Verwertung gehört werden. [2]Die Anordnung sowie Zeit und Ort der Verwertung sind ihnen mitzuteilen, soweit die Umstände und der Zweck der Maßnahmen es erlauben.

(3) [1]Die Sache wird durch öffentliche Versteigerung verwertet; § 979 Abs. 1 des Bürgerlichen Gesetzbuches gilt entsprechend. [2]Bleibt die Versteigerung erfolglos, erscheint sie von vornherein aussichtslos oder würden die Kosten der Versteigerung voraussichtlich den zu erwartenden Erlös übersteigen, so kann die Sache freihändig verkauft werden. [3]Der Erlös tritt an die Stelle der verwerteten Sache. [4]Lässt sich innerhalb angemessener Frist kein Käufer finden, so kann die Sache einem gemeinnützigen Zweck zugeführt werden.

(4) [1]Sichergestellte Sachen können unbrauchbar gemacht, vernichtet oder eingezogen werden, wenn

1. im Falle einer Verwertung die Gründe, die zu ihrer Sicherstellung berechtigten, fortbestehen oder Sicherstellungsgründe erneut entstehen würden,
2. die Verwertung aus anderen Gründen nicht möglich ist.

[2]Absatz 2 gilt entsprechend.

§ 41 Herausgabe sichergestellter Sachen oder des Erlöses, Kosten

(1) [1]Sobald die Voraussetzungen für die Sicherstellung weggefallen sind, sind die Sachen an diejenige Person herauszugeben, bei der sie sichergestellt worden sind. [2]Ist die Herausgabe an sie nicht möglich, können sie an eine andere Person herausgegeben werden, die ihre Berechtigung glaubhaft macht. [3]Die Herausgabe ist ausgeschlossen, wenn dadurch erneut die Voraussetzungen für eine Sicherstellung eintreten würden.

(2) [1]Sind die Sachen verwertet worden, ist der Erlös herauszugeben. [2]Ist eine berechtigte Person nicht vorhanden oder nicht zu ermitteln, ist der Erlös nach den Vorschriften des Bürgerlichen Gesetzbuches zu hinterlegen. [3]Der Anspruch auf Herausgabe des Erlöses erlischt drei Jahre nach Ablauf des Jahres, in dem die Sache verwertet worden ist.

(3) [1]Die Kosten der Sicherstellung und Verwahrung fallen den nach den §§ 13 oder 14 Verantwortlichen zur Last. [2]Mehrere Verantwortliche haften als Gesamtschuldner. [3]Die Herausgabe der Sache kann von der Zahlung der Kosten abhängig gemacht werden. [4]Ist eine Sache verwertet worden, können die Kosten aus dem Erlös gedeckt werden. [5]Die Kosten können im Verwaltungsvollstreckungsverfahren beigetrieben werden. [6]Die Erhebung von Kosten nach dem Gesetz über Gebühren und Beiträge bleibt unberührt.

(4) § 983 des Bürgerlichen Gesetzbuches bleibt unberührt.

§ 41a Operativer Opferschutz

(1) [1]Die Polizei kann für eine Person Urkunden und sonstige Dokumente zum Aufbau oder zur Aufrechterhaltung einer vorübergehend geänderten Identität herstellen, vorübergehend verändern sowie die geänderten personenbezogenen Daten verarbeiten, wenn dies zur Abwehr einer voraussichtlich nicht nur vorübergehenden Gefahr für Leib, Leben oder Freiheit der Person erforderlich und die Person für die Schutzmaßnahme geeignet ist und ihr zustimmt. [2]Maßnahmen nach Satz 1 können auf Angehörige der Person und ihr sonst nahestehende Personen erstreckt werden, soweit dies zu den dort genannten Zwecken erforderlich ist und die Personen den Maßnahmen zustimmen.

(2) Personen nach Absatz 1 dürfen unter der vorübergehend geänderten Identität am Rechtsverkehr teilnehmen.

(3) § 26 Absatz 2 findet Anwendung auf diejenigen Polizeivollzugsbeamtinnen und Polizeivollzugsbeamten, die mit Maßnahmen nach Absatz 1 betraut sind, soweit dies zur Vorbereitung oder Durchführung dieser Maßnahmen erforderlich ist.

(4) Über Maßnahmen nach Absatz 1 entscheidet die Polizeipräsidentin oder der Polizeipräsident oder die Vertretung im Amt.

§ 41b Sicherheitsgespräch

[1]Die Polizei kann eine Person informieren, dass Tatsachen die Annahme rechtfertigen, eine andere Person werde in einem absehbaren Zeitraum eine Straftat begehen oder an ihrer Begehung teilnehmen, sofern diese als Opfer der drohenden Straftat in Betracht kommt oder ihre Kenntnis von der drohenden Straftat unbedingt erforderlich ist, um ihr ein gefahrenangepasstes Verhalten zu ermöglichen. [2]Soweit es den Zweck der Maßnahme nicht gefährdet, soll das Sicherheitsgespräch außerhalb der Hör- und Sichtweite Dritter erfolgen.

Zweiter Unterabschnitt

Befugnisse für die weitere Datenverarbeitung

§ 42 Allgemeine Regeln über die Datenspeicherung, -veränderung und -nutzung

(1) [1]Die Ordnungsbehörden und die Polizei können rechtmäßig erhobene personenbezogene Daten in Akten oder Dateien speichern, verändern und nutzen, soweit das zur Erfüllung ihrer Aufgaben, zu einer zeitlich befristeten Dokumentation oder zur Vorgangsverwaltung erforderlich ist. [2]Dies gilt auch für personenbezogene Daten, die die Ordnungsbehörden und die Polizei unaufgefordert durch Dritte erlangt haben.

(2) [1]Die Ordnungsbehörden und die Polizei dürfen personenbezogene Daten nur zu dem Zweck speichern, verändern und nutzen, zu dem sie die Daten erlangt haben. [2]Die Nutzung sowie die weitere Speicherung und Veränderung zu einem anderen ordnungsbehördlichen oder polizeilichen Zweck ist zulässig, soweit die Ordnungsbehörden und die Polizei die Daten auch zu diesem Zweck hätten erheben und nutzen dürfen. [3]Eine Verarbeitung zu anderen Zwecken liegt nicht vor, wenn sie der Wahrnehmung

von Aufsichts- und Kontrollbefugnissen, der Rechnungsprüfung oder der Durchführung von Organisationsuntersuchungen dient. [4]Der Zugriff auf personenbezogene Daten ist insoweit nur zulässig, als er für die Ausübung dieser Befugnisse unverzichtbar ist.

(3) Die Polizei kann, soweit Bestimmungen der Strafprozessordnung oder andere gesetzliche Regelungen nicht entgegenstehen, personenbezogene Daten, die sie im Rahmen von strafrechtlichen Ermittlungen gewonnen hat, speichern, verändern und nutzen, soweit das zur Gefahrenabwehr, insbesondere zur vorbeugenden Bekämpfung von Straftaten (§ 1 Abs. 3) erforderlich ist.

(4) Die Ordnungsbehörden und die Polizei können personenbezogene Daten über die zulässige Speicherungsdauer hinaus zur Aus- oder Fortbildung oder zu statistischen Zwecken in anonymisierter Form nutzen.

(5) [1]Werden personenbezogene Daten von Kindern, die ohne Kenntnis der Sorgeberechtigten erhoben worden sind, gespeichert, sind die Sorgeberechtigten zu unterrichten, soweit die Aufgabenerfüllung dadurch nicht mehr gefährdet wird. [2]Von der Unterrichtung kann abgesehen werden, solange zu besorgen ist, dass die Unterrichtung zu erheblichen Nachteilen für das Kind führt.

§ 43 Besondere Regeln für die Speicherung, Veränderung und Nutzung von Daten in Dateien

(1) [1]Die Polizei kann zur vorbeugenden Bekämpfung von Straftaten personenbezogene Daten über die in § 25 Abs. 2 Satz 1 Nr. 2 genannten Personen sowie über Zeugen, Hinweisgeber und sonstige Auskunftspersonen in Dateien nur speichern, verändern und nutzen, soweit das zur vorbeugenden Bekämpfung von Straftaten von erheblicher Bedeutung oder zur vorbeugenden Bekämpfung von sonstigen Straftaten, die organisiert, insbesondere banden-, gewerbs- oder serienmäßig begangen werden und mit einer Höchststrafe von mehr als drei Jahren bedroht sind, erforderlich ist. [2]Die Speicherungsdauer darf drei Jahre nicht überschreiten. [3]Nach jeweils einem Jahr, gerechnet vom Zeitpunkt der letzten Speicherung, ist zu prüfen, ob die Voraussetzungen nach Satz 1 noch vorliegen.

(2) Werden wertende Angaben über eine Person in Dateien gespeichert, muss feststellbar sein, bei welcher Stelle die den Angaben zugrunde liegenden Informationen vorhanden sind.

§ 44 Datenübermittlung innerhalb des öffentlichen Bereichs

(1) [1]Zwischen den Ordnungsbehörden sowie zwischen den Ordnungsbehörden und der Polizei können personenbezogene Daten übermittelt werden, soweit das zur Erfüllung ordnungsbehördlicher oder polizeilicher Aufgaben erforderlich ist; dies gilt auch für die Übermittlung von Daten an Gefahrenabwehr- oder Polizeibehörden eines anderen Landes oder des Bundes. [2]§ 42 Abs. 2 gilt entsprechend. [3]Datenübermittlung im Sinne dieses Gesetzes ist auch die Weitergabe personenbezogener Daten innerhalb einer Behörde zwischen Stellen, die unterschiedliche gesetzliche Aufgaben wahrnehmen.

(2) Im Übrigen können die Ordnungsbehörden und die Polizei personenbezogene Daten an Behörden oder sonstige öffentliche Stellen übermitteln, soweit das

1. zur Erfüllung ordnungsbehördlicher oder polizeilicher Aufgaben,
2. zur Abwehr einer Gefahr für oder durch den Empfänger,
3. zur Abwehr erheblicher Nachteile für das Gemeinwohl,
4. zur Abwehr einer schwerwiegenden Beeinträchtigung der Rechte einer Person

erforderlich ist.

(3) [1]Die Ordnungsbehörden und die Polizei können personenbezogene Daten an ausländische öffentliche Stellen sowie an über- und zwischenstaatliche Stellen übermitteln, soweit das

1. zur Erfüllung einer Aufgabe der Ordnungsbehörde oder der Polizei,
2. zur Abwehr einer erheblichen Gefahr für oder durch den Empfänger

erforderlich ist oder

3. sie hierzu auf Grund über- oder zwischenstaatlicher Vereinbarungen über Datenübermittlungen berechtigt oder verpflichtet sind.

[2]Die Übermittlung unterbleibt, soweit Grund zu der Annahme besteht, dass dadurch gegen den Zweck eines deutschen Gesetzes verstoßen würde oder schutzwürdige Belange der betroffenen Personen beeinträchtigt würden. [3]Der Empfänger ist darauf hinzuweisen, dass die übermittelten Daten nur zu dem Zweck genutzt werden dürfen, zu dessen Erfüllung sie ihm übermittelt wurden.

(4) [1]Personenbezogene Daten über die in § 25 Abs. 2 Satz 1 Nr. 2 genannten Personen, Zeugen, Hinweisgeber und sonstige Auskunftspersonen sowie wertende Angaben dürfen nur an andere Ordnungsbehörden und Polizeibehörden übermittelt werden. [2]Die Übermittlung dieser Daten ist ferner zulässig

an die zur Aufklärung oder Bekämpfung des internationalen Terrorismus zuständigen, im Antiterrordateigesetz vom 22. Dezember 2006 (BGBl. I S. 3409), das zuletzt durch Artikel 1 des Gesetzes vom 18. Dezember 2014 (BGBl. I S. 2318) geändert worden ist, genannten Behörden sowie an die zur Aufklärung oder Bekämpfung des gewaltbezogenen Rechtsextremismus zuständigen, im Rechtsextremismus-Datei-Gesetz vom 20. August 2012 (BGBl. I S. 1798), das durch Artikel 2 des Gesetzes vom 18. Dezember 2014 (BGBl. I S. 2318) geändert worden ist, genannten Behörden, soweit dies zur Durchführung der genannten Gesetze in ihrer jeweils geltenden Fassung erforderlich ist.

(5) [1]Die übermittelnde Stelle hat die Zulässigkeit der Übermittlung zu prüfen. [2]Erfolgt die Übermittlung auf Grund eines Ersuchens, hat die übermittelnde Stelle nur zu prüfen, ob das Übermittlungsersuchen im Rahmen der Aufgaben des Empfängers liegt. [3]Im Übrigen hat sie die Zulässigkeit der Übermittlung nur zu prüfen, wenn Zweifel an der Rechtmäßigkeit der Nutzung durch den Empfänger bestehen. [4]Der Empfänger hat der übermittelnden Stelle die erforderlichen Angaben zu machen.

(6) Der Empfänger darf die übermittelten personenbezogenen Daten, soweit gesetzlich nichts anderes bestimmt ist, nur zu dem Zweck nutzen, zu dem sie ihm übermittelt worden sind.

(7) [1]Andere Behörden und sonstige öffentliche Stellen können personenbezogene Daten an die Ordnungsbehörden und die Polizei übermitteln, soweit das zur Erfüllung ordnungsbehördlicher oder polizeilicher Aufgaben erforderlich erscheint und die von der übermittelnden Stelle zu beachtenden Rechtsvorschriften nicht entgegenstehen. [2]Sie sind zur Übermittlung verpflichtet, wenn es zur Abwehr einer Gefahr für Leib, Leben oder Freiheit einer Person erforderlich ist.

(8) Andere Rechtsvorschriften für die Datenübermittlung bleiben unberührt.

§ 45 Datenübermittlung an Personen oder Stellen außerhalb des öffentlichen Bereichs

(1) Die Ordnungsbehörden und die Polizei können personenbezogene Daten an Personen oder Stellen außerhalb des öffentlichen Bereichs übermitteln, soweit das

1. zur Erfüllung ordnungsbehördlicher oder polizeilicher Aufgaben,
2. zur Abwehr erheblicher Nachteile für das Gemeinwohl,
3. zur Abwehr einer schwerwiegenden Beeinträchtigung der Rechte einer Person

erforderlich ist oder

4. der Auskunftsbegehrende ein rechtliches Interesse an der Kenntnis der zu übermittelnden Daten glaubhaft macht und die schutzwürdigen Interessen der betroffenen Person nicht überwiegen,
5. der Auskunftsbegehrende ein berechtigtes Interesse geltend macht und offensichtlich ist, dass die Datenübermittlung im Interesse der betroffenen Person liegt, die betroffene Person eingewilligt hat oder in Kenntnis der Sachlage ihre Einwilligung hierzu erteilen würde.

(2) § 44 Abs. 5 und 6 gilt entsprechend.

(3) Der Empfänger ist darauf hinzuweisen, dass die übermittelten Daten nur zu dem Zweck genutzt werden dürfen, zu dessen Erfüllung sie ihm übermittelt wurden.

§ 45a Datenübermittlung zum Zweck der Zuverlässigkeitsüberprüfung bei Großveranstaltungen

(1) [1]Soweit eine Zuverlässigkeitsüberprüfung wegen besonderer Gefahren bei Großveranstaltungen erforderlich ist, kann die Polizei personenbezogene Daten an öffentliche und nicht öffentliche Stellen übermitteln, wenn die Betroffenen schriftlich eingewilligt haben und die Übermittlung im Hinblick auf den Anlass der Überprüfung, insbesondere den Zugang des Betroffenen zu der Veranstaltung im Hinblick auf ein berechtigtes Sicherheitsinteresse des Empfängers sowie wegen der Art und des Umfanges der Erkenntnisse über den Betroffenen angemessen ist. [2]Die Übermittlung beschränkt sich auf die Auskunft zum Vorliegen von Sicherheitsbedenken. [3]Die Polizei hat die Betroffenen vor der schriftlichen Einwilligung über den konkreten Inhalt der Übermittlung und die Empfänger zu informieren, soweit diese nicht auf andere Weise Kenntnis hiervon erhalten haben. [4]Eine Datenübermittlung nach Satz 1 über die in § 53 Absatz 1 Satz 1 Nummer 5 der Strafprozessordnung genannten Personen findet nicht statt, soweit diese innerhalb der letzten zwölf Monate von einer anderen Polizeibehörde des Bundes oder eines Landes zuverlässigkeitsüberprüft wurden.

(2) [1]Der Empfänger darf die übermittelten Daten nur zu Zwecken der Zuverlässigkeitsüberprüfung verarbeiten. [2]Die Polizei hat den Empfänger schriftlich oder elektronisch zur Einhaltung dieser Zweckbestimmung zu verpflichten.

(3) Der Berliner Beauftragte für Datenschutz und Informationsfreiheit ist zu unterrichten, wenn eine Datenübermittlung wegen einer Veranstaltung nach Absatz 1 beabsichtigt ist.

§ 46 Automatisiertes Abrufverfahren

(1) [1]Die Einrichtung eines automatisierten Verfahrens, das die Übermittlung personenbezogener Daten aus einer von der Polizei geführten Datei durch Abruf ermöglicht, ist zulässig, soweit diese Form der Datenübermittlung unter Berücksichtigung der schutzwürdigen Belange der betroffenen Personen und der Erfüllung polizeilicher Aufgaben angemessen ist. [2]Der Abruf darf nur anderen Polizeibehörden gestattet werden.

(2) Die nach § 5 des Berliner Datenschutzgesetzes erforderlichen technischen und organisatorischen Maßnahmen sind schriftlich oder elektronisch festzulegen.

(3) Die speichernde Stelle hat zu gewährleisten, dass die Übermittlung zumindest durch geeignete Stichprobenverfahren festgestellt und überprüft werden kann.

(4) [1]Der Senat bestimmt durch Rechtsverordnung die Einzelheiten der Einrichtung automatisierter Abrufverfahren. [2]Der Berliner Beauftragte für Datenschutz und Informationsfreiheit ist vorher zu hören. [3]Die Rechtsverordnung hat den Datenempfänger, die Datenart und den Zweck des Abrufs festzulegen. [4]Sie hat Maßnahmen zur Datensicherung und zur Kontrolle vorzusehen, die in einem angemessenen Verhältnis zu dem angestrebten Schutzzweck stehen.

(5) Die Polizei kann mit anderen Ländern und dem Bund einen Datenverbund vereinbaren, der eine automatisierte Datenübermittlung ermöglicht.

§ 46a Aufzeichnung von Anrufen

[1]Die Polizei und die Ordnungsbehörden können Anrufe über Notrufeinrichtungen auf Tonträger aufzeichnen. [2]Eine Aufzeichnung von Anrufen im Übrigen ist nur zulässig, soweit die Aufzeichnung im Einzelfall zur Erfüllung ihrer Aufgaben erforderlich ist. [3]Die Aufzeichnungen sind spätestens nach drei Monaten zu löschen, es sei denn, sie werden zur Verfolgung von Straftaten benötigt oder Tatsachen rechtfertigen die Annahme, dass die anrufende Person Straftaten begehen wird und die Aufbewahrung zur vorbeugenden Bekämpfung von Straftaten von erheblicher Bedeutung erforderlich[1)] ist.

§ 47 Besondere Formen des Datenabgleichs

(1) [1]Die Polizei kann von öffentlichen Stellen oder Stellen außerhalb des öffentlichen Bereichs zur Abwehr einer durch Tatsachen belegten gegenwärtigen Gefahr für den Bestand oder die Sicherheit des Bundes oder eines Landes oder für Leib, Leben oder Freiheit einer Person die Übermittlung von zulässig speicherbaren personenbezogenen Daten bestimmter Personengruppen aus bestimmbaren Dateien zum Zwecke des Abgleichs mit anderen Datenbeständen verlangen, soweit Tatsachen die Annahme rechtfertigen, dass das zur Abwehr der Gefahr erforderlich ist. [2]Die ersuchte Stelle hat dem Verlangen zu entsprechen. [3]Rechtsvorschriften über ein Berufs- oder besonderes Amtsgeheimnis bleiben unberührt.

(2) [1]Das Übermittlungsersuchen ist auf Namen, Anschriften, Tag und Ort der Geburt sowie auf im einzelnen Falle festzulegende Merkmale zu beschränken. [2]Werden wegen technischer Schwierigkeiten, die mit angemessenem Zeit- oder Kostenaufwand nicht beseitigt werden können, weitere Daten übermittelt, dürfen diese nicht verwertet werden.

(3) [1]Ist der Zweck der Maßnahme erreicht oder zeigt sich, dass er nicht erreicht werden kann, sind die übermittelten und im Zusammenhang mit der Maßnahme zusätzlich angefallenen Daten auf dem Datenträger zu löschen und die Unterlagen, soweit sie nicht für ein mit dem Sachverhalt zusammenhängendes Verfahren erforderlich sind, unverzüglich zu vernichten. [2]Über die getroffenen Maßnahmen ist eine Niederschrift anzufertigen. [3]Diese Niederschrift ist gesondert aufzubewahren, durch technische und organisatorische Maßnahmen zu sichern und am Ende des Kalenderjahres, das dem Jahr der Vernichtung der Unterlagen nach Satz 1 folgt, zu vernichten.

(4) [1]Die Maßnahme darf nur durch den Richter angeordnet werden. [2]Zuständig ist das Amtsgericht Tiergarten. [3]Die Anordnung muss den zur Übermittlung Verpflichteten sowie alle benötigten Daten und Merkmale bezeichnen. [4]Antragsberechtigt ist die Polizeipräsidentin oder der Polizeipräsident oder die Vertretung im Amt. [5]Dem Antrag sind die Errichtungsanordnung nach § 49 dieses Gesetzes, das Datensicherheitskonzept und die Risikoanalyse nach § 5 Abs. 3 des Berliner Datenschutzgesetzes und die Maßnahmen zur Gewährleistung von Datensicherheit der erhobenen Daten beizufügen. [6]Das Vor-

1) Wortlaut gem. G v. 26.7.2006 (GVBl. S. 878); im Text der Neubekanntmachung fehlt: „erforderlich“.

liegen der Voraussetzungen nach § 9 Abs. 1 des Berliner Datenschutzgesetzes ist im Antrag nachzuweisen. [7]Für das Verfahren gelten die Vorschriften des Gesetzes über das Verfahren in Familiensachen und in den Angelegenheiten der freiwilligen Gerichtsbarkeit entsprechend. [8]Wird eine Anordnung unanfechtbar aufgehoben, sind bereits erhobene Daten zu löschen. [9]Andere Behörden sind von der Unzulässigkeit der Speicherung und Verwertung der Daten zu unterrichten. [10]§ 48 Abs. 6 gilt nicht. [11]Der Berliner Beauftragte für Datenschutz und Informationsfreiheit ist durch die Polizei fortlaufend über die Maßnahmen zu unterrichten.

§ 48 Berichtigung, Löschung und Sperrung von Daten

(1) [1]In Dateien gespeicherte personenbezogene Daten sind zu berichtigen, wenn sie unrichtig sind. [2]Wird festgestellt, dass in Akten gespeicherte personenbezogene Daten unrichtig sind, ist das in der Akte zu vermerken oder auf sonstige Weise festzuhalten.

(2) [1]In Dateien gespeicherte personenbezogene Daten sind zu löschen und die dazugehörigen Unterlagen sind zu vernichten, wenn

1. ihre Speicherung unzulässig ist,
2. bei der nach bestimmten Fristen vorzunehmenden Überprüfung oder aus Anlass einer Einzelfallbearbeitung festgestellt wird, dass ihre Kenntnis für die speichernde Stelle zur Erfüllung der in ihrer Zuständigkeit liegenden Aufgaben nicht mehr erforderlich ist.

[2]War die Speicherung von Anfang an unzulässig, ist die betroffene Person vor der Löschung zu hören. [3]Ist eine Löschung wegen der besonderen Art der Speicherung nicht oder nur mit unverhältnismäßig hohem Aufwand möglich, kann an die Stelle der Löschung die Sperrung treten.

(3) [1]Sind personenbezogene Daten in Akten gespeichert, sind sie im Falle des Absatzes 2 Satz 1 Nr. 1 durch Anbringung eines entsprechenden Vermerks zu sperren. [2]Im Falle des Absatzes 2 Satz 1 Nr. 2 sind die Akten spätestens zu vernichten, wenn die gesamte Akte zur Erfüllung der in der Zuständigkeit der speichernden Stelle liegenden Aufgaben nicht mehr erforderlich ist.

(4) [1]Der Senat wird ermächtigt, durch Rechtsverordnung die Fristen zu regeln, nach deren Ablauf zu prüfen ist, ob die weitere Speicherung der Daten zur Aufgabenerfüllung erforderlich ist. [2]Bei Daten, die in Dateien oder in personenbezogen geführten Akten gespeichert sind, dürfen die Fristen regelmäßig

a) bei Erwachsenen zehn Jahre,
b) bei Jugendlichen fünf Jahre und
c) bei Kindern zwei Jahre

nicht überschreiten, wobei nach Art und Zweck der Speicherung sowie Art und Bedeutung des Anlasses zu unterscheiden ist. [3]Die Frist beginnt regelmäßig mit dem letzten Anlass der Speicherung, jedoch nicht vor Entlassung der betroffenen Person aus einer Justizvollzugsanstalt oder Beendigung einer mit Freiheitsentziehung verbundenen Maßregel der Besserung oder Sicherung.

(5) [1]Stellt die Ordnungsbehörde oder die Polizei fest, dass unrichtige oder nach Absatz 2 Satz 1 Nr. 1 zu löschende oder nach Absatz 3 Satz 1 zu sperrende Daten übermittelt worden sind, ist dem Empfänger die Berichtigung, Löschung oder Sperrung mitzuteilen. [2]Die Mitteilung kann unterbleiben, wenn sie einen unverhältnismäßigen Aufwand erfordern würde und keine Anhaltspunkte bestehen, dass dadurch schutzwürdige Belange der betroffenen Person beeinträchtigt werden können.

(6) [1]Löschung und Vernichtung unterbleiben, wenn

1. Grund zu der Annahme besteht, dass schutzwürdige Belange der betroffenen Person beeinträchtigt würden,
2. die Daten zur Behebung einer bestehenden Beweisnot unerlässlich sind,
3. die Nutzung der Daten, die zum frühestmöglichen Zeitpunkt zu anonymisieren sind, zu wissenschaftlichen Zwecken erforderlich ist.

[2]In diesen Fällen sind die Daten zu sperren und mit einem Sperrvermerk zu versehen. [3]Sie dürfen nur zu den in Satz 1 genannten Zwecken oder sonst mit Einwilligung der betroffenen Person genutzt werden.

(7) Anstelle der Löschung oder Vernichtung nach Absatz 2 Satz 1 Nr. 2 oder Absatz 3 Satz 2 können die Daten an ein öffentliches Archiv abgegeben werden, soweit besondere archivrechtliche Regelungen das vorsehen.

§ 49 Errichtungsanordnung

(1) [1]Für jede bei der Polizei nach diesem Gesetz geführte automatisierte Datei über personenbezogene Daten und solche nicht automatisierten Dateien über personenbezogene Daten, aus denen personenbezogene Daten an andere Stellen übermittelt werden, ist jeweils eine Errichtungsanordnung zu erlassen. [2]Ihr Inhalt bestimmt sich nach § 19 Abs. 2 Nr. 1 bis 4 sowie Nr. 6 und 7 des Berliner Datenschutzgesetzes. [3]Sie hat außerdem Prüffristen nach § 48 Abs. 2 Satz 1 Nr. 2 zu enthalten. [4]Die Errichtungsanordnung tritt an die Stelle der Dateibeschreibung nach § 19 Abs. 2 des Berliner Datenschutzgesetzes.

(2) [1]Die für Inneres zuständige Senatsverwaltung regelt das Nähere durch Verwaltungsvorschrift. [2]Sie übersendet die Errichtungsanordnung dem Berliner Beauftragten für Datenschutz und Informationsfreiheit.

(3) [1]Die Speicherung personenbezogener Daten in Dateien ist auf das erforderliche Maß zu beschränken. [2]Die Notwendigkeit der Weiterführung oder Änderung der Dateien ist in angemessenen Abständen zu überprüfen.

§ 50 Auskunftsrecht

(1) [1]Die Ordnungsbehörden und die Polizei haben der betroffenen Person auf Antrag gebührenfrei Auskunft über die zu ihrer Person gespeicherten Daten zu erteilen. [2]In dem Antrag soll die Art der Daten, über die Auskunft erteilt werden soll, näher bezeichnet werden. [3]Bei einem Antrag auf Auskunft aus Akten kann erforderlichenfalls verlangt werden, dass Angaben gemacht werden, die das Auffinden der Daten ohne einen Aufwand ermöglichen, der außer Verhältnis zu dem von der betroffenen Person geltend gemachten Informationsinteresse steht. [4]Kommt die betroffene Person dem Verlangen nicht nach, kann der Antrag abgelehnt werden.

(2) Eine Verpflichtung zur Auskunftserteilung besteht nicht, soweit eine Abwägung ergibt, dass die schutzwürdigen Belange der betroffenen Person hinter dem öffentlichen Interesse an der Geheimhaltung oder einem überwiegenden Geheimhaltungsinteresse Dritter zurücktreten müssen.

(3) Die Ablehnung der Auskunftserteilung bedarf einer Begründung insoweit nicht, als durch die Mitteilung der Gründe, auf die die Entscheidung gestützt wird, der mit der Auskunftsverweigerung verfolgte Zweck gefährdet würde.

(4) [1]Wird Auskunft nicht gewährt, ist die betroffene Person darauf hinzuweisen, dass sie sich an den Berliner Beauftragten für Datenschutz und Informationsfreiheit wenden kann; dies gilt nicht in den Fällen des Absatzes 1 Satz 4. [2]Dem Berliner Beauftragten für Datenschutz und Informationsfreiheit sind die Gründe der Auskunftsverweigerung darzulegen. [3]Die Mitteilung des Berliner Beauftragten für Datenschutz und Informationsfreiheit an die betroffene Person darf keine Rückschlüsse auf den Erkenntnisstand der speichernden Stelle zulassen, sofern sie nicht einer weitergehenden Auskunft zustimmt.

(5) Sind die personenbezogenen Daten in ein anhängiges Strafverfahren eingeführt, so ist vor Erteilung der Auskunft die Zustimmung der Staatsanwaltschaft herbeizuführen.

(6) Statt einer Auskunft über Daten in Akten können die Ordnungsbehörden und die Polizei unbeschadet des Absatzes 2 der betroffenen Person Akteneinsicht gewähren.

§ 51 Anwendung des Berliner Datenschutzgesetzes

Die Vorschriften der §§ 6a, 9 Abs. 2 und der §§ 10 bis 17 des Berliner Datenschutzgesetzes in der jeweils geltenden Fassung finden bei Erfüllung der Aufgaben nach diesem Gesetz keine Anwendung.

Dritter Abschnitt
Vollzugshilfe

§ 52 Vollzugshilfe

(1) Die Polizei leistet Behörden und sonstigen öffentlichen Stellen auf Ersuchen Vollzugshilfe, wenn unmittelbarer Zwang gegen Personen anzuwenden ist und die anderen Behörden oder Stellen nicht über die hierzu erforderlichen Dienstkräfte verfügen oder ihre Maßnahmen nicht auf andere Weise selbst durchsetzen können.

(2) Die Berliner Feuerwehr leistet nach Absatz 1 Vollzugshilfe, soweit diese im Zusammenhang mit den ihr obliegenden Aufgaben steht.

(3) ¹Die Polizei und die Berliner Feuerwehr sind nur für die Art und Weise der Durchführung verantwortlich. ²Im Übrigen gelten die Grundsätze der Amtshilfe entsprechend.

(4) Die Verpflichtung zur Amtshilfe bleibt unberührt.

§ 53 Verfahren

(1) ¹Vollzugshilfeersuchen sind schriftlich oder elektronisch zu stellen. ²Sie haben den Grund und die Rechtsgrundlage der Maßnahme anzugeben.

(2) ¹In Eilfällen kann das Ersuchen formlos gestellt werden. ²Es ist jedoch auf Verlangen unverzüglich schriftlich oder elektronisch zu bestätigen.

(3) Die ersuchende Behörde ist von der Ausführung des Ersuchens zu verständigen.

§ 54 Vollzugshilfe bei Freiheitsentziehung

(1) Hat das Vollzugshilfeersuchen eine Freiheitsentziehung zum Inhalt, so ist auch die richterliche Entscheidung über die Zulässigkeit der Freiheitsentziehung vorzulegen oder in dem Ersuchen zu bezeichnen.

(2) Ist eine vorherige richterliche Entscheidung nicht ergangen, so hat die Polizei die festgehaltene Person zu entlassen, wenn die ersuchende Behörde diese nicht übernimmt oder die richterliche Entscheidung nicht unverzüglich nachträglich beantragt.

(3) Die §§ 32 und 33 gelten entsprechend.

Vierter Abschnitt
Verordnungen zur Gefahrenabwehr

§ 55 Ermächtigung

Der Senat kann Rechtsverordnungen zur Abwehr von Gefahren für die öffentliche Sicherheit oder Ordnung (§ 1 Abs. 1) erlassen.

§ 56 Inhalt

(1) ¹Verordnungen zur Gefahrenabwehr dürfen nicht lediglich den Zweck haben, die den zuständigen Behörden obliegende Aufsicht zu erleichtern. ²Von mehreren möglichen und geeigneten allgemeinen Geboten oder Verboten sind diejenigen zu wählen, die den einzelnen oder die Allgemeinheit am wenigsten beeinträchtigen. ³Eine Verordnung zur Gefahrenabwehr darf nicht zu einem Nachteil führen, der zu dem angestrebten Erfolg erkennbar außer Verhältnis steht.

(2) ¹Verordnungen zur Gefahrenabwehr müssen in ihrem Inhalt bestimmt sein. ²Hinweise auf Anordnungen außerhalb von Verordnungen zur Gefahrenabwehr sind unzulässig, soweit diese Anordnungen Gebote oder Verbote von unbeschränkter Dauer enthalten. ³In Verordnungen zur Gefahrenabwehr, die überwachungsbedürftige oder sonstige Anlagen betreffen, an die bestimmte technische Anforderungen zu stellen sind, kann hinsichtlich der technischen Vorschriften auf Bekanntmachungen besonderer sachverständiger Stellen unter Angabe der Fundstelle verwiesen werden.

§ 57 Zuwiderhandlungen gegen Verordnungen

In Verordnungen zur Gefahrenabwehr können für den Fall einer vorsätzlichen oder fahrlässigen Zuwiderhandlung Geldbußen bis zu fünfzigtausend Euro und die Einziehung der Gegenstände, auf die sich die Ordnungswidrigkeit bezieht oder die zu ihrer Vorbereitung oder Begehung verwendet worden sind, angedroht werden, soweit die Verordnung für einen bestimmten Tatbestand auf diese Bußgeldvorschrift verweist.

§ 58 Geltungsdauer

¹Verordnungen zur Gefahrenabwehr sollen eine Beschränkung ihrer Geltungsdauer enthalten. ²Die Geltungsdauer darf nicht über zehn Jahre hinaus erstreckt werden. ³Verordnungen zur Gefahrenabwehr, die keine Beschränkung der Geltungsdauer enthalten, treten zehn Jahre nach ihrem Inkrafttreten außer Kraft. ⁴Eine Verlängerung lediglich der Geltungsdauer ist unzulässig.

Fünfter Abschnitt
Schadensausgleich, Erstattungs- und Ersatzansprüche

§ 59 Zum Schadensausgleich verpflichtende Tatbestände

(1) Erleidet jemand

1. infolge einer rechtmäßigen Inanspruchnahme nach § 16,
2. als unbeteiligter Dritter durch eine rechtmäßige Maßnahme der Ordnungsbehörde oder der Polizei,
3. bei der Erfüllung einer ihm nach § 323c des Strafgesetzbuches obliegenden Verpflichtung zur Hilfeleistung

einen Schaden, ist ihm ein angemessener Ausgleich zu gewähren.

(2) Das Gleiche gilt, wenn jemand durch eine rechtswidrige Maßnahme einen Schaden erleidet.

(3) Der Ausgleich ist auch Personen zu gewähren, die mit Zustimmung der Ordnungsbehörden oder der Polizei bei der Wahrnehmung von Aufgaben dieser Behörden freiwillig mitgewirkt oder Sachen zur Verfügung gestellt und dadurch einen Schaden erlitten haben.

(4) Weitergehende Ersatzansprüche, insbesondere aus Amtspflichtverletzung, bleiben unberührt.

§ 60 Inhalt, Art und Umfang des Schadensausgleichs

(1) [1]Der Ausgleich nach § 59 wird grundsätzlich nur für Vermögensschaden gewährt. [2]Für entgangenen Gewinn, der über den Ausfall des gewöhnlichen Verdienstes oder Nutzungsentgeltes hinausgeht, und für Nachteile, die nicht in unmittelbarem Zusammenhang mit der Maßnahme der Ordnungsbehörde oder der Polizei stehen, ist ein Ausgleich zu gewähren, wenn und soweit dies zur Abwendung unbilliger Härten geboten erscheint.

(2) Bei einer Verletzung des Körpers oder der Gesundheit oder bei einer Freiheitsentziehung ist auch der Schaden, der nicht Vermögensschaden ist, angemessen auszugleichen; dieser Anspruch ist nicht übertragbar und nicht vererblich, es sei denn, dass er rechtshängig geworden oder durch Vertrag anerkannt worden ist.

(3) [1]Der Ausgleich wird in Geld gewährt. [2]Hat die zum Ausgleich verpflichtende Maßnahme die Aufhebung oder Minderung der Erwerbsfähigkeit oder eine Vermehrung der Bedürfnisse oder den Verlust oder die Beeinträchtigung eines Rechts auf Unterhalt zur Folge, so ist der Ausgleich durch Entrichtung einer Rente zu gewähren. [3]§ 760 des Bürgerlichen Gesetzbuches ist anzuwenden. [4]Statt der Rente kann eine Abfindung in Kapital verlangt werden, wenn ein wichtiger Grund vorliegt. [5]Der Anspruch wird nicht dadurch ausgeschlossen, dass ein anderer dem Geschädigten Unterhalt zu gewähren hat.

(4) Stehen dem Geschädigten Ansprüche gegen Dritte zu, so ist, soweit diese Ansprüche nach Inhalt und Umfang dem Ausgleichsanspruch entsprechen, der Ausgleich nur gegen Abtretung dieser Ansprüche zu gewähren.

(5) [1]Bei der Bemessung des Ausgleichs sind alle Umstände zu berücksichtigen, insbesondere Art und Vorhersehbarkeit des Schadens und ob der Geschädigte oder sein Vermögen durch die Maßnahme der Ordnungsbehörde oder der Polizei geschützt worden ist. [2]Haben Umstände, die der Geschädigte zu vertreten hat, auf die Entstehung oder Ausweitung des Schadens eingewirkt, so hängt die Verpflichtung zum Ausgleich sowie der Umfang des Ausgleichs insbesondere davon ab, inwieweit der Schaden vorwiegend von dem Geschädigten oder durch die Ordnungsbehörde oder die Polizei verursacht worden ist.

§ 61 Ansprüche mittelbar Geschädigter

(1) Im Falle der Tötung sind im Rahmen des § 60 Abs. 5 die Kosten der Bestattung demjenigen auszugleichen, dem die Verpflichtung obliegt, diese Kosten zu tragen.

(2) [1]Stand der Getötete zur Zeit der Verletzung zu einem Dritten in einem Verhältnis, auf Grund dessen er diesem gegenüber kraft Gesetzes unterhaltspflichtig war oder unterhaltspflichtig werden konnte, und ist dem Dritten infolge der Tötung das Recht auf Unterhalt entzogen, so kann der Dritte im Rahmen des § 60 Abs. 5 insoweit einen angemessenen Ausgleich verlangen, als der Getötete während der mutmaßlichen Dauer seines Lebens zur Gewährung des Unterhalts verpflichtet gewesen wäre. [2]§ 60 Abs. 3 Satz 3 bis 5 ist entsprechend anzuwenden. [3]Der Ausgleich kann auch dann verlangt werden, wenn der Dritte zur Zeit der Verletzung gezeugt, aber noch nicht geboren war.

§ 62 Verjährung des Ausgleichsanspruchs

Der Anspruch auf den Ausgleich verjährt in drei Jahren von dem Zeitpunkt an, in welchem der Geschädigte, im Falle des § 61 der Anspruchsberechtigte, von dem Schaden und dem zum Ausgleich Verpflichteten Kenntnis erlangt, ohne Rücksicht auf diese Kenntnis in dreißig Jahren von dem Eintritt des schädigenden Ereignisses an.

§ 63 Ausgleichspflichtiger, Erstattungsansprüche

(1) Ausgleichspflichtig ist die Körperschaft, in deren Dienst derjenige steht, der die Maßnahme getroffen hat (Anstellungskörperschaft).

(2) Hat der Bedienstete für die Behörde einer anderen Körperschaft gehandelt, so ist die andere Körperschaft ausgleichspflichtig.

(3) Ist in den Fällen des Absatzes 2 ein Ausgleich nur wegen der Art und Weise der Durchführung der Maßnahme zu gewähren, so kann die ausgleichspflichtige Körperschaft von der Anstellungskörperschaft Erstattung ihrer Aufwendungen verlangen, es sei denn, dass sie selbst die Verantwortung für die Art und Weise der Durchführung trägt.

§ 64 Rückgriff gegen den Verantwortlichen

(1) Die nach § 63 ausgleichspflichtige Körperschaft kann von den nach den §§ 13 oder 14 Verantwortlichen Ersatz ihrer Aufwendungen verlangen, wenn sie aufgrund des § 59 Abs. 1 oder Abs. 3 einen Ausgleich gewährt hat.

(2) Sind mehrere Personen nebeneinander verantwortlich, so haften sie als Gesamtschuldner.

§ 65 Rechtsweg

Für Ansprüche auf Schadensausgleich ist der ordentliche Rechtsweg, für die Ansprüche auf Erstattung und Ersatz von Aufwendungen nach § 63 oder § 64 der Verwaltungsrechtsweg gegeben.

Sechster Abschnitt
Übergangs- und Schlussbestimmungen

§ 66 Einschränkung von Grundrechten

Durch dieses Gesetz werden die Grundrechte auf Freiheit der Person (Artikel 2 Abs. 2 Satz 2 des Grundgesetzes), des Fernmeldegeheimnisses (Artikel 10 Absatz 1 des Grundgesetzes), Freizügigkeit (Artikel 11 des Grundgesetzes) und Unverletzlichkeit der Wohnung (Artikel 13 des Grundgesetzes) eingeschränkt.

§ 67 Zuständigkeit für den Erlass des Widerspruchsbescheids; Nachprüfung straßenverkehrsbehördlicher Verwaltungsakte im Widerspruchsverfahren

(1) [1]Über den Widerspruch gegen einen der Anfechtung nach den §§ 68ff. der Verwaltungsgerichtsordnung unterliegenden Verwaltungsakt einer Sonderbehörde oder der Polizei entscheidet deren Leiter oder eine von ihm dafür bestimmte, ihm unmittelbar zugeordnete Stelle. [2]Über den Widerspruch gegen einen Verwaltungsakt der Bezirksverwaltung entscheidet das Bezirksamt oder das von ihm dafür bestimmte Mitglied, sofern dieses Mitglied nicht selbst den Verwaltungsakt erlassen hat.

(2) [1]Gegen einen Verwaltungsakt der Straßenverkehrsbehörde ist der Widerspruch nach den §§ 68 ff. der Verwaltungsgerichtsordnung auch dann zulässig, wenn der Verwaltungsakt nach Nummer 11 Absatz 3 oder Absatz 4 der Anlage zu diesem Gesetz (Zuständigkeitskatalog Ordnungsaufgaben) von der für Verkehr zuständigen Senatsverwaltung erlassen worden ist. [2]In diesem Fall entscheidet die für Verkehr zuständige Senatsverwaltung auch über den Widerspruch.

§ 68 Zuständigkeit zum Erlass von Verwaltungsvorschriften

[1]Die Verwaltungsvorschriften zur Ausführung dieses Gesetzes erlässt die für Inneres zuständige Senatsverwaltung im Einvernehmen mit den zuständigen Senatsverwaltungen, wenn die Vorschriften den Geschäftsbereich mehrerer Senatsverwaltungen betreffen. [2]Die Verwaltungsvorschriften zur Ausführung dieses Gesetzes erlässt die zuständige Senatsverwaltung im Einvernehmen mit der für Inneres zuständigen Senatsverwaltung, wenn die Vorschriften nur den Geschäftsbereich der zuständigen Senatsverwaltung betreffen.

§ 69 Übergangsregelung

Waren zum Zeitpunkt des Inkrafttretens dieses Gesetzes personenbezogene Daten in automatisierten Dateien oder waren Bewertungen in Dateien gespeichert, ist § 43 Abs. 2 nicht anzuwenden.

§ 70 Evaluation

[1]Über die nach den §§ 19a (Videoüberwachung zur Eigensicherung), 21a (Medizinische und molekulargenetische Untersuchungen), 24b (Datenerhebung in öffentlichen Verkehrseinrichtungen) sowie 25a (Standortermittlung bei Telekommunikationsendgeräten) vorgenommenen Maßnahmen ist ein Evaluationsbericht zu erstellen, der dem Abgeordnetenhaus von Berlin bis zum 31. Januar 2010 vor-

zulegen ist. [2]Der Bericht soll Aufschluss über Art und Umfang sowie den Erfolg der jeweiligen Maßnahmen geben.

§ 71 Inkrafttreten und Außerkrafttreten von Vorschriften

(1) Dieses Gesetz tritt am Tage nach der Verkündung im Gesetz- und Verordnungsblatt für Berlin in Kraft.[1)]

(2) (überholt)

(3) Soweit in anderen Rechtsvorschriften auf Vorschriften des nach Absatz 2 außer Kraft tretenden Gesetzes verwiesen wird, treten an die Stelle der aufgeführten Vorschriften die entsprechenden Vorschriften dieses Gesetzes.

Anlage

Zuständigkeitskatalog Ordnungsaufgaben (ZustKat Ord) (zu § 2 Abs. 4 Satz 1)

Erster Abschnitt Ordnungsaufgaben der Senatsverwaltungen

Nummer 1 Bau- und Wohnungswesen

Zu den Ordnungsaufgaben der für Bau- und Wohnungswesen zuständigen Senatsverwaltung gehören:

(1) die Bauaufsicht und die Feuersicherheitsaufsicht, soweit sie betreffen

a) die Zustimmung im Einzelfall zur Verwendung oder Anwendung neuer Baustoffe, Bauteile, Einrichtungen und Bauarten,

b) die Anerkennung von Prüfingenieurinnen und Prüfingenieuren für Standsicherheit und Brandschutz,

c) die Prüfung schwieriger statischer Berechnungen einschließlich der konstruktiven Bauüberwachung,

d) folgende überbezirkliche Anlagen, soweit Baugenehmigungsverfahren, vereinfachte Baugenehmigungsverfahren, Genehmigungsfreistellungen, Entscheidungen nach § 68 der Bauordnung für Berlin, Teilbaugenehmigungen, Vorbescheide oder planungsrechtliche Bescheide betroffen sind, bis zur Aufnahme der Nutzung:

  aa) Anlagen des Bundes einschließlich der Verfassungsorgane und die Anlagen der Länder mit Ausnahme der Anlagen der Berliner Bezirksverwaltungen, soweit nicht einer der Fälle des § 76 der Bauordnung für Berlin gegeben ist,

  bb) Anlagen im Zusammenhang mit Botschaften und Konsulaten,

  cc) Anlagen der Hochschulen, auf die das Berliner Hochschulgesetz Anwendung findet, mit einer Geschossfläche von mehr als 1500 m^2,

  dd) Anlagen der Stiftung Preußischer Kulturbesitz und der Stiftung Preußische Schlösser und Gärten Berlin-Brandenburg, jeweils mit einer Geschossfläche von mehr als 1500 m^2,

  ee) Anlagen der Stiftung „Deutsches Historisches Museum“, der Stiftung „Stadtmuseum Berlin – Landesmuseum für Kultur und Geschichte Berlins“, der Stiftung „Deutsches Technikmuseum Berlin“, der Stiftung „Berliner Philharmoniker“, der in der „Stiftung Oper in Berlin“ erfassten Opernhäuser und Gebäude der „Messe Berlin GmbH“, jeweils mit einer Geschossfläche von mehr als 1500 m^2,

  ff) Anlagen zur Unterbringung von Flüchtlingen, Asylbegehrenden und Obdachlosen der Berlinovo Immobilien Gesellschaft mbH, einer vom Land Berlin benannten Landesgesellschaft zur Errichtung modularer Unterkünfte für Flüchtlinge und landeseigener Wohnungsbauunternehmen,

e) die Anerkennung von Prüfsachverständigen für technische Anlagen und Einrichtungen und Prüfsachverständigen für den Erd- und Grundbau,

f) die Prüfung der Standsicherheit für bauliche Anlagen oder Bauteile, die in gleicher Ausführung an mehreren Stellen errichtet oder verwendet werden (Typenprüfung);

(2) die Aufgaben der Marktüberwachungsbehörde des Landes Berlin nach dem Marktüberwachungsverordnungs-Durchführungsgesetz für Bauprodukte.

(3) die Ordnungsaufgaben nach dem Wohnungsbindungsgesetz, soweit sie die Mietpreisbildung und Mietpreisüberwachung sowie die Sicherung des zur Zweckbestimmung des Wohnraums erforderlichen baulichen Zustandes betreffen;

(4) die Ordnungsaufgaben nach dem Wohnraumförderungsgesetz, soweit sie die Mietpreisbildung und Mietpreisüberwachung betreffen;

(5) die Ordnungsaufgaben nach § 5 des Gesetzes zur Mietenbegrenzung im Wohnungswesen in Berlin.

---

1) **Amtl. Anm.:** Die Vorschrift betrifft das Inkrafttreten des Gesetzes in der ursprünglichen Fassung des Gesetzes vom 14. April 1992 (GVBl. S. 119).

Nummer 2 Finanzen
Zu den Ordnungsaufgaben der für Finanzen zuständigen Senatsverwaltung gehören:
die Aufgaben der Vollzugsbehörde nach dem Dritten Abschnitt des Vereinsgesetzes nach Eintritt der Unanfechtbarkeit von Verboten und Einziehungsanordnungen.

Nummer 3 Gesundheitswesen
Zu den Ordnungsaufgaben der für Gesundheitswesen zuständigen Senatsverwaltung gehören:
(1) die gesundheitsaufsichtlichen Aufgaben der obersten Landesgesundheitsbehörde hinsichtlich
a) des Infektionsschutzgesetzes, der Trinkwasserverordnung sowie der Badegewässerverordnung,
b) der internationalen Gesundheitsvorschriften,
c) der europäischen Verordnungen und Richtlinien hinsichtlich des Gesundheitsschutzes der Bevölkerung in den Bereichen Luft, Wasser, Boden, Geräusche, Erschütterungen, Licht, Strahlen, Chemikalien und andere Stoffe;
(2) die Zivilschutzvorkehrungen im Gesundheitswesen;
(3) die Anerkennung von Beratungsstellen und beratenden Ärztinnen und Ärzten nach den §§ 9 und 10 des Schwangerschaftskonfliktgesetzes;
(4) die Benennung von benannten Stellen nach § 15 Absatz 1 Satz 2 des Medizinproduktegesetzes, die Anerkennung von Mindestkriterien nach § 15 Absatz 5 des Medizinproduktegesetzes und die Benennung von Konformitätsbewertungsstellen für Drittstaaten nach § 15a Absatz 2 und 3 des Medizinproduktegesetzes.

Nummer 4 Naturschutz
Zu den Ordnungsaufgaben der für Naturschutz zuständigen Senatsverwaltung gehören:
(1) die Ordnungsaufgaben der obersten Behörde für Naturschutz und Landschaftspflege einschließlich solcher, die aus dem Vollzug internationaler Übereinkommen und Rechtsvereinbarungen über den Natur- und Artenschutz resultieren, soweit nicht die Bezirksämter (Nummer 18 Absatz 11) zuständig sind, sowie die Ordnungsaufgaben der Behörden für Naturschutz und Landschaftspflege, soweit diese Ordnungsaufgaben ein Vorhaben eines Verfassungsorgans des Bundes zur Wahrnehmung seiner Aufgaben betreffen;
(2) die Ordnungsaufgaben nach den Rechtsvorschriften über das Jagdwesen, soweit nicht die Polizei Berlin (Nummer 23 Absatz 8) oder die Berliner Forsten (Nummer 27 Absatz 2 und 3) zuständig sind;
(3) die Ordnungsaufgaben nach dem Forstvermehrungsgutgesetz und den auf Grund des Forstvermehrungsgutgesetzes erlassenen Rechtsverordnungen;
(4) die Genehmigung zur Anlegung und Erweiterung sowie die Erklärung des Einvernehmens zur Widmung, Schließung und Aufhebung öffentlicher Friedhöfe nach § 3 Absatz 1 des Friedhofsgesetzes; die Beleihung mit dem hoheitlichen Bestattungsrecht nach § 3 Absatz 2 des Friedhofsgesetzes.

Nummer 5 Inneres
Zu den Ordnungsaufgaben der für Inneres zuständigen Senatsverwaltung gehören:
(1) die Aufgaben der Verbotsbehörde und der Vollzugsbehörde nach dem Vereinsgesetz, soweit nicht die für Finanzen zuständige Senatsverwaltung (Nummer 2) zuständig ist;
(2) die Ordnungsaufgaben nach dem Rettungsdienstgesetz, soweit nicht die Berliner Feuerwehr (Nummer 25 Absatz 2) oder das Landesamt für Bürger- und Ordnungsangelegenheiten (Nummer 33 Absatz 7) zuständig sind;
(3) die Erteilung von Zustimmungen zur Mitwirkung privater Hilfsorganisationen beim Katastrophenschutz nach § 12 Absatz 2 Satz 1 des Katastrophenschutzgesetzes;
(4) die Ordnungsaufgaben bei der Veranstaltung, Vermittlung und Bewerbung von öffentlichen Glücksspielen, einschließlich der Aufgaben nach dem Ausführungsgesetz zum Glücksspielstaatsvertrag und nach dem Glücksspielstaatsvertrag (Glücksspielaufsicht),
a) in Angelegenheiten, die ländereinheitliche, länderübergreifende oder gebündelte Verfahren, Veranstaltungen oder Aktivitäten zum Gegenstand haben, mit Ausnahme des Verfahrens nach § 9 Absatz 1 Satz 4 und 5 des Glücksspielstaatsvertrages und der Gewinnsparvereine,
b) für die vom Land Berlin oder unter Beteiligung des Landes Berlin veranstalteten Glücksspiele, mit Ausnahme der Genehmigung, der Beaufsichtigung und der Kontrolle von Annahmestellen;
(5) die Glücksspielaufsicht und die Ordnungsaufgaben nach dem Gesetz über die Deutsche Klassenlotterie Berlin und die Stiftung Deutsche Klassenlotterie Berlin und nach dem Spielbankengesetz einschließlich der Staatsaufsicht über die Deutsche Klassenlotterie Berlin sowie die Aufsicht nach dem Geldwäschegesetz über die Deutsche Klassenlotterie Berlin und die Spielbanken.

Nummer 6 Jugend und Familie
Zu den Ordnungsaufgaben der für Jugend und Familie zuständigen Senatsverwaltung gehören:

(1) die Inobhutnahme (§ 42 des Achten Buches Sozialgesetzbuch) von unerlaubt neu eingereisten allein stehenden minderjährigen Ausländerinnen und Ausländern mit tatsächlichem Aufenthalt in Berlin und von minderjährigen Asylsuchenden für eine Höchstdauer von bis zu drei Monaten;
(2) die Inobhutnahme von neu eingereisten alleinstehenden minderjährigen Ausländerinnen und Ausländern nach § 23 Absatz 2 oder § 24 des Aufenthaltsgesetzes bis zu drei Monaten;
(3) die Inobhutnahme von Kindern und Jugendlichen, die keinen gewöhnlichen Aufenthalt in Berlin haben, sowie von Kindern und Jugendlichen mit gewöhnlichem Aufenthalt in Berlin außerhalb der Geschäftszeiten der bezirklichen Jugendämter;
(4) die Sicherung des Betriebs von Unterkünften für die in den Absätzen 1 bis 3 genannten Personenkreise;
(5) die Erteilung, der Widerruf und die Rücknahme der Erlaubnis für den Betrieb einer Einrichtung sowie die Erteilung nachträglicher Auflagen und die damit verbundenen Aufgaben (§§ 45 bis 47, 48a des Achten Buches Sozialgesetzbuch);
(6) die Tätigkeitsuntersagung (§§ 48, 48a des Achten Buches Sozialgesetzbuch);
(7) die Erteilung, der Widerruf und die Rücknahme der Erlaubnis zur Übernahme von Vereinsvormundschaften (§ 54 des Achten Buches Sozialgesetzbuch);
(8) die Warnung vor Gefahren durch konfliktträchtige Angebote auf dem Lebenshilfemarkt.

Nummer 7 Kulturelle Angelegenheiten

Zu den Ordnungsaufgaben der für Kulturelle Angelegenheiten zuständigen Senatsverwaltung gehören:
(1) die Untersagung der unberechtigten Führung von Ehrentiteln für Künstlerinnen und Künstler;
(2) der Kulturgutschutz im Rahmen des Zivilschutzes;
(3) die Ordnungsaufgaben nach § 6 Absatz 5 Satz 3 des Denkmalschutzgesetzes Berlin.

Nummer 8 Schulwesen

Zu den Ordnungsaufgaben der für Schulwesen zuständigen Senatsverwaltung gehören:
(1) die Maßnahmen zur Sicherung des Schulbesuchs und zur Verhütung und Beseitigung von außen kommender Störungen des Schulbetriebs an zentral verwalteten Schulen;
(2) die Ordnungsaufgaben in Bezug auf Schulen in freier Trägerschaft (§ 102 Absatz 4, § 104 Absatz 4 und § 126 Absatz 1 Nummer 2 bis 4 des Schulgesetzes).

Nummer 9 Berufsbildung

Zu den Ordnungsaufgaben der für Berufsbildung zuständigen Senatsverwaltung gehören:
die Wahrnehmung der Aufgaben nach § 27 Absatz 2 des Jugendarbeitsschutzgesetzes, § 33 Absatz 1 und 2 des Berufsbildungsgesetzes und § 24 Absatz 1 und 2 der Handwerksordnung.

Nummer 10 Umweltschutz

Zu den Ordnungsaufgaben der für Umweltschutz zuständigen Senatsverwaltung gehören:
(1) die Ordnungsaufgaben auf dem Gebiet der Reinhaltung der Luft unbeschadet der Zuständigkeit der für Gesundheitswesen zuständigen Senatsverwaltung (Nummer 3 Absatz 1), der Bezirksämter (Nummer 16 Absatz 1 Buchstabe a und Nummer 18 Absatz 1) und des Landesamtes für Arbeitsschutz, Gesundheitsschutz und technische Sicherheit Berlin (Nummer 24 Absatz 3);
(2) die Lärmbekämpfung, soweit nicht die Bezirksämter (Nummer 16 Absatz 1 Buchstabe a und Nummer 18 Absatz 1 und 2) zuständig sind oder Rechtsvorschriften die Zuständigkeit anderer Verwaltungen begründen;
(3) die Ordnungsaufgaben nach dem Bundes-Immissionsschutzgesetz und dem Landes-Immissionsschutzgesetz Berlin, soweit nicht die Bezirksämter (Nummer 15 Absatz 1 Buchstabe c und Nummer 18 Absatz 1 und 2) oder das Landesamt für Arbeitsschutz, Gesundheitsschutz und technische Sicherheit Berlin (Nummer 24 Absatz 3) zuständig sind; dazu gehören insbesondere die Bekanntgabe nach § 29b des Bundes-Immissionsschutzgesetzes von Stellen im Sinne von § 26 des Bundes-Immissionsschutzgesetzes und Sachverständigen im Sinne des § 29a des Bundes-Immissionsschutzgesetzes sowie von Messgeräteprüfstellen nach § 13 Absatz 3 der Ersten Verordnung zur Durchführung des Bundes-Immissionsschutzgesetzes (1. BImSchV);
(4) die Ordnungsaufgaben nach dem Kreislaufwirtschaftsgesetz und den dazu erlassenen Rechtsverordnungen, nach der europäischen Abfallverbringungsverordnung, nach dem Abfallverbringungsgesetz, nach dem Verpackungsgesetz und nach dem Kreislaufwirtschafts- und Abfallgesetz Berlin und den dazu erlassenen Verordnungen, soweit nicht die Bezirksämter (Nummer 18 Absatz 3 bis 5) zuständig sind, und nach § 3 Absatz 4, den §§ 5 bis 16 und nach § 18 des Batteriegesetzes einschließlich der dazu erforderlichen Verfolgung von Ordnungswidrigkeiten nach § 22 des Batteriegesetzes und der entsprechenden Anordnungen und Überwachungen nach den §§ 62 und 47 des Kreislaufwirtschaftsgesetzes;
(5) die Ordnungsaufgaben nach dem Bundes-Bodenschutzgesetz und dem Berliner Bodenschutzgesetz in der jeweils geltenden Fassung sowie den darauf gestützten Rechtsverordnungen auf Grundstücken in

Trinkwasserschutzgebieten, nachdem[1] auf Grund einer gemäß § 9 Absatz 2 des Bundes-Bodenschutzgesetzes durchgeführten Gefährdungsabschätzung eine Gefahr für das Grundwasser festgestellt wurde, sowie außerhalb von Trinkwasserschutzgebieten nach Nachweis einer Grundwassergefährdung in einem angrenzenden Trinkwasserschutzgebiet sowie bei landeseigenen Altablagerungen mit überwiegend Hausmüll, die Ordnungsaufgaben bei Grundwasserschäden, wenn kein Schadstoffeintrag über den Pfad Boden nachweisbar ist, sowie auf Grundstücken, bei denen ein Freistellungsverfahren nach dem Umweltrahmengesetz anhängig ist, und die Freistellungsverfahren nach dem Umweltrahmengesetz;

(6) die sonstigen Ordnungsaufgaben zur Ermittlung und Abwehr von schädlichen Umwelteinwirkungen, soweit nicht die für Gesundheitswesen zuständige Senatsverwaltung (Nummer 3 Absatz 1) oder die Bezirksämter (Nummer 18 Absatz 1 bis 7) zuständig sind oder Rechtsvorschriften die Zuständigkeit anderer Verwaltungen begründen;

(7) die Ordnungsaufgaben nach dem Wasserhaushaltsgesetz, dem Abwasserabgabengesetz, dem Berliner Wassergesetz und sonstigen wasserrechtlichen Vorschriften (Gewässeraufsicht einschließlich Eisaufsicht), soweit nicht die für Verkehr zuständige Senatsverwaltung (Nummer 11 Buchstabe k) oder die Bezirksämter (Nummer 18 Absatz 7 bis 10 und 14) zuständig sind, die Ordnungsaufgaben nach dem Wasserverbandsgesetz und dem Wassersicherstellungsgesetz;

(8) die von den Ländern wahrzunehmenden Ordnungsaufgaben bei der Genehmigung von und der Aufsicht über Anlagen im Sinne von § 7 Absatz 1 des Atomgesetzes und im Zusammenhang mit Kernbrennstoffen im Sinne von § 2 Absatz 1 des Atomgesetzes, der Strahlenschutz im Zusammenhang mit ionisierender Strahlung, soweit es sich um die Anerkennung von Sachverständigen und die Bestimmung von Messstellen und sonstigen Stellen nach der Strahlenschutz- und der Röntgenverordnung handelt und sonstige Ordnungsaufgaben, die der obersten Landesbehörde im Strahlenschutz durch Bundesgesetz zugewiesen werden, sowie die Ordnungsaufgaben im Bereich der Umweltradioaktivitätsbestimmung nach § 3 des Strahlenschutzvorsorgegesetzes;

(9) die Ordnungsaufgaben nach dem Gentechnikgesetz und den auf Grund des Gentechnikgesetzes erlassenen Rechtsverordnungen, soweit nicht das Pflanzenschutzamt (Nummer 29 Absatz 2) zuständig ist,

a) bei gentechnischen Anlagen und gentechnischen Arbeiten, soweit ein gemeinsamer Anlagenteil mit einer nach dem Bundes-Immissionsschutzgesetz genehmigungsbedürftigen Anlage vorliegt,
b) beim Inverkehrbringen und bei den Freisetzungen gentechnisch veränderter Organismen, die in den unter Buchstabe a genannten Anlagen erzeugt wurden;

(10) die Einteilung, Auflösung sowie Ausschreibung der Schornsteinfeger-Kehrbezirke, die Auswahl, die Bestellung und die Aufhebung der Bestellung zur bevollmächtigten Bezirksschornsteinfegerin oder zum bevollmächtigten Bezirksschornsteinfeger für einen Kehrbezirk sowie die hiermit zusammenhängenden Ordnungsaufgaben und die Durchführung von Bußgeldverfahren nach § 24 Absatz 1 Nummer 6 des Schornsteinfeger-Handwerksgesetzes.

Nummer 11 Verkehr

Zu den Ordnungsaufgaben der für Verkehr zuständigen Senatsverwaltung gehören:

(1) die Ordnungsaufgaben der obersten und höheren Landesbehörde, der Anerkennungsbehörde, der Genehmigungsbehörde, der Anordnungsbehörde, der fachlichen und technischen Aufsichtsbehörde, der Anhörungsbehörde, der Planfeststellungsbehörde und der Tilgungsbehörde

a) nach dem Berliner Straßengesetz und dem Bundesfernstraßengesetz, soweit die Aufgaben der Planfeststellungsbehörde oder der Straßenaufsicht betroffen sind, die Straßenaufsicht nach dem Berliner Straßengesetz jedoch nur für Bauten und Anlagen der Hauptverwaltung,
b) nach dem Kraftfahrsachverständigengesetz,
c) nach dem Fahrlehrergesetz,
d) nach dem Personenbeförderungsgesetz sowie nach europäischen und internationalen Vorschriften über die Beförderung von Personen mit Straßenbahnen, Oberleitungsbussen und Kraftfahrzeugen,
e) nach dem Güterkraftverkehrsgesetz,
f) nach dem Gesetz über die Beförderung gefährlicher Güter sowie dem Gesetz zu dem Europäischen Übereinkommen über die internationale Beförderung gefährlicher Güter auf der Straße,
g) nach dem Übereinkommen über internationale Beförderungen leicht verderblicher Lebensmittel und über die besonderen Beförderungsmittel, die für diese Beförderungen zu verwenden sind,
h) nach dem Gesetz zu dem Übereinkommen über sichere Container,
i) nach dem Allgemeinen Eisenbahngesetz, nach dem Gesetz über Kleinbahnen und Privatanschlussbahnen, nach dem Eisenbahnkreuzungsgesetz sowie bei sonstigen Ordnungsaufgaben in Angelegenheiten des Eisenbahnverkehrs,
j) nach dem Luftverkehrsgesetz und dem Luftsicherheitsgesetz,
k) nach § 28 des Berliner Wassergesetzes in Schifffahrts- und Hafenangelegenheiten,

1) Wortlaut gem. G v. 8.4.2004 (GVBl. S. 175); im Text der Neubekanntmachung: „nach dem“.

l) nach dem Verkehrssicherstellungsgesetz,
m) nach dem Bundesleistungsgesetz,
n) nach dem Berufskraftfahrer-Qualifikations-Gesetz,
o) nach dem Landesseilbahngesetz,

soweit nicht die Polizei Berlin (Nummer 23 Absatz 5), das Landesamt für Gesundheit und Soziales Berlin (Nummer 32), das Landesamt für Bürger- und Ordnungsangelegenheiten (Nummer 33 Absatz 8 bis 10) oder die Gemeinsame Obere Luftfahrtbehörde Berlin-Brandenburg (Nummer 35) zuständig sind;

(2) die Aufgaben der obersten Landesbehörde und höheren Verwaltungsbehörde nach dem Straßenverkehrsgesetz sowie der Straßenverkehrsbehörde nach dem Bundes-Immissionsschutzgesetz;

(3) die Aufgaben der Straßenverkehrsbehörde im übergeordneten Straßennetz, soweit nicht die Bezirksämter (Nummer 22b Absatz 4 bis 7) zuständig sind;

(4) die Aufgaben der Straßenverkehrsbehörde im untergeordneten Straßennetz bei Maßnahmen mit Auswirkungen auf das übergeordnete Netz sowie bei

a) verkehrlichen Maßnahmen nach § 45 der Straßenverkehrs-Ordnung im Zusammenhang mit obersten Bundesbehörden, parlamentarischen Einrichtungen, diplomatischen und konsularischen Vertretungen und besonders gefährdeten Objekten,
b) Maßnahmen zur Beschleunigung des ÖPNV und des Wirtschaftsverkehrs sowie bei Maßnahmen im Zusammenhang mit Straßenbahnen und der Linienführung des ÖPNV einschließlich der dafür erforderlichen Anordnungen,
c) Maßnahmen für überörtliche Radwegeführungen,
d) Maßnahmen im Zusammenhang mit der Wegweisung und Wegeleitsystemen mit Ausnahme der Anordnung von Straßennamensschildern,
e) Maßnahmen zur Erforschung des Unfallgeschehens, des Verkehrsverhaltens, der Verkehrsabläufe sowie zur Erprobung geplanter verkehrssichernder oder verkehrsregelnder Maßnahmen,
f) Verkehrsbeeinflussungsanlagen einschließlich der Parkleitsysteme,
g) der Anordnung von Lichtzeichenanlagen sowie von lichtsignaltechnischen Maßnahmen einschließlich der flankierenden Maßnahmen,
h) der Erteilung von Anordnungen, Erlaubnissen und Ausnahmegenehmigungen im Zusammenhang mit Filmdreharbeiten;

(5) die Bestimmung des Fahrweges für den Militärverkehr und nach § 35a Absatz 3 der Gefahrgutverordnung Straße, Eisenbahn und Binnenschifffahrt;

(6) Verkehrsbeschränkungen und -verbote nach dem Energiesicherungs- und dem Bundesleistungsgesetz;

(7) die Aufgaben zur Steuerung und Lenkung des Straßenverkehrs, insbesondere durch Lichtzeichen und Verkehrsbeeinflussungsanlagen (Verkehrsregelungszentrale);

(8) die Aufgaben der Landesmeldestelle für Verkehrswarndienst;

(9) die Ermittlung und Bergung nicht-chemischer Kampfmittel sowie die Ermittlung und Beseitigung ehemaliger Kampf- und Schutzanlagen.

Nummer 12 Wirtschaft

Zu den Ordnungsaufgaben der für Wirtschaft zuständigen Senatsverwaltung gehören:

(1) die Zulassung von Totalisatorunternehmen, Buchmacherinnen und Buchmachern sowie Buchmachergehilfinnen und Buchmachergehilfen für Pferderennen einschließlich der Aufsicht nach dem Geldwäschegesetz;

(2) die Vereidigung und öffentliche Bestellung von Versteigerinnen und Versteigerern;

(3) die Ordnungsaufgaben zur Durchführung des personellen Geheim- und Sabotageschutzes nach dem Berliner Sicherheitsüberprüfungsgesetz bei nicht-öffentlichen Stellen;

(4) die allgemeine Verlängerung, Verkürzung oder Aufhebung der Sperrzeit für öffentliche Vergnügungsstätten und Schank- und Speisewirtschaften;

(5) die Ordnungsaufgaben der Kartellbehörde, soweit sie der obersten Landesbehörde zugewiesen sind;

(6) die Verfolgung und Ahndung von Ordnungswidrigkeiten nach dem Gesetz zur Regelung der Wohnungsvermittlung;

(7) die Ordnungsaufgaben auf den Gebieten der Preisbildung und der Preisüberwachung, soweit sie nicht der für Bau- und Wohnungswesen zuständigen Senatsverwaltung (Nummer 1 Absatz 3 und 4) zugewiesen sind;

(8) die Ordnungsaufgaben nach dem Energiewirtschaftsgesetz;

(9) die Ordnungsaufgaben der obersten Bergbehörde;

(10) die Durchführung des Geldwäschegesetzes, soweit Finanzunternehmen im Sinne des § 2 Absatz 1 Nummer 6 des Geldwäschegesetzes, Dienstleister für Gesellschaften im Sinne des § 2 Absatz 1 Nummer 13 des Geldwäschegesetzes oder Versicherungsvermittler, Immobilienmakler und Güterhändler im Sinne des § 2 Absatz 1 Nummer 8, 14 und 16 des Geldwäschegesetzes betroffen sind;

(11) die Ordnungsaufgaben der obersten Landesbehörde gemäß § 7 Absatz 2 des Energieverbrauchsrelevante-Produkte-Gesetzes;

(12) die Ordnungsaufgaben der obersten Landesbehörde nach dem Energieverbrauchskennzeichnungsgesetz.

Nummer 13 Wissenschaft

Zu den Ordnungsaufgaben der für Wissenschaft zuständigen Senatsverwaltung gehören :

(1) die Untersagung der unberechtigten Führung von in- und ausländischen Hochschulgraden, Hochschultitel- und Hochschultätigkeitsbezeichnungen, Professorentiteln sowie von entsprechenden ehrenhalber verliehenen Bezeichnungen;

(2) die Ordnungsaufgaben nach § 125 des Berliner Hochschulgesetzes.

Nummer 14 Arbeit

Zu den Ordnungsaufgaben der für Arbeit zuständigen Senatsverwaltung gehören:

(1) der Schutz der in Heimarbeit Beschäftigten, soweit die Zuständigkeit der obersten Landesbehörden gegeben ist;

(2) die Aufgaben der obersten Landesbehörde hinsichtlich des europäischen und nationalen Rechts im Arbeitsschutz und der technischen Sicherheit. Dazu gehören

a) die Zulassung von Ausnahmen nach § 6 Absatz 1 des Berliner Ladenöffnungsgesetzes,
b) die Zulassung von Ausnahmen durch Rechtsverordnung nach § 13 Absatz 2 des Arbeitszeitgesetzes,
c) die Genehmigung von Unfallverhütungsvorschriften nach § 15 Absatz 4 Satz 3 des Siebten Buches Sozialgesetzbuch,
d) die Zulassung von Bauarten nach § 17 Absatz 4 und 5 des Sprengstoffgesetzes.

Nummer 14a Verbraucherschutz

Zu den Ordnungsaufgaben der für Verbraucherschutz zuständigen Senatsverwaltung gehören:

(1) die Aufgaben der obersten Landesbehörde hinsichtlich des europäischen und nationalen Rechts in den Bereichen

a) Lebensmittel, kosmetische Mittel und sonstige Bedarfsgegenstände sowie Tabakerzeugnisse,
b) Futtermittel,
c) Tierseuchen,
d) Tierschutz und
e) Beseitigung tierischer Nebenprodukte;

(2) die Ordnungsaufgaben der obersten Landesbehörde zur Durchführung des europäischen Milchrechts, des Milch- und Margarinegesetzes;

(3) die Ordnungsaufgaben der obersten Landesbehörde zur Durchführung des Fleischgesetzes;

(4) die Beauftragung von Stellen nach dem Tierseuchenrecht.

Zweiter Abschnitt Ordnungsaufgaben der Bezirksämter

Nummer 15 Bau- und Wohnungswesen

Zu den Ordnungsaufgaben der Bezirksämter gehören auf dem Gebiet des Bau- und Wohnungswesens:

(1) die Bauaufsicht und die Feuersicherheitsaufsicht, soweit nicht die für Bau- und Wohnungswesen zuständige Senatsverwaltung (Nummer 1 Absatz 1) oder die für Umweltschutz zuständige Senatsverwaltung (Nummer 10 Absatz 10) zuständig ist, einschließlich

a) der Bauaufsicht hinsichtlich der Wasserversorgung und Entwässerung von Grundstücken,
b) der Bauaufsicht bei elektrischen und Aufzugsanlagen,
c) der Ordnungsaufgaben für nicht genehmigungsbedürftige Feuerungsanlagen im Sinne der §§ 22ff. des Bundes-Immissionsschutzgesetzes, sofern sie nicht Teile von überwachungsbedürftigen Anlagen im Sinne des § 2 Nummer 30 des Produktsicherheitsgesetzes sind,
d) der Brandsicherheitsschau und der Betriebsüberwachung,
e) der Genehmigung von ortsfesten Behältern für brennbare oder sonstige schädliche Flüssigkeiten, soweit nicht das Landesamt für Bergbau, Geologie und Rohstoffe Brandenburg (Nummer 30 Absatz 2) zuständig ist,
f) der Schutzmaßnahmen bei Ausführung der nach der Bauordnung genehmigungspflichtigen Bauten in bautechnischer Hinsicht,
g) des Schutzes gegen Verunstaltung,
h) der Ordnungsaufgaben nach dem Schornsteinfeger-Handwerksgesetz, insbesondere der Aufsicht über die für einen Bezirk bestellte Schornsteinfegerin oder den für einen Bezirk bestellten Schornsteinfeger einschließlich des Erlasses der Widerspruchsbescheide bezüglich der Feuerstättenbescheide,

i) der Zulassung von Ausnahmen von Bauverboten nach dem Gesetz zum Schutz gegen Fluglärm,
j) der Ordnungsaufgaben auf Grund des Energieeinsparungsgesetzes sowie der hierzu erlassenen Rechtsverordnungen, soweit nicht Rechtsvorschriften eine andere Zuständigkeit begründen,
k) der Ausstellung von Bescheinigungen nach dem Wohnungseigentumsgesetz,
l) der Ordnungsaufgaben auf Grund des Erneuerbare-Energien-Wärmegesetzes sowie der hierzu erlassenen Rechtsverordnungen;

(2) die Ordnungsaufgaben nach dem Berliner Straßengesetz, soweit keine Zuständigkeit der Hauptverwaltung besteht;

(3) die Wohnungsaufsicht einschließlich der Aufsicht über Gemeinschaftsunterkünfte, die Arbeitgeberinnen und Arbeitgeber den bei ihnen beschäftigten Arbeitnehmerinnen und Arbeitnehmern selbst oder auf Grund eines Rechtsverhältnisses mit Dritten durch diese zum Gebrauch überlassen;

(4) die Ordnungsaufgaben nach dem Gesetz über das Vermessungswesen in Berlin, soweit keine Zuständigkeit der Hauptverwaltung besteht, und der Verordnung über die Grundstücksnummerierung;

(5) die Verwaltung und Unterhaltung öffentlicher Schutzbauten;

(6) die Ordnungsaufgaben nach dem Wohnungsbindungsgesetz, dem Wohnraumförderungsgesetz sowie dem Zweckentfremdungsverbot-Gesetz, soweit nicht die für das Bau- und Wohnungswesen zuständige Senatsverwaltung (Nummer 1 Absatz 3 und 4) zuständig ist;

(7) die Ordnungsaufgaben nach dem Gesetz zur Mietenbegrenzung im Wohnungswesen in Berlin, soweit nicht die Investitionsbank Berlin oder die für das Wohnungswesen zuständige Senatsverwaltung zuständig sind.

Nummer 16 Gesundheitswesen

Zu den Ordnungsaufgaben der Bezirksämter gehören auf dem Gebiet des Gesundheitswesens:

(1)
a) die gesundheitsaufsichtlichen Aufgaben zur Durchführung des Gesundheitsschutzes nach dem Infektionsschutzgesetz, der Trinkwasserverordnung, den internationalen Gesundheitsvorschriften, den europäischen Verordnungen und Richtlinien in den Bereichen Luft, Wasser, Boden, Geräusche, Erschütterungen, Licht, Strahlen, Chemikalien und andere Stoffe, soweit nicht der für das Gesundheitswesen zuständigen Senatsverwaltung (Nummer 3 Absatz 1) oder dem Landesamt für Gesundheit und Soziales Berlin (Nummer 32 Absatz 14) zugewiesen,
b) die Einleitung von Maßnahmen zur Unterbringung von psychisch erkrankten Personen sowie die Aufsicht über die Durchführung der Unterbringung zur Gefahrenabwehr gemäß § 20 des Gesetzes über Hilfen und Schutzmaßnahmen bei psychischen Krankheiten;

(2) die Überwachung des Einzelhandels mit frei verkäuflichen Arzneimitteln außerhalb der Apotheken und außerhalb der tierärztlichen Hausapotheken;

(3) die Durchführung der Schädlingsbekämpfung und die Überwachung der Anwendung von Schädlingsbekämpfungsmitteln;

(4) die Besichtigung von Krankenhäusern, die Anordnung zur Beseitigung von Mängeln in diesen Einrichtungen, soweit nicht Betriebs- oder Teilbetriebseinstellungen, bauliche Veränderungen, Nutzungsänderungen von Räumen oder Bettensperren erforderlich werden;

(5) die Ordnungsaufgaben in Angelegenheiten des Leichen- und Bestattungswesens;

(6) die Ordnungsaufgaben bei Überlastung der Einrichtungen des Gesundheitswesens durch Schadensereignisse;

(7) der Erlass von Badeverboten in stehenden Gewässern aus hygienischen Gründen.

Nummer 16a Verbraucherschutz

Zu den Ordnungsaufgaben der Bezirksämter gehören auf dem Gebiet des Verbraucherschutzes:

(1)
a) die Aufsicht über den Verkehr mit Lebensmitteln, Tabakerzeugnissen, kosmetischen Mitteln und sonstigen Bedarfsgegenständen sowie Futtermitteln einschließlich der Entnahme von Proben und die Durchführung des Nationalen Kontrollprogramms gemäß Artikel 22 der Richtlinie 95/53/EG,
b) die Überwachung der Einhaltung der vorgeschriebenen allgemeinen und spezifischen lebensmittelhygienerechtlichen Anforderungen sowie der futtermittelrechtlichen Anforderungen in den Betrieben,
c) die gesundheits- und veterinäraufsichtlichen Aufgaben der Ortspolizeibehörde zur Durchführung des Milch- und Margarinegesetzes,
d) die Registrierung von Betrieben nach dem EU-Lebensmittelrecht sowie die Anerkennung, Registrierung und Zulassung von Betrieben nach dem Futtermittelrecht;

(2) die Aufgaben der Veterinär-Grenzkontrollstelle;

(3) die Überwachung der Einhaltung der Handelsklassenverordnungen;

(4) die Veterinäraufsicht, soweit nicht dem Landesamt für Gesundheit und Soziales Berlin (Nummer 32 Absatz 8 Buchstabe e) zugewiesen, die Überwachung der Beseitigung tierischer Nebenprodukte und der

Tierschutz, soweit nicht dem Landesamt für Gesundheit und Soziales Berlin (Nummer 32 Absatz 9) zugewiesen;
(5) die Erlaubnis zum Arbeiten und zum Verkehr mit Krankheitserregern sowie Tierseuchenerregern, die Untersagung des Arbeitens mit Krankheitserregern sowie Tierseuchenerregern und ihrer Aufbewahrung;
(6) der Hunde- und Katzenfang;
(7) die Durchführung und Überwachung der Einhaltung des Gesetzes über das Halten und Führen von Hunden in Berlin.

Nummer 17 Jugend und Familie
Zu den Ordnungsaufgaben der Bezirksämter gehören auf dem Gebiet von Jugend und Familie:
(1) die Durchführung des Jugendschutzgesetzes;
(2) *[aufgehoben]*
(3) die Inobhutnahme von Kindern und Jugendlichen (§ 42 des Achten Buches Sozialgesetzbuch), sofern nicht die für Jugend und Familie zuständige Senatsverwaltung (Nummer 6) zuständig ist;
(4) die Erteilung, der Widerruf und die Rücknahme der Erlaubnis zur Kindertagespflege (§ 43 des Achten Buches Sozialgesetzbuch);
(5) die Erteilung, der Widerruf und die Rücknahme der Pflegeerlaubnis (§ 44 des Achten Buches Sozialgesetzbuch).

Nummer 18 Umweltschutz
Zu den Ordnungsaufgaben der Bezirksämter gehören auf dem Gebiet des Umweltschutzes:
(1)
a) die Ordnungsaufgaben nach dem Bundes-Immissionsschutzgesetz und nach dem Landes-Immissionsschutzgesetz Berlin für nicht genehmigungsbedürftige Anlagen mit Ausnahme von Anlagen in dem Zeitraum, in dem sie für Veranstaltungen im Freien von gesamtstädtischer Bedeutung benutzt werden, von Anlagen in Betriebsbereichen, die aus genehmigungsbedürftigen und nicht genehmigungsbedürftigen Anlagen bestehen, und von Baustellen und Baumaschinen im Sinne der Allgemeinen Verwaltungsvorschrift zum Schutz gegen Baulärm – Geräuschimmissionen – vom 19. August 1970 sowie mit Ausnahme der durch das Landesamt für Arbeitsschutz, Gesundheitschutz und technische Sicherheit Berlin (Nummer 24 Absatz 3 Buchstabe a) oder durch das Landesamt für Bergbau, Geologie und Rohstoffe Brandenburg (Nummer 30 Absatz 2) zu überwachenden Anlagen,
b) die fachliche Begleitung bei der Erstellung und die Prüfung von Ausgangszustandsberichten im Sinne des § 10 Absatz 1a des Bundes-Immissionsschutzgesetzes in Genehmigungs- und Änderungsgenehmigungsverfahren,
c) die Ordnungsaufgaben nach dem Gefahrenbeherrschungsgesetz;

(2) die Bekämpfung verhaltensbedingten Lärms, soweit der Lärm nicht von Veranstaltungen im Freien von gesamtstädtischer Bedeutung ausgeht oder auf Baustellen oder im Zusammenhang mit der Verwendung von Baumaschinen im Sinne der Allgemeinen Verwaltungsvorschrift zum Schutz gegen Baulärm – Geräuschimmissionen – vom 19. August 1970 erzeugt wird;
(3) die Ordnungsaufgaben nach § 28 Absatz 1 des Kreislaufwirtschaftsgesetzes, mit Ausnahme von Maßnahmen gegen Betreiberinnen und Betreiber von Anlagen, die nach dem Bundes-Immissionsschutzgesetz oder dem Kreislaufwirtschaftsgesetz einer Genehmigung oder Planfeststellung bedürfen, die Überwachung der Getrennthaltung von gewerblichen Siedlungsabfällen gemäß §§ 3, 4 und 7 der Gewerbeabfallverordnung, mit Ausnahme von Maßnahmen gegen Betreiberinnen und Betreiber von Anlagen, die nach dem Bundes-Immissionsschutzgesetz oder dem Kreislaufwirtschaftsgesetz einer Genehmigung oder Planfeststellung bedürfen, die Überwachung der Pfanderhebungspflicht für Einweggetränkeverpackungen gemäß § 31 des Verpackungsgesetzes und die Überwachung der Hinweispflichten nach § 32 des Verpackungsgesetzes;
(4) die ordnungsgemäße Straßenreinigung, die Beseitigung und Verwertung von Fahrzeugen ohne gültige amtliche Kennzeichen, gültige Versicherungskennzeichen oder gültige Versicherungsplaketten nach § 14 des Berliner Straßengesetzes sowie die Entsorgung von Altfahrzeugen nach den §§ 3 und 20 Absatz 3 des Kreislaufwirtschaftsgesetzes;
(5) die Beseitigung unzulässig gelagerter oder abgelagerter Abfälle auf öffentlichen Straßen und Privatstraßen sowie auf öffentlichen Grünflächen;
(6) die sonstigen Ordnungsaufgaben zur Ermittlung und Abwehr von schädlichen Umwelteinwirkungen im Rahmen von Erstermittlungen zur Feststellung des Verursachers bei unbekannten Quellen, soweit nicht Rechtsvorschriften die Zuständigkeiten anderer Verwaltungen begründen;
(7) die Ordnungsaufgaben nach dem Bundes-Bodenschutzgesetz und dem Berliner Bodenschutzgesetz in den jeweils geltenden Fassungen sowie den auf Grund dieser Gesetze ergangenen Rechtsverordnungen, sofern nicht die für Umweltschutz zuständige Senatsverwaltung (Nummer 10 Absatz 5) zuständig ist, sowie die Ordnungsaufgaben nach dem Wasserhaushaltsgesetz und den auf Grund dieses Ge-

setzes ergangenen Rechtsvorschriften bei Boden- und Grundwasserverunreinigungen von örtlicher Bedeutung, die Entgegennahme von Meldungen nach dem Berliner Bodenschutzgesetz;
(8) die Ordnungsaufgaben nach der Verordnung über Anlagen zum Umgang mit wassergefährdenden Stoffen und über Fachbetriebe, sofern nicht die für Umweltschutz zuständige Senatsverwaltung (Nummer 10 Absatz 7) oder das Landesamt für Bergbau, Geologie und Rohstoffe Brandenburg (Nummer 30 Absatz 2) zuständig sind;
(9) die Ordnungsaufgaben hinsichtlich der Genehmigung und Überwachung des Einleitens von Abwässern in öffentliche Abwasseranlagen sowie von Abwasserbehandlungsanlagen zum Einleiten von Abwasser in öffentliche Abwasseranlagen;
(10) Sportbootsstege an Gewässern;
(11) die Ordnungsaufgaben der unteren Behörde für Naturschutz und Landschaftspflege, soweit nicht die für Naturschutz zuständige Senatsverwaltung (Nummer 4 Absatz 1) zuständig ist, sowie Kontroll- und Überwachungsaufgaben, die aus dem Vollzug internationaler Übereinkommen und Rechtsvereinbarungen über den Natur- und Artenschutz resultieren;
(12) die Ordnungsaufgaben nach dem Grünanlagengesetz;
(13) die Genehmigung von Erdbestattungen und von Urnenbeisetzungen außerhalb öffentlicher Friedhöfe;
(14) die Gewässeraufsicht und die Eisaufsicht (jeweils Ordnungsaufgaben und technische Aufsicht) für die stehenden Gewässer zweiter Ordnung, soweit nicht die für Verkehr zuständige Senatsverwaltung (Nummer 11 Buchstabe k) zuständig ist.

Nummer 19 Sozialwesen
Zu den Ordnungsaufgaben der Bezirksämter gehören auf dem Gebiet des Sozialwesens:
(1) die Ordnungsaufgaben bei Obdachlosigkeit, soweit nicht das Landesamt für Gesundheit und Soziales Berlin (Nummer 32 Absatz 1) oder die für Jugend und Familie zuständige Senatsverwaltung (Nummer 6) zuständig ist;
(2) die Ordnungsaufgaben, die durch Wegfall des notwendigen Lebensunterhalts infolge von Schadensereignissen entstehen;
(3)
a) der Schutz der Sonn- und Feiertage und die Erteilung von Ausnahmen von den zum Schutz der Sonn- und Feiertage erlassenen Verboten nach der Feiertagsschutzverordnung,
b) die Bewilligung von Ausnahmen vom Verbot der Beschäftigung an Sonn- und Feiertagen nach § 13 Absatz 3 Nummer 2 des Arbeitszeitgesetzes,
c) die Überwachung der Einhaltung des Berliner Ladenöffnungsgesetzes, soweit nicht das Landesamt für Arbeitsschutz, Gesundheitsschutz und technische Sicherheit Berlin (Nummer 24 Absatz 1 Buchstabe b) zuständig ist,
d) die Überwachung der Einhaltung des Verbots der Beschäftigung von Personen unter 18 Jahren mit sittlich gefährdenden Tätigkeiten;
(4) die Überwachung von Schankanlagen;
(5) die Ordnungsaufgaben nach dem Sprengstoffgesetz, soweit sie betreffen
a) den nichtgewerblichen Umgang und nichtgewerblichen Verkehr mit pyrotechnischen Gegenständen, mit Ausnahme der Erteilung von Erlaubnissen nach § 27 des Sprengstoffgesetzes,
b) die gewerbliche Überlassung pyrotechnischer Gegenstände an Andere zum nichtgewerblichen Umgang.

Nummer 20 Schulwesen
Zu den Ordnungsaufgaben der Bezirksämter gehören auf dem Gebiet des Schulwesens:
die Maßnahmen zur Sicherung des Schulbesuchs, der Teilnahme an der Sprachstandsfeststellung und vorschulischen Sprachförderung und zur Verhütung und Beseitigung von außen kommender Störungen des Schulbetriebs, soweit nicht die für Schulwesen zuständige Senatsverwaltung (Nummer 8) zuständig ist.

Nummer 21 Wirtschaft
Zu den Ordnungsaufgaben der Bezirksämter gehören auf dem Gebiet der Wirtschaft:
die Ordnungsaufgaben in Gewerbeangelegenheiten, soweit nicht die Zuständigkeit einer anderen Behörde begründet ist, insbesondere
a) die Entgegennahme von Anzeigen über den Beginn, die Aufgabe und die Veränderung von Gewerbebetrieben und gewerblichen Tätigkeiten, soweit nicht die Polizei Berlin (Nummer 23 Absatz 6) zuständig ist,
b) die Erteilung gewerberechtlicher Erlaubnisse, die Untersagung von Gewerbebetrieben und gewerblichen Tätigkeiten mit Ausnahme der in Nummer 11 Buchstabe a bis i, Nummer 12 Absatz 3, Num-

mer 23 Absatz 1 und 5, Nummer 32 Absatz 2, 4 und 7 und Nummer 33 Absatz 8 bis 10 bezeichneten Aufgaben,

c) die Erteilung der Erlaubnis für gewerbsmäßig veranstaltete Schaustellungen von Personen mit nicht überwiegend künstlerischem, sportlichem, akrobatischem oder ähnlichem Charakter sowie die Hergabe von Räumen für derartige Veranstaltungen,

d) die Erteilung der Erlaubnis zur Aufstellung von Spielgeräten und zur Veranstaltung anderer Spiele mit Gewinnmöglichkeit, ausgenommen Glücksspiele und Ausspielungen, die nicht Bestandteile von Volksbelustigungsveranstaltungen sind, und Lotterien, sowie zum Betrieb von Spielhallen, Spielkasinos und ähnlichen ausschließlich oder überwiegend dem Spielbetrieb dienenden Unternehmen mit Ausnahme von Spielbanken,

e) die Ordnungsaufgaben nach dem Gaststättengesetz und der Gaststättenverordnung, soweit nicht die für Wirtschaft zuständige Senatsverwaltung (Nummer 12 Absatz 6) oder die Polizei Berlin (Nummer 23 Absatz 6) zuständig sind; die ortspolizeilichen Aufgaben zur Durchführung des Milch- und Margarinegesetzes,

f) die Ausstellung von Gewerbelegitimationspapieren aller Art,

g) die Festsetzung von Messen, Ausstellungen, Großmärkten, Wochenmärkten, Spezialmärkten, Jahrmärkten und Volksfesten; die Untersagung der Teilnahme von Ausstellerinnen und Ausstellern sowie Anbieterinnen und Anbietern an diesen Veranstaltungen; die Aufsicht auf den Wochenmärkten,

h) die Verlängerung der Fristen zur Verwertung von Pfändern und zur Abführung von Überschüssen aus Pfandverwertungen sowie die Entgegennahme der Überschüsse,

i) die Zulassung von Ausnahmen von dem Erfordernis der Reisegewerbekarte für besondere Verkaufsveranstaltungen; die Zulassung von Ausnahmen im Einzelfall nach § 56 Absatz 2 Satz 3 der Gewerbeordnung,

j) die Entgegennahme von Anträgen auf Auskunft aus dem Gewerbezentralregister über juristische Personen und Personenvereinigungen sowie über natürliche Personen,

k) die Überwachung der Einhaltung von Preisauszeichnungsvorschriften,

l) die Überwachung der gewerblichen Verwendung pyrotechnischer Gegenstände außerhalb ständiger Betriebsstätten mit Ausnahme der Aufgaben nach § 23 Absatz 6 und 7 der Ersten Verordnung zum Sprengstoffgesetz sowie die Überwachung des Lagerns pyrotechnischer Gegenstände in Verbindung mit offenen Verkaufsstellen.

Nummer 22 Denkmalschutz

Zu den Ordnungsaufgaben der Bezirksämter gehören auf dem Gebiet des Denkmalschutzes:
die Ordnungsaufgaben nach dem Denkmalschutzgesetz Berlin, soweit nicht das Landesdenkmalamt Berlin (Nummer 34) zuständig ist.

Nummer 22a Einwohnerwesen

Zu den Ordnungsaufgaben der Bezirksämter gehören auf dem Gebiet des Einwohnerwesens:

(1) die Aufgaben des Melde-, Pass- und Personalausweiswesens, sowie die Aufgaben der eID-Karte-Behörde, soweit nicht das Landesamt für Bürger- und Ordnungsangelegenheiten (Nummer 33 Absatz 1 bis 4) zuständig ist; die Bezirksämter beauftragen das Landesamt für Bürger- und Ordnungsangelegenheiten

a) mit der Erteilung von Melderegisterauskünften nach den §§ 44 und 45 und von Auskünften nach § 50 Absatz 4 des Bundesmeldegesetzes in den Einzelfällen, in denen beim Landesamt für Bürger- und Ordnungsangelegenheiten der Anlass für die Amtshandlung entsteht sowie

b) den Übermittlungen nach § 10 Absatz 5 Nummer 2 des Personalausweisgesetzes in den Einzelfällen, in denen beim Landesamt für Bürger- und Ordnungsangelegenheiten der Anlass für die Amtshandlung entsteht sowie

c) mit der Wahrnehmung der Informationspflichten nach § 11 Absatz 5 Halbsatz 1 des Personalausweisgesetzes gegenüber den Polizeibehörden;

(2) von den Aufgaben der Ausländerbehörde nach ausländerrechtlichen Bestimmungen:

a) die Entgegennahme von Aufenthaltsanzeigen und die Ausstellung von Freizügigkeitsbescheinigungen,

b) die Erteilung von Aufenthaltstiteln für im Bundesgebiet geborene Kinder von Amts wegen, wenn zum Zeitpunkt der Geburt beide Elternteile oder der allein personensorgeberechtigte Elternteil im Besitz eines vom Landesamt für Einwanderung erteilten Aufenthaltstitels als eigenständiges Dokument mit elektronischem Speicher- und Verarbeitungsmedium (elektronischer Aufenthaltstitel) und nach einem einheitlichen Vordruckmuster sind,

c) die Ausstellung von Aufenthaltstiteln als elektronischer Aufenthaltstitel und nach einem einheitlichen Vordruckmuster für vom Landesamt für Einwanderung ausgestellte und noch gültige Aufenthaltstitel bei Ablauf des bisherigen Passes oder Passersatzpapiers und Vorlage eines neu ausgestellten oder verlängerten Passes oder Passersatzpapiers, im Falle des Verlusts oder der Beschädigung des

elektronischen Aufenthaltstitels und bei Ablauf von dessen Gültigkeit aufgrund der Überschreitung der maximalen Geltungsdauer von zehn Jahren,
d) die Bescheinigung des Aufenthaltsrechts bei Inhaberinnen und Inhabern von Aufenthaltstiteln, sofern die Aufenthaltstitel vom Landesamt für Einwanderung erteilt oder verlängert wurden;
e) die Änderung der Wohnanschrift auf dem elektronischen Speicher- und Verarbeitungsmedium des elektronischen Aufenthaltstitels und auf dem Kartenkörper im Falle einer An- oder Ummeldung,
f) die Aktivierung und Deaktivierung, Sperrung und Entsperrung der Funktion der elektronischen Identität (eID-Funktion) des elektronischen Aufenthaltstitels und die Änderung der persönlichen Identifikationsnummer (PIN);

die Bezirksämter beauftragen das Landesamt für Einwanderung mit der Wahrnehmung der unter den Buchstaben a bis f genannten Aufgaben in den Einzelfällen, in denen beim Landesamt für Einwanderung der Anlass für die Amtshandlung entsteht.

Nummer 22b Verkehr

Zu den Ordnungsaufgaben der Bezirksämter gehören auf dem Gebiet des Verkehrswesens:

(1)
a) die Außerbetriebsetzung von Fahrzeugen nach § 14 Absatz 1 der Fahrzeug-Zulassungsverordnung
b) die Eintragung von Adressenänderungen in Zulassungsbescheinigungen Teil I,
c) die Entgegennahme von Anträgen auf Neuausstellung von Zulassungsbescheinigungen Teil I nach Verlust oder Diebstahl;

(2)
a) die Entgegennahme von Anträgen auf Erteilung, Erweiterung und Verlängerung der Fahrerlaubnis und der Fahrerlaubnis zur Fahrgastbeförderung,
b) die Entgegennahme von Anträgen auf Neuerteilung der Fahrerlaubnis und der Fahrerlaubnis zur Fahrgastbeförderung,
c) die Entgegennahme von Anträgen auf Umschreibung der Fahrerlaubnis,
d) die Entgegennahme von Anträgen auf Umstellung der Fahrerlaubnis,
e) die Entgegennahme von Anträgen auf Ausstellung eines Ersatzführerscheins (Umtausch, Verlust oder Diebstahl),
f) die Ausstellung von internationalen Führerscheinen,
g) die Aushändigung aufgefundener Führerscheine;

(3) die straßenverkehrsbehördlichen Maßnahmen im untergeordneten Straßennetz, soweit nicht die für Verkehr zuständige Senatsverwaltung (Nummer 11 Absatz 4) zuständig ist;

(4) im übergeordneten Straßennetz die Anordnung von
a) Halteverboten für Lieferzwecke, Umzüge und ähnliche Bedürfnisse,
b) Überholverboten,
c) Sicherungsmaßnahmen an Brücken,
d) Parkraumbewirtschaftungsgebieten,
e) Fußgängerzonen,
f) Taxenständen,
g) Maßnahmen für den ruhenden Verkehr einschließlich Behindertenparkplätzen,
h) Maßnahmen zur Sicherung von Ein- und Ausfahrten, abgesenkten Gehwegen oder Parkflächen,
i) Maßnahmen zum Gewässerschutz und aus Gründen des Arten- und Biotopschutzes,
j) Straßennamensschildern

sowie die Durchführung von Verkehrsschauen für diese Anordnungen;

(5) im übergeordneten Straßennetz die Ausgabe von Bewohnerparkausweisen nach § 45 Absatz 1b Nummer 2a Straßenverkehrs-Ordnung;

(6) im übergeordneten Straßennetz die Erteilung von Erlaubnissen sowie Genehmigung von Ausnahmen
a) nach § 29 Absatz 2 Straßenverkehrs-Ordnung für Veranstaltungen auf Gehwegen ohne Auswirkungen auf den Fahrzeugverkehr,
b) nach § 46 Absatz 1 Nummer 1, 3, 4, 4a, 4b, 5, 5a, 5b, 6, 8, 9, 10 und 12 der Straßenverkehrs-Ordnung sowie nach dem Bundes-Immissionsschutzgesetz,
c) nach § 46 Absatz 1 Nummer 7 der Straßenverkehrs-Ordnung und nach der Ferienreiseverordnung, soweit sie nicht Großveranstaltungen nach § 29 Absatz 2 oder den Großraum- und Schwerverkehr nach § 29 Absatz 3 der Straßenverkehrs-Ordnung betreffen,
d) nach § 46 Absatz 1 Nummer 11 der Straßenverkehrs-Ordnung, soweit sie nicht Bussonderfahrtstreifen betreffen,

(7) im übergeordneten Straßennetz Anordnungen zur Sicherung von Arbeitsstellen nach § 45 Absatz 6 der Straßenverkehrs-Ordnung in Ergänzungsstraßen entsprechend ihrer Festlegung im Stadtentwicklungsplan Verkehr.

Die Bezirksämter beauftragen das Landesamt für Bürger- und Ordnungsangelegenheiten mit der Wahrnehmung der in den Absätzen 1 und 2 genannten Aufgaben in den Einzelfällen, in denen beim Landesamt für Bürger- und Ordnungsangelegenheiten der Anlass für die Amtshandlung entsteht.

Nummer 22c Fundwesen
Zu den Ordnungsaufgaben der Bezirksämter gehören auf dem Gebiet des Fundwesens:
die Ordnungsaufgaben der zuständigen Behörde nach den §§ 965ff. des Bürgerlichen Gesetzbuches und den sonstigen in diesem Zusammenhang ergangenen Rechtsvorschriften.

Dritter Abschnitt Ordnungsaufgaben der Sonderbehörden

Nummer 23 Polizei Berlin
Zu den Ordnungsaufgaben der Polizei Berlin gehören:
Aus dem Bereich Inneres:
(1) die Ordnungsaufgaben in Angelegenheiten des Waffenrechts und nach § 9 Absatz 1 des Beschussgesetzes sowie den in diesem Zusammenhang ergangenen Rechtsvorschriften, soweit nicht nach Waffen- oder Beschussrecht anderen Behörden zugewiesen;
(2) die Versammlungsaufsicht; die Aufgaben der Anmeldebehörde nach der Verordnung zur Durchführung des Vereinsgesetzes;
(3) die presserechtlichen Ordnungsaufgaben;
(4) die Ermittlung, Bergung und Beseitigung von abgelagerten chemischen Kampfmitteln sowie die Beseitigung von nichtchemischen Kampfmitteln;
(4a) die Aufgaben der nationalen Kontaktstelle im Land Berlin nach der Verordnung des Europäischen Parlaments und des Rates über die Vermarktung und Verwendung von Ausgangsstoffen für Explosivstoffe.
Aus dem Bereich Verkehr:
(5) die Mitwirkung bei der Genehmigung von Veranstaltungen insbesondere durch Prüfung und Bewertung von Sicherheitskonzepten, soweit Aufgaben der Polizei berührt sind;
(6) die Durchführung von
a) Verkehrskontrollen und die Erstellung von Kontrollberichten nach den §§ 4, 5 und 6 der Verordnung über technische Kontrollen von Nutzfahrzeugen auf der Straße,
b) Kontrollen nach den Unterabschnitten 1.8.1.1 und 1.8.1.4 zum Europäischen Übereinkommen über die internationale Beförderung von gefährlichen Gütern auf Binnengewässern (ADN) in Verbindung mit § 1 Absatz 1 Nummer 3 und Absatz 3 Nummer 3 der Gefahrgutverordnung Straße, Eisenbahn und Binnenschifffahrt.
Aus dem Bereich Wirtschaft:
(7) die Überwachung von Gewerbebetrieben und gewerblichen Tätigkeiten, soweit sie nicht dem Landesamt für Arbeitsschutz, Gesundheitsschutz und technische Sicherheit Berlin (Nummer 24), dem Landesamt für Bergbau, Geologie und Rohstoffe Brandenburg (Nummer 30) oder dem Landesamt für Gesundheit und Soziales Berlin (Nummer 32) obliegt;
(8) die Entgegennahme von Anzeigen über Schusswaffengebrauch im Bewachungsgewerbe.
Aus dem Bereich Naturschutz:
(9) die Erteilung, die Ungültigkeitserklärung und die Einziehung von Jagdscheinen sowie die Festsetzung einer Sperrfrist für die Wiedererteilung von Jagdscheinen und das Verbot der Jagd wegen Störung der öffentlichen Sicherheit und Ordnung oder wegen Gefährdung von Menschen.

Nummer 24 Landesamt für Arbeitsschutz, Gesundheitsschutz und technische Sicherheit Berlin
Zu den Ordnungsaufgaben des Landesamtes für Arbeitsschutz, Gesundheitsschutz und technische Sicherheit Berlin gehören:
(1)
a) die Ordnungsaufgaben nach dem Arbeitsschutzgesetz, dem Gesetz über Betriebsärzte, Sicherheitsingenieure und andere Fachkräfte für Arbeitssicherheit, dem Jugendarbeitsschutzgesetz, dem Mutterschutzgesetz, dem Arbeitszeitgesetz, dem Heimarbeitsgesetz und den aufgrund dieser Gesetze erlassenen Rechtsverordnungen, insbesondere der Betriebssicherheitsverordnung, soweit nicht die für Arbeit zuständige Senatsverwaltung (Nummer 14 Absatz 2), die Bezirksämter (Nummer 18 Absatz 1 und Nummer 19 Absatz 3) oder das Landesamt für Bergbau, Geologie und Rohstoffe Brandenburg (Nummer 30 Absatz 2) zuständig sind,
b) die Überwachung der Pflichten nach § 7 des Berliner Ladenöffnungsgesetzes,
c) die Zulässigkeitserklärung von Kündigungen nach § 18 des Bundeselterngeld- und Elternzeitgesetzes, nach § 5 Absatz 2 des Pflegezeitgesetzes sowie nach § 9 Absatz 3 des Familienpflegezeitgesetzes,

d) die Ordnungsaufgaben nach der Eisenbahn-Fahrpersonalverordnung für den in § 1 Absatz 1 Nummer 1 dieser Verordnung genannten Personenkreis;

(2)
a) die Ordnungsaufgaben bei überwachungsbedürftigen Anlagen im Sinne des § 2 Nummer 30 des Produktsicherheitsgesetzes und nach § 1 Absatz 2 der Betriebssicherheitsverordnung sowie bei Anlagen nach § 4 Absatz 1 der Verordnung über den Betrieb von baulichen Anlagen des Landes Berlin, soweit nicht die Bauaufsichtsbehörden (Nummer 1 Absatz 1 und Nummer 15 Absatz 1) oder das Landesamt für Bergbau, Geologie und Rohstoffe Brandenburg (Nummer 30 Absatz 2) zuständig sind,
b) die Ordnungsaufgaben nach dem Produktsicherheitsgesetz in Verbindung mit den nur aufgrund des Produktsicherheitsgesetzes erlassenen Rechtsverordnungen, die der nach § 24 Absatz 1 Satz 1 des Produktsicherheitsgesetzes zuständigen Behörde obliegen, sofern nicht gemäß § 24 Absatz 1 Satz 2 oder Satz 3 des Produktsicherheitsgesetzes eine durch andere Rechtsvorschriften begründete Zuständigkeit gegeben ist,
c) der Vollzug des Abschnitts 2 der 32. Verordnung zur Durchführung des Bundes-Immissionsschutzgesetzes (Geräte- und Maschinenlärmschutzverordnung);

(3) die Ordnungsaufgaben nach dem Bundes-Immissionsschutzgesetz
a) bei Anlagen im Sinne der §§ 4 und 22 Absatz 1 des Bundes-Immissionsschutzgesetzes, sofern sie Teile von überwachungsbedürftigen Anlagen im Sinne von § 2 Nummer 30 Buchstabe a des Produktsicherheitsgesetzes sind und soweit nicht das Landesamt für Bergbau, Geologie und Rohstoffe Brandenburg (Nummer 30 Absatz 2) zuständig ist,
b) bei Anlagen im Sinne der Vierten Verordnung zur Durchführung des Bundes-Immissionsschutzgesetzes (Verordnung über genehmigungsbedürftige Anlagen), sofern sie auf einem Kraftwerksgelände betrieben werden;

(4) die Ordnungsaufgaben nach dem Sprengstoffgesetz, soweit nicht die für Arbeit zuständige Senatsverwaltung (Nummer 14 Absatz 2 Buchstabe e), die Bezirksämter (Nummer 19 Absatz 5 und Nummer 21 Buchstabe n) oder das Landesamt für Bergbau, Geologie und Rohstoffe Brandenburg (Nummer 30 Absatz 2) zuständig sind;

(5) der Strahlenschutz bei ionisierender Strahlung, soweit nicht die für Umweltschutz zuständige Senatsverwaltung (Nummer 10 Absatz 8) zuständig ist;

(6) die Durchführung der Sozialvorschriften im Straßenverkehr und des Europäischen Übereinkommens über die Arbeit des im internationalen Straßenverkehr beschäftigten Fahrpersonals (AETR);

(7) die Ordnungsaufgaben nach Europäischen Verordnungen und Richtlinien über gefährliche Stoffe, auf die in Arbeitsschutzvorschriften und im Chemikaliengesetz verwiesen wird, sowie nach dem Chemikaliengesetz und den aufgrund des Chemikaliengesetzes erlassenen Rechtsverordnungen, die dem Schutz von Personen (Beschäftigte und Andere) dienen und die nicht ausschließlich zum Zweck des Umweltschutzes erlassen wurden, soweit nicht das Landesamt für Bergbau, Geologie und Rohstoffe Brandenburg (Nummer 30 Absatz 2) zuständig ist;

(8) die Ordnungsaufgaben nach der Chemikalien-Ozonschichtverordnung, der Chemikalien-Klimaschutzverordnung, der Chemikalienrechtlichen Verordnung zur Begrenzung der Emissionen flüchtiger organischer Verbindungen (VOC) durch Beschränkung des Inverkehrbringens lösemittelhaltiger Farben und Lacke und nach Europäischen Verordnungen und Richtlinien, auf die in diesen drei Verordnungen verwiesen wird, soweit es nicht Ordnungsaufgaben nach dem Kreislaufwirtschafts- und Abfallrecht sind;

(9) die Ordnungsaufgaben nach dem Energieverbrauchskennzeichnungsgesetz, der Energieverbrauchskennzeichnungsverordnung, der Pkw-Energieverbrauchskennzeichnungsverordnung und der Verordnung (EG) Nr. 1222/2009 des Europäischen Parlaments und des Rates vom 25. November 2009 über die Kennzeichnung von Reifen in Bezug auf die Kraftstoffeffizienz und andere wesentliche Parameter, soweit nicht Rechtsvorschriften die Zuständigkeit anderer Behörden begründen;

(10) die Ordnungsaufgaben nach dem Energieverbrauchsrelevante-Produkte-Gesetz, mit Ausnahme der in § 7 Absatz 2 des Energieverbrauchsrelevante-Produkte-Gesetzes dargestellten Aufgaben der obersten Landesbehörde,[1)]

(11) die Ordnungsaufgaben nach dem Gesetz zum Schutz vor nichtionisierender Strahlung bei der Anwendung am Menschen sowie den aufgrund dieses Gesetzes erlassenen Rechtsverordnungen;

(12) die Ordnungsaufgaben nach der Verordnung des Europäischen Parlaments und des Rates über die Vermarktung und Verwendung von Ausgangsstoffen für Explosivstoffe in der jeweils geltenden Fassung, soweit nicht die Polizei Berlin (Nummer 23 Absatz 4a) zuständig ist.

Nummer 25 Berliner Feuerwehr

Zu den Ordnungsaufgaben der Berliner Feuerwehr gehören:

(1) die Abwehr von Gefahren, die durch Brände, Explosionen, Überschwemmungen, Unfälle und ähnliche Ereignisse entstehen;

---

1) Zeichensetzung amtlich.

(2) der Notfallrettungsdienst;
(3) die Mitwirkung bei der Brandsicherheitsschau;
(4) die Aufgaben der Katastrophenschutzbehörde nach § 15 Satz 2 bis 4 des Zivilschutz- und Katastrophenhilfegesetzes;
(5) die Aufgaben der zuständigen Behörde nach § 13a des Wehrpflichtgesetzes und § 14 des Zivildienstgesetzes;
(6) die Mitwirkung bei der Genehmigung von Veranstaltungen insbesondere durch Prüfung und Bewertung von Sicherheitskonzepten, soweit Aufgaben der Feuerwehr berührt sind.

Nummer 26 Landesamt für Mess- und Eichwesen Berlin-Brandenburg
Zu den Ordnungsaufgaben des Landesamtes für Mess- und Eichwesen Berlin-Brandenburg gehören:
(1) die Ordnungsaufgaben nach dem Gesetz über Einheiten im Messwesen;
(2) die Ordnungsaufgaben nach dem Eichgesetz;
(3) die Ordnungsaufgaben nach dem Medizinproduktegesetz und den auf Grund dieses Gesetzes erlassenen Rechtsverordnungen, soweit Belange der Messgenauigkeit und der Messbeständigkeit der Medizinprodukte betroffen sind.

Nummer 27 Berliner Forsten
Zu den Ordnungsaufgaben der Berliner Forsten gehören:
(1) der Forstschutz;
(2) der Jagdschutz;
(3) die Aufgaben nach § 5 Absatz 3 des Landesjagdgesetzes Berlin.

Nummer 28 Fischereiamt
Zu den Ordnungsaufgaben des Fischereiamtes gehören:
die Ordnungsaufgaben nach den Rechtsvorschriften über die Fischerei.

Nummer 29 Pflanzenschutzamt
Zu den Ordnungsaufgaben des Pflanzenschutzamtes gehören:
(1) die Ordnungsaufgaben nach dem Pflanzenschutzgesetz und den auf Grund dieses Gesetzes erlassenen Rechtsverordnungen;
(2) die von den Ländern wahrzunehmenden Ordnungsaufgaben bei Freisetzung gentechnisch veränderter Pflanzen nach dem Gentechnikgesetz und den auf Grund des Gentechnikgesetzes erlassenen Rechtsverordnungen.

Nummer 30 Landesamt für Bergbau, Geologie und Rohstoffe Brandenburg
Zu den Ordnungsaufgaben des Landesamtes für Bergbau, Geologie und Rohstoffe Brandenburg gehören:
(1) die Bergaufsicht;
(2) die Ordnungsaufgaben nach Nummer 15 Absatz 1 Buchstabe e, Nummer 18 Absatz 1 und 8, Nummer 23 Absatz 6, Nummer 24 Absatz 1 Buchstabe a, Absatz 2 Buchstabe a, Absatz 3 Buchstabe a, Absatz 4 und 7 in den der Bergaufsicht unterstehenden Betrieben;
(3) die Ordnungsaufgaben nach § 10 Absatz 3 Satz 5 der Gesundheitsschutz-Bergverordnung;
(4) die Ordnungsaufgaben nach der Markscheider-Bergverordnung.

Nr. 31 [1] Landesamt für Flüchtlingsangelegenheiten
Zu den Ordnungsaufgaben des Landesamtes für Fluchtlingsangelegenheiten gehören:
die Ordnungsaufgaben der Zentralen Aufnahmeeinrichtung für Asylbewerberinnen und Asylbewerber nach dem Asylgesetz, die Ordnungsaufgaben der Zentralen Aufnahmeeinrichtung für unerlaubt eingereiste Ausländerinnen und Ausländer nach dem Aufenthaltsgesetz, die Ordnungsaufgaben nach dem Aufenthaltsgesetz bei Aufnahme von Ausländerinnen und Ausländern nach § 23 Absatz 2 oder § 24 des Aufenthaltsgesetzes, die Ordnungsaufgaben bei Obdachlosigkeit von Asylbewerberinnen und Asylbewerbern sowie nach den §§ 15a, 22, 23 oder 24 des Aufenthaltsgesetzes aufgenommenen Ausländerinnen und Ausländern; die Ordnungsaufgaben bei Obdachlosigkeit von Opfern der in § 25 Absatz 4a und 4b des Aufenthaltsgesetzes genannten Straftaten während der Ausreisefrist nach § 59 Absatz 7 des Aufenthaltsgesetzes bis zur Erteilung einer Aufenthaltserlaubnis, sowie gegebenenfalls von den mit ihnen in häuslicher Gemeinschaft lebenden minderjährigen Kindern; die Ordnungsaufgaben zur Sicherung des Betriebs von Unterkünften für die vorstehend genannten Personenkreise, soweit nicht die für Jugend und Familie zuständige Senatsverwaltung (Nummer 6) zuständig ist.

1) „Nr." amtlich.

Nummer 32 Landesamt für Gesundheit und Soziales Berlin

Zu den Ordnungsaufgaben des Landesamtes für Gesundheit und Soziales Berlin gehören:

(1) die Überwachung der Anzeigepflicht für Angehörige der Berufe und Einrichtungen des Gesundheitswesens, die Rücknahme und der Widerruf der Berufserlaubnis, der Erlaubnis zur Führung einer gesetzlich geschützten Berufsbezeichnung und der staatlichen Anerkennung sowie der Heilpraktikererlaubnis, die Anordnung des Ruhens der Approbation, das vorläufige Verbot der Berufsausübung und die Feststellung mangelnder Eignung oder Zuverlässigkeit für Ärztinnen und Ärzte, Zahnärztinnen und Zahnärzte, Psychologische Psychotherapeutinnen und Psychotherapeuten und Kinder- und Jugendlichenpsychotherapeutinnen und -psychotherapeuten, Medizinalfachpersonal, Tierärztinnen und Tierärzte und Veterinärfachpersonal sowie Apothekerinnen und Apotheker und pharmazeutisches Fachpersonal sowie staatlich geprüfte Lebensmittelchemikerinnen und Lebensmittelchemiker;

(2) die Untersagung der unberechtigten Führung einer gesetzlich geschützten Berufsbezeichnung auf den Gebieten des Gesundheits-, Pharmazie- und Veterinärwesens und der Lebensmittelchemie sowie einer gesetzlich geschützten Weiterbildungsbezeichnung in den Medizinalfachberufen;

(3) die Erteilung der Konzession zum Betrieb von Krankenhäusern sowie die Aufsicht über diese Einrichtungen, soweit nicht die Bezirksämter (Nummer 16 Absatz 4) zuständig sind;

(4) die staatliche Anerkennung von Ausbildungsstätten für Psychologische Psychotherapeutinnen und Psychotherapeuten und Kinder- und Jugendlichenpsychotherapeutinnen und -therapeuten nach § 6 des Psychotherapeutengesetzes;

(5) die Ordnungsaufgaben nach dem Wohnteilhabegesetz und den auf Grund des Wohnteilhabegesetzes erlassenen Rechtsverordnungen;

(6) die Erteilung der Erlaubnis zum Betrieb von Apotheken und Krankenhausapotheken einschließlich der Genehmigung der Versorgungsverträge, die Erteilung der Genehmigung zur Verwaltung von Apotheken, die Erteilung der Erlaubnis zum Versand von apothekenpflichtigen Arzneimitteln, die Schließung und Abnahme von Apotheken und Krankenhausapotheken sowie die Apothekenaufsicht;

(7)

a) die Erteilung der Erlaubnis zur Herstellung und zur Einfuhr von Arzneimitteln, Testsera oder Testantigenen oder Wirkstoffen, die menschlicher, tierischer oder mikrobieller Herkunft sind oder auf gentechnischem Wege hergestellt werden, sowie anderen zur Arzneimittelherstellung bestimmten Stoffen menschlicher Herkunft und die entsprechende Überwachung der Herstellung und der Einfuhr,

b) die Überwachung der Werbung auf dem Gebiet des Heilwesens im Rahmen seiner Zuständigkeiten,

c) die Überwachung des Verkehrs mit Arzneimitteln und Betäubungsmitteln, soweit nicht die Bezirksämter (Nummer 16 Absatz 2) zuständig sind,

d) die Erteilung der Erlaubnis zum Großhandel mit Arzneimitteln, Testsera oder Testantigenen und die entsprechende Überwachung des Großhandels,

e) die Erteilung der Erlaubnis zur Herstellung und zur Einfuhr von Sera, Impfstoffen und Antigenen im Sinne des § 17c Absatz 1 Satz 1 des Tierseuchengesetzes zum Zwecke der Abgabe an andere, und die entsprechende Überwachung der Herstellung und der Einfuhr; Anordnungen nach § 17c Absatz 5 des Tierseuchengesetzes bezüglich Mittel, die von im Land Berlin ansässigen pharmazeutischen Unternehmen in Verkehr gebracht werden; Aufgaben der zuständigen Behörde beim Erfassen und Auswerten von Risiken und bei der Rücknahme der Freigabe nach den §§ 30 und 34 der Tierimpfstoffverordnung für Mittel, die von im Land Berlin ansässigen pharmazeutischen Unternehmen in Verkehr gebracht werden;

(8) die Erteilung der Erlaubnis nach Artikel 4 Absatz 2 des Übereinkommens über internationale Beförderungen leichtverderblicher Lebensmittel und über die besonderen Beförderungsmittel, die für diese Beförderungen zu verwenden sind;

(9)

a) die Entgegennahme von Anzeigen und Meldungen über Versuche an lebenden Tieren sowie die Erteilung entsprechender Genehmigungen, die Anordnung der Einstellung von Tierversuchen, die Erteilung der Erlaubnis zur Zucht und Haltung von Wirbeltieren zu Versuchszwecken sowie deren Untersagung, die Überwachung der Einrichtungen, in denen Tierversuche durchgeführt werden, sowie die tierschutzrechtliche Aufsicht über Versuchstierzuchten und Versuchstierhaltungen, die Genehmigung des Imports von Versuchstieren aus Drittländern nach § 11a des Tierschutzgesetzes,

b) die Erteilung von Ausnahmegenehmigungen für das Schlachten von Tieren ohne Betäubung, die Zulassung von Ausnahmen für die Betäubung bei Eingriffen an warmblütigen Tieren;

(10) die hygienische Überwachung der Badegewässer und der Erlass von Badeverboten in fließenden Gewässern; weitere Aufgaben als „benannte Stelle“ im Sinne der Badegewässerverordnung;

(11) die Ordnungsaufgaben nach dem Gentechnikgesetz und den auf Grund des Gentechnikgesetzes erlassenen Rechtsverordnungen, soweit nicht die für Umweltschutz zuständige Senatsverwaltung (Nummer 10 Absatz 9) oder das Pflanzenschutzamt (Nummer 29 Absatz 2) zuständig sind;

(12) die Zulassung von Betrieben nach dem Lebensmittel- und Futtermittelrecht und dem EU-Lebensmittelrecht, die Aufgaben als Länderkontaktstelle nach dem Europäischen Schnellwarnsystem für Lebensmittel und Futtermittel (RASFF) und als Länderkontaktstelle zur Kontrolle der im Internet gehandelten Erzeugnisse des Lebensmittel- und Futtermittelgesetzbuches und Tabakerzeugnisse (G@ZIELT) sowie die Weiterbearbeitung von Meldungen für gefährliche Verbraucherprodukte (RAPEX) im Geltungsbereich des Lebensmittel- und Futtermittelgesetzbuches;

(13)

a) die Überwachung von Wasserversorgungsanlagen nach der Trinkwasserverordnung, soweit sie Teil der zentralen Trinkwasserversorgung sind,

b) die Überprüfung der Untersuchungsstellen nach § 15 Absatz 4 und 5 der Trinkwasserverordnung;

(14) die Ordnungsaufgaben nach dem Transfusionsgesetz;

(15) die Ordnungsaufgaben nach dem Medizinproduktegesetz und den nur auf Grund des Medizinproduktegesetzes erlassenen Rechtsverordnungen, soweit nicht die für Gesundheitswesen zuständige Senatsverwaltung (Nummer 3 Absatz 4) oder das Landesamt für Mess- und Eichwesen Berlin-Brandenburg (Nummer 26 Absatz 3) zuständig sind;

(16) die Ordnungsaufgaben nach dem Transplantationsgesetz;

(17) die Zulassung von Zentren zur Durchführung der Präimplantationsdiagnostik nach § 3a Absatz 3 des Embryonenschutzgesetzes in Verbindung mit § 3 der Präimplantationsdiagnostikverordnung;

(18) die Erteilung von Genehmigungen zur Durchführung künstlicher Befruchtungen nach § 121a des Fünften Buches Sozialgesetzbuch;

(19) die Ordnungsaufgaben nach der Verordnung (EG) Nr. 834/2007 des Rates vom 28. Juni 2007 über die ökologische/biologische Produktion und die Kennzeichnung von ökologischen/biologischen Erzeugnissen und zur Aufhebung der Verordnung (EWG) Nr. 2092/91 (ABl. L 189 vom 20.7.2007, S. 1), der Nachfolgeverordnung (EU) 2018/848 des Europäischen Parlaments und des Rates vom 30. Mai 2018 über die ökologische/biologische Produktion und die Kennzeichnung von ökologischen/biologischen Erzeugnissen sowie zur Aufhebung der Verordnung (EG) Nr. 834/2007 des Rates (ABl. L 150 vom 14.6.2018, S. 1) und den entsprechenden Folgeverordnungen.

Nummer 33 Landesamt für Bürger- und Ordnungsangelegenheiten

Zu den Ordnungsaufgaben des Landesamtes für Bürger- und Ordnungsangelegenheiten gehören:

Aus dem Bereich Inneres:

(1)

a) die IT-Verfahrensverantwortung für das zentrale elektronische Melderegister nach § 1 Absatz 3 des Berliner Ausführungsgesetzes zum Bundesmeldegesetz,

b) die Bereitstellung der Verfahren des automatisierten Abrufs nach den §§ 39 und 49 des Bundesmeldegesetzes,

c) die Wahrnehmung der Aufgaben als zentrale Stelle für das Land Berlin im Zusammenhang mit allen Anfragen nach § 38 sowie nach § 49 des Bundesmeldegesetzes (Portalanbieter),

d) die Errichtung, Überwachung und Ablehnung von Auskunftssperren nach § 51 Absatz 1 und Absatz 5 des Bundesmeldegesetzes,

e) Datenübermittlungen nach den §§ 33 bis 36, 42 und 43 des Bundesmeldegesetzes und das Erteilen von Melderegisterauskünften nach den §§ 46, 50 Absatz 1 bis 3 und §§ 51, 52 Absatz 2 des Bundesmeldegesetzes; das Landesamt für Bürger- und Ordnungsangelegenheiten beauftragt die Bezirksämter mit der Wahrnehmung der Aufgaben in den Einzelfällen nach den §§ 34, 35 und 42 des Bundesmeldegesetzes, in denen bei den Bezirksämtern der Anlass für die Amtshandlung entsteht und kein Fall nach den §§ 51 und 52 des Bundesmeldegesetzes vorliegt,

f) die Aufgaben der Wehrerfassungsbehörde nach § 15 des Wehrpflichtgesetzes,

g) das Erteilen von Meldebescheinigungen nach § 18 des Bundesmeldegesetzes, wenn der Antrag über das Service-Portal Berlin gestellt wurde;

(2)

a) die IT-Verfahrensverantwortung für das zentrale elektronische Passregister nach § 21 des Passgesetzes,

b) die Aufgaben der Passbehörde für in Berlin nicht gemeldete Personen,

c) die Versagung und Entziehung von Pässen nach den §§ 7 und 8 des Passgesetzes,

d) die Erteilung von Ermächtigungen nach § 19 Absatz 4 des Passgesetzes,

e) die Ausstellung von Reisepässen in Fällen von besonderem öffentlichen Interesse,

f) Datenübermittlungen aus dem automatisiert geführten Passregister nach § 22 Absatz 2 des Passgesetzes; das Landesamt für Bürger- und Ordnungsangelegenheiten beauftragt die Bezirksämter mit der Wahrnehmung dieser Aufgaben in den Einzelfällen, in denen bei den Bezirksämtern der Anlass für die Amtshandlung entsteht;

(3)

a) die IT-Verfahrensverantwortung für das zentrale elektronische Personalausweisregister nach § 23 des Personalausweisgesetzes,
b) die Aufgaben der Ausweisbehörde für in Berlin nicht gemeldete Personen,
c) Anordnungen von Ausweisbeschränkungen nach § 6 Absatz 7 und § 6a des Personalausweisgesetzes,
d) die Ausstellung von Personalausweisen in Fällen von besonderem öffentlichen Interesse,
e) die Datenübermittlungen aus dem elektronisch geführten Personalausweisregister nach § 24 Absatz 2 des Personalausweisgesetzes; das Landesamt für Bürger- und Ordnungsangelegenheiten beauftragt die Bezirksämter mit der Wahrnehmung dieser Aufgabe in den Einzelfällen, in denen bei den Bezirksämtern der Anlass für die Amtshandlung entsteht;

(4) die IT-Verfahrensverantwortung für das zentrale eID-Karte-Register nach § 19 des eID-Karte-Gesetzes;

(5) die Ordnungsaufgaben bei der Veranstaltung, Vermittlung und Bewerbung von Lotterien, Ausspielungen, Toto, Sportwetten und Pokerspielen, die nicht von den Spielbanken veranstaltet werden, einschließlich der Aufgaben nach dem Ausführungsgesetz zum Glücksspielstaatsvertrag und nach dem Glücksspielstaatsvertrag, soweit diese dort nicht ausschließlich anderen Behörden zugewiesen und soweit nicht die für Inneres zuständige Senatsverwaltung (Nummer 5 Absatz 4) oder die Bezirksämter (Nummer 21 Buchstabe d) zuständig sind, die Ordnungsaufgaben und die Aufsicht nach dem Geldwäschegesetz gegenüber Veranstaltern und Vermittlern von Glücksspielen, soweit das Landesamt für Bürger- und Ordnungsangelegenheiten nach der vorstehenden Zuweisung über Aufsichtszuständigkeiten im Bereich des Glücksspielrechts verfügt;

(6) die Untersagung der unberechtigten Führung eines Namens oder einer gesetzlich geschützten Berufsbezeichnung, soweit nicht die für Kulturelle Angelegenheiten (Nummer 7 Absatz 1) oder für Wissenschaft (Nummer 13 Absatz 2) zuständige Senatsverwaltung oder das Landesamt für Gesundheit und Soziales Berlin (Nummer 32 Absatz 3) zuständig sind;

(7) die Ordnungsaufgaben auf dem Gebiet des Rettungsdienstes mit Krankenkraftwagen nach dem Rettungsdienstgesetz.

Aus dem Bereich Verkehr:

(8)
a) die nicht der obersten Landesbehörde vorbehaltenen Aufgaben nach der Straßenverkehrs-Zulassungs-Ordnung und der Fahrzeug-Zulassungsverordnung, soweit nicht die Bezirksämter (Nummer 22b Absatz 1) zuständig sind, einschließlich der Wahrnehmung des Weisungsrechts entsprechend § 46 Absatz 1 Satz 2 der Fahrzeug-Zulassungsverordnung,
b) die Aufgaben nach § 70 Absatz 1 Nummer 2 und Absatz 1a der Straßenverkehrs-Zulassungs-Ordnung, nach § 47 Absatz 1 der Fahrzeug-Zulassungsverordnung, der Anerkennung und Aufsicht über Hersteller, Importeure, Kraftfahrzeugwerkstätten, Schulungsstätten und Schulungen sowie die Aufsicht über das Anerkennungsverfahren, über die Durchführung der Abgasuntersuchungen und der Schulungen nach den Anlagen VIIIc, XVII, XVIIa, XVIIIc und XVIIId der Straßenverkehrs- Zulassungs-Ordnung, der Genehmigungsbehörde nach § 2 Absatz 2 der Verordnung über die EG-Genehmigung für Kraftfahrzeuge und ihre Anhänger sowie für Systeme, Bauteile und selbstständige technische Einheiten für diese Fahrzeuge,
c) die Aufgaben der höheren Verwaltungsbehörde und der Fahrerlaubnisbehörde nach § 73 der Fahrerlaubnis-Verordnung, soweit nicht die Bezirksämter (Nummer 22b Absatz 2) zuständig sind, einschließlich der Wahrnehmung des Weisungsrechts,
d) die Aufgaben der sperrenden Behörde nach § 43 der Fahrzeug-Zulassungsverordnung,
e) die Führung der Fahrzeugregister nach § 32 Absatz 1 Nummer 4 des Straßenverkehrsgesetzes in Verbindung mit § 31 der Fahrzeug-Zulassungsverordnung,
f) die Datenübermittlungen nach § 28 Absatz 5 und den §§ 59 und 64 des Straßenverkehrsgesetzes,
g) die Maßnahmen nach § 7 der Verordnung über technische Kontrollen von Nutzfahrzeugen auf der Straße,
h) die Bearbeitung von Anträgen und die Ausgabe von Fahrer-, Werkstatt- und Unternehmenskarten nach § 4a des Fahrpersonalgesetzes,
i) die Anerkennung, der Widerruf der Anerkennung und die Überwachung von Ausbildungsstätten nach § 7 Absatz 2 bis 4 des Berufskraftfahrer-Qualifikations-Gesetzes sowie die Erteilung der Bescheinigung nach § 5 Absatz 4 Satz 4 der Berufskraftfahrer-Qualifikations-Verordnung;

(9) die Aufgaben der höheren und unteren Verwaltungsbehörde
a) nach dem Fahrlehrergesetz,
b) nach dem Güterkraftverkehrsgesetz,
c) nach dem Verkehrssicherstellungsgesetz,
d) nach dem Bundesleistungsgesetz,

e) nach dem Gefahrgutbeförderungsgesetz sowie dem Gesetz zu dem Europäischen Übereinkommen über die internationale Beförderung gefährlicher Güter auf der Straße,
f) nach dem Gesetz zu dem Übereinkommen über sichere Container,
g) nach dem Übereinkommen über internationale Beförderung leicht verderblicher Lebensmittel und über die besonderen Beförderungsbedingungen, die für diese Beförderung zu verwenden sind[1)];

(10) der Vollzug des Personenbeförderungsgesetzes und der auf Grund dieses Gesetzes erlassenen Rechtsverordnungen sowie der europäischen und internationalen Vorschriften über die Beförderung von Personen mit Kraftfahrzeugen, mit Ausnahme der Aufgaben im Zusammenhang mit Straßenbahnen, der Genehmigung für Tarife und Beförderungsbedingungen für den ÖPNV sowie der Ermächtigung zum Erlass von Rechtsverordnungen.

Nummer 34 Landesdenkmalamt Berlin

Zu den Ordnungsaufgaben des Landesdenkmalamtes Berlin gehören:
die Ordnungsaufgaben nach dem Denkmalschutzgesetz Berlin, soweit es sich um Aufgaben von hauptstädtischer Bedeutung handelt.

Nummer 35 Gemeinsame Obere Luftfahrtbehörde Berlin-Brandenburg

Zu den Ordnungsaufgaben der Gemeinsamen Oberen Luftfahrtbehörde Berlin-Brandenburg gehören:
(1) die Bauschutzangelegenheiten außerhalb der Flughäfen, für die der Bund gemäß § 27d Absatz 1 des Luftverkehrsgesetzes einen Bedarf aus Gründen der Sicherheit und aus verkehrspolitischen Interessen anerkennt, mit Ausnahme der Flughäfen Berlin- Tempelhof und Berlin-Tegel;
(2) die Ordnungsaufgaben der Anhörungsbehörde für alle Flugplätze;
(3) die Zulassungen nach § 22a Absatz 2 Luftverkehrs-Ordnung;
(4) die Flugplatzangelegenheiten – mit Ausnahme der Flughäfen, für die der Bund gemäß § 27d Absatz 1 des Luftverkehrsgesetzes einen Bedarf aus Gründen der Sicherheit und aus verkehrspolitischen Interessen anerkennt;
(5) die Luftaufsicht gemäß § 29 des Luftverkehrsgesetzes;
(6) die Erlaubnisse für die besondere Benutzung des Luftraums mit Ausnahme der Erlaubnisse, die von der für die Flugsicherung zuständigen Stelle erteilt werden;
(7) die Genehmigung von Luftfahrtveranstaltungen, soweit diese nicht auf Flughäfen stattfinden, für die der Bund gemäß § 27d Absatz 1 des Luftverkehrsgesetzes einen Bedarf aus Gründen der Sicherheit und aus verkehrspolitischen Interessen anerkennt;
(8) die allgemeinen Aufgaben nach § 2 Satz 1 des Luftsicherheitsgesetzes außerhalb der Verkehrsflughäfen Berlin-Tegel, Berlin-Tempelhof und Berlin-Schönefeld;
(9) die Zuverlässigkeitsüberprüfungen gemäß § 7 des Luftsicherheitsgesetzes;
(10) sämtliche Aufgaben im Zusammenhang mit der Ausbildung, Schulung und Prüfung von Personal nach § 8 Absatz 1 Nummer 6 des Luftsicherheitsgesetzes;
(11) die Durchführung von Inspektionen, Tests und Erhebungen zur Kontrolle der Eigensicherungsmaßnahmen der Flughafenunternehmer gemäß Artikel 7 in Verbindung mit Artikel 2 Nummer 2, 5, 10 und 11 der Verordnung (EG) 1217/2003 der Kommission vom 4. Juli 2003 zur Festlegung gemeinsamer Spezifikationen für nationale Qualitätskontrollprogramme für die Sicherheit der Zivilluftfahrt im Rahmen der Durchführung des nationalen Qualitätssicherungsprogramms gemäß Artikel 7 Absatz 1 der Verordnung (EG) Nr. 2320/2002 des Europäischen Parlaments und des Rates vom 16. Dezember 2002 zur Festlegung gemeinsamer Vorschriften für die Sicherheit in der Zivilluftfahrt;
(12) die übrigen Luftsicherheitsangelegenheiten, die nicht im Zusammenhang mit Flughäfen stehen, für die der Bund einen Bedarf gemäß § 27d Absatz 1 des Luftverkehrsgesetzes anerkennt;
(13) die Luftfahrtpersonalangelegenheiten;
(14) die Angelegenheiten der Luftfahrerschulen und die Ausbildungserlaubnisse;
(15) die Angelegenheiten der Luftfahrtunternehmen und die Betriebsgenehmigungen gemäß § 20 Absatz 1 des Luftverkehrsgesetzes;
(16) die Zulassung von Luftsicherheitsplänen nach § 8 des Luftsicherheitsgesetzes mit Ausnahme der Flughäfen, für die der Bund gemäß § 27d Absatz 1 des Luftverkehrsgesetzes einen Bedarf aus Gründen der Sicherheit und aus verkehrspolitischen Interessen anerkennt;
(17) die Hindernisangelegenheiten außerhalb von Flugplatzbauschutzbereichen im Land Brandenburg;
(18) die Regelung des Flugplatzverkehrs gemäß § 21a der Luftverkehrs-Ordnung;
(19) die Angelegenheiten der Einrichtungen zur Kommunikation, Navigation und Überwachung (CNS) sowie die Ordnungsaufgaben nach den auf Grund der vorgenannten Bestimmungen erlassenen Rechtsverordnungen.

---

1) Richtig wohl: „Übereinkommen über internationale Beförderungen leicht verderblicher Lebensmittel und über die besonderen Beförderungsmittel, die für diese Beförderungen zu verwenden sind“.

Nummer 36 Landesamt für Einwanderung

Zu den Ordnungsaufgaben des Landesamtes für Einwanderung gehören die Aufgaben der Ausländerbehörde nach ausländerrechtlichen Bestimmungen, soweit nicht die Bezirksämter gemäß Nummer 22a Absatz 2 zuständig sind.

Vierter Abschnitt Schlussbestimmungen

Nummer 37 Sonstige Ordnungsaufgaben

Für die Erledigung der in den Nummern 1 bis 36 nicht genannten Ordnungsaufgaben sind zuständig:

(1) die fachlich zuständige Senatsverwaltung, soweit die Aufgaben in Rechtsvorschriften des Reichs, des Bundes oder Landes der obersten Reichs- oder Landesbehörde, der obersten Landesbaubehörde, dem Regierungspräsidenten, der Landespolizeibehörde, der höheren Baupolizeibehörde, der Polizeiaufsichtsbehörde, der höheren Verwaltungsbehörde oder an Stelle einer dieser Behörden der Polizei Berlin zugewiesen sind;

(2) die Bezirksämter, soweit die Aufgaben in Rechtsvorschriften des Reichs, des Bundes oder Landes der unteren Verwaltungsbehörde, der Kreis- oder Ortspolizeibehörde übertragen sind, und in allen übrigen Fällen.

Gesetz über die Anwendung unmittelbaren Zwanges bei der Ausübung öffentlicher Gewalt durch Vollzugsbeamte des Landes Berlin (UZwG Bln)

Vom 22. Juni 1970 (GVBl. S. 921)
(BRV 2011-3)

zuletzt geändert durch Art. 2 G zur Änd. des Allgemeinen Sicherheits- und Ordnungsgesetzes und anderer G vom 22. März 2021 (GVBl. S. 318)

Nichtamtliche Inhaltsübersicht

Das Abgeordnetenhaus hat das folgende Gesetz beschlossen:

Erster Abschnitt
Allgemeine Vorschriften

§ 1 Zulässigkeit der Anwendung unmittelbaren Zwanges

(1) Die Vollzugsbeamten des Landes Berlin dürfen in rechtmäßiger Ausübung ihres Dienstes unmittelbaren Zwang anwenden, soweit die Anwendung gesetzlich, insbesondere durch § 8 Absatz 1 des Gesetzes über das Verfahren der Berliner Verwaltung vom 21. April 2016 (GVBl. S. 218) in der jeweils geltenden Fassung zugelassen ist.
(2) Die Art und Weise der Anwendung unmittelbaren Zwanges richtet sich nach den Vorschriften dieses Gesetzes.
(3) Soweit andere Gesetze Vorschriften über die Art und Weise der Anwendung unmittelbaren Zwanges enthalten, bleiben sie unberührt.

§ 2 Begriffsbestimmungen

(1) Unmittelbarer Zwang ist die Einwirkung auf Personen oder Sachen durch körperliche Gewalt, durch Hilfsmittel der körperlichen Gewalt und durch Waffen.
(2) Körperliche Gewalt ist jede unmittelbare körperliche Einwirkung auf Personen oder Sachen.

(3) Hilfsmittel der körperlichen Gewalt sind insbesondere Fesseln, Reiz- und Betäubungsstoffe, Diensthunde, Dienstpferde, Dienstfahrzeuge, Wasserwerfer und technische Sperren sowie zum Sprengen bestimmte explosionsfähige Stoffe (Sprengmittel).

(4) Waffen sind dienstlich zugelassene Schußwaffen (Pistolen, Revolver, Gewehre, Maschinenpistolen) und Hiebwaffen (Schlagstöcke).

§ 3 Vollzugsbeamte des Landes Berlin

Vollzugsbeamte des Landes Berlin im Sinne dieses Gesetzes sind

1. die Polizeivollzugsbeamten,
2. die Bediensteten im Justizvollzugsdienst mit Ausnahme der im Jugendstrafvollzug tätigen Bediensteten,
3. Beamte des Justizwachtmeisterdienstes sowie des allgemeinen Justizdienstes, soweit diese mit Sicherheitsaufgaben betraut sind,
4. die Hilfsbeamten der Staatsanwaltschaft, soweit nicht für sie das Gesetz über den unmittelbaren Zwang bei Ausübung öffentlicher Gewalt durch Vollzugsbeamte des Bundes gilt,
5. die Bediensteten oder Gruppen von Bediensteten anderer Berliner Behörden, die der Senat mit bestimmten Befugnissen der Polizeibehörde ausgestattet hat,
6. die sonstigen Bediensteten, insbesondere die Dienstkräfte im Rahmen des allgemeinen Ordnungs- und Verkehrsüberwachungsdienstes der bezirklichen Ordnungsämter, die mit der Anwendung des Verwaltungszwanges beauftragt sind,
7. die verkehrsrechtlich besonders ausgebildeten Beschäftigten der Berliner Verkehrsbetriebe (BVG) im Sinne des § 23 des Berliner Mobilitätsgesetzes vom 5. Juli 2018 (GVBl. S. 464) in der jeweils geltenden Fassung.

§ 4 Grundsatz der Verhältnismäßigkeit

(1) [1]Bei der Anwendung unmittelbaren Zwanges sind von den möglichen und geeigneten Maßnahmen diejenigen zu treffen, die den Einzelnen und die Allgemeinheit am wenigsten beeinträchtigen. [2]Jede Maßnahme darf nur so lange und so weit durchgeführt werden, wie ihr Zweck es erfordert.

(2) Eine Maßnahme des unmittelbaren Zwanges darf nicht durchgeführt werden, wenn der durch sie zu erwartende Schaden erkennbar außer Verhältnis zu dem beabsichtigten Erfolg steht.

§ 5 Hilfeleistung für Verletzte

Den bei der Anwendung unmittelbaren Zwanges Verletzten ist Beistand zu leisten und ärztliche Hilfe zu verschaffen, sobald es die Lage zuläßt.

§ 6 Handeln auf Anordnung

(1) [1]Die Vollzugsbeamten sind verpflichtet, unmittelbaren Zwang so anzuwenden, wie er im Vollzugsdienst von den Vorgesetzten oder von sonst dazu befugten Personen angeordnet wird. [2]Dies gilt nicht, wenn die Anordnung die Menschenwürde verletzt oder nicht zu dienstlichen Zwecken erteilt worden ist.

(2) [1]Eine Anordnung darf nicht befolgt werden, wenn dadurch eine Straftat begangen werden würde. [2]Hat der Vollzugsbeamte eine solche Anordnung trotzdem befolgt, so trifft ihn eine Schuld nur, wenn er erkannt hat oder wenn es nach den ihm bekannten Umständen offensichtlich gewesen ist, daß er durch die Befolgung eine Straftat begehen werde.

(3) Bedenken gegen die Rechtmäßigkeit der Anordnung hat der Vollzugsbeamte den Anordnenden gegenüber vorzubringen, soweit ihm dies nach den Umständen möglich ist.

(4) § 36 Absatz 2 und 3 des Beamtenstatusgesetzes ist nicht anzuwenden.

§ 7 Einschränkung von Grundrechten

Durch dieses Gesetz werden die Grundrechte der körperlichen Unversehrtheit (Artikel 2 Abs. 2 Satz 1 des Grundgesetzes, Artikel 8 Abs. 1 Satz 1 der Verfassung von Berlin), der Freiheit der Person (Artikel 2 Abs. 2 Satz 2 des Grundgesetzes, Artikel 8 Abs. 1 Satz 2 der Verfassung von Berlin) und der Unverletzlichkeit der Wohnung (Artikel 13 Abs. 1 des Grundgesetzes, Artikel 28 Abs. 2 Satz 1 der Verfassung von Berlin) eingeschränkt.

Zweiter Abschnitt

Vorschriften über den Gebrauch der Schußwaffen

§ 8 Befugnis zum Gebrauch der Schußwaffen

(1) Der Gebrauch der Schußwaffen ist nur den Vollzugsbeamten gestattet, die dienstlich damit ausgerüstet sind.

(2) Der Gebrauch der Schußwaffen ist nur unter den besonderen Voraussetzungen der §§ 9 bis 16 zulässig.

(3) Das Recht zum Gebrauch von Schußwaffen auf Grund anderer gesetzlicher Vorschriften bleibt unberührt.

§ 9 Allgemeine Vorschriften für den Schußwaffengebrauch

(1) [1]Schußwaffen dürfen nur gebraucht werden, wenn andere Maßnahmen des unmittelbaren Zwanges erfolglos angewendet sind oder offensichtlich keinen Erfolg versprechen. [2]Gegen Personen ist ihr Gebrauch nur zulässig, wenn der Zweck nicht durch Waffeneinwirkung auf Sachen erreicht wird.

(2) [1]Zweck des Schußwaffengebrauchs darf nur sein, angriffs- oder fluchtunfähig zu machen. [2]Der Schußwaffengebrauch ist unzulässig, wenn dadurch erkennbar Unbeteiligte mit hoher Wahrscheinlichkeit gefährdet werden; dies gilt nicht, wenn sich deren Gefährdung beim Einschreiten gegen eine Menschenmenge (§ 16) oder eine bewaffnete Gruppe nicht vermeiden läßt.

(3) Gegen Personen, die sich dem äußeren Eindruck nach im Kindesalter befinden, dürfen Schußwaffen nicht gebraucht werden.

(4) [1]Das Recht zum Gebrauch von Schusswaffen durch einzelne Polizeivollzugsbeamte in den Fällen der Notwehr und des Notstands bleibt unberührt. [2]Verletzt ein Polizeivollzugsbeamter in diesen Fällen die ihm einem Dritten gegenüber obliegende Amtspflicht, so trifft die Verantwortlichkeit nach den Vorschriften der Amtshaftung das Land Berlin. [3]Das Land Berlin gewährleistet in Fällen des Satzes 1 als Teil der staatlichen Fürsorgepflicht angemessenen Rechtsschutz in Ermittlungs- und Strafverfahren, die gegen Polizeivollzugsbeamtinnen und Polizeivollzugsbeamte geführt werden; Näheres hierzu wird in Ausführungsvorschriften der für das Dienstrecht zuständigen Senatsverwaltung geregelt. [4]Die Gewährung von Rechtsschutz in anderen Fällen bleibt unberührt.

§ 10 Androhung

[1]Der Gebrauch von Schußwaffen ist anzudrohen. [2]Als Androhung gilt auch die Abgabe eines Warnschusses.

§ 11 Schußwaffengebrauch zur Verhinderung rechtswidriger Taten

Ein Vollzugsbeamter darf auf einzelne Personen schießen, um sie an der unmittelbar bevorstehenden Ausführung oder der Fortsetzung einer rechtswidrigen Tat zu hindern, die sich den Umständen nach als

a) ein Verbrechen
   oder
b) ein Vergehen unter Anwendung oder Mitführung von Schußwaffen oder Explosivmitteln

darstellt.

§ 12 Schußwaffengebrauch zum Anhalten flüchtender Verdächtiger

Ein Vollzugsbeamter darf auf einzelne Personen schießen, um sie anzuhalten, wenn sie sich ihrer Festnahme oder Feststellung durch die Flucht zu entziehen versuchen und sie dringend verdächtigt sind

a) eines Verbrechens
   oder
b) eines Vergehens und Anhaltspunkte dafür vorhanden sind, daß sie auf der Flucht Schußwaffen oder Explosivmittel mit sich führen.

§ 13 Schußwaffengebrauch zum Anhalten flüchtender Straftäter

Ein Vollzugsbeamter darf auf einzelne Personen schießen, die zu Freiheitsstrafe verurteilt sind oder deren Sicherungsverwahrung angeordnet ist und gegen die ein Vorführungs- oder Haftbefehl oder ein Steckbrief zur Vollstreckung der verhängten Freiheitsstrafe oder zum Vollzug der Sicherungsverwahrung erlassen worden ist, wenn sie sich ihrer Festnahme durch die Flucht zu entziehen versuchen.

§ 14 Schußwaffengebrauch gegen Ausbrecher

Ein Vollzugsbeamter darf auf einzelne Personen schießen, um ihre Flucht zu vereiteln oder sie wiederzuergreifen, wenn sie sich in amtlichem Gewahrsam befinden oder befanden

a) zur Verbüßung einer Freiheitsstrafe,
b) zum Vollzug der Unterbringung in einer sozialtherapeutischen Anstalt oder der Sicherungsverwahrung,
c) auf Grund eines strafrichterlichen Haftbefehls oder eines Steckbriefes,
d) wegen des dringenden Verdachts eines Verbrechens oder
e) wegen des dringenden Verdachts eines Vergehens, wenn Anhaltspunkte dafür vorhanden sind, daß sie Schußwaffen oder Explosivmittel mit sich führen.

§ 15 Schußwaffengebrauch bei Befreiungsversuchen

Ein Vollzugsbeamter darf auf einzelne Personen schießen, die gewaltsam einen Gefangenen oder jemanden,

a) dessen Unterbringung in einem psychiatrischen Krankenhaus (§§ 63, 71 des Strafgesetzbuches, § 126a der Strafprozeßordnung),
b) dessen Unterbringung in einer Entziehungsanstalt (§§ 64, 71 des Strafgesetzbuches, § 126a der Strafprozeßordnung) oder
c) dessen Sicherungsverwahrung (§ 66 des Strafgesetzbuches)

angeordnet ist, aus dem amtlichen Gewahrsam zu befreien versuchen.

§ 16 Schußwaffengebrauch gegen eine Menschenmenge

(1) Schußwaffen dürfen gegen eine Menschenmenge nur dann gebraucht werden, wenn von ihr oder aus ihrer Mitte Gewalttaten begangen werden oder unmittelbar bevorstehen und andere Maßnahmen gegen sie oder einzelne nicht zum Ziele führen.

(2) Die Androhung des Schußwaffengebrauchs (§ 10) ist gegenüber einer Menschenmenge zu wiederholen.

§§ 17, 18 (aufgehoben)

Dritter Abschnitt

Vorschriften über den Gebrauch von Hiebwaffen und Hilfsmitteln der körperlichen Gewalt

§ 19 Allgemeine Vorschriften

Der Gebrauch von Hiebwaffen und der in § 2 Abs. 3 einzeln genannten Hilfsmittel der körperlichen Gewalt ist nur den Vollzugsbeamten gestattet, die dienstlich damit ausgerüstet sind.

§ 20 Fesselung von Personen

(1) Personen, die im Gewahrsam von Vollzugsbeamten sind, dürfen gefesselt werden, wenn

a) die Gefahr besteht, daß sie Personen angreifen, Sachen beschädigen oder tätlichen Widerstand leisten;
b) sie zu fliehen versuchen oder besondere Umstände die Besorgnis begründen, daß sie sich aus dem Gewahrsam befreien werden oder von anderen Personen befreit werden sollen;
c) die Gefahr der Selbsttötung oder der Selbstbeschädigung besteht.

(2) Bei Überführungen, Vorführungen und Ausführungen von Gefangenen, die wegen eines Verbrechens zu Freiheitsstrafe von 1 Jahr oder darüber verurteilt sind, und von Sicherungsverwahrten gelten die Voraussetzungen des Absatzes 1 Buchst. b als erfüllt.

§ 21 Androhung gegenüber einer Menschenmenge

Der Gebrauch von Hiebwaffen und Hilfsmitteln der körperlichen Gewalt mit Ausnahme der technischen Sperren gegen eine Menschenmenge ist wiederholt anzudrohen.

§ 21a Sprengmittel

Sprengmittel dürfen nicht gegen Personen angewendet werden.

§ 21b Reizstoffe

Als Reizstoffe werden Capsaicin und verwandte Stoffe (Pfefferspray) eingesetzt, sofern nicht der Einsatz herkömmlicher Reizstoffe (Tränengas) zwingend erforderlich ist.

Vierter Abschnitt
Zwangsuntersuchung, Zwangsbehandlung und Zwangsernährung

§ 22 Zwangsuntersuchung und Zwangsbehandlung
(1) Gefangene dürfen auch gegen ihren Willen durch einen Arzt untersucht werden.

(2) Sie dürfen gegen ihren Willen medizinisch nur behandelt werden, wenn für sie selbst oder ihre Umgebung Gefahr für Leib oder Leben besteht.

(3) [1]Die erforderlichen Maßnahmen dürfen nur auf Anordnung und unter Leitung eines Arztes getroffen werden. [2]Ist ein Arzt nicht erreichbar und ein Aufschub mit Lebensgefahr verbunden, so dürfen Maßnahmen nur durchgeführt werden, wenn sie zumutbar und nicht mit Lebensgefahr verbunden sind.

§ 23 Zwangsernährung
(1) Die in § 22 Abs. 1 genannten Personen dürfen gegen ihren Willen nur ernährt werden, wenn für sie Gefahr für Leib oder Leben besteht.

(2) Für die erforderlichen Maßnahmen gilt § 22 Abs. 3 entsprechend.

Fünfter Abschnitt
Schlußvorschriften

§ 24 Verwaltungsvorschriften
[1]Verwaltungsvorschriften zur Ausführung dieses Gesetzes erläßt für die Polizeivollzugsbeamten das nach § 9 Abs. 2 des Allgemeinen Sicherheits- und Ordnungsgesetzes zuständige Mitglied des Senats. [2]Im übrigen erläßt das jeweils zuständige Mitglied des Senats die Verwaltungsvorschriften im Einvernehmen mit dem nach Satz 1 zuständigen Senatsmitglied.

§ 25 (überholt)

§ 26 Inkrafttreten
Dieses Gesetz tritt am 1. September 1970 in Kraft.

Gesetz zum Schutz vor den Gefahren des Passivrauchens in der Öffentlichkeit (Nichtraucherschutzgesetz – NRSG)

Vom 16. November 2007 (GVBl. S. 578)
(BRV 2127-18)

zuletzt geändert durch Art. 3 G zur Neufassung des Gesetzes über Selbstbestimmung und Teilhabe in betreuten gemeinschaftlichen Wohnformen vom 4. Mai 2021 (GVBl. S. 417)

Das Abgeordnetenhaus hat das folgende Gesetz beschlossen:

§ 1 Gesetzeszweck

Zweck des Gesetzes ist es, die Bevölkerung vor den Gesundheitsgefahren durch Passivrauchen zu schützen.

§ 2 Rauchverbot

(1) Das Tabakrauchen ist nach Maßgabe des Absatzes 2 und des § 4 in

1. dem Sitzungsgebäude des Abgeordnetenhauses von Berlin,
2. öffentlichen Einrichtungen im Sinne des § 3 Abs. 1,
3. Gesundheitseinrichtungen im Sinne des § 3 Abs. 2,
4. Kultur- und Freizeiteinrichtungen im Sinne des § 3 Absatz 3,
5. Sporteinrichtungen im Sinne des § 3 Abs. 4,
6. Bildungseinrichtungen im Sinne des § 3 Abs. 5,
7. in betreuten gemeinschaftlichen Wohnformen im Sinne des § 3 Absatz 6,

7a. in Werkstätten für Menschen mit Behinderungen sowie in Tages- und Tagesförderstätten für Menschen mit Behinderungen,

8. Gaststätten im Sinne des § 3 Abs. 7, einschließlich Clubs und Diskotheken und
9. Verkehrsflughäfen im Sinne des § 3 Abs. 8

verboten.

(2) Das Rauchverbot gemäß Absatz 1 gilt in Gebäuden und sonstigen vollständig umschlossenen Räumen.

(3) [1]Das Rauchverbot nach § 9 Abs. 4 des Kindertagesförderungsgesetzes vom 23. Juni 2005 (GVBl. S. 322) in der jeweils geltenden Fassung und das Rauchverbot nach § 52 Abs. 4 des Schulgesetzes vom 26. Januar 2004 (GVBl. S. 26), das zuletzt durch Artikel V des Gesetzes vom 11. Juli 2006 (GVBl. S. 812) geändert worden ist, in der jeweils geltenden Fassung bleiben unberührt. [2]Die §§ 5 bis 7 finden entsprechende Anwendung.

§ 3 Begriffsbestimmungen

(1) [1]Öffentliche Einrichtungen im Sinne dieses Gesetzes sind

1. Behörden der Berliner Verwaltung, der Rechnungshof von Berlin und der Berliner Beauftragte für Datenschutz und Informationsfreiheit,
2. Gerichte und andere Organe der Rechtspflege des Landes Berlin und
3. sonstige Einrichtungen von Trägern der öffentlichen Verwaltung des Landes Berlin unabhängig von ihrer Rechtsform, insbesondere Anstalten, Stiftungen und Körperschaften des öffentlichen Rechts.

[2]Satz 1 gilt auch für die in Berlin gelegenen Dienststellen gemeinsamer Einrichtungen der Länder Berlin und Brandenburg.

(2) Gesundheitseinrichtungen im Sinne dieses Gesetzes sind, unabhängig von ihrer Trägerschaft, Krankenhäuser sowie Vorsorge- und Rehabilitationseinrichtungen nach § 107 des Fünften Buches Sozialgesetzbuch vom 20. Dezember 1988 (BGBl. I S. 2477, 2482), das zuletzt durch Artikel 28 des Gesetzes vom 7. September 2007 (BGBl. I S. 2246) geändert worden ist, in der jeweils geltenden Fassung.

(3) Kultur- und Freizeiteinrichtungen im Sinne dieses Gesetzes sind Einrichtungen, die der Bewahrung, Vermittlung, Aufführung und Ausstellung künstlerischer, unterhaltender, wissenschaftlicher oder his-

torischer Inhalte oder Werke oder der Freizeitgestaltung dienen und der Öffentlichkeit zugänglich sind, unabhängig von ihrer Trägerschaft.

(4) Sporteinrichtungen im Sinne dieses Gesetzes sind Sportanlagen gemäß § 2 Abs. 2 des Sportförderungsgesetzes vom 6. Januar 1989 (GVBl. S. 122), das zuletzt durch Artikel II des Gesetzes vom 10. Mai 2007 (GVBl. S. 195) geändert worden ist, in der jeweils geltenden Fassung, sowie sonstige Räumlichkeiten, in denen Sport ausgeübt wird.

(5) Bildungseinrichtungen im Sinne des Gesetzes sind außer den vom Rauchverbot gemäß § 2 Abs. 3 erfassten Einrichtungen Ergänzungsschulen im Sinne des Schulgesetzes in der jeweils geltenden Fassung, Hoch- und Fachhochschulen, Einrichtungen des Zweiten Bildungsweges und der Erwachsenenbildung des Landes Berlin sowie Einrichtungen der Kinder- und Jugendhilfe im Sinne des Achten Buches Sozialgesetzbuch in der Fassung der Bekanntmachung vom 14. Dezember 2006 (BGBl. I S. 3134), geändert durch Artikel 2 Abs. 23 des Gesetzes vom 19. Februar 2007 (BGBl. I S. 122), in der jeweils geltenden Fassung, unabhängig von ihrer Trägerschaft.

(6) Betreute gemeinschaftliche Wohnformen im Sinne dieses Gesetzes sind Pflegeeinrichtungen nach § 3 Absatz 1 des Wohnteilhabegesetzes vom 4. Mai 2021 (GVBl. S. 417) in der jeweils geltenden Fassung und besondere Wohnformen der Eingliederungshilfe nach § 4 des Wohnteilhabegesetzes.

(7) Gaststätten im Sinne dieses Gesetzes sind Einrichtungen nach § 1 des Gaststättengesetzes in der Fassung der Bekanntmachung vom 20. November 1998 (BGBl. I S. 3418), das zuletzt durch Artikel 10 des Gesetzes vom 7. September 2007 (BGBl. I S. 2246) geändert worden ist, in der jeweils geltenden Fassung.

(8) Verkehrsflughäfen im Sinne des Gesetzes sind Einrichtungen nach § 38 Abs. 2 Nr. 1 der Luftverkehrs-Zulassungs-Ordnung in der Fassung vom 27. März 1999 (BGBl. I S. 610), zuletzt geändert durch Artikel 1 der Verordnung vom 13. Juni 2007 (BGBl. I S. 1048), in der jeweils geltenden Fassung.

§ 4 Ausnahmeregelungen

(1) Das Rauchverbot gilt nicht

1. in Räumen, die privaten Wohnzwecken dienen oder den Bewohnerinnen und Bewohnern zur alleinigen Nutzung überlassen sind,
2. in besonders ausgewiesenen Räumen eines psychiatrischen Krankenhauses im Sinne des § 63 des Strafgesetzbuches oder einer Entziehungsanstalt im Sinne des § 64 des Strafgesetzbuches,
3. in Justizvollzugsanstalten und im Abschiebungsgewahrsam in den Hafträumen der Gefangenen und der Abschiebungshäftlinge und in anderen besonders ausgewiesenen Räumen,
4. in besonders ausgewiesenen Wartebereichen in Gerichtsgebäuden sowie in besonders ausgewiesenen Warte- und Vernehmungsbereichen in Polizeidienststellen,
5. in besonders ausgewiesenen Räumen in Gesundheitseinrichtungen, insbesondere in der Psychiatrie und der Palliativversorgung, für Patientinnen oder Patienten, denen die behandelnden Ärztinnen oder Ärzte das Rauchen aus therapeutischen Gründen erlauben,
6. in besonders ausgewiesenen Räumen in betreuten gemeinschaftlichen Wohnformen im Sinne des § 3 Absatz 6, in denen den Bewohnerinnen und Bewohnern das Rauchen in den für Wohnzwecke genutzten Räumen nicht gestattet ist,
7. in besonders ausgewiesenen Räumen in Werkstätten für Menschen mit Behinderungen sowie in Tages- und Tagesförderstätten für Menschen mit Behinderungen, soweit andernfalls ein betreuerischer Auftrag gefährdet ist,
8. für Darsteller und Mitwirkende auf Bühnen und Szenenflächen gemäß § 18 Abs. 1 Satz 2 der Sonderbau-Betriebs-Verordnung[1)] vom 18. April 2005 (GVBl. S. 230),
9. in Gaststätten, die im Eingangsbereich von außen deutlich sichtbar als Shisha-Gaststätten gekennzeichnet sind. Shisha-Gaststätten sind solche Gaststätten, in denen überwiegend das Rauchen von Wasserpfeifen angeboten wird und keine alkoholischen Getränke verabreicht werden. Personen unter 18 Jahren haben zu einer Shisha-Gaststätte keinen Zutritt,
10. in Gaststätten oder Vereinsgaststätten in Sporteinrichtungen, die nach § 4a Absatz 1 als Rauchergaststätten gekennzeichnet sind.

1) Aufgeh. mWv 28.10.2007; siehe jetzt die Betriebs-Verordnung.

(2) [1]Im Rahmen einer Befragung oder Vernehmung kann abweichend von § 2 Abs. 1 und 2 der zu befragenden oder zu vernehmenden Person das Rauchen gestattet werden. [2]Über die Gestattung entscheidet die Person, die die Befragung oder Vernehmung durchführt.

(3) [1]Abweichend von § 2 Abs. 1 und 2 können die Betreiberin oder der Betreiber in der Gaststätte oder der Vereinsgaststätte in Sporteinrichtungen abgetrennte Nebenräume einrichten, in denen das Rauchen erlaubt ist, wenn voneinander getrennte und abgeschlossene Räume sowohl für rauchende Gäste als auch für nicht rauchende Gäste zur Verfügung stehen. [2]Die Betreiberin oder der Betreiber einer Gaststätte darf Personen unter 18 Jahren den Aufenthalt in einem Raucherraum nicht gestatten. [3]Satz 1 gilt nicht für Diskotheken, zu denen Personen mit nicht vollendetem 18. Lebensjahr Zutritt haben.

(4) Den Beschäftigten der in § 2 Abs. 1 genannten Einrichtungen kann, wenn Außenflächen nicht zur Verfügung stehen und auch sonst keine Möglichkeiten des Rauchens außerhalb der Gebäude und umschlossenen Räume bestehen oder geschaffen werden können, in besonders ausgewiesenen und abgeschlossenen Räumen das Rauchen erlaubt werden.

(5) Gesundheitsgefahren durch Passivrauchen sind bei allen Ausnahmeregelungen auszuschließen.

§ 4a Ausnahme für Rauchergaststätten

(1) Die Betreiberin oder der Betreiber darf eine Gaststätte als Rauchergaststätte kennzeichnen, wenn die Gaststätte nicht über einen abgetrennten Nebenraum verfügt und die Grundfläche des Gastraumes weniger als 75 Quadratmeter beträgt.

(2) Die Betreiberin oder der Betreiber einer als Rauchergaststätte gekennzeichneten Gaststätte darf Personen unter 18 Jahren den Zutritt zu der Gaststätte und den Aufenthalt in der Gaststätte nicht gestatten.

(3) In einer als Rauchergaststätte gekennzeichneten Gaststätte dürfen keine vor Ort zubereiteten Speisen verabreicht werden.

(4) [1]Die Kennzeichnung einer Rauchergaststätte nach Absatz 1 muss durch deutlich sichtbare Hinweisschilder im Eingangsbereich erfolgen. [2]Auf die gleiche Weise ist auf das Zutrittsverbot für Personen unter 18 Jahren hinzuweisen.

(5) [1]Die Betreiberin oder der Betreiber hat die Kennzeichnung der Gaststätte als Rauchergaststätte der zuständigen Behörde in einem Zeitraum von vier Wochen anzuzeigen. [2]Gleiches gilt für den Wegfall der Voraussetzungen für die Kennzeichnung.

(6) Die zuständige Behörde soll den Betrieb einer Gaststätte als Rauchergaststätte untersagen, wenn die Voraussetzungen des Absatzes 1 nicht vorliegen, wenn entgegen Absatz 3 vor Ort zubereitete Speisen verabreicht werden oder wenn entgegen Absatz 2 Personen unter 18 Jahren der Zutritt zu der Gaststätte und der Aufenthalt in der Gaststätte gestattet wird.

(7) Die Vorschriften der Absätze 1 bis 6 gelten auch für Vereinsgaststätten in Sporteinrichtungen.

§ 5 Hinweispflichten

[1]Die Beschäftigten der in § 2 Abs. 1 genannten Einrichtungen sind darüber hinaus in geeigneter Form über das Rauchverbot und die jeweils gültigen Ausnahmen nach § 4 zu unterrichten. [2]Räume und Wartebereiche, in denen Ausnahmen vom Rauchverbot gelten, sind kenntlich zu machen.

§ 6 Verantwortlichkeiten

(1) Die Ausweisung von Räumen und Wartebereichen nach § 4 Abs. 1 Nr. 2 bis 7 und Abs. 3 und 4 sowie die Erfüllung der Pflichten nach § 5 obliegen

1. den Inhaberinnen oder Inhabern des Hausrechts der Einrichtungen nach § 2 Abs. 1 Nr. 1 bis 7 sowie
2. den Betreiberinnen oder Betreibern von Gaststätten und Vereinsgaststätten in Sporteinrichtungen.

(2) Wird den in Absatz 1 Genannten ein Verstoß gegen das Rauchverbot bekannt, haben sie die notwendigen Maßnahmen zu ergreifen, um den Verstoß zu unterbinden und weitere Verstöße zu verhindern.

§ 7 Ordnungswidrigkeiten

(1) Ordnungswidrig handelt, wer vorsätzlich oder fahrlässig

1. entgegen § 2 raucht oder
2. als Inhaberin oder Inhaber des Hausrechts einer Einrichtung nach § 3 Abs. 1 Satz 1 Nr. 3, Satz 2 und Abs. 2 bis 6 oder als Betreiberin oder Betreiber einer Gaststätte oder einer Vereinsgaststätte in Sporteinrichtungen
   a) der Pflicht nach § 5 nicht nachkommt,
   b) entgegen § 6 Abs. 2 eine notwendige Maßnahme nicht ergreift, um einen Verstoß gegen das Rauchverbot zu unterbinden,
   c) einer Person unter 18 Jahren entgegen § 4 Absatz 3 Satz 2 den Aufenthalt in einem Raucherraum oder entgegen § 4a Absatz 2 den Zutritt zu einer Gaststätte oder den Aufenthalt in einer Gaststätte gestattet,
   d) eine Gaststätte als Rauchergaststätte kennzeichnet, ohne dass die Voraussetzungen des § 4a Absatz 1 vorliegen,
   e) in einer Rauchergaststätte entgegen § 4a Absatz 3 vor Ort zubereitete Speisen verabreicht,
   f) entgegen § 4a Absatz 4 die Kennzeichnung der Gaststätte als Rauchergaststätte oder den Wegfall der Voraussetzungen für die Kennzeichnung nicht fristgerecht der zuständigen Behörde anzeigt,
   g) eine Gaststätte als Shisha-Gaststätte kennzeichnet, ohne dass die Voraussetzungen des § 4 Absatz 1 Nummer 9 Satz 2 vorliegen,
   h) einer Person unter 18 Jahren entgegen § 4 Absatz 1 Nummer 9 Satz 3 den Zutritt zu oder den Aufenthalt in einer Shisha-Gaststätte gestattet oder
   i) in einer Shisha-Gaststätte entgegen § 4 Absatz 1 Nummer 9 Satz 2 alkoholische Getränke anbietet.

(2) Die Ordnungswidrigkeit nach Absatz 1 Nr. 1 kann mit einer Geldbuße bis zu 100 Euro, die Ordnungswidrigkeit nach Absatz 1 Nr. 2 mit einer Geldbuße bis zu 1 000 Euro geahndet werden.

(3) Verwaltungsbehörde im Sinne des § 36 Abs. 1 Nr. 1 des Gesetzes über Ordnungswidrigkeiten ist das örtlich zuständige Bezirksamt; für Ordnungswidrigkeiten, die im Sitzungsgebäude des Abgeordnetenhauses von Berlin begangen wurden, der Präsident des Abgeordnetenhauses.

§ 8 Inkrafttreten, Außerkrafttreten

(1) Dieses Gesetz tritt vorbehaltlich des Absatzes 2 am 1. Januar 2008 in Kraft.

(2) Abweichend von Absatz 1 tritt § 7 am 1. Juli 2008 in Kraft.

(3) § 5 Satz 1 tritt am 1. Januar 2009 außer Kraft.

Gesetz zur Förderung der Gesundheit von Kindern und des Kinderschutzes (Berliner Kinderschutzgesetz – KiSchuG)[1)]

Vom 17. Dezember 2009 (GVBl. S. 875)
(BRV 2162-7)

Erster Teil
Allgemeines

§ 1 Inhalte und Ziele des Gesetzes

(1) [1]Kindern und Jugendlichen eine gesunde Entwicklung zu ermöglichen und sie vor Gefährdungen für ihr Wohl zu schützen, ist eine gesamtgesellschaftliche Aufgabe. [2]Öffentliche Einrichtungen und Stellen sowie Einrichtungen und Dienste anderer Träger der gesundheitlichen, sozialen und pädagogischen Betreuung und Förderung von Kindern oder Jugendlichen haben im Rahmen ihrer Aufgaben und der bestehenden Gesetze darauf hinzuwirken, den Kinderschutz zu gewährleisten.

(2) [1]Ziel des Gesetzes ist es, Kindern und Jugendlichen eine gesunde Entwicklung zu ermöglichen und sie vor Gefährdungen für ihr Wohl zu schützen. [2]Dazu soll

1. die Inanspruchnahme der Früherkennungsuntersuchungen von Kindern mit Berliner Wohnsitz gesteigert,
2. die Früherkennung von Risiken für das Wohl und die Gesundheit von Kindern und Jugendlichen gefördert,
3. die Einleitung von Maßnahmen zur Frühbehandlung und Frühförderung gesichert und
4. die Kooperation in Angelegenheiten des Kinderschutzes zwischen staatlichen Einrichtungen und Stellen sowie Einrichtungen und Diensten anderer Träger der gesundheitlichen, sozialen und pädagogischen Betreuung und Förderung von Kindern oder Jugendlichen aufgebaut werden.

§ 2 Begriffsbestimmung

Im Sinne dieses Gesetzes ist

1. Kind, wer noch nicht 14 Jahre alt ist,
2. Jugendlicher, wer 14, aber noch nicht 18 Jahre alt ist,
3. Personensorgeberechtigter, wem allein oder gemeinsam mit einer anderen Person nach den Vorschriften des Bürgerlichen Gesetzbuches die Personensorge zusteht.

Zweiter Teil
Teilnahme an Früherkennungsuntersuchungen

§ 3 Nutzung und Übermittlung der Screening-Identitätsnummer

(1) [1]Zusammen mit dem gelben Untersuchungsheft für Kinder gemäß Anlage 1 der Richtlinien des Bundesausschusses der Ärzte und Krankenkassen über die Früherkennung von Krankheiten bei Kindern bis zur Vollendung des 6. Lebensjahres („Kinder-Richtlinien") in der Fassung vom 26. April 1976 (BAnz. Nr. 214 vom 11. November 1976), die zuletzt am 18. Juni 2009 (BAnz. S. 3125) geändert worden sind, in der jeweils geltenden Fassung erhalten alle Neugeborenen von den Geburtseinrichtungen, Hebammen und Entbindungspflegern im Land Berlin einen mit einer eindeutigen Screening-Identitätsnummer (Screening-ID) gekennzeichneten Dokumentationsbogen nach dem Muster der Anlage zu diesem Gesetz. [2]Diese Screening-ID wird mit den Angaben nach § 5 Absatz 2 aus der Screening-Karte an das Neugeborenen-Screening-Labor Berlin übermittelt und sowohl für das Verfahren des erweiterten Neugeborenen-Screenings nach den „Kinder-Richtlinien" als auch für das Einladungswesen und Rückmeldeverfahren nach § 6 verwendet.

(2) [1]Die Personensorgeberechtigten des Neugeborenen sind von den Geburtseinrichtungen, Hebammen und Entbindungspflegern im Land Berlin in der Regel vor der Geburt des Kindes, spätestens aber vor der Durchführung des Neugeborenenstoffwechsel- und Hörscreenings eingehend unter Verwendung eines von der für das Gesundheitswesen zuständigen Senatsverwaltung einheitlich vorzugeben-

1) Verkündet als Art. I G zum Schutz und Wohl des Kindes v. 17.12.2009 (GVBl. S. 875); Inkrafttreten gem. Art. X dieses G am 31.12.2009.

den Informationsblattes zu Sinn, Zweck und Ziel des Neugeborenenstoffwechsel- und Hörscreenings und des Einladungswesens und Rückmeldeverfahrens nach § 6 sowie über die mit den Verfahren verbundene Verarbeitung personenbezogener Daten, insbesondere die Verwendung der Screening-ID, aufzuklären. [2]Die Einwilligung in die Durchführung des Neugeborenenstoffwechsel- und Hörscreenings und die Aushändigung des Informationsblattes sind mit Unterschrift zumindest eines Personensorgeberechtigten zu dokumentieren.

§ 4 Zentrale Stelle

(1) [1]Bei der Charité-Universitätsmedizin Berlin wird eine Zentrale Stelle eingerichtet. [2]Die Zentrale Stelle untersteht der Rechts- und Fachaufsicht der für das Gesundheitswesen zuständigen Senatsverwaltung. [3]Leiterin oder Leiter der Zentralen Stelle kann nur eine Ärztin oder ein Arzt sein. [4]Die Kosten der Zentralen Stelle trägt das Land Berlin, soweit sie nicht von anderen Stellen getragen werden.

(2) [1]Die Zentrale Stelle führt das Einladungswesen und Rückmeldeverfahren nach § 6 durch und darf die für diese Zwecke erforderlichen personenbezogenen Daten der betroffenen Kinder und deren Personensorgeberechtigten verarbeiten. [2]Diese Daten dürfen nicht zu einem anderen als dem der Erhebung und Speicherung zugrunde liegenden Zweck sowie für die in § 7 genannten Zwecke weiterverarbeitet werden. [3]Die Datenbestände der Zentralen Stelle sind getrennt von den sonstigen Datenbeständen der Charité-Universitätsmedizin Berlin zu halten und durch besondere technische und organisatorische Maßnahmen vor unbefugter Verarbeitung zu schützen.

§ 5 Vertrauensstelle

(1) [1]Bei der Zentralen Stelle wird eine Vertrauensstelle als räumlich, organisatorisch und personell getrennte Einheit eingerichtet. [2]Sie hat die Aufgabe, die Nutzung der Screening-ID nach § 3 Absatz 1 sowohl für das Neugeborenenstoffwechsel- und Hörscreening als auch für das Einladungswesen und Rückmeldeverfahren nach § 6 zu ermöglichen.

(2) Das Neugeborenen-Screening-Labor Berlin übermittelt innerhalb von vier Wochen nach der Geburt von den am Neugeborenenstoffwechsel- und Hörscreening teilnehmenden Kindern folgende Daten an die Vertrauensstelle:

1. die dem Kind zugeordnete Screening-ID,
2. Namen, Vornamen, Geburtsdatum des Kindes,
3. Namen, Vornamen, Geburtsdatum der Mutter und
4. Anschrift eines Personensorgeberechtigten.

(3) Die Zentrale Stelle übermittelt die in § 6 Absatz 2 vorgesehenen Meldedaten sowie die in Absatz 2 Nummer 3 genannten Daten innerhalb einer angemessenen Frist vor Ablauf des in den „Kinder-Richtlinien" für die Untersuchungsstufe U4 festgelegten Untersuchungsintervalls an die Vertrauensstelle.

(4) Die Vertrauensstelle führt die Daten nach Absatz 2 und 3 zusammen und übergibt den mit der Screening-ID gekennzeichneten Meldedatensatz an die Zentrale Stelle.

(5) [1]Die Vertrauensstelle darf die für ihre Aufgaben erforderlichen personenbezogenen Daten der betroffenen Kinder und deren Personensorgeberechtigten verarbeiten. [2]Diese Daten dürfen nicht zu einem anderen als dem der Erhebung und Speicherung zugrunde liegenden Zweck weiterverarbeitet werden. [3]Sie sind unverzüglich nach dem in Absatz 4 vorgesehenen Datenabgleich zu löschen.

§ 6 Einladungswesen und Rückmeldeverfahren

(1) [1]Die Zentrale Stelle hat die Aufgabe, die Teilnahme der Kinder an einer in den „Kinder-Richtlinien" für ihr jeweiliges Alter vorgesehenen Früherkennungsuntersuchung der Untersuchungsstufen mit Beginn des 3. Lebensmonats bis zum vollendeten 10. Lebensjahr unabhängig von ihrem Versichertenstatus zu sichern. [2]Zu diesem Zweck ermittelt die Zentrale Stelle durch Abgleich mit den nach den Absätzen 2 und 4 übermittelten Daten die Kinder, für die innerhalb einer angemessenen Frist vor Ablauf des in den „Kinder-Richtlinien" für das Neugeborenenstoffwechsel- und Hörscreening und die jeweiligen Untersuchungsstufen zwischen Beginn des 3. Lebensmonats und dem vollendeten 10. Lebensjahrs festgelegten Untersuchungsintervalls keine Screening-Karten oder keine Untersuchungsbescheinigungen nach Absatz 4 eingegangen sind. [3]Die Zentrale Stelle lädt die Personensorgeberechtigten der nach Satz 2 ermittelten Kinder ein, die Kinder zu den Früherkennungsuntersuchungen vorzustellen, und informiert dabei über Inhalt und Zweck der Früherkennungsuntersuchungen sowie den weiteren Verfahrensablauf bei Nichtteilnahme an der Früherkennungsuntersuchung (Einladung). [4]Zugleich in-

formiert die Zentrale Stelle die Personensorgeberechtigten derjenigen Kinder, für die bisher keine Screening-ID von der Vertrauensstelle ermittelt wurde, über Inhalt und Zweck des Neugeborenenstoffwechsel- und Hörscreenings.

(2) [1]Die Meldebehörde übermittelt der Zentralen Stelle regelmäßig elektronisch auf der Grundlage des Geburtsregistereintrags des Kindes vor Beginn des in den „Kinder-Richtlinien" für die jeweilige Untersuchungsstufe zwischen Beginn des 3. Lebensmonats und Vollendung des 10. Lebensjahrs festgelegten Untersuchungsintervalls folgende Daten der Kinder der jeweiligen Altersstufen:

1. Vor- und Familiennamen,
2. frühere Namen,
3. Tag und Ort der Geburt,
4. Sterbetag,
5. Geschlecht,
6. gegenwärtige Anschrift,
7. frühere Anschriften, Haupt- und Nebenwohnung und
8. Personensorgeberechtigte (Vor- und Familiennamen, akademische Titel, Anschrift).

[2]Die Zentrale Stelle führt den jeweils aktuellen Meldedatensatz mit dem bestehenden Datensatz einschließlich Screening-ID zusammen und aktualisiert diesen. [3]Nach Abschluss des Verfahrens für die letzte in den „Kinder-Richtlinien" vorgesehene rückgemeldete Vorsorgeuntersuchung sind die Daten vollständig zu löschen.

(3) Ist ein Meldedatensatz keiner Screening-ID zuzuordnen, so werden der Dokumentationsbogen nach § 3 Absatz 1 Satz 1 und das Informationsblatt nach § 3 Absatz 2 Satz 1 von der Zentralen Stelle an die Personensorgeberechtigten verschickt.

(4) [1]Ärztinnen und Ärzte, die eine Früherkennungsuntersuchung der Untersuchungsstufen zwischen Beginn des 3. Lebensmonats und Ende des 10. Lebensjahrs durchgeführt haben, sind befugt und verpflichtet, der Zentralen Stelle mittels eines von der für das Gesundheitswesen zuständigen Senatsverwaltung einheitlich vorzugebenden Rückmeldebogens unverzüglich folgende Daten für Kinder mit Berliner Wohnsitz zu übermitteln:

1. die Screening-ID oder bei Nichtvorliegen der Screening ID die Angaben nach Absatz 2 Satz 1 Nummer 1, 3, 5 und 6,
2. die Bezeichnung der durchgeführten Früherkennungsuntersuchung.

[2]Wird die Früherkennungsuntersuchung außerhalb des Landes Berlin durchgeführt, sollen die Personensorgeberechtigten des untersuchten Kindes sich die Untersuchung unter Angabe der in Satz 1 genannten Daten bescheinigen lassen (Untersuchungsbescheinigung) und die Bescheinigung der Zentralen Stelle übermitteln.

(5) [1]Die Zentrale Stelle ermittelt durch Abgleich der nach den Absätzen 2 und 4 übermittelten Daten die Kinder, zu denen innerhalb einer angemessenen Frist nach Absendung der Einladung keine Untersuchungsbescheinigungen eingegangen sind. [2]Sie übermittelt dem Gesundheitsamt des Bezirkes, in dem sich der Hauptwohnsitz des Kindes befindet, oder, falls ein Hauptwohnsitz im Land Berlin nicht besteht, dem Gesundheitsamt des Bezirkes, in dem sich der Wohnsitz des Kindes befindet, folgende Daten zu den nach Satz 1 ermittelten Kindern:

1. die in Absatz 2 Satz 1 Nummer 1, 3, 5, 6 und 8 genannten Daten und
2. die in Absatz 4 Satz 1 Nummer 2 genannten Daten.

[3]Die Übermittlung der Daten nach Satz 2 erfolgt schriftlich mit verschlossenem Umschlag oder auf elektronischem Weg; dabei ist durch geeignete Maßnahmen sicherzustellen, dass die Daten nicht von Unbefugten zur Kenntnis genommen werden können.

(6) [1]Das zuständige Gesundheitsamt sucht die Personensorgeberechtigten des nach Absatz 5 Satz 1 ermittelten Kindes nach schriftlicher Ankündigung unter Hinweis auf die Freiwilligkeit auf, um Inhalt und Zweck der Früherkennungsuntersuchungen zu erläutern (Hausbesuch). [2]Ein Hausbesuch erfolgt nicht, wenn die Personensorgeberechtigten nachvollziehbare Gründe nennen, weshalb die jeweilige Früherkennungsuntersuchung nicht durchgeführt worden ist und dem Gesundheitsamt keine Anhaltspunkte einer Kindeswohlgefährdung vorliegen. [3]Über den Hausbesuch ist ein Protokoll anzufertigen. [4]Die Gesundheitsämter haben die ihnen von der Zentralen Stelle übermittelten und die sonstigen in diesem Zusammenhang gespeicherten personenbezogenen Daten spätestens drei Jahre nach ihrer

Speicherung zu löschen, soweit nicht im Einzelfall die Kenntnis der Daten für die Erfüllung der Aufgaben der Gesundheitsämter aus zwingenden Gründen über diesen Zeitpunkt hinaus erforderlich ist.

(7) [1]Werden bei dem Hausbesuch nach Absatz 6 gewichtige Anhaltspunkte für die Gefährdung des Wohls eines Kindes oder Jugendlichen wahrgenommen und ist ein Tätigwerden erforderlich, um eine Gefährdungseinschätzung vorzunehmen oder eine Gefährdung des Wohls eines Kindes oder Jugendlichen abzuwenden, und sind die Personensorgeberechtigten nicht bereit oder in der Lage, hieran mitzuwirken, so ist das Gesundheitsamt befugt und verpflichtet, dies unverzüglich dem zuständigen Jugendamt (Koordinationsstelle Kinderschutz) mitzuteilen. [2]Zu diesem Zweck übermittelt das Gesundheitsamt folgende Daten:

1. den Anlass und den Grund der Meldung nach Satz 1 und
2. die in Absatz 2 Satz 1 Nummer 1, 3, 5, 6 und 8 genannten Daten.

[3]Im Zusammenhang mit der Übermittlung der Daten nach Satz 2 darf das Gesundheitsamt dem Jugendamt Namen, Anschriften, Telefonnummern und sonstige eine Kontaktaufnahme ermöglichende Daten übermitteln. [4]Es ist sicherzustellen, dass die Daten nicht von Unbefugten zur Kenntnis genommen werden können.

(8) Ist ein Kind in einem anderen Bundesland in einem verbindlichen Einladungswesen zu den Früherkennungsuntersuchungen erfasst, so können die Personensorgeberechtigten das Kind bei der Zentralen Stelle vom verbindlichen Einladungswesen für die Früherkennungsuntersuchung im Land Berlin abmelden, wenn sie einen entsprechenden Nachweis darüber vorlegen.

§ 7 Evaluation und Gesundheitsberichterstattung

(1) [1]Zwei Jahre nach Beginn der Arbeit der Zentralen Stelle ist durch einen von der für das Gesundheitswesen zuständigen Senatsverwaltung zu beauftragenden Dritten eine Evaluation durchzuführen. [2]Die Evaluationsergebnisse sind in einem Bericht zusammenzustellen und von der für das Gesundheitswesen zuständigen Senatsverwaltung zu veröffentlichen. [3]Die Evaluation ist im Abstand von drei Jahren zu wiederholen. [4]Grundlage sind anonymisierte Einzeldaten aus folgenden Bereichen, und zwar:

1. einer Geschäftsstatistik der Zentralen Stelle auf der Ebene „Lebensweltlich Orientierter Räume" (LOR),
2. Mitteilungen der Zentralen Stelle an die Gesundheitsämter nach Bezirken,
3. Mitteilungen der Gesundheitsämter zu den durchgeführten Hausbesuchen und
4. Mitteilungen der Gesundheitsämter an die Jugendämter auf der Ebene der Bezirke.

(2) Die nach Absatz 1 für die Evaluation bereitzustellenden Daten sind halbjährlich an die mit der Gesundheitsberichterstattung nach § 5 des Gesundheitsdienst-Gesetzes vom 25. Mai 2006 (GVBl. S. 450), das durch Artikel III des Gesetzes vom 22. Oktober 2008 (GVBl. S. 292, 293) geändert worden ist, befasste Stelle zu übermitteln.

Dritter Teil
Regelungen zur Umsetzung des Netzwerkes Kinderschutz

§ 8 Frühe und rechtzeitige Hilfen und Leistungen

(1) Das Jugendamt, das Gesundheitsamt und das Sozialamt gewährleisten, dass Schwangere, Mütter und Väter in belasteten Lebenslagen, mit sozialer Benachteiligung oder individueller Beeinträchtigung frühzeitig durch Beratung auf Unterstützungsmöglichkeiten, Hilfen und Leistungen hingewiesen werden.

(2) [1]Mit dem Einverständnis der betroffenen Personen können die in Absatz 1 genannten Stellen Anbieter möglicher Hilfen und die für die in Frage kommenden Leistungen zuständigen Leistungsträger und Leistungserbringer über möglichen Hilfe-, Leistungs- oder Unterstützungsbedarf informieren. [2]Mit dem Einverständnis der betroffenen Personen können die erforderlichen Informationen ausgetauscht werden, um schnell und zügig Hilfen, Leistungen und Unterstützungen anzubieten.

§ 9 Präventiver Kinderschutz

[1]Das Land Berlin stellt die Planung, Anregung, Förderung und Durchführung von Maßnahmen des präventiven Kinderschutzes sicher. [2]Hierzu gehören besondere Angebote der Familienbildung, der Hausbesuch bei Erstgebärenden und bei Geburten unter belastenden Sozialverhältnissen innerhalb von sechs Wochen nach der Geburt, Information über und Vermittlung von Unterstützungsleistungen für

Schwangere, Mütter und Väter und Angebote der aufsuchenden Elternhilfe. [3]Zur Erfüllung dieser Aufgabe kooperiert das Land Berlin mit den Geburtskliniken und anderen Trägern der gesundheitlichen, sozialen und pädagogischen Betreuung und Förderung von Kindern.

§ 10 Kooperationen, Netzwerke

(1) Die für Jugend und Familie zuständige Senatsverwaltung hat die einheitliche Durchführung des Schutzauftrages bei Kindeswohlgefährdung durch die Kooperation zwischen allen für den Kinderschutz wichtigen Einrichtungen, Vereinigungen, Diensten und Institutionen sicherzustellen (Netzwerk Kinderschutz).

(2) Die für das Gesundheitswesen zuständige Senatsverwaltung schließt im Benehmen mit der für Jugend und Familie zuständigen Senatsverwaltung Rahmenvereinbarungen mit landesweiten Organisationen oder Einrichtungen des medizinischen Vorsorgesystems über die Kooperation im Bereich des Kinderschutzes.

(3) [1]Die Jugend- und Gesundheitsämter stellen jeweils die Koordination in Angelegenheiten des Kinderschutzes sicher. [2]Jedes Jugendamt und jedes Gesundheitsamt unterhalten jeweils eine Koordinationsstelle Kinderschutz.

(4) Die Koordinationsstellen Kinderschutz des Jugendamtes haben insbesondere folgende Aufgaben:

1. Sicherstellung der Kooperation zwischen allen für den Kinderschutz relevanten Einrichtungen, Vereinigungen, Diensten und Institutionen durch lokale Netzwerke Kinderschutz,
2. Entgegennahme und Weiterleitung von Meldungen zum Kinderschutz,
3. Sicherstellung und Kontrolle geeigneter Maßnahmen sowie
4. Dokumentation und Statistik.

(5) [1]Abweichend von Absatz 4 Nummer 1 sind die Koordinationsstellen Kinderschutz der Gesundheitsämter für die Sicherstellung der Kooperation zuständig, soweit es sich um Einrichtungen des medizinischen Vorsorgesystems handelt. [2]Im Rahmen der Erfüllung der Aufgaben nach Absatz 4 kooperieren die Gesundheitsämter mit den Jugendämtern.

§ 11 Beratung und Weitergabe von Informationen bei Gefährdung des Wohls eines Kindes oder eines Jugendlichen

(1) Werden Personen, die einer Schweige- oder Geheimhaltungspflicht im Sinne des § 203 des Strafgesetzbuches unterliegen, gewichtige Anhaltspunkte für die Gefährdung des Wohls eines Kindes oder eines Jugendlichen bekannt und ist eine genauere Einschätzung der Gefährdung nicht möglich oder reichen die eigenen fachlichen Mittel zur Abwendung der Gefährdung nicht aus, so haben sie mit den Personensorgeberechtigten die Situation zu erörtern und soweit erforderlich bei ihnen auf die Inanspruchnahme geeigneter Hilfen hinzuwirken, soweit hierdurch der wirksame Schutz des Kindes oder des Jugendlichen nicht in Frage gestellt wird.

(2) Werden Personen, die beruflich mit der Ausbildung, Erziehung oder Betreuung von Kindern und Jugendlichen außerhalb von Diensten und Einrichtungen der Kinder- und Jugendhilfe betraut sind, gewichtige Anhaltspunkte für die Gefährdung des Wohls eines Kindes oder Jugendlichen bekannt, so haben sie die Personensorgeberechtigten über ihre Erkenntnisse zu informieren, soweit dadurch der wirksame Schutz des Kindes oder Jugendlichen nicht in Frage gestellt wird.

(3) [1]Die Personen nach Absatz 1 und 2 sind befugt, zur Einschätzung der Gefährdung des Wohls eines Kindes oder eines Jugendlichen oder zur Einschätzung der erforderlichen und geeigneten Hilfen eine insoweit erfahrene Fachkraft hinzuzuziehen und die dafür erforderlichen personenbezogenen Daten zu übermitteln. [2]Vor einer Übermittlung an die insoweit erfahrene Fachkraft sind die Daten zu anonymisieren oder zu pseudonymisieren.

(4) Ist ein Tätigwerden erforderlich, um eine Gefährdung des Wohls eines Kindes oder eines Jugendlichen abzuwenden, und sind die Personensorgeberechtigten nicht bereit oder in der Lage, hieran mitzuwirken, so sind die in Absatz 1 und 2 genannten Personen befugt, dem Jugendamt die dafür erforderlichen personenbezogenen Daten mitzuteilen; hierauf sind die Betroffenen vorab hinzuweisen, es sei denn, dass dadurch der wirksame Schutz des Kindes oder des Jugendlichen infrage gestellt wird.

§ 12 Krisenberatung

[1]Die Bezirke stellen ein zu jeder Tages- und Nachtzeit erreichbares zentrales telefonisches Melde-, Erstberatungs- und Interventionsverfahren für eine erste Krisenberatung und für Meldungen des Verdachts auf Gefährdung des Wohls eines Kindes und eines Jugendlichen (Hotline Kinderschutz) sicher.

[2]Es ist von dem für den zentralen Krisen- und Notdienst für Kinder und Jugendliche zuständigen Jugendamt zu betreiben.

§ 13 Persönliche Eignung

[1]§ 72a Satz 1 des Achten Buches Sozialgesetzbuch findet auf die im öffentlichen Gesundheitsdienst und bei der Zentralen Stelle tätigen Personen entsprechende Anwendung. [2]Soweit Aufgaben des öffentlichen Gesundheitsdienstes durch Dritte wahrgenommen werden, findet § 72a Satz 3 des Achten Buches Sozialgesetzbuch entsprechende Anwendung.

§ 14 Fortbildung

Das Land Berlin stellt Fortbildungsangebote zu Themen des Kinderschutzes für Bürgerinnen und Bürger, öffentliche Einrichtungen und Stellen sowie Einrichtungen und Dienste von Trägem der gesundheitlichen, sozialen und pädagogischen Betreuung und Förderung von Kindern und Jugendlichen sicher.

Vierter Teil

§ 15 Rechtsverordnungen

(1) Die für das Gesundheitswesen zuständige Senatsverwaltung wird ermächtigt, im Einvernehmen mit der für Hochschulen zuständigen Senatsverwaltung das Nähere zur Einrichtung, Finanzierung und Ausstattung der Zentralen Stelle nach § 3 durch Rechtsverordnung zu regeln.

(2) Die für das Gesundheitswesen zuständige Senatsverwaltung wird ermächtigt, durch Rechtsverordnung das Nähere zum Verfahren, zur Verarbeitung personenbezogener Daten und zum Verfahren der Datenmeldungen sowie zur Durchführung des Datenabgleichs nach § 4 zu regeln.

§ 16 Ausführungsvorschriften

Die für das Gesundheitswesen und die für Jugend und Familie zuständigen Senatsverwaltungen können gemeinsame Ausführungsvorschriften zu den Regelungen des Zweiten und des Dritten Teils erlassen.

Anlage
(zu § 3 Absatz 1 Satz 1)

Neugeborenen- Screening

Dieses Blatt bitte in das Kinderuntersuchungsheft (U-Heft) einkleben. Die Verwendung der hier vorbereiteten Screening-ID Etiketten vermeidet Verwechslungen bei Nachuntersuchungen und hilft Ihrem Arzt bei der Zuordnung von Befunden.

Screening-ID
041 022 556 014

Stoffwechselscreening: Augustenburger Platz 1, 13353 Berlin ; Tel.: 030 / 450 566 798

Abnahme: ____________________ ☐ nicht durchgeführt, weil :
Datum Uhrzeit

Folgekarte(n) erforderlich wegen: ☐ Frühentlassung (Blutabnahme <36 Std.)
☐ Frühgeburt (< 32. Schwangerschaftswoche)

Hörscreening: Tel.: 030 / 450 555 427 ☐ R kontrollbedürftig ☐ siehe Einlegeblatt
Datum : ____________ ☐ unauffällig ☐ L kontrollbedürftig ☐ nicht durchgeführt, weil :

Screening-ID **041 022 556 014**	Screening-ID **041 022 556 014**	Screening-ID **041 022 556 014**	Screening-ID **041 022 556 014**
Screening-ID **041 022 556 014**	Screening-ID **041 022 556 014**	Screening-ID **041 022 556 014**	Screening-ID **041 022 556 014**
Screening-ID **041 022 556 014**	Screening-ID **041 022 556 014**	Screening-ID **041 022 556 014**	Screening-ID **041 022 556 014**

hier abtrennen

Hörscreening (für die Patientenakte)

Screening-ID
041 022 556 014
Tel.: 030 / 450 555 427

Datum : ____________ Untersucher : ____________

	unauffällig	kontrollbedürftig	nicht durchgeführt
Erstscreening TEOAE	B ☐	R ☐ L ☐	
Erstscreening AABR	B ☐	R ☐ L ☐	☐
Kontroll- AABR	B ☐	R ☐ L ☐	☐ weil: ____________

Stoffwechselscreening
(für die Patientenakte)
Screening-ID
041 022 556 014
Tel.: 030 / 450 566 798

Abnahme:
____
Datum
____
Uhrzeit

Unterschrift : ____________

Hörscreening- Nachmeldung / Kontrolle
Screening-ID
041 022 556 014

Datum : ____________
Kind : ____________

Risikokind ☐

	unauffällig	kontrollbedürftig
Erstscreening TEOAE	B ☐	R ☐ L ☐
Erstscreening AABR	B ☐	R ☐ L ☐
Kontroll- AABR	B ☐	R ☐ L ☐

Charge 091117 000000001

Versammlungsfreiheitsgesetz Berlin (VersFG BE)[1)]

Vom 23. Februar 2021 (GVBl. S. 180)
(BRV 2180-4)

Inhaltsübersicht

Abschnitt 1
Allgemeine Regelungen

§ 1 Versammlungsfreiheit

Jede Person hat das Recht, sich ohne Anmeldung oder Erlaubnis friedlich und ohne Waffen mit anderen zu versammeln und Versammlungen zu veranstalten.

§ 2 Begriff der öffentlichen Versammlung, Anwendungsbereich

(1) [1]Versammlung im Sinne dieses Gesetzes ist eine örtliche Zusammenkunft von mindestens zwei Personen zur gemeinschaftlichen, überwiegend auf die Teilhabe an der öffentlichen Meinungsbildung gerichteten Erörterung oder Kundgebung. [2]Aufzug ist eine sich fortbewegende Versammlung.

(2) Eine Versammlung ist öffentlich, wenn die Teilnahme nicht auf einen individuell bestimmten Personenkreis beschränkt ist.

(3) Soweit nichts anderes bestimmt ist, gilt dieses Gesetz sowohl für öffentliche als auch für nichtöffentliche Versammlungen.

---

1) Verkündet als Art. 1 G über die Versammlungsfreiheit im Land Berlin vom 23.2.2021 (GVBl. S. 180); Inkrafttreten gem Art. 3 dieses G am 28.2.2021.

§ 3 Schutz- und Gewährleistungsaufgabe, Deeskalationsgebot

(1) Die Berliner Verwaltung wirkt im Rahmen ihrer Zuständigkeit darauf hin, friedliche Versammlungen zu schützen und die Ausübung der Versammlungsfreiheit zu gewährleisten.

(2) Aufgabe der zuständigen Behörde ist es,

1. die Durchführung einer nach Maßgabe dieses Gesetzes zulässigen Versammlung zu unterstützen, den ungehinderten Zugang zur Versammlung zu ermöglichen und ihre Durchführung vor Störungen zu schützen,
2. von der Versammlung oder im Zusammenhang mit dem Versammlungsgeschehen von Dritten ausgehende Gefahren für die öffentliche Sicherheit abzuwehren und
3. die freie Berichterstattung der Medien bei Versammlungen zu gewährleisten.

(3) [1]Soweit dies erforderlich ist, stellt die zuständige Behörde bei der Wahrnehmung ihrer Aufgaben nach Absatz 2 einen schonenden Ausgleich zwischen der Versammlungsfreiheit und den Grundrechten Dritter her. [2]Dies gilt auch bei Versammlungen, die sich örtlich und zeitlich überschneiden würden. [3]Die Durchführung einer Gegenversammlung soll in Hör- und Sichtweite der Ausgangsversammlung ermöglicht werden.

(4) [1]Bei der Erfüllung ihrer Aufgaben wirkt die zuständige Behörde darauf hin, bei konfliktträchtigen Einsatzlagen Gewaltbereitschaft und drohende oder bestehende Konfrontationen zielgruppenorientiert zu verhindern oder abzuschwächen, um eine nachhaltige Befriedung der jeweiligen Lage zu ermöglichen. [2]Konfliktmanagement ist Bestandteil des Deeskalationsgebotes.

§ 4 Kooperation

(1) [1]Soweit es nach Art und Umfang der Versammlung erforderlich ist, bietet die zuständige Behörde der Person, die eine öffentliche Versammlung veranstaltet oder der die Leitung übertragen worden ist, rechtzeitig ein Kooperationsgespräch an, um die Gefahrenprognose und sonstige Umstände, die für die ordnungsgemäße Durchführung der Versammlung wesentlich sind, zu erörtern. [2]Die Behörden sind grundsätzlich zur Kooperation mit den Veranstalterinnen und Veranstaltern von Versammlungen verpflichtet. [3]Bestehen tatsächliche Anhaltspunkte für Gefahren, die gemäß den §§ 14 Absatz 1, 22 Absatz 1 zu einem Verbot oder Beschränkungen führen können, gibt die zuständige Behörde Gelegenheit, durch ergänzende Angaben oder Veränderungen der beabsichtigten Versammlung ein Verbot oder Beschränkungen zu vermeiden.

(2) Die zuständige Behörde informiert die Person, die eine öffentliche Versammlung veranstaltet oder der die Leitung übertragen worden ist, über die Gefahrenlage und -prognose sowie deren Änderungen, soweit dieses nach Art und Umfang der Versammlung erforderlich ist.

§ 5 Veranstaltung einer Versammlung

[1]Wer zu einer Versammlung einlädt oder die Versammlung nach § 12 anzeigt, veranstaltet eine Versammlung. [2]In der Einladung zu einer Versammlung ist der oder die Veranstaltende anzugeben.

§ 6 Versammlungsleitung

(1) [1]Wer eine Versammlung veranstaltet, leitet die Versammlung. [2]Veranstalten mehrere Personen eine Versammlung, bestimmen diese die Versammlungsleitung. [3]Veranstaltet eine Vereinigung die Versammlung, so wird sie von der Person geleitet, die für die Vereinigung handlungsbefugt ist.

(2) Die Versammlungsleitung ist übertragbar.

(3) Gibt es keine Person, die die Versammlung veranstaltet, kann die Versammlung eine Versammlungsleitung bestimmen.

(4) Die Vorschriften dieses Gesetzes über die Versammlungsleitung gelten für nichtöffentliche Versammlungen nur, wenn eine Versammlungsleitung bestimmt ist.

§ 7 Rechte der Versammlungsleitung

(1) [1]Die Versammlungsleitung sorgt für den ordnungsgemäßen Ablauf der Versammlung und unterstützt einen friedlichen Verlauf. [2]Sie darf die Versammlung jederzeit unterbrechen oder schließen.

(2) [1]Die Versammlungsleitung kann sich der Hilfe von Ordnerinnen und Ordnern bedienen. [2]Diese müssen bei Versammlungen unter freiem Himmel gut sichtbar mit der Bezeichnung „Ordnerin“ oder „Ordner“ gekennzeichnet sein. [3]Die Vorschriften dieses Gesetzes für Teilnehmende der Versammlung gelten auch für Ordnerinnen und Ordner.

(3) Die zur Aufrechterhaltung der Ordnung in der Versammlung getroffenen Anweisungen der Versammlungsleitung und der Ordnerinnen und Ordner sind von den Teilnehmenden zu befolgen.

(4) [1]Die Versammlungsleitung darf Personen, die die Ordnung der Versammlung erheblich stören, aus der Versammlung ausschließen. [2]Wer aus der Versammlung ausgeschlossen wird, hat sich unverzüglich zu entfernen.

§ 8 Störungsverbot

Es ist verboten, eine Versammlung mit dem Ziel zu stören, deren Durchführung erheblich zu behindern oder zu vereiteln.

§ 9 Waffen- und Uniformverbot

(1) Es ist verboten,

1. Waffen oder
2. sonstige Gegenstände, die ihrer Art nach zur Verletzung von Personen oder zur Herbeiführung erheblicher Schäden an Sachen geeignet und den Umständen nach dazu bestimmt sind,

bei Versammlungen oder auf dem Weg zu oder von Versammlungen mit sich zu führen, zu Versammlungen hinzuschaffen oder sie zur Verwendung bei Versammlungen bereitzuhalten oder zu verteilen.

(2) Es ist verboten, in einer Versammlung durch das Tragen von Uniformen oder Uniformteilen oder sonst ein einheitliches Erscheinungsbild vermittelnden Kleidungsstücken in einer Art und Weise aufzutreten, die dazu geeignet und bestimmt ist, im Zusammenwirken mit anderen teilnehmenden Personen Gewaltbereitschaft zu vermitteln und dadurch einschüchternd zu wirken.

(3) Die zuständige Behörde trifft zur Durchsetzung der Verbote nach Absatz 1 Nummer 2 und Absatz 2 Anordnungen, in denen die vom Verbot erfassten Gegenstände oder Verhaltensweisen bezeichnet sind.

§ 10 Anwendbarkeit des Allgemeinen Sicherheits- und Ordnungsgesetzes

(1) Soweit dieses Gesetz die Abwehr von Gefahren gegenüber einzelnen Teilnehmenden nicht regelt, sind Maßnahmen gegen sie nach dem Allgemeinen Sicherheit- und Ordnungsgesetz zulässig, wenn von ihnen nach den zum Zeitpunkt der Maßnahme erkennbaren Umständen vor oder bei der Durchführung der Versammlung oder im Anschluss an sie eine unmittelbare Gefahr für die öffentliche Sicherheit ausgeht.

(2) Für Versammlungen in geschlossenen Räumen gilt Absatz 1 für den Fall, dass von den Teilnehmenden eine unmittelbare Gefahr im Sinne von § 22 Absatz 1 ausgeht.

(3) Maßnahmen vor Beginn der Versammlung, die die Teilnahme an der Versammlung unterbinden sollen, setzen eine Teilnahmeuntersagung nach § 16 Absatz 1 oder § 22 voraus.

§ 11 Anwesenheit der Polizei

[1]Die Polizei kann anwesend sein

1. bei Versammlungen unter freiem Himmel, wenn dies zur polizeilichen Aufgabenerfüllung nach diesem Gesetz erforderlich ist,
2. bei Versammlungen in geschlossenen Räumen, wenn dies zur Abwehr einer unmittelbaren Gefahr im Sinne von § 22 Absatz 1 erforderlich ist.

[2]Nach Satz 1 anwesende Polizeikräfte haben sich der Versammlungsleitung zu erkennen zu geben; bei Versammlungen unter freiem Himmel genügt es, wenn dies durch die polizeiliche Einsatzleitung erfolgt. [3]Auf diese findet § 9 keine Anwendung.

Abschnitt 2

Versammlungen unter freiem Himmel

§ 12 Anzeige- und Veröffentlichungspflicht

(1) [1]Wer eine öffentliche Versammlung unter freiem Himmel veranstalten will, hat dies der zuständigen Behörde spätestens 48 Stunden vor der Einladung zu der Versammlung anzuzeigen. [2]Veranstalten mehrere Personen eine Versammlung, ist nur eine Anzeige abzugeben. [3]Die Anzeige muss schriftlich, elektronisch oder zur Niederschrift erfolgen.

(2) [1]Die Anzeige muss insbesondere den geplanten Ablauf der Versammlung nach Ort, Zeit und Thema bezeichnen, bei Aufzügen auch den beabsichtigten Streckenverlauf. [2]Sie muss Name und Anschrift sowie Angaben zu Erreichbarkeit der anzeigenden Person und der Person, die sie leiten soll, enthalten.

(3) Wird die Versammlungsleitung erst später bestimmt, sind Name, Anschrift und Angaben über die Erreichbarkeit der vorgesehenen Person der zuständigen Behörde unverzüglich mitzuteilen.

(4) Wenn die Versammlungsleitung sich der Hilfe von Ordnerinnen und Ordnern bedient, ist ihr Einsatz unter Angabe der Zahl der dafür voraussichtlich eingesetzten Personen der zuständigen Behörde mitzuteilen.

(5) Wesentliche Änderungen der Angaben nach den Absätzen 1 bis 4 sind der zuständigen Behörde unverzüglich mitzuteilen.

(6) [1]Wenn der Zweck der Versammlung durch eine Einhaltung der Frist nach Absatz 1 Satz 1 gefährdet würde (Eilversammlung), ist die Versammlung spätestens mit der Einladung bei der zuständigen Behörde oder bei der Polizei anzuzeigen. [2]Die Anzeige kann in diesem Fall auch telefonisch erfolgen.

(7) Die Anzeigepflicht entfällt, wenn sich die Versammlung auf Grund eines spontanen Entschlusses augenblicklich bildet (Spontanversammlung).

(8) [1]Die zuständige Behörde hat Ort, Zeit und Thema der angezeigten Versammlung zu veröffentlichen. [2]Sofern es sich um einen Aufzug handelt, hat sie auch den Streckenverlauf zu veröffentlichen.

§ 13 Erlaubnisfreiheit

Für eine öffentliche Versammlung unter freiem Himmel sind keine behördlichen Erlaubnisse erforderlich, die sich auf die Benutzung der öffentlichen Verkehrsflächen beziehen.

§ 14 Beschränkungen, Verbot, Auflösung

(1) Die zuständige Behörde kann die Durchführung einer Versammlung unter freiem Himmel beschränken oder verbieten und die Versammlung nach deren Beginn auflösen, wenn nach den zur Zeit des Erlasses der Maßnahmen erkennbaren Umständen die öffentliche Sicherheit bei Durchführung der Versammlung unmittelbar gefährdet ist.

(2) [1]Eine Versammlung kann insbesondere verboten, beschränkt oder nach deren Beginn aufgelöst werden, wenn

1. nach den zur Zeit des Erlasses der Verfügung erkennbaren Umständen die unmittelbare Gefahr besteht, dass in der Versammlung in einer Weise, die geeignet ist, den öffentlichen Frieden zu stören,
   a) gegen eine nationale, durch rassistische Zuschreibung beschriebene, religiöse oder durch ihre ethnische Herkunft bestimmte Gruppe, gegen Teile der Bevölkerung oder gegen einen Einzelnen wegen seiner Zugehörigkeit zu einer vorbezeichneten Gruppe oder zu einem Teil der Bevölkerung zum Hass aufgestachelt, zu Gewalt- oder Willkürmaßnahmen aufgefordert oder
   b) die Menschenwürde anderer dadurch angegriffen wird, dass eine vorbezeichnete Gruppe, Teile der Bevölkerung oder ein Einzelner wegen seiner Zugehörigkeit zu einer vorbezeichneten Gruppe oder zu einem Teil der Bevölkerung beschimpft, böswillig verächtlich gemacht oder verleumdet wird,
2. nach den zur Zeit des Erlasses der Verfügung erkennbaren Umständen die unmittelbare Gefahr besteht, dass in einer Weise, die geeignet ist, den öffentlichen Frieden zu stören, durch die Versammlung die nationalsozialistische Gewalt- und Willkürherrschaft gebilligt, verherrlicht oder gerechtfertigt, geleugnet oder verharmlost wird, auch durch das Gedenken an führende Repräsentanten des Nationalsozialismus,
3. die Versammlung an einem in der Anlage zu diesem Gesetz genannten Tag oder einem Ort stattfindet, dem ein an die nationalsozialistische Gewalt- und Willkürherrschaft erinnernder Sinngehalt mit gewichtiger Symbolkraft zukommt, und nach den zur Zeit des Erlasses der Verfügung erkennbaren Umständen die unmittelbare Gefahr besteht, dass durch die Versammlung die Würde der Opfer beeinträchtigt wird, oder
4. die Versammlung durch die erkennbare Bezugnahme auf andere nationale oder internationale Versammlungen oder Kampagnen sich deren Inhalt zu eigen macht und dadurch die Voraussetzungen der Nummer 1 zutreffen.

[2]Gleiches gilt, wenn die Versammlung auf Grund der konkreten Art und Weise ihrer Durchführung

1. geeignet oder dazu bestimmt ist, Gewaltbereitschaft zu vermitteln oder
2. in ihrem Gesamtgepräge an die Riten und Symbole der nationalsozialistischen Gewaltherrschaft anknüpft

und dadurch einschüchternd wirkt oder in erheblicher Weise gegen das sittliche Empfinden der Bürgerinnen und Bürger und grundlegende soziale oder ethische Anschauungen verstößt.

(3) Verbot oder Auflösung setzen voraus, dass Beschränkungen nicht ausreichen.

(4) [1]Geht eine unmittelbare Gefahr für die öffentliche Sicherheit von Dritten aus, sind Maßnahmen der Gefahrenabwehr gegen diese zu richten. [2]Kann dadurch die Gefahr auch unter Heranziehung von landes- oder bundesweit verfügbaren Polizeikräften nicht abgewehrt werden, dürfen Maßnahmen nach Absatz 1 auch zulasten der Versammlung ergriffen werden, von der die Gefahr nicht ausgeht. [3]Ein Verbot oder die Auflösung dieser Versammlung setzt Gefahren für Leben oder Gesundheit von Personen oder für Sachgüter von erheblichem Wert voraus.

(5) [1]Sollen eine beschränkende Verfügung oder ein Verbot ausgesprochen werden, sind die Voraussetzungen und die Ermessenserwägungen unverzüglich der Veranstalterin oder dem Veranstalter oder der Versammlungsleitung bekannt zu geben. [2]Die Bekanntgabe einer nach Versammlungsbeginn erfolgenden beschränkenden Verfügung oder einer Auflösung muss unter Angabe des Grundes der Maßnahme und auch gegenüber den Teilnehmenden der Versammlung erfolgen, sofern dies möglich und zumutbar ist.

(6) [1]Eine verbotene Versammlung soll aufgelöst werden. [2]Sobald die Versammlung für aufgelöst erklärt ist, haben alle anwesenden Personen sich unverzüglich zu entfernen. [3]Es ist verboten, anstelle der aufgelösten Versammlung eine Ersatzversammlung am gleichen Ort durchzuführen.

(7) Es ist verboten, öffentlich, im Internet oder durch Verbreiten von Schriften, Ton- oder Bildträgern, Datenspeichern, Abbildungen oder anderen Darstellungen zur Teilnahme an einer Versammlung unter freiem Himmel aufzufordern, deren Durchführung durch ein vollziehbares Verbot untersagt oder deren vollziehbare Auflösung angeordnet worden ist.

(8) Durch Rechtsverordnung kann der Senat weitere Orte im Sinne von Absatz 2 Satz 1 Nummer 3 bestimmen, wenn die dort genannten Voraussetzungen vorliegen.

§ 15 Befriedeter Bezirk

(1) [1]Für den Tagungsort des Abgeordnetenhauses von Berlin wird ein befriedeter Bezirk gebildet. [2]Dieser wird durch folgende Straßen begrenzt:

Niederkirchnerstraße von der Wilhelmstraße bis zur Stresemannstraße, einschließlich der Gehwege, und die jeweils angrenzenden Kreuzungsbereiche von Niederkirchnerstraße und Stresemannstraße sowie von Niederkirchnerstraße, Wilhelmstraße und Zimmerstraße.

(2) [1]Innerhalb des befriedeten Bezirks können unbeschadet von § 14 von der Präsidentin oder dem Präsidenten des Abgeordnetenhauses Versammlungen unter freiem Himmel zu Sitzungszeiten des Abgeordnetenhauses, seiner Ausschüsse oder Organe verboten oder beschränkt werden, wenn eine Beeinträchtigung deren Tätigkeiten oder eine Behinderung des freien Zugangs zum Abgeordnetenhaus zu besorgen ist. [2]Die Präsidentin oder der Präsident des Abgeordnetenhauses unterrichtet den Ältestenrat sowie die Behörde, bei der nach § 12 die Versammlung anzuzeigen ist, unverzüglich über eine Entscheidung nach Satz 1.

(3) Die Behörde, bei der nach § 12 die Versammlung anzuzeigen ist, unterrichtet die Präsidentin oder den Präsidenten des Abgeordnetenhauses unverzüglich über die Anzeige von Versammlungen innerhalb des befriedeten Bezirks sowie für die Entscheidung nach Absatz 2 relevanten Erkenntnisse.

§ 16 Untersagung der Teilnahme oder Anwesenheit und Ausschluss von Personen

(1) Die zuständige Behörde kann einer Person die Teilnahme an oder Anwesenheit in einer Versammlung unter freiem Himmel vor deren Beginn untersagen oder beschränken, wenn von ihr nach den zur Zeit des Erlasses der Verfügung erkennbaren Umständen bei Durchführung der Versammlung eine unmittelbare Gefahr für die öffentliche Sicherheit ausgeht.

(2) [1]Wer durch sein Verhalten in der Versammlung die öffentliche Sicherheit unmittelbar gefährdet, ohne dass die Versammlungsleitung dies unterbindet, oder wer einer Anweisung nach § 7 Absatz 3 zuwiderhandelt, kann von der zuständigen Behörde ausgeschlossen werden. [2]Wer aus der Versammlung ausgeschlossen wird, hat sich unverzüglich zu entfernen.

§ 17 Durchsuchung und Identitätsfeststellung

(1) [1]Bestehen tatsächliche Anhaltspunkte dafür, dass am Ort der Versammlung oder auf unmittelbarem Weg dorthin Waffen mitgeführt werden oder der Einsatz von Gegenständen im Sinne von § 9 Absatz 1 Nummer 2 und Absatz 2 oder § 19 oder von Gegenständen, deren Verwendung oder Mitnahme durch Beschränkungen nach § 14 Absatz 1 untersagt wurde, die öffentliche Sicherheit bei Durchführung einer öffentlichen Versammlung unter freiem Himmel unmittelbar gefährden wird, können Personen und Sachen durchsucht werden. [2]Aufgefundene Gegenstände im Sinne von Satz 1 können sichergestellt

werden. [3]Die Sicherstellung und die Durchführung der Durchsuchung richten sich nach dem Allgemeinen Sicherheits- und Ordnungsgesetz.

(2) [1]Identitätsfeststellungen sowie weitere polizei- und ordnungsrechtliche oder strafprozessuale Maßnahmen sind am Ort der Versammlung oder auf dem unmittelbaren Weg dorthin nur zulässig, soweit sich tatsächliche Anhaltspunkte für einen gegenwärtigen oder bevorstehenden Verstoß gegen die §§ 9, 19, nach § 14 Absatz 1 erlassene Beschränkungen oder für die Begehung strafbarer Handlungen ergeben. [2]Diese Anhaltspunkte sind der betroffenen Person auf Aufforderung mitzuteilen.

(3) Durchsuchungen und Identitätsfeststellungen nach den Absätzen 1 und 2 sind so durchzuführen, dass dadurch die Teilnahme an der Versammlung nicht unverhältnismäßig behindert oder wesentlich verzögert wird.

§ 18 Bild- und Tonübertragungen und -aufzeichnungen

(1) [1]Die Polizei darf von Teilnehmenden bei oder im Zusammenhang mit einer öffentlichen Versammlung unter freiem Himmel oder einem Aufzug Bild- und Tonaufnahmen nur offen und nur dann anfertigen, wenn Tatsachen die Annahme rechtfertigen, dass von diesen Personen eine erhebliche Gefahr für die öffentliche Sicherheit ausgeht. [2]Die Maßnahmen dürfen auch durchgeführt werden, wenn Dritte unvermeidbar betroffen werden.

(2) [1]Die Polizei darf Übersichtsaufnahmen von Versammlungen unter freiem Himmel sowie ihrem Umfeld nur anfertigen, wenn dies wegen der Größe oder Unübersichtlichkeit der Versammlung im Einzelfall zur Lenkung und Leitung des Polizeieinsatzes erforderlich ist. [2]Die Übersichtsaufnahmen sind offen anzufertigen und dürfen weder aufgezeichnet werden noch zur Identifikation der Teilnehmenden genutzt werden. [3]Die Versammlungsleitung ist unverzüglich über die Anfertigung von Übersichtsaufnahmen in Kenntnis zu setzen.

(3) [1]Die Aufzeichnungen nach Absatz 1 sind nach Beendigung der öffentlichen Versammlung oder zeitlich und sachlich damit unmittelbar im Zusammenhang stehender Ereignisse unverzüglich zu löschen, soweit sie nicht erforderlich sind:

1. zur Verfolgung von Straftaten von Teilnehmenden in oder im Zusammenhang mit der Versammlung oder von Ordnungswidrigkeiten nach § 27 Absatz 1 Nummer 6,
2. im Einzelfall zur Gefahrenabwehr, wenn von der betroffenen Person in oder im Zusammenhang mit der Versammlung die konkrete Gefahr einer Verletzung von Strafgesetzen ausging und zu besorgen ist, dass bei einer künftigen Versammlung von dieser Person erneut die Gefahr der Verletzung von Strafgesetzen ausgehen wird,
3. zur befristeten Dokumentation polizeilichen Handelns, sofern eine Gefahr der öffentlichen Sicherheit eingetreten ist oder
4. zum Zwecke der polizeilichen Aus- und Fortbildung; hierzu ist eine eigene Fassung herzustellen, die eine Identifizierung der darauf abgebildeten Personen unumkehrbar ausschließt.

[2]Die Aufzeichnungen, die aus den in Satz 1 Nummer 2 genannten Gründen nicht gelöscht wurden, sind spätestens nach Ablauf von drei Monaten nach ihrer Anfertigung zu löschen, sofern sie nicht inzwischen zur Durchführung eines Straf- oder Ordnungswidrigkeitsverfahrens zu dem in Satz 1 Nummer 1 aufgeführten Zweck genutzt werden. [3]Die Löschung der Aufzeichnungen ist zu dokumentieren. [4]Außer zu den in den Nummern 1 bis 4 genannten Zwecken dürfen Aufzeichnungen nicht genutzt werden.

(4) [1]Die von einer Aufzeichnung nach Absatz 1 betroffene Person ist über die Maßnahme zu unterrichten, sobald ihre Identität bekannt ist und sofern die nach Absatz 3 Satz 1 Nummer 1 bis 3 zulässigen Verwendungszwecke der Aufzeichnung nicht gefährdet werden. [2]Bei einem durch die Maßnahme unvermeidbar betroffenen Dritten im Sinne des Absatzes 1 Satz 2 unterbleibt die Unterrichtung, wenn die Identifikation nur mit unverhältnismäßigen Ermittlungen möglich wäre oder überwiegend schutzwürdige Interessen anderer Betroffener entgegenstehen.

(5) [1]Die Gründe für die Anfertigung von Bild- und Tonaufzeichnungen nach Absatz 1 und für ihre Verwendung nach Absatz 3 sowie für die Anfertigung von Übersichtsaufnahmen nach Absatz 2 sind zu dokumentieren. [2]Werden von Aufzeichnungen eigene Fassungen für die Verwendung zur polizeilichen Aus- und Fortbildung erstellt, sind die Anzahl der hergestellten Fassungen sowie der Ort der Aufbewahrung zu dokumentieren.

§ 19 Vermummungs- und Schutzausrüstungsverbot

(1) Es ist verboten, bei oder im Zusammenhang mit einer Versammlung unter freiem Himmel Gegenstände zu verwenden,

1. die zur Identitätsverschleierung geeignet und den Umständen nach darauf gerichtet sind, eine zu Zwecken der Verfolgung einer Straftat oder einer Ordnungswidrigkeit durchgeführte Feststellung der Identität zu verhindern, oder
2. die als Schutzausrüstung geeignet und den Umständen nach darauf gerichtet sind, Vollstreckungsmaßnahmen eines Trägers von Hoheitsgewalt abzuwehren.

(2) Die zuständige Behörde trifft zur Durchsetzung des Verbots Anordnungen, in denen die vom Verbot erfassten Gegenstände bezeichnet sind.

§ 20 Privatrechtlich betriebene öffentliche Verkehrsflächen

(1) Öffentliche Versammlungen dürfen auf privatrechtlich betriebenen Verkehrsflächen von Grundstücken durchgeführt werden, wenn diese der Allgemeinheit geöffnet sind und die Grundstücke sich im Eigentum von Unternehmen befinden, die überwiegend oder ausschließlich im Eigentum der öffentlichen Hand stehen oder von ihr beherrscht werden.

(2) [1]Werden Verkehrsflächen, die der Allgemeinheit geöffnet sind, von Unternehmen betrieben, die nicht von der öffentlichen Hand beherrscht werden oder stehen diese Verkehrsflächen überwiegend oder ausschließlich im Eigentum von Privaten, können öffentliche Versammlungen dort nur durchgeführt werden, soweit überwiegende Interessen der privaten Eigentümerinnen und Eigentümer der Durchführung nicht entgegenstehen. [2]Eine Zustimmung der Eigentümerinnen und Eigentümer ist insoweit nicht erforderlich.

(3) [1]Die Behörde, bei der nach § 12 die Versammlung anzuzeigen ist, unterrichtet die Eigentümerinnen und Eigentümer von Verkehrsflächen nach den Absätzen 1 und 2 unverzüglich über die auf dieser Fläche angezeigten Versammlungen. [2]Eigentümerinnen und Eigentümer von Verkehrsflächen nach Absatz 2 ist Gelegenheit zur Stellungnahme zu geben. [3]Die Sätze 1 und 2 finden keine Anwendung bei Spontanversammlungen nach § 12 Absatz 7.

Abschnitt 3

Versammlungen in geschlossenen Räumen

§ 21 Einladung, Ausschluss

(1) Wer eine öffentliche Versammlung in geschlossenen Räumen veranstaltet, darf in der Einladung bestimmte Personen oder Personenkreise von der Teilnahme ausschließen.

(2) Die Leitung einer öffentlichen Versammlung in geschlossenen Räumen darf die Anwesenheit von Vertretenden der Medien, die sich als solche durch anerkannten Presseausweis oder durch sonstigen geeigneten Nachweis ausgewiesen haben, nicht unterbinden.

§ 22 Beschränkungen, Verbot, Auflösung

(1) Die zuständige Behörde kann die Durchführung einer Versammlung in geschlossenen Räumen beschränken, verbieten oder die Versammlung nach deren Beginn auch auflösen, wenn nach den zur Zeit des Erlasses der Maßnahmen erkennbaren Umständen eine unmittelbare Gefahr

1. eines unfriedlichen Verlaufs der Versammlung,
2. für Leben oder Gesundheit von Personen oder
3. dafür besteht, dass in der Versammlung Äußerungen erfolgen, die ein Verbrechen oder ein von Amts wegen zu verfolgendes Vergehen darstellen.

(2) Verbot oder Auflösung setzen voraus, dass Beschränkungen nicht ausreichen.

(3) [1]Geht eine unmittelbare Gefahr für die in Absatz 1 genannten Rechtsgüter von Dritten aus, sind Maßnahmen der Gefahrenabwehr gegen diese zu richten. [2]Kann dadurch die Gefahr auch unter Heranziehung von landes- und bundesweit verfügbaren Polizeikräften nicht abgewehrt werden, dürfen Maßnahmen nach Absatz 1 auch zulasten der Versammlung ergriffen werden, von der die Gefahr nicht ausgeht.

(4) [1]Sollen eine beschränkende Verfügung oder ein Verbot ausgesprochen werden, so sind diese nach Feststellung der Voraussetzungen, die diese Verfügung rechtfertigen, unverzüglich der Veranstalterin oder dem Veranstalter oder der Versammlungsleitung bekannt zu geben. [2]Die Bekanntgabe einer nach

Versammlungsbeginn erfolgenden beschränkenden Verfügung oder einer Auflösung muss unter Angabe des Grundes der Maßnahme und auch gegenüber den Teilnehmenden der Versammlung erfolgen.

(5) [1]Eine verbotene Versammlung soll aufgelöst werden. [2]Sobald die Versammlung für aufgelöst erklärt ist, haben alle anwesenden Personen sich unverzüglich zu entfernen. [3]Es ist verboten, anstelle der aufgelösten Versammlung eine Ersatzversammlung am gleichen Ort durchzuführen.

(6) Es ist verboten, öffentlich, im Internet oder durch Verbreiten von Schriften, Ton- oder Bildträgern, Datenspeichern, Abbildungen oder anderen Darstellungen zur Teilnahme an einer Versammlung in geschlossenen Räumen aufzufordern, deren Durchführung durch ein vollziehbares Verbot untersagt oder deren vollziehbare Auflösung angeordnet worden ist.

§ 23 Hausrecht

Die eine Versammlung leitende Person übt gegenüber anderen Personen als den Teilnehmenden das Hausrecht aus.

§ 24 Durchsuchung und Identitätsfeststellung

(1) [1]Bestehen tatsächliche Anhaltspunkte dafür, dass am Ort der Versammlung oder auf unmittelbarem Weg dorthin Waffen mitgeführt werden oder der Einsatz von Gegenständen im Sinne von § 9 Absatz 1 Nummer 2 und Absatz 2 oder von Gegenständen, deren Verwendung oder Mitnahme durch Beschränkungen nach § 22 Absatz 1 untersagt wurde, bei Durchführung einer öffentlichen Versammlung in geschlossenen Räumen Gefahren gemäß § 22 Absatz 1 verursacht, können Personen und Sachen durchsucht werden. [2]Aufgefundene Gegenstände im Sinne von Satz 1 können sichergestellt werden. [3]Die Sicherstellung und die Durchführung der Durchsuchung richten sich nach dem Allgemeinen Sicherheits- und Ordnungsgesetz.

(2) [1]Identitätsfeststellungen sowie weitere polizei- und ordnungsrechtliche oder strafprozessuale Maßnahmen sind am Ort der Versammlung oder auf unmittelbarem Weg dorthin nur zulässig, soweit sich am Ort der Versammlung oder auf unmittelbarem Weg dorthin tatsächliche Anhaltspunkte für einen gegenwärtigen oder bevorstehenden Verstoß gegen § 9 oder nach § 22 Absatz 1 erlassene Beschränkungen oder für die Begehung strafbarer Handlungen ergeben. [2]Diese Anhaltspunkte sind der betroffenen Person auf Aufforderung mitzuteilen.

§ 25 Bild- und Tonübertragungen und -aufzeichnungen

(1) [1]Unter den Voraussetzungen des § 22 Absatz 1 darf die Polizei Bild- und Tonaufnahmen sowie entsprechende Aufzeichnungen von Teilnehmenden bei oder im Zusammenhang mit einer öffentlichen Versammlung in geschlossenen Räumen anfertigen. [2]Die Aufnahmen und Aufzeichnungen dürfen auch angefertigt werden, wenn Dritte unvermeidbar betroffen werden. [3]Die Aufnahmen und Aufzeichnungen sind offen vorzunehmen.

(2) [1]Die Aufzeichnungen nach Absatz 1 sind nach Beendigung der öffentlichen Versammlung oder zeitlich und sachlich damit unmittelbar im Zusammenhang stehender Ereignisse unverzüglich zu löschen. [2]Dies gilt nicht, soweit sie erforderlich sind:

1. zur Verfolgung von Straftaten in oder im Zusammenhang mit der Versammlung, von der eine Gefahr im Sinne von § 22 Absatz 1 ausging,
2. im Einzelfall zur Gefahrenabwehr, wenn von der betroffenen Person in oder im Zusammenhang mit der Versammlung eine Gefahr im Sinne von § 22 Absatz 1 ausging und zu besorgen ist, dass bei einer künftigen Versammlung von dieser Person erneut Gefahren im Sinne von § 22 Absatz 1 ausgehen werden.

[3]Die Aufzeichnungen, die aus den in Satz 1 Nummer 2 genannten Gründen nicht gelöscht wurden, sind spätestens nach Ablauf von drei Monaten nach ihrer Anfertigung zu löschen, sofern sie nicht inzwischen zur Durchführung eines Strafverfahrens zu dem in Satz 1 Nummer 1 aufgeführten Zweck genutzt werden. [4]Die Löschung der Aufzeichnungen ist zu dokumentieren.

(3) [1]Die von einer Aufzeichnung nach Absatz 1 betroffene Person ist über die Maßnahme zu unterrichten, sobald ihre Identität bekannt ist und sofern die nach Absatz 2 zulässigen Verwendungszwecke der Aufzeichnung nicht gefährdet werden. [2]Bei einem durch die Maßnahme unvermeidbar betroffenen Dritten im Sinne des Absatzes 1 Satz 2 unterbleibt die Unterrichtung, wenn die Identifikation nur mit unverhältnismäßigen Ermittlungen möglich wäre oder überwiegend schutzwürdige Interessen anderer Betroffener entgegenstehen.

(4) [1]Die Gründe für die Anfertigung von Bild- und Tonaufzeichnungen nach Absatz 1 und für ihre Verwendung nach Absatz 2 sind zu dokumentieren. [2]Außer zu den in Absatz 2 genannten Zwecken dürfen Aufzeichnungen nicht genutzt werden.

Abschnitt 4

Straftaten, Ordnungswidrigkeiten, Einziehung, Kosten

§ 26 Straftaten

(1) Wer in der Absicht, nicht verbotene Versammlungen zu verhindern oder sonst ihre Durchführung zu vereiteln, Gewalttätigkeiten vornimmt oder androht, wird mit Freiheitsstrafe bis zu zwei Jahren oder mit Geldstrafe bestraft.

(2) Mit Freiheitsstrafe bis zu einem Jahr oder mit Geldstrafe wird bestraft, wer

1. Waffen bei einer Versammlung, auf dem Weg zu einer Versammlung oder im Anschluss an eine Versammlung mit sich führt, zu der Versammlung hinschafft oder sie zur Verwendung bei ihr bereithält oder verteilt, wenn die Tat nicht nach § 52 Absatz 3 Nummer 9 des Waffengesetzes mit Strafe bedroht ist. Ebenso wird bestraft, wer eine Ordnerin oder einen Ordner in Versammlungen einsetzt, die oder der Waffen mit sich führt,
2. gegen die Leitung oder die Ordnerinnen oder Ordner einer Versammlung in der rechtmäßigen Ausübung von Ordnungsaufgaben Gewalt anwendet oder damit droht,
3. gegen eine Anordnung zur Durchsetzung des Vermummungs- und Schutzausrüstungsverbots nach § 19 Absatz 1 verstößt oder
4. gegen eine Anordnung zur Durchsetzung des Waffenverbots nach § 9 Absatz 1 Nummer 2 verstößt.

§ 27 Ordnungswidrigkeiten

(1) Ordnungswidrig handelt, wer

1. als veranstaltende oder leitende Person eine öffentliche Versammlung unter freiem Himmel ohne eine gemäß § 12 erforderliche Anzeige oder wesentlich anders als in der Anzeige angegeben durchführt,
2. öffentlich zur Teilnahme an einer Versammlung aufruft, deren Durchführung vollziehbar verboten oder deren Auflösung vollziehbar angeordnet ist,
3. trotz einer behördlichen Anordnung, dies zu unterlassen, absichtlich allein oder im Zusammenwirken mit anderen, nicht verbotene Versammlungen oder Aufzüge verhindert oder sonst ihre Durchführung vereitelt,
4. unter den Voraussetzungen der §§ 14 Absatz 1 bis 3, 15 Absatz 2 oder 22 Absatz 1 und 2 von der zuständigen Behörde oder im Verfahren des gerichtlichen Eilrechtsschutzes erlassenen vollziehbaren beschränkenden Verfügungen, Verboten oder Auflösungen als Leiterin oder Leiter oder Veranstalterin oder Veranstalter zuwiderhandelt,
5. unter den Voraussetzungen der §§ 14 Absatz 1 bis 3, 15 Absatz 2 oder 22 Absatz 1 und 2 von der zuständigen Behörde oder im Verfahren des gerichtlichen Eilrechtsschutzes erlassenen vollziehbaren beschränkenden Verfügungen, Verboten oder Auflösungen als Teilnehmerin oder Teilnehmer zuwiderhandelt,
6. gegen Anordnungen zur Durchsetzung des Uniformverbots (§ 9 Absatz 2) verstößt,
7. ungeachtet einer gemäß § 16 Absatz 1 ausgesprochenen Untersagung der Teilnahme an oder Anwesenheit in der Versammlung anwesend ist oder sich nach einem gemäß § 16 Absatz 2 angeordneten Ausschluss aus der Versammlung nicht unverzüglich entfernt oder
8. sich trotz einer unter den Voraussetzungen der §§ 14, 15 oder 22 erfolgten Auflösung einer Versammlung nicht unverzüglich entfernt.

(2) Die Ordnungswidrigkeit kann in den Fällen des Absatzes 1 Nummer 1, 5 und 8 mit einer Geldbuße bis zu eintausend Euro, in den Fällen des Absatzes 1 Nummer 3 bis zu eintausendfünfhundert Euro und in den Fällen des Absatzes 1 Nummer 2, 4, 6 und 7 bis zweitausendfünfhundert Euro geahndet werden.

§ 28 Einziehung

[1]Gegenstände, auf die sich eine Straftat nach § 26 oder eine Ordnungswidrigkeit nach § 27 bezieht, können eingezogen werden. [2]§ 74a des Strafgesetzbuches und § 23 des Gesetzes über Ordnungswidrigkeiten sind anzuwenden.

§ 29 Kosten

Amtshandlungen nach diesem Gesetz sind kostenfrei.

Abschnitt 5

Datenverarbeitung

§ 30 Datenverarbeitung durch die zuständige Behörde

(1) Die zuständige Behörde kann die nach § 12 Absatz 1 bis 3 erhobenen personenbezogenen Daten verarbeiten, soweit dies zur Erfüllung ihrer Aufgaben nach diesem Gesetz erforderlich ist.

(2) [1]Die zuständige Behörde kann die nach § 12 Absatz 1 bis 3 erhobenen personenbezogenen Daten sowie Informationen zum Verlauf der Versammlung auch zur Beurteilung der Gefahrenlage bei zukünftigen Versammlungen heranziehen, soweit dies erforderlich ist. [2]Zu diesem Zweck dürfen die in Satz 1 genannten Daten zwei Jahre über den Zeitpunkt der Beendigung der Versammlung hinaus gespeichert werden.

(3) Die zuständige Behörde kann die nach § 12 Absatz 1 bis 3 erhobenen personenbezogenen Daten zur Erfüllung ihrer Unterrichtungspflichten nach § 15 Absatz 3 und § 20 Absatz 3 an die Präsidentin oder den Präsidenten des Abgeordnetenhauses und die Eigentümerin oder den Eigentümer der in § 20 Absatz 2 genannten Verkehrsfläche übermitteln.

(4) Im Übrigen bleiben die Vorschriften über die Datenverarbeitung im Berliner Datenschutzgesetz und im Allgemeinen Sicherheits- und Ordnungsgesetz unberührt.

Abschnitt 6

Schlussbestimmungen

§ 31 Zuständigkeitsregelungen

Die Polizei Berlin ist sachlich und örtlich zuständig für die Durchführung dieses Gesetzes.

§ 32 Einschränkung von Grundrechten

Das Grundrecht der Versammlungsfreiheit (Artikel 26 der Verfassung von Berlin), der informationellen Selbstbestimmung (Artikel 33 der Verfassung von Berlin), der Freiheit der Person (Artikel 8 der Verfassung von Berlin), der Freizügigkeit (Artikel 17 der Verfassung von Berlin) sowie die entsprechenden Grundrechte des Grundgesetzes (Artikel 8, Artikel 2 Absatz 2, Artikel 11 Absatz 1, Artikel 2 Absatz 1 in Verbindung mit Artikel 1) werden nach Maßgabe dieses Gesetzes eingeschränkt.

Anlage
(zu § 14 Absatz 2 Satz 1 Nummer 3)

(1) Orte nach § 14 Absatz 2 Satz 1 Nummer 3 sind
1. das Denkmal für die ermordeten Juden Europas;
2. die Neue Wache – Zentrale Gedenkstätte der Bundesrepublik Deutschland für die Opfer von Krieg und Gewaltherrschaft, Unter den Linden;
3. der Bebelplatz mit dem Denkmal zur Erinnerung an die Bücherverbrennung am 10. Mai 1933;
4. die Gedenkstätte Plötzensee, Hüttigpfad;
5. das internationale Dokumentations- und Begegnungszentrum „Topographie des Terrors“, Stresemannstraße/Niederkirchnerstraße;
6. die Gedenk- und Bildungsstätte „Haus der Wannsee-Konferenz“, Am Großen Wannsee;
7. das Mahnmal „Gleis 17“, Bahnhof Grunewald;
8. die Stätte des Gedenkens an das als Sammellager missbrauchte jüdische Altersheim in der Großen Hamburger Straße und die von dort deportierten Menschen;
9. die jüdischen Friedhöfe in der Heerstraße, der Schönhauser Allee, in Weißensee, Herbert-Baum-Straße;
10. das Jüdische Museum Berlin, Lindenstraße;
11. die Gedenkstätte auf dem Vorplatz des Gemeindehauses der Jüdischen Gemeinde zu Berlin, Fasanenstraße;
12. die Gedenkstätte auf dem Parkfriedhof Marzahn für die Opfer des Sinti- und Roma-Sammellagers, das von 1936 bis 1945 nördlich des Friedhofs eingerichtet war, Wiesenburger Weg;
13. die Gedenkstätte „Köpenicker Blutwoche“, Puchanstraße;
14. die Gedenkstätte am Ort des ehemaligen Zwangsarbeiterlagers in Schöneweide, Britzer Straße;
15. das Museum „Blindenwerkstatt Otto Weidt“ mit der Gedenkstätte „Stille Helden“, Rosenthaler Straße;
16. das Deutsch-Russische Museum in Karlshorst, Zwieseler Straße;
17. das Denkmal für die im Nationalsozialismus ermordeten Homosexuellen, Ebertstraße;
18. das Denkmal für die im Nationalsozialismus ermordeten Sinti und Roma Europas, Simsonweg;
19. das Mahnmal Spiegelwand auf dem Hermann-Ehlers-Platz;
20. die Gedenkstätte Zwangslager, Otto-Rosenberg-Platz, Berlin-Marzahn;
21. der Güterbahnhof Moabit, Ellen-Epstein-Straße;
22. der Gedenk- und Informationsort für die Opfer der nationalsozialistischen „Euthanasie“-Morde, Tiergartenstraße und
23. der Gedenkort SA-Gefängnis Papestraße, Werner-Voß-Damm.

(2) Tage nach § 14 Absatz 2 Satz 1 Nummer 3 sind
1. der 27. Januar, Tag des Gedenkens an die Opfer des Nationalsozialismus (Holocaust-Gedenktag);
2. der 8. Mai, Tag der Befreiung;
3. der 9. Mai, Tag des Sieges über den Faschismus und
4. der 9. November, Gedenken an die Reichspogromnacht 1938.

Gesetz über den Katastrophenschutz im Land Berlin (Katastrophenschutzgesetz – KatSG)

Vom 7. Juni 2021 (GVBl. S. 610)
(BRV 2192-2)

Das Abgeordnetenhaus hat das folgende Gesetz beschlossen:

Teil 1
Begriffsbestimmungen und Organisation

§ 1 Katastrophen und Großschadenslagen

(1) Katastrophen sind Ereignisse, die das Leben, die Gesundheit oder die lebensnotwendige Versorgung einer Vielzahl von Menschen oder Tieren, die Umwelt oder sonstige bedeutsame Rechtsgüter in so außergewöhnlichem Ausmaß gefährden oder schädigen, dass deren Bewältigung nur unter Betei-

ligung der Katastrophenschutzbehörden und der Mitwirkenden im Katastrophenschutz angemessen geleistet werden kann und deren Zusammenwirken ressortübergreifend koordiniert werden muss.

(2) Großschadenslagen sind Ereignisse mit einer großen Anzahl von verletzten, erkrankten oder betroffenen Menschen oder Tieren oder erheblichen Sach- oder Umweltschäden, auf Grund deren besonderer Auswirkungen die Entwicklung zu einer Katastrophe nicht ausgeschlossen ist und für deren Bewältigung das Zusammenwirken der betroffenen Katastrophenschutzbehörden und der Mitwirkenden im Katastrophenschutz ressortübergreifend koordiniert werden muss.

§ 2 Katastrophenschutz

(1) [1]Katastrophenschutz ist der Schutz der Allgemeinheit vor Gefahren und Schäden, die von Katastrophen und Großschadenslagen im Sinne dieses Gesetzes ausgehen. [2]Er ist Teil der allgemeinen Gefahrenabwehr und umfasst Maßnahmen der Katastrophenvorsorge und Maßnahmen der Katastrophenabwehr.

(2) Der Katastrophenschutz ergänzt die Selbsthilfefähigkeit der Bevölkerung um die im öffentlichen Interesse gebotenen Maßnahmen.

§ 3 Katastrophenschutzbehörden

Katastrophenschutzbehörden sind die Senatskanzlei und die übrigen Senatsverwaltungen, die ihnen nachgeordneten Behörden, soweit diese Ordnungsaufgaben wahrnehmen, sowie die Bezirksämter.

§ 4 Einheiten und Einrichtungen des Katastrophenschutzes; Verordnungsermächtigung

(1) [1]Einheiten und Einrichtungen des Katastrophenschutzes sind nach Fachdiensten gegliederte Zusammenfassungen von Kräften und Mitteln zum Zweck der Abwehr von Katastrophen und Großschadenslagen. [2]Einheiten sind für den beweglichen Einsatz und Einrichtungen für den ortsfesten Einsatz bestimmt. [3]Träger der Einheiten und Einrichtungen des Katastrophenschutzes sind die Berliner Feuerwehr, die Polizei Berlin und die anerkannten privaten Hilfsorganisationen.

(2) Die für Inneres zuständige Senatsverwaltung wird ermächtigt, Stärke, Gliederung und Ausstattung der Einheiten und Einrichtungen sowie die erforderliche Ausbildung, Fortbildung und fachliche Eignung der Einsatzkräfte durch Rechtsverordnung zu regeln.

Teil 2
Maßnahmen des Katastrophenschutzes

Abschnitt 1
Katastrophenvorsorge

§ 5 Maßnahmen der Katastrophenvorsorge

(1) [1]Die Katastrophenschutzbehörden treffen nach pflichtgemäßem Ermessen die notwendigen Maßnahmen der Katastrophenvorsorge. [2]Sie haben insbesondere

1. Krisenstäbe gemäß § 12 Absatz 2 und 3 vorzuhalten,
2. Katastrophenschutzpläne gemäß § 6 aufzustellen und fortzuschreiben,
3. beim Schutz Kritischer Infrastrukturen gemäß § 28 mitzuwirken,
4. Katastrophenschutzübungen gemäß § 8 sowie Aus- und Fortbildungsveranstaltungen durchzuführen und
5. sich gegenseitig zu unterstützen, bei Bedarf zusammenzuarbeiten und einzelne Vorsorgemaßnahmen bei Zuständigkeit mehrerer Behörden mit diesen abzustimmen.

(2) Die Beschäftigten der Katastrophenschutzbehörden können verpflichtet werden, für Maßnahmen nach Absatz 1 zur Verfügung zu stehen, insbesondere an Katastrophenschutzübungen sowie Aus- und Fortbildungsveranstaltungen teilzunehmen.

(3) [1]Der für Inneres zuständigen Senatsverwaltung obliegt die übergreifende Koordinierung der Maßnahmen der Katastrophenvorsorge. [2]Zu diesem Zweck haben die Katastrophenschutzbehörden der für Inneres zuständigen Senatsverwaltung auf Nachfrage Auskunft zur Umsetzung der in den §§ 5 bis 9 geregelten Maßnahmen zu erteilen.

§ 6 Katastrophenschutzpläne

(1) [1]Die Katastrophenschutzbehörden haben zur Katastrophenvorsorge jeweils einen eigenen Katastrophenschutzplan zu erstellen und fortzuschreiben. [2]Grundlage der Katastrophenschutzpläne soll eine eigene ressortbezogene Gefährdungsabschätzung sein.

(2) Die für Inneres zuständige Senatsverwaltung soll unter Mitwirkung der Katastrophenschutzbehörden eine ressortübergreifende Gefährdungsabschätzung erstellen und fortschreiben.

(3) In den Katastrophenschutzplänen sind mindestens vorzusehen:

1. Aufbau und Struktur des Krisenstabs,
2. das jeweils anzuwendende Alarmierungsverfahren,
3. die im Katastrophenfall zusätzlich zur Verfügung stehenden Fähigkeiten und Ressourcen und
4. Maßnahmen zur Aufrechterhaltung der Verwaltungs- und Regierungsfunktionen.

(4) Als Teil der Katastrophenschutzpläne sind erforderlichenfalls ereignisbezogene Sonderpläne aufzustellen und fortzuschreiben.

§ 7 Externe Notfallpläne; Verordnungsermächtigung

(1) [1]Die für den Vollzug der Störfall-Verordnung (12. BImSchV) in der Fassung der Bekanntmachung vom 15. März 2017 (BGBl. I S. 483, 3527), die zuletzt durch Artikel 107 der Verordnung vom 19. Juni 2020 (BGBl. I S. 1328) geändert worden ist, in der jeweils geltenden Fassung zuständigen Behörden haben externe Notfallpläne für Maßnahmen außerhalb solcher Betriebe zu erstellen, für die die Betreiberin oder der Betreiber gemäß § 9 Absatz 1 in Verbindung mit § 2 Nummer 2 12. BImSchV einen Sicherheitsbericht zu erstellen hat. [2]Sie sind mit den internen Alarm- und Gefahrenabwehrplänen der Betreiberinnen und Betreiber abzustimmen. [3]Die für den Vollzug der 12. BImSchV zuständigen Behörden können auf Grund der Sicherheitsberichte entscheiden, dass es der Erstellung eines externen Notfallplans nicht bedarf; die Entscheidung ist zu begründen.

(2) Externe Notfallpläne sind zu erstellen, um

1. Schadensfälle einzudämmen und unter Kontrolle zu bringen, sodass die Auswirkungen möglichst geringgehalten und Schädigungen der menschlichen Gesundheit, der Umwelt und von Sachwerten begrenzt werden können,
2. die erforderlichen Maßnahmen zum Schutz der menschlichen Gesundheit und der Umwelt vor den Auswirkungen schwerer Unfälle einzuleiten,
3. notwendige Informationen an die Öffentlichkeit sowie betroffene Behörden oder Dienststellen in dem betreffenden Gebiet weiterzugeben und
4. Aufräumarbeiten und Maßnahmen zur Wiederherstellung der Umwelt nach einem schweren Unfall einzuleiten.

(3) [1]Externe Notfallpläne enthalten mindestens die in Artikel 12 und Anhang IV der Richtlinie 2012/18/EU des Europäischen Parlaments und des Rates vom 4. Juli 2012 zur Beherrschung der Gefahren schwerer Unfälle mit gefährlichen Stoffen, zur Änderung und anschließenden Aufhebung der Richtlinie 96/82/EG des Rates (ABl. L 197 vom 24.7.2012, S. 1), in der jeweils geltenden Fassung bezeichneten Angaben. [2]Sie sind entsprechend der Regelungen in Artikel 12 Absatz 1 Buchstabe a bis Buchstabe c der Richtlinie 2012/18/EU zu erstellen.

(4) [1]Die Entwürfe externer Notfallpläne sind für die Dauer eines Monats öffentlich auszulegen. [2]Ort und Dauer der Auslegung sind mindestens eine Woche vorher öffentlich bekannt zu machen. [3]Auf Antrag der Betreiberin oder des Betreibers sind bisher unveröffentlichte Angaben über den Betrieb unkenntlich zu machen, soweit das Interesse der Betreiberin oder des Betreibers daran das Interesse der Öffentlichkeit an der Offenlegung überwiegt.

(5) Die für Inneres zuständige Senatsverwaltung wird im Einvernehmen mit der für Umwelt zuständigen Senatsverwaltung ermächtigt, Inhalt und Form der externen Notfallpläne, deren Erprobung, die Abstimmung zwischen interner Alarm- und Gefahrenabwehrplanung und externer Notfallplanung, das Verfahren zur Auslegung und zur Anhörung der Öffentlichkeit sowie zur Information der Bevölkerung durch Rechtsverordnung zu regeln.

(6) Die für den Vollzug der 12. BImSchV zuständigen Behörden, alle weiteren an der externen Notfallplanung mitwirkenden Katastrophenschutzbehörden, die Betreiber und die sonstigen an der externen Notfallplanung beteiligten Stellen arbeiten bei der externen Notfallplanung und der Umsetzung der Katastrophenschutzmaßnahmen verstärkt zusammen.

(7) Die externen Notfallpläne werden von allen beteiligten Katastrophenschutzbehörden unverzüglich angewendet, sobald es zu einem schweren Unfall oder einem unkontrollierten Ereignis kommt, bei dem auf Grund seiner Art vernünftigerweise zu erwarten ist, dass es zu einem schweren Unfall führen könnte.

§ 8 Katastrophenschutzübungen

[1]Durch jährliche eigene Katastrophenschutzübungen und durch die Beteiligung an Übungen anderer haben die Katastrophenschutzbehörden ihre Katastrophenschutzpläne, die unverzügliche Einsatzbereitschaft ihrer Einsatzkräfte sowie das Zusammenwirken mit anderen Katastrophenschutzbehörden und den Mitwirkenden im Katastrophenschutz zu erproben. [2]Es können insbesondere Betreiberinnen und Betreiber Kritischer Infrastrukturen beteiligt werden.

§ 9 Katastrophenschutzbeauftragte

(1) Die Katastrophenschutzbehörden benennen jeweils eine Katastrophenschutzbeauftragte oder einen Katastrophenschutzbeauftragten sowie deren oder dessen Stellvertretung und teilen dies sowie Änderungen der für Inneres zuständigen Senatsverwaltung unverzüglich mit.

(2) Aufgabe der Katastrophenschutzbeauftragten ist es, die in den §§ 5 bis 8 geregelten Vorsorgemaßnahmen behördenintern zu koordinieren und diese mit anderen Katastrophenschutzbehörden abzustimmen.

Abschnitt 2

Katastrophenabwehr

§ 10 Katastrophenalarm, Feststellung einer Großschadenslage

(1) Die für Inneres zuständige Senatsverwaltung löst Katastrophenalarm für das Land Berlin aus, wenn eine Katastrophe vorliegt und hebt diesen wieder auf, wenn ein Grund für dessen Aufrechterhaltung nicht mehr besteht.

(2) Die für Inneres zuständige Senatsverwaltung stellt Eintritt und Ende einer Großschadenslage für das Land Berlin fest.

(3) Auslösung und Aufhebung gemäß Absatz 1 sowie Feststellungen gemäß Absatz 2 gibt die für Inneres zuständige Senatsverwaltung der Öffentlichkeit unverzüglich in geeigneter Weise bekannt.

§ 11 Maßnahmen der Katastrophenabwehr

(1) [1]Die Katastrophenschutzbehörden treffen nach pflichtgemäßem Ermessen die für die Abwehr einer Katastrophe oder Großschadenslage notwendigen Maßnahmen. [2]Sie haben sich insbesondere gegenseitig zu unterstützen, zusammenzuarbeiten und einzelne Abwehrmaßnahmen untereinander abzustimmen.

(2) Die Katastrophenschutzbehörden können ihre Beschäftigten für Maßnahmen der Abwehr von Katastrophen oder Großschadenslagen heranziehen.

§ 12 Krisenstäbe

(1) Im Katastrophenfall oder in einer Großschadenslage haben alle betroffenen Katastrophenschutzbehörden unverzüglich ihre Krisenstäbe in der durch Art und Ausmaß gebotenen Stärke einzuberufen.

(2) [1]Die Katastrophenschutzbehörden haben eine ausreichend personelle Besetzung, insbesondere deren

1. unverzügliche Erreichbarkeit auch außerhalb der Arbeits- und Dienstzeiten und
2. angemessene Aus- und Fortbildung

sicherzustellen. [2]Sie bestimmen eine Leitung und deren Stellvertretung und sorgen für die notwendige technische Ausstattung.

(3) Zur Gewährleistung der unverzüglichen Erreichbarkeit der nach Absatz 2 vorgesehenen Beschäftigten können die Katastrophenschutzbehörden folgende personenbezogene Daten verarbeiten:

1. Name und Vorname,
2. private Telefon- und Mobilfunknummer und
3. Wohnanschrift.

(4) [1]Krisenstäbe haben innerhalb der Zuständigkeit ihrer Katastrophenschutzbehörde die Aufgabe, Abwehrmaßnahmen zu koordinieren und relevante Lageinformationen unverzüglich den anderen betroffenen Krisenstäben zu melden. [2]Sie haben der für Inneres zuständigen Senatsverwaltung unverzüglich Informationen zu ihrer Erreichbarkeit und ihrem Stabsaufbau mitzuteilen; diesbezügliche Aktualisierungen sind unverzüglich zu melden. [3]Auf Grundlage dieser Informationen wird eine Kommunikationsübersicht erarbeitet und allen Katastrophenschutzbehörden zur Verfügung gestellt.

(5) [1]Der Krisenstab der für Inneres zuständigen Senatsverwaltung arbeitet im Katastrophenfall ressortübergreifend administrativ-organisatorisch (Ressortübergreifender Krisenstab). [2]Er trifft ressortbezogene Entscheidungen, ist beratend und bei Bedarf koordinierend tätig und bereitet ressortübergreifende Entscheidungen vor.

(6) In den Ressortübergreifenden Krisenstab können lageabhängig Vertreterinnen und Vertreter der übrigen Katastrophenschutzbehörden und der Mitwirkenden im Katastrophenschutz sowie externe Fachberaterinnen und Fachberater, insbesondere der Betreiberinnen und Betreiber Kritischer Infrastrukturen, berufen werden.

§ 13 Gemeinsame Einsatzlenkung

[1]Im Katastrophenfall oder in einer Großschadenslage stimmen die betroffenen Katastrophenschutzbehörden und die im Katastrophenschutz Mitwirkenden die wesentlichen taktisch-operativen Entscheidungen zum Zweck der Gefahrenabwehr miteinander ab (Gemeinsame Einsatzlenkung). [2]Relevante taktisch-operative sowie administrative Lageinformationen sind im Katastrophenfall dem Ressortübergreifenden Krisenstab zu melden.

§ 14 Ressortübergreifendes Entscheidungsgremium

(1) Im Katastrophenfall oder in einer Großschadenslage tritt bei Bedarf ein Ressortübergreifendes Entscheidungsgremium zusammen und trifft ressortübergreifend administrativ-politische Entscheidungen.

(2) Das Ressortübergreifende Entscheidungsgremium setzt sich aus den Hausleitungen der Senatskanzlei und der übrigen betroffenen Senatsverwaltungen zusammen.

(3) [1]Im Katastrophenfall beruft das für Inneres zuständige Senatsmitglied oder ein von diesem bestimmtes Mitglied der Hausleitung die Sitzungen ein, leitet diese und wirkt auf eine unverzügliche Entscheidung hin. [2]Ist im Katastrophenfall eine Senatsentscheidung für die Katastrophenabwehr aus zwingenden zeitlichen Gründen nicht möglich, können unaufschiebbare Entscheidungen zur Abwehr gegenwärtiger Gefahren für Leib und Leben oder wertvolle Sachgüter durch das für Inneres zuständige Senatsmitglied getroffen werden. [3]Das für Inneres zuständige Senatsmitglied oder ein von diesem bestimmtes Mitglied der Hausleitung kann unter den Voraussetzungen von Satz 2 insbesondere

1. öffentliche Stellen zur Katastrophenabwehr anweisen und
2. unter den Voraussetzungen von § 17 natürliche Personen und juristische Personen sowie Personenvereinigungen zur Mitwirkung bei der Katastrophenabwehr in Anspruch nehmen.

[4]Die nach den Sätzen 2 und 3 getroffenen Entscheidungen sind zu befristen. [5]Die Entscheidungen sind unverzüglich den zuständigen Senatsmitgliedern anzuzeigen und können jederzeit vom Senat aufgehoben oder geändert werden.

(4) [1]In Großschadenslagen können die jeweils fachlich zuständigen Senatsmitglieder oder ein von diesen bestimmtes Mitglied der jeweiligen Hausleitung in Abstimmung mit der für Inneres zuständigen Senatsverwaltung das Ressortübergreifende Entscheidungsgremium zu sich einberufen, wenn eine Notwendigkeit für eine ressortübergreifende Koordinierung geboten ist. [2]Das einberufende Senatsmitglied oder ein von diesen bestimmtes Mitglied der Hausleitung leitet die Sitzungen des Ressortübergreifenden Entscheidungsgremiums und wirkt auf eine unverzügliche Entscheidung hin.

§ 15 Presse- und Öffentlichkeitsarbeit

[1]Die Presse- und Öffentlichkeitsarbeit ist im Katastrophenfall mit dem Ressortübergreifenden Krisenstab abzustimmen. [2]§ 10 Absatz 3 bleibt unberührt.

§ 16 Festlegung von Sperrgebieten

(1) [1]Soweit dies zur Abwehr einer Katastrophe oder Großschadenslage erforderlich ist, können die Katastrophenschutzbehörden die betroffenen oder bedrohten Gebiete und ihre Zugangs- und Zufahrtswege vorübergehend zu Sperrgebieten erklären. [2]Die Erklärung ist der Öffentlichkeit unverzüglich in geeigneter Weise bekannt zu geben. [3]Befugnisse, Sperrgebiete nach anderen Rechtsvorschriften festzusetzen, bleiben unberührt.

(2) [1]Gegenüber im Sperrgebiet anwesenden Personen können Anordnungen zur Räumung und Sicherung, insbesondere des Einsatzortes, getroffen werden. [2]Die Personen können verpflichtet werden, die von ihnen mitgeführten Sachen aus dem Sperrgebiet zu entfernen. [3]Im Einzelfall dürfen Personen das Sperrgebiet mit Einwilligung der Katastrophenschutzbehörde betreten.

(3) Widerspruch und Anfechtungsklage gegen die auf Grund von Absatz 2 erlassenen Anordnungen haben keine aufschiebende Wirkung.

(4) Ein Schaden, den jemand durch eine Anordnung nach Absatz 2 erleidet, ist nach Maßgabe der §§ 59 bis 65 des Allgemeinen Sicherheits- und Ordnungsgesetzes in der Fassung der Bekanntmachung vom 11. Oktober 2006 (GVBl. S. 930), das zuletzt durch Artikel 1 und 5 des Gesetzes vom 22. März 2021 (GVBl. S. 318) geändert worden ist, in der jeweils geltenden Fassung zu ersetzen.

§ 17 Inanspruchnahme von Personen und Sachen

(1) [1]Die Katastrophenschutzbehörden und die in ihrem Auftrag handelnden Personen können unter den Voraussetzungen des § 16 Absatz 1 und 2 des Allgemeinen Sicherheits- und Ordnungsgesetzes natürliche Personen mit Vollendung des 18. Lebensjahres und juristische Personen sowie Personenvereinigungen zur Mitwirkung bei der Abwehr von Katastrophen oder Großschadenslagen in Anspruch nehmen. [2]Für die Dauer der Inanspruchnahme natürlicher Personen gilt § 22 Absatz 2 und 3 entsprechend.

(2) Soweit es zur Abwehr einer Katastrophe oder Großschadenslage erforderlich ist, haben Personen die Inanspruchnahme, insbesondere die Nutzung und den Verbrauch ihres Eigentums und Besitzes, durch die Katastrophenschutzbehörden oder die in ihrem Auftrag handelnden Personen zu dulden.

(3) Ein Schaden, den jemand durch die Inanspruchnahme nach Absatz 1 und 2 oder durch freiwillige Hilfeleistung als ungebundene Helferin oder ungebundener Helfer mit Zustimmung einer Katastrophenschutzbehörde bei der Abwehrmaßnahme erleidet, ist nach Maßgabe der §§ 59 bis 65 des Allgemeinen Sicherheits- und Ordnungsgesetzes zu ersetzen.

(4) Widerspruch und Anfechtungsklage gegen die auf Grund von Absatz 1 und 2 erlassenen Anordnungen haben keine aufschiebende Wirkung.

§ 18 Personenauskunftsstelle und deren Verarbeitung personenbezogener Daten

(1) Die Polizei Berlin richtet im Katastrophenfall eine Personenauskunftsstelle ein, die personenbezogene Daten von den betroffenen Personen zum Zweck der Vermisstensuche und Identifizierung verarbeitet.

(2) Eine Personenauskunftsstelle kann bereits bei einer Großschadenslage eingerichtet werden.

(3) Die Katastrophenschutzbehörden und die im Katastrophenschutz Mitwirkenden haben hierzu

1. Name und Vorname,
2. Geburtsdatum oder geschätztes Alter,
3. Geschlecht, Staatsangehörigkeit, Größe, Haar- und Augenfarbe sowie besondere Kennzeichen,
4. Wohnanschrift und Fundort,
5. Sichtungskategorie,
6. Versorgung (ambulant oder stationär) und
7. Verbleib sowie gegebenenfalls Verlegung in ein anderes Krankenhaus oder eine andere Einrichtung

der betroffenen Personen zu erheben, zu speichern und unverzüglich der Personenauskunftsstelle zu übermitteln.

(4) Auskünfte über den Verbleib der von der Katastrophe oder Großschadenslage betroffenen Personen durch die Personenauskunftsstelle dürfen an Angehörige und andere Berechtigte erteilt werden, soweit nicht im Einzelfall schutzwürdige Interessen der betroffenen Personen entgegenstehen.

(5) Von Auskunftsbegehrenden und Hinweisgebenden, die die Personenauskunftsstelle kontaktieren, dürfen zum Zweck der Vermisstensuche und Identifizierung folgende personenbezogene Daten verarbeitet werden:

1. Name und Vorname,
2. Geburtsdatum,
3. Erreichbarkeit,
4. Wohnanschrift,
5. Verwandtschaftsverhältnis und
6. berechtigtes Interesse.

(6) Ist die von der oder dem Auskunftsbegehrenden gesuchte Person nicht oder noch nicht erfasst, ist ein entsprechender Datensatz über die betroffene Person anzulegen, der folgende Daten enthalten soll:

1. Name und Vorname,
2. Geburtsdatum,
3. Geschlecht,
4. Staatsangehörigkeit,
5. Wohnanschrift,
6. Lichtbild, besondere Kennzeichen und
7. Bekleidung, mitgeführte Gegenstände.

(7) Die Personenauskunftsstelle darf personenbezogene Daten an öffentliche und nichtöffentliche Stellen sowie Personen übermitteln,

1. zur Erfüllung ihrer nach diesem Gesetz zugewiesenen Aufgaben,
2. soweit sie an der Schadensbewältigung und der Abwehr von weiteren Gefahren beteiligt sind oder soweit dies zur Erfüllung ihrer Aufgaben erforderlich ist und die Kenntnis dieser personenbezogenen Daten zur Schadensbewältigung oder Gefahrenabwehr erforderlich erscheint,
3. soweit ein rechtliches Interesse an der Kenntnis der zu übermittelnden Daten glaubhaft gemacht wird und die schutzwürdigen Interessen der betroffenen Personen nicht überwiegen oder
4. soweit ein berechtigtes Interesse geltend gemacht wird und offensichtlich ist, dass die Datenübermittlung im Interesse der betroffenen Personen liegt und sie in Kenntnis der Sachlage die Einwilligung hierzu erteilen würden.

(8) Die nach den Absätzen 3, 5 und 6 erhobenen personenbezogenen Daten, die die Identifizierung der betroffenen Personen ermöglichen, dürfen nur so lange gespeichert werden, wie es für den Zweck, für den sie verarbeitet werden, erforderlich ist.

(9) Zur Sicherstellung der öffentlichen Sicherheit besteht keine Pflicht zur Information der von der Datenerhebung betroffenen Person nach Artikel 13 und 14 der Verordnung (EU) 2016/679 des Europäischen Parlaments und des Rates vom 27. April 2016 zum Schutz natürlicher Personen bei der Verarbeitung personenbezogener Daten, zum freien Datenverkehr und zur Aufhebung der Richtlinie 95/46/EG (Datenschutz-Grundverordnung) (ABl. L 119 vom 4.5.2016, S. 1; L 314 vom 22.11.2016, S. 72; L 127 vom 23.5.2018, S. 2, L 74 vom 4.3.2021, S. 35) und hat die betroffene Person kein Recht auf Datenübertragbarkeit nach Artikel 20 der Verordnung (EU) 2016/679.

(10) Für die Verarbeitung personenbezogener Daten gilt neben der Verordnung (EU) 2016/679 im Übrigen das Berliner Datenschutzgesetz vom 13. Juni 2018 (GVBl. S. 418), das durch Artikel 13 des Gesetzes vom 12. Oktober 2020 (GVBl. S. 807) geändert worden ist, in der jeweils geltenden Fassung, soweit Sachverhalte betroffen sind, die in den Absätzen 1 bis 9 nicht oder nicht abschließend geregelt sind.

Teil 3

Mitwirkung im Katastrophenschutz

§ 19 Mitwirkung

Im Katastrophenschutz wirken nach Maßgabe der folgenden Bestimmungen insbesondere mit:

1. gemäß § 17 natürliche und juristische Personen, die zur Hilfeleistung im Katastrophenschutz in Anspruch genommen werden oder freiwillig mit Zustimmung einer Katastrophenschutzbehörde Hilfe leisten,
2. gemäß § 20 anerkannte private Hilfsorganisationen,
3. gemäß § 23 Behörden des Landes Berlin, soweit diese nicht bereits Katastrophenschutzbehörden sind,
4. gemäß § 24 die der Aufsicht des Landes Berlin unterliegenden juristischen Personen des öffentlichen Rechts,
5. gemäß § 25 Einheiten und Einrichtungen der Länder, des Bundes und anderer Staaten,
6. gemäß § 26 Krankenhäuser im Sinne des § 3 Absatz 1 Satz 1 des Landeskrankenhausgesetzes vom 18. September 2011 (GVBl. S. 483), das zuletzt durch Artikel 20 des Gesetzes vom 12. Oktober 2020 (GVBl. S. 807) geändert worden ist, in der jeweils geltenden Fassung,
7. die Psychosoziale Notfallversorgung,
8. gemäß § 27 Betreiberinnen und Betreiber von Einrichtungen mit besonderem Gefahrenpotential und
9. gemäß § 28 Betreiberinnen und Betreiber Kritischer Infrastrukturen.

§ 20 Mitwirkung der anerkannten privaten Hilfsorganisationen; Verordnungsermächtigung

(1) Anerkannte private Hilfsorganisationen im Sinne dieses Gesetzes sind der Arbeiter-Samariter-Bund, die Deutsche Lebens-Rettungs-Gesellschaft, das Deutsche Rote Kreuz, die Johanniter-Unfall-Hilfe und der Malteser-Hilfsdienst.

(2) Über Absatz 1 hinaus können weitere Organisationen als im Katastrophenschutz anerkannte private Hilfsorganisationen anerkannt werden, wenn ihre Eignung festgestellt wird und ein Bedarf besteht.

(3) Die für Inneres zuständige Senatsverwaltung wird ermächtigt, die näheren Voraussetzungen für die Anerkennung weiterer Organisationen, insbesondere die Eignung der Antragstellenden, die Aberkennung sowie das Verfahren durch Rechtsverordnung zu regeln.

§ 21 Pflichten der anerkannten privaten Hilfsorganisationen

(1) [1]Die Mitwirkung der anerkannten privaten Hilfsorganisationen in der Katastrophenvorsorge umfasst insbesondere die Pflicht,

1. geeignete Kräfte sowie deren Aus- und Fortbildung sicherzustellen,
2. die Einsatzbereitschaft der Einheiten und Einrichtungen sicherzustellen,
3. Katastrophenschutzübungen durchzuführen sowie sich an den von den Katastrophenschutzbehörden angeordneten Katastrophenschutzübungen zu beteiligen und
4. die Katastrophenschutzbehörden bei der Katastrophenvorsorge zu unterstützen.

[2]Für die Dauer angeordneter Katastrophenschutzübungen unterstehen die Einheiten und Einrichtungen der anerkannten privaten Hilfsorganisationen der anordnenden Katastrophenschutzbehörde.

(2) [1]Im Rahmen der Abwehr von Katastrophen und Großschadenslagen haben die anerkannten privaten Hilfsorganisationen der Anforderung durch die Berliner Feuerwehr nachzukommen. [2]Während der Einsätze unterstehen sie der Berliner Feuerwehr und handeln in deren Auftrag.

§ 22 Rechtsstellung der ehrenamtlichen Helferinnen und Helfer im Katastrophenschutz

(1) Ehrenamtliche Helferinnen und Helfer im Katastrophenschutz sind Personen, die sich freiwillig in Einheiten und Einrichtungen des Katastrophenschutzes gegenüber den anerkannten privaten Hilfsorganisationen verpflichtet haben.

(2) Für den ehrenamtlichen Dienst im Katastrophenschutz gelten die §§ 8, 9 Absatz 1 und 3 sowie § 10 des Feuerwehrgesetzes vom 23. September 2003 (GVBl. S. 457), das zuletzt durch Artikel 26 des Gesetzes vom 12. Oktober 2020 (GVBl. S. 807) geändert worden ist, in der jeweils geltenden Fassung entsprechend.

(3) Für Personen, die hauptamtlich im Katastrophenschutzdienst tätig sind, gelten die Regelungen des Absatzes 2 nur, soweit sich aus dem Dienst- oder Beschäftigungsverhältnis nichts anderes ergibt.

§ 23 Mitwirkung der weiteren Behörden des Landes Berlin, die nicht bereits Katastrophenschutzbehörden sind

(1) [1]Alle Behörden des Landes Berlin, die nicht Katastrophenschutzbehörde im Sinne dieses Gesetzes sind, sind verpflichtet, die Katastrophenschutzbehörden zu unterstützen. [2]Sie haben zudem Vorbereitungen zur Aufrechterhaltung der Verwaltungs- und Regierungsfunktionen im Katastrophenfall zu treffen.

(2) Zur Erfüllung ihrer Aufgaben nach Absatz 1 können die Behörden ihre Beschäftigten für Maßnahmen der Abwehr von Katastrophen heranziehen.

§ 24 Mitwirkung der der Aufsicht des Landes Berlin unterliegenden juristischen Personen des öffentlichen Rechts

Die der Aufsicht des Landes Berlin unterliegenden juristischen Personen des öffentlichen Rechts wirken im Katastrophenschutz mit, soweit dies im Einzelfall zu ihren Aufgaben gehört.

§ 25 Mitwirkung der Einheiten und Einrichtungen der Länder, des Bundes und anderer Staaten

(1) [1]Länder, Bund und andere Staaten können im Katastrophenschutz des Landes Berlin auf Anforderung mitwirken. [2]Im Rahmen ihrer Mitwirkung, insbesondere im Rahmen der ihnen von Katastrophenschutzbehörden erteilten Aufträge, haben die Kräfte der Länder, des Bundes und anderer Staaten die gleichen Befugnisse wie die entsprechenden Kräfte des Landes Berlin. [3]Sie unterstehen im Rahmen ihrer Mitwirkung den Weisungen derjenigen Behörde, von der sie eingesetzt werden.

(2) Die Bundesanstalt Technisches Hilfswerk wirkt gemäß ihrer Aufgabenzuweisung nach dem THW-Gesetz vom 22. Januar 1990 (BGBl. I S. 118), das zuletzt durch Artikel 2 Absatz 8 des Gesetzes vom

30. März 2021 (BGBl. I S. 402) geändert worden ist, in der jeweils geltenden Fassung im Katastrophenschutz mit.

§ 26 Mitwirkung der Krankenhäuser

[1]Krankenhäuser des Landes Berlin sind im Rahmen der Mitwirkung im Katastrophenschutz verpflichtet, für die von den zuständigen Katastrophenschutzbehörden als relevant benannten Szenarien Einsatzpläne aufzustellen und fortzuschreiben. [2]Sie führen Katastrophenschutzübungen zur Erprobung der Einsatzpläne sowie Aus- und Fortbildungsveranstaltungen für die Beschäftigten durch. [3]Bei Katastrophen oder Großschadenslagen sind Krankenhäuser verpflichtet, geeignete organisatorische und personelle Maßnahmen, die zur sachgerechten Versorgung einer großen Anzahl von verletzten, erkrankten oder betroffenen Menschen notwendig sind, zu ergreifen.

§ 27 Pflichten der Betreiberinnen und Betreiber von Einrichtungen mit besonderem Gefahrenpotential

(1) [1]Die Betreiberinnen und Betreiber von Einrichtungen, bei denen die Störung des bestimmungsgemäßen Betriebs oder die Störung unter Berücksichtigung des Domino-Effekts gemäß § 15 der Störfall-Verordnung zu einer Gefahr für das Leben oder die Gesundheit einer Vielzahl von Menschen, für die Umwelt oder für sonstige bedeutsame Rechtsgüter führen können, sind verpflichtet, die Katastrophenschutzbehörden bei der Katastrophenvorsorge zu unterstützen. [2]Sie haben im Rahmen der Maßnahmen zur Katastrophenvorsorge insbesondere

1. den zuständigen Katastrophenschutzbehörden den Betrieb einer neuen Einrichtung spätestens vier Wochen vor der Inbetriebnahme schriftlich anzuzeigen,
2. den Katastrophenschutzbehörden Auskünfte über den Betrieb der Einrichtungen, vor allem über die getroffenen Sicherheitsvorkehrungen und die Verantwortlichen zu erteilen,
3. den Katastrophenschutzbehörden Zutritt zu den Einrichtungen zu gestatten und
4. sich an Übungen der Katastrophenschutzbehörden zu beteiligen.

[3]Die Betreiberinnen und Betreiber können ein Auskunftsersuchen zurückweisen, wenn die erbetenen Auskünfte bereits gegenüber einer anderen Katastrophenschutzbehörde erteilt wurden.

(2) Die Betreiberinnen und Betreiber sind verpflichtet, jede Störung des bestimmungsgemäßen Betriebs der Einrichtungen, die zu einer Gefahr im Sinne von Absatz 1 führen kann, unverzüglich der Berliner Feuerwehr oder der Polizei Berlin und der zuständigen Katastrophenschutzbehörde zu melden.

(3) Die zuständigen Katastrophenschutzbehörden legen unter Beteiligung der Betreiberinnen und Betreiber diejenigen zusätzlichen Maßnahmen der Katastrophenvorsorge fest, die auf Grund des besonderen Gefahrenpotentials erforderlich sind.

§ 28 Pflichten der Betreiberinnen und Betreiber Kritischer Infrastrukturen

(1) Die Betreiberinnen und Betreiber von Einrichtungen, Anlagen oder Teilen davon, die

1. den Sektoren Energie, Informationstechnik und Telekommunikation, Transport und Verkehr, Entsorgung, Gesundheit, Wasser, Ernährung, Medien und Kultur oder Finanz- und Versicherungswesen angehören und
2. von hoher Bedeutung für das Funktionieren des Gemeinwesens sind, weil durch ihren Ausfall oder ihre Beeinträchtigung erhebliche Versorgungsengpässe oder Gefährdungen für die öffentliche Sicherheit eintreten würden,

sind verpflichtet, mit den Katastrophenschutzbehörden zusammenzuarbeiten.

(2) Sie haben im Rahmen der Katastrophenvorsorge insbesondere

1. sicherzustellen, dass sie ihre Aufgaben bei Ausfall oder Beeinträchtigung auch anderer Kritischer Infrastrukturen für einen angemessenen Zeitraum eigenständig fortführen können und
2. den für den jeweiligen Sektor fachlich zuständigen Katastrophenschutzbehörden Ansprechpersonen zu benennen und Auskünfte über die getroffenen Vorsorgemaßnahmen zu erteilen.

(3) Die nach Absatz 2 getroffenen Maßnahmen sind von den für den jeweiligen Sektor fachlich zuständigen Katastrophenschutzbehörden bei der Erstellung und Fortschreibung ihrer Katastrophenschutzpläne zu berücksichtigen.

(4) [1]Der für Inneres zuständigen Senatsverwaltung kommt eine Koordinierungsfunktion zu, die sie durch eine Koordinierungsstelle Kritische Infrastrukturen wahrnimmt. [2]Die für den jeweiligen Sektor fachlich zuständigen Katastrophenschutzbehörden sind gegenüber der Koordinierungsstelle Kritische Infrastrukturen zur Mitwirkung verpflichtet.

Teil 4
Kosten, Zuwendungen und Datenschutz

§ 29 Kosten
(1) Die anerkannten privaten Hilfsorganisationen tragen die ihnen durch die Mitwirkung im Katastrophenschutz entstehenden Kosten, soweit dieses Gesetz nichts anderes bestimmt.
(2) Die Kosten der gemäß § 27 und § 28 zu treffenden Maßnahmen tragen die Betreiberinnen und Betreiber.

§ 30 Zuwendungen
Das Land Berlin gewährt den anerkannten privaten Hilfsorganisationen für ihre Mitwirkung im Katastrophenschutz Zuwendungen zu den Aufwendungen, die ihnen insbesondere durch Katastrophenschutzübungen, Beschaffung und Unterhaltung zusätzlicher Ausstattung sowie die erforderliche Aus- und Fortbildung der ehrenamtlichen Helferinnen und Helfer entstehen.

§ 31 Kostenersatz
(1) Die Katastrophenschutzbehörden können Ersatz der ihnen durch Maßnahmen der Abwehr von Katastrophen und Großschadenslagen entstandenen Kosten verlangen
1. von der Verursacherin oder dem Verursacher, wenn sie oder er die Katastrophe oder Großschadenslage vorsätzlich oder grob fahrlässig herbeigeführt hat;
2. von der Fahrzeughalterin oder dem Fahrzeughalter, wenn die Katastrophe oder Großschadenslage durch den Betrieb eines Kraft-, Schienen-, Luft- oder Wasserfahrzeuges entstanden ist, sowie von der Ersatzpflichtigen oder dem Ersatzpflichtigen in sonstigen Fällen der Gefährdungshaftung. Benutzt jemand das Fahrzeug ohne Wissen und Willen der Fahrzeughalterin oder des Fahrzeughalters, so ist sie oder er anstelle der Halterin oder des Halters zum Ersatz des Schadens verpflichtet; daneben bleibt die Halterin oder der Halter zum Ersatz des Schadens verpflichtet, wenn die Benutzung des Fahrzeugs durch ihr oder sein Verschulden ermöglicht worden ist. Satz 2 findet keine Anwendung, wenn die Benutzerin oder der Benutzer von der Fahrzeughalterin oder dem Fahrzeughalter für den Betrieb des Kraftfahrzeugs angestellt ist oder wenn ihr oder ihm das Fahrzeug von der Halterin oder dem Halter überlassen worden ist. Die Sätze 2 und 3 sind auf die Benutzung eines Anhängers entsprechend anzuwenden;
3. von der Transportunternehmerin oder dem Transportunternehmer, der Eigentümerin oder dem Eigentümer, der Benutzerin oder dem Benutzer oder sonstigen Nutzungsberechtigten, wenn die Katastrophe oder Großschadenslage durch
   a) die Beförderung von oder den sonstigen Umgang mit brennbaren Flüssigkeiten im Sinne der Verordnung über brennbare Flüssigkeiten in der Fassung der Bekanntmachung vom 13. Dezember 1996 (BGBl. I S. 1937; 1997 I S. 447), die zuletzt durch Artikel 11 der Verordnung vom 2. Juni 2016 (BGBl. I S. 1257) geändert worden ist, in der jeweils geltenden Fassung, oder
   b) die Beförderung von gefährlichen Gütern im Sinne der Gefahrgutverordnung Straße, Eisenbahn und Binnenschifffahrt in der Fassung der Bekanntmachung vom 11. März 2019 (BGBl. I S. 258), die durch Artikel 14 des Gesetzes vom 12. Dezember 2019 (BGBl. I S. 2510) geändert worden ist, in der jeweils geltenden Fassung, oder
   c) den Umgang mit wassergefährdenden Stoffen gemäß § 62 des Wasserhaushaltsgesetzes vom 31. Juli 2009 (BGBl. I S. 2585), das zuletzt durch Artikel 1 des Gesetzes vom 19. Juni 2020 (BGBl. I S. 1408) geändert worden ist, in der jeweils geltenden Fassung

   entstanden ist.

(2) Die Ersatzpflicht nach Absatz 1 Nummer 2 und 3 ist ausgeschlossen, wenn die Katastrophe oder Großschadenslage durch höhere Gewalt verursacht worden ist.
(3) Kostenerstattungsansprüche auf Grund anderer Vorschriften bleiben unberührt.
(4) Sind zum Ersatz derselben Kosten mehrere Personen verpflichtet, so haften diese als Gesamtschuldner.

§ 32 Verarbeitung personenbezogener Daten der am Katastrophenschutz beteiligten Personen
(1) [1]Die Katastrophenschutzbehörden dürfen zum Zweck der Katastrophenvorsorge und Katastrophenabwehr sowie zur Feststellung und Durchsetzung von Kostenersatzansprüchen von

1. den Einsatzkräften des Katastrophenschutzes,
2. den sonstigen im Katastrophenschutz beteiligten Personen, deren besondere Kenntnisse oder Fähigkeiten zur Katastrophenabwehr benötigt werden,
3. den Personen, die gemäß § 17 Absatz 1 in Anspruch genommen werden können,
4. den ungebundenen Helferinnen und Helfern gemäß § 17 Absatz 3,
5. den Betreiberinnen und Betreibern von Anlagen mit besonderem Gefahrenpotential gemäß § 27,
6. den Betreiberinnen und Betreibern Kritischer Infrastrukturen gemäß § 28,
7. den zum Kostenersatz gemäß § 31 Verpflichteten und
8. den sonstigen Verantwortlichen für andere Einrichtungen, bei denen Katastrophen entstehen können,

personenbezogene Daten verarbeiten, soweit diese zur Erfüllung ihrer jeweiligen Aufgaben erforderlich sind. [2]Diese personenbezogenen Daten dürfen an die im Einsatzfall im Katastrophenschutz mitwirkenden Stellen übermittelt werden, soweit sie zu deren Aufgabenerfüllung erforderlich sind.

(2) Zu den personenbezogenen Daten nach Absatz 1 zählen:
1. Name und Vorname,
2. Geburtsdatum,
3. Anschrift,
4. Tätigkeit,
5. Telefonnummer,
6. Angaben über die körperliche Tauglichkeit und Eigenschaften,
7. Angaben über die Trägerin oder den Träger des Katastrophenschutzes, die Einheit oder Einrichtung und wahrgenommenen Funktionen bei Einsatzkräften des Katastrophenschutzes,
8. Aus- und Fortbildungslehrgänge,
9. Spezialkenntnisse,
10. Beschäftigungsstelle und Bankverbindung.

(3) [1]Bei der Erfüllung von Entschädigungs- und Erstattungsansprüchen nach § 17 Absatz 1 Satz 2 und § 22 Absatz 2 dürfen die zur Erstattung Verpflichteten personenbezogene Daten in dafür erforderlichem Umfang verarbeiten. [2]Hierzu zählen folgende personenbezogene Daten:
1. die in Absatz 2 Nummer 1 bis 4 genannten personenbezogenen Daten,
2. Name und Anschrift der Arbeitgeberin oder des Arbeitsgebers und
3. Höhe und Art des Anspruchs sowie die Bankverbindung.

(4) Zur Sicherstellung der öffentlichen Sicherheit besteht keine Pflicht zur Information der von der Datenerhebung betroffenen Person nach Artikel 13 und 14 der Verordnung (EU) 2016/679 und hat die betroffene Person kein Recht auf Datenübertragbarkeit nach Artikel 20 der Verordnung (EU) 2016/679.

(5) Für die Verarbeitung personenbezogener Daten gilt neben der Verordnung (EU) 2016/679 im Übrigen das Berliner Datenschutzgesetz soweit Sachverhalte betroffen sind, die in den Absätzen 1 bis 4 nicht oder nicht abschließend geregelt sind.

Teil 5
Schlussvorschriften

§ 33 Einschränkung von Grundrechten

Durch dieses Gesetz werden die Grundrechte der Freiheit der Person (Artikel 2 Absatz 2 Satz 2 des Grundgesetzes), der Versammlungsfreiheit (Artikel 8 Absatz 1 des Grundgesetzes), der Freizügigkeit (Artikel 11 Absatz 1 des Grundgesetzes), der Berufsfreiheit (Artikel 12 Absatz 1 und 2 des Grundgesetzes) und der Unverletzlichkeit der Wohnung (Artikel 13 Absatz 1 des Grundgesetzes) eingeschränkt.

§ 34 Ordnungswidrigkeiten

(1) Ordnungswidrig handelt,
1. wer vorsätzlich oder fahrlässig seinen Verpflichtungen als Betreiberin oder Betreiber gemäß § 27 Absatz 1 und 2 oder § 28 Absatz 1 und 2,
2. wer vorsätzlich oder fahrlässig einer vollziehbaren Anordnung gemäß § 16 Absatz 2,
3. wer vorsätzlich oder fahrlässig einer vollziehbaren Anordnung gemäß § 17 Absatz 1 oder 2

nicht, nicht rechtzeitig oder nicht vollständig nachkommt.

(2) Die Ordnungswidrigkeit im Fall des Absatzes 1 Nummer 1 kann mit einer Geldbuße bis zu 50.000 Euro, im Fall des Absatzes 1 Nummer 2 bis zu 500 Euro und im Fall des Absatzes 1 Nummer 3 bis zu 5.000 Euro geahndet werden.

(3) Die zuständige Verwaltungsbehörde für die Verfolgung und Ahndung von Ordnungswidrigkeiten nach Absatz 1 Nummer 1 ist die jeweils zuständige Katastrophenschutzbehörde und nach Absatz 1 Nummer 2 und 3 die anordnende Katastrophenschutzbehörde.

§ 35 Zuständigkeit zum Erlass von Ausführungsvorschriften

[1]Die zur Ausführung des Gesetzes notwendigen Ausführungsvorschriften erlässt die zuständige Senatsverwaltung im Einvernehmen mit der für Inneres zuständigen Senatsverwaltung, wenn die Vorschriften nur den Geschäftsbereich der zuständigen Senatsverwaltung betreffen. [2]Im Übrigen erlässt die für Inneres zuständige Senatsverwaltung im Einvernehmen mit den zuständigen Senatsverwaltungen Ausführungsvorschriften, wenn diese den Geschäftsbereich mehrerer Senatsverwaltungen betreffen.

§ 36 Inkrafttreten, Außerkrafttreten

(1) Dieses Gesetz tritt am Tage nach der Verkündung im Gesetz- und Verordnungsblatt für Berlin in Kraft.

(2) Gleichzeitig tritt das Katastrophenschutzgesetz vom 11. Februar 1999 (GVBl. S. 78), das zuletzt durch Gesetz vom 9. Mai 2016 (GVBl. S. 240) geändert worden ist, außer Kraft.

Gesetz über Naturschutz und Landschaftspflege von Berlin (Berliner Naturschutzgesetz – NatSchG Bln)[1)]

Vom 29. Mai 2013 (GVBl. S. 140)
(BRV 791-1)
zuletzt geändert durch Art. 1 Erstes ÄndG vom 27. September 2021 (GVBl. S. 1166)

Das Abgeordnetenhaus hat das folgende Gesetz beschlossen:

Inhaltsübersicht

1) Das Gesetz weicht in einzelnen Punkten vom Bundesnaturschutzgesetz ab; vgl. § 1.

Kapitel 1
Allgemeine Vorschriften

§ 1 Regelungsgegenstand

Durch die Vorschriften dieses Gesetzes werden die Vorschriften des Bundesnaturschutzgesetzes vom 29. Juli 2009 (BGBl. I S. 2542), das zuletzt durch Artikel 7 des Gesetzes vom 21. Januar 2013 (BGBl. I S. 95) geändert worden ist, ergänzt oder es wird von diesen im Sinne von Artikel 72 Absatz 3 Satz 1 Nummer 2 des Grundgesetzes abgewichen.

§ 2 Verwirklichung der Ziele (zu § 2 des Bundesnaturschutzgesetzes)

(1) Der Schutz von Natur und Landschaft im Sinne einer dauerhaft umweltgerechten Entwicklung ist eine verpflichtende Aufgabe für den Staat und jeden Bürger.

(2) Die Umweltbildung und -erziehung im Sinne von § 2 Absatz 6 des Bundesnaturschutzgesetzes sind im schulischen und außerschulischen Bereich zu fördern, insbesondere in

1. vorschulischen Erziehungs- und Bildungseinrichtungen,
2. Schulen,
3. Einrichtungen der Jugendarbeit und Jugendfreizeit,
4. Einrichtungen der beruflichen Bildung sowie
5. Einrichtungen der Weiterbildung.

(3) [1]Den Trägern der Umweltbildung können von den Bezirken und landeseigenen Einrichtungen geeignete Räumlichkeiten und Grundstücke für ihre satzungsgemäßen Bildungszwecke mietfrei zur Verfügung gestellt werden. [2]Als Träger der Umweltbildung gelten Vereine, die Umweltbildung als pri-

märes Ziel in ihrer Satzung verankert haben oder die von der für den Umweltschutz zuständigen Senatsverwaltung als Träger der Umweltbildung anerkannt wurden.

§ 3 Zuständigkeit der Naturschutzbehörden (zu § 3 Absatz 1 des Bundesnaturschutzgesetzes)

(1) Die für Naturschutz und Landschaftspflege zuständigen Behörden im Sinne von § 3 Absatz 1 Nummer 1 des Bundesnaturschutzgesetzes sind das für Naturschutz und Landschaftspflege zuständige Mitglied des Senats als oberste Behörde für Naturschutz und Landschaftspflege und die Bezirksämter als untere Behörden für Naturschutz und Landschaftspflege.

(2) Soweit nichts anderes bestimmt ist, sind die unteren Behörden für Naturschutz und Landschaftspflege zuständig.

(3) [1]Die oberste Behörde für Naturschutz und Landschaftspflege ist zuständig für

1. die Erteilung von Ausnahmegenehmigungen oder Befreiungen von Verboten der Bundesartenschutzverordnung,
2. Entscheidungen oder die Erteilung von Bescheinigungen nach den für den Artenschutz erlassenen Vorschriften des europäischen Gemeinschaftsrechts,
3. die Zulassung von Ausnahmen nach § 33 Absatz 1 Satz 2 des Bundesnaturschutzgesetzes,
4. Ausnahmen und Genehmigungen nach § 39 Absatz 2 und 4 des Bundesnaturschutzgesetzes,
5. Genehmigungen nach § 40 Absatz 4 des Bundesnaturschutzgesetzes und Anordnungen nach § 40 Absatz 6 und § 44 Absatz 4 Satz 3 des Bundesnaturschutzgesetzes,
6. Ausnahmen nach § 45 Absatz 7 des Bundesnaturschutzgesetzes,
7. Befreiungen nach § 67 des Bundesnaturschutzgesetzes.

[2]Satz 1 Nummer 7 gilt nicht für Befreiungen von

1. Verboten des § 30 Absatz 2 des Bundesnaturschutzgesetzes einschließlich der in Kapitel 4 Abschnitt 2 normierten Verbote zum Schutz des Röhrichtbestandes,
2. den in § 39 des Bundesnaturschutzgesetzes enthaltenen Verboten des allgemeinen Artenschutzes mit Ausnahme des Verbots des § 39 Absatz 6 des Bundesnaturschutzgesetzes,
3. dem Verbot des § 39 (Streusalzverbot),
4. Verboten und Festsetzungen in Landschaftsplänen, sofern es sich nicht um einen Landschaftsplan von außergewöhnlicher stadtpolitischer Bedeutung im Sinne des § 13 handelt,
5. Geboten und Verboten nach Maßgabe einer Rechtsverordnung zum Schutz von Naturdenkmälern (§ 28 des Bundesnaturschutzgesetzes und § 21).

[3]Die in anderen Vorschriften begründete Zuständigkeit der obersten Behörde für Naturschutz und Landschaftspflege bleibt unberührt.

(4) Die oberste Behörde für Naturschutz und Landschaftspflege nimmt für Naturschutzgebiete und Natura 2000-Gebiete die Aufgabe wahr, Maßnahmen zur Sicherstellung der erforderlichen Entwicklung und Pflege zu koordinieren und durchzuführen sowie Pflege- und Entwicklungspläne aufzustellen und zu überwachen.

(5) Ist im Zusammenhang mit der Beseitigung von Bäumen oder anderen Gehölzen außerhalb des Waldes eine Ausnahme oder Befreiung von den Verboten des § 44 des Bundesnaturschutzgesetzes erforderlich, entscheidet die untere Behörde für Naturschutz und Landschaftspflege über diese Zulassungen.

§ 4 Aufgaben und Befugnisse der Naturschutzbehörden (zu § 3 Absatz 2 des Bundesnaturschutzgesetzes)

(1) [1]Den für Naturschutz und Landschaftspflege zuständigen Behörden im Sinne von § 3 Absatz 1 Nummer 1 des Bundesnaturschutzgesetzes obliegt ergänzend zu den in § 3 Absatz 2 des Bundesnaturschutzgesetzes genannten Aufgaben auch die Durchführung dieses Gesetzes, der auf Grund dieses Gesetzes erlassenen Rechtsvorschriften und der naturschutzrechtlichen Vorschriften des europäischen Unionsrechts. [2]Sie treffen nach pflichtgemäßem Ermessen die im Einzelfall erforderlichen Maßnahmen, um die Einhaltung dieser Vorschriften sicherzustellen, soweit in anderen Rechtsvorschriften nichts anderes bestimmt ist.

(2) Neben den ihnen durch das Bundesnaturschutzgesetz und dieses Gesetz zugewiesenen sonstigen Aufgaben haben die Behörden für Naturschutz und Landschaftspflege

1. Veränderungen in der Tier- und Pflanzenwelt zu beobachten,
2. die wissenschaftlichen, insbesondere ökologischen Grundlagen für den Naturschutz und die Landschaftspflege zu erarbeiten,
3. der Bevölkerung die Bedeutung von Natur und Landschaft für die Lebensgrundlagen und die Umwelt des Menschen nahe zu bringen, sie über das sachgerechte Verhalten in Natur und Landschaft aufzuklären und Verständnis und Unterstützung für die Maßnahmen des Naturschutzes und der Landschaftspflege zu wecken,
4. die Zusammenarbeit mit Naturschutzorganisationen und sonstigen in Naturschutz und Landschaftspflege tätigen Institutionen zu pflegen und
5. bei Schäden gemäß § 19 Absatz 1 des Bundesnaturschutzgesetzes oder der unmittelbaren Gefahr solcher Schäden die zusätzlichen Aufgaben nach dem Umweltschadensgesetz zu erfüllen. Ist eine andere Behörde des Landes Berlin für die Gefahrenabwehr zuständig, so ist diese abweichend von Satz 1 auch für die Aufgaben nach dem Umweltschadensgesetz zuständig, insbesondere
   a) kraft zwingenden Sachzusammenhangs oder
   b) wenn der Umweltschaden oder die unmittelbare Gefahr eines solchen dem betroffenen Umweltgut nach auch in die Zuständigkeit der anderen Behörde fällt und sie ihre Zuständigkeit im Einvernehmen mit der Behörde für Naturschutz und Landschaftspflege festgestellt hat.

§ 5 Forstwirtschaft (zu § 5 Absatz 3 des Bundesnaturschutzgesetzes)
Unbeschadet der in § 5 Absatz 3 des Bundesnaturschutzgesetzes genannten Anforderungen beachtet die Forstwirtschaft in Berlin sowie auf den Berlin gehörenden Flächen die anerkannten Regeln naturgemäßer Waldwirtschaft nach Maßgabe des Landeswaldgesetzes in seiner jeweils geltenden Fassung.

§ 6 Beobachtung von Natur und Landschaft (zu § 6 des Bundesnaturschutzgesetzes)
[1]Bei der Beobachtung nach § 6 des Bundesnaturschutzgesetzes soll insbesondere bei den durch Rechtsverordnung nach § 21 geschützten Teilen von Natur und Landschaft eine Kontrolle des Zustands bezogen auf den jeweiligen Schutzzweck alle fünf bis zehn Jahre erfolgen. [2]Die oberste Behörde für Naturschutz und Landschaftspflege stellt jeweils in der Mitte einer Legislaturperiode einen Natur- und Artenschutzbericht auf.

Kapitel 2
Landschaftsplanung

§ 7 Inhalte der Landschaftsplanung (zu § 9 des Bundesnaturschutzgesetzes)
(1) [1]Inhalte der Landschaftsplanung sind abweichend von § 9 Absatz 2 des Bundesnaturschutzgesetzes die Darstellung oder Festsetzung und Begründung der konkretisierten Ziele des Naturschutzes und der Landschaftspflege und der ihrer Verwirklichung dienenden Erfordernisse und Maßnahmen. [2]Die Landschaftsplanung besteht aus dem Landschaftsprogramm und den Landschaftsplänen.
(2) [1]Die Inhalte der Landschaftsplanung sind in der Bauleitplanung zu berücksichtigen. [2]Abweichend von § 9 Absatz 5 Satz 1 des Bundesnaturschutzgesetzes sind nicht nur die Darstellungen der Landschaftsplanung in anderen Planungen und Verwaltungsverfahren zu berücksichtigen,[1)] sondern auch deren Festsetzungen zu beachten.

§ 8 Landschaftsprogramm (zu § 10 des Bundesnaturschutzgesetzes)
(1) [1]Das Landschaftsprogramm entspricht nach seinen Inhalten und seinem Konkretisierungsgrad einem Landschaftsrahmenplan nach § 10 Absatz 1 und 2 des Bundesnaturschutzgesetzes. [2]Die überörtlichen konkretisierten Ziele, Erfordernisse und Maßnahmen des Naturschutzes und der Landschaftspflege für die weitere Entwicklung von Natur und Landschaft nach § 9 Absatz 3 Satz 1 Nummer 2 des Bundesnaturschutzgesetzes enthält das Landschaftsprogramm insbesondere für die Sachbereiche
1. Biotop- und Artenschutz,
2. Naturhaushalt und Umweltschutz,
3. Landschaftsbild,
4. Freiraumnutzung und Erholung,
5. Ausgleichsflächen und -räume.

1) Zeichensetzung nichtamtlich.

(2) Den vorhandenen und zu erwartenden Zustand von Natur und Landschaft nach § 9 Absatz 3 Satz 1 Nummer 1 des Bundesnaturschutzgesetzes stellt das Landschaftsprogramm insbesondere für

1. die naturräumliche Gliederung und Landschaftsstruktur,
2. den nach einzelnen Naturgütern untergliederten Naturhaushalt sowie der natürlichen Lebensräume einschließlich ihrer Wechselbeziehungen sowie der Auswirkungen der großstädtischen Besiedlung,
3. die bereits bestehenden geschützten Flächen im Sinne des vierten Kapitels des Bundesnaturschutzgesetzes sowie die Wasserschutzgebiete und festgesetzten Überschwemmungsgebiete,
4. die land- und forstwirtschaftlichen Nutzungen, Abgrabungsflächen sowie die Flächen und Anlagen des Bergbaus und der Wasser- und Abfallwirtschaft,
5. die für die Bewertung des Landschaftsbilds bedeutsamen gliedernden und belebenden Elemente,
6. die Belastungszonen und wesentlichen Landschaftsschäden,
7. die bedeutsamen Erholungsstätten

dar.

§ 9 Landschaftspläne (zu § 11 des Bundesnaturschutzgesetzes)

(1) [1]Die für die örtliche Ebene konkretisierten Ziele, Erfordernisse und Maßnahmen des Naturschutzes und der Landschaftspflege werden abweichend von § 11 Absatz 1 Satz 1 des Bundesnaturschutzgesetzes für Teile des Landes Berlin auf der Grundlage des Landschaftsprogramms in Landschaftsplänen dargestellt oder festgesetzt. [2]Der Landschaftsplan setzt, soweit es erforderlich ist, rechtsverbindlich die Zweckbestimmung von Flächen sowie Schutz- einschließlich Pflege-, Entwicklungs- und Wiederherstellungsmaßnahmen und die zur Erreichung der Ziele notwendigen Gebote und Verbote sowie Ordnungswidrigkeitentatbestände fest. [3]Als Festsetzungen kommen insbesondere in Betracht

1. die Anpflanzung, Entwicklung oder Sicherung von Vegetation, zum Beispiel auf Grünflächen, Abgrabungsflächen, Deponien oder anderen geschädigten Grundstücken,
2. die Ausgestaltung und Erschließung von Uferbereichen einschließlich der Anpflanzung von Röhricht,
3. die Begrünung und Erschließung der innerstädtischen Kanal- und Flussuferbereiche,
4. die Anlage, Entwicklung oder Sicherung von Grün- und Erholungsflächen, Sport- und Spielflächen, Naturerfahrungsräume, Wander-, Rad- und Reitwegen,
5. Maßnahmen zum Schutz und zur Pflege der Lebensgemeinschaften und Biotope der Tiere und Pflanzen wild lebender Arten, insbesondere der besonders geschützten Arten,
6. Maßnahmen zur Sicherung und Entwicklung des Biotopverbunds,
7. der Mindestanteil naturwirksamer Maßnahmen im bebauten Bereich (Biotopflächenfaktor).

[4]Der Landschaftsplan kann die Zweckbestimmung von Flächen sowie Schutz- einschließlich Pflege-, Entwicklungs- und Wiederherstellungsmaßnahmen auch darstellen. [5]Festsetzungen nach anderen gesetzlichen Vorschriften sollen in den Landschaftsplan nachrichtlich übernommen werden, soweit dies zu seinem Verständnis notwendig oder zweckmäßig ist.

(2) [1]Die Festsetzungen eines Landschaftsplans dürfen denen eines Bebauungsplans nicht widersprechen. [2]Die Rechtsverordnung über die Festsetzung eines Bebauungsplans bestimmt die außer Kraft tretenden Festsetzungen eines Landschaftsplans, die nicht gemäß § 11 Absatz 3 des Bundesnaturschutzgesetzes in den Bebauungsplan aufgenommen werden und die dessen Inhalt widersprechen. [3]Unbeschadet der Regelung des § 11 Absatz 3 des Bundesnaturschutzgesetzes können Maßnahmen im Sinne des Absatzes 1 im Bebauungsplan auch dann festgesetzt werden, wenn ein Landschaftsplan nicht aufgestellt wird.

§ 10 Strategische Umweltprüfung in der Landschaftsplanung

(1) [1]Bei der Aufstellung oder Änderung der Landschaftsplanung ist eine Strategische Umweltprüfung im Sinne der Richtlinie 2001/42/EG des Europäischen Parlaments und des Rates vom 27. Juni 2001 über die Prüfung der Umweltauswirkungen bestimmter Pläne und Programme (ABl. L 197 vom 21.7.2001, S. 30) durchzuführen. [2]Auf die Strategische Umweltprüfung sind die Vorschriften des Gesetzes über die Umweltverträglichkeitsprüfung entsprechend anzuwenden. [3]Dabei sind in die Angaben nach § 9 Absatz 3 des Bundesnaturschutzgesetzes die voraussichtlichen erheblichen Umweltauswirkungen auf

1. Menschen, insbesondere die menschliche Gesundheit,
2. Tiere, Pflanzen und die biologische Vielfalt,
3. Fläche, Boden, Wasser, Luft, Klima und Landschaft,
4. kulturelles Erbe und sonstige Sachgüter sowie
5. die Wechselwirkung zwischen den vorgenannten Schutzgütern

aufzunehmen. [4]Die in der Landschaftsplanung enthaltene Begründung erfüllt die Funktion eines Umweltberichts nach § 40 des Gesetzes über die Umweltverträglichkeitsprüfung. [5]Sie muss die für einen Umweltbericht erforderlichen Angaben enthalten.

(2) [1]Die erheblichen Umweltauswirkungen, die sich aus der Umsetzung der Landschaftsplanung ergeben, sind von den zuständigen Behörden zu überwachen, um insbesondere frühzeitig unvorhergesehene negative Auswirkungen zu ermitteln und geeignete Abhilfemaßnahmen ergreifen zu können. [2]Die erforderlichen Überwachungsmaßnahmen nach Satz 1 sind mit der Annahme der Landschaftsplanung auf der Grundlage der Angaben in der Begründung festzulegen.

(3) Wird die Landschaftsplanung nur geringfügig geändert oder legt sie Nutzungen kleiner Gebiete auf lokaler Ebene fest, kann auf die Umweltprüfung nach Absatz 1 und die Überwachung nach Absatz 2 verzichtet werden, wenn eine Vorprüfung des Einzelfalls gemäß § 35 Absatz 4 des Gesetzes über die Umweltverträglichkeitsprüfung ergibt, dass die Landschaftsplanung oder die Änderung der Landschaftsplanung voraussichtlich keine erheblichen Umweltauswirkungen haben werden.

§ 11 Aufstellung und Beschluss des Landschaftsprogramms

(1) [1]Den Beschluss, das Landschaftsprogramm aufzustellen, fasst die für Naturschutz und Landschaftspflege zuständige Senatsverwaltung. [2]Der Beschluss ist im Amtsblatt für Berlin bekannt zu machen und im Internet zu veröffentlichen.

(2) [1]Die für Naturschutz und Landschaftspflege zuständige Senatsverwaltung legt die allgemeinen Ziele und Zwecke der Planung fest. [2]Sie legt den Untersuchungsrahmen der Strategischen Umweltprüfung einschließlich des Umfangs und Detaillierungsgrads der in die Begründung aufzunehmenden Angaben unter Beteiligung der Behörden, deren umwelt- und gesundheitsbezogener Aufgabenbereich durch das Programm berührt wird, fest. [3]Unterbleibt die Strategische Umweltprüfung gemäß § 10 Absatz 3, ist dies frühzeitig festzustellen und einschließlich der dafür wesentlichen Gründe im Amtsblatt für Berlin, im Internet sowie in anderer geeigneter Weise bekannt zu geben; die Feststellung ist nicht selbstständig anfechtbar.

(3) [1]Die für Naturschutz und Landschaftspflege zuständige Senatsverwaltung stellt den Entwurf des Landschaftsprogramms auf. [2]Sie übermittelt den Behörden und Stellen, die Träger öffentlicher Belange sind und deren Aufgabenbereich durch die Planung berührt wird, sowie den nach § 3 des Umwelt-Rechtsbehelfsgesetzes durch das Land Berlin anerkannten Naturschutzvereinigungen den Entwurf des Programms einschließlich der Begründung und holt deren Stellungnahmen ein. [3]Für die Abgabe der Stellungnahmen setzt sie eine Frist von mindestens einem Monat.

(4) [1]Der Entwurf des Landschaftsprogramms einschließlich der Begründung sowie die das Landschaftsprogramm betreffenden entscheidungserheblichen Berichte und Empfehlungen, die zum Zeitpunkt des Beginns des Beteiligungsverfahrens vorgelegen haben, sind von der für Naturschutz und Landschaftspflege zuständigen Senatsverwaltung für die Dauer von mindestens einem Monat öffentlich auszulegen. [2]Über die Auslegung ist die Öffentlichkeit gemäß § 19 Absatz 1 des Gesetzes über die Umweltverträglichkeitsprüfung mindestens eine Woche vorher im Amtsblatt für Berlin, im Internet sowie in anderer, geeigneter Weise zu unterrichten. [3]Die nach Absatz 3 Beteiligten sind von der Auslegung zu benachrichtigen. [4]Die Öffentlichkeit kann sich zu dem Entwurf des Landschaftsprogramms einschließlich der Begründung äußern. [5]Die für Naturschutz und Landschaftspflege zuständige Senatsverwaltung bestimmt für die Äußerung eine angemessene Frist von mindestens einem Monat nach Ende der Auslegungsfrist.

(5) [1]Die für Naturschutz und Landschaftspflege zuständige Senatsverwaltung prüft die fristgerecht vorgebrachten Anregungen und teilt das Ergebnis den Personen, die Anregungen vorgebracht haben, mit. [2]Haben mehr als 50 Personen Anregungen vorgebracht, so kann die Mitteilung des Ergebnisses der Prüfung dadurch ersetzt werden, dass diesen Personen eine Einsicht in das Ergebnis ermöglicht wird; im Amtsblatt für Berlin, im Internet sowie in anderer geeigneter Weise ist bekannt zu geben, bei welcher Stelle das Ergebnis der Prüfung während der Dienststunden eingesehen werden kann.

(6) Die für Naturschutz und Landschaftspflege zuständige Senatsverwaltung legt den Entwurf des Landschaftsprogramms mit einer Stellungnahme zu den nicht berücksichtigten Anregungen dem Senat zur Beschlussfassung vor.

(7) [1]Das vom Senat beschlossene Landschaftsprogramm bedarf der Zustimmung des Abgeordnetenhauses. [2]Die für Naturschutz und Landschaftspflege zuständige Senatsverwaltung gibt die Zustimmung im Amtsblatt für Berlin, im Internet sowie in anderer geeigneter Weise bekannt. [3]In gleicher Weise ist bekannt zu geben, wo und wann das Landschaftsprogramm eingesehen werden kann. [4]Dem Landschaftsprogramm sind zur Einsicht beizufügen:

1. eine zusammenfassende Erklärung über die Art und Weise, wie die Umweltbelange und die Ergebnisse der Öffentlichkeits- und Behördenbeteiligung in das Programm einbezogen wurden und aus welchen Gründen das Programm nach Abwägung mit den geprüften in Betracht kommenden anderweitigen Planungsmöglichkeiten gewählt wurde,
2. eine Aufstellung der gemäß § 10 Absatz 2 festgelegten Überwachungsmaßnahmen sowie
3. eine Rechtsbehelfsbelehrung.

§ 12 Aufstellung und Festsetzung von Landschaftsplänen

(1) [1]Haben die Bezirke die Absicht, einen Landschaftsplan aufzustellen, teilen sie dies der für Naturschutz und Landschaftspflege zuständigen Senatsverwaltung unter allgemeiner Angabe ihrer Planungsabsichten mit. [2]Äußert sich die zuständige Senatsverwaltung nicht innerhalb von einem Monat seit Zugang der Mitteilung, so kann der Bezirk davon ausgehen, dass Bedenken insoweit nicht erhoben werden.

(2) Nach Durchführung des Verfahrens nach Absatz 1 fasst das Bezirksamt den Beschluss, einen Landschaftsplan aufzustellen und legt die allgemeinen Ziele und Zwecke der Planung fest.

(3) [1]Die untere Behörde für Naturschutz und Landschaftspflege legt den Untersuchungsrahmen der Strategischen Umweltprüfung einschließlich des Umfangs und Detaillierungsgrads der in die Begründung aufzunehmenden Angaben unter Beteiligung der Behörden, deren umwelt- und gesundheitsbezogener Aufgabenbereich durch den Plan berührt wird, fest. [2]Unterbleibt die Strategische Umweltprüfung gemäß § 10 Absatz 3, ist dies frühzeitig festzustellen und einschließlich der dafür wesentlichen Gründe im Amtsblatt für Berlin, im Internet sowie in anderer geeigneter Weise bekannt zu geben; die Feststellung ist nicht selbstständig anfechtbar.

(4) [1]Die untere Behörde für Naturschutz und Landschaftspflege entwirft den Landschaftsplan. [2]Sie übermittelt den Behörden und Stellen, die Träger öffentlicher Belange sind und deren Aufgabenbereich durch die Planung berührt wird, sowie den nach § 3 des Umwelt-Rechtsbehelfsgesetzes durch das Land Berlin anerkannten Naturschutzvereinigungen den Entwurf des Landschaftsplans einschließlich der Begründung und holt deren Stellungnahmen ein. [3]Für die Abgabe der Stellungnahmen setzt sie eine Frist von mindestens einem Monat.

(5) [1]Der Entwurf des Landschaftsplans ist einschließlich der Begründung und den Landschaftsplan betreffenden entscheidungserheblichen Berichten und Empfehlungen, die zum Zeitpunkt des Beginns des Beteiligungsverfahrens vorgelegen haben, von der unteren Behörde für Naturschutz und Landschaftspflege für die Dauer von mindestens einem Monat öffentlich auszulegen. [2]Über die Auslegung ist die Öffentlichkeit gemäß § 19 Absatz 1 des Gesetzes über die Umweltverträglichkeitsprüfung mindestens eine Woche vorher im Amtsblatt für Berlin, im Internet sowie in anderer, geeigneter Weise zu unterrichten. [3]Die nach Absatz 4 Beteiligten sind von der Auslegung zu benachrichtigen. [4]Die Öffentlichkeit kann sich zu dem Entwurf des Landschaftsplans einschließlich der Begründung äußern. [5]Die untere Behörde für Naturschutz und Landschaftspflege bestimmt für die Äußerung eine angemessene Frist von mindestens einem Monat nach Ende der Auslegungsfrist. [6]Die Einholung der Stellungnahmen nach Absatz 4 kann gleichzeitig mit der öffentlichen Auslegung erfolgen.

(6) [1]Das Bezirksamt prüft die fristgerecht vorgebrachten Anregungen, wägt diese ab und teilt das Ergebnis der Prüfung den Personen, die Anregungen vorgebracht haben, mit. [2]§ 11 Absatz 5 Satz 2 gilt sinngemäß.

(7) [1]Das Bezirksamt beschließt den sich aus der Abwägung ergebenden Entwurf des Landschaftsplans und zeigt ihn der für Naturschutz und Landschaftspflege zuständigen Senatsverwaltung an. [2]Sofern der Entwurf des Landschaftsplans nicht ordnungsgemäß zu Stande gekommen ist oder Rechtsvorschriften widerspricht, ist dies von der zuständigen Senatsverwaltung gegenüber dem Bezirksamt innerhalb von zwei Monaten nach Eingang der Anzeige schriftlich zu beanstanden. [3]Entsprechend der

Beanstandung ist das Verfahren nach den Absätzen 2 bis 6 erneut durchzuführen. [4]Die Vorschrift des § 4a Absatz 3 des Baugesetzbuchs ist sinngemäß anzuwenden.

(8) [1]Sobald die für Naturschutz und Landschaftspflege zuständige Senatsverwaltung erklärt, dass sie keine Beanstandungen erhebt, oder die dafür nach Absatz 7 Satz 2 eingeräumte Frist verstrichen ist, legt das Bezirksamt den Entwurf des Landschaftsplans der Bezirksverordnetenversammlung zur Beschlussfassung vor. [2]Nach der Beschlussfassung der Bezirksverordnetenversammlung setzt das Bezirksamt den Landschaftsplan als Rechtsverordnung fest. [3]Der Landschaftsplan ist Bestandteil der Rechtsverordnung. [4]Bei ihrer Verkündung bedarf es der Wiedergabe des Landschaftsplans jedenfalls insoweit, als er Gebote und Verbote sowie Ordnungswidrigkeitentatbestände enthält. [5]In der Rechtsverordnung ist anzugeben, wo er und die zu ihm gehörende Begründung eingesehen werden können und wo über seinen Inhalt Auskunft gegeben werden kann. [6]Dem Landschaftsplan sind zur Einsicht beizufügen:

1. eine zusammenfassende Erklärung über die Art und Weise, wie die Umweltbelange und die Ergebnisse der Öffentlichkeits- und Behördenbeteiligung in den Plan einbezogen wurden und aus welchen Gründen der Plan nach Abwägung mit den geprüften in Betracht kommenden anderweitigen Planungsmöglichkeiten gewählt wurde,
2. eine Aufstellung der gemäß § 10 Absatz 2 festgelegten Überwachungsmaßnahmen sowie
3. eine Rechtsbehelfsbelehrung.

(9) [1]Die Verletzung von Verfahrens- und Formvorschriften der Absätze 1 bis 8 sowie Mängel der Abwägung sind für die Rechtswirksamkeit der Rechtsverordnung unbeachtlich, wenn sie nicht innerhalb eines Jahres seit der Verkündung der Rechtsverordnung schriftlich geltend gemacht worden sind; der Sachverhalt, der die Verletzung oder den Mangel begründen soll, ist darzulegen. [2]In der Rechtsverordnung ist auf die Voraussetzungen für die Geltendmachung der Verletzung von Verfahrens- oder Formvorschriften und von Mängeln der Abwägung sowie die Rechtsfolgen hinzuweisen. [3]Die Verletzung ist bei dem Bezirksamt, das den Landschaftsplan festgesetzt hat, geltend zu machen.

(10) Eigentümer oder sonstige Berechtigte eines Grundstücks im Geltungsbereich eines Landschaftsplans, der den Mindestanteil naturwirksamer Flächen im bebauten Bereich (Biotopflächenfaktor) festsetzt, haben die Errichtung oder Änderung baulicher Anlagen im Sinne des § 29 des Baugesetzbuchs der für Naturschutz und Landschaftspflege zuständigen Behörde mindestens einen Monat vor Baubeginn schriftlich anzuzeigen, sofern die Errichtung oder Änderung nicht gemäß § 61 der Bauordnung für Berlin verfahrensfrei ist.

§ 13 Landschaftspläne außergewöhnlicher stadtpolitischer Bedeutung

(1) [1]Der Senat kann im Benehmen mit dem Rat der Bürgermeister durch Beschluss feststellen, dass ein bestimmtes Gebiet von außergewöhnlicher stadtpolitischer Bedeutung ist. [2]Widerspricht der Rat der Bürgermeister mit einer Mehrheit von drei Vierteln seiner Mitglieder, bedarf der Beschluss des Senats der Zustimmung des Abgeordnetenhauses.

(2) Äußert sich der Rat der Bürgermeister nicht innerhalb einer Frist von zwei Monaten, darf der Senat davon ausgehen, dass Einvernehmen mit dem Rat der Bürgermeister besteht.

(3) [1]In den Fällen des Absatzes 1 werden die Aufgaben nach § 12 Absatz 2 bis 6 sowie 8 und 9 von der für Naturschutz und Landschaftspflege zuständigen Senatsverwaltung wahrgenommen. [2]§ 12 Absatz 1 und 7 findet keine Anwendung. [3]An die Stelle der Beschlussfassung der Bezirksverordnetenversammlung tritt die Zustimmung des Abgeordnetenhauses. [4]Für die Festsetzung des Landschaftsplans gilt § 12 Absatz 8 und 9 mit der Maßgabe entsprechend, dass die Verletzung von Verfahrens- oder Formvorschriften und Mängel der Abwägung bei der für Naturschutz und Landschaftspflege zuständigen Senatsverwaltung geltend zu machen sind.

§ 14 Veränderungsverbote

(1) [1]Ist beschlossen worden, einen Landschaftsplan aufzustellen, kann das Bezirksamt durch Rechtsverordnung für die Dauer von zwei Jahren Veränderungsverbote aussprechen, wenn zu befürchten ist, dass durch Veränderungen der Zweck der beabsichtigten Schutz- einschließlich Pflege-, Entwicklungs- oder Wiederherstellungsmaßnahmen gefährdet würde. [2]Die Frist kann um ein Jahr und, wenn besondere Umstände es erfordern, nochmals um ein weiteres Jahr verlängert werden. [3]In den Fällen des § 13 wird das Veränderungsverbot durch Rechtsverordnung der für Naturschutz und Landschaftspflege zuständigen Senatsverwaltung festgesetzt.

(2) Die Rechtsverordnung tritt außer Kraft, sobald ein rechtsverbindlicher Landschaftsplan vorliegt.

§ 15 Verfahren zur Änderung, Ergänzung und Aufhebung der Landschaftsplanung

(1) Wird das Landschaftsprogramm oder ein Landschaftsplan geändert, ergänzt oder aufgehoben, gelten die Vorschriften der §§ 11 bis 14 sinngemäß.

(2) [1]In den Fällen des § 10 Absatz 3 können Landschaftsplan oder Landschaftsprogramm in einem vereinfachten Verfahren geändert oder ergänzt werden, indem

1. an Stelle der Beteiligung nach § 11 Absatz 3 Satz 2 oder § 12 Absatz 4 Satz 2 den Behörden und Trägern öffentlicher Belange, deren Aufgabenbereich durch die Planung berührt wird, sowie den nach § 3 des Umwelt-Rechtsbehelfsgesetzes durch das Land Berlin anerkannten Naturschutzvereinigungen Gelegenheit zur Stellungnahme gegeben wird und
2. an Stelle der öffentlichen Auslegung nach § 11 Absatz 4 Satz 1 oder § 12 Absatz 5 Satz 1 den durch die Änderungen Betroffenen Gelegenheit zur Äußerung gegeben wird.

[2]Die Verfahren nach Satz 1 Nummer 1 und 2 können gleichzeitig durchgeführt werden. [3]Die Zustimmung des Abgeordnetenhauses nach § 11 Absatz 7 Satz 1 ist bei Vorliegen der in Satz 1 genannten Voraussetzungen nicht erforderlich. [4]Die für Naturschutz und Landschaftspflege zuständige Senatsverwaltung gibt in diesem Fall den Beschluss des Senats im Amtsblatt für Berlin, im Internet sowie in anderer geeigneter Weise bekannt.

Kapitel 3
Allgemeiner Schutz von Natur und Landschaft

§ 16 Eingriffe in Natur und Landschaft (zu § 14 des Bundesnaturschutzgesetzes)

Eingriffe in Natur und Landschaft im Sinne von § 14 Absatz 1 des Bundesnaturschutzgesetzes sind insbesondere

1. die Errichtung oder wesentliche Änderung von Anlagen, die einem Planfeststellungsverfahren unterliegen, auch wenn nach den Rechtsvorschriften im Einzelfall von dessen Durchführung abgesehen werden kann,
2. der Abbau oder die Gewinnung von Bodenschätzen,
3. Abgrabungen, Aufschüttungen, Auf- oder Abspülungen und Ausfüllungen mit einer Grundfläche über 30 m^2 oder mit einer Höhe oder Tiefe über 2 m,
4. die Entwässerung von Mooren, Sümpfen, Pfuhlen oder anderen Feuchtgebieten sowie von Verlandungsbereichen der Gewässer,
5. der Ausbau einschließlich das Verrohren, das Ableiten oder das Aufstauen von Wasser oberirdischer Gewässer,
6. die Errichtung oder wesentliche Änderung von baulichen Anlagen, Straßen und Wegen im Außenbereich,
7. die Errichtung oder wesentliche Änderung von Lager-, Ausstellungs-, Camping-, Zelt- oder Wochenendplätzen im Außenbereich,
8. das dauerhafte Abstellen oder Aufstellen von Wohnwagen außerhalb von Camping-, Zelt- oder Wochenendplätzen im Außenbereich,
9. die Errichtung oder Änderung von Masten sowie Unterstützungen von Freileitungen im Außenbereich,
10. die Errichtung von festen Einfriedungen oder festen Einzäunungen im Außenbereich,
11. die Errichtung und Änderung von Werbeanlagen im Außenbereich,
12. die Verwendung von Ödland oder naturnahen Flächen zu intensiver Landwirtschaftsnutzung oder für Vorhaben zur Torfgewinnung,
13. die Errichtung von Skipisten und Skiliften einschließlich der zugehörigen Anlagen und Einrichtungen.

§ 17 Verursacherpflichten; Unzulässigkeit von Eingriffen (zu § 15 des Bundesnaturschutzgesetzes)

(1) [1]Abweichend von § 15 Absatz 2 Satz 1 des Bundesnaturschutzgesetzes ist der Verursacher verpflichtet, unvermeidbare Beeinträchtigungen innerhalb einer zu bestimmenden Frist von möglichst nicht über zwei Jahren auszugleichen oder zu ersetzen. [2]Ersatzmaßnahmen sollen hierbei möglichst

innerhalb der in der Landschaftsplanung ausgewiesenen Flächen und Räume festgesetzt werden und können abweichend von § 15 Absatz 2 Satz 3 des Bundesnaturschutzgesetzes auch außerhalb des durch den Eingriff betroffenen Naturraums erfolgen.

(2) Unbeschadet der in § 15 Absatz 5 des Bundesnaturschutzgesetzes genannten Voraussetzungen darf ein Eingriff auch nicht zugelassen oder durchgeführt werden, wenn § 33 und § 34 Absatz 2 des Bundesnaturschutzgesetzes oder andere naturschutzrechtliche Vorschriften entgegenstehen und eine Ausnahme nicht möglich ist.

(3) [1]Die aus der Ersatzzahlung nach § 15 Absatz 6 des Bundesnaturschutzgesetzes aufkommenden Mittel sind in Abstimmung mit den im Land Berlin anerkannten Naturschutzvereinigungen einzusetzen und können auch für Maßnahmen des Naturschutzes und der Landschaftspflege außerhalb des betroffenen Naturraums verwendet werden, jedoch innerhalb des Stadtgebietes von Berlin. [2]Nur im begründeten Einzelfall können die Mittel auch anteilig für Maßnahmen außerhalb des Stadtgebietes verwendet werden.

§ 18 Bevorratung von Kompensationsmaßnahmen (zu § 16 des Bundesnaturschutzgesetzes)

[1]Der Anspruch auf Anerkennung nach § 16 Absatz 1 des Bundesnaturschutzgesetzes als vorgezogene Ausgleichs- oder Ersatzmaßnahmen setzt voraus, dass die Maßnahmen auf Antrag vor ihrer Durchführung von der obersten Behörde für Naturschutz und Landschaftspflege für die Verbuchung auf einem Ökokonto anerkannt worden sind. [2]Das Ökokonto verbucht die Maßnahmen, nachdem sie durchgeführt worden sind, wenn

1. von ihnen dauerhaft günstige Wirkungen auf die weitere Entwicklung von Natur und Landschaft ausgehen,
2. die jeweiligen Flächen rechtlich gesichert sind und
3. die in § 16 Absatz 1 Nummer 2 bis 5 des Bundesnaturschutzgesetzes genannten Voraussetzungen vorliegen.

[3]Der Anspruch auf Anerkennung als vorgezogene Ausgleichs- oder Ersatzmaßnahme ist handelbar; in diesem Fall geht die Verantwortung nach § 15 Absatz 4 des Bundesnaturschutzgesetzes auf den Rechtsnachfolger über. [4]§ 135a Absatz 2 des Baugesetzbuchs bleibt unberührt.

§ 19 Verfahren (zu § 17 des Bundesnaturschutzgesetzes)

(1) Das in § 17 Absatz 1 des Bundesnaturschutzgesetzes geregelte Verfahren gilt auch für Vorhaben, die zusätzlich einer naturschutzrechtlichen Genehmigung oder Befreiung bedürfen.

(2) [1]In den in § 17 Absatz 1 des Bundesnaturschutzgesetzes genannten Fällen erfolgen die zur Durchführung des § 15 des Bundesnaturschutzgesetzes erforderlichen Entscheidungen und Maßnahmen im Einvernehmen mit der für Naturschutz und Landschaftspflege zuständigen Behörde. [2]Bei Eingriffen, die in Gebieten mit außergewöhnlicher stadtpolitischer Bedeutung durchgeführt werden oder die einzeln oder im Zusammenwirken mit anderen Projekten oder Plänen geeignet sind, ein Gebiet von gemeinschaftlicher Bedeutung oder ein Europäisches Vogelschutzgebiet erheblich zu beeinträchtigen, ist die oberste Behörde für Naturschutz und Landschaftspflege die zur Herstellung des Einvernehmens zuständige Behörde. [3]Soweit es sich um Vorhaben handelt, die einem Planfeststellungsverfahren oder einer Genehmigung mit Konzentrationswirkung unterliegen, werden die Entscheidungen im Benehmen mit der obersten Behörde für Naturschutz und Landschaftspflege getroffen. [4]Satz 3 gilt entsprechend für Bebauungspläne, die eine Planfeststellung ersetzen. [5]§ 18 Absatz 3 des Bundesnaturschutzgesetzes bleibt unberührt.

(3) [1]Eine Genehmigung der zuständigen Behörde für Naturschutz und Landschaftspflege nach § 17 Absatz 3 des Bundesnaturschutzgesetzes ist insbesondere auch erforderlich für die

1. Verwendung von Ödland oder naturnahen Flächen zu intensiver Landwirtschaftsnutzung oder für Vorhaben zur Torfgewinnung,
2. Errichtung von Skipisten und Skiliften einschließlich der zugehörigen Anlagen und Einrichtungen.

[2]Die Genehmigung nach Satz 1 darf abweichend von § 17 Absatz 3 Satz 3 des Bundesnaturschutzgesetzes nur erteilt werden, wenn die Anforderungen des § 15 des Bundesnaturschutzgesetzes auch in Verbindung mit § 17 Absatz 2 erfüllt sind. [3]Bei Eingriffen, die einzeln oder im Zusammenwirken mit anderen Projekten oder Plänen geeignet sind, ein Gebiet von gemeinschaftlicher Bedeutung oder ein Europäisches Vogelschutzgebiet erheblich zu beeinträchtigen, ist die oberste Behörde für Naturschutz

und Landschaftspflege die für die Erteilung der Genehmigung zuständige Behörde. [4]Bei Eingriffen, die in Gebieten mit außergewöhnlicher stadtpolitischer Bedeutung durchgeführt werden, gilt Satz 3 entsprechend. [5]In den in Satz 3 genannten Fällen trifft die oberste Behörde für Naturschutz und Landschaftspflege neben den zur Durchführung des § 15 des Bundesnaturschutzgesetzes auch die nach § 34 des Bundesnaturschutzgesetzes erforderlichen Entscheidungen.

(4) [1]Die für die Führung des Kompensationsverzeichnisses im Sinne des § 17 Absatz 6 des Bundesnaturschutzgesetzes zuständige Stelle ist die oberste Behörde für Naturschutz und Landschaftspflege. [2]Sie trägt bezirksübergreifende Ausgleichs- und Ersatzmaßnahmen und Maßnahmen von gesamtstädtischer oder besonderer ökologischer Bedeutung und die dafür in Anspruch genommenen Flächen in das Verzeichnis ein. [3]Die übrigen Maßnahmen und Flächen sind durch die unteren Behörden für Naturschutz und Landschaftspflege einzutragen. [4]Das Verzeichnis ist öffentlich und gebührenfrei zugänglich zu machen. [5]Das Verzeichnis dient auch dem Ziel einer Nachprüfbarkeit der Umsetzung der vorgesehenen Maßnahmen.

(5) Die Anforderung des § 17 Absatz 10 des Bundesnaturschutzgesetzes gilt entsprechend für Eingriffe, die durch ein Vorhaben verursacht werden, das nach dem Berliner Gesetz über die Umweltverträglichkeitsprüfung oder nach anderen Rechtsvorschriften einer Umweltverträglichkeitsprüfung unterliegt.

Kapitel 4
Schutz bestimmter Teile von Natur und Landschaft

Abschnitt 1
Biotopverbund; geschützte Teile von Natur und Landschaft

§ 20 Biotopverbund (zu § 20 Absatz 1 und § 21 des Bundesnaturschutzgesetzes)

(1) Das Land Berlin schafft einen Biotopverbund, der mindestens 15 Prozent der Landesfläche umfasst.

(2) Bestandteile des Biotopverbunds im Sinne des § 21 Absatz 3 Satz 2 des Bundesnaturschutzgesetzes sind auch die geschützten Röhrichtbestände im Sinne des Abschnitts 2 dieses Kapitels.

(3) Das Land Berlin stimmt sich bezüglich der räumlichen und funktionalen Aspekte des Biotopverbunds mit dem Land Brandenburg ab.

(4) [1]Die oberste Behörde für Naturschutz und Landschaftspflege ermittelt die zur Funktionssicherung und Erreichung der Gesamtgröße geeigneten und erforderlichen Bestandteile des Biotopverbunds und stellt diesen im Landschaftsprogramm dar. [2]§ 21 Absatz 4 des Bundesnaturschutzgesetzes bleibt unberührt.

§ 21 Erklärung zum geschützten Teil von Natur und Landschaft (zu § 22 des Bundesnaturschutzgesetzes)

(1) [1]Die Erklärung nach § 22 Absatz 1 des Bundesnaturschutzgesetzes zum Naturschutzgebiet, Landschaftsschutzgebiet, Naturdenkmal oder geschützten Landschaftsbestandteil erfolgt durch Rechtsverordnung des für Naturschutz und Landschaftspflege zuständigen Mitglieds des Senats. [2]Die Rechtsverordnungen nach Satz 1 können abweichend von § 22 Absatz 1 Satz 2 des Bundesnaturschutzgesetzes bestimmte Handlungen von einer Genehmigung abhängig machen. [3]Die Genehmigung darf nur erteilt werden, wenn die beabsichtigte Handlung dem besonderen Schutzzweck nicht oder nur unerheblich zuwiderläuft. [4]Die Rechtsverordnungen nach Satz 1 enthalten auch die zur Erreichung des Schutzzwecks notwendigen Ordnungswidrigkeitentatbestände.

(2) Die oberste Behörde für Naturschutz und Landschaftspflege kann von den in den Rechtsverordnungen nach Absatz 1 enthaltenen Geboten und Verboten für Zwecke der Forschung, Lehre oder Bildung Ausnahmen zulassen, sofern und soweit der Schutzzweck einer Ausnahme nicht entgegensteht.

(3) [1]Die einstweilige Sicherstellung nach § 22 Absatz 3 des Bundesnaturschutzgesetzes erfolgt durch Rechtsverordnung des für Naturschutz und Landschaftspflege zuständigen Mitglieds des Senats. [2]Bei Einzelgrundstücken kann die Sicherstellung auch durch Verwaltungsakt der obersten Behörde für Naturschutz und Landschaftspflege erfolgen.

(4) [1]Naturparke, Naturschutzgebiete, Natura 2000-Gebiete und Landschaftsschutzgebiete sind kenntlich zu machen. [2]Naturdenkmäler und geschützte Landschaftsbestandteile sind zu kennzeichnen, soweit dies zweckmäßig ist.

(5) [1]Die Bezeichnungen „Naturschutzgebiet", „Landschaftsschutzgebiet", „Naturdenkmal" und „Geschützter Landschaftsbestandteil" sowie die nach Absatz 4 bestimmten Kennzeichnungen dürfen nur für die nach § 22 Absatz 1 des Bundesnaturschutzgesetzes in Verbindung mit Absatz 1 geschützten Gebiete und Gegenstände verwendet werden. [2]Bezeichnungen und Kennzeichnungen, die ihnen zum Verwechseln ähnlich sind, dürfen für Bestandteile von Natur und Landschaft nicht verwendet werden.

§ 22 Naturschutzgebiete (zu § 23 des Bundesnaturschutzgesetzes)

[1]Soweit es zur Sicherung des Schutzgegenstands und zur Verwirklichung des Schutzzwecks erforderlich ist, sollen die an ein Naturschutzgebiet angrenzenden Flächen als Landschaftsschutzgebiet ausgewiesen werden. [2]Von den Verboten des § 23 Absatz 2 des Bundesnaturschutzgesetzes ausgenommen sind die notwendigen Maßnahmen aus Gründen der Verkehrssicherungspflicht oder zur Abwehr einer unmittelbar drohenden Gefahr für Personen oder Sachen.

§ 23 Landschaftsschutzgebiete (zu § 26 des Bundesnaturschutzgesetzes)

[1]Die Verbote des § 26 Absatz 2 des Bundesnaturschutzgesetzes gelten nicht für die in einem Landschaftsplan festgesetzten Maßnahmen. [2]§ 22 Satz 2 gilt entsprechend.

§ 24 Naturparke (zu § 27 des Bundesnaturschutzgesetzes)

[1]An der Stadtgrenze liegende, nur zusammen mit dem Land Brandenburg einheitlich zu entwickelnde und zu pflegende Gebiete, welche die in § 27 Absatz 1 Nummer 1 bis 6 des Bundesnaturschutzgesetzes genannten Voraussetzungen erfüllen, können durch Bekanntmachung der obersten Behörde für Naturschutz und Landschaftspflege zum Naturpark erklärt werden. [2]Die Bekanntmachung erfolgt im Amtsblatt für Berlin oder in anderer geeigneter Weise.

§ 25 Naturdenkmäler (zu § 28 des Bundesnaturschutzgesetzes)

Das Verbot des § 28 Absatz 2 des Bundesnaturschutzgesetzes gilt auch für die Entfernung des Naturdenkmals aus seiner Umgebung, selbst wenn damit seine Beschädigung oder Zerstörung nicht verbunden ist.

§ 26 Geschützte Landschaftsbestandteile (zu § 29 des Bundesnaturschutzgesetzes)

(1) Der Schutz als geschützter Landschaftsbestandteil zur Belebung, Gliederung oder Pflege des Orts- oder Landschaftsbildes im Sinne des § 29 Absatz 1 Satz 1 Nummer 2 des Bundesnaturschutzgesetzes kann auch aus Gründen der Erholungswirkung erforderlich sein.

(2) Zur Durchsetzung der in § 29 Absatz 2 Satz 1 des Bundesnaturschutzgesetzes genannten Verbote kann bei Baumaßnahmen im Umfeld geschützter Bäume eine Sicherheitsleistung in Höhe des Wertes der im Schadensfall notwendigen Ersatzpflanzung nach Maßgabe der Baumschutzverordnung verlangt werden.

(3) Für den Fall der Bestandsminderung kann die Rechtsverordnung zur Festsetzung neben den in § 29 Absatz 2 Satz 2 des Bundesnaturschutzgesetzes genannten Inhalten auch die Verpflichtung zu einer angemessenen und zumutbaren Wiederherstellung vorsehen.

§ 27 Verfahren der Unterschutzstellung

(1) [1]Entwürfe von Rechtsverordnungen nach § 21 Absatz 1 sind mit Karten, aus denen sich die Grenzen und in geeigneten Fällen der Standort des Schutzgegenstands ergeben, den beteiligten Behörden zur Stellungnahme zuzuleiten. [2]Soweit Karten zum Verständnis der Rechtsverordnung nicht erforderlich sind, brauchen keine Karten gefertigt zu werden.

(2) [1]Die Entscheidung, Einzelobjekte nach den §§ 28 und 29 des Bundesnaturschutzgesetzes unter Schutz zu stellen, kann vom Bezirksamt mit Zustimmung des für Naturschutz und Landschaftspflege zuständigen Mitglieds des Senats getroffen werden. [2]Das Bezirksamt bereitet in diesen Fällen den Entwurf der Rechtsverordnung vor.

(3) [1]Die Entwürfe der Rechtsverordnungen werden mit den dazugehörenden Karten für die Dauer eines Monats von dem für Naturschutz und Landschaftspflege zuständigen Mitglied des Senats, in Fällen des Absatzes 2 vom Bezirksamt, öffentlich ausgelegt, soweit nach Absatz 4 nichts anderes bestimmt ist. [2]Gutachten oder sonstige Unterlagen, die für die Entscheidung über die Unterschutzstellung von Bedeutung sind, sollen mit ausgelegt werden. [3]Ort und Zeit der Auslegung sind mindestens eine Woche vorher im Amtsblatt für Berlin und auf der Internetseite der für Naturschutz und Landschaftspflege zuständigen Senatsverwaltung sowie in anderer geeigneter Weise bekannt zu geben. [4]Dabei ist darauf

hinzuweisen, dass während der Auslegungsfrist Bedenken und Anregungen schriftlich oder zur Niederschrift vorgebracht werden können.

(4) [1]Von der Auslegung kann abgesehen werden, wenn die Personen, deren Belange von dem Vorhaben berührt werden, bekannt sind und ihnen Gelegenheit gegeben wird, den Entwurf der Rechtsverordnung und der dazugehörenden Karte innerhalb einer angemessenen Frist einzusehen und Anregungen oder Bedenken vorzutragen. [2]Im Falle des Absatzes 1 Satz 2 findet eine Auslegung nicht statt.

(5) [1]Das für Naturschutz und Landschaftspflege zuständige Mitglied des Senats, in Fällen des Absatzes 2 das Bezirksamt, prüft die fristgemäß vorgebrachten Bedenken und Anregungen und teilt das Ergebnis den Betroffenen mit. [2]§ 11 Absatz 5 Satz 2 gilt sinngemäß. [3]Das Bezirksamt legt den Entwurf der Rechtsverordnung in Fällen des Absatzes 2 mit einer Stellungnahme zu den nicht berücksichtigten Bedenken und Anregungen dem für Naturschutz und Landschaftspflege zuständigen Mitglied des Senats vor.

(6) Werden Rechtsverordnungen, die auf Grund des § 21 Absatz 1 erlassen sind, räumlich oder sachlich nicht unerheblich geändert oder aufgehoben, so gelten die Absätze 1 bis 5 entsprechend.

(7) Bei einer Verletzung der Vorschriften der Absätze 1, 3 bis 5 findet § 12 Absatz 9 entsprechende Anwendung.

§ 28 Gesetzlich geschützte Biotope (zu § 30 des Bundesnaturschutzgesetzes)

(1) Die Verbote des § 30 Absatz 2 Satz 1 des Bundesnaturschutzgesetzes gelten auch für folgende Biotope:

1. naturnahe Ausprägungen von Eichenmischwäldern und Rotbuchenwäldern bodensaurer Standorte sowie von Eichen-Hainbuchenwäldern einschließlich deren Vorwaldstadien,
2. Magerrasen, Feuchtwiesen und -weiden, Frischwiesen und -weiden,
3. Kies-, Sand- und Mergelgruben,
4. Feldhecken und Feldgehölze überwiegend heimischer Arten,
5. Obstgehölze in der freien Landschaft als Relikte der Kulturlandschaft.

(2) Liegt ein Biotop in einem in § 21 Absatz 1 Satz 1 genannten Schutzgebiet, kann die oberste Behörde für Naturschutz und Landschaftspflege zusammen mit einer Befreiung von den Geboten oder Verboten der Schutzgebietsverordnung die Ausnahme oder Befreiung von den Verboten des § 30 Absatz 2 Satz 1 des Bundesnaturschutzgesetzes erteilen.

(3) Auf Röhrichtbestände im Sinne des Abschnitts 2 dieses Kapitels sind die §§ 29 bis 32 anzuwenden.

Abschnitt 2
Schutz und Pflege des Röhrichtbestandes

§ 29 Allgemeine Vorschriften

(1) Wegen der Bedeutung für die Sicherstellung der Leistungsfähigkeit des Naturhaushalts, zur Erhaltung der Lebensgrundlagen wild lebender Tiere, zur Belebung des Orts- und Landschaftsbilds und zur Abwehr schädlicher Einwirkungen auf die Gewässer wird der Röhrichtbestand an Gewässern nach Maßgabe dieses Abschnitts geschützt; der Schutz erstreckt sich auf die Gewässer nach § 1 des Berliner Wassergesetzes einschließlich ihrer Ufer.

(2) Als Röhricht im Sinne dieses Abschnitts geschützt sind:

1. Bestände von Schilf (Phragmites australis), beider Rohrkolbenarten (Typha angustifolia und Typha latifolia) und der Gemeinen Teichbinse (Schoenoplectus lacustris) sowie weitere krautige oder grasartige Pflanzen, wenn diese am Ufer mit den anderen genannten Arten eine Lebensgemeinschaft bilden,
2. die durch Hinweisschilder, Schutzvorkehrungen oder in sonstiger Weise gekennzeichneten Röhrichtanpflanzungsgebiete sowie
3. der den in Nummer 1 genannten Arten vorgelagerte oder allein vorkommende Schwimmblattpflanzengürtel; als Schwimmblattpflanzen im Sinne dieses Gesetzes gelten die Teichrose (Nuphar lutea), die Seerose (Nymphaea alba) und die Krebsschere (Stratiotes aloides).

(3) Nicht als Röhricht im Sinne dieses Abschnitts gelten Bestände der in Absatz 2 genannten Arten in Gärtnereien, Sumpfbeetkläranlagen oder anderen technisch oder fischereiwirtschaftlich genutzten Einrichtungen.

(4) Die Geltung des § 39 des Bundesnaturschutzgesetzes bleibt von den Vorschriften dieses Abschnitts unberührt.

§ 30 Erhaltungspflicht

(1) Eigentümer oder sonstige Nutzungsberechtigte von Grundflächen sind verpflichtet, die auf ihnen befindlichen geschützten Röhrichtbestände zu erhalten und zu pflegen.

(2) [1]Das Land Berlin soll die erforderlichen Maßnahmen veranlassen, um Röhricht zu schützen und vor Schäden oder Beeinträchtigungen zu bewahren. [2]Insbesondere gehören hierzu Maßnahmen zur Reduzierung

1. des Wellenschlags durch motorisierte Wasserfahrzeuge,
2. der Gewässereutrophierung,
3. von Trittschäden auf Grund ungeregelter Bade- und sonstiger Erholungsnutzung,
4. von Fraßschäden durch Bisam und Nutria.

(3) Anlagen im Rahmen von Maßnahmen nach Absatz 2 Nummer 1 sind so zu gestalten, dass die ordnungsgemäße fischereiwirtschaftliche Bodennutzung innerhalb der Anlage möglich ist.

(4) Das Land Berlin soll geeignete Maßnahmen zur Pflege und Entwicklung der Röhrichtbestände fördern.

§ 31 Verbotene Handlungen

(1) Es ist verboten,

1. Röhricht zu beseitigen, zu beschädigen oder auf andere Weise im Fortbestand oder in der Weiterentwicklung zu beeinträchtigen oder
2. Anlagen im Röhricht zu errichten.

(2) Als Beeinträchtigung im Sinne des Absatzes 1 Nummer 1 gelten insbesondere

1. das Betreten des Röhrichtbestands,
2. das Einfahren mit Fahrzeugen aller Art, mit Surfbrettern, Flößen oder sonstigen Schwimmkörpern in das Röhricht,
3. das Betreten oder Befahren von Schneisen in oder zwischen Röhrichtbeständen, wenn die Schneisen nicht breiter als 20 Meter sind,
4. das Ankern oder Abstellen von Fahrzeugen aller Art, Surfbrettern, Flößen oder sonstigen Schwimmkörpern im Röhricht oder in einem so geringen Abstand, dass Schäden am Röhricht verursacht werden können; es ist ein Mindestabstand von zehn Metern einzuhalten,
5. die Verursachung von Sog oder Wellenschlag durch eine unzulässig hohe Fahrtgeschwindigkeit beim Vorbeifahren an Röhrichtbeständen.

(3) [1]Die Verbote des Absatzes 1 gelten nicht für Maßnahmen der Wasser-, Naturschutz- und der Fischereibehörden sowie für Maßnahmen und Regelungen auf Grund der Binnenschifffahrtsstraßen-Ordnung, anderer sonderordnungsrechtlicher Bestimmungen oder des allgemeinen Polizei- und Ordnungsrechts. [2]Die Verbote des Absatzes 1 gelten insbesondere auch nicht für die widmungsgemäße Nutzung der schiffbaren Gewässer und die Wahrnehmung der hoheitlichen Aufgaben der Wasser- und Schifffahrtsverwaltung.

(4) Handlungen der Berufsfischer nach Absatz 2 Nummer 3 und im Schwimmblattpflanzengürtel im Sinne des § 29 Absatz 2 Nummer 3 auch Handlungen nach Absatz 2 Nummer 2, die im Rahmen der ordnungsgemäßen fischereiwirtschaftlichen Bodennutzung erfolgen, fallen nicht unter das Verbot des Absatzes 1 Nummer 1, soweit hierbei das Röhricht nicht absichtlich beeinträchtigt wird.

(5) [1]Bei bestehenden Anlagen in und an Gewässern stehen die Verbote des Absatzes 1 auch in Verbindung mit Absatz 2 der erneuten Erteilung einer wasserbehördlichen Genehmigung nicht entgegen, wenn die bisherige ordnungsgemäße Nutzung der Anlage fortgesetzt und der Schutz des Röhrichts dadurch nicht erheblich beeinträchtigt wird. [2]Über das Vorliegen der in Satz 1 genannten Voraussetzungen entscheidet die für die Erteilung der wasserbehördlichen Genehmigung zuständige Behörde im Einvernehmen mit der für Naturschutz und Landschaftspflege zuständigen Behörde.

(6) Liegt das Röhricht in einem in § 21 Absatz 1 Satz 1 genannten Schutzgebiet, kann die oberste Behörde für Naturschutz und Landschaftspflege zusammen mit einer Befreiung nach § 67 des Bundesnaturschutzgesetzes von den Verboten oder Geboten der Schutzgebietsverordnung die Befreiung von den Verboten des Absatzes 1 erteilen.

§ 32 Genehmigungsbedürftige Handlungen

(1) [1]Einer Genehmigung bedürfen

1. die Errichtung von Anlagen in einem Abstand von weniger als zehn Metern von Röhrichtbeständen,
2. Schnittmaßnahmen an Röhrichtbeständen,
3. das Flämmen von Röhricht,
4. Maßnahmen zur Begrenzung und Verhinderung der Ausweitung des Röhrichts vor Grundstücken, die für Wassersportnutzungen zugelassen sind.

[2]Ausgenommen von der Genehmigungspflicht nach Satz 1 sind die in § 31 Absatz 3 genannten Maßnahmen. [3]Die in Satz 1 Nummer 2 bis 4 genannten Handlungen bedürfen keiner Genehmigung nach Satz 1, soweit diese für die ordnungsgemäße Nutzung bestehender Anlagen in und an Gewässern erforderlich sind.

(2) [1]Eine Genehmigung nach Absatz 1 darf nur erteilt werden, wenn die beabsichtigte Handlung dem Schutz des Röhrichts im Einzelfall nicht oder nur unerheblich zuwiderläuft. [2]Mit der Erteilung der Genehmigung können gleichzeitig Ausgleichs- und Ersatzmaßnahmen angeordnet werden.

(3) [1]Bei einer nach dem Berliner Wassergesetz erforderlichen Zulassung von Anlagen, die zu Einwirkungen auf das Röhricht führen, kann gleichzeitig auch ohne entsprechenden Antrag eine Genehmigung nach Absatz 1 in Verbindung mit Absatz 2 ausgesprochen werden. [2]Die Entscheidung über die Genehmigung nach Satz 1 wird im Einvernehmen mit der für Naturschutz und Landschaftspflege zuständigen Behörde und im Einvernehmen mit der unteren Fischereibehörde getroffen.

(4) Liegt das Röhricht in einem in § 21 Absatz 1 Satz 1 genannten Schutzgebiet, ist § 31 Absatz 6 entsprechend anwendbar.

(5) Nach anderen Rechtsvorschriften erforderliche Genehmigungen bleiben unberührt.

Abschnitt 3

„Netz Natura 2000"

§ 33 Schutzgebiete (zu § 32 des Bundesnaturschutzgesetzes)

(1) Die nach § 32 Absatz 1 des Bundesnaturschutzgesetzes der Kommission zu benennenden Gebiete werden durch Beschluss des Senats ausgewählt und von der für Naturschutz und Landschaftspflege zuständigen Senatsverwaltung dem Bundesministerium für Umwelt, Naturschutz und Reaktorsicherheit mitgeteilt.

(2) Die für Naturschutz und Landschaftspflege zuständige Senatsverwaltung macht die Gebiete von gemeinschaftlicher Bedeutung, die Konzertierungsgebiete und die als Europäische Vogelschutzgebiete der Kommission benannten Gebiete im Amtsblatt für Berlin bekannt.

§ 34 Allgemeine Schutzvorschriften (zu § 33 des Bundesnaturschutzgesetzes)

[1]Das Verbot des § 33 Absatz 1 Satz 1 des Bundesnaturschutzgesetzes gilt auch für die der Kommission als Europäische Vogelschutzgebiete nach § 32 Absatz 1 des Bundesnaturschutzgesetzes benannten und im Amtsblatt für Berlin nach § 33 Absatz 2 bekannt gemachten Gebiete. [2]Der Erteilung von Ausnahmen darf Artikel 4 der Richtlinie 2009/147/EG des Europäischen Parlaments und des Rates vom 30. November 2009 über die Erhaltung der wildlebenden Vogelarten nicht entgegenstehen.

§ 35 Verträglichkeit von Projekten und Plänen; Verfahren (zu § 34 und § 36 des Bundesnaturschutzgesetzes)

(1) [1]Die für die Entscheidungen nach § 34 des Bundesnaturschutzgesetzes zuständigen Behörden unterrichten die oberste Behörde für Naturschutz und Landschaftspflege umgehend von Vorhaben und Maßnahmen, die einzeln oder im Zusammenwirken mit anderen Vorhaben, Maßnahmen oder Plänen zu Beeinträchtigungen eines Gebietes von gemeinschaftlicher Bedeutung oder eines als Europäisches Vogelschutzgebiet an die Europäische Kommission gemeldeten Gebietes in seinen für die Erhaltungsziele oder den Schutzzweck maßgeblichen Bestandteilen führen können. [2]Die oberste Behörde für Naturschutz und Landschaftspflege trifft dann die für die verfahrensführende Behörde verbindliche Entscheidung, ob es sich bei dem Vorhaben oder der Maßnahme um ein Projekt handelt, das der Durchführung einer Verträglichkeitsprüfung nach § 34 des Bundesnaturschutzgesetzes bedarf.

(2) [1]Die Prüfung der Verträglichkeit eines Projekts im Sinne des § 34 Absatz 1 Satz 1 des Bundesnaturschutzgesetzes und die nach § 34 des Bundesnaturschutzgesetzes erforderlichen Entscheidungen

erfolgen durch die für die Entscheidung über die Zulassung oder Durchführung des Projekts oder seine Anzeige zuständige Behörde im Einvernehmen mit der obersten Behörde für Naturschutz und Landschaftspflege. [2]Bei Planfeststellungsverfahren und Genehmigungen mit Konzentrationswirkung tritt an die Stelle des Einvernehmens das Benehmen der obersten Behörde für Naturschutz und Landschaftspflege.

(3) Die Verträglichkeit eines Plans im Sinne des § 36 des Bundesnaturschutzgesetzes wird in dem für seine Aufstellung oder Änderung vorgeschriebenen Verfahren geprüft.

(4) Die nach Absatz 2 für die Prüfung der Verträglichkeit zuständige Behörde ist auch zuständige Behörde im Sinne des § 34 Absatz 4 Satz 2 und Absatz 5 Satz 2 des Bundesnaturschutzgesetzes.

(5) In den in § 34 Absatz 6 Satz 1 des Bundesnaturschutzgesetzes genannten Fällen ist die oberste Behörde für Naturschutz und Landschaftspflege die zur Entgegennahme der Anzeige zuständige Behörde.

(6) Über die Frage, ob sich aus den in § 34 Absatz 7 Satz 1 des Bundesnaturschutzgesetzes genannten Schutzvorschriften strengere Regelungen für die Zulassung von Projekten ergeben, ist das Einvernehmen mit der für die konkurrierenden Regelungen zuständigen Naturschutzbehörde herzustellen.

Kapitel 5
Artenschutz; Schutz von Bezeichnungen; Streusalzverbot

§ 36 Artenschutzprogramm (zu § 38 Absatz 1 des Bundesnaturschutzgesetzes)

(1) [1]Zur Vorbereitung, Durchführung und Überwachung der Aufgaben nach § 37 Absatz 1 des Bundesnaturschutzgesetzes wird ein Artenschutzprogramm erstellt. [2]Es ist Teil des Landschaftsprogramms und dient der Erhaltung, Wiederherstellung und Entwicklung der biologischen Vielfalt und der Umsetzung von Natura 2000 in Berlin.

(2) Das Artenschutzprogramm enthält insbesondere

1. die Darstellung und Bewertung der unter dem Gesichtspunkt des Artenschutzes bedeutsamen Populationen, Lebensgemeinschaften und Biotope wild lebender Tier- und Pflanzenarten, einschließlich der Lebensraumtypen und Arten von gemeinschaftlichem Interesse, der europäischen Vogelarten und ihrer Lebensräume sowie der besonders geschützten oder sonst in ihrem Bestand gefährdeten Arten,
2. Aussagen über die Bestandssituation und die Entwicklung der unter Nummer 1 genannten Populationen, Lebensgemeinschaften und Biotope sowie über die wesentlichen Gefährdungsursachen,
3. Festlegungen von Schutz-, Pflege- und Entwicklungszielen sowie von Maßnahmen zu deren Verwirklichung.

§ 37 Tiergehege (zu § 43 des Bundesnaturschutzgesetzes)

(1) [1]Die Errichtung, wesentliche Änderung und der Betrieb eines Tiergeheges bedürfen der Genehmigung. [2]Die Genehmigung darf nur erteilt werden, wenn die in § 43 Absatz 2 des Bundesnaturschutzgesetzes genannten Anforderungen eingehalten werden und andere öffentliche Belange, insbesondere solche des Artenschutzes, einer Genehmigung nicht entgegenstehen.

(2) Für die Überwachung, ob die in Absatz 1 genannten Anforderungen eingehalten werden, gilt § 52 des Bundesnaturschutzgesetzes entsprechend.

§ 38 Schutz von Bezeichnungen

Die Bezeichnungen „Vogelwarte", „Vogelschutzwarte", „Vogelschutzstation", „Artenschutzstation", „Zoo", „Zoologischer Garten", „Tierpark" oder Bezeichnungen, die ihnen zum Verwechseln ähnlich sind, dürfen nur mit Genehmigung der obersten Behörde für Naturschutz und Landschaftspflege geführt werden.

§ 39 Streusalzverbot

[1]Es ist verboten, Streusalz und andere Auftaumittel auf Grundflächen zu verwenden, die nicht in den Anwendungsbereich des Straßenreinigungsgesetzes fallen. [2]Das Verbot des § 3 Absatz 8 des Straßenreinigungsgesetzes bleibt unberührt.

Kapitel 6

Erholung in Natur und Landschaft

§ 40 Naturerfahrungsräume (zu § 1 Absatz 6 des Bundesnaturschutzgesetzes)

(1) [1]Naturerfahrungsräume sind naturbestimmte Flächen weitestgehend ohne Infrastruktur, die dazu dienen, insbesondere Kindern und Jugendlichen ein selbstbestimmtes Naturerleben zu ermöglichen. [2]Die als Naturerfahrungsraum eingerichteten Teile von Natur und Landschaft sollen durch einheitliche Schilder gekennzeichnet werden. [3]Sie sollen in ein bei der obersten Behörde für Naturschutz und Landschaftspflege geführtes Verzeichnis eingetragen werden, das Lage und Grenzen sowie deren Änderungen kenntlich macht.

(2) [1]Die Benutzung erfolgt auf eigene Gefahr. [2]Es besteht insbesondere keine Haftung für typische, sich aus der Natur und dem Spiel ergebende Gefahren.

(3) Die Benutzung darf nur so erfolgen, wie es sich aus der Natur des einzelnen Naturerfahrungsraums und den vom Eigentümer getroffenen Regelungen ergibt.

(4) Auf Teile eines Schutzgebietes, die in der Rechtsverordnung zur Unterschutzstellung nach § 21 Absatz 1 zum Naturerfahrungsraum erklärt werden, sind die Absätze 1 bis 3 entsprechend anwendbar.

§ 41 Betreten der freien Landschaft (zu § 59 des Bundesnaturschutzgesetzes)

(1) Das Radfahren auf Straßen und Wegen sowie das Fahren mit Krankenfahrstühlen sind dem Betreten im Sinne des § 59 Absatz 1 des Bundesnaturschutzgesetzes gleichgestellt; Fußgänger haben Vorrang.

(2) Reiten und Fahren mit bespannten Fahrzeugen ist in der freien Landschaft nur gestattet, soweit Wege und sonstige Grundflächen dafür bestimmt sind oder Grundstückseigentümer oder sonstige Nutzungsberechtigte dies besonders gestattet haben.

(3) [1]Das Betretungsrecht nach § 59 Absatz 1 des Bundesnaturschutzgesetzes auch in Verbindung mit Absatz 1 darf nur so ausgeübt werden, dass die Belange der anderen Erholungssuchenden und der Eigentümer nicht unzumutbar beeinträchtigt werden. [2]Vorschriften des öffentlichen Rechts, die das Betreten der freien Landschaft im weiteren Umfang gestatten oder die Betretungsbefugnis einschränken, bleiben unberührt. [3]Insbesondere richtet sich das Betreten von geschützten Teilen von Natur und Landschaft nach den Schutzgebietsverordnungen.

§ 42 Einschränkungen des Rechts zum Betreten der freien Landschaft (zu § 59 Absatz 2 Satz 2 des Bundesnaturschutzgesetzes)

(1) [1]Der Grundstückseigentümer oder sonstige Nutzungsberechtigte kann die Ausübung des Betretungsrechts nach § 59 Absatz 1 des Bundesnaturschutzgesetzes auch in Verbindung mit § 41 Absatz 1 aus wichtigem Grund einschränken oder untersagen (Sperrung). [2]Nach anderen Vorschriften dieses Gesetzes oder sonstigen Rechtsvorschriften erforderliche behördliche Entscheidungen oder Anzeigen an die Behörde bleiben hiervon unberührt. [3]Ein wichtiger Grund im Sinne des Satzes 1 liegt insbesondere vor, wenn anderenfalls die zulässige Nutzung der Fläche oder des Weges unzumutbar behindert oder eingeschränkt würde oder erhebliche Schäden entstehen würden. [4]Der Grundstückseigentümer oder sonstige Nutzungsberechtigte hat die Sperrung der zuständigen Behörde für Naturschutz und Landschaftspflege unverzüglich schriftlich unter Angabe der Gründe, Örtlichkeit und Art und Weise der Sperrung anzuzeigen.

(2) Zur Wahrung überwiegender Interessen der Allgemeinheit, insbesondere aus wichtigen Gründen des Naturschutzes und der Landschaftspflege, kann die zuständige Behörde für Naturschutz und Landschaftspflege eine Fläche oder einen Weg von Amts wegen sperren.

(3) Die zuständige Behörde für Naturschutz und Landschaftspflege ordnet die Beseitigung bestehender Sperrungen nach Absatz 1 Satz 1 an, wenn die Voraussetzungen für deren Errichtung nicht oder nicht mehr gegeben sind.

§ 43 Durchgänge

Der Eigentümer oder sonstige Nutzungsberechtigte kann verpflichtet werden, auf einem Grundstück, das nach § 59 Absatz 1 des Bundesnaturschutzgesetzes oder den Vorschriften dieses Kapitels nicht betreten werden darf, für die Allgemeinheit einen Durchgang offen zu halten, wenn andere Teile der Natur, insbesondere Erholungsflächen, Naturschönheiten, Wald oder Gewässer in anderer zumutbarer Weise nicht zu erreichen sind und die Nutzung des Grundstücks dadurch nicht unzumutbar beeinträchtigt wird.

Kapitel 7

Mitwirkung von anerkannten Naturschutzvereinigungen; Organisationen des Naturschutzes

§ 44 Anerkennung von Naturschutzvereinigungen

(1) [1]Die Anerkennung nach § 3 des Umwelt-Rechtsbehelfsgesetzes von Vereinigungen, die nach ihrem satzungsgemäßen Aufgabenbereich im Schwerpunkt die Ziele des Naturschutzes und der Landschaftspflege fördern, erfolgt im Einvernehmen mit der obersten Behörde für Naturschutz und Landschaftspflege. [2]Die Anerkennung als Naturschutzvereinigung ist mit den Anerkennungsgründen im Amtsblatt für Berlin bekannt zu geben.

(2) Jede anerkannte Naturschutzvereinigung hat der obersten Behörde für Naturschutz und Landschaftspflege im dritten Jahr nach der Anerkennung und dann wiederkehrend alle drei Jahre einen Bericht über seine Tätigkeiten im satzungsgemäßen Aufgabenbereich vorzulegen.

(3) [1]Die oberste Behörde für Naturschutz und Landschaftspflege kann einer anerkannten Naturschutzvereinigung auf Antrag in bestimmtem Umfang die Betreuung einzelner geschützter Teile von Natur und Landschaft im Sinne des § 21 Absatz 1 widerruflich übertragen. [2]Hoheitliche Befugnisse kann sie ihm nicht übertragen. [3]Die Naturschutzvereinigung ist vor einer Änderung oder Aufhebung der Schutzerklärung sowie vor Befreiungen, die sich auf den von ihm betreuten Teil beziehen, zu hören; § 45 Absatz 2 gilt entsprechend.

§ 45 Mitwirkungsrechte (zu § 63 des Bundesnaturschutzgesetzes)

(1) Die Mitwirkungsrechte des § 63 Absatz 2 des Bundesnaturschutzgesetzes gelten auch

1. bei der Änderung dieses Gesetzes,
2. vor der Erteilung von Befreiungen von Geboten und Verboten dieses Gesetzes, des Bundesnaturschutzgesetzes, der auf Grund dieser Gesetze erlassenen Rechtsverordnungen sowie von Vorschriften zum Schutz von Wasserschutzgebieten im Sinne des § 51 des Wasserhaushaltsgesetzes,
3. vor der Zulassung von Ausnahmen nach § 45 Absatz 7 des Bundesnaturschutzgesetzes,
4. vor der Erteilung von Zulassungen für die Errichtung oder wesentliche Änderung von Anlagen in oder an oberirdischen Gewässern, soweit mit dem beantragten Vorhaben ein Eingriff in Natur und Landschaft im Sinne von § 14 des Bundesnaturschutzgesetzes verbunden ist,
5. vor der Zulassung von Vorhaben, wenn der Eingriff in Natur und Landschaft weder vermieden noch ausgeglichen oder ersetzt werden kann,
6. bei der Aufstellung der forstlichen Rahmenplanung,
7. vor der Erteilung einer Umwandlungsgenehmigung nach dem Landeswaldgesetz, sofern die Umwandlung einer Umweltverträglichkeitsprüfung bedarf,
8. vor der Zulassung von Projekten im Sinne des § 34 Absatz 1 Satz 1 des Bundesnaturschutzgesetzes, die nicht unmittelbar mit der Verwaltung eines Gebiets von gemeinschaftlicher Bedeutung oder Europäischen Vogelschutzgebiets in Verbindung stehen oder hierfür notwendig sind.

(2) [1]In Fällen, in denen Auswirkungen auf Natur und Landschaft nicht oder nur in geringem Umfang zu erwarten sind, kann von der Mitwirkung abgesehen werden. [2]Satz 1 gilt entsprechend, wenn bei häufig oder regelmäßig wiederkehrenden, gleich gelagerte Sachverhalte betreffenden Anträgen auf Zulassung oder Befreiung die anerkannten Naturschutzvereinigungen bei der erstmaligen Zulassung oder Befreiung mitgewirkt haben.

§ 46 Rechtsbehelfe (zu § 64 des Bundesnaturschutzgesetzes)

Für Rechtsbehelfe von anerkannten Naturschutzvereinigungen gegen Entscheidungen nach § 45 Absatz 1 Nummer 2 bis 5 sowie 7 bis 8 gelten die Vorschriften des § 64 Absatz 1 und 2 des Bundesnaturschutzgesetzes entsprechend.

§ 47 Landesbeauftragte oder Landesbeauftragter für Naturschutz und Landschaftspflege

(1) [1]Das für Naturschutz und Landschaftspflege zuständige Mitglied des Senats beruft für die Dauer von fünf Jahren nach Anhörung des Sachverständigenbeirats (§ 48) eine Landesbeauftragte oder einen Landesbeauftragten für Naturschutz und Landschaftspflege. [2]Wiederberufungen sind zulässig.

(2) [1]Zu den Aufgaben der oder des Landesbeauftragten gehört es insbesondere, die Behörden für Naturschutz und Landschaftspflege fachlich und wissenschaftlich zu beraten und an wesentlichen Entscheidungen beratend mitzuwirken. [2]Die oder der Landesbeauftragte ist an Weisungen nicht gebunden.

§ 48 Sachverständigenbeirat für Naturschutz und Landschaftspflege

(1) [1]Das für Naturschutz und Landschaftspflege zuständige Mitglied des Senats beruft nach Anhörung der oder des Landesbeauftragten für Naturschutz und Landschaftspflege jeweils für die Dauer der Legislaturperiode Sachverständige aus dem Aufgabenbereich dieses Gesetzes in den Sachverständigenbeirat für Naturschutz und Landschaftspflege. [2]Der Beirat soll insbesondere

1. die Behörden in Angelegenheiten des Naturschutzes und der Landschaftspflege beraten sowie Vorschläge und Anregungen unterbreiten,
2. das Verständnis für Naturschutz und Landschaftspflege in der Öffentlichkeit fördern.

[3]Er soll vor wesentlichen Entscheidungen gehört werden.

(2) [1]Die Mitglieder des Beirats sind ehrenamtlich tätig. [2]Sie sind an Weisungen nicht gebunden. [3]Die oder der Landesbeauftragte für Naturschutz und Landschaftspflege ist Vorsitzende oder Vorsitzender des Sachverständigenbeirats. [4]Der Beirat gibt sich eine Geschäftsordnung.

§ 49 Naturschutzwacht

(1) [1]Die unteren Behörden für Naturschutz und Landschaftspflege können geeignete Personen damit beauftragen, Natur und Landschaft zu beobachten, die zuständigen Behörden über Veränderungen zu benachrichtigen und dadurch darauf hinzuwirken, dass Schäden abgewendet werden. [2]Hoheitliche Eingriffs- und Weisungsbefugnisse dürfen ihnen nicht übertragen werden.

(2) Die Tätigkeit der Mitglieder der Naturschutzwacht ist ehrenamtlich.

Kapitel 8
Eigentumsbindung; Kostentragung

§ 50 Duldungspflicht und Kostentragung (zu § 65 des Bundesnaturschutzgesetzes)

(1) [1]Die Erforderlichkeit der nach § 65 Absatz 1 des Bundesnaturschutzgesetzes zu duldenden Maßnahmen ist dem Duldungspflichtigen gegenüber schriftlich zu begründen. [2]Die Verpflichtung zur Duldung entfällt, soweit die Verpflichteten die Durchführung in einer hierfür festgesetzten angemessenen Frist selbst übernehmen. [3]Die Bediensteten oder Beauftragten der Behörden für Naturschutz und Landschaftspflege dürfen Grundstücke zur Überwachung der Durchführung betreten.

(2) [1]Machen die Duldungspflichtigen von der Gelegenheit, die vorgesehenen Maßnahmen selbst durchzuführen nicht Gebrauch, gibt die zuständige Behörde für Naturschutz und Landschaftspflege rechtzeitig bekannt, von wem und wann die Maßnahmen durchgeführt werden. [2]Die Maßnahmen sind so durchzuführen, dass der Eigentümer oder sonstige Nutzungsberechtigte so gering wie möglich belastet wird.

(3) Die Kosten für die in § 65 Absatz 1 des Bundesnaturschutzgesetzes genannten Maßnahmen können den zur Duldung Verpflichteten im Rahmen des Zumutbaren auferlegt werden.

(4) Die für Naturschutz und Landschaftspflege zuständige Behörde kann bestimmen, dass der Eigentümer und der sonstige Nutzungsberechtigte Schutz-, Pflege- und Entwicklungsmaßnahmen, deren Art und Umfang in einer Schutzgebietsverordnung oder einem Landschaftsplan festgesetzt sind, im Rahmen des Zumutbaren selbst durchzuführen hat.

(5) Zumutbar im Sinne der Absätze 3 und 4 ist die Inanspruchnahme des Eigentümers oder sonstigen Nutzungsberechtigten dann, wenn der auf die Maßnahme zurückzuführende finanzielle Aufwand nicht über das bei ordnungsgemäßer Bewirtschaftung erforderliche Maß hinausgeht und eine wesentliche Wertminderung des Grundstücks nicht eintritt.

§ 51 Auskunftspflicht und Betretungsbefugnis (zu § 65 Absatz 3 des Bundesnaturschutzgesetzes)

(1) [1]Die Behörden für Naturschutz und Landschaftspflege können zur Vorbereitung oder Durchführung von Maßnahmen nach dem Bundesnaturschutzgesetz oder diesem Gesetz von natürlichen und juristischen Personen sowie nichtrechtsfähigen Personenvereinigungen die erforderlichen Auskünfte verlangen. [2]§ 52 des Bundesnaturschutzgesetzes ist entsprechend anzuwenden.

(2) [1]Bedienstete und Beauftragte der Behörden für Naturschutz und Landschaftspflege dürfen zu angemessener Tageszeit Grundstücke betreten, soweit dies zur Wahrnehmung ihrer Aufgaben erforderlich ist. [2]Sie dürfen dort Besichtigungen vornehmen und Vermessungen, Bodenuntersuchungen oder

ähnliche Arbeiten durchführen. [3]Die Eigentümer oder Nutzungsberechtigten der Grundstücke sind zuvor in geeigneter Weise zu benachrichtigen.

§ 52 Kostentragung des Verursachers und des Verantwortlichen

(1) [1]Werden von den Naturschutzbehörden Maßnahmen des Naturschutzes und der Landschaftspflege vorgenommen, um rechtswidrige Veränderungen von Natur und Landschaft abzuwenden oder die Folgen rechtswidrigen Handelns zu beseitigen, so sind die dadurch entstehenden notwendigen Kosten vom Verursacher der Veränderung oder Handlung zu tragen. [2]Hat der Verursacher im Auftrag eines Dritten gehandelt, so tragen beide die Kosten als Gesamtschuldner.

(2) [1]Im Anwendungsbereich der §§ 3 und 13 des Umweltschadensgesetzes hat die zuständige Behörde bei einem Schaden gemäß § 19 Absatz 1 des Bundesnaturschutzgesetzes oder der unmittelbaren Gefahr eines solchen die ihr entstehenden Kosten gemäß § 9 Absatz 1 Satz 1 des Umweltschadensgesetzes von einem Verantwortlichen gemäß § 2 Nummer 3 des Umweltschadensgesetzes zu erheben. [2]Die Erhebungspflicht entfällt, wenn die dazu erforderlichen Ausgaben über dem zu erstattenden Betrag liegen. [3]Die Auswahl eines Störers wird durch die Sätze 1 und 2 nicht eingeschränkt.

(3) Die zuständige Behörde soll die voraussichtlichen Kosten ihrer Maßnahmen unter Fristsetzung im Voraus verlangen.

(4) Wird im Anwendungsbereich von Absatz 2 auf eine Vorauszahlung verzichtet, soll die zuständige Behörde eine Sicherheitsleistung verlangen.

(5) [1]Die Frist zur Einleitung eines Kostenerstattungsverfahrens beträgt fünf Jahre. [2]Die Frist beginnt mit Abschluss der Maßnahmen oder der Ermittlung der erstattungspflichtigen Person. [3]Der jeweils spätere Zeitpunkt ist maßgebend.

(6) Nach Absatz 2 hat der Verantwortliche die Kosten nicht zu tragen, wenn er nachweisen kann, dass der Schaden gemäß § 19 Absatz 1 des Bundesnaturschutzgesetzes oder die unmittelbare Gefahr eines solchen

1. durch einen Dritten verursacht wurde, obwohl geeignete Sicherheitsvorkehrungen getroffen wurden, oder
2. auf die Befolgung von Verfügungen oder Anweisungen einer Behörde zurückzuführen ist, die nicht durch die eigene Tätigkeit des Verantwortlichen veranlasst wurden. Die Erstattung seiner Kosten kann er bei der Behörde beantragen, welche die Verfügung oder Anweisung erlassen hat. Der Anspruch verjährt in fünf Jahren nach Abschluss der Maßnahmen.

(7) Absatz 6 gilt entsprechend für Absatz 1.

§ 53 Vorkaufsrecht (zu § 66 des Bundesnaturschutzgesetzes)

(1) [1]Abweichend von § 66 Absatz 1 Satz 1 des Bundesnaturschutzgesetzes steht dem Land Berlin ein Vorkaufsrecht zu an Grundstücken,

1. die in Naturschutzgebieten oder Landschaftsschutzgebieten oder als solchen einstweilig sichergestellten Gebieten liegen oder
2. auf denen sich oberirdische Gewässer befinden.

[2]Liegen die Merkmale des Satzes 1 Nummer 1 und 2 nur bei einem Teil des Grundstücks vor, so ist § 66 Absatz 1 Satz 2 und 3 des Bundesnaturschutzgesetzes anzuwenden.

(2) [1]Abweichend von § 66 Absatz 4 des Bundesnaturschutzgesetzes kann das Land sein Vorkaufsrecht auch zu Gunsten der Stiftung Naturschutz Berlin oder anderer Körperschaften, Anstalten oder Stiftungen des öffentlichen Rechts ausüben, wenn der Begünstigte zustimmt. [2]In diesem Fall tritt der Begünstigte an die Stelle des Landes.

§ 54 Entschädigung (zu § 68 des Bundesnaturschutzgesetzes)

(1) Eine unzumutbare Belastung im Sinne des § 68 Absatz 1 des Bundesnaturschutzgesetzes liegt insbesondere vor, wenn infolge von Verboten

1. die bisher rechtmäßig ausgeübte Nutzung nicht mehr fortgesetzt werden darf oder auf Dauer eingeschränkt werden muss und hierdurch die wirtschaftliche Nutzbarkeit des Grundstücks erheblich beschränkt wird oder
2. eine nicht ausgeübte, aber beabsichtigte Nutzung untersagt wird, die sich nach Lage und Beschaffenheit des Grundstücks objektiv anbietet und die sonst unbeschränkt hätte ausgeübt werden können.

(2) Über die nach § 68 Absatz 1 des Bundesnaturschutzgesetzes gebotene Entschädigung hat die zuständige Behörde zumindest dem Grunde nach in Verbindung mit der Entscheidung über die belastende Maßnahme zu entscheiden.

(3) [1]Bei der Bemessung der Entschädigung werden Werterhöhungen, die lediglich durch die Aussicht auf Maßnahmen nach diesem Gesetz, durch ihre Vorbereitung oder ihre Durchführung eingetreten sind, nur insoweit berücksichtigt, als der Betroffene diese Werterhöhung durch eigene Aufwendungen zulässigerweise bewirkt hat. [2]Im Übrigen sind die §§ 39 bis 44, § 93, § 94 Absatz 1 und die §§ 95 bis 100 des Baugesetzbuchs sinngemäß anzuwenden.

(4) Kommt im Fall des § 68 Absatz 2 Satz 2 des Bundesnaturschutzgesetzes keine Einigung zwischen dem Land Berlin oder der vom Land Berlin bestimmten Stelle und dem Eigentümer des Grundstücks über die Übernahme zu Stande, so kann der Eigentümer die Entziehung des Grundstücks verlangen.

§ 55 Härteausgleich (zu § 68 Absatz 4 des Bundesnaturschutzgesetzes)

[1]Zur Vermeidung oder zum Ausgleich wirtschaftlicher Nachteile, die für den Betroffenen eine besondere Härte bedeuten und für die keine Entschädigung nach § 68 des Bundesnaturschutzgesetzes in Verbindung mit § 54 zu leisten ist und die auch nicht durch sonstige Maßnahmen ausgeglichen werden, kann das Land Berlin auf Antrag einen Geldausgleich gewähren, soweit es die Billigkeit erfordert. [2]Ein Geldausgleich kann insbesondere nach Maßgabe des Landeshaushalts gewährt werden, wenn in auf Grund dieses Gesetzes erlassenen Rechtsvorschriften oder in Anordnungen der für Naturschutz und Landschaftspflege zuständigen Behörden zur Verwirklichung der Ziele des Naturschutzes und der Landschaftspflege standortbedingt erhöhte Anforderungen festgesetzt werden, die die ausgeübte land-, forst- und fischereiwirtschaftliche Bodennutzung über die Anforderungen der guten fachlichen Praxis hinaus beschränken, die sich aus dem Bundesnaturschutzgesetz, den für die Land-, Forst- und Fischereiwirtschaft geltenden Vorschriften und aus § 17 Absatz 2 des Bundes-Bodenschutzgesetzes ergeben. [3]Ein Geldausgleich ist ausgeschlossen, soweit der Antragsteller es unterlassen hat oder unterlässt, den wirtschaftlichen Nachteil durch zumutbare Maßnahmen abzuwenden.

Kapitel 9
Bußgeldvorschriften

§ 56 Ordnungswidrigkeiten (zu § 69 des Bundesnaturschutzgesetzes)

(1) Unbeschadet des § 69 des Bundesnaturschutzgesetzes handelt ordnungswidrig, wer vorsätzlich oder fahrlässig

1. einen Eingriff in Natur und Landschaft nach § 14 Absatz 1 des Bundesnaturschutzgesetzes ohne die erforderliche Gestattung vornimmt,
2. entgegen § 30 Absatz 2 Satz 1 des Bundesnaturschutzgesetzes ein in § 28 Absatz 1 genanntes Biotop zerstört oder sonst erheblich beeinträchtigt,
3. den Verboten des § 31 Absatz 1 zum Schutz des Röhrichts zuwiderhandelt oder entgegen § 32 Absatz 1 eine dort genannte Handlung ohne Genehmigung durchführt,
4. entgegen § 37 Absatz 1 Tiergehege ohne erforderliche Genehmigung errichtet, erweitert, wesentlich ändert oder betreibt,
5. entgegen § 33 Absatz 1 Satz 1 des Bundesnaturschutzgesetzes in Verbindung mit § 34 Satz 1 eine Veränderung oder Störung vornimmt,
6. entgegen § 34 Absatz 1 Satz 1 des Bundesnaturschutzgesetzes ein Projekt ohne die erforderliche Verträglichkeitsprüfung durchführt,
7. entgegen § 34 Absatz 6 des Bundesnaturschutzgesetzes mit der Durchführung eines Projekts ohne die erforderliche Anzeige beginnt,
8. den Verboten des § 23 Absatz 2 Satz 1 des Bundesnaturschutzgesetzes in Verbindung mit einer nach § 21 Absatz 1 erlassenen Rechtsverordnung zum Schutz von Naturschutzgebieten zuwiderhandelt,
9. den Verboten des § 26 Absatz 2 des Bundesnaturschutzgesetzes in Verbindung mit einer nach § 21 Absatz 1 erlassenen Rechtsverordnung zum Schutz von Landschaftsschutzgebieten zuwiderhandelt,
10. den Verboten des § 28 Absatz 2 des Bundesnaturschutzgesetzes in Verbindung mit einer nach § 21 Absatz 1 erlassenen Rechtsverordnung zum Schutz von Naturdenkmälern zuwiderhandelt,

11. den Verboten des § 29 Absatz 2 Satz 1 des Bundesnaturschutzgesetzes in Verbindung mit einer nach § 21 Absatz 1 erlassenen Rechtsverordnung zum Schutz von geschützten Landschaftsbestandteilen zuwiderhandelt,
12. Vorrichtungen zur Kennzeichnung von geschützten Gebieten nach § 21 Absatz 4 beschädigt, zerstört oder auf andere Weise unbrauchbar macht,
13. entgegen § 21 Absatz 5 Schutzbegriffe oder ähnliche Bezeichnungen, die mit diesen verwechselt werden können, verwendet,
14. entgegen § 39 Streusalz oder andere Auftaumittel auf Grundstücken verwendet,
15. entgegen § 38 Bezeichnungen ohne Genehmigung führt,
16. in Ausübung der Betretungsrechte nach § 59 des Bundesnaturschutzgesetzes in Verbindung mit § 41 Grundstücke verunreinigt oder beschädigt,
17. auf Flächen, die nicht nach § 41 Absatz 2 freigegeben sind, reitet oder mit bespannten Fahrzeugen fährt,
18. entgegen § 42 Absatz 1 Satz 1 die Ausübung des Betretungsrechts ohne wichtigen Grund einschränkt oder untersagt oder die nach § 42 Absatz 1 Satz 4 vorgeschriebene Anzeige unterlässt,
19. entgegen § 51 Absatz 1 seiner Auskunftspflicht nicht nachkommt,
20. einer auf Grund dieses Gesetzes oder der Vorschriften des Bundesnaturschutzgesetzes erlassenen Rechtsverordnung zuwiderhandelt, soweit die Rechtsverordnung für einen bestimmten Tatbestand auf diese Bußgeldvorschrift verweist,
21. einer vollziehbaren Anordnung zuwiderhandelt, die auf Grund dieses Gesetzes oder einer nach diesem Gesetz erlassenen oder fort geltenden Rechtsverordnung getroffen worden ist,
22. vollziehbare Auflagen, unter denen eine Gestattung oder Befreiung von Vorschriften des Bundesnaturschutzgesetzes, dieses Gesetzes, oder einer auf Grund dieser Gesetze erlassenen oder fort geltenden Rechtsverordnung erteilt worden ist, nicht, nicht rechtzeitig oder nicht ordnungsgemäß erfüllt.

(2) Eine Ordnungswidrigkeit nach Absatz 1 kann mit einer Geldbuße bis zu 50 000 Euro geahndet werden.

(3) [1]Verweisungen auf § 49 Absatz 1 Nummer 18 des Berliner Naturschutzgesetzes in seiner bis zum Inkrafttreten dieses Gesetzes geltenden Fassung gelten als Verweisung auf Absatz 1 Nummer 20. [2]Im Übrigen können Zuwiderhandlungen gegen die auf Grund der in § 59 Absatz 1 genannten Vorschriften erlassenen Verordnungen und Anordnungen als Ordnungswidrigkeit nach Absatz 1 Nummer 20 mit einer Geldbuße bis zu 50 000 Euro geahndet werden, auch wenn eine Verweisung auf die Bußgeldvorschriften dieses Gesetzes nicht besteht.

(4) Kraftfahrzeuge und Anhänger, die ohne Genehmigung auf einem durch eine Rechtsverordnung nach § 21 geschützten Teil von Natur und Landschaft abgestellt werden, können sofort auf Kosten des Halters aus dem Geltungsbereich der Rechtsverordnung entfernt werden.

(5) [1]Kann in einem Bußgeldverfahren wegen eines Verstoßes gegen Absatz 1 Nummer 20 durch unerlaubtes Halten oder Parken der Führer eines Kraftfahrzeugs oder Anhängers, der den Verstoß begangen hat, nicht vor Eintritt der Verfolgungsverjährung ermittelt werden oder würde seine Ermittlung einen unangemessenen Aufwand erfordern, so werden dem Halter des Kraftfahrzeugs oder Anhängers oder seinem Beauftragten die Kosten des Verfahrens auferlegt; er hat dann auch seine Auslagen zu tragen. [2]Von einer Entscheidung nach Satz 1 wird abgesehen, wenn es unbillig wäre, den Halter des Kraftfahrzeugs oder seinen Beauftragten mit den Kosten zu belasten.

(6) [1]Die Kostenentscheidung nach Absatz 5 ergeht mit der Entscheidung, die das Verfahren abschließt; vor der Entscheidung ist derjenige zu hören, dem die Kosten auferlegt werden sollen. [2]Für die Höhe der zu erhebenden Gebühr ist § 107 Absatz 2 des Gesetzes über Ordnungswidrigkeiten entsprechend anzuwenden.

(7) [1]Gegen die Kostenentscheidung der Behörde nach Absatz 5 kann innerhalb von zwei Wochen nach Zustellung gerichtliche Entscheidung beantragt werden. [2]§ 62 Absatz 2 des Gesetzes über Ordnungswidrigkeiten gilt entsprechend. [3]Die Kostenentscheidung des Gerichts ist nicht anfechtbar.

§ 57 Verwaltungsbehörde (zu § 70 des Bundesnaturschutzgesetzes)

Verwaltungsbehörde im Sinne des § 36 Absatz 1 Nummer 1 des Gesetzes über Ordnungswidrigkeiten ist mit Ausnahme der in § 70 Nummer 1 und 2 des Bundesnaturschutzgesetzes genannten Fälle die örtlich zuständige untere Behörde für Naturschutz und Landschaftspflege.

§ 58 Einziehung (zu § 72 des Bundesnaturschutzgesetzes)

[1]Ist eine Ordnungswidrigkeit nach § 56 Absatz 1 oder 3 begangen worden, so können Gegenstände, auf die sich die Ordnungswidrigkeit bezieht oder die zur Vorbereitung oder Begehung einer Ordnungswidrigkeit gebraucht worden oder bestimmt gewesen sind, oder die durch eine solche Ordnungswidrigkeit gewonnen oder erlangt worden sind, eingezogen werden. [2]§ 23 des Gesetzes über Ordnungswidrigkeiten ist anzuwenden.

Kapitel 10
Überleitungs- und Schlussvorschriften

§ 59 Überleitung bestehender Verordnungen und Anordnungen

(1) Die auf Grund des Reichsnaturschutzgesetzes vom 26. Juni 1935 (GVBl. Sb. III 791-1) erlassenen Verordnungen und Anordnungen bleiben, sofern sie nicht befristet sind, bis zu einer anderweitigen Regelung in Kraft.

(2) Die auf Grund des Berliner Naturschutzgesetzes in seiner bis zum Inkrafttreten dieses Gesetzes geltenden Fassung erlassenen Verordnungen und Anordnungen gelten als auf Grund der entsprechenden Vorschriften dieses Gesetzes und des Bundesnaturschutzgesetzes erlassen fort.

(3) Soweit in Rechtsvorschriften auf Vorschriften

1. des Reichsnaturschutzgesetzes,
2. des Berliner Naturschutzgesetzes in seiner bis zum Inkrafttreten dieses Gesetzes geltenden Fassung,
3. der Verordnung zur Durchführung des Reichsnaturschutzgesetzes vom 31. Oktober 1935 (GVBl. Sb. III 791-1-1),
4. der Verordnung zum Schutze der wild wachsenden Pflanzen und der nichtjagdbaren wild lebenden Tiere (Naturschutzverordnung) vom 18. März 1936 (GVBl. Sb. III 791-1-2)

verwiesen wird, treten die entsprechenden Vorschriften des Bundesnaturschutzgesetzes, dieses Gesetzes und der auf Grund dieser Gesetze erlassenen Vorschriften an ihre Stelle.

(4) Soweit Rechtsverordnungen, die auf Grund der in den Absätzen 1 und 2 genannten Vorschriften erlassen worden sind, für die Ahndung von Ordnungswidrigkeiten auf das Reichsnaturschutzgesetz oder auf § 49 des Berliner Naturschutzgesetzes in seiner bis zum Inkrafttreten dieses Gesetzes geltenden Fassung verweisen, treten die §§ 69 und 71 des Bundesnaturschutzgesetzes in Verbindung mit §§ 56 und 58 dieses Gesetzes an die Stelle dieser Verweisungen.

§ 60 Ausführungsbestimmungen

Das für Naturschutz und Landschaftspflege zuständige Mitglied des Senats erlässt die zur Ausführung der naturschutzrechtlichen Vorschriften erforderlichen Verwaltungsvorschriften.

§ 61 Einschränkung von Grundrechten

Für Maßnahmen, die nach dem Bundesnaturschutzgesetz oder diesem Gesetz getroffen werden können, werden das Recht auf Freiheit der Person (Artikel 2 Absatz 2 Satz 2 des Grundgesetzes) und das Recht der Unverletzlichkeit der Wohnung (Artikel 13 des Grundgesetzes) eingeschränkt.

§ 62 Übertragung der Ermächtigung zum Erlass von Rechtsverordnungen

Soweit in den §§ 17 Absatz 11 Satz 2, 39 Absatz 5 Satz 4, 45 Absatz 7 Satz 5 und 54 Absatz 10 Satz 2 des Bundesnaturschutzgesetzes die Landesregierungen zum Erlass von Rechtsverordnungen ermächtigt werden, gilt das für Naturschutz und Landschaftspflege zuständige Mitglied des Senats als ermächtigt.

§ 63 Änderung des Allgemeinen Zuständigkeitsgesetzes

[nicht wiedergegebene Änderungsvorschrift]

§ 64 Inkrafttreten; Außerkrafttreten

[1]Dieses Gesetz tritt am Tage nach der Verkündung[1)] im Gesetz- und Verordnungsblatt für Berlin in Kraft. [2]Gleichzeitig tritt das Berliner Naturschutzgesetz in der Fassung vom 3. November 2008 (GVBl. S. 378), das zuletzt durch Artikel II des Gesetzes vom 20. Mai 2011 (GVBl. S. 209) geändert worden ist, außer Kraft.

---

1) Verkündet am 8.6.2013.

Landes-Immissionsschutzgesetz Berlin (LImSchG Bln)

Vom 5. Dezember 2005 (GVBl. S. 735, ber. 2006 S. 42)
(BRV 2190-7)
zuletzt geändert durch Art. I Erstes ÄndG vom 3. Februar 2010 (GVBl. S. 38)

Erster Abschnitt
Allgemeine Vorschriften

§ 1 Geltungsbereich und Begriffsbestimmungen

(1) Dieses Gesetz gilt für die Errichtung, den Betrieb, die Änderung, die Stilllegung und die Beseitigung von nicht genehmigungsbedürftigen Anlagen im Sinne des § 22 des Bundes-Immissionsschutzgesetzes sowie für das Verhalten von Personen, soweit hierdurch schädliche Umwelteinwirkungen verursacht werden können.

(2) [1]Die Begriffe der schädlichen Umwelteinwirkung, der Immission, der Emission, der Luftverunreinigung, der Anlage, des Betriebsbereiches und des Standes der Technik werden im Sinne von § 3 Abs. 1 bis 6 des Bundes-Immissionsschutzgesetzes verwendet. [2]Anlagen im Sinne dieses Gesetzes sind auch Fahrzeuge, soweit sie nicht zum Personen- oder Güterverkehr auf öffentlichen Verkehrswegen oder im Luftraum eingesetzt werden.

§ 2 Immissionsschutzpflichten

(1) [1]Jeder hat sich so zu verhalten, dass schädliche Umwelteinwirkungen vermieden werden, soweit dies nach den Umständen des Einzelfalles möglich und zumutbar ist. [2]Wer einen anderen zu einer Verrichtung bestellt, hat durch geeignete Maßnahmen für die Einhaltung der Vorschriften dieses Gesetzes zu sorgen.

(2) [1]Tiere sind so zu halten, dass niemand durch die Immissionen, die durch sie hervorgerufen werden, erheblich belästigt wird. [2]Vorschriften für die landwirtschaftliche Tierhaltung bleiben unberührt.

(3) Es ist nicht zulässig, lärm- oder abgaserzeugende Motoren unnötig zu betreiben.

(4) Bei der Errichtung und dem Betrieb von Anlagen ist Vorsorge gegen schädliche Umwelteinwirkungen insbesondere durch die dem Stand der Technik entsprechenden Maßnahmen zu treffen, soweit dies nach der Art der Anlage zumutbar und im Einzelfall nicht unverhältnismäßig ist.

Zweiter Abschnitt
Schutz vor Geräuschen

§ 3 Schutz der Nachtruhe

Von 22.00 bis 6.00 Uhr ist es verboten, Lärm zu verursachen, durch den jemand in seiner Nachtruhe gestört werden kann.

§ 4 Schutz der Sonn- und Feiertagsruhe

An Sonn- und gesetzlichen Feiertagen ist es verboten, Lärm zu verursachen, durch den jemand in seiner Ruhe erheblich gestört wird.

§ 5 Tonwiedergabegeräte und Musikinstrumente

[1]Tonwiedergabegeräte und Musikinstrumente dürfen nicht in einer Lautstärke benutzt werden, durch die jemand erheblich gestört wird. [2]Weitergehende Einschränkungen nach den §§ 3 und 4 gehen vor.

§ 6 Einschränkungen

(1) Störende Geräusche, die von Kindern ausgehen, sind als Ausdruck selbstverständlicher kindlicher Entfaltung und zur Erhaltung kindgerechter Entwicklungsmöglichkeiten grundsätzlich sozialadäquat und damit zumutbar.

(2) Die Verbote der §§ 3 und 4 gelten nicht für Geräusche, die verursacht werden durch

1. das Glockenläuten zu kirchlichen Zwecken,
2. Maßnahmen, die der Verhütung oder Beseitigung einer Notlage dienen,
3. Maßnahmen, die der Winterglätte- und Schneebekämpfung dienen,

4. Ernte- und Bestellungsarbeiten landwirtschaftlicher Betriebe zwischen 5.00 und 6.00 Uhr sowie zwischen 22.00 und 23.00 Uhr.

(3) [1]Die Regelungen des § 7 Abs. 1 Satz 1 der Geräte- und Maschinenlärmschutzverordnung vom 29. August 2002 (BGBl. I S. 3478), die durch Artikel 23 des Gesetzes vom 6. Januar 2004 (BGBl. I S. 2) geändert worden ist, in der jeweils geltenden Fassung gelten für öffentliche Straßen im Sinne des § 2 des Berliner Straßengesetzes undnicht bundeseigene Schienenwege nur für die Zeit zwischen 22.00 und 6.00 Uhr. [2]Weitergehende Einschränkungen nach § 4 gehen vor.

§ 7 Öffentliche Veranstaltungen im Freien

(1) Öffentliche Veranstaltungen im Freien bedürfen einer Genehmigung nach § 11, wenn von ihnen störende Geräusche für Dritte zu erwarten sind.

(2) [1]Öffentliche Motorsportveranstaltungen außerhalb von Anlagen nach dem Bundes-Immissionsschutzgesetz bedürfen einer Genehmigung nach § 11, wenn von ihnen störende Geräusche für Dritte zu erwarten sind. [2]Dies gilt nicht für Motorsportveranstaltungen, die ausschließlich auf nicht für diese Veranstaltungen gesperrten öffentlichen Straßen stattfinden und bei denen nur Fahrzeuge eingesetzt werden, die den allgemeinen straßenverkehrsrechtlichen Zulassungsvorschriften entsprechen, oder von denen offensichtlich keine störenden Geräusche für Dritte zu erwarten sind.

Dritter Abschnitt
Schutz vor sonstigen Immissionen und Emissionen

§ 8 Sonstige Immissionen

Zur Abwehr anderer Immissionen als Luftverunreinigungen oder Geräusche gelten für Anlagen, die nicht gewerblichen Zwecken dienen und nicht im Rahmen wirtschaftlicher Unternehmungen Verwendung finden, § 22 Abs. 1 Satz 1, die §§ 24 bis 26, 29 Abs. 2 und § 31 des Bundes-Immissionsschutzgesetzes entsprechend.

§ 9 Begrenzung von Staubemissionen

[1]Bei der Errichtung, dem Betrieb, der Änderung, Stilllegung und Beseitigung von Anlagen und bei sonstigen Betätigungen sind die Entstehung und Ausbreitung von Stäuben durch geeignete Maßnahmen zu unterbinden. [2]Soweit die Entstehung und Ausbreitung von Stäuben nicht verhindert werden können, sind diese durch geeignete Maßnahmen zu vermindern.

Vierter Abschnitt
Behördliche Maßnahmen

§ 10 Zulassung von Ausnahmen

(1) Die zuständige Behörde kann für den Betrieb von Anlagen auf Antrag Ausnahmen von den Verboten der §§ 3 bis 5 widerruflich zulassen, wenn die Störung unbedeutend ist oder das Vorhaben Vorrang vor den Ruheschutzinteressen Dritter hat.

(2) Die zuständige Behörde kann für den Betrieb von Schankvorgärten auf Antrag Ausnahmen von den Verboten der §§ 3 bis 5 widerruflich zulassen, soweit schutzwürdige Belange Dritter angesichts der örtlichen Gegebenheiten nicht erheblich beeinträchtigt werden.

(3) Ausnahmen nach den Absätzen 1 und 2 sollen zum Schutz der Allgemeinheit und der Nachbarschaft vor schädlichen Umwelteinwirkungen mit Nebenbestimmungen erteilt werden.

§ 11 Genehmigung von öffentlichen Veranstaltungen im Freien

[1]Die zuständige Behörde kann bei Vorliegen eines öffentlichen Bedürfnisses für öffentliche Veranstaltungen im Freien und für öffentliche Motorsportveranstaltungen außerhalb von Anlagen nach dem Bundes-Immissionsschutzgesetz auf Antrag widerruflich eine Genehmigung erteilen, wenn dies im Einzelfall unter Berücksichtigung des Schutzbedürfnisses der Nachbarschaft zumutbar ist. [2]Ein öffentliches Bedürfnis liegt in der Regel vor, wenn das Vorhaben auf historischen, kulturellen oder sportlichen Umständen beruht oder sonst von besonderer Bedeutung ist. [3]Genehmigungen sollen zum Schutz der Allgemeinheit und der Nachbarschaft vor schädlichen Umwelteinwirkungen mit Nebenbestimmungen erteilt werden. [4]In dem Umfang, in dem eine Genehmigung erteilt ist, gelten die Vorschriften der §§ 3 bis 5 nicht.

§ 12 Anordnungen im Einzelfall

Die zuständige Behörde kann im Einzelfall die erforderlichen Anordnungen zur Durchführung dieses Gesetzes und der auf Grund dieses Gesetzes erlassenen Rechtsverordnungen treffen.

Fünfter Abschnitt

Ermächtigungen

§ 13 Verordnungsermächtigung

(1) [1]Die für den Umweltschutz zuständige Senatsverwaltung wird ermächtigt, durch Rechtsverordnung zur Vorsorge sowie zum Schutz der Allgemeinheit und der Nachbarschaft vor schädlichen Umwelteinwirkungen zu bestimmen, dass die Errichtung, die Beschaffenheit und der Betrieb nicht genehmigungsbedürftiger Anlagen bestimmten Anforderungen genügen müssen. [2]Durch diese Verordnung können insbesondere

1. zur Minderung von Emissionen technische Anforderungen an nicht genehmigungsbedürftige Anlagen festgelegt und organisatorische Regelungen getroffen werden,
2. Emissionsgrenzwerte festgesetzt werden,
3. Immissionsrichtwerte festgesetzt werden,
4. Ausnahmen zugelassen werden, wenn schädliche Einwirkungen nicht zu befürchten sind oder überwiegende öffentliche Belange eine Ausnahme erfordern.

(2) Um die Entstehung und Ausbreitung von Stäuben zu unterbinden oder zu begrenzen, wird die für den Umweltschutz zuständige Senatsverwaltung ermächtigt, durch Rechtsverordnung zur Vorsorge sowie zum Schutz der Allgemeinheit und der Nachbarschaft vor schädlichen Umwelteinwirkungen Maßnahmen zu bestimmen sowie Emissionsgrenzwerte und Immissionsrichtwerte festzusetzen.

§ 14 Ausführungsvorschriften

Die für den Umweltschutz zuständige Senatsverwaltung wird ermächtigt, zur Durchführung dieses Gesetzes und der hierzu erlassenen Rechtsverordnungen Ausführungsvorschriften zu erlassen.

Sechster Abschnitt

Ordnungswidrigkeiten

§ 15 Bußgeldvorschriften

(1) Ordnungswidrig handelt, wer vorsätzlich oder fahrlässig

1. entgegen § 2 Abs. 2 ein Tier außerhalb landwirtschaftlicher Tierhaltungen so hält, dass jemand durch Immissionen, die durch das Tier hervorgerufen werden, erheblich belästigt wird,
2. entgegen § 2 Abs. 3 einen lärm- oder abgaserzeugenden Motor unnötig betreibt,
3. entgegen § 3 ohne eine zugelassene Ausnahme nach § 10 oder eine Genehmigung nach § 11 Lärm verursacht, durch den jemand in seiner Nachtruhe gestört werden kann,
4. entgegen § 4 ohne eine zugelassene Ausnahme nach § 10 oder eine Genehmigung nach § 11 Lärm verursacht, durch den jemand in seiner Ruhe erheblich gestört wird,
5. entgegen § 5 ohne eine zugelassene Ausnahme nach § 10 oder eine Genehmigung nach § 11 durch die Benutzung eines Tonwiedergabegerätes oder Musikinstrumentes Lärm erzeugt, durch den jemand erheblich gestört wird,
6. entgegen § 7 Abs. 1 ohne eine Genehmigung nach § 11 eine öffentliche Veranstaltung im Freien durchführt,
7. entgegen § 7 Abs. 2 Satz 1 ohne eine Genehmigung nach § 11 eine öffentliche Motorsportveranstaltung durchführt,
8. einer vollziehbaren Auflage zu einer zugelassenen Ausnahme nach § 10 oder zu einer Genehmigung nach § 11 zuwiderhandelt oder sie nicht rechtzeitig oder nicht vollständig erfüllt,
9. einer vollziehbaren Anordnung nach § 12 zuwiderhandelt,
10. einer auf Grund dieses Gesetzes erlassenen Rechtsverordnung zuwiderhandelt, soweit die Rechtsverordnung für einen bestimmten Tatbestand auf diese Bußgeldvorschrift verweist.

(2) Die Ordnungswidrigkeit kann mit einer Geldbuße bis zu fünfzigtausend Euro geahndet werden.

§ 16 Einziehung

[1]Sachen, auf die sich eine Ordnungswidrigkeit nach § 15 bezieht, dürfen eingezogen werden. [2]Hierzu zählen insbesondere:

1. Musikinstrumente,
2. elektroakustische Übertragungs- und Verstärkeranlagen oder Teile davon,
3. Tonwiedergabegeräte oder Teile davon,
4. Schreckschusspistolen,
5. Motorsportgeräte oder Teile davon,
6. elektrisch oder mit Verbrennungsmotoren angetriebene Werkzeuge,
7. Baumaschinen oder Teile davon,
8. Fahrgeschäfte oder Teile davon,
9. mit Druckluft oder Gas betriebene Signalhörner.

[3]Tiere dürfen ebenfalls eingezogen werden.

Siebenter Abschnitt

Schlussbestimmungen

§ 17 (nicht wiedergegebene Änderungsvorschriften)

§ 18 Inkrafttreten, Außerkrafttreten

[1]Dieses Gesetz tritt am Tage nach der Verkündung[1)] im Gesetz- und Verordnungsblatt für Berlin in Kraft. [2]Gleichzeitig tritt die Verordnung zur Bekämpfung des Lärms vom 23. März 2004 (GVBl. S. 148) außer Kraft.

1) Verkündet am 15.12.2005

Berliner Klimaschutz- und Energiewendegesetz – EWG Bln[1)]

Vom 22. März 2016 (GVBl. S. 122)
(BRV 754-1)

zuletzt geändert durch Art. 1 G zur Änd. des Berliner EnergiewendeG und des Allgemeinen ZuständigkeitsG vom 27. August 2021 (GVBl. S. 989)

Inhaltsübersicht

Abschnitt 1
Allgemeine Vorschriften

§ 1 Zweck des Gesetzes

[1]Zweck dieses Gesetzes ist die Festlegung von Klimaschutzzielen für das Land Berlin sowie die Schaffung von Instrumenten zu deren Erreichung. [2]Zugleich soll mit dem Gesetz ein Beitrag zur Umsetzung des Übereinkommens von Paris, zu den internationalen, europäischen und nationalen Bemühungen um Klimaschutz und Anpassung an die unvermeidbaren Folgen des Klimawandels, zur Energiewende in Deutschland sowie zum Aufbau einer sicheren, preisgünstigen und klimaverträglichen Energieerzeugung und -versorgung im Land Berlin geleistet werden.

1) Verkündet als Art. 1 G zur Umsetzung der Energiewende und zur Förderung des Klimaschutzes v. 22.3.2016 (GVBl. S. 122); Inkrafttreten gem. Art. 4 dieses G am 6.4.2016.

§ 2 Begriffsbestimmungen

Im Sinne dieses Gesetzes

1. ist das Übereinkommen von Paris das von den Vertragsstaaten der Klimarahmenkonvention der Vereinten Nationen unterzeichnete und von der Bundesrepublik Deutschland mit Gesetz vom 28. September 2016 ratifizierte Übereinkommen von Paris vom 12. Dezember 2015 (BGBl. 2016 II S. 1082, 1083),
2. sind Kohlendioxidemissionen alle durch den Verbrauch von Endenergie im Land Berlin verursachten Emissionen von Kohlendioxid (CO_2) nach der amtlichen Methodik zur Verursacherbilanz des Landes Berlin, zuzüglich eines angemessenen Anteils der Emissionen von Kohlendioxid, die dem Luftverkehr am Flughafen Berlin-Brandenburg zuzurechnen sind,
3. sind sonstige Treibhausgasemissionen alle im Land Berlin verursachten Emissionen von Methan (CH_4), Distickstoffoxid (N_2O), teilfluorierte Kohlenwasserstoffe (HFKW), perfluorierte Kohlenwasserstoffe (PFC), Schwefelhexafluorid (SF_6) und Stickstofftrifluorid (NF_3) entsprechend ihrer CO_2-Äquivalente sowie nicht durch den Energieverbrauch verursachte prozessbedingte Emissionen von Kohlendioxid (CO_2),
4. umfassen Kohlendioxidsenken natürliche Reservoirs zur Aufnahme und Speicherung von Kohlenstoff wie Wälder, Moore sowie Grün- und Freiflächen,
5. sind öffentliche Hand
   a) das Land Berlin sowie die landesunmittelbaren Körperschaften, Anstalten und Stiftungen des öffentlichen Rechts, die auf Berliner Landesrecht beruhen oder der Aufsicht des Landes Berlin unterliegen mit Ausnahme von Religionsgemeinschaften und
   b) jede juristische Person, Personenvereinigung oder Vermögensmasse des Privatrechts, wenn an ihr eine oder mehrere juristische Personen nach Buchstabe a unmittelbar oder mittelbar
      aa) die Mehrheit des gezeichneten Kapitals besitzen,
      bb) über die Mehrheit der mit den Anteilen verbundenen Stimmrechte verfügen oder
      cc) mehr als die Hälfte der Mitglieder des Verwaltungs-, Leitungs- oder Aufsichtsorgans bestellen können,
6. ist Quellenbilanz die Darstellung der Emissionen von Kohlendioxid (CO_2) aus dem Primärenergieverbrauch nach der Methodik der amtlichen Statistik des Landes Berlin,
7. ist Verursacherbilanz die Darstellung der Emissionen von Kohlendioxid (CO_2) aus dem Endenergieverbrauch nach der Methodik der amtlichen Statistik des Landes Berlin,
8. ist ein Energiemanagement eine systematische Erfassung der Energieströme und Verbräuche sowie der Ableitung von Maßnahmen zur Verbesserung der Energieeffizienz und der Reduzierung des Energieverbrauchs von Gebäuden und technischen Anlagen,
9. ist ein Liegenschaftsbereich ein Teil des Gebäudebestandes der Haupt- oder Bezirksverwaltungen, der durch eine Dienststelle des Landes Berlin oder ein von ihm beauftragtes Unternehmen verwaltet und unterhalten wird,
10. ist Nettogrundfläche der Teil der Nettogrundfläche, der nach anerkannten Regeln der Technik beheizt oder gekühlt wird,
11. sind öffentliche Gebäude die Gebäude im Eigentum der öffentlichen Hand mit Ausnahme von
    a) unterirdischen baulichen Anlagen, Traglufthallen und fliegenden Bauten sowie Unterglasanlagen und Kulturräumen für die Aufzucht, die Vermehrung und den Verkauf von Pflanzen,
    b) Gebäuden im Eigentum von juristischen Personen, Personenvereinigungen und Vermögensmassen des Privatrechts, soweit diese Leistungen im Wettbewerb mit privaten Unternehmen erbringen,
12. ist der KfW-Effizienzhaus 40-Standard bei Gebäuden eingehalten, wenn ihr Jahres-Primärenergiebedarf 40 Prozent des Jahres-Primärenergiebedarfs eines Referenzgebäudes nicht überschreitet und die mittleren Wärmedurchgangskoeffizienten der wärmeübertragenden Umfassungsfläche 55 Prozent der zulässigen Höchstwerte nicht überschreiten; die Bestimmung des jeweiligen Referenzgebäudes und die erforderlichen Berechnungen sind nach dem Gebäudeenergiegesetz vom 8. August 2020 (BGBl. I S. 1728) vorzunehmen, wobei der Faktor „das 0,75fache" in § 15 Absatz 1 und § 18 Absatz 1 Satz 1 des Gebäudeenergiegesetzes keine Anwendung findet,
13. ist der KfW-Effizienzhaus 55-Standard bei Gebäuden eingehalten, wenn ihr Jahres-Primärenergiebedarf 55 Prozent des Jahres-Primärenergiebedarfs eines Referenzgebäudes nicht überschrei-

tet und die mittleren Wärmedurchgangskoeffizienten der wärmeübertragenden Umfassungsfläche 70 Prozent der zulässigen Höchstwerte nicht überschreiten; Nummer 12 Halbsatz 2 gilt entsprechend,

14. ist ein im Betrieb CO_2-freies Fahrzeug ein Kraftfahrzeug oder sonstiges Fahrzeug, das im Betrieb keine Kohlendioxidemissionen aus der Verbrennung fossiler Kraftstoffe erzeugt,
15. sind Solaranlagen Anlagen zur Erzeugung von Strom oder Wärme aus solarer Strahlungsenergie,
16. ist eine größere Renovierung die Renovierung eines Gebäudes, bei der
    a) die Gesamtkosten der Renovierung der Gebäudehülle oder der gebäudetechnischen Systeme 25 Prozent des Gebäudewerts – den Wert des Grundstücks, auf dem das Gebäude errichtet wurde, nicht mitgerechnet – übersteigen oder
    b) mehr als 25 Prozent der wärmeübertragenden Umfassungsfläche einer Renovierung unterzogen werden,
17. ist Nah-/Fernwärme oder Nah-/Fernkälte die Wärme oder Kälte, die in Form von Dampf, heißem Wasser oder kalten Flüssigkeiten durch ein Wärme- oder Kältenetz verteilt wird,
18. ist klimaschonende Wärme
    a) Wärme, die aus erneuerbaren Energien oder Umweltwärme erzeugt wird,
    b) Wärme, die mit Wärmepumpen erzeugt wird,
    c) Wärme, die aus Strom aus erneuerbaren Energien erzeugt wird,
    d) Wärme, die als unvermeidbare Abwärme anfällt,

    sofern alle Gerätschaften, die zur Erzeugung der Wärme eingesetzt werden, ihrerseits mit Energie versorgt werden, die aus erneuerbaren Quellen stammt,
19. sind allgemeine Wärmeversorgungsnetze Wärmenetze, die der Verteilung von Wärme an Dritte dienen und von ihrer Dimensionierung nicht von vornherein nur auf die Versorgung bestimmter, schon bei der Netzerrichtung feststehender oder bestimmbarer Wärmeabnehmer im räumlichen Zusammenhang ausgelegt sind,
20. ist Abwärme Wärme, die aus technischen Prozessen und aus baulichen Anlagen stammenden Abluft- und Abwasserströmen entnommen wird oder die als Nebenprodukt in einem Prozess entsteht, dessen Ziel die Erzeugung eines Produktes, die Erbringung einer Dienstleistung oder die Abfallbehandlung ist,
21. ist Abwärme unvermeidbar, wenn der Prozess oder die Anlage, aus der die Abwärme stammt, dem Stand der Technik zur Vermeidung von Abwärme entspricht,
22. ist die technisch nutzbare Dachfläche der Anteil der gesamten Dachfläche, der nach Abzug der Flächeninanspruchnahme durch Dacheinbauten und -aufbauten einschließlich erforderlicher Abstandsflächen für die Belegung mit Solaranlagen zur Verfügung steht.

Abschnitt 2
Klimaschutzziele und ihre Erreichung

§ 3 Klimaschutzziele

(1) [1]Im Land Berlin soll die Gesamtsumme der Kohlendioxidemissionen bis zum Jahr 2020 um mindestens 40 Prozent, bis zum Jahr 2030 um mindestens 70 Prozent, bis zum Jahr 2040 um mindestens 90 Prozent und spätestens bis zum Jahr 2045 um mindestens 95 Prozent im Vergleich zu der Gesamtsumme der Kohlendioxidemissionen des Jahres 1990 verringert werden. [2]Daneben sollen alle sonstigen Treibhausgasemissionen vergleichbar reduziert werden.

(2) [1]Der Senat von Berlin ist unter Berücksichtigung öffentlicher Belange, einschließlich der Nachhaltigkeit und des Ressourcenschutzes verpflichtet, seine Handlungsmöglichkeiten zu nutzen, um die Ziele nach Absatz 1 zu erreichen. [2]Dabei nimmt er auf soziale und kulturelle Bedürfnisse der Bevölkerung sowie auf städtebauliche Besonderheiten im Land Berlin Rücksicht. [3]Soweit die Belange des Klimaschutzes ausdrücklich oder im Rahmen öffentlicher Belange bei Entscheidungen der öffentlichen Hand zu berücksichtigen sind, finden die Vorschriften dieses Gesetzes unter Berücksichtigung der fachgesetzlichen Abwägungssystematik ergänzende Anwendung.

(3) [1]Folgeregelungen dieses Gesetzes dürfen nicht zu Bruttowarmmietzinserhöhungen führen. [2]Andere Bestimmungen, insbesondere bundesgesetzliche, bleiben hiervon unberührt.

§ 4 Berliner Energie- und Klimaschutzprogramm

(1) Der Senat von Berlin erstellt unter Einbindung der Öffentlichkeit ein Berliner Energie- und Klimaschutzprogramm oder ein sonstiges Gesamtprogramm, welches Strategien und Maßnahmen zur Erreichung der Ziele nach § 3 Absatz 1 beschreibt.

(2) [1]Das Programm nach Absatz 1 ist erstmalig drei Monate nach Inkrafttreten dieses Gesetzes vom Senat von Berlin zu beschließen und jeweils innerhalb eines Jahres nach Konstituierung des Abgeordnetenhauses auf Basis der Berichte nach § 5 weiterzuentwickeln. [2]Es soll insbesondere folgende Bestandteile enthalten:

1. Sektorziele zur Reduktion der Kohlendioxidemissionen insbesondere in den Sektoren Energieversorgung, Gebäude, Wirtschaft und Verkehr,
2. Strategien und Maßnahmen
   a) zur Einsparung von Energie, Erhöhung der Energieeffizienz und des Anteils der erneuerbaren Energien am Energiemix des Landes Berlin sowie sonstige Strategien und Maßnahmen zur Erreichung der Klimaschutzziele, einschließlich der Darstellung der mit ihnen zu erreichenden Reduktion von Kohlendioxidemissionen,
   b) zur Sicherung und zum Ausbau der Kohlendioxidsenken,
   c) zur Anpassung an die unvermeidbaren Folgen des Klimawandels,
   d) zur Erreichung der Ziele nach § 3 Absatz 1 in sonstigen Handlungsbereichen, in denen sich die Reduktion der Kohlendioxidemissionen nicht bilanzieren lässt,
3. Aussagen zur Wirtschaftlichkeit und Finanzierung der dargestellten Strategien und Maßnahmen,
4. einen Zeitplan hinsichtlich der stufenweisen Reduktion der Kohlendioxidemissionen anhand der in § 3 Absatz 1 genannten Ziele und gegebenenfalls weiterer Zwischenziele,
5. die Festlegung der Gesamtmenge an Kohlendioxidemissionen, die im Zeitraum der fünf auf die Beschlussfassung des Programms folgenden Kalenderjahre höchstens emittiert werden soll.

(3) [1]Das Programm nach Absatz 1 ist dem Abgeordnetenhaus zur Beschlussfassung vorzulegen. [2]Satz 1 gilt auch bei wesentlichen Änderungen des Programms sowie für die Weiterentwicklung des Programms auf Basis der Berichte nach § 5 entsprechend.

(4) Bei der Erstellung und Weiterentwicklung des Programms nach Absatz 1 sind die Wirkungsbeiträge und Wechselwirkungen durch Klimaschutzmaßnahmen des Bundes und der Europäischen Union zu berücksichtigen.

§ 5 Monitoring

(1) Der Senat von Berlin richtet ein dauerhaftes Monitoring ein, insbesondere zur Überprüfung

1. der Umsetzung dieses Gesetzes einschließlich des Erreichens der Ziele nach § 3 Absatz 1 und der Ziele nach § 4 Absatz 2 Satz 2 Nummer 1 und 5,
2. der Umsetzung des Programms nach § 4 Absatz 1, einschließlich des Umsetzungsstandes und der quantifizierbaren Wirkungen der einzelnen Strategien und Maßnahmen nach § 4 Absatz 2 Nummer 2.

(2) [1]Zuständig für die Durchführung des Monitorings ist die für Klimaschutz zuständige Senatsverwaltung. [2]Sie hat die Ergebnisse zu bewerten und in einem Monitoringbericht zusammenzufassen. [3]Darin ist auch über die Ergebnisse des Klimawandelfolgenmonitorings nach § 13 zu berichten. [4]Die Emissionsentwicklung ist sowohl nach der Quellenbilanz als auch nach der Verursacherbilanz darzustellen. [5]Der Monitoringbericht ist nach Beschluss des Programms durch das Abgeordnetenhaus entsprechend § 4 Absatz 1, 2 und 3 jeweils alle zwei Jahre vorzulegen.

(3) Die Monitoringberichte nach Absatz 2 bilden die Grundlage für die Weiterentwicklung des Programms nach § 4 Absatz 1.

(4) [1]Der Senat von Berlin leitet dem Abgeordnetenhaus die Monitoringberichte zur Kenntnisnahme zu. [2]Die Ergebnisse sind zu veröffentlichen.

§ 6 Sofortprogramm bei Zielabweichung

[1]Ist aus dem Monitoringbericht gemäß § 5 Absatz 2 erkennbar, dass die Ziele nach § 3 Absatz 1 oder Sektorziele nach § 4 Absatz 2 Satz 2 Nummer 1 mit den geplanten Maßnahmen voraussichtlich nicht erreicht werden oder die nach § 4 Absatz 2 Satz 2 Nummer 5 festgelegte Gesamtmenge an Kohlendioxidemissionen voraussichtlich überschritten wird, beschließt der Senat auf Vorlage der für Klimaschutz zuständigen Senatsverwaltung ein Sofortprogramm mit verstärkten Maßnahmen zur Zielerrei-

chung. [2]Hierzu legen die für Klimaschutz zuständige und die für die Verfolgung der jeweiligen Sektorziele nach § 31 Absatz 2 verantwortlichen Senatsverwaltungen Vorschläge vor.

Abschnitt 3
Vorbildfunktion der öffentlichen Hand

§ 7 Grundsatz
Die öffentliche Hand hat im Rahmen ihrer Tätigkeiten vorbildhaft zur Erreichung der Zwecke und Ziele dieses Gesetzes beizutragen.

§ 8 Maßnahmenplan CO_2-neutrale Verwaltung
(1) [1]Das Land Berlin setzt sich zum Ziel, den Kohlendioxidausstoß der Landesverwaltung im Sinne des Satzes 4 bis zum Jahr 2030 weitgehend auszugleichen und diese somit CO_2-neutral zu organisieren. [2]Dieses Ziel soll in erster Linie durch Einsparungen von Energie sowie durch die Erhöhung der Energieeffizienz und des Anteils erneuerbarer Energien am Energieverbrauch erreicht werden. [3]Unvermeidbare Kohlendioxidemissionen sind weitgehend zu kompensieren. [4]Zur Verwirklichung dieses Ziels legt der Senat von Berlin zum Ablauf des dritten auf das Jahr des Inkrafttretens dieses Gesetzes folgenden Kalenderjahres einen Maßnahmenplan vor, der die Senats- und Bezirksverwaltungen mit Ausnahme der ihnen nachgeordneten Behörden, nicht rechtsfähigen Anstalten und unter ihrer Aufsicht stehenden Eigenbetriebe bindet.
(2) Der Senat von Berlin legt dem Abgeordnetenhaus alle fünf Jahre ab Vorlage des Maßnahmenplans nach Absatz 1 einen Gesamtbericht zum Stand seiner Umsetzung vor.

§ 9 Sanierungsfahrpläne für öffentliche Gebäude
(1) [1]Das Land Berlin strebt eine umfassende energetische Sanierung der öffentlichen Gebäude im Sinne des Satzes 2 bis zum Jahr 2045 an. [2]Hierzu legt der Senat von Berlin bis zum Ablauf des ersten auf das Inkrafttreten dieses Gesetzes folgenden Kalenderjahres ein Konzept zur Aufstellung von Sanierungsfahrplänen und zur Einrichtung eines Energiemanagements für die Gebäude der Bezirksverwaltungen, des Sondervermögens Immobilien des Landes Berlin und der Senatsverwaltungen, die nicht Mieter dieses Sondervermögens sind, vor. [3]In das Konzept einzubeziehen sind auch andere Maßnahmen, die der Einsparung des Energieverbrauchs dienen.
(2) [1]Das Konzept nach Absatz 1 Satz 2 muss neben Sanierungszielen für die Jahre 2030 und 2045 insbesondere Kriterien zur Auswahl der Gebäude enthalten. [2]Die Kriterien umfassen insbesondere die Wirtschaftlichkeit der jeweiligen Sanierungsmaßnahme, ihren Beitrag zur Erreichung der Ziele in § 3 Absatz 1, die perspektivische Nutzung des jeweiligen Gebäudes sowie die mit der Sanierung verbundenen Kosten. [3]Das Konzept ist dem Abgeordnetenhaus zuzuleiten und im Internet zu veröffentlichen.
(3) [1]Auf Grundlage des Konzeptes nach Absatz 1 Satz 2 erstellen die dort genannten öffentlichen Stellen bis zum Ablauf des dritten auf die Vorlage des Konzeptes nach Absatz 1 Satz 2 folgenden Kalenderjahres für ihre Gebäude ab einer Nettogrundfläche von mehr als 250 Quadratmetern jeweils einen Sanierungsfahrplan mit dem Ziel der Senkung des Endenergieverbrauches um mindestens 20 Prozent bis zum Jahr 2030 und des Primärenergieverbrauches um mindestens 80 Prozent bis zum Jahr 2045 im Vergleich zu den Verbrauchswerten des Jahres 2010. [2]Der Sanierungsfahrplan soll die Umsetzung der erforderlichen Sanierungen in zeitlicher Reihenfolge darstellen. [3]Die Kosten für die erforderlichen Sanierungsmaßnahmen sind in der Haushalts- und Finanzplanung darzustellen. [4]Die Sanierungsfahrpläne sind öffentlich zugänglich zu machen.
(4) Soweit eine in Absatz 1 genannte öffentliche Stelle bereits in vergleichbarer Form eine einheitliche Erfassung und objektive Bewertung des baulichen, energetischen und gebäudetechnischen Zustandes ihres Vermögens vorgenommen hat, mit der auch erforderliche Sanierungen in zeitlicher Reihenfolge dargestellt werden können, ist dies einem Sanierungsfahrplan im Sinne dieses Gesetzes gleichzusetzen.
(5) [1]Zur Umsetzung des Absatzes 3 richten die in Absatz 1 genannten öffentlichen Stellen für ihre Liegenschaftsbereiche bis zum Ablauf des zweiten auf das Inkrafttreten dieses Gesetzes folgenden Kalenderjahres nach den Vorgaben des Konzeptes nach Absatz 1 Satz 2 jeweils ein Energiemanagement ein und betreiben dieses. [2]Die öffentlichen Stellen können auch für mehrere Liegenschaftsbereiche ein gemeinsames Energiemanagement einrichten und betreiben. [3]Die erforderlichen Daten sind jährlich zu erheben und müssen insbesondere Aussagen zu der Entwicklung des Energieverbrauchs, des Energieeinsatzes und der Kohlendioxidemissionen der einzelnen Gebäude ermöglichen. [4]Zum

Betrieb gehört auch die Planung und Durchführung von Maßnahmen zur Einsparung von Energie sowie eines Energiecontrollings.

(6) [1]Bei der Einrichtung des Energiemanagements nach Absatz 5 ist eine zentrale Erfassung und Auswertung der Daten zu gewährleisten. [2]Die Energieverbrauchswerte sind im Internet zu veröffentlichen.

(7) [1]Die in Absatz 1 genannten öffentlichen Stellen benennen für ihre Liegenschaftsbereiche jeweils eine Energiebeauftragte oder einen Energiebeauftragten. [2]Die Energiebeauftragten haben die Aufgabe, das Energiemanagement zu begleiten, die Entwicklungen zu bewerten sowie Maßnahmen, die der Einsparung von Energie und der Erhöhung von Energieeffizienz dienen, vorzuschlagen.

§ 10 Berliner Energiestandards für öffentliche Gebäude

(1) [1]Beim Neubau öffentlicher Gebäude ist mindestens der KfW-Effizienzhaus 40-Standard einzuhalten. [2]Eine noch energiesparendere Bauweise ist anzustreben.

(2) Bei größeren Renovierungen öffentlicher Gebäude ist der KfW-Effizienzhaus 55-Standard einzuhalten, soweit nicht öffentlich-rechtliche Vorschriften entgegenstehen.

(3) Von den Anforderungen der Absätze 1 und 2 kann abgewichen werden, soweit die für ihre Einhaltung erforderlichen Mehraufwendungen die Summe der durch die Einhaltung über die Nutzungsdauer des Gebäudes eingesparten Energiekosten und der vermiedenen Klimaschadenskosten gemäß § 29 übersteigen.

(4) Die Absätze 1 und 2 finden keine Anwendung auf Betriebsgebäude, die nach ihrem Verwendungszweck großflächig und langanhaltend offengehalten werden müssen oder nach ihrer Zweckbestimmung weniger als vier Monate im Jahr oder auf eine Raum-Solltemperatur von weniger als 12 Grad Celsius beheizt werden.

(5) [1]Bei der Planung des Neubaus öffentlicher Gebäude sollen die Emissionen von Kohlendioxid und sonstigen Treibhausgasen, die mit der Herstellung der eingesetzten Baustoffe verbunden sind, ermittelt und die daraus resultierenden Klimaschadenskosten ausgewiesen werden. [2]§ 29 Satz 3 gilt entsprechend.

(6) Für alle öffentlichen Gebäude, Schulen und Liegenschaften darf ausschließlich Strom aus erneuerbaren Energien bezogen werden, der höchste Klimaschutz-Anforderungen an die Stromqualität erfüllt.

§ 11 CO_2-freie öffentliche Fahrzeugflotten

(1) [1]Das Land Berlin strebt an, die von der öffentlichen Hand genutzten Kraftfahrzeugflotten bis zum Ende des Jahres 2030 vollständig auf im Betrieb CO_2-freie Fahrzeuge umzustellen. [2]Zu diesem Zweck stellen alle Behörden der Berliner Verwaltung bis zum 31. Dezember 2022 Pläne zur schrittweisen Umstellung ihrer Kraftfahrzeugflotten einschließlich gemieteter und geleaster Fahrzeuge auf. [3]Die Kosten der Umstellung sind in der Haushalts- und Finanzplanung abzubilden.

(2) [1]Von der Pflicht zur Umstellung sind Fahrzeuge mit besonderen dienstlichen Nutzungsanforderungen ausgenommen, soweit am Markt keine im Betrieb CO_2-freien Fahrzeuge verfügbar sind, die diesen Anforderungen genügen. [2]Satz 1 gilt insbesondere für Kranken-, Rettungs-, Polizei- und Feuerwehrfahrzeuge.

(3) Von der Umstellung kann im Einzelfall abgesehen werden, soweit die Mehrkosten der Anschaffung eines im Betrieb CO_2- freien Fahrzeugs die Summe der über die Nutzungsdauer des Fahrzeugs eingesparten Betriebskosten und der vermiedenen Klimaschadenskosten gemäß § 29 übersteigen.

(4) Von den nach Absatz 1 Satz 2 aufgestellten Umstellungsplänen kann abgewichen werden, solange und soweit erforderliche Ladeinfrastruktur nicht rechtzeitig zur Verfügung steht.

(5) [1]Die Umstellungspläne nach Absatz 1 Satz 2 sind spätestens bis zum 31. Dezember 2026 fortzuschreiben. [2]Dabei ist insbesondere zu überprüfen, inwieweit die Ausnahmen nach den Absätzen 2 und 3 noch vorliegen.

(6) [1]Die Umstellungspläne sind der für Klimaschutz zuständigen Senatsverwaltung vorzulegen und zu veröffentlichen. [2]Dabei sind Ausnahmen nach den Absätzen 2 und 3 darzulegen und zu begründen.

§ 11a Ladeinfrastruktur für Elektrofahrzeuge

[1]Der Ausbau der Ladeinfrastruktur für Elektrofahrzeuge ist im gesamten Stadtgebiet zu fördern. [2]Die Ladeinfrastruktur ist mit folgenden Zielen auszubauen:

1. Der Aufbau von Ladeinfrastruktur erfolgt unter der Berücksichtigung der unterschiedlichen Anwendungsfälle und in einer raumübergreifenden Betrachtung bedarfsgerecht im gesamten Stadtgebiet.
2. [1]Der Ausbau der öffentlichen Ladeinfrastruktur wird so fortgesetzt, dass er den Zuwachs an Elektrofahrzeugen in Berlin beschleunigt befördern kann. [2]Ziel ist dabei ein Verhältnis von insgesamt mindestens einem Ladepunkt für je zehn zugelassene Fahrzeuge, wie es die Richtlinie des Europäischen Parlaments und des Rates über den Aufbau der Infrastruktur für alternative Kraftstoffe empfiehlt. [3]Bis zum Ablauf des Jahres 2025 müssen insgesamt 30 Prozent der Ladepunkte im Sinne des Satzes 2 betriebsbereit errichtet sein.
3. Maßgeblich beim Ausbau sind die Ziele des Mobilitätsgesetzes und des Stadtentwicklungsplans Mobilität und Verkehr zu beachten.
4. Der Aufbau im öffentlichen Raum erfolgt im Auftrag des Landes Berlin nach den Maßgaben einer einheitlichen, diskriminierungsfrei zugänglichen Ladeinfrastruktur und berücksichtigt dabei die Entwicklung des Ausbaus von Ladeeinrichtungen im privaten Raum.
5. Dabei werden nur Ladeeinrichtungen öffentlich gebaut beziehungsweise gefördert, an denen sichergestellt wird, dass ausschließlich regenerativ erzeugter Strom angeboten wird.
6. Dem Abgeordnetenhaus ist über den Ausbau jährlich zu berichten.

§ 12 Klimaschutz in den Bezirken

(1) [1]Unbeschadet der §§ 8 bis 11 erfüllen die Bezirke die Vorbildfunktion nach § 7 in eigener Verantwortung. [2]Sie sind gehalten, eigene Energie- und Kohlendioxidbilanzen zu erstellen, Ziele zur Minderung von Kohlendioxidemissionen zu formulieren und Aussagen zur Einsparung von Energie in den bezirklichen Gebäuden zu treffen.

(2) Die Bezirke berichten der für Klimaschutz zuständigen Senatsverwaltung auf Verlangen über die zur Erreichung der Ziele nach § 3 Absatz 1 getroffenen Maßnahmen.

(3) Ausschließlich für die bezirklichen Aufgaben, die sich aus diesem Gesetz und aus dem Programm nach § 4 ergeben, benennt jeder Bezirk bis zum 30. Juni 2022 eine Beauftragte oder einen Beauftragten für Klimaschutz und Klimaanpassung.

§ 13 Klimaschutzvereinbarungen

(1) [1]Der Senat von Berlin wirkt auf den Abschluss von Klimaschutzvereinbarungen hin, insbesondere mit juristischen Personen und Personengesellschaften des Privatrechts, an denen das Land Berlin mehrheitlich beteiligt ist, sowie mit Hochschulen und hochschulmedizinischen Einrichtungen. [2]Die Klimaschutzvereinbarungen sollen eine Laufzeit von mindestens zehn Jahren haben und folgende Mindestbestandteile enthalten:

1. für das Bezugsjahr eine Darstellung des Energieverbrauchs und der damit verbundenen Kohlendioxidemissionen anhand der Emissionsfaktoren der amtlichen Energie- und Kohlendioxidbilanz des Landes Berlin,
2. ein Zwischen- und ein Gesamtziel zur Reduzierung des Energieverbrauchs und der Kohlendioxidemissionen, die sich an den Klimaschutzzielen des § 3 Absatz 1 orientieren sollen,
3. eine Darstellung von Maßnahmen, mit denen diese Ziele erreicht werden sollen, insbesondere Maßnahmen, die der Einsparung von Energie, der Erhöhung der Energieeffizienz sowie der Erhöhung des Anteils erneuerbarer Energien am Energiemix des Landes Berlin dienen,
4. eine Darstellung, wie die Umsetzung dieser Maßnahmen kontrolliert wird,
5. ein Verfahren zur Anpassung der Vereinbarung einschließlich der Ziele und Maßnahmen, wenn nach Vorlage des Zwischenberichts gemäß Absatz 2 erkennbar wird, dass die Ziele nach Nummer 2 mit den geplanten Maßnahmen nach Nummer 3 entweder nicht oder frühzeitig erreicht werden.

(2) [1]Zuständig für die Verhandlung und den Abschluss von Klimaschutzvereinbarungen nach Absatz 1 ist die für Klimaschutz zuständige Senatsverwaltung. [2]In den Klimaschutzvereinbarungen ist zu vereinbaren, dass der für Klimaschutz zuständigen Senatsverwaltung über die Erreichung der Ziele nach Absatz 1 Satz 2 Nummer 2 zu berichten ist. [3]Dabei sind die Ergebnisse den nach Absatz 1 Satz 2 Nummer 3 geplanten und umgesetzten Maßnahmen gegenüberzustellen. [4]Es ist mindestens ein Zwischenbericht nach Ablauf der ersten Hälfte der Laufzeit und ein Abschlussbericht zum Ende der Laufzeit vorzulegen. [5]Die Klimaschutzvereinbarungen sind unter Beachtung der einschlägigen Bestimmungen zum Schutz unternehmensbezogener Daten zu veröffentlichen.

§ 14 Klimaschutzrat

(1) [1]Der Senat von Berlin beruft einen Klimaschutzrat. [2]Seine Mitglieder werden auf Vorschlag der für Klimaschutz zuständigen Senatsverwaltung spätestens sechs Monate nach Konstituierung des Abgeordnetenhauses für die Dauer einer Legislaturperiode benannt.

(2) [1]Der Klimaschutzrat ist unabhängig und berät den Senat und das Abgeordnetenhaus zu Fragen der Klimaschutz- und Energiepolitik. [2]Er achtet auf die Einhaltung der Klimaschutzziele und begleitet die Fortschreibung des Berliner Energie- und Klimaschutzprogramms sowie die Entwicklung von Sofortprogrammen nach § 6. [3]Zu diesem Zweck kann er mit Klimaschutz, Energiewende und Klimaanpassung verbundene Themen aufgreifen, eigene Vorschläge vorlegen sowie wissenschaftliche Expertisen und Stellungnahmen veröffentlichen. [4]Das Land trägt die Kosten des Klimaschutzrates im Rahmen der im Landeshaushalt verfügbaren Mittel.

Abschnitt 4
Anpassung an den Klimawandel

§ 15 Grundsatz

(1) [1]Der Senat von Berlin wird Maßnahmen zur Anpassung an den Klimawandel und seiner unvermeidbaren Folgen für Berlin unterstützen. [2]Er ist verpflichtet, auf der Grundlage eines aktuell zu haltenden Kenntnisstandes über den Klimawandel und der Abschätzung seiner konkreten Auswirkungen auf das Land Berlin für das Programm nach § 4 Absatz 1 Strategien und Maßnahmen zu entwickeln, die darauf abzielen, die Anpassungsfähigkeit natürlicher, gesellschaftlicher und ökonomischer Systeme zu verbessern und die Funktion der städtischen Infrastrukturen sowie die urbane Lebensqualität zu erhalten.

(2) Die Pflichten aus § 3 Absatz 2 bleiben davon unberührt.

§ 16 Monitoring des Klimawandels und seiner Auswirkungen

[1]Der Senat von Berlin richtet bis zum Ablauf des ersten auf das Inkrafttreten dieses Gesetzes folgenden Kalenderjahres ein Monitoringsystem ein, um die Folgen des Klimawandels in Berlin zu erfassen und deren Entwicklung zu beobachten. [2]Das Monitoring wird laufend aktualisiert. [3]Hierbei sollen auch Daten und Informationen nichtstaatlicher Institutionen eingebunden werden. [4]Das Monitoringsystem ist kontinuierlich weiterzuentwickeln.

Abschnitt 5
Bildung

§ 17 Klimaschutz als Bildungsinhalt

(1) [1]Der Senat von Berlin stärkt durch die Einbeziehung der Themen Klimawandel, Klimaschutz und Anpassung an die Folgen des Klimawandels in die schulische und vorschulische Bildung das Bewusstsein und das Verständnis für diese Themen. [2]Daneben soll der verantwortungsvolle und sparsame Umgang mit Energie vermittelt werden.

(2) Der Senat von Berlin trägt Sorge dafür, dass Schulen bei der Teilnahme an Schulprojekten im Bereich der Themen nach Absatz 1 unterstützt werden.

Abschnitt 6
Energie

§ 18 Aufbau einer klimaverträglichen Energieerzeugung und -versorgung

(1) Der Senat von Berlin strebt eine sichere, preisgünstige und klimaverträgliche Energieerzeugung und -versorgung mit Strom und Wärme im Land Berlin an, die zunehmend auf erneuerbaren Energien beruht und wird darauf hinwirken, dass im Land Berlin die Energieerzeugung aus Braunkohle bis zum 31. Dezember 2017 und aus Steinkohle spätestens bis zum 31. Dezember 2030 beendet wird.

(2) [1]Der Senat unterstützt die Forschung und Demonstration sowie den Aufbau von Produktionskapazitäten in Bezug auf den Ausbau von erneuerbaren Energien und hocheffizienten Kraft-Wärme-Kopplungsanlagen sowie die Erhöhung der Energieeffizienz. [2]Darüber hinaus unterstützt er die Optionen zur Flexibilisierung der Energieversorgungssysteme einschließlich der Entwicklung und Nutzung von Speichertechnologien und intelligenten Stromnetzen.

(3) [1]Der Senat von Berlin zeigt in dem Programm nach § 4 Absatz 1 Strategien und Maßnahmen zur schrittweisen Reduzierung des Wärmebedarfs im Gebäudebereich unter Berücksichtigung von Einsparpotenzialen und des künftigen Wärmebedarfs auf. [2]Dabei sind auch heutige und künftige Wärmeversorgungsstrukturen zu berücksichtigen.

(4) [1]Der Senat von Berlin setzt sich auf Bundesebene für die Umsetzung der Energiewende in Deutschland ein. [2]Dabei hat er die Auswirkungen auf Klima und Umwelt sowie die Kosten der Energieerzeugung und deren gerechte Verteilung in der Gesellschaft zu berücksichtigen.

§ 19 Nutzung von erneuerbaren Energien

(1) Das Land Berlin strebt die vermehrte Erzeugung und Nutzung von erneuerbaren Energien auf, in und an öffentlichen Gebäuden sowie auf sonstigen öffentlichen Flächen an.

(2) Zur Erreichung der nach Absatz 1 angestrebten Nutzung haben alle Stellen der öffentlichen Hand die in ihrem Eigentum stehenden Liegenschaften auf die Verfügbarkeit, Lage und Ausrichtung von Flächen hinsichtlich deren Eignung zur Nutzung und Aufnahme von Anlagen für die Erzeugung von erneuerbaren Energien zu überprüfen.

(3) [1]Beim Neubau öffentlicher Gebäude ist die Errichtung von Solaranlagen auf der gesamten technisch nutzbaren Dachfläche vorzusehen. [2]Die Anlagen sind im Zuge der Bauausführung, spätestens aber ein Jahr nach Bauabnahme zu errichten. [3]Dies kann auch durch die Errichtung von Anlagen Dritter geschehen.

(4) [1]Auf Dächern öffentlicher Gebäude sind spätestens bis zum 31. Dezember 2024 Solaranlagen auf der gesamten technisch nutzbaren Dachfläche zu errichten. [2]Satz 1 gilt nicht, soweit die Errichtung aus statischen Gründen unmöglich ist. [3]Absatz 3 Satz 3 gilt entsprechend.

(5) Dachflächen öffentlicher Gebäude, die einer größeren Renovierung unterzogen werden, sind statisch und technisch zur Aufnahme von Solaranlagen zu ertüchtigen.

(6) Von den Anforderungen der Absätze 3 bis 5 kann im Einzelfall abgewichen werden, soweit

1. Dachflächen nach ihrer Ausrichtung und Lage für die Nutzung solarer Strahlungsenergie offensichtlich ungeeignet oder dauerhaft für andere Zwecke bestimmt sind, mit denen die Errichtung von Solaranlagen nicht vereinbar ist,
2. die für ihre Einhaltung erforderlichen Mehraufwendungen die Summe der durch die Einhaltung über die Nutzungsdauer des Gebäudes eingesparten Energiekosten, der Erlöse und der vermiedenen Klimaschadenskosten gemäß § 29 übersteigen,
3. öffentlich-rechtliche Vorschriften entgegenstehen oder
4. sicherheitsrelevante Anforderungen in Justizvollzugsanstalten entgegenstehen.

(7) Weitere Maßnahmen zur vermehrten Erzeugung und Nutzung von erneuerbaren Energien an und auf öffentlichen Gebäuden sowie auf sonstigen öffentlichen Flächen sind in dem nach § 4 Absatz 1 zu erstellenden Programm darzustellen.

§ 20 Konzessionsverträge

(1) Vom Land Berlin geschlossene Konzessionsverträge sollen vorsehen, dass die Vertragspartner verpflichtet sind, das Land Berlin bei der Verwirklichung der Ziele und Grundsätze dieses Gesetzes zu unterstützen.

(2) Konzessionsverträge sollen vorsehen, dass das Land Berlin eine Anpassung getroffener Regelungen verlangen kann, wenn dies im öffentlichen Interesse zur Verwirklichung einer den Zielen und Grundsätzen dieses Gesetzes entsprechenden Energienutzung erforderlich ist.

(3) [1]Der Abschluss von Konzessionsverträgen bedarf der vorherigen Zustimmung des Abgeordnetenhauses. [2]Sollte die Gewährung des Leitungsrechts für die Fernwärme anders vertraglich geregelt werden als durch einen Konzessionsvertrag, so gilt Satz 1 entsprechend.

§ 21 Erhebung von Wärmedaten

(1) [1]Die für Angelegenheiten der Wärmeplanung zuständigen Senatsverwaltungen und die Bezirke sind berechtigt, zum Zweck der Wärmeplanung erforderliche Wärmedaten zu erheben, die für Klimaschutz zuständige Senatsverwaltung auch zum Zweck der Weiterentwicklung der Strategien und Maßnahmen des Programms nach § 4. [2]Dies gilt insbesondere für Angaben zum Energieverbrauch von Gebäuden und Gebäudegruppen, zu der bei Gewerbebetrieben anfallenden Abwärme, zu Art, Alter und Brennstoffverbrauch von Wärmeerzeugungsanlagen sowie zu Art, Alter und Lage von Wärme- und Gasnetzen.

(2) [1]Energieversorgungsunternehmen, Gewerbebetriebe sowie öffentliche Stellen, insbesondere bevollmächtigte Bezirksschornsteinfegerinnen und Bezirksschornsteinfeger, sind verpflichtet, der für Klimaschutz zuständigen Senatsverwaltung und den Bezirken auf Anforderung vorhandene Wärmedaten in anonymisierter Form zu übermitteln, soweit diese für die in Absatz 1 Satz 1 genannten Zwecke erforderlich sind. [2]Daten, die Betriebs- oder Geschäftsgeheimnisse darstellen, sind bei der Übermittlung als vertraulich zu kennzeichnen.

(3) [1]Die erhobenen und übermittelten Daten dürfen nur zu den in Absatz 1 Satz 1 genannten Zwecken verarbeitet und genutzt und an die in Absatz 1 Satz 1 benannten Stellen weitergegeben werden. [2]Dabei ist sicherzustellen, dass die Vertraulichkeit personenbezogener Daten sowie Betriebs- und Geschäftsgeheimnisse gewahrt bleiben. [3]Die Weitergabe der Daten an Dritte ist nur im Rahmen ihrer Beauftragung mit der Erstellung der in Absatz 1 Satz 1 genannten Planungen, Strategien und Maßnahmen zulässig; die Sätze 1 und 2 gelten insoweit entsprechend. [4]Eine Veröffentlichung der Daten ist zum Zweck der Verbreitung von Umweltinformationen in anonymisierter Form zulässig, sofern keine öffentlich-rechtlichen Vorschriften entgegenstehen.

(4) Der Senat von Berlin wird ermächtigt, durch Rechtsverordnung festzulegen, welche Wärmedaten zu den in Absatz 1 Satz 1 genannten Zwecken erforderlich sind.

§ 21a Wärmekataster

(1) Die für Klimaschutz zuständige Senatsverwaltung richtet im Einvernehmen mit der für Energie zuständigen Senatsverwaltung und der für Stadtentwicklung zuständigen Senatsverwaltung bis zum 31. Dezember 2022 ein Wärmekataster ein.

(2) Das Wärmekataster soll insbesondere folgende Daten enthalten:

1. Anschrift von Gebäuden,
2. Gebäudetypen, Nutzungsarten und Baujahre von Gebäuden,
3. Volumen, Grundfläche, Höhe, Geschosszahl und beheizte Fläche von Gebäuden,
4. Wärme- und Kälteenergieverbrauch von Gebäuden,
5. Wärme- und Kälteenergiebedarf von Gebäuden,
6. energetischer Sanierungszustand von Gebäuden
7. Art, Alter, Leistung sowie verwendete Energiequellen von Energieumwandlungsanlagen, insbesondere Wärmeerzeugungsanlagen,
8. Art, Alter, Lage, Leitungslänge, Durchmesser und Temperaturniveau von Versorgungsnetzen und Entsorgungsnetzen, einschließlich Hausanschlussleitungen,
9. Abwärmepotenziale, insbesondere Lage, Leistung, Arbeit, Temperaturniveau und zeitliche Verfügbarkeit,
10. Dach- und Freiflächenpotenziale für die solare Energiegewinnung im Stadtgebiet.

(3) Für die Daten aus dem Wärmekataster besteht eine zeitlich unbeschränkte Aufbewahrungspflicht.

(4) § 21 Absatz 3 gilt entsprechend.

Abschnitt 7
Fernwärme

§ 22 CO_2-freie Fernwärmeversorgung

(1) [1]Betreiber allgemeiner Wärmeversorgungsnetze sind verpflichtet, für ihre Wärmenetze einen Dekarbonisierungsfahrplan aufzustellen, der an dem Ziel einer CO_2-freien Fernwärmeversorgung spätestens zwischen den Jahren 2040 und 2045 ausgerichtet ist. [2]Darin ist darzustellen, wie die Betreiber gewährleisten wollen, dass ab dem Jahr 2030 mindestens 40 Prozent der in den von ihnen betriebenen Wärmeversorgungsnetzen transportierten Wärme aus erneuerbaren Energien oder unvermeidbarer Abwärme stammen. [3]Der Dekarbonisierungsfahrplan ist spätestens zum 30. Juni 2023 der Regulierungsbehörde für Fernwärme vorzulegen, zu veröffentlichen und mindestens alle fünf Jahre zu überarbeiten.

(2) Die Regulierungsbehörde für Fernwärme prüft die Dekarbonisierungsfahrpläne auf ihre Schlüssigkeit, überwacht deren Einhaltung und weist die Netzbetreiber auf voraussichtliche oder festgestellte Abweichungen hin.

§ 23 Vorrang klimaschonender Wärme

(1) [1]Betreiber allgemeiner Wärmeversorgungsnetze müssen Anlagen in räumlicher Nähe, die nicht nur geringfügige Mengen klimaschonender Wärme erzeugen, auf Verlangen des Anlagenbetreibers unverzüglich und vorrangig zu diskriminierungsfreien Bedingungen an ihr Wärmeversorgungsnetz anschließen. [2]Die Kosten des Netzanschlusses trägt der Anlagenbetreiber als einmaligen Netzanschlussbeitrag. [3]Der Netzanschluss kann mit Genehmigung der Regulierungsbehörde für Fernwärme verweigert werden, wenn der Anschluss an das Wärmeversorgungsnetz technisch nicht mit vertretbarem Aufwand möglich ist oder für den Betreiber des allgemeinen Wärmeversorgungsnetzes wirtschaftlich unzumutbar ist. [4]Bei der Abwägung der wirtschaftlichen Zumutbarkeit sind die Ziele des § 22 Absatz 1, die Interessen des Anlagenbetreibers sowie die Interessen der an das jeweilige Wärmenetz angeschlossenen Wärmeabnehmer zu berücksichtigen.

(2) [1]Betreiber allgemeiner Wärmeversorgungsnetze sind verpflichtet, klimaschonende Wärme zu diskriminierungsfreien Bedingungen abzunehmen und angemessen zu vergüten. [2]Die Angemessenheit der Vergütung wird auf Antrag des Anlagenbetreibers durch die Regulierungsbehörde für Fernwärme überprüft. [3]Kann zwischen den Beteiligten keine Einigung erzielt werden, setzt die Regulierungsbehörde für Fernwärme eine angemessene Vergütung fest.

(3) Der Senat von Berlin wird ermächtigt, durch Rechtsverordnung Vorgaben für

1. die räumliche Nähe der Wärmeerzeugungsanlagen, die als geringfügig anzusehenden Wärmemengen und technische Voraussetzungen des Netzanschlusses nach Absatz 1,
2. die Bestimmung der wirtschaftlichen Unzumutbarkeit nach Absatz 1 Satz 3,
3. den Inhalt diskriminierungsfreier Bedingungen für den Netzanschluss nach Absatz 1 sowie für die Abnahme klimaschonender Wärme nach Absatz 2 sowie
4. die Kalkulation angemessener Vergütungen nach Absatz 2

festzulegen.

§ 24 Transparenz von Fernwärmedaten

(1) Betreiber allgemeiner Wärmeversorgungsnetze haben spätestens bis zum 31. Dezember 2022 folgende Informationen im Internet zu veröffentlichen und jährlich zu aktualisieren:

1. den Anteil der einzelnen Energieträger an dem Gesamtenergieträgermix der im letzten oder vorletzten Jahr transportierten Wärme,
2. die daraus resultierenden Kohlendioxidemissionen der transportierten Wärme,
3. den Primärenergiefaktor der transportierten Wärme,
4. eine Bilanz über die im Fernwärmenetz entstehenden Wärmeverluste,
5. Angaben, Preisregelungen und Preislisten nach § 1 Absatz 4 der Verordnung über Allgemeine Bedingungen für die Versorgung mit Fernwärme vom 20. Juni 1980 (BGBl. I S. 742), die zuletzt durch Artikel 16 des Gesetzes vom 25. Juli 2013 (BGBl. I S. 2722) geändert worden ist, sowie
6. Angaben über technisch mögliche Netzanschlusspunkte für den Anschluss von Anlagen zur Erzeugung klimaschonender Wärme nach § 23 Absatz 1 Satz 1, insbesondere die räumliche Lage und die technischen Anforderungen für die Gewährleistung der Versorgungssicherheit, sowie diskriminierungsfreie Netzanschlussbedingungen,

jeweils bezogen auf die einzelnen sowie im Mittel über alle von ihnen betriebenen Wärmeversorgungsnetze.

(2) Der Senat von Berlin wird ermächtigt, durch Rechtsverordnung weitere zu veröffentlichende Daten, den Veröffentlichungsort, die Form der Veröffentlichung und den näheren Inhalt der zu veröffentlichenden Daten zu regeln.

§ 25 Aufzeichnungs- und Mitteilungspflichten

(1) Betreiber allgemeiner Wärmeversorgungsnetze sind verpflichtet, folgende Informationen kontinuierlich aufzuzeichnen und der Regulierungsbehörde für Fernwärme auf Anforderung mitzuteilen:

1. Standort, Netzanschluss, Anschlussleistung und Informationen zu Brennstoffeinsatzart, Kohlendioxidemissionen, Alter, thermischer Leistung, möglichen Einspeisetemperaturniveaus sowie minimalen beziehungsweise maximalen Einspeiseleistungen der angeschlossenen Wärmeerzeugungsanlagen und Wärmespeicher,
2. Netzlasten und Auslastungsgrad der wesentlichen Netzabschnitte als Lastgänge,
3. Vor- und Rücklauftemperaturen in allen wesentlichen Netzteilen im Jahresverlauf,

4. Druckverhältnisse (Vorlaufdruck, Rücklaufdruck und Differenzdruck) in allen wesentlichen Netzteilen,
5. alle Kosten, Erlöse und sonstigen Bestandteile, die für die Kalkulation und Abrechnung der angemessenen Vergütung für klimaschonende Wärme nach § 23 Absatz 2 von Bedeutung sind, sowie
6. Angaben zu den Betreibern der angeschlossenen Wärmeerzeugungsanlagen und den ihnen abgenommenen Wärmemengen und Wärmeleistungen mit Einspeiseorten.

(2) Der Senat von Berlin wird ermächtigt, durch Rechtsverordnung weitere Aufzeichnungs- und Mitteilungspflichten sowie Vorgaben zur Konkretisierung der Aufzeichnungs- und Mitteilungspflichten festzulegen.

§ 26 Anschluss- und Benutzungszwang

(1) Der Senat von Berlin wird ermächtigt, durch Rechtsverordnung für bestimmte Gebiete zum Zwecke des Klima- und Ressourcenschutzes den Anschluss an eine Einrichtung zur Versorgung mit Nah- und Fernwärme oder Nah- und Fernkälte (Anschlusszwang) und deren Benutzung (Benutzungszwang) vorzuschreiben.

(2) [1]Der Anschluss- und Benutzungszwang nach Absatz 1 soll sich in der Rechtsverordnung auf Neubebauung beschränken. [2]Die Rechtsverordnung soll Ausnahmen vom Anschluss- und Benutzungszwang vorsehen, insbesondere bei Grundstücken oder Gebäuden mit Wärme- oder Kälteversorgungsanlagen, die dauerhaft einen erheblich niedrigeren CO_2-Ausstoß haben als die nach Absatz 1 vorgesehene Einrichtung. [3]Bei Erstreckung des Anschluss- und Benutzungszwangs auf Grundstücke mit bestehenden anderen Heiz- oder Kälteversorgungseinrichtungen soll die Rechtsverordnung zum Ausgleich sozialer oder wirtschaftlicher Härten angemessene Übergangsregelungen vorsehen. [4]Die Rechtsverordnung kann den Anschluss- und Benutzungszwang auf bestimmte Gruppen von Personen, Betrieben, Gewerbetreibenden oder Grundstücken beschränken.

(3) [1]In der Rechtsverordnung können Vorgaben hinsichtlich des technologischen Standards oder des CO_2-Faktors der Nah- und Fernwärmeversorgung oder Nah- und Fernkälteversorgung festgelegt werden. [2]Bei entsprechenden Vorgaben soll jeweils der Stand der Technik (beste verfügbare Technologie) zu Grunde gelegt werden.

(4) Die Einspeisung von Wärme aus Erneuerbaren Energien durch Dritte innerhalb des Gebietes soll ermöglicht werden.

(5) Die Anschluss- und Benutzungsbestimmungen müssen zur Sicherung der wirtschaftlichen und sozialen Vertretbarkeit mit Vorgaben zur Höhe, Bildung, Transparenz und Kontrolle der Entgelte verbunden werden.

§ 27 Regulierungsbehörde für Fernwärme

(1) Es wird eine Regulierungsbehörde für Fernwärme bei der für Energie zuständigen Senatsverwaltung eingerichtet.

(2) Die Regulierungsbehörde hat folgende Aufgaben:
1. die Prüfung der Dekarbonisierungsfahrpläne nach § 22 und die Überwachung ihrer Umsetzung,
2. die Genehmigung der Verweigerung des Netzanschlusses in den Fällen des § 23 Absatz 1,
3. die Überprüfung der Vergütungen für klimaschonende Wärme nach § 23 Absatz 2 Satz 2,
4. die Festsetzung einer angemessenen Vergütung für klimaschonende Wärme nach § 23 Absatz 2 Satz 3,
5. die Überwachung der Einhaltung der Transparenzpflichten nach § 24 sowie der Aufzeichnungs- und Mitteilungspflichten nach § 25 sowie
6. mindestens alle fünf Jahre eine Prüfung der Verbraucherpreise für Fernwärmekunden hinsichtlich missbräuchlicher Preisgestaltung zu veranlassen und die Ergebnisse zu veröffentlichen.

(3) Die Regulierungsbehörde gibt sich eine Geschäftsordnung, die sie auf ihrer Internetseite veröffentlicht.

(4) Der Senat von Berlin wird ermächtigt, durch Rechtsverordnung die Aufgaben der Regulierungsbehörde zu konkretisieren.

§ 28 Ordnungswidrigkeiten

(1) Ordnungswidrig handelt, wer vorsätzlich oder fahrlässig als Wärmenetzbetreiber seinen Verpflichtungen nach § 22 nicht oder nicht vollständig oder nicht rechtzeitig nachkommt.

(2) Ordnungswidrigkeiten nach Absatz 1 können mit einer Geldbuße bis zu 1 000 000 Euro geahndet werden.

Abschnitt 8
Klimaschadenskosten

§ 29 Berücksichtigung vermiedener Klimaschadenskosten

[1]Die für Klimaschutz zuständige Senatsverwaltung wird ermächtigt, im Einvernehmen mit den für Energie, für Bauen und für Finanzen zuständigen Senatsverwaltungen durch Rechtsverordnung Vorgaben zur Höhe und Berechnung der nach diesem Gesetz zu berücksichtigenden vermiedenen Klimaschadenskosten sowie zur Berechnung der im Zusammenhang mit den vermiedenen Klimaschadenskosten zu berücksichtigenden Mehraufwendungen und Energiekosteneinsparungen festzulegen. [2]Dabei ist die Methodenkonvention des Umweltbundesamtes zur Ermittlung von Umweltkosten in ihrer jeweils aktuellen Fassung als Berechnungsgrundlage heranzuziehen. [3]Soweit eine Festlegung nach Satz 1 nicht erfolgt ist, sind vermiedene Klimaschadenskosten in Höhe von 180 Euro für jede Tonne Kohlendioxid zu veranschlagen, die durch Klimaschutzmaßahmen[1)] nach diesem Gesetz eingespart wird.

Abschnitt 9
Schlussbestimmungen

§ 30 Übergangsvorschriften

[1]§ 10 Absatz 1, 2 und 5 sowie § 19 Absatz 3 finden auf Bauvorhaben, deren Bedarfsprogramm oder deren Vorplanungsunterlagen vor dem 1. Januar 2022 oder im Fall von Schulbauten vor dem 1. Januar 2025 genehmigt wurden, keine Anwendung. [2]Diese Übergangsvorschriften gelten nicht für die Errichtung und Inbetriebnahme von Solaranlagen auf Dächern. [3]§ 23 Absatz 1 und 2 ist erst ab dem 1. Januar 2023 und § 25 Absatz 1 erst ab dem 1. Januar 2022 anzuwenden.

§ 31 Zuständigkeit

(1) [1]Soweit dieses Gesetz keine Zuständigkeit bestimmt, ist die für Klimaschutz zuständige Senatsverwaltung für die Umsetzung der Vorgaben dieses Gesetzes zuständig. [2]Insbesondere koordiniert sie die ressortübergreifenden Aufgaben zur Erreichung der Ziele nach § 3 Absatz 1.

(2) [1]Für die Verfolgung der Sektorziele nach § 4 Absatz 2 Satz 2 Nummer 1 ist die jeweils auf Grund ihres Geschäftsbereichs für den Sektor überwiegend zuständige Senatsverwaltung verantwortlich. [2]Sie hat die Aufgabe, die auf Landesebene für die Zielerreichung erforderlichen Maßnahmen zu veranlassen. [3]Die Zuständigkeitsverteilung innerhalb des Senats bleibt unberührt. [4]Der Senat kann bei Überschneidungen zwischen den Zuständigkeiten einzelner Senatsverwaltungen die Verantwortlichkeit nach Satz 1 zuweisen.

1) Richtig wohl: „Klimaschutzmaßnahmen".

Bauordnung für Berlin (BauO Bln)[1)2)]

Vom 29. September 2005 (GVBl. S. 495)
(BRV 2130-10)
zuletzt geändert durch Art. 23 Berliner Datenschutz-AnpassungsG EU vom 12. Oktober 2020 (GVBl. S. 807)

Inhaltsverzeichnis

---

1) **Amtl. Anm.:** Die Verpflichtungen aus der Richtlinie 98/34/EG des Europäischen Parlaments und des Rates vom 22. Juni 1998 über ein Informationsverfahren auf dem Gebiet der Normen und technischen Vorschriften und der Vorschriften für die Dienste der Informationsgesellschaft (ABl. EG Nr. L 204 S. 37), zuletzt geändert durch die Richtlinie 98/48/EG des Europäischen Parlaments und des Rates vom 20. Juli 1998 (ABl. EG Nr. L 217 S. 18), sind beachtet worden.

2) Verkündet als Art. I G v. 29.9.2005 (GVBl. S. 495); Inkrafttreten gem. Art. VI dieses G am 1.2.2006. Abweichend hiervon sind § 17 Abs. 4 bis 6, § 21 Abs. 2, § 50 Abs. 3, § 59 Abs. 4 und § 84 Abs. 1 bis 6 und 8 am 9.10.2005 in Kraft getreten.

Erster Teil
Allgemeine Vorschriften

§ 1 Anwendungsbereich

(1) [1]Dieses Gesetz gilt für bauliche Anlagen und Bauprodukte. [2]Es gilt auch für Grundstücke sowie für sonstige Anlagen und Einrichtungen, an die in diesem Gesetz oder in Vorschriften auf Grund dieses Gesetzes Anforderungen gestellt werden.

(2) Dieses Gesetz gilt nicht für

1. Anlagen des öffentlichen Verkehrs einschließlich Zubehör, Nebenanlagen und Nebenbetrieben, ausgenommen Gebäude,
2. Anlagen, die der Bergaufsicht unterliegen, ausgenommen Gebäude,

3. Leitungen, die der öffentlichen Versorgung mit Wasser, Gas, Elektrizität, Wärme, der öffentlichen Abwasserentsorgung oder der Telekommunikation dienen, einschließlich ihrer Masten, Unterstützungen sowie ihrer unterirdischen Anlagen und Einrichtungen,
4. Rohrleitungen, die dem Ferntransport von Stoffen dienen, einschließlich ihrer unterirdischen Anlagen und Einrichtungen,
5. Kräne und Krananlagen,
6. Messestände in Messe- und Ausstellungsgebäuden,
7. Regale und Regalanlagen in Gebäuden, die nicht Teil der Gebäudekonstruktion sind oder keine Erschließungsfunktion haben.

§ 2 Begriffe

(1) [1]Anlagen sind bauliche Anlagen und sonstige Anlagen und Einrichtungen im Sinne des § 1 Abs. 1 Satz 2. [2]Bauliche Anlagen sind mit dem Erdboden verbundene, aus Bauprodukten hergestellte Anlagen; eine Verbindung mit dem Boden besteht auch dann, wenn die Anlage durch eigene Schwere auf dem Boden ruht oder auf ortsfesten Bahnen begrenzt beweglich ist oder wenn die Anlage nach ihrem Verwendungszweck dazu bestimmt ist, überwiegend ortsfest benutzt zu werden. [3]Bauliche Anlagen sind auch
1. Aufschüttungen und Abgrabungen,
2. Lagerplätze, Abstellplätze und Ausstellungsplätze,
3. Sport- und Spielflächen,
4. Campingplätze, Wochenendplätze und Zeltplätze,
5. Freizeit- und Vergnügungsparks,
6. Stellplätze für Kraftfahrzeuge und Abstellplätze für Fahrräder,
7. Gerüste,
8. Hilfseinrichtungen zur statischen Sicherung von Bauzuständen.

(2) Gebäude sind selbständig benutzbare, überdeckte bauliche Anlagen, die von Menschen betreten werden können und geeignet oder bestimmt sind, dem Schutz von Menschen, Tieren oder Sachen zu dienen.

(3) [1]Gebäude werden in folgende Gebäudeklassen eingeteilt:
1. Gebäudeklasse 1:
   a) freistehende Gebäude mit einer Höhe bis zu 7 m und nicht mehr als zwei Nutzungseinheiten von insgesamt nicht mehr als 400 m^2 Brutto-Grundfläche und
   b) freistehende land- oder forstwirtschaftlich genutzte Gebäude,
2. Gebäudeklasse 2:
   Gebäude mit einer Höhe bis zu 7 m und nicht mehr als zwei Nutzungseinheiten von insgesamt nicht mehr als 400 m^2 Brutto-Grundfläche,
3. Gebäudeklasse 3:
   sonstige Gebäude mit einer Höhe bis zu 7 m,
4. Gebäudeklasse 4:
   Gebäude mit einer Höhe bis zu 13 m und Nutzungseinheiten mit jeweils nicht mehr als 400 m^2 Brutto-Grundfläche,
5. Gebäudeklasse 5:
   sonstige Gebäude einschließlich unterirdischer Gebäude.

[2]Höhe im Sinne des Satzes 1 ist das Maß der Fußbodenoberkante des höchstgelegenen Geschosses, in dem ein Aufenthaltsraum möglich ist, über der Geländeoberfläche im Mittel. [3]Die Brutto-Grundfläche umfasst die gesamte Fläche der Nutzungseinheit einschließlich der Umfassungswände; bei der Berechnung der Brutto-Grundfläche nach Satz 1 bleiben Flächen in Kellergeschossen außer Betracht. [4]Wird ein Nebengebäude an Gebäude der Gebäudeklasse 1 angebaut, verändert sich die Gebäudeklasse nicht, wenn das Nebengebäude nach § 61 Absatz 1 Nummer 1 Buchstabe a oder b verfahrensfrei ist.

(4) Sonderbauten sind Anlagen und Räume besonderer Art oder Nutzung, die einen der nachfolgenden Tatbestände erfüllen:
1. Hochhäuser (Gebäude mit einer Höhe nach Absatz 3 Satz 2 von mehr als 22 m),
2. bauliche Anlagen mit einer Höhe von mehr als 30 m,
3. Gebäude mit mehr als 1 600 m^2 Brutto-Grundfläche des Geschosses mit der größten Ausdehnung, ausgenommen Wohngebäude und Garagen,

4. Verkaufsstätten, deren Verkaufsräume und Ladenstraßen eine Brutto-Grundfläche von insgesamt mehr als 800 m^2 haben,
5. Gebäude mit Räumen, die einer Büro- oder Verwaltungsnutzung dienen und einzeln eine Brutto-Grundfläche von mehr als 400 m^2 haben,
6. Gebäude mit Räumen, die einzeln für die Nutzung durch mehr als 100 Personen bestimmt sind,
7. Versammlungsstätten
   a) mit Versammlungsräumen, die insgesamt mehr als 200 Besucherinnen und Besucher fassen, wenn diese Versammlungsräume gemeinsame Rettungswege haben,
   b) im Freien mit Szenenflächen sowie Freisportanlagen jeweils mit Tribünen, die keine Fliegenden Bauten sind und insgesamt mehr als 1000 Besucherinnen und Besucher fassen,
8. Schank- und Speisegaststätten mit mehr als 40 Gastplätzen in Gebäuden oder mehr als 1000 Gastplätzen im Freien, Beherbergungsstätten mit mehr als 12 Betten und Spielhallen sowie Wettbüros mit jeweils mehr als 150 Quadratmeter Brutto-Grundfläche,
9. Gebäude mit Nutzungseinheiten zum Zwecke der Pflege oder Betreuung von Personen mit Pflegebedürftigkeit oder Behinderung, deren Selbstrettungsfähigkeit eingeschränkt ist, wenn die Nutzungseinheiten
   a) einzeln für mehr als acht Personen, oder
   b) für Personen mit Intensivpflegebedarf bestimmt sind, oder
   c) einen gemeinsamen Rettungsweg haben und für insgesamt mehr als 16 Personen bestimmt sind,
10. Krankenhäuser,
11. Wohnheime,
12. Tageseinrichtungen für Kinder, Menschen mit Behinderung und alte Menschen, sonstige Einrichtungen zur Unterbringung von Personen, ausgenommen Tageseinrichtungen einschließlich Tagespflege für nicht mehr als zehn Kinder,
13. Schulen, Hochschulen und ähnliche Einrichtungen,
14. Justizvollzugsanstalten und bauliche Anlagen für den Maßregelvollzug,
15. Camping- und Wochenendplätze,
16. Freizeit- und Vergnügungsparks,
17. Fliegende Bauten, soweit sie einer Ausführungsgenehmigung bedürfen,
18. Regallager mit einer Oberkante Lagerguthöhe von mehr als 7,50 m,
19. bauliche Anlagen, deren Nutzung durch Umgang mit oder Lagerung von Stoffen mit Explosions- oder erhöhter Brandgefahr verbunden ist,
20. Anlagen und Räume, die in den Nummern 1 bis 19 nicht aufgeführt und deren Art oder Nutzung mit vergleichbaren Gefahren verbunden sind.

(5) Aufenthaltsräume sind Räume, die zum nicht nur vorübergehenden Aufenthalt von Menschen bestimmt oder geeignet sind.

(6) [1]Geschosse sind oberirdische Geschosse, wenn ihre Deckenoberkanten im Mittel mehr als 1,40 m über die Geländeoberfläche hinausragen; im Übrigen sind sie Kellergeschosse. [2]Hohlräume zwischen der obersten Decke und der Bedachung, in denen Aufenthaltsräume nicht möglich sind, sind keine Geschosse.

(7) [1]Stellplätze sind Flächen, die dem Abstellen von Kraftfahrzeugen außerhalb der öffentlichen Verkehrsflächen dienen. [2]Garagen sind Gebäude oder Gebäudeteile zum Abstellen von Kraftfahrzeugen. [3]Ausstellungs-, Verkaufs-, Werk- und Lagerräume für Kraftfahrzeuge sind keine Stellplätze oder Garagen. [4]Die Nutzfläche einer Garage ist die Summe aller miteinander verbundenen Flächen der Garagenstellplätze und der Verkehrsflächen.

(8) Feuerstätten sind in oder an Gebäuden ortsfest benutzte Anlagen oder Einrichtungen, die dazu bestimmt sind, durch Verbrennung Wärme zu erzeugen.

(9) Barrierefrei sind bauliche Anlagen, wenn sie für Menschen mit Behinderung in der allgemein üblichen Weise ohne besondere Erschwernisse und grundsätzlich ohne fremde Hilfe zugänglich und nutzbar sind.

(10) Bauprodukte sind

1. Produkte, Baustoffe, Bauteile und Anlagen sowie Bausätze gemäß Artikel 2 Nummer 2 der Verordnung (EU) Nr. 305/2011 des Europäischen Parlaments und des Rates vom 9. März 2011 zur

Festlegung harmonisierter Bedingungen für die Vermarktung von Bauprodukten und zur Aufhebung der Richtlinie 89/106/EWG des Rates (ABl. L 88 vom 4.4.2011, S. 5) die hergestellt werden, um dauerhaft in bauliche Anlagen eingebaut zu werden,
2. aus Produkten, Baustoffen, Bauteilen sowie Bausätzen gemäß Artikel 2 Nummer 2 der Verordnung (EU) Nr. 305/2011 vorgefertigte Anlagen, die hergestellt werden, um mit dem Erdboden verbunden zu werden

und deren Verwendung sich auf die Anforderungen nach § 3 Satz 1 auswirken kann.

(11) Bauart ist das Zusammenfügen von Bauprodukten zu baulichen Anlagen oder Teilen von baulichen Anlagen.

(12) [1]Vollgeschosse sind Geschosse, deren Oberkante im Mittel mehr als 1,40 m über die Geländeoberfläche hinausragt und die über mindestens zwei Drittel ihrer Grundfläche eine lichte Höhe von mindestens 2,30 m haben. [2]Ein gegenüber den Außenwänden zurückgesetztes oberstes Geschoss (Staffelgeschoss) und Geschosse im Dachraum sind nur dann Vollgeschosse, wenn sie die lichte Höhe gemäß Satz 1 über mindestens zwei Drittel der Grundfläche des darunter liegenden Geschosses haben.

§ 3 Allgemeine Anforderungen

[1]Anlagen sind so anzuordnen, zu errichten, zu ändern und instand zu halten, dass die öffentliche Sicherheit und Ordnung, insbesondere Leben, Gesundheit und die natürlichen Lebensgrundlagen, nicht gefährdet werden, die natürlichen Ressourcen nachhaltig genutzt werden, umweltverträgliche Rohstoffe und Sekundärstoffe verwendet werden, und sie die allgemeinen Anforderungen ihrem Zweck entsprechend dauerhaft erfüllen und die Nutzbarkeit für alle Menschen gewährleistet ist; dabei sind die Grundanforderungen an Bauwerke gemäß Anhang I der Verordnung (EU) Nr. 305/2011 zu beachten. [2]Dies gilt auch für die Beseitigung von Anlagen und bei der Änderung ihrer Nutzung. [3]Verwendete Baustoffe und Teile des Bauwerks müssen weitestmöglich nach dem Abbruch wiederverwendet oder recycelt werden können.

Zweiter Teil
Das Grundstück und seine Bebauung

§ 4 Bebauung der Grundstücke mit Gebäuden

(1) Gebäude dürfen nur errichtet werden, wenn das Grundstück in angemessener Breite an einer befahrbaren öffentlichen Verkehrsfläche liegt oder wenn das Grundstück eine befahrbare, öffentlich-rechtlich gesicherte Zufahrt zu einer befahrbaren öffentlichen Verkehrsfläche hat.

(2) [1]Ein Gebäude auf mehreren Grundstücken ist nur zulässig, wenn öffentlich-rechtlich gesichert ist, dass dadurch keine Verhältnisse eintreten können, die Vorschriften dieses Gesetzes oder auf Grund dieses Gesetzes widersprechen. [2]Satz 1 gilt nicht bei bestehenden Gebäuden für eine Außenwand- und Dachdämmung, die über die Bauteilanforderungen der Energieeinsparverordnung vom 24. Juli 2007 (BGBl. I S. 1519), die zuletzt durch Artikel 3 der Verordnung vom 24. Oktober 2015 (BGBl. I S. 1789) geändert worden ist, in der jeweils geltenden Fassung, für bestehende Gebäude nicht hinausgeht. [3]Satz 2 gilt entsprechend für die mit der Wärmedämmung zusammenhängenden notwendigen Änderungen von Bauteilen.

§ 5 Zugänge und Zufahrten auf den Grundstücken

(1) [1]Von öffentlichen Verkehrsflächen ist insbesondere für die Feuerwehr ein geradliniger Zu- oder Durchgang zu rückwärtigen Gebäuden zu schaffen; zu anderen Gebäuden ist er zu schaffen, wenn der zweite Rettungsweg dieser Gebäude über Rettungsgeräte der Feuerwehr führt. [2]Zu Gebäuden, bei denen die Oberkante der Brüstung von zum Anleitern bestimmten Fenstern oder Stellen mehr als 8,00 m über Gelände liegt, ist in den Fällen des Satzes 1 anstelle eines Zu- oder Durchganges eine Zu- oder Durchfahrt zu schaffen. [3]Ist für die Personenrettung der Einsatz von Hubrettungsfahrzeugen erforderlich, sind die dafür erforderlichen Aufstell- und Bewegungsflächen vorzusehen. [4]Bei Gebäuden, die ganz oder mit Teilen mehr als 50 m von einer öffentlichen Verkehrsfläche entfernt sind, sind Zufahrten oder Durchfahrten nach Satz 2 zu den vor und hinter den Gebäuden gelegenen Grundstücksteilen und Bewegungsflächen herzustellen, wenn sie aus Gründen des Feuerwehreinsatzes erforderlich sind.

(2) [1]Zu- und Durchfahrten, Aufstellflächen und Bewegungsflächen müssen für Feuerwehrfahrzeuge ausreichend befestigt und tragfähig sein; sie sind als solche zu kennzeichnen und ständig frei zu halten;

die Kennzeichnung von Zufahrten muss von der öffentlichen Verkehrsfläche aus sichtbar sein. [2]Fahrzeuge dürfen auf den Flächen nach Satz 1 nicht abgestellt werden.

§ 6 Abstandsflächen, Abstände

(1) [1]Vor den Außenwänden und Dächern von Gebäuden sind Abstandsflächen von oberirdischen Gebäuden freizuhalten. [2]Satz 1 gilt entsprechend für andere Anlagen, von denen Wirkungen wie von Gebäuden ausgehen, gegenüber Gebäuden und Grundstücksgrenzen. [3]Eine Abstandsfläche ist nicht erforderlich vor Außenwänden, die an Grundstücksgrenzen errichtet werden, wenn nach planungsrechtlichen Vorschriften an die Grenze gebaut werden muss oder gebaut werden darf.

(2) [1]Abstandsflächen sowie Abstände nach § 30 Abs. 2 Nr. 1 und § 32 Abs. 2 müssen auf dem Grundstück selbst liegen. [2]Sie dürfen auch auf öffentlichen Verkehrs-, Grün- und Wasserflächen liegen, jedoch nur bis zu deren Mitte. [3]Abstandsflächen sowie Abstände im Sinne des Satzes 1 dürfen sich ganz oder teilweise auf andere Grundstücke erstrecken, wenn öffentlich-rechtlich gesichert ist, dass sie nicht überbaut werden; Abstandsflächen dürfen auf die auf diesen Grundstücken erforderlichen Abstandsflächen nicht angerechnet werden.

(3) Die Abstandsflächen dürfen sich nicht überdecken; dies gilt nicht für

1. Außenwände, die in einem Winkel von mehr als 75 Grad zueinander stehen,
2. Außenwände zu einem fremder Sicht entzogenen Gartenhof bei Wohngebäuden der Gebäudeklassen 1 und 2,
3. Gebäude und andere bauliche Anlagen, die in den Abstandsflächen zulässig sind.

(4) [1]Die Tiefe der Abstandsfläche bemisst sich nach der Höhe H. [2]Die Höhe H ist das lotrechte Maß von jedem Punkt

a) des oberen Abschlusses der Wand oder
b) der Dachhaut

bis zur Geländeoberfläche. [3]Die Abstandsfläche wird von dem Punkt der Geländeoberfläche, an dem H ermittelt wird, senkrecht zur Wand gemessen.

(5) [1]Die Tiefe der Abstandsflächen beträgt 0,4 H, mindestens 3 m. [2]In Gewerbe- und Industriegebieten genügt eine Tiefe von 0,2 H, mindestens 3 m. [3]Vor den Außenwänden von Gebäuden der Gebäudeklassen 1 und 2 mit nicht mehr als drei oberirdischen Geschossen genügt als Tiefe der Abstandsfläche 3 m. [4]Soweit sich durch Festsetzung der Grundflächen der Gebäude mittels Baulinien oder Baugrenzen in Verbindung mit der Festsetzung der Zahl der Vollgeschosse oder durch andere ausdrückliche Festsetzungen in einem Bebauungsplan geringere Abstandsflächen ergeben, hat es damit sein Bewenden.

(6) Bei der Bemessung der Abstandsflächen bleiben außer Betracht

1. vor die Außenwand vortretende Bauteile wie Gesimse und Dachüberstände,
2. Vorbauten, wenn sie
   a) insgesamt nicht mehr als ein Drittel der Breite der jeweiligen Außenwand in Anspruch nehmen und
   b) nicht mehr als 1,50 m vor diese Außenwand vortreten und
   c) mindestens 2 Meter von der gegenüberliegenden Nachbargrenze entfernt bleiben,
3. bei Gebäuden an der Grundstücksgrenze die Seitenwände von Vorbauten und Dachaufbauten, auch wenn sie nicht an der Grundstücksgrenze errichtet werden.

(7) Bei der Bemessung der Abstandsflächen bleiben Maßnahmen zum Zwecke der Energieeinsparung und Solaranlagen an bestehenden Gebäuden unabhängig davon, ob diese den Anforderungen der Absätze 2 bis 6 entsprechen, außer Betracht, wenn sie

1. eine Stärke von nicht mehr als 0,30 Meter aufweisen und
2. mindestens 2,50 Meter von der Nachbargrenze zurückbleiben.

(8) [1]In den Abstandsflächen eines Gebäudes sowie ohne eigene Abstandsflächen sind, auch wenn sie nicht an die Grundstücksgrenze oder an das Gebäude angebaut werden, zulässig

1. Garagen und Gebäude ohne Aufenthaltsräume und Feuerstätten mit einer mittleren Wandhöhe bis zu 3 m und einer Gebäudelänge einschließlich Dachüberstand je Grundstücksgrenze von 9 m; die Dachneigung darf 45 Grad nicht überschreiten,
2. gebäudeunabhängige Solaranlagen mit einer Höhe bis zu 3 m und einer Gesamtlänge je Grundstücksgrenze von 9 m,

3. Stützmauern und geschlossene Einfriedungen in Gewerbe- und Industriegebieten, außerhalb dieser Baugebiete mit einer Höhe bis zu 2 m.

[2]Die Länge der die Abstandsflächentiefe gegenüber den Grundstücksgrenzen nicht einhaltenden Bebauung nach den Nummern 1 und 2 darf auf einem Grundstück insgesamt 15 m nicht überschreiten.

(9) [1]Bei rechtmäßig bestehenden Gebäuden, die das Abstandsflächenrecht nicht einhalten, sind die Abstandsflächen in folgenden Fällen unbeachtlich:

1. Änderungen innerhalb des Gebäudes,
2. Nutzungsänderungen, wenn der Abstand des Gebäudes zu den Nachbargrenzen mindestens 2,50 Meter beträgt oder die Außenwand als Gebäudeabschlusswand ausgebildet ist,
3. die Errichtung und Änderung von Vor- und Anbauten, die für sich genommen die Tiefe der Abstandsflächen nach Absatz 5 einhalten,
4. die nachträgliche Errichtung von Dach- und Staffelgeschossen, wenn deren Abstandsflächen innerhalb der Abstandsflächen des bestehenden Gebäudes liegen,
5. der Ersatz von Dachräumen, Dach- oder Staffelgeschossen innerhalb der bisherigen Abmessungen und
6. der Ersatz bestehender Gebäude innerhalb der bisherigen Abmessungen; bei Gebäuden mit Wohnraum der Ersatz nur unter der Voraussetzung der Beibehaltung des Maßes der baulichen Nutzung.

[2]Satz 1 gilt nicht für Gebäude nach Absatz 8.

(10) An bestehenden Gebäuden können bei der nachträglichen Errichtung vor die Außenwand vortretender Aufzüge, Treppen und Treppenräume geringere Tiefen von Abstandsflächen zugelassen werden, wenn wesentliche Beeinträchtigungen angrenzender oder gegenüberliegender Räume nicht zu befürchten sind und zu Nachbargrenzen ein Abstand von mindestens 3 Meter eingehalten wird.

(11) [1]Eine Abweichung von den Abstandsflächen und Abständen kann nach § 67 zugelassen werden, wenn deren Schutzziele gewahrt bleiben. [2]Eine atypische Grundstückssituation ist nicht erforderlich.

§ 6a Abstandsflächen, Abstände für Lauben in Kleingärten

(1) [1]Lauben in Kleingärten im Sinne von § 1 des Bundeskleingartengesetzes dürfen innerhalb von Abschnitten mit höchstens 30 Lauben zu den Grenzen der Einzelgärten (Parzellengrenzen) in einem Abstand von mindestens 1,5 m errichtet werden. [2]Zulässig ist auch die Errichtung von Lauben bis an die Parzellengrenzen, wenn auf andere Weise sichergestellt ist, dass der Abstand zwischen den benachbarten Lauben mindestens 3 m beträgt.

(2) Zwischen den Lauben verschiedener Abschnitte sind mindestens 8 m breite Flächen (freizuhaltende Flächen) vorzusehen, die von baulichen Anlagen, mit Ausnahme von Einfriedungen, sowie von Nadelgehölzen und Gartenabfällen freizuhalten sind.

(3) Die Vorschriften dieses Gesetzes über Abstände und Abstandsflächen zu angrenzenden Grundstücken, die nicht zu Kleingartenanlagen gehören, bleiben unberührt.

§ 7 Teilung von Grundstücken

[1]Durch die Teilung eines Grundstücks, das bebaut ist oder auf Grund einer Baugenehmigung oder einer Genehmigungsfreistellung nach § 62 bebaut werden darf, dürfen keine Verhältnisse geschaffen werden, die den Vorschriften dieses Gesetzes oder auf Grund dieses Gesetzes widersprechen. [2]Entspricht die Teilung eines Grundstücks, das bebaut oder dessen Bebauung genehmigt ist, nicht den Anforderungen des Satzes 1 oder des § 19 Absatz 2 des Baugesetzbuchs, so darf eine die Teilung vorbereitende Liegenschaftsvermessung nur vorgenommen werden, wenn die erforderliche Abweichung nach § 67 zugelassen oder die erforderliche Befreiung erteilt ist.

§ 8 Nicht überbaute Flächen der bebauten Grundstücke, Kinderspielplätze

(1) [1]Die nicht mit Gebäuden oder vergleichbaren baulichen Anlagen überbauten Flächen der bebauten Grundstücke sind

1. wasseraufnahmefähig zu belassen oder herzustellen und
2. zu begrünen oder zu bepflanzen,

soweit dem nicht die Erfordernisse einer anderen zulässigen Verwendung der Flächen entgegenstehen. [2]Satz 1 findet keine Anwendung, soweit Bebauungspläne oder andere Rechtsverordnungen abweichende Regelungen enthalten.

(2) [1]Bei der Errichtung von Gebäuden mit mehr als sechs Wohnungen ist ein Spielplatz für Kinder anzulegen und instand zu halten (notwendiger Kinderspielplatz); Abweichungen können zugelassen

werden, wenn nach der Zweckbestimmung des Gebäudes mit der Anwesenheit von Kindern nicht zu rechnen ist. [2]Der Spielplatz muss auf dem Baugrundstück liegen; er kann auch auf einem unmittelbar angrenzenden Grundstück gestattet werden, wenn seine Benutzung zugunsten des Baugrundstücks öffentlich-rechtlich gesichert ist. [3]Spielplätze sind zweckentsprechend und so anzulegen und instand zu halten, dass für die Kinder Gefahren oder unzumutbare Belästigungen nicht entstehen. [4]Je Wohnung sollen mindestens 4 m² nutzbare Spielfläche vorhanden sein; der Spielplatz muss jedoch mindestens 50 m² groß und mindestens für Spiele von Kleinkindern geeignet sein. [5]Bei Bauvorhaben mit mehr als 75 Wohnungen muss der Spielplatz auch für Spiele älterer Kinder geeignet sein. [6]Bei bestehenden Gebäuden nach Satz 1 soll die Herstellung oder Erweiterung und die Instandhaltung von Kinderspielplätzen verlangt werden, wenn nicht im Einzelfall schwerwiegende Belange der Eigentümerin oder des Eigentümers entgegenstehen.

(3) [1]Kann die Bauherrin oder der Bauherr den Kinderspielplatz nicht oder nur unter sehr großen Schwierigkeiten auf dem Baugrundstück herstellen, so kann die Bauaufsichtsbehörde durch öffentlich-rechtlichen Vertrag mit der Bauherrin oder dem Bauherrn vereinbaren, dass die Bauherrin oder der Bauherr ihre oder seine Verpflichtung nach Absatz 2 durch Zahlung eines Geldbetrags an das Land Berlin erfüllt. [2]Der Geldbetrag soll den durchschnittlichen Herstellungs- und Instandhaltungskosten eines Kinderspielplatzes einschließlich der Kosten des Grunderwerbs entsprechen. [3]Der Geldbetrag ist ausschließlich für die Herstellung, Erweiterung oder Instandhaltung eines der Allgemeinheit zugänglichen Kinderspielplatzes in der Nähe des Baugrundstücks zu verwenden.

Dritter Teil
Bauliche Anlagen

Erster Abschnitt
Gestaltung

§ 9 Gestaltung

(1) Bauliche Anlagen müssen nach Form, Maßstab, Verhältnis der Baumassen und Bauteile zueinander, Werkstoff und Farbe so gestaltet sein, dass sie nicht verunstaltet wirken.

(2) Bauliche Anlagen dürfen das Straßen-, Orts- oder Landschaftsbild nicht verunstalten.

(3) [1]Farbschmierereien, unzulässige Beschriftungen, Beklebungen, Plakatierungen und Ähnliches an Außenflächen von Anlagen im Sinne des § 1, die von Verkehrswegen oder allgemein zugänglichen Stätten aus wahrnehmbar sind, sind verunstaltend und müssen entfernt werden. [2]Hierzu kann die für das Bauwesen zuständige Senatsverwaltung auch durch Allgemeinverfügung anordnen, dass Eigentümerinnen oder Eigentümer und Nutzungsberechtigte Maßnahmen zur Beseitigung der Verunstaltungen nach Satz 1 zu dulden haben. [3]Die Duldungsanordnung muss Art und Umfang der zu duldenden Maßnahmen umschreiben und angeben, von wem und in welcher Zeit die Maßnahmen durchgeführt werden. [4]Auf Antrag kann eine Abweichung von der Pflicht nach Satz 1 zugelassen werden, soweit diese für die Verpflichtete oder den Verpflichteten eine besondere Härte darstellt und öffentliche Belange nicht entgegenstehen.

§ 10 Anlagen der Außenwerbung, Warenautomaten

(1) [1]Anlagen der Außenwerbung (Werbeanlagen) sind alle ortsfesten Einrichtungen, die der Ankündigung oder Anpreisung oder als Hinweis auf Gewerbe oder Beruf dienen und vom öffentlichen Verkehrsraum aus sichtbar sind. [2]Hierzu zählen insbesondere Schilder, Beschriftungen, Bemalungen, Lichtwerbungen, Schaukästen sowie für Zettelanschläge und Bogenanschläge oder Lichtwerbung bestimmte Säulen, Tafeln und Flächen.

(2) [1]Für Werbeanlagen, die bauliche Anlagen sind, gelten die in diesem Gesetz an bauliche Anlagen gestellten Anforderungen. [2]Werbeanlagen, die keine baulichen Anlagen sind, dürfen weder bauliche Anlagen noch das Straßen-, Orts- oder Landschaftsbild verunstalten oder die Sicherheit und Leichtigkeit des Verkehrs gefährden. [3]Die störende Häufung von Werbeanlagen ist unzulässig. [4]Baugerüste dürfen für Werbeanlagen höchstens für die Dauer von sechs Monaten genutzt werden; dies gilt nicht für Werbeanlagen nach § 61 Absatz 1 Nummer 12 Buchstabe a und b.

(3) [1]Außerhalb der im Zusammenhang bebauten Ortsteile sind Werbeanlagen unzulässig. [2]Ausgenommen sind, soweit in anderen Vorschriften nichts anderes bestimmt ist,

1. Werbeanlagen an der Stätte der Leistung,
2. einzelne Hinweiszeichen an Verkehrsstraßen und Wegabzweigungen, die im Interesse des Verkehrs auf versteckt liegende Betriebe oder versteckt liegende Stätten aufmerksam machen,
3. Schilder, die Inhaberinnen oder Inhaber und Art gewerblicher Betriebe kennzeichnen (Hinweisschilder), wenn sie vor Ortsdurchfahrten auf einer Tafel zusammengefasst sind,
4. Werbeanlagen an und auf Flugplätzen, Sportanlagen und Versammlungsstätten, soweit sie nicht in die freie Landschaft wirken,
5. Werbeanlagen auf Ausstellungs- und Messegeländen,
6. Werbeanlagen auf öffentlichen Straßen und an Haltestellen des öffentlichen Personennahverkehrs.

(4) [1]In Kleinsiedlungsgebieten, Dorfgebieten, reinen Wohngebieten und allgemeinen Wohngebieten sind Werbeanlagen nur zulässig an der Stätte der Leistung sowie Anlagen für amtliche Mitteilungen und zur Unterrichtung der Bevölkerung über kirchliche, kulturelle, politische, sportliche und ähnliche Veranstaltungen; die jeweils freie Fläche dieser Anlagen darf auch für andere Werbung verwendet werden. [2]In reinen Wohngebieten darf an der Stätte der Leistung nur mit Hinweisschildern geworben werden. [3]Auf öffentlichen Straßen und im unmittelbaren Bereich von Haltestellen des öffentlichen Personennahverkehrs sind auch andere Werbeanlagen zulässig, soweit diese die Eigenart des Gebietes und das Orts- oder Landschaftsbild nicht beeinträchtigen.

(5) Die Absätze 1, 2 und 4 gelten für Warenautomaten entsprechend.

(6) Die Vorschriften dieses Gesetzes sind nicht anzuwenden auf
1. Anschläge und Lichtwerbung an dafür genehmigten Säulen, Tafeln und Flächen,
2. Werbemittel an Zeitungsverkaufsstellen und Zeitschriftenverkaufsstellen,
3. Auslagen und Dekorationen in Fenstern und Schaukästen,
4. Wahlwerbung für die Dauer eines Wahlkampfes.

Zweiter Abschnitt
Allgemeine Anforderungen an die Bauausführung

§ 11 Baustelle

(1) Baustellen sind so einzurichten, dass bauliche Anlagen ordnungsgemäß errichtet, geändert oder beseitigt werden können und Gefahren oder vermeidbare Belästigungen nicht entstehen.

(2) [1]Bei Bauarbeiten, durch die unbeteiligte Personen gefährdet werden können, ist die Gefahrenzone abzugrenzen oder durch Warnzeichen zu kennzeichnen. [2]Soweit erforderlich, sind Baustellen mit einem Bauzaun abzugrenzen, mit Schutzvorrichtungen gegen herabfallende Gegenstände zu versehen und zu beleuchten.

(3) Bei der Ausführung nicht verfahrensfreier Bauvorhaben hat die Bauherrin oder der Bauherr an der Baustelle ein Schild, das die Bezeichnung des Bauvorhabens sowie die Namen und Anschriften der Entwurfsverfasserin oder des Entwurfsverfassers, der Bauleiterin oder des Bauleiters und der Unternehmerin oder des Unternehmers für den Rohbau enthalten muss, dauerhaft und von der öffentlichen Verkehrsfläche aus sichtbar anzubringen.

(4) Bäume, Hecken und sonstige Bepflanzungen, die auf Grund anderer Rechtsvorschriften zu erhalten sind, müssen während der Bauausführung geschützt werden.

§ 12 Standsicherheit

(1) [1]Jede bauliche Anlage muss im Ganzen und in ihren einzelnen Teilen für sich allein standsicher sein. [2]Die Standsicherheit anderer baulicher Anlagen und die Tragfähigkeit des Baugrundes der Nachbargrundstücke dürfen nicht gefährdet werden.

(2) Die Verwendung gemeinsamer Bauteile für mehrere bauliche Anlagen ist zulässig, wenn öffentlich-rechtlich gesichert ist, dass die gemeinsamen Bauteile bei der Beseitigung einer der baulichen Anlagen bestehen bleiben können.

§ 13 Schutz gegen schädliche Einflüsse

[1]Bauliche Anlagen müssen so angeordnet, beschaffen und gebrauchstauglich sein, dass durch Wasser, Feuchtigkeit, pflanzliche und tierische Schädlinge sowie andere chemische, physikalische oder biologische Einflüsse Gefahren oder unzumutbare Belästigungen nicht entstehen. [2]Baugrundstücke müssen für bauliche Anlagen geeignet sein.

§ 14 Brandschutz

Bauliche Anlagen sind so anzuordnen, zu errichten, zu ändern und instand zu halten, dass der Entstehung eines Brandes und der Ausbreitung von Feuer und Rauch (Brandausbreitung) vorgebeugt wird und bei einem Brand die Rettung von Menschen und Tieren sowie wirksame Löscharbeiten möglich sind.

§ 15 Wärme-, Schall-, Erschütterungsschutz

(1) Gebäude müssen einen ihrer Nutzung und den klimatischen Verhältnissen entsprechenden Wärmeschutz haben.

(2) [1]Gebäude müssen einen ihrer Nutzung entsprechenden Schallschutz haben. [2]Geräusche, die von ortsfesten Einrichtungen in baulichen Anlagen oder auf Baugrundstücken ausgehen, sind so zu dämmen, dass Gefahren oder unzumutbare Belästigungen nicht entstehen.

(3) Erschütterungen oder Schwingungen, die von ortsfesten Einrichtungen in baulichen Anlagen oder auf Baugrundstücken ausgehen, sind so zu dämmen, dass Gefahren oder unzumutbare Belästigungen nicht entstehen.

§ 16 Verkehrssicherheit

(1) Bauliche Anlagen und die dem Verkehr dienenden nicht überbauten Flächen von bebauten Grundstücken müssen verkehrssicher sein.

(2) Die Sicherheit und Leichtigkeit des öffentlichen Verkehrs darf durch bauliche Anlagen oder deren Nutzung nicht gefährdet werden.

§ 16a Bauarten

(1) Bauarten dürfen nur angewendet werden, wenn bei ihrer Anwendung die baulichen Anlagen bei ordnungsgemäßer Instandhaltung während einer dem Zweck entsprechenden angemessenen Zeitdauer die Anforderungen dieses Gesetzes oder auf Grund dieses Gesetzes erfüllen und für ihren Anwendungszweck tauglich sind.

(2) [1]Bauarten, die von Technischen Baubestimmungen nach § 86a Absatz 2 Nummer 2 oder Nummer 3 Buchstabe a wesentlich abweichen oder für die es allgemein anerkannte Regeln der Technik nicht gibt, dürfen bei der Errichtung, Änderung und Instandhaltung baulicher Anlagen nur angewendet werden, wenn für sie

1. eine allgemeine Bauartgenehmigung durch das Deutsche Institut für Bautechnik oder
2. eine vorhabenbezogene Bauartgenehmigung durch die für das Bauwesen zuständige Senatsverwaltung

erteilt worden ist. [2]§ 18 Absatz 2 bis 7 gilt entsprechend.

(3) [1]Anstelle einer allgemeinen Bauartgenehmigung genügt ein allgemeines bauaufsichtliches Prüfzeugnis für Bauarten, wenn die Bauart nach allgemein anerkannten Prüfverfahren beurteilt werden kann. [2]In der Verwaltungsvorschrift nach § 86a Absatz 1 werden diese Bauarten mit der Angabe der maßgebenden technischen Regeln bekannt gemacht. [3]§ 19 Absatz 2 gilt entsprechend.

(4) Wenn Gefahren im Sinne des § 3 Satz 1 nicht zu erwarten sind, kann die für das Bauwesen zuständige Senatsverwaltung im Einzelfall oder für genau begrenzte Fälle allgemein festlegen, dass eine Bauartgenehmigung nicht erforderlich ist.

(5) [1]Bauarten bedürfen einer Bestätigung ihrer Übereinstimmung mit den Technischen Baubestimmungen nach § 86a Absatz 2, den allgemeinen Bauartgenehmigungen, den allgemeinen bauaufsichtlichen Prüfzeugnissen für Bauarten oder den vorhabenbezogenen Bauartgenehmigungen; als Übereinstimmung gilt auch eine Abweichung, die nicht wesentlich ist. [2]§ 21 Absatz 2 gilt für den Anwender der Bauart entsprechend.

(6) [1]Bei Bauarten, deren Anwendung in außergewöhnlichem Maß von der Sachkunde und Erfahrung der damit betrauten Personen oder von einer Ausstattung mit besonderen Vorrichtungen abhängt, kann in der Bauartgenehmigung oder durch Rechtsverordnung der für das Bauwesen zuständigen Senatsverwaltung vorgeschrieben werden, dass der Anwender über solche Fachkräfte und Vorrichtungen verfügt und den Nachweis hierüber gegenüber einer Prüfstelle nach § 24 Satz 1 Nummer 6 zu erbringen hat. [2]In der Rechtsverordnung können Mindestanforderungen an die Ausbildung, die durch Prüfung nachzuweisende Befähigung und die Ausbildungsstätten einschließlich der Anerkennungsvoraussetzungen gestellt werden.

(7) Für Bauarten, die einer außergewöhnlichen Sorgfalt bei Ausführung oder Instandhaltung bedürfen, kann in der Bauartgenehmigung oder durch Rechtsverordnung der für das Bauwesen zuständigen Senatsverwaltung die Überwachung dieser Tätigkeiten durch eine Überwachungsstelle nach § 24 Satz 1 Nummer 5 vorgeschrieben werden

Dritter Abschnitt

Bauprodukte

§ 16b Allgemeine Anforderungen für die Verwendung von Bauprodukten

(1) Bauprodukte dürfen nur verwendet werden, wenn bei ihrer Verwendung die baulichen Anlagen bei ordnungsgemäßer Instandhaltung während einer dem Zweck entsprechenden angemessenen Zeitdauer die Anforderungen dieses Gesetzes oder auf Grund dieses Gesetzes erfüllen und gebrauchstauglich sind.

(2) Bauprodukte, die in Vorschriften anderer Vertragsstaaten des Abkommens vom 2. Mai 1992 über den europäischen Wirtschaftsraum genannten technischen Anforderungen entsprechen, dürfen verwendet werden, wenn das geforderte Schutzniveau gemäß § 3 Satz 1 gleichermaßen dauerhaft erreicht wird.

§ 16c Anforderungen für die Verwendung von CE-gekennzeichneten Bauprodukten

[1]Ein Bauprodukt, das die CE-Kennzeichnung trägt, darf verwendet werden, wenn die erklärten Leistungen den in diesem Gesetz oder auf Grund dieses Gesetzes festgelegten Anforderungen für diese Verwendung entsprechen. [2]Die §§ 17 bis 25 Absatz 1 gelten nicht für Bauprodukte, die die CE-Kennzeichnung auf Grund der Verordnung (EU) Nr. 305/2011 tragen.

§ 17 Verwendbarkeitsnachweise

(1) Ein Verwendbarkeitsnachweis (§§ 18 bis 20) ist für ein Bauprodukt erforderlich, wenn

1. es keine Technische Baubestimmung und keine allgemein anerkannte Regel der Technik gibt,
2. das Bauprodukt von einer Technischen Baubestimmung (§ 86a Absatz 2 Nummer 3) wesentlich abweicht oder
3. eine Verordnung nach § 86 Absatz 4a es vorsieht.

(2) Ein Verwendbarkeitsnachweis ist nicht erforderlich für ein Bauprodukt,

1. das von einer allgemein anerkannten Regel der Technik abweicht oder
2. das für die Erfüllung der Anforderungen dieses Gesetzes oder auf Grund dieses Gesetzes nur eine untergeordnete Bedeutung hat.

(3) Die Technischen Baubestimmungen nach § 86a enthalten eine nicht abschließende Liste von Bauprodukten, die keines Verwendbarkeitsnachweises nach Absatz 1 bedürfen.

§ 18 Allgemeine bauaufsichtliche Zulassung

(1) Das Deutsche Institut für Bautechnik erteilt unter den Voraussetzungen des § 17 Absatz 1 eine allgemeine bauaufsichtliche Zulassung für Bauprodukte, wenn deren Verwendbarkeit im Sinne des § 16b Absatz 1 nachgewiesen ist.

(2) [1]Die zur Begründung des Antrags erforderlichen Unterlagen sind beizufügen. [2]Soweit erforderlich, sind Probestücke von der Antragstellerin oder vom Antragsteller zur Verfügung zu stellen oder durch Sachverständige, die das Deutsche Institut für Bautechnik bestimmen kann, zu entnehmen oder Probeausführungen unter Aufsicht der Sachverständigen herzustellen. [3]§ 69 Absatz 1 Satz 3 und 4 gilt entsprechend.

(3) Das Deutsche Institut für Bautechnik kann für die Durchführung der Prüfung die sachverständige Stelle und für Probeausführungen die Ausführungsstelle und Ausführungszeit vorschreiben.

(4) [1]Die allgemeine bauaufsichtliche Zulassung wird widerruflich und für eine bestimmte Frist erteilt, die in der Regel fünf Jahre beträgt. [2]Die Zulassung kann mit Nebenbestimmungen erteilt werden. [3]Sie kann auf Antrag in der Regel um fünf Jahre verlängert werden; § 73 Absatz 2 Satz 2 gilt entsprechend.

(5) Die Zulassung wird unbeschadet der privaten Rechte Dritter erteilt.

(6) Das Deutsche Institut für Bautechnik macht die von ihm erteilten allgemeinen bauaufsichtlichen Zulassungen nach Gegenstand und wesentlichem Inhalt öffentlich bekannt.

(7) Allgemeine bauaufsichtliche Zulassungen nach dem Recht anderer Länder gelten auch im Land Berlin.

§ 19 Allgemeines bauaufsichtliches Prüfzeugnis

(1) [1]Bauprodukte, die nach allgemein anerkannten Prüfverfahren beurteilt werden, bedürfen anstelle einer allgemeinen bauaufsichtlichen Zulassung nur eines allgemeinen bauaufsichtlichen Prüfzeugnisses. [2]Dies wird mit der Angabe der maßgebenden technischen Regeln in den Technischen Baubestimmungen nach § 86a bekannt gemacht.

(2) [1]Ein allgemeines bauaufsichtliches Prüfzeugnis wird von einer Prüfstelle nach § 24 Satz 1 Nummer 1 für nicht geregelte Bauprodukte nach Absatz 1 erteilt, wenn deren Verwendbarkeit im Sinne des § 16b Absatz 1 nachgewiesen ist. [2]§ 18 Absatz 2, 4 bis 7 gilt entsprechend. [3]Die Anerkennungsbehörde für Stellen nach § 24 Satz 1 Nummer 1, § 86 Absatz 4 Nummer 2 kann allgemeine bauaufsichtliche Prüfzeugnisse zurücknehmen oder widerrufen.

§ 20 Nachweis der Verwendbarkeit von Bauprodukten im Einzelfall

[1]Mit Zustimmung der für das Bauwesen zuständigen Senatsverwaltung dürfen unter den Voraussetzungen des § 17 Absatz 1 im Einzelfall Bauprodukte verwendet werden, wenn ihre Verwendbarkeit im Sinne des § 16b Absatz 1 nachgewiesen ist. [2]Wenn Gefahren im Sinne des § 3 Satz 1 nicht zu erwarten sind, kann die für das Bauwesen zuständige Senatsverwaltung im Einzelfall erklären, dass ihre Zustimmung nicht erforderlich ist.

§ 21 Übereinstimmungsbestätigung

(1) Bauprodukte bedürfen einer Bestätigung ihrer Übereinstimmung mit den Technischen Baubestimmungen nach § 86a Absatz 2, den allgemeinen bauaufsichtlichen Zulassungen, den allgemeinen bauaufsichtlichen Prüfzeugnissen oder den Zustimmungen im Einzelfall; als Übereinstimmung gilt auch eine Abweichung, die nicht wesentlich ist.

(2) Die Bestätigung der Übereinstimmung erfolgt durch Übereinstimmungserklärung des Herstellers (§ 22).

(3) Die Übereinstimmungserklärung hat die Herstellerin oder der Hersteller durch Kennzeichnung der Bauprodukte mit dem Übereinstimmungszeichen (Ü-Zeichen) unter Hinweis auf den Verwendungszweck abzugeben.

(4) Das Ü-Zeichen ist auf dem Bauprodukt, auf einem Beipackzettel oder auf seiner Verpackung oder, wenn dies Schwierigkeiten bereitet, auf dem Lieferschein oder auf einer Anlage zum Lieferschein anzubringen.

(5) Ü-Zeichen aus anderen Ländern und aus anderen Staaten gelten auch im Land Berlin.

§ 22 Übereinstimmungserklärung der Herstellerin oder des Herstellers

(1) Die Herstellerin oder der Hersteller darf eine Übereinstimmungserklärung nur abgeben, wenn sie oder er durch werkseigene Produktionskontrolle sichergestellt hat, dass das von ihr oder ihm hergestellte Bauprodukt den maßgebenden technischen Regeln, der allgemeinen bauaufsichtlichen Zulassung, dem allgemeinen bauaufsichtlichen Prüfzeugnis oder der Zustimmung im Einzelfall entspricht.

(2) [1]In den Technischen Baubestimmungen nach § 86a, in den allgemeinen bauaufsichtlichen Zulassungen, in den allgemeinen bauaufsichtlichen Prüfzeugnissen oder in den Zustimmungen im Einzelfall kann eine Prüfung der Bauprodukte durch eine Prüfstelle vor Abgabe der Übereinstimmungserklärung vorgeschrieben werden, wenn dies zur Sicherung einer ordnungsgemäßen Herstellung erforderlich ist. [2]In diesen Fällen hat die Prüfstelle das Bauprodukt daraufhin zu überprüfen, ob es den maßgebenden technischen Regeln, der allgemeinen bauaufsichtlichen Zulassung, dem allgemeinen bauaufsichtlichen Prüfzeugnis oder der Zustimmung im Einzelfall entspricht.

(3) [1]In den Technischen Baubestimmungen nach § 86a, in den allgemeinen bauaufsichtlichen Zulassungen oder in den Zustimmungen im Einzelfall kann eine Zertifizierung vor Abgabe der Übereinstimmungserklärung vorgeschrieben werden, wenn dies zum Nachweis einer ordnungsgemäßen Herstellung eines Bauproduktes erforderlich ist. [2]Die für das Bauwesen zuständige Senatsverwaltung kann im Einzelfall die Verwendung von Bauprodukten ohne Zertifizierung gestatten, wenn nachgewiesen ist, dass diese Bauprodukte den technischen Regeln, Zulassungen, Prüfzeugnissen oder Zustimmungen nach Absatz 1 entsprechen.

(4) Bauprodukte, die nicht in Serie hergestellt werden, bedürfen nur einer Übereinstimmungserklärung nach Absatz 1, sofern nichts anderes bestimmt ist.

§ 23 Zertifizierung

(1) Der Herstellerin oder dem Hersteller ist ein Übereinstimmungszertifikat von einer Zertifizierungsstelle nach § 24 zu erteilen, wenn das Bauprodukt

1. den Technischen Baubestimmungen nach § 86a Absatz 2, der allgemeinen bauaufsichtlichen Zulassung, dem allgemeinen bauaufsichtlichen Prüfzeugnis oder der Zustimmung im Einzelfall entspricht und
2. einer werkseigenen Produktionskontrolle sowie einer Fremdüberwachung nach Maßgabe des Absatzes 2 unterliegt.

(2) [1]Die Fremdüberwachung ist von Überwachungsstellen nach § 24 durchzuführen. [2]Die Fremdüberwachung hat regelmäßig zu überprüfen, ob das Bauprodukt den Technischen Baubestimmungen nach § 86a Absatz 2, der allgemeinen bauaufsichtlichen Zulassung, dem allgemeinen bauaufsichtlichen Prüfzeugnis oder der Zustimmung im Einzelfall entspricht.

§ 24 Prüf-, Zertifizierungs- und Überwachungsstellen

[1]Die für das Bauwesen zuständige Senatsverwaltung kann eine natürliche oder juristische Person als

1. Prüfstelle für die Erteilung allgemeiner bauaufsichtlicher Prüfzeugnisse (§ 19 Absatz 2),
2. Prüfstelle für die Überprüfung von Bauprodukten vor Bestätigung der Übereinstimmung (§ 22 Absatz 2),
3. Zertifizierungsstelle (§ 23 Absatz 1),
4. Überwachungsstelle für die Fremdüberwachung (§ 23 Absatz 2),
5. Überwachungsstelle für die Überwachung nach § 16a Absatz 7 und § 25 Absatz 2 oder
6. Prüfstelle für die Überprüfung nach § 16a Absatz 6 und § 25 Absatz 1

anerkennen, wenn sie oder die bei ihr Beschäftigten nach ihrer Ausbildung, Fachkenntnis, persönlichen Zuverlässigkeit, ihrer Unparteilichkeit und ihren Leistungen die Gewähr dafür bieten, dass diese Aufgaben den öffentlich-rechtlichen Vorschriften entsprechend wahrgenommen werden, und wenn sie über die erforderlichen Vorrichtungen verfügen. [2]Satz 1 ist entsprechend auf Behörden anzuwenden, wenn sie ausreichend mit geeigneten Fachkräften besetzt und mit den erforderlichen Vorrichtungen ausgestattet sind. [3]Die Anerkennung von Prüf-, Zertifizierungs- und Überwachungsstellen anderer Länder gilt auch im Land Berlin.

§ 25 Besondere Sachkunde- und Sorgfaltsanforderungen

(1) [1]Bei Bauprodukten, deren Herstellung in außergewöhnlichem Maß von der Sachkunde und Erfahrung der damit betrauten Personen oder von einer Ausstattung mit besonderen Vorrichtungen abhängt, kann in der allgemeinen bauaufsichtlichen Zulassung, in der Zustimmung im Einzelfall oder durch Rechtsverordnung der für das Bauwesen zuständigen Senatsverwaltung vorgeschrieben werden, dass der Hersteller über solche Fachkräfte und Vorrichtungen verfügt und den Nachweis hierüber gegenüber einer Prüfstelle nach § 24 Satz 1 Nummer 6 zu erbringen hat. [2]In der Rechtsverordnung können Mindestanforderungen an die Ausbildung, die durch Prüfung nachzuweisende Befähigung und die Ausbildungsstätten einschließlich der Anerkennungsvoraussetzungen gestellt werden.

(2) Für Bauprodukte, die wegen ihrer besonderen Eigenschaften oder ihres besonderen Verwendungszwecks einer außergewöhnlichen Sorgfalt bei Einbau, Transport, Instandhaltung oder Reinigung bedürfen, kann in der allgemeinen bauaufsichtlichen Zulassung, in der Zustimmung im Einzelfall oder durch Rechtsverordnung der obersten Bauaufsichtsbehörde die Überwachung dieser Tätigkeiten durch eine Überwachungsstelle nach § 24 Satz 1 Nummer 5 vorgeschrieben werden, soweit diese Tätigkeiten nicht bereits durch die Verordnung (EU) Nr. 305/2011 erfasst sind.

Vierter Abschnitt

Brandverhalten von Baustoffen und Bauteilen; Wände, Decken, Dächer

§ 26 Allgemeine Anforderungen an das Brandverhalten von Baustoffen und Bauteilen

(1) [1]Baustoffe werden nach den Anforderungen an ihr Brandverhalten unterschieden in

1. nichtbrennbare Baustoffe,
2. schwerentflammbare Baustoffe,
3. normalentflammbare Baustoffe.

[2]Baustoffe, die nicht mindestens normalentflammbar sind (leichtentflammbare Baustoffe), dürfen nicht verwendet werden; dies gilt nicht, wenn sie in Verbindung mit anderen Baustoffen nicht leichtentflammbar sind.

(2) [1]Bauteile werden nach den Anforderungen an ihre Feuerwiderstandsfähigkeit unterschieden in
1. feuerbeständige Bauteile,
2. hochfeuerhemmende Bauteile,
3. feuerhemmende Bauteile;

die Feuerwiderstandsfähigkeit bezieht sich bei tragenden und aussteifenden Bauteilen auf deren Standsicherheit im Brandfall, bei raumabschließenden Bauteilen auf deren Widerstand gegen die Brandausbreitung. [2]Bauteile werden zusätzlich nach dem Brandverhalten ihrer Baustoffe unterschieden in
1. Bauteile aus nichtbrennbaren Baustoffen,
2. Bauteile, deren tragende und aussteifende Teile aus nichtbrennbaren Baustoffen bestehen und die bei raumabschließenden Bauteilen zusätzlich eine in Bauteilebene durchgehende Schicht aus nichtbrennbaren Baustoffen haben,
3. Bauteile, deren tragende und aussteifende Teile aus brennbaren Baustoffen bestehen und die allseitig eine brandschutztechnisch wirksame Bekleidung aus nichtbrennbaren Baustoffen (Brandschutzbekleidung) und Dämmstoffe aus nichtbrennbaren Baustoffen haben,
4. Bauteile aus brennbaren Baustoffen.

[3]Soweit in diesem Gesetz oder in Vorschriften auf Grund dieses Gesetzes nichts anderes bestimmt ist, müssen
1. Bauteile, die feuerbeständig sein müssen, mindestens den Anforderungen des Satzes 2 Nr. 2,
2. Bauteile, die hochfeuerhemmend sein müssen, mindestens den Anforderungen des Satzes 2 Nr. 3

entsprechen.

(3) Abweichend von Absatz 2 Satz 3 sind tragende oder aussteifende sowie raumabschließende Bauteile, die hochfeuerhemmend oder feuerbeständig sein müssen, in Holzbauweisen zulässig, wenn die erforderliche Feuerwiderstandsfähigkeit gewährleistet wird.

§ 27 Tragende Wände, Stützen

(1) [1]Tragende und aussteifende Wände und Stützen müssen im Brandfall ausreichend lange standsicher sein. [2]Sie müssen
1. in Gebäuden der Gebäudeklasse 5 feuerbeständig,
2. in Gebäuden der Gebäudeklasse 4 hochfeuerhemmend,
3. in Gebäuden der Gebäudeklassen 2 und 3 feuerhemmend

sein. [3]Satz 2 gilt
1. für Geschosse im Dachraum nur, wenn darüber noch Aufenthaltsräume möglich sind; § 29 Abs. 4 bleibt unberührt,
2. nicht für Balkone, ausgenommen offene Gänge, die als notwendige Flure dienen.

(2) Im Kellergeschoss müssen tragende und aussteifende Wände und Stützen
1. in Gebäuden der Gebäudeklassen 3 bis 5 feuerbeständig,
2. in Gebäuden der Gebäudeklassen 1 und 2 feuerhemmend

sein.

§ 28 Außenwände

(1) Außenwände und Außenwandteile wie Brüstungen und Schürzen sind so auszubilden, dass eine Brandausbreitung auf und in diesen Bauteilen ausreichend lange begrenzt ist.

(2) [1]Nichttragende Außenwände und nichttragende Teile tragender Außenwände müssen aus nichtbrennbaren Baustoffen bestehen; sie sind aus brennbaren Baustoffen zulässig, wenn sie als raumabschließende Bauteile feuerhemmend sind. [2]Satz 1 gilt nicht für
1. Türen und Fenster,
2. Fugendichtungen und
3. brennbare Dämmstoffe in nichtbrennbaren geschlossenen Profilen der Außenwandkonstruktionen.

(3) [1]Oberflächen von Außenwänden sowie Außenwandbekleidungen müssen einschließlich der Dämmstoffe und Unterkonstruktionen schwerentflammbar sein; Unterkonstruktionen aus normalentflammbaren Baustoffen sind zulässig, wenn die Anforderungen nach Absatz 1 erfüllt sind. [2]Balkon-

bekleidungen, die über die erforderliche Umwehrungshöhe hinaus hochgeführt werden, und mehr als zwei Geschosse überbrückende Solaranlagen an Außenwänden müssen schwerentflammbar sein. [3]Baustoffe, die schwerentflammbar sein müssen, in Bauteilen nach Satz 1 Halbsatz 1 und Satz 2 dürfen nicht brennend abfallen oder abtropfen.

(4) [1]Bei Außenwandkonstruktionen mit geschossübergreifenden Hohl- oder Lufträumen wie hinterlüfteten Außenwandbekleidungen sind gegen die Brandausbreitung besondere Vorkehrungen zu treffen. [2]Satz 1 gilt für Doppelfassaden entsprechend.

(5) Die Absätze 2 und 3 und Absatz 4 Satz 1 gelten nicht für Gebäude der Gebäudeklassen 1 bis 3; Absatz 4 Satz 2 gilt nicht für Gebäude der Gebäudeklassen 1 und 2.

§ 29 Trennwände

(1) Trennwände nach Absatz 2 müssen als raumabschließende Bauteile von Räumen oder Nutzungseinheiten innerhalb von Geschossen ausreichend lange widerstandsfähig gegen die Brandausbreitung sein.

(2) Trennwände sind erforderlich

1. zwischen Nutzungseinheiten sowie zwischen Nutzungseinheiten und anders genutzten Räumen, ausgenommen notwendigen Fluren,
2. zum Abschluss von Räumen mit Explosions- oder erhöhter Brandgefahr,
3. zwischen Aufenthaltsräumen und anders genutzten Räumen im Kellergeschoss.

(3) [1]Trennwände nach Absatz 2 Nr. 1 und 3 müssen die Feuerwiderstandsfähigkeit der tragenden und aussteifenden Bauteile des Geschosses haben, jedoch mindestens feuerhemmend sein. [2]Trennwände nach Absatz 2 Nr. 2 müssen feuerbeständig sein.

(4) Die Trennwände nach Absatz 2 sind bis zur Rohdecke, im Dachraum bis unter die Dachhaut zu führen; werden in Dachräumen Trennwände nur bis zur Rohdecke geführt, ist diese Decke als raumabschließendes Bauteil einschließlich der sie tragenden und aussteifenden Bauteile feuerhemmend herzustellen.

(5) Öffnungen in Trennwänden nach Absatz 2 sind nur zulässig, wenn sie auf die für die Nutzung erforderliche Zahl und Größe beschränkt sind; sie müssen feuerhemmende, dicht- und selbstschließende Abschlüsse haben.

(6) Die Absätze 1 bis 5 gelten nicht für Wohngebäude der Gebäudeklassen 1 und 2.

§ 30 Brandwände

(1) Brandwände müssen als raumabschließende Bauteile zum Abschluss von Gebäuden (Gebäudeabschlusswand) oder zur Unterteilung von Gebäuden in Brandabschnitte (innere Brandwand) ausreichend lange die Brandausbreitung auf andere Gebäude oder Brandabschnitte verhindern.

(2) Brandwände sind erforderlich

1. als Gebäudeabschlusswand, ausgenommen von Gebäuden ohne Aufenthaltsräume und ohne Feuerstätten mit nicht mehr als 50 m³ Brutto-Rauminhalt, wenn diese Abschlusswände an oder mit einem Abstand von weniger als 2,50 Meter gegenüber der Grundstücksgrenze errichtet werden, es sei denn, dass ein Abstand von mindestens 5 m zu bestehenden oder nach den baurechtlichen Vorschriften zulässigen künftigen Gebäuden gesichert ist,
2. als innere Brandwand zur Unterteilung ausgedehnter Gebäude in Abständen von nicht mehr als 40 m,
3. als innere Brandwand zur Unterteilung landwirtschaftlich genutzter Gebäude in Brandabschnitte von nicht mehr als 10 000 m³ Brutto-Rauminhalt,
4. als Gebäudeabschlusswand zwischen Wohngebäuden und angebauten landwirtschaftlich genutzten Gebäuden sowie als innere Brandwand zwischen dem Wohnteil und dem landwirtschaftlich genutzten Teil eines Gebäudes.

(3) [1]Brandwände müssen auch unter zusätzlicher mechanischer Beanspruchung feuerbeständig sein und aus nichtbrennbaren Baustoffen bestehen. [2]Anstelle von Brandwänden nach Satz 1 sind in den Fällen des Absatzes 2 Nummer 1 bis 3 zulässig

1. für Gebäude der Gebäudeklasse 4 Wände, die auch unter zusätzlicher mechanischer Beanspruchung hochfeuerhemmend sind,
2. für Gebäude der Gebäudeklassen 1 bis 3 hochfeuerhemmende Wände,

3. für Gebäude der Gebäudeklassen 1 bis 3 Gebäudeabschlusswände, die jeweils von innen nach außen die Feuerwiderstandsfähigkeit der tragenden und aussteifenden Teile des Gebäudes, mindestens jedoch feuerhemmende Bauteile, und von außen nach innen die Feuerwiderstandsfähigkeit feuerbeständiger Bauteile haben.

[3]In den Fällen des Absatzes 2 Nummer 4 sind anstelle von Brandwänden feuerbeständige Wände zulässig, wenn der Brutto-Rauminhalt des landwirtschaftlich genutzten Gebäudes oder Gebäudeteils nicht größer als 2000 Kubikmeter ist.

(4) [1]Brandwände müssen bis zur Bedachung durchgehen und in allen Geschossen übereinander angeordnet sein. [2]Abweichend davon dürfen anstelle innerer Brandwände Wände geschossweise versetzt angeordnet werden, wenn

1. die Wände im Übrigen Absatz 3 Satz 1 entsprechen,
2. die Decken, soweit sie in Verbindung mit diesen Wänden stehen, feuerbeständig sind, aus nichtbrennbaren Baustoffen bestehen und keine Öffnungen haben,
3. die Bauteile, die diese Wände und Decken unterstützen, feuerbeständig sind und aus nichtbrennbaren Baustoffen bestehen,
4. die Außenwände in der Breite des Versatzes in dem Geschoss oberhalb oder unterhalb des Versatzes feuerbeständig sind und
5. Öffnungen in den Außenwänden im Bereich des Versatzes so angeordnet oder andere Vorkehrungen so getroffen sind, dass eine Brandausbreitung in andere Brandabschnitte nicht zu befürchten ist.

(5) [1]Brandwände sind 0,30 m über die Bedachung zu führen oder in Höhe der Dachhaut mit einer beiderseits 0,50 m auskragenden feuerbeständigen Platte aus nichtbrennbaren Baustoffen abzuschließen; darüber dürfen brennbare Teile des Daches nicht hinweggeführt werden. [2]Bei Gebäuden der Gebäudeklassen 1 bis 3 sind Brandwände mindestens bis unter die Dachhaut zu führen. [3]Verbleibende Hohlräume sind vollständig mit nichtbrennbaren Baustoffen auszufüllen.

(6) Müssen Gebäude oder Gebäudeteile, die über Eck zusammenstoßen, durch eine Brandwand getrennt werden, so muss der Abstand dieser Wand von der inneren Ecke mindestens 5 m betragen; das gilt nicht, wenn der Winkel der inneren Ecke mehr als 120 Grad beträgt oder mindestens eine Außenwand auf 5 m Länge als öffnungslose feuerbeständige Wand aus nichtbrennbaren Baustoffen, bei Gebäuden der Gebäudeklassen 1 bis 4 als öffnungslose hochfeuerhemmende Wand, ausgebildet ist.

(7) [1]Bauteile mit brennbaren Baustoffen dürfen über Brandwände nicht hinweggeführt werden. [2]Bei Außenwandkonstruktionen, die eine seitliche Brandausbreitung begünstigen können, wie hinterlüfteten Außenwandbekleidungen oder Doppelfassaden, sind gegen die Brandausbreitung im Bereich der Brandwände besondere Vorkehrungen zu treffen. [3]Außenwandbekleidungen von Gebäudeabschlusswänden müssen einschließlich der Dämmstoffe und Unterkonstruktionen nichtbrennbar sein. [4]Bauteile dürfen in Brandwände nur soweit eingreifen, dass deren Feuerwiderstandsfähigkeit nicht beeinträchtigt wird; für Leitungen, Leitungsschlitze und Schornsteine gilt dies entsprechend.

(8) [1]Öffnungen in Brandwänden sind unzulässig. [2]Sie sind in inneren Brandwänden nur zulässig, wenn sie auf die für die Nutzung erforderliche Zahl und Größe beschränkt sind; die Öffnungen müssen feuerbeständige, dicht- und selbstschließende Abschlüsse haben.

(9) In inneren Brandwänden sind feuerbeständige Verglasungen nur zulässig, wenn sie auf die für die Nutzung erforderliche Zahl und Größe beschränkt sind.

(10) Absatz 2 Nr. 1 gilt nicht für seitliche Wände von Vorbauten im Sinne des § 6 Abs. 6, wenn sie von dem Nachbargebäude oder der Nachbargrenze einen Abstand einhalten, der ihrer eigenen Ausladung entspricht, mindestens jedoch 1 m beträgt.

(11) Die Absätze 4 bis 10 gelten entsprechend auch für Wände, die nach Absatz 3 Satz 2 und 3 anstelle von Brandwänden zulässig sind.

§ 31 Decken

(1) [1]Decken müssen als tragende und raumabschließende Bauteile zwischen Geschossen im Brandfall ausreichend lange standsicher und widerstandsfähig gegen die Brandausbreitung sein. [2]Sie müssen

1. in Gebäuden der Gebäudeklasse 5 feuerbeständig,
2. in Gebäuden der Gebäudeklasse 4 hochfeuerhemmend,
3. in Gebäuden der Gebäudeklassen 2 und 3 feuerhemmend

sein. [3]Satz 2 gilt
1. für Geschosse im Dachraum nur, wenn darüber Aufenthaltsräume möglich sind; § 29 Abs. 4 bleibt unberührt,
2. nicht für Balkone, ausgenommen offene Gänge, die als notwendige Flure dienen.

(2) [1]Im Kellergeschoss müssen Decken
1. in Gebäuden der Gebäudeklassen 3 bis 5 feuerbeständig,
2. in Gebäuden der Gebäudeklassen 1 und 2 feuerhemmend

sein. [2]Decken müssen feuerbeständig sein
1. unter und über Räumen mit Explosions- oder erhöhter Brandgefahr, ausgenommen in Wohngebäuden der Gebäudeklassen 1 und 2,
2. zwischen dem landwirtschaftlich genutzten Teil und dem Wohnteil eines Gebäudes.

(3) Der Anschluss der Decken an die Außenwand ist so herzustellen, dass er den Anforderungen nach Absatz 1 Satz 1 genügt.

(4) Öffnungen in Decken, für die eine Feuerwiderstandsfähigkeit vorgeschrieben ist, sind nur zulässig
1. in Gebäuden der Gebäudeklassen 1 und 2,
2. innerhalb derselben Nutzungseinheit mit nicht mehr als insgesamt 400 m^2 Brutto-Grundfläche in nicht mehr als zwei Geschossen,
3. im Übrigen, wenn sie auf die für die Nutzung erforderliche Zahl und Größe beschränkt sind und Abschlüsse mit der Feuerwiderstandsfähigkeit der Decke haben.

§ 32 Dächer

(1) Bedachungen müssen gegen eine Brandbeanspruchung von außen durch Flugfeuer und strahlende Wärme ausreichend lange widerstandsfähig sein (harte Bedachung).

(2) [1]Bedachungen, die die Anforderungen nach Absatz 1 nicht erfüllen, sind zulässig bei Gebäuden der Gebäudeklassen 1 bis 3, wenn die Gebäude
1. einen Abstand von der Grundstücksgrenze von mindestens 12 m,
2. von Gebäuden auf demselben Grundstück mit harter Bedachung einen Abstand von mindestens 15 m,
3. von Gebäuden auf demselben Grundstück mit Bedachungen, die die Anforderungen nach Absatz 1 nicht erfüllen, einen Abstand von mindestens 24 m,
4. von Gebäuden auf demselben Grundstück ohne Aufenthaltsräume und ohne Feuerstätten mit nicht mehr als 50 m^3 Brutto-Rauminhalt einen Abstand von mindestens 5 m

einhalten. [2]Soweit Gebäude nach Satz 1 Abstand halten müssen, genügt bei Wohngebäuden der Gebäudeklassen 1 und 2 in den Fällen
1. des Satzes 1 Nr. 1 ein Abstand von mindestens 6 m,
2. des Satzes 1 Nr. 2 ein Abstand von mindestens 9 m,
3. des Satzes 1 Nr. 3 ein Abstand von mindestens 12 m.

(3) Die Absätze 1 und 2 gelten nicht für
1. Gebäude ohne Aufenthaltsräume und ohne Feuerstätten mit nicht mehr als 50 m^3 Brutto-Rauminhalt,
2. lichtdurchlässige Bedachungen aus nichtbrennbaren Baustoffen; brennbare Fugendichtungen und brennbare Dämmstoffe in nichtbrennbaren Profilen sind zulässig,
3. Dachflächenfenster, Oberlichte und Lichtkuppeln von Wohngebäuden,
4. Eingangsüberdachungen und Vordächer aus nichtbrennbaren Baustoffen,
5. Eingangsüberdachungen aus brennbaren Baustoffen, wenn die Eingänge nur zu Wohnungen führen.

(4) Abweichend von den Absätzen 1 und 2 sind
1. lichtdurchlässige Teilflächen aus brennbaren Baustoffen in Bedachungen nach Absatz 1 und
2. begrünte Bedachungen

zulässig, wenn eine Brandentstehung bei einer Brandbeanspruchung von außen durch Flugfeuer und strahlende Wärme nicht zu befürchten ist oder Vorkehrungen hiergegen getroffen werden.

(5) [1]Dachüberstände, Dachgesimse und Dachaufbauten, lichtdurchlässige Bedachungen, Dachflächenfenster, Lichtkuppeln und Oberlichte und Solaranlagen sind so anzuordnen und herzustellen, dass Feuer nicht auf andere Gebäudeteile und Nachbargrundstücke übertragen werden kann. [2]Von Brand-

wänden und von Wänden, die anstelle von Brandwänden zulässig sind, müssen mindestens 1,25 m entfernt sein

1. Dachflächenfenster, Oberlichte, Lichtkuppeln und Öffnungen in der Bedachung, wenn diese Wände nicht mindestens 0,30 m über die Bedachung geführt sind,
2. Solaranlagen, Dachgauben und ähnliche Dachaufbauten aus brennbaren Baustoffen, wenn sie nicht durch diese Wände gegen Brandübertragung geschützt sind.

(6) [1]Dächer von traufseitig aneinander gebauten Gebäuden müssen als raumabschließende Bauteile für eine Brandbeanspruchung von innen nach außen einschließlich der sie tragenden und aussteifenden Bauteile feuerhemmend sein. [2]Öffnungen in diesen Dachflächen müssen waagerecht gemessen mindestens 2 m von der Brandwand oder der Wand, die anstelle der Brandwand zulässig ist, entfernt sein.

(7) [1]Dächer von Anbauten, die an Außenwände mit Öffnungen oder ohne Feuerwiderstandsfähigkeit anschließen, müssen innerhalb eines Abstands von 5 m von diesen Wänden als raumabschließende Bauteile für eine Brandbeanspruchung von innen nach außen einschließlich der sie tragenden und aussteifenden Bauteile die Feuerwiderstandsfähigkeit der Decken des Gebäudeteils haben, an den sie angebaut werden. [2]Dies gilt nicht für Anbauten an Wohngebäude der Gebäudeklassen 1 bis 3.

(8) [1]Soweit geneigte Dächer an Verkehrsflächen angrenzen, müssen sie Vorrichtungen zum Schutz gegen das Herabfallen von Schnee und Eis haben. [2]Für vom Dach aus vorzunehmende Arbeiten sind sicher benutzbare Vorrichtungen anzubringen.

Fünfter Abschnitt

Rettungswege, Öffnungen, Umwehrungen

§ 33 Erster und zweiter Rettungsweg

(1) Für Nutzungseinheiten mit mindestens einem Aufenthaltsraum wie Wohnungen, Praxen oder selbständige Betriebsstätten müssen in jedem Geschoss mindestens zwei voneinander unabhängige Rettungswege ins Freie vorhanden sein; beide Rettungswege dürfen jedoch innerhalb des Geschosses über denselben notwendigen Flur führen.

(2) [1]Für Nutzungseinheiten nach Absatz 1, die nicht zu ebener Erde liegen, muss der erste Rettungsweg über eine notwendige Treppe führen. [2]Der zweite Rettungsweg kann eine weitere notwendige Treppe oder eine mit Rettungsgeräten der Feuerwehr erreichbare Stelle der Nutzungseinheit sein. [3]Ein zweiter Rettungsweg ist nicht erforderlich, wenn die Rettung über einen Sicherheitstreppenraum möglich ist.

(3) [1]Gebäude, deren zweiter Rettungsweg über Rettungsgeräte der Feuerwehr führt und bei denen die Oberkante der Brüstung von zum Anleitern bestimmten Fenstern oder Stellen mehr als 8 Meter über der Geländeoberfläche liegt, dürfen nur errichtet werden, wenn die Feuerwehr über die erforderlichen Rettungsgeräte wie Hubrettungsfahrzeuge verfügt. [2]Bei Sonderbauten ist der zweite Rettungsweg über Rettungsgeräte der Feuerwehr nur zulässig, wenn keine Bedenken wegen der Personenrettung bestehen.

§ 34 Treppen

(1) [1]Jedes nicht zu ebener Erde liegende Geschoss und der benutzbare Dachraum eines Gebäudes müssen über mindestens eine Treppe zugänglich sein (notwendige Treppe). [2]Statt notwendiger Treppen sind Rampen mit flacher Neigung zulässig.

(2) [1]Einschiebbare Treppen und Rolltreppen sind als notwendige Treppen unzulässig. [2]In Gebäuden der Gebäudeklassen 1 und 2 sind einschiebbare Treppen und Leitern als Zugang zu einem Dachraum ohne Aufenthaltsraum zulässig.

(3) [1]Notwendige Treppen sind in einem Zuge zu allen angeschlossenen Geschossen zu führen; sie müssen mit den Treppen zum Dachraum unmittelbar verbunden sein. [2]Dies gilt nicht für Treppen

1. in Gebäuden der Gebäudeklassen 1 bis 3,
2. nach § 35 Abs. 1 Satz 3 Nr. 2.

(4) [1]Die tragenden Teile notwendiger Treppen müssen

1. in Gebäuden der Gebäudeklasse 5 feuerhemmend und aus nichtbrennbaren Baustoffen,
2. in Gebäuden der Gebäudeklasse 4 aus nichtbrennbaren Baustoffen,
3. in Gebäuden der Gebäudeklasse 3 aus nichtbrennbaren Baustoffen oder feuerhemmend

sein. [2]Tragende Teile von Außentreppen nach § 35 Abs. 1 Satz 3 Nr. 3 für Gebäude der Gebäudeklassen 3 bis 5 müssen aus nichtbrennbaren Baustoffen bestehen.

(5) Die nutzbare Breite der Treppenläufe und Treppenabsätze notwendiger Treppen muss für den größten zu erwartenden Verkehr ausreichen.

(6) [1]Treppen müssen einen festen und griffsicheren Handlauf haben. [2]Für Treppen sind Handläufe auf beiden Seiten und Zwischenhandläufe vorzusehen, soweit die Verkehrssicherheit dies erfordert.

(7) Eine Treppe darf nicht unmittelbar hinter einer Tür beginnen, die in Richtung der Treppe aufschlägt; zwischen Treppe und Tür ist ein ausreichender Treppenabsatz anzuordnen.

§ 35 Notwendige Treppenräume, Ausgänge

(1) [1]Jede notwendige Treppe muss zur Sicherstellung der Rettungswege aus den Geschossen ins Freie in einem eigenen, durchgehenden Treppenraum liegen (notwendiger Treppenraum). [2]Notwendige Treppenräume müssen so angeordnet und ausgebildet sein, dass die Nutzung der notwendigen Treppen im Brandfall ausreichend lange möglich ist. [3]Notwendige Treppen sind ohne eigenen Treppenraum zulässig

1. in Gebäuden der Gebäudeklassen 1 und 2,
2. für die Verbindung von höchstens zwei Geschossen innerhalb derselben Nutzungseinheit von insgesamt nicht mehr als 200 m² Brutto-Grundfläche, wenn in jedem Geschoss ein anderer Rettungsweg erreicht werden kann,
3. als Außentreppe, wenn ihre Nutzung ausreichend sicher ist und im Brandfall nicht gefährdet werden kann.

(2) [1]Von jeder Stelle eines Aufenthaltsraumes sowie eines Kellergeschosses muss mindestens ein Ausgang in einen notwendigen Treppenraum oder ins Freie in höchstens 35 m Entfernung erreichbar sein. [2]Übereinanderliegende Kellergeschosse müssen jeweils mindestens zwei Ausgänge in notwendige Treppenräume oder ins Freie haben. [3]Sind mehrere notwendige Treppenräume erforderlich, müssen sie so verteilt sein, dass sie möglichst entgegengesetzt liegen und dass die Rettungswege möglichst kurz sind.

(3) [1]Jeder notwendige Treppenraum muss einen unmittelbaren Ausgang ins Freie haben. [2]Sofern der Ausgang eines notwendigen Treppenraumes nicht unmittelbar ins Freie führt, muss der Raum zwischen dem notwendigen Treppenraum und dem Ausgang ins Freie

1. mindestens so breit sein wie die dazugehörigen Treppenläufe,
2. Wände haben, die die Anforderungen an die Wände des Treppenraumes erfüllen,
3. rauchdichte und selbstschließende Abschlüsse zu notwendigen Fluren haben und
4. ohne Öffnungen zu anderen Räumen, ausgenommen zu notwendigen Fluren, sein.

(4) [1]Die Wände notwendiger Treppenräume müssen als raumabschließende Bauteile

1. in Gebäuden der Gebäudeklasse 5 die Bauart von Brandwänden haben,
2. in Gebäuden der Gebäudeklasse 4 auch unter zusätzlicher mechanischer Beanspruchung hochfeuerhemmend sein und
3. in Gebäuden der Gebäudeklasse 3 feuerhemmend sein.

[2]Dies ist nicht erforderlich für Außenwände von Treppenräumen, die aus nichtbrennbaren Baustoffen bestehen und durch andere an diese Außenwände anschließende Gebäudeteile im Brandfall nicht gefährdet werden können. [3]Der obere Abschluss notwendiger Treppenräume muss als raumabschließendes Bauteil die Feuerwiderstandsfähigkeit der Decken des Gebäudes haben; dies gilt nicht, wenn der obere Abschluss das Dach ist und die Treppenraumwände bis unter die Dachhaut reichen.

(5) In notwendigen Treppenräumen und in Räumen nach Absatz 3 Satz 2 müssen

1. Bekleidungen, Putze, Dämmstoffe, Unterdecken und Einbauten aus nichtbrennbaren Baustoffen bestehen,
2. Wände und Decken aus brennbaren Baustoffen eine Bekleidung aus nichtbrennbaren Baustoffen in ausreichender Dicke haben,
3. Bodenbeläge, ausgenommen Gleitschutzprofile, aus mindestens schwerentflammbaren Baustoffen bestehen.

(6) [1]In notwendigen Treppenräumen müssen Öffnungen

1. zu Kellergeschossen, zu nicht ausgebauten Dachräumen, Werkstätten, Läden, Lager- und ähnlichen Räumen sowie zu sonstigen Räumen und Nutzungseinheiten mit einer Fläche von mehr als 200 m² Brutto-Grundfläche, ausgenommen Wohnungen, mindestens feuerhemmende, rauchdichte und selbstschließende Abschlüsse,

2. zu notwendigen Fluren rauchdichte und selbstschließende Abschlüsse,
3. zu sonstigen Räumen und Nutzungseinheiten mindestens dicht- und selbstschließende Abschlüsse

haben. [2]Die Feuerschutz- und Rauchschutzabschlüsse dürfen lichtdurchlässige Seitenteile und Oberlichter enthalten, wenn der Abschluss insgesamt nicht breiter als 2,50 m ist.

(7) [1]Notwendige Treppenräume müssen zu beleuchten sein. [2]Notwendige Treppenräume ohne Fenster müssen in Gebäuden mit einer Höhe nach § 2 Absatz 3 Satz 2 von mehr als 13 m eine Sicherheitsbeleuchtung haben.

(8) [1]Notwendige Treppenräume müssen belüftet und zur Unterstützung wirksamer Löscharbeiten entraucht werden können. [2]Sie müssen

1. in jedem oberirdischen Geschoss unmittelbar ins Freie führende Fenster mit einem freien Querschnitt von mindestens 0,60 Meter x 0,90 Meter (Breite x Höhe) haben, die geöffnet werden können und eine Brüstung von nicht mehr als 1,20 Meter Höhe haben, oder
2. an der obersten Stelle eine Öffnung zur Rauchableitung haben.

[3]In den Fällen des Satzes 2 Nummer 1 ist in Gebäuden der Gebäudeklasse 5 an der obersten Stelle eine Öffnung zur Rauchableitung erforderlich; in den Fällen des Satzes 2 Nummer 2 sind in Gebäuden der Gebäudeklassen 4 und 5, soweit dies zur Erfüllung der Anforderungen nach Satz 1 erforderlich ist, besondere Vorkehrungen zu treffen. [4]Öffnungen zur Rauchableitung nach Satz 2 und 3 müssen in jedem Treppenraum einen freien Querschnitt von mindestens einem Quadratmeter und Vorrichtungen zum Öffnen ihrer Abschlüsse haben, die vom Erdgeschoss sowie vom obersten Treppenabsatz aus bedient werden können.

§ 36 Notwendige Flure, offene Gänge

(1) [1]Flure, über die Rettungswege aus Aufenthaltsräumen oder aus Nutzungseinheiten mit Aufenthaltsräumen zu Ausgängen in notwendige Treppenräume oder ins Freie führen (notwendige Flure), müssen so angeordnet und ausgebildet sein, dass die Nutzung im Brandfall ausreichend lange möglich ist. [2]Notwendige Flure sind nicht erforderlich

1. in Wohngebäuden der Gebäudeklassen 1 und 2,
2. in sonstigen Gebäuden der Gebäudeklassen 1 und 2, ausgenommen in Kellergeschossen,
3. innerhalb von Nutzungseinheiten mit nicht mehr als 200 Quadratmeter Brutto-Grundfläche und innerhalb von Wohnungen,
4. innerhalb von Nutzungseinheiten, die einer Büro- oder Verwaltungsnutzung dienen, mit nicht mehr als 400 Quadratmeter Brutto-Grundfläche; das gilt auch für Teile größerer Nutzungseinheiten, wenn
   a) diese Teile nicht mehr als 400 Quadratmeter Brutto-Grundfläche und Trennwände nach § 29 Absatz 2 Nummer 1 haben und
   b) jeder Teil unabhängig von anderen Teilen Rettungswege nach § 33 Absatz 1 hat.

(2) [1]Notwendige Flure müssen so breit sein, dass sie für den größten zu erwartenden Verkehr ausreichen. [2]In den Fluren ist eine Folge von weniger als drei Stufen unzulässig.

(3) [1]Notwendige Flure sind durch nichtabschließbare, rauchdichte und selbstschließende Abschlüsse in Rauchabschnitte zu unterteilen. [2]Die Rauchabschnitte sollen nicht länger als 30 m sein. [3]Die Abschlüsse sind bis an die Rohdecke zu führen; sie dürfen bis an die Unterdecke der Flure geführt werden, wenn die Unterdecke feuerhemmend ist. [4]Notwendige Flure mit nur einer Fluchtrichtung, die zu einem Sicherheitstreppenraum führen, dürfen nicht länger als 15 m sein. [5]Die Sätze 1 bis 4 gelten nicht für offene Gänge nach Absatz 5.

(4) [1]Die Wände notwendiger Flure müssen als raumabschließende Bauteile feuerhemmend, in Kellergeschossen, deren tragende und aussteifende Bauteile feuerbeständig sein müssen, feuerbeständig sein. [2]Die Wände sind bis an die Rohdecke zu führen. [3]Sie dürfen bis an die Unterdecke der Flure geführt werden, wenn die Unterdecke feuerhemmend und ein nach Satz 1 vergleichbarer Raumabschluss sichergestellt ist. [4]Türen in diesen Wänden müssen dicht schließen; Öffnungen zu Lagerbereichen im Kellergeschoss müssen feuerhemmende, dicht- und selbstschließende Abschlüsse haben.

(5) [1]Für Wände und Brüstungen notwendiger Flure mit nur einer Fluchtrichtung, die als offene Gänge vor den Außenwänden angeordnet sind, gilt Absatz 4 entsprechend. [2]Fenster sind in diesen Außenwänden ab einer Brüstungshöhe von 0,90 m zulässig.

(6) In notwendigen Fluren sowie in offenen Gängen nach Absatz 5 müssen
1. Bekleidungen, Unterdecken und Dämmstoffe aus nichtbrennbaren Baustoffen bestehen,
2. Wände und Decken aus brennbaren Baustoffen eine Bekleidung aus nichtbrennbaren Baustoffen in ausreichender Dicke haben.

§ 37 Fenster, Türen, sonstige Öffnungen

(1) Können die Fensterflächen nicht gefahrlos vom Erdboden, vom Innern des Gebäudes, von Loggien oder Balkonen aus gereinigt werden, so sind Vorrichtungen, wie Aufzüge, Halterungen oder Stangen anzubringen, die eine Reinigung von außen ermöglichen.

(2) [1]Glastüren und andere Glasflächen, die bis zum Fußboden allgemein zugänglicher Verkehrsflächen herabreichen, sind so zu kennzeichnen, dass sie leicht erkannt werden können. [2]Weitere Schutzmaßnahmen sind für größere Glasflächen vorzusehen, wenn dies die Verkehrssicherheit erfordert.

(3) Eingangstüren von Wohnungen, die über Aufzüge erreichbar sein müssen, müssen eine lichte Durchgangsbreite von mindestens 0,90 m haben.

(4) [1]Jedes Kellergeschoss ohne Fenster muss mindestens eine Öffnung ins Freie haben, um eine Rauchableitung zu ermöglichen. [2]Gemeinsame Kellerlichtschächte für übereinanderliegende Kellergeschosse sind unzulässig.

(5) [1]Fenster, die als Rettungswege nach § 33 Abs. 2 Satz 2 dienen, müssen im Lichten mindestens 0,90 m × 1,20 m (Breite × Höhe) groß und dürfen nicht höher als 1,20 m über der Fußbodenoberkante angeordnet sein. [2]Liegen diese Fenster in Dachschrägen oder Dachaufbauten, so darf ihre Unterkante oder ein davor liegender Austritt von der Traufkante horizontal gemessen nicht mehr als 1 m entfernt sein.

§ 38 Umwehrungen

(1) In, an und auf baulichen Anlagen sind zu umwehren:
1. Flächen, die im Allgemeinen zum Begehen bestimmt sind und unmittelbar an mehr als 1 m tiefer liegende Flächen angrenzen; dies gilt nicht, wenn die Umwehrung dem Zweck der Flächen widerspricht,
2. nicht begehbare Oberlichte und Glasabdeckungen in Flächen, die im Allgemeinen zum Begehen bestimmt sind, wenn sie weniger als 0,50 m aus diesen Flächen herausragen,
3. Dächer oder Dachteile, die zum auch nur zeitweiligen Aufenthalt von Menschen bestimmt sind,
4. Öffnungen in begehbaren Decken sowie in Dächern oder Dachteilen nach Nummer 3, wenn sie nicht sicher abgedeckt sind,
5. nicht begehbare Glasflächen in Decken sowie in Dächern oder Dachteilen nach Nummer 3,
6. die freien Seiten von Treppenläufen, Treppenabsätzen und Treppenöffnungen (Treppenaugen),
7. Kellerlichtschächte und Betriebsschächte, die an Verkehrsflächen liegen, wenn sie nicht verkehrssicher abgedeckt sind.

(2) [1]In Verkehrsflächen liegende Kellerlichtschächte und Betriebsschächte sind in Höhe der Verkehrsfläche verkehrssicher abzudecken. [2]An und in Verkehrsflächen liegende Abdeckungen müssen gegen unbefugtes Abheben gesichert sein. [3]Fenster, die unmittelbar an Treppen liegen und deren Brüstung unter der notwendigen Umwehrungshöhe liegen, sind zu sichern.

(3) [1]Fensterbrüstungen von Flächen mit einer Absturzhöhe bis zu 12 m müssen mindestens 0,80 m, von Flächen mit mehr als 12 m Absturzhöhe mindestens 0,90 m hoch sein. [2]Geringere Brüstungshöhen sind zulässig, wenn durch andere Vorrichtungen wie Geländer die nach Absatz 4 vorgeschriebenen Mindesthöhen eingehalten werden.

(4) Andere notwendige Umwehrungen müssen folgende Mindesthöhen haben:
1. Umwehrungen zur Sicherung von Öffnungen in begehbaren Decken und Dächern sowie Umwehrungen von Flächen mit einer Absturzhöhe von 1 m bis zu 12 m 0,90 m,
2. Umwehrungen von Flächen mit mehr als 12 m Absturzhöhe 1,10 m.

(5) [1]In, an und auf Gebäuden dürfen Öffnungen in Geländern, Brüstungen und anderen Umwehrungen mindestens in einer Richtung nicht breiter als 0,12 m sein. [2]Sie sind so auszubilden, dass das Überklettern erschwert wird. [3]Ein waagerechter Zwischenraum zwischen Umwehrung und der zu sichernden Fläche darf nicht größer als 0,04 m sein.

Sechster Abschnitt
Technische Gebäudeausrüstung

§ 39 Aufzüge

(1) [1]Aufzüge im Innern von Gebäuden müssen eigene Fahrschächte haben, um eine Brandausbreitung in andere Geschosse ausreichend lange zu verhindern. [2]In einem Fahrschacht dürfen bis zu drei Aufzüge liegen. [3]Aufzüge ohne eigene Fahrschächte sind zulässig
1. innerhalb eines notwendigen Treppenraumes, ausgenommen in Hochhäusern,
2. innerhalb von Räumen, die Geschosse überbrücken,
3. zur Verbindung von Geschossen, die offen miteinander in Verbindung stehen dürfen,
4. in Gebäuden der Gebäudeklassen 1 und 2;

sie müssen sicher umkleidet sein.

(2) [1]Die Fahrschachtwände müssen als raumabschließende Bauteile
1. in Gebäuden der Gebäudeklasse 5 feuerbeständig und aus nichtbrennbaren Baustoffen,
2. in Gebäuden der Gebäudeklasse 4 hochfeuerhemmend,
3. in Gebäuden der Gebäudeklasse 3 feuerhemmend

sein; Fahrschachtwände aus brennbaren Baustoffen müssen schachtseitig eine Bekleidung aus nichtbrennbaren Baustoffen in ausreichender Dicke haben. [2]Fahrschachttüren und andere Öffnungen in Fahrschachtwänden mit erforderlicher Feuerwiderstandsfähigkeit sind so herzustellen, dass die Anforderungen nach Absatz 1 Satz 1 nicht beeinträchtigt werden.

(3) [1]Fahrschächte müssen zu lüften sein und eine Öffnung zur Rauchableitung mit einem freien Querschnitt von mindestens 2,5 Prozent der Fahrschachtgrundfläche, mindestens jedoch 0,10 m^2 haben. [2]Diese Öffnung darf einen Abschluss haben, der im Brandfall selbsttätig öffnet und von mindestens einer geeigneten Stelle aus bedient werden kann. [3]Die Lage der Rauchaustrittsöffnungen muss so gewählt werden, dass der Rauchaustritt durch Windeinfluss nicht beeinträchtigt wird.

(4) [1]Gebäude mit mehr als vier oberirdischen Geschossen müssen Aufzüge in ausreichender Zahl haben. [2]Auf die Zahl der Geschosse wird das oberste Geschoss nur angerechnet, wenn es Aufenthaltsräume enthält oder in ihm Aufenthaltsräume möglich sind. [3]Wird bei bestehenden Gebäuden ein oberstes Geschoss zu Wohnzwecken nachträglich errichtet oder ausgebaut, muss kein Aufzug hergestellt werden. [4]Von den Aufzügen nach Satz 1 muss mindestens ein Aufzug Kinderwagen, Rollstühle, Krankentragen und Lasten aufnehmen können und Haltestellen in allen Geschossen haben. [5]Dieser Aufzug muss von der öffentlichen Verkehrsfläche aus und von allen Geschossen mit Aufenthaltsräumen stufenlos erreichbar sein. [6]Soweit Obergeschosse von Rollstuhlnutzerinnen und Rollstuhlnutzern stufenlos zu erreichen sein müssen, gelten die Sätze 1, 4 und 5 auch für Gebäude mit weniger als fünf oberirdischen Geschossen.

(5) [1]Fahrkörbe zur Aufnahme einer Krankentrage müssen eine nutzbare Grundfläche von mindestens 1,10 m × 2,10 m, zur Aufnahme eines Rollstuhls von mindestens 1,10 m × 1,40 m haben; Türen müssen eine lichte Durchgangsbreite von mindestens 0,90 m haben. [2]In einem Aufzug für Rollstühle und Krankentragen darf der für Rollstühle nicht erforderliche Teil der Fahrkorbgrundfläche durch eine verschließbare Tür abgesperrt werden. [3]Vor den Aufzügen muss eine ausreichende Bewegungsfläche vorhanden sein.

§ 40 Leitungsanlagen, Installationsschächte und -kanäle

(1) Leitungen dürfen durch raumabschließende Bauteile, für die eine Feuerwiderstandsfähigkeit vorgeschrieben ist, nur hindurchgeführt werden, wenn eine Brandausbreitung ausreichend lange nicht zu befürchten ist oder Vorkehrungen hiergegen getroffen sind; dies gilt nicht
1. für Gebäude der Gebäudeklassen 1 und 2,
2. innerhalb von Wohnungen,
3. innerhalb derselben Nutzungseinheit mit nicht mehr als insgesamt 400 m^2 Brutto-Grundfläche in nicht mehr als zwei Geschossen.

(2) In notwendigen Treppenräumen, in Räumen nach § 35 Absatz 3 Satz 2 und in notwendigen Fluren sind Leitungsanlagen nur zulässig, wenn eine Nutzung als Rettungsweg im Brandfall ausreichend lange möglich ist.

(3) Für Installationsschächte und -kanäle gelten Absatz 1 sowie § 41 Abs. 2 Satz 1 und Abs. 3 entsprechend.

§ 41 Lüftungsanlagen

(1) Lüftungsanlagen müssen betriebssicher und brandsicher sein; sie dürfen den ordnungsgemäßen Betrieb von Feuerungsanlagen nicht beeinträchtigen.

(2) [1]Lüftungsleitungen sowie deren Bekleidungen und Dämmstoffe müssen aus nichtbrennbaren Baustoffen bestehen; brennbare Baustoffe sind zulässig, wenn ein Beitrag der Lüftungsleitung zur Brandentstehung und Brandweiterleitung nicht zu befürchten ist. [2]Lüftungsleitungen dürfen raumabschließende Bauteile, für die eine Feuerwiderstandsfähigkeit vorgeschrieben ist, nur überbrücken, wenn eine Brandausbreitung ausreichend lange nicht zu befürchten ist oder wenn Vorkehrungen hiergegen getroffen sind.

(3) Lüftungsanlagen sind so herzustellen, dass sie Gerüche und Staub nicht in andere Räume übertragen.

(4) [1]Lüftungsanlagen dürfen nicht in Abgasanlagen eingeführt werden; die gemeinsame Nutzung von Lüftungsleitungen zur Lüftung und zur Ableitung der Abgase von Feuerstätten ist zulässig, wenn keine Bedenken wegen der Betriebssicherheit und des Brandschutzes bestehen. [2]Die Abluft ist ins Freie zu führen. [3]Nicht zur Lüftungsanlage gehörende Einrichtungen sind in Lüftungsleitungen unzulässig.

(5) Die Absätze 2 und 3 gelten nicht
1. für Gebäude der Gebäudeklassen 1 und 2,
2. innerhalb von Wohnungen,
3. innerhalb derselben Nutzungseinheit mit nicht mehr als 400 m^2 Brutto-Grundfläche in nicht mehr als zwei Geschossen.

(6) Für raumlufttechnische Anlagen und Warmluftheizungen gelten die Absätze 1 bis 5 entsprechend.

§ 42 Feuerungsanlagen, sonstige Anlagen zur Wärmeerzeugung, Brennstoffversorgung

(1) Feuerstätten und Abgasanlagen (Feuerungsanlagen) müssen betriebssicher und brandsicher sein.

(2) Feuerstätten dürfen in Räumen nur aufgestellt werden, wenn nach der Art der Feuerstätte und nach Lage, Größe, baulicher Beschaffenheit und Nutzung der Räume Gefahren nicht entstehen.

(3) [1]Abgase von Feuerstätten sind durch Abgasleitungen, Schornsteine und Verbindungsstücke (Abgasanlagen) so abzuführen, dass keine Gefahren oder unzumutbaren Belästigungen entstehen. [2]Abgasanlagen sind in solcher Zahl und Lage und so herzustellen, dass die Feuerstätten des Gebäudes ordnungsgemäß angeschlossen werden können. [3]Sie müssen leicht gereinigt werden können.

(4) [1]Behälter und Rohrleitungen für brennbare Gase und Flüssigkeiten müssen betriebssicher und brandsicher sein. [2]Diese Behälter sowie feste Brennstoffe sind so aufzustellen oder zu lagern, dass keine Gefahren oder unzumutbaren Belästigungen entstehen.

(5) Für die Aufstellung von ortsfesten Verbrennungsmotoren, Blockheizkraftwerken, Brennstoffzellen und Verdichtern sowie die Ableitung ihrer Verbrennungsgase gelten die Absätze 1 bis 3 entsprechend.

§ 43 Sanitäre Anlagen, Wasserzähler

(1) Fensterlose Bäder und Toiletten sind nur zulässig, wenn eine wirksame Lüftung gewährleistet ist.

(2) Verkaufsstätten mit einer Verkaufsfläche von mehr als 400 Quadratmeter müssen einen Toilettenraum für die Kundschaft haben.

(3) [1]Jede Wohnung muss einen eigenen Kaltwasserzähler haben. [2]Dies gilt nicht bei Nutzungsänderungen, wenn die Anforderung nach Satz 1 nur mit unverhältnismäßigem Mehraufwand erfüllt werden kann.

§ 44 Anlagen für Abwasser

(1) [1]Grundstücke, auf denen Abwasser anfallen und die an betriebsfähig kanalisierten Straßen liegen oder die von solchen Straßen zugänglich sind, sind an die öffentliche Entwässerung anzuschließen, sobald die Entwässerungsleitungen betriebsfähig hergestellt sind (Anschlusszwang). [2]Der Anschlusszwang gilt nicht für Niederschlagswasser, wenn Maßnahmen zu dessen Rückhaltung oder Versickerung durch Bebauungsplan festgesetzt, wasserrechtlich zulässig oder sonst angeordnet oder genehmigt sind. [3]In Gebieten offener Bauweise soll Niederschlagswasser dem Untergrund zugeführt werden.

(2) [1]Kleinkläranlagen und Abwassersammelbehälter müssen wasserdicht und ausreichend groß sein. [2]Sie müssen eine dichte und sichere Abdeckung sowie Reinigungs- und Entleerungsöffnungen haben. [3]Diese Öffnungen dürfen nur vom Freien aus zugänglich sein. [4]Die Anlagen sind so zu entlüften, dass Gesundheitsschäden oder unzumutbare Belästigungen nicht entstehen. [5]Die Zuleitungen zu Abwas-

serentsorgungsanlagen müssen geschlossen, dicht, und, soweit erforderlich, zum Reinigen eingerichtet sein.

§ 45 Aufbewahrung fester Abfallstoffe, Abfallschächte

(1) Für die vorübergehende Aufbewahrung fester Abfallstoffe sind Flächen in ausreichender Größe für die Aufstellung von Behältern für Abfälle zur Beseitigung und zur Verwertung zur Erfüllung der abfallrechtlichen Trennpflichten vorzuhalten.

(2) Feste Abfallstoffe dürfen innerhalb von Gebäuden vorübergehend aufbewahrt werden, in Gebäuden der Gebäudeklassen 3 bis 5 jedoch nur, wenn die dafür bestimmten Räume

1. Trennwände und Decken als raumabschließende Bauteile mit der Feuerwiderstandsfähigkeit der tragenden Wände haben,
2. Öffnungen vom Gebäudeinnern zum Aufstellraum mit feuerhemmenden, dicht- und selbstschließenden Abschlüssen haben,
3. unmittelbar vom Freien entleert werden können und
4. eine ständig wirksame Lüftung haben.

(3) [1]Abfallschächte dürfen nicht errichtet werden. [2]Bestehende Abfallschächte sind außer Betrieb zu nehmen, wenn die Einhaltung der abfallrechtlichen Trennpflichten und die brandschutzrechtlichen Belange nicht gewährleistet sind.

§ 46 Blitzschutzanlagen

Bauliche Anlagen, bei denen nach Lage, Bauart oder Nutzung Blitzschlag leicht eintreten oder zu schweren Folgen führen kann, sind mit dauernd wirksamen Blitzschutzanlagen zu versehen.

Siebenter Abschnitt

Nutzungsbedingte Anforderungen

§ 47 Aufenthaltsräume

(1) [1]Aufenthaltsräume müssen eine lichte Raumhöhe von mindestens 2,50 m haben. [2]Aufenthaltsräume im Dachraum müssen eine lichte Raumhöhe von mindestens 2,30 m über mindestens der Hälfte ihrer Netto-Grundfläche haben; Raumteile mit einer lichten Raumhöhe bis zu 1,50 m bleiben außer Betracht.

(2) [1]Aufenthaltsräume müssen ausreichend belüftet und mit Tageslicht belichtet werden können. [2]Sie müssen Fenster mit einem Rohbaumaß der Fensteröffnungen von mindestens einem Achtel der Netto-Grundfläche des Raumes einschließlich der Netto-Grundfläche verglaster Vorbauten und Loggien haben.

(3) Aufenthaltsräume, deren Nutzung eine Beleuchtung mit Tageslicht verbietet, sowie Verkaufsräume, Schank- und Speisegaststätten, ärztliche Behandlungs-, Sport-, Spiel-, Werk- und ähnliche Räume, sind ohne Fenster zulässig.

§ 48 Wohnungen

(1) [1]Jede Wohnung muss eine Küche oder Kochnische haben. [2]Fensterlose Küchen oder Kochnischen sind zulässig, wenn eine wirksame Lüftung gewährleistet ist.

(2) [1]In Wohngebäuden der Gebäudeklassen 3 bis 5 sind

1. von den öffentlichen Verkehrsflächen und von barrierefreien Wohnungen nach § 50 Absatz 1 aus barrierefrei erreichbare und nutzbare Abstellräume für Rollstühle, Rollatoren, Kinderwagen und Fahrräder in ausreichender Größe und
2. für jede Wohnung ein ausreichend großer Abstellraum

herzustellen. [2]Abstellräume nach Nummer 1 dürfen auch außerhalb des Gebäudes in zumutbarer Entfernung auf dem Baugrundstück hergestellt werden.

(3) Jede Wohnung muss ein Bad mit Badewanne oder Dusche und eine Toilette haben.

(4) [1]In Wohnungen müssen

1. Aufenthaltsräume, ausgenommen Küchen, und
2. Flure, über die Rettungswege von Aufenthaltsräumen führen,

jeweils mindestens einen Rauchwarnmelder haben. [2]Die Rauchwarnmelder müssen so eingebaut oder angebracht und betrieben werden, dass Brandrauch frühzeitig erkannt und gemeldet wird. [3]Bestehende Wohnungen sind bis zum 31. Dezember 2020 entsprechend auszustatten. [4]Die Sicherstellung der Betriebsbereitschaft obliegt den Mietern oder sonstigen Nutzungsberechtigten, es sei denn, die Eigentümerin oder der Eigentümer übernimmt diese Verpflichtung selbst.

§ 49 Stellplätze, Abstellplätze für Fahrräder

(1) [1]Bei der Errichtung öffentlich zugänglicher baulicher Anlagen sind Stellplätze in ausreichender Anzahl und Größe für Menschen mit schwerer Gehbehinderung und für Rollstuhlnutzerinnen und Rollstuhlnutzer herzustellen. [2]Sie müssen von den öffentlichen Straßen aus auf kurzem Wege zu erreichen und verkehrssicher sein. [3]Werden öffentlich zugängliche bauliche Anlagen geändert oder ändert sich ihre Nutzung, so sind Stellplätze für Menschen mit Behinderung gemäß Satz 1 in solcher Anzahl und Größe herzustellen, dass sie die infolge der Änderung zusätzlich zu erwartenden Fahrzeuge aufnehmen können. [4]Die Stellplätze können auf dem Baugrundstück oder in zumutbarer Entfernung davon auf einem geeigneten Grundstück hergestellt werden, dessen Benutzung für diesen Zweck öffentlich-rechtlich gesichert ist.

(2) [1]Bei der Errichtung von baulichen Anlagen, die Fahrradverkehr erwarten lassen, sind Abstellplätze für Fahrräder in ausreichender Anzahl und Größe herzustellen. Absatz 1 Satz 3 gilt entsprechend. [2]Die Abstellplätze sind auf dem Baugrundstück oder auf den davor gelegenen öffentlichen Flächen zu schaffen.

(3) [1]Die Herstellung der Abstellplätze für Fahrräder nach Absatz 2 darf auch durch Zahlung eines Ablösebetrages vor Baubeginn erfüllt werden. [2]Die für das Bauwesen zuständige Senatsverwaltung erlässt durch Rechtsverordnung Vorschriften über die Höhe der Ablösebeträge. [3]Die Ablösebeträge dürfen 90 Prozent der durchschnittlichen Herstellungskosten unter Berücksichtigung anteiliger Grundstücksflächen nicht übersteigen. [4]Die Ablösebeträge sind ausschließlich für den Bau von Fahrradabstellplätzen im Bereich von öffentlichen Verkehrsflächen oder anderen geeigneten Grundstücksflächen zu verwenden.

§ 50 Barrierefreies Bauen

(1) [1]In Gebäuden mit mehr als zwei Wohnungen müssen die Wohnungen eines Geschosses barrierefrei nutzbar und über den üblichen Hauptzugang barrierefrei erreichbar sein. [2]Diese Verpflichtung kann auch durch barrierefrei nutzbare Wohnungen in mehreren Geschossen erfüllt werden. [3]Eine Wohnung ist barrierefrei nutzbar, wenn insbesondere

1. die Wohnung stufen- und schwellenlos erreichbar ist,
2. die lichte Breite der Wohnungstür mindestens 0,90 Meter, die der übrigen Türen in der Wohnung mindestens 0,80 Meter betragen,
3. die Bewegungsflächen in Wohn- und Schlafräumen sowie Küchen und Bädern mindestens 1,20 Meter x 1,20 Meter betragen und
4. mindestens ein Bad einen bodengleichen Duschplatz hat.

[4]In Gebäuden mit mehr als zwei Wohnungen und mit nach § 39 Absatz 4 Satz 1 erforderlichen Aufzügen muss ein Drittel der Wohnungen barrierefrei nutzbar sein, wenn bis zum 31. Dezember 2019 ein Bauvorhaben gemäß § 62 angezeigt oder ein bauaufsichtliches Verfahren gemäß § 63 oder § 64 beantragt wird; wird ab dem 1. Januar 2020 ein Bauvorhaben gemäß § 62 angezeigt oder ein bauaufsichtliches Verfahren gemäß § 63 oder § 64 beantragt, muss die Hälfte der Wohnungen barrierefrei nutzbar sein. [5]§ 39 Absatz 4 bleibt unberührt.

(2) [1]Bauliche Anlagen, die öffentlich zugänglich sind, müssen in den dem allgemeinen Besucher- und Benutzerverkehr dienenden Teilen barrierefrei sein. [2]Dies gilt insbesondere für

1. Einrichtungen der Kultur und des Bildungswesens,
2. Sport- und Freizeitstätten,
3. Einrichtungen des Gesundheitswesens,
4. Büro-, Verwaltungs- und Gerichtsgebäude,
5. Verkaufs-, Gast- und Beherbergungsstätten,
6. Stellplätze, Garagen und Toilettenanlagen.

[3]Für die der zweckentsprechenden Nutzung dienenden Räume und Anlagen genügt es, wenn sie in dem erforderlichen Umfang barrierefrei sind.

(3) [1]Bauliche Anlagen nach Absatz 2 müssen durch einen Hauptzugang mit einer lichten Durchgangsbreite von mindestens 0,90 m stufenlos erreichbar sein. [2]Vor Türen muss eine ausreichende Bewegungsfläche vorhanden sein. [3]Rampen dürfen nicht mehr als 6 Prozent geneigt sein; sie müssen min-

destens 1,20 m breit sein und beidseitig einen festen und griffsicheren Handlauf haben. [4]Am Anfang und am Ende jeder Rampe ist ein Podest, alle 6 m ein Zwischenpodest anzuordnen. [5]Die Podeste müssen eine Länge von mindestens 1,50 m haben. [6]Treppen müssen an beiden Seiten Handläufe erhalten, die über Treppenabsätze und Fensteröffnungen sowie über die letzten Stufen zu führen sind. [7]Die Treppen müssen Setzstufen haben. [8]Flure müssen mindestens 1,50 m breit sein. [9]Bei der Herstellung von Toilettenräumen müssen diese in der erforderlichen Anzahl barrierefrei sein; sie sind zu kennzeichnen. [10]§ 39 Abs. 4 gilt auch für Gebäude mit weniger als fünf oberirdischen Geschossen, soweit Geschosse mit Rollstühlen stufenlos erreichbar sein müssen.

(4) Sollen rechtmäßig bestehende bauliche Anlagen nach Absatz 2 in ihrer Nutzung geändert werden, gelten die in Absatz 2 genannten Anforderungen entsprechend.

(5) Von den Absätzen 1 bis 4 dürfen Abweichungen gemäß § 67 Absatz 1 nur zugelassen werden, soweit die Anforderungen

1. wegen schwieriger Geländeverhältnisse,
2. wegen des Einbaus eines sonst nicht erforderlichen Aufzugs oder
3. wegen ungünstiger vorhandener Bebauung

nur mit einem unverhältnismäßigen Mehraufwand erfüllt werden können.

§ 51 Sonderbauten

[1]An Sonderbauten können im Einzelfall zur Verwirklichung der allgemeinen Anforderungen nach § 3 Satz 1 besondere Anforderungen gestellt werden. [2]Erleichterungen können gestattet werden, soweit es der Einhaltung von Vorschriften wegen der besonderen Art oder Nutzung baulicher Anlagen oder Räume oder wegen besonderer Anforderungen nicht bedarf. [3]Die Anforderungen und Erleichterungen nach den Sätzen 1 und 2 können sich insbesondere erstrecken auf

1. die Anordnung der baulichen Anlagen auf dem Grundstück,
2. die Abstände von Nachbargrenzen, von anderen baulichen Anlagen auf dem Grundstück und von öffentlichen Verkehrsflächen sowie auf die Größe der freizuhaltenden Flächen der Grundstücke,
3. die Öffnungen zu öffentlichen Verkehrsflächen und zu angrenzenden Grundstücken,
4. die Anlage von Zu- und Abfahrten,
5. die Anlage von Grünstreifen, Baumpflanzungen und anderen Pflanzungen sowie die Begrünung oder Beseitigung von Halden und Gruben,
6. die Bauart und Anordnung aller für die Stand- und Verkehrssicherheit, den Brand-, Wärme-, Schall- oder Gesundheitsschutz wesentlichen Bauteile und die Verwendung von Baustoffen,
7. Brandschutzanlagen, -einrichtungen und -vorkehrungen,
8. die Löschwasserrückhaltung,
9. die Anordnung und Herstellung von Aufzügen, Treppen, Treppenräumen, Fluren, Ausgängen und sonstigen Rettungswegen,
10. die Beleuchtung und Energieversorgung,
11. die Lüftung und Rauchableitung,
12. die Feuerungsanlagen und Heizräume,
13. die Wasserversorgung,
14. die Aufbewahrung und Entsorgung von Abwasser und festen Abfallstoffen,
15. die Stellplätze und Garagen,
16. die barrierefreie Nutzbarkeit,
17. die zulässige Zahl der Benutzerinnen und Benutzer, Anordnung und Zahl der zulässigen Sitz- und Stehplätze bei Versammlungsstätten, Tribünen und Fliegenden Bauten,
18. die Zahl der Toiletten für Besucherinnen und Besucher,
19. Umfang, Inhalt und Zahl besonderer Bauvorlagen, insbesondere eines Brandschutzkonzepts,
20. weitere zu erbringende Unterlagen und Bescheinigungen,
21. die Bestellung und Qualifikation der Bauleiterin oder des Bauleiters und der Fachbauleiterinnen und Fachbauleiter,
22. den Betrieb und die Nutzung einschließlich der Bestellung und der Qualifikation einer oder eines Brandschutzbeauftragten,
23. Erst-, Wiederholungs- und Nachprüfungen und die Bescheinigungen, die hierüber zu erbringen sind.

4Erleichterungen von Satz 3 Nummer 16 dürfen nur unter den Voraussetzungen des § 50 Absatz 5 gestattet werden.

Vierter Teil
Die am Bau Beteiligten

§ 52 Grundpflichten

Bei der Errichtung, Änderung, Nutzungsänderung und der Beseitigung von Anlagen sind die Bauherrin oder der Bauherr und im Rahmen ihres Wirkungskreises die anderen am Bau Beteiligten dafür verantwortlich, dass die öffentlich-rechtlichen Vorschriften eingehalten werden.

§ 53 Bauherrin oder Bauherr

(1) 1Die Bauherrin oder der Bauherr hat zur Vorbereitung, Überwachung und Ausführung eines nicht verfahrensfreien Bauvorhabens sowie der Beseitigung von Anlagen geeignete Beteiligte nach Maßgabe der §§ 54 bis 56 zu bestellen, soweit sie oder er nicht selbst zur Erfüllung der Verpflichtungen nach diesen Vorschriften geeignet ist. 2Der Bauherrin oder dem Bauherrn obliegen außerdem die nach den öffentlich-rechtlichen Vorschriften erforderlichen Anträge, Anzeigen und Nachweise. 3Sie oder er hat die zur Erfüllung der Anforderungen dieses Gesetzes oder auf Grund dieses Gesetzes erforderlichen Nachweise und Unterlagen zu den verwendeten Bauprodukten und den angewandten Bauarten bereitzuhalten. 4Werden Bauprodukte verwendet, die die CE-Kennzeichnung nach der Verordnung (EU) Nr. 305/2011 tragen, ist die Leistungserklärung bereitzuhalten. 5Ein Wechsel der Entwurfsverfasserin oder des Entwurfsverfassers hat die Bauherrin oder der Bauherr der Bauaufsichtsbehörde mitzuteilen. 6Sie oder er hat vor Baubeginn den Namen der Bauleiterin oder des Bauleiters und während der Bauausführung einen Wechsel dieser Person unverzüglich der Bauaufsichtsbehörde mitzuteilen. 7Wechselt die Bauherrin oder der Bauherr, hat die neue Bauherrin oder der neue Bauherr dies der Bauaufsichtsbehörde unverzüglich mitzuteilen.

(2) 1Treten bei einem Bauvorhaben mehrere Personen als Bauherrin oder Bauherr auf, so kann die Bauaufsichtsbehörde verlangen, dass ihr gegenüber eine Vertreterin oder ein Vertreter bestellt wird, die oder der die der Bauherrin oder dem Bauherrn nach den öffentlich-rechtlichen Vorschriften obliegenden Verpflichtungen zu erfüllen hat. 2Im Übrigen findet § 18 Abs. 1 Satz 2 und 3 sowie Abs. 2 des Verwaltungsverfahrensgesetzes entsprechende Anwendung.

§ 54 Entwurfsverfasserin oder Entwurfsverfasser

(1) 1Die Entwurfsverfasserin oder der Entwurfsverfasser muss nach Sachkunde und Erfahrung zur Vorbereitung des jeweiligen Bauvorhabens geeignet sein. 2Sie oder er ist für die Vollständigkeit und Brauchbarkeit ihres oder seines Entwurfs verantwortlich. 3Die Entwurfsverfasserin oder der Entwurfsverfasser hat dafür zu sorgen, dass die für die Ausführung notwendigen Einzelzeichnungen, Einzelberechnungen und Anweisungen den öffentlich-rechtlichen Vorschriften entsprechen.

(2) 1Hat die Entwurfsverfasserin oder der Entwurfsverfasser auf einzelnen Fachgebieten nicht die erforderliche Sachkunde und Erfahrung, so sind geeignete Fachplanerinnen und Fachplaner heranzuziehen. 2Diese sind für die von ihnen gefertigten Unterlagen verantwortlich. 3Für das ordnungsgemäße Ineinandergreifen aller Fachplanungen bleibt die Entwurfsverfasserin oder der Entwurfsverfasser verantwortlich.

§ 55 Unternehmerin oder Unternehmer

(1) 1Jede Unternehmerin oder jeder Unternehmer ist für die mit den öffentlich-rechtlichen Anforderungen übereinstimmende Ausführung der von ihr oder ihm übernommenen Arbeiten und insoweit für die ordnungsgemäße Einrichtung und den sicheren Betrieb der Baustelle verantwortlich. 2Sie oder er hat die erforderlichen Nachweise über die Verwendbarkeit der verwendeten Bauprodukte und Bauarten zu erbringen und auf der Baustelle bereitzuhalten. 3Sie oder er hat die zur Erfüllung der Anforderungen dieses Gesetzes oder auf Grund dieses Gesetzes erforderlichen Nachweise und Unterlagen zu den verwendeten Bauprodukten und den angewandten Bauarten zu erbringen und auf der Baustelle bereitzuhalten. 4Bei Bauprodukten, die die CE-Kennzeichnung nach der Verordnung (EU) Nr. 305/2011 tragen, ist die Leistungserklärung bereitzuhalten.

(2) Jede Unternehmerin oder jeder Unternehmer hat auf Verlangen der Bauaufsichtsbehörde für Arbeiten, bei denen die Sicherheit der Anlage in außergewöhnlichem Maße von der besonderen Sachkenntnis und Erfahrung der Unternehmerin oder des Unternehmers oder von einer Ausstattung des

Unternehmens mit besonderen Vorrichtungen abhängt, nachzuweisen, dass sie oder er für diese Arbeiten geeignet ist und über die erforderlichen Vorrichtungen verfügt.

§ 56 Bauleiterin oder Bauleiter

(1) [1]Die Bauleiterin oder der Bauleiter hat darüber zu wachen, dass die Baumaßnahme entsprechend den öffentlich-rechtlichen Anforderungen durchgeführt wird, und die dafür erforderlichen Weisungen zu erteilen. [2]Sie oder er hat im Rahmen dieser Aufgabe auf den sicheren bautechnischen Betrieb der Baustelle, insbesondere auf das gefahrlose Ineinandergreifen der Arbeiten der Unternehmerinnen oder Unternehmer, zu achten. [3]Die Verantwortlichkeit der Unternehmerinnen oder Unternehmer bleibt unberührt.

(2) [1]Die Bauleiterin oder der Bauleiter muss über die für ihre oder seine Aufgabe erforderliche Sachkunde und Erfahrung verfügen. [2]Verfügt sie oder er auf einzelnen Teilgebieten nicht über die erforderliche Sachkunde, so sind geeignete Fachbauleiterinnen oder Fachbauleiter heranzuziehen. [3]Diese treten insoweit an die Stelle der Bauleiterin oder des Bauleiters. [4]Die Bauleiterin oder der Bauleiter hat die Tätigkeit der Fachbauleiterinnen oder Fachbauleiter und ihre oder seine Tätigkeit aufeinander abzustimmen.

§ 57 Aufbau der Bauaufsichtsbehörden

[1]Die Bauaufsichtsbehörden sind zur Durchführung ihrer Aufgaben ausreichend mit geeignetem Personal zu besetzen und mit den erforderlichen Vorrichtungen auszustatten. [2]Den Bauaufsichtsbehörden sollen Bedienstete, die die Befähigung zum höheren bautechnischen Verwaltungsdienst und die erforderlichen Kenntnisse der Bautechnik, der Baugestaltung und des öffentlichen Baurechts haben, und Bedienstete, die die Befähigung zum Richteramt oder zum höheren Verwaltungsdienst haben, angehören.

Fünfter Teil
Bauaufsichtsbehörden, Verfahren

Erster Abschnitt
Bauaufsichtsbehörden

§ 58 Aufgaben und Befugnisse der Bauaufsichtsbehörden

(1) [1]Die Bauaufsichtsbehörden haben bei der Errichtung, Änderung, Nutzungsänderung und Beseitigung sowie bei der Nutzung und Instandhaltung von Anlagen darüber zu wachen, dass die öffentlich-rechtlichen Vorschriften eingehalten werden, soweit nicht andere Behörden zuständig sind. [2]Sie haben, soweit erforderlich, in diesem Rahmen auch zu beraten. [3]Die Beratung ist gebührenpflichtig, unabhängig davon, ob die Beratung schriftlich, mündlich oder in Textform erfolgt. [4]In der Verordnung gemäß § 86 Absatz 3 Satz 1 Nummer 4 kann bestimmt werden, dass Beratungen mit geringem Verwaltungsaufwand gebührenfrei sind. [5]Sie können in Wahrnehmung dieser Aufgaben die erforderlichen Maßnahmen treffen. [6]Die Bauaufsichtsbehörde kann bei technisch schwierigen Bauausführungen für die Wahrnehmung ihrer Aufgaben und für die Bauüberwachung auf Kosten der Bauherrin oder des Bauherrn besondere Sachverständige und sachverständige Stellen heranziehen.

(2) Bauaufsichtliche Genehmigungen und sonstige Maßnahmen gelten auch für und gegen Rechtsnachfolgerinnen oder Rechtsnachfolger.

(3) [1]Die mit dem Vollzug dieses Gesetzes beauftragten Personen sind, soweit dies zur Ausübung ihres Amtes erforderlich ist, berechtigt, Grundstücke und Anlagen sowie zur Verhütung dringender Gefahren für die öffentliche Sicherheit und Ordnung auch Wohnungen zu betreten. [2]Das Grundrecht der Unverletzlichkeit der Wohnung (Artikel 13 des Grundgesetzes, Artikel 28 Abs. 2 der Verfassung von Berlin) wird insoweit eingeschränkt.

Zweiter Abschnitt
Genehmigungspflicht, Genehmigungsfreiheit

§ 59 Grundsatz

(1) Die Errichtung, Änderung und Nutzungsänderung von Anlagen bedürfen der Baugenehmigung, die Beseitigung von Gebäuden mit Wohnraum bedarf der Genehmigung, soweit in den §§ 60 bis 62, 76 und 77 nichts anderes bestimmt ist.

(2) Die Genehmigungsfreiheit nach den §§ 60 bis 62, 76 und 77 Absatz 1 Satz 3 sowie die Beschränkung der bauaufsichtlichen Prüfung nach den §§ 63, 63a, 64, 66 Absatz 3 und § 77 Absatz 3 entbinden nicht von der Verpflichtung zur Einhaltung der Anforderungen, die durch öffentlich-rechtliche Vorschriften an Anlagen gestellt werden, und lassen die bauaufsichtlichen Eingriffsbefugnisse unberührt.

(3) Die Bauaufsichtsbehörde kann im Einzelfall bei geringfügigen genehmigungsbedürftigen Vorhaben von der Erteilung der Baugenehmigung absehen; die Antragstellerin oder der Antragsteller ist entsprechend zu bescheiden.

§ 60 Vorrang anderer Gestattungsverfahren

[1]Keiner Baugenehmigung, Abweichung, Genehmigungsfreistellung, Zustimmung und Bauüberwachung nach diesem Gesetz bedürfen

1. nach anderen Rechtsvorschriften zulassungsbedürftige Anlagen in oder an oberirdischen Gewässern und Anlagen, die dem Ausbau, der Unterhaltung oder der Nutzung eines Gewässers dienen, oder als solche gelten, ausgenommen Gebäude,
2. nach anderen Rechtsvorschriften zulassungsbedürftige Anlagen für die öffentliche Versorgung mit Elektrizität, Gas, Wärme, Wasser und für die öffentliche Verwertung oder Entsorgung von Abwässern, ausgenommen Gebäude, die Sonderbauten sind,
3. Werbeanlagen, soweit sie einer Erlaubnis nach Landesstraßenrecht bedürfen,
4. Anlagen, die nach dem Kreislaufwirtschaftsgesetz einer Genehmigung bedürfen,
5. Anlagen, die nach Produktsicherheitsrecht einer Genehmigung oder Erlaubnis bedürfen,
6. Anlagen, die einer Errichtungsgenehmigung nach dem Atomgesetz bedürfen.

[2]Die Zulassung, Genehmigung oder Erlaubnis im Sinne von Satz 1 ist im Einvernehmen mit der Bauaufsichtsbehörde zu erteilen. [3]Das Einvernehmen gilt als hergestellt, wenn es nicht einen Monat nach Eingang der vollständigen Unterlagen verweigert wird. [4]Wenn zur Beurteilung einer Anlage nach Satz 1 durch die Bauaufsichtsbehörde eine Behörde oder sonstige Stelle zu beteiligen ist, verlängert sich die Frist um einen Monat; § 69 Absatz 2 Satz 6 gilt entsprechend.

§ 61 Verfahrensfreie Bauvorhaben, Beseitigung von Anlagen

(1) Verfahrensfrei sind

1. folgende Gebäude:
   a) eingeschossige Gebäude mit einer Brutto-Grundfläche bis zu 10 m^2, außer im Außenbereich, sowie untergeordnete Gebäude wie Kioske, Verkaufswagen und Toiletten auf öffentlichen Verkehrsflächen,
   b) Garagen, überdachte Stellplätze und überdachte Abstellplätze für Fahrräder, jeweils sowie deren Abstellräume mit einer mittleren Wandhöhe bis zu 3 m je Wand und einer Brutto-Grundfläche bis zu 30 m^2, außer im Außenbereich,
   c) Gebäude ohne Feuerungsanlagen mit einer traufseitigen Wandhöhe bis zu 5 m, die einem land- oder forstwirtschaftlichen Betrieb im Sinne des § 35 Abs. 1 und § 201 des Baugesetzbuchs dienen, höchstens 100 m^2 Brutto-Grundfläche haben und nur zur Unterbringung von Sachen oder zum vorübergehenden Schutz von Tieren bestimmt sind,
   d) Gewächshäuser mit einer Firsthöhe bis zu 5 m, die einem landwirtschaftlichen Betrieb im Sinne des § 35 Abs. 1 und § 201 des Baugesetzbuchs dienen und höchstens 100 m^2 Brutto-Grundfläche haben,
   e) Fahrgastunterstände, die dem öffentlichen Personenverkehr oder der Schülerbeförderung dienen,
   f) Schutzhütten für Wanderinnen oder Wanderer, die jedem zugänglich sind und keine Aufenthaltsräume haben,
   g) Terrassenüberdachungen mit einer Fläche bis zu 30 m^2 und einer Tiefe bis zu 3 m,
   h) Gartenlauben mit höchstens 24 Quadratmetern Grundfläche einschließlich überdachtem Freisitz, die in Kleingartenanlagen im Sinne des § 1 Absatz 1 Nummer 2 des Bundeskleingartengesetzes liegen und in Ausführung und Beschaffenheit § 3 Absatz 2 des Bundeskleingartengesetzes entsprechen,
   i) Wochenendhäuser auf Wochenendplätzen;
2. Anlagen der technischen Gebäudeausrüstung, ausgenommen freistehende Abgasanlagen mit einer Höhe von mehr als 10 Meter;

3. a) Solaranlagen in, an und auf Dach- und Außenwandflächen, ausgenommen bei Hochhäusern, sowie die damit verbundene Änderung der Nutzung oder der äußeren Gestalt des Gebäudes,
   b) gebäudeunabhängige Solaranlagen mit einer Höhe bis zu 3 m und einer Gesamtlänge bis zu 9 m,
   c) Windenergieanlagen bis zu 10 Meter Höhe gemessen von der Geländeoberfläche bis zum höchsten Punkt der vom Rotor bestrichenen Fläche und einem Rotordurchmesser bis zu 3 Meter außer in reinen Wohngebieten;
4. folgende Anlagen der Ver- und Entsorgung:
   a) Brunnen,
   b) Anlagen, die der Telekommunikation, der öffentlichen Versorgung mit Elektrizität, Gas, Öl oder Wärme dienen, mit einer Höhe bis zu 5 m und einer Brutto-Grundfläche bis zu 10 m^2;
5. folgende Masten, Antennen und ähnliche Anlagen:
   a) unbeschadet der Nummer 4 Buchstabe b Antennen einschließlich der Masten mit einer Höhe bis zu 10 m und Parabolantennen mit einem Durchmesser bis zu 1,20 m und zugehöriger Versorgungseinheiten mit einem Brutto-Rauminhalt bis zu 10 m^3 sowie, soweit sie in, auf oder an einer bestehenden baulichen Anlage errichtet werden, die damit verbundene Änderung der Nutzung oder der äußeren Gestalt der Anlage,
   b) Masten und Unterstützungen für Fernsprechleitungen, für Leitungen zur Versorgung mit Elektrizität, für Seilbahnen und für Leitungen sonstiger Verkehrsmittel, für Sirenen und für Fahnen,
   c) Masten, die aus Gründen des Brauchtums errichtet werden,
   d) Signalhochbauten für die Landesvermessung,
   e) Flutlichtmasten mit einer Höhe bis zu 10 m;
6. folgende Behälter:
   a) ortsfeste Behälter für Flüssiggas mit einem Fassungsvermögen von weniger als 3 Tonnen, für nicht verflüssigte Gase mit einem Brutto-Rauminhalt bis zu 6 Kubikmeter,
   b) ortsfeste Behälter für brennbare oder wassergefährdende Flüssigkeiten mit einem Brutto-Rauminhalt bis zu 10 Kubikmeter,
   c) ortsfeste Behälter mit einem Brutto-Rauminhalt bis zu 50 m^3 und einer Höhe bis zu 3 m,
   d) Gärfutterbehälter mit einer Höhe bis zu 6 m und Schnitzelgruben,
   e) Fahrsilos, Kompost- und ähnliche Anlagen,
   f) Wasserbecken mit einem Beckeninhalt bis zu 100 m^3;
7. folgende Mauern und Einfriedungen:
   a) Mauern einschließlich Stützmauern und Einfriedungen mit einer Höhe bis zu 2 m, außer im Außenbereich,
   b) offene, sockellose Einfriedungen für Grundstücke, die einem land- oder forstwirtschaftlichen Betrieb im Sinne des § 35 Abs. 1 und § 201 des Baugesetzbuchs dienen;
8. private Verkehrsanlagen einschließlich Brücken und Durchlässen mit einer lichten Weite bis zu 5 m und Untertunnelungen mit einem Durchmesser bis zu 3 m;
9. Aufschüttungen und Abgrabungen mit einer Höhe oder Tiefe bis zu 2 m und einer Grundfläche bis zu 30 m^2, im Außenbereich bis zu 300 m^2;
10. folgende Anlagen in Gärten und zur Freizeitgestaltung:
   a) Schwimmbecken mit einem Beckeninhalt bis zu 100 m^3 einschließlich dazugehöriger luftgetragener Überdachungen, außer im Außenbereich,
   b) Sprungschanzen, Sprungtürme und Rutschbahnen mit einer Höhe bis zu 10 m,
   c) Anlagen, die der zweckentsprechenden Einrichtung von Spiel-, Abenteuerspiel-, Bolz- und Sportplätzen, Reit- und Wanderwegen, Trimm- und Lehrpfaden dienen, ausgenommen Gebäude und Tribünen,
   d) Wohnwagen, Zelte und bauliche Anlagen, die keine Gebäude sind, auf Camping-, Zelt- und Wochenendplätzen,
   e) Anlagen, die der Gartennutzung, der Gartengestaltung oder der zweckentsprechenden Einrichtung von Gärten dienen, ausgenommen Gebäude und Einfriedungen;

11. folgende tragende und nichttragende Bauteile:
   a) nichttragende und nichtaussteifende Bauteile in baulichen Anlagen,
   b) die Änderung tragender oder aussteifender Bauteile innerhalb von Wohngebäuden der Gebäudeklassen 1 und 2,
   c) Fenster und Türen sowie die dafür bestimmten Öffnungen,
   d) Außenwandbekleidungen einschließlich Maßnahmen der Wärmedämmung, ausgenommen bei Hochhäusern, Verblendungen und Verputz baulicher Anlagen,
   e) Bedachung einschließlich Maßnahmen der Wärmedämmung, ausgenommen bei Hochhäusern;
12. folgende Werbeanlagen und Warenautomaten:
   a) Werbeanlagen mit einer Ansichtsfläche bis zu 1 m^2, an der Stätte der Leistung bis zu 2,50 m^2,
   b) Werbeanlagen in durch Bebauungsplan festgesetzten Gewerbe-, Industrie- und vergleichbaren Sondergebieten an der Stätte der Leistung mit einer Höhe bis zu 3 m über der Geländeoberfläche, sowie, soweit sie in, auf oder an einer bestehenden baulichen Anlage errichtet werden, die damit verbundene Änderung der Nutzung oder der äußeren Gestalt der Anlage.[1)]
   c) Warenautomaten;
13. folgende vorübergehend aufgestellte oder benutzbare Anlagen:
   a) Baustelleneinrichtungen einschließlich der Lagerhallen, Schutzhallen, nicht dem Wohnen dienende Unterkünfte und Baustellenbüros,
   b) Gerüste,
   c) Toilettenwagen,
   d) Behelfsbauten, die der Landesverteidigung, dem Katastrophenschutz oder der Unfallhilfe dienen,
   e) bauliche Anlagen, die für höchstens drei Monate auf genehmigtem Messe- und Ausstellungsgelände errichtet werden, ausgenommen Fliegende Bauten,
   f) Verkaufsstände und andere bauliche Anlagen auf Straßenfesten, Volksfesten und Märkten, ausgenommen Fliegende Bauten;
14. folgende Plätze:
   a) unbefestigte Lager- und Abstellplätze, die einem land- oder forstwirtschaftlichen Betrieb im Sinne des § 35 Absatz 1 Nummer 1 und 2 und § 201 des Baugesetzbuchs dienen,
   b) nicht überdachte Stellplätze und nicht überdachte Abstellplätze für Fahrräder jeweils mit einer Fläche bis zu 30 m^2 und deren Zufahrten,
   c) Kinderspielplätze im Sinne des § 8 Abs. 2 Satz 1;
15. folgende sonstige Anlagen:
   a) Zapfsäulen und Tankautomaten genehmigter Tankstellen,
   b) Regale mit einer Höhe bis zu 7,50 m Oberkante Lagergut,
   c) Grabdenkmale auf Friedhöfen, Feldkreuze, Denkmäler und sonstige Kunstwerke jeweils mit einer Höhe bis zu 4 m,
   d) andere unbedeutende Anlagen oder unbedeutende Teile von Anlagen wie Hauseingangsüberdachungen, Markisen, Rollläden, Terrassen, Straßenfahrzeugwaagen, Pergolen, Jägdstände, Wildfütterungen, Bienenfreistände, Taubenhäuser, Hofeinfahrten und Teppichstangen.

(2) Verfahrensfrei ist die Änderung der Nutzung von Anlagen, wenn
1. für die neue Nutzung keine anderen öffentlich-rechtlichen Anforderungen als für die bisherige Nutzung in Betracht kommen, die in einem Genehmigungsverfahren nach §§ 63, 63a und 64 geprüft werden, oder
2. die Errichtung oder Änderung der Anlagen nach Absatz 1 verfahrensfrei wäre.

(3) [1]Verfahrensfrei ist die Beseitigung von
1. Anlagen nach Absatz 1,
2. freistehenden Gebäuden der Gebäudeklassen 1 und 3,
3. sonstigen Anlagen, die keine Gebäude sind, mit einer Höhe bis zu 10 m.

---
1) Satzzeichen amtlich.

[2]Im Übrigen ist die beabsichtigte Beseitigung von Anlagen mindestens einen Monat zuvor der Bauaufsichtsbehörde anzuzeigen. [3]Die Sätze 1 und 2 gelten nicht für die Beseitigung von Gebäuden mit Wohnraum. [4]Bei nicht freistehenden Gebäuden muss die Standsicherheit des Gebäudes oder der Gebäude, an die das zu beseitigende Gebäude angebaut ist, durch einen qualifizierten Tragwerksplaner im Sinn des § 66 Absatz 2 beurteilt und im erforderlichen Umfang überwacht werden; die Beseitigung ist, soweit notwendig, durch den qualifizierten Tragwerksplaner zu überwachen. [5]Satz 4 gilt nicht, soweit an verfahrensfreie Gebäude angebaut ist. [6]§ 72 Absatz 1 und 2 Nummer 2 gilt entsprechend.

(4) Verfahrensfrei sind Instandhaltungsarbeiten.

(5) [1]Verfahrensfreie Bauvorhaben und die Beseitigung von Anlagen müssen den öffentlich-rechtlichen Vorschriften entsprechen. [2]Die Bauaufsichtsbehörde kann jederzeit bauaufsichtliche Maßnahmen ergreifen.

§ 62 Genehmigungsfreistellung

(1) [1]Keiner Genehmigung bedarf unter den Voraussetzungen des Absatzes 2 die Errichtung, Änderung oder Nutzungsänderung baulicher Anlagen, die keine Sonderbauten sind. [2]Satz 1 gilt nicht für die Schaffung von Ersatzwohnraum und für Werbeanlagen. [3]Satz 1 gilt nicht für die Errichtung, Änderung oder Nutzungsänderung

1. eines oder mehrerer Gebäude, wenn dadurch dem Wohnen dienende Nutzungseinheiten mit einer Größe von insgesamt mehr als 2500 Quadratmeter Brutto-Grundfläche geschaffen werden, und
2. baulicher Anlagen, die öffentlich zugänglich sind, wenn dadurch die gleichzeitige Nutzung durch mehr als 50 zusätzliche Besucher ermöglicht wird,

die innerhalb des angemessenen Sicherheitsabstands eines Betriebsbereichs im Sinne des § 3 Absatz 5a des Bundes-Immissionsschutzgesetzes in der Fassung der Bekanntmachung vom 17. Mai 2013 (BGBl. I S. 1274), das zuletzt durch Artikel 3 des Gesetzes vom 18. Juli 2017 (BGBl. I S. 2771) geändert worden ist, in der jeweils geltenden Fassung liegen; ist der angemessene Sicherheitsabstand nicht bekannt, ist maßgeblich, ob sich das Vorhaben innerhalb des Achtungsabstands des Betriebsbereichs befindet.

(2) Nach Absatz 1 ist ein Bauvorhaben genehmigungsfrei gestellt, wenn

1. es
   a) im Geltungsbereich eines Bebauungsplans im Sinne des § 30 Abs. 1 oder 2 des Baugesetzbuchs liegt und den Festsetzungen des Bebauungsplans nicht widerspricht oder die erforderlichen Befreiungen und Ausnahmen nach § 31 des Baugesetzbuchs erteilt worden sind oder
   b) in einem planungsrechtlichen Bescheid gemäß § 75 Absatz 2 abschließend als insgesamt planungsrechtlich zulässig festgestellt worden ist,
2. die Erschließung im Sinne des Baugesetzbuchs gesichert ist und
3. die Bauaufsichtsbehörde nicht innerhalb der Frist nach Absatz 3 Satz 2 erklärt, dass das vereinfachte Baugenehmigungsverfahren durchgeführt werden soll, oder eine vorläufige Untersagung nach § 15 Abs. 1 Satz 2 des Baugesetzbuchs ausspricht.

(3) [1]Die Bauherrin oder der Bauherr hat die erforderlichen Unterlagen bei der Bauaufsichtsbehörde einzureichen. [2]Mit dem Bauvorhaben darf einen Monat nach Vorlage der erforderlichen Unterlagen bei der Bauaufsichtsbehörde begonnen werden, sofern nicht die Frist um einen weiteren Monat verlängert oder sofern nicht die Bauausführung untersagt wird. [3]Teilt die Bauaufsichtsbehörde der Bauherrin oder dem Bauherrn vor Ablauf der Frist mit, dass kein Genehmigungsverfahren durchgeführt werden soll und sie eine vorläufige Untersagung nach § 15 Abs. 1 Satz 2 des Baugesetzbuchs nicht aussprechen wird, darf die Bauherrin oder der Bauherr mit der Ausführung des Bauvorhabens beginnen. [4]Will die Bauherrin oder der Bauherr mit der Ausführung des Bauvorhabens mehr als drei Jahre, nachdem die Bauausführung nach den Sätzen 2 und 3 zulässig geworden ist, beginnen, gelten die Sätze 1 bis 3 entsprechend.

(4) [1]Die Erklärung der Bauaufsichtsbehörde nach Absatz 2 Nr. 3 erste Alternative kann insbesondere deshalb erfolgen, weil sie eine Überprüfung der sonstigen Voraussetzungen des Absatzes 2 oder des Bauvorhabens aus anderen Gründen für erforderlich hält. [2]Darauf, dass die Bauaufsichtsbehörde von ihrer Erklärungsmöglichkeit keinen Gebrauch macht, besteht kein Rechtsanspruch. [3]Erklärt die Bauaufsichtsbehörde, dass das vereinfachte Baugenehmigungsverfahren durchgeführt werden soll, hat sie der Bauherrin oder dem Bauherrn die vorgelegten Unterlagen zurückzureichen; dies gilt nicht, wenn

die Bauherrin oder der Bauherr bei der Vorlage der Unterlagen bestimmt hat, dass ihre oder seine Vorlage im Fall der Erklärung nach Absatz 2 Nr. 3 als Bauantrag zu behandeln ist.

(5) § 66 bleibt unberührt. § 68 Absatz 2 Satz 1 sowie § 72 Absatz 1, 2 Nummer 2 und Absatz 3 sind entsprechend anzuwenden.

Dritter Abschnitt
Genehmigungsverfahren

§ 63 Vereinfachtes Baugenehmigungsverfahren

[1]Außer bei Sonderbauten werden geprüft

1. die Übereinstimmung mit den Vorschriften über die Zulässigkeit der baulichen Anlagen nach den §§ 29 bis 38 des Baugesetzbuchs,
2. beantragte Zulassungen von Abweichungen im Sinne des § 67 Absatz 1 und 2 Satz 2,
3. die Einhaltung anderer öffentlich-rechtlicher Anforderungen, soweit wegen der Baugenehmigung eine Entscheidung nach anderen öffentlich-rechtlichen Vorschriften entfällt oder ersetzt wird sowie
4. die Einhaltung der Vorschriften über das Verbot der Zweckentfremdung von Wohnraum.

[2]§ 66 bleibt unberührt.

§ 63a Vereinfachtes Baugenehmigungsverfahren für Werbeanlagen

[1]Bei Werbeanlagen, die nicht gemäß § 61 Absatz 1 Nummer 12 verfahrensfrei sind, werden geprüft

1. die Übereinstimmung mit den Vorschriften über die Zulässigkeit der baulichen Anlagen nach den §§ 29 bis 38 des Baugesetzbuchs,
2. die Einhaltung der Regelungen in Gestaltungsverordnungen,
3. die Übereinstimmung mit den Anforderungen gemäß den §§ 6, 9 Absatz 1 und 2, §§ 10 und 16 Absatz 2 sowie beantragte Abweichungen im Sinne des § 67 Absatz 1 und 2 Satz 2 und
4. die Einhaltung anderer öffentlich-rechtlicher Anforderungen, soweit wegen der Baugenehmigung eine Entscheidung nach anderen öffentlich-rechtlichen Vorschriften entfällt oder ersetzt wird.

[2]§ 66 bleibt unberührt.

§ 63b Genehmigungsverfahren für die Beseitigung von Gebäuden mit Wohnraum

[1]Bei der Beseitigung von Gebäuden mit Wohnraum werden geprüft

1. die Einhaltung der Vorschriften über das Verbot der Zweckentfremdung von Wohnraum und
2. die Einhaltung anderer öffentlich-rechtlicher Anforderungen, soweit wegen der Genehmigung eine Entscheidung nach anderen öffentlich-rechtlichen Vorschriften entfällt oder ersetzt wird.

[2]Ist die Beseitigung von Gebäuden mit Wohnraum nur bei Schaffung von Ersatzwohnraum zulässig, ist die Genehmigung erst zu erteilen, wenn eine Baugenehmigung für das Gebäude mit Ersatzwohnraum vorliegt. [3]Es gelten die §§ 61 Absatz 3 Satz 4 und 5; 68; 69 Absatz 1 bis 3; 71 bis 73 entsprechend.

§ 64 Baugenehmigungsverfahren

[1]Bei Sonderbauten wird geprüft:

1. die Übereinstimmung mit den Vorschriften über die Zulässigkeit der baulichen Anlagen nach den §§ 29 bis 38 des Baugesetzbuchs,
2. die Einhaltung der Anforderungen nach den Vorschriften dieses Gesetzes und auf Grund dieses Gesetzes,
3. die Einhaltung anderer öffentlich-rechtlicher Anforderungen, soweit wegen der Baugenehmigung eine Entscheidung nach anderen öffentlich-rechtlichen Vorschriften entfällt oder ersetzt wird, sowie
4. die Einhaltung der Vorschriften über das Verbot der Zweckentfremdung von Wohnraum.

[2]§ 66 bleibt unberührt.

§ 65 Bauvorlageberechtigung

(1) [1]Bauvorlagen für die nicht verfahrensfreie Errichtung und Änderung von Gebäuden müssen von einer Entwurfsverfasserin oder einem Entwurfsverfasser erstellt sein, die oder der bauvorlageberechtigt ist. [2]Dies gilt nicht für

1. Bauvorlagen, die üblicherweise von Fachkräften mit anderer Ausbildung als nach Absatz 2 verfasst werden, und
2. geringfügige oder technisch einfache Bauvorhaben.

(2) Bauvorlageberechtigt ist, wer
1. die Berufsbezeichnung „Architektin" oder „Architekt" führen darf,
2. in die von der Baukammer Berlin geführte Liste der Bauvorlageberechtigten eingetragen ist; Eintragungen anderer Länder gelten auch im Land Berlin,
3. die Berufsbezeichnung „Innenarchitektin" oder „Innenarchitekt" führen darf, für die mit der Berufsaufgabe der Innenarchitektin oder des Innenarchitekten verbundenen baulichen Änderungen von Gebäuden, oder
4. einen berufsqualifizierenden Hochschulabschluss eines Studiums der Fachrichtung Architektur oder des Bauingenieurwesens nachweist, nach dem Hochschulabschluss mindestens zwei Jahre auf dem Gebiet Gebäudeplanung praktisch tätig gewesen ist und Bedienstete oder Bediensteter einer juristischen Person des öffentlichen Rechts ist, für die dienstliche Tätigkeit.

(3) [1]In die Liste der Bauvorlageberechtigten ist auf Antrag von der Baukammer Berlin einzutragen, wer
1. auf Grund eines berufsqualifizierenden Hochschulabschlusses eines Studiums des Bauingenieurwesens die Berufsbezeichnung „Ingenieurin" oder „Ingenieur" zu führen berechtigt ist und
2. nach dem Hochschulabschluss mindestens zwei Jahre auf dem Gebiet der Gebäudeplanung praktisch tätig gewesen ist;

bisherige rechtmäßige Eintragungen in die Liste der Bauvorlageberechtigten bleiben hiervon unberührt. [2]Dem Antrag sind die zur Beurteilung erforderlichen Unterlagen beizufügen. [3]Die Baukammer Berlin bestätigt unverzüglich den Eingang der Unterlagen und teilt gegebenenfalls mit, welche Unterlagen fehlen. [4]Die Eingangsbestätigung muss folgende Angaben enthalten:
1. die in Satz 5 genannte Frist,
2. die verfügbaren Rechtsbehelfe,
3. die Erklärung, dass der Antrag als genehmigt gilt, wenn über ihn nicht rechtzeitig entschieden wird und
4. im Fall der Nachforderung von Unterlagen die Mitteilung, dass die Frist nach Satz 5 erst beginnt, wenn die Unterlagen vollständig sind.

[5]Über den Antrag ist innerhalb von drei Monaten nach Vorlage der vollständigen Unterlagen zu entscheiden; die Baukammer Berlin kann die Frist gegenüber der Antragstellerin oder dem Antragsteller einmal um bis zu zwei Monate verlängern. [6]Die Fristverlängerung und deren Ende sind ausreichend zu begründen und der Antragstellerin oder dem Antragsteller vor Ablauf der ursprünglichen Frist mitzuteilen. [7]Der Antrag gilt als genehmigt, wenn über ihn nicht innerhalb der nach Satz 5 maßgeblichen Frist entschieden worden ist.

(4) [1]Personen, die in einem anderen Mitgliedstaat der Europäischen Union oder einem nach dem Recht der Europäischen Gemeinschaften gleichgestellten Staat als Bauvorlageberechtigte niedergelassen sind, sind ohne Eintragung in die Liste nach Absatz 2 Nummer 2 bauvorlageberechtigt, wenn sie
1. eine im Staat ihrer Niederlassung vergleichbare Berechtigung besitzen und
2. dafür Anforderungen erfüllen mussten, die den in Absatz 3 Satz 1 Nummer 1 und 2 genannten Anforderungen vergleichbar sind.

[2]Sie haben das erstmalige Tätigwerden als Bauvorlageberechtigte vorher der Baukammer Berlin anzuzeigen und dabei
1. eine Bescheinigung darüber, dass sie in einem Mitgliedstaat der Europäischen Union oder einem nach dem Recht der Europäischen Gemeinschaften gleichgestellten Staat rechtmäßig als Bauvorlageberechtigte niedergelassen sind und ihnen die Ausübung dieser Tätigkeiten zum Zeitpunkt der Vorlage der Bescheinigung nicht, auch nicht vorübergehend, untersagt ist, und
2. einen Nachweis darüber, dass sie im Staat ihrer Niederlassung für die Tätigkeit als Bauvorlageberechtigte mindestens die in Absatz 3 Satz 1 Nummer 1 und 2 genannten Anforderungen erfüllen mussten,

vorzulegen; sie sind in einem Verzeichnis zu führen. [3]Die Baukammer Berlin hat auf Antrag zu bestätigen, dass die Anzeige nach Satz 2 erfolgt ist; sie kann das Tätigwerden als Bauvorlageberechtigte oder Bauvorlageberechtigter untersagen und die Eintragung in dem Verzeichnis nach Satz 2 löschen, wenn die Voraussetzungen des Satzes 1 nicht erfüllt sind.

(5) [1]Personen, die in einem anderen Mitgliedstaat der Europäischen Union oder einem nach dem Recht der Europäischen Gemeinschaften gleichgestellten Staat als Bauvorlageberechtigte niedergelassen sind, ohne im Sinne des Absatzes 4 Satz 1 Nummer 2 vergleichbare Anforderungen zu erfüllen, sind bauvorlageberechtigt, wenn ihnen die Baukammer Berlin bescheinigt hat, dass sie die Anforderungen des Absatzes 3 Satz 1 Nummer 1 und 2 erfüllen; sie sind in einem Verzeichnis zu führen. [2]Die Bescheinigung wird auf Antrag erteilt. [3]Absatz 3 Satz 2 bis 7 ist entsprechend anzuwenden.

(6) [1]Anzeigen und Bescheinigungen nach den Absätzen 4 und 5 sind nicht erforderlich, wenn bereits in einem anderen Land eine Anzeige erfolgt ist oder eine Bescheinigung erteilt wurde; eine weitere Eintragung in die von der Baukammer Berlin geführten Verzeichnisse erfolgt nicht. [2]Verfahren nach den Absätzen 3 bis 5 können über eine einheitliche Stelle abgewickelt werden. [3]Es gelten die Vorschriften des Teils V Abschnitt 1a des Verwaltungsverfahrensgesetzes in Verbindung mit § 1 Absatz 1 des Gesetzes über das Verfahren der Berliner Verwaltung.

(7) [1]Bauvorlageberechtigt für

1. Gebäude mit nicht mehr als zwei Wohnungen und insgesamt nicht mehr als 250 m^2 Brutto-Grundfläche,
2. eingeschossige gewerbliche Gebäude bis zu 250 m^2 Brutto-Grundfläche und bis zu 5 m Wandhöhe, gemessen von der Geländeoberfläche bis zur Schnittlinie zwischen Dachhaut und Außenwand,
3. Garagen bis zu 250 m^2 Nutzfläche

sind ferner die Angehörigen der Fachrichtungen Architektur, Hochbau oder Bauingenieurwesen, die an einer deutschen Hochschule, einer deutschen öffentlichen oder staatlich anerkannten Ingenieurschule oder an einer dieser gleichrangigen deutschen Lehreinrichtung das Studium erfolgreich abgeschlossen haben, sowie die staatlich geprüften Technikerinnen oder Techniker der Fachrichtung Bautechnik mit Schwerpunkt Hochbau und die Handwerksmeisterinnen oder Handwerksmeister des Maurer- und Beton- oder Zimmererfachs. [2]Staatsangehörige eines anderen Mitgliedstaates der Europäischen Union oder eines nach dem Recht der Europäischen Gemeinschaft gleichgestellten Staates sind im Sinne des Satzes 1 bauvorlageberechtigt, wenn sie in einem dieser Staaten eine vergleichbare Berechtigung besitzen und dafür dem Satz 1 vergleichbare Anforderungen erfüllen mussten. [3]Die Absätze 4 bis 6 gelten entsprechend.

§ 66 Bautechnische Nachweise

(1) [1]Die Einhaltung der Anforderungen an die Standsicherheit, den Brand-, Schall- und Erschütterungsschutz sowie an die Energieeinsparung ist nach näherer Maßgabe der Verordnung auf Grund des § 86 Absatz 3 nachzuweisen (bautechnische Nachweise); dies gilt nicht für verfahrensfreie Bauvorhaben, einschließlich der Beseitigung von Anlagen, soweit nicht in diesem Gesetz oder in der Rechtsverordnung auf Grund des § 86 Absatz 3 anderes bestimmt ist. [2]Die Bauvorlageberechtigung nach § 65 Absatz 2 Nummer 1, 2 und 4 schließt die Berechtigung zur Erstellung der bautechnischen Nachweise ein, soweit nicht nachfolgend Abweichendes bestimmt ist. [3]Für die Bauvorlageberechtigung nach § 65 Absatz 7 gilt die Berechtigung zur Erstellung der bautechnischen Nachweise nur für die dort unter den Nummern 1 bis 3 genannten Vorhaben.

(2) [1]Bei

1. Gebäuden der Gebäudeklassen 1 bis 3,
2. sonstigen baulichen Anlagen, die keine Gebäude sind,

muss der Standsicherheitsnachweis von einer Person mit einem berufsqualifizierenden Hochschulabschluss eines Studiums der Fachrichtung Architektur, Hochbau oder des Bauingenieurwesens mit einer mindestens dreijährigen Berufserfahrung in der Tragwerksplanung erstellt sein, der unter Beachtung des § 65 Absatz 3 Satz 2 bis 7 in einer von der Baukammer Berlin zu führenden Liste eingetragen ist; Eintragungen anderer Länder gelten auch im Land Berlin. [2]Auch bei anderen Bauvorhaben darf der Standsicherheitsnachweis von einer Tragwerksplanerin oder einem Tragwerksplaner nach Satz 1 erstellt werden.

(3) [1]Der Standsicherheitsnachweis muss bauaufsichtlich geprüft sein
1. bei Gebäuden der Gebäudeklassen 4 und 5,
2. wenn dies nach Maßgabe eines in der Rechtsverordnung nach § 86 Absatz 3 geregelten Kriterienkatalogs erforderlich ist, bei
   a) Gebäuden der Gebäudeklassen 1 bis 3,
   b) Behältern, Brücken, Stützmauern, Tribünen,
   c) sonstigen baulichen Anlagen, die keine Gebäude sind, mit einer Höhe von mehr als 10 Metern;

das gilt nicht für Wohngebäude der Gebäudeklassen 1 und 2. [2]Der Brandschutznachweis muss bauaufsichtlich geprüft sein bei
1. Sonderbauten,
2. Mittel- und Großgaragen,
3. Gebäuden der Gebäudeklasse 4 und 5.

(4) [1]Außer in den Fällen des Absatzes 3 werden bautechnische Nachweise nicht geprüft; § 67 bleibt unberührt. [2]Einer bauaufsichtlichen Prüfung bedarf es ferner nicht, soweit für das Bauvorhaben Standsicherheitsnachweise vorliegen, die von einem Prüfamt für Standsicherheit allgemein geprüft sind (Typenprüfung); Typenprüfungen anderer Länder gelten auch im Land Berlin.

§ 67 Abweichungen, Ausnahmen und Befreiungen

(1) [1]Die Bauaufsichtsbehörde kann Abweichungen von Anforderungen dieses Gesetzes und auf Grund dieses Gesetzes erlassener Vorschriften zulassen, wenn sie unter Berücksichtigung des Zwecks der jeweiligen Anforderung und unter Würdigung der öffentlich-rechtlich geschützten nachbarlichen Belange mit den öffentlichen Belangen, insbesondere den Anforderungen des § 3 Satz 1, vereinbar sind. [2]§ 86a Absatz 1 Satz 4 bleibt unberührt. [3]Der Zulassung einer Abweichung bedarf es nicht, wenn bautechnische Nachweise bauaufsichtlich geprüft werden, es sei denn, öffentlich-rechtlich geschützte nachbarliche Belange werden berührt.

(2) [1]Die Zulassung von Abweichungen nach Absatz 1, von Ausnahmen und Befreiungen nach § 31 des Baugesetzbuchs, von Ausnahmen nach § 14 Abs. 2 des Baugesetzbuchs, von Abweichungen, die eine Ermessensentscheidung nach der Baunutzungsverordnung verlangen, sowie von Ausnahmen nach anderen Rechtsverordnungen ist gesondert zu beantragen; der Antrag ist zu begründen. [2]Für Anlagen, die keiner Genehmigung bedürfen, sowie für Abweichungen von Vorschriften, die im Genehmigungsverfahren nicht geprüft werden, gilt Satz 1 entsprechend. [3]Es gelten die §§ 68 bis 73 entsprechend. [4]§ 212a Absatz 1 des Baugesetzbuchs findet Anwendung.

(3) Ist eine Abweichung, Ausnahme oder Befreiung unter Bedingungen, befristet oder unter dem Vorbehalt des Widerrufs zugelassen worden, so ist die Genehmigung entsprechend einzuschränken.

§ 68 Bauantrag, Bauvorlagen

(1) Der Bauantrag ist bei der Bauaufsichtsbehörde einzureichen.

(2) [1]Mit dem Bauantrag sind alle für die Beurteilung des Bauvorhabens und die Bearbeitung des Bauantrags erforderlichen Unterlagen (Bauvorlagen) einzureichen. [2]Es kann gestattet werden, dass einzelne Bauvorlagen nachgereicht werden.

(3) In besonderen Fällen kann zur Beurteilung der Einwirkung der baulichen Anlage auf die Umgebung verlangt werden, dass die bauliche Anlage in geeigneter Weise auf dem Grundstück dargestellt wird.

(4) Ist die Bauherrin oder der Bauherr nicht Grundstückseigentümerin oder Grundstückseigentümer, kann die Zustimmung der Grundstückseigentümerin oder des Grundstückseigentümers zu dem Bauvorhaben gefordert werden.

§ 69 Behandlung des Bauantrags

(1) [1]Die Bauaufsichtsbehörde prüft innerhalb von zwei Wochen nach Eingang des Bauantrags dessen Vollständigkeit. [2]Ist der Bauantrag vollständig, ist dies der Bauherrin oder dem Bauherrn unverzüglich zu bestätigen. [3]Ist der Bauantrag unvollständig oder weist er sonstige erhebliche Mängel auf, fordert die Bauaufsichtsbehörde die Bauherrin oder den Bauherrn unverzüglich zur Behebung der Mängel innerhalb einer angemessenen Frist auf. [4]Werden die Mängel innerhalb der Frist nicht behoben, gilt der Antrag als zurückgenommen.

(2) [1]Ist der Bauantrag vollständig, holt die Bauaufsichtsbehörde unverzüglich die Stellungnahmen der Behörden und sonstigen Stellen ein,

1. deren Beteiligung oder Anhörung für die Entscheidung über den Bauantrag durch Rechtsvorschrift vorgeschrieben ist oder
2. ohne deren Stellungnahme die Genehmigungsfähigkeit des Bauantrags nicht beurteilt werden kann, insbesondere der für die Beurteilung des Bauplanungsrechts zuständigen Stelle;

die Beteiligung oder Anhörung entfällt, wenn die jeweilige Behörde oder sonstige Stelle dem Bauantrag bereits vor Einleitung des Baugenehmigungsverfahrens zugestimmt hat. [2]Bedarf die Erteilung der Baugenehmigung der Zustimmung oder des Einvernehmens einer Behörde oder sonstigen Stelle nach Satz 1 Nummer 1, so gilt diese als erteilt, wenn sie nicht einen Monat nach Eingang des Ersuchens verweigert wird; durch Rechtsvorschrift vorgeschriebene längere Zustimmungs- und Einvernehmensfristen bleiben unberührt. [3]Die Frist verlängert sich um einen Monat, wenn das Einvernehmen mit der Denkmalfachbehörde herzustellen ist; sie verlängert sich um einen weiteren Monat, wenn die oberste Denkmalschutzbehörde die Entscheidung zu treffen hat. [4]Äußern sich die Behörden und Stellen nach Satz 1 Nummer 2 nicht innerhalb eines Monats, so kann die Bauaufsichtsbehörde davon ausgehen, dass die von diesen Behörden und Stellen wahrzunehmenden öffentlichen Belange durch den Bauantrag nicht berührt werden. [5]Die Bauaufsichtsbehörde kann die Stellungnahme-Frist für die Beurteilung des Bauplanungsrechts um einen Monat verlängern, insbesondere wenn weitere Stellen zu beteiligen sind. [6]Wenn zur Beurteilung eines Vorhabens durch eine beteiligte Behörde oder sonstige Stelle noch zusätzliche Unterlagen oder Angaben erforderlich sind, werden die Fristen nach Satz 2 bis 4 bis zum Eingang der nachgeforderten Unterlagen oder Angaben unterbrochen. [7]Sie werden auch bis zum Eingang eines erforderlichen Antrags auf Zulassung einer Ausnahme, Befreiung oder Abweichung unterbrochen.

(3) [1]Die Bauaufsichtsbehörde entscheidet über den Bauantrag innerhalb einer Frist von einem Monat. [2]Die Frist beginnt, sobald alle für die Entscheidung notwendigen Stellungnahmen und Nachweise vorliegen oder die Frist nach Absatz 2 Satz 3 abgelaufen ist.

(4) [1]Im vereinfachten Baugenehmigungsverfahren nach § 63 und im vereinfachten Baugenehmigungsverfahren für Werbeanlagen nach § 63a sind die nach Absatz 1 Satz 3 fehlenden Unterlagen und Mängel abschließend zu benennen. [2]Ein Bauantrag gilt in den Verfahren nach Satz 1 nach Ablauf von drei Wochen nach dessen Eingang als vollständig, wenn die Bauaufsichtsbehörde der Bauherrin oder dem Bauherrn entgegen Absatz 1 Satz 2 die Vollständigkeit des Bauantrags nicht bestätigt oder sie oder ihn entgegen Absatz 1 Satz 3 nicht zur Behebung von Mängeln des Bauantrags auffordert; Absatz 2 Satz 4 bleibt unberührt. [3]Ist in den Verfahren nach Satz 1 nicht innerhalb einer Frist nach Absatz 3 Satz 1 entschieden worden, gilt die Baugenehmigung als erteilt; dies gilt im vereinfachten Baugenehmigungsverfahren nach § 63 nicht, wenn die Bauherrin oder der Bauherr auf diese Rechtsfolge verzichtet hat. [4]Im vereinfachten Baugenehmigungsverfahren für Werbeanlagen nach § 63a tritt bei Werbeanlagen, die an Baugerüsten angebracht werden, die Genehmigungsfiktion nicht ein oder endet diese, wenn die Dauer von sechs Monaten gemäß § 10 Absatz 2 Satz 4 erreicht ist. [5]Der Eintritt der Genehmigungsfiktion nach Satz 3 ist auf Verlangen der Bauherrin oder dem Bauherrn zu bescheinigen.

§ 70 Beteiligung der Nachbarn und der Öffentlichkeit

(1) [1]Die Bauaufsichtsbehörde soll die Eigentümer benachbarter Grundstücke (Nachbarn) vor Zulassung von Abweichungen, Ausnahmen und Befreiungen benachrichtigen, wenn zu erwarten ist, dass öffentlich-rechtlich geschützte nachbarliche Belange berührt werden. [2]Einwendungen sind innerhalb von zwei Monaten nach Zugang der Benachrichtigung bei der Bauaufsichtsbehörde vorzubringen. [3]Die benachrichtigten Nachbarn werden mit allen Einwendungen ausgeschlossen, die im Rahmen der Beteiligung nicht fristgemäß geltend gemacht worden sind; auf diese Rechtsfolge ist in der Benachrichtigung hinzuweisen.

(2) [1]Die Benachrichtigung entfällt, wenn die zu benachrichtigenden Nachbarn die Lagepläne und Bauzeichnungen unterschrieben oder dem Bauvorhaben auf andere Weise zugestimmt haben. [2]Haben die Nachbarn dem Bauvorhaben nicht im Sinne von Satz 1 zugestimmt, sind ihnen die Baugenehmigung, Befreiung und Abweichungs- oder Ausnahmezulassung zuzustellen.

(3) [1]Bei baulichen Anlagen, die auf Grund ihrer Beschaffenheit oder ihres Betriebs geeignet sind, die Allgemeinheit oder die Nachbarschaft zu gefährden, zu benachteiligen oder zu belästigen, kann die Bauaufsichtsbehörde auf Antrag der Bauherrin oder des Bauherrn das Bauvorhaben im Amtsblatt für Berlin und außerdem entweder im Internet oder in örtlichen Tageszeitungen, die im Bereich des

Standorts der Anlage verbreitet sind, öffentlich bekannt machen. [2]Bei der Errichtung, Änderung oder Nutzungsänderung

1. eines oder mehrerer Gebäude, wenn dadurch dem Wohnen dienende Nutzungseinheiten mit einer Größe von insgesamt mehr als 2500 Quadratmeter Bruttogrundfläche geschaffen werden,
2. baulicher Anlagen, die öffentlich zugänglich sind, wenn dadurch die gleichzeitige Nutzung durch mehr als 50 zusätzliche Besucher ermöglicht wird, und
3. von Sonderbauten nach § 2 Absatz 4 Nummer 9, 10, 12, 13, 15 oder 16,

ist das Bauvorhaben nach Satz 1 bekannt zu machen, wenn es innerhalb des angemessenen Sicherheitsabstands eines Betriebsbereichs im Sinne des § 3 Absatz 5a des Bundes-Immissionsschutzgesetzes liegt; ist der angemessene Sicherheitsabstand nicht bekannt, ist maßgeblich, ob sich das Vorhaben innerhalb des Achtungsabstands des Betriebsbereichs befindet. [3]Satz 2 gilt nicht, wenn die für die Stadtplanung zuständige Stelle zu dem Ergebnis kommt, dass dem Gebot, den angemessenen Sicherheitsabstand zu wahren, bereits in einem Bebauungsplan Rechnung getragen ist. [4]Verfährt die Bauaufsichtsbehörde nach Satz 1 oder 2, finden Absatz 1 und 2 keine Anwendung.

(4) [1]In der Bekanntmachung nach Absatz 3 Satz 1 und 2 ist über Folgendes zu informieren:

1. über den Gegenstand des Vorhabens,
2. über die für die Genehmigung zuständige Behörde, bei der der Antrag nebst Unterlagen zur Einsicht ausgelegt wird, sowie wo und wann Einsicht genommen werden kann,
3. darüber, dass Personen, deren Belange berührt sind, und Vereinigungen, welche die Anforderungen von § 3 Absatz 1 oder § 2 Absatz 2 des Umwelt-Rechtsbehelfsgesetzes in der Fassung der Bekanntmachung vom 23. August 2017 (BGBl. I S. 3290), das durch Artikel 2 Absatz 18 des Gesetzes vom 20. Juli 2017 (BGBl. I S. 2808) geändert worden ist, in der jeweils geltenden Fassung erfüllen (betroffene Öffentlichkeit), Einwendungen bei einer in der Bekanntmachung bezeichneten Stelle bis zu zwei Wochen nach Ablauf der Auslegungsfrist nach Absatz 5 Satz 1 erheben können; dabei ist darauf hinzuweisen, dass mit Ablauf der Frist alle öffentlich-rechtlichen Einwendungen ausgeschlossen sind und der Ausschluss von umweltbezogenen Einwendungen nur für das Genehmigungsverfahren gilt,
4. dass die Zustellung der Entscheidung über die Einwendungen durch öffentliche Bekanntmachung ersetzt werden kann.

[2]Bei der Bekanntmachung nach Absatz 3 Satz 2 ist zusätzlich über Folgendes zu informieren:

1. gegebenenfalls die Feststellung der Pflicht zur Durchführung einer Umweltverträglichkeitsprüfung (UVP-Pflicht) des Vorhabens nach § 5 des Gesetzes über die Umweltverträglichkeitsprüfung in der Fassung der Bekanntmachung vom 24. Februar 2010 (BGBl. I S. 94), das zuletzt durch Artikel 2 des Gesetzes vom 8. September 2017 (BGBl. I S. 3370) geändert worden ist, in der jeweils geltenden Fassung, § 3 des Berliner Gesetzes über die Umweltverträglichkeitsprüfung vom 7. Juni 2007 (GVBl. S. 222) in der jeweils geltenden Fassung und § 8 des Landeswaldgesetzes vom 16. September 2004 (GVBl. S. 391), das zuletzt durch Artikel 3 des Gesetzes vom 4. Februar 2016 (GVBl. S. 26, 55) geändert worden ist, in der jeweils geltenden Fassung sowie erforderlichenfalls die Durchführung einer grenzüberschreitenden Beteiligung nach den §§ 54 bis 59 des Gesetzes über die Umweltverträglichkeitsprüfung,
2. die Art möglicher Entscheidungen oder, soweit vorhanden, den Entscheidungsentwurf,
3. gegebenenfalls weitere Einzelheiten des Verfahrens zur Unterrichtung der Öffentlichkeit und Anhörung der betroffenen Öffentlichkeit.

(5) [1]Nach der Bekanntmachung sind der Antrag und die Bauvorlagen sowie die entscheidungserheblichen Berichte und Empfehlungen, die der Bauaufsichtsbehörde im Zeitpunkt der Bekanntmachung vorliegen, einen Monat zur Einsicht auszulegen. [2]Bauvorlagen, die Geschäfts- oder Betriebsgeheimnisse enthalten, sind nicht auszulegen; für sie gilt § 10 Absatz 2 des Bundes-Immissionsschutzgesetzes entsprechend. [3]Bis zu zwei Wochen nach Ablauf der Auslegungsfrist kann die Öffentlichkeit gegenüber der zuständigen Behörde schriftlich Einwendungen erheben; mit Ablauf dieser Frist sind alle öffentlich-rechtlichen Einwendungen ausgeschlossen. [4]Satz 2 gilt für umweltbezogene Einwendungen nur für das Genehmigungsverfahren.

(6) [1]Bei mehr als 20 Nachbarn, denen die Bescheide nach Absatz 2 Satz 2 zuzustellen sind, kann die Zustellung durch öffentliche Bekanntmachung ersetzt werden; wurde eine Öffentlichkeitsbeteiligung nach Absatz 4 durchgeführt, sind die Bescheide öffentlich bekannt zu machen. [2]Die öffentliche Be-

kanntmachung wird dadurch bewirkt, dass der verfügende Teil der Bescheide und die Rechtsbehelfsbelehrung in entsprechender Anwendung des Absatzes 3 Satz 1 bekannt gemacht werden; auf Nebenbestimmungen ist hinzuweisen. [3]Eine Ausfertigung des gesamten Bescheids ist vom Tage nach der Bekanntmachung an zwei Wochen zur Einsicht auszulegen. [4]Ist eine Öffentlichkeitsbeteiligung nach Absatz 3 Satz 2 erfolgt, sind die wesentlichen tatsächlichen und rechtlichen Gründe, die die Behörde zu ihrer Entscheidung bewogen haben, die Behandlung der Einwendungen sowie Angaben über das Verfahren zur Beteiligung der Öffentlichkeit zugänglich zu machen; § 71 Absatz 2 bleibt unberührt. [5]In der öffentlichen Bekanntmachung ist anzugeben, wo und wann die Bescheide und die ihnen zugrunde liegenden Gründe eingesehen und nach Satz 7 angefordert werden können. [6]Mit dem Ende der Auslegungsfrist gelten die Bescheide auch Dritten gegenüber, die keine Einwendungen erhoben haben, als zugestellt; darauf ist in der Bekanntmachung hinzuweisen. [7]Nach der öffentlichen Bekanntmachung können die Bescheide und ihre Begründungen bis zum Ablauf der Widerspruchsfrist von den Personen, die Einwendungen erhoben haben, angefordert werden.

§ 71 Baugenehmigung

(1) [1]Die Baugenehmigung ist zu erteilen, wenn dem Bauvorhaben keine öffentlich-rechtlichen Vorschriften entgegenstehen, die im bauaufsichtlichen Genehmigungsverfahren zu prüfen sind. [2]Die durch eine Umweltverträglichkeitsprüfung ermittelten, beschriebenen und bewerteten Umweltauswirkungen sind nach Maßgabe der hierfür geltenden Vorschriften zu berücksichtigen. [3]Die Bauaufsichtsbehörde darf den Bauantrag ablehnen, wenn das Bauvorhaben gegen sonstige öffentlich-rechtliche Vorschriften verstößt.

(2) Die Baugenehmigung ist nur insoweit zu begründen als Abweichungen, Ausnahmen oder Befreiungen von nachbarschützenden Vorschriften zugelassen werden und die Nachbarin oder der Nachbar nicht nach § 70 Absatz 2 zugestimmt hat.

(3) Die Baugenehmigung kann unter Auflagen, Bedingungen und dem Vorbehalt der nachträglichen Aufnahme, Änderung oder Ergänzung einer Auflage sowie befristet erteilt werden.

(4) Die Baugenehmigung wird unbeschadet der Rechte Dritter erteilt.

§ 72 Baubeginn

(1) Die Bauherrin oder der Bauherr hat den Ausführungsbeginn nicht verfahrensfreier Vorhaben mindestens eine Woche vorher der Bauaufsichtsbehörde mitzuteilen (Baubeginnanzeige).

(2) Mit der Bauausführung oder mit der Ausführung des jeweiligen Bauabschnitts darf erst begonnen werden, wenn

1. die Baugenehmigung der Bauherrin oder dem Bauherrn zugegangen ist oder die Frist nach § 69 Absatz 4 Satz 3 Halbsatz 1 abgelaufen ist sowie
2. die bautechnischen Nachweise und das Ergebnis der Prüfung nach § 66 Absatz 3 und
3. die Baubeginnanzeige

der Bauaufsichtsbehörde vorliegen.

(3) [1]Vor Baubeginn eines Gebäudes müssen die Grundrissfläche abgesteckt und seine Höhenlage festgelegt sein. [2]Baugenehmigungen, Bauvorlagen sowie bautechnische Nachweise und Ergebnisse der Prüfung nach § 66 Absatz 3 müssen an der Baustelle von Baubeginn an vorliegen.

§ 73 Geltungsdauer der Baugenehmigung

(1) [1]Die Baugenehmigung und die Teilbaugenehmigung erlöschen, wenn

1. innerhalb von zwei Jahren nach ihrer Erteilung mit der Ausführung des Bauvorhabens nicht begonnen wurde, oder
2. das Bauvorhaben nach Ablauf von sechs Jahren nach ihrer Erteilung nicht fertig gestellt worden ist.

[2]Satz 1 gilt auch für die Entscheidungen über andere öffentlich-rechtliche Anforderungen, die in die Baugenehmigung eingeschlossen werden.

(2) [1]Die Frist nach Absatz 1 Satz 1 Nummer 1 kann auf Antrag dreimal, jeweils bis zu einem Jahr verlängert werden. [2]Sie kann auch rückwirkend verlängert werden, wenn der Antrag vor Fristablauf bei der Bauaufsichtsbehörde eingegangen ist.

§ 74 Teilbaugenehmigung

[1]Ist ein Bauantrag eingereicht, so kann der Beginn der Bauarbeiten für die Baugrube und für einzelne Bauteile oder Bauabschnitte auf Antrag schon vor Erteilung der Baugenehmigung gestattet werden (Teilbaugenehmigung). [2]§§ 71 und 72 gelten entsprechend.

§ 75 Vorbescheid, planungsrechtlicher Bescheid

(1) [1]Ist die Erteilung einer Baugenehmigung vorgeschrieben, ist vor Einreichung des Bauantrags auf Antrag der Bauherrin oder des Bauherrn zu einzelnen in der Baugenehmigung zu entscheidenden Fragen des Bauvorhabens ein Vorbescheid zu erteilen. [2]Der Vorbescheid gilt zwei Jahre. [3]Die Frist kann auf Antrag zweimal jeweils bis zu einem Jahr verlängert werden. [4]§ 58 Absatz 2, §§ 68, 69 Absatz 1 bis 3 und § 73 Absatz 2 Satz 2 gelten entsprechend.

(2) [1]Für ein Bauvorhaben, welches dem vereinfachten Baugenehmigungsverfahren nach § 63 unterfällt, ist auf Antrag der Bauherrin oder des Bauherrn ein planungsrechtlicher Bescheid zu erteilen. [2]Das Vorhaben wird in die Genehmigungsfreistellung nach § 62 übergeleitet, wenn durch diesen Bescheid insgesamt die planungsrechtliche Zulässigkeit des Vorhabens festgestellt worden ist. [3]Absatz 1 Satz 2 bis 4 gilt sinngemäß.

§ 76 Genehmigung Fliegender Bauten

(1) [1]Fliegende Bauten sind bauliche Anlagen, die geeignet und bestimmt sind, an verschiedenen Orten wiederholt aufgestellt und zerlegt zu werden. [2]Baustelleneinrichtungen und Baugerüste sind keine Fliegenden Bauten.

(2) [1]Fliegende Bauten bedürfen, bevor sie erstmals aufgestellt und in Gebrauch genommen werden, einer Ausführungsgenehmigung. [2]Dies gilt nicht für

1. Fliegende Bauten mit einer Höhe bis zu 5 m, die nicht dazu bestimmt sind, von Besucherinnen und Besuchern betreten zu werden,
2. Fliegende Bauten mit einer Höhe bis zu 5 m, die für Kinder betrieben werden und eine Geschwindigkeit von höchstens 1 m/s haben,
3. Bühnen, die Fliegende Bauten sind, einschließlich Überdachungen und sonstiger Aufbauten mit einer Höhe bis zu 5 m, mit einer Brutto-Grundfläche bis zu 100 m^2 und einer Fußbodenhöhe bis zu 1,50 m,
4. erdgeschossige Zelte und betretbare Verkaufsstände, die Fliegende Bauten sind, jeweils mit einer Grundfläche bis zu 75 m^2,
5. aufblasbare Spielgeräte mit einer Höhe des betretbaren Bereichs von bis zu 5 Meter oder mit überdachten Bereichen, bei denen die Entfernung zum Ausgang nicht mehr als 3 Meter, sofern ein Absinken der Überdachung konstruktiv verhindert wird, nicht mehr als 10 Meter, beträgt.

(3) [1]Die Ausführungsgenehmigung wird von der Bauaufsichtsbehörde erteilt, in deren Bereich die Antragstellerin oder der Antragsteller ihre oder seine Hauptwohnung oder gewerbliche Niederlassung hat. [2]Hat die Antragstellerin oder der Antragsteller ihre oder seine Hauptwohnung oder gewerbliche Niederlassung außerhalb der Bundesrepublik Deutschland, so ist die Bauaufsichtsbehörde zuständig, in deren Bereich der Fliegende Bau erstmals aufgestellt und in Gebrauch genommen werden soll.

(4) [1]Die Genehmigung wird für eine bestimmte Frist erteilt, die höchstens fünf Jahre betragen soll; sie kann auf Antrag von der für die Erteilung der Ausführungsgenehmigung zuständigen Behörde jeweils bis zu fünf Jahren verlängert werden; § 73 Absatz 2 Satz 2 gilt entsprechend. [2]Die Genehmigungen werden in ein Prüfbuch eingetragen, dem eine Ausfertigung der mit einem Genehmigungsvermerk zu versehenden Bauvorlagen beizufügen ist. [3]Ausführungsgenehmigungen anderer Länder gelten auch im Land Berlin.

(5) [1]Die Inhaberin oder der Inhaber der Ausführungsgenehmigung hat den Wechsel ihres oder seines Wohnsitzes oder ihrer oder seiner gewerblichen Niederlassung oder die Übertragung eines Fliegenden Baus an Dritte der Bauaufsichtsbehörde anzuzeigen, die die Ausführungsgenehmigung erteilt hat. [2]Die Behörde hat die Änderungen in das Prüfbuch einzutragen und sie, wenn mit den Änderungen ein Wechsel der Zuständigkeit verbunden ist, der nunmehr zuständigen Behörde mitzuteilen.

(6) [1]Fliegende Bauten, die nach Absatz 2 Satz 1 einer Ausführungsgenehmigung bedürfen, dürfen unbeschadet anderer Vorschriften nur in Gebrauch genommen werden, wenn ihre Aufstellung der Bauaufsichtsbehörde des Aufstellungsortes unter Vorlage des Prüfbuches angezeigt ist. [2]Die Bauaufsichtsbehörde kann die Inbetriebnahme dieser Fliegenden Bauten von einer Gebrauchsabnahme ab-

hängig machen. [3]Das Ergebnis der Abnahme ist in das Prüfbuch einzutragen. [4]In der Ausführungsgenehmigung kann bestimmt werden, dass Anzeigen nach Satz 1 nicht erforderlich sind, wenn eine Gefährdung im Sinne des § 3 Satz 1 nicht zu erwarten ist.

(7) [1]Die für die Erteilung der Gebrauchsabnahme zuständige Bauaufsichtsbehörde kann Auflagen machen oder die Aufstellung oder den Gebrauch Fliegender Bauten untersagen, soweit dies nach den örtlichen Verhältnissen oder zur Abwehr von Gefahren erforderlich ist, insbesondere weil die Betriebssicherheit oder Standsicherheit nicht oder nicht mehr gewährleistet ist oder weil von der Ausführungsgenehmigung abgewichen wird. [2]Wird die Aufstellung oder der Gebrauch untersagt, ist dies in das Prüfbuch einzutragen. [3]Die ausstellende Behörde ist zu benachrichtigen, das Prüfbuch ist einzuziehen und der ausstellenden Behörde zuzuleiten, wenn die Herstellung ordnungsgemäßer Zustände innerhalb angemessener Frist nicht zu erwarten ist.

(8) [1]Bei Fliegenden Bauten, die von Besucherinnen und Besuchern betreten und längere Zeit an einem Aufstellungsort betrieben werden, kann die für die Gebrauchsabnahme zuständige Bauaufsichtsbehörde aus Gründen der Sicherheit Nachabnahmen durchführen. [2]Das Ergebnis der Nachabnahme ist in das Prüfbuch einzutragen.

(9) § 68 Absatz 1, 2 und 4 sowie § 82 Absatz 1 und 4 gelten entsprechend.

§ 77 Bauaufsichtliche Zustimmung

(1) [1]Nicht verfahrensfreie Bauvorhaben bedürfen keiner Genehmigung, Genehmigungsfreistellung und Bauüberwachung, wenn

1. die Leitung der Entwurfsarbeiten und die Bauüberwachung einer innerhalb einer Behörde für die Vorbereitung und Durchführung von Bauaufgaben zuständigen Stelle des Bundes oder eines Landes (Baudienststelle) übertragen ist und
2. die Baudienststelle mindestens mit einer oder einem Bediensteten mit der Befähigung zum höheren bautechnischen Verwaltungsdienst und mit sonstigen geeigneten Fachkräften ausreichend besetzt ist.

[2]Solche baulichen Anlagen bedürfen jedoch der Zustimmung der für das Bauwesen zuständigen Senatsverwaltung, außer bei

1. der Beseitigung baulicher Anlagen und
2. Baumaßnahmen in oder an bestehenden Gebäuden, die
   a) nicht zu einer Erweiterung des Bauvolumens oder
   b) zu einer nicht verfahrensfreien Nutzungsänderung

führen. [3]Die Zustimmung der für das Bauwesen zuständigen Senatsverwaltung entfällt, wenn

1. keine Nachbarn in ihren öffentlich-rechtlich geschützten Belangen von Abweichungen, Ausnahmen und Befreiungen berührt sind oder
2. die Nachbarn, deren öffentlich-rechtlich geschützte Belange von Abweichungen, Ausnahmen und Befreiungen berührt sein können, dem Vorhaben zustimmen.

[4]Satz 3 gilt nicht für bauliche Anlagen, für die nach § 70 Absatz 3 eine Öffentlichkeitsbeteiligung durchzuführen ist.

(2) [1]Der Antrag auf Zustimmung ist bei der für das Bauwesen zuständigen Senatsverwaltung einzureichen. [2]Für das Zustimmungsverfahren gelten die §§ 66 bis 74 sinngemäß; eine Prüfung bautechnischer Nachweise findet nicht statt.

(3) [1]Die für das Bauwesen zuständige Senatsverwaltung prüft

1. die Übereinstimmung mit den Vorschriften über die Zulässigkeit der baulichen Anlagen nach den §§ 29 bis 38 des Baugesetzbuchs,
2. die Einhaltung anderer öffentlich-rechtlicher Anforderungen, soweit wegen der Zustimmung eine Entscheidung nach anderen öffentlich-rechtlichen Vorschriften entfällt oder ersetzt wird und
3. die beantragten Zulassungen von Abweichungen (§ 67 Absatz 1) von nachbarschützenden Vorschriften.

[2]Sie führt bei den in Absatz 1 Satz 4 genannten Anlagen die Öffentlichkeitsbeteiligung nach § 70 Absatz 3 bis 6 durch. [3]Die für das Bauwesen zuständige Senatsverwaltung entscheidet über die Zulassung von Ausnahmen, Befreiungen sowie Abweichungen nach Satz 1 Nummer 3. [4]Im Übrigen bedarf die Zulässigkeit von Abweichungen keiner bauaufsichtlichen Entscheidung.

(4) [1]Anlagen, die der Landesverteidigung, dienstlichen Zwecken der Bundespolizei oder dem zivilen Bevölkerungsschutz dienen, sind abweichend von den Absätzen 1 bis 3 der für das Bauwesen zuständigen Senatsverwaltung vor Baubeginn in geeigneter Weise zur Kenntnis zu bringen. [2]Im Übrigen wirken die Bauaufsichtsbehörden nicht mit. [3]§ 76 Absatz 2 bis 9 findet auf Fliegende Bauten, die der Landesverteidigung, dienstlichen Zwecken der Bundespolizei oder dem zivilen Bevölkerungsschutz dienen, keine Anwendung.

(5) Die für das Bauwesen zuständige Senatsverwaltung kann bestimmen, dass Absatz 1 auf Vorhaben Berlins ganz oder teilweise nicht anzuwenden ist.

Vierter Abschnitt
Bauaufsichtliche Maßnahmen

§ 78 Verbot unrechtmäßig gekennzeichneter Bauprodukte

Sind Bauprodukte entgegen § 21 mit dem Ü-Zeichen gekennzeichnet, kann die Bauaufsichtsbehörde die Verwendung dieser Bauprodukte untersagen und deren Kennzeichnung entwerten oder beseitigen lassen.

§ 79 Einstellung von Arbeiten

(1) [1]Werden Anlagen im Widerspruch zu öffentlich-rechtlichen Vorschriften errichtet, geändert oder beseitigt, kann die Bauaufsichtsbehörde die Einstellung der Arbeiten anordnen. [2]Dies gilt auch dann, wenn

1. die Ausführung eines Vorhabens entgegen den Vorschriften des § 72 Absatz 1 und 2 begonnen wurde,
2. bei der Ausführung
   a) eines genehmigungsbedürftigen Bauvorhabens von den genehmigten Bauvorlagen,
   b) eines genehmigungsfreigestellten Bauvorhabens von den eingereichten Unterlagen

   abgewichen wird,
3. Bauprodukte verwendet werden, die entgegen der Verordnung (EU) Nr. 305/2011 keine CE-Kennzeichnung oder entgegen § 21 kein Ü-Zeichen tragen,
4. Bauprodukte verwendet werden, die unberechtigt mit der CE-Kennzeichnung oder dem Ü-Zeichen (§ 21 Absatz 3) gekennzeichnet sind.

(2) Werden unzulässige Arbeiten trotz einer verfügten Einstellung fortgesetzt, kann die Bauaufsichtsbehörde die Baustelle versiegeln oder die an der Baustelle vorhandenen Bauprodukte, Geräte, Maschinen und Bauhilfsmittel in amtlichen Gewahrsam bringen.

§ 80 Beseitigung von Anlagen, Nutzungsuntersagung

[1]Werden Anlagen im Widerspruch zu öffentlich-rechtlichen Vorschriften errichtet oder geändert, kann die Bauaufsichtsbehörde die teilweise oder vollständige Beseitigung der Anlagen anordnen, wenn nicht auf andere Weise rechtmäßige Zustände hergestellt werden können. [2]Werden Anlagen im Widerspruch zu öffentlich-rechtlichen Vorschriften genutzt, kann diese Nutzung untersagt werden.

§ 81 Bestehende bauliche Anlagen

(1) [1]Rechtmäßig bestehende bauliche Anlagen sind, soweit sie nicht den Vorschriften dieses Gesetzes oder den auf Grund dieses Gesetzes erlassenen Vorschriften genügen, mindestens in dem Zustand zu erhalten, der den bei ihrer Errichtung geltenden Vorschriften entspricht. [2]Sie sind so zu erhalten, dass ihre Verunstaltung sowie eine Störung des Straßen-, Orts- oder Landschaftsbildes vermieden werden. [3]Satz 2 gilt auch für Baugrundstücke.

(2) [1]Werden in diesem Gesetz oder in auf Grund dieses Gesetzes erlassenen Vorschriften andere Anforderungen als nach dem bisherigen Recht gestellt, so kann verlangt werden, dass rechtmäßig bestehende oder nach genehmigten Bauvorlagen bereits begonnene bauliche Anlagen angepasst werden, wenn dies zur Vermeidung einer Gefährdung der öffentlichen Sicherheit oder Ordnung, insbesondere von Leben oder Gesundheit, erforderlich ist. [2]Für Aufenthaltsräume im Kellergeschoss können die Vorschriften dieses Gesetzes und die auf Grund dieses Gesetzes erlassenen Vorschriften jedoch auch dann angewendet werden, wenn ihr baulicher Zustand den heutigen Anforderungen nicht entspricht, insbesondere der Fußboden 1,50 m oder mehr unter dem anschließenden Gelände liegt.

(3) Sollen rechtmäßig bestehende bauliche Anlagen wesentlich geändert werden, so kann gefordert werden, dass auch die nicht unmittelbar berührten Teile der baulichen Anlage mit diesem Gesetz oder den auf Grund dieses Gesetzes erlassenen Vorschriften in Einklang gebracht werden, wenn die Bauteile, die diesen Vorschriften nicht mehr entsprechen, mit den beabsichtigten Arbeiten in einem konstruktiven Zusammenhang stehen und die Durchführung dieser Vorschriften bei den von den Arbeiten nicht berührten Teilen der baulichen Anlage keine unzumutbaren Mehrkosten verursacht.

(4) Bei Modernisierungsvorhaben ist Absatz 3 nicht anzuwenden, es sei denn, dass anderenfalls Gefahren eintreten.

Fünfter Abschnitt
Bauüberwachung

§ 82 Bauüberwachung

(1) Die Bauaufsichtsbehörde kann die Einhaltung der öffentlich-rechtlichen Vorschriften und Anforderungen und die ordnungsgemäße Erfüllung der Pflichten der am Bau Beteiligten überprüfen.

(2) Die Bauaufsichtsbehörde überwacht nach näherer Maßgabe der Rechtsverordnung nach § 86 Absatz 2 die Bauausführung bei baulichen Anlagen

1. nach § 66 Absatz 3 Satz 1 hinsichtlich des von ihr bauaufsichtlich geprüften Standsicherheitsnachweises,
2. nach § 66 Absatz 3 Satz 2 hinsichtlich des von ihr bauaufsichtlich geprüften Brandschutznachweises.

(3) Im Rahmen der Bauüberwachung können Proben von Bauprodukten, soweit erforderlich, auch aus fertigen Bauteilen zu Prüfzwecken entnommen werden.

(4) Im Rahmen der Bauüberwachung ist jederzeit Einblick in die Genehmigungen, Zulassungen, Prüfzeugnisse, Übereinstimmungserklärungen, Übereinstimmungszertifikate, Überwachungsnachweise, Zeugnisse und Aufzeichnungen über die Prüfungen von Bauprodukten, in die CE-Kennzeichnungen und Leistungserklärungen nach der Verordnung (EU) Nr. 305/2011, in die Bautagebücher und andere vorgeschriebene Aufzeichnungen zu gewähren.

(5) Die Bauaufsichtsbehörde soll, soweit sie im Rahmen der Bauüberwachung Erkenntnisse über systematische Rechtsverstöße gegen die Verordnung (EU) Nr. 305/2011 erlangt, diese der für die Marktüberwachung zuständigen Senatsverwaltung mitteilen.

(6) Die Kosten für die Probenentnahmen und Prüfungen nach Absatz 3 sowie für Prüfungen, Überwachungen und Nachweise auf Grund dieses Gesetzes oder der Rechtsverordnung nach § 86 Absatz 2 trägt die Bauherrin oder der Bauherr.

§ 83 Bauzustandsanzeigen, Aufnahme der Nutzung

(1) [1]Die Bauaufsichtsbehörde kann verlangen, dass ihr Beginn und Beendigung bestimmter Bauarbeiten angezeigt werden. [2]Die Bauarbeiten dürfen erst fortgesetzt werden, wenn die Bauaufsichtsbehörde der Fortführung der Bauarbeiten zugestimmt hat.

(2) [1]Die Bauherrin oder der Bauherr hat die beabsichtigte Aufnahme der Nutzung einer nicht verfahrensfreien baulichen Anlage mindestens zwei Wochen vorher der Bauaufsichtsbehörde anzuzeigen. [2]Mit der Anzeige nach Satz 1 sind vorzulegen

1. bei Bauvorhaben nach § 66 Absatz 3 Satz 1 das Ergebnis der Überwachung der ordnungsgemäßen Bauausführung hinsichtlich der Standsicherheit gemäß § 82 Absatz 2 Satz 1 Nummer 1,
2. bei Bauvorhaben nach § 66 Absatz 3 Satz 2 das Ergebnis der Überwachung der ordnungsgemäßen Bauausführung hinsichtlich des Brandschutzes gemäß § 82 Absatz 2 Satz 1 Nummer 2.

[3]Eine bauliche Anlage darf erst benutzt werden, wenn sie selbst, Zufahrtswege, Wasserversorgungs- und Abwasserentsorgungs- sowie Gemeinschaftsanlagen in dem erforderlichen Umfang sicher benutzbar sind, nicht jedoch vor dem in Satz 1 bezeichneten Zeitpunkt.

(3) Feuerstätten dürfen erst in Betrieb genommen werden, wenn die bevollmächtigte Bezirksschornsteinfegerin oder der bevollmächtigte Bezirksschornsteinfeger die Tauglichkeit und die sichere Benutzbarkeit der Abgasanlagen bescheinigt hat; Verbrennungsmotoren und Blockheizkraftwerke dürfen erst dann in Betrieb genommen werden, wenn sie oder er die Tauglichkeit und sichere Benutzbarkeit der Leitungen zur Abführung von Verbrennungsgasen bescheinigt hat.

Sechster Abschnitt
Baulasten

§ 84 Baulasten, Baulastenverzeichnis

(1) [1]Durch Erklärung gegenüber der Bauaufsichtsbehörde können Grundstückseigentümerinnen oder Grundstückseigentümer öffentlich-rechtliche Verpflichtungen zu einem ihre Grundstücke betreffenden Tun, Dulden oder Unterlassen übernehmen, die sich nicht schon aus öffentlich-rechtlichen Vorschriften ergeben. [2]Erbbauberechtigte können ihr Erbbaurecht in entsprechender Weise belasten. [3]Baulasten werden unbeschadet der Rechte Dritter mit der Eintragung in das Baulastenverzeichnis wirksam und wirken auch gegenüber Rechtsnachfolgerinnen oder Rechtsnachfolgern.

(2) [1]Die Erklärung nach Absatz 1 bedarf der Schriftform. [2]Die Unterschrift muss öffentlich beglaubigt oder von einer Vermessungsstelle nach § 2 des Gesetzes über das Vermessungswesen in Berlin in der Fassung vom 9. Januar 1996 (GVBl. S. 56), das zuletzt durch Artikel I des Gesetzes vom 18. Dezember 2004 (GVBl. S. 524) geändert worden ist, in der jeweils geltenden Fassung beglaubigt sein, wenn sie nicht vor der Bauaufsichtsbehörde geleistet oder vor ihr anerkannt wird.

(3) [1]Die Baulast geht durch Verzicht der Bauaufsichtsbehörde unter. [2]Der Verzicht ist zu erklären, wenn ein öffentliches Interesse an der Baulast nicht mehr besteht. [3]Vor dem Verzicht sollen die oder der Verpflichtete und die durch die Baulast Begünstigten angehört werden. [4]Der Verzicht wird mit der Löschung der Baulast im Baulastenverzeichnis wirksam.

(4) [1]Das Baulastenverzeichnis wird von der Bauaufsichtsbehörde geführt. [2]In das Baulastenverzeichnis können auch eingetragen werden

1. andere baurechtliche Verpflichtungen der Grundstückseigentümerin oder des Grundstückseigentümers zu einem ihr oder sein Grundstück betreffenden Tun, Dulden oder Unterlassen,
2. Auflagen, Bedingungen, Befristungen und Widerrufsvorbehalte.

(5) Wer ein berechtigtes Interesse darlegt, kann in das Baulastenverzeichnis Einsicht nehmen oder sich Abschriften erteilen lassen.

Sechster Teil
Ordnungswidrigkeiten, Rechtsvorschriften, Zuständigkeit

§ 85 Ordnungswidrigkeiten

(1) [1]Ordnungswidrig handelt, wer vorsätzlich oder fahrlässig

1. einer vollziehbaren Anordnung der Bauaufsichtsbehörde zuwiderhandelt, die auf Grund dieses Gesetzes oder auf Grund einer nach diesem Gesetz zulässigen Rechtsverordnung erlassen worden ist, sofern die Anordnung auf diese Bußgeldvorschrift verweist,
2. Bauprodukte entgegen § 21 Absatz 3 ohne das Ü-Zeichen verwendet,
3. Bauarten entgegen § 16a ohne Bauartgenehmigung oder allgemeines bauaufsichtliches Prüfzeugnis für Bauarten anwendet,
4. Bauprodukte mit dem Ü-Zeichen kennzeichnet, ohne dass dafür die Voraussetzungen nach § 21 Absatz 3 vorliegen,
5. den Vorschriften dieses Gesetzes über die barrierefreie bauliche Gestaltung in § 39 Abs. 4 und 5, § 49 Absatz 1 Satz 1 und § 50 zuwiderhandelt,
6. als Bauherrin oder Bauherr, Entwurfsverfasserin oder Entwurfsverfasser, Unternehmerin oder Unternehmer, Bauleiterin oder Bauleiter oder als deren Vertreterin oder Vertreter den Vorschriften des § 53 Absatz 1 Satz 1, 2, 4 bis 7, § 54 Absatz 1 Satz 3, § 55 Absatz 1 Satz 1 und 2 oder § 56 Absatz 1 zuwiderhandelt,
7. ohne die erforderliche Baugenehmigung (§ 59 Absatz 1), Teilbaugenehmigung (§ 74) oder Abweichung, Ausnahmen oder Befreiungen (§ 67) oder abweichend davon bauliche Anlagen errichtet, ändert, benutzt oder ohne die erforderliche Genehmigung (§ 63b) oder entgegen § 61 Absatz 3 Satz 2 bis 5 beseitigt,
8. entgegen der Vorschrift des § 72 Absatz 2 Bauarbeiten beginnt, entgegen der Vorschrift des § 61 Absatz 3 Satz 6 und des § 63b Satz 3 mit der Beseitigung einer Anlage beginnt, entgegen den Vorschriften des § 83 Absatz 1 Bauarbeiten fortsetzt oder entgegen der Vorschrift des § 83 Absatz 2 bauliche Anlagen nutzt,

9. entgegen der Vorschrift des § 62 Absatz 3 Satz 2 bis 4 mit der Ausführung eines Bauvorhabens beginnt,
10. die Baubeginnanzeige (§ 72 Absatz 1, § 62 Absatz 5, § 61 Absatz 3 Satz 2) nicht oder nicht fristgerecht erstattet,
11. Fliegende Bauten ohne Ausführungsgenehmigung (§ 76 Absatz 2) in Gebrauch nimmt oder ohne Anzeige und Abnahme (§ 76 Absatz 6) in Gebrauch nimmt,
12. einer nach § 86 Absatz 1 bis 3 erlassenen Rechtsverordnung zuwiderhandelt, sofern die Rechtsverordnung für einen bestimmten Tatbestand auf diese Bußgeldvorschrift verweist.

[2]Ist eine Ordnungswidrigkeit nach Satz 1 Nummer 2 bis 4 begangen worden, können Gegenstände, auf die sich die Ordnungswidrigkeit bezieht, eingezogen werden; § 19 des Gesetzes über Ordnungswidrigkeiten ist anzuwenden.

(2) Ordnungswidrig handelt, wer wider besseres Wissen
1. unrichtige Angaben macht oder unrichtige Pläne oder Unterlagen vorlegt, um einen nach diesem Gesetz vorgesehenen Verwaltungsakt zu erwirken oder zu verhindern,
2. als Prüfingenieurin oder Prüfingenieur unrichtige Prüfberichte erstellt,
3. unrichtige Erklärungen zum Kriterienkatalog nach § 66 Absatz 3 Satz 1 Nummer 2 abgibt.

(3) Die Ordnungswidrigkeit kann mit einer Geldbuße bis zu 500 000 Euro geahndet werden.

(4) Verwaltungsbehörde im Sinne des § 36 Abs. 1 Nr. 1 des Gesetzes über Ordnungswidrigkeiten sind in den Fällen des Absatzes 1 Satz 1 Nr. 2 bis 4 und des Absatzes 2 Nr. 2 die für das Bauwesen zuständige Senatsverwaltung und in den übrigen Fällen die Bezirksämter.

§ 86 Rechtsverordnungen und Verwaltungsvorschriften

(1) Zur Verwirklichung der in § 3 Satz 1, § 16a Absatz 1 und § 16b Absatz 1 bezeichneten Anforderungen wird die für das Bauwesen zuständige Senatsverwaltung ermächtigt, durch Rechtsverordnung Vorschriften zu erlassen über
1. die nähere Bestimmung allgemeiner Anforderungen der §§ 4 bis 48,
2. Anforderungen an Feuerungsanlagen, sonstige Anlagen zur Wärmeerzeugung, Brennstoffversorgung,
3. Anforderungen an Garagen und Stellplätze und Abstellplätze für Fahrräder,
4. besondere Anforderungen oder Erleichterungen, die sich aus der besonderen Art oder Nutzung von Anlagen oder Räumen für Errichtung, Änderung, Unterhaltung, Betrieb und Benutzung ergeben (§§ 50 und 51), sowie über die Anwendung solcher Anforderungen auf bestehende bauliche Anlagen dieser Art,
5. Erst-, Wiederholungs- und Nachprüfung von Anlagen, die zur Verhütung erheblicher Gefahren oder Nachteile ständig ordnungsgemäß unterhalten werden müssen, und die Erstreckung dieser Nachprüfungspflicht auf bestehende Anlagen,
6. die Anwesenheit fachkundiger Personen beim Betrieb technisch schwieriger baulicher Anlagen und Einrichtungen wie Bühnenbetriebe und technisch schwierige Fliegende Bauten einschließlich des Nachweises der Befähigung dieser Personen.

(2) [1]Die für das Bauwesen zuständige Senatsverwaltung wird ermächtigt, durch Rechtsverordnung Vorschriften zu erlassen über
1. Prüfingenieurinnen oder Prüfingenieure und Prüfämter, denen bauaufsichtliche Prüfaufgaben einschließlich der Bauüberwachung und der Bauzustandsbesichtigung nach Bauanzeige übertragen werden, sowie
2. Prüfsachverständige, Sachverständige, sachverständige Personen oder Stellen, die im Auftrag der Bauherrin oder des Bauherrn oder der oder des sonstigen nach Bauordnungsrecht Verantwortlichen die Einhaltung bauordnungsrechtlicher Anforderungen prüfen und bescheinigen.

[2]Die Rechtsverordnung nach Satz 1 regelt, soweit erforderlich,
1. die Fachbereiche und die Fachrichtungen, in denen Prüfingenieurinnen oder Prüfingenieure, Prüfämter, Prüfsachverständige, Sachverständige und sachverständige Personen oder Stellen tätig werden,
2. die Anerkennungsvoraussetzungen und das Anerkennungsverfahren,
3. Erlöschen, Rücknahme und Widerruf der Anerkennung einschließlich der Festlegung einer Altersgrenze,
4. die Aufgabenerledigung,

5. die Vergütung einschließlich des Erlasses von Gebührenbescheiden durch die Prüfingenieurinnen oder Prüfingenieure selbst,
6. die Einrichtung einer Stelle zur gemeinsamen und einheitlichen Bewertung, Berechnung und Erhebung der Kosten der Prüfingenieurinnen und Prüfingenieure und die Aufsicht über diese Stelle,
7. die Übertragung der Aufgaben einer Widerspruchsbehörde für Entscheidungen über Widersprüche gegen Gebührenbescheide der Prüfingenieurinnen und Prüfingenieure auf einen zu bildenden Widerspruchsausschuss bei der nach Nummer 6 eingerichteten Stelle.

[3]Die für das Bauwesen zuständige Senatsverwaltung kann durch Rechtsverordnung ferner

1. den Leiterinnen oder den Leitern und den stellvertretenden Leiterinnen oder den stellvertretenden Leitern von Prüfämtern sowie den Leiterinnen oder den Leitern und den stellvertretenden Leiterinnen oder den stellvertretenden Leitern von Brandschutzdienststellen die Stellung einer oder eines Prüfsachverständigen nach Satz 1 Nummer 2 zuweisen,
2. soweit für bestimmte Fachbereiche und Fachrichtungen Prüfsachverständige nach Satz 1 Nummer 2 noch nicht in ausreichendem Umfang anerkannt sind, anordnen, dass die von solchen Prüfsachverständigen zu prüfenden und zu bescheinigenden bauordnungsrechtlichen Anforderungen bauaufsichtlich geprüft werden können,
3. soweit Tragwerksplanerinnen oder Tragwerksplaner nach § 66 Absatz 2 Satz 1 noch nicht in ausreichendem Umfang eingetragen sind, anordnen, dass die Standsicherheitsnachweise bauaufsichtlich geprüft werden und die Bauausführung bauaufsichtlich überwacht wird.

(3) [1]Die für das Bauwesen zuständige Senatsverwaltung wird ermächtigt, durch Rechtsverordnung Vorschriften zu erlassen über

1. Form, Umfang, Inhalt und Zahl der erforderlichen Unterlagen einschließlich der Vorlagen bei der Anzeige der beabsichtigten Beseitigung von Anlagen nach § 61 Absatz 3 Satz 2 und bei der Genehmigungsfreistellung nach § 62,
2. die erforderlichen Anträge, Anzeigen, Nachweise, Bescheinigungen und Bestätigungen einschließlich deren Formerfordernissen, auch bei verfahrensfreien Bauvorhaben,
3. das Verfahren im Einzelnen, insbesondere über die Vorprüfung von Anträgen, Beteiligungsverfahren und Fristen,
4. die Beratungsgebühr nach § 58 Absatz 1 Satz 3 und Gebührenfreiheit bei Beratungen mit geringem Verwaltungsaufwand,
5. die Verlängerung von in § 62 Absatz 3 Satz 2, § 69 Absatz 1 Satz 1, Absatz 2 Satz 2, 4 und 5, Absatz 3 Satz 1 und Absatz 4 Satz 2 genannten Fristen im Falle von Arbeitseinschränkungen bei den Behörden oder sonstigen Stellen durch eine Epidemie oder Pandemie.

[2]Sie kann dabei für verschiedene Arten von Bauvorhaben unterschiedliche Anforderungen und Verfahren festlegen.

(4) Die für das Bauwesen zuständige Senatsverwaltung wird ermächtigt, durch Rechtsverordnung

1. Zuständigkeit für die vorhabenbezogene Bauartgenehmigung nach § 16a Absatz 2 Satz 1 Nummer 2 und den Verzicht darauf im Einzelfall nach § 16a Absatz 4 sowie die Zustimmung und den Verzicht auf Zustimmung im Einzelfall (§ 20) ganz oder teilweise auf andere Stellen zu übertragen,
2. die Zuständigkeit für die Anerkennung von Prüf-, Zertifizierungs- und Überwachungsstellen (§ 24) auf andere Stellen zu übertragen; die Zuständigkeit kann auch auf eine Behörde eines anderen Landes übertragen werden, die der Aufsicht einer obersten Bauaufsichtsbehörde untersteht oder an deren Willensbildung die oberste Bauaufsichtsbehörde mitwirkt,
3. das Ü-Zeichen festzulegen und zu diesem Zeichen zusätzliche Angaben zu verlangen,
4. das Anerkennungsverfahren nach § 24, die Voraussetzungen für die Anerkennung, ihre Rücknahme, ihren Widerruf und ihr Erlöschen zu regeln, insbesondere auch Altersgrenzen festzulegen, sowie eine ausreichende Haftpflichtversicherung zu fordern.

(4a) Die für das Bauwesen zuständige Senatsverwaltung kann durch Rechtsverordnung vorschreiben, dass für bestimmte Bauprodukte und Bauarten, auch soweit sie Anforderungen nach anderen Rechtsvorschriften unterliegen, hinsichtlich dieser Anforderungen § 16a Absatz 2 und die §§ 17 bis 25 ganz oder teilweise anwendbar sind, wenn die anderen Rechtsvorschriften dies verlangen oder zulassen.

(5) [1]Die für das Bauwesen zuständige Senatsverwaltung wird ermächtigt, durch Rechtsverordnung zu bestimmen, dass die Anforderungen der auf Grund des § 34 des Produktsicherheitsgesetzes vom 8. November 2011 (BGBl. I S. 2178, 2179; 2012 I S. 131), das durch Artikel 435 der Verordnung vom

31. August 2015 (BGBl. I S. 1474) geändert worden ist, in der jeweils geltenden Fassung und des § 49 Abs. 4 des Energiewirtschaftsgesetzes erlassenen Rechtsverordnungen entsprechend für Anlagen gelten, die weder gewerblichen noch wirtschaftlichen Zwecken dienen und in deren Gefahrenbereich auch keine Arbeitnehmerinnen oder Arbeitnehmer beschäftigt werden. [2]Sie kann auch die Verfahrensvorschriften dieser Verordnungen für anwendbar erklären oder selbst das Verfahren bestimmen sowie Zuständigkeiten und Gebühren regeln. [3]Dabei kann sie auch vorschreiben, dass danach zu erteilende Erlaubnisse die Baugenehmigung oder die Zustimmung nach § 77 einschließlich der zugehörigen Abweichungen einschließen und dass § 35 Absatz 2 des Produktsicherheitsgesetzes insoweit Anwendung findet.

(6) [1]Die für das Bauwesen zuständige Senatsverwaltung wird ermächtigt, durch Rechtsverordnung im Einvernehmen mit der für das Verkehrswesen und der für Umweltschutz zuständigen Senatsverwaltung Bereiche festzulegen, in denen aus Gründen der vorherrschenden Nutzung, des Umweltschutzes, der straßenverkehrlichen Belange oder der Erschließungsqualität durch den öffentlichen Personennahverkehr die Herstellung von Stellplätzen eingeschränkt oder ausgeschlossen wird. [2]Bei Vorhaben, die wegen der Nutzungsart oder des Nutzungsumfangs das Vorhandensein von Stellplätzen in besonderem Maße erfordern, können abweichende Regelungen vorgesehen werden. [3]Die Rechtsverordnungen werden im Benehmen mit den davon berührten Bezirksverwaltungen erlassen.

(7) Die für das Bauwesen zuständige Senatsverwaltung wird ermächtigt, durch Rechtsverordnung Vorschriften zu erlassen über die Erhebung und Höhe der Widerspruchsgebühr im Falle von Drittwidersprüchen.

(8) Die für das Bauwesen zuständige Senatsverwaltung wird ermächtigt, durch Rechtsverordnung zu bestimmen, dass für Fliegende Bauten die Aufgaben der Bauaufsichtsbehörde nach § 76 Absatz 1 bis 9 ganz oder teilweise auf andere Stellen übertragen werden können und diese Stellen für ihre Tätigkeit Gebühren erheben können.

(9) Die für das Bauwesen zuständige Senatsverwaltung erlässt die zur Ausführung dieses Gesetzes erforderlichen Verwaltungsvorschriften.

§ 86a Technische Baubestimmungen

(1) [1]Die Anforderungen nach § 3 können durch Verwaltungsvorschrift der für das Bauwesen zuständigen Senatsverwaltung über Technische Baubestimmungen nach Anhörung der beteiligten Kreise konkretisiert werden. [2]Soweit bereits eine Anhörung der beteiligten Kreise vor der Bekanntmachung des Musters der Verwaltungsvorschrift über Technische Baubestimmungen nach Absatz 5 erfolgt ist, ist die Anhörung entbehrlich. [3]Die Technischen Baubestimmungen sind zu beachten. [4]Von den in den Technischen Baubestimmungen enthaltenen Planungs-, Bemessungs- und Ausführungsregelungen kann formlos abgewichen werden, wenn mit einer anderen Lösung in gleichem Maße die Anforderungen erfüllt werden und in der Technischen Baubestimmung eine Abweichung nicht ausgeschlossen ist; § 16a Absatz 2, § 17 Absatz 1 und § 67 Absatz 1 bleiben unberührt.

(2) Die Konkretisierungen können durch Bezugnahmen auf technische Regeln und deren Fundstellen oder auf andere Weise erfolgen, insbesondere in Bezug auf:

1. bestimmte bauliche Anlagen oder ihre Teile
2. die Planung, Bemessung und Ausführung baulicher Anlagen und ihrer Teile,
3. die Leistung von Bauprodukten in bestimmten baulichen Anlagen, insbesondere:
   a) Planung, Bemessung und Ausführung baulicher Anlagen bei Einbau eines Bauprodukts,
   b) Merkmale von Bauprodukten, die sich für einen Verwendungszweck auf die Erfüllung der Anforderungen nach § 3 Satz 1 auswirken,
   c) Verfahren für die Feststellung der Leistung eines Bauproduktes im Hinblick auf Merkmale, die sich für einen Verwendungszweck auf die Erfüllung der Anforderungen nach § 3 Satz 1 auswirken,
   d) zulässige oder unzulässige besondere Verwendungszwecke,
   e) die Festlegung von Klassen und Stufen in Bezug auf bestimmte Verwendungszwecke,
   f) die für einen bestimmten Verwendungszweck anzugebende oder erforderliche und anzugebende Leistung in Bezug auf ein Merkmal, das sich für einen Verwendungszweck auf die Erfüllung der Anforderungen nach § 3 Satz 1 auswirkt, soweit vorgesehen in Klassen und Stufen,

4. die Bauarten und die Bauprodukte, die nur eines allgemeinen bauaufsichtlichen Prüfzeugnisses nach § 16a Absatz 3 oder nach § 19 Absatz 1 bedürfen,
5. Voraussetzungen zur Abgabe der Übereinstimmungserklärung für ein Bauprodukt nach § 22,
6. die Art, den Inhalt und die Form technischer Dokumentation.

(3) Die Technischen Baubestimmungen sollen nach den Grundanforderungen gemäß Anhang I der Verordnung (EU) Nr. 305/2011 gegliedert sein.

(4) Die Technischen Baubestimmungen enthalten die in § 17 Absatz 3 genannte Liste.

(5) [1]Das Deutsche Institut für Bautechnik macht nach Anhörung der beteiligten Kreise im Einvernehmen mit der für das Bauwesen zuständigen Senatsverwaltung ein Muster einer Verwaltungsvorschrift über Technische Baubestimmungen bekannt und hat das bekannt gemachte Muster dauerhaft allgemein zugänglich zu machen. [2]Die für das Bauwesen zuständige Senatsverwaltung kann sich bei dem Erlass der Verwaltungsvorschrift über Technische Baubestimmungen auf das bekannt gemachte Muster beziehen.

§ 87 Verarbeitung personenbezogener Daten

(1) [1]Die Bauaufsichtsbehörden sind befugt, zur Wahrnehmung ihrer Aufgaben nach § 58 einschließlich der Erhebung von Gebühren, zur Führung des Baulastenverzeichnisses nach § 84 sowie zur Verfolgung von Ordnungswidrigkeiten nach § 85 die erforderlichen personenbezogenen Daten von den nach den §§ 53 bis 56 am Bau verantwortlich Beteiligten, Grundstückseigentümerinnen oder Grundstückseigentümern, Nachbarinnen oder Nachbarn, Baustoffproduzentinnen oder Baustoffproduzenten, Nutzungsberechtigten sowie sonstigen am Verfahren zu Beteiligenden zu verarbeiten. [2]Darüber hinaus ist eine Verarbeitung personenbezogener Daten nur mit Einwilligung der betroffenen Person zulässig.

(2) Die betroffenen Personen sind verpflichtet, den Bauaufsichtsbehörden sowie den sonst am Verfahren beteiligten Behörden und Stellen auf Verlangen die erforderlichen Auskünfte zu erteilen; hierauf sind sie hinzuweisen.

(3) [1]Die Übermittlung der personenbezogenen Daten an die am Verfahren beteiligten Behörden, öffentlichen und privaten Stellen und Personen ist zulässig. [2]Die Übermittlung an andere Behörden, Stellen und Personen ist nur zulässig, wenn
1. dies zur Erfüllung der gesetzlichen Aufgaben dieser Behörden oder Stellen erforderlich ist,
2. diese ein rechtliches Interesse an der Kenntnis der Daten glaubhaft machen und die schutzwürdigen Interessen der oder des Betroffenen nicht überwiegen oder
3. die betroffene Person in die Datenübermittlung eingewilligt hat.

[3]Gesetzliche Übermittlungsvorschriften bleiben unberührt.

(4) Die für das Bauwesen zuständige Senatsverwaltung erlässt durch Rechtsverordnung nähere Bestimmungen über Art, Umfang und Zweck
1. der Datenerhebung in den verschiedenen Verfahren,
2. regelmäßiger Datenübermittlungen unter Festlegung des Anlasses, der Empfängerinnen oder Empfänger und der zu übermittelnden Daten.

(5) Im Übrigen gelten die Bestimmungen des Berliner Datenschutzgesetzes.

§ 88 Zuständigkeit für den Erlass des Widerspruchsbescheides

Die für das Bauwesen zuständige Senatsverwaltung entscheidet über den Widerspruch gegen einen Verwaltungsakt einer Bezirksverwaltung und damit verbundene Maßnahmen der Verwaltungsvollstreckung, wenn der Verwaltungsakt im bauaufsichtlichen Verfahren ergangen ist
1. im Geltungsbereich von Bebauungsplänen von außergewöhnlicher stadtpolitischer Bedeutung, von Bebauungsplänen der Hauptstadtplanung, von Bebauungsplänen, bei denen die für das Bauwesen zuständige Senatsverwaltung das Verfahren wegen dringender Gesamtinteressen Berlins an sich gezogen hat, sowie von entsprechenden vorhabenbezogenen Bebauungsplänen,
2. zu Vorhaben mit einer Geschossfläche von mehr als 1 500 m^2,
3. zur Festsetzung von besonderen Anforderungen zur Gefahrenabwehr, die auf § 51 oder auf zu diesem Zweck erlassene Rechtsverordnungen gestützt sind.

§ 89 Abwicklung eingeleiteter Verfahren, Übergangsvorschriften

(1) Die vor dem Inkrafttreten dieses Gesetzes eingeleiteten Verfahren sind nach den bis zum Inkrafttreten geltenden Vorschriften fortzuführen; die Vorschriften dieses Gesetzes sind mit Ausnahme des Fünften Teils jedoch anzuwenden, soweit diese für die Bauherrin oder den Bauherrn günstiger sind.

(2) Die vor dem 1. Januar 2017 eingeleiteten Verfahren sind nach den bis zu diesem Zeitpunkt geltenden Vorschriften fortzuführen; die nach diesem Zeitpunkt geltenden Vorschriften sind mit Ausnahme des Fünften Teils jedoch anzuwenden, soweit diese für die Bauherrin oder den Bauherrn günstiger sind.

(3) Die vor dem 20. April 2018 eingeleiteten Verfahren sind nach den bis zu diesem Zeitpunkt geltenden Vorschriften fortzuführen; die nach diesem Zeitpunkt geltenden Vorschriften sind mit Ausnahme des Fünften Teils jedoch anzuwenden, soweit diese für die Bauherrin oder den Bauherrn günstiger sind.

(4) Die Verwendung des Ü-Zeichens auf Bauprodukten, die die CE-Kennzeichnung auf Grund der Verordnung (EU) Nr. 305/2011 tragen, ist ab dem 20. April 2018 nicht mehr zulässig. Sind bereits in Verkehr gebrachte Bauprodukte, die die CE- Kennzeichnung auf Grund der Verordnung (EU) Nr. 305/2011 tragen, mit dem Ü-Zeichen gekennzeichnet, verliert das Ü-Zeichen ab diesem Zeitpunkt seine Gültigkeit.

(5) Bis zum 20. April 2018 für Bauarten erteilte allgemeine bauaufsichtliche Zulassungen oder Zustimmungen im Einzelfall gelten als Bauartgenehmigung fort.

(6) [1]Bestehende Anerkennungen als Prüf-, Überwachungs- und Zertifizierungsstellen bleiben in dem bis zum 20. April 2018 geregelten Umfang wirksam. [2]Vor diesem Zeitpunkt gestellte Anträge gelten als Anträge nach diesem Gesetz.

Bauordnung für Berlin (1958)
– Auszug –

In der Fassung vom 21. November 1958[1] (GVBl. S. 1087)

(Aufgrund von § 233 Abs. 3 BauGB[2] iVm § 173 Abs. 3 Satz 1[3] des Bundesbaugesetzes idF v. 18. 8. 1976 (BGBl. 2256) gelten bei Inkrafttreten des BauGB bestehende baurechtliche Vorschriften und festgestellte städtebauliche Pläne als Bebauungspläne, soweit sie verbindliche Regelungen der in § 9 bezeichneten Art enthalten; demnach gelten die nachfolgenden Bestimmungen der BauO 1958 weiter.)

Abschnitt II

Bebauung und Bauausführung

§ 6 Voraussetzungen der Bebauung

Grundsätzliche Voraussetzungen

…

2. Grundstücke, die nach dem Baunutzungsplan (§ 7 Nr. 2 dieser Bauordnung) als Baulandreserve auf Zeit oder als Nichtbaugebiet dauernd von einer planmäßigen Bebauung ausgeschlossen sind, gelten als Grundstücke im Sinne von § 19 Abs. 1 des Planungsgesetzes.
3. Grundstücke, die im Baunutzungsplan (§ 7 Nr. 2 dieser Bauordnung) als Waldgebiet ausgewiesen sind, dürfen nicht bebaut werden. Für Grundstücke in Naturschutz- und Landschaftsschutzgebieten gelten die bestehenden Sondervorschriften; das gleiche gilt für Grundstücke innerhalb von Wasserschutzgebieten.

…

§ 7 Grundbestimmungen für die bauliche Nutzung der Grundstücke

Allgemeines

…

3. Liegt ein Bebauungsplan noch nicht vor und wird die Ausnahmebewilligung nach § 18 Abs. 2 des Planungsgesetzes erteilt, so gelten die nachstehenden Vorschriften in Verbindung mit dem Baunutzungsplan.

Art der Nutzung

4. Als Baugebiete werden unterschieden:
   a) Dorfgebiete;
   b) Wohngebiete, und zwar:
      aa) reine Wohngebiete,
      bb) allgemeine Wohngebiete;
   c) gemischte Gebiete;
   d) Arbeitsgebiete, und zwar:
      aa) beschränkte Arbeitsgebiete,
      bb) reine Arbeitsgebiete;
   e) Kerngebiete.

---

1) Neubekanntmachung der BauO v. 9. 11. 1929 (Amtsblatt für die Stadt Berlin S. 1188) in der ab 1. 1. 1959 geltenden Fassung.

2) § 233 Abs. 3 BauGB lautet:
(3) Auf der Grundlage bisheriger Fassungen dieses Gesetzes wirksame oder übergeleitete Pläne, Satzungen und Entscheidungen gelten fort.

3) § 173 Abs. 3 Satz 1 BBauG lautet:
(3) Bei Inkrafttreten des BBauG am 30.6.1961 bestehende, baurechtliche Vorschriften und festgesetzte städtebauliche Pläne gelten weiter, soweit sie verbindliche Regelungen enthalten.

5. In den Baugebieten sind nur bauliche Anlagen, Betriebe und sonstige Einrichtungen zulässig, die der Bestimmung des betreffenden Baugebietes nach Art, Umfang und Zweck entsprechen und durch ihre Benutzung keine Nachteile oder Belästigungen verursachen können, die für die nähere Umgebung nicht zumutbar sind.
6. Im Dorfgebiet sind zulässig:
   a) Gebäude für land- und forstwirtschaftliche sowie für gärtnerische Zwecke, Wohngebäude;
   b) Ladengeschäfte und gewerbliche Kleinbetriebe, die den notwendigen Bedürfnissen der Bevölkerung in dem Gebiet entsprechen;
   c) Gebäude für soziale, kulturelle, gesundheitliche und sportliche Zwecke, die den notwendigen Bedürfnissen der Bevölkerung in dem Gebiet entsprechen, sowie Gebäude der örtlichen Verwaltung und Gaststätten.
7. Im reinen Wohngebiet sind nur Wohngebäude zulässig.
8. Im allgemeinen Wohngebiet sind zulässig:
   a) Wohngebäude;
   b) Ladengeschäfte sowie gewerbliche Kleinbetriebe und Gaststätten, wenn sie keine Nachteile oder Belästigungen für die nähere Umgebung verursachen können, und Fremdenheime.

   Gebäude für soziale, kulturelle, gesundheitliche und sportliche Zwecke und für die öffentliche Verwaltung können zugelassen werden.
9. In gemischten Gebieten sind zulässig:
   a) Wohngebäude;
   b) Geschäfts- und Bürohäuser und Ladengeschäfte sowie gewerbliche Kleinbetriebe, wenn sie keine Nachteile oder Belästigungen für die nähere Umgebung verursachen können;
   c) Gebäude für soziale, kulturelle, gesundheitliche und sportliche Zwecke und Verwaltung, Gaststätten, Hotels, Fremdenheime, Vergnügungsstätten, Versammlungsräume und ähnliches.

   Ausnahmsweise sind gewerbliche Betriebe mittleren Umfanges zulässig, wenn sie keine Nachteile oder Belästigungen für die nähere Umgebung verursachen können.
10. Im beschränkten Arbeitsgebiet sind zulässig:
    a) Gewerbliche Betriebe, wenn sie keine erheblichen Nachteile oder Belästigungen für die nähere Umgebung verursachen können;
    b) Gebäude für Verwaltung, Geschäfts- und Bürohäuser;
    c) Wohnungen für Aufsichts- und Bereitschaftspersonal.
11. Im reinen Arbeitsgebiet sind zulässig:
    a) Gewerbliche und industrielle Betriebe aller Art mit Ausnahme solcher Betriebe, die wegen ihrer besonders nachteiligen Wirkung auf die Umgebung innerhalb der Baugebiete überhaupt nicht errichtet werden dürfen;
    b) Wohnungen für Aufsichts- und Bereitschaftspersonal.
12. Im Kerngebiet sind zulässig:
    a) Geschäfts- und Bürohäuser einschließlich Ladengeschäfte;
    b) Gebäude für soziale, kulturelle, gesundheitliche und sportliche Zwecke, Gaststätten, Hotels und Fremdenheime, Vergnügungsstätten, Versammlungsräume und ähnliches;
    c) Wohnungen für Aufsichts- und Bereitschaftspersonal.

    Wohnungen für andere als die in Buchstabe c genannten Zwecke und nicht störende gewerbliche Betriebe können zugelassen werden.

Maß der Nutzung

13. Das Maß der Nutzung in den Baugebieten ergibt sich aus der im Baunutzungsplan angegebenen Baustufe. Innerhalb der Baustufe bestimmt es sich nach der bebaubaren Fläche des Baugrundstücks sowie der zulässigen Zahl der Vollgeschosse. In den beschränkten und reinen Arbeitsgebieten bestimmt es sich jedoch nach der Baumassenzahl (m^3 umbauten Raumes je m^2 des Baugrundstücks).

14. Abweichend von Nummer 13 Satz 2 kann eine bauliche Nutzung im Rahmen der Geschoßflächenzahl (m^2 der Summe der Flächen aller Vollgeschosse geteilt durch die Fläche des Baugrundstücks) zugelassen werden.
15. Das Maß der Nutzung beträgt:

In Baustufe:	Geschoßzahl:	Bebaubare Fläche:	Geschoßflächenzahl (Nummer 14):	Baumassenzahl (Nummer 13):
II/1	2	0,1	0,2	0,8
II/2	2	0,2	0,4	1,6
II/3	2	0,3	0,6	2,4
III/3	3	0,3	0,9	3,6
IV/3	4	0,3	1,2	4,8
V/3	5	0,3	1,5	6,0
6	–	0,6	–	8,4

In der Baustufe V/3 ist eine bauliche Nutzung im Rahmen der Geschoßflächenzahl 1,8 (Baumassenzahl 7,2) zulässig, wenn nur Gebäude errichtet werden, die Wohnungen nicht enthalten; Wohnungen für Aufsichts- und Bereitschaftspersonal bleiben außer Betracht. In besonderen Fällen kann unter den gleichen Voraussetzungen eine bauliche Nutzung bis zur Geschoßflächenzahl 2,0 (Baumassenzahl 8,0) zugelassen werden.

Die Baustufe 6 bleibt für reinen und beschränkte Arbeitsgebiete vorbehalten. In den beschränkten und reinen Arbeitsgebieten der übrigen Baustufen darf die bebaubare Fläche
in den Baustufen II/1, II/2 und II/3 hächstens 0,4,
in den Baustufen III/3, IV/3 und V/3 höchstens 0,5
der Fläche des Baugrundstücks betragen.

16. In den Baustufen II/1 und II/2 gilt die offene Bauweise (§ 8 Nr. 13),
in den Baustufen II/3 bis 6 gilt die geschlossenen Bauweise (§ 8 Nr. 18).

…

§ 8 Abstands- und Freiflächenregeln

Bebauungstiefe

1. Die größte Bebauungstiefe, gerechnet von der straßenseitigen zwingenden Baulinie, Baugrenze oder Baufluchtlinie an, beträgt für
   a) reine und allgemeine Wohngebiete in der offenen Bauweise 20 m und in der geschlossenen Bauweise 13 m,
   b) gemischte Gebiete 20 m,
   c) Kerngebiete 30 m.
2. Über die in Nummer 1 bezeichnete Begrenzung hinaus können Gebäude oder Gebäudeteile zugelassen werden, wenn städtebauliche Gründe nicht entgegenstehen.

Bauweise, Bauwich

…

14. In der offenen Bauweise sind zulässig:
   a) Einzelhäuser;
   b) Doppelhäuser, wenn sie gliechzeitig errichtet und als Einheit gestaltet werden.

   Reihenhäuser in Längen bis zu 50 m können ausnahmsweise zugelassen werden.

…

16. Im Bauwich zwischen Nachbargebäuden können eingeschossige Zwischenbauten zugelassen werden (Kettenbau).

…

18. In der geschlossenen Bauweise ist von Nachbargrenze zu Nachbargrenze zu bauen. Dies gilt nicht für den Fall, daß hierdurch das Maß der Nutzung überschritten würde oder daß die notwendigen

Abstandsflächen nicht mehr vorhanden wären. Abweichungen von Satz 1 können zugelassen werden, wenn städtebauliche Gründe nicht entgegenstehen.

…

§ 9 **Geschoßregeln**

…

Gebäudehöhen

5. Die Gebäudehöhe (§ 8 Nr. 4) darf das Vierfache der zugelassenen Zahl der Vollgeschosse in Metern nicht überschreiten.
6. Eine geringere Gebäudehöhe kann gefordert werden, um ein einheitliches Straßen-, Orts- oder Landschaftsbild zu erhalten oder zu erreichen.
7. Eine größere Gebäudehöhe kann, insbesondere für Türme und Fabrikschornsteine, zugelassen werden, wenn Gründe der Flugsicherung, der Gesundheit oder sonstige Gründe des öffentlichen Wohles nicht entgegenstehen.

…

Verordnung über Bauvorlagen und das Verfahren im Einzelnen (Bauverfahrensverordnung – BauVerfV)

Vom 15. November 2017 (GVBl. S. 636, ber. GVBl. 2018 S. 147)
(BRV 2130-10-3)

zuletzt geändert durch Art. 1 Zweite VO zur Änd. der BauverfahrensVO vom 20. September 2020 (GVBl. S. 742)

Auf Grund des § 86 Absatz 3 der Bauordnung für Berlin vom 29. September 2005 (GVBl. S. 495), die zuletzt durch Gesetz vom 17. Juni 2016 (GVBl. S. 361) geändert worden ist, verordnet die für das Bauwesen zuständige Senatsverwaltung:

Inhaltsübersicht

Teil I
Bauvorlagen

Abschnitt 1
Allgemeines

§ 1 Begriff, Beschaffenheit

(1) [1]Bauvorlagen sind die für die Beurteilung des Bauvorhabens und für die Bearbeitung des Bauantrags erforderlichen Unterlagen, die bei der Bauaufsichtsbehörde einzureichen sind

1. für die Anzeige der Beseitigung baulicher Anlagen nach § 61 Absatz 3 Satz 2 der Bauordnung für Berlin,
2. bei Genehmigungsfreistellung nach § 62 der Bauordnung für Berlin,
3. im vereinfachten Baugenehmigungsverfahren nach § 63 der Bauordnung für Berlin,
4. im vereinfachten Baugenehmigungsverfahren für Werbeanlagen nach § 63a der Bauordnung für Berlin,
5. im Baugenehmigungsverfahren nach § 64 der Bauordnung für Berlin,
6. für die Zulassung von Abweichungen, Ausnahmen und Befreiungen nach § 67 der Bauordnung für Berlin,
7. für die Erteilung eines Vorbescheides oder eines planungsrechtlichen Bescheides nach § 75 der Bauordnung für Berlin,
8. für die Genehmigung Fliegender Bauten nach § 76 der Bauordnung für Berlin,
9. im Zustimmungsverfahren nach § 77 der Bauordnung für Berlin und
10. für die Stellungnahmen nach § 60 der Bauordnung für Berlin.

[2]Bautechnische Nachweise gelten auch dann als Bauvorlagen, wenn sie der Bauaufsichtsbehörde nicht vorzulegen sind.

(2) Bei farbigen Eintragungen darf die grüne Farbe nicht verwendet werden mit Ausnahme der gemäß Planzeichenverordnung vom 18. Dezember 1990 (BGBl. 1991 I S. 58), die durch Artikel 3 des Gesetzes vom 4. Mai 2017 (BGBl. I.S. 1057) geändert worden ist, in der jeweils geltenden Fassung, vorgegebenen Farbsignaturen.

(3) Hat die für das Bauwesen zuständige Senatsverwaltung Formulare veröffentlicht, sind diese zu verwenden.

(4) Die Bauaufsichtsbehörde darf ein Modell oder weitere Nachweise verlangen, wenn dies zur Beurteilung des Bauvorhabens erforderlich ist.

(5) Die Bauaufsichtsbehörde soll auf Bauvorlagen verzichten, wenn diese zur Beurteilung des Bauvorhabens nicht erforderlich sind.

(6) Für bauaufsichtliche Sichtvermerke ist auf den zeichnerischen und sonstigen Bauvorlagen auf der ersten Seite am oberen rechten Blattrand mindestens ein 12 cm breiter und 8 cm hoher Bereich von Inhalt freizuhalten.

(7) Die Bauvorlageberechtigung der Entwurfsverfasserin oder des Entwurfsverfassers nach § 65 der Bauordnung für Berlin ist nachzuweisen.

§ 2 Form

(1) [1]Der Bauantrag, die Anzeige in der Genehmigungsfreistellung, der Antrag auf Erteilung eines Vorbescheids oder planungsrechtlichen Bescheids und der Antrag auf Zulassung von Abweichungen, Ausnahmen und Befreiungen sind schriftlich durch die Bauherrin oder den Bauherrn bei der zuständigen Bauaufsichtsbehörde einzureichen. [2]Alle weiteren Anträge und Anzeigen hat die Bauherrin oder der Bauherr bei der zuständigen Bauaufsichtsbehörde in Textform zu stellen. [3]Die Bauvorlagen müssen eine Angabe über die Entwurfsverfasserin oder den Entwurfsverfasser enthalten.

(2) [1]Die Bauvorlagen und sonstigen Unterlagen sollen bei der Bauaufsichtsbehörde in elektronischer Form im Portable Document Format (PDF oder PDF/A nach ISO 19005-1) vorgelegt werden. [2]Jede Bauvorlage und Unterlage muss als eine eigene Einzeldatei erstellt und abgespeichert werden. [3]Dateianlagen innerhalb der PDF-Dateien sind unzulässig. [4]Die gewählten Dateinamen müssen je einzelne Datei das Erstellungsdatum im Format Jahr, Monat, Tag (jjjjmmtt) und die Angaben zum Dateiinhalt enthalten. [5]Datenträger sind mit Bezeichnung des Bauvorhabens und den Unterordnern „Antrag", „Bautechnische Nachweise", „Formale Bauvorlagen" und „Technische Bauvorlagen" ohne weitere Unterordner herzustellen. [6]Die einzelnen Dateien sowie der Datenträger dürfen keine Sicherheitseinstellungen und keinen Schreibschutz enthalten. [7]Dateigrößenbeschränkungen sind zu beachten. [8]Zusätzliche Papierexemplare der Bauvorlagen und Unterlagen können von der Bauaufsichtsbehörde nachgefordert werden, wenn dies für die Beurteilung des Bauvorhabens erforderlich ist. [9]Zusätzliche Papierexemplare müssen dem Format DIN A 4 entsprechen oder auf diese Größe gefaltet sein.

(3) [1]Als Datenträger sind CD, DVD oder USB-Wechseldatenträger zu verwenden. [2]Es können auch andere geeignete Datenträger verwendet oder die elektronischen Daten per E-Mail übersandt werden, soweit die zuständige Bauaufsichtsbehörde zu dieser Form der Datenübertragung ihr Einverständnis erklärt hat.

(4) Stellt die für das Bauwesen zuständige Senatsverwaltung im Internet technische Hilfe (Online-Assistenten) zur Nutzung bereit, sollen diese verwendet und die Bauvorlagen und sonstigen Unterlagen über diese hochgeladen werden.

(5) Die Bauaufsichtsbehörde hat ihre Bescheide schriftlich zu erteilen.

Abschnitt 2

Vorzulegende Bauvorlagen

§ 3 Bauliche Anlagen

(1) [1]Der Bauaufsichtsbehörde sind, soweit erforderlich, für bauliche Anlagen vorzulegen:

1. ein Auszug aus der Flurkarte und der Lageplan gemäß § 7,
2. die Bauzeichnungen gemäß § 8,
3. die Baubeschreibung und die Betriebsbeschreibung gemäß § 9,
4. der Nachweis der Standsicherheit gemäß § 10, soweit er bauaufsichtlich geprüft wird, andernfalls die Erklärung der Tragwerksplanerin oder des Tragwerksplaners nach Maßgabe des Kriterienkataloges der Anlage 1,
5. der Nachweis des Brandschutzes gemäß § 11, soweit er bauaufsichtlich geprüft wird und nicht bereits in den übrigen Bauvorlagen enthalten ist,
6. die Nachweise zur Einsparung von Energie gemäß § 12 Absatz 2,
7. die erforderlichen Angaben über die gesicherte Erschließung hinsichtlich der Versorgung mit Wasser und Energie sowie der Entsorgung von Abwasser und der verkehrsmäßigen Erschließung, soweit das Bauvorhaben nicht an eine öffentliche Wasser- oder Energieversorgung oder eine öffentliche Abwasserentsorgungsanlage angeschlossen werden kann oder nicht in ausreichender Breite an einer öffentlichen Verkehrsfläche liegt,
8. bei Bauvorhaben im Geltungsbereich eines Bebauungsplans, der Festsetzungen zum Maß der baulichen Nutzung enthält, eine prüffähige Berechnung gemäß § 7 Absatz 6, soweit diese nicht bereits Bestandteil des Lageplans ist,
9. bei Gebäuden der Erhebungsbogen für die Bautätigkeitsstatistik gemäß Hochbaustatistikgesetz vom 5. Mai 1998 (BGBl. I S. 869), zuletzt geändert durch Artikel 2 des Gesetzes vom 26. Juli 2016 (BGBl. I S. 1839), in der jeweils geltenden Fassung.

[2]Für die Vorlage des Nachweises der Standsicherheit oder des Brandschutzes nach Satz 1 Nummer 4 und 5 ist Bauaufsichtsbehörde die Prüfingenieurin oder der Prüfingenieur.

(2) Ein Lageplan gemäß § 7 ist nicht erforderlich,

1. wenn durch das Vorhaben die Lage und die äußeren Abmessungen einer vorhandenen baulichen Anlage sowie die Nutzung nicht geändert werden,
2. bei einem geringfügigen Vorhaben, bei dem ein Verstoß gegen § 6 der Bauordnung für Berlin nicht zu befürchten ist, soweit ein auf der Grundlage der Flurkarte erstellter Plan vorgelegt wird, der durch eine nach § 65 Absatz 2 Nummer 1 bis 4 und Absatz 4 der Bauordnung für Berlin bauvorlageberechtigte Person ergänzt wird.

§ 4 Werbeanlagen

(1) [1]Der Bauaufsichtsbehörde sind für Werbeanlagen vorzulegen:

1. ein Auszug aus der Flurkarte mit Einzeichnung des Standortes,
2. eine Zeichnung gemäß Absatz 2 und Beschreibung gemäß Absatz 3 oder eine andere geeignete Darstellung der Werbeanlage, wie ein farbiges Lichtbild oder eine farbige Lichtbildmontage,
3. der Nachweis der Standsicherheit gemäß § 10, soweit er bauaufsichtlich geprüft wird, andernfalls die Erklärung der Tragwerksplanerin oder des Tragwerksplaners nach Maßgabe des Kriterienkataloges der Anlage 1.

[2]Für die Vorlage des Nachweises der Standsicherheit nach Satz 1 Nummer 3 ist Bauaufsichtsbehörde die Prüfingenieurin oder der Prüfingenieur.

(2) Die Zeichnung oder eine andere geeignete Darstellung muss die Darstellung der Werbeanlage und ihre Maße, auch bezogen auf den Standort und auf Anlagen, an denen die Werbeanlage angebracht oder in deren Nähe sie aufgestellt werden soll, sowie Angaben über die Farbgestaltung enthalten.

(3) In der Beschreibung sind die Art und die Beschaffenheit der Werbeanlage, sowie, soweit erforderlich, die Abstände zu öffentlichen Verkehrsflächen anzugeben.

§ 5 Vorbescheid, planungsrechtlicher Bescheid

Der Bauaufsichtsbehörde vorzulegen sind diejenigen Bauvorlagen, die zur Beurteilung der durch den Vorbescheid oder den planungsrechtlichen Bescheid zu entscheidenden Fragen des Bauvorhabens erforderlich sind.

§ 6 Beseitigung von Anlagen

Der Bauaufsichtsbehörde sind für die Beseitigung von Anlagen vorzulegen:

1. ein Auszug aus der Flurkarte, der die Lage der zu beseitigenden Anlagen unter Bezeichnung des Grundstücks nach Straße und Grundstücksnummer und die Nachbargebäude darstellt,
2. der Fragebogen des Amtes für Statistik Berlin-Brandenburg für die Statistik des Bauabgangs gemäß dem Hochbaustatistikgesetz.

Abschnitt 3

Inhalt der Bauvorlagen

§ 7 Auszug aus der Flurkarte, Lageplan

(1) [1]Der aktuelle Auszug aus der Flurkarte muss das Baugrundstück und die benachbarten Grundstücke im Umkreis von mindestens 50 m darstellen. [2]Das Baugrundstück ist zu kennzeichnen. [3]Der Auszug ist mit dem Namen der Bauherrin oder des Bauherrn, der Bezeichnung des Bauvorhabens und dem Datum des Bauantrags oder der Unterlagen nach § 61 Absatz 3 Satz 2 und § 62 Absatz 3 Satz 1 der Bauordnung für Berlin zu beschriften.

(2) [1]Der Lageplan ist auf der Grundlage der Flurkarte zu erstellen. [2]Dabei ist ein Maßstab von 1: 200 zu verwenden. [3]Ein anderer Maßstab ist zu wählen, wenn dies für die Beurteilung des Bauvorhabens erforderlich ist. [4]Der Lageplan muss von einer Vermessungsstelle nach § 2 des Gesetzes über das Vermessungswesen in Berlin in der Fassung vom 9. Januar 1996 (GVBl. S. 56), das zuletzt durch Gesetz vom 14. März 2016 (GVBl. S. 99) geändert worden ist, angefertigt werden.

(3) [1]Der Lageplan muss insbesondere enthalten:

1. den Maßstab, die Maßstabsleiste und die Nordrichtung,
2. die katastermäßigen Flächengrößen, Flurstücksnummern und die Flurstücksgrenzen des Baugrundstücks und der benachbarten Grundstücke,
3. die Bezeichnung der Grundstücke nach Straße, Grundstücksnummer, Liegenschaftskataster und Grundbuch sowie die Angabe der Eigentümer und Erbbauberechtigten,
4. die vorhandenen baulichen Anlagen auf dem Baugrundstück und den benachbarten Grundstücken mit Angabe ihrer Nutzung, Anzahl der Geschosse, First- und Außenwandhöhe, Dachform sowie der Art der Außenwände und der Bedachung,
5. Bau-, Garten- und Bodendenkmale sowie geschützte Naturbestandteile, geschützter Baumbestand mit Angaben von Stammumfang und Kronendurchmesser auf dem Baugrundstück und den Nachbargrundstücken,
6. Hochspannungsleitungen und deren Abstände zu der geplanten baulichen Anlage,
7. die angrenzenden öffentlichen Verkehrsflächen mit Angabe der Breite, der Höhenlage über Normalhöhennull (NHN), der dort vorhandenen Bäume und der Gehwegüberfahrten,
8. Hydranten und andere Wasserentnahmestellen für die Feuerwehr, soweit erforderlich mit Richtungs- und Entfernungsangabe,
9. Flächen, die von Baulasten betroffen sind,
10. Festsetzungen eines Bebauungsplans für das Baugrundstück über Art und Maß der baulichen Nutzung sowie die überbaubaren und nicht überbaubaren Grundstücksflächen,
11. die geplante bauliche Anlage unter Angabe der Außenmaße, der Dachform, der Fußbodenoberkante des Erdgeschosses über NHN,
12. die Höhenlage der Eckpunkte des Baugrundstücks und die Höhenlage im Bereich der geplanten baulichen Anlage über NHN,
13. die Aufteilung der nicht überbauten Flächen unter Angabe der Lage und Breite der Zu- und Abfahrten, der Anzahl, Lage und Größe der Kinderspielplätze, der Stellplätze, der Abstellplätze für Fahrräder und der Flächen für die Feuerwehr,

14. die Abstände der geplanten baulichen Anlage zu anderen baulichen Anlagen auf dem Baugrundstück und auf den benachbarten Grundstücken, zu den Nachbargrenzen sowie die Abstandsflächen,
15. Angaben zu Wasserschutzzonen, gegebenenfalls mit Angabe des Grenzverlaufs,
16. die Abstände der geplanten baulichen Anlage zu oberirdischen Gewässern,
17. ortsfeste Behälter für Gase, Öle oder wassergefährdende oder brennbare Flüssigkeiten sowie deren Abstände zu der geplanten baulichen Anlage,
18. die auf dem Baugrundstück und auf den benachbarten Grundstücken vorhandenen Flächen, die
    a) mit Forstpflanzen bestockt sind und
    b) eine Größe von mehr als 0,2 ha aufweisen oder mit einer anderen Waldfläche in einem räumlichen oder funktionalen Zusammenhang stehen oder
    c) gemäß § 2 Absatz 1 Satz 2 des Landeswaldgesetzes vom 16. September 2004 (GVBl. S. 391), das zuletzt durch Artikel 3 des Gesetzes vom 4. Februar 2016 (GVBl. S. 26, 55) geändert worden ist, als Wald gelten,
19. die Darstellung
    a) des barrierefrei zugänglichen Hauptzugangs,
    b) der Anzahl, Lage und Größe der barrierefrei erreichbaren und nutzbaren Flächen außerhalb des Gebäudes,
    c) der Anzahl, Lage und Größe der bei der Errichtung und Nutzungsänderung öffentlich zugänglicher Gebäude erforderlichen Stellplätze für Menschen mit schwerer Gehbehinderung und für Rollstuhlnutzerinnen und Rollstuhlnutzer.

[2]Der Lageplan muss die in Satz 1 Nummer 4 bis 19 genannten Anforderungen enthalten, soweit dies zur Beurteilung des Vorhabens erforderlich ist.

(4) Der Inhalt des Lageplans nach Absatz 3 ist auf besonderen Blättern in geeignetem Maßstab darzustellen, wenn der Lageplan sonst unübersichtlich würde.

(5) [1]Im Lageplan sind die Zeichen und Farben der Anlage 2 zu verwenden; im Übrigen ist die Planzeichenverordnung entsprechend anzuwenden. [2]Sonstige Darstellungen sind zu erläutern.

(6) Für vorhandene und geplante bauliche Anlagen auf dem Baugrundstück ist als Bestandteil des Lageplans von einer Vermessungsstelle nach § 2 des Gesetzes über das Vermessungswesen in Berlin in der Fassung vom 9. Januar 1996, das zuletzt durch Gesetz vom 14. März 2016 (GVBl. S. 99) geändert worden ist, eine prüffähige Berechnung aufzustellen über

1. die zulässige, die vorhandene und die geplante Grundfläche,
2. die zulässige, die vorhandene und die geplante Geschossfläche und, soweit erforderlich, die Baumasse,
3. die zulässige, die vorhandene und die geplante Grundflächenzahl, Geschossflächenzahl und Baumassenzahl, soweit in einem Bebauungsplan entsprechende Festsetzungen enthalten sind.

§ 8 Bauzeichnungen

(1) [1]Für die Bauzeichnungen ist ein Maßstab von mindestens 1:100 zu verwenden. [2]Ein größerer Maßstab ist zu wählen, wenn er zur Darstellung der erforderlichen Eintragung notwendig ist; ein kleinerer Maßstab kann gewählt werden, wenn er dafür ausreicht.

(2) In den Bauzeichnungen sind darzustellen:

1. die Grundrisse aller Geschosse mit Angabe der vorgesehenen Nutzung der Räume und mit Einzeichnung der
    a) Treppen,
    b) lichten Öffnungsmaße der Türen sowie deren Art und Anordnung an und in Rettungswegen,
    c) Abgasanlagen,
    d) Räume für die Aufstellung von Feuerstätten unter Angabe der Nennleistung sowie der Räume für die Brennstofflagerung unter Angabe der vorgesehenen Art und Menge des Brennstoffes,
    e) Aufzugsschächte, Aufzüge einschließlich der nutzbaren Grundflächen der Fahrkörbe von Personenaufzügen,
    f) Installationsschächte, -kanäle und die Durchdringung raumabschließender Bauteile mit Lüftungsleitungen,
    g) Räume für die Aufstellung von Lüftungsanlagen,
    h) barrierefrei nutzbaren Wohnungen,

2. die Schnitte, aus denen auch ersichtlich sind:
   a) die Gründung der geplanten baulichen Anlage und, soweit erforderlich, die Gründungen anderer baulicher Anlagen,
   b) der Anschnitt der vorhandenen und der geplanten Geländeoberfläche,
   c) die Höhen der Fußbodenoberkante des Erdgeschosses mit Bezug auf die Höhenangabe der angrenzenden Geländeoberfläche,
   d) die Höhe der Fußbodenoberkante des höchstgelegenen Geschosses, in dem ein Aufenthaltsraum möglich ist, über der geplanten Geländeoberfläche,
   e) die lichten Raumhöhen,
   f) der Verlauf der Treppen und Rampen mit ihrem Steigungsverhältnis,
   g) die Höhe der Wände und Dächer im Sinne des § 6 Absatz 4 Satz 2 der Bauordnung für Berlin,
   h) die Dachneigungen,
3. die Ansichten der geplanten baulichen Anlage mit dem Anschluss an Nachbargebäude unter Angabe von Baustoffen und Farben, der vorhandenen und geplanten Geländeoberfläche sowie des Straßengefälles.

(3) In den Bauzeichnungen sind anzugeben:
1. der Maßstab, die Maßstabsleiste und die Maße,
2. die wesentlichen Bauprodukte und Bauarten,
3. die Rohbaumaße der Fensteröffnungen in Aufenthaltsräumen,
4. bei Änderung baulicher Anlagen die zu beseitigenden und die geplanten Bauteile.

(4) In den Bauzeichnungen sind die Zeichen und Farben der Anlage 2 zu verwenden.

§ 9 Baubeschreibung, Betriebsbeschreibung

[1]In der Bau- und Betriebsbeschreibung sind das Bauvorhaben und seine Nutzung zu erläutern, soweit dies zur Beurteilung erforderlich ist und die notwendigen Angaben nicht in den Lageplänen und den Bauzeichnungen aufgenommen werden können. [2]Anzugeben sind die Anzahl und die Brutto-Grundfläche der Nutzungseinheiten, die Gebäudeklasse sowie der höchste gemessene Grundwasserstand (HGW) oder der zu erwartende höchste Grundwasserstand (zeHGW) über NHN. [3]Es sind die Maßnahmen des barrierefreien Bauens zu beschreiben, soweit dies zur Beurteilung erforderlich ist. [4]Bei Verkaufsstätten ist die Größe der Verkaufsfläche in Quadratmeter anzugeben. [5]Der Baubeschreibung sind rechnerische Nachweise über die erforderlichen und geplanten Kinderspielplatzflächen, die erforderlichen und geplanten Stellplätze und Abstellplätze für Fahrräder sowie die Anzahl der barrierefreien Wohnungen beizufügen.

§ 10 Standsicherheitsnachweis

(1) Für den Nachweis der Standsicherheit tragender Bauteile einschließlich ihrer Feuerwiderstandsfähigkeit nach § 11 Absatz 1 Satz 1 Nummer 1 sind eine Darstellung des gesamten statischen Systems sowie die erforderlichen Konstruktionszeichnungen, Berechnungen und Beschreibungen vorzulegen.

(2) [1]Die statischen Berechnungen müssen die Standsicherheit der baulichen Anlagen und ihrer Teile nachweisen. [2]Die Beschaffenheit des Baugrundes und seine Tragfähigkeit sind anzugeben. [3]Soweit erforderlich, ist nachzuweisen, dass die Standsicherheit anderer baulicher Anlagen und die Tragfähigkeit des Baugrundes der Nachbargrundstücke nicht gefährdet werden.

(3) Die Standsicherheit kann auf andere Weise als durch statische Berechnungen nachgewiesen werden, wenn hierdurch die Anforderungen an einen Standsicherheitsnachweis in gleichem Maße erfüllt werden.

§ 11 Brandschutznachweis

(1) Für den Nachweis des Brandschutzes sind in einem Lageplan, in den Bauzeichnungen, in der Baubeschreibung und in der Betriebsbeschreibung, soweit erforderlich, insbesondere anzugeben:
1. das Brandverhalten der Baustoffe und die Feuerwiderstandsfähigkeit der Bauteile entsprechend den Benennungen nach § 26 der Bauordnung für Berlin,
2. die Bauteile, Einrichtungen und Vorkehrungen, an die Anforderungen hinsichtlich des Brandschutzes gestellt werden, wie Brandwände und Decken, Trennwände, Unterdecken, Installationsschächte und -kanäle, Lüftungsanlagen, Feuerschutzabschlüsse und Rauchschutztüren, Öffnungen zur Rauchableitung einschließlich der Fenster nach § 35 Absatz 8 Satz 2 Nummer 1 der Bauordnung für Berlin,

3. die Nutzungseinheiten, die Brand- und Rauchabschnitte,
4. die aus Gründen des Brandschutzes erforderlichen Abstände innerhalb und außerhalb des Gebäudes,
5. der erste und zweite Rettungsweg nach § 33 der Bauordnung für Berlin, insbesondere notwendige Treppenräume, Ausgänge, notwendige Flure, mit Rettungsgeräten der Feuerwehr erreichbare Stellen einschließlich der Fenster, die als Rettungswege nach § 33 Absatz 2 Satz 2 der Bauordnung für Berlin dienen, unter Angabe der lichten Maße und Brüstungshöhen sowie die Höhe der Oberkante der Brüstung über Gelände,
6. die Flächen für die Feuerwehr, Zu- und Durchgänge, Zu- und Durchfahrten, Bewegungsflächen und die Aufstellflächen für Hubrettungsfahrzeuge,
7. die Löschwasserversorgung.

(2) [1]Bei Sonderbauten, Mittel- und Großgaragen müssen, soweit es für die Beurteilung erforderlich ist, zusätzlich Angaben gemacht werden, insbesondere über:

1. brandschutzrelevante Einzelheiten der Nutzung, insbesondere auch die Anzahl und Art der die bauliche Anlage nutzenden Personen sowie Explosions- oder erhöhte Brandgefahren, Brandlasten, Gefahrstoffe und Risikoanalysen,
2. Rettungswegbreiten und -längen, Einzelheiten der Rettungswegführung und -ausbildung einschließlich Sicherheitsbeleuchtung und -kennzeichnung,
3. technische Anlagen und Einrichtungen zum Brandschutz, wie Branderkennung, Brandmeldung, Alarmierung, Brandbekämpfung, Rauchableitung, Rauchfreihaltung,
4. die Sicherheitsstromversorgung,
5. die Bemessung der Löschwasserversorgung, Einrichtungen zur Löschwasserentnahme sowie die Löschwasserrückhaltung.[1)]
6. betriebliche und organisatorische Maßnahmen zur Brandverhütung, Brandbekämpfung und Rettung von Menschen und Tieren wie Feuerwehrplan, Brandschutzordnung, Werkfeuerwehr, Bestellung von Brandschutzbeauftragten und Selbsthilfekräften.

[2]Anzugeben ist auch, weshalb es der Einhaltung von Vorschriften wegen der besonderen Art oder Nutzung baulicher Anlagen oder Räume oder wegen besonderer Anforderungen gemäß § 51 Absatz 1 Satz 2 der Bauordnung für Berlin nicht bedarf.

(3) Der Brandschutznachweis kann auch gesondert in Form eines objektbezogenen Brandschutzkonzeptes dargestellt werden.

§ 12 Nachweise für Schall- und Erschütterungsschutz sowie für Energieeinsparung

(1) Die Berechnungen müssen den nach bauordnungsrechtlichen Vorschriften geforderten Schall- und Erschütterungsschutz nachweisen.

(2) Die Anforderungen zur Einsparung von Energie in Gebäuden müssen nach den Vorschriften der Energieeinsparverordnung vom 24. Juli 2007 (BGBl. I S. 1519), die zuletzt durch Artikel 3 der Verordnung vom 24. Oktober 2015 (BGBl. I S. 1789) geändert worden ist, in der jeweils geltenden Fassung nachgewiesen werden.

§ 13 Übereinstimmungsgebot

[1]Der Lageplan, die Bauzeichnungen, Baubeschreibungen, Betriebsbeschreibungen, Berechnungen und Konstruktionszeichnungen sowie sonstige Zeichnungen, Beschreibungen und Belege, die den bautechnischen Nachweisen zugrunde liegen, müssen miteinander übereinstimmen und gleiche Positionsangaben haben. [2]Die Bauvorlagen und Unterlagen in elektronischer Form und die in Papierform müssen miteinander übereinstimmen.

Teil II
Verfahren

§ 14 Ausführungsgenehmigung für Fliegende Bauten

Dem Antrag auf Erteilung einer Ausführungsgenehmigung nach § 76 der Bauordnung für Berlin sind die erforderlichen Unterlagen, insbesondere

---

1) Satzzeichen amtlich.

1. die Bau- und Betriebsbeschreibung,
2. die Bauzeichnungen im Maßstab 1:100 oder 1:50,
3. Einzelzeichnungen der tragenden Bauteile und deren Verbindung im Maßstab 1 : 10 oder 1 : 5,
4. Prinzipschaltpläne für elektrische, hydraulische oder pneumatische Anlagen oder Einrichtungen,
5. die baustatischen Nachweise sowie die Sicherheitsnachweise über die maschinentechnischen Teile und elektrischen Anlagen,
6. Zeichnungen über die Anordnung der Rettungswege und deren Abmessungen mit rechnerischem Nachweis für Zelte mit mehr als 400 Besucherplätzen,

in zweifacher Ausführung beizufügen.

§ 15 Bauaufsichtliche Prüfung bautechnischer Nachweise

(1) Die Prüfingenieurin oder der Prüfingenieur

1. prüft in den Fällen des § 66 Absatz 3 der Bauordnung für Berlin den Standsicherheits- und den Brandschutznachweis und
2. überwacht die Bauausführung im Sinne des § 82 Absatz 2 der Bauordnung für Berlin hinsichtlich des von ihr oder ihm geprüften Standsicherheits- und Brandschutznachweises.

(2) Die Bauaufsichtsbehörde kann die Aufgaben der Prüfingenieurinnen oder Prüfingenieure für Brandschutz wahrnehmen; die Bautechnische Prüfungsverordnung vom 12. Februar 2010 (GVBl. S. 62), die zuletzt durch die Verordnung vom 17. März 2017 (GVBl. S. 281, 295) geändert worden ist, in der jeweils geltenden Fassung gilt sinngemäß.

(3) [1]In den Fällen des § 66 Absatz 3 Satz 1 Nummer 2 der Bauordnung für Berlin muss der Standsicherheitsnachweis geprüft werden, es sei denn, die Prüfung ist nach Maßgabe des Kriterienkataloges der Anlage 1 nicht erforderlich. [2]Ist danach eine Prüfung nicht erforderlich, hat die qualifizierte Tragwerksplanerin oder der qualifizierte Tragwerksplaner eine Erklärung, dass die bauaufsichtliche Prüfung des Standsicherheitsnachweises nach Maßgabe des Kriterienkataloges der Anlage 1 nicht erforderlich ist, auf dem von der für das Bauwesen zuständigen Senatsverwaltung zur Verfügung gestellten Formular abzugeben. [3]Wer vorsätzlich oder fahrlässig die unrichtige Erklärung abgibt, dass nach Maßgabe des Kriterienkataloges der Anlage 1 die bauaufsichtliche Prüfung des Standsicherheitsnachweises nicht erforderlich ist, handelt ordnungswidrig im Sinne des § 85 Absatz 1 Satz 1 Nummer 12 der Bauordnung für Berlin.

§ 16 Zeitpunkt der Vorlage von Bauvorlagen, Berichten und Erklärungen

(1) [1]Im vereinfachten Baugenehmigungsverfahren nach § 63 der Bauordnung für Berlin, im vereinfachten Baugenehmigungsverfahren für Werbeanlagen nach § 63a der Bauordnung für Berlin und im Baugenehmigungsverfahren nach § 64 der Bauordnung für Berlin muss vor Erteilung der Baugenehmigung der Standsicherheitsnachweis und das Ergebnis der Prüfung nach § 66 Absatz 3 Satz 1 der Bauordnung für Berlin der Bauaufsichtsbehörde vorliegen. [2]In den Fällen des § 15 Absatz 3 Satz 1 muss zum Zeitpunkt der Erteilung der Baugenehmigung die Erklärung nach § 15 Absatz 3 Satz 2 bei der Bauaufsichtsbehörde vorliegen. [3]Liegen weder der Standsicherheitsnachweis und das Ergebnis der Prüfung nach § 66 Absatz 3 Satz 1, noch eine Erklärung nach § 15 Absatz 3 Satz 2 vor, wird die Baugenehmigung unter der aufschiebenden Bedingung erteilt, dass mit der Bauausführung erst begonnen werden darf, wenn der Standsicherheitsnachweis und das Ergebnis der Prüfung nach § 66 Absatz 3 Satz 1 oder die Erklärung nach § 15 Absatz 3 Satz 2 der Bauaufsichtsbehörde vorliegt.

(2) [1]Im vereinfachten Baugenehmigungsverfahren nach § 63 der Bauordnung für Berlin, im vereinfachten Baugenehmigungsverfahren für Werbeanlagen nach § 63a der Bauordnung für Berlin und im Baugenehmigungsverfahren nach § 64 der Bauordnung für Berlin muss vor Erteilung der Baugenehmigung der Brandschutznachweis und das Ergebnis der Prüfung nach § 66 Absatz 3 Satz 2 der Bauordnung für Berlin der Bauaufsichtsbehörde vorliegen. [2]Ist die Prüfung des Brandschutznachweises nicht abgeschlossen, wird im Verfahren nach § 63 der Bauordnung für Berlin die Baugenehmigung unter der aufschiebenden Bedingung erteilt, dass mit der Bauausführung erst begonnen werden darf, wenn der Brandschutznachweis und das Ergebnis der Prüfung nach § 66 Absatz 3 Satz 2 der Bauaufsichtsbehörde vorliegt.

(3) [1]Im Falle der Genehmigungsfreistellung nach § 62 der Bauordnung für Berlin muss der Standsicherheits- und Brandschutznachweis sowie das jeweilige Ergebnis der Prüfung nach § 66 Absatz 3 der Bauordnung für Berlin vor Ausführung des Vorhabens von Baubeginn an bei der Bauaufsichtsbehörde

vorliegen. [2]In den Fällen des § 15 Absatz 3 Satz 1 gilt Satz 1 für die Erklärung nach § 15 Absatz 3 Satz 2 entsprechend.

(4) Zur beabsichtigten Aufnahme der Nutzung gemäß § 83 Absatz 2 der Bauordnung für Berlin ist der Bauaufsichtsbehörde eine Erklärung der Prüfingenieurin oder des Prüfingenieurs über die Erledigung der Prüf- und Überwachungsaufgaben gemäß § 13 oder § 19 der Bautechnischen Prüfungsverordnung vorzulegen.

(5) Für die anzeigepflichtige Beseitigung von Gebäuden nach § 61 Absatz 3 Satz 2 der Bauordnung für Berlin muss die Beurteilung der Standsicherheit für die angrenzenden Gebäude nach § 61 Absatz 3 Satz 3 der Bauordnung für Berlin durch die qualifizierte Tragwerksplanerin oder den qualifizierten Tragwerksplaner im Sinne des § 66 Absatz 2 der Bauordnung für Berlin vor Ausführung der Beseitigung bei der Bauaufsichtsbehörde vorliegen.

(6) Die Nachweise zur Einsparung von Energie in Gebäuden nach § 12 Absatz 2 sind vor Baubeginn zu erstellen und der zuständigen Bauaufsichtsbehörde vorzulegen.

§ 17 Elektronisches Verfahren, Elektronische Aktenführung

(1) [1]Die Bauaufsichtsbehörden haben die Verfahren nach der Bauordnung für Berlin einschließlich der Beteiligung anderer Behörden oder Dienststellen elektronisch durchzuführen, hiervon ausgenommen sind Verschlusssachen. [2]Sie sind zur Nutzung des „Elektronischen Bau- und Genehmigungsverfahrens (eBG)“ verpflichtet. [3]Personenbezogene Daten werden in elektronischer Form verarbeitet und gespeichert. [4]In Papierform eingegangene Unterlagen sind in eine elektronische Form zu überführen. [5]Bauvorlagen und Unterlagen in elektronischer Form müssen dauerhaft gespeichert werden. [6]In Bescheiden und Stellungnahmen der Bauaufsichtsbehörde sind die entscheidungserheblichen Bauvorlagen und Unterlagen aufzuführen.

(2) In der Eingangsbestätigung gemäß § 69 Absatz 1 der Bauordnung für Berlin hat die Bauaufsichtsbehörde mitzuteilen, auf welche Weise der Bearbeitungsstand elektronisch abgerufen werden kann.

§ 18 Aufbewahrungspflicht

[1]Die Bauherrin oder der Bauherr und deren oder dessen Rechtsnachfolger sind verpflichtet,

1. vorhabenbezogene Bescheide,
2. Bauvorlagen,
3. die Standsicherheits- und Brandschutznachweise sowie die jeweiligen Ergebnisse der Prüfung nach § 66 Absatz 3 der Bauordnung für Berlin,
4. die Bescheinigungen von Prüfsachverständigen,
5. die Verwendbarkeitsnachweise für Bauprodukte und Bauarten, soweit sie Nebenbestimmungen für den Betrieb oder die Wartung enthalten,

bis zur Beseitigung der baulichen Anlage oder einer die Genehmigungsfrage insgesamt neu aufwerfenden Änderung oder Nutzungsänderung aufzubewahren und auf Verlangen der Bauaufsichtsbehörde vorzulegen. [2]Sind Bauherrin oder Bauherr und Grundstückseigentümerin oder Grundstückseigentümer personenverschieden, geht mit Fertigstellung des Vorhabens die Aufbewahrungspflicht auf die Grundstückseigentümerin oder den Grundstückseigentümer sowie deren oder dessen Rechtsnachfolgerin oder Rechtsnachfolger über. [3]Sind Bauherrin oder Bauherr und Erbbauberechtigte oder Erbbauberechtigter personenverschieden, geht mit Fertigstellung des Vorhabens die Aufbewahrungspflicht auf die Erbbauberechtigte oder den Erbbauberechtigten sowie deren oder dessen Rechtsnachfolgerin oder Rechtsnachfolger über. [4]Die Bauaufsichtsbehörde hat die in Satz 1 genannten Unterlagen bis zur Beseitigung der baulichen Anlage oder einer die Genehmigungsfrage insgesamt neu aufwerfenden Änderung oder Nutzungsänderung zumindest in elektronischer Form aufzubewahren.

§ 18a *[außer Kraft]*

Teil III
Regelmäßige Übermittlung personenbezogener Daten

§ 19 Regelmäßige Übermittlung personenbezogener Daten

(1) [1]Die Bauaufsichtsbehörde ist berechtigt, nach Maßgabe des Absatzes 2 den dort genannten Stellen zur Erfüllung ihrer gesetzlichen Aufgaben die folgenden Daten regelmäßig zu übermitteln:

1. Name und Anschrift der Bauherrin oder des Bauherrn,
2. Name und Anschrift der Grundstückseigentümerin oder des Grundstückseigentümers,
3. Name und Anschrift der Entwurfsverfasserin oder des Entwurfsverfassers,
4. die katastermäßige Bezeichnung des Grundstücks mit Angabe der Straße und Grundstücksnummer,
5. die Bauvorlagen nach § 7 (Lageplan), § 8 (Bauzeichnungen) und § 9 (Baubeschreibung und Betriebsbeschreibung),
6. die Bauvorlagen nach § 6 (Beseitigung von Anlagen),
7. das Datum des Antrags oder der Anzeige, das Eingangsdatum und das Geschäftszeichen,
8. die Herstellungskosten nach DIN 276.

2Die Bauaufsichtsbehörde hat den Übermittlungszweck festzulegen.

(2) Von den in Absatz 1 genannten Daten dürfen übermittelt werden:

1. über den Eingang eines Bauantrages oder den Eingang von Unterlagen bei Genehmigungsfreistellung nach § 62 der Bauordnung für Berlin Daten nach Absatz 1 Nummer 1 bis 5 sowie 7 und 8 an
   a) die für die Denkmalpflege zuständige Stelle,
   b) die für die Landesarchäologie zuständige Stelle,
   c) die für die Grundstücksentwässerung zuständige Stelle,
   d) das Statistische Landesamt,
   e) die für die Kampfmittelbeseitigung zuständige Stelle,
   f) die für die Feststellung von Einheitswerten des Grundbesitzes, von Grundbesitzwerten und für die Festsetzung der Grundsteuer zuständigen Stellen der Finanzämter,
   g) die Geschäftsstelle des Gutachterausschusses für Grundstückswerte in Berlin,
   h) die für den Umwelt-, Baum-, Arten- und Landschaftsschutz zuständigen Stellen,
   i) die für den Gesundheitsschutz zuständige Stelle,
   j) die für die Veterinär- und Lebensmittelaufsicht zuständige Stelle,
   k) die für den Verkehr mit ausländischen Vertretungen zuständige Stelle,
   l) die für Stadtplanung und Wohnungsbau zuständigen Stellen der für Bauwesen zuständigen Senatsverwaltung,
   m) die für die Gewerbeaufsicht zuständige Stelle,
   n) die Berliner Forsten,
   o) die für das Verbot der Zweckentfremdung zuständige Stelle,
2. über die Erteilung und den Inhalt einer Baugenehmigung oder den Eintritt einer Fiktion nach § 69 Absatz 4 der Bauordnung für Berlin Daten nach Absatz 1 Nummer 1 bis 5 sowie 7 und 8 an
   a) die für die Denkmalpflege zuständige Stelle,
   b) die für die Landesarchäologie zuständige Stelle,
   c) die für die Grundstücksentwässerung und die Abfallbeseitigung zuständigen Stellen,
   d) das Statistische Landesamt,
   e) die für die Spielförderung von Kindern zuständige Stelle,
   f) die für den Umwelt-, Baum-, Arten- und Landschaftsschutz zuständigen Stellen,
   g) die für die Wirtschaftsförderung zuständige Stelle,
   h) die für die Aufgaben der Grundstücksnummerierung, der Landesvermessung und Führung des Liegenschaftskatasters zuständigen Stellen,
   i) die Geschäftsstelle des Gutachterausschusses für Grundstückswerte in Berlin,
   j) die Bauberufsgenossenschaft,
   k) die für die Feststellung von Einheitswerten des Grundbesitzes, von Grundbesitzwerten und für die Festsetzung der Grundsteuer zuständigen Stellen der Finanzämter,
   l) die für die Straßenunterhaltung zuständige Stelle,
   m) die für Stadtplanung und Wohnungsbau zuständigen Stellen der für Bauwesen zuständigen Senatsverwaltung,
   n) die für die Gewerbeaufsicht zuständige Stelle,
   o) die Berliner Forsten,
   p) die für das Verbot der Zweckentfremdung zuständige Stelle,
   q) die für die Stadtmodelle zuständige Stelle,

3. über den Eingang einer Abbruchanzeige nach § 61 Absatz 3 Satz 2 der Bauordnung für Berlin Daten nach Absatz 1 Nummer 1 bis 4 und 6 an
   a) die für die Denkmalpflege zuständige Stelle,
   b) die für die Grundstücksentwässerung und die Abfallbeseitigung zuständigen Stellen,
   c) das Statistische Landesamt,
   d) die für die Aufgaben der Grundstücksnummerierung, der Landesvermessung und Führung des Liegenschaftskatasters zuständigen Stellen,
   e) die Geschäftsstelle des Gutachterausschusses für Grundstückswerte in Berlin,
   f) die für den Arbeitsschutz zuständige Stelle,
   g) die Bauberufsgenossenschaft,
   h) die für die Planung von Strom- und Fernwärmeversorgung, für das Fernmeldewesen und die für die Gasvorhaltung und die Wasservorhaltung zuständigen Stellen zur Vorbereitung der Leitungsabtrennung vor Abbruchbeginn,
   i) die für den Umweltschutz zuständige Stelle,
   j) die für die Landesarchäologie zuständige Stelle,
   k) die für die Feststellung von Einheitswerten des Grundbesitzes, von Grundbesitzwerten und für die Festsetzung der Grundsteuer zuständigen Stellen der Finanzämter,
   l) die für Stadtplanung und Wohnungsbau zuständigen Stellen der für Bauwesen zuständigen Senatsverwaltung,
   m) die Berliner Forsten,
   n) die für das Verbot der Zweckentfremdung zuständige Stelle,
4. über den Eingang einer Baubeginnanzeige Daten nach Absatz 1 Nummer 1, 2 und 4 an
   a) die für den Arbeitsschutz zuständige Stelle,
   b) die Bauberufsgenossenschaft,
   c) die Bezirksschornsteinfegermeisterin oder den Bezirksschornsteinfegermeister zur Bescheinigung der sicheren Benutzbarkeit der Abgasanlagen,
   d) die für die Aufgaben der Grundstücksnummerierung, der Landesvermessung und Führung des Liegenschaftskatasters zuständigen Stellen,
   e) die für die Bekämpfung der Schwarzarbeit und der illegalen Beschäftigung zuständigen Behörden,
   f) die für den Baumschutz zuständige Stelle,
   g) die für die Feststellung von Einheitswerten des Grundbesitzes, von Grundbesitzwerten und für die Festsetzung der Grundsteuer zuständigen Stellen der Finanzämter,
   h) die Berliner Feuerwehr,
   i) die für Stadtplanung und Wohnungsbau zuständigen Stellen der für Bauwesen zuständigen Senatsverwaltung,
   j) die Berliner Forsten,
   k) die für das Verbot der Zweckentfremdung zuständige Stelle,
5. über die Anzeige der beabsichtigten Aufnahme der Nutzung Daten nach Absatz 1 Nummer 1, 2 und 4 an
   a) die für den Arbeitsschutz zuständige Stelle,
   b) das Statistische Landesamt,
   c) die für die Aufgaben der Grundstücksnummerierung, der Landesvermessung und Führung des Liegenschaftskatasters zuständigen Stellen,
   d) die Bauberufsgenossenschaft,
   e) den Bezirksschornsteinfegermeister oder die Bezirksschornsteinfegermeisterin für die Inbetriebnahme,
   f) die Berliner Feuerwehr,
   g) die für die Feststellung von Einheitswerten des Grundbesitzes, von Grundbesitzwerten und für die Festsetzung der Grundsteuer zuständigen Stellen der Finanzämter,
   h) die für den Gesundheitsschutz zuständige Stelle,
   i) die für die Veterinär- und Lebensmittelaufsicht zuständige Stelle,
   j) die für Stadtplanung und Wohnungsbau zuständigen Stellen der für Bauwesen zuständigen Senatsverwaltung,

k) die für die Gewerbeaufsicht zuständige Stelle,
l) die Berliner Forsten,
m) die für das Verbot der Zweckentfremdung zuständige Stelle,

6. über die Eintragung einer Baulast Daten nach Absatz 1 Nummer 1, 2, 4 und 5 an
   a) die Führung des Liegenschaftskatasters zuständige Stelle,
   b) die[1] für die Stadtplanung zuständige Stelle,
7. über den Eingang eines Antrags auf Abgeschlossenheitsbescheinigung an die für das Umwandlungsverbot zuständige Stelle.

(3) Die Empfängerinnen oder Empfänger dürfen die nach Absatz 1 und 2 übermittelten Daten nur zu dem Zweck nutzen, zu dem sie übermittelt worden sind.

Teil IV
Inkrafttreten, Außerkrafttreten, Übergangsvorschrift

§ 20 Inkrafttreten, Außerkrafttreten, Übergangsvorschrift

(1) [1]Diese Verordnung tritt am Tage nach der Verkündung[2] im Gesetz- und Verordnungsblatt für Berlin in Kraft. [2]Gleichzeitig tritt die Bauverfahrensverordnung in der Fassung vom 19. Oktober 2006 (GVBl. S. 1035), die zuletzt durch Artikel 5 des Gesetzes vom 4. Februar 2016 (GVBl. S. 26) geändert worden ist, außer Kraft.

(2) Für Bauvorlagen für Verfahren, die vor dem 1. Dezember 2017 eingeleitet worden sind, sind die bis zu diesem Zeitpunkt geltenden Vorschriften anzuwenden; die Regelungen dieser Verordnung sind jedoch anzuwenden, soweit diese für die Bauherrin oder den Bauherren günstiger sind.

(3) Für Bauvorlagen für Verfahren, die vor dem 1. Oktober 2020 eingeleitet worden sind, sind die bis zu diesem Zeitpunkt geltenden Vorschriften anzuwenden.

1) Richtig wohl: „die für die".
2) Verkündet am 30.11.2017.

Anlage 1
(zu § 3 Absatz 1 Nummer 4, § 4 Absatz 1 Nummer 3, § 15 Absatz 3)

Kriterienkatalog

Sind die nachfolgenden Kriterien ausnahmslos erfüllt, ist eine Prüfung des Standsicherheitsnachweises nicht erforderlich:

1. Die Baugrundverhältnisse sind eindeutig und erlauben eine übliche Flachgründung entsprechend DIN 1054. Ausgenommen sind Gründungen auf setzungsempfindlichem Baugrund (i.d.R. stark bindige Böden).
2. Bei erddruckbelasteten Gebäuden beträgt die Höhendifferenz zwischen Gründungssohle und Erdoberfläche maximal 4 m. Einwirkungen aus Wasserdruck müssen rechnerisch nicht berücksichtigt werden.
3. Angrenzende bauliche Anlagen oder öffentliche Verkehrsflächen werden nicht beeinträchtigt. Nachzuweisende Unterfangungen oder Baugrubensicherungen sind nicht erforderlich.
4. Die tragenden und aussteifenden Bauteile gehen im Wesentlichen bis zu den Fundamenten unversetzt durch. Ein rechnerischer Nachweis der Gebäudeaussteifung, auch für Teilbereiche, ist nicht erforderlich.
5. Die Geschossdecken sind linienförmig gelagert und dürfen für gleichmäßig verteilte Lasten (kN/m^2) und Linienlasten aus nichttragenden Wänden (kN/m) bemessen werden. Geschossdecken ohne ausreichende Querverteilung erhalten keine Einzellasten.
6. Die Bauteile der baulichen Anlage oder die bauliche Anlage selbst können mit einfachen Verfahren der Baustatik berechnet oder konstruktiv festgelegt werden. Räumliche Tragstrukturen müssen rechnerisch nicht nachgewiesen werden. Besondere Stabilitäts-, Verformungs- und Schwingungsuntersuchungen sind nicht erforderlich.
7. Außergewöhnliche sowie dynamische Einwirkungen sind nicht vorhanden. Beanspruchungen aus Erdbeben müssen rechnerisch nicht verfolgt werden.
8. Besondere Bauarten wie Spannbetonbau, Verbundbau, Leimholzbau und geschweißte Aluminiumkonstruktionen werden nicht angewendet.
9. Allgemeine Rechenverfahren zur Bemessung von Bauteilen und Tragwerken unter Brandeinwirkung werden nicht angewendet.

Anlage 2
(zu § 7 Absatz 5, § 8 Absatz 4)

Zeichen und Farben für Bauvorlagen und bautechnische Nachweise

		Zeichen:	Farbe:
1.	**Lageplan:**		
a)	Grenzen des Baugrundstücks (Begleitlinie)	— — — — —	Violett
	Grenzen der vom Baugrundstück betroffenen Buchgrundstücke (Begleitlinie)	— — — — —	Türkis
b)	vorhandene bauliche Anlagen	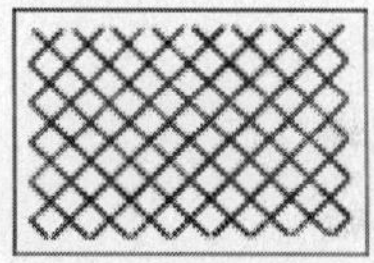	Grau
c)	geplante bauliche Anlagen	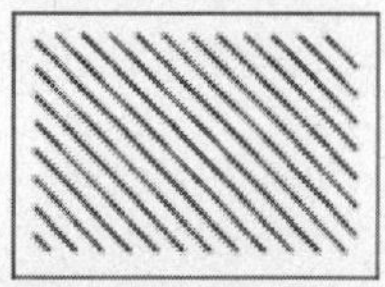	Rot
d)	zu beseitigende bauliche Anlagen	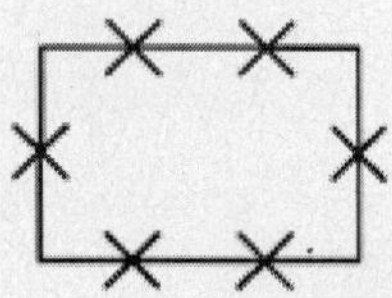	Gelb
e)	Flächen, die von Baulasten betroffen sind (sich überlagernde Flächen sind dunkler darzustellen)	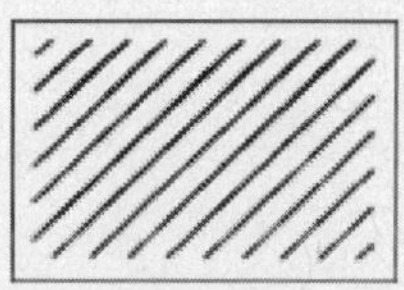	Braun
f)	Begrenzung von Abstandsflächen		
	Vorhandener Gebäude	------------------------	Grau
	Geplanter Gebäude	------------------------	Rot
g)	vorhandene Straßenverkehrsfläche	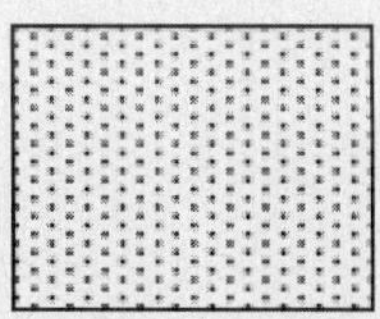	Goldocker
h)	festgesetzte, aber noch nicht vorhandene Straßenverkehrsfläche		Goldocker (geplant)
i)	Teilungslinie für die beabsichtigte Grundstücksteilungen	————————	Rot
2.	**Bauzeichnungen:**		

		Zeichen:	Farbe:
a)	vorhandene Bauteile	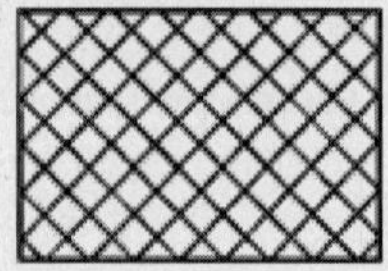	Grau
b)	geplante Bauteile	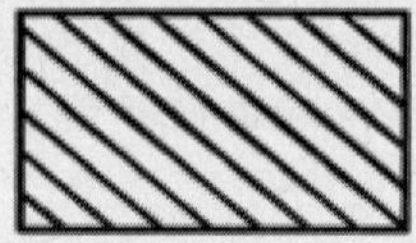	Rot
c)	zu beseitigende Bauteile	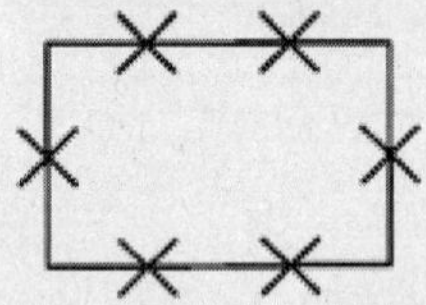	Gelb

Gesetz zur Ausführung des Baugesetzbuchs (AGBauGB)

In der Fassung vom 7. November 1999[1)] (GVBl. S. 578)
(BRV 2130-12)

zuletzt geändert durch Art. 2 G über die Einbindung der für das Geoinformations- und Vermessungswesen zuständigen Senatsverwaltung bei der Durchführung von Bodenordnungsmaßnahmen vom 27. September 2021 (GVBl. S. 1119)

Nichtamtliche Inhaltsübersicht

§ 1 Wahrnehmung von Aufgaben der Gemeinde

Angelegenheiten, für die nach dem Baugesetzbuch die Gemeinde zuständig ist, werden von den Bezirken wahrgenommen, soweit nichts anderes bestimmt ist.

§ 2 Aufstellung des Flächennutzungsplans

(1) [1]Den Beschluss, den Flächennutzungsplan aufzustellen, fasst das für die vorbereitende Bauleitplanung zuständige Mitglied des Senats. [2]Der Beschluss ist im Amtsblatt für Berlin bekanntzumachen.

(2) [1]Das für die vorbereitende Bauleitplanung zuständige Mitglied des Senats stellt den Entwurf des Flächennutzungsplans unter Mitwirkung der anderen betroffenen Mitglieder des Senats und der Bezirksämter auf. [2]Es beteiligt die Behörden und sonstigen Träger öffentlicher Belange (§ 4 des Baugesetzbuchs) sowie die Öffentlichkeit (§ 3 Abs. 1 des Baugesetzbuchs) und legt den Entwurf öffentlich

1) Neubekanntmachung des AGBauGB v. 11.12.1987 (GVBl. S. 2731) in der ab 20.10.1999 geltenden Fassung.

aus (§ 3 Abs. 2 des Baugesetzbuchs). [3]Es legt den Entwurf mit einer Äußerung zu den nicht berücksichtigten Stellungnahmen dem Senat zur Beschlussfassung vor.

(3) [1]Der vom Senat beschlossene Flächennutzungsplan ist dem Abgeordnetenhaus zur Zustimmung zuzuleiten. [2]Das für die vorbereitende Bauleitplanung zuständige Mitglied des Senats gibt die Zustimmung im Amtsblatt für Berlin bekannt. [3]Bei der Bekanntmachung des Flächennutzungsplans ist auf die Voraussetzungen für die Geltendmachung der Verletzung von Verfahrens- oder Formvorschriften und von Mängeln der Abwägung sowie auf die Rechtsfolgen (§ 215 Abs. 2 des Baugesetzbuchs, § 32 Abs. 1 dieses Gesetzes) hinzuweisen. [4]Die Verletzung ist bei dem für die vorbereitende Bauleitplanung zuständigen Mitglied des Senats geltend zu machen.

§ 3 Regionalplanerische Festlegungen

(1) Die für die vorbereitende Bauleitplanung zuständige Senatsverwaltung bestimmt im Einvernehmen mit der für die Raumordnung zuständigen Senatsverwaltung, welche Darstellungen des Flächennutzungsplans zugleich regionalplanerische Festlegungen sind.

(2) [1]Die Festlegungen sind mit den Regionalplänen im Land Brandenburg sowie den raumbedeutsamen Planungen und Maßnahmen öffentlicher Stellen und Personen des Privatrechts im Sinne des § 4 Absatz 1 Satz 2 des Raumordnungsgesetzes abzustimmen und im Amtsblatt für Berlin bekanntzumachen. [2]Die Bezirke sind zu beteiligen.

(3) Die in Absatz 2 genannten Stellen haben als Ziele gekennzeichnete Festlegungen zu beachten.

§ 4 Stadtentwicklungsplanung, Bereichsentwicklungsplanung

(1) [1]Stadtentwicklungspläne werden für die räumliche Entwicklung des gesamten Stadtgebietes erarbeitet. [2]In ihnen werden Maßnahmenarten, -räume und gegebenenfalls zeitliche Stufungen dargestellt. [3]Sie können Nutzungen wie Wohnen, Gewerbe, Gemeinbedarf, Verkehr und Freiflächen, aber auch besondere Aspekte wie Gestaltung und Umweltschutz umfassen. [4]Stadtentwicklungsplanung hat grundsätzlich Empfehlungscharakter für alle an der Planung beteiligten Stellen. [5]Stadtentwicklungspläne sind Grundlagen für alle weiteren Planungen.

(2) [1]Die Bereichsentwicklungsplanung dient der teilräumlichen Entwicklung. [2]Darin werden die Zielvorstellungen für Teilbereiche aufgezeigt und mit Trägern öffentlicher Belange aufeinander abgestimmt. [3]Die Bereichsentwicklungsplanung enthält Aussagen über die anzustrebende Nutzungsverteilung, über Stadtgestaltung und Schutz- und Entwicklungsvorstellungen sowie über die Priorität von Maßnahmen. [4]Das Ergebnis der Bereichsentwicklungsplanung ist verwaltungsintern bindend; es ist in der verbindlichen Bauleitplanung bei der Abwägung zu berücksichtigen.

§ 5 Mitteilung der Planungsabsicht

[1]Haben die Bezirke die Absicht, einen Bebauungsplan aufzustellen, teilen sie dies der für die vorbereitende Bauleitplanung und das Bauwesen zuständigen Senatsverwaltung unter allgemeiner Angabe ihrer Planungsabsichten mit. [2]Äußert sich die zuständige Senatsverwaltung nicht innerhalb von einem Monat seit Zugang der Mitteilung, so kann der Bezirk davon ausgehen, dass Bedenken insoweit nicht erhoben werden. [3]In der Äußerung wird auch angegeben, ob durch die Aufstellung des Bebauungsplans dringende Gesamtinteressen Berlins nach § 7 berührt sind.

§ 6 Aufstellung und Festsetzung von Bebauungsplänen

(1) [1]Nach Durchführung des Verfahrens nach § 5 fasst das Bezirksamt den Beschluss, einen Bebauungsplan aufzustellen, und gibt ihn im Amtsblatt für Berlin bekannt. [2]Das Bezirksamt entwirft den Bebauungsplan und führt das weitere Bebauungsplanverfahren durch. [3]Das Bezirksamt wägt die Stellungnahmen aus der Beteiligung der Öffentlichkeit sowie der Beteiligung der Behörden und sonstigen Träger öffentlicher Belange ab, beschließt den sich aus der Abwägung ergebenden Entwurf des Bebauungsplans und legt diesen der Bezirksverordnetenversammlung zur Beschlussfassung vor.

(2) [1]Berührt der Entwurf des Bebauungsplans dringende Gesamtinteressen Berlins nach § 7 Absatz 1 Satz 1 und 3, so zeigt das Bezirksamt nach seiner Beschlussfassung den Entwurf des Bebauungsplans der für die verbindliche Bauleitplanung zuständigen Senatsverwaltung an. [2]Sofern der Bebauungsplan dringende Gesamtinteressen Berlins beeinträchtigt, nicht ordnungsgemäß zustande gekommen ist oder Rechtsvorschriften widerspricht, ist dies von der zuständigen Senatsverwaltung innerhalb von zwei Monaten nach Eingang der Anzeige gegenüber dem Bezirksamt schriftlich zu beanstanden. [3]Die Vorlage des Entwurfs des Bebauungsplans an die Bezirksverordnetenversammlung erfolgt, wenn die zuständige Senatsverwaltung erklärt, dass sie keine Beanstandungen erhebt, oder die dafür nach Satz 2

eingeräumte Frist verstrichen ist. 4Ändert das Bezirksamt nach der Anzeige, insbesondere aufgrund einer Beanstandung der Senatsverwaltung oder eines Beschlusses der Bezirksverordnetenversammlung den Entwurf des Bebauungsplans, so ist dieser erneut anzuzeigen.

(3) 1Sobald die Bezirksverordnetenversammlung den Bebauungsplan beschlossen hat, setzt ihn das Bezirksamt als Rechtsverordnung fest. 2Der Bebauungsplan ist Bestandteil der Rechtsverordnung. 3Bei ihrer Verkündung bedarf es der Wiedergabe des Bebauungsplans nicht, jedoch ist anzugeben, wo er eingesehen werden kann. 4In der Rechtsverordnung ist auf die Vorschriften über Fälligkeit und Erlöschen von Entschädigungsansprüchen (§ 44 Absatz 5 des Baugesetzbuchs) und auf die Voraussetzungen für die Geltendmachung der Verletzung von Verfahrens- oder Formvorschriften und von Mängeln der Abwägung sowie die Rechtsfolgen (§ 215 Absatz 2 des Baugesetzbuchs, § 32 Absatz 2 dieses Gesetzes) hinzuweisen. 5Die Verletzung ist bei dem Bezirksamt, das den Bebauungsplan festgesetzt hat, geltend zu machen.

§ 7 Dringendes Gesamtinteresse Berlins bei Bebauungsplänen

(1) 1Beeinträchtigt der Entwurf eines Bebauungsplans dringende Gesamtinteressen Berlins oder ist im dringenden Gesamtinteresse Berlins ein Bebauungsplan erforderlich, so kann das zuständige Mitglied des Senats abweichend von dem in § 6 geregelten Verfahren einen Eingriff nach § 13a Abs. 1 des Allgemeinen Zuständigkeitsgesetzes vornehmen. 2Der Herstellung des Benehmens mit der für Inneres zuständigen Senatsverwaltung als Bezirksaufsichtsbehörde bedarf es jedoch nicht; § 13a Abs. 2 bis 4 des Allgemeinen Zuständigkeitsgesetzes findet keine Anwendung. 3Ein dringendes Gesamtinteresse Berlins kann insbesondere vorliegen bei

1. Anlagen der Ver- und Entsorgung mit gesamtstädtischer Bedeutung,
2. überbezirklichen Verkehrsplanungen,
3. übergeordneten Standorten des Gemeinbedarfs,
4. Vorhaben, die die Belange Berlins als Bundeshauptstadt berühren,
5. Wohnungsbauvorhaben,die wegen ihrer Größe (ab 200 Wohneinheiten) oder Eigenart von besonderer Bedeutung für den Berliner Wohnungsmarkt sind,
6. städtebaulichen Entwicklungsbereichen,
7. Vorhaben, die die Zentrenstruktur des Flächennutzungsplans berühren,
8. überbezirklichen naturschutzrechtlichen Ausgleichsmaßnahmen.

4Das zuständige Mitglied des Senats kann insbesondere das Verfahren der Aufstellung und Festsetzung des Bebauungsplans an sich ziehen, wenn das Bezirksamt eine erteilte Einzelweisung nicht in der dafür gesetzten Frist befolgt oder wenn die Bezirksverordnetenversammlung den Bebauungsplan nicht innerhalb von vier Monaten nach Vorlage des Entwurfs beschließt.

(2) 1Zieht die zuständige Senatsverwaltung das Verfahren nach Absatz 1 Satz 4 an sich, so tritt die Zustimmung des Abgeordnetenhauses an die Stelle der Beschlussfassung der Bezirksverordnetenversammlung. 2Die Festsetzung des Bebauungsplans als Rechtsverordnung sowie etwa notwendige sonst dem Bezirksamt obliegende vorbereitende Schritte obliegen der zuständigen Senatsverwaltung.

(3) In den Fällen des Absatzes 2 gilt für die Festsetzung des Bebauungsplans § 6 Absatz 3 mit der Maßgabe entsprechend, dass die Verletzung von Verfahrens- oder Formvorschriften und Mängel der Abwägung bei der zuständigen Senatsverwaltung geltend zu machen sind.

§ 8 Aufstellung und Festsetzung von Bebauungsplänen zur Verwirklichung von Erfordernissen der Verfassungsorgane des Bundes

(1) Dient die Aufstellung des Bebauungsplans der Verwirklichung von Erfordernissen der Verfassungsorgane des Bundes zur Wahrnehmung ihrer Aufgaben, werden die Aufgaben nach § 6 von der zuständigen Senatsverwaltung wahrgenommen; an die Stelle der Beschlussfassung der Bezirksverordnetenversammlung tritt die Zustimmung des Abgeordnetenhauses.

(2) Für die Festsetzung des Bebauungsplans gilt § 6 Absatz 3 mit der Maßgabe entsprechend, dass die Verletzung von Verfahrens- oder Formvorschriften und Mängel der Abwägung bei der zuständigen Senatsverwaltung geltend zu machen sind.

§ 9 Aufstellung und Festsetzung von Bebauungsplänen von außergewöhnlicher stadtpolitischer Bedeutung

(1) 1Der Senat kann im Benehmen mit dem Rat der Bürgermeister durch Beschluss feststellen, dass ein bestimmtes Gebiet

1. von außergewöhnlicher stadtpolitischer Bedeutung ist oder
2. für Industrie- und Gewerbeansiedlungen von derartiger Bedeutung wesentlich ist.

[2]Widerspricht der Rat der Bürgermeister mit einer Mehrheit von drei Vierteln seiner Mitglieder, bedarf der Beschluss des Senat der Zustimmung des Abgeordnetenhauses.

(2) Äußert sich der Rat der Bürgermeister nicht innerhalb einer Frist von zwei Monaten, darf der Senat davon ausgehen, dass Einvernehmen mit dem Rat der Bürgermeister besteht.

(3) In den Fällen des Absatzes 1 gilt für das weitere Verfahren § 8 entsprechend.

(4) [1]Der Senat kann im Benehmen mit dem Rat der Bürgermeister den Beschluss nach Absatz 1 aufheben. [2]Widerspricht der Rat der Bürgermeister mit einer Mehrheit von drei Vierteln seiner Mitglieder, so bedarf der Beschluss des Senats der Zustimmung des Abgeordnetenhauses. [3]Äußert sich der Rat der Bürgermeister nicht innerhalb einer Frist von zwei Monaten, so darf der Senat davon ausgehen, dass Einvernehmen mit dem Rat der Bürgermeister besteht.

§ 10 Anpassungspflicht der Bezirke, Planungsgebot

(1) Die für das Bauwesen zuständige Senatsverwaltung kann verlangen, dass die Bezirke binnen angemessener Frist bestimmte festgesetzte Bebauungspläne den Zielen der Raumordnung, dem Flächennutzungsplan sowie nach Maßgabe des § 4 der Stadtentwicklungs- und Bereichsentwicklungsplanung anpassen.

(2) Die für das Bauwesen zuständige Senatsverwaltung kann verlangen, dass die Bezirke binnen angemessener Frist bestimmte Bebauungspläne entsprechend den Zielen der Raumordnung, dem Flächennutzungsplan sowie nach Maßgabe der Stadtentwicklungs- und Bereichsentwicklungsplanung aufstellen.

(3) Kommt der Bezirk einem Planungsgebot nach Absatz 1 oder 2 binnen der gesetzten Frist nicht nach, gilt für die Ausübung des Eingriffsrechts § 7 Abs. 1 Satz 2 und 4 entsprechend.

(4) Die für die vorbereitende Bauleitplanung zuständige Senatsverwaltung kann durch Ausübung des Eingriffsrechts den Bezirken die Aufstellung eines Bebauungsplans untersagen, wenn zu befürchten ist, dass dieser einer bereits eingeleiteten Änderung oder Ergänzung des Flächennutzungsplans widerspricht.

(5) Die zuständige Senatsverwaltung hat, bevor sie Entscheidungen nach Absatz 3 oder 4 gegenüber einem Bezirk trifft, den Rat der Bürgermeister darüber zu unterrichten.

(6) [1]Die Bezirke unterrichten die für die vorbereitende Bauleitplanung zuständige Senatsverwaltung über Anträge auf Erteilung einer Baugenehmigung oder eines Vorbescheids, wenn das beabsichtigte Vorhaben den Darstellungen des Flächennutzungsplans widersprechen kann und nicht im Rahmen des § 5 mitgeteilt worden ist oder mitgeteilt wird. [2]Äußert sich die Senatsverwaltung nicht innerhalb von sechs Wochen seit der Unterrichtung, kann der Bezirk davon ausgehen, dass insoweit keine Bedenken erhoben werden.

§ 11 Änderung, Ergänzung, Aufhebung und Berichtigung der Bauleitpläne

(1) Die Vorschriften der §§ 2, 3, 5 bis 10 gelten sinngemäß, wenn ein Bauleitplan geändert, ergänzt oder aufgehoben wird.

(2) [1]Änderungen oder Ergänzungen des Flächennutzungsplans, die die Grundzüge der Planung nicht berühren (§ 13 des Baugesetzbuchs), bedürfen nicht der Zustimmung des Abgeordnetenhauses nach § 2 Abs. 3. [2]Das für die vorbereitende Bauleitplanung zuständige Mitglied des Senats gibt in diesem Falle den Beschluss des Senats im Amtsblatt für Berlin bekannt.

(3) [1]Bebauungspläne der Innenentwicklung nach § 13a des Baugesetzbuchs, die zur Anpassung des Flächennutzungsplans im Wege der Berichtigung führen, bedürfen vor ihrer Festsetzung des Beschlusses des Senats und der Zustimmung des Abgeordnetenhauses. [2]Berührt die Anpassung nicht die Grundzüge der Planung (§ 13 des Baugesetzbuchs), so ist die Zustimmung des Abgeordnetenhauses nicht erforderlich.

§ 12 Besondere Gestaltungsanforderungen

(1) Bei besonderem Gestaltungsbedarf können durch Rechtsverordnung oder nach § 9 Abs. 4 des Baugesetzbuchs im Bebauungsplan besondere Anforderungen an die äußere Gestaltung von baulichen Anlagen sowie von Werbeanlagen und Warenautomaten gestellt werden; Werbeanlagen und Warenautomaten können auch beschränkt oder ausgeschlossen werden.

(2) Werden die Festsetzungen nach Absatz 1 in einem Bebauungsplan getroffen, sind die Vorschriften des Baugesetzbuchs über die Aufstellung der Bauleitpläne, Veränderungssperren, die Zurückstellung von Baugesuchen, die Zulässigkeit von Vorhaben sowie die Planerhaltung anzuwenden.

(3) Rechtsverordnungen außerhalb eines Bebauungsplans erlässt die für das Bauwesen zuständige Senatsverwaltung.

§ 13 Veränderungssperre

(1) [1]An die Stelle der Satzung nach § 16 Abs. 1 des Baugesetzbuchs tritt eine Rechtsverordnung des Bezirksamts. [2]In den Fällen des § 7 ist die zuständige Senatsverwaltung vor Erlass der Veränderungssperre zu unterrichten; die Senatsverwaltung kann den Erlass untersagen. [3]Zieht die zuständige Senatsverwaltung das Verfahren nach § 7 Abs. 1 Satz 4 an sich, erlässt sie die Veränderungssperre als Rechtsverordnung; eine zuvor vom Bezirksamt erlassene Veränderungssperre bleibt unberührt. [4]In den Fällen der §§ 8 und 9 wird die Veränderungssperre durch die zuständige Senatsverwaltung als Rechtsverordnung erlassen.

(2) [1]Mit dem Inkrafttreten der Verordnung wird die Veränderungssperre rechtsverbindlich. [2]§ 16 Abs. 2 des Baugesetzbuchs findet keine Anwendung. [3]In der Rechtsverordnung ist auf die Vorschriften über die Fälligkeit von Entschädigungsansprüchen (§ 18 Abs. 2 Satz 2 und 3 des Baugesetzbuchs) und auf die Voraussetzungen für die Geltendmachung der Verletzung von Verfahrens- oder Formvorschriften und von Mängeln der Abwägung sowie die Rechtsfolgen (§ 215 Abs. 2 des Baugesetzbuchs, § 32 Abs. 2 dieses Gesetzes) hinzuweisen. [4]Die Verletzung ist bei dem Bezirksamt, das die Veränderungssperre erlassen hat, in den Fällen des Absatzes 1 Satz 3 und 4 bei der zuständigen Senatsverwaltung geltend zu machen.

(3) Will das Bezirksamt eine Ausnahme von der Veränderungssperre zulassen (§ 14 Abs. 2 des Baugesetzbuchs), so bedarf es in den Fällen der §§ 7 bis 9 der Zustimmung der zuständigen Senatsverwaltung.

§ 14 (aufgehoben)

§ 15 Sicherung von Gebieten mit Fremdenverkehrsfunktionen

[1]An die Stelle der Satzung nach § 22 Abs. 1 des Baugesetzbuchs tritt eine Rechtsverordnung des Senats. [2]Mit dem Inkrafttreten der Rechtsverordnung wird der Genehmigungsvorbehalt wirksam. [3]In der Rechtsverordnung ist auf die Voraussetzungen für die Geltendmachung der Verletzung von Verfahrens- oder Formvorschriften und von Mängeln der Abwägung sowie die Rechtsfolgen (§ 215 Abs. 2 des Baugesetzbuchs, § 32 Abs. 2 dieses Gesetzes) hinzuweisen. [4]Die Verletzung ist bei dem für die Stadtentwicklung zuständigen Mitglied des Senats geltend zu machen.

§ 16 Vorkaufsrecht

[1]An die Stelle der Satzungen nach § 25 Abs. 1 Satz 1 Nr. 1 und 2 des Baugesetzbuchs treten Rechtsverordnungen des Senats. [2]§ 16 Abs. 2 des Baugesetzbuchs findet keine Anwendung. [3]In der Rechtsverordnung ist auf die Voraussetzungen für die Geltendmachung der Verletzung von Verfahrens- oder Formvorschriften und von Mängeln der Abwägung sowie auf die Rechtsfolgen (§ 215 Abs. 2 des Baugesetzbuchs, § 32 Abs. 2 dieses Gesetzes) hinzuweisen. [4]Die Verletzung ist bei der Senatsverwaltung für Finanzen geltend zu machen.

§ 17 Informationspflicht, Eingriffsrecht

[1]Bei einer Entscheidung über

1. Vorhaben im Geltungsbereich von Bebauungsplänen nach den §§ 8 und 9,
2. Einkaufszentren, großflächige Einzelhandelsbetriebe und sonstige großflächige Handelsbetriebe im Sinne von § 11 Abs. 3 der Baunutzungsverordnung außerhalb der im Flächennutzungsplan dargestellten Einzelhandelskonzentration,
3. großflächige Vergnügungsstätten sowie Anlagen für sportliche und kulturelle Zwecke mit einer Bruttogrundfläche von mehr als 2 500 Quadratmetern und vergleichbare Vorhaben,
4. sonstige Vorhaben von dringenden Gesamtinteressen Berlins

ist im bauaufsichtlichen Verfahren die für das Bauwesen zuständige Senatsverwaltung innerhalb von zwei Wochen nach Eingang der Bauvorlagen zu unterrichten. [2]Äußert sich die Senatsverwaltung nicht innerhalb von einem Monat seit der Unterrichtung, so kann der Bezirk davon ausgehen, dass dringende Gesamtinteressen Berlins nicht beeinträchtigt sind. [3]Falls wegen einer Beeinträchtigung dringender

Gesamtinteressen Berlins ein Eingriffsrecht ausgeübt werden soll, gilt § 7 Abs. 1 Satz 2 und 4 sinngemäß. [4]Die Beurteilung dringender Gesamtinteressen Berlins erfolgt im Einvernehmen mit der für die vorbereitende Bauleitplanung zuständigen Senatsverwaltung.

§ 18 Im Zusammenhang bebaute Ortsteile, bebaute Bereiche im Außenbereich

[1]An die Stelle der Satzungen nach § 34 Abs. 4 und § 35 Abs. 6 des Baugesetzbuchs treten Rechtsverordnungen des zuständigen Bezirksamts. [2]Sie sind einen Monat vor Erlass der für das Bauwesen zuständigen Senatsverwaltung anzuzeigen. [3]Für die Ausübung des Eingriffsrechts gilt § 7 Abs. 1 Satz 2 und 4 sinngemäß. [4]Mit dem Inkrafttreten der Rechtsverordnung wird die Festlegung der im Zusammenhang bebauten Ortsteile oder die Regelung über die Zulässigkeit von Vorhaben in bebauten Bereichen des Außenbereichs rechtsverbindlich. [5]§ 10 Abs. 3 des Baugesetzbuchs findet keine Anwendung. [6]In der Rechtsverordnung ist auf die Voraussetzungen für die Geltendmachung der Verletzung von Verfahrens- oder Formvorschriften und von Mängeln der Abwägung sowie auf die Rechtsfolgen (§ 215 Abs. 2 des Baugesetzbuchs, § 32 Abs. 2 dieses Gesetzes) hinzuweisen. [7]Die Verletzung ist bei dem Bezirksamt geltend zu machen.

§ 19 Bodenordnung

(1) Die Bezirke können zur Durchführung von Umlegungen und vereinfachten Umlegungen, die Aufgabe der Bezirke sind, durch Beschluss des Bezirksamts die Umlegung anordnen; deren Durchführung kann mit der Zustimmung der zuständigen Senatsverwaltung einem bei ihr eingerichteten Umlegungsausschuss übertragen werden.

(2) [1]Geschäfte und Verhandlungen, die der Durchführung oder Vermeidung der Umlegung dienen, einschließlich der Berichtigung der öffentlichen Bücher, sind frei von Gebühren, ähnlichen nicht steuerlichen Abgaben und Auslagen, die auf landesrechtlichen Vorschriften beruhen. [2]§ 79 Abs. 2 des Baugesetzbuchs gilt entsprechend.

§ 20 Enteignung

[1]Die Rechte und Pflichten Berlins als Antragsteller im Enteignungsverfahren nach dem Baugesetzbuch nimmt die Senatsverwaltung für Finanzen wahr. [2]Sie kann ihre Aufgaben auf die Bezirksämter übertragen.

§ 21 (aufgehoben)

§ 22 Erschließungsbeitrag

(1) An die Stelle der Satzung nach § 132 des Baugesetzbuchs tritt ein besonderes Landesgesetz (Erschließungsbeitragsgesetz).

(2) Die Ablösung des Erschließungsbeitrags im Ganzen vor Entstehung der Beitragspflicht (§ 133 Abs. 3 Satz 5 des Baugesetzbuchs) regelt der Senat durch Verwaltungsvorschriften.

§ 23 Kostenerstattung

[1]An die Stelle der Satzung nach § 135c des Baugesetzbuchs tritt eine Rechtsverordnung der für das Bauwesen zuständigen Senatsverwaltung. [2]Auf die Kostenerstattung sind die Verfahrensvorschriften des Dritten Abschnitts des Erschließungsbeitragsgesetzes in der jeweils geltenden Fassung anzuwenden. [3]Der Kostenerstattungsbetrag wird von den Bezirken erhoben.

§ 24 Festlegung von Sanierungsgebieten

(1) [1]An die Stelle von Satzungen nach § 142 Abs. 3 und § 162 Abs. 2 Satz 1 des Baugesetzbuchs treten Rechtsverordnungen des Senats. [2]Mit dem Inkrafttreten der Rechtsverordnung werden die förmliche Festlegung des Sanierungsgebiets oder deren Aufhebung rechtsverbindlich. [3]§ 143 Abs. 1 Satz 1, 2, 3 Halbsatz 1 und Satz 4 sowie § 162 Abs. 2 Satz 3 und 4 des Baugesetzbuchs finden keine Anwendung.

(2) [1]In der Rechtsverordnung ist – außer im vereinfachten Verfahren – auf die besonderen sanierungsrechtlichen Vorschriften (§ 143 Abs. 1 Satz 3 Halbsatz 2 des Baugesetzbuchs) und auf die Voraussetzungen für die Geltendmachung der Verletzung von Verfahrens- oder Formvorschriften und von Mängeln der Abwägung sowie auf die Rechtsfolgen (§ 215 Abs. 2 des Baugesetzbuchs, § 32 Abs. 2 dieses Gesetzes) hinzuweisen. [2]Die Verletzung ist bei dem für städtebauliche Sanierungsmaßnahmen zuständigen Mitglied des Senats geltend zu machen.

§ 25 Landesprogramme zum Erwirken von Bundesfinanzhilfen

(1) Die Landesprogramme zum Erwirken von Bundesfinanzhilfen der Städtebauförderung nach den §§ 164a, 164b des Baugesetzbuchs sind von der zuständigen Senatsverwaltung aufzustellen sowie förderungstechnisch abzuwickeln und abzurechnen.

(2) Aufgaben der Bezirke, soweit sie Gegenstand der Finanzierung städtebaulicher Gesamtmaßnahmen nach § 164b des Baugesetzbuchs sind, unterliegen dem Eingriffsrecht nach § 13a des Allgemeinen Zuständigkeitsgesetzes.

§ 26 Vorbereitung und Durchführung von Sanierungs- und Entwicklungsmaßnahmen

(1) [1]Der Senat beschließt über den Beginn der vorbereitenden Untersuchungen nach § 141 Abs. 3 Satz 1 und nach § 165 Abs. 4 Satz 1 und § 170 des Baugesetzbuchs. [2]Die zuständige Senatsverwaltung führt die entsprechenden Untersuchungen durch und bestimmt die grundsätzlichen Sanierungs- und Entwicklungsziele. [3]Die Bezirke sind zu beteiligen. [4]Einzelne Aufgaben können auf die Bezirke übertragen werden.

(2) Die zuständige Senatsverwaltung entscheidet über die Änderung von Sanierungszielen grundsätzlicher oder gesamtstädtischer Bedeutung, über die Förderung von Maßnahmen nach § 140 Nr. 7 des Baugesetzbuchs sowie bei Geboten nach § 177 des Baugesetzbuchs.

(3) An die Stelle der Satzung nach § 154 Absatz 2a des Baugesetzbuchs tritt eine Rechtsverordnung des Senats.

§ 27 Städtebauliche Entwicklungsbereiche

(1) [1]An die Stelle von Satzungen nach § 165 Abs. 6 und nach § 169 Abs. 1 Nr. 8 in Verbindung mit § 162 Abs. 2 Satz 1 des Baugesetzbuchs treten Rechtsverordnungen des Senats. [2]Mit dem Inkrafttreten der Rechtsverordnung werden die förmliche Festlegung des städtebaulichen Entwicklungsbereichs oder deren Aufhebung rechtsverbindlich. [3]§ 162 Abs. 2 Satz 3 und 4 des Baugesetzbuchs findet keine Anwendung. [4]In der Rechtsverordnung ist auf die Voraussetzungen für die Geltendmachung der Verletzung von Verfahrens- oder Formvorschriften und von Mängeln der Abwägung sowie die Rechtsfolgen (§ 215 Abs. 2 des Baugesetzbuchs, § 32 Abs. 2 dieses Gesetzes) hinzuweisen. [5]Die Verletzung ist bei der für städtebauliche Entwicklungsmaßnahmen zuständigen Senatsverwaltung geltend zu machen. [6]In der Rechtsverordnung, die den städtebaulichen Entwicklungsbereich förmlich festlegt, ist auch auf die Genehmigungspflicht nach den §§ 144, 145 und 153 Abs. 2 des Baugesetzbuchs hinzuweisen.

(2) Die Entwicklungsmaßnahme ist vorzusehen für Bereiche, deren erstmalige Entwicklung oder Umstrukturierung einer integrierten Gesamtmaßnahme bedarf, zügig durchgeführt werden muss und eine besondere Bedeutung für die städtebauliche Entwicklung Berlins hat.

(3) [1]Die Vorbereitung und Durchführung von städtebaulichen Entwicklungsmaßnahmen (§§ 165 bis 171 des Baugesetzbuchs) wird von der für das Bauwesen zuständigen Senatsverwaltung wahrgenommen. [2]Die Bezirke sind zu beteiligen. [3]Einzelne Aufgaben können auf die Bezirke übertragen werden.

(4) Die entwicklungsrechtliche Entscheidung nach § 169 Abs. 1 Nr. 3 des Baugesetzbuchs trifft die für das Bauwesen zuständige Senatsverwaltung unabhängig von der Zuständigkeit für den Erlass des Verwaltungsakts.

§ 28 Städtebauliche Verträge, Erschließungsverträge

[1]Städtebauliche Verträge nach § 11 des Baugesetzbuchs und Erschließungsverträge nach § 124 des Baugesetzbuchs, soweit sie Belange von außergewöhnlicher stadtpolitischer Bedeutung oder Belange zur Verwirklichung von Erfordernissen der Verfassungsorgane des Bundes betreffen, sowie in Entwicklungsbereichen und Anpassungsgebieten schließt die für das Bauwesen zuständige Senatsverwaltung. [2]Die Bezirke sind zu beteiligen. [3]Soweit Belange des bezirklichen Haushalts berührt sind, darf der Senat den Vertrag nicht gegen den Willen des Bezirks abschließen.

§ 29 Auskunftsanspruch

Auskunft nach § 138 Abs. 1 und § 159 Abs. 1 Satz 3 des Baugesetzbuchs kann jede für die Durchführung von städtebaulichen Sanierungsmaßnahmen zuständige Behörde verlangen.

§ 29a Stadtumbau

(1) Über die Festlegung von Gebieten des Stadtumbaus nach § 171b Abs. 1 des Baugesetzbuchs beschließt der Senat.

(2) Die für das Bauwesen zuständige Senatsverwaltung stellt in Abstimmung mit den Bezirken das städtebauliche Entwicklungskonzept nach § 171b Abs. 2 des Baugesetzbuchs auf und bestimmt die grundsätzlichen Ziele und Maßnahmen des Stadtumbaus.

(3) [1]Stadtumbauverträge nach § 171c des Baugesetzbuchs werden von der für das Bauwesen zuständigen Senatsverwaltung geschlossen. [2]Sie kann diese Aufgabe auf die Bezirke übertragen.

(4) An die Stelle der Satzung nach § 171d Abs. 1 des Baugesetzbuchs tritt eine Rechtsverordnung des Senats.

§ 29b Soziale Stadt

(1) Über die Festlegung von Gebieten der Sozialen Stadt nach § 171e Abs. 3 des Baugesetzbuchs beschließt der Senat.

(2) [1]Die für das Bauwesen zuständige Senatsverwaltung stellt in Abstimmung mit den Bezirken das Entwicklungskonzept nach § 171e Abs. 4 des Baugesetzbuchs auf und bestimmt die grundsätzlichen Ziele und Maßnahmen der Sozialen Stadt. [2]Die fachlich betroffenen Senatsverwaltungen sind zu beteiligen.

(3) [1]Die Maßnahmen nach § 171e Abs. 5 des Baugesetzbuchs obliegen der für das Bauwesen zuständigen Senatsverwaltung. [2]Sie kann die Aufgaben auf die Bezirke übertragen.

§ 30 Erhaltung baulicher Anlagen

(1) [1]An die Stelle der Satzung nach § 172 Absatz 1 des Baugesetzbuchs tritt eine Rechtsverordnung des Bezirksamts. [2]Sie ist einen Monat vor Erlass der zuständigen Senatsverwaltung anzuzeigen. [3]Für die Ausübung des Eingriffsrechts gilt § 7 Absatz 1 Satz 2 und 4 sinngemäß. [4]Zieht die zuständige Senatsverwaltung das Verfahren nach § 7 Absatz 1 Satz 4 an sich, erlässt sie die Rechtsverordnung. [5]Im Falle des § 9 Absatz 1 wird die Rechtsverordnung durch die zuständige Senatsverwaltung erlassen.

(2) [1]Mit dem Inkrafttreten der Rechtsverordnung wird die Festlegung der Gebiete rechtsverbindlich. [2]§ 16 Absatz 2 des Baugesetzbuchs findet keine Anwendung. [3]In der Rechtsverordnung ist auf die Voraussetzungen für die Geltendmachung der Verletzung von Verfahrens- oder Formvorschriften und Mängeln der Abwägung sowie auf die Rechtsfolgen (§ 215 Absatz 2 des Baugesetzbuchs, § 32 Absatz 2 dieses Gesetzes) hinzuweisen. [4]Die Verletzung ist bei dem Bezirksamt, das die Rechtsverordnung erlassen hat, in den Fällen des Absatzes 1 Satz 4 und 5 bei der zuständigen Senatsverwaltung geltend zu machen.

§ 30a Automatisiertes Verfahren auf Abruf

[1]Für Auskünfte aus der Kaufpreissammlung nach § 195 Abs. 3 des Baugesetzbuchs dürfen automatisierte Verfahren auf Abruf eingesetzt werden. [2]Die Einzelheiten regelt eine Rechtsverordnung.

§ 30b Baulandkataster

[1]Die für die Stadtentwicklung zuständige Senatsverwaltung leitet die Erstellung und Weiterentwicklung eines Baulandkatasters für Berlin (§ 200 Absatz 3 des Baugesetzbuchs) und ist für seine Veröffentlichung verantwortlich. [2]Die Veröffentlichung kann in einem automatisierten Verfahren auf Abruf erfolgen, das die Angaben zu bebaubaren Flächen auch mit anderen für die Bebauung maßgeblichen und veröffentlichten Daten (Stadtplanungsdaten) verknüpft. [3]Die für die Stadtentwicklung zuständige Senatsverwaltung kann die Einzelheiten durch Rechtsverordnung regeln.

§ 30c Verarbeitung personenbezogener Daten

Die Bezirksämter und die zuständigen Senatsverwaltungen sind zur Verarbeitung personenbezogener Daten befugt, soweit dies zur Erfüllung der in ihrer Zuständigkeit liegenden Aufgaben oder in Ausübung öffentlicher Gewalt nach diesem Gesetz erforderlich ist.

§ 31 Planungsverbände

Die Befugnisse der Gemeinde nach § 205 des Baugesetzbuchs nehmen die für die vorbereitende Bauleitplanung sowie für die verbindliche Bauleitplanung zuständigen Mitglieder des Senats wahr.

§ 32 Geltendmachung von Verfahrens- und Formmängeln

(1) [1]Die Verletzung von Verfahrens- und Formvorschriften dieses Gesetzes wird für die Wirksamkeit des Flächennutzungsplans unbeachtlich, wenn sie nicht innerhalb von einem Jahr seit der Bekannt-

machung der Zustimmung des Abgeordnetenhauses zum Flächennutzungsplan geltend gemacht worden ist. [2]Der Sachverhalt, der die Verletzung begründen soll, ist darzulegen.

(2) [1]Die Verletzung von Verfahrens- und Formvorschriften dieses Gesetzes wird für die Rechtswirksamkeit der Rechtsverordnungen unbeachtlich, wenn sie nicht innerhalb von einem Jahr seit der Verkündung der Rechtsverordnung schriftlich geltend gemacht worden ist. [2]Der Sachverhalt, der die Verletzung begründen soll, ist darzulegen.

(3) Die Absätze 1 und 2 gelten nicht, wenn die für die Bekanntmachung oder die Verkündung geltenden Vorschriften verletzt worden sind.

§ 33 Erlass von Ausführungsvorschriften

[1]Verwaltungsvorschriften zur Ausführung des Baugesetzbuchs und dieses Ausführungsgesetzes erlassen die zuständigen Mitglieder des Senats. [2]Die Befugnisse der Senatsverwaltung für Finanzen auf Grund der Landeshaushaltsordnung (LHO) bleiben unberührt.

§ 34 (aufgehoben)

§ 35 Zuständigkeit für den Erlass des Widerspruchsbescheides

Die für das Bauwesen zuständige Senatsverwaltung entscheidet über den Widerspruch gegen einen Verwaltungsakt einer Bezirksverwaltung und damit verbundene Maßnahmen der Verwaltungsvollstreckung, wenn der Verwaltungsakt auf § 169 Abs. 1 Nr. 3 des Baugesetzbuchs gestützt wird.

§ 36 Überleitungsvorschrift

Soweit nach den Überleitungsvorschriften der §§ 233 bis 245 des Baugesetzbuchs die Vorschriften des Bundesbaugesetzes und des Städtebauförderungsgesetzes weiter anzuwenden sind, sind auch die Vorschriften des Gesetzes zur Ausführung des Bundesbaugesetzes (AGBBauG) in der Fassung vom 23. Januar 1979 (GVBl. S. 321), zuletzt geändert durch Gesetz vom 17. Dezember 1984 (GVBl. S. 1730), und des Gesetzes zur Ausführung des Städtebauförderungsgesetzes (AGStBauFG) vom 9. Mai 1972 (GVBl. S. 884), geändert durch Gesetz vom 24. März 1983 (GVBl. S. 582), weiter anzuwenden.

§ 37 Inkrafttreten

[1]Dieses Gesetz tritt am Tage nach der Verkündung im Gesetz- und Verordnungsblatt für Berlin in Kraft. [2]Gleichzeitig treten das Gesetz zur Ausführung des Bundesbaugesetzes (AGBBauG) in der Fassung vom 23. Januar 1979 (GVBl. S. 321), zuletzt geändert durch Gesetz vom 17. Dezember 1984 (GVBl. S. 1730), und das Gesetz zur Ausführung des Städtebauförderungsgesetzes (AGStBauFG) vom 9. Mai 1972 (GVBl. S. 844), geändert durch Gesetz vom 24. März 1983 (GVBl. S. 582), außer Kraft.

Verordnung zur Durchführung des Baugesetzbuchs (DVO-BauGB)

Vom 5. Juni 2018 (GVBl. S. 407)
(BRV 2130-4)

zuletzt geändert durch Art. 3 G über die Einbindung der für das Geoinformations- und Vermessungswesen zuständigen Senatsverwaltung bei der Durchführung von Bodenordnungsmaßnahmen vom 27. September 2021 (GVBl. S. 1119)

Auf Grund des § 46 Absatz 2, des § 80 Absatz 5, des § 199 Absatz 2 und des § 246 Absatz 4 des Baugesetzbuchs in der Fassung der Bekanntmachung vom 3. November 2017 (BGBl. I S. 3634) verordnet der Senat:

Inhaltsübersicht

Erster Abschnitt
Bodenordnung

§ 1 Umlegungsausschuss

(1) Die für das Geoinformations- und Vermessungswesen zuständige Senatsverwaltung bildet zur Durchführung von Umlegungen und vereinfachten Umlegungen, die Aufgabe der Hauptverwaltung sind, einen oder mehrere Umlegungsausschüsse.

(2) [1]Das Bezirksamt kann zur Durchführung von Umlegungen und vereinfachten Umlegungen, die Aufgabe des Bezirkes sind, einen oder mehrere Umlegungsausschüsse bilden. [2]Das Bezirksamt kann die Durchführung der Umlegung einem bei der für das Geoinformations- und Vermessungswesen zuständigen Senatsverwaltung eingerichteten Umlegungsausschuss übertragen, soweit die Senatsverwaltung der Übertragung zustimmt.

(3) Der Umlegungsausschuss besteht aus einem vorsitzenden Mitglied, einem stellvertretend vorsitzenden Mitglied und drei weiteren Mitgliedern sowie deren Stellvertretenden.

(4) [1]Von dem vorsitzenden und dem stellvertretend vorsitzenden Mitglied muss eines die Befähigung für die Laufbahngruppe 2, zweites Einstiegsamt des Laufbahnzweiges vermessungstechnischer Dienst und das andere die Befähigung für die Laufbahngruppe 2, zweites Einstiegsamt, des Laufbahnzweiges nichttechnischer Dienst haben. [2]Von den drei weiteren Mitgliedern müssen zwei in der Ermittlung von

Grundstückswerten oder sonstigen Wertermittlungen sachkundig und erfahren sein (Sachverständige) und das dritte Mitglied muss in der städtebaulichen Planung tätig sein und die Befähigung für die Laufbahngruppe 2, zweites Einstiegsamt des Laufbahnzweiges technischer Dienst haben. [3]Für die weiteren Mitglieder sollen stellvertretende Mitglieder gewählt oder berufen werden; im Falle der Vertretung soll das vertretende Mitglied die gleichen Voraussetzungen erfüllen, wie das Mitglied, das vertreten wird.

(5) [1]Die Mitglieder und stellvertretenden Mitglieder eines Umlegungsausschusses werden für die Dauer von fünf Jahren berufen. [2]Die Berufung erfolgt im Falle des Absatzes 1 durch das für das Geoinformations- und Vermessungswesen zuständige Mitglied des Senats. [3]Im Falle der Bildung des Umlegungsausschusses nach Absatz 2 Satz 1 werden

1. das vorsitzende und das stellvertretend vorsitzende Mitglied von dem Bezirksamt berufen und
2. die weiteren Mitglieder und deren Stellvertreterinnen und Stellvertreter von der Bezirksverordnetenversammlung gewählt.

[4]§ 7 Absatz 3 Nummer 2 und 3 sowie § 9 gelten entsprechend.

(6) Kein Mitglied darf hauptamtlich mit der Verwaltung von Grundstücken des Landes Berlin befasst sein.

(7) Für die Entschädigung der Mitglieder gilt § 11 entsprechend.

§ 2 Verfahren des Umlegungsausschusses

[1]Der Umlegungsausschuss ist beschlussfähig, wenn mindestens vier Mitglieder anwesend sind. [2]Zu den Sitzungen des Umlegungsausschusses können weitere Personen mit beratender Stimme hinzugezogen werden. [3]Die Sitzungen des Umlegungsausschusses sind nicht öffentlich.

§ 3 Umlegungsverfahren

(1) Die Anordnung der Umlegung (§ 46 Absatz 1 des Baugesetzbuchs) obliegt im Falle des § 1 Absatz 1 der für das Geoinformations- und Vermessungswesen zuständigen Senatsverwaltung und im Falle des § 1 Absatz 2 Satz 1 dem Bezirksamt.

(2) Der Umlegungsausschuss beschließt über

1. die Einleitung der Umlegung (§ 47 Baugesetzbuch),
2. die Aufstellung des Umlegungsplanes und des Teilumlegungsplanes (§ 66 Absatz 1 Baugesetzbuch),
3. die Inkraftsetzung von Teilen des Umlegungsplanes (§ 71 Absatz 2 Baugesetzbuch),
4. die Änderung des Umlegungsplanes (§ 73 Baugesetzbuch),
5. die Vorwegnahme der Entscheidung (§ 76 Baugesetzbuch),
6. die vorzeitige Besitzeinweisung (§ 77 Absatz 1 Baugesetzbuch) und
7. die vereinfachte Umlegung (§ 82 Absatz 1 Satz 1 Baugesetzbuch).

(3) [1]Die Vorbereitung und Durchführung der Beschlüsse des Umlegungsausschusses sowie die Wahrnehmung der übrigen Aufgaben im Umlegungsverfahren obliegt der Geschäftsstelle des Umlegungsausschusses, die im Falle des § 1 Absatz 1 und im Falle der Übertragung nach § 1 Absatz 2 Satz 2 bei der für das Geoinformations- und Vermessungswesen zuständigen Senatsverwaltung und im Falle der Bildung des Umlegungsausschusses nach § 1 Absatz 2 Satz 1 bei der für das Geoinformations- und Vermessungswesen zuständigen Stelle der Bezirksverwaltung eingerichtet wird. [2]Ein vom Bezirksamt gebildeter Umlegungsausschuss kann die Wahrnehmung der Aufgaben der Geschäftsstelle einer bei der für das Geoinformations- und Vermessungswesen zuständigen Senatsverwaltung eingerichteten Geschäftsstelle mit deren Einvernehmen übertragen. [3]Die Aufgabenübertragung gemäß § 46 Absatz 4 Satz 3 des Baugesetzbuchs bleibt unberührt.

(4) [1]Der Umlegungsausschuss kann die Entscheidung über Vorgänge nach § 51 Absatz 1 des Baugesetzbuchs von geringer Bedeutung der Geschäftsstelle übertragen. [2]Er hat festzulegen, für welche Vorgänge und innerhalb welcher Grenzen diese Übertragung in Betracht kommt.

§ 4 Auflösung des Umlegungsausschusses

Die für das Geoinformations- und Vermessungswesen zuständige Senatsverwaltung und die Bezirksämter können die Auflösung der von ihnen jeweils eingerichteten Umlegungsausschüsse beschließen, wenn

1. die Umlegung durchgeführt ist oder nach Auffassung des Umlegungsausschusses nicht durchgeführt werden kann und
2. mit der Anordnung einer weiteren vom betreffenden Umlegungsausschuss durchzuführenden Umlegung in absehbarer Zeit nicht zu rechnen ist.

Zweiter Abschnitt
Wertermittlung

§ 5 Gutachterausschuss

(1) [1]Für Berlin wird gemäß § 192 Absatz 1 des Baugesetzbuchs ein Gutachterausschuss gebildet. [2]Der Gutachterausschuss führt die Bezeichnung „Gutachterausschuss für Grundstückswerte in Berlin". [3]Er besteht aus einem vorsitzenden Mitglied, den stellvertretend vorsitzenden Mitgliedern und ehrenamtlichen weiteren Mitgliedern.

(2) [1]Der Gutachterausschuss wird bei der Erstattung von Gutachten und bei Zustandsfeststellungen grundsätzlich in der Besetzung mit einem vorsitzenden oder einem stellvertretend vorsitzenden und zwei ehrenamtlichen weiteren Mitgliedern tätig. [2]In besonderen Fällen kann der Gutachterausschuss um ehrenamtliche weitere Mitglieder erweitert werden. [3]Bei der Ermittlung von Bodenrichtwerten und sonstigen erforderlichen Daten nach den §§ 9 bis 14 der Immobilienwertermittlungsverordnung sowie bei der Erstellung von Mietwertübersichten wird der Gutachterausschuss in der Besetzung mit einem vorsitzenden und mindestens vier ehrenamtlichen weiteren Mitgliedern tätig.

§ 6 Aufgaben des Gutachterausschusses

(1) [1]Der Gutachterausschuss hat außer den durch § 193 Absatz 1, 2 und 5 des Baugesetzbuchs übertragenen Aufgaben
1. den Zustand für ein Grundstück oder einen Grundstücksteil einschließlich seiner Bestandteile bei vorzeitiger Besitzeinweisung nach § 116 Absatz 5 des Baugesetzbuchs festzustellen,
2. Gutachten über den merkantilen Minderwert von Grundstücken bei enteignenden Eingriffen zu erstatten und
3. Gutachten über Grundstücksteilwerte zu erstatten.

[2]Der Gutachterausschuss erstellt die in § 198 Absatz 2 Satz 1 des Baugesetzbuchs genannten überregionalen Auswertungen und Analysen und nimmt die länderübergreifende Zusammenarbeit wahr. [3]Darüber hinaus kann der Gutachterausschuss nach Bedarf Mietwertübersichten erstellen.

(2) [1]Der Gutachterausschuss wird bei den Aufgaben nach Absatz 1 Satz 1 nur auf Antrag tätig. [2]Antragsberechtigt sind für Zustandsfeststellungen nach Absatz 1 Satz 1 Nummer 1 die Enteignungsbehörde, für Gutachten nach Absatz 1 Satz 1 Nummer 2 die Enteignungsbehörde sowie die Gerichte, für Gutachten nach Absatz 1 Satz 1 Nummer 3 die Finanzgerichte. [3]Weitere Aufgaben und Antragsberechtigungen nach anderen Rechtsvorschriften bleiben unberührt.

§ 7 Berufung der Mitglieder des Gutachterausschusses

(1) [1]Die Mitglieder des Gutachterausschusses werden von dem für das Geoinformations- und Vermessungswesen zuständigen Mitglied des Senats für die Dauer von fünf Jahren berufen. [2]Die stellvertretend vorsitzenden und die ehrenamtlichen weiteren Mitglieder des Gutachterausschusses sind in der erforderlichen Anzahl zu berufen.

(2) [1]Das vorsitzende Mitglied und die stellvertretend vorsitzenden Mitglieder müssen die Befähigung für die Laufbahngruppe 2, zweites Einstiegsamt des Laufbahnzweiges vermessungstechnischer Dienst haben und Bedienstete des Landes Berlin sein. [2]Zwei ehrenamtliche weitere Mitglieder, die nicht Bedienstete des Landes Berlin sind, können zu stellvertretend vorsitzenden Mitgliedern berufen werden, ohne die Voraussetzungen nach Satz 1 zu erfüllen. [3]Zum vorsitzenden Mitglied soll nur berufen werden, wer auch Vorgesetzter oder Vorgesetzte der Bediensteten in der Geschäftsstelle des Gutachterausschusses ist. [4]Die Architektenkammer, die Baukammer, die Industrie- und Handelskammer, die Wirtschaftsprüferkammer und die Verbände entsprechender Fachrichtungen haben bei der Berufung der ehrenamtlichen weiteren Mitglieder ein Vorschlagsrecht.

(3) Als Mitglied des Gutachterausschusses darf nur berufen werden, wer
1. die Anforderungen nach § 192 Absatz 3 Satz 1 des Baugesetzbuchs erfüllt,
2. nicht zum Personenkreis nach § 21 Absatz 1 Nummer 1 und 2 sowie Absatz 2 der Verwaltungsgerichtsordnung gehört und
3. das 70. Lebensjahr nicht vollendet hat.

§ 8 Pflichten der Mitglieder des Gutachterausschusses

(1) [1]Die Mitglieder des Gutachterausschusses haben ihre Aufgaben nach bestem Wissen und Gewissen zu erfüllen. [2]Die durch ihre Tätigkeit zu ihrer Kenntnis gelangenden persönlichen und wirtschaftlichen Verhältnisse der Beteiligten sowie Daten der Kaufpreissammlung sind vertraulich zu behandeln.
(2) Ein Mitglied des Gutachterausschusses ist im Einzelfall von der Mitwirkung ausgeschlossen, wenn
1. es an dem Gegenstand der Wertermittlung wirtschaftlich interessiert ist oder
2. ein Ausschließungsgrund nach § 20 des Verwaltungsverfahrensgesetzes vorliegt.

(3) Sind die Berufungsvoraussetzungen nach § 7 Absatz 3 Nummer 1 oder 2 entfallen oder ist ein Mitglied nach Absatz 2 ausgeschlossen, so hat es dieses dem vorsitzenden Mitglied unverzüglich mitzuteilen.

§ 9 Abberufung der Mitglieder, Beendigung der Amtszeit

(1) Ein Mitglied des Gutachterausschusses ist nach Würdigung aller Umstände von dem für das Geoinformations- und Vermessungswesen zuständigen Mitglied des Senats abzuberufen, wenn
1. die in § 7 Absatz 3 Nummer 1 oder 2 genannten Berufungsvoraussetzungen entfallen sind oder
2. ein wichtiger Grund im Sinne des § 86 des Verwaltungsverfahrensgesetzes in der Fassung der Bekanntmachung vom 23. Januar 2003 (BGBl. I S. 102), das zuletzt durch Artikel 24 Absatz 3 des Gesetzes vom 25. Juni 2021 (BGBl. I S. 2154) geändert worden ist, in der jeweils geltenden Fassung vorliegt.

(2) Die Amtszeit des vorsitzenden und der stellvertretend vorsitzenden Mitglieder endet ohne Abberufung, wenn die in § 7 Absatz 2 Satz 1 und 2 genannten Berufungsvoraussetzungen entfallen sind.
(3) Die Amtszeit eines stellvertretend vorsitzenden Mitglieds oder eines ehrenamtlichen weiteren Mitglieds endet ohne Abberufung, wenn es sein Amt mit Zustimmung des vorsitzenden Mitglieds niederlegt.

§ 10 Verfahrensgrundsätze

(1) [1]Der Gutachterausschuss berät und beschließt in nichtöffentlicher Sitzung. [2]Die Beschlüsse sind von den im Einzelfall mitwirkenden Mitgliedern zu unterzeichnen. [3]Ein mitwirkendes Mitglied kann verlangen, dass seine dargelegte abweichende Auffassung zu den Akten genommen wird; sie ist nicht Bestandteil des Beschlusses.
(2) [1]Der Gutachterausschuss wird zur mündlichen Erläuterung seiner Beschlüsse vor Behörden und Gerichten durch das Mitglied vertreten, das im jeweiligen Einzelfall den Vorsitz geführt hat. [2]Bei dessen Verhinderung regelt das vorsitzende Mitglied des Gutachterausschusses die Vertretung.

§ 11 Entschädigung für die Mitglieder des Gutachterausschusses

Die ehrenamtlichen weiteren Mitglieder des Gutachterausschusses, die nicht Bedienstete des Landes Berlin sind, erhalten eine Entschädigung nach dem Justizvergütungs- und -entschädigungsgesetz.

§ 12 Aufgaben des vorsitzenden Mitglieds

Das vorsitzende Mitglied des Gutachterausschusses hat
1. den Gutachterausschuss nach außen zu vertreten,
2. die Befugnisse nach § 197 des Baugesetzbuchs wahrzunehmen,
3. die ehrenamtlichen weiteren Mitglieder nach ihrer Berufung und vor ihrer ersten Dienstleistung auf ihre Pflichten nach § 8 hinzuweisen,
4. über die Besetzung des Gutachterausschusses im Einzelfall nach § 5 Absatz 2 zu entscheiden,
5. die Zugriffserlaubnis nach § 15 Absatz 3 zu erteilen,
6. zu den Sitzungen einzuladen sowie
7. seine Vertretung zu regeln.

§ 13 Geschäftsstelle des Gutachterausschusses

(1) [1]Die Geschäftsstelle wird bei der für das Geoinformations- und Vermessungswesen zuständigen Senatsverwaltung gebildet. [2]Sie arbeitet nach fachlicher Weisung des Gutachterausschusses oder dessen vorsitzenden Mitglieds.

(2) Die Geschäftsstelle hat

1. die Kaufpreissammlung einzurichten und zu führen,
2. die Verträge und Beschlüsse nach § 195 Absatz 1 des Baugesetzbuchs sowie die ergänzenden Angaben und Unterlagen nach § 197 Absatz 1 des Baugesetzbuchs auszuwerten und die Daten in die Kaufpreissammlung einzugeben,
3. für Gutachten, Bodenrichtwerte, Mietwertübersichten, Zustandsfeststellungen und sonstige für die Wertermittlung erforderliche Daten nach den §§ 9 bis 14 der Immobilienwertermittlungsverordnung Beratungsgrundlagen vorzulegen und zu erläutern sowie
4. Immobilienmarktberichte nach § 18 zu erstellen und zu veröffentlichen.

(3) Als weitere Aufgaben hat die Geschäftsstelle

1. Verwaltungsgebühren zu erheben,
2. die ehrenamtlichen Mitglieder des Gutachterausschusses nach § 11 zu entschädigen,
3. Auszüge nach § 15 Absatz 4 zur Verfügung zu stellen,
4. Auskünfte aus der Kaufpreissammlung nach § 16 zu erteilen,
5. die Zugriffserlaubnis nach § 16 Absatz 5 zu erteilen,
6. Auskünfte über Bodenrichtwerte zu erteilen,
7. Bekanntmachungen nach § 19 zu veranlassen und
8. Verwaltungsarbeiten des Gutachterausschusses zu erledigen.

(4) Bei der Erfüllung der Aufgaben der Geschäftsstelle nach Absatz 2 Satz 1 Nummer 2 sowie bei der Vorlage und Erläuterung von Beratungsgrundlagen für Gutachten, Bodenrichtwerte und Zustandsfeststellungen nach Absatz 2 Satz 1 Nummer 3 wirken die für das Geoinformations- und Vermessungswesen zuständigen Stellen der Bezirksverwaltungen mit.

§ 14 Auswertung der Verträge, Beschlüsse, ergänzenden Angaben und Unterlagen

(1) Die dem Gutachterausschuss übersandten Verträge und Beschlüsse nach § 195 Absatz 1 des Baugesetzbuchs sowie ergänzende Angaben und Unterlagen nach § 197 Absatz 1 des Baugesetzbuchs sind hinsichtlich ihres Inhaltes vertraulich zu behandeln sowie unverzüglich auszuwerten und zu vernichten.

(2) [1]Für jeden Auswertungsfall sind die in der Anlage aufgeführten Vertragsmerkmale, preisbeeinflussenden Merkmale und Ordnungsmerkmale nach Objektgruppen zu erfassen. [2]Objektgruppen sind Gruppen von Grundstücken und Rechte an Grundstücken, für die nach den Marktverhältnissen Teilmärkte bestehen. [3]Dabei sind ungewöhnliche oder persönliche Verhältnisse sowie ein vom gewöhnlichen Geschäftsverkehr abweichendes Verhalten zu erfassen. [4]Im Rahmen der Auswertung dürfen Fotos des Auswerteobjektes aufgenommen und in der Kaufpreissammlung zur internen Dokumentation erfasst werden.

§ 15 Kaufpreissammlung

(1) [1]Die Kaufpreissammlung wird im automatisierten Datenverarbeitungsverfahren geführt. [2]Die Auswertungsdaten nach § 14 sind in die Kaufpreissammlung zu übernehmen.

(2) [1]Zur Bearbeitung von Auskunftsersuchen nach § 197 Absatz 1 Satz 1 und 2 des Baugesetzbuchs wird eine Datei geführt, in der Name und Anschrift der Auskunftspflichtigen, Lagebezeichnung des Grundstücks, Objektgruppe (§ 14 Absatz 2 Satz 2), Kaufvertragsdatum und Angaben zum Bearbeitungsstand verarbeitet werden können. [2]Die Daten sind unverzüglich nach Erledigung des Auskunftsersuchens zu löschen.

(3) [1]Das vorsitzende Mitglied des Gutachterausschusses und die stellvertretend vorsitzenden Mitglieder sind berechtigt, Datenerfassungen und Auswertungen in der Kaufpreissammlung vorzunehmen, soweit dies zur Erfüllung ihrer gesetzlichen Aufgaben erforderlich ist. [2]Das vorsitzende Mitglied kann Bediensteten in der Geschäftsstelle nach § 13 und Bediensteten in den Bezirksverwaltungen, denen Aufgaben nach § 13 Absatz 2 Nummer 2 und 3 übertragen sind, in dem Umfang Datenerfassungen und Auswertungen in der Kaufpreissammlung erlauben, wie es zur Erfüllung der ihnen übertragenen Aufgaben erforderlich ist. [3]§ 16 Absatz 7 und 8 gilt entsprechend.

(4) [1]Die Mitglieder des Gutachterausschusses erhalten zur Erfüllung ihrer gesetzlichen Aufgaben Auszüge aus der Kaufpreissammlung. [2]Die Auszüge werden auf Anforderung für den Einzelfall von der Geschäftsstelle in analoger oder digitaler Form im erforderlichen Umfang erstellt. [3]§ 16 Absatz 7 und 8 gilt entsprechend.

§ 16 Auskünfte aus der Kaufpreissammlung

(1) [1]Auskünfte aus der Kaufpreissammlung werden auf Antrag bei Darlegung eines berechtigten Interesses für den angegebenen Verwendungszweck als Rechercheergebnisse grundstücksbezogen oder blockbezogen analog oder in digitaler Form erteilt. [2]Recherche ist das Auswerten der Kaufpreissammlung nach Vergleichsfällen. [3]Grundstücksbezogene Auskünfte haben den in der Anlage zu § 14 Absatz 2 Satz 1 beschriebenen Inhalt. [4]Bei blockbezogenen Auskünften sind unmittelbare Grundstückslagedaten (z.B. Straßenname, Grundstücksnummer) nicht enthalten. [5]Kommt eine Versagung der Auskunft in Betracht, hat der Antragsteller die zur Entscheidung erforderlichen Angaben zu machen.

(2) [1]Grundstücksbezogene Auskünfte aus der Kaufpreissammlung erhalten im Einzelfall zur rechtmäßigen Erfüllung ihrer Grundstückswertermittlungsaufgaben:

1. von einer Kammer öffentlich bestellte und vereidigte Sachverständige für die Grundstückswertermittlung,
2. die mit der Grundstücksbewertung beauftragten Bediensteten von Behörden sowie von Einrichtungen, die unter der Aufsicht von Landes- oder Bundesbehörden stehen,
3. Sachverständige für Grundstückswertermittlung und Immobilienbewertung, die im Einklang mit DIN EN ISO/IEC 17024 durch eine akkreditierte Zulassungsstelle geprüft sind.

[2]Den in Nummer 1 bis 3 genannten Personen ist, soweit sie die Auskünfte zur rechtmäßigen Erfüllung ihrer Grundstückswertermittlungsaufgaben benötigen, ein berechtigtes Interesse an der Auskunftserteilung zu unterstellen.

(3) Blockbezogene Auskünfte aus der Kaufpreissammlung erhalten Dritte bei Darlegung eines berechtigten Interesses für jeden Einzelfall.

(4) [1]Informationen aus der Kaufpreissammlung erhält jedermann. [2]Informationen aus der Kaufpreissammlung sind statistische Werte aus Rechercheergebnissen, die keine Einzelfälle enthalten. [3]Informationen sind keine Auskünfte aus der Kaufpreissammlung im Sinne des § 195 Absatz 3 des Baugesetzbuchs.

(5) [1]Den in Absatz 2 genannten Personen kann zur rechtmäßigen Erfüllung ihrer Wertermittlungsaufgaben eine Zugriffserlaubnis für ein automatisiertes Verfahren auf Abruf erteilt werden, um Rechercheergebnisse selbst zu erstellen. [2]Für Sachverständige der Grundstückswertermittlung, die nicht zu den in Absatz 2 genannten Personen zählen und voraussichtlich wiederholt Auskünfte zur Erstellung von Verkehrswertgutachten (§ 194 Baugesetzbuch) begehren, kann die Geschäftsstelle des Gutachterausschusses auf Antrag Ausnahmen von der Darlegungsverpflichtung nach Absatz 3 zulassen. [3]In diesem Fall kann eine Zugriffserlaubnis für ein automatisiertes Verfahren auf Abruf erteilt werden, um Rechercheergebnisse nach Absatz 3 selbst zu erstellen. [4]Die Erlaubnis zum automatisierten Abruf ist bei der Geschäftsstelle des Gutachterausschusses zu beantragen. [5]Im Antrag sind der Verwendungszweck und die Person zu benennen, die zum Abruf berechtigt werden soll. [6]Im Fall von Behörden und Einrichtungen ist jeder berechtigten Person eine eigene Zugriffserlaubnis zu erteilen. [7]Die Verantwortung für die Rechtmäßigkeit des einzelnen Abrufs trägt die abrufende Stelle. [8]Die Erlaubnis ist auf zwei Jahre befristet. [9]Nach Fristablauf kann sie auf Antrag erneut erteilt werden. [10]Die Erlaubnis kann widerrufen werden, wenn

1. entgegen der Erlaubnis Daten abgerufen oder verwendet werden,
2. die Voraussetzungen zur Erteilung der Erlaubnis nicht mehr vorliegen oder
3. gegen datenschutzrechtliche Vorschriften verstoßen wird.

(6) Auf das automatisierte Verfahren auf Abruf findet § 26 des Berliner Datenschutzgesetzes vom 13. Juni 2018 (GVBl. 418[1)]), das durch Artikel 13 des Gesetzes vom 12. Oktober 2020 (GVBl. S. 807) geändert worden ist, Anwendung.

(7) [1]Die Daten der Auskunftserteilung sind von der Person, die sie zur Erfüllung ihrer Aufgaben erhalten hat, unverzüglich nach der Zweckerfüllung zu löschen oder zu vernichten. [2]Dem Beschluss nach § 10 Absatz 1 zugrunde liegende Auszüge aus der Kaufpreissammlung sind zu dokumentieren.

---

1) Richtig wohl: „GVBl. S. 418"

(8) [1]Recherchen in der Kaufpreissammlung sind so zu protokollieren, dass die empfangende Person, der jeweilige Verwendungszweck, die abgerufenen Angaben und das Datum des Abrufs bestimmt sind. [2]Die protokollierten Angaben dürfen nur zu Zwecken des Datenschutzes, zur Datensicherung, zur Sicherstellung des ordnungsgemäßen Betriebes der Datenverarbeitungsanlage und zur Abrechnung verwendet werden. [3]Die protokollierten Angaben müssen entsprechend den Erfordernissen nach Satz 2 ausgewertet werden können und sind zwei Jahre nach ihrer Speicherung zu löschen.

(9) Bei der Auskunftserteilung in digitaler Form ist sicherzustellen, dass nur die antragstellende Person die Angaben zur Kenntnis nehmen kann, Veränderungen erkannt werden können, die Angaben dem Absender zugeordnet sind und der Empfang der Angaben nachgewiesen wird.

§ 17 Bodenrichtwerte

(1) Die Bodenrichtwerte nach § 196 Absatz 1 Satz 1 und 2 des Baugesetzbuchs sind mit Stichtag 1. Januar jeden Jahres bis zum 30. April des gleichen Jahres zu ermitteln.

(2) Die Bodenrichtwerte werden von der für das Geoinformations- und Vermessungswesen zuständigen Senatsverwaltung

1. im Geoportal Berlin in einer landesweiten Kartendarstellung und
2. von der Geschäftsstelle des Gutachterausschusses als Einzelauskunft

zum Abruf bereitgestellt.

§ 18 Immobilienmarktberichte

[1]Über den Immobilienmarkt ist mindestens jährlich durch Veröffentlichungen zu berichten. [2]Dabei sind die Verhältnisse auf den Teilmärkten für unbebaute Grundstücke, Ein- und Zweifamilienhausgrundstücke, Eigentumswohnungen und Ertragsgrundstücke gesondert darzustellen.

§ 19 Bekanntmachungen

Im Amtsblatt für Berlin sind zu veröffentlichen

1. die abgeleiteten, für die Wertermittlung erforderlichen Daten und die Mietwertübersichten sowie
2. der Abschluss der Bodenrichtwertermittlung mit dem Hinweis, wo die Bodenrichtwerte zur Auskunft für jedermann (§ 196 Absatz 3 Satz 2 Baugesetzbuch) bereitgestellt werden.

Dritter Abschnitt
Enteignungsbehörde

§ 20 Zuständigkeit

Enteignungsbehörde (§ 104 Baugesetzbuch) ist die für das Bauwesen zuständige Senatsverwaltung.

Vierter Abschnitt
Übergangs- und Schlussvorschriften

§ 21 Verarbeitung personenbezogener Daten

Der Umlegungsausschuss und der Gutachterausschuss sowie deren jeweilige Geschäftsstelle sind zur Verarbeitung personenbezogener Daten befugt, soweit dies zur Erfüllung der in ihrer jeweiligen Zuständigkeit liegenden Aufgabe oder in Ausübung öffentlicher Gewalt nach dieser Verordnung erforderlich ist.

§ 22 Inkrafttreten, Übergangsregelung

(1) [1]Diese Verordnung tritt am Tage nach der Verkündung[1)] im Gesetz- und Verordnungsblatt für Berlin in Kraft. [2]Gleichzeitig tritt die Verordnung zur Durchführung des Baugesetzbuchs vom 5. November 1998 (GVBl. S. 331), die zuletzt durch Artikel I § 6 des Gesetzes vom 19. Juni 2006 (GVBl. S. 573) geändert worden ist, außer Kraft.

(2) Die vor Inkrafttreten dieser Verordnung gebildeten Ausschüsse nach den §§ 1 und 7 der Verordnung zur Durchführung des Baugesetzbuchs vom 5. November 1998 (GVBl. S. 331), die zuletzt durch Artikel I § 6 des Gesetzes vom 19. Juni 2006 (GVBl. S. 573) geändert worden ist, gelten als nach dieser Verordnung gebildet.

---

1) Verkündet am 21.6.2018.

Anlage (zu § 14 Absatz 2 Satz 1)

Merkmalsgruppen

Verwaltungsdaten der Auswertung
- Erfassungsnummern
- Zeitpunkte der Registrierung und Erfassung
- Hinweise zur Auswertungsart und Umfang

Grundstückslage
- Allgemeine Lagedaten (z.B. Bezirk, Ortsteil, Wohnlage, Blocknummer)
- Unmittelbare Lagedaten (z.B. Straßenname, Grundstücksnummer)

Vertragsdaten
- Zeitpunkt der Beurkundung
- Art und Umfang der Übereignung
- Vertragsparteien

Preisverhältnisse
- Kaufpreis
- Preisbezüge
- Preisanteile

Ungewöhnliche oder persönliche Verhältnisse
- Ungewöhnliche Verhältnisse des Geschäftsverkehrs
- Persönliche Verhältnisse des Geschäftsverkehrs
- Ungewöhnliche Verhältnisse am Grundstück rechtlicher Art
- Ungewöhnliche Verhältnisse am Grundstück tatsächlicher Art

Grundstücksdaten
- Nutzungen
- Flächen
- Grundstücksbeschaffenheit

Planungs- und baurechtliche Situation
- Grundstücksqualität
- Geplante Nutzungen
- Rechtliche Bindungen

Erbbaurechtsdaten
- Daten der Bestellung
- Daten der Übereignung
- Erbbauzinsvereinbarungen

Bebauung
- Art und Lage der Gebäude
- Ausstattungsmerkmale
- Umfang der Bebauung, Flächen- und Raummaße
- Gebäudealter und Bauzustand
- Angaben zur Objektförderung mit öffentlichen Mitteln

Wohnungs- und Teileigentum
- Art und Umfang der Begründung
- Art, Umfang und Lage des Sondereigentums
- Art der Nutzung
- Raumaufteilung

Sachwert
- Daten der Sachwertberechnung

Ertragsdaten
- Jahresmieterträge
- Durchschnittsmieten
- Ausgaben der Grundstücksbewirtschaftung
- Ertragsindikatoren

Mietensammlung
- Mieteinheiten (Gewerberaum, Ein- und Zweifamilienhäuser)
- Mietdaten

Schlagworte
- Besonderheiten im Auswertungsfall

Textinformationen
- Erläuterungen zur Vertragsgestaltung und Preisvereinbarung im Einzelfall

Verordnung über den Betrieb von baulichen Anlagen (Betriebs-Verordnung – BetrVO)

Vom 10. Oktober 2007 (GVBl. S. 516)
(BRV 2130-10-4)

zuletzt geändert durch Art. 1 VO zur Änd. der Betriebs-VO sowie zur Aufh. der FeuerungsVO und der Elektrische Anlagen-BetriebsräumebauVO vom 10. Mai 2019 (GVBl. S. 273)

Auf Grund des § 84 Abs. 1 und 5 der Bauordnung für Berlin vom 29. September 2005 (GVBl. S. 495), die zuletzt durch § 9 des Gesetzes vom 7. Juni 2007 (GVBl. S. 222) geändert worden ist, wird verordnet:

Inhaltsübersicht

Teil I
Öffentlich zugängliche bauliche Anlagen, die von Menschen im Rollstuhl genutzt werden

§ 1 Öffentlich zugängliche bauliche Anlagen, die von Menschen im Rollstuhl genutzt werden

(1) [1]Für jede öffentlich zugängliche bauliche Anlage oder deren Teilbereiche, für die Rettungswege für Rollstuhlnutzerinnen oder Rollstuhlnutzer zur Rettung mittels geregelter fremder Hilfe bestimmt werden, muss durch die Betreiberin oder den Betreiber im Einvernehmen mit der Berliner Feuerwehr eine Brandschutzordnung aufgestellt und durch Aushang an zentraler Stelle bekannt gemacht werden. [2]In der Brandschutzordnung sind die zur Rettung von Rollstuhlnutzerinnen oder Rollstuhlnutzern erforderlichen Maßnahmen unter Beachtung der örtlichen Gegebenheiten festzulegen. [3]Dazu gehören insbesondere Regelungen über

1. die Mitnahme von Rollstuhlnutzerinnen oder Rollstuhlnutzern aus dem Gefahrenbereich (z.B. Öffnen oder Schließen von Türen, die für Rollstuhlnutzerinnen oder Rollstuhlnutzer ohne fremde Hilfe schwer zu benutzen sind, Benutzung von technischen Rettungshilfen für den Treppentransport von Rollstuhlnutzerinnen oder Rollstuhlnutzern und Hinzuziehung weiterer Hilfspersonen),
2. das Verhalten im Brandfall,
3. die Brandmeldung,
4. das Verbot, Rollstühle in Rettungswegen abzustellen.

(2) [1]Die Betriebsangehörigen der für Rollstuhlnutzerinnen oder Rollstuhlnutzer zugänglichen baulichen Anlagen oder deren Teilbereiche sind bei Beginn des Beschäftigungsverhältnisses und danach mindestens einmal jährlich über die Brandschutzordnung, insbesondere über das Verhalten im Gefahrenfall, die Hilfeleistung für Rollstuhlnutzerinnen oder Rollstuhlnutzer und die Art und Weise der Hinzuziehung weiterer Hilfspersonen zu belehren. [2]Die Belehrung ist zu dokumentieren, die Dokumentation fünf Jahre aufzuheben und auf Verlangen der Bauaufsichtsbehörde vorzulegen.

(3) [1]Betriebliche Maßnahmen nach den Absätzen 1 und 2 genügen, wenn öffentlich zugängliche bauliche Anlagen abweichend von der genehmigten Nutzung im Einzelfall von Besuchergruppen mit überdurchschnittlichem Anteil von Rollstuhlnutzerinnen oder Rollstuhlnutzern aufgesucht werden. [2]Diese betrieblichen Maßnahmen genügen nicht, wenn in der baulichen Anlage oder Teilen davon eine überdurchschnittliche Nutzung durch Rollstuhlnutzerinnen oder Rollstuhlnutzer, auf den Bevölkerungsanteil bezogen, anzunehmen ist. [3]In diesem Fall sind zusätzliche bauliche Maßnahmen ergänzend zu § 33 der Bauordnung für Berlin für die Selbstrettung erforderlich.

Teil II
Allgemeine Vorschriften

§ 2 Technische Anlagen und Einrichtungen

(1) Die Bauherrin oder der Bauherr oder die Betreiberin oder der Betreiber hat sicherheitsrelevante technische Anlagen und Einrichtungen von Gebäuden prüfen zu lassen, wenn diese bauordnungsrechtlich erforderlich sind oder soweit an diese bauordnungsrechtliche Anforderungen hinsichtlich des Brandschutzes gestellt werden.

(2) [1]Durch Prüfsachverständige für die Prüfung technischer Anlagen müssen auf ihre Wirksamkeit und Betriebssicherheit einschließlich des bestimmungsgemäßen Zusammenwirkens von Anlagen (Wirk-Prinzip-Prüfung) geprüft werden:

1. Lüftungsanlagen, ausgenommen solche, die einzelne Räume im selben Geschoss unmittelbar ins Freie be- oder entlüften,
2. CO-Warnanlagen,
3. Rauchabzugsanlagen,
4. Druckbelüftungsanlagen,
5. Feuerlöschanlagen, ausgenommen nichtselbstständige Feuerlöschanlagen mit trockenen Steigleitungen ohne Druckerhöhungsanlagen,
6. Brandmelde- und Alarmierungsanlagen,
7. Sicherheitsstromversorgungen.

[2]Abweichend von Satz 1 können die Prüfungen in baulichen Anlagen gewerblicher Betriebe mit einer nach dem Feuerwehrgesetz staatlich anerkannten Werkfeuerwehr unter Verantwortung ihres hauptberuflichen Leiters durchgeführt werden. [3]Die Befugnis erstreckt sich nicht auf die baulichen Anlagen anderer Betriebe.

(3) [1]Die Prüfungen nach Absatz 2 sind vor der Aufnahme der Nutzung der baulichen Anlage, unverzüglich nach einer wesentlichen Änderung der technischen Anlage oder Einrichtung sowie alle drei Jahre durchführen zu lassen (wiederkehrende Prüfungen). [2]Bei bestehenden technischen Anlagen und Einrichtungen beginnt diese Frist mit der letzten Prüfung nach dem bisher geltenden Recht.

(4) [1]Die Bauherrin oder der Bauherr hat die Berichte der Prüfsachverständigen für die Prüfung technischer Anlagen gemäß § 22 der Bautechnischen Prüfungsverordnung vor Aufnahme der Nutzung und nach wesentlichen Änderungen der Prüfingenieurin oder dem Prüfingenieur für Brandschutz zu übergeben. [2]Die Betreiberin oder der Betreiber hat die Berichte über wiederkehrende Prüfungen mindestens fünf Jahre aufzubewahren und der Bauaufsichtsbehörde auf Verlangen vorzulegen.

(5) [1]Durch Sachkundige Personen nach Absatz 6 müssen auf ihre ordnungsgemäße Beschaffenheit, Wirksamkeit und Betriebssicherheit geprüft werden:
1. Sicherheitsbeleuchtungen,
2. Schutzvorhänge.

[2]Die Prüfungen sind alle drei Jahre durchführen zu lassen (wiederkehrende Prüfungen). [3]Absatz 4 Satz 2 gilt entsprechend.

(6) [1]Sachkundige Personen sind alle natürlichen Personen, die mindestens einen für das Prüfgebiet einschlägigen Fachhochschulabschluss besitzen, eine einschlägige mindestens fünfjährige Berufserfahrung aufweisen und in der Lage sind, die jeweiligen Prüfungen in fachlicher und persönlicher Unabhängigkeit und Unbefangenheit durchzuführen. [2]Einer förmlichen Anerkennung bedarf es nicht.

(7) Die Bauherrin oder der Bauherr oder die Betreiberin oder der Betreiber hat für die Prüfungen nach den Absätzen 2 und 5 die nötigen Vorrichtungen und fachlich geeigneten Arbeitskräfte bereitzustellen sowie die erforderlichen Unterlagen bereitzuhalten.

(8) (aufgehoben)

§ 3 Raumlufttechnische Anlagen

(1) Die Betreiberin oder der Betreiber muss raumlufttechnische Anlagen von künstlich belüfteten und klimatisierten Räumen (Aufenthaltsräumen, Arbeitsstätten) mit Ausnahme von Anlagen in eigengenutzten Eigentumswohnungen und in Wohngebäuden der Gebäudeklassen 1 und 2 fachgerecht warten.

(2) [1]Die Wartung muss nach den allgemein anerkannten Regeln der Technik erfolgen. [2]Über jede Wartung ist ein Bericht zu fertigen, der mindestens fünf Jahre aufzubewahren und auf Verlangen der Bauaufsichtsbehörde vorzulegen ist. [3]Die Betreiberin oder der Betreiber hat festgestellte Mängel unverzüglich beseitigen zu lassen. [4]Die ordnungsgemäße Wartung ist von einer Sachkundigen Person nach § 2 Abs. 6 zu überprüfen.

§ 4 Private überwachungsbedürftige Anlagen

(1) Die Vorschriften der Abschnitte 1 und 3, des § 5 Absatz 2, des § 10 Absatz 1, der §§ 19, 20 und 24, des Anhangs 1 Nummer 4, sowie des Anhangs 2 der Betriebssicherheitsverordnung vom 3. Februar 2015 (BGBl. I S. 49), die zuletzt durch Artikel 2 der Verordnung vom 15. November 2016 (BGBl. I S. 2549) geändert worden ist, sowie des § 35 des Produktsicherheitsgesetzes vom 8. November 2011 (BGBl. I S. 2178, 2179; 2012 I S. 131), das durch Artikel 435 der Verordnung vom 31. August 2015 (BGBl. I S. 1474) geändert worden ist, finden auf überwachungsbedürftige Anlagen im Sinne des § 2

Absatz 13 der Betriebssicherheitsverordnung, die weder gewerblichen noch wirtschaftlichen Zwecken dienen und durch die keine Beschäftigten gefährdet werden, entsprechende Anwendung.

(2) Zuständige Behörde im Sinne der Vorschriften nach Absatz 1 ist das Landesamt für Arbeitsschutz, Gesundheitsschutz und technische Sicherheit.

Teil III

Brandsicherheitsschau und Betriebsüberwachung

§ 5 Allgemeines

(1) Die Brandsicherheitsschau dient der vorbeugenden Abwehr von durch Brände oder Explosionen entstehenden Gefahren, die von baulichen Anlagen auf Grund ihrer Beschaffenheit, ihrer Lage, ihrer Benutzung oder ihres Zustandes ausgehen und im Schadensfall die Sicherheit von Personen, den Bestand dieser baulichen Anlagen oder ihrer Teile bedrohen.

(2) [1]Die Brandsicherheitsschau ist von der Bauaufsichtsbehörde durchzuführen, wenn konkrete Anhaltspunkte für gefährliche Zustände vorliegen. [2]Die Brandsicherheitsschau ist regelmäßig, mindestens jedoch in Abständen von höchstens fünf Jahren, durchzuführen in

- Verkaufsstätten nach § 8 Absatz 1,
- Versammlungsstätten nach § 23 Absatz 1,
- Krankenhäusern,
- Wohnheimen sowie sonstigen Einrichtungen zur Unterbringung von Personen,
- Nutzungseinheiten zum Zwecke der Pflege oder Betreuung von Personen gemäß § 2 Absatz 4 Nummer 9 der Bauordnung für Berlin,
- Tageseinrichtungen für Kinder, Menschen mit Behinderung und alte Menschen,
- Schulen, Hochschulen und ähnlichen Einrichtungen,
- Beherbergungsstätten mit mehr als 60 Betten.

(3) Die Betriebsüberwachung dient der Überwachung des Betriebes mit dem Ziel, Gefahren für die öffentliche Sicherheit oder Ordnung abzuwehren, die durch Verstöße gegen bauordnungsrechtliche Betriebsvorschriften oder bauordnungsrechtliche Anordnungen betrieblicher Art entstehen.

(4) Die Betriebsüberwachung ist von der Bauaufsichtsbehörde während des Betriebes in

1. Verkaufsstätten nach § 8 Absatz 1 und
2. Versammlungsstätten nach § 23 Abs. 1

durchzuführen, wenn konkrete Anhaltspunkte für gefährliche Zustände vorliegen, im Übrigen in unregelmäßigen Zeitabständen, mindestens jedoch einmal im Jahr.

§ 6 Durchführung der Brandsicherheitsschau und der Betriebsüberwachung

(1) [1]An der Brandsicherheitsschau muss die Betreiberin oder der Betreiber oder eine von ihr oder ihm beauftragte Person teilnehmen. [2]Bei Versammlungsstätten mit Bühnen oder Szenenflächen müssen auch die nach § 33 Verantwortlichen teilnehmen. [3]Die Grundstückseigentümerin oder der Grundstückseigentümer soll zur Brandsicherheitsschau eingeladen werden. [4]Die Berliner Feuerwehr ist über die beabsichtigte Brandsicherheitsschau zu unterrichten.

(2) Die Betreiberin oder der Betreiber hat für die Durchführung der Betriebsüberwachung die erforderlichen Unterlagen während des Betriebes zur Einsichtnahme bereitzuhalten.

(3) Die Bauaufsichtsbehörde hat das Ergebnis der Brandsicherheitsschau oder der Betriebsüberwachung in einer Niederschrift festzuhalten und den Beteiligten mitzuteilen.

§ 7 Zutrittsrecht

Die mit der Durchführung der Brandsicherheitsschau und der Betriebsüberwachung Beauftragten dürfen zur Ausübung ihrer Aufgaben Grundstücke und bauliche Anlagen betreten.

Teil IV
Gebäudebezogene Betriebsvorschriften

Abschnitt 1
Verkaufsstätten

§ 8 Anwendungsbereich, Begriffe

(1) Die Vorschriften dieses Abschnitts finden nur auf Verkaufsstätten Anwendung, deren Verkaufsräume und Ladenstraßen einschließlich ihrer Bauteile eine Fläche von insgesamt mehr als 2 000 m^2 haben.

(2) [1]Verkaufsstätten sind Gebäude oder Gebäudeteile, die ganz oder teilweise dem Verkauf von Waren dienen, mindestens einen Verkaufsraum haben und keine Messebauten sind. [2]Verkaufsräume sind Räume, in denen Waren zum Verkauf oder sonstige Leistungen angeboten werden oder die dem Kundenverkehr dienen, ausgenommen Treppenräume notwendiger Treppen, Treppenraumerweiterungen sowie Garagen. [3]Ladenstraßen sind überdachte oder überdeckte Flächen, an denen Verkaufsräume liegen und die dem Kundenverkehr dienen. [4]Ladenstraßen gelten nicht als Verkaufsräume.

§ 9 Verantwortliche Personen

(1) Während der Betriebszeit einer Verkaufsstätte muss die Betreiberin oder der Betreiber oder eine von ihr oder ihm bestimmte Vertretungsperson ständig anwesend sein.

(2) [1]Die Betreiberin oder der Betreiber einer Verkaufsstätte hat
1. eine Brandschutzbeauftragte oder einen Brandschutzbeauftragten und
2. für Verkaufsstätten, deren Verkaufsräume eine Fläche von insgesamt mehr als 15 000 m^2 haben, Brandschutzhelferinnen und Brandschutzhelfer (Selbsthilfekräfte für den Brandschutz)

zu bestellen. [2]Die Namen dieser Personen und deren Wechsel sind der Berliner Feuerwehr auf Verlangen mitzuteilen. [3]Die Betreiberin oder der Betreiber hat für die Ausbildung dieser Personen im Einvernehmen mit der Berliner Feuerwehr zu sorgen.

(3) Die oder der Brandschutzbeauftragte hat für die Einhaltung der Bestimmungen des Absatzes 5 sowie der §§ 10 bis 12 zu sorgen.

(4) Die Bauaufsichtsbehörde legt im Einvernehmen mit der Berliner Feuerwehr die erforderliche Anzahl der Selbsthilfekräfte für den Brandschutz fest.

(5) Selbsthilfekräfte für den Brandschutz müssen in erforderlicher Anzahl während der Betriebszeit der Verkaufsstätte anwesend sein.

§ 10 Brandschutzordnung

(1) [1]Die Betreiberin oder der Betreiber einer Verkaufsstätte hat im Einvernehmen mit der Berliner Feuerwehr eine Brandschutzordnung aufzustellen. [2]In der Brandschutzordnung sind insbesondere die Aufgaben der oder des Brandschutzbeauftragten und der Selbsthilfekräfte für den Brandschutz sowie die Maßnahmen festzulegen, die zur Rettung von Menschen mit Behinderung, insbesondere Rollstuhlbenutzerinnen und Rollstuhlbenutzern, erforderlich sind.

(2) Die Betriebsangehörigen sind bei Beginn des Arbeitsverhältnisses und danach mindestens jährlich zu unterweisen in
1. die Lage und Bedienung der Feuerlöschgeräte, Brandmelde- und Feuerlöscheinrichtungen und
2. die Brandschutzordnung, insbesondere über das Verhalten bei einem Brand oder bei einer Panik.

(3) Im Einvernehmen mit der Berliner Feuerwehr sind Feuerwehrpläne anzufertigen und ihr zur Verfügung zu stellen.

§ 11 Freihalten der Rettungswege

(1) Rettungswege in der Verkaufsstätte müssen ständig freigehalten werden.

(2) [1]In Treppenräumen notwendiger Treppen, in Treppenraumerweiterungen und in notwendigen Fluren dürfen keine Dekorationen vorhanden sein. [2]In diesen Räumen sowie auf Ladenstraßen und Hauptgängen dürfen innerhalb der erforderlichen Breiten keine Gegenstände abgestellt sein.

(3) Während des Aufenthaltes von Personen in der Verkaufsstätte müssen die Türen im Zuge von Rettungswegen jederzeit von innen leicht in voller Breite geöffnet werden können.

(4) [1]Die als Rettungswege dienenden Flächen auf dem Grundstück sowie die Flächen für die Feuerwehr müssen ständig freigehalten werden. [2]Hierauf ist dauerhaft und gut sichtbar hinzuweisen.

§ 12 Rauchverbot, offenes Feuer

[1]Das Rauchen und das Verwenden von offenem Feuer ist in Verkaufsräumen und Ladenstraßen verboten. [2]Dies gilt nicht für Bereiche, in denen Getränke oder Speisen verabreicht oder Besprechungen abgehalten werden. [3]Auf das Verbot ist dauerhaft und gut sichtbar hinzuweisen.

§ 13 Anwendung der Vorschriften auf bestehende Verkaufsstätten

(1) Die Vorschriften dieses Abschnitts sind auch auf die zum Zeitpunkt des Inkrafttretens dieser Verordnung bestehenden Verkaufsstätten anzuwenden.

(2) Über diese Verordnung hinausgehende betriebliche Anforderungen der Baugenehmigung bleiben unberührt.

Abschnitt 2

Beherbergungsstätten

§ 14 Anwendungsbereich, Begriffe

(1) Die Vorschriften dieses Abschnitts finden nur auf Beherbergungsstätten mit mehr als 12 Gastbetten Anwendung.

(2) [1]Beherbergungsstätten sind Gebäude oder Gebäudeteile, die ganz oder teilweise für die Beherbergung von Gästen bestimmt sind. [2]Beherbergungsräume sind Räume, die dem Wohnen oder Schlafen von Gästen dienen. [3]Eine Folge unmittelbar zusammenhängender Beherbergungsräume (Suite) gilt als ein Beherbergungsraum.

§ 15 Freihalten der Rettungswege, Brandschutzordnung, verantwortliche Personen

(1) [1]Die Rettungswege in Beherbergungsstätten müssen ständig freigehalten werden. [2]Türen im Zuge von Rettungswegen müssen unverschlossen und jederzeit von innen leicht in voller Breite geöffnet werden können [3]Die als Rettungswege dienenden Flächen auf dem Grundstück sowie die Flächen für die Feuerwehr müssen ständig freigehalten werden. [4]Hierauf ist dauerhaft und gut sichtbar hinzuweisen.

(2) [1]In jedem Beherbergungsraum sind an dessen Ausgang ein Rettungswegeplan und Hinweise zum Verhalten bei einem Brand anzubringen. [2]Die Hinweise müssen auch in den Fremdsprachen, die die ausländischen Gäste der Beherbergungsstätte gewöhnlich verstehen, verfasst sein. [3]Blinde und stark sehbehinderte sowie hörbehinderte Gäste sind durch die Betriebsangehörigen oder durch geeignete taktile, akustische oder optische Hinweise über die Rettungswege zu informieren.

(3) Für Beherbergungsstätten mit mehr als 60 Gastbetten sind im Einvernehmen mit der Berliner Feuerwehr

1. eine Brandschutzordnung zu erstellen und
2. Feuerwehrpläne anzufertigen; die Feuerwehrpläne sind der Berliner Feuerwehr zur Verfügung zu stellen.

(4) Die Betriebsangehörigen sind bei Beginn des Arbeitsverhältnisses und danach mindestens einmal jährlich zu unterweisen in

1. die Bedienung der Alarmierungseinrichtungen und der Brandmelder und
2. die Brandschutzordnung und das Verhalten bei einem Brand sowie über die Rettung von Menschen mit Behinderung, insbesondere Rollstuhlnutzerinnen oder Rollstuhlnutzern.

(5) Für die Einhaltung der in den Absätzen 1 bis 4 gestellten Anforderungen ist die Betreiberin oder der Betreiber oder die oder der von ihr oder ihm Beauftragte verantwortlich.

§ 16 Barrierefreie Räume

In Beherbergungsstätten mit mehr als zwölf Gastbetten müssen mindestens sieben Prozent der Gastbetten, mindestens jedoch muss eines der Gastbetten in Beherbergungsräumen liegen, die einschließlich der zugehörigen Sanitärräume barrierefrei nutzbar sind. Zusätzlich müssen mindestens drei Prozent der Gastbetten, mindestens jedoch muss eines der Gastbetten in Beherbergungsräumen liegen, die einschließlich der zugehörigen Sanitärräume uneingeschränkt mit dem Rollstuhl nutzbar sind.

§ 17 Anwendung der Vorschriften auf bestehende Beherbergungsstätten

(1) Die Vorschriften dieses Abschnitts sind mit Ausnahme des § 16 auch auf die zum Zeitpunkt des Inkrafttretens dieser Verordnung bestehenden Beherbergungsstätten anzuwenden.

(2) Über diese Verordnung hinausgehende betriebliche Anforderungen der Baugenehmigung bleiben unberührt.

Abschnitt 3
Garagen

§ 18 Anwendungsbereich, Begriffe

(1) Die Vorschriften dieses Abschnitts finden nur auf Garagen, deren Nutzfläche mehr als 100 m^2 beträgt, Anwendung.

(2) [1]Die Nutzfläche einer Garage ist die Summe aller miteinander verbundenen Flächen der Garagenstellplätze und der Verkehrsflächen. [2]Die Nutzfläche einer automatischen Garage ist die Summe der Flächen aller Garagenstellplätze. [3]Stellplätze auf Dächern und die dazugehörigen Verkehrsflächen werden der Nutzfläche nicht zugerechnet, soweit nichts anderes bestimmt ist.

§ 19 Freihalten der Rettungswege, Aufbewahrung brennbarer Stoffe

(1) [1]Rettungswege in der Garage müssen ständig freigehalten werden. [2]Während des Aufenthaltes von Personen in der Garage müssen die Türen im Zuge von Rettungswegen jederzeit von innen leicht in voller Breite geöffnet werden können. [3]Die als Rettungswege dienenden Flächen auf dem Grundstück sowie die Flächen für die Feuerwehr müssen ständig freigehalten werden. [4]Hierauf ist dauerhaft und gut sichtbar hinzuweisen.

(2) In Garagen dürfen brennbare Stoffe außerhalb von Kraftfahrzeugen nicht aufbewahrt werden.

§ 20 Lüftungsanlage, CO-Warnanlage, Beleuchtung

(1) [1]Maschinelle Lüftungsanlagen und CO-Warnanlagen müssen so gewartet werden, dass sie ständig betriebsbereit sind. [2]CO-Warnanlagen müssen ständig eingeschaltet sein.

(2) [1]Die maschinellen Abluftanlagen sind so zu betreiben, dass der CO-Halbstundenmittelwert unter Berücksichtigung der regelmäßig zu erwartenden Verkehrsspitzen nicht mehr als 100 ppm beträgt. [2]Diese Anforderung gilt als erfüllt, wenn die Abluftanlage in Garagen mit geringem Zu- und Abgangsverkehr mindestens 6 m^3, bei anderen Garagen mindestens 12 m^3 Abluft in der Stunde je m^2 Garagennutzfläche abführen kann; für Garagen mit regelmäßig besonders hohen Verkehrsspitzen kann im Einzelfall ein Nachweis der nach Satz 1 erforderlichen Leistung der Abluftanlage verlangt werden.

(3) In Garagen muss die allgemeine elektrische Beleuchtung während der Benutzungszeit ständig mit einer Beleuchtungsstärke von mindestens 30 Lux eingeschaltet sein, soweit nicht Tageslicht mit einer entsprechenden Beleuchtungsstärke vorhanden ist.

§ 21 Besondere Stellplätze für Kraftfahrzeuge

(1) [1]In allgemein zugänglichen Garagen mit mehr als 1 000 m^2 Nutzfläche müssen mindestens fünf Prozent der Stellplätze ausschließlich der Nutzung durch Frauen vorbehalten sein (Frauenstellplätze). [2]Frauenstellplätze sind als solche zu kennzeichnen. [3]Sie sind so anzuordnen, dass Frauen in der Garage nur möglichst kurze Fußwege zurücklegen müssen. [4]Im Bereich der Frauenstellplätze sollen gut sichtbare Alarmmelder in ausreichender Zahl angebracht sein. [5]Frauenstellplätze und die zu ihnen führenden Fußwege, Treppenräume und Aufzüge sollen von einer Aufsichtsperson eingesehen oder durch Videokameras überwacht werden können.

(2) Absatz 1 Satz 2 bis 5 gilt für Stellplätze für Menschen mit schwerer Gehbehinderung und Rollstuhlnutzerinnen und Rollstuhlnutzer entsprechend.

§ 22 Anwendung der Vorschriften auf bestehende Garagen

(1) [1]Die Vorschriften dieses Abschnitts sind auf die zum Zeitpunkt des Inkrafttretens dieser Verordnung bestehenden Garagen anzuwenden. [2]§ 21 findet auf am 4. Mai 2005 bestehende Garagen keine Anwendung.

(2) Über diese Verordnung hinausgehende betriebliche Anforderungen der Baugenehmigung bleiben unberührt.

Abschnitt 4
Versammlungsstätten

§ 23 Anwendungsbereich, Begriffe

(1) [1]Die Vorschriften dieses Abschnitts finden nur Anwendung auf Versammlungsstätten

a) mit Versammlungsräumen, die einzeln mehr als 200 Besucher fassen; sie gelten auch für Versammlungsstätten mit mehreren Versammlungsräumen, die insgesamt mehr als 200 Besucher fassen, wenn diese Versammlungsräume gemeinsame Rettungswege haben,
b) im Freien mit Szenenflächen und Tribünen, die keine fliegenden Bauten sind und insgesamt mehr als 1 000 Besucher fassen,
c) die als Sportstadien und Freisportanlagen mit Tribünen, die keine fliegenden Bauten sind, genutzt werden, und mehr als 5 000 Besucher fassen.

[2]Die Vorschriften dieses Abschnittes gelten nicht für Räume, die dem Gottesdienst gewidmet sind.

(2) [1]Versammlungsstätten sind bauliche Anlagen oder Teile baulicher Anlagen, die für die gleichzeitige Anwesenheit vieler Menschen bei Veranstaltungen insbesondere erzieherischer, wirtschaftlicher, geselliger, kultureller, künstlerischer, politischer, sportlicher oder unterhaltender Art bestimmt sind, sowie Schank- und Speisewirtschaften. [2]Versammlungsräume sind Räume für Veranstaltungen oder für den Verzehr von Speisen und Getränken. [3]Hierzu gehören auch Aulen und Foyers, Vortrags- und Hörsäle sowie Studios.

§ 24 Anzahl der Besucher

[1]Wurde die Anzahl der Besucher einer Versammlungsstätte nicht in einer Bau- und Betriebsbeschreibung festgelegt, ist diese wie folgt zu bemessen:

1.	für Sitzplätze an Tischen:	ein Besucher je m^2 Grundfläche des Versammlungsraumes,
2.	für Sitzplätze in Reihen und für Stehplätze:	zwei Besucher je m^2 Grundfläche des Versammlungsraumes,
3.	für Stehplätze auf Stufenreihen:	zwei Besucher je laufendem Meter Stufenreihe,
4.	bei Ausstellungsräumen:	ein Besucher je m^2 Grundfläche des Versammlungsraumes.

[2]Besuchern nicht zugängliche Flächen werden in die Berechnung nicht einbezogen.

§ 25 Rettungswege, Flächen für die Feuerwehr

(1) Rettungswege in der Versammlungsstätte müssen ständig freigehalten werden.

(2) Während des Aufenthaltes von Personen in der Versammlungsstätte müssen die Türen im Zuge von Rettungswegen jederzeit von innen leicht in voller Breite geöffnet werden können.

(3) [1]Rettungswege auf dem Grundstück sowie Zufahrten, Aufstell- und Bewegungsflächen für Einsatzfahrzeuge von Polizei, Feuerwehr und Rettungsdiensten müssen ständig freigehalten werden. [2]Darauf ist dauerhaft und gut sichtbar hinzuweisen. [3]Die Sicherheitszeichen der Rettungswege in der Versammlungsstätte müssen gut sichtbar sein.

§ 26 Besucherplätze nach dem Bestuhlungs- und Rettungswegeplan

(1) [1]In Reihen angeordnete Sitzplätze müssen unverrückbar befestigt sein. [2]Werden nur vorübergehend Stühle aufgestellt, so sind sie in den einzelnen Reihen fest miteinander zu verbinden. [3]Die Sätze 1 und 2 gelten nicht für Gaststätten und Kantinen sowie für abgegrenzte Bereiche von Versammlungsräumen mit nicht mehr als 20 Sitzplätzen und ohne Stufen, wie Logen.

(2) Die Zahl der im Bestuhlungs- und Rettungswegeplan festgelegten Besucherplätze darf nicht überschritten und die Anordnung der Besucherplätze nicht geändert werden.

(3) Eine Ausfertigung des für die jeweilige Nutzung festgelegten Planes ist in der Nähe des Haupteinganges eines jeden Versammlungsraumes gut sichtbar anzubringen.

(4) [1]In Versammlungsräumen müssen für Rollstuhlbenutzerinnen und Rollstuhlbenutzer mindestens ein Prozent der Besucherplätze, mindestens jedoch zwei Plätze, auf ebenen Standflächen vorhanden sein. [2]Den Plätzen für Rollstuhlbenutzerinnen und Rollstuhlbenutzer sind Besucherplätze für Begleitpersonen zuzuordnen. [3]Die Plätze für Rollstuhlbenutzerinnen und Rollstuhlbenutzer und die Wege zu diesen Plätzen sind durch Hinweisschilder gut sichtbar zu kennzeichnen.

§ 27 Brandverhütung

(1) [1]Ausstattungen müssen aus mindestens schwerentflammbarem Material bestehen. [2]Bei Bühnen oder Szenenflächen mit automatischen Feuerlöschanlagen genügen Ausstattungen aus normalentflammbarem Material. [3]Requisiten müssen aus mindestens normalentflammbarem Material bestehen. [4]Ausschmückungen müssen aus mindestens schwerentflammbarem Material bestehen. [5]Ausschmü-

ckungen in notwendigen Fluren und notwendigen Treppenräumen müssen aus nichtbrennbarem Material bestehen.

(2) [1]Ausschmückungen sind unmittelbar an Wänden, Decken oder Ausstattungen anzubringen. [2]Frei im Raum hängende Ausschmückungen sind zulässig, wenn sie einen Abstand von mindestens 2,50 m zum Fußboden haben.

(3) Der Raum unter dem Schutzvorhang ist von Ausstattungen, Requisiten oder Ausschmückungen so freizuhalten, dass die Funktion des Schutzvorhanges nicht beeinträchtigt wird.

(4) Brennbares Material muss von Zündquellen, wie Scheinwerfern oder Heizstrahlern, so weit entfernt sein, dass das Material durch diese nicht entzündet werden kann.

§ 28 Aufbewahrung von brennbarem Material

(1) Ausstattungen, Requisiten und Ausschmückungen dürfen nur außerhalb der Bühnen und der Szenenflächen aufbewahrt werden; dies gilt nicht für den Tagesbedarf.

(2) Auf den Bühnenerweiterungen dürfen Szenenaufbauten der laufenden Spielzeit bereitgestellt werden, wenn die Bühnenerweiterungen durch dichtschließende Abschlüsse aus nichtbrennbaren Baustoffen gegen die Hauptbühne abgetrennt sind.

(3) An den Zügen von Bühnen oder Szenenflächen dürfen nur Ausstattungsteile für einen Tagesbedarf hängen.

(4) Pyrotechnische Gegenstände, brennbare Flüssigkeiten und anderes brennbares Material, insbesondere Packmaterial, dürfen nur in den dafür vorgesehenen Lagerräumen aufbewahrt werden.

§ 29 Rauchen, Verwendung von offenem Feuer und pyrotechnischen Gegenständen

(1) [1]Auf Bühnen und Szenenflächen, in Werkstätten und Magazinen ist das Rauchen verboten. [2]Das gilt nicht für Darstellerinnen und Darsteller und Mitwirkende auf Bühnen- und Szenenflächen während der Proben und Veranstaltungen, soweit das Rauchen in der Art der Veranstaltungen begründet ist.

(2) [1]In Versammlungsräumen, auf Bühnen- und Szenenflächen und in Sportstadien ist das Verwenden von offenem Feuer, brennbaren Flüssigkeiten und Gasen, pyrotechnischen Gegenständen und anderen explosionsgefährlichen Stoffen verboten. [2]Das gilt nicht, soweit das Verwenden von offenem Feuer, brennbaren Flüssigkeiten und Gasen sowie pyrotechnischen Gegenständen in der Art der Veranstaltung begründet ist und der Veranstalter die erforderlichen Brandschutzmaßnahmen im Einzelfall mit der Berliner Feuerwehr abgestimmt hat. [3]Die Verwendung pyrotechnischer Gegenstände muss durch eine nach Sprengstoffrecht geeignete Person überwacht werden.

(3) Die Verwendung von Kerzen und ähnlichen Lichtquellen als Tischdekoration sowie die Verwendung von offenem Feuer in dafür vorgesehenen Kücheneinrichtungen zur Zubereitung von Speisen ist zulässig.

(4) Auf die Verbote der Absätze 1 und 2 ist dauerhaft und gut sichtbar hinzuweisen.

§ 30 Bedienung und Wartung der technischen Einrichtungen

(1) [1]Der Schutzvorhang muss täglich vor der ersten Vorstellung oder Probe durch Aufziehen und Herablassen auf seine Betriebsbereitschaft geprüft werden. [2]Der Schutzvorhang ist nach jeder Vorstellung herabzulassen und zu allen arbeitsfreien Zeiten geschlossen zu halten.

(2) Die Automatik der Sprühwasserlöschanlage kann während der Dauer der Anwesenheit der Verantwortlichen für Veranstaltungstechnik abgeschaltet werden.

(3) Die automatische Brandmeldeanlage kann abgeschaltet werden, soweit dies in der Art der Veranstaltung begründet ist und der Veranstalter die erforderlichen Brandschutzmaßnahmen im Einzelfall mit der Berliner Feuerwehr abgestimmt hat.

(4) Während des Aufenthaltes von Personen in Räumen, für die eine Sicherheitsbeleuchtung vorgeschrieben ist, muss diese in Betrieb sein, soweit die Räume nicht ausreichend durch Tageslicht erhellt sind.

§ 31 Laseranlagen

[1]Laseranlagen sind in den für Besucher zugänglichen Bereichen so zu betreiben, dass eine Gefährdung ausgeschlossen ist. [2]§ 4 Nr. 3 des Arbeitsschutzgesetzes vom 7. August 1996 (BGBl. I S. 1246), zuletzt geändert durch Artikel 227 der Verordnung vom 31. Oktober 2006 (BGBl. I S. 2407), ist entsprechend auf Maßnahmen zum Schutz der Besucher anzuwenden.

§ 32 Pflichten von Betreibern, Veranstaltern und Beauftragten

(1) Die Betreiberin oder der Betreiber ist für die Sicherheit der Veranstaltung und die Einhaltung der Vorschriften verantwortlich.

(2) Während des Betriebes von Versammlungsstätten muss die Betreiberin oder der Betreiber oder eine von ihr oder ihm beauftragte Veranstaltungsleiterin oder ein von ihr oder ihm beauftragter Veranstaltungsleiter ständig anwesend sein.

(3) Die Betreiberin oder der Betreiber muss die Zusammenarbeit von Ordnungsdienst, Brandsicherheitswache und Sanitätswache mit der Polizei, der Feuerwehr und dem Rettungsdienst gewährleisten.

(4) Die Betreiberin oder der Betreiber ist zur Einstellung des Betriebes verpflichtet, wenn für die Sicherheit der Versammlungsstätte notwendige Anlagen, Einrichtungen oder Vorrichtungen nicht betriebsfähig sind oder Betriebsvorschriften nicht eingehalten werden können.

(5) [1]Die Betreiberin oder der Betreiber kann die Verpflichtungen nach den Absätzen 1 bis 4 durch schriftliche Vereinbarung auf Veranstalterinnen oder Veranstalter übertragen, wenn diese oder deren beauftragte Veranstaltungsleiterinnen oder Veranstaltungsleiter mit der Versammlungsstätte und ihren Einrichtungen vertraut sind. [2]Die Verantwortung der Betreiberin oder des Betreibers bleibt unberührt.

§ 33 Verantwortliche für Veranstaltungstechnik

[1]Verantwortliche für Veranstaltungstechnik im Sinne dieser Verordnung sind

1. die Geprüften Meisterinnen oder Meister für Veranstaltungstechnik,
2. technische Fachkräfte mit bestandenem fachrichtungsspezifischen Teil der Prüfung nach § 3 Abs. 1 Nr. 2 in Verbindung mit den §§ 5, 6 oder 7 der Verordnung über die Prüfung zum anerkannten Abschluss „Geprüfter Meister für Veranstaltungstechnik/Geprüfte Meisterin für Veranstaltungstechnik" in den Fachrichtungen Bühne/Studio, Beleuchtung, Halle vom 26. Januar 1997 (BGBl. I S. 118), zuletzt geändert durch Artikel 2 der Verordnung vom 29. Juli 2002 (BGBl. I S. 2904), in der jeweils geltenden Fassung, in der jeweiligen Fachrichtung,
3. Hochschulabsolventen mit berufsqualifizierendem Abschluss der Fachrichtung Theater- oder Veranstaltungstechnik mit mindestens einem Jahr Berufserfahrung im technischen Betrieb von Bühnen, Studios oder Mehrzweckhallen in der jeweiligen Fachrichtung, denen die Industrie- und Handelskammer zu Berlin ein Befähigungszeugnis nach Anlage 1 ausgestellt hat,
4. technische Bühnen- und Studiofachkräfte, die das Befähigungszeugnis nach den bis zum Inkrafttreten dieser Verordnung geltenden Vorschriften erworben haben.

[2]Auf Antrag stellt die Industrie- und Handelskammer zu Berlin auch den Personen nach Satz 1 Nr. 1 bis 3 ein Befähigungszeugnis nach Anlage 1 aus. [3]Die in einem anderen Land der Bundesrepublik Deutschland ausgestellten Befähigungszeugnisse werden anerkannt. [4]Gleichwertige Ausbildungen, die in einem anderen Mitgliedstaat der Europäischen Union oder einem Vertragsstaat des Abkommens über den Europäischen Wirtschaftsraum erworben und durch einen Ausbildungsnachweis belegt werden, sind entsprechend den europäischen Richtlinien zur Anerkennung von Berufsqualifikationen den in Satz 1 Nr. 1 bis 3 genannten Ausbildungen gleichgestellt.

§ 34 Aufgaben und Pflichten der Verantwortlichen für Veranstaltungstechnik, technische Probe

(1) Die Verantwortlichen für Veranstaltungstechnik müssen mit den bühnen-, studio- und beleuchtungstechnischen und sonstigen technischen Einrichtungen der Versammlungsstätte vertraut sein und deren Sicherheit und Funktionsfähigkeit, insbesondere hinsichtlich des Brandschutzes, während des Betriebes gewährleisten.

(2) Auf- oder Abbau bühnen-, studio- und beleuchtungstechnischer Einrichtungen von Großbühnen oder Szenenflächen mit mehr als 200 m² Grundfläche oder in Mehrzweckhallen mit mehr als 5 000 Besucherplätzen, wesentliche Wartungs- und Instandsetzungsarbeiten an diesen Einrichtungen und technische Proben müssen von einer Verantwortlichen oder einem Verantwortlichen für Veranstaltungstechnik geleitet und beaufsichtigt werden.

(3) Bei Generalproben, Veranstaltungen, Sendungen oder Aufzeichnungen von Veranstaltungen auf Großbühnen oder Szenenflächen mit mehr als 200 m² Grundfläche oder in Mehrzweckhallen mit mehr als 5 000 Besucherplätzen müssen mindestens eine oder ein für die bühnen- oder studiotechnischen Einrichtungen Verantwortliche oder Verantwortlicher sowie eine oder ein für die beleuchtungstech-

nischen Einrichtungen Verantwortliche oder Verantwortlicher für Veranstaltungstechnik anwesend sein.

(4) [1]Bei Szenenflächen mit mehr als 50 m^2 und nicht mehr als 200 m^2 Grundfläche oder in Mehrzweckhallen mit nicht mehr als 5 000 Besucherplätzen müssen die Aufgaben nach den Absätzen 1 bis 3 zumindest von einer Fachkraft für Veranstaltungstechnik mit mindestens drei Jahren Berufserfahrung wahrgenommen werden. [2]Die Aufgaben können auch von erfahrenen Bühnenhandwerkern oder Beleuchtern wahrgenommen werden, die diese Aufgabe nach den bis zum Inkrafttreten dieser Verordnung geltenden Vorschriften ausüben durften und in den letzten drei Jahren ausgeübt haben.

(5) [1]Die Anwesenheit nach den Absätzen 3 und 4 ist nicht erforderlich, wenn

1. die Sicherheit und die Funktionsfähigkeit der bühnen-, studio- und beleuchtungstechnischen sowie der sonstigen technischen Einrichtungen der Versammlungsstätte von der Verantwortlichen oder dem Verantwortlichen für Veranstaltungstechnik überprüft wurden,
2. diese Einrichtungen während der Veranstaltung nicht bewegt oder sonst verändert werden,
3. von Art oder Ablauf der Veranstaltung keine Gefahren ausgehen können und
4. die Aufsicht durch eine Fachkraft für Veranstaltungstechnik geführt wird, die mit den technischen Einrichtungen vertraut ist.

[2]Im Fall des Absatzes 4 können die Aufgaben nach den Absätzen 1 bis 3 von einer Aufsicht führenden Person wahrgenommen werden, wenn

1. von Auf- und Abbau sowie dem Betrieb der bühnen-, studio- und beleuchtungstechnischen Einrichtungen keine Gefahren ausgehen können,
2. von Art oder Ablauf der Veranstaltung keine Gefahren ausgehen können und
3. die Aufsicht führende Person mit den technischen Einrichtungen vertraut ist.

(6) [1]Bei Großbühnen sowie bei Szenenflächen mit mehr als 200 m^2 Grundfläche und bei Gastspielveranstaltungen mit eigenem Szenenaufbau in Versammlungsräumen muss vor der ersten Veranstaltung eine nichtöffentliche technische Probe mit vollem Szenenaufbau und voller Beleuchtung stattfinden. [2]Diese technische Probe ist der Bauaufsichtsbehörde spätestens 24 Stunden vorher anzuzeigen. [3]Beabsichtigte wesentliche Änderungen des Szenenaufbaues nach der technischen Probe sind der Bauaufsichtsbehörde rechtzeitig anzuzeigen. [4]Die Bauaufsichtsbehörde kann auf die technische Probe verzichten, wenn dies nach der Art der Veranstaltung oder nach dem Umfang des Szenenaufbaues unbedenklich ist.

§ 35 Brandsicherheitswache, Anzeigepflicht

(1) Bei Veranstaltungen mit erhöhten Brandgefahren hat die Betreiberin oder der Betreiber eine Brandsicherheitswache zu stellen.

(2) [1]Bei jeder technischen Probe, Veranstaltung auf Großbühnen sowie Szenenflächen mit mehr als 200 m^2 Grundfläche muss eine Brandsicherheitswache anwesend sein. [2]Den Anweisungen der Brandsicherheitswache ist zu folgen. [3]Die Brandsicherheitswache kann durch die Berliner Feuerwehr oder durch die Betreiberin oder den Betreiber gestellt werden. [4]Die Betreiberin oder der Betreiber darf eine Brandsicherheitswache nur stellen, wenn sie oder er über eine ausreichende Zahl von Selbsthilfekräften für den Brandschutz verfügt. [5]Die erforderliche Anzahl der Selbsthilfekräfte für den Brandschutz ist für die Veranstaltung im Einvernehmen mit der Berliner Feuerwehr festzulegen. [6]Die Betreiberin oder der Betreiber trägt die Verantwortung dafür, dass geeignete Nachweise über die erfolgreiche Ausbildung als Brandschutzhelferin oder Brandschutzhelfer vorliegen. [7]Die Nachweise sind den zuständigen Behörden auf Verlangen vorzulegen.

(3) Veranstaltungen mit voraussichtlich mehr als 5 000 Besuchern sind der für den Rettungsdienst zuständigen Behörde rechtzeitig anzuzeigen.

§ 36 Brandschutzordnung, Räumungskonzept, Feuerwehrpläne

(1) [1]Die Betreiberin oder der Betreiber oder eine von ihr oder ihm beauftragte Person hat im Einvernehmen mit der Berliner Feuerwehr eine Brandschutzordnung und gegebenenfalls ein Räumungskonzept aufzustellen. [2]Darin sind

1. die Erforderlichkeit und die Aufgaben einer oder eines Brandschutzbeauftragten und der Selbsthilfekräfte für den Brandschutz sowie

2. die Maßnahmen, die im Gefahrenfall für eine schnelle und geordnete Räumung der gesamten Versammlungsstätte oder einzelner Bereiche unter besonderer Berücksichtigung von Menschen mit Behinderung erforderlich sind,

festzulegen. [3]Die Maßnahmen nach Satz 2 Nummer 2 sind bei Versammlungsstätten, die für mehr als 1 000 Besucher bestimmt sind, gesondert in einem Räumungskonzept darzustellen, sofern diese Maßnahmen nicht bereits Bestandteil des Sicherheitskonzepts nach § 37 sind.

(2) [1]Das Betriebspersonal ist bei Beginn des Arbeitsverhältnisses und danach mindestens einmal jährlich zu unterweisen über

1. die Lage und die Bedienung der Feuerlöscheinrichtungen und -anlagen, Rauchabzugsanlagen, Brandmelde- und Alarmierungsanlagen und der Brandmelder- und Alarmzentrale,
2. die Brandschutzordnung, insbesondere über das Verhalten bei einem Brand oder bei einer sonstigen Gefahrenlage, gegebenenfalls in Verbindung mit dem Räumungskonzept, und
3. die Betriebsvorschriften.

[2]Der Berliner Feuerwehr ist Gelegenheit zu geben, an der Unterweisung teilzunehmen. [3]Über die Unterweisung ist eine Niederschrift zu fertigen, die der Bauaufsichtsbehörde auf Verlangen vorzulegen ist.

(3) Im Einvernehmen mit der Berliner Feuerwehr sind Feuerwehrpläne anzufertigen und ihr zur Verfügung zu stellen.

§ 37 Sicherheitskonzept, Sanitäts- und Ordnungsdienst

(1) Erfordert es die Art der Veranstaltung, hat die Betreiberin oder der Betreiber ein Sicherheitskonzept zu erstellen sowie einen Sanitäts- und Ordnungsdienst einzurichten.

(2) [1]Für Versammlungsstätten mit mehr als 5 000 Besucherplätzen hat die Betreiberin oder der Betreiber im Einvernehmen mit den für Sicherheit und Ordnung zuständigen Behörden, insbesondere der Polizei und der Feuerwehr, ein Sicherheitskonzept aufzustellen. [2]Im Sicherheitskonzept sind der Umfang des Sanitätsdienstes und die vom Veranstalter damit beauftragte Organisation, die Mindestzahl der Kräfte des Ordnungsdienstes, gestaffelt nach Besucherzahlen und Gefährdungsgraden, sowie die betrieblichen Sicherheitsmaßnahmen und die allgemeinen und besonderen Sicherheitsdurchsagen festzulegen.

(3) Der nach dem Sicherheitskonzept erforderliche Ordnungsdienst muss unter der Leitung einer oder eines von der Betreiberin oder dem Betreiber oder der Veranstalterin oder dem Veranstalter bestellter Ordnungsdienstleiterin oder bestellten Ordnungsdienstleiters stehen.

(4) [1]Die Ordnungsdienstleiterin oder der Ordnungsdienstleiter und die Ordnungsdienstkräfte sind für die betrieblichen Sicherheitsmaßnahmen verantwortlich. [2]Sie sind insbesondere für die Kontrolle an den Ein- und Ausgängen und den Zugängen zu den Besucherblöcken, die Beachtung der maximal zulässigen Besucherzahl und die Anordnung der Besucherplätze, die Beachtung der Anforderungen des § 25, die Sicherheitsdurchsagen sowie für die geordnete Evakuierung im Gefahrenfall verantwortlich.

§ 38 Gastspielprüfbuch

(1) Für den eigenen, gleichbleibenden Szenenaufbau von wiederkehrenden Gastspielveranstaltungen kann auf schriftlichen Antrag ein Gastspielprüfbuch erteilt werden.

(2) [1]Das Gastspielprüfbuch muss dem Muster der Anlage 2 entsprechen. [2]Die Veranstalterin oder der Veranstalter ist durch das Gastspielprüfbuch von der Verpflichtung entbunden, an jedem Gastspielort die Sicherheit des Szenenaufbaues und der dazu gehörenden technischen Einrichtungen erneut nachzuweisen.

(3) [1]Das Gastspielprüfbuch wird von der für das Bauwesen zuständigen Senatsverwaltung oder der von ihr bestimmten Stelle erteilt. [2]Die Geltungsdauer ist auf die Dauer der Tournee zu befristen und kann auf schriftlichen Antrag verlängert werden. [3]Vor der Erteilung ist eine technische Probe durchzuführen. [4]Die in einem anderen Land der Bundesrepublik Deutschland ausgestellten Gastspielprüfbücher werden anerkannt.

(4) [1]Das Gastspielprüfbuch ist der für den Gastspielort zuständigen Bauaufsichtsbehörde rechtzeitig vor der ersten Veranstaltung am Gastspielort vorzulegen. [2]Werden für die Gastspielveranstaltung Fliegende Bauten genutzt, ist das Gastspielprüfbuch mit der Anzeige der Aufstellung der Fliegenden Bauten vorzulegen.

§ 39 Anwendung der Vorschriften auf bestehende Versammlungsstätten

(1) [1]Die Vorschriften dieses Abschnitts sind auf die zum Zeitpunkt des Inkrafttretens der Verordnung bestehenden Versammlungsstätten anzuwenden. [2]§ 26 Abs. 4 findet auf am 4. Mai 2005 bestehende Versammlungsstätten keine Anwendung.

(2) Über diese Verordnung hinausgehende betriebliche Anforderungen der Baugenehmigung bleiben unberührt.

Abschnitt 5

Hochhäuser

§ 40 Anwendungsbereich, Begriffe

(1) Die Vorschriften dieses Abschnitts finden auf Hochhäuser im Sinne des § 2 Absatz 4 Nummer 1 der Bauordnung für Berlin Anwendung.

(2) [1]§ 43 findet nur auf Gebäude mit einer Höhe nach § 2 Absatz 3 Satz 2 der Bauordnung für Berlin von mehr als 30 m Anwendung. [2]§ 43 gilt nicht für Wohnhochhäuser.

§ 41 Freihalten der Rettungswege

[1]Die Eingänge und die Rettungswege in Hochhäusern müssen ständig freigehalten werden. [2]In Vorräumen und notwendigen Treppenräumen dürfen keine Gegenstände abgestellt werden. [3]Türen im Zuge von Rettungswegen müssen unverschlossen und jederzeit von innen leicht in voller Breite geöffnet werden können. [4]Die als Rettungswege dienenden Flächen auf dem Grundstück sowie die Flächen für die Feuerwehr müssen ständig freigehalten werden. [5]Hierauf ist dauerhaft und gut sichtbar hinzuweisen.

§ 42 Brandschutzordnung, Feuerwehrpläne

(1) [1]Im Einvernehmen mit der Berliner Feuerwehr sind eine Brandschutzordnung zu erstellen und Feuerwehrpläne anzufertigen. [2]Die Feuerwehrpläne sind der Berliner Feuerwehr zur Verfügung zu stellen.

(2) In jedem Geschoss ist an allgemein zugänglicher Stelle ein Rettungswegeplan des jeweiligen Geschosses gut sichtbar anzubringen.

§ 43 Verantwortliche Personen

[1]Die Betreiberin oder der Betreiber hat eine Brandschutzbeauftragte oder einen Brandschutzbeauftragten zu bestellen. [2]Brandschutzbeauftragte haben die Einhaltung des geprüften Brandschutznachweises und die sich daraus ergebenden Anforderungen an den betrieblichen Brandschutz zu überwachen und der Betreiberin oder dem Betreiber festgestellte Mängel zu melden. [3]Die Betreiberin oder der Betreiber hat die festgestellten Mängel unverzüglich zu beseitigen. [4]Der oder die Brandschutzbeauftragte muss die für diese Aufgabe erforderlichen Kenntnisse besitzen. [5]Der Name der oder des Brandschutzbeauftragten und jeder Wechsel sind der Berliner Feuerwehr auf Verlangen mitzuteilen.

§ 44 Anwendung der Vorschriften auf bestehende Hochhäuser

(1) Die Vorschriften dieses Abschnitts sind auch auf die zum Zeitpunkt des Inkrafttretens der Verordnung vom 18. Juni 2010 (GVBl. S. 349) bestehenden Hochhäuser anzuwenden.

(2) Betriebliche Anforderungen aus Baugenehmigungen bleiben unberührt.

Abschnitt 6

Industriebauten

§ 45 Anwendungsbereich, Begriffe

[1]Die Vorschriften dieses Abschnitts finden auf Industriebauten mit mehr als 1 600 m² Brutto-Grundfläche des Geschosses mit der größten Ausdehnung Anwendung. [2]Industriebauten sind Gebäude oder Gebäudeteile im Bereich der Industrie und des Gewerbes, die der Produktion (Herstellung, Behandlung, Verwertung, Verteilung) oder Lagerung von Produkten oder Gütern dienen. [3]Die Vorschriften dieses Abschnitts gelten nicht für:

1. Industriebauten, die lediglich der Aufstellung technischer Anlagen dienen und von Personen nur vorübergehend zu Wartungs- und Kontrollzwecken begangen werden,
2. Industriebauten, die überwiegend offen sind, wie überdachte Freianlagen oder Freilager, oder die auf Grund ihres Verhaltens im Brandfall diesen gleichgestellt werden können.

§ 46 Freihalten der Rettungswege

[1]In notwendigen Treppenräumen, in Räumen zwischen Treppenräumen und Ausgängen ins Freie, in notwendigen Fluren sowie innerhalb der erforderlichen Breite von Hauptgängen dürfen keine Gegenstände abgestellt werden. [2]Die als Rettungswege dienenden Flächen auf dem Grundstück sowie die für die Feuerwehr erforderlichen Zufahrten, Durchfahrten und Aufstell- und Bewegungsflächen sowie die Umfahrten müssen ständig freigehalten werden. [3]Hierauf ist dauerhaft und gut sichtbar hinzuweisen.

§ 47 Feuerwehrpläne, Brandschutzordnung

(1) [1]Im Einvernehmen mit der Berliner Feuerwehr sind für Industriebauten mit einer Summe der Geschossflächen von insgesamt mehr als 2 000 m^2 und für Industriebauten mit einer erhöhten Gefährdung durch chemische, biologische, radiologische oder nukleare Stoffe Feuerwehrpläne anzufertigen und fortzuschreiben. [2]Die Feuerwehrpläne sind der Berliner Feuerwehr zur Verfügung zu stellen.

(2) Der Betreiber eines Industriebaus hat, sofern die Berliner Feuerwehr das in Abhängigkeit von der Art oder Nutzung des Betriebes für erforderlich hält, stets jedoch bei Industriebauten mit einer Summe der Geschossflächen von insgesamt mehr als 2000 m^2, im Einvernehmen mit der Berliner Feuerwehr eine Brandschutzordnung zu erstellen.

§ 48 Verantwortliche Personen, Pflichten der Betreiber

(1) [1]Die Betreiberin oder der Betreiber eines Industriebaus mit einer Summe der Geschossflächen von insgesamt mehr als 5000 m^2 hat eine Brandschutzbeauftragte oder einen Brandschutzbeauftragten zu bestellen. [2]Brandschutzbeauftragte haben die Einhaltung des geprüften Brandschutznachweises und der sich daraus ergebenden betrieblichen Brandschutzanforderungen zu überwachen und der Betreiberin oder dem Betreiber festgestellte Mängel zu melden. [3]Die Betreiberin oder der Betreiber hat die festgestellten Mängel unverzüglich zu beseitigen. [4]Die Aufgaben des Brandschutzbeauftragten sind im Einzelnen schriftlich festzulegen. [5]Der oder die Brandschutzbeauftragte muss die für diese Aufgaben erforderlichen Kenntnisse besitzen. [6]Der Name der oder des Brandschutzbeauftragten und jeder Wechsel sind der Berliner Feuerwehr auf Verlangen mitzuteilen.

(2) Die Betreiberin oder der Betreiber hat die Betriebsangehörigen bei Beginn des Arbeitsverhältnisses und danach in Abständen von höchstens zwei Jahren über die Lage und die Bedienung der Feuerlöschgeräte, der Brandmelde- und Feuerlöscheinrichtungen sowie über die Brandschutzordnung zu belehren.

§ 49 Anwendung der Vorschriften auf bestehende Industriebauten

(1) Die Vorschriften dieses Abschnitts sind auch auf die zum Zeitpunkt des Inkrafttretens der Verordnung vom 18. Juni 2010 (GVBl. S. 349) bestehenden Industriebauten anzuwenden.

(2) Betriebliche Anforderungen aus Baugenehmigungen bleiben unberührt.

Teil V
Ordnungswidrigkeiten, Inkrafttreten, Außerkrafttreten

§ 50 Ordnungswidrigkeiten

Ordnungswidrig im Sinne des § 85 Absatz 1 Satz 1 Nummer 12 der Bauordnung für Berlin handelt, wer vorsätzlich oder fahrlässig

1. entgegen § 2 Absatz 2 die vorgeschriebene Prüfung nicht oder nicht rechtzeitig durchführen lässt,
2. entgegen § 2 Absatz 4 einen Bericht nicht übergibt, nicht vollständig aufbewahrt oder nicht vollständig vorlegt,
3. entgegen § 3 Absatz 1 raumlufttechnische Anlagen nicht fachgerecht wartet oder warten lässt,
4. entgegen § 6 Absatz 1 Satz 1 als Betreiberin oder Betreiber oder als eine von ihr oder ihm beauftragte Person an der Brandsicherheitsschau nicht teilnimmt,
5. entgegen § 6 Absatz 2 eine zur Durchführung der Betriebsüberwachung erforderliche Unterlage nicht bereithält,
6. entgegen § 7 einem mit der Durchführung der Brandsicherheitsschau und der Betriebsüberwachung Beauftragten den Zutritt zu einem Grundstück oder einer baulichen Anlage verweigert,
7. als Betreiberin oder Betreiber oder als deren oder dessen Vertreterin oder Vertreter entgegen § 9 Absatz 1 während der Betriebszeit nicht ständig anwesend ist,

8. als Betreiberin oder Betreiber entgegen § 9 Absatz 2 keine Brandschutzbeauftragte oder keinen Brandschutzbeauftragten oder die Selbsthilfekräfte für den Brandschutz nicht oder nicht in der erforderlichen Anzahl bestellt,
9. als Betreiberin oder Betreiber entgegen § 9 Absatz 5 nicht sicherstellt, dass Selbsthilfekräfte für den Brandschutz in der erforderlichen Anzahl während der Betriebszeit anwesend sind,
10. einen Rettungsweg entgegen § 11 Absatz 1, § 15 Absatz 1 Satz 1, § 19 Absatz 1 Satz 1, § 25 Absatz 1, § 41 Absatz 1 oder § 46 nicht freihält,
11. eine Tür im Zuge eines Rettungsweges entgegen § 11 Absatz 3, § 15 Absatz 1 Satz 2, § 19 Absatz 1 Satz 2 , § 25 Absatz 2 oder § 41 Absatz 1 abschließt,
12. in einer Ladenstraße, in einem Treppenraum einer notwendigen Treppe, in einer Treppenraumerweiterung oder in einem notwendigen Flur entgegen § 11 Absatz 2 eine Dekoration anbringt oder Gegenstände abstellt,
13. einen Rettungsweg auf einem Grundstück oder einer Fläche für die Feuerwehr entgegen § 11 Absatz 4 Satz 1, § 15 Absatz 1 Satz 3, § 19 Absatz 1 Satz 3, § 25 Absatz 3 Satz 1, § 41 Absatz 1 oder § 46 nicht freihält,
14. als Betreiberin oder Betreiber entgegen § 15 Absatz 2 nicht in jedem Beherbergungsraum den Rettungswegeplan und die Hinweise zum Verhalten bei einem Brand anbringt,
15. als Betreiberin oder Betreiber entgegen § 26 Absatz 2 die Zahl der genehmigten Besucherplätze überschreitet oder die genehmigte Anordnung der Besucherplätze ändert,
16. entgegen § 28 Absatz 1 Ausstattungen, Requisiten und Ausschmückungen auf der Bühne aufbewahrt,
17. entgegen § 28 Absatz 4 einen pyrotechnischen Gegenstand, eine brennbare Flüssigkeit oder anderes brennbares Material außerhalb der dafür vorgesehenen Lagerräume aufbewahrt,
18. entgegen § 29 Absatz 1 und 2 raucht oder offenes Feuer, eine brennbare Flüssigkeit oder ein brennbares Gas, einen explosionsgefährlichen Stoff oder einen pyrotechnischen Gegenstand verwendet,
19. entgegen § 30 Absatz 4 die Sicherheitsbeleuchtung nicht in Betrieb nimmt,
20. eine Laseranlage unter Zuwiderhandlung gegen § 31 betreibt,
21. als Betreiberin oder Betreiber, Veranstalterin oder Veranstalter oder beauftragte Veranstaltungsleiterin oder beauftragter Veranstaltungsleiter entgegen § 32 Absatz 2 während des Betriebes nicht ständig anwesend ist,
22. als Betreiberin oder Betreiber, Veranstalterin oder Veranstalter oder beauftragte Veranstaltungsleiterin oder beauftragter Veranstaltungsleiter entgegen § 32 Absatz 4 den Betrieb der Versammlungsstätte nicht einstellt,
23. als Betreiberin oder Betreiber, Veranstalterin oder Veranstalter oder beauftragte Veranstaltungsleiterin oder beauftragter Veranstaltungsleiter den Betrieb einer Bühne oder Szenenfläche unter Zuwiderhandlung gegen § 34 Absatz 1 bis 5 zulässt,
24. als Verantwortliche oder Verantwortlicher oder Fachkraft für Veranstaltungstechnik, als erfahrene Bühnenhandwerkerin oder erfahrener Bühnenhandwerker oder Beleuchterin oder Beleuchter oder als Aufsicht führende Person entgegen § 34 Absatz 2 bis 5 die Versammlungsstätte verlässt,
25. als Betreiberin oder Betreiber entgegen § 35 Absatz 1 nicht für die Durchführung der Brandsicherheitswache sorgt oder entgegen § 35 Absatz 3 die Veranstaltung nicht anzeigt,
26. als Betreiberin oder Betreiber oder Veranstalterin oder Veranstalter eine nach § 36 Absatz 2 vorgeschriebene Unterweisung unterlässt,
27. als Betreiberin oder Betreiber oder Veranstalterin oder Veranstalter entgegen § 37 Absatz 1 bis 3 keinen Sanitätsdienst oder keinen Ordnungsdienst einrichtet oder keine Ordnungsdienstleiterin oder keinen Ordnungsdienstleiter bestellt oder ein Sicherheitskonzept nicht aufstellt oder abstimmt,
28. als Ordnungsdienstleiterin oder Ordnungsdienstleiter oder Ordnungsdienstkraft die zur Wahrnehmung ihrer oder seiner Verantwortung nach § 37 Absatz 4 erforderlichen Maßnahmen nicht ergreift,
29. entgegen § 42 Absatz 1 keine Brandschutzordnung oder Feuerwehrpläne erstellt oder die Feuerwehrpläne nicht der Berliner Feuerwehr zur Verfügung stellt,
30. entgegen § 42 Absatz 2 den Rettungswegeplan nicht anbringt,

31. entgegen § 43 Satz 1 als Betreiberin oder Betreiber keine Brandschutzbeauftragte oder keinen Brandschutzbeauftragten bestellt oder entgegen § 43 Satz 5 die Brandschutzbeauftragte oder den Brandschutzbeauftragten nicht der Berliner Feuerwehr benennt,
32. entgegen § 43 Satz 2 als Brandschutzbeauftragte oder Brandschutzbeauftragter festgestellte Mängel nicht der Betreiberin oder dem Betreiber meldet,
33. entgegen § 43 Satz 3 als Betreiberin oder Betreiber festgestellte Mängel nicht unverzüglich beseitigt,
34. entgegen § 47 Absatz 1 keine Feuerwehrpläne erstellt oder die Feuerwehrpläne nicht der Berliner Feuerwehr zur Verfügung stellt,
35. entgegen § 47 Absatz 2 keine Brandschutzordnung erstellt,
36. entgegen § 48 Absatz 1 als Betreiberin oder Betreiber keine Brandschutzbeauftragte oder keinen Brandschutzbeauftragten bestellt oder die Brandschutzbeauftragte oder den Brandschutzbeauftragten nicht der Berliner Feuerwehr benennt,
37. entgegen § 48 Absatz 1 Satz 3 als Betreiberin oder Betreiber festgestellte Mängel nicht unverzüglich beseitigt,
38. entgegen § 48 Absatz 2 als Betreiberin oder Betreiber die Betriebsangehörigen nicht belehrt.

§ 51 Inkrafttreten, Außerkrafttreten

(1) [1]Diese Verordnung tritt am Tage nach der Verkündung[1)] im Gesetz- und Verordnungsblatt für Berlin in Kraft. [2]Gleichzeitig treten folgende Verordnungen außer Kraft:

1. Verordnung über die Evakuierung von Rollstuhlbenutzern vom 15. Juni 2000 (GVBl. S. 361)
2. Anlagen-Prüfverordnung vom 1. Juni 2004 (GVBl. S. 235), zuletzt geändert durch Verordnung vom 18. April 2005 (GVBl. S. 230)
3. Verordnung über private überwachungsbedürftige Anlagen vom 30. Januar 2003 (GVBl. S. 133)
4. Brandsicherheitsschauverordnung vom 1. September 1999 (GVBl. S. 508), zuletzt geändert durch Verordnung vom 18. April 2005 (GVBl. S. 230)
5. Sonderbau-Betriebs-Verordnung vom 18. April 2005 (GVBl. S. 230)

(2) § 2 Abs. 8 tritt am 31. Dezember 2010 außer Kraft.

Anlagen 1 und 2
(hier nicht wiedergegeben)

1) Verkündet am 27. 10. 2007.

Gesetz zum Staatsvertrag über die Aufgaben und Trägerschaft sowie Grundlagen und Verfahren der gemeinsamen Landesplanung zwischen den Ländern Berlin und Brandenburg (Landesplanungsvertrag)

Vom 4. Juli 1995 (GVBl. S. 407)
(BRV 230-1)

Betroffene Vorschrift:
– Änderung des Gesetzes zur Ausführung des Baugesetzbuchs (Art. 2)

Das Abgeordnetenhaus hat das folgende Gesetz beschlossen:

§ 1 [Zustimmung]

[1]Dem am 6. April 1995 unterzeichneten Staatsvertrag über die Aufgaben und Trägerschaft sowie Grundlagen und Verfahren der gemeinsamen Landesplanung zwischen den Ländern Berlin und Brandenburg (Landesplanungsvertrag) wird zugestimmt. [2]Der Staatsvertrag wird als Anlage zu diesem Gesetz veröffentlicht.

§ 2 [Änderung des Gesetzes zur Ausführung des Baugesetzbuchs]

[hier nicht wiedergegeben]

§ 3 [Inkrafttreten]

[1]Dieses Gesetz tritt am Tage nach der Verkündung[1)] im Gesetz- und Verordnungsblatt für Berlin in Kraft. [2]Der Tag, an dem der Staatsvertrag nach seinem Artikel 25 in Kraft tritt, ist im Gesetz- und Verordnungsblatt für Berlin bekanntzumachen.

Anlage

Vertrag über die Aufgaben und Trägerschaft sowie Grundlagen und Verfahren der gemeinsamen Landesplanung zwischen den Ländern Berlin und Brandenburg (Landesplanungsvertrag)

(abgedruckt unter Nummer 56a)

1) Verkündet am 12.7.1995 (GVBl. S. 407).

Vertrag über die Aufgaben und Trägerschaft sowie Grundlagen und Verfahren der gemeinsamen Landesplanung zwischen den Ländern Berlin und Brandenburg (Landesplanungsvertrag)

In der Fassung vom 1. November 2011[1)][2)]

Inhaltsübersicht

Präambel

Mit dem Ziel,

– Voraussetzungen für eine ausgewogene Verteilung der Entwicklungschancen und -potentiale im Gesamtraum zu schaffen,
– eine gemeinsame Landesentwicklung zu fördern,
– die natürlichen Lebensgrundlagen zu schützen und zu bewahren,
– im Wettbewerb der europäischen Regionen erfolgreich zu bestehen und den gemeinsamen Wirtschaftsraum zu stärken sowie
– die angestrebte Struktur beider Länder in das zusammenwachsende Europa einzufügen,

1) Zur Neubekanntmachung des Landesplanungsvertrages v. 6.4.1995 in der ab **1.11.2011** geltenden Fassung siehe in:
Berlin: Bek. v. 16.12.2011 (GVBl. 2012 S. 2)
Brandenburg: Bek. v. 13.2.2012 (GVBl. I Nr. 14 S. 1).

2) Zur Ratifizierung und zum Inkrafttreten am **1.8.1995** in:
Berlin: G v. 4.7.1995 (GVBl. S. 407), Bek. v. 7.8.1995 (GVBl. S. 547);
Brandenburg: G v. 20.7.1995 (GVBl. I S. 210), Bek. v. 19.8.1995 (GVBl. I S. 261).

kommen die Länder Berlin und Brandenburg (vertragschließende Länder) überein, den nachfolgenden Vertrag über die Aufgaben und Trägerschaft sowie Grundlagen und Verfahren der gemeinsamen Landesplanung (Landesplanungsvertrag) zu schließen:

I. Abschnitt

Aufgaben und Trägerschaft der gemeinsamen Landesplanung

Artikel 1 Gemeinsame Landesplanung

(1) [1]Die vertragschließenden Länder betreiben eine auf Dauer angelegte gemeinsame Raumordnung und Landesplanung. [2]Sie nehmen alle damit zusammenhängenden Aufgaben nach Maßgabe dieses Vertrages für das Gesamtgebiet beider Länder (gemeinsamer Planungsraum) gemeinsam wahr.

(2) [1]Aufgabe der gemeinsamen Landesplanung ist die übergeordnete, überörtliche und zusammenfassende Planung für die räumliche Ordnung und Entwicklung des gemeinsamen Planungsraumes. [2]Die vertragschließenden Länder Berlin und Brandenburg verpflichten sich, die gemeinsamen Grundsätze und Ziele der Raumordnung für den gemeinsamen Planungsraum in einem gemeinsamen Landesentwicklungsprogramm und in gemeinsamen Landesentwicklungsplänen festzulegen.

(3) Die vertragschließenden Länder verpflichten sich zu enger Zusammenarbeit in der Regionalplanung.

(4) Die vertragschließenden Länder streben an, auf der Grundlage der gemeinsamen Raumordnung und Landesplanung in länderübergreifenden Gremien einvernehmlich abzustimmen.

Artikel 2 Gemeinsame Landesplanungsabteilung und ihre Aufgaben

(1) [1]Die vertragschließenden Länder richten bis zum 1. Januar 1996 eine Gemeinsame Landesplanungsabteilung ein, die Teil der für Raumordnung zuständigen obersten Behörden beider Länder ist. [2]Die Gemeinsame Landesplanungsabteilung nimmt die Aufgaben der für Raumordnung zuständigen obersten Landesbehörden und deren Befugnisse als Trägerin der gemeinsamen Landesplanung wahr. [3]Die Gemeinsame Landesplanungsabteilung ist befugt, im Verwaltungsverfahren für beide Länder unter eigenem Namen zu handeln. [4]Die Gemeinsame Landesplanungsabteilung wird in Potsdam im Land Brandenburg eingerichtet.

(2) Die Gemeinsame Landesplanungsabteilung hat insbesondere folgende Aufgaben:

1.. Erarbeitung, Aufstellung, Änderung, Ergänzung und Fortschreibung des gemeinsamen Landesentwicklungsprogramms und der gemeinsamen Landesentwicklungspläne sowie gemeinsamer Struktur- und Entwicklungskonzepte, einschließlich der Durchführung notwendiger Beteiligungsverfahren,
2. Sicherstellung der Vereinbarkeit von Regionalplänen mit den gemeinsamen Grundsätzen und Zielen der Raumordnung einschließlich der Genehmigung von Regionalplänen,
3. Erarbeitung, Aufstellung, Änderung, Ergänzung und Fortschreibung der Braunkohlen- und Sanierungspläne einschließlich der Durchführung notwendiger Beteiligungsverfahren gemäß den Vorschriften des brandenburgischen Gesetzes zur Regionalplanung und zur Braunkohlen- und Sanierungsplanung,
4. Sicherung der Anpassung von Bauleitplänen und Vorhaben- und Erschließungsplänen an die gemeinsamen Ziele der Raumordnung,
5. Durchführung von Raumordnungsverfahren,
6. Unterrichtung und Abstimmung bei Planungen und Maßnahmen, die erhebliche Auswirkungen auf Nachbarstaaten haben.

(3) [1]Es gilt das Verwaltungsverfahrensgesetz für das Land Brandenburg vom 26. Februar 1993 (GVBl. I S. 26) in der jeweils geltenden Fassung. [2]Für die gemeinsame Raumordnung und Landesplanung gilt, soweit dieser Vertrag nichts anderes bestimmt, das Recht des Landes, in dem die Fläche liegt, die Gegenstand von Planungen und Maßnahmen im Sinne dieses Vertrages ist. [3]Im Übrigen gilt im Zweifel das Recht des Landes Brandenburg.

Artikel 3 Gerichtliches Verfahren

(1) [1]Die Gemeinsame Landesplanungsabteilung ist fähig, an Verfahren vor den Gerichten der allgemeinen Verwaltungsgerichtsbarkeit beteiligt zu sein. [2]Anfechtungs- und Verpflichtungsklagen sind gegen die Gemeinsame Landesplanungsabteilung zu richten.

(2) Die Rechtsverordnungen nach Artikel 8 Absatz 4 und Artikel 16 Absatz 4 dieses Vertrages unterliegen der Normenkontrolle nach § 47 der Verwaltungsgerichtsordnung durch das Oberverwaltungsgericht Berlin-Brandenburg.

(3) Über Streitigkeiten nach § 40 der Verwaltungsgerichtsordnung, welche Aufgaben der Gemeinsamen Landesplanungsabteilung betreffen, entscheidet als gemeinsames Gericht im ersten Rechtszug das Verwaltungsgericht Potsdam oder, sofern gesetzlich bestimmt, das Oberverwaltungsgericht Berlin-Brandenburg.

Artikel 4 Organisation, Personal sowie Finanzierung bei der Gemeinsamen Landesplanungsabteilung

(1) [1]Das fachliche Weisungsrecht gegenüber der Gemeinsamen Landesplanungsabteilung wird von den für Raumordnung zuständigen Mitgliedern beider Landesregierungen gemeinsam und einvernehmlich ausgeübt. [2]Die Beschäftigten der Gemeinsamen Landesplanungsabteilung bleiben Arbeitnehmer und Arbeitnehmerinnen und Beamte und Beamtinnen ihres bisherigen Arbeitgebers oder Dienstherrn. [3]Sie unterstehen dem Dienst-, Arbeits- und Personalvertretungsrecht des jeweils entsendenden Landes. [4]Dienst- und arbeitsrechtliche Maßnahmen werden von dem jeweiligen Dienstherrn und Arbeitgeber im gegenseitigen Benehmen getroffen. [5]Soweit die Mitarbeiter und Mitarbeiterinnen der Gemeinsamen Landesplanungsabteilung nach dem Geschäftsverteilungsplan zur Erteilung von fachlichen Anweisungen befugt sind, gilt dies auch gegenüber den Mitarbeitern und Mitarbeiterinnen des jeweiligen anderen Arbeitgebers oder Dienstherrn.

(2) [1]Die Gemeinsame Landesplanungsabteilung wird von den vertragschließenden Ländern, insbesondere bei den Leitungsfunktionen, gleichberechtigt und einvernehmlich im erforderlichen Umfang mit Personal ausgestattet und nach Maßgabe der jeweiligen Haushaltspläne gemeinsam finanziert. [2]Das Nähere über Organisation, Verfahren und Finanzierung regeln beide Landesregierungen in einer Verwaltungsvereinbarung.

(3) Die vertragschließenden Länder verpflichten sich, jeweils rechtzeitig die Haushaltsvoraussetzungen für die Errichtung und Arbeit der Gemeinsamen Landesplanungsabteilung zu schaffen.

(4) [1]Die Rechnungshöfe der vertragschließenden Länder sind berechtigt, die Haushalts- und Wirtschaftsführung der Gemeinsamen Landesplanungsabteilung zu prüfen. [2]Die Rechnungshöfe sollen Prüfungsvereinbarungen auf der Grundlage von § 93 der Landeshaushaltsordnungen treffen.

Artikel 5 Leitung

(1) Die Besetzung der Stelle des Leiters oder der Leiterin der Gemeinsamen Landesplanungsabteilung obliegt der Regierung des Landes Brandenburg auf Vorschlag des für Raumordnung zuständigen Mitglieds der Landesregierung im Einvernehmen mit dem für Raumordnung zuständigen Mitglied des Senats von Berlin.

(2) Die Besetzung der Stelle des ständigen Vertreters oder der ständigen Vertreterin des Abteilungsleiters oder der Abteilungsleiterin obliegt dem Land Berlin auf Vorschlag des für Raumordnung zuständigen Mitglieds des Senats von Berlin im Einvernehmen mit dem für Raumordnung zuständigen Mitglied der Landesregierung Brandenburg.

(3) Die Rechte der jeweiligen Landesregierung bei Einstellungen und Versetzungen bleiben unberührt.

Artikel 6 Gemeinsame Landesplanungskonferenz

(1) [1]Die vertragschließenden Länder bilden eine gemeinsame Landesplanungskonferenz. [2]Sie hat die Aufgabe, die landesplanerische Abstimmung und Zusammenarbeit zur Vorbereitung der Regierungsentscheidungen zu koordinieren und auf einen Interessenausgleich hinzuwirken. [3]Die Beschlüsse der Landesplanungskonferenz sind den Entscheidungen beider Landesregierungen als Empfehlungen zugrunde zu legen. [4]Will eine Landesregierung von einer Empfehlung der Landesplanungskonferenz abweichen, hat sie dies gegenüber der Landesplanungskonferenz zu begründen und eine endgültige Entscheidung erst nach erneuter Befassung der Landesplanungskonferenz zu treffen. [5]Beschlüsse der Landesplanungskonferenz über Gegenstände, die einer Entscheidung der beiden Landesregierungen nicht bedürfen, sind den Entscheidungen der für Raumordnung zuständigen Mitglieder beider Landesregierungen als Empfehlungen zugrunde zu legen.

(2) [1]Die Landesplanungskonferenz ist über die Entwürfe für das Landesentwicklungsprogramm sowie für die Landesentwicklungspläne einschließlich ihrer jeweiligen Änderung, Ergänzung und Fortschreibung frühzeitig zu unterrichten. [2]Die Landesplanungskonferenz kann von der Gemeinsamen

Landesplanungsabteilung über die für Raumordnung zuständigen Mitglieder beider Landesregierungen im Rahmen ihrer Aufgaben Berichte anfordern.

(3) [1]Die Landesplanungskonferenz ist in gleicher Anzahl mit Mitgliedern aus beiden Ländern besetzt. [2]Ständige Mitglieder sind:

1. der Regierende Bürgermeister oder die Regierende Bürgermeisterin von Berlin und der Ministerpräsident oder die Ministerpräsidentin des Landes Brandenburg als Vorsitzende sowie die Kanzleichefs oder Kanzleichefinnen beider Länder,
2. die für Raumordnung zuständigen Regierungsmitglieder als stellvertretende Vorsitzende,
3. die für Stadtentwicklung, Verkehr, Bau- und Wohnungswesen, Wirtschaft, Landwirtschaft und Kommunalwesen zuständigen Regierungsmitglieder beider Länder.

[3]Soweit in einem Land für eines der in Nummer 3 genannten Sachgebiete keine Zuständigkeit besteht oder mehrere Sachgebiete durch ein Regierungsmitglied vertreten werden und dadurch beide Länder nicht in gleicher Anzahl vertreten sind, ist das andere Land berechtigt zu entscheiden, welches weitere Regierungsmitglied an der Landesplanungskonferenz teilnimmt. [4]Ist die Zuständigkeit weiterer Ressorts berührt, sind sie an der Landesplanungskonferenz zu beteiligen. [5]Die Mitglieder können sich nur durch andere Regierungsmitglieder oder Staatssekretäre oder Staatssekretärinnen vertreten lassen; eine Vertretung beim Vorsitz kann nur durch ein anderes Regierungsmitglied erfolgen.

(4) [1]Die Landesplanungskonferenz wird vom Regierenden Bürgermeister oder von der Regierenden Bürgermeisterin von Berlin und vom Ministerpräsidenten oder von der Ministerpräsidentin des Landes Brandenburg einberufen und geleitet. [2]Jeder Vertragspartner kann die Einberufung verlangen und Themen auf die Tagesordnung setzen. [3]Die Gemeinsame Landesplanungsabteilung bereitet im Einvernehmen mit einer aus Vertretern und Vertreterinnen der in der Planungskonferenz ständig mitarbeitenden Ressorts zu bildenden interministeriellen Arbeitsgruppe die Landesplanungskonferenz einschließlich aller Entscheidungsvorlagen vor. [4]Die Beschlüsse der Landesplanungskonferenz werden einvernehmlich getroffen. [5]Die Mitglieder eines Landes können ihre Stimmen nur einheitlich abgeben. [6]Die Landesplanungskonferenz gibt sich eine Geschäftsordnung.

II. Abschnitt
Grundsätze, Ziele und Verfahren der gemeinsamen Landesplanung

Artikel 7 Landesentwicklungsprogramm

(1) [1]Das gemeinsame Landesentwicklungsprogramm wird als Staatsvertrag zwischen den Ländern Berlin und Brandenburg vereinbart. [2]Es legt insbesondere Grundsätze der Raumordnung, die für die Gesamtentwicklung der beiden Länder von Bedeutung sind, fest.

(2) [1]Der Entwurf des Landesentwicklungsprogramms und die Begründung sind bei der Gemeinsamen Landesplanungsabteilung, den Landkreisen und den kreisfreien Städten des Landes Brandenburg sowie bei den Bezirken und der für die vorbereitende Bauleitplanung zuständigen Senatsverwaltung von Berlin für die Dauer von zwei Monaten öffentlich auszulegen. [2]Gleichzeitig ist der Entwurf in das Internet einzustellen. [3]Ort und Dauer der Auslegung sowie die Internetadresse sind mindestens eine Woche vorher durch die Gemeinsame Landesplanungsabteilung im Amtsblatt für Brandenburg und im Amtsblatt für Berlin öffentlich bekannt zu machen. [4]Die Bekanntmachung enthält den Hinweis, dass Stellungnahmen innerhalb einer Frist von bis zu drei Monaten ab Beginn der Auslegung abgegeben werden können. [5]Den in ihren Belangen berührten öffentlichen Stellen sind der Entwurf des Landesentwicklungsprogramms und die Begründung zur Verfügung zu stellen und eine Frist von bis zu drei Monaten zur Abgabe einer Stellungnahme einzuräumen. [6]Das Beteiligungsverfahren erfolgt in jedem der beiden Länder über denselben Zeitraum und in gleicher Form. [7]Bei der Beteiligung können elektronische Informationstechnologien ergänzend genutzt werden.

Artikel 8 Landesentwicklungspläne

(1) [1]Die gemeinsamen Landesentwicklungspläne legen auf der Grundlage des gemeinsamen Landesentwicklungsprogramms weitere Grundsätze und Ziele der Raumordnung fest. [2]Sie bestehen aus textlichen und zeichnerischen Darstellungen oder einer Verbindung beider Darstellungsformen. [3]Die Hoheitsgrenzen sind in der zeichnerischen Darstellung kenntlich zu machen.

(2) Artikel 7 Absatz 2 gilt entsprechend.

(3) Nach Abschluss der Beteiligung leiten die Landesregierungen den gegebenenfalls überarbeiteten Planentwurf mit einem gemeinsamen Bericht über das Erarbeitungsverfahren den für die Landesplanung zuständigen Ausschüssen des Abgeordnetenhauses von Berlin und des Landtages von Brandenburg zur Unterrichtung mit der Gelegenheit zur Stellungnahme zu.

(4) [1]Die gemeinsamen Landesentwicklungspläne werden von der Gemeinsamen Landesplanungsabteilung aufgestellt, von den Regierungen der vertragschließenden Länder jeweils als Rechtsverordnung mit Geltung für das eigene Hoheitsgebiet erlassen und den Landesparlamenten zur Kenntnisnahme zugeleitet. [2]Die Rechtsverordnungen sind in beiden Ländern am selben Tag in Kraft zu setzen. [3]Mit Inkrafttreten der gemeinsamen Landesentwicklungspläne sind die in ihnen enthaltenen Ziele der Raumordnung verbindlich. [4]Der in der Verkündung bezeichnete Plan wird in Brandenburg bei allen Behörden, auf deren Bereich sich die Planung erstreckt, zur Einsicht für jedermann niedergelegt, im Einzelnen bei der Gemeinsamen Landesplanungsabteilung, bei den Landkreisen, den kreisfreien Städten, amtsfreien Gemeinden und Ämtern; in der Verkündung ist darauf hinzuweisen. [5]In Berlin wird der mit der Verkündung bezeichnete Plan beim Landesarchiv zur kostenfreien Einsicht niedergelegt; in der Verkündung ist darauf hinzuweisen.

(5) Die gemeinsamen Landesentwicklungspläne sollen spätestens zehn Jahre nach ihrer Aufstellung überprüft werden.

Artikel 8a Ergänzende Vorschriften zur Umweltprüfung nach den §§ 9 bis 11 des Raumordnungsgesetzes

(1) [1]Bei der Festlegung des Untersuchungsrahmens der Umweltprüfung einschließlich des erforderlichen Umfangs und Detaillierungsgrads des Umweltberichts ist den nach § 9 Absatz 1 des Raumordnungsgesetzes zu beteiligenden öffentlichen Stellen Gelegenheit zur Stellungnahme innerhalb einer Frist von einem Monat zu geben. [2]Die Frist kann auf begründeten Antrag der beteiligten öffentlichen Stelle im Einzelfall angemessen verlängert werden.

(2) Artikel 7 Absatz 2 gilt mit der Maßgabe, dass auch der Umweltbericht sowie weitere nach Einschätzung der Gemeinsamen Landesplanungsabteilung zweckdienliche Unterlagen Gegenstand der Beteiligungen sind.

(3) Nach seinem Inkrafttreten ist der Raumordnungsplan mit seiner Begründung einschließlich der zusammenfassenden Erklärung und der benannten Überwachungsmaßnahmen zusätzlich zu der Bekanntmachung und Niederlegung nach Artikel 8 Absatz 4 in das Internet unter der Adresse der Gemeinsamen Landesplanungsabteilung einzustellen.

(4) Für die Überwachung der erheblichen Umweltauswirkungen bedient sich die Gemeinsame Landesplanungsabteilung unter besonderer Berücksichtigung des Raumordnungskatasters nach Artikel 18 der Mittel der Raumbeobachtung.

Artikel 9 Planerhaltung

[1]Die Unbeachtlichkeit einer Verletzung von Verfahrens- und Formvorschriften des Landesplanungsvertrages richtet sich nach § 12 des Raumordnungsgesetzes. [2]Zuständige Stelle nach § 12 Absatz 5 Satz 1 des Raumordnungsgesetzes ist die Gemeinsame Landesplanungsabteilung.

Artikel 10 Zielabweichungsverfahren

Die Gemeinsame Landesplanungsabteilung kann im Einvernehmen mit den fachlich berührten Stellen und im Benehmen mit den betroffenen Gemeinden auf Antrag der in § 3 Absatz 1 Nummer 5 und in § 4 des Raumordnungsgesetzes genannten öffentlichen Stellen und Personen, die das Ziel der Raumordnung zu beachten haben, im Einzelfall Abweichungen von den Zielen der Raumordnung nach § 6 Absatz 2 des Raumordnungsgesetzes zulassen.

III. Abschnitt
Regelungen zur Regionalplanung

Artikel 11 Zusammenarbeit in der Regionalplanung

(1) Die Zusammenarbeit in der Regionalplanung und die gegenseitige Beteiligung und Abstimmung regionalplanerischer Einzelfragen erfolgt in einem Regionalplanungsrat, der aus den für Raumordnung zuständigen Regierungsmitgliedern beider Länder, je einem Vertreter oder einer Vertreterin der Träger der Regionalplanung im Land Brandenburg, einem Vertreter oder einer Vertreterin der gesamtstädti-

schen räumlichen Planung Berlins sowie zwei Vertretern oder Vertreterinnen der Berliner Bezirke besteht.

(2) [1]Bei der Aufstellung und der regionalplanerisch bedeutsamen Änderung sowie der Fortschreibung von Regionalplänen und des Flächennutzungsplanes von Berlin erfolgt eine gegenseitige Beteiligung der jeweiligen Planungsträger. [2]Zu Themen mit besonderer raumordnerischer Bedeutung kann der Regionalplanungsrat einberufen werden.

(3) [1]Der Regionalplanungsrat gibt sich eine Geschäftsordnung. [2]Die Gemeinsame Landesplanungsabteilung bereitet die Sitzungen vor. [3]Beschlüsse des Regionalplanungsrates werden einstimmig gefasst und gelten als Empfehlungen.

IV. Abschnitt
Sicherung der Raumordnung

Artikel 12 Anpassung der Bauleitplanung im Land Brandenburg

(1) [1]Im Land Brandenburg haben die Gemeinden ihre Absicht, einen Bauleitplan aufzustellen, zu ändern, zu ergänzen oder aufzuheben, der Gemeinsamen Landesplanungsabteilung frühzeitig unter allgemeiner Angabe ihrer Planungsabsichten mitzuteilen und anzufragen, welche Ziele der Raumordnung für den Planbereich bestehen. [2]Äußert sich diese nicht innerhalb einer Frist von einem Monat seit Zugang der Mitteilung, so kann die Gemeinde davon ausgehen, dass raumordnerische Bedenken nicht erhoben werden.

(2) Die Landesregierung kann verlangen, dass die Gemeinden ihre genehmigten Bauleitpläne den Zielen der Raumordnung anpassen.

(3) Eine Gemeinde, die die Anpassung eines rechtswirksamen Bebauungsplans für erforderlich hält, ist berechtigt, eine Entscheidung nach Absatz 2 bei der Gemeinsamen Landesplanungsabteilung zu beantragen.

(4) [1]Die Landesregierung kann verlangen, dass die Gemeinden Bauleitpläne entsprechend den Zielen der Raumordnung aufstellen, wenn dies zur Verwirklichung von Planungen mit hervorragender Bedeutung für die überörtliche Wirtschaftsstruktur oder allgemeine Landesentwicklung erforderlich ist. [2]Vor der Entscheidung der Landesregierung ist den betroffenen Gemeinden und Kreisen Gelegenheit zur Stellungnahme zu geben. [3]Die Absätze 5 bis 7 finden entsprechende Anwendung.

(5) Muss eine Gemeinde einen Dritten gemäß §§ 39 bis 44 des Baugesetzbuchs entschädigen, weil sie einen rechtswirksamen Bebauungsplan aufgrund rechtsverbindlich aufgestellter Ziele der Raumordnung auf Verlangen nach Absatz 2 geändert oder aufgehoben hat, so ist ihr vom Land Ersatz zu leisten.

(6) [1]Ist eine Gemeinde Eigentümerin eines Grundstückes, so kann sie im Falle des Verlangens nach Absatz 2 vom Land eine angemessene Entschädigung verlangen, soweit durch die Anpassung eines rechtswirksamen Bebauungsplanes Aufwendungen für Vorbereitungen zur Nutzung des Grundstückes an Wert verlieren, die im Vertrauen auf den Bestand der bisherigen Planungen gemacht wurden. [2]Ihr sind außerdem die Aufwendungen für Erschließungsanlagen zu ersetzen, soweit sie infolge der Anpassung nicht mehr erforderlich sind.

(7) Eine Gemeinde kann eine Ersatzleistung oder eine Entschädigung nicht beanspruchen, wenn sie die Gemeinsame Landesplanungsabteilung nicht gemäß Absatz 1 rechtzeitig von ihrer Planungsabsicht unterrichtet hat oder soweit sie von einem oder einer durch die Änderung der Bauleitplanung Begünstigten Ersatz verlangen kann.

Artikel 13 Anpassung der Bauleitplanung im Land Berlin

(1) Im Land Berlin sind der Flächennutzungsplan und die Bebauungspläne gemäß § 1 Absatz 4 des Baugesetzbuchs den Zielen der Raumordnung anzupassen.

(2) [1]Die Bezirke haben ihre Absicht, einen Bebauungsplan aufzustellen, zu ändern, zu ergänzen oder aufzuheben der Gemeinsamen Landesplanungsabteilung unter allgemeiner Angabe ihrer Planungsabsichten mitzuteilen und anzufragen, welche Ziele der Raumordnung für den Planbereich bestehen. [2]Äußert sich diese nicht innerhalb einer Frist von einem Monat seit Zugang der Mitteilung, so kann der Bezirk davon ausgehen, dass raumordnerische Bedenken nicht erhoben werden. [3]Sofern Aufgaben der Bauleitplanung durch eine Senatsverwaltung wahrgenommen werden, gilt diese Regelung entsprechend für die zuständige Senatsverwaltung.

Artikel 14 Untersagung raumordnungswidriger Planungen und Maßnahmen

(1) Die Gemeinsame Landesplanungsabteilung kann im Einvernehmen mit den fachlich zuständigen Ministerien im Land Brandenburg und den fachlich zuständigen Senatsverwaltungen im Land Berlin raumbedeutsame Planungen und Maßnahmen sowie die Entscheidung über deren Zulässigkeit nach § 14 des Raumordnungsgesetzes untersagen.

(2) Die Untersagung wird nach Anhörung des oder der Betroffenen von Amts wegen oder auf Antrag eines öffentlichen Planungsträgers, dessen Aufgaben durch die beabsichtigte Planung oder Maßnahme berührt werden, ausgesprochen.

(3) Die Untersagung ist vor Fristablauf ganz oder teilweise aufzuheben, soweit ihre Voraussetzungen weggefallen sind.

Artikel 15 Entschädigung

(1) [1]Muss der Träger einer nach Artikel 14 untersagten Planung oder Maßnahme einen Dritten entschädigen, so erstattet ihm das jeweilige Land die aus der Erfüllung der Entschädigungsansprüche entstehenden Aufwendungen. [2]Die Ersatzleistung ist ausgeschlossen, wenn die Untersagung von dem Planungsträger verschuldet ist oder ihm aus Anlass der Untersagung aus anderen Rechtsgründen Entschädigungsansprüche zustehen.

(2) Dient die Untersagung nach Artikel 14 ausschließlich oder vorwiegend dem Interesse eines oder einer Begünstigten, so kann das jeweilige Land von ihm oder ihr die Übernahme der sich aus dieser Vorschrift ergebenden Entschädigungspflichten verlangen, wenn er oder sie der Untersagung zugestimmt hat.

Artikel 16 Raumordnungsverfahren

(1) Die Gemeinsame Landesplanungsabteilung soll für

1. Planungen und Maßnahmen, die in der Raumordnungsverordnung vom 13. Dezember 1990 (BGBl. I S. 2766) in der jeweils geltenden Fassung bestimmt sind,
2. den Neubau und wesentliche Trassenänderungen von Landesstraßen im Land Brandenburg und entsprechenden Straßen im Land Berlin und
3. weitere Planungen und Maßnahmen

Raumordnungsverfahren durchführen, wenn sie im Einzelfall raumbedeutsam sind und überörtliche Bedeutung haben.

(2) [1]Von einem Raumordnungsverfahren kann abgesehen werden, wenn die Beurteilung der Raumverträglichkeit der Planung oder Maßnahme auf anderer raumordnerischer Grundlage hinreichend gewährleistet ist. [2]Dies gilt insbesondere, wenn die Planung oder Maßnahme

1. Zielen der Raumordnung entspricht oder widerspricht oder
2. den Darstellungen oder Festsetzungen eines den Zielen der Raumordnung angepassten Flächennutzungsplanes oder Bebauungsplanes nach den Vorschriften des Baugesetzbuches entspricht oder widerspricht und sich die Zulässigkeit dieser Planung oder Maßnahme nicht nach einem Planfeststellungsverfahren oder einem sonstigen Verfahren mit den Rechtswirkungen der Planfeststellung für raumbedeutsame Vorhaben bestimmt oder
3. in einem anderen gesetzlichen Abstimmungsverfahren unter Beteiligung der Gemeinsamen Landesplanungsabteilung festgelegt worden ist.

(3) Bestehen Zweifel über die Einleitung eines Raumordnungsverfahrens, gilt Artikel 6 Absatz 1 Satz 3 bis 5.

(4) [1]Die für Raumordnung zuständigen Mitglieder der Regierungen der vertragschließenden Länder werden ermächtigt, durch Rechtsverordnung die notwendigen Einzelheiten für die einheitliche Durchführung von Raumordnungsverfahren sowie die Durchführung der Umweltverträglichkeitsprüfung entsprechend dem Planungsstand zu regeln. [2]Diese Regelungen sind einvernehmlich zu erlassen und an demselben Tag in beiden Ländern in Kraft zu setzen.

V. Abschnitt

Planvorbereitende und planbegleitende Instrumente der gemeinsamen Landesplanung

Artikel 17 Planungsgrundlagen

Berlin, die kreisfreien Städte, die kreisangehörigen Städte und Gemeinden sowie die Landkreise des Landes Brandenburg haben der Gemeinsamen Landesplanungsabteilung Planungsgrundlagen nach den Erfordernissen der Raumordnung in zeichnerischer und textlicher Darstellung insbesondere zu folgenden Sachgebieten bereitzustellen:

1. Bevölkerung und Arbeitsmarkt,
2. Siedlungsstruktur,
3. Wohnen und Verkehr,
4. Gewerbe und Industrie,
5. technische Infrastruktur,
6. soziale und kulturelle Infrastruktur, Denkmalschutz,
7. Fremdenverkehr, Kurwesen und Naherholung,
8. Land- und Forstwirtschaft,
9. Natur-, Landschafts- und Bodenschutz sowie Freiraumentwicklung,
10. Wasserwirtschaft,
11. Abfallwirtschaft und Altlasten,
12. Luftreinhaltung, Lärm- und Strahlenschutz,
13. Braunkohlenbergbau und Sanierung,
14. Energie- und Wärmeversorgung,
15. Rohstoffsicherung und Rekultivierung,
16. Verteidigung und Konversion.

Artikel 18 Raumordnungskataster

(1) [1]Die Gemeinsame Landesplanungsabteilung führt ein Raumordnungskataster. [2]In ihm werden alle raumbedeutsamen Planungen und Maßnahmen des gemeinsamen Planungsraumes erfasst und fortgeschrieben.

(2) Das Nähere über die Einrichtung und einheitliche Führung des Raumordnungskatasters regeln die Regierungen der vertragschließenden Länder durch Verwaltungsvereinbarung.

Artikel 19 Gemeinsamer Raumordnungsbericht

(1) Die Gemeinsame Landesplanungsabeilung erstellt alle fünf Jahre einen Raumordnungsbericht über

1. die räumliche Entwicklung im gemeinsamen Planungsraum,
2. den Stand der gemeinsamen Landesentwicklungsplanung,
3. den Stand der Regionalplanung,
4. die im Rahmen der angestrebten Entwicklung durchgeführten und geplanten Maßnahmen,
5. die gemeinsame Abstimmung von raumbedeutsamen Planungen und Maßnahmen mit den angrenzenden Ländern und Staaten,
6. die Zusammenarbeit zwischen den Ländern Berlin und Brandenburg in der Gemeinsamen Landesplanungsabteilung und in der Landesplanungskonferenz.

(2) [1]Der Raumordnungsbericht ist von den Landesregierungen dem Abgeordnetenhaus von Berlin und dem Landtag des Landes Brandenburg vorzulegen. [2]Der erste gemeinsame Raumordnungsbericht wird zwei Jahre nach Inkrafttreten dieses Vertrages erstattet.

Artikel 20 Abstimmung raumbedeutsamer Planungen und Maßnahmen

(1) Öffentliche Stellen und Personen des Privatrechts nach § 4 Absatz 1 des Raumordnungsgesetzes haben ihre raumbedeutsamen Planungen und Maßnahmen aufeinander und untereinander abzustimmen.

(2) Die Behörden der vertragschließenden Länder, die Gemeinden und Landkreise sowie die der Aufsicht der beiden Länder unterstehenden sonstigen Körperschaften, Anstalten und Stiftungen des öffentlichen Rechts sind verpflichtet, der Gemeinsamen Landesplanungsabteilung alle von ihnen beabsichtigten oder zu ihrer Kenntnis gelangten raumbedeutsamen Planungen und Maßnahmen so rechtzeitig mitzuteilen, dass die Wahrnehmung der Belange der gemeinsamen Landesplanung gewährleistet ist.

(3) Im Land Brandenburg sind darüber hinaus die kreisangehörigen Städte und Gemeinden zur Mitteilung nach Absatz 2 auch gegenüber den Landräten als allgemeinen unteren Landesbehörden verpflichtet.

(4) Die in Absatz 2 genannten Stellen haben der Gemeinsamen Landesplanungsabteilung auf Verlangen über raumbedeutsame Planungen und Maßnahmen Auskunft zu erteilen.

Artikel 21 Datenschutz

[1]Für die datenschutzrechtlichen Belange gilt das Recht des Landes Brandenburg, soweit nicht Bundesrecht anzuwenden ist. [2]Soweit für die Erhebung der Daten im Land Berlin für Zwecke der Planung bereichsspezifische Rechtsvorschriften gelten, finden diese auf die Datenerhebung im Land Berlin Anwendung. [3]Der oder die Landesbeauftragte für den Datenschutz im Land Brandenburg überwacht im Einvernehmen mit dem oder der Berliner Datenschutzbeauftragten die Einhaltung der Datenschutzbestimmungen.

VI. Abschnitt

Übergangs- und Schlussvorschriften

Artikel 22 Übergangsvorschriften

(1) Die vertragschließenden Länder werden jeweils in den Zustimmungsgesetzen zu diesem Vertrag die für seinen Vollzug erforderlichen Änderungen ihres Landesrechts vornehmen.

(2) Mit der Einrichtung der Gemeinsamen Landesplanungsabteilung tritt die Verwaltungsvereinbarung zwischen den Ländern Berlin und Brandenburg über die Bildung einer gemeinsamen Arbeitsstelle und Planungskonferenz zur Vorbereitung und Fortschreibung der gemeinsamen Landesplanung vom 11. August 1993 (ABl. für Berlin S. 2530/ABl. für Brandenburg S. 1398) außer Kraft.

(3) [1]Bis zur Einrichtung der Gemeinsamen Landesplanungsabteilung nehmen die für Raumordnung zuständigen obersten Landesbehörden der vertragschließenden Länder die Aufgaben der gemeinsamen Raumordnung einvernehmlich wahr. [2]Mit Einrichtung der Gemeinsamen Landesplanungsabteilung nimmt diese die in diesem Vertrag genannten Aufgaben und Befugnisse wahr.

(4) Die Darstellungen des Berliner Flächennutzungsplanes vom 23. Juni 1994 (FNP 94) gelten als an die Ziele der Raumordnung angepasst.

(5) Im Brandenburger Teil des engeren Verflechtungsraumes gelten als an die Ziele der Raumordnung angepasst:

1. bis zum 4. April 1995 genehmigte Bebauungspläne, Vorhaben- und Erschließungspläne sowie Entwicklungssatzungen,
2. bis zum 30. September 1994 genehmigte Flächennutzungspläne,
3. Entwürfe zu Bebauungsplänen, Vorhaben- und Erschließungsplänen sowie Entwicklungssatzungen, deren öffentliche Auslegung bis zum 30. September 1994 bekannt gemacht wurde.

Artikel 23 Weitergehende Regelungen

Die vertragschließenden Länder verpflichten sich, soweit erforderlich, weitergehende Regelungen zu schaffen.

Artikel 24 Geltungsdauer und Kündigung

(1) [1]Dieser Staatsvertrag gilt für unbestimmte Zeit. [2]Er kann von jedem vertragschließenden Land zum Ende des Kalenderjahres schriftlich mit einer Frist von drei Jahren gekündigt werden.

(2) Bilden die vertragschließenden Länder ein gemeinsames Land, so gehen alle Rechte und Pflichten der bisherigen Länder aus diesem Vertrag auf das neue Land über.

Artikel 25 Inkrafttreten

Dieser Vertrag tritt am ersten Tag des auf den Austausch der Ratifikationsurkunden folgenden Monats in Kraft[1)].

1) Der StV ist in seiner ursprünglichen Fassung In Kraft getreten am 1.8.1995; vgl. hierzu in **Berlin**: Bek. v. 7.8.1995 (GVBl. S. 547); in **Brandenburg**: Bek. v. 19.8.1995 (GVBl. I S. 261).

Verordnung über die einheitliche Durchführung von Raumordnungsverfahren im gemeinsamen Planungsraum Berlin-Brandenburg (Gemeinsame Raumordnungsverfahrensverordnung – GROVerfV)

Vom 14. Juli 2010 (GVBl. II Nr. 47 S. 1)
(Sa BbgLR 920-12)

zuletzt geändert durch Art. 1 VO zur Änd. der Gemeinsamen RaumordnungsverfahrensVO vom 15. Juli 2020 (GVBl. II Nr. 61)

Auf Grund des Artikels 16 Absatz 4 des Landesplanungsvertrages in der Fassung der Bekanntmachung vom 10. Februar 2008 (GVBl. I S. 42) in Verbindung mit Artikel 1 des Gesetzes zu dem Staatsvertrag der Länder Berlin und Brandenburg über das Landesentwicklungsprogramm 2007 (LEPro 2007) und die Änderung des Landesplanungsvertrages vom 18. Dezember 2007 (GVBl. I S. 325) verordnet der Minister für Infrastruktur und Landwirtschaft im Einvernehmen mit der Senatorin für Stadtentwicklung des Landes Berlin:

§ 1 Gegenstand des Raumordnungsverfahrens

(1) [1]Im Raumordnungsverfahren prüft die Gemeinsame Landesplanungsabteilung die Raumverträglichkeit raumbedeutsamer Planungen und Maßnahmen im Sinne von Artikel 16 Absatz 1 des Landesplanungsvertrages. [2]Dabei prüft sie die raumbedeutsamen Auswirkungen der Planung oder Maßnahme unter überörtlichen Gesichtspunkten, die Übereinstimmung mit den Erfordernissen der Raumordnung und die Abstimmung mit anderen raumbedeutsamen Planungen und Maßnahmen (Raumverträglichkeitsprüfung).

(2) [1]Bei Planungen und Maßnahmen, für die

1. nach den §§ 6 bis 14 des Gesetzes über die Umweltverträglichkeitsprüfung oder
2. nach § 3 des Brandenburgischen Gesetzes über die Umweltverträglichkeitsprüfung

eine Umweltverträglichkeitsprüfung durchzuführen ist, schließt das Raumordnungsverfahren die Ermittlung, Beschreibung und Bewertung der raumbedeutsamen Auswirkungen der Planung oder Maßnahme auf die Schutzgüter einschließlich ihrer Wechselwirkungen nach § 2 Absatz 1 des Gesetzes über die Umweltverträglichkeitsprüfung nach dem Planungsstand ein. [2]Von einer raumordnerischen Umweltverträglichkeitsprüfung kann abgesehen werden, wenn auf Grund einer Einzelfallprüfung nach § 7 des Gesetzes über die Umweltverträglichkeitsprüfung festgestellt wird, dass die Planung oder Maßnahme voraussichtlich keine erheblichen nachteiligen Auswirkungen auf die Umwelt haben kann.

(3) [1]Im Raumordnungsverfahren ist auch zu prüfen, ob die Planung oder Maßnahme geeignet ist, ein Gebiet von gemeinschaftlicher Bedeutung oder ein europäisches Vogelschutzgebiet in seinen für die Erhaltungsziele oder den Schutzzweck maßgeblichen Bestandteilen erheblich zu beeinträchtigen. [2]Können derartige Beeinträchtigungen nicht ausgeschlossen werden, sind die raumbedeutsamen Auswirkungen der Planung oder Maßnahme auf die Erhaltungsziele und den Schutzzweck der Gebiete nach dem Planungsstand zu ermitteln, zu beschreiben und zu bewerten (raumordnerische Prüfung nach der Fauna-Flora-Habitat-Richtlinie).

(4) Gegenstand der Prüfungen nach den Absätzen 1 bis 3 sollen auch ernsthaft in Betracht kommende Standort- oder Trassenalternativen sein.

§ 2 Vorbereitung

(1) [1]Die Gemeinsame Landesplanungsabteilung entscheidet auf Antrag des Trägers der raumbedeutsamen Planung oder Maßnahme oder von Amts wegen innerhalb einer Frist von vier Wochen nach Vorlage der Antragsunterlagen über das Erfordernis, ein Raumordnungsverfahren durchzuführen. [2]Die Antragsunterlagen müssen eine allgemein verständliche Projektbeschreibung und eine kartografische Darstellung der raumbedeutsamen Planung oder Maßnahme enthalten. [3]Ein Anspruch auf die Einleitung eines Raumordnungsverfahrens besteht nicht.

(2) Sieht die Gemeinsame Landesplanungsabteilung unter den Voraussetzungen des Artikels 16 Absatz 2 des Landesplanungsvertrages von der Durchführung eines Raumordnungsverfahrens ab, unterrichtet sie den Träger der Planung oder Maßnahme und die in die Vorbereitung des Raumordnungsverfahrens einbezogenen Stellen.

(3) [1]Ist die Durchführung eines Raumordnungsverfahrens erforderlich, führt die Gemeinsame Landesplanungsabteilung eine Antragskonferenz durch. [2]Sie bezieht dabei den Träger der raumbedeutsamen Planung oder Maßnahme, die Zulassungsbehörde und weitere in ihrem Aufgabenbereich berührte öffentliche Stellen sowie bei sachlicher und räumlicher Betroffenheit auch die vom Bund oder Land anerkannten Vereinigungen mit dem Ziel der Förderung des Natur- und Umweltschutzes ein. [3]In der Antragskonferenz sollen Gegenstand des Raumordnungsverfahrens, Methode und Untersuchungsrahmen für die Prüfungen nach § 1 sowie Inhalt und Umfang der voraussichtlich vorzulegenden Verfahrensunterlagen erörtert und festgelegt werden.

(4) Zur Vorbereitung auf die Antragskonferenz leitet die Gemeinsame Landesplanungsabteilung den Beteiligten eine vom Träger der Planung oder Maßnahme erstellte Unterlage zu, die eine Kurzbeschreibung des Vorhabens mit übersichtlicher kartografischer Darstellung sowie Vorschläge zur inhaltlichen Ausgestaltung und räumlichen Abgrenzung des voraussichtlichen Untersuchungsrahmens enthält.

(5) Das Ergebnis der Antragskonferenz, insbesondere zum Untersuchungsrahmen sowie zum Inhalt und Umfang der voraussichtlich vorzulegenden Unterlagen, teilt die Gemeinsame Landesplanungsabteilung dem Träger der raumbedeutsamen Planung oder Maßnahme und allen übrigen an der Antragskonferenz Beteiligten schriftlich mit.

§ 3 Verfahrensunterlagen

(1) [1]Der Träger der raumbedeutsamen Planung oder Maßnahme legt der Gemeinsamen Landesplanungsabteilung die Verfahrensunterlagen vor, die zur Bewertung der raumbedeutsamen Auswirkungen des Vorhabens notwendig sind. [2]Die Unterlagen müssen mindestens folgende Angaben enthalten:

1. Allgemeine Angaben:
   a) Beschreibung der Planung oder Maßnahme nach Art und Umfang, des Zeitrahmens, der Angaben über Standort, Trasse oder Fläche und Bedarf an Grund und Boden, einschließlich der ernsthaft in Betracht kommenden Standort- oder Trassenalternativen unter Angabe der wesentlichen Auswahlgründe,
   b) allgemein verständliche kartografische Darstellung in der Regel im Maßstab 1:10 000 und einen Übersichtsplan im Maßstab 1:25 000 oder 1:50 000;
2. Angaben für die Raumverträglichkeitsprüfung:
   a) Beschreibung der nach dem Planungsstand zu erwartenden raumbedeutsamen Auswirkungen der Planung oder Maßnahme auf die Erfordernisse der Raumordnung; dazu können gehören: Auswirkungen auf Zentrale Orte, die Entwicklung des Gesamtraums Berlin-Brandenburg, auf Siedlungs- und Freiraum, Verkehr, Wirtschaft, Land- und Forstwirtschaft, Ver- und Entsorgung, technische Infrastruktur, Erholung und Tourismus, Rohstoffabbau und Lagerstätten, Hochwasserschutz, Altlasten und Konversion, Verteidigung sowie auf Belange des Katastrophenschutzes, insbesondere bei Planungen und Maßnahmen im Anwendungsbereich der Richtlinie 96/82/EG, jeweils untergliedert in Bestand und Auswirkungen,
   b) Beschreibung von Maßnahmen, mit denen Beeinträchtigungen von Raumordnungsbelangen sowie der Verbrauch natürlicher Ressourcen so gering wie möglich gehalten werden können,
   c) Anforderungen an die soziale und technische Infrastruktur (Verkehr, Energie, Wasser, Abwasser, Abfall) mit Beschreibung notwendiger Aus- und Neubaumaßnahmen;
3. Angaben für die raumordnerische Umweltverträglichkeitsprüfung:
   a) Beschreibung der Umwelt und ihrer Bestandteile im Einwirkungsbereich der Planung oder Maßnahme sowie Beschreibung der nach dem Planungsstand zu erwartenden erheblichen nachteiligen Auswirkungen auf die in § 2 Absatz 1 des Gesetzes über die Umweltverträglichkeitsprüfung genannten Schutzgüter einschließlich ihrer Wechselwirkungen in der Regel anhand von Bestandsdaten; dabei ist zwischen bau-, anlagen- und betriebsbedingten Umweltauswirkungen zu unterscheiden,
   b) Beschreibung der Maßnahmen, mit denen nach dem Planungsstand zu erwartende, erhebliche nachteilige Umweltauswirkungen der Planung oder Maßnahme vermieden, vermindert oder soweit möglich, ausgeglichen werden können, sowie der Ersatzmaßnahmen bei nicht ausgleichbaren, aber vorrangigen Eingriffen in Natur und Landschaft,

c) Beschreibung der wichtigsten, vom Träger der Planung oder Maßnahme geprüften anderweitigen Lösungsmöglichkeiten und Angabe der wesentlichen Auswahlgründe im Hinblick auf die Umweltauswirkungen der Planung oder Maßnahme;
4. Angaben für die raumordnerische Prüfung nach der Fauna-Flora-Habitat-Richtlinie:
 a) Beschreibung der Erhaltungsziele und Schutzzwecke des Gebietes von gemeinschaftlicher Bedeutung oder eines europäischen Vogelschutzgebietes, das von der Planung oder Maßnahme einschließlich ernsthaft in Betracht kommender Standort- oder Trassenalternativen erheblich beeinträchtigt werden kann, in der Regel anhand vorhandener Unterlagen,
 b) Beschreibung der raumbedeutsamen Auswirkungen der Planung oder Maßnahme auf die für die Erhaltungsziele oder den Schutzzweck maßgeblichen Bestandteile der unter Buchstabe a genannten Gebiete und Einschätzung der Erheblichkeit möglicher Beeinträchtigungen,
 c) Beschreibung von Maßnahmen zur Vermeidung oder Verminderung erheblicher Beeinträchtigungen;
5. allgemein verständliche Zusammenfassung der in den Nummern 2 bis 4 genannten Angaben.

(2) Bei raumbedeutsamen Planungen und Maßnahmen der Verteidigung entscheidet die nach § 15 Absatz 2 Satz 2 des Raumordnungsgesetzes zuständige Stelle über Art und Umfang der Angaben.

§ 4 Einleitung und Durchführung

(1) [1]Liegen der Gemeinsamen Landesplanungsabteilung die nach § 3 erforderlichen Unterlagen vollständig vor, leitet sie das Verfahren mit der schriftlichen Unterrichtung des Trägers der raumbedeutsamen Planung oder Maßnahme ein. [2]Die Gemeinsame Landesplanungsabteilung übergibt den Beteiligten die Verfahrensunterlagen und fordert sie auf, dazu innerhalb einer angemessenen Frist schriftlich Stellung zu nehmen.

(2) Bei raumbedeutsamen Planungen und Maßnahmen von öffentlichen Stellen des Bundes entscheidet die Gemeinsame Landesplanungsabteilung im Benehmen mit den in § 15 Absatz 5 des Raumordnungsgesetzes genannten Stellen über die Einleitung eines Raumordnungsverfahrens.

(3) [1]Ergibt sich insbesondere bei wesentlichen Änderungen ein Bedarf nach weitergehenden oder zusätzlichen Informationen über die raumbedeutsame Planung oder Maßnahme und ihre Auswirkungen, fordert die Gemeinsame Landesplanungsabteilung den Träger der Planung oder Maßnahme zur Vorlage entsprechend geänderter oder zusätzlicher Planungsunterlagen innerhalb angemessener Frist auf. [2]Innerhalb dieser Frist ruht das Verfahren.

§ 5 Beteiligung

(1) [1]Im Raumordnungsverfahren sind alle von der Planung oder Maßnahme in ihrem fachlichen oder räumlichen Aufgabenbereich berührten öffentlichen Stellen im Sinne von § 3 Absatz 1 Nummer 5 des Raumordnungsgesetzes sowie die vom Bund oder Land anerkannten Vereinigungen mit dem Ziel der Förderung des Natur- und Umweltschutzes zu beteiligen. [2]Die Gemeinsame Landesplanungsabteilung entscheidet im Einzelfall, ob weitere Stellen beteiligt werden sollen.

(2) [1]Ist ein den gemeinsamen Planungsraum Berlin-Brandenburg überschreitendes Beteiligungsverfahren durchzuführen, legt die Gemeinsame Landesplanungsabteilung das Vorgehen im Benehmen mit der zuständigen Landesplanungsbehörde des inländischen Nachbarlandes fest. [2]Bei raumbedeutsamen Planungen oder Maßnahmen, die erhebliche Auswirkungen auf das Gebiet eines ausländischen Nachbarstaates haben können, erfolgt die Beteiligung nach § 15 Absatz 3 Satz 5 des Raumordnungsgesetzes. [3]Kann die raumbedeutsame Planung oder Maßnahme, für die eine Umweltverträglichkeitsprüfung durchzuführen ist, erhebliche Umweltauswirkungen auf das Gebiet eines ausländischen Nachbarstaates haben, ist dieser nach den §§ 54 bis 56 des Gesetzes über die Umweltverträglichkeitsprüfung sowie die Republik Polen darüber hinaus nach dem Vertragsgesetz zur Deutsch-Polnischen UVP-Vereinbarung zu beteiligen.

(3) [1]Die Öffentlichkeit ist bei der Durchführung des Raumordnungsverfahrens dadurch zu beteiligen, dass die nach § 3 erforderlichen Unterlagen in den Landkreisen, kreisfreien Städten, Verbandsgemeinden, Ämtern, amtsfreien und mitverwaltenden Gemeinden, in denen sich die raumbedeutsame Planung oder Maßnahme voraussichtlich auswirkt, auf Veranlassung der Gemeinsamen Landesplanungsabteilung einen Monat zur Einsicht ausgelegt werden. [2]Ort und Dauer der Auslegung sind mindestens eine Woche vorher im Amtsblatt für Brandenburg und in regionalen Zeitungen, die in dem Bereich verbreitet sind, in dem sich die Planung oder Maßnahme voraussichtlich auswirken wird,

öffentlich bekannt zu machen. [3]Die Öffentlichkeit hat Gelegenheit, sich zu der raumbedeutsamen Planung oder Maßnahme bis zwei Wochen nach Ablauf der Auslegungsfrist schriftlich oder zur Niederschrift bei der auslegenden Stelle zu äußern; darauf ist in der Bekanntmachung hinzuweisen. [4]Die auslegenden Stellen leiten die fristgemäß vorgebrachten Äußerungen der Gemeinsamen Landesplanungsabteilung zu. [5]Sie können dazu eine eigene Stellungnahme abgeben.

(4) Die Gemeinsame Landesplanungsabteilung kann Erörterungen und Ortsbesichtigungen durchführen.

(5) [1]Bei der Beteiligung sollen elektronische Informationstechnologien ergänzend genutzt werden. [2]Die ausschließliche Verwendung elektronischer Informationstechnologien ist zulässig, wenn die Beteiligten nach Absatz 1 über die notwendigen technischen Voraussetzungen verfügen.

(6) Die nach Absatz 3 Satz 1 auszulegenden Unterlagen und der Inhalt der Bekanntmachung nach Absatz 3 Satz 2 werden über das zentrale Internetportal zu Umweltverträglichkeitsprüfungen und der Bauleitplanung im Land Brandenburg zugänglich gemacht.

§ 6 Einstellung

[1]Nimmt der Träger von der raumbedeutsamen Planung oder Maßnahme Abstand, stellt die Gemeinsame Landesplanungsabteilung das Raumordnungsverfahren nach Anhörung des Trägers der Planung oder Maßnahme ein. [2]Wirkt der Träger der raumbedeutsamen Planung oder Maßnahme auch nach Aufforderung innerhalb angemessener Frist nicht im Raumordnungsverfahren mit, kann die Gemeinsame Landesplanungsabteilung das Verfahren nach vorheriger Anhörung von Amts wegen einstellen. [3]Die übrigen Beteiligten sind über die Einstellung zu unterrichten.

§ 7 Landesplanerische Beurteilung

(1) [1]Das Raumordnungsverfahren ist mit einer landesplanerischen Beurteilung abzuschließen. [2]In der landesplanerischen Beurteilung stellt die Gemeinsame Landesplanungsabteilung fest, ob und mit welchen Maßgaben die raumbedeutsame Planung oder Maßnahme mit den Erfordernissen der Raumordnung vereinbar ist (Ergebnis des Raumordnungsverfahrens). [3]Darüber hinaus sind Gegenstand und Ablauf des Verfahrens, Planungsträger und Beteiligte, die Beschreibung und Bewertung der Auswirkungen der raumbedeutsamen Planung oder Maßnahme sowie die raumordnerische Gesamtabwägung darzustellen.

(2) In den Fällen des § 1 Absatz 2 enthält die landesplanerische Beurteilung zusätzlich eine zusammenfassende Darstellung der im Raumordnungsverfahren erkennbaren Umweltauswirkungen der Planung oder Maßnahme sowie Maßnahmen, mit denen erhebliche nachteilige Umweltauswirkungen vermieden, vermindert oder ausgeglichen werden können.

(3) [1]Die landesplanerische Beurteilung ist dem Träger der Planung oder Maßnahme und den am Raumordnungsverfahren Beteiligten zuzuleiten. [2]Die Öffentlichkeit wird über das Ergebnis des Raumordnungsverfahrens durch öffentliche Bekanntmachung im Amtsblatt für Brandenburg und in den regionalen Zeitungen, die in dem Bereich verbreitet sind, in dem sich die Planung oder Maßnahme voraussichtlich auswirken wird sowie durch Einstellung in das Internet unter der Adresse der Gemeinsamen Landesplanungsabteilung Berlin-Brandenburg unterrichtet. [3]Dabei ist das Ergebnis des Raumordnungsverfahrens mitzuteilen sowie auf die Möglichkeit zur Einsicht in die vollständige landesplanerische Beurteilung hinzuweisen.

(4) Die Unterlagen nach den Absätzen 1 und 2 werden über das zentrale Internetportal zu Umweltverträglichkeitsprüfungen und der Bauleitplanung im Land Brandenburg zugänglich gemacht.

§ 8 Vereinfachtes Verfahren

Bei der Durchführung des beschleunigten Verfahrens nach § 16 Absatz 1 des Raumordnungsgesetzes kann die Gemeinsame Landesplanungsabteilung im Einzelfall auch von Verfahrensschritten nach dieser Verordnung absehen, soweit keine anderen Rechtsvorschriften entgegenstehen

§ 9 Geltungsdauer

[1]Die landesplanerische Beurteilung kann ihre Gültigkeit verlieren, wenn sich die zugrunde liegende raumbedeutsame Planung oder Maßnahme oder ihre Bewertungsgrundlagen wesentlich geändert haben, insbesondere weil für die Planung oder Maßnahme bedeutsame neue oder geänderte Ziele der Raumordnung verbindlich geworden sind. [2]Die Entscheidung hierüber trifft die Gemeinsame Landesplanungsabteilung.

§ 10 Gebühren und Auslagen

(1) [1]Die Gemeinsame Landesplanungsabteilung erhebt für ihre Amtshandlungen bei der Durchführung von Raumordnungsverfahren Verwaltungsgebühren und Auslagen nach Maßgabe dieser Verordnung und dem anliegenden Gebührenverzeichnis. [2]Bei der Bemessung der Höhe der Verwaltungsgebühren im Einzelfall sind der Verwaltungsaufwand, die Bedeutung, der wirtschaftliche Wert oder der sonstige Nutzen für den Träger der raumbedeutsamen Planung oder Maßnahme angemessen zu berücksichtigen. [3]Im Zusammenhang mit der Amtshandlung stehende Auslagen nach § 9 des Gebührengesetzes für das Land Brandenburg werden gesondert erhoben, soweit sie nicht von dem anliegenden Gebührenverzeichnis erfasst sind.

(2) Von der Zahlung einer Verwaltungsgebühr sind die öffentlichen Stellen im Sinne des § 3 Absatz 1 Nummer 5 des Raumordnungsgesetzes befreit, deren raumbedeutsame Planungen und Maßnahmen Gegenstand eines Raumordnungsverfahrens sind.

(3) [1]Wird das Raumordnungsverfahren nach Einleitung, aber vor Beendigung einschließlich der Bekannt- machung der landesplanerischen Beurteilung eingestellt, werden für bis dahin vollständig erbrachte Amtshandlungen Verwaltungsgebühren nach dieser Verordnung und dem anliegenden Gebührenverzeichnis erhoben. [2]Dies gilt auch für teilweise erbrachte Amtshandlungen, wobei sich der Mindestsatz auf ein Viertel und der Höchstsatz auf drei Viertel der für die Amtshandlung vorgesehenen Verwaltungsgebühr reduziert.

§ 11 Übergangsregelung

Raumordnungsverfahren, die vor dem 17. Juli 2020 förmlich eingeleitet wurden, werden nach der Gemeinsamen Raumordnungsverfahrensverordnung vom 14. Juli 2010 (GVBl. II Nr. 47), die durch Artikel 12 des Gesetzes vom 15. Oktober 2018 (GVBl. I Nr. 22 S. 28) geändert worden ist, fortgesetzt.

§ 12 Inkrafttreten, Außerkrafttreten

[1]Diese Verordnung tritt am Tag nach der Verkündung[1)] in Kraft. [2]Gleichzeitig tritt die Gemeinsame Raumordnungsverfahrensverordnung vom 24. Januar 1996 (GVBl. II S. 82) außer Kraft.

1) Verkündet am 27.7.2010.

Anlage
(zu § 10)

Gebührenverzeichnis

Tarifstelle	Amtshandlung	Verwaltungsgebühr in Euro
1	Prüfung und Feststellung der Erforderlichkeit eines Raumordnungsverfahrens (§ 2 Absatz 1 und 2)	100 bis 4 000
2	Vorbereitung und Durchführung einer Antragskonferenz (§ 2 Absatz 3 bis 5)	2 000 bis 10 000
3	Prüfung und Feststellung der Vollständigkeit der Verfahrensunterlagen (§ 3)	1 000 bis 10 000
4	Durchführung eines Raumordnungsverfahrens ohne Umweltverträglichkeitsprüfung (§ 1 Absatz 1, 3 und 4) einschließlich Erarbeitung und Bekanntmachung der landesplanerischen Beurteilung (§ 7 Absatz 1, 3 und 4)	12 000 bis 60 000
5	Durchführung eines Raumordnungsverfahrens mit Umweltverträglichkeitsprüfung (§ 1 Absatz 1 bis 4) einschließlich Erarbeitung und Bekanntmachung der landesplanerischen Beurteilung (§ 7 Absatz 1 bis 4)	Zusätzlich zur Gebühr nach Tarifstelle 4: 8 000 bis 40 000
6	Vorbereitung und Durchführung einer Erörterung (§ 5 Absatz 4)	1 000 bis 5 000 pro Tag
7	Vorbereitung und Durchführung einer Ortsbesichtigung (§ 5 Absatz 4)	600 bis 3 000 pro Tag
8	Durchführung eines beschleunigten Raumordnungsverfahrens (§ 8)	5 000 bis 20 000
9	Entscheidung über die Geltungsdauer auf Antrag (§ 9)	200 bis 1 000.

Gesetz zum Schutz von Denkmalen in Berlin (Denkmalschutzgesetz Berlin – DSchG Bln)

Vom 24. April 1995 (GVBl. S. 274)
(BRV 2130-12)

zuletzt geändert durch Art. 2 G zur Umsetzung des Übereinkommens der Vereinten Nationen über die Rechte von Menschen mit Behinderungen im Land Berlin vom 27. September 2021 (GVBl. S. 1167)

Nichtamtliche Inhaltsübersicht

Erster Abschnitt
Aufgaben, Gegenstand und Organisation des Denkmalschutzes

§ 1 Aufgaben

(1) Es ist Aufgabe von Denkmalschutz und Denkmalpflege, Denkmale nach Maßgabe dieses Gesetzes zu schützen, zu erhalten, zu pflegen, wissenschaftlich zu erforschen und den Denkmalgedanken und das Wissen über Denkmale zu verbreiten.

(2) Die Belange des Denkmalschutzes und der Denkmalpflege sind in die städtebauliche Entwicklung, Landespflege und Landesplanung einzubeziehen und bei öffentlichen Planungen und Maßnahmen angemessen zu berücksichtigen.

§ 2 Begriffsbestimmungen

(1) Denkmale im Sinne dieses Gesetzes sind Baudenkmale, Denkmalbereiche, Gartendenkmale sowie Bodendenkmale.

(2) [1]Ein Baudenkmal ist eine bauliche Anlage oder ein Teil einer baulichen Anlage, deren oder dessen Erhaltung wegen der geschichtlichen, künstlerischen, wissenschaftlichen oder städtebaulichen Bedeutung im Interesse der Allgemeinheit liegt. [2]Zu einem Baudenkmal gehören sein Zubehör und seine Ausstattung, soweit sie mit dem Baudenkmal eine Einheit von Denkmalwert bilden.

(3) [1]Ein Denkmalbereich (Ensemble, Gesamtanlage) ist eine Mehrheit baulicher Anlagen einschließlich der mit ihnen verbundenen Straßen und Plätze sowie Grünanlagen und Frei- und Wasserflächen, deren Erhaltung aus in Absatz 2 genannten Gründen im Interesse der Allgemeinheit liegt, und zwar

auch dann, wenn nicht jeder einzelne Teil des Denkmalbereichs ein Denkmal ist. [2]Auch Siedlungen können Denkmalbereiche sein.

(4) [1]Ein Gartendenkmal ist eine Grünanlage, eine Garten- oder Parkanlage, ein Friedhof, eine Allee oder ein sonstiges Zeugnis der Garten- und Landschaftsgestaltung, deren oder dessen Erhaltung aus in Absatz 2 genannten Gründen im Interesse der Allgemeinheit liegt. [2]Zu einem Gartendenkmal gehören sein Zubehör und seine Ausstattung, soweit sie mit dem Gartendenkmal eine Einheit von Denkmalwert bilden.

(5) Ein Bodendenkmal ist eine bewegliche oder unbewegliche Sache, die sich im Boden oder in Gewässern befindet oder befunden hat und deren Erhaltung aus in Absatz 2 genannten Gründen im Interesse der Allgemeinheit liegt.

§ 3 Bodendenkmale

(1) [1]Wer ein Bodendenkmal entdeckt, hat die Arbeiten an der Fundstelle sofort einzustellen und die Entdeckung unverzüglich der unteren Denkmalschutzbehörde anzuzeigen. [2]Zur Anzeige verpflichtet sind der Entdecker und der Verfügungsberechtigte; wird das Bodendenkmal bei der Durchführung eines Bauvorhabens entdeckt, so ist auch der Bauleiter zur Anzeige verpflichtet. [3]Der Fund und die Fundstelle sind bis zum Ablauf von vier Werktagen nach der Anzeige in unverändertem Zustand zu belassen. [4]Die oberste Denkmalschutzbehörde kann diese Frist angemessen verlängern, wenn die sachgerechte Untersuchung oder die Bergung des Bodendenkmals dies erfordert. [5]Ist das Bodendenkmal bei laufenden Arbeiten entdeckt worden, soll die Frist von vier Werktagen nur überschritten werden, wenn der Betroffene hierdurch nicht wirtschaftlich unzumutbar belastet wird. [6]Die zuständige Denkmalbehörde ist unbeschadet des Eigentumsrechts berechtigt, den Bodenfund auszuwerten und, soweit es sich um bewegliche Bodendenkmale handelt, zu bergen und zur wissenschaftlichen Bearbeitung in Besitz zu nehmen, grundsätzlich jedoch nicht länger als sechs Monate vom Eingang der Anzeige an gerechnet.

(2) Bewegliche Bodendenkmale, deren Eigentümer nicht mehr zu ermitteln sind, werden mit der Entdeckung Eigentum des Landes Berlin.

(3) [1]Das Graben nach Bodendenkmalen bedarf unbeschadet sonstiger Erlaubnisse der Genehmigung der zuständigen Denkmalbehörde. [2]Die Genehmigung ist zu versagen, wenn nicht Gewähr dafür gegeben ist, daß die Durchführung der Grabung dem Schutze und der Pflege der Bodendenkmale gerecht wird.

(4) [1]Abgegrenzte Flächen, in denen Bodendenkmale vorhanden sind oder vermutet werden, kann die zuständige Senatsverwaltung durch Rechtsverordnung zu Grabungsschutzgebieten erklären. [2]In Grabungsschutzgebieten bedürfen Arbeiten, die Bodendenkmale zu Tage fördern oder gefährden können, der Genehmigung der zuständigen Denkmalbehörde. [3]§ 13 gilt entsprechend. [4]Eine bisherige land- und forstwirtschaftliche Nutzung bleibt ohne Genehmigung zulässig, sofern sie bodendenkmalverträglich ist.

§ 4 Denkmalliste

(1) [1]Denkmale sind nachrichtlich in ein öffentliches Verzeichnis (Denkmalliste) einzutragen. [2]Bewegliche Bodendenkmale im Eigentum staatlicher oder kommunaler Museen und Sammlungen sind nur in den dort zu führenden Inventaren einzutragen.

(2) [1]Die Eintragung erfolgt von Amts wegen oder auf Anregung des Verfügungsberechtigten. [2]Eintragungen in den Denkmallisten werden von Amts wegen oder auf Anregung des Verfügungsberechtigten gelöscht, wenn die Eintragungsvoraussetzungen entfallen sind. [3]Dies gilt nicht, wenn die Wiederherstellung eines Denkmals angeordnet ist. [4]Die Verfügungsberechtigten werden umgehend von der Eintragung sowie der Löschung unterrichtet.

(3) [1]Die Denkmallisten werden ortsüblich bekannt gemacht. [2]Die Einsicht in die Denkmallisten ist jedermann gestattet.

§ 5 Denkmalfachbehörde

(1) Denkmalfachbehörde ist eine der zuständigen Senatsverwaltung nachgeordnete Behörde.

(2) Der Denkmalfachbehörde obliegen insbesondere folgende Aufgaben:

1. Mitwirkung beim Vollzug dieses Gesetzes und nach Maßgabe weiterer einschlägiger Bestimmungen,
2. systematische Erfassung von Denkmalen (Inventarisierung) und Erstellen einer Denkmaltopographie sowie deren Veröffentlichung,
3. nachrichtliche Aufnahme von Denkmalen in ein Verzeichnis (Denkmalliste) und dessen Führung,
4. wissenschaftliche Untersuchungen der Denkmale und Unterhaltung denkmalfachlicher Sammlungen als Beitrag zur Landesgeschichte,
5. Beratung und Unterstützung der Eigentümer und Besitzer von Denkmalen bei Pflege, Unterhaltung und Wiederherstellung,
6. Hinwirken auf die Berücksichtigung von Denkmalen bei der städtebaulichen Entwicklung,
7. Herausgabe von Rundschreiben zur Pflege von Denkmalen,
8. fachliche Beratung und Erstattung von Gutachten in allen Angelegenheiten der Denkmalpflege,
9. Vergabe von Denkmalpflegezuschüssen,
10. Veröffentlichung und Verbreitung von denkmalfachlichen Erkenntnissen,
11. Vertretung öffentlicher Belange des Denkmalschutzes und der Denkmalpflege,
12. Wahrnehmung von Ordnungsaufgaben nach diesem Gesetz, soweit Aufgaben der Hauptverwaltung,
13. Entscheidung über die Zustimmung nach § 6 Abs. 5 Satz 1.

(3) Die Denkmalfachbehörde untersteht der Fachaufsicht der zuständigen Senatsverwaltung (oberste Denkmalschutzbehörde).

§ 6 Denkmalschutzbehörden

(1) Den Denkmalschutzbehörden als Sonderordnungsbehörden obliegt der Schutz der Denkmale im Sinne des § 2 Abs. 1.

(2) Oberste Denkmalschutzbehörde ist die zuständige Senatsverwaltung.

(3) Untere Denkmalschutzbehörden sind die Bezirksämter; sie sind für alle Ordnungsaufgaben nach diesem Gesetz zuständig, soweit nichts anderes bestimmt ist.

(4) [1]Der Stiftung Preußische Schlösser und Gärten Berlin-Brandenburg obliegen in bezug auf denkmalgeschütztes Stiftungsvermögen die Aufgaben einer unteren Denkmalschutzbehörde nach Absatz 3. [2]Absatz 5 gilt entsprechend.

(5) [1]Die unteren Denkmalschutzbehörden entscheiden im Einvernehmen mit der Denkmalfachbehörde. [2]Das Einvernehmen gilt als hergestellt, wenn nicht innerhalb von vier Wochen eine Stellungnahme der Denkmalfachbehörde vorliegt. [3]Kommt kein Einvernehmen zustande, so trifft die oberste Denkmalschutzbehörde als zuständige Behörde innerhalb von zwei Wochen die Entscheidung. [4]Bei Gefahr im Verzug können die unteren Denkmalschutzbehörden vorläufig ohne Einvernehmen mit der Fachbehörde zum Schutze der Denkmale entscheiden. [5]In diesen Fällen ist eine einvernehmliche Entscheidung mit der Fachbehörde unverzüglich nachzuholen. [6]Satz 3 gilt entsprechend.

(6) Die Denkmalfachbehörde berichtet vor Einvernehmenserteilung der obersten Denkmalschutzbehörde regelmäßig über überwiegend Wohnzwecken (Neubau- oder Sanierungsmaßnahmen) dienende Vorhaben, für die eine denkmalrechtliche Genehmigungspflicht besteht und für die eine Erteilung des Einzeleinvernehmens erforderlich wird.

§ 7 Landesdenkmalrat

(1) [1]Der Landesdenkmalrat berät das zuständige Mitglied des Senats. [2]In allen Angelegenheiten von grundsätzlicher Bedeutung ist er zu hören.

(2) [1]In den Landesdenkmalrat werden auf Vorschlag des zuständigen Mitglieds des Senats vom Senat für die Dauer von vier Jahren zwölf Mitglieder berufen. [2]Der Landesdenkmalrat soll sich aus Vertretern der Fachgebiete der Denkmalpflege, der Geschichte und der Architektur sowie paritätisch aus sachberührten Bürgern und Institutionen Berlins zusammensetzen.

(3) [1]Die Mitglieder des Landesdenkmalrates sind ehrenamtlich tätig. [2]Sie sind an Weisungen nicht gebunden.

(4) Der Landesdenkmalrat wählt aus seiner Mitte den Vorsitzenden und dessen Stellvertreter.

(5) Das Nähere regelt die Geschäftsordnung des Landesdenkmalrates, die vom Senat erlassen wird.

Zweiter Abschnitt
Allgemeine Schutzvorschriften

§ 8 Erhaltung von Denkmalen

(1) [1]Der Verfügungsberechtigte ist verpflichtet, ein Denkmal im Rahmen des Zumutbaren instand zu halten und instand zu setzen, es sachgemäß zu behandeln und vor Gefährdungen zu schützen. [2]Mängel, die die Erhaltung des Denkmals gefährden, hat er der zuständigen Denkmalbehörde unverzüglich anzuzeigen.

(2) [1]Der Verfügungsberechtigte kann durch die zuständige Denkmalbehörde verpflichtet werden, bestimmte Maßnahmen zur Erhaltung des Denkmals durchzuführen. [2]Kommt der Verfügungsberechtigte seiner Verpflichtung nach Absatz 1 Satz 1 nicht nach und droht hierdurch eine unmittelbare Gefahr für den Bestand eines Denkmals, kann die zuständige Denkmalbehörde die gebotenen Maßnahmen selbst durchführen oder durchführen lassen. [3]Der Verfügungsberechtigte kann im Rahmen des Zumutbaren zur Erstattung der entstandenen Kosten herangezogen werden. [4]Mieter, Pächter und sonstige Nutzungsberechtigte haben die Durchführung der Maßnahmen zu dulden.

(3) [1]Für Denkmale kann die Erstellung von Denkmalpflegeplänen durch den Verfügungsberechtigten von der zuständigen Denkmalbehörde angeordnet werden, sofern dies zur dauerhaften Erhaltung der Denkmale sowie zur Vermittlung des Denkmalgedankens und des Wissens über Denkmale erforderlich ist. [2]Denkmale sind nach diesen Denkmalpflegeplänen im Rahmen des Zumutbaren zu erhalten und zu pflegen.

§ 9 Nutzung von Denkmalen

Denkmale sind so zu nutzen, daß ihre Erhaltung auf Dauer gewährleistet ist.

§ 10 Schutz der unmittelbaren Umgebung

(1) Die unmittelbare Umgebung eines Denkmals, soweit sie für dessen Erscheinungsbild von prägender Bedeutung ist, darf durch Errichtung oder Änderung baulicher Anlagen, durch die Gestaltung der unbebauten öffentlichen und privaten Flächen oder in anderer Weise nicht so verändert werden, daß die Eigenart und das Erscheinungsbild des Denkmals wesentlich beeinträchtigt werden.

(2) Die unmittelbare Umgebung eines Denkmals ist der Bereich, innerhalb dessen sich die bauliche oder sonstige Nutzung von Grundstücken oder von öffentlichen Flächen auf das Denkmal prägend auswirkt.

Dritter Abschnitt
Maßnahmen des Denkmalschutzes; öffentliche Förderung; Verfahrensvorschriften

§ 11 Genehmigungspflichtige Maßnahmen

(1) [1]Ein Denkmal darf nur mit Genehmigung der zuständigen Denkmalbehörde

1. in seinem Erscheinungsbild verändert,
2. ganz oder teilweise beseitigt,
3. von seinem Standort oder Aufbewahrungsort entfernt oder
4. instand gesetzt und wiederhergestellt.

[2]Dies gilt auch für das Zubehör und die Ausstattung eines Denkmals. [3]Die Genehmigung nach Satz 1 ist zu erteilen, wenn Gründe des Denkmalschutzes nicht entgegenstehen oder ein überwiegendes öffentliches Interesse die Maßnahme verlangt.

(2) [1]Einer Genehmigung bedarf ferner die Veränderung der unmittelbaren Umgebung eines Denkmals, wenn diese sich auf den Zustand oder das Erscheinungsbild des Denkmals auswirkt. [2]Die Genehmigung ist zu erteilen, wenn die Eigenart und das Erscheinungsbild des Denkmals durch die Maßnahme nicht wesentlich beeinträchtigt werden.

(3) Bei Werbeanlagen sind entgegenstehende Gründe des Denkmalschutzes gemäß Absatz 1 Satz 3 oder eine wesentliche Beeinträchtigung gemäß Absatz 2 Satz 2 nicht anzunehmen, wenn sie für höchstens sechs Monate angebracht werden und der Werbeinhalt vorrangig im öffentlichen Interesse liegende Ziele verfolgt.

(4) [1]Die Genehmigung kann unter Bedingungen und Auflagen sowie unter dem Vorbehalt des Widerrufs oder befristet erteilt werden. [2]Gebietet es die besondere Eigenart eines Denkmals, kann die Genehmigung auch mit der Bedingung verbunden werden, daß bestimmte Arbeiten nur durch Fachleute

oder unter der Leitung von Sachverständigen ausgeführt werden, die die zuständige Denkmalbehörde bestimmt.

(5) [1]Alle Veränderungen und Maßnahmen an Denkmalen sind zu dokumentieren. [2]Die Dokumentationspflicht obliegt dem Eigentümer, dem sonstigen Nutzungsberechtigten oder dem Veranlasser nach zumutbarer Maßgabe der zuständigen Denkmalbehörde.

(6) Die Denkmalbehörden berücksichtigen bei ihren Entscheidungen die Belange von Menschen mit Behinderungen.

§ 12 Genehmigungsverfahren

(1) [1]Der Genehmigungsantrag ist der zuständigen Denkmalbehörde in Schriftform oder elektronisch und mit aus denkmalfachlicher Sicht prüffähigen Unterlagen einzureichen; bei bauordnungsrechtlich genehmigungspflichtigen Vorhaben ist der Antrag bei der Bauaufsichtsbehörde einzureichen. [2]Im Falle eines bauordnungsrechtlichen Genehmigungsverfahrens kann eine Genehmigung nach § 11 Abs. 1 und 2 auch gesondert beantragt werden. [3]Im Ausnahmefall kann die beantragte Genehmigung bis zu zwölf Monate ausgesetzt werden, soweit vorbereitende Untersuchungen am Denkmal oder seiner unmittelbaren Umgebung erforderlich sind. [4]Satz 2 gilt entsprechend für das Zustimmungsverfahren nach der Bauordnung für Berlin.

(2) [1]Die Genehmigung erlischt, wenn nicht innerhalb von zwei Jahren nach ihrer Erteilung mit der Ausführung begonnen oder wenn die Ausführung ein Jahr unterbrochen worden ist. [2]Die Fristen nach Satz 1 können auf schriftlichen oder elektronischen Antrag jeweils bis zu einem Jahr verlängert werden.

(3) [1]Durch die Erteilung von Genehmigungen auf Grund dieses Gesetzes werden Genehmigungen, die auf Grund anderer Rechtsvorschriften erforderlich sind, nicht ersetzt. [2]Wird im Falle eines bauordnungsrechtlichen Genehmigungs- oder Zustimmungsverfahrens eine Genehmigung nach § 11 Abs. 1 und 2 nicht gesondert beantragt, schließt die Baugenehmigung oder bauordnungsrechtliche Zustimmung die denkmalrechtliche Genehmigung ein. [3]Die Entscheidung ergeht im Einvernehmen mit der zuständigen Denkmalbehörde. [4]Im bauaufsichtlichen Verfahren beteiligt die Bauaufsichtsbehörde die Denkmalschutzbehörde dann, wenn in der Denkmalliste eingetragene Denkmale betroffen sind. [5]Diese Regelung gilt entsprechend für Entscheidungen, die die unmittelbare Umgebung eines Denkmals betreffen (§ 10 Abs. 1).

§ 13 Wiederherstellung; Stillegung

(1) [1]Ist ein Denkmal ohne Genehmigung verändert und dadurch in seinem Denkmalwert gemindert worden oder ist es ganz oder teilweise beseitigt oder zerstört worden, so kann die zuständige Denkmalbehörde anordnen, daß derjenige, der die Veränderung, Beseitigung oder Zerstörung zu vertreten hat, den früheren Zustand wiederherstellt. [2]Die Denkmalbehörde kann die erforderlichen Arbeiten auf Kosten des Verpflichteten durchführen lassen, wenn die denkmalgerechte Wiederherstellung sonst nicht gesichert erscheint. [3]Sie kann von dem Verpflichteten einen angemessenen Kostenvorschuß verlangen. [4]Verfügungsberechtigte, Mieter, Pächter und sonstige Nutzungsberechtigte haben die Durchführung der Maßnahmen zu dulden.

(2) [1]Werden genehmigungspflichtige Maßnahmen ohne Genehmigung begonnen, so kann die zuständige Denkmalbehörde die vorläufige Einstellung anordnen. [2]Werden unzulässige Bauarbeiten trotz einer schriftlich oder mündlich verfügten Einstellung fortgesetzt, so kann die zuständige Denkmalbehörde die Baustelle versiegeln oder die an der Baustelle vorhandenen Baustoffe, Bauteile, Geräte, Maschinen und Bauhilfsmittel in amtlichen Gewahrsam bringen. [3]Die vorläufige Einstellung gilt für höchstens einen Monat.

§ 14 Auskunfts- und Duldungspflichten

(1) [1]Verfügungs- und Nutzungsberechtigte sind verpflichtet, zur Erfüllung der Aufgaben nach diesem Gesetz den Denkmalbehörden oder ihren Beauftragten auf Verlangen die erforderlichen Auskünfte zu erteilen und Unterlagen vorzulegen. [2]Notare, andere Personen und Stellen haben Urkunden, die sich auf ein Denkmal beziehen, den Denkmalbehörden vorzulegen und Auskünfte zu erteilen.

(2) [1]Die Verfügungs- oder Nutzungsberechtigten haben zu ermöglichen, daß die Beauftragten der Denkmalbehörden in Wahrnehmung der Aufgaben nach diesem Gesetz auf Verlangen Grundstücke, Gebäude und Räume zu angemessener Tageszeit betreten können. [2]Wohnungen dürfen gegen den Willen des Nutzungsberechtigten nur zur Verhütung einer dringenden Gefahr für ein Denkmal betreten

werden. [3]Das Grundrecht der Unverletzlichkeit der Wohnung (Artikel 13 des Grundgesetzes, Artikel 19 der Verfassung von Berlin) wird insoweit eingeschränkt.

(3) Die zuständigen Denkmalbehörden und ihre Beauftragten sind berechtigt, Bodendenkmale zu bergen und die notwendigen Maßnahmen zur Klärung der Fundumstände sowie zur Sicherung weiterer auf dem Grundstück vorhandener Bodenfunde durchzuführen.

(4) Der Wechsel des Eigentums an einem Denkmal ist unverzüglich der unteren Denkmalschutzbehörde von dem Veräußerer und im Falle der Erbfolge von dem Erben anzuzeigen.

(5) Die Berliner Denkmalbehörden dürfen personenbezogene Daten verarbeiten, soweit dies zur Erfüllung der in ihrer Zuständigkeit liegenden Aufgaben nach diesem Gesetz erforderlich ist.

§ 15 Öffentliche Förderung

(1) Für Maßnahmen zur Erhaltung, Unterhaltung und Wiederherstellung von Bau-, Garten- und Bodendenkmalen sowie sonstigen Anlagen von denkmalpflegerischem Interesse können im Rahmen der im Haushaltsplan von Berlin bereitgestellten Mittel Darlehen oder Zuschüsse gewährt werden.

(2) [1]Die Gewährung eines Darlehens oder eines Zuschusses kann mit Auflagen und Bedingungen verbunden werden. [2]Auflagen und Bedingungen, die sich auf den Bestand oder das Erscheinungsbild der Anlagen beziehen, sind auf Ersuchen der Denkmalfachbehörde als Baulasten in das Baulastenverzeichnis nach der Bauordnung für Berlin einzutragen. [3]Das Nähere regelt die zuständige Senatsverwaltung durch Förderrichtlinien.

Vierter Abschnitt
Ausgleichspflichtige Eigentumsbeschränkung, Enteignung, Vorkaufsrecht

§ 16 Ausgleichspflichtige Eigentumsbeschränkung

(1) [1]Soweit durch die Anordnung von Maßnahmen nach § 8 und § 9 besondere Aufwendungen erforderlich werden, die in der Eigenschaft des Denkmals begründet sind und über das auch bei einem Denkmal wirtschaftlich zumutbare Maß hinausgehen, kann der Verfügungsberechtigte für die dadurch entstehenden Vermögensnachteile einen angemessenen Ausgleich in Geld verlangen. [2]Unzumutbar ist eine wirtschaftliche Belastung insbesondere, soweit die Kosten der Erhaltung und Bewirtschaftung dauerhaft nicht durch die Erträge oder den Gebrauchswert des Denkmals aufgewogen werden können. [3]Ein Anspruch auf Ausgleich besteht nicht, soweit der Verfügungsberechtigte oder sein Rechtsvorgänger die besonderen Aufwendungen durch mangelnde Instandhaltung selbst zu verantworten hat.

(2) Wird durch die Versagung einer nach § 11 Abs. 1 oder 2 erforderlichen Genehmigung oder durch sonstige behördliche Maßnahmen auf Grund dieses Gesetzes eine bisher rechtmäßig ausgeübte wirtschaftliche Nutzung eines Denkmals oder seiner unmittelbaren Umgebung wirtschaftlich unzumutbar erschwert, so kann ebenfalls ein angemessener Ausgleich in Geld verlangt werden.

(3) [1]§ 254 des Bürgerlichen Gesetzbuches gilt sinngemäß. [2]Öffentliche Fördermaßnahmen und staatliche Begünstigungen sind auf den Ausgleich anzurechnen.

(4) [1]Würde der Ausgleich nach Absatz 1 oder 2 mehr als 50 vom Hundert des Verkehrswertes des Grundstücks oder des Verfügungsrechts betragen, so kann das Land Berlin die Übertragung des Eigentums oder sonstigen Verfügungsrechts verlangen. [2]Kommt eine Einigung über die Übertragung nicht zustande, so kann das Land Berlin die Enteignung zu seinen Gunsten verlangen.

§ 17 Enteignung

(1) Kann eine Gefahr für den Bestand, die Eigenart oder das Erscheinungsbild eines Denkmals auf andere Weise nicht nachhaltig abgewehrt werden, so ist die Enteignung zugunsten des Landes Berlin zulässig.

(2) [1]Der Eigentümer von Zubehör und Ausstattung im Sinne von § 2 Abs. 2 Satz 2 und Abs. 4 Satz 2, der nicht zugleich Verfügungsberechtigter des Bau- oder Gartendenkmals ist, kann zur Aufrechterhaltung der Einheit von Denkmalwert verpflichtet werden, die Zubehör- und Ausstattungsstücke auch nach Beendigung seines Nutzungsrechts in dem Bau- oder Gartendenkmal zu belassen. [2]Soweit ihm hierdurch wirtschaftlich nicht zumutbare Nachteile entstehen, kann er einen angemessenen Ausgleich in Geld verlangen. [3]Eine Enteignung zugunsten des Verfügungsberechtigten des Bau- oder Gartendenkmals ist zulässig, wenn die Einheit von Denkmalwert auf andere Weise nicht sichergestellt werden kann.

(3) Für die Enteignung und Entschädigung, auch bei beweglichen Sachen, gelten die Vorschriften des Berliner Enteignungsgesetzes vom 14. Juli 1964 (GVBl. S. 737), geändert durch Artikel I des Gesetzes vom 30. November 1984 (GVBl. S. 1664), soweit in diesem Gesetz nicht etwas anderes bestimmt ist.

§ 18 ***[aufgehoben]***

Fünfter Abschnitt

Bußgeldvorschriften

§ 19 Ordnungswidrigkeiten

(1) Ordnungswidrig handelt, wer vorsätzlich oder fahrlässig

1. entgegen § 3 Abs. 1 Satz 1 nach Entdeckung eines Bodendenkmals die Arbeiten an der Fundstelle nicht sofort einstellt oder die Entdeckung der zuständigen Behörde nicht unverzüglich anzeigt,
2. entgegen § 3 Abs. 1 Satz 3 den Fund oder die Fundstelle bis zum Ablauf von vier Werktagen nach Abgabe der Anzeige nicht in unverändertem Zustand beläßt, sofern die oberste Denkmalschutzbehörde der Fortsetzung der Arbeit nicht zugestimmt hat,
3. entgegen § 3 Abs. 3 Satz 1 ohne Einwilligung der zuständigen Denkmalbehörde nach Bodendenkmalen gräbt,
4. entgegen § 8 Abs. 2 einer von der zuständigen Denkmalbehörde zur Erhaltung des Denkmals getroffenen vollziehbaren Anordnung nicht nachkommt oder deren Durchführung nicht duldet,
5. entgegen § 8 Abs. 3 Satz 2 ein Gartendenkmal nicht erhält oder pflegt,
6. ohne die nach § 11 Abs. 1 oder Abs. 2 Satz 1 erforderliche Genehmigung eine dort genannte Handlung vornimmt oder eine gemäß § 11 Abs. 3 mit der Genehmigung verbundene Auflage oder Bedingung nicht erfüllt,
7. einer zur Wiederherstellung eines Denkmals von der zuständigen Denkmalbehörde erlassenen vollziehbaren Anordnung nach § 13 Abs. 1 Satz 1 zuwiderhandelt oder entgegen § 13 Abs. 1 Satz 4 die Durchführung der Maßnahmen nicht duldet,
8. entgegen § 14 Abs. 1 der Auskunfts- oder Vorlagepflicht nicht vollständig oder nicht richtig nachkommt oder entgegen § 14 Abs. 2 einem Beauftragten einer Denkmalbehörde das Betreten eines Grundstücks oder Besichtigen eines Denkmals nicht gestattet,
9. entgegen § 14 Abs. 4 den Eigentumswechsel nicht unverzüglich anzeigt.

(2) Die Ordnungswidrigkeit kann mit einer Geldbuße bis zu 500 000 Euro geahndet werden.

Sechster Abschnitt

Übergangs- und Schlußvorschriften

§ 20 Verwaltungsvorschriften

Die für den Denkmalschutz zuständige Senatsverwaltung erlässt die zur Ausführung des Gesetzes erforderlichen Verwaltungsvorschriften.

§ 21 Religionsgemeinschaften

(1) Entscheidungen und Maßnahmen der zuständigen Denkmalbehörde über Denkmale, die unmittelbar gottesdienstlichen Zwecken anerkannter Religionsgemeinschaften dienen, sind im Benehmen mit den zuständigen Behörden der Religionsgemeinschaften und unter Berücksichtigung der von diesen festgestellten gottesdienstlichen Belange zu treffen.

(2) § 16 Abs. 4 und § 17 finden auf Denkmale, die unmittelbar gottesdienstlichen Zwecken dienen, keine Anwendung.

§ 22 Überleitungsvorschrift

[1]Die in dem Baudenkmalbuch und in dem Bodendenkmalbuch bislang eingetragenen Denkmale sowie die als in das Baudenkmalbuch eingetragen geltenden Denkmale gelten mit dem Inkrafttreten dieses Gesetzes als in die Denkmalliste nachrichtlich eingetragen. [2]Bestands- und rechtskräftige Entscheidungen wirken gegenüber den Verfügungsberechtigten und Dritten fort.

§ 23 Inkrafttreten

(1) Dieses Gesetz tritt am Tage nach der Verkündung[1] im Gesetz- und Verordnungsblatt für Berlin in Kraft.

(2) Mit dem Inkrafttreten dieses Gesetzes tritt das Denkmalschutzgesetz Berlin vom 22. Dezember 1977 (GVBl. S. 2540), geändert durch Artikel I des Gesetzes vom 30. November 1981 (GVBl. S. 1470), außer Kraft.

(3) Die nach § 17 des Denkmalschutzgesetzes Berlin vom 22. Dezember 1977 (GVBl. S. 2540) erlassenen Rechtsverordnungen treten spätestens fünf Jahre nach Inkrafttreten dieses Gesetzes außer Kraft.

1) Verkündet am 6.5.1995.

Berliner Straßengesetz (BerlStrG)[1)]

Vom 13. Juli 1999 (GVBl. S. 380)
(BRV 2132-2)

zuletzt geändert durch Art. 12 G zur Anpassung der Bezeichnung der Berliner Polizeibehörde im Berliner Landesrecht und zur Änd. weiterer Vorschriften vom 27. September 2021 (GVBl. S. 1117)

Das Abgeordnetenhaus hat das folgende Gesetz beschlossen:

Inhaltsverzeichnis

Abschnitt I
Allgemeine Vorschriften

§ 1 Geltungsbereich

[1]Das Gesetz regelt die Rechtsverhältnisse der öffentlichen Straßen. [2]Für Bundesfernstraßen und für Privatstraßen gilt es nur, soweit dies im Folgenden ausdrücklich bestimmt ist.

---

1) Die Änderungen durch G v. 27.9.2021 (GVBl. S. 1114) treten teilweise erst **mWv 1.9.2023** in Kraft und sind im Text insoweit noch nicht berücksichtigt.

§ 2 Öffentliche Straßen

(1) Öffentliche Straßen im Sinne dieses Gesetzes sind Straßen, Wege und Plätze, die dem öffentlichen Verkehr gewidmet sind.

(2) Zur öffentlichen Straße gehören

1. der Straßenkörper; das sind insbesondere
   a) der Untergrund, der Unterbau, der Oberbau, Brücken, Tunnel, Durchlässe, Dämme, Gräben, Böschungen, Stützbauwerke, Treppenanlagen, Lärmschutzanlagen, Straßenentwässerungs- und Straßenbeleuchtungsanlagen,
   b) Fahrbahnen, Gehwege, Radwege, Bushaltebuchten, Taxihalteplätze, Parkflächen einschließlich der Parkhäuser, Straßenbegleitgrün sowie Trenn-, Seiten-, Rand- und Sicherheitsstreifen,
2. der Luftraum über dem Straßenkörper,
3. das Zubehör; das sind insbesondere die Verkehrszeichen, Verkehrseinrichtungen und sonstigen Anlagen aller Art, die der Sicherheit oder Leichtigkeit des Verkehrs oder dem Schutz der Anlieger dienen, und die Bepflanzung.

Abschnitt II

Widmung, Einziehung und Benennung

§ 3 Widmung

(1) Eine Straße, ein Weg oder ein Platz erhält die Eigenschaft einer öffentlichen Straße durch Widmung.

(2) Voraussetzung für die Widmung ist, dass der Träger der Straßenbaulast Eigentümer der der Straße dienenden Grundstücke ist oder die Eigentümer und die sonst zur Nutzung dinglich Berechtigten der Widmung zugestimmt haben oder der Träger der Straßenbaulast den Besitz durch Vertrag, durch vorzeitige Besitzeinweisung nach § 22 oder in einem sonstigen gesetzlich geregelten Verfahren erlangt hat.

(3) [1]Die Widmung kann unter Einschränkungen vorgenommen werden. [2]In diesem Fall ist die Straßenverkehrsbehörde vorher zu hören.

(4) [1]Die Widmung erfolgt durch Allgemeinverfügung und ist im Amtsblatt für Berlin bekannt zu machen. [2]Die öffentliche Straße ist in das Straßenverzeichnis einzutragen, wenn die Widmung unanfechtbar geworden ist.

(5) [1]Bei Straßen, die nach einem festgestellten oder genehmigten Plan gebaut oder geändert werden, wird die Widmung mit dem verfügenden Teil des Planfeststellungsbeschlusses oder der Plangenehmigung mit der Maßgabe verfügt, dass sie mit der Verkehrsübergabe wirksam wird, wenn die Voraussetzungen des Absatzes 2 zu diesem Zeitpunkt vorliegen. [2]Der Träger der Straßenbaulast hat den Zeitpunkt der Verkehrsübergabe und Beschränkungen der Widmung öffentlich bekannt zu machen und der das Straßenverzeichnis führenden Behörde mitzuteilen.

(6) [1]Wird eine öffentliche Straße verbreitert, begradigt, unerheblich verlegt oder ergänzt, so gilt der neue Straßenteil durch die Verkehrsübergabe als gewidmet, sofern die Voraussetzungen des Absatzes 2 vorliegen. [2]In diesen Fällen bedarf es einer Bekanntmachung nach Absatz 4 Satz 1 nicht.

(7) Bei Straßen, Wegen und Plätzen, die vor Inkrafttreten dieses Gesetzes in das Straßenverzeichnis eingetragen worden sind, wird vermutet, dass sie öffentliche Straßen sind.

§ 4 Einziehung, Teileinziehung

(1) [1]Wird eine öffentliche Straße für den öffentlichen Verkehr nicht mehr benötigt, so kann sie eingezogen werden. [2]Parkhäuser können auch zum Zwecke der privaten Bewirtschaftung eingezogen werden, soweit der überwiegende Teil des betroffenen Parkraums für die Allgemeinheit zugänglich bleibt. [3]Die Teileinziehung einer Straße ist zulässig, wenn nachträglich Beschränkungen auf bestimmte Benutzungsarten, Benutzungszwecke oder Benutzerkreise aus überwiegenden Gründen des öffentlichen Wohls festgelegt werden sollen. [4]Von der Möglichkeit der Teileinziehung soll insbesondere dann Gebrauch gemacht werden, wenn zur Realisierung von Maßnahmen der Verkehrslenkung und Verkehrsberuhigung bestimmte Verkehrsarten auf Dauer von dem durch die Widmung der Verkehrsfläche festgelegten verkehrsüblichen Gemeingebrauch ausgeschlossen werden sollen.

(2) [1]Vor der Einziehung oder Teileinziehung ist die Straßenverkehrsbehörde zu hören. [2]Die Absicht, die Straße einzuziehen oder teileinzuziehen, ist mindestens einen Monat vorher im Amtsblatt für Berlin bekannt zu machen, um Gelegenheit zu Einwendungen zu geben. [3]Von der Bekanntmachung kann

abgesehen werden, wenn die zur Einziehung oder Teileinziehung vorgesehenen Flächen in den in einem Planfeststellungsverfahren ausgelegten Plänen als solche kenntlich gemacht worden sind.

(3) [1]Die Einziehung oder Teileinziehung erfolgt durch Allgemeinverfügung und ist im Amtsblatt für Berlin bekannt zu machen. [2]Die Straße ist im Straßenverzeichnis zu löschen, wenn die Einziehung im Sinne des Absatzes 1 Satz 1 unanfechtbar geworden ist.

(4) [1]Die Einziehung oder Teileinziehung kann im verfügenden Teil eines Planfeststellungsbeschlusses mit der Maßgabe bekannt gemacht werden, dass sie mit der Sperrung oder Beschränkung wirksam wird. [2]Einer Bekanntmachung nach Absatz 3 Satz 1 bedarf es nicht.

(5) [1]Wird eine Straße begradigt, unerheblich verlegt oder durch sonstige straßenbauliche Maßnahmen den verkehrlichen Bedürfnissen angepasst und damit ein Teil der Straße dem Verkehr auf Dauer entzogen, so wird dieser Straßenteil durch die Sperrung eingezogen. [2]In diesen Fällen bedarf es einer Ankündigung und öffentlichen Bekanntmachung nach den Absätzen 2 und 3 nicht.

(6) [1]Mit der Einziehung entfallen Gemeingebrauch und widerrufliche Sondernutzungen. [2]Bei Teileinziehung werden Gemeingebrauch und widerrufliche Sondernutzungen entsprechend eingeschränkt.

§ 5 Benennung

(1) [1]Die öffentlichen Straßen sind zu benennen, sobald es im öffentlichen Interesse, insbesondere im Verkehrsinteresse, erforderlich ist. [2]Privatstraßen, -wege oder -plätze sollen auf Kosten des Grundstückseigentümers öffentlich benannt werden, soweit dies zur Sicherstellung ausreichender Orientierungsmöglichkeiten notwendig ist. [3]Hierzu kann vom Grundstückseigentümer ein Kostenvorschuss verlangt werden.

(2) [1]Die Benennung erfolgt durch Allgemeinverfügung und ist im Amtsblatt für Berlin bekannt zu machen. [2]Für öffentliche Straßen ist sie in das Straßenverzeichnis einzutragen, wenn sie unanfechtbar geworden ist.

(3) [1]Werden Flächen Teil einer benannten öffentlichen Straße, so gilt die Benennung auch für diese Flächen. [2]Einer Benennung nach Absatz 1 und einer Bekanntmachung nach Absatz 2 bedarf es nicht.

(4) Die Absätze 1 bis 3 gelten auch für die Bundesfernstraßen.

§ 6 Straßenverzeichnis

(1) [1]Das Straßenverzeichnis ist ein Verzeichnis, in das alle öffentlichen Straßen einzutragen sind. [2]Es kann von jedem eingesehen werden.

(2) In das Straßenverzeichnis sind mindestens die Bezeichnung und die Lage der Straße sowie Einschränkungen der Widmung einzutragen.

Abschnitt III

Straßenbaulast

§ 7 Straßenbaulast

(1) Träger der Straßenbaulast für die öffentlichen Straßen ist Berlin.

(2) [1]Die Straßenbaulast umfasst alle mit dem Bau und der Unterhaltung der öffentlichen Straßen zusammenhängenden Aufgaben, auch die Bestimmung der Art, des Umfangs und des Zeitpunkts der Herstellung. [2]Die öffentlichen Straßen sind im Rahmen der Leistungsfähigkeit des Trägers der Straßenbaulast so zu bauen, zu unterhalten, zu erweitern, zu verbessern oder zu ändern, dass sie dem regelmäßigen Verkehrsbedürfnis genügen. [3]Dabei sind auch die Funktion der Straße als Aufenthaltsort, das Stadtbild und die Belange des Denkmal- und Umweltschutzes, der im Straßenverkehr besonders gefährdeten Personen sowie von Menschen mit Behinderungen zu berücksichtigen. [4]Der Träger der Straßenbaulast hat im Falle eines nicht verkehrssicheren Zustands der Straße zu veranlassen, dass bis zur Wiederherstellung des verkehrsicheren Zustands durch Anordnung von Verkehrszeichen und Verkehrseinrichtungen eine Gefährdung der Verkehrsteilnehmer ausgeschlossen ist. [5]Er hat ferner für eine alsbaldige Wiederherstellung des verkehrssicheren Zustands der Straße zu sorgen.

(3) [1]Die Träger der Straßenbaulast gewährleisten im Rahmen des Absatzes 2 Satz 2, dass kontrastreiche und taktil wahrnehmbare Orientierungshilfen in den Gehwegbelag eingebaut werden. [2]An den Straßenkreuzungen, Straßeneinmündungen und sonstigen für den Fußgängerverkehr bestimmten Übergangsstellen soll die Auftrittshöhe in der Regel 3 Zentimeter betragen.

(4) [1]Zur Straßenbaulast gehört die Pflicht, die öffentlichen Straßen so zu reinigen, dass die Verkehrssicherheit erhalten bleibt (verkehrsmäßige Reinigung). [2]Die verkehrsmäßige Reinigung entfällt für

öffentliche Straßen, für die nach den jeweils geltenden Vorschriften eine ordnungsmäßige Reinigung stattfinden muss.

(5) [1]Die öffentlichen Straßen sind in ihrer Gesamtheit zu beleuchten, soweit es im Interesse des Verkehrs und der Sicherheit erforderlich ist. [2]Außerhalb der geschlossenen Ortslage ist eine Beleuchtung der öffentlichen Straßen in der Regel nicht erforderlich. [3]Geschlossene Ortslage ist das Gebiet, das in geschlossener oder offener Bauweise zusammenhängend bebaut ist. [4]Einzelne unbebaute Grundstücke, zur Bebauung ungeeignetes oder ihr entzogenes Gelände oder einseitige Bebauung unterbrechen den Zusammenhang nicht.

(6) [1]Die mit dem Bau, der Unterhaltung und der Überwachung der Verkehrssicherheit der öffentlichen Straßen zusammenhängenden Aufgaben werden als eine Pflicht des öffentlichen Rechts wahrgenommen. [2]Dazu gehört die Sorge dafür, dass die öffentlichen Straßen in der Baulast Berlins den Anforderungen der Absätze 2 bis 5 entsprechen.

(7) [1]Soweit der Straßenbaulastträger Maßnahmen, die über das dem regelmäßigen Verkehrsbedürfnis entsprechende Maß nach Absatz 2 hinausgehen, auf Veranlassung einer anderen Person durchführt, trägt diese Person die Kosten. [2]Das gilt nicht für Haltestellenbereiche für den Linienverkehr. [3]Der Träger der Straßenbaulast kann angemessene Vorauszahlungen oder Sicherheitsleistungen verlangen. [4]§ 9 bleibt unberührt.

(8) [1]Bei der Erschließung durch Straßen, deren Ausbau nach dem Erschließungsbeitragsgesetz vom 12. Juli 1995 (GVBl. S. 444) überwiegend von den Anliegern getragen werden muss, sind der Ausbaugrad und der Ausbaustandard den örtlichen Gegebenheiten anzupassen. [2]Es ist ein möglichst geringer Versiegelungsgrad anzustreben. [3]Den Anliegern ist Gelegenheit zu geben, die Planungen einzusehen, Einwände zu äußern und Vorschläge einzubringen. [4]Der Träger der Straßenbaulast soll in der Regel eine Ausbauvariante aufstellen und dabei kostengünstige Alternativen benennen. [5]Vor der Entscheidung über die Ausbauvariante ist die Bezirksverordnetenversammlung zu befassen.

§ 8 Straßenbaulast Dritter

(1) § 7 Abs. 1 gilt nicht, soweit die Straßenbaulast nach anderen gesetzlichen Vorschriften oder auf Grund öffentlicher Verpflichtungen anderen Trägern obliegt oder durch Verwaltungsakt oder durch öffentlich-rechtlichen Vertrag einem anderen Träger auferlegt worden ist.

(2) Privatrechtliche Verpflichtungen Dritter zur Erfüllung von Aufgaben, die sich aus der Straßenbaulast ergeben, berühren die Straßenbaulast nicht.

§ 9 Gehwegüberfahrten

(1) Die nicht zum Befahren bestimmten Straßenbestandteile dürfen mit Kraftfahrzeugen nur auf besonderen Überfahrten (Gehwegüberfahrten) überquert werden.

(2) [1]Gehwegüberfahrten sind vom Träger der Straßenbaulast herzustellen, zu ändern und in Stand zu halten. [2]Die Kosten der Herstellung und die Kosten von Änderungen trägt der Anlieger; das gilt nicht, soweit die Gehwegüberfahrten bei der erstmaligen endgültigen Herstellung der Straße im Sinne des Erschließungsbeitragsrechts angelegt werden. [3]Werden Gehwegüberfahrten bei anderen Ausbaumaßnahmen hergestellt, geändert oder erneuert, so trägt der Anlieger die Mehrkosten. [4]Die Kosten sind durch Leistungsbescheid festzusetzen. [5]Widerspruch und Klage gegen den Leistungsbescheid haben keine aufschiebende Wirkung. [6]Der Träger der Straßenbaulast ist berechtigt, angemessene Vorauszahlungen zu verlangen. [7]Mit Zustimmung des Straßenbaulastträgers kann der Anlieger auf Wunsch die Herstellung oder Änderung der Gehwegüberfahrt durch eine anerkannte Fachfirma selbst ausführen lassen.

(3) [1]Der Träger der Straßenbaulast ist berechtigt, nicht mehr benötigte Gehwegüberfahrten zu beseitigen. [2]Absatz 2 Satz 2, 4, 5 und 6 gilt entsprechend.

(4) [1]Gehwegüberfahrten für vorübergehende Zwecke dürfen von den Anliegern angelegt werden. [2]Sie bedürfen der Genehmigung des Straßenbaulastträgers, auch hinsichtlich der Lage, Abmessung und Beschaffenheit. [3]Nicht mehr benötigte Gehwegüberfahrten sind vom Anlieger zu beseitigen. [4]Beseitigt er diese nicht, so gilt Absatz 3 entsprechend.

(5) [1]Anlieger ist der Eigentümer eines Grundstücks, das an die öffentliche Straße angrenzt oder durch sie erschlossen wird. [2]Ist an einem solchen Grundstück ein Erbbaurecht, ein Nießbrauch oder ein sonstiges dinglich gesichertes Nutzungsrecht bestellt, so ist der daraus Berechtigte ebenfalls Anlieger.

[3]Ist ein Grundstück von der öffentlichen Straße durch einen nicht zu ihr gehörenden Geländestreifen getrennt, bleibt dieser außer Betracht.

(6) Die Absätze 1 bis 5 gelten auch für Bundesstraßen, soweit im Bundesfernstraßengesetz nichts Abweichendes geregelt ist.

Abschnitt IV

Gemeingebrauch und Sondernutzung, Duldungspflichten der Eigentümer

§ 10 Eigentum und Gemeingebrauch

(1) Das Eigentum an öffentlichen Straßen ist Privateigentum, das durch die Bestimmung der Straße für den Gemeingebrauch beschränkt ist.

(2) [1]Der Gebrauch der öffentlichen Straßen ist jedem im Rahmen der Widmung für den Verkehr (Gemeingebrauch) gestattet. [2]Auf die Aufrechterhaltung des Gemeingebrauchs besteht kein Rechtsanspruch. [3]Kein Gemeingebrauch liegt vor, wenn jemand die Straße nicht vorwiegend zum Verkehr, sondern zu anderen Zwecken benutzt.

(3) Das Recht des Anliegers, die öffentlichen Straßen über den Gemeingebrauch hinaus zu benutzen, soweit dies zur Nutzung des Grundstücks erforderlich ist und den Gemeingebrauch nicht dauernd ausschließt oder erheblich beeinträchtigt oder in den Straßenkörper eingreift (Anliegergebrauch), bleibt unberührt.

(4) [1]Der Gemeingebrauch kann beschränkt oder vorübergehend aufgehoben werden, wenn es für die Durchführung von Bauarbeiten an der Straße wegen des baulichen Zustands, zur Vermeidung außerordentlicher Schäden an der Straße oder für die Sicherheit oder Ordnung des Verkehrs notwendig ist. [2]Die Beschränkungen sind durch Verkehrszeichen und Verkehrseinrichtungen kenntlich zu machen.

§ 11 Sondernutzung

(1) Jeder Gebrauch der öffentlichen Straßen, der über den Gemeingebrauch hinausgeht, ist eine Sondernutzung und bedarf unbeschadet sonstiger Vorschriften der Erlaubnis der Straßenbaubehörde.

(2) [1]Die Erlaubnis nach Absatz 1 soll in der Regel erteilt werden, wenn öffentliche Interessen der Sondernutzung nicht entgegenstehen. [2]Die Erlaubnis soll versagt werden, wenn behinderte Menschen durch die Sondernutzung in der Ausübung des Gemeingebrauchs erheblich beeinträchtigt würden. [3]Über die Erlaubnis ist, außer in den Fällen des Absatzes 3, innerhalb von drei Monaten nach Eingang des vollständigen Antrags bei der zuständigen Behörde zu entscheiden. [4]Kann die Prüfung des Antrags in dieser Zeit nicht abgeschlossen werden, ist die Frist durch Mitteilung an den Antragsteller um einen Monat zu verlängern. [5]Die Erlaubnis gilt als widerruflich erteilt, wenn nicht innerhalb der Frist entschieden wird.

(2a) [1]Werbeanlagen, die in unmittelbarem Zusammenhang mit Wahlen, Volksentscheiden und Bürgerentscheiden stehen, sind ausschließlich für einen Zeitraum von sieben Wochen vor bis spätestens eine Woche nach dem Wahl- oder Abstimmungstag zu erlauben. [2]Werbeanlagen, die in unmittelbarem Zusammenhang mit Volksbegehren und Bürgerbegehren stehen, sind ausschließlich für die Dauer der Eintragungsfrist nach § 18 Absatz 3 des Abstimmungsgesetzes vom 11. Juni 1997 (GVBl. S. 304), das durch Artikel I des Gesetzes vom 20. Februar 2008 (GVBl. S. 22) geändert worden ist, oder der Frist nach § 45 Absatz 3 Satz 1 des Bezirksverwaltungsgesetzes in der Fassung vom 14. Dezember 2005 (GVBl. 2006 S. 2), das zuletzt durch Gesetz vom 22. Oktober 2008 (GVBl. S. 292) geändert worden ist, zuzüglich einer Woche nach Ablauf dieser Fristen zu erlauben. [3]Unbeschadet des Absatzes 2 können Größe, Zahl und Standorte von Werbeanlagen nach Satz 2 zum Schutz des Stadt- und Ortsbildes und nach Satz 1 und 2 zum Schutz von Orten von städtebaulich, denkmalpflegerisch, kulturell oder historisch herausragender überregionaler Bedeutung beschränkt werden.

(3) [1]Sondernutzungserlaubnisse für die Einrichtung von Baustellen dürfen nur erteilt werden, wenn eine wesentliche Beeinträchtigung des fließenden oder ruhenden Straßenverkehrs nicht zu erwarten ist, es sei denn, das Bauvorhaben kann ohne Inanspruchnahme des Straßenlandes nicht mit einem wirtschaftlich und technisch vertretbaren Aufwand durchgeführt werden. [2]In diesem Fall ist die Inanspruchnahme des Straßenlandes auf das geringstmögliche Maß und den kürzesten Zeitraum zu beschränken. [3]Die hierfür erforderlichen Nachweise hat der Bauherr zu erbringen. [4]Die Erlaubnis von Sondernutzungen für Bauarbeiten, die sich auf den fließenden oder ruhenden Fahrzeugverkehr im übergeordneten Straßennetz auswirken, soll zwei Monate vor Baubeginn beantragt werden. [5]Sonder-

nutzungserlaubnisse nach Satz 4 dürfen nur im Einvernehmen mit der für Verkehr zuständigen Senatsverwaltung erteilt werden. [6]Äußert sich die für Verkehr zuständige Senatsverwaltung nicht innerhalb von sechs Wochen, so gilt das Einvernehmen gegenüber der für die Erteilung der Sondernutzungserlaubnis zuständigen Behörde als erklärt. [7]Bei verspäteter Antragstellung kann der Nachweis für die Notwendigkeit einer Inanspruchnahme öffentlichen Straßenlandes nicht auf Umstände gestützt werden, die bei rechtzeitiger Antragstellung nicht vorgelegen hätten.

(4) [1]Die Erlaubnis soll entweder unbefristet auf Widerruf oder befristet, auch mehrjährig, mit oder ohne Widerrufsvorbehalt erteilt werden. [2]Bedingungen, Auflagen und Auflagenvorbehalte sind zulässig. [3]Die Erteilung der Erlaubnis kann erforderlichenfalls von der Leistung einer Sicherheit abhängig gemacht werden. [4]Die Erlaubnis darf nur mit Zustimmung der Straßenbaubehörde übertragen werden.

(5) [1]Für den Widerruf der Erlaubnis gilt Absatz 2 entsprechend. [2]Unbeschadet der Vorschriften über den Widerruf von Verwaltungsakten kann die Erlaubnis widerrufen werden, wenn die für die Sondernutzung zu entrichtenden Gebühren trotz Fälligkeit und Mahnung nicht oder nicht vollständig entrichtet werden. [3]Im Falle des Widerrufs sowie bei der Beeinträchtigung der Sondernutzung durch Sperrung oder Änderung der Straße, durch Straßenschäden oder Straßenbaumaßnahmen oder bei Einziehung der Straße hat der Erlaubnisnehmer keinen Anspruch auf Entschädigung.

(6) [1]Nach Beendigung der Sondernutzung oder Erlöschen der Erlaubnis hat der Erlaubnisnehmer unverzüglich etwa vorhandene Anlagen zu beseitigen. [2]Der ordnungsgemäße Zustand der Straße wird durch den Träger der Straßenbaulast wiederhergestellt. [3]Die Aufwendungen dafür sind von dem Erlaubnisnehmer zu erstatten. [4]Der Erstattungsbetrag ist durch Verwaltungsakt festzusetzen.

(7) Der Sondernutzer hat dem Träger der Straßenbaulast die Kosten zu erstatten, die diesem durch die Sondernutzung zusätzlich erwachsen.

(8) In Fällen unerlaubter Sondernutzung für Veranstaltungswerbung gilt auch der Veranstalter als Sondernutzer.

(9) [1]Für Sondernutzungen können Sondernutzungsgebühren erhoben werden. [2]Bei ihrer Bemessung sind Art, Umfang, Dauer und der wirtschaftliche Vorteil der Sondernutzung zu berücksichtigen.

(10) [1]Bei Sondernutzungen öffentlichen Straßenlandes, das nicht Eigentum Berlins ist, bleiben die Rechte des Eigentümers unberührt. [2]Dazu gehört auch das Recht, für Sondernutzungen Entgelte erheben zu können.

(11) [1]Sondernutzungen, die der Durchführung eines Bauvorhabens dienen, können nur vom Bauherrn beantragt werden. [2]Der Erlaubnisnehmer hat Beginn, Umfang und Ende der Sondernutzung sowie den Namen und die Telefonnummer der Straßenbaubehörde an der Baustelle auf einem Schild nach außen hin deutlich lesbar zu kennzeichnen.

(12) [1]Bestehende Sondernutzungen unterliegen mit dem Inkrafttreten der Artikel I und III des Zweiten Gesetzes zur Rechtsvereinfachung und Entbürokratisierung vom 14. Dezember 2005 (GVBl. S. 754) dem Gebührenrecht des Absatzes 9 in Verbindung mit der Rechtsverordnung nach § 27 Abs. 2. [2]Bis zum Erlass der die Sondernutzungsgebühren festsetzenden Bescheide, bei befristeten Sondernutzungen bis zum Ablauf der Frist, gelten die auf Grund der bisherigen Rechtslage geschlossenen Entgeltvereinbarungen übergangsweise fort. [3]Bei unwiderruflich oder unbefristet erlaubten Sondernutzungen, für die eine privatrechtliche Entgeltvereinbarung in unveränderbarer Höhe besteht, dürfen Gebührenbescheide die vereinbarte Entgelthöhe nicht überschreiten. [4]Soweit Entgelte für eine Sondernutzung bereits vollständig entrichtet sind (Ablösung), können Gebühren nicht mehr erhoben werden.

(13) Widerspruch und Anfechtungsklage eines Dritten gegen eine Sondernutzungserlaubnis haben keine aufschiebende Wirkung.

(14) [1]Mehrere einheitlich auszuübende Sondernutzungen können für einen oder mehrere Sondernutzende, auch ausschließlich, allgemein zugelassen werden. [2]Die jeweiligen Erlaubnisse der von der Zulassung erfassten Sondernutzungen sind auf die Dauer und den Umfang der allgemeinen Zulassung beschränkt. [3]In den Erlaubnissen soll auf die allgemeine Zulassung verwiesen werden. [4]In der allgemeinen Zulassung können auch die Sondernutzungsgebühren festgesetzt oder, wenn die Zulassung durch öffentlich-rechtlichen Vertrag erfolgt, hiervon abweichende Zahlungspflichten vereinbart werden, die dem wirtschaftlichen Vorteil der Sondernutzung entsprechen.

§ 11a Sondernutzung für das gewerbliche Anbieten von Mietfahrzeugen

(1) Für die Sondernutzung öffentlicher Straßen für das gewerbliche Anbieten von Mietfahrzeugen, die selbstständig reserviert und genutzt werden können, einschließlich des Anbietens von Carsharingfahr-

zeugen im Sinne des § 2 Nummer 1 des Carsharinggesetzes vom 5. Juli 2017 (BGBl. I S. 2230), das zuletzt durch Artikel 328 der Verordnung vom 19. Juni 2020 (BGBl. I S. 1328) geändert worden ist, in der jeweils geltenden Fassung, gilt § 11 nach Maßgabe der folgenden Absätze.

(2) [1]Die Erlaubnis nach § 11 Absatz 1 und die allgemeine Zulassung nach § 11 Absatz 14 können erteilt werden, wenn öffentliche Interessen der Sondernutzung nicht entgegenstehen. [2]Bei der Entscheidung sind insbesondere die verkehrsmittelübergreifenden Ziele des Berliner Mobilitätsgesetzes vom 5. Juli 2018 (GVBl. S. 464), das zuletzt durch Artikel 7 des Gesetzes vom 27. September 2021 (GVBl. S. 1117) geändert worden ist, zu berücksichtigen. [3]Erlaubnis und allgemeine Zulassung werden nur zuverlässigen Unternehmen erteilt; unzuverlässig ist ein Unternehmen, das wiederholt in schwerwiegender Weise gegen Pflichten aus der Straßenverkehrs-Zulassungs-Ordnung oder anderen zulassungsrechtlichen Vorschriften oder gegen Nebenbestimmungen der Erlaubnis nach § 11 Absatz 1 oder der allgemeinen Zulassung nach § 11 Absatz 14 verstoßen hat, sowie in den in § 123 des Gesetzes gegen Wettbewerbsbeschränkungen genannten Fällen. [4]Vorbehaltlich straßenverkehrsrechtlicher und sonstiger bundesrechtlicher Bestimmungen gilt für die Sondernutzung für das gewerbliche stationsungebundene Anbieten von Fahrzeugen § 11 Absatz 2 Satz 1 mit der Maßgabe, dass nur überwiegende öffentliche Interessen der Sondernutzung entgegenstehen können.

(3) [1]Zur Auswahl eines Unternehmens oder mehrerer Unternehmen ist ein transparentes und diskriminierungsfreies Verfahren durchzuführen, wenn

1. von der Straßenbaubehörde zuvor bestimmte oder noch zu bestimmende Flächen auf öffentlichen Straßen als Abhol- oder Rückgabestationen (stationsgebundene Angebote) nur einem oder einer begrenzten Anzahl von Unternehmen zur Verfügung gestellt werden sollen,
2. nur eine bestimmte oder noch zu bestimmende Anzahl von Fahrzeugen zugelassen oder erlaubt werden soll oder
3. aus sonstigen Gründen nur einem oder einer begrenzten Anzahl von Unternehmen eine Erlaubnis oder allgemeine Zulassung erteilt werden soll.

[2]§ 11 Absatz 2 Satz 3 bis 5 findet keine Anwendung.

(4) [1]Die Kriterien für die Auswahl im Rahmen eines Verfahrens nach Absatz 3 sind an den maßgeblichen Zielen des Absatzes 2 auszurichten. [2]Erfüllen mehrere Unternehmen die Auswahlkriterien gleichermaßen, ist durch Los zu entscheiden.

(5) [1]Erlaubnis und allgemeine Zulassung sind zu befristen, für Carsharingangebote im Sinne des Carsharinggesetzes auf längstens acht Jahre, und mit Widerrufsvorbehalt zu erteilen. [2]Sie können insbesondere widerrufen werden, soweit sie nicht in Anspruch genommen werden oder wenn deren Voraussetzungen nicht mehr erfüllt sind. [3]Sie sollen zur Berücksichtigung der in Absatz 2 genannten Ziele und Kriterien mit weiteren Nebenbestimmungen versehen werden. [4]Weitere Nebenbestimmungen sind zulässig; insbesondere können Flächen, auch außerhalb der öffentlichen Straßen, bestimmt werden, die für das Abstellen von Mietfahrzeugen nicht in Anspruch genommen werden dürfen.

(6) Die auf bestimmte Flächen bezogene Erlaubnis kann die Befugnis zur Errichtung von im Zusammenhang mit dem Mietfahrzeugangebot erforderlichen Einrichtungen wie Ladestationen, Fahrradbügel, bauliche Vorrichtungen für das Sperren der Flächen für Nichtbevorrechtigte und sonstige Anlagen umfassen.

(7) Sofern die Erlaubnis oder die allgemeine Zulassung nach den vorstehenden Absätzen für die Aufnahme einer Dienstleistungstätigkeit erforderlich ist, kann das Verfahren zur Erteilung auch über eine einheitliche Stelle abgewickelt werden.

§ 12 Sondernutzung für Zwecke der öffentlichen Versorgung

(1) [1]Für die Sondernutzung zu Zwecken der öffentlichen Versorgung gilt § 11 nach Maßgabe der folgenden Absätze. [2]Den Unternehmen der öffentlichen Versorgung sind die Unternehmen des öffentlichen Personennahverkehrs, die Polizei Berlin, das IT-Dienstleistungszentrum Berlin und die Berliner Feuerwehr gleichgestellt.

(2) [1]Die Sondernutzung ist zu erlauben, soweit sie den Gemeingebrauch nicht dauerhaft beeinträchtigt oder andere überwiegende öffentliche Interessen nicht entgegenstehen und nach den örtlichen Gegebenheiten eine Unterbringung der Anlagen im Straßengrund möglich ist. [2]§ 11 Absatz 2 Satz 3 bis 5 findet keine Anwendung.

(3) Die Erlaubnis ist, außer in den Fällen des Absatzes 7, unbefristet auf Widerruf zu erteilen.

(4) Der Widerruf einer Erlaubnis ist nur zulässig, wenn er im überwiegenden öffentlichen Interesse erforderlich ist.

(5) Werden im öffentlichen Interesse durch die Änderung oder Verlegung der öffentlichen Straße oder durch Unterhaltungsmaßnahmen an ihr Änderungen von Versorgungsanlagen erforderlich, so haben die Versorgungsunternehmen diese Anlagen auf ihre Kosten der Straße anzupassen.

(6) [1]Die Versorgungsunternehmen haben ihre Anlagen ordnungsgemäß zu errichten, ständig zu überwachen, zu unterhalten und stillgelegte Anlagen zu entfernen. [2]Die Straßenbaubehörde kann die Entfernung zu einem späteren Zeitpunkt zulassen.

(7) [1]Auch Aufgrabungen und Baumaßnahmen der Versorgungsunternehmen im Zusammenhang mit Maßnahmen nach den Absätzen 5 und 6 bedürfen der straßenrechtlichen Erlaubnis. [2]Es genügt jedoch vorbehaltlich Satz 3 eine Anzeige bei der Straßenbaubehörde bei

1. Notfällen, in denen sofortiges Handeln zur Schadensabwehr geboten ist; soweit Flächen für den Fahrzeugverkehr im übergeordneten Straßennetz betroffen sind, ist dies auch der für Verkehr zuständigen Senatsverwaltung anzuzeigen;
2. Aufgrabungen und Baumaßnahmen mit unwesentlicher Beeinträchtigung des Gemeingebrauchs, soweit Flächen für den Fahrzeugverkehr im übergeordneten Straßennetz nicht betroffen sind.

[3]Die Einholung der Erlaubnis ist unverzüglich nachzuholen, sobald im Falle des Satzes 2 Nummer 1 erkennbar ist, dass die Aufgrabungen und Baumaßnahmen nicht innerhalb eines Zeitraumes von zwei Wochen abgeschlossen sein werden oder sich im Falle des Satzes 2 Nummer 2 die Beeinträchtigung über das unwesentliche Maß hinaus ausweiten wird. [4]Eine Sicherheitsleistung darf nur verlangt werden, soweit dies zur Sicherung einer ordnungsgemäßen Wiederherstellung der Straße erforderlich ist.

(8) [1]Treffen Baumaßnahmen nach den Absätzen 5 und 6 an gleicher Stelle oder im räumlich-verkehrlichen Wirkungszusammenhang zeitlich zusammen, so kann die Straßenbaubehörde verlangen, dass ein gemeinsamer Bauentwurf und Bauablaufplan erstellt, die Bauvergabe auf Grund gemeinsamer Ausschreibung der Bauleistung vorgenommen und eine gemeinsame Bauleitung eingerichtet wird. [2]Der Träger der Straßenbaulast kann diese Leistungen auch selbst erbringen. [3]Für Sondernutzungsgebühren haften die Erlaubnisnehmer als Gesamtschuldner.

(9) [1]Nach Beendigung der Arbeiten an ihren Anlagen haben die Versorgungsunternehmen die öffentliche Straße unverzüglich wieder instand zu setzen, sofern nicht der Straßenbaulastträger erklärt hat, die Instandsetzung selbst vornehmen zu wollen. [2]Nimmt der Straßenbaulastträger die Wiederherstellung der öffentlichen Straße selbst vor, haben die Versorgungsunternehmen diesem die Auslagen für die von ihm vorgenommene Instandsetzung zu vergüten und den durch die Arbeiten an den Versorgungsanlagen entstandenen Schaden zu ersetzen.

(10) [1]Ist eine öffentliche Straße eingezogen worden, so ist der Eigentümer verpflichtet, die auf Grund einer Erlaubnis errichteten Versorgungsanlagen gegen angemessene Vergütung und zu angemessenen Bedingungen weiterhin zu dulden und den Versorgungsunternehmen auf Verlagen eine Dienstbarkeit einzuräumen. [2]Er ist jedoch berechtigt, die Beseitigung der Anlagen zu verlangen, die innerhalb einer angemessenen Frist von höchstens drei Jahren zu erfolgen hat, wenn durch ihren Bestand eine anderweitige wirtschaftliche Verwertung der Grundstücke wesentlich erschwert ist und kein überwiegendes öffentliches Interesse entgegensteht. [3]Ist er verpflichtet, die Anlagen zu dulden, so kann er verlangen, dass der Nutzungsberechtigte die Grundstücke binnen derselben Frist erwirbt.

(11) [1]Die Unternehmen sind zur gegenseitigen Rücksichtnahme verpflichtet. [2]Sie haben unverzüglich die Verlegung ihrer Leitungen und Anlagen vorzunehmen, wenn dies durch den Neu- oder Umbau der Leitungen oder Anlagen eines anderen Unternehmens notwendig ist. [3]Der Kostenausgleich findet unmittelbar zwischen den Unternehmen statt. [4]Im Falle des Straßenbahn- und U-Bahnbaus auf Veranlassung Berlins gilt Absatz 5 sinngemäß.

(12) [1]Von den Absätzen 2 bis 10 abweichende Regelungen in bestehenden Konzessionsverträgen bleiben während der Laufzeit dieser Konzessionsverträge unberührt. [2]Bei künftigen Vertragsabschlüssen mit Unternehmen im Sinne des Absatzes 1 ist die Einhaltung der Absätze 2 bis 11 zu vereinbaren.

§ 13 Zuständigkeitskonzentration

[1]Ist nach den Vorschriften des Straßenverkehrsrechts eine Erlaubnis für eine übermäßige Straßenbenutzung oder eine Ausnahmegenehmigung erforderlich, so bedarf es keiner Sondernutzungserlaubnis. [2]Vor ihrer Entscheidung hat die hierfür zuständige Behörde die sonst für die Sondernutzungserlaubnis zuständige Straßenbaubehörde zu hören. [3]Die von dieser geforderten Bedingungen, Auflagen, Aufla-

genvorbehalte und Sondernutzungsgebühren sind dem Antragsteller in der Erlaubnis oder Ausnahmegenehmigung aufzuerlegen. [4]Nachträgliche Anordnungen bleiben unberührt. [5]§ 11 Abs. 3 und § 12 Abs. 7 gelten entsprechend.

§ 14 Unerlaubte Benutzung einer Straße

(1) [1]Wird eine öffentliche Straße ohne die erforderliche Erlaubnis benutzt oder werden Gegenstände mit Ausnahme der Fahrzeuge nach Absatz 2 verbotswidrig abgestellt oder kommt ein Erlaubnisnehmer seinen Verpflichtungen nicht nach, so kann die Straßenbaubehörde die Beseitigung von unerlaubten Anlagen im öffentlichen Straßenraum oder die sonst erforderlichen Maßnahmen zur Beendigung der Benutzung oder zur Erfüllung der Auflagen anordnen. [2]Sind solche Anordnungen nicht oder nur unter unverhältnismäßigem Aufwand möglich oder nicht erfolgversprechend, so kann sie den rechtswidrigen Zustand auf Kosten des Pflichtigen beseitigen oder beseitigen lassen. [3]§ 11 Abs. 6 Satz 2 bis 4 gilt entsprechend.

(2) [1]Fahrzeuge ohne gültige amtliche Kennzeichen, gültige Versicherungskennzeichen oder gültige Versicherungsplaketten dürfen nicht auf öffentlichen Straßen abgestellt werden. [2]Wer dagegen verstößt, hat die Folgen seines Verstoßes unverzüglich zu beseitigen. [3]Die zuständige Behörde kann die Beseitigung auf Kosten des Halters oder Eigentümers vornehmen lassen, wenn dieser einer deutlich sichtbar angebrachten Aufforderung zur Beseitigung des Fahrzeuges nicht nachgekommen ist. [4]Eines vollziehbaren Verwaltungsaktes oder einer förmlichen Androhung eines Zwangsmittels bedarf es nicht.

(3) Die zuständige Behörde kann die von der öffentlichen Straße entfernten Gegenstände nach Absatz 1 oder Fahrzeuge nach Absatz 2 bis zur Erstattung ihrer Aufwendungen zurückbehalten.

(4) [1]Ist der Eigentümer oder Halter der von der öffentlichen Straße entfernten Gegenstände nach Absatz 1 oder Fahrzeuge nach Absatz 2 innerhalb angemessener Frist nicht zu ermitteln oder kommt er seinen Zahlungspflichten innerhalb von zwei Monaten nach Zahlungsaufforderung nicht nach oder holt er die Gegenstände innerhalb einer ihm schriftlich oder elektronisch gesetzten angemessenen Frist nicht ab, so kann die zuständige Behörde die Gegenstände verwerten oder entsorgen; in der Aufforderung zur Zahlung oder Abholung ist darauf hinzuweisen. [2]Im Übrigen sind die Vorschriften des Allgemeinen Sicherheits- und Ordnungsgesetzes über die Verwertung sichergestellter Gegenstände entsprechend anzuwenden.

(5) Die Absätze 2 bis 4 gelten auch für Bundesfernstraßen.

§ 15 Unerlaubte Eingriffe

(1) [1]Wer eine öffentliche Straße beschädigt hat, ist verpflichtet, dies unverzüglich dem zuständigen Bezirksamt zu melden. [2]Der Schaden wird vom Träger der Straßenbaulast beseitigt. [3]Die Aufwendungen dafür sind von dem Verursacher des Schadens zu erstatten. [4]Die Kosten sind durch Leistungsbescheid festzusetzen. [5]Widerspruch und Klage gegen den Leistungsbescheid haben keine aufschiebende Wirkung.

(2) Für unerlaubte Veränderungen oder Aufgrabungen gilt Absatz 1 Satz 2 bis 5 entsprechend.

(3) [1]Der Anlieger an einer öffentlichen Straße ist verpflichtet, Störungen, die von seinem Grundstück auf den öffentlichen Straßenraum ausgehen, auf seine Kosten zu beseitigen. [2]Kommt der Anlieger seiner Beseitigungspflicht nicht nach, so gilt Absatz 1 Satz 2 bis 5 entsprechend.

§ 16 Duldung von öffentlichen Zeichen und Einrichtungen sowie Bepflanzungen

(1) Die Anlieger im Sinne des § 9 Abs. 5 haben das Anbringen von Verkehrszeichen und Verkehrseinrichtungen, Meldeanlagen der Polizei und der Feuerwehr sowie von Halte- und Betriebsvorrichtungen für die Verkehrszeichen und Verkehrseinrichtungen zu dulden.

(2) Der Begünstigte hat Schäden, die dem Anlieger durch das Anbringen oder das Entfernen der in Absatz 1 bezeichneten Gegenstände entstehen, zu beseitigen; er kann stattdessen eine angemessene Entschädigung in Geld leisten.

(3) [1]Bepflanzungen der Straßen, insbesondere mit Bäumen, sind grundsätzlich vorzusehen, zu erhalten und zu schützen. [2]Die Eigentümer und die Besitzer von Grundstücken an öffentlichen Straßen haben die unvermeidbaren Einwirkungen von Pflanzungen im Bereich des Straßenkörpers und die Maßnahmen zu ihrer Erhaltung und Ergänzung zu dulden. [3]Eingriffe von ihrer Seite bedürfen der Zustimmung der Straßenbaubehörde und der für die Pflege und Unterhaltung der öffentlichen Grünanlagen zuständigen Stelle.

§ 17 Umleitungen

(1) Bei vorübergehenden Verkehrsbeschränkungen auf öffentlichen Straßen sind die Eigentümer und Verfügungsberechtigten privater Straßen, Wege und Plätze, die dem öffentlichen Verkehr dienen, auf schriftliche Anordnung der Straßenbaubehörde zur Duldung der Umleitung verpflichtet, soweit eine andere Verkehrsführung nicht zweckmäßig ist.

(2) [1]Die Straßenbaubehörde hat festzustellen, welche straßenbaulichen und sonstigen Maßnahmen notwendig sind, um die Umleitungsstrecke für die Aufnahme des zusätzlichen Verkehrs verkehrssicher zu machen. [2]Sie hat die entsprechenden straßenverkehrsbehördlichen Anordnungen umzusetzen. [3]Die hierfür notwendigen Mehraufwendungen sind dem Eigentümer vom Veranlasser zu erstatten.

(3) Der Träger der Straßenbaulast ist verpflichtet, auf Antrag des Eigentümers die private Straße oder den privaten Weg für die Aufnahme des Umleitungsverkehrs herzurichten und nach Aufhebung den früheren Zustand wieder herzustellen.

(4) Die Absätze 1 bis 3 gelten entsprechend, wenn neue öffentliche Straßen vorübergehend über private Straßen und Wege, die dem öffentlichen Verkehr dienen, an das Straßennetz angeschlossen werden müssen.

Abschnitt V
Kreuzungen mit Gewässern

§ 18 Kreuzungen mit Gewässern

(1) [1]Werden Straßen neu angelegt oder ausgebaut und müssen dazu Kreuzungen mit Gewässern (Brücken oder Unterführungen) hergestellt oder bestehende Kreuzungen geändert werden, so hat der Träger der Straßenbaulast die dadurch entstehenden Kosten zu tragen. [2]Kreuzungsanlagen sind so auszuführen, wie es unter Berücksichtigung der übersehbaren Entwicklung der wasserwirtschaftlichen Verhältnisse hinsichtlich des Wasserabflusses erforderlich ist.

(2) [1]Werden Gewässer ausgebaut (§ 31 des Wasserhaushaltsgesetzes in der Fassung der Bekanntmachung vom 11. Dezember 1996 [BGBl. I S. 1695], das zuletzt durch Artikel 2 Abs. 1 des Gesetzes vom 30. April 1998 [BGBl. I S. 823] geändert worden ist) und werden dazu Kreuzungen mit Straßen hergestellt oder bestehende Kreuzungen geändert, so hat der Träger des Ausbauvorhabens die dadurch entstehenden Kosten zu tragen. [2]Wird eine neue Kreuzung erforderlich, weil ein Gewässer hergestellt wird, so ist die übersehbare Verkehrsentwicklung auf der Straße zu berücksichtigen. [3]Wird die Herstellung oder Änderung einer Kreuzung erforderlich, weil das Gewässer wesentlich umgestaltet wird, so sind die gegenwärtigen Verkehrsbedürfnisse zu berücksichtigen.

(3) Wird eine Straße neu angelegt und wird gleichzeitig ein Gewässer hergestellt oder aus anderen als straßenbaulichen Gründen wesentlich umgestaltet, so dass eine neue Kreuzung entsteht, so haben der Träger der Straßenbaulast und der Träger des Gewässerausbaus die Kosten der Kreuzung je zur Hälfte zu tragen.

(4) Werden eine Straße und ein Gewässer gleichzeitig ausgebaut und wird infolgedessen eine bestehende Kreuzungsanlage geändert oder durch einen Neubau ersetzt, so haben der Träger des Gewässerausbaus und der Träger der Straßenbaulast die dadurch entstehenden Kosten für die Kreuzungsanlagen in dem Verhältnis zu tragen, in dem die Kosten bei getrennter Durchführung der Maßnahme zueinander stehen würden.

(5) [1]Gleichzeitigkeit liegt vor, wenn einer der Beteiligten die Berücksichtigung seiner Planung so rechtzeitig verlangt, dass hierauf in zumutbarer Weise Rücksicht genommen werden kann. [2]Wird die Maßnahme nach diesem Zeitpunkt dennoch gleichzeitig durchgeführt, so hat der Baulastträger, der die Berücksichtigung seiner Planung nicht rechtzeitig verlangt hat, dem anderen Baulastträger die daraus entstehenden Mehrkosten zu erstatten.

(6) Kommt über die Kreuzungsmaßnahme oder ihre Kosten eine Einigung, in der auch von den Regelungen in den vorstehenden Vorschriften abgewichen werden darf, nicht zu Stande, so ist darüber durch Planfeststellung zu entscheiden.

§ 19 Unterhaltung der Kreuzungen mit Gewässern

(1) [1]Der Träger der Straßenbaulast hat die Kreuzungsanlagen von Straßen und Gewässern auf seine Kosten zu unterhalten, soweit nichts anderes vereinbart oder durch Planfeststellung bestimmt wird. [2]Die Unterhaltungspflicht des Trägers der Straßenbaulast erstreckt sich nicht auf Leitwerke, Leitpfähle,

Dalben, Absetzpfähle oder ähnliche Einrichtungen zur Sicherung der Durchfahrten unter Brücken im Zuge von Straßen für die Schifffahrt sowie auf Schifffahrtszeichen. [3]Soweit diese Einrichtungen auf Kosten des Trägers der Straßenbaulast herzustellen waren, hat dieser dem Unterhaltungspflichtigen die Unterhaltungskosten und die Kosten des Betriebs dieser Einrichtungen zu ersetzen oder abzulösen.

(2) [1]Wird im Falle des § 18 Abs. 2 eine neue Kreuzung hergestellt, hat der Träger des Ausbauvorhabens die Mehrkosten für die Unterhaltung und den Betrieb der Kreuzungsanlage zu erstatten oder abzulösen. [2]Ersparte Unterhaltungskosten für den Fortfall vorhandener Kreuzungsanlagen sind anzurechnen.

Abschnitt VI

Planung von Straßen

§ 20 Straßenkategorien

Die öffentlichen Straßen werden nach ihrer Verkehrsbedeutung wie folgt eingeteilt:

1. Straßen I. Ordnung sind Straßen, die untereinander oder zusammen mit Bundesfernstraßen überwiegend dem großräumigen Verkehr, das heißt dem Fernverkehr oder Regionalverkehr, dienen oder zu dienen bestimmt sind,
2. Straßen II. Ordnung sind Straßen, die dem überbezirklichen Verkehr, dem Verkehr zwischen den Bezirken und den Nachbargemeinden Berlins oder dem Anschluss der Bezirke an Straßen I. Ordnung dienen oder zu dienen bestimmt sind,
3. sonstige öffentliche Straßen sind alle weiteren, dem öffentlichen Verkehr dienenden Straßen.

§ 21 Vorarbeiten

(1) [1]Eigentümer und sonstige Nutzungsberechtigte haben zur Vorbereitung der Planung notwendige Vermessungen, Boden- und Grundwasseruntersuchungen einschließlich der Anbringung von Markierungszeichen und sonstige Vorarbeiten durch die Straßenbaubehörde oder von ihr Beauftragte zu dulden. [2]Wohnungen dürfen nur mit Zustimmung des Wohnungsinhabers betreten werden. [3]Satz 2 gilt nicht für Arbeits-, Betriebs- oder Geschäftsräume während der jeweiligen Arbeits-, Geschäfts- oder Aufenthaltszeiten.

(2) [1]Die Absicht, solche Arbeiten auszuführen, ist dem Eigentümer und den sonstigen Nutzungsberechtigten mindestens zwei Wochen vorher durch die Straßenbaubehörde bekannt zu geben. [2]Sind Eigentümer oder sonstige Nutzungsberechtigte von Person nicht bekannt oder ist deren Aufenthalt unbekannt und lassen sie sich in angemessener Frist nicht ermitteln, so kann die Benachrichtigung durch öffentliche Bekanntmachung erfolgen.

(3) [1]Entstehen durch eine Maßnahme nach Absatz 1 einem Eigentümer oder sonstigen Nutzungsberechtigten unmittelbare Vermögensnachteile, so hat der Träger der Straßenbaulast eine angemessene Entschädigung in Geld zu leisten. [2]Kommt eine Einigung über die Geldentschädigung nicht zu Stande, so setzt die Enteignungsbehörde auf Antrag der Straßenbaubehörde oder des Berechtigten die Entschädigung fest. [3]Vor der Entscheidung sind die Beteiligten zu hören.

§ 22 Planfeststellung und Plangenehmigung

(1) [1]Straßen I. Ordnung dürfen nur gebaut oder geändert, Straßen II. Ordnung sowie dem übergeordneten, insbesondere touristischen oder überbezirklichen Verkehr dienende selbstständige Geh- und Radwege oder Radschnellverbindungen nur gebaut werden, wenn der Plan vorher festgestellt worden ist. [2]Für die Änderung von Straßen II. Ordnung kann die Planfeststellungsbehörde im Benehmen mit dem zuständigen Bezirk die Durchführung eines Planfeststellungsverfahrens anordnen, wenn dies zur sachgerechten Bewältigung der mit der Planung aufgeworfenen Konflikte erforderlich ist.

(2) Besteht nach dem Berliner Gesetz über die Umweltverträglichkeitsprüfung vom 7. Juni 2007 (GVBl. S. 222) in der jeweils geltenden Fassung für den Bau oder die Änderung einer Straße eine Verpflichtung zur Durchführung einer Umweltverträglichkeitsprüfung, ist ein Planfeststellungsverfahren durchzuführen.

(3) [1]Unbeschadet der Absätze 1 und 2 ist für den Bau oder die Änderung einer öffentlichen Straße ein Planfeststellungsverfahren durchzuführen, wenn die geplante Maßnahme

1. den angemessenen Sicherheitsabstand zu Betrieben nach Artikel 2 der Richtlinie 2012/18/EU des Europäischen Parlaments und des Rates vom 4. Juli 2012 zur Beherrschung der Gefahren schwerer Unfälle mit gefährlichen Stoffen, zur Änderung und anschließenden Aufhebung der Richtlinie 96/82/EG des Rates (ABl. L 197 vom 24.7.2012, S. 1) nicht einhält und

2. Ursache von schweren Unfällen sein kann, durch sie das Risiko eines schweren Unfalls vergrößert werden kann oder durch sie die Folgen eines solchen Unfalls verschlimmert werden können.

[2]Die Planaufstellungsbehörde gibt öffentlich bekannt, dass eine Planfeststellung unterbleibt, wenn ihre Prüfung ergibt, dass die Voraussetzungen nach Satz 1 Nummer 1, nicht aber nach Satz 1 Nummer 2 gegeben sind. [3]Die Absätze 4 und 5 sowie § 74 Absatz 6 und 7 und § 76 Absatz 2 und 3 des Verwaltungsverfahrensgesetzes finden bei Maßnahmen nach Satz 1 keine Anwendung.

(4) [1]An Stelle eines Planfeststellungsbeschlusses kann eine Plangenehmigung erteilt werden, wenn

1. Rechte anderer nicht oder nicht wesentlich beeinträchtigt werden oder die Betroffenen sich mit der Inanspruchnahme ihres Eigentums oder eines anderen Rechts schriftlich einverstanden erklärt haben,
2. mit den Trägern öffentlicher Belange, deren Aufgabenbereich berührt wird, das Benehmen hergestellt worden ist und
3. erhebliche nachteilige Auswirkungen auf ein in § 2 Abs. 1 Satz 2 des Gesetzes über die Umweltverträglichkeitsprüfung genanntes Schutzgut nicht zu besorgen sind.

[2]Die Plangenehmigung hat die Rechtswirkungen der Planfeststellung; auf ihre Erteilung finden die Vorschriften über das Planfeststellungsverfahren keine Anwendung.

(5) [1]Planfeststellung und Plangenehmigung entfallen in Fällen von unwesentlicher Bedeutung. [2]Fälle von unwesentlicher Bedeutung liegen insbesondere vor, wenn

1. andere öffentliche Belange nicht berührt sind oder die erforderlichen behördlichen Entscheidungen vorliegen und sie dem Plan nicht entgegenstehen,
2. Rechte anderer nicht beeinflusst werden oder mit den vom Plan Betroffenen entsprechende Vereinbarungen getroffen worden sind und
3. das Vorhaben keine erheblichen nachteiligen Auswirkungen auf ein in § 2 Abs. 1 Satz 2 des Gesetzes über die Umweltverträglichkeitsprüfung genanntes Schutzgut haben kann.

(6) [1]Bebauungspläne nach § 9 des Baugesetzbuches, die im Einvernehmen mit der Planfeststellungsbehörde festgesetzt worden sind oder werden, ersetzen die Planfeststellung nach den Absätzen 1 bis 3. [2]Wird eine Ergänzung notwendig oder soll von Festsetzungen des Bebauungsplans abgewichen werden, so ist die Planfeststellung insoweit zusätzlich durchzuführen. [3]In diesen Fällen gelten die §§ 40, 43 Abs. 1, 2, 4 und 5 sowie § 44 Abs. 1 bis 4 des Baugesetzbuchs.

§ 22a Verfahren bei Planfeststellung und Plangenehmigung

(1) Bei der Planaufstellung sind die frühzeitige Beteiligung und das Benehmen mit der für die vorbereitende Bauleitplanung zuständigen Senatsverwaltung sicherzustellen.

(2) [1]Vor Einleitung eines Planfeststellungsverfahrens sind die Grundsätze der Planung bei Vorhaben nach § 22 Absatz 1 Satz 1 dem Abgeordnetenhaus, bei Vorhaben nach § 22 Absatz 1 Satz 2 der zuständigen Bezirksverordnetenversammlung zur Kenntnis zu geben. [2]Über die Trassenauswahl ist vor Einleitung eines Verfahrens Benehmen mit den betroffenen Bezirken herzustellen.

(3) [1]Bei Maßnahmen nach § 22 Absatz 3 Satz 1 hat der Plan neben den Zeichnungen und Erläuterungen nach § 73 Absatz 1 des Verwaltungsverfahrensgesetzes auch die Angaben nach Artikel 15 Absatz 3 der Richtlinie 2012/18/EU zu umfassen. [2]§ 73 Absatz 3 Satz 2 des Verwaltungsverfahrensgesetzes findet keine Anwendung. [3]Die Bekanntmachung der Auslegung hat neben den Angaben nach § 73 Absatz 5 des Verwaltungsverfahrensgesetzes die in Artikel 15 Absatz 2 der Richtlinie 2012/18/EU genannten Informationen zu enthalten. [4]Wenn die Planfeststellung ausschließlich auf Grund von § 22 Absatz 3 Satz 1 durchzuführen ist, kann die Anhörungsbehörde auf eine Erörterung verzichten.

(4) [1]Bei der Änderung einer Straße kann von einer förmlichen Erörterung nach § 73 Absatz 6 des Verwaltungsverfahrensgesetzes und § 18 Absatz 1 Satz 2 des Gesetzes über die Umweltverträglichkeitsprüfung in der Fassung der Bekanntmachung vom 24. Februar 2010 (BGBl. I S. 94), das zuletzt durch Artikel 2 des Gesetzes vom 8. September 2017 (BGBl. I S. 3370) geändert worden ist, in der jeweils geltenden Fassung abgesehen werden. [2]Vor dem Abschluss des Planfeststellungsverfahrens ist den Personen, die Einwendungen erhoben haben, Gelegenheit zur Äußerung zu geben. [3]Die Anhörungsbehörde soll ihre Stellungnahme innerhalb von sechs Wochen nach Ablauf der Einwendungsfrist abgeben.

(5) Bei der Planfeststellung sind die von dem Vorhaben berührten öffentlichen und privaten Belange einschließlich einer Umweltverträglichkeitsprüfung nach den Vorschriften des Gesetzes über die Umweltverträglichkeitsprüfung im Rahmen der Abwägung zu berücksichtigen.

(6) Die Anfechtungsklage gegen einen Planfeststellungsbeschluss oder eine Plangenehmigung für den Bau oder die Änderung von Straßen I. Ordnung hat keine aufschiebende Wirkung.

(7) [1]Wird mit der Durchführung des Plans nicht innerhalb von fünf Jahren nach Eintritt der Unanfechtbarkeit begonnen, so tritt er außer Kraft, es sei denn, er wird vorher von der Planfeststellungsbehörde um höchstens fünf Jahre verlängert. [2]Vor der Entscheidung ist eine auf die Verlängerung begrenzte Anhörung nach dem für die Planfeststellung oder Plangenehmigung vorgeschriebenen Verfahren durchzuführen. [3]Für die Zustellung und Auslegung sowie die Anfechtung der Entscheidung über die Verlängerung sind die Bestimmungen über den Planfeststellungsbeschluss oder die Plangenehmigung entsprechend anzuwenden.

§ 22b Zuständigkeiten für Planfeststellung und Plangenehmigung

(1) Träger des Vorhabens und Planaufstellungsbehörde ist im Planfeststellungsverfahren

1. für Straßen I. Ordnung und für den Bau von Straßen II. Ordnung sowie für den übergeordneten, insbesondere touristischen oder überbezirklichen Verkehr dienende selbstständige Geh- und Radwege oder Radschnellverbindungen die für den Tiefbau zuständige Senatsverwaltung;
2. für die Änderung von Straßen II. Ordnung und sonstiger Straßen der zuständige Bezirk.

(2) Anhörungsbehörde ist die für die Stadtentwicklung zuständige Senatsverwaltung.

(3) Planfeststellungsbehörde ist die für das Verkehrswesen zuständige Senatsverwaltung.

§ 23 Veränderungssperre

(1) [1]Vom Beginn der Auslegung der Pläne im Planfeststellungsverfahren oder von dem Zeitpunkt an, zu dem den Betroffenen Gelegenheit gegeben wird, den Plan einzusehen, dürfen auf den vom Plan betroffenen Flächen bis zu ihrer Übernahme durch den Träger der Straßenbaulast wesentlich wertsteigernde oder den geplanten Straßenbau erheblich erschwerende Veränderungen nicht vorgenommen werden. [2]Veränderungen, die in rechtlich zulässiger Weise vorher begonnen worden sind, Unterhaltungsarbeiten und die Fortführung einer bisher ausgeübten Nutzung werden hiervon nicht berührt.

(2) [1]Dauert die Veränderungssperre länger als vier Jahre, so können die Eigentümer für die dadurch entstandenen Vermögensnachteile vom Träger der Straßenbaulast eine angemessene Entschädigung in Geld verlangen. [2]Sie können ferner die Übernahme der vom Plan betroffenen Flächen verlangen, wenn es ihnen mit Rücksicht auf die Veränderungssperre wirtschaftlich nicht zuzumuten ist, die Grundstücke in der bisherigen oder einer anderen zulässigen Art zu benutzen. [3]Kommt keine Einigung über die Übernahme zustande, so können die Eigentümer die Entziehung des Eigentums an den Flächen verlangen. [4]Im Übrigen gilt § 25 (Enteignung).

(3) [1]Um die Planung von Straßen I. und II. Ordnung zu sichern, kann die für das Verkehrswesen zuständige Senatsverwaltung für die Dauer von höchstens zwei Jahren Planungsgebiete festlegen. [2]Auf die Planungsgebiete ist Absatz 1 sinngemäß anzuwenden. [3]Die Frist kann, wenn besondere Umstände es erfordern, auf höchstens vier Jahre verlängert werden. [4]Die Festlegung tritt mit Beginn der Auslegung der Pläne im Planfeststellungsverfahren außer Kraft. [5]Ihre Dauer ist auf die Vierjahresfrist nach Absatz 2 anzurechnen.

(4) [1]Die Festlegung eines Planungsgebiets ist öffentlich bekannt zu machen. [2]Planungsgebiete sind in Karten einzutragen, die während der Geltungsdauer der Festlegung zur Einsicht auszulegen sind. [3]Für die Anfechtungsklage gegen die Festlegung eines Planungsgebiets gilt § 22a Absatz 6 entsprechend.

(5) Die für das Verkehrswesen zuständige Senatsverwaltung kann Ausnahmen von der Veränderungssperre zulassen, wenn überwiegende öffentliche Belange nicht entgegenstehen.

(6) [1]Wird das Vorhaben vor Erlass des Planfeststellungsbeschlusses endgültig aufgegeben, so stellt die Planfeststellungsbehörde das Verfahren durch Beschluss ein. [2]Der Beschluss ist öffentlich bekannt zu machen. [3]Mit der Bekanntmachung endet die Veränderungssperre.

§ 24 Vorzeitige Besitzeinweisung

(1) [1]Ist der sofortige Beginn von Bauarbeiten geboten und weigert sich der Eigentümer oder Besitzer, den Besitz eines für die Straßenbaumaßnahme benötigten Grundstücks durch Vereinbarung unter Vorbehalt aller Entschädigungsansprüche zu überlassen, so hat die Enteignungsbehörde den Träger des Vorhabens auf Antrag nach Feststellung des Plans oder Erteilung der Plangenehmigung in den Besitz einzuweisen. [2]Der Planfeststellungsbeschluss oder die Plangenehmigung muss vollziehbar sein. [3]Weiterer Voraussetzungen bedarf es nicht.

(2) [1]Die Enteignungsbehörde soll spätestens sechs Wochen nach Eingang des Antrags auf Besitzeinweisung mit den Beteiligten mündlich verhandeln. [2]Hierzu sind der Träger des Vorhabens und die Betroffenen zu laden. [3]Dabei ist den Betroffenen der Antrag auf Besitzeinweisung mitzuteilen. [4]Die Ladungsfrist beträgt mindestens zwei Wochen. [5]Mit der Ladung sind die Betroffenen aufzufordern, etwaige Einwendungen gegen den Antrag vor der mündlichen Verhandlung bei der Enteignungsbehörde einzureichen. [6]Sie sind außerdem darauf hinzuweisen, dass auch bei Nichterscheinen über den Antrag auf Besitzeinweisung und andere im Verfahren zu erledigende Anträge entschieden werden kann.

(3) [1]Soweit der Zustand des Grundstücks von Bedeutung ist, hat die Enteignungsbehörde diesen bis zum Wirksamwerden der vorzeitigen Besitzeinweisung in einer Niederschrift festzustellen oder durch einen Sachverständigen ermitteln zu lassen. [2]Den Beteiligten ist eine Abschrift der Niederschrift oder des Ermittlungsergebnisses zu übersenden.

(4) [1]Der Beschluss über die Besitzeinweisung soll dem Antragsteller und den Betroffenen spätestens zwei Wochen nach der mündlichen Verhandlung zugestellt werden. [2]Die Besitzeinweisung wird in dem von der Enteignungsbehörde bezeichneten Zeitpunkt wirksam. [3]Dieser Zeitpunkt soll auf höchstens zwei Wochen nach Zustellung des Beschlusses über die vorzeitige Besitzeinweisung an den unmittelbaren Besitzer festgesetzt werden. [4]Durch die Besitzeinweisung wird dem Besitzer der Besitz entzogen und der Träger des Vorhabens Besitzer. [5]Er darf auf dem Grundstück das planfestgestellte oder plangenehmigte Bauvorhaben ausführen und die dafür erforderlichen Maßnahmen treffen.

(5) [1]Der Träger des Vorhabens hat für die durch die vorzeitige Besitzeinweisung entstehenden Vermögensnachteile Entschädigung zu leisten, soweit diese Nachteile nicht durch die Verzinsung der Geldentschädigung für die Entziehung oder Beschränkung des Eigentums oder eines anderen Rechts ausgeglichen werden. [2]Art und Höhe der Entschädigung sind spätestens im Enteignungsbeschluss festzusetzen.

(6) [1]Wird der festgestellte Plan oder die Plangenehmigung aufgehoben, so ist auch die vorzeitige Besitzeinweisung aufzuheben und der vorherige Besitzer wieder in den Besitz einzuweisen. [2]Der Träger des Vorhabens hat für alle durch die vorzeitige Besitzeinweisung entstandenen besonderen Nachteile Entschädigung zu leisten.

(7) Ein Rechtsbehelf gegen eine vorzeitige Besitzeinweisung hat keine aufschiebende Wirkung.

§ 25 Enteignung

(1) [1]Die Enteignung zu Gunsten des Trägers des Vorhabens ist zulässig, soweit sie zur Ausführung eines nach § 22 festgestellten oder genehmigten Plans notwendig ist. [2]Einer weiteren Feststellung der Zulässigkeit der Enteignung bedarf es nicht.

(2) Der festgestellte oder genehmigte Plan ist dem Enteignungsverfahren zu Grunde zu legen und für die Enteignungsbehörde bindend.

(3) Wenn sich ein Betroffener mit der Übertragung oder Beschränkungen des Eigentums oder eines anderen Rechts schriftlich einverstanden erklärt hat, jedoch keine Einigung über die Entschädigung erzielt wurde, kann das Entschädigungsverfahren durch die Enteignungsbehörde auf Antrag eines Beteiligten unmittelbar durchgeführt werden.

(4) [1]Soweit der Träger des Vorhabens auf Grund eines Planfeststellungsbeschlusses oder einer Plangenehmigung nach § 22 verpflichtet ist, eine Entschädigung in Geld zu leisten, und über die Höhe der Entschädigung keine Einigung zwischen dem Betroffenen und dem Träger des Vorhabens zu Stande kommt, entscheidet auf Antrag eines der Beteiligten die Enteignungsbehörde. [2]Für das Verfahren gelten die enteignungsrechtlichen Vorschriften über die Feststellung von Entschädigungen entsprechend.

(5) Im Übrigen gilt das Berliner Enteignungsgesetz vom 14. Juli 1964 (GVBl. S. 737), geändert durch Gesetz vom 30. November 1984 (GVBl. S. 1664), in der jeweils geltenden Fassung.

Abschnitt VII
Zuständigkeitsregelungen, Ermächtigungen, Verarbeitung personenbezogener Daten

§ 26 Zuständigkeiten und Straßenaufsicht, Zuständigkeit zum Erlass des Widerspruchsbescheids

(1) [1]Die sich aus diesem Gesetz ergebenden Aufgaben werden von den Straßenbaubehörden wahrgenommen, soweit keine besondere Regelung getroffen ist. [2]Die Erfüllung der Straßenbaulastaufgaben

wird durch die Straßenaufsicht überwacht. [3]Kommt der in Fällen des § 8 Abs. 1 bezeichnete Träger der Straßenbaulast seinen Verpflichtungen nicht nach, kann die zuständige Behörde die notwendigen Maßnahmen anordnen und erforderlichenfalls mit den Mitteln der Verwaltungsvollstreckung durchsetzen.

(2) Die für das Straßenwesen zuständige Senatsverwaltung entscheidet über den Widerspruch gegen einen Verwaltungsakt einer Bezirksverwaltung, wenn der Verwaltungsakt auf § 3 (Widmung), § 4 (Einziehung, Teileinziehung), § 11 (Sondernutzung) oder § 12 (Sondernutzung für Zwecke der öffentlichen Versorgung) gestützt wird und folgende Straßen betroffen sind:

1. Straßen innerhalb des zentralen Bereichs, in dem sich die Parlaments- und Regierungseinrichtungen des Bundes befinden; der zentrale Bereich wird umgrenzt durch die Invalidenstraße, Brunnenstraße, Rosenthaler Platz, Torstraße, Mollstraße, Platz der Vereinten Nationen, Lichtenberger Straße, Holzmarktstraße, Brückenstraße, Heinrich-Heine-Straße, Moritzplatz, Oranienstraße, Kochstraße, Wilhelmstraße, Anhalter Straße, Askanischer Platz, Schöneberger Straße, Schöneberger Ufer, Lützowufer, Lützowplatz, Klingelhöferstraße, Hofjägerallee, Großer Stern, Spreeweg, Paulstraße, Alt-Moabit unter Einbeziehung der genannten Straßen und Plätze;
2. Straßen in Gebieten von außergewöhnlicher stadtpolitischer Bedeutung sowie Straßen für die Industrie- und Gewerbeansiedlung von außergewöhnlicher stadtpolitischer Bedeutung;
3. Hauptverkehrsstraßen mit vorwiegend überbezirklicher Funktion.

§ 27 Rechtsverordnungen und Verwaltungsvorschriften

(1) [1]Die für das Verkehrswesen zuständige Senatsverwaltung wird ermächtigt, in Abstimmung mit den Bezirken und im Benehmen mit der für die vorbereitende Bauleitplanung zuständigen Senatsverwaltung durch Rechtsverordnung die Straßen I. und II. Ordnung gemäß § 20 Nr. 1 und 2 festzulegen. [2]Grundlage der Festlegung soll das sich aus dem Flächennutzungsplan ergebende übergeordnete Hauptverkehrsstraßennetz sein.

(2) [1]Die für das Verkehrswesen zuständige Senatsverwaltung regelt die Erhebung und Höhe der Sondernutzungsgebühren durch Rechtsverordnung. [2]Dies gilt auch für Sondernutzungsgebühren, die für Sondernutzungen auf der Grundlage des Bundesfernstraßengesetzes erhoben werden.

(3) Verwaltungsvorschriften zur Ausführung dieses Gesetzes erlässt die zuständige Senatsverwaltung.

§ 27a Verarbeitung personenbezogener Daten

Die Verarbeitung personenbezogener Daten durch die nach diesem Gesetz zuständigen öffentlichen Stellen ist unbeschadet sonstiger Bestimmungen zulässig, wenn sie zu[1)] Erfüllung der sich aus diesem Gesetz ergebenden Aufgaben erforderlich ist.

Abschnitt VIII

Ordnungswidrigkeiten, Übergangs- und Schlussvorschriften

§ 28 Ordnungswidrigkeiten

(1) Ordnungswidrig handelt, wer vorsätzlich oder fahrlässig

1. entgegen § 9 Abs. 1 nicht zum Befahren bestimmte Straßenbestandteile außerhalb von Gehwegüberfahrten mit Kraftfahrzeugen überquert,
2. entgegen § 9 Abs. 4 Gehwegüberfahrten ohne die erforderliche Genehmigung anlegt oder die mit der Genehmigung erteilten Auflagen nicht erfüllt,
3. entgegen § 11 Abs. 1, auch in Verbindung mit § 11a, eine öffentliche Straße ohne die erforderliche Erlaubnis zur Sondernutzung gebraucht oder die mit der Erlaubnis erteilten Auflagen nicht erfüllt,
4. entgegen § 11 Abs. 6 Satz 1 nach Beendigung der Sondernutzung oder Erlöschen der Erlaubnis etwa vorhandene Anlagen nicht unverzüglich beseitigt,
5. entgegen § 11 Abs. 11 Satz 2 kein entsprechend gekennzeichnetes Schild aufstellt,
6. entgegen § 14 Abs. 1 Gegenstände oder entgegen § 14 Abs. 2 Fahrzeuge ohne gültige amtliche Kennzeichen, gültige Versicherungskennzeichen oder gültige Versicherungsplaketten verbotswidrig abstellt,
7. entgegen § 15 Abs. 1 Satz 1 Beschädigungen dem Bezirksamt nicht unverzüglich meldet,
8. entgegen § 15 Abs. 2 unerlaubt eine öffentliche Straße verändert oder aufgräbt,

1) Richtig wohl: „zur"

9. entgegen § 21 Abs. 1 Satz 1 Vorarbeiten nicht duldet sowie Pfähle, Pflöcke oder sonstige Markierungen, die Vorarbeiten dienen, wegnimmt, verändert, unkenntlich macht oder unrichtig setzt,
10. entgegen § 23 Abs. 1 auf den vom Plan betroffenen Flächen oder in dem nach § 23 Abs. 3 festgelegten Planungsgebiet unzulässige Veränderungen vornimmt,
11. einer vollziehbaren Anordnung nach § 26 Abs. 1 Satz 3 nicht nachkommt.

(2) Die Ordnungswidrigkeit kann mit einer Geldbuße bis zu 10 000 Euro geahndet werden.

(3) Gegenstände, auf die sich eine Ordnungswidrigkeit nach Absatz 1 Nr. 2, 5 oder 7 bezieht, können eingezogen werden.

(4) Verwaltungsbehörde im Sinne des § 36 Abs. 1 Nr. 1 des Gesetzes über Ordnungswidrigkeiten ist die Straßenbaubehörde.

§ 29 Übergangsvorschriften

(1) Rechtsverordnungen und Verwaltungsvorschriften, die auf Grund des Berliner Straßengesetzes vom 28. Februar 1985 (GVBl. S. 518), zuletzt geändert durch Artikel I des Gesetzes vom 2. Juni 1999 (GVBl. S. 192), erlassen wurden, gelten weiterhin.

(2) Sondernutzungen, die bei Inkrafttreten dieses Gesetzes rechtmäßig ausgeübt werden, bleiben unberührt.

§ 30 Inkrafttreten, Außerkrafttreten

[1]Dieses Gesetz tritt am Tage nach der Verkündung[1)] im Gesetz- und Verordnungsblatt für Berlin in Kraft. [2]Gleichzeitig treten außer Kraft

1. das Berliner Straßengesetz vom 28. Februar 1985 (GVBl. S. 518), zuletzt geändert durch Artikel I des Gesetzes vom 2. Juni 1999 (GVBl. S. 192),
2. die Verordnung über die Einrichtung und Führung des Straßenverzeichnisses vom 5. April 1958 (GVBl. S. 345).

1) Verkündet am 22.7.1999.

Erschließungsbeitragsgesetz (EBG)

Vom 12. Juli 1995 (GVBl. S. 444)
(BRV 232-1)
zuletzt geändert durch Art. 43 Berliner Datenschutz-Anpassungsgesetz EU vom 12. Oktober 2020 (GVBl. S. 807)

Nichtamtliche Inhaltsübersicht

Das Abgeordnetenhaus hat das folgende Gesetz beschlossen:

Erster Abschnitt
Erschließungsbeitrag

§ 1 Tatsächlich entstandene Kosten

(1) Der Erschließungsaufwand für die Erschließungsanlagen sowie für die Übernahme von Anlagen als gemeindliche Erschließungsanlagen wird vorbehaltlich der Anwendung des § 3 nach den tatsächlich entstandenen Kosten ermittelt; ausgenommen sind die Entwässerungseinrichtungen der Verkehrsanlagen und der selbständigen Parkflächen, in denen das Niederschlagswasser leitungsgebunden in einem Entwässerungsnetz abgeleitet wird.

(2) [1]Werden in einer Verkehrsanlage auch Parkflächen, Grünanlagen oder Immissionsschutzanlagen hergestellt, so sind die Kosten für den Erwerb und die Freilegung nach dem Verhältnis der Flächen

aufzuteilen. [2]Für die Kosten der Beleuchtungseinrichtungen gilt Satz 1 mit der Maßgabe, daß die Flächen der Grünanlagen und Immissionsschutzanlagen unberücksichtigt bleiben.

(3) [1]Sind bei der Ermittlung des Erschließungsaufwands nach Absatz 1 die tatsächlichen Kosten in Deutscher Mark der Deutschen Bundesbank (DM) entstanden, so werden die Beträge nach dem amtlichen Kurs von 1 Euro = 1,95583 DM umgerechnet. [2]Das jeweilige Ergebnis wird auf den nächsten Cent abgerundet.

§ 2 Einheitssätze

(1) [1]Der Erschließungsaufwand für die Entwässerungseinrichtungen der Verkehrsanlagen und der selbständigen Parkflächen, in denen das Niederschlagswasser leitungsgebunden in einem Entwässerungsnetz abgeleitet wird, wird nach Einheitssätzen je Quadratmeter ermittelt. [2]Der jeweils maßgebende Einheitssatz verringert sich auf die Hälfte, soweit die Flächen durch Entwässerungseinrichtungen des Mischsystems entwässert werden; dies gilt auch bei der Anwendung des § 3 Abs. 1 Nr. 5.

(2) [1]Der Senat setzt die Einheitssätze durch Rechtsverordnung fest. [2]Jeweils frühestens nach zwei Jahren sollen die Einheitssätze neu festgesetzt werden, wenn die für ihre Ermittlung maßgebenden Preisverhältnisse sich nicht nur unwesentlich geändert haben.

§ 3 Einheitssätze für frühere Herstellungsarbeiten

(1) [1]Soweit die nachstehend aufgeführten Teileinrichtungen von Erschließungsanlagen bis zum 28. Juni 1961 nach dem im Einzelfall maßgebenden Bauprogramm endgültig hergestellt waren, ist der Erschließungsaufwand für die entsprechenden Flächen nach folgenden Einheitssätzen in Euro je Quadratmeter zu ermitteln:

für die Zeit		bis zum 31.12.1900	von 1901 bis 1914	von 1915 bis 1920	von 1921 bis 1930	von 1931 bis 1937	von 1938 bis 1940	von 1941 bis zum 24.6.1948	vom 25.6.1948 bis zum 28.6.1961
für									
1.	Fahrbahnen einschl. der Kosten der Bordsteine und für Parkflächen	7,77	8,12	9,45	8,28	5,87	6,03	7,87	23,00
2.	Gehwege, Radwege und Schutzstreifen	2,96	3,17	4,44	5,82	3,73	3,83	5,01	12,78
3.	Grünanlagen	0,71	0,81	1,32	1,53	1,22	1,27	1,63	4,09
4.	die Beleuchtungseinrichtungen der Verkehrsanlagen und der selbständigen Parkflächen	0,25	0,30	0,46	0,51	0,40	0,46	0,61	1,43
5.	die Entwässerung der Verkehrsanlagen und der selbständigen Parkflächen	1,73	1,94	3,11	3,63	2,86	2,96	3,88	9,71

[2]Satz 1 gilt nicht, soweit die Teileinrichtungen in dem Teil des Landes Berlin, in dem das Grundgesetz vor dem 3. Oktober 1990 nicht galt, nach dem 24. Juni 1948 hergestellt wurden.

(2) Soweit die nachstehend aufgeführten Teileinrichtungen von Erschließungsanlagen in der Zeit vom 29. Juni 1961 bis zum 2. Oktober 1990 endgültig hergestellt waren und nicht verändert worden sind, ist der Erschließungsaufwand für die entsprechenden Flächen nach folgenden Einheitssätzen in Euro je Quadratmeter zu ermitteln:

für die Zeit		vom 29.6.1961 bis zum 31.12.1969	vom 1.1.1970 bis zum 31.12.1971	vom 1.1.1972 bis zum 31.12.1975	vom 1.1.1976 bis zum 6.2.1980	vom 7.2.1980 bis zum 31.3.1982	vom 1.4.1982 bis zum 31.3.1987	vom 1.4.1987 bis zum 31.10.1989	vom 1.11.1989 bis zum 2.10.1990
für									
1.	Fahrbahnen einschl. der Kosten der Bordsteine und für Parkflächen	23,00	29,14	36,81	48,57	61,35	71,58	89,47	104,81
2.	Gehwege, Radwege und Schutzstreifen	12,78	17,89	25,05	30,16	35,27	35,27	43,45	62,88
3.	Grünanlagen	4,09	7,66	13,80	15,33	23,00	23,00	ab 20.12.1984 entfallen	
4.	die Beleuchtungseinrichtungen der Verkehrsanlagen und der selbständigen Parkflächen	1,43	1,43	1,58	1,78	2,40	3,27	3,83	5,11

(3) [1]Sind in einer Verkehrsanlage Flächen nach Absatz 1 Nr. 1 und 2 und Absatz 2 Nr. 1 und 2 nicht durch Bordsteine, Kantensteine oder auf andere Art deutlich gegeneinander begrenzt, so gelten nur die regelmäßig für den Verkehr mit Kraftfahrzeugen benutzten Flächen in einer Breite bis zu 6 m als Fahrbahnflächen, wenn sie mindestens nach § 15 Abs. 1 Satz 2 befestigt sind. [2]Parkflächen müssen nach § 15 Abs. 2 befestigt sein.

§ 4 Verkehrsanlagen mit Parkflächen, Grünanlagen und Immissionsschutzanlagen

Der Erschließungsaufwand für den tatsächlichen Umfang der Verkehrsanlagen ist gesondert festzustellen nach dem Umfang

1. der Verkehrsanlagen ohne Parkflächen, Grünanlagen und Immissionsschutzanlagen sowie ohne Mittel- und Randstreifen für Gleisanlagen,
2. der Parkflächen,
3. der Grünanlagen und
4. der Immissionsschutzanlagen.

§ 5 Beitragsfähiger Umfang der Verkehrsanlagen

(1) Der Erschließungsaufwand ist beitragsfähig im Sinne des § 129 des Baugesetzbuchs

1. bei öffentlichen zum Anbau bestimmten Straßen und Wegen (§ 127 Abs. 2 Nr. 1 des Baugesetzbuchs)
   a) für eine Breite von höchstens 12 m, soweit das festgesetzte Maß der Nutzung der erschlossenen Baufläche die Geschoßflächenzahl 0,6 nicht überschreitet,
   b) für eine Breite von höchstens 16 m, soweit das festgesetzte Maß der Nutzung der erschlossenen Baufläche die Geschoßflächenzahl 0,9 nicht überschreitet,
   c) für eine Breite von höchstens 20 m, soweit das festgesetzte Maß der Nutzung der erschlossenen Baufläche die Geschoßflächenzahl 1,2 nicht überschreitet,
   d) für eine Breite von höchstens 26 m, soweit das festgesetzte Maß der Nutzung der erschlossenen Baufläche die Geschoßflächenzahl 1,2 überschreitet
   oder
   soweit die erschlossene Fläche unabhängig von dem Maß der Nutzung Kerngebiet, Gewerbegebiet oder Industriegebiet oder sonstiges Sondergebiet mit der Zweckbestimmung Ladengebiet oder Gebiet für Einkaufszentren und großflächige Handelsbetriebe ist,
2. bei öffentlichen zum Anbau bestimmten Plätzen (§ 127 Abs. 2 Nr. 1 des Baugesetzbuchs) ringsum für höchstens drei Viertel der Breiten nach Nummer 1,
3. bei Fußwegen, Wohnwegen und sonstigen öffentlichen aus rechtlichen oder tatsächlichen Gründen mit Kraftfahrzeugen nicht befahrbaren Verkehrsanlagen innerhalb der Baugebiete (§ 127 Abs. 2 Nr. 2 des Baugesetzbuchs) für eine Breite von höchstens 5 m,
4. bei Sammelstraßen (§ 127 Abs. 2 Nr. 3 des Baugesetzbuchs) für eine Breite von höchstens 26 m.

(2) Ist in dem Teil des Landes Berlin, in dem das Grundgesetz vor dem 3. Oktober 1990 nicht galt, die Art und das Maß der baulichen Nutzung oder sonstigen Nutzung nicht durch einen Bebauungsplan festgesetzt, so gilt die jeweilige Breite nach Absatz 1 Nr. 1

1. Buchstabe a für die Bebauung mit bis zu zwei Vollgeschossen und für die Nutzung, die einer untergeordneten baulichen oder gewerblichen Nutzung vergleichbar ist (zum Beispiel Friedhöfe, Dauerkleingärten, Sport-, Zelt- und Badeplätze),
2. Buchstabe b für die Bebauung mit drei Vollgeschossen,
3. Buchstabe c für die Bebauung mit vier und fünf Vollgeschossen,
4. Buchstabe d für die Bebauung mit sechs und mehr Vollgeschossen und für eine Nutzung, die der des Kerngebiets, des Gewerbegebiets, des Industriegebiets und sonstiger Sondergebiete mit der Zweckbestimmung Ladengebiet oder Gebiet für Einkaufszentren und großflächige Handelsbetriebe entspricht.

(3) Ist für erschlossene Flächen ein Maß der Nutzung nicht festgesetzt, gilt als festgesetztes Maß der Nutzung die Geschoßflächenzahl 0,6.

(4) Ist für die erschlossene Baufläche oder einen nicht unerheblichen Teil dieser Baufläche ein höheres als das nach den Absätzen 1 bis 3 anzuwendende Maß der Nutzung zugelassen oder durch bauaufsichtlichen Vorbescheid zugesagt, so bestimmt sich die Breite nach Absatz 1 entsprechend diesem höheren Maß der Nutzung.

(5) Die Höchstbreiten nach Absatz 1 Nr. 1 verringern sich auf die Hälfte, soweit die Straßen und Wege nur an einer Seite Grundstücke erschließen.

(6) Ist für die erschlossenen Flächen das Maß der Nutzung im Sinne der Absätze 1 bis 4 unterschiedlich und ergeben sich daraus nach den Absätzen 1 und 5 für eine Verkehrsanlage verschiedene Breiten, so gilt jede Breite für den entsprechenden Teil der Verkehrsanlage; bei unterschiedlicher Nutzung beiderseits der Verkehrsanlage ist jeweils die Hälfte der Breiten nach Absatz 1 Nr. 1 maßgebend.

(7) Parkflächen, Grünanlagen und Immissionsschutzanlagen, die Bestandteile der Verkehrsanlagen sind, sowie Mittel- und Randstreifen für Gleisanlagen sind in den Breiten nach den Absätzen 1, 5 und 6 nicht enthalten.

(8) [1]Das Produkt aus den nach den Absätzen 1 bis 5 maßgebenden Breiten und der jeweiligen Länge der Verkehrsanlage ergibt die beitragsfähige Fläche der Verkehrsanlage. [2]Die Längen sind in der Achse der Verkehrsanlage unter Berücksichtigung anteiliger Längen für Kreuzungen und Einmündungen zu ermitteln. [3]Grenzen Bauflächen aneinander, für die sich unterschiedliche Breiten nach Absatz 1 ergeben, so ist der Lotfußpunkt auf der Achse der Verkehrsanlage vom Schnittpunkt der Grenze der Verkehrsanlage mit der Grenze der Bauflächen für die Ermittlung der Längen maßgebend.

(9) Der Erschließungsaufwand für Parkflächen, Grünanlagen und Immissionsschutzanlagen, die Bestandteile einer Verkehrsanlage sind, ist

1. bei Parkflächen für einen Umfang von höchstens 15 vom Hundert,
2. bei Grünanlagen für einen Umfang von höchstens 30 vom Hundert,
3. bei Immissionsschutzanlagen für einen Umfang von höchstens 15 vom Hundert

der sich nach Absatz 8 ergebenden Fläche der Verkehrsanlage beitragsfähig.

§ 6 Beitragsfähiger Umfang der selbständigen Parkflächen und Grünanlagen

Der Erschließungsaufwand für Parkflächen und Grünanlagen mit Ausnahme von Kinderspielplätzen, die nach städtebaulichen Grundsätzen innerhalb der Baugebiete zu deren Erschließung notwendig sind (selbständige Parkflächen und Grünanlagen), ist für einen Umfang von höchstens je 10 vom Hundert der Summe der nach § 10 maßgebenden Geschoßflächen der erschlossenen Grundstücke beitragsfähig.

§ 7 Selbständige Immissionsschutzanlagen

[1]Die für das Bauwesen zuständige Senatsverwaltung wird ermächtigt, die Erhebung von Erschließungsbeiträgen für selbständige Immissionsschutzanlagen durch Rechtsverordnung in dem nach § 132 des Baugesetzbuchs notwendigen Umfang zu regeln. [2]Die für den beitragsfähigen Umfang maßgebende Fläche der Immissionsschutzanlage darf 10 vom Hundert der Geschoßflächen der erschlossenen Grundstücke nicht überschreiten. [3]Der Anteil Berlins am beitragsfähigen Erschließungsaufwand ist auf mindestens 20 vom Hundert festzusetzen.

§ 8 Beitragsfähiger Erschließungsaufwand

(1) Der Anteil des Erschließungsaufwands, der sich bei den Erschließungsanlagen aus dem Verhältnis der Flächen für den tatsächlichen Umfang und den beitragsfähigen Umfang ergibt, ist der beitragsfähige Erschließungsaufwand (§ 129 Abs. 1 Satz 1 des Baugesetzbuchs).

(2) Absatz 1 gilt entsprechend, wenn der beitragsfähige Erschließungsaufwand für einen bestimmten Abschnitt einer Erschließungsanlage oder für mehrere Anlagen, die für die Erschließung der Grundstücke eine Einheit bilden, ermittelt wird.

§ 9 Anteil Berlins

Von dem ermittelten beitragsfähigen Erschließungsaufwand sind 10 vom Hundert als Anteil Berlins abzusetzen.

§ 10 Verteilung des umlagefähigen Erschließungsaufwands

(1) Der um den Anteil Berlins verminderte beitragsfähige Erschließungsaufwand (umlagefähiger Erschließungsaufwand) ist auf die erschlossenen Grundstücke nach dem Verhältnis der Geschoßflächen, die nach Maßgabe der folgenden Vorschriften zu ermitteln sind, zu verteilen.

(2) Die Geschoßflächen ergeben sich aus den Festsetzungen im Bebauungsplan.

(3) Ergibt sich im beplanten Gebiet die Geschoßfläche nicht aus den Festsetzungen eines Bebauungsplans, so gilt

1. bei Festsetzung einer Baumassenzahl diese geteilt durch 3,5 als Geschoßflächenzahl,
2. bei Grundstücken, die nicht oder nur untergeordnet bebaut werden dürfen (zum Beispiel Friedhöfe, Dauerkleingärten, Sport-, Zelt- und Badeplätze, Zufahrten), die Geschoßflächenzahl 0,1,
3. bei Grundstücken, Grundstücksteilen und Gebäudeteilen, auf denen ausschließlich Stellplätze, Garagen oder Garagenstellplätze errichtet oder vorgesehen sind, die Stellplatz- oder Garagenfläche als Geschoßfläche,
4. bei Grundstücken ausschließlich für Gemeinschaftsanlagen, soweit sie nicht unter Nummer 3 fallen, die Geschoßflächenzahl 0,4,

5. bei Grundstücken für den Gemeinbedarf und Grundstücken in sonstigen Sondergebieten die tatsächliche Geschoßfläche,
6. bei Grundstücken in Campingplatzgebieten die Geschoßflächenzahl 0,4.

(4) [1]Bei tatsächlicher Überschreitung des festgesetzten Maßes der baulichen Nutzung ist das tatsächliche Maß und bei Zulassung eines höheren Maßes der baulichen Nutzung das zugelassene Maß anzusetzen. [2]Satz 1 gilt auch bei Anwendung des § 21a Abs. 5 der Baunutzungsverordnung.

(5) [1]In unbeplanten Gebieten ist die tatsächliche Geschoßfläche maßgebend. [2]Bei unbebauten Grundstücken ergibt sich die Geschoßfläche aus der durchschnittlichen Geschoßflächenzahl der Grundstücke in der näheren Umgebung. [3]Bei baulichen Anlagen, die nicht nach Vollgeschossen gegliedert sind oder kein Vollgeschoß enthalten, ist das Bauvolumen in Kubikmetern nach den Außenmaßen als tatsächliche Baumasse anzusetzen; die so ermittelte tatsächliche Baumasse geteilt durch 3,5 gilt als Geschoßfläche.

(6) Bei Grundstücken des Kerngebiets, des Gewerbegebiets, des Industriegebiets und sonstiger Sondergebiete mit der Zweckbestimmung Ladengebiet oder Gebiet für Einkaufszentren und großflächige Handelsbetriebe ist für die Verteilung das 1,25fache der Geschoßfläche, mindestens die Grundstücksfläche anzusetzen; die Grundstücksfläche ist auch anzusetzen, wenn die Grundstücke nicht bebaubar sind.

(7) Bei der Verteilung des umlagefähigen Erschließungsaufwands selbständiger Grünanlagen ist für Grundstücke des Kerngebiets, des Gewerbegebiets, des Industriegebiets und sonstiger Sondergebiete mit der Zweckbestimmung Ladengebiet oder Gebiet für Einkaufszentren und großflächige Handelsbetriebe nur das 0,75fache der Geschoßfläche anzusetzen, für nicht bebaubare Grundstücke das 0,75fache der Grundstücksfläche.

(8) Ist für Grundstücke in dem Teil des Landes Berlin, in dem das Grundgesetz vor dem 3. Oktober 1990 nicht galt, die Art und das Maß der baulichen oder sonstigen Nutzung nicht durch einen Bebauungsplan festgesetzt, so gilt die nach Maßgabe des § 11 modifizierte Grundstücksfläche als Geschoßfläche.

§ 11 Sonderregelung zu § 10 Abs. 8

(1) [1]Als höchstens zu berücksichtigende Grundstücksfläche im Sinne des § 10 Abs. 8 gilt die Fläche bis zu einer Tiefe von 80 m, gerechnet von der Grenze der Verkehrsanlage. [2]Überschreitet die beitragsrelevante Nutzung die Tiefe von 80 m, so fällt die Tiefe mit der hinteren Grenze dieser Nutzung zusammen.

(2) Die Grundstücksfläche wird vervielfacht bei einer tatsächlichen oder zulässigen Bebauung

1. mit einem Vollgeschoß mit 0,25,
2. mit zwei Vollgeschossen mit 0,45,
3. mit drei Vollgeschossen mit 0,75,
4. mit vier und fünf Vollgeschossen mit 1,1,
5. mit sechs und mehr Vollgeschossen mit 1,5,
6. die einer untergeordneten baulichen oder gewerblichen Nutzung vergleichbar ist (zum Beispiel Friedhöfe, Dauerkleingärten, Sport-, Zelt- und Badeplätze), mit 0,1.

(3) [1]Für bebaute Grundstücke ergibt sich die Zahl der Vollgeschosse aus der Höchstzahl der tatsächlich vorhandenen, mindestens aber der zulässigen Vollgeschosse. [2]Ist die Zahl der Vollgeschosse wegen der Besonderheit des Gebäudes nicht feststellbar, gilt als Zahl der Vollgeschosse die Höhe des Gebäudes geteilt durch 3, wobei Bruchzahlen ab 0,5 auf ganze Zahlen aufgerundet werden.

(4) Für unbebaute, aber bebaubare Grundstücke gilt die Zahl der auf den Grundstücken der näheren Umgebung überwiegend vorhandenen Vollgeschosse.

(5) Für Grundstücke, auf denen keine Bebauung zulässig ist, die aber gewerblich genutzt werden können, und für Grundstücke, auf denen nur Garagen oder Stellplätze zulässig oder vorhanden sind, werden zwei Vollgeschosse zugrunde gelegt.

(6) § 10 Abs. 6 oder 7 ist anzuwenden, wenn die auf dem Grundstück vorhandene Bebauung einer Nutzungsart entspricht, die in den genannten Baugebieten zulässig wäre, oder wenn die Eigenart der näheren Umgebung einem der genannten Baugebiete entspricht.

§ 12 Von mehreren Verkehrsanlagen erschlossene Grundstücke

(1) [1]Bei Grundstücken, die von mehr als einer Verkehrsanlage im Sinne des § 127 Abs. 2 Nr. 1 des Baugesetzbuchs erschlossen werden, ist bei der Verteilung des Aufwands für jede dieser Verkehrsanlagen die Geschoßfläche im Sinne des § 10 nur mit dem Anteil anzusetzen, der sich aus dem Verhältnis der Grundstückbreiten ergibt; bei einer Ecklage ist jeweils ein Achtel der sich aus der Grundstücksfläche von höchstens 1 600 m^2 ergebenden Geschoßfläche hinzuzurechnen, auch hierbei ist § 10 Abs. 6 und § 11 Abs. 6 anzuwenden. [2]Liegt dabei eine Grundstücksbreite nicht oder nicht vollständig an der Verkehrsanlage, so gilt die der Verkehrsanlage zugewandte Breite des Grundstücks.

(2) [1]Absatz 1 ist nicht anzuwenden für Verkehrsanlagen, die Erschließungsanlagen im Sinne des § 242 Abs. 1 des Baugesetzbuchs sind und für die Leistungen auf Grund vor dem Inkrafttreten des Bundesbaugesetzes geltender Vorschriften nicht erbracht worden sind. [2]Absatz 1 ist auch nicht anzuwenden, wenn die zusätzlich erschließende Verkehrsanlage Ortsdurchfahrt einer Bundesstraße oder eine Verkehrsanlage im Sinne des § 246a Abs. 4 des Baugesetzbuchs ist.

§ 13 Kostenspaltung

(1) Der Erschließungsbeitrag für Verkehrsanlagen kann selbständig erhoben werden für

1. den Grunderwerb,
2. die Freilegung,
3. die erstmalige endgültige Herstellung der Fahrbahnen,
4. die erstmalige endgültige Herstellung der Gehwege, Radwege und Schutzstreifen,
5. die erstmalige endgültige Herstellung der Parkflächen,
6. die erstmalige endgültige Herstellung der Grünanlagen,
7. die erstmalige endgültige Herstellung der Immissionsschutzanlagen,
8. die Einrichtungen der Entwässerung,
9. die Beleuchtungseinrichtungen,
10. die Übernahme von Anlagen als gemeindliche Erschließungsanlagen.

(2) Der Erschließungsbeitrag für selbständige Parkflächen und Grünanlagen kann selbständig erhoben werden für

1. den Grunderwerb,
2. die Freilegung,
3. die erstmalige endgültige Herstellung einschließlich der Einrichtungen für ihre Entwässerung und ihre Beleuchtung.

(3) [1]Teilbeträge können in beliebiger Reihenfolge erhoben werden. [2]Kostengruppen nach Absatz 1 oder 2 können zu einem Teilbetrag zusammengefaßt werden.

§ 14 Allgemeine Merkmale der endgültigen Herstellung

Erschließungsanlagen sind endgültig hergestellt, wenn

1. der Grunderwerb und die Freilegung abgeschlossen sind,
2. entsprechend den Entwürfen der zuständigen Stelle für die endgültige Herstellung
   a) die Verkehrsanlagen sowie die Parkflächen befestigt und mit Entwässerungs- und Beleuchtungseinrichtungen versehen oder
   b) die Grünanlagen und die Immissionsschutzanlagen angelegt

sind.

§ 15 Besondere Merkmale der endgültigen Herstellung

(1) [1]Fahrbahnen müssen mit Zementbeton, Asphaltmischgut oder einem gleichwertigen Material befestigt sein. [2]Fahrbahnen bis zu 9 m Breite können an Stelle einer Befestigung nach Satz 1 auch mit Betonverbundpflaster in einer Stärke von mindestens 8 cm, Reihensteinpflaster oder einem dem Reihensteinpflaster ohne Fugenverguß gleichwertigen Pflaster befestigt sein.

(2) Parkflächen müssen mit Zementbeton, Asphaltmischgut, Betonverbundpflaster in einer Stärke von mindestens 8 cm, Reihensteinpflaster, Rasenpflastersteinen, Schotterrasendecke oder einem dem Reihensteinpflaster ohne Fugenverguß gleichwertigen Pflaster befestigt sein.

(3) [1]Gehwege und Radwege müssem mit Kunststeinen oder Natursteinen als Pflaster oder Platten oder mit Asphaltmischgut oder mit einer Promenadendecke befestigt sein. [2]Radwege können an Stelle einer Befestigung nach Satz 1 auch mit Zementbeton befestigt sein. [3]In Dorfgebieten und in Wohngebieten genügt es, wenn Gehwege in ausreichender Breite befestigt sind.

(4) [1]Schutzstreifen müssen mit Kunststeinen, Natursteinen oder Asphaltmischgut befestigt oder gärtnerisch oder naturhaft angelegt sein. [2]Absatz 3 Satz 2 und 3 gilt entsprechend.

(5) [1]Grünanlagen müssen nach landschaftsgestalterischen Grundsätzen angelegt sein. [2]Sollen Grünanlagen als Bestandteile von Verkehrsanlagen oder selbständigen Parkflächen auch dem Versickern von Niederschlagswasser dieser Anlagen dienen, können sie auch mulden- oder grabenartig gestaltet sein. [3]Die Gehwege in Grünanlagen müssen mindestens promenadenmäßig befestigt sein.

(6) Verkehrsanlagen im Sinne des § 127 Abs. 2 Nr. 2 des Baugesetzbuchs müssen mit einer Befestigung nach Absatz 3 Satz 1 und 2 hergestellt sein.

(7) Immissionsschutzanlagen müssen ihrem jeweiligen Zweck entsprechend als Anpflanzung, Wall, Zaun, Wand, Abdeckung oder als ähnliche Anlagen funktionsfähig hergestellt sein.

§ 15a Überleitungs- und Ausschlussvorschrift

(1) [1]Für Erschließungsanlagen, die vor dem 3. Oktober 1990 endgültig oder teilweise hergestellt worden sind und für Verkehrszwecke genutzt wurden, dürfen keine Erschließungsbeiträge erhoben werden. [2]Als endgültig hergestellt gelten Erschließungsanlagen oder Teile von Erschließungsanlagen, wenn sie nach den vor dem 3. Oktober 1990 geltenden gesetzlichen Bestimmungen oder nach einem gültigen technischen Ausbauprogramm hergestellt worden sind oder den örtlichen Ausbaugepflogenheiten entsprachen. [3]Als teilweise hergestellt gelten Erschließungsanlagen, wenn im Vergleich zu den Anforderungen an eine endgültige Herstellung einzelne Teileinrichtungen fehlen oder vorhandene Teileinrichtungen unvollständig sind. [4]Eine vorhandene Erschließungsanlage wird zu Verkehrszwecken genutzt, wenn sie trotz des Fehlens von Teileinrichtungen oder der Unvollständigkeit vorhandener Teileinrichtungen die Erschließungszwecke erfüllt und für den Erschließungszweck als geeignet oder hinreichend angesehen wird.

(2) [1]Für endgültig oder teilweise hergestellte Erschließungsanlagen dürfen keine Erschließungsbeiträge erhoben werden, wenn sie seit mehr als 15 Jahren für Verkehrszwecke genutzt werden. [2]Maßgeblich ist der Tag der Verkehrsübergabe der Erschließungsanlage.

Zweiter Abschnitt

Abwicklung von Verträgen nach § 242 Abs. 2 des Baugesetzbuchs

§ 16 Gegenstand der Regelung

(1) Verträge zwischen Berlin und Straßenbaukassen-, Pflasterkassen- oder ähnlichen Vereinen (Straßenbaukassen) über die Erfüllung der Anliegerbeitragspflichten durch den Verein und das vorschuß- und ratenweise Aufbringen der Mittel durch die Mitglieder werden nach Maßgabe der §§ 17 und 18 abgewickelt.

(2) [1]Absatz 1 ist entsprechend auf sonstige Verträge aus der Zeit vor dem 8. Mai 1945 anzuwenden, welche Verpflichtungen von Anliegern über Zahlungen zum Inhalt hatten, die ihrem Sinn und Zweck nach ebenfalls Vorauszahlungen auf die künftig entstehenden und fällig werdenden Anliegerbeitragsforderungen sind oder beim Ausbau auf Kosten Berlins in anderer Weise zum Ansammeln von Mitteln für den Straßenbau dienen. [2]Satz 1 findet nur Anwendung, wenn die Zahlungen mindestens teilweise erbracht worden sind. [3]Als Zahlungen gelten auch Sicherheitsleistungen auf Sperrkonten.

§ 17 Anrechnung von Vorausleistungen

(1) Der Erschließungsbeitrag gilt in Höhe der Zahlungen als erfüllt, die auf Grund von Verträgen nach § 16 vor dem 1. Juli 1962 geleistet worden sind.

(2) [1]Zahlungen in Reichsmark und Zahlungen in Deutscher Mark der Deutschen Notenbank (DM-Ost) gelten zum Nennbetrag als Zahlungen in Deutscher Mark der Deutschen Bundesbank und werden nach dem amtlichen Kurs von 1 Euro = 1,95583 DM umgerechnet. [2]Das jeweilige Ergebnis wird auf den nächsten Cent aufgerundet.

(3) [1]Aufgelaufene Zinsen gelten als geleistete Zahlungen. [2]In dem Teil des Landes Berlin, in dem das Grundgesetz vor dem 3. Oktober 1990 nicht galt, werden nach dem 25. Juni 1948 keine Zinsen angerechnet.

(4) [1]Der Erschließungsbeitrag gilt auch als erfüllt in Höhe des im Erschließungsaufwand enthaltenen Wertes von Leistungen für Grunderwerb und Freilegung, die für die Herstellung der Verkehrsanlagen zur Anrechnung auf den Anliegerbeitrag erbracht worden sind. [2]Maßgebend ist der Wert des als Vor-

ausleistung abgetretenen Straßenlandes im Zeitpunkt des Beginns der Bauarbeiten für die endgültige Herstellung und der Wert der Freilegung im Zeitpunkt der Erbringung.

(5) Die Absätze 1 bis 3 sind nur für Verkehrsanlagen anzuwenden, die Gegenstand von Verträgen nach § 16 waren, und gelten nur für den Anteil des Erschließungsbeitrags, der auf Grundstücksteile entfällt, für die Zahlungen auf Grund dieser Verträge geleistet wurden.

(6) Sind Grundstücke, für die Vorausleistungen nach den Absätzen 1 bis 4 erbracht worden sind, später geteilt worden, so sind die Vorausleistungen nach dem Verhältnis der Teilflächen anzurechnen.

(7) Können für Erschließungsanlagen oder für Teile von Erschließungsanlagen nach § 246a Abs. 4 des Baugesetzbuchs Erschließungsbeiträge nicht erhoben werden, so entfallen Ansprüche auf Anrechnung von Zahlungen nach den Absätzen 1 bis 3.

(8) Ist die Anrechnung von Vorausleistungen nach den Absätzen 1 bis 3 nicht möglich, so besteht kein Anspruch auf Erstattung.

§ 18 Sonstige Abwicklungsvorschriften

(1) [1]Rechte und Pflichten aus den Verträgen nach § 16 Abs. 1 entfallen mit dem Inkrafttreten dieses Gesetzes. [2]Das gleiche gilt bei Verträgen nach § 16 Abs. 2 insoweit, als sie die Zahlungsverpflichtungen zum Inhalt haben.

(2) Die Straßenbaukassen haben die von den einzelnen Mitgliedern erbrachten Leistungen im Sinne des § 17 Abs. 1 bis 3 nachzuweisen.

(3) Soweit zur Sicherung von Verpflichtungen aus Verträgen nach § 16 Grundpfandrechte bestehen, haben die Gläubiger die Löschung zu bewilligen.

Dritter Abschnitt
Verfahren

§ 19 Grundsatz

[1]Auf den Erschließungsbeitrag sind die folgenden Vorschriften der §§ 20 bis 33 anzuwenden. [2]Im übrigen gilt das Gesetz über das Verfahren der Berliner Verwaltung.

§ 20 Gesamtschuldner

(1) Schulden mehrere Beitragspflichtige den Erschließungsbeitrag als Gesamtschuldner, so können gegen sie zusammengefaßte Beitragsbescheide ergehen.

(2) [1]Betrifft ein zusammengefaßter Beitragsbescheid Ehegatten oder Lebenspartner oder Ehegatten mit ihren Kindern oder Alleinstehende mit ihren Kindern, so reicht es für die Bekanntgabe an alle Beteiligten aus, wenn ihnen eine Ausfertigung unter ihrer gemeinsamen Anschrift übermittelt wird. [2]Der Beitragsbescheid ist den Beteiligten einzeln bekanntzugeben, wenn sie dies beantragt haben.

§ 21 Erhebungsfrist

(1) Die Erhebung eines Erschließungsbeitrags ist nicht mehr zulässig, wenn die Erhebungsfrist abgelaufen ist.

(2) Die Erhebungsfrist beträgt vier Jahre.

(3) Die Erhebungsfrist beginnt mit Ablauf des Kalenderjahres, in dem die Erschließungsbeitragspflicht enstanden ist.

(4) Die Frist ist gewahrt, wenn der Beitragsbescheid vor ihrem Ablauf den Bereich der für die Erhebung des Erschließungsbeitrags zuständigen Behörde verlassen hat.

§ 22 Ablaufhemmung

(1) Die Erhebungsfrist läuft nicht ab, solange die Erhebung wegen höherer Gewalt innerhalb der letzten sechs Monate des Fristlaufs nicht erfolgen kann.

(2) Ist beim Erlaß eines Beitragsbescheids eine offenbare Unrichtigkeit unterlaufen, so endet die Erhebungsfrist insoweit nicht vor Ablauf eines Jahres nach Bekanntgabe des Bescheids.

(3) [1]Wird innerhalb der Erhebungsfrist ein Beitragsbescheid mit einem Rechtsbehelf fristgerecht angefochten, so läuft die Erhebungsfrist nicht ab, bevor über die Anfechtung unanfechtbar entschieden worden ist. [2]Das gleiche gilt, wenn ein vor Ablauf der Erhebungsfrist erlassener Beitragsbescheid nach Ablauf der Erhebungsfrist mit einem Rechtsbehelf fristgerecht angefochten wird. [3]In den Fällen des § 113 der Verwaltungsgerichtsordnung ist über die Anfechtung erst dann unanfechtbar entschieden, wenn ein auf Grund dieser Vorschrift erlassener neuer Beitragsbescheid unanfechtbar geworden ist.

§ 23 Duldungspflicht, Duldungsbescheid

(1) Der Eigentümer, der Erbbauberechtigte oder der Inhaber des dinglichen Nutzungsrechts sowie derjenige, der ein der Veräußerung entgegenstehendes Recht besitzt, hat die Zwangsvollstreckung in den Grundbesitz zu dulden, soweit die Vollstreckung in das Vermögen des Beitragspflichtigen wegen des Erschließungsbeitrags ohne Erfolg geblieben oder anzunehmen ist, daß die Vollstreckung aussichtslos sein würde.

(2) [1]Der Duldungsanspruch ist gegen die nach Absatz 1 Verpflichteten durch Duldungsbescheid geltend zu machen. [2]In diesem Bescheid muß darauf hingewiesen werden, daß ein Recht zur Ablösung durch Zahlung des fälligen Erschließungsbeitrags zuzüglich der Zinsen und Säumniszuschläge besteht.

(3) Die Vorschriften über die Erhebungsfrist sind auf den Erlaß eines Duldungsbescheids anzuwenden.

(4) Der Duldungsanspruch kann nicht mehr geltend gemacht werden,
1. soweit der Erschließungsbeitrag wegen des Ablaufs der Erhebungsfrist nicht mehr erhoben werden kann oder
2. wenn der erhobene Erschließungsbeitrag verjährt ist.

§ 24 Zahlungsverjährung

(1) Ansprüche aus dem Erschließungsbeitragsschuldverhältnis unterliegen der Zahlungsverjährung.

(2) Die Verjährungsfrist beträgt vier Jahre.

(3) Die Verjährungsfrist beginnt mit Ablauf des Kalenderjahres, in dem der Erschließungsbeitrag fällig geworden ist.

(4) Durch die Verjährung erlöschen der Anspruch aus dem Beitragsschuldverhältnis und die von ihm abhängenden Zinsen.

§ 25 Hemmung der Zahlungsverjährung

Die Verjährung ist gehemmt, solange der Anspruch wegen höherer Gewalt innerhalb der letzten sechs Monate der Verjährungsfrist nicht verfolgt werden kann.

§ 26 Unterbrechung der Zahlungsverjährung

(1) [1]Die Verjährung wird unterbrochen durch schriftliche Zahlungsaufforderung, durch Stundung, durch Aussetzung der Vollziehung, durch Sicherheitsleistung, durch Vollstreckungsaufschub, durch eine Vollstreckungsmaßnahme, durch Anmeldung im Konkurs und durch Ermittlungen der zuständigen Behörde nach dem Wohnsitz oder dem Aufenthaltsort des Zahlungspflichtigen. [2]Die Unterbrechung beginnt, wenn der Bescheid über Maßnahmen nach Satz 1 den Bereich der Behörde verlassen hat.

(2) Die Unterbrechung der Verjährung dauert fort, solange eine Maßnahme oder ein Verfahren nach Absatz 1 nicht abgeschlossen oder die Frist einer Entscheidung nach Absatz 1 nicht abgelaufen ist.

(3) Mit Ablauf des Kalenderjahres, in dem die Unterbrechung geendet hat, beginnt eine neue Verjährungsfrist.

(4) Die Verjährung wird nur in Höhe des Betrages unterbrochen, auf den sich die Unterbrechungshandlung bezieht.

§ 27 Stundungszinsen

Wird der Erschließungsbeitrag ganz oder teilweise oder durch Gewährung von Ratenzahlungen gestundet, so werden außer im Falle des § 135 Abs. 4 des Baugesetzbuchs vom Tage der ersten Fälligkeit an Zinsen erhoben.

§ 28 Prozeßzinsen auf Erstattungsbeträge

(1) [1]Wird durch eine rechtskräftige gerichtliche Entscheidung oder auf Grund einer solchen Entscheidung ein Erschließungsbeitrag herabgesetzt oder eine Erstattung gewährt, so ist der zu erstattende Betrag vorbehaltlich des Absatzes 2 vom Tag der Rechtshängigkeit, frühestens jedoch vom Tag der Zahlung an bis zum Auszahlungstag zu verzinsen. [2]Das gleiche gilt, wenn sich der Rechtsstreit durch Aufhebung oder Änderung des angefochtenen Beitragsbescheids erledigt.

(2) Ein zu erstattender oder zu vergütender Betrag wird nicht verzinst, soweit dem Beteiligten die Kosten des Rechtsbehelfs nach § 155 Abs. 5 der Verwaltungsgerichtsordnung auferlegt worden sind.

§ 29 Zinsen bei Aussetzung der Vollziehung

(1) Soweit ein Widerspruch oder eine Anfechtungsklage gegen einen Beitragsbescheid endgültig keinen Erfolg hat, ist der geschuldete Betrag, hinsichtlich dessen die Vollziehung des angefochtenen Bescheids ausgesetzt wurde, zu verzinsen.

(2) [1]Zinsen werden erhoben vom Tag des Eingangs des Widerspruchs bei der Behörde, deren Verwaltungsakt angefochten wird, oder vom Tag der Rechtshängigkeit beim Gericht an bis zum Tag, an dem die Aussetzung der Vollziehung endet. [2]Ist die Vollziehung erst nach dem Eingang des Widerspruchs oder erst nach der Rechtshängigkeit ausgesetzt worden, so beginnt die Verzinsung mit dem Tag, an dem die Wirkung der Aussetzung der Vollziehung beginnt.

§ 30 Zinserhebung

(1) [1]Die Zinsen betragen für jeden Monat 0,5 vom Hundert. [2]Sie sind vom ersten Tag an, an dem der Zinslauf beginnt, nur für volle Monate zu zahlen, angefangene Monate bleiben außer Ansatz.

(2) Für die Berechnung der Zinsen wird der zu verzinsende Betrag auf den nächsten durch 50 Euro teilbaren Betrag abgerundet.

(3) [1]Auf die Zinsen sind die Vorschriften der §§ 21 bis 26 entsprechend anzuwenden, jedoch beträgt die Erhebungsfrist ein Jahr. [2]Die Erhebungsfrist beginnt mit Ablauf des Kalenderjahres, in dem die Stundung geendet hat, ein Erstattungsbetrag ausgezahlt worden ist oder ein außergerichtlicher Rechtsbehelf oder eine Anfechtungsklage endgültig erfolglos geblieben ist.

(4) [1]Zinsen sind auf volle Euro zum Vorteil des Beitragspflichtigen gerundet festzusetzen. [2]Sie werden nur dann erhoben, wenn sie mindestens 10 Euro betragen.

(5) Auf die Zinsen kann ganz oder teilweise verzichtet werden, wenn ihre Erhebung nach Lage des einzelnen Falles unbillig wäre.

§ 31 Säumniszuschläge

(1) Wird ein Erschließungsbeitrag nicht bis zum Ablauf des Fälligkeitstages entrichtet, so ist für jeden angefangenen Monat der Säumnis ein Säumniszuschlag von eins vom Hundert des abgerundeten rückständigen Erschließungsbeitrags zu entrichten; abzurunden ist auf den nächsten durch 50 Euro teilbaren Betrag.

(2) Säumniszuschläge entstehen nicht bei Zinsen und Säumniszuschlägen.

(3) Ein Säumniszuschlag wird bei einer Säumnis bis zu fünf Tagen nicht erhoben.

(4) [1]In den Fällen der Gesamtschuld entstehen Säumniszuschläge gegenüber jedem säumigen Gesamtschuldner. [2]Insgesamt ist jedoch kein höherer Säumniszuschlag zu entrichten als verwirkt worden wäre, wenn die Säumnis nur bei einem Gesamtschuldner eingetreten wäre.

§ 32 Kosten des Widerspruchsverfahrens

(1) Für das Widerspruchsverfahren bei der Erhebung des Erschließungsbeitrags und im Verfahren nach § 135 Abs. 5 des Baugesetzbuchs werden Gebühren erhoben, soweit derjenige, der den Widerspruch erhoben hat, im Ergebnis unterliegt.

(2) [1]Die Gebühren richten sich nach dem Wert des Streitgegenstands (Streitwert). [2]Die Höhe der Gebühr bestimmt sich nach § 34 des Gerichtskostengesetzes.

§ 33 Verarbeitung von Daten

Die für die Erhebung des Erschließungsbeitrags zuständigen Behörden dürfen die zur Ermittlung der Erschließungsbeiträge und die für den Inhalt und die Bekanntgabe der Beitragsbescheide erforderlichen grundstücksbezogenen Daten sowie die personenbezogenen Daten der Eigentümer, Erbbauberechtigten und Inhaber eines dinglichen Nutzungsrechts bei den dafür zuständigen Stellen erheben und verarbeiten.

Vierter Abschnitt
Überleitungs- und Schlußvorschriften

§ 34 Überleitung

(1) [1]Zinsen sind nach § 30 in der vom 1. Januar 2002 an geltenden Fassung für Monate vor diesem Zeitpunkt zu berechnen, wenn sie auch für eine Zeit danach erhoben werden. [2]Werden Zinsen nach § 30 in der vor dem 1. Januar 2002 geltenden Fassung erhoben und werden sie erst nach diesem Zeitpunkt fällig, so gilt § 1 Abs. 3 sinngemäß.

(2) § 31 Abs. 1 gilt erstmals für Säumniszuschläge, die vom 1. Januar 2002 an entstehen.

§ 35 Verwaltungsvorschriften

Verwaltungsvorschriften zur Ausführung dieses Gesetzes erläßt die für das Bauwesen zuständige Senatsverwaltung.

§ 36 Inkrafttreten, Außerkrafttreten

(1) Dieses Gesetz tritt am Tage nach der Verkündung[1] im Gesetz- und Verordnungsblatt für Berlin in Kraft.

(2) Gleichzeitig treten außer Kraft:

1. das Erschließungsbeitragsgesetz in der Fassung vom 20. Dezember 1984 (GVBl. 1985 S. 57), zuletzt geändert durch Artikel XI des Gesetzes vom 26. Januar 1993 (GVBl. S. 40), und
2. § 1 Nr. 1 bis 3 und Nr. 5 der Verordnung zur Festsetzung von Einheitssätzen des Erschließungsbeitragsgesetzes vom 9. Oktober 1989 (GVBl. S. 1827).

1) Verkündet am 20.7.1995.

Verordnung zur Festsetzung von Einheitssätzen des Erschließungsbeitragsgesetzes

Vom 2. April 2019 (GVBl. S. 256)
(BRV 232-1-2)

Auf Grund des § 2 Absatz 2 des Erschließungsbeitragsgesetzes vom 12. Juli 1995 (GVBl. S. 444), das zuletzt durch Artikel I § 13 des Gesetzes vom 19. Juni 2006 (GVBl. S. 573) geändert worden ist, verordnet der Senat:

§ 1 [Einheitssätze]

Die Einheitssätze des § 2 Absatz 1 des Erschließungsbeitragsgesetzes für die Entwässerungseinrichtungen der Verkehrsanlagen und der selbstständigen Parkflächen betragen in Euro je Quadratmeter:

für die Zeit	vom 29. 6. 1961 bis zum 31. 12. 1969	vom 1. 1. 1970 bis zum 31. 12. 1971	vom 1. 1. 1972 bis zum 31. 12. 1975	vom 1. 1. 1976 bis zum 6. 2. 1980	vom 7. 2. 1980 bis zum 31. 3. 1982	vom 1. 4. 1982 bis zum 31. 12. 2000	vom 1. 1. 2001 bis zum 30. 4. 2019	vom 1. 5. 2019 an
	9,71	12,78	16,36	21,98	29,14	34,25	52,15	76,50

§ 2 [Inkrafttreten]

[1]Diese Verordnung tritt am Tage nach der Verkündung[1)] im Gesetz- und Verordnungsblatt für Berlin in Kraft. [2]Gleichtzeitig[2)] tritt die Verordnung zur Festsetzung von Einheitssätzen des Erschließungsbeitragsgesetzes vom 28. November 2000 (GVBl. S. 509) außer Kraft.

1) Verkündet am 18.4.2019.
2) Richtig wohl: „Gleichzeitig“.

Gesetz über die Hochschulen im Land Berlin (Berliner Hochschulgesetz – BerlHG)

In der Fassung vom 26. Juli 2011[1)] (GVBl. S. 378)
(BRV 221-11)
zuletzt geändert durch Art. 1 G zur Fortschreibung des Berliner Hochschulrechts vom 5. Juli 2022 (GVBl. S. 450)

Inhaltsübersicht

1) Neubekanntmachung des BerlHG v. 13.2.2003 (GVBl. S. 378) in der ab 2.6.2011 geltenden Fassung.

Erster Abschnitt
Einleitende Vorschriften

§ 1 Geltungsbereich

(1) Dieses Gesetz gilt für die Hochschulen des Landes Berlin (staatliche Hochschulen).

(2) [1]Staatliche Hochschulen sind Universitäten, Kunsthochschulen und Hochschulen für angewandte Wissenschaften (Fachhochschulen). [2]Staatliche Universitäten sind die
- Freie Universität Berlin,
- Humboldt-Universität zu Berlin,
- Technische Universität Berlin,
- Universität der Künste Berlin.

[3]Die Universität der Künste Berlin ist als künstlerisch-wissenschaftliche Hochschule zugleich eine Kunsthochschule. [4]Weitere staatliche Kunsthochschulen sind die
- Hochschule für Musik Hanns Eisler Berlin,
- Weißensee Kunsthochschule Berlin,
- Hochschule für Schauspielkunst Ernst Busch Berlin.

[5]Staatliche Hochschulen für angewandte Wissenschaften (Fachhochschulen) sind die
- Berliner Hochschule für Technik,
- Hochschule für Technik und Wirtschaft Berlin,
- Hochschule für Wirtschaft und Recht Berlin,
- Alice-Salomon-Hochschule Berlin.

(3) Staatliche Hochschulen werden durch Gesetz errichtet, zusammengeschlossen und aufgehoben.

(4) [1]Dieses Gesetz findet auf die Gliedkörperschaft des öffentlichen Rechts „Charité – Universitätsmedizin Berlin“ (Charité) der Freien Universität Berlin und der Humboldt-Universität zu Berlin Anwendung, soweit das Berliner Universitätsmedizingesetz vom 5. Dezember 2005 (GVBl. S. 739), das zuletzt durch Artikel 3 des Gesetzes vom 14. September 2021 (GVBl. S. 1039) geändert worden ist, in der jeweils geltenden Fassung nichts anderes bestimmt. [2]Für die Charité gelten die Regelungen für Universitäten entsprechend, soweit nichts anderes bestimmt ist.

(5) Für private Hochschulen und sonstige nichtstaatliche Bildungseinrichtungen im Hochschulbereich gilt dieses Gesetz nach Maßgabe der §§ 123 bis 125.

§ 2[1)] Rechtsstellung

(1) [1]Die Hochschulen sind Körperschaften des öffentlichen Rechts und zugleich staatliche Einrichtungen. [2]Sie haben das Recht der Selbstverwaltung im Rahmen des Gesetzes und regeln ihre Angelegenheiten durch die Grundordnung und sonstige Satzungen.

(2) Die Hochschulen erfüllen ihre Aufgaben durch eine Einheitsverwaltung, auch soweit es sich um staatliche Angelegenheiten handelt.

(3) [1]Die Personalverwaltung, die Wirtschaftsverwaltung, die Haushalts- und Finanzverwaltung der Hochschulen, die Erhebung von Gebühren und die Krankenversorgung sind staatliche Angelegenheiten. [2]Die Hochschulen haben die gebotene Einheitlichkeit im Finanz-, Haushalts-, Personal- und Gesundheitswesen im Land Berlin zu wahren und diesbezügliche Entscheidungen des Senats von Berlin zu beachten. [3]Sie berücksichtigen bei ihren Entscheidungen stets auch die Auswirkungen auf andere Hochschulen und auf den Wissenschaftsstandort und prüfen Möglichkeiten zur Zusammenarbeit in Forschung, Lehre und Verwaltung.

(4) Die Hochschulen sind Dienstherr der Beamten und Beamtinnen sowie Arbeitgeber der Angestellten, Arbeiter und Arbeiterinnen und Ausbilder der Auszubildenden an der jeweiligen Hochschule.

(5) [1]Die Freie Universität Berlin, die Humboldt-Universität zu Berlin, die Charité und die Technische Universität Berlin haben das Promotions- und Habilitationsrecht. [2]Die Universität der Künste Berlin hat das Promotions- und Habilitationsrecht nur für ihre wissenschaftlichen Fächer. [3]Die Universitäten dürfen die Doktorwürde ehrenhalber verleihen.

(6) [1]Hochschulen für angewandte Wissenschaften erhalten das Promotionsrecht in Forschungsumfeldern, in denen sie für einen mehrjährigen Zeitraum eine ausreichende Forschungsstärke nachgewiesen haben. [2]Die für Hochschulen zuständige Senatsverwaltung regelt nach Anhörung der Hochschulen durch Rechtsverordnung das Verfahren für die Anerkennung qualitätsgesicherter Forschungsumfelder zur Betreuung von Promotionen nach Satz 1 sowie für die Zulassung von Hochschullehrerinnen und Hochschullehrern als Erstgutachterin oder Erstgutachter in Promotionsverfahren.

(7) [1]Die Hochschulen können Gebühren für die Benutzung ihrer Einrichtungen und für Verwaltungsleistungen erheben. [2]Anlässlich der Immatrikulation und jeder Rückmeldung erheben die Hochschulen Verwaltungsgebühren in Höhe von 50 Euro je Semester für Verwaltungsleistungen, die sie für die Studierenden im Rahmen der Durchführung des Studiums außerhalb der fachlichen Betreuung erbringen. [3]Hierzu zählen Verwaltungsleistungen für die Immatrikulation, Rückmeldung, Beurlaubung und Exmatrikulation. [4]Außerdem zählen hierzu Verwaltungsleistungen, die im Rahmen der allgemeinen Studienberatung sowie durch die Akademischen Auslandsämter und die Prüfungsämter erbracht werden. [5]Gebühren nach Satz 2 werden nicht erhoben in Fällen der Beurlaubung vom Studium zur Ableistung des Wehr- oder Zivildienstes oder eines Freiwilligen- oder Entwicklungsdienstes, für Studie-

1) Beachte hierzu den Beschluss des BVerG v. 6.11.2012 (BGBl. I S. 2669) –2 BvL 51/06, 2 BvL 52/06–: „§ 2 Absatz 8 Satz 2 *[jetzt Abs. 7 Satz 2]* des Gesetzes über die Hochschulen im Land Berlin (Berliner Hochschulgesetz – BerlHG) in der Fassung vom 5. Oktober 1995 (Gesetz- und Verordnungsblatt Seite 728), geändert durch Artikel II § 3 des Gesetzes zur Beseitigung des strukturellen Ungleichgewichts des Haushalts (Haushaltsstrukturgesetz 1996 - HStrG 96) vom 15. April 1996 (Gesetz- und Verordnungsblatt Seite 126), durch Artikel IX des Gesetzes zur Beseitigung des strukturellen Ungleichgewichts des Haushalts (Haushaltsstrukturgesetz 1997 – HStrG 97) vom 12. März 1997 (Gesetz- und Verordnungsblatt Seite 69), durch Artikel XI des Gesetzes zur Beseitigung des strukturellen Ungleichgewichts des Haushalts (Haushaltsstrukturgesetz 1998 – HStrG 98) vom 19. Dezember 1997 (Gesetz- und Verordnungsblatt Seite 686) und durch Artikel LXV des Gesetzes zur Anpassung landeseigener Gesetze an den Euro (Berliner Euro-Anpassungsgesetz) vom 16. Juli 2001 (Gesetz- und Verordnungsblatt Seite 260), ist in den Fassungen der genannten Änderungen mit Artikel 2 Absatz 1 in Verbindung mit den Artikeln 104a ff. des Grundgesetzes sowie mit Artikel 3 Absatz 1 des Grundgesetzes unvereinbar und nichtig, soweit danach bei jeder Rückmeldung Gebühren von 100 Deutsche Mark beziehungsweise 51,13 Euro pro Semester erhoben werden.“

rende, die im Rahmen eines Austauschprogramms an der anderen Hochschule zur Gebührenleistung verpflichtet sind, soweit Gegenseitigkeit besteht, für ausländische Studierende, die auf Grund eines zwischenstaatlichen oder übernationalen Abkommens oder einer Hochschulpartnerschaft immatrikuliert sind oder werden, soweit Gegenseitigkeit besteht, sowie für ausländische Studierende im Rahmen von Förderungsprogrammen, die ausschließlich oder überwiegend aus öffentlichen Mitteln des Bundes oder der Länder finanziert werden.

(8) [1]Das Kuratorium jeder Hochschule erlässt für die Erhebung von Gebühren nach Absatz 6 Satz 1 eine Rahmengebührensatzung, in der die Benutzungsarten und die besonderen Aufwendungen, für die Gebühren erhoben werden sollen, benannt und der Gebührenrahmen für die einzelnen Gebührentatbestände festgelegt werden. [2]Das Präsidium legt auf Grund der Rahmengebührensatzung die Gebührensätze für die einzelnen Benutzungsarten und besonderen Aufwendungen fest und berichtet darüber dem Kuratorium.

(9) [1]Die Hochschulen können durch Satzung Entgelte oder Gebühren für die Teilnahme an Weiterbildungsangeboten erheben. [2]Bei der Höhe der Entgelte oder Gebühren ist die wirtschaftliche und soziale Situation der Betroffenen zu berücksichtigen.

(10) [1]Studiengebühren werden nicht erhoben. [2]Das gilt auch für internationale Studierende.

(11) Durch Satzung ist zu regeln, in welchen Fällen auf die Erhebung von Gebühren oder Entgelten verzichtet werden kann oder diese gemindert werden können.

§ 2a Hochschulverträge

(1) [1]Die für Hochschulen zuständige Senatsverwaltung soll Verträge mit den Hochschulen über die Grundzüge ihrer weiteren Entwicklung und über die Höhe des Staatszuschusses für ihre Aufgaben, insbesondere von Forschung, Lehre und Studium, schließen (Hochschulverträge). [2]Hochschulverträge sind haushaltsrechtliche Verträge öffentlich-rechtlicher Natur mit einer Laufzeit von in der Regel fünf Jahren. [3]Sie bedürfen der Zustimmung des Abgeordnetenhauses.

(2) Vor Aufnahme der Verhandlungen beschließt der Akademische Senat der jeweiligen Hochschule eine Empfehlung für die Vertragsverhandlungen an das jeweilige Präsidium.

§ 2b Struktur- und Entwicklungspläne

(1) [1]Hochschulstrukturplanung ist eine gemeinsame Aufgabe des Landes Berlin und der Berliner Hochschulen im gesamtgesellschaftlichen Interesse und in der Gesamtverantwortung des Landes. [2]Sie ist unter den Hochschulen des Landes abzustimmen. [3]Die Bedarfe des Landes Berlin sind zu berücksichtigen.

(2) [1]Jede Hochschule erlässt einen Struktur- und Entwicklungsplan, der für die Aufgaben der Hochschule die aktuelle Struktur darstellt und die beabsichtigten Strukturentwicklungen festlegt. [2]Gegenstand sind insbesondere das Studienangebot sowie fachliche Ziel- und Schwerpunktsetzungen.

(3) Der Struktur- und Entwicklungsplan wird der für Hochschulen zuständigen Senatsverwaltung vorgelegt.

(4) [1]Der Struktur- und Entwicklungsplan ist regelmäßig fortzuschreiben und bei wesentlichen Änderungen, insbesondere nach Abschluss neuer Hochschulverträge, anzupassen. [2] Im Entwurf sollen die Struktur- und Entwicklungspläne zu Beginn von Hochschulvertragsverhandlungen vorliegen.

§ 2c Verträge der Hochschulen mit anderen Hochschulen, dem Studierendenwerk und anderen juristischen Personen des öffentlichen Rechts

Zur Erfüllung ihrer Aufgaben können die Hochschulen mit anderen Hochschulen, Kultur- und Bildungseinrichtungen, medizinischen Einrichtungen, außeruniversitären Forschungseinrichtungen, dem Studierendenwerk Berlin und anderen juristischen Personen des öffentlichen Rechts öffentlich-rechtliche Verträge schließen.

§ 3 Grundordnung

(1) [1]Jede Hochschule gibt sich nach Maßgabe dieses Gesetzes eine Grundordnung. [2]Die Grundordnung trifft neben den in diesem Gesetz vorgesehenen Bestimmungen insbesondere Regelungen über

1. die korporativen Rechte und Pflichten der Mitglieder,
2. die Verfahren in den Gremien unter Berücksichtigung von Absatz 2,
3. die Verfahren zur Sicherung der Transparenz hinsichtlich der Verwendung der vom Land und von Dritten zur Verfügung gestellten Mittel im Sinne der Aufgaben der Hochschulen.

(2) [1]In der Grundordnung treffen die Hochschulen die zu einer wirksamen Einbeziehung und Teilhabe aller Hochschulgruppen erforderlichen Regelungen. [2]Für Mitglieder direkt gewählter Gremien sind umfassende Informationsrechte vorzusehen. [3]Die Hochschulen gewährleisten, dass Sitzungsunterlagen, Beschlussanträge, Beschlüsse und Protokolle den Mitgliedern eines Gremiums unverzüglich zugeleitet werden. [4]Soweit Gründe der Vertraulichkeit oder des Datenschutzes nicht entgegenstehen, sind die in Satz 3 genannten Unterlagen in geeigneter Form hochschulöffentlich zugänglich zu machen.
(3) [1]Bis zum Inkrafttreten einer Grundordnung gemäß Absatz 1 und 2 kann das Präsidium die erforderlichen einstweiligen Regelungen treffen. [2]§ 90 findet Anwendung.
(4) [1]Zur Unterstützung der Wahrnehmung der Kontroll- und Informationsrechte aller Mitgliedergruppen in den Gremien ist an jeder Hochschule ein Gremienreferat einzurichten. [2]Gremienreferate sind mit den zur Erfüllung ihrer gesetzlichen Aufgaben notwendigen Personal- und Sachmitteln auszustatten. [3]Im Interesse der Einbeziehung und Teilhabe aller Mitgliedergruppen ist ihre organisatorische Unabhängigkeit vom Präsidium und einzelnen Mitgliedergruppen sicherzustellen.

§ 4 Aufgaben der Hochschulen

(1) [1]Die Hochschulen dienen der Pflege und Entwicklung von Wissenschaft und Kunst durch Forschung, Lehre und Studium und der Vorbereitung auf berufliche Tätigkeiten. [2]Sie wirken dabei an der Erhaltung des demokratischen und sozialen Rechtsstaates mit und tragen zur Verwirklichung der verfassungsrechtlichen Wertentscheidungen bei. [3]Dies soll auch in ihrer inneren Verfasstheit zum Ausdruck kommen.
(2) [1]Die Hochschulen nehmen ihre besondere Verantwortung für die Entwicklung von Lösungsansätzen für gesellschaftliche Fragestellungen und die Entwicklung der Gesellschaft wahr. [2]Sie setzen sich im Bewusstsein ihrer Verantwortung gegenüber der Gesellschaft auch mit den möglichen Folgen einer Nutzung ihrer Forschungsergebnisse, insbesondere der Gefahr einer das friedliche Zusammenleben der Menschen bedrohenden Verwendung, auseinander.
(3) [1]Die Hochschulen tragen mit ihrer Forschung und Lehre zum Erhalt und zur Verbesserung der Lebens- und Umweltbedingungen bei und berücksichtigen dabei insbesondere sozial-ökologische Fragestellungen, den Tierschutz und die Grundsätze einer nachhaltigen Entwicklung. [2]Hierzu geben sich die Hochschulen ein Nachhaltigkeitskonzept.
(4) [1]Die Hochschulen bilden in ihrer Gesamtheit zusammen mit den außeruniversitären Forschungseinrichtungen die wissenschaftliche Infrastruktur des Landes Berlin; sie haben die Aufgabe, zu einer bestmöglichen wissenschaftlichen Infrastruktur im Land Berlin beizutragen. [2]Kooperationen zwischen den Hochschulen und zwischen Hochschulen und insbesondere Kultur- und Bildungseinrichtungen, medizinischen Einrichtungen, außeruniversitären Forschungseinrichtungen oder dem Studierendenwerk liegen im besonderen öffentlichen Interesse. [3]Sie sollen auf der Grundlage von öffentlich-rechtlichen Verträgen durchgeführt werden. [4]Dabei ist im Regelfall von einer hoheitlichen Aufgabenwahrnehmung auszugehen, wenn Hochschulen und sonstige Forschungseinrichtungen sowie Kultur- und Bildungseinrichtungen mit überwiegend staatlicher Finanzierung im Rahmen ihrer gesetzlichen Aufgabenstellung kooperieren oder wenn die Finanzierung der Zusammenarbeit überwiegend auf der Grundlage öffentlicher Zuschuss- oder Zuwendungsmittel erfolgt.
(5) [1]Die Hochschulen fördern den Wissens- und Technologietransfer zwischen ihren Einrichtungen und allen Bereichen der Gesellschaft. [2]Sie wirken darauf hin, dass die gewonnenen wissenschaftlichen Erkenntnisse im Interesse der Gesellschaft weiterentwickelt und genutzt werden können. [3]Die Hochschulen fördern den Wissens- und Technologietransfer insbesondere, indem sie Ergebnisse öffentlich finanzierter Forschung und Ergebnisse, die unter Nutzung öffentlich finanzierter Ressourcen entstanden sind, grundsätzlich allgemein zugänglich machen, sofern dem nicht berechtigte Interessen Dritter entgegenstehen.
(6) Die Hochschulen fördern ihr Personal im Rahmen ihrer Personalentwicklungskonzepte und wirken dabei strukturellen Benachteiligungen entgegen.
(7) [1]Die Freie Universität Berlin und die Humboldt-Universität zu Berlin erfüllen in den medizinischen Bereichen auch Aufgaben der Krankenversorgung. [2]Die Universität der Künste Berlin erfüllt als künstlerische und wissenschaftliche Hochschule ihre Aufgaben auch durch künstlerische Entwicklungsvorhaben und öffentliche Darstellung sowie durch Lehre und Forschung im Grenzbereich von Kunst und Wissenschaft. [3]Die Universitäten fördern den wissenschaftlichen Nachwuchs, die Universität der Künste Berlin und die übrigen künstlerischen Hochschulen insbesondere den künstlerischen

sowie die Universität der Künste Berlin auch den künstlerisch wissenschaftlichen Nachwuchs. [4]Die Hochschulen für angewandte Wissenschaften erfüllen ihre Aufgaben insbesondere durch anwendungsbezogene Lehre und durch entsprechende Forschung. [5]Das Land soll im Zusammenwirken mit den Hochschulen für angewandte Wissenschaften durch entsprechende Maßnahmen die Forschungsmöglichkeiten der Mitglieder der Hochschulen für angewandte Wissenschaften ausbauen und Möglichkeiten zur Förderung eines wissenschaftlichen Nachwuchses für diesen Hochschulbereich schrittweise weiterentwickeln.

(8) [1]Die Hochschulen dienen dem weiterbildenden Studium und beteiligen sich an Veranstaltungen der Weiterbildung. [2]Sie fördern die Weiterbildung ihres Personals und die allgemeine Erwachsenenbildung.

(9) Die Hochschulen fördern die sozialen Belange der Studierenden und den Hochschulsport.

(10) Die Hochschulen haben die Aufgabe der Förderung der Gleichstellung von Frauen und Männern und der Förderung von Vielfalt nach Maßgabe der §§ 5b und 5c sowie der §§ 59 und 59a.

(11) Die Hochschulen fördern die internationale, insbesondere die europäische Zusammenarbeit im Hochschulbereich und den Austausch zwischen deutschen und ausländischen Hochschulen.

(12) Andere als die in diesem Gesetz genannten Aufgaben dürfen den Hochschulen durch Rechtsverordnung der für Hochschulen zuständigen Senatsverwaltung übertragen werden, wenn sie mit den Aufgaben der Hochschulen zusammenhängen.

(13) [1]Zur Erfüllung ihrer Aufgaben können die Hochschulen Dritte gegen Entgelt in Anspruch nehmen, mit Zustimmung des für Hochschulen zuständigen Mitglieds des Senats von Berlin sich an Unternehmen beteiligen und Unternehmen gründen, sofern nicht Kernaufgaben in Forschung und Lehre unmittelbar betroffen sind; eine Personenidentität zwischen einem Beauftragten für den Haushalt, Mitgliedern des Präsidiums oder Dekanen oder Dekaninnen, Prodekanen oder Prodekaninnen und der Geschäftsführung des Unternehmens ist ausgeschlossen. [2]Die Haftung der Hochschulen ist in diesen Fällen auf die Einlage oder den Wert des Geschäftsanteils zu beschränken; die Gewährträgerhaftung des Landes (§ 87 Absatz 4) ist ausgeschlossen. [3]Das Prüfungsrecht des Rechnungshofs gemäß § 104 Absatz 1 Nummer 3 der Landeshaushaltsordnung ist sicherzustellen. [4]Bei Privatisierungen ist die Personalvertretung zu beteiligen.

§ 5 Freiheit der Wissenschaft und Kunst

(1) Die zuständigen staatlichen Stellen und die Hochschulen haben die freie Entfaltung und Vielfalt der Wissenschaften und der Künste an den Hochschulen zu gewährleisten und sicherzustellen, dass die durch Artikel 5 Absatz 3 Satz 1 des Grundgesetzes verbürgten Grundrechte wahrgenommen werden können.

(2) [1]Die Freiheit der Forschung umfasst insbesondere die Fragestellung, die Grundsätze der Methodik sowie die Bewertung des Forschungsergebnisses und seine Verbreitung. [2]Entscheidungen der zuständigen Hochschulorgane in Fragen der Forschung sind insoweit zulässig, als sie sich auf die Organisation des Forschungsbetriebes, die Förderung und Abstimmung von Forschungsvorhaben oder die Bildung von Forschungsschwerpunkten beziehen; sie dürfen die Freiheit der Forschung im Sinne von Satz 1 nicht beeinträchtigen. [3]Die Sätze 1 und 2 gelten für künstlerische Entwicklungsvorhaben und für die Kunstausübung entsprechend.

(3) [1]Die Freiheit der Lehre umfasst, unbeschadet des Artikels 5 Absatz 3 Satz 2 des Grundgesetzes, im Rahmen der zu erfüllenden Lehraufgaben insbesondere die Abhaltung von Lehrveranstaltungen und deren inhaltliche und methodische Gestaltung sowie das Recht auf Äußerung von wissenschaftlichen und künstlerischen Lehrmeinungen. [2]Entscheidungen der zuständigen Hochschulorgane in Fragen der Lehre sind insoweit zulässig, als sie sich auf die Organisation des Lehrbetriebes oder auf die Aufstellung und Einhaltung von Studien- und Prüfungsordnungen beziehen; sie dürfen die Freiheit der Lehre im Sinne von Satz 1 nicht beeinträchtigen.

(4) [1]Die Freiheit des Studiums umfasst nach Maßgabe der Bestimmungen des Dritten Abschnitts und unbeschadet der Studien- und Prüfungsordnungen, insbesondere die freie Wahl von Lehrveranstaltungen, das Recht, innerhalb eines Studiengangs Schwerpunkte nach eigener Wahl zu bestimmen sowie die Erarbeitung und Äußerung wissenschaftlicher und künstlerischer Meinungen. [2]Entscheidungen der zuständigen Hochschulorgane in Fragen des Studiums sind insoweit zulässig, als sie sich auf die Organisation oder ordnungsgemäße Durchführung des Lehr- und Studienbetriebes oder auf die Gewährleistung eines ordnungsgemäßen Studiums beziehen.

(5) Die Freiheit der Forschung, der Lehre und des Studiums entbindet nicht von der Pflicht zur Beachtung der Rechte anderer und der Regelungen, die das Zusammenleben in der Hochschule ordnen.

§ 5a Qualitätssicherung, Evaluierung und Standards guter wissenschaftlicher Praxis

(1) [1]Die Hochschulen stellen durch geeignete Maßnahmen sicher, dass ihre Arbeit insbesondere in Forschung und Lehre und bei der Durchführung von Prüfungen den jeweiligen fachlich anerkannten Qualitätsstandards entspricht. [2]Die Mitglieder der Hochschulen sind zur Mitwirkung an Evaluationsverfahren, insbesondere durch Erteilung der erforderlichen Auskünfte, verpflichtet.

(2) [1]Jede Hochschule verabschiedet Grundsätze wissenschaftlicher Redlichkeit und einer guten wissenschaftlichen Praxis und trägt durch geeignete Maßnahmen zu deren Einhaltung bei. [2]Die Hochschule trifft durch Satzungen Regelungen insbesondere zu folgenden Gegenständen:

1. Regelungen zum Umgang mit und Sanktionen von wissenschaftlichem Fehlverhalten und Täuschungsversuchen unter Berücksichtigung des Qualifikationsziels oder der Phase des Studienfortschritts;
2. Maßgaben zur Bewertung einer Prüfungsleistung als „nicht bestanden“ beim Versuch, das Ergebnis einer Prüfung oder Prüfungsleistung durch Täuschung, insbesondere durch Plagiat, oder durch Benutzung nicht zugelassener Hilfsmittel, Drohung, Vorteilsgewährung oder Bestechung zu beeinflussen;
3. Regelungen zum Verfahren, zu welchen Bedingungen die Teilnahme an Lehrveranstaltungen ganz oder teilweise zu wiederholen ist;
4. Regelungen, welche Fälle als so schwerwiegend gewertet werden können, dass das endgültige Nichtbestehen der gesamten Prüfung festgestellt wird; weitere Prüfungen zur Erlangung des angestrebten Abschlusses sind in solchen Fällen an einer Hochschule im Land Berlin ausgeschlossen;
5. Maßgaben zur Bewertung einer Prüfungsleistung als „nicht bestanden“ und Ausschluss von der Fortsetzung der Prüfungsleistung in Fällen einer Störung des ordnungsgemäßen Ablaufs einer Prüfung; in der Regel ist eine vorherige Verwarnung vorzusehen.

[3]Den betroffenen Habilitierenden, Promovierenden und weiteren Prüfungskandidaten und Prüfungskandidatinnen ist die Möglichkeit zur schriftlichen Stellungnahme innerhalb einer angemessenen Frist einzuräumen. [4]Sollten die Verfahren eine mündliche Anhörung zusätzlich vorsehen, ist den Betroffenen die Begleitung durch eine Vertrauensperson erlaubt.

(3) Die Hochschulen richten eine gemeinsame Ombudsstelle für gute wissenschaftliche Praxis ein, die die folgenden Aufgaben hat:

1. Entwicklung von den jeweiligen fachlich anerkannten wissenschaftlichen Qualitätsstandards entsprechenden hochschulübergreifenden Empfehlungen zu einer guten wissenschaftlichen Praxis,
2. Durchführung von Evaluierungen anhand der Empfehlungen nach Nummer 1 auf den Antrag einer Hochschule,
3. Prüfung von Einzelfällen auf Antrag einer Hochschule.

§ 5b Hochschule der Vielfalt

(1) [1]Die Hochschulen wirken bei der Erfüllung ihrer Aufgaben auf die Gleichstellung aller Menschen und eine diskriminierungsfreie Bildung hin; sie fördern eine gleichberechtigte Teilhabe aller Menschen und tragen zum Abbau bestehender Hindernisse bei. [2]Die Hochschulen wirken darauf hin, dass alle Mitglieder der Hochschule die ihrer Qualifikation entsprechend gleichen Entwicklungsmöglichkeiten haben und sich diskriminierungsfrei entfalten können.

(2) [1]Die Hochschulen sind verpflichtet, Diskriminierungen insbesondere wegen des Geschlechts, der ethnischen Herkunft, einer rassistischen oder antisemitischen Zuschreibung, der Religion und Weltanschauung, einer Behinderung, einer chronischen Erkrankung, des Lebensalters, der Sprache, der sexuellen und geschlechtlichen Identität sowie der sozialen Herkunft und des sozialen Status zu verhindern und bestehende Diskriminierungen zu beseitigen. [2]Zu diesem Zweck entwickelt jede Hochschule ein Konzept für Antidiskriminierung und Diversität. [3]Dazu gehört auch die Analyse von Benachteiligungen, die Ermittlung ihrer Ursachen und die Umsetzung von Maßnahmen zum Abbau von individuellen und strukturellen Barrieren. [4]Zum Abbau bestehender Nachteile können positive Maßnahmen getroffen werden, soweit sie verfassungsrechtlich oder einfachgesetzlich zulässig sind.

(3) [1]Jede Hochschule richtet für die Anliegen der diskriminierungsfreien Hochschule eine Beratungs- und Beschwerdestelle ein, die die Organe der Hochschule insbesondere bei der Entwicklung von Stu-

diengängen und Fragen der Studierbarkeit sowie in Berufungsverfahren berät und bei Fragen im Einzelfall zur Verfügung steht. [2]Informationen über persönliche und sachliche Verhältnisse von Betroffenen dürfen nicht ohne deren Einverständnis an Dritte weitergegeben oder sonst verwertet werden. [3]Näheres regelt die Hochschule durch Satzung.

(4) [1]Die Hochschulen regen durch ihre Öffentlichkeitsarbeit insbesondere in an der jeweiligen Hochschule unterrepräsentierten Bevölkerungsgruppen die Aufnahme eines Studiums an. [2]Sie beraten und unterstützen bei der Entscheidung über die Aufnahme eines Studiums und die Wahl des Studienfaches sowie im Hinblick auf bestehende Berufsperspektiven. [3]Sie berücksichtigen die besonderen Bedürfnisse internationaler Studierender und Studierender mit Migrationsgeschichte. [4]Sie bauen bestehende Nachteile für transgeschlechtliche, intergeschlechtliche, nicht binäre und Menschen mit dem Geschlechtseintrag „divers“ oder „ohne Angabe“ ab. [5]Sie unterstützen Studierende mit Familienpflichten. [6]Die Hochschulen betreiben außerdem Öffentlichkeitsarbeit zur Gewinnung von Personal mit heterogenen Hintergründen. [7]Näheres regelt das Personalentwicklungskonzept.

(5) [1]Die Hochschulen berücksichtigen die besonderen Bedarfe von Studierenden und von Studienbewerbern und Studienbewerberinnen mit Behinderungen gemäß § 3 des Behindertengleichstellungsgesetzes vom 27. April 2002 (BGBl. I S. 1468), das zuletzt durch Artikel 9 des Gesetzes vom 2. Juni 2021 (BGBl. I S. 1387) geändert worden ist, oder chronischen Erkrankungen und treffen in allen Bereichen die erforderlichen Maßnahmen zu ihrer Inklusion. [2]Insbesondere arbeiten sie darauf hin, dass die Angebote der Hochschule barrierefrei auffindbar, zugänglich und nutzbar sind. [3]Über den Fortschritt bei der Herstellung von Barrierefreiheit berichten sie regelmäßig, mindestens jedoch alle drei Jahre. [4]Für die Durchführung des Studiums und der Prüfungen sind geeignete Maßnahmen zu treffen, die unter Wahrung der Gleichwertigkeit einen Nachteilsausgleich gewährleisten.

(6) [1]Die Hochschulen berücksichtigen die Bedarfe von Menschen mit unterschiedlichen geschlechtlichen Identitäten. [2]Dies betrifft insbesondere die mündliche und schriftliche Ansprache in für den hochschulinternen Verkehr bestimmten Unterlagen und Bescheinigungen, die auf Antrag mit den selbstgewählten Vornamen und Angaben zur Geschlechtszugehörigkeit ausgestellt werden; eine zweifelsfreie Zuordnung von Studien- und Prüfungsleistungen zu einer Person ist dabei sicherzustellen. [3]Auf die Beseitigung von bestehenden und auf die Vorbeugung möglicher Diskriminierungen wird hingewirkt. [4]Näheres wird durch Satzung geregelt.

(7) [1]Die Hochschulen fördern diskriminierungskritische Lehre und Forschung. [2]Sie unterstützen das Personal mit Lehraufgaben dabei, ein diskriminierungssensibles und gleichberechtigtes Lehr- und Lernumfeld zu schaffen.

(8) [1]Die Geltung sonstiger Benachteiligungsverbote oder Gebote der Gleichbehandlung wird durch dieses Gesetz nicht berührt. [2]Dies gilt auch für öffentlich-rechtliche Vorschriften, die dem Schutz bestimmter Personengruppen dienen.

§ 5c Chancengleichheit der Geschlechter

(1) Jede Hochschule erlässt eine Satzung, in der sie für ihren Bereich zur Verwirklichung der verfassungsrechtlich gebotenen Gleichstellung von Frauen und Männern und der Chancengleichheit der Geschlechter in personeller, materieller, finanzieller und inhaltlicher Hinsicht insbesondere Regelungen zu folgenden Bereichen trifft:

1. Vereinbarkeit von Studium, Beruf und Familie;
2. Berufungsverfahren;
3. Förderung der Frauen- und Geschlechterforschung;
4. inhaltliche und organisatorische Gestaltung der Aus-, Fort- und Weiterbildung des wissenschaftlichen Personals und der Mitarbeiter und Mitarbeiterinnen für Technik, Service und Verwaltung;
5. Besetzung von Gremien und Kommissionen;
6. Schutz vor sexuellen Belästigungen, sexualisierter Diskriminierung und Gewalt sowie Stalking.

(2) [1]Gleichstellungsziele und -maßnahmen der Hochschule werden in Gleichstellungskonzepten festgehalten. [2]Die Konzepte werden in regelmäßigen Abständen aktualisiert.

(3) [1]Die Hochschulen wirken darauf hin, dass Frauen und Männer,[1)] in der Hochschule die ihrer Qualifikation entsprechend gleichen Entwicklungsmöglichkeiten haben und die für Frauen bestehenden strukturellen und sonstigen Nachteile aktiv beseitigt werden. [2]Dazu gehört vor allem die Analyse von

1) Zeichensetzung amtlich.

Unterrepräsentanzen von Frauen, die Ermittlung ihrer Ursachen und die Umsetzung von Maßnahmen zum Abbau von individuellen und strukturellen Barrieren. [3]Dazu implementieren die Hochschulen diskriminierungsfreie Verfahren. [4]Zum Abbau bestehender Nachteile können positive Maßnahmen getroffen werden, soweit sie verfassungsrechtlich oder einfachgesetzlich zulässig sind. [5]Die Erfüllung dieser Verpflichtungen ist besondere Aufgabe der Beschäftigten mit Vorgesetzten- und Leitungsfunktionen.

§ 6 Verarbeitung personenbezogener Daten

(1) [1]Die Hochschulen dürfen personenbezogene Daten über Mitglieder der Hochschule, Bewerber und Bewerberinnen für Studiengänge, Prüfungskandidaten und Prüfungskandidatinnen sowie Dritte verarbeiten, soweit dies zur Erfüllung der nach diesem Gesetz oder dem Studierendenwerksgesetz obliegenden Aufgaben erforderlich ist. [2]Hierzu zählt insbesondere die Verarbeitung personenbezogener Daten

1. zum Zugang zum Studium, zur Durchführung des Studiums, zur Prüfung und zur Promotion,
1a. zur Bearbeitung der nach § 10 Absatz 6 Nummer 1a vorzulegenden Dokumente,
2. zur Organisation von Forschung und Studium,
3. für statistische Zwecke der Hochschulen oder des Landes,
4. zur Evaluation von Forschung und Studium,
5. zur Feststellung der Eignung und Leistung von Mitgliedern der Hochschulen durch Organe, Gremien oder Kommissionen der Hochschule,
6. zur Benutzung von Einrichtungen der Hochschulen,
7. zur Durchführung von Aufgaben der akademischen Selbstverwaltung,
8. zum Einsatz von Steuerungsinstrumenten, insbesondere Zielvereinbarungen, Leistungsbewertungen und Mittelvergabesystemen,
9. zur Evaluierung der Umsetzung des Gleichstellungsauftrages,
10. zur Durchführung von Akkreditierungsverfahren,
11. zur Erhebung der Beiträge nach § 6 Absatz 5 des Studierendenwerksgesetzes durch die Hochschulen und
12. zur Durchführung aller sonstigen in diesem Gesetz genannten Aufgaben, deren Erfüllung den Hochschulen aufgegeben wird.

(2) Die Studierendenschaften dürfen personenbezogene Daten ihrer Mitglieder verarbeiten, soweit dies zur Erfüllung ihrer Aufgaben nach den §§ 18 und 18a erforderlich ist.

(3) Die für Hochschulen zuständige Senatsverwaltung darf personenbezogene Daten von

1. Personen, die Anfragen zu ihren akademischen Abschlüssen stellen, sowie Inhabern und Inhaberinnen ausländischer akademischer Grade im Sinne des § 34a und ausländischer Professoren- und Professorinnentitel,
2. Personen und Berechtigten die Anfragen und Anträge im Sinne des Artikels 37 Absatz 1 des Einigungsvertrages gestellt haben,
3. Personen, die einen Antrag auf Ausstellung einer Urkunde nach § 131 Absatz 3 gestellt haben,

verarbeiten, soweit dies zur Durchführung ihrer Aufgaben nach diesem Gesetz erforderlich ist.

(4) Die Nutzung der nach den Absätzen 1, 2 und 3 verarbeiteten personenbezogenen Daten ist zulässig, soweit dies zur Erfüllung der Aufgaben der datenverarbeitenden Stelle erforderlich ist.

(5) Die nach Absatz 1 Satz 1 Nummer 5 erhobenen Daten dürfen nur zu dem Zweck genutzt werden, zu dem sie erhoben worden sind.

§ 6a Übermittlung und Löschung personenbezogener Daten

(1) [1]Personenbezogene Daten dürfen innerhalb der Hochschulen übermittelt werden, wenn dies zur Erfüllung der Aufgaben der übermittelnden oder der empfangenden Stelle erforderlich ist. [2]Sie dürfen an andere Hochschulen, einschließlich staatlich anerkannter privater Hochschulen, und an die Kooperationsplattform übermittelt werden, wenn

1. eine Rechtsvorschrift dies zulässt,
2. die Übermittlung zu demselben Zweck erfolgt, zu dem die Daten erhoben worden sind, und die Übermittlung zur Erfüllung der Aufgaben der übermittelnden oder der empfangenden Stelle erforderlich ist, oder
3. die betroffene Person ihre Einwilligung erteilt hat oder

4. die Voraussetzungen des § 15 Absatz 1 des Berliner Datenschutzgesetzes vom 13. Juni 2018 (GVBl. S. 418), das durch Artikel 13 des Gesetzes vom 12. Oktober 2020 (GVBl. S. 807) geändert worden ist, in der jeweils geltenden Fassung vorliegen.

(2) [1]Finden Teile des Studiums, Prüfungsteile oder Prüfungen der Hochschulen Berücksichtigung bei Entscheidungen oder Feststellungen staatlicher Prüfungsämter, so übermitteln die zuständigen Stellen der Hochschulen und die staatlichen Prüfungsämter die jeweils erforderlichen Daten. [2]Die Prüfungsämter der Hochschulen und die staatlichen Prüfungsämter übermitteln auf Verlangen den zuständigen Stellen die erforderlichen personenbezogenen Daten über die den Hochschulen angehörenden Prüfer und Prüferinnen, um die Prüfungsbelastung von Hochschullehrern und Hochschullehrerinnen ermitteln zu können.

(3) [1]Die nach § 6 Absatz 1 Satz 1 Nummer 5 erhobenen personenbezogenen Daten dürfen nur an die Stellen in den jeweiligen Hochschulen übermittelt werden, die dienst- oder arbeitsrechtliche Entscheidungen oder sonstige Leistungs- oder Eignungsfeststellungen zu treffen oder vorzubereiten haben, für die die Kenntnis der Daten erforderlich ist. [2]Sie dürfen zur Erfüllung gesetzlicher Aufgaben an die für Hochschulen zuständige Senatsverwaltung übermittelt werden. [3]An andere öffentliche Stellen dürfen sie übermittelt werden, wenn dies im öffentlichen Interesse erforderlich ist und keine schutzwürdigen Interessen der betroffenen Person überwiegen. [4]Es sind hierbei die Regelungen des § 18 des Berliner Datenschutzgesetzes zu beachten.

(4) Personenbezogene Daten dürfen an andere öffentliche Stellen sowie an Behörden im Geltungsbereich des Grundgesetzes übermittelt werden, wenn

1. die Übermittlung zu demselben Zweck erfolgt, zu dem die personenbezogenen Daten erhoben worden sind und die Übermittlung zur Erfüllung der Aufgaben der übermittelnden oder der empfangenden Stelle erforderlich ist,
2. eine besondere Rechtsvorschrift dies zulässt,
3. die betroffene Person ihre Einwilligung erteilt hat oder
4. die Voraussetzungen des § 15 Absatz 1 des Berliner Datenschutzgesetzes vorliegen.

(5) Personenbezogene Daten dürfen an nicht-öffentliche Stellen übermittelt werden, wenn

1. dies zur Erfüllung der Aufgaben der übermittelnden Stelle nach diesem Gesetz erforderlich ist,
2. die Voraussetzungen des § 15 Absatz 1 des Berliner Datenschutzgesetzes vorliegen,
3. die Stelle, an welche die personenbezogenen Daten übermittelt werden, ein berechtigtes Interesse an der Kenntnis der zu übermittelnden Daten glaubhaft darlegt und die betroffene Person kein schutzwürdiges Interesse an dem Ausschluss der Übermittlung hat oder
4. es zur Geltendmachung, Ausübung oder Verteidigung rechtlicher Ansprüche erforderlich ist

und die Stelle sich gegenüber der übermittelnden öffentlichen Stelle verpflichtet hat, die personenbezogenen Daten nur für den Zweck zu verarbeiten, zu dessen Erfüllung sie ihr übermittelt werden.

(6) [1]Die Studierendenschaften dürfen personenbezogene Daten der Studierenden ihrer Hochschulen an die für die Immatrikulation zuständigen Stellen der Hochschulen übermitteln, soweit dies für die Durchführung der Immatrikulation oder der Rückmeldung erforderlich ist. [2]Die für die Immatrikulation zuständigen Stellen der Hochschulen dürfen personenbezogene Daten von Studierenden an die Studierendenschaften übermitteln, soweit dies zur Erfüllung der Aufgaben der Studierendenschaft nach den §§ 18 und 18a erforderlich ist.

(7) Die für Hochschulen zuständige Senatsverwaltung darf die nach § 6 Absatz 4 erhobenen Daten an andere Behörden übermitteln, soweit dies zur Erfüllung der Aufgaben der übermittelnden oder der empfangenden Stelle erforderlich ist oder die Übermittlung im überwiegenden öffentlichen Interesse liegt.

(8) Personenbezogene Daten sind zu löschen, wenn ihre Kenntnis zur Erfüllung der Aufgaben der datenverarbeitenden Stelle nicht mehr erforderlich ist.

(9) Die Übermittlung, Speicherung und Nutzung personenbezogener Daten zur Wahrnehmung von gesetzlich zugewiesenen Aufsichts- und Kontrollbefugnissen ist zulässig.

§ 6b Satzungs- und Richtlinienkompetenz der Hochschulen, Anwendung des Berliner Datenschutzgesetzes

(1) [1]Die für Hochschulen zuständige Senatsverwaltung wird ermächtigt, durch Rechtsverordnung die Verarbeitung personenbezogener Daten zu den in § 6 Absatz 1 Satz 2 Nummer 1 und 3 sowie Ab-

satz 3 genannten Zwecken zu regeln. [2]In der Rechtsverordnung sind insbesondere die Art der zu verarbeitenden Daten und die Löschungsfristen zu regeln.

(2) [1]Die Hochschulen regeln die Verarbeitung personenbezogener Daten zu den in § 6 Absatz 1 Satz 2 Nummer 1a bis 11 genannten Zwecken in Satzungen, soweit sie zum Erlass von Satzungen befugt sind, im Übrigen durch Richtlinien. [2]Sie regeln insbesondere die Art der zu verarbeitenden Daten, die Zwecke im Sinne von § 6 Absatz 1 Satz 2 Nummer 1a bis 11, denen diese Daten jeweils dienen, und die Löschungsfristen. [3]Der oder die behördliche Datenschutzbeauftragte ist vor Erlass der Satzung oder Richtlinie zu hören.

(3) Für die Verarbeitung personenbezogener Daten gilt neben der unmittelbar geltenden Verordnung (EU) 2016/679 des Europäischen Parlaments und des Rates vom 27. April 2016 zum Schutz natürlicher Personen bei der Verarbeitung personenbezogener Daten, zum freien Datenverkehr und zur Aufhebung der Richtlinie 95/46/EG (Datenschutz-Grundverordnung) (ABl. L 119 vom 4.5.2016, S. 1; L 314 vom 22.11.2016, S. 72; L 127 vom 23.5.2018, S. 2) in der jeweils geltenden Fassung, im Übrigen das Berliner Datenschutzgesetz, soweit Sachverhalte betroffen sind, die in diesem Gesetz nicht oder nicht abschließend geregelt sind.

§ 6c Verarbeitung besonderer Kategorien personenbezogener Daten

Bei der Verarbeitung besonderer Kategorien personenbezogener Daten im Sinne des Artikels 9 Absatz 1 der Verordnung (EU) 2016/679 sind angemessene und spezifische Maßnahmen zur Wahrung der Interessen der betroffenen Person nach Maßgabe des § 14 Absatz 3 des Berliner Datenschutzgesetzes vorzusehen.

§ 7 ***[aufgehoben]***

§ 7a Innovationsklausel

[1]Die Hochschulen können entsprechend ihrer Aufgaben und Profile mit Zustimmung der für Hochschulen zuständigen Senatsverwaltung in ihren Grundordnungen von den §§ 51 bis 58, 60 bis 65, 69 bis 75 und 83 bis 85 abweichende Regelungen treffen, soweit diese der Verbesserung der Beteiligungsstrukturen, der Organisation, der Entscheidungsfindung oder der Wirtschaftlichkeit dienen. [2]Der Antrag der Hochschule erfordert die Zustimmung des Akademischen Senats und die Zustimmung des Kuratoriums. [3]Unzulässig sind Abweichungen, die darauf abzielen, die den Hochschulmitgliedern nach diesem Gesetz eingeräumten Mitwirkungsrechte einzuschränken.

§ 7b ***[aufgehoben]***

§ 8 Qualitätssicherung im Studium und Akkreditierung

(1) [1]Wesentlicher Bestandteil des hochschulinternen Qualitätssicherungssystems ist die regelmäßige Durchführung von Evaluationen, insbesondere im Bereich der Lehre. [2]Die Studierenden und die Absolventen und Absolventinnen sind bei der Evaluation der Lehre zu beteiligen.

(2) [1]Studiengänge sind in bestimmten Abständen in qualitativer Hinsicht zu bewerten. [2]Bewertungsmaßstab sind die in diesem Gesetz, insbesondere in § 22 genannten Grundsätze sowie die jeweiligen fachlich anerkannten Qualitätsstandards. [3]Das Verfahren und der Bewertungsmaßstab für die Akkreditierung von Bachelor- und Master-Studiengängen richten sich nach dem Studienakkreditierungsstaatsvertrag vom 1. bis 20. Juni 2017 (GVBl. S. 543) und der Studienakkreditierungsverordnung Berlin vom 16. September 2019 (GVBl. S. 618) in der jeweils geltenden Fassung.

(3) [1]Die Hochschulen sind verpflichtet, der für Hochschulen zuständigen Senatsverwaltung die Ergebnisse der Bewertungen und Akkreditierungen nach Absatz 2 unverzüglich vorzulegen. [2]Die für Hochschulen zuständige Senatsverwaltung kann auf der Grundlage des Akkreditierungsergebnisses die Zustimmung zur Einrichtung von Studiengängen widerrufen, zur Umsetzung des Akkreditierungsergebnisses mit Auflagen versehen oder zu diesem Zweck die Verlängerung der Zustimmung mit Auflagen versehen.

(4) Die Ergebnisse der Lehrevaluation und der Akkreditierungen müssen in geeigneter Weise hochschulintern veröffentlicht werden; sie sind insbesondere dem Präsidium, den Dekanen oder Dekaninnen, Prodekanen oder Prodekaninnen, dem Qualitätsmanagement und den mit der Lehre betrauten Gremien zur Verfügung zu stellen.

Zweiter Abschnitt
Studierende

§ 9 Rechte und Pflichten der Studierenden

(1) Studierende haben das Recht, die Einrichtungen der Hochschule nach den hierfür geltenden Vorschriften zu benutzen.

(2) Jedem und jeder Studierenden sowie jedem Studienbewerber und jeder Studienbewerberin mit Behinderungen gemäß § 3 des Behindertengleichstellungsgesetzes vom 27. April 2002 (BGBl. I S. 1468), das zuletzt durch Artikel 9 des Gesetzes vom 2. Juni 2021 (BGBl. I S. 1387) geändert worden ist, oder chronischer Erkrankung soll die erforderliche Hilfe zur Inklusion nach § 5b Absatz 5 zur Verfügung gestellt werden.

(3) [1]Jeder und jede Studierende ist verpflichtet, das Studium an den Studien- und Prüfungsordnungen zu orientieren. [2]Zur Fortsetzung des Studiums nach Ablauf eines Semesters hat er oder sie sich fristgemäß zurückzumelden und die fälligen Gebühren und Beiträge zu entrichten.

(4) Minderjährige Studierende sowie Studienbewerber und Studienbewerberinnen sind in allen das Studium an der jeweiligen Hochschule betreffenden Angelegenheiten selbständig handlungsfähig, soweit sie das 16. Lebensjahr vollendet haben.

§ 10 Allgemeine Studienberechtigung

(1) [1]Jeder und jede Deutsche im Sinne von Artikel 116 des Grundgesetzes ist berechtigt, an einer Hochschule des Landes Berlin zu studieren, wenn er oder sie die für das Studium nach den staatlichen Vorschriften erforderliche Qualifikation nachweist. [2]Rechtsvorschriften, nach denen andere Personen Deutschen gleichgestellt sind, bleiben unberührt.

(2) [1]Die allgemeinen Zugangsvoraussetzungen für die Hochschulen richten sich nach den Bestimmungen des Schulgesetzes vom 26. Januar 2004 (GVBl. S. 26), das zuletzt durch Artikel 9 des Gesetzes vom 5. Juli 2021 (GVBl. S. 842) geändert worden ist. [2]Die Zulassung in zulassungsbeschränkten Studiengängen richtet sich nach dem Berliner Hochschulzulassungsgesetz vom 9. Oktober 2019 (GVBl. S. 695), das zuletzt durch Artikel 2 des Gesetzes vom 14. September 2021 (GVBl. S. 1039) geändert worden ist.

(3) Eine der allgemeinen Hochschulreife entsprechende Hochschulzugangsberechtigung wird auch durch einen berufsqualifizierenden Hochschulabschluss erworben.

(4) [1]Die Zugangsvoraussetzungen für die Studiengänge an der Hochschule für Musik Hanns Eisler Berlin, der Hochschule für Schauspielkunst Ernst Busch Berlin und der Weißensee Kunsthochschule Berlin sowie für die künstlerischen Studiengänge an der Universität der Künste Berlin regelt die für Hochschulen zuständige Senatsverwaltung nach Anhörung der Hochschulen durch Rechtsverordnung. [2]Hierbei kann, allein oder in Verbindung mit einer Hochschulzugangsberechtigung,

1. eine künstlerische Begabung oder
2. eine besondere künstlerische Begabung

als Zugangsvoraussetzung gefordert werden. [3]Ferner ist das Verfahren zur Feststellung der künstlerischen oder der besonderen künstlerischen Begabung zu bestimmen.

(5) [1]Die Hochschulen regeln in der Zugangssatzung, in welchen Studiengängen über die Hochschulzugangsberechtigung hinaus zusätzliche Eignungs- und Qualifikationsvoraussetzungen gefordert werden und wie diese nachzuweisen sind. [2]Zugangsvoraussetzung für Masterstudiengänge ist der berufsqualifizierende Abschluss eines Hochschulstudiums, bei weiterbildenden Masterstudiengängen zusätzlich eine daran anschließende qualifizierte berufspraktische Erfahrung von in der Regel nicht unter einem Jahr; darüber hinausgehende Eignungs- und Qualifikationsvoraussetzungen dürfen nur gefordert werden, wenn sie wegen spezieller fachlicher Anforderungen des jeweiligen Masterstudiengangs nachweislich erforderlich sind. [3]Die Bestätigung der Satzung erstreckt sich neben der Rechtmäßigkeit auch auf die Zweckmäßigkeit.

(5a) [1]Die Zulassung zu einem Masterstudiengang kann auch beantragt werden, wenn ein erster berufsqualifizierender Hochschulabschluss vorliegt, aber noch nicht nachgewiesen werden kann, oder wegen Fehlens einzelner Prüfungsleistungen noch nicht vorliegt und auf Grund des bisherigen Studienverlaufs, insbesondere der bisherigen Prüfungsleistungen zu erwarten ist, dass dieser Abschluss vor Beginn des Masterstudienganges erlangt wird und die Maßgaben, die auf Grund des Absatzes 5 Voraussetzung für den Zugang zu dem Masterstudiengang sind, ebenso rechtzeitig erfüllt sind. [2]Soweit nach den Regelungen des Berliner Hochschulzulassungsgesetzes ein Auswahlverfahren durchzuführen ist, in das das Ergebnis des ersten berufsqualifizierenden Hochschulabschlusses einbezogen ist, nehmen Bewerber und Bewerberinnen nach Satz 1 am Auswahlverfahren mit einer Durchschnittsnote teil, die auf Grund der bisherigen Prüfungsleistungen ermittelt wird. [3]Das Ergebnis des ersten berufsqualifizierenden Hochschulabschlusses bleibt insoweit unbeachtet. [4]Eine Zulassung ist im Falle einer Bewerbung nach Satz 1 unter dem Vorbehalt auszusprechen, dass der erste berufsqualifizierende Hochschulabschluss und die mit ihm zusammenhängenden Voraussetzungen des Absatzes 5 in der Regel zum Ende des ersten Fachsemesters nachgewiesen werden. [5]Wird der Nachweis nicht fristgerecht geführt, erlischt die Zulassung. [6]Das Nähere regeln die Hochschulen durch Satzung.

(5b) [1]Für duale Studiengänge kann die Hochschule durch Zugangssatzung bestimmen, dass neben der Hochschulzugangsberechtigung der Nachweis des Bestehens eines auf die Ermöglichung des dualen Studiums gerichteten Vertrages des oder der Studierenden mit einem Praxispartner der Hochschule erforderlich ist. [2]Das Nähere regeln die Hochschulen durch Satzung.

(6) Durch Satzung sind weiter zu regeln

1. Immatrikulation, Exmatrikulation und Rückmeldung,
1a. die Einzelheiten des Verfahrens zur Vorlage eines gültigen Personalausweises oder einer aktuellen Meldebescheinigung im Rückmeldeverfahren. Auf dem Personalausweis soll eine Anschrift im Einzugsgebiet der Hochschule im Sinne des § 10 Absatz 1 Satz 2 des Berliner Hochschulzulassungsgesetzes eingetragen sein; die Meldebescheinigung soll eine alleinige Wohnung oder eine Hauptwohnung im Einzugsgebiet der Hochschule ausweisen. Andernfalls sind die Studierenden darauf hinzuweisen, dass Verstöße gegen die Meldepflicht nach dem Bundesmeldegesetz bußgeldbewehrt sind. Sätze 1 bis 3 gelten nicht für Studierende in Nebenhörerschaft oder in Promotionsstudiengängen. Soweit Personalausweis oder Meldebescheinigung einmal beigebracht wurden, sollen sie in weiteren Rückmeldeverfahren nicht erneut verlangt werden,
2. Teilnahme an den Lehrveranstaltungen,
3. Wechsel des Studiengangs,
4. Rechte der Studierenden im Fernstudium und im Teilzeitstudium,
5. Gasthörerschaft und Nebenhörerschaft,
6. Beurlaubung,
7. Grundsätze für die Anrechnung von Studienzeiten und Studienleistungen an anderen Hochschulen,
8. Zugangsvoraussetzungen für Ausländer und Ausländerinnen, die eine im Land Berlin anerkannte Studienbefähigung besitzen; zu den Voraussetzungen gehört auch der Nachweis ausreichender Kenntnisse der deutschen Sprache,
9. das Erfordernis einer Zertifizierung von ausländischen Nachweisen für den Hochschulzugang,
10. Möglichkeiten für vorläufige Studienberechtigungen für Geflüchtete, denen auf Grund der Situation im Herkunftsstaat ein fristgerechter Nachweis der Zugangsvoraussetzungen nicht möglich ist, und alternative Nachweismöglichkeiten, wenn die vorgesehenen Nachweise dauerhaft nicht erbracht werden können,
11. die auf der Grundlage einer Eignungsprüfung festzustellenden Anforderungen für den Zugang beruflich qualifizierter Bewerber und Bewerberinnen nach § 11 ohne einen ersten berufsqualifizierenden Hochschulabschluss zum Masterstudium in geeigneten weiterbildenden oder künstlerischen Studiengängen mit einer Regelstudienzeit von vier Semestern; an der Eignungsprüfung darf frühestens teilgenommen werden, wenn der Bewerber oder die Bewerberin seit dem Erwerb der beruflichen Qualifikation nach § 11 mindestens fünf Jahre in für das Masterstudium einschlägigen Berufsfeldern tätig war; in der Satzung ist auch das Prüfungsverfahren zu regeln; Absatz 5 Satz 3 gilt entsprechend.

§ 11 Hochschulzugang für beruflich Qualifizierte

(1) Wer

1. eine Aufstiegsfortbildung nach den Bestimmungen der Handwerksordnung, des Berufsbildungsgesetzes oder vergleichbaren bundes- oder landesrechtlichen Regelungen bestanden hat,
2. eine Fachschulausbildung an einer staatlichen oder staatlich anerkannten Fachschule im Sinne des § 34 des Schulgesetzes oder eine vergleichbare Ausbildung in einem anderen Bundesland abgeschlossen hat,

3. eine der unter Nummer 1 genannten Fortbildung vergleichbare Qualifikation für den nautischen oder technischen Schiffsdienst erworben hat oder
4. eine der unter Nummer 1 genannten Fortbildung vergleichbare Qualifikation auf Grund einer landesrechtlich geregelten Fortbildungs- oder Weiterbildungsmaßnahme, insbesondere nach dem Gesetz über die Weiterbildung und Fortbildung in den Medizinalfachberufen und in Berufen der Altenpflege vom 3. Juli 1995, das zuletzt durch Gesetz vom 9. Mai 2016 (GVBl. S. 226) geändert worden ist, für Berufe im Gesundheitswesen oder im sozialpflegerischen oder pädagogischen Bereich erworben hat,

ist berechtigt, ein grundständiges Studium an einer Hochschule aufzunehmen (allgemeine Hochschulzugangsberechtigung).

(2) Wer in einem zum angestrebten Studiengang fachlich ähnlichen Beruf eine durch Bundes- oder Landesrecht geregelte mindestens zweijährige Berufsausbildung abgeschlossen hat, ist berechtigt, ein seiner bisherigen Ausbildung entsprechendes grundständiges Studium an einer Hochschule aufzunehmen (fachgebundene Hochschulzugangsberechtigung).

(3) [1]Wer über eine fachgebundene Hochschulzugangsberechtigung nach Absatz 2 verfügt, ist darüber hinaus berechtigt, an einer Hochschule in einem frei gewählten grundständigen Studiengang ein Studium aufzunehmen, wenn er oder sie die Studierfähigkeit in dem Fach in einer Zugangsprüfung nachgewiesen hat. [2]Bei der Festlegung der Prüfungsinhalte sind die Vorkenntnisse, die im Rahmen des Besuchs einer berufsbildenden Schule erworben werden, in angemessener Weise zu berücksichtigen. [3]Die Prüfung kann in jedem Bewerbungszeitraum abgelegt und wiederholt werden. [4]Die Hochschulen bieten hierfür geeignete Informationen und Vorbereitungsmöglichkeiten an.

(4) Wer auf Grund einer beruflichen Qualifikation ein mindestens einjähriges Hochschulstudium in einem anderen Bundesland erfolgreich absolviert hat, kann unbeschadet des Absatzes 2 das Studium in einem ähnlichen Studiengang an einer Berliner Hochschule fortsetzen.

(5) Eine Hochschulzugangsberechtigung nach Absatz 1 oder Absatz 2 erhält auch, wer eine berufliche Ausbildung im Ausland nachweist, die denen der Absätze 1 oder 2 entspricht.

(6) Das Nähere regeln die Hochschulen durch die Zugangssatzung.

§ 12 (weggefallen)

§ 13 Studienkollegs

(1) [1]An den Universitäten bestehen Studienkollegs. [2]Ihnen obliegt die Durchführung von Vorbereitungslehrgängen und Prüfungen für Studienbewerber und Studienbewerberinnen, die nach den Bestimmungen des Schulgesetzes zusätzliche Leistungsnachweise zur Anerkennung ihrer Studienbefähigung zu erbringen haben. [3]Darüber hinaus sollen sie Angebote entwickeln, um bestehende Nachteile bei ausländischen Studienbewerbern und Studienbewerberinnen im Studium auszugleichen.

(2) [1]Die Studienkollegs unterliegen hinsichtlich der Unterrichts- und Prüfungsangelegenheiten der Schulaufsicht der für das Schulwesen zuständigen Senatsverwaltung. [2]Die Lehrkräfte an den Studienkollegs dürfen nur mit Zustimmung der für das Schulwesen zuständigen Senatsverwaltung beschäftigt werden. [3]Sie müssen die Laufbahnbefähigung als Studienrat oder Studienrätin haben; Ausnahmen hiervon können von der für das Schulwesen zuständigen Senatsverwaltung zugelassen werden.

(3) Für andere Hochschulen als die Universitäten können durch Entscheidung der für Hochschulen zuständigen Senatsverwaltung im Einvernehmen mit der für das Schulwesen zuständigen Senatsverwaltung den Studienkollegs entsprechende Einrichtungen vorgesehen werden.

§ 14 Immatrikulation

(1) [1]Studienbewerber und Studienbewerberinnen sind zu immatrikulieren, wenn sie die Voraussetzungen gemäß §§ 10 bis 13 erfüllen und Versagungsgründe für die Immatrikulation nicht vorliegen. [2]Mit der Immatrikulation wird der oder die Studierende Mitglied der Hochschule.

(2) [1]Der oder die Studierende wird für einen Studiengang immatrikuliert. [2]Für einen zweiten zulassungsbeschränkten Studiengang kann er oder sie nur immatrikuliert werden, wenn dies im Hinblick auf das Studienziel sinnvoll ist und andere dadurch nicht vom Erststudium ausgeschlossen werden.

(3) Die Immatrikulation ist zu versagen, wenn der Studienbewerber oder die Studienbewerberin
1. in einem zulassungsbeschränkten Studiengang nicht zugelassen ist,
2. in dem gewählten Studiengang vorgeschriebene Leistungsnachweise oder Prüfungen an einer Hochschule im Geltungsbereich des Grundgesetzes endgültig nicht bestanden hat,

3. die Zahlung von Gebühren und Beiträgen einschließlich der Sozialbeiträge zum Studierendenwerk, des Beitrags für die Studierendenschaft und, soweit eine entsprechende Vereinbarung besteht, des Beitrags für ein Semester-Ticket nicht nachweist,
4. vom Studium an einer Hochschule im Wege eines Ordnungsverfahrens ausgeschlossen worden ist, es sei denn, dass die Gefahr einer künftigen Beeinträchtigung nicht mehr besteht.

(4) Bewerber und Bewerberinnen mit ausländischen Vorbildungsnachweisen, die zur Vorbereitung eines Hochschulstudiums an einem Studienkolleg oder sonstigen Hochschuleinrichtungen studieren, haben die Rechtsstellung von Studierenden; ein Anspruch auf Zulassung zu einem Studiengang wird dadurch nicht erworben.

(5) [1]Sind Studierende an mehreren Berliner Hochschulen oder an Berliner und Brandenburger Hochschulen immatrikuliert, so müssen sie erklären, an welcher Hochschule sie ihre Mitgliedschaftsrechte ausüben. [2]Gebühren und Beiträge, einschließlich der Sozialbeiträge zum Studierendenwerk, sind nur an dieser Hochschule zu entrichten.

§ 15 Exmatrikulation

[1]Die Mitgliedschaft der Studierenden zur Hochschule endet mit der Exmatrikulation. [2]Studierende können exmatrikuliert werden, wenn sie
1. sich nicht fristgemäß zurückgemeldet haben oder
2. das Studium in einem zulassungsbeschränkten Studiengang trotz schriftlicher Aufforderung und Androhung der Exmatrikulation nicht unverzüglich aufgenommen haben.

[3]Studierende sind zu exmatrikulieren, wenn sie
1. das Studium in keinem Studiengang fortführen dürfen,
2. Gebühren und Beiträge, einschließlich der Sozialbeiträge zum Studierendenwerk, des Beitrags für die Studierendenschaft und, soweit eine entsprechende Vereinbarung besteht, des Beitrags für ein Semester-Ticket, trotz schriftlicher Mahnung und Androhung der Exmatrikulation nicht gezahlt haben,
3. die Abschlussprüfung bestanden oder die in dem gewählten Studiengang vorgeschriebenen Leistungsnachweise oder eine vorgeschriebene Prüfung endgültig nicht bestanden haben, sofern sie nicht innerhalb von zwei Monaten die Notwendigkeit der Immatrikulation für die Erreichung eines weiteren Studienziels nachweisen; Entsprechendes gilt für den Fall eines beendeten Promotionsvorhabens.

§ 16 Maßnahmen zur Erhaltung des Hochschulbetriebs

(1) Das Ordnungsrecht über die Studierenden wird aufgehoben.

(2) [1]Im Rahmen der ihm nach § 52 Absatz 5 Satz 2 zustehenden Befugnisse kann das Präsidium Maßnahmen gegen Störungen des geordneten Hochschulbetriebs durch Studierende treffen; diese sind auf höchstens drei Monate zu befristen. [2]Betroffene sind anzuhören.

§ 17 (weggefallen)

§ 18 Studierendenschaft

(1) [1]Die immatrikulierten Studierenden einer Hochschule bilden die Studierendenschaft. [2]Die Studierendenschaft ist eine rechtsfähige Teilkörperschaft der Hochschule. [3]Sie verwaltet ihre Angelegenheiten im Rahmen der gesetzlichen Bestimmungen selbst.

(2) [1]Die Studierendenschaft hat die Belange der Studierenden in Hochschule und Gesellschaft wahrzunehmen und die Verwirklichung der Ziele und Aufgaben der Hochschule nach § 4 zu fördern. [2]In diesem Sinne nimmt sie im Namen ihrer Mitglieder ein politisches Mandat wahr. [3]Die Studierendenschaft hat insbesondere folgende Aufgaben:
1. bei der sozialen und wirtschaftlichen Selbsthilfe der Studierenden mitzuwirken,
2. die Meinungsbildung in der Gruppe der Studierenden zu ermöglichen,
3. an der Erfüllung der Aufgaben der Hochschulen, insbesondere durch Stellungnahmen zu hochschul- oder wissenschaftspolitischen Fragen, mitzuwirken,
4. auf der Grundlage der verfassungsmäßigen Ordnung die politische Bildung, das staatsbürgerliche Verantwortungsbewusstsein und die Bereitschaft ihrer Mitglieder zur aktiven Toleranz sowie zum Eintreten für die Grund- und Menschenrechte zu fördern,
5. kulturelle, fachliche, wirtschaftliche und soziale Belange ihrer Mitglieder wahrzunehmen,
6. die Integration ausländischer Studierender zu fördern,

7. den Studierendensport zu fördern,
8. die überregionalen und internationalen Studierendenbeziehungen zu pflegen,
9. die Erreichung der Ziele des Studiums (§ 21) zu fördern.

4Zur Erfüllung ihrer Aufgaben kann die Studierendenschaft insbesondere auch zu solchen Fragen Stellung beziehen, die sich mit der gesellschaftlichen Aufgabenstellung der Hochschulen sowie mit der Anwendung der wissenschaftlichen Erkenntnisse und der Abschätzung ihrer Folgen für die Gesellschaft und die Natur beschäftigen. 5Die Studierendenschaft und ihre Organe können für die Erfüllung ihrer Aufgaben Medien aller Art nutzen und in diesen Medien auch die Diskussion und Veröffentlichung zu allgemeinen gesellschaftlichen Fragen ermöglichen.

(3) 1Für die Wahlen zu den Organen der Studierendenschaft gilt § 48 entsprechend. 2Sie sollen nach Möglichkeit gleichzeitig mit den Wahlen der Organe der Hochschulselbstverwaltung durchgeführt werden.

(4) 1Die Studierendenschaft untersteht der Rechtsaufsicht des Präsidiums, das insoweit der Rechtsaufsicht der für Hochschulen zuständigen Senatsverwaltung untersteht. 2§ 52 Absatz 5 Satz 5 und 6 und § 89 Absatz 1 gelten entsprechend.

§ 18a Semester-Ticket

(1) 1Zu den Aufgaben der Studierendenschaft gehört auch die Vereinbarung preisgünstiger Benutzung der Verkehrsmittel des öffentlichen Personennahverkehrs für die Studierenden der Hochschulen gemäß § 1 Absatz 1 sowie weiterer staatlicher oder staatlich anerkannter Hochschulen (Semester-Ticket). 2Die Teilnahme an der Einführung des Semester-Tickets wird für jede Hochschule vom Allgemeinen Studierendenauschuss mit dem nach § 28 des Berliner Mobilitätsgesetzes vom 5. Juli 2018 (GVBl. S. 464), das zuletzt durch Artikel 3 des Gesetzes vom 22. März 2021 (GVBl. S. 318) geändert worden ist, zuständigen Vertragspartner vereinbart.

(2) 1Die Vereinbarung setzt ein zustimmendes Votum der Studierenden der jeweiligen Hochschule voraus. 2Das zustimmende Votum liegt vor, wenn sich eine Mehrheit der Teilnehmenden an einer von der Studierendenschaft der jeweiligen Hochschule durchgeführten Urabstimmung oder einer sonstigen Befragung, mindestens aber zehn vom Hundert der eingeschriebenen Studierenden der Hochschule, für die Einführung ausgesprochen hat. 3Der Abschluss der Verträge obliegt den Allgemeinen Studierendenausschüssen.

(3) Studierende, die aus gesundheitlichen Gründen oder wegen studienbedingter Abwesenheit vom Hochschulort das Semester-Ticket nicht nutzen könnten, werden auf Antrag von der Teilnahmeverpflichtung befreit.

(4) 1Zur Erfüllung ihrer Verpflichtungen aus den Vereinbarungen nach Absatz 1 erheben die Studierendenschaften nach Maßgabe einer Satzung von allen Studierenden der teilnehmenden Hochschulen, die nicht gemäß Absatz 3 befreit sind, Beiträge, die gesondert von den Beiträgen gemäß § 20 auszuweisen sind und nicht der Genehmigung des Präsidiums bedürfen. 2Sie werden für jedes Semester bei der Immatrikulation oder Rückmeldung fällig und von den Hochschulen kostenfrei eingezogen. 3Die Studierendenschaften bedienen sich der Einrichtungen des Präsidiums gemäß § 20 Absatz 2 zur Verwaltung und Bewirtschaftung der Beiträge und etwaiger Bewirtschaftungsgewinne und schließen mit den Hochschulen hierzu Verwaltungsvereinbarungen, an denen auch mehrere Studierendenschaften und mehrere Hochschulen beteiligt sein können. 4Kommt eine Verwaltungsvereinbarung nicht zu Stande, so obliegt die Verwaltung und Bewirtschaftung der Beiträge und etwaiger Bewirtschaftungsgewinne dem Studierendenwerk gegen Kostenerstattung und nach Maßgabe der Vorgaben der Studierendenschaft.

(5) 1Die Studierendenschaften können durch Satzung bestimmen, dass ein Zuschlag zum Semester-Ticket-Beitrag zu leisten ist und dass Studierenden bei Vorliegen einer besonderen sozialen Härte ein Nachlass auf den Ticketpreis nach Maßgabe der zur Verfügung stehenden Mittel gewährt werden kann. 2Die Satzung bedarf der Genehmigung des Präsidiums; im Übrigen findet Absatz 4 entsprechende Anwendung.

§ 19 Satzung und Organe der Studierendenschaft

(1) 1Zentrale Organe der Studierendenschaft sind

1. die Vollversammlung der Studierenden,
2. das Studierendenparlament,
3. der Allgemeine Studierendenausschuss.

[2]Die Studierendenschaft kann sich auf Fachbereichsebene in Fachschaften gliedern. [3]Fachschaften können auch standortorientiert und fachbereichsübergreifend gebildet werden. [4]Für die Charité kann eine Fachschaft auch hochschulübergreifend gebildet werden.

(2) [1]Die Studierendenschaft gibt sich eine Satzung, die vom Studierendenparlament mit der Mehrheit von zwei Dritteln seiner Mitglieder beschlossen wird. [2]Die Satzung regelt insbesondere
1. Bildung, Zusammensetzung, Zuständigkeit und Verfahren der Organe sowie ihre Amtszeiten,
2. das Verfahren bei Aufstellung und Ausführung des Haushaltsplans,
3. die Kontrolle über die Haushaltsführung.

(3) [1]Das Studierendenparlament besteht an der Freien Universität Berlin, der Humboldt-Universität zu Berlin und an der Technischen Universität Berlin aus sechzig Mitgliedern, an den anderen Hochschulen aus dreißig Mitgliedern. [2]Es beschließt über
1. grundsätzliche Angelegenheiten der Studierendenschaft,
2. die Satzung, den Haushaltsplan und die Festsetzung der Beiträge,
3. die Entlastung der Mitglieder des Allgemeinen Studierendenausschusses,
4. die Wahlordnung zu den Organen der Studierendenschaft.

[3]Das Studierendenparlament wählt den Vorsitzenden oder die Vorsitzende und die Mitglieder des Allgemeinen Studierendenausschusses.

(4) [1]Der Allgemeine Studierendenausschuss vertritt die Studierendenschaft. [2]Er ist an die Beschlüsse des Studierendenparlaments gebunden und erledigt die laufenden Geschäfte der Studierendenschaft. [3]Seine Mitglieder sind dem Studierendenparlament und der studentischen Vollversammlung der Studierenden rechenschaftspflichtig.

§ 20 Haushalt der Studierendenschaft

(1) [1]Die Studierendenschaft erhebt von ihren Mitgliedern Beiträge. [2]Die Höhe der Beiträge ist auf das Maß zu beschränken, das zur Erfüllung der Aufgaben gemäß § 18 Absatz 2 nach den Grundsätzen einer sparsamen Haushaltswirtschaft erforderlich ist. [3]Die Beiträge sind von der Hochschule kostenfrei einzuziehen. [4]Der Haushaltsplan und die Festsetzung der Beiträge bedarf der Genehmigung des Präsidiums.

(2) Für Zahlungen, Buchführung und Rechnungslegung kann sich die Studierendenschaft der Einrichtungen der Hochschulverwaltung bedienen.

(3) [1]Die Rechnung der Studierendenschaft ist von einem öffentlich bestellten Rechnungsprüfer oder einer anerkannten Wirtschaftsprüfungsgesellschaft zu prüfen. [2]Die Haushalts- und Wirtschaftsführung der Studierendenschaft unterliegt der Prüfung durch den Rechnungshof von Berlin.

(4) Für Verbindlichkeiten der Studierendenschaft haftet nur deren Vermögen.

Dritter Abschnitt
Studium, Lehre und Prüfungen

§ 21 Allgemeine Ziele des Studiums

(1) [1]Lehre und Studium sollen die Studierenden auf berufliche Tätigkeiten unter Berücksichtigung der Veränderungen in der Berufswelt vorbereiten und ihnen die dafür erforderlichen fachlichen Kompetenzen, Fähigkeiten und Methoden so vermitteln, dass sie zu wissenschaftlicher oder künstlerischer Arbeit, zu kritischem Denken und zu freiem, verantwortlichem, ethischem, demokratischem, nachhaltigem und sozialem Handeln befähigt werden. [2]Hierzu gehört auch die Vermittlung fachübergreifender Kompetenzen, Fähigkeiten und Methoden insbesondere in der Nutzung der modernen Informations- und Kommunikationstechnologien.

(2) Die Hochschulen berücksichtigen hierbei insbesondere, dass
1. die Studierenden befähigt werden, Studieninhalte wissenschaftlich oder künstlerisch selbständig zu erarbeiten und deren Bezug zur Praxis zu erkennen,
2. die Formen der Lehre und des Studiums den aktuellen methodischen und didaktischen Erkenntnissen entsprechen,
3. die Studieninhalte den Studierenden breite Entwicklungsmöglichkeiten eröffnen,

4. das Studium inter- und transdisziplinär sowie projektbezogen angelegt wird, unter Berücksichtigung der Verbindung von Wissenschaft oder Kunst und Praxis,
5. die Gleichwertigkeit einander entsprechender Hochschulabschlüsse und die Möglichkeit des Hochschulwechsels erhalten bleibt.

(3) [1]Die Hochschulen gewährleisten, dass die Studierenden die in Absatz 1 und Absatz 2 Nummer 1 genannten Ziele gemäß der Aufgabenstellung ihrer Hochschule im Rahmen der jeweils vorgesehenen Regelstudienzeiten erreichen können. [2]Hierzu geben sie Empfehlungen für die sachgerechte Durchführung des Studiums.

(4) Die Hochschulen haben die ständige Aufgabe Inhalte und Formen des Studiums im Hinblick auf die Entwicklung in Wissenschaft und Kunst und die sich verändernden Bedürfnisse der Gesellschaft und der beruflichen Praxis zu überprüfen und weiterzuentwickeln.

(5) In der Lehre und in Prüfungen soll auf die Verwendung von eigens hierfür getöteten Tieren verzichtet werden, sofern es die mit dem Studium bezweckte Berufsbefähigung zulässt, andere Lehrmethoden und -materialien einzusetzen.

§ 22 Studiengänge

(1) Ein Studiengang führt zu einem berufsqualifizierenden Abschluss.

(2) Die Hochschulen haben Studiengänge und Prüfungen so zu organisieren und einzurichten, dass insbesondere

1. unter Berücksichtigung der Eigenverantwortung der Studierenden die Erreichung der Studienziele (Kompetenzerwerb) gewährleistet ist,
2. sämtliche Studien- und Prüfungsleistungen innerhalb der Regelstudienzeit erbracht werden können,
3. sämtliche Studien- und Prüfungsleistungen gemäß Absatz 3 auch im Rahmen eines Teilzeitstudiums erbracht werden können,
4. individuelle Gestaltungsmöglichkeiten des Studiums und frei zu wählende Studienanteile auch zu überfachlichem Kompetenzerwerb für Studierende in der Regel zu einem Viertel, mindestens aber zu einem Fünftel berücksichtigt werden,
5. ein Teil des Studiums dem überfachlichen Kompetenzerwerb vorbehalten wird,
6. Möglichkeiten zugelassen werden, Studienleistungen in unterschiedlichen Formen zu erbringen,
7. Möglichkeiten zugelassen werden, einzelne Lehrveranstaltungen oder Teile des Studiums an unterschiedlichen Hochschulen in Berlin und Brandenburg zu absolvieren,
8. bereits erbrachte Studien- und Prüfungsleistungen bei einem Wechsel der Hochschule anerkannt werden, sofern hinsichtlich der erworbenen Kompetenzen kein wesentlicher Unterschied zu den Anforderungen des aufnehmenden Studiengangs besteht,
9. Zeiträume während des Studiums für Aufenthalte an anderen Hochschulen oder im Ausland oder für Praktika ohne Zeitverlust zur Verfügung stehen,
10. die Anerkennung erbrachter Leistungen auf gleiche oder verwandte Studiengänge derselben oder einer anderen Hochschule erleichtert wird,
11. eine dem jeweiligen Studiengang entsprechende Verbindung von Wissenschaft und Praxis besteht.

(3) [1]Die Hochschulen haben Studiengänge so zu organisieren und einzurichten, dass ein Teilzeitstudium möglich wird. [2]Ein Teilzeitstudium ist allen Studierenden auf Antrag zu gewähren. [3]Aus dem individuellen Status des Studiums auf Teilzeit erwächst kein Anspruch auf ein erhöhtes Studienangebot seitens der Hochschule. [4]Der Antrag, ein Studium in Teilzeitform zu studieren, ist in der Regel vor Beginn des Semesters zu stellen. [5]Soweit der oder die Studierende in dem Antrag oder bei der Rückmeldung keine kürzere Dauer bestimmt hat, erfolgt das Studium in Teilzeitform bis auf Widerruf durch den Studierenden oder die Studierende. [6]Die Rückkehr zum Vollzeitstudium erfolgt auf Antrag in der Regel zum Semesterwechsel. [7]Die im Teilzeitstudium absolvierten Studienzeiten werden entsprechend dem am regulären Studienprogramm geleisteten Anteil auf die Regelstudienzeit angerechnet.

(4) [1]Die Hochschulen sollen Teilzeitstudiengänge einrichten, die ein Studium neben dem Beruf ermöglichen. [2]Bei Teilzeitstudiengängen wird die Regelstudienzeit entsprechend der im Verhältnis zu einem Vollzeitstudiengang vorgesehenen Studienbelastung festgelegt.

(5) [1]Die Einrichtung und Aufhebung von Studiengängen bedarf der Zustimmung der für Hochschulen zuständigen Senatsverwaltung. [2]In einem neuen Studiengang soll der Lehrbetrieb erst aufgenommen werden, wenn zumindest vorläufige Ordnungen für Studium und Prüfungen vorliegen.

§ 22a Strukturierung der Studiengänge

(1) [1]Studiengänge sind in mit Leistungspunkten versehene Studieneinheiten (Module) zu gliedern, die durch die Zusammenfassung von Studieninhalten thematisch und zeitlich abgegrenzt sind. [2]Dies gilt nicht für solche Studiengänge, für die die für Hochschulen zuständige Senatsverwaltung Ausnahmen nach § 23 Absatz 6 zugelassen hat.

(2) [1]Jedem Modul ist in Abhängigkeit vom Arbeitsaufwand für die Studierenden eine bestimmte Anzahl von Leistungspunkten entsprechend dem European Credit Transfer System (ECTS) zuzuordnen. [2]Je Semester sind in der Regel 30 Leistungspunkte zu Grunde zu legen. [3]Ein Leistungspunkt entspricht einer Gesamtarbeitsleistung der Studierenden im Präsenz- und Selbststudium von 25 bis höchstens 30 Zeitstunden. [4]Module sollen mindestens eine Größe von fünf Leistungspunkten aufweisen. [5]Für ein Modul erhält ein Studierender oder eine Studierende Leistungspunkte, wenn er oder sie die in der Prüfungsordnung vorgesehenen Leistungen nachweist. [6]Die Vergabe von Leistungspunkten setzt nicht zwingend eine Prüfung, sondern den erfolgreichen Abschluss des jeweiligen Moduls voraus.

(3) [1]Die Studiengänge sollen die dem Fach entsprechenden internationalen Bezüge aufweisen. [2]In geeigneten Fächern können Lehre und Prüfungen nach Maßgabe der Prüfungsordnung ganz oder teilweise in fremdsprachlicher Form durchgeführt werden.

§ 23 Bachelor- und Masterstudiengänge, Regelstudienzeit

(1) Die Hochschule stellt mit ihren Bachelorstudiengängen, in denen entsprechend dem Profil der Hochschule und des Studiengangs wissenschaftliche oder künstlerische Grundlagen, Methodenkompetenz und berufsfeldbezogene Qualifikationen vermittelt werden, eine breite wissenschaftliche oder künstlerische Qualifizierung sicher.

(2) [1]Ein Bachelorstudiengang führt zu einem ersten berufsqualifizierenden Hochschulabschluss (Bachelorgrad) und hat eine Regelstudienzeit von mindestens drei, höchstens vier Jahren. [2]Für einen Bachelor-Abschluss sind nach Ausgestaltung der Studien- und Prüfungsordnungen nicht weniger als 180 Leistungspunkte nachzuweisen.

(3) [1]Masterstudiengänge sind so auszugestalten, dass sie

1. a) als vertiefende, verbreiternde oder fachübergreifende Studiengänge auf einem Bachelorstudiengang aufbauen oder
   b) einen berufsqualifizierenden Hochschulabschluss voraussetzen, jedoch nicht auf bestimmten Bachelorstudiengängen aufbauen

(konsekutive Masterstudiengänge) oder

2. Studieninhalte vermitteln, die in der Regel einen ersten berufsqualifizierenden Hochschulabschluss und anschließende qualifizierte berufspraktische Erfahrung von in der Regel nicht unter einem Jahr voraussetzen (weiterbildende Masterstudiengänge).

[2]Ein Masterstudiengang führt zu einem weiteren berufsqualifizierenden Hochschulabschluss (Mastergrad) und hat eine Regelstudienzeit von mindestens einem Jahr, höchstens zwei Jahren. [3]Für einen Masterabschluss sind unter Einbeziehung des ersten berufsqualifizierenden Hochschulabschlusses in der Regel 300 Leistungspunkte erforderlich. [4]Davon kann bei entsprechender Qualifikation der Studierenden im Einzelfall abgewichen werden.

(4) Die Gesamtregelstudienzeit eines Bachelorstudiengangs und eines konsekutiven Masterstudiengangs nach Absatz 3 Satz 1 Nummer 1 Buchstabe a beträgt höchstens fünf, in den künstlerischen Kernfächern höchstens sechs Jahre.

(5) [1]Die in den Absätzen 2 bis 4 festgelegten Regelstudienzeiten verlängern sich um insgesamt bis zu zwei Semester, soweit im Rahmen des Studiums strukturierte Angebote der Hochschule zur fachlichen Orientierung (Orientierungsstudium) wahrgenommen werden. [2]Näheres regelt die Hochschule durch Satzung.

(6) Für künstlerische Studiengänge der Freien Kunst und verwandter Fächer kann die für Hochschulen zuständige Senatsverwaltung Ausnahmen von der Studiengangstruktur nach den Absätzen 1 bis 3 zulassen.

(7) [1]Die Hochschulen können in Zusammenarbeit mit Trägern beruflicher Ausbildung Studiengänge einrichten, die neben dem Hochschulabschluss auch zu einem beruflichen Ausbildungsabschluss führen oder in anderer Weise besondere berufspraktische Kompetenzen vermitteln (duale Studiengänge). [2]Duale Studiengänge integrieren wissenschaftliche und berufspraktische Qualifikationen. [3]Ein Studiengang darf als dual bezeichnet werden, wenn die Lernorte, mindestens Hochschule und Betrieb oder Praxispartner, systematisch sowohl inhaltlich als auch organisatorisch und vertraglich miteinander verzahnt sind. [4]Die Verantwortung der Hochschule für Inhalt und Qualität des Studiengangs muss dabei gewährleistet bleiben.

§ 23a Studienübergänge, Anrechnung von Ausbildungs- und Studienleistungen

(1) [1]Studien- und Prüfungsleistungen, die an staatlichen oder staatlich anerkannten Hochschulen in der Bundesrepublik Deutschland oder an ausländischen Hochschulen aus dem Geltungsbereich des Übereinkommens über die Anerkennung von Qualifikationen im Hochschulbereich in der europäischen Region vom 11. April 1997 (BGBl. 2007 II S. 712, 713) erbracht worden sind, sind anzuerkennen, sofern keine wesentlichen Unterschiede hinsichtlich der erworbenen Kompetenzen (Lernergebnisse) bestehen. [2]Im Übrigen werden an ausländischen Hochschulen erbrachte Leistungen anerkannt, sofern zwischen den erworbenen und den vorgesehenen Kompetenzen Gleichwertigkeit besteht. [3]In der Studien- und Prüfungsordnung vorgesehene Kompetenzen, die außerhalb der Hochschulen erworben worden sind, sind bis zur Hälfte der für den Studiengang vorgesehenen Leistungspunkte anzurechnen, sofern zwischen den erworbenen und den vorgesehenen Kompetenzen Gleichwertigkeit besteht. [4]Leistungen und Kompetenzen nach den Sätzen 1 bis 3 dürfen in einem Studiengang nur einmal anerkannt oder angerechnet werden.

(2) [1]Die Hochschule, an der ein Studium aufgenommen oder fortgesetzt wird, entscheidet über die angemessene Anerkennung oder Anrechnung nach Absatz 1. [2]Die Entscheidung trifft der zuständige Prüfungsausschuss der Hochschule, in Studiengängen, die mit einer staatlichen Prüfung abgeschlossen werden, das zuständige Prüfungsamt, soweit nicht die Prüfungsordnung eine pauschalierte Anrechnung oder eine andere Zuständigkeit vorsieht.

(3) In einer besonderen Hochschulprüfung (Einstufungsprüfung) können Studienbewerber oder Studienbewerberinnen mit Hochschulzugangsberechtigung nachweisen, dass sie über Kompetenzen verfügen, die eine Einstufung in ein höheres Fachsemester rechtfertigen.

(4) Das Nähere bestimmt die Studien- und Prüfungsordnung oder die Rahmenstudien- und -prüfungsordnung.

§ 24 (weggefallen)

§ 25 Promotionskollegs, Promotionszentren, Promovierendenvertretung und Studiengänge zur Heranbildung des künstlerischen Nachwuchses

(1) Um die Bearbeitung fächerübergreifender wissenschaftlicher Fragestellungen und die Betreuung von Promotionsvorhaben zu fördern, sollen die Hochschulen Promotionskollegs und in geeigneten Fällen auch Promotionszentren einrichten.

(2) [1]Doktoranden und Doktorandinnen sind Mitglieder der Universität, an der sie zur Promotion zugelassen wurden. [2]Hierüber erhalten sie unverzüglich eine schriftliche oder elektronische Bestätigung. [3]Der Zeitpunkt der Bestätigung gilt als Promotionsbeginn. [4]Sie sind, soweit sie nicht bereits auf Grund eines Beschäftigungsverhältnisses Mitglieder der Hochschule sind, als Studierende zur Promotion zu immatrikulieren.

(3) [1]Die Doktoranden und Doktorandinnen wählen aus ihrer Mitte eine Promovierendenvertretung. [2]Die Promovierendenvertretung hat die Aufgabe, in Angelegenheiten der Doktoranden und Doktorandinnen Empfehlungen und Stellungnahmen gegenüber den Organen und Gremien der Hochschule abzugeben. [3]Die Promovierendenvertretung hat bei den Sitzungen des Akademischen Senats Rede- und Antragsrecht; vor Beschlüssen der Fachbereichsräte über Promotionsordnungen wird sie angehört. [4]Näheres regelt die Hochschule durch Satzung. [5]Die Gruppenzugehörigkeit einschließlich einer Mitgliedschaft in der Studierendenschaft bleibt von dieser Regelung unberührt.

(4) [1]Für Absolventen und Absolventinnen, die ein Studium an einer Kunsthochschule erfolgreich abgeschlossen haben, können Zusatzstudien zur Vermittlung weiterer Qualifikationen, insbesondere Konzertexamen, Solistenklasse und Meisterschüler, mit einer Dauer von bis zu zwei Jahren angeboten werden. [2]Sie werden mit einer Prüfung abgeschlossen. [3]Näheres, insbesondere die Zugangsvorausset-

zungen, wird durch Satzung geregelt. [4]Die Zulassung kann von einer Aufnahmeprüfung abhängig gemacht werden.

§ 26 Weiterbildung

(1) [1]Die Hochschulen sollen nach Maßgabe der Absätze 2 bis 5 Möglichkeiten der hochschulischen Weiterbildung entwickeln und anbieten. [2]Dabei sind die besonderen Bedürfnisse der jeweiligen Zielgruppen, insbesondere die Lebenssituation von Teilnehmern und Teilnehmerinnen mit familiären Aufgaben sowie von Berufstätigen, zu beachten. [3]Die Weiterbildungsangebote sollen Erfahrungen aus der Berufspraxis und der beruflichen Ausbildung berücksichtigen und zur Erreichung der Qualifikationsziele an diese anknüpfen, sie vertiefen und erweitern.

(2) Ein weiterbildender Bachelorstudiengang ist ein grundständiger, gebührenfreier Studiengang, der sich an Personen mit einer auf einer abgeschlossenen beruflichen Ausbildung beruhenden Hochschulzugangsberechtigung richtet und für diese eine breite wissenschaftliche Qualifikation sicherstellt.

(3) Masterstudiengänge der hochschulischen Weiterbildung setzen in der Regel einen ersten berufsqualifizierenden Hochschulabschluss und eine qualifizierte berufspraktische Erfahrung von in der Regel nicht unter einem Jahr voraus.

(4) An sonstigen Angeboten der hochschulischen Weiterbildung kann teilnehmen, wer ein Hochschulstudium erfolgreich abgeschlossen oder die erforderliche Eignung im Beruf, in beruflicher Ausbildung oder auf andere Weise erworben hat.

(5) In Studiengängen der hochschulischen Weiterbildung verleiht die Hochschule in der Regel einen Bachelor- oder Mastergrad, bei sonstigen Angeboten der hochschulischen Weiterbildung ist die Verleihung von Weiterbildungszertifikaten vorzusehen.

§ 27 (weggefallen)

§ 28 Förderung des Studienerfolgs, Studienberatung

(1) [1]Die Hochschule unterstützt und fördert die Studierenden unter Berücksichtigung ihrer Eigenverantwortung bei der Erreichung der Studienziele. [2]Zu diesem Zweck berät sie die Studierenden nach Maßgabe der folgenden Vorschriften. [3]Die allgemeine Studienberatung umfasst neben allgemeinen Fragen des Studiums auch die pädagogische und psychologische Beratung für Bewerber und Bewerberinnen und Studierende, spezifische Beratungsangebote für beruflich qualifizierte Bewerber und Bewerberinnen und Studierende sowie Informationen über Beratungsangebote zur Studienfinanzierung. [4]Die Beratungsstellen arbeiten dabei mit den für die Berufsberatung, die staatlichen Prüfungsordnungen und das Schulwesen zuständigen Stellen, mit den Studierendenvertretungen und mit dem Studierendenwerk zusammen. [5]Die allgemeine Studienberatung kann auch durch zentral in den Hochschulen eingerichtete Beratungsstellen ausgeübt werden. [6]Zur Förderung der Durchlässigkeit zwischen beruflicher und hochschulischer Bildung sind die Beratungsstellen aufgefordert, im Sinne der Gleichwertigkeit der beiden Bildungsbereiche zu handeln.

(2) [1]Die Studienfachberatung erfolgt in den Fachbereichen. [2]Hierfür sind ein Hochschullehrer oder eine Hochschullehrerin und mindestens ein studentischer Beschäftigter oder eine studentische Beschäftigte einzusetzen. [3]Der Fachbereich soll bei Bedarf weitere mit Lehraufgaben befasste Mitglieder oder studentische Beschäftigte zur Studienberatung hinzuziehen, um die erforderlichen Kapazitäten für eine angemessene Beratung zu schaffen. [4]Auch in den sonstigen Einrichtungen der Hochschule, die nicht in Fachbereiche gegliedert sind, können studentische Beschäftigte für die Beratung Studierender und Studieninteressierter eingesetzt werden. [5]Zur Einführung in das Studium sollen die Fachbereiche am Beginn des Studiums Orientierungseinheiten durchführen. [6]Im Laufe des zweiten Studienjahres ist in der Regel im dritten Semester für alle Studierenden in grundständigen Studiengängen eine Studienverlaufsberatung anzubieten. [7]Die Studienfachberatung berücksichtigt die in Absatz 1 genannten Grundsätze zur Förderung der Durchlässigkeit der Bildungsbereiche.

(3) [1]Die Hochschule bietet in Bachelorstudiengängen insbesondere Studierenden, die die Studienziele des bisherigen Studiums zu weniger als einem Drittel der zu erbringenden Leistungspunkte erreicht haben, spätestens nach Ablauf der Hälfte der Regelstudienzeit die Teilnahme an Studienfachberatungen zur Förderung eines erfolgreichen weiteren Studienverlaufs an.

(4) Einzelangaben über persönliche und sachliche Verhältnisse einer bestimmten oder bestimmbaren Person, die eine Beratung in Anspruch nimmt, dürfen nicht ohne deren Einverständnis an Dritte weitergegeben werden.

§ 28a Beauftragter oder Beauftragte für Studierende mit Behinderungen und chronischen Erkrankungen

(1) Für Studierende mit Behinderungen gemäß § 3 des Behindertengleichstellungsgesetzes oder chronischen Erkrankungen wird vom Akademischen Senat ein Beauftragter oder eine Beauftragte gewählt.

(2) [1]Der oder die Beauftragte wirkt auf die Realisierung chancengerechter Zugangs- und Studien- und Prüfungsbedingungen von Studienbewerbern und Studienbewerberinnen sowie Studierenden mit Behinderungen gemäß § 3 des Behindertengleichstellungsgesetzes oder chronischen Erkrankungen und auf den Abbau von Barrieren in der Hochschule hin. [2]Er oder sie berät und unterstützt das Präsidium und die übrigen Organe und Einrichtungen der Hochschule in allen Angelegenheiten, die das Thema Menschen mit Behinderungen oder chronischen Erkrankungen betreffen. [3]Die Aufgaben umfassen gemäß § 5b Absatz 5 insbesondere die Mitwirkung bei der Planung und Organisation der Lehr- und Studienbedingungen nach den Bedarfen von Studierenden mit Behinderungen gemäß § 3 des Behindertengleichstellungsgesetzes oder chronischen Erkrankungen, deren Beratung und die Beratung von Studienbewerbern und Studienbewerberinnen mit Behinderungen gemäß § 3 des Behindertengleichstellungsgesetzes oder chronischen Erkrankungen sowie die Mitwirkung bei der Planung notwendiger behindertengerechter technischer und baulicher Maßnahmen.

(3) Der oder die Beauftragte darf in Ausübung seines oder ihres Amtes nicht beeinflusst und wegen des Amtes nicht benachteiligt oder begünstigt werden; dies gilt auch für die berufliche Entwicklung.

(4) Der oder die Beauftragte hat das Recht auf notwendige und sachdienliche Information sowie Teilnahme-, Antrags- und Rederecht in allen Gremien der Hochschule in Angelegenheiten, die die Belange der Studienbewerber und Studienbewerberinnen sowie der Studierenden mit Behinderungen gemäß § 3 des Behindertengleichstellungsgesetzes oder chronischen Erkrankungen berühren.

(5) [1]Der oder die Beauftragte berichtet dem Präsidium mindestens alle zwei Jahre über die Entwicklung der Tätigkeiten. [2]Der Akademische Senat nimmt zu dem Bericht Stellung.

(6) [1]Der oder die Beauftragte ist verpflichtet, über die persönlichen Verhältnisse von Studienbewerbern und Studienbewerberinnen sowie Studierenden, die ihm oder ihr auf Grund des Amtes bekannt geworden sind, und über Angelegenheiten, die ihrer Bedeutung oder ihrem Inhalt nach einer vertraulichen Behandlung bedürfen, Stillschweigen zu bewahren. [2]Dies gilt auch über die Amtszeit hinaus. [3]Diese Verpflichtung besteht bei Einwilligung der Beschäftigten nicht gegenüber dem Präsidium und der Personalvertretung.

(7) [1]Dem oder der Beauftragten sind die für die wirksame Wahrnehmung ihrer Aufgaben notwendigen Personal- und Sachmittel im Haushalt der Hochschule zur Verfügung zu stellen. [2]Sie sind von der sonstigen dienstlichen Tätigkeit ohne Minderung der Bezüge freizustellen, soweit es ihre Aufgabe erfordert.

§ 29 Semester- und Vorlesungszeiten

(1) [1]Das Sommersemester dauert vom 1. April bis zum 30. September, das Wintersemester vom 1. Oktober bis zum 31. März. [2]Jeweils zwei Semester bilden ein akademisches Jahr.

(2) Vorlesungszeiten, akademische Ferien und Hochschultage setzt der Akademische Senat mit Zustimmung der für Hochschulen zuständigen Senatsverwaltung fest.

(3) In der vorlesungsfreien Zeit sollen unter Berücksichtigung der anderen Verpflichtungen der Lehrkräfte Möglichkeiten zur Förderung des Studiums angeboten und bei Bedarf auch Lehrveranstaltungen durchgeführt werden.

§ 30 Prüfungen

(1) Prüfungen dienen der Feststellung der auf der Grundlage der jeweiligen Studien- und Prüfungsordnung zu erlangenden Kompetenzen.

(2) [1]Ein Studium wird mit Vorliegen sämtlicher in der Prüfungsordnung vorgesehenen Studien- und Prüfungsleistungen oder mit einer staatlichen oder kirchlichen Prüfung abgeschlossen. [2]In Bachelor- und Masterstudiengängen ist eine Abschlussarbeit vorzusehen, mit der die Fähigkeit nachgewiesen wird, innerhalb einer vorgegebenen Frist ein Problem aus dem jeweiligen Fach selbstständig nach wissenschaftlichen oder künstlerischen Methoden zu bearbeiten.

(3) [1]Module nach § 22a Absatz 1 werden in der Regel mit einer einheitlichen Prüfung abgeschlossen, deren Bestehen die Voraussetzung für den Abschluss des Studiums ist. [2]Die Prüfungsinhalte sollen sich an den im jeweiligen Modul zu vermittelnden Kompetenzen orientieren. [3]In Studiengängen, die

nicht nach § 23 Absatz 1 bis 3 strukturiert sind und die mit einer Hochschulprüfung abschließen, findet eine Zwischenprüfung statt, die auch studienbegleitend durchgeführt werden kann. [4]Satz 3 gilt auch für Studiengänge, die mit einer staatlichen oder kirchlichen Prüfung abgeschlossen werden, soweit staatliche oder kirchliche Rechtsvorschriften nichts anderes bestimmen.

(4) [1]Nicht bestandene studienbegleitende Prüfungen dürfen grundsätzlich mindestens zweimal, an Kunsthochschulen grundsätzlich mindestens einmal wiederholt werden; durch Teilnahme an einer Studienfachberatung erhalten Studierende über die in der Prüfungsordnung vorgesehenen Wiederholungsversuche hinaus einen weiteren Prüfungsversuch. [2]Nicht bestandene Bachelor- und Masterarbeiten einschließlich der daran anschließenden mündlichen Prüfungen sowie Abschluss- und Zwischenprüfungen dürfen grundsätzlich zweimal wiederholt werden. [3]Die Hochschule hat sicherzustellen, dass eine Wiederholungsprüfung spätestens zu Beginn des auf die Prüfung folgenden Semesters abgelegt werden kann. [4]Bei der Festsetzung des Zeitpunkts der Wiederholungsprüfung sollen die Interessen der Studierenden berücksichtigt werden. [5]Die Möglichkeit zur Ablegung von Prüfungen und Wiederholungsprüfungen darf über die Anzahl der Wiederholungsversuche und das Außerkrafttreten der jeweiligen Prüfungsordnung unter Wahrung angemessener Übergangsfristen hinaus nicht beschränkt werden.

(5) Prüfungsergebnisse einschließlich der Ergebnisse von Wiederholungsprüfungen sind so rechtzeitig bekannt zu geben, dass eine ungehinderte Fortführung des Studiums gewährleistet ist und hinreichend Zeit für die Vorbereitung auf eine mögliche Wiederholungsprüfung zur Verfügung steht.

(6) Der Prüfungsanspruch bleibt grundsätzlich nach der Exmatrikulation bestehen.

(7) [1]Pro Modul sind für Präsenzprüfungen zwei Prüfungstermine für das jeweilige Semester anzubieten. [2]Die oder der Studierende kann zwischen beiden Prüfungsterminen frei wählen.

(8) Auch Dauerleiden berechtigen zu einem Rücktritt, der bis zum Beginn der Prüfung möglich ist.

§ 31 Rahmenstudien- und -prüfungsordnung, Studienordnungen, Prüfungsordnungen

(1) [1]Die Hochschule erlässt eine Rahmenstudien- und -prüfungsordnung. [2]In dieser Ordnung sind allgemeine Regelungen zur Organisation und Durchführung des Studiums und der Prüfung, zur Studierbarkeit sowie zur Studienberatung zu treffen, die im Interesse einer einheitlichen Verfahrensweise einer studiengangsübergreifenden Regelung bedürfen. [3]Dabei ist insbesondere die Möglichkeit eines flexiblen und selbstbestimmten Studiums zu berücksichtigen. [4]Einzelheiten zum jeweiligen Studiengang regelt die Hochschule in der betreffenden Studienordnung oder Prüfungsordnung.

(2) Die Studien- und Prüfungsordnungen oder die Rahmenstudien- und -prüfungsordnung müssen insbesondere regeln

1. Näheres über den mit dem Studiengang zu erwerbenden akademischen Grad sowie die Ausgestaltung des Zeugnisses und des Diploma Supplements,
2. die fachspezifische Regelstudienzeit, Regelungen zum Teilzeitstudium, den Studienaufbau durch Bestimmung der einzelnen Module und die Zuordnung von Leistungspunkten zu den Modulen sowie das Verfahren beim ersten Prüfungsversuch innerhalb der Regelstudienzeit (Freiversuch), soweit der Studiengang hierfür geeignet ist,
3. die Ausgestaltung der Module durch Bestimmung der dadurch zu vermittelnden Kompetenzen und Bestimmung der für die betreffenden Prüfungen vorgesehenen Prüfungsformen,
4. die Zulassungsvoraussetzungen und Anforderungen einzelner Prüfungen, deren Bedeutung für den Studienabschluss sowie das Verfahren der Wiederholung von Prüfungen und bei Verhinderung an der Teilnahme an Prüfungen,
5. das Verfahren zur Bildung der Abschlussnote,
6. Näheres zur Anfertigung der Abschlussarbeit,
7. Näheres zur Zulassung alternativer Studien- und Prüfungsleistungen durch den Prüfungsausschuss, um auf begründeten Antrag im Einzelfall zu ermöglichen, dass einzelne in der Studien- oder Prüfungsordnung vorgeschriebene Studien- und Prüfungsleistungen ohne die Verwendung eigens hierfür getöteter Tiere erbracht werden können.

(3) [1]Die Rahmenstudien- und -prüfungsordnung und die Prüfungsordnungen müssen die Inanspruchnahme der Schutzfristen nach § 3 des Mutterschutzgesetzes vom 23. Mai 2017 (BGBl. I S. 1228), das durch Artikel 57 Absatz 8 des Gesetzes vom 12. Dezember 2019 (BGBl. I S. 2652) geändert worden ist, in der jeweils geltenden Fassung, ermöglichen und in angemessener Weise die Betreuung von Kindern, für die nach den gesetzlichen Regelungen von den Studierenden Elternzeit beansprucht wer-

den kann, sowie die Pflege pflegebedürftiger naher Angehöriger im Sinne des Pflegezeitgesetzes berücksichtigen. [2]Ein Nachteilsausgleich für Studierende mit Behinderungen gemäß § 3 des Behindertengleichstellungsgesetzes oder chronischen Erkrankungen durch Anerkennung gleichwertiger Leistungen in anderer Form oder Ermöglichung einer Leistungserbringung in verlängerter Zeit ist vorzusehen; hierbei ist den Studierenden möglichst langfristige Planungssicherheit einzuräumen.

§ 32 Durchführung von Hochschulprüfungen

(1) Die Organisation der Prüfungen obliegt Prüfungsausschüssen, in denen Hochschullehrer und Hochschullehrerinnen die Mehrheit der Stimmen haben und ein Hochschullehrer oder eine Hochschullehrerin den Vorsitz führt.

(2) Prüfungsleistungen dürfen nur von Personen bewertet werden, die mindestens die durch die Prüfung festzustellende oder eine gleichwertige Qualifikation besitzen.

(3) [1]Prüfungsberechtigt sind Hochschullehrer und Hochschullehrerinnen im Sinne des § 45 Absatz 1 Satz 2 Nummer 1 sowie hauptberuflich tätige Lehrkräfte, die zu selbstständiger Lehre berechtigt sind, und Lehrbeauftragte. [2]Prüfungen sollen vorrangig von Hochschullehrern und Hochschullehrerinnen abgenommen werden. [3]Studienbegleitende Prüfungen können auch von den jeweiligen Lehrkräften abgenommen werden.

(4) Die Studien- und Prüfungsordnungen oder die Rahmenstudien- und -prüfungsordnung können vorsehen, dass in der beruflichen Praxis und Ausbildung erfahrene Personen auch dann zu Prüfern oder Prüferinnen bestellt werden können, wenn sie keine Lehre ausüben.

(5) Gruppenarbeiten dürfen zugelassen und die Gruppenleistungen als solche bewertet werden, wenn Einzelleistungen der Prüfungskandidaten und Prüfungskandidatinnen abgrenzbar und bewertbar sind.

(6) Hochschulprüfungen können vor Ablauf der für die Meldung festgelegten Fristen abgelegt werden, sofern die für die Zulassung zur Prüfung erforderlichen Leistungen nachgewiesen sind.

(7) Mündliche Prüfungen finden hochschulöffentlich statt, es sei denn, ein Prüfungskandidat oder eine Prüfungskandidatin widerspricht.

(8) [1]Hochschulprüfungen können auch in digitaler Form durchgeführt werden. [2]Näheres, einschließlich Regelungen zur diesbezüglich erforderlichen Verarbeitung personenbezogener Daten, regelt die Hochschule in der Rahmenstudien- und -prüfungsordnung.

§ 33 Bewertung von Prüfungsleistungen

(1) [1]Schriftliche Prüfungsleistungen in Bachelor- und Masterarbeiten sowie in Abschluss- und Zwischenprüfungen sind in der Regel von mindestens zwei Prüfern oder Prüferinnen zu bewerten. [2]Mündliche Prüfungen sind von mehreren Prüfern oder Prüferinnen oder von einem Prüfer oder einer Prüferin in Gegenwart eines sachkundigen Beisitzers oder einer sachkundigen Beisitzerin abzunehmen und zu protokollieren. [3]Studienbegleitende Prüfungsleistungen können von nur einem Prüfer oder einer Prüferin abgenommen werden. [4]Letztmögliche Prüfungsversuche sind von mindestens zwei prüfungsberechtigten Personen abzunehmen.

(2) [1]Für in der Regel drei Viertel der Gesamtstudienleistung ist in Prüfungen differenziert und nach den gezeigten Leistungen des einzelnen Prüfungskandidaten oder der einzelnen Prüfungskandidatin mit Noten zu bewerten. [2]In die Abschlussbewertung gehen alle vergebenen Noten nach Satz 1 sowie die für den Studienabschluss erforderlichen anderen Leistungsnachweise ein.

(3) [1]Die Hochschulen gewährleisten, dass spätestens zwei Monate nach Einreichung der Bachelorarbeit der Bachelorgrad verliehen werden kann, soweit eine Überschreitung dieser Frist nicht zur Erbringung anderer nach der Prüfungsordnung erforderlicher Studien- oder Prüfungsleistungen notwendig ist. [2]Für die Verleihung des Mastergrades gilt Satz 1 mit der Maßgabe, dass die Frist ab der Einreichung der Masterarbeit drei Monate beträgt.

§ 34 Hochschulgrade

(1) [1]Auf Grund von Hochschulprüfungen, mit denen ein erster berufsqualifizierender Hochschulabschluss erworben wird, verleiht die Hochschule den Bachelorgrad. [2]Auf Grund von Hochschulprüfungen, mit denen ein weiterer berufsqualifizierender Hochschulabschluss erworben wird, verleiht die Hochschule den Mastergrad. [3]In anderen als Bachelor- und Masterstudiengängen sieht die Hochschule andere Abschlussbezeichnungen vor.

(2) [1]Urkunden, mit denen ein Hochschulgrad verliehen wird, werden mit einer in deutscher und englischer Sprache verfassten Anlage verbunden, die den Hochschulgrad insbesondere im Hinblick auf

die erworbenen Kompetenzen erläutert (Diploma Supplement). [2]Neben der nach § 33 Absatz 2 Satz 2 gebildeten Note ist auch eine relative Note entsprechend den Standards des European Credit Transfer and Accumulation System (ECTS-Note) anzugeben. [3]Für künstlerische Studiengänge kann die für Hochschulen zuständige Senatsverwaltung Ausnahmen von Satz 2 zulassen.

(3) Die Hochschulen können für den berufsqualifizierenden Abschluss eines Studiums andere Grade verleihen, wenn dies in einer Vereinbarung mit einer Hochschule außerhalb des Geltungsbereichs des Grundgesetzes und der Prüfungsordnung vorgesehen ist.

(4) Die Verleihung anderer akademischer Grade auf Grund von Hochschulprüfungen regeln die Hochschulen durch Prüfungsordnungen.

(5) Hochschulgrade werden in weiblicher, männlicher oder geschlechtsneutraler Sprachform verliehen.

(6) Von einer deutschen staatlichen oder staatlich anerkannten Hochschule verliehene Hochschulgrade, Hochschulbezeichnungen oder Hochschultitel sowie entsprechende staatliche Grade, Bezeichnungen oder Titel können im Geltungsbereich dieses Gesetzes geführt werden.

(7) Ein von einer staatlichen Hochschule gemäß § 1 Absatz 2 verliehener akademischer Grad soll wieder entzogen werden,

1. wenn sich nachträglich herausstellt, dass er durch Täuschung erworben worden ist oder dass wesentliche Voraussetzungen für die Verleihung nicht vorgelegen haben,
2. wenn sich nachträglich herausstellt, dass der Inhaber oder die Inhaberin der Verleihung eines akademischen Grades unwürdig war,
3. wenn sich der Inhaber oder die Inhaberin durch späteres Verhalten der Führung eines akademischen Grades unwürdig erwiesen hat.

(8) [1]Über die Entziehung eines von einer staatlichen Hochschule gemäß § 1 Absatz 2 verliehenen akademischen Grades entscheidet das Präsidium auf Vorschlag des Gremiums, das für die Entscheidung über die dem akademischen Grad zu Grunde liegenden Prüfungsleistungen zuständig ist. [2]§ 32 Absatz 2 gilt entsprechend. [3]Soweit die verleihende Hochschule nicht mehr besteht, bestimmt die für Hochschulen zuständige Senatsverwaltung die für das Verfahren nach Satz 1 zuständige Hochschule.

(9) [1]Bei Verlust eines Zeugnisses ist auf Antrag nach Aktenlage eine Zweitschrift mit dem Vermerk „Zweitschrift nach den Akten“ zu erteilen. [2]Das Originalzeugnis wird nicht eingezogen, die Kopie der Zweitschrift wird zu der Kopie des Originalzeugnisses genommen. [3]Der nach Satz 1 vorgesehene Vermerk ist zu datieren, zu unterschreiben und zu siegeln. [4]Erfolgt nach Erteilung eines Zeugnisses eine Namensänderung auf Grund der Regelungen des Personenstandsrechts, wird das Zeugnis auf Antrag unter Anpassung nur der Angaben zu Vornamen und Geschlecht neu erteilt. [5]Näheres kann die für Hochschulen zuständige Senatsverwaltung durch Rundschreiben bestimmen. [6]Bei nachträglicher Namensänderung auf Grund Eheschließung oder der Begründung einer Lebenspartnerschaft werden Zweitschriften grundsätzlich nicht ausgestellt. [7]Absatz 8 Satz 3 findet entsprechende Anwendung.

§ 34a Ausländische Hochschulgrade

(1) [1]Ein ausländischer Hochschulgrad, der von einer nach dem Recht des Herkunftslandes anerkannten Hochschule und auf Grund eines nach dem Recht des Herkunftslandes anerkannten Hochschulabschlusses nach einem ordnungsgemäß durch Prüfung abgeschlossenen Studium verliehen worden ist, darf in der Form, in der er verliehen wurde, unter Angabe der verleihenden Hochschule geführt werden. [2]Dabei kann die verliehene Form, soweit dies zum besseren Sprachverständnis erforderlich ist, in lateinische Schrift übertragen und die im Herkunftsland zugelassene oder nachweislich allgemein übliche Abkürzung verwendet und eine wörtliche Übersetzung in Klammern hinzugefügt werden. [3]Hochschulgrade aus Mitgliedstaaten der Europäischen Union oder des Europäischen Wirtschaftsraumes sowie des Europäischen Hochschulinstituts Florenz und der Päpstlichen Hochschulen können ohne Herkunftsbezeichnung geführt werden. [4]Eine Umwandlung in einen entsprechenden deutschen Grad findet nicht statt; eine Ausnahme hiervon gilt für Berechtigte nach § 10 des Bundesvertriebenengesetzes in der Fassung der Bekanntmachung vom 2. Juni 1993 (BGBl. I S. 829), zuletzt geändert durch Artikel 6 des Gesetzes vom 20. Juni 2002 (BGBl. I S. 1946). [5]Die Sätze 1 bis 4 gelten entsprechend für ausländische staatliche oder kirchliche Grade.

(2) [1]Inhaber von in einem wissenschaftlichen Promotionsverfahren erworbenen Doktorgraden, die in den in Absatz 1 Satz 3 bezeichneten Staaten oder Institutionen erworben wurden, können an Stelle der im Herkunftsland zugelassenen oder nachweislich allgemein üblichen Abkürzung die Abkürzung „Dr.“ ohne fachlichen Zusatz und ohne Herkunftsbezeichnung führen. [2]Dies gilt nicht für Doktorgrade, die

ohne Promotionsstudien oder -verfahren vergeben werden (so genannte Berufsdoktorate). [3]Die gleichzeitige Führung beider Abkürzungen ist nicht zulässig.

(3) [1]Ein ausländischer Ehrengrad, der von einer nach dem Recht des Herkunftslandes zur Verleihung berechtigten Hochschule oder anderen Stelle verliehen wurde, darf nach Maßgabe der für die Verleihung geltenden Rechtsvorschriften in der verliehenen Form unter Angabe der verleihenden Stelle geführt werden. [2]Dies gilt nicht, wenn die verleihende Stelle kein Recht zur Vergabe des entsprechenden Grades nach Absatz 1 besitzt.

(4) Die Absätze 1 und 3 gelten entsprechend für sonstige Hochschultitel und Hochschultätigkeitsbezeichnungen.

(5) Soweit Vereinbarungen und Abkommen der Bundesrepublik Deutschland mit anderen Staaten über Gleichwertigkeiten im Hochschulbereich und Vereinbarungen der Länder in der Bundesrepublik Deutschland die Inhaber ausländischer Grade abweichend von den Absätzen 1 bis 3 begünstigen, gehen diese Regelungen vor.

(6) [1]Eine von den Absätzen 1 bis 4 abweichende Grad- oder Titelführung ist untersagt. [2]Grade oder Titel, die durch Kauf erworben wurden, dürfen nicht geführt werden. [3]Wer einen Grad oder Titel gemäß den Absätzen 1 bis 4 führt, hat auf Verlangen der jeweils zuständigen Ordnungsbehörde die Berechtigung hierzu nachzuweisen.

(7) [1]Die für Hochschulen zuständige Senatsverwaltung kann eine von ihr vor dem Inkrafttreten des Neunten Gesetzes zur Änderung des Berliner Hochschulgesetzes vom 30. Januar 2003 (GVBl. S. 25) erteilte Genehmigung zur Führung eines ausländischen Grades unter den Voraussetzungen des § 34 Absatz 7 widerrufen oder den Widerruf einer allgemein erteilten Genehmigung für den Einzelfall aussprechen. [2]Gleiches gilt, wenn Umstände bekannt werden, dass die Verleihung des Grades, der zur Führung genehmigt worden war, auf einer Geldzahlung oder Erbringung einer geldwerten Leistung beruht, die keine übliche Studien- oder Prüfungsgebühr darstellt.

§ 34b Gleichwertigkeit ausländischer Hochschulabschlüsse

[1]Ein ausländischer Hochschulabschluss steht im Anwendungsbereich dieses Gesetzes einem an einer Hochschule im Land Berlin erworbenen Abschluss gleich, wenn die damit nachgewiesenen Kompetenzen dem Abschluss einer Hochschule im Land Berlin entsprechen. [2]§ 34a bleibt unberührt. [3]Im Ausland erworbene Hochschulabschlüsse werden auf Antrag vom Sekretariat der Ständigen Konferenz der Kultusminister in der Bundesrepublik Deutschland gemäß § 4 Absatz 3 Nummer 2 des KMK-Sekretariats-Gesetzes vom 7. Februar 2014 (GVBl. S. 39, 47), das durch Artikel 12 des Gesetzes vom 9. Mai 2016 (GVBl. S. 226) geändert worden ist, in der jeweils geltenden Fassung in Verbindung mit Abschnitt III des Übereinkommens vom 11. April 1997 über die Anerkennung von Qualifikationen im Hochschulbereich in der europäischen Region (BGBl. 2007 II S. 712, 713), auch über den Kreis der Signatarstaaten hinaus, bewertet.

§ 35 Promotion

(1) Die Promotion dient dem Nachweis der Befähigung zu vertiefter wissenschaftlicher Arbeit.

(2) [1]Die Zulassung zur Promotion setzt den erfolgreichen Abschluss eines Masterstudiengangs einer Universität oder einer Hochschule für angewandte Wissenschaften oder einen gleichwertigen Hochschulabschluss voraus. [2]Die Promotionsordnungen unterscheiden dabei nicht zwischen den Hochschulabschlüssen der beiden Hochschularten. [3]Besonders qualifizierte Inhaber und Inhaberinnen eines Bachelorgrades können nach einem Eignungsfeststellungsverfahren unmittelbar zur Promotion zugelassen werden. [4]Soweit einem Masterabschluss nicht ein grundständiges Studium vorausgegangen ist, ist die Zulassung zur Promotion ebenfalls nur zulässig, wenn in einem solchen Verfahren die erforderliche Eignung nachgewiesen wurde. [5]Die Universitäten sollen für ihre Doktoranden und Doktorandinnen Promotionsstudien von regelmäßig dreijähriger Dauer anbieten.

(3) [1]Die Promotionsordnungen müssen Bestimmungen enthalten, wonach entsprechend befähigten Fachhochschulabsolventen und Fachhochschulabsolventinnen mit einem Diplomabschluss der unmittelbare Zugang zur Promotion ermöglicht wird. [2]Der Nachweis der entsprechenden Befähigung darf nicht an den Erwerb eines universitären Abschlusses gekoppelt werden.

(4) [1]Universitäten und Hochschulen für angewandte Wissenschaften sollen zur Förderung geeigneter Absolventen und Absolventinnen zusammenwirken und hierzu kooperative Promotionsverfahren durchführen. [2]An kooperativen Promotionsverfahren sollen Professoren und Professorinnen der Hoch-

schulen für angewandte Wissenschaften mit gleichen Rechten und Pflichten beteiligt werden. [3]An der Betreuung und Prüfung soll jeweils mindestens ein Hochschullehrer oder eine Hochschullehrerin der Universität und der Hochschule für angewandte Wissenschaften beteiligt werden.

(5) [1]Die Hochschulen gewährleisten die wissenschaftliche Betreuung der Doktoranden und Doktorandinnen. [2]Hierzu schließen die Hochschullehrer oder Hochschullehrerinnen, die die Betreuung eines Promotionsvorhabens übernommen haben, mit dem Doktoranden oder der Doktorandin eine schriftliche Betreuungsvereinbarung ab.

(6) [1]Auf Grund der Promotion wird der Doktorgrad verliehen. [2]Der Doktorgrad kann auch in der Form des „Doctor of Philosophy (Ph.D.)" verliehen werden. [3]Der Grad „Doctor of Philosophy" kann auch in der Form der Abkürzung „Dr." ohne fachlichen Zusatz geführt werden; eine gleichzeitige Führung der Abkürzungen „Ph.D." und „Dr." ist nicht zulässig. [4]§ 34 Absatz 5 findet entsprechende Anwendung.

(7) Die Dissertation kann auf mehreren Einzelarbeiten beruhen, aus einer Forschungsarbeit mit Dritten entstanden sein und in einer anderen Sprache als Deutsch erfolgen.

(8) [1]Hochschulen, die den Doktorgrad verleihen, steht auch das Recht zur Verleihung des Grades Doktor oder Doktorin ehrenhalber (Doktor honoris causa) zu. [2]Mit der Verleihung des Grades Doktor oder Doktorin ehrenhalber werden Personen gewürdigt, die sich besondere wissenschaftliche Verdienste erworben haben.

§ 36 Habilitation

(1) Die Habilitation dient dem Nachweis der Befähigung, ein wissenschaftliches Fach in Forschung und Lehre selbständig zu vertreten.

(2) Habilitiert ist, wem auf Grund eines Habilitationsverfahrens an einer wissenschaftlichen Hochschule im Geltungsbereich des Grundgesetzes die Lehrbefähigung zuerkannt ist.

(3) Die Zuerkennung der Lehrbefähigung begründet keinen Anspruch auf einen Arbeitsplatz in der Hochschule.

(4) Die Zulassung zum Habilitationsverfahren setzt mindestens einen Hochschulabschluss und die Promotion voraus.

(5) Die für die Zuerkennung der Lehrbefähigung erforderlichen wissenschaftlichen Leistungen werden mindestens nachgewiesen durch

1. eine umfassende Monographie (Habilitationsschrift) oder publizierte Forschungsergebnisse, die in ihrer Gesamtheit einer Habilitationsschrift gleichwertige wissenschaftliche Leistungen darstellen,
2. einen öffentlichen Vortrag aus dem Habilitationsfach mit wissenschaftlicher Aussprache,
3. ein Gutachten des zuständigen Hochschulgremiums über die didaktischen Leistungen.

(6) Näheres regeln die Habilitationsordnungen.

(7) [1]Die Lehrbefähigung erlischt, wenn der Habilitierte oder die Habilitierte den Doktorgrad nicht mehr führen darf. [2]Die Feststellung des Erlöschens trifft das Präsidium auf Antrag des Fachbereichs.

§ 36a Reglementierte Studiengänge

Die Vorschriften dieses Abschnitts gelten für reglementierte Studiengänge, soweit dies mit den Vorgaben der staatlichen oder kirchlichen Rechtsvorschriften und den Besonderheiten des Studiengangs vereinbar ist.

Vierter Abschnitt
Forschung

§ 37 Aufgaben der Forschung

(1) [1]Die Forschung in den Hochschulen dient der Gewinnung wissenschaftlicher Erkenntnisse sowie der wissenschaftlichen Grundlegung und Weiterentwicklung von Lehre und Studium. [2]Gegenstand der Forschung in den Hochschulen können unter Berücksichtigung der Aufgabenstellung der Hochschule alle wissenschaftlichen Bereiche sowie die Anwendung wissenschaftlicher Erkenntnisse in der Praxis und ihre Folgen sein.

(2) [1]Die Forschung in den Hochschulen dient insbesondere auch der Analyse von Problemen in allen Bereichen des gesellschaftlichen Lebens, zeigt Lösungsmöglichkeiten auf und soll friedlichen Zwecken dienen. [2]Sie soll sich auch den besonderen Aufgaben, die sich dem Land Berlin stellen, widmen.

(3) Die Studierenden sind in geeigneter Weise an die Forschung heranzuführen und an Forschungsvorhaben zu beteiligen.

(4) [1]Der wissenschaftliche Austausch und die Zusammenarbeit in der Forschung zwischen Hochschulen sowie zwischen Hochschulen und sonstigen Forschungseinrichtungen, der Kooperationsplattform sowie Kultur- und Bildungseinrichtungen ist Teil der Aufgaben der Hochschulen. [2]Wirken die Hochschulen bei der Erfüllung der ihnen nach diesem Gesetz übertragenen Aufgaben untereinander oder mit sonstigen Forschungseinrichtungen, der Kooperationsplattform, mit Kultur- oder Bildungseinrichtungen oder mit medizinischen Einrichtungen zusammen, können sie öffentlich-rechtliche Verträge schließen.

(5) Die Hochschulen fördern den offenen Zugang zu Forschungsdaten und Forschungsergebnissen.

§ 38 Koordinierung der Forschung

(1) Forschungsvorhaben sind innerhalb einer Hochschule mit dem Ziel zu koordinieren, die bereitgestellten Mittel mit dem größtmöglichen Nutzen für die Forschung wirtschaftlich zu verwenden.

(2) [1]Forschungsvorhaben, die von besonderer Bedeutung sind oder an denen Wissenschaftler oder Wissenschaftlerinnen mehrerer Fachbereiche/Hochschulen beteiligt sind, können als Forschungsschwerpunkte anerkannt werden. [2]Die Hochschulen sollen die Bildung von Forschungsschwerpunkten anstreben und sie in die Entwicklungspläne aufnehmen. [3]Besonderes Augenmerk ist auf die Entwicklung inter- und transdisziplinärer Forschungsschwerpunkte zu legen.

(3) Über Anerkennung und Ausstattung eines Forschungsschwerpunktes beschließen die Akademischen Senate der beteiligten Hochschulen.

(4) [1]Zur Durchführung bestimmter Forschungsprojekte können inter- und transdisziplinäre Arbeitsgruppen gebildet werden. [2]Diese Arbeitsgruppen sollen in sachlich gebotenem Umfang aus zentral bewirtschafteten Forschungsmitteln gefördert werden. [3]Der Akademische Senat entscheidet hierüber gemäß § 61 Absatz 2 Nummer 13.

(5) [1]Inter- und transdisziplinäre Arbeitsgruppen können Fachbereichen angegliedert oder hochschulübergreifend und auch unter Beteiligung von Forschungsträgern und Wissenschaftlern oder Wissenschaftlerinnen außerhalb des Hochschulbereichs gebildet werden. [2]In diesem Fall ist die Beteiligung der einzelnen Hochschulen und sonstiger Forschungsträger an den zuzuweisenden Forschungsmitteln durch Vereinbarung festzulegen.

§ 38a Gemeinsame Forschungsvorhaben

[1]Gemeinsame Forschungsvorhaben von mehreren Hochschulen oder von Hochschulen und sonstigen Forschungseinrichtungen, Kultur- und Bildungseinrichtungen oder medizinischen Einrichtungen sind mit dem Ziel zu koordinieren, die bereitgestellten Mittel mit dem größtmöglichen Nutzen für die Forschung wirtschaftlich und sparsam zu verwenden. [2]Dies betrifft insbesondere Forschungsvorhaben, die mit öffentlichen Zuschüssen und Zuwendungen durchgeführt werden und keine unternehmerische Tätigkeit darstellen. [3]Die Hochschulen sollen hierfür öffentlich-rechtliche Verträge schließen.

§ 39 Forschungsmittel

(1) [1]Die den einzelnen Bereichen der Hochschule zugewiesenen Personal- und Sachmittel sind neben der Grundausstattung so zu verteilen, dass die hauptberuflichen Hochschullehrer und Hochschullehrerinnen und die sonstigen Mitglieder der Hochschule, zu deren Aufgaben die selbständige Forschung gehört, in angemessenem Umfang daran beteiligt werden. [2]Dies gilt grundsätzlich nicht für Professoren und Professorinnen, die entpflichtet oder in den Ruhestand versetzt worden sind. [3]Sie können Forschungsarbeiten an der Hochschule durchführen; soweit sie dafür Räume, Personal- oder Sachmittel der Hochschule nicht nur gelegentlich in Anspruch nehmen müssen, bedarf dies der Zustimmung der zuständigen Stellen.

(2) [1]Gegen die Verteilungsentscheidung können die Betroffenen den Akademischen Senat anrufen. [2]Dieser kann die Verteilung von Stellen und Mitteln ändern. [3]Näheres kann durch Satzung geregelt werden.

(3) In sachlich gebotenem Umfang sollen Stellen und Forschungsmittel zentral bewirtschaftet werden.

§ 40 Drittmittelforschung

(1) [1]Die Einwerbung und Verwendung von Mitteln Dritter für die Durchführung von Forschungsvorhaben erfolgt im Rahmen der Dienstaufgaben der in der Forschung tätigen Hochschulmitglieder. [2]Ihre

Verpflichtung zur Erfüllung der übrigen Dienstaufgaben bleibt unberührt. [3]Die Durchführung von Vorhaben nach Satz 1 ist Teil der Hochschulforschung.

(2) Ein Hochschulmitglied ist berechtigt, ein Forschungsvorhaben nach Absatz 1 in der Hochschule durchzuführen, wenn die Erfüllung anderer Aufgaben der Hochschule dadurch nicht beeinträchtigt werden und entstehende Folgelasten angemessen berücksichtigt sind; die Forschungsergebnisse sollen zeitnah veröffentlicht werden.

(3) [1]Ein Forschungsvorhaben nach Absatz 1 ist über den Fachbereich der Leitung der Hochschule vor der Beantragung von Drittmitteln anzuzeigen. [2]Die Anzeige muss alle Angaben enthalten, die eine Beurteilung des Vorhabens nach Absatz 2 ermöglichen. [3]Bei Forschungsvorhaben im Bereich der Charité erfolgt die Anzeige gegenüber dem Vorstand der Charité. [4]Die Annahme des Vorhabens wird von der Hochschule erklärt. [5]Die Erklärung der Hochschule über die Annahme umfasst zugleich die Zustimmung zur Inanspruchnahme der damit verbundenen Vorteile für die beteiligten Mitglieder der Hochschule. [6]Die Durchführung eines solchen Vorhabens darf nicht von einer Genehmigung abhängig gemacht werden. [7]Die Inanspruchnahme von Personal, Sachmitteln und Einrichtungen der Hochschule darf nur untersagt oder durch Auflagen beschränkt werden, soweit die Voraussetzungen des Absatzes 2 dies erfordern.

(4) [1]Die Mittel für Forschungsvorhaben, die von der Hochschule durchgeführt werden, werden von der Hochschule verwaltet. [2]Die Mittel sind für den vom Drittmittelgeber bestimmten Zweck zu verwenden und nach dessen Bedingungen zu bewirtschaften, soweit gesetzliche und tarifvertragliche Regelungen nicht entgegenstehen. [3]Treffen die Bedingungen des Drittmittelgebers keine Regelung, gelten ergänzend die Bewirtschaftungsbestimmungen des Landes Berlin.

(5) Aus Mitteln Dritter zu vergütendes Personal wird bei Vorliegen der erforderlichen Einstellungsvoraussetzungen auf Antrag des Hochschulmitglieds, das das Vorhaben durchführt, als Personal der Hochschule eingestellt.

(6) [1]Finanzielle Erträge aus Forschungsvorhaben, die in den Hochschulen durchgeführt werden, insbesondere aus Einnahmen, die den Hochschulen als Entgelt für die Inanspruchnahme von Personal, Sachmitteln und Einrichtungen zufließen, stehen der Hochschule für die Erfüllung ihrer Aufgaben zur Verfügung. [2]Sie werden bei der Bemessung des Zuschussbedarfs der Hochschule nicht mindernd berücksichtigt.

(7) Das Nähere zur Durchführung von Drittmittelforschung regelt die Hochschule durch Satzung, insbesondere

1. das Verfahren zur Offenlegung und Anzeige von Forschungsvorhaben, für die Drittmittel in Anspruch genommen werden sollen,
2. die Prüfung der Voraussetzungen nach den Absätzen 1 bis 6 durch das Präsidium,
3. die Verwaltung und die Festlegung der Zweckbestimmung der Drittmittel.

§ 41 Forschungsberichte

(1) [1]Die Hochschulen berichten regelmäßig über ihre Forschungstätigkeit. [2]Die Mitglieder der Hochschule sind verpflichtet, bei der Erstellung des Berichts mitzuwirken.

(2) [1]Die Hochschulen fördern den uneingeschränkten und langfristigen Zugang zu wissenschaftlichen Texten, Forschungsdaten, Software und weiteren Forschungsergebnissen und -quellen sowie Lehr- und Bildungsmaterialien als Praktiken offener Wissenschaft (Open Science). [2]Die Hochschulen fördern ferner einen transparenten Forschungsprozess einschließlich der Bereitstellung von Forschungsinformationen.

(3) [1]Die Veröffentlichung von Forschungsergebnissen durch die Mitglieder der Hochschulen sollte vorrangig unter freien Lizenzen mit dem Ziel der Nachnutzbarkeit erfolgen (Open Access), soweit nicht rechtliche oder ethische Bestimmungen oder Vereinbarungen mit Dritten dem entgegenstehen. [2]Die Publikationskulturen der jeweiligen Fächer sowie die Rechtesituation der jeweiligen Forschungsgegenstände sind zu berücksichtigen. [3]Dies gilt auch für die Drittmittelforschung.

(4) Die Hochschulen ermöglichen ihren Mitgliedern die Primär- und Zweitveröffentlichung im Open Access unter anderem dadurch, dass sie Publikationsdienste, zum Beispiel Repositorien, betreiben, sich an solchen beteiligen oder den Zugang zu geeigneten Publikationsdiensten Dritter sicherstellen.

(5) Die Hochschulen fördern die Anerkennung von Praktiken offener Wissenschaft (Open Science) bei der Bewertung von Forschungsleistungen im Rahmen ihrer internen Forschungsevaluation und bei Einstellungsverfahren.

(6) [1]Bei der Veröffentlichung von Forschungsergebnissen sind Mitarbeiter und Mitarbeiterinnen, die einen eigenen wissenschaftlichen oder wesentlich sonstigen Beitrag geleistet haben, als Mitautoren und Mitautorinnen zu nennen. [2]Soweit möglich, ist ihr Beitrag zu kennzeichnen.

§ 42 Angewandte Forschung und künstlerische Entwicklungsvorhaben

Die §§ 37 bis 41 gelten für Entwicklungsvorhaben im Rahmen angewandter Forschung und für künstlerische Entwicklungsvorhaben sinngemäß.

Fünfter Abschnitt

Mitgliedschaft und Mitbestimmung

§ 43 Mitglieder der Hochschule

(1) Mitglieder der Hochschule sind

1. Personen, die in einem Beschäftigungsverhältnis zur Hochschule stehen einschließlich der in einem Berufsausbildungsverhältnis stehenden Personen,
2. Personen, die aus Mitteln Dritter bezahlt werden und mit Zustimmung des Präsidiums dort hauptberuflich tätig sind,
3. die Honorarprofessoren und Honorarprofessorinnen, außerplanmäßigen Professoren und Professorinnen sowie Privatdozenten und Privatdozentinnen,
4. die eingeschriebenen Studierenden,
5. die Doktoranden und Doktorandinnen,
6. die Lehrbeauftragten und die gemäß § 113 gastweise tätigen Lehrkräfte.

(2) Haben Lehrbeauftragte an mehreren Berliner Hochschulen Lehraufträge, müssen sie erklären, an welcher Hochschule sie ihre Mitgliedschaftsrechte ausüben.

(3) Studentische Beschäftigte sind nur Mitglieder derjenigen Hochschule, an der sie als Studierende eingeschrieben sind.

(4) [1]Personen, die die Einstellungsvoraussetzungen des § 100 erfüllen, können auf der Grundlage einer Kooperationsvereinbarung der Hochschule mit einer in vollständig oder überwiegend öffentlicher Trägerschaft oder Förderung stehenden außeruniversitären Forschungseinrichtung ohne Begründung eines Beschäftigungsverhältnisses zu der Hochschule in die mitgliedschaftliche Rechtsstellung eines Hochschullehrers oder einer Hochschullehrerin berufen werden, wenn sie in einem Beschäftigungsverhältnis zu der Forschungseinrichtung stehen, das eine Lehrverpflichtung von in der Regel mindestens zwei Lehrveranstaltungsstunden an der Hochschule vorsieht; die §§ 99 bis 101 und 103 finden entsprechende Anwendung. [2]Das Nähere regeln die Hochschulen durch Satzung. [3]Die Mitgliedschaft an der Hochschule endet bei Wegfall der Voraussetzungen des Satzes 1.

(5) [1]Die Hochschulen haben das Recht, die Würde eines Ehrenmitglieds zu verleihen. [2]Daneben können sie vorsehen, dass mit der Hochschule in besonderer Weise verbundene Personen, die nicht bereits Mitglied der Hochschule sind, den Angehörigenstatus erhalten. [3]Näheres, einschließlich der mit der Ehrenmitgliedschaft und dem Angehörigenstatus verbundenen Rechte und Pflichten, regeln die Hochschulen durch die Grundordnung.

§ 44 Rechte und Pflichten der Hochschulmitglieder

(1) [1]Die Mitglieder der Hochschule sind verpflichtet,

1. ihre fachlichen Aufgaben wahrzunehmen,
2. sich so zu verhalten, dass die Hochschule und ihre Organe ihre Aufgaben erfüllen können und niemand gehindert wird, seine Pflichten und Rechte an der Hochschule wahrzunehmen,
3. sich so zu verhalten, dass niemand wegen des Geschlechts, der sexuellen oder geschlechtlichen Identität, der Religion oder Weltanschauung, einer Behinderung, einer chronischen Erkrankung, des Lebensalters, der Sprache, der ethnischen Herkunft, der sozialen Herkunft oder des sozialen Status oder auf Grund rassistischer oder antisemitischer Zuschreibungen benachteiligt wird,
4. an der Selbstverwaltung mitzuwirken und Funktionen zu übernehmen; über Ausnahmen aus wichtigem Grund entscheidet das Präsidium.

[2]Satz 1 Nummer 1 bis 3 gilt auch für Ehrenmitglieder und Angehörige nach § 43 Absatz 5.

(2) [1]Die Hochschulmitglieder dürfen wegen ihrer Tätigkeit in der Selbstverwaltung nicht benachteiligt werden. [2]Sie sind als Mitglieder eines Gremiums an Weisungen nicht gebunden und verfügen über ein umfassendes Informationsrecht.

(3) [1]Mitglieder von Personalvertretungen der Hochschule können keinem Gremium der Selbstverwaltung angehören, das für Personalangelegenheiten zuständig ist. [2]Leitende Beamte und Beamtinnen und Angestellte der Hochschulverwaltung dürfen nicht dem Kuratorium, dem Akademischen Senat oder dem Fakultätsrat der Charité angehören. [3]Den Kreis der leitenden Beamten und Beamtinnen und Angestellten bestimmt die Dienstbehörde.

(4) Die Zahlung von Sitzungsgeldern an die in die Gremien der Hochschulen gewählten Studierenden und nebenberuflichen Lehrkräfte wird in einer Rechtsverordnung geregelt, die die für Hochschulen zuständige Senatsverwaltung nach Anhörung der Hochschulen im Einvernehmen mit den für grundsätzliche allgemeine beamtenrechtliche Angelegenheiten und für Finanzen zuständigen Senatsverwaltungen erlässt.

(5) Für Vertreter und Vertreterinnen der Mitarbeiter und Mitarbeiterinnen für Technik, Service und Verwaltung im Akademischen Senat, im Kuratorium, in den Fachbereichs- und Institutsräten sowie in den ständigen Kommissionen der genannten Gremien gilt die Teilnahme an den Sitzungen als Dienstzeit.

§ 45 Bildung der Mitgliedergruppen

(1) [1]Für die Vertretung in den Hochschulgremien werden für die Mitglieder der Hochschule verschiedene Gruppen gebildet. [2]Je eine Gruppe bilden

1. die Hochschullehrer und Hochschullehrerinnen (Professoren und Professorinnen, Juniorprofessoren und Juniorprofessorinnen), auch während der Zeit der hauptberuflichen Ausübung eines Amtes im Präsidium und während der Beurlaubung zur Ausübung wissenschaftlicher oder künstlerischer Tätigkeiten im öffentlichen Interesse, die außerplanmäßigen Professoren und Professorinnen, die Honorarprofessoren und Honorarprofessorinnen, die Hochschuldozenten und Hochschuldozentinnen, die Privatdozenten und Privatdozentinnen sowie die Gastprofessoren und Gastprofessorinnen,
2. die akademischen Mitarbeiter und Mitarbeiterinnen (wissenschaftliche und künstlerische Mitarbeiter und Mitarbeiterinnen, Lehrkräfte für besondere Aufgaben, die Lehrbeauftragten und die gastweise tätigen Lehrkräfte, soweit diese nicht der Gruppe nach Nummer 1 zugeordnet sind),
3. die eingeschriebenen Studierenden, Doktoranden und Doktorandinnen,
4. die Mitarbeiter und Mitarbeiterinnen für Technik, Service und Verwaltung, soweit sie keiner Gruppe gemäß Nummern 1 bis 3 angehören.

(2) [1]Für die Gruppenzugehörigkeit von Mitgliedern, die mehreren Gruppen angehören können, ist das Beschäftigungsverhältnis, im Übrigen die Entscheidung des betroffenen Mitglieds maßgebend. [2]Studierende gehören auch dann der Gruppe gemäß Absatz 1 Satz 2 Nummer 3 an, wenn sie zu der Hochschule in einem Beschäftigungsverhältnis stehen.

(3) Die Mitgliedergruppen gemäß Absatz 1 Satz 2 können Vertretervereinigungen auf Landesebene bilden.

(4) [1]Angehörige des wissenschaftlichen oder künstlerischen Personals der Humboldt-Universität zu Berlin, der Hochschule für Musik Hanns Eisler Berlin, der Weißensee Kunsthochschule Berlin, der Hochschule für Schauspielkunst Ernst Busch Berlin und der Hochschule für Technik und Wirtschaft Berlin, die nicht bis zum 31. März 1994 gemäß §§ 2 und 3 des Hochschulpersonal-Übernahmegesetzes vom 11. Juni 1992 (GVBl. S. 191) in Ämter übernommen worden sind, sondern gemäß § 4 des Hochschulpersonal-Übernahmegesetzes in ihren bisherigen Rechtsverhältnissen weiterbeschäftigt werden und für die kein Gleichstellungsbeschluss gemäß § 6 des Hochschulpersonal-Übernahmegesetzes gefasst worden ist, gehören der Gruppe gemäß Absatz 1 Satz 2 Nummer 2 an. [2]Die gemäß § 7 Absatz 5 des Fusionsgesetzes vom 23. Juni 1992 (GVBl. S. 201) getroffenen Entscheidungen der Gründungskomitees über die mitgliedschaftsrechtliche Stellung der an die Freie Universität Berlin und an die Technische Universität Berlin übernommenen Dienstkräfte gelten auch nach Außerkrafttreten des Fusionsgesetzes weiter.

§ 46 Zusammensetzung und Stimmrecht

(1) Art und Umfang der Mitwirkung der einzelnen Mitgliedergruppen und innerhalb der Mitgliedergruppen und die Zusammensetzung der Gremien der Hochschule bestimmen sich nach der fachlichen Gliederung der Hochschule, den Aufgaben der Gremien sowie nach Qualifikation, Funktion, Verantwortung und Betroffenheit der Mitglieder der Hochschule.

(2) Die Hochschullehrer und Hochschullehrerinnen müssen in allen Gremien mit Entscheidungsbefugnis in Angelegenheiten der Forschung, der künstlerischen Entwicklungsvorhaben, der Lehre und der Berufung von Hochschullehrern und Hochschullehrerinnen über die Mehrheit der Sitze und Stimmen verfügen.

(3) [1]Ist der Beschluss eines Gremiums mit Entscheidungsbefugnis in Angelegenheiten der Forschung, der künstlerischen Entwicklungsvorhaben, der Lehre und der Berufung von Hochschullehrern und Hochschullehrerinnen gegen die Stimmen sämtlicher Mitglieder mindestens einer der Mitgliedergruppen gemäß § 45 Absatz 1 Nummer 2 bis 4 getroffen worden, so muss über die Angelegenheit auf Antrag erneut beraten werden. [2]Eine erneute Entscheidung darf frühestens nach einer Woche erfolgen. [3]Ein Beschluss gemäß Satz 1 darf erst nach Fristablauf ausgeführt werden (suspensives Gruppenveto).

(4) [1]In den beratenden Kommissionen von Gremien der akademischen Selbstverwaltung sind alle Mitgliedergruppen zu beteiligen, keine Gruppe gemäß § 45 Absatz 1 darf allein über die Mehrheit der Sitze verfügen, soweit dieses Gesetz nichts anderes bestimmt. [2]Näheres regelt die Grundordnung.

(5) In Angelegenheiten, die die Berufung von Hochschullehrern und Hochschullehrerinnen unmittelbar berühren, haben die Mitarbeiter und Mitarbeiterinnen für Technik, Service und Verwaltung kein Stimmrecht; sie wirken beratend mit.

(6) [1]An Leistungsbewertungen nach § 102b Absatz 2 und § 102c Absatz 4 sowie bei Habilitationen, habilitationsäquivalenten Leistungen und Promotionen dürfen neben den Professoren und Professorinnen nur diejenigen Mitglieder des zuständigen Gremiums mitwirken, die eine entsprechende Qualifikation aufweisen. [2]Die beratende Mitwirkung von Studierenden und akademischen Mitarbeitern und Mitarbeiterinnen, die nicht entsprechend qualifiziert sind, richtet sich nach der jeweiligen Ordnung.

(7) [1]Bei der Zusammensetzung von Akademischen Gremien einschließlich der Kuratorien soll die Vielfalt geschlechtlicher Identitäten berücksichtigt werden. [2]Bei mindestens 50 vom Hundert der Gremienangehörigen soll es sich um Frauen handeln.

§ 47 Beschlussfassung

(1) [1]Die Hochschulgremien sind beschlussfähig, wenn mindestens die Hälfte der stimmberechtigten Mitglieder anwesend ist. [2]Wird ein Gremium nach Beschlussunfähigkeit zur Behandlung desselben Gegenstandes erneut einberufen, so ist es in jedem Fall beschlussfähig, wenn in der Einladung hierauf hingewiesen wird.

(1a) [1]In der Geschäftsordnung ist vorzusehen, unter welchen Bedingungen die Durchführung einer Sitzung oder die Teilnahme einzelner Mitglieder mittels Bild-Ton-Übertragung erfolgen kann. [2]In diesem Falle steht die Sitzung einer Präsenzsitzung gleich.

(2) Beschlüsse werden mit der Mehrheit der abgegebenen gültigen Stimmen gefasst; Stimmenthaltungen bleiben unberücksichtigt.

(3) [1]Entscheidungen, die Forschung, künstlerische Entwicklungsvorhaben oder die Berufung von Professoren und Professorinnen, Juniorprofessoren und Juniorprofessorinnen unmittelbar betreffen, bedürfen außer der Mehrheit des Gremiums auch der Mehrheit der dem Gremium angehörenden Hochschullehrer und Hochschullehrerinnen. [2]Kommt danach ein Beschluss auch im zweiten Abstimmungsgang nicht zu Stande, so genügt für eine Entscheidung die Mehrheit der dem Gremium angehörenden Hochschullehrer und Hochschullehrerinnen. [3]Bei Berufungsvorschlägen ist in einem solchen Fall die Mehrheit des Gremiums berechtigt, ihren Vorschlag als weiteren Berufungsvorschlag vorzulegen.

(4) [1]Abstimmungen erfolgen offen, wenn nicht ein Mitglied geheime Abstimmung verlangt. [2]In Personalangelegenheiten, einschließlich der Berufungsvorschläge und der Erteilung von Lehraufträgen, ist stets geheim abzustimmen. [3]Abstimmungen im schriftlichen oder elektronischen Verfahren sind zulässig, sofern kein Mitglied dem Verfahren widerspricht.

§ 48 Wahlen

(1) [1]Die Wahlen an der Hochschule sind frei, gleich und geheim. [2]Wahlberechtigt sind auch Mitglieder der Hochschule, die das 18. Lebensjahr noch nicht vollendet haben.

(2) [1]Die Mitglieder der zentralen Kollegialorgane und der Fachbereichsräte werden in personalisierter Verhältniswahl gewählt. [2]Briefwahl ist zulässig; dies gilt nicht für Wahlen in Gremien.

(3) [1]Die Vertreter und Vertreterinnen der Mitgliedergruppen in den Kollegialorganen werden jeweils nur von den Angehörigen ihrer Gruppe gewählt. [2]Die Honorarprofessoren und Honorarprofessorinnen,

die außerplanmäßigen Professoren und Professorinnen, die Privatdozenten und Privatdozentinnen, die emeritierten Hochschullehrer und Hochschullehrerinnen sowie die zu ihrer Berufsausbildung Beschäftigten haben nur aktives Wahlrecht; Gleiches gilt für die Lehrbeauftragten und die gastweise tätigen Lehrkräfte an den Universitäten mit Ausnahme der Universität der Künste.

(4) Wahlen können auch in elektronischer Form durchgeführt werden.

(5) [1]Die für Hochschulen zuständige Senatsverwaltung erlässt durch Rechtsverordnung Grundsätze über die Durchführung der personalisierten Verhältniswahl und über die Ausübung des aktiven und passiven Wahlrechts. [2]Die Hochschulen regeln die organisatorische Durchführung der Wahlen in eigenen Wahlordnungen.

(6) [1]Es können Wahlkreise nach näherer Regelung durch die Wahlordnung gebildet werden. [2]Hierbei ist eine vergleichbare Repräsentanz der Wähler und Wählerinnen in den Wahlkreisen sicherzustellen.

(7) Bei der Aufstellung von Wahlvorschlägen sollen Frauen zu einem Anteil von mindestens 50 vom Hundert berücksichtigt werden.

§ 49 Amtszeit

(1) [1]Die Amtszeit von Funktionsträgern und -trägerinnen und Gremien beträgt zwei Jahre, soweit dieses Gesetz nichts anderes bestimmt. [2]Die Grundordnung kann für studentische Mitglieder eine kürzere Amtszeit vorsehen.

(2) Funktionsträger und -trägerinnen üben ihr Amt nach Ablauf der Amtszeit weiter aus, bis Nachfolger und Nachfolgerinnen gewählt worden sind und ihr Amt angetreten haben.

(3) [1]Funktionsträger und -trägerinnen und Gremien, deren Wahl unanfechtbar für ungültig erklärt worden ist, führen die unaufschiebbaren Geschäfte weiter, bis die Neugewählten ihr Amt angetreten haben. [2]Entscheidungen, die vor der unanfechtbaren Ungültigkeitserklärung einer Wahl ergangen sind, bleiben wirksam, soweit sie vollzogen sind.

§ 50 Öffentlichkeit

(1) Die akademischen Gremien einschließlich der Kuratorien tagen öffentlich, soweit in diesem Gesetz nichts anderes bestimmt ist.

(2) Die Gremien nach Absatz 1 können in begründeten Ausnahmefällen den Ausschluss der Öffentlichkeit beschließen.

(3) [1]Personalangelegenheiten, einschließlich der Berufungsangelegenheiten und der Erteilung von Lehraufträgen, sowie Entscheidungen in Prüfungssachen werden in nichtöffentlicher Sitzung behandelt. [2]Teilnehmer und Teilnehmerinnen an nichtöffentlichen Gremiensitzungen sind zur Verschwiegenheit verpflichtet.

Sechster Abschnitt
Organe der Hochschulen

§ 51 Zentrale Organe der Hochschule

(1) Zentrale Organe der Hochschule sind:
1. das Präsidium,
2. der Akademische Senat,
3. der Erweiterte Akademische Senat.

(2) Die Kuratorien der Hochschulen sind besondere zentrale Organe des Zusammenwirkens von Hochschule, Staat und Gesellschaft.

(3) Neben den Mitgliedern nehmen an den Sitzungen der Akademischen Senate, der erweiterten Akademischen Senate und deren Kommissionen sowie an den Sitzungen der Kuratorien der Präsident oder die Präsidentin, die Vizepräsidenten oder Vizepräsidentinnen, ein Vertreter oder eine Vertreterin der Personalvertretung, ein Vertreter oder eine Vertreterin des Allgemeinen Studierendenausschusses und der Kanzler oder die Kanzlerin mit Rede- und Antragsrecht teil.

§ 52 Leitung der Hochschule

(1) [1]Das Präsidium leitet die Hochschule. [2]Es besteht aus

1. dem Präsidenten oder der Präsidentin,
2. bis zu vier Vizepräsidenten oder Vizepräsidentinnen, deren Anzahl in der Grundordnung festgelegt wird, und
3. dem Kanzler oder der Kanzlerin.

[3]Die Hochschulen können durch Grundordnung abweichend von Satz 2 Nummer 3 bestimmen, dass der Kanzler oder die Kanzlerin dem Präsidium nicht angehört.

(2) [1]Der Präsident oder die Präsidentin sitzt dem Präsidium vor, hat Richtlinienkompetenz und bestimmt die Grundsätze, nach denen die Hochschule geleitet wird. [2]Er oder sie vertritt die Hochschule nach außen und nimmt das Hausrecht wahr.

(3) Das Präsidium entscheidet in allen Angelegenheiten der Hochschule, für die in diesem Gesetz nicht ausdrücklich eine andere Zuständigkeit festgelegt ist.

(4) [1]Das Präsidium stellt einen Geschäftsverteilungsplan auf, der für das Präsidium Zuständigkeiten und Entscheidungsverfahren festlegt. [2]Näheres wird in der Geschäftsordnung des Präsidiums geregelt. [3]Die Absätze 5 und 6 bleiben unberührt.

(5) [1]Das Präsidium sorgt für ein gedeihliches Zusammenwirken der Organe und Mitglieder der Hochschule. [2]Es ist für den geordneten Hochschulbetrieb verantwortlich und trifft die zur Erhaltung oder Wiederherstellung der Ordnung erforderlichen Entscheidungen. [3]Es führt die Beschlüsse des Akademischen Senats und des Kuratoriums aus. [4]Das Präsidium entscheidet in Zweifelsfällen über die Zuständigkeit der Gremien, Funktionsträgerinnen und Funktionsträger. [5]Es ist verpflichtet, rechtswidrige Beschlüsse und Maßnahmen der Organe oder sonstiger Stellen der Hochschule mit aufschiebender Wirkung zu beanstanden oder sie aufzuheben. [6]In Fällen rechtswidriger Unterlassung erteilt es die erforderlichen Anweisungen oder trifft die unterlassenen Maßnahmen selbst.

(6) Der Präsident oder die Präsidentin kann in unaufschiebbaren Angelegenheiten anstelle der zuständigen Organe oder sonstiger zuständiger Stellen der Hochschule die unerlässlichen Maßnahmen und einstweiligen Regelungen treffen.

(7) Das Präsidium erlässt Richtlinien für die Haushalts- und Wirtschaftsführung, die der Genehmigung der für Hochschulen zuständigen Senatsverwaltung bedürfen.

(8) Das Präsidium legt dem Kuratorium und dem Erweiterten Akademischen Senat jährlich einen Bericht über die Erfüllung der Aufgaben der Hochschule vor.

(9) Das Präsidium trifft sich mindestens einmal im Semester mit den studentischen Vertretern oder Vertreterinnen im Akademischen Senat, um über Angelegenheiten des Studiums und der Lehre zu informieren und zu beraten.

§ 53 *[aufgehoben]*

§ 54 (weggefallen)

§ 55 Rechtsstellung des Präsidenten oder der Präsidentin der Hochschule

(1) Der Präsident oder die Präsidentin nimmt das Amt hauptberuflich wahr.

(2) [1]Der Präsident oder die Präsidentin wird vom Erweiterten Akademischen Senat mit den Stimmen der Mehrheit der Mitglieder für eine Amtszeit von sechs Jahren gewählt und vom Senat von Berlin bestellt. [2]Durch Grundordnung kann eine kürzere Amtszeit bestimmt werden, die vier Jahre nicht unterschreiten darf. [3]Wiederwahl ist zulässig. [4]Kommt eine Wahl auch im zweiten Wahlgang nicht zustande, findet zwischen den beiden Kandidaten oder Kandidatinnen, die im zweiten Wahlgang die meisten Stimmen erhalten haben, ein dritter Wahlgang statt, in dem zum Präsidenten oder zur Präsidentin gewählt wird, wer die einfache Mehrheit der Stimmen erhält. [5]In diesem Wahlgang ist der Erweiterte Akademische Senat ungeachtet der Anzahl der anwesenden Mitglieder beschlussfähig.

(3) [1]Wählbar ist, wer eine abgeschlossene Hochschulausbildung besitzt und auf Grund einer mehrjährigen verantwortlichen beruflichen Tätigkeit, insbesondere in Wissenschaft, Wirtschaft, Verwaltung oder Rechtspflege, erwarten lässt, dass er oder sie den Aufgaben des Amtes gewachsen ist. [2]Die Stelle des Präsidenten oder der Präsidentin wird von der Hochschule rechtzeitig öffentlich ausgeschrieben. [3]Der Akademische Senat prüft die Bewerbungen, beschließt die Vorschläge zur Wahl des Präsidenten oder der Präsidentin und leitet diese Vorschläge einschließlich der Vorschläge des Kuratoriums dem Erweiterten Akademischen Senat zu.

(4) [1]Der Präsident oder die Präsidentin kann mit einer Mehrheit von zwei Dritteln der Mitglieder des Erweiterten Akademischen Senats nach Anhörung des Kuratoriums abgewählt werden. [2]Näheres bestimmt die Grundordnung.

(5) Das Amt und das Dienstverhältnis als Präsident oder Präsidentin enden

1. mit Ablauf der Amtszeit; das Dienstverhältnis als Präsident oder Präsidentin verlängert sich um die Zeit, in der das Amt nach § 49 Absatz 2 weiter ausgeübt wird,
2. mit Ablauf des Semesters, in dem nach den allgemeinen beamtenrechtlichen Bestimmungen auf Grund des Erreichens der Altersgrenze der Eintritt in den Ruhestand erfolgt,
3. mit Zugang der Rücktrittserklärung an das für Hochschulen zuständige Mitglied des Senats,
4. mit Beendigung des Beamtenverhältnisses aus sonstigen Gründen,
5. soweit eine Abwahl erfolgt ist, in den Fällen des Absatzes 6 Satz 2 und in den Fällen, in denen die Fortdauer eines Beamtenverhältnisses neben dem Beamtenverhältnis auf Zeit als Präsident oder Präsidentin angeordnet wurde, mit Ablauf des Tages, an dem die Abwahl erfolgt ist. In den sonstigen Fällen wird der Präsident oder die Präsidentin mit Ablauf des Tages, an dem die Abwahl erfolgt ist, von seiner oder ihrer Funktion abberufen; bis zum Ablauf der Amtszeit erhält der abberufene Präsident oder die abberufene Präsidentin Versorgung nach § 66 Absatz 8 Satz 1 des Landesbeamtenversorgungsgesetzes vom 21. Juni 2011 (GVBl. S. 266), das zuletzt durch Artikel 7 des Gesetzes vom 9. Februar 2021 (GVBl. S. 146) geändert worden. Die Zeit, für die eine Versorgung gewährt wird, wird nicht in die nach Absatz 8 Satz 2 geforderte Dienstzeit eingerechnet.

(6) [1]Der Präsident oder die Präsidentin wird für die Dauer der Amtszeit zum Beamten oder zur Beamtin auf Zeit ernannt. [2]Wird ein Hochschullehrer oder eine Hochschullehrerin einer Hochschule des Landes Berlin zum Präsidenten oder zur Präsidentin bestellt, gilt er oder sie für die Dauer der Amtszeit in dem Dienstverhältnis als Hochschullehrer oder Hochschullehrerin als ohne Besoldung beurlaubt. [3]Auf Antrag kann die Fortführung der Lehr- und Forschungstätigkeit teilweise gestattet werden.

(7) War der Präsident oder die Präsidentin vor seiner oder ihrer Wahl Professor oder Professorin einer Hochschule außerhalb des Geltungsbereichs dieses Gesetzes, ist er oder sie, wenn die allgemeinen dienstrechtlichen Voraussetzungen erfüllt sind, nach Ablauf der Amtszeit auf Antrag ohne Berufungsverfahren als Professor oder Professorin der Hochschule zu übernehmen, deren Präsident oder Präsidentin er oder sie war, und einem von ihm oder ihr zu wählenden Fachbereich zuzuordnen.

(8) [1]Der Präsident oder die Präsidentin ist nach Maßgabe des Absatzes 5 Nummer 1 zweiter Halbsatz mit Ablauf der Amtszeit entlassen, wenn er oder sie nach Absatz 6 Satz 2 beurlaubt war oder nach Absatz 7 übernommen wird. [2]Andernfalls tritt der Präsident oder die Präsidentin nach Ablauf der Amtszeit oder mit Erreichen der Altersgrenze in den Ruhestand, wenn er oder sie eine Dienstzeit von mindestens zehn Jahren in einem Beamtenverhältnis mit Dienstbezügen zurückgelegt hat oder aus einem Beamtenverhältnis auf Lebenszeit zum Beamten oder zur Beamtin auf Zeit ernannt worden ist; sind diese Voraussetzungen nicht erfüllt, ist der Präsident oder die Präsidentin mit Ablauf der Amtszeit entlassen.

§ 56 *[aufgehoben]*

§ 57 Vizepräsidenten und Vizepräsidentinnen

(1) [1]Die Vizepräsidenten und Vizepräsidentinnen sind Mitglieder des Präsidiums. [2]Sie sind darüber hinaus verantwortlich für ihren Geschäftsbereich gemäß § 52 Absatz 4.

(2) An den lehrkräftebildenden Hochschulen wird die Zuständigkeit für die Lehrkräftebildung einem Vizepräsidenten oder einer Vizepräsidentin übertragen.

(3) [1]Vizepräsidenten und Vizepräsidentinnen werden auf Vorschlag von mindestens einem Drittel der Mitglieder des Akademischen Senats oder des Präsidenten oder der Präsidentin oder des Kuratoriums durch den Erweiterten Akademischen Senat für eine Amtszeit von sechs Jahren gewählt und von der für Hochschulen zuständigen Senatsverwaltung bestellt. [2]Durch Grundordnung kann eine kürzere Amtszeit bestimmt werden, die drei Jahre nicht unterschreiten darf. [3]Wiederwahl ist zulässig.

(4) Der Wahlvorschlag für einen Vizepräsidenten oder eine Vizepräsidentin für Studium und Lehre erfolgt im Benehmen mit der ständigen Kommission des Akademischen Senats für Lehre und Studium.

(5) [1]Vizepräsidenten und Vizepräsidentinnen können mit einer Mehrheit von zwei Dritteln der Mitglieder des Erweiterten Akademischen Senats nach Anhörung des Kuratoriums abgewählt werden. [2]Näheres bestimmt die Grundordnung.

(6) [1]Vizepräsidenten und Vizepräsidentinnen nehmen das Amt nebenberuflich wahr. [2]Mit Zustimmung der für Hochschulen zuständigen Senatsverwaltung kann in der Grundordnung für alle oder für einzelne Vizepräsidenten und Vizepräsidentinnen vorgesehen werden, dass sie das Amt hauptberuflich wahrnehmen. [3]Bezüglich der Rechtsstellung der Vizepräsidenten und Vizepräsidentinnen gilt in diesen Fällen § 55 mit Ausnahme des Absatzes 7 entsprechend.

§ 58 Kanzler oder Kanzlerin

(1) Der Kanzler oder die Kanzlerin ist gemäß § 52 Absatz 1 Mitglied des Präsidiums, soweit nach der Grundordnung der Hochschule nichts anderes bestimmt ist.

(2) [1]Der Kanzler oder die Kanzlerin leitet die Verwaltung der Hochschule eigenverantwortlich im Rahmen der Beschlüsse des Präsidiums. [2]Er oder sie ist Beauftragter oder Beauftragte für den Haushalt.

(3) [1]Die Amtszeit des Kanzlers oder der Kanzlerin beträgt acht Jahre. [2]Durch Regelung in der Grundordnung kann eine kürzere Amtszeit bestimmt werden, die sechs Jahre nicht unterschreiten darf. [3]Der Kanzler oder die Kanzlerin tritt nach Ablauf der Amtszeit oder mit Erreichen der Altersgrenze in den Ruhestand, wenn er oder sie eine Dienstzeit von mindestens zehn Jahren in einem Beamtenverhältnis mit Dienstbezügen zurückgelegt hat oder aus einem Beamtenverhältnis auf Lebenszeit zum Beamten oder zur Beamtin auf Zeit ernannt worden ist; sind diese Voraussetzungen nicht erfüllt, ist der Kanzler oder die Kanzlerin mit Ablauf der Amtszeit entlassen.

(4) [1]Der Kanzler oder die Kanzlerin ist Beamter oder Beamtin auf Zeit. [2]Er oder sie wird nach seiner oder ihrer Wahl vom Senat von Berlin bestellt. [3]Wiederwahl ist zulässig. [4]Die Hochschulen können durch Grundordnung festlegen, dass er oder sie in einem befristeten öffentlich-rechtlichen Auftragsverhältnis beschäftigt werden kann. [5]Es kann vereinbart werden, dass nach dem Ausscheiden aus dem Amt ein unbefristetes Beschäftigungsverhältnis an der Hochschule begründet wird.

(5) Der Kanzler oder die Kanzlerin wird auf Vorschlag des Präsidenten oder der Präsidentin, der im Einvernehmen mit dem Kuratorium erfolgt, vom Erweiterten Akademischen Senat gewählt.

(6) Der Kanzler oder die Kanzlerin muss die Befähigung für das zweite Einstiegsamt der Laufbahngruppe 2 des Laufbahnzweiges des nichttechnischen Verwaltungsdienstes besitzen oder die Voraussetzungen entsprechend § 8 Absatz 4 Satz 1 Nummer 1 des Laufbahngesetzes vom 21. Juni 2011 (GVBl. S. 266), das zuletzt durch Artikel 10 des Gesetzes vom 5. Juli 2021 (GVBl. S. 842) geändert worden ist, erfüllen und durch eine mindestens dreijährige hauptberufliche Tätigkeit im öffentlichen Dienst die für das Amt erforderliche Eignung und Sachkunde erworben haben.

(7) [1]Der Kanzler oder die Kanzlerin kann mit einer Mehrheit von zwei Dritteln der Mitglieder des Erweiterten Akademischen Senats nach Anhörung des Kuratoriums abgewählt werden. [2]Näheres bestimmt die Grundordnung. [3]Bei einer Abwahl ist der Kanzler oder die Kanzlerin mit Ablauf des Tages, an dem die Abwahl erfolgt ist, von seiner oder ihrer Funktion abberufen. [4]Bis zum Ablauf der Amtszeit erhält der abberufene Kanzler oder die abberufene Kanzlerin in den Fällen des Absatzes 4 Satz 1 Versorgung nach § 66 Absatz 8 Satz 1 des Landesbeamtenversorgungsgesetzes, es sei denn, es besteht auch für den Fall der Abwahl eine Vereinbarung nach Absatz 4 Satz 5. [5]Die Zeit, für die eine Versorgung gewährt wird oder für die auf Grund von Satz 4 zweiter Halbsatz keine Versorgung gewährt wird, wird nicht in die nach Absatz 3 Satz 3 geforderte Dienstzeit eingerechnet.

§ 59 Frauen- und Gleichstellungsbeauftragte

(1) [1]An jeder Hochschule wird zur Wahrnehmung der Aufgaben gemäß § 5c Absatz 3 eine hauptberufliche Frauen- und Gleichstellungsbeauftragte bestellt. [2]Soweit Hochschulen in Fachbereiche und diese in weitere große Untereinheiten gegliedert sind, über zentrale Einrichtungen oder zentrale Dienstleistungsbereiche verfügen, werden nebenberufliche Frauen- und Gleichstellungsbeauftragte auf diesen Ebenen bestellt. [3]Kleine Organisationseinheiten können im Einvernehmen mit der hauptberuflichen Frauen- und Gleichstellungsbeauftragten zu Zuständigkeitsbereichen zusammengefasst oder an größere Bereiche angegliedert werden. [4]An der Charité werden eine hauptberufliche Frauen- und Gleichstellungsbeauftragte und mindestens zwei nebenberufliche Frauen- und Gleichstellungsbeauftragte bestellt. [5]An jeder Hochschule einschließlich der Charité werden sowohl für die hauptberufliche Frauen- und Gleichstellungsbeauftragte als auch für die nebenberuflichen Frauen- und Gleichstellungsbeauftragten jeweils bis zu drei Stellvertreterinnen, mindestens jedoch eine Stellvertreterin, bestellt.

(2) [1]Die Bestellung der hauptberuflichen Frauen- und Gleichstellungsbeauftragten erfolgt für sechs Jahre. [2]Wird die hauptberufliche Frauen- und Gleichstellungsbeauftragte durch Wiederwahl im Amt bestätigt, ist das Dienstverhältnis zu entfristen.

(3) Ist die Frauen- und Gleichstellungsbeauftragte durch Abwesenheit an der Ausübung ihres Amtes längerfristig gehindert, erfolgt auf Antrag eine Aufstockung der Stellvertreterinnen in entsprechendem Umfang.

(4) [1]Die Wahl der Frauen- und Gleichstellungsbeauftragten wird in der Grundordnung nach dem Grundsatz der Viertelparität geregelt. [2]Wahlberechtigt sind nur die weiblichen Mitglieder der Hochschule. [3]Zur hauptberuflichen Frauen- und Gleichstellungsbeauftragten können auch Frauen gewählt werden, die nicht Mitglied der Hochschule sind. [4]Die Frauen- und Gleichstellungsbeauftragten werden nach ihrer Wahl vom Präsidium der Hochschule oder dem Vorstand der Charité bestellt. [5]Die Bestellung der hauptberuflichen Frauen- und Gleichstellungsbeauftragten erfolgt für sechs Jahre, die der nebenberuflichen Frauen- und Gleichstellungsbeauftragten sowie der Stellvertreterinnen der haupt- und nebenberuflichen Frauen- und Gleichstellungsbeauftragten für mindestens zwei Jahre.

(5) [1]Hat die hauptberufliche Frauen- und Gleichstellungsbeauftragte ein Beschäftigungsverhältnis mit der Hochschule, wird sie für die Zeit ihrer Bestellung von den Aufgaben dieses Beschäftigungsverhältnisses freigestellt. [2]Besitzt sie ein Beschäftigungsverhältnis an einer anderen Berliner Hochschule, gilt sie während ihrer Amtszeit an der anderen Hochschule als beurlaubt. [3]Ansprüche, die sich aus der Anwendung des geltenden Tarifrechts ergeben, bleiben unberührt. [4]Nebenberufliche Frauen- und Gleichstellungsbeauftragte werden auf Antrag bis zur Hälfte ihrer Dienstaufgaben freigestellt. [5]Freistellungsanteile und Vergütung werden gewährleistet. [6]An der Charité und an großen Organisationseinheiten ist die Freistellung bis zum vollen Umfang ihrer Dienstaufgaben möglich. [7]Die Freistellung für nebenberufliche Frauen- und Gleichstellungsbeauftragte und für Stellvertreterinnen von Frauen- und Gleichstellungsbeauftragten beträgt mindestens 25 vom Hundert einer Vollzeitstelle. [8]Stellvertretende Frauen- und Gleichstellungsbeauftragte können auf Antrag an der Charité und an großen Organisationseinheiten im Umfang von bis zu 50 vom Hundert von ihren Dienstaufgaben freigestellt werden. [9]Frauen- und Gleichstellungsbeauftragte ohne Beschäftigungsverhältnis erhalten eine Aufwandsentschädigung in Höhe der Vergütung für studentische Beschäftigte gemäß § 121 nach näherer Regelung durch die Grundordnung.

(6) [1]Die Frauen- und Gleichstellungsbeauftragten und ihre Stellvertreterinnen sind im Rahmen ihrer Aufgaben nicht an fachliche Weisungen gebunden. [2]Sie dürfen in der Ausübung ihres Amtes nicht behindert und wegen ihres Amtes nicht benachteiligt oder begünstigt werden; dies gilt auch für ihre berufliche Entwicklung. [3]Eine Kündigung oder Versetzung ist nur zulässig, wenn dies auch unter Berücksichtigung der Tätigkeit als Frauen- und Gleichstellungsbeauftragte aus wichtigen dienstlichen Gründen unvermeidbar ist und der Personalrat zustimmt. [4]Die wirksame Erfüllung ihrer Aufgaben ist durch die Bereitstellung von Personal- und Sachmitteln im Haushalt der Hochschule und der Charité in dem erforderlichen Umfang zu gewährleisten. [5]Für die hauptberufliche Frauen- und Gleichstellungsbeauftragte werden Mittel für eine Vollzeit-Stelle bereitgestellt.

(7) [1]Die Frauen- und Gleichstellungsbeauftragten und ihre Stellvertreterinnen sind verpflichtet, über die persönlichen Verhältnisse von Beschäftigten, die ihnen auf Grund des Amtes bekannt geworden sind, und über Angelegenheiten, die ihrer Bedeutung oder ihrem Inhalt nach einer vertraulichen Behandlung bedürfen, Stillschweigen zu bewahren. [2]Dies gilt auch über die Amtszeit hinaus. [3]Diese Verpflichtung besteht bei Einwilligung der Beschäftigten nicht gegenüber dem Präsidium oder der Leitung des jeweiligen Zuständigkeitsbereichs und der Personalvertretung.

(8) [1]Die Frauen- und Gleichstellungsbeauftragten wirken auf die Herstellung der verfassungsrechtlich gebotenen Chancengleichheit von Frauen in der Hochschule und auf die Beseitigung bestehender Nachteile für weibliche Mitglieder der Hochschule hin. [2]Die Frauen- und Gleichstellungsbeauftragten beraten und unterstützen das Präsidium und die übrigen Organe und Einrichtungen der Hochschule in allen die Chancengleichheit betreffenden Angelegenheiten, insbesondere bei der Erstellung von Gleichstellungskonzepten, Satzungen, Frauenförderrichtlinien und Frauenförderplänen sowie der Formulierung von Zielzahlen. [3]Sie nehmen Anregungen und Beschwerden entgegen. [4]Im Rahmen ihrer Aufgaben übernehmen sie die Informations- und Öffentlichkeitsarbeit.

(9) [1]Über die Umsetzung und die Einhaltung der Frauenförderrichtlinien und Frauenförderpläne, Satzungen und Gleichstellungskonzepte legen die Organe und Einrichtungen der jeweiligen Hochschule

der Frauen- und Gleichstellungsbeauftragten jährlich Materialien vor. [2]Die hauptberufliche Frauen- und Gleichstellungsbeauftragte erstellt mindestens alle zwei Jahre einen Bericht. [3]Der Akademische Senat und das Kuratorium nehmen zu diesem Bericht Stellung.

(10) [1]Die Frauen- und Gleichstellungsbeauftragten sind bei allen die Frauen betreffenden strukturellen, organisatorischen und personellen Maßnahmen sowie bei den entsprechenden Vorlagen, Berichten und Stellungnahmen zu beteiligen. [2]Dazu haben sie insbesondere die folgenden Rechte:

1. Beteiligung an Stellenausschreibungen,
2. Beteiligung am Auswahlverfahren bei Stellenbesetzungen,
3. Teilnahme an Bewerbungsgesprächen,
4. Beteiligung an Beurteilungen,
5. Einsicht in die Personalakten, soweit auf deren Inhalt zur Begründung von Entscheidungen Bezug genommen wird und die Einwilligung der betroffenen Dienstkräfte vorliegt,
6. Einsicht in Bewerbungsunterlagen einschließlich der Unterlagen von Bewerberinnen und Bewerbern, die nicht in die engere Auswahl einbezogen wurden.

[3]Sie haben Informations-, Rede- und Antragsrecht in allen Sitzungen der Gremien ihres jeweiligen Bereichs. [4]Soweit im Rahmen der Innovationsklausel nach § 7a Entscheidungsrechte von Gremien auf andere Organe übergehen, gilt das Beteiligungsrecht auch gegenüber diesen Organen.

(11) [1]Die Frauen- und Gleichstellungsbeauftragten haben das Recht auf Auskunft in allen mit ihren Aufgaben in Zusammenhang stehenden Angelegenheiten, einschließlich des Rechts auf entsprechende Akteneinsicht und auf Auskunft aus automatisierten Verfahren oder auf Einsicht in automatisierte Verfahren. [2]Das Recht auf Beteiligung umfasst über die in Absatz 10 genannten Rechte hinaus die frühzeitige und umfassende Unterrichtung durch die Hochschule in allen in Absatz 10 genannten Angelegenheiten. [3]Die Beteiligung erfolgt in dringenden Fällen zeitgleich mit dem Personalrat. [4]Die hauptberufliche Frauen- und Gleichstellungsbeauftragte kann eine nebenberufliche Frauen- und Gleichstellungsbeauftragte vertreten.

(12) [1]Wird die Frauen- und Gleichstellungsbeauftragte nicht gemäß der Absätze 10 und 11 beteiligt, ist die Entscheidung über eine Maßnahme für zwei Wochen auszusetzen und die Beteiligung nachzuholen. [2]In dringenden Fällen ist die Frist auf eine Woche, bei außerordentlichen Kündigungen auf drei Tage zu verkürzen.

(13) [1]Ist die Entscheidung eines Gremiums oder eines Organs der Hochschule über eine Maßnahme nach Absatz 10 gegen die Stellungnahme der Frauen- und Gleichstellungsbeauftragten getroffen worden, kann sie innerhalb von zwei Wochen widersprechen. [2]Die erneute Entscheidung darf frühestens eine Woche nach Einlegung des Widerspruchs erfolgen. [3]Hält das Gremium oder Organ trotz gegenteiliger Stellungnahme der Frauen- und Gleichstellungsbeauftragten an dem Beschluss fest, ist unverzüglich das Präsidium einzubeziehen. [4]Eine Entscheidung gemäß Satz 1 darf erst nach Fristablauf oder Bestätigung der Entscheidung ausgeführt werden.

(14) Näheres, insbesondere zu den Bereichen sowie Organisationseinheiten nach Absatz 1 Satz 2 und Satz 3 und zur Anzahl der jeweils zu wählenden Stellvertreterinnen nach Absatz 1 Satz 5, regelt die Hochschule in der Grundordnung.

§ 59a Beauftragter oder Beauftragte für Diversität und Antidiskriminierung

(1) [1]An jeder Hochschule wird auf zentraler Ebene eine Anlaufstelle zur Wahrnehmung der Aufgaben gemäß § 5b Absatz 1 und 2 eingerichtet. [2]Dies kann in der Form der Beauftragung eines Gremiums oder einer Person oder beider durch den Akademischen Senat erfolgen. [3]Das Gremium oder der oder die Beauftragte sind mit den zur Erfüllung ihrer Aufgaben notwendigen Personal- und Sachmitteln auszustatten. [4]Soweit Hochschulen in Fachbereiche gegliedert sind oder über zentrale Einrichtungen oder zentrale Dienstleistungsbereiche verfügen, sollen auch auf diesen Ebenen Ansprechpersonen bestellt werden.

(2) [1]Die Anlaufstelle wirkt auf die Realisierung chancengerechter Zugangs-, Studien- und Arbeitsbedingungen und auf den Abbau von Barrieren an der Hochschule hin. [2]Das Gremium oder der oder die Beauftragte kann bei seiner oder ihrer Aufgabenerfüllung von einer zentralen Stelle für Diversität unterstützt werden. [3]Das Gremium oder der oder die Beauftragte berät die Organe der Hochschule insbesondere bei der Entwicklung von Studiengängen und Fragen der Studierbarkeit sowie in Berufungsverfahren und steht bei Fragen im Einzelfall zur Verfügung.

(3) Der oder die Beauftragte hat das Recht auf notwendige und sachdienliche Information sowie Teilnahme-, Antrags- und Rederecht in allen Gremien der Hochschule.

(4) [1]Der oder die Beauftragte berichtet dem Akademischen Senat mindestens alle zwei Jahre über die Entwicklung der Tätigkeiten. [2]Der Akademische Senat nimmt zu dem Bericht Stellung.

(5) [1]Der oder die Beauftragte für Diversität ist verpflichtet über die persönlichen Verhältnisse von Studierenden, Beschäftigten und Dritten, die ihm oder ihr auf Grund des Amtes bekannt geworden sind, und über Angelegenheiten, die ihrer Bedeutung oder ihrem Inhalt nach einer vertraulichen Behandlung bedürfen, Stillschweigen zu bewahren. [2]Dies gilt auch über die Amtszeit hinaus. [3]Diese Verpflichtung besteht bei Einwilligung der Studierenden, Beschäftigten und Dritten nicht gegenüber dem Präsidium und der Personalvertretung.

§ 60 Zusammensetzung des Akademischen Senats

(1) [1]Dem Akademischen Senat können bis zu 25 Mitglieder angehören, von denen
1. jeweils eine gleiche Zahl aus den Gruppen der akademischen Mitarbeiter oder Mitarbeiterinnen, der Studierenden und der Mitarbeiter und Mitarbeiterinnen für Technik, Service und Verwaltung und
2. eine Person mehr als die Summe der Mitglieder nach Nummer 1 aus der Gruppe der Hochschullehrer und Hochschullehrerinnen

stammen. [2]Näheres regelt die Grundordnung der Hochschule. [3]Abweichungen von der in Satz 1 Einleitungssatz genannten Obergrenze bedürfen der Zustimmung der für Hochschulen zuständigen Senatsverwaltung.

(2) [1]Der Präsident oder die Präsidentin führt den Vorsitz. [2] Mit Rede- und Antragsrecht sind berechtigt, an den Sitzungen des Akademischen Senats teilzunehmen
1. an Hochschulen mit Fachbereichen alle Dekane und Dekaninnen,
2. an Hochschulen ohne Fachbereiche die Abteilungsleiter und Abteilungsleiterinnen,
3. die Vorsitzenden der Institutsräte der Zentralinstitute,
4. die Vorsitzenden aller Kommissionen des Akademischen Senats und
5. eine Vertreterin oder ein Vertreter der Promovierendenvertretung.

[3]§ 51 Absatz 3 und § 59 Absatz 10 bleiben unberührt.

(3) [1]Der Akademische Senat kann einen Ferienausschuss zur Erledigung dringender Angelegenheiten bilden. [2]Dem Ferienausschuss gehören stimmberechtigt an
1. an den Universitäten dreizehn Mitglieder, davon sieben Hochschullehrer oder Hochschullehrerinnen und je zwei Vertreter oder Vertreterinnen der übrigen Mitgliedergruppen;
2. an den übrigen Hochschulen sieben Mitglieder, davon vier Hochschullehrer oder Hochschullehrerinnen und je ein Vertreter oder eine Vertreterin der übrigen Mitgliedergruppen.

§ 61 Aufgaben des Akademischen Senats

(1) Der Akademische Senat entscheidet in akademischen Angelegenheiten von Forschung, Lehre, Studium, Kunstausübung, künstlerischen Entwicklungsvorhaben und Weiterbildung, soweit diese nicht durch Gesetz einem anderen zentralen Organ zugewiesen sind.

(2) Der Akademische Senat ist zuständig für
1. die Beschlussfassung über den Vorschlag zur Wahl des Präsidenten oder der Präsidentin,
2. die Beschlussfassung über den Vorschlag zur Wahl der Vizepräsidenten oder Vizepräsidentinnen,
3. die Stellungnahme zum Entwurf des Haushaltsplans und dessen Billigung,
4. die Stellungnahme zu Änderungen der Grundordnung und die nach § 7a vorgesehene Zustimmung,
5. Vorschläge für die Errichtung, Veränderung und Aufhebung von wissenschaftlichen Organisationseinheiten,
6. die Einrichtung und Aufhebung von Studiengängen,
7. den Erlass von Satzungen, soweit gesetzlich nichts anderes vorgesehen ist,
8. die Aufstellung von Grundsätzen für Lehre, Studium und Prüfungen, den Beschluss fachübergreifender Verfahrensregelungen für Hochschulprüfungen sowie die Stellungnahme zu Studien- und Prüfungsordnungen der Fachbereiche,

9. die Beschlussfassung über Struktur- und Entwicklungspläne einschließlich der Personalentwicklungskonzepte unter Berücksichtigung der Stellungnahme des Kuratoriums sowie Vorschläge für die Zweckbestimmung von Stellen für Hochschullehrer und Hochschullehrerinnen,
10. die Beschlussfassung über die Frauenförderrichtlinien und die Frauenförderpläne und die Gleichstellungskonzepte,
11. die Stellungnahmen zu den Berufungsvorschlägen der Fachbereiche,
12. Entscheidungen von grundsätzlicher Bedeutung in Fragen der Forschung und der Förderung des wissenschaftlichen und des künstlerischen Nachwuchses,
13. Anträge auf Einrichtung, Entwicklung und Zuordnung von Sonderforschungsbereichen,
14. die Festsetzung von Zulassungszahlen auf Vorschlag des Präsidiums,
15. den Erlass der Gebührensatzungen gemäß § 2 Absatz 8,
16. sonstige akademische Angelegenheiten, die die Hochschule als Ganzes betreffen, soweit keine andere Zuständigkeit besteht,
17. die Stellungnahmen zu Angelegenheiten, die die Hochschule als Ganzes betreffen.

(3) [1]Der Akademische Senat kann zu seiner Unterstützung und Beratung Kommissionen einsetzen. [2]Über ihre Aufgabenstellung, das Verfahren und die Dauer der Einsetzung entscheidet der Akademische Senat. [3]Die Mitglieder von Kommissionen werden jeweils von den Vertretern oder Vertreterinnen ihrer Mitgliedergruppen im Akademischen Senat benannt.

(4) [1]Zur Unterstützung und Beratung des Präsidiums und des Akademischen Senats bildet der Akademische Senat ständige Kommissionen für

1. Entwicklungsplanung,
2. Forschung und wissenschaftlichen Nachwuchs,
3. Lehre und Studium.

[2]In der ständigen Kommission für Lehre und Studium haben die Studierenden die Hälfte der Sitze und Stimmen. [3]Die Wahl des Vorsitzes der Kommission für Lehre und Studium erfolgt auf Vorschlag der studentischen Mitglieder dieser Kommission.

§ 62 Zusammensetzung des Erweiterten Akademischen Senats

[1]Dem Erweiterten Akademischen Senat können bis zu 61 Mitglieder angehören, von denen

1. jeweils eine gleiche Zahl aus den Gruppen der akademischen Mitarbeiter oder Mitarbeiterinnen, der Studierenden und der Mitarbeiter und Mitarbeiterinnen für Technik, Service und Verwaltung und
2. eine Person mehr als die Summe der.Mitglieder nach Nummer 1 aus der Gruppe der Hochschullehrer und Hochschullehrerinnen

stammen. [2]Näheres regelt die Grundordnung der Hochschule. Abweichungen von der in Satz 1 Einleitungssatz genannten Obergrenze bedürfen der Zustimmung der für Hochschulen zuständigen Senatsverwaltung.

§ 63 Aufgaben des Erweiterten Akademischen Senats

[1]Der Erweiterte Akademische Senat ist zuständig für

1. die Wahl und Abwahl des Präsidenten oder der Präsidentin der Hochschule,
2. die Wahl und Abwahl der Vizepräsidenten und Vizepräsidentinnen,
3. die Wahl und Abwahl des Kanzlers oder der Kanzlerin,
4. den Erlass der Grundordnung unter Berücksichtigung der Stellungnahme des Akademischen Senats und des Kuratoriums,
5. die Wahl und Abwahl der Kuratoriumsmitglieder nach § 64 Absatz 1 Nummer 2 bis 4.

[2]Der Erweiterte Akademische Senat erörtert den jährlichen Bericht des Präsidiums. [3]Er wählt aus seiner Mitte einen Vorstand. [4]Näheres regelt die Grundordnung der Hochschule.

§ 64 Zusammensetzung des Kuratoriums

(1) Dem Kuratorium gehören an

1. je ein Mitglied der Gruppen gemäß § 45 Absatz 1,
2. ein Vertreter oder eine Vertreterin der Wirtschaft, abweichend hiervon an der Alice-Salomon-Hochschule Berlin, ein Vertreter oder eine Vertreterin der Wohlfahrtsverbände,
3. ein Vertreter oder eine Vertreterin der Gewerkschaften

4. drei bis fünf Vertreter oder Vertreterinnen der Gesellschaft, die sich durch besondere Erfahrung und Einsatz für Wissenschaft, Forschung, Kultur, soziale und ökologische Nachhaltigkeit oder Gesellschaft auszeichnen.

(2) [1]Die Amtszeit des Kuratoriums beträgt vier Jahre und für die Mitglieder nach Absatz 1 Nummer 1 zwei Jahre, soweit nicht durch die Grundordnung eine andere Bestimmung getroffen wird. [2]Die Mitglieder gemäß Absatz 1 Nummer 1 werden durch die jeweiligen Vertreter oder Vertreterinnen ihrer Mitgliedergruppe im Erweiterten Akademischen Senat gewählt. [3]Die Mitglieder gemäß Absatz 1 Nummer 2 bis 4 werden vom Erweiterten Akademischen Senat gewählt; im Falle der Nummern 2 und 3 erfolgt die Wahl auf Vorschlag der jeweiligen Verbände. [4]Wiederwahl ist zulässig.

(3) Der oder die Vorsitzende wird aus dem Kreis der Mitglieder des Kuratoriums gewählt.

(4) Näheres bestimmt die Grundordnung. Mitglieder des Präsidiums, des Akademischen Senats und des Erweiterten Akademischen Senats dürfen dem Kuratorium nicht angehören.

(5) [1]Die für Hochschulen zuständige Senatsverwaltung ist zu allen Sitzungen des Kuratoriums einzuladen. [2]Sie kann durch einen Vertreter oder eine Vertreterin an den Sitzungen mit Rede- und Antragsrecht teilnehmen.

§ 65 Aufgaben des Kuratoriums

(1) Das Kuratorium ist zuständig für

1. die Feststellung des Haushaltsplans und den Beschluss über die Entlastung des Präsidiums,
2. die Erörterung des jährlichen Rechenschaftsberichts des Präsidiums; es gibt hierzu eine Stellungnahme ab,
3. die Errichtung, Veränderung und Aufhebung von Fachbereichen und anderen wissenschaftlichen Organisationseinheiten auf Vorschlag des Akademischen Senats,
4. Empfehlungen zur Entwicklung der Hochschule und Stellungnahmen zum Struktur- und Entwicklungsplan,
5. Vorschläge für die Wahl des Präsidenten oder der Präsidentin und der Vizepräsidenten oder Vizepräsidentinnen und das für den Vorschlag für die Wahl des Kanzlers oder der Kanzlerin erforderliche Einvernehmen,
6. die Stellungnahme zum Entwurf von Änderungen der Grundordnung und die nach § 7a erforderliche Zustimmung,
7. in sonstigen durch die Grundordnung dem Kuratorium zugewiesenen Aufgaben.

(2) Das Kuratorium kann von Einrichtungen der Selbstverwaltung die Erstattung von Berichten verlangen und andere Stellen auffordern, bestimmte Angelegenheiten zu überprüfen.

§ 66 *[aufgehoben]*

§ 67 Personalangelegenheiten der Hochschule

(1) [1]Dienstbehörde, oberste Dienstbehörde, Personalstelle und Personalwirtschaftsstelle der Hochschule ist der Präsident oder die Präsidentin. [2]Er oder sie kann seine oder ihre Befugnisse im Einvernehmen mit der Senatsverwaltung, der das Landesverwaltungsamt nachgeordnet ist, auf das Landesverwaltungsamt übertragen.

(2) [1]Für den Präsidenten oder die Präsidentin, die hauptamtlichen Vizepräsidenten und Vizepräsidentinnen sowie den Kanzler oder die Kanzlerin ist Dienstbehörde, oberste Dienstbehörde, Personalstelle und Personalwirtschaftsstelle die für Hochschulen zuständige Senatsverwaltung. [2]Absatz 1 Satz 2 findet entsprechende Anwendung.

(3) [1]Das Präsidium erlässt die Verwaltungsvorschriften in Personalangelegenheiten und Personalwirtschaftsangelegenheiten. [2]Diese bedürfen der Zustimmung des Akademischen Senats.

§§ 68, 68a (weggefallen)

Siebenter Abschnitt
Fachbereiche

§ 69 Fachbereich

(1) [1]Der Fachbereich ist die organisatorische Grundeinheit der Hochschule; er erfüllt unbeschadet der Gesamtverantwortung der Hochschule und der Zuständigkeiten der zentralen Hochschulorgane für

sein Gebiet die Aufgaben der Hochschule. [2]Er trägt dafür Sorge, dass die in seinem Gebiet tätigen Personen und Einrichtungen ihre Aufgaben erfüllen können.

(2) [1]Fachbereiche sollen miteinander verwandte Fächer oder fächerübergreifende Bereiche umfassen. [2]An Hochschulen, deren Größe und Aufgabenstellung die Gliederung in Fachbereiche nicht erfordern, kann hierauf verzichtet werden.

(3) Fachbereiche werden nach ihrer Anhörung auf Vorschlag des Akademischen Senats durch das Kuratorium errichtet, verändert oder aufgehoben.

(4) Soweit eine Hochschule die Bezeichnung Fakultät verwendet, gelten die Vorschriften dieses Abschnitts entsprechend.

§ 69a *[aufgehoben]*

§ 70 Fachbereichsrat

(1) Organe des Fachbereichs sind der Fachbereichsrat und der Dekan oder die Dekanin als Sprecher oder Sprecherin des Fachbereichs.

(2) Dem Fachbereichsrat an den Universitäten gehören dreizehn Mitglieder an, und zwar

1. sieben Hochschullehrer oder Hochschullehrerinnen,
2. zwei akademische Mitarbeiter oder Mitarbeiterinnen,
3. zwei Studierende,
4. zwei Mitarbeiter oder Mitarbeiterinnen für Technik, Service und Verwaltung.

(3) Dem Fachbereichsrat an Hochschulen für angewandte Wissenschaften gehören neun Mitglieder an, und zwar

1. fünf Hochschullehrer oder Hochschullehrerinnen,
2. ein akademischer Mitarbeiter oder eine akademische Mitarbeiterin,
3. zwei Studierende,
4. ein Mitarbeiter oder eine Mitarbeiterin für Technik, Service und Verwaltung.

(4) [1]Mit Rede- und Antragsrecht sind berechtigt, an den Sitzungen des Fachbereichsrats teilzunehmen:

1. die Mitglieder des Präsidiums einschließlich des Kanzlers oder der Kanzlerin, auch soweit von der Möglichkeit des § 52 Absatz 1 Satz 2 Gebrauch gemacht wurde,
2. der Leiter oder die Leiterin der Fachbereichsverwaltung,
3. ein Vertreter oder eine Vertreterin des zuständigen Organs der Studierendenschaft,
4. ein Vertreter oder eine Vertreterin der Personalvertretung.

[2]§ 59 Absatz 10 bleibt unberührt.

(5) [1]Unbeschadet der Vorschrift des § 47 Absatz 3 haben bei Entscheidungen des Fachbereichsrats über Berufungsvorschläge für Professoren und Professorinnen, Juniorprofessoren und Juniorprofessorinnen, bei Habilitationen und Habilitationsordnungen sowie bei Entscheidungen über Promotionsordnungen alle dem Fachbereich angehörenden hauptberuflichen Hochschullehrer und Hochschullehrerinnen die Möglichkeit der stimmberechtigten Mitwirkung; soweit sie an der Entscheidung mitwirken, gelten sie als Mitglieder der Gruppe der Hochschullehrer und Hochschullehrerinnen im Fachbereichsrat. [2]§ 47 Absatz 4 Satz 3 gilt entsprechend. [3]Die Grundordnung regelt Durchführung und Verfahren.

(6) Hochschullehrer und Hochschullehrerinnen, die nicht dem Fachbereichsrat angehören, sind bei der Beratung aller wesentlichen Angelegenheiten ihres Fachgebiets zu hören.

(7) Die Fachbereiche können Ferienausschüsse zur Erledigung dringender Angelegenheiten bilden.

§ 71 Aufgaben des Fachbereichsrats

(1) [1]Der Fachbereichsrat ist, soweit dieses Gesetz nichts anderes bestimmt, für alle Aufgaben des Fachbereichs zuständig, insbesondere für

1. den Erlass von Satzungen des Fachbereichs,
2. die geordnete Durchführung der Lehre und der Prüfungen sowie die Koordinierung von Lehre und Forschung im Fachbereich,
3. den Beschluss von Berufungsvorschlägen,
4. Entscheidungen über Habilitationen,
5. die Verteilung von dem Fachbereich zugewiesenen und von wieder frei werdenden, beim Fachbereich verbleibenden Stellen und von Mitteln für nichtplanmäßige Dienstkräfte sowie von Sachmitteln,

6. die Vorschläge zur Begründung und Beendigung der Rechtsverhältnisse von hauptberuflich und nebenberuflich Tätigen, soweit sie nicht Einrichtungen gemäß § 75 zugewiesen sind.

[2]Der Fachbereichsrat soll die Wahrnehmung von Aufgaben, die nicht von grundsätzlicher Bedeutung sind, dem Dekan oder der Dekanin zur Erledigung übertragen.

(2) An Hochschulen ohne Fachbereiche werden die Aufgaben des Fachbereichsrats vom Akademischen Senat wahrgenommen.

§ 72 Dekan oder Dekanin

(1) [1]Der Dekan oder die Dekanin und sein Stellvertreter oder seine Stellvertreterin (Prodekan/Prodekanin) werden vom Fachbereichsrat aus dem Kreis der dem Fachbereich angehörenden Hochschullehrer und Hochschullehrerinnen gewählt. [2]Ihre Amtszeit beträgt zwei Jahre. [3]Sie können ihr Amt nach Maßgabe der Grundordnung hauptberuflich ausüben. [4]Näheres, einschließlich der Amtszeit bei hauptberuflicher Ausübung, regelt die Grundordnung.

(2) [1]Der Dekan oder die Dekanin vertritt den Fachbereich und führt dessen Geschäfte in eigener Zuständigkeit. [2]Er oder sie hat darauf hinzuwirken, dass die Mitglieder des Fachbereichs ihre dienstlichen Aufgaben, insbesondere ihre Lehr- und Prüfungsverpflichtungen ordnungsgemäß erfüllen. [3]Er oder sie erledigt, vorbehaltlich der Zuständigkeiten der Dienstbehörde und Personalstelle, die laufenden Personal- und Verwaltungsangelegenheiten des Fachbereichs. [4]Er oder sie ist berechtigt, dem Personal des Fachbereichs, soweit es nicht Hochschullehrern und Hochschullehrerinnen oder Einrichtungen des Fachbereichs zugewiesen ist, Weisungen zu erteilen.

(3) [1]Der Dekan oder die Dekanin ist Vorsitzender bzw. Vorsitzende des Fachbereichsrats. [2]Er oder sie kann in unaufschiebbaren Angelegenheiten anstelle des Fachbereichsrats die unerlässlichen Entscheidungen und Maßnahmen treffen. [3]Die Befugnis des Fachbereichsrats, eigene Entscheidungen zu treffen, bleibt unberührt.

(4) Der Dekan oder die Dekanin kann an den Sitzungen der übrigen Gremien des Fachbereichs mit Rederecht teilnehmen.

§ 73 Kommissionen und Beauftragte

(1) [1]Der Fachbereichsrat kann zu seiner Unterstützung und Beratung Kommissionen oder Beauftragte einsetzen. [2]Über ihre Aufgabenstellung und die Dauer der Einsetzung entscheidet der Fachbereichsrat. [3]Der Fachbereichsrat setzt eine Ausbildungskommission ein, in der die Studierenden die Hälfte der Sitze und Stimmen haben.

(2) Die Mitglieder von Kommissionen werden jeweils von den Vertretern oder Vertreterinnen ihrer Mitgliedergruppen im Fachbereichsrat benannt.

(3) [1]In den Kommissionen zur Vorbereitung von Vorschlägen für die Berufung von Hochschullehrern und Hochschullehrerinnen (Berufungskommissionen) haben die Hochschullehrer und Hochschullehrerinnen die Mehrheit der Sitze und Stimmen. [2]Vertreter und Vertreterinnen der Mitarbeiter und Mitarbeiterinnen für Technik, Service und Verwaltung wirken beratend mit. [3]Der Berufungskommission soll stets auch ein Hochschullehrer oder eine Hochschullehrerin angehören, der oder die nicht Mitglied der Hochschule ist. [4]Mindestens 40 vom Hundert der stimmberechtigten Mitglieder sollen Frauen sein und die Hälfte davon sollen Hochschullehrerinnen im Sinne des § 45 Absatz 1 Satz 2 Nummer 1 sein; erforderlichenfalls kann die Anzahl der externen Mitglieder erhöht werden, Ausnahmen bedürfen der Zustimmung der Frauen- und Gleichstellungsbeauftragten. [5]§ 47 gilt mit der Maßgabe, dass dessen Absatz 4 Satz 2 keine Anwendung findet. [6]Die Hochschule regelt durch Satzung, inwieweit bei Sitzungen der Berufungskommissionen moderne Informations- und Kommunikationstechnologien zur Anwendung kommen können; eine hinreichende schriftliche Dokumentation ist sicherzustellen.

(4) [1]Kommissionen zur Vorbereitung von Habilitationen dürfen neben den Professoren und Professorinnen nur habilitierte Mitglieder des zuständigen Gremiums angehören. [2]Die beratende Mitwirkung von Studierenden und akademischen Mitarbeitern und Mitarbeiterinnen, die nicht entsprechend qualifiziert sind, richtet sich nach der jeweiligen Ordnung.

(5) [1]Kommissionen mit Entscheidungsbefugnis werden für Prüfungen und Promotionen eingesetzt. [2]Näheres regeln die Prüfungs- und Promotionsordnungen.

§ 74 Gemeinsame Kommissionen

(1) [1]Soweit mehrere Fachbereiche gemeinsame Aufgaben zu erfüllen haben, sollen Gemeinsame Kommissionen eingesetzt werden. [2]Dies gilt auch für Fachbereiche verschiedener Hochschulen.

(2) Über die Aufgabenstellung, die Dauer der Einsetzung, die Zusammensetzung und das Verfahren einer Gemeinsamen Kommission entscheiden die beteiligten Fachbereichsräte.

(3) [1]Der Akademische Senat kann Fachbereiche auffordern, Gemeinsame Kommissionen zu bilden. [2]Er hat abweichend von Absatz 2 das Recht, nach Anhörung der betroffenen Fachbereiche Gemeinsame Kommissionen einzusetzen.

(4) [1]Für die Zusammensetzung Gemeinsamer Kommissionen, die das Recht haben, für die beteiligten Fachbereiche verbindliche Entscheidungen zu treffen, gilt das Verhältnis der Sitze und der Stimmen der einzelnen Gruppen gemäß § 70 Absatz 2 bzw. 3. [2]Die Vorschriften des § 70 Absatz 4 und 6 finden entsprechende Anwendung.

(5) [1]Für Gemeinsame Kommissionen, die für die Entscheidung über Berufungsvorschläge, Habilitationen, Habilitations- oder Promotionsordnungen zuständig sind, gilt § 73 Absatz 3 und 4. [2]Die Vorschriften des § 70 Absatz 5 finden entsprechende Anwendung.

(6) [1]Die Vertreter und Vertreterinnen jedes Fachbereichs in Gemeinsamen Kommissionen werden vom Fachbereichsrat mit der Mehrheit von zwei Dritteln seiner Mitglieder gewählt. [2]Sie brauchen nicht Mitglieder des Fachbereichsrats zu sein.

(7) Gemeinsame Kommissionen können unter Einbeziehung von Zentralinstituten gebildet werden.

§ 75 Einrichtungen der Fachbereiche

(1) [1]Die Fachbereiche der Universitäten können sich in

1. wissenschaftliche,
2. künstlerische und
3. wissenschaftlich-künstlerische

Einrichtungen gliedern. [2]An Fachbereichen, deren Größe und Aufgabenstellung die Gliederung in Einrichtungen nicht erfordern, kann hierauf verzichtet werden.

(2) [1]Die Einrichtung wird durch einen Geschäftsführenden Direktor oder eine Geschäftsführende Direktorin im Rahmen der Beschlüsse des Institutsrats geleitet und verwaltet. [2]Er oder sie kann in unaufschiebbaren Angelegenheiten anstelle des Institutsrats die unerlässlichen Entscheidungen und Maßnahmen treffen. [3]Die Befugnis des Institutsrates, eigene Entscheidungen zu treffen, bleibt unberührt.

(3) [1]Es wird ein Institutsrat gewählt, dem vier Hochschullehrer oder Hochschullehrerinnen und je ein Vertreter oder eine Vertreterin der übrigen Gruppen gemäß § 45 Absatz 1 angehören. [2]Abweichend von Satz 1 kann der Fachbereichsrat auf Antrag der Einrichtung für den Institutsrat eine Zusammensetzung im Verhältnis 7 : 2 : 2 : 2 festlegen. [3]Der Institutsrat wählt den Geschäftsführenden Direktor oder die Geschäftsführende Direktorin und deren Stellvertreter bzw. Stellvertreterin aus dem Kreis der ihm angehörenden Hochschullehrer und Hochschullehrerinnen. [4]Gehören einer Einrichtung weniger als vier Hochschullehrer oder Hochschullehrerinnen an, verringert sich die Zahl der Stimmberechtigten aus den übrigen Gruppen entsprechend. [5]Näheres regelt die Grundordnung.

(4) [1]Der Institutsrat fasst Beschlüsse über die grundsätzlichen Angelegenheiten der Einrichtung. [2]Dazu gehört der Einsatz von Stellen und von Mitteln für nichtplanmäßige Dienstkräfte. [3]Er beschließt auch über die Vorschläge zur Begründung und Beendigung der Rechtsverhältnisse von Personen, die der Einrichtung zugewiesen sind, und über ihre Verwendung. [4]Sind Personen einzelnen Hochschullehrern und Hochschullehrerinnen zugewiesen, so ergeht der Beschluss nach Satz 3 auf deren Vorschlag.

(5) Der Institutsrat beruft mindestens einmal im Semester eine Institutsversammlung aller Mitglieder der Einrichtung ein.

§ 75a Neue Organisationsformen auf der Ebene der Fachbereiche

(1) [1]In der Grundordnung kann bestimmt werden, dass Fachbereiche ganz oder teilweise neue Organisationsformen erhalten können; in der Grundordnung sind in diesem Fall insbesondere folgende Bereiche zu regeln:

1. innere Organisation einschließlich der Organe, deren Besetzung, Aufgaben und Zuständigkeiten sowie der Bezeichnung der entstehenden Organisationseinheit,
2. Aufgaben, Zuständigkeiten und Verfahren der Organisationseinheit,
3. Zuordnung von Forschungsgeräten, Räumen, sonstiger Ausstattung und Sachmitteln im Rahmen eines Organisationskonzeptes zu den an der Organisationseinheit beteiligten Hochschullehrern

und Hochschullehrerinnen; die jeweils erforderliche Grundausstattung der Hochschullehrer und Hochschullehrerinnen bleibt unberührt,

4. Zuweisung von Mitarbeitern und Mitarbeiterinnen des wissenschaftlichen Personals und Mitarbeitern und Mitarbeiterinnen für Technik, Service und Verwaltung im Rahmen eines Organisationskonzeptes.

[2]Die Regelungen nach Satz 1 müssen unter Beachtung der §§ 43 bis 50 auch Bestimmungen über eine angemessene Beteiligung aller Hochschulgruppen treffen. [3]Die Errichtung von Organisationseinheiten nach Satz 1 bedarf der Zustimmung der beteiligten Hochschullehrer und Hochschullehrerinnen. [4]Tritt eine Organisationseinheit nach Satz 1 vollständig an die Stelle des Fachbereichs, finden die Vorschriften über Fachbereiche entsprechende Anwendung, soweit nichts anderes bestimmt ist.

(2) Organisationseinheiten nach Absatz 1 können auch fachbereichsübergreifend errichtet werden.

Achter Abschnitt Medizin

§§ 76–81 (weggefallen)

§ 82 Geschäftsführende Direktoren/Direktorinnen im Fachbereich Veterinärmedizin

[1]Der Geschäftsführende Direktor oder die Geschäftsführende Direktorin der Kliniken im Fachbereich Veterinärmedizin ist gegenüber den in der Abteilung beschäftigten Personen weisungsbefugt. [2]Hauptberuflichen Hochschullehrern und Hochschullehrerinnen gegenüber kann der Geschäftsführende Direktor oder die Geschäftsführende Direktorin nur die zur Organisation, Koordinierung und Sicherstellung der Krankenversorgung in der Klinik erforderlichen Weisungen erteilen.

Neunter Abschnitt Zentrale Einrichtungen

§ 83 Zentralinstitute

(1) [1]An den Hochschulen können gemäß § 61 Absatz 2 Nummer 6 für Daueraufgaben in Forschung, Lehre und Weiterbildung Zentralinstitute errichtet werden, in denen Mitglieder der Hochschule aus verschiedenen Fachbereichen zusammenarbeiten. [2]Für den Institutsrat und seinen Vorsitzenden oder seine Vorsitzende sowie für die Aufgaben der Zentralinstitute gelten die Vorschriften der §§ 69 bis 73 entsprechend.

(2) [1]Dem Institutsrat eines Zentralinstituts, das ausschließlich für Forschung zuständig ist, gehören Hochschullehrer und Hochschullehrerinnen, akademische Mitarbeiter und Mitarbeiterinnen sowie Mitarbeiter und Mitarbeiterinnen für Technik, Service und Verwaltung an. [2]Die Hochschullehrer und Hochschullehrerinnen müssen die Mehrheit der Sitze und Stimmen haben.

(3) [1]Zentralinstitute können auch für den Bereich mehrerer Hochschulen errichtet werden. [2]Hierzu können öffentlich-rechtliche Verträge geschlossen werden. [3]Die Entscheidung über die organisatorische Zuordnung solcher Zentralinstitute treffen die beteiligten Hochschulen gemeinsam; sie bedarf der Zustimmung der für Hochschulen zuständigen Senatsverwaltung.

(4) Für besondere Aufgaben in der Lehre können Zentralinstitute errichtet werden.

§ 84 Zentraleinrichtungen

(1) [1]Zentraleinrichtungen sind Betriebseinheiten außerhalb von Fachbereichen. [2]Sie erbringen Dienstleistungen für die Hochschule insgesamt oder für mehrere Fachbereiche.

(2) Die Organisation und Benutzung einer Zentraleinrichtung wird vom Akademischen Senat durch Satzung geregelt.

(3) § 61 Absatz 2 Nummer 6 und § 83 Absatz 3 gelten entsprechend.

§ 85 Institut an der Hochschule

(1) Eine Einrichtung außerhalb der Hochschule, die ausschließlich im Bereich von Weiterbildung oder Forschung und Entwicklung tätig ist, kann vom Akademischen Senat als „Institut an der Hochschule" anerkannt werden, wenn gewährleistet ist, dass

1. die Tätigkeit der Einrichtung sich im Rahmen der Aufgaben der Hochschule und in Zusammenarbeit mit ihr vollzieht,
2. Grundsätze der Wissenschaftsfreiheit und das Recht auf Veröffentlichung von Forschungsergebnissen gesichert sind,
3. für die Angehörigen der Einrichtung die Grundsätze dieses Gesetzes bei Beschäftigung und Mitwirkung in sinngemäßer Anwendung gelten,
4. die Arbeitsverträge den vergleichbaren tariflichen Bestimmungen für die Beschäftigten der Hochschule als Mindestbedingungen entsprechen,
5. die laufenden Kosten der Einrichtung überwiegend aus Mitteln Dritter finanziert werden.

(2) [1]Die Anerkennung gemäß Absatz 1 ist auf höchstens fünf Jahre zu befristen. [2]Sie kann nach Überprüfung verlängert werden.

(3) Näheres regelt der Akademische Senat durch Satzung.

§ 86 Bibliothekswesen

(1) [1]Das Bibliothekssystem der Hochschulen gliedert sich in die zentrale Bibliothek und gegebenenfalls in Fachbibliotheken. [2]Die Bibliotheken haben die Aufgabe, die für Forschung, Lehre und Information erforderliche Literatur und andere Informationsträger zu sammeln, zu erschließen und zur Nutzung bereitzustellen. [3]Sie stellen darüber hinaus forschungsnahe Dienste bereit und unterstützen den freien Zugang zu wissenschaftlicher Information (Open Science). [4]Die Bibliotheken der Hochschule sind zur Zusammenarbeit verpflichtet; zu diesem Zweck schließen die Hochschulen öffentlich-rechtliche Verträge ab.

(2) [1]Die zentrale Bibliothek arbeitet mit anderen Bibliotheken und bibliothekarischen Einrichtungen außerhalb der Hochschule zusammen und nimmt gegebenenfalls regionale Aufgaben wahr. [2]Die Fachbibliotheken können mit bibliothekarischen Einrichtungen außerhalb der Hochschule zusammenarbeiten. [3]Die zentrale Bibliothek koordiniert die Arbeit und die Anschaffung der Literatur im Bibliothekssystem und berücksichtigt dabei die Bedarfe von Studierenden, Lehrenden und Forschenden mit Behinderungen oder chronischen Erkrankungen, speziell hinsichtlich der Auffindbarkeit, Zugänglichkeit und Nutzbarkeit der Angebote sowie der Nutzungsbedingungen. [4]Sie übt die bibliothekarische Fachaufsicht aus.

(3) [1]Die Auswahl der für die Fachbibliotheken zu beschaffenden Informationsträger liegt bei den wissenschaftlichen Einrichtungen. [2]Wo keine wissenschaftlichen Einrichtungen bestehen, übernehmen diese Aufgabe die Fachbereiche.

(4) [1]Berät ein Gremium der Hochschule über grundsätzliche Bibliotheksangelegenheiten, ist der Leiter oder die Leiterin der zentralen Bibliothek mit beratender Stimme hinzuzuziehen. [2]Er oder sie kann sich dabei vertreten lassen.

(5) Der Akademische Senat erlässt eine Bibliotheksordnung, die einheitliche Grundsätze für die Verwaltung der Bibliotheken der Hochschule bestimmt und Regelungen über die Bildung eines Selbstverwaltungsgremiums für die zentrale Bibliothek trifft.

Zehnter Abschnitt
Haushaltswesen und Aufsicht

§ 87 Haushaltswesen

(1) [1]Zur Erfüllung ihrer Aufgaben erhalten die Hochschulen Zuschüsse des Landes Berlin. [2]Bei Haushaltsüberschreitungen ist die vorherige Zustimmung der für Hochschulen zuständigen Senatsverwaltung und der Senatsverwaltung für Finanzen erforderlich.

(2) Die für Hochschulen zuständige Senatsverwaltung kann im Zusammenhang mit der Gewährung und Verwendung der Mittel nach Absatz 1 in den Hochschulen Prüfungen vornehmen.

(3) Auflagenbeschlüsse des Abgeordnetenhauses zum Hochschulhaushalt sind für die Hochschulen unmittelbar verbindlich.

(4) [1]Für Verbindlichkeiten der Hochschulen haftet das Land Berlin als Gewährträger unbeschränkt. [2]Kreditaufnahmen einschließlich Sonderfinanzierungen der Hochschulen für investive Zwecke sind unzulässig. [3]Andere Kredite sind nur zur kurzfristigen Sicherung der Liquidität (Betriebsmittelkredite) zulässig und bedürfen der Zustimmung der für Hochschulen zuständigen Senatsverwaltung und der Senatsverwaltung für Finanzen.

§ 88 Haushaltsplan

(1) Das Präsidium stellt den Entwurf des Haushaltsplans auf Grund von Vorschlägen der Fachbereiche, der Zentralinstitute und der Zentraleinrichtungen auf und legt ihn dem Akademischen Senat zur Stellungnahme vor.

(2) Der Entwurf des Haushaltsplans bedarf der Billigung durch den Akademischen Senat.

(3) Nach der Veranschlagung des Zuschusses im Haushaltsplan von Berlin stellt das Kuratorium den Haushaltsplan fest.

(4) [1]Die Haushaltsrechnung wird durch zu bestellende Abschlussprüfende geprüft. [2]Abschlussprüfende können Wirtschaftsprüfer oder Wirtschaftsprüferinnen oder Wirtschaftsprüfungsgesellschaften sein.

(5) [1]Für die Entlastung des Präsidiums auf der Grundlage der Abschlussprüfung und nach Stellungnahme des Akademischen Senats ist das Kuratorium zuständig. [2]Die Entlastung bedarf der Genehmigung der für Hochschulen zuständigen Senatsverwaltung.

(6) Bei den künstlerischen Hochschulen tritt an die Stelle des Kuratoriums das nach der Grundordnung zuständige Organ.

§ 88a Flexibilisierung im Haushaltswesen

(1) Zur Erprobung einer flexibleren Gestaltung der Haushaltswirtschaft und Erhöhung der Wirtschaftlichkeit können die Akademischen Senate der Hochschulen abweichend von § 20 Absatz 1 der Landeshaushaltsordnung zulassen, dass die Personalausgaben (Hauptgruppe 4) mit konsumtiven Sachausgaben (Hauptgruppen 5 und 6) gegenseitig deckungsfähig sind.

(2) [1]Das in Absatz 1 genannte Organ kann entsprechend § 19 Satz 2 der Landeshaushaltsordnung die Titel 515 01, 515 02, 515 11, 519 00, 522 11, 523 01, 524 01, 524 11, 524 40, 525 02, 531 05, 531 06, 540 50 und 540 51 für übertragbar erklären. [2]Für die nach Satz 1 für übertragbar erklärten Titel kann die allgemeine Deckungsfähigkeit zugelassen werden.

(3) [1]Dem in Absatz 1 genannten Organ wird die Möglichkeit eingeräumt, über die Festlegung von für die Haushaltswirtschaft verbindlichen summarischen Stellenrahmen, die nicht überschritten werden dürfen, zu beschließen. [2]§ 17 Absatz 5 der Landeshaushaltsordnung bleibt unberührt. [3]Es ist zu gewährleisten, dass Überschreitungen der Stellenrahmen nur für zulässig erklärt werden, wenn die Haushaltsführung der jeweiligen Hochschule dauerhaft und unter Ausschluss von Zuschusserhöhungen sowie unter Berücksichtigung auch von Beiträgen zur Konsolidierung des Haushalts Berlins gesichert ist.

§ 88b *[aufgehoben]*

§ 89 Aufsicht

(1) [1]Die Hochschulen einschließlich der Kuratorien unterstehen der Rechtsaufsicht des Landes Berlin. [2]Sie wird durch die für Hochschulen zuständige Senatsverwaltung unabhängig von den Aufsichtsbefugnissen des Präsidiums ausgeübt. [3]Die Durchführung der Rechtsaufsicht richtet sich nach den Vorschriften der §§ 10 bis 13 und § 28 Absatz 5 des Allgemeinen Zuständigkeitsgesetzes.

(2) [1]Soweit die Hochschulen einschließlich der Kuratorien Aufgaben wahrnehmen, die ihnen als staatliche Angelegenheiten übertragen sind, unterstehen sie der Fachaufsicht der für Hochschulen zuständigen Senatsverwaltung; dies gilt auch für Aufgaben bei der Ermittlung der Ausbildungskapazitäten und der Festsetzung von Zulassungszahlen. [2]Die Ausübung der Fachaufsicht richtet sich nach § 8 des Allgemeinen Zuständigkeitsgesetzes.

§ 90 Bestätigung und Veröffentlichung von Rechtsvorschriften

(1) [1]Satzungen der Hochschule bedürfen der Bestätigung durch das Präsidium oder das nach der Grundordnung vorgesehene Leitungsorgan. [2]Darüber hinaus bedürfen die Grundordnung, die Rahmengebührensatzung, die Rahmenstudien- und -prüfungsordnung sowie Satzungen, die den Zugang zum Studium regeln, der Bestätigung der für Hochschulen zuständigen Senatsverwaltung; eine nach anderen Rechtsvorschriften für das Satzungsgebungsverfahren vorgesehene Zuständigkeit der für Hochschulen zuständigen Senatsverwaltung bleibt unberührt. [3]Die Bestätigung kann teilweise oder mit Auflagen erteilt werden; sie kann auch befristet werden. [4]Das Verfahren der Bestätigung von Satzungen durch das Präsidium regelt die Grundordnung.

(2) [1]Die Bestätigung von Rechtsvorschriften ist zu versagen, wenn sie gegen geltendes Recht verstoßen. [2]Die Bestätigung kann versagt werden, wenn die Rechtsvorschriften die im Geltungsbereich des Grundgesetzes gebotene Einheitlichkeit im Hochschulwesen gefährden.

(3) [1]Die für Hochschulen zuständige Senatsverwaltung kann aus den in Absatz 2 genannten Gründen die Änderung von Rechtsvorschriften verlangen. [2]Wenn die Hochschule diesem Verlangen innerhalb von drei Monaten nicht entspricht, kann die Bestätigung ganz oder teilweise widerrufen werden. [3]Die Rechtsvorschrift tritt drei Monate nach Bekanntmachung des Widerrufs im Mitteilungsblatt der Hochschule außer Kraft. [4]Nach dem Außerkrafttreten kann die für Hochschulen zuständige Senatsverwaltung die von ihr geforderten Änderungen bis zur Bestätigung einer Neufassung als Satzung in Kraft setzen.

(4) Absatz 3 gilt entsprechend, wenn die Bestätigung einer neuen Rechtsvorschrift versagt wird und die Hochschule auf das Änderungsersuchen innerhalb von drei Monaten keine Neufassung vorlegt oder diese nicht bestätigt wird.

(5) Rechtsvorschriften der Hochschulen sind im Mitteilungsblatt der Hochschule bekannt zu machen.

§ 91 (weggefallen)

Elfter Abschnitt

Hauptberufliches Personal der Hochschulen

§ 92 Hauptberufliches wissenschaftliches und künstlerisches Personal

(1) Das hauptberuflich tätige wissenschaftliche und künstlerische Personal der Universitäten besteht aus den Professoren und Professorinnen, den Juniorprofessoren und Juniorprofessorinnen, den Hochschuldozenten und Hochschuldozentinnen, den wissenschaftlichen und künstlerischen Mitarbeitern und Mitarbeiterinnen sowie den Lehrkräften für besondere Aufgaben.

(2) Das hauptberuflich tätige wissenschaftliche und künstlerische Personal an den übrigen künstlerischen Hochschulen und an den Hochschulen für angewandte Wissenschaften besteht aus den Professoren und Professorinnen, den wissenschaftlichen und den künstlerischen Mitarbeitern und Mitarbeiterinnen sowie den Lehrkräften für besondere Aufgaben.

§ 92a Personal der Charité

(1) [1]Das hauptberuflich tätige wissenschaftliche Personal der Charité gemäß § 92 ist nach näherer Ausgestaltung des Dienstverhältnisses und der Funktionsbeschreibung der Stelle verpflichtet, Aufgaben im Universitätsklinikum der Charité in der Krankenversorgung und im öffentlichen Gesundheitswesen, in der Fort- und Weiterbildung der Ärzte und Ärztinnen sowie in der Aus- und Weiterbildung von Angehörigen sonstiger Fachberufe des Gesundheitswesens wahrzunehmen. [2]§ 99 Absatz 4 gilt entsprechend.

(2) Hauptberuflich an der Medizinischen Fakultät der Charité tätige Personen mit ärztlichen Aufgaben in der Krankenversorgung, Forschung und Lehre, die nicht in einem Dienst- oder Arbeitsverhältnis zur Freien Universität Berlin oder zur Humboldt-Universität zu Berlin stehen, sind in der Regel den wissenschaftlichen Mitarbeitern und Mitarbeiterinnen der Freien Universität Berlin oder der Humboldt-Universität zu Berlin mitgliedschaftsrechtlich gleichgestellt.

§ 93 Beamtenrechtliche Stellung

(1) Auf Beamte und Beamtinnen an Hochschulen finden die für Landesbeamte geltenden Vorschriften Anwendung, soweit durch dieses Gesetz oder auf Grund dieses Gesetzes nichts anderes bestimmt ist.

(2) [1]Auf Hochschullehrer und Hochschullehrerinnen finden die allgemeinen beamtenrechtlichen Vorschriften über die Probezeit, die Laufbahn und den einstweiligen Ruhestand keine Anwendung. [2]Ein Eintritt in den Ruhestand mit Ablauf der Dienstzeit ist für die Beamten und Beamtinnen auf Zeit ausgeschlossen.

(3) Beamte und Beamtinnen der Hochschule werden von ihrer Dienstbehörde ernannt.

(4) Die Entscheidung nach § 7 Absatz 3 des Beamtenstatusgesetzes trifft bei Hochschullehrern und Hochschullehrerinnen sowie bei anderen Mitarbeitern und Mitarbeiterinnen des wissenschaftlichen und künstlerischen Personals der Präsident oder die Präsidentin.

(5) [1]§ 8a Absatz 1 Satz 1 des Landesbeamtengesetzes findet auf Hochschullehrer und Hochschullehrerinnen mit der Maßgabe Anwendung, dass eine Einstellung oder Versetzung in den Dienst der Hochschule nur erfolgen darf, wenn die für die Einstellung oder Versetzung vorgesehene Person zum Zeitpunkt der Einstellung oder Versetzung noch nicht das 50. Lebensjahr vollendet hat. [2]§ 8a Absatz 1

Satz 2 bis 4 des Landesbeamtengesetzes findet auf Hochschullehrer und Hochschullehrerinnen keine Anwendung.

§ 93a Zweckbestimmung

(1) Für jede Professur und Juniorprofessur sind in einer Zweckbestimmung (Denomination) festzulegen

1. das Fachgebiet,
2. die Besoldungsgruppe,
3. die Dauer und der Grund einer Befristung und
4. Besonderheiten der Professur oder Juniorprofessur.

(2) [1]Vor der Ausschreibung oder Besetzung einer Professur oder Juniorprofessur bedarf es der Freigabe durch die für Hochschulen zuständige Senatsverwaltung. [2]Die für Hochschulen zuständige Senatsverwaltung kann die Freigabe auch allgemein erklären, soweit die Hochschule über einen Struktur- und Entwicklungsplan verfügt und die Zweckbestimmung der Stelle diesem Plan entspricht.

§ 94 Ausschreibung

(1) [1]Stellen für hauptberufliches wissenschaftliches und künstlerisches Personal sind öffentlich, Stellen für Hochschullehrer und Hochschullehrerinnen darüber hinaus in der Regel international auszuschreiben. [2]Die Ausschreibung muss Art und Umfang der zu erfüllenden Aufgaben ausweisen.

(2) [1]Die Dienstbehörde kann im Einzelfall unter Wahrung der Rechte der Frauen- und Gleichstellungsbeauftragten sowie des Ziels der Gleichstellung mit Zustimmung der für Hochschulen zuständigen Senatsverwaltung Ausnahmen von der Pflicht zur Ausschreibung einer Professur zulassen, insbesondere wenn

1. ein Professor oder eine Professorin in einem Beamtenverhältnis auf Zeit oder einem befristeten Beschäftigungsverhältnis auf eine Professur in einem Beamtenverhältnis auf Lebenszeit oder einem unbefristeten Beschäftigungsverhältnis berufen werden soll,
2. ein Juniorprofessor oder eine Juniorprofessorin oder ein wissenschaftlicher Mitarbeiter oder eine wissenschaftliche Mitarbeiterin in der Funktion einer Nachwuchsgruppenleitung auf eine Professur in einem Beamtenverhältnis auf Lebenszeit oder einem unbefristeten Beschäftigungsverhältnis berufen werden soll,
3. eine auf Grund ihrer bisherigen wissenschaftlichen oder künstlerischen Leistungen herausragend geeignete Person berufen werden soll, an deren Gewinnung ein besonderes Interesse der Hochschule besteht,
4. ein Professor oder eine Professorin, der oder die einen auswärtigen Ruf auf eine Professur vorlegt, als Ergebnis von Bleibeverhandlungen auf eine höherwertige Professur der bisherigen Hochschule berufen werden soll; § 101 Absatz 5 Satz 4 findet keine Anwendung.

[2]Für das übrige hauptberufliche wissenschaftliche und künstlerische Personal kann die Dienstbehörde im Einzelfall Ausnahmen von der Pflicht zur Ausschreibung zulassen; dies gilt nicht bei Stellen für Juniorprofessoren und Juniorprofessorinnen.

(3) Ausschreibungen im Sinne dieses Gesetzes sind auch Ausschreibungen durch Forschungsförderungsorganisationen im Rahmen von Förderprogrammen für Personen, die die Einstellungsvoraussetzungen für Professoren und Professorinnen oder Juniorprofessoren und Juniorprofessorinnen erfüllen

§ 95 Regelung der Dauer des Dienst- oder Arbeitsverhältnisses und Verlängerung von Dienstverhältnissen

(1) [1]Wissenschaftliches und nichtwissenschaftliches Personal an den Berliner Hochschulen ist grundsätzlich unbefristet einzustellen, sofern nicht das Personal im Rahmen einer Qualifizierung gemäß Wissenschaftszeitvertragsgesetz oder auf Grund einer Tätigkeit in Drittmittelprojekten befristet tätig ist oder das Teilzeit- und Befristungsgesetz vom 21. Dezember 2000 (BGBl. I S. 1966), das zuletzt durch Artikel 10 des Gesetzes vom 22. November 2019 (BGBl. I S. 1746) geändert worden ist, das Wissenschaftszeitvertragsgesetz vom 12. April 2007 (BGBl. I S. 506), das zuletzt durch Artikel 1 des Gesetzes vom 25. Mai 2020 (BGBl. I S. 1073) geändert worden ist, oder andere bundesrechtliche Vorschriften auch im Übrigen eine befristete Beschäftigung zulassen. [2]Sachgrundlose Befristungen sind grundsätzlich ausgeschlossen.

(2) [1]Soweit Hochschullehrer und Hochschullehrerinnen Beamte oder Beamtinnen auf Zeit sind, ist das Dienstverhältnis, sofern dienstliche Gründe nicht entgegenstehen, auf Antrag aus den in Satz 2 genannten Gründen zu verlängern. [2]Gründe für eine Verlängerung sind:

1. Beurlaubung nach § 55 des Landesbeamtengesetzes,
2. Beurlaubung zur Ausübung eines mit dem Dienstverhältnis als Beamter oder Beamtin auf Grund eines Gesetzes zu vereinbarenden Mandats,
3. Beurlaubung für eine wissenschaftliche oder künstlerische Tätigkeit oder eine außerhalb des Hochschulbereichs oder im Ausland durchgeführte wissenschaftliche, künstlerische oder berufliche Aus-, Fort- oder Weiterbildung,
4. Grundwehr- und Zivildienst,
5. Inanspruchnahme von Elternzeit nach § 74 Absatz 3 des Landesbeamtengesetzes oder Beschäftigungsverbot nach den §§ 1, 2, 2a, 3 und 8 der Mutterschutzverordnung in der Fassung der Bekanntmachung vom 28. Januar 2020 (GVBl. S. 58) in dem Umfang, in dem eine Erwerbstätigkeit jeweils nicht erfolgt ist.

[3]Satz 1 gilt entsprechend im Falle einer

1. Teilzeitbeschäftigung,
2. Ermäßigung der Arbeitszeit gemäß Satz 2 Nummer 2,
3. Freistellung zur Wahrnehmung von Aufgaben in einer Personal- oder Schwerbehindertenvertretung oder zur Wahrnehmung von Aufgaben nach § 59 Absatz 5,

wenn die Ermäßigung mindestens ein Fünftel der regelmäßigen Arbeitszeit betrug. [4]Eine Verlängerung darf den Umfang der Beurlaubung, der Freistellung oder der Ermäßigung der Arbeitszeit und in den Fällen des Satzes 2 Nummer 1 bis 3 und des Satzes 3 die Dauer von jeweils zwei Jahren nicht überschreiten. [5]Mehrere Verlängerungen nach Satz 2 Nummer 1 bis 4 und Satz 3 dürfen insgesamt die Dauer von drei Jahren nicht überschreiten. [6]Verlängerungen nach Satz 2 Nummer 5 dürfen, auch wenn sie mit anderen Verlängerungen zusammentreffen, insgesamt vier Jahre nicht überschreiten.

(3) [1]Soweit für Hochschullehrer und Hochschullehrerinnen ein befristetes Arbeitsverhältnis begründet worden ist, gilt Absatz 1 entsprechend. [2]Darüber hinaus verlängert sich die Dauer eines befristeten Arbeitsvertrages auf Antrag um Zeiten einer krankheitsbedingten Arbeitsunfähigkeit, in denen ein gesetzlicher oder arbeits- oder dienstvertraglicher Anspruch auf Entgeltfortzahlung nicht besteht.

(4) [1]Dienstverhältnisse auf Zeit und befristete Arbeitsverhältnisse von Hochschullehrern und Hochschullehrerinnen sind für Zeiten der Betreuung eines Kindes oder mehrerer Kinder unter 18 Jahren unbeschadet anderer Vorschriften um bis zu zwei Jahre je Kind zu verlängern, soweit die betroffenen Beschäftigten dies beantragen. [2]Für Juniorprofessoren und Juniorprofessorinnen darf eine Verlängerungszeit von insgesamt vier Jahren nicht überschritten werden.

(5) Dienstverhältnisse auf Zeit und befristete Arbeitsverhältnisse von Hochschullehrern und Hochschullehrerinnen sind bei Vorliegen einer Behinderung im Sinne von § 2 Absatz 1 des Neunten Buches Sozialgesetzbuch vom 23. Dezember 2016 (BGBl. I S. 3234), das zuletzt durch Artikel 3 Absatz 6 des Gesetzes vom 9. Oktober 2020 (BGBl. I S. 2075) geändert worden ist, in der jeweils geltenden Fassung oder einer schwerwiegenden chronischen Erkrankung um bis zu zwei Jahre zu verlängern, soweit die betroffenen Beschäftigten dies beantragen.

§ 96 Lehrverpflichtung und didaktische Qualifikation

(1) Der Umfang der Lehrverpflichtung des wissenschaftlichen und künstlerischen Personals wird in einer Rechtsverordnung geregelt, die die für Hochschulen zuständige Senatsverwaltung nach Anhörung der Hochschulen im Einvernehmen mit den für grundsätzliche allgemeine beamtenrechtliche Angelegenheiten und für Finanzen zuständigen Senatsverwaltungen erlässt.

(2) Bedienstete, die hauptberuflich Aufgaben in der Lehre wahrnehmen, haben die Pflicht der didaktischen Fort- und Weiterbildung und werden hierbei von ihrer Hochschule unterstützt.

§ 97 Urlaub

(1) [1]Das wissenschaftliche und künstlerische Personal mit Lehraufgaben hat seinen Erholungsurlaub in der vorlesungsfreien Zeit zu nehmen. [2]In den Klinika sind die Notwendigkeiten der Krankenversorgung zu berücksichtigen.

(2) [1]Die Erteilung von Urlaub für wissenschaftliche und künstlerische Tätigkeiten wird in einer Rechtsverordnung geregelt, die die für Hochschulen zuständige Senatsverwaltung nach Anhörung der

Hochschulen im Einvernehmen mit den für grundsätzliche allgemeine beamtenrechtliche Angelegenheiten und für Finanzen zuständigen Senatsverwaltungen erlässt. [2]Dabei ist zu bestimmen, ob und inwieweit die Bezüge während des Urlaubs zu belassen sind.

(3) [1]Hochschullehrer oder Hochschullehrerinnen, die auf der Grundlage einer Kooperationsvereinbarung der Hochschule mit einer in vollständig oder überwiegend öffentlicher Trägerschaft oder Förderung stehenden außeruniversitären Forschungseinrichtung beschäftigt werden, können zur Wahrnehmung wissenschaftlicher oder künstlerischer Aufgaben auf Antrag unter Wegfall der Bezüge ganz oder teilweise, auch mit weniger als der Hälfte der regelmäßigen Arbeitszeit, beurlaubt werden; die Höchstdauer nach § 56 des Landesbeamtengesetzes findet insofern keine Anwendung. [2]Eine befristete Beurlaubung kann auf Antrag verlängert werden.

§ 98 Nebentätigkeit

(1) Für Angestellte an Hochschulen gelten die Vorschriften über die Nebentätigkeit der Landesbeamten und Landesbeamtinnen entsprechend, soweit durch dieses Gesetz oder auf Grund dieses Gesetzes nichts anderes bestimmt ist.

(2) [1]Zur Übernahme einer Nebentätigkeit sind Dienstkräfte gemäß § 92 insoweit verpflichtet, als die Nebentätigkeit in einem unmittelbaren Zusammenhang mit ihrer dienstlichen Tätigkeit steht. [2]In einer Rechtsverordnung über die Nebentätigkeit des wissenschaftlichen und künstlerischen Personals, die die für Hochschulen zuständige Senatsverwaltung nach Anhörung der Hochschulen im Einvernehmen mit den für grundsätzliche allgemeine beamtenrechtliche Angelegenheiten und für Finanzen zuständigen Senatsverwaltungen erlässt, wird insbesondere geregelt

1. die Genehmigung von Nebentätigkeiten,
2. die Pflicht zur Anzeige von Nebentätigkeiten,
3. die Inanspruchnahme von Personal, Einrichtungen und Material und das dafür abzuführende Nutzungsentgelt,
4. der Nachweis der Einkünfte aus Nebentätigkeit,
5. die Ablieferungspflicht für Vergütungen aus Nebentätigkeiten im öffentlichen Dienst.

[3]Das Nutzungsentgelt hat sich nach den dem Dienstherrn entstehenden Kosten zu richten und muss den besonderen Vorteil berücksichtigen, der dem Beamten oder der Beamtin durch die Inanspruchnahme entsteht. [4]Es kann pauschaliert und nach Höhe der Einkünfte gestaffelt werden.

§ 99 Dienstliche Aufgaben der Hochschullehrer und Hochschullehrerinnen

(1) Die Hochschullehrer und Hochschullehrerinnen nehmen die ihrer Hochschule jeweils obliegenden Aufgaben in Wissenschaft und Kunst, Forschung und Lehre in ihren Fächern nach näherer Ausgestaltung ihres Dienstverhältnisses selbständig wahr.

(2) [1]Die Hochschullehrer und Hochschullehrerinnen sind verpflichtet, zur Sicherstellung des Lehrangebots für alle Studiengänge in ihren Fächern Lehrveranstaltungen durchzuführen und an den nach Maßgabe der Prüfungsordnungen vorgesehenen Prüfungen mitzuwirken. [2]Auch soweit es sich dabei um Staatsprüfungen handelt, erfolgt die Mitwirkung ohne besondere Vergütung. [3]Der oder die für den Studiengang zuständige Dekan oder Dekanin benennt dem jeweiligen staatlichen Prüfungsamt auf dessen Anforderung die danach erforderlichen Prüfer oder Prüferinnen.

(3) Hochschullehrern und Hochschullehrerinnen können auf begrenzte Zeit ausschließlich oder überwiegend Aufgaben der Forschung übertragen werden.

(4) [1]Zu den hauptberuflichen Aufgaben der Hochschullehrer und Hochschullehrerinnen gehören je nach den ihrer Hochschule obliegenden Aufgaben insbesondere auch die

1. Mitwirkung an Weiterbildungsveranstaltungen der Hochschule,
2. Förderung der Studierenden und des wissenschaftlichen und künstlerischen Nachwuchses sowie Betreuung der Qualifizierung von akademischen Mitarbeitern und Mitarbeiterinnen,
3. Mitwirkung an der Studienreform und Studienfachberatung,
4. Mitwirkung an der Verwaltung der Hochschule,
5. Wahrnehmung von Aufgaben in der Krankenversorgung,
6. Erstattung von Gutachten einschließlich der erforderlichen Untersuchungen gegenüber ihrer Hochschule und der für Hochschulen zuständigen Senatsverwaltung, in Promotions- und Beru-

fungsverfahren und zur Feststellung der Bewährung von Juniorprofessoren und Juniorprofessorinnen auch gegenüber Hochschulen und Dienstbehörden in anderen Bundesländern,
7. Unterstützung des Wissenstransfers.

²Auf Antrag der Hochschullehrer und Hochschullehrerinnen ist die Wahrnehmung von Aufgaben in und für Einrichtungen der Wissenschafts- oder Kunstförderung, die überwiegend aus staatlichen Mitteln finanziert werden, zur dienstlichen Aufgabe zu erklären, wenn sie mit der Erfüllung der übrigen dienstlichen Aufgaben vereinbar ist.

(5) ¹Art und Umfang der von dem einzelnen Hochschullehrer oder der einzelnen Hochschullehrerin wahrzunehmenden Aufgaben richten sich nach der Ausgestaltung seines oder ihres Dienstverhältnisses und der Funktionsbeschreibung seiner oder ihrer Stelle. ²Die Festlegung steht unter dem Vorbehalt einer Überprüfung in angemessenen Zeitabständen.

(6) ¹Zur Durchführung von Forschungsvorhaben, künstlerischen Entwicklungsvorhaben oder zur Aktualisierung ihrer Kenntnisse in der Berufspraxis sollen Hochschullehrer und Hochschullehrerinnen auf Antrag in angemessenen Zeitabständen unter Fortzahlung ihrer Dienstbezüge für ein Semester, in besonderen Fällen für zwei Semester von ihren übrigen dienstlichen Aufgaben freigestellt werden. ²Eine Freistellung darf nach Ablauf von sieben Semestern nach der letzten Freistellung gewährt werden; wird die Freistellung aus dienstlichen Gründen höchstens zwei Semester später als nach Ablauf der vorgenannten Frist gewährt oder weist der Hochschullehrer oder die Hochschullehrerin nach, dass er oder sie in den zurückliegenden Semestern ohne Freistellung Lehre im Pflicht- oder Wahlpflichtbereich seines oder ihres Fachs über seine oder ihre Regellehrverpflichtung hinaus durchgeführt hat, so verkürzt sich die Frist für die nächste Freistellung entsprechend. ³Dies gilt auch in Fällen besonderer Leistungen oder Erfolge des Hochschullehrers oder der Hochschullehrerin im Zusammenhang mit der Erfüllung seiner oder ihrer Lehraufgaben; die Entscheidung über die Gewährung einer Freistellung trifft der Dekan oder die Dekanin, an Hochschulen ohne Fachbereiche die Stelle, die die Aufgaben des Dekans oder der Dekanin wahrnimmt. ⁴Nach Ablauf der Freistellung ist dem Dekan oder der Dekanin, an Hochschulen ohne Fachbereiche dem Präsidium ein Bericht über Durchführung und Ergebnisse des Forschungssemesters vorzulegen. ⁵Die für Hochschulen zuständige Senatsverwaltung wird ermächtigt, nach Anhörung der Hochschulen im Einvernehmen mit den für grundsätzliche allgemeine beamtenrechtliche Angelegenheiten und für Finanzen zuständigen Senatsverwaltungen durch Rechtsverordnung das Nähere, insbesondere die Voraussetzungen der Freistellung, das Verfahren und die Anrechnung von Einnahmen, zu regeln.

§ 100 Einstellungsvoraussetzungen für Professoren und Professorinnen

(1) ¹Einstellungsvoraussetzungen für Professoren und Professorinnen mit Ausnahme von Juniorprofessoren und Juniorprofessorinnen sind neben den allgemeinen dienstrechtlichen Voraussetzungen mindestens

1. ein abgeschlossenes Hochschulstudium,
2. pädagogische Eignung, die in der Regel durch Erfahrungen in der Lehre oder Ausbildung nachgewiesen wird,
3. besondere Befähigung zu wissenschaftlicher Arbeit, die in der Regel durch die Qualität einer Promotion nachgewiesen wird, oder besondere Befähigung zu künstlerischer Arbeit und
4. darüber hinaus je nach den Anforderungen der Stelle
   a) zusätzliche wissenschaftliche oder zusätzliche künstlerische Leistungen oder
   b) besondere Leistungen bei der Anwendung oder Entwicklung wissenschaftlicher Erkenntnisse und Methoden in einer mindestens fünfjährigen beruflichen Praxis, von der mindestens drei Jahre außerhalb des Hochschulbereichs ausgeübt worden sein müssen.

²Bei der Besetzung von Stellen an Universitäten, deren Aufgabenschwerpunkt in der Lehre liegt, kommt der pädagogischen Eignung besonderes Gewicht zu; ihr ist durch Nachweise über mehrjährige Erfahrungen in der Lehre oder über umfassende didaktische Fort- und Weiterbildung Rechnung zu tragen.

(2) ¹Die zusätzlichen wissenschaftlichen Leistungen nach Absatz 1 Satz 1 Nummer 4 Buchstabe a werden in der Regel im Rahmen einer Juniorprofessur erbracht, im Übrigen insbesondere im Rahmen einer Tätigkeit als wissenschaftlicher Mitarbeiter oder wissenschaftliche Mitarbeiterin an einer Hochschule oder einer außeruniversitären Forschungseinrichtung oder im Rahmen einer wissenschaftlichen Tätigkeit in der Wirtschaft oder in einem anderen gesellschaftlichen Bereich im In- oder Ausland; auch

ein Nachweis durch Habilitation ist möglich. [2]Absatz 1 Satz 1 gilt nur bei der Berufung in ein erstes Professorenamt. [3]Die zusätzlichen wissenschaftlichen Leistungen nach Absatz 1 Nummer 4 Buchstabe a sollen, auch soweit sie nicht im Rahmen einer Juniorprofessur erbracht werden, nicht Gegenstand eines Prüfungsverfahrens sein. [4]Die Qualität der für die Besetzung einer Professur erforderlichen zusätzlichen wissenschaftlichen Leistungen wird ausschließlich und umfassend in Berufungsverfahren bewertet. [5]Maßnahmen zur Sicherung der diskriminierungsfreien Vergleichbarkeit werden in der Berufungsordnung geregelt.

(3) [1]Auf eine Stelle, die fachdidaktische Aufgaben in der Lehrkräftebildung vorsieht, soll nur berufen werden, wer zudem auch eine dreijährige Schulpraxis nachweist; auf eine Stelle, deren Funktionsbeschreibung die Wahrnehmung erziehungswissenschaftlicher Aufgaben vorsieht, soll nur berufen werden, wer zudem auch eine dreijährige Schulpraxis oder vergleichbare Praxiserfahrungen nachweist. [2]Professoren und Professorinnen an Hochschulen für angewandte Wissenschaften und Professoren und Professorinnen für anwendungsbezogene Studiengänge an anderen Hochschulen müssen die Einstellungsvoraussetzungen nach Absatz 1 Satz 1 Nummer 4 Buchstabe b erfüllen; in begründeten Ausnahmefällen können sie auch unter der Voraussetzung des Absatzes 1 Satz 1 Nummer 4 Buchstabe a eingestellt werden. [3]Berufliche Praxiszeiten, die in Teilzeitbeschäftigung erbracht wurden, werden berücksichtigt, wenn es sich um elterngeldunschädliche Teilzeitbeschäftigungen gemäß § 15 Absatz 4 des Bundeselterngeld- und Elternzeitgesetzes vom 27. Januar 2015 (BGBl. I S. 33), das zuletzt durch Artikel 1 des Gesetzes vom 15. Februar 2021 (BGBl. I S. 239) geändert worden ist, Arbeitszeitverminderungen auf Grund von Freistellungen gemäß § 2 des Familienpflegezeitgesetzes vom 6. Dezember 2011 (BGBl. I S. 2564), das zuletzt durch Artikel 4 des Gesetzes vom 25. Juni 2021 (BGBl. I S. 2020) geändert worden ist, oder § 3 des Pflegezeitgesetzes vom 28. Mai 2008 (BGBl. I S. 874), das zuletzt durch Artikel 3 des Gesetzes vom 25. Juni 2021 (BGBl. I S. 2020) geändert worden ist, handelt oder die Teilzeitbeschäftigung mindestens einen Umfang von 50 vom Hundert der regulären wöchentlichen Arbeitszeit hatte.

(4) Soweit es der Eigenart des Faches und den Anforderungen der Stelle entspricht, kann abweichend von den Absätzen 1 bis 3 als Professor oder Professorin berufen werden, wer hervorragende fachbezogene Leistungen in der Praxis und pädagogische Eignung nachweist.

(5) [1]Professoren und Professorinnen mit ärztlichen, zahnärztlichen oder tierärztlichen Aufgaben müssen zusätzlich die Anerkennung als Gebietsarzt, Gebietszahnarzt oder Gebietstierarzt nachweisen, soweit für das betreffende Fachgebiet eine entsprechende Weiterbildung vorgeschrieben ist. [2]Den in Satz 1 genannten Qualifikationen stehen solche Weiterbildungen gleich, die von einer Ärztekammer, Zahnärztekammer oder Tierärztekammer im Geltungsbereich des Grundgesetzes als gleichwertig anerkannt worden sind.

§ 101 Berufung von Professoren und Professorinnen, Juniorprofessoren und Juniorprofessorinnen

(1) Professoren und Professorinnen sowie Juniorprofessoren und Juniorprofessorinnen werden auf Vorschlag des zuständigen Gremiums von dem für Hochschulen zuständigen Mitglied des Senats berufen.

(2) Zur Berufung eines Professors oder einer Professorin oder eines Juniorprofessors oder einer Juniorprofessorin beschließt das zuständige Gremium eine Liste, die die Namen von drei Bewerbern oder Bewerberinnen enthalten soll (Berufungsvorschlag).

(3) [1]Der Berufungsvorschlag ist dem für Hochschulen zuständigen Mitglied des Senats spätestens acht Monate nach Freigabe der Stelle vorzulegen. [2]Ihm sind alle Bewerbungen, die Gutachten aus der Hochschule und in der Regel mindestens zwei vergleichende auswärtige Gutachten sowie die Stellungnahme der Frauen- und Gleichstellungsbeauftragten beizufügen. [3]Jedes Mitglied des für den Berufungsvorschlag zuständigen Gremiums kann verlangen, dass ein von der Mehrheit abweichendes Votum beigefügt wird.

(4) [1]Das für Hochschulen zuständige Mitglied des Senats ist an die Reihenfolge der Namen in dem Berufungsvorschlag nicht gebunden; es kann auch dem weiteren Berufungsvorschlag gemäß § 47 Absatz 3 Satz 3 entsprechen. [2]Soll von der Reihenfolge des Berufungsvorschlags abgewichen werden, so ist der Hochschule unter Darlegung der Gründe zuvor Gelegenheit zur Stellungnahme zu geben. [3]Das für Hochschulen zuständige Mitglied des Senats entscheidet innerhalb von drei Monaten nach Vorlage des Berufungsvorschlages.

(5) [1]Bei Berufungen auf eine Professur sollen Juniorprofessoren und Juniorprofessorinnen, wissenschaftliche Mitarbeiter und wissenschaftliche Mitarbeiterinnen in der Funktion einer Nachwuchsgruppenleitung sowie Hochschuldozenten und Hochschuldozentinnen der eigenen Hochschule nur dann berücksichtigt werden, wenn sie nach ihrer Promotion die Hochschule gewechselt hatten oder mindestens zwei Jahre außerhalb der berufenden Hochschule wissenschaftlich oder künstlerisch tätig waren; mit dem Ziel, strukturellen Benachteiligungen entgegenzuwirken, entwickelt die Hochschule nach Anhörung der Frauen- und Gleichstellungsbeauftragten und des oder der Beauftragten für Diversität Kriterien, die ein Abweichen von den Mobilitätserfordernissen erlauben. [2]In diesem Fall ist in Abweichung von Absatz 2 eine Liste mit einem Namen ausreichend. [3]Im Übrigen sollen wissenschaftliche und künstlerische Mitarbeiter und Mitarbeiterinnen der eigenen Hochschule bei der Berufung auf eine Professur, die keine Juniorprofessur ist, nur in begründeten Ausnahmefällen berücksichtigt werden und wenn sie zusätzlich die Voraussetzungen des Satzes 1 erfüllen. [4]Professoren und Professorinnen, die in derselben Hochschule hauptberuflich tätig sind, dürfen nur in Ausnahmefällen bei der Berufung auf eine Professur berücksichtigt werden. [5]Ein Ausnahmefall liegt insbesondere vor, wenn

1. ein Professor oder eine Professorin in einem Beamtenverhältnis auf Zeit oder einem befristeten Beschäftigungsverhältnis auf eine Professur in einem Beamtenverhältnis auf Lebenszeit oder einem unbefristeten Beschäftigungsverhältnis berufen werden soll, oder
2. ein Professor oder eine Professorin, der oder die einen auswärtigen Ruf auf eine Professur oder ein anderes höherwertiges auswärtiges Beschäftigungsangebot vorlegt, auf eine höherwertige Professur der bisherigen Hochschule berufen werden soll.

(6) [1]Das für Hochschulen zuständige Mitglied des Senats kann den Berufungsvorschlag an die Hochschule zurückgeben. [2]Die Rückgabe ist zu begründen. [3]Sie kann mit der Aufforderung an die Hochschule verbunden werden, innerhalb von sechs Monaten einen neuen Berufungsvorschlag vorzulegen.

(7) [1]Hat das für Hochschulen zuständige Mitglied des Senats begründete Bedenken gegen den neuen Berufungsvorschlag oder werden die Fristen der Absätze 3 und 6 nicht eingehalten, so kann es eine Berufung außerhalb einer Vorschlagsliste aussprechen. [2]Dem zuständigen Gremium der Hochschule ist zuvor eine angemessene Frist zur Stellungnahme einzuräumen.

(8) Das Nähere zu den Grundsätzen, der Struktur und der sonstigen Ausgestaltung des Berufungsverfahrens regeln die Hochschulen durch Satzung (Berufungsordnung).

(9) Wird Personen übergangsweise bis zur endgültigen Besetzung einer Professoren- oder Professorinnenstelle die Wahrnehmung der Aufgaben eines Professors oder einer Professorin übertragen, so sind die Absätze 1 bis 7 nicht anzuwenden.

§ 102 Dienstrechtliche Stellung der Professoren und Professorinnen

(1) Unbeschadet der Vorschriften des § 102b werden die Professoren und Professorinnen, soweit sie in das Beamtenverhältnis berufen werden, zu Beamten oder Beamtinnen auf Lebenszeit oder auf Zeit ernannt.

(2) [1]Beamtenverhältnisse auf Zeit können für die Dauer von vier bis sechs Jahren begründet werden,

1. zur Förderung qualifizierter Wissenschaftler und Wissenschaftlerinnen, denen nach Maßgabe des § 102c Absatz 7 eine Professur im Beamtenverhältnis auf Lebenszeit in Aussicht gestellt wird,
2. zur Gewinnung herausragend qualifizierter Personen aus Wissenschaft und Kunst sowie aus Wirtschaft, Politik und Gesellschaft,
3. bei vollständiger oder überwiegender Deckung der durch die Ernennung zum Professor oder zur Professorin unmittelbar entstehenden Personalkosten aus Mitteln Dritter oder
4. bei gesellschaftlich gebotenen und im Interesse der Hochschule liegenden Gründen oder einer vorübergehenden Aufgabenwahrnehmung in Forschung und Lehre.

[2]Eine erneute Ernennung zum Professor oder zur Professorin auf Zeit ist außer in den Fällen von Satz 1 Nummer 1 einmal zulässig.

(3) [1]Die Vorschriften über die Arbeitszeit mit Ausnahme des § 54 des Landesbeamtengesetzes sind auf Professoren und Professorinnen nicht anzuwenden. [2]Erfordert jedoch der Aufgabenbereich einer Hochschuleinrichtung eine regelmäßige oder planmäßige Anwesenheit, kann die oberste Dienstbehörde für bestimmte Beamtengruppen diese Vorschriften für anwendbar erklären; die Vorschriften über den Verlust der Bezüge wegen nicht genehmigten schuldhaften Fernbleibens vom Dienst sind anzuwenden.

(4) [1]Beamtete Professoren und Professorinnen können nur mit ihrer Zustimmung abgeordnet oder versetzt werden. [2]Abordnung und Versetzung in ein gleichwertiges Amt an einer anderen Hochschule sind auch ohne Zustimmung des Professors oder der Professorin zulässig, wenn die Hochschule oder die Hochschuleinrichtung, an der er oder sie tätig ist, aufgelöst oder mit einer anderen Hochschule zusammengeschlossen wird oder wenn die Studien- oder Fachrichtung, in der er oder sie tätig ist, ganz oder teilweise aufgegeben oder an eine andere Hochschule verlegt wird; in diesen Fällen beschränkt sich eine Mitwirkung der aufnehmenden Hochschule oder Hochschuleinrichtung bei der Einstellung von Professoren und Professorinnen auf eine Anhörung.

(5) [1]Professoren und Professorinnen können in Ausnahmefällen im Angestelltenverhältnis beschäftigt werden. [2]Ihre Arbeitsbedingungen sollen, soweit allgemeine dienst- und haushaltsrechtliche Regelungen nicht entgegenstehen, Rechten und Pflichten beamteter Professoren und Professorinnen entsprechen.

(6) [1]Zusagen an Professoren und Professorinnen zur personellen oder sächlichen Ausstattung ihres Arbeitsbereichs anlässlich ihrer Berufung oder zur Abwendung einer auswärtigen Berufung dürfen nur unter dem Vorbehalt der Maßgabe des Haushaltsplans der Hochschule gegeben werden. [2]Sie sind jeweils auf höchstens fünf Jahre zu befristen. [3]Zusagen über die personelle und sächliche Ausstattung, die Professoren und Professorinnen vor dem 1. März 1998 gegeben wurden, gelten als bis zum 31. Dezember 2007 befristet. [4]Das Präsidium entscheidet im Einzelfall über die Fortgewährung der personellen und sächlichen Ausstattung über den 31. Dezember 2007 hinaus nach pflichtgemäßem Ermessen.

(7) [1]Zusagen nach Absatz 6 sollen mit der Verpflichtung verbunden werden, dass der Professor oder die Professorin mindestens für eine im Einzelfall zu bestimmende, angemessene Zeit an der Hochschule bleiben wird, es sei denn, dass dies wegen ihrer Geringfügigkeit nicht angezeigt ist. [2]Für den Fall eines von dem Professor oder der Professorin zu vertretenden vorzeitigen Ausscheidens kann vereinbart werden, dass der Professor oder die Professorin einen bestimmten Betrag an die Hochschule zu zahlen hat.

§ 102a Einstellungsvoraussetzungen für Juniorprofessoren und Juniorprofessorinnen

[1]Einstellungsvoraussetzungen für Juniorprofessoren und Juniorprofessorinnen sind neben den allgemeinen dienstrechtlichen Voraussetzungen

1. ein abgeschlossenes Hochschulstudium,
2. pädagogische Eignung,
3. besondere Befähigung zu wissenschaftlicher Arbeit, die in der Regel durch die herausragende Qualität einer Promotion nachgewiesen wird; zusätzlich erforderlich ist, dass im Zeitpunkt der Berufung die nach § 100 Absatz 1 Satz 1 Nummer 4 Buchstabe a vorgesehenen zusätzlichen wissenschaftlichen Leistungen noch nicht vorliegen.

[2]Juniorprofessoren oder Juniorprofessorinnen mit ärztlichen, zahnärztlichen oder tierärztlichen Aufgaben sollen zusätzlich die Anerkennung als Facharzt oder Fachärztin, Fachzahnarzt oder Fachzahnärztin oder Fachtierarzt oder Fachtierärztin nachweisen, soweit für das betreffende Fachgebiet eine entsprechende Weiterbildung vorgesehen ist. [3]§ 100 Absatz 3 Satz 1 und Absatz 5 Satz 2 gilt entsprechend. [4]Zwischen der letzten Prüfungsleistung der Promotion und der Bewerbung auf eine Juniorprofessur dürfen im Regelfall nicht mehr als sechs Jahre, im Bereich der Medizin nicht mehr als neun Jahre vergangen sein; dieser Zeitraum erhöht sich um Zeiten der Betreuung eines Kindes oder mehrerer Kinder unter 18 Jahren und Zeiten der Pflege eines pflegebedürftigen Angehörigen um bis zu zwei Jahre je Kind oder Pflegefall. [5]Soweit es der Eigenart des Faches und den Anforderungen der Stelle entspricht, kann abweichend von den Sätzen 1 bis 3 als Juniorprofessor oder Juniorprofessorin berufen werden, wer hervorragende fachbezogene Leistungen in der Praxis und pädagogische Eignung nachweist.

§ 102b Dienstrechtliche Stellung der Juniorprofessoren und Juniorprofessorinnen

(1) [1]Juniorprofessoren und Juniorprofessorinnen werden für die Dauer von sechs Jahren zu Beamten auf Zeit ernannt. [2]Eine Verlängerung ist, abgesehen von den Fällen des § 95, nicht zulässig; dies gilt auch für eine erneute Einstellung als Juniorprofessor oder Juniorprofessorin. [3]Ein Eintritt in den Ruhestand mit Ablauf der Dienstzeit ist ausgeschlossen.

(2) [1]Die Entscheidung, ob sich ein Juniorprofessor oder eine Juniorprofessorin als Hochschullehrer oder Hochschullehrerin bewährt hat, trifft der Fachbereichsrat, an Hochschulen ohne Fachbereiche der Akademische Senat, unter Berücksichtigung von Gutachten, davon mindestens zwei externe Gutachten, im vierten Jahr der Juniorprofessur. [2]Die Gutachter und Gutachterinnen werden vom Fachbereichsrat bestimmt. [3]Die Entscheidung nach Satz 1 erfolgt anhand klar definierter Kriterien, die bereits bei der Ernennung festzulegen sind. [4]Das Verfahren soll dem Juniorprofessor oder der Juniorprofessorin auch Orientierung über den Leistungsstand in Lehre, Forschung oder Kunst geben. [5]Das Nähere regeln die Hochschulen durch Satzung.

(3) [1]Weitere Verfahrensgrundsätze, die die Ausschreibung, Berufung, Leistungsbewertung und Bewährung von Juniorprofessoren und Juniorprofessorinnen sowie die Qualitätssicherung umfassen, werden in einem übergreifenden Qualitätskonzept der Hochschule festgelegt, das der Akademische Senat beschließt. [2]Das Qualitätskonzept legt auch die erforderliche Beteiligung einer Frauen- und Gleichstellungsbeauftragten an den einzelnen Verfahrensschritten fest. [3]Das Qualitätskonzept bedarf der Zustimmung der für Hochschulen zuständigen Senatsverwaltung.

(4) § 102 Absatz 3 und 4 gilt entsprechend.

(5) [1]Für Juniorprofessoren und Juniorprofessorinnen kann auch ein Angestelltenverhältnis begründet werden. [2]In diesem Fall entsprechen ihre Arbeitsbedingungen, soweit allgemeine dienst- und haushaltsrechtliche Regelungen nicht entgegenstehen, den Rechten und Pflichten beamteter Juniorprofessoren und Juniorprofessorinnen.

§ 102c Tenure-Track

(1) Die Hochschulen gestalten Juniorprofessuren und Professuren im Beamtenverhältnis auf Zeit nach § 102 Absatz 2 Satz 1 Nummer 1 so aus, dass in der Regel schon bei der Besetzung dieser Stelle die Berufung auf eine Professur im Beamtenverhältnis auf Lebenszeit unter der Voraussetzung zugesagt wird, dass im Einzelnen vorab festzulegende Leistungsanforderungen während des Zeitbeamtenverhältnisses erfüllt werden (Tenure-Track).

(2) Eine Juniorprofessur wird grundsätzlich mit der Maßgabe ausgeschrieben, dass im Anschluss an das Beamtenverhältnis auf Zeit die Berufung auf eine Professur im Beamtenverhältnis auf Lebenszeit erfolgen wird, wenn die bei der Besetzung der Juniorprofessur festgelegten Leistungen erbracht wurden und die sonstigen Einstellungsvoraussetzungen für eine Juniorprofessur vorliegen.

(3) Hauptberufliches wissenschaftliches Personal der eigenen Hochschule soll bei der Berufung auf die Juniorprofessur nur dann berücksichtigt werden, wenn es nach der Promotion die Hochschule gewechselt hatte oder mindestens zwei Jahre außerhalb der berufenden Hochschule wissenschaftlich tätig war.

(4) [1]Entsprechend § 102b Absatz 2 erfolgt eine Leistungsbewertung in Lehre, Forschung oder Kunst im vierten Jahr des Beamtenverhältnisses auf Zeit. [2]Ein abschließendes Evaluierungsverfahren bildet die Grundlage für die Berufung auf die Professur im Beamtenverhältnis auf Lebenszeit. [3]Dabei wird überprüft, ob die bei der Besetzung des Beamtenverhältnisses auf Zeit festgelegten Kriterien erfüllt und die vorgesehenen Leistungen erbracht wurden. [4]Die Berufung auf die Professur im Beamtenverhältnis auf Lebenszeit erfolgt auf Vorschlag des zuständigen Gremiums durch das für Hochschulen zuständige Mitglied des Senats. [5]Dem Berufungsvorschlag sind die Gutachten aus der Hochschule und auswärtige Gutachten beizufügen. [6]Jedes Mitglied des für den Berufungsvorschlag zuständigen Gremiums kann verlangen, dass ein von der Mehrheit abweichendes Votum beigefügt wird. [7]Das Nähere zu Grundsätzen, Strukturen und Verfahren, insbesondere unter Berücksichtigung der erforderlichen Beteiligung einer Frauen- und Gleichstellungsbeauftragten an den Verfahrensschritten des Evaluierungsverfahrens, regelt die Hochschule in der Berufungsordnung.

(5) Soweit ungeachtet einer Bewährung nach § 102b Absatz 2 die für die Berufung auf eine Professur im Beamtenverhältnis auf Lebenszeit festgelegten Leistungen nicht erbracht wurden, kann das Beamtenverhältnis auf Zeit auf Antrag um bis zu ein Jahr verlängert werden (Auslaufphase).

(6) Im Einzelfall kann die Hochschule nach Maßgabe der Satzung nach Absatz 4 Satz 7 die Leistungsfeststellung nach Absatz 4 und die Bewährungsfeststellung nach § 102b Absatz 2 in einem Verfahren zusammenführen.

(7) [1]Für die Berufung auf eine Professur im Beamtenverhältnis auf Lebenszeit im Anschluss an eine Professur im Beamtenverhältnis auf Zeit nach § 102 Absatz 2 Satz 1 Nummer 1 gelten die Absätze 2 bis 5 entsprechend. [2]Die Berufungsvoraussetzungen richten sich in diesen Fällen nach § 102a; zusätz-

lich erforderlich ist, dass im Zeitpunkt der Berufung auf die Professur im Beamtenverhältnis auf Zeit die nach § 100 Absatz 1 Satz 1 Nummer 4 Buchstabe a vorgesehenen zusätzlichen wissenschaftlichen Leistungen noch nicht vorliegen. [3]Die Dauer des Beamtenverhältnisses auf Zeit beträgt in diesen Fällen sechs Jahre. [4]Im vierten Jahr des Beamtenverhältnisses auf Zeit findet eine Evaluierung mit orientierendem Charakter statt.

(8) § 102 Absatz 5 sowie §§ 102a und 102b bleiben im Übrigen unberührt.

§ 103 Führung der Bezeichnung „Professor" oder „Professorin"

(1) Mit der Ernennung zum Professor oder zur Professorin oder zum Juniorprofessor oder zur Juniorprofessorin ist zugleich die akademische Bezeichnung „Professor" oder „Professorin" verliehen.

(2) [1]Auch nach Ausscheiden aus der Hochschule oder bei Ruhen der Rechte und Pflichten aus dem Dienstverhältnis als Professor oder Professorin darf die akademische Bezeichnung „Professor" oder „Professorin" ohne Zusatz geführt werden, wenn der Professor oder die Professorin seine oder ihre Tätigkeit mindestens fünf Jahre lang ausgeübt hat; unmittelbar vorangegangene Tätigkeiten als Professor oder Professorin an einer anderen Hochschule werden entsprechend angerechnet. [2]Das Recht nach Satz 1 besteht nur, sofern nicht die Weiterführung aus Gründen, die bei einem Beamten oder einer Beamtin die Rücknahme der Ernennung zum Beamten oder zur Beamtin rechtfertigen würden, durch die für Hochschulen zuständige Senatsverwaltung untersagt wird. [3]In den Fällen des § 102c Absatz 7 besteht das Recht nach Satz 1 darüber hinaus nur, wenn die bei der Besetzung des Beamtenverhältnisses auf Zeit festgelegten Kriterien erfüllt und die vorgesehenen Leistungen erbracht wurden.

§§ 104–107 (weggefallen)

§ 108 Hochschuldozenten und Hochschuldozentinnen

(1) [1]Die Hochschuldozenten und Hochschuldozentinnen nehmen an Universitäten und Kunsthochschulen die ihrer Hochschule in Wissenschaft und Kunst, Forschung und Lehre jeweils obliegenden Aufgaben nach näherer Ausgestaltung ihres Dienstverhältnisses selbstständig wahr. [2]Ihr Aufgabenschwerpunkt kann in der Lehre liegen. [3]§ 99 Absatz 2, 4 und 5 gilt entsprechend.

(2) Für die Einstellung von Hochschuldozenten und Hochschuldozentinnen gilt § 100 entsprechend.

(3) [1]Hochschuldozenten und Hochschuldozentinnen werden im Angestelltenverhältnis beschäftigt. [2]Mit der Einstellung als Hochschuldozent oder Hochschuldozentin ist für die Dauer der Tätigkeit zugleich die akademische Bezeichnung „Professor" oder „Professorin" verliehen.

(4) [1]Abweichend von Absatz 2 können Hochschuldozenten oder Hochschuldozentinnen auch eingestellt werden, wenn diese die Einstellungsvoraussetzungen gemäß § 100 Absatz 1 Nummer 4 Buchstabe a) nicht erfüllen. [2]Das Beschäftigungsverhältnis ist in diesem Fall auf einen Zeitraum von sechs Jahren zu befristen und dient der Erbringung der zusätzlichen wissenschaftlichen oder künstlerischen Leistung gemäß § 100 Absatz 1 Nummer 4 Buchstabe a). [3]Über die Feststellung der Erbringung der zusätzlichen wissenschaftlichen oder künstlerischen Leistungen gemäß § 100 Absatz 1 Nummer 4 Buchstabe a) entscheidet der Fachbereichsrat. [4]Das Nähere regeln die Hochschulen durch Satzung.

(5) Die Hochschulen gestalten befristete Stellen für Hochschuldozenten und Hochschuldozentinnen gemäß § 108 Absatz 4 so aus, dass bei der Besetzung dieser Stelle ein unbefristetes Beschäftigungsverhältnis als Hochschuldozent oder Hochschuldozentin unter der Voraussetzung zugesagt wird, dass die zusätzliche wissenschaftliche oder künstlerische Leistung gemäß § 100 Absatz 1 Nummer 4 Buchstabe a) während der befristeten Anstellung gemäß § 108 Absatz 3 erfüllt wird (Tenure-Track).

(6) [1]Die Entscheidung, ob ein befristet beschäftigter Hochschuldozent oder eine befristet beschäftigte Hochschuldozentin die zusätzliche wissenschaftliche oder künstlerische Leistung gemäß § 100 Absatz 1 Nummer 4 Buchstabe a) erbracht hat, trifft der Fachbereichsrat, an Hochschulen ohne Fachbereiche der Akademische Senat, unter Berücksichtigung von Gutachten, davon mindestens zwei externe Gutachten, im sechsten Jahr der Beschäftigung als Hochschuldozent oder Hochschuldozentin. [2]Die Gutachter und Gutachterinnen werden vom Fachbereichsrat bestimmt. [3]Die Entscheidung nach Satz 1 erfolgt anhand klar definierter Kriterien, die bereits bei der Einstellung festzulegen sind. [4]Das Verfahren soll dem Hochschuldozenten oder der Hochschuldozentin auch Orientierung über den Leistungsstand in Lehre, Forschung oder Kunst geben. [5]Das Nähere regeln die Hochschulen durch Satzung.

(7) [1]Weitere Verfahrensgrundsätze, die die Ausschreibung, Einstellung, Leistungsbewertung und Bewährung von befristet beschäftigten Hochschuldozenten und Hochschuldozentinnen sowie die Qualitätssicherung umfassen, werden in einem übergreifenden Qualitätskonzept der Hochschule festgelegt,

das der Akademische Senat beschließt. [2]Das Qualitätskonzept legt auch die erforderliche Beteiligung einer Frauen- und Gleichstellungsbeauftragten an den einzelnen Verfahrensschritten fest. [3]Das Qualitätskonzept bedarf der Zustimmung der für Hochschulen zuständigen Senatsverwaltung.

§ 109 (weggefallen)

§ 110 Wissenschaftliche und künstlerische Mitarbeiter und Mitarbeiterinnen

(1) Wissenschaftliche Mitarbeiter und Mitarbeiterinnen sind die den Fachbereichen, den wissenschaftlichen Einrichtungen oder den Betriebseinheiten zugeordneten Angestellten sowie Beamten und Beamtinnen, denen wissenschaftliche Dienstleistungen oder Aufgaben nach Maßgabe ihres Dienstverhältnisses obliegen.

(2) [1]Für wissenschaftliche oder künstlerische Dienstleistungen auf Dauer sowie für entsprechend qualifizierte Aufgaben im Wissenschaftsmanagement und im sonstigen Hochschulbetrieb (Funktionsstellen) werden wissenschaftliche oder künstlerische Mitarbeiter und Mitarbeiterinnen als Angestellte oder in begründeten Ausnahmefällen als Beamter oder Beamtin in der Laufbahn des Akademischen Rats oder der Akademischen Rätin beschäftigt. [2]Für wissenschaftliche oder künstlerische Dienstleistungen auf Dauer sowie für entsprechend qualifizierte Aufgaben im Wissenschaftsmanagement und im sonstigen Hochschulbetrieb (Funktionsstellen) werden wissenschaftliche oder künstlerische Mitarbeiter und Mitarbeiterinnen als Angestellte oder in begründeten Ausnahmefällen als Beamter oder Beamtin in der Laufbahn des Akademischen Rats oder der Akademischen Rätin beschäftigt. [3]Näheres über Stellung und Laufbahn regelt die für Hochschulen zuständige Senatsverwaltung nach Anhörung der Hochschulen im Einvernehmen mit der für grundsätzliche allgemeine beamtenrechtliche Angelegenheiten zuständigen Senatsverwaltung durch Rechtsverordnung.

(3) [1]Zu den wissenschaftlichen Dienstleistungen gehören auch die Aufgaben, den Studierenden selbstständig Fachwissen und praktische Fertigkeiten zu vermitteln und sie in der Anwendung wissenschaftlicher Methoden eigenverantwortlich zu unterweisen, soweit dies zur Gewährleistung des erforderlichen Lehrangebots notwendig ist, sowie die Wahrnehmung besonderer Beratungsfunktionen. [2]Wissenschaftlichen Mitarbeitern und Mitarbeiterinnen kann die selbständige Wahrnehmung von Aufgaben in Forschung und Lehre sowie in ihren weiteren Aufgabenbereichen übertragen werden. [3]Im Bereich der Medizin gehören zu den wissenschaftlichen Dienstleistungen auch Tätigkeiten in der Krankenversorgung.

(4) [1]Stellen für wissenschaftliche Mitarbeiter und Mitarbeiterinnen die keine Funktionsstellen gemäß § 110 Absatz 2 sind, sollen in der Regel als Qualifikationsstellen ausgestaltet werden. [2]Zu Zwecken einer Qualifizierung oder im Rahmen einer aus Mitteln Dritter finanzierten Beschäftigung können wissenschaftlichen und künstlerischen Mitarbeitern und Mitarbeiterinnen nach § 2 des Wissenschaftszeitvertragsgesetzes vom 12. April 2007 (BGBl. I S. 506), das zuletzt durch Artikel 1 des Gesetzes vom 25. Mai 2020 (BGBl. I S. 1073) geändert worden ist, in der jeweils geltenden Fassung, befristet beschäftigt werden. [3]Wissenschaftlichen Mitarbeitern und Mitarbeiterinnen auf Qualifikationsstellen ist mindestens die Hälfte ihrer Arbeitszeit für selbstständige Forschung, zur eigenen Weiterbildung oder Promotion zur Verfügung zu stellen. [4]In den medizinischen Fachbereichen kann eine Tätigkeit in der Krankenversorgung teilweise auf diese Zeit angerechnet werden. [5]Anderen wissenschaftlichen Mitarbeitern und Mitarbeiterinnen ist nach Maßgabe ihres Dienstverhältnisses mindestens ein Viertel ihrer Arbeitszeit für die eigene wissenschaftliche Arbeit zur Verfügung zu stellen. [6]Das Qualifikationsziel soll im Arbeitsvertrag benannt werden.

(5) Einstellungsvoraussetzung für wissenschaftliche Mitarbeiter und Mitarbeiterinnen ist neben den allgemeinen dienstrechtlichen Voraussetzungen mindestens ein abgeschlossenes Hochschulstudium.

(6) [1]Mit einem wissenschaftlichen Mitarbeiter oder einer wissenschaftlichen Mitarbeiterin auf einer Qualifikationsstelle kann vereinbart werden, dass im Anschluss an das befristete Beschäftigungsverhältnis der Abschluss eines unbefristeten Beschäftigungsverhältnisses erfolgen wird (Anschlusszusage), wenn die bei der Anschlusszusage festgelegten wissenschaftlichen Leistungen erbracht wurden und die sonstigen Einstellungsvoraussetzungen vorliegen. [2]Mit promovierten wissenschaftlichen Mitarbeitern und Mitarbeiterinnen ist unter der Bedingung, dass das im Arbeitsvertrag benannte Qualifikationsziel erreicht wird, eine dieses Qualifikationsziel angemessen berücksichtigende Anschlusszusage zu vereinbaren. [3]Satz 2 gilt nicht für Personal, das

1. überwiegend aus Drittmitteln oder aus Programmen des Bundes und der Länder oder des Landes Berlin finanziert wird, soweit diese Programme keine andere Festlegung treffen, oder
2. zur ärztlichen Weiterbildung beschäftigt wird.

[4]Die Hochschulen regeln das Nähere, insbesondere Grundsätze für die Personalauswahl und zur Bestimmung und Feststellung der Erfüllung der Qualifikationsziele, durch Satzung.

(7) [1]Die voranstehenden Absätze gelten, soweit nicht ausdrücklich erwähnt, für künstlerische Mitarbeiter und Mitarbeiterinnen entsprechend. [2]Abweichend von Absatz 5 kann das abgeschlossene Hochschulstudium je nach den fachlichen Anforderungen durch eine mindestens dreijährige erfolgreiche künstlerische Berufstätigkeit ersetzt werden.

§ 110a Wissenschaftliche Mitarbeiter und Mitarbeiterinnen mit Aufgabenschwerpunkt in der Lehre

(1) Wissenschaftlichen Mitarbeitern und Mitarbeiterinnen mit Aufgabenschwerpunkt in der Lehre obliegen wissenschaftliche Dienstleistungen nach § 110 Absatz 3 mit der Maßgabe, dass diese überwiegend in der Lehre wahrgenommen werden.

(2) [1]Einstellungsvoraussetzung der wissenschaftlichen Mitarbeiter und Mitarbeiterinnen mit Aufgabenschwerpunkt in der Lehre ist ein abgeschlossenes Hochschulstudium in der betreffenden Fachrichtung und pädagogische Eignung sowie eine nach Abschluss des Hochschulstudiums ausgeübte mindestens dreijährige wissenschaftliche Tätigkeit, an Fachhochschulen und Kunsthochschulen auch eine sonst zur Vorbereitung auf die Aufgabenstellung geeignete Tätigkeit. [2]Wissenschaftliche Mitarbeiter und Mitarbeiterinnen mit Aufgabenschwerpunkt in der Lehre sollen über eine abgeschlossene Promotion und mehrjährige Lehrerfahrung verfügen.

(3) Wissenschaftliche Mitarbeiter und Mitarbeiterinnen mit Aufgabenschwerpunkt in der Lehre werden unbefristet im Angestelltenverhältnis beschäftigt; soweit die Beschäftigung zur Vertretung eines wissenschaftlichen Mitarbeiters oder einer wissenschaftlichen Mitarbeiterin mit Aufgabenschwerpunkt in der Lehre erfolgt, ist auf der Grundlage der Bestimmungen des Teilzeit- und Befristungsgesetzes auch eine befristete Beschäftigung zulässig.

§ 111 Personal mit ärztlichen Aufgaben

Hauptberuflich tätige Personen mit ärztlichen, zahnärztlichen oder tierärztlichen Aufgaben, die nicht Hochschullehrer und Hochschullehrerinnen oder Hochschuldozenten und Hochschuldozentinnen sind, stehen in der Regel dienst- und mitgliedschaftsrechtlich den wissenschaftlichen Mitarbeitern und Mitarbeiterinnen gleich.

§ 112 Lehrkräfte für besondere Aufgaben

(1) Lehrkräfte für besondere Aufgaben nehmen überwiegend Lehrtätigkeit wahr, die nicht die Qualifikation von Hochschullehrern und Hochschullehrerinnen erfordert; sie vermitteln praktische Fertigkeiten und Kenntnisse.

(2) Die Einstellungsvoraussetzungen, die Aufgaben, die Arbeitsbedingungen und die Laufbahn beamteter Lehrkräfte werden in einer Rechtsverordnung geregelt, die die für Hochschulen zuständige Senatsverwaltung nach Anhörung der Hochschulen im Einvernehmen mit der für grundsätzliche allgemeine beamtenrechtliche Angelegenheiten zuständigen Senatsverwaltung erlässt.

§ 113 Gastprofessoren und Gastprofessorinnen, Gastdozenten und Gastdozentinnen

(1) [1]Für Aufgaben, die von Professoren und Professorinnen wahrzunehmen sind, können die Hochschulen für einen begrenzten Zeitraum mit Professoren und Professorinnen oder mit Personen, die die Einstellungsvoraussetzungen für Professoren und Professorinnen erfüllen, freie Dienstverhältnisse als Gastprofessoren und Gastprofessorinnen vereinbaren. [2]Gastprofessoren und Gastprofessorinnen sind während der Dauer ihrer Tätigkeit zur Führung der akademischen Bezeichnung „Professor" oder „Professorin" berechtigt.

(2) Für Aufgaben, die nicht die Qualifikation von Professoren und Professorinnen erfordern, können die Hochschulen für einen begrenzten Zeitraum freie Dienstverhältnisse als Gastdozenten vereinbaren.

Zwölfter Abschnitt
Nebenberufliches Personal der Hochschulen

§ 114 Nebenberuflich tätiges Personal
Das nebenberuflich tätige Personal mit wissenschaftlichen oder künstlerischen Aufgaben besteht aus den
1. Honorarprofessoren und Honorarprofessorinnen,
2. außerplanmäßigen Professoren/Professorinnen und Privatdozenten/Privatdozentinnen,
3. Lehrbeauftragten und
4. studentischen Beschäftigten.

§ 115 Unfallfürsorge
[1]Erleiden Personen gemäß § 114 Nummer 1 bis 3 in Ausübung ihrer Tätigkeit an der Hochschule, soweit sie nicht kraft Gesetzes versichert sind, einen Unfall im Sinne von § 31 des Landesbeamtenversorgungsgesetzes vom 21. Juni 2011 (GVBl. S. 266), das zuletzt durch Artikel 7 des Gesetzes vom 9. Februar 2021 (GVBl. S. 146) geändert worden ist, so erhalten sie Unfallfürsorgeleistungen in entsprechender Anwendung der §§ 33 bis 35 des Landesbeamtenversorgungsgesetzes, soweit sie keinen anderen Anspruch auf entsprechende Leistungen haben. [2]Auch kann ihnen von der obersten Dienstbehörde im Einvernehmen mit der für das Beamtenversorgungsrecht zuständigen Senatsverwaltung ein nach billigem Ermessen festzusetzender Unterhaltsbeitrag bewilligt werden; entsprechendes gilt für die Hinterbliebenen.

§ 116 Bestellung von Honorarprofessoren und Honorarprofessorinnen
(1) [1]Zum Honorarprofessor oder zur Honorarprofessorin kann bestellt werden, wer in seinem Fach auf Grund hervorragender wissenschaftlicher oder künstlerischer Leistungen den Anforderungen entspricht, die an Professoren und Professorinnen gestellt werden. [2]Die Bestellung setzt eine mehrjährige selbständige Lehrtätigkeit an einer Hochschule voraus; von dieser Voraussetzung kann bei besonderen wissenschaftlichen und künstlerischen Leistungen in einer mehrjährigen beruflichen Praxis abgesehen werden. [3]Zum Honorarprofessor oder zur Honorarprofessorin einer Hochschule soll nicht bestellt werden, wer dort hauptberuflich tätig ist.
(2) [1]Die Honorarprofessoren und Honorarprofessorinnen werden auf Vorschlag des Fachbereichs durch Beschluss des Akademischen Senats vom Präsidium bestellt. [2]Das Verfahren wird in der Grundordnung geregelt. [3]Mit der Bestellung ist die Berechtigung zur Führung der akademischen Bezeichnung „Professor“ oder „Professorin“ verbunden.

§ 117 Rechtsstellung der Honorarprofessoren und Honorarprofessorinnen
(1) [1]Honorarprofessoren und Honorarprofessorinnen stehen als solche in keinem Dienstverhältnis zur Hochschule. [2]Sie haben regelmäßige Lehrveranstaltungen durchzuführen; den Umfang ihrer Lehrverpflichtung regelt das Präsidium. [3]Honorarprofessoren und Honorarprofessorinnen können in angemessenem Umfang auch zu den sonstigen Aufgaben von Hochschullehrern und Hochschullehrerinnen gemäß § 99 herangezogen werden.
(2) [1]Der Honorarprofessor oder die Honorarprofessorin wird verabschiedet
1. auf eigenen Antrag,
2. mit Erreichen der für die Beamtinnen und Beamten des Landes Berlin geltenden gesetzlichen Altersgrenze, soweit das Präsidium keine abweichende Regelung trifft,
3. wenn er oder sie in zwei aufeinanderfolgenden Semestern ohne Zustimmung der Hochschule seinen oder ihren Lehrverpflichtungen nicht nachkommt,
4. wenn die Voraussetzungen vorliegen, unter denen bei einem Beamten oder einer Beamtin gemäß § 24 des Beamtenstatusgesetzes das Beamtenverhältnis endet,
5. wenn er oder sie sich eines schweren Verstoßes gegen seine oder ihre Pflichten gemäß § 44 Absatz 1 schuldig macht.

[2]Nach der Verabschiedung gemäß Nummer 3 bis 5 darf die Bezeichnung „Professor“ oder „Professorin“ nicht mehr geführt werden. [3]Im Übrigen gilt § 103 Absatz 2 entsprechend.

§ 118 Privatdozenten und Privatdozentinnen
(1) [1]Privatdozent oder Privatdozentin ist, wem die Lehrbefähigung zuerkannt und die Lehrbefugnis verliehen worden ist. [2]Die Lehrbefugnis ist auf Antrag zu verleihen, wenn von der Lehrtätigkeit des

Bewerbers oder der Bewerberin eine sinnvolle Ergänzung des Lehrangebots der Hochschule zu erwarten ist und keine Gründe entgegenstehen, die die Ernennung zum beamteten Professor oder Professorin gesetzlich ausschließen.

(2) [1]§ 117 gilt entsprechend. [2]Die Lehrbefugnis erlischt mit Wegfall der Lehrbefähigung und durch Erlangung der Lehrbefugnis an einer anderen Hochschule, sofern nicht die Hochschule die Fortdauer beschließt. [3]Die Entscheidungen zur Beendigung der Lehrbefugnis trifft der Präsident oder die Präsidentin auf Antrag des Fachbereichs.

§ 119 Außerplanmäßige Professoren und Professorinnen

[1]Das Präsidium kann auf Vorschlag des Fachbereichs mit Zustimmung der für Hochschulen zuständigen Senatsverwaltung Privatdozenten und Privatdozentinnen ihrer Hochschule, die mindestens vier Jahre habilitiert sind sowie hervorragende Leistungen in Forschung und Lehre erbracht haben, die Würde eines außerplanmäßigen Professors oder einer außerplanmäßigen Professorin verleihen. [2]Satz 1 gilt für frühere Juniorprofessoren und Juniorprofessorinnen der Hochschule, die sich in ihrem Amt bewährt haben, entsprechend. [3]Mit der Verleihung ist die Befugnis zur Führung der akademischen Bezeichnung „Professor" oder „Professorin" verbunden. [4]§ 103 Absatz 2 und § 117 gelten entsprechend.

§ 120 Lehrbeauftragte

(1) [1]Den Lehrbeauftragten obliegt es, selbständig
1. die wissenschaftliche und künstlerische Lehrtätigkeit durch eine praktische Ausbildung zu ergänzen oder
2. Lehraufgaben wahrzunehmen, die aus fachlichen oder tatsächlichen Gründen im Einzelfall nicht von den Hochschullehrern und Hochschullehrerinnen wahrgenommen werden können.

[2]Hochschullehrer und Hochschullehrerinnen können an ihrer Hochschule Lehraufträge nur zur Wahrnehmung von Weiterbildungsaufgaben und unter der Voraussetzung erhalten, dass die bestehende Lehrverpflichtung und die übrigen Dienstaufgaben erfüllt werden.

(2) Lehrbeauftragte sollen mindestens ein abgeschlossenes Hochschulstudium, pädagogische Eignung sowie eine mehrjährige berufliche Praxis aufweisen; über Art und Umfang entscheiden die jeweils zuständigen Hochschulgremien.

(3) [1]Lehraufträge begründen kein Arbeitsverhältnis zur Hochschule. [2]Sie werden jeweils für bis zu zwei Semester vom Präsidium erteilt. [3]Das Präsidium kann die Befugnis zur Erteilung von Lehraufträgen auf andere Dienstkräfte der Hochschule übertragen. [4]Der Umfang der Lehrtätigkeit eines oder einer Lehrbeauftragten darf insgesamt die Hälfte des Umfangs der Lehrverpflichtung entsprechender hauptberuflicher Lehrkräfte nicht erreichen. [5]Lehraufträge können aus wichtigem Grund zurückgenommen oder widerrufen werden.

(4) [1]Ein Lehrauftrag ist zu vergüten; dies gilt nicht, wenn der oder die Lehrbeauftragte nach Erteilung des Lehrauftrages auf eine Vergütung schriftlich oder elektronisch verzichtet oder die durch den Lehrauftrag entstehende Belastung bei der Bemessung der Dienstaufgaben eines oder einer hauptberuflich im öffentlichen Dienst Tätigen entsprechend berücksichtigt wird. [2]Lehrauftragsentgelte werden außer im Falle genehmigter Unterbrechung nur insoweit gezahlt, als der oder die Lehrbeauftragte seine bzw. ihre Lehrtätigkeit tatsächlich ausübt.

(5) [1]Das Nähere, darunter auch die Höhe der Lehrauftragsentgelte, wird in Richtlinien geregelt, die die für Hochschulen zuständige Senatsverwaltung nach Anhörung der Hochschulen im Einvernehmen mit den für grundsätzliche allgemeine beamtenrechtliche Angelegenheiten und für Finanzen zuständigen Senatsverwaltung erlässt. [2]Bei der Festsetzung der Höhe der Lehrauftragsentgelte ist die Entwicklung der Besoldung und der Vergütung im öffentlichen Dienst angemessen zu berücksichtigen.

§ 121 Studentische Beschäftigte

(1) [1]Studierende können als Studentische Beschäftigte an ihrer oder einer anderen Hochschule beschäftigt werden. [2]Die Einstellungsvoraussetzungen werden von der Hochschule geregelt. [3]Bei der Besetzung von Stellen für studentische Beschäftigte soll Chancengleichheit zwischen den Geschlechtern hergestellt werden.

(2) [1]Studentische Beschäftigte führen Unterricht in kleinen Gruppen (Tutorien) zur Vertiefung und Aufarbeitung des von den Lehrveranstaltungen vermittelten Stoffes durch. [2]Studentische Beschäftigte

unterstützen die wissenschaftlichen und künstlerischen Dienstkräfte bei ihren Tätigkeiten in Forschung und Lehre durch sonstige Hilfstätigkeiten.

(3) [1]Die Beschäftigungsverhältnisse werden in der Regel für vier Semester begründet. [2]Sie können in begründeten Fällen verlängert werden. [3]Die gesamte wöchentliche Arbeitszeit der studentischen Beschäftigte[1)] darf die Hälfte der regelmäßigen Arbeitszeit nicht erreichen. [4]Ihnen dürfen Aufgaben, die üblicherweise von hauptberuflichem Personal wahrgenommen werden, nur ausnahmsweise und zeitlich befristet übertragen werden.

(4) Die Beschäftigungsverhältnisse für studentische Beschäftigte werden durch das Präsidium begründet.

Dreizehnter Abschnitt
Laufbahnstudiengänge

§ 122 Laufbahnstudiengänge

(1) [1]Interne Studiengänge sind solche Studiengänge, in denen Studierende nach beamtenrechtlichen Vorschriften zum Studium zugelassen und für ihre Laufbahnen in Ausbildungsgängen ausgebildet werden, die ausschließlich auf den öffentlichen Dienst ausgerichtet sind. [2]Diese Aufgabe ist den ausbildenden Hochschulen als staatliche Angelegenheit übertragen. [3]Dasselbe gilt auch für die Ausbildung von Beamten und Beamtinnen in Laufbahnen des Bundes und anderer Bundesländer.

(2) [1]Die internen Studiengänge sind nach Ausbildungs- und Prüfungsordnungen nach § 29 Absatz 2 des Laufbahngesetzes oder entsprechenden bundesrechtlichen Vorschriften oder Vorschriften anderer Bundesländer durchzuführen und abzuschließen. [2]Auf die Zulassung von Bewerbern und Bewerberinnen zu den internen Studiengängen findet § 11 entsprechend Anwendung; § 22 Absatz 3 und § 30 Absatz 4 Satz 2 und 3 können in diesen Studiengängen eingeschränkt werden; § 2 Absatz 6 Satz 2 findet auf diese Studiengänge keine Anwendung.

(3) Die Rechts- und Fachaufsicht für interne Studiengänge nimmt abweichend von § 89 Absatz 1 und 2 die für Hochschulen zuständige Senatsverwaltung im Einvernehmen mit der jeweils zuständigen Laufbahnordnungsbehörde in Berlin wahr, wobei zwischen dieser und der fachlich zuständigen Senatsverwaltung bei einem eingerichteten Laufbahnzweig das Einvernehmen herzustellen ist.

(4) [1]Studien- und Prüfungsordnungen für interne Studiengänge sowie für andere Studiengänge, die eine Laufbahnbefähigung vermitteln, bedürfen der Bestätigung der jeweils zuständigen Laufbahnordnungsbehörde, wobei zwischen dieser und der fachlich zuständigen Senatsverwaltung bei einem eingerichteten Laufbahnzweig das Einvernehmen herzustellen ist. [2]Soweit die Rahmenstudien- und -prüfungsordnung Regelungen enthält, die Studiengänge nach Satz 1 betreffen, erfolgt die Bestätigung der für Hochschulen zuständigen Senatsverwaltung nach § 90 Absatz 1 im Einvernehmen mit der jeweils zuständigen Laufbahnordnungsbehörde, wobei zwischen dieser und der fachlich zuständigen Senatsverwaltung bei einem eingerichteten Laufbahnzweig das Einvernehmen herzustellen ist. [3]Die Bestätigung erstreckt sich jeweils auf die Recht- und Zweckmäßigkeit. [4]Beamtenrechtliche Vorschriften bleiben unberührt.

(5) [1]An den Sitzungen der Gremien der Fachbereiche, die interne Studiengänge anbieten, können Vertreter oder Vertreterinnen der jeweils zuständigen Laufbahnordnungsbehörde und bei einem eingerichteten Laufbahnzweig auch der fachlich zuständigen Senatsverwaltung mit Rederecht zu den Angelegenheiten der internen Studiengänge teilnehmen. [2]Sie sind zu jeder Sitzung unter Angabe der Tagesordnung einzuladen.

(6) Über die Berufung von Professoren und Professorinnen auf Stellen, deren Funktionsbeschreibung ausschließlich oder überwiegend Lehrveranstaltungen in internen Studiengängen vorsieht, ist im Einvernehmen mit der jeweils zuständigen Laufbahnordnungsbehörde in Berlin zu entscheiden, wobei zwischen dieser und der fachlich zuständigen Senatsverwaltung bei einem eingerichteten Laufbahnzweig das Einvernehmen herzustellen ist.

(7) Die Lehraufträge für die internen Studiengänge werden im Einvernehmen mit der jeweils zuständigen Laufbahnordnungsbehörde erteilt.

(8) [1]Die jeweils zuständige Laufbahnordnungsbehörde kann im Einvernehmen mit der für Hochschulen zuständigen Senatsverwaltung den Hochschulen, an denen Fachbereiche mit internen Studiengängen

---

1) Richtig wohl: „Beschäftigten".

bestehen, die Durchführung besonderer Aus- und Fortbildungsmaßnahmen als staatliche Angelegenheit übertragen. [2]Absatz 3 gilt entsprechend.

Vierzehnter Abschnitt

Staatliche Anerkennung von Hochschulen

§ 123 Staatliche Anerkennung von Hochschulen

(1) Eine Hochschule, die nicht in der Trägerschaft des Landes Berlin steht, bedarf der staatlichen Anerkennung der für Hochschulen zuständigen Senatsverwaltung, soweit sich nicht aus den §§ 124 und 124a etwas anderes ergibt.

(2) [1]Die staatliche Anerkennung kann erfolgen, wenn gewährleistet ist, dass

1. in der Einrichtung die Freiheit der Kunst und Wissenschaft, der Forschung und Lehre im Rahmen des Zwecks und der wirtschaftlichen Interessen des Trägers gewährleistet ist,
2. die Einrichtung sinngemäß die in § 4 Absatz 1 bis 3 genannten Aufgaben wahrnimmt,
3. das Studium an den Zielen nach § 21 ausgerichtet ist,
4. eine Mehrzahl von nebeneinander bestehenden oder aufeinander folgenden Studiengängen vorhanden oder im Rahmen einer Ausbauplanung vorgesehen ist; dies gilt nicht, soweit innerhalb eines Faches die Einrichtung einer Mehrzahl von Studiengängen durch die wissenschaftliche oder künstlerische Entwicklung oder die Bedürfnisse der beruflichen Praxis nicht nahegelegt wird,
5. das Studium und die Abschlüsse den in diesem Gesetz insbesondere in § 22 genannten Grundsätzen sowie den anerkannten Qualitätsstandards entsprechen,
6. die Lehraufgaben mindestens zur Hälfte von hauptberuflich Lehrenden der Hochschule wahrgenommen werden, die die Einstellungsvoraussetzungen nach den §§ 100 oder 102a erfüllen,
7. die Angehörigen der Hochschule an der Gestaltung des Studiums und an der akademischen Selbstverwaltung in sinngemäßer Anwendung der für staatliche Hochschulen geltenden Grundsätze im Rahmen des Zwecks und der wirtschaftlichen Interessen des Trägers mitwirken können,
8. die wirtschaftliche Stellung der Beschäftigten mit wissenschaftlichen oder künstlerischen Aufgaben im Wesentlichen mindestens der vergleichbarer Beschäftigter an staatlichen Hochschulen entspricht.

[2]Die staatliche Anerkennung darf nur erteilt werden, wenn gewährleistet ist, dass

1. der Träger der Hochschule eine juristische Person ist, deren Zweck ausschließlich oder ganz überwiegend der Betrieb einer oder mehrerer staatlich anerkannter privater Hochschulen ist,
2. nach den Planungsunterlagen
   a) die Hochschule ordnungsgemäß entsprechend ihrer Aufgabenstellung betrieben werden kann,
   b) die Finanzierung der Hochschule sicher gestellt ist,
   c) die vorhandenen Studierenden bei einer Einstellung des Lehrbetriebs der Hochschule das Studium beenden können,
3. die den Träger maßgeblich prägenden natürlichen Personen die freiheitliche demokratische Grundordnung achten und die für den Betrieb einer Hochschule erforderliche Sachkunde und Zuverlässigkeit aufweisen.

(3) [1]Die staatliche Anerkennung der Hochschule ist zu befristen und für bestimmte Studiengänge zu erteilen. [2]Sie kann mit Auflagen versehen werden, die der Erfüllung der Voraussetzungen von Absatz 2 dienen. [3]Sie ist mit Auflagen zu versehen, die die beständige Qualität der Hochschule und der Studiengänge sicherstellen. [4]Die für Hochschulen zuständige Senatsverwaltung kann vor der Entscheidung über die staatliche Anerkennung die gutachterliche Stellungnahme einer sachverständigen Institution einholen, in der das eingereichte Konzept im Hinblick auf die hochschulische Qualität von Lehre, Studium, Forschung oder Kunstausübung, auf zu gewährleistende Maßgaben für die Sicherung der Wissenschaftsfreiheit, auf hochschulförmige Verfahren und Strukturen sowie auf eine angemessene personelle, sächliche und finanzielle Ausstattung bewertet wird (Konzeptprüfung). [5]Die für Hochschulen zuständige Senatsverwaltung kann darüber hinaus in regelmäßigen Abständen die gutachterliche Stellungnahme einer Akkreditierungseinrichtung einholen, mit der das Vorliegen der Anforderungen des Satzes 4 überprüft wird (institutionelle Akkreditierung). [6]Das Nähere zu den Kriterien und zum Verfahren regelt die für Hochschulen zuständige Senatsverwaltung in einer Rechtsverordnung.

(4) [1]Nach Maßgabe der staatlichen Anerkennung erhält die Hochschule das Recht, Hochschulstudiengänge durchzuführen sowie Hochschulprüfungen abzunehmen und Hochschulgrade zu verleihen. [2]Sie darf entsprechend ihrer staatlichen Anerkennung die Bezeichnung „Universität", „Hochschule für angewandte Wissenschaften", „Kunsthochschule" oder „Hochschule" allein oder in einer Wortverbindung oder eine entsprechende fremdsprachliche Bezeichnung führen; eine als Hochschule für angewandte Wissenschaften anerkannte Hochschule kann auch die Bezeichnung „Fachhochschule" führen. [3]Staatlich anerkannte Hochschulen weisen im Rechts- und Geschäftsverkehr auf die bestehende staatliche Anerkennung nach dem Recht des Landes Berlin hin. Abschlüsse staatlich anerkannter Hochschulen sind denen gleichwertig, die an staatlichen Hochschulen verliehen werden. [4]Die Anerkennung begründet keinen Anspruch auf einen Zuschuss des Landes Berlin.

(5) [1]Die Einrichtung weiterer Studiengänge, die Änderung oder Aufhebung von Studiengängen und die Einrichtung oder Schließung von Zweigstellen bedürfen der Genehmigung der für Hochschulen zuständigen Senatsverwaltung. [2]Studiengänge, für die eine berufsrechtliche Anerkennung vorgesehen ist, bedürfen vor ihrer Genehmigung einer Anerkennung durch die für den jeweiligen Beruf zuständige Behörde. [3]Dabei ist jeweils zu prüfen, ob die Voraussetzungen nach Absatz 2 vorliegen.

(6) [1]Staatlich anerkannte Hochschulen dürfen für ihre wissenschaftlichen und künstlerischen Aufgaben mit Zustimmung der für Hochschulen zuständigen Senatsverwaltung auch andere Personalkategorien einrichten als die in § 92 genannten und ihrem auf dieser Grundlage beschäftigten Personal die Führung der entsprechenden Hochschultitel oder Hochschultätigkeitsbezeichnungen gestatten. [2]Die Beschäftigung hauptberuflichen Personals bedarf der Zustimmung der für Hochschulen zuständigen Senatsverwaltung, soweit dieses Aufgaben wahrnimmt, die an staatlichen Hochschulen von Hochschullehrern und Hochschullehrerinnen wahrgenommen werden. [3]Diese Beschäftigten müssen die Einstellungsvoraussetzungen nach den §§ 100 oder 102a erfüllen. [4]Mit der Aufnahme ihrer Tätigkeit ist ihnen die Führung des Professorentitels gestattet, soweit die Zustimmung nach Satz 2 vorliegt. [5]§ 103 Absatz 2 gilt entsprechend. [6]Für Lehrkräfte, die nach § 102a eingestellt werden, gilt § 102b Absatz 5 entsprechend. [7]§ 101 Absatz 9, § 113 Absatz 1 und die §§ 116 bis 119 finden keine Anwendung.

(7) Die Höhe der Regellehrverpflichtung des wissenschaftlichen und künstlerischen Personals darf diejenige des Personals staatlicher Hochschulen des Landes Berlin nicht überschreiten.

(8) [1]Die für Hochschulen zuständige Senatsverwaltung kann einer als Universität staatlich anerkannten Hochschule nach Maßgabe ihrer Fortentwicklung auf Antrag das Recht zur Promotion verleihen, soweit an ihr für das betreffende Fachgebiet ein Studiengang geführt wird, der die Befähigung zur vertieften wissenschaftlichen Arbeit vermittelt, das Fach an der Hochschule in der Forschung ausreichend breit vertreten ist und die strukturellen Voraussetzungen für ein den anerkannten Qualitätsstandards entsprechendes Promotionsverfahren gewährleistet sind. [2]Die für Hochschulen zuständige Senatsverwaltung kann vor der Entscheidung nach Satz 1 die gutachtliche Stellungnahme einer sachverständigen Institution einholen, in der das mit dem Antrag verfolgte Vorhaben im Hinblick auf das wissenschaftliche Profil der Hochschule und ihres wissenschaftlichen Personals sowie auf die Wahrung anerkannter Qualitätsstandards in Bezug auf Verfahren und Strukturen bewertet wird (Promotionsrechtsverfahren). [3]Das Nähere zu den Kriterien und zum Verfahren regelt die für Hochschulen zuständige Senatsverwaltung in einer Rechtsverordnung. [4]Die Verleihung des Promotionsrechts ist mit Auflagen zu versehen, die die beständige Qualität des Promotionsverfahrens sichern sollen, und auf mindestens fünf, jedoch nicht mehr als zehn Jahre zu befristen. [5]Sie kann mit weiteren Auflagen versehen werden.

(9) [1]Für staatlich anerkannte Hochschulen gelten die §§ 3 Absätze 1 bis 3, 8a, 10 und 11 sowie die Vorschriften des Dritten Abschnitts mit Ausnahme der §§ 22 Absatz 2 Nummer 3 und 7 sowie Absätze 3 bis 5, 26, 28 und 29 entsprechend. [2]Studien- und Prüfungsordnungen müssen auch den Anforderungen des § 31 entsprechen. [3]§ 101 Absatz 8 gilt entsprechend. [4]Ordnungen nach Satz 3, Grundordnungen sowie Studien-, Prüfungs-, Zugangs- und Promotionsordnungen staatlich anerkannter Hochschulen bedürfen der Genehmigung der für Hochschulen zuständigen Senatsverwaltung.

(10) [1]Die staatlich anerkannten Hochschulen unterstehen der Rechtsaufsicht der für Hochschulen zuständigen Senatsverwaltung. [2]Die §§ 10 bis 13 des Allgemeinen Zuständigkeitsgesetzes gelten entsprechend.

(11) [1]Für Hochschulen anderer Träger öffentlicher Verwaltung gelten Absatz 1, Absatz 2 Satz 1, Absatz 3 Satz 3 bis 5 sowie die Absätze 4 bis 8 entsprechend. [2]Absatz 9 Satz 1 gilt entsprechend, soweit keine anderweitigen Regelungen bestehen. [3]Die Genehmigung von Grundordnungen sowie Studien-,

Prüfungs-, Zugangs- und Promotionsordnungen nach Absatz 9 Satz 2 erfolgt im Einvernehmen mit dem Träger. [4]Absatz 10 gilt mit der Maßgabe, dass die Aufsicht im Einvernehmen mit dem Träger ausgeübt wird.

§ 123a Trägerwechsel, Verlust der Anerkennung

(1) [1]Jeder Wechsel des Trägers einer staatlich anerkannten Hochschule und jede Änderung der Zusammensetzung der den Träger prägenden natürlichen oder juristischen Personen ist der für Hochschulen zuständigen Senatsverwaltung unverzüglich anzuzeigen. [2]Diese prüft, ob die Voraussetzungen für die Anerkennung weiterhin vorliegen. [3]Ist dies nicht der Fall, kann die staatliche Anerkennung widerrufen werden. [4]Die für Hochschulen zuständige Senatsverwaltung kann die staatliche Anerkennung mit der Bedingung verbinden, dass die staatliche Anerkennung bei einem Wechsel des Trägers oder der Änderung der Zusammensetzung des Trägers erlischt.

(2) [1]Die staatliche Anerkennung kann widerrufen werden, wenn eine der Voraussetzungen nach § 123 Absatz 2 nicht gegeben war, später weggefallen ist oder eine Auflage nach § 123 Absatz 3 Satz 2 und 3 nicht erfüllt wurde und dem Mangel trotz Beanstandung innerhalb einer bestimmten Frist nicht abgeholfen wurde. [2]Soweit die Hochschule nach erfolgtem Widerruf die vorhandenen Studierenden zum Abschluss ihres Studiums führt, erhält sie eine entsprechende Genehmigung, die zu befristen ist und mit Auflagen versehen werden kann. [3]Ein Anspruch auf Beendigung des Studiums gegen das Land Berlin besteht nicht.

(3) Die staatliche Anerkennung erlischt, wenn die Hochschule nicht innerhalb einer von der für Hochschulen zuständigen Senatsverwaltung zu bestimmenden Frist den Studienbetrieb aufnimmt oder wenn der Studienbetrieb ein Jahr geruht hat.

§ 124 Hochschulen in kirchlicher Trägerschaft

(1) [1]Die Evangelische Hochschule Berlin ist als Hochschule für angewandte Wissenschaften (Fachhochschule) staatlich anerkannt. [2]Sie ist eine Körperschaft des öffentlichen Rechts im Bereich der Evangelischen Kirche Berlin-Brandenburg-schlesische Oberlausitz. [3]§ 123 Absatz 2 Satz 1, Absatz 4 Satz 1, 2 und 4 und Absatz 6 Satz 1 bis 6 finden auf die Evangelische Hochschule Berlin entsprechende Anwendung; die §§ 116 bis 119 finden keine Anwendung. [4]Sie erhält ihre persönlichen Ausgaben erstattet; Näheres regelt die für Hochschulen zuständige Senatsverwaltung durch Rechtsverordnung auf der Grundlage von § 8 Absatz 1 und 2 des Privatschulgesetzes[1)].

(2) [1]Die Katholische Hochschule für Sozialwesen Berlin ist als Hochschule für angewandte Wissenschaften (Fachhochschule) staatlich anerkannt. [2]§ 123 Absatz 2 Satz 1, Absatz 4 Satz 1, 2 und 4 und Absatz 6 Satz 1 bis 6 finden auf die Katholische Hochschule für Sozialwesen Berlin entsprechende Anwendung; die §§ 116 bis 119 finden keine Anwendung. [3]Sie erhält ihre persönlichen Ausgaben erstattet; Näheres regelt die für Hochschulen zuständige Senatsverwaltung durch Rechtsverordnung auf der Grundlage von § 8 Absatz 1 und 2 des Privatschulgesetzes[1)].

(3) Die Verträge mit der Evangelischen Kirche und der Katholischen Kirche werden durch dieses Gesetz nicht berührt.

(4) [1]Für die Qualitätssicherung von Studiengängen an den kirchlichen Hochschulen gilt § 8a, für den Zugang zum Studium gelten die §§ 10 und 11, für das Studium und die Prüfung die Vorschriften des Dritten Abschnitts mit Ausnahme der §§ 26, 28 und 29. [2]§ 31 gilt mit der Maßgabe, dass die kirchlichen Hochschulen nicht verpflichtet sind, Rahmenstudien- und -prüfungsordnungen zu erlassen. [3]In der Grundordnung der kirchlichen Hochschulen sind die Organisation der Hochschule, die korporativen Rechte und Pflichten ihrer Mitglieder und die Verfahren in den Gremien zu regeln. [4]§ 2 Absatz 6, § 5b Absatz 5 und § 9 Absatz 2 finden Anwendung.

(5) [1]Die kirchlichen Hochschulen unterstehen der Rechtsaufsicht der für Hochschulen zuständigen Senatsverwaltung, soweit sie Aufgaben nach diesem Gesetz wahrnehmen. [2]Rahmenstudien- und -prüfungsordnungen und Zugangssatzungen sind der für Hochschulen zuständigen Senatsverwaltung vorzulegen. [3]Hat eine Hochschule keine Rahmenstudien- und -prüfungsordnung erlassen, sind die Studien- und Prüfungsordnungen von der für Hochschulen zuständigen Senatsverwaltung zu bestätigen. [4]Kirchliche Aufsichtsrechte bleiben unberührt.

1) Siehe nunmehr § 101 Absatz 1 bis 3 Schulgesetz.

§ 124a Sonstige Einrichtungen

(1) [1]Niederlassungen von staatlichen Hochschulen, Hochschulen in staatlicher Trägerschaft oder staatlich anerkannten Hochschulen aus einem Mitgliedstaat der Europäischen Union oder dem Vereinigten Königreich Großbritannien und Nordirland oder aus anderen Ländern der Bundesrepublik Deutschland dürfen betrieben werden, wenn

1. die Niederlassung ausschließlich ihre im Herkunftsstaat anerkannten oder genehmigten Studiengänge anbietet,
2. die Hochschule durch die Niederlassung ausschließlich ihre im Herkunftsstaat anerkannten und dort rechtmäßig verliehenen Hochschulgrade verleiht,
3. die durch die Niederlassung tätige Hochschule nach dem Recht des Herkunftsstaates zur Verleihung der Hochschulgrade auch dann berechtigt ist, wenn die dieser Verleihung zugrunde liegende Ausbildung an der Niederlassung erfolgt, und
4. die Qualitätskontrolle durch den Herkunftsstaat gewährleistet ist.

[2]Die Einrichtung der Niederlassung ist der für Hochschulen zuständigen Senatsverwaltung mindestens sechs Monate vor Aufnahme des Studienbetriebs anzuzeigen. [3]Mit der Anzeige sind die Voraussetzungen des Satzes 1 nachzuweisen; ansonsten ist die Einrichtung und Durchführung der Studiengänge unzulässig. [4]Ist nach dem Recht des Herkunftsstaates eine staatliche Anerkennung oder ein gleichwertiger staatlicher Akt erforderlich, sind der Wegfall der staatlichen Anerkennung oder dieses Aktes und Änderungen im Umfang der staatlichen Anerkennung oder dieses Aktes durch den Herkunftsstaat unverzüglich anzuzeigen. [5]Niederlassungen nach Satz 1 sind verpflichtet, im Geschäftsverkehr neben ihrem Namen und ihrer Rechtsform auch stets den Namen, die Rechtsform und das Sitzland der gradverleihenden Hochschule zu nennen.

(2) [1]Bildungseinrichtungen können auf der Grundlage einer Kooperation mit einer staatlichen Hochschule, einer Hochschule in staatlicher Trägerschaft oder einer staatlich anerkannten Hochschule aus einem Mitgliedstaat der Europäischen Union oder dem Vereinigten Königreich Großbritannien und Nordirland oder aus anderen Ländern der Bundesrepublik Deutschland auf einen Abschluss oder auf die Verleihung einer Hochschulqualifikation einer solchen Hochschule vorbereiten (Franchising), wenn

1. von der Bildungseinrichtung nur Bewerber oder Bewerberinnen aufgenommen werden, die die Voraussetzungen für den Zugang zum Studium an der Kooperationshochschule erfüllen,
2. unter der Verantwortung und Kontrolle der Kooperationshochschule die Qualität und Gleichwertigkeit des Studienangebotes gesichert ist, die Prüfungen unter deren Verantwortung und Kontrolle durchgeführt werden und die Kooperationshochschule ihre im Herkunftsstaat anerkannten oder zulässigen Hochschulgrade verleiht und
3. die Kooperationshochschule nach dem Recht des Herkunftsstaates auf der Grundlage der Kooperationsvereinbarung zur Verleihung der Hochschulgrade auch dann berechtigt ist, wenn die diese Verleihung vorbereitende Ausbildung an einer Bildungseinrichtung im Land Berlin erfolgt.

[2]Die erforderlichen Nachweise sind der für Hochschulen zuständigen Senatsverwaltung mindestens sechs Monate vor Aufnahme des Betriebs einzureichen. [3]Dem Antrag ist eine Garantieerklärung der Kooperationshochschule beizufügen, nach der die Voraussetzungen des Satzes 1 vorliegen. [4]Der Betrieb der Bildungseinrichtung darf erst aufgenommen werden, wenn die Voraussetzungen der Sätze 1 und 2 durch die für Hochschulen zuständige Senatsverwaltung festgestellt worden sind. [5]Werden Studiengänge von Hochschulen nach Satz 1 in Kooperation mit einer Bildungseinrichtung durchgeführt, die selbst nicht Hochschule ist, ist von den für die Einrichtung handelnden Personen im geschäftlichen Verkehr bei allen im Zusammenhang mit diesen Studiengängen stehenden Handlungen darauf hinzuweisen, dass die Studiengänge nicht von der Bildungseinrichtung angeboten werden.

§ 125 Ordnungswidrigkeiten, Ordnungsmaßnahmen

(1) [1]Ordnungswidrig handelt, wer

1. eine Einrichtung mit Sitz in Berlin errichtet oder betreibt oder die Errichtung oder das Betreiben einer solchen Einrichtung veranlasst, die die Bezeichnung „Universität", „Hochschule", „Hochschule für angewandte Wissenschaften", „Fachhochschule" oder „Kunsthochschule" allein oder in einer Wortverbindung oder eine entsprechende fremdsprachliche Bezeichnung oder eine Bezeichnung führt, die die Gefahr einer Verwechslung mit einer der vorgenannten Bezeichnungen begründet, ohne dazu nach § 123 Absatz 4 Satz 2 berechtigt zu sein, oder wer eine Einrichtung

ohne einen Sitz in Berlin betreibt, die im Geltungsbereich dieses Gesetzes solche Handlungen begeht, ohne auf Grund des Rechts des Sitzlandes dieser Einrichtung dazu berechtigt zu sein, oder solche Handlungen veranlasst,

2. eine Einrichtung mit Sitz in Berlin errichtet oder betreibt oder die Errichtung oder das Betreiben einer solchen Einrichtung veranlasst, die Hochschulstudiengänge anbietet oder durchführt, Hochschulprüfungen abnimmt oder Hochschulgrade verleiht, ohne dazu nach § 123 Absatz 4 Satz 1 oder Absatz 7 Satz 1 befugt zu sein,
3. veranlasst, dass eine Einrichtung mit Sitz in Berlin ohne die nach § 123 Absatz 5 Satz 1 erforderliche Änderung der staatlichen Anerkennung weitere Studiengänge einrichtet, Studiengänge ändert oder Zweigstellen einrichtet,
4. Hochschultitel oder Hochschultätigkeitsbezeichnungen ohne die nach § 123 Absatz 6 Satz 1 erforderliche Zustimmung vergibt oder Bezeichnungen vergibt, die Hochschulgraden, Hochschultiteln oder Hochschultätigkeitsbezeichnungen zum Verwechseln ähnlich sind, oder veranlasst, dass eine Einrichtung solche Handlungen vornimmt,
5. veranlasst, dass eine Einrichtung mit Sitz in Berlin ohne die nach § 123 Absatz 6 Satz 2 erforderliche Zustimmung hauptberufliches Personal beschäftigt, das Aufgaben wahrnimmt, die an staatlichen Hochschulen von Hochschullehrern und Hochschullehrerinnen wahrgenommen werden,
6. vollziehbare Auflagen der für Hochschulen zuständigen Senatsverwaltung nach § 123 Absatz 3 oder 7 nicht erfüllt oder als Mitglied des zuständigen Organs einer juristischen Person deren Erfüllung nicht veranlasst,
7. entgegen § 124a Absatz 1 eine Niederlassung einer ausländischen Hochschule oder einer Hochschule aus einem anderen Bundesland errichtet oder betreibt, oder es unterlässt, die nach § 124a Absatz 1 Satz 5 erforderlichen Angaben zu machen,
8. entgegen § 124a Absatz 2 ohne die erforderliche Feststellung eine Vorbereitung anbietet oder in sonstiger Weise den Betrieb aufnimmt.

[2]Die Ordnungswidrigkeit kann mit einer Geldbuße bis zu einhunderttausend Euro geahndet werden.

(2) [1]Die für Hochschulen zuständige Senatsverwaltung soll die Unterlassung der in Absatz 1 Satz 1 Nummer 1 bis 5, 7 und 8 genannten Handlungen anordnen. [2]Sie soll ferner die von den Bestimmungen der §§ 34, 34a, 35 dieses Gesetzes sowie § 6 des Gesetzes zur Eingliederung der Berufsakademie Berlin in die Fachhochschule für Wirtschaft Berlin vom 2. Oktober 2003 (GVBl. S. 490), das zuletzt durch Artikel V des Gesetzes vom 20. Mai 2011 (GVBl. S. 194) geändert worden ist, abweichende Führung von Hochschulgraden, Hochschultiteln und Hochschultätigkeitsbezeichnungen untersagen.

Fünfzehnter Abschnitt
Übergangs- und Schlussbestimmungen

§ 126 Übergangsregelungen

(1) [1]Die Anpassung von Satzungsbestimmungen an die Regelungen des Artikels I des Gesetzes zur Modernisierung des Hochschulzugangs und zur Qualitätssicherung von Studium und Prüfung vom 20. Mai 2011 (GVBl. S. 194) richtet sich nach den folgenden Bestimmungen. [2]Bestehende Rechte Dritter sind bei der Anpassung angemessen zu berücksichtigen.

(2) [1]Die Hochschulen haben der für Hochschulen zuständigen Senatsverwaltung innerhalb von zwei Jahren nach Inkrafttreten des in Absatz 1 Satz 1 bezeichneten Gesetzes Satzungen zur Bestätigung vorzulegen, mit denen die dem in Absatz 1 Satz 1 bezeichneten Gesetz widersprechenden Regelungen der Grundordnungen angepasst werden. [2]Soweit die Hochschulen in ihren Grundordnungen nach Inkrafttreten des in Absatz 1 Satz 1 bezeichneten Gesetzes Abweichungen von den in § 7a genannten Vorschriften vornehmen, gilt im Hinblick auf diese Änderungen § 7a mit der Maßgabe, dass für die Abweichung die Zustimmung des nach der geltenden Grundordnung vorgesehenen Kuratoriums oder des nach der geltenden Grundordnung vorgesehenen Hochschulrats erforderlich ist. [3]§ 137a gilt für die Änderungen nach Satz 2 entsprechend.

(3) [1]Rahmenstudien- und -prüfungsordnungen gemäß § 31 müssen spätestens ein Jahr nach Inkrafttreten des in Absatz 1 Satz 1 bezeichneten Gesetzes der für Hochschulen zuständigen Senatsverwaltung zur Bestätigung vorgelegt werden. [2]Soweit solche Satzungen bereits bestehen, gilt für die Anpassung Satz 1 entsprechend. [3]Spätestens ein Jahr nach der Bestätigung der Rahmenstudien- und -prüfungsordnungen durch die für Hochschulen zuständige Senatsverwaltung sind auf deren Grundlage die Stu-

dien- und Prüfungsordnungen für die einzelnen Studiengänge zu erlassen oder bestehende Studien- und Prüfungsordnungen anzupassen. [4]Solange Rahmenstudien- und -prüfungsordnungen nicht bestehen, unterliegen der Erlass und die Änderung von Studienordnungen der Anzeigepflicht nach § 24 Absatz 4 und der Erlass und die Änderung von Prüfungsordnungen dem Bestätigungserfordernis gemäß § 31 Absatz 4, § 90 in der bis zum Inkrafttreten des in Absatz 1 Satz 1 bezeichneten Gesetzes geltenden Fassung. [5]Studium und Prüfung richten sich bis zur Anpassung der jeweiligen Regelungen nach den zum Zeitpunkt des Inkrafttretens des in Absatz 1 Satz 1 bezeichneten Gesetzes erlassenen Studien- und Prüfungsordnungen, längstens jedoch bis zu dem in Satz 3 bezeichneten Zeitpunkt. [6]Rahmenstudien- und -prüfungsordnungen gemäß § 31 müssen spätestens 18 Monate nach Inkrafttreten des Gesetzes zur Abmilderung der Folgen der COVID-19-Pandemie im Bereich des Hochschulrechts vom 28. September 2020 (GVBl. S. 758) an die Bestimmung des § 32 Absatz 8 Satz 2 angepasst und der für Hochschulen zuständigen Senatsverwaltung zur Bestätigung vorgelegt werden.

(4) Dem in Absatz 1 Satz 1 bezeichneten Gesetz widersprechende Bestimmungen in anderen als den in den Absätzen 2 und 3 genannten Satzungen sind innerhalb eines Jahres nach Inkrafttreten dieses Gesetzes anzupassen.

(5) [1]Diplom- und Magisterstudiengänge werden nicht mehr eingerichtet und weitergeführt. [2]Über Ausnahmen entscheidet die für Hochschulen zuständige Senatsverwaltung. [3]Studierende, die zum Zeitpunkt des Inkrafttretens des in Absatz 1 Satz 1 bezeichneten Gesetzes in einem Diplom- oder Magisterstudiengang eingeschrieben sind, führen ihr Studium nach den Bestimmungen des Berliner Hochschulgesetzes in der bis zum Inkrafttreten des in Absatz 1 Satz 1 bezeichneten Gesetzes geltenden Fassung und den auf seiner Grundlage erlassenen Studien- und Prüfungsordnungen fort. [4]Die Hochschulen legen fest, zu welchem Zeitpunkt in den vorhandenen Diplom- und Magisterstudiengängen letztmals die Abschlussprüfung abgelegt werden kann; hierbei sind die Lebensumstände der betroffenen Studierenden angemessen zu berücksichtigen. [5]Nach Ablauf des Prüfungsverfahrens nach Satz 4 ist der jeweilige Studiengang aufgehoben.

(6) Die auf der Grundlage der §§ 45 Absatz 1 und 48 Absatz 3 in der bis zum Inkrafttreten des in Absatz 1 Satz 1 bezeichneten Gesetzes geltenden Fassung besetzten Gremien und Kommissionen nehmen ihre Aufgaben bis zum Ablauf der Wahlperiode wahr.

(7) § 55 Absatz 2 Nummer 5 gilt nicht für Leiter und Leiterinnen von Hochschulen, die vor Inkrafttreten des in Absatz 1 Satz 1 bezeichneten Gesetzes gewählt wurden.

(8) Für zum Zeitpunkt des Inkrafttretens des in Absatz 1 Satz 1 bezeichneten Gesetzes vorhandenes beamtetes Personal nach §§ 104 und 106 gelten die Regelungen des Berliner Hochschulgesetzes in der bis zu diesem Zeitpunkt geltenden Fassung; § 95 Absatz 3 findet entsprechende Anwendung.

(9) [1]Für zum Zeitpunkt des Inkrafttretens des in Absatz 1 Satz 1 bezeichneten Gesetzes vorhandenes Personal gilt § 103 Absatz 1 und 2 in der bis zu diesem Zeitpunkt geltenden Fassung. [2]Soweit Hochschullehrer und Hochschullehrerinnen zu diesem Zeitpunkt bereits das Rechterworben hatten, nach Ausscheiden aus der Hochschule die Bezeichnung „Professor“ oder „Professorin“ weiterzuführen, bleibt dieses Recht unberührt.

(10) [1]Berufungsordnungen nach § 101 Absatz 8 müssen innerhalb eines Jahres ab Inkrafttreten des Vierzehnten Gesetzes zur Änderung des Berliner Hochschulgesetzes vom 30. Juni 2017 (GVBl. S. 338) der für Hochschulen zuständigen Senatsverwaltung zur Bestätigung vorgelegt werden. [2]Für die Universitäten gilt Satz 1 auch für Satzungen nach § 102c Absatz 4 Satz 5.

§ 126a Abweichungen von der Regelstudienzeit auf Grund der COVID-19-Pandemie

(1) Für Personen, die im Sommersemester 2020 an einer staatlichen oder staatlich anerkannten Berliner Hochschule eingeschrieben und nicht beurlaubt waren, gilt eine von der Regelstudienzeit abweichende, um ein Semester verlängerte individuelle Regelstudienzeit.

(2) In Bezug auf die in den für Studiengänge maßgeblichen Prüfungsordnungen nach § 31 festgelegten Fristen für Prüfungen gelten das Sommersemester 2020, das Wintersemester 2020/2021 und das Sommersemester 2021 nicht als Fachsemester.

(3) Die für Hochschulen zuständige Senatsverwaltung kann durch Rechtsverordnung bestimmen, dass auch für Zeiträume nach dem Sommersemester 2020, in denen ein regulärer Studienbetrieb pandemiebedingt nicht oder nicht in ausreichendem Maße möglich ist, eine von der Regelstudienzeit abweichende entsprechend verlängerte individuelle Regelstudienzeit gilt.

§ 126b Regelung für Prüfungen auf Grund der COVID-19-Pandemie

(1) Prüfungen, die im Sommersemester 2020, im Wintersemester 2020/2021, im Sommersemester 2021, im Wintersemester 2021/2022 oder im Sommersemester 2022 abgelegt und nichtbestanden werden, gelten als nicht unternommen.

(2) Die Bearbeitungsfristen für im Sommersemester 2021, im Wintersemester 2021/2022 oder im Sommersemester 2022 abzugebende Haus- und Abschlussarbeiten sind unter Berücksichtigung der pandemischen Lage angemessen zu verlängern, soweit gesetzlich nicht etwas anderes bestimmt ist.

§ 126c Verlängerung von Dienstverhältnissen auf Grund der COVID-19-Pandemie

[1]Dienstverhältnisse von Juniorprofessoren und Juniorprofessorinnen und von Professoren und Professorinnen im Beamtenverhältnis auf Zeit gemäß § 102 Absatz 2 können auf Antrag um den Zeitraum, den sie zwischen dem 1. März 2020 und dem Ende des Sommersemesters 2022 bestanden haben, längstens aber um zwölf Monate verlängert werden; dies gilt entsprechend, soweit die Beschäftigung auf der Grundlage eines befristeten Angestelltenverhältnisses erfolgt. [2]§ 95 bleibt unberührt.

§ 126d Regelung für Promotionen auf Grund der COVID-19-Pandemie

Soweit es für die Dauer oder die Durchführung der Promotion auf Bearbeitungsfristen ankommt, werden das Sommersemester 2020, das Wintersemester 2020/2021, das Sommersemester 2021, das Wintersemester 2021/2022 und das Sommersemester 2022 nicht angerechnet.

§ 126e Übergangsregelungen zu Artikel 1 des Gesetzes zur Stärkung der Berliner Wissenschaft

(1) Die Anpassung von Satzungsbestimmungen an die Regelungen des Artikels 1 des Gesetzes zur Stärkung der Berliner Wissenschaft vom 14. September 2021 (GVBl. S. 1039) richtet sich nach den folgenden Bestimmungen, wobei Rechte Dritter bei der Anpassung angemessen zu berücksichtigen sind:

1. [1]Die Hochschulen haben der für Hochschulen zuständigen Senatsverwaltung innerhalb von zwei Jahren nach Inkrafttreten des in Absatz 1 Satz 1 bezeichneten Gesetzes an dieses angepasste Grundordnungen und sonstige in § 90 Absatz 1 Satz 2 genannte Satzungen zur Bestätigung vorzulegen und alle übrigen Satzungen innerhalb eines Jahres anzupassen; Studien- und Prüfungsordnungen der einzelnen Studiengänge sind ein Jahr nach Ablauf der für die Vorlage der Rahmenstudien- und -prüfungsordnung bei der für Hochschulen zuständigen Senatsverwaltung nach dem ersten Halbsatz vorgesehenen Frist anzupassen. [2]Den genannten Bestimmungen entgegenstehende Regelungen der Grundordnungen und sonstigen Satzungen treten nach den in Satz 1 jeweils bestimmten Zeitpunkten außer Kraft.
2. Soweit die Hochschulen auf der Grundlage des § 7a in der bis zum Inkrafttreten des in Absatz 1 Satz 1 genannten Gesetzes geltenden Fassung in ihren Grundordnungen abweichende Regelungen getroffen haben, gelten diese fort; dies gilt nicht, soweit Abweichungen von § 67 erfolgt sind.

(2) Für die mit dem in Absatz 1 Satz 1 genannten Gesetz erfolgten Neuregelungen zu Organen, Gremien, Ämtern und Amtszeiten gelten folgende Bestimmungen:

1. Regelungen zu Organen, Gremien, Ämtern und Amtszeiten gelten erstmals für die auf das Inkrafttreten des in Absatz 1 Satz 1 genannten Gesetzes folgende Amtszeit oder Wahlperiode, frühestens aber ab dem Sommersemester 2023. Absatz 1 Nummer 2 bleibt unberührt.
2. Soweit auf Grund von Absatz 1 Nummer 2 Bestimmungen in Grundordnungen zu Organen, Gremien, Ämtern und Amtszeiten angepasst werden müssen oder aus anderen Gründen außer Kraft treten, finden die auf Grund des Inkrafttretens des in Absatz 1 Satz 1 genannten Gesetzes geltenden Bestimmungen erstmals für die darauf folgende Amtszeit oder Wahlperiode Anwendung, es sei denn, die für Hochschulen zuständige Senatsverwaltung entscheidet nach Anhörung der Hochschule, dass die bisherigen Bestimmungen der Grundordnung für die betreffende Amtszeit oder Wahlperiode noch anwendbar bleiben.
3. Personen, die sich im Zeitpunkt des Inkrafttretens des in Absatz 1 Satz 1 genannten Gesetzes in einem Beamtenverhältnis auf Lebenszeit befinden und ein Amt ausüben, für das zukünftig ein Beamtenverhältnis auf Zeit oder ein anderes Rechtsverhältnis vorgesehen ist, üben ihr Amt weiter im Beamtenverhältnis auf Lebenszeit aus.
4. Soweit eine von den Bestimmungen des in Absatz 1 Satz 1 genannten Gesetzes nach § 7a abweichende Grundordnung oder sonstige Satzung einer Hochschule, die kein Kuratorium vorsieht, fortgilt, ist im Hinblick auf das nach § 7a in der Fassung des in Absatz 1 Satz 1 genannten Gesetzes

vorgesehene Verfahren das nach der Grundordnung oder sonstigen Satzung anstelle des Kuratoriums zuständige Organ zuständig; ist ein solches Organ nicht vorgesehen, entfällt die Beteiligung des Kuratoriums.

5. Soweit das in Absatz 1 Satz 1 genannte Gesetz Aufgaben und Zuständigkeiten regelt, für die in fortgeltenden Grundordnungen andere Organe vorgesehen sind, ist das in der Grundordnung vorgesehene Organ zuständig, das hinsichtlich der Aufgabenstellung dem vorgesehenen Organ entspricht.
6. [1]Bis zum 31. Dezember 2021 findet § 67 in der bis zum Inkrafttreten des in Absatz 1 Satz 1 genannten Gesetzes geltenden Fassung Anwendung; gleiches gilt für Satzungsrecht der Hochschulen, das auf der Grundlage des § 7a im Hinblick auf § 67 erlassen wurde. [2]Soweit in nach Absatz 1 Nummer 2 weitergeltendem Satzungsrecht für die in § 67 Absatz 2 genannten Leitungsfunktionen andere Bezeichnungen, wie Rektor oder Rektorin, Prorektor oder Prorektorin verwendet werden, findet § 67 entsprechende Anwendung.

(3) [1]Für im Zeitpunkt des Inkrafttretens des in Absatz 1 Satz 1 genannten Gesetzes bereits begonnene Verwaltungsverfahren einschließlich Berufungsverfahren gelten die vor diesem Zeitpunkt geltenden Bestimmungen fort. [2]Dies gilt auch für bestehende Dienstverhältnisse nach § 102 Absatz 2 oder § 102b.

(4) Soweit auf Grund des in Absatz 1 Satz 1 genannten Gesetzes der Name einer staatlichen Hochschule geändert wird, wird die Namensänderung zum 1. Oktober 2021 wirksam.

(5) [1]Für Anträge auf staatliche Anerkennung als Hochschule nach § 123, die vor dem Inkrafttreten des in Absatz 1 Satz 1 bezeichneten Gesetzes gestellt wurden, bleibt § 123 in der bis zu diesem Zeitpunkt geltenden Fassung maßgeblich. [2]Von Einrichtungen, die die nach § 124a Absatz 2 in der vor dem Inkrafttreten des in Absatz 1 Satz 1 bezeichneten Gesetzes geltenden Fassung erforderliche Anzeige vorgenommen haben, kann die für Hochschulen zuständige Senatsverwaltung die Vorlage der nach § 124a in der nach Inkrafttreten des in Absatz 1 Satz 1 bezeichneten Gesetzes erforderlichen Nachweise fordern. [3]Für Einrichtungen, die die nach § 124a in der vor Inkrafttreten des in Absatz 1 Satz 1 bezeichneten Gesetzes erforderliche Anzeige vorgenommen haben, findet die in § 124a in der nach Inkrafttreten des in Absatz 1 Satz 1 bezeichneten Gesetzes geltenden Fassung erfolgte Sitzlandbeschränkung keine Anwendung.

(6) Soweit eine Einrichtung nach § 123 in der bis zum Inkrafttreten des in Absatz 1 Satz 1 genannten Gesetzes zum Zeitpunkt des Inkrafttretens als Fachhochschule anerkannt war, gilt diese Anerkennung mit der Maßgabe fort, dass damit zugleich eine Anerkennung als Hochschule für angewandte Wissenschaften verbunden ist.

§ 126f Übergangsregelung zu § 110 Absatz 6

[1]§ 110 Absatz 6 Satz 2 bis 4 findet auf Einstellungen von promovierten wissenschaftlichen Mitarbeitern und Mitarbeiterinnen auf Qualifikationsstellen Anwendung, die ab dem 1. Oktober 2023 erfolgen. [2]Satzungen nach § 110 Absatz 6 Satz 4 müssen spätestens am 30. September 2023 inkrafttreten.

§ 127 Fortbestehen der Dienstverhältnisse

Auf die beim Inkrafttreten dieses Gesetzes vorhandenen Professoren und Professorinnen in der Besoldungsgruppe C 2, Hochschulassistenten und Hochschulassistentinnen und Akademischen Räte und Rätinnen im Beamtenverhältnis auf Zeit finden die sie betreffenden Vorschriften des Berliner Hochschulgesetzes in der bis zum Inkrafttreten dieses Gesetzes geltenden Fassung und die zu seiner Ausführung erlassenen Regelungen Anwendung.

§ 128 Akademische Räte und Lektoren/Akademische Rätinnen und Lektorinnen

[1]Akademische Räte und Lektoren/Rätinnen und Lektorinnen sowie Akademische Oberräte und Lektoren/Oberrätinnen und Lektorinnen bleiben in ihren bisherigen Dienstverhältnissen. [2]Die §§ 7 und 54 des Hochschullehrergesetzes in der Fassung vom 6. Mai 1971 (GVBl. S. 755), zuletzt geändert durch Gesetz vom 13. Dezember 1974 (GVBl. S. 2882), gelten für sie fort.

§ 129 Nichtübergeleitete Hochschuldozenten und -dozentinnen und wissenschaftliche Mitarbeiter und Mitarbeiterinnen

[1]Für die bis zum 31. März 1971 ernannten Hochschuldozenten und Hochschuldozentinnen, Akademische Räte und Rätinnen und Oberräte und Oberrätinnen und Oberassistenten und Oberassistentinnen, Oberingenieure und Oberingenieurinnen und Oberärzte und Oberärztinnen, die nicht in andere Ämter übernommen worden sind, gelten die entsprechenden Bestimmungen des Hochschullehrerge-

setzes in der Fassung vom 28. August 1969 (GVBl. S. 1884) weiter; Beamte und Beamtinnen auf Widerruf werden auf Antrag in Beamtenverhältnisse auf Lebenszeit übernommen. [2]Soweit sie nicht Beamte und Beamtinnen sind, findet § 7 Absatz 2 des Hochschullehrergesetzes in der Fassung vom 6. Mai 1971 (GVBl. S. 755), zuletzt geändert durch Gesetz vom 13. Dezember 1974 (GVBl. S. 2882), auch auf sie Anwendung.

§ 130 (weggefallen)

§ 130a Übergangsregelungen für das Personal der künstlerischen Hochschulen

(1) [1]Die an der Hochschule für Musik Hanns Eisler Berlin, der Weißensee Kunsthochschule Berlin und der Hochschule für Schauspielkunst Ernst Busch Berlin tätigen Beamten und Beamtinnen des Landes Berlin treten mit Inkrafttreten des Artikels II des Gesetzes zur Umsetzung des Professorenbesoldungsreformgesetzes und zur Änderung hochschulrechtlicher Vorschriften vom 2. Dezember 2004 (GVBl. S. 484) in den Dienst ihrer jeweiligen Hochschule über. [2]Der Übergang ist jedem Beamten und jeder Beamtin persönlich in schriftlicher Form mitzuteilen. [3]Für die Erstattung der anteiligen Versorgungsbezüge durch das Land Berlin gilt § 107b des Beamtenversorgungsgesetzes entsprechend; die für die Versorgungslastenverteilung erforderlichen Zustimmungen des abgebenden und des aufnehmenden Dienstherrn gelten als erteilt.

(2) [1]Mit Inkrafttreten des Artikels II des Gesetzes zur Umsetzung des Professorenbesoldungsreformgesetzes und zur Änderung hochschulrechtlicher Vorschriften gehen die Arbeitsverhältnisse der bei den in Absatz 1 Satz 1 genannten Hochschulen beschäftigten Arbeitnehmer und Arbeitnehmerinnen des Landes Berlin mit allen Rechten und Pflichten auf ihre jeweilige Hochschule über. [2]Der Übergang ist jedem Arbeitnehmer und jeder Arbeitnehmerin persönlich und unverzüglich nach Inkrafttreten des Artikels II des Gesetzes zur Umsetzung des Professorenbesoldungsreformgesetzes und zur Änderung hochschulrechtlicher Vorschriften schriftlich mitzuteilen.

(3) Die Absätze 1 und 2 gelten nicht für an die Hochschulen abgeordnete Dienstkräfte.

§ 131 Nachdiplomierung

(1) [1]Personen, die im Land Berlin graduiert worden sind, haben das Recht, anstelle der Graduierung den Diplomgrad als akademischen Grad zu führen. [2]Sind sie nach Inkrafttreten dieses Gesetzes graduiert worden, führen sie den Diplomgrad mit dem Zusatz „(FH)“.

(2) [1]Personen, die die Prüfung für Laufbahnen des gehobenen nichttechnischen Verwaltungsdienstes oder für den gehobenen oder leitenden Polizeivollzugsdienst bestanden haben, haben, soweit die Ausbildung für diese Laufbahnen von der Fachhochschule für Verwaltung und Rechtspflege Berlin oder von der Fachhochschule des Bundes für öffentliche Verwaltung – Fachbereich Sozialversicherung – übernommen oder durchgeführt worden ist, das Recht, den Diplomgrad zu führen; dies gilt nicht für Personen, die die Prüfung für den gehobenen Polizeivollzugsdienst in besonderer Verwendung oder sachbearbeitender Tätigkeit bestanden haben. [2]Die Bezeichnung richtet sich nach den Rechtsverordnungen auf Grund des § 29 Absatz 2 des Laufbahngesetzes.

(3) [1]Auf Antrag wird den Berechtigten in den Fällen der Absätze 1 und 2 eine Urkunde ausgestellt; dafür wird eine Gebühr nach näherer Regelung in der Verordnung erhoben. [2]Zuständig ist die für Hochschulen zuständige Senatsverwaltung, in den Fällen des Absatzes 2 die für die Rechtsverordnung auf Grund des § 29 Absatz 2 des Laufbahngesetzes jeweils zuständige Senatsverwaltung.

(4) Mit der Nachdiplomierung erlischt das Recht auf Führung des bisherigen Grades.

(5) Die für Hochschulen zuständige Senatsverwaltung erlässt Verwaltungsvorschriften zur Durchführung dieser Bestimmung.

§ 132 Mitgliedschaftsrechtliche Zuordnung

(1) Der Mitgliedergruppe der Professoren und Professorinnen gehören auch die bis zum Inkrafttreten dieses Gesetzes emeritierten Professoren und Professorinnen an.

(2) Der Mitgliedergruppe der akademischen Mitarbeiter und Mitarbeiterinnen gehören auch an die in ihren bisherigen Dienstverhältnissen verbliebenen

1. Hochschulassistenten und -assistentinnen,
2. Akademischen Räte und Rätinnen auf Zeit,
3. Akademischen Räte und Lektoren/Rätinnen und Lektorinnen sowie Akademischen Oberräte und Lektoren/Oberrätinnen und Lektorinnen,
4. Mitarbeiter und Mitarbeiterinnen gemäß § 134,

5. wissenschaftlichen Angestellten,
6. Fachdozenten und Fachdozentinnen an den ehemaligen fachbezogenen Akademien gemäß § 60 Absatz 1 des Fachhochschulgesetzes vom 27. November 1970 (GVBl. S. 1915), zuletzt geändert durch Gesetz vom 11. Mai 1978 (GVBl. S. 1058).

§ 133 Unterrichtsgeldpauschalen

[1]Honorarprofessoren und Honorarprofessorinnen, außerplanmäßige Professoren und Professorinnen sowie Privatdozenten und Privatdozentinnen erhalten für die unentgeltlich durchgeführten Lehrveranstaltungen eine pauschale Aufwandsentschädigung (Unterrichtsgeldpauschale). [2]Das Nähere, insbesondere die Höhe der Unterrichtsgeldpauschalen, wird in Richtlinien geregelt, die die für Hochschulen zuständige Senatsverwaltung nach Anhörung der Hochschulen im Einvernehmen mit der für Finanzen zuständigen Senatsverwaltung erlässt.

§ 134 Laufbahn für Universitätsbeamte und -beamtinnen

[1]Universitätsbeamte und -beamtinnen in der Laufbahn des höheren Dienstes gemäß § 63 des Universitätsgesetzes in der Fassung vom 4. September 1975 (GVBl. S. 2565) verbleiben in ihrem bisherigen Dienstverhältnis. [2]Die bisher für sie geltenden Vorschriften gelten fort.

§ 135 Besitzstandswahrung bei der Entpflichtung, Altersgrenze

(1) [1]Das Recht der am Tage vor Inkrafttreten dieses Gesetzes vorhandenen ordentlichen und außerordentlichen Professoren und Professorinnen gemäß § 23 des Hochschullehrergesetzes in der Fassung vom 6. Mai 1971 (GVBl. S. 755), zuletzt geändert durch Gesetz vom 13. Dezember 1974 (GVBl. S. 2882), nach Erreichen der dort vorgesehenen Altersgrenze von ihren amtlichen Pflichten entbunden zu werden (Entpflichtung), bleibt unberührt; dies gilt auch beim Wechsel des Dienstherrn. [2]In diesen Fällen werden die Dienstbezüge nach der Entpflichtung und die Versorgungsbezüge der Hinterbliebenen auf der Grundlage des am Tage vor Inkrafttreten dieses Gesetzes geltenden Beamten- und Besoldungsrechts gewährt. [3]Dabei wird das Grundgehalt nach der Dienstaltersstufe zugrundegelegt, die bis zum Zeitpunkt der Entpflichtung hätte erreicht werden können. [4]Durch die Entpflichtung wird die allgemeine beamtenrechtliche Stellung nicht verändert; die Vorschriften über Nebentätigkeit, Wohnung, Urlaub und Versetzung in den Ruhestand wegen Dienstunfähigkeit finden jedoch keine Anwendung.

(2) [1]Absatz 1 findet auf Antrag des Professors oder der Professorin keine Anwendung. [2]Der Antrag kann nur gestellt werden, solange der Professor oder die Professorin noch nicht entpflichtet ist. [3]Ist der Professor oder die Professorin vor der Entpflichtung verstorben, ohne einen Antrag nach den Sätzen 1 und 2 gestellt zu haben, so werden die Hinterbliebenenbezüge auf Grund der Besoldungsgruppe berechnet, in der der Professor oder die Professorin zuletzt eingestuft war.

(3) Die Rechtsverhältnisse der am Tage vor dem Inkrafttreten dieses Gesetzes entpflichteten oder im Ruhestand befindlichen Professoren und Professorinnen, die als solche Beamte oder Beamtinnen sind, im Sinne der §§ 21 bis 25 des Hochschullehrergesetzes in der Fassung vom 6. Mai 1971 (GVBl. S. 755), zuletzt geändert durch Gesetz vom 13. Dezember 1974 (GVBl. S. 2882), und der zu diesem Zeitpunkt versorgungsberechtigten Hinterbliebenen dieser Beamten oder Beamtinnen bleiben unberührt.

§ 136 ***[aufgehoben]***

§ 137 Anpassung der Promotionsordnungen

Die zum Zeitpunkt des Inkrafttretens des Neunten Gesetzes zur Änderung des Berliner Hochschulgesetzes geltenden Promotionsordnungen sind innerhalb von zwei Jahren an die Bestimmungen des § 35 anzupassen.

§ 137a ***[aufgehoben]***

§ 138 Außerkrafttreten entgegenstehender Vorschriften

Mit dem Inkrafttreten dieses Gesetzes tritt das Gesetz über die Hochschulen im Land Berlin (Berliner Hochschulgesetz – BerlHG) vom 13. November 1986 (GVBl. S. 1771) außer Kraft; bisher erlassene Rechtsverordnungen gelten fort, soweit sie diesem Gesetz nicht entgegenstehen.

§ 139 Inkrafttreten

Dieses Gesetz tritt am Tage nach der Verkündung im Gesetz- und Verordnungsblatt für Berlin in Kraft.

Gesetz über die Zulassung zu den Hochschulen des Landes Berlin in zulassungsbeschränkten Studiengängen[1)]

Vom 9. Oktober 2019 (GVBl. S. 695)
zuletzt geändert durch Art. 2 G zur Fortschreibung des Berliner Hochschulrechts vom 5. Juli 2022 (GVBl. S. 450)

Inhaltsübersicht

Abschnitt 1
Allgemeine Vorschriften

§ 1 Anwendungsbereich

[1]Dieses Gesetz und der Staatsvertrag über die Hochschulzulassung vom 21./23. März 2019 und vom 4. April 2019 (GVBl. S. 695) (im Folgenden: Staatsvertrag) regeln die Studienplatzvergabe in allen zulassungsbeschränkten Studiengängen der staatlichen Hochschulen des Landes Berlin. [2]Als staatliche Hochschule des Landes Berlin im Sinne dieses Gesetzes gilt auch die Charité – Universitätsmedizin Berlin. [3]Soweit nach diesem Gesetz oder nach auf Grund dieses Gesetzes erlassenen Vorschriften der Akademische Senat einer Hochschule für Entscheidungen zuständig ist, werden diese für die Charité – Universitätsmedizin Berlin durch das Organ getroffen, das dort für die Einrichtung von Studiengängen zuständig ist.

§ 2 Begriffsbestimmungen

(1) [1]Deutsche Hochschulzugangsberechtigung ist eine auf dem Gebiet der Bundesrepublik Deutschland oder an einer deutschen Auslandsschule erworbene Hochschulzugangsberechtigung. [2]Einer Hochschulzugangsberechtigung nach Satz 1 gleichgestellt ist das Europäische Abitur einer Europäischen Schule nach der Vereinbarung über die Satzung der Europäischen Schulen (ABl. Nr. 212 vom 17. August 1994, S. 3).

1) Verkündet als Art. 2 G zur Umsetzung des Staatsvertrages über die Hochschulzulassung v. 9.10.2019 (GVBl. S. 695); Inkrafttreten gem. Art. 4 Abs. 1 Satz 2 dieses G iVm Bek. v. 26.11.2019 (GVBl. S. 750) am 1.12.2019.

(2) Deutschen gleichgestellt sind:

1. Staatsangehörige eines anderen Mitgliedstaates der Europäischen Union oder eines anderen Vertragsstaates des Abkommens über den Europäischen Wirtschaftsraum,
2. in der Bundesrepublik Deutschland wohnende Kinder von Staatsangehörigen eines anderen Mitgliedstaates der Europäischen Union oder von Vertragsstaaten des Abkommens über den Europäischen Wirtschaftsraum, sofern diese Staatsangehörigen in der Bundesrepublik Deutschland beschäftigt sind oder gewesen sind,
3. in der Bundesrepublik Deutschland wohnende andere Familienangehörige von Staatsangehörigen eines anderen Mitgliedstaates der Europäischen Union oder von Vertragsstaaten des Abkommens über den Europäischen Wirtschaftsraum im Sinne von Artikel 2 Nummer 2 der Richtlinie 2004/38/EG des Europäischen Parlaments und des Rates vom 29. April 2004 (ABl. L 158 vom 30. April 2004, S. 77), sofern diese Staatsangehörigen in der Bundesrepublik Deutschland beschäftigt sind, sowie
4. sonstige ausländische Staatsangehörige oder Staatenlose, die eine deutsche Hochschulzugangsberechtigung besitzen.

(3) Zentrales Vergabeverfahren ist das Verfahren für die Vergabe der Studienplätze nach Abschnitt 3 des Staatsvertrages.

(4) Örtliches Vergabeverfahren ist das Verfahren, in dem die Hochschulen des Landes Berlin Studienplätze in Studiengängen vergeben, die nicht in das Zentrale Vergabeverfahren einbezogen sind.

§ 3 Zulassungsbeschränkungen

(1) Die Zulassung zum Studium an den Hochschulen des Landes Berlin kann für einzelne Studiengänge durch Festsetzung der Zahl der von der einzelnen Hochschule höchstens aufzunehmenden Bewerberinnen und Bewerber in einem Studiengang (Zulassungszahl) nach Maßgabe dieses Gesetzes und des Staatsvertrages beschränkt werden.

(2) In Studiengängen des örtlichen Vergabeverfahrens gilt bis zum Inkrafttreten einer gesetzlichen Regelung Artikel 6 des Staatsvertrages entsprechend.

(3) Zulassungszahlen sind festzusetzen, wenn die nach den Bestimmungen der Kapazitätsverordnung vom 10. Mai 1994 (GVBl. S. 186), die zuletzt durch Verordnung vom 13. Juni 2019 (GVBl. S. 403) geändert worden ist, in der jeweils geltenden Fassung ermittelten Aufnahmequoten für einen Studiengang im ersten Fachsemester zu den letzten beiden Zulassungsterminen durch die tatsächlich erfolgten Einschreibungen deutlich überschritten wurden oder die ordnungsgemäße Ausbildung der Studierenden nicht mehr gewährleistet werden kann.

§ 4 Festsetzung der Zulassungszahl

(1) [1]Die Zulassungszahlen für die Studiengänge werden vom Akademischen Senat der Hochschule durch Satzung festgesetzt. [2]Sofern die Hochschule in Fachbereiche, Fakultäten oder Abteilungen gegliedert ist, erfolgt die Festsetzung im Benehmen mit dem Fachbereich, der Fakultät oder der Abteilung, in dem oder in der der betreffende Studiengang angeboten wird. [3]Die Zulassungszahl kann von der für die Hochschulen zuständigen Senatsverwaltung durch Rechtsverordnung festgesetzt werden, wenn nach Aufforderung durch die Senatsverwaltung innerhalb einer von dieser gesetzten angemessenen Frist die Zulassungszahl für einen bestimmten Studiengang nicht nach Satz 1 festgesetzt wird.

(2) [1]Die Satzung der Hochschule gemäß Absatz 1 Satz 1 bedarf der Bestätigung der für Hochschulen zuständigen Senatsverwaltung. [2]Dem Antrag auf Bestätigung der Satzung ist der gemäß Artikel 6 Absatz 4 des Staatsvertrages geforderte Bericht beizufügen. [3]Das Bestätigungsverfahren erstreckt sich auf die Überprüfung der Rechtmäßigkeit und der Zweckmäßigkeit der Satzung.

(3) [1]Wird die Satzung nicht gemäß Absatz 2 bestätigt, so ist der Hochschule eine angemessene Frist zu setzen, der Beanstandung Rechnung zu tragen. [2]Kommt der Akademische Senat dieser Aufforderung nicht nach, kann die für Hochschulen zuständige Senatsverwaltung die Zulassungszahl durch Rechtsverordnung festsetzen.

§ 5 Zuständigkeiten bei der Studienplatzvergabe, Rahmenzulassungssatzung

(1) Den Hochschulen des Landes Berlin obliegt die Studienplatzvergabe im örtlichen Vergabeverfahren.

(2) [1]Die Studienplatzvergabe im Zentralen Vergabeverfahren obliegt der Stiftung für Hochschulzulassung. [2]Abweichend von Satz 1 obliegt die Studienplatzvergabe im Zentralen Vergabeverfahren den Hochschulen des Landes Berlin:

1. bei ausländischen und staatenlosen Bewerberinnen und Bewerbern, die Deutschen nicht gleichgestellt sind,
2. in den Fällen des § 9 Absatz 1 Nummer 2 und 3,
3. bei Bewerberinnen und Bewerbern für das zweite und die folgenden Semester (höhere Fachsemester).

(3) [1]Die Hochschulen können eine Rahmenzulassungssatzung erlassen, in der allgemeine und studiengangsübergreifende Regelungen zur Organisation und Durchführung der Zulassungsverfahren getroffen werden. [2]Die Rahmenzulassungssatzung bedarf der Bestätigung der für Hochschulen zuständigen Senatsverwaltung. [3]Das Bestätigungsverfahren erstreckt sich auf die Überprüfung der Rechtmäßigkeit und der Zweckmäßigkeit der Satzung.

§ 6 Durchführung von Auswahlverfahren

[1]Übersteigt in einem Studiengang die Zahl der Bewerberinnen und Bewerber die festgesetzte Zulassungszahl, wird ein Auswahlverfahren durchgeführt. [2]Die Anzahl möglicher Zulassungsanträge kann von der für Hochschulen zuständigen Senatsverwaltung durch Rechtsverordnung beschränkt werden.

§ 7 Benachteiligungsverbot

(1) [1]Den Bewerberinnen und Bewerbern dürfen keine Nachteile entstehen:

1. aus der Erfüllung von Dienstpflichten nach Artikel 12a des Grundgesetzes und der Übernahme solcher Dienstpflichten und entsprechender Dienstleistungen auf Zeit bis zur Dauer von drei Jahren,
2. aus der Ableistung eines freiwilligen Wehrdienstes als besonderes staatsbürgerliches Engagement nach dem Soldatengesetz in der Fassung der Bekanntmachung vom 30. Mai 2005 (BGBl. I S. 1482), das zuletzt durch Artikel 6 des Gesetzes vom 4. August 2019 (BGBl. I S. 1147) geändert worden ist, in der jeweils geltenden Fassung,
3. aus der Ableistung eines Bundesfreiwilligendienstes nach dem Bundesfreiwilligendienstgesetz vom 28. April 2011 (BGBl. I S. 687), das zuletzt durch Artikel 1 des Gesetzes vom 6. Mai 2019 (BGBl. I S. 644) geändert worden ist, in der jeweils geltenden Fassung,
4. aus der Ableistung von Entwicklungsdienst nach dem Entwicklungshelfer-Gesetz vom 18. Juni 1969 (BGBl. I S. 549), das zuletzt durch Artikel 6 Absatz 13 des Gesetzes vom 23. Mai 2017 (BGBl. I S. 1228) geändert worden ist, in der jeweils geltenden Fassung,
5. aus der Ableistung eines Jugendfreiwilligendienstes im Sinne des Jugendfreiwilligendienstegesetzes vom 16. Mai 2008 (BGBl. I S. 842), das zuletzt durch Artikel 2 des Gesetzes vom 6. Mai 2019 (BGBl. I S. 644) geändert worden ist, in der jeweils geltenden Fassung oder im Rahmen eines von der Bundesregierung geförderten Modellprojekts,
6. aus der Betreuung oder Pflege eines Kindes unter 18 Jahren oder einer pflegebedürftigen Person aus dem Kreis der sonstigen Angehörigen bis zur Dauer von drei Jahren,

(im Folgenden: Dienst). [2]Die Berücksichtigungsfähigkeit eines Dienstes nach Satz 1 setzt voraus, dass durch eine Bescheinigung glaubhaft gemacht wird, dass der Dienst in vollem Umfang abgeleistet ist oder bei einer Bewerbung für das Sommersemester bis zum 31. März und bei einer Bewerbung für das Wintersemester bis zum 30. September im Umfang der gesetzlich vorgeschriebenen Mindestdauer abgeleistet sein wird, oder glaubhaft gemacht wird, dass bis zu den genannten Zeitpunkten mindestens sechs Monate Dienst nach Satz 1 Nummer 6 ausgeübt sein werden. [3]Der von einem nach § 2 Absatz 2 Deutschen gleichgestellten ausländischen Staatsangehörigen oder Staatenlosen geleistete Dienst steht einem Dienst nach Satz 1 gleich, wenn er diesem gleichwertig ist.

(2) [1]Bewerberinnen und Bewerber nach Absatz 1 werden in dem im Zulassungsantrag genannten Studiengang auf Grund eines früheren Zulassungsanspruchs vor der Auswahl der Bewerberinnen und Bewerber nach den §§ 8, 9, 10 und 11 ausgewählt, wenn sie zu Beginn oder während eines Dienstes für diesen Studiengang zugelassen worden sind oder wenn zu Beginn oder während eines Dienstes für diesen Studiengang an der Hochschule keine Zulassungszahlen festgesetzt waren. [2]Sofern mehr Bewerberinnen und Bewerber nach Absatz 1 zuzulassen sind, als Plätze zur Verfügung stehen, entscheidet das Los.

Abschnitt 2
Studiengänge, die zu einem ersten berufsqualifizierenden Abschluss führen

Unterabschnitt 1
Zentrales Vergabeverfahren für das erste Fachsemester

§ 8 Vorabquoten

(1) In einem Auswahlverfahren im Zentralen Vergabeverfahren sind bis zu 20 Prozent der zur Verfügung stehenden Studienplätze vorzubehalten für:

1. Bewerberinnen und Bewerber, für die die Ablehnung des Zulassungsantrages eine außergewöhnliche Härte bedeuten würde,
2. Bewerberinnen und Bewerber, die sich auf Grund entsprechender Vorschriften verpflichtet haben, ihren Beruf in Bereichen besonderen öffentlichen Bedarfs auszuüben,
3. ausländische Staatsangehörige und Staatenlose, soweit sie nicht Deutschen gleichgestellt sind,
4. Bewerberinnen und Bewerber, die bereits ein Studium in einem anderen Studiengang abgeschlossen haben (Bewerberinnen und Bewerber für ein Zweitstudium).

(2) [1]Die Quoten nach Absatz 1 werden für die Studienplätze je Studienort gebildet; je gebildeter Quote ist mindestens ein Studienplatz zur Verfügung zu stellen. [2]Nicht in Anspruch genommene Studienplätze aus den Quoten nach Absatz 1 werden nach § 9 Absatz 1 vergeben.

(3) Eine außergewöhnliche Härte liegt vor, wenn besondere, vor allem soziale und familiäre Gründe in der Person der Bewerberin oder des Bewerbers die sofortige Aufnahme des Studiums zwingend erfordern.

(4) Bewerberinnen und Bewerber nach Absatz 1 Nummer 4 werden nach den Prüfungsergebnissen des Erststudiums und nach den für die Bewerbung für ein weiteres Studium maßgeblichen Gründen ausgewählt.

(5) Wer den Quoten nach Absatz 1 Nummer 2 bis 4 unterfällt, kann nicht im Verfahren nach § 9 zugelassen werden.

(6) [1]Die Studienplätze nach Absatz 1 Satz 1 Nummer 3 werden in erster Linie nach der Qualifikation vergeben. [2]Diese richtet sich nach dem Ergebnis der ausländischen Hochschulzugangsberechtigung, zusätzlich kann die Hochschule für die Ermittlung der Qualifikation das Ergebnis eines allgemeinen oder fachspezifischen Studierfähigkeitstests berücksichtigen. [3]Wird ein Studierfähigkeitstest berücksichtigt, muss er zumindest einen erheblichen Einfluss auf die Auswahlentscheidung haben. [4]§ 9 Absatz 5 gilt entsprechend. [5]Besondere Umstände, die für ein Studium an einer deutschen Hochschule sprechen, können darüber hinaus berücksichtigt werden. [6]Als ein solcher Umstand ist insbesondere anzusehen, wenn die Bewerberin oder der Bewerber:

1. von einer deutschen Einrichtung zur Förderung Studierender für ein Studium ein Stipendium erhält,
2. auf Grund besonderer Vorschriften mit der Einweisung in ein Studienkolleg oder eine vergleichbare Einrichtung für die Zuteilung eines Studienplatzes in dem im Zulassungsantrag genannten Studiengang vorgemerkt ist,
3. in der Bundesrepublik Deutschland Asylrecht genießt,
4. aus einem Entwicklungsland oder einem Land kommt, in dem es keine Ausbildungsstätten für den betreffenden Studiengang gibt,
5. einer deutschsprachigen Minderheit im Ausland angehört.

[7]Verpflichtungen auf Grund zwischenstaatlicher Vereinbarungen sind zu berücksichtigen.

§ 9 Hauptquoten

(1) In Studiengängen, die in das Zentrale Vergabeverfahren einbezogen sind, werden die nach Abzug der Studienplätze nach § 8 verbleibenden Studienplätze nach den folgenden Grundsätzen vergeben:

1. zu 30 Prozent durch die Stiftung für Hochschulzulassung nach dem Ergebnis der Hochschulzugangsberechtigung (Note und Punkte),
2. zu 10 Prozent durch die Hochschulen nach dem Ergebnis eines Auswahlverfahrens nach Absatz 2,
3. im Übrigen durch die Hochschulen nach dem Ergebnis eines von der jeweiligen Hochschule festzulegenden Auswahlverfahrens nach Absatz 3.

(2) [1]In der Quote nach Absatz 1 Nummer 2 vergibt die jeweilige Hochschule die Studienplätze nach einer Verbindung von

1. dem Ergebnis eines fachspezifischen Studieneignungstests,
2. der Art einer abgeschlossenen Berufsausbildung oder Berufstätigkeit in einem anerkannten Ausbildungsberuf, die über die fachspezifische Eignung Auskunft gibt.

[2]Das Ergebnis der Hochschulzugangsberechtigung und deren Einzelnoten werden nicht berücksichtigt. [3]Die Kriterien nach Nummer 1 und 2 müssen zu gleichen Teilen in die Bewertung eingehen. [4]Artikel 18 des Staatsvertrages bleibt unberührt. [5]Während der in Artikel 18 Absatz 1 des Staatsvertrages benannten Übergangszeit kann die Hochschule mit Zustimmung der für Hochschulen zuständigen Senatsverwaltung von Satz 3 abweichen.

(3) [1]In der Quote nach Absatz 1 Nummer 3 vergibt die jeweilige Hochschule die Studienplätze

1. nach folgenden Kriterien der Hochschulzugangsberechtigung:
   a) Ergebnis der Hochschulzugangsberechtigung für das gewählte Studium (Note und Punkte),
   b) gewichtete Einzelnoten der Hochschulzugangsberechtigung, die über die fachspezifische Eignung Auskunft geben,
2. nach folgenden Kriterien außerhalb der Hochschulzugangsberechtigung:
   a) Ergebnis eines fachspezifischen Studieneignungstests,
   b) Ergebnis eines Gesprächs oder anderer mündlicher Verfahren, die von der Hochschule mit den Bewerberinnen und Bewerbern durchgeführt werden, um Aufschluss über deren Eignung für das gewählte Studium und den angestrebten Beruf zu erhalten,
   c) Art einer abgeschlossenen Berufsausbildung oder Berufstätigkeit in einem anerkannten Ausbildungsberuf, die über die fachspezifische Eignung Auskunft gibt,
   d) besondere Vorbildungen, praktische Tätigkeiten, außerschulische Leistungen oder außerschulische Qualifikationen, die über die fachspezifische Eignung Auskunft geben.

[2]In die Auswahlentscheidung ist neben dem Ergebnis der Hochschulzugangsberechtigung nach Satz 1 Nummer 1 Buchstabe a mindestens ein schulnotenunabhängiges Kriterium einzubeziehen; im Studiengang Medizin ist zusätzlich mindestens ein weiteres schulnotenunabhängiges Kriterium zu berücksichtigen. [3]Mindestens ein schulnotenunabhängiges Kriterium ist erheblich zu gewichten. [4]In die Auswahlentscheidung fließt mindestens ein fachspezifischer Studieneignungstest nach Satz 1 Nummer 2 Buchstabe a ein.

(4) [1]In den Quoten nach Absatz 1 Nummer 3 können die Hochschulen durch Satzung Unterquoten festlegen. [2]Unterquoten dürfen einen Umfang von 15 Prozent der in der Quote vergebenen Studienplätze nicht überschreiten, wenn darin ein Kriterium oder mehrere Kriterien ausschließlich nach Absatz 3 Satz 1 Nummer 1 oder ausschließlich nach Absatz 3 Satz 1 Nummer 2 verwendet werden. [3]Die Satzung bedarf der Bestätigung der für Hochschulen zuständigen Senatsverwaltung. [4]Absatz 10 Satz 3 gilt entsprechend.

(5) [1]Die Kriterien nach den Absätzen 2 und 3 sind jeweils in standardisierter, strukturierter und qualitätsgesicherter Weise transparent anzuwenden. [2]Sie müssen in ihrer Gesamtheit eine hinreichende Vorhersagekraft für den Studienerfolg und die sich typischerweise anschließenden Berufstätigkeiten gewährleisten. [3]Wird ein Kriterium als einziges Kriterium verwendet, muss es eine hinreichende Vorhersagekraft für den Studienerfolg und die sich typischerweise anschließenden beruflichen Tätigkeiten haben.

(6) [1]Bei der Entscheidung über die Studienplatzvergabe ist zunächst die Quote nach Absatz 1 Nummer 1, dann die Quote nach Absatz 1 Nummer 2 und danach die Quote nach Absatz 1 Nummer 3 abzuarbeiten. [2]Bewerberinnen und Bewerber, die in einer der Quoten ein Zulassungsangebot angenommen haben oder eine Zulassung erhalten haben, werden von der Teilnahme an weiteren Verfahren in den übrigen Quoten ausgeschlossen.

(7) Nicht in Anspruch genommene Studienplätze aus den Quoten nach Absatz 1 werden anteilig in den übrigen Quoten des Absatzes 1 vergeben.

(8) Wer geltend macht, aus nicht selbst zu vertretenden Umständen daran gehindert gewesen zu sein, einen für die Berücksichtigung bei der Auswahl nach dem Ergebnis der Hochschulzugangsberechtigung (§ 9 Absatz 1 Nummer 1 und 3) besseren Wert zu erreichen, wird mit dem nachgewiesenen Wert an der Vergabe der Studienplätze in diesen Quoten beteiligt.

(9) [1]Die nähere Ausgestaltung des Verfahrens nach Absatz 3 und die Auswahl der Kriterien regelt die Hochschule durch Satzung, die der Bestätigung der für die Hochschulen zuständigen Senatsverwaltung bedarf. [2]Verfahren und Kriterien sind in der Satzung so zu gestalten, dass niemand mittelbar oder unmittelbar auf Grund des Geschlechts, der ethnischen Herkunft, der Religion oder Weltanschauung, der Behinderung oder sexuellen Identität diskriminiert wird. [3]Das Bestätigungsverfahren erstreckt sich auf die Überprüfung der Rechtmäßigkeit und der Zweckmäßigkeit der Satzung. [4]Gebühren für die Durchführung des Auswahlverfahrens nach den in Absatz 3 Satz 1 Nummer 1 und 2 Buchstabe c genannten Kriterien werden nicht erhoben. [5]Soweit Gebühren für die Durchführung des Auswahlverfahrens erhoben werden, dürfen diese 25 Euro pro Aufnahmeverfahren nicht übersteigen. [6]Im Falle der Immatrikulation wird die Aufnahmegebühr mit der Immatrikulationsgebühr verrechnet.

Unterabschnitt 2
Örtliches Vergabeverfahren für das erste Fachsemester

§ 10 Vorabquoten

(1) [1]In einem Auswahlverfahren im örtlichen Vergabeverfahren sollen bis zu 30 Prozent, jedoch nicht weniger als 20 Prozent, der zur Verfügung stehenden Studienplätze vorbehalten werden für:

1. Bewerberinnen und Bewerber, für die die Ablehnung des Zulassungsantrags eine außergewöhnliche Härte bedeuten würde,
2. Bewerberinnen und Bewerber, die sich auf Grund entsprechender Vorschriften verpflichtet haben, ihren Beruf in Bereichen besonderen öffentlichen Bedarfs auszuüben,
3. ausländische Staatsangehörige und Staatenlose, soweit sie nicht Deutschen gleichgestellt sind,
4. Bewerberinnen und Bewerber, die bereits ein Studium in einem anderen Studiengang abgeschlossen haben; hierzu zählen nicht Bewerberinnen und Bewerber für konsekutive Masterstudiengänge,
5. Bewerberinnen und Bewerber, die zum Zeitpunkt des Bewerbungsschlusses noch minderjährig sind und ihren Wohnsitz im Einzugsgebiet der Hochschule bei einer für sie sorgeberechtigten Person haben,
6. Bewerberinnen und Bewerber, die einem im öffentlichen Interesse förderungswürdigen Personenkreis angehören und auf Grund besonderer Umstände an den Studienort gebunden sind, insbesondere Bewerberinnen und Bewerber, die einem auf Bundesebene gebildeten Kader (Olympiakader, Paralympicskader, Perspektivkader, Ergänzungskader, Nachwuchskader 1 und 2) eines Bundesfachverbandes des Deutschen Olympischen Sportbundes für eine von den Olympiastützpunkten in den Ländern Berlin oder Brandenburg betreuten Sportarten angehören,
7. in der beruflichen Bildung Qualifizierte, die über keine sonstige Studienberechtigung verfügen.

[2]Als Einzugsgebiet im Sinne dieses Gesetzes wird das Gebiet der Länder Berlin und Brandenburg festgelegt.

(2) [1]Die Studienplätze nach Absatz 1 Satz 1 Nummer 1 werden auf Antrag nach dem Grad der außergewöhnlichen Härte vergeben. [2]Eine außergewöhnliche Härte liegt vor, wenn besondere, vor allem gesundheitliche, soziale, behinderungsbedingte oder familiäre Gründe in der Person der Bewerberin oder des Bewerbers die sofortige Aufnahme des Studiums zwingend erfordern. [3]Sie liegt auch vor, wenn einer Bewerberin oder einem Bewerber mit Wohnsitz im Einzugsgebiet der Hochschule aus gesundheitlichen, familiären, behinderungsbedingten oder sozialen Gründen ein Umzug an einen anderen Studienort nicht zugemutet werden kann und die Wartezeit zum gewünschten Studiengang im Land Berlin voraussichtlich länger als vier Semester umfassen würde.

(3) Für die Vergabe der Studienplätze nach Absatz 1 Satz 1 Nummer 3 findet § 8 Absatz 6 entsprechende Anwendung.

(4) Studienplätze nach Absatz 1 Satz 1 Nummer 4 werden nach den Prüfungsergebnissen des Erststudiums und nach den für die Bewerbung für ein weiteres Studium maßgeblichen Gründen vergeben.

(5) Studienplätze nach Absatz 1 Satz 1 Nummer 5 und 6 werden nach dem Ergebnis der Hochschulzugangsberechtigung vergeben.

(6) [1]Studienplätze nach Absatz 1 Satz 1 Nummer 7 werden in erster Linie unter Qualifikationsgesichtspunkten vergeben. [2]Daneben können die Motivation der Bewerberin oder des Bewerbers und besondere soziale Belange berücksichtigt werden. [3]Die Entscheidung über die Auswahlkriterien trifft der Akademische Senat der Hochschule durch Satzung.

(7) Wer den Quoten nach Absatz 1 Satz 1 Nummer 2 bis 4 und Nummer 7 unterfällt, kann nicht im Verfahren nach § 11 zugelassen werden.

(8) Nach Absatz 1 nicht in Anspruch genommene Studienplätze werden nach § 11 vergeben.

§ 11 Hauptquoten

(1) [1]In Studiengängen im örtlichen Vergabeverfahren wird die Studienplatzvergabe durch die einzelne Hochschule nach Abzug der Vorabquoten nach folgenden Grundsätzen vorgenommen:

1. bis zu 60 Prozent nach dem Ergebnis eines von der Hochschule durchzuführenden Auswahlverfahrens,
2. im Übrigen zu gleichen Teilen nach dem Ergebnis der Hochschulzugangsberechtigung und nach der Dauer der Zeit seit dem Erwerb der Hochschulzugangsberechtigung für den gewählten Studiengang (Wartezeit), wobei Zeiten eines Studiums an einer Hochschule auf die Wartezeit nicht angerechnet werden; die Dauer der Wartezeit wird auf zehn Halbjahre begrenzt.

[2]Die Höhe der Quote nach Satz 1 Nummer 1 regelt die Hochschule durch Satzung. [3]Die für Hochschulen zuständige Senatsverwaltung kann durch Rechtsverordnung festlegen, dass in bestimmten, bundesweit zulassungsbeschränkten Studiengängen abweichend von Satz 1 Nummer 1 60 Prozent der nach Abzug der Vorabquoten verfügbaren Studienplätze über das Auswahlverfahren der Hochschule vergeben werden.

(2) [1]Für die Auswahl nach dem Ergebnis der Hochschulzugangsberechtigung soll, soweit eine annähernde Vergleichbarkeit der Ergebnisse der Hochschulzugangsberechtigung im Verhältnis der Länder untereinander nicht gewährleistet ist, ein entsprechender Ausgleich bei der Auswahl der Bewerberinnen und Bewerber auf Basis von Prozentrangverfahren und unter Bildung von Landesquoten erfolgen, wenn dies erforderlich ist, um das Ausbildungsgrundrecht aus Artikel 12 Absatz 1 des Grundgesetzes zu gewährleisten. [2]Dabei gelten die Grundsätze von Artikel 10 Absatz 1 Satz 4 des Staatsvertrages. [3]Die für Hochschulen zuständige Senatsverwaltung bestimmt durch Rechtsverordnung die Einzelheiten des Verfahrens und die Einzelheiten zur technischen Umsetzung einschließlich der Nutzung elektronischer Datenverarbeitungsverfahren. [4]Dabei kann eine stärkere Gewichtung des Bewerberanteils, als sie in Artikel 10 des Staatsvertrages im Verhältnis zum Bevölkerungsanteil vorgesehen ist, vorgenommen werden.

(3) [1]Die Hochschule vergibt die Studienplätze im Rahmen des Auswahlverfahrens nach Absatz 1 Satz 1 Nummer 1 nach einer Verbindung

1. von Kriterien der Hochschulzugangsberechtigung (Qualifikation)
   a) Ergebnis der Hochschulzugangsberechtigung für das gewählte Studium,
   b) gewichtete Einzelnoten oder Gewichtung von Fächern der Hochschulzugangsberechtigung, die über die fachspezifische Motivation und Eignung Auskunft geben,
2. von Kriterien außerhalb der Hochschulzugangsberechtigung
   a) Ergebnis eines fachspezifischen Studieneignungstests,
   b) Art einer studienrelevanten Berufsausbildung, Berufstätigkeit oder praktischen Tätigkeit, die über die besondere Eignung für den gewählten Studiengang Aufschluss geben können,
   c) besondere Vorbildungen, praktische Tätigkeiten, außerschulische Leistungen oder außerschulische Qualifikationen, die über die fachspezifische Eignung Auskunft geben,
   d) Vorbildungen auf Grund des erfolgreichen Besuchs eines besonderen studienvorbereitenden Kurses einer Schule oder Hochschule,
   e) auf dem Niveau des europäischen Referenzrahmens (mindestens C 1) nachgewiesene bilinguale Sprachkompetenz,
   f) Ergebnis eines von der Hochschule durchzuführenden Gesprächs mit den Bewerberinnen und Bewerbern, das Aufschluss über deren Motivation und über die Identifikation mit dem gewählten Studium und dem angestrebten Beruf geben sowie der Vermeidung von Fehlvorstellungen über die Anforderungen des Studiums dienen soll.

[2]Bei der Auswahlentscheidung der Hochschule müssen Kriterien der Hochschulzugangsberechtigung und außerhalb der Hochschulzugangsberechtigung zu gleichen Teilen einfließen. [3]Durch Rechtsverordnung kann die für Hochschulen zuständige Senatsverwaltung bestimmen, dass in einzelnen Studiengängen von Satz 2 abgewichen werden darf, wenn diese nicht bundesweit zulassungsbeschränkt sind. [4]Das Gespräch nach Satz 1 Nummer 2 Buchstabe f darf nicht das einzige Auswahlkriterium außerhalb der Hochschulzugangsberechtigung im Sinne des Satzes 2 sein. [5]Soll die Teilnehmerzahl

an dem Auswahlverfahren begrenzt werden, entscheidet die Hochschule über die Teilnahme nach einem der in Satz 1 genannten Maßstäbe oder nach einer Verbindung dieser Maßstäbe. [6]Die nähere Ausgestaltung des Verfahrens und die Auswahl der Kriterien regelt die Hochschule durch Satzung, die der Bestätigung der für Hochschulen zuständigen Senatsverwaltung bedarf. [7]§ 9 Absatz 5 gilt entsprechend. [8]Verfahren und Kriterien sind in der Satzung so zu gestalten, dass niemand mittelbar oder unmittelbar auf Grund des Geschlechts, der ethnischen Herkunft, der Religion oder Weltanschauung, der Behinderung oder sexuellen Identität diskriminiert wird. [9]Das Bestätigungsverfahren erstreckt sich auf die Überprüfung der Rechtmäßigkeit und der Zweckmäßigkeit der Satzung. [10]Gebühren für die Durchführung des Auswahlverfahrens nach Satz 1 Nummer 1 und 2 Buchstabe b werden nicht erhoben. [11]Soweit Gebühren für die Durchführung des Auswahlverfahrens erhoben werden, dürfen diese 25 Euro pro Aufnahmeverfahren nicht übersteigen. [12]Im Falle der Immatrikulation wird die Aufnahmegebühr mit der Immatrikulationsgebühr verrechnet.

(4) Können Bewerberinnen oder Bewerber bei der Vergabe von Studienplätzen gemäß Absatz 1 Satz 1 Nummer 2 und Absatz 3 Satz 1 Nummer 1 nachweisen, dass sie aus einem nicht selbst zu vertretenden Umstand daran gehindert waren, ein besseres Ergebnis der Hochschulzugangsberechtigung oder eine längere Wartezeit zu erreichen, werden sie mit dem von ihnen nachgewiesenen besseren Ergebnis der Hochschulzugangsberechtigung oder längeren Wartezeit am Vergabeverfahren beteiligt.

(5) Die für Hochschulen zuständige Senatsverwaltung kann in besonderen Fällen durch Rechtsverordnung die Einrichtung von Unterquoten im Auswahlverfahren der Hochschulen bestimmen oder zulassen.

Unterabschnitt 3

Verfahrensübergreifende Regelungen

§ 12 Auswahl bei Ranggleichheit

[1]Bei gleichem Rang im Auswahlverfahren innerhalb der Vorabquoten oder der Hauptquoten haben Bewerberinnen und Bewerber Vorrang, die die in § 7 genannten Voraussetzungen erfüllen. [2]Besteht danach noch Ranggleichheit, entscheidet das Los.

§ 13 Auswahlverfahren für besondere Studiengänge

(1) In Studiengängen, die eine Hochschule des Landes Berlin gemeinsam mit anderen deutschen Hochschulen betreibt, wird im Zulassungsverfahren die Auswahlentscheidung anerkannt, die von der für das Auswahlverfahren zuständigen Hochschule bereits getroffen worden ist.

(2) In internationalen Studiengängen und in Studiengängen, die eine Hochschule des Landes Berlin gemeinsam mit einer ausländischen Hochschule betreibt, kann die Zulassung abweichend von den §§ 10 und 11 unter Berücksichtigung der Besonderheiten des Studiengangs geregelt werden.

§ 14 Zulassungsverfahren für höhere Fachsemester

(1) Sind in einem Studiengang Zulassungszahlen für höhere Fachsemester festgesetzt, werden die verfügbaren Studienplätze in folgender Reihenfolge vergeben:

1. an Bewerberinnen und Bewerber, die eine Zulassung der Stiftung für Hochschulzulassung oder der Hochschule für das erste Fachsemester vorweisen,
2. an Bewerberinnen und Bewerber, die in dem Studiengang oder in verwandten Studiengängen an einer Hochschule im Bundesgebiet oder in einem Mitgliedstaat der Europäischen Union endgültig eingeschrieben sind oder waren,
3. an sonstige Bewerberinnen und Bewerber.

(2) Sofern innerhalb der in Absatz 1 Nummer 2 genannten Bewerbergruppe eine Auswahl erforderlich wird, erfolgt die Bestimmung der Rangfolge nach bisherigen Studienleistungen sowie sozialen, insbesondere familiären, wirtschaftlichen oder wissenschaftlichen Gründen.

(3) [1]Voraussetzung für die Zulassung zu dem höheren Fachsemester ist, dass die Bewerberin oder der Bewerber die hierfür in einer Prüfungsordnung vorgeschriebene Prüfung bestanden oder die hierfür in Studienplänen oder Studienordnungen festgelegten Studienleistungen der vorhergehenden Semester erbracht hat. [2]Werden die Voraussetzungen des Satzes 1 für die Zulassung in dem angestrebten höheren Fachsemester nicht erfüllt, kann eine Zulassung in ein anderes höheres Fachsemester erfolgen, für das die Voraussetzungen nach Satz 1 vorliegen.

Abschnitt 3
Masterstudiengänge

§ 15 Auswahlverfahren für konsekutive Masterstudiengänge

(1) [1]In konsekutiven Masterstudiengängen wird die Studienplatzvergabe durch die einzelne Hochschule nach folgenden Grundsätzen vorgenommen:
1. bis zu 80 Prozent nach dem Ergebnis eines von der Hochschule durchzuführenden Auswahlverfahrens,
2. im Übrigen nach Wartezeit, wobei Zeiten eines Studiums an einer Hochschule auf die Wartezeit nicht angerechnet werden; die Wartezeit beginnt mit dem Bachelor-Abschluss, ihre Dauer wird auf sechs Jahre begrenzt.

[2]Die Höhe der Quote nach Satz 1 Nummer 1 regelt die Hochschule durch Satzung. [3]Bis zu fünf Prozent der zur Verfügung stehenden Studienplätze sollen für Bewerberinnen und Bewerber im Sinne des § 10 Absatz 1 Satz 1 Nummer 1 vorgesehen werden. [4]Eine außergewöhnliche Härte liegt insbesondere dann vor, wenn gesundheitliche, soziale, behinderungsbedingte oder familiäre Gründe in der Person der Bewerberin oder des Bewerbers die sofortige Aufnahme des Masterstudiums zwingend erfordern.

(2) [1]Die Hochschule vergibt die Studienplätze im Rahmen des Auswahlverfahrens nach Absatz 1 Satz 1 Nummer 1
1. nach dem Grad der Qualifikation, die sich nach dem Ergebnis der Prüfung des vorangegangenen Studiengangs bemisst,
2. nach gewichteten Einzelnoten oder nach einer Gewichtung der Ergebnisse von Studienmodulen des vorangegangenen Studiengangs, die über die fachspezifische Motivation und Eignung Auskunft geben,
3. nach den Ergebnissen international anerkannter Sprach- und Fachtests, deren Eignung als Auswahlkriterium zu evaluieren ist,
4. nach einer Gewichtung des Studienfachs oder der Studienfächer des vorangegangenen Studiengangs, die über die fachspezifische Motivation und Eignung Auskunft geben,
5. nach zusätzlichen Qualifikationen, die außerhalb des Hochschulstudiums erworben wurden,
6. nach dem Ergebnis eines von der Hochschule durchzuführenden Gesprächs mit den Bewerberinnen und Bewerbern, das Aufschluss über deren Motivation und Eignung geben soll,
7. nach einer Verbindung von Maßstäben nach den Nummern 1 bis 6.

[2]Bei der Auswahlentscheidung der Hochschule muss dem Grad der Qualifikation ein maßgeblicher Einfluss gegeben werden. [3]Daneben ist mindestens ein weiteres Auswahlkriterium zugrunde zu legen. [4]Die Gewichtung nach Einzelnoten oder Ergebnissen von Studienmodulen darf nicht das einzige Auswahlkriterium im Sinne des Satzes 3 sein. [5]Soll die Teilnehmerzahl an den Auswahlverfahren begrenzt werden, entscheidet die Hochschule über die Teilnahme nach einem der in Satz 1 Nummer 1 bis 7 genannten Maßstäbe. [6]Die nähere Ausgestaltung des Verfahrens und die Auswahl der Kriterien regelt die Hochschule durch Satzung, die der Bestätigung der für Hochschulen zuständigen Senatsverwaltung bedarf. [7]Verfahren und Kriterien sind in der Satzung so zu gestalten, dass niemand mittelbar oder unmittelbar auf Grund des Geschlechts, der ethnischen Herkunft, der Religion oder Weltanschauung, der Behinderung oder sexuellen Identität diskriminiert wird. [8]Das Bestätigungsverfahren erstreckt sich auf die Überprüfung der Rechtmäßigkeit und der Zweckmäßigkeit der Satzung. [9]Gebühren für die Durchführung des Auswahlverfahrens nach Satz 1 Nummer 1 bis 5 werden nicht erhoben. [10]Soweit Gebühren für die Durchführung des Auswahlverfahrens erhoben werden, dürfen diese 25 Euro pro Aufnahmeverfahren nicht übersteigen. [11]Im Falle der Immatrikulation wird die Aufnahmegebühr mit der Immatrikulationsgebühr verrechnet.

(3) Die §§ 12, 13 und 14 gelten entsprechend.

§ 16 Auswahlverfahren für weiterbildende Masterstudiengänge

[1]Bei der Auswahlentscheidung der Hochschule über die Zulassung zu weiterbildenden Masterstudiengängen ist der Eignung maßgeblicher Einfluss zu geben. [2]Die Feststellung der Eignung richtet sich auch nach den beruflichen Erfahrungen. [3]Das Nähere sowie das Verfahren regelt die Hochschule durch Satzung. [4]Die Bestätigung der Satzung wird durch die Hochschulleitung unter dem Gesichtspunkt der Rechtmäßigkeit erteilt. [5]Soweit Gebühren für die Durchführung des Auswahlverfahrens erhoben werden, dürfen diese 25 Euro pro Aufnahmeverfahren nicht übersteigen.

§ 17 Übergang von Bachelorstudiengängen in Masterstudiengänge

[1]Der Übergang von Bachelorstudiengängen in Masterstudiengänge ohne Zeitverzögerung muss durch die Hochschulen des Landes Berlin gesichert werden. [2]Die Aufnahmekapazitäten der jeweiligen Hochschule sind dabei erschöpfend zu nutzen.

Abschnitt 4

Übergangs-, Schluss- und sonstige Vorschriften

§ 18 Stiftungsrat

[1]Die Vertreterin oder der Vertreter der Hochschulen des Landes Berlin im Stiftungsrat der Stiftung für Hochschulzulassung und ihre oder seine Stellvertreterin oder ihr oder sein Stellvertreter werden für die Dauer von drei Jahren von den Leiterinnen oder Leitern der Hochschulen des Landes Berlin aus dem Kreis der von den Akademischen Senaten der Hochschulen benannten Bewerberinnen und Bewerber bestimmt. [2]Jede Hochschule kann eine Bewerberin oder einen Bewerber vorschlagen; die Bewerberinnen oder Bewerber müssen hauptberufliche Angehörige der Hochschulen sein, von denen sie vorgeschlagen werden.

§ 19 Ermächtigung zum Erlass von Rechtsverordnungen

Die für Hochschulen zuständige Senatsverwaltung wird ermächtigt, folgende Regelungen durch Rechtsverordnung zu treffen:

1. Regelungen zur Studienplatzvergabe durch die Stiftung für Hochschulzulassung gemäß Artikel 12 Absatz 1 des Staatsvertrages,
2. Regelungen zur Studienplatzvergabe durch die Hochschulen
   a) in den Vorabquoten und Hauptquoten im Zentralen Vergabeverfahren nach den §§ 8 und 9,
   b) in den Vorabquoten und Hauptquoten im örtlichen Vergabeverfahren nach den §§ 10 und 11,
   c) für besondere Studiengänge nach § 13,
   d) für höhere Fachsemestern[1)] nach § 14,
   e) für konsekutive und weiterführende Masterstudiengänge nach den §§ 15 und 16,
3. verfahrensrechtliche Regelungen einschließlich Regelungen zu einer optionalen Einbeziehung von elektronischen Verfahren zur Studienplatzvergabe durch die Hochschulen,
4. Bestimmungen zu dem Ausgleichsverfahren nach § 11 Absatz 2.

§ 20 Übergangsvorschrift, Anpassung von Satzungsrecht

(1) Die das Zentrale Vergabeverfahren betreffenden Bestimmungen dieses Gesetzes finden erstmals auf das nach dem Inkrafttreten des Staatsvertrages unmittelbar nachfolgende Vergabeverfahren, frühestens jedoch auf das Vergabeverfahren zum Sommersemester 2020, Anwendung; Artikel 18 des Staatsvertrages bleibt unberührt.

(2) [1]Die Hochschulen haben diesem Gesetz widersprechende Satzungsbestimmungen in Studiengängen des örtlichen Vergabeverfahrens bis spätestens zum Auswahlverfahren für das Wintersemester 2024/2025 an die Bestimmungen dieses Gesetzes anzupassen. [2]Bis zur Anpassung nach Satz 1, längstens jedoch bis einschließlich zum Sommersemester 2024, gelten für das örtliche Verfahren die vor dem Inkrafttreten des Berliner Hochschulzulassungsgesetzes vom 9. Oktober 2019 (GVBl. S. 695) geltenden Bestimmungen. [3]Für die Wartezeit im örtlichen Verfahren (§ 11 Absatz 1 Satz 1 Nummer 2) finden die Bestimmungen dieses Gesetzes bereits ab Inkrafttreten Anwendung.

1) Richtig wohl: „Fachsemester“.

Staatsvertrag über die Errichtung gemeinsamer Fachobergerichte der Länder Berlin und Brandenburg

Vom 26. April 2004[1)]

geänd. durch Gesetz zur Angleichung des Richterrechts der Länder Berlin und Brandenburg vom 9. Juni 2011 (GVBl. S. 237, 255)

Präambel

Die Länder Berlin und Brandenburg gehören historisch zusammen und stehen nicht zuletzt in einer gemeinsamen Rechtstradition. Sie bilden für viele Menschen einen einheitlichen Lebensraum. Sie sind natürliche Partner für eine landesgrenzenübergreifende Zusammenarbeit.

Deshalb sind die Länder Berlin und Brandenburg übereingekommen, gemeinsame Fachobergerichte zu errichten. Dies geschieht nicht nur in dem Willen, eine effizientere Justizstruktur in der Region Berlin-Brandenburg aufzubauen, sondern auch in der Hoffnung, das weitere Zusammenwachsen der Länder zu fördern.

Zur Errichtung der gemeinsamen Fachobergerichte schließen die Länder Berlin und Brandenburg den nachfolgenden Staatsvertrag:

I. Abschnitt
Errichtung gemeinsamer Fachobergerichte

Artikel 1 Bezeichnung, Sitz und Errichtungszeitpunkte, Siegel

(1) [1]Es werden folgende gemeinsame Fachobergerichte errichtet:

1. zum 1. Juli 2005 ein gemeinsames Oberverwaltungsgericht mit der Bezeichnung „Oberverwaltungsgericht Berlin-Brandenburg" und Sitz in Berlin,
2. zum 1. Juli 2005 ein gemeinsames Landessozialgericht mit der Bezeichnung „Landessozialgericht Berlin-Brandenburg" und Sitz in Potsdam,
3. zum 1. Januar 2007 ein gemeinsames Finanzgericht mit der Bezeichnung „Finanzgericht Berlin-Brandenburg" und Sitz in Cottbus,
4. zum 1. Januar 2007 ein gemeinsames Landesarbeitsgericht mit der Bezeichnung „Landesarbeitsgericht Berlin-Brandenburg" und Sitz in Berlin.

[2]Werden die Verwaltungs-, Finanz- oder Sozialgerichtsbarkeit ganz oder teilweise vereinigt, bestehen die in Satz 1 genannten Gerichtssitze als Sitze entsprechender Fachsenate fort.

(2) Ein gemeinsames Fachobergericht führt ein Siegel mit dem Berliner und dem Brandenburger Landeswappen.

Artikel 2 Richterwahl, Richterernennung

(1) [1]Die planmäßigen Richter eines gemeinsamen Fachobergerichtes stehen im Dienste beider Länder. [2]Sie werden auf einvernehmlichen Vorschlag des zuständigen Senators und des zuständigen Ministers durch den gemeinsamen Richterwahlausschuss gewählt. [3]Der gemeinsame Richterwahlausschuss besteht aus den Mitgliedern der Richterwahlausschüsse beider Länder. [4]Erforderlich für die Wahl ist die Mehrheit der Berliner und die Mehrheit der Brandenburger Mitglieder des gemeinsamen Richterwahlausschusses. [5]Der zuständige Senator und der zuständige Minister haben kein Stimmrecht. [6]Die Richter werden gemeinschaftlich von den Landesregierungen ernannt und entlassen; die Urkunden werden gemeinsam vollzogen.

(2) Der Präsident eines gemeinsamen Fachobergerichtes wird auf einvernehmlichen Vorschlag der Landesregierungen durch den gemeinsamen Richterwahlausschuss gewählt.

1) Der Staatsvertrag wurde ratifiziert in:
Berlin: G v. 10. 9. 2004 (GVBl. S. 380),
Brandenburg: G v. 29. 6. 2004 (GVBl. I S. 281).

(3) [1]Der gemeinsame Richterwahlausschuss tagt als Richterwahlausschuss für das Fachobergericht. [2]Den Vorsitz führen der zuständige Senator und der zuständige Minister im Wechsel von Sitzung zu Sitzung; der Beginn liegt beim Sitzland des Fachobergerichtes.

(4) Das Nähere zur Richterwahl regelt eine Geschäftsordnung, die sich der gemeinsame Richterwahlausschuss mit der Mehrheit der stimmberechtigten ständigen Mitglieder aus Berlin und der Mehrheit der stimmberechtigten ständigen Mitglieder aus Brandenburg gibt und die der Zustimmung beider Landesregierungen bedarf.

(5) Freie Planstellen werden ausgeschrieben.

Artikel 3 Abordnung von Richtern, Richter auf Probe, kraft Auftrags und im Nebenamt

[1]Abordnungen von Richtern an ein gemeinsames Fachobergericht werden einvernehmlich vom zuständigen Senator und zuständigen Minister ausgesprochen. [2]Für die Wahl und Ernennung von Richtern auf Probe, kraft Auftrags und im Nebenamt gilt Artikel 2 entsprechend.

Artikel 4 Auf die Richter anwendbares Recht, Dienstaufsicht über Richter, Disziplinarmaßnahmen gegen Richter

(1) [1]Soweit sich aus diesem Staatsvertrag nichts anderes ergibt, werden auf die Richter eines gemeinsamen Fachobergerichtes die Vorschriften angewendet, die im Sitzland des Gerichtes für Richter gelten. [2]Die Länder Berlin und Brandenburg sind bestrebt, ihre richterrechtlichen Vorschriften zu vereinheitlichen.

(2) Die Dienstaufsicht über die Richter eines gemeinsamen Fachobergerichtes übt das Sitzland im Namen beider Länder aus.

(3) [1]Vor Erlass einer Disziplinarverfügung durch die oberste Dienstbehörde oder vor Erhebung einer Disziplinarklage gegen einen Richter ist das Einvernehmen mit dem anderen Land herzustellen. [2]Das Gnadenrecht wird von beiden Ländern gemeinschaftlich ausgeübt.

Artikel 5 Richteranklage

[1]Verstößt ein Richter eines gemeinsamen Fachobergerichtes im Amte oder außerhalb des Amtes gegen die Grundsätze des Grundgesetzes oder gegen die verfassungsmäßige Ordnung des Landes Berlin oder des Landes Brandenburg, so kann das Bundesverfassungsgericht mit Zwei-Drittel-Mehrheit auf Antrag anordnen, dass der Richter in ein anderes Amt oder in den Ruhestand zu versetzen ist. [2]Im Falle eines vorsätzlichen Verstoßes kann auf Entlassung erkannt werden. [3]Der Antrag kann gestellt werden

1. bei einem Verstoß gegen die Grundsätze des Grundgesetzes von der Mehrheit der Mitglieder des Abgeordnetenhauses von Berlin oder der Mehrheit der Mitglieder des Landtages Brandenburg,
2. bei einem Verstoß gegen die verfassungsmäßige Ordnung des Landes Berlin von der Mehrheit der Mitglieder des Abgeordnetenhauses von Berlin,
3. bei einem Verstoß gegen die verfassungsmäßige Ordnung des Landes Brandenburg von der Mehrheit der Mitglieder des Landtages Brandenburg.

Artikel 6 Vereidigung

Die Richter und die ehrenamtlichen Richter eines gemeinsamen Fachobergerichtes leisten ihren Eid oder ihr Gelöbnis nach den im Deutschen Richtergesetz vorgesehenen Formeln mit der Maßgabe, dass nach der Verpflichtung auf das Grundgesetz für die Bundesrepublik Deutschland ein Komma und die Worte „getreu den Verfassungen der Länder Berlin und Brandenburg” eingefügt werden.

Artikel 7 Nichtrichterliche Bedienstete

Die Beamten, Angestellten und Arbeiter eines gemeinsamen Fachobergerichtes stehen im Dienst des Sitzlandes.

Artikel 8 Aufsicht in Verwaltungsangelegenheiten, Datenschutz

(1) In seinen Verwaltungsangelegenheiten untersteht ein gemeinsames Fachobergericht der Aufsicht des Sitzlandes.

(2) Für ein gemeinsames Fachobergericht gilt das Datenschutzrecht des Sitzlandes.

Artikel 9 Dienstaufsicht über die erstinstanzlichen Gerichte, Beurteilungswesen, Übertragung von Justizverwaltungsaufgaben

(1) [1]Soweit das Bundes- oder Landesrecht dies vorsehen, nimmt der Präsident eines gemeinsamen Fachobergerichtes die übergeordnete Dienstaufsicht über die dem Gericht zugeordneten erstinstanzlichen Gerichte wahr. [2]Die den Ländern Berlin und Brandenburg zustehende Aufsicht über diese Ge-

richte wird durch die Aufsichtsbefugnisse des Präsidenten des gemeinsamen Fachobergerichtes nicht berührt.

(2) [1]Zur Wahrung der Chancengleichheit zwischen den Berliner und Brandenburger Richtern werden nach Errichtung eines gemeinsamen Fachobergerichtes die Richter des jeweiligen Gerichtszweiges in beiden Ländern neu beurteilt. [2]Der Fachobergerichtspräsident gewährleistet durch Überbeurteilungen einen einheitlichen Beurteilungsmaßstab, soweit er die Neubeurteilungen nicht selbst vornimmt. [3]Dem Präsidenten eines gemeinsamen Fachobergerichtes obliegt auch später die Überbeurteilung der an den erstinstanzlichen Gerichten tätigen Richter, soweit er diese nicht beurteilt. [4]Der zuständige Senator und der zuständige Minister erlassen bis spätestens zur Errichtung eines gemeinsamen Fachobergerichtes übereinstimmende Beurteilungsrichtlinien für den jeweiligen Gerichtszweig. [5]Soweit die Beurteilungsrichtlinien bis zur Errichtung eines gemeinsamen Fachobergerichtes noch nicht erlassen werden konnten, erlässt der Präsident des gemeinsamen Fachobergerichtes sie umgehend nach Errichtung des Gerichtes im Einvernehmen mit dem zuständigen Senator und dem zuständigen Minister.

(3) [1]Die zuständigen Senatoren und Minister können einem gemeinsamen Fachobergericht einvernehmlich weitere Aufgaben der Justizverwaltung übertragen. [2]Das gemeinsame Fachobergericht unterliegt insoweit der Aufsicht des übertragenden Landes. [3]Der Kreis der aus Berlin und Brandenburg übertragenen Aufgaben muss sich nicht decken.

Artikel 10 Präsidialräte

(1) [1]Die Präsidialräte bei dem gemeinsamen Oberverwaltungsgericht, gemeinsamen Landessozialgericht und gemeinsamen Landesarbeitsgericht bestehen jeweils aus dem Präsidenten als Vorsitzendem sowie aus je zwei Richtern, die von den Berliner und Brandenburger Richtern der betreffenden Fachgerichtsbarkeit nach Landesrecht gewählt werden. [2]Die Richter des gemeinsamen Fachobergerichtes sind bei den Wahlen im Sitzland aktiv und passiv wahlberechtigt.

(2) Soweit ein Präsidialrat bei den in Absatz 1 genannten gemeinsamen Fachobergerichten sich mit Angelegenheiten aus dem jeweiligen Gericht befasst, sind alle Mitglieder des Präsidialrates stimmberechtigt; die Beteiligungsrechte und das Beteiligungsverfahren richten sich nach dem Recht des Sitzlandes.

(3) [1]Soweit ein Präsidialrat bei den in Absatz 1 genannten gemeinsamen Fachobergerichten sich mit Angelegenheiten aus einem erstinstanzlichen Gericht befasst, sind nur der Präsident und die von den Richtern des betroffenen Landes gewählten Mitglieder stimmberechtigt. [2]Die übrigen Präsidialratsmitglieder können mit beratender Stimme mitwirken. [3]Die Beteiligungsrechte und das Beteiligungsverfahren richten sich nach dem Recht des betroffenen Landes.

(4) Der Präsidialrat bei dem gemeinsamen Finanzgericht besteht aus dem Präsidenten als Vorsitzendem und vier Richtern, die von der Richterschaft des gemeinsamen Finanzgerichtes nach dem Recht des Landes Brandenburg gewählt werden; die Beteiligungsrechte und das Beteiligungsverfahren richten sich ebenfalls nach dem Recht des Landes Brandenburg.

Artikel 11 Richterräte, Gesamtrichterräte, Hauptrichter- und Hauptstaatsanwaltsrat

(1) Bei einem gemeinsamen Fachobergericht wird nach dem Landesrecht des Sitzlandes ein Richterrat gebildet und beteiligt.

(2) [1]Bei dem gemeinsamen Oberverwaltungsgericht, dem gemeinsamen Landessozialgericht und dem gemeinsamen Landesarbeitsgericht wird jeweils auch ein Gesamtrichterrat gebildet. [2]Er besteht aus dem Vorsitzenden des Richterrates des gemeinsamen Fachobergerichtes sowie aus je drei Richtern, die von den erstinstanzlichen Richtern der betreffenden Fachgerichtsbarkeit in Berlin und Brandenburg nach Landesrecht aus ihrer Mitte gewählt werden.

(3) [1]Der Gesamtrichterrat bei einem gemeinsamen Fachobergericht ist in folgenden Fällen zu beteiligen:

1. Bei einer Maßnahme des Fachobergerichtspräsidenten, die neben dem Fachobergericht auch erstinstanzliche Gerichte betrifft; die Beteiligung erfolgt nach dem Recht des Sitzlandes des gemeinsamen Fachobergerichtes.
2. Bei einer Maßnahme des Fachobergerichtspräsidenten, die nur die erstinstanzlichen Gerichte im Sitzland des Fachobergerichtes betrifft; die Beteiligung erfolgt nach dem Recht des Sitzlandes.
3. Bei einer Maßnahme des Fachobergerichtspräsidenten, die nur die erstinstanzlichen Gerichte im anderen Land betrifft; die Beteiligung erfolgt nach dem Recht des anderen Landes.

4. Als Stufenvertretung, wenn der Präsident oder Direktor eines erstinstanzlichen Gerichtes und der dort gebildete Richterrat sich nicht über eine mitbestimmungspflichtige Maßnahme einigen können; die Beteiligung des Gesamtrichterrates richtet sich nach dem Recht des betroffenen Landes.

[2]Betrifft die Entscheidung des Gesamtrichterrates nur die erste Instanz eines Landes, können die von den erstinstanzlichen Richtern des anderen Landes gewählten Mitglieder des Gesamtrichterrates mit beratender Stimme mitwirken.

(4) [1]In den Fällen des Absatzes 3 Satz 1 Nummer 1 beschließt die Einigungsstelle des Sitzlandes eine Empfehlung. [2]Die abschließende Entscheidung obliegt dem zuständigen Mitglied der Landesregierung des Sitzlandes im Einvernehmen mit dem zuständigen Mitglied der Landesregierung des anderen Landes.

(5) [1]Der Richterrat bei dem Finanzgericht Berlin-Brandenburg und die Gesamtrichterräte bei den übrigen gemeinsamen Fachobergerichten entsenden in beiden Ländern Mitglieder in den jeweiligen Hauptrichter- und Hauptstaatsanwaltsrat. [2]Es können nur Mitglieder entsandt werden, die auch im Dienst des Landes stehen, in dem der jeweilige Hauptrichter- und Hauptstaatsanwaltsrat gebildet ist.

Artikel 12 Personalräte

(1) Bei jedem gemeinsamen Fachobergericht wird nach dem Landesrecht des Sitzlandes ein Personalrat gebildet und beteiligt.

(2) [1]Soweit ein gemeinsames Fachobergericht die Aufgaben einer Mittelbehörde für das Sitzland wahrnimmt, beteiligt der Präsident die nach dem Personalvertretungsrecht des Sitzlandes zuständige Personalvertretung nach dem Recht des Sitzlandes. [2]Soweit ein gemeinsames Fachobergericht die Aufgaben einer Mittelbehörde für das andere Land wahrnimmt, beteiligt der Präsident die nach dem Personalvertretungsrecht des anderen Landes zuständige Personalvertretung nach dem Recht des anderen Landes. [3]Diese kann bei dem gemeinsamen Fachobergericht angesiedelt werden; für sie sind nur die nichtrichterlichen Bediensteten der erstinstanzlichen Gerichte des anderen Landes aktiv und passiv wahlberechtigt.

(3) Für das Verfahren bei Nichteinigung in beteiligungspflichtigen Angelegenheiten gilt jeweils das Recht des betroffenen Landes.

II. Abschnitt
Regelungen für einzelne Fachobergerichte

Artikel 13 Landesrechtliche Regelungen zur Verwaltungsgerichtsordnung

Soweit die Verwaltungsgerichtsordnung landesrechtliche Regelungen zulässt, können Berlin und Brandenburg diese unabhängig voneinander treffen.

Artikel 14 Ehrenamtliche Richter des gemeinsamen Oberverwaltungsgerichtes

[1]Der Wahlausschuss für die Wahl der ehrenamtlichen Richter bei dem gemeinsamen Oberverwaltungsgericht besteht aus dessen Präsidenten als Vorsitzendem, je einem vom Senat von Berlin und von der Landesregierung Brandenburg entsandten Verwaltungsbeamten sowie je vier Vertrauensleuten aus dem Land Berlin und dem Land Brandenburg, die nach Landesrecht gewählt werden. [2]Der Senat von Berlin und die Landesregierung Brandenburg können die Entsendung des Verwaltungsbeamten auf den zuständigen Senator oder Minister übertragen.

Artikel 15 Fachsenate für Personalvertretungs- und Disziplinarsachen am gemeinsamen Oberverwaltungsgericht

(1) Die ehrenamtlichen Richter des Fachsenates oder der Fachsenate für Bundespersonalvertretungssachen werden vom Präsidenten des gemeinsamen Oberverwaltungsgerichtes berufen.

(2) [1]Die Beamtenbeisitzer des Fachsenates oder der Fachsenate für Bundesdisziplinarsachen werden in entsprechender Anwendung von Artikel 14 gewählt. [2]Die Vorschlagsliste wird durch den Senator für Inneres des Landes Berlin im Einvernehmen mit dem für die Verwaltungsgerichtsbarkeit zuständigen Minister des Landes Brandenburg erstellt. [3]Die obersten Bundesbehörden und die Spitzenorganisationen der Gewerkschaften der Beamten können für die Aufnahme von Beamten in die Liste Vorschläge unterbreiten.

(3) In Landespersonalvertretungs- und Landesdisziplinarsachen richten sich die Zuständigkeit, die Besetzung und das Verfahren des gemeinsamen Oberverwaltungsgerichtes nach den Vorschriften des Landes, aus dem die jeweilige Sache stammt.

Artikel 16 Gemeinsames Flurbereinigungsgericht beim gemeinsamen Oberverwaltungsgericht

(1) Bei dem gemeinsamen Oberverwaltungsgericht besteht ein Fachsenat als gemeinsames Flurbereinigungsgericht der Länder Berlin und Brandenburg.

(2) [1]Die ehrenamtlichen Richter des Flurbereinigungsgerichtes sowie deren Stellvertreter ernennt oder beruft der Präsident des Oberverwaltungsgerichtes auf die Dauer von fünf Jahren. [2]Artikel 2 Abs. 1 Satz 6 gilt entsprechend. [3]Der ehrenamtliche Richter im Sinne des § 139 Abs. 2 Satz 2 des Flurbereinigungsgesetzes und sein Stellvertreter werden auf einvernehmlichen Vorschlag des für die Landwirtschaft zuständigen Senators und des für die Landwirtschaft zuständigen Ministers ernannt. [4]Die landwirtschaftlichen Berufsvertretungen (§ 109 des Flurbereinigungsgesetzes) stellen jeweils eine Vorschlagsliste für die Berufung der ehrenamtlichen Richter im Sinne des § 139 Abs. 3 des Flurbereinigungsgesetzes mit einer vom Präsidenten des Oberverwaltungsgerichtes bestimmten Anzahl von Vorschlägen auf. [5]Jede Vorschlagsliste soll dieselbe Anzahl von Vorschlägen umfassen. [6]Die Gesamtzahl der Vorschläge soll unbeschadet des Satzes 4 das Eineinhalbfache der erforderlichen Zahl der Beisitzer und der Stellvertreter betragen.

Artikel 17 Angliederung von Heilberufsobergerichten an das gemeinsame Oberverwaltungsgericht

Die Länder Berlin und Brandenburg können durch Landesgesetz ihre oberen Berufsgerichte für die Heilberufe an das gemeinsame Oberverwaltungsgericht angliedern.

Artikel 18 Ehrenamtliche Richter des gemeinsamen Finanzgerichtes

[1]Der Wahlausschuss für die Wahl der ehrenamtlichen Richter bei dem gemeinsamen Finanzgericht besteht aus dessen Präsidenten als Vorsitzendem, je einem von der Oberfinanzdirektion Berlin und der Oberfinanzdirektion Cottbus entsandten Beamten der Finanzverwaltung sowie je vier Vertrauensleuten aus dem Land Berlin und dem Land Brandenburg, die nach Landesrecht gewählt werden. [2]§ 23 Abs. 2 Satz 5 der Finanzgerichtsordnung bleibt unberührt.

Artikel 19 Ehrenamtliche Richter des gemeinsamen Landessozialgerichtes

Die ehrenamtlichen Richter des gemeinsamen Landessozialgerichtes werden von dessen Präsidenten berufen.

Artikel 20 Ehrenamtliche Richter des gemeinsamen Landesarbeitsgerichtes

Die ehrenamtlichen Richter des gemeinsamen Landesarbeitsgerichtes werden von dessen Präsidenten berufen.

III. Abschnitt

Kostentragung

Artikel 21 Geschäftsräume, Informationstechnik

(1) Das Sitzland eines gemeinsamen Fachobergerichtes stellt die erforderlichen Geschäftsräume einschließlich der für die Informationstechnik notwendigen aktiven und passiven Verkabelung, die zur Ausstattung notwendigen Einrichtungsgegenstände sowie die Bücherei; die anfallenden Kosten werden nicht umgelegt.

(2) [1]Das Sitzland beschafft die für ein gemeinsames Fachobergericht notwendige Computerhard- und -software. [2]Die Auswahl der Software erfolgt im Einvernehmen beider Länder, falls dieses nicht erreichbar ist, durch die zuständige Senatsverwaltung oder das zuständige Ministerium des Sitzlandes.

Artikel 22 Umlage der sächlichen Kosten, der Personalkosten für das aktive Personal und Kosten für die Entschädigung der ehrenamtlichen Richter

[1]Die laufenden Betriebskosten der Geschäftsräume, die Kosten für etwaige Schönheitsreparaturen, die Kosten für die Beschaffung und Nutzung der Informationstechnik sowie die sächlichen Kosten des Geschäftsbetriebes werden, soweit sie nicht durch die Einnahmen gedeckt sind, im Verhältnis der Eingangszahlen auf die beiden Länder verteilt. [2]Dasselbe gilt für die Umlage der Personalkosten für das aktive Personal und die Kosten für die Entschädigung der ehrenamtlichen Richter.

Artikel 23 Umlage der Versorgungslasten

(1) Die Versorgungsbezüge der nichtrichterlichen Bediensteten der gemeinsamen Fachobergerichte trägt das jeweilige Sitzland; § 107b des Beamtenversorgungsgesetzes bleibt unberührt.

(2) [1]Für die Versorgungsbezüge der Richter eines gemeinsamen Fachobergerichtes gilt § 107b des Beamtenversorgungsgesetzes mit der Maßgabe entsprechend, dass für die Zeit ab der Übernahme eines Richters an das gemeinsame Fachobergericht die Länder Berlin und Brandenburg gemeinschaftlich als aufnehmendes Land gelten. [2]Der von ihnen in dieser Eigenschaft nach § 107b des Beamtenversorgungsgesetzes zu tragende Anteil an den Versorgungsbezügen wird zwischen den Ländern Berlin und Brandenburg nach dem Verhältnis der Eingangszahlen des betreffenden Fachobergerichtes aus Berlin und Brandenburg aufgeteilt. [3]Maßgeblich für die Ermittlung des Verhältnisses der Eingangszahlen ist der Zeitraum von der Übernahme des Richters an das gemeinsame Fachobergericht bis zu seiner Zurruhesetzung. [4]Die Auszahlung der Versorgungsbezüge erfolgt durch das Sitzland.

Artikel 24 Umlageverfahren

(1) [1]Die umzulegenden Personalkosten und sächlichen Kosten eines gemeinsamen Fachobergerichtes werden vom Sitzland vorschussweise geleistet. [2]Die Einnahmen fließen dem Sitzland zu.

(2) [1]Nach Beendigung des Haushaltsjahres stellt das Sitzland fest, welcher Betrag der umlagefähigen Personalkosten und sächlichen Kosten durch die Einnahmen nicht gedeckt ist. [2]Es legt diesen Betrag in dem Verhältnis auf beide Länder um, in dem Verfahren aus jedem der Länder im Haushaltsjahr bei dem gemeinsamen Fachobergericht anhängig geworden sind. [3]Dabei sind die Verfahren dem Land zuzurechnen, in dem sie anhängig geworden wären, wenn es ein eigenes Fachobergericht gehabt hätte.

(3) Das Sitzland kann am Schluss eines jeden Vierteljahres vom anderen Land Abschlagszahlungen auf den am Ende des Haushaltsjahres zu erwartenden Umlagebetrag anfordern.

Artikel 25 Anzahl der Spruchkörper, Haushaltsplan

(1) [1]Die Anzahl der Spruchkörper des gemeinsamen Oberverwaltungsgerichtes, des gemeinsamen Finanzgerichtes und des gemeinsamen Landessozialgerichtes legen der jeweilige Gerichtspräsident, der zuständige Senator und der zuständige Minister einvernehmlich fest. [2]Die Anzahl der Spruchkörper des gemeinsamen Landesarbeitsgerichtes legen der zuständige Senator und der zuständige Minister einvernehmlich fest.

(2) Der Entwurf des Haushaltsplanes einschließlich des Stellenplanes für ein gemeinsames Fachobergericht wird von dem für das Gericht und dem für Finanzen zuständigen Ressort des Sitzlandes im Einvernehmen mit den entsprechenden Ressorts des anderen Landes aufgestellt und im Haushaltsplan des Sitzlandes ausgebracht.

(3) [1]Für die Prüfung der Jahresrechnung sind die im Sitzland geltenden Bestimmungen maßgebend. [2]Die Prüfung erfolgt durch den Landesrechnungshof des Sitzlandes. [3]Die Regierung des Sitzlandes leitet das ihr nach Abschluss des Prüfungsverfahrens übermittelte Prüfungsergebnis der Regierung des anderen Landes zu.

IV. Abschnitt
Folgeänderung

Artikel 26 (nicht wiedergegebene Änderungsvorschrift)

V. Abschnitt
In-Kraft-Treten, Übergangs- und Schlussvorschriften

Artikel 27 In-Kraft-Treten

[1]Dieser Staatsvertrag bedarf der Ratifikation. [2]Er tritt am ersten Tag des auf den Austausch der Ratifikationsurkunden folgenden Monats in Kraft[1)].

Artikel 28 Übergang anhängiger Verfahren

Mit der Errichtung eines gemeinsamen Fachobergerichtes gehen die bei den bisherigen Fachobergerichten der Länder Berlin und Brandenburg anhängigen Verfahren in dem Stand, in dem sie sich befinden, auf das gemeinsame Fachobergericht über.

---

1) In Kraft getreten am 1. 1. 2005; vgl. hierzu in Berlin: Bek. v. 9. 12. 2004 (GVBl. S. 532) sowie in Brandenburg: Bek. v. 6. 1. 2005 (GVBl. I S. 35).

Artikel 29 Übernahme von planmäßigen Richtern

(1) [1]Mit der Errichtung eines gemeinsamen Fachobergerichtes werden die planmäßigen Richter der bisherigen Fachobergerichte der Länder Berlin und Brandenburg planmäßige Richter des gemeinsamen Fachobergerichtes. [2]Erster Präsident eines gemeinsamen Fachobergerichtes wird jeweils der bisherige Fachobergerichtspräsident aus dem Sitzland. [3]Erster Vizepräsident eines gemeinsamen Fachobergerichtes wird jeweils der bisherige Fachobergerichtspräsident aus dem anderen Land. [4]Die Vizepräsidenten der bisherigen Fachobergerichte werden Vorsitzende Richter an den gemeinsamen Fachobergerichten.

(2) Artikel 2 Abs. 1 Satz 6 und Artikel 6 gelten entsprechend.

Artikel 30 Übernahme von ehrenamtlichen Richtern

[1]Die Übernahme von ehrenamtlichen Richtern an ein gemeinsames Fachobergericht richtet sich nach Artikel 3 des Gesetzes über die Zuständigkeit der Gerichte bei Änderung der Gerichtseinteilung (BGBl. III 300-4). [2]Artikel 6 gilt entsprechend.

Artikel 31 Übergangsregelung zu den Beteiligungsgremien

(1) Die Präsidial- und Gesamtrichterräte bei den gemeinsamen Fachobergerichten werden ebenso wie die übrigen richterlichen und staatsanwaltlichen Beteiligungsgremien in den Ländern Berlin und Brandenburg im Jahr des Inkrafttretens der Gesetze zur Angleichung des Richterrechts der Länder Berlin und Brandenburg in der Zeit vom 1. Oktober bis zum 15. Dezember gewählt.

(2) [1]Bis zum Tag der Konstituierung der nach Maßgabe des Absatzes 1 gewählten Beteiligungsgremien bleiben die bisherigen Präsidial- und Gesamtrichterräte bei den gemeinsamen Fachobergerichten im Amt. [2]Für diese gelten ab Inkrafttreten der Gesetze zur Angleichung des Richterrechts der Länder Berlin und Brandenburg deren Rechte und Verfahrensbestimmungen vorbehaltlich des Satzes 3. [3]Die zum Zeitpunkt des Inkrafttretens der Gesetze zur Angleichung des Richterrechts der Länder Berlin und Brandenburg bereits eingeleiteten Beteiligungsverfahren werden auf der Grundlage der vor Inkrafttreten der genannten Gesetze geltenden Rechtsvorschriften fortgeführt.

Artikel 32 Übergangsregelung zur sächlichen Ausstattung

Soweit planmäßige Richter eines bisherigen Fachobergerichtes der Länder Berlin und Brandenburg an ein gemeinsames Fachobergericht übernommen werden, stellt das Herkunftsland die Einrichtungsgegenstände der Dienstzimmer mit Ausnahme der Computerhardware.

Artikel 33 Kündigung, Auseinandersetzung

(1) [1]Dieser Staatsvertrag gilt unbefristet. [2]Er kann von jedem Land mit einjähriger Frist zum 31. Dezember jeden Jahres schriftlich gekündigt werden.

(2) [1]Bei Beendigung des Staatsvertrages übernehmen die beiden Länder nach einem für jedes gemeinsame Fachobergericht von dem zuständigen Senator oder Minister des Sitzlandes im Einvernehmen mit dem zuständigen Senator oder Minister des anderen Landes aufzustellenden Plan die vorhandenen Richter. [2]Durch einen entsprechenden Plan wird auch die gemeinsam finanzierte Sachausstattung auseinandergesetzt. [3]Die von den Ländern Berlin und Brandenburg jeweils alleine finanzierte Sachausstattung fällt an das Land zurück, das sie finanziert hat.

Gesetz über die Justiz im Land Berlin (Justizgesetz Berlin – JustG Bln)[1)]

Vom 22. Januar 2021 (GVBl. S. 75)
(BRV 300-5)
zuletzt geändert durch Art. 1 Erstes ÄndG vom 14. September 2021 (GVBl. S. 1076)

Inhaltsübersicht

1) Verkündet als Art. 1 G über die Modernisierung und Bereinigung von Justizgesetzen im Land Berlin v. 22.1.2021 (GVBl. S. 75); Inkrafttreten gem. Art. 9 Abs. 2 dieses G am 1.8.2021, mit Ausnahme von § 36, der gem. Art. 9 Abs. 1 dieses G bereits am 5.2.2021 in Kraft tritt, mit Ausnahme des § 21 Nr. 3 sowie der §§ 39–49, die gem. Art. 9 Abs. 3 Nr. 1 am 1.7.2021 in Kraft treten.

Kapitel 1
Gliederung der Gerichte und Staatsanwaltschaften

Abschnitt 1
Ordentliche Gerichtsbarkeit, Staatsanwaltschaften

§ 1 Kammergericht

[1]Das Kammergericht ist als Oberlandesgericht zuständig für das Land Berlin. [2]Es hat seinen Sitz im Gerichtsbezirk des Amtsgerichts Schöneberg.

§ 2 Landgericht Berlin

[1]Das Landgericht Berlin ist zuständig für das Land Berlin. [2]Es hat seinen Sitz im Gerichtsbezirk des Amtsgerichts Charlottenburg.

§ 3 Amtsgerichte

(1) [1]Die Amtsgerichte sind für die nachfolgend festgelegten Gerichtsbezirke zuständig:

1. das Amtsgericht Charlottenburg für den Bezirk Charlottenburg-Wilmersdorf,
2. das Amtsgericht Köpenick für den Bezirk Treptow-Köpenick,

3. das Amtsgericht Kreuzberg für den Bezirk Friedrichshain-Kreuzberg und den ehemaligen Bezirk Tempelhof,
4. das Amtsgericht Lichtenberg für die Bezirke Lichtenberg und Marzahn-Hellersdorf,
5. das Amtsgericht Mitte für die ehemaligen Bezirke Mitte und Prenzlauer Berg,
6. das Amtsgericht Neukölln für den Bezirk Neukölln,
7. das Amtsgericht Pankow für den Bezirk Pankow ohne den ehemaligen Bezirk Prenzlauer Berg,
8. das Amtsgericht Schöneberg für den Bezirk Steglitz-Zehlendorf und den Bezirk Tempelhof-Schöneberg ohne den ehemaligen Bezirk Tempelhof,
9. das Amtsgericht Spandau für den Bezirk Spandau,
10. das Amtsgericht Tiergarten für den ehemaligen Bezirk Tiergarten,
11. das Amtsgericht Wedding für den Bezirk Reinickendorf und den ehemaligen Bezirk Wedding.

[2]Die Amtsgerichte haben ihren Sitz jeweils innerhalb ihres Gerichtsbezirks.

(2) Soweit dies für die Abgrenzung der Gerichtsbezirke notwendig ist, bestimmt die für Justiz zuständige Senatsverwaltung die Grenzen der ehemaligen Bezirke im Sinne des Absatzes 1 Satz 1 durch Rechtsverordnung.

(3) Die für Justiz zuständige Senatsverwaltung wird ermächtigt, die Zuweisung amtsgerichtlicher Geschäfte für die Gerichtsbezirke mehrerer Amtsgerichte an eines von ihnen durch Rechtsverordnung zu regeln.

§ 4 Staatsanwaltschaften

(1) [1]Bei dem Kammergericht besteht die Generalstaatsanwaltschaft Berlin und bei dem Landgericht Berlin die Staatsanwaltschaft Berlin. [2]Es besteht eine Amtsanwaltschaft.

(2) [1]Bei dem Kammergericht und dem Landgericht Berlin wird das Amt der Staatsanwaltschaft durch Staatsanwältinnen und Staatsanwälte ausgeübt. [2]Bei den Amtsgerichten wird das Amt der Staatsanwaltschaft durch Staatsanwältinnen und Staatsanwälte sowie Amtsanwältinnen und Amtsanwälte ausgeübt.

(3) Näheres über die Einrichtung, die Organisation und den Dienstbetrieb der Staatsanwaltschaften regelt die für Justiz zuständige Senatsverwaltung durch Verwaltungsvorschriften.

Abschnitt 2
Fachgerichtsbarkeit

§ 5 Verwaltungsgerichte

[1]Die allgemeine Verwaltungsgerichtsbarkeit wird durch das Oberverwaltungsgericht Berlin-Brandenburg als gemeinsames Fachobergericht beider Länder und durch das Verwaltungsgericht Berlin ausgeübt. [2]Das Verwaltungsgericht Berlin hat seinen Sitz innerhalb seines Gerichtsbezirks.

§ 6 Sozialgerichte

[1]Die Sozialgerichtsbarkeit wird durch das Landessozialgericht Berlin-Brandenburg als gemeinsames Fachobergericht beider Länder und durch das Sozialgericht Berlin ausgeübt. [2]Das Sozialgericht Berlin hat seinen Sitz innerhalb seines Gerichtsbezirks.

§ 7 Finanzgericht

Die Finanzgerichtsbarkeit wird durch das Finanzgericht Berlin-Brandenburg als gemeinsames Fachobergericht beider Länder ausgeübt.

§ 8 Arbeitsgerichte

[1]Die Arbeitsgerichtsbarkeit wird durch das Landesarbeitsgericht Berlin-Brandenburg als gemeinsames Fachobergericht beider Länder und durch das Arbeitsgericht Berlin ausgeübt. [2]Das Arbeitsgericht Berlin hat seinen Sitz innerhalb seines Gerichtsbezirks.

Kapitel 2
Allgemeine Bestimmungen

§ 9 Errichtung und Aufhebung eines Gerichts der ordentlichen Gerichtsbarkeit

Die Errichtung und die Aufhebung eines Gerichts der ordentlichen Gerichtsbarkeit werden durch Gesetz bestimmt.

§ 10 Gerichtstage

Die für Justiz und die für Arbeit zuständige Senatsverwaltung können in ihrem jeweiligen Zuständigkeitsbereich durch Verwaltungsvorschriften bestimmen, dass außerhalb des Sitzes eines Gerichts regelmäßig Gerichtstage abgehalten werden.

§ 11 Amtstracht

Die für Justiz und die für Arbeit zuständige Senatsverwaltung bestimmen in ihrem jeweiligen Zuständigkeitsbereich die Amtstracht der Berufsrichterinnen und Berufsrichter, der ehrenamtlichen Richterinnen und Richter, der Staatsanwältinnen und Staatsanwälte, der Amtsanwältinnen und Amtsanwälte, der Urkundsbeamtinnen und Urkundsbeamten der Geschäftsstelle und der mit deren Aufgaben betrauten Personen durch Verwaltungsvorschrift.

§ 12 Geschäftsjahr

Das Geschäftsjahr ist das Kalenderjahr.

§ 13 Eildienst

Die Präsidien derjenigen Gerichte, die über die Entziehung der Freiheit zu entscheiden oder sonst unaufschiebbare richterliche Handlungen vorzunehmen haben, regeln den Eildienst für Tages- und Nachtzeiten und an dienstfreien Tagen.

§ 13a Ausstattung der Gerichte für Verhandlungen im Wege der Bild- und Tonübertragung

(1) Die für Justiz zuständige Senatsverwaltung schafft für die Gerichte ihres Geschäftsbereichs die Voraussetzungen dafür, dass Verhandlungen im Wege der Bild- und Tonübertragung durchführbar sind.

(2) Die für Justiz zuständige Senatsverwaltung schafft die Voraussetzungen dafür, dass jedes der in Absatz 1 genannten Gerichte mit mindestens einem Gerichtssaal ausgestattet wird, in dem mit den Prozessbeteiligten sowohl in Präsenzverhandlungen wie auch im Wege der Bild- und Tonübertragung verhandelt werden kann.

Kapitel 3

Justizverwaltung

§ 14 Leitung der Gerichte und Staatsanwaltschaften

(1) Jedes Gericht wird von einer Präsidentin oder einem Präsidenten geleitet.

(2) Die Leitung der Generalstaatsanwaltschaft obliegt der Generalstaatsanwältin oder dem Generalstaatsanwalt in Berlin, die Leitung der Staatsanwaltschaft Berlin der Leitenden Oberstaatsanwältin in Berlin oder dem Leitenden Oberstaatsanwalt in Berlin und die Leitung der Amtsanwaltschaft Berlin der Leiterin der Amtsanwaltschaft Berlin oder dem Leiter der Amtsanwaltschaft Berlin.

§ 15 Vertretung der Leitung

(1) [1]Die bei den Gerichten ernannten Vizepräsidentinnen und Vizepräsidenten nehmen die ständige Vertretung der Präsidentin oder des Präsidenten wahr. [2]Die für Justiz und die für Arbeit zuständige Senatsverwaltung können in ihrem jeweiligen Zuständigkeitsbereich weitere Richterinnen und Richter als ständige Vertreterinnen oder Vertreter bestellen.

(2) Die Vertretung nach Absatz 1 umfasst auch die Verwaltungsgeschäfte.

(3) Die Präsidentin oder der Präsident kann der Vizepräsidentin oder dem Vizepräsidenten und weiteren Richterinnen und Richtern die eigenverantwortliche Leitung eines oder mehrerer Geschäftsbereiche des Gerichts übertragen.

(4) [1]Die für Justiz zuständige Senatsverwaltung bestellt jeweils eine ständige Vertreterin oder einen ständigen Vertreter für die jeweiligen Behördenleitungen der Staatsanwaltschaften. [2]Sie kann weitere ständige Vertreterinnen oder Vertreter bestellen.

§ 16 Geschäftsleitung

[1]Die Geschäftsleiterin oder der Geschäftsleiter steht der Geschäftsstelle vor. [2]Sie oder er und ihre oder seine Stellvertretung werden von der Leitung des jeweiligen Gerichts oder der jeweiligen Staatsanwaltschaft bestellt. [3]Im Bereich der ordentlichen Gerichtsbarkeit erfolgt die Bestellung im Einvernehmen mit der Präsidentin oder dem Präsidenten des Kammergerichts, bei der Staatsanwaltschaft und der Amtsanwaltschaft im Einvernehmen mit der Generalstaatsanwältin oder dem Generalstaatsanwalt.

[4]Kann kein Einvernehmen nach Satz 2 erzielt werden, entscheidet die für Justiz zuständige Senatsverwaltung über die Bestellung. [5]Im Bereich der Arbeitsgerichtsbarkeit erfolgt die Bestellung durch die Präsidentin oder den Präsidenten des Landesarbeitsgerichts Berlin-Brandenburg.

§ 17 Organisation der Gerichte und Staatsanwaltschaften

(1) Für das Oberverwaltungsgericht Berlin-Brandenburg, das Landessozialgericht Berlin-Brandenburg, das Finanzgericht Berlin-Brandenburg und das Landesarbeitsgericht Berlin-Brandenburg wird das Verfahren zur Bestimmung der Zahl der Spruchkörper staatsvertraglich geregelt.

(2) [1]Die Präsidentin oder der Präsident eines Gerichts bestimmt die Zahl der Spruchkörper dieses Gerichts. [2]Ihr oder ihm können hierfür Weisungen im Wege der Dienstaufsicht erteilt werden. [3]Satz 1 gilt nicht für die Kammern für Handelssachen bei dem Landgericht Berlin und für das Arbeitsgericht Berlin.

(3) [1]Die jeweilige Behördenleitung bestimmt die Zahl der Hauptabteilungen und Abteilungen bei den Staatsanwaltschaften. [2]Ihr können hierfür Weisungen im Wege der Dienstaufsicht erteilt werden.

(4) [1]Die für Justiz zuständige Senatsverwaltung stellt über ein zentrales Portal im Internet sämtliche die Justiz betreffende wichtige Informationen und Unterlagen zur Verfügung. [2]Es ist zu gewährleisten, dass das Portal barrierefrei nutzbar ist.

§ 18 Erledigung der Verwaltungsgeschäfte

[1]Die Leitungen der Gerichte und der Staatsanwaltschaften erledigen die ihnen zugewiesenen Geschäfte der Justizverwaltung und nehmen gegenüber der für Justiz und der für Arbeit zuständigen Senatsverwaltung auf Verlangen Stellung zu Angelegenheiten der Rechtspflege, der Justizverwaltung und der Gesetzgebung. [2]Sie können mit den Aufgaben nach Satz 1 Bedienstete im Sinne von § 19 Absatz 4 Satz 2 betrauen.

§ 19 Dienstaufsicht

(1) [1]Oberste Dienstaufsichtsbehörde für die ordentlichen Gerichte, die Gerichte der allgemeinen Verwaltungsgerichtsbarkeit, das Sozialgericht und die Richterdienstgerichte ist die für Justiz zuständige Senatsverwaltung. [2]Oberste Dienstaufsichtsbehörde für die Gerichte für Arbeitssachen ist die für Arbeit zuständige Senatsverwaltung.

(2) [1]Die Präsidentin oder der Präsident des Kammergerichts ist obere Dienstaufsichtsbehörde für die Gerichte der ordentlichen Gerichtsbarkeit. [2]Die Präsidentin oder der Präsident des Oberverwaltungsgerichts Berlin-Brandenburg ist obere Dienstaufsichtsbehörde für das Dienstgericht. [3]Die Generalstaatsanwältin oder der Generalstaatsanwalt ist obere Dienstaufsichtsbehörde für die Staatsanwaltschaft Berlin und die Amtsanwaltschaft Berlin.

(3) [1]Die jeweiligen Leitungen der Gerichte und Staatsanwaltschaften üben die Dienstaufsicht über ihr Gericht oder ihre Behörde aus. [2]Die Präsidentin oder der Präsident des Oberverwaltungsgerichts Berlin-Brandenburg übt die Dienstaufsicht über den Dienstgerichtshof und die Präsidentin oder der Präsident des Verwaltungsgerichts die Dienstaufsicht über das Dienstgericht aus.

(4) [1]Wer die Dienstaufsicht ausübt, ist Dienstvorgesetzte oder Dienstvorgesetzter. [2]Die Dienstaufsicht über ein Gericht oder eine Staatsanwaltschaft erstreckt sich auf sämtliche dort beschäftigten Bediensteten.

(5) Bundes- oder sonstige landesrechtliche Regelungen über die Dienstaufsicht bleiben unberührt.

§ 20 Beschwerden

Über Beschwerden in Angelegenheiten der Justizverwaltung wird im Wege der Dienstaufsicht entschieden, soweit nicht der Rechtsweg eröffnet ist.

§ 21 Beglaubigungen

Für die Beglaubigung zur Verwendung im Ausland sind zuständig:

1. die Leitungen der Gerichte und der Staatsanwaltschaften für die Beglaubigung öffentlicher Urkunden, sofern das jeweilige Gericht oder die Staatsanwaltschaft die Urkunde ausgestellt hat; wird ein Gericht gemäß § 9 aufgehoben oder ist ein Gericht im Zeitpunkt des Inkrafttretens dieses Gesetzes bereits aufgehoben worden, so ist die Leitung des dessen Aufgaben übernehmenden Gerichts zuständig,
2. die Präsidentin oder der Präsident des Landgerichts Berlin für die Beglaubigung der Unterschriften der Notarinnen und Notare Berlins,

3. die durch Rechtsverordnung nach § 40 Absatz 1 bestimmte Stelle für die Beglaubigung der nach § 43 Absatz 5 erteilten Bescheinigungen von Übersetzerinnen und Übersetzern und
4. die für Justiz zuständige Senatsverwaltung für die Beglaubigung von sonstigen Urkunden aus dem Bereich der Justiz.

Kapitel 4
Bedienstete der Gerichte und Staatsanwaltschaften

§ 22 Geschäftsstelle
[1]Die Geschäftsstellen der Gerichte und der Staatsanwaltschaften haben die Aufgaben wahrzunehmen, die ihnen nach Rechts- und Verwaltungsvorschriften obliegen oder übertragen sind. [2]Bei Bedarf können mit den Aufgaben einer Urkundsbeamtin oder eines Urkundsbeamten der Geschäftsstelle auch andere als die in § 153 des Gerichtsverfassungsgesetzes genannten Personen betraut werden, wenn sie auf Grund von Fortbildungsmaßnahmen zur Erledigung dieser Aufgaben geeignet sind. [3]Das Nähere zur Besetzung einer Geschäftsstelle regeln die für Justiz und die für Arbeit zuständige Senatsverwaltung in ihrem jeweiligen Zuständigkeitsbereich durch Verwaltungsvorschrift.

§ 23 Besorgnis der Befangenheit im Amt der Staatsanwaltschaft
(1) [1]Liegt ein Grund vor, der geeignet ist, Misstrauen gegen eine unparteiische Amtsausübung zu rechtfertigen, so hat, wer das Amt der Staatsanwaltschaft ausübt, seine Vorgesetzte oder seinen Vorgesetzten zu unterrichten und sich auf deren oder dessen Anordnung der Mitwirkung zu enthalten. [2]Betrifft die Besorgnis der Befangenheit die Leiterin oder den Leiter der Behörde, so trifft diese Anordnung die Dienstaufsichtsbehörde, sofern sich die Leiterin oder der Leiter der Behörde nicht selbst einer Mitwirkung enthält.
(2) Ein Grund nach Absatz 1 liegt in der Regel vor, wenn die Beamtin oder der Beamte
1. selbst durch die zu verfolgende Straftat verletzt ist oder der Tat verdächtigt wird,
2. Ehegattin oder Ehegatte, Lebenspartnerin oder Lebenspartner, Vormundin oder Vormund oder Betreuerin oder Betreuer der beschuldigten oder verletzten Person ist oder gewesen ist,
3. mit der beschuldigten oder verletzten Person in gerader Linie verwandt oder verschwägert, in der Seitenlinie bis zum dritten Grad verwandt oder bis zum zweiten Grad verschwägert ist oder war oder
4. in der Sache als Richterin oder Richter, Polizeibeamtin oder Polizeibeamter oder Rechtsanwältin oder Rechtsanwalt tätig gewesen ist.

§ 24 Gerichtsvollzieherinnen und Gerichtsvollzieher
(1) Die Gerichtsvollzieherinnen und Gerichtsvollzieher sind neben den ihnen nach Bundesrecht obliegenden Dienstverrichtungen auch zuständig,
1. Wechsel- und Scheckproteste aufzunehmen,
2. freiwillige Versteigerungen von beweglichen Sachen und von Früchten, die vom Boden noch nicht getrennt sind, durchzuführen,
3. Vermögensverzeichnisse aufzunehmen,
4. öffentliche Verpachtungen an die Meistbietende oder den Meistbietenden im Auftrage des Gerichts vorzunehmen und
5. Zeuginnen und Zeugen auf Anordnung des Gerichts zwangsweise vorzuführen.
(2) Die Gerichtsvollzieherinnen und Gerichtsvollzieher können Aufträge zu freiwilligen Versteigerungen nach ihrem Ermessen ablehnen.
(3) § 155 des Gerichtsverfassungsgesetzes gilt in den Fällen des Absatz 1 entsprechend.
(4) [1]Gerichtsvollzieherinnen und Gerichtsvollzieher können bei Vollstreckungsmaßnahmen, die zu einem schwerwiegenden Eingriff bei einer Schuldnerin oder einem Schuldner führen, zur Abwehr von Gefahren für Leib und Leben vor deren Durchführung bei der zuständigen Polizeidienststelle anfragen, ob personengebundene Erkenntnisse über eine Gefährlichkeit oder Gewaltbereitschaft der Schuldnerin oder des Schuldners vorliegen. [2]Dies gilt nicht, soweit nach den Umständen des Einzelfalles kein Widerstand gegen die vollstreckenden Personen zu erwarten ist. [3]In der Anfrage kann der Gerichtsvollzieher Name, Anschrift, Geburtsname, Geburtsdatum und Geburtsort der Schuldnerin oder des Schuldners übermitteln.

(5) Vollstreckungsmaßnahmen, die zu einem schwerwiegenden Eingriff führen, sind insbesondere Verhaftungen, Räumungen von Wohnraum, die Vollstreckung von Titeln zur Sperrung der Energieversorgung, Wohnungsdurchsuchungen auf Grund richterlicher Anordnung, der Vollzug einer Anordnung nach dem Gewaltschutzgesetz und der Vollzug von Entscheidungen auf Herausgabe einer Person.

(6) [1]Die auf die Anfrage nach Absatz 4 erteilte Auskunft darf nur verwendet werden, um im Rahmen einer Vollstreckungsmaßnahme die Sicherheit der an ihr beteiligten Personen zu gewährleisten. [2]Sie ist gesondert und verschlossen aufzubewahren und zwei Jahre nach Abschluss der letzten Vollstreckungsmaßnahme gemäß Absatz 4 Satz 1 gegen die Schuldnerin oder den Schuldner zu vernichten.

§ 25 Aufgaben des Justizwachtmeisterdienstes

[1]Den Bediensteten des Justizwachtmeisterdienstes obliegen insbesondere die Aufgaben des Vorführdienstes, der Bewachung Gefangener, der Aufrechterhaltung der Sicherheit und Ordnung in Dienstgebäuden und der Vollziehung gerichtlicher oder staatsanwaltschaftlicher Anordnungen. [2]Näheres können die für Justiz und die für Arbeit zuständige Senatsverwaltung in ihrem jeweiligen Zuständigkeitsbereich durch Verwaltungsvorschriften bestimmen. [3]Zur Erfüllung ihrer Aufgaben haben die Bediensteten des Justizwachtmeisterdienstes die in Kapitel 5 dieses Gesetzes, insbesondere gemäß §§ 27 bis 29, vorgesehenen Befugnisse.

Kapitel 5
Sicherheit und Ordnung

§ 26 Hausrecht

(1) [1]In den jeweils von ihnen genutzten Dienstgebäuden haben die Leitungen der für Justiz und der für Arbeit zuständigen Senatsverwaltung, der Gerichte und Staatsanwaltschaften das Hausrecht inne. [2]Bei gemeinschaftlich genutzten Dienstgebäuden kann die jeweils zuständige Senatsverwaltung durch Verwaltungsvorschriften bestimmen, wer ganz oder teilweise das Hausrecht innehat.

(2) Dienstgebäude im Sinne dieses Gesetzes sind die jeweiligen Behörden- oder Gerichtsgebäude einschließlich der dazugehörigen eingefriedeten Außenflächen.

(3) Die Leitungen der für Justiz und der für Arbeit zuständigen Senatsverwaltungen und die Leitungen der Gerichte und Staatsanwaltschaften können die Ausübung des Hausrechts allgemein oder im Einzelfall teilweise oder ganz übertragen.

§ 27 Befugnisse der Inhaberinnen und Inhaber des Hausrechts und des Justizwachtmeisterdienstes

(1) Die Inhaberinnen und Inhaber des Hausrechts können die zur Aufrechterhaltung oder Wiederherstellung der Sicherheit und Ordnung, vor allem zur Gewährleistung eines ordnungsgemäßen Dienstbetriebes erforderlichen Maßnahmen treffen, insbesondere

1. Einlasskontrollen, auch unter Einsatz technischer Hilfsmittel, die zum Auffinden von zur Störung der öffentlichen Sicherheit oder Ordnung verwendbaren Gegenständen geeignet sind, durchführen, wobei bei der Identitätsfeststellung, der Durchsuchung von Personen sowie ihrer mitgeführten Sachen die §§ 21 Absatz 3 Satz 1 bis 3, 34 Absatz 4, 35 Absatz 3 des Allgemeinen Sicherheits- und Ordnungsgesetzes in der Fassung der Bekanntmachung vom 11. Oktober 2006 (GVBl. S. 930), das zuletzt durch Artikel 1 des Gesetzes vom 17. Dezember 2020 (GVBl. S. 1485) geändert worden ist, in der jeweils geltenden Fassung, entsprechend Anwendung finden,
2. Dienstgebäude und unmittelbar angrenzende Außenbereiche mit optischelektronischen Einrichtungen beobachten (Videoüberwachung); für die Kennzeichnung der videoüberwachten Bereiche, die Verarbeitung der personenbezogenen Daten zu anderen Zwecken und deren unverzügliche Löschung gilt § 20 Absatz 2, 3 und 5 des Berliner Datenschutzgesetzes vom 13. Juni 2018 (GVBl. S. 418), das durch Artikel 13 des Gesetzes vom 12. Oktober 2020 (GVBl. S. 807) geändert worden ist, in der jeweils geltenden Fassung entsprechend,
3. die Identität einer Person auch außerhalb einer Einlasskontrolle nach Nummer 1 feststellen und die dazu erforderlichen Maßnahmen entsprechend § 21 Absatz 3 des Allgemeinen Sicherheits- und Ordnungsgesetzes treffen,

4. eine Person im Fall erheblicher Störungen des Dienstgebäudes verweisen und ihr das erneute Betreten des Dienstgebäudes im Wege eines Hausverbotes verbieten,
5. Durchsuchungen von Personen und Sachen auch außerhalb einer Einlasskontrolle nach Nummer 1 vornehmen, wobei die §§ 34 Absatz 4, 35 Absatz 3 des Allgemeinen Sicherheits- und Ordnungsgesetzes entsprechend Anwendung finden,
6. Sachen sicherstellen, die geeignet sind, die Sicherheit oder die Ordnung, insbesondere erheblich den Dienstbetrieb, zu stören, wobei eine sichergestellte Sache unverzüglich der Polizei zu übergeben ist, sofern sie nicht noch am Tag der Sicherstellung wieder herausgegeben werden soll und zwischenzeitlich entsprechend § 39 des Allgemeinen Sicherheits- und Ordnungsgesetzes verwahrt wird, und
7. Personen entsprechend §§ 30 Absatz 1 Nummer 1 bis 3 und Absatz 3 des Allgemeinen Sicherheits- und Ordnungsgesetzes in Gewahrsam nehmen, wobei die in Gewahrsam genommene Person unverzüglich der Polizei zu übergeben ist, sofern die Aufhebung des Gewahrsams nicht unmittelbar bevorsteht.

(2) [1]Der Justizwachtmeisterdienst kann mit der Durchsetzung der nach §§ 176 ff. des Gerichtsverfassungsgesetzes erlassenen Anordnungen, soweit bundesgesetzlich nichts anderes geregelt ist, beauftragt werden. [2]Die Bediensteten des Justizwachtmeisterdienstes sind befugt, Personen auf Grund gerichtlicher oder staatsanwaltschaftlicher Anordnung oder auf Ersuchen einer Justizvollzugsanstalt in behördlichen Gewahrsam zu nehmen.

§ 28 Befugnisse gegenüber Gefangenen sowie Untergebrachten

[1]Gegenüber Straf-, Untersuchungs- und Jugendstrafgefangenen sowie Untergebrachten stehen dem Justizwachtmeisterdienst sowie den Beamtinnen und Beamten des allgemeinen Justizdienstes, soweit diese mit Sicherheitsaufgaben betraut sind, auch

1. das Recht auf Absuchung und Durchsuchung einschließlich der von ihnen mitgeführten Sachen sowie der Vorführzellen entsprechend § 83 Absatz 1 und 2 des Berliner Strafvollzugsgesetzes vom 4. April 2016 (GVBl. S. 152), in der jeweils geltenden Fassung,
2. das Festnahmerecht entsprechend § 85 des Berliner Strafvollzugsgesetzes und
3. das Recht auf Anordnung besonderer Sicherungsmaßnahmen entsprechend §§ 86 bis 87 des Berliner Strafvollzugsgesetzes

zu. [2]Fliehen Straf-, Untersuchungs- oder Jugendstrafgefangene oder Untergebrachte in einem Dienstgebäude gemäß § 26 Absatz 2 oder werden sie darin befreit, so können Maßnahmen nach § 27 Absatz 1 Nummer 3, 5 und 7 auch gegen Dritte gerichtet werden, sofern und solange eine Ingewahrsamnahme der entwichenen Person im Dienstgebäude noch möglich erscheint.

§ 29 Anwendung unmittelbaren Zwangs

Die Bediensteten des Justizwachtmeisterdienstes sowie die Beamtinnen und Beamten des allgemeinen Justizdienstes, soweit diese mit Sicherheitsaufgaben betraut sind, sind befugt, unmittelbaren Zwang nach den Vorschriften des Gesetzes über die Anwendung unmittelbaren Zwanges bei der Ausübung öffentlicher Gewalt durch Vollzugsbeamte des Landes Berlin vom 22. Juni 1970 (GVBl. S. 921), das zuletzt durch Artikel 3 des Gesetzes vom 22. Januar 2021 (GVBl. S. 75) geändert worden ist, in der jeweils geltenden Fassung anzuwenden.

§ 30 Verhältnismäßigkeit, anwendbare Vorschriften, Einschränkung von Grundrechten

(1) [1]Von mehreren möglichen und geeigneten Maßnahmen ist diejenige zu treffen, die die Einzelne oder den Einzelnen und die Allgemeinheit voraussichtlich am wenigsten beeinträchtigt. [2]Eine Maßnahme darf nicht zu einem Nachteil führen, der zu dem erstrebten Erfolg erkennbar außer Verhältnis steht. [3]Eine Maßnahme ist nur solange zulässig, bis ihr Zweck erreicht ist oder sich zeigt, dass er nicht erreicht werden kann.

(2) Die Regelungen der §§ 176 ff. des Gerichtsverfassungsgesetzes, die Befugnisse des Justizwachtmeisterdienstes auf Grund anderer Vorschriften sowie die Aufgaben und Befugnisse der Polizei und des Justizvollzugs bleiben von den Vorschriften dieses Kapitels unberührt.

(3) Die Grundrechte der körperlichen Unversehrtheit (Artikel 2 Absatz 2 Satz 1 des Grundgesetzes) und der Freiheit der Person (Artikel 2 Absatz 2 Satz 2 des Grundgesetzes) werden durch die §§ 27 bis 29 eingeschränkt.

§ 31 Wegfall der aufschiebenden Wirkung

Rechtsbehelfe gegen Anordnungen und Maßnahmen nach den §§ 27 bis 29 haben keine aufschiebende Wirkung.

Kapitel 6
Datenverarbeitung und Datenschutz

§ 32 Verarbeitung personenbezogener Daten durch Gerichte und Staatsanwaltschaften

(1) [1]Für die Verarbeitung personenbezogener Daten durch die Gerichte und Staatsanwaltschaften gelten die besonderen Rechtsvorschriften in den jeweiligen Verfahrensordnungen und der Gerichtsverfassung; regeln diese einen Sachverhalt nicht oder nicht abschließend, gilt das Berliner Datenschutzgesetz, soweit in den nachfolgenden Bestimmungen dieses Kapitels keine abweichenden Regelungen getroffen werden. [2]Dabei berücksichtigen die Gerichte und Staatsanwaltschaften die schutzwürdigen Belange von Zeuginnen und Zeugen in besonderem Maße und prüfen in jedem Verfahrensstadium von Amts wegen, ob durch die Verarbeitung personenbezogener Daten eine Gefahr für sie entstehen kann.

(2) [1]Gerichte und Staatsanwaltschaften dürfen personenbezogene Daten aus bei ihnen anhängigen oder anhängig gewesenen Verfahren auch ohne Kenntnis der betroffenen Personen verarbeiten, soweit dies zur Erfüllung der ihnen gesetzlich zugewiesenen Aufgaben, insbesondere zur Erledigung der Verfahren sowie zur Vorgangsverwaltung oder zur Wahrnehmung der Dienst- und Fachaufsicht erforderlich ist. [2]Dabei prüfen die Gerichte und Staatsanwaltschaften nach den geltenden besonderen Rechtsvorschriften in den jeweiligen Verfahrensordnungen und der Gerichtsverfassung in jedem Verfahrensstadium von Amts wegen, ob Versagungsgründe hinsichtlich der ganzen oder teilweisen Herausgabe der darin enthaltenen personenbezogenen Daten an Dritte vorliegen.

(3) [1]Die Bediensteten der Gerichte und Staatsanwaltschaften haben nur zur Erfüllung ihrer Aufgaben Zugriff auf personenbezogene Daten. [2]Die dienstaufsichtsführenden Stellen treffen die hierzu notwendigen technischen und organisatorischen Maßnahmen.

(4) [1]Sofern Bedienstete der Gerichte und Staatsanwaltschaften zur Unterstützung ihrer Tätigkeit auch eigene Geräte der Informations- und Kommunikationstechnik (IKT) einsetzen dürfen, haben die dienstaufsichtsführenden Stellen die Einhaltung der Grundsätze der IKT-Sicherheit in der Weise sicherzustellen, dass die Rahmenbedingungen für die Einhaltung der Anforderungen der Informationssicherheit nach den Standards des Bundesamtes für Informationssicherheit festgelegt werden. [2]Der dienstaufsichtsführenden Stelle ist ein beabsichtigter Einsatz der Geräte durch die Bediensteten anzuzeigen. [3]Die Geräte dürfen nur zur Verarbeitung von personenbezogenen Daten laufender Verfahren genutzt werden. [4]Nach Abschluss der Verfahren sind die personenbezogenen Daten zu löschen. [5]Soweit der Einsatz der Geräte nicht in den Diensträumen erfolgt, sind die Bediensteten besonders auf die Verpflichtung hinzuweisen, den Datenzugriff Unbefugter zu verhindern. [6]Die dienstaufsichtsführende Stelle hat sicherzustellen, dass gegebenenfalls notwendige Maßnahmen im Sinne von Artikel 32 der Verordnung (EU) 2016/679 des Europäischen Parlaments und des Rates vom 27. April 2016 zum Schutz natürlicher Personen bei der Verarbeitung personenbezogener Daten, zum freien Datenverkehr und zur Aufhebung der Richtlinie 95/46/EG (ABl. L 119 vom 4.5.2016, S. 1; L 314 vom 22.11.2016, S. 72; L 127 vom 23.5.2018, S. 2), in der jeweils geltenden Fassung, sowie im Sinne von § 26 Absatz 2 des Berliner Datenschutzgesetzes getroffen werden. [7]Sie kann von der Dienstkraft besondere Sicherungsmaßnahmen verlangen. [8]Die für Justiz zuständige Senatsverwaltung berichtet dem Abgeordnetenhaus regelmäßig zum Umfang des Einsatzes eigener IKT-Geräte durch Bedienstete der Gerichte und Staatsanwaltschaften zur Unterstützung ihrer Tätigkeit und der Einhaltung der Anforderungen der Informationssicherheit und des Datenschutzes dabei. [9]Ein erstmaliger Bericht erfolgt im zweiten Quartal des Jahres 2021 und sodann jährlich bis zum Jahr 2025.

§ 33 Aufbewahrung und Speicherung von Justizakten

[1]Soweit bundes- oder landesrechtliche Vorschriften nicht inhaltsgleiche oder entgegenstehende Bestimmungen enthalten, dürfen Akten der Gerichte, der Staatsanwaltschaften, der Justizvollzugsbehörden sowie der Sozialen Dienste der Justiz, die für das Verfahren nicht mehr erforderlich sind, nach Beendigung des Verfahrens nur so lange aufbewahrt oder gespeichert werden, wie schutzwürdige Interessen der Verfahrensbeteiligten oder sonstiger Personen oder Rechtsvorschriften oder sonstige öffentliche Interessen dies erfordern. [2]Dasselbe gilt für Aktenregister, Namensverzeichnisse und Kar-

teien, auch wenn diese elektronisch geführt werden. [3]Satz 1 und 2 gelten entsprechend in der Justizverwaltung mit Ausnahme der obersten Landesbehörde.

§ 34 Verordnungsermächtigung, Aufbewahrungs- und Speicherungsfristen

(1) Die für Justiz zuständige Senatsverwaltung bestimmt – soweit die Akten der Arbeitsgerichtsbarkeit betroffen sind, im Einvernehmen mit der für jene zuständigen Senatsverwaltung – durch Rechtsverordnung das Nähere über die bei der Aufbewahrung und Speicherung nach § 33 zu beachtenden allgemeinen Aufbewahrungs- und Speicherungsfristen.

(2) [1]Die Regelungen zur Aufbewahrung und Speicherung nach Absatz 1 haben dem Grundsatz der Verhältnismäßigkeit, insbesondere der Beschränkung der Aufbewahrungs- und Speicherungsfristen auf das Erforderliche, Rechnung zu tragen. [2]Bei der Bestimmung der allgemeinen Aufbewahrungs- und Speicherungsfristen sind insbesondere zu berücksichtigen

1. das Interesse der betroffenen Person daran, dass die zu ihrer Person erhobenen Daten nicht länger als erforderlich aufbewahrt oder gespeichert werden,
2. ein Interesse der Verfahrensbeteiligten, auch nach Beendigung des Verfahrens Ausfertigungen, Auszüge oder Abschriften aus den Akten erhalten zu können,
3. ein rechtliches Interesse nicht am Verfahren Beteiligter, Auskünfte aus den Akten erhalten zu können,
4. das Interesse von Verfahrensbeteiligten, Gerichten und Justizbehörden, dass die Akten nach Beendigung des Verfahrens noch für Wiederaufnahmeverfahren, zur Wahrung der Rechtseinheit, zur Fortbildung des Rechts oder für sonstige verfahrensübergreifende Zwecke der Rechtspflege zur Verfügung stehen.

(3) Die Aufbewahrungs- und Speicherungsfristen beginnen mit Ablauf des Jahres, in dem nach Beendigung des Verfahrens die Weglegung der Akten angeordnet wurde.

(4) Regelungen über die Anbietungs- und Übergabepflichten nach den Vorschriften des Archivgesetzes des Landes Berlin vom 14. März 2016 (GVBl. S. 96), das durch Artikel 36 des Gesetzes vom 12. Oktober 2020 (GVBl. S. 807) geändert worden ist, in der jeweils geltenden Fassung bleiben unberührt.

§ 35 Akteneinsicht und Auskünfte für öffentliche Stellen, Datenübermittlung in Gnadensachen

(1) Gerichte und Staatsanwaltschaften dürfen Akteneinsicht gewähren und Auskünfte über personenbezogene Daten an öffentliche Stellen zur Erfüllung der in der Zuständigkeit der Empfängerin oder des Empfängers liegenden Aufgaben erteilen, wenn

1. eine besondere Rechtsvorschrift dies vorsieht oder zwingend voraussetzt,
2. die betroffene Person eingewilligt hat oder
3. offensichtlich ist, dass die Übermittlung im Interesse der betroffenen Person liegt und kein Grund zu der Annahme besteht, dass sie in Kenntnis dieses Zwecks ihre Zustimmung verweigern würde.

(2) Gerichte, Staatsanwaltschaften und andere Justizbehörden erhalten Akteneinsicht, wenn dies für Zwecke der Rechtspflege oder der Justizverwaltung erforderlich ist.

(3) [1]Die für Gnadensachen zuständige Stelle kann bei Anträgen auf eine Gnadenentscheidung die für die Gnadenentscheidung relevanten Gerichts- und Verwaltungsakten beiziehen. [2]Die für Gnadensachen zuständige Stelle kann, soweit sie es für erforderlich hält, Gutachterinnen oder Gutachter beauftragen und ihnen den Zugang zu den Akten ermöglichen.

§ 36 Benachrichtigungen über verdeckte Ermittlungsmaßnahmen

(1) Die für Justiz zuständige Senatsverwaltung kann durch Rechtsverordnung bestimmen, dass sie selbst oder eine Stelle innerhalb ihres Geschäftsbereichs für die Information Betroffener über bestimmte verdeckte Ermittlungsmaßnahmen im Sinne des § 56 Absatz 1 des Bundesdatenschutzgesetzes vom 30. Juni 2017 (BGBl. I S. 2097), das durch Artikel 12 des Gesetzes vom 20. November 2019 (BGBl. I S. 1626) geändert worden ist, in der jeweils geltenden Fassung, einheitlich zuständig ist, auch wenn verdeckte Ermittlungsmaßnahmen durch oder für eine andere Stelle innerhalb ihres Geschäftsbereichs durchgeführt wurden.

(2) [1]Ist für die Entscheidung über eine Benachrichtigung über eine verdeckte Ermittlungsmaßnahme das Interesse Betroffener an der Benachrichtigung von Belang, so darf die für die Benachrichtigung zuständige Stelle Interessenbekundungen interessierter Personen einholen und verarbeiten, soweit dies für die Entscheidung über zukünftige Benachrichtigungen sachdienlich ist. [2]Sie darf außerdem Einwilligungen interessierter Personen in die Verarbeitung ihrer personenbezogenen Daten im Sinne des

§ 51 des Bundesdatenschutzgesetzes in der jeweils geltenden Fassung einholen und verarbeiten, soweit die Datenverarbeitung

1. zum Zwecke der Entscheidung über Benachrichtigungen,
2. für die technische Abwicklung von Benachrichtigungen oder
3. für die Gewährung nachträglichen Rechtsschutzes gegen verdeckte Ermittlungsmaßnahmen

erforderlich ist.

(3) [1]Öffentliche Stellen des Landes Berlin, die für Stellen im Geschäftsbereich der für Justiz zuständigen Senatsverwaltung personenbezogene Daten aus verdeckten Ermittlungsmaßnahmen verarbeiten, haben der für die Benachrichtigung zuständigen Stelle auf deren Anforderung personenbezogene Daten aus verdeckten Ermittlungsmaßnahmen zu übermitteln, soweit dies für die Information Betroffener erforderlich ist. [2]Dies gilt auch, soweit personenbezogene Daten von Personen betroffen sind, die nicht benachrichtigt werden sollen. [3]Die personenbezogenen Daten sind vor der Übermittlung zu pseudonymisieren, soweit dies möglich ist, ohne den Zweck der Übermittlung zu beeinträchtigen. [4]Anforderung und Übermittlung können auch automatisiert erfolgen. [5]Die Verantwortung für die Rechtmäßigkeit der Übermittlung trägt die anfordernde Stelle.

(4) [1]Die für die Benachrichtigung über verdeckte Ermittlungsmaßnahmen zuständige Stelle darf personenbezogene Daten aus verdeckten Ermittlungsmaßnahmen nur insoweit verarbeiten, als dies

1. zum Zwecke der Entscheidung über Benachrichtigungen,
2. für die technische Abwicklung von Benachrichtigungen oder
3. für die Gewährung nachträglichen Rechtsschutzes gegen verdeckte Ermittlungsmaßnahmen

erforderlich ist. [2]Ihr übermittelte personenbezogene Daten sind zu löschen, sobald ihre Verarbeitung zu diesen Zwecken nicht mehr erforderlich ist.

§ 37 Statistische Erhebungen

[1]Die dienstaufsichtsführenden Stellen können statistische Erhebungen anordnen, wenn diese als Grundlage für die Gesetzgebung, zur Erteilung von Auskünften gegenüber dem Abgeordnetenhaus und anderen öffentlichen Stellen, für die Justizverwaltung, zur Öffentlichkeitsarbeit oder zu Forschungszwecken erforderlich sind. [2]Die erhobenen Daten können zur weiteren Verarbeitung an das Amt für Statistik Berlin-Brandenburg übermittelt werden.

§ 38 Justizielle Tätigkeit und Kontrollbefugnisse der oder des Datenschutzbeauftragten

(1) Soweit gemäß § 32 Absatz 1 das Berliner Datenschutzgesetz im Rahmen der justiziellen Tätigkeit der Gerichte Anwendung findet, tritt der zuständige Spruchkörper des jeweiligen Gerichts anstelle der in § 23 Absatz 2 des Berliner Datenschutzgesetzes genannten Leitung und der oder des in § 24 Absatz 3 des Berliner Datenschutzgesetzes genannten Leiterin oder Leiters.

(2) [1]Soweit Bedienstete, die der Kontrollbefugnis der oder des Datenschutzbeauftragten unterliegen, Geräte der Informations- und Kommunikationstechnik außerhalb der Diensträume zu dienstlichen Zwecken einsetzen, kann die oder der Datenschutzbeauftragte zur Ausübung ihres oder seines Kontrollrechts die umgehende Bereitstellung aller Datenträger sowie der Datenverarbeitungsanlage in den Diensträumen verlangen, wenn ihm eine Überprüfung in den Privaträumen versagt wird. [2]Eine datenschutzrechtliche Überprüfung in den Privaträumen der Bediensteten ist nur mit deren ausdrücklicher Zustimmung zulässig. [3]Liegen hinreichende Anhaltspunkte für einen Missbrauch vor, der eine datenschutzrechtliche Überprüfung erforderlich macht, und wird die Zustimmung zur Überprüfung in den Privaträumen nicht erteilt, kann die weitere Benutzung eigener Geräte der Informations- und Kommunikationstechnik für dienstliche Zwecke untersagt werden. [4]Gerichtsvollzieherinnen und Gerichtsvollzieher, die zur Unterstützung ihrer Tätigkeit eigene Geräte der Informations- und Kommunikationstechnik einsetzen, unterliegen uneingeschränkt der Kontrollbefugnis der oder des Datenschutzbeauftragten.

Kapitel 7
Sprachmittlerinnen und Sprachmittler

§ 39 Tätigkeit der Sprachmittlerinnen und Sprachmittler

(1) [1]Zur Sprachübertragung für gerichtliche und notarielle Zwecke werden Dolmetscherinnen und Dolmetscher sowie Übersetzerinnen und Übersetzer (Sprachmittlerinnen und Sprachmittler) tätig. [2]Die

Tätigkeit der Dolmetscherinnen und Dolmetscher umfasst die mündliche Sprachübertragung und diejenige mittels Gebärdensprache, die der Übersetzerinnen und Übersetzer die schriftliche Sprachübertragung.

(2) [1]Für gerichtliche Dolmetscherinnen und Dolmetscher gilt das Gerichtsdolmetschergesetz vom 10. Dezember 2019 (BGBl. I S. 2121, 2124). [2]Nach den Vorschriften dieses Kapitels werden die sonstigen Dolmetscherinnen und Dolmetscher, insbesondere diejenigen zur Sprachübertragung für notarielle Zwecke, allgemein beeidigt und Übersetzerinnen und Übersetzer ermächtigt.

(3) Die Vorschriften dieses Kapitels gelten entsprechend für anerkannte Kommunikationstechniken, insbesondere die Blindenschrift.

§ 40 Zuständigkeit, Verordnungsermächtigung

(1) [1]Die Zuständigkeit für die Aufgaben nach diesem Kapitel regelt die für Justiz zuständige Senatsverwaltung durch Rechtsverordnung. [2]Die in § 2 Absatz 2 des Gerichtsdolmetschergesetzes vom 10. Dezember 2019 (BGBl. I S. 2121, 2124) in der jeweils geltenden Fassung enthaltene Ermächtigung wird auf die für Justiz zuständige Senatsverwaltung übertragen.

(2) Die durch Rechtsverordnung nach Absatz 1 bestimmte Stelle nimmt im Rahmen der Amtshilfe und der Verwaltungszusammenarbeit mit Behörden anderer Mitglied- oder Vertragsstaaten die in den Artikeln 8 und 56 Absatz 1 und 2 der Richtlinie 2005/36/EG des Europäischen Parlaments und des Rates vom 7. September 2005 über die Anerkennung von Berufsqualifikationen (ABl. L 255 vom 30. September 2005, S. 22; L 271 vom 16. Oktober 2007, S. 18; L 93 vom 4. April 2008, S. 28; L 33 vom 3. Februar 2009, S. 49; L 305 vom 24. Oktober 2014, S. 115), die zuletzt durch den Delegierten Beschluss (EU) 2020/548 vom 23. Januar 2020 (ABl. L 131 vom 24. April 2020, S. 1) geändert worden ist, in der jeweils geltenden Fassung, geregelten Befugnisse und Verpflichtungen wahr.

(3) Die Verfahren nach diesem Kapitel können, abgesehen von der Vornahme der allgemeinen Beeidigung, Ermächtigung und Verpflichtung, über den Einheitlichen Ansprechpartner für das Land Berlin nach den hierfür geltenden Vorschriften, insbesondere auch elektronisch, abgewickelt werden.

§ 41 Antrag auf allgemeine Beeidigung oder Ermächtigung

(1) Von der durch Rechtsverordnung nach § 40 Absatz 1 für zuständig bestimmten Stelle wird auf Antrag für eine Sprache oder mehrere Sprachen als Dolmetscherin oder Dolmetscher allgemein beeidigt oder als Übersetzerin oder Übersetzer ermächtigt, wer

1. Staatsangehörige oder Staatsangehöriger eines Mitgliedstaates der Europäischen Union oder eines Vertragsstaates des Abkommens über den Europäischen Wirtschaftsraum oder der Schweiz ist oder wer in einem dieser Staaten ihre oder seine berufliche Niederlassung oder ihren oder seinen Wohnsitz hat,
2. volljährig ist,
3. geeignet ist,
4. in geordneten wirtschaftlichen Verhältnissen lebt,
5. zuverlässig ist und
6. über die erforderlichen Sprachkenntnisse verfügt.

(2) Über die erforderlichen Sprachkenntnisse nach Absatz 1 Nummer 6 verfügt, wer eine der folgenden Prüfungen bestanden hat:

1. als Dolmetscherin oder Dolmetscher
   a) im Inland die Dolmetscherinnen- oder Dolmetscherprüfung eines staatlichen oder staatlich anerkannten Prüfungsamtes oder einer Hochschule oder
   b) im Ausland eine von einer zuständigen deutschen Stelle als mit einer Prüfung nach Nummer 1 gleichwertig anerkannte Dolmetscherinnen- oder Dolmetscherprüfung;
2. als Übersetzerin oder Übersetzer
   a) im Inland die Übersetzerinnen- oder Übersetzerprüfung eines staatlichen oder staatlich anerkannten Prüfungsamtes oder einer Hochschule oder
   b) im Ausland eine von einer zuständigen deutschen Stelle als mit einer Prüfung nach Nummer 1 gleichwertig anerkannte Übersetzerinnen- oder Übersetzerprüfung.

(3) Dem Antrag auf allgemeine Beeidigung oder Ermächtigung sind die erforderlichen Unterlagen beizufügen, insbesondere

1. ein Lebenslauf,
2. ein Führungszeugnis nach § 30 Absatz 5 des Bundeszentralregistergesetzes in der Fassung der Bekanntmachung vom 21. September 1984 (BGBl. I S. 1229, ber. 1985 I S. 195), das zuletzt durch Artikel 4 des Gesetzes vom 7. Dezember 2020 (BGBl. I S. 2760) geändert worden ist, in der jeweils geltenden Fassung, dessen Ausstellung nicht länger als sechs Monate zurückliegen darf,
3. eine Erklärung darüber, ob in den letzten fünf Jahren vor Antragstellung eine Strafe oder eine Maßregel der Besserung und Sicherung gegen die Antragstellerin oder den Antragsteller verhängt worden ist,
4. eine Erklärung darüber, ob über das Vermögen der Antragstellerin oder des Antragstellers das Insolvenzverfahren eröffnet und noch keine Restschuldbefreiung erteilt worden oder ob die Antragstellerin oder der Antragsteller in das Schuldnerverzeichnis eingetragen ist, sowie
5. die für den Nachweis der erforderlichen Sprachkenntnisse notwendigen Unterlagen.

(4) [1]Die durch Rechtsverordnung nach § 40 Absatz 1 für zuständig bestimmte Stelle bestätigt binnen eines Monats nach Eingang des Antrags den Empfang der von der Antragstellerin oder dem Antragsteller eingereichten Unterlagen und fordert sie oder ihn gegebenenfalls auf, weitere Unterlagen nachzureichen. [2]Das Verfahren ist innerhalb von drei Monaten nach vollständigem Eingang aller Unterlagen abzuschließen. [3]Diese Frist kann in begründeten Fällen um einen Monat verlängert werden. [4]Bestehen Zweifel an der Echtheit von vorgelegten Bescheinigungen oder Nachweisen oder benötigt die durch Rechtsverordnung nach § 40 Absatz 1 für zuständig bestimmte Stelle weitere Informationen, so kann sie durch Nachfrage bei der zuständigen Stelle des Herkunftsstaates die Echtheit überprüfen oder entsprechende Informationen einholen.

(5) Für die Dauer der Ermittlungen nach Absatz 4 Satz 4 ist der Fristablauf nach Absatz 4 Satz 2 gehemmt.

§ 42 Alternativer Befähigungsnachweis

(1) Die nach § 41 Absatz 1 Nummer 6 erforderlichen Sprachkenntnisse können statt mit einer Prüfung nach § 41 Absatz 2 auf andere Weise nachgewiesen werden, wenn ein besonderes Bedürfnis für die allgemeine Beeidigung oder Ermächtigung besteht und
1. für die jeweilige Sprache im Inland weder eine Prüfung bei einem staatlichen Prüfungsamt noch an einer Hochschule angeboten wird oder
2. es für die jeweilige Sprache keine von einer zuständigen deutschen Stelle als vergleichbar eingestufte Dolmetscher- oder Übersetzerprüfung gibt.

(2) [1]Als Nachweis im Sinne des Absatzes 1 gelten:
1. die Urkunde über ein abgeschlossenes Sprachstudium an einer staatlich anerkannten Hochschule im Ausland, ohne dass der Abschluss von einer zuständigen deutschen Stelle als vergleichbar eingestuft worden ist,
2. ein C2-Sprachzertifikat des Europäischen Referenzrahmens eines staatlich anerkannten Sprachinstituts,
3. das Abiturzeugnis des Heimatlandes oder das Zeugnis über einen vergleichbaren Schulabschluss, sofern die Schulbildung weitestgehend in der Fremdsprache erfolgt ist, oder
4. das Zeugnis einer Industrie- und Handelskammer über den Erwerb des anerkannten Fortbildungsabschlusses Geprüfter Übersetzer oder Geprüfte Übersetzerin nach der Übersetzerprüfungsverordnung vom 8. Mai 2017 (BGBl. I S. 1159), die durch Artikel 81 der Verordnung vom 9. Dezember 2019 (BGBl. I S. 2153) geändert worden ist, in der jeweils geltenden Fassung.

[2]Wird für die jeweilige Sprache keine Prüfung nach Absatz 1, aber ein staatliches Verfahren zur Überprüfung der Kenntnisse der Sprache angeboten, so soll die durch Rechtsverordnung nach § 40 Absatz 1 für zuständig bestimmte Stelle neben den Nachweisen nach Satz 1 Nummer 1 bis 3 den Nachweis über das Bestehen des Überprüfungsverfahrens verlangen.

(3) [1]Bei Antragstellerinnen oder Antragstellern, deren Qualifikation im Vollzug der Richtlinie 2005/36/EG des Europäischen Parlaments und des Rates vom 7. September 2005 über die Anerkennung von Berufsqualifikationen als gleichwertig anerkannt wurde, sind die Voraussetzungen des § 41 Absatz 1 Nummer 2 bis 6 nicht nochmals nachzuprüfen, soweit im Herkunftsland gleichwertige oder vergleichbare Anforderungen an die Ausbildung und Prüfung gestellt wurden. [2]Sind die Anforderungen nur teilweise gleichwertig oder nur teilweise vergleichbar, kann die Antragstellerin oder der Antragsteller

die fehlenden Kenntnisse und Ausbildungsinhalte durch erfolgreichen Abschluss der Eignungsprüfung oder eines Anpassungslehrgangs ausgleichen.

§ 43 Beeidigung, Ermächtigung und Bezeichnung

(1) [1]Die Dolmetscherin oder der Dolmetscher hat einen Eid dahin zu leisten, dass sie oder er treu und gewissenhaft übertragen werde. [2]Auf die Beeidigung sind im Übrigen die Vorschriften des § 189 Absatz 1 Satz 2 und 3 des Gerichtsverfassungsgesetzes anzuwenden.

(2) [1]Sprachmittlerinnen und Sprachmittlern ist es untersagt, Tatsachen, die ihnen bei der Ausübung ihrer Tätigkeit zur Kenntnis gelangen, Dritten unbefugt mitzuteilen oder sie zum Nachteil anderer zu verwerten. [2]Übersetzerinnen und Übersetzer sind verpflichtet, die ihnen anvertrauten Schriftstücke sorgsam aufzubewahren.

(3) Über die allgemeine Beeidigung von Dolmetscherinnen und Dolmetschern und die Ermächtigung von Übersetzerinnen und Übersetzern ist

1. eine Niederschrift zu fertigen und
2. der jeweiligen Sprachmittlerin oder dem jeweiligen Sprachmittler ihre oder seine Urkunde auszuhändigen.

(4) [1]Die allgemeine Beeidigung berechtigt zum Führen der Bezeichnung „nach den Vorschriften des Landes Berlin allgemein beeidigte Dolmetscherin“ oder „nach den Vorschriften des Landes Berlin allgemein beeidigter Dolmetscher“, ergänzt um die Angabe der Sprache, für die die Dolmetscherin oder der Dolmetscher beeidigt ist. [2]Die Ermächtigung berechtigt zum Führen der Bezeichnung „nach den Vorschriften des Landes Berlin ermächtigte Übersetzerin“ oder „nach den Vorschriften des Landes Berlin ermächtigter Übersetzer“, ergänzt um die Angabe der Sprache, für die die Übersetzerin oder der Übersetzer ermächtigt ist.

(5) [1]Die Ermächtigung umfasst das Recht, die Richtigkeit und Vollständigkeit von Übersetzungen für diejenige Sprache, für die die Übersetzerin oder der Übersetzer ermächtigt ist, unter Angabe der Bezeichnung nach Absatz 4 Satz 2 zu bescheinigen. [2]§ 142 Absatz 3 Satz 3 der Zivilprozessordnung gilt entsprechend. [3]Die Bescheinigung kann auch in elektronischer Form (§ 126a Absatz 1 des Bürgerlichen Gesetzbuches, § 3a Absatz 2 Satz 2 des Verwaltungsverfahrensgesetzes) erteilt werden. [4]In der Bescheinigung ist kenntlich zu machen, wenn das übersetzte Dokument kein Original ist oder nur ein Teil des Dokuments übersetzt wurde. [5]Es ist auf Auffälligkeiten des übersetzten Dokuments, insbesondere unleserliche Worte, Änderungen oder Auslassungen hinzuweisen, sofern sich dies nicht aus der Übersetzung ergibt.

(6) Absatz 5 gilt entsprechend, wenn eine Übersetzerin oder ein Übersetzer eine ihr oder ihm zur Prüfung der Richtigkeit und Vollständigkeit vorgelegte Übersetzung einer oder eines anderen als richtig und vollständig bestätigt.

§ 44 Verzicht und Widerruf der allgemeinen Beeidigung oder Ermächtigung

(1) Die allgemeine Beeidigung oder Ermächtigung wird unwirksam, wenn die Sprachmittlerin oder der Sprachmittler auf sie durch schriftliche Erklärung verzichtet.

(2) Die allgemeine Beeidigung und die Ermächtigung können widerrufen werden, wenn die Sprachmittlerin oder der Sprachmittler

1. die Voraussetzungen des § 41 Absatz 1 Nummer 1, 3, 4, 5 oder 6 nicht mehr erfüllt,
2. wiederholt fehlerhafte Übertragungen ausgeführt hat,
3. gegen die Pflicht, treu und gewissenhaft zu übertragen, verstoßen hat oder
4. nicht im Abstand von jeweils fünf Jahren durch Vorlage aktueller Unterlagen nach § 41 Absatz 3 Nummer 1 bis 4 erneut nachweist, dass die Voraussetzungen nach § 41 Absatz 1 Nummer 1 und 3 bis 6 weiterhin vorliegen.

§ 45 Verlust und Rückgabe der Urkunde

(1) Der Verlust der gemäß § 43 Absatz 3 Nummer 2 erteilten Urkunde ist der durch Rechtsverordnung nach § 40 Absatz 1 für zuständig bestimmten Stelle unverzüglich mitzuteilen.

(2) Die Urkunde ist der durch Rechtsverordnung nach § 40 Absatz 1 für zuständig bestimmten Stelle unverzüglich zurückzugeben, wenn die allgemeine Beeidigung oder Ermächtigung

1. unwirksam geworden ist (§ 44 Absatz 1),
2. unanfechtbar oder vollziehbar zurückgenommen wurde,

3. unanfechtbar oder vollziehbar widerrufen wurde oder
4. aus einem anderen Grund nicht oder nicht mehr wirksam ist.

§ 46 Verarbeitung personenbezogener Daten

(1) [1]Die durch Rechtsverordnung nach § 40 Absatz 1 für zuständig bestimmte Stelle darf die für die allgemeine Beeidigung oder Ermächtigung nach den §§ 41, 42, 44 und 45 erforderlichen personenbezogenen Daten verarbeiten. [2]Zu den personenbezogenen Daten nach Satz 1 gehören insbesondere der Name, die Vornamen, die ladungsfähige Anschrift, die Berufsbezeichnung, das Ablaufdatum der Befristung sowie die Sprache, für die die Sprachmittlerin oder der Sprachmittler beeidigt oder ermächtigt ist; diese personenbezogenen Daten dürfen in einem automatisierten Verfahren auf Abruf verarbeitet werden. [3]Mit Einwilligung der Antragstellerin oder des Antragstellers können weitere personenbezogene Daten verarbeitet werden.

(2) [1]Die durch Rechtsverordnung nach § 40 Absatz 1 für zuständig bestimmte Stelle darf die personenbezogenen Daten nach Absatz 1 Satz 2 auf Anfrage den Gerichten sowie anderen öffentlichen Stellen des Bundes und der Länder übermitteln. [2]Die Übermittlung kann auch dadurch erfolgen, dass die personenbezogenen Daten in einer gemeinsamen Datenbank gespeichert werden. [3]Die personenbezogenen Daten dürfen von den anderen Stellen nur dazu verarbeitet werden, nach beeidigten oder ermächtigten Sprachmittlerinnen und Sprachmittlern zu suchen.

(3) [1]Die durch Rechtsverordnung nach § 40 Absatz 1 für zuständig bestimmte Stelle erteilt auf Antrag Auskunft über das Bestehen oder Nichtbestehen der allgemeinen Beeidigung oder Ermächtigung einer betroffenen Person. [2]Der Antrag ist zu begründen. [3]Die Auskunft kann verweigert werden, wenn ihr schutzwürdige Belange der Sprachmittlerin oder des Sprachmittlers entgegenstehen.

(4) Mit Einwilligung der Sprachmittlerin oder des Sprachmittlers werden die in Absatz 1 Satz 2 genannten und in einem automatisierten Verfahren auf Abruf geführten personenbezogenen Daten im Internet veröffentlicht.

(5) Die Eintragung im automatisierten Verfahren auf Abruf gemäß Absatz 1 Satz 2 und im Internet gemäß Absatz 4 ist auf eigenen Antrag, nach Ablauf der Befristung, im Todesfall, nach Verzicht oder nach bestandskräftiger oder vollziehbarer Rücknahme oder nach bestandskräftigem oder vollziehbarem Widerruf der allgemeinen Beeidigung oder der Ermächtigung zu löschen.

§ 47 Anzeigepflichten der Sprachmittlerinnen und Sprachmittler

Sprachmittlerinnen und Sprachmittler haben der durch Rechtsverordnung nach § 40 Absatz 1 für zuständig bestimmten Stelle unverzüglich die Änderung ihrer personenbezogenen Daten gemäß § 46 Absatz 1 sowie alle sonstigen Änderungen mitzuteilen, die für die Tätigkeit als Sprachmittlerin oder Sprachmittler erheblich sind, wie insbesondere die Verhängung einer gerichtlichen Strafe oder einer Maßregel der Sicherung und Besserung, eine Eintragung in das Schuldnerverzeichnis sowie die Eröffnung eines Insolvenzverfahrens.

§ 48 Bußgeldvorschriften

(1) Ordnungswidrig handelt, wer sich unbefugt als „nach den Vorschriften des Landes Berlin allgemein beeidigte Dolmetscherin" oder „nach den Vorschriften des Landes Berlin allgemein beeidigter Dolmetscher" oder „nach den Vorschriften des Landes Berlin ermächtigte Übersetzerin" oder „nach den Vorschriften des Landes Berlin ermächtigter Übersetzer" nach § 43 Absatz 4 bezeichnet oder eine Bezeichnung führt, die damit verwechselt werden kann.

(2) Die Ordnungswidrigkeit kann mit einer Geldbuße bis zu dreitausend Euro geahndet werden.

(3) Verwaltungsbehörde im Sinne des § 36 Absatz 1 Nummer 1 des Gesetzes über Ordnungswidrigkeiten in der Fassung der Bekanntmachung vom 19. Februar 1987 (BGBl. I S. 602), das zuletzt durch Artikel 3 des Gesetzes vom 30. November 2020 (BGBl. I S. 2600) geändert worden ist, in der jeweils geltenden Fassung, ist die durch Rechtsverordnung nach § 40 Absatz 1 für zuständig bestimmte Stelle.

§ 49 Kosten

Für Verfahren nach diesem Kapitel werden Kosten nach dem Justizverwaltungskostengesetz Berlin in der Fassung der Bekanntmachung vom 16. August 1993 (GVBl. S. 372), das zuletzt durch Artikel 1 des Gesetzes vom 5. Juni 2019 (GVBl. S. 284) geändert worden ist, in der jeweils geltenden Fassung, erhoben.

Kapitel 8
Ehrenamtliche Richterinnen und Richter

§ 50 Schöffinnen und Schöffen

(1) Für die Wahl der Schöffinnen und Schöffen nach dem Gerichtsverfassungsgesetz wird bei dem Amtsgericht Tiergarten für jeden Bezirk der Berliner Verwaltung ein Schöffenwahlausschuss gebildet.

(2) [1]Die Präsidentin oder der Präsident des Landgerichts Berlin bestimmt für jeden Bezirk der Berliner Verwaltung die erforderliche Zahl von Haupt- und Hilfsschöffinnen sowie Haupt- und Hilfsschöffen bei den Strafkammern. [2]Die Präsidentin oder der Präsident des Amtsgerichts Tiergarten bestimmt die für jeden Bezirk der Berliner Verwaltung erforderliche Zahl von Haupt- und Hilfsschöffinnen sowie Haupt- und Hilfsschöffen bei den Schöffengerichten.

(3) Die Absätze 1 und 2 gelten bei dem Vorschlag und der Wahl der Jugendschöffinnen und Jugendschöffen nach dem Jugendgerichtsgesetz entsprechend.

§ 51 Handelsrichterinnen und Handelsrichter

(1) Die Präsidentin oder der Präsident des Landgerichts ist für die Angelegenheiten der ehrenamtlichen Richterinnen und Richter als Beisitzerinnen oder Beisitzer einer Kammer für Handelssachen (Handelsrichterinnen und Handelsrichter) einschließlich ihrer Ernennung zuständig.

(2) [1]Die Handelsrichterinnen und Handelsrichter erhalten über ihre Ernennung eine Urkunde. [2]Sie werden vor ihrer ersten Heranziehung in öffentlicher Sitzung des Spruchkörpers, dem sie angehören, durch die Vorsitzende oder den Vorsitzenden vereidigt. [3]Wird eine Handelsrichterin oder ein Handelsrichter vor Ablauf der Amtsperiode für eine sich unmittelbar anschließende Amtsperiode ernannt, so bedarf es keiner erneuten Vereidigung.

§ 52 Vorschlags- und Ergänzungslisten in Landwirtschaftssachen

(1) Die für Landwirtschaft zuständige Senatsverwaltung stellt im Einvernehmen mit der für Justiz zuständigen Senatsverwaltung die Vorschlagslisten für die Berufung der ehrenamtlichen Richterinnen und Richter in Landwirtschaftssachen des Amtsgerichts und des Kammergerichts nach Maßgabe des Gesetzes über das gerichtliche Verfahren in Landwirtschaftssachen in der im Bundesgesetzblatt Teil III, Gliederungsnummer 317-1, veröffentlichten bereinigten Fassung, das zuletzt durch Artikel 8 des Gesetzes vom 27. August 2017 (BGBl. I S. 3295) geändert worden ist, und der folgenden Vorschriften auf.

(2) [1]Für jede zur ehrenamtlichen Richterin oder zum ehrenamtlichen Richter vorgeschlagene Person sind anzugeben

1. Name und Vorname,
2. Wohnanschrift und
3. Geburtsdatum.

[2]Sind die Vorgeschlagenen Verpächterinnen, Verpächter, Pächterinnen oder Pächter, so ist dies ebenfalls anzugeben.

(3) Bedienstete der für Angelegenheiten der Landwirtschaft zuständigen Behörden des Landes Berlin sind nicht vorzuschlagen.

(4) Die ehrenamtlichen Richterinnen und Richter sollen jeweils nur für ein Gericht vorgeschlagen werden.

(5) Die für Landwirtschaft zuständige Senatsverwaltung hat vor der Aufstellung der Vorschlagslisten die anerkannten landwirtschaftlichen Berufsvertretungen zu hören.

(6) [1]Reicht für ein Gericht die Zahl der vorgeschlagenen Personen nicht aus, um die erforderliche Zahl von ehrenamtlichen Richterinnen und Richtern zu bestimmen, so kann die Präsidentin oder der Präsident des Kammergerichts für dieses Gericht eine Ergänzungsliste unter Angabe der erforderlichen Zahl der weiteren ehrenamtlichen Richterinnen und Richter anfordern. [2]Im Übrigen gelten die Absätze 1 bis 5 auch für die Ergänzungslisten.

§ 53 Ehrenamtliche Richterinnen und Richter des Sozialgerichts

Die Präsidentin oder der Präsident des Sozialgerichts bestimmt die Zahl der für das Sozialgericht zu berufenden ehrenamtlichen Richterinnen und Richter und beruft sie in ihr Amt.

Kapitel 9
Ausführungsbestimmungen zu verfahrensrechtlichen Vorschriften der ordentlichen Gerichtsbarkeit

Abschnitt 1
Ausführungsbestimmungen zum Gesetz über die Zwangsversteigerung und die Zwangsverwaltung

§ 54 Öffentliche Lasten
Öffentliche Lasten eines Grundstücks im Sinne des § 10 Absatz 1 Nummer 3 und des § 156 Absatz 1 des Gesetzes über die Zwangsversteigerung und die Zwangsverwaltung in der im Bundesgesetzblatt Teil III, Gliederungsnummer 310-14, veröffentlichten bereinigten Fassung, das zuletzt durch Artikel 4 des Gesetzes vom 22. Dezember 2020 (BGBl. I S. 3256) geändert worden ist, sind Abgaben und Leistungen, die auf dem Grundstück lasten und nicht auf einer privatrechtlichen Verpflichtung beruhen.

§ 55 Leibgedingsrechte und nicht eingetragene Rechte
(1) Ist eine Dienstbarkeit oder eine Reallast als Leibgeding (Leibzucht, Altenteil, Auszug) eingetragen, so bleibt das Recht, unbeschadet der Vorschrift des § 9 Absatz 2 des Einführungsgesetzes zu dem Gesetz über die Zwangsversteigerung und die Zwangsverwaltung in der im Bundesgesetzblatt Teil III, Gliederungsnummer 310-13, veröffentlichten bereinigten Fassung, das zuletzt durch Artikel 4 des Gesetzes vom 11. Oktober 2016 (BGBl. I S. 2222) geändert worden ist, unberührt, auch wenn es bei der Feststellung des geringsten Gebots nicht berücksichtigt ist.
(2) Das gleiche gilt für Grunddienstbarkeiten, die zur Erhaltung der Wirksamkeit gegenüber dem öffentlichen Glauben des Grundbuchs der Eintragung nicht bedürfen.

§ 56 Verteilung im Rahmen der Zwangsverwaltung
Ist bei der Verteilung eines im Zwangsverwaltungsverfahren erzielten Überschusses ein Anspruch aus einem eingetragenen Recht zu berücksichtigen, wegen dessen der Berechtigte Befriedigung aus dem Grundstück lediglich im Wege der Zwangsverwaltung suchen kann, so ist in den Teilungsplan der ganze Betrag des Anspruchs aufzunehmen.

Abschnitt 2
Ausführungsbestimmungen zum Gesetz über das Verfahren in Familiensachen und in den Angelegenheiten der freiwilligen Gerichtsbarkeit

§ 57 Anwendbarkeit von Vorschriften des Gesetzes über das Verfahren in Familiensachen und in den Angelegenheiten der freiwilligen Gerichtsbarkeit
Für die Angelegenheiten der freiwilligen Gerichtsbarkeit, die durch Landesgesetz den ordentlichen Gerichten übertragen sind, gelten die Vorschriften des Gerichtsverfassungsgesetzes und des Gesetzes über das Verfahren in Familiensachen und in den Angelegenheiten der freiwilligen Gerichtsbarkeit vom 17. Dezember 2008 (BGBl. I S. 2586, 2587), das zuletzt durch Artikel 4 des Gesetzes vom 19. März 2020 (BGBl. I S. 541) geändert worden ist, in der jeweils geltenden Fassung, soweit nichts anderes bestimmt ist.

§ 58 Mitwirkung der Geschäftsstelle
(1) Soweit nichts anderes bestimmt ist, gilt für Handlungen einer Urkundsbeamtin oder eines Urkundsbeamten der Geschäftsstelle § 2 Absatz 3 des Gesetzes über das Verfahren in Familiensachen und in den Angelegenheiten der freiwilligen Gerichtsbarkeit entsprechend.
(2) In Angelegenheiten der freiwilligen Gerichtsbarkeit kann die Mitwirkung einer Urkundsbeamtin oder eines Urkundsbeamten der Geschäftsstelle in den Fällen, in welchen das Gesetz sie nicht vorschreibt, erfolgen, wenn sie zur sachgerechten Erledigung des Geschäfts zweckmäßig ist.

§ 59 Rechtsmittel
Entscheidungen des Kammergerichts in Angelegenheiten der freiwilligen Gerichtsbarkeit, die durch Landesgesetz den ordentlichen Gerichten übertragen sind, sind unanfechtbar.

§ 60 Ausfertigungen
[1]Die Ausfertigungen gerichtlicher Entscheidungen und Verfügungen sind von der Urkundsbeamtin oder dem Urkundsbeamten der Geschäftsstelle zu unterschreiben und mit dem Gerichtssiegel zu versehen. [2]§ 317 Absatz 3 der Zivilprozessordnung findet entsprechende Anwendung.

§ 61 Mitteilung an das Nachlassgericht
Werden bei einem Todesfall Umstände bekannt, die gerichtliche Maßnahmen zur Sicherung des Nachlasses angezeigt erscheinen lassen, so sollen die Behörden, die von dem Todesfall Kenntnis erlangen, dies unverzüglich dem Nachlassgericht mitteilen.

Kapitel 10
Ausführungsbestimmungen zur Verwaltungsgerichtsordnung

§ 62 Besetzung des Oberverwaltungsgerichts Berlin-Brandenburg
(1) Die Senate des gemeinsamen Oberverwaltungsgerichts Berlin-Brandenburg entscheiden in der Besetzung von drei Richterinnen oder Richtern und zwei ehrenamtlichen Richterinnen oder Richtern, soweit durch Rechtsvorschrift nichts anderes bestimmt ist.
(2) Bei Beschlüssen außerhalb der mündlichen Verhandlung wirken die ehrenamtlichen Richterinnen und Richter nicht mit.

§ 62a Normenkontrollverfahren
Das Oberverwaltungsgericht Berlin-Brandenburg entscheidet nach Maßgabe des § 47 der Verwaltungsgerichtsordnung auch über die Gültigkeit von anderen im Rang unter dem Landesgesetz stehenden Rechtsvorschriften.

§ 63 Wegfall der aufschiebenden Wirkung, Unstatthaftigkeit des Vorverfahrens
(1) [1]Rechtsbehelfe haben keine aufschiebende Wirkung, soweit sie sich gegen Maßnahmen richten, die in der Verwaltungsvollstreckung getroffen werden. [2]§ 80 Absatz 4, 5, 7 und 8 der Verwaltungsgerichtsordnung findet Anwendung.
(2) Das Widerspruchsverfahren entfällt bei Entscheidungen der Behörden des Landes Berlin,
1. die einen Antrag auf Erteilung oder Verlängerung eines Aufenthaltstitels nach ausländerrechtlichen Bestimmungen ablehnen und eine Ausreisepflicht begründen oder bestätigen,
2. die als Ausweisungen und sonstige Verwaltungsakte die Rechtmäßigkeit des Aufenthalts beenden,
3. die als Maßnahmen und Entscheidungen zur Feststellung, Vorbereitung, Sicherung und Durchsetzung der Ausreisepflicht auf der Grundlage von ausländerrechtlichen Bestimmungen erfolgen oder
4. die Einreise- und Aufenthaltsverbote und deren Befristung sowohl bei der Ausweisung als auch bei der Abschiebung von Ausländerinnen und Ausländern regeln.

§ 64 Revisibilität von Landesverfahrensrecht
Die Revision an das Bundesverwaltungsgericht kann auch darauf gestützt werden, dass das angefochtene Urteil auf der Verletzung des Gesetzes über das Verfahren der Berliner Verwaltung vom 21. April 2016 (GVBl. S. 218), das zuletzt durch Artikel 4 des Gesetzes vom 17. Dezember 2020 (GVBl. S. 1485) geändert worden ist, in der jeweils geltenden Fassung beruht.

Kapitel 11
Ausführungsbestimmungen zur Finanzgerichtsordnung

§ 65 Finanzrechtsweg
Der Finanzrechtsweg ist auch gegeben in öffentlich-rechtlichen Streitigkeiten über Abgabenangelegenheiten, soweit die Abgaben nicht der Gesetzgebung des Bundes unterliegen und nach den Vorschriften der Abgabenordnung durch Berliner Finanzbehörden verwaltet werden.

Kapitel 12

Justizgebühren- und Justizkostenrecht

§ 66 Gebührenfreiheit

(1) Von der Zahlung der Gebühren, welche die ordentlichen Gerichte in Zivilsachen und die Justizverwaltungsbehörden erheben, sind befreit:

1. Kirchen, sonstige Religionsgemeinschaften und Weltanschauungsvereinigungen, die die Rechtsstellung einer Körperschaft des öffentlichen Rechts haben;
2. Gemeinden und Gemeindeverbände, soweit die Angelegenheit nicht ihre wirtschaftlichen Unternehmen betrifft;
3. Universitäten, Hochschulen, Fachhochschulen, Akademien und Forschungseinrichtungen, die die Rechtsstellung einer Körperschaft, Anstalt oder Stiftung des öffentlichen Rechts haben.

(2) [1]Körperschaften, Vereinigungen und Stiftungen, die gemeinnützigen oder mildtätigen Zwecken im Sinne des Steuerrechts dienen, sind von der Zahlung der Gebühren nach dem Gerichts- und Notarkostengesetz vom 23. Juli 2013 (BGBl. I S. 2586), das zuletzt durch Artikel 4 des Gesetzes vom 21. Dezember 2020 (BGBl. I S. 3229) geändert worden ist, in der jeweils geltenden Fassung, und der Gebühren in Justizverwaltungsangelegenheiten befreit, soweit die Angelegenheit nicht einen steuerpflichtigen wirtschaftlichen Geschäftsbetrieb betrifft. [2]Die Gebührenbefreiung nach Satz 1 gilt nicht für die Teilnahme an Verfahren zum elektronischen Abruf aus dem Grundbuch und aus den elektronisch geführten Registern. [3]Die steuerrechtliche Behandlung als gemeinnützig oder mildtätig ist durch eine Bescheinigung des Finanzamtes (Freistellungsbescheid oder sonstige Bestätigung) nachzuweisen.

(3) Die Gebührenfreiheit nach den Absätzen 1 und 2 gilt auch für Beurkundungs- und Beglaubigungsgebühren, die Gebührenfreiheit nach Absatz 1 ferner für die Gebühren der Gerichtsvollzieherinnen und Gerichtsvollzieher.

(4) Die Gebührenfreiheit entbindet nicht von der Verpflichtung zur Zahlung der Auslagen.

§ 67 Stundung und Erlass von Kosten

(1) [1]Die für Justiz zuständige Senatorin oder der für Justiz zuständige Senator und die für Arbeit zuständige Senatorin oder der für Arbeit zuständige Senator sind zuständig für die nach § 59 Absatz 1 Satz 1 der Landeshaushaltsordnung in der Fassung der Bekanntmachung vom 30. Januar 2009 (GVBl. S. 31, 486), die zuletzt durch Artikel 5 des Gesetzes vom 17. Dezember 2020 (GVBl. S. 1482) geändert worden ist, in der jeweils geltenden Fassung, zu treffende Entscheidung über die Stundung und den Erlass von

1. Gerichtskosten,
2. auf die Landeskasse übergegangenen Ansprüchen nach § 59 Absatz 1 und 3 des Rechtsanwaltsvergütungsgesetzes vom 5. Mai 2004 (BGBl. I S. 718, 788), das zuletzt durch Artikel 2 des Gesetzes vom 22. Dezember 2020 (BGBl. I S. 3320) geändert worden ist, in der jeweils geltenden Fassung, und
3. Ansprüchen nach § 1 Absatz 1 Nummer 5 bis 9 des Justizbeitreibungsgesetzes in der Fassung der Bekanntmachung vom 27. Juni 2017 (BGBl. I S. 1926), das zuletzt durch Artikel 3 Absatz 4 des Gesetzes vom 22. November 2020 (BGBl. I S. 2466) geändert worden ist, in der jeweils geltenden Fassung,

die bei den jeweiligen Gerichten in ihrem Zuständigkeitsbereich entstehen. [2]Sie können diese Befugnis ganz oder teilweise oder für bestimmte Arten von Fällen auf nachgeordnete Behörden übertragen.

(2) [1]Zahlungen an die Gerichte und Staatsanwaltschaften des Landes Berlin sind durch die Nutzung mindestens einer gängigen, zumutbaren und hinreichend sicheren elektronischen Zahlungsmöglichkeit zu gewährleisten. [2]Für die Nutzung des Zahlungsweges werden keine Gebühren erhoben.

Kapitel 13

Schlussbestimmung

§ 68 Übergangsvorschrift

[1]Vor dem Inkrafttreten dieses Gesetzes vorgenommene Beeidigungen von Dolmetscherinnen und Dolmetschern und Ermächtigungen von Übersetzerinnen und Übersetzern gelten zunächst als solche nach diesem Gesetz fort. [2]Für sie beginnt die Frist nach § 44 Absatz 2 Nummer 4 erstmals ab dem

Zeitpunkt des Inkrafttretens dieses Gesetzes zu laufen. [3]Über § 44 Absatz 2 Nummer 4 hinaus sind die fortgeltenden Beeidigungen und Ermächtigungen zu widerrufen, wenn die Sprachmittlerinnen und Sprachmittler innerhalb dieser erstmaligen Frist nicht durch Unterlagen im Sinne von § 41 Absatz 3 Nummer 5 nachgewiesen haben, über die erforderlichen Sprachkenntnisse gemäß § 41 Absatz 1 Nummer 6 zu verfügen.

Verordnung über den elektronischen Rechtsverkehr mit der Justiz im Land Berlin (ERVJustV)

Vom 1. Juli 2022 (GVBl. S. 491)
(BRV 301-39)

Auf Grund
des § 11 Absatz 4 Satz 1 Nummer 1 und 4 des Kapitalanleger-Musterverfahrensgesetzes vom 19. Oktober 2012 (BGBl. I S. 2182), das zuletzt durch Artikel 1 des Gesetzes vom 16. Oktober 2020 (BGBl. I S. 2186) geändert worden ist, in Verbindung mit § 1 Satz 1 Nummer 12 der IT-Subdelegationsverordnung Justiz vom 20. Januar 2021 (GVBl. S. 128),
des § 8a Absatz 2 Satz 1 und 2 des Handelsgesetzbuches in der im Bundesgesetzblatt Teil III, Gliederungsnummer 4100-1, veröffentlichten bereinigten Fassung, das zuletzt durch Artikel 51 des Gesetzes vom 10. August 2021 (BGBl. I S. 3436) geändert worden ist, in Verbindung mit § 1 Satz 1 Nummer 13 der IT-Subdelegationsverordnung Justiz,
des § 156 Absatz 1 Satz 1 des Genossenschaftsgesetzes in der Fassung der Bekanntmachung vom 16. Oktober 2006 (BGBl. I S. 2230), das zuletzt durch Artikel 67 des Gesetzes vom 10. August 2021 (BGBl. I S. 3436) geändert worden ist, in Verbindung mit § 8a Absatz 2 Satz 1 und 2 des Handelsgesetzbuchs und mit § 1 Satz 1 Nummer 14 der IT-Subdelegationsverordnung Justiz,
des § 5 Absatz 2 des Partnerschaftsgesellschaftsgesetzes vom 25. Juli 1994 (BGBl. I S. 1744), das zuletzt durch Artikel 68 des Gesetzes vom 10. August 2021 (BGBl. I S. 3436) geändert worden ist, in Verbindung mit § 8a Absatz 2 Satz 1 und 2 des Handelsgesetzbuchs und mit § 1 Satz 1 Nummer 15 der IT-Subdelegationsverordnung Justiz,
verordnet die Senatsverwaltung für Justiz, Vielfalt und Antidiskriminierung nach Abstimmung mit der Senatsverwaltung für Inneres, Digitalisierung und Sport gemäß § 1 Satz 2 der IT-Subdelegationsverordnung Justiz:

§ 1 Eröffnung der elektronischen Einreichung von Dokumenten

Bei den Berliner Gerichten sind
1. in Verfahren nach dem Kapitalanleger-Musterverfahrensgesetz elektronische Dokumente und
2. in Handelsregistersachen, Partnerschaftsregistersachen sowie Genossenschaftssachen elektronische Anmeldungen und elektronische Dokumente

einzureichen.

§ 2 Form der elektronischen Einreichung

(1) [1]Das elektronische Postfach des jeweiligen Gerichts nimmt die elektronischen Dokumente entgegen. [2]Die elektronischen Postfächer der elektronischen Poststelle der Gerichte sind über die auf der Internetseite der für Justiz zuständigen Senatsverwaltung bezeichneten Übermittlungswege adressierbar.
(2) Die Einreichung erfolgt durch die Übertragung des elektronischen Dokuments in die elektronische Poststelle.
(3) Mehrere elektronische Dokumente dürfen nicht mit einer gemeinsamen qualifizierten elektronischen Signatur übermittelt werden.
(4) Das elektronische Dokument darf keine Schadsoftware enthalten.
(5) Der Dateiname eines elektronischen Dokuments soll den Inhalt des elektronischen Dokuments schlagwortartig umschreiben und bei der Übermittlung mehrerer elektronischer Dokumente eine logische Nummerierung enthalten.

§ 3 Technische Einreichungs- und Bearbeitungsvoraussetzungen

(1) [1]Für die technischen Standards für die Übermittlung und Eignung zur Bearbeitung elektronischer Dokumente gelten die Bekanntmachungen der Bundesregierung zu § 5 Absatz 1 der Elektronischen-Rechtsverkehrs-Verordnung vom 24. November 2017 (BGBl. S. 3803), die zuletzt durch Artikel 6 des Gesetzes vom 5. Oktober 2021 (BGBl. I S. 4607) geändert worden ist. [2]Die Bekanntmachungen werden im Bundesanzeiger und auf der Internetseite www.justiz.de veröffentlicht.

(2) Über Absatz 1 hinaus sind insbesondere für den elektronischen Rechtsverkehr in Registersachen ergänzend die auf der Internetseite der für Justiz zuständigen Senatsverwaltung bekanntgegebenen technischen Voraussetzungen zur Übermittlung und Bearbeitung elektronischer Dokumente sowie die Anforderungen an die elektronischen Dokumente einzuhalten.

§ 4 Ersatzeinreichung

[1]Wird glaubhaft gemacht, dass die nach § 3 Absatz 1 bekanntgegebenen Höchstgrenzen für die Anzahl oder das Volumen elektronischer Dokumente nicht eingehalten werden können oder dass die elektronische Einreichung aus technischen Gründen vorübergehend unmöglich ist, kann die Übermittlung als Schriftsatz nach den allgemeinen Vorschriften erfolgen, möglichst unter Beifügung des Schriftsatzes oder des Antrages nebst der Anlagen als elektronische Dokumente auf einem nach § 3 Absatz 1 als zulässig bekanntgegebenen physischen Datenträger. [2]Auf Anforderung ist ein elektronisches Dokument nachzureichen.

§ 5 Inkrafttreten, Außerkrafttreten

(1) Diese Verordnung tritt am Tag nach ihrer Verkündung[1)] im Gesetz- und Verordnungsblatt für Berlin in Kraft.

(2) Gleichzeitig tritt die Verordnung über den elektronischen Rechtsverkehr mit der Justiz im Land Berlin vom 27. Dezember 2006 (GVBl. S. 1183), die zuletzt durch die Verordnung vom 19. Dezember 2017 (GVBl. S. 719) geändert worden ist, außer Kraft.

1) Verkündet am 19.7.2022.

Gesetz
zu dem Staatsvertrag über die Errichtung des Zentralen Mahngerichts Berlin-Brandenburg sowie zur Änderung des Staatsvertrags zwischen dem Land Berlin und dem Land Brandenburg vom 20. November 1995 über die Zuständigkeit des Landgerichts Berlin für Rechtsstreitigkeiten über technische Schutzrechte – Mahngerichtsvertrag –

Vom 16. März 2006 (GVBl. S. 270)
(BRV 300-4)

Das Abgeordnetenhaus hat das folgende Gesetz beschlossen:

Artikel I Zustimmung

(1) Dem am 13. Dezember 2005 unterzeichneten Staatsvertrag über die Errichtung des Zentralen Mahngerichts Berlin-Brandenburg sowie zur Änderung des Staatsvertrags zwischen dem Land Berlin und dem Land Brandenburg vom 20. November 1995 über die Zuständigkeit des Landgerichts Berlin für Rechtsstreitigkeiten über technische Schutzrechte – Mahngerichtsvertrag – wird zugestimmt.

(2) Der Staatsvertrag wird als Anlage zu diesem Gesetz veröffentlicht.

Artikel II Inkrafttreten

(1) Dieses Gesetz tritt am Tage nach der Verkündung[1] im Gesetz- und Verordnungsblatt für Berlin in Kraft.

(2) Der Tag, an dem der Staatsvertrag nach seinem Artikel 10 in Kraft tritt, ist im Gesetz- und Verordnungsblatt für Berlin bekannt zu machen.

Anlage
(hier nicht abgedruckt)

1) Verkündet am 24.3.2006.

Staatsvertrag über die Errichtung des Zentralen Mahngerichts Berlin-Brandenburg sowie zur Änderung des Staatsvertrags zwischen dem Land Berlin und dem Land Brandenburg vom 20. November 1995 über die Zuständigkeit des Landgerichts Berlin für Rechtsstreitigkeiten über technische Schutzrechte – Mahngerichtsvertrag –

Vom 13. Dezember 2005[1)]

Präambel

In ihrem Bestreben, die Zusammenarbeit zu intensivieren und eine effizientere Justizstruktur in der Region Berlin-Brandenburg aufzubauen, sind die Länder Berlin und Brandenburg übereingekommen, ein Zentrales Mahngericht zu errichten. Zu diesem Zweck schließen sie den nachfolgenden Staatsvertrag:

Artikel 1 Errichtung eines Zentralen Mahngerichts

(1) Die Mahnverfahren der ordentlichen Gerichtsbarkeit des Landes Brandenburg werden zum 1. Juli 2006 dem Amtsgericht Wedding übertragen, das bereits für die Mahnverfahren der ordentlichen Gerichtsbarkeit des Landes Berlin zuständig ist. Unberührt bleibt die ausschließliche Zuständigkeit des Amtsgerichts Schöneberg nach § 689 Abs. 2 Satz 2 der Zivilprozessordnung.

(2) Das Amtsgericht Wedding führt als Mahngericht die Bezeichnung „Zentrales Mahngericht Berlin-Brandenburg".

Artikel 2 Dienstaufsicht, Personal

(1) Die oberste Dienstaufsicht über das Zentrale Mahngericht wird von der für Justiz zuständigen Senatsverwaltung ausgeübt.

(2) Die Beschäftigten des Zentralen Mahngerichts stehen in einem Dienstverhältnis zum Land Berlin.

(3) Zur Deckung des infolge dieses Vertrags entstehenden Personalmehrbedarfs übernimmt das Land Berlin in angemessenem Umfang Bedienstete des Landes Brandenburg.

Artikel 3 Maschinelle Bearbeitung

Die Mahnverfahren werden beim Amtsgericht Wedding maschinell bearbeitet.

Artikel 4 Kostentragung

(1) [1]Die Länder Berlin und Brandenburg tragen die Personal- und Sachkosten für den laufenden Betrieb, die Erhaltung, den Ausbau sowie den Ersatz der Infrastruktur des Zentralen Mahngerichts gemeinsam. [2]Die Kosten werden im Verhältnis der jährlichen Mahnantragseingänge aus dem Land Berlin und dem Land Brandenburg geteilt. [3]Die für die Ersteinrichtung des Zentralen Mahngerichts erforderlichen Mehrkosten trägt das Land Brandenburg.

(2) [1]Nach Abschluss des Haushaltsjahres stellen die Länder Berlin und Brandenburg die Höhe der in Absatz 1 bezeichneten Kosten, die Höhe der Gebühreneinnahmen und die auf die Länder entfallenden Anteile an Kosten und Gebühreneinnahmen fest. [2]Pauschalierungen und Schätzungen sind zulässig.

(3) [1]Der vom Land Brandenburg zu erstattende Kostenanteil wird mit den Gebühreneinnahmen verrechnet, die auf die Verfahren aus dem Land Brandenburg entfallen. [2]Ein Saldo ist auszugleichen.

(4) Das für Justiz zuständige Ministerium des Landes Brandenburg wirkt darauf hin, dass Antragsteller aus dem Land Brandenburg die Gebühren für das Mahnverfahren unmittelbar bei der Gerichtszahlstelle des Amtsgerichts Wedding oder bei der Justizkasse Berlin entrichten.

(5) Das Land Berlin kann zum 31. März und zum 30. September eines Jahres vom Land Brandenburg Abschlagszahlungen auf den am Ende des Haushaltsjahres zu erwartenden Ausgleichsbetrag verlangen.

---

1) Der Staatsvertrag wurde veröffentlicht in:
Berlin: am 24.3.2006 (GVBl. S. 270);
Brandenburg: am 25.4.2006 (GVBl. I S. 49).

Artikel 5 Gerichtskostenvorschuss

(1) Gerichtskostenvorschüsse für das streitige Verfahren zählen nicht zu den Gebühreneinnahmen im Sinne des Artikels 4 Abs. 2, soweit das Streitgericht seinen Sitz in den vertragschließenden Ländern hat.

(2) [1]Der in Berlin für ein streitiges Verfahren eingezahlte Gerichtskostenvorschuss steht dem Land Brandenburg zu, soweit der Antragsteller dort seinen allgemeinen Gerichtsstand hat. [2]Berlin führt die für das streitige Verfahren eingezahlten Vorschüsse monatlich an die Landesjustizverwaltung Brandenburg ab.

Artikel 6 Haushalt, Rechnungsprüfung

(1) Das Zentrale Mahngericht wird im Haushaltsplan des Landes Berlin gesondert kenntlich gemacht.

(2) Hinsichtlich der Ansätze, die das Zentrale Mahngericht betreffen, wird der Entwurf des Haushaltsplans im Einvernehmen mit dem für Justiz zuständigen Ministerium des Landes Brandenburg aufgestellt.

(3) [1]Die Rechnungshöfe der vertragschließenden Länder sind berechtigt, die Haushalts- und Wirtschaftsführung des Zentralen Mahngerichts zu prüfen. [2]Sie sollen Prüfvereinbarungen auf der Grundlage von § 93 der Landeshaushaltsordnungen treffen.

Artikel 7 (nicht wiedergegebene Änderungsvorschrift)

Artikel 8 Übergangsvorschrift

Für die bis zum 30. Juni 2006 eingegangenen Mahnverfahren bleibt es bei der bisherigen Zuständigkeit.

Artikel 9 Kündigung

(1) [1]Dieser Staatsvertrag gilt unbefristet. [2]Er kann von jedem Land mit einer Frist von einem Jahr zum 31. Dezember jeden Jahres schriftlich gekündigt werden.

(2) Bei Beendigung des Vertrags wird die gemeinsam beschaffte Sachausstattung nach einem von der für Justiz zuständigen Senatsverwaltung im Einvernehmen mit dem für Justiz zuständigen Ministerium des Landes Brandenburg aufzustellenden Plan auseinandergesetzt.

Artikel 10 In-Kraft-Treten

[1]Dieser Staatsvertrag bedarf der Ratifikation. [2]Er tritt am ersten Tag des auf den Austausch der Ratifikationsurkunden folgenden Monats in Kraft[1)].

1) In Kraft getreten am 1.6.2006, vgl. hierzu in **Berlin**: Bek. v. 30.5.2006 (GVBl. S. 506); in **Brandenburg**: Bek. v. 8.6.2006 (GVBl. I S. 102).

Gesetz über die Ausbildung von Juristinnen und Juristen im Land Berlin (Berliner Juristenausbildungsgesetz – JAG)[1)]

Vom 23. Juni 2003 (GVBl. S. 232)
(BRV 316-1)
zuletzt geändert durch Art. 1 G zur Änd. von Vorschriften für die juristische Ausbildung vom 14. September 2021 (GVBl. S. 1077)

Inhaltsübersicht

Abschnitt 1
Allgemeine Vorschriften

§ 1 Ausbildungsgang und Prüfungen

(1) Die juristische Ausbildung gliedert sich in das Universitätsstudium und den Vorbereitungsdienst.

(2) [1]Das Universitätsstudium wird mit der ersten juristischen Prüfung abgeschlossen. [2]Sie umfasst eine universitäre Schwerpunktbereichsprüfung und eine staatliche Pflichtfachprüfung. [3]Die erste juristische Prüfung dient der Feststellung, ob der Prüfling das rechtswissenschaftliche Studienziel erreicht hat und damit für den juristischen Vorbereitungsdienst fachlich geeignet ist. [4]Darüber hinaus hat der Prüfling in der universitären Schwerpunktbereichsprüfung seine Fähigkeit zu vertieftem wissenschaftlichen Arbeiten nachzuweisen.

(3) [1]Die Ausbildung im Vorbereitungsdienst wird mit der zweiten juristischen Staatsprüfung abgeschlossen. [2]Sie dient der Feststellung, ob der Prüfling nach seinen fachlichen und allgemeinen Kenntnissen und nach seinen praktischen Fähigkeiten das geltende Recht anwenden kann sowie nach dem Gesamteindruck in der Lage ist, als Rechtsanwältin, Rechtsanwalt, Richterin, Richter, Staatsanwältin, Staatsanwalt, Beamtin oder Beamter des nichttechnischen höheren Verwaltungsdienstes tätig zu sein.

---

1) Verkündet als Art. I G v. 23.6.2003 (GVBl. S. 232); Inkrafttreten gem. Art. IV dieses G am 1.7.2003.

§ 2 Zuständigkeiten

Die staatliche Pflichtfachprüfung der ersten juristischen Prüfung und die zweite juristische Staatsprüfung werden vom Gemeinsamen Juristischen Prüfungsamt, die universitäre Schwerpunktbereichsprüfung wird von den Universitäten in eigener Zuständigkeit vorbereitet und durchgeführt.

Abschnitt 2

Studium und erste juristische Prüfung

§ 3 Inhalt des Studiums

(1) Das Universitätsstudium umfasst Pflichtfächer und einen gewählten Schwerpunktbereich.

(2) [1]Pflichtfächer sind die Kernbereiche des Bürgerlichen Rechts, des Strafrechts, des Öffentlichen Rechts und des Verfahrensrechts einschließlich der europarechtlichen Bezüge, der rechtswissenschaftlichen Methoden und der philosophischen, geschichtlichen und gesellschaftlichen Grundlagen; die rechtsprechende, verwaltende und rechtsberatende Praxis einschließlich der hierfür erforderlichen Schlüsselqualifikationen sind zu berücksichtigen. [2]Die Universitäten bieten Lehrveranstaltungen an, in denen Lehrstoff begleitend und ergänzend in Kleingruppen behandelt wird.

(3) [1]Die Universitäten bestimmen in eigener Verantwortung, welche Schwerpunktbereiche sie anbieten, die der Ergänzung des Studiums und der Vertiefung der mit ihnen zusammenhängenden Pflichtfächer sowie der Vermittlung interdisziplinärer und internationaler Bezüge des Rechts dienen. [2]Dabei sollen sich die Universitäten mit dem Ziel eines vielfältigen Angebotes untereinander und mit den Universitäten des Landes Brandenburg abstimmen.

§ 4 Studien- und Prüfungsordnungen

[1]Die Universitäten regeln die Ausbildung in den Pflichtfächern sowie in den Schwerpunktbereichen in Studienordnungen und die Ausgestaltung der Zwischenprüfung sowie der universitären Schwerpunktbereichsprüfung in Prüfungsordnungen. [2]Studienleistungen in den Pflichtfächern sowie Studien- und Prüfungsleistungen im Schwerpunktbereich, die während eines rechtswissenschaftlichen Studiums außerhalb des Landes Berlin erbracht wurden, werden als solche anerkannt, wenn sie in Art, Umfang, Inhalt und Anforderungen gleichwertig sind. [3]Der Anerkennung von Studien- und Prüfungsleistungen, die im Ausland erbracht wurden, steht nicht entgegen, dass sie sich auf vergleichbares fremdes nationales Recht beziehen. [4]Über die Anerkennung entscheidet die Universität, an der das Studium fortgesetzt wird.

§ 5 Universitäre Schwerpunktbereichsprüfung

(1) [1]Die Prüfung umfasst höchstens drei Prüfungsleistungen, darunter eine den Schwerpunktbereich betreffende Hausarbeit. [2]Die Studien- und Prüfungsordnung kann vorsehen, dass die Hausarbeit und deren Verteidigung als eine Prüfungsleistung gelten.

(2) Die Universitäten haben das Ablegen der Prüfung in jedem Semester zu ermöglichen.

(3) Spätestens vor dem Ablegen der letzten universitären Prüfungsleistung haben die Studierenden ihre rechtswissenschaftliche Fremdsprachenkompetenz (§ 5a Abs. 2 Satz 2 des Deutschen Richtergesetzes) gegenüber der Universität nachzuweisen.

§ 6 Zulassung zur staatlichen Pflichtfachprüfung

(1) Zur staatlichen Pflichtfachprüfung wird auf Antrag zugelassen, wer

1. mindestens zwei Jahre Rechtswissenschaft an einer Universität in der Bundesrepublik Deutschland studiert hat,
2. in zwei der Antragstellung vorausgegangenen Semestern an einer Universität der Länder Brandenburg oder Berlin im Fach Rechtswissenschaft eingeschrieben war,
3. eine Zwischenprüfung nach der jeweils geltenden Zwischenprüfungsordnung des juristischen Fachbereichs einer Universität in der Bundesrepublik Deutschland bestanden hat,
4. nach bestandener Zwischenprüfung mit Erfolg an universitären Lehrveranstaltungen mit Leistungskontrollen im Bürgerlichen Recht, im Strafrecht und im Öffentichen Recht teilgenommen hat,
5. mit Erfolg an einer universitären Lehrveranstaltung mit Leistungskontrolle in einem Grundlagenfach der Rechtswissenschaft teilgenommen hat,

6. einen Nachweis der Universität über den Erwerb von Schlüsselqualifikationen (§ 5a Abs. 3 Satz 1 des Deutschen Richtergesetzes) erbringt und
7. eine dreimonatige praktische Studienzeit im In- oder Ausland absolviert hat.

(2) Von dem Erfordernis nach Absatz 1 Nr. 7 können in besonderen Fällen Ausnahmen zugelassen werden.

(3) Nicht zugelassen wird, wer die staatliche Pflichtfachprüfung zweimal nicht bestanden hat.

§ 7 Staatliche Pflichtfachprüfung

(1) [1]Die staatliche Pflichtfachprüfung besteht aus einem schriftlichen und einem mündlichen Teil. [2]Das Gemeinsame Juristische Prüfungsamt der Länder Berlin und Brandenburg kann bestimmen, dass der schriftliche Prüfungsteil auch oder ausschließlich aus elektronisch zu erbringenden Aufsichtsarbeiten besteht. [3]Schriftlicher und mündlicher Prüfungsteil stehen zueinander im Verhältnis von 63 vom Hundert zu 37 vom Hundert. [4]Es sind sieben Aufsichtsarbeiten anzufertigen. [5]Zur mündlichen Prüfung wird zugelassen, wer einen Punktdurchschnitt von mindestens 3,50 Punkten in der schriftlichen Prüfung erreicht und in mindestens vier Aufsichtsarbeiten jeweils mindestens vier Punkte erhalten hat. [6]Prüflinge, die eine dieser beiden Voraussetzungen nicht erfüllen, sind von der mündlichen Prüfung ausgeschlossen und haben die Prüfung nicht bestanden. [7]Der Punktdurchschnitt errechnet sich aus der Summe der Einzelpunktzahlen der schriftlichen Arbeiten geteilt durch deren Anzahl; dabei wird eine sich ergebende dritte Dezimalstelle nicht berücksichtigt.

(2) [1]Gegenstand der Prüfung sind die in § 3 Abs. 2 Satz 1 bestimmten Pflichtfächer. [2]Die Prüflinge müssen zeigen, dass sie das Recht mit Verständnis anwenden können und über die dazu erforderlichen Kenntnisse verfügen. [3]Im Vordergrund von Aufgabenstellung und Leistungsbewertung stehen das systematische Verständnis der Rechtsordnung und die Fähigkeit zu methodischem Arbeiten. [4]In der Prüfung sind Fragestellungen der rechtsberatenden Praxis angemessen zu berücksichtigen.

(3) Wer die staatliche Pflichtfachprüfung nicht bestanden hat, kann sie einmal wiederholen.

§ 8 Gesamtnote der ersten juristischen Prüfung

(1) Die erste juristische Prüfung ist bestanden, wenn in der staatlichen Pflichtfachprüfung und in der universitären Schwerpunktbereichsprüfung jeweils eine Endpunktzahl von mindestens 4,00 Punkten erreicht ist.

(2) [1]Aus den Endpunktzahlen der staatlichen Pflichtfachprüfung und der universitären Schwerpunktbereichsprüfung errechnet das Gemeinsame Juristische Prüfungsamt die Gesamtpunktzahl der ersten juristischen Prüfung. [2]Die Endpunktzahl der staatlichen Pflichtfachprüfung wird zu 70 vom Hundert, die Endpunktzahl der universitären Schwerpunktbereichsprüfung zu 30 vom Hundert eingerechnet. [3]Dabei wird eine sich ergebende dritte Dezimalstelle nicht berücksichtigt.

(3) Aus der Gesamtpunktzahl ergibt sich die Gesamtnote der ersten juristischen Prüfung.

§ 9 Bewertung der Prüfungsleistungen

Für die Bewertung der einzelnen Prüfungsleistungen und für die Bildung der Noten der staatlichen Pflichtfachprüfung, der universitären Schwerpunktbereichsprüfung und der ersten juristischen Prüfung gilt die Verordnung über eine Noten- und Punkteskala für die erste und zweite juristische Prüfung vom 3. Dezember 1981 (BGBl. I S. 1243) in der jeweils geltenden Fassung.

Abschnitt 3
Vorbereitungsdienst

§ 10 Eintritt in den Vorbereitungsdienst

(1) [1]Wer die erste juristische Prüfung bestanden hat, wird auf Antrag durch Bescheid in den Vorbereitungsdienst aufgenommen. [2]Die Ausbildung erfolgt in einem öffentlich-rechtlichen Ausbildungsverhältnis außerhalb des Beamtenverhältnisses. [3]Die Dienstbezeichnung lautet „Rechtsreferendarin" oder „Rechtsreferendar". [4]Ausbildungsbehörde ist die Präsidentin oder der Präsident des Kammergerichts.

(2) [1]Die Begründung und Beendigung des öffentlich-rechtlichen Ausbildungsverhältnisses richten sich nach diesem Gesetz und nach einer gemäß § 24 Abs. 1 Nr. 2 Buchstabe a erlassenen Rechtsverordnung. [2]Rechtsvorschriften über die Beteiligung von Stellen bei der Begründung und Beendigung des Beam-

tenverhältnisses auf Widerruf gelten entsprechend. [3]Die Begründung und Beendigung des öffentlich-rechtlichen Ausbildungsverhältnisses in elektronischer Form sind ausgeschlossen.

(3) [1]Im Übrigen finden die für Beamtinnen und Beamte auf Widerruf geltenden Vorschriften Anwendung, soweit nicht durch dieses Gesetz oder auf Grund dieses Gesetzes etwas anderes bestimmt ist. [2]Die Vorschriften des § 38 des Beamtenstatusgesetzes in Verbindung mit § 48 des Landesbeamtengesetzes sowie § 75 Absatz 1 und § 76 des Landesbeamtengesetzes finden keine Anwendung.

§ 10a Versagung der Aufnahme in den Vorbereitungsdienst

(1) Die Aufnahme in den Vorbereitungsdienst ist zu versagen,

1. wenn die Bewerberin oder der Bewerber für den Vorbereitungsdienst persönlich ungeeignet ist; dies ist in der Regel anzunehmen, wenn sie oder er wegen einer vorsätzlich begangenen Tat zu einer Freiheitsstrafe von mindestens einem Jahr rechtskräftig verurteilt wurde und die Strafe noch nicht getilgt worden ist oder
2. solange gegen die Bewerberin oder den Bewerber eine Freiheitsstrafe oder freiheitsentziehende Maßnahme vollzogen wird.

(2) Die Aufnahme in den Vorbereitungsdienst kann versagt werden,

1. solange ein Ermittlungsverfahren oder ein Strafverfahren wegen des Verdachts einer vorsätzlichen Straftat anhängig ist, das zu einer Versagungsentscheidung nach Absatz 1 Nummer 1 führen kann oder
2. wenn die Bewerberin oder der Bewerber an einer Krankheit leidet, die die ordnungsgemäße Ausbildung ernstlich beeinträchtigen könnte oder die Gesundheit anderer gefährdet.

§ 11 Auswahlverfahren, Zurückstellung und Verordnungsermächtigung

(1) Die Aufnahme in den Vorbereitungsdienst wird zurückgestellt, wenn

1. die nach dem Haushaltsplan zum jeweiligen Einstellungstermin zur Verfügung stehenden Stellen oder Mittel nicht ausreichen oder
2. die Ausbildungskapazität erschöpft ist.

(2) [1]Bei der Ermittlung der Ausbildungskapazität sind die personellen, räumlichen und sächlichen Möglichkeiten auszuschöpfen. [2]Dadurch dürfen jedoch weder die Erfüllung der öffentlichen Aufgaben, die den ausbildenden Stellen obliegen, unzumutbar beeinträchtigt noch die ordnungsgemäße Ausbildung gefährdet werden. [3]Die für Justiz zuständige Senatsverwaltung wird ermächtigt, Vorschriften zur Ermittlung und Festsetzung der Ausbildungskapazität durch Rechtsverordnung zu bestimmen.

(3) [1]Übersteigt die Zahl der Bewerbungen die nach Absatz 2 ermittelte Ausbildungskapazität, bestimmt die für Justiz zuständige Senatsverwaltung durch Rechtsverordnung das Verfahren zur Verteilung der Ausbildungsplätze. [2]Für das Verteilungsverfahren sind als Auswahlkriterien die Leistung, das Vorliegen einer außergewöhnlichen Härte und die Wartezeit vorzusehen. [3]Darüber hinaus können insbesondere das Lebensalter, eine Schwerbehinderung, das Ableisten eines Freiwilligendienstes oder die Sorgeberechtigung für ein minderjähriges Kind als weitere Kriterien festgelegt werden.

(4) [1]In der Rechtsverordnung nach Absatz 3 kann als zusätzliches Auswahlkriterium festgelegt werden, dass die staatliche Pflichtfachprüfung im Land Berlin abgelegt worden ist. [2]Voraussetzung hierfür ist, dass Bewerberinnen und Bewerber in der Mehrzahl der Oberlandesgerichtsbezirke im Bundesgebiet regelmäßig nicht länger als sechs Monate zurückgestellt werden und die Ausbildungsbehörde dies jährlich prüft. [3]Die Feststellung nach Satz 2 wird im Amtsblatt für Berlin veröffentlicht und gilt für die Aufnahmen in den Vorbereitungsdienst in den folgenden zwölf Monaten.

§ 12 Unterhaltsbeihilfe, Rentenversicherungsfreiheit

(1) [1]Die Rechtsreferendarin oder der Rechtsreferendar erhält eine monatliche Unterhaltsbeihilfe. [2]Sie besteht aus einem Grundbetrag in Höhe von 1.138,50 Euro sowie einem Familienzuschlag und einer Sonderzahlung, die sich jeweils nach den im Land Berlin geltenden besoldungsrechtlichen Vorschriften für Beamtinnen und Beamte auf Widerruf im Vorbereitungsdienst der Besoldungsgruppe A 13 mit Stellenzulage oder der Besoldungsgruppe R 1 richten. [3]Der Grundbetrag erhöht sich um denselben Vomhundertsatz oder Betrag und zu demselben Zeitpunkt wie der nach den im Land Berlin geltenden besoldungsrechtlichen Vorschriften gewährte höchste Anwärtergrundbetrag. [4]Tarifrechtliche Regelungen bleiben unberührt.

(2) [1]Die Unterhaltsbeihilfe wird am letzten Tag des Monats für den laufenden Monat gezahlt. [2]Der Anspruch erlischt mit Ablauf des Tages, an dem der Vorbereitungsdienst endet. [3]Im Übrigen sind auf

die Unterhaltsbeihilfe die besoldungsrechtlichen Vorschriften mit Ausnahme des § 66 des Bundesbesoldungsgesetzes entsprechend anzuwenden.

(3) [1]Rechtsreferendarinnen und Rechtsreferendare erhalten bei verminderter Erwerbsfähigkeit und im Alter eine Versorgung nach den Bestimmungen des Landesbeamtenversorgungsgesetzes, dies gilt auch für die Hinterbliebenenversorgung. [2]Weitergehende Leistungen, insbesondere vermögenswirksame Leistungen, Kaufkraftausgleich bei Auslandsstationen, Trennungsgeld sowie Beihilfen, Jubiläumszuwendungen und Reise- und Umzugskosten, werden nicht gewährt.

§ 13 Inhalt und Ziel der Ausbildung

[1]Der Vorbereitungsdienst macht die Rechtsreferendarinnen und Rechtsreferendare mit den Aufgaben der Rechtspflege, der Anwaltschaft und der öffentlichen Verwaltung vertraut. [2]Sie lernen die juristische Berufsausübung insbesondere als Rechtsanwältin, Rechtsanwalt, Richterin, Richter, Staatsanwältin, Staatsanwalt, Verwaltungsbeamtin und Verwaltungsbeamter kennen. [3]Sie erweitern und vertiefen dabei die im Universitätsstudium erworbenen Kenntnisse und Fähigkeiten einschließlich erworbener Schlüsselqualifikationen. [4]Dabei sollen sie das Recht mit Verständnis für die Zusammenhänge der Rechtsordnung und für wirtschaftliche, soziale und gesellschaftliche Fragen anwenden und befähigt werden, sich in angemessener Zeit auch in solche juristischen Tätigkeiten einzuarbeiten, in denen sie nicht ausgebildet worden sind. [5]Zur Erreichung dieser Ziele leisten sie praktische juristische Arbeit und nehmen an Arbeitsgemeinschaften teil. [6]Es ist zu beachten, dass ihre Beschäftigung ihrer praktischen Ausbildung dient. [7]Die Rechtsreferendarinnen und Rechtsreferendare sollen zum Selbststudium angehalten werden und möglichst selbständig und eigenverantwortlich arbeiten.

§ 14 Dauer und Gliederung des Vorbereitungsdienstes

(1) Der Vorbereitungsdienst dauert 24 Monate.

(2) Die Ausbildung dauert
1. in Zivilsachen vier Monate,
2. in Strafsachen dreieinhalb Monate,
3. in der Verwaltung dreieinhalb Monate,
4. in Rechtsanwaltskanzleien neun Monate und
5. in einem Berufsfeld nach Wahl der Rechtsreferendarin oder des Rechtsreferendars (Wahlstation) vier Monate.

(3) Die Ausbildung gemäß Absatz 2 Nr. 4 kann bis zu einer Dauer von drei Monaten bei einer Ausbildungsstelle im In- oder Ausland stattfinden, bei der eine sachgerechte rechtsberatende Ausbildung gewährleistet ist, insbesondere bei einer Notarin, einem Notar, einem Unternehmen oder einem Verband.

(4) [1]Die Ausbildung gemäß Absatz 2 Nr. 5 kann bei jeder Stelle stattfinden, bei der eine sachgerechte Ausbildung gewährleistet ist und Ausbildungsplätze verfügbar sind. [2]Sie kann ganz oder teilweise auch bei überstaatlichen, zwischenstaatlichen oder ausländischen Ausbildungsstellen sowie Rechtsanwältinnen und Rechtsanwälten im Ausland abgeleistet werden.

§ 15 Entlassung aus dem Vorbereitungsdienst

(1) [1]Die Rechtsreferendarin oder der Rechtsreferendar ist zu entlassen, wenn die Entlassung schriftlich verlangt wird. [2]In diesem Fall soll eine Wiedereinstellung nicht vor Ablauf von zwölf Monaten erfolgen.

(2) [1]Die Rechtsreferendarin oder der Rechtsreferendar kann entlassen werden, wenn ein wichtiger Grund vorliegt. [2]Ein wichtiger Grund liegt insbesondere vor, wenn
1. sie oder er dienstunfähig im Sinne der beamtenrechtlichen Regelungen ist,
2. die Voraussetzungen des § 24 des Beamtenstatusgesetzes vorliegen,
3. sie oder er die Pflichten aus dem Ausbildungsverhältnis in grober Weise verletzt,
4. sie oder er in der Ausbildung sich sonst als ungeeignet erweist, den Vorbereitungsdienst fortzusetzen.

(3) [1]Die Entscheidung trifft die Ausbildungsbehörde. [2]Der Vorbereitungsdienst endet mit Ablauf des Monats, in dem die Entscheidung über die Entlassung bekannt gegeben wird.

§ 16 Beendigung des Vorbereitungsdienstes

(1) [1]Der Vorbereitungsdienst endet mit Ablauf des Monats, in dem die Entscheidung über das Bestehen der zweiten juristischen Staatsprüfung oder das wiederholte Nichtbestehen der Rechtsreferendarin oder

dem Rechtsreferendar bekannt gegeben wird. [2]Auf Antrag der Rechtsreferendarin oder des Rechtsreferendars endet der Vorbereitungsdienst bereits mit Ablauf des Tages, an dem die Entscheidung über das Bestehen der zweiten juristischen Staatsprüfung oder das wiederholte Nichtbestehen der Rechtsreferendarin oder dem Rechtsreferendar bekannt gegeben wird.

(2) [1]Der Vorbereitungsdienst endet spätestens vier Monate nach Beendigung der Ausbildung oder einer Ergänzungsausbildung. [2]Er endet nicht, wenn die Ausbildungsbehörde vorher feststellt, dass er fortdauert. [3]Diese Feststellung kann sie nur treffen, wenn sich das Prüfungsverfahren aus einem nicht in der Person der Rechtsreferendarin oder des Rechtsreferendars liegenden Grund verzögert oder eine außergewöhnliche Härte vorliegt. [4]Eine außergewöhnliche Härte ist gegeben, wenn die Nichtverlängerung des Vorbereitungsdienstes die Rechtsreferendarin oder den Rechtsreferendar infolge persönlicher oder sozialer Umstände unzumutbar benachteiligen würde. [5]Der Antrag ist spätestens zwei Monate vor Beendigung des Vorbereitungsdienstes zu stellen. [6]Mit dem Antrag sind die geltend gemachten Umstände nachzuweisen.

(3) Nimmt der Prüfling nicht unmittelbar im Anschluss an seine Ausbildung an dem nächstfolgenden Prüfungstermin teil, so kann er bis zur Beendigung des Vorbereitungsdienstes auch mit ausbildungsfremden Aufgaben betraut werden.

Abschnitt 4
Zweite juristische Staatsprüfung

§ 17 Gegenstand, Bewertung und Wiederholung der Prüfung

(1) [1]Die Prüfung besteht aus einem schriftlichen und einem mündlichen Teil. [2]§ 7 Absatz 1 Satz 2 gilt entsprechend. [3]Schriftlicher und mündlicher Prüfungsteil stehen zueinander im Verhältnis von 60 vom Hundert zu 40 vom Hundert. [4]Es sind sieben Aufsichtsarbeiten anzufertigen. [5]Zur mündlichen Prüfung wird zugelassen, wer:

1. bei Erreichen eines Punktdurchschnitts von 3,50 Punkten in der schriftlichen Prüfung in mindestens vier Aufsichtsarbeiten jeweils mindestens 4 Punkte erhalten hat oder
2. bei Erreichen eines Punktdurchschnitts von 4,00 Punkten in der schriftlichen Prüfung in mindestens drei Aufsichtsarbeiten jeweils mindestens 4 Punkte erhalten hat.

[6]Kandidatinnen und Kandidaten, die keine dieser Voraussetzungen erfüllen, sind von der mündlichen Prüfung ausgeschlossen und haben die Prüfung nicht bestanden. [7]§ 7 Absatz 1 Satz 7 findet Anwendung.

(2) Gegenstände der Prüfung sind neben den Pflichtfächern der staatlichen Pflichtfachprüfung die verfahrensrechtlichen und berufspraktischen Inhalte der Ausbildung in den Pflichtstationen sowie das für den berufspraktischen Teil der mündlichen Prüfung von der Rechtsreferendarin oder dem Rechtsreferendar gewählte Berufsfeld.

(3) Für die Bewertung der Prüfungsleistungen gilt § 9 entsprechend.

(4) Die zweite juristische Staatsprüfung ist bestanden, wenn eine Endpunktzahl von mindestens 4,00 Punkten erreicht ist.

(5) [1]Wer die zweite juristische Staatsprüfung nicht bestanden hat, kann sie einmal wiederholen. [2]Auf Antrag kann in besonderen Ausnahmefällen eine zweite Wiederholung gestattet werden, wenn eine hinreichende Aussicht auf Erfolg besteht. [3]Eine erneute Aufnahme in den Vorbereitungsdienst findet nicht statt.

§ 18 Rechtswirkung der Prüfung

Wer die zweite juristische Staatsprüfung bestanden hat, besitzt die Befähigung zum Richteramt und zum nichttechnischen höheren Verwaltungsdienst und ist berechtigt, die Bezeichnung „Rechtsassessorin (Ass. jur.)“ oder „Rechtsassessor (Ass. jur.)“ zu führen.

Abschnitt 5
Gemeinsames Juristisches Prüfungsamt

§ 19 Aufgaben und Zusammensetzung

(1) [1]Das Gemeinsame Juristische Prüfungsamt der Länder Berlin und Brandenburg bei der für Justiz zuständigen Senatsverwaltung besteht aus der Präsidentin oder dem Präsidenten, deren oder dessen Vertretung, weiteren haupt- und nebenamtlichen Mitgliedern und Mitgliedern kraft Amtes. [2]Sie müs-

sen die Befähigung zum Richteramt haben. [3]Die Berufung der Präsidentin oder des Präsidenten des Gemeinsamen Juristischen Prüfungsamtes oder ihrer oder seiner Vertretung sowie der weiteren hauptamtlichen Mitglieder richtiet sich nach Artikel 3 Satz 2 des Staatsvertrages über die Errichtung eines Gemeinsamen Juristischen Prüfungsamtes der Länder Berlin und Brandenburg vom 2. April 2004.

(2) Mitglieder kraft Amtes sind die an rechtswissenschaftlichen Fachbereichen der Universitäten tätigen hauptamtlichen Hochschullehrerinnen und Hochschullehrer.

(3) Die Präsidentin oder der Präsident des Gemeinsamen Juristischen Prüfungsamtes kann örtliche Prüfungsleiterinnen und Prüfungsleiter bestellen.

(4) Die Präsidentin oder der Präsident und die Mitglieder des Justizprüfungsamtes sowie die weiteren Prüferinnen und Prüfer nach § 20 Abs. 2 sind bei ihrer Prüfungstätigkeit unabhängig und an Weisungen nicht gebunden.

§ 20 Berufung der nebenamtlichen Mitglieder

(1) Zu nebenamtlichen Mitgliedern können durch die für Justiz zuständige Senatsverwaltung insbesondere berufen werden:

1. Richterinnen, Richter, Staatsanwältinnen und Staatsanwälte,
2. Rechtsanwältinnen, Rechtsanwälte, Notarinnen und Notare auf Vorschlag ihrer Kammer,
3. Beamtinnen und Beamte des höheren nichttechnischen Verwaltungsdienstes und Juristinnen und Juristen, die in der Verwaltung, bei Verbänden oder in der Wirtschaft tätig sind,
4. Privatdozentinnen und Privatdozenten, außerplanmäßige Professorinnen und Professoren, Honorarprofessorinnen und Honorarprofessoren des Rechts und in den Ruhestand getretene hauptamtliche Hochschullehrerinnen und Hochschullehrer des Rechts.

(2) Die Präsidentin oder der Präsident des Gemeinsamen Juristischen Prüfungsamtes kann zum Zwecke der Erprobung oder wegen vermehrten Geschäftsanfalls Personen, die die Voraussetzungen des Absatzes 1 erfüllen, vorübergehend ohne förmliche Berufung als nebenamtliche Mitglieder heranziehen.

§ 21 Amtsdauer

(1) [1]Die Mitglieder des Gemeinsamen Juristischen Prüfungsamtes werden für jeweils fünf Jahre berufen. [2]Erneute Berufungen sind zulässig.

(2) [1]Die Mitgliedschaft endet

1. mit dem Ausscheiden aus dem Hauptamt oder
2. mit der Vollendung des 70. Lebensjahres.

[2]Abweichend von Satz 1 Nr. 2 kann die Berufung in begründeten Einzelfällen einmal für zwei Jahre erneuert werden.

(3) [1]Ein Mitglied kann nach Ablauf seiner Mitgliedschaft im Gemeinsamen Juristischen Prüfungsamt Bewertungen von schriftlichen Leistungen, mit denen es vorher beauftragt worden war, zu Ende führen. [2]Gleiches gilt für mündliche Prüfungen, für die es vorher zum Mitglied eines Prüfungsausschusses bestimmt worden war.

§ 22 Widerspruchsverfahren

[1]Gegen Verwaltungsakte, denen eine Bewertung von Prüfungsleistungen zu Grunde liegt, kann Widerspruch erhoben werden. [2]Die Anonymität des Prüflings ist auch im Widerspruchsverfahren zu wahren.

§ 23 Verarbeitung personenbezogener Daten, Auskunft und Akteneinsicht

(1) Das Gemeinsame Juristische Prüfungsamt darf personenbezogene Daten verarbeiten, soweit dies zur Erfüllung der Aufgaben nach diesem Gesetz und nach der gemäß § 24 erlassenen Rechtsverordnung, insbesondere für Zwecke des Prüfungsverfahrens und der Vorgangsbearbeitung, erforderlich ist.

(2) [1]Dem Prüfling wird in den Räumlichkeiten des Gemeinsamen Juristischen Prüfungsamtes Einsicht in die über ihn geführte Prüfungsakte gewährt. [2]Über beim Gemeinsamen Juristischen Prüfungsamt gespeicherte personenbezogene Daten wird schriftlich oder in elektronischem Format Auskunft erteilt. [3]Nach Bekanntgabe der Prüfungsentscheidung wird dem Prüfling in den Räumlichkeiten des Gemeinsamen Juristischen Prüfungsamtes Einsicht in die von ihm erstellten Aufsichtsarbeiten gewährt. [4]Dem Prüfling ist es gestattet, während der Einsichtnahme Ablichtungen der Aufsichtsarbeiten anzufertigen. [5]Die Aufsichtsarbeiten dürfen dabei nicht entheftet werden. [6]Dritte erhalten Einsicht in die Prüfungsakten oder Auskünfte aus diesen nur mit Einwilligung des betroffenen Prüflings.

(3) Über Absatz 2 hinausgehende Informationsrechte auf Grund anderer Rechtsgrundlagen sind für Prüflinge und Dritte ausgeschlossen.

Abschnitt 6
Übergangs- und Schlussvorschriften

§ 24 Verordnungsermächtigung

(1) Über § 11 Absatz 2 bis 4 hinaus wird die für Justiz zuständige Senatsverwaltung ermächtigt, durch Rechtsverordnung Vorschriften zu erlassen über

1. das Studium der Pflichtfächer und den Nachweis der Fremdsprachenkompetenz (§ 5a Abs. 2 Satz 2, 2. Halbsatz des Deutschen Richtergesetzes), insbesondere
   a) die Gegenstände von Lehrveranstaltungen,
   b) die Gestaltung der praktischen Studienzeit,
   c) die Anrechnung von Studienleistungen in anderen Studiengängen;
2. den Vorbereitungsdienst, insbesondere
   a) Voraussetzungen und nähere Ausgestaltung des öffentlich-rechtlichen Ausbildungsverhältnisses,
   b) die inhaltliche Gestaltung des Vorbereitungsdienstes und die Erteilung von Zeugnissen,
   c) die Anrechnung von Ausbildungszeiten in anderen Ausbildungsgängen;
3. die staatlichen Prüfungen, insbesondere
   a) die näheren Voraussetzungen für die Zulassung zur staatlichen Pflichtfachprüfung, insbesondere die Frist zur Meldung, den Nachweis eines ordnungsgemäßen Rechtsstudiums und die Vorlage von Zeugnissen,
   b) die Gründe für eine Versagung der Zulassung zur staatlichen Pflichtfachprüfung, insbesondere wenn und solange ein anderweitiges Prüfungsverfahren in der Bundesrepublik Deutschland anhängig ist, bei nicht ordnungsgemäßer Meldung oder bei Fristversäumnis,
   c) die Voraussetzungen für die Zulassung zur zweiten juristischen Staatsprüfung, Gründe für eine Versagung der Zulassung bei Fristversäumnis und den Verlust des Anspruchs auf Zulassung zur zweiten juristischen Staatsprüfung bei Nichtbeendigung des Vorbereitungsdienstes,
   d) den Prüfungsstoff und das Prüfungsverfahren, insbesondere Art, Zahl und Zeit der Prüfungsleistungen im schriftlichen und im mündlichen Teil der Prüfung,
   e) die Bewertung und Bekanntgabe der Prüfungsleistungen und des Gesamtergebnisses, die Berücksichtigung von Leistungen aus Studium und Vorbereitungsdienst und die Erteilung von Zeugnissen,
   f) den Rücktritt von den Prüfungen, die Wiederholung nicht bestandener oder nicht vollständig abgelegter Prüfungen,
   g) den Freiversuch in der staatlichen Pflichtfachprüfung und die Wiederholung der Prüfung zur Notenverbesserung,
   h) die Wiederholung der zweiten juristischen Staatsprüfung zur Notenverbesserung,
   i) die Einhaltung der Prüfungsbestimmungen, die Mitwirkungspflichten der Prüflinge und die Folgen von Verstößen gegen Prüfungsbestimmungen, die Folgen einer Verhinderung sowie des Fernbleibens von Prüflingen und die Festlegung besonderer Bedingungen für behinderte Prüflinge;
4. das Absehen vom Erfordernis einer Hausarbeit in der Schwerpunktbereichsprüfung;
5. das Gemeinsame Juristische Prüfungsamt, insbesondere
   a) die Einsicht in die Prüfungsunterlagen, die Befristung der Geltendmachung von Prüfungsmängeln sowie deren Heilung,
   b) seine Organisation, Aufgaben und Zuständigkeiten,
   c) die Bildung und Zusammensetzung von Prüfungsausschüssen;
6. die Erhebung von Gebühren für das Widerspruchsverfahren und für die Wiederholung der Prüfungen zur Notenverbesserung in der zweiten juristischen Staatsprüfung. Die Vorschriften des Gesetzes über Gebühren und Beiträge vom 22. Mai 1957 (GVBl. S. 516), zuletzt geändert durch Gesetz vom 6. Juli 2006 (GVBl. S. 713), in der jeweils geltenden Fassung gelten entsprechend.

(2) Die zur Ausführung dieses Gesetzes erforderlichen Verwaltungsvorschriften erlässt die für Justiz zuständige Senatsverwaltung.

§ 25 Übergangsbestimmungen

(1) Für Studierende, die vor Inkrafttreten dieses Gesetzes das Studium aufgenommen haben und sich bis zum 1. Juli 2006 zur ersten juristischen Staatsprüfung gemeldet haben, finden auf das Studium und die erste juristische Staatsprüfung die bis zum Inkrafttreten dieses Gesetzes geltenden Vorschriften des Deutschen Richtergesetzes, des Gesetzes über die juristische Ausbildung vom 4. November 1993 (GVBl. S. 554), zuletzt geändert durch Gesetz vom 4. Juli 2002 (GVBl. S. 188), und der Ausbildungs- und Prüfungsordnung für Juristen in der Fassung vom 5. Oktober 1998 (GVBl. S. 283, 424), zuletzt geändert durch Artikel II des Gesetzes vom 4. Juli 2002 (GVBl. S. 188) und durch Artikel IV des Gesetzes vom 20. November 2002 (GVBl. S. 346), Anwendung, jedoch mit der Maßgabe, dass ab dem 1. Juni 2004 die Vorschrift des § 5 Abs. 1 Satz 1, 2. Halbsatz des Gesetzes über die juristische Ausbildung nicht mehr angewendet wird.

(2) Wer sich bis zum 1. Juli 2006 erstmalig zur ersten juristischen Staatsprüfung gemeldet hat, kann die Prüfung auch im Falle der Wiederholung und Verbesserung nach den bis zum Inkrafttreten dieses Gesetzes geltenden Vorschriften des Deutschen Richtergesetzes und des Gesetzes über die juristische Ausbildung mit der in Absatz 1 bestimmten Maßgabe und der Ausbildungs- und Prüfungsordnung für Juristen ablegen, sofern alle schriftlichen Prüfungsleistungen vor dem 1. Juli 2008 erbracht sind.

(3) In Härtefällen kann das Gemeinsame Juristische Prüfungsamt auf Antrag des Prüflings die Meldefristen nach den Absätzen 1 und 2 verlängern.

(4) [1]Für Rechtsreferendarinnen und Rechtsreferendare, die den Vorbereitungsdienst vor dem 1. November 2003 aufgenommen haben, finden bis zum 31. August 2006 auf den Vorbereitungsdienst und die zweite juristische Staatsprüfung das Deutsche Richtergesetz, das Gesetz über die juristische Ausbildung und die Ausbildungs- und Prüfungsordnung für Juristen jeweils in der bis zum Inkrafttreten dieses Gesetzes geltenden Fassung Anwendung. [2]Verzögert sich die Ausbildung, kann die Ausbildungsbehörde die Gliederung und Gestaltung des Vorbereitungsdiestes an die seit Inkrafttreten dieses Gesetzes geltenden Vorschriften anpassen, soweit dies aus organisatorischen Gründen zweckmäßig ist. [3]Aus den gleichen Gründen kann das Gemeinsame Juristische Prüfungsamt ab dem 1. März 2005 die Termine für die Anfertigung der schriftlichen Arbeiten in der zweiten juristischen Staatsprüfung an das neue Prüfungsverfahren anpassen.

(5) [1]§ 17 Abs. 1 Satz 4 findet erstmals auf Kandidatinnen und Kandidaten Anwendung, die in dem auf das Inkrafttreten des Ersten Gesetzes zur Änderung des Berliner Juristenausbildungsgesetzes vom 22. Oktober 2008 (GVBl. S. 290) folgenden Examensdurchgang den schriftlichen Teil der zweiten juristischen Staatsprüfung beginnen. [2]Auf diejenigen Kandidatinnen und Kandidaten, die den schriftlichen Teil in einem früheren Examensdurchgang begonnen haben, findet § 17 Abs. 1 Satz 4 in der vor Inkrafttreten des genannten Gesetzes geltenden Fassung Anwendung.

Ausbildungs- und Prüfungsordnung für Juristinnen und Juristen im Land Berlin (Berliner Juristenausbildungsordnung – JAO)

Vom 4. August 2003 (GVBl. S. 298)
(BRV 316-1-1)
zuletzt geändert durch Art. 2 G zur Änd. von Vorschriften für die juristische Ausbildung vom 14. September 2021 (GVBl. S. 1077)

Auf Grund des § 24 des Berliner Juristenausbildungsgesetzes vom 23. Juni 2003 (GVBl. S. 232) wird verordnet:

Inhaltsübersicht

Abschnitt 1
Studium und staatliche Pflichtfachprüfung

§ 1 Lehrveranstaltungen
Die Universitäten bieten neben Lehrveranstaltungen in den Pflichtfächern und in den Schwerpunktbereichen auch Veranstaltungen zur Vermittlung von Schlüsselqualifikationen (§ 5a Abs. 3 Satz 1 des Deutschen Richtergesetzes) und fremdsprachige rechtswissenschaftliche Veranstaltungen oder rechtswissenschaftlich ausgerichtete Sprachkurse (§ 5a Abs. 2 Satz 2 des Deutschen Richtergesetzes) an.

§ 2 Praktische Studienzeit
(1) Die praktische Studienzeit ist grundsätzlich in der vorlesungsfreien Zeit abzuleisten.
(2) Die Studierenden sollen einen anschaulichen Einblick in die Praxis der Rechtsberatung, der Rechtsprechung oder der Verwaltung erhalten, die Anforderungen eines juristischen Berufs kennen lernen und nach Maßgabe ihrer bereits erworbenen Kenntnisse praktisch mitarbeiten.

(3) Die praktische Studienzeit kann im In- und Ausland bei Rechtsanwältinnen und Rechtsanwälten, Notarinnen und Notaren, Gerichten und Staatsanwaltschaften, bei Verwaltungsbehörden oder bei sonstigen geeigneten Stellen abgeleistet werden.

(4) Die Ableistung der praktischen Studienzeit ist durch eine Bescheinigung der ausbildenden Stelle nachzuweisen.

§ 3 Prüfungsstoff

(1) Gegenstand der staatlichen Pflichtfachprüfung sind die Pflichtfächer gemäß § 3 Abs. 2 Satz 1 des Berliner Juristenausbildungsgesetzes.

(2) [1]Bei Gebieten, die mit dem Buchstaben G gekennzeichnet sind, werden nur Grundzüge verlangt. [2]Grundzüge erfordern das Verständnis der gesetzlichen Systematik und Kenntnisse über Sinn und Inhalt der wesentlichen Vorschriften und Rechtsinstitute. [3]Bei Gebieten, die mit dem Buchstaben R gekennzeichnet sind, sind darüber hinaus Kenntnisse der Rechtsprechung und Lehre zu theoretisch oder praktisch bedeutsamen Rechtsfragen erforderlich.

(3) Fragen aus Gebieten, die nicht zu den Pflichtfächern gehören, können zum Gegenstand der Prüfung gemacht werden,

1. wenn sie in der Praxis in einem häufigen Zusammenhang mit Prüfungsstoff aus den Pflichtfächern auftreten oder
2. wenn lediglich Verständnis und Arbeitsmethode festgestellt werden sollen.

(4) Zum Prüfungsstoff der Pflichtfächer gehören folgende Kernbereiche einschließlich der rechtswissenschaftlichen Methoden und der philosophischen, geschichtlichen und gesellschaftlichen Grundlagen:

1. Aus dem Bürgerlichen Recht:
   a) aus dem Bürgerlichen Gesetzbuch:
      – Allgemeiner Teil (R),
        jedoch ohne Stiftungen und Sicherheitsleistung
      – Recht der Schuldverhältnisse (R),
        jedoch ohne Draufgabe, Teilzeit-Wohnrechteverträge, Landpachtvertrag, Sachdarlehensvertrag, Reisevertrag, Auslobung, Recht der besonderen Geschäftsbesorgungsverträge (§§ 676a–h), Einbringung von Sachen bei Gastwirten, Leibrente, unvollkommene Verbindlichkeiten und Vorlegung von Sachen;
        Vertragsstrafe, Mietvertrag und Pachtvertrag nur in Grundzügen (G)
      – Sachenrecht (R),
        jedoch ohne Nießbrauch, Vorkaufsrecht, Reallasten, Rentenschuld und Pfandrecht an Rechten
      – aus dem Familienrecht (G):
        Eingehung der Ehe, Wirkungen der Ehe im Allgemeinen, Eheliches Güterrecht (nur gesetzliches Güterrecht), Scheidung der Ehe (ohne Versorgungsausgleich), Allgemeine Vorschriften zur Verwandtschaft, Unterhaltspflicht, Rechtsverhältnis zwischen den Eltern und dem Kind im Allgemeinen, Elterliche Sorge
      – aus dem Erbrecht (G):
        Erbfolge, Rechtliche Stellung des Erben (ohne Aufgebot der Nachlassgläubiger, Inventarerrichtung, unbeschränkte Haftung des Erben, aufschiebende Einreden), Testament (ohne Auflage, Testamentsvollstrecker), Pflichtteil, Erbschein;
   b) aus dem Handelsrecht (G):
      Kaufleute, Handelsregister, Handelsfirma, Prokura und Handlungsvollmacht, Allgemeine Vorschriften über Handelsgeschäfte und Handelskauf;
   c) aus dem Gesellschaftsrecht (G):
      offene Handelsgesellschaft und Kommanditgesellschaft sowie die Errichtung, Vertretung, Geschäftsführung und Haftung der Gesellschaft mit beschränkter Haftung;
   d) aus dem Arbeitsrecht (G):
      Begründung, Inhalt und Beendigung des Arbeitsverhältnisses, Leistungsstörungen und Haftung im Arbeitsverhältnis.
2. Aus dem Strafrecht:
   a) Allgemeiner Teil des Strafgesetzbuches (R),

davon nur in Grundzügen (G):

aa) aus dem Dritten Abschnitt der
- Erste Titel (Strafe)
- Zweite Titel (Strafbemessung)
- Vierte Titel (Strafaussetzung zur Bewährung)
- Fünfte Titel (Verwarnung mit Strafvorbehalt, Absehen von Strafe)
- Sechste Titel (Maßregeln der Besserung und Sicherung)
- Siebente Titel (Verfall und Einziehung),

bb) der Vierte Abschnitt (Strafantrag, Ermächtigung, Strafverlangen),

cc) der Fünfte Abschnitt (Verjährung),

b) aus dem Besonderen Teil des Strafgesetzbuches (R),

aa) aus dem Sechsten Abschnitt
- Widerstand gegen Vollstreckungsbeamte (§ 113),

bb) aus dem Siebenten Abschnitt
- Hausfriedensbruch (§ 123)
- Amtsanmaßung (§ 132)
- Verwahrungsbruch (§ 133)
- Verstrickungsbruch; Siegelbruch (§ 136)
- unerlaubtes Entfernen vom Unfallort (§ 142)
- Vortäuschen einer Straftat (§ 145d),

cc) der Neunte Abschnitt (Falsche uneidliche Aussage und Meineid),

dd) der Zehnte Abschnitt (Falsche Verdächtigung),

ee) aus dem Vierzehnten Abschnitt
- Beleidigung (§ 185)
- Üble Nachrede (§ 186)
- Verleumdung (§ 187)
- Wahrnehmung berechtigter Interessen (§ 193),

ff) der Sechzehnte Abschnitt (Straftaten gegen das Leben) mit Ausnahme der §§ 218b bis 219b,

gg) der Siebzehnte Abschnitt (Straftaten gegen die körperliche Unversehrtheit),

hh) aus dem Achzehnten Abschnitt
- Freiheitsberaubung (§ 239)
- Erpresserischer Menschenraub (§ 239a)
- Geiselnahme (§ 239b)
- Nötigung (§ 240)
- Bedrohung (§ 241),

ii) der Neunzehnte Abschnitt (Diebstahl und Unterschlagung) mit Ausnahme des § 248c,

jj) der Zwanzigste Abschnitt (Raub und Erpressung),

kk) der Einundzwanzigste Abschnitt (Begünstigung und Hehlerei) mit Ausnahme des § 261,

ll) aus dem Zweiundzwanzigsten Abschnitt
- Betrug (§ 263)
- Computerbetrug (§ 263a)
- Versicherungsmissbrauch (§ 265)
- Erschleichen von Leistungen (§ 265a)
- Untreue (§ 266)
- Missbrauch von Scheck- und Kreditkarten (§ 266b),

mm) aus dem Dreiundzwanzigsten Abschnitt
- Urkundenfälschung (§ 267)
- Fälschung technischer Aufzeichnungen (§ 268)
- Fälschung beweiserheblicher Daten (§§ 269, 270)
- mittelbare Falschbeurkundung (§ 271)
- Urkundenunterdrückung; Veränderung einer Grenzbezeichnung (§ 274),

nn) aus dem Siebenundzwanzigsten Abschnitt
- Sachbeschädigung (§§ 303, 304)
- Datenveränderung (§ 303a),

oo) aus dem Achtundzwanzigsten Abschnitt
- Brandstiftung (§§ 306 bis 306f)
- Gefährdung des Straßenverkehrs (§§ 315b bis 316a)
- Vollrausch (§ 323a)
- unterlassene Hilfeleistung (§ 323c),

pp) aus dem Dreißigsten Abschnitt
- die Bestechungsdelikte (§§ 331 bis 334)
- Rechtsbeugung (§ 339)
- Körperverletzung im Amt (§ 340)
- Verfolgung Unschuldiger (§ 344)
- Vollstreckung gegen Unschuldige (§ 345)
- Falschbeurkundung im Amt (§ 348)
- Parteiverrat (§ 356).

3. Aus dem Öffentlichen Recht:

a) Staatsrecht (R),
jedoch ohne Notstands- und Finanzverfassungsrecht;

b) Allgemeines Verwaltungsrecht (R)
einschließlich der Grundzüge (G) des Verwaltungsvollstreckungsrechts und des Rechts der Öffentlichen Ersatzleistungen, jedoch mit Ausnahme der besonderen Verwaltungsverfahren;

c) aus dem Besonderen Verwaltungsrecht:
- allgemeines Polizei- und Ordnungsrecht (R)
- Versammlungsrecht (G)
- aus dem Bauordnungsrecht (G): die allgemeinen Vorschriften, das Grundstück und seine Bebauung, die am Bau Beteiligten, die Bauaufsichtsbehörden und das Verwaltungsverfahren
- aus dem Bauplanungsrecht (G): die Bauleitplanung, deren Sicherung und die Planerhaltung sowie die Regelung der baulichen und sonstigen Nutzung
- das Kommunalrecht (G): jedoch ohne Kommunalwahl- und Kommunalabgabenrecht.

4. Aus dem Verfahrensrecht:

a) Zivilprozessrecht (G):
die Vorschriften über das zivilprozessuale Verfahren im ersten Rechtszug, Verfahrensgrundsätze, Prozessvoraussetzungen, Arten und Wirkungen von Klagen und gerichtlichen Entscheidungen, Beweisgrundsätze, allgemeine Vollstreckungsvoraussetzungen, die Arten der Zwangsvollstreckung, einstweiliger Rechtsschutz;

b) Strafverfahrensrecht (G):
Verfahrensgrundsätze, allgemeiner Gang des Strafverfahrens, Rechtsstellung und Aufgaben der wesentlichen Verfahrensbeteiligten, Zwangsmittel und Grundrechtseingriffe, insbesondere Haft, Beweisrecht, Rechtskraft;

c) Verwaltungsprozessrecht (G):
allgemeine und besondere Sachentscheidungsvoraussetzungen gerichtlicher Entscheidungen, gerichtlicher Prüfungsumfang, Vorverfahren, vorläufiger Rechtsschutz, Rechtskraft;

d) Verfassungsprozessrecht (G);

e) Gerichtsverfassungsrecht (G).

(5) Zum Prüfungsstoff der europarechtlichen Bezüge (G) gehören auch: die Menschenrechte, die Rechtsquellen, Organe und Handlungsformen in der Europäischen Union, die Grundfreiheiten und Politiken des EG-Vertrages, die Durchsetzung des Gemeinschaftsrechts einschließlich des gerichtlichen Rechtsschutzes.

§ 4 Zulassungsverfahren

(1) [1]Die Zulassung zur Prüfung ist beim Gemeinsamen Juristischen Prüfungsamt innerhalb der Meldefrist schriftlich zu beantragen. [2]Die Anmeldung in elektronischer Form ist ausgeschlossen. [3]Die

Meldefrist wird zusammen mit den Terminen der schriftlichen Prüfung in geeigneter Form veröffentlicht.

(2) Die Bewerberin oder der Bewerber hat

1. zu versichern, dass er bisher bei keinem anderen Prüfungsamt die Zulassung beantragt hat, oder anzugeben, wann und wo dies geschehen ist und welches Ergebnis die Prüfung hatte,
2. anzugeben, ob er von der Möglichkeit des Freiversuchs oder der Wiederholung zur Notenverbesserung Gebrauch machen will,
3. anzugeben, aus welchem Rechtsgebiet der Vortrag (§ 9 Abs. 2 Satz 4) stammen soll.

(3) Dem Antrag auf Zulassung sind beizufügen:

1. ein Lebenslauf nebst Lichtbild,
2. die Nachweise der Zulassungsvoraussetzungen gemäß § 6 Abs. 1 des Berliner Juristenausbildungsgesetzes.

(4) Ein Zulassungsantrag kann nach dem Ende der Meldefrist nicht mehr zurückgenommen werden.

(5) Die Zulassung zur Prüfung ist zu versagen, wenn

1. Angaben gemäß Absatz 2 Nr. 1 oder die Nachweise gemäß Absatz 3 fehlen oder
2. die Prüfung endgültig nicht bestanden ist.

(6) Die Zulassung zur Prüfung ist zurückzustellen, wenn ein Prüfungsverfahren bei einem anderen Justizprüfungsamt anhängig ist.

§ 5 Schriftliche Prüfung

(1) [1]Das Gemeinsame Juristische Prüfungsamt teilt dem Prüfling vor Anfertigung der schriftlichen Arbeiten eine Kennziffer zu. [2]Nach Maßgabe des zur Verfügung stehenden Raumangebots können die Prüflinge Gruppen zugeordnet werden, denen unterschiedliche Aufgaben gestellt werden.

(2) Der Prüfling hat an sieben Arbeitstagen je eine schriftliche Arbeit mit einer Bearbeitungszeit von fünf Stunden unter Aufsicht anzufertigen.

(3) [1]Der Prüfling hat zu bearbeiten:

1. drei Aufgaben mit Schwerpunkt im Bürgerlichen Recht,
2. zwei Aufgaben mit Schwerpunkt im Strafrecht,
3. zwei Aufgaben mit Schwerpunkt im Öffentlichen Recht.

[2]Wer während des letzten Studienhalbjahres vor der Meldung zur Prüfung an der Humboldt-Universität zu Berlin in der Studienvariante „Europäischer Jurist“ im Studiengang Rechtswissenschaft mit dem Abschluss „Erste juristische Prüfung“ immatrikuliert war, bearbeitet anstelle einer der Aufgaben aus einem der Pflichtfächer eine Aufgabe aus dem Europarecht (Europäisches Verfassungs-, Wirtschafts-, Vertrags-, Strafrecht). [3]Der Prüfling trifft mit der Anmeldung zur Prüfung die Wahl, aus welchem Pflichtfach eine Aufgabe entfällt. [4]Trifft er keine Wahl, so entfällt eine Aufgabe mit Schwerpunkt im Strafrecht.

(4) Das Gemeinsame Juristische Prüfungsamt bestimmt die Hilfsmittel, die der Prüfling benutzen darf; er hat sie zur Prüfung mitzubringen.

(5) [1]Die Arbeiten sind bis zum Ablauf der Bearbeitungszeit abzugeben. [2]Nicht abgegebene Teile einer Arbeit bleiben bei der Korrektur unberücksichtigt. [3]Anstelle des Namens sind auf den Prüfungsarbeiten nur die Kennziffer und die Platzziffer anzugeben. [4]Sonstige Hinweise auf die Person des Prüflings dürfen die Arbeiten nicht enthalten.

(6) [1]Behinderten sowie anderen Prüflingen, die dem Gemeinsamen Juristischen Prüfungsamt ihre Prüfungsbehinderung durch ein amtsärztliches Zeugnis nachweisen, ist auf Antrag ein angemessener Nachteilsausgleich zu gewähren. [2]Das amtsärztliche Zeugnis hat Art und Ausmaß der Prüfungsbehinderung eingehend darzustellen. [3]Von den Prüfungsanforderungen darf nicht abgewichen werden. [4]Der Antrag ist mit dem Antrag auf Zulassung zur Prüfung, spätestens drei Wochen vor Beginn der schriftlichen Prüfung einzureichen, es sei denn, die Prüfungsbehinderung tritt erst nach Ablauf der vorgenannten Frist ein.

(7) Die Ergebnisse der schriftlichen Prüfung werden dem Prüfling spätestens mit der Ladung zur mündlichen Prüfung bekannt gegeben.

§ 6 Aufsicht

(1) Wer die Aufsicht führt, fertigt eine Niederschrift an und vermerkt darin alle besonderen Vorkommnisse.

(2) [1]Verstößt ein Prüfling gegen die Ordnung in der Prüfung und stört er dadurch andere, so kann er von der Fortsetzung der Arbeit ausgeschlossen werden, wenn er sein Verhalten trotz Abmahnung nicht einstellt. [2]Die Arbeit gilt als mit „ungenügend (0 Punkte)" bewertet.

§ 7 Verhinderung

(1) [1]War ein Prüfling entschuldigt verhindert, eine Prüfungsleistung zu erbringen, so gilt die Prüfung als nicht abgelegt. [2]Hat er jedoch in jedem Pflichtfach mindestens eine Aufgabe bearbeitet, so muss er die fehlenden schriftlichen Aufgaben im nächsten Prüfungstermin anfertigen; anderenfalls sind alle schriftlichen Prüfungsleistungen neu zu erbringen.

(2) Erbringt ein Prüfling eine Prüfungsleistung nicht oder nicht fristgerecht und entschuldigt er sich nicht genügend, wird die Prüfungsleistung mit der Note „ungenügend (0 Punkte)" bewertet.

(3) [1]Eine genügende Entschuldigung setzt voraus, dass der Prüfling den Grund der Verhinderung unverzüglich nachweist. [2]Krankheit ist durch Vorlage eines amtsärztlichen Zeugnisses nachzuweisen. [3]§ 5 Abs. 6 Satz 2 gilt entsprechend.

§ 8 Rücktritt

[1]Das Gemeinsame Juristische Prüfungsamt gestattet einem Prüfling auf Antrag den Rücktritt von der Prüfung, wenn er durch einen wichtigen Grund gehindert ist, die schriftliche Prüfung in absehbarer Zeit abzulegen. [2]Bereits erbrachte Prüfungsleistungen werden hinfällig. [3]Erbringt ein Prüfling bis einschließlich der dritten auf die Zulassung folgenden Prüfungskampagne entschuldigt nicht alle Prüfungsleistungen, gilt dies als Rücktritt von der Prüfung.

§ 9 Mündliche Prüfung

(1) [1]Zwischen der Ladung und dem Termin der mündlichen Prüfung sollen wenigstens zwei Wochen liegen. [2]Vor der mündlichen Prüfung soll die oder der Vorsitzende des Prüfungsausschusses den Prüflingen Gelegenheit zu einem Gespräch geben. [3]Sie oder er unterrichtet die übrigen Mitglieder des Prüfungsausschusses über den wesentlichen Inhalt der Prüfungsakten und des geführten Gesprächs.

(2) [1]Die mündliche Prüfung besteht aus einem zehnminütigen Vortrag mit einem anschließenden längstens fünfminütigen Vertiefungsgespräch sowie einem Prüfungsgespräch in drei Abschnitten. [2]Jeder Prüfungsabschnitt bezieht sich auf ein Pflichtfach. [3]Mit dem Vortrag soll der Prüfling neben Rechtskenntnissen seine Fähigkeit zur mündlichen Darstellung und Diskussion rechtlicher Fragen zeigen. [4]Das Rechtsgebiet des Vortrages wählt der Prüfling; die Aufgabe für den Vortrag bestimmt das Gemeinsame Juristische Prüfungsamt. [5]Trifft der Prüfling seine Wahl nicht rechtzeitig (§ 4 Abs. 2 Nr. 3), bestimmt das Gemeinsame Juristische Prüfungsamt auch das Rechtsgebiet. [6]Die Vorbereitungszeit beträgt eine Stunde.

(3) [1]Die Dauer der mündlichen Prüfung soll so bemessen sein, dass auf jeden Prüfling etwa 45 Minuten entfallen. [2]Mehr als fünf Prüflinge sollen nicht zusammen geprüft werden.

(4) [1]Die oder der Vorsitzende des Prüfungsausschusses leitet die mündliche Prüfung und beteiligt sich an ihr. [2]Sie oder er bestimmt die Reihenfolge der Prüfungsabschnitte und hat darauf zu achten, dass ein sachgerechtes Prüfungsgespräch geführt wird. [3]Ihr oder ihm obliegt die Aufrechterhaltung der Ordnung.

(5) § 5 Abs. 4 und 6 und § 6 gelten entsprechend.

(6) [1]Das Gemeinsame Juristische Prüfungsamt kann Studierenden der Rechtswissenschaft und anderen mit der juristischen Ausbildung oder dem Prüfungswesen befassten Personen die Anwesenheit in der mündlichen Prüfung mit Ausnahme der Beratung gestatten. [2]Satz 1 gilt auch für die Bekanntgabe des Prüfungsergebnisses, wenn alle Prüflinge zustimmen.

(7) [1]Eine nicht oder nicht vollständig abgelegte mündliche Prüfung ist in vollem Umfang nachzuholen, wenn der Prüfling entschuldigt verhindert war. [2]Absolviert ein Prüfling ohne genügende Entschuldigung die mündliche Prüfung ganz oder teilweise nicht, so gilt die staatliche Pflichtfachprüfung als nicht bestanden.

§ 10 Bewertung und Bekanntgabe

(1) In der mündlichen Prüfung sind vier Einzelnoten zu erteilen, und zwar

1. eine für den Vortrag einschließlich des Vertiefungsgesprächs,
2. je eine für die drei Abschnitte des Prüfungsgesprächs.

(2) [1]Im Anschluss an die mündliche Prüfung berät der Prüfungsausschuss über das Ergebnis der Prüfung und setzt die Endpunktzahl fest. [2]Die Aufsichtsarbeiten sind mit einem Anteil von 63 vom Hun-

dert, der Vortrag mit 13 vom Hundert und die drei Abschnitte des Prüfungsgesprächs mit je 8 vom Hundert zu berücksichtigen. [3]Eine dritte Dezimalstelle wird nicht berücksichtigt.

(3) Im Anschluss an die Beratung des Prüfungsausschusses wird die Prüfungsentscheidung dem Prüfling unter Mitteilung der Einzelnoten bekannt gegeben und auf Wunsch des Prüflings durch die Vorsitzende oder den Vorsitzenden mündlich begründet.

(4) [1]Wer die Prüfung bestanden hat, erhält ein Zeugnis, aus dem die Endpunktzahl mit Notenbezeichnung und die Einzelnoten der schriftlichen und mündlichen Leistungen ersichtlich sind. [2]Die Erteilung des Zeugnisses in elektronischer Form ist ausgeschlossen.

§ 11 Niederschrift

(1) Die Niederschrift über den Hergang der mündlichen Prüfung enthält folgende Angaben:

1. Ort und Tag der Prüfung,
2. die Mitglieder des Prüfungsausschusses,
3. die Namen der Prüflinge,
4. die Gegenstände und die Einzelnoten der mündlichen Prüfung,
5. die ermittelten Endpunktzahlen sowie Abweichungen nach § 5d Abs. 4 Satz 1 und 2 des Deutschen Richtergesetzes,
6. die Feststellung, ob die Prüfungsentscheidung begründet wurde.

(2) Die Niederschrift ist von der oder dem Vorsitzenden des Prüfungsausschusses zu unterschreiben.

§ 12 Wiederholung der staatlichen Pflichtfachprüfung

(1) Prüflinge, die die Prüfung nicht bestanden haben, können diese nur insgesamt wiederholen.

(2) [1]Die Wiederholungsprüfung ist grundsätzlich vor demselben Justizprüfungsamt abzulegen. [2]Ein Wechsel des Prüfungsamtes ist nur mit Zustimmung des abgebenden und des aufnehmenden Prüfungsamtes zulässig. [3]Sie darf nur aus wichtigem Grund und nur dann erteilt werden, wenn die Wiederholungsprüfung vor dem abgebenden Prüfungsamt rechtlich zulässig wäre.

§ 13 Freiversuch

(1) Meldet sich ein Prüfling nach ununterbrochenem rechtswissenschaftlichen Studium spätestens zu der auf den Vorlesungsschluss des achten Fachsemesters folgenden Prüfungskampagne zur Prüfung und besteht er in dieser Prüfungskampagne die Prüfung nicht, so gilt sie als nicht unternommen (Freiversuch).

(2) Bei der Berechnung der Semesterzahl nach Absatz 1 bleiben folgende Fachsemester, insgesamt aber nicht mehr als vier, unberücksichtigt und gelten nicht als Unterbrechung:

1. Fachsemester, in denen der Prüfling wegen schwerer Krankheit oder aus einem anderen schwerwiegenden Grund für längere Zeit am Studium gehindert war,
2. bis zu zwei Fachsemester für erhebliche Verzögerungen im Studium als Folge einer schweren Behinderung,
3. ein Fachsemester, wenn der Prüfling mindestens ein Jahr als gewähltes Mitglied in einem auf Gesetz beruhenden Gremium der Hochschule tätig war,
4. ein Fachsemester, wenn der Prüfling an einem rechtswissenschaftlichen Fachbereich im Ausland studiert und mindestens einen Leistungsnachweis erworben hat, zwei Fachsemester, wenn er mindestens ein Studienjahr an einem rechtswissenschaftlichen Fachbereich im Ausland studiert und zwei Leistungsnachweise, darunter mindestens einen im ausländischen Recht, erworben hat,
5. ein Fachsemester, wenn der Prüfling die universitäre Schwerpunktbereichsprüfung vollständig abgelegt hat,
6. je ein Fachsemester für in das Studium fallende Zeiten des Mutterschutzes,
7. Fachsemester, in denen der Prüfling wegen der Erziehung und Betreuung eines Kindes im Alter von bis zu drei Jahren das Studium unterbrochen hat,
8. ein Fachsemester für die Teilnahme an einer internationalen, fremdsprachlichen Verfahrenssimulation im Rahmen des Studiums an einer deutschen Hochschule, wenn der Prüfling hierfür einen Leistungsnachweis erworben hat. Der Leistungsnachweis, der von einer juristischen Fakultät der Universitäten im Geltungsbereich dieser Verordnung auszustellen oder zu bestätigen ist, muss ausweisen, dass die Verfahrenssimulation den deutlich überwiegenden Teil des Studienaufwandes des Prüflings während dieses Semesters dargestellt hat. Die internationale Verfah-

renssimulation darf nicht als weitere Studiums- und/oder Prüfungsleistung geltend gemacht werden.

(3) [1]Die rechtzeitige Meldung zum Freiversuch ist in geeigneter Form nachzuweisen. [2]Wird der Nachweis nicht geführt, ist die Zulassung zum Freiversuch zu versagen.

(4) [1]Eine erneute Meldung zum Freiversuch ist ausgeschlossen, es sei denn, die in Absatz 2 Nr. 1, 2 oder 6 genannten Gründe treten nach rechtzeitiger Meldung zum Freiversuch ein und hindern den Prüfling, alle Prüfungsleistungen in der auf die Meldung folgenden Kampagne zu erbringen. [2]Für die erneute Meldung gelten die Absätze 1 und 2 Nr. 1, 2 und 6 und Absatz 3 entsprechend mit der Maßgabe, dass nach Absatz 2 bereits unberücksichtigt gebliebene Fachsemester anzurechnen sind.

(5) Verhinderungsgründe nach § 7 können im Freiversuch nicht geltend gemacht werden.

§ 14 Notenverbesserung

(1) [1]Prüflinge, die die Prüfung im Freiversuch bestanden haben, können diese zur Notenverbesserung einmal wiederholen. [2]Die Zulassung ist innerhalb der Meldefrist zu beantragen. [3]Kann der Prüfling die Meldefrist wegen des Zeitpunkts seiner mündlichen Prüfung im Freiversuch nicht einhalten, so kann der Antrag noch unverzüglich nach Ablegung der mündlichen Prüfung gestellt werden. [4]Zur mündlichen Prüfung wird nur geladen, wer den Nachweis der bestandenen Schwerpunktbereichsprüfung bis spätestens zum Ende des auf die Anfertigung der Aufsichtsarbeiten folgenden übernächsten Monats erbracht und sich unverzüglich nach der Veröffentlichung der Bewertung der Aufsichtsarbeiten zur mündlichen Prüfung angemeldet hat. [5]Alle Prüfungsleistungen müssen spätestens in der auf das Ende des Freiversuchs folgenden übernächsten Prüfungskampagne abgelegt werden. [6]Eine nach § 6 Abs. 2 oder § 15 Abs. 1 Satz 1 Nr. 1 mit „ungenügend (0 Punkte)" bewertete Aufsichtsarbeit kann nicht zur Notenverbesserung wiederholt werden.

(2) [1]Wer zur Notenverbesserung zugelassen ist, kann bis zum Beginn der mündlichen Prüfung durch schriftliche Erklärung auf die Fortsetzung des Prüfungsverfahrens verzichten. [2]Es gilt als Verzicht auf die Fortsetzung des Prüfungsverfahrens, wenn eine der in Absatz 1 Satz 4 genannten Voraussetzungen nicht fristgerecht erfüllt wird. [3]Eine Verbesserung der Note gilt dann als nicht erreicht. [4]Bei Überschreitung der Frist gemäß Absatz 1 Satz 5 ist das Prüfungsverfahren ohne Ergebnis beendet.

(3) [1]Der Prüfling entscheidet, welches Prüfungsergebnis gelten soll. [2]Wird binnen einer Woche nach dem Tag der mündlichen Prüfung keine Wahl getroffen, so gilt das bessere, bei gleichen Prüfungsergebnissen das frühere Prüfungsergebnis als gewählt.

§ 15 Täuschungsversuch

(1) [1]Unternimmt es ein Prüfling, das Ergebnis einer Prüfungsleistung durch Täuschung, insbesondere durch Benutzung oder Mitführen nicht zugelassener Hilfsmittel, oder durch Einwirkung auf eine Prüferin oder einen Prüfer zu eigenem oder fremdem Vorteil zu beeinflussen, so sind nach der Schwere des Verstoßes

1. Prüfungsleistungen, auf die sich die Täuschung bezieht, mit „ungenügend (0 Punkte)" zu bewerten,
2. der Ausschluss von der Prüfung oder in besonders schweren Fällen auch der endgültige Ausschluss ohne Wiederholungsmöglichkeit auszusprechen.

[2]Die Aufsichtführenden können den Arbeitsplatz des Prüflings jederzeit kontrollieren.

(2) [1]Stellt sich nachträglich heraus, dass die Voraussetzungen des Absatzes 1 vorlagen, können die ergangene Prüfungsentscheidung zurückgenommen und die in Absatz 1 Satz 1 Nr. 1 und 2 genannten Maßnahmen getroffen werden. [2]Die Rücknahme ist ausgeschlossen, wenn seit der Beendigung der Prüfung mehr als drei Jahre vergangen sind.

(3) Die in Absatz 1 Satz 1 Nummer 1 und 2 genannten Maßnahmen können auch bei einem groben oder wiederholten Verstoß gegen die Ordnung in den Prüfungen getroffen werden.

§ 16 Verfahrensfehler

(1) [1]Das Gemeinsame Juristische Prüfungsamt kann bei Beeinträchtigungen des Prüfungsablaufs und bei sonstigen Verfahrensfehlern angemessene Ausgleichsmaßnahmen treffen. [2]Es kann insbesondere Schreibzeitverlängerungen gewähren oder anordnen, dass Prüfungsleistungen von einzelnen oder von allen Prüflingen zu wiederholen sind.

(2) [1]Verfahrensfehler sind während der schriftlichen Prüfung gegenüber der oder dem Aufsichtführenden und während der mündlichen Prüfung gegenüber der oder dem Vorsitzenden des Prüfungs-

ausschusses unverzüglich zu rügen. [2]Eine schuldhafte Verletzung dieser Obliegenheit führt zur Unbeachtlichkeit des Verfahrensfehlers.

§ 17 *[aufgehoben]*

§ 18 Zeugnis über die erste juristische Prüfung

Das Gemeinsame Juristische Prüfungsamt errechnet die Gesamtpunkzahl, die sich aus der jeweiligen Endpunktzahl der staatlichen Pflichtfachprüfung und der universitären Schwerpunktbereichsprüfung zusammensetzt, und stellt über die sich daraus ergebende Gesamtnote der ersten juristischen Prüfung ein Zeugnis aus.

Abschnitt 2

Vorbereitungsdienst

§ 19 Zuständigkeit

[1]Die Ausbildungsbehörde entscheidet über die Aufnahme in den Vorbereitungsdienst, leitet ihn einschließlich des Ergänzungsvorbereitungsdienstes und stellt die Rechtsreferendarinnen und Rechtsreferendare zur zweiten juristischen Staatsprüfung vor. [2]Sie trifft alle erforderlichen Entscheidungen, soweit nicht die Zuständigkeit anderer Stellen vorgesehen ist. [3]Die für die zentrale Ausbildung der Laufbahnfachrichtung des allgemeinen Verwaltungsdienstes, Laufbahnzweig nichttechnischer Verwaltungsdienst zuständige Senatsverwaltung und die Präsidentin oder der Präsident der Rechtsanwaltskammer unterstützen die Ausbildungsbehörde, insbesondere schlagen sie Leiterinnen und Leiter der Einführungslehrgänge und Arbeitsgemeinschaften vor.

§ 20 Aufnahme in den Vorbereitungsdienst

Die Termine für Einstellungen in den Vorbereitungsdienst bestimmt die Senatsverwaltung für Justiz.

§ 21 Ausbildungsstellen

(1) Die Ausbildung in den Pflichtstationen findet statt bei
1. einem Landgericht oder einem Amtsgericht in Zivilsachen (ohne Familiensachen und Sachen der freiwilligen Gerichtsbarkeit),
2. einer Staatsanwaltschaft bei dem Landgericht,
3. einer Verwaltungsbehörde,
4. einer Rechtsanwaltskanzlei oder einer sonstigen rechtsberatenden Stelle nach Maßgabe des § 14 Abs. 3 des Berliner Juristenausbildungsgesetzes. Ein Wechsel ist außer in den Fällen des Absatzes 3 frühestens nach jeweils drei Monaten möglich.

(2) [1]Die Ausbildung in der Wahlstation kann in folgenden Berufsfeldern abgeleistet werden:
1. Rechtsberatung:
   bei einer Rechtsanwaltskanzlei,
   einem Notariat;
2. Zivilrechtspflege:
   bei einem Zivilgericht;
3. Strafrechtspflege:
   bei einem Strafgericht,
   einer Staatsanwaltschaft;
4. Verwaltung:
   bei einer Verwaltungsbehörde,
   einem Gericht der allgemeinen Verwaltungsgerichtsbarkeit,
   einem Gericht der Finanzgerichtsbarkeit,
   einer Recht setzenden Körperschaft;
5. Wirtschaft:
   bei einem Wirtschaftsunternehmen,
   einer Körperschaft wirtschaftlicher Selbstverwaltung,
   einer Kammer für Handelssachen eines Landgerichts,
   einem Zivilsenat eines Oberlandesgerichts,
   einem Gericht der Finanzgerichtsbarkeit,
   einer Behörde der Wirtschafts- oder Finanzverwaltung,

einer Rechtsanwaltskanzlei;

6. Arbeit und Soziales:
bei einem Wirtschaftsunternehmen,
einem Gericht der Arbeitsgerichtsbarkeit,
einem Gericht der Sozialgerichtsbarkeit,
einer Behörde der Bundesanstalt für Arbeit,
einer Behörde der Sozialverwaltung,
einer Gewerkschaft, einem Arbeitgeberverband,
einer Rechtsanwaltskanzlei;
7. Europäisches und internationales Recht:
bei einem überstaatlichen oder zwischenstaatlichen Gericht,
einer überstaatlichen oder zwischenstaatlichen Behörde,
einer Rechtsanwaltskanzlei oder Behörde, die mit europarechtlichen oder internationalen Rechtsfragen befasst ist.

[2]Die Ausbildung kann auch bei anderen Stellen erfolgen, bei denen eine sachgerechte Ausbildung gewährleistet ist.

(3) Eine Ausbildung an einer rechtswissenschaftlichen Fakultät sowie an der Deutschen Hochschule für Verwaltungswissenschaften Speyer kann auf Antrag auf die Ausbildung angerechnet werden.

(4) [1]In den Pflichtstationen bei der Verwaltung, einer Rechtsanwaltskanzlei oder einer sonstigen rechtsberatenden Stelle sowie in der Wahlstation setzt die Zuweisung an eine von der Rechtsreferendarin oder dem Rechtsreferendar gewählte Ausbildungsstelle voraus, dass diese spätestens acht Wochen vor Beginn der betreffenden Station der Ausbildungsbehörde schriftlich benannt wird. [2]Soll die Zuweisung an eine andere Ausbildungsstelle als ein Gericht oder eine Behörde des Landes Berlin erfolgen, ist zugleich eine schriftliche Einverständniserklärung der gewählten Ausbildungsstelle vorzulegen und anzugeben, wer für die Ausbildung verantwortlich ist. [3]Anderenfalls wird die Rechtsreferendarin oder der Rechtreferendar von Amts wegen einer Ausbildungsstelle zugewiesen.

(5) [1]Spätestens drei Monate vor Beginn der Wahlstation hat die Rechtsreferendarin oder der Rechtsreferendar der Ausbildungsbehörde mitzuteilen, in welcher Untergruppe des gewählten Berufsfeldes gemäß § 27 Abs. 3 Nr. 1, 5, 6 oder 7 sie oder er mündlich geprüft werden will. [2]Wer ein Berufsfeld nach § 27 Abs. 3 Nr. 5, 6 oder 7 wählt, gibt außerdem an, ob die Prüfung aus anwaltlicher oder staatlicher Sicht erfolgen soll. [3]Anderenfalls entscheidet die Ausbildungsbehörde. [4]Die Wahl ist nach Ablauf der Frist endgültig.

§ 22 Ausbildung

(1) [1]Die Rechtsreferendarin oder der Rechtsreferendar hat an den Einführungslehrgängen, Arbeitsgemeinschaften und sonstigen Lehrgängen, die der Ergänzung der praktischen Ausbildung dienen, teilzunehmen. [2]Die Teilnahme geht allen anderen Dienstgeschäften vor. [3]Die Rechtsreferendarin oder der Rechtsreferendar hat die angeordneten schriftlichen Arbeiten anzufertigen und abzuliefern. [4]Der Einführungslehrgang in Zivilsachen dauert einen Monat, die Einführungslehrgänge in Strafsachen und in die Verwaltung dauern jeweils zwei Wochen; daran schließt sich die praktische Ausbildung an. [5]Die Ausbildungsbehörde kann zur Vermittlung von Schlüsselqualifikationen fakultative Lehrveranstaltungen anbieten.

(2) Die praktischen Aufgaben am Arbeitsplatz sind so zu bemessen, dass die Rechtsreferendarin oder der Rechtsreferendar unter Berücksichtigung der Belastung durch die Arbeitsgemeinschaften, andere Ausbildungsveranstaltungen und die Examensvorbereitung ganztägig beschäftigt ist.

(3) [1]Die Ausbildungsbehörde kann die Rechtsreferendarin oder den Rechtsreferendar aus wichtigem Grund von der Ausübung hoheitlicher Befugnisse ausschließen, insbesondere wenn sie oder er nicht die Gewähr dafür bietet, dass sie oder er jederzeit für die freiheitliche demokratische Grundordnung im Sinne des Grundgesetzes und der Verfassung von Berlin eintritt. [2]Die Entscheidung wirkt auch gegenüber anderen Ausbildungsstellen im Land Berlin, bei denen die Rechtsreferendarin oder der Rechtsreferendar ausgebildet wird.

§ 23 Gastreferendarinnen und Gastreferendare

(1) Wer in einem anderen Land der Bundesrepublik Deutschland in den Vorbereitungsdienst aufgenommen worden ist, kann mit Zustimmung der dort zuständigen Ausbildungsbehörde und vorbehalt-

lich freier Ausbildungskapazitäten im Land Berlin während einzelner Ausbildungsabschnitte als Gast ausgebildet werden.

(2) [1]Rechtsreferendarinnen und Rechtsreferendaren kann ab dem fünften Ausbildungsmonat gestattet werden, einzelne Pflichtstationen bis zu einer Gesamtdauer von neun Monaten außerhalb des Landes Berlin abzuleisten. [2]Die Ausbildung im Land Brandenburg unterliegt keinen zeitlichen Beschränkungen.

§ 24 Anrechnung von Ausbildungszeiten

(1) [1]Eine erfolgreich abgeschlossene Ausbildung für den gehobenen Justizdienst oder für den gehobenen nichttechnischen Verwaltungsdienst kann auf Antrag bis zu einer Gesamtdauer von vier Monaten auf den der Ausbildung entsprechenden Teil des Vorbereitungsdienstes angerechnet werden. [2]Der Antrag ist spätestens drei Monate vor Beginn der anzurechnenden Station zu stellen.

(2) Auf den Vorbereitungsdienst können vorangegangene, im Rahmen eines abgebrochenen Vorbereitungsdienstes abgeleistete Ausbildungszeiten angerechnet werden.

§ 25 Urlaub, Verlängerung der Ausbildung

(1) [1]Erholungsurlaub kann bereits während der ersten sechs Monate nach der Aufnahme in den Vorbereitungsdienst bewilligt werden. [2]Während der Dauer von Einführungslehrgängen soll Urlaub nicht gewährt werden.

(2) Urlaubs-, Mutterschutz- und Krankheitszeiten sowie Zeiten einer Wehrübung werden auf die Station angerechnet, in der sich die Rechtsreferendarin oder der Rechtsreferendar während dieser Zeit befindet.

(3) Wird die Ausbildung durch Krankheits- oder Mutterschutzzeiten oder Zeiten einer Wehrübung länger als ein Drittel der Dauer einer Station unterbrochen, kann die Dauer der Ausbildung in dieser Station verlängert werden bis die tatsächliche Ausbildungsdauer einschließlich des Urlaubs zwei Drittel der vorgesehenen Dauer erreicht und ein sofortiger Wechsel in die nächste Station möglich ist.

(4) [1]Bis zum Beginn der Ausbildung bei einer Rechtsanwältin oder einem Rechtsanwalt kann der Rechtsreferendarin oder dem Rechtsreferendar in Ausnahmefällen Sonderurlaub unter Fortfall des Anspruchs auf Leistungen des Landes Berlin gewährt werden, wenn Belange der Ausbildung nicht entgegenstehen. [2]Die Dauer des Sonderurlaubs soll insgesamt drei Monate nicht übersteigen.

(5) Der oder dem Vorsitzenden des Personalrats der Rechtsreferendarinnen und Rechtsreferendare und der Frauenbeauftragten der Rechtsreferendarinnen, die dieses Amt länger als sechs Monate ausgeübt haben, ist auf Antrag jeweils eine Ausbildungsverlängerung um drei Monate zu bewilligen.

§ 26 Beurteilungen

(1) [1]In einem Zeugnis äußert sich die Ausbildungsstelle über Leistung und Befähigung der Rechtsreferendarin oder des Rechtsreferendars. [2]Die Gesamtleistung ist mit einer der Noten und Punktzahlen zu bewerten, wie sie für Einzelleistungen in der Prüfung vorgeschrieben sind. [3]Dem Zeugnis wird ein Ausbildungsnachweis beigefügt, in dem die Ausbilderin oder der Ausbilder die schriftlichen und mündlichen Leistungen von nicht nur untergeordneter Bedeutung aufführt. [4]Jede in den Nachweis aufzunehmende Leistung ist mit der Rechtsreferendarin oder dem Rechtsreferendar zeitnah zu erörtern.

(2) Vor dem Ende der Ausbildung bespricht die Ausbilderin oder der Ausbilder mit der Rechtsreferendarin oder dem Rechtsreferendar den Beurteilungsentwurf.

(3) War der Beurteilungszeitraum nicht länger als ein Monat, so kann von der Erteilung eines Zeugnisses abgesehen werden.

(4) Die Ausbildungsbehörde ist nicht verpflichtet, für die Erstellung des Zeugnisses in der Wahlstation Sorge zu tragen.

(5) Die Absätze 1 und 3 gelten für Leiterinnen und Leiter von Arbeitsgemeinschaften entsprechend.

(6) [1]Ist die Rechtsreferendarin oder der Rechtsreferendar mit dem erteilten Zeugnis nicht einverstanden, so kann sie oder er eine Stellungnahme zur Personalakte geben oder Gegenvorstellungen bei der Ausbilderin oder dem Ausbilder oder bei der Ausbildungsbehörde erheben. [2]Die Ausbildungsbehörde, die Ausbilderin oder der Ausbilder kann das Zeugnis ändern; die Ausbildungsbehörde kann die Ausbilderin oder den Ausbilder hierzu auch anweisen.

(7) Die Zeugnisse und etwaige Stellungnahmen und Gegenvorstellungen werden dem Gemeinsamen Juristischen Prüfungsamt mit der Vorstellung zur zweiten juristischen Staatsprüfung übersandt.

Abschnitt 3

Zweite juristische Staatsprüfung

§ 27 Gegenstand der Prüfung

(1) [1]Die zweite juristische Staatsprüfung erstreckt sich auf die Pflichtfächer und das von dem Prüfling gewählte Berufsfeld mit der dazu gehörigen Untergruppe als Wahlfach. [2]§ 3 Abs. 2 und 3 gilt entsprechend.

(2) Gegenstand der Prüfung in den Pflichtfächern ist:
1. der materiell-rechtliche Prüfungsstoff der staatlichen Pflichtfachprüfung (§ 3 Abs. 4 Nr. 1 bis 3 und § 3 Abs. 5),
2. das Zivilprozess-, Strafverfahrens-, Verwaltungsverfahrens- und Verwaltungsprozessrecht einschließlich des dazu gehörigen Vollstreckungsrechts (R),
3. der berufspraktische Inhalt der Ausbildung.

(3) Gegenstand des berufspraktischen Teils der Prüfung im gewählten Berufsfeld ist zusätzlich (R):
1. Rechtsberatung:
   Anwaltliches Berufs- und Haftungsrecht
   sowie Rechtsberatung nach Wahl
   a) im Pflichtfach Bürgerliches Recht,
   b) im Pflichtfach Strafrecht oder
   c) im Pflichtfach Öffentliches Recht;
2. Zivilrechtspflege:
   gesetzliche Haftpflicht einschließlich versicherungsrechtlicher Bezüge, Mietrecht;
3. Strafrechtspflege:
   Jugendgerichtsgesetz, Strafvollzugsgesetz;
4. Verwaltung:
   Wirtschaftsverwaltungsrecht, Beamtenrecht;
5. Wirtschaft:
   nach Wahl
   a) Recht des unlauteren Wettbewerbs, Handels- und Gesellschaftsrecht (ohne Aktien- und Konzernrecht) oder
   b) Handels- und Steuerbilanzrecht, Einkommensteuerrecht einschließlich verfahrensrechtlicher Bezüge;
6. Arbeit und Soziales:
   nach Wahl
   a) Betriebsverfassungsrecht, Tarifvertragsrecht, arbeitsgerichtliches Verfahren oder internationales Recht,
   b) Sozialversicherungsrecht einschließlich der verfahrensrechtlichen Bezüge ohne Krankenversicherung, Pflegeversicherung, Arbeitsförderung;
7. Europäisches und internationales Recht:
   nach Wahl
   a) Recht der Europäischen Gemeinschaften und der Europäischen Union oder
   b) Internationales Privatrecht, internationales Zivilprozessrecht, internationales Kaufrecht.

§ 28 Schriftliche Prüfung

(1) [1]Die schriftliche Prüfung findet im 20. Monat der Ausbildung statt. [2]Die Termine werden in geeigneter Form veröffentlicht.

(2) [1]Der Prüfling hat an sieben Arbeitstagen je eine schriftliche Arbeit mit einer Bearbeitungszeit von fünf Stunden unter Aufsicht anzufertigen. [2]Jeweils zwei Aufgaben haben ihren Schwerpunkt in den Pflichtfächern Bürgerliches Recht, Strafrecht und Öffentliches Recht einschließlich des jeweiligen Verfahrensrechts sowie der europarechtlichen Bezüge. [3]Die weitere Aufgabe hat ihren Schwerpunkt nach Wahl des Prüflings in einem dieser Pflichtfächer. [4]Der Prüfling hat seine Wahl dem Gemeinsamen Juristischen Prüfungsamt mitzuteilen. [5]Anderenfalls entscheidet das Gemeinsame Juristische Prüfungsamt. [6]Bis zu vier Aufgaben stammen aus der anwaltlichen Berufspraxis. [7]§ 5 Abs. 1 und 4 bis 7, §§ 6 bis 8 und 15 bis 17 finden Anwendung.

§ 29 Mündliche Prüfung

(1) Die mündliche Prüfung besteht aus einem berufspraktischen Teil mit anschließendem Vertiefungsgespräch und einem Prüfungsgespräch.

(2) [1]Die Aufgabe für den berufspraktischen Teil wird dem Prüfling am Prüfungstag übergeben. [2]Die Vorbereitungszeit beträgt eine Stunde. [3]Der Prüfling äußert sich zu den Rechtsfragen und zum berufspraktischen Vorgehen.

(3) Das Prüfungsgespräch wird in drei Abschnitten anhand praktischer Aufgabenstellungen aus den Pflichtfächern Bürgerliches Recht, Strafrecht und Öffentliches Recht einschließlich des jeweiligen Verfahrensrechts sowie der europarechtlichen Bezüge geführt.

(4) [1]Die Dauer der mündlichen Prüfung soll so bemessen sein, dass auf jeden Prüfling etwa 45 Minuten entfallen, davon 10 Minuten auf die Prüfung im berufspraktischen Teil und längstens fünf Minuten auf das Vertiefungsgespräch. [2]Mehr als fünf Prüflinge sollen nicht zusammen geprüft werden.

(5) Im Übrigen gelten § 5 Abs. 4 und 6, §§ 6, 9 Abs. 1, 4, 6 und 7, §§ 11 und 15 bis 17 entsprechend.

§ 30 Bewertung und Bekanntgabe

(1) In der mündlichen Prüfung sind vier Einzelnoten zu erteilen, und zwar

1. eine für den berufspraktischen Teil einschließlich des Vertiefungsgesprächs,
2. je eine für die drei Abschnitte des Prüfungsgesprächs.

(2) [1]Im Anschluss an die mündliche Prüfung berät der Prüfungsausschuss über das Ergebnis der Prüfung und setzt die Gesamtnote fest. [2]Die Aufsichtsarbeiten sind mit einem Anteil von 60 vom Hundert, der berufspraktische Teil mit 16 vom Hundert und die drei Abschnitte des Prüfungsgesprächs jeweils mit 8 vom Hundert zu berücksichtigen. [3]Eine dritte Dezimalstelle wird nicht berücksichtigt. [4]§ 10 Abs. 3 findet Anwendung.

(3) Das Fehlen von Ausbildungszeugnissen steht dem Abschluss des Prüfungsverfahrens nicht entgegen.

(4) [1]Wer die zweite juristische Staatsprüfung bestanden hat, erhält ein Zeugnis, aus dem die Gesamtnote mit Notenbezeichnung und Punktwert und die Einzelnoten der schriftlichen und mündlichen Leistungen ersichtlich sind. [2]Die Erteilung des Zeugnisses in elektronischer Form ist ausgeschlossen.

§ 31 Beteiligung des Personalrats

(1) [1]Mitglieder des Personalrats der Rechtsreferendarinnen und Rechtsreferendare im Bezirk der Präsidentin oder des Präsidenten des Kammergerichts haben das Recht, die Aufsichtsarbeiten mit den Randbemerkungen und schriftlichen Bewertungen binnen zwei Wochen nach Abschluss der Bewertung einzusehen. [2]Dabei ist die Anonymität der Prüflinge zu wahren.

(2) [1]Mitgliedern des Personalrats der Rechtsreferendarinnen und Rechtsreferendare ist während der mündlichen Prüfung die Anwesenheit zu gestatten und, soweit ein Prüfling nicht widerspricht, Gelegenheit zu geben, sich nach Beendigung der mündlichen Prüfung vor der Schlussberatung zu dem Prüfungsverfahren zu äußern; einer fachlichen Bewertung haben sie sich zu enthalten. [2]Die Äußerung erfolgt in Abwesenheit der Prüflinge und der sonst anwesenden Personen vor dem Prüfungsausschuss.

§ 32 Wiederholung der Prüfung

(1) [1]Wer die zum ersten Mal nicht bestandene zweite juristische Staatsprüfung wiederholen will, hat an besonderen Arbeitsgemeinschaften (Ergänzungsvorbereitungsdienst) teilzunehmen; eine Stationsausbildung findet nicht statt. [2]Der Ergänzungsvorbereitungsdienst dauert vier Monate.

(2) [1]Ein Antrag auf eine zweite Wiederholung der zweiten juristischen Staatsprüfung ist innerhalb von drei Monaten nach Bekanntgabe des Ergebnisses der Wiederholungsprüfung zu stellen. [2]Eine hinreichende Aussicht auf Erfolg gemäß § 17 Abs. 5 Satz 2 des Berliner Juristenausbildungsgesetzes besteht nicht, wenn in der Wiederholungsprüfung ein niedrigerer Punktdurchschnitt als 3,0 erzielt worden ist. [3]Die Genehmigung wird unwirksam, wenn die Antragstellerin oder der Antragsteller sich nicht binnen sechs Monaten zur erneuten Wiederholungsprüfung gemeldet hat.

§ 32a Notenverbesserung

(1) [1]Rechtsreferendarinnen und Rechtsreferendare, die den mündlichen Prüfungsteil nach dem 31. Dezember 2007 absolviert und die zweite juristische Staatsprüfung vor dem Gemeinsamen Juristischen Prüfungsamt der Länder Berlin und Brandenburg bei erstmaliger Ablegung bestanden haben, können diese zur Notenverbesserung einmal wiederholen. [2]Die Möglichkeit der Wiederholung besteht nur in der auf das Ende des Erstversuchs folgenden übernächsten Prüfungskampagne. [3]Die Zulassung

ist schriftlich innerhalb von zwei Monaten nach Ablegung der mündlichen Prüfung zu beantragen. [4]Die Frist beginnt frühestens mit dem Inkrafttreten der Zweiten Verordnung zur Änderung der Berliner Juristenausbildungsordnung vom 7. Januar 2009 (GVBl. S. 7)[1)]. [5]Die Prüfung ist vollständig zu wiederholen. [6]§ 14 Absatz 3 gilt entsprechend.

(2) [1]Für die Abnahme der Prüfung nach Absatz 1 wird eine Gebühr in Höhe von 600 Euro erhoben. [2]Der Nachweis der entrichteten Gebühr ist mit dem Zulassungsantrag einzureichen. [3]Die Gebühr wird zurückerstattet, wenn die Zulassung versagt wird. [4]Auf Antrag des Prüflings ermäßigt sich die Gebühr

1. auf 100 Euro, wenn der Prüfling vor Beginn der schriftlichen Prüfung auf die Fortsetzung des Prüfungsverfahrens verzichtet,
2. auf 400 Euro, wenn der Prüfling spätestens 15 Wochen nach Ablegung der schriftlichen Prüfung auf die Fortsetzung des Prüfungsverfahrens verzichtet oder er nach dem Ergebnis der schriftlichen Prüfung nicht bestanden hat.

§ 33 Verlust des Prüfungsanspruchs

Wer aus dem Vorbereitungsdienst ausscheidet, ohne den Vorbereitungsdienst oder den Ergänzungsvorbereitungsdienst beendet zu haben, hat keinen Prüfungsanspruch.

Abschnitt 4
Gemeinsames Juristisches Prüfungsamt

§ 34 Aufgaben und Zuständigkeiten des Gemeinsamen Juristischen Prüfungsamtes

(1) [1]Die Staatsprüfungen werden vom Gemeinsamen Juristischen Prüfungsamt vorbereitet und durchgeführt. [2]Es holt in der staatlichen Pflichtfachprüfung Aufgabenvorschläge von Hochschullehrerinnen und Hochschullehrern ein, denen die Vertretung der Lehre in den Prüfungsfächern obliegt. [3]In der zweiten juristischen Staatsprüfung holt es Aufgabenvorschläge von Rechtsanwältinnen und Rechtsanwälten ein, die nebenamtliche Mitglieder des Gemeinsamen Juristischen Prüfungsamtes sind. [4]Die Präsidentin oder der Präsident der Rechtsanwaltskammer Berlin unterstützt das Gemeinsame Juristische Prüfungsamt, insbesondere bei der Gewinnung von Prüferinnen und Prüfern.

(2) Soweit nichts anderes bestimmt ist, entscheidet das Gemeinsame Juristische Prüfungsamt durch seine Präsidentin oder seinen Präsidenten.

(3) Das Gemeinsame Juristische Prüfungsamt führt Prüferbesprechungen und Fortbildungsveranstaltungen für Prüferinnen und Prüfer durch.

§ 35 Örtliche Prüfungsleiterinnen und Prüfungsleiter

[1]Zu örtlichen Prüfungsleiterinnen und Prüfungsleitern können Richterinnen und Richter, Staatsanwältinnen und Staatsanwälte oder Beamtinnen und Beamte mit der Befähigung zum Richteramt bestellt werden. [2]Sie unterstützen das Gemeinsame Juristische Prüfungsamt bei der Durchführung der Prüfungen.

§ 36 Prüfungsausschüsse

(1) [1]Jede Aufsichtsarbeit in den Staatsprüfungen wird von einem aus zwei Prüferinnen oder Prüfern bestehenden Prüfungsausschuss bewertet. [2]Die zweite Prüferin oder der zweite Prüfer erhält die Arbeiten mit den Voten der ersten Prüferin oder des ersten Prüfers. [3]Jeder Prüferin oder jedem Prüfer sollen mindestens 25 Aufsichtsarbeiten zur Erstkorrektur und 25 Aufsichtsarbeiten zur Zweitkorrektur zugewiesen werden.

(2) [1]Weichen die Bewertungen einer Aufsichtsarbeit voneinander ab, so haben die Prüferinnen und Prüfer darüber mit dem Ziel zu beraten, eine Einigung oder eine Annäherung der Bewertungen herbeizuführen. [2]Verbleibt danach eine Abweichung von nicht mehr als drei Punkten, so gilt der Mittelwert. [3]Bei größeren Abweichungen entscheidet die Präsidentin oder der Präsident des Gemeinsamen Juristischen Prüfungsamtes oder ein von ihm bestimmtes hauptamtliches Mitglied. [4]In diesem Fall kann entweder die Bewertung einer Prüferin oder eines Prüfers übernommen oder eine zwischen den Bewertungen liegende Punktzahl festgesetzt werden.

(3) [1]Prüfungsleistungen in der mündlichen Prüfung werden durch Prüfungsausschüsse bewertet, die aus drei Mitgliedern einschließlich der oder des Vorsitzenden bestehen. [2]Sie entscheiden mit Stimmenmehrheit. [3]Für die Dauer der Prüfung im berufspraktischen Teil kann bei Bedarf eine weitere

1) Inkrafttreten: 25.1.2009.

stimmberechtigte Prüferin oder ein weiterer stimmberechtigter Prüfer hinzugezogen werden. [4]Bei Stimmengleichheit entscheidet in diesem Fall die Stimme der oder des Vorsitzenden. [5]Bilden sich bei der Festsetzung der Punktzahl mehr als zwei Meinungen, gilt der Mittelwert aus allen Einzelbewertungen.

(4) [1]An der Bewertung von Prüfungsleistungen in der staatlichen Pflichtfachprüfung wirken Hochschullehrerinnen und Hochschullehrer, an der Bewertung von Prüfungsleistungen in beiden Staatsprüfungen wirken Rechtsanwältinnen und Rechtsanwälte mit. [2]Ein Anspruch des Prüflings auf eine bestimmte Zusammensetzung des Prüfungsausschusses besteht nicht.

Abschnitt 5

Schlussvorschriften

§ 37 Inkrafttreten, Außerkrafttreten

(1) Diese Verordnung tritt am Tage nach der Verkündung[1)] im Gesetz- und Verordnungsblatt für Berlin in Kraft.

(2) Gleichzeitig tritt die Ausbildungs- und Prüfungsordnung für Juristen in der Fassung vom 5. Oktober 1998 (GVBl. S. 283, 424), zuletzt geändert durch Artikel II des Gesetzes vom 4. Juli 2002 (GVBl. S. 188) und durch Artikel IV des Gesetzes vom 20. November 2002 (GVBl. S. 346), außer Kraft.

1) Verkündet am 14.8.2003.

Berliner Pressegesetz

Vom 15. Juni 1965 (GVBl. S. 744)
(BRV 2250-1)
zuletzt geändert durch Art. 9 G zur Anpassung der Bezeichnung der Berliner Polizeibehörde im Berliner Landesrecht und zur Änd. weiterer Vorschriften vom 27. September 2021 (GVBl. S. 1117)

Nichtamtliche Inhaltsübersicht

Das Abgeordnetenhaus hat das folgende Gesetz beschlossen:

§ 1 Freiheit der Presse

(1) [1]Die Presse ist frei. [2]Sie dient der freiheitlichen demokratischen Grundordnung.

(2) Die Freiheit der Presse unterliegt nur den Beschränkungen, die durch das Grundgesetz unmittelbar und in diesem Rahmen durch die geltenden Gesetze zugelassen sind.

(3) Sondermaßnahmen jeder Art, die die Pressefreiheit beeinträchtigen, sind verboten.

(4) Berufsorganisationen der Presse mit Zwangsmitgliedschaft und eine mit hoheitlicher Gewalt ausgestattete Standesgerichtsbarkeit der Presse sind unzulässig.

§ 2 Zulassungsfreiheit

Die Pressetätigkeit einschließlich der Errichtung eines Verlagsunternehmens oder eines sonstigen Betriebes des Pressegewerbes darf nicht von irgendeiner Zulassung abhängig gemacht werden.

§ 3 Öffentliche Aufgabe der Presse

(1) Die Presse erfüllt eine öffentliche Aufgabe.

(2) Die Presse hat alle Nachrichten vor ihrer Verbreitung mit der nach den Umständen gebotenen Sorgfalt auf Inhalt, Wahrheit und Herkunft zu prüfen.

(3) Die Presse nimmt berechtigte Interessen im Sinne des § 193 StGB wahr, wenn sie in Angelegenheiten von öffentlichem Interesse Nachrichten beschafft und verbreitet, Stellung nimmt, Kritik übt oder in anderer Weise an der Meinungsbildung mitwirkt.

§ 4 Informationsrecht der Presse

(1) Die Behörden sind verpflichtet, den Vertretern der Presse, die sich als solche ausweisen, zur Erfüllung ihrer öffentlichen Aufgabe Auskünfte zu erteilen.

(2) Auskünfte können nur verweigert werden, soweit
1. Vorschriften über die Geheimhaltung entgegenstehen oder
2. Maßnahmen ihrem Wesen nach dauernd oder zeitweise geheimgehalten werden müssen, weil ihre Bekanntgabe oder ihre vorzeitige Bekanntgabe die öffentlichen Interessen schädigen oder gefährden würde oder
3. hierdurch die sachgerechte Durchführung eines schwebenden Verfahrens vereitelt, erschwert, verzögert oder gefährdet werden könnte oder
4. ein schutzwürdiges privates Interesse verletzt würde.

(3) Allgemeine Anordnungen, die einer Behörde Auskünfte an die Presse verbieten, sind unzulässig.

(4) Die Verleger einer Zeitung oder Zeitschrift können von den Behörden verlangen, dass ihnen deren amtliche Bekanntmachungen nicht später als ihren Mitbewerbern zur Verwendung zugeleitet werden.
(5) Die Vorschriften des Berliner Informationsfreiheitsgesetzes vom 15. Oktober 1999 (GVBl. S. 561), das zuletzt durch Gesetz vom 23. Juni 2015 (GVBl. S. 285) geändert worden ist, in der jeweils geltenden Fassung, bleiben unberührt.

§ 5 (aufgehoben)

§ 6 Begriffsbestimmungen

(1) Druckwerke im Sinne dieses Gesetzes sind alle mittels der Buchdruckerpresse oder eines sonstigen zur Massenherstellung geeigneten Vervielfältigungsverfahrens hergestellten und zur Verbreitung bestimmten Schriften, besprochene Tonträger, bildlichen Darstellungen mit und ohne Schrift und Musikalien mit Text oder Erläuterungen.
(2) [1]Zu den Druckwerken gehören auch die vervielfältigten Mitteilungen, mit denen Nachrichtenagenturen, Pressekorrespondenzen, Materndienste und ähnliche Unternehmungen die Presse mit Beiträgen in Wort, Bild oder ähnlicher Weise versorgen. [2]Als Druckwerke gelten ferner die von einem presseredaktionellen Hilfsunternehmen gelieferten Mitteilungen ohne Rücksicht auf die technische Form, in der sie geliefert werden.
(3) Den Bestimmungen dieses Gesetzes über Druckwerke unterliegen nicht
1. amtliche Druckwerke, soweit sie ausschließlich amtliche Mitteilungen enthalten,
2. die nur Zwecken des Gewerbes und Verkehrs, des häuslichen und geselligen Lebens dienenden Druckwerke, wie Formulare, Preislisten, Werbedrucksachen, Familienanzeigen, Geschäfts-, Jahres- und Verwaltungsberichte und dergleichen, sowie Stimmzettel für Wahlen.

(4) Periodische Druckwerke sind Zeitungen, Zeitschriften und andere in ständiger, wenn auch unregelmäßiger Folge und im Abstand von nicht mehr als sechs Monaten erscheinende Druckwerke.

§ 7 Impressum

(1) Auf jedem im Geltungsbereich dieses Gesetzes erscheinenden Druckwerk müssen Name oder Firma und Wohnort oder Geschäftssitz der Drucker und der Verleger, beim Selbstverlag der Verfasser oder der Herausgeber, genannt sein.
(2) [1]Auf den periodischen Druckwerken sind ferner der Name und die Anschrift der verantwortlichen Redakteure anzugeben. [2]Sind mehrere Redakteure verantwortlich, so muß das Impressum die in Satz 1 geforderten Angaben für jeden von ihnen enthalten. [3]Hierbei ist kenntlich zu machen, für welchen Teil oder sachlichen Bereich des Druckwerks jeder einzelne verantwortlich ist. [4]Für den Anzeigenteil ist eine verantwortliche Person zu benennen; für diese gelten die Vorschriften über die verantwortlichen Redakteure entsprechend.
(3) Zeitungen und Anschlußzeitungen, die regelmäßig Sachgebiete oder ganze Seiten des redaktionellen Teils fertig übernehmen, haben im Impressum auch die für den übernommenen Teil verantwortlichen Redakteure und Verleger zu benennen.

§ 7a Offenlegung der Inhaber- und Beteiligungsverhältnisse

(1) [1]Die Verleger eines periodischen Druckwerks müssen in regelmäßigen Zeitabständen im Druckwerk die Inhaber- und Beteiligungsverhältnisse ihres Verlags und ihre Rechtsbeziehungen zu mit ihnen verbundenen Presse- und Rundfunkunternehmen (§ 15 des Aktiengesetzes) offen legen. [2]Die Bekanntgabe erfolgt
1. bei täglich oder wöchentlich erscheinenden Druckwerken in dem Impressum der ersten Ausgabe jedes Kalenderhalbjahres,
2. bei anderen periodischen Druckwerken in dem Impressum der ersten Ausgabe jedes Kalenderjahres.

[3]Änderungen der Inhaber- und Beteiligungsverhältnisse sind unverzüglich bekannt zu machen.
(2) Bei der Offenlegung sind mindestens anzugeben:
1. bei Einzelkaufleuten: Vorname, Name, Beruf und Wohnort der Inhaber;
2. bei offenen Handelsgesellschaften: Vorname, Name, Beruf und Wohnort jedes Gesellschafters;
3. bei Kommanditgesellschaften: Vorname, Name, Beruf und Wohnort der persönlich haftenden Gesellschafter und der Kommanditisten;

4. bei Aktiengesellschaften: Vorname, Name und Wohnort derjenigen Aktionäre, die mehr als 25 vom Hundert des Aktienkapitals besitzen, sowie der Mitglieder der Aufsichtsräte unter Benennung ihrer Vorsitzenden;
5. bei Kommanditgesellschaften auf Aktien: Vorname, Name, Beruf und Wohnort der persönlich haftenden Gesellschafter, der Aktionäre, die mehr als 25 vom Hundert des Aktienkapitals besitzen, sowie der Mitglieder der Aufsichtsräte unter Benennung ihrer Vorsitzenden;
6. bei Gesellschaften mit beschränkter Haftung: Vorname, Name, Beruf und Wohnort aller Gesellschafter mit einer Stammeinlage von mehr als 5 vom Hundert des Stammkapitals unter bruchteilsmäßiger Angabe der geleisteten Stammeinlage;
7. bei Genossenschaften: Vorname, Name, Beruf und Wohnort der Mitglieder der Vorstände und der Aufsichtsräte unter Benennung ihrer Vorsitzenden.

(3) [1]Außerdem sind alle stillen Beteiligungen und Anteilstreuhandschaften aufzuführen unter genauer Bezeichnung der stillen Gesellschafter und Treugeber. [2]Ferner haben die Gesellschafter auch gegenüber der Gesellschaft Anteilstreuhandschaften mit Dritten offen zu legen unter genauer Bezeichnung der Treugeber.

(4) Ist an einer Verlagsgesellschaft eine andere Gesellschaft zu mehr als einem Viertel beteiligt, so sind über diese Gesellschaft die gleichen Angaben zu machen wie sie in Absatz 2 für die Verleger vorgeschrieben sind.

(5) Die Bezeichnung des Berufs muss bei Bestehen eines Dienstverhältnisses die jeweiligen Dienstgeber erkennen lassen; bei Personen, die Inhaber oder Mitinhaber anderer wirtschaftlicher Unternehmungen sind, müssen die Unternehmungen mit den Angaben über den Beruf genannt werden.

§ 8 Persönliche Anforderungen an die verantwortlichen Redakteure

(1) Als verantwortliche Redakteure können diejenigen nicht tätig sein und beschäftigt werden, die
1. ihren ständigen Aufenthalt außerhalb der Mitgliedstaaten der Europäischen Union und der Vertragsstaaten des Abkommens über den Europäischen Wirtschaftsraum haben,
2. infolge Richterspruchs die Fähigkeit, öffentliche Ämter zu bekleiden, Rechte aus öffentlichen Wahlen zu erlangen oder in öffentlichen Angelegenheiten zu wählen oder zu stimmen, nicht besitzen,
3. nicht unbeschränkt geschäftsfähig sind,
4. nicht unbeschränkt strafgerichtlich verfolgt werden können.

(2) Die Vorschrift des Absatzes 1 Nummer 3 gilt nicht für Druckwerke, die von Jugendlichen für Jugendliche herausgegeben werden.

(3) [1]Die Vorschriften des Absatzes 1 Nummer 1 und 4 gelten nicht für periodisch erscheinende Zeitschriften, die Zwecken der Wissenschaft oder der Kunst dienen. [2]Für diese Zeitschriften muss eine verantwortliche Person im Geltungsbereich des Grundgesetzes benannt werden; diese braucht nicht die verantwortliche Person für den redaktionellen Teil zu sein. [3]Auf diese Verantwortlichen finden im Übrigen die Vorschriften dieses Gesetzes über die verantwortlichen Redakteure Anwendung.

(4) Die Vorschrift des Absatzes 1 Nr. 2 gilt nicht für Druckwerke, die in Justizvollzugsanstalten im Rahmen der Gefangenenmitverantwortung für Gefangene herausgegeben werden.

§ 9 Kennzeichnung entgeltlicher Veröffentlichungen

Haben die Verleger eines periodischen Druckwerks oder die Verantwortlichen (§ 7 Abs. 2 Satz 4) für eine Veröffentlichung ein Entgelt erhalten, gefordert oder sich versprechen lassen, so haben sie diese Veröffentlichung, soweit sie nicht schon durch Anordnung und Gestaltung allgemein als Anzeige zu erkennen ist, deutlich mit dem Wort „Anzeige" zu bezeichnen.

§ 10 Gegendarstellungsanspruch

(1) [1]Die verantwortlichen Redakteure und die Verleger eines periodischen Druckwerks sind verpflichtet, eine Gegendarstellung von Personen oder Stellen zum Abdruck zu bringen, die durch eine in dem Druckwerk aufgestellte Tatsachenbehauptung betroffen sind. [2]Die Verpflichtung erstreckt sich auf alle Nebenausgaben des Druckwerks, in denen die Tatsachenbehauptung erschienen ist.

(2) [1]Die Pflicht zum Abdruck einer Gegendarstellung besteht nicht, wenn die betroffene Person oder Stelle kein berechtigtes Interesse an der Veröffentlichung hat, wenn die Gegendarstellung ihrem Umfang nach nicht angemessen ist oder bei Anzeigen, die ausschließlich dem geschäftlichen Verkehr dienen. [2]Überschreitet die Gegendarstellung nicht den Umfang des beanstandeten Textes, so gilt sie

als angemessen. [3]Die Gegendarstellung muß sich auf tatsächliche Angaben beschränken und darf keinen strafbaren Inhalt haben. [4]Der Abdruck der Gegendarstellung kann von den betroffenen Personen oder Stellen oder ihren Vertretern nur verlangt werden, wenn die Gegendarstellung den verantwortlichen Redakteuren oder den Verlegern unverzüglich, spätestens innerhalb von drei Monaten nach der Veröffentlichung, zugeht. [5]Die Gegendarstellung bedarf der Schriftform.

(3) [1]Die Gegendarstellung muß in der nach Empfang der Einsendung nächstfolgenden, für den Druck nicht abgeschlossenen Nummer in dem gleichen Teil des Druckwerks und mit gleicher Schrift wie der beanstandete Text ohne Einschaltungen und Weglassungen abgedruckt werden; die Gegendarstellung darf nicht in Form eines Leserbriefs erscheinen. [2]Der Abdruck ist kostenfrei; dies gilt nicht für Anzeigen. [3]Wer sich zu der Gegendarstellung in derselben Nummer äußert, muß sich auf tatsächliche Angaben beschränken.

(4) [1]Für die Durchsetzung des vergeblich geltendgemachten Gegendarstellungsanspruchs ist der ordentliche Rechtsweg gegeben. [2]Auf Antrag der betroffenen Personen oder Stellen kann das Gericht anordnen, daß die verantwortlichen Redakteure und die Verleger in der Form des Absatzes 3 eine Gegendarstellung veröffentlichen. [3]Auf dieses Verfahren sind die Vorschriften der Zivilprozeßordnung über das Verfahren auf Erlaß einer einstweiligen Verfügung entsprechend anzuwenden. [4]Eine Gefährdung des Anspruchs braucht nicht glaubhaft gemacht zu werden. [5]Ein Verfahren zur Hauptsache findet nicht statt.

(5) Die Absätze 1 bis 4 gelten nicht für wahrheitsgetreue Berichte über öffentliche Sitzungen der gesetzgebenden oder beschließenden Organe des Bundes, der Länder, der Gemeinden (Gemeindeverbände), der Bezirke sowie der Gerichte.

(6) [1]Auf den Rundfunk (Hörfunk und Fernsehen) finden die Absätze 1 bis 5 entsprechende Anwendung. [2]Der Gegendarstellungsanspruch richtet sich gegen die Rundfunkanstalt, die für die redaktionelle Gestaltung der Sendung verantwortlich ist. [3]Die Gegendarstellung muß unverzüglich für den gleichen Bereich sowie zu einer gleichwertigen Sendezeit wie die beanstandete Sendung verbreitet werden.

§§ 11–13 (aufgehoben)

§ 14 Verbreitungsverbot für beschlagnahmte Druckwerke

(1) Während der Dauer einer Beschlagnahme ist die Verbreitung des von ihr betroffenen Druckwerks oder der Wiederabdruck des die Beschlagnahme veranlassenden Teiles dieses Druckwerks verboten.

(2) Auf die Beschlagnahme einzelner Stücke eines Druckwerks zur Sicherung des Beweises findet Absatz 1 keine Anwendung.

§§ 15–18 (aufgehoben)

§ 19 Strafrechtliche Verantwortung

(1) Die Verantwortlichkeit für Straftaten, die mittels eines Druckwerks begangen werden, bestimmt sich nach den allgemeinen Gesetzen.

(2) [1]Ist mittels eines Druckwerks eine rechtswidrige Tat begangen worden, die den Tatbestand eines Strafgesetzes verwirklicht, so werden, soweit sie nicht wegen dieser Handlung schon nach Absatz 1 als Täter oder Teilnehmer strafbar sind,

1. bei periodischen Druckwerken die verantwortlichen Redakteure, wenn sie ihre Verpflichtung verletzt haben, Druckwerke von strafbarem Inhalt freizuhalten,
2. bei sonstigen Druckwerken die Verleger, wenn sie ihre Aufsichtspflicht verletzt haben und die rechtswidrige Tat hierauf beruht,

mit Freiheitsstrafe bis zu einem Jahr oder mit Geldstrafe bestraft. [2]Wird die rechtswidrige Tat nur auf Antrag oder mit Ermächtigung verfolgt, so ist eine Strafverfolgung nach den Nummern 1 und 2 nur auf Antrag oder mit Ermächtigung zulässig.

§ 20 Strafbare Verletzung der Presseordnung

Mit Freiheitsstrafe bis zu sechs Monaten oder mit Geldstrafe bis zu einhundertachtzig Tagessätzen werden diejenigen bestraft, die

1. als Verleger Personen zu verantwortlichen Redakteuren oder Verantwortlichen (§ 7 Absatz 2 und § 8 Absatz 3) bestellen, die nicht den Anforderungen des § 8 entsprechen,
2. als verantwortliche Redakteure zeichnen, obwohl sie die Voraussetzungen des § 8 nicht erfüllen,

3. als verantwortliche Redakteure oder Verleger – beim Selbstverlag als Verfasser oder Herausgeber – bei einem Druckwerk strafbaren Inhalts den Vorschriften über das Impressum (§ 7) zuwiderhandeln,
4. entgegen dem Verbot des § 14 ein beschlagnahmtes Druckwerk verbreiten oder wieder abdrucken.

§ 21 Ordnungswidrigkeiten

(1) Ordnungswidrig handeln diejenigen, die vorsätzlich oder fahrlässig
1. als verantwortliche Redakteure oder Verleger – beim Selbstverlag als Verfasser oder Herausgeber – den Vorschriften über das Impressum (§ 7) zuwiderhandeln oder als Unternehmer Druckwerke verbreiten, in denen die nach § 7 vorgeschriebenen Angaben (Impressum) ganz oder teilweise fehlen,
2. gegen die Verpflichtung aus § 7a verstoßen,
3. als Verleger oder als Verantwortliche (§ 7 Absatz 2 Satz 4) eine Veröffentlichung gegen Entgelt nicht als Anzeige kenntlich machen oder kenntlich machen lassen (§ 9),
4. gegen die Verpflichtung aus § 10 Absatz 3 Satz 3 verstoßen.

(2) Ordnungswidrig handelt auch, wer fahrlässig eine der in § 19 Abs. 2 oder § 20 bezeichneten Handlungen begeht.

(3) Die Ordnungswidrigkeit kann mit einer Geldbuße bis zu 5 000 Euro geahndet werden.

(4) Verwaltungsbehörde im Sinne des § 36 Abs. 1 Nr. 1 des Gesetzes über Ordnungswidrigkeiten ist die Polizei Berlin.

§ 22 Verjährung

(1) Die Verfolgung von Straftaten nach diesem Gesetz oder von Straftaten, die mittels eines Druckwerks begangen werden, verjährt bei Verbrechen in einem Jahr, bei Vergehen in sechs Monaten.

(2) Die Verfolgung der in § 21 genannten Ordnungswidrigkeiten verjährt in drei Monaten.

(3) [1]Die Verjährung beginnt mit der Veröffentlichung oder Verbreitung des Druckwerks. [2]Wird das Druckwerk in Teilen veröffentlicht oder verbreitet oder wird es neu aufgelegt, so beginnt die Verjährung erneut mit der Veröffentlichung oder Verbreitung der weiteren Teile oder Auflagen.

(4) Bei Vergehen nach den §§ 86, 86a und 129a Absatz 5, auch in Verbindung mit § 129b Abs. 1, sowie nach den §§ 130, 131 und 184a, 184b und 184c des Strafgesetzbuches gelten die Vorschriften des Strafgesetzbuches über die Verfolgungsverjährung.

§ 22a Verarbeitung personenbezogener Daten, Medienprivileg

(1) [1]Soweit Unternehmen oder Hilfsunternehmen der Presse personenbezogene Daten zu journalistischen oder literarischen Zwecken verarbeiten, ist es den damit befassten Personen untersagt, diese personenbezogenen Daten zu anderen Zwecken zu verarbeiten (Datengeheimnis). [2]Bei der Aufnahme ihrer Tätigkeit sind diese Personen auf das Datengeheimnis zu verpflichten. [3]Das Datengeheimnis besteht auch bei Beendigung der Tätigkeit fort. [4]Im Übrigen finden von Kapitel II bis VII sowie IX der Verordnung (EU) 2016/679 des Europäischen Parlaments und des Rates vom 27. April 2016 zum Schutz natürlicher Personen bei der Verarbeitung personenbezogener Daten, zum freien Datenverkehr und zur Aufhebung der Richtlinie 95/46/EG (Datenschutz-Grundverordnung) (ABl. L 119 vom 4.5.2016, S. 1; L 314 vom 22.11.2016, S. 72, L 127 vom 23.5.2018, S. 2) nur Artikel 5 Absatz 1 Buchstabe f in Verbindung mit Absatz 2 und Artikel 24 sowie Artikel 32 sowie von den Vorschriften des Bundesdatenschutzgesetzes nur § 83 Anwendung. [5]Artikel 82 der Verordnung (EU) 2016/679 gilt mit der Maßgabe, dass nur für unzureichende Maßnahmen nach Artikel 5 Absatz 1 Buchstabe f in Verbindung mit Absatz 2, Artikel 24 und Artikel 32 der Verordnung (EU) 2016/679 gehaftet wird, § 83 Bundesdatenschutzgesetz gilt mit der Maßgabe, dass nur für eine Verletzung des Datengeheimnisses nach Satz 1 bis 3 gehaftet wird.

(2) [1]Wird jemand durch eine Berichterstattung in Folge der Verarbeitung seiner personenbezogenen Daten in Ausübung des Rechts auf freie Meinungsäußerung und Informationsfreiheit zu journalistischen Zwecken in seinem Persönlichkeitsrecht beeinträchtigt, kann die betroffene Person Auskunft über die zugrunde liegenden, zu ihrer Person gespeicherten Daten verlangen. [2] Die Auskunft kann nach Abwägung der schutzwürdigen Interessen der Beteiligten verweigert werden, soweit
1. aus den Daten auf Personen, die bei der Vorbereitung, Herstellung oder Verbreitung mitgewirkt haben, geschlossen werden kann, oder

2. aus den Daten auf die Person des Einsenders oder des Gewährsträgers von Beiträgen, Unterlagen und Mitteilungen für den redaktionellen Teil geschlossen werden kann oder
3. durch die Mitteilung der recherchierten oder sonst erlangten Daten die journalistische Aufgabe durch Ausforschung des Informationsbestandes beeinträchtigt würde.

[3]Die betroffene Person kann die unverzügliche Berichtigung unrichtiger personenbezogener Daten im Datensatz oder die Hinzufügung einer eigenen Darstellung von angemessenem Umfang verlangen. [4]Die weitere Speicherung der personenbezogenen Daten ist rechtmäßig, wenn dies für die Ausübung des Rechts auf freie Meinungsäußerung und Information oder zur Wahrnehmung berechtigter Interessen erforderlich ist. [5]Die Sätze 1 bis 4 gelten nicht für Unternehmen oder Hilfsunternehmen der Presse, soweit sie der freiwilligen Selbstregulierung durch den Pressekodex, den Grundsätzen zum Redaktionsdatenschutz sowie der Beschwerdeordnung des Deutschen Presserats unterliegen.

§ 23 Geltung für den Rundfunk

(1) [1]Für den Rundfunk (Hörfunk und Fernsehen) gelten die §§ 1, 3, 4, 8, 14, § 19 Absatz 1 und Absatz 2 Nummer 1, § 20 Nummer 1 bis 4, § 21 Absatz 1 Nummer 4 und Absatz 2 bis 4 sowie § 22a entsprechend. [2]§ 22 gilt entsprechend mit der Maßgabe, dass auch bei Vergehen nach § 184d in Verbindung mit den §§ 184a bis 184c des Strafgesetzbuches die Vorschriften des Strafgesetzbuches über die Verfolgungsverjährung anzuwenden sind.

(2) Der Staatsvertrag über die Errichtung der Anstalt des öffentlichen Rechts „Zweites Deutsches Fernsehen“ vom 6. Juni 1961 (GVBl. S. 1641)[1)] bleibt unberührt.

§ 24 Schlußbestimmungen

(1) Dieses Gesetz tritt am 1. August 1965 in Kraft.

(2) Gleichzeitig tritt außer Kraft das Reichsgesetz über die Presse vom 7. Mai 1874 (RGBl. S. 65) in der Fassung der Änderungsgesetze vom 1. Juli 1883 (RGBl. S. 159), vom 3. Juni 1914 (RGBl. S. 195), vom 4. März 1931 (RGBl. I S. 29), vom 28. Juni 1935 (RGBl. I S. 839) und vom 4. August 1953 (BGBl. I S. 735).

---

1) Vorschrift aufgehoben durch G v. 19.12.1991 (GVBl. S. 309).

Berliner Heilberufekammergesetz (BlnHKG)[1)]

Vom 2. November 2018 (GVBl. S. 622)
(BRV 2120-1)
zuletzt geändert durch Art. 4 G zur Änd. des BerufsqualifikationsfeststellungsG Berlin sowie weiterer Gesetze vom 17. Mai 2021 (GVBl. S. 503)

Das Abgeordnetenhaus hat das folgende Gesetz beschlossen:

Inhaltsübersicht

1) **Amtl. Anm.:** Dieses Gesetz dient der Umsetzung der Richtlinie (EU) 2018/958 des Europäischen Parlaments und des Rates vom 28. Juni 2018 über eine Verhältnismäßigkeitsprüfung vor Erlass neuer Berufsreglementierungen (ABl. L 173 vom 9.7.2018, S. 25).

Teil 1
Kammerwesen

Kapitel 1
Organisation und Aufgaben

§ 1 Kammern für Heilberufe

(1) Im Land Berlin bestehen als Berufsvertretungen
1. der Ärztinnen und Ärzte die Ärztekammer Berlin,
2. der Zahnärztinnen und Zahnärzte die Zahnärztekammer Berlin,
3. der Tierärztinnen und Tierärzte die Tierärztekammer Berlin,
4. der Apothekerinnen und Apotheker die Apothekerkammer Berlin,
5. der Psychologischen Psychotherapeutinnen und Psychologischen Psychotherapeuten sowie der Kinder- und Jugendlichenpsychotherapeutinnen und Kinder- und Jugendlichenpsychotherapeuten die Kammer für Psychologische Psychotherapeuten und Kinder- und Jugendlichenpsychotherapeuten Berlin (Psychotherapeutenkammer Berlin).

(2) [1]Die Kammern sind rechtsfähige Körperschaften des öffentlichen Rechts mit Selbstverwaltung. [2]Sie führen ein Dienstsiegel und sind berechtigt, Beamtenverhältnisse zu begründen. [3]Die Kammern haben ihren Sitz in Berlin.

§ 2 Kammermitgliedschaft; Berufsangehörige

(1) [1]Den Kammern gehören alle in § 1 Absatz 1 genannten Personen als Mitglieder an, die im Land Berlin ihren Beruf ausüben oder, ohne bereits Kammermitglied in einem anderen Land der Bundesrepublik Deutschland zu sein, im Land Berlin ihren Wohnsitz haben. [2]Berufsausübung im Sinne dieses Gesetzes ist jede berufliche Tätigkeit, bei der das Fachwissen des Heilberufs angewendet oder mitverwendet wird oder angewendet oder mitverwendet werden kann.

(2) [1]Die Kammern können auf Antrag eine freiwillige Mitgliedschaft von Kammermitgliedern, deren Pflichtmitgliedschaft endet, begründen. [2]Personen, die sich in Berlin in der Ausbildung zu einem akademischen Heilberuf nach einer Approbationsordnung befinden, steht auf Antrag eine freiwillige Mitgliedschaft offen, sofern die Satzung der jeweiligen Kammer dies vorsieht. [3]Die Einzelheiten zu den Rechten und Pflichten der freiwilligen Mitglieder sind in der Hauptsatzung zu regeln.

(3) Den Kammern gehören folgende Berufsangehörige nicht an
1. Personen, die als Dienstkräfte der Aufsichtsbehörde Aufsichtsfunktionen gegenüber der jeweiligen Kammer ausüben,
2. Personen, die im Geltungsbereich dieses Gesetzes ihren Beruf nur vorübergehend und gelegentlich ausüben und bereits Kammermitglied einer entsprechenden Kammer in einem anderen Land der Bundesrepublik Deutschland sind,
3. Unionsbürgerinnen und Unionsbürger oder Staatsangehörige eines anderen Vertragsstaates des Abkommens über den Europäischen Wirtschaftsraum oder eines Staates, dem die Mitgliedstaaten der Europäischen Union vertraglich einen entsprechenden Rechtsanspruch eingeräumt haben, sofern sie ihren Beruf im Land Berlin nur vorübergehend und gelegentlich im Rahmen des Dienstleistungsverkehrs nach dem Recht der Europäischen Union ausüben und in einem anderen der vorgenannten Staaten beruflich niedergelassen sind (Dienstleistungserbringer).

§ 3 Dienstleistungserbringer; Amtshilfe

(1) [1]Die Dienstleistungserbringer haben hinsichtlich der Berufsausübung die gleichen Rechte und Pflichten wie Kammermitglieder. [2]Sie haben der jeweiligen Kammer die Angaben nach § 4 Absatz 2

Satz 1 Nummer 1 bis 5 zu machen und die zum Nachweis erforderlichen Unterlagen vorzulegen. [3]Die §§ 26 und 27, die gemäß § 28 erlassenen Berufsordnungen sowie Teil 4 gelten für sie entsprechend. [4]Sie können auch an Schlichtungsverfahren nach § 10 teilnehmen.

(2) [1]Dienstleistungserbringer sind verpflichtet, der für die Erteilung einer Approbation oder Berufserlaubnis zuständigen Behörde (Berufszulassungsbehörde) die beabsichtigte Ausübung des Berufs vorher schriftlich oder elektronisch zu melden, die für die Erbringung der Dienstleistung erforderlichen Dokumente vorzulegen und Auskünfte zu erteilen. [2]Die Berufszulassungsbehörde übermittelt den zuständigen Kammern die Meldungen der Dienstleistungserbringer nach Satz 1.

(3) Die Berufszulassungsbehörde kann von den zuständigen Behörden des Niederlassungsstaates für jede Erbringung einer Dienstleistung alle Informationen über die Rechtmäßigkeit der Niederlassung und die gute Führung des Dienstleistungserbringers sowie Informationen darüber anfordern, dass keine berufsbezogenen disziplinarischen oder strafrechtlichen Sanktionen vorliegen.

(4) Die Dienstleistung wird unter den in § 1 Absatz 1 aufgeführten Berufsbezeichnungen erbracht.

(5) Die Kammern arbeiten mit Behörden und zuständigen Stellen

1. der Mitgliedstaaten der Europäischen Union,
2. der Vertragsstaaten des Abkommens über den Europäischen Wirtschaftsraum und
3. der Staaten, denen gegenüber sich die Bundesrepublik Deutschland und die Europäische Gemeinschaft oder die Bundesrepublik Deutschland und die Europäische Union vertraglich verpflichtet haben, die Ausübung eines der in § 1 genannten Berufe durch Angehörige des Vertragsstaates in gleicher Weise zuzulassen wie durch Angehörige eines Mitgliedstaates der Europäischen Union, zusammen und leisten ihnen Amtshilfe, um die Anwendung der Richtlinie 2005/36/EG des Europäischen Parlaments und des Rates vom 7. September 2005 über die Anerkennung von Berufsqualifikationen (ABl. L 255 vom 30.9.2005, S. 22), die zuletzt durch den Delegierten Beschluss (EU) 2020/548 (ABl. L 131 vom 24.4.2020, S. 1) geändert worden ist, in der jeweils geltenden Fassung zu erleichtern.

(6) [1]Wird eine berufsrechtliche Maßnahme, die sich auf die Berufsausübung auswirken kann, gegen eine Person verhängt, die ihre Berufsqualifikationen in einem der in § 2 Absatz 3 Nummer 3 genannten Staaten erworben hat, so unterrichtet die zuständige Kammer diesen Staat über die Maßnahme. [2]Übt ein Kammermitglied seinen Beruf vorübergehend und gelegentlich in einem der in § 2 Absatz 3 Nummer 3 genannten Staaten aus, übermittelt die jeweilige Kammer dem Aufnahmestaat auf Anfrage

1. Informationen über die gegen das Kammermitglied verhängten berufsrechtlichen Maßnahmen und
2. Informationen, die zur ordnungsgemäßen Durchführung eines gegen das Kammermitglied auf Grund einer Dienstleistung anhängigen Beschwerdeverfahrens erforderlich sind.

[3]Dieselben Informationen dürfen die Kammern beim Niederlassungsstaat einholen, sofern Dienstleistungserbringer den Beruf vorübergehend und gelegentlich im Land Berlin ausüben.

(7) Die Kammern unterrichten die Dienstleistungsempfängerin oder den Dienstleistungsempfänger und im Falle einer berufsrechtlichen Maßnahme auch die Berufszulassungsbehörde über das Ergebnis der Beschwerdeprüfung.

§ 4 Melde- und Nachweispflichten

(1) [1]Berufsangehörige mit Ausnahme der Dienstleistungserbringer haben zum Zweck der Prüfung des Bestehens einer Mitgliedschaft und zur Ermöglichung der Ausübung der Berufsaufsicht innerhalb eines Monats, bei kurzzeitiger Berufsausübung innerhalb von fünf Tagen nach Beginn der beruflichen Tätigkeit, bei der zuständigen Kammer die Aufnahme, die Beendigung und jede Änderung der Berufsausübung sowie die Begründung und den Wechsel des Wohnsitzes oder Tätigkeitsortes anzuzeigen sowie den Ladungen der Kammer Folge zu leisten. [2]Sie haben der Kammer die zur Durchführung dieses Gesetzes erforderlichen Angaben zu machen und die zum Nachweis erforderlichen Unterlagen vorzulegen.

(2) [1]Erforderliche Angaben und Nachweise im Sinne des Absatzes 1 Satz 2 sind insbesondere

1. Familiennamen, Geburtsnamen, Vornamen, früher geführte Namen, Titel, Geschlecht, Geburtsdatum, Geburtsort, Geburtsland, Staatsangehörigkeit;
2. Wohnsitze, Haupt- und Nebenwohnungen im Sinne des Melderechts, berufliche Anschriften;
3. Staatsexamina oder andere berufsqualifizierende Abschlüsse, Approbationen oder Berufserlaubnisse einschließlich der für die Erteilung und Überwachung zuständigen Behörden oder Stellen,

Weiterbildungsanerkennungen, Fortbildungsnachweise und Fortbildungspunkte; Erwerb in- und ausländischer akademischer Grade und Titel;
4. Art und Dauer der beruflichen Tätigkeit sowie gegenwärtige und frühere Orte der Berufsausübung (Tätigkeitsorte), beabsichtigte Dauer der Berufsausübung im Kammerbezirk; Arbeitsgenehmigungen; Mitgliedschaften in anderen Kammern und vergleichbaren Organisationen der Selbstverwaltung einschließlich ausgeübter Tätigkeiten;
5. Kommunikationsdaten;
6. Einkommens- und Umsatznachweise, sonstige beitragsrelevante Daten sowie Bank- und Inkassoverbindungen;
7. Betreuungsverhältnisse einschließlich des Namens und der Anschrift der Betreuerin oder des Betreuers;
8. Eröffnung oder Bestehen eines Insolvenzverfahrens einschließlich des Namens und der Anschrift der Insolvenzverwalterin oder des Insolvenzverwalters.

2Bei Berufsangehörigen nach § 2 Absatz 3 Nummer 1 kann die jeweilige Kammer von bestimmten Angaben und Nachweisen absehen, wenn die Berufsangehörigen nachweisen, dass sie als Dienstkräfte der Aufsichtsbehörde Aufsichtsfunktionen gegenüber der Kammer ausüben. 3Bei Berufsangehörigen nach § 2 Absatz 3 Nummer 2 kann die jeweilige Kammer von bestimmten Angaben und Nachweisen absehen, wenn die Berufsangehörigen die Mitgliedschaft in einer anderen Kammer in der Bundesrepublik Deutschland nachweisen oder die Kammer von dieser Tatsache anderweitig Kenntnis erlangt hat.

(3) 1Berufsangehörige mit Ausnahme der Dienstleistungserbringer haben der jeweiligen Kammer insbesondere folgende Dokumente und Urkunden im Original oder in amtlich beglaubigter Abschrift vorzulegen

1. Identifikationsdokumente,
2. Personenstandsurkunden,
3. Meldebescheinigungen,
4. Approbation oder Berufsausübungserlaubnis,
5. Weiterbildungsurkunden,
6. Fortbildungszertifikate, soweit sie berufsrechtlich vorgeschrieben sind,
7. Urkunden über den Erwerb akademischer Titel und Grade.

2Absatz 2 Satz 2 und 3 gilt für die Vorlage der Urkunden entsprechend.

(4) 1Die Verarbeitung der nach Absatz 2 und 3 erhobenen Daten richtet sich nach § 5. 2Weitere Einzelheiten des Verfahrens regeln die Kammern in Meldeordnungen. 3Die Meldeordnungen können vorsehen, dass ausschließlich von den Kammern bereitgestellte Formulare, insbesondere Formulare, die die schriftformersetzenden Formanforderungen gemäß § 3a des Verwaltungsverfahrensgesetzes in der Fassung der Bekanntmachung vom 23. Januar 2003 (BGBl. I S. 102), das zuletzt durch Artikel 11 Absatz 2 des Gesetzes vom 18. Juli 2017 (BGBl. I S. 2745) geändert worden ist, oder § 36a des Ersten Buches Sozialgesetzbuch in den jeweils geltenden Fassungen erfüllen, zu verwenden sind.

§ 5 Datenverarbeitung; Berufsverzeichnisse

(1) Die Kammern und die Versorgungseinrichtungen nach § 21 Absatz 1 sind berechtigt, personenbezogene Daten zu verarbeiten, soweit dies für die Erfüllung einer durch dieses Gesetz oder einer anderen gesetzlichen Regelung zugewiesenen Aufgabe und den jeweils damit verbundenen Zweck erforderlich ist.

(2) 1Die Kammern führen Verzeichnisse ihrer Kammermitglieder und der Berufsangehörigen nach § 2 Absatz 3 (Berufsverzeichnisse). 2Die Kammern können Verzeichnisse zu weiteren Personengruppen führen, soweit dies für die Erfüllung ihrer Aufgaben erforderlich ist.

(3) 1Personenbezogene Daten sind grundsätzlich bei der betroffenen Person mit ihrer Kenntnis zu erheben. 2Die Kammern dürfen personenbezogene Daten ohne Mitwirkung der betroffenen Person bei Dritten erheben, wenn

1. eine Rechtsvorschrift die Erhebung bei ihnen zulässt oder die Übermittlung an die erhebende Stelle ausdrücklich vorschreibt oder

2. a) die Aufgaben nach diesem Gesetz ihrer Art nach eine Erhebung bei Dritten erforderlich machen oder
   b) die Erhebung bei der betroffenen Person einen unverhältnismäßigen Aufwand erfordern würde

   und keine Anhaltspunkte dafür bestehen, dass überwiegende schutzwürdige Interessen der betroffenen Person beeinträchtigt werden.

[3]Über die Erhebung personenbezogener Daten ist die betroffene Person nach Maßgabe der Artikel 13 und 14 der Verordnung (EU) 2016/679 (ABl. L 119 vom 4.5.2016, S. 1, L 314 vom 22.11.2016, S. 72, L 127 vom 23.5.2018, S. 2) sowie § 23 des Berliner Datenschutzgesetzes vom 13. Juni 2018 (GVBl. S. 418) zu informieren.

(4) Soweit besondere Kategorien personenbezogener Daten im Sinne des Artikels 9 Absatz 1 der Verordnung (EU) 2016/679 verarbeitet werden, sind angemessene und spezifische Maßnahmen zur Wahrung der Interessen der betroffenen Person nach Maßgabe des § 14 Absatz 3 und des § 26 des Berliner Datenschutzgesetzes vorzusehen.

(5) [1]Die Kammern dürfen die Angaben und Änderungen der personenbezogenen Daten, die ihnen bei der rechtmäßigen Aufgabenerfüllung bekannt geworden sind, der Versorgungseinrichtung übermitteln, der das Kammermitglied angehört. [2]Die von der Versorgungseinrichtung nach § 21 Absatz 7 übermittelten Angaben und Änderungen der personenbezogenen Daten dürfen die Kammern zur Erfüllung ihrer gesetzlichen Aufgaben verarbeiten.

(6) [1]Die Kammern sind berechtigt, die Berufszulassungsbehörde über Erkrankungen und körperliche Einschränkungen von Mitgliedern zu unterrichten, sofern Zweifel hinsichtlich der gesundheitlichen Eignung zur weiteren Ausübung des Berufs bestehen. [2]Die Kammern dürfen Angaben und Meldungen über einen Umstand, der das Nichtbestehen oder die Beendigung des Versicherungsverhältnisses zur Folge hat und ihnen als zuständige Stelle im Sinne des § 117 Absatz 2 des Versicherungsvertragsgesetzes bekannt geworden ist, der Berufszulassungsbehörde mitteilen.

(7) [1]Die Kammern sind zur Erfüllung ihrer Aufgaben nach § 7 Absatz 1 Nummer 2 befugt, von den übrigen Heilberufekammern in der Bundesrepublik Deutschland, deren Aufsichtsbehörden und den von diesen bestimmten Stellen sowie von den Berufsgerichten, Auskünfte über verhängte berufsrechtliche Maßnahmen einzuholen und auf Anfrage der entsprechenden Stellen gleichartige Auskünfte zu erteilen. [2]Die Kammern dürfen mit den Kassenärztlichen Vereinigungen, den Krankenkassen und ihren Verbänden sowie der Staatsanwaltschaft personenbezogene Daten austauschen, soweit dies für die Erfüllung gesetzlicher Aufgaben der Kammern oder der genannten Stellen erforderlich ist und keine Anhaltspunkte dafür bestehen, dass überwiegende schutzwürdige Interessen der betroffenen Person beeinträchtigt werden.

(8) [1]Für die Erfüllung ihrer Aufgaben nach § 7 Absatz 1 Nummer 10 bis 12 nutzen die Kammern die Einrichtungen und Hilfsmittel der Europäischen Kommission, insbesondere das Binnenmarktinformationssystem nach der Verordnung (EU) 1024/2012 des Europäischen Parlaments und des Rates vom 25. Oktober 2012 über die Verwaltungszusammenarbeit mit Hilfe des Binnenmarktinformationssystems und zur Aufhebung der Entscheidung 2008/49/EG der Kommission (ABl. L 316 vom 14.11.2012, S. 1), die zuletzt durch die Verordnung (EU) 2016/1628 (ABl. L 252 vom 16.9.2016, S. 53) geändert worden ist, in der jeweils geltenden Fassung. [2]Dabei sind die Bestimmungen der Verordnung (EU) 2016/679 zu beachten.

(9) [1]Die Kammern sind berechtigt, nach Maßgabe der Regelungen ihrer jeweiligen Wahlordnung den Trägern von Wahlvorschlägen bei Wahlen zur Delegiertenversammlung aus ihren Berufsverzeichnissen nach § 5 Absatz 2 über die nachfolgend aufgeführten Daten von Gruppen von Wahlberechtigten Auskunft zu erteilen, soweit die Wahlberechtigten dieser Auskunftserteilung nicht widersprochen haben

1. Familiennamen, Vornamen,
2. derzeitige Anschriften,
3. Berufszugehörigkeit,
4. Weiterbildungsanerkennungen,
5. Akademische Grade und Titel.

[2]Die Auskünfte dürfen von den Trägern von Wahlvorschlägen nur für Zwecke der Wahlwerbung verwendet werden; sie sind spätestens einen Monat nach dem Ende des Wahlzeitraums zu löschen. [3]Die

Träger von Wahlvorschlägen müssen eine entsprechende Verpflichtungserklärung abgeben. 4Die Wahlberechtigten sind auf ihr Widerspruchsrecht bei der Meldung nach § 4 Absatz 1 und durch öffentliche Bekanntmachung vor jeder Wahl hinzuweisen. 5Statt des Widerspruchsrechts können die Kammern in ihrer jeweiligen Wahlordnung einen Zustimmungsvorbehalt der Wahlberechtigten für die Auskunftserteilung nach Satz 1 festlegen.

(10) Die Kammern dürfen von ihnen gespeicherte Daten übermitteln und veröffentlichen, soweit eine Einwilligung der betroffenen Personen vorliegt oder diese Daten auch aus anderen Quellen allgemein zugänglich sind und andere Rechtsvorschriften oder schutzwürdige Interessen der betroffenen Personen nicht entgegenstehen.

(11) Im Übrigen haben die Kammern die Vorschriften der Verordnung (EU) 2016/679 und des Berliner Datenschutzgesetzes zu beachten.

§ 6 Auskunftserteilung

(1) 1Die Kammern dürfen auf ein personenbezogenes Ersuchen, das ein bestimmtes Kammermitglied, eine bestimmte Berufsangehörige oder einen bestimmten Berufsangehörigen betrifft, an Leistungserbringerinnen und Leistungserbringer des Gesundheitswesens, Patientinnen und Patienten sowie an Tierhalterinnen und Tierhalter Auskunft aus ihren Berufsverzeichnissen nach § 5 Absatz 2 erteilen. 2Die Auskunft ist beschränkt auf die Berufsträgereigenschaft, die Tätigkeitsorte und die beruflichen Kommunikationsdaten. 3Vor der Erteilung einer Auskunft haben die Kammern zu prüfen, ob schutzwürdige Belange der oder des Betroffenen einer Auskunftserteilung entgegenstehen. 4Die oder der Betroffene ist über die Auskunftserteilung in geeigneter Weise zu informieren.

(2) 1Beschwerdeführende Personen in berufsrechtlichen Verfahren, die als Patientinnen oder Patienten oder Tierhalterinnen oder Tierhalter betroffen sind, haben einen Auskunftsanspruch zum Sachstand. 2Das Ergebnis der Prüfung teilt ihnen die zuständige Kammer von Amts wegen mit. 3Die Information, ob und falls ja, welche berufsrechtlichen Maßnahmen ergriffen wurden, ist nicht davon umfasst. 4Andere beschwerdeführende Personen werden von der zuständigen Kammer über das Ergebnis der Prüfung informiert, sofern sie ein berechtigtes Interesse an der Information glaubhaft machen. 5Ein Rechtsbehelf gegen die mitgeteilte Entscheidung findet nicht statt.

§ 7 Aufgaben der Kammern

(1) Die Kammern haben unter Beachtung der Belange des Gemeinwohls insbesondere

1. die beruflichen Belange ihrer Mitglieder, der Berufsangehörigen nach § 2 Absatz 3 Nummer 2 und der Dienstleistungserbringer zu fördern und zu vertreten,
2. die Erfüllung der Berufspflichten der Kammermitglieder und der Berufsangehörigen nach § 2 Absatz 3 zu überwachen, soweit deren Berufsausübung nicht auf Grund besonderer Zuständigkeiten disziplinarrechtlich überwacht wird,
3. die berufliche Weiterbildung der Kammermitglieder zu regeln, zu fördern und zu betreiben,
4. für die Qualität der Berufsausübung zu sorgen, insbesondere die berufliche Fortbildung der Kammermitglieder zu regeln, zu fördern und zu betreiben, Fortbildungsveranstaltungen zu zertifizieren, anzuerkennen und Fortbildungszertifikate als Nachweis der Erfüllung der Fortbildungspflicht auszustellen,
5. eine Überprüfung der für die Berufsausübung erforderlichen Sprachkenntnisse im Rahmen der Anerkennung ausländischer Bildungsnachweise zu organisieren,
6. aus dem Berufsverhältnis zwischen Kammermitgliedern entstandene Streitigkeiten zu schlichten,
7. auf Ersuchen von Behörden und Gerichten in allen Berufs- und Fachfragen Gutachten zu erstatten, Stellungnahmen abzugeben oder Sachverständige zu benennen; sie sind auch dazu berufen, bei Gerichten Gutachten über die Angemessenheit einer Gebührenforderung abzugeben,
8. Berufsverzeichnisse nach § 5 Absatz 2 zu führen,
9. jeweils für ihren Berufsbereich die Aufgaben der zuständigen Stelle nach dem Berufsbildungsgesetz wahrzunehmen,
10. Kammermitgliedern und Dienstleistungserbringern Heilberufsausweise und sonstige berufsbezogene Bescheinigungen, auch elektronischer Art, auszustellen, soweit dies erforderlich ist; dies beinhaltet auch die Ausstellung von qualifizierten Zertifikaten oder qualifizierten Attribut-Zertifikaten mit Angaben über die berufsrechtliche Zulassung nach dem Signaturgesetz, wobei die Kammern Zertifizierungsdiensteanbieter nutzen können; für Kammermitglieder sind die Kam-

mern die nach § 291a Absatz 5d Satz 1 Nummer 1 und 2 des Fünften Buches Sozialgesetzbuch zuständigen Stellen,

11. Kammermitgliedern und Dienstleistungserbringern auf Antrag den Europäischen Berufsausweis auszustellen und zu aktualisieren, soweit dieser auf Grund von Durchführungsakten der europäischen Kommission nach Artikel 4a Absatz 7 der Richtlinie 2005/36/EG für Weiterbildungsbezeichnungen eingeführt ist,
12. ausgehende und eingehende Warnmeldungen nach Artikel 56a der Richtlinie 2005/36/EG, welche die Weiterbildungsbezeichnungen betreffen, zu bearbeiten,
13. einen ärztlichen, zahnärztlichen, tierärztlichen und psychotherapeutischen Notdienst in den sprechstundenfreien Zeiten sicherzustellen, soweit der Notdienst nicht anderweitig sichergestellt ist, und die Dienstbereitschaft der Apotheken zu regeln.

(2) Die Ärztekammer Berlin wirkt im Rahmen ihrer Aufgabenstellung dabei mit, über die Möglichkeiten der Organspende, die Voraussetzungen der Organentnahme und die Bedeutung der Organübertragung nach § 2 Absatz 1 Satz 1 des Transplantationsgesetzes in der Fassung der Bekanntmachung vom 4. September 2007 (BGBl. I S. 2206), das zuletzt durch Artikel 2 des Gesetzes vom 18. Juli 2017 (BGBl. I S. 2757) geändert worden ist, in der jeweils geltenden Fassung aufzuklären, und hält Organspendeausweise zusammen mit geeigneten Aufklärungsunterlagen nach § 2 Absatz 1 Satz 3 des Transplantationsgesetzes bereit.

(3) [1]Die Kammern nehmen ferner Aufgaben wahr, die ihnen durch andere gesetzliche Bestimmungen oder durch Rechtsverordnung nach Satz 2 übertragen werden. [2]Die für das Gesundheitswesen zuständige Senatsverwaltung wird ermächtigt, den Kammern im Rahmen ihres Aufgabenkreises weitere Aufgaben durch Rechtsverordnung zu übertragen. [3]Eine Aufgabenübertragung nach Satz 2 setzt die vorherige Zustimmung der jeweiligen Kammer voraus. [4]In der Rechtsverordnung sind Bestimmungen über die Deckung und Tragung der Kosten zu treffen.

(4) Die Kammern können von Kammermitgliedern betriebene Qualitätsmanagementsysteme zertifizieren.

(5) Zur Wahrung von Berufs- und Standesbelangen sind die Kammern berechtigt, mit Kammern des gleichen Berufs oder anderer Heilberufe, mit Verbänden, die gesetzliche Aufgaben in der Sozialversicherung erfüllen und mit Verbänden, die Aufgaben im Rahmen der jeweiligen Kammerzuständigkeit wahrnehmen, in der Bundesrepublik Deutschland sowie in anderen Mitgliedstaaten der Europäischen Union zusammenzuarbeiten und Arbeitsgemeinschaften zu bilden.

(6) [1]Die Kammern können Aufgaben, die ihnen durch dieses oder ein anderes Gesetz oder durch Rechtsverordnung übertragen werden, einvernehmlich einer anderen Kammer übertragen. [2]Sie können Verwaltungsaufgaben auch gemeinsam erledigen. [3]Die Vereinbarungen bedürfen der Schriftform, der Zustimmung der jeweiligen Delegiertenversammlung und der Genehmigung der Aufsichtsbehörde.

(7) [1]Für die Erörterung berufsübergreifender Angelegenheiten können die Kammern gemeinsame Beiräte bilden. [2]Diese haben die Aufgabe, die Zusammenarbeit der Berufsgruppen zu fördern, bei Interessenkonflikten ausgleichend zu wirken und die Organe der Kammern bei der Aufgabenerfüllung zu unterstützen und zu beraten. [3]Die Beiratsmitglieder werden von den Vorständen der jeweiligen Kammern berufen. [4]Die Zusammensetzung und die Anzahl der Mitglieder werden einvernehmlich festgelegt. [5]Die gemeinsamen Beiräte geben sich jeweils eine Geschäftsordnung.

(8) [1]Nähere Bestimmungen zur Erfüllung ihrer Aufgaben nach Absatz 1 Nummer 10 und 11 treffen die Kammern jeweils durch eine Satzung. [2]Die Satzung soll insbesondere Vorschriften enthalten

1. zur Herausgabe von Heilberufsausweisen, elektronischen Heilberufsausweisen und Europäischen Berufsausweisen, soweit diese eingeführt sind, zur Bestätigung von berufsbezogenen Angaben sowie zu deren Gültigkeitsdauer,
2. zur Veranlassung der Sperrung der qualifizierten Zertifikate mit berufsbezogenen Angaben,
3. zur Einziehung der Heilberufsausweise, der elektronischen Heilberufsausweise und der Europäischen Berufsausweise, soweit diese eingeführt sind,
4. zu Auskunftsansprüchen Dritter in Bezug auf die Inhaberinnen und Inhaber der Heilberufsausweise.

(9) [1]Verwaltungsverfahren für Tierärztinnen und Tierärzte nach diesem Gesetz sowie die Verfahren nach Absatz 1 Nummer 11 und nach § 36 können über den Einheitlichen Ansprechpartner im Sinne von § 1 des Gesetzes über den Einheitlichen Ansprechpartner für das Land Berlin vom 18. November

2009 (GVBl. S. 674), das zuletzt durch Artikel 13 des Gesetzes vom 9. Mai 2016 (GVBl. S. 226) geändert worden ist, in der jeweils geltenden Fassung abgewickelt werden. [2]Die Kammern unterstützen den Einheitlichen Ansprechpartner und stellen ihm die zur Wahrnehmung seiner Aufgaben erforderlichen Informationen zur Verfügung. [3]§ 1 Absatz 1 des Gesetzes über das Verfahren der Berliner Verwaltung vom 21. April 2016 (GVBl. S. 218), das durch Artikel 1 des Gesetzes vom 5. Juli 2018 (GVBl. S. 462) geändert worden ist, in der jeweils geltenden Fassung in Verbindung mit § 42a und den §§ 71a bis 71e des Verwaltungsverfahrensgesetzes findet Anwendung.

(10) [1]Zur Erfüllung ihrer Aufgaben können die Kammern Verwaltungsakte erlassen. [2]Für die Vollstreckung gilt § 8 des Gesetzes über das Verfahren der Berliner Verwaltung in Verbindung mit dem Verwaltungs-Vollstreckungsgesetz in der im Bundesgesetzblatt Teil III, Gliederungsnummer 201-4, veröffentlichten bereinigten Fassung, das zuletzt durch Artikel 1 des Gesetzes vom 30. Juni 2017 (BGBl. I S. 2094) geändert worden ist, in der jeweils geltenden Fassung.

§ 8 Ethik-Kommission

(1) Die Ärztekammer Berlin errichtet eine Ethik-Kommission als unselbstständige Einrichtung.

(2) Die Ethik-Kommission hat folgende Aufgaben

1. die für die Durchführung von biomedizinischen Forschungsvorhaben und Therapieversuchen am Menschen verantwortlichen Ärztinnen und Ärzte nach der Berufsordnung der Ärztekammer Berlin über die mit dem Vorhaben verbundenen berufsethischen und berufsrechtlichen Fragen zu beraten,
2. den Vorstand der Ärztekammer Berlin in allen berufsethischen Fragen der Medizin zu beraten,
3. die bundesrechtlich einer Ethik-Kommission zugeordneten Aufgaben im Land Berlin wahrzunehmen, soweit die Aufgaben nicht durch Gesetz oder Rechtsverordnung einer anderen Ethik-Kommission zugewiesen sind und die Zulässigkeit oder Genehmigung eines Vorhabens nicht von ihrer zustimmenden Bewertung oder Stellungnahme abhängt.

(3) [1]Der Ethik-Kommission gehören mindestens 15 Mitglieder, höchstens jedoch 50 Mitglieder an, von denen mehr als die Hälfte Ärztinnen und Ärzte sein sollen. [2]Außer Ärztinnen und Ärzten, unter denen sich Vertreterinnen und Vertreter der medizinischen Forschung und der Pharmakologie befinden sollen, gehören zu den Mitgliedern Vertreterinnen und Vertreter der Fachberufe im Gesundheitswesen, insbesondere der Pflege, und der Geistes-, Rechts- und Sozialwissenschaften sowie Laien. [3]Bei der Wahrnehmung ihrer Aufgaben sind die Mitglieder der Ethik-Kommission unabhängig, an Weisungen nicht gebunden und nur ihrem Gewissen verpflichtet. [4]Sie sind zur Vertraulichkeit und Verschwiegenheit verpflichtet.

(4) [1]Die Mitglieder der Ethik-Kommission werden von der Ärztekammer Berlin im Einvernehmen mit der Aufsichtsbehörde für die Dauer von fünf Jahren berufen. [2]Nach Ablauf der Amtszeit bleiben sie bis zur Berufung ihrer Nachfolgerinnen oder Nachfolger im Amt. [3]Eine erneute Berufung ist zulässig. [4]Für ausgeschiedene Mitglieder sind für die Zeit bis zum Ende der regulären Amtszeit neue Mitglieder zu berufen.

(5) [1]Lagen die Voraussetzungen für die Berufung nach Absatz 4 nicht vor, sind sie nachträglich weggefallen oder liegt sonst ein wichtiger Grund vor, so hat der Vorstand der Ärztekammer Berlin die entsprechende Person abzuberufen. [2]Sind hinreichende Anhaltspunkte für eine Abberufung gegeben, kann der Vorstand der Ärztekammer Berlin die Teilnahme an den Kommissionssitzungen vorläufig untersagen.

(6) Das Nähere ist in einer Satzung zu regeln, insbesondere

1. die Voraussetzungen für die Tätigkeit der Ethik-Kommission und die Organisation ihrer Arbeit,
2. die Anforderungen an Sachkunde, Unabhängigkeit und Pflichten ihrer Mitglieder,
3. die Geschäftsführung,
4. die Aufgaben der oder des Vorsitzenden,
5. das Verfahren der Beratung und Beschlussfassung sowie der Bekanntgabe der Beschlüsse,
6. die Kosten des Verfahrens und
7. die Entschädigung der Mitglieder.

(7) [1]An den medizinischen Fakultäten der Universitäten können Ethik-Kommissionen errichtet werden. [2]Diese treten für ihren Zuständigkeitsbereich an die Stelle der Ethik-Kommission der Ärztekammer Berlin. [3]Ihre Mitglieder werden von der medizinischen Fakultät vorgeschlagen und nach Herstellung des Einvernehmens von der für Hochschulmedizin zuständigen Senatsverwaltung berufen. [4]Die

Satzungen für diese Ethik-Kommissionen werden nach § 2 Absatz 1 des Berliner Hochschulgesetzes in der Fassung vom 26. Juli 2011 (GVBl. S. 378), das zuletzt durch Artikel 6 des Gesetzes vom 2. Februar 2018 (GVBl. S. 160) geändert worden ist, in der jeweils geltenden Fassung erlassen. [5]Im Übrigen gelten die Regelungen des Absatzes 2 Nummer 1 und der Absätze 3 und 4 entsprechend.

(8) [1]Bei der Zahnärztekammer Berlin, der Tierärztekammer Berlin, der Apothekerkammer Berlin und der Psychotherapeutenkammer Berlin können ebenfalls Ethik-Kommissionen errichtet werden. [2]Die Absätze 1 bis 6 gelten entsprechend.

§ 9 Lebendspendekommission

(1) [1]Bei der Ärztekammer Berlin ist eine Kommission für die Erstattung der gutachtlichen Stellungnahmen nach § 8 Absatz 3 Satz 2 des Transplantationsgesetzes (Lebendspendekommission) als unselbstständige Einrichtung zu errichten. [2]Die Lebendspendekommission besteht mindestens aus

1. einer Ärztin oder einem Arzt,
2. einer Person mit der Befähigung zum Richteramt und
3. einer in psychologischen Fragen erfahrenen Person.

[3]Für jedes Kommissionsmitglied wird mindestens eine Stellvertreterin oder ein Stellvertreter berufen. [4]Die Absätze 2 bis 5 gelten für die stellvertretenden Mitglieder entsprechend.

(2) Als Mitglied der Lebendspendekommission darf nicht berufen werden, wer

1. als Ärztin oder Arzt an der Entnahme oder Übertragung von Organen beteiligt ist,
2. Weisungen einer Ärztin oder eines Arztes untersteht, die oder der an solchen Maßnahmen beteiligt ist, oder
3. aus sonstigen Gründen, insbesondere wegen Unzuverlässigkeit oder Unwürdigkeit auf Grund einschlägiger Vorstrafen, Vermögensverfall oder Schwäche der geistigen oder körperlichen Kräfte, für die Wahrnehmung der Kommissionstätigkeit ungeeignet erscheint.

(3) [1]Die Mitglieder der Lebendspendekommission werden vom Vorstand der Ärztekammer Berlin im Einvernehmen mit der Aufsichtsbehörde für die Dauer von fünf Jahren berufen. [2]Nach Ablauf der Amtszeit bleiben sie bis zur Berufung ihrer Nachfolgerinnen oder Nachfolger im Amt. [3]Eine erneute Berufung ist zulässig. [4]Für ausgeschiedene Mitglieder sind für die Zeit bis zum Ende der regulären Amtszeit neue Mitglieder zu berufen.

(4) [1]Lagen die Voraussetzungen für die Berufung nach Absatz 3 nicht vor, sind sie nachträglich weggefallen oder liegt ein Ausschlussgrund nach Absatz 2 oder sonst ein wichtiger Grund vor, so hat der Vorstand der Ärztekammer Berlin die entsprechende Person abzuberufen. [2]Sind hinreichende Anhaltspunkte für eine Abberufung gegeben, kann der Vorstand der Ärztekammer Berlin die Teilnahme an den Kommissionssitzungen vorläufig untersagen.

(5) [1]Bei der Wahrnehmung ihrer Aufgaben sind die Mitglieder der Lebendspendekommission unabhängig, an Weisungen nicht gebunden und nur ihrem Gewissen verpflichtet. [2]Sie sind zur Vertraulichkeit und Verschwiegenheit verpflichtet.

(6) [1]Die Lebendspendekommission wird auf Antrag der Einrichtung tätig, in der das Organ entnommen werden soll. [2]Der Antrag ist nur wirksam, wenn er von der Organspenderin oder dem Organspender vor Eingang bei der Lebendspendekommission unterschrieben worden ist, die übrigen Voraussetzungen nach § 8 des Transplantationsgesetzes vorliegen und dies durch die antragstellende Einrichtung bestätigt wird. [3]Gegen die gutachtliche Stellungnahme sind Rechtsbehelfe nicht gegeben.

(7) [1]Die Lebendspendekommission soll die Organspenderin oder den Organspender persönlich anhören. [2]Sie kann Zeuginnen und Zeugen, Sachverständige sowie in begründeten Einzelfällen die Organempfängerin oder den Organempfänger anhören.

(8) Die Ärztekammer Berlin wird ermächtigt, das Nähere durch Satzung zu regeln, insbesondere

1. die Geschäftsführung und die Organisation der Arbeit der Lebendspendekommission,
2. die Pflichten der Mitglieder der Lebendspendekommission,
3. die Wahl des vorsitzenden Mitglieds und dessen Aufgaben,
4. das Verfahren,
5. die Kosten des Verfahrens,
6. die Entschädigung der Mitglieder und
7. den Schutz der personenbezogenen Daten von Organspenderinnen und Organspendern sowie von Organempfängerinnen und Organempfängern.

(9) [1]Die Ärztekammer Berlin wird ermächtigt, eine Vereinbarung mit der Landesärztekammer Brandenburg über die Bildung einer gemeinsamen Kommission nach Absatz 1 für die Länder Berlin und Brandenburg zu schließen. [2]Darin sind insbesondere die Berufung der Mitglieder einschließlich der oder des Vorsitzenden sowie die Festlegung des Kommissionssitzes zu regeln. [3]In der Vereinbarung ist auch zu regeln, dass die Berufung der Mitglieder der gemeinsamen Kommission im Einvernehmen mit der für die Ärztekammer Berlin zuständigen Aufsichtsbehörde erfolgt und die Vorschriften der Absätze 1 bis 8 beachtet werden.

§ 10 Schlichtungstätigkeit der Kammern

(1) [1]Zur Schlichtung von Streitigkeiten zwischen Kammermitgliedern, die sich aus dem Berufsverhältnis ergeben, setzen die Kammern Schlichtungsausschüsse ein. [2]Diese dürfen nicht gegen den Widerspruch eines beteiligten Kammermitgliedes tätig werden. [3]Die Zuständigkeit der Schlichtungsausschüsse erstreckt sich nicht auf die dienstliche Tätigkeit von Kammermitgliedern, die im öffentlichen Dienst stehen oder gestanden haben.

(2) Kammermitglieder und Berufsangehörige nach § 2 Absatz 3, die von den Schlichtungsausschüssen als Zeuginnen, Zeugen oder Sachverständige geladen werden, sind zum persönlichen Erscheinen und zur Erteilung von Auskünften verpflichtet; ihr Recht und ihre Pflicht zur Wahrung des Berufsgeheimnisses bleiben unberührt.

(3) Für die Vernehmung der in Absatz 1 Satz 3 bezeichneten Kammermitglieder als Zeuginnen, Zeugen oder Sachverständige über Umstände, auf die sich ihre Pflicht zur Amtsverschwiegenheit bezieht, und für die Genehmigung zur Aussage gelten die besonderen dienstrechtlichen Vorschriften.

(4) Das Nähere zur Schlichtung zwischen den Kammermitgliedern regeln die Kammern in Schlichtungsordnungen.

(5) Zur Schlichtung von Streitigkeiten zwischen Kammermitgliedern oder Berufsangehörigen nach § 2 Absatz 3 und Dritten sowie zwischen Dritten und Krankenhäusern einschließlich konzessionierter Privatkrankenanstalten und anderen juristischen Personen des Privatrechts, bei denen Kammermitglieder oder Berufsangehörige nach § 2 Absatz 3 im Rahmen selbstständiger oder unselbstständiger Tätigkeit ihren Beruf ausüben, können die Kammern Schlichtungsausschüsse und Gutachterkommissionen entsprechend der Absätze 1 bis 4 oder gemeinsame Einrichtungen mit anderen Heilberufekammern bilden.

(6) Soweit gemeinsame Einrichtungen nach Absatz 5 gebildet werden, sind in den Schlichtungsordnungen insbesondere zu regeln

1. die Zuständigkeit, die Aufgaben und die Zusammensetzung der gemeinsamen Einrichtung,
2. die Voraussetzungen für ihre Tätigkeit,
3. die Anforderungen an die Sachkunde, die Unabhängigkeit und die Pflichten der Mitglieder,
4. das Verfahren einschließlich der Antragsberechtigung,
5. die Aufgaben der vorsitzenden Person,
6. die Datenübermittlung für den Geschäftsbericht und die Berufsaufsicht der Kammer.

§ 11 Organe der Kammern

(1) Organe der Kammern sind

1. die Delegiertenversammlung und
2. der Vorstand.

(2) Die Amtsperiode der Organe beträgt fünf Jahre.

(3) Die Rechte und Pflichten der Organe der Kammern werden durch die Hauptsatzungen bestimmt, soweit sie nicht durch dieses Gesetz festgelegt sind.

§ 12 Delegiertenversammlung

(1) [1]Die Delegiertenversammlung besteht aus 45 gewählten Mitgliedern. [2]Die Mitglieder der Delegiertenversammlung werden von den Kammermitgliedern in allgemeiner, unmittelbarer, freier, gleicher und geheimer Wahl gewählt. [3]Die Wahlen werden nach den Grundsätzen der Verhältniswahl durchgeführt. [4]Wird nur ein Wahlvorschlag eingereicht, so findet Mehrheitswahl statt. [5]Näheres regeln Wahlordnungen, die von den Kammern erlassen werden.

(2) [1]Jeder Delegiertenversammlung gehören nach Maßgabe der jeweiligen Hauptsatzung als Mitglieder zusätzlich zu den gewählten Mitgliedern mindestens eine Vertreterin oder ein Vertreter und höchstens drei Vertreterinnen oder Vertreter von Berliner Hochschulen an, die Studiengänge zu dem entspre-

chenden Beruf anbieten. [2]Die Vertreterinnen und Vertreter werden jeweils von dem für den Studiengang zuständigen Fachbereich der Hochschule benannt.

(3) Die Hauptsatzungen können vorsehen, dass diejenigen Mitglieder der Delegiertenversammlung ausscheiden, die an drei aufeinanderfolgenden Sitzungen unentschuldigt nicht teilgenommen haben.

§ 13 Aktives Wahlrecht

(1) Wahlberechtigt zur Delegiertenversammlung sind alle Kammermitglieder, sofern sie nicht vom Wahlrecht ausgeschlossen sind.

(2) Vom Wahlrecht ausgeschlossen ist, wer infolge Richterspruchs das Recht, in öffentlichen Angelegenheiten zu wählen oder zu stimmen, oder infolge berufsgerichtlicher Verurteilung das aktive Kammerwahlrecht nicht besitzt.

§ 14 Passives Wahlrecht

(1) Wählbar zur Delegiertenversammlung sind die wahlberechtigten Kammermitglieder.

(2) Nicht wählbar ist,

1. wer nach § 13 Absatz 2 vom Wahlrecht ausgeschlossen ist,
2. wer infolge Richterspruchs die Wählbarkeit, die Fähigkeit zur Bekleidung öffentlicher Ämter oder das passive Kammerwahlrecht nicht besitzt.

§ 15 Aufgaben der Delegiertenversammlung

(1) Die Delegiertenversammlung befasst sich mit allen Angelegenheiten von grundsätzlicher Bedeutung.

(2) Die Delegiertenversammlung wählt den Vorstand und beschließt insbesondere über

1. die Hauptsatzung, die Wahlordnung, die Meldeordnung, die Beitragsordnung, die Gebührenordnung, die Schlichtungsordnung, die Berufsordnung, die Weiterbildungsordnung, die Satzung über die (elektronischen) (Heil)Berufsausweise nach § 7 Absatz 8, die Satzungen für die Ethik-Kommission und die Lebendspendekommission sowie die Fortbildungsordnung und die Qualitätssicherungssatzung,
2. die Geschäftsordnung,
3. den Haushalts- oder Wirtschaftsplan,
4. die Jahresrechnung und die Entlastung des Vorstands,
5. die Errichtung von Fürsorgeeinrichtungen und Versorgungseinrichtungen,
6. die Einsetzung von Ausschüssen,
7. die Vorschlagsliste der Kammern für die ehrenamtlichen Richterinnen und Richter der Berufsgerichte sowie
8. die Entschädigungen der Mitglieder der Delegiertenversammlung, der Ausschüsse und des Vorstands sowie sonstiger Gremien der Kammern.

(3) Der Erlass und die Änderung von Hauptsatzungen, Wahlordnungen, Beitragsordnungen, Gebührenordnungen, Schlichtungsordnungen, Berufsordnungen und Weiterbildungsordnungen, Satzungen für Ethik-Kommissionen und Satzungen nach § 7 Absatz 8 sowie die Errichtung von Fürsorgeeinrichtungen und Versorgungseinrichtungen bedürfen der Genehmigung der Aufsichtsbehörde.

(4) [1]Die Berufsordnung, die Weiterbildungsordnung und sonstige Satzungen, die den Berufszugang oder die Berufsausübung beschränken, müssen im Einklang mit dem auf sie anzuwendenden europäischen Recht stehen. [2]Insbesondere sind bei neuen oder zu ändernden Vorschriften, die dem Anwendungsbereich der Richtlinie 2005/36/EG unterfallen, die Vorgaben der Richtlinie (EU) 2018/958 des Europäischen Parlaments und des Rates vom 28. Juni 2018 über eine Verhältnismäßigkeitsprüfung vor Erlass neuer Berufsreglementierungen (ABl. L 173 vom 9.7.2018, S. 25) in der jeweils geltenden Fassung einzuhalten. [3]Bei Vorschriften, die Auswirkungen auf die Patientensicherheit haben, ist das Ziel der Sicherstellung eines hohen Niveaus des Gesundheitsschutzes zu berücksichtigen.

(5) [1]Eine Vorschrift im Sinne des Absatzes 4 Satz 2 muss durch Ziele des Allgemeininteresses im Sinne des Artikels 6 der Richtlinie (EU) 2018/958 gerechtfertigt sein und ist anhand der in der Anlage 1 festgelegten Kriterien auf ihre Verhältnismäßigkeit zu prüfen. [2]Darüber hinaus sind bei der Prüfung die in Anlage 2 enthaltenen Anforderungen zu berücksichtigen, wenn sie für die Art und den Inhalt der neu eingeführten oder geänderten Vorschrift relevant sind. [3]Der Umfang der Prüfung muss im Verhältnis zu der Art, dem Inhalt und den Auswirkungen der Vorschrift stehen. [4]Die Vorschrift ist so zu erläutern, dass ihre Übereinstimmung mit dem Verhältnismäßigkeitsgrundsatz bewertet werden

kann. [5]Die Gründe, aus denen sich ergibt, dass sie gerechtfertigt und verhältnismäßig ist, sind durch qualitative und, soweit möglich und relevant, quantitative Elemente zu substantiieren. [6]Wird die neue oder geänderte Vorschrift mit einer oder mehreren der in Anlage 3 enthaltenen Anforderungen kombiniert, so ist die Auswirkung der neuen oder geänderten Vorschrift zu prüfen, insbesondere, wie die neue oder geänderte Vorschrift kombiniert mit anderen Anforderungen zum Erreichen desselben legitimen Zwecks beiträgt und ob sie hierfür notwendig ist. [7]Zusätzlich ist sicherzustellen, dass der Grundsatz der Verhältnismäßigkeit eingehalten wird, wenn spezifische Anforderungen im Zusammenhang mit der vorübergehenden oder gelegentlichen Erbringung von Dienstleistungen gemäß Titel II der Richtlinie 2005/36/EG, einschließlich der in Anlage 4 enthaltenen Anforderungen, neu eingeführt oder geändert werden. [8]Diese Verpflichtung gilt nicht für Maßnahmen, durch die die Einhaltung geltender Arbeitsund Beschäftigungsbedingungen gewährleistet werden soll, die im Einklang mit dem Recht der Europäischen Union angewendet werden.

(6) [1]Mindestens zwei Wochen vor der Beschlussfassung der Delegiertenversammlung über die Vorschrift ist auf der Internetseite der jeweiligen Kammer ein Entwurf mit der Gelegenheit zur Stellungnahme zu veröffentlichen. [2]Die Einstellung in das Internet ist im Hinblick auf den Zeitpunkt und die sonstigen Umstände der Veröffentlichung so auszugestalten, dass alle einschlägigen Interessenträger in geeigneter Weise einbezogen werden und Gelegenheit haben, ihren Standpunkt darzulegen. [3]Soweit die Vorschrift nicht unerhebliche Auswirkungen auf Personen haben kann, die nicht der Kammer angehören, ist vor der Beschlussfassung eine öffentliche Konsultation durchzuführen, soweit dies unter Berücksichtigung des Aufwandes nicht unverhältnismäßig ist. [4]Bei der Abwägung des Erfordernisses einer öffentlichen Konsultation sind die Größe des potenziell betroffenen Personenkreises und die Intensität der Auswirkungen auf denselben zu berücksichtigen. [5]Nach dem Erlass der Vorschrift ist ihre Übereinstimmung mit dem Verhältnismäßigkeitsgrundsatz zu überwachen und bei einer Änderung der Umstände zu prüfen, ob die Vorschrift anzupassen ist. [6]Die Erfüllung dieser Pflicht ist der zuständigen Aufsichtsbehörde nachzuweisen. [7]Die Aufsichtsbehörde stellt sicher, dass die Gründe, nach denen Vorschriften als gerechtfertigt, notwendig und verhältnismäßig beurteilt wurden und die der Europäischen Kommission nach Artikel 59 Absatz 5 der Richtlinie 2005/36/EG mitzuteilen sind, in die in Artikel 59 Absatz 1 der Richtlinie 2005/36/EG genannte Datenbank für reglementierte Berufe eingegeben werden, und nimmt die zu den Eintragungen vorgebrachten Stellungnahmen anderer Mitgliedstaaten der Europäischen Union und diesen gleichgestellten Staaten sowie interessierter Kreise entgegen.

(7) [1]Der Erlass und die Änderung von Satzungen, die den Berufszugang oder die Berufsausübung beschränken, bedürfen der Genehmigung der Aufsichtsbehörde. [2]Diese hat im Rahmen der Genehmigung der Satzungen nach Satz 1 und der Berufsordnungen und der Weiterbildungsordnungen nach Absatz 3 zu prüfen, ob die Vorgaben der Richtlinie (EU) 2018/958 eingehalten wurden. [3]Zu diesem Zweck haben die Kammern der Aufsichtsbehörde die Unterlagen zuzuleiten, aus denen sich die Einhaltung der Vorgaben ergibt. [4]Insbesondere sind die Gründe zu übermitteln, auf Grund derer die Delegiertenversammlung die jeweilige Satzung oder deren Änderung als gerechtfertigt, notwendig und verhältnismäßig beurteilt hat.

§ 16 Vorstand

(1) Die Delegiertenversammlung wählt den Vorstand, der aus der Präsidentin oder dem Präsidenten, der Vizepräsidentin oder dem Vizepräsidenten und fünf bis neun weiteren Mitgliedern besteht.

(2) Die Mitglieder des Vorstands dürfen nicht zugleich Vorstandsmitglieder der Kassenärztlichen Vereinigung Berlin oder der Kassenzahnärztlichen Vereinigung Berlin sein.

(3) [1]Der Vorstand führt die Geschäfte der Kammer nach Maßgabe der Hauptsatzung. [2]Zwei Vorstandsmitglieder, unter denen sich die Präsidentin oder der Präsident oder die Vizepräsidentin oder der Vizepräsident befinden muss, vertreten gemeinsam die Kammer gerichtlich und außergerichtlich.

(4) Nach Ablauf der Amtsperiode führt der bisherige Vorstand seine Aufgaben bis zur Amtsübernahme des neuen Vorstands weiter.

§ 17 Entschädigung

[1]Die Mitglieder der Delegiertenversammlung, der Ausschüsse, des Vorstands sowie sonstiger Gremien der Kammern sind ehrenamtlich tätig. [2]Ihnen können Entschädigungen gewährt werden, den Mitgliedern der Delegiertenversammlung, der Ausschüsse sowie sonstiger Gremien allerdings nur für die

Teilnahme an Sitzungen und für die Erledigung besonderer Aufgaben. [3]Die Entschädigungstatbestände und deren Höhe werden durch Satzung geregelt.

§ 18 Einnahmen

(1) [1]Die Kammern erheben von ihren Kammermitgliedern Beiträge zur Durchführung ihrer Aufgaben. [2]Die Höhe der Beiträge richtet sich nach den Beitragsordnungen der Kammern. [3]In den Beitragsordnungen sind die besonderen Verhältnisse derjenigen Kammermitglieder, die einen der in § 1 Absatz 1 genannten Berufe nicht oder nicht im Geltungsbereich dieses Gesetzes ausüben, angemessen zu berücksichtigen. [4]Die Kammermitglieder haben den für die Festsetzung der Höhe der Beiträge erheblichen Sachverhalt mitzuteilen und erforderliche Auskünfte zu erteilen. [5]Sie müssen die erheblichen Tatsachen vollständig und wahrheitsgemäß offen legen und die Einkommensverhältnisse durch Vorlage von Einkommensteuerbescheiden, Bescheinigungen von Angehörigen der steuerberatenden Berufe oder Bescheinigungen über das sozialversicherungspflichtige Bruttoeinkommen belegen. [6]In den Beitragsordnungen kann vorgesehen werden, dass der Mitgliedsbeitrag in einer Höhe von bis zu drei Prozent reduziert wird, wenn die Kammermitglieder nachweisen, dass sie in drei aufeinanderfolgenden Jahren an von der jeweiligen Kammer anerkannten Maßnahmen der Förderung der Qualität der Berufsausübung teilgenommen haben.

(2) [1]Die Kammern sind befugt, Mahngebühren, Säumniszuschläge, Zinsen, Kosten einer Vollstreckung (Gebühren, Auslagen) und Widerspruchsgebühren zu erheben. [2]Für Amtshandlungen, sonstige Verwaltungstätigkeiten und die Benutzung von kammereigenen Einrichtungen und Gegenständen, die die Kammern im Interesse einzelner Kammermitglieder, Berufsangehöriger, Gruppen oder Dritter vornehmen oder gewähren, können die Kammern Gebühren und Entgelte erheben oder Auslagenersatz verlangen.

(3) [1]Die Gebühren sind nach dem Verwaltungsaufwand und unter Berücksichtigung des Interesses der Gebührenpflichtigen zu bemessen. [2]Ihr Aufkommen soll in der Regel die Kosten decken. [3]Näheres regeln die Kammern in ihren Gebührenordnungen.

(4) Für die durch Rechtsverordnung nach § 7 Absatz 3 Satz 2 übertragenen Aufgaben können die Kammern Gebühren und Entgelte nicht erheben sowie Auslagenersatz nicht verlangen, soweit die Rechtsverordnung die Übernahme der Kosten durch das Land Berlin regelt.

§ 19 Staatsaufsicht

(1) Die Staatsaufsicht über die Kammern führt die für das Gesundheitswesen zuständige Senatsverwaltung (Aufsichtsbehörde).

(2) Die Aufsichtsbehörde ist zu den Sitzungen der Kammerorgane einzuladen und zu hören.

(3) Jede Kammer hat der Aufsichtsbehörde jährlich einen Bericht über das abgelaufene Geschäftsjahr zu erstatten.

(4) Jede Kammer hat der Aufsichtsbehörde oder den von ihr benannten Stellen nach näherer Vereinbarung

1. die Berufsverzeichnisse nach § 5 Absatz 2 schriftlich oder elektronisch zu übersenden und über Veränderungen laufend zu berichten,
2. die für statistische Zwecke erforderlichen Angaben aus ihren Berufsverzeichnissen nach § 5 Absatz 2 zu übermitteln,
3. über die Verletzung von Berufspflichten und die getroffenen Maßnahmen zu unterrichten, wenn das Verhalten geeignet ist, Zweifel an der Eignung, Würdigkeit oder Zuverlässigkeit der oder des Betroffenen hervorzurufen,
4. über Maßnahmen zu unterrichten, die sie auf Grund von Auskünften nach Artikel 56 Absatz 2 der Richtlinie 2005/36/EG ergriffen hat, und
5. berufsgerichtliche Maßnahmen, welche die Berufsausübung ganz oder teilweise untersagen oder diesbezüglich Beschränkungen auferlegen, unverzüglich mitzuteilen.

(5) [1]Die Aufsichtsbehörde oder die von ihr bestimmten Stellen haben die Kammern über

1. die Erteilung von Approbationen und Berufserlaubnissen sowie die Einleitung und den Abschluss eines auf das Erlöschen, die Rücknahme, den Widerruf und das Ruhen von Approbationen und Berufserlaubnissen gerichteten Verfahrens,
2. Meldungen der Erbringung von Dienstleistungen der Dienstleistungserbringer und

3. Informationen über Kammermitglieder und Dienstleistungserbringer, die ihr nach Artikel 56 Absatz 2 der Richtlinie 2005/36/EG zugehen und sich auf die Berufsausübung auswirken können,

unverzüglich zu unterrichten und ihnen Auskunft zu erteilen. [2]Sofern die Unterrichtung und Auskunftserteilung nicht auf elektronischem Wege erfolgt, übermitteln sie den Kammern Kopien der Bescheide und Meldungen einschließlich der ihnen beigefügten Dokumente.

Kapitel 2
Fürsorge- und Versorgungseinrichtungen

§ 20 Fürsorgeeinrichtungen

[1]Die Kammern können unselbstständige Fürsorgeeinrichtungen für ihre Kammermitglieder, deren Familien und Hinterbliebene errichten. [2]Soweit Leistungen vom Bestehen oder früheren Bestehen einer Ehe abhängig gemacht werden, sind sie auch bei Bestehen oder früherem Bestehen einer eingetragenen Lebenspartnerschaft zu gewähren. [3]Der Auflösung oder Nichtigkeit einer erneuten Ehe entspricht die Aufhebung oder Auflösung einer erneuten eingetragenen Lebenspartnerschaft. [4]Das Nähere ist in einer Satzung zu regeln.

§ 21 Versorgungseinrichtungen

(1) [1]Die Kammern können zur Alters-, Berufsunfähigkeits- und Hinterbliebenenversorgung ihrer Kammermitglieder unselbstständige Versorgungseinrichtungen errichten, soweit gesetzlich nichts anderes bestimmt ist. [2]Die Versorgungseinrichtungen können zur Erledigung von Verwaltungsaufgaben gemeinsame Einrichtungen bilden oder sich an gemeinsamen Einrichtungen beteiligen. [3]Die Vereinbarungen bedürfen der Schriftform, der Zustimmung der jeweiligen Vertreterversammlung und der Genehmigung der Aufsichtsbehörde und der für das Versicherungswesen zuständigen Senatsverwaltung.

(2) [1]Versorgungseinrichtungen nach Absatz 1 können im Rechtsverkehr unter ihrem Namen handeln, klagen und verklagt werden. [2]Vertretungsberechtigt sind zwei Mitglieder des Verwaltungsausschusses, unter denen sich das vorsitzende Mitglied oder dessen Stellvertreterin oder Stellvertreter befinden muss. [3]Die Mitglieder der Organe der Versorgungseinrichtung haften dieser nur für Vorsatz und grobe Fahrlässigkeit.

(3) [1]Beschließt die Delegiertenversammlung einer Kammer mit einer Mehrheit von vier Fünfteln ihrer Mitglieder, dass die Versorgungseinrichtung rechtlich selbstständig sein soll, kann das Land Berlin ersucht werden, durch Gesetz eine Versorgungseinrichtung als rechtlich selbstständige Körperschaft des öffentlichen Rechts zu errichten oder eine bestehende Versorgungseinrichtung im Wege der Gesamtrechtsnachfolge in eine rechtsfähige Körperschaft des öffentlichen Rechts umzuwandeln. [2]Die Absätze 4 und 5 sowie die §§ 23 bis 25 finden auf Versorgungseinrichtungen nach Satz 1 keine Anwendung.

(4) [1]Die Kammern können ihre Mitglieder verpflichten, Mitglieder der Versorgungseinrichtungen der Kammern zu werden. [2]Dies gilt auch für Personen, die, ohne Kammermitglied zu sein, einen gesetzlich vorgeschriebenen Vorbereitungs- oder Anwärterdienst ableisten. [3]Für die im öffentlichen Dienst als beamtete Dienstkraft tätigen Kammermitglieder und diejenigen Kammermitglieder, die einen der in § 1 Absatz 1 genannten Berufe im Land Berlin nicht ausüben, darf die Mitgliedschaft in den Versorgungseinrichtungen nicht zwingend sein.

(5) [1]Die Kammern können durch Anschlusssatzung, die von der Aufsichtsbehörde zu genehmigen ist, oder durch vom Land Berlin abzuschließenden Vertrag Mitglieder anderer berufsständischer Kammern mit Sitz in der Bundesrepublik Deutschland mit Zustimmung der anderen Kammern in ihre Versorgungseinrichtungen aufnehmen, sich einer anderen Versorgungseinrichtung mit Sitz in der Bundesrepublik Deutschland anschließen oder zusammen mit anderen Versorgungseinrichtungen eine gemeinsame unselbstständige Versorgungseinrichtung schaffen. [2]Die Beteiligung aller Mitglieder an den Organen der Versorgungseinrichtung muss entsprechend dem Anteil der Mitglieder der beteiligten Kammerbereiche an der Gesamtmitgliederzahl der Versorgungseinrichtung durch entsprechende Regelungen in der Anschlusssatzung oder in dem Vertrag sichergestellt sein. [3]Der Anteil der Beteiligung ist zu Beginn des Anschlusses und dann jeweils am 31. Dezember des Jahres vor Beginn der Amtsperiode der Vertreterversammlung festzulegen. [4]Die beteiligten Kammerbereiche müssen durch mindestens ein Mitglied in der Vertreterversammlung vertreten sein.

(6) Die Versorgungseinrichtungen sind berechtigt, insbesondere folgende personenbezogene Daten von ihren Mitgliedern zu erheben und zur Erfüllung ihrer Aufgaben zu verarbeiten:

1. Familiennamen, Geburtsnamen, Vornamen, früher geführte Namen, Titel, Geschlecht, Geburtsdatum, Geburtsort, Geburtsland, Staatsangehörigkeit, Familienstand, Todesdatum,
2. Familiennamen, Vornamen und Geburtsdatum der Kinder,
3. Tag der Eheschließung oder Begründung der Lebenspartnerschaft, Tag der Scheidung oder Aufhebung der Lebenspartnerschaft,
4. Familiennamen, Vornamen, Titel, Geburtsdatum, Geburtsname, Geburtsort, Geburtsland und Staatsangehörigkeit des Ehepartners oder des eingetragenen Lebenspartners,
5. Todesdatum der verstorbenen Ehepartnerin oder des verstorbenen Ehepartners oder der verstorbenen eingetragenen Lebenspartnerin oder des verstorbenen eingetragenen Lebenspartners,
6. Kommunikationsdaten (gegebenenfalls Name und Kontaktdaten des Ansprechpartners),
7. Tätigkeitsdaten,
8. Daten zum Rentenbezug.

(7) Die Versorgungseinrichtungen dürfen die Angaben und Änderungen der unter Absatz 6 Satz 1 Nummer 1, 2, 6, 7 und 8 fallenden personenbezogenen Daten der Kammer übermitteln, der das Mitglied angehört und die von den Kammern nach § 5 Absatz 6 Satz 1 übermittelten Angaben und Änderungen zur Erfüllung ihrer Aufgaben verarbeiten.

(8) Die Versorgungseinrichtungen sind berechtigt, die Berufszulassungsbehörde über Erkrankungen und körperliche Einschränkungen von Mitgliedern zu unterrichten, sofern Zweifel hinsichtlich der gesundheitlichen Eignung zur weiteren Ausübung des Berufs bestehen.

§ 22 Organe der Versorgungseinrichtung

(1) Organe der Versorgungseinrichtung sind

1. die Vertreterversammlung,
2. der Verwaltungsausschuss als geschäftsführendes Organ und
3. der Aufsichtsausschuss als Aufsicht führendes Organ.

(2) [1]Die Vertreterversammlung besteht aus zwölf Mitgliedern, die der Versorgungseinrichtung und der Delegiertenversammlung der jeweiligen Kammer angehören müssen. [2]Sie werden von der Delegiertenversammlung der jeweiligen Kammer aus dem Kreis ihrer Mitglieder für die Dauer der Amtsperiode der Delegiertenversammlung gewählt. [3]Für die Wahl gilt § 12 Absatz 1 Satz 2 bis 5 entsprechend. [4]Die Vertreterversammlung wählt aus ihrer Mitte das vorsitzende Mitglied und dessen Stellvertreterin oder Stellvertreter. [5]Der Verwaltungsausschuss und der Aufsichtsausschuss bestehen jeweils aus sechs Mitgliedern, die von der Vertreterversammlung gewählt werden und der Versorgungseinrichtung angehören müssen, jedoch nicht gleichzeitig Mitglieder eines anderen Organs der Versorgungseinrichtung oder des Vorstands der jeweiligen Kammer sein dürfen.

(3) [1]Die Mitglieder der Vertreterversammlung, des Verwaltungsausschusses und des Aufsichtsausschusses sind ehrenamtlich tätig. [2]Ihnen können Entschädigungen gewährt werden, den Mitgliedern der Vertreterversammlung allerdings nur für die Teilnahme an Sitzungen und für die Erledigung besonderer Aufgaben. [3]Die Entschädigungstatbestände und deren Höhe werden durch Satzung geregelt.

(4) [1]Die Vertreterversammlung beschließt über die Satzung und deren Änderungen mit Zweidrittelmehrheit der satzungsmäßigen Mitglieder. [2]Die Satzung und deren Änderungen bedürfen der Genehmigung der Aufsichtsbehörde. [3]In der Satzung sind insbesondere die weiteren Aufgaben der Vertreterversammlung sowie die Aufgaben, die Zusammensetzung, und die Wahlen der Ausschüsse einschließlich des Wahlverfahrens zu regeln. [4]Die Vertreterversammlung kann die Wahlen der Ausschüsse und das Wahlverfahren in einer besonderen Wahlordnung, die der Genehmigung der Aufsichtsbehörde bedarf, regeln.

§ 23 Vermögen und Beiträge

(1) [1]Das Vermögen der Versorgungseinrichtung ist als nicht rechtsfähiges Sondervermögen zur Erfüllung der Aufgaben nach § 21 Absatz 1 Satz 1 vom übrigen Vermögen der Kammer getrennt zu halten. [2]Der Sitz des Sondervermögens ist der Sitz der Versorgungseinrichtung. [3]Die Kammer haftet für Verbindlichkeiten der Versorgungseinrichtung nur mit dem Sondervermögen. [4]Die sonstigen Verbindlichkeiten der Kammer dürfen nicht aus dem Sondervermögen erfüllt werden.

(2) [1]Die Versorgungseinrichtung erhebt von ihren Mitgliedern Beiträge. [2]Das Nähere ist in der Satzung zu regeln, insbesondere der Kreis der Beitragspflichtigen, der die Beitragspflicht begründende Tatbestand, die Bemessungsgrundlagen und der Beitragssatz sowie der Zeitpunkt der Entstehung und der Fälligkeit des Beitrags. [3]In der Satzung ist auch die Berücksichtigung von Mutterschutz- und Kinderbetreuungszeiten unter Zugrundelegung des jeweiligen Finanzierungsverfahrens der Versorgungseinrichtung zu regeln.

(3) [1]Die Mitglieder haben der Versorgungseinrichtung den für die Festsetzung der Höhe der Beiträge erheblichen Sachverhalt mitzuteilen und erforderliche Auskünfte zu erteilen. [2]Sie müssen die erheblichen Tatsachen vollständig und wahrheitsgemäß offen legen und die Einkommensverhältnisse durch Vorlage von Einkommensteuerbescheiden, Bescheinigungen von Angehörigen der steuerberatenden Berufe oder Bescheinigungen über das sozialversicherungspflichtige Bruttoeinkommen belegen.

(4) [1]Die Versorgungseinrichtung kann zur Erfüllung ihrer Aufgaben Verwaltungsakte erlassen. [2]Für die Vollstreckung gilt § 8 des Gesetzes über das Verfahren der Berliner Verwaltung in Verbindung mit dem Verwaltungs-Vollstreckungsgesetz in der im Bundesgesetzblatt Teil III, Gliederungsnummer 201-4, veröffentlichten bereinigten Fassung, das zuletzt durch Artikel 1 des Gesetzes vom 30. Juni 2017 (BGBl. I S. 2094) geändert worden ist, in der jeweils geltenden Fassung.

(5) § 18 Absatz 2 und 3 gilt für die Versorgungseinrichtung entsprechend.

§ 24 Leistungen

(1) [1]Die Versorgungseinrichtung gewährt insbesondere folgende Leistungen:

1. Altersrente,
2. Berufsunfähigkeitsrente,
3. Witwen- und Witwerrente und
4. Halb- und Vollwaisenrente.

[2]Auf die Witwen- und Witwerrente findet § 46 Absatz 4 des Sechsten Buches Sozialgesetzbuch entsprechende Anwendung. [3]Ansprüche auf Leistungen der Versorgungseinrichtung können nicht abgetreten oder verpfändet werden. [4]Für die Pfändung von Leistungen der Versorgungseinrichtung gelten § 54 des Ersten Buches Sozialgesetzbuch und § 850c der Zivilprozessordnung entsprechend.

(2) [1]Wer eine Leistung nach Absatz 1 beantragt oder bezieht, hat

1. alle Tatsachen anzugeben, die für die Leistung erheblich sind, und auf Verlangen der Versorgungseinrichtung der Erteilung der erforderlichen Auskunft durch Dritte zuzustimmen,
2. Änderungen in den Verhältnissen, die für die Leistungsgewährung erheblich sind, unverzüglich mitzuteilen und
3. Beweismittel zu bezeichnen, Beweisurkunden vorzulegen oder ihrer Vorlage durch Dritte zuzustimmen.

[2]Wer Leistungen nach Absatz 1 beantragt oder bezieht, soll sich auf Verlangen der Versorgungseinrichtung ärztlichen, psychologischen oder psychotherapeutischen Untersuchungsmaßnahmen und Begutachtungen unterziehen, soweit diese für die Entscheidung über die Leistung erforderlich sind. [3]Auf Anforderung der Versorgungseinrichtung sind Lebensbescheinigungen vorzulegen. [4]Wer wegen Berufsunfähigkeit Leistungen beantragt oder bezieht, soll sich auf Verlangen der Versorgungseinrichtung einer Heilbehandlung unterziehen, wenn zu erwarten ist, dass sie eine Verbesserung des Gesundheitszustandes herbeiführen und den Eintritt einer Berufsunfähigkeit verhindern oder die Berufsfähigkeit wiederherstellen wird. [5]Auf die Grenzen der Mitwirkung ist § 65 des Ersten Buches Sozialgesetzbuch entsprechend anzuwenden. [6]Kommt eine Person, die Leistungen nach Absatz 1 beantragt oder bezieht, ihren Mitwirkungspflichten nicht nach, kann die Versorgungseinrichtung ohne weitere Ermittlungen die Leistungen bis zur Nachholung der Mitwirkung ganz oder teilweise versagen oder entziehen, soweit die Voraussetzungen der Leistungen nicht nachgewiesen sind, die Person auf die Folgen schriftlich hingewiesen worden und ihrer Mitwirkungspflicht nicht innerhalb einer gesetzten angemessenen Frist nachgekommen ist.

(3) [1]Hat die Versorgungseinrichtung auf Grund eines Schadensereignisses Leistungen an ein Mitglied der Versorgungseinrichtung zu erbringen, geht ein Anspruch des Mitglieds auf Ersatz des Schadens bis zur Höhe der erbrachten Versorgungsleistungen auf die Versorgungseinrichtung über. [2]Dies gilt auch für einen Anspruch auf Ersatz des Beitragsausfalls mit Ausnahme desjenigen Zeitraumes, für den Lohnfortzahlung oder sonstige der Beitragspflicht unterliegende Leistungen erbracht werden. [3]Durch die Berücksichtigung rentenrechtlicher Zeiten im Falle des schadensbedingten Eintritts einer Berufs-

unfähigkeit wird ein Anspruch auf Schadensersatz nicht ausgeschlossen. [4]§ 116 Absatz 2 bis 7 des Zehnten Buches Sozialgesetzbuch und die §§ 399 bis 404 und 412 des Bürgerlichen Gesetzbuchs sind entsprechend anzuwenden.

§ 25 Aufsicht über Versorgungseinrichtungen

(1) Die Versorgungseinrichtungen unterliegen neben der Staatsaufsicht nach § 19 Absatz 1 der Versicherungsaufsicht, die die für das Versicherungswesen zuständige Senatsverwaltung im Einvernehmen mit der Aufsichtsbehörde ausübt.

(2) [1]Die Versicherungsaufsicht überwacht die ordnungsgemäße Durchführung des Geschäftsbetriebes der Versorgungseinrichtungen und die ausreichende Wahrung der Belange der Mitglieder. [2]Dabei hat die Versicherungsaufsicht darauf zu achten, dass die Versorgungseinrichtungen jederzeit in der Lage sind, ihre Verpflichtungen gegenüber den Mitgliedern zu erfüllen, dass sie ausreichende versicherungstechnische Rücklagen bilden, ihr Vermögen in geeigneten Vermögenswerten anlegen, die kaufmännischen Grundsätze hinsichtlich der Verwaltung, der Rechnungslegung und der Kontrolle einhalten, eine ausreichende Kapitalausstattung vorhalten und die Grundlagen ihres Geschäftsplanes erfüllen.

(3) Die für das Versicherungswesen zuständige Senatsverwaltung wird ermächtigt, eine Rechtsverordnung zu erlassen, die die nähere Ausgestaltung dieser Geschäftsführungs- und Aufsichtsgrundsätze der Versorgungseinrichtungen regelt und insbesondere Bestimmungen enthält

1. zu den Grundlagen des Geschäftsbetriebes,
2. zur Kapitalausstattung,
3. zur Vermögensanlage,
4. zur Rechnungslegung und Berichterstattung,
5. zur Jahresabschlussprüfung und
6. zu den Aufsichtsbefugnissen.

Teil 2

Berufsausübung

§ 26 Allgemeine Berufspflichten

(1) Die Kammermitglieder und die Berufsangehörigen nach § 2 Absatz 3 sind verpflichtet, ihren Beruf gewissenhaft auszuüben.

(2) [1]Die Ausübung zulassungs- oder erlaubnispflichtiger Berufstätigkeit durch die Berufsangehörigen nach § 1 Absatz 1 Nummer 1 bis 3 und 5 ist an die Niederlassung in einer Praxis gebunden, soweit nicht eine unselbstständige Tätigkeit in einer Praxis, in einem Krankenhaus einschließlich konzessionierter Privatkrankenanstalten, in einer nach dem Fünften Buch Sozialgesetzbuch zur ambulanten oder stationären Versorgung zugelassenen Einrichtung, im öffentlichen Gesundheitswesen, im öffentlichen Veterinärwesen oder in einer veterinärmedizinischen Universitätsklinik ausgeübt wird oder gesetzliche Bestimmungen etwas anderes zulassen. [2]Satz 1 gilt nicht für Tätigkeiten bei Trägern, die nicht gewerbs- oder berufsmäßig heilberufliche Leistungen anbieten oder erbringen. [3]Die Kammern können in besonderen Einzelfällen Ausnahmen von Satz 1 zulassen, wenn sichergestellt ist, dass berufsrechtliche Belange nicht beeinträchtigt werden.

(3) [1]Die Führung einer Einzelpraxis oder einer Praxis in Gemeinschaft mit anderen Berufsträgerinnen oder Berufsträgern in der Rechtsform einer juristischen Person des Privatrechts ist zulässig, soweit eine eigenverantwortliche, unabhängige und nicht gewerbliche Berufsausübung gewährleistet ist. [2]Die heilberufliche Tätigkeit muss frei von Weisungen berufsfremder Personen ausgeübt werden. [3]Gesellschafter einer juristischen Person des Privatrechts können nur Kammermitglieder, Angehörige der akademischen Heilberufe und der staatlich geregelten Gesundheitsberufe sowie Angehörige naturwissenschaftlicher und sozialpädagogischer Berufe sein. [4]Sie müssen in der Gesellschaft beruflich tätig sein. [5]Es muss gewährleistet sein, dass Dritte nicht am Gewinn der Gesellschaft beteiligt sind und Anteile an der Gesellschaft nicht für Dritte gehalten werden. [6]Die Bestimmungen zu medizinischen Versorgungszentren nach § 95 des Fünften Buches Sozialgesetzbuch und der §§ 8 und 11 des Apothekengesetzes in der Fassung der Bekanntmachung vom 15. Oktober 1980 (BGBl. I S. 1993), das zuletzt durch Artikel 41 des Gesetzes vom 29. März 2017 (BGBl. I S. 626) geändert worden ist, in der jeweils geltenden Fassung bleiben unberührt.

(4) [1]Kammermitglieder und Dienstleistungserbringer können sich unter den in Absatz 3 Satz 1 und 2 genannten Voraussetzungen auch mit selbstständig tätigen und zur eigenverantwortlichen Berufsausübung befugten Angehörigen der in Absatz 3 Satz 3 genannten Berufe zur kooperativen Berufsausübung zusammenschließen. [2]Kammermitgliedern und Dienstleistungserbringern ist es gestattet, mit Angehörigen anderer Berufe in allen Rechtsformen zusammenzuarbeiten, wenn sie nicht die Heilkunde am Menschen ausüben.

(5) [1]Abweichend von Absatz 4 Satz 1 dürfen sich Tierärztinnen und Tierärzte mit anderen Berufsangehörigen zusammenschließen, wenn für die Patientenbesitzerinnen und Patientenbesitzer eine klare Trennung zwischen der tierärztlichen Tätigkeit und dem Dienstleistungsangebot einer Nichttierärztin oder eines Nichttierarztes erkennbar ist. [2]Für Tierärztinnen und Tierärzte sind die Absätze 2 bis 4 richtlinienkonform im Sinne der Richtlinie 2006/123/EG des Europäischen Parlaments und des Rates vom 12. Dezember 2006 über Dienstleistungen im Binnenmarkt (ABl. L 376 vom 27.12.2006, S. 36) auszulegen.

§ 27 Besondere Berufspflichten

(1) Die Kammermitglieder und die Berufsangehörigen nach § 2 Absatz 3 sind insbesondere verpflichtet,

1. sich beruflich fortzubilden und sich dabei über die für die Berufsausübung geltenden Vorschriften zu informieren,
2. bei Vorliegen von Beschwerden über die nicht gewissenhafte Berufsausübung gegenüber der Kammer Auskunft zu erteilen, soweit sie sich bei Erteilung der Auskunft nicht einer straf- oder berufsrechtlichen Verfolgung aussetzen würden oder die Pflicht zur Amtsverschwiegenheit der im öffentlichen Dienst tätigen Kammermitglieder und der Berufsangehörigen nach § 2 Absatz 3 nicht entgegensteht,
3. über in Ausübung ihres Berufs gemachte Feststellungen und getroffene Maßnahmen erforderliche Aufzeichnungen zu fertigen,
4. an einem eingerichteten Notdienst teilzunehmen, soweit sie als eine der in § 1 Absatz 1 Nummer 1 bis 3 und Nummer 5 genannten Personen in einer Praxis oder einer sonstigen zur ambulanten Versorgung zugelassenen Einrichtung tätig sind; Apothekerinnen und Apotheker sind ebenfalls zur Teilnahme am Notdienst verpflichtet,
5. als Ärztin oder Arzt Organentnahmen bei Lebenden erst durchzuführen, nachdem eine Lebendspendekommission nach § 9 oder nach Rechtsvorschriften eines anderen Bundeslandes ihr Gutachten erstattet hat,
6. im Rahmen ihrer beruflichen Tätigkeit als eine der in § 1 Absatz 1 Nummer 1, 2 und 5 genannten Personen auf besondere Risiken für Vernachlässigung, Missbrauch oder Misshandlung von Kindern zu achten und, soweit dies erforderlich ist, auf Schutz- und Unterstützungsmaßnahmen hinzuwirken; sie arbeiten hierzu insbesondere mit anderen Berufen des Jugend-, Gesundheits- und Sozialwesens und den Einrichtungen des öffentlichen Gesundheitsdienstes und des Jugendamtes zusammen,
7. eine nach Art und Umfang dem Risiko angemessene Berufshaftpflichtversicherung zur Deckung der sich aus ihrer Berufstätigkeit ergebenden Haftpflichtansprüche zu unterhalten und dies auf Verlangen der Kammer nachzuweisen; diese ist zuständige Stelle im Sinne des § 117 Absatz 2 des Versicherungsvertragsgesetzes; die Versicherungspflicht besteht für das Kammermitglied persönlich, es sei denn, das Kammermitglied ist in vergleichbarem Umfang im Rahmen eines Beschäftigungsverhältnisses abgesichert oder nach den Grundsätzen der Amtshaftung von der Haftung freigestellt; die Versicherungspflicht gilt nicht für Tierärztinnen und Tierärzte.

(2) [1]Die Praxisinhaberinnen und Praxisinhaber haben bei Aufgabe ihrer Praxis dafür zu sorgen, dass die nach Absatz 1 Nummer 3 gefertigten Aufzeichnungen und sonstigen Patientenunterlagen nach den Vorschriften zur Schweigepflicht und des Datenschutzes aufbewahrt und nur für Berechtigte zugänglich gemacht werden. [2]Kommen die Praxisinhaberinnen und Praxisinhaber, deren Nachfolgerinnen oder Nachfolger oder die Erben dieser Pflicht nicht nach, ist die jeweilige Kammer im Rahmen der Verwaltungsvollstreckung befugt, die Unterlagen zu verwahren und zu verwalten oder durch Dritte verwahren und verwalten zu lassen. [3]Die Kammern können zu diesem Zweck auch gemeinsame Einrichtungen errichten und nutzen.

(3) [1]Die Pflicht zur Teilnahme am Notdienst nach Absatz 1 Nummer 4 bleibt auch beim Führen von Facharzt- oder Gebietsbezeichnungen, Schwerpunkt- oder Teilgebietsbezeichnungen oder Zusatzbezeichnungen bestehen. [2]In den Berufsordnungen ist die Möglichkeit vorzusehen, dass auf Antrag von dieser Verpflichtung ganz, teilweise oder vorübergehend befreit werden kann. [3]Eine Befreiung darf nur aus wichtigem Grund, insbesondere wegen körperlicher Behinderung, außergewöhnlicher familiärer Belastung oder Teilnahme an einem klinischen Bereitschaftsdienst mit Notfallversorgung, erteilt werden.

§ 28 Berufsordnung

Nähere Bestimmungen zu den Berufspflichten nach den §§ 26 und 27 treffen die Kammern in einer als Satzung zu erlassenden Berufsordnung, insbesondere über

1. die Ausübung des Berufs in einer Praxis oder in sonstigen zur ambulanten Versorgung zugelassenen Einrichtungen,
2. die gemeinsame Ausübung der Berufstätigkeit,
3. die Einhaltung der Schweigepflicht,
4. die Einhaltung der sonstigen für die Berufsausübung geltenden Vorschriften,
5. das kollegiale Verhalten der Berufsangehörigen untereinander,
6. die Begründung der Pflicht zur Teilnahme an Qualitätssicherungs- und Fortbildungsmaßnahmen soweit diese nicht in einer besonderen Satzung geregelt ist,
7. die Teilnahme am Notdienst,
8. die Ausstellung von Gutachten und Zeugnissen,
9. das Führen von Berufsbezeichnungen, akademischen Graden und Titeln,
10. die Praxis- und Apothekeneinrichtung soweit sie nicht der Apothekenbetriebsordnung unterliegt,
11. die Durchführung von Sprechstunden der Mitglieder der Ärztekammer Berlin, der Tierärztekammer Berlin, der Zahnärztekammer Berlin oder der Psychotherapeutenkammer Berlin sowie die Öffnungszeiten von Apotheken,
12. die Weitergabe von Patientendaten an Praxisnachfolgerinnen und Praxisnachfolger sowie Nachfolgerinnen und Nachfolger von Apothekeninhaberinnen und Apothekeninhabern,
13. die Angemessenheit und Nachprüfbarkeit des Honorars,
14. die Zulässigkeit von Werbung und die Ankündigung der beruflichen Tätigkeit nach außen,
15. die Verordnung und Empfehlung von Arzneimitteln sowie Heil- oder Hilfsmitteln,
16. das berufliche Verhalten gegenüber Mitarbeiterinnen und Mitarbeitern sowie die Zusammenarbeit zwischen Berufsangehörigen und Angehörigen anderer Berufe,
17. die Beschäftigung von Vertretungs- und Assistenzkräften sowie sonstigen Mitarbeiterinnen und Mitarbeitern,
18. die Ausbildung von Mitarbeiterinnen und Mitarbeitern sowie
19. die Beratungspflicht durch Ethik-Kommissionen.

Teil 3
Weiterbildung

Kapitel 1
Allgemeiner Teil

§ 29 Bezeichnungen

(1) Kammermitglieder können sich nach Erteilung der Approbation oder der Feststellung der Gleichwertigkeit des Ausbildungsstandes nach Maßgabe dieses Teils und der hierzu erlassenen Weiterbildungsordnungen weiterbilden.

(2) Kammermitglieder können neben ihrer Berufsbezeichnung nach Maßgabe der jeweiligen Weiterbildungsordnung weitere Bezeichnungen führen, die auf besondere Kenntnisse und Fähigkeiten in einem bestimmten beruflichen Gebiet (Gebietsbezeichnung oder Facharztbezeichnung), in einem gebietsspezifischen Schwerpunkt (Schwerpunktbezeichnung) oder in einem Teilgebiet (Teilgebietsbezeichnung) oder auf andere zusätzlich erworbene Kenntnisse und Erfahrungen im beruflichen Bereich (Zusatzbezeichnung) hinweisen.

(3) [1]Ärztinnen und Ärzte können sich in beruflichen Gebieten über die obligatorischen Inhalte hinaus für gebietsergänzende Tätigkeiten (fakultative Weiterbildung) und in bestimmten Untersuchungs- und

Behandlungsmethoden (Erwerb von Fachkunde) weiterbilden. [2]Sie erhalten über die nachgewiesenen besonderen Kenntnisse, Erfahrungen und Fertigkeiten eine Bescheinigung.

§ 30 Bestimmung von Bezeichnungen

[1]Die Kammern bestimmen die Bezeichnungen im Sinne des § 29, die im Hinblick auf die wissenschaftliche Entwicklung und eine angemessene Versorgung der Bevölkerung oder des Tierbestandes erforderlich sind. [2]Nicht mehr erforderliche Bezeichnungen sind aufzuheben.

§ 31 Führen von Bezeichnungen und besondere Pflichten

(1) [1]Eine Bezeichnung im Sinne des § 29 darf nur führen, wer nach erfolgreichem Abschluss der Weiterbildung eine Anerkennung erhalten hat. [2]Die Anerkennung wird erteilt, wenn die vorgeschriebene Weiterbildung erfolgreich abgeschlossen worden ist.

(2) Schwerpunktbezeichnungen und Teilgebietsbezeichnungen dürfen nur zusammen mit der Bezeichnung des Gebiets geführt werden, dem die Schwerpunkte oder Teilgebiete zugehören.

(3) Dienstleistungserbringer führen abweichend von Absatz 1 gemäß Artikel 7 Absatz 3 Satz 4 der Richtlinie 2005/36/EG des Europäischen Parlaments und des Rates vom 7. September 2005 über die Anerkennung von Berufsqualifikationen (ABl. L 255 vom 30.9.2005, S. 22), die zuletzt durch Artikel 1 der Richtlinie 2013/55/EU (ABl. L 354 vom 28.12.2013, S. 132) geändert worden ist, die Bezeichnung nach Absatz 1, ohne dass es einer Anerkennung bedarf.

(4) [1]Ärztinnen und Ärzte, die eine Facharztbezeichnung führen, dürfen grundsätzlich nur in dem zugehörigen Gebiet tätig werden. [2]Ärztinnen und Ärzte, Zahnärztinnen und Zahnärzte sowie Apothekerinnen und Apotheker, die eine Schwerpunktbezeichnung oder Teilgebietsbezeichnung führen, sollen im Wesentlichen in dem zugehörigen gebietsspezifischen Schwerpunkt oder Teilgebiet tätig werden.

(5) [1]Kammermitglieder, die eine Facharztbezeichnung oder Gebietsbezeichnung führen, dürfen sich nur durch Berufsangehörige vertreten lassen; diese sollen dieselbe Facharztbezeichnung oder Gebietsbezeichnung führen. [2]§ 3 Absatz 5 und 5a der Apothekenbetriebsordnung in der Fassung der Bekanntmachung vom 26. September 1995 (BGBl. I S. 1195), die durch Artikel 8 des Gesetzes vom 20. Dezember 2016 (BGBl. I S. 3048) geändert worden ist, bleibt unberührt. [3]Satz 1 Halbsatz 2 gilt nicht für Tierärztinnen und Tierärzte.

(6) [1]Kammermitglieder, die eine Bezeichnung führen, haben sich entsprechend fortzubilden. [2]Wenn die Voraussetzungen für die Teilnahme am Notfalldienst vorliegen, haben sie sich auch für diese Tätigkeit fortzubilden.

§ 32 Inhalt und Dauer der Weiterbildung

(1) [1]Die Weiterbildung kann in praktischer Berufstätigkeit, theoretischer Unterweisung und in anerkannten Weiterbildungskursen und Fallseminaren erfolgen. [2]Sie umfasst die für den Erwerb der jeweiligen Bezeichnung nach § 29 erforderliche Vertiefung und Erweiterung der beruflichen Kenntnisse und Fähigkeiten.

(2) Die Weiterbildung in den beruflichen Gebieten darf drei Jahre, in den gebietsspezifischen Schwerpunkten und den Teilgebieten zwei Jahre in Vollzeit nicht unterschreiten.

(3) Die Weiterbildung in den gebietsspezifischen Schwerpunkten und den Teilgebieten kann im Rahmen der Weiterbildung in dem Gebiet durchgeführt werden, dem sie zugehören.

(4) Die Weiterbildung in den beruflichen Gebieten, den gebietsspezifischen Schwerpunkten und den Teilgebieten ist grundsätzlich in hauptberuflicher Stellung durchzuführen.

(5) [1]Eine Weiterbildung kann nach Maßgabe der Weiterbildungsordnung in Teilzeit durchgeführt werden, soweit dies mit den Zielen der Weiterbildung vereinbar ist. [2]Die Zeit ist anteilmäßig anrechnungsfähig.

§ 33 Befugnis zur Weiterbildung

(1) [1]Die Befugnis zur Weiterbildung ist dem Kammermitglied auf Antrag zu erteilen, wenn es fachlich und persönlich geeignet ist. [2]Die Ärztekammer Berlin darf die Befugnis nur Kammermitgliedern erteilen, die selbst berechtigt sind, die Bezeichnung für das berufliche Gebiet, den gebietsspezifischen Schwerpunkt, die Zusatzweiterbildung und die fakultative Weiterbildung zu führen, sowie den Kammermitgliedern für die Untersuchungs- und Behandlungsmethode, für die sie eine Bescheinigung nach § 29 Absatz 3 Satz 2 erhalten haben. [3]Die Befugnis zur Weiterbildung kann grundsätzlich nur für eine Facharztweiterbildung, einen gebietsspezifischen Schwerpunkt und eine Zusatzweiterbildung oder für eine Facharztweiterbildung und zwei Zusatzweiterbildungen erteilt werden. [4]Die Zahnärztekammer

Berlin, die Tierärztekammer Berlin, die Apothekerkammer Berlin und die Psychotherapeutenkammer Berlin dürfen die Befugnis nur Kammermitgliedern erteilen, die selbst berechtigt sind, die Bezeichnung für das berufliche Gebiet, den gebietsspezifischen Schwerpunkt, das Teilgebiet und den beruflichen Bereich zu führen. [5]Die Weiterbildungsordnung kann für eine festzulegende Übergangszeit Ausnahmen von den Vorgaben der Sätze 2 bis 4 zulassen, wenn eine neue Bezeichnung nach § 30 Satz 1 bestimmt wird.

(2) Die befugten Kammermitglieder sind verpflichtet, die Weiterbildung persönlich zu leiten und entsprechend den Vorschriften dieses Gesetzes und der Weiterbildungsordnungen durchzuführen.

(3) [1]Über die Erteilung, den Widerruf und die Rücknahme der Befugnis zur Weiterbildung entscheiden die Kammern. [2]Die Befugnis zur Weiterbildung kann befristet und mit Auflagen versehen werden. [3]Sie kann mehreren Kammermitgliedern gemeinsam erteilt werden, soweit die Kammer die näheren Voraussetzungen nach § 39 Absatz 3 in der Weiterbildungsordnung festgelegt hat.

(4) Die Befugnis zur Weiterbildung ist ganz oder teilweise zu widerrufen, wenn ihre Voraussetzungen nicht mehr gegeben sind, insbesondere wenn

1. ein Verhalten vorliegt, dass die fachliche oder persönliche Eignung als Weiterbildende oder Weiterbildender ausschließt, oder
2. Tatsachen vorliegen, aus denen sich ergibt, dass die in der Weiterbildungsordnung an den Inhalt der Weiterbildung gestellten Anforderungen nicht oder nicht mehr erfüllt werden können.

(5) [1]Die Befugnis zur Weiterbildung ist zurückzunehmen, wenn sie durch arglistige Täuschung, Drohung oder Bestechung erwirkt wurde. [2]Die Befugnis zur Weiterbildung kann zurückgenommen werden, wenn sie infolge unrichtiger oder unvollständiger Angaben erteilt wurde.

(6) [1]Das Ruhen der Befugnis zur Weiterbildung kann angeordnet werden, wenn gegen das zur Weiterbildung befugte Kammermitglied wegen des Verdachts einer Straftat oder einer schwerwiegenden Berufspflichtverletzung, aus der sich die fachliche oder persönliche Ungeeignetheit zur Weiterbildung ergeben kann, ein Strafverfahren oder ein berufsrechtliches Verfahren eingeleitet wurde. [2]Die Anordnung ist aufzuheben, wenn ihre Voraussetzungen nicht mehr vorliegen.

(7) Die Befugnis zur Weiterbildung erlischt mit der Beendigung der Tätigkeit des Kammermitglieds in der Weiterbildungsstätte.

(8) [1]Die Kammern führen ein Verzeichnis der zur Weiterbildung befugten Kammermitglieder und der Weiterbildungsstätten, aus dem hervorgeht, in welchem Umfang die Kammermitglieder zur Weiterbildung befugt sind und an welcher Weiterbildungsstätte sie tätig sind. [2]Das Verzeichnis ist in geeigneter Form öffentlich bekannt zu machen.

§ 34 Weiterbildungsstätten

(1) Die Weiterbildung wird unter verantwortlicher Leitung des dazu befugten Kammermitglieds in Einrichtungen der wissenschaftlichen Hochschulen und in zugelassenen medizinischen, zahnmedizinischen, tiermedizinischen, pharmazeutischen oder psychotherapeutischen Einrichtungen (Weiterbildungsstätten) durchgeführt.

(2) [1]Über die Erteilung, den Widerruf und die Rücknahme der Zulassung von Einrichtungen als Weiterbildungsstätte entscheiden die Kammern. [2]Die Erteilung der Zulassung bedarf eines Antrags des Trägers der Einrichtung. [3]Die Einhaltung der Voraussetzungen nach §§ 42 Absatz 4, 46 Absatz 4, 50 Absatz 4, 56 Absatz 3 oder 53 Absatz 6 ist regelmäßig nachzuweisen; das Verfahren regeln die Weiterbildungsordnungen. [4]Die Zulassung von Einrichtungen als Weiterbildungsstätte kann auf bestimmte Weiterbildungsabschnitte begrenzt und befristet sowie mit Auflagen versehen werden. [5]Sie kann mehreren Einrichtungen gemeinsam erteilt werden, soweit die Kammern die näheren Voraussetzungen nach § 39 Absatz 3 in der Weiterbildungsordnung festgelegt haben.

(3) [1]Die Zulassung von Einrichtungen als Weiterbildungsstätte ist zu widerrufen, wenn ihre Voraussetzungen nicht mehr gegeben sind. [2]Die Zulassung von Einrichtungen als Weiterbildungsstätte kann ganz oder teilweise widerrufen werden, wenn die Nachweispflichten nach Absatz 2 Satz 3 nicht erfüllt werden.

§ 35 Anerkennung

(1) [1]Die Anerkennung nach § 31 Absatz 1 ist bei der Kammer zu beantragen. [2]Mit dem Antrag sind Inhalt, Umfang und Ergebnis der durchlaufenen Weiterbildungsabschnitte durch Zeugnisse nachzuweisen und die erworbenen Kenntnisse darzulegen. [3]Die Kammer ist berechtigt, über Zeugnisse hinaus

weitere Nachweise für eine ordnungsgemäß durchgeführte Weiterbildung zu verlangen, insbesondere eine Dokumentation der abgeleisteten Weiterbildungsinhalte.

(2) [1]Die Kammer entscheidet über die Anerkennung auf Grund einer Überprüfung des Weiterbildungserfolges. [2]Die Überprüfung wird von einem Weiterbildungsausschuss und von einem Prüfungsausschuss der Kammer vorgenommen. [3]Der Erfolg einer Weiterbildung wird nach dem Inhalt, dem Umfang und dem Ergebnis der in den Zeugnissen über die einzelnen durchlaufenen Weiterbildungsabschnitte dokumentierten Leistungen sowie nach dem Ergebnis einer Prüfung vor einem Prüfungsausschuss der Kammer oder nach gleichwertigen, von der Kammer festzulegenden und in die Weiterbildungsordnung aufzunehmenden Kriterien beurteilt. [4]Die Kammer kann Anerkennungsverfahren von Antragstellerinnen und Antragstellern, die keine Kammermitglieder mehr sind oder deren Kammermitgliedschaft endet, nach Maßgabe der Weiterbildungsordnung durchführen, fortführen oder abschließen.

(3) [1]Dem Prüfungsausschuss gehören mindestens drei von der Kammer zu bestimmende Mitglieder an. [2]Die für das Gesundheits- oder Veterinärwesen zuständige Senatsverwaltung kann ein weiteres Mitglied bestimmen. [3]Die Prüfung kann auch bei Abwesenheit dieses Mitglieds durchgeführt werden.

(4) Wurde die Weiterbildung nicht erfolgreich im Sinne des Absatzes 2 Satz 3 abgeschlossen, erteilt die Kammer der Antragstellerin oder dem Antragsteller einen schriftlichen Bescheid, der mit Auflagen versehen werden kann.

(5) [1]Gegen den Bescheid ist der Widerspruch zulässig. [2]Der Widerspruch ist zu begründen. [3]Über den Widerspruch entscheidet die Kammer, die hierfür einen Widerspruchsausschuss einrichten kann. [4]Vor der Entscheidung über den Widerspruch ist eine Stellungnahme des Prüfungsausschusses einzuholen, die bei der Entscheidung zu berücksichtigen ist. [5]Das Nähere ist in der Weiterbildungsordnung der Kammer zu bestimmen.

(6) [1]Wer in einem von den §§ 32 und 34 Absatz 1 abweichenden Weiterbildungsgang eine Weiterbildung abgeschlossen hat, erhält auf Antrag die Zulassung zur Prüfung nach Absatz 2 Satz 3, wenn der Weiterbildungsstand gleichwertig ist. [2]Eine nicht abgeschlossene Weiterbildung kann unter vollständiger oder teilweiser Anrechnung der bisher abgeleisteten Weiterbildungszeiten nach den Vorschriften dieses Teils abgeschlossen werden. [3]Dies gilt auch für Weiterbildungszeiten, die in einem anderen Land der Bundesrepublik Deutschland abgeleistet wurden. [4]Über die Anrechnung entscheidet die Kammer. [5]Die Kammer hat dabei auch zu prüfen, ob eine bereits erworbene praktische Berufserfahrung oder eine Zusatzausbildung angerechnet werden kann. [6]Die Entscheidung über die Zulassung zur Prüfung oder die Anrechnung ist innerhalb von vier Monaten nach Eingang der vollständigen Unterlagen zu treffen.

(7) Wer in einem anderen Land der Bundesrepublik Deutschland von der zuständigen Kammer eine Anerkennung im Sinne des § 31 Absatz 1 Satz 1 erhalten hat, darf die Weiterbildungsbezeichnung in der von dieser Kammer anerkannten Form im Geltungsbereich dieses Gesetzes führen.

§ 36 Anerkennung von Weiterbildungen aus dem Gebiet der Europäischen Union, des Europäischen Wirtschaftsraums und eines durch Abkommen gleichgestellten Staates

(1) Antragstellerinnen und Antragsteller, die ein fachbezogenes Diplom, ein fachbezogenes Prüfungszeugnis oder einen sonstigen fachbezogenen Weiterbildungsnachweis besitzen, das oder der nach dem Recht der Europäischen Union oder dem Abkommen über den Europäischen Wirtschaftsraum oder einem Vertrag, mit dem die Bundesrepublik Deutschland und die Europäische Gemeinschaft oder die Bundesrepublik Deutschland und die Europäische Union einen entsprechenden Rechtsanspruch eingeräumt haben, gegenseitig anzuerkennen oder einer solchen Anerkennung gleichzustellen ist, erhalten auf Antrag die Anerkennung nach § 31 Absatz 1.

(2) [1]Liegen die Voraussetzungen der gegenseitigen Anerkennung oder Gleichstellung im Sinne von Absatz 1 nicht vor, so ist Antragstellerinnen und Antragstellern, die ihre Weiterbildung in einem anderen Mitgliedstaat der Europäischen Union, einem anderen Vertragsstaat des Abkommens über den Europäischen Wirtschaftsraum oder in einem durch Abkommen gleichgestellten Staat abgeschlossen haben, die Anerkennung zu erteilen, wenn die Gleichwertigkeit des Weiterbildungsstandes gegeben ist. [2]Der Weiterbildungsstand ist als gleichwertig anzusehen, wenn die Weiterbildung der Antragstellerin oder des Antragstellers keine wesentlichen Unterschiede gegenüber der Weiterbildung im Sinne dieses Gesetzes aufweist. [3]Wesentliche Unterschiede im Sinne von Satz 2 liegen vor, sofern

1. die bisherige Weiterbildung sich hinsichtlich der beruflichen Tätigkeit auf Weiterbildungsinhalte bezieht, die sich wesentlich von dem durch die zuständige Kammer bestimmten Inhalt der Weiterbildung unterscheiden, oder
2. die mit der Weiterbildung angestrebte Berufsausübung eine oder mehrere reglementierte Tätigkeiten umfasst, die in dem Staat, der den Weiterbildungsnachweis ausgestellt hat, nicht Bestandteil dieser Berufsausübung ist oder sind, und dieser Unterschied in einer besonderen Weiterbildung besteht, die nach der in diesem Gesetz und in den auf Grund dieses Gesetzes erlassenen Weiterbildungsordnungen geregelten Weiterbildung gefordert wird und sich auf Weiterbildungsinhalte bezieht, die sich wesentlich von denen unterscheiden, die von dem Weiterbildungsnachweis abgedeckt werden, den die Antragstellerin oder der Antragsteller vorlegt.

[4]Weiterbildungsinhalte unterscheiden sich wesentlich, wenn ihre Beherrschung eine wesentliche Voraussetzung für die angestrebte Berufsausübung ist und die Weiterbildung der Antragstellerin oder des Antragstellers gegenüber derjenigen nach diesem Gesetz und den auf Grund dieses Gesetzes erlassenen Weiterbildungsordnungen wesentliche Abweichungen hinsichtlich des Inhalts aufweist. [5]Wesentliche Unterschiede können ganz oder teilweise durch Kenntnisse, Fähigkeiten und Kompetenzen ausgeglichen werden, die die Antragstellerin oder der Antragsteller im Rahmen ihrer oder seiner Berufspraxis oder durch von einschlägiger Stelle formell als gültig anerkanntes lebenslanges Lernen in einem Mitgliedstaat oder einem Drittstaat erworben hat.

(3) [1]Liegen wesentliche Unterschiede im Sinne des Absatzes 2 Satz 3 vor, so muss die Antragstellerin oder der Antragsteller nachweisen, dass sie oder er über die Kenntnisse und Fähigkeiten verfügt, die zur Ausübung der durch die Weiterbildung angestrebten Berufsausübung erforderlich sind. [2]Dieser Nachweis ist durch die Absolvierung eines höchstens dreijährigen Anpassungslehrgangs oder das Ablegen einer Eignungsprüfung (Ausgleichsmaßnahmen) zu erbringen. [3]Der Inhalt der Ausgleichsmaßnahmen ist auf die durch die zuständige Kammer festgestellten wesentlichen Unterschiede zu beschränken. [4]Ärztinnen und Ärzte sowie Zahnärztinnen und Zahnärzte müssen eine Eignungsprüfung ablegen; die übrigen Antragstellerinnen und Antragsteller können zwischen den Anpassungsmaßnahmen wählen. [5]Findet eine Eignungsprüfung statt, muss diese innerhalb von sechs Monaten abgelegt werden können. [6]Die Frist beginnt mit der Ausübung des Wahlrechts oder im Fall von Satz 4 mit der Auferlegung der Maßnahme.

(4) [1]Die zuständige Kammer bestätigt der Antragstellerin oder dem Antragsteller innerhalb eines Monats den Eingang des Antrags und teilt gegebenenfalls mit, welche Unterlagen nachzureichen sind. [2]Über die Anerkennung oder die Feststellung der wesentlichen Unterschiede im Sinne des Absatzes 2 Satz 3 ist innerhalb von drei Monaten nach Vorliegen der vollständigen Unterlagen ein schriftlicher oder elektronischer Bescheid mit Rechtsbehelfsbelehrung zu erteilen. [3]In Fällen, die unter Titel III Kapitel I und II der Richtlinie 2005/36/EG fallen, verlängert sich die Frist um einen Monat. [4]Die Auferlegung einer Ausgleichsmaßnahme ist hinreichend zu begründen. [5]Hierbei sind insbesondere

1. das Niveau der verlangten Berufsqualifikation und der von der Antragstellerin oder dem Antragsteller vorgelegten Berufsqualifikation gemäß der Klassifizierung in Artikel 11 der Richtlinie 2005/36/EG sowie
2. die wesentlichen Unterschiede und die Gründe, aus denen diese Unterschiede nicht durch Kenntnisse, Fähigkeiten und Kompetenzen, die durch lebenslanges Lernen erworben und hierfür von einer einschlägigen Stelle formell als gültig anerkannt wurden, ausgeglichen werden können,

anzugeben. [6]Auf Antrag erteilt die Kammer der Antragstellerin oder dem Antragsteller einen gesonderten Bescheid über die Feststellung der Gleichwertigkeit ihres Weiterbildungsstandes oder entscheidet auf Antrag nur über die Gleichwertigkeit des Weiterbildungsstandes.

(5) Die Bestimmungen der Absätze 2 bis 4 gelten auch bei Vorliegen einer in einem nicht in Absatz 2 Satz 1 genannten Staat (Drittstaat) abgeschlossenen Weiterbildung, die durch einen der in Absatz 2 Satz 1 genannten Staaten anerkannt worden ist, wenn eine dreijährige Tätigkeit in dem jeweiligen Arbeitsfeld der Weiterbildung im Hoheitsgebiet des Staates, der die Weiterbildung anerkannt hat, durch diesen bescheinigt wird oder wenn die Anforderungen an die erworbenen Rechte nach dem Recht der Europäischen Union deshalb nicht erfüllt sind, weil die erforderliche Berufspraxis nicht nachgewiesen wird.

(6) [1]Antragstellerinnen und Antragstellern im Sinne von Absatz 2 Satz 1 ist im Einzelfall eine partielle Anerkennung zu erteilen, wenn

1. sie ohne Einschränkung qualifiziert sind, im Herkunftsmitgliedstaat die berufliche Tätigkeit auszuüben, für die die partielle Anerkennung begehrt wird,
2. die Unterschiede zwischen der rechtmäßig ausgeübten Berufstätigkeit im Herkunftsmitgliedstaat und der von der Weiterbildung umfassten Tätigkeit so groß sind, dass die Anwendung von Ausgleichsmaßnahmen der Anforderung gleich käme, die gesamte Weiterbildung zu durchlaufen, um eine vollständige Anerkennung zu erlangen, und
3. die Berufstätigkeit sich objektiv von anderen unter die Weiterbildung fallenden Tätigkeiten trennen lässt; dabei ist zu berücksichtigen, ob diese im Herkunftsmitgliedstaat eigenständig ausgeübt werden kann.

[2]Die partielle Anerkennung kann verweigert werden, wenn dies durch zwingende Gründe des Allgemeininteresses gerechtfertigt und geeignet ist, die Erreichung des verfolgten Ziels zu gewährleisten, und nicht über das hinausgeht, was zur Erreichung dieses Ziels erforderlich ist. [3]Die Berufstätigkeit erfolgt unter der Weiterbildungsbezeichnung des Herkunftsmitgliedstaats und unter deutlicher Angabe des Umfangs der beruflichen Tätigkeit. [4]Dieser Absatz gilt nicht für Antragstellerinnen und Antragsteller im Sinne von Absatz 1.

(7) [1]Die zuständige Kammer bestätigt der zuständigen Behörde eines Mitglied- oder Vertragsstaates auf Anfrage sowohl die Authentizität der von ihr ausgestellten Bescheinigung als auch, dass die Mindestanforderungen an die Weiterbildung nach dem Recht der Europäischen Union erfüllt sind. [2]Die zuständige Kammer darf Auskünfte nach Satz 1 von den zuständigen Behörden eines anderen Mitglied- oder Vertragsstaates einholen, soweit sie berechtigte Zweifel an der Richtigkeit der Angaben der Antragstellerin oder des Antragstellers hat.

(8) [1]Das Verfahren ist auf Verlangen der Antragstellerin oder des Antragstellers elektronisch durchzuführen. [2]Vorzulegende Unterlagen sind gleichzeitig mit dem Antrag elektronisch einzureichen. [3]Im Falle begründeter Zweifel an der Echtheit der Unterlagen und soweit unbedingt geboten kann die zuständige Kammer die Antragstellerin oder den Antragsteller auffordern, beglaubigte Kopien vorzulegen. [4]Eine solche Aufforderung hemmt nicht den Fristlauf nach Absatz 4 Satz 2. [5]§ 1 Absatz 1 des Gesetzes über das Verfahren der Berliner Verwaltung in Verbindung mit § 42a des Verwaltungsverfahrensgesetzes findet Anwendung. [6]Auf Wunsch der Antragstellerin oder des Antragstellers oder in dem Fall, dass die Nachweise nicht beigebracht werden, kann sich die zuständige Kammer an die zuständige Stelle des Ausbildungs- oder Anerkennungsstaates wenden. [7]Hierüber ist die Antragstellerin oder der Antragsteller nach den Vorgaben der Artikel 13 und 14 der Verordnung (EU) 2016/679 zu informieren.

§ 37 Anerkennung von Weiterbildungen aus Drittstaaten

(1) Antragstellerinnen und Antragsteller, die ein fachbezogenes Diplom, ein fachbezogenes Prüfungszeugnis oder einen sonstigen fachlichen Weiterbildungsnachweis besitzen, das oder der in einem Drittstaat ausgestellt wurde, erhalten auf Antrag die Anerkennung nach § 31 Absatz 1, wenn die Gleichwertigkeit des Weiterbildungsstandes gegeben ist.

(2) [1]Für die Feststellung der Gleichwertigkeit gilt § 36 Absatz 2 und 3 Satz 1 entsprechend. [2]Der Nachweis der erforderlichen Kenntnisse und Fähigkeiten wird, wenn eine Bescheinigung im Sinne des § 36 Absatz 5 nicht vorliegt, durch das Ablegen einer Prüfung erbracht, die sich auf den Inhalt der gesamten Fachprüfung bezieht. [3]Die zuständige Kammer kann die Zulassung zu dieser Prüfung davon abhängig machen, dass die Antragstellerin oder der Antragsteller erforderliche Erfahrungen und Fertigkeiten im Gebiet der angestrebten Weiterbildung in Form der Ableistung von mindestens sechs Monaten Weiterbildung im Sinne dieses Gesetzes und der auf Grund dieses Gesetzes erlassenen Weiterbildungsordnungen nachweist, um Defizite ihrer oder seiner Weiterbildung auszugleichen. [4]Die erforderlichen Kenntnisse und Fähigkeiten sind nach Satz 2 und 3 auch nachzuweisen, wenn die Prüfung des Antrags nur mit unangemessenem zeitlichen oder sachlichen Aufwand möglich ist, weil die erforderlichen Unterlagen und Nachweise nicht vorgelegt werden oder werden können.

(3) Die zuständige Kammer hat über die Anerkennung oder die Feststellung der wesentlichen Unterschiede innerhalb von vier Monaten nach Eingang der vollständigen Unterlagen einen schriftlichen oder elektronischen Bescheid mit Rechtsbehelfsbelehrung zu erteilen.

(4) [1]Das Verfahren kann auf Verlangen der Antragstellerin oder des Antragstellers elektronisch durchgeführt werden. [2]Vorzulegende Unterlagen sind gleichzeitig mit dem Antrag elektronisch einzureichen. [3]Die zuständige Kammer kann die Antragstellerin oder den Antragsteller bei begründeten Zweifeln an der Echtheit oder der inhaltlichen Richtigkeit der vorgelegten Unterlagen auffordern, innerhalb einer angemessenen Frist Originale oder beglaubigte Kopien der erforderlichen Unterlagen oder weitere geeignete Unterlagen vorzulegen.

§ 38 Anwendbarkeit des Berufsqualifikationsfeststellungsgesetzes Berlin

[1]Das Berufsqualifikationsfeststellungsgesetz Berlin vom 7. Februar 2014 (GVBl. S. 39), das zuletzt durch Artikel 1 des Gesetzes vom 17. Mai 2021 (GVBl. S. 503) geändert worden ist, in der jeweils geltenden Fassung findet mit Ausnahme des § 13 Absatz 7 (Möglichkeit zur Aufgabenübertragung), des § 13a (Europäischer Berufsausweis), des § 13b (Vorwarnmechanismus), des § 14a (Beschleunigtes Verfahren im Fall des § 81a des Aufenthaltsgesetzes), des § 17 (Statistik) und des § 19 (Beratungsanspruch) keine Anwendung. [2]§ 13a gilt entsprechend für den Europäischen Berufsausweis zum Zwecke der vorübergehenden und gelegentlichen Erbringung von Dienstleistungen.

§ 39 Weiterbildungsordnung

(1) Die Kammern erlassen unter Beachtung der Richtlinie 2005/36/EG Weiterbildungsordnungen, die der Genehmigung der Aufsichtsbehörde bedürfen.

(2) [1]In den Weiterbildungsordnungen sind insbesondere zu regeln

1. der Inhalt und der Umfang der beruflichen Gebiete, gebietsspezifischen Schwerpunkte, Teilgebiete und der beruflichen Bereiche, auf die sich die Bezeichnungen nach § 29 beziehen,
2. die Bestimmung von Bezeichnungen nach § 30 und die Festlegung der Bezeichnungen, die an die Stelle der vor Inkrafttreten dieses Gesetzes ausgesprochenen Anerkennungen oder bei einer Aufhebung nach § 30 Absatz 2 an die Stelle der bisherigen Bezeichnung treten,
3. der Inhalt und die Dauer der Weiterbildung nach § 32, insbesondere der Inhalt, die Dauer und die Reihenfolge der einzelnen Weiterbildungsabschnitte sowie die Dauer und die besonderen Anforderungen der verlängerten Weiterbildung bei nicht erfolgreichem Abschluss im Sinne von § 35 Absatz 4,
4. die Weiterbildung in Teilzeit nach § 32 Absatz 5 und deren Anrechnung,
5. die Voraussetzungen und das Verfahren für die Erteilung der Befugnis zur Weiterbildung nach § 33 Absatz 1, einschließlich der Übergangszeit für die Erteilung der Befugnis zur Weiterbildung nach Einführung einer neuen Bezeichnung durch die Kammern,
6. die Pflichten der zur Weiterbildung befugten Personen im Zusammenhang mit der Weiterbildung, insbesondere Anzeige- und Nachweispflichten, sowie die Pflicht zur Teilnahme an Maßnahmen der Kammer zur Sicherung der Qualität der Weiterbildung,
7. das Verfahren für die Erteilung, den Widerruf und die Rücknahme der Zulassung von Einrichtungen als Weiterbildungsstätten nach § 34 Absatz 2,
8. die Anforderungen an Zeugnisse und andere Nachweise über die Weiterbildung,
9. das Verfahren zur Erteilung der Anerkennung nach § 35 Absatz 1,
10. das Nähere zur Überprüfung des Weiterbildungserfolges nach § 35 Absatz 2, insbesondere über das Verfahren und die Mitglieder des Prüfungsausschusses,
11. das Nähere über Inhalt, Form und Umfang der von der Kammer festzulegenden, einer Prüfung gleichwertigen Überprüfungskriterien gemäß § 35 Absatz 2 Satz 3,
12. das Nähere über das Verfahren der Anerkennung von im Ausland erworbenen Berufsqualifikationsnachweisen nach den §§ 36 und 37, einschließlich der Ausgleichs- und Anpassungsmaßnahmen nach § 36 Absatz 3 Satz 2 und § 37 Absatz 2 Satz 2,
13. die besondere Ausbildung in der Allgemeinmedizin nach § 44 Absatz 1 Satz 3,
14. das Nähere zur fallbezogenen Supervision nach § 56 Absatz 2.

[2]Die Weiterbildungsordnungen können vorsehen, dass ausschließlich von den Kammern bereitgestellte Formulare, insbesondere Formulare, die die schriftformersetzenden Formanforderungen gemäß § 3a des Verwaltungsverfahrensgesetzes oder § 36a des Ersten Buches Sozialgesetzbuch in den jeweils geltenden Fassungen erfüllen, zu verwenden sind.

(3) [1]In der Weiterbildungsordnung können die Voraussetzungen für die Erteilung, die Rücknahme und den Widerruf einer Verbundbefugnis für mehrere zur Weiterbildung Befugte oder einer Verbundzulassung für mehrere zusammenarbeitende Weiterbildungsstätten festgelegt werden, die für sich allein

nicht zur Durchführung der vollständigen Weiterbildung in einem Gebiet, gebietsspezifischen Schwerpunkt, Teilgebiet oder im beruflichen Bereich befugt oder zugelassen sind. [2]Die Erteilung von Verbundbefugnissen oder Verbundzulassungen darf nur vorgesehen werden, wenn durch Kooperationsvereinbarungen sichergestellt ist, dass die von der Verbundbefugnis und Verbundzulassung umfassten Weiterbildungsbefugten und Weiterbildungsstätten in geeigneter Weise zusammenarbeiten, um die vollständige Weiterbildung in zeitlich aufeinanderfolgenden und aufeinander abgestimmten Abschnitten zu gewährleisten.

§ 40 Anwendung auf Berufsangehörige in Aufsichtsfunktionen

Die für Kammermitglieder geltenden Bestimmungen dieses Teils (Weiterbildung) und die auf Grund dieses Gesetzes erlassenen Weiterbildungsordnungen der Kammern gelten entsprechend für die bei der Aufsichtsbehörde beschäftigten Berufsangehörigen, die im Auftrag der Aufsichtsbehörde Aufsichtsfunktionen ausüben.

Kapitel 2
Besonderer Teil

Abschnitt 1
Weiterbildung der Ärztinnen und Ärzte

§ 41 Fachrichtungen der ärztlichen Weiterbildung

(1) Facharztbezeichnungen und Schwerpunktbezeichnungen bestimmt die Ärztekammer Berlin in den Fachrichtungen

1. Konservative Medizin,
2. Operative Medizin,
3. Nervenheilkundliche Medizin,
4. Theoretische Medizin,
5. Ökologie und
6. Methodisch-technische Medizin

sowie in Verbindung dieser Fachrichtungen.

(2) Facharztbezeichnung ist auch die Bezeichnung „Öffentliches Gesundheitswesen“.

§ 42 Ärztliche Weiterbildung und Zulassung ärztlicher Weiterbildungsstätten

(1) Die Weiterbildung der Ärztinnen und Ärzte umfasst insbesondere die Vertiefung und Erweiterung der Kenntnisse und Fähigkeiten in der Verhütung, Erkennung und Behandlung von Krankheiten, Körperschäden und Leiden einschließlich der Wechselbeziehungen zwischen Mensch und Umwelt sowie in den notwendigen Maßnahmen der Rehabilitation.

(2) Zeiten, in denen neben der beruflichen Tätigkeit zur Weiterbildung eine eigene Praxis betrieben wird, sind für berufliche Gebiete und gebietsspezifische Schwerpunkte nicht anrechnungsfähig.

(3) Der Beginn der Weiterbildung in einem Gebiet, das die Mund-, Kiefer-, Gesichtschirurgie umfasst, setzt auch die Berechtigung zur Ausübung der Zahnheilkunde voraus.

(4) [1]Die ärztliche Weiterbildung findet in stationären und ambulanten Einrichtungen der medizinischen Versorgung und in anderen zugelassenen Einrichtungen statt, soweit das Recht der Europäischen Union nicht entgegensteht. [2]Die Zulassung einer Einrichtung als ärztliche Weiterbildungsstätte setzt voraus, dass

1. das Spektrum des Weiterbildungsganges durch die Behandlung von geeigneten Patientinnen und Patienten in der jeweiligen Fachrichtung in so ausreichender Zahl abgebildet wird, dass die Weiterzubildenden die Möglichkeit haben, sich mit den typischen Inhalten der jeweiligen Weiterbildung vertraut zu machen,
2. Personal und Ausstattung vorhanden sind, die den Erfordernissen der medizinischen Entwicklung Rechnung tragen.

§ 43 Ärztliche Weiterbildung im Gebiet „Öffentliches Gesundheitswesen“

(1) [1]Das Ziel der Weiterbildung im Gebiet „Öffentliches Gesundheitswesen“ ist es, Ärztinnen und Ärzten eingehende Kenntnisse und Erfahrungen zu vermitteln, die sie befähigen, in ihrem Beruf die gesundheitlichen Belange der Bevölkerung zu beobachten, zu begutachten und zu wahren, Planungs-

aufgaben zu erledigen sowie die Träger öffentlicher Aufgaben in gesundheitlichen Fragen zu beraten. [2]Die Weiterbildung dient der Entwicklung von Fertigkeiten auch für den Bereich der gesundheitlichen Versorgung, der Gesundheitsförderung, der öffentlichen Hygiene, der Gesundheitsaufsicht sowie der Verhütung und Bekämpfung von Krankheiten.

(2) [1]Die Weiterbildung im Gebiet „Öffentliches Gesundheitswesen" dauert in Vollzeit mindestens fünf Jahre und umfasst die Teilnahme an einem Weiterbildungslehrgang der Akademie für öffentliches Gesundheitswesen in Düsseldorf, an einer anderen Akademie für öffentliches Gesundheitswesen im Bundesgebiet oder an gleichwertigen Lehrveranstaltungen. [2]§§ 32 Absatz 5 und 35 Absatz 6 sind anwendbar. [3]Die theoretische Weiterbildung im Gebiet „Öffentliches Gesundheitswesen" umfasst mindestens 720 Unterrichtsstunden.

(3) Das Nähere regelt die Weiterbildungsordnung.

§ 44 Besondere Ausbildung in der Allgemeinmedizin

(1) [1]Die Weiterbildung in der Allgemeinmedizin muss inhaltlich den Anforderungen an die besondere Ausbildung in der Allgemeinmedizin nach der Richtlinie 2005/36/EG entsprechen. [2]Die Dauer der besonderen Ausbildung in der Allgemeinmedizin beträgt mindestens drei Jahre. [3]Das Nähere regelt die Ärztekammer Berlin in der Weiterbildungsordnung unter Berücksichtigung der die besondere Ausbildung in der Allgemeinmedizin betreffenden Vorgaben der Richtlinie 2005/36/EG; die Ärztekammer Berlin kann längere Mindestzeiten festlegen.

(2) Nach erfolgreichem Abschluss der Weiterbildung nach Absatz 1 erteilt die Ärztekammer Berlin die Bezeichnung „Fachärztin für Allgemeinmedizin" oder „Facharzt für Allgemeinmedizin".

(3) Wer am 17. November 2004 befugt gewesen ist, die Bezeichnung „Praktische Ärztin" oder „Praktischer Arzt" zu führen, darf sie weiterführen.

(4) Wer auf Grund der spezifischen Ausbildung in der Allgemeinmedizin nach der Richtlinie 93/16/EWG des Rates vom 5. April 1993 zur Erleichterung der Freizügigkeit für Ärzte und zur gegenseitigen Anerkennung ihrer Diplome, Prüfungszeugnisse und sonstigen Befähigungsnachweise (ABl. L 165 vom 7.7.1993, S. 1) die Bezeichnung „Praktische Ärztin" oder „Praktischer Arzt" zu führen berechtigt war, erhält auf Antrag von der Ärztekammer die Berechtigung zum Führen der Bezeichnung „Fachärztin für Allgemeinmedizin" oder „Facharzt für Allgemeinmedizin".

(5) Auf Antrag werden die in einem der übrigen Mitgliedstaaten der Europäischen Union oder in einem anderen Vertragsstaat des Abkommens über den Europäischen Wirtschaftsraum zurückgelegten Zeiten der besonderen Ausbildung in der Allgemeinmedizin angerechnet, wenn eine Bescheinigung der zuständigen Behörde des Mitglied- oder Vertragsstaats vorgelegt wird, aus der sich neben der Ausbildungsdauer und der Art der Ausbildungseinrichtung ergibt, dass die Ausbildung nach dem Recht des Mitglied- oder Vertragsstaats zur Ausführung von Artikel 28 der Richtlinie 2005/36/EG erfolgt ist.

(6) Wer ein Diplom, Prüfungszeugnis oder einen sonstigen Befähigungsnachweis über die besondere Ausbildung in der Allgemeinmedizin im Sinne der Richtlinie 2005/36/EG in einem anderen Mitgliedstaat der Europäischen Union erworben hat oder eine Bescheinigung nach Artikel 30 Absatz 1 Satz 3 dieser Richtlinie vorlegt, erhält auf Antrag die Berechtigung zum Führen der Bezeichnung „Fachärztin für Allgemeinmedizin" oder „Facharzt für Allgemeinmedizin", wenn sie oder er zur Ausübung des ärztlichen Berufs nach der Bundesärzteordnung berechtigt ist.

Abschnitt 2

Weiterbildung der Zahnärztinnen und Zahnärzte

§ 45 Fachrichtungen der zahnärztlichen Weiterbildung

(1) Gebietsbezeichnungen bestimmt die Zahnärztekammer Berlin in den Fachrichtungen

1. Konservative Zahnheilkunde,
2. Operative Zahnheilkunde und
3. Präventive Zahnheilkunde

sowie in Verbindung dieser Fachrichtungen.

(2) Gebietsbezeichnung ist auch die Bezeichnung „Öffentliches Gesundheitswesen".

§ 46 Zahnärztliche Weiterbildung und Zulassung zahnärztlicher Weiterbildungsstätten

(1) Die Weiterbildung der Zahnärztinnen und Zahnärzte umfasst insbesondere die Behandlung von Zahn-, Mund- und Kieferkrankheiten einschließlich der Wechselbeziehungen zwischen Mensch und Umwelt sowie die notwendigen Maßnahmen der Rehabilitation.

(2) Zeiten, in denen neben der beruflichen Tätigkeit zur Weiterbildung eine eigene Praxis betrieben wird, sind nicht anrechnungsfähig.

(3) Die Weiterbildung kann außer in den Weiterbildungsstätten nach § 34 Absatz 1 auch bei befugten niedergelassenen Zahnärztinnen oder Zahnärzten durchgeführt werden.

(4) [1]Die Zulassung einer Klinik oder Krankenhausabteilung als zahnärztliche Weiterbildungsstätte setzt voraus, dass

1. Patientinnen und Patienten in so ausreichender Zahl und Art behandelt werden, dass die Weiterzubildenden die Möglichkeit haben, sich mit der Feststellung und Behandlung der für das berufliche Gebiet typischen Behandlung von Zahn-, Mund- und Kieferkrankheiten vertraut zu machen, und
2. Personal und Ausstattung vorhanden sind, die den Erfordernissen der Entwicklung der Zahnheilkunde Rechnung tragen.

[2]Satz 1 gilt entsprechend für andere Einrichtungen.

§ 47 Zahnärztliche Weiterbildung im Gebiet „Öffentliches Gesundheitswesen"

(1) [1]Das Ziel der Weiterbildung im Gebiet „Öffentliches Gesundheitswesen" ist es, Zahnärztinnen und Zahnärzten eingehende Kenntnisse und Erfahrungen zu vermitteln, die sie befähigen, in ihrem Beruf die gesundheitlichen Belange der Bevölkerung zu beobachten, zu begutachten und zu wahren, Planungsaufgaben zu erledigen sowie die Träger öffentlicher Aufgaben in gesundheitlichen Fragen zu beraten. [2]Die Weiterbildung dient der Entwicklung von Fertigkeiten auch für den Bereich der gesundheitlichen Vor- und Fürsorge, für die Einleitung und Durchführung vorbeugender und wiederherstellender Maßnahmen und der Erstattung von Gutachten.

(2) [1]Die Weiterbildung im Gebiet „Öffentliches Gesundheitswesen" dauert in Vollzeit mindestens drei Jahre und umfasst die Teilnahme an einem Weiterbildungslehrgang der Akademie für öffentliches Gesundheitswesen in Düsseldorf, an einer anderen Akademie für öffentliches Gesundheitswesen im Bundesgebiet oder an gleichwertigen Lehrveranstaltungen. [2]§§ 32 Absatz 5 und 35 Absatz 6 sind anwendbar. [3]Die theoretische Weiterbildung im Gebiet „Öffentliches Gesundheitswesen" umfasst mindestens 400 Unterrichtsstunden.

(3) [1]Weiterbildungsstätten für die zahnärztliche Weiterbildung im Gebiet „Öffentliches Gesundheitswesen" sind die zahnärztlichen Dienste der Gesundheitsämter. [2]Weitere Einrichtungen können als Weiterbildungsstätten für die zahnärztliche Weiterbildung im Gebiet „Öffentliches Gesundheitswesen" zugelassen werden, soweit sie geeignet sind, die Weiterbildungsziele zu vermitteln; § 34 Absatz 2 und 3 sind anwendbar.

(4) Das Nähere regelt die Weiterbildungsordnung.

Abschnitt 3
Weiterbildung der Tierärztinnen und Tierärzte

§ 48 Fachrichtungen der tierärztlichen Weiterbildung

(1) Gebiets- und Teilgebiets- und Bereichsbezeichnungen bestimmt die Tierärztekammer Berlin entsprechend den Erfordernissen der tierärztlichen Berufsausübung.

(2) Gebietsbezeichnung ist auch die Bezeichnung „Öffentliches Veterinärwesen".

§ 49 Befugnis zur Weiterbildung für Lehrstuhlinhaberinnen und Lehrstuhlinhaber sowie für Fachnaturwissenschaftlerinnen und Fachnaturwissenschaftler

(1) Lehrstuhlinhaberinnen und Lehrstuhlinhabern kann die Befugnis zur Weiterbildung erteilt werden, auch wenn sie keine Bezeichnung für ein Gebiet oder Teilgebiet führen.

(2) Fachnaturwissenschaftlerinnen und Fachnaturwissenschaftlern kann die Befugnis zur Weiterbildung in Ausnahmefällen erteilt werden, soweit sie fachlich und persönlich geeignet sind.

§ 50 Tierärztliche Weiterbildung und Zulassung tierärztlicher Weiterbildungsstätten

(1) Die Weiterbildung der Tierärztinnen und Tierärzte umfasst insbesondere die Vertiefung der Kenntnisse und Fähigkeiten in Verhütung, Erkennung und Behandlung von Krankheiten und Leiden der Tiere und im Schutz des Menschen vor Gefahren und Schädigungen durch Tierkrankheiten, Lebensmittel und Erzeugnisse tierischer Herkunft einschließlich der veterinärmedizinischen Belange der Umwelthygiene und des Tierschutzes.

(2) Zeiten tierärztlicher Tätigkeit in eigener Niederlassung unter verantwortlicher Leitung einer oder eines Weiterbildungsbefugten sind nach Maßgabe der Weiterbildungsordnung auf die Weiterbildung anrechnungsfähig.

(3) [1]Die Weiterbildung kann außer in Weiterbildungsstätten nach § 34 Absatz 1 auch teilweise unter verantwortlicher Leitung einer oder eines Weiterbildungsbefugten in einem Angestellten- oder Beamtenverhältnis in einer Praxis, in einer Niederlassung oder in anderen Einrichtungen durchgeführt werden, die die tierärztliche Berufsausübung ermöglichen. [2]§ 33 Absatz 7 und 8 gilt entsprechend.

(4) [1]Die Zulassung einer tierärztlichen Klinik als tierärztliche Weiterbildungsstätte setzt voraus, dass

1. Tiere in so ausreichender Zahl und Art behandelt werden, dass die Weiterzubildenden die Möglichkeit haben, sich mit den typischen Inhalten der jeweiligen Weiterbildung vertraut zu machen, und
2. Personal und Ausstattung vorhanden sind, die den Erfordernissen der veterinärmedizinischen Entwicklung Rechnung tragen.

[2]Satz 1 gilt entsprechend für andere Einrichtungen.

§ 51 Weiterbildung im Gebiet „Öffentliches Veterinärwesen"

(1) [1]Das Ziel der Weiterbildung im Gebiet „Öffentliches Veterinärwesen" ist es, Tierärztinnen und Tierärzten eingehende Kenntnisse und Erfahrungen zu vermitteln, die sie befähigen, öffentliche Aufgaben, insbesondere im Hinblick auf Tierseuchenbekämpfung, Tierkörperbeseitigung, Tierschutz und Futtermittelüberwachung, Tierarzneimittelüberwachung, Lebensmittelüberwachung einschließlich Hygiene von Lebensmitteln tierischer und nichttierischer Herkunft, Schlachttier- und Fleischhygiene, Geflügelfleischhygiene, Milchhygiene sowie Handelsklassen- und Preisangabenrecht zu erfüllen. [2]Die Weiterbildung dient vor allem der Vermittlung von verwaltungs- und ordnungsrechtlichen Kenntnissen, der Organisations- und Verwaltungskunde für die Arbeit in der Verwaltung einschließlich der Erfüllung von Planungs- und Beratungsaufgaben für die Träger öffentlicher Verwaltung sowie der fachlichen Beratung von Verbänden, Organisationen und der Wirtschaft.

(2) Voraussetzungen für den Beginn der Weiterbildung im Gebiet „Öffentliches Veterinärwesen" sind die Approbation als Tierärztin oder Tierarzt und eine mindestens zwölfmonatige hauptberufliche Tätigkeit als Tierärztin oder Tierarzt in Vollzeit, davon mindestens sechs Monate in einer tierärztlichen Praxis; Tätigkeiten in Teilzeit sind entsprechend anrechnungsfähig.

(3) [1]Die Weiterbildung im Gebiet „Öffentliches Veterinärwesen" dauert in Vollzeit mindestens drei Jahre und umfasst abweichend von den §§ 32 bis 35 das Bestehen einer für die Anstellung als beamtete Tierärztin oder beamteter Tierarzt vorgeschriebene Prüfung für das öffentliche Veterinärwesen und eine nach dem Erwerb des Prüfungszeugnisses für die Anstellung als beamtete Tierärztin oder beamteter Tierarzt abzuleistende zweijährige praktische Tätigkeit im Veterinärverwaltungsdienst, die nicht ausschließlich in der Schlachttier- und Fleischuntersuchung erfolgen darf. [2]§§ 32 Absatz 5 und 35 Absatz 6 sind anwendbar.

(4) [1]Weiterbildungsstätten für die Weiterbildung im Gebiet „Öffentliches Veterinärwesen" sind

1. die für das Veterinärwesen zuständige Senatsverwaltung,
2. Veterinär- und Lebensmittelaufsichtsämter des Landes Berlin und
3. das Landeslabor Berlin-Brandenburg.

[2]Die für das Veterinärwesen zuständige Senatsverwaltung kann weitere geeignete Einrichtungen für die Weiterbildung im Gebiet „Öffentliches Veterinärwesen" bestimmen.

(5) Die für das Veterinärwesen zuständige Senatsverwaltung wird ermächtigt, durch Rechtsverordnung Vorschriften über die Weiterbildung im Gebiet „Öffentliches Veterinärwesen" zu erlassen, die von den §§ 32 bis 35 abweichende Regelungen vorsehen können.

(6) Das Nähere regelt die Weiterbildungsordnung.

Abschnitt 4
Weiterbildung der Apothekerinnen und Apotheker

§ 52 Fachrichtungen der apothekerlichen Weiterbildung

(1) Gebiets- und Teilgebietsbezeichnungen sowie Zusatzbezeichnungen bestimmt die Apothekerkammer Berlin in den Fachrichtungen
1. Praktische Pharmazie,
2. Theoretische Pharmazie,
3. Arzneimittelinformation,
4. Methodisch-technische Pharmazie und
5. Toxikologie und Ökologie

sowie in Verbindung dieser Fachrichtungen.

(2) Gebietsbezeichnung ist auch die Bezeichnung „Öffentliches Pharmaziewesen".

§ 53 Apothekerliche Weiterbildung und Zulassung apothekerlicher Weiterbildungsstätten

(1) Die Weiterbildung der Apothekerinnen und Apotheker umfasst insbesondere die Vertiefung der Kenntnisse und Fähigkeiten in der Versorgung der Bevölkerung mit Arzneimitteln, in der Entwicklung, der Herstellung, der Kontrolle und dem Vertrieb von Arzneimitteln sowie der Wechselbeziehung zwischen Mensch und Umwelt, bezogen auf Arzneimittel und schädigende Stoffe.

(2) Als Weiterbildungsstätte nach § 34 Absatz 1 können geeignete Einrichtungen, insbesondere Apotheken, Krankenhausapotheken, wissenschaftliche und pharmazeutische Institute sowie herstellende und andere Betriebe der pharmazeutischen Industrie zugelassen werden.

(3) Die Zulassung einer Einrichtung als apothekerliche Weiterbildungsstätte setzt voraus, dass
1. die Weiterzubildenden ausreichend Möglichkeiten haben, sich mit den typischen Arbeiten und der wissenschaftlichen Materie der jeweiligen Weiterbildung vertraut zu machen, und
2. Personal und Ausstattung vorhanden sind, die den Erfordernissen der Entwicklung in der Pharmazie Rechnung tragen.

§ 54 Weiterbildung im Gebiet „Öffentliches Pharmaziewesen"

(1) [1]Das Ziel der Weiterbildung im Gebiet „Öffentliches Pharmaziewesen" ist es, den Apothekerinnen und Apothekern eingehende Kenntnisse und Erfahrungen zu vermitteln, die sie befähigen, in ihrem Beruf öffentliche Aufgaben, insbesondere in arzneimittel-, apotheken-, betäubungsmittel- und heilmittelwerberechtlichen Fragen zu erfüllen, Planungsaufgaben zu erledigen sowie die Träger öffentlicher Aufgaben in diesen Fragen zu beraten. [2]Die Weiterbildung dient auch der Erlangung von verwaltungsrechtlichen Kenntnissen und solchen, die im Zusammenhang mit der Arzneimittelsicherheit und der ordnungsgemäßen Versorgung von Mensch und Tier mit Arzneimitteln stehen.

(2) Voraussetzungen für den Beginn der Weiterbildung im Gebiet „Öffentliches Pharmaziewesen" sind die Approbation als Apothekerin oder Apotheker und eine mindestens dreijährige hauptberufliche Tätigkeit in Vollzeit als Apothekerin oder Apotheker; Tätigkeiten in Teilzeit sind entsprechend anrechnungsfähig.

(3) Die Weiterbildung im Gebiet „Öffentliches Pharmaziewesen" dauert in Vollzeit mindestens drei Jahre; § 32 Absatz 5 ist anwendbar.

(4) Die theoretische Weiterbildung im Gebiet „Öffentliches Pharmaziewesen" umfasst die Teilnahme an einem Weiterbildungslehrgang der Akademie für öffentliches Gesundheitswesen in Düsseldorf, an einer anderen Akademie für öffentliches Gesundheitswesen im Bundesgebiet oder an gleichwertigen Lehrveranstaltungen im Umfang von mindestens 200 Unterrichtsstunden einschließlich Rechts- und Verwaltungskunde.

(5) Die praktische Weiterbildung im Gebiet „Öffentliches Pharmaziewesen" umfasst eine apothekerliche Tätigkeit in der fachbezogenen Gesundheitsbehörde von mindestens zwei Jahren; hiervon sind mindestens sechs Monate in der Fachabteilung der obersten Landesgesundheitsbehörde oder in einer nach § 77 des Arzneimittelgesetzes in der Fassung der Bekanntmachung vom 12. Dezember 2005 (BGBl. I S. 3394), das zuletzt durch Artikel 1 des Gesetzes vom 18. Juli 2017 (BGBl. I S. 2757) geändert worden ist, bestimmten zuständigen Bundesoberbehörde abzuleisten; darüber hinaus soll eine fachbezogene Tätigkeit von mindestens drei Monaten an einer amtlichen Arzneimitteluntersuchungsstelle ausgeübt werden.

(6) [1]Weiterbildungsstätten für die Weiterbildung im Gebiet „Öffentliches Pharmaziewesen" sind
1. Landesgesundheitsbehörden,
2. Bundesgesundheitsbehörden einschließlich Sanitätseinrichtungen der Bundeswehr und
3. amtliche Arzneimitteluntersuchungsstellen.

[2]Weitere Einrichtungen können als Weiterbildungsstätten für die Weiterbildung im Gebiet „Öffentliches Pharmaziewesen" zugelassen werden, soweit sie geeignet sind, die Weiterbildungsziele zu vermitteln; § 34 Absatz 2 und 3 ist anwendbar.

(7) Das Nähere regelt die Weiterbildungsordnung.

Abschnitt 5

Weiterbildung der Psychologischen Psychotherapeutinnen und Psychologischen Psychotherapeuten sowie der Kinder- und Jugendlichenpsychotherapeutinnen und Kinder- und Jugendlichenpsychotherapeuten

§ 55 Fachrichtungen der psychotherapeutischen Weiterbildung

Die Psychotherapeutenkammer Berlin kann Gebiets-, Teilgebiets- und Zusatzbezeichnungen in den Fachrichtungen
1. Psychologische Psychotherapie und
2. Kinder- und Jugendlichenpsychotherapie

sowie in Verbindung dieser Fachrichtungen bestimmen.

§ 56 Psychotherapeutische Weiterbildung und Zulassung psychotherapeutischer Weiterbildungsstätten

(1) [1]Die Weiterbildung der Psychologischen Psychotherapeutinnen und Psychologischen Psychotherapeuten sowie der Kinder- und Jugendlichenpsychotherapeutinnen und Kinder- und Jugendlichenpsychotherapeuten umfasst insbesondere die Vertiefung der Kenntnisse, Erfahrungen und Fertigkeiten in der Verhütung, Erkennung und Behandlung von psychischen Krankheiten, psychischen Beeinträchtigungen und psychischen Leiden einschließlich der Wechselbeziehungen zwischen Mensch und Umwelt, in bekannten geschlechtsspezifischen Unterschieden und in den notwendigen Maßnahmen der Prävention und Rehabilitation. [2]Die Psychotherapeutenkammer Berlin kann in ihrer Weiterbildungsordnung festlegen, dass bestimmte Weiterbildungsinhalte abweichend von § 29 Absatz 1 vor dem Abschluss der Berufsausbildung erworben und anerkannt werden können.

(2) [1]Inhalt der psychotherapeutischen Weiterbildung ist zusätzlich zur praktischen Berufstätigkeit und theoretischen Unterweisung nach § 32 Absatz 1 die fallbezogene Supervision. [2]Supervisorinnen und Supervisoren sowie Selbsterfahrungsleiterinnen und Selbsterfahrungsleiter werden unter verantwortlicher Leitung der Weiterbildungsbefugten hinzugezogen. [3]Die Hinzuziehung bedarf der Genehmigung der Psychotherapeutenkammer Berlin. [4]Die Psychotherapeutenkammer Berlin regelt das Nähere in der Weiterbildungsordnung.

(3) [1]Zeiten, in denen neben der beruflichen Tätigkeit zur Weiterbildung eine eigene Praxis betrieben wird, sind für berufliche Gebiete und Teilgebiete nicht anrechnungsfähig. [2]Die Psychotherapeutenkammer Berlin kann in der Weiterbildungsordnung Ausnahmen zulassen, wenn es mit den Zielen der Weiterbildung vereinbar ist.

(4) [1]Die Weiterbildung kann außer in Weiterbildungsstätten nach § 34 Absatz 1 auch teilweise bei befugten niedergelassenen Psychologischen Psychotherapeutinnen und Psychologischen Psychotherapeuten sowie Kinder- und Jugendlichenpsychotherapeutinnen und Kinder- und Jugendlichenpsychotherapeuten durchgeführt werden. [2]§ 33 Absatz 7 und 8 gilt entsprechend.

(5) Die Erteilung einer Weiterbildungsbefugnis und die Zulassung einer Einrichtung als psychotherapeutische Weiterbildungsstätte setzen voraus, dass
1. Patientinnen und Patienten in so ausreichender Zahl und Art behandelt werden, dass die Weiterzubildenden die Möglichkeit haben, sich mit der Feststellung und Behandlung der für die jeweilige Weiterbildung typischen Krankheiten vertraut zu machen,
2. Personal und Ausstattung vorhanden sind, die den Erfordernissen der psychotherapeutischen Entwicklung Rechnung tragen, und
3. regelmäßig fallbezogene Supervisionstätigkeit ausgeübt wird.

Teil 4
Berufsrechtliches Verfahren und Berufsgerichtsbarkeit

Kapitel 1
Allgemeine Vorschriften

§ 57 Ahndung von Berufsvergehen

(1) [1]Kammermitglieder begehen ein Berufsvergehen, wenn sie ihre Berufspflichten schuldhaft verletzen. [2]Berufsvergehen werden im berufsrechtlichen Verfahren durch Rüge der Kammer (§ 65) oder durch berufsgerichtliche Maßnahmen (§ 76) geahndet.

(2) Absatz 1 gilt grundsätzlich auch für Berufsvergehen, die

1. Kammermitglieder während der Mitgliedschaft in einer entsprechenden Kammer eines anderen Landes begangen haben oder
2. ehemalige Kammermitglieder während ihrer Kammermitgliedschaft in Berlin begangen haben, sofern die Berechtigung zur Ausübung des Berufs nicht unanfechtbar zurückgenommen oder widerrufen worden ist oder das ehemalige Kammermitglied nicht rechtswirksam auf sie verzichtet hat.

(3) [1]Ein berufsrechtliches Verfahren findet bei einem Berufsvergehen, das zugleich dem berufsrechtlichen Verfahren eines anderen Landes unterliegt, nicht statt, sofern derselbe Sachverhalt Gegenstand eines abgeschlossenen berufsrechtlichen Verfahrens war. [2]Wurde das berufsrechtliche Verfahren wegen Beendigung der Kammermitgliedschaft eingestellt, ist es nicht abgeschlossen im Sinne von Satz 1 und kann nach diesem Gesetz durchgeführt werden.

(4) Endet die Kammermitgliedschaft nach Eröffnung des berufsgerichtlichen Verfahrens, kann das Verfahren fortgesetzt werden, sofern die Berechtigung zur Ausübung des Berufs nicht unanfechtbar zurückgenommen oder widerrufen worden ist oder das ehemalige Kammermitglied nicht rechtswirksam auf sie verzichtet hat.

(5) Absatz 1 gilt nicht für beamtete Kammermitglieder, soweit sie dem Disziplinarrecht unterliegen.

§ 58 Verhältnis zu anderen Verfahren; Aussetzung

(1) [1]Ist gegen ein Kammermitglied wegen desselben Sachverhalts, der dem berufsrechtlichen Verfahren zugrunde liegt, im Strafverfahren die öffentliche Klage erhoben worden, wird das berufsrechtliche Verfahren ausgesetzt. [2]Die Aussetzung unterbleibt, wenn keine begründeten Zweifel am Sachverhalt bestehen. [3]Ein nach Satz 1 ausgesetztes berufsrechtliches Verfahren ist spätestens mit dem rechtskräftigen Abschluss des Strafverfahrens fortzusetzen.

(2) Ein berufsrechtliches Verfahren kann ausgesetzt werden, wenn in einem anderen gesetzlich geordneten Verfahren über eine Frage zu entscheiden ist, deren Beurteilung für die Entscheidung im berufsrechtlichen Verfahren von wesentlicher Bedeutung ist.

(3) [1]Die tatsächlichen Feststellungen eines rechtskräftigen Urteils im Straf- oder Bußgeldverfahren sind im berufsrechtlichen Verfahren, das denselben Sachverhalt zum Gegenstand hat, bindend. [2]Das Berufsgericht hat jedoch die Prüfung solcher Feststellungen zu beschließen, deren Richtigkeit seine Mitglieder mit Stimmenmehrheit bezweifeln; dies ist in den Urteilsgründen zum Ausdruck zu bringen.

(4) Ist gegen ein Kammermitglied in einem Straf- oder Bußgeldverfahren oder einem Disziplinarverfahren einer Kassenärztlichen Vereinigung oder Kassenzahnärztlichen Vereinigung unanfechtbar eine Strafe, Geldbuße oder Ordnungsmaßnahme verhängt worden oder kann die Tat nach § 153a Absatz 1 Satz 5 oder Absatz 2 Satz 2 der Strafprozessordnung nach der Erfüllung von Auflagen und Weisungen nicht mehr als Vergehen verfolgt werden, darf eine berufsrechtliche Ahndung wegen desselben Sachverhalts nur noch erfolgen, wenn dies zusätzlich erforderlich ist, um das Kammermitglied zur Erfüllung seiner Berufspflichten anzuhalten.

(5) Ist ein Kammermitglied in einem Straf- oder Bußgeldverfahren rechtskräftig freigesprochen worden, darf wegen des Sachverhalts, der Gegenstand dieses Verfahrens gewesen ist, eine berufsrechtliche Maßnahme nur ausgesprochen werden, wenn dieser Sachverhalt ein Berufsvergehen darstellt, ohne den Tatbestand einer Straf- oder Bußgeldvorschrift zu erfüllen.

§ 59 Verfolgungsverjährung

(1) [1]Die Verjährung schließt die Ahndung des Berufsvergehens durch Rüge oder berufsgerichtliche Maßnahmen aus. [2]Die Verjährungsfrist für die Ahndung von Berufsvergehen beträgt fünf Jahre.

(2) Erfüllt die Berufspflichtverletzung auch einen Straftatbestand, so endet die Verjährungsfrist für die Ahndung des Berufsvergehens nicht vor der Verjährung der Strafverfolgung.

(3) [1]Die Frist des Absatzes 1 Satz 2 ist für die Dauer einer Aussetzung des berufsrechtlichen Verfahrens nach § 58 Absatz 1 oder 2, für die Dauer des berufsgerichtlichen Verfahrens oder während des Laufes der für die Erfüllung von Auflagen und Weisungen gesetzten Frist gehemmt. [2]Ist vor Ablauf der Frist wegen desselben Sachverhalts ein Straf- oder Bußgeldverfahren oder ein Verfahren zum Widerruf oder zur Rücknahme der Approbation oder der Berufserlaubnis eingeleitet worden, ist die Frist für die Dauer dieses Verfahrens gehemmt.

(4) Die Frist des Absatzes 1 Satz 2 wird durch die Einleitung des berufsrechtlichen Verfahrens, die Erweiterung der Ermittlungen, den Antrag auf Eröffnung des berufsgerichtlichen Verfahrens oder den Antrag auf Erweiterung des berufsgerichtlichen Verfahrens unterbrochen.

§ 60 Ergänzende Bestimmungen

(1) Die Bestimmungen des Gesetzes über das Verfahren der Berliner Verwaltung und der Verwaltungsgerichtsordnung sind entsprechend anzuwenden, soweit nicht in diesem Gesetz etwas anderes bestimmt ist oder die Eigenart des berufsrechtlichen oder berufsgerichtlichen Verfahrens entgegensteht.

(2) §§ 21e und 21g und die Vorschriften der Titel 14 und 15 des Gerichtsverfassungsgesetzes über die Öffentlichkeit, Sitzungspolizei und Gerichtssprache sind auf das berufsgerichtliche Verfahren entsprechend anzuwenden, soweit in diesem Gesetz nichts anderes bestimmt ist.

Kapitel 2
Berufsrechtliche Ermittlungen

§ 61 Ermittlungen; Einleitung berufsrechtlicher Verfahren

(1) [1]Werden Tatsachen bekannt, die den Verdacht eines Berufsvergehens begründen können, hat die Kammer die zur Aufklärung des Sachverhalts erforderlichen Ermittlungen durchzuführen oder nach § 62 zu veranlassen. [2]Bei der Durchführung von Ermittlungen sind die belastenden, die entlastenden und die Umstände zu ermitteln, die für die Bemessung einer berufsrechtlichen oder berufsgerichtlichen Maßnahme bedeutsam sind.

(2) Für die Ermittlungen vor und während des berufsrechtlichen Verfahrens gelten die §§ 24 bis 28 des Disziplinargesetzes vom 29. Juni 2004 (GVBl. S. 263), das zuletzt durch Artikel 1 des Gesetzes vom 19. Dezember 2017 (GVBl. S. 695) geändert worden ist, in der jeweils geltenden Fassung entsprechend, soweit sie nicht zu den Bestimmungen dieses Gesetzes in Widerspruch stehen und die Eigenart des berufsrechtlichen Verfahrens nicht entgegensteht.

(3) [1]Beschlagnahmen und Durchsuchungen nach § 27 Disziplinargesetz in Verbindung mit den Bestimmungen der Strafprozessordnung dürfen nur durch die nach der Strafprozessordnung dazu berufenen Behörden durchgeführt werden. [2]Das Grundrecht der Unverletzlichkeit der Wohnung (Artikel 13 Absatz 1 des Grundgesetzes und Artikel 28 Absatz 2 der Verfassung von Berlin) wird durch Beschlagnahmen und Durchsuchungen eingeschränkt.

(4) [1]Ergeben die Ermittlungen, dass zureichende tatsächliche Anhaltspunkte vorliegen, die den Verdacht eines Berufsvergehens rechtfertigen, hat die Kammer ein berufsrechtliches Verfahren einzuleiten und die Ermittlungen fortzusetzen. [2]Die Einleitung des berufsrechtlichen Verfahrens ist aktenkundig zu machen.

(5) [1]Ein Kammermitglied kann bei der Kammer die Einleitung eines berufsrechtlichen Verfahrens gegen sich selbst beantragen, um sich von dem Verdacht eines Berufsvergehens zu entlasten. [2]Der Antrag darf nur abgelehnt werden, wenn keine zureichenden tatsächlichen Anhaltspunkte vorliegen, die den Verdacht eines Berufsvergehens rechtfertigen. [3]Eine ablehnende Entscheidung ist zu begründen, mit einer Rechtsbehelfsbelehrung zu versehen und dem Kammermitglied zuzustellen. [4]Gegen eine ablehnende Entscheidung kann das Kammermitglied innerhalb eines Monats nach Zustellung Beschwerde beim Berufsgericht einlegen. [5]Über die Beschwerde entscheidet das Berufsgericht durch Beschluss endgültig. [6]Gibt das Berufsgericht der Beschwerde statt, hat die Kammer das berufsrechtliche Verfahren einzuleiten.

(6) [1]Von Ermittlungen ist abzusehen, soweit der Sachverhalt auf Grund der tatsächlichen Feststellungen eines rechtskräftigen Urteils im Straf- oder Bußgeldverfahren feststeht. [2]Von Ermittlungen kann abgesehen werden, soweit der Sachverhalt auf sonstige Weise aufgeklärt ist, insbesondere nach der Durchführung eines anderen gesetzlich geordneten Verfahrens.

§ 62 Einsetzung einer Ermittlungsperson

(1) [1]Die Kammer kann eine Ermittlungsperson im Sinne des Absatzes 2 mit der Durchführung der Ermittlungen oder mit Teilen der Ermittlungen beauftragen. [2]Die Ermittlungsperson hat zu allen Vernehmungen und Beweiserhebungen eine Vertreterin oder einen Vertreter der Kammer zu laden. [3]Vertreterinnen und Vertreter der Kammer sind jederzeit berechtigt, Akteneinsicht zu nehmen und sich über den Stand der Ermittlungen zu informieren. [4]Nach dem Abschluss ihrer Ermittlungen legt die Ermittlungsperson die Akte mit einem zusammenfassenden Bericht, der eine Beweiswürdigung enthält, der Kammer vor.

(2) [1]Der Vorstand der Kammer kann zu Beginn seiner Amtsperiode für die Dauer von fünf Jahren jeweils mindestens eine Ermittlungsperson und eine stellvertretende Ermittlungsperson, die die Befähigung zum Richteramt haben müssen, bestellen. [2]Die Ermittlungspersonen sind in der Durchführung der Ermittlungen unabhängig und an Weisungen nicht gebunden. [3]Die Bestellung kann nach den Vorschriften des Verwaltungsverfahrensgesetzes zurückgenommen oder widerrufen werden. [4]Bestellung, Rücknahme und Widerruf sind der Aufsichtsbehörde unverzüglich anzuzeigen.

§ 63 Rechte des beschuldigten Kammermitglieds

(1) [1]Das Kammermitglied ist über die Einleitung des berufsrechtlichen Verfahrens unverzüglich zu unterrichten, sobald dies ohne Gefährdung der Aufklärung des Sachverhalts möglich ist. [2]Hierbei ist ihm zu eröffnen, welches Berufsvergehen ihm zur Last gelegt wird. [3]Gleichzeitig ist darauf hinzuweisen, dass es ihm freisteht, sich zu äußern oder nicht zur Sache auszusagen und sich jederzeit einer oder eines Bevollmächtigten oder eines Beistands zu bedienen. [4]Nach der Beendigung der Ermittlungen ist dem Kammermitglied Gelegenheit zu geben, sich abschließend zu äußern. [5]Die Anhörung kann unterbleiben, wenn das berufsrechtliche Verfahren nach § 64 Absatz 1 Nummer 2, Absatz 3 eingestellt werden soll.

(2) [1]Als Bevollmächtigte sind Personen zugelassen, die die Befähigung zum Richteramt haben, als Beistand auch Berufsangehörige. [2]Andere geeignete Personen können nur mit Genehmigung der Kammer, nach Einleitung des berufsgerichtlichen Verfahrens nur mit Genehmigung des Berufsgerichts zugelassen werden.

Kapitel 3

Abschlussentscheidung der Kammer

§ 64 Einstellung des berufsrechtlichen Verfahrens durch die Kammer

(1) Die Kammer stellt das berufsrechtliche Verfahren durch einen mit Gründen versehenen Bescheid ein, wenn das Ermittlungsergebnis

1. ein Berufsvergehen nicht bestätigt oder
2. ein Berufsvergehen zwar bestätigt, eine berufsgerichtliche Maßnahme jedoch nicht angezeigt erscheint.

(2) Vor der Eröffnung eines berufsgerichtlichen Verfahrens stellt die Kammer das berufsrechtliche Verfahren ferner ein, wenn ein Verfahrenshindernis nach § 75 Absatz 2 vorliegt.

(3) In dem Einstellungsbescheid nach Absatz 1 Nummer 2 kann die Kammer eine Rüge nach § 65 erteilen.

(4) [1]Der Einstellungsbescheid ist dem Kammermitglied zuzustellen und der Aufsichtsbehörde nachrichtlich mitzuteilen. [2]Der Einstellungsbescheid ist unanfechtbar, sofern er nicht nach Absatz 3 mit einer Rüge verbunden wurde.

(5) [1]Stellt die Kammer das berufsrechtliche Verfahren nach Absatz 1 ein, tragen die Kammer und das Kammermitglied ihre außergerichtlichen Kosten jeweils selbst. [2]§ 65 Absatz 8 bleibt unberührt.

§ 65 Rüge

(1) [1]Die Kammer kann das Verhalten eines Kammermitglieds, das ein Berufsvergehen begangen hat, durch Bescheid schriftlich rügen, wenn die Schuld des Kammermitglieds gering und die Einleitung

eines berufsgerichtlichen Verfahrens nicht erforderlich erscheinen. [2]Über die Erteilung einer Rüge entscheidet der Vorstand der Kammer. [3]Der Vorstand der Kammer kann eine Person, die die Befähigung zum Richteramt hat, bevollmächtigen, den Rügebescheid zu erlassen.

(2) [1]Die Rüge kann mit Auflagen und Weisungen verbunden werden. [2]Als Auflagen oder Weisungen kommen insbesondere in Betracht,

1. einen Geldbetrag bis zu einer Höhe von 10 000 Euro zur Weiterleitung an eine im Rügebescheid zu bestimmende gemeinnützige Einrichtung an die Kammer zu zahlen und
2. an einer bestimmten Maßnahme oder Fortbildung zur Qualitätssicherung teilzunehmen und die Kosten hierfür zu tragen.

[3]Auflagen und Weisungen nach Satz 1 Nummer 1 und 2 können nebeneinander verhängt werden. [4]Zur Erfüllung der Auflagen und Weisungen setzt die Kammer dem Kammermitglied eine angemessene Frist.

(3) [1]Vor Erlass des Rügebescheides ist das Kammermitglied anzuhören, indem ihm Gelegenheit gegeben wird, sich zu dem Vorwurf des Berufsvergehens zu äußern. [2]Der Rügebescheid ist zu begründen, mit einer Rechtsbehelfsbelehrung zu versehen und dem Kammermitglied zuzustellen. [3]Der Aufsichtsbehörde ist der Rügebescheid nachrichtlich mitzuteilen.

(4) Das Rügerecht erlischt, sobald wegen desselben Sachverhalts ein berufsgerichtliches Verfahren gegen das Kammermitglied eingeleitet ist.

(5) [1]Der Zugang eines Rügebescheids steht der Erhebung einer berufsrechtlichen Klage wegen desselben Sachverhalts nicht entgegen, wenn neue Tatsachen oder Beweismittel bekannt geworden sind, die das Berufsvergehen als durch eine Rüge nicht genügend geahndet erscheinen lassen. [2]Das Berufsgericht entscheidet in dem berufsgerichtlichen Verfahren zugleich über die Rüge.

(6) [1]Gegen den Rügebescheid kann das Kammermitglied innerhalb eines Monats nach Zustellung Einspruch bei der Kammer einlegen. [2]Über den Einspruch entscheidet der Vorstand der Kammer; Absatz 3 Satz 2 und 3 gilt entsprechend. [3]Wird der Einspruch zurückgewiesen, kann das Kammermitglied innerhalb eines Monats nach Zustellung des Einspruchsbescheids die Entscheidung des Berufsgerichts beantragen.

(7) [1]Das Berufsgericht kann Beweise erheben und mündliche Verhandlung anordnen. [2]Es kann die durch Rügebescheid verhängten Maßnahmen und Auflagen bestätigen, mildern, aufheben oder das Verfahren unter den in § 75 Absatz 2 und 3 bezeichneten Voraussetzungen einstellen. [3]Das Berufsgericht entscheidet durch Beschluss. [4]Der mit Gründen und einer Rechtsbehelfsbelehrung zu versehende Beschluss kann mit der Beschwerde angefochten werden. [5]Er ist dem Kammermitglied und der Kammer zuzustellen und der Aufsichtsbehörde nachrichtlich mitzuteilen.

(8) Für die Erteilung von Rügen kann die Kammer eine Gebühr erheben, wenn der Rügebescheid bestandskräftig geworden ist oder das Berufsgericht die Rüge dem Grunde nach bestätigt hat.

§ 66 Antrag auf Eröffnung des berufsgerichtlichen Verfahrens; Klageschrift

(1) Hält der Vorstand der Kammer den Verdacht eines Berufsvergehens auf Grund des Ermittlungsergebnisses für begründet und eine berufsgerichtliche Ahndung nach pflichtgemäßem Ermessen für erforderlich, beantragt er bei dem Berufsgericht die Eröffnung des berufsgerichtlichen Verfahrens und übersendet die Ermittlungsakten.

(2) [1]Der Antrag auf Eröffnung des berufsgerichtlichen Verfahrens wird durch die Einreichung einer Klageschrift gestellt. [2]Die Klageschrift hat das zur Last gelegte Berufsvergehen mit den begründenden Tatsachen, das wesentliche Ergebnis der Ermittlungen und die Beweismittel darzustellen. [3]Der Vorstand der Kammer kann eine Person, die die Befähigung zum Richteramt hat, bevollmächtigen, die Klageschrift zu unterzeichnen.

Kapitel 4
Organisation der Berufsgerichte

§ 67 Berufsgericht und Berufsobergericht

Dem Verwaltungsgericht Berlin wird als Berufsgericht eine Kammer für Heilberufe und dem Oberverwaltungsgericht Berlin-Brandenburg als Berufsobergericht ein Senat für Heilberufe angegliedert.

§ 68 Besetzung des Berufsgerichts und des Berufsobergerichts

(1) Die Kammer für Heilberufe entscheidet in der Besetzung von zwei Richterinnen oder Richtern und drei ehrenamtlichen Richterinnen oder Richtern, die der Berufsgruppe des Kammermitglieds angehören müssen.

(2) Der Senat für Heilberufe entscheidet in der Besetzung von drei Richterinnen oder Richtern und zwei ehrenamtlichen Richterinnen oder Richtern, die der Berufsgruppe des Kammermitglieds angehören müssen.

(3) Bei Beschlüssen und Entscheidungen außerhalb der mündlichen Verhandlung wirken die ehrenamtlichen Richterinnen und Richter nicht mit.

§ 69 Bestimmung der Richterinnen und Richter

Die Richterinnen und Richter des Berufsgerichts und des Berufsobergerichts sowie ihre Stellvertreterinnen und Stellvertreter werden in entsprechender Anwendung des § 21e des Gerichtsverfassungsgesetzes jeweils aus der Zahl der auf Lebenszeit ernannten Richterinnen und Richter der Berliner Verwaltungsgerichte bestimmt.

§ 70 Wahl der ehrenamtlichen Richterinnen und Richter

(1) [1]Die ehrenamtlichen Richterinnen und Richter des Berufsgerichts und des Berufsobergerichts sowie ihre Stellvertreterinnen und Stellvertreter werden aus Vorschlagslisten der Delegiertenversammlungen von Ausschüssen beim Berufsgericht und Berufsobergericht gewählt. [2]Jede Liste muss mindestens zwölf Vorschläge enthalten.

(2) [1]Der Ausschuss beim Berufsgericht besteht aus der Präsidentin oder dem Präsidenten des Verwaltungsgerichts Berlin als Vorsitzender oder Vorsitzendem und je einer Vertrauensperson der Kammern. [2]Die Vertrauenspersonen und je eine Stellvertreterin oder ein Stellvertreter werden von den Delegiertenversammlungen gewählt.

(3) Für den Ausschuss beim Berufsobergericht gilt Absatz 2 mit der Maßgabe, dass an die Stelle der Präsidentin oder des Präsidenten des Verwaltungsgerichts Berlin die Präsidentin oder der Präsident des Oberverwaltungsgerichts Berlin-Brandenburg tritt.

§ 71 Ausschluss und Entbindung vom ehrenamtlichen Richteramt

(1) Vom Amt der ehrenamtlichen Richterinnen und Richter ausgeschlossen sind

1. Mitglieder der Organe der Kammern und der Vorstände der Kassenärztlichen Vereinigung Berlin und der Kassenzahnärztlichen Vereinigung Berlin,
2. Beschäftigte der Kammern, der Kassenärztlichen Vereinigung Berlin, der Kassenzahnärztlichen Vereinigung Berlin und der Aufsichtsbehörde,
3. Personen, die das passive Kammerwahlrecht nicht besitzen und
4. Personen, gegen die im Disziplinarverfahren oder im berufsrechtlichen Verfahren unanfechtbar eine Maßnahme verhängt worden ist, die im Berufsverzeichnis eingetragen und noch nicht nach § 86 gelöscht wurde.

(2) Ehrenamtliche Richterinnen und Richter sind von ihrem Amt zu entbinden, wenn sie

1. nach Absatz 1 vom ehrenamtlichen Richteramt ausgeschlossen sind,
2. in einem Strafverfahren rechtskräftig zu einer Freiheitsstrafe verurteilt worden sind,
3. ihre Amtspflichten gröblich verletzt haben,
4. die zur Ausübung ihres Amtes erforderlichen geistigen und körperlichen Fähigkeiten nicht mehr besitzen oder
5. keine Kammermitglieder mehr sind.

(3) [1]In besonderen Härtefällen können ehrenamtliche Richterinnen und Richter auch auf Antrag von der weiteren Ausübung des Amts entbunden werden. [2]Für die Entscheidung gilt § 24 Absatz 3 der Verwaltungsgerichtsordnung entsprechend.

§ 72 Ausschluss von der Ausübung des Richteramts

(1) Richterinnen und Richter sowie ehrenamtliche Richterinnen und Richter sind von der Ausübung des Richteramts kraft Gesetzes ausgeschlossen, wenn sie

1. durch das Berufsvergehen verletzt sind,
2. Ehepartnerin oder Ehepartner, eingetragene Lebenspartnerin oder eingetragener Lebenspartner oder gesetzliche Vertreterin oder gesetzlicher Vertreter des Kammermitglieds oder der verletzten Person sind oder waren,

3. mit dem Kammermitglied oder der verletzten Person in gerader Linie verwandt oder verschwägert oder in der Seitenlinie bis zum dritten Grad verwandt oder bis zum zweiten Grad verschwägert sind oder waren,
4. in dem berufsrechtlichen Verfahren gegen das Kammermitglied tätig waren, als Zeugin oder Zeuge gehört wurden oder ein Sachverständigengutachten erstattet haben oder
5. in einem wegen desselben Sachverhalts eingeleiteten Straf- oder Bußgeldverfahren gegen das Kammermitglied beteiligt waren.

(2) Ehrenamtliche Richterinnen und Richter sind auch ausgeschlossen, wenn sie in der Arbeitsstätte des Kammermitglieds tätig sind.

§ 73 Nichtheranziehung ehrenamtlicher Richterinnen und Richter

Ehrenamtliche Richterinnen und Richter, gegen die eine berufsgerichtliche Klage oder wegen einer vorsätzlich begangenen Straftat die öffentliche Klage erhoben oder der Erlass eines Strafbefehls beantragt oder denen die Ausübung ihres Berufs nach § 70 des Strafgesetzbuchs verboten worden ist oder deren Approbation ruht, dürfen während dieser Verfahren oder für die Dauer des Berufsverbots oder des Ruhens der Approbation nicht herangezogen werden.

Kapitel 5
Das Verfahren vor dem Berufsgericht

§ 74 Eröffnung des berufsgerichtlichen Verfahrens

(1) [1]Über die Eröffnung des berufsgerichtlichen Verfahrens entscheidet das Berufsgericht durch Beschluss, der dem Kammermitglied zuzustellen ist. [2]Vor einer Entscheidung über die Eröffnung des berufsgerichtlichen Verfahrens kann die oder der Vorsitzende des Berufsgerichts eine Weiterführung der Ermittlungen durch die Kammer anordnen, soweit sie oder er eine weitere Aufklärung des Sachverhalts für erforderlich hält.

(2) [1]In dem Eröffnungsbeschluss ist das dem Kammermitglied zur Last gelegte Berufsvergehen mit den begründenden Tatsachen anzuführen. [2]Der Eröffnungsbeschluss ist unanfechtbar.

(3) [1]Der Beschluss, durch den die Eröffnung des berufsgerichtlichen Verfahrens abgelehnt wird, ist zu begründen. [2]Gegen den Beschluss kann die Kammer Beschwerde einlegen.

§ 75 Einstellung des berufsgerichtlichen Verfahrens

(1) [1]Liegt ein Verfahrenshindernis vor, ist das berufsgerichtliche Verfahren einzustellen. [2]Außerhalb der mündlichen Verhandlung erfolgt die Einstellung durch Beschluss. [3]Gegen den Beschluss kann Beschwerde eingelegt werden.

(2) Ein Verfahrenshindernis liegt vor, wenn
1. das beschuldigte Kammermitglied verstorben ist,
2. die Berechtigung zur Ausübung des Berufs unanfechtbar zurückgenommen oder widerrufen worden ist oder das beschuldigte Kammermitglied rechtswirksam auf sie verzichtet hat,
3. das berufsgerichtliche Verfahren nicht rechtswirksam eingeleitet wurde oder aus sonstigen Gründen unzulässig ist.

(3) [1]Im Übrigen kann das berufsgerichtliche Verfahren in jeder Lage mit Zustimmung des Kammermitglieds und der Kammer durch Beschluss eingestellt werden, wenn sich die Schuld des Kammermitglieds als gering erweist und wichtige berufsständische Belange nicht entgegenstehen. [2]Die Einstellung kann davon abhängig gemacht werden, dass das Kammermitglied innerhalb einer Frist von einem Monat einen vom Berufsgericht festzusetzenden Geldbetrag in Höhe von bis zu 10 000 Euro zugunsten einer gemeinnützigen Einrichtung zahlt. [3]Der Beschluss ist unanfechtbar.

§ 76 Berufsgerichtliche Maßnahmen

(1) Im berufsgerichtlichen Verfahren kann erkannt werden auf
1. Verweis,
2. Geldbuße bis zu 100 000 Euro,
3. Weisung, an einer bestimmten Maßnahme oder Fortbildung zur Qualitätssicherung teilzunehmen und die Kosten hierfür zu tragen,
4. Entziehung des aktiven und passiven Kammerwahlrechts und
5. Feststellung der Unwürdigkeit zur Ausübung des Heilberufs.

(2) [1]Berufsgerichtliche Maßnahmen nach Absatz 1 Nummer 2, 4 und 5 können nebeneinander verhängt werden. [2]Weisungen nach Absatz 1 Nummer 3 können neben berufsgerichtlichen Maßnahmen nach Absatz 1 Nummer 1, 2 und 4 verhängt werden.

(3) [1]Grundlage für die Zumessung der Geldbuße sind die Bedeutung des Berufsvergehens, der Vorwurf, der das Kammermitglied trifft und seine wirtschaftlichen Verhältnisse. [2]Die Geldbuße soll den wirtschaftlichen Vorteil, den das beschuldigte Kammermitglied aus dem Berufsvergehen gezogen hat, übersteigen. [3]Reicht das gesetzliche Höchstmaß nach Absatz 1 Nummer 2 hierzu nicht aus, kann es überschritten werden.

(4) [1]Die Entziehung des aktiven und passiven Kammerwahlrechts nach Absatz 1 Nummer 4 kann für die Dauer von mindestens fünf und höchstens zehn Jahren ausgesprochen werden. [2]Mit dem Verlust des passiven Kammerwahlrechts scheidet das Kammermitglied aus allen Organen und Ausschüssen der Kammer aus.

§ 77 Mündliche Verhandlung

(1) Der Termin zur mündlichen Verhandlung wird von der oder dem Vorsitzenden des Berufsgerichts bestimmt.

(2) [1]Zu der mündlichen Verhandlung sind das beschuldigte Kammermitglied und die Kammer zu laden. [2]Die oder der Vorsitzende des Berufsgerichts lädt auch Zeuginnen und Zeugen sowie Sachverständige, deren persönliches Erscheinen sie oder er für erforderlich hält, und ordnet die Herbeischaffung anderer Beweismittel an, die sie oder er für erforderlich hält.

(3) Wenn dem Erscheinen einer Zeugin oder eines Zeugen oder einer oder eines Sachverständigen in der mündlichen Verhandlung für eine längere oder ungewisse Zeit nicht zu beseitigende Hindernisse entgegenstehen oder wenn das Erscheinen wegen großer Entfernung unzumutbar ist, kann die oder der Vorsitzende die Vernehmung durch eine ersuchte Richterin oder einen ersuchten Richter anordnen.

(4) [1]Die Ladungen sind zuzustellen. [2]Zwischen der Zustellung der Ladung an das Kammermitglied und dem Termin der mündlichen Verhandlung muss eine Frist von mindestens zwei Wochen liegen. [3]Auf die Einhaltung der Frist kann verzichtet werden.

(5) [1]Die Beteiligten nach Absatz 2 Satz 1 können sich durch Bevollmächtigte vertreten lassen. [2]Die oder der Vorsitzende des Berufsgerichts kann das persönliche Erscheinen der Beteiligten nach § 95 der Verwaltungsgerichtsordnung anordnen.

(6) Gegen ein beschuldigtes Kammermitglied, das nicht erschienen und nicht durch eine Bevollmächtigte oder einen Bevollmächtigten vertreten ist, kann die mündliche Verhandlung durchgeführt werden, wenn es ordnungsgemäß geladen wurde und in der Ladung darauf hingewiesen ist, dass in seiner Abwesenheit verhandelt werden kann.

(7) [1]Die oder der Vorsitzende des Berufsgerichts teilt der Aufsichtsbehörde den Termin zur mündlichen Verhandlung rechtzeitig mit. [2]Auf Antrag ist der Vertreterin oder dem Vertreter der Aufsichtsbehörde Gelegenheit zu geben, ihre oder seine Auffassung darzulegen.

(8) Über den Gang der mündlichen Verhandlung ist eine Niederschrift aufzunehmen, die von der oder dem Vorsitzenden und der Urkundsbeamtin oder dem Urkundsbeamten der Geschäftsstelle zu unterschreiben ist.

§ 78 Beweisaufnahme

(1) [1]Das Berufsgericht bestimmt den Umfang der Beweisaufnahme und erhebt die erforderlichen Beweise. [2]Es kann auf Antrag und von Amts wegen Zeuginnen und Zeugen sowie Sachverständige vereidigen oder von einer ersuchten Richterin oder einem ersuchten Richter vereidigen lassen.

(2) [1]Niederschriften über die Aussagen von Zeuginnen oder Zeugen oder Sachverständigen, die in einem anderen gesetzlich geordneten Verfahren aufgenommen worden sind, können durch Verlesen zum Gegenstand der mündlichen Verhandlung gemacht und als Beweismittel verwertet werden. [2]Von dem Verlesen kann das Berufsgericht absehen, wenn die anwesenden Beteiligten hierauf verzichten.

§ 79 Entscheidung durch Beschluss

(1) Das Berufsgericht kann, auch nach der Eröffnung der mündlichen Verhandlung, mit Zustimmung der Beteiligten durch Beschluss auf Verweis oder Geldbuße bis zu 25 000 Euro erkennen.

(2) Zur Erklärung der Zustimmung kann den Beteiligten von der oder dem Vorsitzenden des Berufsgerichts eine Frist gesetzt werden, nach deren Ablauf die Zustimmung als erteilt gilt, wenn nicht ein Beteiligter widersprochen hat.

(3) Der rechtskräftige Beschluss nach Absatz 1 steht einem rechtskräftigen Urteil gleich.

§ 80 Entscheidung durch Urteil

(1) Das Berufsgericht entscheidet auf Grund mündlicher Verhandlung durch Urteil, wenn das berufsgerichtliche Verfahren nicht auf andere Weise abgeschlossen wird.

(2) Das Urteil lautet auf Verurteilung zu einer berufsgerichtlichen Maßnahme nach § 76, Freispruch oder Einstellung des Verfahrens.

(3) [1]Gegenstand der Urteilsfindung sind nur die dem Kammermitglied bis zum Ende der mündlichen Verhandlung zur Last gelegten Berufsvergehen. [2]Bis zu diesem Zeitpunkt können weitere Berufsvergehen in das laufende Verfahren mit einbezogen werden.

Kapitel 6
Rechtsmittel und Wiederaufnahme des Verfahrens; Rechtsschutz bei überlanger Verfahrensdauer

§ 81 Berufung

(1) Gegen das Urteil des Berufsgerichts steht dem Kammermitglied und der Kammer die Berufung an das Berufsobergericht zu.

(2) [1]Die Berufung ist innerhalb eines Monats nach Zustellung des Urteils bei dem Berufsgericht schriftlich oder zur Niederschrift der Geschäftsstelle einzulegen und innerhalb eines weiteren Monats zu begründen. [2]Die Berufungsbegründung muss einen bestimmten Antrag enthalten und die im Einzelnen anzuführenden Gründe der Anfechtung (Berufungsgründe). [3]Die Berufungsfrist ist auch gewahrt, wenn die Berufung innerhalb der Frist bei dem Berufsobergericht eingelegt wird.

(3) Wird die Berufung verspätet eingelegt, keine oder eine verspätete oder eine nicht den Anforderungen des Absatzes 2 genügende Berufungsbegründung vorgelegt, verwirft das Berufsobergericht die Berufung ohne mündliche Verhandlung durch Beschluss als unzulässig.

(4) [1]Soweit das Berufsobergericht die Berufung für nicht begründet hält, weist es die Berufung durch Urteil zurück. [2]Soweit das Berufsobergericht die Berufung für begründet hält, hebt es das Urteil des Berufsgerichts auf und entscheidet durch Urteil in der Sache selbst. [3]Das Berufsobergericht kann das Urteil des Berufsgerichts aufheben und zur nochmaligen Verhandlung und Entscheidung an das Berufsgericht zurückverweisen, wenn es eine weitere Aufklärung des Sachverhalts für erforderlich hält oder wenn das erstinstanzliche Verfahren an einem wesentlichen/schweren Verfahrensmangel leidet.

(5) Für das Verfahren vor dem Berufsobergericht gelten die Vorschriften über das Verfahren vor dem Berufsgericht entsprechend, soweit nichts Abweichendes bestimmt ist.

§ 82 Beschwerde

(1) [1]Beschwerde kann über die in diesem Gesetz ausdrücklich bezeichneten Fälle hinaus auch eingelegt werden, soweit gegen Entscheidungen auf Grund der nach § 60 Absatz 1 entsprechend anzuwendenden Verwaltungsgerichtsordnung die Beschwerde gegeben ist. [2]§ 63 Absatz 2 gilt entsprechend.

(2) Gegen Entscheidungen über Kosten und Auslagen ist die Beschwerde nur zulässig, wenn der Wert des Beschwerdegegenstands 200 Euro übersteigt.

(3) Gegen Beschlüsse des Berufsobergerichts und gegen Entscheidungen der oder des Vorsitzenden des Berufsobergerichts ist keine Beschwerde zulässig.

(4) [1]Die Beschwerde ist innerhalb von zwei Wochen nach Bekanntgabe der Entscheidung bei dem Berufsgericht schriftlich oder zur Niederschrift der Geschäftsstelle einzulegen. [2]Die Beschwerdefrist ist auch gewahrt, wenn die Beschwerde innerhalb der Frist beim Berufsobergericht eingeht.

(5) Hält das Berufsgericht oder die oder der Vorsitzende, deren oder dessen Entscheidung angefochten wird, die Beschwerde für begründet, so ist ihr abzuhelfen; sonst ist sie unverzüglich dem Berufsobergericht zur Entscheidung vorzulegen.

(6) [1]Über die Beschwerde entscheidet das Berufsobergericht ohne mündliche Verhandlung durch Beschluss. [2]Hält das Berufsobergericht die Beschwerde für begründet, so erlässt es zugleich die in der Sache erforderliche Entscheidung.

§ 83 Wiederaufnahme des Verfahrens

(1) Für die Wiederaufnahme eines rechtskräftig abgeschlossenen berufsgerichtlichen Verfahrens gilt § 41 des Disziplinargesetzes in Verbindung mit Teil 4 Kapitel 5 des Bundesdisziplinargesetzes entsprechend.

(2) Die Wiederaufnahme des berufsgerichtlichen Verfahrens können das Kammermitglied und die Kammer beantragen.

§ 84 Rechtsschutz bei überlanger Verfahrensdauer

Die Vorschriften des Siebzehnten Titels des Gerichtsverfassungsgesetzes sind mit der Maßgabe entsprechend anzuwenden, dass an die Stelle des Oberlandesgerichts das Oberverwaltungsgericht, an die Stelle des Bundesgerichtshofs das Bundesverwaltungsgericht und an die Stelle der Zivilprozessordnung die Verwaltungsgerichtsordnung tritt.

Kapitel 7
Kosten und Vollstreckung

§ 85 Kosten

(1) [1]Jede Entscheidung in der Hauptsache muss bestimmen, wer die Kosten des Verfahrens zu tragen hat. [2]Kosten sind die Gerichtskosten (Gebühren und Auslagen) und die notwendigen Aufwendungen für eine zweckentsprechende Rechtsvertretung einschließlich der Gebühren und Auslagen für Bevollmächtigte und Beistände. [3]Die Kosten werden durch die Urkundsbeamtin oder den Urkundsbeamten der Geschäftsstelle festgesetzt. [4]Über Erinnerungen gegen die Kostenfestsetzung entscheidet das Berufsgericht endgültig.

(2) [1]Die Gebühren hat das Kammermitglied zu tragen. [2]Gebühren werden nur festgesetzt, wenn dem Kammermitglied eine berufsgerichtliche Maßnahme nach § 76 Absatz 1 oder § 79 Absatz 1 auferlegt wurde oder die Rüge durch das Berufsgericht nach § 65 Absatz 7 dem Grunde nach bestätigt wurde. [3]Die Gebühren betragen 150 Euro bis 1 000 Euro im ersten Rechtszug und 300 Euro bis 2 000 Euro im Berufungsverfahren. [4]Die Höhe der Gebühr bestimmt das Berufsgericht unter Berücksichtigung der Bedeutung des Verfahrens, der Schwere des Berufsvergehens und der persönlichen Verhältnisse des Kammermitglieds.

(3) Für die Erhebung von Auslagen gilt Teil 9 des Kostenverzeichnisses der Anlage 1 zu § 3 Absatz 2 des Gerichtskostengesetzes in der Fassung der Bekanntmachung vom 27. Februar 2014 (BGBl. I S. 154), das zuletzt durch Artikel 4 des Gesetzes vom 12. Juli 2018 (BGBl. I S. 1151) geändert worden ist, in der jeweils geltenden Fassung.

(4) [1]Wird auf eine berufsgerichtliche Maßnahme nach § 76 Absatz 1 erkannt, die Rüge durch das Berufsgericht nach § 65 Absatz 7 dem Grunde nach bestätigt oder das berufsgerichtliche Verfahren nach § 75 Absatz 3 eingestellt, sind die notwendigen Auslagen der Kammer dem Kammermitglied aufzuerlegen. [2]Entsprechendes gilt, wenn das berufsgerichtliche Verfahren nach § 75 Absatz 1 und 2 Nummer 2 eingestellt wird, obwohl das Kammermitglied nach dem Ergebnis der Ermittlungen ein Berufsvergehen begangen hat. [3]Wird das berufsgerichtliche Verfahren aus anderen Gründen eingestellt, entscheidet das Gericht nach billigem Ermessen über die Erstattung der notwendigen Auslagen. [4]Wird das Kammermitglied freigesprochen oder der Rügebescheid durch das Berufsgericht nach § 65 Absatz 7 aufgehoben, sind die notwendigen Auslagen des Kammermitglieds der Kammer aufzuerlegen.

(5) Auslagen können abweichend von Absatz 4 ganz oder teilweise dem Kammermitglied oder der Kammer auferlegt werden, soweit sie schuldhaft entstanden sind.

(6) Die Einnahmen an Gebühren, Ordnungsgeldern und Geldbußen nach § 76 Absatz 1 Nummer 2 fließen dem Land Berlin zu.

(7) Die persönlichen und sächlichen Kosten der Berufsgerichtsbarkeit trägt das Land Berlin.

§ 86 Vollstreckung

(1) [1]Für die Vollstreckung gilt der siebzehnte Abschnitt der Verwaltungsgerichtsordnung entsprechend. [2]Die auf Grund dieses Gesetzes ergangenen Entscheidungen sind vollstreckbar, sobald sie rechtskräftig geworden sind. [3]Vollstreckbar sind auch bestandskräftige Rügen nach § 64 Absatz 3 und § 65.

(2) Der Verweis gilt mit dem Eintritt der Rechtskraft des Urteils als vollstreckt.

(3) Die in § 76 Absatz 1 Nummer 3 und 4 aufgeführten berufsgerichtlichen Maßnahmen werden mit dem Eintritt der Rechtskraft des Urteils wirksam.

§ 87 Eintragung und Löschung berufsrechtlicher Maßnahmen

(1) [1]Rügen und berufsgerichtliche Maßnahmen sind in das Berufsverzeichnis einzutragen. [2]Sie sind nach fünf Jahren aus dem Berufsverzeichnis zu löschen. [3]War das der berufsrechtlichen Maßnahme zugrundeliegende Berufsvergehen ursächlich oder mitursächlich für den Tod eines Menschen, erfolgt eine Löschung nach zehn Jahren.

(2) [1]Die Frist beginnt, sobald die Entscheidung über die berufsrechtliche Maßnahme unanfechtbar geworden ist. [2]Sie endet nicht, solange gegen das Kammermitglied ein Strafverfahren, ein berufsgerichtliches Verfahren, ein Disziplinarverfahren, ein Verfahren auf Widerruf oder Rücknahme der Approbation oder Berufserlaubnis oder ein Verfahren zur Aberkennung der Erlaubnis zum Führen einer Berufsbezeichnung schwebt oder ein auf Geldbuße lautendes Urteil noch nicht vollstreckt ist.

Teil 5
Übergangs- und Schlussbestimmungen

§ 88 Satzungen; Heilberufsversorgungswerks-Aufsichtsverordnung

(1) Die am 30. November 2018 bestehenden Satzungen gelten fort, soweit einzelne Bestimmungen diesem Gesetz nicht widersprechen.

(2) Die Heilberufsversorgungswerks-Aufsichtsverordnung vom 17. Januar 2008 (GVBl. 2008 S. 11) gilt fort.

§ 89 Organe

Die gewählten Organe der Kammern und Versorgungseinrichtungen, die sich am 30. November 2018 im Amt befinden, bleiben bis zum Ablauf ihrer Amtszeit, die sich nach den bis zum 30. November 2018 maßgebenden Bestimmungen richtet, im Amt.

§ 90 Stichtagsregelung für Versorgungseinrichtungen

Die §§ 21 bis 25 gelten nicht für Kammern, die nach dem 22. September 1999 gegründet worden sind.

§ 91 Weiterbildung

(1) [1]Für Kammermitglieder, die sich am 30. November 2018 in einer Weiterbildung befinden, sind die bis zu diesem Zeitpunkt für die Weiterbildung maßgeblichen Rechtsvorschriften (§ 94 Absatz 2 Nummer 2 bis 6) weiterhin anzuwenden. [2]Sie erhalten von der Kammer eine Anerkennung nach diesem Gesetz.

(2) [1]Die vor dem 30. November 2018 von den Kammern erteilten Anerkennungen gelten als Anerkennungen nach diesem Gesetz mit der Maßgabe fort, dass die in diesem Gesetz und in den Weiterbildungsordnungen nach § 39 bestimmten Bezeichnungen zu führen sind. [2]Das Gleiche gilt für Facharzt- und Fachtierarztanerkennungen, die vom Magistrat der Stadt Berlin oder vom Magistrat von Groß-Berlin in der Zeit zwischen dem 8. Mai 1945 und dem 1. Dezember 1948 und nach dem letztgenannten Tage zunächst vom Magistrat von Groß-Berlin, der im Geltungsbereich dieses Gesetzes amtierte, und später vom Senator für Gesundheitswesen ausgesprochen worden sind. [3]Dies gilt auch für die Facharzt- und Fachtierarztanerkennungen, die die Kammern im Geltungsbereich der Bundesärzteordnung vor dem 1. Januar 1962 für Berliner Ärztinnen und Ärzte und Tierärztinnen und Tierärzte ausgesprochen haben, und für Facharztanerkennungen, die vor dem 8. Mai 1945 durch den Reichsverband der Zahnärzte Deutschlands oder die Deutsche Zahnärzteschaft e.V. und nach diesem Zeitpunkt bis zum 31. Dezember 1961 durch den Verband der Zahnärzte von Berlin ausgesprochen worden sind.

(3) Die vor dem 30. November 2018 erteilten Ermächtigungen zur Weiterbildung und Zulassungen von Weiterbildungsstätten gelten als Befugnisse zur Weiterbildung und Zulassungen von Weiterbildungsstätten nach diesem Gesetz fort.

§ 92 Berufsvergehen

Auf Berufsvergehen, die vor dem 30. November 2018 begangen worden sind, sind die bis zu diesem Zeitpunkt maßgeblichen Rechtsvorschriften (§ 94 Absatz 2 Nummer 1) weiterhin anzuwenden.

§ 93 Richterinnen und Richter, ehrenamtliche Richterinnen und Richter und Untersuchungsführer

Die am 30. November 2018 im Amt befindlichen Richterinnen und Richter, die ehrenamtlichen Richterinnen und Richter des Berufsgerichts und des Berufsobergerichts sowie die Untersuchungsführer bleiben solange im Amt, bis die entsprechenden Bestellungen, Bestimmungen und Wahlen nach § 62 Absatz 2, § 69 und § 70 erfolgt sind.

§ 94 Inkrafttreten und Außerkrafttreten

(1) Dieses Gesetz tritt am 30. November 2018 in Kraft.

(2) Gleichzeitig treten außer Kraft

1. das Gesetz über die Kammern und die Berufsgerichtsbarkeit der Ärzte, Zahnärzte, Tierärzte, Apotheker, Psychologischen Psychotherapeuten und Kinder- und Jugendlichenpsychotherapeuten (Berliner Kammergesetz) in der Fassung vom 4. September 1978 (GVBl. S. 1937), das zuletzt durch Artikel 6 des Gesetzes vom 9. Mai 2016 (GVBl. S. 226) geändert worden ist,
2. das Gesetz über die Weiterbildung von Ärzten, Zahnärzten, Tierärzten, Apothekern, Psychologischen Psychotherapeuten und Kinder- und Jugendlichenpsychotherapeuten vom 20. Juli 1978 (GVBl. S. 1493), das zuletzt durch Artikel 7 des Gesetzes vom 9. Mai 2016 (GVBl. S. 226) geändert worden ist,
3. die Verordnung über die Weiterbildung von Ärzten und Zahnärzten im Gebiet „Öffentliches Gesundheitswesen" vom 18. Mai 1981 (GVBl. S. 626), die zuletzt durch Nummer 41 der Anlage des Gesetzes vom 6. April 1987 (GVBl. S. 1302) geändert worden ist,
4. die Verordnung über die Weiterbildung von Apothekern auf dem Gebiet „Öffentliches Pharmaziewesen" vom 7. Februar 1989 (GVBl. S. 470), die zuletzt durch Nummer 61 der Anlage des Gesetzes vom 17. Oktober 1994 (GVBl. S. 428) geändert worden ist,
5. die Verordnung über die Weiterbildung von Tierärzten auf dem Gebiet „Öffentliches Veterinärwesen" vom 19. August 1993 (GVBl. S. 399), die zuletzt durch Nummer 82 der Anlage zum Gesetz vom 30. Juli 2001 (GVBl. S. 313) geändert worden ist.

Anlagen 1–4 (hier nicht abgedruckt)

Verordnung zur Ausführung des Gaststättengesetzes (Gaststättenverordnung – GastV –)

Vom 10. September 1971 (GVBl. S. 1778)
(BRV 7103-1)

zuletzt geändert durch Art. 39 VO zur Anpassung von Formvorschriften im Berliner Landesrecht vom 1. September 2020 (GVBl. S. 683)

Auf Grund von § 4 Abs. 3, § 18 Abs. 1, § 21 Abs. 2 und § 30 des Gaststättengesetzes vom 5. Mai 1970 (BGBl. I S. 465, 1298/GVBl. S. 834, 1662), § 1 Abs. 4 und § 3 Abs. 3 des Polizeizuständigkeitsgesetzes vom 2. Oktober 1958 (GVBl. S. 959), zuletzt geändert durch Gesetz vom 22. Juni 1970 (GVBl. S. 928)[1)], und § 20 Buchst. a des Verwaltungsverfahrensgesetzes vom 2. Oktober 1958 (GVBl. S. 951), zuletzt geändert durch Gesetz vom 10. Juli 1969 (GVBl. S. 884), wird verordnet:

§ 1 Verfahren

(1) [1]Der Antrag auf Erteilung einer Erlaubnis, einer Stellvertretungserlaubnis, einer vorläufigen Erlaubnis, einer vorläufigen Stellvertretungserlaubnis oder einer Gestattung im Sinne der §§ 2, 9, 11 und 12 des Gaststättengesetzes ist schriftlich oder elektronisch einzureichen. [2]Die Antragstellerin oder der Antragsteller hat die Angaben zu machen und die Unterlagen beizubringen, die für die Bearbeitung und Beurteilung des Antrages von Bedeutung sein können.

(2) [1]In dem Antrag auf Erteilung einer Erlaubnis oder Gestattung sind insbesondere erforderlich Angaben und Unterlagen über

1. die Person der Antragstellerin oder des Antragstellers,
2. die Betriebsart,
3. die zum Betrieb des Gewerbes bestimmten Räume.

[2]Das Bezirksamt ist berechtigt, Bauzeichnungen im Maßstab 1:100, insbesondere Grundrisse und Schnitte, zu verlangen.

(3) In dem Antrag auf Erteilung einer Stellvertretungserlaubnis sind Angaben über die Person der Antragstellerin oder des Antragstellers und der Stellvertreterin oder des Stellvertreters zu machen.

(4) [1]Die Entscheidung über den Antrag und Zusagen auf Erlaß eines stattgebenden Bescheides bedürfen der Schriftform. [2]Dasselbe gilt für die Verkürzung oder Aufhebung der Sperrzeit nach § 8.

§ 2 Sachlicher Anwendungsbereich

Für die zum Betrieb des Gewerbes und zum Aufenthalt der Beschäftigten bestimmten Räume gelten – unabhängig von den Vorschriften des Baurechts, des Arbeitsschutzrechts und der Lebensmittelhygiene sowie von sonstigen öffentlich-rechtlichen Bestimmungen – die folgenden besonderen Anforderungen.

§ 3 Schank- und Speisewirtschaften

(1) [1]Die dem Betrieb des Gewerbes dienenden Räume müssen leicht zugänglich sein und die ordnungsmäßige Überwachung durch die hiermit beauftragten Personen ermöglichen. [2]Der Hauptzugang zu Schank- und Speisewirtschaften muss barrierefrei und die den Gästen dienenden Räume der Schank- und Speisewirtschaften müssen barrierefrei zugänglich und nutzbar sein.

(2) [1]In Rettungswegen liegende Türen müssen in Fluchtrichtung aufschlagen. [2]Türen dürfen beim Öffnen nicht in die Verkehrsfläche hineinragen. [3]Die lichte Breite der Eingangstür muss mindestens 0,90 m betragen.

§ 4 Toiletten

(1) [1]Die Toiletten für die Gäste müssen leicht erreichbar, nutzbar und gekennzeichnet sein. [2]Ab einer Schank- und Speiseraumgrundfläche von 50 m^2 muss mindestens eine barrierefrei gestaltete Toilette für mobilitätsbehinderte Gäste benutzbar sein. [3]§ 5 gilt entsprechend.

(2) In Schank- oder Speisewirtschaften müssen, soweit in Absatz 5 nichts Abweichendes bestimmt ist, mindestens vorhanden sein:

---

1) Siehe nunmehr das Allgemeine Sicherheits- und OrdnungsG v. 14.4.1992 (GVBl. S. 119).

Schank-/Speiseraumfläche m²	Spültoiletten Damen	Spültoiletten Herren	PP-Becken Stück
bis 50	1 Spültoilette		
über 50 bis 150	2	1	2
über 150 bis 300	4	2	4
darüber Festsetzung im Einzelfall			

(3) [1]Toilettenanlagen für „Damen“ und „Herren“ müssen durch durchgehende Wände voneinander getrennt sein. [2]Jede Toilettenanlage muss einen Vorraum mit Waschbecken, Seifenspender und hygienisch einwandfreier Handtrocknungseinrichtung haben. [3]Gemeinschaftshandtücher sind unzulässig.

(4) [1]Toiletten und PP-Becken müssen Wasserspülung haben; der Einbau von PP-Becken, die auf Grund ihrer Konstruktion auf chemischer Grundlage ohne Wasserspülung funktionieren, ist zulässig. [2]Die nach Absatz 2 notwendigen Toiletten dürfen nicht durch Münzautomaten oder ähnliche Einrichtungen versperrt oder nur gegen Entgelt zugänglich sein.

(5) [1]Eine Toilette für Gäste ist nicht erforderlich, wenn bei einer Aufenthatsfläche für Gäste von höchstens 50 m² nicht mehr als zehn Sitzplätze für Gäste bereitgestellt werden. [2]In diesen Fällen ist im Eingangsbereich deutlich auf das Fehlen einer Gästetoilette hinzuweisen.

§ 5 Abweichungen

(1) Von der Erfüllung einzelner der in den §§ 2 bis 4 gestellten Mindestanforderungen kann abgewichen werden, soweit die Abweichung mit den in § 4 Abs. 1Satz 1 Nr. 2 und 2a des Gaststättengesetzes geschützten Belangen vereinbar ist,

1. bei Betrieben, deren Umfang durch die Betriebsart, durch die Beschränkung der Aufenthaltsfläche und die Zahl der Sitzplätze für Gäste oder die Art der zugelassenen Getränke oder zubereiteten Speisen beschränkt ist,
2. wenn Gründe des allgemeinen Wohles die Abweichung erfordern oder die Durchführung der Vorschrift im Einzelfall zu einer nicht beabsichtigten Härte führen würde und öffentliche Belange nicht entgegenstehen.

(2) Von der Erfüllung der in § 3 Abs. 1 Satz 2 genannten Anfordrungen kann in begründeten Ausnahmefällen abgewichen werden bei Betrieben, die vor dem Inkrattreten dieser Verordnung befugt errichtet worden sind und in dem seitherigen Umfang weitergeführt werden sollen.

§ 6 Allgemeine Sperrzeit

(1) Die Sperrzeit für Schank- und Speisewirtschaften sowie für öffentliche Vergnügungsstätten und Spielhallen beginnt um 05.00 Uhr und endet um 06.00 Uhr.

(2) In der Nacht zum 1. Januar, zum 1. Mai und zum 2. Mai ist die Sperrzeit nach Absatz 1 aufgehoben.

§ 7 Allgemeine Ausnahmen

Bei Vorliegen eines öffentlichen Bedürfnisses oder besonderer örtlicher Verhältnisse kann die Sperrzeit allgemein verlängert, verkürzt oder aufgehoben werden.

§ 8 Ausnahmen für einzelne Betriebe

[1]Bei Vorliegen eines öffentlichen Bedürfnisses, insbesondere zum Schutz der öffentlichen Sicherheit und Ordnung, oder bei Vorliegen besonderer örtlicher Verhältnisse kann für einzelne Betriebe der Beginn der Sperrzeit bis 20.00 Uhr vorverlegt und das Ende der Sperrzeit bis 07.00 Uhr hinausgeschoben oder die Sperrzeit befristet und widerruflich verkürzt oder aufgehoben werden. [2]In den Fällen der Verkürzung oder Aufhebung der Sperrzeit können jederzeit Auflagen erteilt werden.

§ 9 Ordnungswidrigkeiten

Ordnungswidrig nach § 28 Abs. 1 Nr. 12 des Gaststättengesetzes handelt, wer vorsätzlich oder fahrlässig einer vollziehbaren Auflage nach § 8 Satz 2 nicht, nicht vollständig oder nicht rechtzeitig nachkommt.

§ 10 Inkrafttreten und Übergangsregelung

(1) Diese Verordnung tritt am ersten Tage des zweiten auf die Verkündung[1] im Gesetz- und Verordnungsblatt für Berlin folgenden Kalendermonats in Kraft.

(2) *[nicht wiedergegebene Aufhebungsvorschriften]*

1) Verkündet am 22.9.1971.

Gesetz über die Sonn- und Feiertage

Vom 28. Oktober 1954 (GVBl. S. 615)
(BRV 92)
zuletzt geändert durch Art. 1, Art. 2 Drittes ÄndG vom 30. Januar 2019 (GVBl. S. 22)

Das Abgeordnetenhaus hat das folgende Gesetz beschlossen:

§ 1 Allgemeine Feiertage

(1) Allgemeine Feiertage sind außer den Sonntagen:
1. der Neujahrstag
2. der Frauentag (8. März)
3. der Karfreitag
4. der Ostermontag
5. der 1. Mai
6. der Himmelfahrtstag
7. der Pfingstmontag
8. der Tag der deutschen Einheit
9. der 1. Weihnachtstag
10. der 2. Weihnachtstag

(2) Die in Absatz 1 bezeichneten Tage sind allgemeine, gesetzliche und staatlich anerkannte Feiertage und Festtage auch im Sinne anderer gesetzlicher Bestimmungen.

(3) Die Sonntage und allgemeinen Feiertage genießen als Tage der Arbeitsruhe und der seelischen Erhebung staatlichen Schutz.

§ 2 Religiöse Feiertage

(1) Religiöse Feiertage im Sinne dieses Gesetzes sind Feiertage, die von den christlichen Kirchen, den muslimischen Glaubensgemeinschaften, der Jüdischen Gemeinde zu Berlin und anderen Religionsgesellschaften begangen werden und nicht allgemeine Feiertage im Sinne des § 1 sind.

(2) Den in einem Ausbildungs- oder Beschäftigungsverhältnis stehenden Angehörigen einer Religionsgesellschaft ist an den religiösen Feiertagen ihres Bekenntnisses Gelegenheit zum Besuch der religiösen Veranstaltungen zu geben, soweit nicht unabweisbare betriebliche Notwendigkeiten entgegenstehen.

§ 3 Gedenk- und Trauertage

(1) Der 18. März als Jahrestag der Märzrevolution ist Gedenktag.

(2) Der 8. Mai als Jahrestag der Befreiung vom Nationalsozialismus und der Beendigung des Zweiten Weltkrieges in Europa ist Gedenktag.

(3) Der 17. Juni als Jahrestag des Volksaufstandes in der DDR ist Gedenktag.

(4) Der 9. November als Jahrestag der Novemberrevolution und Ausrufung der Republik, der Novemberpogrome und des Berliner Mauerfalls ist Gedenktag.

(5) Der Volkstrauertag (vorletzter Sonntag vor dem 1. Advent) ist Gedenk- und Trauertag.

(6) Der Totensonntag (letzter Sonntag vor dem 1. Advent) ist Gedenk- und Trauertag.

§ 4 Ermächtigung zum Erlaß von Rechtsvorschriften

[1]Der Senat wird ermächtigt, die zur Durchführung des Gesetzes erforderlichen Rechts- und Verwaltungsvorschriften, insbesondere Vorschriften über den Schutz der Sonntage, der allgemeinen und der religiösen Feiertage sowie der Gedenk- und Trauertage, zu erlassen. [2]Diese Vorschriften können sich auch auf den Schutz des Tages vor dem Weihnachtsfest (Heiligabend) und der Woche vor Ostern (Karwoche) beziehen. [3]Das Grundrecht der Versammlungsfreiheit (Artikel 8 des Grundgesetzes) wird insoweit eingeschränkt.

§ 5 Ordnungswidrigkeiten

(1) [1]Ordnungswidrig handelt, wer vorsätzlich oder fahrlässig gegen die auf Grund des § 4 erlassenen Schutzvorschriften verstößt; soweit die Schutzvorschrift für einen bestimmten Tatbestand auf diese

Bußgeldvorschrift verweist. [2]Die Verweisung ist nicht erforderlich, soweit die Vorschrift vor dem 1. Juli 1969 erlassen worden ist.

(2) Die Ordnungswidrigkeit kann mit einer Geldbuße geahndet werden.

§ 6 Inkrafttreten und Aufhebung früherer Vorschriften

(1) Die Vorschrift des § 4 dieses Gesetzes tritt am Tage nach der Verkündung im Gesetz- und Verordnungsblatt für Berlin in Kraft.

(2) [1]Im übrigen tritt das Gesetz einen Monat nach seiner Verkündung in Kraft. [2]Mit dem gleichen Zeitpunkt werden folgende Rechtsvorschriften aufgehoben, soweit sie nicht bereits außer Kraft getreten sind:

1. das Gesetz über die Feiertage vom 27. Februar 1934 (RGBl. I S. 129),
2. das Gesetz über einmalige Sonderfeiertage vom 17. April 1939 (RGBl. I S. 763),
3. das Gesetz über den Heldengedenktag und den Gedenktag für die Gefallenen der Bewegung vom 25. Februar 1939 (RGBl. I S. 322),
4. die Verordnung über den Schutz der Sonn- und Feiertage vom 16. März 1934 (RGBl. I S. 199) in der Fassung der Verordnung vom 1. April 1935 (RGBl. I S. 510),
5. die Verordnung zur Durchführung des Feiertagsgesetzes vom 18. Mai 1934 (RGBl. I S. 394),
6. die Verordnung über das Veranstalten von Tanzlustbarkeiten in der Woche vor Ostern vom 3. April 1938 (RGBl. I S. 363),
7. die Verordnung über den Schutz des Heldengedenktages vom 6. März 1944 (RGBl. I S. 62),
8. die Verordnung über die Handhabung des Feiertagsrechts während des Krieges vom 27. Oktober 1941 (RGBl. I S. 662),
9. die Verordnung über den Schutz des Bußtages vom 10. November 1942 (RGBl. I S. 639),
10. die Polizeiverordnung über den Schutz der kirchlichen Feiertage vom 19. Mai 1934 (GS. S. 301) in der Fassung vom 24. Juli 1935 (GS. S. 108),
11. die Verordnung über kirchliche Feiertage vom 5. Mai 1941 (GS S. 21),
12. das Gesetz über die Feiertage vom 14. Dezember 1949 (VOBl. I S. 496),
13. die Verordnung zur Durchführung des Gesetzes über die Feiertage vom 25. Oktober 1952 (GVBl. S. 956).

(3) Soweit in Gesetzen oder Verordnungen auf die nach Absatz 2 aufgehobenen Vorschriften Bezug genommen wird, treten an ihre Stelle die Vorschriften dieses Gesetzes und der zu seiner Durchführung ergangenen Rechtsverordnungen.

Verordnung über den Schutz der Sonn- und Feiertage (Feiertagsschutz-Verordnung – FSchVO)

Vom 5. Oktober 2004 (GVBl. S. 441)
(BRV 1131-1-1)

Auf Grund von § 4 des Gesetzes über die Sonn- und Feiertage vom 28. Oktober 1954 (GVBl. S. 615), zuletzt geändert durch Gesetz vom 2. Dezember 1994 (GVBl. S. 491), wird verordnet:

§ 1 [Geschützte Sonn- und Feiertage]

Die in dem Gesetz über die Sonn- und Feiertage vom 28. Oktober 1954 (GVBl. S. 615) benannten allgemeinen Feiertage, Gedenk- und Trauertage, die Feiertage, die von den Kirchen und Religionsgesellschaften begangen werden, der Tag vor dem Weihnachtsfest (Heiligabend) sowie die Sonntage sind, soweit über die Zeitdauer des Schutzes nichts anderes bestimmt ist, in der Zeit von 0.00 bis 24.00 Uhr nach Maßgabe der folgenden Vorschriften geschützt.

§ 2 [Arbeitsverbote]

[1]An Sonntagen und allgemeinen Feiertagen sind öffentlich bemerkbare Arbeiten verboten. [2]Dieses Verbot gilt nicht

1. für Arbeiten, die nach Bundes- oder Landesrecht allgemein oder im Einzelfall zugelassen sind;
2. für unaufschiebbare Arbeiten im Bereich des Post- und Fernmeldewesens, des Eisenbahnverkehrs, der Schifffahrt, der Luftfahrt, des öffentlichen und privaten Personenverkehrs, des Güterfernverkehrs und der Versorgungsbetriebe;
3. für unaufschiebbare Arbeiten, die zur Verhütung oder Beseitigung eines Notstandes erforderlich sind;
4. für Selbstbedienungswaschsalons sowie für Floh-, Trödel- und ähnliche Märkte.

§ 3 [Verbot der Störung religiöser Feiern]

An Sonntagen, an allgemeinen Feiertagen mit religiösem Anlass, an Feiertagen, die von den Kirchen und Religionsgesellschaften begangen werden, und am Tag vor dem Weihnachtsfest (Heiligabend) sind alle über das gewöhnliche Maß hinausgehenden Veranstaltungen und Handlungen verboten, durch die der Gottesdienst oder andere religiöse Feiern in Kirchen, Moscheen, Synagogen und den entsprechenden Baulichkeiten anderer Religionsgesellschaften unmittelbar gestört werden.

§ 4 [Verbote an Karfreitag, am Volkstrauertag und am Totensonntag]

Am Karfreitag, am Volkstrauertag und am Totensonntag sind in der Zeit von 4.00 bis 21.00 Uhr über die Vorschriften der §§ 2 und 3 hinaus verboten:

1. öffentliche Sportveranstaltungen, sofern diese mit Unterhaltungsmusik oder anderen Unterhaltungsprogrammen verbunden sind;
2. in Räumen mit Schankbetrieb musikalische Darbietungen jeder Art;
3. öffentliche Tanzveranstaltungen;
4. alle sonstigen öffentlichen Veranstaltungen, sofern durch sie die den einzelnen Tagen entsprechende besondere Feiertagsruhe unmittelbar gestört wird.

§ 5 [Ausnahmen]

Beim Vorliegen eines dringenden Bedürfnisses kann die zuständige Behörde im Einzelfall Ausnahmen von den in den §§ 2, 3 und 4 vorgesehenen Verboten und Beschränkungen zulassen.

§ 6 [Ordnungswidrigkeiten]

Ordnungswidrig im Sinne des § 5 des Gesetzes über die Sonn- und Feiertage handelt, wer ohne Ausnahmezulassung nach § 5 vorsätzlich oder fahrlässig

1. entgegen § 2 an Sonntagen und allgemeinen Feiertagen eine öffentlich bemerkbare Arbeit vornimmt;
2. entgegen § 3 an Sonntagen, an allgemeinen Feiertagen mit religiösem Anlass, an Feiertagen, die von den Kirchen und Religionsgesellschaften begangen werden, oder am Tag vor dem Weihnachtsfest (Heiligabend) eine über das gewöhnliche Maß hinausgehende Veranstaltung durchführt oder eine entsprechende Handlung vornimmt, durch die der Gottesdienst oder eine andere religiöse

Feier in Kirchen, Moscheen, Synagogen und den entsprechenden Baulichkeiten anderer Religionsgesellschaften unmittelbar gestört wird;

3. entgegen § 4 an den dort genannten Tagen in der Zeit von 4.00 bis 21.00 Uhr eine öffentliche Veranstaltung durchführt oder eine musikalische Darbietung vornimmt.

§ 7 [In-Kraft-Treten]

(1) [1]Diese Verordnung tritt am Tage nach der Verkündung[1)] im Gesetz- und Verordnungsblatt für Berlin in Kraft. [2]Zugleich tritt die Feiertagsschutzverordnung vom 29. November 1954 (GVBl. S. 643, 784), zuletzt geändert durch Verordnung vom 23. Juni 1995 (GVBl. S. 386), außer Kraft.

(2) Ausnahmezulassungen nach § 9 der Feiertagsschutzverordnung vom 29. November 1954 (GVBl. S. 643, 784), zuletzt geändert durch Verordnung vom 23. Juni 1995 (GVBl. S. 386), gelten in ihrem bisherigen Umfang als Ausnahmezulassungen nach § 5 dieser Verordnung fort.

1) Verkündet am 19.10.2004.

Berliner Ladenöffnungsgesetz (BerlLadÖffG)

Vom 14. November 2006 (GVBl. S. 1046)
(BRV 8050-3)
zuletzt geändert durch Art. 1 Zweites ÄndG vom 13. Oktober 2010 (GVBl. S. 467)

Das Abgeordnetenhaus hat das folgende Gesetz beschlossen:

§ 1 Geltungsbereich

Dieses Gesetz regelt die Ladenöffnungszeiten von gewerblichen Anbietern sowie damit zusammenhängend die Beschäftigung der Arbeitnehmerinnen und Arbeitnehmer als Verkaufspersonal in Verkaufsstellen des Einzelhandels.

§ 2 Begriffsbestimmungen

(1) Verkaufsstellen sind

1. Ladengeschäfte aller Art, Apotheken, Tankstellen, Verkaufseinrichtungen auf Personenbahnhöfen, auf Flughäfen und in Reisebusterminals,
2. sonstige Verkaufsstände, Kioske und ähnliche Einrichtungen, in denen von einer festen Stelle aus ständig Waren zum Verkauf an jedermann angeboten werden,
3. mobile Verkaufsstände, insbesondere Bauchläden, Kraftfahrzeuge und sonstige mobile Verkaufseinrichtungen, in denen von einer nicht ortsfesten Stelle aus Waren zum Verkauf an jedermann angeboten werden.

(2) [1]Anbieten ist das gewerbliche Anbieten von Waren zum Verkauf. [2]Ihm steht das Zeigen von Mustern, Proben und Ähnlichem gleich, wenn Warenbestellungen am Ort des Anbietens entgegengenommen werden können.

(3) Reisebedarf sind Straßenkarten, Stadtpläne, Zeitungen, Zeitschriften, Reiselektüre, Schreibmaterialien, Andenken, Tabakwaren, Blumen, Reisetoilettenartikel, Bedarf für Reiseapotheken, Verbrauchsmaterial für Film- und Fotozwecke, Tonträger, Spielzeug geringen Wertes, Lebens- und Genussmittel in kleinen Mengen sowie ausländische Geldsorten.

(4) [1]Ein Kunst- und Gebrauchtwarenmarkt ist ein zeitlich begrenzter Markt, auf dem Kunstgegenstände, Kunsthandwerk und Gebrauchtwaren gewerblich von einer Vielzahl von Anbietern an Ständen angeboten werden. [2]Die Öffnungszeiten des Marktes werden abschließend durch dieses Gesetz geregelt. [3]Die Vorschriften der Gewerbeordnung bleiben unberührt.

(5) Feiertage sind die gesetzlichen Feiertage.

(6) Fernbahnhöfe im Sinne dieses Gesetzes sind Hauptbahnhof, Ostbahnhof, Südkreuz, Gesundbrunnen und Spandau und Bahnhöfe mit besonders langlaufenden Regionalzügen wie Zoologischer Garten, Friedrichstraße, Alexanderplatz, Potsdamer Platz, Wannsee, Lichterfelde Ost und Lichtenberg.

§ 3 Allgemeine Ladenöffnungszeiten

(1) Verkaufsstellen dürfen an Werktagen von 0.00 bis 24.00 Uhr geöffnet sein.

(2) Verkaufsstellen müssen, soweit die §§ 4 bis 6 nichts Abweichendes bestimmen, geschlossen sein

1. an Sonn- und Feiertagen,
2. am 24. Dezember, wenn dieser Tag auf einen Werktag fällt, ab 14.00 Uhr.

(3) Die Absätze 1 und 2 gelten auch für Kunst- und Gebrauchtwarenmärkte.

(4) Die bei Ladenschluss anwesenden Kundinnen und Kunden dürfen noch bedient werden.

§ 4 Verkauf bestimmter Waren an Sonn- und Feiertagen

(1) An Sonn- und Feiertagen dürfen öffnen

1. Verkaufsstellen, die für den Bedarf von Touristen ausschließlich Andenken, Straßenkarten, Stadtpläne, Reiseführer, Tabakwaren, Verbrauchsmaterial für Film- und Fotozwecke, Bedarfsartikel für den alsbaldigen Verbrauch sowie Lebens- und Genussmittel zum sofortigen Verzehr anbieten, von 13.00 bis 20.00 Uhr und am 24. Dezember, wenn dieser Tag auf einen Adventssonntag fällt, von 13.00 bis 17.00 Uhr,

2. Verkaufsstellen zur Versorgung der Besucherinnen und Besucher auf dem Gelände oder im Gebäude einer Veranstaltung oder eines Museums mit themenbezogenen Waren oder mit Lebens- und Genussmitteln zum sofortigen Verzehr während der Veranstaltungs- und Öffnungsdauer,
3. Verkaufsstellen, deren Angebot ausschließlich aus einer oder mehreren der Warengruppen Blumen und Pflanzen, Zeitungen und Zeitschriften, Back- und Konditorwaren, Milch und Milcherzeugnisse besteht, von 7.00 bis 16.00 Uhr und am 24. Dezember, wenn dieser Tag auf einen Adventssonntag fällt, von 7.00 bis 14.00 Uhr,
4. Verkaufsstellen mit überwiegendem Lebens- und Genussmittelangebot am 24. Dezember, wenn dieser Tag auf einen Adventssonntag fällt, von 7.00 bis 14.00 Uhr,
5. Kunst- und Gebrauchtwarenmärkte von 7.00 bis 18.00 Uhr.

(2) In Verkaufsstellen nach § 2 Abs. 1 Nr. 3
1. darf leicht verderbliches Obst und Gemüse vom Erzeuger angeboten werden an Sonn- und Feiertagen und am 24. Dezember, wenn dieser Tag auf einen Adventssonntag fällt, von 7.00 bis 14.00 Uhr,
2. dürfen Weihnachtsbäume angeboten werden an Adventssonntagen von 7.00 bis 20.00 Uhr und am 24. Dezember, wenn dieser Tag auf einen Adventssonntag fällt, von 7.00 bis 14.00 Uhr.

(3) [1]Am Ostermontag, Pfingstmontag und am zweiten Weihnachtsfeiertag dürfen als Waren nach Absatz 1 Nr. 3 nur Zeitungen und Zeitschriften und in Verkaufsstellen nach § 2 Abs. 1 Nr. 3 leicht verderbliches Obst und Gemüse vom Erzeuger angeboten werden. [2]Am Karfreitag, Volkstrauertag und Totensonntag dürfen Kunst- und Gebrauchtwarenmärkte nicht öffnen.

§ 5 Besondere Verkaufsstellen

An Sonn- und Feiertagen und am 24. Dezember dürfen geöffnet sein:
1. Apotheken für die Abgabe von Arzneimitteln und das Anbieten von apothekenüblichen Waren,
2. Tankstellen für das Anbieten von Ersatzteilen für Kraftfahrzeuge, soweit dies für die Erhaltung oder Wiederherstellung der Fahrbereitschaft notwendig ist, sowie für das Anbieten von Betriebsstoffen und von Reisebedarf,
3. Verkaufsstellen auf Personenbahnhöfen, auf Verkehrsflughäfen und in Reisebusterminals für das Anbieten von Reisebedarf. Auf Fernbahnhöfen dürfen darüber hinaus Waren des täglichen Verbrauchs, insbesondere Erzeugnisse für den allgemeinen Lebens- und Haushaltsbedarf und Reisegepäck, Reisetaschen, Fan- und Geschenkartikel sowie Sehhilfen angeboten werden. Auf dem Flughafen Berlin-Tegel dürfen darüber hinaus Waren des täglichen Ge- und Verbrauchs, insbesondere Erzeugnisse für den allgemeinen Lebens- und Haushaltsbedarf, Textilien, Sportartikel, sowie Geschenkartikel angeboten werden.

§ 6 Weitere Ausnahmen

(1) [1]Die für die Ladenöffnungszeiten zuständige Senatsverwaltung legt im öffentlichen Interesse ausnahmsweise die Öffnung von Verkaufsstellen an jährlich acht, nicht unmittelbar aufeinanderfolgenden Sonn- oder Feiertagen in der Zeit von 13.00 bis 20.00 Uhr durch Allgemeinverfügung fest. [2]Bei Vorliegen eines herausragend gewichtigen öffentlichen Interesses können andere Öffnungszeiten festgesetzt und die Öffnung an unmittelbar aufeinanderfolgenden Sonn- und Feiertagen zugelassen werden. [3]Die Allgemeinverfügung soll bis spätestens zum Ende des zweiten Quartals beziehungsweise zum Ende des vierten Vorjahresquartals für das folgende Halbjahr verkündet werden. [4]Die Sätze 1 und 2 gelten nicht für den 1. Januar, den 1. Mai, den Karfreitag, den Ostersonntag, den Pfingstsonntag, den Volkstrauertag, den Totensonntag, den 24. Dezember, wenn er auf einen Adventssonntag fällt, und die Feiertage im Dezember.

(2) [1]Verkaufsstellen dürfen aus Anlass besonderer Ereignisse, insbesondere von Firmenjubiläen und Straßenfesten, an jährlich zwei weiteren Sonn- oder Feiertagen von 13.00 bis 20.00 Uhr öffnen. [2]Die Verkaufsstelle hat dem zuständigen Bezirksamt die Öffnung unter Angabe des Anlasses zwei Wochen vorher in Textform anzuzeigen. [3]Absatz 1 Satz 4 gilt entsprechend.

(3) Verkaufsstellen dürfen auch bei Vorliegen der Voraussetzungen der Absätze 1 oder 2 nicht an zwei aufeinanderfolgenden und nur an insgesamt zwei Sonn- oder Feiertagen pro Monat geöffnet haben, soweit nicht nach Absatz 1 die Öffnung an unmittelbar aufeinanderfolgenden Sonnund Feiertagen zugelassen ist.

§ 7 Schutz der Arbeitnehmerinnen und Arbeitnehmer

(1) [1]Arbeitnehmerinnen und Arbeitnehmer dürfen in Verkaufsstellen an Sonn- und Feiertagen nur mit Verkaufstätigkeiten während der jeweils zulässigen oder zugelassenen Öffnungszeiten und, soweit dies zur Erledigung von Vorbereitungs- und Abschlussarbeiten unerlässlich ist, während weiterer 30 Minuten beschäftigt werden. [2]Für ihre Beschäftigung gelten die Vorschriften des § 11 des Arbeitszeitgesetzes vom 6. Juni 1994 (BGBl. I S. 1170), das zuletzt durch die Artikel 5 und 6 des Gesetzes vom 14. August 2006 (BGBl. I S. 1962) geändert worden ist, entsprechend.

(2) [1]Die Arbeitnehmerinnen und Arbeitnehmer sind auf deren Verlangen in jedem Kalendermonat mindestens an einem Sonnabend freizustellen. [2]Dieser Tag soll in Verbindung mit einem freien Sonntag gewährt werden.

(3) Beschäftigte, die mit mindestens einem Kind unter zwölf Jahren in einem Haushalt leben oder eine anerkannt pflegebedürftige angehörige Person versorgen, sollen auf Verlangen von einer Beschäftigung nach 20.00 Uhr beziehungsweise an verkaufsoffenen Sonn- und Feiertagen freigestellt werden, soweit die Betreuung durch eine andere im jeweiligen Haushalt lebende Person nicht gewährleistet ist.

(4) [1]Inhaberinnen und Inhaber von Verkaufsstellen müssen ein Verzeichnis über die am Sonn- und Feiertag geleistete Arbeit und den dafür gewährten Freizeitausgleich mit Namen, Tag, Beschäftigungsart und dauer der beschäftigten Arbeitnehmerinnen und Arbeitnehmer führen. [2]Das Verzeichnis ist mindestens zwei Jahre nach Ablauf des jeweiligen Kalenderjahres aufzubewahren.

§ 8 Aufsicht und Auskunft

(1) [1]Inhaberinnen und Inhaber von Verkaufsstellen haben den zuständigen Behörden auf Verlangen die zur Überwachung der Einhaltung dieses Gesetzes erforderlichen Angaben vollständig zu machen und das Verzeichnis nach § 7 Abs. 4 vorzulegen. [2]Die Auskunftspflicht obliegt auch den beschäftigten Arbeitnehmerinnen und Arbeitnehmern.

(2) [1]Die Beauftragten der zuständigen Behörden sind berechtigt, die Verkaufsstellen während der Öffnungszeiten zu betreten und zu besichtigen. [2]Das Betreten und Besichtigen der Verkaufsstelle ist zu gestatten. [3]Das Grundrecht der Unverletzlichkeit der Wohnung (Artikel 13 des Grundgesetzes, Artikel 28 Abs. 2 Satz 1 der Verfassung von Berlin) wird insoweit eingeschränkt.

(3) Die zuständigen Behörden können die erforderlichen Maßnahmen zur Erfüllung der sich aus diesem Gesetz ergebenden Pflichten anordnen.

§ 9 Ordnungswidrigkeiten

(1) Ordnungswidrig handelt, wer vorsätzlich oder fahrlässig als Inhaberin oder Inhaber einer Verkaufsstelle

1. entgegen § 3 Absatz 2 und 3 eine Verkaufsstelle öffnet oder Waren anbietet,
2. entgegen den Öffnungszeiten §§ 4 und 5 über die zulässigen Öffnungszeiten hinaus Waren oder Waren außerhalb der genannten Warengruppen anbietet,
3. entgegen § 6 über die zulässige Anzahl der Sonn- oder Feiertage oder über die zulässigen Öffnungszeiten hinaus Verkaufsstellen öffnet oder Waren anbietet oder die rechtzeitige Anzeige in Textform unter Angabe des Anlasses bei der zuständigen Behörde unterlässt,
4. entgegen § 7 Abs. 1 Arbeitnehmerinnen und Arbeitnehmer über die zulässigen Zeiten hinaus beschäftigt,
5. entgegen § 7 Abs. 2 nicht in jedem Kalendermonat mindestens an einem Sonnabend Arbeitnehmerinnen und Arbeitnehmer auf deren Verlangen freistellt,
6. entgegen § 7 Abs. 4 kein Verzeichnis führt, es unrichtig oder unvollständig führt oder nicht aufbewahrt,
7. entgegen § 8 Abs. 1 Angaben nicht oder falsch oder unvollständig macht oder Verzeichnisse nicht vorlegt,
8. einer vollziehbaren Anordnung nach § 8 Absatz 3 zuwiderhandelt.

(2) Ordnungswidrig handelt ferner, wer vorsätzlich oder fahrlässig einen Kunst- oder Gebrauchtwarenmarkt entgegen den §§ 3 und 4 betreibt.

(3) Die Ordnungswidrigkeiten können mit einer Geldbuße bis zu 2 500 Euro, in den Fällen des Absatzes 1 Nr. 4 und des Absatzes 2 mit einer Geldbuße bis zu 15 000 Euro geahndet werden.

§ 10 (nicht wiedergegebene Änderungsvorschrift)

§ 11 Aufhebung bisherigen Rechts

Mit Inkrafttreten dieses Gesetzes treten die folgenden Rechtsvorschriften außer Kraft:

1. Verordnung über die Öffnungszeiten bestimmter Verkaufsstellen an Sonn- und Feiertagen vom 7. Januar 1958 (GVBl. S. 11), zuletzt geändert durch Verordnung vom 31. Oktober 1996 (GVBl. S. 483),
2. Verordnung über den Ladenschluß in Ausflugs- und Erholungsgebieten vom 14. Juni 1983 (GVBl. S. 983), zuletzt geändert durch Verordnung vom 16. Juli 1999 (GVBl. S. 411),
3. Verordnung über den Sonntagsverkauf am 24. Dezember vom 2. Dezember 1967 (GVBl. S. 1679), geändert durch Verordnung vom 7. Dezember 1972 (GVBl. S. 2249),
4. Anordnung über den Ladenschluß der Apotheken vom 13. Januar 1960 (GVBl. S. 230),
5. Verordnung über den Ladenschluß auf dem Fernbahnhof Berlin-Zoologischer Garten und dem Flughafen Berlin-Tegel vom 24. Juli 1987 (GVBl. S. 2029), geändert durch Verordnung vom 13. Dezember 1988 (GVBl. S. 2327),
6. Verordnung über die Übertragung der Ermächtigung zum Erlass von Rechtsverordnungen nach § 14 Abs. 1 Satz 2 des Gesetzes über den Ladenschluss vom Senat auf die zuständige Senatsverwaltung vom 2. März 2004 (GVBl. S. 104).

§ 12 Inkrafttreten

Dieses Gesetz tritt am Tage nach der Verkündung[1] im Gesetz- und Verordnungsblatt für Berlin in Kraft.

1) Verkündet am 16.11.2006.

Berliner Ausschreibungs- und Vergabegesetz (BerlAVG)[1)]

Vom 22. April 2020 (GVBl. S. 276)
(BRV 7102-9)

Nichtamtliche Inhaltsübersicht

Abschnitt 1
Allgemeines

§ 1 Zweck des Gesetzes

(1) [1]Zweck des Gesetzes ist es, soziale, beschäftigungspolitische und umweltbezogene Aspekte bei der Vergabe öffentlicher Aufträge im Sinne der §§ 103 und 104 des Gesetzes gegen Wettbewerbsbeschränkungen zu fördern und zu unterstützen. [2]Gleichzeitig sollen die Rahmenbedingungen für kleine und mittelständische Unternehmen im Bereich der öffentlichen Auftragsvergabe verbessert werden.
(2) Die Umsetzung sozialer, beschäftigungspolitischer und umweltbezogener Aspekte erfolgt auf der Grundlage von Vergabebestimmungen gemäß Abschnitt 2 sowie Ausführungsbedingungen gemäß Abschnitt 3 dieses Gesetzes.

§ 2 Persönlicher Anwendungsbereich

(1) Das Land Berlin als öffentlicher Auftraggeber gemäß § 99 Nummer 1 des Gesetzes gegen Wettbewerbsbeschränkungen vergibt öffentliche Aufträge an geeignete Unternehmen nach Maßgabe der Abschnitte 2 bis 4 dieses Gesetzes.
(2) Juristische Personen des öffentlichen Rechts gemäß § 99 Nummer 2 und 3 des Gesetzes gegen Wettbewerbsbeschränkungen, die dem Land Berlin zuzurechnen sind und die den Bestimmungen des § 55 der Landeshaushaltsordnung unterliegen, vergeben öffentliche Aufträge an geeignete Unternehmen nach Maßgabe der Abschnitte 3 und 4 dieses Gesetzes.
(3) Juristische Personen des öffentlichen Rechts gemäß § 99 Nummer 2 und 3, § 100 Absatz 1 Nummer 1 des Gesetzes gegen Wettbewerbsbeschränkungen, die dem Land Berlin zuzurechnen sind und die nicht den Bestimmungen des § 55 der Landeshaushaltsordnung unterliegen, vergeben öffentliche Auf-

1) Verkündet als Art. 1 G v. 22.4.2020 (GVBl. S. 276); Inkrafttreten gem. Art. 6 Satz 1 dieses G am 1.5.2020.

träge an geeignete Unternehmen nach Maßgabe der Abschnitte 3 und 4 dieses Gesetzes, sofern der geschätzte Auftragswert die Schwellenwerte gemäß § 106 des Gesetzes gegen Wettbewerbsbeschränkungen erreicht oder überschreitet.

(4) Juristische Personen des privaten Rechts gemäß § 99 Nummer 2 sowie § 100 Absatz 1 Nummer 2 des Gesetzes gegen Wettbewerbsbeschränkungen, die dem Land Berlin zuzurechnen sind, vergeben öffentliche Aufträge an geeignete Unternehmen nach Maßgabe der Abschnitte 3 und 4 dieses Gesetzes, sofern der geschätzte Auftragswert die Schwellenwerte gemäß § 106 des Gesetzes gegen Wettbewerbsbeschränkungen erreicht oder überschreitet.

(5) Das Land Berlin wirkt im Rahmen seiner Befugnisse darauf hin, dass die Regelungen des Abschnitts 2 auch von den öffentlichen Auftraggebern gemäß § 2 Absatz 2 bis 4 angewendet werden.

§ 3 Sachlicher Anwendungsbereich

(1) Dieses Gesetz ist von den öffentlichen Auftraggebern gemäß § 2 innerhalb der auch insoweit geltenden Grenzen des persönlichen Anwendungsbereichs auf alle öffentlichen Aufträge über Bauleistungen ab einem geschätzten Auftragswert von 50 000 Euro (ohne Umsatzsteuer) und auf alle öffentlichen Aufträge über Liefer- und Dienstleistungen ab einem geschätzten Auftragswert in Höhe von 10 000 Euro (ohne Umsatzsteuer) anzuwenden, es sei denn,

1. es handelt sich um vergaberechtsfreie Aufträge gemäß §§ 107, 109, 116, 117, 137, 140 sowie 145 des Gesetzes gegen Wettbewerbsbeschränkungen,
2. der öffentliche Auftrag wird zur Ausübung zentraler Beschaffungstätigkeiten an eine zentrale Beschaffungsstelle im Sinne des § 120 Absatz 4 des Gesetzes gegen Wettbewerbsbeschränkungen oder im Rahmen einer öffentlich-rechtlichen Vereinbarung vergeben,
3. der Auftraggeber muss die Vertragsbedingungen des Auftragnehmers anerkennen, um seinen Bedarf decken zu können,
4. der Bedarf des Auftraggebers kann nicht gedeckt werden, wenn im Rahmen einer Markterkundung oder mangels zuschlagsfähiger Angebote festgestellt wird, dass im Hinblick auf die verpflichtende Vereinbarung der Vertragsbedingungen gemäß § 15 voraussichtlich keine wertbaren Angebote abgegeben werden. Dieses ist in jedem Einzelfall zu begründen und zu dokumentieren.

(2) Die Erfüllung der Zwecke beziehungsweise Maßgaben dieses Gesetzes steht den Anforderungen aus § 7 Absatz 1 Satz 1 der Landeshaushaltsordnung nicht entgegen.

§ 4 Bündelung von Beschaffungsbedarfen mehrerer öffentlicher Auftraggeber

[1]Bei der Bündelung von Beschaffungsbedarfen mehrerer öffentlicher Auftraggeber ist mit öffentlichen Auftraggebern, die nicht in den Anwendungsbereich des § 2 fallen, vor Beginn des Vergabeverfahrens eine Einigung darüber anzustreben, dass die Vergabebestimmungen des Abschnitts 2 und die Ausführungsbedingungen des Abschnitts 3 bei der Beschaffung Anwendung finden sollen. [2]Kommt eine Einigung nicht zustande, kann von der Anwendung der Abschnitte 2 und 3 abgesehen werden; die Gründe für die fehlende Einigung sind zu dokumentieren.

Abschnitt 2
Vergabebestimmungen

§ 5 Berücksichtigung mittelständischer Interessen

(1) [1]Mittelständische Interessen sind bei der Vergabe öffentlicher Aufträge vornehmlich zu berücksichtigen. [2]Leistungen sind in der Menge aufgeteilt (Teillose) und getrennt nach Art oder Fachgebiet (Fachlose) zu vergeben. [3]Mehrere Teil- oder Fachlose dürfen zusammen vergeben werden, wenn wirtschaftliche oder technische Gründe dies erfordern.

(2) Die öffentlichen Auftraggeber sollen geeignete kleine und mittlere Unternehmen bei Beschränkten Ausschreibungen und Verhandlungsvergaben gemäß Unterschwellenvergabeordnung beziehungsweise bei Beschränkten Ausschreibungen und Freihändigen Vergaben gemäß Vergabe- und Vertragsordnung für Bauleistungen – Teil A Abschnitt 1 in angemessenem Umfang zur Angebotsabgabe auffordern.

§ 6 Wertung unangemessen niedriger Angebote bei der Vergabe

Erscheint bei der Vergabe von Leistungen ein Angebotspreis ungewöhnlich niedrig, verlangt der öffentliche Auftraggeber vor Ablehnung dieses Angebotes vom Bieter Aufklärung, insbesondere durch Anforderung der Kalkulationsunterlagen.

§ 7 Bedarfsermittlung, Leistungsanforderungen und Zuschlagskriterien im Rahmen der umweltverträglichen Beschaffung

(1) [1]Der öffentliche Auftraggeber ist verpflichtet, bei der Vergabe von Aufträgen ökologische Kriterien zu berücksichtigen. [2]Bei der Festlegung der Leistungsanforderungen soll umweltfreundlichen und energieeffizienten Produkten, Materialien und Verfahren der Vorzug gegeben werden. [3]Öffentliche Auftraggeber haben im Rahmen von Liefer-, Bau- und Dienstleistungsaufträgen dafür Sorge zu tragen, dass bei der Herstellung, Verwendung und Entsorgung von Gütern sowie durch die Ausführung der Leistung bewirkte negative Umweltauswirkungen möglichst vermieden werden. [4]Bei der Wertung der Wirtschaftlichkeit der Angebote im Sinne von § 127 Absatz 1 des Gesetzes gegen Wettbewerbsbeschränkungen sind die vollständigen Lebenszykluskosten grundsätzlich zu berücksichtigen.

(2) [1]Der Senat wird nach Vorlage durch die für Umwelt zuständige Senatsverwaltung im Einvernehmen mit den für die öffentliche Auftragsvergabe zuständigen Senatsverwaltungen ermächtigt, die Anforderungen nach Absatz 1 durch Verwaltungsvorschriften für Liefer-, Bau- und Dienstleistungsaufträge zu konkretisieren und verbindliche Regeln dazu aufzustellen, auf welche Weise die Anforderungen im Rahmen der Planung, der Leistungsbeschreibung und der Zuschlagserteilung zu berücksichtigen sind. [2]Durch Verwaltungsvorschrift soll auch bestimmt werden, in welcher Weise die vollständigen Lebenszykluskosten einer Baumaßnahme, eines Produkts oder einer Dienstleistung im Sinne von Absatz 1 Satz 2 zu ermitteln sind. [3]Bei der Wertung der Wirtschaftlichkeit der Angebote im Sinne von § 127 Absatz 1 des Gesetzes gegen Wettbewerbsbeschränkungen sind die vollständigen Lebenszykluskosten des Produkts oder der Dienstleistung zu berücksichtigen. [4]Die Verwaltungsvorschriften sollen spätestens nach fünf Jahren fortgeschrieben werden.

§ 8 Beachtung der ILO-Kernarbeitsnormen

(1) [1]Bei der Vergabe von Bau-, Liefer- oder Dienstleistungen ist darauf hinzuwirken, dass keine Waren für die Erbringung von Leistungen verwendet werden, die unter Missachtung der in den ILO-Kernarbeitsnormen festgelegten Mindeststandards gewonnen, hergestellt oder weiterverarbeitet worden sind. [2]Die Mindeststandards der ILO-Kernarbeitsnormen ergeben sich aus

1. dem Übereinkommen Nr. 29 über Zwangs- oder Pflichtarbeit vom 28. Juni 1930 (BGBl. 1956 II S. 641),
2. dem Übereinkommen Nr. 87 über die Vereinigungsfreiheit und den Schutz des Vereinigungsrechtes vom 9. Juli 1948 (BGBl. 1956 II S. 2073),
3. dem Übereinkommen Nr. 98 über die Anwendung der Grundsätze des Vereinigungsrechtes und des Rechtes zu Kollektivverhandlungen vom 1. Juli 1949 (BGBl. 1955 II S. 1123),
4. dem Übereinkommen Nr. 100 über die Gleichheit des Entgelts männlicher und weiblicher Arbeitskräfte für gleichwertige Arbeit vom 29. Juni 1951 (BGBl. 1956 II S. 24),
5. dem Übereinkommen Nr. 105 über die Abschaffung der Zwangsarbeit vom 25. Juni 1957 (BGBl. 1959 II S. 442),
6. dem Übereinkommen Nr. 111 über die Diskriminierung in Beschäftigung und Beruf vom 25. Juni 1958 (BGBl. 1961 II S. 98),
7. dem Übereinkommen Nr. 138 über das Mindestalter für die Zulassung zur Beschäftigung vom 26. Juni 1973 (BGBl. 1976 II S. 202) und
8. dem Übereinkommen Nr. 182 über das Verbot und unverzügliche Maßnahmen zur Beseitigung der schlimmsten Formen der Kinderarbeit vom 17. Juni 1999 (BGBl. 2001 II S. 1291).

(2) [1]Aufträge über Leistungen, die Waren oder Warengruppen enthalten, bei denen eine Gewinnung, Herstellung oder Weiterverarbeitung unter Missachtung der ILO-Kernarbeitsnormen in Betracht kommt, sollen nur an Auftragnehmer vergeben werden, die sich bei der Angebotsabgabe verpflichtet haben, die Leistung nachweislich unter Beachtung der ILO-Kernarbeitsnormen zu erbringen. [2]Satz 1 gilt entsprechend für Waren, die im Rahmen der Erbringung von Bau- oder Dienstleistungen verwendet werden.

(3) Die für Wirtschaft zuständige Senatsverwaltung wird ermächtigt, im Einvernehmen mit der für Bauwesen zuständigen Senatsverwaltung Verwaltungsvorschriften zur Ausführung der Vorgaben gemäß Absatz 2, insbesondere über die Bestimmung der Waren und Warengruppen, der Länder oder Gebiete, die im Hinblick auf eine Missachtung der ILO-Kernarbeitsnormen in Betracht kommen, sowie zur Nachweisführung zu erlassen.

Abschnitt 3
Ausführungsbedingungen

§ 9 Mindeststundenentgelt, Tariftreue

(1) [1]Öffentliche Aufträge werden an Auftragnehmer nur vergeben, wenn diese sich bei der Angebotsabgabe verpflichten,

1. ihren Arbeitnehmerinnen und Arbeitnehmern wenigstens diejenigen Entlohnungsregelungen einschließlich des Mindestentgelts zu gewähren, die nach dem Mindestlohngesetz, einem nach dem Tarifvertragsgesetz mit den Wirkungen des Arbeitnehmer-Entsendegesetzes für allgemeinverbindlich erklärten Tarifvertrag oder einer nach § 7, § 7a oder § 11 des Arbeitnehmer-Entsendegesetzes oder einer nach § 3a des Arbeitnehmerüberlassungsgesetzes erlassenen Rechtsverordnung für die betreffende Leistung verbindlich vorgegeben werden,
2. sofern sich der Sitz des Unternehmens im Inland befindet, ihren Arbeitnehmerinnen und Arbeitnehmern bei der Ausführung des Auftrags unabhängig vom Sitz des Betriebes und vom Ort der Erbringung der Arbeitsleistung mindestens die Entlohnung (einschließlich der Überstundensätze) nach den Regelungen des Tarifvertrags zu gewähren, der im Land Berlin auf das entsprechende Gewerbe anwendbar ist. Bestehen Tarifverträge unterschiedlichen Inhalts mit zumindest teilweise demselben fachlichen Geltungsbereich, sind die Regelungen des in entsprechender Anwendung von § 7 Absatz 2 des Arbeitnehmer-Entsendegesetzes repräsentativeren Tarifvertrags maßgeblich. Diese Verpflichtungen gelten auch für Auftragnehmer mit Sitz im Ausland,
3. ihren Arbeitnehmerinnen und Arbeitnehmern (ohne Auszubildende) bei der Ausführung des Auftrags mindestens das Mindestentgelt je Zeitstunde in Höhe von 12,50 Euro brutto zu entrichten.

[2]Treffen den Auftragnehmer mehr als nur eine dieser Verpflichtungen, so ist die für die Arbeitnehmerinnen und Arbeitnehmer jeweils günstigste Regelung maßgeblich. [3]Diese Verpflichtungen gelten nicht, soweit die Leistungen von Auftragnehmern, Unterauftragnehmern und Verleihern von Arbeitskräften im Ausland erbracht werden.

(2) [1]Der Senat wird ermächtigt, durch Rechtsverordnung nach Vorlage durch die für Wirtschaft zuständige Senatsverwaltung im Einvernehmen mit der für Bauwesen sowie der für Arbeit zuständigen Senatsverwaltung, die Höhe des nach Absatz 1 Nummer 3 Satz 1 zu zahlenden Entgelts festzusetzen, sofern dies wegen veränderter wirtschaftlicher und sozialer Verhältnisse erforderlich ist. [2]Ein entsprechender Anpassungsbedarf wird durch Zugrundelegung der prozentualen Veränderungsrate im Index der tariflichen Monatsverdienste des Statistischen Bundesamtes für die Gesamtwirtschaft in Deutschland (ohne Sonderzahlungen) ermittelt, bei der der Durchschnitt der veröffentlichten Daten für die letzten vier Quartale zugrunde zu legen ist.

(3) Die für Arbeit zuständige Senatsverwaltung wird ermächtigt, im Einvernehmen mit den für die öffentliche Auftragsvergabe zuständigen Senatsverwaltungen Ausführungsbestimmungen nach Absatz 1 Nummer 2 Satz 1 zu erlassen, insbesondere über das Verfahren zur Feststellung sowie über die Bekanntgabe der jeweils anwendbaren Tarifverträge.

§ 10 Öffentliche Personennahverkehrsdienste

[1]Unbeschadet etwaiger weitergehender Anforderungen nach § 128 des Gesetzes gegen Wettbewerbsbeschränkungen vergeben öffentliche Auftraggeber gemäß § 2 Aufträge über öffentliche Personennahverkehrsdienste, wenn sich die Auftragnehmer bei der Angebotsabgabe verpflichten, ihre Arbeitnehmerinnen und Arbeitnehmer (ohne Auszubildende) bei der Ausführung dieser Dienste mindestens nach den hierfür jeweils geltenden Entgelttarifen zu entlohnen. [2]Die öffentlichen Auftraggeber bestimmen in der Bekanntmachung der Ausschreibung sowie in den Vergabeunterlagen den oder die einschlägigen Tarifverträge nach Satz 1 nach billigem Ermessen und vereinbaren eine dementsprechende Lohngleitklausel für den Fall einer Änderung der Tarifverträge während der Vertragslaufzeit. [3]Außerdem sind insbesondere die Regelungen der Verordnung (EG) Nr. 1370/2007 des Europäischen Parlaments und des Rates vom 23. Oktober 2007 über öffentliche Personenverkehrsdienste auf Schiene und Straße und zur Aufhebung der Verordnungen (EWG) Nr. 1191/69 und (EWG) Nr. 1107/70 des Rates (Abl. L 315 vom 3. Dezember 2007, S. 1) zu beachten.

§ 11 Besondere Ausführungsbedingungen

(1) Im Rahmen von Ausführungsbedingungen im Sinne von § 128 Absatz 2 des Gesetzes gegen Wettbewerbsbeschränkungen können weitergehende Gesichtspunkte bei der Erbringung von Leistungen

festgelegt werden, insbesondere im Hinblick auf Kriterien des fairen Handels, der Barrierefreiheit sowie zur Berücksichtigung sozialer oder beschäftigungspolitischer Belange.

(2) Der Senat wird ermächtigt, Verwaltungsvorschriften zur Ausführung der Bestimmungen gemäß Absatz 1, insbesondere in Form von Vertragsbedingungen, zu erlassen.

§ 12 Umweltverträglichkeit

(1) Die öffentlichen Auftraggeber können Ausführungsbedingungen im Hinblick auf die Umweltverträglichkeit im Sinne von § 128 Absatz 2 des Gesetzes gegen Wettbewerbsbeschränkungen festlegen, um bei der Auftragsausführung ergänzende umweltbezogene Pflichten vorzugeben.

(2) [1]Der Senat wird nach Vorlage durch die für Umwelt zuständige Senatsverwaltung im Einvernehmen mit den für die öffentliche Auftragsvergabe zuständigen Senatsverwaltungen ermächtigt, die Anforderungen nach § 12 durch Verwaltungsvorschriften für Liefer-, Bau- und Dienstleistungsaufträge zu konkretisieren und verbindliche Regeln aufzustellen, auf welche Weise die Anforderungen im Rahmen der ergänzenden Verpflichtungen zur Ausführung zu berücksichtigen sind. [2]Die Verwaltungsvorschriften sollen spätestens nach fünf Jahren fortgeschrieben werden.

§ 13 Frauenförderung

Bei allen Vergabeverfahren, auf die § 13 des Landesgleichstellungsgesetzes in der jeweils geltenden Fassung Anwendung findet, ist von den Bietenden eine Erklärung zur Förderung von Frauen entsprechend den dazu erlassenen Regelungen in der jeweils geltenden Frauenförderverordnung abzugeben.

§ 14 Verhinderung von Benachteiligungen

Unbeschadet etwaiger weitergehender Anforderungen nach § 128 des Gesetzes gegen Wettbewerbsbeschränkungen werden öffentliche Aufträge an Auftragnehmer nur vergeben, wenn diese sich vertraglich verpflichten, bei der Auftragsdurchführung

1. die bundes- und landesrechtlichen Bestimmungen über allgemeine Benachteiligungsverbote, insbesondere das Allgemeine Gleichbehandlungsgesetz, zu beachten,
2. ihren Arbeitnehmerinnen und Arbeitnehmern bei gleicher oder gleichwertiger Arbeit gleiches Entgelt zu zahlen. Tarifvertragliche Regelungen bleiben davon unberührt.

Abschnitt 4
Verfahrensregelungen

§ 15 Vertragsbedingungen

(1) [1]Die öffentlichen Auftraggeber vereinbaren mit den Auftragnehmern Vertragsbedingungen

1. über die Einhaltung der Vergabebestimmungen gemäß §§ 7 und 8 sowie der Ausführungsbedingungen gemäß §§ 9 bis 14, sofern die jeweiligen Voraussetzungen vorliegen,
2. über die Kontrolle der Maßnahmen gemäß §§ 7 bis 13 sowie die Mitwirkung des Auftragnehmers daran,
3. über die Gestattung des Zugangs zu oder über die Übermittlung von vollständigen und prüffähigen Unterlagen gemäß § 16 Absatz 3,
4. über die folgenden Sanktionsmöglichkeiten für den Fall, dass ein Auftragnehmer schuldhaft gegen seine nach § 15 vereinbarten Verpflichtungen verstößt:
   a) die Zahlung einer angemessenen Vertragsstrafe,
   b) die Berechtigung, vom Vertrag zurückzutreten,
   c) die Berechtigung, den Vertrag zu kündigen und,

   soweit dies nach Art der Leistung und Leistungserbringung möglich ist,
   d) die Berechtigung, den vereinbarten Leistungspreis zu mindern, und
   e) die Zahlung von Schadenersatz,
5. über die Einhaltung datenschutzrechtlicher Bedingungen im Rahmen der Vertragserfüllung,
6. auf Grund derer Unterauftragnehmer oder Verleiher von Arbeitskräften vertraglich zur Einhaltung der Vertragsbedingungen gemäß den Nummern 1 bis 6 zu verpflichten sind, ausgenommen
   a) der betreffende Unterauftrag ist vergaberechtsfrei im Sinne der §§ 107, 109, 116, 117, 137, 140 sowie 145 des Gesetzes gegen Wettbewerbsbeschränkungen,
   b) der Auftragnehmer muss die Vertragsbedingungen des Unterauftragnehmers anerkennen, um die Leistung erfüllen zu können,

c) der betreffende Unterauftrag unterschreitet im Fall einer Liefer- oder Dienstleistung den Wert von 10 000 Euro (ohne Umsatzsteuer) oder im Fall einer Bauleistung den Wert von 50 000 Euro (ohne Umsatzsteuer).

[2]Dabei hat der jeweils einen Auftrag weiter Vergebende die jeweils dokumentierte Übertragung der Verpflichtung und ihre Einhaltung durch die jeweils beteiligten Unterauftragnehmer oder Verleiher von Arbeitskräften sicherzustellen.

(2) Die öffentlichen Auftraggeber vereinbaren vertraglich für den Fall, dass ein Unterauftragnehmer oder Verleiher von Arbeitskräften des Auftragnehmers gegen seine nach Absatz 1 vereinbarten Verpflichtungen verstößt, dass diese dem Auftragnehmer zugerechnet werden.

(3) Absatz 1 Nummer 4 Buchstabe a), d) und e) sowie Absatz 2 sind bei Ausführungsbedingungen gemäß § 9 Absatz 1 Satz 1 Nummer 1 und § 14 nicht anzuwenden.

(4) Die für Wirtschaft zuständige Senatsverwaltung wird ermächtigt, im Einvernehmen mit der für Bauwesen zuständigen Senatsverwaltung Verwaltungsvorschriften zur Verwendung bestimmter Formblätter gemäß Absatz 1 zu erlassen.

§ 16 Kontrolle

(1) [1]Die öffentlichen Auftraggeber kontrollieren stichprobenartig die Einhaltung der nach § 15 vereinbarten Vertragsbedingungen in dem Umfang des § 15 Absatz 1 Nummer 2. [2]Die Kontrollen sollen ab dem Jahr 2022 fünf vom Hundert der unter den Voraussetzungen des Satzes 1 in einem Kalenderjahr vergebenen Aufträge erfassen. [3]Satz 2 gilt jeweils für die Senats- und Bezirksverwaltungen, für die ihnen nachgeordneten Behörden (Sonderbehörden) und nichtrechtsfähigen Anstalten und für die unter ihrer Aufsicht stehenden Eigenbetriebe.

(2) [1]Die zentrale Kontrollgruppe unterstützt öffentliche Auftraggeber gemäß § 2 Absatz 1 bei der Kontrolle gemäß Absatz 1. [2]Die zentrale Kontrollgruppe kann von den öffentlichen Auftraggebern gemäß § 2 Absatz 1 eine Aufstellung über von diesen vergebene öffentliche Aufträge verlangen. [3]Die öffentlichen Auftraggeber gemäß § 2 Absatz 1 sind verpflichtet, der zentralen Kontrollgruppe diejenigen Vergabeunterlagen über vergebene öffentliche Aufträge zu übermitteln, die für eine Kontrolle gemäß Absatz 1 erforderlich sind. [4]Die zentrale Kontrollgruppe teilt dem öffentlichen Auftraggeber das Ergebnis ihrer Kontrollen mit und spricht eine Handlungsempfehlung aus.

(3) [1]Im Rahmen der Kontrolltätigkeit durch die öffentlichen Auftraggeber oder die zentrale Kontrollgruppe gemäß Absatz 1 überlässt beziehungsweise übermittelt der zu kontrollierende Auftragnehmer beziehungsweise Unterauftragnehmer die zur schlüssigen Kontrolle auf Einhaltung der jeweiligen Vertragsbedingung notwendigen Unterlagen zur Einsichtnahme. [2]Die für die Kontrolle erforderlichen Unterlagen werden bereits gemäß § 15 Absatz 1 Nummer 3 zwischen Auftragnehmer und öffentlichem Auftraggeber vertraglich festgelegt.

(4) [1]Die öffentlichen Auftraggeber oder die zentrale Kontrollgruppe entscheiden jeweils unter Berücksichtigung des Verhältnismäßigkeitsgrundsatzes darüber, ob der Einblick nach Absatz 3 durch Anforderung der erforderlichen Unterlagen oder einen Einblick in die Unterlagen vor Ort erfolgt. [2]Werden die Unterlagen von den den Auftrag ausführenden Unternehmen angefordert, sind diese Unterlagen zu bezeichnen und es ist die Form der Übermittlung anzugeben.

(5) Stellt ein öffentlicher Auftraggeber oder die zentrale Kontrollgruppe einen Verstoß eines Auftragnehmers, Unterauftragnehmers oder Verleihers von Arbeitskräften gegen Vertragsbedingungen im Sinne von § 15 fest, ist das bei der für Bauwesen zuständigen Senatsverwaltung geführte Amtliche Unternehmer- und Lieferantenverzeichnis des Landes Berlin sowie das Verzeichnis über ungeeignete Bewerber und Bieter bei öffentlichen Aufträgen über den Namen, die Anschrift, den Vertragsinhalt und die Art des Verstoßes unverzüglich zu unterrichten.

(6) Liegen einem öffentlichen Auftraggeber oder der zentralen Kontrollgruppe Anhaltspunkte für einen Verstoß eines Auftragnehmers, Unterauftragnehmers oder Verleihers von Arbeitskräften gegen Mindestarbeitsbedingungen gemäß § 128 Absatz 1 des Gesetzes gegen Wettbewerbsbeschränkungen vor, ist unverzüglich die Finanzkontrolle Schwarzarbeit der Bundeszollverwaltung zu benachrichtigen.

(7) Liegen einem öffentlichen Auftraggeber oder der zentralen Kontrollgruppe hinreichende Anhaltspunkte, insbesondere auf Grund von Hinweisen Dritter, für einen Verstoß eines Auftragnehmers, Unterauftragnehmers oder Verleihers von Arbeitskräften gegen die Einhaltung der vereinbarten Ausführungsbedingungen vor, ist grundsätzlich eine Kontrolle gemäß Absatz 1 durchzuführen.

(8) [1]Die für das jeweilige Vergabeverfahren zuständige Stelle des öffentlichen Auftraggebers sowie die Kontrollgruppe dürfen personenbezogene Daten verarbeiten, soweit dieses zum Zweck der Kontrolle nach Absatz 1 erforderlich ist. [2]Dies umfasst auch die Übermittlung der für die Kontrolle erforderlichen personenbezogenen Daten zwischen der für das jeweilige Vergabeverfahren zuständigen Stelle des öffentlichen Auftraggebers und der zentralen Kontrollgruppe. [3]An Dritte, insbesondere Rechtsanwältinnen und Rechtsanwälte, Wirtschaftsprüferinnen und Wirtschaftsprüfer, dürfen personenbezogene Daten übermittelt werden, soweit diese mit der Kontrolle nach Absatz 1 beauftragt werden. [4]Dritte sind dazu zu verpflichten, die übermittelten Daten ausschließlich zum Zweck der Kontrolle nach Absatz 1 zu verarbeiten und Verschwiegenheit über die im Rahmen der Beauftragung erlangten Sachverhalte zu wahren. [5]Die öffentlichen Auftraggeber weisen die Bieter im Rahmen des Vergabeverfahrens darauf hin, dass ihre Beschäftigten vor Angebotsabgabe über die Möglichkeit solcher Kontrollen zu benachrichtigen und im Hinblick auf die Verarbeitung ihrer personenbezogenen Daten aufzuklären sind.

(9) Die für Wirtschaft zuständige Senatsverwaltung wird ermächtigt, eine Verwaltungsvorschrift zur Durchführung der Kontrollen sowie zu den Aufgaben, der Organisation und den Zuständigkeiten der zentralen Kontrollgruppe zu erlassen.

§ 17 Rechtsfolgen einer Pflichtverletzung des Auftragnehmers

(1) Um bei Lieferleistungen die Einhaltung der Verpflichtungen zu sichern, die nach den §§ 7, 8, 11 und 12 in Verbindung mit § 15 vereinbart sind, soll der öffentliche Auftraggeber bei Nichterfüllung vorrangig die Annahme der Leistung verweigern und Nacherfüllung fordern.

(2) Der öffentliche Auftraggeber soll eine durch den Auftragnehmer oder einen eingesetzten Unterauftragnehmer begangene Verletzung von nach § 15 vereinbarten Vertragsbedingungen insbesondere auf der Grundlage der in § 15 Absatz 1 Nummer 4 vereinbarten Vertragsbedingungen verfolgen.

(3) [1]Von der Teilnahme an einem Wettbewerb um einen öffentlichen Auftrag sowie als Unterauftragnehmer sollen alle Unternehmen ausgeschlossen werden, die gegen die in § 15 vereinbarten Vertragsbedingungen verstoßen haben. [2]Die Dauer des Ausschlusses wird auf der Grundlage des § 124 Absatz 1 Nummer 7 und Nummer 9 Buchstabe c) sowie des § 126 Nummer 2 des Gesetzes gegen Wettbewerbsbeschränkungen bestimmt.

Abschnitt 5
Sonstiges

§ 18 Evaluierung

(1) [1]Die Wertgrenze für die Anwendung des § 9 Absatz 1 Satz 1 Nummer 3 bei der Vergabe öffentlicher Aufträge über Liefer- und Dienstleistungen wird bis zum 1. März 2022 und danach alle fünf Jahre evaluiert. [2]Die Wertgrenze nach § 3 Absatz 1 für die Vergabe von Liefer- und Dienstleistungen soll sicherstellen, dass auf mindestens für 95 vom Hundert des erfassten Vergabevolumens von Liefer- und Dienstleistungen die Pflicht zur Zahlung des vergaberechtlichen Mindestentgelts gemäß § 9 Absatz 1 Satz 1 Nummer 3 Anwendung findet. [3]Wird dieses Ziel nicht erreicht, wird die Wertgrenze für die Anwendung des § 9 Absatz 1 Satz 1 Nummer 3 bei der Vergabe öffentlicher Aufträge über Liefer- und Dienstleistungen auf einen geschätzten Auftragswert von 5 000 Euro (ohne Umsatzsteuer) abgesenkt.

(2) [1]Der Senat wird nach Vorlage durch die für Wirtschaft zuständige Senatsverwaltung ermächtigt, durch Rechtsverordnung die Einzelheiten der Datenübermittlung einschließlich des Umfangs der zu übermittelnden Daten sowie die Festsetzung der Wertgrenze gemäß Absatz 1 festzulegen. [2]Die für Wirtschaft zuständige Senatsverwaltung gibt die geänderte Wertgrenze im Gesetz- und Verordnungsblatt für Berlin bekannt.

(3) Der Senat legt alle vier Jahre einen Vergabebericht vor, der die Umsetzung und die Wirkung dieses Gesetzes untersucht und Basis der fortschreitenden Evaluation des Gesetzes ist.

§ 19 Anwendungsbestimmungen, Übergangsbestimmungen

(1) § 9 Absatz 1 Satz 1 Nummer 2 ist erst ab dem Tag anzuwenden, an dem erstmals Ausführungsbestimmungen nach § 9 Absatz 3 in Kraft treten, frühestens jedoch ab dem 30. Juli 2020.

(2) Bis zum Erlass von Verwaltungsvorschriften gemäß § 7 Absatz 2 und § 12 Absatz 2 ist die Verwaltungsvorschrift Beschaffung und Umwelt vom 23. Oktober 2012 (ABl. vom 2. November 2012,

S. 1983), die zuletzt durch Verwaltungsvorschrift vom 6. März 2019 (ABl. vom 15. März 2019, S. 1612) geändert worden ist, weiterhin anzuwenden.

(3) Bis zum Erlass von Verwaltungsvorschriften gemäß § 8 Absatz 3 und § 11 Absatz 2 ist § 8 Absatz 2 und 3 des Berliner Ausschreibungs- und Vergabegesetzes vom 8. Juli 2010 (GVBl. S. 399), das zuletzt durch Gesetz vom 5. Juni 2012 (GVBl. S. 159) geändert worden ist, weiterhin anzuwenden.

Gesetz zur Regelung des Rechts der Spielhallen im Land Berlin (Spielhallengesetz Berlin – SpielhG Bln)[1)]

Vom 20. Mai 2011 (GVBl. S. 223)
(BRV 7102-11)
zuletzt geändert durch Art. 11 G zur Anpassung der Bezeichnung der Berliner Polizeibehörde im Berliner Landesrecht und zur Änd. weiterer Vorschriften vom 27. September 2021 (GVBl. S. 1117)

Das Abgeordnetenhaus hat das folgende Gesetz beschlossen:

§ 1 Spielhallen und ähnliche Unternehmen, Anwendungsbereich

(1) Eine Spielhalle oder ein ähnliches Unternehmen im Sinne dieses Gesetzes ist ein Unternehmen im stehenden Gewerbe, das ausschließlich oder überwiegend der gewerbsmäßigen Aufstellung von Spielgeräten oder der Veranstaltung anderer Spiele im Sinne des § 33c Absatz 1 Satz 1 oder des § 33d Absatz 1 Satz 1 der Gewerbeordnung dient.

(2) [1]Werden in einer Betriebsstätte Gewerbe im Sinne des § 1 Absatz 1 Nummer 1 und 3 der Spielverordnung betrieben, so ist ungeachtet einer anderslautenden Anzeige nach § 14 Absatz 1 Satz 1 der Gewerbeordnung und Bestätigung nach § 33c Absatz 3 Satz 1 der Gewerbeordnung der Betrieb eines Unternehmens nach Absatz 1 anzunehmen, wenn die anderweitige Gewerbeausübung lediglich eine untergeordnete Rolle spielt (Nebenleistung). [2]Dies ist auf Grund einer Gesamtschau der objektiven Betriebsmerkmale zu beurteilen und wird insbesondere vermutet, wenn folgende äußerlich erkennbare Merkmale vorliegen:

1. Die Art und der Umfang der angebotenen Nebenleistung spielen im Vergleich zum Umfang des angebotenen Spielbetriebes und im Hinblick auf die Ausgestaltung und Größe der Betriebsstätte eine erkennbar untergeordnete Rolle oder
2. Umsätze werden ausschließlich oder überwiegend aus der Aufstellung von Geldspielgeräten generiert oder
3. die Außengestaltung der Betriebsstätte suggeriert das Vorliegen eines Unternehmens im Sinne des Absatzes 1.

(3) [1]Der Anwendungsbereich dieses Gesetzes umfasst auch zum Zeitpunkt seines Inkrafttretens bereits bestehende Betriebe mit einer Erlaubnis nach § 33i der Gewerbeordnung. [2]Die Regelungen des § 8 bleiben hiervon unberührt.

§ 2 Erlaubnis

(1) [1]Wer eine Spielhalle oder ein ähnliches Unternehmen nach § 1 Absatz 1 betreiben will, bedarf der Erlaubnis der zuständigen Behörde. [2]Für jeden Spielhallenstandort darf nur ein Unternehmen nach § 1 Absatz 1 zugelassen werden. [3]Der Abstand zu weiteren Unternehmen nach § 1 Absatz 1 soll 500 Meter nicht unterschreiten. [4]Das Gewerbe soll auch nicht in räumlicher Nähe von Einrichtungen betrieben werden, die ihrer Art nach oder tatsächlich vorwiegend von Kindern oder Jugendlichen aufgesucht werden. [5]Die für die Erlaubnis zuständige Behörde darf unter Berücksichtigung der Verhältnisse im Umfeld des jeweiligen Standortes und der Lage des Einzelfalls von der Maßgabe nach Satz 3 und 4 abweichen. [6]Bauplanungsrechtliche Anforderungen bleiben unberührt. [7]Die Erlaubnis nach Satz 1 schließt nicht die Erlaubnis und Bestätigung nach § 33c oder die Erlaubnis nach § 33d der Gewerbeordnung mit ein.

(2) Die Erlaubnis kann mit einer Befristung erteilt und mit Auflagen verbunden werden, soweit dies zum Schutze der Allgemeinheit, der Gäste oder der Bewohnerinnen und Bewohner des Betriebsgrundstücks oder der Nachbargrundstücke vor Gefahren, erheblichen Nachteilen oder erheblichen Belästigungen erforderlich ist; unter denselben Voraussetzungen ist auch die nachträgliche Aufnahme, Änderung und Ergänzung von Auflagen zulässig.

(3) Die Erlaubnis ist insbesondere zu versagen, wenn

1) Zur Ersetzung von Bundesrecht siehe § 9.

1. die in § 33c Absatz 2 Nummer 1 oder § 33d Absatz 3 der Gewerbeordnung genannten Versagungsgründe vorliegen,
2. die zum Betrieb des Gewerbes bestimmten Räume wegen ihrer Beschaffenheit oder Lage den polizeilichen Anforderungen nicht genügen,
3. der Betrieb des Gewerbes eine Gefährdung der Jugend, eine übermäßige Ausnutzung des Spieltriebs, schädliche Umwelteinwirkungen im Sinne des Bundes-Immissionsschutzgesetzes oder sonst eine nicht zumutbare Belästigung der Allgemeinheit, der Nachbarinnen und Nachbarn oder einer im öffentlichen Interesse bestehenden Einrichtung befürchten lässt,
4. die Antragstellerin oder der Antragsteller nicht durch Vorlage eines Sachkundenachweises belegen kann, dass erfolgreich Kenntnisse über die rechtlichen Grundlagen für den in Aussicht genommenen Betrieb sowie zur Prävention der Spielsucht und im Umgang mit betroffenen Personen erworben wurden. Die für Wirtschaft zuständige Senatsverwaltung wird ermächtigt, im Einvernehmen mit der für Gesundheit zuständigen Senatsverwaltung durch Rechtsverordnung die Dauer und Inhalte der Schulung sowie die Rahmenbedingungen für deren Durchführung festzulegen oder
5. die Antragstellerin oder der Antragsteller kein Sozialkonzept entwickelt und vorlegt, in welchem dargestellt wird, mit welchen Maßnahmen den sozialschädlichen Auswirkungen des Glücksspiels vorgebeugt werden soll und wie diese behoben werden sollen.

(4) [1]Der Abstand von Unternehmen nach § 1 Absatz 1 zu Spielbanken, zu Vermittlungsstellen für Sportwetten, die über eine gültige Erlaubnis nach den §§ 7 und 9 des Ausführungsgesetzes zum Glücksspielstaatsvertrag in der Fassung vom 20. Juli 2012 (GVBl. S. 238) verfügen, sowie zu konzessionierten Örtlichkeiten der Buchmacher gemäß § 2 Absatz 2 Satz 1 des Rennwett- und Lotteriegesetzes in der im Bundesgesetzblatt Teil III, Gliederungsnummer 611-14, veröffentlichten bereinigten Fassung, das zuletzt durch Artikel 236 der Verordnung vom 31. August 2015 (BGBl. I S. 1474) geändert worden ist, soll 500 Meter nicht unterschreiten. [2]Absatz 1 Satz 5 gilt entsprechend. [3]Auf Erlaubnisse, die vor dem 6. April 2016 nach diesem Gesetz erteilt wurden, finden die Sätze 1 und 2 keine Anwendung.

(5) [1]Die Erlaubnis nach Absatz 1 erlischt, wenn die Inhaberin oder der Inhaber innerhalb eines Jahres nach deren Erteilung den Betrieb nicht begonnen oder während eines Zeitraums von einem Jahr nicht mehr ausgeübt hat. [2]Die Fristen können aus wichtigem Grund verlängert werden.

(6) [1]Die nach Absatz 3 Nummer 1 erforderliche Zuverlässigkeit ist von der zuständigen Behörde in regelmäßigen Abständen erneut von Amts wegen zu überprüfen. [2]Die zuständigen Behörden und die Polizei Berlin sowie die Finanz- und Zollbehörden sind ermächtigt, sich gegenseitig über laufende und abgeschlossene Verwaltungs-, Straf- und Ordnungswidrigkeitenverfahren gegen Inhaberinnen und Inhaber von Erlaubnissen nach Absatz 1 zu informieren und die erforderlichen Daten zu übermitteln. [3]§ 30 der Abgabenordnung bleibt unberührt.

§ 3 Einheitliche Stelle

[1]Verwaltungsverfahren nach diesem Gesetz können über eine einheitliche Stelle abgewickelt werden. [2]Es gelten die Vorschriften des Teils V Abschnitt 1a des Verwaltungsverfahrensgesetzes in Verbindung mit § 1 Absatz 1 des Gesetzes über das Verfahren der Berliner Verwaltung.

§ 4 Anforderungen an die Gestaltung und Einrichtung von Spielhallen und ähnlichen Unternehmen

(1) [1]Unternehmen nach § 1 Absatz 1 sind von ihrem äußeren Erscheinungsbild so zu gestalten, dass ein Einblick ins Innere der Räumlichkeiten von außen nicht möglich ist. [2]Das äußere Erscheinungsbild darf nicht mit auffälliger Werbung oder sonstigen Werbemitteln gestaltet sein, von denen ein Aufforderungs- oder Anreizcharakter zum Spielen ausgeht. [3]Insbesondere untersagt sind Werbung für den Spielbetrieb oder die in der Spielhalle angebotenen Spiele. [4]Dasselbe gilt für Werbung in unmittelbarer Nähe des Unternehmens.

(2) [1]In Unternehmen nach § 1 Absatz 1 darf je 12 Quadratmeter Grundfläche höchstens ein Geld- oder Warenspielgerät aufgestellt werden; die Gesamtzahl darf jedoch acht Geräte nicht übersteigen. [2]Bei Mehrplatzspielgeräten ist jeder Spielplatz als ein Gerät zu behandeln. [3]Die Geräte sind einzeln in einem Abstand von mindestens einem Meter aufzustellen, getrennt durch eine Sichtblende in einer Tiefe von mindestens 0,80 Meter, gemessen von der Gerätefront in Höhe mindestens der Geräteoberkante. [4]Bei der Berechnung der Grundfläche bleiben Nebenräume wie Abstellräume, Flure, Toiletten, Vorräume und Treppen außer Ansatz. [5]Die zuständige Behörde kann Auflagen zur Art der Aufstellung und An-

ordnung sowie räumlichen Verteilung der Geräte erteilen, soweit dies zum Schutz vor einer übermäßigen Ausnutzung des Spieltriebes erforderlich ist.

(3) In Unternehmen nach § 1 Absatz 1 darf höchstens ein anderes Spiel im Sinne des § 33d Absatz 1 Satz 1 der Gewerbeordnung, bei dem der Gewinn in Geld besteht, veranstaltet werden.

(4) [1]Das Aufstellen, die Bereithaltung oder der Betrieb von technischen Geräten zur Bargeldabhebung ist nicht gestattet. [2]Dasselbe gilt für die Leistung von Zahlungsdiensten gemäß § 1 Absatz 2 und 10 Nummer 4, 6 und 10 des Zahlungsdiensteaufsichtsgesetzes vom 25. Juni 2009 (BGBl. I S. 1506), das zuletzt durch Artikel 23 des Gesetzes vom 20. November 2015 (BGBl. I S. 2029) geändert worden ist.

§ 5 Sperrzeit und Spielverbotstage

(1) Die Sperrzeit für Unternehmen nach § 1 Absatz 1 beginnt um 3 Uhr und endet um 11 Uhr.

(2) An folgenden Tagen dürfen Spielhallen nicht geöffnet werden und ist das Spielen verboten:

1. am Karfreitag,
2. am Volkstrauertag,
3. am Totensonntag,
4. am 24. und 25. Dezember.

§ 6 Jugend- und Spielerschutz

(1) [1]In Unternehmen nach § 1 Absatz 1, in denen Speisen oder Getränke an Ort und Stelle verabreicht werden, dürfen höchstens drei, ab dem 10. November 2019 höchstens zwei Geld- oder Warenspielgeräte aufgestellt werden. [2]Die unentgeltliche Abgabe von Speisen und Getränken ist verboten.

(2) Während der Öffnungszeiten ist sicherzustellen, dass in jedem Unternehmen nach § 1 Absatz 1 mindestens eine Aufsichtsperson dauerhaft anwesend ist.

(3) [1]Die Inhaberin oder der Inhaber der Erlaubnis nach § 2 Absatz 1 hat sicherzustellen, dass als Aufsicht nur Personen beschäftigt werden, die spätestens zum Zeitpunkt der Aufnahme der Tätigkeit über einen Sachkundenachweis verfügen. [2]Aus dem Sachkundenachweis muss hervorgehen, dass erfolgreich Kenntnisse zur Prävention der Spielsucht und im Umgang mit betroffenen Personen erworben wurden. [3]Die für Wirtschaft zuständige Senatsverwaltung wird ermächtigt, im Einvernehmen mit der für Gesundheit zuständigen Senatsverwaltung durch Rechtsverordnung die Dauer und Inhalte der Schulung sowie die Rahmenbedingungen für deren Durchführung festzulegen.

(4) [1]Personen, die das 18. Lebensjahr noch nicht vollendet haben, darf kein Zutritt zu Unternehmen nach § 1 Absatz 1 gewährt werden. [2]Die Durchsetzung des Verbots ist durch Eingangskontrolle in Verbindung mit der Vorlage des Personalausweises oder anderer zur Identitätskontrolle geeigneter Dokumente zu gewährleisten.

(5) [1]Die Inhaberin oder der Inhaber der Erlaubnis nach § 2 Absatz 1 oder das mit der Aufsicht betraute Personal haben die Spielerinnen und Spieler über die Suchtrisiken der angebotenen Spiele und Möglichkeiten der Beratung und Therapie aufzuklären. [2]Die Inhaberin oder der Inhaber der Erlaubnis nach § 2 Absatz 1 oder das mit der Aufsicht betraute Personal sind außerdem verpflichtet, die Spielerinnen und Spieler zu verantwortungsbewusstem Spiel anzuhalten. [3]Vom Spielverhalten her auffällige Personen sind vom Spiel auszuschließen.

(6) [1]Für die Dauer von mindestens einem Jahr sind auch Personen vom Spiel auszuschließen, die dies gegenüber der Inhaberin oder dem Inhaber der Erlaubnis nach § 2 Absatz 1 oder dem mit der Aufsicht betrauten Personal verlangen. [2]Zum Zweck der Kontrolle des freiwilligen Ausschlusses dürfen die zur Identifizierung der betreffenden Personen erforderlichen personenbezogenen Daten erhoben und für die Dauer der Sperre gespeichert und im Rahmen der Eingangskontrolle verwendet werden.

(7) In Unternehmen nach § 1 Absatz 1 dürfen keine Handlungen vorgenommen oder Bedingungen geschaffen werden, die geeignet sind, zum übermäßigen Verweilen oder zur Ausnutzung des Spieltriebs zu verleiten oder die mögliche Suchtgefährdung zu verharmlosen.

(8) In Unternehmen nach § 1 Absatz 1 sind Informationsmaterial über Risiken des übermäßigen Spielens und Informationen zu Angeboten und Kontaktdaten von qualifizierten Beratungsstellen sichtbar auszulegen.

§§ 6a–6b *[aufgehoben]*

§ 7 Ordnungswidrigkeiten

(1) Ordnungswidrig handelt, wer vorsätzlich

1. entgegen § 2 Absatz 1 eine Spielhalle oder ein ähnliches Unternehmen ohne Erlaubnis betreibt,
2. einer vollziehbaren Auflage gemäß § 2 Absatz 2 oder § 4 Absatz 2 nicht, nicht vollständig oder nicht rechtzeitig nachkommt,
3. entgegen § 4 Absatz 1 Satz 1 Einblick in das Innere der Räumlichkeiten von außen ermöglicht,
4. entgegen § 4 Absatz 1 Satz 2 bis 4 Werbung betreibt, von der ein Aufforderungs- oder Anreizcharakter zum Spielen ausgeht, oder Werbung für den Spielbetrieb oder die in der Spielhalle angebotenen Spiele betreibt,
5. entgegen § 4 Absatz 2 Satz 1 oder § 6 Absatz 1 Satz 1 mehr als die zulässige Zahl von Spielgeräten aufstellt oder aufstellen lässt,
6. entgegen § 4 Absatz 2 Satz 3 Spielgeräte nicht richtig aufstellt,
7. entgegen § 4 Absatz 3 mehr als ein anderes Spiel veranstaltet,
7a. entgegen § 4 Absatz 4 Satz 1 technische Geräte zur Bargeldabhebung bereithält oder dies duldet,
7b. entgegen § 4 Absatz 4 Satz 2 verbotene Zahlungsdienste durchführt, ermöglicht oder zulässt,
8. als Inhaberin oder Inhaber oder als Aufsichtsperson eines Unternehmens nach § 1 Absatz 1 duldet, dass ein Gast innerhalb der Sperrzeit in den Betriebsräumen verweilt, oder zulässt, dass an den in § 5 Absatz 2 genannten Spielverbotstagen die Spielhalle geöffnet ist oder dort gespielt wird,
9. als Inhaberin oder Inhaber oder als Aufsichtsperson eines Unternehmens nach § 1 Absatz 1 entgegen § 6 Absatz 1 Satz 2 unentgeltlich Speisen oder Getränke abgibt oder zulässt, dass unentgeltlich Speisen oder Getränke abgegeben werden,
10. entgegen § 6 Absatz 2 nicht sicherstellt, dass eine Aufsichtsperson dauerhaft anwesend ist,
11. entgegen § 6 Absatz 3 Personen beschäftigt, die nicht über den geforderten Sachkundenachweis verfügen,
12. als Inhaberin oder Inhaber oder als Aufsichtsperson eines Unternehmens nach § 1 Absatz 1 entgegen § 6 Absatz 4 Satz 2 die vorgeschriebene Identitätskontrolle unterlässt,
13. als Inhaberin oder Inhaber oder als Aufsichtsperson eines Unternehmens nach § 1 Absatz 1 entgegen § 6 Absatz 5 Satz 3 oder Absatz 6 Satz 1 einen Ausschluss vom Spiel unterlässt,
14. als Inhaberin oder Inhaber oder als Aufsichtsperson eines Unternehmens nach § 1 Absatz 1 die in § 6 Absatz 8 vorgeschriebenen Unterlagen nicht deutlich sichtbar auslegt.

(2) Ordnungswidrig handelt auch, wer eine in Absatz 1 bezeichnete Tat fahrlässig begeht.

(3) Ordnungswidrigkeiten nach Absatz 1 können mit einer Geldbuße bis zu 500.000 Euro, Ordnungswidrigkeiten nach Absatz 2 mit einer Geldbuße bis zu 250.000 Euro geahndet werden.

(4) [1]Gegenstände, auf die sich die Ordnungswidrigkeit bezieht oder die zur Begehung oder Vorbereitung gebraucht worden oder bestimmt gewesen sind, können dauerhaft eingezogen werden. [2]Dies gilt auch für Gegenstände, die im Eigentum Dritter stehen. [3]Die §§ 22 bis 29 des Gesetzes über Ordnungswidrigkeiten sind anzuwenden.

§ 8 Übergangs- und Schlussbestimmungen

(1) [1]Nach § 33i der Gewerbeordnung erteilte gültige Erlaubnisse verlieren mit Ablauf des 31. Juli 2016 ihre Wirksamkeit. [2]Die Inhaberin oder der Inhaber dieser Erlaubnisse haben den nach § 2 Absatz 3 Nummer 4 geforderten Sachkundenachweis innerhalb von zwölf Monaten seit Inkrafttreten dieses Gesetzes der zuständigen Behörde vorzulegen.

(2) Die Inhaberin oder der Inhaber eines Unternehmens nach § 1 Absatz 1 hat dafür Sorge zu tragen, dass für das bei Inkrafttreten dieses Gesetzes bereits in dem Unternehmen als Aufsicht tätige Personal der Sachkundenachweis nach § 6 Absatz 3 innerhalb von zwölf Monaten der zuständigen Behörde vorliegt.

(3) Wer zum Zeitpunkt des Inkrafttretens dieses Gesetzes ein Unternehmen nach § 1 Absatz 1 rechtmäßig betreibt und über eine gültige Erlaubnis nach § 33i der Gewerbeordnung verfügt, hat für diesen Betrieb die Zahl der Geräte und Spiele innerhalb von 24 Monaten auf das nach § 4 Absatz 2 und 3 zulässige Maß zu reduzieren.

(4) Werden die in Absatz 1 bis 3 geforderten Verpflichtungen von der Inhaberin oder vom Inhaber nicht oder nicht fristgemäß erfüllt, ist von der zuständigen Behörde ein Verfahren mit dem Ziel des Widerrufs der Erlaubnis einzuleiten.

§ 9 Anwendung von Bundesrecht

(1) Dieses Gesetz ersetzt im Land Berlin § 33i der Gewerbeordnung in der Fassung der Bekanntmachung vom 22. Februar 1999 (BGBl. I S. 202), die zuletzt durch Artikel 4 Absatz 14 des Gesetzes vom 29. Juli 2009 (BGBl. I S. 2258) geändert worden ist, sowie § 3 Absatz 2 und 3 und § 4 Satz 2 der Spielverordnung in der Fassung der Bekanntmachung vom 27. Januar 2006 (BGBl. I S. 280).

(2) Im Übrigen finden die Gewerbeordnung und die Spielverordnung sowie auf diesen Rechtsgrundlagen erlassene Vorschriften in der jeweils geltenden Fassung weiterhin Anwendung, soweit nicht in diesem Gesetz abweichende Bestimmungen getroffen worden sind.

§ 10 Inkrafttreten

Dieses Gesetz tritt am Tage nach der Verkündung[1] im Gesetz- und Verordnungsblatt für Berlin in Kraft.

1) Verkündet am 1.6.2011.

Gesetz zur Umsetzung des Mindestabstands nach dem Spielhallengesetz Berlin für Bestandsunternehmen (Mindestabstandsumsetzungsgesetz Berlin – MindAbstUmsG Bln)[1)]

Vom 22. März 2016 (GVBl. S. 117)
(BRV 7102-12)

§ 1 Sonderverfahren

(1) Für Inhaberinnen und Inhaber von Erlaubnissen, welche nach § 8 Absatz 1 Satz 1 des Spielhallengesetzes Berlin ihre Wirksamkeit verlieren (Bestandsunternehmen), richtet sich das Verfahren zur Neuerteilung einer Erlaubnis nach dem Spielhallengesetz Berlin für den Weiterbetrieb desselben Unternehmens im Sinne des § 1 Absatz 1 des Spielhallengesetzes Berlin nach den besonderen Vorschriften dieses Gesetzes (Sonderverfahren).

(2) Die allgemeinen Vorschriften bleiben im Übrigen unberührt.

§ 2 Ausschlussfrist

(1) [1]Anträge auf Neuerteilung von Erlaubnissen nach dem Spielhallengesetz Berlin für Bestandsunternehmen nach § 1 Absatz 1 müssen einschließlich der notwendigen Antragsunterlagen nach § 3 für jedes Unternehmen bis zum Ablauf von drei Monaten ab Inkrafttreten dieses Gesetzes bei der zuständigen Behörde eingegangen sein. [2]Nach Ablauf dieser Frist findet auch bei unverschuldeter Fristversäumung eine Wiedereinsetzung in den vorigen Stand nicht statt (Ausschlussfrist).

(2) Verspätete Anträge sowie Anträge, die nicht bis zum Ablauf der Ausschlussfrist nach Absatz 1 einschließlich der notwendigen Unterlagen nach § 3 bei der zuständigen Behörde eingegangen sind, nehmen nicht am Sonderverfahren teil und werden nachrangig nach den allgemeinen Vorschriften des Spielhallengesetzes Berlin beschieden.

(3) Für Bestandsunternehmen im Sinne des § 1 Absatz 1 gilt die Erlaubnis nach § 33i der Gewerbeordnung bis zum Ablauf des sechsten Monats nach Bekanntgabe der Entscheidung im Sonderverfahren als fortbestehend, soweit bis zum Ablauf der Ausschlussfrist nach Absatz 1 ein Antrag einschließlich der notwendigen Antragsunterlagen nach § 3 auf Erteilung einer Erlaubnis nach dem Spielhallengesetz Berlin bei der zuständigen Behörde eingegangen ist.

(4) § 3 des Spielhallengesetzes Berlin findet im Sonderverfahren keine Anwendung.

§ 3 Notwendige Antragsunterlagen

(1) Die notwendigen Antragsunterlagen im Sinne von § 2 Absatz 1 Satz 1 umfassen:

1. einen eigenhändig durch Namensunterschrift oder mittels notariell beglaubigten Handzeichens unterzeichneten Antrag; bei Personengesellschaften ist für jede geschäftsführende Gesellschafterin und jeden geschäftsführenden Gesellschafter ein Antrag zu stellen; die Ersetzung der Schriftform durch die elektronische Form oder andere Verfahren ist ausgeschlossen; für den Antrag soll der von den Erlaubnisbehörden zur Verfügung gestellte Antragsvordruck nebst Beiblatt verwendet werden,
2. den Nachweis über die Berechtigung zur Ausübung der entsprechenden Erwerbstätigkeit in beglaubigter Kopie soweit die Antragstellerin oder der Antragsteller nicht die Staatsangehörigkeit eines EU/EWR-Mitgliedstaates innehat oder staatenlos ist; bei Anträgen juristischer Personen ist ein solcher Nachweis von mindestens einer gesetzlichen Vertreterin oder einem gesetzlichen Vertreter vorzulegen, soweit keiner von ihnen die Staatsangehörigkeit eines EU/EWR-Mitgliedstaates innehat oder sie alle staatenlos sind,
3. einen nach Inkrafttreten dieses Gesetzes erstellten aktuellen Ausdruck aus dem Handelsregister, sofern die Antragstellerin oder der Antragsteller im Handelsregister eingetragen ist,
4. einen Nachweis über die Beantragung eines Führungszeugnisses zur Vorlage bei einer Behörde nach § 30 Absatz 5 des Bundeszentralregistergesetzes durch jede Antragstellerin und jeden Antragsteller, bei Anträgen juristischer Personen durch jede gesetzliche Vertreterin und jeden gesetzlichen Vertreter, wobei sich aus dem Nachweis ergeben muss, dass die Beantragung des ge-

---

1) Verkündet als Art. 1 G zur Umsetzung des Mindestabstands nach dem SpielhallenG sowie zur Änd. spielrechtlicher Vorschriften v. 22. 3. 2016 (GVBl. S. 117); Inkrafttreten gem. Art. 4 dieses G am 6. 4. 2016.

nannten Führungszeugnisses bei der zuständigen Stelle nicht früher als drei Monate vor und nicht später als einen Monat vor Ablauf der Ausschlussfrist nach § 2 Absatz 1 Satz 2 erfolgt ist; ist für mehrere Anträge auf Erteilung einer Erlaubnis nach dem Spielhallengesetz Berlin derselben Antragstellerin oder desselben Antragstellers dieselbe Behörde örtlich zuständig, so ist es ausreichend, wenn die Antragstellerin oder der Antragsteller, bei Anträgen juristischer Personen jede gesetzliche Vertreterin und jeder gesetzliche Vertreter, zu jedem einzelnen Antrag einen Nachweis über die einmalige und innerhalb des genannten Zeitraums erfolgte Beantragung eines Führungszeugnisses zur Vorlage bei dieser Behörde vorlegt,

5. einen Nachweis über die Beantragung der Auskunft aus dem Gewerbezentralregister zur Vorlage bei einer Behörde nach § 150 Absatz 5 der Gewerbeordnung durch jede Antragstellerin und jeden Antragsteller, bei Anträgen juristischer Personen sowohl über die juristische Person als auch über jede gesetzliche Vertreterin und jeden gesetzlichen Vertreter, wobei sich aus dem Nachweis ergeben muss, dass die Beantragung der genannten Gewerbezentralregisterauskünfte bei der zuständigen Stelle nicht früher als drei Monate vor und nicht später als einen Monat vor Ablauf der Ausschlussfrist nach § 2 Absatz 1 Satz 2 erfolgt ist; Nummer 4 Halbsatz 2 gilt entsprechend,
6. eine Grundrisszeichnung der Räumlichkeiten, für welche die Erlaubnis beantragt wird; die Grundrisszeichnung soll im Maßstab 1:100 eingereicht werden,
7. den Sachkundenachweis nach § 2 Absatz 3 Nummer 4 des Spielhallengesetzes Berlin der Antragstellerin oder des Antragstellers, bei Anträgen juristischer Personen jeder gesetzlichen Vertreterin und jedes gesetzlichen Vertreters im Original oder in beglaubigter Kopie, ersatzweise eine Bescheinigung einer für die Erteilung von Erlaubnissen nach diesem Gesetz zuständigen Behörde im Original oder in beglaubigter Kopie darüber, dass die Antragstellerin oder der Antragsteller, bei Anträgen juristischer Personen die gesetzliche Vertreterin oder der gesetzliche Vertreter, einen Sachkundenachweis nach § 2 Absatz 3 Nummer 4 des Spielhallengesetzes Berlin bereits dieser Behörde vorgelegt hat,
8. ein Sozialkonzept nach § 2 Absatz 3 Nummer 5 des Spielhallengesetzes Berlin.

(2) [1]Die Übermittlung der Antragsunterlagen nach Absatz 1 als elektronisches Dokument ist ausgeschlossen. [2]Ebenso ausgeschlossen ist die Übermittlung per Telefax (Fernkopie), auch sofern dies lediglich der Fristwahrung dienen soll.

§ 4 Sachentscheidung

(1) [1]Die Versagungsgründe nach § 2 Absatz 3 des Spielhallengesetzes Berlin sind im Sonderverfahren vor den in § 2 Absatz 1 des Spielhallengesetzes Berlin geregelten Versagungsgründen zu prüfen. [2]In § 2 Absatz 1 des Spielhallengesetzes Berlin sind im Sonderverfahren zunächst die Voraussetzungen des Satzes 4, sodann des Satzes 3 und abschließend des Satzes 2 zu prüfen. [3]Bei Vorliegen eines Versagungsgrundes wird der Antrag im Sonderverfahren ohne weitere Prüfung der übrigen Erteilungsvoraussetzungen abgelehnt. [4]Dies gilt insbesondere, wenn Tatsachen die Annahme rechtfertigen, dass die gemäß § 2 Absatz 3 Nummer 1 des Spielhallengesetzes Berlin erforderliche Zuverlässigkeit nicht gegeben ist.

(2) § 2 Absatz 4 des Spielhallengesetzes Berlin findet im Sonderverfahren keine Anwendung.

§ 5 Abstand zu Schulen

(1) [1]§ 2 Absatz 1 Satz 4 des Spielhallengesetzes Berlin findet im Sonderverfahren mit der Maßgabe Anwendung, dass die räumliche Nähe des Gewerbes ausschließlich zu Schulen in öffentlicher und freier Trägerschaft der Schularten des § 17 Absatz 2 Satz 1 Nummer 2 bis 4 und § 17a des Schulgesetzes vom 26. Januar 2004 (GVBl. S. 26), das zuletzt durch Artikel 1 des Gesetzes vom 4. Februar 2016 (GVBl. S. 33) geändert worden ist, unzulässig ist. [2]Die für Bildung zuständige Senatsverwaltung übermittelt den Erlaubnisbehörden die Anschriften der Schulen im Sinne des Satzes 1.

(2) [1]Räumliche Nähe im Sinne des § 2 Absatz 1 Satz 4 des Spielhallengesetzes Berlin liegt dabei im Sonderverfahren regelmäßig nicht vor, wenn die Wegstrecke zwischen dem Bestandsunternehmen und der nächstgelegenen Schule nach Absatz 1 Satz 1 eine Länge von 200 Metern überschreitet. [2]Maßgebliche Bezugspunkte sind hierbei für das Bestandsunternehmen die Gebäudeecke und für die nach Absatz 1 Satz 1 maßgebliche Schule die Grundstücksecke, welche auf der Wegstrecke nach Satz 1 zueinander am nächsten liegen.

(3) Nach dem Ablauf der Ausschlussfrist nach § 2 Absatz 1 hinzutretende Schulstandorte im Sinne des Absatzes 1 Satz 1 sind für die Entscheidung über die Erlaubniserteilung im Sonderverfahren unbeachtlich.

§ 6 Mindestabstand

(1) [1]§ 2 Absatz 1 Satz 3 des Spielhallengesetzes Berlin findet im Sonderverfahren mit der Maßgabe Anwendung, dass der Abstand 500 Meter nicht unterschreiten darf. [2]§ 2 Absatz 1 Satz 5 des Spielhallengesetzes Berlin findet insoweit keine Anwendung.

(2) [1]Zur Ermittlung des Abstandes im Sinne des § 2 Absatz 1 Satz 3 des Spielhallengesetzes Berlin wird im Sonderverfahren die Länge der Wegstrecke zwischen denjenigen Standorten von Bestandsunternehmen in gerundeten Metern gemessen, für die allein die Versagungsgründe nach § 2 Absatz 1 Satz 2 und 3 des Spielhallengesetzes Berlin in Betracht kommen. [2]Die Messung wird vom Amt für Statistik Berlin-Brandenburg mit Hilfe eines das geltende amtliche Lagebezugssystem abbildenden Geoinformationssystems auf Basis der Geokoordinaten der Mitte der Eingänge zu den Standorten durchgeführt. [3]Die Erlaubnisbehörden übermitteln dem Amt für Statistik Berlin-Brandenburg die maßgeblichen Geokoordinaten nach Satz 2. [4]Nachträgliche Änderungen des Wegeverlaufs, die nach Erlaubniserteilung eintreten, sind unbeachtlich.

(3) Die für die Erlaubniserteilung zuständige Behörde darf abweichend von Absatz 1 und unter Berücksichtigung der Umstände des Einzelfalls Ausnahmen von § 2 Absatz 1 Satz 3 des Spielhallengesetzes Berlin zulassen, wenn nach Bekanntgabe der Entscheidung im Sonderverfahren, jedoch vor Eintritt ihrer Bestandskraft, festgestellt wird, dass die Antragstellerin oder der Antragsteller zu Unrecht bei der Auswahl zwischen konkurrierenden Standorten nach § 7 nicht einbezogen wurde.

§ 7 Konkurrierende Standorte

(1) Unterschreiten Standorte von Bestandsunternehmen nach dem Ergebnis der Messung gemäß § 6 Absatz 1 und 2 den Mindestabstand nach § 2 Absatz 1 Satz 3 des Spielhallengesetzes Berlin zueinander (konkurrierende Standorte), so wird die Auswahl zwischen diesen Standorten wie folgt getroffen:

1. Kann im Hinblick auf die Einhaltung des Mindestabstands lediglich an einem Standort eine Erlaubnis für ein Bestandsunternehmen erteilt werden, so entscheidet zwischen den Standorten das Los.
2. [1]Können im Hinblick auf die Einhaltung des Mindestabstands an mindestens zwei oder mehr Standorten Erlaubnisse für Bestandsunternehmen erteilt werden, so ist die Auswahl zwischen den Standorten so zu treffen, dass die Standortkapazität im Hinblick auf den Mindestabstand ausgeschöpft wird. [2]Wird die Standortkapazität in mehreren Kombinationen von Standorten erreicht, so entscheidet zwischen diesen Kombinationen das Los.

(2) [1]Die Erlaubnisbehörden ermitteln die konkurrierenden Standorte nach Absatz 1 Nummer 1 und 2 sowie die Standortkapazität und möglichen Kombinationen von Standorten nach Absatz 1 Nummer 2 Satz 1 mit Hilfe des Amtes für Statistik Berlin-Brandenburg auf Grundlage der nach § 6 Absatz 2 ermittelten Abstände zwischen den Standorten. [2]Das Amt für Statistik Berlin-Brandenburg bedient sich hierfür einer von einer wissenschaftlichen Einrichtung zu diesem Zwecke bereitgestellten Software.

§ 8 Mehrfachkomplexe

(1) Ist über mehrere Anträge auf Erteilung von Spielhallenerlaubnissen für denselben Standort zu entscheiden und kommt für jeden dieser Anträge ausschließlich der Versagungsgrund des § 2 Absatz 1 Satz 2 des Spielhallengesetzes Berlin in Betracht, so ist dieser mit den folgenden Maßgaben anzuwenden:

1. [1]Bei Anträgen derselben Antragstellerin oder desselben Antragstellers entscheidet die Antragstellerin beziehungsweise der Antragsteller, welches Bestandsunternehmen weiterbetrieben werden soll. [2]Die Antragstellerin beziehungsweise der Antragsteller teilt der für die Erteilung der Erlaubnis zuständigen Behörde innerhalb eines Monats ab Zustellung der Mitteilung nach Absatz 2 mit, welcher Antrag aufrechterhalten wird. [3]Ist bis zum Ablauf der Frist nach Satz 2 keine Mitteilung der Antragstellerin beziehungsweise des Antragstellers nach Satz 1 bei der Erlaubnisbehörde eingegangen, so sind sämtliche dieser Anträge gemäß § 2 Absatz 1 Satz 2 des Spielhallengesetzes Berlin abzulehnen.

2. [1]Bei Anträgen unterschiedlicher Antragstellerinnen oder Antragsteller entscheidet das Los. [2]Das Losverfahren führen die Erlaubnisbehörden nach Ablauf eines Monats ab Zustellung der Mitteilung nach Absatz 2 durch. [3]Kann zwischen den Antragstellerinnen und Antragstellern für denselben Standort bis zur Durchführung des Losverfahrens ein Einvernehmen über die Beanspruchung des Standorts hergestellt werden, so ersetzt das gefundene Einvernehmen die Entscheidung durch Los. [4]Die für die Erteilung der Erlaubnis zuständige Behörde ist berechtigt, jeder betroffenen Antragstellerin und jedem betroffenen Antragsteller zur Ermöglichung einer Einigung die Namen und betrieblichen Anschriften sämtlicher anderer um den Standort konkurrierender Antragstellerinnen und Antragsteller zu übermitteln. [5]Das Einvernehmen über die Beanspruchung des Standortes ist der zuständigen Behörde vor Durchführung des Losverfahrens durch eindeutige und übereinstimmende Erklärung jeder betroffenen Antragstellerin und jedes betroffenen Antragstellers über das Ergebnis der Einigung schriftlich mitzuteilen.

(2) [1]Über die Durchführung des Verfahrens nach Nummer 1 oder 2 erhalten die Antragstellerinnen und Antragsteller eine schriftliche Mitteilung. [2]Die Mitteilung ist nach den Vorschriften des Verwaltungszustellungsgesetzes zuzustellen.

§ 9 Härtefallklausel

[1]Auf Antrag kann die für die Erlaubniserteilung zuständige Behörde nach Ablauf des in § 8 Absatz 1 Satz 1 des Spielhallengesetzes Berlin bestimmten Zeitraums in begründeten Einzelfällen eine Befreiung von den Anforderungen des § 2 Absatz 1 Satz 2 bis 4 des Spielhallengesetzes Berlin für einen angemessenen Zeitraum zulassen, wenn die beantragte Erlaubnis ausschließlich wegen Fehlens dieser Voraussetzungen nicht mehr erteilt werden konnte und wenn dies zur Vermeidung unbilliger Härten erforderlich ist. [2]Die Befreiung soll einen Zeitraum von drei Jahren im Regelfall nicht überschreiten. [3]Dabei sind unter Abwägung mit den konkreten persönlichen Umständen insbesondere der Zeitpunkt der Erteilung der Erlaubnis nach § 33i der Gewerbeordnung sowie der Schutzzweck des Spielhallengesetzes Berlin zu berücksichtigen. [4]Wirtschaftliche Dispositionen, welche die Antragstellerin oder der Antragsteller nach dem 2. Juni 2011 getätigt haben, finden keine Berücksichtigung. [5]Dem Antrag sind sämtliche für die Entscheidung erforderlichen Unterlagen und Nachweise beizufügen. [6]Die besonderen wirtschaftlichen Umstände, auf welche sich der Antrag stützt, sind von der Antragstellerin oder dem Antragsteller auf eigene Kosten durch ein Gutachten einer Wirtschaftsprüferin oder eines Wirtschaftsprüfers nachzuweisen.

Gesetz über das Verbot der Zweckentfremdung von Wohnraum (Zweckentfremdungsverbot-Gesetz – ZwVbG)

Vom 29. November 2013 (GVBl. S. 626)
(BRV 238-3)
zuletzt geändert durch Art. 1 Drittes ÄndG vom 27. September 2021 (GVBl. S. 1131)

Das Abgeordnetenhaus hat das folgende Gesetz beschlossen:

§ 1 Anwendungsbereich

(1) Soweit die Versorgung der Bevölkerung mit ausreichendem Wohnraum zu angemessenen Bedingungen besonders gefährdet ist, darf Wohnraum im Land Berlin oder in einzelnen Bezirken nur mit Genehmigung des zuständigen Bezirksamts zu anderen als Wohnzwecken genutzt werden.

(2) [1]Der Senat wird ermächtigt, durch Rechtsverordnung festzustellen, ob im Land Berlin oder in einzelnen Bezirken die Voraussetzungen für ein Zweckentfremdungsverbot vorliegen. [2]Der Senat wird ferner ermächtigt, durch Rechtsverordnung nähere Bestimmungen zu treffen über:

1. die Wohnfläche, die Umwandlung von Wohnraum in Nebenräume, die Zusammenlegung von Wohnraum, die Umwidmung von Wohnraum und die überwiegende Wohnnutzung,
2. das Genehmigungsverfahren von zweckfremder Wohnraumnutzung, insbesondere über Ersatzgenehmigungen, Negativatteste und über Nebenbestimmungen, sowie über Ausnahmen vom Genehmigungserfordernis und Erleichterungen im Genehmigungsverfahren, sofern öffentliche Interessen im Sinne des § 3 Absatz 3 vorliegen und diese besonders schwerwiegend sind,
3. Ausgleichszahlungen, deren Höhe, Berechnung, Zahlungsmodalitäten und Verwendung,
4. die Beseitigung von zweckfremder, ungenehmigter Wohnraumnutzung und das Anordnungsverfahren, auch im Wege des Verwaltungszwangs,
5. das Verfahren zur Registrierung von Ferienwohnungen oder Unterkünften sowie für die Zuteilung von Registriernummern nach § 5a Absatz 1 und 2,
6. die Angabe einer Registriernummer beim Anbieten und Bewerben von Ferienwohnungen und Fremdenbeherbergungen nach § 5a Absatz 1, 2 und 4,
7. die Anforderungen an die Beschaffenheit und Bedingungen des angemessenen Ersatzwohnraums gemäß § 3 Absatz 2.

(3) [1]Wohnraum im Sinne dieses Gesetzes sind alle Räumlichkeiten, die zur dauernden Wohnnutzung tatsächlich und rechtlich geeignet sind. [2]Hiervon ausgenommen sind Räumlichkeiten, die zu anderen Zwecken errichtet worden sind und zum Zeitpunkt des Inkrafttretens der Verordnung nach Absatz 2 auch entsprechend genutzt werden.

§ 2 Zweckentfremdung

(1) Eine Zweckentfremdung im Sinne dieses Gesetzes liegt vor, wenn Wohnraum zu anderen als Wohnzwecken genutzt wird, insbesondere wenn Wohnraum

1. zum Zwecke der wiederholten nach Tagen oder Wochen bemessenen Vermietung als Ferienwohnung oder einer Fremdenbeherbergung, insbesondere einer gewerblichen Zimmervermietung oder der Einrichtung von Schlafstellen, verwendet wird;
2. für gewerbliche oder berufliche sonstige Zwecke verwendet wird;
3. baulich derart verändert oder in einer Weise genutzt wird, dass er für Wohnzwecke nicht mehr geeignet ist;
4. länger als drei Monate leer steht oder
5. beseitigt wird.

(2) Abweichend von Absatz 1 liegt keine Zweckentfremdung vor, wenn

1. Wohnraum bereits zum Zeitpunkt des Inkrafttretens einer Verordnung nach § 1 Absatz 2 als Ferienwohnung oder zur Fremdenbeherbergung gemäß Absatz 1 Nummer 1 genutzt wird; dies gilt jedoch nur für eine Dauer von zwei Jahren nach Inkrafttreten der Verordnung; hierfür hat die oder der Verfügungsberechtigte innerhalb von drei Monaten nach Inkrafttreten der Verordnung die Nutzung nach Absatz 1 Nummer 1 dem zuständigen Bezirksamt anzuzeigen;

2. Wohnraum bereits zum Zeitpunkt des Inkrafttretens einer Verordnung nach § 1 Absatz 2 für gewerbliche oder berufliche sonstige Zwecke gemäß Absatz 1 Nummer 2 genutzt wird; dies gilt jedoch nur, solange das zum Zeitpunkt des Inkrafttretens der Verordnung bestehende Nutzungsverhältnis nicht beendet wird oder ein zu diesem Zweck in den Räumlichkeiten eingerichteter und ausgeübter gewerblicher oder freiberuflicher Betrieb fortgeführt wird;
3. Wohnraum leer steht, weil er trotz geeigneter Bemühungen über längere Zeit nicht wieder vermietet werden konnte;
4. Wohnraum zügig umgebaut, instand gesetzt oder modernisiert wird und deshalb bis zu zwölf Monate unbewohnbar ist oder leer steht oder aus anderen objektiven Gründen nicht mehr vermietet werden kann; dasselbe gilt, wenn eine Klage auf Duldung von Modernisierungs- beziehungsweise Sanierungsmaßnahmen im Sinne der §§ 555a und 555b des Bürgerlichen Gesetzbuches erhoben wurde, bis zur Klärung im rechtskräftigen Urteil und bis zum Abschluss der sich hieran anschließenden zügigen Baumaßnahmen;
5. die Berliner Hauptwohnung, in der der tatsächliche Lebensmittelpunkt begründet wird, durch die Verfügungsberechtigten oder die Nutzungsberechtigten zu anderen als Wohnzwecken mitbenutzt wird, insgesamt aber die Wohnnutzung überwiegt (über 50 vom Hundert der Fläche; bei Küche und Bad wird jeweils hälftige Nutzung unterstellt).

§ 3 Genehmigung

(1) [1]Die Genehmigung nach § 1 Absatz 1 kann auf Antrag erteilt werden, wenn vorrangige öffentliche Interessen oder schutzwürdige private Interessen das öffentliche Interesse an der Erhaltung des betroffenen Wohnraums überwiegen oder wenn in besonderen Ausnahmefällen durch die Schaffung von angemessenem Ersatzwohnraum der durch die Zweckentfremdung eintretende Wohnraumverlust ausgeglichen wird. [2]Die Genehmigung kann befristet, bedingt oder unter Auflagen erteilt werden, insbesondere können Ausgleichszahlungen verlangt werden, die zur Kompensation des durch die Zweckentfremdung entstandenen Wohnraumverlustes zur Neuschaffung von Wohnraum zu verwenden sind. [3]Die Höhe der Ausgleichszahlung soll den Kosten für die Schaffung von angemessenem Ersatzwohnraum entsprechen.

(2) [1]Es ist für die Dauer der angespannten Wohnungsmarktlage auch für den Fall der Rechtsnachfolge sicherzustellen, dass der Ersatzwohnraum, soweit er nicht von den Verfügungsberechtigten selbst genutzt wird, bei einer Vermietung dem Wohnungsmarkt zu angemessenen Bedingungen zur Verfügung steht. [2]Angemessene Bedingungen setzen Mieten voraus, die für Wohnungen der entsprechenden Art von einem durchschnittlich verdienenden Arbeitnehmerhaushalt allgemein aufgebracht werden können. [3]Soweit Wohnraum ersetzt wird, bei dem die Miethöhe nicht durch Gesetz oder auf der Grundlage eines Gesetzes, insbesondere auch der Regelungen des bürgerlichen Rechts, begrenzt wird, sollen keine Anforderungen an die Miethöhe gestellt werden. [4]Der Ersatzwohnraum muss grundsätzlich in räumlicher Nähe zu dem zweckentfremdeten Wohnraum oder zumindest in demselben Bezirk geschaffen werden, in dem die Zweckentfremdung erfolgt beziehungsweise erfolgen soll.

(3) Vorrangige öffentliche Interessen für eine Zweckentfremdung sind in der Regel gegeben, wenn Wohnraum zur Versorgung der Bevölkerung mit sozialen Einrichtungen, für Erziehungs-, Ausbildungs-, Betreuungs- oder gesundheitliche Zwecke verwendet werden soll, für die andere Räume nicht zur Verfügung stehen oder nicht zeitgerecht geschaffen werden können.

(4) [1]Überwiegende schutzwürdige private Interessen sind
1. insbesondere bei einer Gefährdung der wirtschaftlichen Existenz oder bei nicht mehr erhaltungswürdigem Wohnraum gegeben. Eine Genehmigung aus diesen Gründen soll auf maximal drei Jahre befristet werden. Dabei ist unter Abwägung mit den konkreten persönlichen Umständen insbesondere der Schutzzweck dieses Gesetzes zu berücksichtigen. Wirtschaftliche Dispositionen, welche die Antragstellerin oder der Antragsteller nach dem 13. Dezember 2013 getätigt haben, finden keine Berücksichtigung. Dem Antrag sind sämtliche für die Entscheidung erforderlichen Unterlagen und Nachweise beizufügen. Die besonderen wirtschaftlichen Umstände, auf welche sich der Antrag stützt, sind von der Antragstellerin oder dem Antragsteller auf eigene Kosten durch ein Gutachten einer anerkannten Wirtschaftsprüferin oder eines anerkannten Wirtschaftsprüfers nachzuweisen.
2. im Regelfall auch dann gegeben, wenn die jeweiligen Verfügungsberechtigten oder Nutzungsberechtigten ihre Berliner Hauptwohnung, in der der tatsächliche Lebensmittelpunkt begründet wird,

während ihrer Abwesenheitszeiten zu anderen als Wohnzwecken verwenden und der Charakter als Hauptwohnung nicht angetastet wird.

3. bei Nutzung einer Nebenwohnung im Sinne des § 2 Absatz 1 Nummer 1 im Einzelfall auf Antrag nur anzuerkennen, soweit diese nicht über einen befristeten Zeitraum an Dritte als Wohnraum vermietet werden kann, höchstens jedoch 90 Tage im Jahr, es sei denn, es liegt eine unbillige Härte vor; besteht daneben eine Hauptwohnung oder mindestens eine weitere Nebenwohnung der Antragstellenden im Land Berlin, soll keine Genehmigung erteilt werden.

[2]In den Fällen der Nummern 2 und 3 tragen die Antragstellerinnen oder Antragsteller die Nachweispflicht und die Beweislast. [3]Die zuständige Behörde stellt die Einhaltung dieser Regelungen durch zielgenaue Auflagen sicher.

§ 4 Wohnzuführungs- und Räumungsgebot, Veränderungs- und Abrissstopp und Wiederherstellungsgebot

(1) [1]Wird Wohnraum ohne die erforderliche Genehmigung zweckentfremdet, soll das zuständige Bezirksamt anordnen, dass Verfügungsberechtigte oder Nutzungsberechtigte die Wohngebäude, Wohnungen oder Wohnräume wieder Wohnzwecken zuzuführen haben (Wohnzuführungsgebot). [2]Das zuständige Bezirksamt setzt hierfür eine Frist, die im Regelfall einen Monat beträgt. [3]Das zuständige Bezirksamt kann auch die Räumung anordnen (Räumungsgebot). [4]Wird Wohnraum im Sinne von § 2 Absatz 1 Nummer 3 oder Nummer 5 zweckentfremdet, so kann das zuständige Bezirksamt die sofortige Unterlassung von Veränderungen und Abrissmaßnahmen (Veränderungs- und Abrissstopp) verlangen.

(2) [1]Ist Wohnraum so verändert worden, dass er nicht mehr für Wohnzwecke geeignet ist, soll das zuständige Bezirksamt anordnen, dass der oder die Verfügungsberechtigte auf seine oder ihre Kosten den früheren Zustand wiederherstellt oder einen zumindest gleichwertigen Zustand schafft (Wiederherstellungsgebot). [2]Ein Wiederherstellungsgebot scheidet aus, soweit es für die Verfügungsberechtigten unzumutbar wäre. [3]Dies ist der Fall, wenn die Herstellungskosten die ortsüblichen Kosten für einen Neubau in gleicher Größe, Ausstattung und am gleichen Standort überschreiten würden. [4]Ist die Wiederherstellung des früheren Zustandes nicht oder nur mit unzumutbarem Aufwand möglich, soll das zuständige Bezirksamt zum Ausgleich des Wohnraumverlustes die Schaffung von angemessenem Ersatzwohnraum verlangen (Errichtungsgebot) oder wenn die Errichtung von Ersatzwohnraum nicht möglich ist, die Zahlung eines Ausgleichsbetrages entsprechend § 3 Absatz 1 Satz 2 und 3 verlangen. [5]Kommt der oder die Verfügungsberechtigte einer Anordnung nach Satz 1 nicht nach, kann das Bezirksamt einen Anderen mit der Vornahme der Handlung auf Kosten der oder des Verfügungsberechtigten beauftragen. [6]Bei den Kosten der Ersatzvornahme handelt es sich um öffentliche Lasten im Sinne des § 10 Absatz 1 Nummer 3 des Gesetzes über die Zwangsversteigerung und die Zwangsverwaltung in der im Bundesgesetzblatt Teil III, Gliederungsnummer 310-14, veröffentlichten bereinigten Fassung, das zuletzt durch Artikel 9 des Gesetzes vom 24. Mai 2016 (BGBl. I S. 1217) geändert worden ist, in der jeweils geltenden Fassung.

(3) Wenn Um- oder Neubaumaßnahmen geplant sind und diese Maßnahmen durch ein unbefristetes Mietverhältnis erheblich erschwert würden, ist der Abschluss von Zeitmietverträgen (Zwischenvermietung) oder eine andere Zwischennutzung zu Wohnzwecken zur Abwendung von Zweckentfremdungen durch Leerstand grundsätzlich zumutbar.

§ 4a Treuhänder bei Veränderungen von Wohnraum

(1) Ist Wohnraum so verändert worden, dass er nicht mehr für Wohnzwecke geeignet ist, so kann das zuständige Bezirksamt zur Wiederherstellung für Wohnzwecke eine Treuhänderin oder einen Treuhänder einsetzen, sofern die Verfügungsberechtigten nicht nachweisen, dass sie selbst innerhalb der vom zuständigen Bezirksamt gesetzten Fristen die für die Wiederherstellung erforderlichen Maßnahmen eingeleitet und durchgeführt haben.

(2) [1]Die Treuhänderinnen und Treuhänder haben die Aufgabe, anstelle der Verfügungsberechtigten den Wohnraum wieder für Wohnzwecke herzustellen. [2]Die Treuhänderinnen und Treuhänder haben das Recht und die Pflicht, das Grundstück zu verwalten und alle weiteren zur Erfüllung ihrer Aufgabe erforderlichen Rechtshandlungen und Rechtsgeschäfte mit Wirkung für und gegen die Verfügungsberechtigten vorzunehmen und abzuschließen.

(3) [1]Die Treuhänderinnen und Treuhänder haben Anspruch auf eine angemessene Vergütung und auf die Erstattung ihrer baren Auslagen. [2]§ 16 Absatz 3 Satz 2 und 3 des Verwaltungsverfahrensgesetzes

in der Fassung der Bekanntmachung vom 23. Januar 2003 (BGBl. I S. 102), das zuletzt durch Artikel 24 Absatz 3 des Gesetzes vom 25. Juni 2021 (BGBl. I S. 2154) geändert worden ist, in der jeweils geltenden Fassung gilt entsprechend. [3]Die Treuhänderinnen und Treuhänder haben gegen das Land Anspruch auf Erstattung der zur Instandhaltung und -setzung sowie zur Bewirtschaftung erforderlichen Aufwendungen, sofern diese nicht durch Einnahmen aus der Bewirtschaftung gedeckt sind. [4]Die Treuhänderinnen und Treuhänder haben den Verfügungsberechtigten und dem zuständigen Bezirksamt zu den von diesem bestimmten Zeitpunkten Rechnung zu legen. [5]Die Verfügungsberechtigten haben Aufwendungen, die das Land den Treuhänderinnen und Treuhändern erstattet oder verauslagt, zu erstatten.

(4) [1]Soweit Verfügungsberechtigte die von dem zuständigen Bezirksamt nach Absatz 3 Satz 2 und 5 geleisteten Beträge nicht bis zum Ablauf der zur Erstattung gesetzten Frist erstatten, haben sie den Restbetrag mit fünf Prozentpunkten über dem jeweiligen Basiszinssatz nach § 247 des Bürgerlichen Gesetzbuchs zu verzinsen. [2]Die Zinsforderung kann im Verwaltungszwangsverfahren beigetrieben werden.

(5) [1]Der Anspruch auf Erstattung der Kosten nach Absatz 3 einschließlich der Zinsen nach Absatz 4 ruht als öffentliche Last auf dem betroffenen Grundstück, auf dem Erbbaurecht, auf dem Gebäudeeigentum mit dinglichem Nutzungsrecht oder auf dem Wohnungs- oder Teileigentum. [2]Die öffentliche Last ist im Grundbuch zu vermerken.

(6) [1]Mit der Bestellung der Treuhänderin oder des Treuhänders ist der oder dem Verfügungsberechtigten der Besitz an dem Grundstück entzogen und die Treuhänderin oder der Treuhänder in den Besitz eingewiesen. [2]Das zuständige Bezirksamt verschafft der Treuhänderin oder dem Treuhänder, erforderlichenfalls mit Zwangsmaßnahmen, den tatsächlichen Besitz.

(7) [1]Die Einsetzung der Treuhänderin oder des Treuhänders ist wieder aufzuheben, sobald sie ihre Aufgabe erfüllt haben. [2]Das zuständige Bezirksamt kann die Treuhänderin oder den Treuhänder, auch wenn die Voraussetzungen des Satzes 1 nicht vorliegen, jederzeit abberufen.

(8) Die Befugnis, andere Vollstreckungsmaßnahmen nach § 8 Absatz 1 des Gesetzes über das Verfahren der Berliner Verwaltung vom 21. April 2016 (GVBl. S. 218), das zuletzt durch Artikel 13 des Gesetzes vom 27. September 2021 (GVBl. S. 1117) geändert worden ist, in der jeweils geltenden Fassung in Verbindung mit dem Verwaltungs-Vollstreckungsgesetz anzuordnen, bleibt unberührt.

§ 4b Treuhänder bei leer stehendem Wohnraum

(1) Kommen die Verfügungsberechtigten einem Wohnzuführungsgebot nach § 4 Absatz 1 nicht nach, kann das zuständige Bezirksamt zur Zuführung des Wohnraums zu Wohnzwecken eine Treuhänderin oder einen Treuhänder einsetzen, sofern die Verfügungsberechtigten nicht nachweisen, dass sie selbst innerhalb der vom zuständigen Bezirksamt gesetzten Frist die dafür erforderlichen Maßnahmen eingeleitet und durchgeführt haben.

(2) § 4a Absatz 2 bis 8 gilt entsprechend.

§ 5 Datenverarbeitung, Auskunfts- und Anzeigepflicht, Betreten der Wohnung

(1) Das zuständige Bezirksamt ist befugt, folgende Daten zu erheben und zu verarbeiten, soweit dies zur Erfüllung der Aufgaben nach diesem Gesetz, einschließlich der Kontrolle über die Einhaltung der Pflichten nach § 5a Absatz 2 und 3, erforderlich ist:

1. Personendaten:
   Familienname, Vorname, gegenwärtige und letzte frühere Anschrift, Geburtsdatum, Familienstand;
2. Objektdaten:
   Daten zu belegenem Grundstück und Gebäude, Lage, Größe (Fläche), Anzahl der Räumlichkeiten und Zimmer, Anzahl der Bewohnerinnen und Bewohner, Daten aus Grundbuchauszügen;
3. Nutzungsnachweise:
   Nutzungsart, Mietvertrag und gegebenenfalls frühere Mietverträge zu den Räumlichkeiten, einschließlich der Ersatzwohnräume und Unterkünfte im Sinne des § 5a Absatz 2, Beginn und Dauer des Mietverhältnisses, Miethöhe, Mietzahlungsbelege, Gründe für Wohnungsleerstand im Sinne von Absatz 8;

4. Gewerbedaten:
Firmenname, Gesellschafterinnen und Gesellschafter, Gewerbeart, Nummer des Handelsregisterauszugs.

(2) [1]Die in Absatz 1 Nummer 1 bis 4 genannten Daten können bei
1. Verfügungsberechtigten, Nutzungsberechtigten oder sonstigen Bewohnerinnen und Bewohnern der betroffenen Räumlichkeiten,
2. Anbietern von Telemedien im Sinne des § 2 Absatz 2 Nummer 1 des Telekommunikation-Telemedien-Datenschutz-Gesetzes vom 23. Juni 2021 (BGBl. I S. 1982), das zuletzt durch Artikel 4 des Gesetzes vom 12. August 2021 (BGBl. I S. 3544) geändert worden ist, wenn
   a) zureichende tatsächliche Anhaltspunkte für eine Ordnungswidrigkeit vorliegen, es sich bei den in die Auskunft aufzunehmenden Daten um Bestandsdaten im Sinne des § 2 Absatz 2 Nummer 2 des Telekommunikation-Telemedien-Datenschutz-Gesetzes handelt und die Auskunft erforderlich ist, um den Sachverhalt zu erforschen oder den Aufenthaltsort eines Betroffenen zu ermitteln oder
   b) im Einzelfall die in die Auskunft aufzunehmenden Daten Bestandsdaten im Sinne des § 2 Absatz 2 Nummer 2 des Telekommunikation-Telemedien-Datenschutz-Gesetzes oder Nutzungsdaten im Sinne des § 2 Absatz 2 Nummer 3a) des Telekommunikation-Telemedien-Datenschutz-Gesetzes sind und die Auskunft zur Abwehr einer Gefahr für die öffentliche Sicherheit erforderlich ist, insbesondere um bei Bestehen eines Gefahrenverdachts ermitteln zu können, ob gegen das Zweckentfremdungsverbot verstoßen wird,
3. Herausgebern und Rechteinhabern von Druckerzeugnissen oder anderen Medien, in welchen Angebote oder Werbung für die Überlassung von Unterkünften an wechselnde Nutzer zum nicht auf Dauer angelegten Gebrauch angezeigt werden oder angezeigt werden können,
4. öffentlichen Stellen durch Abfrage, insbesondere bei der Meldebehörde, bei den Ämtern des zuständigen Bezirksamtes und bei anderen Bezirksämtern, beim Grundbuchamt, beim Handelsregister, bei der Investitionsbank Berlin sowie
5. Vermittlern, Verwaltern oder Hausverwaltungen der betroffenen Räumlichkeiten

erhoben werden. [2]Die in Satz 1 Nummer 1 bis 5 genannten Personen, Anbieter von Telemedien und Stellen sind verpflichtet, unentgeltlich die erforderlichen Auskünfte zu erteilen und Unterlagen vorzulegen. [3]Satz 2 gilt auch für Beschäftigte und Beauftragte der in Satz 1 Nummer 1 bis 5 genannten Auskunftspflichtigen. [4]Die in Absatz 1 Nummer 1 bis 4 genannten Daten sind grundsätzlich bei den in Satz 1 Nummer 1 genannten Personen zu erheben. [5]Sie können auch bei den in Satz 1 Nummer 2 bis 5 genannten Personen, Institutionen oder Anbietern von Telemedien erhoben werden, wenn im Einzelfall eine Erhebung der Daten bei den in Satz 1 Nummer 1 genannten Personen nicht möglich ist oder einen unverhältnismäßig hohen Aufwand erfordern würde und schutzwürdige Belange der betroffenen Personen nicht entgegenstehen.

(3) Kommt ein Anbieter von Telemedien im Sinne des § 2 Absatz 2 Nummer 1 des Telekommunikation-Telemedien-Datenschutz-Gesetzes einer Auskunftspflicht nicht innerhalb von zwei Wochen nach, hat er auf Verlangen des zuständigen Bezirksamts Angebote, Werbung oder weitere Informationen, auf die sich das Auskunftsverlangen bezog, von den von ihm betriebenen Internetseiten unverzüglich zu entfernen.

(4) Die für die Übernachtungssteuer nach dem Übernachtungssteuergesetz[1)] vom 18. Dezember 2013 (GVBl. S. 924), das zuletzt durch Artikel 11 des Gesetzes vom 2. Februar 2018 (GVBl. S. 160) geändert worden ist, zuständige Behörde erteilt dem zuständigen Bezirksamt auf Ersuchen Auskünfte über die in Absatz 1 Nummer 1 bis 4 genannten und bekannten Daten, soweit diese zur Erfüllung der Aufgaben nach diesem Gesetz erforderlich sind.

(5) [1]Die in Absatz 2 Satz 1 Nummer 1 und 5 genannten Personen und Institutionen haben den Mitarbeiterinnen und Mitarbeitern des zuständigen Bezirksamts zu gestatten, zu angemessener Tageszeit die befangenen Grundstücke, Gebäude, Wohnungen und Wohnräume zu betreten. [2]Insofern wird durch dieses Gesetz das Grundrecht der Unverletzlichkeit der Wohnung (Artikel 13 des Grundgesetzes, Artikel 28 Absatz 2 der Verfassung von Berlin) eingeschränkt.

(6) [1]Auf Verlangen haben die Verfügungsberechtigten und die Nutzungsberechtigten geeignete Unterlagen zum Nachweis der Voraussetzungen nach § 2 Absatz 2 sowie ihre Registriernummer nach

1) Richtig wohl: „Übernachtungsteuergesetz".

§ 5a Absatz 1 vorzulegen. [2]Auf Verlangen haben die Verfügungsberechtigten und die Nutzungsberechtigten zu erklären, ob der befangene Wohnraum zu Wohnzwecken genutzt wird.

(7) [1]Die Auskunftspflichtigen sind über die Datenerhebung, ihren Zweck und ihre Rechtsgrundlage zu informieren. [2]Die betroffene Person ist bei Erhebung von personenbezogenen Daten nach Maßgabe der Verordnung (EU) 2016/679 des Europäischen Parlaments und des Rates vom 27. April 2016 zum Schutz natürlicher Personen bei der Verarbeitung personenbezogener Daten, zum freien Datenverkehr und zur Aufhebung der Richtlinie 95/46/EG (ABl. L 119 vom 4. Mai 2016, S. 1) zu informieren.

(8) Wird leerstehender Wohnraum nicht innerhalb von drei Monaten ab Beginn des Leerstandes zu Wohnzwecken genutzt, haben die Verfügungsberechtigten dies dem zuständigen Bezirksamt unverzüglich anzuzeigen; sie haben die Gründe hierfür anzugeben und nachzuweisen.

§ 5a Registriernummer zum Anbieten und Bewerben von Ferienunterkünften

(1) [1]Das Anbieten und Bewerben von Wohnraum zu anderen als Wohnzwecken, insbesondere unter Nutzung eines Telemediendienstes, ist vorab durch die Nutzungsberechtigten oder, sollte es keine Nutzungsberechtigten geben, durch die Verfügungsberechtigten dem zuständigen Bezirksamt anzuzeigen. [2]Hierbei sind Familienname, Vorname, Anschrift, Geburtsdatum der Verfügungs- beziehungsweise Nutzungsberechtigten, die genaue Lage der Wohnung, die Verwendung als Haupt- oder als Nebenwohnung und der verwendete oder beabsichtigte Vertriebsweg für die Gebrauchsüberlassung an wechselnde Nutzer anzugeben. [3]Handelt es sich um eine juristische Person, sind deren Name, die Anschrift, unter der sie niedergelassen ist, ihre Rechtsform sowie die Vertretungsberechtigten und die Handelsregisternummer anzugeben. [4]Wenn sich die nach Satz 2 und 3 anzugebenden Daten ändern, sind diese Änderungen unverzüglich dem zuständigen Bezirksamt anzuzeigen. [5]Auf Grund der Anzeige wird jeder zweckfremd zu nutzenden Wohnung eine eigene Registriernummer vom zuständigen Bezirksamt zugewiesen, die beim Anbieten und Bewerben der zweckfremden Nutzung des Wohnraums gut sichtbar anzugeben ist. [6]Eine Registriernummer wird nicht erteilt, wenn eine genehmigungsbedürftige Zweckentfremdung nicht genehmigt ist. [7]Die Registriernummer erlischt, wenn der oder die Anzeigende nicht mehr persönlich Nutzungsberechtigter oder die beabsichtigte oder tatsächliche Nutzung zu anderen als Wohnzwecken nicht oder nicht mehr genehmigt ist. [8]Die Registriernummer kann auch befristet erteilt werden. [9]Die Sätze 1 bis 7 gelten entsprechend auch für das Anbieten und Bewerben von Räumlichkeiten nach § 2 Absatz 2 Nummer 5, wobei die Mitteilung der Registriernummer automatisiert erfolgen kann.

(2) [1]Wer unter Nutzung eines Telemediendienstes oder eines Druckerzeugnisses oder anderen Mediums, in dem überwiegend Angebote oder Werbung für die Überlassung von Unterkünften an wechselnde Nutzer zum nicht auf Dauer angelegten Gebrauch angezeigt werden oder angezeigt werden können, im Land Berlin belegene Unterkünfte, die kein Wohnraum im Sinne von § 1 Absatz 3 sind, anbieten oder bewerben will, hat dies zuvor der zuständigen Behörde anzuzeigen. [2]In der Anzeige sind die genaue Lage der Unterkunft sowie der vollständige Name und die Anschrift des Anzeigenden anzugeben. [3]Erfolgt die Anzeige durch eine juristische Person, sind deren Name, die Anschrift, unter der sie niedergelassen ist, ihre Rechtsform sowie die Vertretungsberechtigten oder die Handelsregisternummer zusätzlich zur genauen Lage der Unterkunft anzugeben. [4]Wenn sich die nach Satz 2 anzugebenden Daten ändern, sind diese Änderungen unverzüglich dem zuständigen Bezirksamt anzuzeigen. [5]Die oder der Anzeigende erhält von der Behörde kostenfrei eine Registriernummer, die beim Anbieten und Bewerben der Unterkünfte gut sichtbar anzugeben ist. [6]Die Mitteilung der Registriernummer kann automatisiert erfolgen. [7]Die Registriernummer ist den Unterkünften fest zugeteilt; der Rechtsnachfolger hat den Übergang der Berechtigung an den Räumlichkeiten der Behörde unverzüglich mitzuteilen.

(3) [1]Die Pflicht zur Anzeige und Angabe einer Registriernummer nach Absatz 2 besteht nicht, wenn die genaue Lage der Unterkunft sowie der vollständige Name und die Anschrift der Anbieter oder Werber gut sichtbar angegeben werden. [2]Handelt es sich bei dem Anbieter oder dem Werber um eine juristische Person, sind beim Anbieten oder Bewerben zusätzlich zur genauen Lage der Unterkunft der Name, die Anschrift, unter der sie niedergelassen ist, ihre Rechtsform sowie die Vertretungsberechtigten oder die Handelsregisternummer anzugeben. [3]Die Pflicht zur Angabe der genauen Lage der Unterkunft nach Satz 1 und 2 gilt nicht bei Vermietung einzelner Zimmer, insbesondere von Hotelzimmern.

(4) [1]Das zuständige Bezirksamt ist befugt, ein automatisiertes Abrufverfahren nach § 38 des Bundesmeldegesetzes vom 3. Mai 2013 (BGBl. I S. 1084), das zuletzt durch Artikel 4 des Gesetzes vom 28. März 2021 (BGBl. I S. 591) geändert worden ist, in der jeweils geltenden Fassung durchzuführen, um die nach § 5a Absatz 1 und 2 erhobenen Daten automatisiert auf Plausibilität, Richtigkeit und Vollständigkeit zu überprüfen. [2]Soweit dies zur Erfüllung der Aufgaben nach diesem Gesetz notwendig ist, darf die Meldebehörde dem zuständigen Bezirksamt im automatisierten Abrufverfahren nach § 38 des Bundesmeldegesetzes über die in § 38 Absatz 1 des Bundesmeldegesetzes aufgeführten Daten hinaus die folgenden Daten übermitteln:
1. Letzte frühere Anschrift und
2. Familienstand.

(5) [1]Die zuständigen Bezirksämter können mit Hilfe automatisierter Verfahren anlasslos Daten, die allgemein zugänglichen Quellen entnommen werden können, verarbeiten, um in Stichproben festzustellen, ob bei Angeboten oder Werbung für Ferienwohnungen und sonstige Unterkünfte eine Registriernummer oder die Geschäftsdaten des Anbieters und die genaue Lage der Unterkünfte angegeben sind oder in Genehmigungen enthaltene zeitliche Beschränkungen der Zweckentfremdung eingehalten werden. [2]Es sind nur Daten zu erheben, die zur Aufgabenerfüllung nach diesem Gesetz erforderlich sind. [3]Soweit die Auswertung mit Hilfe des automatisierten Verfahrens Daten ergibt, die für die Aufgabenwahrnehmung nicht erforderlich sind, sind diese unverzüglich zu löschen. [4]Die Daten sind unverzüglich zu löschen und ihre weitere Verwertung ist auszuschließen, wenn die Speicherung und Verwertung für die Aufgabenerfüllung nach diesem Gesetz nicht mehr erforderlich ist.

§ 6 Vollstreckbarkeit und Rechtsnachfolge

(1) Rechtsbehelfe gegen auf der Grundlage dieses Gesetzes erlassene Verwaltungsakte und gegen Nebenbestimmungen im Sinne des § 3 Absatz 1 Satz 2 haben keine aufschiebende Wirkung.

(2) Verwaltungsakte, die auf der Grundlage dieses Gesetzes erlassen werden, gelten auch für und gegen den Rechtsnachfolger, es sei denn, der Verwaltungsakt ist personenbezogen.

§ 6a Verwaltungsgebühren

[1]Amtshandlungen nach diesem Gesetz sind gebührenpflichtig, soweit nichts anderes bestimmt ist. [2]Das Gesetz über Gebühren und Beiträge vom 22. Mai 1957 (GVBl. S. 516), das zuletzt durch Artikel 3 des Gesetzes vom 5. Juni 2019 (GVBl. S. 284) geändert worden ist, gilt entsprechend.

§ 7 Ordnungswidrigkeiten

(1) Ordnungswidrig handelt, wer vorsätzlich oder fahrlässig
1. ohne die erforderliche Genehmigung Wohnraum gemäß § 2 Absatz 1 zweckentfremdet,
2. entgegen § 3 Absatz 1 einer mit einer Genehmigung verbundenen Auflage nicht, nicht vollständig oder nicht rechtzeitig nachkommt,
3. einer vollziehbaren Anordnung der zuständigen Behörde nach § 4 Absatz 1 Satz 1, 3 und 4 sowie § 4 Absatz 2 Satz 1 und 4 nicht oder nicht fristgemäß nachkommt,
4. entgegen § 5 Absatz 2 Satz 2 oder 3 Auskünfte nicht, nicht richtig oder nicht vollständig erteilt oder Unterlagen nicht oder nicht vollständig oder unrichtige Unterlagen vorlegt,
5. entgegen § 5 Absatz 5 Satz 1 den dort genannten Personen den Zutritt verweigert,
6. entgegen § 5 Absatz 8 die erforderliche Anzeige unterlässt,
7. entgegen § 5a Absatz 1 Satz 1 die erforderliche Anzeige unterlässt,
8. entgegen § 5a Absatz 1 Satz 5 und 9 und Absatz 2 Satz 5 keine, eine unrichtige, unvollständige oder ungültige Registriernummer angibt,
9. entgegen § 5a Absatz 2 Satz 1 und 4 die erforderliche Anzeige unterlässt,
10. entgegen § 5 Absatz 6 Satz 1 erforderliche Unterlagen nicht oder unvollständige oder unrichtige Unterlagen vorlegt oder entgegen § 5 Absatz 6 Satz 2 die Erklärung nicht oder nicht richtig abgibt,
11. es ermöglicht oder daran mitwirkt, Angebote oder Werbung ohne Registriernummer entgegen § 5a Absatz 2 und 3 zu veröffentlichen oder seiner Entfernungspflicht nach § 5 Absatz 3 nicht nachkommt.

(2) Ordnungswidrig handelt, wer vorsätzlich oder fahrlässig ohne die erforderliche Genehmigung erhalten zu haben, eine zweckfremde Verwendung von Wohnraum gemäß § 2 Absatz 1 anbietet.

(3) [1]Anbieter von Telemedien im Sinne des Telekommunikation-Telemedien-Datenschutz-Gesetzes haben auf Verlangen der zuständigen Behörde Angebote und Werbung, die nach Absatz 1 ordnungs-

widrig sind, von den von ihnen betriebenen Internetseiten unverzüglich zu entfernen. [2]Ein vorsätzlicher oder fahrlässiger Verstoß gegen die Pflicht nach Satz 1 stellt eine Ordnungswidrigkeit dar.

(4) Ordnungswidrigkeiten nach Absatz 1 Nummer 1 bis 4 können mit einer Geldbuße bis zu 500 000 Euro geahndet werden; Ordnungswidrigkeiten nach Absatz 1 Nummer 5 bis 11 und Absatz 3 Satz 2 können mit einer Geldbuße bis zu 250 000 Euro geahndet werden.

(5) Die Ordnungswidrigkeit kann auch geahndet werden, wenn sie nicht im Inland begangen wird.

(6) Eine nach Absatz 1 bis 3 begangene Ordnungswidrigkeit kann im Fall des Erfordernisses einer Genehmigung auch bei nachträglicher Erteilung der Genehmigung geahndet werden.

§ 8 Ausführungsvorschriften

Die für das Wohnungswesen zuständige Senatsverwaltung erlässt die zur Ausführung dieses Gesetzes erforderlichen Verwaltungsvorschriften.

§ 9 Inkrafttreten, Übergangsvorschriften

(1) Dieses Gesetz tritt am Tage nach der Verkündung[1)] im Gesetz- und Verordnungsblatt für Berlin in Kraft.

(2) [1]Die Pflicht zur Angabe der Registriernummer für Wohnraum nach § 5a Absatz 1 gilt ab 1. August 2018. [2]Die Pflicht zur Angabe der Registriernummer nach § 5a Absatz 2 für Unterkünfte, die kein Wohnraum sind, gilt ab 1. November 2021.

(3) Für Treuhandverhältnisse, die vor dem 7. Oktober 2021 begründet worden sind, sind die §§ 4a und 4b in ihrer bis dahin geltenden Fassung weiter anzuwenden.

(4) [1]Bis zum Inkrafttreten des Telekommunikation-Telemedien-Datenschutz-Gesetzes am 1. Dezember 2021 gelten die Sätze 2 und 3. [2]§ 5 Absatz 2 und 3 sowie § 7 Absatz 3 finden auf Diensteanbieter im Sinne des Telemediengesetzes vom 26. Februar 2007 (BGBl. I S. 179, 251), das zuletzt durch Artikel 3 des Gesetzes vom 12. August 2021 (BGBl. I S. 3544) geändert worden ist, sinngemäß Anwendung. [3]§ 5 Absatz 2 findet sinngemäß Anwendung auf Bestandsdaten und Nutzungsdaten im Sinne des § 14 Absatz 1 und des § 15 Absatz 1 Satz 2 Nummer 1 des Telemediengesetzes.

1) Verkündet am 11.12.2013.

Verordnung über das Verbot der Zweckentfremdung von Wohnraum (Zweckentfremdungsverbot-Verordnung – ZwVbVO)

Vom 4. März 2014 (GVBl. S. 73)
(BRV 238-3-1)

zuletzt geändert durch Art. 3 VO zur Bestimmung eines Bedarfsermittlungsinstruments gemäß § 118 SGB IX und zur Änd. weiterer Verordnungen vom 2. Juli 2019 (GVBl. S. 475)

Auf Grund des § 1 Absatz 2 des Zweckentfremdungsverbot-Gesetzes vom 29. November 2013 (GVBl. S. 626) wird verordnet:

§ 1 Geltungsbereich

(1) [1]Die Versorgung der Bevölkerung mit ausreichendem Wohnraum zu angemessenen Bedingungen ist im gesamten Stadtgebiet Berlins besonders gefährdet. [2]Die Zweckentfremdung von Wohnraum ist gemäß § 1 Absatz 1 des Zweckentfremdungsverbot-Gesetzes unter den Vorbehalt einer Genehmigung gestellt.

(2) Öffentlich geförderter Wohnraum unterliegt nicht dieser Verordnung.

§ 2 Wohnfläche, Umwandlung, Zusammenlegung, Umwidmung

(1) [1]Die Wohnfläche einer Wohnung ist die Summe der anrechenbaren Grundflächen der ausschließlich zur Wohnung gehörenden Räume. [2]Maßgeblich für die Berechnung sind die Vorschriften der Wohnflächenverordnung vom 25. November 2003 (BGBl. I S. 2346) in der jeweils geltenden Fassung. [3]Abweichend hiervon bleiben die Grundflächen von Wintergärten, Schwimmbädern und ähnlichen, nach allen Seiten geschlossenen Räumen sowie Balkone, Loggien, Dachgärten und Terrassen unberücksichtigt.

(2) Die Umwandlung von Räumlichkeiten in einen Nebenraum, insbesondere in einen Baderaum, sowie die Zusammenlegung von Räumlichkeiten oder deren Zuordnung zu einer anderen Wohnung stellen keine Zweckentfremdung dar, wenn im Anschluss eine Wohnnutzung erfolgt.

(3) Werden zur dauernden Wohnnutzung geeignete Räumlichkeiten erst nach Inkrafttreten dieser Verordnung tatsächlich und rechtlich zu Wohnzwecken bestimmt oder zu diesen Zwecken genutzt (Umwidmung), findet das Zweckentfremdungsverbot Anwendung.

§ 3 Genehmigung, Ausnahmen und Registrierung

(1) [1]Genehmigungsfreiheit besteht für die Vermietung von Wohnraum zum Zweck der Überlassung zu Wohnzwecken an Leistungserbringende und Zuwendungsempfangende

a) der Kinder- und Jugendhilfe sowie der Sozialhilfe, mit denen eine Vereinbarung nach den §§ 78a ff. Achtes Buch Sozialgesetzbuch – Kinder- und Jugendhilfe – in der Fassung der Bekanntmachung vom 11. September 2012 (BGBl. I S. 2022), das zuletzt durch Artikel 10 Absatz 10 des Gesetzes vom 30. Oktober 2017 (BGBl. I S. 3618), geändert worden ist, oder § 75 Absatz 3 und 4 Zwölftes Buch Sozialgesetzbuch – Sozialhilfe – in der Fassung des Artikels 1 des Gesetzes vom 27. Dezember 2003 (BGBl. I S. 3022, 3023), das zuletzt durch Gesetz vom 17. Juli 2017 (BGBl. I S. 1117) geändert worden ist, mit dem Land Berlin abgeschlossen worden ist, für die Dauer der Vereinbarung,

b) die Schutz der von Gewalt betroffenen Frauen und deren Kindern gewähren, die ein Frauenhaus, eine Zufluchtswohnung oder eine sogenannte Zweite-Stufe-Wohnung betreiben und von der für Frauenpolitik zuständigen Senatsverwaltung mit Haushaltsmitteln nach den §§ 23, 44 Landeshaushaltsordnung über Zuwendungen finanziert werden oder diese Aufgabe auf Grundlage einer Vereinbarung mit dem Land Berlin wahrnehmen,

c) die Angebote der pflegerischen Versorgung nach dem Elften Buch Sozialgesetzbuch – Soziale Pflegeversicherung – in der Fassung des Artikels 1 des Gesetzes vom 26. Mai 1994 (BGBl. I S. 1014, 1015), das zuletzt durch Artikel 9 des Gesetzes vom 18. Juli 2017 (BGBl. I S. 2757) geändert worden ist, oder Angebote der hospizlichen Versorgung nach dem Fünften Buch Sozialgesetzbuch – Gesetzliche Krankenversicherung – in der Fassung des Artikels 1 des Gesetzes vom 20. Dezember 1988 (BGBl. I S. 2477, 2482), das zuletzt durch Artikel 4 des Gesetzes vom 17. August 2017 (BGBl. I S. 3214) geändert worden ist, erbringen oder Projekte der Pflege- und

Altenhilfe anbieten, die durch das Land Berlin gefördert werden und über die entsprechende Vereinbarungen geschlossen wurden,

d) die im Rahmenfördervertrag des Landes Berlin mit den Wohlfahrtsverbänden in den Förderprogrammen Integriertes Gesundheitsprogramm (IGP), Integriertes Sozialprogramm (ISP) und Infrastrukturförderproramm[1] Stadtteilzentren (IFP) in den Bereichen Gesundheit und Soziales gefördert werden

e) die Leistungen der Eingliederungshilfe nach Teil 2 des Neunten Buches Sozialgesetzbuch in Räumlichkeiten nach § 42a Absatz 5 Satz 1 des Zwölften Buches Sozialgesetzbuch erbringen.

[2]Die zweckfremde Nutzung muss von den in Satz 1 genannten Leistungserbringern und Zuwendungsempfangenden gegenüber der zuständigen Behörde angezeigt werden. [3]Der Anzeige müssen die in Satz 1 genannten Vereinbarungen oder Zuwendungsbescheide beigefügt werden.

(2) Eine Genehmigung kann rückwirkend auf den Beginn der Zweckentfremdung erstreckt werden.

(3) Mieterinnen und Mieter haben ihrem Antrag die Zustimmung der Vermieterinnen und Vermieter beizufügen.

(4) Für Ersatzwohnraum gemäß § 3 Absatz 1 Satz 2 und 3 des Zweckentfremdungsverbot-Gesetzes darf keine höhere Nettokaltmiete verlangt werden als 7,92 Euro pro Quadratmeter monatlich.

(5) Genehmigungen sind im Allgemeinen auf die Dauer des entsprechenden Nutzungsverhältnisses zu befristen.

(6) Eine für Vorhaben gemäß § 2 Absatz 1 Nummer 3 bis 5 des Zweckentfremdungsverbot-Gesetzes erforderliche Genehmigung wird ersetzt durch

1. ein Modernisierungs- oder Instandsetzungsgebot nach § 177 Absatz 1 des Baugesetzbuches,
2. ein Abbruchgebot nach § 179 Absatz 1 des Baugesetzbuches,
3. eine Mietaufhebungsverfügung nach § 182 des Baugesetzbuches oder
4. einen Vertrag nach dem besonderen Städtebaurecht des Baugesetzbuches zur Vorbereitung beziehungsweise Durchführung von Ordnungs- und/oder Baumaßnahmen sowie Modernisierungsmaßnahmen zwischen dem Land Berlin und dem Grundstückseigentümer bei Vorliegen einer schriftlichen Entmietungsgenehmigung des zuständigen Bezirksamtes; entsprechendes gilt für Maßnahmen außerhalb förmlich festgelegter Sanierungsgebiete.

(7) Ein bau- oder wohnungsaufsichtsrechtliches Benutzungsverbot ersetzt eine Genehmigung für Leerstand im Sinne von § 2 Absatz 1 Nummer 4 des Zweckentfremdungsverbot-Gesetzes.

(8) Auch für die Bewerbung von Räumlichkeiten nach § 2 Absatz 2 Nummer 5 des Zweckentfremdungsverbot-Gesetzes bedarf es der vorherigen schriftlichen Anzeige und einer deutlich sichtbaren Angabe der Registriernummer.

§ 4 Ausgleichszahlungen

(1) Eine Genehmigung gemäß § 3 ist in der Regel mit der Auflage zur Entrichtung einer Ausgleichszahlung zu verbinden.

(2) Ausgleichszahlungen werden nicht verlangt für die Fälle nach

1. § 2 Absatz 1 Nummer 4 des Zweckentfremdungsverbot-Gesetzes (Leerstand)
2. § 3 Absatz 1 Satz 1 des Zweckentfremdungsverbot-Gesetzes (Schaffung von angemessenem Ersatzwohnraum).

(3) In der Regel ist bei Zweckentfremdungen nach

1. § 2 Absatz 1 Nummer 1 und 2 des Zweckentfremdungsverbot-Gesetzes eine laufende Ausgleichszahlung in Höhe von monatlich bis zu 6 Euro je Quadratmeter zweckentfremdeter Wohnfläche zu leisten,
2. § 2 Absatz 1 Nummer 3 und 5 des Zweckentfremdungsverbot-Gesetzes eine einmalige Ausgleichszahlung in Höhe von bis zu 2400 Euro je Quadratmeter zweckentfremdeter Wohnfläche zu leisten.

(4) Die Ausgleichszahlung kann im Einzelfall vom zuständigen Bezirksamt auf Antrag oder von Amts wegen abgesenkt oder es kann ein Verzicht erklärt werden, insbesondere wenn bei gewerblicher oder freiberuflicher Nutzung die Festsetzung einer Ausgleichszahlung in voller Höhe nachweislich zu einer Existenzgefährdung führen würde.

1) Richtig wohl: „Infrastrukturförderprogramm".

§ 5 Negativattest

Soweit für die Nutzung von Räumlichkeiten zu anderen als Wohnzwecken eine Genehmigung nicht erforderlich ist, ist auf Antrag ein Negativattest vom zuständigen Bezirksamt auszustellen.

§ 6 Inkrafttreten

Diese Verordnung tritt am 1. Mai 2014 in Kraft.

Landeskrankenhausgesetz (LKG)[1)]

Vom 18. September 2011 (GVBl. S. 483)
(BRV 2128-5)

zuletzt geändert durch Art. 1 Zweites G zur Änd. des LandeskrankenhausG vom 5. Juli 2021 (GVBl. S. 836)

Inhaltsübersicht

Teil 1

Allgemeine Vorschriften

§ 1 Zielsetzung

(1) [1]Ziel dieses Gesetzes ist es, die bedarfsgerechte und humane stationäre Versorgung der Bevölkerung in leistungsfähigen und sparsam wirtschaftenden Krankenhäusern öffentlicher, freigemeinnützi-

1) Verkündet als Art. I Krankenhausrecht-NeuregelungsG v. 18.9.2011 (GVBl. S. 483); Inkrafttreten gem. Art. IV dieses G am 1.10.2011.

ger und privater Träger sicherzustellen. [2]Dieses Ziel soll durch die Krankenhausplanung und die Förderung eigenverantwortlich wirtschaftender Krankenhäuser erreicht werden.

(2) [1]Krankenhäuser gewährleisten die Transparenz des Leistungsgeschehens im Krankenhaus. [2]Ständige Aufgabe aller an der Krankenhausbehandlung Beteiligten sind insbesondere die Qualitätssicherung und die Patientensicherheit. [3]Die medizinische Qualität bei der Behandlung von Patientinnen und Patienten ist zu sichern und weiterzuentwickeln; so sind beispielsweise zur Behandlung von onkologischen Erkrankungen insbesondere klinische Krebsregister zu nutzen.

(3) Ziel des Gesetzes ist es ferner, das enge Zusammenwirken der für die Gesundheitsversorgung erforderlichen stationären, teilstationären und ambulanten Einrichtungen auf der Grundlage einer Gesundheitsplanung für Berlin zu unterstützen.

§ 2 Geltungsbereich

[1]Die Vorschriften dieses Gesetzes gelten für alle Krankenhäuser im Land Berlin, soweit in diesem Gesetz nichts anderes bestimmt ist. [2]Die Bestimmungen des Teils 3 gelten nur für Krankenhäuser und Einrichtungen von Krankenhäusern, die nach dem Krankenhausfinanzierungsgesetz förderfähig sind. [3]Für Krankenhäuser des Justizvollzugs gelten nur § 3 Absatz 1, § 4, § 6 Absatz 2 Satz 4 sowie die §§ 19, 20 und 22.

§ 3 Versorgung in Krankenhäusern

(1) [1]Krankenhäuser sind Einrichtungen, in denen durch ärztliche, psychotherapeutische und pflegerische Hilfeleistung Krankheiten, Leiden oder Körperschäden festgestellt, geheilt oder gelindert werden sollen oder Geburtshilfe geleistet wird und in denen die zu versorgenden Patientinnen und Patienten untergebracht und verpflegt werden können. [2]Krankenhäuser müssen eine ausreichende und dem jeweiligen medizinischen Standard entsprechende ärztliche und pflegerische Versorgung gewährleisten. [3]Notfälle sind vorrangig zu versorgen.

(2) [1]Krankenhäuser tragen in besonderem Maße dafür Sorge, dass die Würde Sterbender gewahrt bleibt und über den Tod hinaus beachtet wird. [2]Angehörige im Sinne des § 11 Absatz 1 Nummer 1 des Strafgesetzbuches sollen angemessen Abschied nehmen können.

(3) [1]Krankenhausträger stellen sicher, dass die Krankenhäuser im Rahmen ihres Versorgungsauftrages Patientinnen und Patienten, die Krankenhausleistungen benötigen, unabhängig von der Kostenträgerschaft nach Art und Schwere der Erkrankung versorgen und für die Errichtung und Vorhaltung von Privatstationen keine Fördermittel einsetzen. [2]Ein zugelassenes Krankenhaus darf Wahlleistungen unter Beachtung des Krankenhausentgeltgesetzes erbringen, soweit dadurch die Gewährung der allgemeinen Krankenhausleistungen nicht beeinträchtigt wird und Patientinnen und Patienten, die Wahlleistungen vereinbart haben, anderen Patientinnen und Patienten gleichgestellt sind und nicht bevorzugt werden.

(4) Krankenhausträger wirken darauf hin, dass das Krankenhaus im Rahmen seines Versorgungsauftrages insbesondere

1. unter Berücksichtigung der Verantwortung für die Heranbildung des Nachwuchses Ausbildung durchführt, vor allem in den Fachberufen nach dem Krankenpflegegesetz,
2. die besonderen Belange für eine kind-, jugend- und behindertengerechte Versorgung berücksichtigt, bei medizinischem Bedarf die Aufnahme einer Begleitperson oder einer besonderen Pflegekraft ermöglicht und in Zusammenarbeit mit der Schulbehörde die schulische Betreuung von Kindern und Jugendlichen, die über längere Zeit im Krankenhaus behandelt werden, unterstützt,
3. die ärztliche und pflegerische Versorgung auf Wunsch durch besondere Hilfen und Maßnahmen, die sich auf die soziale Situation der Patientinnen und Patienten beziehen, ergänzt und dazu geeignetes Fachpersonal einsetzt,
4. die seelsorgerische Betreuung ermöglicht und
5. die ehrenamtliche Hilfe für die Patientinnen und Patienten sowie die Zusammenarbeit mit ehrenamtlichen Helferinnen und Helfern fördert und unterstützt.

§ 4 Aufsicht über Krankenhäuser

(1) [1]Alle Krankenhäuser unterliegen der ordnungsbehördlichen Aufsicht. [2]Krankenhausträger sind verpflichtet, der zuständigen Aufsichtsbehörde die für die Durchführung der Aufsicht erforderlichen Auskünfte zu erteilen und deren Beauftragten Zutritt zu gewähren.

(2) Die für das Gesundheitswesen zuständige Senatsverwaltung wird ermächtigt, durch Rechtsverordnung Näheres zu regeln über Art und Umfang der Aufsicht, insbesondere über

1. die Besichtigung der Krankenhäuser in bestimmten zeitlichen Abständen,
2. die bei der Besichtigung der Krankenhäuser zu berücksichtigenden Kriterien, vor allem bezüglich der Zahl, Art und Nutzung der Betten entsprechend der ordnungsbehördlichen Genehmigung, der inhaltlichen Festlegungen zur stationären Patientenversorgung und zu ambulanten Leistungen einschließlich des ambulanten Operierens, der Krankenhaushygiene, der technischen Einrichtungen und Geräte, der Einrichtungen zur Notfallversorgung und der personellen Ausstattung sowie
3. Maßnahmen zur Kontrolle der Umsetzung von Qualitätskriterien des Krankenhausplans.

§ 5 Unmittelbar Beteiligte, Krankenhausbeirat

(1) [1]Unmittelbar Beteiligte im Sinne des § 7 Absatz 1 Satz 2 des Krankenhausfinanzierungsgesetzes sind im Land Berlin

1. die Berliner Krankenhausgesellschaft,
2. die Landesverbände der gesetzlichen Krankenkassen und Ersatzkassen sowie
3. der Landesausschuss des Verbandes der privaten Krankenversicherung.

[2]Die für das Gesundheitswesen zuständige Senatsverwaltung strebt bei der Krankenhausplanung nach § 6 mit den unmittelbar Beteiligten einvernehmliche Regelungen an.

(2) [1]Die für das Gesundheitswesen zuständige Senatsverwaltung bildet einen Krankenhausbeirat, in dem das für das Gesundheitswesen zuständige Mitglied des Senats oder eine von diesem bestimmte Person den Vorsitz führt und zu den Sitzungen einlädt. [2]Dem Krankenhausbeirat gehören die unmittelbar Beteiligten nach Absatz 1 Satz 1 und eine Vertreterin oder ein Vertreter der für Hochschulmedizin zuständigen Senatsverwaltung als Mitglieder an. [3]Die Mitglieder benennen der für das Gesundheitswesen zuständigen Senatsverwaltung die ständigen Vertreterinnen oder Vertreter und Stellvertreterinnen oder Stellvertreter. [4]Darüber hinaus kann das für das Gesundheitswesen zuständige Mitglied des Senats weitere im Land Berlin Beteiligte im Sinne des § 7 Absatz 1 Satz 1 des Krankenhausfinanzierungsgesetzes in den Krankenhausbeirat berufen. [5]Der Krankenhausbeirat berät über grundsätzliche Planungs- und Strukturangelegenheiten des Krankenhauswesens und erörtert Empfehlungen für die Planungsziele und -kriterien des Krankenhausplans.

Teil 2
Krankenhausplanung

§ 6 Krankenhausplan, planungsrelevante Qualitätsindikatoren, Kontrolle durch den Medizinischen Dienst der Krankenversicherung

(1) [1]Die für das Gesundheitswesen zuständige Senatsverwaltung stellt zur Verwirklichung des in § 1 Absatz 1 Satz 1 genannten Ziels in Abstimmung mit der Krankenhausplanung des Landes Brandenburg einen Krankenhausplan auf. [2]Vor der Aufstellung des Krankenhausplans wird dem für Gesundheit zuständigen Ausschuss des Abgeordnetenhauses Gelegenheit zur Stellungnahme gegeben. [3]Der Krankenhausplan wird vom Senat beschlossen, dem Abgeordnetenhaus von Berlin zur Kenntnis gegeben und im Internet veröffentlicht. [4]Die für das Gesundheitswesen zuständige Senatsverwaltung kann den Krankenhausplan durch Einzelfallentscheidung nach § 7 Absatz 1 an einen veränderten Bedarf anpassen. [5]Die Aktualisierung des Krankenhausplans wird im Internet veröffentlicht.

(2) [1]Der Krankenhausplan ist ein Rahmenplan, der insbesondere

1. eine Bedarfsanalyse enthält,
2. Versorgungsziele, Qualitätsanforderungen und die Voraussetzungen für die Zulassung zur Notfallversorgung benennt,
3. die Standorte der Krankenhäuser mit den Fachrichtungen ausweist und krankenhausbezogene Festlegungen zur Anzahl der standort- und abteilungsbezogenen Krankenhausbetten treffen kann,
4. die unter Beachtung des § 27 Absatz 3 zur Notfallversorgung zugelassenen Krankenhäuser ausweist,
5. die in § 2 Nummer 1a des Krankenhausfinanzierungsgesetzes und in § 11 genannten Ausbildungsstätten ausweist,
6. medizinische Versorgungskonzepte und Informationen zum Leistungsgeschehen enthalten kann und

7. die Voraussetzungen dafür schaffen kann, dass Krankenhäuser auch durch Zusammenarbeit und Aufgabenaufteilung untereinander die Versorgung sicherstellen können.

[2]In den Krankenhausplan werden die Universitätskliniken in Berlin einbezogen. [3]Forschung und Lehre werden dabei angemessen berücksichtigt. [4]Nicht in den Krankenhausplan aufgenommene Krankenhäuser und Ausbildungsstätten werden in einer Anlage zum Krankenhausplan nachrichtlich aufgeführt.

(3) [1]Die Empfehlungen des Gemeinsamen Bundesausschusses zu den planungsrelevanten Qualitätsindikatoren gemäß § 136c Absatz 1 des Fünften Buches Sozialgesetzbuch werden Bestandteil des Krankenhausplans, soweit die für das Gesundheitswesen zuständige Senatsverwaltung die Empfehlungen des Gemeinsamen Bundesausschusses ganz oder teilweise oder eingeschränkt in den Krankenhausplan aufnimmt. [2]Die für das Gesundheitswesen zuständige Senatsverwaltung kann im Rahmen der Krankenhausplanung weitere Qualitätsanforderungen im Sinne des § 6 Absatz 1a Satz 2 des Krankenhausfinanzierungsgesetzes und ergänzende Qualitätsanforderungen im Sinne des § 136b Absatz 2 Satz 4 des Fünften Buches Sozialgesetzbuch festlegen. [3]Die Vorgaben nach Satz 2 werden Bestandteil des Krankenhausplans.

(4) [1]Die für das Gesundheitswesen zuständige Senatsverwaltung kann den Medizinischen Dienst der Krankenversicherung mit der Kontrolle eines Krankenhauses gemäß § 275a Absatz 4 des Fünften Buches Sozialgesetzbuch beauftragen. [2]Der Auftrag muss die diese Kontrolle rechtfertigenden Anhaltspunkte und den konkreten Gegenstand und Umfang des Kontrollauftrags umfassen. [3]Das Krankenhaus ist zur Mitwirkung verpflichtet und hat dem Medizinischen Dienst der Krankenversicherung die ordnungsgemäßen Kontrollen nach Satz 1 auch unangekündigt zu ermöglichen und Zugang zu den Räumen und den Unterlagen zu verschaffen.

§ 7 Umsetzung des Krankenhausplans

(1) [1]Die für das Gesundheitswesen zuständige Senatsverwaltung stellt die Aufnahme oder Nichtaufnahme eines Krankenhauses in den Krankenhausplan, die Beteiligung eines Krankenhauses an der Notfallversorgung und die Zuweisung besonderer Aufgaben gegenüber dem Krankenhausträger durch schriftlichen Bescheid fest. [2]Der Bescheid kann Nebenbestimmungen enthalten, soweit dies zur Erreichung der Ziele des Krankenhausplans erforderlich ist. [3]Liegen die Voraussetzungen für die Erteilung des Bescheides ganz oder teilweise nicht mehr vor, so kann der Bescheid nach Satz 1 ganz oder teilweise widerrufen werden.

(2) [1]Ein Anspruch auf Feststellung der Aufnahme in den Krankenhausplan besteht nicht. [2]Bei notwendiger Auswahl zwischen mehreren Krankenhäusern entscheidet die für das Gesundheitswesen zuständige Senatsverwaltung unter Berücksichtigung der öffentlichen Interessen und der Vielfalt der Krankenhausträger nach pflichtgemäßem Ermessen, welches der Krankenhäuser den Zielen dieses Gesetzes und der Krankenhausplanung am besten gerecht wird; die Vielfalt der Krankenhausträger ist nur dann zu berücksichtigen, wenn die Qualität der erbrachten Leistungen der Einrichtungen gleichwertig ist.

(3) Für die im Krankenhausplan ausgewiesenen Ausbildungsstätten nach § 2 Nummer 1a des Krankenhausfinanzierungsgesetzes und § 11 gelten die Absätze 1 und 2 entsprechend.

Teil 3
Krankenhausförderung

§ 8 Grundsätze der Förderung

(1) [1]Notwendige Investitionskosten werden nach den Vorschriften des Krankenhausfinanzierungsgesetzes und dieses Gesetzes sowie im Rahmen der zur Verfügung stehenden Haushaltsmittel gefördert, soweit und solange Krankenhäuser in den Krankenhausplan aufgenommen sind. [2]Die für das Gesundheitswesen zuständige Senatsverwaltung entscheidet auf Antrag über die Bewilligung von Fördermitteln durch schriftlichen Bescheid. [3]Der Bewilligungsbescheid kann mit Nebenbestimmungen versehen werden, soweit dies zur Erreichung der Ziele des Krankenhausfinanzierungsgesetzes oder dieses Gesetzes oder zur Sicherung einer zweckentsprechenden und wirtschaftlichen Verwendung der Fördermittel erforderlich ist.

(2) [1]Fördermittel dürfen nur für die im Krankenhausfinanzierungsgesetz und in diesem Teil genannten Zwecke nach Maßgabe des Bewilligungsbescheides und unter Beachtung des Versorgungsauftrages des Krankenhauses verwendet werden. [2]Bei der Verwendung müssen die Grundsätze der Wirtschaft-

lichkeit und die Vergabevorschriften eingehalten werden. [3]Die Krankenhausträger haben bei Kreditinstituten für Fördermittel nach § 10 Absatz 1 und § 11 ein Pauschalmittelkonto als Treuhandkonto und für Fördermittel nach § 12 jeweils ein gesondertes Konto als Treuhandkonto einzurichten, über die der gesamte Zahlungsverkehr abzuwickeln ist. [4]Nicht verwendete Fördermittel nach § 10 Absatz 1 und § 11 einschließlich der Zinserträge verbleiben auf dem Pauschalmittelkonto und dürfen in den Folgejahren für Zwecke im Sinne des § 10 Absatz 1 und § 11 verwendet werden. [5]Nicht verwendete Fördermittel nach § 12 einschließlich der Zinserträge sind an den Landeshaushalt abzuführen.

(3) [1]Geförderte Anlagegüter dürfen grundsätzlich nur für den im Bewilligungsbescheid und in diesem Gesetz bestimmten Zweck genutzt werden (Zweckbestimmung). [2]Krankenhausträger müssen der für das Gesundheitswesen zuständigen Senatsverwaltung unverzüglich schriftlich oder elektronisch anzeigen, wenn geförderte Anlagegüter nicht oder nicht mehr zweckbestimmt im Sinne des Satzes 1 genutzt werden. [3]Nach Wegfall der zweckbestimmten Nutzung von geförderten Anlagegütern mit einer durchschnittlichen Nutzungsdauer von mehr als drei bis zu 15 Jahren (kurzfristige Anlagegüter) sind die erzielten oder erzielbaren Einnahmen aus der Nutzung dem Pauschalmittelkonto zuzuführen und im Sinne des Absatzes 2 zu verwenden.

(4) Die Mitnutzung von geförderten Anlagegütern durch Dritte oder durch Krankenhäuser außerhalb der Zweckbestimmung ist zulässig, wenn investive Anteile der erzielten oder erzielbaren Einnahmen aus der Mitnutzung dem Pauschalmittelkonto des Krankenhauses zugeführt und im Sinne des Absatzes 2 verwendet werden.

(5) [1]Krankenhausträger müssen der für das Gesundheitswesen zuständigen Senatsverwaltung die zweckentsprechende und wirtschaftliche Verwendung gewährter Fördermittel nachweisen, die für die Prüfung der Verwendung erforderlichen Auskünfte erteilen, auf Verlangen Geschäftsunterlagen vorlegen und Beauftragten der für das Gesundheitswesen zuständigen Senatsverwaltung Zutritt zum Krankenhaus gewähren. [2]Bei pauschal geförderten Investitionskosten ist der Verwendungsnachweis jährlich zu erbringen und auf Kosten des Krankenhauses durch eine Wirtschaftsprüferin oder einen Wirtschaftsprüfer zu testieren. [3]Die für das Gesundheitswesen zuständige Senatsverwaltung prüft die zweckentsprechende und wirtschaftliche Verwendung der Fördermittel und erlässt einen Prüfbescheid. [4]Das Prüfungsrecht des Rechnungshofes von Berlin nach den §§ 88 ff. der Landeshaushaltsordnung bleibt unberührt.

§ 9 Investitionsprogramm

Die für das Gesundheitswesen zuständige Senatsverwaltung stellt ein Investitionsprogramm nach § 6 Absatz 1 des Krankenhausfinanzierungsgesetzes auf, das die jährlich für die Krankenhausförderung zur Verfügung stehenden Haushaltsmittel darstellt.

§ 10 Investitionspauschale

(1) Die für das Gesundheitswesen zuständige Senatsverwaltung fördert

1. Investitionskosten im Sinne des § 2 Nummer 2 des Krankenhausfinanzierungsgesetzes und
2. den Investitionskosten gleichstehende Kosten im Sinne des § 2 Nummer 3 Buchstabe a bis d des Krankenhausfinanzierungsgesetzes

durch feste jährliche Pauschalbeträge, mit denen das Krankenhaus im Rahmen der Zweckbindung der Fördermittel frei wirtschaften kann.

(2) [1]Die Krankenhausträger müssen jeweils bis zum 1. Oktober eines Jahres bei der für das Gesundheitswesen zuständigen Senatsverwaltung jede Neubau-, Umbau- und Erweiterungsbaumaßnahme, für die Investitionskosten nach Absatz 1 Nummer 1 entstehen, anzeigen und hierbei die Bezeichnung der Maßnahme, ihre Kurzbeschreibung, ihren Baubeginn, ihre geplante Inbetriebnahme, das Gesamtfinanzierungsvolumen und den Anteil der Pauschalbeträge angeben. [2]Darüber hinaus müssen die Krankenhausträger für jede geplante Neubau-, Umbau- und Erweiterungsbaumaßnahme mit Investitionskosten nach Absatz 1 Nummer 1 von jeweils über fünf Millionen Euro, die zu über 50 Prozent mit Pauschalbeträgen finanziert werden soll, bei der für das Gesundheitswesen zuständigen Senatsverwaltung ein Bedarfsprogramm einreichen. [3]Die Pauschalbeträge dürfen erst verwendet werden, wenn die für das Gesundheitswesen zuständige Senatsverwaltung die Inhalte des Bedarfsprogramms auf ihre grundsätzliche Förderfähigkeit geprüft hat.

(3) Die jährlichen Pauschalbeträge nach Absatz 1 bemessen sich nach den im Rahmen des Versorgungsauftrages erbrachten Leistungen des jeweiligen Krankenhauses.

§ 11 Investitionsförderung von Ausbildungsstätten

[1]Die in § 2 Nummer 1a des Krankenhausfinanzierungsgesetzes genannten Ausbildungsstätten und die mit einem Krankenhaus verbundenen Ausbildungsstätten für den Beruf der Kardiotechnikerinnen und -techniker werden gefördert, soweit und solange sie in den Krankenhausplan aufgenommen sind. [2]Die Vorschriften dieses Teils gelten entsprechend. [3]Grundlage der Förderung ist innerhalb der Höchstgrenze der staatlich genehmigten Ausbildungsplätze die Zahl der Ausbildungsplätze, die zum Stichtag 1. November des Vorjahres tatsächlich betrieben wurden.

§ 12 Zuschlag

[1]Für pauschal geförderte Investitionskosten kann im Einzelfall zusätzlich ein Zuschlag gewährt werden, wenn dies entweder zur Erhaltung der Leistungsfähigkeit eines Krankenhauses und Sicherstellung der bedarfsgerechten stationären Versorgung oder zur Gefahrenabwehr erforderlich ist. [2]Der Zuschlag muss wirtschaftlich vertretbar sein. [3]Für den Zuschlag gelten die Fördergrundsätze des § 8 entsprechend. [4]Der Zuschlag wird als Festbetrag gewährt.

§ 13 *[aufgehoben]*

§ 14 Förderung bei Schließung von Krankenhäusern

(1) [1]Krankenhäuser, die auf Grund einer Entscheidung der für das Gesundheitswesen zuständigen Senatsverwaltung aus dem Krankenhausplan ganz oder teilweise ausscheiden, erhalten auf Antrag pauschale Ausgleichszahlungen. [2]Der Antrag auf Förderung ist bis zum Ablauf des Jahres, das dem Jahr folgt, in dem das Krankenhaus die Gesamtzahl der Planbetten des Krankenhauses abschließend auf Dauer geändert hat, bei der für das Gesundheitswesen zuständigen Senatsverwaltung zu stellen. [3]Hierbei handelt es sich um eine Ausschlussfrist.

(2) [1]Die pauschalen Ausgleichszahlungen bemessen sich nach der Zahl der Planbetten und der Behandlungsplätze, die pro Krankenhaus aus der voll- oder teilstationären Versorgung des Krankenhauses dauerhaft ausscheiden. [2]Die Anzahl der auf Dauer ausscheidenden Planbetten und Behandlungsplätze ist um die Anzahl gegebenenfalls hinzukommender Planbetten und Behandlungsplätze zu reduzieren. [3]Die pauschalen Ausgleichsleistungen betragen pro Planbett oder Behandlungsplatz 3 000 Euro. [4]Dieser Betrag verdoppelt sich, wenn ein Krankenhaus vollständig mit sämtlichen Planbetten und Behandlungsplätzen geschlossen wird.

§ 15 Rücknahme und Widerruf von Bewilligungsbescheiden, Erstattung von Fördermitteln

(1) Für die Rücknahme und den Widerruf von Bewilligungsbescheiden sowie die Erstattung von Fördermitteln gelten die allgemeinen Bestimmungen, soweit in diesem Gesetz nichts anderes bestimmt ist.

(2) [1]Bewilligungsbescheide sind ganz oder teilweise auch mit Wirkung für die Vergangenheit zu widerrufen und Fördermittel zurückzufordern, wenn ein Krankenhaus seine Aufgaben nach dem Krankenhausplan vollständig oder teilweise nicht mehr erfüllt. [2]Von dem Widerruf kann abgesehen werden, wenn ein Krankenhaus seine Aufgaben nach dem Krankenhausplan auf Grund einer Entscheidung der für das Gesundheitswesen zuständigen Senatsverwaltung vollständig oder teilweise nicht mehr erfüllt.

(3) Bewilligungsbescheide können ganz oder teilweise auch mit Wirkung für die Vergangenheit widerrufen und Fördermittel zurückgefordert werden, wenn das Krankenhaus Fördergrundsätze nach § 8 Absatz 2 bis 5 oder die Anforderungen nach § 10 Absatz 2 nicht beachtet.

§ 16 Investitionen nach Artikel 14 des Gesundheitsstrukturgesetzes

Die Vorschriften zur Krankenhausförderung finden auf Fördermittel für Investitionen nach Artikel 14 des Gesundheitsstrukturgesetzes entsprechende Anwendung.

§ 17 Rechtsverordnung

Der Senat wird ermächtigt, durch Rechtsverordnung Näheres zum Verfahren der Förderung zu regeln, insbesondere

1. zum Antrag nach § 8 Absatz 1 Satz 2,
2. zum Verfahren der Abführung von Fördermitteln und Zinserträgen an den Landeshaushalt nach § 8 Absatz 2 Satz 5,
3. zur Anzeige nach § 8 Absatz 3 Satz 2, zum Wegfall der Nutzung nach § 8 Absatz 3 Satz 3 und zur Mitnutzung nach § 8 Absatz 4,
4. über den Nachweis und die Prüfung der Verwendung der Fördermittel nach § 8 Absatz 5,

5. zu der Höhe und den Zahlungsmodalitäten der jährlichen Pauschalbeträge nach § 10 Absatz 1, zur Anzeige der Baumaßnahmen nach § 10 Absatz 2 Satz 1, zu den Anforderungen und der Prüfung des Bedarfsprogramms nach § 10 Absatz 2 Satz 2 und 3 sowie zur Bemessungsgrundlage nach § 10 Absatz 3,
6. zur Höhe der Förderung von Ausbildungsstätten nach § 11 und
7. zu dem Verfahren, der Höhe und den Zahlungsmodalitäten der Festbetragsförderung nach § 12.

Teil 4
Besondere Bestimmungen

§ 18 Pflichten bei Trägerwechsel von Krankenhäusern und bei Zahlungsunfähigkeit von Krankenhausträgern

(1) [1]Ist für ein in den Krankenhausplan aufgenommenes Krankenhaus ein Trägerwechsel beabsichtigt, so muss der bisherige Träger den Trägerwechsel der für das Gesundheitswesen zuständigen Senatsverwaltung vorab anzeigen. [2]Der neue Krankenhausträger bedarf eines Bescheides nach § 7 Absatz 1 Satz 1.

(2) [1]Der neue Krankenhausträger ist an Bewilligungsbescheide, die gegenüber dem bisherigen Krankenhausträger ergangen sind, gebunden. [2]Der bisherige Krankenhausträger ist verpflichtet, dem neuen Krankenhausträger nicht verwendete Fördermittel nach Zustimmung der für das Gesundheitswesen zuständigen Senatsverwaltung zu überlassen und den Ausgleichsanspruch nach § 9 Absatz 2 Nummer 4 des Krankenhausfinanzierungsgesetzes abzutreten.

(3) Ein Krankenhausträger hat die für das Gesundheitswesen zuständige Senatsverwaltung unverzüglich zu informieren, wenn ein Antrag auf Eröffnung eines Insolvenzverfahrens über sein Vermögen gestellt worden ist.

§ 19 Ordnungsbehördliche Genehmigung

(1) Krankenhäuser, die nicht in den Anwendungsbereich des § 30 der Gewerbeordnung fallen, bedürfen zu ihrem Betrieb der ordnungsbehördlichen Genehmigung des Landesamtes für Gesundheit und Soziales Berlin.

(2) [1]Die ordnungsbehördliche Genehmigung wird erteilt, wenn die Erfordernisse für die Errichtung und den Betrieb von Krankenhäusern einschließlich ihrer ambulanten Bereiche, insbesondere in baulicher, hygienischer, personeller und technischer Hinsicht erfüllt werden. [2]Dies gilt auch für die Bereiche in Krankenhäusern, in denen ambulante Leistungen einschließlich des ambulanten Operierens erbracht werden. [3]Die ordnungsbehördliche Genehmigung kann mit Nebenbestimmungen versehen werden.

(3) In der ordnungsbehördlichen Genehmigung kann von einzelnen Erfordernissen nach Absatz 2 abgesehen werden, wenn
1. örtliche Gegebenheiten dies erfordern oder
2. die Erfüllung zu einer unvertretbaren Härte führen würde

und sich keine Gefahren für die Gesundheit der Patientinnen und Patienten, der Dienstkräfte sowie der Besucherinnen und Besucher des Krankenhauses ergeben.

(4) Die ordnungsbehördliche Genehmigung ist zurückzunehmen, wenn sich nachträglich herausstellt, dass bei ihrer Erteilung eines der Erfordernisse nach Absatz 2 nicht vorgelegen hat und der Mangel innerhalb einer vom Landesamt für Gesundheit und Soziales Berlin zu bestimmenden Frist nicht behoben wird.

(5) Die ordnungsbehördliche Genehmigung kann widerrufen werden, wenn
1. nachträglich eines der Erfordernisse nach Absatz 2 weggefallen ist und der Mangel nicht innerhalb einer vom Landesamt für Gesundheit und Soziales Berlin zu bestimmenden Frist behoben wird oder
2. eine Auflage nicht oder nicht innerhalb einer gesetzten Frist erfüllt wird.

§ 20 Rechtsverordnung

Die für das Gesundheitswesen zuständige Senatsverwaltung wird ermächtigt, durch Rechtsverordnung Näheres zu regeln über
1. das Verfahren zur Erteilung der ordnungsbehördlichen Genehmigung nach § 19 Absatz 1 und
2. die Erfordernisse nach § 19 Absatz 2.

Teil 5
Besondere Pflichten der Krankenhäuser

§ 21 Aufnahme in Krankenhäusern, Krankengeschichten, Zusammenarbeit, Versorgungsmanagement, Benachrichtigung von Angehörigen

(1) Krankenhäuser sind im Rahmen ihres Versorgungsauftrages verpflichtet, jede Patientin und jeden Patienten aufzunehmen, die oder der stationäre Leistungen benötigt.

(2) [1]In Krankenhäusern führen die behandelnden Ärztinnen und Ärzte und die verantwortlichen Pflegekräfte über jede Patientin und jeden Patienten für die Zeit des Krankenhausaufenthaltes eine Krankengeschichte und eine Pflegedokumentation. [2]Auf Wunsch ist der Patientin oder dem Patienten Einsicht in die sie oder ihn betreffenden Krankenunterlagen zu gewähren, soweit schützenswerte Interessen der Patientin oder des Patienten oder Dritter nicht entgegenstehen.

(3) Die an der Krankenhausbehandlung Beteiligten arbeiten im Interesse einer leistungsgerechten Gesundheitsversorgung mit den niedergelassenen Ärztinnen und Ärzten, Psychotherapeutinnen und Psychotherapeuten, Kinder- und Jugendlichenpsychotherapeutinnen und Kinder- und Jugendlichenpsychotherapeuten sowie mit stationären und ambulanten Diensten und Einrichtungen des Gesundheits- und Sozialwesens eng zusammen und stellen sich gegenseitig alle notwendigen Unterlagen unter Beachtung gesetzlicher Vorgaben zur Verfügung.

(4) [1]Krankenhäuser gewährleisten ein Versorgungsmanagement, das die nahtlose Versorgung im Anschluss an eine stationäre Behandlung sicherstellt. [2]Dazu gehört, die Patientinnen und Patienten rechtzeitig vor Beendigung der stationären Versorgung über Angebote im gesundheits- und sozialpflegerischen Bereich zu informieren.

(5) [1]Ist eine Patientin oder ein Patient auf Grund des Gesundheitszustandes außerstande, die Angehörigen über die Aufnahme in das Krankenhaus oder die bevorstehende Entlassung aus dem Krankenhaus zu informieren, so benachrichtigt das Krankenhaus unverzüglich eine angehörige Person. [2]Stirbt eine Patientin oder ein Patient, so benachrichtigt das Krankenhaus unverzüglich eine angehörige Person oder, sofern eine solche nicht bekannt ist, das Bezirksamt des Sterbeortes.

§ 22 Krankenhaushygiene

Krankenhäuser sind verpflichtet, die Regeln der Hygiene entsprechend dem jeweiligen Stand von Wissenschaft und Technik zu beachten und die erforderlichen Maßnahmen zur Erfassung, Verhütung und Bekämpfung von Krankenhausinfektionen zu treffen.

§ 23 Beteiligung an integrativer Versorgung

[1]Die mit hoheitlicher Gewalt nach dem Gesetz über Hilfen und Schutzmaßnahmen bei psychischen Krankheiten beliehenen psychiatrischen Krankenhäuser und psychiatrischen Fachabteilungen in Krankenhäusern haben sich an den regionalen Steuerungsgremien zur Sicherstellung der Versorgung psychisch erkrankter Personen und Suchtkranker im Sinne einer integrativen Versorgung qualifiziert zu beteiligen. [2]Sie sind Bestandteil des psychiatrischen Hilfesystems des jeweiligen Bezirks und gewährleisten im Rahmen ihrer Zuständigkeit die Sicherstellung der Versorgung innerhalb ihrer Versorgungsregion. [3]Dabei wirken sie aktiv an der Entwicklung von regionalen integrativen Versorgungsstrukturen zur Verhinderung von Unterbrechungen in der Behandlung und außerklinischen Versorgung von psychisch erkrankten Personen mit.

§ 24 Verarbeitung von genetischen Daten und Gesundheitsdaten

(1) [1]Der Verantwortliche stellt sicher, dass bei der Verarbeitung von genetischen Daten und Gesundheitsdaten im Sinne des Artikels 9 Absatz 1 der Verordnung (EU) 2016/679 des Europäischen Parlaments und des Rates vom 27. April 2016 zum Schutz natürlicher Personen bei der Verarbeitung personenbezogener Daten, zum freien Datenverkehr und zur Aufhebung der Richtlinie 95/46/EG (Datenschutz-Grundverordnung) (ABl. L 119 vom 4.5.2016, S. 1; L 314 vom 22.11.2016, S. 72; L 127 vom 23.5.2018, S. 2) in den Krankenhäusern datenschutzrechtliche Regelungen und das Gebot der ärztlichen Schweigepflicht eingehalten werden. [2]Bei Sachverhalten, die in diesem Gesetz nicht oder nicht abschließend geregelt sind, gelten die Bestimmungen des Bundesdatenschutzgesetzes vom 30. Juni 2017 (BGBl. I S. 2097), das durch Artikel 12 des Gesetzes vom 20. November 2019 (BGBl. I S. 1626) geändert worden ist, in der jeweils geltenden Fassung oder des Berliner Datenschutzgesetzes vom 13. Juni 2018 (GVBl. S. 418), das durch Artikel 13 des Gesetzes vom 12. Oktober 2020 (GVBl. S. 807) geändert worden ist, in der jeweils geltenden Fassung, soweit sie auf Kranken-

häuser Anwendung finden. [3]Gesetzlich vorgeschriebene Auskunfts- und Mitteilungspflichten gehen den Vorschriften dieses Gesetzes vor.

(2) Die Verarbeitung von genetischen Daten und Gesundheitsdaten im Sinne des Artikels 9 Absatz 1 der Verordnung (EU) 2016/679 ist in den Krankenhäusern nur zulässig, wenn

1. die Verarbeitung auf einer Rechtsgrundlage beruht, die sich aus der Verordnung (EU) 2016/679, dem Bundesdatenschutzgesetz, dem Berliner Datenschutzgesetz oder den Regelungen dieses Gesetzes ergibt, und
2. bei der Verarbeitung die Anforderungen des § 14 Absatz 3 und des § 26 des Berliner Datenschutzgesetzes erfüllt sind.

(3) [1]Die Verarbeitung von genetischen Daten und Gesundheitsdaten im Sinne des Artikels 9 Absatz 1 der Verordnung (EU) 2016/679 ist darüber hinaus zulässig für Zwecke der Qualitätssicherung der Behandlung im Krankenhaus, soweit der Zweck nicht mit anonymisierten oder pseudonymisierten Daten erreicht werden kann und nicht überwiegende schutzwürdige Interessen der Patientin oder des Patienten entgegenstehen. [2]Der krankenhausinterne Sozialdienst darf genetische Daten und Gesundheitsdaten im Sinne des Artikels 9 Absatz 1 der Verordnung (EU) 2016/679 für Zwecke der sozialen Betreuung und Beratung im Sinne des § 3 Absatz 4 Nummer 3 nutzen.

(4) Das Offenlegen von genetischen Daten und Gesundheitsdaten im Sinne des Artikels 9 Absatz 1 der Verordnung (EU) 2016/679 durch Übermittlung an Stellen außerhalb des Krankenhauses ist zulässig

1. für Zwecke der Mit- oder Weiterbehandlung oder einer sich der Behandlung anschließenden häuslichen Krankenpflege, soweit nicht die Patientin oder der Patient etwas anderes bestimmt hat,
2. für Zwecke der Erfüllung der für die Krankenhausbehandlung erforderlichen Leistungen, insbesondere zur Durchführung der Speisenversorgung und des Krankentransports durch Dritte, soweit der Zweck nicht mit pseudonymisierten Daten erreicht werden kann,
3. zur Geltendmachung von Ansprüchen des Krankenhauses und zur Abwehr von Ansprüchen, die gegen das Krankenhaus oder dessen Personal gerichtet sind, soweit schutzwürdige Interessen der Patientin oder des Patienten am Ausschluss der Übermittlung nicht überwiegen, oder
4. für Zwecke der Qualitätssicherung der Behandlung im Krankenhaus an eine Ärztin, einen Arzt oder eine ärztlich geleitete Stelle, soweit der Zweck nicht mit anonymisierten oder pseudonymisierten Daten erreicht werden kann und nicht überwiegende schutzwürdige Interessen der Patientin oder des Patienten entgegenstehen.

(5) Die Verarbeitung von pseudonymisierten genetischen Daten und Gesundheitsdaten im Sinne des Artikels 9 Absatz 1 der Verordnung (EU) 2016/679 für die in den Absätzen 3 und 4 genannten Zwecke ist zulässig, soweit diese Zwecke nicht mit anonymisierten Daten erreicht werden können.

(6) Für Zwecke von Wartungs- und Administrationstätigkeiten bei medizintechnischen und informationstechnischen Geräten, mit denen auch genetische Daten und Gesundheitsdaten im Sinne des Artikels 9 Absatz 1 der Verordnung (EU) 2016/679 verarbeitet werden, ist der Zugriff auf genetische Daten und Gesundheitsdaten im Sinne des Artikels 9 Absatz 1 der Verordnung (EU) 2016/679 nur in dem für den Zweck der Wartungs- und Administrationstätigkeiten erforderlichen Umfang und unter Beachtung der Anforderungen des § 26 Absatz 3 des Berliner Datenschutzgesetzes durchzuführen.

(7) [1]Genetische Daten und Gesundheitsdaten im Sinne des Artikels 9 Absatz 1 der Verordnung (EU) 2016/679 sind grundsätzlich im Krankenhaus oder im Auftrag durch ein anderes Krankenhaus oder durch mehrere Krankenhäuser als gemeinsam Verantwortliche im Sinne des Artikels 26 der Verordnung (EU) 2016/679 zu verarbeiten. [2]Die Erteilung eines Auftrages im Sinne des Artikels 28 der Verordnung (EU) 2016/679 zum Zwecke der Verarbeitung von genetischen Daten und Gesundheitsdaten im Sinne des Artikels 9 Absatz 1 der Verordnung (EU) 2016/679 ist nur zulässig, wenn

1. der Auftragsverarbeiter der gleichen Unternehmensgruppe im Sinne des Artikels 4 Nummer 19 der Verordnung (EU) 2016/679 oder der Unternehmensgruppe eines anderen Krankenhauses, das in den Anwendungsbereich dieses Gesetzes fällt, angehört und
2. gewährleistet ist, dass die Verarbeitung der genetischen Daten und Gesundheitsdaten im Sinne des Artikels 9 Absatz 1 der Verordnung (EU) 2016/679 ausschließlich durch Personen erfolgt, die nach dem Unionsrecht oder dem Recht eines Mitgliedstaates der Europäischen Union einer Geheimhaltungspflicht unterliegen.

[3]Darüber hinaus dürfen genetische Daten und Gesundheitsdaten im Sinne des Artikels 9 Absatz 1 der Verordnung (EU) 2016/679 durch andere Stellen im Auftrag des Krankenhauses nur verarbeitet werden, wenn durch technische Schutzmaßnahmen sichergestellt ist, dass der Auftragnehmer keine Möglichkeit hat, beim Zugriff auf Patientendaten den Personenbezug herzustellen.

(8) Bei Daten, die im automatisierten Verfahren mit der Möglichkeit des Direktabrufes gespeichert sind, ist die Möglichkeit des Direktabrufes auf das erforderliche Maß einzuschränken, sobald die Behandlung der Patientin oder des Patienten im Krankenhaus abgeschlossen ist, die damit zusammenhängenden Zahlungsvorgänge abgewickelt sind und das Krankenhaus den Bericht über die Behandlung erstellt hat, spätestens jedoch ein Jahr nach Abschluss der Behandlung der Patientin oder des Patienten.

§ 25 Verarbeitung von genetischen Daten und Gesundheitsdaten zu wissenschaftlichen Forschungszwecken

(1) Die Verarbeitung von genetischen Daten und Gesundheitsdaten im Sinne des Artikels 9 Absatz 1 der Verordnung (EU) 2016/679 in Krankenhäusern ist ohne Einwilligung für wissenschaftliche Forschungszwecke nur zulässig, wenn

1. Ärztinnen und Ärzte, die an der Behandlung beteiligt waren, genetische Daten und Gesundheitsdaten im Sinne des Artikels 9 Absatz 1 der Verordnung (EU) 2016/679, die im Rahmen der Krankenhausbehandlung verarbeitet worden sind, für eigene wissenschaftliche Forschungsvorhaben nutzen, soweit schutzwürdige Belange der Patientin oder des Patienten nicht entgegenstehen und eine gewerbliche Nutzung ausgeschlossen ist,
2. es nicht zumutbar ist, die Einwilligung einzuholen, und schutzwürdige Belange der Patientin oder des Patienten nicht beeinträchtigt werden,
3. das berechtigte Interesse der Allgemeinheit an der Durchführung des Forschungsvorhabens das Geheimhaltungsinteresse der Patientin oder des Patienten erheblich überwiegt oder
4. für Zwecke der Krankenhausbehandlung verarbeitete genetische Daten und Gesundheitsdaten im Sinne des Artikels 9 Absatz 1 der Verordnung (EU) 2016/679 vor ihrer weiteren Verarbeitung anonymisiert werden.

(2) [1]Im Rahmen von Forschungsvorhaben sieht der Verantwortliche angemessene Maßnahmen zur Wahrung der Interessen der betroffenen Personen im Sinne des § 22 Absatz 2 und des § 27 Absatz 3 des Bundesdatenschutzgesetzes oder des § 14 Absatz 3 und des § 26 Absatz 3 des Berliner Datenschutzgesetzes vor. [2]Patientendaten sind stets zu pseudonymisieren, soweit dies in einem angemessenen Verhältnis zum Schutzzweck steht. [3]Soweit das Forschungsvorhaben mit pseudonymisierten Daten durchgeführt werden kann, dürfen der mit der Forschung befasste Personenkreis und die empfangenden Stellen oder Personen keinen Zugriff auf die Zuordnungsregel haben und aus den medizinischen Daten keine Rückschlüsse auf die Patientin oder den Patienten ziehen können. [4]Die Zuordnungsregel ist durch technische Maßnahmen nach dem Stand der Technik derart zu schützen, dass Dritten mit beherrschbarem Aufwand eine Verknüpfung von pseudonymisierten mit identifizierenden Daten nicht möglich ist.

(3) [1]Genetische Daten und Gesundheitsdaten im Sinne des Artikels 9 Absatz 1 der Verordnung (EU) 2016/679 dürfen unter den Voraussetzungen des Absatzes 1 pseudonymisiert an einrichtungsübergreifende Forschungsvorhaben, Forschungsregister oder Probensammlungen übermittelt werden, wenn nicht eine Rechtsvorschrift anderes vorsieht. [2]Sofern der Forschungszweck nicht mit pseudonymisierten Daten erreicht werden kann, ist die Übermittlung unmittelbar identifizierender Patientendaten zulässig, sofern die betroffene Person hierzu ihre schriftliche Einwilligung erteilt hat.

(4) Die zu wissenschaftlichen Zwecken verarbeiteten genetischen Daten und Gesundheitsdaten im Sinne des Artikels 9 Absatz 1 der Verordnung (EU) 2016/679 dürfen zusammen mit Informationen über eine identifizierte oder identifizierbare natürliche Person nur veröffentlicht werden, wenn die Patientin oder der Patient in Kenntnis der vorgesehenen Veröffentlichung eingewilligt hat.

§ 26 Auskunftspflicht

(1) [1]Krankenhausträger erteilen der für das Gesundheitswesen zuständigen Senatsverwaltung die Auskünfte, die für Zwecke der Krankenhausplanung, der Investitionsplanung, der Krankenhausförderung und für weitere Maßnahmen zur Sicherstellung der Krankenhausversorgung benötigt werden. [2]Insbesondere sind Krankenhausträger verpflichtet, jährlich zum 1. April die Grunddaten ihrer Krankenhäuser getrennt für die einzelnen Krankenhausstandorte in dem nach der Krankenhausstatistik-Verordnung

zu § 3 Satz 1 Nummer 1 bis 10 und 15 bis 17 erhobenen Umfang an die für das Gesundheitswesen zuständige Senatsverwaltung und das Amt für Statistik Berlin-Brandenburg zu übermitteln. [3]Darüber hinaus melden Krankenhausträger der für das Gesundheitswesen zuständigen Senatsverwaltung einmal wöchentlich Daten über die Belegsituation.

(2) Die mit hoheitlicher Gewalt nach dem Gesetz über Hilfen und Schutzmaßnahmen bei psychischen Krankheiten beliehenen Träger der psychiatrischen Krankenhäuser und Krankenhäuser mit psychiatrischen Fachabteilungen melden der für das Gesundheitswesen zuständigen Senatsverwaltung halbjährlich zum 30. Juni und 31. Dezember Daten über Aufnahmen und Entlassungen, Grund und Dauer der Unterbringungen sowie Art, Anzahl und Dauer besonderer Sicherungsmaßnahmen.

§ 27 Katastrophenschutz, besondere Gefahrenlagen, Zusammenarbeit mit Rettungsdiensten, Notfallversorgung

(1) [1]Krankenhäuser sind verpflichtet, im Rahmen des Katastrophenschutzgesetzes vom 11. Februar 1999 (GVBl. S. 78), das zuletzt durch Gesetz vom 26. Januar 2004 (GVBl. S. 25) geändert worden ist, in der jeweils geltenden Fassung beim Katastrophenschutz mitzuwirken. [2]Krankenhäuser stellen durch geeignete Vorkehrungen sicher, dass im Katastrophenfall oder bei besonderen Gefahrenlagen Patientinnen und Patienten ordnungsgemäß versorgt werden und der Krankenhausbetrieb aufrecht erhalten wird.

(2) Krankenhäuser sind verpflichtet, im Rahmen des Rettungsdienstgesetzes vom 8. Juli 1993 (GVBl. S. 313), das zuletzt durch Nummer 33 der Anlage zu § 1 Absatz 1 des Gesetzes vom 4. März 2005 (GVBl. S. 125) geändert worden ist, in der jeweils geltenden Fassung mit den Rettungsdiensten zusammenzuarbeiten.

(3) [1]Krankenhäuser, die nach dem Krankenhausplan an der Notfallversorgung teilnehmen, müssen die im Krankenhausplan festgelegten Voraussetzungen erfüllen. [2]Sie sind insbesondere verpflichtet,

1. jederzeit die für die Notfallversorgung erforderlichen Kapazitäten in allen für das Krankenhaus im Krankenhausplan ausgewiesenen Fachdisziplinen vorzuhalten,
2. eine geeignete zentrale Anlaufstelle für Notfallpatientinnen und -patienten (Notaufnahme) zu betreiben,
3. bei Notfallpatientinnen und -patienten eine Ersteinschätzung und -versorgung durchzuführen und diese bei Bedarf im Rahmen der vorhandenen Kapazitäten aufzunehmen und
4. der Leitstelle der Berliner Feuerwehr Behandlungskapazitäten zu melden und darüber jederzeit aktuelle Auskunft zu erteilen.

§ 28 Fortbildung

Krankenhausträger haben sicherzustellen, dass insbesondere dem ärztlichen, pflegerischen und therapeutischen Personal die fachbezogene Fortbildung ermöglicht wird.

§ 29 Rechtsverordnung

Die für das Gesundheitswesen zuständige Senatsverwaltung wird ermächtigt, durch Rechtsverordnung Näheres zu regeln über

1. das Verfahren der Aufnahme in Krankenhäusern nach § 21 Absatz 1,
2. die Art der Führung, den Inhalt, die Aufbewahrung und die Aufbewahrungszeit von Krankengeschichten und Pflegedokumentationen nach § 21 Absatz 2,
3. das Zurverfügungstellen von Unterlagen nach § 21 Absatz 3,
4. bauliche, technische, personelle und organisatorische Maßnahmen zur Erfassung, Verhütung und Bekämpfung von Krankenhausinfektionen nach § 22,
5. die Meldungen der Krankenhausträger nach § 26 Absatz 1 Satz 3 und Absatz 2,
6. Art und Umfang des Katastrophenschutzes nach § 27 Absatz 1 und
7. die Zusammenarbeit zwischen Krankenhäusern und den Rettungsdiensten nach § 27 Absatz 2.

Teil 6

Patientenfürsprecherinnen und -fürsprecher in Krankenhäusern

§ 30 Patientenfürsprecherinnen und -fürsprecher

(1) [1]Jede Bezirksverordnetenversammlung wählt für die Dauer ihrer Wahlperiode für jedes Krankenhaus oder gemeinsam für mehrere Krankenhäuser des Bezirks nach Anhörung des Krankenhauses oder der Krankenhäuser eine Patientenfürsprecherin oder einen Patientenfürsprecher. [2]Für Krankenhäuser mit mehreren örtlich abgegrenzten Betriebsteilen kann für jeden Betriebsteil eine Patientenfürsprecherin oder ein Patientenfürsprecher gewählt werden. [3]Dienstkräfte von Krankenhäusern sind nicht wählbar. [4]Die Bezirksverordnetenversammlung kann die Patientenfürsprecherinnen oder -fürsprecher abberufen. [5]Die Patientenfürsprecherinnen oder -fürsprecher führen ihr Amt nach Ablauf der Wahlperiode oder im Falle eines vorzeitigen Ausscheidens bis zum Amtsantritt einer Nachfolgerin oder eines Nachfolgers weiter.

(2) [1]Die Bezirke stellen die Besetzung der Ämter der Patientenfürsprecherinnen und -fürsprecher sicher und erstellen ein Anforderungsprofil. [2]Sie müssen die Ämter öffentlich ausschreiben.

(3) [1]Die Patientenfürsprecherinnen und -fürsprecher halten regelmäßig Sprechstunden in vom Krankenhaus zur Verfügung gestellten geeigneten Räumlichkeiten ab, prüfen Anregungen und Beschwerden und vertreten die Anliegen der Patientinnen und Patienten und eigene Anliegen zur Krankenhausversorgung. [2]Sie können sich mit Einverständnis der Patientin oder des Patienten jederzeit unmittelbar an die Krankenhausleitung, den Krankenhausträger und die zuständigen Behörden wenden. [3]Die Krankenhausleitung, der Krankenhausträger und die zuständigen Behörden arbeiten mit den Patientenfürsprecherinnen und -fürsprechern zusammen, gehen Vorbringen nach und erteilen notwendige Auskünfte. [4]Die Patientenfürsprecherinnen und -fürsprecher legen der Bezirksverordnetenversammlung und dem Krankenhaus einen jährlichen Erfahrungsbericht vor und nehmen dabei auch zur Situation der Krankenhausversorgung Stellung. [5]Der Erfahrungsbericht wird im Internet veröffentlicht.

(4) [1]Die Patientenfürsprecherinnen und -fürsprecher nehmen ein Ehrenamt wahr und erhalten eine Aufwandsentschädigung. [2]Über die bei ihrer Tätigkeit bekannt gewordenen Tatsachen haben sie Verschwiegenheit zu bewahren.

(5) Die Bestimmungen des Gesetzes über Hilfen und Schutzmaßnahmen bei psychischen Krankheiten bleiben unberührt.

Teil 7

Besondere Vorschrift für Einrichtungen des Maßregelvollzugs

§ 31 Einrichtungen des Maßregelvollzugs

[1]Die als nichtrechtsfähige Anstalt zusammengefassten Einrichtungen des Maßregelvollzugs nach den §§ 63 und 64 des Strafgesetzbuches werden als Krankenhausbetrieb des Landes Berlin (Krankenhaus des Maßregelvollzugs Berlin) geführt, der der für das Gesundheitswesen zuständigen Senatsverwaltung nachgeordnet ist und ihrer Fachaufsicht unterliegt. [2]Der Krankenhausbetrieb beschäftigt Dienstkräfte. [3]Er entscheidet über Einstellung, Versetzung, Entlassung und die sonstigen Personalangelegenheiten der einzelnen Dienstkräfte, soweit nicht bei Beamtinnen und Beamten die Dienstbehörde zuständig ist.

Teil 8

Übergangs- und Schlussvorschriften

§ 32 Erlass von Ausführungsvorschriften

Die zur Ausführung dieses Gesetzes erforderlichen Verwaltungsvorschriften erlässt die für das Gesundheitswesen zuständige Senatsverwaltung.

§ 33 Übergangsvorschriften

(1) Auf Fördermittel, die auf der Grundlage des Landeskrankenhausgesetzes in der Fassung vom 1. März 2001 (GVBl. S. 110), das zuletzt durch Nummer 45 der Anlage zu Artikel I § 1 des Gesetzes vom 22. Oktober 2008 (GVBl. S. 294) geändert worden ist, bewilligt worden sind, finden die bisherigen Vorschriften auch nach Inkrafttreten dieses Gesetzes weiterhin Anwendung.

(2) [1]Auf Fördermittel, die auf der Grundlage dieses Gesetzes vor Inkrafttreten des Ersten Gesetzes zur Änderung des Landeskrankenhausgesetzes vom 21. November 2014 (GVBl. S. 410) bewilligt worden sind, ist dieses Gesetz in seiner bis dahin geltenden Fassung weiter anzuwenden. [2]Dies gilt nicht für die nach § 10 Absatz 2 und § 11 bewilligten und zum Zeitpunkt des Inkrafttretens des Gesetzes vom 21. November 2014 noch nicht verwendeten Fördermittel einschließlich der auf sie entfallenden Zinserträge. [3]Diese können für Investitionskosten im Sinne des § 10 Absatz 1 in der Fassung des Gesetzes vom 21. November 2014 und des § 11 verwendet werden. [4]Die zum Zeitpunkt des Inkrafttretens des Gesetzes vom 21. November 2014 bestehenden Pauschalmittelkonten können als Pauschalmittelkonten nach § 8 Absatz 2 Satz 3 in der Fassung des Gesetzes vom 21. November 2014 bestehen bleiben.

Gesetz über den Beruf der Gesundheits- und Krankenpflegehelferin und des Gesundheits- und Krankenpflegehelfers im Land Berlin (Berliner Krankenpflegehilfegesetz – BlnKPHG)

Vom 4. Februar 2016 (GVBl. S. 35)

geändert durch Art. 26 G zur Umsetzung der Geschäftsverteilung des Senats vom 19. Dezember 2017 (GVBl. S. 695)

Das Abgeordnetenhaus hat das folgende Gesetz beschlossen:

Nichtamtliche Inhaltsübersicht

§ 1 Erlaubnis zum Führen der Berufsbezeichnung

(1) Wer die Berufsbezeichnung „Gesundheits- und Krankenpflegehelferin" oder „Gesundheits- und Krankenpflegehelfer" führen will, bedarf der Erlaubnis.

(2) [1]Gesundheits- und Krankenpflegehelferinnen und Gesundheits- und Krankenpflegehelfer, die Staatsangehörige eines Mitgliedstaates der Europäischen Union, eines Vertragsstaates des Europäischen Wirtschaftsraumes oder eines Vertragsstaates, dem die Bundesrepublik Deutschland und die Europäische Gemeinschaft oder die Bundesrepublik Deutschland und die Europäische Union einen entsprechenden Rechtsanspruch eingeräumt haben, (europäische Staaten) sind, führen die Berufsbezeichnung nach Absatz 1 im Geltungsbereich dieses Gesetzes ohne Erlaubnis, sofern sie ihre Berufstätigkeit als vorübergehende und gelegentliche Dienstleistung im Sinne des Artikels 57 des Vertrages über die Arbeitsweise der Europäischen Union im Geltungsbereich dieses Gesetzes ausüben. [2]Gleiches gilt für Staatsangehörige eines Drittstaates, soweit sich hinsichtlich der Anerkennung von Ausbildungsnachweisen nach dem Recht der Europäischen Gemeinschaften eine Gleichstellung ergibt.

§ 2 Voraussetzungen für die Erteilung der Erlaubnis

(1) Die Erlaubnis nach § 1 Absatz 1 ist auf Antrag zu erteilen, wenn die Antragstellerin oder der Antragsteller

1. die durch dieses Gesetz vorgeschriebene Ausbildungszeit abgeleistet und die staatliche Prüfung bestanden hat,
2. sich nicht eines Verhaltens schuldig gemacht hat, aus dem sich die Unzuverlässigkeit zur Ausübung des Berufs ergibt,

3. nicht in gesundheitlicher Hinsicht zur Ausübung des Berufs ungeeignet ist und
4. über die für die Ausübung der Berufstätigkeit erforderlichen Kenntnisse der deutschen Sprache verfügt.

(2) [1]Die Erlaubnis ist zurückzunehmen, wenn bei Erteilung der Erlaubnis eine der Voraussetzungen nach Absatz 1 nicht vorgelegen hat. [2]Die Erlaubnis ist zu widerrufen, wenn nachträglich die Voraussetzung nach Absatz 1 Nummer 2 weggefallen ist. [3]Die Erlaubnis kann widerrufen werden, wenn nachträglich die Voraussetzung nach Absatz 1 Nummer 3 weggefallen ist.

(3) Eine in einem anderen Land der Bundesrepublik Deutschland absolvierte abgeschlossene Ausbildung in einem landesrechtlich geregelten Beruf der Gesundheits- und Krankenpflegehilfe, für die eine Ausbildungsdauer in Vollzeitform von mindestens zwölf Monaten vorgeschrieben ist und die mit einer staatlichen Prüfung abschließt, erfüllt die Voraussetzungen nach Absatz 1 Nummer 1.

(4) [1]Das Verfahren der Erlaubniserteilung ist auf Verlangen der Antragstellerin oder des Antragstellers elektronisch durchzuführen. [2]Vorzulegende Unterlagen sind gleichzeitig mit dem Antrag elektronisch einzureichen. [3]Im Falle begründeter Zweifel an der Echtheit der Unterlagen und soweit unbedingt geboten kann die zuständige Behörde die Antragstellerin oder den Antragsteller auffordern, beglaubigte Kopien vorzulegen.

§ 3 Erteilung der Erlaubnis bei außerhalb der Bundesrepublik Deutschland erworbenen abgeschlossenen Ausbildungen

(1) [1]Die Voraussetzung des § 2 Absatz 1 Nummer 1 gilt als erfüllt, wenn aus einem in einem anderen europäischen Staat erworbenen Zeugnis hervorgeht, dass die Inhaberin oder der Inhaber eine Ausbildung absolviert hat, die in diesem europäischen Staat für den unmittelbaren Zugang zu einem dem Beruf der Gesundheits- und Krankenpflegehelferin oder des Gesundheits- und Krankenpflegehelfers entsprechenden Beruf erforderlich ist. [2]Zeugnis im Sinne des Satzes 1 ist

1. ein Ausbildungsnachweis im Sinne des Artikels 3 Absatz 1 Buchstabe c der Richtlinie 2005/36/EG des Europäischen Parlaments und des Rates vom 7. September 2005 über die Anerkennung von Berufsqualifikationen (ABl. L 255 vom 30. 9. 2005, S. 22, L 268 vom 15. 10. 2015, S. 35), die zuletzt durch die Richtlinie 2013/55/EU vom 20. November 2013 (ABl. L 354 vom 28. 12. 2013, S. 132) geändert worden ist, in der jeweils geltenden Fassung, der dem in Artikel 11 Buchstabe b der Richtlinie 2005/36/EG genannten Niveau entspricht,
2. ein Ausbildungsnachweis, der von einer zuständigen Behörde in einem europäischen Staat ausgestellt wurde, sofern er eine in diesem Staat erworbene abgeschlossene Ausbildung bescheinigt, von diesem Staat als gleichwertig anerkannt wurde und in Bezug auf die Aufnahme oder Ausübung des Berufs der Gesundheits- und Krankenpflegehelferin oder des Gesundheits- und Krankenpflegehelfers dieselben Rechte verleiht oder auf die Ausübung des Berufs der Gesundheits- und Krankenpflegehelferin oder des Gesundheits- und Krankenpflegehelfers vorbereitet, oder eine Gesamtheit von solchen Ausbildungsnachweisen sowie
3. eine Berufsqualifikation, die zwar nicht den Erfordernissen der Rechts- und Verwaltungsvorschriften des Herkunftsstaates für die Aufnahme oder Ausübung des Berufs der Gesundheits- und Krankenpflegehelferin oder des Gesundheits- und Krankenpflegehelfers entspricht, der Inhaberin oder dem Inhaber jedoch nach den maßgeblichen Vorschriften des Herkunftsstaates erworbene Rechte verleiht.

[3]Antragstellerinnen und Antragsteller mit einem Ausbildungsnachweis aus einem europäischen Staat haben einen höchstens einjährigen Anpassungslehrgang zu absolvieren oder eine Eignungsprüfung abzulegen, wenn

1. ihre Ausbildung sich auf Fächer bezieht, die sich wesentlich von denen unterscheiden, die durch die Ausbildung nach diesem Gesetz und nach der Rechtsverordnung nach § 12 vorgeschrieben sind,
2. der Beruf der Gesundheits- und Krankenpflegehelferin oder des Gesundheits- und Krankenpflegehelfers eine oder mehrere reglementierte Tätigkeiten umfasst, die im Herkunftsstaat der Antragstellerin oder des Antragstellers nicht Bestandteil des Berufes der Gesundheits- und Krankenpflegehelferin oder des Gesundheits- und Krankenpflegehelfers entsprechenden Berufs sind, und dieser Unterschied in einer besonderen Ausbildung besteht, die nach diesem Gesetz und nach der Rechtsverordnung nach § 12 gefordert wird und sich auf Themenbereiche bezieht, die sich

wesentlich von denen unterscheiden, die von dem Ausbildungsnachweis abgedeckt werden, den die Antragstellerin oder der Antragsteller vorlegt, oder

3. ihr Ausbildungsnachweis lediglich eine Ausbildung auf dem in Artikel 11 Buchstabe a der Richtlinie 2005/36/EG genannten Niveau bescheinigt:

[4]Anpassungslehrgang und Eignungsprüfung dienen dem Nachweis, dass die Antragstellerin oder der Antragsteller über die zur Ausübung des Berufs der Gesundheits- und Krankenpflegehelferin oder des Gesundheits- und Krankenpflegehelfers erforderlichen Kenntnisse und Fähigkeiten verfügt. [5]Fächer und Themenbereiche unterscheiden sich wesentlich im Sinne des Satzes 3 Nummer 1 und 2, wenn deren Kenntnis eine wesentliche Voraussetzung für die Ausübung des Berufs ist und die Ausbildung der Antragstellerin oder des Antragstellers gegenüber der deutschen Ausbildung bedeutende Abweichungen aufweist. [6]Wesentliche Unterschiede im Sinne des Satzes 3 Nummer 1 und 2 können ganz oder teilweise durch Kenntnisse ausgeglichen werden, die im Rahmen von Berufspraxis erworben wurden, wobei es nicht erheblich ist, in welchem Staat die Antragstellerin oder der Antragsteller berufstätig war. [7]Liegen wesentliche Unterschiede vor, die nicht nach Satz 6 ausgeglichen werden können, beziehen sich der Anpassungslehrgang oder die Eignungsprüfung auf diese. [8]Die Antragstellerin oder der Antragsteller hat das Recht, zwischen dem Anpassungslehrgang und der Eignungsprüfung zu wählen. [9]Findet eine Eignungsprüfung statt, muss diese innerhalb von sechs Monaten abgelegt werden können. [10]Die Frist beginnt mit der Ausübung des Wahlrechts. [11]Die Sätze 3 bis 10 gelten auch für Antragstellerinnen und Antragsteller,

1. die über einen Ausbildungsnachweis als Gesundheits- und Krankenpflegehelferin oder Gesundheits- und Krankenpflegehelfer verfügen, der nicht in einem europäischen Staat ausgestellt wurde und den ein europäischer Staat anerkannt hat, und
2. die über eine dreijährige Berufserfahrung in der Gesundheits- und Krankenpflegehilfe im Hoheitsgebiet des europäischen Staates, der den Ausbildungsnachweis anerkannt hat, verfügen, und dieser europäische Staat die Berufserfahrung bescheinigt hat.

(2) [1]Ist die Voraussetzung des § 2 Absatz 1 Nummer 1 nicht erfüllt, so ist Antragstellerinnen und Antragstellern, die über einen Ausbildungsnachweis als Gesundheits- und Krankenpflegehelferin oder Gesundheits- und Krankenpflegehelfer verfügen, der in einem anderen als einem europäischen Staat ausgestellt worden ist, die Erlaubnis zu erteilen, wenn die Gleichwertigkeit des Ausbildungsstandes gegeben ist. [2]Für die Prüfung der Gleichwertigkeit gilt Absatz 1 Satz 5 und 6 entsprechend. [3]Ist die Gleichwertigkeit des Ausbildungsstandes nicht gegeben oder ist eine Prüfung der Gleichwertigkeit des Ausbildungsstandes nur mit unangemessenem zeitlichen oder sachlichen Aufwand möglich, weil die erforderlichen Unterlagen und Nachweise aus Gründen, die nicht in der Person der Antragstellerin oder des Antragstellers liegen, von ihr oder ihm nicht vorgelegt werden können, ist ein gleichwertiger Kenntnisstand nachzuweisen. [4]Dieser Nachweis wird durch eine Kenntnisprüfung, die sich auf den Inhalt der staatlichen Abschlussprüfung erstreckt, oder einen höchstens einjährigen Anpassungslehrgang, der mit einer Prüfung über den Inhalt des Anpassungslehrgangs abschließt, erbracht. [5]Die Antragstellerin oder der Antragsteller hat das Recht, zwischen der Kenntnisprüfung und dem Anpassungslehrgang zu wählen.

(3) Die Absätze 1 und 2 gelten entsprechend für Zeugnisse aus Drittstaaten, für deren Anerkennung sich nach dem Recht der Europäischen Gemeinschaften eine Gleichstellung ergibt.

§ 4 Vorzulegende Nachweise bei außerhalb der Bundesrepublik Deutschland erworbenen abgeschlossenen Ausbildungen

(1) Antragstellerinnen und Antragsteller haben bei außerhalb der Bundesrepublik Deutschland erworbenen abgeschlossenen Ausbildungen folgende Nachweise vorzulegen:

1. einen Staatsangehörigkeitsnachweis,
2. einen Ausbildungsnachweis in Urschrift oder in amtlich beglaubigter Kopie und gegebenenfalls eine Bescheinigung über die erworbene Berufserfahrung,
3. einen Nachweis über die Zuverlässigkeit (§ 2 Absatz 1 Nummer 2) sowie
4. einen Nachweis über die körperliche und geistige Gesundheit (§ 2 Absatz 1 Nummer 3).

(2) [1]Die zuständige Behörde kann von der Antragstellerin oder dem Antragsteller verlangen, dass zusammen mit dem Ausbildungsnachweis nach Absatz 1 Nummer 2 eine Bescheinigung der zuständigen Behörde des anderen europäischen Staates vorgelegt wird, aus der hervorgeht, dass der Ausbil-

dungsnachweis den in der Richtlinie 2005/36/EG verlangten Nachweisen entspricht. [2]Die Bescheinigung darf bei ihrer Vorlage nicht älter als drei Monate sein.

(3) [1]Als Nachweise über die Zuverlässigkeit im Sinne des Absatzes 1 Nummer 3 werden Bescheinigungen über die Insolvenzfreiheit und über das Nichtvorliegen eines schwerwiegenden standeswidrigen Verhaltens oder einer Verurteilung wegen strafbarer Handlungen anerkannt, die von den zuständigen Behörden des europäischen Staates ausgestellt wurden und die belegen, dass die Erfordernisse für die Aufnahme des Berufs im Anwendungsbereich dieses Gesetzes erfüllt werden. [2]Die Bescheinigungen dürfen bei ihrer Vorlage nicht älter als drei Monate sein. [3]Hat die Antragstellerin oder der Antragsteller den Beruf im Herkunftsstaat bereits ausgeübt, so kann die für die Erteilung der Erlaubnis zuständige Behörde bei der zuständigen Behörde des Herkunftsstaates Auskünfte über etwa gegen die Antragstellerin oder den Antragsteller verhängte Strafen oder über sonstige berufs- oder strafrechtliche Maßnahmen wegen schwerwiegenden standeswidrigen Verhaltens oder strafbarer Handlungen, die die Ausübung des Berufs betreffen, einholen. [4]Werden in dem europäischen Staat Bescheinigungen im Sinne des Satzes 1 nicht ausgestellt oder Auskünfte im Sinne des Satzes 3 nicht erteilt, können die Bescheinigungen oder Auskünfte durch eine eidesstattliche Erklärung ersetzt werden, die die Antragstellerin oder der Antragsteller vor der zuständigen Behörde oder einer Notarin oder einem Notar abgegeben hat.

(4) Bestehen berechtigte Zweifel an der Authentizität ausgestellter Ausbildungsnachweise oder Bescheinigungen, soll die zuständige Behörde von der zuständigen Behörde des anderen europäischen Staates eine Bestätigung über die Authentizität der Unterlagen verlangen.

(5) Die Absätze 1 bis 4 gelten entsprechend für Antragstellerinnen und Antragsteller aus Drittstaaten.

§ 5 Verfahren für die Anerkennung von außerhalb der Bundesrepublik Deutschland erworbenen abgeschlossenen Ausbildungen

(1) [1]Die zuständige Behörde bestätigt der Antragstellerin oder dem Antragsteller binnen eines Monats den Empfang der Unterlagen und teilt ihr oder ihm gegebenenfalls mit, welche Unterlagen nachzureichen sind. [2]Über die Anerkennung oder die Feststellung der wesentlichen Unterschiede im Sinne des § 3 Absatz 1 Satz 3 bis 6 ist innerhalb von drei Monaten nach Einreichen der vollständigen Unterlagen ein schriftlicher Bescheid mit Rechtsbehelfsbelehrung zu erteilen.

(2) [1]Das Verfahren nach dieser Vorschrift ist auf Verlangen der Antragstellerin oder des Antragstellers elektronisch durchzuführen. [2]Vorzulegende Unterlagen sind gleichzeitig mit dem Antrag elektronisch einzureichen. [3]Im Falle begründeter Zweifel an der Echtheit der Unterlagen und soweit unbedingt geboten kann die zuständige Behörde die Antragstellerin oder den Antragsteller auffordern, beglaubigte Kopien vorzulegen. [4]Eine solche Aufforderung hemmt nicht den Fristlauf nach Absatz 1 Satz 2. [5]§ 1 Absatz 1 des Gesetzes über das Verfahren der Berliner Verwaltung vom 8. Dezember 1976 (GVBl. S. 2735, 2898), das zuletzt durch Artikel I § 14 des Gesetzes vom 19. Juni 2006 (GVBl. S. 573) geändert worden ist, in der jeweils geltenden Fassung in Verbindung mit § 42a des Verwaltungsverfahrensgesetzes in der Fassung der Bekanntmachung vom 23. Januar 2003 (BGBl. I S. 102), das zuletzt durch Artikel 1 des Gesetzes vom 20. November 2015 (BGBl. I S. 2010) geändert worden ist, in der jeweils geltenden Fassung findet Anwendung.

(3) [1]Das Verfahren kann über einen einheitlichen Ansprechpartner im Sinne des § 1 des Gesetzes über den Einheitlichen Ansprechpartner für das Land Berlin vom 18. November 2009 (GVBl. S. 674), das durch Artikel III des Gesetzes vom 14. November 2013 (GVBl. S. 582) geändert worden ist, in der jeweils geltenden Fassung abgewickelt werden. [2]Die zuständigen Behörden unterstützen den einheitlichen Ansprechpartner und stellen ihm die zur Wahrnehmung seiner Aufgaben erforderlichen Informationen zur Verfügung. [3]§ 1 Absatz 1 des Gesetzes über das Verfahren der Berliner Verwaltung in Verbindung mit § 42a und den §§ 71a bis 71e des Verwaltungsverfahrensgesetzes findet Anwendung. [4]Absatz 2 Satz 2 bis 4 gilt entsprechend.

§ 6 Verwaltungszusammenarbeit

[1]Die zuständige Behörde unterrichtet die zuständigen Behörden des Herkunftsmitgliedstaates über das Vorliegen strafrechtlicher Sanktionen, über die Rücknahme, den Widerruf und die Anordnung des Ruhens der Erlaubnis, über die Untersagung der Ausübung der Tätigkeit sowie über Tatsachen, die eine dieser Sanktionen oder Maßnahmen rechtfertigen würden. [2]Dabei sind die Vorschriften zum Schutz personenbezogener Daten einzuhalten. [3]Erhält die zuständige Behörde Auskünfte der zustän-

digen Behörden von Aufnahmemitgliedstaaten, die sich auf die Ausübung des Berufs der Gesundheits- und Krankenpflegehelferin oder des Gesundheits- und Krankenpflegehelfers auswirken könnten, so prüft sie die Richtigkeit der Sachverhalte, befindet über Art und Umfang der durchzuführenden Prüfungen und unterrichtet den Aufnahmemitgliedstaat über die Konsequenzen, die aus den übermittelten Auskünften zu ziehen sind.

§ 7 Ausbildungsziel

Die Ausbildung für Gesundheits- und Krankenpflegehelferinnen und Gesundheits- und Krankenpflegehelfer soll die fachlichen, personalen und sozialen Kompetenzen vermitteln, die für die Pflege und Versorgung kranker und pflegebedürftiger Menschen unter Anleitung und Verantwortung von Pflegefachkräften erforderlich sind (Ausbildungsziel).

§ 8 Dauer und Struktur der Ausbildung

(1) Die Ausbildung für Gesundheits- und Krankenpflegehelferinnen und Gesundheits- und Krankenpflegehelfer schließt mit der staatlichen Prüfung ab; sie dauert unabhängig vom Zeitpunkt der staatlichen Prüfung mindestens ein Jahr, in Teilzeitform höchstens drei Jahre.

(2) [1]Die Ausbildung umfasst den theoretischen und praktischen Unterricht mit mindestens 700 Stunden und die praktische Ausbildung mit mindestens 850 Stunden. [2]Der Unterricht wird in staatlich anerkannten Schulen an Krankenhäusern oder in staatlich anerkannten Schulen, die mit Krankenhäusern verbunden sind, vermittelt. [3]Die praktische Ausbildung wird an einem Krankenhaus oder mehreren Krankenhäusern und ambulanten Pflegeeinrichtungen sowie weiteren an der Ausbildung beteiligten geeigneten Einrichtungen, insbesondere stationären Pflegeeinrichtungen oder Rehabilitationseinrichtungen, durchgeführt.

(3) [1]Die Gesamtverantwortung für die Organisation und Koordination des theoretischen und praktischen Unterrichts und der praktischen Ausbildung gemäß dem Ausbildungsziel tragen die Schulen als Träger der Ausbildung. [2]Die Schulen unterstützen die praktische Ausbildung durch Praxisbegleitung. [3]Die Praxisanleitung ist durch die in Absatz 2 Satz 3 genannten Einrichtungen sicherzustellen.

§ 9 Voraussetzungen für den Zugang zur Ausbildung

[1]Voraussetzung für den Zugang zu einer Ausbildung nach § 8 Absatz 1 ist, dass die Bewerberin oder der Bewerber

1. nicht in gesundheitlicher Hinsicht zur Ausübung des Berufs nach § 2 Absatz 1 Nummer 3 ungeeignet ist und
2. den Hauptschulabschluss, eine gleichwertige Schulbildung oder eine abgeschlossene Berufsausbildung hat.

[2]Die zuständige Behörde kann Ausnahmen von Satz 1 Nummer 2 zulassen.

§ 10 Anrechnung gleichwertiger Ausbildungen

(1) Die zuständige Behörde kann auf Antrag eine andere Ausbildung im Umfang ihrer Gleichwertigkeit bis zu zwei Dritteln der Gesamtstunden der Ausbildung nach Maßgabe der Rechtsverordnung nach § 12 auf die Dauer einer Ausbildung nach § 8 Absatz 1 anrechnen.

(2) In Fällen, in denen eine Schülerin oder ein Schüler die Ausbildung zur Gesundheits- und Krankenpflegerin und zum Gesundheits- und Krankenpfleger oder zur Gesundheits- und Kinderkrankenpflegerin und zum Gesundheits- und Kinderkrankenpfleger nach dem Krankenpflegegesetz vom 16. Juli 2003 (BGBl. I S. 1442), das zuletzt durch Artikel 9 des Gesetzes vom 16. Juli 2015 (BGBl. I S. 1211) geändert worden ist, in der jeweils geltenden Fassung absolviert, jedoch die Voraussetzungen der Zulassung zur staatlichen Prüfung nicht erfüllt oder die staatliche Prüfung nicht bestanden hat, kann die zuständige Behörde auf Antrag diese Ausbildung auf die gesamte Dauer der Ausbildung nach § 8 Absatz 1 anrechnen.

§ 11 Anrechnung von Fehlzeiten

[1]Auf die Dauer einer Ausbildung nach § 8 Absatz 1 werden angerechnet:

1. Urlaub einschließlich Bildungsurlaub und
2. Unterbrechungen durch Krankheit oder aus anderen, von der Schülerin oder dem Schüler nicht zu vertretenden Gründen bis zu zehn Prozent der Stunden des Unterrichts und bis zu zehn Prozent der Stunden der praktischen Ausbildung nach Maßgabe der Rechtsverordnung nach § 12.

[2]Die zuständige Behörde kann auf Antrag auch eine über Satz 1 hinausgehende Fehlzeit anrechnen, soweit eine besondere Härte vorliegt und das Erreichen des Ausbildungsziels durch die Anrechnung nicht gefährdet wird. [3]Freistellungsansprüche nach dem Betriebsverfassungsgesetz, dem Bundespersonalvertretungsgesetz oder dem Landespersonalvertretungsgesetz bleiben unberührt.

§ 12 Verordnungsermächtigung

Die für Pflege zuständige Senatsverwaltung wird ermächtigt, durch Rechtsverordnung (Ausbildungs- und Prüfungsordnung für den Beruf der Gesundheits- und Krankenpflegehelferin und des Gesundheits- und Krankenpflegehelfers) die Mindestanforderungen an die Ausbildung nach § 8 Absatz 1 und das Nähere über die Urkunde über die Erlaubnis nach § 1 Absatz 1, über die staatliche Prüfung nach § 8 Absatz 1 und über den Inhalt und die Durchführung eines Anpassungslehrganges und einer Eignungsprüfung nach § 3 Absatz 1 Satz 3 sowie einer Kenntnisprüfung nach § 3 Absatz 2 Satz 4 zu regeln.

§ 13 Ausbildungsvertrag

(1) Zwischen dem Träger der Ausbildung und der Schülerin oder dem Schüler ist ein schriftlicher Ausbildungsvertrag zu schließen.

(2) Der Ausbildungsvertrag muss mindestens enthalten:

1. die Bezeichnung des Berufs, zu dem nach den Vorschriften dieses Gesetzes ausgebildet wird,
2. den Beginn und die Dauer der Ausbildung,
3. Angaben über die der Ausbildung zugrunde liegende Ausbildungs- und Prüfungsordnung sowie über die inhaltliche und zeitliche Gliederung der praktischen Ausbildung,
4. die Dauer der regelmäßigen täglichen oder wöchentlichen Ausbildungszeit,
5. die Dauer der Probezeit,
6. Angaben über Zahlung und Höhe der Ausbildungsvergütung,
7. die Dauer des Urlaubs und
8. die Voraussetzungen, unter denen der Ausbildungsvertrag gekündigt werden kann.

(3) [1]Der Ausbildungsvertrag ist von einer Person, die zur Vertretung des Trägers der Ausbildung berechtigt ist, und der Schülerin oder dem Schüler, bei Minderjährigen auch von ihrem oder seinem gesetzlichen Vertreter zu unterzeichnen. [2]Eine Ausfertigung des unterzeichneten Ausbildungsvertrages ist der Schülerin oder dem Schüler und deren oder dessen gesetzlicher Vertreterin oder gesetzlichem Vertreter auszuhändigen.

(4) Änderungen des Ausbildungsvertrages bedürfen der Schriftform.

§ 14 Pflichten des Trägers der Ausbildung

(1) Der Träger der Ausbildung hat

1. die Ausbildung in einer durch ihren Zweck gebotenen Form planmäßig und zeitlich und sachlich gegliedert so durchzuführen, dass das Ausbildungsziel in der vorgesehenen Ausbildungszeit erreicht werden kann, und
2. der Schülerin oder dem Schüler kostenlos die Ausbildungsmittel einschließlich der Fachbücher, der Instrumente und der Apparate zur Verfügung zu stellen, die zur Ausbildung und zum Ablegen der staatlichen Prüfung erforderlich sind.

(2) Der Schülerin oder dem Schüler dürfen nur Verrichtungen übertragen werden, die dem Ausbildungsziel und dem Ausbildungsstand entsprechen; sie sollen den physischen und psychischen Kräften der Schülerin oder des Schülers angemessen sein.

§ 15 Pflichten der Schülerin oder des Schülers

[1]Die Schülerin oder der Schüler hat sich zu bemühen, die zum Erreichen des Ausbildungsziels erforderlichen Kompetenzen zu erwerben. [2]Sie oder er ist insbesondere verpflichtet,

1. an den vorgeschriebenen Ausbildungsveranstaltungen teilzunehmen,
2. die ihr oder ihm im Rahmen der Ausbildung übertragenen Aufgaben und Verrichtungen sorgfältig auszuführen und
3. die in den in § 8 Absatz 2 Satz 3 genannten Einrichtungen für Beschäftigte geltenden Bestimmungen über die Schweigepflicht einzuhalten und über Betriebsgeheimnisse Stillschweigen zu wahren.

§ 16 Ausbildungsvergütung

(1) Der Träger der Ausbildung hat der Schülerin oder dem Schüler eine angemessene Ausbildungsvergütung zu gewähren.

(2) [1]Sachbezüge können in der Höhe der durch Rechtsverordnung nach § 17 Absatz 1 Satz 1 Nummer 4 des Vierten Buches Sozialgesetzbuch bestimmten Werte angerechnet werden, jedoch nicht über 75 Prozent der Bruttovergütung hinaus. [2]Kann eine Schülerin oder ein Schüler während der Zeit, für welche die Ausbildungsvergütung fortzuzahlen ist, aus berechtigtem Grund Sachbezüge nicht abnehmen, so sind diese nach den Sachbezugswerten abzugelten.

(3) Eine über die vereinbarte regelmäßige tägliche oder wöchentliche Ausbildungszeit hinausgehende Beschäftigung ist nur ausnahmsweise zulässig und besonders zu vergüten.

§ 17 Probezeit

[1]Das Ausbildungsverhältnis beginnt mit der Probezeit. [2]Die Probezeit beträgt drei Monate.

§ 18 Ende des Ausbildungsverhältnisses

(1) Das Ausbildungsverhältnis endet mit dem Ablauf der Ausbildungszeit.

(2) Besteht die Schülerin oder der Schüler die staatliche Prüfung nicht oder kann sie oder er ohne eigenes Verschulden die staatliche Prüfung vor Ablauf der Ausbildungszeit nicht ablegen, so verlängert sich das Ausbildungsverhältnis auf schriftliches Verlangen bis zur nächstmöglichen Wiederholungsprüfung, höchstens jedoch um ein Jahr.

§ 19 Kündigung des Ausbildungsverhältnisses

(1) Während der Probezeit kann das Ausbildungsverhältnis von jedem Vertragspartner jederzeit ohne Einhaltung einer Kündigungsfrist gekündigt werden.

(2) Nach der Probezeit kann das Ausbildungsverhältnis nur gekündigt werden

1. von jedem Vertragspartner ohne Einhaltung einer Kündigungsfrist,
   a) wenn die Voraussetzungen des § 2 Absatz 1 Nummer 2 oder 3 nicht oder nicht mehr vorliegen oder
   b) aus einem sonstigen wichtigen Grund, sowie
2. von der Schülerin oder dem Schüler mit einer Kündigungsfrist von vier Wochen.

(3) Die Kündigung muss schriftlich und in den Fällen des Absatzes 2 Nummer 1 unter Angabe des Kündigungsgrundes erfolgen.

(4) [1]Eine Kündigung aus einem wichtigen Grund ist unwirksam, wenn die ihr zugrunde liegenden Tatsachen dem zur Kündigung Berechtigten länger als zwei Wochen bekannt sind. [2]Ist ein vorgesehenes Güteverfahren vor einer außergerichtlichen Stelle eingeleitet, so wird bis zu dessen Beendigung der Lauf dieser Frist gehemmt.

§ 20 Nichtigkeit von Vereinbarungen

(1) Eine Vereinbarung, die zuungunsten der Schülerin oder des Schülers von den Vorschriften der §§ 13 bis 19 abweicht, ist nichtig.

(2) [1]Eine Vereinbarung, die die Schülerin oder den Schüler für die Zeit nach Beendigung des Ausbildungsverhältnisses in der Ausübung ihrer oder seiner beruflichen Tätigkeit beschränkt, ist nichtig. [2]Dies gilt nicht, wenn die Schülerin oder der Schüler innerhalb der letzten drei Monate des Ausbildungsverhältnisses für die Zeit nach dessen Beendigung ein Arbeitsverhältnis auf unbestimmte Zeit eingeht.

(3) Nichtig ist auch die Vereinbarung über

1. die Verpflichtung der Schülerin oder des Schülers, für die Ausbildung eine Entschädigung zu zahlen,
2. Vertragsstrafen,
3. den Ausschluss oder die Beschränkung von Schadensersatzansprüchen und
4. die Festsetzung der Höhe eines Schadensersatzes in Pauschbeträgen.

§ 21 Mitglieder geistlicher Gemeinschaften, Diakonissen, Diakonieschwestern

Die §§ 13 bis 20 finden keine Anwendung auf Schülerinnen und Schüler, die Mitglieder geistlicher Gemeinschaften oder Diakonissen oder Diakonieschwestern sind.

§ 22 Zuständige Behörde
Zuständige Behörde für die Durchführung dieses Gesetzes ist das Landesamt für Gesundheit und Soziales Berlin.

§ 23 Erbringung von Dienstleistungen
(1) [1]Staatsangehörige eines europäischen Staates, die zur Ausübung des Berufs der Gesundheits- und Krankenpflegehelferin oder des Gesundheits- und Krankenpflegehelfers in einem anderen europäischen Staat aufgrund einer nach deutschen Rechtsvorschriften abgeschlossenen Ausbildung oder aufgrund eines den Anforderungen des § 3 Absatz 1 entsprechenden Ausbildungsnachweises berechtigt sind und
1. in einem europäischen Staat rechtmäßig niedergelassen sind oder,
2. wenn der Beruf der Gesundheits- und Krankenpflegehelferin oder des Gesundheits- und Krankenpflegehelfers oder die Ausbildung zu diesem Beruf im Niederlassungsstaat nicht reglementiert ist, diesen Beruf während der vorhergehenden zehn Jahre mindestens ein Jahr im Niederlassungsstaat rechtmäßig ausgeübt haben und
3. die deutsche Sprache in dem für die jeweilige berufliche Tätigkeit erforderlichen Maße beherrschen,

dürfen als Dienstleistende im Sinne des Artikels 57 des Vertrages über die Arbeitsweise der Europäischen Union vorübergehend und gelegentlich ihren Beruf im Geltungsbereich dieses Gesetzes ausüben. [2]Der vorübergehende und gelegentliche Charakter der Dienstleistungserbringung wird im Einzelfall beurteilt. [3]In die Beurteilung sind Dauer, Häufigkeit, regelmäßige Wiederkehr und Kontinuität der Dienstleistung einzubeziehen. [4]Die Berechtigung nach Satz 1 besteht nicht, wenn die Voraussetzungen einer Rücknahme oder eines Widerrufs, die sich auf die Tatbestände nach § 2 Absatz 1 Nummer 2 oder 3 beziehen, vorliegen, eine entsprechende Maßnahme mangels deutscher Berufserlaubnis jedoch nicht erlassen werden kann. [5]§ 1 Absatz 2 Satz 3 gilt entsprechend.
(2) [1]Die Dienstleistung wird unter der Berufsbezeichnung des europäischen Staates erbracht, in dem sich die dienstleistende Person niedergelassen hat (Niederlassungsstaat), sofern für die betreffende Tätigkeit eine solche Berufsbezeichnung existiert. [2]Die Berufsbezeichnung ist in der Amtssprache oder einer der Amtssprachen des Niederlassungsstaates so zu führen, dass eine Verwechslung mit den Berufsbezeichnungen nach dem Recht des Landes Berlin nicht möglich ist. [3]Falls die genannte Berufsbezeichnung in dem Niederlassungsstaat nicht existiert, hat die dienstleistende Person ihren Berufsnachweis in der Amtssprache oder einer der Amtssprachen ihres Herkunftsstaates zu führen.
(3) [1]Staatsangehörigen eines europäischen Staates, die im Geltungsbereich dieses Gesetzes den Beruf der Gesundheits- und Krankenpflegehelferin oder des Gesundheits- und Krankenpflegehelfers aufgrund einer Erlaubnis nach § 1 Absatz 1 ausüben, sind auf Antrag für Zwecke der Dienstleistungserbringung in einem anderen europäischen Staat Bescheinigungen darüber auszustellen, dass
1. sie als „Gesundheits- und Krankenpflegehelferin" oder „Gesundheits- und Krankenpflegehelfer" rechtmäßig niedergelassen sind und ihnen die Ausübung ihrer Tätigkeiten nicht, auch nicht vorübergehend, untersagt ist,
2. sie über die zur Ausübung der jeweiligen Tätigkeit erforderliche berufliche Qualifikation verfügen.

[2]§ 1 Absatz 2 Satz 3 gilt entsprechend.
(4) [1]Die zuständige Behörde ist berechtigt, für jede Dienstleistungserbringung von den zuständigen Behörden des Niederlassungsmitgliedstaates Informationen über die Rechtmäßigkeit der Niederlassung und über das Vorliegen berufsbezogener disziplinarischer oder strafrechtlicher Sanktionen anzufordern. [2]Auf Anforderung der zuständigen Behörden eines europäischen Staates hat die zuständige Behörde nach Artikel 56 der Richtlinie 2005/36/EG der anfordernden Behörde alle Informationen über die Rechtmäßigkeit der Niederlassung und die gute Führung der dienstleistenden Person sowie Informationen über das Vorliegen berufsbezogener disziplinarischer oder strafrechtlicher Sanktionen zu übermitteln.
(5) [1]Gesundheits- und Krankenpflegehelferinnen und Gesundheits- und Krankenpflegehelfer im Sinne der Absätze 1 bis 4 haben beim Erbringen der Dienstleistung im Geltungsbereich dieses Gesetzes die Rechte und Pflichten von Personen mit einer Erlaubnis nach § 1 Absatz 1. [2]Wird gegen diese Pflichten verstoßen, so hat die zuständige Behörde unverzüglich die zuständige Behörde des Niederlassungsmitgliedstaates der dienstleistenden Person hierüber zu unterrichten.

§ 24 Ordnungswidrigkeiten

(1) Ordnungswidrig handelt, wer

1. ohne Erlaubnis nach § 1 Absatz 1 die Berufsbezeichnung „Gesundheits- und Krankenpflegehelferin" oder „Gesundheits- und Krankenpflegehelfer" führt,
2. entgegen § 1 Absatz 2 seiner Meldepflicht nicht nachkommt oder
3. entgegen § 27 Absatz 2 die Berufsbezeichnung „Krankenpflegehelferin" oder „Krankenpflegehelfer" führt.

(2) Die Ordnungswidrigkeit kann mit einer Geldbuße bis zu 2 000 Euro geahndet werden.

§ 25 Nichtanwendung des Berufsbildungsgesetzes

Auf die Ausbildung zu dem in diesem Gesetz geregelten Beruf findet das Berufsbildungsgesetz keine Anwendung.

§ 26 Nichtanwendung des Berliner Berufsqualifikationsfeststellungsgesetzes

Das Berufsqualifikationsfeststellungsgesetz Berlin vom 7. Februar 2014 (GVBl. S. 39) findet mit Ausnahme der §§ 17 und 19 keine Anwendung.

§ 27 Weitergeltung der Erlaubnis zum Führen der Berufsbezeichnungen

(1) Eine vor Inkrafttreten dieses Gesetzes erteilte Erlaubnis zum Führen der Berufsbezeichnung „Krankenpflegehelferin" oder „Krankenpflegehelfer" oder eine einer solchen Erlaubnis durch das Krankenpflegegesetz in der Fassung der Bekanntmachung vom 4. Juni 1985 (BGBl. I S. 893), das zuletzt durch Artikel 20 des Gesetzes vom 27. April 2002 (BGBl. I S. 1467) geändert worden ist, gleichgestellte staatliche Anerkennung als „Facharbeiter für Krankenpflege" oder als „Facharbeiter für Krankenpflege und Sozialdienst" nach den Vorschriften der Deutschen Demokratischen Republik gilt als Erlaubnis im Sinne des § 1 Absatz 1.

(2) Krankenpflegehelferinnen und Krankenpflegehelfer, die eine Erlaubnis zum Führen dieser Berufsbezeichnung oder eine einer solchen Erlaubnis gleichgestellte staatliche Anerkennung nach dem in Absatz 1 genannten Gesetz besitzen, dürfen die Berufsbezeichnung „Krankenpflegehelferin" oder „Krankenpflegehelfer" weiterführen.

§ 28 Inkrafttreten

Dieses Gesetz tritt am Tage nach der Verkündung[1] im Gesetz- und Verordnungsblatt für Berlin in Kraft.

1) Verkündet am 16.2.2016.

Gesetz zur sozialen Ausrichtung und Stärkung der landeseigenen Wohnungsunternehmen für eine langfristig gesicherte Wohnraumversorgung[1)]

Vom 24. November 2015 (GVBl. S. 422)
(BRV 233-11)
zuletzt geändert durch Art. 45 Berliner Datenschutz-Anpassungsgesetz EU vom 12. Oktober 2020 (GVBl. S. 807)

§ 1 Aufgaben und Ziele

(1) Aufgabe der landeseigenen Wohnungsunternehmen ist sowohl die Sicherung und Erweiterung preisgünstigen Mietwohnraums in allen Bezirken für breite Schichten der Bevölkerung (Wohnungsmarktaufgabe) als auch die Hilfestellung zu einer nachhaltigen und bedarfsgerechten Wohnraumversorgung für Haushalte in Berlin, die auf dem Wohnungsmarkt besonders benachteiligt sind und sich nicht selbst mit angemessenem Wohnraum versorgen können (Versorgungsaufgabe).

(2) Die landeseigenen Wohnungsunternehmen tragen durch Wohnungsneubau, Instandsetzung, Instandhaltung und Modernisierung bestehenden Wohnraums sowie Ankauf von geförderten und nicht geförderten Wohnungen zu einem ausreichenden Wohnraumangebot mit sozialverträglichen Mieten bei.

(3) [1]Die landeseigenen Wohnungsunternehmen richten ihre Unternehmensziele insbesondere auch darauf aus, durch Neubau und Zukauf ihren Wohnungsbestand zu erweitern und auf Dauer zu erhalten. [2]Die Wohnungsunternehmen kaufen dazu gezielt Sozialwohnungen in der Regel zum Verkehrswert an. [3]Der Zukauf anderer Wohnungsbestände soll vorrangig innerstädtische Wohnlagen umfassen.

(4) Die landeseigenen Wohnungsunternehmen stellen bei der Planung und Realisierung ihrer Neubauvorhaben sicher, dass mindestens 30 Prozent der Neubauwohnungen mit Wohnraumförderungsmitteln aus dem „Sondervermögen Wohnraumförderfonds Berlin" errichtet werden.

(5) Die landeseigenen Wohnungsunternehmen sind zur Verarbeitung personenbezogener Daten befugt, soweit dies zur Erfüllung der in ihrer Zuständigkeit liegenden Aufgaben oder in Ausübung öffentlicher Gewalt nach diesem Gesetz erforderlich ist.

§ 2 Wohnungsvergabe und Mietentwicklung

(1) [1]55 Prozent der jährlich freiwerdenden Wohnungen im Bestand der landeseigenen Wohnungsunternehmen sollen an wohnberechtigte Haushalte nach § 3 Absatz 3 bis 5 vergeben werden. [2]Davon sollen 20 Prozent an Wohnberechtigte besonderer Bedarfsgruppen mit zum Zeitpunkt der Wohnungsvergabe gültigem Wohnberechtigungsschein erfolgen wie Obdachlose, Flüchtlinge, betreutes Wohnen und vergleichbare Bedarfsgruppen. [3]Die verbleibenden 80 Prozent sollen vorrangig an Haushalte mit einem Einkommen von 80 bis 100 Prozent der Einkommensgrenze nach § 9 Absatz 2 des Wohnraumförderungsgesetzes vom 13. September 2001 (BGBl. I S. 2376), das zuletzt durch Artikel 3 des Gesetzes vom 2. Oktober 2015 (BGBl. I S. 1610) geändert worden ist, in der jeweils geltenden Fassung vergeben werden.

(2) Bewerberinnen und Bewerbern um eine Mietwohnung darf die Anmietung einer Wohnung nicht allein wegen einer negativen Bonitätsauskunft einer privaten Auskunftei verweigert werden.

(3) Die Mieten der nicht geförderten Neubauwohnungen sollen nach dem Wohnwert und der Größe der Wohnungen gestaffelt werden und für breite Schichten der Bevölkerung tragbar sein.

(4) Die landeseigenen Wohnungsunternehmen sollen bei Mieterhöhungen bis zur ortsüblichen Vergleichsmiete nach § 558 des Bürgerlichen Gesetzbuchs Folgendes einhalten:

a) Die Miete soll sich innerhalb von vier Jahren um nicht mehr als insgesamt 15 Prozent erhöhen. Mieterhöhungen nach den §§ 559 bis 560 des Bürgerlichen Gesetzbuchs bleiben hiervon unberührt.

---

1) Verkündet als Art. 2 Berliner Wohnraumversorgungsgesetz v. 24.11.2015 (GVBl. S. 422); Inkrafttreten gem. Art. 7 Satz 1 dieses G am 1.1.2016.

b) Die nach Mieterhöhung zu entrichtende Miete soll auf Antrag des Mieterhaushalts nicht über den Betrag erhöht werden, welcher 30 Prozent des vollständigen, nachzuweisenden Haushaltsnettoeinkommens entspricht, wenn für diesen Mieterhaushalt ein Härtefall nach § 3 anerkannt ist.

c) Die nach Mieterhöhung zu entrichtende Miete soll auf Antrag des Mieterhaushalts nicht den Betrag überschreiten, welcher 27 Prozent des vollständigen, nachzuweisenden Haushaltsnettoeinkommens entspricht, wenn für diesen Mieterhaushalt ein Härtefall nach § 3 anerkannt ist und dieser Mieterhaushalt in einem Gebäude mit einem Endenergieverbrauchswert gemäß dem Energieausweis für Wohngebäude nach Anlage 6 zu § 16 der Energieeinsparverordnung vom 24. Juli 2007 (BGBl. I S. 1519), die zuletzt durch Artikel 3 der Verordnung vom 24. Oktober 2015 (BGBl. I S. 1789) geändert worden ist, in der jeweils geltenden Fassung, von größer als 170 kWh/m²/a wohnt.

(5) [1]Bei Durchführung von Mieterhöhungen gemäß § 559 Absatz 1 des Bürgerlichen Gesetzbuchs soll

a) die Nettokaltmiete höchstens um 9 Prozent der aufgewendeten Modernisierungskosten erhöht werden,

b) die Nettokaltmiete auf einen Betrag begrenzt werden, der die ortsübliche Vergleichsmiete zuzüglich der durch die Modernisierung bewirkten Betriebskosteneinsparung nicht übersteigt und

c) die Härtefallregelung nach Absatz 4 Buchstabe b gelten.

[2]Nach einer Modernisierung soll die Miete nicht mehr als 20 Prozent über der ortsüblichen Vergleichsmiete liegen, sofern es sich bei der Modernisierung nicht um umfassende Modernisierungsvorhaben handelt.

§ 3 Härtefälle

(1) [1]Die Anerkennung eines Härtefalls erfolgt auf Antrag. [2]Antragsberechtigt für die Anerkennung eines Härtefalls ist der Mieterhaushalt, also jede natürliche Person, die Wohnraum gemietet hat und diesen selbst nutzt.

(2) Ein Härtefall gemäß § 2 Absatz 4 Buchstabe b oder c oder § 2 Absatz 5 richtet sich nach der Haushaltsgröße, dem anrechenbaren Gesamteinkommen des Mieterhaushalts und der Wohnfläche.

(3) [1]Für die Anerkennung eines Härtefalls dürfen folgende Einkommensgrenzen für das Gesamteinkommen des Mieterhaushalts nicht überschritten werden:

a) 16 800 Euro pro Jahr für einen Einpersonenhaushalt,

b) 25 200 Euro pro Jahr für einen Zweipersonenhaushalt,

c) zusätzlich 5 740 Euro pro Jahr für jede weitere zum Haushalt gehörende Person,

d) zusätzlich 700 Euro pro Jahr für jedes zum Haushalt gehörende Kind.

[2]Das anrechenbare Gesamteinkommen wird von den landeseigenen Wohnungsunternehmen in Anwendung der §§ 20 bis 24 des Wohnraumförderungsgesetzes ermittelt. [3]Wohngeld und ähnliche Leistungen zur Senkung der Mietbelastung werden in die Ermittlungen der Einkommensgrenzen nach § 2 Absatz 4 Buchstaben b oder c oder § 2 Absatz 5 einbezogen.

(4) Für die Anerkennung eines Härtefalls dürfen folgende Wohnflächenobergrenzen nicht überschritten werden:

a) 45 m² bei einem Einpersonenhaushalt,

b) 60 m² bei einem Zweipersonenhaushalt,

c) 75 m² bei einem Dreipersonenhaushalt,

d) 85 m² bei einem Vierpersonenhaushalt,

e) zusätzlich 12 m² für jede weitere zum Haushalt gehörende Person.

(5) [1]Bei Vorliegen besonderer Lebensumstände, wie bei kürzlichem Tod eines Haushaltsmitgliedes oder bei Rollstuhlbenutzung, können die landeseigenen Wohnungsunternehmen eine Überschreitung der Wohnflächenobergrenze um bis zu 20 Prozent anerkennen. [2]Dasselbe gilt, wenn die Wohnung Besonderheiten in ihrem Wohnungsgrundriss aufweist, welche eine deutlich höhere Wohnfläche bewirken, als diese bei Wohnungen mit ähnlicher Wohnqualität üblich ist.

§ 4 Kündigung

(1) Die landeseigenen Wohnungsunternehmen wirken durch geeignete Maßnahmen wie Informations-, Beratungs-, Mediations- und ähnliche Verfahren darauf hin, dass außerordentliche fristlose Kündigungen aufgrund von Mietrückständen so weit wie möglich vermieden werden.

(2) Erweist sich die fristlose Kündigung unter Beachtung des Absatzes 1 als unvermeidbar, so soll dem betroffenen Mieterhaushalt zumutbarer Ersatzwohnraum angeboten werden.

(3) Zwangsvollstreckungsmaßnahmen sollen erst dann vollzogen werden, wenn der betroffene Mieterhaushalt an Maßnahmen nach Absatz 1 nicht mitwirkt, anderweitig mit neuem Wohnraum versorgt ist oder er angebotenen zumutbaren Ersatzwohnraum innerhalb einer angemessenen Frist nicht annimmt.

(4) Auf Zwangsvollstreckungsmaßnahmen kann verzichtet werden, wenn der Mieterhaushalt bestehende Lohn- oder Gehaltsansprüche, Leistungsansprüche oder andere Forderungen gegenüber Dritten an das Wohnungsunternehmen bis zur Höhe der nicht erfüllten Mietforderungen sowie für zukünftig monatlich wiederkehrende Mietforderungen wirksam abgetreten hat beziehungsweise der Leistungserbringer an das Wohnungsunternehmen zahlt.

§ 5 Eigenkapitalausstattung

(1) [1]Zur Wahrnehmung ihrer Aufgaben werden in die landeseigenen Wohnungsunternehmen unentgeltlich Grundstücke aus dem Treuhandvermögen des Liegenschaftsfonds als Sachwerteinlage übertragen. [2]Wohnungen werden von den landeseigenen Wohnungsunternehmen entsprechend zu günstigeren Mietkonditionen angeboten.

(2) Die landeseigenen Wohnungsunternehmen können direkte Zuführungen zur Eigenkapitalerhöhung erhalten.

(3) Soweit für die in § 1 genannten Zwecke Eigenkapitalbedarf besteht, verbleiben die von den landeseigenen Wohnungsunternehmen im Rahmen ihrer wirtschaftlichen Tätigkeit erzielten Überschüsse in den Unternehmen und sind ausschließlich für diese Zwecke einzusetzen.

§ 6 Mieterräte

(1) Bei jedem landeseigenen Wohnungsunternehmen wird jeweils ein Mieterrat zur Beteiligung der Mieterschaft an Unternehmensentscheidungen eingerichtet.

(2) Die Mieterräte befassen sich mit und nehmen Stellung insbesondere zu den Unternehmensplanungen bei den Neubau-, Modernisierungs- und Instandsetzungsprogrammen, bei der Quartiersentwicklung sowie bei Gemeinschaftseinrichtungen und erhalten die dazu erforderlichen Informationen.

(3) Die Leitungen der landeseigenen Wohnungsunternehmen sollen den Mieterräten die Maßnahmen der jährlichen Investitionsplanung rechtzeitig vor der Befassung des Aufsichtsrats vorstellen.

(4) [1]Die Mitglieder der Mieterräte werden durch Wahlen aus der jeweiligen Mieterschaft in ihre Funktionen berufen. [2]Die Mieterräte sollen in ihrer Zusammensetzung die Vielfalt der Mieterinnen und Mieter repräsentieren. [3]Der Aufsichtsrat legt die Anzahl der Mitglieder des Mieterrats fest und erlässt die Wahlordnung.

(5) [1]Die Tätigkeit im Mieterrat ist ehrenamtlich. [2]Eine Aufwandsentschädigung und Fortbildungsmaßnahmen können gewährt werden. [3]Diese Aufwendungen werden im Geschäftsbericht veröffentlicht. [4]Die Wohnungsunternehmen sollen die Tätigkeit der Mieterräte angemessen unterstützen.

(6) Bewerberinnen und Bewerber für den Mieterrat müssen gesellschaftliche Funktionen sowie wirtschaftliche, auch persönliche Interessenkonflikte offenlegen.

(7) Neben den Mieterräten können gebietsbezogene Mieterbeiräte eingerichtet werden.

§ 7 Vertretung der Mieterschaft und Zahl der Mitglieder im Aufsichtsrat

(1) [1]Der Mieterrat schlägt ein Mitglied aus dem Mieterrat für die Vertretung im Aufsichtsrat des landeseigenen Wohnungsunternehmens vor. [2]Der Mieterrat benennt eine weitere Person, die als Gast an den Aufsichtsratssitzungen teilnehmen darf, soweit der Aufsichtsrat zustimmt.

(2) [1]Das in den Aufsichtsrat zu entsendende Mitglied des Mieterrats wird mit einfacher Mehrheit der gewählten Mitglieder des Mieterrats aus dessen Mitte gewählt. [2]Es kann mit Zweidrittelmehrheit der gewählten Mitglieder des Mieterrats aus dem Aufsichtsrat abberufen werden.

(3) Die Zahl der Mitglieder im Aufsichtsrat soll jeweils neun betragen, soweit andere Rechtsvorschriften nicht entgegenstehen.

Gesetz zur Errichtung der „Wohnraumversorgung Berlin – Anstalt öffentlichen Rechts"1)

Vom 24. November 2015 (GVBl. S. 422)
(BRV 233-12)

§ 1 Errichtung, Rechtsform, Name

(1) [1]Das Land Berlin errichtet die Anstalt öffentlichen Rechts „Wohnraumversorgung Berlin" als nicht rechtsfähige Anstalt des öffentlichen Rechts. [2]Die Anstalt führt den Namen „Wohnraumversorgung Berlin – Anstalt öffentlichen Rechts".

(2) [1]Die Anstalt ist der für das Wohnen zuständigen Senatsverwaltung nachgeordnet. [2]Sie entscheidet über Einstellung und Entlassung sowie sonstige Personalangelegenheiten, soweit nicht bei Beamten die Dienstbehörde zuständig ist.

(3) Sitz der Anstalt ist Berlin.

(4) Die Anstalt kann zur Regelung ihrer Angelegenheiten Geschäftsordnungen und Satzungen erlassen.

§ 2 Gegenstand der Anstalt

(1) [1]Aufgabe der Anstalt ist, politische Leitlinien in Bezug auf die Wahrnehmung des Versorgungs- und Wohnungsmarktauftrages durch die landeseigenen Wohnungsunternehmen zu entwickeln, zu evaluieren und fortzuschreiben. [2]Dazu können auch Vorschläge zur Struktur der Unternehmen gehören, wie beispielsweise zu gemeinsamen Beratungsangeboten für die Mieterhaushalte, zum gemeinsamen Einkauf sowie zu Energieeffizienzmaßnahmen.

(2) [1]Die Anstalt erwirbt kein eigenes Vermögen; sie betätigt sich nicht wirtschaftlich. [2]Sie erwirbt keine Anteile an den Wohnungsunternehmen. [3]Eine Veräußerung von Gesellschaftsanteilen der landeseigenen Wohnungsunternehmen bedarf der Zustimmung des Verwaltungsrats der Anstalt. [4]Die Veräußerung ist ausgeschlossen, sofern zwei oder mehr Mitglieder des Verwaltungsrats widersprechen.

§ 3 Organe

(1) Die Organe der Anstalt sind

1. die Trägerversammlung,
2. der Verwaltungsrat,
3. der Vorstand und
4. der Fachbeirat.

(2) [1]Die Trägerversammlung besteht aus zwei Mitgliedern. [2]Sie wird zu Beginn einer jeden Legislaturperiode gebildet und bleibt bis zu ihrer Neubildung im Amt (Amtszeit). [3]Den Vorsitz führt das für Finanzen zuständige Mitglied des Senats. [4]Weiteres Mitglied ist das für Wohnen zuständige Mitglied des Senats. [5]Die Trägerversammlung entscheidet über die Genehmigung des Jahresabschlusses, die Entlastung des Vorstands, die Prüfung und Geltendmachung von Ansprüchen gegen Mitglieder des Verwaltungsrats und die Bestellung der Abschlussprüfer.

(3) [1]Der Verwaltungsrat besteht aus 15 Mitgliedern, die zu Beginn einer jeden Legislaturperiode vom Senat bestellt werden. [2]Acht Mitglieder werden vom Senat, fünf Mitglieder von den Beschäftigtenvertretungen der landeseigenen Wohnungsunternehmen und zwei vom Fachbeirat der Anstalt benannt. [3]Die wesentlichen Ergebnisse der Beratungen des Verwaltungsrats werden veröffentlicht, soweit keine schützenswerten wirtschaftlichen Daten der Unternehmen dem entgegenstehen.

(4) [1]Der Vorstand besteht aus zwei Mitgliedern. [2]Jeweils ein Mitglied wird von der für Finanzen und von der für das Wohnen zuständigen Senatsverwaltung entsandt. [3]Die Vorstandsfunktion soll im Nebenamt wahrgenommen werden.

(5) [1]Die Anstalt beruft einen Fachbeirat. [2]Dieser berät die Anstalt sowie die Organe der Wohnungsunternehmen, insbesondere die Mieterräte.

---

1) Verkündet als Art. 3 des Berliner Wohnraumversorgungsgesetzes v. 14.11.2015 (GVBl. S. 422); Inkrafttreten gem. Art. 7 Satz 1 dieses G am 1.1.2016.

(6) [1]Beschlüsse werden von den Organen der Anstalt jeweils mit der Mehrheit der abgegebenen Stimmen gefasst. [2]Für die Mitglieder des Vorstands, des Verwaltungsrats und des Fachbeirats werden keine Vertreter bestellt.

(7) [1]Die Mitglieder des Verwaltungsrats und des Fachbeirats sind ehrenamtlich tätig. [2]Sie erhalten keine Vergütung. [3]Für die Teilnahme an Sitzungen kann mit Zustimmung des Vorstands eine Entschädigung gewährt werden.

(8) [1]Der Verwaltungsrat überwacht die Geschäftsführung des Vorstands. [2]Er kann jederzeit vom Vorstand Berichterstattung über alle Angelegenheiten der Anstalt verlangen. [3]Der Verwaltungsrat wählt aus seiner Mitte eine Sprecherin oder einen Sprecher sowie deren oder dessen Stellvertretung zur Vertretung des Verwaltungsrats gegenüber dem Vorstand.

§ 4 Verpflichtungserklärungen

Alle Verpflichtungserklärungen bedürfen der Schriftform; die Unterzeichnung erfolgt unter dem Namen der Anstalt durch den Vorstand.

§ 5 Wirtschaftsführung und Rechnungswesen

(1) Die Anstalt ist sparsam und wirtschaftlich unter Beachtung des öffentlichen Zwecks zu führen.

(2) Der Vorstand hat den Jahresabschluss bis zum Ende des ersten Kalenderhalbjahres aufzustellen und nach Durchführung der Abschlussprüfung dem Verwaltungsrat zur Feststellung vorzulegen.

§ 6 Treue- und Schweigepflicht

(1) [1]Die Mitglieder des Verwaltungsrats und des Vorstands der Anstalt sind verpflichtet, sich für das Wohl der Anstalt einzusetzen. [2]Sie haben alles zu unterlassen, was im Widerspruch zu den Zwecken der Anstalt steht.

(2) [1]Die Mitglieder der Organe der Anstalt haben über vertrauliche Angaben und Gegenstände der Anstalt, namentlich über Betriebs- und Geschäftsgeheimnisse, die ihnen durch ihre Tätigkeit bekannt geworden sind, Stillschweigen zu bewahren. [2]Diese Pflicht bleibt auch nach dem Ausscheiden aus den Organen der Anstalt bestehen.

Landeshaushaltsordnung (LHO)

In der Fassung vom 30. Januar 2009[1)] (GVBl. S. 31, ber. S. 486)
(BRV 630-1)
zuletzt geändert durch Art. 5 G zur Neuregelung dienstrechtlicher Einstellungshöchstaltersgrenzen vom 17. Dezember 2020 (GVBl. S. 1482)

Nichtamtliche Inhaltsübersicht

1) Neubekanntmachung der LHO v. 20.11.1995 (GVBl. S. 805, ber. 1996 S. 118) in der ab 31.12.2008 geltenden Fassung.

Teil I
Allgemeine Vorschriften zum Haushaltsplan

§ 1 Bedeutung des Haushaltsplans

[1]Der Haushaltsplan dient der Feststellung und Deckung des Finanzbedarfs, der zur Erfüllung der Aufgaben Berlins im Bewilligungszeitraum voraussichtlich notwendig ist. [2]Der Haushaltsplan ist Grundlage für die Haushalts- und Wirtschaftsführung. [3]Bei seiner Aufstellung und Ausführung ist den Erfordernissen des gesamtwirtschaftlichen Gleichgewichts Rechnung zu tragen.

§ 2 Feststellung des Haushaltsplans

[1]Der Haushaltsplan wird für ein Rechnungsjahr oder zwei Rechnungsjahre, nach Jahren getrennt, vor Beginn des ersten Rechnungsjahres durch das Haushaltsgesetz festgestellt. [2]Mit dem Haushaltsgesetz wird nur der Gesamtplan (§ 13 Abs. 4) verkündet.

§ 3 Wirkungen des Haushaltsplans

(1) Der Haushaltsplan ermächtigt die Verwaltung, Ausgaben zu leisten und Verpflichtungen einzugehen.

(2) Durch den Haushaltsplan werden Ansprüche oder Verbindlichkeiten weder begründet noch aufgehoben.

§ 4 Haushaltsjahr

[1]Rechnungsjahr (Haushaltsjahr) ist das Kalenderjahr. [2]Die Senatsverwaltung für Finanzen kann für einzelne Bereiche etwas anderes bestimmen.

§ 5 Verwaltungsvorschriften, Auskünfte

(1) [1]Die Verwaltungsvorschriften zur Ausführung dieses Gesetzes (Ausführungsvorschriften) und zur vorläufigen und endgültigen Haushalts- und Wirtschaftsführung erlässt die Senatsverwaltung für Finanzen. [2]Für die Haushalts- und Wirtschaftsführung des Bezirks kann auch das Bezirksamt Verwaltungsvorschriften erlassen. [3]Sie dürfen nicht im Gegensatz zu Verwaltungsvorschriften der Senatsverwaltung für Finanzen stehen.

(2) [1]In Angelegenheiten des Haushaltswesens einschließlich der Kosten- und Leistungsrechnung kann die Senatsverwaltung für Finanzen zur Erfüllung ihrer Aufgaben unter Beachtung datenschutzrechtlicher Vorschriften von allen Stellen der Berliner Verwaltung Auskünfte und die Vorlage von Unterlagen verlangen. [2]Dies gilt auch für Daten, die durch automatisierte Verfahren erhoben werden. [3]Auf Daten des Haushaltswesens einschließlich der Kosten- und Leistungsrechnung ist der Senatsverwaltung für Finanzen der unmittelbare Zugriff zu Informationszwecken zu ermöglichen.

(3) Absatz 2 gilt nicht für die Einzelpläne des Abgeordnetenhauses, des Verfassungsgerichtshofes, des Rechnungshofes und des Berliner Beauftragten für Datenschutz und Informationsfreiheit.

§ 6 Notwendigkeit der Ausgaben und Verpflichtungsermächtigungen

Bei Aufstellung und Ausführung des Haushaltsplans sind nur die Ausgaben und die Ermächtigungen zum Eingehen von Verpflichtungen zur Leistung von Ausgaben in künftigen Jahren (Verpflichtungsermächtigungen) zu berücksichtigen, die zur Erfüllung der Aufgaben Berlins notwendig sind.

§ 7 Wirtschaftlichkeit und Sparsamkeit, Kosten- und Leistungsrechnung

(1) [1]Bei Aufstellung und Ausführung des Haushaltsplans sind die Grundsätze der Wirtschaftlichkeit und Sparsamkeit zu beachten. [2]Diese Grundsätze verpflichten auch zur Prüfung, inwieweit staatliche Aufgaben oder öffentlichen Zwecken dienende wirtschaftliche Tätigkeiten durch Ausgliederung und Entstaatlichung oder Privatisierung erfüllt werden können.

(2) [1]Für alle finanzwirksamen Maßnahmen sind angemessene Wirtschaftlichkeitsuntersuchungen durchzuführen. [2]In geeigneten Fällen ist privaten Anbietern die Möglichkeit zu geben, darzulegen, ob und inwieweit sie staatliche Aufgaben oder öffentlichen Zwecken dienende wirtschaftliche Tätigkeiten ebenso gut oder besser erbringen können (Interessenbekundungsverfahren).

(3) [1]In der unmittelbaren Landesverwaltung wird die Haushaltsplanung und -wirtschaft durch eine Kosten- und Leistungsrechnung sowie ein standardisiertes Berichtswesen nach betriebswirtschaftlichen Grundsätzen ergänzt. [2]Bei der Bemessung von Einnahmen und Ausgaben sind die betriebswirtschaftlichen Daten zu berücksichtigen.

(4) Absatz 3 ist auf die Gerichte entsprechend anzuwenden, soweit verfassungsrechtliche Grundsätze nicht entgegenstehen und die richterliche Unabhängigkeit gewahrt bleibt.

§ 7a Leistungsbezogene Planaufstellung und -bewirtschaftung

(1) [1]Die Einnahmen, Ausgaben und Verpflichtungsermächtigungen sollen im Rahmen eines Systems der dezentralen Verantwortung der Organisationseinheiten veranschlagt werden. [2]Dabei ist die Finanzverantwortung auf der Grundlage der Haushaltsermächtigung auf die Organisationseinheiten übertragen, die die Fach- und Ressourcenverantwortung haben. [3]Durch Informations- und Steuerungsinstrumente ist sicherzustellen, dass das jeweils verfügbare Ausgabevolumen nicht überschritten wird. [4]Einzelheiten zu Art und Umfang der von den Organisationseinheiten zu erbringenden Leistungen sind durch Zielvereinbarungen festzulegen. [5]Die wesentlichen Leistungen sind in den Erläuterungen darzulegen.

(2) In den Fällen des Absatzes 1 soll durch den Haushaltsplan für die jeweilige Organisationseinheit bestimmt werden, welche

1. Einnahmen für bestimmte Zwecke verwendet werden sollen,
2. Ausgaben übertragbar sind und
3. Ausgaben und Verpflichtungsermächtigungen jeweils gegenseitig oder einseitig deckungsfähig sind.

(3) [1]Die Senatsverwaltung für Finanzen kann mit Einwilligung des Hauptausschusses des Abgeordnetenhauses zur Erprobung betriebswirtschaftlicher Steuerungsinstrumente weitergehende Regelungen treffen. [2]Absatz 1 Satz 3 gilt entsprechend.

§ 8 Grundsatz der Gesamtdeckung

[1]Alle Einnahmen dienen als Deckungsmittel für alle Ausgaben. [2]Auf die Verwendung für bestimmte Zwecke dürfen Einnahmen beschränkt werden, soweit dies durch Gesetz vorgeschrieben, im Haushaltsplan zugelassen ist oder die Mittel von anderer Seite zweckgebunden zur Verfügung gestellt werden.

§ 9 Beauftragter für den Haushalt

(1) Für jeden Einzelplan, bei den Bezirken für jeden Bezirkshaushaltsplan, ist eine Organisationseinheit zu bestimmen, die den Leiter des Verwaltungszweigs, in den Bezirken das Bezirksamt, in der Wahrnehmung der Leitungsbefugnisse bei Aufstellung und Ausführung des Haushaltsplans einschließlich des Stellenplans unterstützt.

(2) [1]Bei jeder Organisationseinheit, die Einnahmen oder Ausgaben bewirtschaftet, ist ein Beauftragter für den Haushalt zu bestellen, soweit der Leiter der Organisationseinheit diese Aufgabe nicht selbst wahrnimmt. [2]Der Beauftragte soll dem Leiter der Organisationseinheit unmittelbar unterstellt werden.

(3) [1]Dem Beauftragten obliegen die Aufstellung der Unterlagen für die Finanzplanung und der Unterlagen für den Entwurf des Haushaltsplans (Voranschläge) sowie die Ausführung des Haushaltsplans. [2]Im Übrigen ist der Beauftragte bei allen Maßnahmen von finanzieller Bedeutung zu beteiligen. [3]Er kann Aufgaben bei der Ausführung des Haushaltsplans übertragen.

§ 10 Unterrichtung des Abgeordnetenhauses und der Bezirksverordnetenversammlung

(1) [1]Der Senat fügt seinen Vorlagen an das Abgeordnetenhaus einen Überblick über die Auswirkungen auf den Haushaltsplan und die Finanzplanung bei. [2]Bei Vorlagen, die zu Mehrausgaben oder zu Mindereinnahmen führen können, soll außerdem angegeben werden, auf welche Weise ein Ausgleich gefunden werden kann.

(2) Der Senat unterrichtet den Hauptausschuss des Abgeordnetenhauses im standardisierten Berichtswesen regelmäßig über die Haushalts- und Kostenentwicklung, erhebliche Änderungen und die Auswirkungen auf die Finanzplanung.

(3) Der Senat leistet den Mitgliedern des Abgeordnetenhauses, die einen einnahmemindernden oder ausgabeerhöhenden Antrag zu stellen beabsichtigen, Hilfe bei der Ermittlung der finanziellen Auswirkungen.

(4) [1]Vor Anmeldungen für gemeinsame Rahmenplanungen für Gemeinschaftsaufgaben von Bund und Ländern unterrichtet der Senat das Abgeordnetenhaus in zweckentsprechender Form. [2]Entsprechendes gilt für Anmeldungen zur Änderung der Rahmenpläne. [3]Der Senat unterrichtet das Abgeordnetenhaus ferner, wenn sich auf Grund der Beratungen in den Planungsausschüssen Abweichungen von den Anmeldungen ergeben. [4]Die Sätze 1 und 2 gelten nicht, wenn sofortiges Handeln zur Abwendung von erheblichen Nachteilen für Berlin erforderlich ist; in diesen Fällen ist das Abgeordnetenhaus unverzüglich nachträglich zu unterrichten.

(5) Absatz 4 gilt für Vereinbarungen über Gemeinschaftsaufgaben von Bund und Ländern entsprechend.

(6) Die Absätze 1 bis 3 gelten im Verhältnis des Bezirksamtes zur Bezirksverordnetenversammlung entsprechend.

Teil II
Aufstellung des Haushaltsplans

§ 11 Vollständigkeit und Einheit, Fälligkeitsprinzip

(1) Für jedes Haushaltsjahr ist ein Haushaltsplan aufzustellen.

(2) Der Haushaltsplan enthält alle im Haushaltsjahr
1. zu erwartenden Einnahmen,
2. voraussichtlich zu leistenden Ausgaben und
3. voraussichtlich benötigten Verpflichtungsermächtigungen.

§ 12 Geltungsdauer der Haushaltspläne

(1) Der Haushaltsplan kann für zwei Haushaltsjahre, nach Jahren getrennt, aufgestellt werden.

(2) [1]Der Haushaltsplan kann in einen Verwaltungshaushalt und in einen Finanzhaushalt gegliedert werden; beide können jeweils für zwei Haushaltsjahre, nach Jahren getrennt, aufgestellt werden. [2]Die Bewilligungszeiträume für beide Haushalte können in aufeinanderfolgenden Haushaltsjahren beginnen.

(3) Wird der Haushaltsplan in einen Verwaltungshaushalt und in einen Finanzhaushalt gegliedert, enthält der Verwaltungshaushalt
1. die zu erwartenden Verwaltungseinnahmen,
2. die voraussichtlich zu leistenden Verwaltungsausgaben (Personalausgaben und sächliche Verwaltungsausgaben),
3. die voraussichtlich benötigten Verpflichtungsermächtigungen zur Leistung von Verwaltungsausgaben.

§ 13 Einzelpläne, Gesamtplan, Gruppierungsplan

(1) [1]Der Haushaltsplan besteht aus den Einzelplänen und dem Gesamtplan. [2]Die Einzelpläne der Bezirke werden zu Bezirkshaushaltsplänen zusammengefasst.

(2) [1]Die Einzelpläne enthalten die Einnahmen, Ausgaben und Verpflichtungsermächtigungen eines einzelnen Verwaltungszweigs oder bestimmte Gruppen von Einnahmen, Ausgaben und Verpflichtungsermächtigungen. [2]Die Einzelpläne sind in Kapitel und Titel einzuteilen. [3]Die Einteilung in Titel richtet sich nach Ausführungsvorschriften über die Gruppierung der Einnahmen und Ausgaben des Haushaltsplans nach Arten (Gruppierungsplan).

(3) In dem Gruppierungsplan sind mindestens gesondert darzustellen
1. bei den Einnahmen: Steuern, Verwaltungseinnahmen, Einnahmen aus Vermögensveräußerungen, Darlehensrückflüsse, Zuweisungen und Zuschüsse, Einnahmen aus Krediten, wozu nicht Kredite zur Aufrechterhaltung einer ordnungsgemäßen Kassenwirtschaft (Kassenverstärkungskredite) zählen, Entnahmen aus Rücklagen;
2. bei den Ausgaben: Personalausgaben, sächliche Verwaltungsausgaben, Zinsausgaben, Zuweisungen an Gebietskörperschaften, Zuschüsse an Unternehmen, Tilgungsausgaben, Schuldendiensthilfen, Zuführungen an Rücklagen, Ausgaben für Investitionen. Ausgaben für Investitionen sind die Ausgaben für
   a) Baumaßnahmen,
   b) den Erwerb von beweglichen Sachen, soweit sie nicht als sächliche Verwaltungsausgaben veranschlagt werden,
   c) den Erwerb von unbeweglichen Sachen,
   d) den Erwerb von Beteiligungen und sonstigem Kapitalvermögen, von Forderungen und Anteilsrechten an Unternehmen, von Wertpapieren sowie für die Heraufsetzung des Kapitals von Unternehmen,
   e) Darlehen,
   f) die Inanspruchnahme aus Gewährleistungen,
   g) Zuweisungen und Zuschüsse zur Finanzierung von Ausgaben für die in den Buchstaben a bis f genannten Zwecke.

(4) Der Gesamtplan enthält
1. eine Zusammenfassung der Einnahmen, Ausgaben und Verpflichtungsermächtigungen der Einzelpläne (Haushaltsübersicht),
2. eine Berechnung des Finanzierungssaldos (Finanzierungsübersicht); der Finanzierungssaldo ergibt sich aus einer Gegenüberstellung der Einnahmen mit Ausnahme der Einnahmen aus Krediten vom Kreditmarkt, der Entnahmen aus Rücklagen, der Einnahmen aus kassenmäßigen Überschüssen einerseits und der Ausgaben mit Ausnahme der Ausgaben zur Schuldentilgung am Kredit-

markt, der Zuführungen an Rücklagen und der Ausgaben zur Deckung eines kassenmäßigen Fehlbetrags andererseits,
3. eine Darstellung der Einnahmen aus Krediten und der Tilgungsausgaben (Kreditfinanzierungsplan).

§ 14 Übersichten zum Haushaltsplan, Funktionenplan

(1) [1]Der Haushaltsplan hat folgende Anlagen:
1. Darstellungen der Einnahmen, Ausgaben
   a) in einer Gruppierung nach bestimmten Arten (Gruppierungsübersicht),
   b) in einer Gliederung nach bestimmten Aufgabengebieten (Funktionenübersicht),
   c) in einer Zusammenfassung nach Buchstabe a und Buchstabe b (Haushaltsquerschnitt),
2. eine Übersicht über die den Haushalt in Einnahmen und Ausgaben durchlaufenden Posten,
3. eine Übersicht über die Stellen,
4. eine Übersicht über die Sonderabgaben,
5. eine Übersicht über Investitionen im Sonderfinanzierungsverfahren,
6. eine Übersicht über Bürgschaften und Garantien und deren Inanspruchnahme.

[2]Die Anlagen sind den Entwürfen des Haushaltsplans und der Bezirkshaushaltspläne beizufügen.

(2) Die Funktionenübersicht richtet sich nach den Ausführungsvorschriften über die Gliederung der Einnahmen und Ausgaben des Haushaltsplans nach Aufgabengebieten (Funkionenplan).

§ 15 Bruttoveranschlagung, Selbstbewirtschaftungsmittel

(1) [1]Die Einnahmen und Ausgaben sind in voller Höhe und getrennt voneinander zu veranschlagen. [2]Dies gilt nicht für die Veranschlagung der Einnahmen aus Krediten vom Kreditmarkt und der hiermit zusammenhängenden Tilgungsausgaben. [3]Darüber hinaus können Ausnahmen von Satz 1 im Haushaltsplan zugelassen werden, insbesondere für Nebenkosten und Nebenerlöse bei Erwerbs- oder Veräußerungsgeschäften. [4]In den Fällen des Satzes 3 ist die Berechnung des veranschlagten Betrages in die Erläuterungen aufzunehmen.

(2) [1]Ausgaben können zur Selbstbewirtschaftung veranschlagt werden, wenn hierdurch eine sparsame Bewirtschaftung gefördert wird. [2]Selbstbewirtschaftungsmittel stehen über das laufende Haushaltsjahr hinaus zur Verfügung. [3]Bei der Bewirtschaftung aufkommende Einnahmen fließen den Selbstbewirtschaftungsmitteln zu. [4]Bei der Rechnungslegung ist nur die Zuweisung der Mittel an die beteiligten Stellen als Ausgabe nachzuweisen.

§ 16 Verpflichtungsermächtigungen

[1]Die Verpflichtungsermächtigungen sind bei den jeweiligen Ausgaben gesondert zu veranschlagen. [2]Wenn Verpflichtungen zu Lasten mehrerer Haushaltsjahre eingegangen werden können, sollen die Jahresbeträge im Haushaltsplan angegeben werden.

§ 17 Einzelveranschlagung, Erläuterungen, Stellen

(1) [1]Die Einnahmen sind nach dem Entstehungsgrund, die Ausgaben und Verpflichtungsermächtigungen nach Zwecken getrennt zu veranschlagen und, soweit erforderlich, zu erläutern. [2]Daten der Kosten- und Leistungsrechnung, die der Bemessung von Einnahmen, Ausgaben und Verpflichtungsermächtigungen zu Grunde liegen, sind anzugeben. [3]Erläuterungen können für verbindlich erklärt werden.

(2) Bei Ausgaben für eine sich auf mehrere Jahre erstreckende Maßnahme sind bei der ersten Veranschlagung im Haushaltsplan die voraussichtlichen Gesamtkosten und bei jeder folgenden Veranschlagung außerdem die finanzielle Abwicklung darzulegen.

(3) Zweckgebundene Einnahmen und die dazugehörigen Ausgaben sind kenntlich zu machen.

(4) Für denselben Zweck sollen Ausgaben und Verpflichtungsermächtigungen nicht bei verschiedenen Titeln veranschlagt werden.

(5) [1]Stellen sind nach Besoldungs- beziehungsweise Entgeltgruppen mit den jeweiligen Amts-, Dienst- und Tätigkeitsbezeichnungen in den Stellenplänen des Haushaltsplans auszubringen. [2]Stellen für Beamte dürfen nur für Aufgaben eingerichtet werden, zu deren Wahrnehmung die Begründung eines Beamtenverhältnisses zulässig ist und die in der Regel Daueraufgaben sind.

§ 18 Kreditermächtigungen

(1) [1]Der Haushalt ist grundsätzlich ohne Einnahmen aus Krediten auszugleichen. [2]Zur im Auf- und Abschwung symmetrischen Berücksichtigung der Auswirkungen einer von der Normallage abweichenden konjunkturellen Entwicklung sowie als Ausnahmeregelung für Naturkatastrophen oder außergewöhnliche Notsituationen, die sich der Kontrolle des Landes entziehen und die Finanzlage des Landes erheblich beeinträchtigen, ist eine Kreditaufnahme zulässig. [3]Für die Ausnahmeregelung ist eine entsprechende Tilgungsregelung vorzusehen.

(2) Das Haushaltsgesetz bestimmt, bis zu welcher Höhe die für Finanzen zuständige Senatsverwaltung Kredite aufnehmen darf

1. zur Deckung von Defiziten, die aus einer negativ von der Normallage abweichenden konjunkturellen Entwicklung resultieren,
2. zur Bewältigung von Naturkatastrophen oder außergewöhnlichen Notsituationen, die sich der Kontrolle des Landes entziehen und die Finanzlage des Landes trotz der Inanspruchnahme der dafür vorgesehenen Rücklagen erheblich beeinträchtigen,
3. zur Aufrechterhaltung einer ordnungsmäßigen Kassenwirtschaft (Kassenverstärkungskredite). Soweit diese Kredite zurückgezahlt sind, kann die Ermächtigung wiederholt in Anspruch genommen werden. Kassenverstärkungskredite dürfen nicht später als sechs Monate nach Ablauf des Haushaltsjahres, für das sie aufgenommen worden sind, fällig werden.

(3) [1]Die Ermächtigungen nach Absatz 2 Nummer 1 gelten bis zum Ende des nächsten Haushaltsjahres. [2]Die Ermächtigungen nach Absatz 2 Nummer 3 gelten bis zum Ende des laufenden Haushaltsjahres und, wenn das Haushaltsgesetz für das nächste Haushaltsjahr nicht rechtzeitig vor Beginn des Haushaltsjahres verkündet wird, bis zur Verkündung dieses Haushaltsgesetzes.

§ 19 Übertragbarkeit

[1]Ausgaben für Investitionen und Ausgaben aus zweckgebundenen Einnahmen sind übertragbar. [2]Andere Ausgaben können im Haushaltsplan für übertragbar erklärt werden, wenn dies ihre wirtschaftliche und sparsame Verwendung fördert.

§ 20 Deckungsfähigkeit

(1) Innerhalb des Kapitels eines Leistungs- und Verantwortungszentrums oder einer Serviceeinheit und, wenn darüber hinaus ein verwaltungsmäßiger oder sachlicher Zusammenhang besteht, innerhalb eines Einzelplans oder eines Bezirkshaushaltsplans sind jeweils deckungsfähig

1. die Personalausgaben gegenseitig,
2. die konsumtiven Sachausgaben gegenseitig,
3. die konsumtiven Sachausgaben einseitig (deckungsberechtigt) gegenüber den Personalausgaben,
4. die Investitionsausgaben einseitig (deckungsberechtigt) gegenüber den Personalausgaben und den konsumtiven Sachausgaben,
5. Personalausgaben (ausgenommen Ausgaben für planmäßige Dienstkräfte) einseitig (deckungsberechtigt) gegenüber konsumtiven Sachausgaben, falls eine bestimmte notwendige Verwaltungsleistung damit insgesamt wirtschaftlicher oder wirksamer erbracht wird und dies, im Einzelnen durchgerechnet, schriftlich oder elektronisch nachgewiesen ist,

soweit eine Gegen- oder Ergänzungsfinanzierung durch Dritte nicht zu Einnahmeverlusten führt.

(2) Abweichend von Absatz 1 können Ausgaben im Haushaltsplan für gegenseitig oder einseitig deckungsfähig erklärt werden, wenn ein verwaltungsmäßiger oder sachlicher Zusammenhang besteht oder eine wirtschaftliche und sparsame Verwendung gefördert wird; dies gilt für Verpflichtungsermächtigungen entsprechend.

(3) Ausgaben und Verpflichtungsermächtigungen, die ohne nähere Angabe des Verwendungszwecks veranschlagt werden, sind nicht deckungsfähig.

§ 21 Wegfall- und Umwandlungsvermerke

(1) Aufgaben und Stellen sind als künftig wegfallend zu bezeichnen, soweit sie in den folgenden Haushaltsjahren voraussichtlich nicht mehr benötigt werden.

(2) Planstellen sind als künftig umzuwandeln zu bezeichnen, soweit sie in den folgenden Haushaltsjahren voraussichtlich in Planstellen einer niedrigeren Besoldungsgruppe oder in Stellen für Arbeitnehmer umgewandelt werden können.

§ 22 Sperrvermerk

[1]Ausgaben, die aus besonderen Gründen zunächst noch nicht geleistet oder zu deren Lasten noch keine Verpflichtungen eingegangen, sowie Stellen, die zunächst noch nicht besetzt werden sollen, sind im Haushaltsplan als gesperrt zu bezeichnen. [2]Entsprechendes gilt für Verpflichtungsermächtigungen. [3]In Ausnahmefällen kann durch Sperrvermerk bestimmt werden, dass die Leistung von Ausgaben, die Besetzung von Stellen oder die Inanspruchnahme von Verpflichtungsermächtigungen der Einwilligung des Hauptausschusses des Abgeordnetenhauses bedarf (qualifizierter Sperrvermerk). [4]In den Bezirkshaushaltsplänen kann die Einwilligung der Bezirksverordnetenversammlung oder des Haushaltsausschusses vorgesehen werden; Satz 3 bleibt unberührt.

§ 23 Zuwendungen

Ausgaben und Verpflichtungsermächtigungen für Leistungen an Stellen außerhalb der Verwaltung Berlins zur Erfüllung bestimmter Zwecke (Zuwendungen) dürfen nur veranschlagt werden, wenn Berlin an der Erfüllung durch solche Stellen ein erhebliches Interesse hat, das ohne die Zuwendungen nicht oder nicht im notwendigen Umfang befriedigt werden kann.

§ 24 Baumaßnahmen, größere Beschaffungen, größere Entwicklungsvorhaben

(1) [1]Ausgaben und Verpflichtungsermächtigungen für Baumaßnahmen dürfen erst veranschlagt werden, wenn Pläne, Kostenermittlungen und Erläuterungen vorliegen, aus denen die Art der Ausführung, die Kosten der Baumaßnahme, des Grunderwerbs und der Einrichtungen sowie die vorgesehene Finanzierung und ein Zeitplan ersichtlich sind. [2]Den Unterlagen ist eine Schätzung der nach Fertigstellung der Maßnahme entstehenden Haushaltsbelastungen beizufügen. [3]Für kleine Maßnahmen kann die Senatsverwaltung für Finanzen besondere Regelungen treffen.

(2) [1]Ausgaben und Verpflichtungsermächtigungen für größere Beschaffungen und größere Entwicklungsvorhaben dürfen erst veranschlagt werden, wenn Planungen und Schätzungen der Kosten und Kostenbeteiligungen vorliegen. [2]Absatz 1 Satz 2 gilt entsprechend.

(3) [1]Ausnahmen von den Absätzen 1 und 2 sind nur zulässig, wenn es im Einzelfall nicht möglich ist, die Unterlagen rechtzeitig fertigzustellen, und aus einer späteren Veranschlagung Berlin ein Nachteil erwachsen würde. [2]Die Notwendigkeit einer Ausnahme ist in den Erläuterungen zu begründen. [3]Die Ausgaben und Verpflichtungsermächtigungen für Maßnahmen, für welche die Unterlagen noch nicht vorliegen, sind gesperrt.

(4) [1]Auf Zuwendungen für Baumaßnahmen, größere Beschaffungen und größere Entwicklungsvorhaben sind die Absätze 1 bis 3 entsprechend anzuwenden. [2]Die Senatsverwaltung für Finanzen kann Ausnahmen zulassen.

(5) [1]Baukosten sind vor Veranschlagung auf den voraussichtlichen Fertigstellungszeitpunkt jährlich um die durchschnittlichen statistischen Baukostensteigerungen der letzten fünf Jahre fortzuschreiben. [2]Nach Veranschlagung vorgenommene Änderungen des Bedarfsprogramms bedürfen der Zustimmung der Senatsverwaltung für Finanzen; soweit sie insgesamt mehr als 10 Prozent des veranschlagten Betrages ausmachen, des Hauptausschusses des Abgeordnetenhauses.

(6) [1]Die vorstehenden Absätze gelten für Baumaßnahmen von Landesbeteiligungen und -körperschaften auf Veranlassung des Landes und außerhalb ihres gewöhnlichen Geschäftsbetriebs entsprechend, soweit ihr jeweiliges Gesamtvolumen 3.000.000 Euro übersteigt. [2]Soweit für solche Baumaßnahmen keine Veranschlagung im Haushalt erfolgt, tritt an die Stelle der Veranschlagung eine Vorlage an den Hauptausschuss über die Durchführung der Maßnahme.

§ 25 Überschuss, Fehlbetrag

(1) Der Überschuss oder der Fehlbetrag ist der Unterschied zwischen den tatsächlich eingegangenen Einnahmen (Ist-Einnahmen) und den tatsächlich geleisteten Ausgaben (Ist-Ausgaben).

(2) [1]Ein Überschuss ist insbesondere zur Verminderung des Kreditbedarfs oder zur Tilgung von Schulden zu verwenden oder der Konjunkturausgleichsrücklage zuzuführen. [2]Wird der Überschuss zur Schuldentilgung verwendet oder der Konjunkturausgleichsrücklage zugeführt, ist er in den nächsten festzustellenden Haushaltsplan einzustellen. [3]§ 6 Abs. 1 Satz 3 in Verbindung mit § 14 des Gesetzes zur Förderung der Stabilität und des Wachstums der Wirtschaft bleibt unberührt.

(3) [1]Ein Fehlbetrag ist spätestens in den Haushaltsplan für das zweitnächste Haushaltsjahr einzustellen. [2]Er darf durch Einnahmen aus Krediten nur gedeckt werden, soweit die Möglichkeiten einer Kreditaufnahme nicht ausgeschöpft sind.

§ 26 Betriebe, Sondervermögen, Zuwendungsempfänger

(1) [1]Betriebe Berlins haben einen Wirtschaftsplan aufzustellen, wenn ein Wirtschaften nach Einnahmen und Ausgaben des Haushaltsplans nicht zweckmäßig ist. [2]Der Wirtschaftsplan oder eine Übersicht über den Wirtschaftsplan ist dem Haushaltsplan als Anlage beizufügen oder in die Erläuterungen aufzunehmen. [3]Im Haushaltsplan sind nur die Zuführungen oder die Ablieferungen zu veranschlagen. [4]Planstellen sind nach Besoldungsgruppen und Amtsbezeichnungen im Stellenplan auszubringen.

(2) [1]Bei Sondervermögen sind nur die Zuführungen oder die Ablieferungen im Haushaltsplan zu veranschlagen. [2]Über die Einnahmen, Ausgaben und Verpflichtungsermächtigungen der Sondervermögen sind Übersichten dem Haushaltsplan als Anlagen beizufügen oder in die Erläuterungen aufzunehmen.

(3) [1]Über die Einnahmen und Ausgaben von

1. juristischen Personen des öffentlichen Rechts, die von Berlin ganz oder zum Teil zu unterhalten sind, und
2. Stellen außerhalb der Verwaltung Berlins, die von Berlin Zuwendungen zur Deckung der gesamten Ausgaben oder eines nicht abgegrenzten Teils der Ausgaben erhalten,

sind Übersichten in die Erläuterungen aufzunehmen. [2]Die Senatsverwaltung für Finanzen kann Ausnahmen zulassen.

§ 26a Globalzuweisungen an die Bezirke

(1) [1]Für die Bezirke werden in Einnahmen und Ausgaben ausgeglichene Bezirkshaushaltspläne aufgestellt. [2]Sie enthalten die bei der Wahrnehmung der Bezirksaufgaben entstehenden Einnahmen, Ausgaben und Verpflichtungsermächtigungen, die Globalzuweisungen sowie die Abwicklung der Ergebnisse aus Vorjahren. [3]Die Bezirksverordnetenversammlung kann die Beschlussfassung über den Bezirkshaushaltsplan mit Ersuchen für die Haushalts- und Wirtschaftsführung des Bezirks verbinden.

(2) [1]Der Bemessung der Globalsummen sind unter Beachtung des Artikels 85 Abs. 2 der Verfassung von Berlin der Umfang der Bezirksaufgaben und die eigenen Einnahmemöglichkeiten zugrunde zu legen. [2]Übergeordnete Zielvorstellungen von Abgeordnetenhaus und Senat sowie die Deckungsmöglichkeiten des Gesamthaushalts sind zu berücksichtigen.

§ 27 Voranschläge

(1) [1]Die Voranschläge für die Einzelpläne 01 bis 29 sind von der für den Einzelplan zuständigen Stelle, die von den Bezirksverordnetenversammlungen beschlossenen Bezirkshaushaltspläne vom Bezirksamt, der Senatsverwaltung für Finanzen zu dem von ihr zu bestimmenden Zeitpunkt zu übersenden. [2]Die Senatsverwaltung für Finanzen kann bestimmen, dass besondere Unterlagen oder Anmeldungen vorweg eingereicht oder den Voranschlägen beigefügt werden.

(2) [1]Die nach Absatz 1 Satz 1 zuständigen Stellen übersenden die Unterlagen auf Verlangen auch dem Rechnungshof. [2]Er kann hierzu Stellung nehmen.

§ 28 Aufstellung des Entwurfs des Haushaltsplans

(1) [1]Die Senatsverwaltung für Finanzen prüft die Voranschläge und stellt den Entwurf des Haushaltsplans (ohne Bezirkshaushaltspläne) auf. [2]Die Voranschläge können nach Benehmen mit den beteiligten Stellen geändert werden.

(2) Änderungen der Voranschläge des Präsidenten des Abgeordnetenhauses, des Rechnungshofes und des Berliner Beauftragten für Datenschutz und Informationsfreiheit bedürfen des Einvernehmens der Präsidenten oder des Berliner Beauftragten für Datenschutz und Informationsfreiheit.

§ 29 Beschluss über den Entwurf des Haushaltsplans

(1) Der Entwurf des Haushaltsgesetzes wird mit dem Entwurf des Haushaltsplans (ohne Bezirkshaushaltspläne) vom Senat beschlossen.

(2) [1]Einnahmen, Ausgaben, Verpflichtungsermächtigungen und Vermerke, die die Senatsverwaltung für Finanzen in den Entwurf des Haushaltsplans nicht aufgenommen hat, unterliegen auf Antrag des zuständigen Mitglieds des Senats der Beschlussfassung des Senats, wenn es sich um Angelegenheiten von grundsätzlicher oder erheblicher finanzieller Bedeutung handelt. [2]Dasselbe gilt für Vorschriften des Entwurfs des Haushaltsgesetzes. [3]Entscheidet der Senat gegen oder ohne die Stimme des Senators für Finanzen, so steht dem Senator für Finanzen ein Widerspruchsrecht zu. [4]Das Nähere regelt die Geschäftsordnung des Senats.

(3) [1]Der Senat unterrichtet das Abgeordnetenhaus, wenn er Änderungen in den Einzelplänen des Abgeordnetenhauses, des Rechnungshofs oder des Berliner Beauftragten für Datenschutz und Informa-

tionsfreiheit für erforderlich hält. [2]Der Senat unterrichtet das Abgeordnetenhaus auch über das Ergebnis seiner Prüfung der Bezirkshaushaltspläne und teilt von ihm für erforderlich gehaltene Änderungen mit.

§ 30 Vorlagefrist

[1]Der Entwurf des Haushaltsgesetzes ist mit dem Entwurf des Haushaltsplans vor Beginn des Haushaltsjahres beim Abgeordnetenhaus einzubringen, in der Regel in der ersten Sitzung des Abgeordnetenhauses im September. [2]Die von den Bezirksverordnetenversammlungen beschlossenen Bezirkshaushaltspläne sind dem Abgeordnetenhaus von den Bezirksämtern unmittelbar zuzuleiten.

§ 31 Finanzplanung, Berichterstattung zur Finanzwirtschaft

(1) [1]Die fünfjährige Finanzplanung stellt die Senatsverwaltung für Finanzen auf. [2]Sie bestimmt, welche Unterlagen ihr dazu einzureichen sind.

(2) Die Finanzplanung wird vom Senat beschlossen und dem Abgeordnetenhaus im Zusammenhang mit dem Haushaltsplan vorgelegt.

(3) Die Senatsverwaltung für Finanzen unterrichtet das Abgeordnetenhaus im Zusammenhang mit der Vorlage des Haushaltsplans und der Finanzplanung über Stand und voraussichtliche Entwicklung der Finanzwirtschaft.

§ 32 Ergänzungen zum Entwurf des Haushaltsplans

Auf Ergänzungen zum Entwurf des Haushaltsgesetzes und des Haushaltsplans sind die Teile I und II entsprechend anzuwenden.

§ 33 Nachtragshaushaltsgesetze, Ergänzungspläne der Bezirke

(1) [1]Auf Nachträge zum Haushaltsgesetz und zum Haushaltsplan sind die Teile I und II mit der Maßgabe entsprechend anzuwenden, dass sich Nachträge auf einzelne Einnahmen, Ausgaben, Verpflichtungsermächtigungen und Stellen beschränken können. [2]Entwürfe sind rechtzeitig, spätestens zur Beschlussfassung vor Ende des Haushaltsjahres einzubringen.

(2) [1]Bei wesentlicher Änderung der Einnahmen, Ausgaben oder Verpflichtungsermächtigungen des Bezirkshaushaltsplans kann das Bezirksamt der Bezirksverordnetenversammlung dazu einen Ergänzungsplan zur Beschlussfassung vorlegen. [2]Dies gilt nicht in den Fällen des § 37 Abs. 6 und 7, § 38 Abs. 1 Satz 2 und des § 46. [3]Der Ergänzungsplan muss in Einnahmen und Ausgaben ausgeglichen sein; er darf übergeordneten Zielvorstellungen von Abgeordnetenhaus und Senat nicht widersprechen. [4]Der Ergänzungsplan ist nach der Beschlussfassung durch die Bezirksverordnetenversammlung vom Bezirksamt dem Abgeordnetenhaus und der Senatsverwaltung für Finanzen zuzuleiten.

Teil III
Ausführung des Haushaltsplans

§ 34 Erhebung der Einnahmen, Bewirtschaftung der Ausgaben

(1) Einnahmen sind rechtzeitig und vollständig zu erheben.

(2) [1]Ausgaben dürfen nur soweit und nicht eher geleistet werden, als sie zur wirtschaftlichen und sparsamen Verwaltung erforderlich sind. [2]Die Ausgabemittel sind so zu bewirtschaften, dass sie zur Deckung aller Ausgaben ausreichen, die unter die einzelne Zweckbestimmung fallen.

(3) Absatz 2 gilt für die Inanspruchnahme von Verpflichtungsermächtigungen entsprechend.

§ 35 Bruttonachweis, Einzelnachweis

(1) [1]Alle Einnahmen und Ausgaben sind mit ihrem vollen Betrag bei dem hierfür vorgesehenen Titel zu buchen, soweit sich aus § 15 Abs. 1 Satz 2 und 3 nichts anderes ergibt. [2]Die Senatsverwaltung für Finanzen kann im Einvernehmen mit dem Rechnungshof zulassen, dass Rückzahlungen von den jeweiligen Einnahmen oder Ausgaben abgesetzt werden.

(2) [1]Für denselben Zweck dürfen Ausgaben aus verschiedenen Titeln nur geleistet werden, soweit der Haushaltsplan dies zulässt. [2]Entsprechendes gilt für die Inanspruchnahme von Verpflichtungsermächtigungen.

§ 36 Aufhebung der Sperre

(1) [1]Nur mit vorheriger Zustimmung (Einwilligung) der Senatsverwaltung für Finanzen dürfen Ausgaben, die durch Gesetz oder im Haushaltsplan als gesperrt bezeichnet sind, geleistet sowie Verpflichtungen zur Leistung solcher Ausgaben eingegangen werden. [2]Bei Sperren im Bezirkshaushaltsplan, die vom Bezirk in eigener Verantwortung angebracht worden sind, tritt an die Stelle der Senatsver-

waltung für Finanzen das Bezirksamt. [3]In den Fällen des § 22 Satz 3 ist die Einwilligung des Hauptausschusses des Abgeordnetenhauses durch die jeweils zuständige Senatsverwaltung, in den Fällen des § 22 Satz 4 die Einwilligung der Bezirksverordnetenversammlung oder des Haushaltsausschusses durch das Bezirksamt einzuholen.

(2) [1]Absatz 1 gilt für Verpflichtungsermächtigungen und Stellen entsprechend. [2]Bei Sperren an Stellen in den Bezirkshaushaltsplänen, die vom Bezirk in eigener Verantwortung angebracht worden sind, tritt an die Stelle der Senatsverwaltung für Finanzen das Bezirksamt.

§ 37 Über- und außerplanmäßige Ausgaben

(1) [1]Überplanmäßige und außerplanmäßige Ausgaben bedürfen der Einwilligung der Senatsverwaltung für Finanzen. [2]Sie darf nur im Falle eines unvorhergesehenen und unabweisbaren Bedürfnisses erteilt werden. [3]Eine Unabweisbarkeit liegt insbesondere nicht vor, wenn die Ausgaben bis zur Verabschiedung des nächsten Haushaltsgesetzes oder des nächsten Nachtrages zum Haushaltsgesetz zurückgestellt werden können. [4]Eines Nachtrages bedarf es nicht, wenn die überplanmäßigen oder außerplanmäßigen Ausgaben im Einzelfall einen im jeweilien Haushaltsgesetz festzusetzenden Betrag nicht übersteigen oder der Erfüllung rechtlicher Verpflichtungen dienen.

(2) Absatz 1 gilt auch für Maßnahmen, durch die für Berlin Verpflichtungen entstehen können, für die Ausgaben im Haushaltsplan nicht veranschlagt sind.

(3) Über- und außerplanmäßige Ausgaben sollen durch Einsparungen bei anderen Ausgaben in demselben Einzelplan oder Bezirkshaushaltsplan ausgeglichen werden.

(4) [1]Geleistete über- und außerplanmäßige Ausgaben sind dem Abgeordnetenhaus unverzüglich nach Abschluss der Bücher (§ 76 Absatz 1) zur Genehmigung vorzulegen, soweit sie einen im Haushaltsgesetz festgelegten Betrag überschreiten. [2]Dem Abgeordnetenhaus sind Fälle von grundsätzlicher Bedeutung oder erheblichem finanziellen Umfang unverzüglich mitzuteilen.

(5) Ausgaben, die ohne nähere Angabe des Verwendungszwecks veranschlagt sind, dürfen nicht überschritten werden.

(6) [1]Höhere oder neue Ausgaben aus Bewilligungsmitteln oder aus zweckgebundenen Einnahmen sind keine über- oder außerplanmäßigen Ausgaben. [2]Höhere oder neue Ausgaben aus Verstärkungsmitteln oder Verfügungsmitteln dürfen nur im Falle eines dringlichen Bedürfnisses geleistet werden.

(7) [1]In den Bezirkshaushaltsplänen tritt bei über- und außerplanmäßigen Ausgaben an die Stelle der Senatsverwaltung für Finanzen das Bezirksamt; über- und außerplanmäßige Ausgaben sind auch der Bezirksverordnetenversammlung zur Genehmigung vorzulegen. [2]Die Senatsverwaltung für Finanzen kann über- und außerplanmäßige Ausgaben in den Bezirkshaushaltsplänen von ihrer Einwilligung abhängig machen.

(8) [1]Ein Leistungs- und Verantwortungszentrum oder eine Serviceeinheit kann innerhalb des Kapitels höhere oder neue Einnahmen des laufenden Geschäftsbetriebs, die durch eigene Managementmaßnahmen, insbesondere Leistungsausweitungen, erzielt werden, für höhere oder neue Ausgaben (ausgenommen Ausgaben für planmäßige Dienstkräfte) im Zusammenhang mit diesen Maßnahmen verwenden. [2]Darüber hinaus können die Bezrirke höhere oder neue Ausgaben aus höheren oder neuen Einnahmen leisten, die ihnen in bezirklichen Angelegenheiten entstehen. [3]Höhere oder neue Augaben in den Fällen der Sätze 1 und 2 sind keine über- oder außerplanmäßigen Ausgaben. [4]Wenn die höheren oder neuen Ausgaben in künftigen Haushaltsjahren Folgekosten verursachen, bedarf dies der Zustimmung der Senatsverwaltung für Finanzen.

§ 38 Verpflichtungsermächtigungen

(1) [1]Maßnahmen, die zur Leistung von Ausgaben in künftigen Haushaltsjahren verpflichten können, sind nur zulässig, wenn der Haushaltsplan dazu ermächtigt. [2]§ 37 Abs. 1, 4 und 7 gilt entsprechend.

(2) Die Inanspruchnahme von Verpflichtungsermächtigungen bedarf der Einwilligung der Senatsverwaltung für Finanzen, soweit sie nicht darauf verzichtet.

(3) Die Senatsverwaltung für Finanzen ist bei Maßnahmen nach Absatz 1 von grundsätzlicher oder erheblicher finanzieller Bedeutung über den Beginn und Verlauf von Verhandlungen zu unterrichten.

(4) [1]Verpflichtungen für laufende Geschäfte dürfen eingegangen werden, ohne dass die Voraussetzungen der Absätze 1 und 2 vorliegen. [2]Einer Verpflichtungsermächtigung bedarf es auch dann nicht, wenn zu Lasten übertragbarer Ausgaben Verpflichtungen eingegangen werden, die im folgenden Haushaltsjahr zu Ausgaben führen.

§ 39 Gewährleistungen, Kreditzusagen

(1) Die Übernahme von Bürgschaften, Garantien oder sonstigen Gewährleistungen bedarf einer Ermächtigung durch Gesetz, die der Höhe nach bestimmt ist.

(2) [1]Kreditzusagen sowie die Übernahme von Bürgschaften, Garantien oder sonstigen Gewährleistungen bedürfen der Einwilligung der Senatsverwaltung für Finanzen. [2]Sie ist an den Verhandlungen zu beteiligen. [3]Sie kann auf ihre Befugnisse verzichten.

(3) [1]Bei Maßnahmen nach Absatz 2 haben die zuständigen Dienststellen auszubedingen, dass sie oder ihre Beauftragten bei den Beteiligten jederzeit prüfen können,

1. ob die Voraussetzungen für die Kreditzusage oder ihre Erfüllung vorliegen oder vorgelegen haben,
2. ob im Falle der Übernahme einer Gewährleistung eine Inanspruchnahme in Betracht kommen kann oder die Voraussetzungen für eine solche vorliegen oder vorgelegen haben.

[2]Von der Ausbedingung eines Prüfungsrechts kann ausnahmsweise mit Einwilligung der Senatsverwaltung für Finanzen abgesehen werden.

§ 40 Andere Maßnahmen von finanzieller Bedeutung

(1) [1]Der Erlass von Rechtsverordnungen und Verwaltungsvorschriften, der Abschluss von Tarifverträgen und die Gewährung von über- oder außertariflichen Leistungen sowie die Festsetzung oder Änderung von Entgelten für Verwaltungsleistungen bedürfen der Einwilligung der Senatsverwaltung für Finanzen, wenn diese Regelungen zu Einnahmeminderungen oder zu zusätzlichen Ausgaben im laufenden Haushaltsjahr oder in künftigen Haushaltsjahren führen können. [2]Satz 1 ist auf sonstige Maßnahmen von grundsätzlicher oder erheblicher finanzieller Bedeutung anzuwenden, wenn sie zu Einnahmeminderungen oder zu zusätzlichen Ausgaben im laufenden Haushaltsjahr oder in künftigen Haushaltsjahren führen können.

(2) Auf die Mitwirkung Berlins an Maßnahmen überstaatlicher oder zwischenstaatlicher Einrichtungen ist Absatz 1 Satz 1 entsprechend anzuwenden.

(3) [1]Maßnahmen bezirklicher Abteilungen, die zu erkennbaren Einnahmeminderungen oder zusätzlichen Ausgaben im laufenden Haushaltsjahr oder in künftigen Haushaltsjahren führen können, bedürfen der Einwilligung des Bezirksamts, wenn sie von grundsätzlicher oder erheblicher finanzieller Bedeutung sind. [2]Absatz 1 bleibt unberührt.

§ 41 Haushaltswirtschaftliche Sperre

(1) [1]Wenn die Entwicklung der Einnahmen oder Ausgaben es erfordert, kann die Senatsverwaltung für Finanzen es von ihrer Einwilligung abhängig machen, ob Verpflichtungen eingegangen oder Ausgaben geleistet werden. [2]Die Senatsverwaltung für Finanzen nimmt im Einvernehmen mit der für die Wirtschaft zuständigen Senatsverwaltung auch die Zuständigkeiten nach § 6 Abs. 1 in Verbindung mit § 14 des Gesetzes zur Förderung der Stabilität und des Wachstums der Wirtschaft wahr.

(2) Die Rechte nach Absatz 1 Satz 1 stehen auch dem Bezirksamt zu.

(3) In den Einzelplänen des Abgeordnetenhauses, des Rechnungshofes und des Berliner Beauftragten für Datenschutz und Informationsfreiheit werden Maßnahmen nach Absatz 1 von den Präsidenten oder dem Berliner Beauftragten für Datenschutz und Informationsfreiheit getroffen.

§ 42 Konjunkturpolitisch bedingte zusätzliche Ausgaben

(1) [1]Konjunkturpolitisch bedingte zusätzliche Ausgaben sind in einen Nachtragshaushaltsplan aufzunehmen. [2]Als über- oder außerplanmäßige Ausgaben dürfen die zusätzlichen Ausgaben nur geleistet werden, wenn ein Nachtagshaushaltsplan nicht rechtzeitig verabschiedet werden kann. [3]Dabei nimmt die Senatsverwaltung für Finanzen im Einvernehmen mit der für die Wirtschaft zuständigen Senatsverwaltung auch die Zuständigkeiten nach den §§ 6 Abs. 2 und 7 Abs. 2 in Verbindung mit § 14 des Gesetzes zur Förderung der Stabilität und des Wachstums der Wirtschaft wahr.

(2) Soweit die zusätzlichen Ausgaben nicht aus der Konjunkturausgleichsrücklage gedeckt werden können, darf die Senatsverwaltung für Finanzen Kredite über die im Haushaltsgesetz erteilte Kreditermächtigung hinaus aufnehmen.

§ 43 Kassenmittel

Die Senatsverwaltung für Finanzen soll nicht sofort benötigte Kassenmittel so anlegen, dass über sie bei Bedarf verfügt werden kann.

§ 44 Zuwendungen, Verwaltung von Mitteln oder Vermögensgegenständen

(1) [1]Zuwendungen dürfen nur unter den Voraussetzungen des § 23 gewährt werden. [2]Dabei ist zu bestimmen, wie die zweckentsprechende Verwendung der Zuwendungen nachzuweisen ist. [3]Außerdem ist ein Prüfungsrecht der zuständigen Dienststelle oder ihrer Beauftragten festzulegen. [4]Ausführungsvorschriften, welche die Regelung des Verwendungsnachweises und die Prüfung durch den Rechnungshof (§ 91) betreffen, werden im Einvernehmen mit dem Rechnungshof erlassen.

(2) [1]Die Verwaltung von Mitteln oder Vermögensgegenständen Berlins darf Stellen außerhalb der Verwaltung Berlins übertragen werden. [2]Absatz 1 ist entsprechend anzuwenden.

(3) [1]Juristischen Personen kann mit ihrem Einverständnis durch Verwaltungsakt oder öffentlich-rechtlichen Vertrag die Befugnis verliehen werden, Berlin obliegende Aufgaben bei der Gewährung von Zuwendungen in den Handlungsformen des öffentlichen Rechts wahrzunehmen, wenn daran ein erhebliches Interesse Berlins besteht und die sachgerechte Erfüllung der übertragenen Aufgaben gewährleistet ist. [2]Verleihung und Entziehung der Befugnis sowie die Fachaufsicht hinsichtlich der übertragenen Aufgaben über die juristischen Personen obliegen der für die Aufgabe zuständigen Dienststelle. [3]Widerspruchsbescheide, die sich auf Widersprüche gegen Verwaltungsakte der juristischen Personen beziehen, erlässt die für die Aufgabe zuständige Dienststelle.

§ 45 Sachliche und zeitliche Bindung

(1) [1]Ausgaben und Verpflichtungsermächtigungen dürfen nur zu dem im Haushaltsplan bezeichneten Zweck, soweit und solange er fortdauert, und nur bis zum Ende des Haushaltsjahres geleistet oder in Anspruch genommen werden. [2]Nicht in Anspruch genommene Verpflichtungsermächtigungen gelten, wenn das Haushaltsgesetz für das nächste Haushaltsjahr nicht rechtzeitig verkündet wird, bis zur Verkündung dieses Haushaltsgesetzes.

(2) [1]Bei übertragbaren Ausgaben können Ausgabereste gebildet werden, die für die jeweilige Zweckbestimmung über das Haushaltsjahr hinaus bis zum Ende des auf die Bewilligung folgenden zweitnächsten Haushaltsjahres verfügbar bleiben. [2]Bei Bauten tritt an die Stelle des Haushaltsjahres der Bewilligung das Haushaltsjahr, in dem der Bau in seinen wesentlichen Teilen in Gebrauch genommen ist. [3]Die Senatsverwaltung für Finanzen kann im Einzelfall Ausnahmen zulassen.

(3) Die Bildung und Inanspruchnahme von Ausgaberesten bedarf der Einwilligung der Senatsverwaltung für Finanzen, soweit sie nicht darauf verzichtet.

(4) Die Senatsverwaltung für Finanzen kann in besonders begründeten Einzelfällen die Übertragbarkeit von Ausgaben zulassen, soweit Ausgaben für bereits bewilligte Maßnahmen noch im nächsten Haushaltsjahr zu leisten sind.

§ 46 Deckungsfähigkeit

[1]Deckungsfähige Ausgaben dürfen, solange sie verfügbar sind, nach Maßgabe des § 20 Abs. 1 oder des Deckungsvermerks zugunsten einer anderen Ausgabe verwendet werden; dies gilt für Verpflichtungsermächtigungen entsprechend. [2]Die Senatsverwaltung für Finanzen kann die Verwendung von ihrer Einwilligung abhängig machen, wenn die Entwicklung der Einnahmen oder Ausgaben es erfordert.

§ 47 Wegfall- und Umwandlungsvermerke

(1) [1]Über Ausgaben, die der Haushaltsplan als künftig wegfallend bezeichnet, darf von dem Zeitpunkt an, mit dem die im Haushaltsplan bezeichnete Voraussetzung für den Wegfall erfüllt ist, nicht mehr verfügt werden. [2]Entsprechendes gilt für Stellen mit Wegfallvermerk.

(2) [1]Ist eine Stelle ohne nähere Angabe als künftig wegfallend bezeichnet, so ist der Stelleninhaber in die nächste innerhalb der Verwaltung Berlins entsprechend besetzbare Stelle zu übernehmen. [2]Die Senatsverwaltung für Finanzen kann Ausnahmen zulassen.

(3) [1]Ist eine Stelle ohne Bestimmung der Voraussetzungen als künftig umzuwandeln bezeichnet, so ist der Stelleninhaber in die nächste innerhalb des Einzelplans oder des Bezirkshaushaltsplans entsprechend besetzbare Stelle zu übernehmen. [2]Die Senatsverwaltung für Finanzen kann Ausnahmen zulassen.

§ 48 ***[aufgehoben]***

§ 49 Bewirtschaftung von Stellen

(1) [1]Ein Amt darf nur zusammen mit der Einweisung in eine besetzbare Planstelle verliehen werden. [2]Andere Stellen dürfen in gleichwertige Planstellen mit Umwandlungsvermerk umgewandelt werden, wenn sie aus zwingenden dienstlichen Gründen mit vorhandenen Beamten besetzt werden sollen. [3]Haben Personen auf Grund von Rechtsvorschriften Anspruch auf Wiederverwendung oder Beförderung als Beamte, so dürfen Planstellen mit Wegfall- oder Umwandlungsvermerken geschaffen werden, wenn geeignete besetzbare Stellen nicht vorhanden sind.

(2) Wer als Beamter befördert wird, kann mit Wirkung vom Ersten des Monats, in dem seine Ernennung wirksam geworden ist, in die entsprechende, zu diesem Zeitpunkt besetzbare Planstelle eingewiesen werden.

(3) [1]Eine Stelle darf auch mit mehreren teilzeitbeschäftigten Dienstkräften besetzt werden. [2]Dabei darf die insgesamt maßgebende Arbeitszeit nicht überschritten werden.

(4) Die Senatsverwaltung für Finanzen kann Maßnahmen nach Absatz 1 Satz 2 oder 3 oder Absatz 3 Satz 1 und die Besetzung von Stellen mit Dienstkräften anderer Art von ihrer Einwilligung abhängig machen.

§ 50 Umsetzung von Mitteln und Stellen

(1) [1]Der Senat kann Mittel und Stellen umsetzen, wenn Aufgaben von einer Organisationseinheit auf eine andere übergehen; eines Beschlusses des Senats bedarf es nicht, wenn Aufgaben innerhalb eines Verwaltungszweigs auf eine andere Organisationseinheit übergehen oder beim Übergang auf einen anderen Verwaltungszweig die Leiter der beteiligten Verwaltungszweige und die Senatsverwaltung für Finanzen über die Umsetzung einig sind. [2]Abweichend von Satz 1 bedürfen Umsetzungen innerhalb eines Bezirkshaushaltsplans der Einwilligung des Bezirksamts. [3]Gehen Aufgaben von der Hauptverwaltung auf die Bezirksverwaltung über, sind die Mittel und Stellen umzusetzen.

(2) [1]Eine Stelle darf mit Einwilligung der Senatsverwaltung für Finanzen in ein anderes Kapitel umgesetzt werden, wenn dort ein unvorhergesehener und unabweisbarer vordringlicher Personalbedarf besteht. [2]Der Einwilligung bedarf es nicht bei der Umsetzung von Stellen innerhalb des Zuständigkeitsbereichs eines Senatsmitglieds oder innerhalb eines Bezirkshaushaltsplans. [3]Über den weiteren Verbleib der Stelle ist spätestens im übernächsten Haushaltsplan zu bestimmen.

(3) Die Personalausgaben für abgeordnete Dienstkräfte werden von der abordnenden Dienststelle vorübergehend weitergeleistet, soweit die Senatsverwaltung für Finanzen, innerhalb eines Bezirkshaushaltsplans auch die Serviceeinheit Finanzen, nichts anderes bestimmt.

§ 50a *[aufgehoben]*

§ 51 Besondere Personalausgaben

Personalausgaben, die nicht auf Gesetz oder Tarifvertrag beruhen, dürfen nur geleistet werden, wenn dafür Ausgabemittel besonders zur Verfügung gestellt sind.

§ 52 Nutzungen und Sachbezüge

[1]Nutzungen und Sachbezüge dürfen Angehörigen des öffentlichen Dienstes nur gegen angemessenes Entgelt gewährt werden, soweit nicht durch Gesetz oder Tarifvertrag oder im Haushaltsplan etwas anderes bestimmt ist. [2]Der Senat kann für die Benutzung von Dienstfahrzeugen Ausnahmen zulassen. [3]Die Dienstwohnungen sind im Haushaltsplan auszubringen.

§ 53 Billigkeitsleistungen

Leistungen aus Gründen der Billigkeit dürfen nur gewährt werden, wenn dafür Ausgabemittel besonders zur Verfügung gestellt sind.

§ 54 Baumaßnahmen, größere Beschaffungen, größere Entwicklungsvorhaben

(1) [1]Bei der Ausführung von Baumaßnahmen, größeren Beschaffungen und größeren Entwicklungsvorhaben darf von den Unterlagen nach § 24 nur mit Einwilligung der Senatsverwaltung für Finanzen abgewichen werden. [2]Soweit die Unterlagen nach § 24 bei Maßnahmen der Bezirke nicht der Prüfung durch Senatsverwaltungen unterliegen, tritt an die Stelle der Senatsverwaltung für Finanzen das Bezirksamt.

(2) Sind Ausgaben nach § 24 Abs. 3 Satz 1 in den Haushaltsplan aufgenommen worden, so darf das Vorhaben erst in Angriff genommen werden, wenn die Unterlagen nach § 24 vorliegen.

§ 55 Öffentliche Ausschreibung, Verträge

(1) [1]Dem Abschluss von Verträgen über Lieferungen und Leistungen muss eine öffentliche Ausschreibung oder eine beschränkte Ausschreibung mit Teilnahmewettbewerb vorausgehen, sofern nicht die Natur des Geschäfts oder besondere Umstände eine Ausnahme rechtfertigen. [2]Teilnahmewettbewerb ist ein Verfahren, bei dem der öffentliche Auftraggeber nach vorheriger öffentlicher Aufforderung zur Teilnahme eine beschränkte Anzahl von geeigneten Unternehmen nach objektiven, transparenten und nichtdiskriminierenden Kriterien auswählt und zur Abgabe von Angeboten auffordert.

(2) Beim Abschluss von Verträgen ist nach einheitlichen Richtlinien zu verfahren.

§ 55a ***[aufgehoben]***

§ 56 Vorleistungen

(1) Leistungen Berlins vor Empfang der Gegenleistung dürfen nur vereinbart oder bewirkt werden, wenn dies allgemein üblich oder durch besondere Umstände gerechtfertigt ist.

(2) Werden Zahlungen vor Fälligkeit an Berlin entrichtet, kann ein angemessener Abzug gewährt werden.

§ 57 Verträge mit Angehörigen des öffentlichen Dienstes

[1]Zwischen Angehörigen des öffentlichen Dienstes und ihrer Dienststelle dürfen Verträge nur mit Einwilligung des zuständigen Leiters des Verwaltungszweigs abgeschlossen werden. [2]Er kann seine Befugnisse übertragen. [3]Satz 1 gilt nicht bei öffentlichen Ausschreibungen und Versteigerungen sowie in Fällen, für die allgemein Entgelte festgesetzt sind.

§ 58 Änderung von Verträgen, Vergleiche

(1) [1]Der zuständige Leiter des Verwaltungszweigs darf

1. Verträge nur in besonders begründeten Ausnahmefällen zum Nachteil Berlins aufheben oder ändern,
2. einen Vergleich nur abschließen, wenn dies für Berlin zweckmäßig und wirtschaftlich ist.

[2]Er kann seine Befugnisse übertragen.

(2) Maßnahmen nach Absatz 1 bedürfen der Einwilligung der Senatsverwaltung für Finanzen, soweit sie nicht darauf verzichtet.

§ 59 Veränderung von Ansprüchen

(1) [1]Der zuständige Leiter des Verwaltungszweigs darf Ansprüche nur

1. stunden, wenn die sofortige Einziehung mit erheblichen Härten für den Anspruchsgegner verbunden wäre und der Anspruch durch die Stundung nicht gefährdet wird; die Stundung soll gegen angemessene Verzinsung und in der Regel nur gegen Sicherheitsleistung gewährt werden.
2. niederschlagen, wenn feststeht, dass die Einziehung keinen Erfolg haben wird, oder wenn die Kosten der Einziehung außer Verhältnis zur Höhe des Anspruchs stehen,
3. erlassen, wenn die Einziehung nach Lage des einzelnen Falles für den Anspruchsgegner eine besondere Härte bedeuten würde; das gleiche gilt für die Erstattung oder Anrechnung von geleisteten Beträgen und für die Freigabe von Sicherheiten.

[2]Er kann seine Befugnisse übertragen.

(2) Maßnahmen nach Absatz 1 bedürfen der Einwilligung der Senatsverwaltung für Finanzen, soweit sie nicht darauf verzichtet.

(3) Andere Regelungen in Rechtsvorschriften bleiben unberührt.

§ 60 Vorschüsse, Verwahrungen

(1) [1]Als Vorschuss darf eine Ausgabe nur gebucht werden, wenn die Verpflichtung zur Leistung zwar feststeht, die Ausgabe aber noch nicht endgültig gebucht werden kann. [2]Ein Vorschuss ist bis zum Ende des zweiten auf seine Entstehung folgenden Haushaltsjahres endgültig zu buchen; Ausnahmen bedürfen der Einwilligung der Senatsverwaltung für Finanzen.

(2) [1]In Verwahrung darf eine Einzahlung nur genommen werden, solange sie nicht endgültig gebucht werden kann. [2]Aus den Verwahrgeldern dürfen nur die mit ihnen im Zusammenhang stehenden Auszahlungen geleistet werden.

(3) Kassenverstärkungskredite sind wie Verwahrungen zu behandeln.

§ 61 Interne Verrechnungen, Wertausgleich

(1) Die Senatsverwaltung für Finanzen bestimmt, ob und unter welchen Voraussetzungen Zahlungen innerhalb des Haushalts (interne Verrechnungen) vorgenommen werden, insbesondere für die Abgabe oder Nutzung von Vermögensgegenständen und den Ausgleich von Aufwendungen.

(2) [1]Für die Abgabe oder Nutzung von Vermögensgegenständen, für Aufwendungen und den Ausgleich von Schäden ist stets ein Wertausgleich vorzunehmen, wenn Betriebe oder Sondervermögen Berlins beteiligt sind. [2]Die Senatsverwaltung für Finanzen kann Ausnahmen zulassen.

§ 62 Rücklagen

(1) Zur Aufrechterhaltung einer ordnungsmäßigen Kassenwirtschaft ohne Inanspruchnahme von Kreditermächtigungen (§ 18 Abs. 2 Nr. 2) soll durch möglichst regelmäßige Zuführung von Haushaltsmitteln eine Kassenverstärkungsrücklage angesammelt werden.

(2) Andere Rücklagen können gebildet werden, soweit Haushaltsmittel für einen bestimmten Zweck angesammelt werden sollen.

(3) [1]Hat ein Leistungs- und Verantwortungszentrum oder eine Serviceeinheit durch eigene Managementmaßnahmen des laufenden Geschäftsbetriebs Haushaltsmittel wirtschaftlicher eingesetzt oder höhere oder neue Einnahmen erzielt (eigene Erfolgsverbesserung), so kann dafür innerhalb des Kapitels eine Rücklage (Erfolgsrücklage) nach näherer Bestimmung der Senatsverwaltung für Finanzen gebildet werden. [2]Höhere oder neue Ausgaben für die Zuführung an die Erfolgsrücklage und ihre Verwendung in späteren Haushaltsjahren sind keine über- oder außerplanmäßigen Ausgaben.

(4) Andere Regelungen in Rechtsvorschriften bleiben unberührt.

§ 63 Erwerb und Veräußerung von Vermögensgegenständen

(1) Vermögensgegenstände sollen nur erworben werden, soweit sie zur Erfüllung der Aufgaben Berlins in absehbarer Zeit erforderlich sind.

(2) [1]Vermögensgegenstände dürfen nur veräußert werden, soweit sie zur Erfüllung der Aufgaben Berlins in absehbarer Zeit nicht benötigt werden. [2]Die Veräußerung von Grundstücken mit dem Ziel der weiteren langfristigen Eigennutzung ist im Einzelfall zulässig, wenn dies ausschließlich der wirtschaftlichen Sanierung dieser Grundstücke dient und die Möglichkeit eines Rückerwerbs gewährleistet ist. [3]Ein Portfolioausschuss bewertet die landeseigenen Grundstücke nach Maßgabe einer vom Abgeordnetenhaus genehmigten und auf dem Prinzip des Einvernehmens beruhenden Geschäftsordnung unter Beteiligung aller Fachverwaltungen. [4]Dissensfälle entscheidet der Hauptausschuss des Abgeordnetenhauses.

(3) [1]Vermögensgegenstände dürfen nur zu ihrem vollen Wert veräußert werden. [2]Ausnahmen können im Haushaltsplan zugelassen werden.

(4) [1]Ist der Wert gering oder besteht ein dringendes Interesse Berlins, so kann die Senatsverwaltung für Finanzen oder der Hauptausschuss des Abgeordnetenhauses Ausnahmen zulassen. [2]Eine solche Ausnahme kann beispielsweise vorliegen bei der Veräußerung von Grundstücken im Rahmen eines konzeptorientierten Entwicklungsverfahrens oder etwa bei Direktvergaben nach einem vom Abgeordnetenhaus genehmigten Liegenschaftskonzept. [3]Solche Geschäfte stellen stets ein dringendes Interesse Berlins dar.

(5) Für die Überlassung der Nutzung eines Vermögensgegenstandes gelten die Absätze 2 bis 4 entsprechend.

§ 64 Grundstücke

(1) Grundstücke dürfen nur mit Einwilligung der Senatsverwaltung für Finanzen erworben, belastet oder veräußert werden, soweit nicht die Bezirke nach § 4 Abs. 1 des Allgemeinen Zuständigkeitsgesetzes zuständig sind.

(2) [1]Der Einwilligung des Abgeordnetenhauses bedürfen

1. der Erwerb von Grundstücken und Erbbaurechten,
   a) wenn der Kaufpreis 3 000 000 Euro übersteigt,
   b) wenn der Kaufpreis 125 000 Euro übersteigt und sie beträchtlich über Wert erworben werden sollen,
2. der Erwerb von Vorkaufsrechten, wenn der Wert des Grundstücks 3 000 000 Euro übersteigt,
3. die Veräußerung von Grundstücken und Erbbaurechten,

a) wenn der Kaufpreis 3 000 000 Euro übersteigt,
b) wenn der Wert 125 000 Euro übersteigt und sie unentgeltlich oder beträchtlich unter Wert veräußert werden sollen,

4. die Bestellung von Erbbaurechten oder Grundpfandrechten,
   a) wenn der Grundstückswert 3 000 000 Euro übersteigt,
   b) wenn Laufzeiten von mehr als 40 Jahren (inklusive Verlängerungsoptionen) vereinbart werden sollen,
5. der Verzicht auf Zuordnung oder Rückerstattung nach dem Einigungsvertrag bei Grundstücken mit einem Wert von mehr als 125 000 Euro, wenn auf eine Gegenleistung verzichtet wird oder die Gegenleistung beträchtlich unter dem Grundstückswert liegt,
6. die Veräußerung von Grundstücken nach § 63 Abs. 2 Satz 2,
7. städtebauliche Verträge und ähnliche Geschäfte, soweit sie eine unmittelbare oder mittelbare Verpflichtung zum Erwerb, zur Belastung oder zur Veräußerung von Grundstücken beinhalten, wenn die Grundstückswerte insgesamt 3 000 000 Euro übersteigen,
8. Erwerb, Belastung oder Veräußerung von Grundstücken, wenn der Hauptausschuss des Abgeordnetenhauses die Einwilligungsbedürftigkeit aufgrund der besonderen politischen Bedeutung des Geschäfts durch Beschluss feststellt.

[2]Die Einwilligung ist nicht erforderlich soweit kein Fall nach Satz 1 Nummer 8 vorliegt,

1. bei Ausübung des Vorkaufsrechts,
2. bei Erwerb im Wege der von einem anderen beantragten Zwangsversteigerung, soweit das Land Berlin an diesem anderen nicht beteiligt ist,
3. bei Enteignungen oder Umlegungen,
4. bei Erwerb von Grundstücken
   a) für die Gewerbe- oder Industrieansiedlung,
   b) für den Wohnungsbau,
   c) von herausragender städtebaulicher Bedeutung oder
   d) zur Erhaltung mietgünstigen Wohnraums,
5. bei Gewerbe- oder Industrieansiedlung, wenn Grundstücke zu einem ihrem Wert entsprechenden Kaufpreis veräußert oder Erbbaurechte bestellt werden.

(3) [1]Dem Abgeordnetenhaus ist halbjährlich über die Grundstücksgeschäfte Berlins zu berichten. [2]Es ist darüber hinaus in den Fällen des Absatzes 2 Satz 2 vierteljährlich zu unterrichten.

(4) [1]Der zuständige Ausschuss des Abgeordnetenhauses ist vor Abschluss des Kaufvertrages oder des Erbbaurechtsvertrages mit Kaufoption zu beteiligen, wenn

1. in den Fällen des Absatzes 2 Satz 2 Nr. 4 der Kaufpreis den Wert des Grundstücks überschreitet oder
2. es sich in den Fällen des Absatzes 2 Satz 2 Nr. 5 um Grundstücke
   a) von herausragender städtebaulicher Bedeutung oder
   b) in einer exponierten Lage von besonderem öffentlichen Interesse

   handelt und der Wert des Grundstücks 3 000 000 Euro übersteigt.

(5) [1]Für zu erwerbende, zu belastende oder zu veräußernde Grundstücke ist eine Wertermittlung aufzustellen. [2]Bei der Veräußerung von Grundstücken kann die Wertermittlung auch über ein allgemeines, transparentes und bedingungsfreies Bieterverfahren erfolgen; Gebote im Rahmen eines Bieterverfahrens sind zumindest am Ergebnis einer Verkehrswertaussage (gestrafftes Wertermittlungsverfahren) zu messen. [3]Das Recht des Abgeordnetenhauses, durch Beschluss andere Werte zugrunde zu legen, bleibt unberührt.

(6) Beim Erwerb von Grundstücken können Hypotheken, Grund- und Rentenschulden unter Anrechnung auf den Kaufpreis ohne die Voraussetzungen des § 38 Abs. 1 übernommen werden.

(7) Die Wertgrenzen umfassen den Wert ohne Wertminderungen, die sich aus grundstücksbedingten Sachverhalten ergeben (Kontaminierungen, vorhandene bauliche Anlagen, Dienstbarkeiten, Anrechnungen auf den Kaufpreis und Ähnliches), soweit sie zum Zeitpunkt der Wertermittlung bekannt sind.

(8) [1]Dingliche Rechte dürfen an Grundstücken Berlins nur gegen angemessenes Entgelt bestellt werden. [2]Die Bestellung bedarf der Einwilligung der Senatsverwaltung für Finanzen, soweit nicht die Bezirke nach § 4 Abs. 1 des Allgemeinen Zuständigkeitsgesetzes zuständig sind.

(9) [1]Zur Prüfung einer Beschlussfassung nach Absatz 2 Satz 1 Nummer 8 ist der zuständige Ausschuss des Abgeordnetenhauses vorab geeignet zu unterrichten. [2]Das Grundstücksgeschäft gilt als nicht einwilligungsbedürftig, wenn der Hauptausschuss des Abgeordnetenhauses keinen Beschluss nach Absatz 2 Satz 1 Nummer 8 innerhalb eines Monats ab dem Zeitpunkt der Unterrichtung gefasst hat.

§ 65 Beteiligung an privatrechtlichen Unternehmen

(1) Berlin soll sich, außer in den Fällen des Absatzes 4, an der Gründung eines Unternehmens in einer Rechtsform des privaten Rechts oder an einem bestehenden Unternehmen in einer solchen Rechtsform nur beteiligen, wenn

1. ein wichtiges Interesse Berlins vorliegt und sich der von Berlin angestrebte Zweck nicht besser und wirtschaftlicher auf andere Weise erreichen lässt,
2. die Einzahlungsverpflichtung Berlins auf einen bestimmten Betrag begrenzt ist,
3. Berlin einen angemessenen Einfluss, insbesondere im Aufsichtsrat oder in einem entsprechenden Überwachungsorgan, erhält,
4. gewährleistet ist, dass der Jahresabschluss und der Lagebericht, soweit nicht weitergehende gesetzliche Vorschriften gelten oder andere gesetzliche Vorschriften entgegenstehen, in entsprechender Anwendung der Vorschriften des Dritten Buches des Handelsgesetzbuchs für große Kapitalgesellschaften aufgestellt und geprüft werden,
5. gewährleistet ist, dass der Anhang in entsprechender Anwendung der Vorschriften des § 285 Satz 1 Nr. 9 Buchstabe a Satz 5 bis 8 des Handelsgesetzbuches für börsennotierte Gesellschaften aufgestellt und geprüft wird,
6. bei Mehrheitsbeteiligungen gewährleistet ist und bei Minderheitsbeteiligungen darauf hingewirkt wird, dass für jedes namentlich benannte Mitglied aller Organe des jeweiligen Unternehmens die für die Tätigkeit im Geschäftsjahr gewährten Gesamtbezüge, jeweils einzeln aufgegliedert nach festen und variablen Bestandteilen und Auflistung der Einzelbestandteile (Gehälter, Gewinnbeteiligungen, Aufwandsentschädigungen, Versicherungsentgelte, Provisionen und Nebenleistungen jeder Art, vertragliche Vereinbarungen über Ruhegehälter), im Anhang zum Jahresabschluss oder an anderer geeigneter Stelle angegeben werden. Dies gilt auch für Abfindungen, gewährte Zulagen und Kredite.

(2) [1]Beteiligungen an privatrechtlichen Unternehmen erwirbt, verwaltet und veräußert für Aufgaben der Hauptverwaltung die Senatsverwaltung für Finanzen, für Bezirksaufgaben das Bezirksamt (Abteilung Finanzen). [2]Der Senat unterrichtet das Abgeordnetenhaus in zweckentsprechender Form.

(3) [1]Die Senatsverwaltung für Finanzen oder das Bezirksamt soll darauf hinwirken, dass ein Unternehmen, an dem Berlin unmittelbar oder mittelbar mit Mehrheit beteiligt ist, nur mit ihrer Einwilligung eine Beteiligung von mehr als dem vierten Teil der Anteile eines anderen Unternehmens erwirbt, eine solche Beteiligung erhöht oder sie ganz oder zum Teil veräußert. [2]Bei der Berechnung der Mehrheitsverhältnisse an mittelbaren Beteiligungen werden die verschiedenen Beteiligungsstränge zusammengezählt. [3]Die Grundsätze des Absatzes 1 Nr. 3 und 4 sowie des Absatzes 2 Satz 2 gelten entsprechend.

(4) An einer Genossenschaft soll sich Berlin nur beteiligen, wenn die Haftpflicht der Mitglieder für die Verbindlichkeit der Genossenschaft dieser gegenüber im voraus auf eine bestimmte Summe beschränkt ist.

(5) Die Senatsverwaltung für Finanzen oder das Bezirksamt soll darauf hinwirken, dass die auf Veranlassung Berlins gewählten oder entsandten Mitglieder der Aufsichtsorgane der Unternehmen bei ihrer Tätigkeit auch die besonderen Interessen Berlins berücksichtigen.

(6) [1]Der Einwilligung des Abgeordnetenhauses bedürfen

1. die Beteiligung an Unternehmen, wenn die Mehrheit der Anteile Berlin gehören soll oder für die Beteiligung ein Gegenwert von mehr als 100 Millionen Euro aufgebracht werden soll,
2. die Veräußerung von Anteilen an Unternehmen, wenn dadurch der Einfluss Berlins wesentlich verringert wird,
3. die Veräußerung von Tochterunternehmen und organisatorischen Unternehmensteilen von Unternehmen, an denen die Mehrheit der Anteile Berlin mittelbar oder unmittelbar gehören oder die mittelbar oder unmittelbar abhängige Unternehmen im Sinne von § 17 des Aktiengesetzes sind. Ausgenommen sind Verkäufe oder Abspaltungen innerhalb eines Unternehmens an eine andere Unternehmensbeteiligung oder an das Land direkt,

4. die Umwandlung und Auflösung von Unternehmen, an denen die Mehrheit der Anteile Berlin mittelbar oder unmittelbar gehören oder die mittelbar oder unmittelbar abhängige Unternehmen im Sinne von § 17 des Aktiengesetzes sind,
5. die Aufgabe eines beherrschenden Einflusses im Sinne von § 17 des Aktiengesetzes.

[2]Die Einwilligung ist nicht erforderlich, wenn der Haushaltsplan die Einnahmen oder Ausgaben für ein bestimmtes Vermögensgeschäft vorsieht.

(7) [1]Das Bezirksamt bedarf zum Erwerb und zur Veräußerung von Beteiligungen der vorherigen Zustimmung der Bezirksverordnetenversammlung und, falls nach Absatz 6 Satz 1 keine Einwilligung des Abgeordnetenhauses erforderlich ist, des Einvernehmens der Senatsverwaltung für Finanzen. [2]Wird kein Einvernehmen erzielt, so entscheidet das Abgeordnetenhaus. [3]Absatz 6 Satz 2 gilt für die Zustimmung der Bezirksverordnetenversammlung entsprechend.

§ 65a Offenlegung der Vergütung der Mitglieder aller Unternehmensorgane

[1]Bei Unternehmen in einer Rechtsform des privaten Rechts, an denen das Land Berlin mehrheitlich beteiligt ist, stellt das Land Berlin sicher, bei Minderheitsbeteiligungen wirkt es darauf hin, dass in den Gesellschaftsverträgen oder Satzungen der Beteiligungsgesellschaften die Verpflichtung aufgenommen wird, dass für jedes namentlich benannte Mitglied aller Organe des jeweiligen Unternehmens die für die Tätigkeit im Geschäftsjahr gewährten Gesamtbezüge, jeweils einzeln aufgegliedert nach festen und variablen Bestandteilen und Auflistung der Einzelbestandteile (Gehälter, Gewinnbeteiligungen, Aufwandsentschädigungen, Versicherungsentgelte, Provisionen und Nebenleistungen jeder Art, vertragliche Vereinbarungen über Ruhegehälter), im Anhang zum Jahresabschluss oder an anderer geeigneter Stelle angegeben werden. [2]Dies gilt auch für Abfindungen, gewährte Zulagen und Kredite. [3]Die auf Veranlassung des Landes Berlin gewählten oder entsandten Mitglieder der Aufsichtsorgane der Unternehmen wirken auf die Einhaltung dieser Verpflichtung hin.

§ 65b Offenlegung von Vergütungen bei Landesbetrieben und Sondervermögen

Landesbetriebe und Sondervermögen haben die Angaben nach § 65a zu veröffentlichen.

§ 65c Offenlegung von Vergütungen bei Zuwendungsempfängern

[1]Bei Zuwendungen zur institutionellen Förderung hat der Zuwendungsempfänger für jedes namentlich benannte Mitglied der Geschäftsleitung mit außertariflicher Vergütung die für die Tätigkeit im Geschäftsjahr gewährten Bezüge (Gehälter, Gewinnbeteiligungen, Aufwandsentschädigungen, Versicherungsentgelte, Provisionen und Nebenleistungen jeder Art), einzeln und aufgegliedert nach erfolgsunabhängigen und erfolgsbezogenen Bestandteilen, im Verwendungsnachweis anzugeben. [2]Dies gilt auch für Abfindungen, gewährte Zulagen und Kredite.

§ 65d Offenlegung von Vergütungen bei Körperschaften, Stiftungen und Anstalten des öffentlichen Rechts

[1]Körperschaften, Stiftungen und Anstalten des öffentlichen Rechts haben die Angaben nach § 65a zu veröffentlichen. [2]Selbstverwaltungskörperschaften fallen nicht unter den Anwendungsbereich des Zweiten Vergütungs- und Transparenzgesetzes vom 19. April 2011 (GVBl. S. 174).

§ 66 Unterrichtung des Rechnungshofes

Besteht eine Mehrheitsbeteiligung im Sinne des § 53 des Haushaltsgrundsätzegesetzes, so hat die Senatsverwaltung für Finanzen oder das Bezirksamt darauf hinzuwirken, dass dem Rechnungshof die in § 54 des Haushaltsgrundsätzegesetzes bestimmten Befugnisse eingeräumt werden.

§ 67 Prüfungsrecht durch Vereinbarung

[1]Besteht keine Mehrheitsbeteiligung im Sinne des § 53 des Haushaltsgrundsätzegesetzes, so soll die Senatsverwaltung für Finanzen oder das Bezirksamt, soweit das Interesse Berlins dies erfordert, bei Unternehmen, die nicht Aktiengesellschaften, Kommanditgesellschaften auf Aktien oder Genossenschaften sind, darauf hinwirken, dass Berlin in der Satzung oder im Gesellschaftsvertrag die Befugnisse nach den §§ 53 und 54 des Haushaltsgrundsätzegesetzes eingeräumt werden. [2]Bei mittelbaren Beteiligungen gilt dies nur, wenn die Beteiligung den vierten Teil der Anteile übersteigt und einem Unternehmen zusteht, an dem Berlin allein oder zusammen mit anderen Gebietskörperschaften mit Mehrheit im Sinne des § 53 des Haushaltsgrundsätzegesetzes beteiligt ist. [3]Bei der Berechnung der Mehrheitsverhältnisse an mittelbaren Beteiligungen werden die verschiedenen Beteiligungsstränge zusammengezählt.

§ 68 Zuständigkeitsregelungen

(1) [1]Die Rechte nach § 53 Abs. 1 des Haushaltsgrundsätzegesetzes übt die Senatsverwaltung für Finanzen oder das Bezirksamt aus. [2]Bei der Wahl oder Bestellung der Prüfer nach § 53 Abs. 1 Nr. 1 des Haushaltsgrundsätzegesetzes werden die Rechte Berlins im Einvernehmen mit dem Rechnungshof ausgeübt.

(2) Auf die Ausübung der Rechte nach § 53 Abs. 1 des Haushaltsgrundsätzegesetzes darf nur im Einvernehmen mit dem Rechnungshof verzichtet werden.

§ 69 Unterrichtung des Rechnungshofes

[1]Die Senatsverwaltung für Finanzen oder das Bezirksamt übersendet dem Rechnungshof innerhalb von drei Monaten nach der Haupt- oder Gesellschafterversammlung, die den Jahresabschluss für das abgelaufene Geschäftsjahr entgegennimmt oder festzustellen hat,

1. die Unterlagen, die Berlin als Aktionär oder Gesellschafter zugänglich sind,
2. die Berichte, welche die auf ihre Veranlassung gewählten oder entsandten Mitglieder des Überwachungsorgans unter Beifügung aller ihnen über das Unternehmen zur Verfügung stehenden Unterlagen zu erstatten haben,
3. die ihr nach § 53 des Haushaltsgrundsätzegesetzes und nach § 67 zu übersendenden Prüfungsberichte.

[2]Dabei wird das Ergebnis der eigenen Prüfung mitgeteilt.

Teil IV
Zahlungen, Buchführung und Rechnungslegung

§ 70 Zahlungen

[1]Zahlungen dürfen nur von Kassen und Zahlstellen angenommen oder geleistet werden. [2]Die Anordnung der Zahlung muss durch den zuständigen Leiter des Verwaltungszweigs oder die von ihm ermächtigte Dienststelle schriftlich oder auf elektronischem Wege erteilt werden. [3]Die Senatsverwaltung für Finanzen kann Ausnahmen zulassen.

§ 71 Buchführung

(1) [1]Über Zahlungen ist nach der im Haushaltsplan oder sonst vorgesehenen Ordnung in zeitlicher Folge Buch zu führen. [2]Die Senatsverwaltung für Finanzen kann für eingegangene Verpflichtungen, Geldforderungen und andere Bewirtschaftungsvorgänge die Buchführung anordnen. [3]Die Buchführung kann nach Abstimmung mit der Senatsverwaltung für Finanzen zusätzlich nach den Grundsätzen ordnungsgemäßer Buchführung und Bilanzierung in sinngemäßer Anwendung der Vorschriften des Handelsgesetzbuchs erfolgen.

(2) Einnahmen und Ausgaben auf Einnahme- und Ausgabereste (Haushaltsreste) aus Vorjahren,

1. für die im Haushaltsplan des laufenden Haushaltsjahres wiederum ein Titel vorgesehen ist, sind bei diesem zu buchen,
2. für die im Haushaltsplan des laufenden Haushaltsjahres kein Titel vorgesehen ist, sind an der Stelle zu buchen, an der sie im Falle der Veranschlagung im Haushaltsplan vorzusehen gewesen wären.

(3) Absatz 2 Nr. 2 gilt entsprechend für neue Einnahmen und Ausgaben.

§ 72 Buchung nach Haushaltsjahren

(1) Zahlungen sowie eingegangene Verpflichtungen, Geldforderungen und andere Bewirtschaftungsvorgänge, für die nach § 71 Abs. 1 Satz 2 die Buchführung angeordnet ist, sind nach Haushaltsjahren getrennt zu buchen.

(2) Alle Zahlungen mit Ausnahme der Fälle nach den Absätzen 3 und 4 sind für das Haushaltsjahr zu buchen, in dem sie eingegangen oder geleistet worden sind.

(3) Zahlungen, die im abgelaufenen Haushaltsjahr fällig waren, jedoch erst später eingehen oder geleistet werden, sind in den Büchern des abgelaufenen Haushaltsjahres zu buchen, solange die Bücher nicht abgeschlossen sind.

(4) Für das neue Haushaltsjahr sind zu buchen:

1. Einnahmen, die im neuen Haushaltsjahr fällig werden, jedoch vorher eingehen,
2. Ausgaben, die im neuen Haushaltsjahr fällig werden, jedoch wegen des fristgerechten Eingangs beim Empfänger vorher gezahlt werden müssen,

3. im voraus zu zahlende Dienst-, Versorgungs- und entsprechende Bezüge sowie Renten für den ersten Monat des neuen Haushaltsjahres.

(5) Die Absätze 3 und 4 Nr. 1 gelten nicht für Steuern, Gebühren, andere Abgaben, Geldstrafen, Geldbußen sowie damit zusammenhängende Kosten.

(6) Die Senatsverwaltung für Finanzen kann Ausnahmen von den Absätzen 2 bis 4 zulassen.

§ 73 Vermögensnachweis

[1]Über das Vermögen und die Schulden ist ein Nachweis zu erbringen. [2]Inwieweit Vermögensgegenstände oder Verpflichtungen zum Vermögen oder zu den Schulden nach Satz 1 gehören, bestimmt die Senatsverwaltung für Finanzen.

§ 74 Buchführung bei Betrieben

(1) Betriebe, die nach § 26 Abs. 1 Satz 1 einen Wirtschaftsplan aufstellen und bei denen eine Buchführung nach den §§ 71 bis 79 nicht zweckmäßig ist, haben nach den Regeln der kaufmännischen doppelten Buchführung zu buchen.

(2) Die Senatsverwaltung für Finanzen kann im Einvernehmen mit dem Rechnungshof anordnen, dass bei Betrieben ein betriebliches Rechnungswesen eingerichtet wird, wenn dies aus betriebswirtschaftlichen Gründen zweckmäßig ist.

(3) [1]Geschäftsjahr ist das Haushaltsjahr. [2]Ausnahmen kann die Senatsverwaltung für Finanzen zulassen.

§ 75 Belegpflicht

Alle Buchungen sind zu belegen.

§ 76 Abschluss der Bücher

(1) [1]Die Bücher sind jährlich abzuschließen. [2]Die Senatsverwaltung für Finanzen bestimmt den Zeitpunkt des Abschlusses.

(2) Nach dem Abschluss der Bücher dürfen Einnahmen oder Ausgaben nicht mehr für den abgelaufenen Zeitraum gebucht werden.

§ 77 Kassensicherheit

[1]Wer Anordnungen im Sinne des § 70 erteilt oder an ihnen verantwortlich mitwirkt, darf an Zahlungen oder Buchungen nicht beteiligt sein. [2]Die Senatsverwaltung für Finanzen kann Ausnahmen zulassen, wenn die Kassensicherheit auf andere Weise gewährleistet bleibt.

§ 78 Unvermutete Prüfungen

[1]Für Zahlungen oder Buchungen zuständige Stellen sind mindestens jährlich, für die Verwaltung von Vorräten zuständige Stellen mindestens alle zwei Jahre unvermutet zu prüfen; die Senatsverwaltung für Finanzen kann Ausnahmen zulassen. [2]Die Prüfstellen bestimmt die Senatsverwaltung für Finanzen.

§ 79 Einheitskasse

Die Aufgaben bei der Annahme und der Leistung von Zahlungen werden von der Landeshauptkasse wahrgenommen, soweit die Senatsverwaltung für Finanzen nichts anderes bestimmt.

§ 80 Rechnungslegung

(1) [1]Die zuständigen Stellen haben für jedes Haushaltsjahr auf der Grundlage der abgeschlossenen Bücher Rechnung zu legen. [2]Die Senatsverwaltung für Finanzen kann im Einvernehmen mit dem Rechnungshof bestimmen, dass für einen anderen Zeitraum Rechnung zu legen ist.

(2) Die Rechnungslegung erstreckt sich auch auf das Vermögen und die Schulden und, soweit sie nach § 71 Abs. 1 Satz 2 der Buchführung unterliegen, auf eingegangene Verpflichtungen, Geldforderungen und andere Bewirtschaftungsvorgänge.

(3) Auf der Grundlage der abgeschlossenen Bücher und der abgeschlossenen Vermögensnachweise stellt die Senatsverwaltung für Finanzen für jedes Haushaltsjahr die Haushaltsrechnung und die Vermögensrechnung auf.

§ 81 Gliederung der Haushaltsrechnung

(1) In der Haushaltsrechnung sind die Einnahmen und Ausgaben nach der in § 71 bezeichneten Ordnung den Ansätzen des Haushaltsplans unter Berücksichtigung der Haushaltsreste gegenüberzustellen.

(2) Bei den einzelnen Titeln und entsprechend bei den Schlusssummen sind besonders anzugeben:

1. bei den Einnahmen

a) die Ist-Einnahmen,
b) die zu übertragenden Einnahmereste,
c) die Summe der Ist-Einnahmen und der zu übertragenden Einnahmereste,
d) die veranschlagten Einnahmen,
e) die aus dem Vorjahr übertragenen Einnahmereste,
f) die Summe der veranschlagten Einnahmen und der übertragenen Einnahmereste,
g) der Mehr- oder Minderbetrag der Summe aus Buchstabe c gegenüber der Summe aus Buchstabe f;

2. bei den Ausgaben
a) die Ist-Ausgaben,
b) die zu übertragenden Ausgabereste,
c) die Summe der Ist-Ausgaben und der zu übertragenden Ausgabereste,
d) die veranschlagten Ausgaben,
e) die aus dem Vorjahr übertragenen Ausgabereste,
f) die Summe der veranschlagten Ausgaben und der übertragenen Ausgabereste,
g) der Mehr- oder Minderbetrag der Summe aus Buchstabe c gegenüber der Summe aus Buchstabe f,
h) der Betrag der über- oder außerplanmäßigen Ausgaben.

(3) Für die jeweiligen Titel und entsprechend für die Schlusssummen ist die Höhe der eingegangenen Verpflichtungen und der Geldforderungen besonders anzugeben, soweit sie nach § 71 Abs. 1 Satz 2 der Buchführung unterliegen.

(4) In den Fällen des § 25 Abs. 2 ist die Verminderung des Kreditbedarfs zugleich mit dem Nachweis des Überschusses darzustellen.

§ 82 Kassenmäßiger Abschluss

In dem kassenmäßigen Abschluss sind nachzuweisen:

1. a) die Summe der Ist-Einnahmen,
b) die Summe der Ist-Ausgaben,
c) der Unterschied aus Buchstabe a und Buchstabe b (kassenmäßiges Jahresergebnis),
d) die haushaltsmäßig noch nicht abgewickelten kassenmäßigen Jahresergebnisse früherer Jahre,
e) das kassenmäßige Gesamtergebnis aus Buchstabe c und Buchstabe d;

2. a) die Summe der Ist-Einnahmen mit Ausnahme der Einnahmen aus Krediten vom Kreditmarkt, der Entnahmen aus Rücklagen und der Einnahmen aus kassenmäßigen Überschüssen,
b) die Summe der Ist-Ausgaben mit Ausnahme der Ausgaben zur Schuldentilgung am Kreditmarkt, der Zuführungen an Rücklagen und der Ausgaben zur Deckung eines kassenmäßigen Fehlbetrags,
c) der Finanzierungssaldo aus Buchstabe a und Buchstabe b.

§ 83 Haushaltsabschluss

In dem Haushaltsabschluss sind nachzuweisen:

1. a) das kassenmäßige Jahresergebnis nach § 82 Nr. 1 Buchstabe c,
b) das kassenmäßige Gesamtergebnis nach § 82 Nr. 1 Buchstabe e;

2. a) die aus dem Vorjahr übertragenen Einnahmereste und Ausgabereste,
b) die in das folgende Haushaltsjahr zu übertragenden Einnahmereste und Ausgabereste,
c) der Unterschied aus Buchstabe a und Buchstabe b,
d) das rechnungsmäßige Jahresergebnis aus Nummer 1 Buchstabe a und Nummer 2 Buchstabe c,
e) das rechnungsmäßige Gesamtergebnis aus Nummer 1 Buchstabe b und Nummer 2 Buchstabe b;

3. die Höhe der eingegangenen Verpflichtungen und der Geldforderungen, soweit sie nach § 71 Abs. 1 Satz 2 der Buchführung unterliegen.

§ 84 Abschlussbericht

Der kassenmäßige Abschluss und der Haushaltsabschluss sind in einem Bericht zu erläutern.

§ 85 Übersichten zur Haushaltsrechnung

Der Haushaltsrechnung sind Übersichten beizufügen über

1. die über- und außerplanmäßigen Ausgaben und Verpflichtungsermächtigungen und ihre Begründung,
2. die Einnahmen, Ausgaben und den Bestand der Sondervermögen und Rücklagen,
3. die Jahresabschlüsse der Betriebe, die nach § 26 Abs. 1 Satz 1 einen Wirtschaftsplan aufstellen.

§ 86 Vermögensrechnung

In der Vermögensrechnung sind der Bestand des Vermögens und der Schulden zu Beginn des Haushaltsjahres, die Veränderungen während des Haushaltsjahres und der Bestand zum Ende des Haushaltsjahres nachzuweisen.

§ 87 Rechnungslegung der Betriebe

(1) [1]Betriebe, die nach den Regeln der kaufmännischen doppelten Buchführung buchen, stellen einen Jahresabschluss sowie einen Lagebericht in entsprechender Anwendung des § 264 Abs. 1 Satz 1 des Handelsgesetzbuchs auf. [2]Die zuständige Senatsverwaltung oder das Bezirksamt kann im Einvernehmen mit der Senatsverwaltung für Finanzen zulassen, dass Lageberichte nicht aufgestellt werden. [3]Die §§ 80 bis 85 sollen angewandt werden, soweit sie mit den Regeln der kaufmännischen doppelten Buchführung zu vereinbaren sind.

(2) Ist ein betriebliches Rechnungswesen nach § 7 Abs. 2 eingerichtet, so ist die Betriebsergebnisabrechnung der Senatsverwaltung für Finanzen und dem Rechnungshof zu übersenden.

Teil V

Rechnungsprüfung

§ 88 Aufgaben des Rechnungshofes

(1) Die gesamte Haushalts- und Wirtschaftsführung Berlins einschließlich seiner Sondervermögen und Betriebe wird vom Rechnungshof geprüft.

(2) [1]Der Rechnungshof kann auf Grund von Prüfungserfahrungen das Abgeordnetenhaus, den Senat und einzelne Senatsverwaltungen beraten. [2]Soweit der Rechnungshof das Abgeordnetenhaus berät, unterrichtet er gleichzeitig den Senat.

§ 89 Prüfung

(1) Der Rechnungshof prüft insbesondere

1. die Einnahmen, Ausgaben, Verpflichtungen zur Leistung von Ausgaben, das Vermögen und die Schulden,
2. Maßnahmen, die sich finanziell auswirken können,
3. Verwahrungen und Vorschüsse,
4. die Verwendung der Mittel, die zur Selbstbewirtschaftung zugewiesen sind.

(2) Der Rechnungshof kann nach seinem Ermessen die Prüfung beschränken und Rechnungen ungeprüft lassen.

§ 90 Inhalt der Prüfung

Die Prüfung erstreckt sich auf die Einhaltung der für die Haushalts- und Wirtschaftsführung geltenden Vorschriften und Grundsätze, insbesondere darauf, ob

1. das Haushaltsgesetz und der Haushaltsplan eingehalten worden sind,
2. die Einnahmen und Ausgaben begründet und belegt sind und die Haushaltsrechnung und die Vermögensrechnung ordnungsgemäß aufgestellt sind,
3. wirtschaftlich und sparsam verfahren wird,
4. die Aufgabe mit geringerem Personal- oder Sachaufwand oder auf andere Weise wirksamer erfüllt werden kann.

§ 91 Prüfung bei Stellen außerhalb der Verwaltung

(1) [1]Der Rechnungshof ist unbeschadet weitergehender rechtlicher Bestimmungen berechtigt, bei Stellen außerhalb der Verwaltung Berlins zu prüfen, wenn sie

1. Teile des Haushaltsplans ausführen oder von Berlin Ersatz von Aufwendungen erhalten,
2. Mittel oder Vermögensgegenstände Berlins verwalten,
3. von Berlin Zuwendungen erhalten,

4. Fördermittel nach dem Krankenhausfinanzierungsgesetz, dem Landeskrankenhausgesetz oder dem Landespflegeeinrichtungsgesetz erhalten,
5. für Nutzungen oder Sachbezüge auf Grund besonderer Abrechnung Entgelte an Berlin abzuführen haben oder
6. als juristische Personen des privaten Rechts, an denen Berlin einschließlich seiner Sondervermögen unmittelbar oder mittelbar mit Mehrheit beteiligt ist, nicht im Wettbewerb stehen, bestimmungsgemäß ganz oder überwiegend öffentliche Aufgaben erfüllen oder diesem Zweck dienen und hierfür Haushaltsmittel oder Gewährleistungen Berlins oder eines seiner Sondervermögen erhalten.

[2]Leiten diese Stellen die Mittel an Dritte weiter, so kann der Rechnungshof auch bei ihnen prüfen.

(2) [1]Die Prüfung erstreckt sich auf die bestimmungsmäßige und wirtschaftliche Verwaltung und Verwendung, im Falle des Absatzes 1 Satz 1 Nr. 5 auf die bestimmungsmäßige Abrechnung. [2]Bei Zuwendungen kann sie sich auch auf die sonstige Haushalts- und Wirtschaftsführung des Empfängers erstrecken, soweit es der Rechnungshof für seine Prüfung für notwendig hält.

(3) Bei der Gewährung von Krediten aus Haushaltsmitteln sowie bei der Übernahme von Bürgschaften, Garantien oder sonstigen Gewährleistungen durch Berlin kann der Rechnungshof bei den Beteiligten prüfen, ob sie ausreichende Vorkehrungen gegen Nachteile für Berlin getroffen oder ob die Voraussetzungen für eine Inanspruchnahme Berlins vorgelegen haben.

(4) [1]Bei den juristischen Personen im Sinne des Absatzes 1 Satz 1 Nr. 6 erstreckt sich die Prüfung auf die gesamte Haushalts- und Wirtschaftsführung. [2]Handelt es sich bei der juristischen Person des privaten Rechts im Sinne des Absatzes 1 Satz 1 Nr. 6 um ein Unternehmen, erfolgt die Prüfung unter Beachtung kaufmännischer Grundsätze.

§ 92 Prüfung staatlicher Betätigung bei privatrechtlichen Unternehmen

(1) Der Rechnungshof prüft die Betätigung Berlins bei Unternehmen in einer Rechtsform des privaten Rechts, an denen Berlin unmittelbar oder mittelbar beteiligt ist, unter Beachtung kaufmännischer Grundsätze.

(2) Absatz 1 gilt entsprechend bei Genossenschaften, in denen Berlin Mitglied ist.

§ 93 Gemeinsame Prüfung

[1]Ist für die Prüfung sowohl der Rechnungshof von Berlin als auch ein anderer Rechnungshof zuständig, so soll gemeinsam geprüft werden. [2]Soweit nicht Artikel 95 Abs. 3 der Verfassung von Berlin die Prüfung durch den Rechnungshof von Berlin vorschreibt, kann der Rechnungshof durch Vereinbarung Prüfungsaufgaben auf andere Rechnungshöfe übertragen. [3]Der Rechnungshof kann durch Vereibarung auch Püfungsaufgaben von anderen Rechnungshöfen übernehmen.

§ 94 Zeit und Art der Prüfung

(1) Der Rechnungshof bestimmt Zeit und Art der Prüfung und lässt erforderliche örtliche Erhebungen durch Beauftragte vornehmen.

(2) Der Rechnungshof kann Sachverständige hinzuziehen.

(3) [1]Die Jahresabschlüsse und die Lageberichte der Betriebe, die nach den Regeln der kaufmännischen doppelten Buchführung buchen, sind von Wirtschaftsprüfern zu prüfen, die im Benehmen mit den Betrieben vom Rechnungshof bestimmt werden. [2]Der Rechnungshof erteilt den Auftrag zur Prüfung und legt ihren Umfang fest. [3]Die Kosten der Prüfung trägt der Betrieb.

§ 95 Auskunftspflicht

(1) Unterlagen, die der Rechnungshof zur Erfüllung seiner Aufgaben für erforderlich hält, sind ihm auf Verlangen innerhalb einer bestimmten Frist zu übersenden oder seinen Beauftragten vorzulegen.

(2) Dem Rechnungshof und seinen Beauftragten sind die erbetenen Auskünfte zu erteilen.

§ 96 Prüfungsergebnis

(1) [1]Der Rechnungshof teilt das Prüfungsergebnis den zuständigen Verwaltungszweigen zur Äußerung innerhalb einer von ihm zu bestimmenden Frist mit. [2]Er kann es auch anderen Dienststellen mitteilen, soweit er dies aus besonderen Gründen für erforderlich hält.

(2) Prüfungsergebnisse von grundsätzlicher oder erheblicher finanzieller Bedeutung teilt der Rechnungshof der Senatsverwaltung für Finanzen mit.

(3) [1]Der Rechnungshof ist zu hören, wenn die Verwaltung Ansprüche Berlins, die in Prüfungsmitteilungen erörtert worden sind, nicht verfolgen will. [2]Er kann auf die Anhörung verzichten.

§ 97 Bemerkungen

(1) Der Rechnungshof fasst das Ergebnis seiner Prüfung, soweit es für die Entlastung des Senats wegen der Haushaltsrechnung und der Vermögensrechnung von Bedeutung sein kann (Bemerkungen), jährlich für das Abgeordnetenhaus in einem Bericht zusammen, den er dem Abgeordnetenhaus und dem Senat zuleitet.

(2) In den Bemerkungen ist insbesondere mitzuteilen,

1. ob die in der Haushaltsrechnung und der Vermögensrechnung und die in den Büchern und Vermögensnachweisen aufgeführten Beträge übereinstimmen und die geprüften Einnahmen und Ausgaben ordnungsgemäß belegt sind,
2. in welchen Fällen von Bedeutung die für die Haushalts- und Wirtschaftsführung geltenden Vorschriften und Grundsätze nicht beachtet worden sind,
3. welche wesentlichen Beanstandungen sich aus der Prüfung der Betätigung bei Unternehmen mit eigener Rechtspersönlichkeit ergeben haben,
4. welche Maßnahmen für die Zukunft empfohlen werden.

(3) In die Bemerkungen können Feststellungen auch über spätere oder frühere Haushaltsjahre aufgenommen werden.

(4) Bemerkungen zu geheimzuhaltenden Angelegenheiten werden dem Präsidenten des Abgeordnetenhauses, dem Regierenden Bürgermeister und der Senatsverwaltung für Finanzen mitgeteilt.

§ 98 Aufforderung zum Schadensausgleich

Der Rechnungshof macht der zuständigen Stelle unverzüglich Mitteilung, wenn nach seiner Auffassung ein Schadenersatzanspruch geltend zu machen ist.

§ 99 Angelegenheiten von besonderer Bedeutung

[1]Über Angelegenheiten von besonderer Bedeutung kann der Rechnungshof das Abgeordnetenhaus und den Senat jederzeit unterrichten. [2]Berichtet er dem Abgeordnetenhaus, so unterrichtet er gleichzeitig den Senat.

§ 100 entfallen

§ 101 Rechnung des Rechnungshofes

Die Rechnung des Rechnungshofes wird vom Abgeordentenhaus geprüft, das auch die Entlastung erteilt.

§ 102 Unterrichtung des Rechnungshofes

(1) Der Rechnungshof ist unverzüglich zu unterrichten, wenn

1. der Senat oder eine Senatsverwaltung allgemeine Vorschriften erlässt oder erläutert, die sich auf Einnahmen oder Ausgaben auswirken oder ihre Bewirtschaftung betreffen,
2. den Haushalt berührende Verwaltungseinrichtungen oder Betriebe geschaffen, wesentlich geändert oder aufgelöst werden,
3. unmittelbare Beteiligungen Berlins oder mittelbare Beteiligungen im Sinne des § 65 Abs. 3 an Unternehmen begründet, wesentlich geändert oder aufgegeben werden,
4. Vereinbarungen mit einer Stelle außerhalb der Verwaltung Berlins oder einer Dienststelle eines anderen Verwaltungszweigs über die Bewirtschaftung von Haushaltsmitteln getroffen werden,
5. organisatorische oder sonstige Maßnahmen von erheblicher finanzieller Tragweite getroffen werden.

(2) Dem Rechnungshof sind auf Anforderung Vorschriften oder Erläuterungen nach Absatz 1 Nr. 1 auch dann mitzuteilen, wenn andere Stellen Berlins sie erlassen.

(3) Der Rechnungshof kann sich jederzeit zu den in den Absätzen 1 und 2 genannten Maßnahmen äußern.

§ 103 Beteiligung des Rechnungshofes

(1) Der Rechnungshof ist vor dem Erlass von Ausführungsvorschriften nach § 5 und Regelungen nach § 71 Abs. 1 Satz 2, § 73 Satz 2 und § 79 zu hören.

(2) Ausführungsvorschriften, die die Rechnungslegung betreffen, sind im Einvernehmen mit dem Rechnungshof zu erlassen.

§ 104 Prüfung der juristischen Person des privaten Rechts

(1) Der Rechnungshof prüft die Haushalts- und Wirtschaftsführung der juristischen Personen des privaten Rechts, wenn
1. sie auf Grund eines Gesetzes von Berlin Zuschüsse erhalten oder eine Garantieverpflichtung Berlins gesetzlich begründet ist oder
2. sie von Berlin oder einer von Berlin bestellten Person allein oder überwiegend verwaltet werden oder
3. mit dem Rechnungshof eine Prüfung durch ihn vereinbart ist oder
4. sie nicht Unternehmen sind und in ihrer Satzung mit Zustimmung des Rechnungshofes eine Prüfung durch ihn vorgesehen ist.

(2) Absatz 1 ist auf die von Berlin verwalteten Treuhandvermögen anzuwenden.

(3) Steht Berlin vom Gewinn eines Unternehmens, an dem es nicht beteiligt ist, mehr als der vierte Teil zu, so prüft der Rechnungshof den Abschluss und die Geschäftsführung daraufhin, ob die Interessen Berlins nach den bestehenden Bestimmungen gewahrt worden sind.

Teil VI
Landesunmittelbare juristische Personen des öffentlichen Rechts

§ 105 Grundsatz

(1) Für landesunmittelbare juristische Personen des öffentlichen Rechts gelten
1. die §§ 106 bis 110,
2. die §§ 1 bis 87 einschließlich der dazu erlassenen Verwaltungsvorschriften sowie sonst für die Berliner Verwaltung geltende Vorschriften über die Zulässigkeit oder Höhe von Ausgaben entsprechend,

soweit nicht durch Gesetz oder auf Grund eines Gesetzes etwas anderes bestimmt ist.

(2) Für landesunmittelbare juristische Personen des öffentlichen Rechts kann die zuständige Senatsverwaltung im Einvernehmen mit der Senatsverwaltung für Finanzen und dem Rechnungshof Ausnahmen von den in Absatz 1 bezeichneten Vorschriften zulassen, soweit kein erhebliches finanzielles Interesse Berlins besteht.

§ 106 Haushaltsplan

(1) [1]Das zur Geschäftsführung berufene Organ einer landesunmittelbaren juristischen Person des öffentlichen Rechts hat vor Beginn jedes Haushaltsjahres einen Haushaltsplan festzustellen. [2]Er muss alle im Haushaltsjahr zu erwartenden Einnahmen, voraussichtlich zu leistenden Ausgaben und voraussichtlich benötigten Verpflichtungsermächtigungen enthalten und ist in Einnahme und Ausgabe auszugleichen. [3]In den Haushaltsplan dürfen nur die Ausgaben und Verpflichtungsermächtigungen eingestellt werden, die zur Erfüllung der Aufgaben der juristischen Person notwendig sind.

(2) [1]Hat die juristische Person neben dem zur Geschäftsführung berufenen Organ ein besonderes Beschlussorgan, das in wichtigen Verwaltungsangelegenheiten zu entscheiden oder zuzustimmen oder die Geschäftsführung zu überwachen hat, so hat dieses den Haushaltsplan festzustellen. [2]Das zur Geschäftsführung berufene Organ hat den Entwurf dem Beschlussorgan vorzulegen.

§ 107 Umlagen, Beiträge

Ist die landesunmittelbare juristische Person des öffentlichen Rechts berechtigt, von ihren Mitgliedern Umlagen oder Beiträge zu erheben, so ist die Höhe der Umlagen oder der Beiträge für das neue Haushaltsjahr gleichzeitig mit der Feststellung des Haushaltsplans festzusetzen.

§ 108 Genehmigung des Haushaltsplans

[1]Der Haushaltsplan und die Festsetzung der Umlagen oder der Beiträge bedürfen bei landesunmittelbaren juristischen Personen des öffentlichen Rechts der Genehmigung der zuständigen Senatsverwaltung. [2]Der Haushaltsplan und der Beschluss über die Festsetzung der Umlagen oder der Beiträge sind der zuständigen Senatsverwaltung spätestens einen Monat vor Beginn des Haushaltsjahres vorzulegen. [3]Der Haushaltsplan und der Beschluss können nur gleichzeitig in Kraft treten.

§ 109 Rechnungslegung, Prüfung, Entlastung

(1) Nach Ende des Haushaltsjahres hat das zur Geschäftsführung berufene Organ der landesunmittelbaren juristischen Person des öffentlichen Rechts eine Rechnung aufzustellen.

(2) [1]Die Rechnung ist, unbeschadet einer Prüfung durch den Rechnungshof nach § 111, von der durch Gesetz oder Satzung bestimmten Stelle zu prüfen. [2]Die Satzungsvorschrift über die Durchführung der Prüfung bedarf der Zustimmung der zuständigen Senatsverwaltung im Einvernehmen mit dem Rechnungshof.

(3) [1]Die Entlastung erteilt die zuständige Senatsverwaltung. [2]Ist ein besonderes Beschlussorgan vorhanden, obliegt ihm die Entlastung; die Entlastung bedarf dann der Genehmigung der zuständigen Senatsverwaltung.

§ 110 Wirtschaftsplan

[1]Landesunmittelbare juristische Personen des öffentlichen Rechts, bei denen ein Wirtschaften nach Einnahmen und Ausgaben des Haushaltsplans nicht zweckmäßig ist, haben einen Wirtschaftsplan aufzustellen. [2]Buchen sie nach den Regeln der kaufmännischen doppelten Buchführung, stellen sie einen Jahresabschluss sowie einen Lagebericht in entsprechender Anwendung des § 64 Abs. 1 Satz 1 des Handelsgesetzbuchs auf. [3]§ 94 Abs. 3 ist entsprechend anzuwenden; die zuständige Senatsverwaltung kann im Einvernehmen mit der Senatsverwaltung für Finanzen und dem Rechnungshof etwas anderes bestimmen.

§ 111 Prüfung durch den Rechnungshof

(1) [1]Der Rechnungshof prüft die Haushalts- und Wirtschaftsführung der landesunmittelbaren juristischen Personen des öffentlichen Rechts. [2]Die §§ 89 bis 99, 102 und 103 sind entsprechend anzuwenden.

(2) [1]Die Haushalts- und Wirtschaftsführung der Kammern der Selbstverwaltung der Wirtschaft unterliegt nicht der Prüfung durch den Rechnungshof, wenn durch Gesetz, Rechtsverordnung oder Satzung eine den Grundsätzen dieses Gesetzes entsprechende Prüfung gewährleistet ist. [2]Für andere landesunmittelbare juristische Personen des öffentlichen Rechts kann die zuständige Senatsverwaltung im Einvernehmen mit der Senatsverwaltung für Finanzen und dem Rechnungshof Ausnahmen von Absatz 1 zulassen, soweit kein erhebliches finanzielles Interesse Berlins besteht.

§ 112 Sonderregelungen

(1) [1]Auf die landesunmittelbaren Träger der gesetzlichen Krankenversicherung, der sozialen Pflegeversicherung, der gesetzlichen Unfallversicherung und der gesetzlichen Rentenversicherung einschließlich der Altershilfe für Landwirte ist nur § 111 anzuwenden, und zwar nur dann, wenn sie auf Grund eines Gesetzes von Berlin Zuschüsse erhalten oder eine Garantieverpflichtung Berlins gesetzlich begründet ist. [2]Auf die Verbände der in Satz 1 genannten Sozialversicherungsträger ist unabhängig von ihrer Rechtsform § 111 anzuwenden, wenn Mitglieder dieser Verbände der Prüfung durch den Rechnungshof unterliegen. [3]Auf sonstige Vereinigungen auf dem Gebiet der Sozialversicherung finden die Vorschriften des Gesetzes keine Anwendung.

(2) [1]Auf Unternehmen in der Rechtsform einer juristischen Person des öffentlichen Rechts sind unabhängig von der Höhe der Beteiligung Berlins § 65 Abs. 1 Nr. 3 und 4 und Abs. 2 und 3, § 68 Abs. 1 und § 69 entsprechend, § 111 unmittelbar anzuwenden, soweit nicht durch Gesetz oder auf Grund eines Gesetzes etwas anderes bestimmt ist. [2]Für Unternehmen in der Rechtsform einer juristischen Person des privaten Rechts, an denen die in Satz 1 genannten Unternehmen unmittelbar oder mittelbar mit Mehrheit beteiligt sind, gelten die §§ 53 und 54 des Haushaltsgrundsätzegesetzes und die §§ 65 bis 69 entsprechend. [3]Für die Veräußerung von Grundstücken, die sich im Eigentum von Anstalten, Körperschaften und Stiftungen des öffentlichen oder privaten Rechts sowie Unternehmen in der Rechtsform einer juristischen Person des öffentlichen oder privaten Rechts – ab einer mehrheitlichen Beteiligung Berlins – befinden, sind die dafür in den §§ 63 bis 69 festgelegten Regelungen einzuhalten. [4]§ 1 Absatz 2 Satz 1 des Berliner Betriebe-Gesetzes ist entsprechend anzuwenden.

(3) Die §§ 105 und 111 gelten nicht für Kirchen und Religionsgesellschaften.

Teil VII

Sondervermögen

§ 113 Grundsatz

(1) [1]Auf Sondervermögen sind die Teile I bis IV, VIII und IX dieses Gesetzes einschließlich der dazu erlassenen Verwaltungsvorschriften entsprechend, die Zuständigkeitsregelungen in den §§ 64 und 65 unmittelbar anzuwenden, soweit nicht durch Gesetz oder auf Grund eines Gesetzes etwas anderes

bestimmt ist. [2]Der Rechnungshof prüft die Haushalts- und Wirtschaftsführung der Sondervermögen; Teil V dieses Gesetzes ist entsprechend anzuwenden.

(2) [1]Für die Eigenbetriebe gelten die Vorschriften des Eigenbetriebsgesetzes. [2]Die Vorschriften der Landeshaushaltsordnung gelten bis auf die §§ 88 bis 90, 92 und 94 bis 99 nicht. [3]In der Hauptverwaltung kann die Senatsverwaltung für Finanzen, in der Bezirksverwaltung das Bezirksamt (Abteilung Finanzen) zulassen, dass ein Eigenbetrieb in Wahrnehmung seiner Aufgaben Beteiligungen an einem privatrechtlichen Unternehmen erwirbt, verwaltet und veräußert; die Vorschriften der §§ 65 bis 69 gelten mit der Maßgabe, dass die Geschäftsleitung des Eigenbetriebs die in diesen Vorschriften begründeten Rechte und Pflichten wahrnimmt.

Teil VIII
Entlastung

§ 114 Entlastung

(1) [1]Der Senat hat dem Abgeordnetenhaus über alle Einnahmen und Ausgaben sowie über das Vermögen und die Schulden im Laufe der ersten neun Monate des folgenden Rechnungsjahres zu seiner Entlastung Rechnung zu legen. [2]Der Rechnungshof berichet unmittelbar dem Abgeordetenhaus und dem Senat.

(2) Das Abgeordnetenhaus stellt die wesentlichen Sachverhalte fest und beschließt über einzuleitende Maßnahmen.

(3) An den Rechnungshof können einzelne Sachverhalte zur weiteren Aufklärung zurückverwiesen werden.

(4) [1]Das Abgeordnetenhaus bestimmt einen Termin, zu dem der Senat über die eingeleiteten Maßnahmen dem Abgeordnetenhaus zu berichten hat. [2]Soweit Maßnahmen nicht zu dem beabsichtigten Erfolg geführt haben, kann das Abgeordnetenhaus die Sachverhalte wieder aufgreifen.

(5) Das Abgeordnetenhaus kann bestimmte Sachverhalte ausdrücklich missbilligen.

Teil IX
Übergangs- und Schlussbestimmungen

§ 115 Öffentlich-rechtliche Dienst- oder Amtsverhältnisse

Vorschriften dieses Gesetzes für Beamte sind auf andere öffentlich-rechtliche Dienst- oder Amtsverhältnisse entsprechend anzuwenden.

§ 116 Sprachliche Gleichbehandlung

Alle Amts-, Funktions- und Personenbezeichnungen in diesem Gesetz gelten sowohl in der weiblichen als auch in der entsprechenden männlichen Sprachform.

§ 117 Endgültige Entscheidung

(1) [1]Soweit dieses Gesetz Befugnisse der Senatsverwaltung für Finanzen enthält, kann das zuständige Mitglied des Senats über Maßnahmen der Senatsverwaltung für Finanzen die Entscheidung des Senats einholen; der Senat entscheidet anstelle der Senatsverwaltung für Finanzen endgültig. [2]Entscheidet der Senat gegen oder ohne die Stimme des Senators für Finanzen, so gilt § 29 Abs. 2 Sätze 3 und 4 entsprechend. [3]Erhebt der Senator für Finanzen Einspruch gegen einen Beschluss des Senats, durch den über- oder außerplanmäßigen Ausgaben oder Verpflichtungsermächtigungen zugestimmt wird, so ist ein Beschluss des Abgeordnetenhauses herbeizuführen.

(2) [1]Der Einwilligung der Senatsverwaltung für Finanzen nach § 37 Abs. 1 Satz 1 bedarf es ausnahmsweise nicht, wenn sofortiges Handeln zur Abwendung einer Berlin drohenden unmittelbar bevorstehenden Gefahr erforderlich ist, das durch die Notlage gebotene Maß nicht überschritten wird und die Einwilligung nicht rechtzeitig eingeholt werden kann. [2]Zu den getroffenen Maßnahmen ist die Genehmigung der Senatsverwaltung für Finanzen unverzüglich einzuholen.

§ 118 Datenverarbeitung

(1) Das Verarbeiten personenbezogener Daten ist zulässig, wenn ihre Kenntnis für die rechtmäßige Erfüllung der den zuständigen Stellen bei der Erhebung von Einahmen, insbesondere Gebühren, Kostenbeiträgen, Bußgeldern, Zwangsgeldern und privatrechtlichen Entgelten sowie der Leistung von Ausgaben obliegenden Aufgaben erforderlich ist.

(2) Die Senatsverwaltung für Finanzen wird ermächtigt, durch Rechtsverordnung nähere Regelungen über die Verarbeitung personenbezogener Daten zu treffen, insbesondere über Art und Umfang der Daten, ihre Verarbeitung in Dateien und auf sonstigen Datenträgern, ihre Löschung sowie die Datensicherung.

§ 119 Übertragung von Befugnissen

(1) Die Senatsverwaltung für Finanzen darf Befugnisse, die ihr nach diesem Gesetz zustehen, allgemein oder im Einzelfall anderen Senatsverwaltungen und den Bezirksämtern zur Wahrnehmung übertragen, soweit dadurch die Haushalts- und Wirtschaftsführung auf der Grundlage von Globalsummen gefördert und die Einheitlichkeit des Haushaltswesens nicht gefährdet wird.

(2) Absatz 1 gilt auch gegenüber dem Präsidenten des Abgeordnetenhauses, dem Präsidenten des Verfassungsgerichtshofs, dem Präsidenten des Rechnungshofes und dem Berliner Beauftragten für Datenschutz und Informationsfreiheit, sofern diese ihr Einverständnis erklärt haben.

§ 120[1)] Inkrafttreten

[1]Dieses Gesetz tritt für die Aufstellung des Haushaltsplans für das Rechnungsjahr 1980 am Tage nach der Verkündung im Gesetz- und Verordnungsblatt für Berlin, im Übrigen am 1. Januar 1980 im Kraft. [2]Die Landeshaushaltsordnung (LHO) in der Fassung vom 8. Januar 1973 (GVBl. S. 402, 564), geändert durch Gesetz vom 13. Dezember 1974 (GVBl. S. 2810), tritt entsprechend Satz 1 außer Kraft.

---

1) **Amtl. Anm.:** Diese Bestimmung betrifft das Inkrafttreten der Landeshaushaltsordnung in der ursprünglichen Fassung vom 5. Oktober 1978 (GVBl. S. 1961).

Gesetz über Gebühren und Beiträge

Vom 22. Mai 1957 (GVBl. S. 516)
(BRV 2013-1)
zuletzt geändert durch Art. 3 G zur Anpassung des Landesrechts an die Änd. der Justizbeitreibungsordnung und weiterer Gesetze vom 5. Juni 2019 (GVBl. S. 284)

Das Abgeordnetenhaus hat das folgende Gesetz beschlossen:

§ 1 Sachlicher Geltungsbereich des Gesetzes

(1) Die Verwaltung Berlins hat nach den Vorschriften dieses Gesetzes Anspruch auf Entrichtung von Gebühren (Verwaltungsgebühren, Benutzungsgebühren) und Beiträgen sowie auf Erstattung von Barauslagen.

(2) Zur Verwaltung Berlins im Sinne dieses Gesetzes gehören alle Behörden und nichtrechtsfähigen Anstalten (Verwaltungsstellen) Berlins.

(3) Für die landesunmittelbaren Körperschaften, Anstalten und Stiftungen des öffentlichen Rechts gelten die Vorschriften dieses Gesetzes entsprechend.

§ 2 Verwaltungsgebühren

(1) Verwaltungsgebühren werden für die Vornahme von einzelnen Amtshandlungen erhoben, die auf Veranlassung der Beteiligten oder auf Grund gesetzlicher Ermächtigungen in überwiegendem Interesse einzelner vorgenommen werden.

(2) [1]Gebührenfrei sind, unbeschadet abweichender gesetzlicher Vorschriften der mündliche Verkehr und solche Amtshandlungen, die überwiegend in öffentlichem Interesse vorgenommen werden. [2]Das gleiche gilt für den Verkehr der Verwaltungsstellen untereinander, es sei denn, daß die in Betracht kommenden Gebühren einem Dritten als Veranlasser zur Last zu legen sind.

(3) Barauslagen (§ 5) sind in Fällen der Gebührenfreiheit zu erstatten.

§ 3 Benutzungsgebühren

(1) Benutzungsgebühren werden als Gegenleistung für die Benutzung öffentlicher Einrichtungen sowie für damit in Zusammenhang stehende Leistungen erhoben.

(2) Die Erhebung der Gebühr setzt voraus, daß die Einrichtung benutzt wird oder benutzt werden kann.

(3) [1]Für nichtrechtsfähige Anstalten, deren Gebühren so zu bemessen sind, daß sie gemäß § 8 Abs. 3 zur Deckung aller Ausgaben ausreichen (Gebührenanstalten), erläßt der Senat durch Rechtsverordnung Satzungen. [2]In den Satzungen ist insbesondere Näheres über den Wirkungskreis, die Benutzungsverhältnisse, die Lieferungs- oder Leistungsbedingungen und einen etwaigen Anschluß- und Benutzungszwang der Gebührenanstalten zu bestimmen.

§ 4 Beiträge

Beiträge werden zur Deckung der Kosten für die Herstellung und die Unterhaltung der durch ein öffentliches Interesse bedingten Anlagen von den Grundeigentümern und Gewerbetreibenden erhoben, denen durch die Veranstaltungen besondere wirtschaftliche Vorteile erwachsen.

§ 5 Barauslagen

(1) Werden bei der Vornahme einer Amtshandlung Barauslagen notwendig, so kann deren Erstattung neben der Zahlung von Verwaltungsgebühren und Beiträgen von demjenigen verlangt werden, in dessen Interesse die Amtshandlung vorgenommen wurde.

(2) Als Barauslagen gelten insbesondere

a) bare Aufwendungen, die auf Verlangen eines Verwaltungsgebühren- oder Beitragspflichtigen von der Verwaltung gemacht oder die durch die beantragte Amtshandlung erforderlich werden,
b) Entschädigungen für Zeugen und Sachverständige, die in einem im Ergebnis erfolglosen Rechtsmittelverfahren von der Verwaltung gezahlt werden.

§ 6 Gebühren und Beitragsordnungen

(1) Der Senat erläßt durch Rechtsverordnung nach Maßgabe der Vorschriften dieses Gesetzes Gebühren- und Beitragsordnungen.

(2) Die zur Ausführung einer Gebühren- oder Beitragsordnung erforderlichen Verwaltungsvorschriften erläßt das zuständige Mitglied des Senats im Benehmen mit dem Senator für Finanzen.

§ 7 Verfahren beim Erlaß von Beitragsordnungen

(1) [1]Der Plan einer Anlage ist mit einem Nachweis der Kosten und einer Angabe, in welcher Weise eine Heranziehung der Beteiligten zu den Kosten geschehen soll, öffentlich auszulegen. [2]Zeit und Ort der Auslegung sind im Amtsblatt für Berlin mit dem Hinweis bekanntzumachen, daß Widersprüche gegen den Plan binnen einer im Einzelfall zu bestimmenden Frist schriftlich oder durch Aufnahme einer Niederschrift bei dem zuständigen Mitglied des Senats anzubringen sind. [3]Die Frist soll mindestens einen Monat betragen. [4]Handelt es sich um eine Anlage, die nur einzelne Grundeigentümer oder Gewerbetreibende betrifft, so genügt an Stelle einer Bekanntmachung die Mitteilung an die Beteiligten.

(2) [1]Über die Widersprüche entscheidet das zuständige Mitglied des Senats. [2]Gegen seinen ablehnenden Widerspruchsbescheid kann binnen eines Monats die Klage im Verwaltungsstreitverfahren erhoben werden.

(3) Sind Widersprüche innerhalb der gesetzten Frist nicht erhoben oder ist über Widersprüche rechtskräftig entschieden worden, so erläßt der Senat die Beitragsordnung.

§ 8 Grundsätze für die Bemessung von Gebühren und Beiträgen

(1) [1]In den Gebühren- und Beitragsordnungen sind die Gebühren und Beiträge unter näherer Bezeichnung der Art und des Inhalts der die Zahlungspflicht begründenden Amtshandlungen oder Anlage im Voraus nach festen Normen und Sätzen zu bestimmen. [2]Für eine Amtshandlung, für die noch kein Gebührentatbestand bestimmt ist, ist eine Gebühr von 5 bis 5 000 Euro festzusetzen. [3]Die Gebühren und Beiträge nach den Sätzen 1 und 2 sind unter Berücksichtigung der in den Absätzen 2 bis 6 aufgestellten Grundsätze zu bestimmen. [4]In besonderen Fällen können Ermäßigungen oder Befreiungen zugelassen werden.

(2) Die Verwaltungsgebühren sind unter Berücksichtigung der Kosten des Verwaltungsaufwandes, des Wertes des Gegenstandes der Amtshandlung, des Nutzens oder der Bedeutung der Amtshandlung für den Gebührenschuldner zu bemessen.

(3) Die Höhe der Benutzungsgebühren ist so zu bemessen, daß alle Kosten der Einrichtungen gedeckt sowie Rücklagen für die wirtschaftliche und technische Entwicklung gebildet werden können.

(4) Besteht eine Verpflichtung zur Benutzung einer Einrichtung für alle Personen oder für einzelne Personengruppen oder sind die Genannten auf die Benutzung der Einrichtung angewiesen oder handelt es sich um Einrichtungen, die vorzugsweise den Bedürfnissen der wirtschaftlich schwächeren Bevölkerung dienen, so ist unter Berücksichtigung des öffentlichen Interesses und der dem einzelnen gewährten besonderen Vorteile eine entsprechende Ermäßigung der Gebührensätze oder ein Verzicht auf die Erhebung der Gebühren in der Gebührenordnung zulässig.

(5) Die Höhe der Beiträge ist nach den durch die Anlage begründeten Vorteilen zu bemessen.

(6) Soweit ein Rechtsakt der Europäischen Union oder ein völkerrechtlicher Vertrag im Einzelnen inhaltlich bestimmte Vorgaben für die Erhebung von Gebühren, Beiträgen und Auslagen enthält, die von diesem Gesetz abweichen, ist die Erhebung von Gebühren, Beiträgen und Auslagen nach Maßgabe dieses Rechtsaktes oder Vertrages zu bestimmen.

§ 9 Entstehung der Gebühren- und Beitragspflicht

(1) Die Pflicht zur Zahlung von Verwaltungsgebühren entsteht in der Vollendung der Amtshandlung, bei Vorliegen eines Antrages mit dessen Eingang.

(2) [1]Die Pflicht zur Zahlung von Benutzungsgebühren entsteht mit dem Beginn der Benutzung oder dem Beginn der Leistung. [2]Müssen für eine beantragte Benutzung besondere Vorkehrungen getroffen werden, so entsteht die Gebührenpflicht mit der Bereitstellung zur Benutzung.

(3) Die Pflicht zur Beitragsleistung entsteht mit dem Zugang des Veranlagungsbescheides (§ 13 Abs. 1).

(4) Die Pflicht zur Erstattung von Barauslagen entsteht mit der Vornahme der Handlungen, die die Aufwendungen des zu erstattenden Betrages erfordern.

(5) [1]Die Vorschriften der Absätze 1, 2 und 4 gelten auch dann, wenn die genannten Leistungsverpflichtungen durch Veranlagung festgestellt werden müssen. [2]Die Veranlagung kann noch vorgenom-

men werden, wenn der die Leistungsverpflichtung begründende Tatbestand inzwischen weggefallen ist.

(6) In den Gebühren- und Beitragsordnungen können nähere Bestimmungen getroffen werden.

§ 10 Gebühren- und Beitragsschuldner

(1) Schuldner einer Verwaltungsgebühr ist, wer die besondere Tätigkeit der Verwaltung selbst oder durch Dritte, deren Handeln ihm zuzurechnen ist, veranlaßt.

(2) Schuldner einer Benutzungsgebühr ist derjenige,

a) der die Einrichtung benutzt,

b) der die Benutzung oder die Leistung der Einrichtung selbst oder durch Dritte, deren Handeln ihm zuzurechnen ist, veranlaßt,

c) dem die Benutzung oder die Leistung der Einrichtung mittelbar oder unmittelbar zugute kommt.

(3) Beitragsschuldner sind Grundeigentümer und Gewerbetreibende, denen die im § 4 bezeichneten Vorteile zugute kommen.

(4) Wird eine Gebühr oder ein Beitrag von mehreren Personen geschuldet, so haften sie als Gesamtschuldner.

(5) Für die Erstattung von Barauslagen gelten die Absätze 1 bis 4 entsprechend.

§ 11 Zuständigkeit für die Heranziehung zu Gebühren und Beiträgen

Die Heranziehung zu Gebühren und Beiträgen erfolgt durch die Verwaltungsstelle, die die gebührenpflichtige Amtshandlung (§ 2 Abs. 1) vornimmt, oder durch die Verwaltung der benutzten Einrichtung (§ 3 Abs. 1), für die Gebühren oder Beiträge erhoben werden.

§ 12 Verfahren bei Heranziehung zu Gebühren und Beiträgen

(1) Verwaltungs- und Benutzungsgebühren können, sofern die Gebührenordnung nichts anderes bestimmt, formlos, Beiträge nur durch schriftlichen Bescheid (Veranlagungsbescheid) der zuständigen Verwaltungsstelle angefordert werden.

(2) [1]Benutzungsgebühren, die bei der ersten Veranlagung eines Pflichtigen durch Bescheid angefordert werden, können in späteren Veranlagungszeiträumen durch öffentliche Bekanntmachung in der ortsüblichen Weise angefordert werden, sofern sich der Hebesatz nicht geändert hat. [2]Durch diese Bekanntmachung sind die Pflichtigen gehalten, Zahlungen in Höhe des sich aus der letzten Veranlagung ergebende Betrages zu leisten.

§ 13 Inhalt der Veranlagungsbescheide

(1) Veranlagungsbescheide müssen enthalten:

a) die Höhe der zu entrichtenden Gebühren oder Beiträge,

b) die Bezeichnung des Zahlungspflichtigen,

c) die Rechtsgrundlage für die Erhebung der Gebühren oder Beiträge,

d) die Berechnung der Gebühren oder Beiträge,

e) die Angabe, wo, wann und wie die Gebühren oder Beiträge zu entrichten sind.

(2) Ferner ist eine Erklärung beizufügen, durch die der Pflichtige über den Rechtsbehelf, der gegen den Veranlagungsbescheid gegeben ist, über die Verwaltungsstelle, bei der er einzulegen ist, und über die Frist belehrt wird.

§ 14 Fälligkeit

Die Gebühren, Beiträge und Auslagen werden mit der Bekanntgabe ihrer Festsetzung an den Schuldner fällig, wenn nicht die Behörde einen späteren Zeitpunkt bestimmt.

§ 15 *[aufgehoben]*

§ 16 Kosten des Widerspruchsverfahrens

(1) Für das Widerspruchsverfahren werden, wenn der Widerspruchsführer im Ergebnis unterliegt, Gebühren vorbehaltlich anderer gesetzlicher Vorschriften nach Maßgabe der Absätze 2 bis 4 erhoben.

(2) [1]Ist durch den angefochtenen Verwaltungsakt eine Amtshandlung gebührenpflichtig versagt oder vorgenommen worden, so ist für den Widerspruch eine Gebühr in der für den Verwaltungsakt vorgesehenen Höhe zu entrichten, soweit die Entscheidung aufrechterhalten wird. [2]Der Senat kann durch Rechtsverordnung (§ 6 Abs. 1) Ausnahmen zulassen, wenn ein Verwaltungsakt, durch den eine Amtshandlung vorgenommen worden ist, angefochten wird und die Gebührenpflicht zu sozialen Härten führt.

(3) Richtet sich der Widerspruch nur gegen die Festsetzung der Gebühren, Beiträge oder Auslagen, wird eine Gebühr in Höhe von 10 Prozent des erfolglos angegriffenen Betrages, mindestens jedoch in Höhe von 10 Euro erhoben.

(4) War der angefochtene Verwaltungsakt an einen unbestimmten Personenkreis gerichtet und kann er nur einheitlich aufrechterhalten oder aufgehoben werden, so wird für den Widerspruch eine Gebühr erhoben, deren Höhe vom Senat durch Rechtsverordnung (§ 6 Abs. 1) festgesetzt wird.

(5) [1]Die Widerspruchsbehörde kann von dem Widerspruchsführer die Zahlung eines Vorschusses in Höhe der vollen Gebühr verlangen. [2]Sie hat hierbei eine Frist zu setzen, innerhalb deren ihr die Zahlung des Vorschusses nachzuweisen ist. [3]Wird die Einzahlung des Vorschusses innerhalb der Zahlungsfrist nicht nachgewiesen, ist der Widerspruch als unzulässig zurückzuweisen. [4]Auf diese Folge ist bei der Anforderung des Vorschusses hinzuweisen. [5]Ist der Widerspruchsführer außerstande, die Gebühr ohne Beeinträchtigung des für ihn und seine Familie notwendigen Unterhalts vorzuschießen, darf ein Kostenvorschuß nur gefordert werden, wenn der Widerspruch keine hinreichende Aussicht auf Erfolg bietet und mutwillig erscheint.

§ 17 Vorauszahlungen

Eine zur Gebührenzahlung verpflichtende Tätigkeit oder Leistung kann von der Vorauszahlung der vermutlich entstehenden Gebühr oder eines Teiles derselben sowie von der Zahlung eines Vorschusses für Barauslagen abhängig gemacht werden.

§ 18 Gebührenmarken

Für die Entrichtung von Gebühren und für die Erstattung von Barauslagen können nach näherer Anordnung des Senators für Finanzen Gebührenmarken verwendet werden.

§ 19 Stundung, Niederschlagung und Erlass

[1]Für die Stundung, die Niederschlagung und den Erlass von Forderungen auf Zahlung von Gebühren, Beiträgen, Auslagen und sonstigen Nebenleistungen gelten die Vorschriften der Landeshaushaltsordnung in der jeweils geltenden Fassung. [2]In Fällen, in denen ein anderer Rechtsträger als das Land Forderungsgläubiger ist, gelten die für ihn verbindlichen Vorschriften.

§ 20 Erstattung

(1) Überzahlte oder zu Unrecht erhobene Gebühren, Beiträge und Auslagen sind unverzüglich zu erstatten, zu Unrecht erhobene Gebühren, Beiträge und Auslagen jedoch nur, soweit die Festsetzungsentscheidung noch anfechtbar ist; nach diesem Zeitpunkt können zu Unrecht erhobene Gebühren, Beiträge und Auslagen nur aus Billigkeitsgründen erstattet werden.

(2) Der Erstattungsanspruch entsteht mit der Zahlung.

(3) [1]Der Erstattungsanspruch verjährt nach vier Jahren. [2]Die Verjährungsfrist beginnt mit dem Ablauf des Kalenderjahres, in dem der Anspruch entstanden ist, jedoch nicht vor der Unanfechtbarkeit der Festsetzungsentscheidung. [3]§ 21 Absatz 4 Nummer 1 gilt entsprechend. [4]Mit dem Ablauf der Verjährungsfrist erlischt der Erstattungsanspruch.

§ 21 Verjährung

(1) [1]Eine Festsetzung nach § 12, ihre Aufhebung oder Änderung sind nicht mehr zulässig, wenn die Festsetzungsfrist abgelaufen ist (Festsetzungsverjährung). [2]Die Festsetzungsfrist beträgt vier Jahre; sie beginnt mit dem Ablauf des Kalenderjahres, in dem die Gebühren- oder Auslagenschuld entstanden ist, bei Antrag auf eine Sachentscheidung mit dem Ablauf des Kalenderjahres ihrer Bekanntgabe. [3]Wird vor Ablauf der Frist ein Antrag auf Aufhebung oder Änderung der Festsetzung gestellt, ist die Festsetzungsfrist so lange gehemmt, bis über den Antrag unanfechtbar entschieden worden ist.

(2) [1]Der Anspruch auf Zahlung festgesetzter Gebühren, Beiträge oder Auslagen verjährt nach vier Jahren (Zahlungsverjährung); mit der Verjährung erlischt der Anspruch. [2]Die Zahlungsverjährungsfrist beginnt mit dem Ablauf des Kalenderjahres, in dem der Anspruch erstmalig fällig geworden ist.

(3) Die Festsetzungs- und die Zahlungsverjährung sind gehemmt, solange der Anspruch wegen höherer Gewalt innerhalb der letzten sechs Monate der Verjährungsfrist nicht verfolgt werden kann.

(4) Die Zahlungsverjährung wird unterbrochen durch:

1. die schriftliche Geltendmachung des Anspruchs,
2. Stundung,
3. den Eintritt der aufschiebenden Wirkung,

4. die Aussetzung der Vollziehung,
5. Sicherheitsleistung,
6. Vollstreckungsaufschub,
7. eine Vollstreckungsmaßnahme,
8. die Anmeldung im Insolvenzverfahren,
9. die Aufnahme in einem Insolvenzplan oder einem gerichtlichen Schuldenbereinigungsplan,
10. die Einbeziehung in ein Verfahren, das die Restschuldbefreiung für den Schuldner zum Ziel hat, und
11. Ermittlungen der Behörde nach dem Wohnsitz oder dem Aufenthaltsort des Gebühren-, Beitrags- oder Auslagenschuldners.

(5) Die Unterbrechung der Zahlungsverjährung durch eine der in Absatz 4 genannten Maßnahmen dauert fort, bis

1. die Stundung, die aufschiebende Wirkung, die Aussetzung der Vollziehung oder der Vollstreckungsaufschub beendet ist,
2. bei Sicherheitsleistung, Pfändungspfandrecht, Zwangshypothek oder einem sonstigen Vorzugsrecht auf Befriedigung das entsprechende Recht erloschen ist,
3. das Insolvenzverfahren beendet ist,
4. der Insolvenzplan oder der gerichtliche Schuldenbeseitigungsplan erfüllt oder hinfällig ist,
5. die Restschuldbefreiung erteilt oder versagt wird oder das Verfahren, das die Restschuldbefreiung zum Ziel hat, vorzeitig beendet wird, und
6. die Ermittlung der Behörde nach dem Wohnsitz oder dem Aufenthalt des Gebühren-, Beitrags- oder Auslagenschuldners beendet ist.

(6) [1]Die Zahlungsverjährung wird nur in Höhe des Betrages unterbrochen, auf den sich die Unterbrechungshandlung bezieht. [2]Mit Ablauf des Kalenderjahres, in dem die Unterbrechung endet, beginnt eine neue Verjährungsfrist.

§ 22 *[aufgehoben]*

§ 23 Übergangs- und Schlußvorschriften

(1) Gebühren- und Beitragsordnungen aus der Zeit vor dem Inkrafttreten dieses Gesetzes, auch soweit sie Gesetzesrang haben oder auf Grund der in § 25 Abs. 2 aufgehobenen Gesetze erlassen worden sind, bleiben in Kraft, bis sie durch Rechtsverordnungen nach § 6 dieses Gesetzes ersetzt werden.

(1a) Für die Erhebung von Gebühren, Beiträgen und Auslagen für eine öffentliche Leistung nach § 9 (Amtshandlung, Benutzung, Leistungsbescheid), die bis zum 14. November 2018 beantragt oder begonnen, aber noch nicht vollständig erbracht wurde, ist das Gesetz in der bis dahin geltenden Fassung weiterhin anzuwenden, soweit es für den Kostenschuldner im Einzelfall günstiger ist.

(2) Unberührt von den Bestimmungen dieses Gesetzes bleiben die Vorschriften

a) über die Erhebung und Bemessung von Marktstandgeldern gemäß § 68 Gewerbeordnung,
b) *[aufgehoben]*
c) des Schulgesetzes vom 26. Juni 1948 (VOBl. S. 358) in der Fassung vom 5. August 1952 (GVBl. S. 957),
d) der *§§ 15 und 15a des Gesetzes betreffend die Anlegung und Veränderung von Straßen und Plätzen in Städten und ländlichen Ortschaften vom 2. Juli 1875 (GS S. 561) in der Fassung des Artikels I Ziffer 12 des Wohnungsgesetzes vom 28. März 1918 (GS S. 23)* mit der Maßgabe, daß Beiträge auch nach einem anderen als dem dort angegebenen Maßstab bemessen werden dürfen, insbesondere auch nach der bebauungsfähigen Fläche,
e) des Justizverwaltungskostengesetzes vom 23. Juli 2013 (BGBl. I S. 2586, 2655), das zuletzt durch Artikel 6 des Gesetzes vom 31. Januar 2019 (BGBl. I S. 54) geändert worden ist, des Justizbeitreibungsgesetzes in der Fassung der Bekanntmachung vom 27. Juni 2017 (BGBl. I S. 1926), das zuletzt durch Artikel 5 des Gesetzes vom 30. Juni 2017 (BGBl. I S. 2094) geändert worden ist, und des Berliner Hinterlegungsgesetzes vom 11. April 2011 (GVBl. S. 106) in ihren jeweils geltenden Fassungen,
f) des *§ 113 der Ersten Verordnung zur Ausführung des Personenstandsgesetzes vom 19. Mai 1938 (RGBl. I S. 533) in der Fassung der Vierten Verordnung zur Ausführung und Ergänzung des Personenstandsgesetzes vom 27. September 1944 (RGBl. I S. 219) und der Verordnungen zur Aus-*

führung des Personenstandsgesetzes (Änderung der Gebührenordnung) vom 5. Februar 1952 (BAnz. Nr. 50/GVBl. S. 560) und vom 13. Mai 1952 (BAnz. Nr. 139/GVBl. S. 717),

g) über die Gebühren bei Schlachtviehmärkten, Schlachthäusern und Fleischgroßmärkten auf Grund des Gesetzes vom 5. Mai 1933 (RGBl. I S. 242) in der jeweils geltenden Fassung,

h) über die Gebühren für die Benutzung von Wasserstraßen und Anlagen an Wasserstraßen,

i) über Gebühren, die in Steuergesetzen oder Steuerordnungen für die Vornahme von Verwaltungshandlungen vorgesehen sind,

j) über Gebühren, die für Sondernutzungen öffentlichen Straßenlandes auf Grund der Sondernutzungsgebührenverordnung vorgesehen sind.

(3) Die Vorschriften dieses Gesetzes finden auch keine Anwendung, soweit die Erhebung von Gebühren und Beiträgen bundesrechtlich geregelt ist.

§ 24 Durchführungs- und Verwaltungsvorschriften

(1) Der Senator für Finanzen wird ermächtigt, die zur Durchführung dieses Gesetzes erforderlichen Rechtsverordnungen zu erlassen, soweit dieses Gesetz nichts anderes bestimmt.

(2) Die zur Ausführung dieses Gesetzes erforderlichen Verwaltungsvorschriften erläßt der Senator für Finanzen.

§ 25 Inkrafttreten

(1) Dieses Gesetz tritt am 1. Juni 1957 in Kraft.

(2) Gleichzeitig treten, unbeschadet der im § 23 enthaltenen Regelung, alle entgegenstehenden oder gleichlautenden Rechtsvorschriften außer Kraft, insbesondere

a) das Kommunalabgabengesetz vom 14. Juli 1893 (GS. S. 152) in der zur Zeit geltenden Fassung,

b) das Gesetz über staatliche Verwaltungsgebühren vom 29. September 1923 (GS. S. 455) in seiner letzten Fassung.

Berliner Stiftungsgesetz (StiftG Bln)

In der Fassung vom 22. Juli 2003[1] (GVBl. S. 293)
(BRV 401-1)

zuletzt geändert durch Art. 2 G über die Modernisierung und Bereinigung von Justizgesetzen im Land Berlin vom 22. Januar 2021 (GVBl. S. 75)

§ 1 [Begriffsbestimmung]

Stiftungen im Sinne dieses Gesetzes sind die rechtsfähigen Stiftungen des bürgerlichen Rechts, die ihren Sitz in Berlin haben.

§ 2 [Entstehung und Aufhebung einer Stiftung]

(1) [1]Die zur Entstehung einer Stiftung nach § 80 des Bürgerlichen Gesetzbuches erforderliche Anerkennung erfolgt durch die Senatsverwaltung für Justiz. [2]Sie ist Aufsichtsbehörde im Sinne dieses Gesetzes und trifft auch die in § 87 des Bürgerlichen Gesetzbuches vorgesehenen Entscheidungen.

(2) [1]Die Entstehung und die Aufhebung einer Stiftung sind von der Aufsichtsbehörde im Amtsblatt für Berlin zu veröffentlichen. [2]Bei der Entstehung einer Stiftung umfasst die Veröffentlichung auch die Angabe des Stiftungszwecks.

§ 3 [Stiftungsvermögen]

[1]Das Stiftungsvermögen ist in seinem Bestand ungeschmälert zu erhalten. [2]Das Stiftungsgeschäft oder die Satzung kann Ausnahmen zulassen.

§ 4 [Ersatzmitglieder]

(1) Sieht die Satzung einer Stiftung neben dem Vorstand weitere Organe vor, so hat sie Regelungen über deren Bildung, Aufgaben und Befugnisse zu enthalten.

(2) Fehlen einem Organ Mitglieder, die zur Erfüllung seiner gesetzlichen oder satzungsmäßigen Aufgaben erforderlich sind, so kann die Aufsichtsbehörde bis zur Behebung des Mangels Ersatzmitglieder bestellen; sie ist dabei nicht an die Zahl der satzungsgemäß vorgesehenen Mitglieder gebunden.

(3) [1]Die Aufsichtsbehörde kann den Ersatzmitgliedern bei der Bestellung oder später eine angemessene Vergütung bewilligen, wenn das Vermögen der Stiftung sowie der Umfang und die Bedeutung der zu erledigenden Aufgaben dies rechtfertigen. [2]Die Vergütung kann jederzeit für die Zukunft geändert oder entzogen werden.

§ 5 [Änderung der Satzung, Aufhebung]

(1) [1]Die nach der Satzung zuständigen Organe können die Änderung der Satzung, die Aufhebung der Stiftung oder ihre Zusammenlegung mit einer anderen Stiftung beschließen. [2]Dabei soll der vom Stifter im Stiftungsgeschäft oder in der Satzung zum Ausdruck gebrachte Wille berücksichtigt werden. [3]Der Beschluss bedarf der Genehmigung der Aufsichtsbehörde.

(2) Die Aufhebung, die Zusammenlegung mit einer anderen Stiftung oder die Änderung des Zwecks kann nur beschlossen werden, wenn es wegen wesentlicher Änderung der Verhältnisse angezeigt erscheint, sofern das Stiftungsgeschäft oder die Satzung keine andere Regelung enthält.

(3) [1]Im Falle der Zusammenlegung verschmelzen die zusammengelegten Stiftungen zu einer neuen Stiftung; diese erlangt Rechtsfähigkeit mit Genehmigung des Zusammenlegungsbeschlusses. [2]Das Vermögen einschließlich der Verbindlichkeiten der zusammengelegten Stiftungen geht mit der Genehmigung auf die neue Stiftung über.

§ 6 [Erlöschen einer Stiftung]

Mit dem Erlöschen einer Stiftung fällt das Vermögen, soweit das Stiftungsgeschäft, die Satzung oder der Beschluss über die Aufhebung nichts anderes bestimmt, an das Land Berlin.

§ 7 [Staatsaufsicht]

(1) Die Stiftungen unterliegen der Staatsaufsicht Berlins.

(2) [1]Die Staatsaufsicht hat die Rechtmäßigkeit der Verwaltung zu überwachen. [2]Sie wird von der Aufsichtsbehörde geführt.

---

1) Neubekanntmachung des StiftG Bln v. 11.12.1997 (GVBl. S. 674) in der ab 12.7.2003 geltenden Fassung.

§ 8 [Prüfung]

(1) [1]Die Mitglieder des Vertretungsorgans einer Stiftung sind verpflichtet, der Aufsichtsbehörde

1. unverzüglich die jeweilige Zusammensetzung der Organe der Stiftung einschließlich der Verteilung der Ämter innerhalb der Organe anzuzeigen, zu belegen und die jeweiligen Anschriften der Stiftung und der Mitglieder des Vertretungsorgans mitzuteilen,
2. einen Jahresbericht, der aus einem Bericht über die Erfüllung des Stiftungszwecks und entweder einer Jahresabrechnung mit einer Vermögensübersicht oder einem Prüfungsbericht nach Absatz 2 besteht, einzureichen; dies soll innerhalb von vier Monaten nach Schluss des Geschäftsjahres geschehen, bei Einreichung eines Prüfungsberichts innerhalb von acht Monaten. Die Jahresberichte müssen den Anforderungen der Aufsichtsbehörde entsprechen.

[2]Die Aufsichtsbehörde darf die nach Satz 1 Nummer 1 erhobenen sowie weitere personenbezogene Daten der Mitglieder der Stiftungsorgane, wie beispielsweise das Alter oder die Zugehörigkeit zu einer bestimmten Berufsgruppe, verarbeiten, soweit dies für die Beurteilung der satzungsgemäßen Besetzung der Organe der Stiftung erforderlich ist.

(2) [1]Werden Stiftungen durch eine Behörde der öffentlichen Verwaltung, einen Prüfungsverband, einen öffentlich bestellten Wirtschaftsprüfer oder eine anerkannte Wirtschaftsprüfungsgesellschaft geprüft, so ist anstelle der Jahresabrechnung und der Vermögensübersicht der Prüfungsbericht einzureichen. [2]Die Aufsichtsbehörde kann verlangen, dass sich eine Stiftung nach Satz 1 prüfen lässt. [3]Der Prüfungsauftrag ist auch auf die Erhaltung des Stiftungsvermögens und die satzungsgemäße Verwendung der Stiftungsmittel zu erstrecken. [4]Das Ergebnis der Prüfung ist in einem Abschlussvermerk des Prüfers festzustellen. [5]In diesem Fall bedarf es keiner nochmaligen Prüfung durch die Aufsichtsbehörde.

(3) [1]Erfolgt keine Prüfung nach Absatz 2, prüft die Aufsichtsbehörde die Erhaltung des Stiftungsvermögens und die satzungsgemäße Verwendung der Stiftungsmittel in dem von ihr für erforderlich gehaltenen Umfang. [2]Sie kann davon absehen, die Jahresberichte jährlich zu prüfen.

§ 9 [Aufsichtsbehörde]

(1) Die Organmitglieder einer Stiftung sind verpflichtet, der Aufsichtsbehörde zur Erfüllung ihrer Aufgaben jederzeit auf Verlangen Auskünfte zu erteilen sowie Geschäfts- und Kassenbücher, Akten und sonstige Unterlagen zur Einsichtnahme vorzulegen.

(2) Die Aufsichtsbehörde kann die Ergänzung und Berichtigung von Jahresberichten verlangen sowie Angaben, Bücher und Unterlagen auf Kosten der Stiftung nach § 8 Abs. 2 Satz 1 oder durch andere Sachverständige in dem von ihr für erforderlich gehaltenen Umfang prüfen lassen.

(3) [1]Die Aufsichtsbehörde kann Beschlüsse und andere Maßnahmen der Stiftungsorgane, die Rechtsvorschriften oder der Stiftungssatzung widersprechen, beanstanden und verlangen, dass sie innerhalb einer bestimmten Frist aufgehoben oder rückgängig gemacht werden. [2]Beanstandete Maßnahmen dürfen nicht durchgeführt werden.

(4) Wird eine durch Rechtsvorschrift oder Satzung gebotene Maßnahme nicht oder nicht rechtzeitig durchgeführt, so kann die Aufsichtsbehörde anordnen, dass sie innerhalb einer bestimmten Frist durchzuführen ist.

(5) Die Aufsichtsbehörde kann Mitglieder von Organen einer Stiftung aus wichtigem Grund abberufen.

§ 10 [Familienstiftungen]

(1) [1]Familienstiftungen sind Stiftungen, die nach dem Stiftungsgeschäft oder der Satzung ausschließlich oder überwiegend dem Wohl der Mitglieder einer oder mehrerer bestimmter Familien dienen. [2]Eine Stiftung, die von einem bestimmten Zeitpunkt an einen anderen Zweck verfolgen soll, wird für die Zeit, in der sie ausschließlich oder überwiegend dem Wohl der Mitglieder einer oder mehrerer bestimmter Familien dient, als Familienstiftung angesehen.

(2) [1]Bei Familienstiftungen beschränkt sich die Staatsaufsicht nach § 7 auf die Überwachung der Zusammensetzung der Stiftungsorgane einschließlich der Verteilung der Ämter innerhalb der Organe. [2]Die Aufsichtsbehörde soll darauf hinwirken, dass die Satzung ein Aufsichtsorgan vorsieht, dem die Überwachung der Verwaltung der Stiftung einschließlich der Prüfung der Erhaltung des Stiftungsvermögens und der satzungsgemäßen Verwendung der Stiftungsmittel obliegt und das gegenüber dem geschäftsführenden Organ Rechte hat, die den in § 9 genannten Befugnissen entsprechen.

(3) [1]Für Beschlüsse, die eine Änderung der Satzung oder die Aufhebung oder die Zusammenlegung einer Familienstiftung mit einer anderen Stiftung betreffen, ist der Vorstand zuständiges Organ, sofern

das Stiftungsgeschäft oder die Satzung nichts anderes bestimmt. [2]Vor der Genehmigung eines solchen Beschlusses hat es die ihm bekannten Familienmitglieder anzuhören; Familienmitglieder im Sinne dieser Vorschrift sind, soweit sich aus dem Stiftungsgeschäft oder der Satzung nichts anderes ergibt, die mit dem Stifter in gerader Linie verwandten Personen. [3]Eine Anhörung unterbleibt, soweit die Aufsichtsbehörde sie für entbehrlich hält oder der Beschluss von der nach der Satzung zuständigen Familienversammlung gefasst wurde.

§ 11 [Verzeichnis der Stiftungen]

(1) [1]Die Aufsichtsbehörde führt ein Verzeichnis der Stiftungen. [2]In dieses Verzeichnis ist jede Stiftung mit ihrem Namen, ihrem Zweck und ihrer Anschrift aufzunehmen. [3]Die Aufsichtsbehörde veröffentlicht das Verzeichnis in geeigneter Form. [4]Die Einsicht in das Verzeichnis ist jedem gestattet.

(2) [1]Die Aufsichtsbehörde bescheinigt Stiftungen auf Antrag schriftlich unter Wiedergabe der einschlägigen Satzungsbestimmungen, welche Personen nach den gemäß § 8 Abs. 1 Nr. 1 gemachten Angaben dem Vertretungsorgan der Stiftung angehören (Vertretungsbescheinigung). [2]Einem Dritten kann diese Bescheinigung erteilt werden, wenn er ein berechtigtes Interesse glaubhaft macht.

§ 12 [Stiftungssatzung]

[1]Stiftungssatzungen, die den gesetzlichen Vorschriften nicht entsprechen, sind zu ändern. [2]Ist eine Satzung nicht vorhanden, so ist sie von dem zuständigen Organ zu beschließen. [3]Maßnahmen nach Satz 1 und 2 bedürfen der Genehmigung der Aufsichtsbehörde. [4]Für die Übergangszeit gilt:

1. Solange die geltende Satzung nicht die Bildung der Organe regelt, bestellt die Aufsichtsbehörde die erforderliche Anzahl der Organmitglieder.
2. Solange die geltende Satzung einer vor dem 11. Dezember 1997 genehmigten Familienstiftung kein Aufsichtsorgan nach § 10 Abs. 2 Satz 2 vorsieht, kann die Aufsichtsbehörde über § 10 Abs. 2 Satz 1 hinaus auch Mitglieder von Organen aus wichtigem Grund abberufen.
3. Solange eine vor dem 11. Dezember 1997 genehmigte Familienstiftung nach ihrer geltenden Satzung der Aufsichtsbehörde Jahresberichte zur Prüfung einzureichen hat, gilt § 10 Abs. 2 Satz 1 nicht.

§ 13 [Zweifel über die Rechtsnatur der Stiftung]

Bestehen Zweifel über die Rechtsnatur oder die Art einer Stiftung, insbesondere darüber, ob sie eine rechtsfähige Stiftung des bürgerlichen Rechts ist, so entscheidet darüber die Aufsichtsbehörde.

§ 14 [Inkrafttreten]

Dieses Gesetz tritt am 1. April 1960 in Kraft.[1)]

1) **Amtl. Anm.:** Die Vorschrift betrifft das Inkrafttreten des Gesetzes in der ursprünglichen Fassung vom 11. März 1960 (GVBl. S. 228).

Berliner Nachbarrechtsgesetz (NachbG Bln)

Vom 28. September 1973 (GVBl. S. 1654)
(BRV 403-6)
zuletzt geändert durch Art. I ÄndG vom 17. Dezember 2009 (GVBl. S. 870)

Das Abgeordnetenhaus hat das folgende Gesetz beschlossen:

Inhaltsübersicht

Erster Abschnitt
Allgemeine Vorschriften

§ 1 Nachbar, Erbbauberechtigter

(1) Nachbar im Sinne dieses Gesetzes ist der Eigentümer des an ein Grundstück angrenzenden Grundstücks.

(2) Im Falle der Belastung des Grundstücks mit einem Erbbaurecht tritt der Erbbauberechtigte an die Stelle des Grundstückseigentümers.

§ 2 Anwendungsbereich

(1) Die §§ 4 bis 35 gelten nur, soweit die Beteiligten keine von diesen Bestimmungen abweichenden Vereinbarungen treffen und zwingende öffentlich-rechtliche Vorschriften nicht entgegenstehen.

(2) Die in diesem Gesetz vorgesehene Schriftform ist nicht abdingbar.

§ 3 Verjährung

Die Verjährung von Ansprüchen nach diesem Gesetz richtet sich nach den Vorschriften des Bürgerlichen Gesetzbuches.

Zweiter Abschnitt

Nachbarwand

§ 4 Begriff der Nachbarwand

Nachbarwand ist die auf der Grenze zweier Grundstücke errichtete Wand, die den auf diesen Grundstücken errichteten oder zu errichtenden Bauwerken als Abschlußwand oder zur Unterstützung oder Aussteifung zu dienen bestimmt ist.

§ 5 Errichten und Beschaffenheit der Nachbarwand

(1) Eine Nachbarwand darf nur errichtet werden, wenn es die beiden Nachbarn schriftlich vereinbart haben.

(2) [1]Die Nachbarwand ist in einer solchen Bauart und Bemessung auszuführen, daß sie den Bauvorhaben beider Nachbarn genügt. [2]Der Erbauer braucht die Wand nur für einen Anbau herzurichten, der an sie keine höheren Anforderungen stellt als sein eigenes Bauvorhaben.

(3) [1]Erfordert keines der beiden Bauvorhaben eine dickere Wand als das andere, so darf die Nachbarwand höchstens mit der Hälfte ihrer notwendigen Dicke auf dem Nachbargrundstück errichtet werden. [2]Erfordert ein Bauvorhaben eine dickere Wand, so ist die Wand zu einem entsprechend größeren Teil auf diesem Grundstück zu errichten.

§ 6 Anbau an die Nachbarwand

(1) [1]Der Nachbar ist berechtigt, an die Nachbarwand anzubauen. [2]Anbau ist die Mitbenutzung der Wand als Abschlußwand oder zur Unterstützung oder Aussteifung des neuen Bauwerks.

(2) Setzt der Anbau eine tiefere Gründung der Nachbarwand voraus, so darf die Nachbarwand unterfangen oder der Boden im Bereich der Gründung der Nachbarwand verfestigt werden, wenn

1. es nach den allgemein anerkannten Regeln der Baukunst unumgänglich ist oder nur mit unzumutbar hohen Kosten vermieden werden könnte,
2. nur geringfügige Beeinträchtigungen des zuerst errichteten Bauwerks zu besorgen sind,
3. das Bauvorhaben öffentlich-rechtlich zulässig ist.

§ 7 Anzeige des Anbaus

(1) [1]Die Einzelheiten des geplanten Anbaus sind dem Eigentümer und dem in seinem Besitz berührten unmittelbaren Besitzer des zuerst bebauten Grundstücks einen Monat vor Beginn der Bauarbeiten schriftlich anzuzeigen. [2]Mit den Arbeiten darf erst nach Fristablauf begonnen werden.

(2) Die Anzeige an den unmittelbaren Besitzer des Grundstücks genügt, wenn die Person oder der Aufenthalt des Grundstückseigentümers nicht oder nur unter erheblichen Schwierigkeiten feststellbar ist oder die Anzeige an ihn im Ausland erfolgen müßte.

§ 8 Vergütung im Fall des Anbaus

(1) Der anbauende Nachbar hat dem Eigentümer des zuerst bebauten Grundstücks den halben Wert der Nachbarwand zu vergüten, soweit sie durch den Anbau genutzt wird.

(2) [1]Die Vergütung ermäßigt sich angemessen, wenn die besondere Bauart oder Bemessung der Nachbarwand nicht erforderlich oder nur für das zuerst errichtete Bauwerk erforderlich war. [2]Sie erhöht sich angemessen, wenn die besondere Bauart oder Bemessung der Nachbarwand nur für das später errichtete Bauwerk erforderlich war.

(3) [1]Steht die Nachbarwand mehr auf dem Nachbargrundstück, als in § 5 vorgesehen oder davon abweichend vereinbart ist, so ermäßigt sich die Vergütung um den Wert des zusätzlich überbauten Bodens, wenn nicht die in § 912 Abs. 2 oder § 915 des Bürgerlichen Gesetzbuches bestimmten Rechte ausgeübt werden. [2]Steht die Nachbarwand weniger auf dem Nachbargrundstück, als in § 5 vorgesehen

oder davon abweichend vereinbart ist, so erhöht sich die Vergütung um den Wert des Bodens, den die Nachbarwand anderenfalls auf dem Nachbargrundstück zusätzlich benötigt hätte.

(4) [1]Die Vergütung wird mit der Fertigstellung des Anbaus im Rohbau fällig. [2]Bei der Berechnung des Wertes der Nachbarwand ist von den zu diesem Zeitpunkt üblichen Baukosten auszugehen. [3]Das Alter sowie der bauliche Zustand der Nachbarwand sind zu berücksichtigen. [4]Auf Verlangen ist Sicherheit in Höhe der voraussichtlichen Vergütung zu leisten; der Anbau darf dann erst nach Leistung der Sicherheit begonnen oder fortgesetzt werden.

§ 9 Abriß eines der Bauwerke

Wird nach erfolgtem Anbau eines der beiden Bauwerke abgerissen und nicht neu errichtet, so hat der Eigentümer des Grundstücks, auf dem das abgerissene Bauwerk stand, die durch den Abriß an der Nachbarwand entstandenen Schäden zu beseitigen und die Außenfläche des bisher gemeinsam genutzten Teils der Nachbarwand in einen für eine Außenwand geeigneten Zustand zu versetzen.

§ 10 Nichtbenutzen der Nachbarwand

(1) [1]Wird das spätere Bauwerk nicht an die Nachbarwand angebaut, obwohl das möglich wäre, so hat der anbauberechtigte Nachbar für die durch die Errichtung der Nachbarwand entstandenen Mehraufwendungen gegenüber den Kosten der Herstellung einer Grenzwand Ersatz zu leisten. [2]Hat die Nachbarwand von dem Grundstück des zuerst Bauenden weniger Baugrund benötigt als eine Grenzwand, so ermäßigt sich der Ersatzanspruch um den Wert des eingesparten Baugrundes. [3]Höchstens ist der Betrag zu erstatten, den der Eigentümer des Nachbargrundstücks im Falle des Anbaus zu zahlen hätte. [4]Der Anspruch wird mit der Fertigstellung des späteren Bauwerks im Rohbau fällig.

(2) Der anbauberechtigte Nachbar ist verpflichtet, die Fuge zwischen der Nachbarwand und seinem an die Nachbarwand herangebauten Bauwerk auf seine Kosten auszufüllen und zu verschließen.

§ 11 Beseitigen der Nachbarwand

(1) Solange und soweit noch nicht angebaut worden ist, darf der Eigentümer des zuerst bebauten Grundstücks die Nachbarwand beseitigen, wenn der anbauberechtigte Nachbar der Beseitigung nicht widerspricht.

(2) Die Absicht, die Nachbarwand zu beseitigen, ist anzuzeigen; § 7 gilt entsprechend.

(3) [1]Der Widerspruch des anbauberechtigten Nachbarn muß binnen eines Monats nach Zugang der Anzeige schriftlich erhoben werden. [2]Der Widerspruch ist unbeachtlich, wenn

1. der anbauberechtigte Nachbar nicht innerhalb von sechs Monaten nach Empfang der Anzeige einen Antrag auf Genehmigung eines Anbaus bei der Baugenehmigungsbehörde einreicht oder
2. die Ablehnung einer beantragten Baugenehmigung nicht mehr angefochten werden kann oder
3. von einer Baugenehmigung nicht innerhalb eines Jahres nach Erteilung Gebrauch gemacht wird.

(4) [1]Macht der Eigentümer des zuerst bebauten Grundstücks von seinem Recht zur Beseitigung Gebrauch, so hat er dem Nachbarn für die Dauer der Nutzung des Nachbargrundstücks durch die Nachbarwand eine angemessene Vergütung zu leisten. [2]Beseitigt der Eigentümer des zuerst bebauten Grundstücks die Nachbarwand ganz oder teilweise, ohne hierzu nach den Absätzen 1 bis 3 berechtigt zu sein, so hat er dem Nachbarn Ersatz für den durch die völlige oder teilweise Beseitigung der Anbaumöglichkeit zugefügten Schaden zu leisten; der Anspruch wird mit der Fertigstellung des späteren Bauwerks im Rohbau fällig.

§ 12 Erhöhen und Verstärken der Nachbarwand

(1) [1]Jeder Grundstückseigentümer darf die Nachbarwand in voller Dicke auf seine Kosten erhöhen, wenn dadurch keine oder nur geringfügige Beeinträchtigungen des anderen Grundstücks zu erwarten sind. [2]Dabei darf der Höherbauende auf das Nachbardach einschließlich des Dachtragewerkes einwirken, soweit dies erforderlich ist; er hat auf seine Kosten das Nachbardach mit der erhöhten Wand ordnungsgemäß zu verbinden. [3]Für den erhöhten Teil der Nachbarwand gelten § 6 Abs. 1, §§ 7, 8, 9, 10 Abs. 2, § 11 Abs. 1 bis 3 und 4 Satz 2, entsprechend.

(2) Jeder Grundstückseigentümer darf die Nachbarwand auf seinem Grundstück auf seine Kosten verstärken.

(3) Setzen die Erhöhung oder die Verstärkung der Nachbarwand eine tiefere Gründung der Nachbarwand voraus, so gilt § 6 Abs. 2 entsprechend.

(4) Die Absicht, die Rechte nach den Absätzen 1 bis 3 auszuüben, ist anzuzeigen; § 7 gilt entsprechend.

§ 13 Schadensersatz bei Erhöhung und Verstärkung
[1]Schaden, der in Ausübung der Rechte nach § 6 Abs. 2 oder § 12 dem Eigentümer oder dem Nutzungsberechtigten des anderen Grundstücks entsteht, ist auch ohne Verschulden zu ersetzen. [2]Auf Verlangen ist Sicherheit in Höhe des voraussichtlichen Schadens zu leisten; das Recht darf dann erst nach Leistung der Sicherheit ausgeübt werden.

Dritter Abschnitt
Grenzwand

§ 14 Begriff
Grenzwand ist die unmittelbar an der Grenze zum Nachbargrundstück auf dem Grundstück des Erbauers errichtete Wand.

§ 15 Errichten einer Grenzwand
(1) Der Grundstückseigentümer, auf dessen Grundstück eine Grenzwand errichtet werden soll, hat dem Nachbarn die Bauart und Bemessung der beabsichtigten Wand einen Monat vor Baubeginn schriftlich anzuzeigen; § 7 Abs. 2 gilt entsprechend.
(2) [1]Der Nachbar kann innerhalb von einem Monat nach Zugang der Anzeige verlangen, die Grenzwand so zu gründen, daß bei der späteren Durchführung seines Bauvorhabens zusätzliche Baumaßnahmen vermieden werden. [2]Wird die Anzeige schuldhaft verspätet abgegeben oder unterlassen, so hat der Eigentümer des zur Bebauung vorgesehenen Grundstücks dem Nachbarn den daraus entstehenden Schaden zu ersetzen.
(3) [1]Die durch das Verlangen nach Absatz 2 Satz 1 entstehenden Mehrkosten sind zu erstatten. [2]In Höhe der voraussichtlich erwachsenden Mehrkosten ist auf Verlangen des Erbauers der Grenzwand innerhalb eines Monats Vorschuß zu leisten. [3]Der Anspruch auf die besondere Gründung erlischt, wenn der Vorschuß nicht fristgerecht geleistet wird.
(4) Soweit der Erbauer der Grenzwand die besondere Gründung auch zum Vorteil seines Bauwerks nutzt, beschränkt sich die Erstattungspflicht des Nachbarn auf den angemessenen Kostenanteil; darüber hinaus gezahlte Kosten können zurückgefordert werden.

§ 16 Errichten einer zweiten Grenzwand
(1) Wer eine Grenzwand neben einer schon vorhandenen Grenzwand errichtet, ist verpflichtet, die Fuge zwischen den Grenzwänden auf seine Kosten auszufüllen und zu verschließen.
(2) Der Erbauer der zweiten Grenzwand ist berechtigt, auf eigene Kosten durch übergreifende Abdeckungen einen Anschluß herzustellen; er hat den Anschluß auf seine Kosten zu unterhalten.
(3) Ist es zur Ausführung des Bauvorhabens erforderlich, die zweite Grenzwand tiefer als die zuerst errichtete Grenzwand zu gründen, so gilt § 6 Abs. 2 entsprechend.
(4) [1]Die Absicht, die Rechte nach den Absätzen 2 und 3 auszuüben, ist anzuzeigen; § 7 gilt entsprechend. [2]Für die Verpflichtung zum Schadensersatz gilt § 13 entsprechend.

§ 16a Wärmeschutzüberbau der Grenzwand
(1) Der Eigentümer eines Grundstücks hat die Überbauung seines Grundstücks für Zwecke der Wärmedämmung zu dulden, wenn das zu dämmende Gebäude auf dem Nachbargrundstück bereits besteht.
(2) Im Falle des Wärmeschutzüberbaus ist der duldungsverpflichtete Nachbar berechtigt, die Beseitigung des Überbaus zu verlangen, wenn und soweit er selbst zulässigerweise an die Grenzwand anbauen will.
(3) [1]Der Begünstigte des Wärmeschutzüberbaus muss die Wärmedämmung in einem ordnungsgemäßen und funktionsgerechten Zustand erhalten. [2]Er ist zur baulichen Unterhaltung der wärmegedämmten Grenzwand verpflichtet.
(4) § 17 Absatz 3 gilt entsprechend.
(5) § 912 Absatz 2 des Bürgerlichen Gesetzbuches gilt entsprechend.

Vierter Abschnitt

Hammerschlags- und Leiterrecht

§ 17 Inhalt und Umfang

(1) Der Eigentümer und der Nutzungsberechtigte eines Grundstücks müssen dulden, daß ihr Grundstück einschließlich der Bauwerke von dem Nachbarn zur Vorbereitung und Durchführung von Bau-, Instandsetzungs- und Unterhaltungsarbeiten auf dem Nachbargrundstück vorübergehend betreten und benutzt wird, wenn und soweit

1. die Arbeiten anders nicht oder nur mit unverhältnismäßig hohen Kosten durchgeführt werden können,
2. die mit der Duldung verbundenen Nachteile oder Belästigungen nicht außer Verhältnis zu dem von dem Berechtigten erstrebten Vorteil stehen,
3. das Vorhaben öffentlich-rechtlich zulässig ist.

(2) Das Recht zur Benutzung umfaßt die Befugnis, auf oder über dem Grundstück Gerüste und Geräte aufzustellen sowie die zu den Arbeiten erforderlichen Baustoffe über das Grundstück zu bringen.

(3) [1]Das Recht ist so zügig und schonend wie möglich auszuüben. [2]Es darf nicht zur Unzeit geltend gemacht werden.

(4) [1]Die Absicht, die Rechte nach den Absätzen 1 und 2 auszuüben, ist anzuzeigen; § 7 gilt entsprechend. [2]Für die Verpflichtung zum Schadensersatz gilt § 13 entsprechend.

(5) Absatz 1 findet auf die Eigentümer öffentlicher Verkehrsflächen keine Anwendung.

§ 18 Nutzungsentschädigung

(1) [1]Wer ein Grundstück gemäß § 17 benutzt, hat für die Zeit der Benutzung eine Nutzungsentschädigung in Höhe der ortsüblichen Miete für die benutzten Bauwerksteile oder für einen dem benutzten unbebauten Grundstücksteil vergleichbaren Lagerplatz zu zahlen. [2]Eine Benutzung unbebauter Grundstücksteile bis zur Dauer von zwei Wochen bleibt außer Betracht. [3]Die Nutzungsentschädigung ist jeweils zum Ende eines Kalendermonats fällig.

(2) Nutzungsentschädigung kann nicht verlangt werden, soweit nach § 17 Abs. 4 Ersatz für entgangene anderweitige Nutzung gefordert wird.

Fünfter Abschnitt

Höherführen von Schornsteinen, Lüftungsleitungen und Antennenanlagen

§ 19

(1) Der Eigentümer und der Nutzungsberechtigte eines Grundstücks müssen dulden, daß der Nachbar an ihrem höheren Gebäude Schornsteine, Lüftungsleitungen und Antennenanlagen seines angrenzenden niedrigeren Gebäudes befestigt, wenn

1. die Höherführung der Schornsteine und Lüftungsleitungen für deren Betriebsfähigkeit und die Höherführung der Antennenanlage für einen einwandfreien Empfang von Sendungen erforderlich ist,
2. Schornsteine, Lüftungsleitungen und Antennenanlagen anders nur mit erheblichen technischen Nachteilen oder mit unverhältnismäßig hohen Kosten höhergeführt werden können,
3. das betroffene Grundstück nicht erheblich beeinträchtigt wird,
4. die Erhöhung und Befestigung öffentlich-rechtlich zulässig ist.

(2) Der Eigentümer und der Nutzungsberechtigte des betroffenen Grundstücks müssen ferner dulden, daß

1. die höhergeführten Schornsteine, Lüftungsleitungen und Antennenanlagen von ihrem Grundstück aus unterhalten werden, wenn dies ohne Benutzung ihres Grundstücks nicht oder nur mit unverhältnismäßig hohen Kosten möglich ist,
2. die hierzu erforderlichen Anlagen auf diesem Grundstück angebracht werden; sie können den Berechtigten statt dessen darauf verweisen, an dem höheren Gebäude auf eigene Kosten außen eine Steigleiter anzubringen, wenn dadurch die Unterhaltungsarbeiten ermöglicht werden.

(3) Die Absätze 1 und 2 gelten für Antennenanlagen nicht, wenn dem Eigentümer des niedrigeren Gebäudes die Mitbenutzung der dazu geeigneten Antennenanlage des höheren Gebäudes gestattet wird.

(4) [1]Die Absicht, die Rechte nach den Absätzen 1 und 2 auszuüben, ist anzuzeigen; § 7 gilt entsprechend. [2]Keiner vorherigen Anzeige bedürfen kleinere Arbeiten zur Unterhaltung der Anlage; zur Unzeit brauchen sie nicht geduldet zu werden.
(5) Für die Verpflichtung zum Schadensersatz gilt § 13 entsprechend.

Sechster Abschnitt
Bodenerhöhungen

§ 20 [Bodenerhöhungen]
Der Boden eines Grundstücks darf nicht über die Oberfläche des Nachbargrundstücks erhöht werden, es sei denn, es wird ein solcher Abstand zur Grundstücksgrenze eingehalten oder es werden solche Vorkehrungen getroffen und unterhalten, daß eine Schädigung des Nachbargrundstücks insbesondere durch Absturz, Abschwemmung oder Pressung des Bodens ausgeschlossen ist.

Siebenter Abschnitt
Einfriedung

§ 21 Einfriedungspflicht
Jeder Grundstückseigentümer kann von dem Nachbarn die Einfriedung nach folgenden Regeln verlangen:
1. Wenn Grundstücke unmittelbar nebeneinander an derselben Straße liegen, so hat jeder Grundstückseigentümer an der Grenze zum rechten Nachbargrundstück einzufrieden.
2. a) Rechtes Nachbargrundstück ist dasjenige, das von der Straße aus betrachtet rechts liegt.
   b) Liegt ein Grundstück zwischen zwei Straßen, so ist dasjenige Grundstück rechtes Nachbargrundstück, welches von derjenigen Straße aus betrachtet rechts liegt, an der sich der Haupteingang des Grundstücks befindet. Ist ein Haupteingang nicht feststellbar, so hat der Grundstückseigentümer auf Verlangen des Nachbarn zu bestimmen, welche Straße als diejenige Straße gelten soll, an der sich der Haupteingang befindet; § 264 Abs. 2 des Bürgerlichen Gesetzbuches gilt entsprechend. Durch Verlegung des Haupteinganges wird die Einfriedungspflicht ohne Zustimmung des Eigentümers des angrenzenden Grundstücks nicht verändert.
   c) Für Eckgrundstücke gilt Buchstabe a ohne Rücksicht auf die Lage des Haupteinganges.
3. Als Straßen gelten auch Wege, wenn solche an Stelle von Straßen für die Lage von Grundstücken maßgeblich sind.
4. Wenn an einer Grenze beide Nachbarn einzufrieden haben, so haben sie gemeinsam einzufrieden.
5. An Grenzen, für die durch Nummer 1 keine Einfriedungspflicht begründet wird, insbesondere an beiderseits rückwärtigen Grenzen, ist gemeinsam einzufrieden.

§ 22 Ausnahmen von der Einfriedungspflicht
(1) Eine Einfriedungspflicht besteht nicht, wenn und soweit die Grenze mit Gebäuden besetzt ist oder Einfriedungen nicht ortsüblich sind.
(2) Eine Einfriedungspflicht besteht ferner nicht für Grenzen zwischen Grundstücken und den an sie angrenzenden Flächen für die Land- und Forstwirtschaft, öffentlichen Verkehrsflächen, öffentlichen Grünflächen und Gewässern.

§ 23 Beschaffenheit
(1) [1]Es kann nur die Errichtung einer ortsüblichen Einfriedung oder, wenn keine Ortsüblichkeit feststellbar ist, eines etwa 1,25 m hohen Zaunes aus Maschendraht verlangt werden. [2]Können Nachbarn, die gemeinsam einzufrieden haben, sich nicht auf eine unter mehreren ortsüblichen Einfriedungen einigen, so ist ein Zaun der in Satz 1 bezeichneten Art zu errichten.
(2) Schreiben öffentlich-rechtliche Vorschriften eine andere Art der Einfriedung vor, so tritt diese an die Stelle der in Absatz 1 genannten Einfriedungsart.
(3) Bietet die Einfriedung gemäß Absatz 1 keinen angemessenen Schutz vor unzumutbaren Beeinträchtigungen, so hat auf Verlangen des Nachbarn derjenige, von dessen Grundstück die Beeinträchtigungen ausgehen, die Einfriedung im erforderlichen Umfang zu verstärken oder höher auszuführen.

§ 24 Standort

[1]Wer zur Einfriedung allein verpflichtet ist, hat die Einfriedung auf seinem Grundstück zu errichten. [2]Haben Nachbarn gemeinsam einzufrieden, so ist die Einfriedung auf der gemeinsamen Grenze zu errichten.

§ 25 Kosten der Errichtung

(1) Wer zur Einfriedung allein verpflichtet ist, hat die Kosten der Einfriedung zu tragen.

(2) [1]Haben Nachbarn gemeinsam einzufrieden, so tragen sie die Kosten der Errichtung der Einfriedung je zur Hälfte. [2]Ist bei gemeinsamer Einfriedung nur für eines der beiden Grundstücke eine Einfriedung nach § 23 Abs. 2 vorgeschrieben, so sind die Errichtungskosten einer Einfriedung nach § 23 Abs. 1 maßgebend; die Mehrkosten trägt der gemäß § 23 Abs. 2 verpflichtete Grundstückseigentümer. [3]Die bei einer Einfriedung nach § 23 Abs. 3 nach § 23 Abs. 1 oder 2 entstehenden Mehrkosten der Errichtung trägt der Nachbar, von dessen Grundstück die Beeinträchtigungen ausgehen.

§ 26 Benutzung und Kosten der Unterhaltung

(1) Wer zur Einfriedung allein verpflichtet ist, ist zur ausschließlichen Benutzung der Einfriedung berechtigt und hat die Kosten der Unterhaltung der Einfriedung zu tragen.

(2) Haben Nachbarn gemeinsam einzufrieden, so gilt für die gemeinsame Benutzung und Unterhaltung der Einfriedung auch dann die Regelung des § 922 des Bürgerlichen Gesetzbuches, wenn die Einfriedung ganz auf einem der Grundstücke errichtet ist.

Achter Abschnitt

Grenzabstände für Pflanzen

§ 27 Grenzabstände für Bäume und Sträucher

Der Eigentümer und der Nutzungsberechtigte eines Grundstücks haben mit Bäumen und Sträuchern folgende Mindestabstände von den Nachbargrundstücken einzuhalten:

1. mit Bäumen, und zwar
   a) mit stark wachsenden Bäumen, insbesondere der Rotbuche, der Linde, der Platane, der Roßkastanie, der Stieleiche, der Pappel, der Weißbirke, der Douglasfichte und dem Walnußbaum 3,00 m,
   b) mit Bäumen, die nicht unter Buchstabe a oder c fallen 1,50 m,
   c) mit nicht hochstämmigen Obstbäumen 1,00 m,
2. mit Sträuchern 0,50 m.

§ 28 Grenzabstände für Hecken

(1) Der Eigentümer und der Nutzungsberechtigte eines Grundstücks haben mit Hecken von den Nachbargrundstücken folgende Mindestabstände einzuhalten:

1. mit Hecken über 2 m Höhe 1,00 m,
2. mit Hecken bis zu 2 m Höhe 0,50 m.

(2) Absatz 1 gilt nicht für Hecken, die nach § 24 Satz 2 auf der Grenze gepflanzt werden.

§ 29 Ausnahmen von den Abstandsvorschriften

Die §§ 27 und 28 gelten nicht für

1. Anpflanzungen an den Grenzen zu Flächen für die Land- und Forstwirtschaft, zu öffentlichen Verkehrsflächen, zu öffentlichen Grünflächen und zu Gewässern,
2. Anpflanzungen auf öffentlichen Verkehrsflächen,
3. Anpflanzungen, die hinter einer geschlossenen Einfriedung vorgenommen werden und diese nicht überragen; als geschlossen gilt auch eine Einfriedung, deren Bauteile breiter sind als die Zwischenräume,
4. Wald.

§ 30 Berechnung des Abstandes

[1]Der Abstand wird von der Mitte des Baumstammes, des Strauches oder der Hecke bis zur Grenzlinie gemessen, und zwar an der Stelle, an der die Pflanze aus dem Boden tritt. [2]Bei Hecken, die aus mehreren Pflanzreihen bestehen, wird der Abstand von der Mitte der Reihe gemessen, die der Grenze am nächsten steht.

§ 31 Beseitigungsanspruch

[1]Wird der vorgeschriebene Mindestabstand nicht eingehalten, so kann der Nachbar die Beseitigung der Anpflanzung verlangen. [2]Der Eigentümer und der Nutzungsberechtigte des Grundstücks sind befugt, stattdessen die Anpflanzung auf ihrem Grundstück zurückzuschneiden, sofern auch auf diese Weise ein den Vorschriften dieses Gesetzes entsprechender Zustand hergestellt werden kann.

§ 32 Ausschluß des Beseitigungsanspruchs

[1]Der Anspruch nach diesem Gesetz auf Beseitigung von Anpflanzungen, die die vorgeschriebenen Mindestabstände nicht einhalten, ist ausgeschlossen, wenn der Nachbar nicht bis zum Ablauf des fünften auf das Anpflanzen folgenden Kalenderjahres Klage auf Beseitigung erhoben hat. [2]Für Hecken, die beim Anpflanzen den vorgeschriebenen Abstand einhalten, beginnt die Frist, wenn sie über die nach diesem Gesetz zulässige Höhe hinausgewachsen sind.

§ 33 Ersatzanpflanzungen

[1]Werden für Anpflanzungen, bei denen der Beseitigungsanspruch nach § 32 ausgeschlossen ist, Ersatzanpflanzungen vorgenommen, so gelten für die Ersatzanpflanzungen die §§ 27 bis 32. [2]Dies gilt nicht für die Ersetzung einzelner abgestorbener Heckenpflanzen einer geschlossenen Hecke.

§ 34 Nachträgliche Grenzänderungen

Die Rechtmäßigkeit des Abstandes einer Anpflanzung wird durch nachträgliche Grenzänderungen nicht berührt: § 33 gilt entsprechend.

§ 35 Wild wachsende Pflanzen

[1]Die Vorschriften dieses Abschnitts gelten für wild wachsende Pflanzen entsprechend. [2]Als Anpflanzen im Sinne des § 32 Satz 1 gilt die Erklärung des Grundstückseigentümers gegenüber dem Nachbarn, daß er die wild wachsende Pflanze nicht beseitigen wolle.

Neunter Abschnitt

Übergangs- und Schlußvorschriften

§ 36 Übergangsvorschriften

(1) Der Umfang von Rechten, die bei Inkrafttreten dieses Gesetzes bestehen, richtet sich unbeschadet der Vorschrift des Absatzes 2 nach diesem Gesetz.

(2) [1]Der Anspruch auf Beseitigung von Pflanzen, die bei Inkrafttreten des Gesetzes vorhanden sind und deren Grenzabstände den Vorschriften dieses Gesetzes nicht entsprechen, ist ausgeschlossen, wenn

1. (aufgehoben)
2. die Pflanzen dem bisherigen Recht entsprechen.

[2]§ 33 gilt entsprechend.

(3) Ansprüche auf Zahlung auf Grund dieses Gesetzes bestehen nur, wenn das den Anspruch begründende Ereignis nach Inkrafttreten dieses Gesetzes eingetreten ist; anderenfalls behält es bei dem bisherigen Recht sein Bewenden.

§ 37 Außerkrafttreten von Vorschriften

[1]Das diesem Gesetz entgegenstehende oder gleichlautende Recht wird aufgehoben. [2](nicht wiedergegebene Aufhebungsvorschriften)

§ 38 Inkrafttreten

Dieses Gesetz tritt am 1. Januar 1974 in Kraft.

Gesetz über den Vollzug der Untersuchungshaft in Berlin (Berliner Untersuchungshaftvollzugsgesetz – UVollzG Bln)

Vom 3. Dezember 2009 (GVBl. S. 686)
(BRV 350-4)

zuletzt geändert durch Art. 4 G zur Änd. von Berliner Justizvollzugsgesetzen vom 14. September 2021 (GVBl. S. 1079)

Das Abgeordnetenhaus hat das folgende Gesetz beschlossen:

Inhaltsübersicht

Erster Abschnit
Allgemeine Bestimmungen

§ 1 Anwendungsbereich
(1) Dieses Gesetz regelt den Vollzug der Untersuchungshaft.
(2) Es gilt entsprechend für den Vollzug der Haft nach § 127b Absatz 2, § 230 Absatz 2, §§ 236, 329 Absatz 4 Satz 1, § 412 Satz 1 und § 453c der Strafprozessordnung sowie der einstweiligen Unterbringung nach § 275a Absatz 5 der Strafprozessordnung.

§ 2 Aufgabe des Untersuchungshaftvollzugs
Der Vollzug der Untersuchungshaft hat die Aufgabe, durch sichere Unterbringung der Untersuchungsgefangenen die Durchführung eines geordneten Strafverfahrens zu gewährleisten und der Gefahr weiterer Straftaten zu begegnen.

§ 3 Zuständigkeit und Zusammenarbeit
(1) [1]Entscheidungen nach diesem Gesetz trifft die Justizvollzugsanstalt, in der die Untersuchungshaft vollzogen wird (Anstalt). [2]Sie arbeitet eng mit Gericht und Staatsanwaltschaft zusammen, um die Aufgabe des Untersuchungshaftvollzugs zu erfüllen und die Sicherheit und Ordnung der Anstalt zu gewährleisten.
(2) Die Anstalt hat Anordnungen nach § 119 Absatz 1 der Strafprozessordnung zur Abwehr einer Flucht-, Verdunkelungs- oder Wiederholungsgefahr zu beachten und umzusetzen.

§ 4 Stellung der Untersuchungsgefangenen

(1) [1]Die Untersuchungsgefangenen gelten als unschuldig. [2]Sie sind so zu behandeln, dass der Anschein vermieden wird, sie würden zur Verbüßung einer Strafe festgehalten.

(2) [1]Die Persönlichkeit der Untersuchungsgefangenen ist zu achten. [2]Ihre Selbständigkeit im Vollzugsalltag ist soweit wie möglich zu erhalten und zu fördern.

(3) [1]Die Untersuchungsgefangenen werden an der Gestaltung des Vollzugsalltags beteiligt. [2]Vollzugliche Maßnahmen sind ihnen zu erläutern.

(4) [1]Soweit das Gesetz eine besondere Regelung nicht enthält, dürfen den Untersuchungsgefangenen nur Beschränkungen auferlegt werden, die zur Aufrechterhaltung der Sicherheit, zur Abwehr einer schwerwiegenden Störung der Ordnung der Anstalt oder zur Umsetzung einer verfahrenssichernden Anordnung unerlässlich sind. [2]Sie müssen in einem angemessenen Verhältnis zum Zweck der Anordnung stehen und dürfen die Untersuchungsgefangenen nicht mehr und nicht länger als notwendig beeinträchtigen.

§ 5 Vollzugsgestaltung

(1) [1]Das Leben im Vollzug ist den allgemeinen Lebensverhältnissen anzugleichen, soweit die Aufgabe des Untersuchungshaftvollzugs und die Erfordernisse eines geordneten Zusammenlebens in der Anstalt dies zulassen. [2]Schädlichen Folgen des Freiheitsentzugs ist entgegenzuwirken. [3]Ein besonderes Augenmerk ist auf die Verhütung von Selbsttötungen zu legen.

(2) Die unterschiedlichen Bedürfnisse der Untersuchungsgefangenen, insbesondere im Hinblick auf Geschlecht, Alter, Herkunft, Religion, Weltanschauung, Behinderung und sexuelle Identität werden bei der Vollzugsgestaltung im Allgemeinen und im Einzelfall berücksichtigt.

§ 6 Soziale Hilfe und Eigenverantwortung

(1) [1]Die Untersuchungsgefangenen werden darin unterstützt, ihre persönlichen, wirtschaftlichen und sozialen Schwierigkeiten zu beheben. [2]Sie sollen dazu angeregt und in die Lage versetzt werden, ihre Angelegenheiten eigenverantwortlich zu regeln.

(2) Die Anstalt arbeitet mit außervollzuglichen Einrichtungen und Organisationen sowie mit Personen und Vereinen, die soziale Hilfestellung leisten können, eng zusammen.

(3) Die Untersuchungsgefangenen sind, soweit erforderlich, über die notwendigen Maßnahmen zur Aufrechterhaltung ihrer sozialversicherungsrechtlichen Ansprüche zu beraten.

(4) [1]Die Beratung soll die Benennung von Stellen und Einrichtungen außerhalb der Anstalt umfassen, die sich um eine Vermeidung der weiteren Untersuchungshaft bemühen. [2]Auf Wunsch sind den Untersuchungsgefangenen Stellen und Einrichtungen zu benennen, die sie in ihrem Bestreben unterstützen können, einen Ausgleich mit dem den Verletzten der Straftat zu erreichen.

Zweiter Abschnitt

Vollzugsverlauf

§ 7 Aufnahme

(1) [1]Mit den Untersuchungsgefangenen wird unverzüglich nach der Aufnahme ein Aufnahmegespräch geführt, in dem ihre gegenwärtige Lebenssituation erörtert wird und sie über ihre Rechte und Pflichten informiert werden. [2]Sofern es für die sprachliche Verständigung mit den Untersuchungsgefangenen erforderlich ist, sind Sprachmittlerinnen oder Sprachmittler hinzuzuziehen. [3]Den Untersuchungsgefangenen wird ein Exemplar der Hausordnung ausgehändigt oder in anderer Weise dauerhaft zugänglich gemacht. [4]Dieses Gesetz, die von ihm in Bezug genommenen Gesetze sowie die zu seiner Ausführung erlassenen Rechtsverordnungen und Verwaltungsvorschriften sind den Untersuchungsgefangenen auf Verlangen zugänglich zu machen.

(2) Beim Aufnahmeverfahren dürfen andere Gefangene nicht zugegen sein.

(3) Die Untersuchungsgefangenen werden alsbald ärztlich untersucht.

(4) Den Untersuchungsgefangenen ist Gelegenheit zu geben, eine Angehörige oder einen Angehörigen oder eine Vertrauensperson von der Aufnahme in die Anstalt zu benachrichtigen, soweit eine verfahrenssichernde Anordnung nach § 119 Absatz 1 der Strafprozessordnung nicht entgegensteht.

(5) Die Untersuchungsgefangenen werden dabei unterstützt, etwa notwendige Maßnahmen für hilfsbedürftige Angehörige, zur Erhaltung des Arbeitsplatzes und der Wohnung und zur Sicherung ihrer Habe außerhalb der Anstalt zu veranlassen.

§ 8 Verlegung und Überstellung

(1) [1]Untersuchungsgefangene können abweichend vom Vollstreckungsplan in eine andere Anstalt verlegt oder überstellt werden, wenn es

1. zur Umsetzung einer verfahrenssichernden Anordnung nach § 119 Absatz 1 der Strafprozessordnung,
2. aus Gründen der Sicherheit der Anstalt oder
3. aus Gründen der Vollzugsorganisation oder aus anderen wichtigen Gründen im Einzelfall

erforderlich ist. [2]Zuvor ist dem Gericht und der Staatsanwaltschaft Gelegenheit zur Stellungnahme zu geben. [3]Die Verteidigung erhält Gelegenheit zur Stellungnahme, soweit dies die Aufgabe des Untersuchungshaftvollzugs und die Sicherheit der Anstalt nicht gefährdet.

(2) § 7 Absatz 4 gilt entsprechend.

§ 9 Vorführung, Ausführung und Ausantwortung

(1) [1]Auf Ersuchen eines Gerichts oder einer Staatsanwaltschaft werden Untersuchungsgefangene vorgeführt, sofern ein Vorführungsbefehl vorliegt. [2]Über Vorführungsersuchen in anderen als dem der Inhaftierung zugrunde liegenden Verfahren sind das Gericht und die Staatsanwaltschaft unverzüglich zu unterrichten.

(2) [1]Aus besonderen Gründen können Untersuchungsgefangene unter ständiger und unmittelbarer Aufsicht ausgeführt werden. [2]Ausführungen zur Befolgung einer gerichtlichen Ladung sind zu ermöglichen, soweit darin das persönliche Erscheinen angeordnet ist oder dies aus sonstigen prozessualen Gründen erforderlich ist und eine verfahrenssichernde Anordnung nach § 119 Absatz 1 der Strafprozessordnung nicht entgegensteht. [3]Vor der Entscheidung ist dem Gericht und der Staatsanwaltschaft Gelegenheit zur Stellungnahme zu geben. [4]Die Verteidigung erhält Gelegenheit zur Stellungnahme, soweit dies die Aufgabe des Untersuchungshaftvollzugs und die Sicherheit der Anstalt nicht gefährdet. [5]Liegt die Ausführung ausschließlich im Interesse der Untersuchungsgefangenen, können ihnen die Kosten auferlegt werden.

(3) [1]Untersuchungsgefangene dürfen befristet dem Gewahrsam eines Gerichts, einer Staatsanwaltschaft oder einer Polizei-, Ordnungs-, Zoll- oder Finanzbehörde auf Antrag überlassen werden (Ausantwortung). [2]Absatz 2 Satz 3 gilt entsprechend.

§ 10 Entlassung

(1) Auf Anordnung des Gerichts oder der Staatsanwaltschaft entlässt die Anstalt die Untersuchungsgefangenen unverzüglich aus der Haft, es sei denn, es ist in anderer Sache eine richterlich angeordnete Freiheitsentziehung zu vollziehen.

(2) [1]Aus fürsorgerischen Gründen kann Untersuchungsgefangenen der freiwillige Verbleib in der Anstalt bis zum Vormittag des zweiten auf den Eingang der Entlassungsanordnung folgenden Werktags gestattet werden. [2]Der freiwillige Verbleib setzt das schriftliche Einverständnis der Untersuchungsgefangenen voraus, dass die bisher bestehenden Beschränkungen aufrechterhalten bleiben.

(3) Bedürftigen Untersuchungsgefangenen kann eine Entlassungsbeihilfe in Form eines Reisekostenzuschusses, angemessener Kleidung oder einer sonstigen notwendigen Unterstützung gewährt werden.

Dritter Abschnitt
Unterbringung und Versorgung der Untersuchungsgefangenen

§ 11 Trennungsgrundsätze

(1) [1]Untersuchungsgefangene werden von Gefangenen anderer Haftarten, namentlich von Strafgefangenen, getrennt untergebracht. [2]Ausnahmen sind zulässig

1. mit Zustimmung der einzelnen Untersuchungsgefangenen,
2. zur Umsetzung einer verfahrenssichernden Anordnung nach § 119 Absatz 1 der Strafprozessordnung,
3. aus Gründen der Sicherheit oder Ordnung der Anstalt oder
4. bei Strafgefangenen, die sich zum Zeitpunkt des Eintritts der Rechtskraft ihres Strafurteils in Untersuchungshaft befunden haben und für die zur Verlegung in die für sie zum Vollzug der Freiheitsstrafe zuständige Anstalt ein Vollzugs- und Eingliederungsplan erstellt wird.

[3]Darüber hinaus können Untersuchungsgefangene ausnahmsweise mit Gefangenen anderer Haftarten untergebracht werden, wenn die geringe Anzahl der Untersuchungsgefangenen eine getrennte Unterbringung nicht zulässt.

(2) [1]Junge Untersuchungsgefangene (§ 64 Absatz 1) werden von den übrigen Untersuchungsgefangenen und von Gefangenen anderer Haftarten getrennt untergebracht. [2]Hiervon kann aus den in Absatz 1 Satz 2 und 3 genannten Gründen abgewichen werden, wenn eine Vollzugsgestaltung nach § 65 gewährleistet bleibt und schädliche Einflüsse auf die jungen Untersuchungsgefangenen nicht zu befürchten sind. [3]Mit Untersuchungsgefangenen, die das 18. Lebensjahr vollendet haben, dürfen minderjährige Untersuchungsgefangene nur gemeinsam untergebracht werden, wenn es dem Kindeswohl nicht widerspricht. [4]Mit Untersuchungsgefangenen, die das 24. Lebensjahr vollendet haben und auf die gemäß § 64 Absatz 2 Satz 2 ausnahmsweise die ergänzenden Bestimmungen des Elften Abschnitts Anwendung finden, dürfen minderjährige Untersuchungsgefangene nur untergebracht werden, wenn dies dem Kindeswohl dient.

(3) [1]Untersuchungsgefangene unterschiedlichen Geschlechts werden getrennt voneinander untergebracht. [2]Von dem Grundsatz der getrennten Unterbringung gemäß Satz 1 kann im Einzelfall unter Berücksichtigung der Persönlichkeit und der Bedürfnisse der Untersuchungsgefangenen, der Erreichung des Vollzugsziels und der Sicherheit oder Ordnung der Anstalt, einschließlich der Bedürfnisse der übrigen Untersuchungsgefangenen, insbesondere dann abgewichen werden, wenn sich Untersuchungsgefangene

1. auf Grund ihrer geschlechtlichen Identität nicht dem in ihrem amtlichen Personenstandseintrag angegebenen, sondern einem anderen Geschlecht oder
2. dauerhaft weder dem männlichen noch dem weiblichen Geschlecht

als zugehörig empfinden.

(4) Gemeinsame Maßnahmen, insbesondere gemeinsame Arbeit und eine gemeinsame Berufs- und Schulausbildung, sind zulässig.

§ 12 Unterbringung während der Einschlusszeiten

(1) [1]Die Untersuchungsgefangenen werden während der Einschlusszeiten in ihren Hafträumen einzeln untergebracht. [2]Wenn schädliche Einflüsse nicht zu befürchten sind, können Untersuchungsgefangene mit ihrer Zustimmung in dafür zugelassenen Hafträumen zu zweit untergebracht werden; dies gilt auch dann, wenn eine Gefahr für Leben oder eine ernsthafte Gefahr für die Gesundheit einer oder eines Untersuchungsgefangenen besteht. [3]Die Anstalt setzt die Einschlusszeiten unter Berücksichtigung der in § 4 und § 5 geregelten Grundsätze fest.

(2) [1]Abweichend von den Voraussetzungen des Absatzes 1 Satz 2 ist eine gemeinsame Unterbringung nur während der stationären Behandlung im Justizvollzugskrankenhaus oder vorübergehend und aus zwingenden Gründen zulässig. [2]Schädliche Einflüsse auf die Untersuchungsgefangenen dürfen hierdurch nicht zu befürchten sein.

§ 13 Aufenthalt außerhalb der Einschlusszeiten

(1) [1]Außerhalb der Einschlusszeiten dürfen sich die Untersuchungsgefangenen in Gemeinschaft aufhalten. [2]Für die Teilnahme an gemeinschaftlichen Veranstaltungen kann die Anstalt mit Rücksicht auf die räumlichen, personellen oder organisatorischen Verhältnisse der Anstalt besondere Regelungen treffen.

(2) Der gemeinschaftliche Aufenthalt kann eingeschränkt werden,

1. wenn ein schädlicher Einfluss auf andere Untersuchungsgefangene zu befürchten ist,
2. wenn es zur Umsetzung einer verfahrenssichernden Anordnung nach § 119 Absatz 1 der Strafprozessordnung erforderlich ist,
3. wenn es die Sicherheit oder Ordnung der Anstalt erfordert oder
4. während der stationären Behandlung im Justizvollzugskrankenhaus.

§ 14 Unterbringung von weiblichen Untersuchungsgefangenen mit ihren Kindern

(1) [1]Bis zur Vollendung ihres dritten Lebensjahres können Kinder von weiblichen Untersuchungsgefangenen mit Zustimmung der oder des Aufenthaltsbestimmungsberechtigten mit ihrer Mutter gemeinsam in der Anstalt untergebracht werden, wenn Sicherheitsgründe nicht entgegenstehen. [2]Vor der Unterbringung ist das Jugendamt zu hören.

(2) [1]Die Unterbringung erfolgt auf Kosten der für das Kind Unterhaltspflichtigen. [2]Von der Geltendmachung des Kostenersatzanspruchs kann ausnahmsweise abgesehen werden, wenn hierdurch die gemeinsame Unterbringung gefährdet würde.

§ 15 Persönlicher Gewahrsam und Gelder der Untersuchungsgefangenen

(1) [1]Die Untersuchungsgefangenen dürfen Gegenstände nur mit Zustimmung der Anstalt in Gewahrsam haben, annehmen oder abgeben. [2]Ohne Zustimmung dürfen sie Gegenstände von geringem Wert von anderen Gefangenen annehmen und an andere Gefangene weitergeben; die Abgabe und Annahme dieser Gegenstände nebst dem Gewahrsam daran können von der Zustimmung der Anstalt abhängig gemacht werden.

(2) [1]Gelder der Untersuchungsgefangenen werden auf einem Eigengeldkonto in der Anstalt geführt. [2]Der Besitz von Bargeld in der Anstalt ist den Untersuchungsgefangenen nicht gestattet. [3]Geld in Fremdwährung wird in der Regel in der Zahlstelle verwahrt oder zur Habe genommen.

(3) [1]Gegenstände, die die Untersuchungsgefangenen nicht im Haftraum aufbewahren dürfen oder wollen, werden von der Anstalt aufbewahrt, soweit dies nach Art und Umfang möglich ist und Gründe der Sicherheit oder Ordnung der Anstalt, insbesondere auch hygienische Gründe, nicht dagegen sprechen. [2]Die Anstalt kann eine angemessene Beschränkung des Umfangs der aufzubewahrenden Gegenstände vornehmen. [3]Den Untersuchungsgefangenen wird Gelegenheit gegeben, ihre Gegenstände, die sie während des Vollzugs und für ihre Entlassung nicht benötigen, zu versenden. [4]§ 41 Absatz 5 gilt entsprechend.

(4) [1]Werden eingebrachte Gegenstände, deren Aufbewahrung nach Absatz 3 ausgeschlossen ist, von den Untersuchungsgefangenen trotz Aufforderung nicht innerhalb einer angemessenen Frist aus der Anstalt verbracht, so ist die Anstalt berechtigt, diese Gegenstände auf Kosten der Untersuchungsgefangenen außerhalb der Anstalt zu verwahren, zu verwerten oder zu vernichten. [2]Für das Verfahren der Verwertung und Vernichtung gilt § 40 des Allgemeinen Sicherheits- und Ordnungsgesetzes in der Fassung vom 11. Oktober 2006 (GVBl. S. 930), das zuletzt durch Gesetz vom 7. April 2015 (GVBl. S. 66) geändert worden ist, in der jeweils geltenden Fassung entsprechend.

(5) Aufzeichnungen und andere Gegenstände die Kenntnisse über Sicherungsvorkehrungen der Anstalt vermitteln oder Schlussfolgerungen auf diese zulassen, dürfen vernichtet oder unbrauchbar gemacht werden.

(6) Die Zustimmung nach Absatz 1 kann widerrufen werden, wenn es zur Umsetzung einer verfahrenssichernden Anordnung oder zur Aufrechterhaltung der Sicherheit oder zur Abwendung einer erheblichen Störung der Ordnung der Anstalt erforderlich ist.

§ 16 Ausstattung des Haftraums

(1) [1]Die Untersuchungsgefangenen dürfen ihren Haftraum in angemessenem Umfang mit eigenen Gegenständen ausstatten oder diese dort aufbewahren. [2]Gegenstände, deren Überlassung eine verfahrenssichernde Anordnung nach § 119 Absatz 1 der Strafprozessordnung entgegensteht oder die einzeln oder in ihrer Gesamtheit geeignet sind, die Sicherheit oder Ordnung der Anstalt, insbesondere die Übersichtlichkeit des Haftraumes, zu gefährden, dürfen nicht in den Haftraum eingebracht werden. [3]Entgegen Satz 2 eingebrachte Gegenstände werden daraus entfernt.

(2) [1]Die Untersuchungsgefangenen tragen die Kosten für die aus Gründen der Sicherheit der Anstalt notwendige technische Überprüfung der von ihnen im Haftraum genutzten Elektrogeräte. [2]Sind sie dazu nicht in der Lage, so kann die Anstalt die Kosten in begründeten Fällen in angemessenem Umfang übernehmen.

§ 17 Kleidung

(1) [1]Die Untersuchungsgefangenen dürfen eigene Kleidung tragen, soweit sie für Reinigung, Instandhaltung und regelmäßigen Wechsel auf ihre Kosten sorgen. [2]Die Anstalt kann anordnen, dass Reinigung und Instandhaltung nur durch ihre Vermittlung erfolgen dürfen.

(2) Soweit es zur Umsetzung einer verfahrenssichernden Anordnung nach § 119 Absatz 1 der Strafprozessordnung oder zur Gewährleistung der Sicherheit oder Ordnung der Anstalt erforderlich ist, kann das in Absatz 1 genannte Recht eingeschränkt oder ausgeschlossen werden.

§ 18 Verpflegung und Einkauf

(1) [1]Zusammensetzung und Nährwert der Anstaltsverpflegung haben den Anforderungen an eine gesunde Ernährung zu entsprechen. [2]Auf ärztliche Anordnung wird besondere Verpflegung gewährt.

[3]Den Untersuchungsgefangenen ist zu ermöglichen, Speisevorschriften ihrer Religionsgemeinschaft zu befolgen sowie sich fleischlos zu ernähren. [4]Geschlechtsspezifische Unterschiede in der Ernährungsweise von Untersuchungsgefangenen sind zu berücksichtigten[1)].

(2) [1]Die Untersuchungsgefangenen können aus einem von der Anstalt vermittelten Angebot über ihr Eigengeldkonto gemäß § 15 Absatz 2 Satz 1 einkaufen. [2]Die Anstalt wirkt auf ein Angebot hin, das auf Wünsche und Bedürfnisse der Untersuchungsgefangenen Rücksicht nimmt.

(3) [1]Den Untersuchungsgefangenen soll die Möglichkeit eröffnet werden, unmittelbar oder über Dritte Gegenstände über den Versandhandel zu beziehen. [2]Zulassung und Verfahren des Einkaufs regelt die Anstalt.

(4) Gegenstände, deren Überlassung eine verfahrenssichernde Anordnung nach § 119 Absatz 1 der Strafprozessordnung entgegensteht oder die nach Art oder Menge geeignet sind, die Sicherheit oder Ordnung der Anstalt zu gefährden, sind vom Einkauf ausgeschlossen oder mengenmäßig zu beschränken.

§ 19 Annehmlichkeiten

Von den §§ 16 bis 18 nicht umfasste Annehmlichkeiten dürfen sich die Untersuchungsgefangenen auf ihre Kosten verschaffen, soweit und solange weder eine verfahrenssichernde Anordnung nach § 119 Absatz 1 der Strafprozessordnung entgegensteht noch die Sicherheit oder Ordnung der Anstalt gefährdet wird.

§ 20 Gesundheitsschutz und Hygiene

(1) [1]Die Anstalt unterstützt die Untersuchungsgefangenen bei der Wiederherstellung und Erhaltung ihrer körperlichen, geistigen und seelischen Gesundheit. [2]Die Untersuchungsgefangenen haben die notwendigen Anordnungen zum Gesundheitsschutz und zur Hygiene zu befolgen.

(2) [1]Den Untersuchungsgefangenen wird ermöglicht, sich täglich mindestens eine Stunde im Freien aufzuhalten. [2]§ 47 Absatz 2 Satz 1 Nummer 4 in Verbindung mit Absatz 4 bleibt unberührt.

(3) [1]Erkranken Untersuchungsgefangene schwer oder versterben sie, so wird eine Angehörige oder ein Angehöriger benachrichtigt. [2]Im Fall einer schweren Erkrankung ist die Einwilligung der Untersuchungsgefangenen erforderlich. [3]Kann die Einwilligung, insbesondere aus Krankheitsgründen, nicht erlangt werden, so erfolgt die Benachrichtigung, wenn diese dem mutmaßlichen Interesse der Untersuchungsgefangenen entspricht. [4]Dem Wunsch der Untersuchungsgefangenen, auch andere Personen zu benachrichtigen, soll nach Möglichkeit entsprochen werden.

(4) [1]Der Nichtraucherschutz ist angemessen zu gewährleisten. [2]Den Untersuchungsgefangenen soll die Teilnahme an Raucherentwöhnungsmaßnahmen ermöglicht werden.

§ 21 Zwangsmaßnahmen auf dem Gebiet der Gesundheitsfürsorge

(1) [1]Eine medizinische Untersuchung und Behandlung ist ohne Einwilligung der Untersuchungsgefangenen zulässig, um den Erfolg eines Selbsttötungsversuchs zu verhindern. [2]Eine Maßnahme nach Satz 1 ist auch zulässig, wenn von den Untersuchungsgefangenen eine gegenwärtige schwerwiegende Gefahr für die Gesundheit einer anderen Person ausgeht.

(2) Über die Fälle des Absatzes 1 hinaus sind medizinische Untersuchung und Behandlung sowie eine Ernährung zwangsweise bei gegenwärtiger Lebensgefahr oder schwerwiegender Gefahr für die Gesundheit der oder des Untersuchungsgefangenen zulässig, wenn diese oder dieser zur Einsicht in das Vorliegen der Gefahr und die Notwendigkeit der Maßnahme oder zum Handeln gemäß solcher Einsicht krankheitsbedingt nicht fähig ist und eine gegen die Durchführung gerichtete wirksame Patientenverfügung im Sinne des § 1901a Absatz 1 Satz 1 des Bürgerlichen Gesetzbuchs der Anstalt nicht vorliegt.

(3) Zwangsmaßnahmen nach Absatz 1 Satz 2 und Absatz 2 dürfen nur angeordnet werden, wenn

1. die Untersuchungsgefangenen durch eine Ärztin oder einen Arzt über Notwendigkeit, Art, Umfang, Dauer, zu erwartende Folgen und Risiken der Maßnahme in einer ihrer Auffassungsgabe und ihrem Gesundheitszustand angemessenen Weise aufgeklärt wurden,
2. der ernsthafte und ohne Ausübung von Druck unternommene Versuch einer Ärztin oder eines Arztes, eine Zustimmung der Untersuchungsgefangenen zu der Maßnahme zu erreichen, erfolglos geblieben ist,
3. die Maßnahme zur Abwendung einer Gefahr nach Absatz 1 Satz 2 oder Absatz 2 geeignet, in Art, Umfang und Dauer erforderlich und für die Beteiligten zumutbar ist und

1) Richtig wohl: „berücksichtigen".

4. der von der Maßnahme erwartete Nutzen die mit der Maßnahme verbundene Belastung deutlich überwiegt und der bei Unterlassen der Maßnahme mögliche Schaden deutlich schwerer wiegt als die mit der Maßnahme verbundene Belastung.

(4) [1]Maßnahmen nach den Absätzen 1 und 2 dürfen nur auf Anordnung und unter Leitung einer Ärztin oder eines Arztes durchgeführt werden. [2]Unberührt bleibt die Leistung erster Hilfe für den Fall, dass eine Ärztin oder ein Arzt nicht rechtzeitig erreichbar und mit einem Aufschub Lebensgefahr verbunden ist. [3]In den Fällen des Absatzes 1 Satz 2 und Absatzes 2 bedarf die Anordnung der Zustimmung der Anstaltsleiterin oder des Anstaltsleiters und der Aufsichtsbehörde. [4]Die Anordnung wird den Verteidigerinnen und den Verteidigern auf Antrag der Untersuchungsgefangenen unverzüglich mitgeteilt. [5]Die Gründe und die Voraussetzungen für die Anordnung einer Maßnahme nach den Absätzen 1 oder 2, die ergriffenen Maßnahmen einschließlich ihres Zwangscharakters, die Durchsetzungsweise, die Wirkungsüberwachung sowie der Untersuchungs- und Behandlungsablauf sind zu dokumentieren. [6]Gleiches gilt für Erklärungen der Untersuchungsgefangenen, die im Zusammenhang mit Zwangsmaßnahmen von Bedeutung sein können.

(5) [1]Die Anordnung einer Maßnahme nach Absatz 1 Satz 2 oder Absatz 2 ist den Untersuchungsgefangenen vor Durchführung der Maßnahme schriftlich bekannt zu geben. [2]Sie sind darüber zu belehren, dass sie gegen die Anordnung bei Gericht um einstweiligen Rechtsschutz ersuchen und auch Antrag auf gerichtliche Entscheidung stellen können. [3]Mit dem Vollzug einer Anordnung ist zuzuwarten, bis die Untersuchungsgefangenen Gelegenheit hatten, eine gerichtliche Entscheidung herbeizuführen.

(6) Bei Gefahr im Verzug finden Absatz 3 Nummer 1 und 2, Absatz 4 Satz 3 und Absatz 5 keine Anwendung.

(7) [1]Zur Gewährleistung des Gesundheitsschutzes und der Hygiene ist die zwangsweise körperliche Untersuchung der Untersuchungsgefangenen zulässig, wenn sie nicht mit einem körperlichen Eingriff verbunden ist. [2]Sie darf nur von den von der Anstaltsleiterin oder dem Anstaltsleiter dazu bestimmten Bediensteten auf der Grundlage einer ärztlichen Stellungnahme angeordnet werden. [3]Durchführung und Überwachung unterstehen ärztlicher Leitung. [4]Kann die körperliche Untersuchung das Schamgefühl verletzen, so wird sie von einer Person gleichen Geschlechts oder von einer Ärztin oder einem Arzt vorgenommen; bei berechtigtem Interesse der Untersuchungsgefangenen soll ihrem Wunsch, die Untersuchung einer Person oder einem Arzt bestimmten Geschlechts zu übertragen, entsprochen werden. [5]Duldungspflichten der Untersuchungsgefangenen nach Vorschriften anderer Gesetze bleiben unberührt.

§ 22 Medizinische Leistungen, Forderungsübergang und Kostenbeteiligung

(1) [1]Die Untersuchungsgefangenen haben einen Anspruch auf notwendige, ausreichende und zweckmäßige medizinische Leistungen unter Beachtung des Grundsatzes der Wirtschaftlichkeit. [2]Der Leistungsumfang der gesetzlichen Krankenkassen ist zu berücksichtigen. [3]Den besonderen Belangen behinderter und chronisch kranker Untersuchungsgefangener ist Rechnung zu tragen.

(2) Der Anspruch umfasst auch Vorsorgeleistungen, ferner die Versorgung mit medizinischen Hilfsmitteln und Körperersatzstücken, die im Einzelfall erforderlich sind, um den Erfolg der Krankenbehandlung zu sichern, eine Behinderung auszugleichen oder einer drohenden Behinderung vorzubeugen, soweit diese nicht außer Verhältnis zur voraussichtlichen Dauer des Untersuchungshaftvollzugs steht und die Hilfsmittel nicht als allgemeine Gebrauchsgegenstände des täglichen Lebens anzusehen sind.

(3) [1]Gesetzliche Schadensersatzansprüche, die Untersuchungsgefangenen infolge einer Körperverletzung zustehen, gehen insoweit auf das Land über, als den Untersuchungsgefangenen Leistungen nach den Absätzen 1 und 2 zu gewähren sind. [2]Von der Geltendmachung der Ansprüche gegenüber Strafgefangenen ist abzusehen, wenn hierdurch die Erreichung ihres Vollzugsziels oder ihre Eingliederung gefährdet würde.

(4) Für Leistungen, die über die in den Absätzen 1 und 2 genannten Leistungen hinausgehen, können den Untersuchungsgefangenen die Kosten auferlegt werden.

(5) [1]Die Anstalt soll nach Anhörung des ärztlichen Dienstes der Anstalt den Untersuchungsgefangenen auf ihren Antrag hin gestatten, auf ihre Kosten externen ärztlichen Rat einzuholen. [2]Die Erlaubnis kann versagt werden, wenn die Untersuchungsgefangenen die gewählte ärztliche Vertrauensperson und den ärztlichen Dienst der Anstalt nicht wechselseitig in dem für die Behandlung erforderlichen Maße von der Schweigepflicht entbinden oder wenn es zur Umsetzung einer verfahrenssichernden Anordnung

nach § 119 Absatz 1 der Strafprozessordnung oder zur Aufrechterhaltung der Sicherheit oder Ordnung der Anstalt erforderlich ist. [3]Die Konsultation soll in der Anstalt stattfinden.

§ 23 Verlegung, Überstellung und Ausführung zur medizinischen Behandlung

(1) Kranke oder hilfsbedürftige Untersuchungsgefangene können in eine zur Behandlung ihrer Krankheit oder zu ihrer Versorgung besser geeignete Anstalt oder in ein Vollzugskrankenhaus verlegt oder überstellt werden.

(2) Erforderlichenfalls können Untersuchungsgefangene zur medizinischen Behandlung ausgeführt oder in ein Krankenhaus außerhalb des Vollzugs gebracht werden.

(3) Zur Entbindung sind schwangere Untersuchungsgefangene in ein Krankenhaus außerhalb des Vollzugs zu bringen, sofern dies im Hinblick auf den Geburtsvorgang möglich ist.

(4) [1]Vor Verlegung, Überstellung und Ausführung zur medizinischen Behandlung ist dem Gericht und der Staatsanwaltschaft nach Möglichkeit Gelegenheit zur Stellungnahme zu geben. [2]Bei Verlegungen und Überstellungen gilt § 7 Absatz 4 entsprechend.

(5) Werden Untersuchungsgefangene während einer Behandlung aus der Haft entlassen, so hat das Land nur für diejenigen Leistungen die Kosten zu tragen, die bis zur Entlassung erbracht worden sind.

Vierter Abschnitt

Arbeit, Bildung, Freizeit

§ 24 Arbeit und Bildung

(1) Die Untersuchungsgefangenen sind nicht zur Arbeit verpflichtet.

(2) [1]Ihnen soll nach Möglichkeit Arbeit oder eine sonstige Beschäftigung angeboten werden, die ihre Fähigkeiten, Fertigkeiten und Neigungen berücksichtigt. [2]Die Arbeit darf nicht zur Unzeit niedergelegt werden.

(3) [1]Geeigneten Untersuchungsgefangenen soll nach Möglichkeit Gelegenheit zum Erwerb oder zur Verbesserung schulischer und beruflicher Kenntnisse gegeben werden, soweit es die besonderen Bedingungen der Untersuchungshaft zulassen. [2]Zur Vorbereitung und Durchführung dieser Maßnahmen soll Untersuchungsgefangenen, die nicht über ausreichende Kenntnisse der deutschen Sprache verfügen, die Teilnahme an Deutschkursen ermöglicht werden.

(4) [1]Nehmen die Untersuchungsgefangenen eine Arbeit oder sonstige Beschäftigung nach den Absätzen 2 oder 3 auf, so gelten die von der Anstalt festgelegten Beschäftigungsbedingungen. [2]Für schwangere und stillende Untersuchungsgefangene sind die Vorschriften des Mutterschutzgesetzes in der Fassung der Bekanntmachung vom 20. Juni 2002 (BGBl. I S. 2318), das zuletzt durch Artikel 6 des Gesetzes vom 23. Oktober 2012 (BGBl. I S. 2246) geändert worden ist, in der jeweils geltenden Fassung über die Beschäftigungsverbote und die Gestaltung des Arbeitsplatzes entsprechend anzuwenden. [3]Die Untersuchungsgefangenen können von ihrer Tätigkeit nach Satz 1 abgelöst werden, wenn

1. sie den Anforderungen nicht gewachsen sind,
2. sie trotz Abmahnung wiederholt gegen die Beschäftigungsvorschriften verstoßen,
3. dies zur Umsetzung einer verfahrenssichernden Anordnung nach § 119 Absatz 1 der Strafprozessordnung erforderlich ist oder
4. dies aus Gründen der Sicherheit oder Ordnung der Anstalt erforderlich ist.

[4]Vor Ablösung sind die Untersuchungsgefangenen anzuhören. [5]Bei einer Gefährdung der Sicherheit der Anstalt kann dies auch nachgeholt werden. [6]Werden Untersuchungsgefangene nach Nummer 2 oder aufgrund ihres Verhaltens nach Nummer 4 abgelöst, so gelten sie als verschuldet ohne Beschäftigung.

(5) Das Zeugnis oder der Nachweis über eine Bildungsmaßnahme darf keinen Hinweis auf die Inhaftierung enthalten.

§ 25 Arbeitsentgelt, Ausbildungsbeihilfe, Taschengeld und Freistellung

(1) Wer eine Arbeit oder sonstige Beschäftigung ausübt, erhält Arbeitsentgelt.

(2) [1]Der Bemessung des Arbeitsentgelts sind 9 Prozent der Bezugsgröße nach § 18 des Vierten Buches Sozialgesetzbuch – Gemeinsame Vorschriften für die Sozialversicherung – in der Fassung der Bekanntmachung vom 12. November 2009 (BGBl. I S. 3710, 3973; 2011 I S. 363), das zuletzt durch Artikel 28 des Gesetzes vom 20. November 2015 (BGBl. I S. 2010) geändert worden ist, in der jeweils

geltenden Fassung zugrunde zu legen (Eckvergütung). [2]Ein Tagessatz ist der 250. Teil der Eckvergütung; das Arbeitsentgelt kann nach einem Stundensatz bemessen werden.

(3) [1]Das Arbeitsentgelt kann je nach Leistung der Untersuchungsgefangenen und der Art der Arbeit gestuft werden. [2]Es beträgt mindestens 75 Prozent der Eckvergütung. [3]Die für Justiz zuständige Senatsverwaltung wird ermächtigt, die Vergütungsstufen durch Rechtsverordnung zu bestimmen.

(4) Die Höhe des Arbeitsentgelts ist den Untersuchungsgefangenen schriftlich bekannt zu geben.

(5) Soweit Beiträge zur Bundesagentur für Arbeit zu entrichten sind, kann vom Arbeitsentgelt ein Betrag einbehalten werden, der dem Anteil der Untersuchungsgefangenen am Beitrag entsprechen würde, wenn sie diese Bezüge als Arbeitnehmerin oder Arbeitnehmer erhielten.

(6) [1]Nehmen Untersuchungsgefangene während der Arbeitszeit an einer Bildungsmaßnahme teil, erhalten sie eine Ausbildungsbeihilfe, soweit kein Anspruch auf Leistungen zum Lebensunterhalt besteht, die außerhalb des Vollzugs aus solchem Anlass gewährt werden. [2]Die Absätze 2 bis 5 gelten entsprechend.

(7) [1]Kann Untersuchungsgefangenen weder Arbeit noch die Teilnahme an einer Bildungsmaßnahme angeboten werden, so wird ihnen bei Bedürftigkeit auf Antrag ein Taschengeld gewährt. [2]Bedürftig sind Untersuchungsgefangene, soweit ihnen voraussichtlich monatlich nicht ein Betrag bis zur Höhe des Taschengeldes aus eigenen Mitteln zur Verfügung steht. [3]Das Taschengeld beträgt 14 Prozent der Eckvergütung nach Absatz 2 Satz 1. [4]Es wird zu Beginn des Monats im Voraus gewährt. [5]Gehen Untersuchungsgefangenen im Laufe des Monats Gelder zu, so wird zum Ausgleich ein Betrag bis zur Höhe des gewährten Taschengeldes einbehalten.

(8) [1]Haben Untersuchungsgefangene ein halbes Jahr lang gearbeitet oder an einer Bildungsmaßnahme nach Absatz 6 teilgenommen, die den Umfang der regelmäßigen wöchentlichen Arbeitszeit erreicht, so können sie beanspruchen, zehn Beschäftigungstage von ihrer Beschäftigung freigestellt zu werden. [2]Zeiten, in denen die Untersuchungsgefangenen infolge Krankheit an der Arbeitsleistung oder Teilnahme an der Bildungsmaßnahme gehindert waren, werden auf das Halbjahr mit bis zu 15 Beschäftigungstagen angerechnet. [3]Der Anspruch verfällt, wenn die Freistellung nicht innerhalb eines Jahres nach seiner Entstehung erfolgt ist. [4]Die Untersuchungsgefangenen erhalten für die Zeit der Freistellung ihr Arbeitsentgelt oder ihre Ausbildungsbeihilfe weiter.

§ 26 Freizeit und Sport

(1) [1]Zur Freizeitgestaltung sind geeignete Angebote vorzuhalten. [2]Insbesondere sollen Sportmöglichkeiten, Gemeinschaftsveranstaltungen und Veranstaltungen zur kreativen Entfaltung angeboten werden. [3]Die Anstalt stellt eine angemessen ausgestattete Bücherei zur Verfügung.

(2) Die Untersuchungsgefangenen sind zur Teilnahme und Mitwirkung an Angeboten der Freizeitgestaltung zu motivieren und anzuleiten.

§ 27 Zeitungen und Zeitschriften

(1) [1]Die Untersuchungsgefangenen dürfen auf eigene Kosten Zeitungen und Zeitschriften in angemessenem Umfang durch Vermittlung der Anstalt beziehen. [2]Ausgeschlossen sind Zeitungen und Zeitschriften, deren Verbreitung mit Strafe oder Geldbuße bedroht ist.

(2) [1]Zeitungen oder Zeitschriften können den Untersuchungsgefangenen vorenthalten werden, wenn dies zur Umsetzung einer verfahrenssichernden Anordnung nach § 119 Absatz 1 der Strafprozessordnung erforderlich ist. [2]Für einzelne Ausgaben oder Teile von Zeitungen und Zeitschriften gilt dies auch dann, wenn die Kenntnisnahme von deren Inhalten die Sicherheit oder Ordnung der Anstalt erheblich gefährden würde.

§ 28 Rundfunk, Informations- und Unterhaltungselektronik

(1) [1]Der Zugang zum Hörfunk- und Fernsehempfang (Rundfunk) ist zu ermöglichen. [2]Die Anstalt entscheidet über die Einspeisung einzelner Hörfunk- und Fernsehprogramme, soweit eine Empfangsanlage vorhanden ist. [3]Die Wünsche und Bedürfnisse der Untersuchungsgefangenen sind angemessen zu berücksichtigen.

(2) [1]Eigene Hörfunk- und Fernsehgeräte der Untersuchungsgefangenen werden zugelassen, wenn nicht Gründe des § 16 Absatz 1 Satz 2 entgegenstehen. [2]Die Untersuchungsgefangenen können auf von der Anstalt vermittelte Mietgeräte oder Haftraummediensysteme verwiesen werden. [3]In diesem Fall ist den Untersuchungsgefangenen abweichend von Satz 1 der Besitz eigener Geräte im Haftraum in der Regel nicht gestattet.

(3) [1]Die Untersuchungsgefangenen haben die Kosten für die Überprüfung, Überlassung und den Betrieb der von ihnen genutzten Hörfunk- und Fernsehgeräte sowie die Bereitstellung des Hörfunk- und Fernsehempfangs zu tragen. [2]Sind sie dazu nicht in der Lage, so kann die Anstalt die Kosten in begründeten Fällen in angemessenem Umfang übernehmen.
(4) Andere Geräte der Informations- und Unterhaltungselektronik können unter den Voraussetzungen des Absatzes 2 Satz 1 zugelassen werden.

Fünfter Abschnitt
Religionsausübung

§ 29 Seelsorge, religiöse Schriften und Gegenstände
(1) [1]Den Untersuchungsgefangenen ist religiöse Betreuung durch eine Seelsorgerin oder einen Seelsorger ihrer Religionsgemeinschaft zu ermöglichen. [2]Auf Wunsch ist ihnen zu helfen, mit einer Seelsorgerin oder einem Seelsorger in Verbindung zu treten.
(2) [1]Die Untersuchungsgefangenen dürfen grundlegende religiöse Schriften sowie in angemessenem Umfang Gegenstände des religiösen Gebrauchs besitzen. [2]Diese dürfen ihnen nur bei grobem Missbrauch entzogen werden.

§ 30 Religiöse Veranstaltungen
(1) Die Untersuchungsgefangenen haben das Recht, am Gottesdienst und an anderen religiösen Veranstaltungen ihrer Religionsgemeinschaft teilzunehmen.
(2) Die Zulassung zu den Gottesdiensten oder zu religiösen Veranstaltungen einer anderen Religionsgemeinschaft bedarf der Zustimmung der Seelsorgerin oder des Seelsorgers dieser Religionsgemeinschaft.
(3) [1]Untersuchungsgefangene können von der Teilnahme am Gottesdienst oder an anderen religiösen Veranstaltungen ausgeschlossen werden, wenn dies zur Umsetzung einer verfahrenssichernden Anordnung nach § 119 Absatz 1 der Strafprozessordnung oder aus überwiegenden Gründen der Sicherheit oder Ordnung der Anstalt geboten ist. [2]Die Seelsorgerin oder der Seelsorger ist dazu vorher anzuhören; bei einer Gefährdung der Sicherheit der Anstalt kann dies auch nachgeholt werden.

§ 31 Weltanschauungsgemeinschaften
Für Angehörige weltanschaulicher Bekenntnisse gelten die §§ 29 und 30 entsprechend.

Sechster Abschnitt
Besuche, Schriftwechsel, Telefongespräche und Pakete

§ 32 Grundsatz
[1]Die Untersuchungsgefangenen haben das Recht, mit Personen außerhalb der Anstalt im Rahmen der Bestimmungen dieses Gesetzes zu verkehren, soweit eine verfahrenssichernde Anordnung nach § 119 Absatz 1 der Strafprozessordnung nicht entgegensteht. [2]Der Verkehr mit der Außenwelt, insbesondere die Erhaltung der Kontakte zu Bezugspersonen mit einem günstigen Einfluss auf die Untersuchungsgefangenen, ist zu fördern.

§ 33 Besuch
(1) [1]Die Untersuchungsgefangenen dürfen Besuch empfangen. [2]Die Gesamtdauer beträgt mindestens zwei Stunden im Monat. [3]Bei Besuchen von minderjährigen Kindern der Untersuchungsgefangenen erhöht sich die Gesamtdauer der Besuchszeit nach Satz 2 um eine weitere Stunde. [4]Näheres zum Verfahren und zum Ablauf der Besuche regelt die Anstalt.
(2) Kontakte der Untersuchungsgefangenen zu ihren Angehörigen im Sinne von § 11 Absatz 1 Nummer 1 des Strafgesetzbuchs - insbesondere zu ihren minderjährigen Kindern - werden besonders gefördert.
(3) Besuche sollen über die Fälle des Absatzes 1 hinaus zugelassen werden, wenn sie persönlichen, rechtlichen oder geschäftlichen Angelegenheiten dienen, die nicht von den Untersuchungsgefangenen schriftlich erledigt, durch Dritte wahrgenommen oder bis zur voraussichtlichen Entlassung aufgeschoben werden können.
(4) [1]Aus Gründen der Sicherheit der Anstalt können Besuche davon abhängig gemacht werden, dass die Besucherinnen und Besucher sich und ihre mitgeführten Sachen durchsuchen und mit technischen

oder sonstigen Hilfsmitteln absuchen lassen. [2]Die Durchsuchung darf nur von Personen des gleichen Geschlechts vorgenommen werden; das Schamgefühl ist zu schonen.

(5) Besuche können untersagt werden, wenn die Sicherheit oder Ordnung der Anstalt gefährdet würde.

(6) Die Anstalt kann im Einzelfall die Nutzung einer Trennvorrichtung anordnen, wenn dies zum Schutz von Personen oder zur Verhinderung einer Übergabe von Gegenständen erforderlich ist.

§ 34 Besuche der Verteidigung, von Rechtsanwältinnen, Rechtsanwälten, Notarinnen und Notaren sowie von Mitgliedern bestimmter Institutionen und bestimmten Personen

(1) [1]Besuche von Verteidigerinnen und Verteidigern sowie von Rechtsanwältinnen, Rechtsanwälten, Notarinnen und Notaren in einer die jeweiligen Untersuchungsgefangenen betreffenden Rechtssache sind zu gestatten. [2]§ 33 Absatz 4 gilt entsprechend. [3]Eine inhaltliche Überprüfung der von diesen Personen in einer die Untersuchungsgefangenen betreffenden Rechtssache mitgeführten Schriftstücke und sonstigen Unterlagen ist nicht zulässig.

(2) [1]Besuche von Mitgliedern der in § 37 Absatz 3 Satz 1 genannten Stellen und von dort aufgeführten Personen sind zu gestatten. [2]Die Besuche werden weder gemäß § 35 Absatz 1 beaufsichtigt noch die geführten Gespräche gemäß § 35 Absatz 2 überwacht. [3]Im Übrigen gilt für die Durchführung der Besuche Absatz 1 Satz 3, § 33 Absatz 4 und Absatz 6 sowie § 35 Absatz 3 und Absatz 5 Satz 3 entsprechend.

§ 35 Beaufsichtigung von Besuchen und Überwachung von Gesprächen

(1) [1]Besuche werden vorbehaltlich des Absatzes 4 regelmäßig beaufsichtigt. [2]Über Ausnahmen entscheidet die Anstalt. [3]Die Beaufsichtigung kann mittels optisch-elektronischer Einrichtungen durchgeführt werden.

(2) Gespräche dürfen nur überwacht werden, soweit es im Einzelfall aus Gründen der Sicherheit erforderlich ist.

(3) [1]Besuche dürfen abgebrochen werden, wenn Besucherinnen, Besucher oder Untersuchungsgefangene gegen dieses Gesetz oder aufgrund dieses Gesetzes getroffene Anordnungen trotz Abmahnung verstoßen. [2]Dies gilt auch bei einem Verstoß gegen verfahrenssichernde Anordnungen nach § 119 Absatz 1 der Strafprozessordnung. [3]Die Abmahnung unterbleibt, wenn es unerlässlich ist, den Besuch sofort abzubrechen.

(4) Besuche von Verteidigerinnen und Verteidigern sowie von Rechtsanwältinnen, Rechtsanwälten, Notarinnen und Notaren in einer die jeweiligen Untersuchungsgefangenen betreffenden Rechtssache werden weder beaufsichtigt noch überwacht.

(5) [1]Beim Besuch dürfen Untersuchungsgefangene grundsätzlich keine Gegenstände, und Besucherinnen und Besucher nur Gegenstände, die sie innerhalb der Anstalt an dafür zugelassenen Einrichtungen zum Einkauf für die Untersuchungsgefangenen erworben haben, übergeben. [2]Dies gilt nicht für die bei dem Besuch der Verteidigerinnen und Verteidiger übergebenen Schriftstücke und sonstigen Unterlagen sowie für die bei dem Besuch von Rechtsanwältinnen, Rechtsanwälten, Notarinnen und Notaren zur Erledigung einer die jeweiligen Untersuchungsgefangenen betreffenden Rechtssache übergebenen Schriftstücke und sonstigen Unterlagen. [3]Bei dem Besuch von Rechtsanwältinnen, Rechtsanwälten, Notarinnen und Notaren kann die Übergabe aus Gründen der Sicherheit oder Ordnung der Anstalt von der Erlaubnis der Anstalt abhängig gemacht werden.

§ 36 Schriftwechsel

(1) [1]Die Untersuchungsgefangenen haben das Recht, Schreiben abzusenden und zu empfangen. [2]Die Kosten des Schriftwechsels tragen die Untersuchungsgefangenen. [3]Sind sie dazu nicht in der Lage, so kann die Anstalt die Kosten in begründeten Fällen in angemessenem Umfang übernehmen.

(2) Die Anstalt kann den Schriftwechsel mit bestimmten Personen untersagen, wenn die Sicherheit oder Ordnung der Anstalt gefährdet würde.

§ 37 Überwachung von Schriftwechsel

(1) Der Schriftwechsel darf nur überwacht werden, soweit dies aus Gründen der Sicherheit der Anstalt erforderlich ist.

(2) Der Schriftwechsel der Untersuchungsgefangenen mit ihren Verteidigerinnen und Verteidigern sowie mit Rechtsanwältinnen, Rechtsanwälten, Notarinnen und Notaren in einer die jeweiligen Untersuchungsgefangenen betreffenden Rechtssache wird nicht überwacht.

(3) [1]Ferner wird der Schriftwechsel der Untersuchungsgefangenen mit

1. den Volksvertretungen des Bundes und der Länder sowie deren Mitgliedern,
2. dem Bundesverfassungsgericht und dem für sie zuständigen Landesverfassungsgericht,
3. der oder dem für sie zuständigen Bürgerbeauftragten eines Landes,
4. der oder dem Datenschutzbeauftragten des Bundes oder der Länder,
5. dem europäischen Parlament sowie dessen Mitgliedern,
6. dem Europäischen Gerichtshof für Menschenrechte,
7. dem Europäischen Gerichtshof,
8. der oder dem Europäischen Datenschutzbeauftragten,
9. der oder dem Europäischen Bürgerbeauftragten,
10. dem Europäischen Ausschuss zur Verhütung von Folter und unmenschlicher oder erniedrigender Behandlung oder Strafe,
11. der Europäischen Kommission gegen Rassismus und Intoleranz,
12. dem Menschenrechtsausschuss der Vereinten Nationen,
13. den Ausschüssen der Vereinten Nationen für die Beseitigung der Rassendiskriminierung und für die Beseitigung der Diskriminierung der Frau,
14. dem Ausschuss der Vereinten Nationen gegen Folter, dem zugehörigen Unterausschuss zur Verhütung von Folter und den entsprechenden Nationalen Präventivmechanismen,
15. den konsularischen Vertretungen ihres Heimatlandes,
16. der für sie zuständigen Führungsaufsichtsstelle, Bewährungs- und Gerichtshilfe,
17. der oder dem Opferbeauftragten des Landes Berlin und
18. den Anstaltsbeiräten und dem Berliner Vollzugsbeirat sowie deren Mitgliedern

nicht überwacht, wenn die Schreiben an die Anschriften dieser Stellen oder Personen gerichtet sind und die Absenderinnen oder Absender zutreffend angegeben sind. [2]Schreiben der in Satz 1 genannten Stellen oder Personen, die an die Untersuchungsgefangenen gerichtet sind, dürfen nicht überwacht werden, wenn die Identität der Absenderinnen oder Absender zweifelsfrei feststeht. [3]In diesem Fall ist jedoch eine Sichtkontrolle entsprechend § 38 Absatz 3 vorzunehmen.

(4) Für den Schriftwechsel zur Ausübung des Wahlrechts gilt Absatz 3 entsprechend.

§ 38 Sichtkontrolle, Weiterleitung von Schreiben, Aufbewahrung

(1) [1]Die Untersuchungsgefangenen haben das Absenden und den Empfang ihrer Schreiben durch die Anstalt vermitteln zu lassen, soweit nichts anderes gestattet ist. [2]Ein- und ausgehende Schreiben sind unverzüglich weiterzuleiten.

(2) Ein- und ausgehende Schreiben werden durch Sichtkontrolle auf verbotene Gegenstände überprüft.

(3) [1]Bei der Sichtkontrolle des Schriftwechsels der Untersuchungsgefangenen mit ihren Verteidigerinnen und Verteidigern sowie Rechtsanwältinnen, Rechtsanwälten, Notarinnen und Notaren in einer sie betreffenden Rechtssache dürfen die ein- und ausgehenden Schreiben nur ungeöffnet auf verbotene Gegenstände untersucht werden. [2]Besteht der Verdacht, dass diese Schreiben verbotene Gegenstände enthalten, oder bestehen Zweifel am Vorliegen eines Mandatsverhältnisses oder der Berufsträgereigenschaft, so werden sie an die Absenderinnen oder Absender zurückgesandt oder den absendenden Untersuchungsgefangenen zurückgegeben, sofern nicht der dringende Verdacht besteht, dass ungeöffnete Schreiben verbotene strafrechtlich relevante Gegenstände enthalten und eine Sicherstellung nach strafprozessualen Vorschriften in Betracht kommt.

(4) [1]Die Untersuchungsgefangenen haben eingehende Schreiben unverschlossen zu verwahren, sofern nichts anderes gestattet wird. [2]Sie können sie verschlossen zu ihrer Habe geben.

§ 39 Anhalten von Schreiben

(1) Schreiben können angehalten werden, wenn

1. es die Aufgabe des Untersuchungshaftvollzugs oder die Sicherheit oder Ordnung der Anstalt erfordert,
2. die Weitergabe in Kenntnis ihres Inhalts einen Straf- oder Bußgeldtatbestand verwirklichen würde,
3. sie grob unrichtige oder erheblich entstellende Darstellungen von Anstaltsverhältnissen oder grobe Beleidigungen enthalten oder
4. sie in Geheim- oder Kurzschrift, unlesbar, unverständlich oder ohne zwingenden Grund in einer fremden Sprache abgefasst sind.

(2) Ausgehenden Schreiben, die unrichtige Darstellungen enthalten, kann ein Begleitschreiben beigefügt werden, wenn die Untersuchungsgefangenen auf das Absenden bestehen.

(3) [1]Sind Schreiben angehalten worden, so wird das den Untersuchungsgefangenen mitgeteilt. [2]Hiervon kann abgesehen werden, wenn und solange es die Aufgabe des Untersuchungshaftvollzugs erfordert. [3]Soweit angehaltene Schreiben nicht als Beweismittel nach strafprozessualen Vorschriften sichergestellt werden, werden sie an die Absenderinnen oder Absender zurückgegeben oder, sofern dies unmöglich oder aus besonderen Gründen nicht angezeigt ist, von der Anstalt verwahrt.

(4) Schreiben, deren Überwachung nach § 37 Absatz 2 bis 4 ausgeschlossen ist, dürfen nicht angehalten werden.

§ 40 Telefongespräche

(1) [1]Den Untersuchungsgefangenen kann gestattet werden, Telefongespräche durch Vermittlung der Anstalt zu führen. [2]Die Vorschriften über den Besuch gemäß § 33 Absatz 5 und §§ 34, 35 Absatz 3 und 4 gelten entsprechend. [3]Ist die Überwachung des Telefongesprächs erforderlich, so teilt die Anstalt die angeordnete Überwachung den Untersuchungsgefangenen rechtzeitig vor Beginn des Telefongesprächs und den Gesprächspartnerinnen und Gesprächspartnern der Untersuchungsgefangenen unmittelbar nach Herstellung der Verbindung mit.

(2) [1]Die Kosten der Telefongespräche tragen die Untersuchungsgefangenen. [2]Sind sie dazu nicht in der Lage, so kann die Anstalt die Kosten in begründeten Fällen in angemessenem Umfang übernehmen.

§ 41 Pakete

(1) [1]Der Empfang von Paketen mit Nahrungs-, Genuss- und Körperpflegemitteln sowie Arzneimitteln ist den Untersuchungsgefangenen nicht gestattet. [2]Der Empfang von Paketen mit anderem Inhalt bedarf der Erlaubnis der Anstalt, welche Zeitpunkt und Höchstmenge für die Sendung und für einzelne Gegenstände festsetzen kann. [3]Für den Ausschluss von Gegenständen gilt § 18 Absatz 4 entsprechend.

(2) [1]Pakete sind in Gegenwart der Untersuchungsgefangenen zu öffnen, an die sie adressiert sind. [2]Sie sind auf verbotene Gegenstände zu durchsuchen. [3]Ausgeschlossene Gegenstände können zu ihrer Habe genommen oder den Absenderinnen oder Absendern zurückgesandt werden. [4]Nicht ausgehändigte Gegenstände, durch die bei der Versendung oder Aufbewahrung Personen verletzt oder Sachschäden verursacht werden können, dürfen vernichtet werden. [5]Die hiernach getroffenen Maßnahmen werden den Untersuchungsgefangenen eröffnet.

(3) Der Empfang von Paketen kann vorübergehend versagt werden, wenn dies wegen der Gefährdung der Sicherheit oder Ordnung der Anstalt unerlässlich ist.

(4) [1]Den Untersuchungsgefangenen kann gestattet werden, Pakete zu versenden. [2]Die Anstalt kann ihren Inhalt aus Gründen der Sicherheit oder Ordnung der Anstalt überprüfen.

(5) [1]Die Kosten des Paketversandes tragen die Untersuchungsgefangenen. [2]Sind sie dazu nicht in der Lage, so kann die Anstalt die Kosten in begründeten Fällen in angemessenem Umfang übernehmen.

Siebter Abschnitt
Sicherheit und Ordnung

§ 42 Grundsatz der Sicherheit und Ordnung

(1) Sicherheit und Ordnung der Anstalt bilden die Grundlage des Anstaltslebens und tragen dazu bei, dass in der Anstalt ein gewaltfreies Klima herrscht.

(2) [1]Die Pflichten und Beschränkungen, die den Untersuchungsgefangenen zur Aufrechterhaltung der Sicherheit oder Ordnung der Anstalt auferlegt werden, sind so zu wählen, dass sie in einem angemessenen Verhältnis zu ihrem Zweck stehen und die Untersuchungsgefangenen nicht mehr und nicht länger als notwendig beeinträchtigen. [2]Es sind insbesondere geschlechtsspezifische Belange sowie die besonderen Belange lebensälterer und behinderter Untersuchungsgefangener zu berücksichtigen.

§ 43 Verhaltensvorschriften

(1) [1]Die Untersuchungsgefangenen dürfen durch ihr Verhalten gegenüber Bediensteten, Mitgefangenen und anderen Personen das geordnete Zusammenleben in der Anstalt nicht stören. [2]Sie haben sich nach der Tageseinteilung der Anstalt (Arbeitszeit, Freizeit, Einschlusszeit) zu richten.

(2) [1]Die Untersuchungsgefangenen haben die Anordnungen der Bediensteten zu befolgen, auch wenn sie sich durch diese beschwert fühlen. [2]Einen ihnen zugewiesenen Bereich dürfen sie nicht ohne Erlaubnis verlassen.
(3) Die Untersuchungsgefangenen haben ihren Haftraum und die ihnen von der Anstalt überlassenen Sachen in Ordnung zu halten und schonend zu behandeln.
(4) Die Untersuchungsgefangenen haben Umstände, die eine Gefahr für das Leben oder eine erhebliche Gefahr für die Gesundheit einer Person bedeuten, unverzüglich zu melden.

§ 44 Absuchung, Durchsuchung und Haftraumrevision

(1) [1]Die Untersuchungsgefangenen und ihre Sachen dürfen, auch unter Verwendung technischer oder sonstiger Hilfsmittel, abgesucht und durchsucht werden. [2]Entsprechendes gilt für die Hafträume (Haftraumrevision). [3]Die Durchsuchung männlicher Untersuchungsgefangener darf nur von Männern, die Durchsuchung weiblicher Untersuchungsgefangener darf nur von Frauen vorgenommen werden. [4]Das Schamgefühl ist zu schonen. [5]Schreiben und Unterlagen, die gemäß § 37 Absatz 2 bis 4 nicht überwacht werden dürfen, werden in Gegenwart der Untersuchungsgefangenen nur einer groben Sichtung auf verbotene Beilagen oder Schriftstücke unterzogen.
(2) [1]Nur bei Gefahr im Verzug oder auf Anordnung der von der Anstaltsleiterin oder dem Anstaltsleiter dazu bestimmten Bediensteten im Einzelfall ist es zulässig, eine mit einer Entkleidung verbundene körperliche Durchsuchung vorzunehmen. [2]Sie darf bei männlichen Untersuchungsgefangenen nur in Gegenwart von Männern, bei weiblichen Untersuchungsgefangenen nur in Gegenwart von Frauen erfolgen. [3]Sie ist in einem geschlossenen Raum durchzuführen. [4]Andere Gefangene dürfen nicht anwesend sein. [5]Abweichend von Absatz 1 Satz 3 und Satz 2 soll bei berechtigtem Interesse der Untersuchungsgefangenen ihrem Wunsch, die mit der Entkleidung verbundene körperliche Durchsuchung Bediensteten eines bestimmten Geschlechts zu übertragen, entsprochen werden; nur Bedienstete des benannten Geschlechts dürfen in diesem Fall während der Entkleidung anwesend sein.
(3) Die Anstalt kann allgemein anordnen, dass Untersuchungsgefangene nach Kontakten mit Besucherinnen oder Besuchern, nach jeder Abwesenheit von der Anstalt sowie in der Regel bei der Aufnahme nach Absatz 2 zu durchsuchen sind.

§ 45 Maßnahmen zur Feststellung von Suchtmittelgebrauch

[1]Zur Aufrechterhaltung der Sicherheit oder Ordnung der Anstalt können allgemein oder im Einzelfall Maßnahmen angeordnet werden, die geeignet sind, den Gebrauch von Suchtmitteln festzustellen. [2]Diese Maßnahmen dürfen nicht mit einem körperlichen Eingriff verbunden sein.

§ 46 Festnahmerecht

Untersuchungsgefangene, die entwichen sind oder sich sonst ohne Erlaubnis außerhalb der Anstalt aufhalten, können durch die Anstalt oder auf deren Veranlassung festgenommen und zurückgebracht werden.

§ 47 Besondere Sicherungsmaßnahmen

(1) Gegen Untersuchungsgefangene können besondere Sicherungsmaßnahmen angeordnet werden, wenn nach ihrem Verhalten oder aufgrund ihres seelischen Zustands in erhöhtem Maße die Gefahr der Entweichung, von Gewalttätigkeiten gegen Personen oder Sachen, der Selbsttötung oder der Selbstverletzung besteht.
(2) [1]Als besondere Sicherungsmaßnahmen sind zulässig:
1. der Entzug oder die Vorenthaltung von Gegenständen,
2. die Beobachtung der Untersuchungsgefangenen in ihren Hafträumen, im besonders gesicherten Haftraum oder im Krankenzimmer,
3. die Absonderung von anderen Gefangenen,
4. der Entzug oder die Beschränkung des Aufenthalts im Freien,
5. die Unterbringung in einem besonders gesicherten Haftraum ohne gefährdende Gegenstände und
6. die Fesselung oder die Fixierung mittels spezieller Gurtsysteme an dafür vorgesehenen Gegenständen, insbesondere Matratzen oder Liegen.

[2]Mehrere Sicherungsmaßnahmen können nebeneinander angeordnet werden, wenn die Gefahr anders nicht abgewendet werden kann.

(3) Der Entzug oder die Vorenthaltung von Gegenständen, die Absonderung und die Beschränkung des Aufenthalts im Freien sind auch zulässig, wenn die Gefahr einer Befreiung oder eine erhebliche Störung der Ordnung der Anstalt anders nicht vermieden oder behoben werden kann.
(4) Ein Entzug des Aufenthalts im Freien ist nur zulässig, wenn eine Unterbringung im besonders gesicherten Haftraum erfolgt und aufgrund fortbestehender erheblicher Gefahr der Selbst- oder Fremdgefährdung nicht verantwortet werden kann, einen täglichen Aufenthalt im Freien zu gewähren.

§ 48 Absonderung

Eine Absonderung von mehr als 24 Stunden Dauer ist nur zulässig, wenn sie zur Abwehr einer in der Person der oder des Untersuchungsgefangenen liegenden Gefahr unerlässlich ist.

§ 49 Fesselung und Fixierung

(1) [1]In der Regel dürfen Fesseln nur an den Händen oder an den Füßen angelegt werden. [2]Zur Verhinderung von Entweichungen dürfen Untersuchungsgefangene bei einer Ausführung, Vorführung oder beim Transport auch über die Fälle des § 47 Absatz 1 hinaus im erforderlichen Umfang gefesselt werden.
(2) Eine Fixierung des Körpers oder von Teilen davon ist nur zulässig, wenn die gegenwärtige und erhebliche Gefahr besteht, dass Untersuchungsgefangene sich selbst oder andere ernsthaft zu verletzten[1)] oder zu töten versuchen, und die Fixierung zur Abwehr dieser Gefahr unerlässlich ist.
(3) [1]Hinsichtlich der Art und des Umfangs der Fesselung oder Fixierung sind die Untersuchungsgefangenen zu schonen. [2]Die Fesselung oder Fixierung ist unverzüglich zu lockern, wenn die Gefahr sich verringert hat oder dies zeitweise, beispielsweise zur Nahrungsaufnahme oder ärztlichen Untersuchung, notwendig ist. [3]Sie ist zu entfernen, sobald die Gefahr nicht mehr fortbesteht oder durch mildere Mittel abgewendet werden kann.

§ 50 Anordnung besonderer Sicherungsmaßnahmen, Verfahren

(1) [1]Besondere Sicherungsmaßnahmen ordnen die von der Anstaltsleiterin oder dem Anstaltsleiter dazu bestimmten Bediensteten an. [2]Bei Gefahr im Verzug können auch andere Bedienstete diese Maßnahmen vorläufig anordnen. [3]Die Entscheidung der nach Satz 1 zuständigen Bediensteten ist unverzüglich einzuholen.
(2) [1]Werden Untersuchungsgefangene ärztlich behandelt oder beobachtet oder bildet ihr seelischer Zustand den Anlass der besonderen Sicherungsmaßnahme, so ist vorher eine ärztliche Stellungnahme zu den gesundheitlichen Auswirkungen einzuholen. [2]Ist dies wegen Gefahr im Verzug nicht möglich, so wird die Stellungnahme unverzüglich nachträglich eingeholt.
(3) [1]Den Untersuchungsgefangenen sind besondere Sicherungsmaßnahmen zusammen mit deren Anordnung zu erläutern. [2]Bei einer Gefährdung der Sicherheit kann dies ausnahmsweise nachgeholt werden. [3]Die Anordnung, Entscheidungen zur Fortdauer und die Durchführung der Maßnahmen einschließlich der ärztlichen Beteiligung sind mit einer kurzen Begründung schriftlich abzufassen.
(4) Besondere Sicherungsmaßnahmen sind in angemessenen Abständen daraufhin zu überprüfen, ob und in welchem Umfang sie aufrechterhalten werden müssen.
(5) [1]Abweichend von Absatz 1 ist eine nicht nur kurzfristige Fixierung gemäß § 47 Absatz 2 Satz 1 Nummer 6 und § 49 Absatz 2 nur auf Grund vorheriger Anordnung durch das zuständige Gericht zulässig. [2]Eine Fixierung ist kurzfristig, wenn sie absehbar die Dauer einer halben Stunde unterschreitet. [3]Die richterliche Entscheidung ist durch die Anstaltsleiterin oder den Anstaltsleiter oder von ihr oder ihm dazu bestimmten Bediensteten zu beantragen. [4]Bei Gefahr im Verzug können auch die Anstaltsleiterin oder der Anstaltsleiter oder, wenn deren Entscheidung nicht rechtzeitig eingeholt werden kann, andere Bedienstete der Anstalt eine Fixierung nach Satz 1 vorläufig anordnen; die richterliche Entscheidung ist unverzüglich nachträglich einzuholen. [5]Ist eine richterliche Entscheidung beantragt und die Fixierung vor deren Erlangung beendet worden, so ist dies dem Gericht unverzüglich mitzuteilen.
(6) [1]Über Absatz 3 Satz 3 hinaus sind bei jeder Fixierung die Anordnung und die dafür maßgeblichen Gründe sowie der Verlauf, die Art der Überwachung und die Beendigung umfassend zu dokumentieren. [2]Nach Beendigung einer Fixierung, die nicht gemäß Absatz 5 richterlich angeordnet worden ist, sind die Untersuchungsgefangenen unverzüglich auf ihr Recht hinzuweisen, die Rechtmäßigkeit der durchgeführten Fixierung gerichtlich überprüfen zu lassen; auch dies ist zu dokumentieren.

1) Richtig wohl: „verletzen“.

(7) [1]Besondere Sicherungsmaßnahmen sind dem Gericht, der Staatsanwaltschaft und der Verteidigung unverzüglich mitzuteilen, der Aufsichtsbehörde wenn sie länger als drei Tage aufrechterhalten werden. [2]Sind die Untersuchungsgefangenen in einem besonders gesicherten Haftraum untergebracht und fixiert, so hat die Mitteilung an die Aufsichtsbehörde abweichend von Satz 1 bereits nach Ablauf von 24 Stunden zu erfolgen.

(8) [1]Die Absonderung und die Unterbringung im besonders gesicherten Haftraum von mehr als acht Tagen bedürfen der Zustimmung der Aufsichtsbehörde. [2]Während der Absonderung und Unterbringung im besonders gesicherten Haftraum sind die Untersuchungsgefangenen in besonderem Maße zu betreuen. [3]Sind die Untersuchungsgefangenen darüber hinaus fixiert, so sind sie ständig und in unmittelbarem Sichtkontakt zu beobachten.

§ 51 Ärztliche Überwachung

(1) [1]Sind Untersuchungsgefangene in einem besonders gesicherten Haftraum untergebracht, so sucht sie die Ärztin oder der Arzt alsbald auf. [2]Sind Untersuchungsgefangene fixiert, so ist unverzüglich eine Ärztin oder ein Arzt hinzuzuziehen. [3]In den Fällen der Sätze 1 und 2 ist jeweils eine angemessene regelmäßige medizinische Überwachung sicherzustellen.

(2) Die Ärztin oder der Arzt ist regelmäßig zu den gesundheitlichen Auswirkungen zu hören, solange den Untersuchungsgefangenen im besonders gesicherten Haftraum der tägliche Aufenthalt im Freien entzogen ist oder sie länger als 24 Stunden abgesondert sind.

§ 52 Begriffsbestimmungen

(1) Unmittelbarer Zwang ist die Einwirkung auf Personen oder Sachen durch körperliche Gewalt, durch Hilfsmittel der körperlichen Gewalt oder durch Waffen.

(2) Körperliche Gewalt ist jede unmittelbare körperliche Einwirkung auf Personen oder Sachen.

(3) Hilfsmittel der körperlichen Gewalt sind insbesondere Fesseln und Reizstoffe.

(4) Waffen sind die dienstlich zugelassenen Hieb- und Schusswaffen.

§ 53 Allgemeine Voraussetzungen

(1) Zur Durchführung rechtmäßiger Vollzugs- und Sicherungsmaßnahmen dürfen Bedienstete unmittelbaren Zwang anwenden, soweit der damit verfolgte Zweck auf keine andere Weise erreicht werden kann.

(2) Gegen andere Personen als Untersuchungsgefangene darf unmittelbarer Zwang angewendet werden, wenn sie es unternehmen, Gefangene zu befreien oder widerrechtlich in die Anstalt einzudringen, oder wenn sie sich unbefugt darin aufhalten.

(3) Das Recht zur Anwendung unmittelbaren Zwangs durch andere Hoheitsträger, insbesondere Polizeivollzugsbedienstete, bleibt unberührt.

Achter Abschnitt
Unmittelbarer Zwang

§ 54 Grundsatz der Verhältnismäßigkeit

(1) Unter mehreren möglichen und geeigneten Maßnahmen des unmittelbaren Zwangs sind diejenigen zu wählen, die Einzelne und die Allgemeinheit voraussichtlich am wenigsten beeinträchtigen.

(2) Unmittelbarer Zwang unterbleibt, wenn ein durch ihn zu erwartender Schaden erkennbar außer Verhältnis zu dem angestrebten Erfolg steht.

§ 55 Androhung

[1]Unmittelbarer Zwang ist vorher anzudrohen. [2]Die Androhung darf nur dann unterbleiben, wenn die Umstände sie nicht zulassen oder unmittelbarer Zwang sofort angewendet werden muss, um eine rechtswidrige Tat, die den Tatbestand eines Strafgesetzes erfüllt, zu verhindern oder eine gegenwärtige Gefahr abzuwenden.

§ 56 Schusswaffengebrauch

(1) [1]Schusswaffen dürfen nur gebraucht werden, wenn andere Maßnahmen des unmittelbaren Zwangs bereits erfolglos waren oder keinen Erfolg versprechen. [2]Gegen Personen ist ihr Gebrauch nur zulässig, wenn der Zweck nicht durch Waffenwirkung gegen Sachen erreicht wird.

(2) [1]Schusswaffen dürfen nur die dazu bestimmten Bediensteten gebrauchen und nur, um angriffs- oder fluchtunfähig zu machen. [2]Ihr Gebrauch unterbleibt, wenn eine Gefährdung Unbeteiligter nicht ausgeschlossen werden kann.

(3) [1]Der Gebrauch von Schusswaffen ist vorher anzudrohen. [2]Als Androhung gilt auch ein Warnschuss. [3]Ohne Androhung dürfen Schusswaffen nur dann gebraucht werden, wenn dies zur Abwehr einer gegenwärtigen Gefahr für Leib oder Leben erforderlich ist.

(4) Gegen Untersuchungsgefangene dürfen Schusswaffen gebraucht werden,
1. wenn sie eine Waffe oder ein anderes gefährliches Werkzeug trotz wiederholter Aufforderung nicht ablegen,
2. wenn sie eine Meuterei (§ 121 des Strafgesetzbuchs) unternehmen oder
3. um ihre Entweichung zu vereiteln oder um sie wiederzuergreifen.

(5) Gegen andere Personen dürfen Schusswaffen gebraucht werden, wenn sie es unternehmen, Gefangene gewaltsam zu befreien oder gewaltsam in eine Anstalt eindringen.

§ 57 Voraussetzungen

(1) Disziplinarmaßnahmen können angeordnet werden, wenn Untersuchungsgefangene rechtswidrig und schuldhaft
1. andere Personen oder Mitgefangene mit Worten oder mittels einer Tätlichkeit beleidigen, körperlich misshandeln, bedrohen oder nötigen,
2. fremde Sachen zerstören, beschädigen oder unbefugt deren Erscheinungsbild nicht nur unerheblich und nicht nur vorübergehend verändern,
3. in sonstiger Weise gegen Strafgesetze verstoßen oder eine Ordnungswidrigkeit begehen,
4. Lebensmittel, Verpackungen sowie andere Gegenstände unsachgemäß entgegen der Hausordnung entsorgen,
5. verbotene Gegenstände in die Anstalt bringen, sich an deren Einbringung beteiligen, sie besitzen oder weitergeben,
6. unerlaubt Betäubungsmittel oder andere berauschende Stoffe konsumieren,
7. entweichen oder zu entweichen versuchen,
8. gegen eine verfahrenssichernde Anordnung nach § 119 Absatz 1 der Strafprozessordnung verstoßen,
9. in nicht unerheblicher Weise gegen sonstige Pflichten oder Anordnungen verstoßen, die ihnen durch dieses Gesetz oder aufgrund dieses Gesetzes auferlegt sind, und dadurch die Sicherheit oder Ordnung der Anstalt stören.

(2) Von einer Disziplinarmaßnahme wird abgesehen, wenn es genügt, die Untersuchungsgefangenen zu verwarnen.

(3) Disziplinarmaßnahmen sind auch zulässig, wenn wegen derselben Verfehlung ein Straf- oder Bußgeldverfahren eingeleitet wird.

§ 58 Arten der Disziplinarmaßnahmen

(1) Zulässige Disziplinarmaßnahmen sind
1. der Verweis,
2. der Entzug des Einkaufs für die Dauer von bis zu einem Monat,
3. die Beschränkung oder der Entzug von Annehmlichkeiten nach § 19 für die Dauer von bis zu zwei Monaten,
4. die Beschränkung oder die Unterbindung des Fernsehempfangs für die Dauer von bis zu zwei Monaten,
5. die Beschränkung oder der Entzug der Gegenstände für die Freizeitbeschäftigung mit Ausnahme des Lesestoffs oder der Ausschluss von gemeinsamer Freizeit oder von einzelnen Freizeitveranstaltungen für die Dauer von bis zu zwei Monaten,
6. der Entzug der zugewiesenen Arbeit oder Beschäftigung für die Dauer von bis zu zwei Wochen unter Wegfall der nach § 25 geregelten Vergütung,
7. die Kürzung der Vergütung nach § 25 um zehn Prozent für die Dauer von zwei Monaten und
8. Arrest bis zu vier Wochen.

(2) Mehrere Disziplinarmaßnahmen können miteinander verbunden werden.

(3) [1]Arrest darf nur wegen schwerer oder wiederholter Verfehlungen verhängt werden. [2]Gegen Schwangere und weibliche Untersuchungsgefangene, die gemeinsam mit ihren Kindern in der Anstalt untergebracht sind, darf ein Arrest nicht verhängt werden.

(4) [1]Bei der Auswahl der Disziplinarmaßnahmen sind Grund und Zweck der Haft sowie die psychischen Auswirkungen der Untersuchungshaft und des Strafverfahrens auf die Untersuchungsgefangenen zu berücksichtigen. [2]Durch die Anordnung und den Vollzug einer Disziplinarmaßnahme dürfen die Verteidigung, die Verhandlungsfähigkeit und die Verfügbarkeit der Untersuchungsgefangenen für die Verhandlung nicht beeinträchtigt werden.

§ 59 Vollzug der Disziplinarmaßnahmen, Aussetzung zur Bewährung

(1) Disziplinarmaßnahmen werden in der Regel sofort vollstreckt.

(2) Die Vollstreckung von Disziplinarmaßnahmen kann ganz oder teilweise bis zu sechs Monate zur Bewährung ausgesetzt werden. Die Aussetzung zur Bewährung kann ganz oder teilweise widerrufen werden, wenn die Untersuchungsgefangenen die ihr zugrundeliegenden Erwartungen nicht erfüllen.

(3) [1]Für die Dauer des Arrests werden die Untersuchungsgefangenen getrennt von anderen Gefangenen untergebracht. [2]Die Untersuchungsgefangenen können in einem besonderen Arrestraum untergebracht werden, der den Anforderungen entsprechen muss, die an einen zum Aufenthalt bei Tag und Nacht bestimmten Haftraum gestellt werden. [3]Soweit nichts anderes angeordnet wird, ruhen die Befugnisse der Untersuchungsgefangenen aus den §§ 16, 17 Absatz 1, § 18 Absatz 2 und 3, §§ 19, 24 Absatz 2 und 3, §§ 26 und 28. [4]Gegenstände für die Freizeitbeschäftigung mit Ausnahme des Lesestoffs sind nicht zugelassen. [5]Die Rechte zur Teilnahme am Gottesdienst und anderen religiösen Veranstaltungen in der Anstalt sowie auf Aufenthalt im Freien bleiben unberührt.

Neunter Abschnitt
Disziplinarmaßnahmen

§ 60 Disziplinarbefugnis

(1) [1]Disziplinarmaßnahmen ordnen die von der Anstaltsleiterin oder dem Anstaltsleiter dazu bestimmten Bediensteten an. [2]Bei einer Verfehlung auf dem Weg in eine andere Anstalt zum Zweck der Verlegung ist die aufnehmende Anstalt zuständig.

(2) Die Aufsichtsbehörde entscheidet, wenn sich die Verfehlung gegen die Anstaltsleiterin oder den Anstaltsleiter richtet.

(3) [1]Disziplinarmaßnahmen, die gegen die Untersuchungsgefangenen in einer anderen Anstalt oder während einer anderen Haft angeordnet worden sind, werden auf Ersuchen vollstreckt. [2]§ 59 Absatz 2 bleibt unberührt.

§ 61 Verfahren

(1) [1]Bei der Klärung des Sachverhalts sind sowohl belastende als auch entlastende Umstände zu ermitteln. [2]Die betroffenen Untersuchungsgefangenen werden gehört. [3]Sie werden darüber unterrichtet, welche Verfehlungen ihnen zur Last gelegt werden. [4]Sie sind darauf hinzuweisen, dass es ihnen freisteht, sich zu äußern oder nicht zur Sache auszusagen. [5]Die Äußerungen der Untersuchungsgefangenen und die Ergebnisse der Ermittlungen sind zu dokumentieren.

(2) [1]In geeigneten Fällen können zur Abwendung von Disziplinarmaßnahmen im Wege einvernehmlicher Streitbeilegung Vereinbarungen getroffen werden. [2]Insbesondere kommen die Wiedergutmachung des Schadens, die Entschuldigung bei Geschädigten, die Erbringung von Leistungen für die Gemeinschaft und der vorübergehende Verbleib auf dem Haftraum in Betracht. [3]Erfüllen die Untersuchungsgefangenen die Vereinbarung, so hat die Anordnung einer Disziplinarmaßnahme aufgrund dieser Verfehlung zu unterbleiben.

(3) Mehrere Verfehlungen, die gleichzeitig zu beurteilen sind, werden durch eine Entscheidung geahndet.

(4) [1]Die für die Anordnung von Disziplinarmaßnahmen zuständigen Bediensteten sollen sich vor der Entscheidung mit anderen Bediensteten besprechen, die maßgeblich an der Betreuung der Untersuchungsgefangenen mitwirken. [2]Vor der Anordnung von Disziplinarmaßnahmen gegen Untersuchungsgefangene, die sich in ärztlicher Behandlung befinden, oder gegen Schwangere oder stillende Untersuchungsgefangene ist eine Ärztin oder ein Arzt zu den gesundheitlichen Auswirkungen zu hören.

(5) Die Entscheidung wird den Untersuchungsgefangenen mündlich eröffnet und mit einer kurzen Begründung schriftlich abgefasst.

(6) [1]Bevor Arrest vollzogen wird, ist eine Ärztin oder ein Arzt zur Arrestfähigkeit zu hören. [2]Während des Arrests stehen die Untersuchungsgefangenen unter ärztlicher Aufsicht. [3]Der Vollzug unterbleibt oder wird unterbrochen, wenn ansonsten die Gesundheit der Untersuchungsgefangenen oder der Fortgang des Strafverfahrens gefährdet würde.

(7) Die Anordnung einer Disziplinarmaßnahme nach § 58 Absatz 1 ist dem Gericht, der Staatsanwaltschaft und der Verteidigung unverzüglich mitzuteilen.

Zehnter Abschnitt
Aufhebung von Maßnahmen und Beschwerderecht

§ 62 Aufhebung von Maßnahmen

(1) Die Aufhebung von Maßnahmen zur Regelung einzelner Angelegenheiten auf dem Gebiet des Vollzugs richtet sich nach den Absätzen 2 bis 5, soweit dieses Gesetz keine abweichende Bestimmung enthält.

(2) Rechtswidrige Maßnahmen können ganz oder teilweise mit Wirkung für die Vergangenheit oder die Zukunft zurückgenommen werden.

(3) Rechtmäßige Maßnahmen können ganz oder teilweise mit Wirkung für die Zukunft widerrufen werden, wenn

1. aufgrund nachträglich eingetretener oder bekannt gewordener Umstände die Maßnahmen hätten versagt werden können,
2. die Maßnahmen missbraucht werden oder
3. Weisungen nicht befolgt werden.

(4) [1]Begünstigende Maßnahmen dürfen nach den Absätzen 2 oder 3 nur aufgehoben werden, wenn die vollzuglichen Interessen an der Aufhebung in Abwägung mit dem schutzwürdigen Vertrauen der Betroffenen auf den Bestand der Maßnahmen überwiegen. [2]Davon ist insbesondere auszugehen, wenn die Aufhebung der Maßnahme unerlässlich ist, um die Sicherheit der Anstalt zu gewährleisten.

(5) Der gerichtliche Rechtsschutz bleibt unberührt.

§ 63 Beschwerderecht

(1) Die Untersuchungsgefangenen erhalten Gelegenheit, sich mit Wünschen, Anregungen und Beschwerden in vollzuglichen Angelegenheiten, die sie selbst betreffen, an die Anstalt zu wenden.

(2) Besichtigen Vertreterinnen oder Vertreter der Aufsichtsbehörde die Anstalt, so ist zu gewährleisten, dass die Untersuchungsgefangenen sich in vollzuglichen Angelegenheiten, die sie selbst betreffen, an diese wenden können.

(3) Die Möglichkeit der Dienstaufsichtsbeschwerde bleibt unberührt.

Elfter Abschnitt
Ergänzende Bestimmungen für junge Untersuchungsgefangene

§ 64 Anwendungsbereich

(1) Auf Untersuchungsgefangene, die zur Tatzeit das 21. Lebensjahr noch nicht vollendet hatten und die das 24. Lebensjahr noch nicht vollendet haben (junge Untersuchungsgefangene), findet dieses Gesetz nach Maßgabe der Bestimmungen dieses Abschnitts Anwendung.

(2) [1]Von einer Anwendung der Bestimmungen dieses Abschnitts sowie des § 11 Absatz 2 Satz 1 und 2 auf volljährige junge Untersuchungsgefangene kann abgesehen werden, wenn die erzieherische Ausgestaltung des Vollzugs für diese nicht oder nicht mehr angezeigt ist. [2]Die Bestimmungen dieses Abschnitts können ausnahmsweise auch über die Vollendung des 24. Lebensjahres hinaus angewendet werden, wenn dies im Hinblick auf die voraussichtlich nur noch geringe Dauer der Untersuchungshaft zweckmäßig erscheint.

§ 65 Vollzugsgestaltung

(1) [1]Der Vollzug ist auf die Förderung der jungen Untersuchungsgefangenen auszurichten und erzieherisch zu gestalten. [2]Die Fähigkeiten der jungen Untersuchungsgefangenen zu einer eigenverantwortlichen und gemeinschaftsfähigen Lebensführung in Achtung der Rechte Anderer sind zu fördern.

(2) [1]Den jungen Untersuchungsgefangenen sollen neben altersgemäßen Bildungs-, Beschäftigungs- und Freizeitmöglichkeiten auch sonstige entwicklungsfördernde Hilfestellungen angeboten werden. [2]Die Bereitschaft zur Annahme der Angebote ist zu wecken und zu fördern.

(3) In diesem Gesetz vorgesehene Beschränkungen können minderjährigen Untersuchungsgefangenen auch auferlegt werden, soweit es dringend geboten ist, um sie vor einer Gefährdung ihrer Entwicklung zu bewahren.

§ 66 Zusammenarbeit und Einbeziehung Dritter

(1) Die Zusammenarbeit der Anstalt mit staatlichen und privaten Institutionen erstreckt sich insbesondere auch auf das Jugendamt, Schulen und berufliche Bildungsträger.

(2) Die Personensorgeberechtigten sind, soweit dies möglich ist und eine verfahrenssichernde Anordnung nach § 119 Absatz 1 der Strafprozessordnung nicht entgegensteht, in die Gestaltung des Vollzugs einzubeziehen.

(3) Die Personensorgeberechtigten und das zuständige Jugendamt werden von der Aufnahme, von einer Überstellung oder Verlegung und der Entlassung unverzüglich unterrichtet.

§ 67 Ermittlung des Förder- und Erziehungsbedarfs, Maßnahmen

(1) Nach der Aufnahme wird der Förder- und Erziehungsbedarf der jungen Untersuchungsgefangenen unter Berücksichtigung ihrer Persönlichkeit und ihrer Lebensverhältnisse ermittelt.

(2) [1]In einer Konferenz mit an der Förderung sowie Erziehung maßgeblich beteiligten Bediensteten werden der Förder- und Erziehungsbedarf erörtert und die sich daraus ergebenden Maßnahmen festgelegt. [2]Diese werden mit den jungen Untersuchungsgefangenen besprochen und den Personensorgeberechtigten auf Verlangen mitgeteilt.

§ 68 Unterbringung

(1) [1]Geeignete junge Untersuchungsgefangene sind in Wohngruppen unterzubringen, sofern eine verfahrenssichernde Anordnung nach § 119 Absatz 1 der Strafprozessordnung nicht entgegensteht. [2]Wohngruppen zeichnen sich durch eine besondere pädagogische Betreuung aus. [3]Sie werden von fest zugeordneten Bediensteten des allgemeinen Vollzugsdienstes betreut. [4]Sie werden baulich abgegrenzt für eine überschaubare Anzahl von jungen Untersuchungsgefangenen eingerichtet und verfügen neben Hafträumen über wohnlich gestaltete Einrichtungen zur gemeinsamen Nutzung, insbesondere über Küchen und Gemeinschaftsräume.

(2) Der gemeinschaftliche Aufenthalt kann über § 13 Absatz 2 hinaus auch eingeschränkt oder ausgeschlossen werden, wenn dies aus erzieherischen Gründen angezeigt ist.

§ 69 Schulische und berufliche Aus- und Weiterbildung, Arbeit

(1) Schulpflichtige Untersuchungsgefangene nehmen in der Anstalt am allgemein- oder berufsbildenden Unterricht in Anlehnung an die für öffentliche Schulen geltenden Bestimmungen teil.

(2) Minderjährige Untersuchungsgefangene können zur Teilnahme an schulischen und beruflichen Orientierungs-, Aus- und Weiterbildungsmaßnahmen oder speziellen Maßnahmen zur Förderung ihrer schulischen, beruflichen oder persönlichen Entwicklung verpflichtet werden.

(3) Den übrigen jungen Untersuchungsgefangenen soll nach Möglichkeit die Teilnahme an den in Absatz 2 genannten Maßnahmen angeboten werden.

(4) Im Übrigen bleibt § 24 Absatz 2 unberührt.

§ 70 Besuche, Schriftwechsel, Telefongespräche

(1) [1]Abweichend von § 33 Absatz 1 Satz 2 beträgt die Gesamtdauer des Besuchs für junge Untersuchungsgefangene mindestens vier Stunden im Monat. [2]Kontakte der jungen Untersuchungsgefangenen zu ihren Kindern werden besonders gefördert. [3]Bei Besuchen von ihren Kindern erhöht sich die Gesamtdauer der Besuchszeit nach Satz 1 um zwei weitere Stunden. [4]Über § 33 Absatz 3 hinaus sollen Besuche auch dann zugelassen werden, wenn sie die Erziehung fördern.

(2) Bei minderjährigen Untersuchungsgefangenen können Besuche, Schriftwechsel und Telefongespräche auch untersagt werden, wenn Personensorgeberechtigte nicht einverstanden sind.

(3) Besuche dürfen über § 35 Absatz 3 hinaus auch abgebrochen werden, wenn von Besucherinnen oder Besuchern, die nicht Angehörige der jungen Untersuchungsgefangenen im Sinne von § 11 Absatz 1 Nummer 1 des Strafgesetzbuchs sind, ein schädlicher Einfluss ausgeht.

(4) Der Schriftwechsel kann über § 36 Absatz 2 hinaus bei Personen, die nicht Angehörige (§ 11 Absatz 1 Nummer 1 des Strafgesetzbuchs) der jungen Untersuchungsgefangenen sind, auch untersagt werden, wenn zu befürchten ist, dass der Schriftwechsel einen schädlichen Einfluss auf die jungen Untersuchungsgefangenen hat.

(5) Für Besuche, Schriftwechsel und Telefongespräche mit Beiständen nach § 69 des Jugendgerichtsgesetzes gelten § 34 Absatz 1, § 35 Absatz 4 und Absatz 5 Satz 2, § 37 Absatz 2, § 38 Absatz 3 und § 39 Absatz 4 entsprechend.

§ 71 Freizeit und Sport

(1) [1]Zur Ausgestaltung der Freizeit sind geeignete Angebote vorzuhalten. [2]Die jungen Untersuchungsgefangenen sind zur Teilnahme und Mitwirkung an Freizeitangeboten zu motivieren.

(2) Über die Fälle des § 28 Absatz 2 und 4 hinaus ist der Besitz eigener Fernsehgeräte und elektronischer Medien ausgeschlossen, wenn erzieherische Gründe entgegenstehen.

(3) [1]Dem Sport kommt bei der Gestaltung des Vollzugs an jungen Untersuchungsgefangenen besondere Bedeutung zu. [2]Es sind ausreichende und geeignete Angebote vorzuhalten, um den jungen Untersuchungsgefangenen eine sportliche Betätigung von mindestens zwei Stunden wöchentlich zu ermöglichen.

§ 72 Besondere Sicherungsmaßnahmen

§ 47 Absatz 3 gilt mit der Maßgabe, dass die Beschränkung des Aufenthalts im Freien nicht zulässig ist.

§ 73 Einvernehmliche Konfliktregelung, erzieherische Maßnahmen, Disziplinarmaßnahmen

(1) [1]Verstöße der jungen Untersuchungsgefangenen gegen Pflichten, die ihnen durch dieses Gesetz oder aufgrund dieses Gesetzes auferlegt sind, sind unverzüglich erzieherisch aufzuarbeiten. [2]Dabei können vorrangig gegenüber Disziplinarmaßnahmen nach Absatz 5 Maßnahmen der einvernehmlichen Konfliktregelung nach Absatz 2 oder erzieherische Maßnahmen nach Absatz 3 ergriffen werden, sofern diese geeignet sind, den jungen Untersuchungsgefangenen ihr Fehlverhalten und die Notwendigkeit einer Verhaltensänderung bewusst zu machen. [3]Einvernehmliche Konfliktregelungen nach Absatz 2 gehen erzieherischen Maßnahmen nach Absatz 3 vor.

(2) [1]Im Rahmen der einvernehmlichen Konfliktregelung werden mit den jungen Untersuchungsgefangenen Vereinbarungen getroffen. [2]Zur Konfliktregelung kommen insbesondere die Wiedergutmachung des Schadens, die Entschuldigung bei Geschädigten, die Erbringung von Leistungen für die Gemeinschaft, die Teilnahme an einer Mediation und der vorübergehende Verbleib auf dem Haftraum in Betracht. [3]Erfüllen die jungen Untersuchungsgefangenen die Vereinbarung, so sind die Anordnung einer erzieherischen Maßnahme nach Absatz 3 sowie die Anordnung einer Disziplinarmaßnahme nach Absatz 5 aufgrund dieser Verfehlung ausgeschlossen.

(3) [1]Als erzieherische Maßnahmen für die Dauer von jeweils bis zu einer Woche kommen in Betracht

1. die Erteilung von Weisungen und Auflagen,
2. die Beschränkung oder der Entzug einzelner Gegenstände für die Freizeitbeschäftigung und
3. der Ausschluss von gemeinsamer Freizeit oder von einzelnen Freizeitveranstaltungen.

[2]Es sollen nur solche erzieherischen Maßnahmen angeordnet werden, die mit der Verfehlung in Zusammenhang stehen. [3]§ 61 Absatz 1 Satz 2 bis 4 gilt entsprechend.

(4) Die Anstaltsleiterin oder der Anstaltsleiter legt fest, welche Bediensteten befugt sind, Maßnahmen nach den Absätzen 2 und 3 anzuordnen.

(5) [1]Disziplinarmaßnahmen dürfen nur angeordnet werden, wenn Maßnahmen nach Absatz 2 und 3 nicht ausreichen, um den jungen Untersuchungsgefangenen das Unrecht ihrer Handlung zu verdeutlichen. [2]Ferner ist sowohl bei der Entscheidung, ob eine Disziplinarmaßnahme anzuordnen ist, als auch bei Auswahl der nach Absatz 6 zulässigen Maßnahmen eine aus demselben Anlass bereits angeordnete besondere Sicherungsmaßnahme zu berücksichtigen.

(6) [1]Gegen junge Untersuchungsgefangene darf eine Disziplinarmaßnahme nach § 58 Absatz 1 Nummer 1 nicht verhängt werden. [2]Anstatt eines Entzugs des Einkaufs nach § 58 Absatz 1 Nummer 2 ist nur eine Beschränkung des Einkaufs für die Dauer von bis zu zwei Wochen zulässig. [3]Arrest nach § 58 Absatz 1 Nummer 8 ist ebenfalls nur für die Dauer von bis zu zwei Wochen zulässig. [4]Der Arrest ist zudem erzieherisch zu gestalten.

Zwölfter Abschnitt
Aufbau der Anstalt

§ 74 Räumlichkeiten
(1) [1]Die Untersuchungshaft wird in Landesjustizvollzugsanstalten vollzogen. [2]Der Vollzug von Untersuchungshaft und Strafhaft in einer Anstalt ist unter den Voraussetzungen des § 11 Absatz 1 und 2 zulässig.
(2) Haft- und Funktionsräume, insbesondere Gemeinschaftsräume für den Aufenthalt außerhalb der Einschlusszeiten, sowie Besuchsräume sind zweckentsprechend auszugestalten.

§ 75 Festsetzung der Belegungsfähigkeit, Verbot der Überbelegung
(1) [1]Die Aufsichtsbehörde setzt die Belegungsfähigkeit der Anstalt so fest, dass eine angemessene Unterbringung während der Einschlusszeiten gewährleistet ist. [2]Dabei ist zu berücksichtigen, dass eine ausreichende Anzahl von Plätzen für Arbeit und Bildung sowie von Räumen für Seelsorge, Freizeit, Sport und Besuche zur Verfügung steht.
(2) Hafträume dürfen nicht mit mehr Untersuchungsgefangenen als zugelassen, jedoch höchstens mit zwei Untersuchungsgefangenen, belegt werden.
(3) Ausnahmen von Absatz 2 sind nur vorübergehend und nur mit Zustimmung der Aufsichtsbehörde zulässig.

§ 76 Arbeitsbetriebe, Einrichtungen zur schulischen und beruflichen Bildung
(1) Arbeitsbetriebe und Einrichtungen zur schulischen und beruflichen Bildung sollen vorgehalten werden.
(2) [1]Beschäftigung und Bildung können auch in geeigneten privaten Einrichtungen und Betrieben erfolgen. [2]Die technische und fachliche Leitung kann Angehörigen dieser Einrichtungen und Betriebe übertragen werden.

§ 77 Leitung der Anstalt
(1) [1]Jede Anstalt wird von einer Anstaltsleiterin oder einem Anstaltsleiter geleitet. [2]Zu ihren oder seinen Aufgaben und Befugnissen als Führungskraft gehören insbesondere
1. die Gesamtverantwortung für den Vollzug und dessen Gestaltung, auch im Hinblick auf die sichere Unterbringung der Untersuchungsgefangenen,
2. die Vertretung der Anstalt nach außen,
3. die Haushalts- sowie Wirtschaftsführung für die gesamte Anstalt,
4. die Regelung von Zuständigkeiten in Form eines Geschäftsverteilungsplans,
5. die Umsetzung der dezentralen Fach- und Ressourcenverantwortung nebst dem dazugehörigen Berichtswesen,
6. das Personalmanagement, insbesondere die bedarfs-, anforderungs- und eignungsgerechte Beschäftigung der Bediensteten und eine gezielte Personalentwicklung und
7. das Qualitätsmanagement.

(2) [1]Die Anstalt teilt der Aufsichtsbehörde in regelmäßigen Abständen die im Rahmen ihrer Geschäftsverteilung vorgenommenen personellen Zuständigkeiten hinsichtlich der folgenden Aufgaben mit:
1. Festsetzung von Einschlusszeiten nach § 12 Absatz 1 Satz 3,
2. Verlegungen und Überstellungen nach § 8,
3. Untersagungen oder Überwachungen von Besuchen, Schriftwechseln und Telefonaten nach § 33 Absatz 5, § 35 Absatz 2, § 36 Absatz 2, § 37 Absatz 1 und § 40 Absatz 1 Satz 2,
4. Anordnung der zwangsweisen körperlichen Untersuchung nach § 21 Absatz 7 Satz 2, der mit einer Entkleidung verbundenen körperlichen Durchsuchung nach § 44 Absatz 2 und 3, der besonderen Sicherungsmaßnahmen nach § 50 Absatz 1 Satz 1, der Maßnahmen zur Feststellung von Suchtmittelgebrauch nach § 45 sowie der Disziplinarmaßnahmen nach § 60 Absatz 1 Satz 1 und
5. Erarbeitung und Erlass einer Hausordnung nach § 82.

[2]Die Aufsichtsbehörde kann sich die Zustimmung zur Übertragung einzelner Aufgabenbereiche auf andere Bedienstete vorbehalten.
(3) Die Anstaltsleiterin oder der Anstaltsleiter ist hauptamtlich tätig und steht in einem öffentlich-rechtlichen Dienst- und Treueverhältnis zum Land.

§ 78 Bedienstete

[1]Die Anstalt wird mit dem für den Vollzug der Untersuchungshaft erforderlichen Personal, insbesondere im allgemeinen Vollzugsdienst, im Werkdienst, im sozialen, psychologischen und medizinischen Dienst und im Verwaltungsdienst ausgestattet. [2]Die Aufgaben der Anstalt werden von Vollzugsbeamtinnen und Vollzugsbeamten wahrgenommen. [3]Aus besonderen Gründen können sie auch anderen Bediensteten der Anstalten sowie nebenamtlichen oder vertraglich verpflichteten Personen übertragen werden. [4]Soweit es erforderlich ist, sind externe Fachkräfte einzubeziehen. [5]Fortbildung sowie Praxisberatung und -begleitung für die Bediensteten sind zu gewährleisten; sie erhalten die Gelegenheit zur Supervision.

§ 79 Seelsorgerinnen und Seelsorger

(1) [1]Seelsorgerinnen und Seelsorger werden im Einvernehmen mit der Aufsichtsbehörde von der jeweiligen Religionsgemeinschaft hauptamtlich oder nebenamtlich berufen. [2]Ist dies aus organisatorischen Gründen einer Religionsgemeinschaft nicht möglich oder rechtfertigt die geringe Anzahl der Angehörigen einer Religionsgemeinschaft eine Seelsorge nach Satz 1 nicht, so ist die seelsorgerische Betreuung auf andere Weise zuzulassen; Näheres hierzu regelt die Aufsichtsbehörde.

(2) Die Seelsorgerinnen und Seelsorger wirken in enger Zusammenarbeit mit den anderen im Vollzug Tätigen eigenverantwortlich an der Gestaltung des Vollzugs mit.

(3) Mit Zustimmung der Anstalt dürfen die Anstaltsseelsorgerinnen und Anstaltsseelsorger sich freier Seelsorgehelferinnen und Seelsorgehelfer bedienen und diese für Gottesdienste sowie für andere religiöse Veranstaltungen von außen zuziehen.

(4) [1]Seelsorgerische Einzelgespräche und Telefonate mit nach Absatz 1 zugelassenen Seelsorgerinnen und Seelsorgern sind zu gestatten und werden weder beaufsichtigt noch überwacht; seelsorgerischer Schriftwechsel der Untersuchungsgefangenen mit nach Absatz 1 zugelassenen Seelsorgerinnen und Seelsorgern wird ebenfalls nicht überwacht. [2]Im Übrigen gelten § 33 Absatz 4 und 6, § 34 Absatz 1 Satz 3, § 35 Absatz 3 und Absatz 5 Satz 3, § 38 Absatz 3 und § 39 Absatz 4 entsprechend.

§ 80 Medizinische Versorgung

(1) Die ärztliche Versorgung ist sicherzustellen.

(2) [1]Die Pflege der Kranken soll von Bediensteten ausgeübt werden, die eine Erlaubnis nach dem Krankenpflegegesetz vom 16. Juli 2003 (BGBl. I S. 1442), das zuletzt durch Artikel 9 des Gesetzes vom 16. Juli 2015 (BGBl. I S. 1211) geändert worden ist, in der jeweils geltenden Fassung, besitzen. [2]Solange diese nicht zur Verfügung stehen, können auch Bedienstete eingesetzt werden, die eine sonstige Ausbildung in der Krankenpflege erfahren haben.

§ 81 Interessenvertretung der Untersuchungsgefangenen

[1]Den Untersuchungsgefangenen wird ermöglicht, Vertretungen zu wählen. [2]Die Vertretungen können in Angelegenheiten von gemeinsamem Interesse, die sich ihrer Eigenart nach für eine Mitwirkung eignen, Vorschläge und Anregungen an die Anstalt herantragen. [3]Diese sollen mit der Vertretung erörtert werden.

§ 82 Hausordnung

[1]Die Anstalt erlässt zur Gestaltung und Organisation des Vollzugsalltags eine Hausordnung auf der Grundlage dieses Gesetzes. [2]Die Aufsichtsbehörde kann sich die Genehmigung vorbehalten. [3]Die Hausordnung ist in die am häufigsten benötigten Fremdsprachen zu übersetzen.

Dreizehnter Abschnitt
Aufsicht, Beirat und Besichtigungen

§ 83 Aufsichtsbehörde

(1) Die für Justiz zuständige Senatsverwaltung führt die Aufsicht über die Anstalten (Aufsichtsbehörde) und sichert gemeinsam mit ihnen die Qualität des Vollzugs.

(2) [1]An der Aufsicht über die Fachdienste sind eigene Fachkräfte zu beteiligen. [2]Soweit die Aufsichtsbehörde nicht über eigene Fachkräfte verfügt, ist fachliche Beratung sicherzustellen.

(3) Die Aufsichtsbehörde kann sich Entscheidungen über Verlegungen und Überstellungen vorbehalten.

§ 84 Vollstreckungsplan
[1]Die Aufsichtsbehörde regelt die örtliche und sachliche Zuständigkeit der Anstalt in einem Vollstreckungsplan. [2]Im Rahmen von Vollzugsgemeinschaften kann der Vollzug auch in Vollzugseinrichtungen anderer Länder vorgesehen werden.

§ 85 Anstaltsbeiräte
(1) [1]Bei jeder Anstalt ist ein Anstaltsbeirat zu bilden. [2]Bei der Besetzung des Anstaltsbeirats ist auf ein ausgewogenes Verhältnis der Geschlechter hinzuwirken sowie eine Beteiligung von Vertreterinnen und Vertretern mit Migrationshintergrund gemäß § 4 Absatz 6 in Verbindung mit § 2 des Partizipations- und Integrationsgesetzes des Landes Berlin vom 15. Dezember 2010 (GVBl. S. 560) in der jeweils geltenden Fassung anzustreben. [3]Bedienstete dürfen nicht Mitglieder des Beirats sein.
(2) [1]Die Mitglieder des Beirats wirken beratend bei der Gestaltung des Vollzugs und bei der Betreuung der Untersuchungsgefangenen mit. [2]Der Beirat steht der Anstaltsleiterin oder dem Anstaltsleiter, den Bediensteten und den Untersuchungsgefangenen als Ansprechpartner zur Verfügung.
(3) [1]Die Mitglieder des Beirats können sich über die Unterbringung der Untersuchungsgefangenen und die Gestaltung des Vollzugs informieren, die Anstalt gemäß § 87 Absatz 1 besichtigen und sie ohne Begleitung durch Bedienstete begehen. [2]Sie können die Untersuchungsgefangenen in ihren Hafträumen aufsuchen.
(4) [1]Die Mitglieder des Beirats sind verpflichtet, außerhalb ihres Amtes über alle Angelegenheiten, die ihrer Natur nach vertraulich sind, insbesondere über Namen und Persönlichkeit der Untersuchungsgefangenen, Verschwiegenheit zu bewahren. [2]Dies gilt auch nach Beendigung ihres Amtes.
(5) Die Aufsichtsbehörde regelt die Berufung, Zusammensetzung, Amtszeit, Sitzungsgelder und Abberufung der ehrenamtlichen Beiratsmitglieder.

§ 86 Berliner Vollzugsbeirat
(1) [1]Der Berliner Vollzugsbeirat wirkt bei der Planung und Fortentwicklung des gesamten Berliner Vollzugs beratend mit. [2]Er erörtert mit der Aufsichtsbehörde seine Anregungen und Verbesserungsvorschläge in grundlegenden Angelegenheiten. [3]Zur Förderung einer vertrauensvollen Zusammenarbeit informieren sich der Berliner Vollzugsbeirat und die Aufsichtsbehörde in regelmäßigen Abständen gegenseitig.
(2) [1]Der Berliner Vollzugsbeirat besteht aus den jeweils gewählten Vorsitzenden der einzelnen Anstaltsbeiräte oder sonst von diesen bestimmten Mitgliedern. [2]Die weiteren Mitglieder setzen sich aus Personen zusammen, die aufgrund ihrer beruflichen Tätigkeit oder Zugehörigkeit zu einer Organisation besonders geeignet sind, sich für die Belange des gesamten Berliner Vollzugs und entsprechend § 5 Absatz 2 für die unterschiedlichen Bedürfnisse der Untersuchungsgefangenen einzusetzen.
(3) § 85 Absatz 1 Satz 2 und 3 und Absatz 3 bis 5 gilt entsprechend.

§ 87 Besichtigungen
(1) Den Mitgliedern der in § 37 Absatz 3 Satz 1 genannten Stellen und den dort aufgeführten Personen ist die Besichtigung der Anstalten zu gestatten.
(2) [1]Anderen Personen kann die Besichtigung insbesondere zu Ausbildungszwecken und aus Gründen eines beruflichen oder sonstigen sachlichen Interesses gestattet werden. [2]An die Erlaubnis können Auflagen geknüpft werden. [3]Die Erlaubnis ist zu versagen, wenn durch die Besichtigung die Sicherheit oder Ordnung der Anstalt gefährdet wird. [4]Besichtigungen durch Medienvertreterinnen und Medienvertreter bedürfen der Zustimmung der Aufsichtsbehörde.
(3) Die Persönlichkeitsrechte der Untersuchungsgefangenen sind zu berücksichtigen.

Vierzehnter Abschnitt
Schlussbestimmungen

§ 88 Einschränkung von Grundrechten
Durch dieses Gesetz werden die Grundrechte der körperlichen Unversehrtheit (Artikel 2 Absatz 2 Satz 1 des Grundgesetzes), der Freiheit der Person (Artikel 2 Absatz 2 Satz 2 des Grundgesetzes) und des Brief-, Post- und Fernmeldegeheimnisses (Artikel 10 Absatz 1des Grundgesetzes) eingeschränkt.

§ 89 Inkrafttreten
Dieses Gesetz tritt am 1. Januar 2010 in Kraft.

Gesetz über den Vollzug der Jugendstrafe in Berlin (Berliner Jugendstrafvollzugsgesetz – JStVollzG Bln)[1)]

Vom 4. April 2016 (GVBl. S. 152, 171)
(BRV 350-1)

zuletzt geändert durch Art. 3 G zur Umsetzung der RL (EU) 2016/680 im bereichsspezifischen Datenschutzrecht des Berliner Justizvollzugs, der Sozialen Dienste der Justiz des Landes Berlin und der Führungsaufsichtsstelle beim Landgericht Berlin vom 27. September 2021 (GVBl. S. 1145)

Inhaltsübersicht

1) Verkündet als Art. 2 des Gesetzes zur Weiterentwicklung des Berliner Justizvollzugs v. 4.4.2016 (GVBl. S. 152); Inkrafttreten gem. Art. 6 dieses G am 1.10.2016. Bis zu diesem Zeitpunkt siehe das Berliner Jugendstrafvollzugsgesetz 2007.

Abschnitt 1
Allgemeine Bestimmungen

§ 1 Anwendungsbereich
Dieses Gesetz regelt den Vollzug der Jugendstrafe und den Vollzug der Freiheitsstrafe nach § 114 des Jugendgerichtsgesetzes (Vollzug) sowie den Vollzug des Strafarrests in Jugendstrafanstalten (Anstalten).

§ 2 Ziel und Aufgabe des Vollzugs
[1]Der Vollzug dient dem Ziel, die Jugendstrafgefangenen zu befähigen, künftig in sozialer Verantwortung ein Leben ohne Straftaten zu führen. [2]Er hat die Aufgabe, die Allgemeinheit vor weiteren Straftaten zu schützen.

§ 3 Förder- und Erziehungsauftrag, Grundsätze der Vollzugsgestaltung
(1) [1]Der Vollzug ist auf die Förderung der Jugendstrafgefangenen auszurichten und erzieherisch zu gestalten. [2]Die Jugendstrafgefangenen sind in der Entwicklung ihrer Fähigkeiten und Fertigkeiten so zu fördern, dass sie zu einer eigenverantwortlichen und gemeinschaftsfähigen Lebensführung in Achtung der Rechte anderer befähigt werden.
(2) Der Vollzug ist auf die Auseinandersetzung der Jugendstrafgefangenen mit ihren Straftaten und deren Folgen auszurichten.
(3) Der Vollzug wirkt von Beginn an auf die Eingliederung der Jugendstrafgefangenen in das Leben in Freiheit hin.
(4) Das Leben im Vollzug ist den allgemeinen Lebensverhältnissen soweit wie möglich anzugleichen.
(5) [1]Schädlichen Folgen des Freiheitsentzugs ist entgegenzuwirken. [2]Die Jugendstrafgefangenen sind insbesondere vor Übergriffen zu schützen.
(6) [1]Der Bezug der Jugendstrafgefangenen zum gesellschaftlichen Leben ist zu wahren und zu fördern. [2]Den Jugendstrafgefangenen ist sobald wie möglich die Teilnahme am Leben in der Freiheit zu gewähren. [3]Die Anstalt arbeitet mit außervollzuglichen Einrichtungen und Organisationen sowie Personen und Vereinen eng zusammen, deren Mitwirkung die Eingliederung der Jugendstrafgefangenen fördern kann.
(7) Die Personensorgeberechtigten sind, soweit dies möglich ist und dem Vollzugsziel nicht zuwiderläuft, in die Planung und Gestaltung des Vollzugs einzubeziehen.
(8) Die unterschiedlichen Bedürfnisse der Jugendstrafgefangenen, insbesondere im Hinblick auf Geschlecht, Alter, Herkunft, Religion, Weltanschauung, Behinderung und sexuelle Identität, werden bei der Vollzugsgestaltung im Allgemeinen und im Einzelfall berücksichtigt.
(9) [1]Jugendstrafgefangene mit vorbehaltener Sicherungsverwahrung sind individuell und intensiv zu betreuen, um ihre Unterbringung in der Sicherungsverwahrung entbehrlich zu machen. [2]Soweit standardisierte Maßnahmen nicht ausreichen oder keinen Erfolg versprechen, sind individuelle Maßnahmen zu entwickeln.
(10) Beim Vollzug der Ersatzfreiheitsstrafe sind die Jugendstrafgefangenen zur Abwendung der weiteren Vollstreckung vorrangig bei der Tilgung ihrer Geldstrafe zu unterstützen.

§ 4 Stellung der Jugendstrafgefangenen
(1) [1]Die Persönlichkeit der Jugendstrafgefangenen ist zu achten. [2]Ihre Selbständigkeit im Vollzugsalltag ist soweit wie möglich zu erhalten und zu fördern.
(2) [1]Die Jugendstrafgefangenen werden an der Gestaltung des Vollzugsalltags beteiligt. [2]Vollzugliche Maßnahmen sind ihnen zu erläutern.
(3) [1]Die Jugendstrafgefangenen unterliegen den in diesem Gesetz vorgesehenen Beschränkungen ihrer Freiheit. [2]Soweit das Gesetz eine besondere Regelung nicht enthält, dürfen ihnen nur Beschränkungen auferlegt werden, die zur Aufrechterhaltung der Sicherheit oder zur Abwendung einer schwerwiegenden Störung der Ordnung der Anstalt unerlässlich sind.

§ 5 Pflicht zur Mitwirkung

[1]Die Jugendstrafgefangenen sind verpflichtet, an der Erreichung des Vollzugsziels mitzuwirken. [2]Ihre Bereitschaft zur Mitwirkung ist zu wecken und zu fördern. [3]Dies kann auch in Form von Anerkennung und Belohnung geschehen; es sind hierbei insbesondere die Beteiligung an Maßnahmen, besonderer Einsatz oder erreichte Fortschritte der Jugendstrafgefangenen angemessen zu berücksichtigen.

§ 6 Leitlinien der Förderung und Erziehung

(1) Förderung und Erziehung erfolgen durch Maßnahmen und Programme zur Entwicklung und Stärkung der Fähigkeiten und Fertigkeiten der Jugendstrafgefangenen im Hinblick auf die Erreichung des Vollzugsziels.

(2) [1]Durch differenzierte Angebote soll auf den jeweiligen Entwicklungsstand und den unterschiedlichen Förder- und Erziehungsbedarf der Jugendstrafgefangenen eingegangen werden. [2]Ihre besonderen Lebenslagen und Bedürfnisse, insbesondere von minderjährigen Jugendstrafgefangenen, sind zu berücksichtigen.

(3) Die Maßnahmen und Programme sind über die Auseinandersetzung mit den eigenen Straftaten nach § 3 Absatz 2 hinaus insbesondere auf die schulische Bildung, berufliche Qualifizierung, soziale Integration und die verantwortliche Gestaltung des alltäglichen Zusammenlebens, der freien Zeit sowie der Außenkontakte ausgerichtet.

§ 7 Soziale Hilfe und Eigenverantwortung

[1]Die Jugendstrafgefangenen werden darin unterstützt, ihre persönlichen, wirtschaftlichen und sozialen Schwierigkeiten zu beheben. [2]Sie sollen dazu angeregt und in die Lage versetzt werden, ihre Angelegenheiten selbst zu regeln, insbesondere eine Schuldenregulierung herbeizuführen.

§ 8 Verletztenbezogene Vollzugsgestaltung

(1) Die berechtigten Belange der Verletzten von Straftaten sind bei der Gestaltung des Vollzugs, insbesondere bei der Erteilung von Weisungen für Lockerungen und bei der Eingliederung und Entlassung der Jugendstrafgefangenen, zu berücksichtigen.

(2) Der Vollzug ist darauf auszurichten, dass die Jugendstrafgefangenen sich mit den Folgen der Straftat für die Verletzten und insbesondere auch deren Angehörige auseinandersetzen und Verantwortung für ihre Straftat übernehmen.

(3) Die Jugendstrafgefangenen sollen angehalten werden, den durch die Straftat verursachten materiellen und immateriellen Schaden wieder gut zu machen.

(4) [1]Für Fragen des Schutzes von Verletzten und des Tatausgleichs sollen Ansprechpartnerinnen oder Ansprechpartner in den Anstalten zur Verfügung stehen. [2]Verletzte, die sich an die Anstalten wenden, sind in geeigneter Form auf ihre Rechte, auch ihre Auskunftsansprüche nach § 55 des Justizvollzugsdatenschutzgesetzes Berlin vom 27. September 2021 (GVBl. S. 1145) in der jeweils geltenden Fassung hinzuweisen. [3]§ 56 des Justizvollzugsdatenschutzgesetzes Berlin bleibt unberührt.

Abschnitt 2
Aufnahme- und Diagnostikverfahren, Vollzugs- und Eingliederungsplanung

§ 9 Aufnahmeverfahren

(1) [1]Mit den Jugendstrafgefangenen wird unverzüglich nach der Aufnahme ein Aufnahmegespräch geführt, in dem ihre gegenwärtige Lebenssituation erörtert wird und sie über ihre Rechte und Pflichten informiert werden. [2]Sofern es für die sprachliche Verständigung mit den Jugendstrafgefangenen erforderlich ist, sind Sprachmittlerinnen und Sprachmittler hinzuzuziehen. [3]Den Jugendstrafgefangenen wird ein Exemplar der Hausordnung ausgehändigt oder in anderer Weise dauerhaft zugänglich gemacht. [4]Dieses Gesetz, die von ihm in Bezug genommenen Gesetze sowie die zu seiner Ausführung erlassenen Rechtsverordnungen und Verwaltungsvorschriften sind den Jugendstrafgefangenen auf Verlangen zugänglich zu machen.

(2) Während des Aufnahmeverfahrens dürfen andere Jugendstrafgefangene nicht zugegen sein.

(3) Die Jugendstrafgefangenen werden alsbald ärztlich untersucht.

(4) Die Jugendstrafgefangenen werden dabei unterstützt, etwaig notwendige Maßnahmen für hilfsbedürftige Angehörige, zur Erhaltung des Arbeitsplatzes und der Wohnung und zur Sicherung ihrer Habe außerhalb der Anstalt zu veranlassen.

(5) Die Personensorgeberechtigen und das zuständige Jugendamt werden von der Aufnahme der Jugendstrafgefangenen unverzüglich benachrichtigt.

(6) Bei Jugendstrafgefangenen, die eine Ersatzfreiheitsstrafe verbüßen, sind die Möglichkeiten der Abwendung der Vollstreckung durch freie Arbeit oder Tilgung der Geldstrafe, auch in Raten, zu erörtern und zu fördern, um so auf eine möglichst baldige Entlassung hinzuwirken.

§ 10 Diagnostikverfahren, Ermittlung des Förder- und Erziehungsbedarfs

(1) An das Aufnahmeverfahren schließt sich zur Vorbereitung der Vollzugsplanung das Diagnostikverfahren an.

(2) [1]Das Diagnostikverfahren muss wissenschaftlichen Erkenntnissen genügen. [2]Insbesondere bei Jugendstrafgefangenen mit vorbehaltener Sicherungsverwahrung ist es von Bediensteten mit einschlägiger wissenschaftlicher Qualifikation durchzuführen.

(3) [1]Das Diagnostikverfahren ist maßgeblich auf die Ermittlung des Förder- und Erziehungsbedarfs auszurichten. [2]Es erstreckt sich auf die Persönlichkeit und die Lebensverhältnisse der Jugendstrafgefangenen, die Ursachen und Umstände der Straftat sowie alle sonstigen Gesichtspunkte, deren Kenntnis für eine zielgerichtete und wirkungsorientierte Vollzugsgestaltung und die Eingliederung nach der Entlassung notwendig erscheint. [3]Neben den Unterlagen aus der Vollstreckung und dem Vollzug vorangegangener Freiheitsentziehungen sind insbesondere auch Erkenntnisse der Gerichts-, Jugendgerichts- und Bewährungshilfe sowie der Führungsaufsichtsstellen einzubeziehen.

(4) [1]Im Diagnostikverfahren wird den Jugendstrafgefangenen das Ziel ihres Aufenthalts verdeutlicht sowie insbesondere das Angebot an schulischen und beruflichen Qualifizierungsmaßnahmen, arbeitstherapeutischen Maßnahmen, Arbeitstraining, Arbeit, Sport und Freizeit erläutert. [2]Es werden die im Einzelfall die Straffälligkeit begünstigenden Faktoren ermittelt. [3]Gleichzeitig sollen die Fähigkeiten der Jugendstrafgefangenen ermittelt werden, deren Stärkung einer erneuten Straffälligkeit entgegenwirken kann.

(5) Wird ausschließlich Ersatzfreiheitsstrafe vollzogen, so tritt an die Stelle des Diagnostikverfahrens in der Regel die Feststellung der für eine angemessene Vollzugsgestaltung wesentlichen Gesichtspunkte zur Person und zum Lebensumfeld der Jugendstrafgefangenen.

(6) Das Ergebnis ihres Diagnostikverfahrens wird mit den Jugendstrafgefangenen erörtert.

§ 11 Vollzugs- und Eingliederungsplanung

(1) [1]Auf der Grundlage des Ergebnisses des Diagnostikverfahrens, insbesondere des festgestellten Förder- und Erziehungsbedarfs, wird ein Vollzugs- und Eingliederungsplan erstellt. [2]Er zeigt den Jugendstrafgefangenen bereits zu Beginn der Haftzeit unter Berücksichtigung der voraussichtlichen Vollzugsdauer die zur Erreichung des Vollzugsziels erforderlichen Maßnahmen auf. [3]Daneben kann er weitere Hilfsangebote und Empfehlungen enthalten. [4]Auf die Fähigkeiten, Fertigkeiten und Neigungen der Jugendstrafgefangenen ist Rücksicht zu nehmen.

(2) [1]Der Vollzugs- und Eingliederungsplan wird regelmäßig innerhalb der ersten sechs Wochen erstellt, nachdem die Vollstreckungsleiterin oder der Vollstreckungsleiter der Anstalt eine mit der Bescheinigung der Rechtskraft versehene beglaubigte Abschrift der zu vollziehenden gerichtlichen Entscheidung nebst Gründen übermittelt hat. [2]Bei einer voraussichtlichen Vollzugsdauer von unter einem Jahr verkürzt sich die Frist des Satzes 1 auf vier Wochen.

(3) [1]Der Vollzugs- und Eingliederungsplan sowie die darin vorgesehenen Maßnahmen werden regelmäßig alle vier Monate überprüft, mit den Jugendstrafgefangenen erörtert und fortgeschrieben. [2]Bei Jugendstrafen von mehr als drei Jahren erfolgt die Überprüfung regelmäßig alle sechs Monate. [3]Die Entwicklung der Jugendstrafgefangenen und die in der Zwischenzeit gewonnenen Erkenntnisse sind zu berücksichtigen. [4]Die durchgeführten Maßnahmen sind zu dokumentieren.

(4) [1]Die Vollzugs- und Eingliederungsplanung wird mit den Jugendstrafgefangenen erörtert. [2]Dabei werden deren Anregungen und Vorschläge einbezogen, soweit sie der Erreichung des Vollzugsziels dienen.

(5) [1]Zur Erstellung und Fortschreibung des Vollzugs- und Eingliederungsplans führt die Anstalt eine Konferenz mit den an der Vollzugsgestaltung und an der Förderung sowie Erziehung maßgeblich Beteiligten durch. [2]Standen die Jugendstrafgefangenen vor ihrer Inhaftierung unter Bewährung oder Führungsaufsicht, können auch die für sie bislang zuständigen Bewährungshelferinnen und Bewährungshelfer an der Konferenz beteiligt werden. [3]Den Jugendstrafgefangenen wird der Vollzugs- und

Eingliederungsplan regelmäßig in der Konferenz eröffnet und erläutert. [4]Sie können auch darüber hinaus an der Konferenz beteiligt werden.

(6) [1]An der Eingliederung mitwirkende Personen außerhalb des Vollzugs sollen in die Planung mit einbezogen werden. [2]Sie können mit Zustimmung der Jugendstrafgefangenen auch an der Konferenz beteiligt werden.

(7) Werden die Jugendstrafgefangenen nach der Entlassung voraussichtlich unter Bewährungs- oder Führungsaufsicht gestellt, so ist den künftig zuständigen Bewährungshelferinnen und Bewährungshelfern in den letzten zwölf Monaten vor dem voraussichtlichen Entlassungszeitpunkt die Teilnahme an der Konferenz zu ermöglichen und es sind ihnen Ausfertigungen des Vollzugs- und Eingliederungsplans und der nachfolgenden Fortschreibungen zu übersenden.

(8) [1]Der Vollzugs- und Eingliederungsplan und seine Fortschreibungen werden den Jugendstrafgefangenen ausgehändigt. [2]Sie werden der Vollstreckungsleiterin oder dem Vollstreckungsleiter und auf Verlangen den Personensorgeberechtigten übersandt.

§ 12 Inhalt des Vollzugs- und Eingliederungsplans

(1) [1]Der Vollzugs- und Eingliederungsplan sowie seine Fortschreibungen enthalten insbesondere folgende Angaben:

1. Zusammenfassung der für die Vollzugs- und Eingliederungsplanung maßgeblichen Ergebnisse des Diagnostikverfahrens,
2. voraussichtlicher Entlassungszeitpunkt,
3. Unterbringung im geschlossenen oder offenen Vollzug,
4. Maßnahmen zur Förderung der Mitwirkungsbereitschaft,
5. Unterbringung in einer Wohngruppe oder einem anderen Unterbringungsbereich,
6. Unterbringung in einer sozialtherapeutischen Einrichtung und Teilnahme an deren Behandlungsprogrammen,
7. Teilnahme an einzel- oder gruppentherapeutischen Maßnahmen,
8. Berücksichtigung indizierter medizinischer Maßnahmen, sofern diese zur Erreichung des Vollzugsziels erforderlich sind,
9. Teilnahme an Maßnahmen zur Behandlung von Suchtmittelabhängigkeit und Suchtmittelmissbrauch,
10. Teilnahme an strukturierten sozialpädagogischen Maßnahmen,
11. Teilnahme an schulischen und beruflichen Qualifizierungsmaßnahmen einschließlich Alphabetisierungs- und Deutschkursen,
12. Teilnahme an arbeitstherapeutischen Maßnahmen oder am Arbeitstraining,
13. Arbeit,
14. freies Beschäftigungsverhältnis, Selbstbeschäftigung,
15. Teilnahme an Sportangeboten und Maßnahmen zur strukturierten Gestaltung der Freizeit,
16. Ausführungen zur Erreichung des Vollzugsziels, Außenbeschäftigung,
17. Lockerungen zur Erreichung des Vollzugsziels,
18. Aufrechterhaltung, Förderung und Gestaltung von Außenkontakten,
19. Schuldnerberatung, Schuldenregulierung und Erfüllung von Unterhaltspflichten,
20. Ausgleich von Tatfolgen,
21. Maßnahmen zur Vorbereitung von Entlassung, Eingliederung, Nachsorge und zur Bildung eines Eingliederungsgeldes und
22. Frist zur Fortschreibung des Vollzugs- und Eingliederungsplans.

[2]Bei vorbehaltener Sicherungsverwahrung enthalten der Vollzugs- und Eingliederungsplan sowie seine Fortschreibungen darüber hinaus Angaben zu individuellen Maßnahmen nach § 3 Absatz 9 Satz 2 und einer Antragstellung gemäß § 92 Absatz 1 Satz 2 des Jugendgerichtsgesetzes in Verbindung mit § 119a Absatz 2 des Strafvollzugsgesetzes vom 16. März 1976 (BGBl. I S. 581, 2088 und 1977 I S. 436), das zuletzt durch Artikel 152 der Verordnung vom 31. August 2015 (BGBl. I S. 1474) geändert worden ist.

(2) [1]Maßnahmen nach Absatz 1 Satz 1 Nummer 6 bis 12 und § 3 Absatz 9 Satz 2, die nach dem Ergebnis des Diagnostikverfahrens als zur Erreichung des Vollzugsziels zwingend erforderlich erachtet werden, sind als solche zu kennzeichnen und gehen allen anderen Maßnahmen vor. [2]Andere Maßnah-

men dürfen nicht gestattet werden, soweit sie die Teilnahme an Maßnahmen nach Satz 1 beeinträchtigen würden.

(3) [1]Spätestens ein Jahr vor dem voraussichtlichen Entlassungszeitpunkt, bei einer voraussichtlichen Vollzugsdauer von bis zu einem Jahr bereits mit der Erstellung des Vollzugs- und Eingliederungsplanes nach Absatz 1, werden die Maßnahmen nach Absatz 1 Satz 1 Nummer 21 konkretisiert oder ergänzt. [2]Insbesondere ist Stellung zu nehmen zur

1. Unterbringung im offenen Vollzug oder zum Aufenthalt in einer Übergangseinrichtung,
2. Unterkunft sowie Arbeit oder Ausbildung nach der Entlassung,
3. Unterstützung bei notwendigen Behördengängen und der Beschaffung der notwendigen persönlichen Dokumente,
4. Beteiligung der Bewährungshilfe und der Forensischen Ambulanzen,
5. Kontaktaufnahme zu Einrichtungen der Entlassenenhilfe,
6. Fortsetzung von im Vollzug noch nicht abgeschlossenen Maßnahmen,
7. Anregung von Auflagen und Weisungen für die Bewährungs- oder Führungsaufsicht,
8. Vermittlung in nachsorgende Maßnahmen und
9. nachgehenden Betreuung durch Bedienstete.

(4) Wird ausschließlich Ersatzfreiheitsstrafe vollzogen, so kann der Vollzugs- und Eingliederungsplan abweichend von den Absätzen 1 und 3 in der Regel auf die folgenden Angaben beschränkt werden:

1. Zusammenfassung der für eine angemessene Vollzugsgestaltung festgestellten wesentlichen Gesichtspunkte nach § 10 Absatz 5,
2. Unterbringung im geschlossenen oder offenen Vollzug,
3. Unterstützung bei der Abwendung der weiteren Vollstreckung der Ersatzfreiheitsstrafe durch freie Arbeit oder Zahlung der restlichen Geldstrafe,
4. Maßnahmen zur Stabilisierung der Lebenssituation während und nach dem Vollzug und
5. Maßnahmen zur Vorbereitung der Entlassung.

Abschnitt 3
Unterbringung und Verlegung

§ 13 Trennungsgrundsätze

(1) [1]Gefangene unterschiedlichen Geschlechts werden getrennt voneinander untergebracht. [2]Eine gemeinsame Unterbringung zum Zweck der medizinischen Behandlung und gemeinsame Maßnahmen, insbesondere zur schulischen und beruflichen Qualifizierung, sind zulässig.

(2) Von dem Grundsatz der getrennten Unterbringung gemäß Absatz 1 Satz 1 kann im Einzelfall unter Berücksichtigung der Persönlichkeit und der Bedürfnisse der Jugendstrafgefangenen, der Erreichung des Vollzugsziels und der Sicherheit oder Ordnung der Anstalt, einschließlich der Bedürfnisse der übrigen Jugendstrafgefangenen, insbesondere dann abgewichen werden, wenn sich Jugendstrafgefangene

1. auf Grund ihrer geschlechtlichen Identität nicht dem in ihrem amtlichen Personenstandseintrag angegebenen, sondern einem anderen Geschlecht oder
2. dauerhaft weder dem männlichen noch dem weiblichen Geschlecht

als zugehörig empfinden.

§ 14 Unterbringung während der Einschlusszeiten

(1) [1]Die Jugendstrafgefangenen werden im geschlossenen Vollzug während der Einschlusszeiten in ihren Hafträumen einzeln untergebracht. [2]Mit ihrer Zustimmung können sie in dafür zugelassenen Hafträumen zu zweit untergebracht werden, wenn schädliche Einflüsse nicht zu befürchten sind. [3]Die Anstalt setzt die Einschlusszeiten unter Berücksichtigung der in § 3 geregelten Grundsätze der Vollzugsgestaltung und der in § 6 bestimmten Leitlinien der Förderung und Erziehung fest.

(2) [1]Über die Fälle des Absatzes 1 Satz 2 hinaus ist eine gemeinsame Unterbringung nur im offenen Vollzug, während der stationären Behandlung im Justizvollzugskrankenhaus oder vorübergehend und aus zwingenden Gründen zulässig. [2]Schädliche Einflüsse auf die Jugendstrafgefangenen dürfen hierdurch nicht zu befürchten sein.

§ 15 Aufenthalt außerhalb der Einschlusszeiten

(1) Außerhalb der Einschlusszeiten dürfen sich die Jugendstrafgefangenen in Gemeinschaft aufhalten.

(2) Der gemeinschaftliche Aufenthalt kann eingeschränkt werden,
1. wenn ein schädlicher Einfluss auf andere Jugendstrafgefangene zu befürchten ist,
2. wenn es die Sicherheit oder Ordnung der Anstalt erfordert,
3. wenn dies aus erzieherischen Gründen angezeigt ist oder
4. während der stationären Behandlung im Justizvollzugskrankenhaus.

§ 16 Wohngruppenvollzug

(1) [1]Geeignete Jugendstrafgefangene werden regelmäßig in Wohngruppen untergebracht, die entsprechend dem individuellen Entwicklungsstand und Förderbedarf zu bilden sind. [2]Bei der Belegung der Wohngruppen sind vornehmlich das Alter der Jugendstrafgefangenen, die Dauer der zu vollziehenden Jugendstrafe sowie die dem Vollzug zu Grunde liegenden Straftaten zu berücksichtigten. [3]Nicht für den Wohngruppenvollzug geeignet sind in der Regel Jugendstrafgefangene, die aufgrund ihres Verhaltens nicht gruppenfähig sind.

(2) In der Wohngruppe sollen insbesondere Werte, die ein sozialverträgliches Zusammenleben ermöglichen, gewaltfreie Konfliktlösungen, gegenseitige Toleranz und Verantwortung für den eigenen Lebensbereich vermittelt und eingeübt werden.

(3) [1]Wohngruppenvollzug zeichnet sich durch eine besondere pädagogische Betreuung aus. [2]Die Wohngruppen werden von fest zugeordneten Bediensteten des allgemeinen Vollzugsdienstes betreut. [3]Sie werden baulich abgegrenzt für eine überschaubare Anzahl von Jugendstrafgefangenen eingerichtet und verfügen neben Hafträumen über wohnlich gestaltete Einrichtungen zur gemeinsamen Nutzung, insbesondere über Küchen und Gemeinschaftsräume.

(4) Eine erzieherische Betreuung in den Wohngruppen ist auch in der ausbildungs- und arbeitsfreien Zeit der Jugendstrafgefangenen, vor allem auch am Wochenende, im erforderlichen Umfang zu gewährleisten.

§ 17 Unterbringung von weiblichen Jugendstrafgefangenen mit ihren Kindern

(1) [1]Bis zur Vollendung ihres dritten Lebensjahres können Kinder von weiblichen Jugendstrafgefangenen mit Zustimmung der oder des Aufenthaltsbestimmungsberechtigten mit ihrer Mutter gemeinsam in der Anstalt untergebracht werden, wenn Sicherheitsgründe nicht entgegenstehen. [2]Vor der Unterbringung ist das Jugendamt zu hören.

(2) [1]Die Unterbringung erfolgt auf Kosten der für das Kind Unterhaltspflichtigen. [2]Von der Geltendmachung des Kostenersatzanspruchs kann ausnahmsweise abgesehen werden, wenn hierdurch die gemeinsame Unterbringung gefährdet würde.

§ 18 Geschlossener und offener Vollzug

(1) [1]Die Jugendstrafgefangenen werden im geschlossenen oder im offenen Vollzug untergebracht. [2]Abteilungen des offenen Vollzugs sehen keine oder nur verminderte Vorkehrungen gegen Entweichungen vor.

(2) Die Jugendstrafgefangenen sind im offenen Vollzug unterzubringen, wenn sie dessen besonderen Anforderungen genügen, insbesondere verantwortet werden kann zu erproben, dass sie sich weder dem Vollzug entziehen noch die Möglichkeiten des offenen Vollzugs zur Begehung von Straftaten missbrauchen werden.

(3) [1]Genügen die Jugendstrafgefangenen den besonderen Anforderungen des offenen Vollzugs nicht oder nicht mehr, so werden sie im geschlossenen Vollzug untergebracht. [2]Jugendstrafgefangene können abweichend von Absatz 2 im geschlossenen Vollzug untergebracht oder dorthin zurückverlegt werden, wenn dies zur Erreichung des Vollzugsziels notwendig ist. [3]§ 19 Absatz 3 gilt entsprechend.

§ 19 Verlegung und Überstellung

(1) Die Jugendstrafgefangenen können abweichend vom Vollstreckungsplan in eine andere Anstalt verlegt werden, wenn
1. die Erreichung des Vollzugsziels hierdurch gefördert wird,
2. in erhöhtem Maße die Gefahr der Entweichung oder Befreiung gegeben ist oder sonst ihr Verhalten oder ihr Zustand eine Gefahr für die Sicherheit der Anstalt darstellt und die aufnehmende Anstalt zur sicheren Unterbringung der Jugendstrafgefangenen besser geeignet ist oder
3. Gründe der Vollzugsorganisation oder andere wichtige Gründe dies erfordern.

(2) Die Jugendstrafgefangenen dürfen aus wichtigem Grund, insbesondere zur Durchführung medizinischer Maßnahmen, zur Begutachtung oder Besuchszusammenführung, befristet in eine andere Anstalt überführt werden (Überstellung).

(3) [1]Vor Verlegung oder vor Überstellung sind die Jugendstrafgefangenen anzuhören. [2]Bei einer Gefährdung der Sicherheit kann dies auch nachgeholt werden. [3]Die Personensorgeberechtigten werden von der Verlegung und Überstellung und die Vollstreckungsleiterin oder der Vollstreckungsleiter sowie das zuständige Jugendamt von der Verlegung unverzüglich benachrichtigt. [4]Die Verteidigerinnen, Verteidiger und Beistände nach § 69 des Jugendgerichtsgesetzes erhalten auf Antrag der Jugendstrafgefangenen eine entsprechende Mitteilung über die Verlegung.

Abschnitt 4
Sozialtherapie und sozialtherapeutische Einrichtung

§ 20 Sozialtherapie

(1) [1]Sozialtherapie dient der Verringerung einer erheblichen Gefährlichkeit der Jugendstrafgefangenen. [2]Auf der Grundlage einer therapeutischen Gemeinschaft bedient sie sich psychotherapeutischer, sozialpädagogischer und arbeitstherapeutischer Methoden, die in umfassenden Behandlungsprogrammen verbunden werden. [3]Personen aus dem Lebensumfeld der Jugendstrafgefangenen außerhalb des Vollzugs, insbesondere auch deren Personensorgeberechtigte, werden in die Behandlung einbezogen.

(2) [1]Jugendstrafgefangene sind in einer sozialtherapeutischen Einrichtung unterzubringen, wenn ihre Teilnahme an den dortigen Behandlungsprogrammen zur Verringerung ihrer erheblichen Gefährlichkeit angezeigt ist. [2]Eine erhebliche Gefährlichkeit liegt vor, wenn schwerwiegende Straftaten gegen Leib oder Leben, die persönliche Freiheit oder gegen die sexuelle Selbstbestimmung zu erwarten sind.

(3) [1]Andere Jugendstrafgefangene können in einer sozialtherapeutischen Abteilung untergebracht werden, wenn die Teilnahme an den dortigen Behandlungsprogrammen zur Erreichung des Vollzugsziels angezeigt ist. [2]In diesen Fällen bedarf die Unterbringung der Zustimmung der sozialtherapeutischen Einrichtung.

(4) [1]Die Unterbringung soll zu einem Zeitpunkt erfolgen, der entweder den Abschluss der Behandlung zum voraussichtlichen Entlassungszeitpunkt erwarten lässt oder die Fortsetzung der Behandlung nach der Entlassung ermöglicht. [2]Ist die Anordnung der Sicherungsverwahrung vorbehalten, soll die Unterbringung zu einem Zeitpunkt erfolgen, der den Abschluss der Behandlung noch während des Vollzugs der Jugend- oder Freiheitsstrafe erwarten lässt.

(5) Die Unterbringung der Jugendstrafgefangenen in der sozialtherapeutischen Einrichtung wird beendet, wenn das Ziel der Behandlung aus Gründen, die in ihrer Person liegen, nicht erreicht werden kann.

§ 21 Sozialtherapeutische Einrichtung

(1) Sozialtherapie wird in einer besonderen sozialtherapeutischen Abteilung (sozialtherapeutische Einrichtung) vollzogen.

(2) [1]Der Vollzug erfolgt in überschaubaren Wohngruppen, deren Ausgestaltung an den Grundsätzen sozialtherapeutischer Behandlung auszurichten ist. [2]Die Wohngruppen werden jeweils durch Mitarbeiterinnen oder Mitarbeiter des Sozialdienstes, Psychologinnen oder Psychologen und fest zugeordnete Bedienstete des allgemeinen Vollzugsdienstes betreut.

(3) Neben den Haft- und Therapieräumen gehören zu den Wohngruppen wohnlich gestaltete Einrichtungen zur gemeinsamen Nutzung, insbesondere Küchen und Gemeinschaftsräume.

Abschnitt 5
Schulische und berufliche Qualifizierungsmaßnahmen, arbeitstherapeutische Maßnahmen, Arbeitstraining und Arbeit

§ 22 Ziel von Qualifizierung und Arbeit

[1]Schulische und berufliche Qualifizierungsmaßnahmen, arbeitstherapeutische Maßnahmen, Arbeitstraining und Arbeit haben insbesondere das Ziel, die Fähigkeiten der Jugendstrafgefangenen zur Aufnahme einer Erwerbstätigkeit nach der Entlassung zu vermitteln, zu verbessern oder zu erhalten. [2]Maßnahmen der schulischen und beruflichen Aus- und Weiterbildung sind für die Jugendstrafgefangenen von besonderer Bedeutung. [3]Sie dienen dem Ziel, durch Vermittlung geeigneter Lernmodelle

schulischem Nachholbedarf zu begegnen, die Lebenssituation zu stabilisieren, Beständigkeit und Selbstdisziplin aufzubauen, Eigenverantwortung und Motivation zu entwickeln sowie das Selbstwertgefühl zu verbessern. [4]Die Jugendstrafgefangenen werden darin unterstützt und beraten, ihren Fähigkeiten, Kenntnissen und Neigungen angemessene Aus- und Weiterbildungsmaßnahmen oder Arbeit zu finden.

§ 23 Schulische und berufliche Qualifizierungsmaßnahmen

(1) [1]Jugendstrafgefangene sind vorrangig zur Teilnahme an schulischen und beruflichen Qualifizierungsmaßnahmen in Form von Orientierungs-, Berufsvorbereitungs-, Aus- und Weiterbildungsmaßnahmen oder speziellen Maßnahmen zur Förderung ihrer schulischen und beruflichen Entwicklung verpflichtet. [2]§ 12 Absatz 2 bleibt hinsichtlich der Maßnahmen nach § 12 Absatz 1 Satz 1 Nummer 6 bis 10 und § 3 Absatz 9 Satz 2 unberührt.

(2) [1]Jugendstrafgefangenen ist eine für sie sinnvolle Qualifizierungsmaßnahme, die zu einem anerkannten Abschluss führt, anzubieten. [2]Jugendstrafgefangene erhalten allgemeinen oder berufsbildenden Unterricht in Anlehnung an die für öffentliche Schulen geltenden Vorschriften. [3]Bei der Festlegung von Inhalten, Methoden und Organisationsformen der schulischen und beruflichen Qualifizierungsmaßnahmen wird der spezielle Förderbedarf der Jugendstrafgefangenen berücksichtigt. [4]Schulische und berufliche Aus- und Weiterbildung werden in der Regel als Vollzeitmaßnahme durchgeführt.

(3) [1]Die Vollzugs- und Eingliederungsplanung ist darauf auszurichten, dass die Jugendstrafgefangenen Qualifizierungsmaßnahmen während ihrer Haftzeit abschließen oder danach fortsetzen können. [2]Können Maßnahmen während der Haftzeit nicht abgeschlossen werden, trägt die Anstalt in Zusammenarbeit mit außervollzuglichen Einrichtungen dafür Sorge, dass die begonnene Qualifizierungsmaßnahme nach der Entlassung fortgesetzt werden kann. [3]§ 50 Satz 4 bleibt unberührt.

(4) Nachweise über schulische und berufliche Qualifizierungsmaßnahmen dürfen keinen Hinweis auf die Inhaftierung enthalten.

(5) Der Verpflichtung zur Teilnahme an schulischen und beruflichen Qualifizierungsmaßnahmen unterliegen weibliche Jugendstrafgefangene nicht, soweit entsprechende gesetzliche Beschäftigungsverbote zum Schutz erwerbstätiger werdender und stillender Mütter nach dem Mutterschutzgesetz in der Fassung der Bekanntmachung vom 20. Juni 2002 (BGBl. I S. 2318), das zuletzt durch Artikel 6 des Gesetzes vom 23. Oktober 2012 (BGBl. I S. 2246) geändert worden ist, in der jeweils geltenden Fassung bestehen.

§ 24 Arbeitstherapeutische Maßnahmen

Arbeitstherapeutische Maßnahmen dienen dazu, dass die Jugendstrafgefangenen Eigenschaften wie Selbstvertrauen, Durchhaltevermögen und Konzentrationsfähigkeit einüben, um sie stufenweise an die Grundanforderungen des Arbeitslebens heranzuführen.

§ 25 Arbeitstraining

[1]Arbeitstraining dient dazu, Jugendstrafgefangenen, die nicht in der Lage sind, einer regelmäßigen und erwerbsorientierten Beschäftigung nachzugehen, Fähigkeiten und Fertigkeiten zu vermitteln, die eine Eingliederung in das leistungsorientierte Arbeitsleben fördern. [2]Die in der Anstalt dafür vorgehaltenen Maßnahmen sind danach auszurichten, dass sie den Jugendstrafgefangenen für den Arbeitsmarkt relevante Qualifikationen vermitteln.

§ 26 Arbeitspflicht

(1) [1]Nehmen die Jugendstrafgefangenen an keiner schulischen oder beruflichen Qualifizierungsmaßnahme teil, sind sie zur Teilnahme an arbeitstherapeutischen Maßnahmen, Arbeitstraining oder zu Arbeit verpflichtet, wenn und soweit sie dazu in der Lage sind. [2]§ 12 Absatz 2 bleibt unberührt. [3]Bei der Zuweisung einer Beschäftigung sind Fähigkeiten, Fertigkeiten und Neigungen der Jugendstrafgefangenen zu berücksichtigen.

(2) Die Verpflichtung entfällt für weibliche Jugendstrafgefangene, soweit das gesetzliche Beschäftigungsverbot zum Schutz erwerbstätiger werdender und stillender Mütter nach dem Mutterschutzgesetz besteht.

§ 27 Beschäftigungsbedingungen und Ablösung

(1) [1]Nehmen die Jugendstrafgefangenen an Maßnahmen gemäß §§ 23 bis 25 teil oder üben sie eine Arbeit gemäß § 26 aus, so gelten die von der Anstalt festgelegten Beschäftigungsbedingungen. [2]Für

schwangere und stillende Jugendstrafgefangene sind die Vorschriften des Mutterschutzgesetzes über die Gestaltung des Arbeitsplatzes entsprechend anzuwenden.

(2) Die Jugendstrafgefangenen können von den in Absatz 1 Satz 1 benannten Beschäftigungen abgelöst werden, wenn

1. sie den Anforderungen nicht gewachsen sind,
2. sie trotz Abmahnung wiederholt gegen die Beschäftigungsvorschriften verstoßen,
3. dies zur Erfüllung der Vollzugs- und Eingliederungsplanung geboten ist oder
4. dies aus Gründen der Sicherheit oder Ordnung der Anstalt erforderlich ist.

(3) [1]Vor Ablösung sind die Jugendstrafgefangenen anzuhören. [2]Bei einer Gefährdung der Sicherheit der Anstalt kann dies auch nachgeholt werden. [3]Werden Jugendstrafgefangene nach Absatz 2 Nummer 2 oder aufgrund ihres Verhaltens nach Absatz 2 Nummer 4 abgelöst, so gelten sie als verschuldet ohne Beschäftigung.

§ 28 Freies Beschäftigungsverhältnis, Selbstbeschäftigung

(1) [1]Jugendstrafgefangenen, die zum Freigang gemäß § 44 Absatz 1 Satz 1 Nummer 4 zugelassen sind, soll gestattet werden, einer Berufsausbildung, beruflichen Weiterbildung, Umschulung oder einer Arbeit auf der Grundlage eines freien Beschäftigungsverhältnisses oder der Selbstbeschäftigung außerhalb der Anstalt nachzugehen, wenn die Beschäftigungsstelle geeignet ist und nicht überwiegende Gründe des Vollzugs entgegenstehen. [2]§ 46 gilt entsprechend.

(2) [1]Das Entgelt ist der Anstalt zur Gutschrift für die Jugendstrafgefangenen zu überweisen. [2]Die Anstalt kann in geeigneten Fällen hiervon Ausnahmen zulassen.

§ 29 Freistellung

(1) [1]Haben die Jugendstrafgefangenen ein halbes Jahr lang gearbeitet, so können sie beanspruchen, zehn Arbeitstage von der Arbeit freigestellt zu werden. [2]Zeiten, in denen die Jugendstrafgefangenen infolge Krankheit an der Arbeitsleistung gehindert waren, werden auf das Halbjahr mit bis zu 15 Arbeitstagen angerechnet. [3]Der Anspruch verfällt, wenn die Freistellung nicht innerhalb eines Jahres nach seiner Entstehung erfolgt ist.

(2) [1]Auf die Zeit der Freistellung wird Langzeitausgang gemäß § 44 Absatz 1 Satz 1 Nummer 3 angerechnet, soweit er in die Arbeitszeit fällt. [2]Gleiches gilt für einen Langzeitausgang nach § 45 Absatz 1, sofern er nicht wegen des Todes oder einer lebensgefährlichen Erkrankung naher Angehöriger erteilt worden ist.

(3) Die Jugendstrafgefangenen erhalten für die Zeit der Freistellung ihr Arbeitsentgelt weiter.

(4) Urlaubsregelungen freier Beschäftigungsverhältnisse außerhalb der Anstalt bleiben unberührt.

(5) Für schulische und berufliche Qualifizierungsmaßnahmen, arbeitstherapeutische Maßnahmen und Arbeitstraining gelten die Absätze 1 bis 4 entsprechend, sofern diese den Umfang der regelmäßigen wöchentlichen Arbeitszeit erreichen.

Abschnitt 6

Besuche, Telefongespräche, Schriftwechsel, andere Formen der Telekommunikation und Pakete

§ 30 Grundsatz

[1]Die Jugendstrafgefangenen haben das Recht, mit Personen außerhalb der Anstalt im Rahmen der Bestimmungen dieses Gesetzes zu verkehren. [2]Die Anstalt fördert den Kontakt der Jugendstrafgefangenen mit Personen, von denen ein günstiger Einfluss erwartet werden kann.

§ 31 Besuch

(1) [1]Die Jugendstrafgefangenen dürfen regelmäßig Besuch empfangen. [2]Die Gesamtdauer beträgt mindestens vier Stunden im Monat. [3]Kontakte der Jugendstrafgefangenen zu ihren Kindern werden besonders gefördert. [4]Bei Besuchen von ihren Kindern erhöht sich die Gesamtdauer der Besuchszeit des Satzes 2 um zwei weitere Stunden. [5]Besuchsmöglichkeiten sind auch an den Wochenenden und Feiertagen vorzusehen. [6]Näheres zum Verfahren und zum Ablauf der Besuche regelt die Anstalt.

(2) Besuche von Angehörigen im Sinne von § 11 Absatz 1 Nummer 1 des Strafgesetzbuchs werden besonders unterstützt.

(3) Besuche sollen über die Fälle des Absatzes 1 hinaus zugelassen werden, wenn sie die Erziehung oder Eingliederung der Jugendstrafgefangenen fördern oder persönlichen, rechtlichen oder geschäft-

lichen Angelegenheiten dienen, die nicht von den Jugendstrafgefangenen schriftlich erledigt, durch Dritte wahrgenommen oder bis zur Entlassung aufgeschoben werden können.

(4) [1]Besuche von Verteidigerinnen und Verteidigern sowie von Rechtsanwältinnen, Rechtsanwälten, Notarinnen und Notaren in einer die jeweiligen Jugendstrafgefangenen betreffenden Rechtssache sind zu gestatten. [2]Dies gilt auch für Besuche von Beiständen nach § 69 des Jugendgerichtsgesetzes.

§ 32 Untersagung von Besuchen

Besuche können untersagt werden, wenn

1. die Sicherheit oder Ordnung der Anstalt gefährdet würde,
2. zu befürchten ist, dass Personen, die nicht Angehörige der Jugendstrafgefangenen im Sinne von § 11 Absatz 1 Nummer 1 des Strafgesetzbuchs sind, einen schädlichen Einfluss auf die Jugendstrafgefangenen haben oder die Erreichung des Vollzugsziels behindern,
3. zu befürchten ist, dass die Begegnung mit den Jugendstrafgefangenen Personen, die Verletzte der Straftat waren, schadet oder
4. die Personensorgeberechtigten der oder des Jugendstrafgefangenen nicht einverstanden sind.

§ 33 Durchführung der Besuche

(1) [1]Aus Gründen der Sicherheit der Anstalt können Besuche davon abhängig gemacht werden, dass die Besucherinnen und Besucher sich und ihre mitgeführten Sachen durchsuchen und mit technischen oder sonstigen Hilfsmitteln absuchen lassen. [2]Die Durchsuchung darf nur von Personen des gleichen Geschlechts vorgenommen werden; das Schamgefühl ist zu schonen.

(2) [1]Eine inhaltliche Überprüfung der von Verteidigerinnen, Verteidigern und Beiständen nach § 69 des Jugendgerichtsgesetzes beim Besuch mitgeführten Schriftstücke und sonstigen Unterlagen ist nicht zulässig. [2]Dies gilt auch für von Rechtsanwältinnen, Rechtsanwälten, Notarinnen und Notaren in einer die jeweiligen Jugendstrafgefangenen betreffenden Rechtssache mitgeführten Schriftstücke und sonstigen Unterlagen. [3]§ 39 Absatz 2 Satz 2 und 3 bleibt unberührt.

(3) [1]Besuche werden vorbehaltlich des Absatzes 4 regelmäßig beaufsichtigt. [2]Über Ausnahmen entscheidet die Anstalt. [3]Die Beaufsichtigung kann mittels optisch-elektronischer Einrichtungen durchgeführt werden.

(4) Besuche von Verteidigerinnen und Verteidigern sowie von Rechtsanwältinnen, Rechtsanwälten, Notarinnen und Notaren in einer die jeweiligen Jugendstrafgefangenen betreffenden Rechtssache und von Beiständen nach § 69 des Jugendgerichtsgesetzes werden nicht beaufsichtigt.

(5) [1]Besuche dürfen abgebrochen werden, wenn Besucherinnen, Besucher oder Jugendstrafgefangene gegen dieses Gesetz oder aufgrund dieses Gesetzes getroffene Anordnungen trotz Abmahnung verstoßen, oder wenn von Besucherinnen oder Besuchern ein schädlicher Einfluss auf die Jugendstrafgefangenen ausgeht. [2]Die Abmahnung unterbleibt, wenn es unerlässlich ist, den Besuch sofort abzubrechen.

(6) [1]Beim Besuch dürfen Jugendstrafgefangene grundsätzlich keine Gegenstände, und Besucherinnen und Besucher nur Gegenstände, die sie innerhalb der Anstalt an dafür zugelassenen Einrichtungen zum Einkauf für die Jugendstrafgefangenen erworben haben, übergeben. [2]Dies gilt nicht für die bei dem Besuch der Verteidigerinnen, Verteidiger und der Beistände nach § 69 des Jugendgerichtsgesetzes übergebenen Schriftstücke und sonstigen Unterlagen sowie für die bei dem Besuch von Rechtsanwältinnen, Rechtsanwälten, Notarinnen und Notaren zur Erledigung einer die jeweiligen Jugendstrafgefangenen betreffenden Rechtssache übergebenen Schriftstücke und sonstigen Unterlagen. [3]Bei dem Besuch von Rechtsanwältinnen, Rechtsanwälten, Notarinnen und Notaren kann die Übergabe aus Gründen der Sicherheit oder Ordnung der Anstalt von der Erlaubnis der Anstalt abhängig gemacht werden. [4]§ 39 Absatz 2 Satz 2 und 3 bleibt unberührt.

(7) Die Anstalt kann im Einzelfall die Nutzung einer Trennvorrichtung anordnen, wenn dies zum Schutz von Personen oder zur Verhinderung einer Übergabe von Gegenständen erforderlich ist.

§ 34 Überwachung von Gesprächen

(1) Gespräche dürfen nur überwacht werden, soweit es im Einzelfall wegen einer Gefährdung der Erreichung des Vollzugsziels oder aus Gründen der Sicherheit erforderlich ist.

(2) Gespräche mit Verteidigerinnen, Verteidigern und Beiständen nach § 69 des Jugendgerichtsgesetzes sowie mit Rechtsanwältinnen, Rechtsanwälten, Notarinnen und Notaren in einer die jeweiligen Jugendstrafgefangenen betreffenden Rechtssache werden nicht überwacht.

§ 35 Telefongespräche

(1) [1]Den Jugendstrafgefangenen kann gestattet werden, Telefongespräche durch Vermittlung der Anstalt zu führen. [2]Die Vorschriften über den Besuch gemäß § 31 Absatz 4, §§ 32, 33 Absatz 5 und § 34 gelten entsprechend. [3]Eine angeordnete Überwachung teilt die Anstalt den Jugendstrafgefangenen rechtzeitig vor Beginn des Telefongesprächs und den Gesprächspartnerinnen und Gesprächspartnern der Jugendstrafgefangenen unmittelbar nach Herstellung der Verbindung mit.

(2) [1]Die Kosten der Telefongespräche tragen die Jugendstrafgefangenen. [2]Sind sie dazu nicht in der Lage, so kann die Anstalt die Kosten in begründeten Fällen in angemessenem Umfang übernehmen.

§ 36 Schriftwechsel

(1) [1]Die Jugendstrafgefangenen haben das Recht, Schreiben abzusenden und zu empfangen. [2]Sie sind frühzeitig zu einem Schriftwechsel mit ihren Angehörigen und mit Einrichtungen außerhalb des Vollzugs, die sie bei ihrer Eingliederung unterstützen können, zu motivieren und anzuleiten.

(2) [1]Die Kosten des Schriftwechsels tragen die Jugendstrafgefangenen. [2]Sind sie dazu nicht in der Lage, so kann die Anstalt die Kosten in begründeten Fällen in angemessenem Umfang übernehmen.

§ 37 Untersagung von Schriftwechsel

Der Schriftwechsel mit bestimmten Personen kann untersagt werden, wenn

1. die Sicherheit oder Ordnung der Anstalt gefährdet würde,
2. zu befürchten ist, dass diese Personen, die nicht Angehörige der Jugendstrafgefangenen im Sinne von § 11 Absatz 1 Nummer 1 des Strafgesetzbuchs sind, einen schädlichen Einfluss auf die Jugendstrafgefangenen haben oder die Erreichung des Vollzugsziels behindern,
3. zu befürchten ist, dass dieser Personen, die Verletzte der Straftat waren, schadet oder
4. die Personensorgeberechtigten der oder des Jugendstrafgefangenen nicht einverstanden sind.

§ 38 Sichtkontrolle, Weiterleitung und Aufbewahrung von Schreiben

(1) [1]Die Jugendstrafgefangenen haben das Absenden und den Empfang von Schreiben durch die Anstalt vermitteln zu lassen, soweit nichts anderes gestattet ist. [2]Ein- und ausgehende Schreiben sind unverzüglich weiterzuleiten.

(2) Ein- und ausgehende Schreiben werden im geschlossenen Vollzug regelmäßig durch Sichtkontrolle auf verbotene Gegenstände überprüft.

(3) [1]Bei der Sichtkontrolle des Schriftwechsels der Jugendstrafgefangenen mit ihren Verteidigerinnen, Verteidigern und Beiständen nach § 69 des Jugendgerichtsgesetzes sowie mit Rechtsanwältinnen, Rechtsanwälten, Notarinnen und Notaren in einer sie betreffenden Rechtssache dürfen die ein- und ausgehenden Schreiben nur ungeöffnet auf verbotene Gegenstände untersucht werden. [2]Besteht der Verdacht, dass diese Schreiben verbotene Gegenstände enthalten, oder bestehen Zweifel am Vorliegen eines Mandatsverhältnisses oder an der Berufsträgereigenschaft, so werden sie an die Absenderinnen oder Absender zurückgesandt oder den absendenden Jugendstrafgefangenen zurückgegeben, sofern nicht der dringende Verdacht besteht, dass ungeöffnete Schreiben verbotene strafrechtlich relevante Gegenstände enthalten und eine Sicherstellung nach strafprozessualen Vorschriften in Betracht kommt.

(4) [1]Die Jugendstrafgefangenen haben eingehende Schreiben unverschlossen zu verwahren, sofern nichts anderes gestattet wird. [2]Sie können sie verschlossen zu ihrer Habe geben.

§ 39 Überwachung von Schriftwechsel

(1) Der Schriftwechsel darf überwacht werden, soweit dies wegen einer Gefährdung der Erreichung des Vollzugsziels oder aus Gründen der Sicherheit erforderlich ist.

(2) [1]Der Schriftwechsel der Jugendstrafgefangenen mit ihren Verteidigerinnen, Verteidigern und ihren Beiständen nach § 69 des Jugendgerichtsgesetzes sowie mit Rechtsanwältinnen, Rechtsanwälten, Notarinnen und Notaren in einer die jeweiligen Jugendstrafgefangenen betreffenden Rechtssache wird nicht überwacht. [2]Liegt dem Vollzug eine Straftat nach § 129a, auch in Verbindung mit § 129b Absatz 1 des Strafgesetzbuchs zugrunde, so gelten § 148 Absatz 2 und § 148a der Strafprozessordnung entsprechend; dies gilt nicht, wenn die Jugendstrafgefangenen sich im offenen Vollzug befinden oder wenn ihnen Lockerungen nach § 44 gewährt worden sind und ein Grund, der die Anstalt zum Widerruf von Lockerungen ermächtigt, nicht vorliegt. [3]Satz 2 gilt auch, wenn eine Jugend- oder Freiheitsstrafe wegen einer Straftat nach § 129a, auch in Verbindung mit § 129b Absatz 1 des Strafgesetzbuchs, erst im Anschluss an den Vollzug der Jugendstrafe, der eine andere Verurteilung zugrunde liegt, zu vollstrecken ist.

§ 40 Anhalten von Schreiben

(1) Schreiben können angehalten werden, wenn

1. bei deren Weitergabe die Erreichung des Vollzugsziels oder die Sicherheit oder Ordnung der Anstalt gefährdet würde,
2. die Weitergabe in Kenntnis ihres Inhalts einen Straf- oder Bußgeldtatbestand verwirklichen würde,
3. sie grob unrichtige oder erheblich entstellende Darstellungen von Anstaltsverhältnissen oder grobe Beleidigungen enthalten,
4. sie die Eingliederung anderer Jugendstrafgefangenen gefährden können,
5. zu befürchten ist, dass der Schriftwechsel mit den Jugendstrafgefangenen Personen, die Verletzte der Straftat waren, schadet oder
6. sie in Geheim- oder Kurzschrift, unlesbar, unverständlich oder ohne zwingenden Grund in einer fremden Sprache abgefasst sind.

(2) Ausgehenden Schreiben, die unrichtige Darstellungen enthalten, kann ein Begleitschreiben beigefügt werden, wenn die Jugendstrafgefangenen auf das Absenden bestehen.

(3) [1]Sind Schreiben angehalten worden, so wird dies den Jugendstrafgefangenen mitgeteilt. [2]Soweit angehaltene Schreiben nicht als Beweismittel nach strafprozessualen Vorschriften sichergestellt werden, werden sie an die Absenderinnen oder Absender zurückgegeben oder, sofern dies unmöglich oder aus besonderen Gründen nicht angezeigt ist, von der Anstalt verwahrt.

(4) Schreiben, deren Überwachung nach § 39 Absatz 2 ausgeschlossen ist, dürfen nicht angehalten werden.

§ 41 Kontakte mit bestimmten Institutionen und Personen

(1) [1]Der Schriftwechsel der Jugendstrafgefangenen mit

1. den Volksvertretungen des Bundes und der Länder sowie deren Mitgliedern,
2. dem Bundesverfassungsgericht und dem für sie zuständigen Landesverfassungsgericht,
3. der oder dem für sie zuständigen Bürgerbeauftragten eines Landes,
4. der oder dem Datenschutzbeauftragten des Bundes oder der Länder,
5. dem europäischen Parlament sowie dessen Mitgliedern,
6. dem Europäischen Gerichtshof für Menschenrechte,
7. dem Europäischen Gerichtshof,
8. der oder dem Europäischen Datenschutzbeauftragten,
9. der oder dem Europäischen Bürgerbeauftragten,
10. dem Europäischen Ausschuss zur Verhütung von Folter und unmenschlicher oder erniedrigender Behandlung oder Strafe,
11. der Europäischen Kommission gegen Rassismus und Intoleranz,
12. dem Menschenrechtsausschuss der Vereinten Nationen,
13. den Ausschüssen der Vereinten Nationen für die Beseitigung der Rassendiskriminierung und für die Beseitigung der Diskriminierung der Frau,
14. dem Ausschuss der Vereinten Nationen gegen Folter, dem zugehörigen Unterausschuss zur Verhütung von Folter und den entsprechenden Nationalen Präventivmechanismen,
15. den konsularischen Vertretungen ihres Heimatlandes,
16. der für sie zuständigen Führungsaufsichtsstelle, Bewährungs- und Gerichtshilfe,
17. der oder dem Opferbeauftragten des Landes Berlin und
18. den Anstaltsbeiräten und dem Berliner Vollzugsbeirat sowie deren Mitgliedern

wird nicht überwacht, wenn die Schreiben an die Anschriften dieser Stellen oder Personen gerichtet sind und die Absenderinnen oder Absender zutreffend angegeben sind. [2]Schreiben der in Satz 1 genannten Stellen oder Personen, die an die Jugendstrafgefangenen gerichtet sind, dürfen nicht überwacht werden, wenn die Identität der Absenderinnen oder Absender zweifelsfrei feststeht. [3]In diesem Fall ist jedoch eine Sichtkontrolle entsprechend § 38 Absatz 3 vorzunehmen. [4]§ 39 Absatz 2 Satz 2 und 3 gilt entsprechend.

(2) Für den Schriftwechsel zur Ausübung des Wahlrechts gilt Absatz 1 entsprechend.

(3) Schreiben, deren Überwachung nach Absatz 1 ausgeschlossen ist, dürfen nicht nach § 40 angehalten werden.

(4) [1]Besuche von Mitgliedern der in Absatz 1 Satz 1 genannten Stellen und von dort aufgeführten Personen sind zu gestatten. [2]Sie werden weder beaufsichtigt noch die geführten Gespräche überwacht.

[3]Im Übrigen gilt für die Durchführung der Besuche § 33 Absatz 1, 2, 5 und 6 Satz 3 und 4 sowie Absatz 7 entsprechend.

(5) [1]Telefongespräche mit Mitgliedern der in Absatz 1 Satz 1 genannten Stellen und von dort aufgeführten Personen sind zu gestatten und werden nicht überwacht. [2]Im Übrigen gilt § 35 entsprechend.

§ 42 Andere Formen der Telekommunikation

[1]Die Anstalt kann den Jugendstrafgefangenen gestatten, andere von der Aufsichtsbehörde zugelassene Formen der Telekommunikation auf ihre Kosten zu nutzen. [2]Im Übrigen finden in Abhängigkeit von der Art der Telekommunikation die Vorschriften dieses Abschnitts über den Schriftwechsel, den Besuch und über Telefongespräche entsprechende Anwendung.

§ 43 Pakete

(1) [1]Den Jugendstrafgefangenen kann gestattet werden, Pakete zu empfangen. [2]Der Empfang von Paketen mit Nahrungs-, Genuss- und Körperpflegemitteln sowie Arzneimitteln ist untersagt. [3]Die Anstalt kann Anzahl, Gewicht und Größe von Sendungen und einzelnen Gegenständen festsetzen. [4]Über § 52 Absatz 1 Satz 2 hinaus kann sie Gegenstände und Verpackungsformen ausschließen, die einen unverhältnismäßigen Kontrollaufwand verursachen würden.

(2) Die Anstalt kann die Annahme von Paketen, deren Einbringung nicht gestattet ist oder die die Voraussetzungen des Absatzes 1 nicht erfüllen, ablehnen oder solche Pakete an die Absenderinnen oder Absender zurücksenden.

(3) [1]Pakete sind in Gegenwart der Jugendstrafgefangenen zu öffnen, an die sie adressiert sind. [2]Sie sind auf verbotene Gegenstände zu durchsuchen. [3]Mit nicht zugelassenen oder ausgeschlossenen Gegenständen ist gemäß § 55 Absatz 3 zu verfahren. [4]Sie können auch auf Kosten der Jugendstrafgefangenen zurückgesandt werden.

(4) Der Empfang von Paketen kann vorübergehend versagt werden, wenn dies wegen einer Gefährdung der Sicherheit oder Ordnung der Anstalt unerlässlich ist.

(5) [1]Den Jugendstrafgefangenen kann gestattet werden, Pakete zu versenden. [2]Der Inhalt kann aus Gründen der Sicherheit oder Ordnung der Anstalt überprüft werden. [3]§ 37 gilt entsprechend.

(6) [1]Die Kosten des Paketversandes tragen die Jugendstrafgefangenen. [2]Sind sie dazu nicht in der Lage, so kann die Anstalt die Kosten in begründeten Fällen in angemessenem Umfang übernehmen.

Abschnitt 7
Lockerungen und sonstige Aufenthalte außerhalb der Anstalt

§ 44 Lockerungen zur Erreichung des Vollzugsziels

(1) [1]Aufenthalte außerhalb der Anstalt ohne Aufsicht (Lockerungen) sind insbesondere

1. das Verlassen der Anstalt für bis zu 24 Stunden in Begleitung einer von der Anstalt zugelassenen Person (Begleitausgang),
2. das Verlassen der Anstalt für bis zu 24 Stunden ohne Begleitung (unbegleiteter Ausgang),
3. das Verlassen der Anstalt für mehr als 24 Stunden (Langzeitausgang),
4. die regelmäßige Beschäftigung außerhalb der Anstalt (Freigang) und
5. die Unterbringung in besonderen Erziehungseinrichtungen oder in Übergangseinrichtungen freier Träger.

[2]Vor Gewährung von Lockerungen nach Satz 1 Nummer 5 ist die Vollstreckungsleiterin oder der Vollstreckungsleiter zu hören.

(2) Die Lockerungen dürfen gewährt werden, wenn sie der Erreichung des Vollzugsziels dienen und verantwortet werden kann zu erproben, dass die Jugendstrafgefangenen sich weder dem Vollzug entziehen noch die Lockerungen zur Begehung von Straftaten missbrauchen werden.

(3) Durch Lockerungen wird die Vollstreckung der Jugend- oder Freiheitsstrafe nicht unterbrochen.

§ 45 Lockerungen aus wichtigem Anlass

(1) [1]Lockerungen können auch aus wichtigem Anlass gewährt werden. [2]Wichtige Anlässe sind insbesondere die Teilnahme an gerichtlichen Terminen, die medizinische Behandlung der Jugendstrafgefangenen sowie der Tod oder eine lebensgefährliche Erkrankung naher Angehöriger.

(2) § 44 Absatz 2 und 3 gilt entsprechend.

§ 46 Weisungen für Lockerungen

[1]Für Lockerungen sind die nach den Umständen des Einzelfalles erforderlichen Weisungen zu erteilen. [2]Die Weisungen müssen dem Zweck der Maßnahme Rechnung tragen. [3]Bei der Ausgestaltung der Lockerungen ist auch den Belangen der Verletzten von Straftaten Rechnung zu tragen.

§ 47 Ausführung, Außenbeschäftigung, Vorführung und Ausantwortung

(1) [1]Den Jugendstrafgefangenen kann das Verlassen der Anstalt unter ständiger und unmittelbarer Aufsicht durch Bedienstete (Ausführung) gestattet werden, wenn dies aus besonderen Gründen notwendig ist. [2]Die Jugendstrafgefangenen können auch gegen ihren Willen ausgeführt werden. [3]Liegt die Ausführung ausschließlich im Interesse der Jugendstrafgefangenen, so können ihnen die Kosten auferlegt werden, soweit dies die Erreichung des Vollzugsziels oder die Eingliederung nicht behindert.

(2) [1]Den Jugendstrafgefangenen kann gestattet werden, außerhalb der Anstalt einer regelmäßigen Beschäftigung unter ständiger Aufsicht oder unter Aufsicht in unregelmäßigen Abständen durch Bedienstete (Außenbeschäftigung) nachzugehen. [2]§ 44 Absatz 2 und 3 gilt entsprechend.

(3) Auf Ersuchen eines Gerichts werden Jugendstrafgefangene vorgeführt, sofern ein Vorführungsbefehl vorliegt.

(4) Jugendstrafgefangene dürfen befristet dem Gewahrsam eines Gerichts, einer Staatsanwaltschaft oder einer Polizei-, Ordnungs-, Zoll- oder Finanzbehörde auf Antrag überlassen werden (Ausantwortung).

Abschnitt 8

Vorbereitung der Eingliederung, Entlassung und nachgehende Betreuung

§ 48 Vorbereitung der Eingliederung

(1) [1]Die Maßnahmen zur sozialen und beruflichen Eingliederung sind auf den Zeitpunkt der voraussichtlichen Entlassung in die Freiheit abzustellen. [2]Die Jugendstrafgefangenen sind bei der Ordnung ihrer persönlichen, wirtschaftlichen und sozialen Angelegenheiten zu unterstützen. [3]Dies umfasst die Vermittlung in nachsorgende Maßnahmen.

(2) [1]Die Anstalt arbeitet frühzeitig unter Beteiligung der Jugendstrafgefangenen mit den Agenturen für Arbeit, den Meldebehörden, den Trägern der Sozialversicherung und der Sozialhilfe, den Hilfeeinrichtungen anderer Behörden, den Verbänden der Freien Wohlfahrtspflege, der Forensisch-Therapeutischen Ambulanz und weiteren Personen und Einrichtungen außerhalb des Vollzugs zusammen, insbesondere um zu erreichen, dass die Jugendstrafgefangenen nach ihrer Entlassung über eine geeignete Unterkunft und eine Arbeits- oder Ausbildungsstelle verfügen. [2]Die Bewährungshilfe, das Jugendamt und die Führungsaufsichtsaufsichtsstelle beteiligen sich frühzeitig an der sozialen und beruflichen Eingliederung der Jugendstrafgefangenen.

(3) [1]Haben sich die Jugendstrafgefangenen mindestens sechs Monate im Vollzug befunden, so kann ihnen ein zusammenhängender Langzeitausgang von bis zu drei Monaten gewährt werden, wenn dies zur Vorbereitung der Eingliederung erforderlich ist. [2]Die Vollstreckungsleiterin oder der Vollstreckungsleiter ist vor einer Entscheidung nach Satz 1 zu hören. [3]§ 44 Absatz 2 und 3 sowie § 46 gelten entsprechend.

(4) [1]In einem Zeitraum von sechs Monaten vor der voraussichtlichen Entlassung sind den Jugendstrafgefangenen die zur Vorbereitung der Eingliederung erforderlichen Lockerungen zu gewähren, sofern nicht mit hoher Wahrscheinlichkeit zu erwarten ist, dass die Jugendstrafgefangenen sich dem Vollzug entziehen oder die Lockerungen zur Begehung von Straftaten missbrauchen werden. [2]§ 44 Absatz 3 und § 46 gelten entsprechend.

§ 49 Entlassung

(1) Die Jugendstrafgefangenen sollen am letzten Tag ihrer Strafzeit möglichst frühzeitig, jedenfalls noch am Vormittag, entlassen werden.

(2) Fällt das Strafende auf einen Sonnabend oder Sonntag, einen gesetzlichen Feiertag, den ersten Werktag nach Ostern oder Pfingsten oder in die Zeit vom 22. Dezember bis zum 2. Januar, so können die Jugendstrafgefangenen an dem diesem Tag oder Zeitraum vorhergehenden Werktag entlassen werden, wenn dies gemessen an der Dauer der Strafzeit vertretbar ist und fürsorgerische Gründe nicht entgegenstehen.

(3) Der Entlassungszeitpunkt kann bis zu zwei Tage vorverlegt werden, wenn die Jugendstrafgefangenen zu ihrer Eingliederung hierauf dringend angewiesen sind.

(4) Bedürftigen Jugendstrafgefangenen kann eine Entlassungsbeihilfe in Form eines Reisekostenzuschusses, angemessener Kleidung oder einer sonstigen notwendigen Unterstützung gewährt werden.

§ 50 Nachgehende Betreuung

[1]Mit Zustimmung der Anstalt können Bedienstete an der nachgehenden Betreuung entlassener Jugendstrafgefangener mit deren Einverständnis mitwirken, wenn ansonsten die Eingliederung gefährdet wäre. [2]Die nachgehende Betreuung kann auch außerhalb der Anstalt erfolgen. [3]In der Regel ist sie auf die ersten sechs Monate nach der Entlassung begrenzt. [4]Eine nachgehende Betreuung kommt insbesondere für die Fortführung von im Vollzug begonnenen schulischen und beruflichen Qualifizierungsmaßnahmen und Behandlungsmaßnahmen in Betracht, sofern diese nicht anderweitig durchgeführt werden können. [5]Erfolgt die nachgehende Betreuung innerhalb der Anstalt, so gilt § 51 Absatz 1 Satz 3 und Absatz 2 bis 4 entsprechend.

§ 51 Verbleib oder Aufnahme auf freiwilliger Grundlage

(1) [1]Sofern es die Belegungssituation zulässt, können die entlassenen Jugendstrafgefangenen auf Antrag ausnahmsweise vorübergehend in der Anstalt verbleiben oder wieder aufgenommen werden, wenn die Eingliederung gefährdet und ein Aufenthalt in der Anstalt aus diesem Grunde gerechtfertigt ist. [2]§ 50 Satz 3 gilt entsprechend. [3]Der freiwillige Aufenthalt erfolgt auf vertraglicher Basis.

(2) Gegen die sich in der Anstalt befugt aufhaltenden Entlassenen dürfen Maßnahmen des Vollzugs nicht mit unmittelbarem Zwang durchgesetzt werden.

(3) [1]Bei Störung des Anstaltsbetriebes durch die Entlassenen oder aus vollzugsorganisatorischen Gründen kann der freiwillige Aufenthalt jederzeit beendet werden. [2]Die Entlassenen sind vorher zu hören.

(4) Die in der Anstalt verbliebenen oder wieder aufgenommenen Entlassenen dürfen die Anstalt auf ihren Wunsch jederzeit unverzüglich verlassen.

Abschnitt 9

Grundversorgung und Freizeit

§ 52 Einbringen von Gegenständen

(1) [1]Gegenstände dürfen durch oder für die Jugendstrafgefangenen nur mit Zustimmung der Anstalt eingebracht werden. [2]Die Anstalt kann die Zustimmung verweigern, wenn die Gegenstände ihrer Art oder Beschaffenheit nach geeignet sind, die Sicherheit oder Ordnung der Anstalt oder die Erreichung des Vollzugsziels zu gefährden oder ihre Aufbewahrung nach Art oder Umfang nicht möglich ist.

(2) [1]Das Einbringen von Nahrungs-, Genuss- und Körperpflegemitteln sowie von Arzneimitteln ist nicht gestattet. [2]Die Anstalt kann eine abweichende Regelung treffen.

§ 53 Gewahrsam an Gegenständen

(1) Die Jugendstrafgefangenen dürfen Gegenstände nur mit Zustimmung der Anstalt in Gewahrsam haben, annehmen oder abgeben.

(2) Ohne Zustimmung dürfen sie abweichend von Absatz 1 Gegenstände von geringem Wert an andere Jugendstrafgefangene weitergeben und von anderen Jugendstrafgefangenen annehmen; die Abgabe und Annahme dieser Gegenstände nebst dem Gewahrsam daran können von der Zustimmung der Anstalt abhängig gemacht werden.

§ 54 Ausstattung des Haftraums

(1) [1]Die Jugendstrafgefangenen dürfen ihren Haftraum in angemessenem Umfang mit eigenen Gegenständen ausstatten oder diese dort aufbewahren. [2]Gegenstände, die einzeln oder in ihrer Gesamtheit geeignet sind, die Sicherheit oder Ordnung der Anstalt, insbesondere die Übersichtlichkeit des Haftraumes, oder die Erreichung des Vollzugsziels zu gefährden, dürfen nicht in den Haftraum eingebracht werden. [3]Entgegen Satz 2 eingebrachte Gegenstände werden daraus entfernt.

(2) [1]Die Jugendstrafgefangenen tragen die Kosten für die aus Gründen der Sicherheit der Anstalt notwendige technische Überprüfung der von ihnen im Haftraum genutzten Elektrogeräte. [2]Sind sie dazu nicht in der Lage, so kann die Anstalt die Kosten in begründeten Fällen in angemessenem Umfang übernehmen.

§ 55 Aufbewahrung und Vernichtung von Gegenständen

(1) [1]Gegenstände, die die Jugendstrafgefangenen nicht im Haftraum aufbewahren dürfen oder wollen, werden von der Anstalt aufbewahrt, soweit dies nach Art und Umfang möglich ist und Gründe der Sicherheit oder Ordnung der Anstalt, insbesondere auch hygienische Gründe, nicht dagegen sprechen. [2]Die Anstalt kann eine angemessene Beschränkung des Umfangs der aufzubewahrenden Gegenstände vornehmen.

(2) [1]Den Jugendstrafgefangenen wird Gelegenheit gegeben, ihre Gegenstände, die sie während des Vollzugs und für ihre Entlassung nicht benötigen, zu versenden. [2]§ 43 Absatz 6 gilt entsprechend.

(3) [1]Werden Gegenstände, deren Aufbewahrung nach Absatz 1 ausgeschlossen ist von den Jugendstrafgefangenen trotz Aufforderung nicht innerhalb einer angemessenen Frist aus der Anstalt verbracht, so darf die Anstalt diese Gegenstände auf Kosten der Jugendstrafgefangenen außerhalb der Anstalt verwahren, verwerten oder vernichten. [2]Für das Verfahren der Verwertung und Vernichtung gilt § 40 des Allgemeinen Sicherheits- und Ordnungsgesetzes in der Fassung vom 11. Oktober 2006 (GVBl. S. 930), das zuletzt durch Gesetz vom 7. April 2015 (GVBl. S. 66) geändert worden ist, in der jeweils geltenden Fassung entsprechend.

(4) Aufzeichnungen und andere Gegenstände, die Kenntnisse über Sicherungsvorkehrungen der Anstalt vermitteln oder Schlussfolgerungen auf diese zulassen, dürfen vernichtet oder unbrauchbar gemacht werden.

§ 56 Zeitungen und Zeitschriften

[1]Die Jugendstrafgefangenen dürfen auf eigene Kosten Zeitungen und Zeitschriften in angemessenem Umfang durch Vermittlung der Anstalt beziehen. [2]Ausgeschlossen sind Zeitungen und Zeitschriften, deren Verbreitung mit Strafe oder Geldbuße bedroht ist. [3]Einzelne Ausgaben oder Teile von Zeitungen und Zeitschriften können den Jugendstrafgefangenen vorenthalten oder entzogen werden, wenn die Kenntnisnahme von deren Inhalten die Erreichung des Vollzugsziels oder die Sicherheit oder Ordnung der Anstalt erheblich gefährden würde.

§ 57 Religiöse Schriften und Gegenstände

[1]Die Jugendstrafgefangenen dürfen grundlegende religiöse Schriften sowie in angemessenem Umfang Gegenstände des religiösen Gebrauchs besitzen. [2]Diese dürfen den Jugendstrafgefangenen nur bei grobem Missbrauch entzogen werden.

§ 58 Rundfunk, Informations- und Unterhaltungselektronik

(1) [1]Der Zugang zum Hörfunk- und Fernsehempfang (Rundfunk) ist zu ermöglichen. [2]Die Anstalt entscheidet über die Einspeisung einzelner Hörfunk- und Fernsehprogramme, soweit eine Empfangsanlage vorhanden ist. [3]Die Wünsche und Bedürfnisse der Jugendstrafgefangenen sind angemessen zu berücksichtigen. [4]Die Anstalt kann den Fernsehempfang zeitlich begrenzen.

(2) [1]Eigene Hörfunkgeräte der Jugendstrafgefangenen werden zugelassen, wenn nicht Gründe des § 54 Absatz 1 Satz 2 oder erzieherische Gründe entgegenstehen. [2]Die Jugendstrafgefangenen können auf von der Anstalt vermittelte Mietgeräte oder auf ein Haftraummediensystem verwiesen werden. [3]In diesem Fall ist den Jugendstrafgefangenen abweichend von Satz 1 der Besitz eigener Geräte im Haftraum in der Regel nicht gestattet.

(3) [1]Die Jugendstrafgefangenen können am gemeinschaftlichen Fernsehempfang teilnehmen. [2]Der Besitz eigener Fernsehgeräte im Haftraum kann unter den Voraussetzungen des Absatzes 2 Satz 1 gestattet werden. [3]Bei Zulassung eigener Fernsehgeräte gilt Absatz 2 Satz 2 und 3 entsprechend.

(4) [1]Die Jugendstrafgefangenen haben die Kosten für die Überprüfung, Überlassung und den Betrieb der von ihnen genutzten Hörfunk- und Fernsehgeräte sowie die Bereitstellung des Hörfunk- und Fernsehempfangs zu tragen. [2]Sind sie dazu nicht in der Lage, so kann die Anstalt die Kosten in begründeten Fällen in angemessenem Umfang übernehmen.

(5) [1]Andere Geräte der Informations- und Unterhaltungselektronik können unter den Voraussetzungen des Absatzes 2 Satz 1 zugelassen werden. [2]§ 42 bleibt unberührt.

§ 59 Kleidung

(1) Die Jugendstrafgefangenen tragen Anstaltskleidung.

(2) [1]Die Anstalt kann eine von Absatz 1 abweichende Regelung treffen. [2]Für Reinigung, Instandsetzung und regelmäßigen Wechsel der eigenen Kleidung haben die Jugendstrafgefangenen selbst und auf ihre Kosten zu sorgen.

§ 60 Verpflegung

[1]Zusammensetzung und Nährwert der Anstaltsverpflegung haben den Anforderungen an eine gesunde Ernährung junger Menschen zu entsprechen. [2]Auf ärztliche Anordnung wird besondere Verpflegung gewährt. [3]Den Jugendstrafgefangenen ist zu ermöglichen, Speisevorschriften ihrer Religionsgemeinschaft zu befolgen sowie sich fleischlos zu ernähren. [4]Geschlechtsspezifische Unterschiede in der Ernährungsweise von Jugendstrafgefangenen sind zu berücksichtigen.

§ 61 Einkauf

(1) [1]Den Jugendstrafgefangenen wird ermöglicht einzukaufen. [2]Die Anstalt wirkt auf ein Angebot hin, das auf Wünsche und Bedürfnisse junger Menschen Rücksicht nimmt. [3]Das Verfahren des Einkaufs regelt die Anstalt. [4]Gegenstände, die nach Art oder Menge geeignet sind, die Sicherheit oder Ordnung der Anstalt zu gefährden, sind vom Einkauf ausgeschlossen oder mengenmäßig zu beschränken. [5]Ein Ausschluss oder eine Beschränkung von Gegenständen kann auch aus erzieherischen Gründen erfolgen.

(2) [1]Nahrungs- und Genussmittel können nur vom Haus- und Taschengeld, andere Gegenstände in angemessenem Umfang auch vom Eigengeld eingekauft werden. [2]Dies gilt nicht für den ersten Einkauf, den die Jugendstrafgefangenen unmittelbar nach ihrer Aufnahme in eine Anstalt tätigen.

§ 62 Freizeit

(1) [1]Die Ausgestaltung der Freizeit orientiert sich am Vollzugsziel. [2]Dazu sind geeignete Angebote, auch an Wochenenden und Feiertagen, insbesondere zur kulturellen Betätigung, zur Bildung, zur kreativen Entfaltung und zum Erwerb von Medienkompetenz vorzuhalten. [3]Die Anstalt stellt eine angemessen ausgestattete Bücherei zur Verfügung.

(2) Die Jugendstrafgefangenen sind zur Teilnahme und Mitwirkung an für sie geeigneten Freizeitangeboten verpflichtet.

§ 63 Sport

[1]Dem Sport kommt bei der Freizeitgestaltung zur Erreichung des Vollzugsziels eine besondere Bedeutung zu. [2]Er kann zur Diagnostik und gezielten Behandlung eingesetzt werden. [3]Für die Jugendstrafgefangenen sind ausreichende und geeignete Angebote vorzuhalten, um ihnen eine sportliche Betätigung von mindestens zwei Stunden wöchentlich zu ermöglichen.

Abschnitt 10
Vergütung und Gelder der Jugendstrafgefangenen

§ 64 Vergütung

(1) Die Jugendstrafgefangenen erhalten eine Vergütung in Form von

1. Ausbildungsbeihilfe für die Teilnahme an schulischen und beruflichen Qualifizierungsmaßnahmen nach § 12 Absatz 1 Satz 1 Nummer 11 oder
2. Arbeitsentgelt für die Teilnahme an arbeitstherapeutischen Maßnahmen oder am Arbeitstraining nach § 12 Absatz 1 Satz 1 Nummer 12 oder für Arbeit nach § 12 Absatz 1 Satz 1 Nummer 13.

(2) [1]Der Bemessung der Vergütung sind 9 Prozent der Bezugsgröße nach § 18 des Vierten Buches Sozialgesetzbuch – Gemeinsame Vorschriften für die Sozialversicherung – in der Fassung der Bekanntmachung vom 12. November 2009 (BGBl. I S. 3710, 3973; 2011 I S. 363), das zuletzt durch Artikel 28 des Gesetzes vom 20. November 2015 (BGBl. I S. 2010) geändert worden ist, in der jeweils geltenden Fassung zugrunde zu legen (Eckvergütung). [2]Ein Tagessatz ist der 250. Teil der Eckvergütung; die Vergütung kann nach einem Stundensatz bemessen werden.

(3) [1]Die Vergütung kann je nach Art der Maßnahme und Leistung der Jugendstrafgefangenen gestuft werden. [2]Sie beträgt mindestens 75 Prozent der Eckvergütung. [3]Die für Justiz zuständige Senatsverwaltung wird ermächtigt, die Vergütungsstufen durch Rechtsverordnung zu bestimmen. [4]Der Vorrang der schulischen und beruflichen Qualifizierungsmaßnahmen nach § 23 Absatz 1 ist bei der Festsetzung der Ausbildungsbeihilfe und des Arbeitsentgelts zu berücksichtigen.

(4) Soweit Beiträge zur Bundesagentur für Arbeit zu entrichten sind, kann von der Ausbildungsbeihilfe oder dem Arbeitsentgelt ein Betrag einbehalten werden, der dem Anteil der Jugendstrafgefangenen am Beitrag entsprechen würde, wenn sie diese Vergütung als Arbeitnehmerin oder Arbeitnehmer erhielten.

(5) Die Höhe der Vergütung ist den Jugendstrafgefangenen schriftlich bekannt zu geben.

(6) Die Jugendstrafgefangenen, die an einer Maßnahme nach § 23 teilnehmen, erhalten hierfür nur eine Ausbildungsbeihilfe, soweit kein Anspruch auf Leistungen zum Lebensunterhalt besteht, die außerhalb des Vollzugs aus solchem Anlass gewährt werden.

§ 65 Vergütungsfortzahlung

Nehmen Jugendstrafgefangene an Maßnahmen nach § 12 Absatz 1 Satz 1 Nummer 6 bis 10 oder § 3 Absatz 9 Satz 2 teil, die während ihrer regulären Beschäftigungszeit stattfinden und nach § 12 Absatz 2 für zwingend erforderlich erachtet wurden, so wird ihnen als finanzieller Ausgleich für diesen Zeitraum eine Fortzahlung der Vergütung nach § 64 Absatz 1 gewährt.

§ 66 Zusätzliche Anerkennung und Ausgleichsentschädigung

(1) [1]Haben Jugendstrafgefangene jeweils einen Monat lang zusammenhängend eine Tätigkeit nach §§ 23 bis 26 ausgeübt, so erhalten sie auf Antrag als zusätzliche Anerkennung über die Vergütung nach §§ 64 und 65 und die Freistellung nach § 29 hinaus eine weitere Freistellung von einem Beschäftigungstag unter Fortzahlung der Vergütung entsprechend § 29 Absatz 3. [2]Die Jugendstrafgefangenen erhalten auf Antrag die Freistellung in Form von Langzeitausgang, sofern die Voraussetzungen nach § 44 Absatz 2 vorliegen.

(2) Anstatt den weiteren Freistellungstag nach Absatz 1 zu nehmen, können die Jugendstrafgefangenen auch beantragen, dass dieser durch gleichwertige Vergütung entsprechend § 29 Absatz 3, die ihrem Hausgeldkonto gutzuschreiben ist, abgegolten wird.

(3) [1]Nehmen die Jugendstrafgefangenen die zusätzliche Anerkennung nach Absatz 1 oder 2 nicht innerhalb eines Jahres nach Vorliegen der Voraussetzungen in Anspruch, so wird der Entlassungszeitpunkt vorbehaltlich des Absatzes 4 jeweils um den Freistellungstag nach Absatz 1 Satz 1 vorverlegt. [2]Durch Zeiten, in denen die Jugendstrafgefangenen ohne ihr Verschulden durch Krankheit, Lockerungen, Freistellung oder sonstige nicht von ihnen zu vertretende Gründe an der Tätigkeit nach §§ 23 bis 26 gehindert sind, wird die Frist nach Absatz 1 Satz 1 gehemmt. [3]Beschäftigungszeiträume von weniger als einem Monat bleiben unberücksichtigt.

(4) Eine Vorverlegung des Entlassungszeitpunktes ist ausgeschlossen,

1. bei einer Aussetzung der Vollstreckung des Restes einer Jugendstrafe zur Bewährung, soweit wegen des von der Entscheidung der Vollstreckungsleiterin oder des Vollstreckungsleiters bis zur Entlassung verbleibenden Zeitraums eine Anrechnung nicht mehr möglich ist,
2. wenn dies von der Vollstreckungsleiterin oder dem Vollstreckungsleiter angeordnet wird, weil bei einer Aussetzung der Vollstreckung des Restes einer Jugendstrafe zur Bewährung die Lebensverhältnisse der Jugendstrafgefangenen oder die Wirkungen, die von der Aussetzung für sie zu erwarten sind, die Vollstreckung bis zu einem bestimmten Zeitpunkt erfordern,
3. wenn nach § 2 des Jugendgerichtsgesetzes in Verbindung mit § 456a Absatz 1 der Strafprozessordnung von der Vollstreckung abgesehen wird oder
4. wenn Jugendstrafgefangene im Gnadenwege aus der Haft entlassen werden.

(5) [1]Soweit eine Vorverlegung des Entlassungszeitpunktes nach Absatz 4 ausgeschlossen ist, erhalten Jugendstrafgefangene bei ihrer Entlassung eine Ausgleichsentschädigung von zusätzlich 15 Prozent der ihnen für den Zeitraum, der Grundlage für die Gewährung des Freistellungstages gewesen ist, nach §§ 64 und 65 gezahlten Vergütung. [2]Der Anspruch entsteht erst mit der Entlassung. [3]Vor der Entlassung ist der Anspruch nicht verzinslich.

(6) [1]Bei der Verlegung in ein anderes Land, nach dessen Landesrecht weder erworbene Freistellungstage nach Absatz 1 noch die Vorverlegung des Entlassungszeitpunktes nach Absatz 3 Satz 1 gewährt werden können, hat die Anstalt die gleichwertige Vergütung nach Absatz 2 zu gewähren. [2]Bei der Verlegung in ein anderes Land, das nach seinem Landesrecht keine gleichwertige Vergütung im Sinne von Absatz 2 vorsieht, ist ein Antrag auf Abgeltung der Freistellungstage nach Absatz 2 spätestens am Tag der Verlegung zu stellen.

§ 67 Eigengeld

(1) Das Eigengeld besteht aus den Beträgen, die die Jugendstrafgefangenen bei der Aufnahme in die Anstalt mitbringen und die sie während der Haftzeit erhalten, sowie den Teilen der Vergütung, die nicht als Hausgeld und Eingliederungsgeld in Anspruch genommen werden.

(2) [1]Die Jugendstrafgefangenen können über das Eigengeld verfügen. [2]§ 61 Absatz 2 und §§ 70 und 71 bleiben unberührt.

§ 68 Taschengeld

(1) [1]Bedürftigen Jugendstrafgefangenen wird Taschengeld gewährt. [2]Bedürftig sind Jugendstrafgefangene, soweit ihnen aus Hausgeld (§ 70) und Eigengeld (§ 67) monatlich ein Betrag bis zur Höhe des Taschengelds nach Absatz 3 voraussichtlich nicht zur Verfügung steht. [3]Es bleiben bis zur Höhe des Taschengeldbetrages unberücksichtigt Arbeitsentgelt für die Teilnahme an arbeitstherapeutischen Maßnahmen oder am Arbeitstraining nach § 64 Absatz 1 Nummer 2, nicht verbrauchtes Taschengeld sowie zweckgebundene Einzahlungen nach § 71 Absatz 1 Satz 1.

(2) Die Anstalt kann anordnen, dass Jugendstrafgefangene für die Dauer von bis zu drei Monaten nicht als bedürftig gelten, wenn ihnen ein Betrag nach Absatz 1 Satz 2 deshalb nicht zur Verfügung steht, weil sie einer ihnen zugewiesenen zumutbaren Beschäftigung nach §§ 23 bis 26 nicht nachgehen oder von einer ausgeübten Beschäftigung im Sinne von § 27 Absatz 3 Satz 3 verschuldet abgelöst wurden.

(3) [1]Das Taschengeld beträgt 14 Prozent der Eckvergütung nach § 64 Absatz 2 Satz 1. [2]Es wird zu Beginn des Monats im Voraus gewährt. [3]Gehen den Jugendstrafgefangenen im Laufe des Monats nach Absatz 1 zu berücksichtigende Gelder zu, so wird zum Ausgleich ein Betrag bis zur Höhe des gewährten Taschengeldes einbehalten.

(4) [1]Die Jugendstrafgefangenen dürfen über das Taschengeld im Rahmen der Bestimmungen dieses Gesetzes verfügen. [2]Es wird dem Hausgeldkonto gutgeschrieben.

§ 69 Konten, Bargeld

(1) Gelder der Jugendstrafgefangenen werden auf Hausgeld-, Eigengeld- und Eingliederungsgeldkonten in der Anstalt geführt.

(2) [1]Der Besitz von Bargeld in der Anstalt ist den Jugendstrafgefangenen nicht gestattet. [2]Im offenen Vollzug kann eine abweichende Regelung getroffen werden.

(3) Geld in Fremdwährung wird in der Regel in der Zahlstelle verwahrt oder zur Habe genommen.

§ 70 Hausgeld

(1) Das Hausgeld wird aus drei Siebteln der nach §§ 64 und 65 geregelten Vergütung gebildet.

(2) Für Jugendstrafgefangene, die aus einem freien Beschäftigungsverhältnis, aus einer Selbstbeschäftigung oder anderweitig regelmäßige Einkünfte haben, wird daraus ein angemessenes monatliches Hausgeld festgesetzt.

(3) Für Jugendstrafgefangene, die über Eigengeld nach § 67 verfügen und keine hinreichende Vergütung nach diesem Gesetz erhalten, gilt Absatz 2 entsprechend.

(4) [1]Die Jugendstrafgefangenen dürfen über das Hausgeld im Rahmen der Bestimmungen dieses Gesetzes verfügen. [2]Der Anspruch auf Auszahlung ist nicht übertragbar.

§ 71 Zweckgebundene Einzahlungen, Eingliederungsgeld

(1) [1]Für Maßnahmen der Eingliederung, insbesondere Kosten der Gesundheitsfürsorge und der Aus- und Fortbildung, und für Maßnahmen der Pflege sozialer Beziehungen, insbesondere Telefonkosten und Fahrtkosten anlässlich von Lockerungen, kann zweckgebunden Geld eingezahlt werden. [2]Das Geld darf nur für den jeweiligen Zweck verwendet werden. [3]Der Anspruch auf Auszahlung ist nicht übertragbar.

(2) [1]Jugendstrafgefangene dürfen für Zwecke der Eingliederung ein Guthaben in angemessener Höhe bilden (Eingliederungsgeld) und auch bereits vor der Entlassung darüber verfügen. [2]Der Anspruch auf Auszahlung ist nicht übertragbar. [3]Bei der Verlegung in ein anderes Land, nach dessen Landesrecht gebildetes Eingliederungsgeld nicht anerkannt werden kann, wird das Eingliederungsgeld vorbehaltlich des Satzes 4 dem Eigengeldkonto gutgeschrieben. [4]Sofern das aufnehmende Land die Bildung eines Überbrückungsgeldes im Sinne des § 51 des Strafvollzugsgesetzes vorsieht, können die Jugendstrafgefangenen bis spätestens zum Tag ihrer Verlegung erklären, dass ihr Eingliederungsgeld vom aufnehmenden Land als Überbrückungsgeld behandelt werden soll; geben die Jugendstrafgefangenen bis zu ihrer Verlegung diese Erklärung nicht ab, so wird das gebildete Eingliederungsgeld ihrem Eigengeldkonto gutgeschrieben.

Abschnitt 11
Gesundheitsfürsorge

§ 72 Art und Umfang der medizinischen Leistungen, Kostenbeteiligung

(1) [1]Die Jugendstrafgefangenen haben einen Anspruch auf notwendige, ausreichende und zweckmäßige medizinische Leistungen unter Beachtung des Grundsatzes der Wirtschaftlichkeit und unter Berücksichtigung des Leistungsumfangs der gesetzlichen Krankenversicherung. [2]Der Anspruch umfasst auch Vorsorgeleistungen, ferner die Versorgung mit medizinischen Hilfsmitteln, soweit diese nicht außer Verhältnis zur Dauer des Freiheitsentzugs steht und die Hilfsmittel nicht als allgemeine Gebrauchsgegenstände des täglichen Lebens anzusehen sind. [3]Den besonderen Belangen behinderter und chronisch kranker Jugendstrafgefangener ist Rechnung zu tragen.

(2) Für Leistungen, die über Absatz 1 hinausgehen, können den Jugendstrafgefangenen oder bei minderjährigen Jugendstrafgefangenen den Personensorgeberechtigten die Kosten auferlegt werden.

§ 73 Durchführung der medizinischen Leistungen, Forderungsübergang

(1) Medizinische Leistungen nach § 72 Absatz 1 erfolgen in der Anstalt, erforderlichenfalls nach § 78 oder § 19 Absatz 2 in einer hierfür besser geeigneten Anstalt, im Vollzugskrankenhaus oder ausnahmsweise auch außerhalb der Anstalt.

(2) Wird die Strafvollstreckung während einer Behandlung von Jugendstrafgefangenen unterbrochen oder beendet, so hat das Land nur für diejenigen Leistungen die Kosten zu tragen, die bis zur Unterbrechung oder Beendigung der Strafvollstreckung erbracht worden sind.

(3) [1]Gesetzliche Schadensersatzansprüche, die Jugendstrafgefangenen infolge einer Körperverletzung zustehen, gehen insoweit auf das Land über, als den Jugendstrafgefangenen Leistungen nach § 72 Absatz 1 zu gewähren sind. [2]Von der Geltendmachung der Ansprüche ist im Interesse der Jugendstrafgefangenen abzusehen, wenn hierdurch die Erreichung des Vollzugsziels oder die Eingliederung gefährdet würde.

§ 74 Medizinische Behandlung zur sozialen Eingliederung

Mit Zustimmung der Jugendstrafgefangenen soll die Anstalt medizinische Behandlungen, insbesondere Operationen oder prothetische Maßnahmen durchführen lassen, die ihre soziale Eingliederung fördern.

§ 75 Gesundheitsschutz und Hygiene

(1) [1]Die Anstalt unterstützt die Jugendstrafgefangenen bei der Wiederherstellung und Erhaltung ihrer körperlichen, geistigen und seelischen Gesundheit. [2]Sie fördert das Bewusstsein für gesunde Ernährung und Lebensführung. [3]Die Jugendstrafgefangenen haben die notwendigen Anordnungen zum Gesundheitsschutz und zur Hygiene zu befolgen.

(2) [1]Den Jugendstrafgefangenen wird ermöglicht, sich täglich mindestens eine Stunde im Freien aufzuhalten. [2]§ 88 Absatz 2 Satz 1 Nummer 4 in Verbindung mit Absatz 4 Satz 2 bleibt unberührt.

(3) [1]Der Nichtraucherschutz ist angemessen zu gewährleisten. [2]Den Jugendstrafgefangenen soll die Teilnahme an Raucherentwöhnungsmaßnahmen ermöglicht werden.

§ 76 Krankenbehandlung während Lockerungen

(1) [1]Während Lockerungen haben die Jugendstrafgefangenen außer im Falle unaufschiebbarer Notfallmaßnahmen einen Anspruch auf medizinische Leistungen nach § 72 Absatz 1 gegen das Land nur in der für sie zuständigen Anstalt. [2]Eine ambulante Krankenbehandlung kann in der nächstgelegenen Anstalt erfolgen, wenn eine Rückkehr in die zuständige Anstalt nicht zumutbar ist. [3]§ 45 Absatz 1 Satz 2 zweiter Fall bleibt unberührt.

(2) Der Anspruch auf Leistungen nach § 72 Absatz 1 ruht, solange die Jugendstrafgefangenen aufgrund eines freien Beschäftigungsverhältnisses krankenversichert sind.

§ 77 Zwangsmaßnahmen auf dem Gebiet der Gesundheitsfürsorge

(1) [1]Eine medizinische Untersuchung und Behandlung ist ohne Einwilligung der Jugendstrafgefangenen zulässig, um den Erfolg eines Selbsttötungsversuchs zu verhindern. [2]Eine Maßnahme nach Satz 1 ist auch zulässig, wenn von den Jugendstrafgefangenen eine gegenwärtige schwerwiegende Gefahr für die Gesundheit einer anderen Person ausgeht.

(2) Über die Fälle des Absatzes 1 hinaus sind medizinische Untersuchung und Behandlung sowie eine Ernährung unbeschadet der Rechte der Personensorgeberechtigten zwangsweise bei gegenwärtiger

Lebensgefahr oder schwerwiegender Gefahr für die Gesundheit der oder des Jugendstrafgefangenen zulässig, wenn diese oder dieser zur Einsicht in das Vorliegen der Gefahr und die Notwendigkeit der Maßnahme oder zum Handeln gemäß solcher Einsicht krankheitsbedingt nicht fähig ist und eine gegen die Durchführung gerichtete wirksame Patientenverfügung im Sinne des § 1901a Absatz 1 Satz 1 des Bürgerlichen Gesetzbuchs der Anstalt nicht vorliegt.

(3) Zwangsmaßnahmen nach Absatz 1 Satz 2 und Absatz 2 dürfen nur angeordnet werden, wenn

1. die Jugendstrafgefangenen durch eine Ärztin oder einen Arzt über Notwendigkeit, Art, Umfang, Dauer, zu erwartende Folgen und Risiken der Maßnahme in einer ihrer Auffassungsgabe und ihrem Gesundheitszustand angemessenen Weise aufgeklärt wurden,
2. der ernsthafte und ohne Ausübung von Druck unternommene Versuch einer Ärztin oder eines Arztes, eine Zustimmung der Jugendstrafgefangenen zu der Maßnahme zu erreichen, erfolglos geblieben ist,
3. die Maßnahme zur Abwendung einer Gefahr nach Absatz 1 Satz 2 oder Absatz 2 geeignet, in Art, Umfang und Dauer erforderlich und für die Beteiligten zumutbar ist und
4. der von der Maßnahme erwartete Nutzen die mit der Maßnahme verbundene Belastung deutlich überwiegt und der bei Unterlassen der Maßnahme mögliche Schaden deutlich schwerer wiegt als die mit der Maßnahme verbundene Belastung.

(4) [1]Maßnahmen nach den Absätzen 1 und 2 dürfen nur auf Anordnung und unter Leitung einer Ärztin oder eines Arztes durchgeführt werden. [2]Unberührt bleibt die Leistung erster Hilfe für den Fall, dass eine Ärztin oder ein Arzt nicht rechtzeitig erreichbar und mit einem Aufschub Lebensgefahr verbunden ist. [3]In den Fällen des Absatzes 1 Satz 2 und Absatzes 2 bedarf die Anordnung der Zustimmung der Anstaltsleiterin oder des Anstaltsleiters und der Aufsichtsbehörde. [4]Die Anordnung wird den Verteidigerinnen, Verteidigern und Beiständen gemäß § 69 des Jugendgerichtsgesetzes auf Antrag der Jugendstrafgefangenen unverzüglich mitgeteilt. [5]Die Gründe und die Voraussetzungen für die Anordnung einer Maßnahme nach den Absätzen 1 oder 2, die ergriffenen Maßnahmen einschließlich ihres Zwangscharakters, die Durchsetzungsweise, die Wirkungsüberwachung sowie der Untersuchungs- und Behandlungsablauf sind zu dokumentieren. [6]Gleiches gilt für Erklärungen der Jugendstrafgefangenen und ihrer Personensorgeberechtigten, die im Zusammenhang mit Zwangsmaßnahmen von Bedeutung sein können.

(5) [1]Die Anordnung einer Maßnahme nach Absatz 1 Satz 2 oder Absatz 2 ist den Jugendstrafgefangenen und den Personensorgeberechtigten vor Durchführung der Maßnahme schriftlich bekannt zu geben. [2]Sie sind darüber zu belehren, dass sie gegen die Anordnung bei Gericht um einstweiligen Rechtsschutz ersuchen und auch Antrag auf gerichtliche Entscheidung stellen können. [3]Mit dem Vollzug einer Anordnung ist zuzuwarten, bis die Jugendstrafgefangenen Gelegenheit hatten, eine gerichtliche Entscheidung herbeizuführen.

(6) Bei Gefahr im Verzug finden Absatz 3 Nummer 1 und 2, Absatz 4 Satz 3 und Absatz 5 keine Anwendung.

(7) [1]Zur Gewährleistung des Gesundheitsschutzes und der Hygiene ist die zwangsweise körperliche Untersuchung der Jugendstrafgefangenen zulässig, wenn sie nicht mit einem körperlichen Eingriff verbunden ist. [2]Sie darf nur von den von der Anstaltsleiterin oder dem Anstaltsleiter dazu bestimmten Bediensteten auf der Grundlage einer ärztlichen Stellungnahme angeordnet werden. [3]Durchführung und Überwachung unterstehen ärztlicher Leitung. [4]Kann die körperliche Untersuchung das Schamgefühl verletzen, so wird sie von einer Person gleichen Geschlechts oder von einer Ärztin oder einem Arzt vorgenommen; bei berechtigtem Interesse der Jugendstrafgefangenen soll ihrem Wunsch, die Untersuchung einer Person oder einem Arzt bestimmten Geschlechts zu übertragen, entsprochen werden. [5]Duldungspflichten der Jugendstrafgefangenen nach Vorschriften anderer Gesetze bleiben unberührt.

§ 78 Überstellung und Verlegung aus medizinischen Gründen

(1) Erkrankte Jugendstrafgefangene können in das Justizvollzugskrankenhaus überstellt oder in eine für die medizinische Behandlung und Betreuung besser geeignete Anstalt verlegt werden.

(2) Können Krankheiten von Jugendstrafgefangenen in einer Anstalt oder im Justizvollzugskrankenhaus nicht erkannt oder behandelt werden oder ist es nicht möglich, Jugendstrafgefangene rechtzeitig in das Justizvollzugskrankenhaus zu überstellen, sind sie in ein Krankenhaus oder eine andere entsprechend geeignete medizinische Einrichtung außerhalb des Vollzugs zu bringen.

(3) Zur Entbindung sind schwangere Jugendstrafgefangene in ein Krankenhaus außerhalb des Vollzugs zu bringen, sofern dies im Hinblick auf den Geburtsvorgang möglich ist.

(4) § 19 Absatz 3 Satz 3 gilt entsprechend.

§ 79 Benachrichtigungspflicht

[1]Erkranken Jugendstrafgefangene schwer oder versterben sie, werden die Angehörigen, bei minderjährigen Jugendstrafgefangenen die Personensorgeberechtigten, benachrichtigt. [2]Im Falle einer schweren Erkrankung ist die Einwilligung der volljährigen Jugendstrafgefangenen erforderlich. [3]Kann die Einwilligung, insbesondere aus Krankheitsgründen, nicht erlangt werden, erfolgt die Benachrichtigung, wenn diese dem mutmaßlichen Interesse der volljährigen Jugendstrafgefangenen entspricht. [4]Dem Wunsch der Jugendstrafgefangenen, auch andere Personen zu benachrichtigen, soll nach Möglichkeit entsprochen werden.

Abschnitt 12

Religionsausübung

§ 80 Seelsorge

[1]Den Jugendstrafgefangenen ist religiöse Betreuung durch eine Seelsorgerin oder einen Seelsorger ihrer Religionsgemeinschaft zu ermöglichen. [2]Auf Wunsch ist ihnen zu helfen, mit einer Seelsorgerin oder einem Seelsorger in Verbindung zu treten.

§ 81 Religiöse Veranstaltungen

(1) Die Jugendstrafgefangenen haben das Recht, am Gottesdienst und an anderen religiösen Veranstaltungen ihrer Religionsgemeinschaft teilzunehmen.

(2) Die Zulassung zu den Gottesdiensten oder zu religiösen Veranstaltungen einer anderen Religionsgemeinschaft bedarf der Zustimmung der Seelsorgerin oder des Seelsorgers dieser Religionsgemeinschaft.

(3) [1]Jugendstrafgefangene können von der Teilnahme am Gottesdienst oder anderen religiösen Veranstaltungen ausgeschlossen werden, wenn dies aus überwiegenden Gründen der Sicherheit oder Ordnung der Anstalt geboten ist. [2]Die Seelsorgerin oder der Seelsorger ist dazu vorher anzuhören; bei einer Gefährdung der Sicherheit der Anstalt kann dies auch nachgeholt werden.

§ 82 Weltanschauungsgemeinschaften

Für Angehörige weltanschaulicher Bekenntnisse gelten §§ 57, 80 und 81 entsprechend.

Abschnitt 13

Sicherheit und Ordnung

§ 83 Grundsatz der Sicherheit und Ordnung

(1) Sicherheit und Ordnung der Anstalt bilden die Grundlage des auf die Förderung und Erziehung aller Jugendstrafgefangenen ausgerichteten Anstaltslebens und tragen dazu bei, dass in der Anstalt ein gewaltfreies Klima herrscht.

(2) [1]Die Pflichten und Beschränkungen, die den Jugendstrafgefangenen zur Aufrechterhaltung der Sicherheit oder Ordnung der Anstalt auferlegt werden, sind so zu wählen, dass sie in einem angemessenen Verhältnis zu ihrem Zweck stehen und die Jugendstrafgefangenen nicht mehr und nicht länger als notwendig beeinträchtigen. [2]Es sind insbesondere geschlechtsspezifische Belange sowie die besonderen Belange behinderter Jugendstrafgefangener zu berücksichtigen.

§ 84 Allgemeine Verhaltenspflichten

(1) [1]Die Jugendstrafgefangenen sind für das geordnete Zusammenleben in der Anstalt mitverantwortlich und müssen mit ihrem Verhalten dazu beitragen. [2]Ihr Bewusstsein hierfür ist zu entwickeln und zu stärken. [3]Auf eine einvernehmliche und gewaltfreie Streitbeilegung ist hinzuwirken.

(2) Die Jugendstrafgefangenen haben die Anordnungen der Bediensteten zu befolgen, auch wenn sie sich durch diese beschwert fühlen.

(3) Die Jugendstrafgefangenen haben ihren Haftraum und die ihnen von der Anstalt überlassenen Sachen in Ordnung zu halten und schonend zu behandeln.

(4) Die Jugendstrafgefangenen haben Umstände, die eine Gefahr für das Leben oder eine erhebliche Gefahr für die Gesundheit einer Person bedeuten, unverzüglich zu melden.

§ 85 Absuchung, Durchsuchung und Haftraumrevision

(1) [1]Die Jugendstrafgefangenen und ihre Sachen dürfen, auch unter Verwendung technischer oder sonstiger Hilfsmittel, abgesucht und durchsucht werden. [2]Entsprechendes gilt für die Hafträume (Haftraumrevision). [3]Schreiben und Unterlagen, die gemäß § 39 Absatz 2 und § 41 Absatz 1 nicht überwacht werden dürfen, werden in Gegenwart der Jugendstrafgefangenen nur einer groben Sichtung auf verbotene Beilagen oder Schriftstücke unterzogen.

(2) [1]Es kann allgemein angeordnet werden, dass bei der Aufnahme, nach Kontakten mit Besucherinnen oder Besuchern sowie nach jeder Abwesenheit von der Anstalt in der Regel eine mit einer Entkleidung verbundene körperliche Durchsuchung der Jugendstrafgefangenen durchzuführen ist. [2]Ansonsten ist eine solche Durchsuchung nur bei Gefahr im Verzug oder auf Anordnung der von der Anstaltsleiterin oder dem Anstaltsleiter dazu bestimmten Bediensteten im Einzelfall zulässig.

(3) [1]Die Durchsuchung der Jugendstrafgefangenen darf nur von Personen des gleichen Geschlechts vorgenommen werden. [2]Entkleidungen erfolgen einzeln in einem geschlossenen Raum. [3]Während der Entkleidung dürfen bei männlichen Jugendstrafgefangenen nur männliche Bedienstete und bei weiblichen Jugendstrafgefangenen nur weibliche Bedienstete zugegen sein. [4]Abweichend von den Sätzen 1 und 3 soll bei berechtigtem Interesse der Jugendstrafgefangenen ihrem Wunsch, die mit der Entkleidung verbundene körperliche Durchsuchung Bediensteten eines bestimmten Geschlechts zu übertragen, entsprochen werden; nur Bedienstete des benannten Geschlechts dürfen in diesem Fall während der Entkleidung anwesend sein. [5]Das Schamgefühl ist zu schonen.

§ 86 Maßnahmen zur Feststellung von Suchtmittelgebrauch

[1]Zur Aufrechterhaltung der Sicherheit oder Ordnung der Anstalt können allgemein oder im Einzelfall Maßnahmen angeordnet werden, die geeignet sind, den Gebrauch von Suchtmitteln festzustellen. [2]Diese Maßnahmen dürfen nicht mit einem körperlichen Eingriff verbunden sein.

§ 87 Festnahmerecht

[1]Jugendstrafgefangene, die entwichen sind oder sich sonst ohne Erlaubnis außerhalb der Anstalt aufhalten, können durch die Anstalt oder auf deren Veranlassung festgenommen und zurückgebracht werden. [2]Führt die Verfolgung oder die von der Anstalt veranlasste Fahndung nicht alsbald zur Wiederergreifung, so sind die weiteren Maßnahmen der Vollstreckungsbehörde zu überlassen.

§ 88 Besondere Sicherungsmaßnahmen

(1) Gegen Jugendstrafgefangene können besondere Sicherungsmaßnahmen angeordnet werden, wenn nach ihrem Verhalten oder aufgrund ihres seelischen Zustandes in erhöhtem Maße die Gefahr der Entweichung, von Gewalttätigkeiten gegen Personen oder Sachen, der Selbsttötung oder der Selbstverletzung besteht.

(2) [1]Als besondere Sicherungsmaßnahmen sind zulässig:

1. der Entzug oder die Vorenthaltung von Gegenständen,
2. die Beobachtung der Jugendstrafgefangenen in ihren Hafträumen, im besonders gesicherten Haftraum oder im Krankenzimmer,
3. die Trennung von allen anderen Jugendstrafgefangenen (Absonderung),
4. der Entzug oder die Beschränkung des Aufenthalts im Freien,
5. die Unterbringung in einem besonders gesicherten Haftraum ohne gefährdende Gegenstände und
6. die Fesselung oder die Fixierung mittels spezieller Gurtsysteme an dafür vorgesehenen Gegenständen, insbesondere Matratzen oder Liegen.

[2]Mehrere besondere Sicherungsmaßnahmen können nebeneinander angeordnet werden, wenn die Gefahr anders nicht abgewendet werden kann.

(3) Der Entzug oder die Vorenthaltung von Gegenständen und die Absonderung sind auch zulässig, wenn die Gefahr einer Befreiung oder eine erhebliche Störung der Ordnung der Anstalt anders nicht vermieden oder behoben werden kann.

(4) [1]Eine Absonderung von mehr als 24 Stunden Dauer ist nur zulässig, wenn sie zur Abwehr einer in der Person der oder des Jugendstrafgefangenen liegenden Gefahr unerlässlich ist. [2]Ein Entzug des Aufenthalts im Freien ist nur zulässig, wenn eine Unterbringung im besonders gesicherten Haftraum erfolgt und aufgrund fortbestehender erheblicher Gefahr der Selbst- oder Fremdgefährdung nicht verantwortet werden kann, einen täglichen Aufenthalt im Freien zu gewähren.

(5) [1]In der Regel darf die Fesselung nur an den Händen oder an den Füßen der Jugendstrafgefangenen erfolgen. [2]Zur Verhinderung von Entweichungen dürfen Jugendstrafgefangene bei einer Ausführung, Vorführung oder beim Transport auch über die Fälle des Absatzes 1 hinaus im erforderlichen Umfang gefesselt werden.

(6) Eine Fixierung des Körpers oder von Teilen davon ist nur zulässig, wenn die gegenwärtige und erhebliche Gefahr besteht, dass Jugendstrafgefangene sich selbst oder andere ernsthaft zu verletzen oder zu töten versuchen, und die Fixierung zur Abwehr dieser Gefahr unerlässlich ist.

(7) [1]Hinsichtlich der Art und des Umfangs der Fesselung oder Fixierung sind die Jugendstrafgefangenen zu schonen. [2]Die Fesselung oder Fixierung ist unverzüglich zu lockern, wenn die Gefahr sich verringert hat oder dies zeitweise, beispielsweise zur Nahrungsaufnahme oder ärztlichen Untersuchung, notwendig ist. [3]Sie ist zu entfernen, sobald die Gefahr nicht mehr fortbesteht oder durch mildere Mittel abgewendet werden kann.

§ 89 Anordnung besonderer Sicherungsmaßnahmen, Verfahren

(1) [1]Besondere Sicherungsmaßnahmen ordnen die von der Anstaltsleiterin oder dem Anstaltsleiter dazu bestimmten Bediensteten an. [2]Bei Gefahr im Verzug können auch andere Bedienstete diese Maßnahmen vorläufig anordnen; die Entscheidung der nach Satz 1 zuständigen Bediensteten ist unverzüglich einzuholen.

(2) [1]Werden die Jugendstrafgefangenen ärztlich behandelt oder beobachtet oder bildet ihr seelischer Zustand den Anlass der besonderen Sicherungsmaßnahme, so ist vorher eine ärztliche Stellungnahme zu den gesundheitlichen Auswirkungen einzuholen. [2]Ist dies wegen Gefahr im Verzug nicht möglich, so wird die Stellungnahme unverzüglich nachträglich eingeholt.

(3) Besondere Sicherungsmaßnahmen sind in angemessenen Abständen daraufhin zu überprüfen, ob und in welchem Umfang sie aufrechterhalten werden müssen.

(4) [1]Den Jugendstrafgefangenen sind besondere Sicherungsmaßnahmen zusammen mit deren Anordnung zu erläutern. [2]Bei einer Gefährdung der Sicherheit kann dies ausnahmsweise nachgeholt werden. [3]Die Anordnung, Entscheidungen zur Fortdauer und die Durchführung der Maßnahmen einschließlich der ärztlichen Beteiligung sind mit einer kurzen Begründung schriftlich abzufassen.

(5) [1]Abweichend von Absatz 1 ist eine nicht nur kurzfristige Fixierung gemäß § 88 Absatz 2 Satz 1 Nummer 6 und Absatz 6 nur auf Grund vorheriger Anordnung durch das zuständige Gericht zulässig. [2]Eine Fixierung ist kurzfristig, wenn sie absehbar die Dauer einer halben Stunde unterschreitet. [3]Die richterliche Entscheidung ist durch die Anstaltsleiterin oder den Anstaltsleiter oder von ihr oder ihm dazu bestimmten Bediensteten zu beantragen. [4]Bei Gefahr im Verzug können auch die Anstaltsleiterin oder der Anstaltsleiter oder, wenn deren Entscheidung nicht rechtzeitig eingeholt werden kann, andere Bedienstete der Anstalt eine Fixierung nach Satz 1 vorläufig anordnen; die richterliche Entscheidung ist unverzüglich nachträglich einzuholen. [5]Ist eine richterliche Entscheidung beantragt und die Fixierung vor deren Erlangung beendet worden, so ist dies dem Gericht unverzüglich mitzuteilen.

(6) [1]Über Absatz 4 Satz 3 hinaus sind bei jeder Fixierung die Anordnung und die dafür maßgeblichen Gründe sowie der Verlauf, die Art der Überwachung und die Beendigung umfassend zu dokumentieren. [2]Nach Beendigung einer Fixierung, die nicht gemäß Absatz 5 richterlich angeordnet worden ist, sind die Jugendstrafgefangenen unverzüglich auf ihr Recht hinzuweisen, die Rechtmäßigkeit der durchgeführten Fixierung gerichtlich überprüfen zu lassen; auch dies ist zu dokumentieren.

(7) [1]Eine Absonderung, Unterbringung im besonders gesicherten Haftraum oder Fixierung sind der Aufsichtsbehörde unverzüglich mitzuteilen, wenn sie länger als drei Tage aufrechterhalten werden. [2]Sind die Jugendstrafgefangenen in einem besonders gesicherten Haftraum untergebracht und fixiert, so hat die Mitteilung an die Aufsichtsbehörde nach Ablauf von 24 Stunden zu erfolgen. [3]Auf Antrag der Jugendstrafgefangenen sind deren Verteidigerinnen, Verteidiger und deren Beistände nach § 69 des Jugendgerichtsgesetzes über die besonderen Sicherungsmaßnahmen nach Satz 1 unverzüglich zu benachrichtigen.

(8) [1]Die Absonderung und die Unterbringung im besonders gesicherten Haftraum von mehr als 14 Tagen Gesamtdauer innerhalb von zwölf Monaten bedürfen der Zustimmung der Aufsichtsbehörde. [2]Während der Absonderung und Unterbringung im besonders gesicherten Haftraum sind die Jugendstrafgefangenen in besonderem Maße zu betreuen. [3]Sind die Jugendstrafgefangenen darüber hinaus fixiert, so sind sie ständig und in unmittelbarem Sichtkontakt zu beobachten.

§ 90 Ärztliche Überwachung

(1) [1]Sind die Jugendstrafgefangenen in einem besonders gesicherten Haftraum untergebracht, so sucht sie die Ärztin oder der Arzt alsbald auf. [2]Sind die Jugendstrafgefangenen fixiert, so ist unverzüglich eine Ärztin oder ein Arzt hinzuzuziehen. [3]In den Fällen der Sätze 1 und 2 ist jeweils eine angemessene regelmäßige medizinische Überwachung sicherzustellen.

(2) Die Ärztin oder der Arzt ist regelmäßig zu den gesundheitlichen Auswirkungen zu hören, solange den Jugendstrafgefangenen im besonders gesicherten Haftraum der tägliche Aufenthalt im Freien entzogen ist oder sie länger als 24 Stunden abgesondert sind.

Abschnitt 14

Unmittelbarer Zwang

§ 91 Begriffsbestimmungen

(1) Unmittelbarer Zwang ist die Einwirkung auf Personen oder Sachen durch körperliche Gewalt, durch Hilfsmittel der körperlichen Gewalt oder durch Waffen.

(2) Körperliche Gewalt ist jede unmittelbare körperliche Einwirkung auf Personen oder Sachen.

(3) [1]Hilfsmittel der körperlichen Gewalt sind insbesondere Fesseln und Reizstoffe. [2]Waffen sind Hieb- und Schusswaffen.

(4) Es dürfen nur dienstlich zugelassene Hilfsmittel und Waffen verwendet werden.

§ 92 Allgemeine Voraussetzungen

(1) Zur Durchführung rechtmäßiger Vollzugs- und Sicherungsmaßnahmen dürfen Bedienstete unmittelbaren Zwang anwenden, soweit der damit verfolgte Zweck auf keine andere Weise erreicht werden kann.

(2) Gegen andere Personen als Jugendstrafgefangene darf unmittelbarer Zwang angewendet werden, wenn sie es unternehmen, Jugendstrafgefangene zu befreien oder widerrechtlich in die Anstalt einzudringen, oder wenn sie sich unbefugt darin aufhalten.

(3) Das Recht zur Anwendung unmittelbaren Zwangs durch andere Hoheitsträger, insbesondere Polizeivollzugsbedienstete, bleibt unberührt.

§ 93 Grundsatz der Verhältnismäßigkeit

(1) Unter mehreren möglichen und geeigneten Maßnahmen des unmittelbaren Zwangs sind diejenigen zu wählen, die Einzelne und die Allgemeinheit voraussichtlich am wenigsten beeinträchtigen.

(2) Unmittelbarer Zwang unterbleibt, wenn ein durch ihn zu erwartender Schaden erkennbar außer Verhältnis zu dem angestrebten Erfolg steht.

§ 94 Androhung

[1]Unmittelbarer Zwang ist vorher anzudrohen. [2]Die Androhung darf nur dann unterbleiben, wenn die Umstände sie nicht zulassen oder unmittelbarer Zwang sofort angewendet werden muss, um eine rechtswidrige Tat, die den Tatbestand eines Strafgesetzes erfüllt, zu verhindern oder eine gegenwärtige Gefahr abzuwenden.

§ 95 Schusswaffengebrauch

(1) [1]Der Gebrauch von Schusswaffen durch Bedienstete innerhalb der Anstalt ist verboten. [2]Das Recht zum Schusswaffengebrauch aufgrund anderer Vorschriften durch Polizeivollzugsbedienstete bleibt davon unberührt.

(2) Außerhalb der Anstalt dürfen Schusswaffen nach Maßgabe der Absätze 3 bis 6 von den dazu bestimmten Bediensteten nur bei Aus- und Vorführungen sowie Gefangenentransporten gebraucht werden.

(3) [1]Schusswaffen dürfen nur gebraucht werden, wenn andere Maßnahmen des unmittelbaren Zwangs bereits erfolglos waren oder keinen Erfolg versprechen. [2]Gegen Personen ist ihr Gebrauch nur zulässig, wenn der Zweck nicht durch Waffenwirkung gegen Sachen erreicht werden kann und nur, um angriffs- oder fluchtunfähig zu machen. [3]Ihr Gebrauch unterbleibt, wenn eine Gefährdung Unbeteiligter nicht ausgeschlossen werden kann.

(4) [1]Der Gebrauch von Schusswaffen ist vorher anzudrohen. [2]Als Androhung gilt auch ein Warnschuss. [3]Ohne Androhung dürfen Schusswaffen nur dann gebraucht werden, wenn dies zur Abwehr einer gegenwärtigen Gefahr für Leib oder Leben erforderlich ist.

(5) [1]Gegen Jugendstrafgefangene dürfen Schusswaffen gebraucht werden,
1. wenn sie eine Waffe oder ein anderes gefährliches Werkzeug trotz wiederholter Aufforderung nicht ablegen,
2. wenn sie eine Meuterei nach § 121 des Strafgesetzbuchs unternehmen oder
3. um ihre Entweichung zu vereiteln oder um sie wiederzuergreifen.

[2]Satz 1 Nummer 2 und 3 findet auf minderjährige Jugendstrafgefangene keine Anwendung. [3]Satz 1 Nummer 3 findet keine Anwendung auf Jugendstrafgefangene, die im offenen Vollzug untergebracht sind.

(6) Gegen andere Personen dürfen Schusswaffen gebraucht werden, wenn sie es unternehmen, Jugendstrafgefangene gewaltsam zu befreien.

Abschnitt 15
Erzieherische Maßnahmen, Disziplinarverfahren

§ 96 Einvernehmliche Konfliktregelung, erzieherische Maßnahmen

(1) [1]Verstöße der Jugendstrafgefangenen gegen Pflichten, die ihnen durch oder aufgrund dieses Gesetzes auferlegt sind, sind unverzüglich erzieherisch aufzuarbeiten. [2]Dabei können vorrangig gegenüber den Disziplinarmaßnahmen nach § 97 Maßnahmen der einvernehmlichen Konfliktregelung nach Absatz 2 oder erzieherische Maßnahmen nach Absatz 3 ergriffen werden, sofern diese geeignet sind, den Jugendstrafgefangenen ihr Fehlverhalten und die Notwendigkeit einer Verhaltensänderung bewusst zu machen. [3]Einvernehmliche Konfliktregelungen nach Absatz 2 gehen erzieherischen Maßnahmen nach Absatz 3 vor.

(2) [1]Im Rahmen der einvernehmlichen Konfliktregelung werden mit den Jugendstrafgefangenen Vereinbarungen getroffen. [2]Zur Konfliktregelung kommen insbesondere die Wiedergutmachung des Schadens, die Entschuldigung bei Geschädigten, die Erbringung von Leistungen für die Gemeinschaft, die Teilnahme an einer Mediation und der vorübergehende Verbleib auf dem Haftraum in Betracht. [3]Erfüllen die Jugendstrafgefangenen die Vereinbarung, sind die Anordnung einer erzieherischen Maßnahme nach Absatz 3 sowie die Anordnung einer Disziplinarmaßnahme nach § 97 aufgrund dieser Verfehlung ausgeschlossen.

(3) [1]Als erzieherische Maßnahmen für die Dauer von jeweils bis zu einer Woche kommen in Betracht
1. die Erteilung von Weisungen und Auflagen,
2. die Beschränkung oder der Entzug einzelner Gegenstände für die Freizeitbeschäftigung und
3. der Ausschluss von gemeinsamer Freizeit oder von einzelnen Freizeitveranstaltungen.

[2]Es sollen nur solche erzieherischen Maßnahmen angeordnet werden, die mit der Verfehlung in Zusammenhang stehen. [3]§ 100 Absatz 1 Satz 2 bis 4 gilt entsprechend.

(4) Die Anstaltsleiterin oder der Anstaltsleiter legt fest, welche Bediensteten befugt sind, Maßnahmen nach den Absätzen 2 und 3 anzuordnen.

§ 97 Disziplinarmaßnahmen

(1) [1]Disziplinarmaßnahmen dürfen nur angeordnet werden, wenn Maßnahmen nach § 96 Absatz 2 oder 3 nicht ausreichen, um den Jugendstrafgefangenen das Unrecht ihrer Handlung zu verdeutlichen. [2]Ferner ist sowohl bei der Entscheidung, ob eine Disziplinarmaßnahme anzuordnen ist, als auch bei Auswahl der nach Absatz 3 zulässigen Maßnahmen, eine aus demselben Anlass bereits angeordnete besondere Sicherungsmaßnahme zu berücksichtigen.

(2) Disziplinarmaßnahmen können angeordnet werden, wenn die Jugendstrafgefangenen rechtswidrig und schuldhaft
1. andere Personen oder Mitgefangene mit Worten oder mittels einer Tätlichkeit beleidigen, körperlich misshandeln, bedrohen oder nötigen,
2. fremde Sachen zerstören, beschädigen oder unbefugt deren Erscheinungsbild nicht nur unerheblich und nicht nur vorübergehend verändern,
3. in sonstiger Weise gegen Strafgesetze verstoßen oder eine Ordnungswidrigkeit begehen,
4. Lebensmittel, Verpackungen sowie andere Gegenstände unsachgemäß entgegen der Hausordnung entsorgen,
5. verbotene Gegenstände in die Anstalt einbringen, sich an deren Einbringung beteiligen, sie besitzen oder weitergeben,

6. unerlaubt Betäubungsmittel oder andere berauschende Stoffe konsumieren,
7. entweichen oder zu entweichen versuchen,
8. gegen Weisungen im Zusammenhang mit der Gewährung von Lockerungen verstoßen,
9. sich wiederholt zugewiesenen Aufgaben entziehen oder
10. wiederholt oder schwerwiegend gegen sonstige Pflichten verstoßen, die ihnen durch dieses Gesetz oder aufgrund dieses Gesetzes auferlegt sind, und dadurch das geordnete Zusammenleben in der Anstalt stören.

(3) Zulässige Disziplinarmaßnahmen sind
1. die Beschränkung oder die Unterbindung des Fernsehempfangs für die Dauer von bis zu zwei Monaten,
2. der Entzug anderer Geräte der Informations- und Unterhaltungselektronik mit Ausnahme eines Hörfunkgeräts für die Dauer von bis zu zwei Monaten,
3. die Beschränkung oder der Entzug der Gegenstände für die Freizeitbeschäftigung mit Ausnahme des Lesestoffs für die Dauer von bis zu zwei Monaten,
4. die Beschränkung oder der Entzug des Aufenthalts in Gemeinschaft oder der Teilnahme an einzelnen Freizeitveranstaltungen für die Dauer von bis zu zwei Monaten,
5. die Beschränkung des Einkaufs für die Dauer von bis zu einem Monat,
6. die Kürzung der Vergütung nach §§ 64 und 65 um zehn Prozent für die Dauer von bis zu zwei Monaten,
7. der Entzug der Teilnahme an Maßnahmen nach §§ 23 bis 25 und der zugewiesenen Arbeit nach § 26 bis zu zwei Wochen unter Wegfall der nach §§ 64 und 65 geregelten Vergütung und
8. Arrest von bis zu zwei Wochen.

(4) [1]Arrest darf nur wegen schwerer oder wiederholter Verfehlungen verhängt werden. [2]Gegen Schwangere und weibliche Jugendstrafgefangene, die gemeinsam mit ihren Kindern in der Anstalt untergebracht sind, darf ein Arrest nicht verhängt werden.

(5) Mehrere Disziplinarmaßnahmen können miteinander verbunden werden.

(6) Disziplinarmaßnahmen sind auch zulässig, wenn wegen derselben Verfehlung ein Straf- oder Bußgeldverfahren eingeleitet wird.

§ 98 Vollzug der Disziplinarmaßnahmen, Aussetzung zur Bewährung

(1) Disziplinarmaßnahmen werden in der Regel sofort vollstreckt.

(2) [1]Die Vollstreckung von Disziplinarmaßnahmen kann ganz oder teilweise bis zu sechs Monate zur Bewährung ausgesetzt werden. [2]Die Aussetzung zur Bewährung kann ganz oder teilweise widerrufen werden, wenn die Jugendstrafgefangenen die ihr zugrundeliegenden Erwartungen nicht erfüllen.

(3) [1]Für die Dauer des Arrests werden die Jugendstrafgefangenen getrennt von den anderen Jugendstrafgefangenen untergebracht. [2]Die Jugendstrafgefangenen können in einem besonderen Arrestraum untergebracht werden, der den Anforderungen entsprechen muss, die an einen zum Aufenthalt bei Tag und Nacht bestimmten Haftraum gestellt werden. [3]Der Arrest ist erzieherisch zu gestalten. [4]Soweit nichts anderes angeordnet wird, ruhen die Befugnisse der Jugendstrafgefangenen zur Teilnahme an Maßnahmen außerhalb des Raums, in dem Arrest vollstreckt wird, sowie die Befugnisse zur Ausstattung des Haftraums mit eigenen Gegenständen, zum Fernsehempfang und Einkauf. [5]Gegenstände für die Freizeitbeschäftigung mit Ausnahme des Lesestoffs sind nicht zugelassen. [6]Die Rechte zur Teilnahme am Gottesdienst und anderen religiösen Veranstaltungen in der Anstalt sowie auf Aufenthalt im Freien bleiben unberührt.

§ 99 Disziplinarbefugnis

(1) [1]Disziplinarmaßnahmen ordnen die von der Anstaltsleiterin oder dem Anstaltsleiter dazu bestimmten Bediensteten an. [2]Bei einer Verfehlung auf dem Weg in eine andere Anstalt zum Zweck der Verlegung sind die damit betrauten Bediensteten der Anstalt am Bestimmungsort zuständig.

(2) Richtet sich die Verfehlung gegen die Anstaltsleiterin oder den Anstaltsleiter, ist die Aufsichtsbehörde für die Anordnung von Disziplinarmaßnahmen zuständig.

(3) [1]Disziplinarmaßnahmen, die gegen Jugendstrafgefangene in einer anderen Anstalt oder während einer Untersuchungshaft angeordnet worden sind, werden auf Ersuchen vollstreckt. [2]§ 98 Absatz 2 bleibt unberührt.

§ 100 Verfahren

(1) [1]Bei der Klärung des Sachverhalts sind sowohl belastende als auch entlastende Umstände zu ermitteln. [2]Die betroffenen Jugendstrafgefangenen werden gehört. [3]Sie werden darüber unterrichtet, welche Verfehlungen ihnen zur Last gelegt werden. [4]Sie sind darauf hinzuweisen, dass es ihnen freisteht, sich zu äußern oder nicht zur Sache auszusagen. [5]Die Äußerungen der Jugendstrafgefangenen und die Ergebnisse der Ermittlungen sind zu dokumentieren.

(2) Mehrere Verfehlungen, die gleichzeitig zu beurteilen sind, werden durch eine Entscheidung geahndet.

(3) [1]Die für die Anordnung der Disziplinarmaßnahmen zuständigen Bediensteten sollen sich vor der Entscheidung mit anderen Bediensteten besprechen, die maßgeblich an der Erziehung und der Vollzugsgestaltung der Jugendstrafgefangenen mitwirken. [2]Bei Schwangeren, stillenden Jugendstrafgefangenen oder bei Jugendstrafgefangenen, die sich in regelmäßiger ärztlicher Behandlung befinden, ist zudem eine Ärztin oder ein Arzt zu den gesundheitlichen Auswirkungen zu hören.

(4) Die Entscheidung wird den Jugendstrafgefangenen mündlich eröffnet und mit einer kurzen Begründung schriftlich abgefasst.

(5) [1]Bevor Arrest vollzogen wird, ist eine Ärztin oder ein Arzt zur Arrestfähigkeit zu hören. [2]Während des Arrests stehen die Jugendstrafgefangenen unter ärztlicher Aufsicht. [3]Der Vollzug des Arrests unterbleibt oder wird unterbrochen, wenn ansonsten die Gesundheit der oder des Jugendstrafgefangenen gefährdet würde.

Abschnitt 16
Aufhebung von Maßnahmen und Beschwerderecht

§ 101 Aufhebung von Maßnahmen

(1) Die Aufhebung von Maßnahmen zur Regelung einzelner Angelegenheiten auf dem Gebiet des Vollzugs richtet sich nach den Absätzen 2 bis 5, soweit dieses Gesetz keine abweichende Bestimmung enthält.

(2) Rechtswidrige Maßnahmen können ganz oder teilweise mit Wirkung für die Vergangenheit oder die Zukunft zurückgenommen werden.

(3) Rechtmäßige Maßnahmen können ganz oder teilweise mit Wirkung für die Zukunft widerrufen werden, wenn

1. aufgrund nachträglich eingetretener oder bekannt gewordener Umstände die Maßnahmen hätten versagt werden können,
2. die Maßnahmen missbraucht werden oder
3. Weisungen nicht befolgt werden.

(4) [1]Begünstigende Maßnahmen dürfen nach den Absätzen 2 oder 3 nur aufgehoben werden, wenn die vollzuglichen Interessen an der Aufhebung in Abwägung mit dem schutzwürdigen Vertrauen der Betroffenen auf den Bestand der Maßnahmen überwiegen. [2]Davon ist insbesondere auszugehen, wenn die Aufhebung der Maßnahme unerlässlich ist, um die Sicherheit der Anstalt zu gewährleisten.

(5) Der gerichtliche Rechtsschutz bleibt unberührt.

§ 102 Beschwerderecht

(1) Die Jugendstrafgefangenen erhalten Gelegenheit, sich in Angelegenheiten, die sie selbst betreffen, mit Wünschen, Anregungen und Beschwerden an die Anstalt zu wenden.

(2) Besichtigen Vertreterinnen oder Vertreter der Aufsichtsbehörde die Anstalt, so ist zu gewährleisten, dass die Jugendstrafgefangenen sich in Angelegenheiten, die sie selbst betreffen, an diese wenden können.

(3) Die Möglichkeit der Dienstaufsichtsbeschwerde bleibt unberührt.

Abschnitt 17
Kriminologische Forschung

§ 103 Evaluation, kriminologische Forschung

(1) Behandlungsprogramme für die Jugendstrafgefangenen sind auf der Grundlage wissenschaftlicher Erkenntnisse zu konzipieren, zu standardisieren und auf ihre Wirksamkeit hin zu überprüfen.

(2) [1]Der Vollzug, insbesondere seine Aufgabenerfüllung und Gestaltung, die Umsetzung seiner Leitlinien sowie die Behandlungsprogramme und deren Wirkungen auf die Erreichung des Vollzugsziels, soll regelmäßig durch den Kriminologischen Dienst, durch eine Hochschule oder durch eine andere geeignete Stelle wissenschaftlich begleitet und erforscht werden. [2]§ 42 des Justizvollzugsdatenschutzgesetzes Berlin findet mit der Maßgabe Anwendung, dass die Daten auch an den Kriminologischen Dienst des Berliner Justizvollzugs übermittelt werden dürfen.

Abschnitt 18
Aufbau und Organisation der Anstalten

§ 104 Jugendstrafanstalt

(1) [1]Die Jugendstrafe wird in Jugendstrafanstalten (Anstalten) vollzogen. [2]Jugendstrafgefangene können in einer getrennten Abteilung einer Justizvollzugsanstalt für nach allgemeinem Strafrecht Verurteilte untergebracht werden, wenn dies auf Grund der geringen Anzahl der Jugendstrafgefangenen organisatorisch unumgänglich ist. [3]Das Vollzugsziel darf dadurch nicht gefährdet werden. [4]§ 13 bleibt unberührt. [5]Gemeinsame Aus- und Fortbildungsmaßnahmen von nach Jugendstrafrecht und nach allgemeinem Strafrecht Verurteilten sind in geeigneten Fällen zulässig. [6]In jedem Fall erfolgt der Vollzug der Jugendstrafe ausschließlich nach den Bestimmungen dieses Gesetzes.

(2) [1]Es sind bedarfsgerechte Einrichtungen, insbesondere für schulische und berufliche Qualifizierung, Arbeitstraining und Arbeitstherapie sowie zur Ausübung von Arbeit vorzuhalten. [2]Diese können von gemeinnützigen freien Trägern oder anderen Dritten technisch und fachlich geleitet werden.

(3) [1]In den Anstalten werden Teilanstalten oder Bereiche eingerichtet, die, in Wohngruppen gemäß § 16 unterteilt, dem unterschiedlichen Förder- und Erziehungsbedarf der Jugendstrafgefangenen Rechnung tragen. [2]Es sind sozialtherapeutische Einrichtungen gemäß § 21 Absatz 1 vorzusehen.

(4) [1]Haft- und Funktionsräume, insbesondere Gruppen- und Gemeinschaftsräume sind bedarfsgerecht vorzuhalten und zweckentsprechend auszustatten. [2]Entsprechendes gilt für Räume zum Zweck des Besuchs, der Freizeit, des Sports und der Seelsorge.

§ 105 Festsetzung der Belegungsfähigkeit, Verbot der Überbelegung

(1) [1]Die Aufsichtsbehörde setzt die Belegungsfähigkeit der Anstalt so fest, dass eine angemessene Unterbringung der Jugendstrafgefangenen gewährleistet ist. [2]§ 104 Absatz 2 bis 4 ist zu berücksichtigen.

(2) Hafträume dürfen nicht mit mehr Jugendstrafgefangenen als zugelassen, im geschlossenen Vollzug jedoch höchstens mit zwei Jugendstrafgefangenen, belegt werden.

(3) Ausnahmen von Absatz 2 sind nur vorübergehend und nur mit Zustimmung der Aufsichtsbehörde zulässig.

§ 106 Leitung der Anstalt

(1) [1]Jede Anstalt wird von einer Anstaltsleiterin oder einem Anstaltsleiter geleitet. [2]Zu ihren oder seinen Aufgaben und Befugnissen als Führungskraft gehören insbesondere

1. die Gesamtverantwortung für den Vollzug und dessen Gestaltung, auch im Hinblick auf die Eingliederung und sichere Unterbringung der Jugendstrafgefangenen,
2. die Vertretung der Anstalt nach außen,
3. die Haushalts- sowie Wirtschaftsführung für die gesamte Anstalt,
4. die Regelung von Zuständigkeiten in Form eines Geschäftsverteilungsplans,
5. die Umsetzung der dezentralen Fach- und Ressourcenverantwortung nebst dem dazugehörigen Berichtswesen,
6. das Personalmanagement, insbesondere die bedarfs-, anforderungs- und eignungsgerechte Beschäftigung der Bediensteten und eine gezielte Personalentwicklung und
7. das Qualitätsmanagement.

(2) [1]Die Anstalt teilt der Aufsichtsbehörde in regelmäßigen Abständen die im Rahmen ihrer Geschäftsverteilung vorgenommenen personellen Zuständigkeiten hinsichtlich der folgenden Aufgaben mit:

1. Festsetzung von Einschlusszeiten nach § 14 Absatz 1 Satz 3,
2. Entscheidungen nach § 18 und über Verlegungen nach § 19 Absatz 1,

3. Untersagungen oder Überwachungen von Besuchen, Schriftwechseln und Telefonaten nach §§ 32, 34, 35, 37 und 39,
4. Anordnung der zwangsweisen körperlichen Untersuchung nach § 77 Absatz 7 Satz 2, der mit einer Entkleidung verbundenen körperlichen Durchsuchung nach § 85 Absatz 2, der besonderen Sicherungsmaßnahmen nach § 89 Absatz 1 Satz 1, der Maßnahmen zur Feststellung von Suchtmittelgebrauch nach § 86, der erzieherischen Maßnahmen nach § 96 Absatz 4 sowie der Disziplinarmaßnahmen nach § 99 Absatz 1 Satz 1 und
5. Erarbeitung und Erlass einer Hausordnung nach § 111.

[2]Die Aufsichtsbehörde kann sich die Zustimmung zur Übertragung einzelner Aufgabenbereiche auf andere Bedienstete vorbehalten.

(3) Die Anstaltsleiterin oder der Anstaltsleiter ist hauptamtlich tätig und steht in einem öffentlich-rechtlichen Dienst- und Treueverhältnis zum Land.

§ 107 Bedienstete

[1]Die Anstalt wird mit dem für die Erreichung des Vollzugsziels und die Erfüllung ihrer Aufgaben erforderlichen Personal, insbesondere im allgemeinen Vollzugsdienst, im Werkdienst, im sozialen, psychologischen, pädagogischen und medizinischen Dienst und im Verwaltungsdienst ausgestattet. [2]Die Aufgaben der Anstalt werden von Vollzugsbeamtinnen und Vollzugsbeamten wahrgenommen. [3]Aus besonderen Gründen können sie auch anderen Bediensteten der Anstalten sowie nebenamtlichen oder vertraglich verpflichteten Personen übertragen werden. [4]Soweit es erforderlich ist, sind externe Fachkräfte einzubeziehen. [5]Die Bediensteten müssen für den auf Förderung und Erziehung der Jugendstrafgefangenen ausgerichteten Vollzug geeignet und qualifiziert sein. [6]Sie werden fortgebildet und erhalten Praxisberatung und -begleitung sowie die Gelegenheit zur Supervision.

§ 108 Seelsorgerinnen und Seelsorger

(1) [1]Seelsorgerinnen und Seelsorger werden im Einvernehmen mit der Aufsichtsbehörde von der jeweiligen Religionsgemeinschaft hauptamtlich oder nebenamtlich berufen. [2]Ist dies aus organisatorischen Gründen einer Religionsgemeinschaft nicht möglich oder rechtfertigt die geringe Anzahl der Angehörigen einer Religionsgemeinschaft eine Seelsorge nach Satz 1 nicht, so ist die seelsorgerische Betreuung auf andere Weise zuzulassen; Näheres hierzu regelt die Aufsichtsbehörde.

(2) Die Seelsorgerinnen und Seelsorger wirken in enger Zusammenarbeit mit den anderen im Vollzug Tätigen eigenverantwortlich an der Erreichung des Vollzugsziels mit.

(3) Mit Zustimmung der Anstalt dürfen die Anstaltsseelsorgerinnen und Anstaltsseelsorger sich freier Seelsorgehelferinnen und Seelsorgehelfer bedienen und diese für Gottesdienste sowie für andere religiöse Veranstaltungen von außen zuziehen.

(4) [1]Seelsorgerische Einzelgespräche und Telefonate mit nach Absatz 1 zugelassenen Seelsorgerinnen und Seelsorgern sind zu gestatten und werden weder beaufsichtigt noch überwacht; seelsorgerischer Schriftwechsel der Jugendstrafgefangenen mit nach Absatz 1 zugelassenen Seelsorgerinnen und Seelsorgern wird ebenfalls nicht überwacht. [2]Im Übrigen gelten § 33 Absatz 1, 2, 5 und 6 Satz 3 und 4 sowie Absatz 7, §§ 35, 38 Absatz 3, § 39 Absatz 2 Satz 2 und 3 sowie § 40 Absatz 4 entsprechend.

§ 109 Medizinische Versorgung

(1) Die ärztliche Versorgung ist sicherzustellen.

(2) [1]Die Pflege der Kranken soll von Bediensteten ausgeführt werden, die eine Erlaubnis nach dem Krankenpflegegesetz vom 16. Juli 2003 (BGBl. I S. 1442), das zuletzt durch Artikel 9 des Gesetzes vom 16. Juli 2015 (BGBl. I S. 1211) geändert worden ist, in der jeweils geltenden Fassung besitzen. [2]Solange diese nicht zur Verfügung stehen, können auch Bedienstete eingesetzt werden, die eine sonstige Ausbildung in der Krankenpflege erfahren haben.

§ 110 Interessenvertretung der Jugendstrafgefangenen

[1]Den Jugendstrafgefangenen wird ermöglicht, Vertretungen zu wählen. [2]Die Vertretungen können in Angelegenheiten von gemeinsamem Interesse, die sich ihrer Eigenart nach für eine Mitwirkung eignen, Vorschläge und Anregungen an die Anstalt herantragen. [3]Diese sollen mit der Vertretung erörtert werden.

§ 111 Hausordnung
[1]Die Anstalt erlässt zur Gestaltung und Organisation des Vollzugsalltags eine Hausordnung auf der Grundlage dieses Gesetzes. [2]Vor deren Erlass oder Änderung wird die Interessenvertretung der Jugendstrafgefangenen beteiligt. [3]Die Aufsichtsbehörde kann sich die Genehmigung der Hausordnung vorbehalten. [4]Die Hausordnung ist in die am häufigsten benötigten Fremdsprachen zu übersetzen.

Abschnitt 19
Aufsicht, Beirat und Besichtigungen

§ 112 Aufsichtsbehörde
(1) Die für Justiz zuständige Senatsverwaltung führt die Aufsicht über die Anstalten (Aufsichtsbehörde) und sichert gemeinsam mit ihnen die Qualität des Vollzugs.
(2) [1]An der Aufsicht über die Fachdienste sind eigene Fachkräfte zu beteiligen. [2]Soweit die Aufsichtsbehörde nicht über eigene Fachkräfte verfügt, ist fachliche Beratung sicherzustellen.
(3) Die Aufsichtsbehörde kann sich Entscheidungen über Verlegungen und Überstellungen vorbehalten.

§ 113 Vollstreckungsplan, Vollzugsgemeinschaften
(1) Die Aufsichtsbehörde regelt die örtliche und sachliche Zuständigkeit der Anstalten in einem Vollstreckungsplan.
(2) Im Rahmen von Vollzugsgemeinschaften kann der Vollzug auch in Vollzugseinrichtungen anderer Länder vorgesehen werden.

§ 114 Anstaltsbeiräte
(1) [1]Bei jeder Anstalt ist ein Anstaltsbeirat zu bilden. [2]Bei der Besetzung des Anstaltsbeirats ist auf ein ausgewogenes Verhältnis der Geschlechter hinzuwirken sowie eine Beteiligung von Vertreterinnen und Vertretern mit Migrationshintergrund gemäß § 4 Absatz 6 in Verbindung mit § 2 des Partizipations- und Integrationsgesetzes des Landes Berlin vom 15. Dezember 2010 (GVBl. S. 560) in der jeweils geltenden Fassung anzustreben. [3]Bedienstete dürfen nicht Mitglieder des Beirats sein. [4]Dem Beirat soll mindestens ein Mitglied angehören, das in der Jugendhilfe erfahren ist.
(2) [1]Die Mitglieder des Beirats wirken beratend bei der Gestaltung des Vollzugs und der Eingliederung der Jugendstrafgefangenen mit. [2]Sie fördern das Verständnis für den Vollzug und seine gesellschaftliche Akzeptanz und vermitteln Kontakte zu öffentlichen und privaten Einrichtungen.
(3) Der Beirat steht der Anstaltsleiterin oder dem Anstaltsleiter, den Bediensteten und den Jugendstrafgefangenen als Ansprechpartner zur Verfügung.
(4) [1]Die Mitglieder des Beirats können sich über die Unterbringung der Jugendstrafgefangenen und die Gestaltung des Vollzugs informieren, die Anstalt gemäß § 116 Absatz 1 besichtigen und sie ohne Begleitung durch Bedienstete begehen. [2]Sie können die Jugendstrafgefangenen in ihren Hafträumen aufsuchen.
(5) [1]Die Mitglieder des Beirats sind verpflichtet, außerhalb ihres Amtes über alle Angelegenheiten, die ihrer Natur nach vertraulich sind, insbesondere über Namen und Persönlichkeit der Jugendstrafgefangenen, Verschwiegenheit zu bewahren. [2]Dies gilt auch nach Beendigung ihres Amtes.
(6) Die Aufsichtsbehörde regelt die Berufung, Zusammensetzung, Amtszeit, Sitzungsgelder und Abberufung der ehrenamtlichen Beiratsmitglieder.

§ 115 Berliner Vollzugsbeirat
(1) [1]Der Berliner Vollzugsbeirat wirkt bei der Planung und Fortentwicklung des gesamten Berliner Vollzugs beratend mit. [2]Er erörtert mit der Aufsichtsbehörde seine Anregungen und Verbesserungsvorschläge in grundlegenden Angelegenheiten. [3]Zur Förderung einer vertrauensvollen Zusammenarbeit informieren sich der Berliner Vollzugsbeirat und die Aufsichtsbehörde in regelmäßigen Abständen gegenseitig.
(2) [1]Der Berliner Vollzugsbeirat besteht aus den jeweils gewählten Vorsitzenden der einzelnen Anstaltsbeiräte oder sonst von diesen bestimmten Mitgliedern. [2]Die weiteren Mitglieder setzen sich aus Personen zusammen, die aufgrund ihrer beruflichen Tätigkeit oder Zugehörigkeit zu einer Organisation besonders geeignet sind, sich für die Belange des gesamten Berliner Vollzugs und entsprechend § 3 Absatz 8 für die unterschiedlichen Bedürfnisse der Jugendstrafgefangenen einzusetzen.

(3) § 114 Absatz 1 Satz 2 und 3 und Absatz 4 bis 6 gilt entsprechend.

§ 116 Besichtigungen

(1) Den Mitgliedern der in § 41 Absatz 1 Satz 1 genannten Stellen und den dort aufgeführten Personen ist die Besichtigung der Anstalten zu gestatten.

(2) [1]Anderen Personen kann die Besichtigung insbesondere zu Ausbildungszwecken und aus Gründen eines beruflichen oder sonstigen sachlichen Interesses gestattet werden. [2]An die Erlaubnis können Auflagen geknüpft werden. [3]Die Erlaubnis ist zu versagen, wenn durch die Besichtigung die Sicherheit oder Ordnung der Anstalt gefährdet wird. [4]Besichtigungen durch Medienvertreterinnen und Medienvertreter bedürfen der Zustimmung der Aufsichtsbehörde.

(3) Die Persönlichkeitsrechte der Jugendstrafgefangenen sind zu berücksichtigen.

Abschnitt 20
Vollzug des Strafarrests

§ 117 Grundsatz des Vollzugs des Strafarrests

(1) Für den Vollzug des Strafarrests in Anstalten gelten die Bestimmungen der §§ 2 bis 116 entsprechend, sofern die Strafarrestantinnen oder Strafarrestanten zur Tatzeit das 21. Lebensjahr noch nicht vollendet hatten und das 24. Lebensjahr noch nicht vollendet haben und soweit § 118 nicht Abweichendes bestimmt.

(2) § 118 Absatz 1 bis 3, 7 und 8 gilt nicht, wenn Strafarrest in Unterbrechung einer anderen freiheitsentziehenden Maßnahme vollzogen wird.

§ 118 Besondere Bestimmungen

(1) Strafarrestantinnen und Strafarrestanten sollen im offenen Vollzug untergebracht werden.

(2) Eine gemeinsame Unterbringung ist nur mit Einwilligung der Strafarrestantinnen und Strafarrestanten zulässig.

(3) Besuche, Telefongespräche und Schriftwechsel dürfen nur untersagt oder überwacht werden, wenn dies aus Gründen der Sicherheit oder Ordnung der Anstalt notwendig ist.

(4) Den Strafarrestantinnen und Strafarrestanten soll gestattet werden, einmal wöchentlich Besuch zu empfangen.

(5) Strafarrestantinnen und Strafarrestanten dürfen eigene Kleidung tragen und eigenes Bettzeug benutzen, wenn Gründe der Sicherheit der Anstalt nicht entgegenstehen und sie für Reinigung, Instandsetzung und regelmäßigen Wechsel auf eigene Kosten sorgen.

(6) Sie dürfen Nahrungs-, Genuss- und Körperpflegemittel in angemessenem Umfang durch Vermittlung der Anstalt auf eigene Kosten erwerben.

(7) Eine mit einer Entkleidung verbundene körperliche Durchsuchung ist nur bei Gefahr im Verzug zulässig.

(8) Zur Vereitelung einer Entweichung und zur Wiederergreifung dürfen Schusswaffen nicht gebraucht werden.

Abschnitt 21
Schlussbestimmung

§ 119 Einschränkung von Grundrechten

Durch dieses Gesetz werden die Grundrechte der körperlichen Unversehrtheit (Artikel 2 Absatz 2 Satz 1 des Grundgesetzes), der Freiheit der Person (Artikel 2 Absatz 2 Satz 2 des Grundgesetzes), und des Brief-, Post- und Fernmeldegeheimnisses (Artikel 10 Absatz 1 des Grundgesetzes) eingeschränkt.

Register

Die **fetten** Zahlen verweisen auf die laufenden Nummern der Gesetze (vgl. Inhaltsverzeichnis), die **mageren** auf die Artikel, Paragraphen und Nummern. Nähere Hinweise zu Unterstichworten sind kursiv gedruckt.